求索 求实 求真

中国社会科学院工业经济研究所成立40周年纪念文集

主　编　黄群慧

副主编　史　丹　崔民选　李海舰

编辑组　李鹏飞　陈　力　蒙　娃　王　楠

1978～2018

经济管理出版社

ECONOMY & MANAGEMENT PUBLISHING HOUSE

图书在版编目（CIP）数据

求索　求实　求真：中国社会科学院工业经济研究所成立 40 周年纪念文集/黄群慧主编. —北京：经济管理出版社，2018.3
ISBN 978-7-5096-5688-4

Ⅰ.①求…　Ⅱ.①黄…　Ⅲ.①中国社会科学院—工业经济—研究所—纪念文集　Ⅳ.①F42-242

中国版本图书馆 CIP 数据核字（2018）第 046919 号

责任编辑：胡　茜　郭丽娟　魏晨红　王格格　范美琴
责任印制：黄章平
责任校对：陈　颖　赵天宇　董杉珊　王淑卿

出版发行：经济管理出版社
　　　　　（北京市海淀区北蜂窝 8 号中雅大厦 A 座 11 层　100038）
网　　址：www.E-mp.com.cn
电　　话：（010）51915602
印　　刷：三河市延风印装有限公司
经　　销：新华书店
开　　本：880×1230mm/16
印　　张：64.5
字　　数：1905 千字
版　　次：2018 年 3 月第 1 版　2018 年 3 月第 1 次印刷
书　　号：ISBN 978-7-5096-5688-4
定　　价：298.00 元

序

40年芳华结硕果。中国社会科学院工业经济研究所成立于1978年4月5日，伴随着中国的改革开放，它已经走过了40年光荣绽放的岁月。工业经济研究所的研究领域横跨经济学和管理学两大门类，包括产业经济、区域经济、企业管理、财务与会计、发展经济等具体学科，定位于以马克思主义为指导的党和国家的高端智库、科学研究的最高学术殿堂。40年来，工业经济研究所的学者们发表的大量高质量的研究成果，为我国的经济发展与改革开放事业以及中国特色社会主义经济学和管理学的建设与发展，贡献了自己的智慧和力量。

值此工业经济研究所成立40周年之际，我们编辑出版这本纪念文集，真实记录了我所学者的研究贡献和学术成长轨迹。我所在建所10周年、20周年和中国社会科学院建院30周年时都曾编辑出版过纪念文集。为了保持相应的连续性，本文集主要收录了2008~2017年我所在职学者发表的具有代表性的研究论文，论文发表时间也基本在这10年期间。论文所涉及的研究主题包括经济发展与结构优化、工业增长与资源环境、体制改革与制度创新、区域经济与地区战略、企业管理与成长战略、对外开放与国际经济。当然，对于每年都有上百篇论文的工业经济研究所，这里所收录的成果只是我所学者一些代表性的论文，本文集还无法反映10年来我所学术研究的整体面貌。

2008~2017年，我国经济正处于重大的转型期，从高速增长逐步向中高速增长过渡，经济结构也在不断优化升级，形成增速趋缓、结构趋优、动力转换的经济新常态，整体经济发展阶段也逐步从高速增长转向高质量发展，社会主义市场经济体制改革继续深化，进一步向成熟的市场经济体制迈进。这10年，是我国保持经济健康持续发展、经济建设取得巨大成就的10年，同时也是不断推出重大改革措施和发展战略以解决问题、化解风险、迎接挑战的10年。这10年间，我国成功地抵御了国际金融危机对我国的冲击，积极顺应新一轮科技和产业革命的浪潮，努力推进"一带一路"和构建开放经济新体制，不断推进工业化和信息化的融合，积极化解过剩产能，大力培育战略性新兴产业，不断深化供给侧结构性改革，加快建设现代市场体系和公平竞争的要素市场，持续推进京津冀一体化和全国区域协调发展，继续加快国资国企改革和改善企业管理，强力推进工业发展方式转变，有效缓解资源环境压力。

现实之树常青，这 10 年间中国经济发展的伟大实践给我们提供了肥沃的学术研究沃土。围绕我国经济发展和企业管理中的重大问题，10 年来我所学者进行了大量的、严谨的学术研究，本文集中的论文在一定程度上反映了我所学者在这方面的努力。不仅如此，作为国家的高端智库，基于这些学术研究，我所的学者也有效地发挥了思想库、智囊团作用，组建了中国社会科学院京津冀协同发展智库和雄安发展研究智库，为中央和地方政府提供了有效的决策支撑。

我国已经进入中国特色社会主义建设新时代，需要加速建设现代化经济体系。中国工业化进程也步入了工业化后期，经济发展也从高速增长转向高质量发展，我国经济发展正面临一系列新问题、新情况。这对我所学者提出了新课题、新要求，同时加快构建中国特色哲学社会科学体系也是我们义不容辞的责任和任务。因此，本文集所收录的论文，代表的不仅是我所学者学术研究的过去，更是一个新起点。以此为始，我们需要全身心地投入新的学术研究征程，只有如此，才无愧于这个伟大的时代。

黄群慧

2018 年 1 月 18 日

目　录

第一篇　经济发展与结构优化

第二篇　工业增长与资源环境

第三篇 体制改革与制度创新

第四篇 区域经济与地区战略

第五篇　企业管理与成长战略

第六篇　对外开放与国际经济

第一篇

经济发展与结构优化

论中国实体经济的发展

黄群慧

摘　要：有关实体经济与虚拟经济的关系一直是学界关注的主题，而近年来我国经济存在的"脱实向虚"问题又是政府努力解决的重大经济结构问题。然而，有关什么是实体经济以及实体经济包括的范围，无论是在理论层面，还是在政策层面，并没有形成共识。本文创新性地提出了一个关于实体经济分类的分层框架，认为第一层次实体经济（R_0）是制造业，这是实体经济最核心的部分，可以理解为最狭义的实体经济；第二层次实体经济（R_1）包括 R_0、农业、建筑业和除制造业以外的其他工业，这是实体经济的主体部分，是一般意义或传统意义的实体经济；第三层次的实体经济（R_2）包括 R_1、批发和零售业、交通运输仓储和邮政业、住宿和餐饮业，以及除金融业、房地产业以外的其他所有服务业，这是实体经济的整体，也是最广义的实体经济。R_2 和金融业、房地产业就构成了整体国民经济，也就是由实体经济与虚拟经济构成的整体经济。基于这个分类框架，本文计算了党的十八大以来我国三个层次实体经济的增长情况，认为党的十八大以来中国实体经济取得了巨大成就，已经发展成为一个世界性的实体经济大国。但是，实体经济发展也存在严重的结构失衡问题，在 R_0 上表现为制造业供需结构性失衡，在 R_1 上表现为服务业和工业发展的失衡，在 R_2 上表现为实体经济和虚拟经济的结构失衡。基于对实体经济结构失衡的机制分析，本文提出了未来实体经济健康发展的政策思路：一是提高制造业供给体系质量，围绕提高制造业供给体系质量深化供给侧结构性改革，化解制造业供需结构失衡；二是形成工业和服务业良性互动、融合共生的关系，化解产业结构失衡，构建创新驱动、效率导向的现代产业体系；三在"虚实分离"的常态中坚持"实体经济决定论"，从体制机制上化解"虚实结构失衡"，将风险防范的工作重点从关注金融领域风险转向关注长期系统性经济风险。

关键词：实体经济；虚拟经济；分类；结构失衡；发展思路

一、引　言

多年来，重视实体经济的发展一直是中国经济发展的重大战略和政策导向。党的十六大报告就专门提出要正确处理实体经济与虚拟经济的关系，党的十八大报告进一步明确提出，"牢牢把握发展实体经济这一坚实基础，实行更加有利于实体经济发展的政策措施"，以及"深化金融体制改革，健全促进宏观经济稳定、支持实体经济发展的现代金融体系"。在 2016 年中央经济工作会议上，习近平总书记指

[基金项目] 国家社会科学基金重大项目"'中国制造 2025'的技术路径、产业选择与战略规划研究"（15ZDB149）。

出："振兴实体经济是供给侧结构性改革的主要任务，供给侧结构性改革要向振兴实体经济发力、聚力。不论经济发展到什么时候，实体经济都是我国经济发展、我们在国际经济竞争中赢得主动的根基。我国经济是靠实体经济起家的，也要靠实体经济走向未来。"2017 年全国人民代表大会的政府工作报告更是明确提出："以创新引领实体经济转型升级。实体经济从来都是我国发展的根基，当务之急是加快转型升级。要深入实施创新驱动发展战略，推动实体经济优化结构，不断提高质量、效益和竞争力。"2017 年 7 月举行的中央金融工作会议则强调提出，金融要回归本源，真实服务实体经济。

在高度重视实体经济发展的战略和政策下，我国积累了巨大的实体经济财富和生产供给能力。尤其是党的十八大以来，随着中国步入工业化后期①，中国已经成为一个世界性实体经济大国（黄群慧，2016）。但是，我国实体经济发展"大而不强"的问题突出，虽然具有庞大的实体经济供给数量，但供给质量不高，无法满足消费结构转型升级的需要，实体经济结构供需失衡，"中国是一个实体经济大国而非实体经济强国"可以被认为是一个基本国情。无论是强调正确处理实体经济与虚拟经济的关系、金融要回归本源真实服务实体经济，还是将振兴实体经济作为供给侧结构性改革的主攻方向，以及通过创新驱动优化实体经济结构，本质上都是基于实体经济"大而不强"的基本国情提出的重大战略举措和政策导向。尤其是，在经济增速趋缓的经济新常态背景下，实体经济如何实现从大到强的转变，不仅是实体经济转型升级的自省发展问题，而且是我国重大的经济结构调整问题，是当前中国经济发展需要解决的核心问题。正如习近平总书记所指出的："当前，我国经济运行面临的突出矛盾和问题，虽然有周期性、总量性因素，但根源是重大结构性失衡。概括起来，主要表现为'三大失衡'。一是实体经济结构性供需失衡……二是金融和实体经济失衡……三是房地产和实体经济失衡……这'三大失衡'有着内在因果关系，导致经济循环不畅。"这意味着步入工业化后期的中国经济结构的重大问题就是实体经济结构失衡，这包括实体经济内部的供需结构失衡，以及实体经济外部的实体与虚拟经济之间的结构失衡。应对结构失衡的良方就是结构性改革，因此，通过推进以技术创新为核心要义的供给侧结构性改革，就是化解实体经济结构性供需失衡、虚拟经济和实体经济的失衡，实现实体经济由大向强的转变的根本路径，也是经济新常态下培育经济增长新动能、实现动能转换的必然要求。

二、关于实体经济的基本认识与分类框架

虽然在经济战略和政策领域以及在日常经济活动中，实体经济被反复使用，但从理论层面对实体经济严格界定并不容易，甚至在真正想从实证角度分析实体经济所包括的内容或范围时，往往不同的实证研究侧重还不同，而且从统计意义上看并没有实体经济这样一个专门的针对性指标。从现有的文献看，大致可以从两个视角来界定实体经济，一个是与虚拟经济辨析的角度，另一个是从产业分类视角。前者侧重于经济史和理论层面分析，而后者可支撑做实证统计分析。

从经济学说史角度看，实体经济是相对于虚拟经济而言的，因此界定实体经济需要基于对虚拟经济

① 关于中国所处工业化阶段存在的不同观点：近些年大多数文献都认为中国处于工业化中后期，但工业化中后期是一个很漫长的阶段，且工业化中期阶段和工业化后期阶段经济发展特征具有巨大差异，因此这种中后期的判断对于基于经济发展阶段变化制定发展战略的意义不大。我们连续多年对中国工业化进程的跟踪评价表明，到 2011 年以后，中国已经发展到工业化后期阶段（黄群慧，2017）。中国进入经济新常态的特征，也与中国进入工业化后期的特征相吻合，这也支持中国步入工业化后期的判断。这一判断也越来越被研究文献和政府部门所接受，国家统计局也已经采用了这一判断（国家统计局工业司，2017）。但是，最近也有研究认为，中国早已进入后工业化阶段，提前实现了党的十八大提出的到 2020 年基本实现工业化的目标（胡鞍钢，2017），该研究存在对工业化理论和工业化指标的诸多错误理解，其结论并不利于科学判断我国国情和进一步制定到 2050 年的现代化战略。

的理解来论述。马克思较早地在资本范围内讨论现实资本和虚拟资本的分类，认为"银行家资本的最大部分纯粹是虚拟的，是由债权（汇票）、国家证券（它代表过去的资本）和股票（对未来收益的支取凭证）构成的"，并揭示了虚拟资本随着信用制度和生息资本的发展而实现自我增值的过程。另外还有一些经济学家分别从实际经济运行和货币运行、工业和金融、工业资本和金融资本等方面进行了研究，对应了实体经济和虚拟经济的分类。值得一提的是管理学大师德鲁克（Peter Drucker）将整个经济体系分为实体经济（Real Economy）和符号经济（Symbol Economy），实体经济实质是产品和服务的流通，符号经济实质是资本的运动、外汇率和信用流通。用符号经济替代虚拟经济（Fictitious Economy）① 或金融经济（Financial Economy）被认为更具有与实体经济相对应的匹配性以及更能解释两者的本质联系。但是，当今多数研究者和社会上更倾向于使用虚拟经济，与实体经济相对应。实际上，真正集中研究实体经济的文献并不多，多是研究虚拟经济和经济泡沫问题的，只是从对应和辨析角度论述实体经济。尤其是在1997 年亚洲金融危机后以及 2007 年美国金融危机后，相关文献出现得就更为集中。在具体表述什么是实体经济时，不同表述的侧重点会有所不同，但核心都是如何区分实体经济和虚拟经济。至少应该存在两种区分：一种是从定价方式出发的"宽虚拟、窄实体"分类，这种区分认为虚拟经济是以理念或资本化定价行为为基础的价格系统，而实体经济是指以成本和技术支撑的价格体系，两者区分标准不是行业差异或发生在实物领域和金融领域的差异，而是资产定价行为方式的差异。这样，虚拟经济的范畴既包括金融、房地产等产业，也包括无形资产、某些高技术产品、大宗商品等，以及其他可能长期或短期进入这种特殊运行方式的有形产品和劳务。另一种是从功能角度出发的"宽实体、窄虚拟"，这种区分认为实体经济是指由生产服务部门提供的物质产品、精神产品的生产、销售、消费等经济活动，其基本功能是提供人类生存发展资料、改善人类生活水平和增强人类综合素质，相对而言，虚拟经济则是金融部门主导的围绕货币流通和信用制度的经济活动，其目的是通过发挥货币的清算与支付结算、资本融通与资源配置、经营风险管理、信息提供与激励等功能达到"以钱生钱"②。因此，判断是否是实体经济的关键标准在于是否具有直接改变人类生活方式和改善生存发展质量的功能。两种区分界定方式相比，前者的出发点是虚拟经济而且倾向于经济理论性，而后者的出发点是实体经济且更适合实证和现实需要。

无论如何界定，要理解实体经济发展，必须回归到产业视角。基于上述"宽实体、窄虚拟"的区分，从产业层面来看，第一产业和第二产业均属于实体经济的范畴，第三产业中除去房地产市场和金融市场之外的产业也都属于实体经济。就美国经济数据的构成来看，制造业、进出口、经常账、零售销售等被美联储笼统地概括为"实体经济"。但是，仅停留在三次产业层面理解实体经济是不够的，界定实体经济还需要进一步具体的产业归属划分。现在人们在讨论实体经济问题以及实体经济与虚拟经济的关系时，如当前讨论有关"金融服务实体经济""虚实脱离"等问题时，虽然都是用"实体经济"这一概念，但其所指的含义、包括的具体产业可能是不同的，会导致看法大相径庭。甚至有一种观点认为金融业属于服务业，而服务业又归为实体经济，因此金融业就是实体经济的一部分，"金融服务实体经济"，以及我国经济存在"脱实向虚"问题都是伪命题。因此，问题的关键是必须全面正确理解实体经济，必须从更为具体的产业层面来界定和划分实体经济的层次。借鉴货币层次的分类形式，本文这里提出如图

---

① 需要说明的是，与实体经济对应的虚拟经济是与金融等相关的"虚拟"（Fictitious），而不是与网络相关的"虚拟"（Virtual）。与网络相关的"虚拟"对应的是"物理"，应该是"物理空间"和"虚拟空间"的概念对应。最近有些制造业企业家借社会上呼吁避免"脱实向虚"、强调给实体经济发展创造好的发展环境机会，批评电子商务的发展侵害了实体经济，姑且不论是否存在这种侵害，但这个问题是不能归结为虚拟经济对实体经济的伤害的，否则就是混淆了两种"虚拟"的概念。

② 关于金融体系对经济增长的功能问题有五职能、六职能等不同的归类，一般人们更多的是关注金融功能的支付结算、储蓄与投资的最基本职能，但是正确利用金融体系，还会有促进分工、有助于风险管理、改善资源配置、发挥信息优势、降低交易成本和提供激励机制等功能（李扬，2017；何德旭、王朝阳，2017）。

1 所示的实体经济的三层次分类框架①。第一层次实体经济，也就是制造业，我们可以用 R_0 表示，这是实体经济最核心的部分，可以理解为最狭义的实体经济；第二层次实体经济包括 R_0、农业、建筑业和除制造业以外的其他工业，可以用 R_1 表示，这是实体经济的主体部分，是一般意义或传统意义的实体经济；第三层次的实体经济包括 R_1、批发和零售业、交通运输仓储和邮政业、住宿和餐饮业，以及除金融业、房地产业以外的其他所有服务业，可以用 R_2 表示，这是实体经济的整体，也是最广义的实体经济。R_2 和金融业、房地产业就构成了整体国民经济，也就是包括实体经济与虚拟经济的整个国民经济。

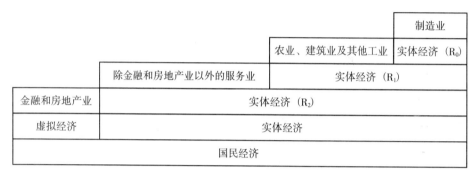

图 1　产业视角的实体经济分类

资料来源：笔者自撰。

（一）R_0 层次的实体经济

自第一次工业革命以来，伴随着工业化推进，制造业的"制成品"彻底改变了人类的生活方式，人类的生存发展水平得到了极大的提升，人类步入工业社会，从提高人类生存发展资料、改善人类生活水平和增强人类综合素质的实体经济功能看，制造业成为毋庸置疑的实体经济的核心。近些年来，随着新工业革命的深化，工业化和信息化逐步深度融合，第一、第二、第三产业界限日趋模糊，信息化对人类的生活方式的影响正在加剧，R_0 本身的内涵叠加了更多的信息经济、数字经济的内涵。R_0 自身正经历着转型升级的巨大变革。信息化、服务化、绿色化、高端化、个性化成为实体经济发展的重要趋势，智能制造成为 R_0 转型升级的制高点。在智能制造驱动下，新产业、新业态、新商业模式层出不穷，推动了智慧农业、智慧城市、智能交通、智能电网、智能物流和智能家居等各个社会经济领域的智能化发展。信息化社会下人类生活方式的巨大变革，真正的驱动力量还是来自 R_0 的发展，因此，制造业是实体经济的核心并没有改变，只是呈现出制造业信息化和服务业化的趋势。

从 R_0 层次实体经济结构看，实体经济结构主要表现为 R_0 内部和外部两方面的关系，R_0 内部结构是指制造业内部各行业的关系，R_0 外部结构是指 R_0 和农业、建筑业及其他工业行业关系，主要是工业产业结构关系②，R_0 内外结构动态变化表明了制造业和工业产业结构高级化、产业转型升级的结构调整问题，从供需角度也反映了制造业、工业的供给体系质量和供需结构变化问题。在 R_0 层面，实体经济发展一方面表现为制造业规模的不断扩大，制造业在国民经济中的占比增加，但更为关键的问题是随着工业化水平的提升，制造业不断转型，制造业供给体系质量不断提升，最终表现为制造复杂产品的能力不断提升。发展经济学所揭示的随着工业化阶段推进，产业结构从劳动密集型产业主导向资金密集型产业主导进而向技术密集型产业主导的变化，也表明了实体经济发展的规律。这也意味着对于不同国家而

---

① 应该指出的是，这里将实体经济划分为 R_0、R_1、R_2 三个层次，与货币三个层次 M_0、M_1、M_2 具有形式对应性，但内容上并不存在一一对应关系。然而，下文的分析表明，这并不影响实体经济三个层次划分的必要性和重要性意义。

② 考虑到农业现代化水平提升主要依赖现代生物技术、制造技术和农业机械等工业发展，这里在讨论 R_0 层面的实体经济结构时不再单独强调工业农业的结构关系。

言，由于其经济发展阶段不同，其产业结构水平不同，其制造业转型升级的方向也就不同，但本质都是要不断提升制造复杂产品的能力。近些年来，随着对美国金融危机问题研究的深入，一些实证研究表明，由制造产品复杂性所反映的一国制造能力是能够解释国家长期增长前景的最好的指标（Hausmann，2011），这从另外一个角度说明，以制造业为核心的实体经济——R_0本身所蕴含的生产能力和知识积累是一国经济长期发展的关键。

（二）R_1 层次的实体经济

这个层次的实体经济主要包括制造业（R_0）、农业、建筑业和其他所有工业，这是传统意义"实体性"生产的主体部门，也是对应经济学中生产性劳动的部门。亚当·斯密最早区分生产性劳动和非生产性劳动，"有一种劳动，加在物上，能增加物的价值；另一种劳动，却不能够。前者因可生产价值，可称为生产性劳动，后者可称为非生产性劳动"。这也正是一般意义上我们所理解的对应"实体性物品"的实体经济。实际上，现实中大多数人心目中所谓的实体经济就是 R_1 层次的。正是在生产性劳动和非生产性劳动分类基础上，马克思劳动价值论关于生产性劳动创造价值和剩余价值的基本观点，足以支持实体经济是国民经济的根基的结论。生产性劳动是以实体经济为基础的，而虚拟经济更多地是以非生产性劳动为基础，虽然随着后工业化社会的到来，经济服务化水平提升，制造业占比逐步降低，金融部门在国民经济中占有比例不断增大，但生产性劳动和实体经济在经济中的基础地位和重要意义仍不可替代（何玉长，2006）。如果仅将实体经济停留在 R_0 和 R_1 层次，不会得出金融业也是实体经济的结论。因为在 R_0 和 R_1 层次服务业是被界定到实体经济之外的。

当我们讨论 R_1 结构问题时，如果将实体经济分为 R_1 内部结构和 R_1 外部结构，就会涉及实体经济与服务业的关系。R_1 内部结构就是上述 R_0 层面的外部结构，主要是工业产业结构（含工业与农业、建筑业的结构），其关键问题是工业结构转型升级和高级化的问题；R_1 外部结构就是工业和服务业的结构问题。服务业是一个非常复杂的产业，因为除了农业和工业以外，所有其他产业都被放在服务业这个"筐"中，服务业各个行业的特性差异巨大，这就造成了 R_1 外部结构的复杂性。服务业存在各种不同的分类，包括生活性服务业与生产性服务业、传统性服务业和现代服务业等，但从实体经济和虚拟经济研究视角看，可以将服务业分为金融房地产业以及其他服务业两类。关于金融房地产业和实体经济的结构关系是 R_2 层次要讨论的。在这里，R_1 外部结构需要关注的是工业和服务业的关系问题。随着工业化进程的推进，R_1 外部结构呈现出占 R_1 比重逐步减小、服务业占比逐步提高的演进过程，这一般被认为是经济结构高级化的趋势，也被认为是经济服务化的趋势。R_1 占比下降的这种实体经济结构演进规律，被认为是经济现代化不可逆的过程。但是，基于鲍莫尔（Baumol，1967）的"非平衡增长模型"，这个过程中，由于实体经济 R_1 生产率高于服务业部门，随着实体经济 R_1 占比下降，服务业部门占比上升，会出现整体经济减速——结构性减速，存在"效率—结构—速度"的传导机制，而且这个过程中一个关键传导因素是因服务业效率提升相对缓慢而产生服务业价格不断上涨的"成本病"。这里需要强调的是，R_1 占比下降、服务业占比上升并不意味着实体经济在国民经济中的重要性下降。一是由于实体经济的"迂回生产"特性，本属于实体经济生产过程的中间产出，大都被统计为服务业了，因此统计意义上发达经济体服务业占比一般达 70%~80%。二是从最终消费角度划分，服务消费和实体性产品消费是"1：1"的结构，也就是 R_1 和服务经济各占 50% 的比例（詹森，2013）。鲍莫尔（Baumol，2001）也认为，相对制造业来说，服务业的真实产值及所占比重并没有上涨或下降，长期而言服务业的需求与工业需求同步，其需求价格弹性几乎为零，不会随价格变化而变化。三是以制造业为核心、工农建为主体的实体经济不仅是技术创新的主要来源，还是技术创新的使用者和传播者，构成了一个国家和地区创新生态系统中的核心环节，实体经济对经济发展的意义不仅体现在短期经济增长和就业方面，更重要的是对创新和可持续发展的支撑作用。

（三）R₂层次的实体经济

这是广义的实体经济层面，具体包括 R_0、R_1 的实体经济，批发零售业、交通运输仓储和邮政业、住宿和餐饮业等传统服务业，以及科学研究和技术服务、教育、文化、政府等现代服务业，也就是 R_0、R_1 以及除金融业、房地产业以外的所有服务业。这种划分实质上是一种排除法，也就是整个国民经济中除了金融业、房地产业以外的都可以归结为实体经济。金融和实体经济的关系一直是金融学和宏观经济学关注的重大主题，这种分类有助于进一步探讨两者关系。之所以把房地产业和金融业归在一起，没有算作实体经济，不仅是因为当今房地产主要呈现的是金融衍生品的特征，还因为房地产的实体经济部分已经在建筑业中体现出来，是 R_1 的组成部分。

R_2 层次的实体经济结构问题也可以划分为 R_2 内部结构和 R_2 外部结构，其内部结构也就是上述 R_1 外部结构，主要涉及工业和服务业的关系问题；其外部结构也就是整体国民经济的结构，整体国民经济结构表现为 R_2 和金融业、房地产业的关系，也就是最广泛意义的实体经济与虚拟经济的关系问题。这对关系在现实经济运行中是错综复杂的，学术研究主要关注的是实体经济和虚拟经济在整个经济中占有的地位和意义，以及虚拟经济和实体经济相互作用、经济泡沫和经济危机产生的机理。关于虚拟经济和实体经济的地位和意义，以实体经济为本几乎没有什么争议，因为从本质看，虚拟经济的投资回报，也就是金融资本的投资回报本质是来自实体经济的投资回报的，是由于金融资本跨越时空的资源配置节省了交易成本、提高了实体经济的效率进而获得的收益，因此虚拟经济必须以实体经济为根本。但问题是，虽然都认可实体经济的基础地位和重要意义，但实体经济常常会偏离虚拟经济，并逐渐产生金融泡沫，且到一定程度会爆发金融危机。一种基本的解释是，如果将经济活动分为物流、信息流和资金流，在信息流的帮助下，资金流是可以脱离物流并快于物流单独流动的，也是有助于实现降低实体经济交易成本、提高实体经济效率和促进整体经济增长的，这意味着相对实体经济交易而言，虚拟经济本身是可以单独进行交易的，其交易不仅比实体经济更具有流动性，而且还可以是跨越时空的。虚拟经济所具有的跨域时空的快速流动性，决定了实体经济必然滞后于虚拟经济，从而虚拟经济脱离实体经济成为常态。信息技术和金融全球化又加快了这种跨越时空的流动性，促进了这种脱离的程度。从投资的角度看，支持虚拟经济的金融资本和支持实体经济的实业资本从短期看是可以分离的，金融资本会脱离实体经济独立循环，如果金融资本独立循环获得的投资回报高于投入实体经济的实业资本的回报，将会有更多的实体资本被"挤出"转向金融资本，这种"挤出效应"会随着金融投资回报率的增加而增强。这样，新古典经济学中的"储蓄—投资"转化和平衡机制内涵将发生变化（陈雨露、马勇，2012），进一步导致经济增长的可持续性逐步受到挑战。只要实业资本回报率低于金融资本回报率，从理论上讲不仅新增投资将逐步转向金融资本，而且原有实业资本也会设法逐步退出转向金融资本，在资本资源既定的前提下，这意味着金融部门的膨胀和超速扩张将以实体部门的萎缩和加速衰减为代价。实体经济的萎缩又会进一步拉大实体经济回报和虚拟经济回报的差距，金融部门和金融交易就越发通过所谓的金融创新来脱离真实的经济条件，虚拟经济泡沫也就越来越大，金融部门就会在更大程度上主导实体经济乃至整个经济。一旦预期到现实经济条件和实体经济长期回报根本无法支撑金融资本过度膨胀，金融危机也就产生了。可以形象地说，当"以钱生钱"的金融资金流完全脱离了"以物生钱"的物流和实体资金流，完全陷于自我循环时，经济泡沫就会越来越大，由于"以钱生钱"的欲望是无止境的，一旦基于现实成本和技术的实体经济"以物生钱"的速度无法支撑这种快速膨胀的虚拟经济"以钱生钱"的欲望时，金融危机也就随之产生了。金融危机的实质是对虚拟经济与实体经济过度脱离进行破坏性的纠正，也说明经济发展本质上还是由实体经济是否发展决定的。因此，我们需要把握的是，一方面要认识到并允许虚拟经济脱离实体经济这种常态，但另一方面要坚持"实体经济决定论"（黄群慧，2016）。在"虚实脱离"的常态中坚持"实体经济决定论"是正确处理实体经济与虚拟经济关系的基本原则，也是经济发展政策和宏观调控政策的基本导向，而政策的关键是如何根据经济环境、经济发展阶段及经济运行状况决定虚拟经济发展的"度"，动态调控虚拟经济发展的方向与速度，促进金融创新要以实体经济发展为中心。

对实体经济三个层面的分类，不仅反映出对实体经济从狭义到广义，由核心、主体到全体的递进的基本内涵，而且其直接对应的产业符合统计年鉴的产业分类目录，容易进行实证研究。更为有意义的是，对应 R_0、R_1 和 R_2 三个层面的实体经济结构，能够引出工业内部产业关系、工业与服务业关系、实体经济与虚拟经济关系这三个重要的经济结构问题。当前经济新常态下，这三对关系正是我国经济结构优化调整亟须正确处理的。

三、党的十八大以来中国实体经济的发展

经过改革开放以后快速的工业化进程，21 世纪初，中国就已经从一个农业经济大国转变为工业经济大国。2010 年我国国内生产总值超越日本成为世界第二大经济体，在 2011 年以后，中国就进入工业化后期（黄群慧，2017），中国已经积累了庞大的工农业生产能力和巨大的物质财富，已经成为一个真正的世界性实体经济大国。

党的十八大以来，虽然处于工业化后期的中国经济增长呈现出增速趋缓、结构趋优的新常态，但 2013~2016 年，中国国内生产总值年均增长 7.2%，仍远高于同期世界 2.5% 和发展中经济体 4% 的平均增长水平，据国际货币基金组织数据计算，2016 年中国 GDP 为 11.2 万亿美元，占世界总量的 14.9%，比 2012 年提高 3.4 个百分点（国家统计局国际司，2017）。基于上述关于实体经济的分类，实体经济 R_0、R_1 和 R_2 三个层面的增长情况如表 1 所示，2012~2016 年，虽然实体经济也呈现出了增速趋缓的趋势，但是 R_0 增速仍在 6.8% 以上，R_1 增速保持在 5.8% 以上，R_2 增速在 6.4% 以上。到 2016 年，R_0 总量已经达到 22.4 万亿元、R_1 总量达到 36.1 万亿元，2015 年 R_2 总量更是达到了 53.1 万亿元。从实体产品生产能力看，如表 2 所示，中国主要工农业产品产量一直都位居世界前列，其中粗钢、煤、发电量、水泥、化肥等工业品和谷物、肉类、花生、茶叶等农产品的产量稳居世界第一位。2012~2016 年，中国铁路营业里程由 9.8 万公里增加到 12.4 万公里，中国高速铁路运营里程由不到 1 万公里增加到 2.2 万公里以上，中国公路里程由 424 万公里增加到 470 万公里，其中高速公路里程由 9.6 万公里增加到 13.1 万公

表 1　党的十八大以来三个层面实体经济的增长情况

年份	实体经济 R_0		实体经济 R_1		实体经济 R_2	
	增加值（亿元）	增速（%）	增加值（亿元）	增速（%）	增加值（亿元）	增速（%）
2012	169806.6	8.5	275083.6	7.7	431218.1	7.9
2013	181867.8	10.5	295329.9	7.4	462971.1	7.4
2014	195620.3	9.4	315550.0	6.9	498426.8	7.7
2015	209313.7	7.0	333890.4	5.8	530500.1	6.4
2016	223547.0	6.8	361053.0	—	633862.0	—

注：表中 2012~2015 年数据按不变价格计算，2016 年数据和 R_0 的增加值按当年价格计算。
资料来源：根据《中国统计年鉴》（2016）、《中国统计摘要 2017》、历年统计公报、Wind 资讯计算。

里，这些指标都位居世界第一，其中高速铁路运营里程甚至超过第 2~10 位国家的总和。2013~2015 年，中国货物进出口总额居世界第一位，中国货物进出口总额占世界的比重从 2012 年的 10.4% 提高到 2016 年的 11.5%（国家统计局综合司，2017）。所有这些指标表明，党的十八大以来，中国实体经济进一步发展，综合实力进一步显著增强，世界性实体经济大国地位进一步巩固。正是在世界实体经济大国地位的有力支撑下，中国顺利实施"一带一路"倡议、精准扶贫等国家重大发展战略。

表 2 2012~2015 年我国主要工农业产品产量居世界位次

单位：万吨

产品	2012 年		2013 年		2014 年		2015 年	
	产量	位次	产量	位次	产量	位次	产量	位次
谷物	53935	1	55269	1	55741	1	57228	1
肉类	8387	1	8535	1	8707	1	8625	1
花生	1669	1	1697	1	1648	1	1644	1
油菜籽	1401	2	1446	2	1477	2	1493	2
甘蔗	12311	3	12820	3	12561	3	11697	3
茶叶	179	1	192	1	210	1	225	1
粗钢	72388	1	81314	1	82231	1	80383	1
煤	394513	1	397432	1	387400	1	374700	1
原油	20571	4	20992	4	21143	4	21456	4
发电量（亿千瓦）	50210	1	54316	1	56496	1	58146	1
水泥	220984	1	241924	1	249207	1	235919	1
化肥	6832	1	7026	1	6877	1	7432	1

资料来源：国家统计局国际司. 国际地位显著提高，国际影响力明显增强——党的十八大以来经济社会发展成就系列之二 [EB/OL]. http://www.stats.gov.cn/tjsj/sjjd/201706/t20170621_1505616.html, 2017-06-21.

第一，从 R_0 层面看，中国已经发展成为实体经济第一大国，党的十八大以后积极实施制造强国战略，努力推进实体经济转型升级，实现从大向强的转变。

1990 年中国制造业产值占全球的比重为 2.7%，排名列世界第九位；到 2000 年该占比上升到 6.0%，居世界第四位；2007 年该占比达到 13.2%，居世界第二位；2010 年上升为 18.6%，跃居世界第一，成为制造业第一大国；到 2013 年该占比达到 23.9%，迄今已连续多年保持世界第一大国地位。党的十八大以来，中国更加重视制造业发展，从实体经济三个层次增长的速度看，如表 1 所示，虽然实体经济增速总体逐年放缓，但制造业是增速最快的，这几年呈现出 $R_0 > R_2 \geq R_1$ 的特征。党的十八大以来，制造业供给侧结构性改革取得积极进展：一方面，积极淘汰落后产能，化解产能过剩工作全面深入推进，钢铁、有色金属冶炼、水泥、平板玻璃等产能严重过剩行业增速大幅回落，到 2016 年，钢铁退出产能 6500 万吨以上，超额完成目标任务。另一方面，积极推进高技术制造业的发展，促进制造业结构优化升级。2013~2016 年，金属制品业，通用设备制造业，专用设备制造业，汽车制造业，铁路、船舶、航空航天和其他运输设备制造业，电气机械和器材制造业，计算机、通信和其他电子设备制造业，仪器仪表制造业等装备制造业，以及医药制造业，航空、航天器及设备制造业，电子及通信设备制造业，计算机及办公设备制造业，医疗仪器设备及仪器仪表制造业，信息化学品制造业等高技术制造业，增加值年均分别增长 9.4% 和 11.3%，增速比规模以上工业高 1.9 个和 3.8 个百分点。装备制造业和高技术制造业增加值占规模以上工业比重分别为 32.9% 和 12.4%，比 2012 年提高 4.7 个和 3 个百分点。石油加工、炼焦和核燃料加工业，化学原料和化学制品制造业，非金属矿物制品业，黑色金属冶炼和压延加工业，有色金属冶炼和压延加工业，电力、热力生产和供应业这六大高耗能行业增加值年均增长 7.3%，增速比规模以上工业低 0.2 个百分点，六大高耗能行业增加值占规模以上工业比重为 28.1%，比 2012 年下降 1.5 个百分点（国家统计局工业司，2017）。"十二五"期间，中国制造业在一些关键技术上取得突破，产生了探月"嫦娥"、入海"蛟龙"、新一代中国标准动车组、"天河二号"、国产大飞机 C919、首艘国产航母、"天宫一号"等一批重大的科技成果，其中"天河二号"超级计算机已连续四次蝉联世界超算排行榜冠军。另外，百万千瓦级核电装备国产化率提升至 85% 以上，一系列大型成套电力装备已经达到国际领先水平，高精度数控齿轮磨床等产品跻身世界先进行列。最值得一提的是，2015 年 5 月 19 日，中国正式发布《中国制造 2025》，这是一个制造强国建设的 10 年行动纲领，也意味着中国开始全面部署实施制造强国战略。中国提出制造强国战略是基于中国的工业大国国情、世界工业化趋势和中国的工业化发展阶段提出的重大发展战略，对中国的现代化进程具有重大战略意义。经过两年的时间，《中国制造 2025》的"1+X"规划体系全部完成，中国的制造强国战略从提出部署转入全面实施的新阶段（黄群慧，2017）。

第二，从 R_1 层面看，中国实体经济取得长足发展，随着新型工业化、农业现代化、新型城镇化进程稳步推进，工业结构加快向中高端迈进，能源发展呈现新格局，农业基础性地位进一步巩固，基础产业和基础设施保障能力显著提高。

一是从工业发展看，2016 年全部工业增加值达到 24.8 万亿元，占国内生产总值的比重为 33.3%。在中国已进入工业化后期阶段的情况下，这一比重仍远高于多数新兴市场国家。2016 年，规模以上工业实现主营业务收入、利润和资产分别为 115 万亿元、6.9 万亿元和 107 万亿元，2013~2016 年，规模以上工业主营业务收入、利润总额和资产总计年均分别增长 5.9%、5.3% 和 8.8%（国家统计局工业司，2017）。具体从工业三大门类结构看，2013~2016 年，采矿业增加值分别增长 6.4%、4.5%、2.7% 和下降 1.0%，制造业增加值分别增长 10.5%、9.4%、7.0% 和 6.8%，电力、热力、燃气及水生产和供应业增加值分别增长 6.8%、3.2%、1.4% 和 5.5%。2012~2016 年，采矿业增加值年均增速比规模以上工业低 4.4 个百分点，2016 年采矿业增加值占规模以上工业比重已下降到 7.2%，比 2012 年下降了 6.7 个百分点。这意味着，随着中国工业化进程步入工业化后期阶段，工业结构总体呈现从资源和资金密集主导向技术密集主导转型升级的趋势。二是从能源业发展看，能源生产和消费都发生了巨大变革，能源结构由以煤炭为主向多元化转变，能源发展动力由传统能源增长向新能源增长转变，清洁低碳化进程加快。在一次能源生产构成中，2012~2016 年，原煤占比从 76.2% 下降到 69.6%，下降了 6.6 个百分点；原油占比从 8.5% 下降到 8.2%，下降了 0.3 个百分点；天然气占比从 4.1% 上升到 5.3%，提高了 1.2 个百分点；一次电力及其他能源占从 11.2% 上升到 16.9%，提高了 5.7 个百分点。同时，能源利用效率进一步提高，节能降耗成效显著，单位 GDP 能耗显著下降，2016 年全国单位 GDP 能耗比 2012 年累计降低 17.9%，节约和少用能源 8.6 亿吨标准煤（国家统计局能源司，2017）。三是从农业发展看，农业生产布局进一步优化，现代农业产业体系、生产体系和经营体系加快构建，粮食主产区稳产增产。2016 年，粮食主产区产量 9355 亿斤，比 2012 年增长 2.4%；全国油料、蔬菜、水果和茶叶产量分别比 2012 年增长 5.6%、12.6%、17.9% 和 34.1%。新型农业生产经营主体和服务主体快速涌现，2016 年，全国各类新型农业经营主体达到 280 万个，新型职业农民总数超过 1270 万人（国家统计局农业司，2017）。四是从城市和农村基础设施看，2015 年末，地级以上城市境内等级公路里程（全市）379 万公里，比 2012 年末增加 28.5 万公里，年均增长 2.6%；境内高速公路里程（全市）10.8 万公里，增加 2.0 万公里，年均增长 7.1%。网络设施迅速发展，4G 网络和宽带基础设施水平不断提升，互联网宽带用户数增长迅速，2015 年，地级以上城市电信业务收入（全市）13348 亿元，比 2012 年增长 22.1%，地级以上城市互联网用户数达 25510 万户，比 2012 年增长 28.9%。2016 年农村地区有 99.7% 的户所在自然村已通公路、通电和通电话，分别比 2013 年提高 1.4 个、0.5 个、1.1 个百分点。有 97.1% 的户所在自然村已通有线电视，比

2013 年提高 7.9 个百分点。

第三，从 R_2 层面看，服务业的快速增长构成了实体经济发展的重要部分，传统服务业与互联网融合加速，现代服务业蓬勃发展，新业态不断涌现，创新能力和科研实力大幅提升。

党的十八大以来，中国工业化后期的经济结构变化特征日趋明显，三次产业中服务业占比迅速提高。服务业现价增加值占国内生产总值比重从 2012 年的 45.3% 迅速提升至 2016 年的 51.6%，提高 6.3 个百分点，2013~2016 年服务业增加值年均增长 8.0%，高出国内生产总值增速 0.8 个百分点；服务业就业人数占总就业人数比重从 2012 年的 35.9% 上升到 2016 年的 43.5%，上升 7.6 个百分点。随着互联网迅速普及，传统服务业与互联网融合发展加速，新业态层出不穷，电子商务规模持续扩大，分享经济蓬勃兴起。2016 年，全社会电子商务交易规模达到 26.1 万亿元，是 2013 年的 2.5 倍，年均增长 36.4%。2013~2016 年，互联网分享平台所属的规模以上数据处理和存储服务业企业营业收入年均增长 38.4%。分享经济渗透到交通、住宿、金融、餐饮、物流、教育、医疗等多个服务业领域和细分市场。旅游、文化、体育、健康、养老等幸福产业发展方兴未艾，其中文化及相关产业增加值 2013~2016 年年均名义增长 13.7%（国家统计局服务业司，2017）。

在现代生产性服务业中，科技服务业发展迅速，创新能力不断提升，极大地促进了创新引领实体经济转型升级。我国研发投入快速增长，总规模已位居世界前列。2016 年，我国研究与试验发展（R&D）经费总量为 1.57 万亿元，比 2012 年增长 52.5%，年均增长 11.1%；按汇率折算，我国研发经费总量在 2013 就成为仅次于美国的世界第二大研发经费投入国家。我国研发经费投入强度 2016 年为 2.11%，比 2012 提高 0.2 个百分点，目前已达到中等发达国家水平，居发展中国家前列。从科技产出看，2016 年我国境内发明专利申请受理数 119.3 万件，比 2012 年增长 128.1%，平均每亿元研发经费产生境内发明专利申请 76.1 件，比 2012 年增加 25.4 件。2016 年境内发明专利授权 29.5 万件，比 2012 年增长 115.3%。2016 年我国申请人通过《专利合作条约》（PCT）提交的国际专利申请量达 43168 件，连续四年位居世界第三。截至 2016 年末，境内有效发明专利 110 万件，每万人口发明专利拥有量为 8.0 件。世界知识产权组织发布的全球创新指数显示，我国创新能力综合排名由 2012 年的第 34 位上升到 2016 年的第 25 位，居中等收入经济体中第一位（国家统计局社科文教司，2017）。

四、中国当前实体经济面临的结构失衡问题

在充分认识到中国已经成为实体经济世界性大国、党的十八大以来又取得新发展成就的同时，我们还必须客观分析当前中国实体经济发展面临的问题。伴随着中国的快速工业化进程，中国实体经济规模迅速扩张，但也积累了一系列深层次结构性矛盾，实体经济增长质量有待提升。基于上述实体经济三层次分类框架，当前中国实体经济深层次结构问题主要表现在 R_0 内部结构——制造业行业关系、R_1 外部结构——工业和服务业关系、R_2 外部结构——实体经济与虚拟经济关系三方面。

（一）R_0 结构问题：制造业结构性供需失衡

中国制造业大而不强的问题，是当前 R_0 层次实体经济发展面临的突出问题，也是 R_0 供给结构的突出矛盾，主要体现为中低端和无效供给过剩、高端和有效供给不足的结构性失衡。具体可以从 R_0 的产业结构、产业组织结构和产品结构三个方面分析。

一是从 R_0 产业结构看，制造业产业结构高级化程度不够。我国制造业中，钢铁、石化、建材等行

业的低水平产能过剩问题突出并长期存在，"去产能"成为供给侧结构性改革的主攻方向之一；在制造业中传统资源加工和资金密集型产业占比还比较高，高新技术制造业占比还较低。虽然近些年我国制造业高技术产业增速远远高于整体工业增速，但 2016 年，医药制造业，航空、航天器及设备制造业，电子及通信设备制造业，计算机及办公设备制造业，医疗仪器设备及仪器仪表制造业，信息化学品制造业这六大高技术制造业增加值占规模以上工业增加值的比重也还只有 12.4%，还不到六大高耗能行业占规模以上工业增加值的比重的一半；主要制造行业长期锁定在全球价值链分工的中低端，附加值较低。例如，近十年，我国机电产品的平均出口单价只有 19.75 美元/公斤，远低于日本的 39.74 美元/公斤。另外，一项实证研究表明，我国 22 个制造业行业中，处于全球价值链低端锁定状态的行业达到 12 个，而在全球价值链中居高端的行业只有三个（张慧明、蔡银寅，2015）。产业融合能力还有待加强，工业化和信息化的深度融合水平、制造业和服务业的融合水平还需要进一步提升。从产业技术能力看，"工业四基"能力还有待提升，传统制造业中的关键装备、核心零部件和基础软件严重依赖进口和外资企业，一些重大核心关键技术有待突破，新兴技术和产业领域全球竞争的制高点掌控不足。高档数控机床、集成电路、高档芯片、精密检测仪器等高端产品依赖进口，2015 年芯片进口额高达 2307 亿美元，是原油进口额的 1.7 倍。

二是从 R_0 产业组织结构看，制造业产业组织合理化程度有待提升，存在相当数量的"僵尸企业"，优质企业数量不够，尤其是世界一流制造企业还很少。从资产规模、销售收入等规模指标看，我国已经涌现出了一批大型企业集团。根据美国《财富》杂志公布的"2017 年全球财富 500 强"名单，我国企业上榜数量达到 115 家，仅次于美国，但是排名靠前的制造业企业很少，而且我国制造企业更多的是规模指标占优，在创新能力、品牌、商业模式、国际化程度等方面存在明显的短板和不足，从资产收益率、企业利润和人均利润等指标看，我国上榜制造企业还与欧美国家的世界 500 强存在明显差距。我国还缺少真正的世界一流企业（或者称"卓越企业"）。另外，近些年来，出现了许多"僵尸企业"，其经营状况持续恶化，已不具有自生能力，但由于种种原因不能市场出清，主要依靠政府补贴、银行贷款、资本市场融资或借债而勉强维持运营。中国现阶段的"僵尸企业"大多属于社会包袱重、人员下岗分流难度大、容易获得银行贷款的国有企业，主要分布在产能过剩的行业，尤其是钢铁行业。一份基于 2011~2015 年的数据实证研究表明，从属于"黑色金属冶炼及压延加工业"的 38 家上市公司中，随机选取了 17 家上市公司，其中"僵尸企业"8 家、"僵尸性企业"6 家、非"僵尸企业"3 家（张栋等，2016）。"僵尸企业"的大量存在，会降低资源使用效率，恶化市场竞争秩序，极大地降低了企业整体素质，影响了制造业供给质量。

三是从 R_0 产品结构看，产品档次偏低，标准水平和可靠性不高，高品质、个性化、高复杂性、高附加值的产品的供给能力不足，高端品牌培育不够。2015 年国家监督抽查了 191 种 25345 批次产品，抽检总体合格率 91.1%，其中 30 种产品抽查合格率不足 80%。2016 年我国产品质量监督共抽查 23152 家企业，抽查其生产的产品共计 23851 批次，抽查合格率为 91.6%，较 2015 年提高了 0.5 个百分点，但比 2014 年降低了 0.7 个百分点。我国出口商品已连续多年居于欧盟、美国通报召回之首。根据世界品牌实验室公布的 2016 年世界品牌 500 强名单，中国入选品牌 36 个，仅占 7%，而美国则占据其中的 227 席。全球知名品牌咨询公司 Interbrand 发布的 2016 年度"全球最具价值 100 大品牌"排行榜中中国制造业产品品牌只占 2 席。

工业化和城市化的互动关系表明，工业化进入后期，城市化也进入加速推进阶段。中国城市化进程加快，加之人口结构变化和收入水平提高，极大地带动了消费结构转型升级，模仿型排浪式消费主导的阶段逐步结束，消费者从追求"从无到有"转向"从有到好"，高品质、个性化、多样化消费渐成主流。一方面，城市化带动的消费需求转型升级迅速；另一方面，工业化后期面临 R_0 供给结构失衡、转型升级瓶颈，长期以来工业化进程所形成的实体经济供给结构短期内无法适应消费需求结构转型升级的需要，于是产生制造业结构性供需失衡。如果将供给质量理解为供给侧所具有的特性满足需求侧要求的程度，也就是说，供给质量决定了供给对需求的适应程度，那么，上述 R_0 结构性供需失衡正是说明实体经济供给要素和体系的质量亟待提升。2016 年中央经济工作会议提出，供给侧结构性改革的最终目的是满足需求，主攻方向是提高供给质量，也就是要减少无效供给、扩大有效供给，着力提升整个供给体系质量[①]。通过推进供给侧结构性改革提升 R_0 供给质量，努力实现 R_0 供求关系新的动态均衡，也就成为实体经济进一步发展的重要任务。

必须高度重视 R_1 供需结构失衡问题。在当今全球化和信息化时代，一旦国内 R_1 无法满足消费需求变化，必然会有大量的消费力量转移到国外，这会进一步影响国内 R_1 发展、加剧 R_1 供求结构失衡。这种 R_1 供求结构性失衡，必然会引致 R_1 回报率下降。实体企业面对着国内投入回报降低以及由于城市化进程带来的日益提高的国内运营成本，就会有企业逐步将生产能力转移到国外，"制造业空心化"风险加大。对于一个中等收入阶段的国家而言，之所以容易陷入经济长期低迷的"中等收入陷阱"，是因为在这个阶段存在上述由实体经济供给结构失衡引起的效率损失，这可以认为是从工业化进程主导经济增长到城市化进程主导经济增长转换过程的"效率鸿沟"，"效率鸿沟"的存在加大了经济危机发生的概率，而要跨越这个"效率鸿沟"、避免经济危机并非易事。世界工业化进程表明，只有为数不多的后发国家真正跨越了"中等收入陷阱"。因此，通过深化供给侧结构性改革来化解实体经济结构失衡、提高实体经济供给体系质量和效率，是决定我国经济能否跨越"中等收入陷阱"的关键，我们必须从这个高度认识化解实体经济结构失衡问题的重大意义（黄群慧，2017）。

（二）R_1 结构问题：工业和服务业之间结构失衡

工业和服务业的关系是产业结构的关键问题，一直是产业经济学研究的焦点。改革开放以来，如图 2 所示，在国内生产总值中第一产业占比从 1978 年的 27.7% 下降到 2016 年的 8.6%，第二产业占比从 1978 年的 47.4% 下降到 2016 年的 39.8%，而第三产业占比则从 1978 年的 24.6% 上升到 2016 年的

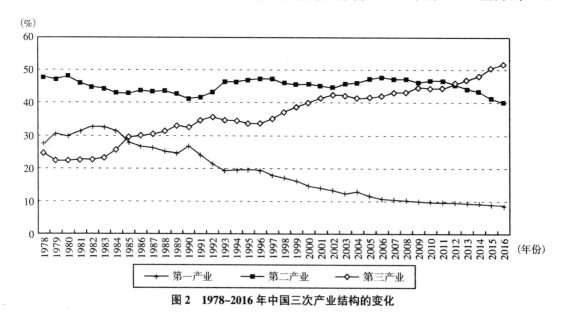

图 2　1978~2016 年中国三次产业结构的变化

---

① "供给质量"这个用语在西方经济学中并不存在，这应是中国特色社会主义政治经济学的一个重要范畴，而"供给侧结构性改革的主攻方向是提高供给质量"，是区分中国供给侧结构性改革与西方供给学派观点的一个重要表述，这就构成了中国特色社会主义政治经济学理论发展的一项重要内容。

51.6%。整体上看，第一产业除少数年份外，改革开放以来总体逐年下降，近十年降幅有所收窄；第二产业在 2012 年以前一直是占比最大的产业，总体占比相对稳定，但到 2011 年以后明显下降；而第三产业占比总体逐年上升，在 2011 年以后占比快速上升，2012 年与第二产业持平，2013 年成为占比最大产业，2015 年占比超过了 GDP 的一半。

关于中国服务业占比问题存在着两种截然不同的"结构失衡"观点：一种观点以标准经济结构理论为基础，认为现有中国服务业占比远低于同等发展水平的国家，也低于同时期世界平均占比水平（江静，2017），存在服务业占比太低的"结构失衡"。这种"结构失衡"的一个原因是中国过于依赖出口导向导致的内外经济失衡（杨恩艳、马光荣，2016）。应该说，近些年来这种"中国服务业比例低的结构失衡观"占主流地位，从而产生了所谓大力发展服务业的产业政策，目标是努力提高服务业占比，改善结构失衡。另一种观点则认为，相对于中国现在的发展阶段，中国的服务业占比不是太低，而是服务业提升太快，存在中国服务业占比提升过快的"结构失衡"，这种结构失衡伴随着制造业比例下降太快，存在"过早去工业化"风险。"中国服务业占比提升过快的结构失衡观"的基本政策含义是，中国在未发展到高收入国家水平之前不宜简单追求提高服务业比例（郭凯明等，2017）。

基于以下几方面分析，本文更认同"中国服务业占比提升过快的结构失衡观"：①近几年中国服务业占比提升速度的确过快。1978~2011 年，中国服务业占比年均增长约 0.6 个百分点。2011~2016 年，中国服务业占比年均增长约 1.5 个百分点，应该说服务业占比快速增长是前所未有的。同样，世界上也少有这样速度的结构变迁，英国经济学家伍德（2017）的研究表明，1985~2014 年，中国服务业占 GDP 的比例增长了 21.3%，同期土地稀缺的 OECD 国家、其他东亚国家、印度、其他南亚国家、土地富足的 OECD 国家、苏联组成国、拉丁美洲、中东与北非、次撒哈拉非洲、世界平均、发展中国家平均的变动分别为 10.6%、7.5%、14.1%、9.1%、7.0%、18%、12.5%、–0.3%、1.9%、6% 和 7%，中国是服务业占比增速最高的。②虽然存在随着工业化水平提升、服务业占比逐步提高的产业结构演进的基本规律，但对于一国而言，一定 GDP 水平下服务业占比多少为优并没有统一的标准，所谓"产业结构标准型式"并不具有普遍性，而且在产业融合的大趋势下，统计意义的三次产业占比已经越来越难以反映经济发展状况。而且，随着工业化水平的提升，服务业占比提升实际是经济增长的结果，不是经济增长的原因。也就是说，即使我国服务业占比相对较低，但也不能成为我国大力发展服务业的产业政策原因。如果人为通过产业政策干预提高服务业比例，反而不利于经济增长，这也在一定程度上解释了近些年在大力发展服务业的强产业政策驱动下，我国服务业占比快速增长，但经济增速反而明显下降的原因。③对服务业占比过快上升不能持于乐观的态度，是因为相对于实体经济尤其是制造业而言，服务业具有两方面缺陷（华民，2017）。一是服务业资本深化程度不够，占比过快增长会使全社会人均资本降低，进而导致全要素生产率的下降，影响经济增长速度。近些年随着服务业占比提升而经济增速下降，出现所谓的"结构性减速"，在一定程度上说明了这个问题。二是服务业发展由于知识专用性提升在一定程度上会加大收入分配的两极分化，占比过快增长不利于经济的包容可持续增长。因此，服务业占比过快上升对于经济增长而言可能并非"善事"。④我国服务业占比迅速上升是与 R_1 层次实体经济占比快速下降"同生"的，"制造业空心化"风险显著加大。虽然服务业占比上升过快，可以被认为是反映了我国经济服务业、产业结构转型升级和高级化的进程加快，但是，这种服务业占比的过快上升，还反映了服务业对实体经济升级支撑不够的问题。2011~2016 年服务业占比年均增长约 1.5 个百分点，而工业年均下降 1.1 个百分点。2016 年工业投资特别是制造业投资增速回落，2016 年全年工业投资总额 231826 亿元，增长 3.5%，增速比 2015 年减少 4.2 个百分点，其中制造业投资增速同比增长 4.2%，比 2015 年全年下降 3.9 个百分点，制造业吸引外商直接投资增长为 –6.1%，我国制造业对外直接投资增长为 116.7%。在当前世界范围新一轮科技和产业革命方兴未艾、中国大力推进实施制造强国战略的背景下，国内工业投资增速大幅回落、国外投资大幅增长，无疑是"制造业空心化"的重要信号。⑤中国存在明显的服务业"鲍莫尔成本病"现象（宋健、郑江淮，2017），服务业占比过快提高与其低效率不相匹配，产业结构呈现"逆库兹涅茨化"趋势。由于我国服务业高端化不够，服务业效率明显低于制造业效率。从劳动生产率指标看，2015年第二产业劳动生产率为12.36万元/人，服务业劳动生产率为10.48万元/人，而且我国第二产业的劳动生产率与发达国家的差距也总体小于服务业劳动生产率与发达国家的差距。效率低下的服务业占比迅速提高、效率相对高的工业占比迅速下降，必然导致整体经济增速下滑，从而表现出三次产业占比上升、效率下降的"逆库兹涅茨化"问题。

综上所述，如果我们严格区分产业结构的"转型"和"升级"，"转型"主要用于描述从一种产业主导的结构转向另外一种产业主导的结构变化，而"升级"则表述了从附加值低的产业（或产业环节）主导的结构转向附加值高的产业（或产业环节）主导、整体效率提升的结构变化。那么，上述分析表明，服务业占比迅速提升，只是表明了中国产业结构迅速"转型"，但是，整体经济效率未得到有效提升，产业结构未能实现有效"升级"，也就是说，R_1 层次实体经济结构表明，中国面临着服务业比例过快上升和实体经济比例过快下降而产生的结构"转型"而未"升级"的结构性失衡，中国要高度重视这种失衡带来的效率损失和风险。

（三）R_2 结构问题：实体经济与金融、房地产业之间的结构失衡

表3为分别计算的2011~2016年 R_0、R_1 和 R_2 三个层次的实体经济增加值占当年GDP的比例情况，以及虚拟经济中金融业和房地产业的增加值占GDP的比例情况。从表3可以看出，一方面，实体经济在国民经济中占比日益降低，其中传统意义的实体经济 R_1 占比下降最快，2011~2016年下降了7.4个百分点（这其中工业下降影响到6.6个百分点），实体经济的核心 R_0 占比也下降了近2个百分点，整体层次的实体经济 R_2 占比下降了2.8个百分点。另一方面，虚拟经济在国民经济占比中迅速提升，2011~2016年提高了2.8个百分点，其中金融业占比迅速提高了2.1个百分点，而且2015年和2016年连续两年占比都达到8.4%，这个比例不仅超过了中国2001~2005年金融业增加值占GDP比例平均值4个百分点，而且已经超过了美国历史上的这个比例两个高点——2001年的7.7%和2006年的7.6%，这两个高点对应的是美国的互联网泡沫和次贷危机。结合表1所示近些年实体经济的增长情况，一个基本的判断是，中国实体经济与虚拟经济增长结构出现重大失衡，虚拟经济增长过快，而实体经济发展相对缓慢。支持这个判断的另外一个指标是 M_2 与GDP的比例，2011~2015年该比例逐年增加，从1.74增长到2.02，这个比例远超过了美国的0.69，也高于日本的1.74（何德旭、王朝阳，2017）。2016年，这个比例继续上升到2.08，总额已经达到155万亿元。虽然货币投放大幅度增加，但实体经济仍感到融资难，伴随着大量的货币发行，实体经济增速却在不断下降，表明资金"脱实向虚"问题严重。

表3　中国实体经济与虚拟经济在国民经济中占比变化的情况比较（2011~2016年）

年份	实体经济			虚拟经济		
	R_0/GDP	R_1/GDP	R_2/GDP	金融业/GDP	房地产业/GDP	虚拟经济/GDP
2011	31.9	56.0	87.9	6.3	5.8	12.1
2012	31.4	55.2	87.7	6.5	5.8	12.3
2013	30.6	53.9	87.1	6.9	6.0	12.9
2014	30.4	52.6	86.9	7.2	5.9	13.1
2015	30.4	50.3	85.6	8.4	6.0	14.4
2016	30.0	48.6	85.1	8.4	6.5	14.9

资料来源：根据《中国统计年鉴》（2016）、《中国统计摘要2017》、历年统计公报、Wind资讯计算。

近年来政策层面不断强调大力发展实体经济、金融支持实体经济，为什么还会出现上述金融高速增长、实体经济趋缓的"实虚失衡"情况呢？这背后的逻辑是什么呢？图3分别从实体经济和虚拟经济两条运行线路勾画出经济"脱实向虚"的基本逻辑，梳理了三层实体经济结构失衡的关系。

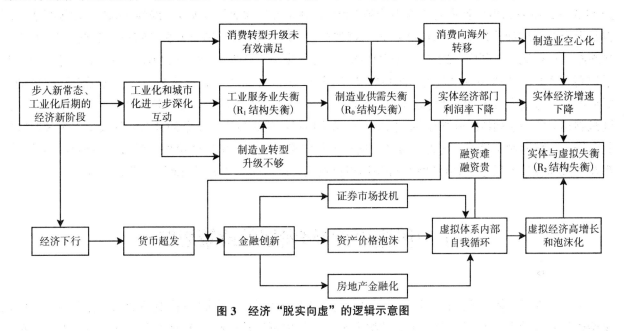

图3　经济"脱实向虚"的逻辑示意图

实体经济演进的逻辑线路：中国已经步入了工业化后期的经济增长新阶段，这个阶段也是我国经济步入新常态的时期，其经济增长是工业化和城市化进一步深化互动发展的结果。在人口结构变化和收入水平提升的经济变量驱动下，城市化进程推进消费实现快速转型升级和服务业的迅速发展，但由于体制机制、产业政策和人力资本等原因，服务业快速发展没有支撑工业创新能力的相应提升，存在工业和服务业发展的结构性失衡——实体经济 R_1 的结构失衡，造成制造业大而不强的供给体系不能迅速升级，制造业供给质量不能满足升级后的消费需求，原有供求动态平衡被打破和新的供求平衡短期无法形成，制造业出现结构性供需失衡——实体经济 R_0 的结构失衡，这种失衡会使实体经济部门投资回报大幅降低，实体经济增速开始下降。国内供需关系无法有效实现，在信息化全球化的背景下，消费需求转向海外，国内制造业空心化趋势加速，同时国内实体经济经营环境不能相应改善，这一切又加剧了实体经济部门收益和投资的下降，实体经济发展进一步受到压抑。

虚拟经济演进的逻辑线路：工业化后期经济潜在增长率下降，经济面临下行的巨大压力，在需求管理的宏观调控思想指导下，通过货币宽松方式来刺激经济增长，但货币宽松遇到了实体经济投资回报率的下降，金融系统试图通过影子银行、延长信用链等金融创新手段寻求快速的高回报。与实体经济部门面临日益强化的约束相比，金融部门通过金融创新创造的货币供给不断增加，这两年每年都以12%~13%的速度增长。更为严重的是，根据穆迪估算，中国影子银行信贷规模达到65万亿元，比五年前增加了近两倍（张军，2017）；而方正证券估计，包括银行非传统信贷业务、非银行金融机构资产业务和其他融资类业务在内的广义影子银行的规模从2010年的15.45万亿元增长到2016年的95.94万亿元。在金融监管缺位的情况下，这将促进资产价格大幅度上升，加剧证券市场投机和房地产市场金融化，资金在虚拟经济体系内部不断自我循环扩张，金融衍生和信用链条不断延伸，使实体经济融资难、融资贵问题突出，进一步使实体经济投资回报降低和生存发展环境恶化，而虚拟经济在自我循环中走向泡沫化，表现为高速增长。实体经济增速下降和虚拟经济高增长最终导致实体经济与虚拟经济的结构失衡——实体经济 R_2 结构失衡。

从图 3 可以看出，经济"脱实向虚"或者"实虚失衡"能够机制化的关键，在于实体经济回报率的不断下降趋势和虚拟经济依靠资产价格泡沫收益不断上升的极大反差。2011~2016 年上市公司分行业净资产收益率显示，制造业从 12.2% 下降到 9.78%，采矿业从 16.04% 下降到 2.41%，建筑业从 13.51% 下降到 11.38%，批发和零售业从 13.77% 下降到 7.85%，住宿和餐饮业从 8.94% 下降到 6.04%，而银行业利润占整个金融业增加值比重自 2010 年以来一直维持在 30%，高点是 2012 年的 35.2%，低点是 2016 年的 26.54%（何德旭、王朝阳，2017）。据总体测算，近年中国工业平均利润率仅 6% 左右，而证券、银行业平均利润率则在 30% 左右（董涛，2017）。2016 年至 2017 年上半年，上市公司"买房保壳"的案例已屡见不鲜，这成为实体经济处境艰难和房地产狂欢盛宴的一个个鲜明写照。实际上，与"实虚失衡"关键机制相关的一系列体制机制和环境因素，包括实体经济税收负担、复杂的社会交易成本、金融监管机制和资本市场机制不完善、房地产市场长期有效稳定机制缺乏、房地产价格"没有最高只有更高"等，都在主观和客观上强化了虚拟和实体经济回报存在极大反差这个"实虚失衡"的关键机制。

五、中国实体经济发展的政策思路

第一，发展实体经济的核心目的是提高制造业供给体系质量，围绕提高制造业供给体系质量，深化供给侧结构性改革，化解制造业供需结构失衡。这具体可以从产品、企业和产业三个层面入手（黄群慧，2017）：一是产品层面，以提高制造产品附加值和提升制造产品质量为基本目标，以激发企业家精神与培育现代工匠精神为着力点，全面加强技术创新和全面质量管理，提高制造产品的供给质量。企业家精神的核心内涵是整合资源、持续创新、承担风险，提高产品档次和产品附加值关键是依靠企业家精神实现技术创新并承担创新风险。精益求精、专心致志是工匠精神的基本要义，工匠精神是制造业质量和信誉的保证。一大批具有创新精神、专注制造业发展的企业家和一大批精益求精、不断创新工艺、改进产品质量的现代产业工人，是制造业供给质量的保证。一方面要完善保护知识产权、促进公平竞争等能够激励企业家将精力和资源集中到制造业创新发展上的体制机制，另一方面要完善职业培训体系、职业社会保障、薪酬和奖励制度，进一步激励现代产业工人精益求精、专心致志。二是企业层面，以提高企业素质和培育世界一流企业为目标，积极有效处置"僵尸企业"，降低制造企业成本和深化国有企业改革，完善企业创新发展环境，培育世界一流企业。政府要积极建立有利于各类企业创新发展、公平竞争发展的体制机制，努力创造公平竞争环境，促进各类所有制的大中小企业共同发展。进一步深化政府管理体制改革，简政放权，降低制度性交易成本，围绕降低实体养老保险、税费负担、财务成本、能源成本、物流成本等各个方面进行一系列改革，出台切实有效的政策措施，营造有利环境，鼓励和引导企业创新行为。三是产业层面，以提高制造业创新能力和促进制造业产业结构高级化为目标，积极实施《中国制造 2025》，提高制造业智能化、绿色化、高端化、服务化水平，建设现代制造业产业体系。从政策着力点看，一方面是有效协调竞争政策和产业政策，发挥竞争政策的基础作用和更好地发挥产业政策促进产业结构高级化的作用，政府应该更多地把工作重点放在培育科技创新生态系统上，做到促进战略新兴产业发展与传统产业升级改造相结合，促进传统制造业与互联网的深度融合，促进中国经济新旧动能平稳接续和快速转换。另一方面是通过加强公共服务体系建设、深化科技体制改革、强化国家质量基础设施（NQI）的建设和管理，切实提高制造业行业共性技术服务、共性质量服务水平。

第二，发展实体经济的关键任务是形成工业和服务业良性互动、融合共生的关系，化解产业结构失衡，构建创新驱动、效率导向的现代产业体系。在世界新一轮科技革命和产业变革趋势下，产业结构高级化的内涵正发生巨大变化，产业融合化、信息化、国际化大趋势正在重构现代产业体系。与此同时，中国步入工业化后期和经济新常态的背景下，中国的产业结构正处于巨大变革期，工业在国民经济中的贡献和作用正由过去经济增长的主导产业向承载国家核心竞争能力和决定国家的长期经济增长转变，产业结构从"工业占比过大"的失衡状态转向"服务业过快增长"的失衡状态，中国经济增长正需要新的产业供给体系实现经济增长的动能转换。首先，在三次产业日趋融合的大趋势下，产业结构调整和产业政策的目标不应该只是追求统计意义上工业和服务业在国民经济中的比重，而应更加重视产业的运行效率、运营质量和经济效益，更加重视培育工业和服务业融合发展、互相促进的公平竞争环境。产业融合体现在制造业和服务业上，是制造业服务化或服务型制造的发展。当前我国服务业内部结构的高端化程度不够，劳动密集型服务业相对较大，而技术密集型服务业占比不够高，服务业中资本密集型服务业呈现出以偏离实体经济自我循环为主的增长趋势，造成整体服务业对制造业转型升级支持不够；而制造业与服务业结合，尤其是与技术密集型服务业结合也不够，也就是服务型制造发展不够。无论是提升服务业内部结构升级，还是制造业转型升级和产业融合，都需要大力发展服务型制造。未来我国提高产业效率、实现产业升级，一定要抓住发展服务型制造业这个"牛鼻子"（黄群慧，2017）。其次，中国未来经济可持续增长的关键是形成符合融合化、信息化、国际化大趋势的新的现代产业体系，所谓大力发展实体经济，关键任务是要构建这种新型现代产业体系，而这种产业新体系的构建无疑是要依赖创新驱动战略的，创新能力不强是我国产业体系的"阿喀琉斯之踵"，无论是制造业的供给质量提升，还是解决实体经济投资回报率低的问题，都要依赖以科技创新为核心的全面创新。但是，创新是手段不是目的，实体经济发展最根本的问题还是效率（伍晓鹰，2017），即使是创新活动本身，要关注的也是创新的效率，构建和发展现代产业体系一定要以效率为导向。最后，当前我国服务业高度不够、效率不高已成为制约实体经济发展最突出的因素，不仅直接影响整个产业体系的效率，而且影响到工业创新发展能力。制约我国科技、教育、金融等生产性服务业效率提升的关键是体制机制问题。科技、教育等事业单位体制以及市场化机制的不完善，极大地制约了我国创新能力提升、人力资本积累和有效使用，而金融行业的非充分竞争又极大地加重了实体经济的生存、创新发展的成本。深入推进服务业供给侧结构性改革，加快生产性服务业改革开放，是构建现代产业体系、提升中国实体经济质量、促进实体经济发展的关键举措。

第三，发展实体经济的当务之急是在"虚实分离"的常态中坚持"实体经济决定论"，从体制机制上化解"虚实结构失衡"，将风险防范的工作重点从关注金融领域风险转向关注长期系统性经济风险。迄今为止，金融创新和金融发展对经济增长和宏观经济稳定的作用并没有一致的观点，甚至可以说全球金融危机前后出现了正面和负面两种截然不同的看法，危机前大多数研究认为有活力的金融市场对促进经济增长和保持经济稳定具有重要意义，而危机后有关"金融活动与其说向实体经济传送了价值，不如说从实体经济抽取了租金"的观点占据上风（汤铎铎、张莹，2017）。近些年中国工业6%左右的利润率、银行业利润占到增加值30%的巨大反差，也从一方面证实了后一种观点。2017年7月召开的第五次全国金融工作会议已经明确了金融回归本源服务实体经济、防控金融风险、强化金融监管等未来五年的工作总基调。这无疑为未来实体经济发展、化解"虚实结构失衡"奠定了很好的政策方向基础。但是，问题的关键还是从体制机制上进行深化改革，彻底打破实体经济与虚拟经济巨大收益反差的"去实向虚"的自增强机制。实际上，真正从体制机制上化解金融业高收益对实体经济高端要素的"虹吸效应"与房地产价格泡沫对实体经济创新的"破坏效应"困难重重。从金融业看，这些年金融业高收益以及从业人员的高报酬已经集聚了大量的高素质和高关系人力资本的人才，这些人才具备很强的金融创新能力，但其创新与实体经济创新不同，金融创新的方向大多是逃避监管、获取更多交易机会、使金融体系日趋复杂化，加之这些人才具有很强的政策游说能力，这种背景下实现金融业回归服务实体经济的本源绝非易事。从房地产业看，近年来房地产价格不断突破人们的心理底线，这对实体经济的创新活动和整体发展已经产生了难以估量的负面影响。2015~2016 年期间的房地产价格暴涨迄今并没有谁为其负责，虽然 2017 年 3 月以来一系列的计划手段控制了房价上涨，但在七八月房价略有下行趋势的情况下，"利益相关者"已经开始打着为实体经济服务的旗号为新一轮暴涨做理论准备和心理预期引导。"租售同权""共有产权"等长效机制能否打破房地产价格"暴涨—调控—再暴涨"循环神话还无法确定，房地产价格作为实体经济创新发展的"达摩克利斯之剑"还高高悬挂。因此，当务之急必须有壮士断腕的决心，迅速着手建立实体经济和虚拟经济健康协调发展的体制机制。在"壮士断腕"的改革中，金融、房地产业会面临短期的阵痛，切勿以防控金融领域风险为由而影响改革的进程。从风险管理看，相对于实体经济的风险而言，金融领域风险虽然更为直接，对社会稳定短期影响更为剧烈，但金融风险是表征，其根源还是实体经济的问题。因此，必须转变风险防控的思路和重点，从关注金融领域风险向关注系统性经济风险转变，特别是要针对虚拟经济总量调控、实体经济高杠杆、地方政府高债务和"僵尸企业"等系统性经济风险点多策并举、全面防控。

〔参考文献〕

[1] 中共中央文献研究室编. 习近平关于社会主义经济建设论述摘编 [M]. 北京：中央文献出版社，2017.

[2] 何玉长. 善待生产性劳动和优先实体经济 [J]. 学术月刊，2016 (9)：73-82.

[3] 黄群慧. 打牢实体经济的根基 [J]. 求是，2016 (4)：31-33.

[4] 中共中央马克思恩格斯列宁斯大林著作编译局编. 马克思资本论节选本 [M]. 北京：人民出版社，1998.

[5] 张晓晶. 符号经济与实体经济——金融全球化时代的经济分析 [M]. 上海：上海三联书店，上海人民出版社，2002.

[6] 黄群慧. 振兴实体经济要着力推进制造业转型 [N]. 经济日报，2017-02-10.

[7] 成思危，刘骏民. 虚拟经济理论与实践 [M]. 天津：南开大学出版社，2003.

[8] 陈雨露，马勇. 泡沫、实体经济与金融危机：一个周期分析框架 [J]. 金融监管研究，2012 (1)：1-19.

[9] 简·欧文·詹森. 服务经济学 [M]. 北京：中国人民大学出版社，2013.

[10] Hausmann, R. & Hidalgo, C.A. et al. The Atlas of Economic Complexity：Mapping Paths to Prosperity [EB/OL]. http：//www.cid.harvard.edu/documents/complexityatlas.pdf，2011.

[11] 国家统计局工业司. 工业经济保持稳定增长，新动能引领结构调整——党的十八大以来经济社会发展成就系列之五 [EB/OL]. http：//www.stats.gov.cn/tjsj/sjjd/201707/t20170704_1509628.html，2017-07-04.

[12] 国家统计局服务业司. 服务业擎起半壁江山，新兴服务业蓬勃发展——党的十八大以来经济社会发展成就系列之十五 [EB/OL]. http：//www.stats.gov.cn/tjsj/sjjd/201707/t20170725_1516453.html，2017-07-25.

[13] 国家统计局社科文司. 科技发展成效显著，创新驱动加力提速——党的十八大以来经济社会发展成就系列之十九 [EB/OL]. http：//www.stats.gov.cn/tjsj/sjjd/201707/t20170727_1517417.html，2017-07-27.

[14] 国家统计局能源司. 能源发展呈现新格局，节能降耗取得新成效——党的十八大以来经济社会发展成就系列之八 [EB/OL]. http：//www.stats.gov.cn/tjsj/sjjd/201707/t20170707_1510973.html，2017-07-07.

[15] 国家统计局综合司. 新理念引领新常态，新实践谱写新篇章——党的十八大以来经济社会发展成就系列之一 [EB/OL]. http：//www.stats.gov.cn/tjsj/sjjd/201706/t20170616_1504091.html，2017-06-16.

[16] 国家统计局国际司. 国际地位显著提高，国际影响力明显增强——党的十八大以来经济社会发展成就系列之二 [EB/OL]. http：//www.stats.gov.cn/tjsj/sjjd/201706/t20170621_1505616.html，2017-06-21.

[17] 国家统计局农业司. 农业农村发展再上新台阶，基础活力明显增强——党的十八大以来我国经济社会发展成就系列之三 [EB/OL]. http：//www.stats.gov.cn/tjsj/sjjd/201706/t20170622_1506090.html，2017-06-22.

[18] 李扬. "金融服务实体经济"辩 [J]. 经济研究，2017 (6)：4-16.

[19] 何德旭，王朝阳. 中国金融业高增长：成因与风险 [J]. 财贸经济，2017 (7)：16-32.

[20] 黄群慧. 中国工业化进程及其对全球化影响 [J]. 中国工业经济，2017 (6)：26-30.

［21］华民. 中国经济增长中的结构问题［J］. 探索与争鸣，2017（5）：118-122.

［22］胡鞍钢. 中国进入后工业化时代［J］. 北京交通大学学报，2017（1）：1-16.

［23］张栋，谢志华，王靖雯. 中国僵尸企业及其认定——基于钢铁业上市公司的探索性研究［J］. 中国工业经济，2016（11）：90-117.

［24］张慧明，蔡银寅. 中国制造业如何走出"低端锁定"——基于面板数据的实证分析［J］. 国际经贸探索，2015（1）：52-65.

［25］杨恩艳，马光荣. 中国服务业占比之谜——基于内外经济失衡的解释［J］. 浙江社会科学，2016（12）：22-29.

［26］郭凯明，航静，颜色. 中国改革开放以来产业结构转型的影响因素［J］. 经济研究，2017（3）：32-46.

［27］江静. 中国服务业具有独立发展的路径依赖吗［J］. 南京大学学报，2017（1）：27-36.

［28］阿德里安·伍德. 世界各国结构转型差异（1985-2015）：模式、原因和寓意［J］. 经济科学，2017（1）：5-31.

［29］董涛. 如何遏制资金"脱实向虚"［J］. 中国经济报告，2017（7）：89-92.

［30］张军. 中国的货币难题［J］. 中国经济报告，2017（7）：87-98.

［31］伍晓鹰. 中国实体经济：创新问题，还是效率问题［J］. 中国经济报告，2017（7）：62-65.

［32］黄群慧. 提高制造业供给体系质量［J］. 瞭望，2017（31）：34-35.

［33］宋建，郑江淮. 产业结构、经济增长与服务业成本病——来自中国的经验证据［J］. 产业经济研究，2017（2）：1-13.

［34］Baumol，W. Macroeconomics of Unbalanced Growth：The Anatomy of Urban Crisis［J］. Americaneconomic Review，1967，57（3）：415-426.

［35］Baumol，W. Paradox of Services：Exploding Costs，Persistent Demand［A］//Raa T.，Schettkat R. The Growth of Service Industries：The Paradox of Exploding Costs and Persistent Demand［M］. London：Edward Elgar Publishing，2001.

［36］汤铎铎，张莹. 实体经济低波动与金融去杠杆——2017年中国宏观经济中期报告［J］. 经济学动态，2017（8）：33-45.

［37］黄群慧. 振兴实体经济要着力推进制造业转型［N］. 经济日报，2017-02-10.

（本文发表在《中国工业经济》2017年第9期）

中国制造业产业结构的系统性优化
——从产出结构优化和要素结构配套的视角

史 丹 张 成

摘 要：制造业产业结构的优化调整既是"中国制造2025"的核心内容之一，亦是推动"供给侧改革"的重要抓手，但学术界往往未能充分利用开放经济的相关信息和技术水平的贡献作用，并缺乏对要素结构进行相关配套分析。为此，本文以中国制造业两位数行业为样本，对其进行产业结构的系统性优化，即先分析了2015年产出结构的优化调整目标及节能减排潜力，然后分析了各种要素投入的联动配套问题，并重点针对资本存量要素，测算并分析它的产能利用率状况。研究结果表明：①制造业产出结构具备较大的优化调整空间，可以为"经济增长和环境保护"双赢的实现提供支撑，能够让2015年能源强度和碳强度比原始值分别降低18.08%和17.42%。②为降低要素错配，制造业产出结构优化调整后需要各种投入要素进行联动配套，特别是资本存量水平需要有较大幅度的变动。③资本要素产能利用率水平的测算结果则进一步显示，受经济增速放缓和投资惯性的影响，2015年制造业产能利用率（56.14%）远低于国民经济"十二五"规划中后期（2008~2010年）的均值水平（73.27%），而投入要素联动配套后的产能利用率则可以回升至后一水平。

关键词：产出结构；要素结构；产能过剩；节能减排

一、问题提出

改革开放以来，中国制造业在很大程度上依靠产业结构的快速演变促进了经济增长、保障了就业、创造了中国奇迹。如今，虽然制造业总体规模已经居世界首位，综合实力和国际竞争力得以显著增强，但由于中国经济正处于经济增速换挡期、结构调整阵痛期和前期刺激政策消化期"三期叠加"的新阶段，制造业深处稳增长和调结构的双重困境，深受发达国家和新兴经济体的双重挤压，陷入低成本优势快速锐减和新竞争优势尚未形成的两难局面，导致制造业未来的发展将越发艰辛与关键。如何进一步破解制造业产业结构高级化不够、合理化不足的弊病，发挥其作为推动经济发展提质增效升级的主战场作用，成为学术界关注的一大议题。

现在要讨论的是，中国制造业产业结构①究竟应当如何调整？现有文献正尝试回答该领域的相关问

---

① 在具体分析之前，首先要厘清产业结构优化的概念。本文认为，产业结构优化可以分为产出结构优化和要素结构优化两类，前者是从产业间的组合关系上进行分析，后者则是从产业内生产要素的协调关系上进行研究。现有文献在研究产业结构优化问题时，大多数实际上是在研究产出结构优化。因此，本文提出产业结构的系统性优化概念，即将产出结构优化和要素结构配套进行有机结合。

题，在科学评估中国产出结构演变历史作用的基础上（刘伟和张辉，2008；张友国，2010），模拟分析了产出结构的优化调整方向及其反事实效果（王文举和向其凤，2014；Zhu et al.，2014；张捷和赵秀娟，2015）。但现有文献在优化产出结构时，虽然已经能够将节能减排、就业保障、产业协调等因素引入优化分析中，但往往停留在封闭经济的视角下，没有充分利用开放经济的相关信息。同时，现有文献虽然在产出结构优化和生产要素优化配置（Ngai and Pissarides，2007；袁志刚和解栋栋，2011；Benhima，2013；董敏杰，2015）问题上均有论述，但存在着"两张皮"现象，没能将两者有机结合，即几乎所有研究在优化产出结构时，都止步于给出各产业合意的产出水平值，而没有进一步给出资本、劳动等投入要素应当相应地调整至何种水平。对要素结构联动配套的分析尚缺，导致现有产业结构优化分析的现实可操作性有待挖掘。

为了在理论上推进产业结构优化的相关研究，在实践中为政府制定相关产业政策提供可能的帮助，本文以中国制造业两位数行业为样本进行了产业结构的系统性优化，不仅分析了产出结构的优化调整目标及节能减排潜力，而且分析了投入要素的联动配套问题及资本存量要素的产能利用率问题。本文的主要价值在于：①在对制造业产出结构进行优化时，考虑的因素更为全面、科学，兼顾了需求和供给的相关信息，特别是对"需求侧"中进出口潜力指标和"供给侧"中技术水平贡献度指标的考虑是现有文献鲜有涉及的；②克服了现有文献分析产出结构优化和要素结构优化上的"两张皮"现象，将产出结构优化分析和要素投入联动配套进行了有机结合；③在研究要素结构的联动配套时，本文遵循继承与批判的思路，不仅依靠提取历史信息对要素结构进行了初步配套，而且针对潜在的资本要素产能过剩问题，对资本要素的配置进行了更为深入的分析。

二、理论阐述：产业结构的系统性优化

自从经济学将产业结构范畴纳入研究以来，产业结构调整就被视为经济增长的重要动力（黄亮雄等，2013）。历经多年发展，产业结构的研究范畴不断扩展，包括了产业经济系统的所有内部构成（原毅军和董琨，2008）。概括来看，产业结构的两个核心结构应当是产业间的组合关系（产出结构）和产业内生产要素的协调关系（要素结构）。本文发现，学者们在产出结构和要素结构的优化问题上虽然已经分别写下了浓重的一笔，但遗憾的是，鲜见有学者将两者结合起来分析。本文则要尝试将两者结合，从产出结构优化和要素结构配套的视角，对产业结构进行系统性优化。

1. 产出结构优化的理论阐述

应当如何对制造业的产出结构进行优化？早期的产出结构优化模型，在因素考虑上较为片面，往往只考虑了经济增长、污染物排放和能源消耗等众多目标中的一至两个目标（马树才，2005；刘小敏等，2007），使相应的产出结构优化方案的合理性有待考究。近年来，学者们开始重视根据产业间关联、消费需求结构和资源禀赋条件等因素，对起初不合理的产出结构进行调整，促使各产业协调发展（江洪和赵宝福，2015；焦翠红，2015；赵岩等，2016）。在现有文献的基础上，本文在优化产出结构时主要考虑以下因素：①经济增长和资源环境：随着资源短缺和环境恶化问题的日益突出，经济增长早已不是中国唯一的目标，而是应当在合理兼顾的条件下，最大化实现经济增长、资源节约和环境保护的"共赢"。②劳动力就业：中国作为一个人口大国，劳动力能否有效就业事关国计民生，因此在产出结构优化调整时，必须保证劳动力享受到结构改革的红利。③产业间关联：判断经济体是否稳定的一个关键因素就是产业间是否能够协调发展，某一产业的发展离不开其他产业的支撑，反过来也需要该产业去支撑其他产业的发展。④进出口结构：在开放经济条件下，中国可以出口和进口相关产品，但从产业安全的角度出发，应当将事关国计民生的产品进口比率控制在一定比率内，出口量不能无止境增长，亦受到国际市场的种种限制。合理的制造业产出结构应当能够适应进口和出口方面带来的制约，降低商品短期和产品积压现象。⑤国内最终消费结构：产出的最终目的是为了满足国内最终消费，各产业需要提供适合于国内潜在最终消费结构和能力的产出安排。⑥技术贡献度：由于技术进步和产出结构演变存在双向互动关系（Montobbio，2002；Krüger，2010），所以合理的产出结构应该能保障生产技术的持续发展。产出的总量固然重要，但这些产出当中有多大份额是由技术水平引致的，则是判断产业结构是否实现合理化的核心指标之一。

2. 要素结构配套的理论阐述

在产出结构优化完毕后，每个产业的产出规模将会有不同程度的变更，为了适应这种变更，每个产业内的要素结构应该发生必要的变化，否则可能将会加剧潜在的要素错配现象。虽然近年来有大量文献研究了劳动力错配和资本错配问题（Dollar and Wei，2007；杨志才和柏培文，2017），但这些研究往往是针对实际产出规模做出的调整，而且劳动力虽然是投入要素之一，但不能忽略它的"产出"特征，低失业率一直是国家健康协调发展的追求与目标之一，从而意味着合理的产业发展必须起到支撑就业的社会责任。由于行业的异质性很大，不同行业对就业的支撑能力有很大差异性，贸然用基于行业层面数据的计量模型去优化行业间的劳动力配置，所得的结论有待商榷。为此，本文认为可以将资本、劳动力和中间产品投入这三个要素进行特征区分，进行如下差异化处理：①劳动力：鉴于每个行业在吸纳劳动力上的差异性，将既定年份的劳动力吸纳数量和经济产出建立联系，则一个确定的经济产出应当支撑的就业量亦能得以确定。②中间产品投入：诚如巧妇难为无米之炊，制造业的经济产出离不开中间产品的支撑，历年相对稳定的增加值率数据，从另一个侧面证实了中间产品投入和经济产出之间的稳定关系。③资本要素：一旦经济产出规模、劳动力和中间产品投入得以确定，则根据要素投入和经济产出的历史关系，可以倒逼计算出资本要素应当位于何处。

需要注意的是，考虑到制造业部门普遍存在的资本要素产能过剩问题（韩国高等，2011；国务院发展研究中心"进一步化解产能过剩的政策研究"课题组，2015；董敏杰等，2015），本文通过倒逼法计算出的资本要素也不一定合理。如果历史数据已经表明资本要素产能过剩，则根据要素投入和经济产出历史关系的倒逼法，只不过将优化后的资本存量调整至历史产能过剩均值水平。为此，可以通过数据包络、成本函数等分析方法，对优化后的要素投入和经济产出进行分析，识别出潜在的资本要素产能过剩程度，为资本要素的进一步优化调整提供方向。

三、模型与研究方法

在研究方法上，本文遵循如下层层递进的三个步骤：第一步使用非线性规划技术，在节能减排视角下，综合考虑就业保障、产业均衡、进出口潜力、技术水平贡献度等多个因素，从产出角度对2015年的制造业产出结构进行优化；第二步是使用超越对数生产函数模型，在提取出要素投入与经济产出非线性关系的基础上，对优化后的产出结构配套相对适宜的要素格局；第三步则运用数据包络分析技术，重点针对资本存量要素，测算并分析优化前后的产能利用率水平。

1. 非线性规划模型的构建

根据前文的理论阐述，本文在就业保障、产出间均衡发展、国内最终消费潜力、进出口潜力和技术水平贡献度约束的前提下，假定能源消耗总量和二氧化碳排放总量均不能高于上限约束，为实现全国整体的资源环境强度（能源强度和碳强度加权）最小化，可以设定如下非线性规划以寻求制造业产出结构的优化调整[①]：

$$\min \ TP_t^* = \gamma_{EP} \cdot EP_t^* + \gamma_{CP} \cdot CP_t^* \tag{1}$$

$$\text{s.t.} \quad Y_{i,t}^* EP_{i,t} = E_{i,t}^* \tag{2}$$

$$Y_{i,t}^* CP_{i,t} = C_{i,t}^* \tag{3}$$

$$Y_{i,t}^* LP_{i,t} = L_{i,t}^* \tag{4}$$

$$(1+\theta_{i,t}) \ IM_{i,t_0} \leq Y_{i,t}^* - \sum_{j=1}^{m+n} (1+\gamma_{i,t}) \alpha_{ij,t_0} Y_{j,t}^* - (1+\Psi_{i,t}) XF_{i,t_0} \leq (1+\varpi_{i,t}) EX_{i,t_0} \tag{5}$$

$$\sum_i^m Y_{i,t}^* RT_{i,t} \geq \sum_i^m Y_{i,t} RT_{i,t} \tag{6}$$

$$\sum_i^m E_{i,t}^* \leq \sum_i^m E_{i,t} \tag{7}$$

$$\sum_i^m C_{i,t}^* \leq \sum_i^m C_{i,t} \tag{8}$$

$$(1-\lambda_{i,t}) \sum_i^m L_{i,t} \leq \sum_i^m L_{i,t}^* \leq (1+\lambda_{i,t}) \sum_i^m L_{i,t} \tag{9}$$

$$EP_t^* = \sum_i^m E_{i,t}^* / \sum_i^m Y_{i,t}^* \tag{10}$$

$$CP_t^* \sum_i^m C_{i,t}^* / \sum_i^m Y_{i,t}^* \tag{11}$$

式（1）至式（11）中的 i（j）、t、b 分别表示行业[②]（i=1，2，…，m；j=1，2，…，m+n）、年份和能源种类（b=1，2，…，k），且用 t_0 表示 t 年之前的某个年份；* 号表示优化后的结果；TP 为资源环境强度；EP、CP 和 LP 分别能源强度、碳强度和劳动力强度，γ_{EP} 和 γ_{CP} 分别为 EP 和 CP 的权重比例系数；Y、E、C、L、XF、IM、EX 和 RT 分别为产出、能源、二氧化碳、劳动力、其他消费[③]、进口额、出口额和技术水平贡献率；θ 和 ϖ 分别为进口额和出口额的变动率；α_{ij} 为直接消耗系数，γ 为直接消耗系数变动率；ψ 为其他消费变动率；λ 为全国劳动力总量的变动率。

从功能定位上来看，式（1）为目标函数，即寻求全国整体的资源环境强度最小化；式（2）至式（11）为相关约束条件，其中式（2）至式（4）分别将各行业的产出与能源消耗量、二氧化碳排放量及劳动力数量建立关系；式（5）则是从产业间均衡和进出口的角度对各行业的产出进行约束[④]；式（6）则是从技术贡献度角度保证优化后各行业技术水平对产出的总贡献额度至少不小于优化前的原始水平；式（7）至式（9）分别是从能源消耗、二氧化碳排放和劳动力就业保障的总量上进行约束；式（10）和式（11）则分别给出了全国能源强度和碳强度的计算方法。

2. 超越对数生产函数模型的构建

在相关假定和约束的前提下，本文能够得到中国制造业两位数行业优化调整后的产出规模，但新的问题是，各行业应该如何有效利用各种投入要素，来高效率地提供合意产出量，降低要素错配现象。为此，可以先使用历史数据估算出各种投入要素和产出之间的非线性关系，根据产出的需要计算出合理的要素配置格局。

---

① 无论是中国在全球环境绩效指数（EPI）中相对落后的排名，或是针对碳强度问题，中国政府在哥本哈根会议上做出的郑重承诺和国民经济规划中制定的约束目标，都充分说明中国的制造业需要更好地兼顾"经济增长与环境保护"问题，所以本文以制造业全国整体资源环境强度最小化为优化目标。

② i 表示制造业，j 表示制造业及其他行业。

③ 其他消费是本国制造业部门之外所有部门对本国制造业产品的间接消费总额和居民、政府、资本形成的最终消费总额的加总。

④ 在封闭经济条件下，只需要制造业每个行业的生产量能够满足其他所有行业的间接消费及国内的最终消费即可。但在开放经济条件下，制造业可以多生产些产品用于出口，也可以依靠进口来满足国内生产的不足，但在当前的进出口格局下，依赖于进出口的数量受到相应的限制。

在估算要素投入和产出之间的非线性关系时，本文采用了随机前沿技术（Stochastic Frontier Analysis，SFA），主要原因是该方法不仅能够从生产率中分解出技术效率值，而且能控制随机误差项带来的扰动，从而能够更为准确地刻画各种要素投入之间的替代或互补关系，及各种要素投入与产出之间的非线性关系。基于 Battese 和 Coelli（1995）所构建的 SFA 模型内涵，参照现有文献，本文采用包括资本（K）、劳动力（L）、中间产品投入（M）和技术水平（T）在内的函数形式。为便于更为细致地考察要素投入的边际产出与弹性，本文将生产函数设定为超越对数形式，其具体形式如式（12）[①] 所示。

$$\log Y_{it} = \beta_0 + \beta_1 \log K_{it} + \beta_2 \log L_{it} + \beta_3 \log M_{it} + \beta_4 \log K_{it}^2 + \beta_5 \log L_{it}^2 + \beta_6 \log M_{it}^2 + \beta_7 \log K_{it} \log L_{it}$$
$$+ \beta_8 \log K_{it} \log M_{it} + \beta_9 \log L_{it} \log M_{it} + \beta_{10} T_t + \beta_{11} T_t^2 + \beta_{12} T_t \log K_{it} + \beta_{13} T_t \log L_{it} + \beta_{14} T_t \log M_{it} + V_{it} - U_{it}$$

$$(12)$$

式中，β 为待估参数；U 为产出无效率，服从 $iid|N(0, \sigma_u^2)|$，该因素是各决策单元由于内部管理水平上的差异所导致的产出损失；V 为随机偏差项，满足 $iid\, N(0, \sigma_v^2)$，这是运气因素对产出的随机影响。

一旦求出制造业各细分行业的合意产出规模，根据劳动力强度和中间产品投入强度，就能够估算出各细分行业需要吸纳的劳动力数量和中间产品投入量，进而可以通过式（12）估算出相对合适的资本存量规模。

3. 数据包络分析方法的运用

产能利用率是测度产能过剩程度最直接和常用的指标，即用经济体的实际产出占潜在生产能力的比重衡量。具体测算时，学术界常用的方法有调查法、峰值法、成本函数法、数据包络分析方法和随机生产前沿方法等（国务院发展研究中心"进一步化解产能过剩的政策研究"课题组，2015；董敏杰等，2015）。本文选取数据包络分析方法为分析框架，不同于 Kirkley 等（2002）等基于产出导向的研究角度，本文注重从要素投入角度，即在假定其他可变要素不可自由处置的前提下，为提供既定产出，可以将资本存量水平降低至何种水平，于是降低后的合意资本存量水平与原始资本存量水平的比值就能够从要素角度对产能利用率水平进行测定，进而能够为资本存量的定位与调整提供依据。

在具体研究方法上，本文使用 Cooper 等（2004）构建的基于投入导向的规模收益不变的非自由处置变量模型（Non-discretionary Variable Model），这样做的好处是既可以提取自由处置变量（资本存量）和非自由处置变量（劳动力和中间品投入）的信息，又能在将非自由处置变量设定为不变的前提下，重点分析自由处置变量的投入效率。限于篇幅，不再对该模型进行赘述。

在求出资本冗余量（$s_{k,it}^-$）之后，产能利用率水平（PUR_{it}）可以用式（13）得出。

$$PUR_{it} = (K_{it} - s_{k,it}^-)/K_{it}$$

$$(13)$$

四、变量构造与数据说明

本文以中国 30 个省份（剔除了对西藏、中国香港、中国澳门和中国台湾地区的考虑）的制造业两位数行业 2003~2015 年的面板数据为样本，所用数据根据历年《中国统计年鉴》《中国人口与就业统计年鉴》、分省统计年鉴、国研网统计数据库和中国统计应用支持系统整理和计算而得。为剔除价格因素

[①] 在模型具体形式的选取上，可以通过 γ 值检验来判断随机前沿生产函数是否比普通最小二乘（OLS）更有效，并且通过构造似然比统计量来对超越对数生产函数的具体形式进行选择。限于篇幅，不再对具体方法进行赘述，相关步骤可参见谢建国（2006）的研究。

的影响，本文所有和价格有关的数据均根据相应价格指数或增长指数调整至 2000 年价格水平。此外，由于国民经济行业分类 2002 年和 2011 年版本中对制造业细分行业的分类有所差异，本文根据最大化利用数据的原则，将数据做了必要的拆分与合并，最终形成 29 个制造业细分行业[①]。

在经验分析中，涉及的变量如下构造：①产出（Y）：选取经工业品出厂价格指数调整后的实际工业总产值作为产出。②劳动投入（L）：选用年末全社会从业人员数指代。③资本投入（K）：根据永续盘存法计算得出，计算公式为 $K_t = K_{t-1}(1-\delta_t) + I_t/P_t$，具体计算时，采用董敏杰等（2015）提供的方法[②]，其中 I_t 是新增投资额，用相邻两年的固定资产原价的差值指代，P_t 是投资品价格指数，用固定资产投资价格指数指代，折旧率 δ_t 用历年估算折旧率的均值[③]来度量，基期的资本存量 K_0 用 2000 年固定资产原价与累计折旧的差值近似表达。④中间产品投入（M）：用工业总产值减去工业增加值、应交增税后，再除以原材料购进价格指数指代，其中工业部门两位数行业的工业增加值 2001~2007 年的数据来自《中国工业统计年鉴》，2008~2015 年的数据则根据当年工业总产值与 2003~2007 年平均工业增加值率的乘积近似表达。⑤技术进步（T）：超越对数生产函数模型如果需要加入技术进步，则用时间跨度 1~13 刻画。⑥能源消耗量（E）：计算时采用的终端能源消耗为原煤、洗精煤、其他洗煤、型煤、焦炭、焦炉煤气、其他煤气、原油、汽油、煤油、柴油、燃料油、液化石油气、炼厂干气、天然气、其他石油制品、其他焦化产品、热力和电力，并根据国家统计局提供的标煤折算系数转换成标准煤形式。⑦二氧化碳排放量（C）：常规化石能源的二氧化碳排放因子以 IPCC（2006）提供的数据为准，电力作为二次能源，其二氧化碳排放因子采用国家气候战略中心提供的全国基准数据，热力消费假设所有的热力均由原煤燃烧产生，按照原煤的排放系数进行折算。⑧能源强度（EP）、碳强度（CP）和劳动力强度（LP）：分别用能源消耗量、二氧化碳排放量和劳动力数量与工业总产值的比值表示。⑨进口额（IM）、出口额（EX）、直接消耗系数（α_{ij}）和其他消费（XF）：以中国 2012 年投入产出表为基准，合并计算得出相关行业的对应数据。其中，其他消费使用制造业之外所有部门对制造业产品的间接消费总额和居民、政府、资本形成的最终消费总额的加总值来衡量。⑩能源强度的权重系数（γ_{EP}）：将能源强度和碳强度的权重系数均取值 0.5。⑪技术水平贡献率（TP）：技术水平引致的产出增长额度与总产出之间的比值[④]。⑫全国劳动力总量变动率（λ）：根据全国劳动力总量近三年变动率绝对值的均值为上下约束线。⑬进口额变动率（θ）、出口额变动率（ϖ）、直接消耗系数变动率（γ）和其他消费变动率（ψ）：根据已有数据，使用差分法，估算得出 2015 年相对 2012 年的变动率。

① 1. 农副食品加工业；2. 食品制造业；3. 饮料制造业；4. 烟草制品业；5. 纺织业；6. 纺织服装、鞋、帽制造业；7. 皮革、毛皮、羽毛（绒）及其制品业；8. 木材加工及木、竹、藤、棕、草制品业；9. 家具制造业；10. 造纸及纸制品业；11. 印刷业和记录媒介的复制；12. 文教、工美、体育、娱乐用品制造业及其他制造业；13. 石油加工、炼焦及核燃料加工业；14. 化学原料及化学制品制造业；15. 医药制造业；16. 化学纤维制造业；17. 橡胶制品业；18. 塑料制品业；19. 非金属矿物制品业；20. 黑色金属冶炼及压延加工业；21. 有色金属冶炼及压延加工业；22. 金属制品业；23. 通用设备制造业；24. 专用设备制造业；25. 交通运输设备制造业；26. 电气机械及器材制造业；27. 通信设备、计算机及其他电子设备制造业；28. 仪器仪表制造业；29. 废弃资源和废旧材料回收加工业。
② 由于本文后续需要使用各省份分行业的资本存量，受限于数据可得性，本文借鉴了董敏杰等（2015）提供的与现有文献略有不同但相对可行的计算方法。
③ 历年估算折旧率的计算方法为：（历年累计折旧额－上年累计折旧额）÷上年固定资产原价。除废弃资源和废旧材料回收加工业的折旧率均值高达 20% 外，其他制造业的折旧率均值普遍围绕 5.87% 上下波动。
④ 计算思路是：先使用随机前沿生产函数模型，计算出经济产出增长率中有多大比率是由技术进步引致的，进而计算出经济产出中有多大比率是由技术水平引致的。限于篇幅，具体计算方法可以向笔者索要。

五、实证结果及其分析

1. 制造业节能减排进程的总体演变

自中国加入 WTO 以来，制造业总体在节能减排上付出了巨大的努力并收获了一定的成绩，总体来看：①能源强度和碳强度趋于降低，节能减排成绩凸显。能源强度由 2003 年的 0.6106 万吨标准煤/亿元逐步降低至 2015 年的 0.2348 万吨标准煤/亿元，年均降幅高达 7.83%[1]；同期的碳强度则由 1.6023 万吨/亿元降低至 0.6784 万吨/亿元，年均降幅为 6.57%。②在各行业内部，能源强度和碳强度的排名在样本间存在一定的变迁。如皮革、毛皮、羽毛（绒）及其制品业的能源强度从小到大的排名由 2003 年的第 3 名，降低为 2015 年的第 6 名。再如农副食品业的碳强度排名则由 2003 年的第 10 名，降低至 2015 年的第 16 名。③行业间的能源强度和碳强度差异极大，且差异程度趋于加剧。以能源强度指标为例，2003 年，能源强度最高的是石油加工、炼焦及核燃料加工业（2.3737 万吨标准煤/亿元），最低的则为通信设备、计算机及其他电子设备制造业（0.0367 万吨标准煤/亿元），前者是后者的 64.68 倍，该年所有行业的变异系数为 1.3217。随着节能减排工作的推进，在 2015 年，两者的能源强度分别降低至 1.3951 万吨标准煤/亿元和 0.0103 万吨标准煤/亿元，但两者的倍数扩大至 135.45 倍，至于总体的变异系数则上升至 1.7296。类似的情况亦出现在碳强度指标上。

2. 制造业产出结构的优化调整

基于前文给出的非线性规划技术，从节能减排即最小化资源环境强度的角度，本文估算了 2015 年制造业各行业的合意产出规模及相应的能源消耗和二氧化碳排放状况[2]。

（1）制造业产出结构优化调整后的潜在效果。2015 年制造业总产值为 898564.05 亿元，优化后的总产值可以提高至 938833.01 亿元，比前者提高了 4.48%，但却可以带来较为良好的节能减排效果，能够让能源消耗总量由 211017.20 万吨标准煤降低至 180618.72 万吨标准煤（降幅为 14.41%），使二氧化碳总量由 609611.39 万吨降至 526001.46 万吨（降幅为 13.72%），从而让资源环境强度由 0.4566 万吨/亿元降低至 0.3763 万吨/亿元（降幅为 17.59%），其中能源强度由 0.2348 万吨/亿元降低至 0.1924 万吨/亿元（降幅为 18.08%），碳强度由 0.6784 万吨/亿元降低至 0.5603 万吨/亿元（降幅为 17.42%）（见图 1）。

（2）制造业细分行业产出结构的优化调整结果与分析。为更清晰地展示 2015 年制造业各行业优化值与 2015 年原始值及 2010 年原始值相比的产出规模调整方向与程度，本文绘制了图 2。同时，为便于深入把握各行业的调整状况与格局，本文引入以下六个分类：强绝对增产、弱绝对增产、相对增产、绝对减产、强相对减产和弱相对减产，每一类的具体划分依据见表 1。其中，强绝对增产指该行业的产出规模不仅大于 2015 年原始值，而且大于 2015 年优化值与 2010 年相比的平均增速（66.57%，以下简称基准增速）。在图 2 中只需要观察各行业的"●"和"▲"形标识，如果全部分别高于各自 0 和 66.57%的增减临界线，则说明该行业为强绝对增产行业。观察后可知，符合该标准的行业有医药制造业，专用设备制造业，电气机械及器材制造业，通信设备、计算机及其他电子设备制造业与废弃资源和废旧材料

---

① 计算公式为 $1-\sqrt[12]{EP_{2003}-EP_{2015}}$ 。

② 本文在分析中将能源强度和碳强度的权重系数均取值为 0.5。经审稿人建议，本文将两者的权重系数变更为 0.75、0.25 及 0.25、0.75，进行了稳健性检验。结果发现细分行业中除石油加工、炼焦及核燃料加工业和非金属矿物制品业等个别行业的资源环境强度结果有 1%~2%的差异率外，其他细分行业的差异率均保持在 1%以内。之所以呈现这种良好的稳健性，原因有二：一是因为各行业在能源强度和碳强度上高度相关，二是众多条件约束制约了各个行业的波动空间。

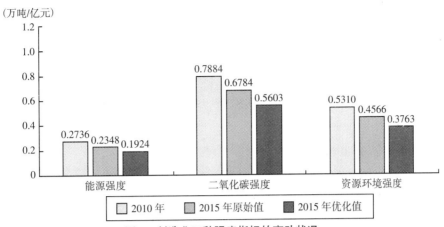

图 1 制造业三种强度指标的变动状况

回收加工业等九个行业。强相对减产指该行业的产出规模虽然比 2010 年产出有所增长，但小于基准增速，而且小于 2015 年原始值，即需要该行业的"●"和"▲"形标识分别低于 0 和位于（0, 66.57%]的区间。可以看出，农副食品加工业、食品制造业、造纸及纸制品业、橡胶制品业和黑色金属冶炼及压延加工业等 17 个行业属于强相对减产行业。弱绝对增产指该行业的产出规模大于 2015 年原始值，并比 2010 年产出有所增长，但小于基准增速，在图 2 中需要该行业的"●"和"▲"形标识分别高于 0 和位于（0%, 66.57%]的区间，属于该类型的行业为交通运输设备制造业。弱相对减产则指该行业的产出规模小于 2015 年原始值，但大于基准增速，在图 2 中如果某行业的"●"形标识低于 0 的增减临界线，但"▲"形标识高于 66.57%的增减临界线，则说明该行业为弱相对减产行业，仅有饮料制造业和文教、工美、体育、娱乐用品制造业及其他制造业属于该类型，说明即使和 2015 年原始值相比，需要适度减少这两个行业的产出规模，但它们和整个制造业的基准增速相比，依然领先于均值水平。至于其他几种类型则并无任何行业归属于它们。

可以看出，中国需要强绝对增产的九个制造业行业里，不仅有高技术含量的先进制造和高端装造业，有无穷潜能的互联网行业，还有往往被世人忽视的"静脉产业"。毫无疑问，先进制造、高端装备制造业和互联网行业，以及进一步融合的"互联网+"行业无疑是"中国版工业 4.0"和"中国制造 2025"路线图能否顺利实现的重中之重，其重要性无须赘述。实际上，作为静脉产业的废弃资源和废旧材料回收加工业，虽然产出比重不占优势，但优化增长势头无疑是强绝对增产行业中的佼佼者，需要将 3279.92 亿元的原始产值提升至 5917.63 亿元，增长幅度高达 80.42%。从美欧和日本等发达国家和地区的发展进程来看，近几十年来均较为重视发展静脉产业，注重利用循环经济理念，有机协调当今世界发展所遇到的两个共同难题——垃圾过剩和资源短缺，通过垃圾的再循环和资源化利用，让自然生态系统逐步进入良性循环的状态。基于中国当前面临的资源短缺和环境污染的现状，以及早在党的十六届五中全会就明确提出的要"大力发展循环经济，完善再生资源回收利用体系"的要求，适时大力推进静脉产业，将其融入至"工业 4.0"和"中国制造 2025"路线图的大浪潮之中，是历史的趋势和必然。

需要进一步指出的是，应当如何理解处于强相对减产的行业。不可否认，处于这种类型的行业总数高达 17 个，其中不乏纺织、食品加工等传统劳动密集型轻工业，也有化学原料及化学制品制造业和黑色金属冶炼及压延加工业等资本密集型重工业。这些行业有多个行业归属于国家发改委与工信部会同中国国务院有关部门提出的"十大产业振兴规划"之列。实际上，不同程度地减少这些高资源环境强度产业的产出总量，是基于投入产出的框架，在满足消费、投资和所有产业的中间品需求、进出口格局约束和技术水平贡献度的前提下，做出的一个宏观优化布局。为了总体的资源环境强度最小化，同时避免产能过剩问题，这些行业需要在一定程度上让步于强绝对增产的行业。当然，这种让步并不是让每个企业削减产量那么简单，而是以各行业的总产出规模为目标值，在每个产业内部实现优胜劣汰，关停并转掉各行业内部相对更为高消耗、高污染的企业，适度扩大各行业中具备相对比较优势的企业，实现规模经济和范围经济。至于弱相对减产的行业，其基本情况和强相对减产行业类似，亦需要适度让步于强绝对增产行业，所不同的是弱相对减产行业虽然需要降低一些产出额，但其优化后的增长速度依然领先于基准增速。

图 3 为制造业各行业的资本存量增减程度示意。

表 1   制造业产出规模增减类型分类标准

	与 2015 年相比的调整度（%）		与 2010 年相比的增长度（%）		
	$R_1 > 0$	$R_1 \leq 0$	$R_2 > 66.57\%$	$0 < R_2 \leq 66.57\%$	$R_2 \leq 0$
强绝对增产	●		▲		
弱绝对增产	●			▲	
相对增产	●				▲
绝对减产		●			▲
强相对减产		●		▲	
弱相对减产		●	▲		

注：●表示与 2015 年相比的调整度，▲表示与 2010 年相比的增长度。表 3 中的符号标识与此处相同。

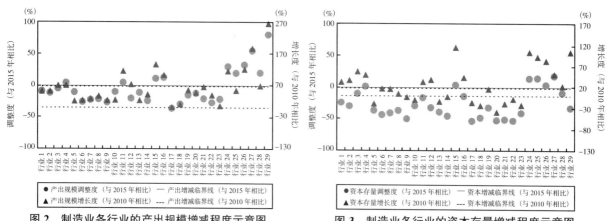

图 2   制造业各行业的产出规模增减程度示意图

注：实线为以 2015 年为比较基准的产出增减临界线，临界点为 0，虚线为以 2010 年为比较基准的产出增减临界线，临界值为 0 和 66.57%。

图 3   制造业各行业的资本存量增减程度示意图

注：实线为以 2015 年为比较基准的资本存量增减临界线，临界点为 0，虚线为以 2010 年为比较基准的产出增减临界线，临界值为 0 和 18.03%。

3. 制造业最优产出结构的要素结构联动配套

（1）超越对数生产函数模型的估算结果及分析。在使用随机前沿生产函数模型估算各要素投入对经济产出的影响作用时，首先需要对随机前沿生产函数的适用性及具体形式进行判定。凭借似然比检验和显著性检验，发现式（12）中的资本存量和中间产品投入的交乘项、技术水平与资本存量的交乘项以及技术水平与中间产品投入的交乘项需要被剔除，最终的结果如表 2 所示。可以看出，该模型不仅所有自变量的系数结果均至少在 10% 的显著性水平上显著，且 γ 值高达 0.9693，并在 1% 的水平上显著，说明普遍存在技术无效率，前沿生产函数的误差主要由技术无效率引致，从而进一步表明使用随机前沿生产函数是必要和有效的。

表2 随机前沿生产函数模型估计结果

指标	系数	指标	系数	指标	系数
lnK	0.3410*** (3.4377)	lnK × lnK	0.0214* (1.9036)	T × lnL	0.0078*** (3.9581)
lnL	-0.5358*** (-6.8444)	lnL × lnL	0.0745*** (3.3137)	截距	-0.4902* (-1.6558)
lnM	1.4228*** (11.1265)	lnM × lnM	-0.0624*** (-4.6877)	σ^2	0.0798***
lnK × lnL	-0.1184*** (-4.7794)	T	0.0433*** (3.9220)	γ	0.9693***
lnL × lnM	0.0823** (2.3641)	T × T	-0.0016*** (-5.6507)	Log-likelihood	630.0665

注：括号内为Z值；***、**、*分别表示在1%、5%、10%的水平上显著；ln表示以e为底取对数。

表2的相关结果为配套分析2015年要素投入量提供了可能，在具体分析之前，考虑到制造业部门普遍存在的资本要素产能过剩问题，本文将资本存量设定为自由处置变量，寄希望于能够凭借要素结构的联动配套，降低资本要素的产能过剩程度。同时，为了保障就业和延续前文的分析思路，本文将既定年份的劳动强度系数设定为独立于经济产出水平，即采用前文求得的劳动强度系数，根据优化后的产出水平计算出各行业可以支撑的就业量。最后，考虑到中间产品投入在制造业生产过程中的基础支撑作用，可以简单地将既定年份的中间产品投入强度系数设定为独立于经济产出水平，进而亦能根据优化后的产出水平得到相应的中间产品投入水平。

（2）制造业细分行业合意产出的要素结构联动配套结果及分析。根据制造业各行业的2015年合意产出值，可以计算出相应的资本存量、劳动力和中间产品投入的合理水平。从总量上来看，制造业总体需要147085.61亿元的资本存量和485067.62亿元的中间产品投入，分别比原始值降低了26.02%和提高了0.74%，并可以提供与2015年原始值极为接近的就业量。相对而言，通信设备、计算机及其他电子设备制造业，交通运输设备制造业和电气机械及器材制造业提供了最多的就业岗位，并使用了最多的中间产品投入，表明这三大行业将会在保障就业和带动其他行业发展上发挥极为重要的作用。

为深入对比分析制造业各行业资本存量的增减变动格局，本文也通过将其分为强绝对增投、弱绝对增投、相对增投、绝对减投、强相对减投和弱相对减投来进行分析，分类标准见表3。结合表3和图3，可以发现医药制造业，交通运输设备制造业，通信设备、计算机及其他电子设备制造业等6个行业属于强绝对增投行业，橡胶制品业、化学原料及化学制品制造业和纺织业等11个行业属于绝对减投行业，皮革、毛皮、羽毛（绒）及其制品业，纺织服装、鞋、帽制造业和非金属矿物制品业等4个行业属于强相对减投行业，而农副食品加工业、饮料制造业、废弃资源和废旧材料回收加工业等8个行业则属于弱相对减投行业。

对比分析资本存量规模和产出规模的增减格局，发现两者的总体变动趋势基本一致，但有些行业则差距迥异。如废弃资源和废旧材料回收加工业、印刷业和记录媒介的复制虽然在产出规模上处于绝对增产格局，但在资本存量规模上却处于弱相对减投格局，说明资本投资虽然是保障经济的重要因素，但过分依赖资本大量投入、高消耗和高污染的粗放型生产模式，往往也会带来严重的产能过剩问题。本文注意到当前钢铁、电解铝、水泥、煤化工、风机设备、多晶硅、造纸等行业普遍被认为是产能过剩较为严重的行业，它们对应的则是有色金属冶炼及压延加工业、黑色金属冶炼及压延加工业、化学原料及化学制品制造业、造纸及纸制品业、非金属矿物制品业和专用设备制造业6个行业（董敏杰等，2015）。在前文产出结构的优化分析中，前4个行业均需要在一定幅度上降低产出规模增长速度，并使资本存量规模有更大程度的降低，但这种降低只是在接受历史产能过剩和落后产能比重格局的前提下，对资本存量规模做出的定位。这种定位能在多大程度上解决产能过剩问题，则成为下文的分析重点。

表3　制造业资本存量增减类型分类标准

	与 2015 年相比的调整度（%）		与 2010 年相比的增长度（%）		
	$R_3 > 0$	$R_3 \leq 0$	$R_4 > 18.03\%$	$0 < R_4 \leq 18.03\%$	$R_4 \leq 0$
强绝对增投	●		▲		
弱绝对增投	●			▲	
相对增投	●				▲
绝对减投		●			▲
强相对减投		●		▲	
弱相对减投		●	▲		

4. 制造业资本要素产能过剩水平的定位与削减

近年来，国家较为重视解决制造业的落后产能问题，并取得初步成效，据国家工业和信息化部提供的数据，截至 2015 年底，中国淘汰炼钢、水泥和平板玻璃等分别高达 8634 万吨、6.19 亿吨和 1.66 亿重量箱，高于国民经济"十二五"规划制定的要分别淘汰 4800 万吨、90 万吨和 0.9 亿重量箱的任务目标，提前完成"十二五"规划目标。但落后产能的削减并不意味着产能过剩问题亦能随之解决，若不能做好资本存量要素的淘汰、合并、转型和增速控制，则产能过剩问题并不会有效得以控制与解决。国家统计局自 2014 年以来累计统计的 6 万余户大中型企业数据显示，几乎所有企业的产能综合利用率均低于 80%。特别是在经济持续处于新常态后，经济增速的持续放缓若不能配套实现资本存量的对应调整，必将会使产能过剩问题持续发酵与恶化。因此，从解决产能过剩的角度对制造业的资本存量进行评判与定位具有重要的现实意义。

本文将使用 Cooper 等（2004）构建的基于投入导向的规模收益不变的非自由处置变量模型来测算全国制造业各细分行业 2015 年原始值和优化值的资本要素产能利用率。为了给每个细分行业均构建一个效率前沿面，需要多个经济体的相关数据。考虑到数据的可得性，本文以各细分行业的 30 个省份及全国整体的数据，共计 31 个 DMU 的投入产出数据为样本进行分析。

（1）制造业要素格局联动配套前后的资本要素产能过剩水平测度结果与分析。图4汇报了 2015 年制造业各行业原始值及优化值的产能利用率状况，可以看出，制造业原始值整体的产能利用率约为56.14%，相对而言，轻工业和高新技术产业的产能利用率普遍较高，如其中的医药制造，纺织服装、鞋、帽制造业的排名相对靠前；而重工业的产能利用率则普遍较低，如废弃资源和废旧材料回收加工业，有色金属冶炼及压延加工业，石油加工、炼焦及核燃料加工业居于制造业末三位。本文计算的制造业各行业的产能利用率总体排名格局和韩国高等（2011）、董敏杰等（2015）的研究基本一致。

通过对 2015 年制造业产出结构及要素结构进行优化，能够在较大程度上提高制造业的产能利用率，整体均值可提高至 72.04%，在取值上仍然低于美国等发达国家经常引用的 79%~82% 的合意产能利用率水平（钟春平和潘黎，2014）7~10 个百分点。从分行业角度来看，除医药制造业优化前后的产能利用率几乎保持不变外，其他各行业的产能利用率均有不同程度的上升，特别是纺织业的产能利用率可以提升至 85.84%，居于冠军之位。本文关注到废弃资源和废旧材料回收加工业在优化后的产能利用率依然低至 55.12%，继续处于末位水平，原因就在于近几年各地区在响应大力发展"静态产业"政策时，陷入了低水平建设、重复建设和恶性竞争格局。以生活垃圾全资源化处理（TWR）企业为例，通过国务院

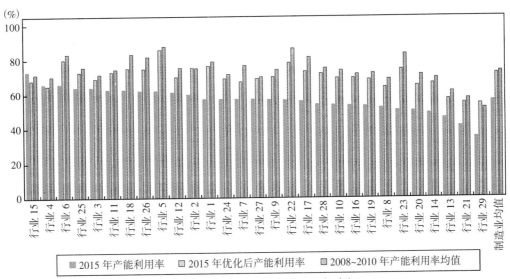

图4　制造业各行业的产能利用率对比

参事室对天津等地的调查数据来看，多地区的生活垃圾排放存在着排放量"吞不完"和TWR企业"吃不饱"并存的局面：一方面，部分TWR企业设计能力偏小，无法实现规模经济，导致生活垃圾"吞不完"现象；另一方面，一些TWR企业则又存在"吃不饱"现象，即和TWR企业的日处理设计能力相比，每日运来的生活垃圾数量尚不足一半。类似的情况也存在于工业垃圾的处理企业上。究其根本原因，就在于过去鲜有人问津的废弃资源和废旧材料回收加工业，在国家处理补贴标准和全资源回收收益的保障下，已经变得有利可图，但各地区在废弃资源和废旧材料回收加工业的布局上普遍不合理，不是设计能力过小的重复建设、低水平建设横行，就是设计能力较大，但辐射半径内的废旧资源因运输成本、恶性竞争等问题并未被集中运送和处理。大力推行"静脉产业"应是中国当前的必然选择，但需要理顺废旧资源的跨区域运输问题，根据人口密集度、企业密集度和运输成本等多因素合理布局系统的静脉产业。

（2）制造业资本要素产能过剩问题的削减分析。仅通过提取历史信息，去给优化后的合意产出规模进行要素格局联动配套，可以让制造业的产能利用率水平有不同幅度的上升，但产能过剩问题依然存在。因为这里对制造业各行业资本存量的调整是以历史样本数据中资本存量和经济产出之间的非线性关系为基准的，所以调整后的产能利用率结果应当和历史均值相当，图4中2008~2010年产能利用率的均值约为73.27%，和2015年要素格局联动配套后的取值（72.04%）较为接近。从这个意义上讲，以史为鉴的调整，在技术上只是逼近历史均值水平，避免经济增速放缓背景下，地方政府"病急乱投医"式的过度投资，但这仅是制造业提高产能利用率、降低产能过剩问题的第一个层次。在将资本存量根据合意产出水平调整至历史均值水平后，往往与以国内高效率经济体为效率前沿面的产能利用率水平有一定差距，对这个差距进行削减就成为中国制造业提高产能利用率、降低产能过剩问题的第二个层次。

在解决第一层次产能过剩问题的基础上，要重点关注和解决废弃资源和废旧材料回收加工业，有色金属冶炼及压延加工业和石油加工、炼焦及核燃料加工业等产能利用率大幅低于合意产能利用率水平的问题，根据两者之间的差距，对资本存量值做进一步的调整，实现产能利用率由第一层次向第二层次的跨越。这一步跨越是质的变化与飞跃，会比实现第一层次要艰难得多。正如Coelli等（2002）和董敏杰等（2015）指出的那样，由于诸多经济体可能会存在着固定投入相等但生产能力不同的现象，即在技术效率上存在差异性，因而可以将产能利用率进一步分解为设备利用率和技术效率（Coelli et al., 2002；董敏杰等，2015）。那么，治理资本要素产能过剩问题最直接的措施可以从针对产出要求确立合理的企业规模，避免规模过小或规模过大引致的规模不经济现象着手，注重提高设备利用率；同时，不仅应当注重提高企业的技术水平和管理水平，提高显性的技术效率水平，而且应当从淘汰落后产能和"建价虚高，物低所值"的"泡沫固定设备"着手，降低隐形的技术无效率水平。

5. 对制造业产业结构系统性优化的进一步思考

中国自 1978 年改革开放以来，与世界他国的贸易往来密切程度不断加强，中国已成为世界上最大的出口国，但有两个特征不容回避：一是出口产品往往集中在高耗能和高污染行业的纺织业和化学原料及化学制品制造业等行业；二是存在贸易"增加值剪刀差"，不仅体现在高耗能和高污染行业，而且存在于通信设备、计算机及其他电子设备制造业等相对低能耗和低污染行业。由此可见，辉煌的贸易成绩背后存在着诸多困境与无奈，中国制造业整体在一定程度上尚拘泥于产品代加工层次，或者自身有完整的研发生产系统，但品牌价值较低，缺乏国际竞争力。处于"微笑曲线"低洼阶段或低层次"微笑曲线"的产业格局，导致中国付出了巨大的人力、物力和资源环境成本，才换来当今的外汇储备格局。必须承认，这是中国作为发展中国家在经济攀升过程中难以逾越的发展阶段。随着中国经济的腾飞及大国地位的稳固，中国应当积极寻求国际分工格局的优化，实现工业增加值率的稳步上升，让更少的成本特别是资源环境成本获得更高的经济回报。

根据本次制造业产出结构优化结果，中国应当强绝对增产的 9 个行业里，多数行业的出口进口比低于制造业整体平均水平。对于这些行业，中国首先要注重加大这几个行业的要素投入和产出力度，降低国内对进口产品的依赖程度，提升国内对本国产品的需求强度。其次要提高产品国际竞争力，加强国外对本国商品的需求强度，这一方面要注重推进民族品牌的国际精品化进程，打破"微笑曲线"整体低位徘徊的格局，实现"微笑曲线"的整体攀升；另一方面要注重实现由固有"微笑曲线"低洼阶段向研发、设计和销售的高端阶段爬升，进而提高强绝对增产行业的国际竞争力与贸易主动权。至于需要相对减产和绝对减产的行业，则要根据当前的贸易格局和资源环境强度，实现差异化的发展策略。对于黑色金属冶炼及压延加工业和非金属矿物制品业等高资源能耗强度和高出口进口比的行业，要注重降低对用环境换外汇发展模式的依赖程度，降低行业发展规模，减少出口强度。对于有色金属冶炼及压延加工业和化学原料及化学制品制造业等高资源能耗强度和低出口进口比的行业，可以注重关停并转掉一批产能差、能耗高、污染重的企业，适度加大进口程度来满足国内中间产品的生产需求。当然，对于制造业的任何一个行业，注重推行品牌的国际化、国际分工的高端化、落后企业的关停并转化、进出口产品的选择化、先进节能减排技术和有国际竞争力企业的高层次"引进来"、并购及控股国外先进制造业的高层次"走出去"、产业要素结构的配套调整都将是贯穿产业结构优化调整工作的基本思路，要做到合理搭配，在新常态下轻重有序、有破有立地推进制造业的节能减排进程和经济腾飞战略。

六、结论与启示

产业结构的合理与否，将会决定产业的行为和绩效，从而意味着，能否根据现实国情对制造业的产业结构进行优化调整将是左右"中国制造 2025"未来成效的重要因素。因此，本文以制造业两位数行业为样本，对其进行产业结构的系统性优化，即先分析了 2015 年产出结构的优化调整目标及节能减排潜力，然后分析了各种要素投入的联动配套问题，并重点针对其中的资本存量要素，测算并分析它的产能利用率状况。研究发现：①制造业产出结构通过优化调整，可以分别降低能源强度和碳强度18.08%和 17.42%。②为降低要素错配，制造业产出结构优化调整后需要各种投入要素进行联动配套，特别是资本存量水平需要降低 26.02%。③2015 年制造业产能利用率远低于国民经济"十二五"规划中后期的均值水平，而投入要素联动配套后的产能利用率则可以回升至后一水平。

基于本文的研究发现，相关的启示可以体现为以下两点：首先，"中国制造 2025"不应是制造业的全行业盛宴，要做到有破有立、重点突破。可以重点发展医药制造业，专用设备制造业等 9 个行业，提升经济增速；要适度控制饮料制造业和文教、工美、体育、娱乐用品制造业及其他制造业的增长速度，但要保证其高于整个制造业的基准增速；农副食品加工业和食品制造业等其他制造业则要控制在整个制造业基准增速的下方，避免其过度增长。

其次，生产要素的异质性，要求政府"有形手"和市场"无形手"的联合方式必须因"素"制宜。一方面，政府应打破劳动力市场的制度性分割，减少依附于户籍、编制等制度上的福利待遇，进而降低劳动力流动的成本，促使劳动力的自由流动，但要谨防资本逐利过程中，过度提高资本有机构成导致的失业问题。另一方面，中央政府不仅要根据产出结构优化调整需要，明确制造业各行业的合理资本存量水平，避免行业整体规划上的投资失调，而且要通过多种途径和手段规范、约束地方政府的投资行为，抑制各地投资过度扩张的势头。同时要加大政企分开和投资体制改革的力度，让政府尽快退出投资市场的主体地位，在资本要素配置上不再担当主要角色，而是起到规范市场和引导市场的作用，让投资行为步入良性的市场化运行机制。

〔参考文献〕

［1］董敏杰、梁泳梅、张其仔，2015：《中国工业产能利用率：行业比较，地区差距及影响因素》，《经济研究》第 1 期。

［2］国务院发展研究中心：《进一步化解产能过剩的政策研究》课题组，2015：《当前我国产能过剩的特征、风险及对策研究》，《管理世界》第 4 期。

［3］韩国高、高铁梅、王立国、齐鹰飞、王晓姝，2011：《中国制造业产能过剩的测度、波动及成因研究》，《经济研究》第 12 期。

［4］黄亮雄、安苑、刘淑琳，2013：《中国的产业结构调整：基于三个维度的测算》，《中国工业经济》第 10 期。

［5］江洪、赵宝福，2015：《碳排放约束下能源效率与产业结构解构，空间分布及耦合分析》，《资源科学》第 1 期。

［6］焦翠红、李秀敏，2015：《经济增长，节能减排与区域产业结构优化》，《税务与经济》第 2 期。

［7］刘伟、张辉，2008：《中国经济增长中的产业结构变迁和技术进步》，《经济研究》第 11 期。

［8］刘小敏、肖春来、李红梅，2007：《某地区总排污控制下的产业结构优化研究》，《北方工业大学学报》第 1 期。

［9］马树才，2005：《以经济增长为目标的产业结构调整优化模型》，《辽宁大学学报：自然科学版》第 3 期。

［10］王文举、向其凤，2014：《中国产业结构调整及其节能减排潜力评估》，《中国工业经济》第 1 期。

［11］谢建国，2006：《外商直接投资对中国的技术溢出：一个基于中国省区面板数据的研究》，《经济学（季刊）》第 4 期。

［12］杨志才、柏培文，2017：《要素错配及其对产出损失和收入分配的影响研究》，《数量经济技术经济研究》第 8 期。

［13］袁志刚、解栋栋，2011：《中国劳动力错配对 TFP 的影响分析》，《经济研究》第 7 期。

［14］原毅军、董琨，2008：《产业结构的变动与优化：理论解释和定量分析》，大连理工大学出版社。

［15］张捷、赵秀娟，2015：《碳减排目标下的广东省产业结构优化研究——基于投入产出模型和多目标规划模型的模拟分析》，《中国工业经济》第 6 期。

［16］张友国，2010：《经济发展方式变化对中国碳排放强度的影响》，《经济研究》第 4 期。

［17］赵岩、黄鑫鑫、王红瑞、王欣莉、许新宜，2016：《基于区间数多目标规划的河北省水资源与产业结构优化》，《自然资源学报》第 7 期。

［18］钟春平、潘黎，2014：《产能过剩的误区——产能利用率及产能过剩的进展、争议及现实判断》，《经济学动态》第 3 期。

［19］Battese, G.E., and Coelli, T.J., 1995, "A Model for Technical Inefficiency Effects in a Stochastic Frontier

Production Function for Panel Data," *Empirical Economics*, 20 (2): 325–332.

[20] Benhima, K., 2013, "Financial Integration, Capital Misallocation and Global Imbalances", *International Money and Finance*, 32: 324–340.

[21] Coelli, T., Grifell–Tatje, E., and Perelman, S., 2002, "Capacity Utilisation and Profitability: A Decomposition of Short–run Profit Efficiency," *International Journal of Production Economics*, 79 (3): 261–278.

[22] Cooper, W.W., Seiford. L.M., and Zhu, J., 2004, "Data Envelopment Analysis: A Comprehensive Text with Models, Applications, References and DEA–solver Software", New York: Springer Science & Business Media.

[23] Dollar, D., and Wei, S.J., 2007, "Das (wasted) Kapital: Firm Ownership and Investment Efficiency in China", NBER Working Paper.

[24] Kirkley, J., Paul, C. J. M., and Squires, D., 2002, "Capacity and Capacity Utilization in Common–pool Resource Industries", *Environmental and Resource Economics*, 22 (1–2): 71–97.

[25] Krüger, J.J., 2010, "Productivityand Structural Change: A Review of the Literature", *Economic Surveys*, 22 (2): 330–363.

[26] Montobbio, F., 2002, "An Evolutionary Model of Industrial Growth and Structural Change", *Structural Change and Economic Dynamics*, 13: 287–424.

[27] Ngai, L.R., Pissarides, C.A., 2007, "Structural Change in a Multisector Model of Growth", *The American Economic Review*, 97 (1): 429–443.

[28] Zhu, Y. B., Shi, Y. J., and Wang, Z., 2014, "How Much CO_2 Emissions Will be Reduced through Industrial Structure Change if China Focuses on Domestic Rather than International Welfare?", *Energy*, 72: 168–179.

(本文发表在《经济研究》2017 年第 10 期)

三大财富及其关系研究

李海舰　原　磊

摘　要：财富可以分为劳动财富、自然财富和人文财富三种。其中，劳动财富是人类劳动创造的；自然财富是大自然赋予人类的；人文财富是在人类生活中自然产生的，或者历史遗留下来的。三大财富之间不是孤立的，而是存在既统一又对立的关系。中国应当从过去仅关注劳动财富的单一求解向同时关注劳动财富、自然财富和人文财富三大财富的综合求解转变，而为实现这一转变，必须对我们的生产方式、生活方式、发展方式进行重新选择定位。同时，在区域协调发展上，中国应当改变过去那种忽略地区资源禀赋差异的做法，不是在各个地区采用相同发展模式，而是通过建立发展选择机制、市场交换机制、财富平衡机制，实现三大财富的区域统筹。

关键词：劳动财富；自然财富；人文财富；新财富观

一、三大财富的构成

对于"什么是财富"的问题，经济学一直没有明确的讨论。就实际情况看，经济学基本上是延续了亚当·斯密的财富观，将财富增长归结为物质产品的增加。然而，笔者认为，物质产品的增加仅是一种手段，发展的最终目的还是为了人，因此，财富的界定必须要把"以人为本"作为前提。在"以人为本"的思路框架下，只要满足两个条件，都应该属于财富的范畴：一是必须满足人类的某种需求，即具有效用；二是不是取之不尽的，即具有稀缺性。

从具有效用看，可将对人类产生效用的东西[①]分为劳动产品和非劳动产品两种。其中，劳动产品是指人类在劳动中创造的，能够满足人类某种需求的东西；非劳动产品是指自然界赋予人类，或者人类在生活中产生的，同样能够满足人类某种需求的东西。

从具有稀缺性看，根据人类活动与稀缺程度之间的关系，可将稀缺性分为正向稀缺性和逆向稀缺性两种。其中，正向稀缺性是指人们的活动越多，稀缺程度越严重；逆向稀缺性是指人们活动越多，稀缺程度越轻微，如图1所示。具有正向稀缺性的东西是指那些大自然赋予人类的或生活中能够自然产生的，但是随着人类的改造自然的活动而逐渐减少的东西，即开始不具有稀缺性，后来因为人类的破坏而形成了稀缺性；具有逆向稀缺性的东西是指那些大自然没有赋予人类的或生活中无法自然产生的，需要

[基金项目] 国家科技支撑计划课题"跨区域经济发展动态仿真模拟技术开发"（批准号2006BAC18B03）。
① 本文中的"东西"一词既包含物质形态上的东西，也包含精神形态上的东西。

人类劳动创造的东西，即开始具有稀缺性，后来因为人类的劳动创造而稀缺性逐渐降低。

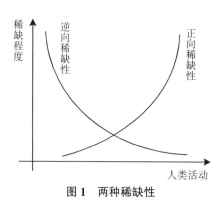

图 1　两种稀缺性

根据对效用和稀缺性的分析，我们认为：不论是物质的，还是精神的，不论是劳动创造的，还是自然赋予或者生活中自然产生的，只要能够满足人类某种需求，则都具有效用；同时，不论是随着人类改造自然活动而逐渐减少的东西，还是随着人类劳动创造逐渐增多的东西，只要有可能形成短缺，则都具有稀缺性。这样，财富的概念就大大拓宽了。

1. 劳动财富

劳动财富是指那些需要人类劳动创造的，能够给人类带来某种物质上和精神上的满足，并且具有逆向稀缺性的东西。从具体形态上看，主要包括三种：①物质产品，包括住房、汽车、生活日用品，以及其他所有具有实物形态的人类劳动产品；②精神产品，包括电影、音乐、书籍、科学技术，以及其他所有的精神或符号形态的人类劳动产品；③服务，包括运输、理发、娱乐，以及所有的需要人类劳动完成的服务。劳动财富基本上与传统经济学意义上的财富一致，其衡量指标可以为 GDP 或 GNP。在过去很长一段时间里，国际上一般采用劳动财富来衡量一个国家的发展水平，而中国也用劳动财富增长情况来考核地方官员的业绩，GDP 增长速度也是劳动财富的增长速度。

2. 自然财富

自然财富是指那些大自然赋予人类的，能够给人带来物质上的满足或保障，并且具有正向稀缺性的东西。从具体形态上看，主要包括两种：①自然环境，包括阳光空气、蓝天白云、青山绿水、花香鸟语，以及所有其他能够对人类生活造成影响的自然环境；②矿产资源，包括石油、煤炭等能源，铁、铜、锌等金属矿产，以及其他具有各种用途的矿产资源。在目前的衡量指标中，绿色 GDP 涉及了自然财富的内容，中国每年的《全国环境统计公报》和《中国环境年鉴》会对中国的污染排放问题进行统计，《中国矿业年鉴》会对中国的矿产资源进行统计，并且世界银行在 2005 年发布的《国民财富在哪里》（*Where is the Wealth of Nations*）报告中，也将自然财富作为评价一个国家是否富裕的重要指标[①]。近几年，自然财富逐步得到重视，中国逐步开始将各地区自然财富的情况作为地方官员的业绩考核指标，但自然财富的损失仍然十分巨大。据世界银行、中国科学院和国家环保总局的测算，我国每年因环境污染造成的损失约占 GDP 的 10%（朱四倍，2007）。另据世界自然基金会的《生命地球报告》称，人类每年由于过度使用自然资源造成的损失达 4.0 万亿~4.5 万亿英镑，是全球金融危机造成损失的 2 倍。

3. 人文财富

人文财富是指人类生活中自然产生的，或者历史上遗留下来的，能够给人带来精神上的满足，并且

---

① 世界银行发布的《国民财富在哪里》的报告中，自然财富仅是指不同国家的自然资源储量，而没有包括生态环境的情况，因此具有很大的局限性。

同时具有正向稀缺性和逆向稀缺性①的东西。从具体形态上看，主要是指：①情感，包括有利于增加人们幸福感的亲情、友情和爱情等；②安全，包括工作安全和生活安全等；③健康快乐，包括身体健康、心理健康、心情快乐等；④风俗文化，包括能够提高民族文化底蕴的乡俗、传统等；⑤文物历史，包括各种文物古迹、历史故事等。在目前的衡量指标中，幸福指数和快乐指数大多都是用于对人文财富的衡量。例如，英国莱斯特大学和新经济基金会曾对全世界 178 个国家和地区的人民进行幸福指数和快乐指数的调查，并进行了排名。中国近几年经济迅速发展，但是人文财富的损失也造成了社会问题的增多。据统计，2006 年中国公安机关立案的刑事案件为 4653265 起，而 1996 年为 1600716 起，10 年之内增加了 190.7%。

二、三大财富的相互关系

三大财富之间并不是孤立的，而是既统一又对立，共同组成一个相互影响的系统，如图 2 所示。

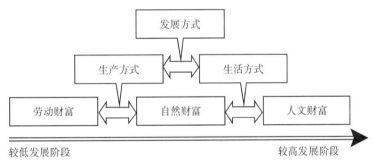

图 2　三大财富的统一对立关系

1. 一种财富和另一种财富的统一关系

（1）劳动财富与自然财富的统一。在人类发展的很长一段时间里，劳动财富与自然财富基本上是一种统一的关系。例如，在原始社会、奴隶社会和封建社会，人类的生产方式还停留在简单的手工劳动阶段，在大部分情况下②，人类的生产活动并不会对自然界造成太大的损害。并且，人类作为生态系统的一个物种，适当地进行劳动，参与自然界生态循环有利于保持生态系统的稳定和健康发展，能够增加自然财富。反过来看，自然财富的增长意味着更好的生态环境、更好的气候条件，有利于农作物的生长，从而能够增加劳动财富。因此，在人类生产方式不会对自然造成大规模破坏的时候，劳动财富和自然财富是统一的。

（2）自然财富与人文财富的统一。自然财富的增长意味着人类的生活环境更加美好，有利于人的身心健康，有利于人们之间的和谐相处，有利于增强人们对生活的热爱，因此，有利于人文财富的增长。反过来看，如果人们建立了正确的生活方式，那么，人文财富的增长也能促进自然财富的增长。这是因为，人文财富越是增长，人们越是懂得节能环保，越是懂得与自然界和谐相处，从而能够形成影响人们行动的文化，从而有利于自然财富的增长。因此，在人类建立了节能环保的生活方式的时候，自然财富

---

① 之所以认为人文财富同时具有正向稀缺性和逆向稀缺性，是因为：一方面，人文财富能够在生活中自然产生，过度的工作会损害已经建立的人文财富，因此具有正向稀缺性；另一方面，适量的工作有助于人的自我实现，促进人们之间的交流，又有助于增加人文财富，因此具有逆向稀缺性。

② 在封建社会，某些生产活动也会对自然界造成较大损害，如皇帝和各地官员大兴土木会损害森林资源等。

和人文财富是可以实现统一的。

（3）劳动财富和人文财富的统一。就三大财富之间的传导关系看，如果劳动财富与自然财富，以及自然财富与人文财富之间能够实现统一，那么，劳动财富和人文财富自然而然就可以实现统一。正如上文所言，决定劳动财富与自然财富、自然财富与人文财富之间能否统一的关键因素分别是生产方式和生活方式，因此，如果人类建立了科学的发展方式，即建立了科学的生产方式和生活方式，并且能够将生产方式和生活方式较好地统一，并对其进行合理协调安排，那么，劳动财富和人文财富是可以实现统一的。

2. 一种财富与另一种财富的对立关系

（1）劳动财富与自然财富的对立。在人类进入资本主义社会，以及社会主义社会的初级阶段以后，劳动财富与自然财富之间的关系逐渐由统一转变为对立。这是因为，人类用以增加劳动财富的生产方式发生了巨大的变化，过去简单的手工劳动被现在的机器化大生产所代替，而机器的使用过程中往往需要耗费大量的能源，并且排放大量的污染；同时，化学工业的发展也导致人类改变自然的能力越来越强，以至于自然界无法承受，从而对自然财富造成了损害。为了增加自然财富，必须节约能源、控制污染排放、限制某些产业的发展，这就只能以减少劳动财富的生产为代价。因此，在人类采取了高污染高能耗的生产方式以后，劳动财富和自然财富之间变成了对立关系。

（2）自然财富和人文财富的对立。在当今很多国家，包括发达国家，人们没有建立起正确的生活方式，导致了一种粗放式的消费模式，以至于奢侈浪费成为一种社会风气和风俗习惯，甚至在人们的日常交往中都会损害环境。为了保护环境、减少浪费，就要改变人类已经形成的风俗习惯，甚至减少人们的日常交往，从而损害人文财富。因此，如果人们没有树立节能环保的生活方式，那么，自然财富和人文财富就变成了对立关系。

（3）劳动财富和人文财富的对立。就三大财富之间的传导关系看，如果劳动财富与自然财富，或自然财富与人文财富，其中任何一个无法实现统一，那么，劳动财富和人文财富也就无法实现统一。因此，如果人类没有建立科学的发展方式，即没有建立起科学的生产方式或生活方式，或者没有能够将生产方式和生活方式较好地统一，并对其进行合理协调安排，那么，劳动财富和人文财富就变成了对立关系。

3. 决定财富关系的三种因素

（1）生产方式。生产方式是决定劳动财富与自然财富能否统一的根本因素。如果人类采用了人与自然和谐发展的生产方式，那么，劳动财富与自然财富能够实现统一关系；如果人类采取了高耗能、高污染的生产方式，那么，劳动财富与自然财富则是对立关系。

（2）生活方式。生活方式是决定自然财富与人文财富能否统一的根本因素。如果人类建立了节能环保的生活方式，懂得在生活中节能环保，与自然界和谐相处，那么，自然财富与人文财富能够实现统一关系；如果人类没有建立节能环保的生活方式，在生活中形成破坏自然环境、奢侈浪费的不良风气，那么，自然财富与人文财富则是对立关系。

（3）发展方式。发展方式是决定生产方式和生活方式能否统一的根本因素，因此也是决定劳动财富和人文财富能否统一的根本因素。如果人类建立了科学的发展方式，那么，劳动财富与人文财富能够实现统一关系；如果人类没有建立起科学的发展方式，那么，劳动财富与人文财富也就无法实现统一。

4. 不同发展阶段，三种财富的地位不同

（1）在较低的发展阶段，往往是劳动财富居于主导地位。由于物质资源匮乏，往往增加一单位的物质产品能够带来很大的效用，此时，快速发展经济成为第一要务。为满足人们的这种需求，国家往往将更多的精力放到劳动财富的创造上，甚至在一定程度上牺牲部分的自然财富和人文财富。

（2）在较高的发展阶段，往往是自然财富和人文财富居于主导地位。由于人们在物质需求上已经基本得到满足，此时增加单位物质产品给人们带来的效用已经越来越小，而环境问题给人们造成了新的生存危机。同时，人们的需求层次逐渐向上延伸，开始追求个人的自我实现。劳动财富往往满足边际效应递减规律，人文财富却满足边际效应递增规律，这也导致了人们对人文财富的进一步追求。为满足人们的这种需求，国家往往将更多的精力投放到自然财富和人文财富的创造上，甚至适当放慢经济发展速度，牺牲部分劳动财富。

三、三大财富的综合求解

发展方式的转变要求我们由过去仅关注劳动财富创造的单一求解转变为同时关注劳动财富、自然财富、人文财富的综合求解。

1. 最优点射线

在单一求解的情况下，社会福利函数为 $U = F(X_1)$，其中，U 代表社会福利，X_1 代表劳动财富，因此，要想实现社会福利最大化，只需要对一元函数进行求导，即满足 $\frac{dU}{dX_1} = 0$。在此种思路的指导下，人们认为发展的目标仅是实现劳动财富最大化。在综合求解的情况下，社会福利函数为 $U = F(X_1, X_2, X_3)$，其中，U 代表社会福利，X_1 代表劳动财富，X_2 代表自然财富，X_3 代表人文财富，因此，要想实现社会福利最大化，必须要对三元函数进行求导，即同时满足 $\frac{\partial U}{\partial X_1} = 0$、$\frac{\partial U}{\partial X_2} = 0$、$\frac{\partial U}{\partial X_3} = 0$。在综合求解的情况下，经济发展的目标不再是单一的劳动财富最大化，而是变成了对三大财富进行综合衡量、统筹考虑、协调发展。

三大财富之间能否协调发展，关键在于生产方式和生活方式的选择，以及对生产方式和生活方式进行协调统一的发展方式的选择。由此，我们假设人类是完全理性的，并且具有完全能力，此时，在不同的社会发展时点下，为获得合意的三大财富结构，人类会对生产方式、生活方式，以及两者形成的发展方式做出最优选择。将这些最优选择点放到一个三维坐标空间中，就形成了三大财富综合求解的最优点射线，如图 3 所示。最优点射线上，每一点均代表不同的时点下人们对生产方式、生活方式、发展方式做出的最优选择。由于人类的总体趋势是由粗放式的生产方式过渡到集约式的生产方式，由资源破坏性的生活方式过渡到天人合一型的生活方式，由注重生产的发展方式过渡到注重生活的发展方式，因此，随着时间的推移，最优点射线从形状上看，是一个从原点向外发散的曲线。

2. 与最优点射线的偏离

事实上，人类的完全理性和完全能力假设并不成立。在绝大多数情况下，人类只拥有有限理性和有限能力，并且往往容易重视当前利益，忽视未来利益；希望获取新的东西，而不珍惜已有的东西；重视看得见的有形财富，忽视看不见的无形财富。结果导致人类对生产方式、生活方式、发展方式做出的实际选择并不符合最优选择，从而无法获得合意的三大财富结构，以至于大量人类行为徒劳无益，最终造成效用相互抵消，浪费惊人。目前世界上许多国家，包括发达国家，都陷入了"有发展无提高"的陷阱。

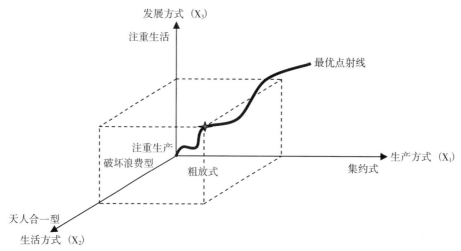

图3 三大财富的综合求解

为说明这一问题，我们用名义GDP衡量劳动财富，用环境绩效指数（EPI）[①]衡量自然财富，用国家快乐指数（GNH）[②]衡量人文财富，对世界主要国家三大财富的基本情况进行分析，如表1所示。世界上名义GDP排名前10位的国家，GDP排名平均值为5.5，而环境绩效指数（EPI）的平均值为29.6，国家快乐指数（GNH）的平均值为60.6。这说明，世界上劳动财富最丰裕的国家，在自然财富上仅能够处于中上游水平[③]，无法与其劳动财富地位相适应；在人文财富上仅能够处于中下游水平[④]，更无法与其劳动财富地位相适应。换句话讲，这些发达国家的劳动财富是以牺牲了自然财富和人文财富为代价的，而结果就是三大财富结构无法实现最优，从而导致国民的效用大大降低。

就我国的情况看，2007年我国名义GDP为30100亿美元，在世界上排名第4，用购买力平价调整以后的2006年实际GDP为116942亿美元，仅次于美国，在世界上排名第2；而我国的环境绩效指数（EPI）在133个国家中排名第105位，处于末流位置；国家快乐指数（GNH）在178个国家中排名第82位，处于中游位置。这说明，我国三大财富的比例已经严重失调，并且失调的程度已经大大超过世界上绝大多数国家。

3. 向最优点射线的移动

最优点射线是人们为获得合意的三大财富比例，对生产方式、生活方式和发展方式做出的最优选择的集合。因此，在某一时点上，如果一个国家的选择点不在最优点射线上，那么这个国家就需要对生产方式、生活方式和发展方式进行调整，使选择点向着最优点射线移动，从而使三大财富能够协调发展，实现国民的效用最大化。目前看，世界上大多数国家，包括中国，三大财富比例上的主要问题都是劳动财富所占的比重太大，而自然财富和人文财富所占的比重太小。因此，我们应对生产方式、生活方式和发展方式进行重新选择定位，使之朝着更有利于三大财富协调发展，甚至是朝着适当牺牲劳动财富换取自然财富和人文财富的方向发展。

---

① 环境绩效指数（EPI）是由耶鲁大学提出的、反映一个国家环境绩效情况的综合指数，主要由六个方面的16个具体指标构成：环境健康、空气质量、水资源、生物多样性和栖息地、生产性自然资源与可持续能源政策。耶鲁大学（Yale University）每年对133个国家的环境绩效指数（EPI）进行测评，并且排名。目前，环境绩效指数（EPI）已经成为世界上衡量一个国家环境保护情况的重要标准。

② 国家快乐指数（GNH）是反映一个国家国民快乐程度的指数。评分项目包括健康、财富、教育、认同感、土地景观等，重点在于是否满意日常生活、个别状况和环境。莱斯特大学（University of Leicester）调查全世界178个国家和地区的人民的快乐指数，2006年底公布了结果，并创立了世界快乐地图（World Map of Happiness）。

③ 耶鲁大学（Yale University）在进行环境绩效指数（EPI）测评的时候，以133个国家和地区为样本，133个国家排名平均值为67。

④ 莱斯特大学（University of Leicester）在进行国家快乐指数（GNH）测评的时候，以178个国家和地区为样本，178个国家排名的平均值为89.5。

表1　世界 GDP 排名前 10 位国家环境绩效指数和国家快乐指数情况

国家	GDP[a]		环境绩效指数（EPI）[b]		国家快乐指数（GNH）[c]	
	总量（亿美元）	排名	得分	排名	得分	排名
美国	139800	1	81.0	39	247	23
日本	52900	2	84.5	21	207	90
德国	32800	3	86.3	13	240	35
中国	30100	4	65.1	105	210	82
英国	25700	5	86.3	14	237	41
法国	25200	6	87.8	10	220	62
意大利	20900	7	84.2	24	230	50
西班牙	14100	8	83.1	30	233	46
加拿大	13600	9	86.6	12	253	10
俄罗斯	11400	10	83.9	28	143	167
名义 GDP 前 10 位国家平均	36650	5.5	82.88	29.6	222	60.6

注：a. 此处我们使用的是世界银行（World Bank）2008 年公布的世界各国 2007 年名义 GDP 数额和排名。如果采用购买力平价（PPP）调整以后的数据，2006 年实际 GDP 排名中，美国以 136782 亿美元排名第 1，中国以 116941 亿美元排名第 2，印度以 42822 亿美元排名第 3，日本以 42149 亿美元排名第 4，德国以 26986 亿美元排名第 5。b. 此处我们使用的是耶鲁大学（Yale University）2008 年公布的世界各国 2007 年环境绩效指数（EPI）的得分和排名。c. 此处我们使用的是莱斯特大学（University of Leicester）2006 年底公布的 2006 年世界各国国家快乐指数（GNH）的得分和排名。

资料来源：World Bank. World Development Indicators 2007 [R]. http://econ.worldbank.org；Yale University. Environmental Performance Index 2008 [R]. http://epi.yale.edu；White, A. A Global Projection of Subjective Well-being: A Challenge to Positive Psychology [R]. Psychtalk 56, 2007.

（1）从粗放式生产方式到集约式生产方式。人类今天的生存性矛盾和危机，已经由以往的供给不足危机转变为环境危机。在这种情况下，人类必须由过去向自然界的过度索取和"末端治疗"的观念转变为减少自然资源的损耗和"前端治理"的观念。一是进行产业结构调整，创新传统产业。许多传统产业是造成自然财富和人文财富减少的重要原因，为减少传统产业对自然财富和人文财富的损害，甚至将传统产业改变为创造自然财富和人文财富，国家应当引导企业增加生态、人文元素，使其在创造劳动财富的同时也能增加自然财富和人文财富，或者转化产品或服务内容，由过去提供以物质因素为主的产品和服务转变为以提供精神因素为主的产品和服务。例如，北京 798 艺术区过去是七星华电集团名下的 798、718 等几个工厂的厂区，是中华人民共和国成立初期由苏联援建、民主德国负责设计施工的包豪斯建筑风格的轻工业厂房。后来，由于产品不能适销对路，各厂均出租部分闲置厂房以渡过难关。几个搞艺术的人看中了这里宽敞的空间和低廉的租金，纷纷租下一些厂房作为工作室或展示空间。目前，北京 798 艺术区已经成为一个日臻活跃的文化经济市场，为人们创造了巨大的人文财富。二是引进环保理念，建立先进商业模式。过去在发展经济的时候，我们更多考虑了经济规律，而对生态规律的重视不够，做了一些不符合生态规律的行为，从而导致生态受到破坏。今天，在发展经济的时候，要更加重视发展基于生态系统承载能力、具有高效的经济过程及和谐的生态功能的生态产业，使其内部的生产体系或环节之间的系统实现耦合，达到物质、能量的多级利用、高效产出，实现资源、环境的系统开发和持续利用。这里，应当充分发挥市场机制对资源配置的基础作用，利用各种政策，包括建立征收环境税费制度、财政信贷鼓励制度、排污权交易制度、环境标志制度、押金制度等，通过治污、清洁生产等途径使外部不经济性转入内部解决，从而符合环保要求成为"经济人"的自觉行动。

（2）从破坏浪费型生活观到天人合一型生活观。理论上讲，大自然的资源是无限的，并且环境的承载能力也是无限的。这是因为,从能量来看,太阳为地球提供了源源不断的、取之不尽的能源,只要人类能够合理利用,无论生物能源还是煤、石油、天然气等化石能源都是可以不断再生的;从环境来看,只要人类的破坏活动不超过环境的承载力,环境是可以不断自我修复的;从矿物来看,无论怎么利用,各种元素是不会消失的,只要人类有足够的技术将其转变为需要的物质。所以,造成短缺的真正原因不在于大自然,而在于人类无限膨胀的欲望,在于人类对自然界索取得太多、太快,从而造成自然界的自我修复能力跟不上人类破坏的步伐。只要人类的欲望没有得到有效管理,那么,无论生产力水平发展到何种阶段,短缺问题都永远无法得到解决。为了解决短缺问题,人类必须要对自身的欲望进行管理,对社会的利益向度与价值体系进行重新建构,承认人类是大自然的一个组成部分,顺应自然规律,建立天人合一型生活观。一是追求节约型生活方式。凯恩斯提倡的"为生产而刺激消费"是一种本末倒置的经济理念,会造成资源的浪费。我们主张"为生存而减少生产",提倡适度消费观念,崇尚节俭美德,在衣、食、住、行、用等方面都要符合可持续发展的要求。二是追求环保型生活方式。这是人与自然和谐共生的发展模式的必然要求。三是追求文化型生活方式。文化型生活方式是指人们不仅追求物质,而且更多的是追求精神上的享受。物质财富背后对应的是一种对立的社会关系,因为给了别人,自己就没了;而精神财富背后对应的是一种和谐的社会关系,因为给了别人,自己并没有失去,甚至获得的更多。

(3)从注重生产的发展方式到注重生活的发展方式。经济学真正需要研究的问题,是人类能不能够用少得多的资源损耗和人际关系损害而得到更多的快乐,因此,生命成本[①]最小化与快乐满足最大化应当是人类经济行为的根本出发点与终极归宿处(陈惠雄,2006)。为提高效用满足,降低生命成本损耗,我们应当改变过去那种以生产为核心的价值观念,转向以生活为核心的价值观念,降低劳动强度,提倡休闲娱乐,并且提高社会保障水平和福利水平。一是降低劳动强度。勤劳一直是中国社会所奉为美德的光荣传统,但实践证明,过度勤劳并不一定能够带来更多的财富。耶鲁大学陈志武曾从安格斯·麦迪森的《世界经济千年史》找到了世界上 25 个国家的劳动时间与人均 GDP 数据,并放在同一图中比较,结果得出一个结论:往往是那些越勤劳的国家,人均 GDP 反而越低。为给劳动者提供更多的休闲时间,国家应当规定企业、政府部门,以及其他机构缩短员工的劳动时间,降低劳动强度,并且增加更多的法定假期。二是提倡休闲娱乐。休闲娱乐有利于更好地拉动生产,并且使人们有更多的时间用于增进与亲人、朋友、爱人之间的感情,培养生活中的文化,提高民族的底蕴,从而增加社会的人文财富。在英国,平均每户家庭的休闲开支占家庭总支出的 30%以上,并且迅速增长,休闲产业产值接近 2000 亿英镑,超过食品产业和汽车行业,休闲产业所创造的工作岗位占全国工作岗位的 30%以上。为了发展休闲娱乐业,国家应当从政策上进行鼓励,加快休闲娱乐的产业化,发展大众娱乐事业,将经济发展与真正提高人们生活质量结合起来。三是提高社会保障水平和福利水平。近十几年来,我国社会保障支出增长幅度较大,然而与国外相比,我国的社会保障水平和福利水平还是非常低的。在社会保障水平和福利水平非常低的情况下,人们过分看重金钱、物质等,这容易导致社会的不和谐。为此,国家可以适当参考瑞典等西方国家的做法,提高国民的生活保障程度。

四、三大财富的区域统筹

中国是一个地域辽阔的大国,各地区之间的资源禀赋条件和发展基础条件相差很大。然而,这种区

---

① 陈惠雄认为生命成本是指消费者为获得一定货币收入而以生产者身份和以时间为维度支出的体力、脑力与心理负荷成本的总和。

域之间的梯度差异既是一种挑战，更是一种资源，我们应当充分利用这种资源，实现三大财富的区域统筹发展。其基本思路是：各区域根据资源禀赋条件和发展基础条件选择重点发展何种财富，利用比较优势各自集聚化发展；然后，建立市场机制，利用"无形之手"，实现三大财富在不同区域之间的交换；最后，建立三大财富的平衡机制，通过三大财富的渗透、人员的流动、政府"有形之手"的调控，满足人们对三大财富的多样化需求。如图4所示。

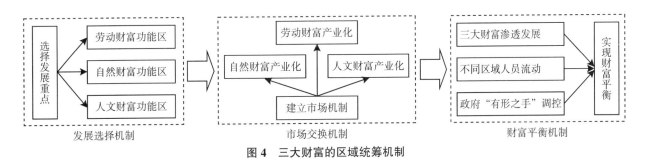

图4　三大财富的区域统筹机制

1. 发展选择机制

中国各地区之间的资源禀赋条件和发展基础条件相差很大，国家在制定经济发展政策的时候，很难找到一个能够适合全国各个省份，甚至适合一个省份所有地区的经济发展模式。如果国家忽略地区资源约束条件的差异，在各个地区采用相同的发展模式，那么，可能造成经济政策无法与当地资源禀赋相适应，出现资源的浪费和不足并存，配置效率很低。为此，中国应当充分利用各地区的资源禀赋，有针对性地发展不同类型财富，从而形成不同类型的功能区。

（1）劳动财富功能区。对于某些区位条件好、生态环境承受力较强、经济发展基础好的区域，国家应当制定政策，引导资本、土地、劳动力、人才、资源等生产要素向该地区集中，发挥集聚经济作用，促进劳动财富的迅速发展。全球化的趋势使中国东南沿海地区地理位置的重要性不断上升，国际资本在进入中国的时候必然倾向于选择知识基础好、国际贸易成本低、产业配套齐全的东南沿海地区，在这种情况下，如果国家一厢情愿地将国外资本向西部地区引导，可能很难取得好的效果，甚至导致国外资本转向其他国家。事实上，目前东南沿海地区的经济集聚不是已经很充分了，而是仍然非常不够，此时如果放弃集聚，就是放弃发展。国家应当进一步促进人才和劳动力的跨地区流动，允许土地的跨地区交易，允许内地将土地开发指标转让给沿海省份，同时适当放宽污染排放指标，从而使东南沿海地区能够继续发挥集聚经济的效用，加快创造劳动财富。

（2）自然财富功能区。对于某些生态环境比较脆弱，不宜承载过多经济活动和过多人口，经济发展基础较差的区域，国家应当制定政策，禁止或限制对该地区的开发活动，同时将该地区的多余人口转移出去，减轻环境压力，并对这些地区进行生态重建，使之成为风景秀丽、生态良好的自然风景区。例如，四川省阿坝州位于四川省西北部，青藏高原东南缘，长江、黄河的上游，因此，该地区的生态情况直接影响长江、黄河中下游，甚至全国。同时，州内气候物种多样，九寨沟、黄龙被列入《世界自然遗产名录》；九寨沟、黄龙、卧龙、米亚罗分别被列入世界和国家生物圈保护区；四姑娘山、弓杠岭森林公园被评为国家级风景名胜区。对于此类地区，国家应当加强生态保护，将多余人口转移，限制甚至禁止发展劳动财富，减少人为破坏，使其能够保持自然界的原有风貌。

（3）人文财富功能区。对于某些有着深厚的风俗文化底蕴，有大量的历史文物，而经济发展基础相对较差的区域，国家应当制定政策，将发展的重点放到保护传统文化和历史古迹上，保留当地人们的乡土人情和乡俗传统，举办与当地文化相关的文化节和庆典活动，使之成为文化气氛浓郁、历史古迹保留完整的文化洼地。例如，西安，古称长安，是中国历史上建都朝代最多、历时最久的城市。从奴隶制臻于鼎盛的西周，到封建社会达到巅峰状态的唐王朝，先后有 10 余个王朝在这里建都达 1100 余年之久，曾长期是古代中国的政治、经济与文化中心。对于此类区域，国家应当加强对文化遗产的保护，尽量保持城市的原始风貌和历史文化，使之成为中国传承历史文化的重要基地。

2. 市场交换机制

建立不同类型财富的专业功能区，并进行集聚式发展，这是一种专业化分工式的发展模式，然而，仅有分工还不够，国家还需要建立起三大财富的市场机制，使三大财富能够在不同区域之间进行交换。三大财富市场交换机制的建立是通过在不同地区发展不同类型产业，然后将这些不同类型产业的产品或服务加以市场化来实现的。

（1）劳动财富功能区发展关系国计民生的绝大部分产业。劳动财富功能区担负着满足全国人民日常生活需求、拉动一国经济增长的重任，因此，国家应当利用先进的生产方式，利用集聚经济效应，提高劳动效率，实现集约化发展。

（2）自然财富功能区重点发展生态农业、生态旅游等产业。自然财富功能区担负着维护全国生态环境，保证国民经济可持续发展的重任，因此，国家在选择发展产业的时候，应当以不破坏当地生态环境为前提，甚至选择那些能够促进当地生态环境优化的产业。①生态农业的核心在于用农家肥增加土壤肥力、用生物方法防治农作物病虫害，保护自己生存环境里的生态平衡，因此，对生态环境的破坏很小，甚至还有助于改善生态环境。目前"绿色食品"的市场需求量越来越大，生态农业的发展大有取代石油农业的趋势。因此，在自然财富区发展生态农业能够带来巨大的经济收益。②生态旅游提倡保护自然资源和生物的多样性，维持资源利用的可持续性，因此，生态旅游对生态环境的破坏十分有限。目前，生态旅游已经成为当今世界旅游业发展的热点，并且为很多国家和地区带来巨大的经济收益，例如，南部非洲的肯尼亚、坦桑尼亚、南非、博茨瓦纳、加纳等。中国西南部很多地区有着丰富的自然资源，有着发展生态旅游的良好条件，如果在这些地区强化发展生态旅游，能够带来巨大经济收益。

（3）人文财富功能区重点发展文化产业、体验产业、创意产业等。人文财富功能区担负着传承中国传统文化、打造现代文化洼地的重任，因此，国家在选择发展产业的时候，应当依据两个原则：一是要有利于促进，至少不能破坏当地的文化氛围和底蕴；二是要有助于充分发挥当地的文化资源优势。与一般的有形资产不同，以知识为主要内容的无形资产满足边际成本递减、边际收益递增，并且可以共享性使用、无限次使用（李海舰、原磊，2005），因此，对人文财富的合理利用不会对人文财富功能区造成损害，相反还会促进其更好地发展。①文化产业已经成为当今全球经济的重要增长点，许多发达国家在输出商品、技术、资金和管理时，也大规模地输出自己的文化。事实上，中国有着丰富的文化资源没有得到有效利用，在人文财富功能区发展文化产业，能够不断带来巨大的经济效益，而且对于提高我国的文化影响力、促进精神文明建设都有着重要意义。②体验产业的特征就是企业由原来为顾客提供产品或服务转变为提供体验。体验经济是社会经历了农业经济、工业经济、服务经济后发展的必然结果，其资源基础是知识等无形资产。因此，在人文财富功能区内发展体验产业有着非常明显的优势。③创意产业的特征就是以创意为核心，将人类无形的思想火花转变为实实在在的产出，从而改变了过去所认为的只有资本、劳动等实体要素才能创造产出的生产观念。目前，世界上很多发达国家，创意经济已经成为经济社会发展的重要推动力。在人文财富功能区发展创意产业有着非常明显的资源优势；同时，创意产业的发展能够反过来进一步增加人文财富功能区的文化氛围和底蕴。

3. 财富平衡机制

发展选择机制和市场交换机制提供了一种高效率创造和交换三大财富的方法，然而，仅建立起这两种机制还不够，还必须建立财富平衡机制，对三大财富进一步地优化配置，满足人类多元化的需求。

（1）三大财富渗透发展。建立不同类型功能区是为了更好地利用当地的资源禀赋，发挥比较优势，然而，这并不代表一种类型的功能区完全排斥另一种财富的发展，而是需要在不同类型功能区内实现三大财富渗透发展。三大财富的渗透发展，一方面是为了满足人类多样化需求，另一方面也是为了防止为发展某种财富过度牺牲另一种财富造成发展的不可持续。例如，为在劳动财富功能区渗透发展自然财富和人文财富，我们应当在创造劳动财富的时候注重发展循环经济和体验经济；为在自然财富功能区渗透发展劳动财富和人文财富，我们可以在保证自然资源和生态环境不被破坏的基础上，选择合适的产业，建立较高环境标准，由政府严格监督，适当地发展制造业和服务业；为在人文财富功能区渗透发展劳动财富和自然财富，我们可以在不破坏当地历史风貌、文化氛围的基础上，利用人文财富功能区知识资源比较密集的优势，适当发展一些高技术含量的高端制造业。

（2）不同区域人员流动。三大财富的消费最终要归结到人，因此，除了以产品形式实现三大财富的跨区域流动外，人类的跨区域流动同样可以实现三大财富的平衡。例如，中西部地区的剩余劳动力向东部沿海地区流动，参与劳动财富的创造，获得收入，然后将这部分收入带回中西部地区，这就实现了劳动财富的跨区域流动；东部沿海地区人们选择到中西部地区去旅游或长期居住，能够享受到中西部地区自然环境的优美，享受到人文环境的熏陶，这就实现了自然财富和人文财富的跨区域流动。

（3）政府"有形之手"调控。总体上看，我们在创造和消费三大财富的时候，都是贯彻了市场原则，充分利用市场的制度安排来实现资源的最优配置。然而，在三大财富的配置上，还存在一些"市场失灵"的环节，需要通过政府的"有形之手"进一步优化。例如，从全国范围看，不同区域之间的生态环境不是孤立无关的，而是相互影响的，或者说存在生态环境的"贡献区"和"受益区"。如果仅依靠市场机制，是无法在"贡献区"和"受益区"之间形成合理的生态补偿机制的。这是因为，无论"受益区"是否对"贡献区"进行付费补偿，或者补偿的多与少，"受益区"都可以从"贡献区"获得同样程度的生态收益，而"贡献区"基本没有能力对"受益区"进行"惩罚"。对此，这就需要政府采用财政和税收的手段进行平衡，由一个具有权威的第三方强制"受益区"对"贡献区"进行生态补偿，否则就有可能会出现"劣币驱逐良币"的无效率现象。

五、基本结论

1. 经济＝物质经济＋精神经济

经济分为物质经济和精神经济，其中物质经济主要反映了劳动财富和自然财富之间的关系，精神经济主要反映了自然财富和人文财富之间的关系。物质经济更多的是一种"以物为本"的经济，价值的创造主要来源于生产；精神经济更多的是一种"以人为本"的经济，价值的创造主要来源于生活。

2. 科学发展方式＝科学生产方式＋科学生活方式

要想建立科学发展方式，必须同时建立科学生产方式和科学生活方式。目前，中国在实施发展方式转变的时候，往往十分重视科学生产方式的建立，但是忽略了科学生活方式的建立。事实上，科学生活方式对于科学生产方式具有导向作用。或者说，在人与自然关系的问题上，科学生活方式是解决"做对"的问题，而科学生产方式是解决"做好"的问题。国家必须给予科学生活方式更大的关注，才有可能实现发展方式的真正转变。

3. 竞争＝生产方式竞争＋生活方式竞争

竞争，不仅包括生产方式的竞争，而且还包括生活方式的竞争。一般来讲，生活方式的竞争高于生产方式的竞争。这是因为，在物质经济下，一个国家的竞争力主要体现在生产方式的水平上；而在精神经济下，一个国家的竞争力主要体现在生活方式的水平上。随着精神经济地位的提升，国家应当由重点关注生产方式的竞争转向重点关注生活方式的竞争。

〔参考文献〕

[1] White，A. A Global Projection of Subjective Well-being: A Challenge to Positive Psychology [R]. Psychtalk 56，2007.

[2] World Bank. World Development Indicators 2007 [EB/OL]. http://econ.worldbank.org.

[3] Yale University. Environmental Performance Index 2008 [EB/OL]. http://epi.yale.edu.

[4] [美] B.约瑟夫·派恩，詹姆斯·H.吉尔摩. 体验经济 [M]. 夏业良，鲁炜等译. 北京：机械工业出版社，2002.

[5] [美] D. R. 格里芬. 后现代精神 [M]. 王成兵译. 北京：中央编译出版社，1998.

[6] [美] 诺齐克. 无政府，国家与乌托邦 [M]. 何怀宏等译. 北京：中国社会科学出版社，1991.

[7] [美] 托马斯·A. 斯图尔特. 软资产——从知识到智力资本 [M]. 邵建兵译. 北京：中信出版社，2003.

[8] [英] 弗里德利希·冯·哈耶克. 自由秩序原理 [M]. 邓正来译. 北京：生活·读书·新知三联书店，2000.

[9] 曹世潮. 新经济33条铁律 [M]. 上海：上海文化出版社，2003.

[10] 陈惠雄. 快乐原则——人类经济行为的分析 [M]. 北京：经济科学出版社，2003.

[11] 陈惠雄. 人本经济学原理（第二版）[M]. 上海：上海财经大学出版社，2006.

[12] 李向民. 精神经济 [M]. 北京：新华出版社，1999.

[13] 邓保生，国外发展循环经济的经验 [N]. 学习时报，2006-07-09.

[14] 李海舰，原磊. 论无边界企业 [J]. 中国工业经济，2005 (4).

[15] 李向民. 文化产业与精神经济 [J]. 政策，2003 (10).

[16] 陆铭，陈钊. 在集聚中走向平衡：城乡和区域协调发展的第三条道路 [J]. 世界经济，2008 (8).

[17] 潘岳. 用经济政策管环境 [N]. 人民日报（海外版），2008-09-27.

[18] 朱四倍. 环境污染 GDP 损失 5%到 10%零和博弈隐忧 [N]. 中国经济时报，2007-03-20.

（本文发表在《中国工业经济》2008 年第 12 期）

比较优势的演化与中国产业升级路径的选择

张其仔

摘　要：一个国家的产业升级路径由其比较优势演化路径所决定。不同的国家当前的产业结构不同，其未来的演化路径就会有所差异。比较优势演化的路径不一定是线性的、连续的，可能出现分岔和断档，由此，产业升级的路径也不一定是线性的，也可能出现分岔和断档。中国自 1978 年以来的经济之所以出现高速平稳增长，与中国根据比较优势的演化路径，调整产业升级路径的关系很大；中国的出口之谜与中国适应比较优势演化路径的分岔、实施产业升级分岔战略关系很大。2006 年以后，中国的比较优势演化开始面临要求突变的压力。这种压力到 2008 年演变成比较优势的局部性断档。有效化解这种断档的风险，防止比较优势由局部断档转化成全局性断档，从而引发较长时期的经济衰退，是中国未来一个时期面临的主要难题。

关键词：比较优势；产业升级路径；分岔；断档

在全球化的背景下，我国经济增长方式的转变，其实质就是要改变比较优势，从而改变在国际分工体系中的位置，就是要实现产业升级。当前我国产业升级的目标虽然已比较清晰，但如何选择产业升级的路径，以实现产业升级的目标这一问题仍值得进一步深入研究。我国 2008 年上半年的经济增长速度下降，影响的因素虽然很多，但一定程度上，与我们没有很好地解决这个问题有关。

一、产业升级路径选择模型

一个国家的产业升级路径选择需解决三大问题，即产业升级的方向、产业升级的幅度和产业升级中断风险的规避等。传统的比较优势理论对此无法提供有力的答案，对实践的指导意义十分有限。近年来出现的比较优势演化理论则在很大程度上弥补了传统比较优势理论的这种缺陷，可以为解决这三大问题提供有效的指导。

1. 比较优势演化模型

根据标准的比较优势理论，一个国家要改变其在国际分工体系中的位置，就是要该国改变其要素禀赋。如在国际分工体系中，那些生产劳动密集型产品为主的国家，要转向生产资本密集型产品为主的国家，就必须改变劳动相对资本更加丰富的要素禀赋结构。这个理论虽然对一个国家应该生产什么产品给出了答案，却没有对一个国家如何实现从以生产劳动密集型产品为主向以生产资本密集型产品为主这一惊险的一跳给出可操作性的建议。近年来，Ricardo Hausmann，Bailey Klinger 等（2006）提出了一种比较优势演化理论。这个理论批评既有比较优势理论忽略了一个国家初始分工的影响。他们的研究发现，一国出口产品的结构变化与该国产品的空间结构（Product Space）有关，一国产品空间的初始结构对该国出品产品的结构有着重要影响，会影响该国的发展路径（C. A. Hidalgo, B. Klinger, A.-L. Barabási, R. Hausmann, 2007）。按国际经济学的惯常做法，我们把这种理论简称为 HK 模型。

HK 模型十分简单。假定任何一种产品的生产都需要一系列特定的要素，用于生产一种产品的要素，并不能完全适合生产另一种产品，它们之间具有不完全替代性。假定从现有产品转向另一种产品，其收益为 $\Delta P_{i,j}$，则：

$$\Delta P_{i,j} = f\delta_{i,j}$$

式中，$\delta_{i,j}$ 代表从产品 i 到 j 的技术距离。如果 i=j，$\delta_{i,j}$ 就为 0，否则就大于 0。从产品 i 转到 j 的成本随产品技术距离的增加而增加，如：

$$C(\delta_{i,j}) = \frac{c\delta_{i,j}^2}{2}$$

产品的价格也随产品技术距离的增加而提高。企业在产品升级中要解决的问题是，从产品 i 升级到产品 j，实现利润最大化，即：

$$\max_{\delta_{i,j}} \prod = f\delta_{i,j} - \frac{c\delta_{i,j}^2}{2}$$

所以，企业跳跃式升级的最佳距离为：

$$\delta_{i,j}^* = f/c$$

如果不考虑企业之间的相互影响，显而易见的是，企业产业升级的能力是有限的，受到其历史条件的制约（Ricardo Hausmann and Bailey Klinger, 2007）。政府如果不顾历史条件的限制，强行提出过高的产业升级目标，其后果是，企业在这惊险的一跳中，会摔得粉身碎骨。根据这一理论，产业升级的方向就是从现有产业向与其处于最佳距离的产业跃升。

2. HK 模型的扩展

HK 模型比较简单。它假定产业升级是线性的，也没有考虑到企业之间的相互影响。但产业升级可能不是线性的，在产业升级过程中，企业与企业之间是相互影响的。假定企业所从事的产业和多个产业的技术距离相同，那企业应如何进行选择呢？如果用点代表产业，用线代表产业之间的技术距离。那么，企业的产业升级可以用图 1 加以表示。HK 模型研究的情形见图 1(a)，图 1(b)所表示的情形与此不同，企业面临多种选择。

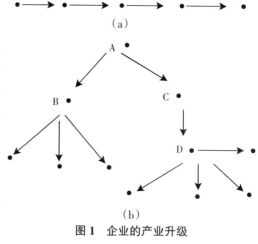

图 1 企业的产业升级

面对多种选择，为了预测企业的行为需要对 HK 模型进行必要的拓展。从图 1(b)可以看出，企业在选择产业 B 和 C 之后，其后续产业的升级机会是完全不同的。在图中，产业升级机会可以用 B 或 C 的度来衡量。度是图论中的概念，用连接顶点的边数衡量。度数越大，产业升级的机会就越大。为了简便，我们把产业的升级机会称为产业度。引入产业度的因素后在实行产业升级时，不但要考虑产业间的技术距离，而且还要考虑后续产业的升级机会。产业度用 d 表示，它对企业升级决策的影响表现为影响企业的升级成本。因为企业升级到一个新产业后，新产业具备的升级机会越多，则其"被套住"的可能性就越小。这就好比企业进行了一项固定资产投资，如果通用性较强，那么，被锁定的风险也就较小。

假定从现有产业转向另一种产业，其收益仍为 $\Delta P_{i,j}$，则：

$\Delta P_{i,j} = f\delta_{i,j}$

引入产业度后，产业的升级成本变为：

$C(\delta_{i,j}) = c\delta_{ij}^2/2d$

企业实行产业升级的最佳距离为：

$\delta_{i,j} = df/c$

3. 产业度引入的意义

在 HK 模型中引入产业度，有助于我们理解产业升级中的跨越式升级和发展中国家产业投资的潮涌现象。

在 HK 模型中，跨越式升级是不存在的，扩展的 HK 模型可以容纳跨越式升级。按 HK 模型，企业从 A 跳到 D 是不可能的；按扩展的 HK 模型，这种情形完全可能发生。只要 D 的产业度很大，企业完全有动力从 A 跳到 D。

HK 模型无法解释发展中国家产业投资潮涌现象，扩展的 HK 模型则可以从一个新的角度对此提供答案。林毅夫教授提出，发展中国家的产业投资存在潮涌现象，意指发展中国家与发达国家不同，发达国家其产业创新的方向和路径是确知的。在林毅夫教授看来，发达国家的特征是所有产业都已经处于世界产业链的前沿，对国民经济中下一个新的有前景的产业何在，绝大多数情况下每个企业的看法不同，不会有社会共识，政府也不可能比企业有更准确的信息。对于一个处于快速发展中的国家来说，在产业升级时，企业所要投资的是技术成熟、产品市场已经存在、处于世界产业链内部的产业，这个发展中国家的企业对哪一个产业是新的、有前景的产业很容易产生共识，许多企业的投资会像波浪一样一波一波地涌向相同的某个产业，产生的潮涌现象在每一波开始出现时，每个企业对其投资会有很高的回报预期，金融机构在羊群行为的影响下，也乐意给这些投资项目以支持，然后等到每个企业的投资完成后，不可避免出现严重亏损、产生产能过剩、银行呆坏账急剧上升的严重后果。而且在现有产业已经产生大量过剩的情况下，对下一个新产业的投资潮涌现象有可能继续发生（林毅夫，2007）。

潮涌现象是对投资大规模地涌向某个产业的形象描述，它实质上描述的是一个产业的兴衰和更替，但产业的兴衰并非发展中国家的特有现象，即便是在发达国家，这种现象也是存在的。发达国家的企业同样可以分为先行者和跟随者两类，先行者开发出新的产品并取得良好的效益后，跟随者对新的前景产业也容易达成共识，许多企业的投资也应大规模涌向这个产业。但为什么发达国家的潮涌现象比发展中国家弱得多呢？这可以从发展中国家与发达国家产业的产业度的差异得到解释。图 1（b）中的 C，其产业度为 1，假定 C 产业有 N 家企业，那么将有 N 家企业向 D 产业升级。图中的 A，其产业度为 2，如在产业 A 中聚集了 N 家企业，对这些企业来说，向产业 B 或 C 升级没有什么差异，那么，升级到产业 B 或 C 的企业数应为 1/2。B 和 D 的产业度分别为 3 或 4，同样，由产业 B 或 D 升级到其他任一产业的企业数应为 1/3 或 1/4。所以，产业度越大，产业升级产生的潮涌就越弱。发达国家的潮涌现象比发展中国家弱得多的根本原因即在于，发达国家产业的产业度要高于发展中国家，从事同一产业的企业，其产业升级的路径更趋多样化。

二、比较优势演化过程中的分岔与产业升级的方向

就像物种在演化过程中会出现变异一样，比较优势在演化过程中也会出现分岔。由于比较优势在演

化过程中会出现分岔，所以，产业升级也不一定是线性的，也会发生分岔，会出现产业内升级与产业间升级交叉进行的现象。所以，一个国家在产业升级过程中，需要处理好线性升级和非线性升级、产业内升级和产业间升级之间的关系。改革开放以来，我国产业升级过程中的一个极其重要的特征，就是出现了分岔现象。正是因为出现了分岔，我国才保持了较快的经济增长率和出口增长率，才产生了中国的出口之谜。

1. 比较优势演化的路径与产业升级的类型

尽管不同的学者在讨论新型国际分工时，有着不同的角度，使用了不同的概念（Frobel，F.，Heinrichs，J. and Kreye，O.，1978；T. Sturgeon，1997；Gary Gereffi，1999；Luthje，Boy，2002；彼德·迪肯，2007；卢锋，2004；张苏，2007），但都有一个共同特点，就是强调产业内分工在新型国际分工中的作用。新型国际分工的本质特征就是全球性的产业内分工网络的形成。也正是由于全球产业内分工网络的形成，产业内分工才变得十分重要。随着产业内分工的出现，比较优势演化的路径变得更加复杂。图 2 列出了两个产业情形下，综合考虑产业内比较优势演化与产业间比较优势演化的各种可能路径。从中不难看出，产业内分工的引入，使比较优势的演化变成了一个复杂的网络。

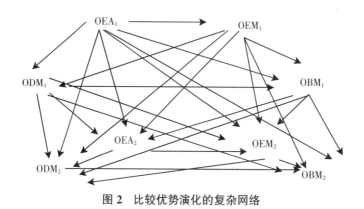

图 2   比较优势演化的复杂网络

图 2 中的 OEA_1、OEM_1、ODM_1、OBM_1 和 OEA_2、OEM_2、ODM_2、OBM_2 分别代表产业 1 和产业 2 的加工组装、委托加工、自主设计与加工及自主品牌生产等环节。从 OEA_1 到 OEM_1，到 ODM_1，到 OBM_1，表现为产业内分工，从 OEA_1 到 OEA_2，表现为产业间升级，也就是产业升级过程中发生了分岔。

根据比较优势演化路径是否发生分岔，比较优势的演化可以分为线性式演化与非线性演化两种方式。由此相对应，产业升级可以称为线性升级和非线性升级。

线性升级包括产业内升级或产业间升级。Humphrey 和 Schmitz 从全球价值链视角提出了产业升级的四种方式：工艺升级（Process Upgrading）、产品升级（Product Upgrading）、功能升级（Functional Upgrading）、跨产业升级（Inter-sector Upgrading）（Humphrey，J.，Schmitz，H.，2000）。Humphrey 和 Schmitz 提出的四种产业升级类型，前三者就属于产业内升级。Ernst 将产业升级方式划分为五种类型：产业间升级，在产业层级中从低附加值产业（如轻工业）向高附加值产业（重工业和高技术产业）的移动；要素间升级，在生产要素层级中从"禀赋资产"（Endowed Assets）或"自然资本"（Natural Capital）（自然资源和非熟练劳动力）向"创造资产"（Created Assets），即物资资本、人力资本和社会资本移动；需求升级，在消费层级中从必需品向便利品，再向奢侈品移动；功能升级，在价值链层级中，从销售、分配向最终的组装、测试，零部件制造、产品开发和系统整合移动；链接上的升级，在前后链接的层级中，从有形的商品类生产投入无形的、知识密集的支持性服务（Ernst，D.，2001）。Ernst 的五种产业升级类型，后四种都属于产业内升级。

无论是 Humphrey 和 Schmitz 提到的产业升级，还是 Ernst 提出的产业升级都是产业线性升级。但产业升级可能是非线性，产业在升级过程中可能产生分岔，即表现为产业内升级与产业间升级的交叉进行。非线性产业升级，又可以分为产业内升级优先分岔和产业间升级优先分岔。产业内升级优先分岔，就是优先实行产业内升级，当产业内升级达到一个高的水平后，再跳入另一个产业，实现产业间升级。当一个国家产业内升级达到较高水平时，在产业间升级中就可以跳入一个较高的位置。产业间升级优先分岔则是指优先实现产业间升级，在实现产业间升级后，再实现产业内升级。一般而言，一个国家升级到一个新的较为高级的产业后，反过来会对于相对低级的产业实现产业内升级有促进作用。一个国家究竟是要通过产业内升级推进产业间升级，还是通过产业间升级推进产业内升级，并不取决于我们究竟有多少智慧，而取决于技术距离的比较。如果产业间升级的技术距离少于产业内的技术距离，就需要实施产业间升级优先战略。从中国的实践来看，实施产业间升级优先战略更有利于保持经济的高成长性和出口的高成长性。

2. 产业升级路径分岔与中国的出口之谜

为了分析出口产品的技术含量，Hammel 等发展出了出口产品的高度化指数，这个指数把各国出口产品的技术含量转化成人均收入水平。美国哈佛大学的教授 Freound 用 PRODY 方法对中国出口产品进行估计发现，2000~2004 年中国的出口产品的平均工资水平约为 8308 美元，而中国的实际人均国民收入水平 2006 年才达到 2010 美元。Peter K. Schott（2006）的研究同样发现，中国产品与 OECD 国家的相似度大大高于具有相同禀赋的其他国家。还有的估计认为，中国 1995 年的出口高度化指数相当于人均收入为 10478 美元的水平，2005 年则达到了 15867 美元（尹宇镇，2007）。Rodrik（2006）的研究同样发现，中国出口产品的平均收入水平比同等收入的发展中国家高出三倍。杨汝岱和姚洋（2007）从有限赶超的角度对中国的出口问题进行了研究，发现中国的出口一定程度上具有超前的特征。这一现象就是所谓的中国的出口之谜。

中国的出口之谜为什么会出现？有一种解释将其归之于中国实施了赶超战略，归之于中国政府的干预造成了比较优势的扭曲，但这一解释并不十分有说服力。中国自改革开放以来，市场经济的作用越来越大，为什么中国的出口之谜并没有消失？从比较优势演化理论的角度，则可将此归之于产业升级过程中的分岔。和前一种解释不同的是，此种解释认为，中国的出口之谜表现为比较优势的更好利用，而不是源于比较优势的扭曲。

中国产业升级过程发生分岔的证据之一，就是中国的出口增长在一定程度上依赖于新的出口产业的不断引入。1980~2006 年我国产业整体贸易竞争力指数呈现上升的趋势，从 20 世纪 80 年代的负值，逐步上升到 20 世纪 90 年代后的正值。分行业看，初级产品的贸易竞争力指数不断下降，而工业制成品则稳中有升。从初级产品内部的构成看，具有较强竞争能力的是食品及主要供食用的活动物，饮料和烟类具有一定的国际竞争力，但近年来出现了显著下降。初级产品中的非食用原料、矿物燃料、润滑油及有关原料、动、植物油脂及蜡等产品的国际竞争力则不断下降。从工业制成品内部的构成来看，杂项制品维持在较高的国际竞争力水平，化学品及有关产品维持在较低的国际竞争力水平，轻纺产品、橡胶制品矿冶产品及其制品和机械及运输设备则从较弱的国际竞争力水平逐步上升到具有一定的国际竞争能力（见图 3 和图 4）。产业竞争力的这种结构变化固然可以解读为中国产业升级取得了一定成绩，但同时也表明，我国的产业升级是通过产业分岔来实现的，就是通过不断地引入新的产业保持比较优势。

中国产业升级过程发生分岔的另一个证据，就是我国在出口保持高速增长的同时，就同一产品而言，其产品质量的提升十分有限。徐斌对 Rodrik 教授的研究进行了批评。他认为 Rodrik 教授的研究没有考虑到中国产品质量较低等因素，Schott 教授虽然分析了中国产品质量与其他国家的差异，但在计算中国出口产品的高度化指数时没有把一因素包括进去。在考虑了产品质量的差异后，他对 1990~2001 年中国出口产品的高度化进行了重新估计，发现 20 世纪 90 年代前半叶，中国出口产品的技术含量超出其发展水平，后半期则和中国的发展水平相吻合。这一批评因为采用的是产业内升级的框架，并不构成对中国出口之谜的根本否定，而中国的出口之谜不仅涉及了产业内升级，而且还涉及了产业间升级。在计算产品的技术含量时，如果把质量的高低这一因素囊括进来，则必须对不同的产品进行质量换算。如果不进行换算，那么，这种批评只是验证了中国的产业内升级程度有限这一事实。

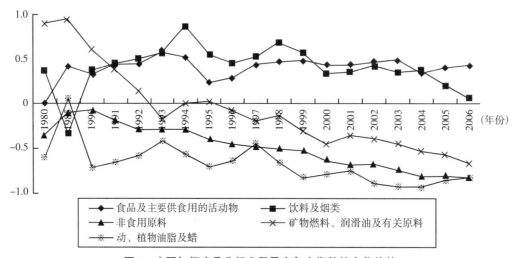

图 3　中国初级产品分行业贸易竞争力指数的变化趋势

资源来源：张其仔，郭朝先：中国经济增长的质量与效率 [R]. 未发表，2008. 图 5 同。

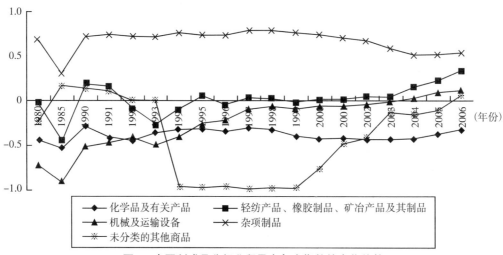

图 4　中国制成品分行业贸易竞争力指数的变化趋势

3. 产业间升级优先还是产业内升级优先

改革开放以来，我国正是通过产业升级分岔支撑了出口的增加和经济的增长。进入现阶段，这种战略是否失效了呢？随着产业内分工的出现，产业链概念的日益流行，产业内升级受到了更多的关注。一种从工艺升级到产品升级到功能升级，再到跨产业升级（Humphrey, J, Schmitz, H, 2000）的线性升级框架开始主导我国的产业升级实践。如果仅将此作为一种企业战略则无可厚非，但作为现阶段的国家或地区战略，则十分值得商榷。从 OEA、OEM 到 ODM，再到 OBM，再到跨产业升级完全可以不是直线式的，产业内升级进入一个阶段后完全可以分岔，在产业内升级还没有完成时可以由产业内升级转为产业间升级。产业间升级反过来可以带动产业内升级。这种产业间优先升级分岔战略，长期以来是支撑我国经济和出口高速增长的重要力量。在未来的一个时期内，我国仍然要采取产业间升级优先分岔战略。

这并不取决于我们的主观意识，而是现阶段我国实施产业间升级的收益大于产业内升级收益的客观要求。这可以从升级的技术距离以及产业度两个角度来加以说明。

企业从事 OEA、OEM、ODM、OBM 等活动，可以视为企业向市场提供了不同产品。大量研究表明，产业内实现从 OEA 到 ODM，特别是 OBM 升级，其难度并不低于实现跨产业升级。如在汽车行业要从产业内实现从 OEA 到 ODM，特别是 OBM 升级，其难度远远大于从汽车行业的 OEA 到电子行业的 OEA。Gereffi（1999）的研究表明，东亚服装产业从进口投入品组装，到本土生产日益增加，再到在其他企业的品牌下进行产品设计，最终到在国内或国外市场中自己品牌商品的销售。Gereffi 乐观地认为，进入准层级全球价值链的发展中国家以及新兴工业化国家的制造商在生产方面有较好的升级前景，而且随后会进入设计、营销和建立自有品牌的阶段。Sussex 大学的 Martin Bell 认为 Gereffi 所描述的是仁慈的阶梯（Benign Escalator）。从自行设计加工到自有品牌设计和生产并不是理所当然的。Hobday 对从 OEM 到 ODM 再到 OBM 的转换做了全面分析，结果发现从 OEM 转向 ODM 的证据比从 ODM 转向 OBM 的证据更多。全球鞋业价值链的研究表明，中国、印度和巴西的制造商在发展它们的设计和营销能力时遇到了壁垒（Schmitz, H., Knorringa, 2000；周晓燕，2007）。

在全球价值链中，功能升级为什么会受到了不同程度的阻碍？一般认为，其原因在于购买者势力和能力约束（Humphrey J. and Schmitz H.，2002；周晓燕，2007）。如果对发展中国家实现功能升级的障碍进行更深入的分析，那么，阻碍功能升级的因素还可以列出很多。但不论其因素多到什么程度，所有的关于功能升级失败的研究表明，发展中国家或地区实现功能升级的难度比较大，产业内升级的难度并不低于产业间升级的难度。

发展中国家在实现功能升级上的难度比较大虽然阻碍了功能升级，但这不是一些发展中国家或地区实现功能升级失败的唯一解释。对于某些发展中国家或地区的功能升级失败，可以将其解读为是这些国家或地区选择了产业内升级优先路线使然。产业间升级优先战略不仅成功的可能性大，而且还可以提高产业度。产业间升级的过程同时也是产业度的提高过程。产业内升级是线性的，产业度为 1，新产业的引入则为企业提供了更多的选择，而且有利于形成新的成长性较高的产业内升级。Ricardo Hausmann 对产业间升级优先持赞成态度，他的理由是，一种产品离质量前沿越近，其成长性就越差，离质量前沿越远，其成长性就越好。一个国家在引入新产品时，通常是从低位进入的，也就是从离质量前沿较远的地方进入，其成长性远远大于既有产品的质量升级（Kugler, Stein and Wagner，2007）。

产业间升级优先战略虽然可以带来很多利益，但这种战略并非没有约束，这种战略必须面对信息不足的问题。Kugler, Stein 和 Wagner 等对产业间升级优先战略持反对态度。他们认为，通过引入新产品实现产业升级比产业内升级更为困难，原因在于通过新产品引入实现产业升级，政府或企业就必须事先知道新产品应该为何，而在新产品生产出来之前，这种信息并不存在。实行产业内升级，其路径则是十分清晰的，不存在不知向何处升级的信息匮乏问题，而且实行产业内升级不仅有助于产业间升级，还能提供产业间升级的信息（Kugler, Stein and Wagner，2007）。对发达国家来说，Kugler 等提出的产业间升级存在的信息不足问题确实是存在的，但对发展中国家来说这个问题并不构成严重的障碍，因为发展中国家完全可以采取跟随战略，沿着发达国家的产业升级路线实现产业间升级。

三、产业升级过程中的断档风险及其化解

在传统的比较优势理论框架中，产业升级是连续的，不会出现突变和断档的风险，但在比较优势演

化模型中这种风险是完全存在的，就是在产业升级的过程中，企业根本无法找到最佳距离，此时就会出现比较优势的断档，要求比较优势发生突变。这种现象已经在一些国家发生过，并引发了经济衰退。我国正处于产业升级的关键时期，面临此种风险的威胁也越来越大。所以，如何避免比较优势断档的风险，是我国未来产业升级过程必须解决的重大问题。

1. 我国正面临比较优势断档的风险

中国已经跨入中等收入国家行列，今后的任务就是由一个中等收入国家向中高收入国家迈进，最终进入高收入国家之列。但在进入中等收入国家之后，中国要完成向中高收入国家迈进，最终成为高收入国家的历史重任，必须实现比较优势的"突变"。一个国家如果进入比较优势突变期，则往往面临较大的比较优势断档风险。一些拉美国家在进入中等收入国家之前，经济发展的势头十分强劲，但进入中等收入国家行列后，其发展势头受阻，经济出现衰退，出现了所谓的"拉美病"。对此，国内外已经有大量的研究，但从比较优势演化理论的角度分析，最根本的原因即在于出现了比较优势的断档。一些有着比较优势的产业在其他发展中国家的冲击下，失去了比较优势，新的具有比较优势的产业还没有形成，产生了比较优势的断档期。

随着中国经济发展水平的提高，工资成本、环境成本等必将上升，在劳动密集型产业，中国不得不面对来自低收入国家的严峻挑战。中国要想实现向高收入国家挺进的目标，必须创新比较优势，实现比较优势的突变，发展技术密集型、资本密集型产业，但在发展技术密集型、资本密集型产业的过程中，中国将不得不向发达国家发起挑战。如果我们无法完成这些挑战，我国的发展就会陷入比较优势的断档期，引发经济衰退。

我国比较优势的断档效应在局部上已经有所显现。进入 2008 年以来，我国经济增长速度放缓。这种放缓是多种因素作用的结果，短期的和长期的因素相互交织，既与我国 2008 年以来实施的宏观调控有关，也与我国局部地区比较优势断档有关。截至 2008 年 5 月，我国规模以上企业收入超过 1000 亿元的广东、江苏、上海、山东、北京、浙江六省市，收入占全国比重 73.6%，而 1~5 月，西部、东北、中部和东部四个地区规模以上工业生产增加值分别增长 19.25%、18.77%、20.84% 和 15.71%。2008 年上半年，东部地区工业增加值，除山东增长 18.5%、天津增长 21% 外，其他省市均低于全国工业增加值增长速度。这表明，在现行政策下，我国东部地区已经面临比较优势断档的压力。

比较优势断档的意义可以用图 5 加以说明。

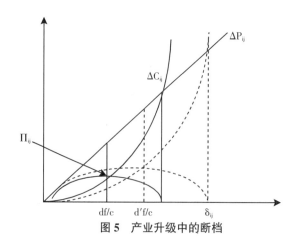

图 5 产业升级中的断档

图中 ΔC_{ij}、ΔP_{ij}、Π_{ij}、δ_{ij} 分别代表从产业 i 升级到产业 j 的成本增加、价格增加、利润增加和产业升级的幅度。如果企业从事产业 i 已无利可图，且只具备跳到 df/c 处的能力，但政策和技术要求企业跳到 d'f/c 处，此时就会出现比较优势的断档现象。我国东部地区的工业增长率下降，其原因就在于，中央政府的各项政策要求各地企业升级到 d'f/c 处，但目前各地的大量企业只具备升级到 df/c 的能力，传统产业的发展在受到抑制的同时，缺乏新的后续接替产业。如为了解决资源环境问题，局部地区采取了腾笼换鸟战略，这种战略本身并无不当，但在实践中遇到的问题是，笼子腾出来了，新鸟却并没有进来。这一问题产生的原因很多，如人民币升值、美国经济开始出现衰退等，但在一定程度上，我国在产业升级上步子迈得过大，在产业升级上急于求成，进一步加重了经济下滑的风险。

2. 风险化解中的比较优势生命周期延长战略

如何有效化解东部一些地区业已显现的比较优势断档风险，防止由局部断档演化成为全局性断档是我国未来一个时期面临的一项最艰巨的任务。从短期看，可以通过空间布局的调整、合理的政策组合，延长比较优势的生命周期，减少比较优势突变的幅度。

第一，适度推进逆向外包，推进产业的全球化布局。亚洲一些国家经济发展上的成功产生了大量的理论研究成果，得出各种各样的解释。在各种理论模式中，"雁形模式"理论就是其中的比较有代表性的一种。雁形模式最初聚焦于一国的产业兴衰，此后它扩展到特定国家产业结构的变化和跨国的产业转移。根据这个理论，对于特定国家而言，其产业结构的变化会呈现出高度化趋势，新兴的产业比起被替换掉的产业，资本密集度或技术密集度更高。如日本的中心产业就是按照纺织、化工、钢铁、汽车、电子等产业发生顺序转变的①。日本的国内产业结构的这种转变，与亚洲地区的产业雁形转移模式相伴随，即在亚洲地区，其纺织工业中心按发展的阶段出现了由日本向亚洲四小龙、向东盟、向中国这样的一个顺序转移过程。随着产业内分工的出现，这种转变同时表现为，低端环节顺序由日本向亚洲四小龙、东盟、中国等的转移过程。亚洲区域内发展不平衡为这种转移提供了条件，也正是这种转移，创造了亚洲奇迹。在产业升级过程中，中国应积极借鉴这一经验，把一些逐步失去竞争优势的环节转移出去，实行逆向外包，以充分利用其他国家的资源与成本优势，促进产业升级。

产品设计与制造的模块化可以为中国产业实施全球布局提供技术基础。对产品实施模块化设计、制造具有一系列的优势，包括：模块化因为降低对默会知识的依赖和可以充分利用分散的知识；模块化降低了知识的复杂性，降低了学习成本；模块化有助于降低技术创新的风险；模块化增加了创新的选择期权；模块化增加了产品的多样性；等等。发挥模块化的这些优势有利于中国产业保持竞争优势，但中国推进产品的模块化设计与制造的意义还不止于此。推进产品的模块化设计与制造可以为中国推进经济全球化战略提供技术支撑和实质性动力。

模块化不仅在技术上使产业的垂直解体成为可能，而且有效地减少了垂直解体后产生的交易成本。科斯等在回答企业为什么存在这一问题时，其答案是因为市场存在交易费用，所以，交易费用的下降有助于市场边界的拓展。模块化使产品及其制造过程在技术上具有可分解性，但这种分解不一定产生产业的全球化布局。在技术上可行后，产业全球化布局的形成，还有赖于运输、通信成本以及机会主义交易费用的下降等（张其仔等，2007）。

鲍德温把交易费用区分为两种，一种为由机会主义和道德风险产生的交易费用，另一种为一般性的交易费用（Mundane Transaction Cost）。威廉姆森的理论著作对由机会主义和道德风险产生的交易费用给予了高度重视，一般性交易费用则相对受到忽略。按鲍德温的定义，一般性交易费用包括界定、计量、估价与补偿等费用。对于整合型产品而言，由于构成产品的各个"要素"关联性很强，进而造成了设计、制造产品的各项任务之间的关联性很强，对双方责任、义务的分解极其困难，容易滋生机会主义，

---

① Ozawa 把纺织、服装称为赫克歇尔—俄林式劳动驱动型产业，把化工、钢铁称为资源与规模驱动型的斯密式无差异化产业，把汽车产业称为差异化的斯密式产业，把电子产业称为熊彼特式的创新型产业。除此之外，Ozawa 还把信息加工与传输产业称为 Mcluhan 式的网络驱动型产业。

整合型产品是机会主义滋生的温床。企业是克服机会主义困扰的一种形式，缩短交易对象的空间距离，是克服机会主义的另一种形式，也就是企业的产业布局尽可能限制在一定的空间范围之内。这有助于减少双方互动的成本，提高双方互动的可能性，对合同的不完全性起到补充作用。模块化降低了设计产品、制造产品等的各项任务的关联性，使交易双方的责任、义务分解更为容易，从而导致一般性交易费用的降低，有助于降低为抑制机会主义而带来的成本，这不仅会推动产业垂直解体现象的出现，也会推动产业布局的分散化。

第二，调整国内产业空间布局，实施梯度升级战略。一个国家，最终要保持持续的竞争力和长久的经济增长活力，就需要以技术进步作为支撑。不同企业、不同地区和不同产业的技术创新能力是不同的，相对而言，中国大型企业和东部地区的企业，其技术能力比较强，所以，中国应率先对大型企业、东部地区以及技术优势较强的产业实施升级，为下一轮的产业升级奠定基础。政府要采取措施鼓励中西部地区做好东部地区产业转移的承接工作，鼓励中小企业做好大型企业产业转移的承接工作。通过这种空间布局和产业组织结构的调整，我国就可以从整体上防止比较优势断档现象的出现，为进一步的产业升级争取时间、积累资源，避免全局性的"产业空心化"。

第三，科学地选择政策组合以及政策出台时机。为了促进产业结构的优化与升级，我国采取了一系列政策措施，这些政策措施从长期看都是十分必要的，但如果政策出台的密集度过大，时间过于集中，就会在短期内对我国的经济增长形成压力。为了避免新出台的政策对企业造成过大冲击，就要科学地选择政策出台时机和政策组合。要把各种政策对企业经营带来的压力分散到不同时期，使企业有相对充足的时间，调整其生产经营活动，以适应新的政策需要；在政策组合上，还要实行有扶有压的政策，在对一些产业采取限制发展措施的同时，对一些代表未来发展方向的产业，要出台扶持政策，支持其发展，以充分抵消各类限制政策对经济增长带来的负面影响。

3. 风险化解中的开放式创新战略

要化解比较优势断档的长期风险，我国的产业升级还必须在充分利用自身既有优势的条件下，实施开放式创新战略。发达国家已经开发了一系列前沿技术，中国的目标是要追赶这些发达国家。所以，在中国实施开放式创新，也是一种后开放式创新。

后创新战略是 Ernst 在研究亚洲国家电子产业发展的经验后提出来的。在他看来，亚洲国家在电子行业的发展已经超出一般创新理论的预期，作为后来者，亚洲国家在电子产业的国际竞争中，已经运用后创新战略，加入了国际创新竞赛的行列，并成功实现了后创新。出口导向型工业化出现报酬递减、外部冲击的影响、对电子行业中经济势力过于集中于美国的忧虑、中国的崛起引起其他国家传统竞争优势的下降等推动了亚洲电子行业的后创新战略的兴起（Dieter Ernst，2004）。

开放式创新这个概念是由美国加州大学伯克利分校的 Henry Chesbrough 提出的，他用"开放创新"呼吁公司注意来自它们自己的研发组织之外的能让公司使用并受益的创意和实践，呼吁公司应对外界的创新更加"开放"（经济发展委员会数字连接理事会，2006）。开放式创新与封闭式创新有根本性不同，它承认任何一个企业不可能把世界上所有最优秀的人才都招入企业，创新从网络之中产生。这一理念对于一个国家而言，也具有适用性。任何一个国家不可能招揽所有的优秀人才，一个国家要处于国际创新的最前沿，就必须利用国际科技资源，建立全球创新网络，实行开放式创新战略，这对于发展中国家来说显得尤其重要。

从创新体系功能的角度可以将创新体系分为区域创新体系、部门创新体系、国家创新体系和全球创新体系（刘琼、廖洁，2005）。在各类创新体系中，我国对国家创新体系、区域创新体系与部门创新体系比较重视，尤其以对区域创新体系的重视为最。相比之下，对全球创新体系的重视则远远不够。党的十七大提出，在建设创新型国家的过程中，要充分利用国际科技资源。这可以视为我国将建设全球创新体系的重要信号。实施后开放式创新就是要建立全球性的创新体系。

产业模块化为我国建立全球性的创新体系、实施后开放式创新战略提供了可能性。模块化不仅使加工组装变得越来越容易，使跨国公司把加工组装环节转移出去，而且还有促进知识外包的作用。模块化需要实现知识共享，需要利用分布式知识；模块化有利于防止模块内部的知识外溢，具有保护知识产权的作用；这些都促使越来越多的跨国公司开始实施开放式创新，推出知识外包，或通过其他企业把自身难以利用的知识产业化。模块化使跨国公司不仅把加工组装环节转移出来，还进一步转移了价值链中附加值更大的研发设计、采购、营销、服务等环节，使经济资源进一步外部化。这为中国利用全球科技资源、参与全球知识创新网络提供了新的机遇（张其仔等，2007）。

四、结　语

我国产业升级已经步入一个关键时期。进入这个时期，如果产业升级的路径选择不当，就会使整个社会付出很大的代价。针对当前产业升级形势，在产业升级路径的选择上，传统的比较优势理论的作为有限，相比之下，比较优势演化理论则可以提供更为有意义的参考与启示。

第一，产业升级的幅度和方向受既有产业结构，以及与之相适应的能力限制。一个国家产业升级的路径有其自身的规律，不能完全照搬他国经验。产业升级存在一个最佳距离，这个距离在不同的国家会有所不同。产业升级的方向和产业升级的距离，由产品间的技术距离所决定。国内有一种呼吁中国跨越重化工业阶段的声音，这种声音虽然表达的是一种良好的愿望，但只能是一种良好的愿望，如果政府强制推行这种跨越，会对中国经济造成灾难性打击。同样，那种在各地流行的通过产业链延伸实现产业升级的策略也未必完全是科学的，因为产业链内部各环节间的技术距离未必就少于产业链之间的距离。

第二，产业升级不一定是线性的，会发生分岔。对我国的产业升级路径的各种观点进行归纳，不外乎两种：一种强调产业内升级，如从 OEA、OEM、ODM 到 OBM；另一种强调产业间升级，如跨过重化工业阶段、通过提高第三产业的比重实现经济结构的调整等主张都属于此类。这两种观点都是线性升级观。比较优势演化理论则认为，产业升级不一定是线性的，产业在升级的过程中可能发生分岔。正是这种分岔产生了中国的出口之谜，促进了中国的经济成长。截至目前，中国的产业升级仍没有由分岔式升级收敛到线性升级阶段。中国现阶段仍要实施产业间升级优先分岔战略，其重点仍在于产业间升级，通过产业间升级带动产业内升级。那种坚持我国的产业升级要沿着工艺升级到产品升级，再到功能升级，再到跨产业升级的主张，虽然开始影响我国的产业升级实践，但这种主张既与我国产业升级的实践相背离，也不是指导我国产业升级的最佳路线图。那种急于从 OEA、OEM、ODM 过渡到 OBM 的战略主张，对一个企业来说可能是适合的，但如果作为一种国家或地区战略，则值得商榷。因为这种战略并不是充分利用比较优势的战略。不能从 OEA、OEM、ODM 过渡到 OBM 固然有其不利的一面，但如果不顾比较优势的演化规律，一味强行实现这种过渡，其不利后果将更为严重。

第三，产业升级可能中断。比较优势的演化不一定是连续的，存在中断的可能性，由此产业升级的进程也存在中断的可能性。从中等收入向高收入迈进的国家，面临这种威胁的可能性最大。由于中国正在迈入这个时期，所以，采取措施降低乃至消除这种中断的风险，是中国政府未来必须面对的主要难题。政府在我国的产业升级在保持乐观期望的同时，要充分防范这种风险，特别是要避免因政策措施不当，增加这种风险的威胁。

比较优势演化理论与传统的比较优势理论相比，不仅可以为我国选择产业升级路径提供新的视角，帮助我们预见到传统的比较优势理论无法预见的风险，还能为我国的产业升级提供具体的路径指导，为各个地区实施产业升级提供更具操作性的实践指南。本文只是讨论了如何运用比较优势演化理论解决我国产业升级过程中必须解决的一些问题，对一些认识进行了重新评价。下一步的任务就是要以比较优势演化理论为指导，画出中国产业升级的最佳路线图，这是比较优势演化理论应用研究中值得展开的一项十分重要且有意义的工作。它的意义不仅在于可以更有效地指导中国的实践，而且还可以为理论的发展提供进一步的经验支持。

〔参考文献〕

［1］Ricardo Hausmann and Bailey Klinger. The Structure of the Product Space and the Evolution of Comparative Advantage〔R〕. CID Working Paper No. 146, 2007.

［2］C. A. Hidalgo, B. Klinger, A.-L. Barabási, R. Hausmann.The Product Conditions on the Development of Nations, Science〔J〕. 2007（317）.

［3］Peter K. Schott.The Relative Sophistication of Chinese Exports〔R〕. Yale School of Management & NBER, December 2006.

［4］Rodrik, Dani. What's So Special about China's Exports?〔R〕. NBER Working Paper 11947, 2006.

［5］Bin Xu. Measuring the Technology Content of China's Exports〔R〕. Working Paper, China's Europe International Business School, 2007.

［6］Indermit Gill, Homi Kharas, etc.An East Asian Renaissance: Ideas for Economic Growth〔M〕. The World Bank Report, 2007.

［7］Humphrey, J., Schmitz, H.Governace and Upgrading: Linking Industrial Cluster and Global Value Chains Research〔R〕. IDS Working Paper, No.12, Institute of Development Studies, University of Sussex, 2000.

［8］Humphrey J.and Schmitz H.How does Insertion in Global Value Chains Affect Upgrading in Industrial Cluster〔J〕. Regional Studies, 2002, 9（36）.

［9］John Humphrey.Upgrading in Global Value Chains〔R〕. Working Paper No.28, Policy Integration Department World Commission on the Social Dimension of Globalization International Labour Office, Geneva, 2004.

［10］Ernst, D. Global Production Network and Industrial Upgrading-knowledge-centered Approach〔R〕. East-Wester Center Working Paper: Economic Series, 2001.

［11］Frobel, F., Heinrichs, J., and Kreye, O. The New International Division of Labour〔J〕, Social Science Information, 1978, 17（1）.

［12］T. Sturgeon. Turn-key Production Networks: A New American Model of Industrial Organization?〔R〕. Berkeley Roundtable on the International Economy, BRIEWP92A, 1997.

［13］Gary Gereffi.A Commodity Chains Framework for Analyzing Global Industries〔R〕. Duke University Working Paper, 1999.

［14］Gereffi, G.International Trade and Industrial Upgrading in the Appareal Commodity Chains〔J〕. Journal of International Economics, 1999（48）.

［15］Luthje, Boy. Electronics Contract Manufacturing: Global Production and The International Division of Labor in the Age of the Internet〔J〕. Industry and Innovation, 2002（3）.

［16］Schmitz, H., Knorringa, P. Learning from Global Buyers〔J〕. Journal of Development Studies, 2000, 137（2）.

［17］Kugler, Stein and Wagner. Product Space, Product Quality and the Emergence of New Export Sectors〔R〕. PPT for Economic Department Seminar of Wesleyan University Seminar, 2007.

［18］M. Carliss Y. Baldwin. Modularity, Transactions, and the Boundaries of Firms: A Synthesis〔R〕. Working Paper for Harvard Business School, 08-013, 2007.

［19］Dieter Ernst. Late Innovation Strategies in Asian Electronics Industries—A Conceptual Framework and Illustrative Evidence [R]. Prepared for the Special Issue of Oxford Development Studies in Honor of Linsu Kim，2004.

[20] Terutomo Ozawa. Asia's Labor-Driven Economic Development, Flying-Geese Style: An Unprecedented Opportunity for the Poor to Rise? [R]. APEC Study Center, Colorado State University, Discussion Paper No. 40, 2005.

[21] 杨汝岱，姚洋. 有限追赶与中国经济增长 [R]. 北京大学中国经济研究中心工作论文，2007.

[22] 金碚，李钢，陈志. 关于加入 WTO 以来，中国制造业国际竞争力的实证分析 [J]. 中国工业经济，2006（10）.

[23] 尹宇镇. 韩中制造业的竞争力 [R]. 中韩制造业发展的互补与竞争关系研讨会论文，2007.

[24] 林毅夫. 潮涌现象与发展中国家宏观经济的重新构建 [J]. 经济研究，2007（1）.

[25] 张苏. 新国际分工理论述评 [J]. 教学与研究，2007（1）.

[26] 彼德·迪肯. 全球性转变：重塑 21 世纪的全球经济地图 [M]. 北京：商务印书馆，2007.

[27] 周晓燕. 模块化与产业链的优化升级 [A] //《模块化与中国的产业升级战略 [R]. 中国社会科学院 B 类课题"产业结构的模块化问题研究"课题报告，2007.

[28] 刘琼，廖洁. 区域创新体系政策研究 [J]. 商场现代化，2005（11 下）.

[29] 经济发展委员会数字连接理事会. 开放标准、开放源代码、开放创新 [R]. 2006.

[30] 张其仔等. 模块化与中国的产业升级战略 [R]. 中国社会科学院 B 类课题"产业结构的模块化问题研究"最终报告，2007.

（本文发表在《中国工业经济》2008 年第 9 期）

技术范式、学习机制与集群创新能力

——来自浙江玉环水暖阀门产业集群的证据

王　钦

摘　要： 分析产业集群技术范式变迁和相应学习机制转换之间的关系，揭示决定产业集群创新能力的微观基础，是本文主要研究的问题。文章通过引入技术范式、学习机制和集群创新能力概念，构建了研究框架，并以浙江省玉环水暖阀门产业集群为例进行了深入分析。经过案例分析证实，集群技术范式的变迁要求集群学习机制的变化，集群技术范式的变化需要集群内企业同外部知识来源进行主动链接和转化，同时，集群创新能力是不同学习机制的体现，集群中领军企业的吸收能力对于集群的创新能力演变有着至关重要的影响。基于此，本文进一步得出了两点结论与政策含义：一是"学习机制"重构是集群转型的核心内容；二是领军企业培育是集群创新能力提升的关键点。

关键词： 技术范式；学习机制；产业集群；创新能力

一、问题提出

面对英国马歇尔式"工业区"衰退和发展中国家产业集群"升级困境"的基本事实，面对中国众多产业集群"低端锁定"的现实，在转变经济发展方式的大背景下，产业集群的创新发展与转型升级问题成为中国产业集群发展中最紧迫和重要的问题。

现实中的产业集群创新发展与转型升级问题，在理论上可以被界定为"什么是集群持续创新绩效的决定因素"，这是产业集群创新发展研究的核心任务。我们可以观察到的"典型事实"是，即便是在同一地区，或同一行业，产业集群之间仍存在着绩效差异；有的产业集群绩效在不断改善，而有的集群则在某一水平被锁定甚至淘汰。通常认为，产生集群持续创新绩效差异的原因在于集群创新能力的差异。那么，产业集群创新能力的微观基础又是什么？这一问题在目前的研究中仍然没有得到很好的回答。因此，打开产业集群创新能力的"黑箱"，寻找决定集群创新能力的微观基础和相关的政策含义，就成为当前研究的关注点。

对于中国产业集群而言，集群的转型升级，或者说集群的创新发展过程是一个非常复杂的动态演进过程。其中，"转型"和"升级"问题相互交织，同一集群内"工业区"和"学习型区域"特征并存，

[基金项目] 国家社会科学基金重大项目"构建区域创新体系战略研究"（批准号08&ZD038）；中国社会科学院院重点项目"战略性新兴产业企业创新模式研究"（批准号09SKZD0168）。感谢同"创新与发展"（RUID）团队成员的有益讨论。

"熊彼特Ⅰ型"和"熊彼特Ⅱ型"创新模式并存。在这样的动态演进的情境下，如何理解"转型升级"背景下集群学习机制的构建和创新能力的提升，或者说，集群"转型升级"的自下而上，从微观到中观的机制是什么，就成为本文努力回答的问题。本文将以浙江省玉环水暖阀门产业集群为例，通过分析技术范式变迁和相应学习机制转换之间的关系，揭示决定产业集群创新能力的微观基础。

二、研究框架和基本假设

1. 技术范式和技术轨道

为了准确理解集群"转型升级"，我们引入"技术范式"（Technological Paradigms 或 Technological Regimes）和"技术轨道"（Technological Trajectories）这两个概念，对集群"转型"和"升级"活动在技术创新特征上进行刻画。对于集群"转型"可以理解为技术范式的变化，对"升级"可以理解为在特定技术范式下技术轨道内的变化。

Dosi（1982）提出"技术范式"和"技术轨道"概念，主要是想对技术变化是源于"技术推动"还是"需求牵引"这一命题进行回答。对于"技术范式"的理解主要基于三点：一是"技术"本身是特定知识形式（包括编码化的知识和隐性知识）的代表，相关的技术活动也是以知识为基础展开的，并具体体现为对一系列问题的解决；二是"范式"是对"如何做事"特定的认知和理解，同时它也是集体的认同和共识，并被特定的群体所共享；三是"范式"通常对产品架构和系统的基本模型进行了界定，相应的调整和升级也总在特定架构和系统下进行。"技术轨道"主要是指在既定范式下对创新机会的持续实现。对于"技术轨道"的理解具体包括三个关键点：一是不考虑市场引导的原因，特定的范式的知识决定了技术变化的方向和速度；二是在不同的市场条件下，技术变化的方式具有一致性和规律性，只有知识基础（基于范式的）的突破性变化才会带来相应的变化；三是技术变化总是由自身创造的技术不平衡性驱动的（Cimoli and Dosi，1995）。

在与 Dosi 提出技术范式概念的同一时期，Pavitt（1984）将技术范式的思想引入具体的产业和企业活动层面，并指出了技术变迁所具有的部门差异性，从而提出对创新部门和企业的分类方法。沿着 Dosi，Pavitt 和 Winter 等的思路，Malerba 和 Orsennigo（1997）认为技术范式（Technological Regimes）是由技术机会（Technological Opportunities）、创新的可收益性（Appropriability of Innovation）、技术进步的累积性（Cumulativeness of Technical Advances）和相关知识基础的属性（the Property of Knowledge Base）组成的（见表1）。进而区分了"熊彼特Ⅰ型"和"熊彼特Ⅱ型"两类模式，前者的特征是高技术机会、低可收益性、低累积性，后者则表现出高可收益性、高累积性。

表1　技术范式的四个维度

技术机会	可收益性	累积性	知识基础
机会水平	可收益水平	技术层面	知识的内在属性
技术扩散性	保护手段	企业层面	知识转移的手段
技术多样性		部门层面	
机会来源			

资料来源：Malerba 和 Orsenigo（1997）。

技术范式理论对识别行业或集群的技术特征差异很有帮助，但是对于技术范式变化并没有做出微观层面上的解释。即使 Malerba 和 Orsenigo（1993）指出由技术范式代表的技术环境差异，会体现在企业组织形式和战略类型的差异当中，而学习过程塑造企业的能力和惯例，进而影响企业的组织类型和可得的战略选择。但是该文并没有回答"企业能力和企业行为之间的关系"，没有对技术范式与企业学习过程之间的关系进行研究。

我们可以发现，技术范式的差异在很大程度上可以体现为知识基础的差异。从演化经济学的视角来看，知识的获取与学习机制相关，那么就可以更进一步说技术范式与学习机制之间存在着密切的关系。Cimoli 和 Dosi（1995）对这个观点进行了深入讨论，他们不仅指出学习具有本地性和积累性，还试图将微观学习和经济体技术能力的积累关联起来——企业是技术知识的"宝库"，并且是异质的，企业特定的组织和行为特征影响了它们的学习速度和方向。根据技术范式指定的方向性和学习过程的累积性，我们提出假设 1。

假设 1：技术范式决定了集群特定的学习机制，技术范式的变迁也就要求集群学习机制的变化。

对于集群技术范式的形成而言，本身也是一个"选择"的过程，所表现出的特定范式就是不同技术路径选择的最终结果，而技术路径的涌现又是基于相关的知识基础。集群内知识基础的形成和积累既有本地知识来源，又有外部的知识来源。Guerrieri 等（2001）在对意大利和中国台湾地区中小企业的调查中发现，传统工业区在动态演进过程技术范式变化中不仅要依靠集群既有的知识积累，还需要进行大量的产业重组，将本地联系重新调整为全球性和更为广泛的知识联系。

集群同外部知识来源的联系可以分为"主动"和"被动"两种链接方式。Gereffi（1994）用"全球价值链"（Global Value Chain）来概括本地同全球的网络链接。Humphrey 和 Schmitz（2000）的进一步深入研究发现，虽然在全球价值链中本地企业从国外购买者那里能够获得一定数量的知识，进行相应技术轨道内的升级，但是由于全球价值链中在位企业居于控制地位的治理结构会最终限制这种提升，并少有企业能够打破既有技术轨道，实现技术范式的突破。这也就说明，发展中国家产业集群技术范式存在"被动锁定"的风险。如果要打破这种既有格局，实现集群技术范式的突破，就需要更加主动地建立外部知识来源的链接，获得更多的知识来源，并逐步积累形成本地化的技术能力。基于此，我们提出假设 2。

假设 2：集群技术范式的变化需要集群内企业同外部知识来源进行主动链接和转化。

主动链接在这里强调的是集群内企业在具有自身技术方向或产品开发方向条件下对外部知识的链接。但是，集群内企业链接到外部知识来源，并不等于能够获得、扩散和创造知识，还需要一个 Nonaka 和 Takeuchi（1994）所强调的"知识转化过程"。只有经过知识转化，才能够真正创造出新的本地化知识基础，进而由于知识基础的突破变化带来集群范式的变化。

2. 集群学习机制和创新能力

（1）马歇尔"工业区"视角下的集群创新能力。由于地理上接近性和内在的产业分工，"工业区"内的企业能够更加容易地获得具有技能的劳动力和新创意。知识就像"空气"一样弥漫在集群中，企业可以自由地获得和溢出。知识也就成为了一种"公共商品"，新创意很容易从一个企业扩散到另一个企业，从而在集群层面上形成持续的集体创新过程，成为集群内生发展的动力（Maskell and Malmberg, 1999），集群创新能力在某种程度上也就等同于"扩散创新能力"（Diffusion Innovative Capability）。一些学者还对集群集体学习机制进行了更深入的研究，认为集群内知识可以通过非正式方式扩散，如用户和生产者的联系、具有熟练技能劳动力的流动、示范作用和派生出的新企业等。在这样的情境下，集群内的知识又具有了"俱乐部商品"特点，即集群内的企业相对于外部企业而言更加容易获得（Capello, 1999）。总体上讲，在"马歇尔"视角下，本地化知识的溢出和集体学习决定了集群创新能力，但这些研究没有从"微观"企业层面揭示学习的过程，揭示这些微观层面"溢出者"和创新的关系，揭示本地知识和外部知识来源之间的联系。

（2）"区域创新体系"视角下的集群创新能力。较之在马歇尔工业区背景下对集群创新的理解，"学习型区域"（Learning Region）成为区域创新体系研究者关注的重点。一是强调隐性知识在集群创新过程中是至关重要的。"黏滞""情景依赖"的隐性知识是构成价值创造的最重要基础（Pavitt，2002），并与空间具有密切联系。二是强调互动性、集体性学习是集群内企业重要的学习特征。Lam（2000）认为互动性、集体性学习需要集群内企业对于"当地编码"具有共同理解，要求行为者之间具有一致性的惯例、隐性的规范和调节集体行为习俗作为特定机制。三是强调网络区域创新系统将会对集群创新能力提升形成支撑（Cooke，1998），即集群内的企业不仅要依赖非正式的本地化学习，而且还需要通过与当地大学、研发机构进行合作，或者通过技术转移机构建立区域网络化创新系统，这一方面有助于补充本地学习的不足，另一方面有助于降低"技术锁定"的效应。在"区域创新系统"的研究视角下，不仅指出了不同的知识类型（如分析性、综合型和象征型）具有不同的学习过程和知识来源（Asheim et al.，2005），还强调了在"中观"层面网络创新系统对获得外部知识来源和打破"技术锁定"的重要性。但是，这些研究没有回答在"微观"层面上集群内企业在网络创新系统中所承担的角色，以及具体的获得外部和内部知识扩散的过程。

（3）"吸收能力"视角下的集群创新能力。在"马歇尔"和"区域创新体系"的视角下都将注意力集中在了"中观"的集群层面，强调了本地知识学习、互动性和集体学习的重要性，但是在"微观"企业层面上，并没有揭示本地知识学习、互动性和集体学习的内在过程，以及微观因素对中观层面集群创新能力的影响机制。Giuliani（2002）将企业吸收能力（Cohen and Levinthal，1990）的概念引入集群创新的研究中，将集群吸收能力定义为集群吸收、扩散和应用集群外部知识的能力，并更加关注集群内企业对集群外部知识的获得。在随后的研究中，她以智利葡萄酒产业集群为例，根据集群内的认知位置和外部开放性两个维度，将集群内企业在创新过程中所扮演的角色进行了五种类型的划分，即技术守门员（Technological Gatekeeper）、积极互动交换者、弱的互动交换者、外部之星和边缘企业。其中，技术守门员对集群吸收能力提升是最为关键的（Giuliani and Bell，2005）。

从上述研究中可以看出一个基本的逻辑，即区域知识基础的不同需要不同的学习机制相匹配，而相应的学习机制构建是集群创新能力持续提升的基础。同时，我们还发现对集群创新的研究业也逐步从中观层面向微观层面深入，提出集群吸收能力是集群创新的关键，而外部知识来源对于打破集群"锁定"具有重要作用。另外，集群内企业的异质性，也就决定了集群内企业在集群创新过程中所扮演角色的不同。基于知识基础与学习机制之间的相互匹配，以及创新是学习的结果这一认识，我们提出假设3。

假设3：集群创新能力是不同学习机制的体现，集群中领军企业的吸收能力对于集群的创新能力演变有着至关重要的影响。

对于集群学习机制，可以从主体、活动、结构和关系四个方面来理解。就主体而言，集群内企业是异质的，也就意味着不同的企业扮演着不同的角色。就行为而言，企业的学习活动的选择则源于不同的历史阶段中创新压力和动力、相应的历史事件，以及集群所在区域的创新意识等因素。就结构而言，主要是强调集群内企业所形成的学习网络结构特点。就关系而言，集群内学习具有互动性和集体性的特点，这也就涉及企业间知识的流向、流量和交流的频率。假设3还强调了集群创新能力的演变应体现在集群中企业的学习活动上，集群创新能力的演变是由那些具备一定吸收能力的企业直接推动的。

三、案例背景

本文选取了浙江省玉环县水暖阀门产业集群进行研究。玉环是中国最大的中低压铜制阀门生产出口基地。2009年，玉环阀门行业实现产值近200亿元，占中国同行业产值的50%以上；完成出口交货值约10亿美元，占全县出口交货值的50%。玉环还被命名为"中国阀门之都""中国五金机械（阀门）出口生产基地"和"中国阀门产业集群升级示范基地"。该产业集群无论在发展历史、规模、行业和区位上，还是在当前所面临的"转型升级"和创新发展问题上都具有很强的典型性，基本上可以代表东部沿海地区一定数量在国内外具有一定竞争优势的"劳动密集型"产业集群。我们通过对玉环县楚门镇和经济开发区的70多家水暖阀门企业进行问卷调查，共获得61份有效问卷。对样本进行分类统计处理和汇总，样本情况见表2。

表2　调查样本基本情况

企业性质			销售收入		
类型	样本数（家）	比重（%）	类型	样本数（家）	比重（%）
国有企业	2	3.28	1亿元以上	7	11.48
外资控股企业	5	8.2	5000万~1亿元	7	11.48
民营控股企业	54	88.52	1000万~5000万元	32	52.46
			1000万元以内	15	24.59
总计	61	100	总计	61	100

1. 集群发展历程

玉环水暖阀门产业集群发展基本上可以划分为初始创业、积累发展、调整提高和创新发展四个阶段，如图1所示。

（1）第一阶段：初始创业阶段（1981~1988年）。玉环水暖阀门产业发展始于1981年，从山东青岛外贸公司引进第一只球阀样品，在坎门水龙村形成砂型铸造工艺，诞生了第一家球阀生产企业——县水暖设备厂。

（2）第二阶段：积累发展阶段（1989~1996年）。玉环得益于与中国台湾地理相近、语言相通，较早地承接了台湾水暖阀门的产业转移。在这个发展阶段，阀门行业生产制造技术和工艺逐渐成熟，形成了包括各类模具制作、铜棒加工、锻造、电镀、抛砂、装配、包装等工序完整的专业化分工配套协作产业链，产品从单一的球阀发展为铜球阀、水嘴、闸阀和水暖器材等多个品种系列，出口产值和内销产值逐年扩大，涌现出一批年产值上千万元的企业，企业数量也从原先的十几家增加到上百家。一些企业初具商标意识，在出现"宁锚"第一个铜阀门注册商标后，"巨水""永得胜"等内销产品商标也相继注册。其中，值得一提的是，1996年，规模企业成功地引进热锻压工艺，促使系列产品整体质量实现了第一次历史性的跨越，并为产业配套体系的形成奠定了基础。

（3）第三阶段：调整提高阶段（1997~2008年）。这一阶段，出口带动了玉环阀门企业的发展。由于亚洲金融危机的影响，玉环的阀门生产企业积极调整市场结构，将出口重心向欧美、中东以及非洲地区市场转移，企业规模进一步扩张，企业数量也增加到千家以上，基本形成了以企业集团为龙头，以年产值亿元的企业为中坚，其他生产企业和配套生产企业为补充的水暖阀门产业集群。同时，在该阶段，本地的阀门专业机械制造企业得到了发展，为阀门制造企业提供了"适用"的制造设备和检测设备保障。

（4）第四阶段：创新发展阶段（2009 年至今）。国际金融危机促进了玉环阀门企业积极在市场、产品、经营模式等方面进行创新。一些企业在稳住欧美市场的同时积极向南美和东南亚市场开拓；另一些企业还积极进行智能、温控和无铅新产品开发；还有一些企业进行家庭水系统和太阳能卫浴产品的开发。

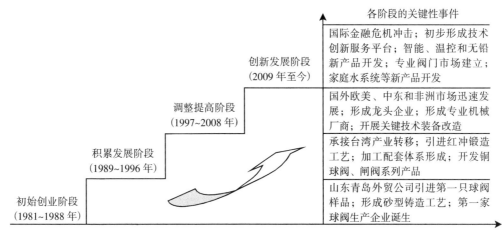

图 1　玉环水暖阀门产业集群发展历程

2. 集群主要特征

玉环水暖阀门产业集群除了集聚了大量企业，还形成了相关研发、交易和商会支撑体系。集群由生产企业、研发平台、原材料和终端产品交易市场，以及行业协会和商会共同构成，见图 2。

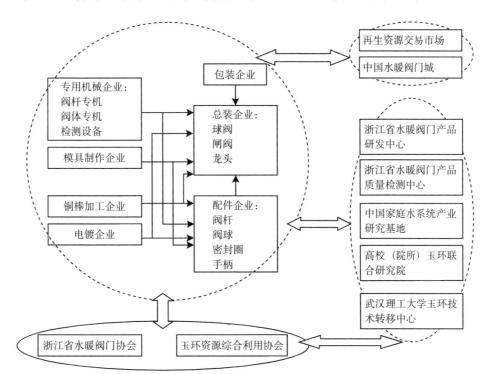

图 2　玉环阀门产业集群结构图

目前，全县水暖阀门企业拥有研发机构 35 家，与高校共建创新载体 5 家。同时，还建立了中国家庭水系统产业研究基地、浙江省水暖阀门产品质量检测中心和浙江省水暖阀门产品研发中心等系列平台。另外，玉环本地融资机构发展水平较高，在国内处于一流水平。相关的咨询、培训、物流和销售服务机构也得到了一定程度的发展，对产业集群发展起到了支撑作用。

玉环水暖阀门产业集群形成了以总装企业为中心（约占企业总数的43%），以铜棒加工、模具制作、配件、专用机械和包装企业为专业配套的产业分工格局（见图2）。集群中总装企业的平均规模最大，平均就业人数约为120人；配件企业次之，平均就业人数约为85人；包装和专用机械企业平均就业人数都在50人左右；铜棒加工企业和模具制作企业的平均就业人数分别为30人和20人，见表3。

表3　玉环水暖阀门产业集群企业主体情况

企业类型	数量（家）	平均就业规模（人）
总装企业	1200	120
配件企业	698	85
模具制作企业	140	20
铜棒加工企业	558	30
包装企业	140	50
专用机械企业	60	50

资料来源：楚门镇政府、浙江省水暖阀门行业协会共同调查整理。

四、案例分析

1. 集群技术范式的演进分析

从玉环水暖阀门产业集群的技术范式演进情况看，基本上走过了20世纪80年代的"砂型铸造"范式，在90年代逐步形成"红冲锻造"范式。国际金融危机后，集群也在积极"转型升级"，一些企业在原有技术轨道上引入新的材料，进行无铅产品的开发，还有一些企业正在尝试技术范式的突破，进行新范式的探索，引入"水处理技术"和"热能超导技术"，进行"系统集成"创新，开发"家庭水系统"和"太阳能卫浴"产品（见表4）。

表4　玉环水暖阀门产业集群技术范式演进和学习机制情况比较

	"砂型铸造"范式	"红冲锻造"范式	新范式探索
年代	20世纪80年代	20世纪90年代	21世纪10年代
知识来源	青岛外贸公司球阀样品	中国台湾产业转移	集群外部机构
知识基础	铸造知识	属性：锻造知识、新材料技术，片段型知识特点 转移：依托大规模产业转移进行知识转移	属性：水处理技术、智能技术、温控技术、热能超导技术，综合型知识特点 转移：在合作研发中转移
累积性	时间很短（5年左右）	时间较短（7年，整体植入的特点） 集群内形成工序完整的专业分工配套写作体系	目前在企业层面形成累积（逐层累积的特点），在集群内形成累积还需要较长时间
可收益性	低	低	高
技术机会	高，来源确定	高，来源确定	较高，来源不确定

	"砂型铸造"范式	"红冲锻造"范式	新范式探索
学习机制	干中学、用中学	干中学、用中学、专业化分工学习；独特的本地化知识"中介者"（专用机械企业）；高端客户互动学习	合作创新网络、技术守门员型企业
典型产品	球阀	铜球阀、水嘴、闸阀和水暖器材等	家庭水系统、太阳能卫浴、智能阀门

从表 4 中可以看出，"砂型铸造"和"红冲锻造"范式的知识基础相对简单，也较为成熟和完整，从外部知识引入形成集群内的知识积累所用时间较短，具有"整体植入"和"迅速扩散"的特点，但技术可收益性较低。从"新范式"的形成来看，同前两者具有较大差异，该技术范式的知识基础的内在属性更为复杂，知识转移也不是依托产业转移的"整体植入"，而是需要依靠在合作研发中，逐步形成产业化的知识然后再进行转移，集群内知识累积需要经历从技术层面到企业层面再到集群层面，这也就需要较长的时间，具有"逐层累积"的特点，但是技术的可收益性较高。从"高累积、高收益"的特点看，更具有"熊彼特Ⅱ"创新模式的特征。

从"砂型铸造"向"红冲锻造"范式演进，由于外部知识来源成熟和完整，知识属性较为简单，所以用了 7 年左右的时间就完成了技术范式的变迁。但是从"红冲锻造"向新范式的演进，外部知识来源不确定、不成熟，知识属性也从"片段型知识"向"综合型知识"转变，知识转移和累积也只能是"逐层累积"，而非"整体植入"。因此，从"红冲锻造"范式向新范式演进在微观机制上将同前者具有较大差异。

另外，新范式的演进并不排除集群在既有范式内技术轨道上的持续升级。虽然，在"红冲锻造"范式形成后，集群也有了 10 多年的快速发展，产品质量不断提升、体系不断丰富，但是在原有技术轨道上集群仍有巨大升级空间。例如，伴随着新的标准的实行，一些企业在无铅材料方面进行升级。再如，一些企业同集群外设计公司合作，在产品设计和品牌能力上进行升级，实现从 OEM 向 ODM 和 OBM 的升级。这些升级同样要求集群内企业在知识上进行累积，同样这个累积过程也是长期的。只不过同技术范式演进相比，这些知识累积更具渐进性，而不具有突破性的特点。

2. 集群技术范式与学习机制的匹配

在"砂型铸造"范式下，主要的学习机制就是"干中学"和"用中学"。伴随着由"砂型铸造"向"红冲锻造"范式的演进，集群内形成了包括模具制作、铜棒加工、锻造、电镀、抛砂、装配、包装等工序的专业化分工。除了"干中学"和"用中学"，"专业分工学习"成为重要的学习机制。这些学习机制促进了产业集群对外部知识的整体吸收、扩散和创造。伴随着专业化分工的深化，集群内衍生出来一类"专用机械企业"。这些企业大都是从相关工序的生产企业中衍生出来的，有些是生产企业拓展业务经营起来的"专用机械"，有些是企业中员工创业形成的，进而在集群内形成了专用数控机床企业、阀杆专用机械业、阀体专用机械企业和检测设备企业。在集群学习机制中，这些"专用机械企业"扮演着重要的知识"中介"角色，成为集群内知识的吸收者、扩散者和创造者，通过设备销售促进了知识的流动，促进了隐性知识向编码化的转化，为本地企业工艺和产品创新提供"最适用"的保障。另外，还有同高端客户的互动学习机制。根据问卷调查，国外客户占销售额比重在 50%以上的企业占到调查企业的 71.67%。并且有相当数量的企业都是在给国外一流的企业提供产品。欧美高端客户对企业的产品质量具有更高的要求，这就促进了集群企业持续不断地进行工艺创新，提升产品制造、质量管理水平。目前，集群内已经有 200 多家企业通过 ISO9002、UPC、UL、KS 等各类质量体系认证。

在"红冲锻造"范式向新范式的演进过程中，除了既有的学习机制外，由于知识的复杂性和综合性更高，产业化知识的成熟度较低，知识累积性要求也更高，这就需要集群内企业通过同外部知识来源进行合作创新，进而获得、吸收、扩散和创造知识。因此，建立合作网络，进行合作创新就成为一种重要的学习机制。合作网络既包括了集群内企业间相互合作，也包括了同外部知识来源的相互合作。

　　下面我们从企业所在区域的合作网络基础、合作的参与程度和企业合作创新的深度三个方面对集群合作网络情况进行分析。就"企业所在区域的合作网络基础"而言，玉环水暖阀门产业集群初步具备了合作的网络基础。问卷调查显示，回答"经常有技术交流会、产品展览会"的企业比重为53.33%，但是，知晓"以促进合作为业务的专业协调机构""地方政府合作研发项目"和"技术信息交流平台或场所"三项的企业比重分别为27.87%、25.00%和37.70%，这说明这些方面的合作网络基础工作还有待加强。就"合作的参与程度"而言，集群内企业对合作创新的参与度还需要加强，见表5。其中，集群内部企业间合作参与程度又高于同大学科研机构的合作。就"企业合作创新的深度"而言，集群内参与合作创新的"洽谈/合作/咨询/合作研究/转移件数/引进人才"的平均数为1.33件。整体上讲，集群已经初步具备了合作网络基础，企业间合作好于同大学科研机构的合作，尤其需要加强同大学科研机构合作的参与程度和创新的深度。这说明集群在新范式形成过程中，新学习机制的建立需要一个过程。

表5　集群内企业合作创新的参与程度

序号	合作创新网络结成方式	参与的比重（%）
1	与区域内企业在共同开发、交易、融资方面进行洽谈	18.03
2	与区域内企业在共同开发、产品与服务交易、融资方面进行合作	13.33
3	向大学科研机构进行技术咨询	13.11
4	与大学科研机构进行合作研发	4.92
5	从大学科研机构接受技术转移	1.64
6	从大学科研机构、其他企业引进人才	21.31

　　通过上述分析，我们可以看到特定的技术范式具有相应知识属性、知识转移方式，以及累积过程，这也就决定了不同技术范式下集群学习机制的差异。在动态演进的情景下，技术范式的变迁也就要求集群学习机制的变化。玉环水暖阀门产业集群技术范式变迁和学习机制转化之间的匹配恰恰证实了假设1的内容。

　　玉环水暖阀门产业集群技术范式演进的过程，也是本地知识基础形成的过程。在由"砂型铸造"向"红冲锻造"范式演进过程中，集群内企业积极主动承接了中国台湾产业转移，对外部知识进行了"整体植入"，并同高端客户进行互动，引入了更高的产品标准。同时，一些"专用机械"企业还进行了本地化知识的转化。另外，在由"红冲锻造"向新范式的演进过程中，一些企业也在积极同外部科研机构联系，将"水处理技术"和"热能超导"技术引入集群内，并朝着新的产品方向（例如，家庭水处理系统和太阳能卫浴系统）进行知识转化。"主动链接"和"转化"成为上述技术范式演进过程企业的共同行为，这也就从微观层面上证实了假设2的内容。

　　3. 集群中的"技术守门员"型企业

　　玉环水暖阀门产业集群在国内外具有一定的竞争力。从市场份额情况看，在国内占中国同行业产值的一半以上，在国外也有较大的出口数量。集群的竞争力是创新能力的结果，而创新又来源于学习。在玉环水暖阀门集群创新能力的背后体现着不同的学习机制。在"砂型铸造"和"红冲锻造"范式下，集群更具"工业区"的特色，"干中学""用中学""专业化分工学习"，以及同高端客户的互动学习，成为集群创新能力体现。

国际金融危机又对集群创新能力提出了新的要求，集群中的一些领军企业在既有知识积累的基础上，主动打破原有的学习行为惯例，积极识别有效的外部知识来源，主动进行链接，并进行知识吸收、扩散和创造。这类具有较强吸收能力的企业也被称为"技术守门员"型企业，它们不仅对外部知识进行识别，而且还进行了有效的吸收和扩散。例如，玉环水暖阀门产业集群中金马铜业和弘日光科原先都是从事水暖阀门产品加工制造的，并在集群中处于领先地位。但近年来，通过提供系统的家庭水处理产品和太阳能卫浴产品，不仅集成了"水处理技术"和"热能超导技术"，引入了新的技术来源，提升了产业的整体层次，而且还通过采购相关的管件、阀门，以及其他五金件，带动了集群内的相关企业。可以说，这类企业为集群带来了新的创新活力，并推动了集群创新能力的演进。这一事实也证实了假设3的内容。

五、结论与政策含义

1. "学习机制"重构是集群转型的核心内容

通过技术范式概念的引入，我们对集群转型的技术特征边界有了更加清晰的认识。无疑，知识基础和累积性成为理解集群转型的关键点。或者说，集群转型成功与否可以通过知识基础和累积性的变化进行判断。但是，知识基础的突破性改变，以及累积性的提高都有赖于微观层面集群内企业的学习活动的变化，依赖集群学习机制的重构。

目前，中国有大量的马歇尔"工业区"式的产业集群，"干中学"、"用中学""专业化分工学习"，以及同国外高端客户的互动学习是主要的学习机制。但是，这些学习机制还不足以支撑这些集群向"学习型"集群的转变，构建合作创新网络成为推动集群转型的重要内在机制。"片段型"的知识基础、"整体植入"的累积过程成为很多中国产业集群的技术范式特点。如何推动知识基础从"片段型"向"综合型"和"分析型"转变，如何适应累积过程从"整体植入"向"逐层累积"转变，这些都需要进行学习机制的重构，通过构建合作创新网络，进行合作创新来实现。合作创新的关键又在于形成外部知识来源同内部知识体系的有机互动。

创造有利于合作创新的环境是集群政策应该考虑的问题。其中，政策重点从"招商引资"向"招商引智"转变，从"大项目"支撑向"公共创新服务平台"支撑转变，从关注"大企业"向关注"创新能力强的企业"转变，都是在政策层面推动学习机制重构的重要思路。

2. 领军企业培育是集群创新能力提升的关键点

第一，领军企业是产业集群内产业链各环节分工的"组织者"。领军企业的培育将会直接提升产业集群内部的组织程度。第二，领军企业是新技术的"守门员"，是链接产业集群外部知识来源和内部知识体系的"桥梁"。通常是领军企业最先识别，最先消化、吸收、应用，最先在产业集群中进行扩散。第三，领军企业是集群内其他企业最直接的"示范者"。可以说集群内对于最新技术和市场机会的识别，对于外部知识来源的识别，往往都是由领军企业"率先示范"的，并进而促进了其他企业跟进，示范是最好的引导。第四，领军企业是高水平竞争的"驱动者"。领军企业的培育不是一个静态的概念，而是一个动态选择的过程。注意形成产业集群内的"领军企业梯队"，从而强化集群内的"竞争水平"，不只是低水平、同质化的竞争。第五，要强调的是，领军企业培育对象的选择并不仅表现在企业规模层面上，更应该表现在创新能力和成长能力层面上，更应该关注企业的创新产出。

〔参考文献〕

[1] Asheim, B., Coenen, L., Moodysson, J., Vang, J. Regional Innovation System Policy: A Knowledge-based Approach Centre for Innovation [R]. Research and Competence in the Learning Economy (CIRCLE) Lund University, 2005.

[2] Capello, R. Spatial Transfer of Knowledge in High Technology Milieux: Learning versus Collective Learning Processes [J]. Regional Studies, 1999 (4): 353–365.

[3] Cimoli, M., Dosi, G. Technological Paradigms, Patterns of Learning and Development: An Introductory Roadmap [J]. Journal of Evolutionary Economics, pp. 243–268, 1995 (5).

[4] Cohen, W., Levinthal, D. Absorptive Capacity: A New Perspective on Learning and Innovation [J]. Administrative Science Quarterly, 1990 (35): 128–153.

[5] Cooke, P. Introdaction: Oringins of the Concept [A] //Braczyk, H. etc. (eds.), Regional Innovation System [M]. Landon: UCL Press, 1998.

[6] Dosi, G. Technological Paradigms and Technological Trajectories: A Suggested Interpretation of the Determinants and Directions of Technical Change [J]. Research Policy, 1982 (3): 147–162.

[7] Gereffi G. The Organisation of Buyer-driven Global Commodity Chains: How US Retailers Shape Overseas Production Networks [A] //G. Gereffi and M. Korzeniewicz, Commodity Chains and Global Capitalism [M]. Wesport CT Praeger, 1994.

[8] Giuliani, A., Bell, M. The Micro-determinants of Meso-level Learning and Innovation: Evidence from a Chilean Wine Cluster [J]. Research Policy, 2005 (34): 47–68.

[9] Giuliani, E. Cluster Absorptive Capability: An Evolutionary Approach for Industrial Clusters in Developing Countries [R]. Paper Presented at the DRUID Summer Conference, Copenhagen/Elsinore, 2002.

[10] Guerrieri, P., Iammarino, S., Pietrobelli, C. The Global Challenge to Industrial Districts [M]. Edward Elgar, Cheltenham, 2001.

[11] Humphrey J., Schmitz H. Governance in Global Value Chains [J]. IDS Bullettin, 2001 (3).

[12] Lam, A. Tacit Knowledge, Organizational Learning and Societal Institutions: An Integrated Framework [J]. Organization Studies, 2000 (3): 487–513.

[13] Malerba, F., Orsennigo, L. Technological Regimes and Firm Behaviors [J]. Industrial and Corporate Change, 1993 (1): 45–71.

[14] Malerba, F., Orsennigo, L. Technological Regimes and Sectoral Patterns of Innovative Activities [J]. Industrial and Corporate Change, 1997 (6): 83–117.

[15] Maskell, P., Malmberg, A. Localised Learning and Industrial Competitiveness [J]. Cambridge Journal of Economics, 1999 (2): 167–186.

[16] Nonaka I., Takeuchi H., The Knowledge-creating Company. How Japanese Companies Create the Dynamics of Innovation [M]. Oxford University Press, 1994.

[17] Pavitt, K. Knowledge about Knowedge Since Nelson and Winter: A Mixed Record [R]. Elecreonic Working Paper Series Paper No.83, SPRU, 2002.

[18] Pavitt, K. Sectoral Patterns of Technical Change: Towards a Taxomony and a Theory [J]. Research Policy, 1984 (13): 343–373.

(本文发表在《中国工业经济》2011 年第 10 期)

扩大投资"保增长"的长期风险

曹建海

摘　要：从数量的角度分析，扩大政府投资能够促进经济快速增长。然而，与增长的数量相比，经济增长的质量更为重要。为短期数量增长而扩大政府投资，很可能面临着投资和消费比例失衡、投资乘数压缩，以及对社会投资形成的挤出效应等长期风险，引起环境危机、银行不良信贷危机等后果，给国民经济的持续健康发展留下阴影，这是中央宏观经济决策过程中必须要高度重视的问题。

关键词：经济增长；投资和消费关系；投资乘数；挤出效应

继国务院 2008 年 11 月推出 4 万亿元经济刺激计划以后，各地政府也先后公布了各自的投资计划。根据对已公布投资计划的 24 个省市的统计，投资计划总额已经接近 20 万亿元，其中绝大部分以项目交通基础设施为主要投资方向。中央和地方政府的大规模固定资产投资计划，虽然有利于填补出口和私人投资滑坡带来的增长缺口，但也存在着影响我国未来经济增长质量的潜在问题，必须引起极大的警惕。

一、保持投资和消费之间合理的比例关系

投资的目的在于扩大消费。从这个意义上说，缺乏消费拉动的投资，便成为无源之水，也失去了投资的意义和目的。从经济上看，没有消费支持的投资，注定将成为无效的投资，并因此遭受重大经济损失。当然，过度奢侈的消费能使一个富裕国家很快破产，消费率过高也会限制一个国家经济增长的速度。因此，保持好投资和消费之间合理的比例关系，对于一个国家的发展至关重要。

根据马克思的社会再生产理论，社会产品分为生产资料和消费资料两大类，即投资部门和消费部门，两个部类的内部又可以进一步分为更小的生产部门。这些产品从价值构成上看，可以分为不变资本、可变资本和剩余价值（即利润）三个部分。只要存在商品生产，社会再生产的顺利进行就要同时受到社会产品使用价值物质形式的制约和社会产品价值组成部分相互之间比例的制约，即社会总产品各个部分的价值和实物形态都要求在交换时得到补偿和替换。

从世界各国经济发展和工业化进程看，消费结构和产业结构的逐步提升，引起的投资率呈现出从低到高，再从高到低并趋于相对稳定的变动过程，总体的比重介于 20%~30%。例如，2004 年世界低收入

[基金项目] 本文为中国国家自然科学基金项目"中国投资领域中的重复建设问题：理论模型、实证分析与政策建议"（批准号：7047309）的阶段性成果。

国家投资率为 26.6%，中等收入国家为 25.9%，上中等收入国家为 21.8%（见表 1）。

表 1　世界各国的投资、消费比例关系

单位：%

国家类型	1990 年		2000 年		2002 年		2003 年		2004 年	
	消费	投资	消费	投资	消费	投资	消费	投资	消费	投资
世界平均	76.8	23.4	77.7	22.4	79.1	20.6	—	20.7	—	—
低收入国家	82.4	21.1	80.3	22.2	80.2	23.5	79.7	24.8	—	26.6
中低收入国家	74.7	25.2	74.5	23.9	73.7	23.7	72.8	24.6	—	26
下中等收入国家	71.9	28.5	72.2	26.1	70.9	26.9	69.1	28	—	29
中等收入国家	73.4	25.9	73.5	24.2	72.6	23.7	71.7	24.6	—	25.9
上中等收入国家	76.3	22.6	76	21.7	76.1	19.5	76.1	20.1	—	21.8
高收入国家	77.3	22.9	78.4	22	80.3	29.9	—	19.9	—	—

资料来源：《国际统计年鉴》（2006）；熊学华：《我国消费率和投资率的合理性判断：1978~2006》，《北京财贸职业学院学报》2008 年第 4 期。

进入 21 世纪以来，中国经济延续了依靠资源投入和出口需求驱动的粗放经济增长方式。这种投资驱动的增长模式在宏观经济上造成的不良后果，直接表现为投资与消费之间的严重失衡。2000 年，我国的最终消费率为 62.3%，此后逐年下降，到 2007 年降低到 48.8%，平均每年下降 1.93 个百分点；与此相对应的是中国的投资率，从 2000 年的 35.3% 上升到 2007 年的 42.3%，大大高于多数国家 20% 左右的水平。即使东亚一些国家和地区在战后依靠投资拉动经济实现快速增长的时期，其投资率也远没有达到中国目前的水平。如日本在 20 世纪 60 年代经济高速增长时期，其固定资产投资比重的峰值也从未超过 GDP 的 34%。消费不振使得我国对外需的依赖大大增加，2002~2007 年净出口对经济增长的贡献率分别为 7.6%、1.0%、6.0%、24.1%、19.5% 和 21.5%，特别是 2005 年以来净出口对 GDP 增长分别贡献了 2.5 个、2.2 个和 2.6 个百分点。

投资率畸高和对出口的依赖，形成对国内消费特别是居民消费的巨大压制。如果排除政府消费对国内消费的拉动，可以更明显地看出消费不振给中国经济增长带来的"拖后腿"作用。2007 年底，中国居民消费占 GDP 比重为 35.4%，只有一般国家的一半左右。这种状况必然在短期内导致由于市场需求导向不足而引起的投资机会减少、大量储蓄无法转化为投资，使宏观经济增长乏力，预计 2009 年和 2010 年中国经济将出现明显的增幅滑坡。从中长期看，必然导致投资效率下降、银行体系中潜在不良资产增加、企业财务状况恶化等，蕴藏着银行体系的系统性风险。

在出口萎缩、消费不振导致经济增长乏力的十字路口面前，究竟是设法扩大最终消费率拉动经济增长，还是通过进一步扩大投资拉动统计意义上的 GDP 增长呢？我们认为必须以社会再生产理论为基础，正确地、科学地调整投资和消费之间的关系，通过扩大消费规模和限制投资规模，将投资引导到促进消费且与消费保持合理比例关系的水平，促进国民经济的持续健康发展；否则，脱离消费能力的过度投资，必然会对经济发展造成更大破坏。

二、当前我国固定资产投资的"乘数"效应

投资一定要注重投资效果。如果我们投出去的钱只是一次性的，"一锤子买卖"，只可以拉动当年的

增长，而投资支出由少数公司和少数人获得，这样的投资就不能循环地推动后续时期的中国经济增长。如果能够按照投资计划顺利支出，2009 年中国经济增长完成"保八"的任务，应当并不困难。然而，"保八"成功并不能意味中国经济好转了。这是因为，判断经济的好坏，不能单纯依靠 GDP 指标进行衡量。如果只重视投资的数量，而不注重投资质量，不对工程建设当中的腐败问题和工程质量问题进行严格控制，那么，即使 2009 年 GDP 增长保住 8%，但是在 2009 年之后的隐患，如银行不良资产问题的集中爆发，将可能产生更为严重的后果。

此次中央和地方扩大投资的一个重要依据，是扩张性的财政政策引起国家投资的增加，能引起有效需求和消费的增加，循环往复形成新的投资需求，将数倍于初始的投资数量。这在经济学上被称为"投资乘数"效应。

凯恩斯在其绝对收入理论中提出，投资乘数的大小与居民边际消费倾向有关，而边际消费倾向与收入水平成反比，收入越高，边际消费倾向越小。因此，收入分配确实会影响总消费。根据一些研究者的研究成果，在我国的总消费与居民收入分配之间，存在着密切的相关关系，即如果收入分配不均的现象非常严重，也就是说当一小部分高收入阶层拥有极高比例的财富（收入），而另外大部分人都只拥有少量的财富时，社会总消费就会不振（朱国林等，2002）。另外一些学者则提出了通过收入再分配刺激消费需求的前提条件约束，认为只有在边际消费倾向与居民收入呈"倒 U"形关系的情况下，收入分配政策才能起到提高总体边际消费倾向、扩大总消费的效果。计量结果表明，我国居民的边际消费倾向与收入水平大致呈"倒 U"形关系，即中等收入阶层的边际消费倾向较高，低收入阶层和高收入阶层的边际消费倾向较低。因此，实行缩小收入差距的收入再分配政策，能有效地提高我国居民的总体边际消费倾向，扩大总消费需求，从而刺激经济增长（杨天宇、朱诗娥，2007）。

根据国家统计局的数据，2007 年我国的基尼系数已经高达 0.448，是世界上最高的国家之一。这意味着在当前世界国别比较中，我国扩大投资的"投资乘数"或投资效果是较低的、较差的。如果不能有效地调整收入在各阶层之间的分配，扩大投资不仅不能推动实现国民经济增长的"倍增计划"，反而会因为投资浪费、投资无法收回等，给我国国民经济和银行体系带来严重的经济损失。

很久以来，我国工程承包市场存在高度的垄断性和屡禁不止的腐败问题，致使对于政府投资能在多大程度上公平地惠及众多建筑企业和庞大的施工工人群体，人们是表示怀疑的。在建筑企业和建筑材料、设备生产企业内部，生产工人又能从工程价格中获得多大比例的工资收入？这关系到政府扩大投资所能带动的消费效应和投资效果。然而，由于我国建设管理体制的固有问题，工程建设中的分包、转包和各种回扣现象严重，使真正用于施工的劳务、材料支出的费用偏低，大量的工程费用以管理费、中介费、利润等形式流入少数人腰包。因此，对当前由各级政府主导的各项固定资产投资活动，如果不能加以正确的引导监督，很有可能变成产生腐败和豆腐渣工程的源头，成为收入分配进一步分化的重要推手，其所引起的循环往复的拉动消费需求的过程，必然是一个急剧衰减的过程。

如果考虑到政府财政拉动公众收入的普遍性，则减税和加大对"三农"、社会保障和处于瓶颈地位的基础设施投入的效果是明显的。同政府加大基础设施投入可能引起的各种负面影响相比，减税则是一种无代价的政府支出，而且涉及面是普遍的，只要政府加大对劳动者在劳资分配中的法律支持力度，减税有利于社会各阶层增加可支配收入，达到国民收入"倍增"的目的。政府加大对"三农"的财政支持，包括大幅度提高农产品收购价格、加大对农村基础设施投入、增加对农资补贴等，可以惠及占中国绝大多数人口的农民群体，这在农民工大量返乡的今天，显得更为迫切和及时。加强对医疗、失业、贫困人群的投入，同样惠及社会绝大多数人群，有利于解除受益群众的后顾之忧，可以起到扩大内需的作用。至于基础设施建设，应着力投资建设目前国计民生最为缺乏的公共项目，如农业基础设施、社区医院、环保项目等，不可简单地为拉动 GDP 增长而匆忙上马项目。

政府投资效果好坏，必须与扩大就业紧密地结合起来。相对而言，目前各地大上的交通基础设施项目，虽然在短期内可以带动建筑行业就业，特别是农民工就业，但考虑到建设的临时性和农民工工资水平低下的状况，这些项目对于扩大就业、增加城乡居民收入的作用是非常有限的。相对而言，增加对农村、农业的基础设施投入，则可以极大地稳定庞大的农村劳动力群体的就业；城市服务业可以大量吸纳劳动力，主要应通过理顺体制、减免税赋等措施，扶植此类产业的发展。可以说，如果不能有效地、持久地扩大广大劳动者的就业机会，则投资就不能起到促进居民收入持久增长，从而有支付能力的消费需求持久增加的作用，反而会不利于投资回报的实现。

因此，政府扩大投资的过程中，既要做到工程建设的真实投入，也要防止政府支出为少数人所获得，还要注意扩大就业的效果。只有同时符合以上条件，政府投资才能起到事半功倍的拉动经济增长效果。

三、资金动员和政府投资的"挤出效应"

中央和地方政府合计 24 万亿元的庞大投资计划，资金动员问题异常关键。相对而言，中央政府的投资是有保证的，但仅靠中央政府项目投资，显然无法实现政府"保增长"的任务。根据我们的分析，地方政府上报的投资项目，主要集中在公路、铁路、港口等交通基础设施项目上，不少甚至是"十一五"时期规划内的项目，存在着重复计算、缺乏论证突击申报、资金来源严重不足等致命问题。如果只为保增长而不加规范盲目上马，所引起的恶劣后果，将给我国经济带来不可估量的损失。

鉴于我国地方政府多处于财政赤字状态，而根据《中华人民共和国预算法》规定，地方政府没有权力发行政府债券。因此，地方政府从根本上缺乏大规模推动基础设施项目建设的资金支持能力。虽然地方政府一些土地资金可以直接投入但毕竟数量有限；更多的项目将通过市场化运作的模式筹措资金，势必通过项目融资的方式大量从银行贷款。不过，银行贷款的前提是项目本身必须具有充沛的现金流，但也势必将政府项目归类于商业化项目，很难摆脱政府投资项目向纳税人高额收费的指责，同时也无助于促进居民的消费需求。

如果政府项目主要来自社会资金，而社会资金更多地来自银行贷款，从短期来看，由于市场需求萎缩，似乎不存在挤压私人投资的问题；然而，社会财富的总量是一定的，政府动员的社会资金越多，就会使私人部门可使用资金越少，经济学将这种情况称为财政的"挤出效应"。此外，政府通过向公众（企业、居民）和商业银行借款来实行扩张性的财政政策，引起利率上升和借贷资金需求上的竞争，导致民间部门（或非政府部门）支出减少，从而使财政支出的扩张部分或全部被抵消。民间支出的减少主要是民间投资的减少，但也有消费支出和净出口的减少。

值得注意的是，一些地方政府缺乏建设资金，寄希望于国家财政的支持，导致大量建设项目沦为"钓鱼工程"，其前景不容乐观。截至 2008 年底，我国金融机构各项贷款余额为 30.35 万亿元，近年来每年的贷款余额净增量不过 3 万亿~4 万亿元（见表 2）。总规模达 24 万亿元的政府投资计划，即使按照 4 年期的投资计划，每年中央和地方政府投资也将达到 6 万亿元。如果项目资金 70%来自银行贷款，就需要银行新增固定资产贷款 4.2 亿元，而 2008 年全国金融机构各项累计贷款增量仅 4.18 万亿元。由此，要保证刺激经济的投资计划的资金，银行体系必然面临两种选择：一是收回金融机构在农工商业等领域的贷款，以满足政府主导投资项目的信贷资金需求；二是商业银行基于风险控制要求，不配合政府投资计划的融资要求，势必严重影响政府在公众中的信誉，政府刺激经济计划的效果也会大打折扣。

表 2 2001~2008 年我国金融机构各项贷款

年份	各项贷款余额（亿元）	当年贷款余额净增量（亿元）
2001	112315	12944
2002	131294	18979
2003	158996	27702
2004	178198	19202
2005	194690	16492
2006	225347	30657
2007	261691	36344
2008	303468	41777

资料来源：《中国统计年鉴》(2008)，《2008 年国民经济运行情况》。

如果政府从社会中筹集资金规模过大，政府必然面临难以承受的财政赤字问题。挤压私人投资、消费需求和出口需求，并且有可能加剧银行体系不良信贷资产的风险，大幅度抵消政府投资效果。在笔者看来，中国在从外部需求转为内需的过程中，必然要适应低速经济增长。只要经济增长的质量是好的，即使速度慢一些，一样可以达到最佳效果。反之，基于经济增长目标的大规模投资计划，即使能够实现短期刺激经济增长的任务，但从长期观察，也会明显得不偿失了。

〔参考文献〕

［1］朱国林、范建勇、严燕：《中国的消费不振与收入分配：理论和数据》，《经济研究》2002 年第5 期。

［2］杨天宇、朱诗娥：《我国居民收入水平与边际消费倾向之间"倒 U"型关系研究》，《中国人民大学学报》2007 年第5 期。

［3］曹建海：《"十五"以来我国工业固定资产投资的效益分析》，《财经问题研究》2007 年第 11 期。

［4］熊学华：《我国消费率和投资率的合理性判断：1978~2006》，《北京财贸职业学院学报》2008 年第 4 期。

（本文发表在《宏观经济研究》2009 年第 5 期）

中国经济增长来源：基于非参数核算方法的分析

梁泳梅　董敏杰

摘　要： 本文对基于松弛量的效率损失测算方法进行改进，推导出该方法目标函数中产出与投入分项效率损失值权重的选取标准，并在此基础上构建了一个新的经济增长非参数核算方法。根据该方法，本文测算了 1978~2013 年的中国经济增长来源。结果发现，要素投入尤其是资本是中国及各区域经济增长的主要来源，而且近年来经济增长对资本的依赖性有强化趋势；在 2005 年前的很长一段时间，东北、中部与西部地区经济增速落后于东部地区，而 TFP 及要素投入都是造成地区增长差距的重要因素；尽管近年来其他地区相对于东部地区的经济增速差距已缩小甚至实现了对后者的"赶超"，但这主要得益于要素投入贡献的快速提高。如何利用东部地区的先进生产技术，促进其他地区的 TFP 进步，对这些地区乃至全国未来的经济增长都至关重要。

关键词： TFP 贡献；TFP 贡献份额；基于松弛量的效率损失测算方法；数据包络分析法

一、引　言

改革开放以来，中国经济持续快速增长，对中国经济增长来源的探讨也成为学术研究的热点领域之一。对于改革开放前，现有研究的结论较为一致，而对于改革开放后的这段时期，研究结果差异较大（见表 1）。以 20 世纪 90 年代为例，多数研究发现全要素生产率（Total Factor Productivity，TFP）对经济增长的贡献份额为 20%~30%，Bosworth 和 Collins（2008）则发现该份额高达 54.7%，而在 1980 年前后到 2000 年前后的大约二十年间，多数研究发现 TFP 对经济增长的贡献份额约在 30% 左右，Bosworth 和 Collins（2008）的结果则接近 50%，而 Wu（2003）则发现该份额不超过 20%。

导致上述研究结果差异的一个重要因素是研究方法的差异。目前采用的经济增长核算方法主要有参数法、随机前沿生产函数法与非参数法。其中，前两种方法需要对生产函数的形式及误差项设定某些假设，而非参数可以避免上述先验性设定，因此在测算 TFP 增长率或其对经济增长的贡献方面可能更为适宜（Kumar 和 Russell，2002；Unel 和 Zebregs，2006）。具体操作方面，目前多数非参数方法首先测算出曼姆奎斯特指数（Malmquist Index），然后将其进一步处理，得到 TFP 与生产要素对经济增长的贡献。正如梁泳梅和董敏杰（2012）所指出的，这些方法测算的结果可能存在一定程度的偏误，尽管这种偏误程度并不大。鉴于此，董敏杰和梁泳梅（2013）推导出一个可以测算经济增长来源的非参数方法，并利用省级数据测算了中国经济增长来源。但该方法可能存在两点不足：一方面，对于方法中的关键变量——产出无效值，该研究使用的基于产出（Output-based）的数据包络分析法（Date Envelope Analysis，DEA），实际上是一种径向角度 DEA 模型，可能导致测算结果偏误。具体来说，现实中可能存在考察单位的要素投入发生变化但产出无效值不发生变化的情形，按照基于产出的 DEA 方法测算，产出无效值进而经济增长来源的分解结果也不发生变化，而根据 TFP 的定义，要素投入的变化也可能导致 TFP 变化。另一方面，该研究在测算要素投入变化导致的产出变化时，没有考虑要素利用效率因素，正如后文将要指出的，这可能会高估要素投入对经济增长的贡献，进而低估 TFP 对经济增长的贡献。

表 1　TFP 对中国经济增长的贡献及贡献份额相关研究整理

文献	研究方法	使用数据	核心结论		
			时间	TFP 年均增长率（%）	TFP 对经济增长的贡献（%）
Hu 和 Khan（1997）	—	—	1953~1978 年	1.1	
			1979~1994 年	3.9	42
			90 年代初		50 以上
Chow 和 Lin（2002）	CD	全国时间序列	1978~1998 年		28
Wang 和 Yao（2003）	CD	全国时间序列	1952~1978 年	−0.57	−8.77
			1979~1999 年	2.3	23.9
Wu（2003）	—	省级面板数据	1982~1997 年	1.41	13.5
			1982~1984 年	2.35	19.3
			1986~1991 年	0.43	5.3
			1992~1997 年	1.75	15.2
			1978~1998 年	3.03	32
Wang 和 Wei（2004）	Translog	全国时间序列	1966~1990 年	2.3	31.94
			1966~1970 年	0.1	2.44
			1970~1980 年	1.3	22.81
			1980~1990 年	2.7	30.34
Ao 和 Fulginiti（2005）	Translog	省级面板数据	1978~1998 年	4.9	41.3
Ao 和 Fulginiti（2005）	SFA-Translog	省级面板数据	1978~1998 年	3.3	38.7
Chow（2008）	CD	全国时间序列	1978~2005 年	2.7	
Bosworth 和 Collins（2008）	CD	全国时间序列	1978~2004 年	3.6	49.3
			1978~1993 年	3.5	54.7
			1993~2004 年	3.9	45.9
Perkins 和 Rawski（2008）	CD	全国时间序列	1952~2005 年	2.1	30.9
			1952~1978 年	2.5	11
			1978~2005 年	3.8	40.1
Li 和 Liu（2011）	SFA-Translog	全国时间序列	1987~2006 年	3.74	37
董敏杰和梁泳梅（2013）	非参数方法	省级面板数据	1978~2013 年		10.9
			1978~1991 年		28.9
			1991~2001 年		30.5
			2001~2010 年		1.9

注：CD 表示柯布—道格拉斯函数及其扩展形式，扩展形式指引入人力资本或加入制度、所有制等变量；Translog 表示超越对数函数；SFA 表示随机前沿生产函数。

本文对 Fukuyama 和 Weber（2009）提出的基于松弛量的效率损失测算方法（Slacks-based Inefficiency，SBI）进行改进，推导出该方法目标函数中产出与投入分项效率损失值权重的选取标准，并在此基础上构建了一个新的经济增长非参数核算方法，以弥补董敏杰和梁泳梅（2013）方法的上述不足。依据新的方法，本文测算了 1978~2013 年全国及四大经济区域①的经济增长来源，并探讨造成地区增长差异的原因。文章剩余部分结构安排如下：第二部分介绍本文的核算方法，第三部分是对使用数据的说明，第四部分汇报测算结果，第五部分是对全文的总结以及研究方向的说明。

二、非参数核算方法

由于效率损失值是本文核算方法的基础，我们首先介绍效率损失值的 SBI 测算方法，其次介绍 SBI 的改进，再次介绍本文使用的核算方法，最后是对核算方法的图形说明。

1. 效率损失值的测算：SBI 方法

在 DEA 方法框架中，对于效率损失值有多种测算方法。早期的选择是基于产出或基于投入（Input-based）的方法，前者计算投入不变时产出可以扩张的最大比例，后者计算产出不变时投入可以缩减的最大比例。由于需要选择是基于产出或基于投入角度，这两种线性规划被称为角度 DEA 模型。两种模型测算的结果通常是不一致的，避免该问题的一种方式是引入方向性距离函数（Directional Distance Function Approach，DDF），即假设投入产出以同一比例扩大或者缩减，但由于假设产出扩张与投入缩减的比例是相同的，DDF 属于径向 DEA 模型。一些研究者（Tone，2001，2002；Färe 和 Grosskopf，2010；Tone 和 Tsutsui，2010）则放松产出扩张与投入缩减等比例的假设，提出了基于松弛量的效率测算方法（Slack-based Measure，SBM）。在 SBM 方法的基础上，Fukuyama 和 Weber（2009）则进一步提出了基于松弛量的效率损失测算方法，其一般形式可写为：

$$\text{max}\quad IE_j^t = \sum_{p=1}^{p} m_p \frac{S_{p,j}^t}{g_{p,j}^t} + \sum_{q=1}^{Q} m_q \frac{S_{q,j}^t}{g_{q,j}^t}$$

$$\text{s.t.}\quad \sum_{i=1}^{n} \lambda_i^t x_i^t + S_{p,j}^t = x_{p,j}^t,\ \forall p;\ \sum_{i=1}^{n} \lambda_i^t y_i^t - S_{q,j}^t = y_{q,j}^t,\ \forall q;\ \lambda_i^t \geqslant 0,\ S_{p,j}^t \geqslant 0,\ \forall p;\ S_{q,j}^t \geqslant 0,\ \forall q \qquad (1)$$

其中，IE_j^t 表示 t 时期、n 个生产单元中 j 的效率损失值。产出与投入向量包含的种类数分别为 P 与 Q；$x_{p,j}^t$ 与 $y_{q,j}^t$ 分别表示 t 时期生产单元 j 的投入与产出；$g_{p,j}^t$ 与 $g_{q,j}^t$ 分别表示投入与产出的方向性向量，通常用 $x_{p,j}^t$ 与 $y_{q,j}^t$ 替代；$S_{p,j}^t$ 表示 t 时期生产单元 j 的第 p 种投入的松弛量，$S_{q,j}^t$ 表示 t 时期生产单元 j 的第 q 种产出的松弛量。$\frac{S_{p,j}^t}{g_{p,j}^t}$ 及 $\frac{S_{q,j}^t}{g_{q,j}^t}$ 分别表示第 p 种投入及第 q 种产出的分项效率损失值，m_p 与 m_q 分别表示第 p 种投入及第 q 种产出效率损失值的权重。λ_i^t 表示构建生产前沿面的各生产单元对应的权重向量。

对于 m_p 与 m_q 的选取标准，Fukuyama 和 Weber（2009）采用的是 $m_p = \frac{1}{2P}$ 且 $m_q = \frac{1}{2Q}$，后来的许多研究（Akther 等，2013）也沿用了这种做法。这种标准实际上是投入指标数目与产出指标数目的平均

---

① 东部地区包括北京、天津、河北、上海、江苏、浙江、福建、山东、广东与海南 10 个省市；东北地区包括辽宁、吉林、黑龙江 3 个省；中部地区包括山西、安徽、江西、河南、湖北与湖南 6 个省；西部地区包括内蒙古、广西、四川（包括重庆）、贵州、云南、陕西、甘肃、青海、宁夏与新疆 10 个省（市、自治区）。

值，缺乏理论基础与经济学含义。尤其是，当产出中包含非合意产出时，上述不足可能导致权重选择的困难。

2. 效率损失值的测算：改进的 SBI 方法

考虑投入为劳动 l 与资本 k、产出为 y 的情形，则式（1）中 P = 2，Q = 1。对任意生产单元 j，式（1）可具体化为：

$$\max \quad IE_j^t = m_y \frac{S_y^t}{y_j^t} + m_l \frac{S_{q,j}^t}{l_j^t} + m_k \frac{S_{k,j}^t}{k_j^t}$$

$$s.t. \quad \sum_{i=1}^{n} \lambda_i^t l_i^t + S_{l,j}^t = l_j^t, \quad \sum_{i=1}^{n} \lambda_i^t k_i^t + S_{k,j}^t = k_j^t, \quad \sum_{i=1}^{n} \lambda_i^t y_i^t - S_j^t = y_j^t; \quad S_{l,j}^t \geq 0, \ S_{k,j}^t \geq 0, \ S_{y,j}^t \geq 0; \ \lambda_i^t \geq 0 \tag{2}$$

在完全经济条件下，要素边际产出等于要素报酬，产出水平为各要素投入量与要素边际产出乘积之和。但在现实中，由于垄断等非完全竞争因素的存在，要素报酬与要素有效边际产出之间可能存在偏差，产出水平为各要素投入量与要素平均报酬乘积之和，即：

$$y^t = w^t l^t + r^t k^t \tag{3}$$

现实中生产单元并非都是处于生产前沿面，非效率生产单元存在产出不足或投入冗余问题，这主要是因为其生产技术水平相对生产前沿面上的有效生产单元较低。将非效率生产单元映射到生产前沿面上，可以得到其所对应的有效生产组合 $Y^t(L^t, \ K^t, \ W^t, \ R^t)$。其中，$Y^t$、$L^t$ 与 K^t 分别表示有效产出、劳动与资本的有效投入。W^t 与 R^t 分别表示劳动与资本的有效报酬：如果有效生产组合处于完全竞争环境中，要素报酬等于要素边际产出；如果有效生产组合处于非完全竞争环境中，则要素的边际产出与要素报酬之间存在偏差；W^t 与 R^t 表示以有效生产单元的要素收入分配机制与技术水平衡量，劳动与资本可获得的报酬。进一步，有效产出 Y^t 可写为：

$$Y^t = W^t L^t + R^t K^t \tag{4}$$

相对于原生产单元，由于采用了较高的技术水平，有效生产单元可以利用较少的要素投入生产同量甚至是更多的产出。定义劳动、资本及产出松弛量分别为：

$$S_l^t = l^t - L^t \tag{5}$$

$$S_k^t = k^t - K^t \tag{6}$$

$$S_y^t = Y^t - y^t \tag{7}$$

在规模报酬不变假设下，对应于 W^t 与 R^t，生产单元要素投入充分利用时的最佳产出值为：

$$F^t(l^t, \ k^t) = W^t l^t + R^t k^t \tag{8}$$

式（8）与式（4）做差，并将式（5）~式（7）代入可得：

$$F^t(l^t, \ k^t) = Y^t + W^t(l^t - L^t) + R^t(k^t - K^t) = y^t + S_y^t + W^t S_l^t + R^t S_k^t \tag{9}$$

式（9）可进一步整理为：

$$F^t = y^t \left(1 + \frac{S_y^t}{y^t} + \frac{W^t}{w^t} \frac{w^t l^t}{y^t} \frac{S_l^t}{l^t} + \frac{R^t}{r^t} \frac{r^t k^t}{y^t} \frac{S_k^t}{k^t} \right) = y^t \left(1 + \frac{S_y^t}{y^t} + \frac{\alpha^t W^t}{w^t} \frac{S_l^t}{l^t} + \frac{\beta^t R^t}{r^t} \frac{S_k^t}{k^t} \right) = y^t(1 + IE^t) \tag{10}$$

其中，α^t 表示劳动收入份额 $w^t l^t / y^t$，β^t 表示资本收入份额 $r^t k^t / y^t$，IE^t 表示效率损失值：

$$IE^t = \frac{S_y^t}{y^t} + \frac{\alpha^t W^t}{w^t} \frac{S_l^t}{l^t} + \frac{\beta^t R^t}{r^t} \frac{S_k^t}{k^t} \tag{11}$$

对于生产单元 j 的效率损失值 IE_j^t，可通过以下非线性规划计算：

$$\max \quad IE_j^t = \frac{S_y^t}{y^t} + \frac{\alpha^t W^t}{w^t} \frac{S_l^t}{l^t} + \frac{\beta^t R^t}{r^t} \frac{S_k^t}{k^t}$$

s.t. $\sum_{i=1}^{n} \lambda_i^t l_i^t + S_{l,j}^t = l_j^t$, $\sum_{i=1}^{n} \lambda_i^t k_i^t + S_{k,j}^t = k_j^t$, $\sum_{i=1}^{n} \lambda_i^t y_i^t - S_j^t = y_j^t$; $S_{l,j}^t \geq 0$, $S_{k,j}^t \geq 0$, $S_{y,j}^t \geq 0$;

$$W_j^t = \sum_{i=1}^{n} \lambda_i^t w_i^t l_i^t / (l_j^t - S_{l,j}^t), \quad R_j^t = \sum_{i=1}^{n} \lambda_i^t r_i^t k_i^t / (k_j^t - S_{k,j}^t); \quad \lambda_i^t \geq 0 \tag{12}$$

与式（2）中的线性规划相比，式（12）的非线性规划有两点区别：一是目标函数，式（2）中产出、劳动及资本效率损失值的权重 m_y、m_l 及 m_k 在式（12）中分别具体化为 1、$\frac{\alpha^t W^t}{w^t}$ 及 $\frac{\beta^t R^t}{r^t}$；二是约束条件，式（12）较式（2）增加了两个约束条件：

$$W_j^t = \sum_{i=1}^{n} \lambda_i^t w_i^t l_i^t / (l_j^t - S_{l,j}^t) \quad 及 \quad R_j^t = \sum_{i=1}^{n} \lambda_i^t r_i^t k_i^t / (k_j^t - S_{k,j}^t) \tag{13}$$

这里对这两个约束条件的经济含义进行说明：分子中 $w_i^t l_i^t$ 与 $r_i^t k_i^t$ 表示构建生产前沿面所参考的生产单元的劳动与资本报酬总额，而 λ_i^t 表示构建生产前沿面的各生产单元对应的权重向量，因此，$\sum_{i=1}^{n} \lambda_i^t w_i^t l_i^t$ 与 $\sum_{i=1}^{n} \lambda_i^t r_i^t k_i^t$ 表示有效生产组合中劳动与资本报酬总额。另外，分母 $L_j^t = l_j^t - S_{l,j}^t$ 与 $K_j^t = k_j^t - S_{k,j}^t$ 表示有效生产组合的劳动与资本投入。两者的比值表示劳动与资本的有效报酬，这正是式（13）。通过求解式（12），可得到 IE_j^t、$S_{l,j}^t$、$S_{k,j}^t$、$S_{y,j}^t$、W^t 与 R^t 等变量。

3. 增长核算

根据定义，TFP 对产出增长总量的贡献量（以下简称"TFP 贡献量"）是产出增长总量中不能由要素投入解释的部分，即剔除要素投入对产出增长总量的贡献量（以下简称"要素贡献量"）后所得到的差值。而要素贡献量是指在其他因素不变时，单纯由要素投入变化导致的产出增长量，以劳动为例，是指在劳动利用效率及劳动报酬不变时，由劳动投入变化导致的产出增长量。用 E_l^t 及 E_k^t 分别表示劳动与资本利用效率：

$$E_l^t = L^t / l^t, \quad E_k^t = K^t / k^t \tag{14}$$

如以 t 期的生产技术与利用效率衡量，劳动投入变化导致的产出增长量即 $W^t E_l^t (l^{t+1} - l^t)$，如以 t+1 期的技术与利用效率衡量则为 $W^{t+1} E_l^{t+1} (l^{t+1} - l^t)$，取两者的平均值作为劳动投入变化对产出增长总量的贡献（以下简称"劳动贡献量"）$L^{t,t+1}$，则有：

$$L^{t,t+1} = \frac{1}{2} (W^t E_l^t (l^{t+1} - l^t) + W^{t+1} E_l^{t+1} (l^{t+1} - l^t)) \tag{15}$$

同理，可得到资本投入变化对产出增长总量的贡献（以下简称"资本贡献量"）$K^{t,t+1}$，即：

$$K^{t,t+1} = \frac{1}{2} (R^t E_k^t (k^{t+1} - k^t) + R^{t+1} E_k^{t+1} (k^{t+1} - k^t)) \tag{16}$$

劳动贡献量与资本贡献量之和即为要素贡献量 $INPUT^{t,t+1}$，即：

$$INPUT^{t,t+1} = L^{t,t+1} + K^{t,t+1} \tag{17}$$

则 TFP 贡献量 $TFP^{t,t+1}$ 可写为：

$$TFP^{t,t+1} = \Delta y^{t,t+1} - L^{t,t+1} - K^{t,t+1} = \frac{1}{2} [Z^t(l^t, k^t) - Z^t(l^{t+1}, k^{t+1}) + Z^{t+1}(l^t, k^t) - Z^{t+1}(l^{t+1}, k^{t+1})] \tag{18}$$

其中：

$$\Delta y^{t,t+1} = y^{t+1} - y^t \tag{19}$$

$$Z^t(l^t, k^t) = W^t l^t + R^t k^t - y^t \tag{20}$$

$$Z^t(l^{t+1},\ k^{t+1}) = W^t l^t + R^t k^t + W^t E_l^t(l^{t+1} - l^t) + R^t E_k^t(k^{t+1} - k^t) - y^{t+1} \tag{21}$$

$$Z^{t+1}(l^t,\ k^t) = W^{t+1} l^{t+1} + R^{t+1} k^{t+1} - W^{t+1} E_l^{t+1}(l^{t+1} - l^t) - R^{t+1} E_k^{t+1}(k^{t+1} - k^t) - y^t \tag{22}$$

$$Z^{t+1}(l^{t+1},\ k^{t+1}) = W^{t+1} l^{t+1} + R^{t+1} k^{t+1} - y^{t+1} \tag{23}$$

$\Delta y^{t,t+1}$ 表示 t 期到 t+1 期的产出增长量，$Z^t(l^t,\ k^t)$、$Z^t(l^{t+1},\ k^{t+1})$、$Z^{t+1}(l^t,\ k^t)$ 与 $Z^{t+1}(l^{t+1},\ k^{t+1})$ 的经济含义在下文说明。在 DEA 方法中，TFP 贡献量通常可进一步分为两部分：效率变化对产出增长总量的贡献量（以下简称"效率变化贡献量"）以及技术进步对产出增长总量的贡献量（以下简称"技术进步贡献量"），参照董敏杰和梁泳梅（2013）的做法，具体为：

$$TFP^{t,t+1} = \left[Z^t(l^t,\ k^t) - Z^{t+1}(l^{t+1},\ k^{t+1})\right] + \frac{1}{2}\left[Z^{t+1}(l^t,\ k^t) - Z^t(l^t,\ k^t) + Z^{t+1}(l^{t+1},\ k^{t+1}) - Z^t(l^{t+1},\ k^{t+1})\right] \tag{24}$$

式（24）右侧第一项表示效率变化贡献量，记为 $EFFE^{t,t+1}$；第二项表示技术进步贡献量，记为 $TECH^{t,t+1}$。如果采用当期 DEA 方法，这种分解方法有可能导致"技术退步"的结果，即由于后一期的生产前沿面位于前期生产前沿面之内，导致技术进步为负值。鉴于此，一些研究在测算效率损失值时采用了序列 DEA 方法，即在构建生产前沿面时不仅包括当期生产组合，而且包括了之前各期的生产组合，这会导致生产前沿面相对于当期 DEA 方法情形下外移，虽然会避免出现"技术退步"的情形，但也降低了效率变化贡献量。因此，与采用序列 DEA 的测算结果相比，采用当前 DEA 方法计算的技术进步贡献量通常较低，效率变化贡献量通常较高。鉴于效率变化贡献量与技术进步贡献量这种实质上的"此消彼长"关系，我们在后文主要关注 TFP 贡献，同时对效率变化贡献与技术进步贡献的分解结果做部分简要汇报以供参考。另外，考虑到对效率变化贡献量及技术进步贡献量的分解有助于对后文核算方法图形说明的理解，这里仍将 TFP 贡献量进行分解。

综合上述各式，可将产出增长总量写为：

$$\Delta y^{t,t+1} = TFP^{t,t+1} + INPUT^{t,t+1} = EFFE^{t,t+1} + TECH^{t,t+1} + L^{t,t+1} + K^{t,t+1} \tag{25}$$

将式（25）左右两边分别除以 y^t，并分别用 $\dot{y}^{t,t+1}$、$tfp^{t,t+1}$、$input^{t,t+1}$、$effe^{t,t+1}$、$tech^{t,t+1}$、$l^{t,t+1}$ 与 $k^{t,t+1}$ 分别标记各分项，有：

$$\dot{y}^{t,t+1} = tfp^{t,t+1} + input^{t,t+1} = effe^{t,t+1} + tech^{t,t+1} + l^{t,t+1} + k^{t,t+1} \tag{26}$$

其中，$\dot{y}^{t,t+1}$、$effe^{t,t+1}$、$tech^{t,t+1}$、$l^{t,t+1}$ 与 $k^{t,t+1}$ 分别表示 t 期到 t+1 期的产出增长率、效率变化对产出增长率的贡献（以下简称"效率变化贡献"）、技术进步对产出增长率的贡献（以下简称"技术进步贡献"）、劳动对产出增长率的贡献（以下简称"劳动贡献"）以及资本对产出增长率的贡献（以下简称"资本贡献"）。这样，t 期到 t+1 期产出增长率 $\dot{y}^{t,t+1}$ 就被分解为四项，其中前两项之和为 TFP 对产出增长率的贡献（以下简称"TFP 贡献"）$tfp^{t,t+1}$，后两项之和为要素对产出增长率的贡献（以下简称"要素贡献"）$input^{t,t+1}$。如果关注各分项来源对产出增长的"贡献份额"，只需将式（26）各项分别除以 $\dot{y}^{t,t+1}$，得到：

$$100\% = \frac{tfp^{t,t+1}}{\dot{y}^{t,t+1}} + \frac{input^{t,t+1}}{\dot{y}^{t,t+1}} = \frac{effe^{t,t+1}}{\dot{y}^{t,t+1}} + \frac{tech^{t,t+1}}{\dot{y}^{t,t+1}} + \frac{l^{t,t+1}}{\dot{y}^{t,t+1}} + \frac{k^{t,t+1}}{\dot{y}^{t,t+1}} \tag{27}$$

根据董敏杰和梁泳梅（2013），在测算出各省市的产出增长来源之后，在空间维度上可以加总计算出全国及各经济区域的产出增长来源。全国或各区域的产出增长率可写为：

$$\frac{\sum_{i=1}^{N} \Delta y^{t,t+1}}{\tilde{y}^t} = \sum_{i=1}^{N}\left(\frac{y_i^t}{\tilde{y}^t}\text{effe}_i^{t,t+1}\right) + \sum_{i=1}^{N}\left(\frac{y_i^t}{\tilde{y}^t}\text{tech}_i^{t,t+1}\right) + \sum_{i=1}^{N}\left(\frac{y_i^t}{\tilde{y}^t}l_i^{t,t+1}\right) + \sum_{i=1}^{N}\left(\frac{y_i^t}{\tilde{y}^t}k_i^{t,t+1}\right) \tag{28}$$

其中，y_i^t 表示 t 期第 i 个省市的地区生产总值，N 表示全国或各区域包含省市的个数，$\tilde{y}^t=\sum_{i=1}^{N}y_i^t$ 表示 t 期全国或各区域所包含的省市地区生产总值（Gross Regional Product，GRP）总和。

在时间维度上可以计算各分项来源贡献及贡献份额的跨期累计值。t 期到 t+T 期的产出增长率 $\dot{y}^{t,t+T}$ 可写为：

$$\dot{y}^{t,t+T} = \left(\text{effe}^{t,t+1} + \frac{y^{t+1}}{y^t}\text{effe}^{t+1,t+2} + \cdots + \frac{y^{t+T-1}}{y^t}\text{effe}^{t+T-1,t+T}\right) + \left(\text{tech}^{t,t+1} + \frac{y^{t+1}}{y^t}\text{tech}^{t+1,t+2} + \cdots + \frac{y^{t+T-1}}{y^t}\text{tech}^{t+T-1,t+T}\right) +$$
$$\left(l^{t,t+1} + \frac{y^{t+1}}{y^t}l^{t+1,t+2} + \cdots + \frac{y^{t+T-1}}{y^t}l^{t+T-1,t+T}\right) + \left(k^{t,t+1} + \frac{y^{t+1}}{y^t}k^{t+1,t+2} + \cdots + \frac{y^{t+T-1}}{y^t}k^{t+T-1,t+T}\right) \tag{29}$$

4. 图形说明

由于生产组合包括两种投入，因此要全面展示上述核算方法需要借助三维空间图形。为便于展示，同时考虑到 TFP 贡献是经济增长核算的主要关注内容，我们通过一个平面图形说明效率变化、技术进步与要素投入对产出增长总量的贡献（见图 1）。这样，生产组合变为单投入、单产出组合，产出仍用 y 表示，投入则用 x 统一表示[①]。

图 1 中纵轴表示产出，横轴表示投入。t 期有两个生产单元 P_0^t 与 P_1^t，t+1 期两个生产单元的投入与产出发生变化，表现在图中分别为 P_0^{t+1} 与 P_1^{t+1}。对于 P_0^t 而言，t 期的生产前沿面是射线 $O^tP_1^t$，P_0^t 在 $O^tP_1^t$ 上对应的有效生产组合为 F_0^t；t+1 期的生产前沿面是射线 $O^{t+1}P_1^{t+1}$，P_0^t 在 $O^{t+1}P_1^{t+1}$ 上对应的有效生产组合为 F_0^{t+1}。

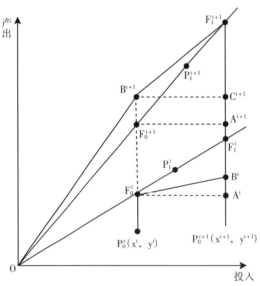

图 1　产出增长量分解

注：虚线表示水平线；A^tB^t 与 $A^tF_1^t$ 的比值为 P_0^t 的要素利用效率，$C^{t+1}F_1^{t+1}$ 与 $A^{t+1}F_1^{t+1}$ 的比值为 P_0^{t+1} 的要素利用效率。

---

① 另外，在有多项投入或产出时，非角度 DEA 方法与角度 DEA 方法得到的结果通常是有差异的，但是在单投入、单产出且规模报酬不变的情况下，两类方法得到的结果是一样的。为方便起见，图 1 中使用不同于前文 SBI 方法的基于产出的方法。

对于 P_0^{t+1}，情况有所不同。如以 t 期生产技术衡量，P_0^{t+1} 对应的有效生产组合为 F_1^t，但由于 P_0^t 位于生产前沿面之内（即存在要素利用效率损失），要素投入由 x^t 增为 x^{t+1} 后，产出的变化量并非为 $A^t F_1^t$，而是 $A^t B^t$，因此，当 x^t 增大后，生产前沿面实际上变为曲线 $OF_0^t B^t$。同理，如以 t+1 期的生产技术衡量，P_0^{t+1} 对应的有效生产组合为 F_1^{t+1}，但由于 P_1^t 位于生产前沿面之内（即存在要素利用效率损失），要素投入由 x^{t+1} 减为 x^t 后，产出的变化量并非为 $A^{t+1} F_1^{t+1}$，而是 $C^{t+1} F_1^{t+1}$，因此，当 x^{t+1} 缩减后，生产前沿面实际上变为曲线 $OB^{t+1} F_1^{t+1}$。

根据式（20）~式（23）的定义，$P_0^t F_0^t$、$P_0^{t+1} B^t$、$P_0^t B^{t+1}$ 及 $P_0^{t+1} F_1^{t+1}$ 分别代表 Z^t（l^t，k^t）、Z^t（l^{t+1}，k^{t+1}）、Z^{t+1}（l^t，k^t）及 Z^{t+1}（l^{t+1}，k^{t+1}），也即，$P_0^t F_0^t$ 表示以 t 期要素投入、t 期生产前沿面衡量的最佳产出与实际产出的差值；$P_0^{t+1} B^t$ 表示以 t+1 期要素投入、t 期生产前沿面衡量的最佳产出与实际产出的差值；$P_0^t B^{t+1}$ 表示以 t 期要素投入、t+1 期生产前沿面衡量的最佳产出与实际产出的差值；$P_0^{t+1} F_1^{t+1}$ 表示以 t+1 期要素投入、t+1 期生产前沿面衡量的最佳产出与实际产出的差值。

进一步看，$P_0^t F_0^t$ 与 $P_0^{t+1} F_1^{t+1}$ 之差表示效率变化对产出增长总量的贡献，相当于式（24）右侧第一项。$P_0^t B^{t+1}$ 与 $P_0^t F_0^t$ 的差值表示按 t 期投入水平衡量的生产前沿面扩张程度，$P_0^{t+1} F_1^{t+1}$ 与 $P_0^{t+1} B^t$ 的差值表示按 t+1 期投入水平衡量的生产前沿面扩张程度，两者的平均值表示技术进步对产出增长总量的贡献，相当于式（24）右侧第二项。$A^t B^t$ 与 $C^{t+1} F_1^{t+1}$ 分别代表以 t 期与 t+1 期生产前沿面衡量的、由于要素投入变化导致的最佳产出的"实际"增长量，两者的平均值代表要素投入对产出增长总量的贡献，相当于式（15）或式（16）。

三、数据说明

1. 产出

产出指标为以 1978 年不变价衡量的实际地区生产总值，由各省市 1978 年的地区生产总值与各年度以 1978 年不变价衡量的地区生产总值指数相乘而得，数据来自《中国统计年鉴》与《新中国 60 年统计资料汇编》。

2. 劳动投入

使用各省市的就业人员数，数据来源于《中国统计年鉴》。自 2011 年起，统计部门未公布各省市的就业人员数，根据 2010 年各省市就业人员占全国就业人员的比重及 2011~2013 年全国就业人员数推测得到 2011~2013 年各省市的就业人员数。

3. 固定资本存量

对各省市的固定资本存量通常采用永续盘存法（Perpetual Inventory Method，PIM）估测，公式为：

$$K_t = K_{t-1}(1-\delta_t) + I_t/P_t$$

其中，K_{t-1} 与 K_t 表示 t−1 期与 t 期固定资本存量，δ_t 表示 t 期的折旧率，I_t 表示 t 期新增投资额，P_t 表示投资品价格指数。该公式主要涉及四个变量，分别说明如下：

（1）每年新增投资额：选择固定资本形成额作为各省市每年的名义投资额。

（2）投资品价格指数：根据《中国国内生产总值核算历史资料（1952~1995）》《中国国内生产总值核算历史资料（1952~2004）》提供的 1952~2004 年各省市固定资本形成价格指数，计算出以 1978 年为基期的价格平减指数，对于 2005 年及之后的指数，以各省市的固定资产投资价格指数替代。

（3）基期资本存量 K_0：用1978年的资本形成总额除以折旧率与1978~1987年固定资本形成额平均增速之和，估计得到1978年各省市的固定资本存量。

（4）折旧率。现有文献对折旧率的设置不尽相同，本文主要汇报折旧率为10.96%时的计算结果，同时在稳健性检验时汇报折旧率分别为9.6%、4%与7%时的计算结果。

4. 要素收入份额及报酬

按收入法衡量，GDP包括劳动者报酬、营业盈余、固定资产折旧和生产税净额四部分。根据目前的研究，劳动者报酬占GDP通常有两种衡量口径：第一种口径是"要素法劳动收入份额"，为劳动者报酬占劳动者报酬、营业盈余与固定资产折旧三部分之和的比重；第二种口径是"GDP法劳动收入份额"，为劳动者报酬占劳动者报酬、营业盈余、固定资产折旧与生产税净额四部分之和的比重。根据两种口径计算的"劳动收入份额"尽管存在7个百分点左右的差距，但变化趋势基本一致。在得到劳动收入份额后，将其与GDP相乘得到劳动报酬总额，再与当年的就业人员数相比，可得到单位劳动报酬；GDP与劳动收入总额的差值为资本报酬总额，再与当年的固定资本存量相比，可得到单位资本报酬。我们主要汇报采用第一种口径计算的结果，同时利用第二种口径进行稳健性检验。计算劳动收入份额使用的GDP分项数据来自CEIC数据库与中经网，对于难以获得的2013年数据，使用2012年数据代替。

四、测算结果

根据第二部分的核算方法，我们测算了1978~2013年全国及四大经济区域的经济增长来源及各分项来源的贡献份额，这里分别汇报全国及四大经济区域的测算结果，最后汇报稳健性检验结果。

1. 中国经济增长来源

需要说明的是，与董敏杰和梁泳梅（2013）一样，本文的产出增长率涉及三个计算口径：第一种口径是根据各省市GRP加总后得到的结果；第二种口径是利用本文的方法，即由效率变化贡献、技术进步贡献、劳动贡献与资本贡献四部分加总而得的结果；第三种口径是国家统计局对各省市产出数据进行调整后的全国GDP增速。前两种计算口径均是使用各省数据，结果基本一致。我们对各分项来源的贡献分别进行调整，得到与第三种口径相对应的值，调整因子为第三种口径与第二种（或第一种）口径计算出的全国经济增长率的比值，在后文中我们也主要汇报依此得到的各分项来源的贡献。当然，这种调整并不影响各分项来源贡献份额的计算结果。

1978~2013年，中国经济增长约25.1倍，TFP贡献、劳动贡献与资本贡献分别为5.4倍、1.9倍与17.8倍（见图2），TFP贡献份额约为21.6%，劳动与资本贡献份额分别为7.5%与71.0%（见图3）。如果不考虑2008年之后国际金融危机的影响，1978~2007年中国经济增长约14.6倍，TFP贡献、劳动贡献与资本贡献分别为3.6倍、1.1倍与9.8倍，TFP贡献份额约为24.8%，劳动与资本贡献份额约分别为7.8%与67.4%。整体来看，TFP进步是中国经济增长的重要动力，但TFP贡献份额远低于资本贡献份额，资本投入是推动中国经济高速增长的最主要动力，这与大多数相关研究的结论一致。

从时间变化趋势来看（见表2），TFP贡献份额在1990年之前基本为负值且波动幅度较大，但大体处于上升趋势，在20世纪90年代初深化改革后一度接近甚至超过50%，之后保持在30%~40%。从2005年开始，TFP贡献份额降低到20%左右，在国际金融危机影响严重的2008年与2009年甚至仅为12.7%与5.7%，只是从2010年开始回升至20%左右。在TFP贡献中，效率变化贡献在大多数年份为负值。劳动贡献份额在改革开放初期比较高，个别年份甚至超过20%，但在1992年迅速下降至10%以下，

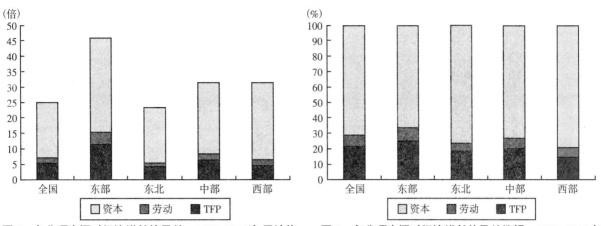

图 2 各分项来源对经济增长的贡献：1978~2013 年累计值　　图 3 各分项来源对经济增长的贡献份额：1978~2013 年累计值

表 2 中国经济增长的来源

单位：%

年份 \ 指标	经济增速及其来源				各分项贡献份额		
	$\dot{y}$	tfp	l	k	tfp	l	k
1979	8.4	−5.8	1.0	13.1	−68.5	12.0	156.5
1980	8.8	−4.5	1.5	11.8	−51.3	16.9	134.4
1981	5.9	−4.6	1.5	9.0	−77.4	25.9	151.5
1982	9.6	−3.5	1.5	11.6	−36.5	16.0	120.5
1983	10.9	−2.2	1.8	11.4	−20.4	16.3	104.1
1984	15.3	1.8	1.1	12.4	12.0	7.2	80.9
1985	13.4	−1.7	1.4	13.7	−12.8	10.4	102.4
1986	7.4	−5.8	1.2	12.0	−77.9	16.8	161.1
1987	11.2	−0.9	1.3	10.8	−8.0	11.2	96.8
1988	11.7	1.8	1.2	8.7	15.2	10.7	74.2
1989	4.2	−1.9	0.8	5.3	−45.8	18.4	127.4
1990	5.5	−0.5	1.2	4.8	−8.4	21.6	86.8
1991	9.4	2.8	1.8	4.9	29.5	18.7	51.9
1992	15.6	8.5	0.9	6.2	54.3	5.6	40.1
1993	16.4	8.0	0.6	7.8	48.9	3.5	47.6
1994	14.3	4.7	1.1	8.5	32.6	8.0	59.3
1995	12.9	4.1	0.7	8.1	31.7	5.5	62.8
1996	11.7	3.9	0.3	7.5	33.6	2.4	64.0
1997	11.1	3.7	0.7	6.6	33.8	6.4	59.8
1998	9.8	5.1	−1.9	6.5	52.4	−19.0	66.6
1999	9.1	3.2	0.0	6.0	35.0	−0.2	65.2
2000	9.9	3.8	0.3	5.8	38.4	2.9	58.7
2001	9.7	3.5	0.3	5.9	36.1	2.7	61.1
2002	10.9	3.6	1.1	6.2	33.1	9.8	57.2
2003	12.4	3.9	1.2	7.3	31.3	9.8	58.9

续表

指标 年份	经济增速及其来源				各分项贡献份额		
	$\dot{y}$	tfp	l	k	tfp	l	k
2004	13.7	4.2	1.4	8.2	30.4	10.0	59.6
2005	12.9	1.9	1.5	9.5	15.0	11.8	73.2
2006	13.7	2.5	1.4	9.8	18.5	10.4	71.1
2007	14.4	3.2	1.4	9.8	22.2	9.5	68.3
2008	11.7	1.5	1.4	8.8	12.7	11.8	75.5
2009	11.6	0.7	1.7	9.3	5.7	14.3	79.9
2010	13.1	2.6	1.4	9.1	19.6	10.9	69.5
2011	11.7	2.9	0.2	8.6	25.0	2.0	73.0
2012	10.2	2.1	0.2	7.9	20.8	2.2	77.0
2013	9.4	2.0	0.2	7.2	21.1	2.3	76.6

注：$\dot{y}$、tfp、l、k 分别表示 GDP 增长、全要素生产率、劳动投入与资本投入；经济增速由各省市 GRP 加总计算得到。

在 2001 年加入世界贸易组织（WTO）之后又提高至 10% 左右，直至 2010 年之后又显著下降。资本贡献份额在绝大多数年份是经济增长的主要来源，1978~1991 年大体呈下降趋势，在 20 世纪 90 年代初深化改革后则基本呈上升趋势，在 2004 年之后基本超过 70%，在国际金融危机后的大部分年份其至接近 80%。整体而言，中国经济增长对要素投入尤其是资本投入的依赖程度越来越高。

2. 四大经济区域经济增长来源

与全国整体情况一致，要素投入尤其是资本投入是各地区的主要经济增长来源：1978~2013 年，东部、东北、中部与西部地区经济分别增长 46.0 倍、23.4 倍、31.4 倍及 31.6 倍，TFP 贡献仅分别为 11.5 倍、4.3 倍、6.4 倍及 4.6 倍，而资本投入分别贡献 30.6 倍、17.9 倍、23.0 倍与 25.0 倍，资本贡献份额分别高达 66.5%、76.3%、73.2% 与 79.3%（见图 2、图 3）。

TFP 贡献份额最高的是东部地区，达到 25.0%，其余地区从高到低依次是中部、东北与西部地区，分别为 20.3%、18.4% 与 14.6%（见图 3）。尽管中部、东北与西部地区的 TFP 贡献份额依旧远低于资本贡献份额，但要高于董敏杰和梁泳梅（2013）得到东北地区几乎为零、中部与西部地区甚至为负值的结果。考虑到改革开放以来资源配置效率的提高以及发达地区技术进步的外溢效应，TFP 贡献份额为零甚至为负值很可能低估了 TFP 贡献份额。这种低估主要是因为，在测算要素投入变化导致的产出变化时，没有考虑要素利用效率因素，在本文的方法中，相当于式（15）的劳动利用效率 E_l^t、E_l^{t+1} 与式（16）的资本利用效率 E_k^t、E_k^{t+1} 缺失。由于劳动与资本利用效率为不超过 1 的正数，这种缺失导致劳动与资本贡献份额高估，进而导致 TFP 贡献份额的低估。对于要素利用效率较低的中部与西部地区，这种低估的程度更大。

与其他地区相比，东部地区省市 TFP 贡献相对较高，但是其 TFP 贡献份额与其他地区差距不大，主要原因在于，不仅是在 TFP 贡献方面而且在要素投入贡献方面，东部地区省市相对于其他地区都具有明显优势。从这个角度看，TFP 与要素投入都是造成东部地区与西部地区经济增速差距的主要原因，事实上，根据本文测算结果，1978~2004 年中国省市经济增速方差中，TFP 的贡献接近 60%，要素投入贡献略高于 40%，TFP 的贡献仅略高于要素投入。

从各经济区域之间的比较来看，在改革开放以来的多数年份里，东部地区的经济增长速度要高于其他三个地区。1990 年之前，东部地区经济增速优势还不是很明显，从 1991 年开始，其他三个地区与东部地区之间的经济增速差距开始拉大，1992~1993 年甚至高达 5~9 个百分点，此后这种差距开始逐步缩小，2005~2007 年，区域间的经济增速差异已经很小，而在 2008 年之后，由于东部地区的外向型经济受国际金融危机的冲击更大，其经济增速已经低于其他地区。尽管东北、中部与西部地区的经济增速已经超过东部地区，但通过对经济增长来源的进一步分析可以发现，这种"追赶"主要得益于这些地区生产要素贡献（主要是资本投入贡献）的快速提高：从 20 世纪 90 年代末期开始，随着"西部大开发""中部崛起""振兴东北老工业基地"等区域发展战略的实施，其他地区与东部地区的资本贡献逐步缩小，特别是在 2005 年及之后，东北、中部与西部地区的资本贡献（进而要素投入贡献）已经远超过东部地区。与资本贡献相反，其他地区的 TFP 贡献仍显著低于东部地区，而且差距近年有扩大趋势（见表 3）。

表 3　四大经济区域经济增长来源

单位：%

指标 年份	东部			东北			中部			西部		
	tfp	l	k	tfp	l	k	tfp	l	k	tfp	l	k
1979	−6.8	0.7	14.8	−11.0	1.7	13.6	−2.3	1.1	12.5	−3.6	1.0	9.9
1980	−4.3	0.9	13.6	−6.7	2.6	13.0	−6.1	1.3	11.5	−1.9	2.2	7.7
1981	−5.3	1.3	11.0	−11.3	1.7	11.1	−0.4	1.6	6.3	−2.9	1.8	5.8
1982	−5.2	1.1	13.8	−10.8	2.1	14.9	−1.9	1.7	9.5	3.2	1.9	6.7
1983	−4.6	1.8	13.1	−0.3	1.6	11.7	−1.1	1.6	11.4	0.6	2.1	7.2
1984	2.0	0.5	13.7	−1.1	1.4	13.7	2.2	1.4	12.0	3.0	2.0	9.0
1985	−0.7	0.8	14.6	−7.9	2.1	15.3	−1.8	1.6	13.7	0.0	1.9	10.8
1986	−6.1	1.0	13.2	−7.1	1.3	12.3	−5.7	1.2	11.4	−4.5	2.0	9.6
1987	−1.7	1.0	13.2	1.3	0.9	10.9	−1.2	1.6	8.7	0.0	1.6	7.6
1988	1.7	0.9	11.0	2.1	1.1	8.3	0.5	1.7	6.2	3.0	1.6	6.1
1989	−3.5	0.4	7.0	−2.3	0.8	4.4	0.6	1.0	3.7	−0.6	1.4	3.6
1990	−1.4	1.0	6.4	−1.8	0.9	3.8	−0.1	1.4	3.0	2.3	1.5	3.4
1991	3.8	2.1	6.3	1.3	1.0	3.9	1.0	1.9	2.8	3.1	1.3	4.4
1992	10.3	0.8	8.0	5.5	0.6	4.2	8.7	1.1	4.0	5.5	1.1	5.4
1993	8.9	0.4	10.1	6.4	0.2	5.6	8.1	1.0	5.5	6.5	0.8	5.5
1994	5.1	1.1	10.7	3.1	1.3	5.7	4.2	1.6	6.6	4.8	0.9	5.7
1995	4.0	0.5	10.2	2.8	0.7	4.7	4.8	1.0	6.6	4.3	0.9	5.3
1996	3.2	0.1	8.9	5.7	0.2	4.2	5.2	0.7	6.6	3.9	0.5	6.1
1997	3.6	0.5	7.6	4.4	1.3	3.6	4.0	1.1	6.1	3.5	0.6	5.7
1998	5.4	−2.0	7.2	8.8	−4.3	3.9	3.9	−1.4	6.0	3.8	−0.7	6.4
1999	3.5	0.0	6.5	5.5	−1.1	3.6	2.2	0.4	5.5	2.2	−0.1	5.9
2000	4.2	0.3	6.2	5.1	−0.5	4.1	2.7	0.6	5.5	2.8	0.2	5.8
2001	3.5	0.6	6.1	4.6	0.0	4.5	4.1	−0.5	5.4	2.3	0.0	6.7
2002	3.6	1.5	6.5	4.7	0.5	4.9	3.9	0.3	5.7	2.7	0.8	6.9
2003	4.2	1.7	7.5	5.5	−0.2	5.6	3.5	0.8	6.6	2.4	0.7	8.5
2004	4.7	1.7	8.0	3.2	1.9	7.3	4.2	0.8	7.9	2.8	0.7	9.5
2005	1.9	2.1	9.1	2.0	0.2	9.9	2.4	0.9	9.3	1.6	1.0	10.6
2006	3.2	1.9	9.0	1.4	0.7	11.4	1.9	0.8	10.4	1.6	0.9	10.8

续表

年份\指标	东部			东北			中部			西部		
	tfp	l	k	tfp	l	k	tfp	l	k	tfp	l	k
2007	3.9	1.8	8.7	1.7	0.6	11.8	2.5	0.8	11.0	2.3	0.9	11.4
2008	1.9	1.7	7.5	0.9	0.9	11.5	1.2	0.9	10.2	0.8	1.0	10.6
2009	0.9	1.9	8.0	0.5	1.7	10.5	-0.1	1.4	10.6	0.8	1.1	11.6
2010	3.4	1.3	7.7	1.6	1.8	10.4	2.1	1.7	10.4	2.1	1.7	10.4
2011	3.1	0.2	7.1	3.0	0.2	9.4	3.1	0.3	9.4	3.1	0.3	9.4
2012	2.5	0.2	6.5	1.4	0.2	8.5	2.3	0.2	8.5	2.3	0.2	8.5
2013	2.9	1.2	8.3	0.9	1.6	11.2	1.4	1.5	11.0	-0.2	1.3	13.2

3. 稳健性检验

如前文所言,劳动收入份额与折旧率有不同的测算口径或选取标准,而选择不同口径的劳动收入份额或不同标准的折旧率,可能会对测算结果有一定影响。为检验本文得到的结论是否具有稳健性,我们同时测算了在不同的劳动收入份额及折旧率水平时的中国经济增长来源。劳动收入份额共有两种口径,折旧率共有四种选择,结合起来一共有 8 种方案,其中方案 1~方案 4 的劳动收入份额口径为"要素法劳动收入份额",折旧率分别为 10.96%、4%、7% 与 9.6%,方案 5~方案 8 的劳动收入份额口径为"GDP劳动收入份额",折旧率分别为 10.96%、4%、7% 与 9.6%。尽管方案 1 的测算结果已在上文汇报过,但为了与其他方案的测算结果作比较,这里依旧列出。

图 4~图 9 展示了各年份全国 TFP、劳动投入及资本投入对经济增长的贡献及贡献份额。可以看出,无论是采取哪种方案,各分项来源的贡献与贡献份额变化趋势都基本一致。在大多数年份里,各分项来源的贡献与贡献份额对折旧率水平的变化并不敏感,劳动收入份额口径的变化虽然对各分项来源的贡献与贡献份额有一定影响,影响程度也非常小。对于四大经济区域,情况也是如此①。

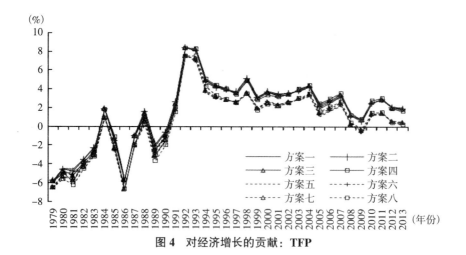

图 4 对经济增长的贡献:TFP

---

① 限于篇幅,这里未列出相关结果。

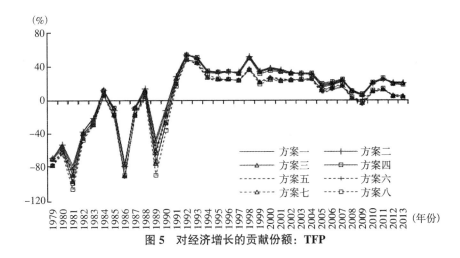

图5 对经济增长的贡献份额：TFP

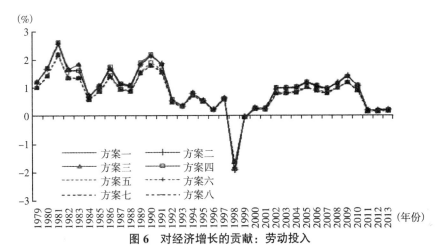

图6 对经济增长的贡献：劳动投入

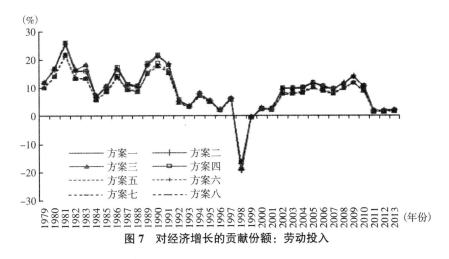

图7 对经济增长的贡献份额：劳动投入

表4则汇报了全国及各经济区域1978~2013年的产出增长、TFP贡献与贡献份额、劳动投入贡献与贡献份额、资本投入贡献与贡献份额的累计值。可以看出，折旧率水平的变化对测算结果的影响也非常小。劳动收入份额口径的变化对各分项来源的贡献与贡献份额的影响相对较大，相对于采用"要素法劳动收入份额"测算的结果，采用"GDP劳动收入份额"测算的TFP贡献份额大约下降了10个百分点，劳动投入贡献份额下降了1个百分点左右，资本投入贡献份额相应上升10个百分点左右。但这些变化幅度同样不影响本文的结论，整体来看，本文得到的结论较为稳健。

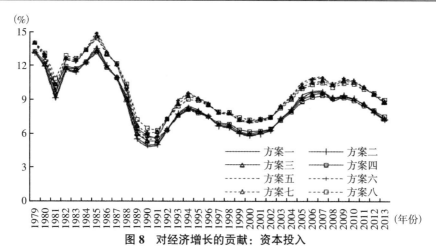

图 8 对经济增长的贡献：资本投入

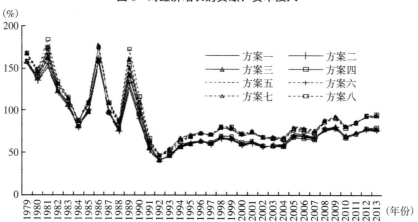

图 9 对经济增长的贡献份额：资本投入

表 4 全国四大经济区域经济增长来源：1978~2013 年累计值

地区	方案	对经济增长的贡献（倍）				对经济增长的贡献份额（%）				地区	方案	对经济增长的贡献（倍）				对经济增长的贡献份额（%）			
		$\dot{y}$	tfp	l	k	$\dot{y}$	tfp	l	k			$\dot{y}$	tfp	l	k	$\dot{y}$	tfp	l	k
全国[a]	方案一	36.8	7.9	2.7	26.1	100	21.6	7.5	71.0	全国[b]	方案一	25.1	5.4	1.9	17.8	100	21.6	7.5	71.0
	方案二	36.8	7.9	2.8	26.2	100	21.4	7.5	71.1		方案二	25.1	5.4	1.9	17.8	100	21.4	7.5	71.1
	方案三	36.8	7.9	2.8	26.2	100	21.4	7.5	71.1		方案三	25.1	5.4	1.9	17.8	100	21.4	7.5	71.1
	方案四	36.8	7.9	2.8	26.1	100	21.6	7.6	70.9		方案四	25.1	5.4	1.9	17.8	100	21.6	7.6	70.9
	方案五	36.8	4.3	2.3	30.2	100	11.7	6.2	82.1		方案五	25.1	2.9	1.6	20.6	100	11.7	6.2	82.1
	方案六	36.8	4.2	2.3	30.3	100	11.4	6.2	82.4		方案六	25.1	2.9	1.6	20.7	100	11.4	6.2	82.4
	方案七	36.8	4.4	2.3	30.1	100	11.8	6.3	81.9		方案七	25.1	3.0	1.6	20.5	100	11.8	6.3	81.9
	方案八	36.8	4.5	2.4	30.0	100	12.1	6.5	81.4		方案八	25.1	3.0	1.6	20.4	100	12.1	6.5	81.4
东部	方案一	46.0	11.5	3.9	30.6	100	25.0	8.6	66.5	东北	方案一	23.4	4.3	1.2	17.9	100	18.4	5.3	76.3
	方案二	46.0	11.3	4.0	30.7	100	24.6	8.6	66.7		方案二	23.4	4.3	1.2	17.9	100	18.4	5.3	76.3
	方案三	46.0	11.2	4.0	30.8	100	24.4	8.7	66.9		方案三	23.4	4.4	1.2	17.7	100	19.0	5.2	75.8
	方案四	46.0	11.1	4.0	30.9	100	24.1	8.8	67.1		方案四	23.4	4.2	1.2	18.0	100	17.9	5.2	76.9
	方案五	46.0	7.5	3.3	35.2	100	16.3	7.1	76.6		方案五	23.4	1.9	1.0	20.4	100	8.3	4.4	87.3
	方案六	46.0	7.3	3.3	35.4	100	15.8	7.2	77.1		方案六	23.4	2.0	1.0	20.4	100	8.6	4.4	87.1
	方案七	46.0	7.3	3.3	35.3	100	15.9	7.3	76.8		方案七	23.4	2.1	1.0	20.3	100	9.1	4.3	86.6
	方案八	46.0	7.2	3.4	35.3	100	15.8	7.4	76.8		方案八	23.4	2.2	1.0	20.2	100	9.4	4.4	86.2

续表

指标地区	方案	对经济增长的贡献（倍）				对经济增长的贡献份额（%）				指标地区	方案	对经济增长的贡献（倍）				对经济增长的贡献份额（%）			
		ẏ	tfp	l	k	ẏ	tfp	l	k			ẏ	tfp	l	k	ẏ	tfp	l	k
中部	方案一	31.4	6.4	2.0	23.0	100	20.3	6.4	73.2	西部	方案一	31.6	4.6	1.9	25.0	100	14.6	6.1	79.3
	方案二	31.4	6.4	2.0	23.0	100	20.2	6.4	73.3		方案二	31.6	4.6	1.9	25.0	100	14.6	6.1	79.3
	方案三	31.4	6.4	2.0	23.0	100	20.3	6.4	73.3		方案三	31.6	4.7	1.9	24.9	100	15.0	6.1	78.9
	方案四	31.4	6.7	2.0	22.6	100	21.4	6.5	72.1		方案四	31.6	5.2	1.9	24.5	100	16.3	6.1	77.6
	方案五	31.4	3.0	1.7	26.7	100	9.6	5.4	85.0		方案五	31.6	0.6	1.6	29.4	100	1.8	5.2	93.0
	方案六	31.4	3.0	1.7	26.7	100	9.6	5.4	85.0		方案六	31.6	0.5	1.6	29.4	100	1.6	5.2	93.2
	方案七	31.4	3.3	1.7	26.4	100	10.5	5.4	84.1		方案七	31.6	0.8	1.6	29.1	100	2.6	5.2	92.2
	方案八	31.4	3.6	1.8	26.0	100	11.5	5.6	82.9		方案八	31.6	1.1	1.7	28.8	100	3.6	5.3	91.2

注：a. 利用各省市 GRP 加总后计算的结果；b. 为国家统计局调整后公布的全国 GDP 增长率。

五、结论及研究方向

本文对 Fukuyama 和 Weber（2009）提出的 SBI 方法进行改进，推导出该方法目标函数中产出与投入分项效率损失值权重的选取标准，并在此基础上构建了一个新的经济增长非参数核算方法。依据此方法，本文测算了 1978~2013 年全国及四大经济区域的经济增长来源，并探讨造成地区增长差异的原因。主要发现如下：生产要素尤其是资本投入是中国及各区域经济增长的主要来源，而且近年来经济增长对资本的依赖性有进一步强化的趋势；在很长一段时间，东北、中部与西部地区经济增速落后于东部地区，而 TFP 及要素投入都是造成地区经济增速差异的重要原因；尽管近年来东北、中部与西部地区相对于东部地区的经济增速差距已缩小甚至实现了对后者的"赶超"，但主要得益于其他地区要素投入贡献的快速提高，与此同时，其他地区的 TFP 贡献仍显著低于东部地区，而且差距有扩大趋势。

从 20 世纪 90 年代初到 21 世纪初的十多年内，TFP 对中国经济增长的贡献尽管低于资本贡献，但仍基本超过 30%，这表明，全要素生产率的进步是中国经济增长的重要推动力之一。同时我们也应该注意到，中国经济对资本的依赖性很高且越来越强。2008~2013 年，资本对中国经济增长的贡献高达70%~80%；即便是不考虑国际金融危机的影响，2005~2007 年，资本对中国经济增长的贡献份额也达到 70% 左右。在当前经济形势持续困难的背景下，关于新一轮刺激政策的讨论再度升温。如何平衡好经济增长速度与经济增长效益之间的关系，确实是我们需要认真思考，而且可能是需要长期面对的问题之一。考虑到东北、中部与西部地区 TFP 对经济增长的贡献较低，如何充分利用东部地区的先进生产技术，促进这些地区的 TFP 进步，对这些地区乃至全国未来的经济增长都至关重要。根据目前的研究，可采取的措施包括发挥地区比较优势、促进劳动力流动、提升市场化程度与城市化率、推动产业集聚、推进非国有化改革、引进先进技术等。

尽管本文所得到的结论与之前的研究并无明显差异，但本文提供了一个新的可供测算经济增长来源的非参数核算方法。本文的不足主要有两个方面：一方面，非参数方法可以用于进行多投入多产出的生产率核算，目前已有部分研究在 TFP 测算或经济增长分解时纳入了环境因素，而本文并未考虑环境因素。另一方面，传统非参数方法无须设定规模报酬形式，只需"选择"规模报酬不变或规模报酬可变两者之一即可，而本文在计算生产单元要素投入充分利用时的最佳产出值［式（8）］时设定了规模报酬不变条件，这在一定程度上限制了本文方法的适用范围。如何将环境因素纳入以及将此方法推广至规模报酬可变情形，是我们进一步研究的方向。

〔参考文献〕

［1］Dong Minjie and Liang Yongmei, 2013, "A Non-Parameter Decomposition Framework that Better Estimates Contributors to China's Economic Growth (1978-2010)", *China Economist*, Volume 8, Number 5: 32-47.

［2］Liang Yongmei and Dong Minjie, 2012, "A Non-Parameter Decomposition Framework that Better Estimates Contributors to China's Economic Growth (1952-2008)", *Economic Research Journal Working Paper*, No.WP272.

［3］Ao, Xiang and Lilyan Fulginiti, 2005, "Productivity Growth in China: Evidence from Chinese Provinces", EconWPA Development and Comp Systems Series, No. 0502024.

［4］Akther, Syed, Hirofumi Fukuyama and William L. Weber, 2013, "Estimating Two-stage Network Slacks-based Inefficiency: An Application to Bangladesh Banking", *Omega*, 41 (1), pp. 88-96.

［5］Bosworth, Barry and Susan M. Collins, 2007, "Accounting for Growth: Comparing China and India", NBER Working Paper, No. 12943.

［6］Chow, G. and A. Lin, 2002, "Accounting for Economic Growth in Taiwan and Mainland China: A Comparative Analysis", *Journal of Comparative Economics*, 30 (3), pp. 507-530.

［7］Chow, G., 2008, "Note: Another Look at the Rate of Increase in TFP in China", *Journal of Chinese Economic and Business Studies*, 6 (2), pp. 219-224.

［8］Färe, Rolf and Shawna Grosskopf, 2010, "Directional Distance Functions and Slacks-based Measures of Efficiency", *European Journal of Operation Research*, 200 (1), pp. 320-322.

［9］Fukuyama, Hirofumi and William L. Weber, 2009, "A Directional Slacks-based Measure of Technical Inefficiency", *Socio-Economic Planning Science*, 43 (4), pp. 274-287.

［10］Hall, Robert E. and Charles I. Joens, 1999, "Why Do Some Countries Produce So Much More Output Per Worker Than Others", *The Quarterly Journal of Economics*, 114 (1), pp. 83-116.

［11］Hu, Zuliu and Mohsin S. Khan, 1997, "Why Is China Growing So Fast?", *IMF Economic issues*, No. 8.

［12］Kumar, Subodh and R. Robert Russell, 2002, "Technological Change, Technological Catch-up, and Capital Deepening: Relative Contributions to Growth and Convergence", *American Economic Review*, 92 (3), pp. 527-548.

［13］Li, Kui-Wai and Tung Liu, 2011, "Economic and Productivity Growth Decomposition: An Application to Post-reform China", *Economic Modelling*, 28 (1-2), pp. 366-373.

［14］Perkins, D. and T. Rawski, 2008, "Forecasting China's Economic Growth to 2025", in Brandt, L. and T. Rawski (eds.), *China's Great Economic Transformation*, Cambridge and New York: Cambridge University Press, pp. 829-866.

［15］Tone K., 2001, "A Slacks-Based Measure of Efficiency in Data Envelopment Analysis", *European Journal of Operation Research*, 130 (9), pp. 498-509.

［16］Tone, K. 2002, "A Slacks-Based Measure of Super-Efficiency in Data Envelopment Analysis", *European Journal of Operation Research*, 143 (1), pp. 32-41.

［17］Tone K. and Miki Tsutsui, 2010, "Dynamic DEA: A slacks-Based Measure Approach", *Omega*, 38 (3-4), pp. 145-156.

［18］Unel, Bulent and Harm Zebregs, 2006, "The Dynamics of Provincial Growth in China: A Nonparametric Approach", IMF Working Paper, WP/06/55.

［19］Wang, Y. and Y. Yao, 2003, "Sources of China's Economic Growth 1952-1999: Incorporating Human Capital Accumulation", *China Economic Review*, 14 (1), pp. 32-52.

［20］Wang, Zijian and Wei, Jiegen, 2004, "The Sources of China's Economic Growth: 1952-1998", Working Paper

Series，available at http：//papers.ssrn.com/sol3/papers.cfm? abstract_id=628202.

[21] Wu，Yanrui，2003，"Has Productivity Contributed to China's Growth？" *China Economic Review*，8（15），pp. 15-30.

（本文发表在《世界经济》2015 年第 11 期）

技术进步对通货紧缩预期的影响

王秀丽　贺　俊

摘　要： 以生产的自动化、数字化、智能化为核心特征的新一轮技术革命将对企业的成本结构，进而对产品价格水平产生深刻的影响。那么，新一轮技术革命在促进生产效率大幅提升的同时，如何影响价格水平以及是否会导致通货紧缩呢？本文使用 DSGE 模型模拟研究发现：技术进步通过产出效应、收入效应等从供给和需求两侧影响商品价格，但宏观模型的模拟结果显示，技术进步对通货紧缩的总体影响有限；静态地看，以自动化、智能化为特征的新一轮技术革命会通过替代劳动、提高生产效率降低工业产品的价格，从而可能带来成本下降导致的通货紧缩；但如果考虑到技术革命的新部门创造效应，则技术进步同时会驱动经济增长并创造新的需求，从而抵消成本下降效应。技术进步的"净"效应取决于一国是否能够有效促进新型生产方式的扩散，是否能够创造新兴的产业部门。

关键词： 技术进步；DSGE 模型；通货紧缩

截至 2015 年 9 月，工业生产者出厂价格指数（PPI）连续 44 个月负增长，且下降幅度越来越大，业界一度认为经济进入"通货紧缩，至少是'潜在'通货紧缩"状态（殷剑锋，2015）。尽管对于我国是否已经进入通货紧缩状态尚有争论（张超，2015；卢峰，2015；郑联盛，2015），但各界对价格下降"自我强化作用"将导致经济锁定于萧条状态的担忧日益加剧。20 世纪 30 年代大萧条之后，世界各国中央银行实施的货币扩张的政策，让通货紧缩一度远离大家的视野；如今，随着价格持续不断地下降，通货紧缩再度成为热议的对象。中央银行一向视币值稳定为首要和最终目标，作为币值稳定的反面，与通货膨胀一样，通货紧缩被视为币值不稳定的一种表现，而被宏观经济学界和中央银行所关注。然而，通货紧缩是不是需要治理并不存在定论（巴格斯，2015）。

历史上很多的案例显示，通货紧缩经常与经济衰退相伴而生，而通货紧缩导致的收入分配效应使得债务人负担加重，同时，由此导致的银行惜贷也往往成为经济衰退的助推器。然而，通货紧缩是一种结果而非原因，不同的原因造成的通货紧缩及预期对经济增长的影响差异较大，政府的应对措施也应有所不同。而当前以新工业革命为代表的技术进步，已经并将持续提高工业生产的效率；与此同时，随着大数据、智能制造、移动互联和云计算在制造业和商业中的推广，生产的组织模式、商业模式也在发生变革，网络经济、平台经济逐渐兴起，借此打破时间和空间的局限，扩大生产者的销售范围。数据显示，1978 年以不变价度量的全员劳动生产率不足 5000 元/人，而 2015 年该数字近 7.7 万元/人，38 年增长 15 倍（见图 1）。

[基金项目] 国家自然科学基金应急管理项目"技术创新发展对通货紧缩预期的影响研究"（7154100026）。

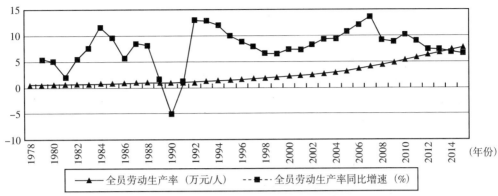

图1 全员劳动生产率及同比增速

资料来源：国家统计局。

随着生产效率的不断提高和市场范围的持续扩大，供给不断提高，势必引起价格的持续下降，然而，技术进步对通货紧缩的影响的效果究竟如何，目前鲜有文献进行系统探讨。

历史上，受货币中性假设的影响，古典主义学派围绕技术进步的探讨限制在实际变量（如产出、就业）的影响上，鲜有对价格等短期因素影响的研究，技术进步与价格关系研究成为边缘课题。而20世纪30年代之后兴起的凯恩斯学派，加剧了技术进步对短期影响研究的边缘化状态，形成了"长短期二分法"的研究现象。凯恩斯主义认为由于边际消费倾向递减、投资的预期回报率递减以及流动性陷阱的存在，产品市场、货币市场、资本市场常常处在非出清状态，短期的刺激政策有助于经济恢复到潜在生产力水平上，故而为积极的财政政策提供理论支持。希克斯在凯恩斯基础上，建立了IS-LM模型，使得短期波动研究得以量化。其货币市场和商品市场均衡模型如下：

$$\frac{M}{P} = L(i, Y)$$

$$Y = C(Y-T) + I(i-\pi^e) + G$$

奥肯实证研究发现，当失业率下降1%，产出就增长3%，这种失业率与产出之间的稳定关系，被称为奥肯定律。菲利普斯将这种关系拓展至价格和失业的关系，形成了新凯恩斯主义的总供给模型：$\pi_t = a_3 E_t \pi_{t+1} + a_4 y_t + v_{2t}$，进一步完善了凯恩斯主义的宏观分析框架。后来为了解释20世纪70年代出现在西方发达国家的滞胀状态，凯恩斯主义学派提出了加速通货膨胀的菲利普斯曲线，以弥补凯恩斯主义在解释现实时的不足。

20世纪60年代，凯恩斯主义理论面临理论层面和实践层面的双重挑战。理论上，首先，弗里德曼的永久收入假说逐渐取代凯恩斯的暂时性收入假说，成为消费决定理论的分析基础，根本上动摇了凯恩斯消费不足假说。其次，Lucas指出，基于凯恩斯的国民收入决定理论得出很多参数，如乘数—加速数、弹性等是不稳定的，这些参数受深层次参数的影响，缺乏微观基础而沦为纯粹美学考量。来自实践层面的压力更为迫切，20世纪70年代，西方国家出现普遍的滞胀状态，即失业率和通货膨胀双双高起，总供给模型（即菲利普斯曲线）失效。

这期间普兰斯科特和基德兰德（Prescott and Kydland, 1972）以新古典增长模型为核心，利用动态随机一般均衡方法（DSGE）模拟了技术进步对实际变量的关系，进而指出实际中观测到的波动是由于技术进步引起，由于劳动的跨期替代效应和建筑周期等因素导致产出、消费等调整而呈现出来的，被称为真实经济周期研究，核心的思想是经济中的波动是由经济中的真实因素引起的，挑战了凯恩斯以名义变量为主的经济周期研究，同时打破了古典主义"长短期二分法"的传统。RBC模型的核心假定为：

$$\max \quad \sum \beta^t U(C_t, N_t)$$

模型假定经济体中存在无数个无限期存在的家庭。在任何时间点上，每个家庭需要权衡消费 C_t 和闲暇 N_t 以满足期望效用最大化，其中瞬时效用函数满足无餍足性 $U'(X_t)>0$ 和边际效用递减性 $U''(X_t)<0$。本文假设瞬时效用函数为 $U=\log C_t+\varphi\log N_t$，$\beta$ 是主观折现率，是 [0，1] 上的常数，β 越高，意味着家庭对未来消费的权重越高，越倾向于减少消费，增加投资；反之亦然。家庭的生产消费行为受当前的生产水平 $Y_t=f(A_t，K_t，L_t)$、资本积累水平 $K_{t+1}=(1-\delta)K_t+I_t$ 约束，所以家庭需要在闲暇还是劳动 $L_t+N_t=1$，消费还是投资中做出选择。其中，Y_t 为当期产出，L_t 为当期劳动投入，K_t 为当期资本投入，δ 为资本折旧率，I_t 为当期投资。$Y_t=f(A_t，K_t，L_t)$ 模型使用常见的 C-D 生产函数 $f(K，L)=AK^\alpha L^{1-\alpha}$。

当凯恩斯主义者将价格黏性和工资黏性加入上述模型后，发现模型的解释范围得以扩大，也为研究技术进步与价格之间的关系提供了研究框架，故本文使用新凯恩斯框架下的 DSGE 模型展开对技术进步与价格之间关系的模拟研究。

一、模型描述

模型以真实经济周期理论模型为核心，添加了商品市场和劳动力市场的不完全竞争特征，同时结合目前中国的金融结构特征，添加了伯南克的金融加速器模型，以模拟技术冲击下通货紧缩的发生机理。

（一）技术水平和生产条件

假定生产中间产品的企业是垄断竞争行业，服从 C-D 生产函数，形式如下：

$$Y_{jt}=A_t K_{jt}^\alpha L_{jt}^{1-\alpha} \tag{1}$$

其中，$0<\alpha<1$。L_{jt} 和 K_{jt} 分别表示 t 期生产第 j 个中间产品时所使用的劳动和资本。假设在稳态条件下，各行业的利润趋于均等，超额利润为 0。α 表示稳态条件下超额利润为 0 所对应的阈值。对于垄断竞争厂商而言，假设企业依据成本最小化原则组织生产，即：

$$\min \quad R_t W_t L_{jt}+R_t^k K_{jt}$$

根据一阶条件可得边际成本为：

$$s_t=\left(\frac{1}{1-\alpha}\right)^{1-\alpha}\left(\frac{1}{\alpha}\right)^\alpha (R_t^k)^\alpha (R_t W_t)^{1-\alpha} \tag{2}$$

零售商出售的最终产品是一个混合品，包括众多的商品，众多的商品以不变替代弹性的生产函数确定：

$$Y_t=\left[\int_0^1 Y_{jt}^{\frac{1}{\lambda_t}}dj\right]^{\lambda_t} \tag{3}$$

其中，$1\leqslant\lambda_f<\infty$，$Y_t$ 为 t 期最终产品，Y_{jt} 表示 t 期中间产品 j 的投入数量。P_t 和 P_{jt} 分别表示 t 期最终产品和中间产品 j 的价格。假设产品的边际收益等于平均价格，且零售商面临的商品市场是完全竞争的，其利润最大化行为为 $P_t Y_t-\int_0^1 P_{jt}Y_{jt}dj$，约束为式（3）。于是，可得中间产品需求函数：

$$\left(\frac{P_t}{P_{jt}}\right)^{\frac{\lambda_t}{\lambda_t-1}}=\frac{Y_{jt}}{Y_t} \tag{4}$$

同时，可得到中间产品价格和最终产品价格的关系式如下：

$$P_t = \left[\int_0^1 P_{jt}^{\frac{1}{1-\lambda_f}} dj \right]^{(1-\lambda_f)} \tag{5}$$

本文接受新凯恩斯主义对菜单成本的假定，由于菜单成本的存在，价格的设定并不是随着市场供需变化而改变，而是存在一定程度黏性。1983 年，Calvo 提出一个用于理论分析的黏性价格模型，该理论模型在实证研究和理论研究上构建了一个桥梁，为 DSGE 建模提供了理论依据。模型设定时假定生产企业在 t 期调整价格的概率为（$1-\xi_p$），而未进行价格调整的生产企业其价格由以下规则决定：$P_{j,t} = \pi_{t-1} P_{j,t-1}$，其中 π_{t-1} 为上期通胀指数。假设企业 j 的边际成本等于平均成本，生产企业在式（4）约束下选择利润最大化：

$$E_{t-1} \sum_{l=0}^{\infty} (\beta\xi_p)^l [\tilde{P}_t X_{tl} - s_{t+1} P_{t+1}] Y_{j,t+1}$$

其中，$X_{tl} = \sum_{i=1}^{l} \pi_{t-i}$，据一阶条件可得：

$$E_{t-1} \sum_{l=0}^{\infty} (\beta\xi_p)^l [\tilde{P}_t X_{tl} - \lambda_f s_{t+1} P_{t+1}] Y_{j,t+1} = 0 \tag{6}$$

对于生产企业而言，假定技术进步 A_t 是一个外生变量，令 $a_t = \ln A_t - \ln A$，其中 A 为稳态时的技术进步水平，假设技术进步冲击的演化路径服从 AR（1）过程：

$$a_t = \rho_a a_{t-1} + \varepsilon_t^a$$

（二）家庭行为与劳动力市场

假定经济体中存在无数个家庭，家庭在时间上是延续不断的。在任何时间点上，每个家庭需要选择工作时间 h_t、消费 C_t 以及资产组合以满足期望效用最大化。对家庭而言，消费、闲暇以及手持现金都能带来效用；但是闲暇的增加将导致工作时间的减少，工作时间的减少将导致劳动资本的减少，进而导致收入的减少；收入减少后，导致消费的减少。所以，家庭在选择劳动和闲暇实际上是选择闲暇还是消费，由于消费函数是凹函数，这意味着消费和闲暇的边际效用随着本身的增加是递减的，也意味着二者之间存在一个最优解，使得效用达到最大化。需要强调的是，对于家庭而言，工资的外生性，导致家庭选择是局部最优的。本文采用 MIU（Money In Utility）设计货币，意味着持有货币会带来效用。现实中对应的含义是现金的交易便利性是无法取代的。然而，相对于其他资产而言，手持现金没有利息，而利息损失意味着收入减少，进而减少消费，所以权衡资产的持有形式，实际是在消费和手持现金中做选择，而基于边际效用递减规律，消费和持有的现金存在此消彼长的替代关系。本文假设资产的持有形式除了现金之外只有银行存款 D_{t+1}。

$$E_t^j \sum_{l=0}^{\infty} \beta^l [\ln(C_{t+1}) + \varsigma\ln(M_{t+1}/P_{t+1}) + \xi\ln(1-h_{t+1})] \tag{7}$$

β 为主观折现率，M_{t+1}/P_{t+1} 为现金，M_{t+1}/P_{t+1} 是指现金的实际购买力。约束条件为：

$$C_t = W_t h_t - T_t + \Pi_t + R_t D_t - D_{t+1} + (M_{t-1} - M_t)/P_t \tag{8}$$

其中，$R_t = 1 + i_t$，i_t 为存款利率，P_t 表示价格，Π_t 零售商分配的利润，T_t 政府征收的税收，D_t 是居民的上一期存款。

根据家庭最优化行为的一阶条件可得：

$$\frac{1}{C_t} = E_t \left\{ \left[\beta\frac{1}{C_{t+1}} \right] R_{t+1} \right\} \tag{9}$$

$$\frac{W_t}{C_t} = \xi \frac{1}{1-h_t} \tag{10}$$

$$\frac{W_t}{P_t} = E_t \left\{ \varsigma C_t \left(1 - \frac{1}{R_{t+1}^n} \right)^{-1} \right\} \tag{11}$$

其中，$R_{t+1}^n = R_{t+1} P_{t+1} / P_t$ 为名义利率，R_{t+1} 为实际利率。本文假定不存在存款准备金制，于是 $D_t = B_t$，其中 B_t 为银行贷款。

假设劳动的边际收益等于平均工资，劳动力市场最优化的目标函数和约束如下：

$$\max \quad W_t H_t - \int_0^1 W_{jt} h_{jt}\, dj$$

$$\text{s.t.} \quad H_t = \left[\int_0^1 h_{jt}^{\frac{1}{\lambda_w}}\, dj \right]^{\lambda_w} \tag{12}$$

其中，$1 \leqslant \lambda_w < \infty$，$W_t$ 和 W_{jt} 分别表示家庭 k 在 t 期最终劳动和中间劳动的工资。可得劳动力需求函数为：

$$\left(\frac{W_t}{W_{jt}} \right)^{\frac{\lambda_w}{\lambda_w - 1}} = \frac{h_{jt}}{H_t} \tag{13}$$

对式（13）积分并将式（12）代入可得工资指数和差别化的工资之间的关系：

$$W_t = \left[\int_0^1 W_{jt}^{\frac{1}{1-\lambda_w}}\, dj \right]^{(1-\lambda_w)} \tag{14}$$

20 世纪 80 年代之前，经济学家对于工资—价格机制的研究主要集中在实证研究领域，在实证研究中，对工资—价格机制的主要实证特征已取得"一致意见"，认为考虑价格通胀效应的菲利普斯曲线可以用来解释工资形成机制。1983 年，卡罗（Calvo）提出一个用于理论分析的模型，该理论模型在实证研究和理论研究之间构建了一道桥梁，为 DSGE 建模提供了理论依据。本文依据卡罗所使用的方法，假定在 t 期调整工资的概率为 $(1-\xi_w)$，而未调整工资者其工资的设定由以下规则决定：$W_{j,t} = \pi_{t-1} W_{j,t-1}$，其中 π_{t-1} 为上期通胀指数。

假设家庭 j 的边际成本等于平均工资，在整个生命周期内，家庭将在式（7）约束下选择其最优化工资 $\widetilde{W}_t$，其最优化行为可表示为：

$$E_t^j \sum_{l=0}^{\infty} (\xi_w \beta)^l (\lambda_{2,t+l} \widetilde{W}_{j,t} X_{tl} - z'(h_{t+l}))$$

其中，$X_{tl} = \prod_{i=1}^{l} \pi_{t-i}$，$z'(h_{t+l}) = \xi \frac{1}{1-h_t}$，$\lambda_{2,t+l} = 1/C_t$。于是可得关于 $\widetilde{W}_t$ 的一阶条件：

$$E_t^j \sum_{l=0}^{\infty} (\xi_w \beta)^l h_{j,t+l} (\lambda_{2,t+l} \widetilde{W}_{j,t} X_{tl} - \lambda_w z'(h_{t+l})) = 0 \tag{15}$$

（三）资本品的生产与资本的需求函数

假定市场上存在着大量的、同质的资本生产商，他们将价格视为给定。资本生产商使用上期的资本 K_t 和投资 I_t 生产下期使用的资本 K_{t+1}。由于资本的使用，上期资本物理损耗为 δK_t。资本量的演化公式为：

$$K_{t+1} = \Phi \left(\frac{I_t}{K_t} \right) K_t + (1-\delta) K_t \tag{16}$$

资本生产商的利润可由以下模型表示：

$$\Pi_t^k = Q_t \left[\Phi\left(\frac{I_t}{K_t} \right) K_t + (1-\delta) K_t \right] - Q_{t-1}(1-\delta) K_t - I_t \tag{17}$$

对 I_t 求最优化的一阶条件得：

$$Q_t = \left[\Phi'\left(\frac{I_t}{K_t} \right) \right]^{-1} \tag{18}$$

资本需求方程式则与预期资本回报率和预期资本价格变动有关。$\frac{\alpha Y_{t+1}}{K_{t+1}}$ 是在商品生产商最优化行为下得到资本回报率；$\frac{1}{X_{t+1}}$ 是价格调整指数，由于价格黏性的存在，实际价格与完全竞争下的价格存在差异，X_{t+1} 是由于垄断存在而导致的价格差异；R_{t+1}^k 是资本的需求价格。

$$E\{ R_{t+1}^k \} = E\left\{ \frac{\frac{1}{X_{t+1}} \frac{\alpha Y_{t+1}}{K_{t+1}} + Q_{t+1}(1-\delta)}{Q_t} \right\} \tag{19}$$

在资本价格不变的条件下，资本回报率越高，资本需求越旺盛，资本需求价格越高；而在预期资本回报率不变的前提下，预期的资本价格越高，资本的需求也越旺盛，资本的需求价格越高。

（四）金融加速器与资本的供给函数

假定市场上存在大量的套利企业。这里的套利企业特指介于银行与生产企业之间满足双方资金供求的企业，套利企业是为了分离企业的风险而存在的。由于净资产的不同，不同套利企业所面临的融资环境是异质性的。假定每个时期都有 $(1-\gamma)$ 的企业因盈利能力不足而退出市场。为了分析的便利，这里沿用 BGG 模型的假定，市场上的套利企业总数不变，有多少退出市场的套利企业，就同时会有相同数目的套利企业进入市场。由于市场存在不确定性，对于套利企业 j 而言其盈利服从一个分布函数。套利企业和银行双方需要订立合约以确定在各种情况下双方的责任和义务。

对于净资产为 N_{t+1}^j 的套利企业 j 而言，在 t 期决定购买 K_{t+1}^j 的资本，资本的市场价格为 Q_t，该套利企业需要融资的额度 B_{t+1}^j 由以下恒等式决定：

$$B_{t+1}^j = Q_t K_{t+1}^j - N_{t+1}^j \tag{20}$$

假定市场的资本回率为确定性的，银行和套利企业 j 面临的不确定性来自套利企业的盈利能力。需要区分市场的资本回报率和单个套利企业的市场回报率，假定市场的资本回报率为 R_{t+1}^k，而套利企业的资本回报率为 $\omega^j R_{t+1}^k$。ω^j 服从以下两个条件：其一，ω^j 服从均值为 1 的分布函数 $F(\omega)$，ω^j 和 R_{t+1}^k 是独立的，即市场的资本回报率和单个套利企业的资本回报率是独立的；其二，$F(\omega)$ 是定义在 $[0, \infty)$ 的分布函数，满足 $\frac{\partial(\omega h(\omega))}{\partial \omega} > 0$，其中 $h(\omega) = \frac{dF(\omega)}{1-F(\omega)}$。

银行和套利企业达成如下协议：对套利企业设定一个临界值 $\bar{\omega}^j$，当套利企业的 ω^j 大于或等于 $\bar{\omega}^j$ 时，在 t 期末，银行所获得利润为 $\bar{\omega}_{t+1}^j R_{t+1}^k Q_t K_{t+1}^j = Z_{t+1}^j B_{t+1}^j$，套利企业所得为 $(\omega_{t+1}^j - \bar{\omega}_{t+1}^j) R_{t+1}^k Q_t K_{t+1}^j$；当套利企业的 ω^j 小于时 $\bar{\omega}^j$，银行获得 $(1-\mu) \omega_{t+1}^j R_{t+1}^k Q_t K_{t+1}^j$，其中 μ 为监管费用系数，$\mu \omega_{t+1}^j R_{t+1}^k Q_t K_{t+1}^j$ 是银行所付出的监管费用，套利企业什么都不得，在当期消费掉其净资产后退出资本市场。

对于处在完全竞争市场上的银行来说，其所获得的收益等于其机会成本，暗含的假定为：

$$[1-F(\bar{\omega}_{t+1}^j)] Z_{t+1}^j B_{t+1}^j + (1-\mu) \int_0^{\bar{\omega}_{t+1}^j} \omega dF(\omega) R_{t+1}^k Q_t K_{t+1}^j = R_{t+1} B_{t+1}^j \tag{21}$$

将式（16）和 $\bar{\omega}_{t+1}^j R_{t+1}^k Q_t K_{t+1}^j = Z_{t+1}^j B_{t+1}^j$ 代入式（21）可得：

$$\left\{\left[1-F(\overline{\omega}_{t+1}^{j})\right]\overline{\omega}_{t+1}^{j}+(1-\mu)\int_{0}^{\overline{\omega}_{t+1}^{j}}\omega\,dF(\omega)\right\}R_{t+1}^{k}Q_{t}K_{t+1}^{j}=R_{t+1}(Q_{t}K_{t+1}^{j}-N_{t+1}^{j}) \tag{22}$$

套利企业的期末回报为：

$$E\left\{\int_{\overline{\omega}_{t+1}^{j}}^{\infty}\omega R_{t+1}^{k}Q_{t}K_{t+1}^{j}dF(\omega)-\left[1-F(\overline{\omega}_{t+1}^{j})\right]\overline{\omega}_{t+1}^{j}R_{t+1}^{k}Q_{t}K_{t+1}^{j}\right\} \tag{23}$$

套利企业在式（18）约束下追求预期回报与机会成本之差最大化：

$$\left\{1-\mu\int_{0}^{\overline{\omega}_{t+1}^{j}}\omega dF(\omega)\right\}R_{t+1}^{k}Q_{t}K_{t+1}^{j}-R_{t+1}(Q_{t}K_{t+1}^{j}-N_{t+1}^{j}) \tag{24}$$

可得金融加速器表达式：

$$E\{R_{t+1}^{k}\}=R_{t+1}s\left(\frac{N_{t+1}^{j}}{Q_{t}K_{t+1}^{j}}\right),\ s'(\cdot)<0 \tag{25}$$

以上得出了资本供给方程式，当实际利率不变时，杠杆率越高，银行要求套利企业家所偿付的利率越低；杠杆率越高，套利企业家所需偿付的利率越高。当杠杆率不变时，资本回报率越高，债务合约中，套利企业所能偿付的利息越高，而资本回报率越低，债务合约中套利企业所能偿付的利息越低。

（五）资本家收入与净财富的积累

由于资本供给方程式依赖于杠杆率的变动，而杠杆率与净资本息息相关。净资本的积累成为资本需求价格变动中一个关键设置。BGG 中假设，式（10）中的劳动力可以进一步分解为资本家劳动力和家户劳动力。资本家劳动力的报酬 W_t^e 成为净资产累积的部分，而家户劳动力的劳动报酬进入家户行为约束中。分解式如下：

$$L_t=H_t^{\Omega}(H_t^e)^{1-\Omega} \tag{26}$$

则有：

$$W_t^e=(1-\alpha)(1-\Omega)\frac{Y_t}{K_t} \tag{27}$$

净资本演化方程式为：

$$N_{t+1}=\gamma V_t+W_t^e \tag{28}$$

其中，γV_t 是存活下来的资本家所持有的净财富或者股本。当期消亡的企业股本为 $(1-\gamma)V_t$，也就是说企业家的消费就是 $C_t^e=(1-\gamma)V_t$。

$$V_t=R_t^k Q_{t-1}K_t-\left(R_t+\frac{\mu\int_0^{\overline{\omega}_t}\omega R_t^k Q_{t-1}K_t dF(\omega)}{Q_{t-1}K_t-N_t}\right)(Q_{t-1}K_t-N_t) \tag{29}$$

由式（27）、式（28）和式（29）得到净资产积累公式为：

$$N_{t+1}=\gamma\left[R_t^k Q_{t-1}K_t-\left(R_t+\frac{\mu\int_0^{\overline{\omega}_t}\omega R_t^k Q_{t-1}K_t dF(\omega)}{Q_{t-1}K_t-N_t}\right)(Q_{t-1}K_t-N_t)\right]+(1-\alpha)(1-\Omega)\frac{Y_t}{K_t} \tag{30}$$

（六）政府行为与总量约束

本文假定货币供应量 M_t 是外生变量，其变动取决于进出口规模的变动以及通货膨胀的考量。即：

$$M_t=e^g M_{t-1} \tag{31}$$

均衡条件下，政府支出受政府收入约束：

$$G_t=T_t+\frac{M_t-M_{t-1}}{P_t} \tag{32}$$

经济体中的总供给等于总需求，这样得到总量约束方程：

$$Y_t = C_t + I_t + C_t^e + G_t + \mu \int_0^{\bar{\omega}_t} \omega R_t^k Q_{t-1} K_t dF(\omega) \tag{33}$$

其中，Y_t 为总供给，C_t 为家庭消费，I_t 为投资，C_t^e 为退出市场的金融企业的消费，$\mu \int_0^{\bar{\omega}_t} \omega R_t^k Q_{t-1} K_t dF(\omega)$ 为监管成本。

二、数据来源和参数赋值

（一）静态参数赋值

由于模型参数较多，本研究使用稳态赋值的方法对部分模型进行赋值。当经济处在稳态时，上一期的变量等于下一期变量等于稳态值，即 $x_{t+1} = x_t = x$。这里的变量包括消费、投资、价格、资本存量、产出、货币供应量。当价格不变时，名义利率等于实际利率。

主观折现率 β 的赋值。稳态时主观折现率等于无风险利率的倒数，即 $\beta = 1/R$，本文将月度主观折现率设定为 0.9975，意味着月度无风险利率为 0.002，那么以复利计算的年度无风险利率为 0.025 左右，大致相当于 1 年期定期存款利率。在校准该参数时，美国采用国债收益率作为校准参数，但是中国缺乏统一的、市场化意义上的无风险利率。目前中国市场上存在三种参照基准利率：央行公布的存贷款基准利率、上海银行间市场基准利率 Shibor 和银行间债券回购利率。本文选择定期存款利率作为无风险利率，主要考虑到以下几点：首先，美国债券收益率是基准利率，其余利率参照该利率和风险溢价设定；而中国的基准利率是存贷款利率，其余利率设定参照存贷款及基准利率设定。其次，与模型更加匹配。在美国，居民的投资渠道多元化，居民面对的是无风险利率基础上的选择；在中国，银行间市场基准利率和银行间债券回购利率的交易对象是金融机构，居民投资的主要渠道是存款，不能直接参与到银行间市场。尽管近年来理财产品的兴起拓展了居民的投资渠道，但居民大部分的剩余资金仍以存款形式为主，故选择定期存款利率赋值。

生产要素回报率和折旧的赋值。在稳态水平下，劳动回报率等于劳动者报酬除以产出水平，而在规模报酬不变的假设前提下资本回报率＝1－劳动回报率－企业家回报率。这里假定企业家与劳动者分属于不同的生产要素，获得不同于劳动者报酬的收入。国家统计局数据显示，2000~2014 年劳动者报酬占GDP 的比重平均为 0.45，本文采用此数据；资本回报率与企业家回报率分别为 0.54 和 0.01。本研究沿用李雪松、王秀丽（2011）中对折旧率的假定，即 0.025，那么年折旧率为 0.3。

各类支出的比重赋值。根据统计局数据，2000~2014 年消费占国民总支出平均为 0.41，政府支出占 0.15，而投资为 0.43，企业家消费占 0.01。

其余参考文献李雪松、王秀丽（2011）予以赋值（见表 1）。

（二）数据来源

用于估计动态参数的数据序列是 2005 年 1~7 月的工业增加值、M0 和居民消费价格指数月度数据，数据来源于中经网数据库。为了使系统与数据相匹配，需要对数据进行调整。首先，对数据取对数后进行季节调整。由于季节变动的原因，月度数据的波动率要远远大于外在因素引起的波动，以至于高估政

表 1　静态参数和动态参数的先验参数赋值

序号	符号	符号的含义	赋值
1	β	主观折现率	0.9975
2	α	资本回报率	0.55
3	Ω	资本家劳动的产出弹性的份额	0.01
4	δ	折旧率	0.025
5	C/Y	消费产出比	0.41
6	I/Y	投资产出比	0.43
7	G/Y	政府支出产出比	0.15
8	C^e/Y	企业家消费产出比	0.01
9	φ	资本价格对投资资本比的弹性	0.25
10	ξ_p	价格调整概率	0.6
11	ξ_w	工资调整概率	0.5
12	λ_w	工资的加成弹性	0.25
13	$1-\gamma$	企业死亡率	0.002
14	μ	监管费用占损失的比率	0.12
15	K/N	资本净财富比（杠杆率的倒数）	0.7
16	R^k-R	风险利率与无风险利率之差（风险溢价）	0.02
17	$F(\bar{\omega})$	年均套利企业退出率	0.03
18	$\log(\bar{\omega})$ 的方差	企业失败概率的对数的方差	0.99

府支出、货币供应量和技术变动的方差。其次，去掉趋势项。本文建立的模型主要是研究经济波动的传导机制和经济波动的特征，需要处理经济增长的部分。最后，模型建立在对数差分系统的基础上，数据需要进行相应的处理，即差分处理。

三、技术进步冲击的通货紧缩效应及探讨

（一）贝叶斯结果分析

除了稳态参数以外，我们将经济结构参数，如代表商品市场垄断程度的价格调整系数 ξ_p 和代表劳动力市场垄断程度的工资调整系数 ξ_w 作为待估参数进行估计。这里，价格调整系数越高说明市场的垄断程度越低，价格调整系数越低代表市场的垄断程度越高。对于工资亦是如此。另外，方程系统中有三个随机演化方程式，政府支出演化方程式、货币供应量演化方程式以及技术经济演化方程式，本文假定其服从 AR（1）的随机分布，系数和随机扰动项的均值和方差待估。估计的结果如表 2、图 2 所示。

表2 动态参数的先验值和后验值比较

	先验均值	后验均值	上限	下限	分布函数
rho_gm	0.7	0.0127	0.0023	0.0227	beta
rho_a	0.9	0.1723	0.0055	0.3284	beta
rho_g	0.5	0.7457	0.7038	0.8008	beta
thetw	0.5	0.1725	0.1265	0.2327	beta
thet	0.5	0.4891	0.1732	0.8132	beta
sig	0.7	0.9838	0.9645	0.9996	beta
e_g	0.035	0.7784	0.6721	0.8882	invg
e_m	0.035	0.3688	0.3297	0.4079	invg
e_a	0.035	0.066	0.0543	0.0776	invg

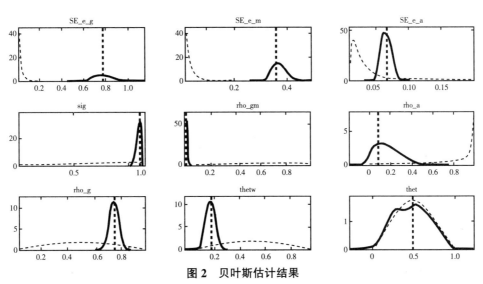

图2 贝叶斯估计结果

贝叶斯估计结果显示，厂商的价格黏性系数 thet 的后验均值为 0.49，而工资的黏性系数为 0.17，意味着：①销售商根据成本的变动、前期价格、预期未来价格预测一个最终价格，并按每期调整 49% 的商品价格的方式对商品定价；②按同样方式，工人中仅有 17% 的人数会调整工资。这意味着当技术进步冲击经济时，商品价格下降速度高于工资调整速度，工资表现得更为刚性。

在技术冲击模型 $a_t = \rho_a a_{t-1} + \varepsilon_t^a$ 中，先验的一阶相关关系和方差分别为 0.9 和 0.035，数值模拟的后验一阶相关系数和后验均值分别修正为 0.17 和 0.066。一方面说明原始数据中所包含的技术进步的信息较多，模型较为可信；另一方面说明技术冲击的延续性较小，但是技术冲击的变动性较大。

（二）技术进步对通货紧缩的效应分析

技术冲击 α 会促进产出 y 的提高，模拟结果显示一单位技术进步的冲击（见图 3 右上角与图 4 左上角）导致产出正向刺激。此时劳动产出效率和资本产出效率得到提高。生产商的效率提高，会产生以下效应：

（1）价格效应。由于单位劳动和单位资本的产出增多，"薄利多销"往往能获得更多的利润，销售商开始通过定价策略降低价格。因为菜单成本的存在，销售商根据成本的变动、前期价格、预期未来价格预测一个最终价格，并按每期调整 49% 的商品价格的方式对商品定价，最终影响消费品价格指数 pi（见图 3 右中）。

（2）投资效应、资产价格效应、财富效应及货币需求效应。短期的利润提高，生产商的资本回报率提高，这样会刺激生产商的投资需求 i（见图 4 右上角）；与此同时，资本回报率的提高，直接提高了资本价格 q，而资本价格效应和资本回报率效应有助于企业家财富的积累 n。资产价格上升，引致持有现金的机会成本增长，货币需求 m 下降，活期存款利率 r 也随之下降。

（3）生产要素回报率效应。随着劳动产出效率和资本产出效率的提高，由于资本回报率和劳动回报率的提高，生产商倾向于提高工资 w（见图 3 右下角）和股票分红 rk（见图 4 右中），由此家庭获得收入提高，引致收入的消费效应。家庭的收入提高后，消费 c（见图 4 中上）也随之提高。与此同时闲暇的机会成本变得更高，家庭会倾向于牺牲部分闲暇的时间，提高劳动时间 h（见图 3 左中）。

当然，最终的价格水平由销售商的定价策略以及商品市场上的供需共同决定，模拟结果显示，一单位一阶自回归的技术冲击会在短期内造成价格的下降，0.1 个单位技术冲击 α 在一个月内即会引起价格 pi 下降 0.008 左右。然而，这种冲击的货币通缩效应持续时间较短，两个月后回复为正值，并引起通货膨胀，但通货膨胀效应并不显著。另外由于商品价格的定价机制，这种价格持续下降的效应将逐渐累积，并对未来的价格产生直接作用，不过由于技术冲击的一阶相关系数的后验均值为 0.17，说明当期技术冲击的影响力更大，这意味着持续不断的技术冲击会引起通货紧缩。反观技术冲击对其他宏观经济变量的影响会发现，技术进步有助于提高工人工资，而这种提高能延续 10 个月之久（见图 3 右下角 w），

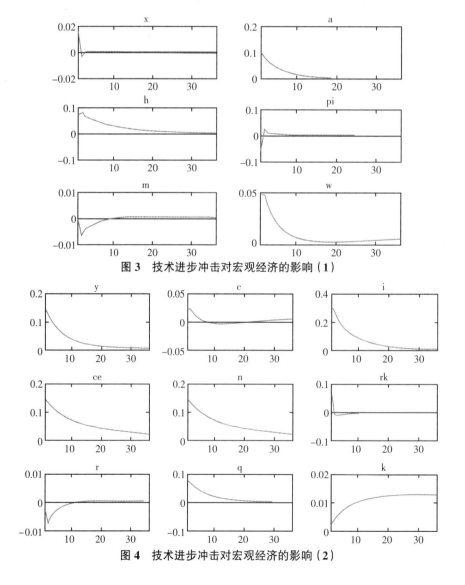

图 3 技术进步冲击对宏观经济的影响（1）

图 4 技术进步冲击对宏观经济的影响（2）

同时也会促使劳动力增加劳动时间 h（见图 3 左中），且持续时间长达 20 个月左右。与此同时，投资、消费和产出都存在不同程度增加。由此可见，有技术冲击尽管会引致通货紧缩，但是对于产出规模是增加的，并未对经济产生实质性伤害，且起到一定的正向激励作用。

而且，技术进步对价格影响的持续性并不强，相对于实体经济的变动轨迹，通货膨胀价格的变动轨迹与货币市场的变动轨迹相关性更强。在持续性的维度上，资本回报率 rk 的收敛速度最快，其次是价格指数 pi，接下来是货币量 m 以及活期存款利率 r 和工资水平 w，而资本价格 q 收敛速度相对较慢，产出 y、投资 i、企业家的财富以及企业家的消费水平 ce 收敛速度更慢，而资本存量的收敛速度最慢。这意味着，当前的经济下行压力与技术进步及由此引起的价格下降相关性并不强，而稳定价格的方式需从其他方面寻找解决之道；由于技术进步有助于促进产出增加，面对当前经济下行压力加大的局面，应着力解决技术进步过程遇到的瓶颈与障碍，大力推进技术进步，以此带动经济增长。

四、研究结论及展望

本文在 DSGE 模型的分析框架下，模拟分析技术进步对通货紧缩的传导机制及经济效应：①黏性价格机制。贝叶斯估计结果显示，厂商每期将按成本的变动、前期价格、预期未来价格预测一个最终价格，并调整其中 49% 的商品价格。意味着商品价格并非一次性调整至市场出清价格，而是将以指数递减的方式缓慢调整至出清价格。在技术进步的前提下，商品价格将出现不断下降的趋势，表面上形成"通货紧缩特征"。②随后消费者、投资者根据价格作出响应决策，具体表现为投资效应、财富收入效应、货币需求效应、货币需求效应等。短期的利润会提高，生产商的资本回报率提高，这样会刺激生产商的投资需求；与此同时，资本回报率的提高直接提高了资本价格，而资本价格效应和资本回报率效应有助于企业家财富的积累。资产价格上升，引致持有现金的机会成本增长，货币需求下降，活期存款利率 r 也随之下降。随着劳动产出效率和资本产出效率的提高，由于资本回报率和劳动回报率的提高，生产商倾向于提高工资和股票分红，由此家庭获得收入提高，引致收入的消费效应。家庭的收入提高后，消费也随之提高。与此同时闲暇的机会成本变得更高，家庭会倾向于牺牲部分闲暇的时间，提高劳动时间。

DSGE 模型的模拟显示技术进步对通货紧缩的影响程度有限。静态地看，以自动化、智能化为特征的新一轮技术革命会通过替代劳动、提高生产效率降低工业产品的价格，从而可能带来通货紧缩效应。但如果考虑到技术革命也会创造新的部门（迂回生产），则技术进步同时会驱动经济增长并创造新的需求，从而对通货紧缩效应形成抵消。技术进步的"净"效应取决于一国是否能够有效促进新型生产方式的扩散，是否能够创造新兴的产业部门。当技术进步发生在产能过剩的行业时，产品市场供过于求，市场难以消化过多的产品，劳动效率的提高意味着给定数量的产品，劳动需求不断下降，这意味着更多的工人面临失业的风险。失业风险的提高将考验尚未完善的失业保障系统和再就业培训系统。政府应加强和完善失业保障系统建设和再就业工程。当技术进步发生在创造新兴的产业部门时，产品则处在供不应求的状态，意味着在价格基本保持不变的情况下，劳动回报率和资本回报率越来越高。企业在吸纳更多劳动力的同时企业的股票估值也会越来越高。资产价格市场变得异常活跃，在货币供给不变的情况下，资本市场的货币需求替代了商品市场的货币需求，引致商品市场货币不足，也易产生价格下降的效应。适当提高货币供给，有助于缓解价格下降效应。

以上的探讨局限在封闭型国家，在全球进入新一轮技术革命的背景下，技术进步可能发生在中国也可能发生在其他国家。本模型没有考虑到开放问题，得出的结论也不免局限，今后希望进一步拓展模型至两国模型，以得到技术进步对通货紧缩和经济增长影响更为全面的结论。

〔参考文献〕

［1］Bernanke B. S. and M. Gertler, et al. The Financial Accelerator in a Quantitative Business Cycle Framework ［J］. Handbook of macroeconomics, 1999（1）：1341-1393.

［2］Calvo G. A. Staggered Price in a Utility-Maximizing Framework［J］. Journal of Monetary Economics，1983（12）：383-398.

［3］Campbell J. Y. Inspecting the Mechanism：An Analytical Approach to the Stochastic Growth Model ［J］. Journal of Monetary Economics，1994（33）：463-506.

［4］Kydland F. E. and Prescott，E. C. Rules Rather than Discretion：The Inconsistency of Optimal Plans［J］. The Journal of Political Economy，1997（6）：473-491.

［5］Kydland F. E. and Prescott，E. C. Hours and Employment Variation in Business Cycle Theory ［J］. Economic Theory，1991（6）：63-81.

［6］Kydland F. E. and Prescott，E. C. Classical Competitive Analysis of Economies with Islands ［J］. Journal of Economic Theory，1992（6）：73-98.

［7］Schorfheide，F. Loss Function-based Evaluation of DSGE Models ［J］. Journal of Applied Econometrics，2000（15）：645-670.

［8］范从来. 供给冲击、价格总水平下降与货币量紧缩 ［J］. 金融研究，2002（4）：32-39.

［9］李雪松，王秀丽. 工资黏性、经济波动与货币政策模拟——基于 DSGE 模拟的分析 ［J］. 数量经济与技术经济研究，2011（5）：22-33.

［10］卢峰. 反思通缩恐惧 ［J］. 财新周刊，2015（22）.

［11］殷剑峰. 通货紧缩的成因与应对 ［J］. 中国金融，2015（6）：72-75.

［12］余根钱. 通货紧缩的判别标准及对我国现状的判断 ［J］. 统计研究，2002，19（12）：16-18.

［13］张超. 中国不会陷入通货紧缩 ［J］. 金融博览，2015（5）：37.

［14］郑联盛. 警惕通货紧缩的风险 ［J］. 金融博览，2015（5）：36.

［15］［德］菲利普·巴格斯. 通缩之间 ［M］. 北京：清华大学出版社，2015.

［16］黄群慧，贺俊. "第三次工业革命"与中国经济发展战略调整——技术经济范式转变的视角 ［J］. 中国工业经济，2013（1）：5-18.

（本文发表在《经济与管理研究》2017 年第 3 期）

退休会影响消费吗?

——来自中国转型期的证据

黄娅娜　王天宇

摘　要: 本文使用 1992~2003 年中国城镇居民收支调查数据,利用强制退休制度设计断点回归,研究了退休对消费的影响。结果表明,退休仅使总耐用品消费出现 1.5% 的轻微下降,其中,工作相关消费下降了 8.4%,闲暇替代型消费下降了 2.2%,而闲暇互补型消费上升了 4%,与扩展的生命周期理论相一致。整体来看,中国城镇居民在退休前后的消费基本是平滑的。究其原因,首先是 20 世纪 90 年代的养老金替代率高达 70% 以上,退休并没有造成巨大的负向收入冲击;其次,父母与子女同居的生活模式使得家庭收入受到退休的影响进一步变小,子女赡养起到一定的保障作用;最后,受 90 年代商品经济发展程度的限制,退休引起的家庭劳动替代消费的作用并不明显。

关键词: 退休—消费;退休—消费之谜;断点回归

一、引　言

当前,我国 60 岁以上老年人口已超 2 亿,占总人口的 15%,同时,我国的人均 GDP 仍处于全世界第 100 位左右,总体呈现出"未富先老"的特征。老龄化对社会经济产生很大影响,在微观机制层面,一方面,步入老年后,个人的健康状况、生活方式有所改变;另一方面,退休政策、社保政策的调整影响着个体最优的行为决策。相关主题近年来逐渐成为国内劳动经济学研究热点,尤其是退休和消费的关系,得到了越来越多的关注(杨赞等,2013;邹红和喻开志,2015;Li 等,2015)。然而,到目前为止,学者们对此问题的研究绝大部分是基于近十年的数据,较少提及 20 世纪 90 年代经济转型期的情况,当时恰是养老制度发生根本性变革、家庭居住模式逐步瓦解、商品市场迅速发展的时期,而这些因素与消费息息相关。因此,考察我国社会经济转型期的退休—消费关系,一方面可以补充我们对这一问题在更长历史阶段特征的认识;另一方面有助于我们理解中国家庭在社会转型期的决策模式,探索更加适合中国国情的退休、社保政策。

对退休—消费关系的研究源自 20 世纪 80 年代,当时,陆续有学者从美国家庭微观数据中观察到退

[基金项目] 本文属于中央高校北京交通大学基本科研业务费资助项目"基于微观数据和 DSGE 模型的社会保障政策评估"(B15RC00110)的中间成果。感谢北京大学光华管理学院陈玉宇教授对本文的指导和建议,感谢匿名审稿人的宝贵修改意见。本文文责自负。

休后消费突然下降的现象（Hamermesh，1984；Mariger，1987），此后对英国（Smith，2006）、日本（Wakabayashi，2008）和意大利（Miniaci 等，2010）等国的研究均证实了这一点。然而，根据生命周期理论和持久收入假说，理性消费者能够平滑一生的消费及其边际效应，可预期到的冲击（如正常退休）将不会影响最优消费路径（Modigliani 和 Brumberg，1954；Friedman，1957）。因此，这一现象被称为"退休—消费之谜"（Retirement Consumption Puzzle）。此后，大量基于发达国家的文献进一步确认了这一现象，并对这一问题给出了"工作相关消费下降""家庭生产替代"等解释。

但是，针对发展中国家，尤其是转型经济体的退休—消费关系研究还较少。相比于成熟的市场经济体，一方面，20 世纪 90 年代的中国具有典型的转型经济体特征，经历了从计划经济到市场经济的过渡，商品市场不发达，家庭的金融产品和信贷可获得性有限，社会保障体系发生了重大变革；另一方面，作为世界上最大的发展中国家，我国存在多种形式的非正式保险，预防性储蓄形成自我缓冲，传统的"养儿防老"构成代际转移，而亲友间互惠的社会网络也可共担风险。因而检验"退休—消费之谜"在我国经济转型期的存在性不仅可以检验生命周期理论和持久收入假说的普适性，而且可以为理解转型经济体中家庭决策模式的变化和发展中国家正式保险与非正式保险机制的互动提供一点启示。

本文的研究针对 20 世纪 90 年代至 21 世纪初的中国城镇家庭，当时的中国具有明显的社会转型期特征。首先，中国城镇的养老体制从企业支付养老金转变成社会统筹与个人账户相结合的养老制度。在制度的衔接期，可以观察到两个明显的变化趋势，如图 1 所示：一是平均养老金的替代率从 2000 年的 70% 以上迅速下降，2006 年之后介于 40%~50%。二是我国城镇的退休在职比重（离退休领取养老保险人数与在职职工缴纳养老保险的人数之比）在 90 年代从 0.2 逐步上升到 0.3~0.4，相当于供养比约从 5∶1 变为 3∶1，社会养老金负担大大加重[①]。三是 90 年代中期的城镇住房改革使得家庭居住模式逐步发生变化，商品房交易释放了住宅需求，父母与子女分居的比例大幅度提高。据本文数据统计，50~70 岁老人的独居比重从 1992 年的 26% 提高到 2003 年的 38%。其次，超市零售业在 90 年代末逐步兴起，城镇家庭的消费行为开始发生转变。

图例：—○— 退休在职比重　—+— 平均养老金替代率

图 1　退休在职比重与养老金替代率的变化（1989~2013 年）[②]

---

① 城镇职工养老保险的试点源自 1991 年 6 月国务院颁布的《关于企业职工养老保险制度改革的决定》，此后经过地方的自主实践，1997 年最终确定建立全国统一的企业职工养老保险。在此期间逐步用新保险消化旧体制下的"养老存量"，导致供养比逐步加重。

② 根据《中国统计年鉴》（1989~2013）的数据计算所得。退休在职比重 = 离退休人员参加养老保险人数÷在职职工参加养老保险人数；养老金替代率 = 基本养老保险基金支出÷离退休人数÷城镇单位就业人员平均工资。

与实行自愿退休或弹性退休的国家相比,中国在检验"退休—消费之谜"上有着特殊优势。我国自20世纪50年代以来就执行强制退休政策,可以简要概括为"男性60岁退休,女干部55岁退休,女工人50岁退休"。强制退休政策对退休决策形成外生冲击,利用该制度设计断点回归,则可以克服退休的自我选择性偏差,有效识别退休对消费的影响。

在此基础上,本文拟采用1992~2003年中国城镇居民收入支出调查数据。我们利用该全国性数据,根据强制退休政策进行断点回归设计,探讨退休对消费的影响,着重考察转型期的社会、家庭特征在这一问题中所起到的作用。实证结果发现:退休使得总的非耐用品消费轻微下降1.5%。整体来看,中国在90年代转型期内并不存在"退休—消费之谜"。究其原因,首先是90年代的养老金替代率高达70%以上,因而退休并没有造成巨大的负向收入冲击。其次是对于剩余的收入冲击,家庭内部的代际转移也起到了平滑收入进而平滑消费的作用。最后是由于市场细分程度和家庭内部分工等原因,退休后家庭购买更低价格的食品和更多地在家生产食品的现象并不明显。

本文剩余部分的结构安排如下:第二节为文献综述,第三节介绍了断点回归方法,第四节是数据描述,第五节报告主要基本实证结果和稳健性检验,第六节对退休影响消费的作用机制进行讨论,第七节总结全文。

二、文献综述

国外对于退休对消费影响的研究包括两个方面:首先,是检验影响的存在性,现有的大部分研究都证明退休前后消费存在显著变化,经验证据来自美国(Banks 等,1998;Bernheim 等,2001)、德国(Schwerdt,2005)、英国(Smith,2006)、日本(Wakabayashi,2008)、意大利(Battistin 等,2009;Miniaci 等,2010)、俄罗斯(Nivorozhkin,2010)、澳大利亚(Barrett 和 Brzozowski,2012)、法国(Moreau 和 Stancanelli,2013)等。其次,学者们试图解释退休前后消费未能平滑的原因。主流解释有以下几种:

(1)退休时存在未预期到的冲击。例如,Banks 等(1998)和 Smith(2006)的研究表明,退休后消费下降的原因是未预期到的收入和健康的系统性负面信息,尤其是遭受健康冲击导致的非自愿退休。理性预期的假设是指消费者对可预期的冲击可以平滑消费,因而未预期到的负面信息冲击导致消费下降,并不违背生命周期理论和持久收入假说。

(2)工作相关支出的下降,包括衣着、在外饮食、交通、通信等,这些支出大部分在退休后不再需要,因而总消费下降并不奇怪。持此观点的文献包括 Hurd 和 Rohwedder(2006)、Ameriks 等(2007)和 Miniaci 等(2010)。

(3)退休后闲暇增多,家庭生产替代了部分食品支出和服务性支出。例如,Aguiar 和 Hurst(2005)发现退休后家庭有更多的闲暇去挑选"物美价廉"的商品,并且有更多的时间在家做饭,从而节约了开支。这种说法得到了一些后续研究的验证(Hurd 和 Rohwedder,2006;Luengo-Prado 和 Sevilla,2013),也和扩展的生命周期消费假说相一致。

以上研究都将"退休—消费之谜"化解于贝克尔的统一决策模型(Unitary Model)框架内,即给定家庭成员的整体收入,最大化家庭效用函数,解出最优消费。近年来,不断有学者试图超越这一框架解释"退休—消费之谜"。首先,家庭的构成本身就是内生的,退休可能改变家庭的成员结构,从而改变消费和储蓄决策,Battistin 等(2009)发现意大利退休家庭的消费下降主要是父母退休后与子女分居所致。其次，家庭内部可能存在着冲突和博弈，Lundberg 等（2003）指出，丈夫退休后家庭内部的谈判能力（Bargaining Power）发生变化，妻子掌握了更多的决策权，而女人更加厌恶风险，从而导致家庭储蓄增加、消费减少。最后，家庭的决策也可能是完全非理性的，Bernheim 等（2001）利用美国动态收入面板调查（PSID）和消费支出调查（CES）数据，发现家庭决策不是按照理性预期的方式，而是按照简单的经验性的"拇指法则"（Rule of Thumb），对于当期收入缺乏自我约束和远见，从而导致退休后储蓄不足、消费下降。

近两年来，国内学者也开始研究退休对消费的影响，但囿于微观家庭消费数据的可得性和研究方法的不足，国内的相关研究尚处于起步阶段。刘子兰和宋泽（2013）基于 2002 年和 2007 年中国家庭收入调查（CHIP），采用 OLS 回归方法，发现退休对消费有负向影响。张克中和江求川（2013）利用 1989~2009 年中国营养与健康调查数据（CHNS）发现退休使得食品消费量（营养物质的摄取）显著下降。杨赞等（2013）利用 2002~2009 年 9 个省的中国城镇家庭收入支出调查数据（UHIES），在排除了与子女同居情况后，发现退休使家庭消费不降反升，这一趋势在发达地区尤为明显。较为严谨的是 Li 等（2015）与邹红和喻开志（2015）的研究，他们分别利用 2002~2009 年的 9 个省的 UHIES 数据和 2000~2009 年广东省的 UHIES 数据，采用断点回归设计检验了我国是否存在退休消费骤降的情况，并探讨了原因。其中，Li 等（2015）的结果显示，退休会使家庭非耐用品消费减少 21%，其中与工作相关的支出减少 33%，在家食品支出减少 13%，而闲暇娱乐支出变化不显著；邹红和喻开志（2015）的结果显示，退休使得家庭非耐用消费支出减少 9%，与工作相关支出减少 25.1%，文化娱乐支出减少 18.6%，在家食品支出下降 7.4%。

综观国内现有文献，对"退休—消费之谜"的研究还存在以下几点不足：

（1）除 Li 等（2015）与邹红和喻开志（2015）外，研究方法大部分采用简单的 OLS 估计和面板固定效应估计，无法排除退休的自我选择偏差，可能导致退休的政策效应估计有偏。

（2）囿于中国家庭微观消费数据的可得性，现有的研究或局限于个别年份（刘子兰和宋泽，2013），或仅能代表个别省份（邹红和喻开志，2015）。已有研究中采用的最具有全国代表性的微观数据是 2002~2009 年 9 个省份的城镇居民收支调查（UHIES），但现有的两篇论文的结论并不一致，杨赞等（2013）发现退休会使家庭消费上升，而 Li 等（2015）的结论恰好相反。

（3）此外，现有的研究基本上套用国外的分析框架，将消费分解为工作相关支出、在家食品支出、文化娱乐支出进行分析，鲜少考虑我国的经济特点和养老模式的特殊性。相比于国外较为稳定的经济社会环境和完善的社保体制，我国经济在过去 30 年经历了快速增长，养老保险制度经历了从单位保障到社会统筹的转变；进一步地，我国"养儿防老"的观念深入人心，大部分老人退休后与子女同居。这些特殊社会经济背景都将影响居民最优消费和储蓄决策，与发达国家可能存在很大区别。

针对上述问题，本文可能的贡献主要有以下几方面：

（1）在研究数据上，采用 1992~2003 年 31 个省的中国城镇居民收支调查（UHIES），每年约有 1.6 万户的观测值[①]。这是目前可得的、最好的、全国性的微观家庭消费数据。本文的时间跨度（1992~2003 年）正好是我国最重要的社会转型期，这个时期的居民能否平滑消费一直是国内外学者极为关心的问题（Chen 等，2013），而现有的经验证据基本来自 2000 年之后情况（张克中和江求川（2013）除外），本文可以弥补这一时期的研究空白，一方面为中国"退休—消费之谜"补充新的证据，另一方面帮助理解 90 年代的消费平滑和居民福利变化。

（2）为了更深入地分析我国"退休—消费之谜"的存在性以及中国特有的影响机制，本文充分利用

[①] 2002 年及之后年份扩充样本，每年约有 4.5 万户的观测值。

数据优势做了两方面的细致考虑：一是根据 Aguiar 和 Hurst（2005，2013）与 Miniaci 等（2010）对消费的分类研究，提取了总消费中的非耐用品消费作为主要考察变量，并定义了工作相关消费、闲暇替代型消费、闲暇互补型消费以及其他消费作为分类变量（详见第四部分）；二是结合我国现实情况考察了养老金替代率与收入冲击、居住模式与代际转移以及家庭生产与食品购买等因素的影响，为理解此问题提供了更符合我国社会经济背景的证据（详见第六部分）。

三、断点回归设计

与很多国家不同，我国执行强制退休制度[①]。目前的退休制度来源于 1953 年、1958 年、1978 年和 1993 年的几个政策文件[②]，其中规定，男性退休年龄为 60 岁，女性的退休年龄则较为复杂，女性工人退休年龄为 50 岁，女性干部退休年龄为 55 岁[③]。鉴于女性退休年龄的复杂性，本文实证部分主要基于城镇家庭的男性户主，强制退休政策简化为"强制退休年龄为 60 岁"。强制退休政策是退休决策的外生冲击，导致退休概率在政策规定的年龄前后出现明显跳跃。因此，利用强制退休政策来识别退休对消费影响的因果效应可以克服退休的自我选择性偏差。基于此，本文采用了断点回归设计（Regression Discontinuity Design）来考察退休对消费的影响。

断点回归的基本思路是：在"一刀切"的制度安排下，被处置（Treated）的概率在驱动变量（Running Variable）达到某一阈值（间断点）后会出现不连续的变化，而其他影响结果变量的因素在这一阈值附近并无跳跃，因此可以利用结果变量在驱动变量阈值左右的极限值之差识别出处置效应（Treatment Effect）。如果处置状态在驱动变量间断点左右出现确定性的从 0 到 1 的变化，则属于明显断点回归（Sharp RD），如果处置变量在间断点左右仅是概率的跳跃，则属于模糊断点回归（Fuzzy RD）。断点方法是一种"拟自然实验"（Quasi-experiment），这一方法在 20 世纪 90 年代以后在经济学中得到大量应用（Lee 和 Lemieux，2010）。

断点回归的估计方法简洁明了：Sharp RD 的处置效应 τ_{SRD} 是结果变量 Y_i 的极限值在阈值前后的跳跃，估计方程如式（1）所示；而在估计模糊断点时，需先设定一个处置变量 W_i，其等于 1 或 0 代表个体 i 是否受政策影响，Fuzzy RD 的处置效应 τ_{FRD} 为结果变量 Y_i 在阈值前后的均值变化除以处置变量 W_i 在阈值前后极限的变化（即受政策影响导致的被处置概率变化），估计方程如式（2）所示。

$$\tau_{SRD} = \lim_{\varepsilon \to 0^+} E(Y_i | X_i = X_0 + \varepsilon) - \lim_{\varepsilon \to 0^-} E(Y_i | X_i = X_0 + \varepsilon) \tag{1}$$

$$\tau_{FRD} = \frac{\lim\limits_{\varepsilon \to 0^+} E(Y_i | X_i = X_0 + \varepsilon) - \lim\limits_{\varepsilon \to 0^-} E(Y_i | X_i = X_0 + \varepsilon)}{\lim\limits_{\varepsilon \to 0^+} E(W_i | X_i = X_0 + \varepsilon) - \lim\limits_{\varepsilon \to 0^-} E(W_i | X_i = X_0 + \varepsilon)} \tag{2}$$

在本文中，强制退休制度是政策前提，年龄是驱动变量，60 岁为阈值，当男性达到 60 岁强制退休年龄后，退休概率就会出现不连续变化[④]，且一般与其他个体特征变量无关。在现实中，由于健康状况、家庭特征和企业发展等原因，会出现提前退休、延迟退休、退休返聘等情况，使得间断点附近的退休状态跳跃不是 100% 发生，即本文的模型属于 Fuzzy RD。在构造估计模型时，本文将个体 i 是否退休，即

[①] 大部分国家都有法定退休年龄，但往往只与领取养老金有关，并不实行强制退休。
[②] 1953 年《劳动保险条例》，1958 年《职工退休规定》，1978 年《关于工人退休、退职的暂行办法》，1993 年《国家公务员暂行办法》。
[③] 另有规定，因劳动致疾丧失劳动能力的男女性分别提前到 55 岁（或 50 岁）和 45 岁。
[④] 这一点得到了 1% 全国人口抽样调查数据的证实（雷晓燕等，2010）。

Retire$_i$ 等于 1 或 0 定义为处置变量，退休信息来自问卷中的有关工作状态的回答；驱动变量年龄记为 Age$_i$；结果变量消费记为 C$_i$。那么，模糊断点所估计的处置效应即是消费和退休状态在退休年龄处跳跃的比值：

$$\tau_{FRD} = E\left[C_i(1) - C_i(0) \mid Age_i = 60\right] = \frac{\Delta C}{\Delta P}$$

$$= \frac{\lim\limits_{\varepsilon \to 0^+} E(C_i \mid Age_i = 60 + \varepsilon) - \lim\limits_{\varepsilon \to 0^-} E(C_i \mid Age_i = 60 + \varepsilon)}{\lim\limits_{\varepsilon \to 0^+} E(Retire_i \mid Age_i = 60 + \varepsilon) - \lim\limits_{\varepsilon \to 0^-} E(Retire_i \mid Age_i = 60 + \varepsilon)} \tag{3}$$

一个不容忽视的问题是，本文数据对年龄的记录只精确到"岁"，这造成了驱动变量（年龄）的离散性。如果本文取户主年龄为 50~70 岁的样本，那意味着驱动变量只有 21 个离散取值。这种离散性会引起上述非参数估计的偏误（Lee 和 Card，2008）。直觉上讲，离散的驱动变量使本文很难得到式（3）中的极限值。因此，我们设定断点左端和右端的具体函数形式，从非参数估计转为参数估计，即估计如下方程：

$$C_i = \alpha_0 + \tau Retire_i + \sum_{j=1}^{k} \alpha_j (Age_i - 60)^j + \gamma X_i + u_i \tag{4}$$

$$Retire_i = \beta_0 + \lambda D_i + \sum_{j=1}^{k} \beta_j (Age_i - 60)^j + \eta X_i + e_i \tag{5}$$

上述方程，实际上将断点估计转换为两阶段最小二乘估计（2SLS）。正如 Angrist 和 Pischke（2008）所说，模糊断点回归本质上就是工具变量回归。式（4）中 Retire$_i$ 仍然表示是否退休，τ 是本文最关心的参数，代表退休对消费的影响，对应着式（3）中的 τ_{FRD}。除此之外，我们控制了年龄与 60 岁之差的 k 阶多项式和家庭特征 X$_i$。式（5）为一阶段方程，以年龄是否大于 60 岁的虚拟变量 D$_i$ 做 Retire$_i$ 的工具变量。

为了进一步地消除离散性带来的偏误，根据 Battistin 等（2009）的方法，本文利用相同年龄、省份和观察年份构造组群（Cohort）数据，以组群的平均值作为观测变量。因此，本文最终的回归方程如下：

$$\overline{C}_{stp} = \alpha_0 + \tau \overline{Retire}_{stp} + \sum_{j=1}^{k} \alpha_j (\overline{Age}_{stp} - 60)^j + \gamma \overline{X}_{stp} + \overline{u}_{stp} \tag{6}$$

$$\overline{Retire}_{stp} = \beta_0 + \lambda \overline{D}_{stp} + \sum_{j=1}^{k} \beta_j (\overline{Age}_{stp} - 60)^j + \eta \overline{X}_{stp} + \overline{e}_{stp} \tag{7}$$

式（6）、式（7）中的各变量含义均为式（5）和式（6）中各变量在组群内的均值。

四、数据描述

本文的研究数据来自国家统计局的中国城镇居民收入与支出调查，时间跨度为 1992~2003 年。该数据包括 31 个省（市、自治区）（港澳台除外），在 2001 年之前每年样本规模约为 1.6 万家户，2002~2003 年扩大样本量约为每年 4.5 万家户。样本选择采用各省分层随机抽样的方式，每年删除与补充 1/3 的样本，以日记账的方式记录日常收支，由统计员进行汇总上报。该数据为本文提供了最为详尽的中国城镇家庭的收入与支出数据，还包括诸多家庭的人口统计学特征变量。

在分析前，本文对数据进行了如下的预处理。首先，以 50~70 岁的城镇职工男性户主作为考察对象，以其自报的退休状态作为界定一个家庭是否退休的标志。其次，剔除了收入无法明确衡量以及不受强制退休政策限制的个体，包括个体经营户、离退休再就业、家务劳动、农民等。最后，排除了流动人口①，也删除了主要变量存在数据缺失的样本。最终，本文的样本量为 45988 个家庭。

表 1 展示了样本的基本家庭特征，其中男性户主的平均年龄为 58 岁，平均受教育年限为 11.2 年，退休人数占总样本的 49%，其配偶的平均年龄比户主小 3 岁，平均受教育年限少 2 年，退休占比 50%，家庭规模平均为 3.09 人，私有住房比例为 65%。

表 1　家庭特征描述

变量名称	平均值	标准差	最小值	最大值
户主年龄（岁）	58.16	6.01	50	70
户主受教育年限（年）	11.20	3.58	3	19
户主退休比例	0.49	0.50	0	1
配偶年龄（岁）	54.76	6.50	17	88
配偶受教育年限（年）	9.17	3.25	3	19
配偶退休比例	0.50	0.50	0	1
家庭规模（人）	3.09	1.02	1	6
无收入家庭成员（人）	0.70	0.81	0	6
私有住房比例	0.65	0.48	0	1

表 2 展示了户主退休比例、家庭收入和消费等变量在断点前后的特征。首先需要指出各个变量定义的方法和含义。第一，户主的退休状况来自职业信息的选项。第二，关于收入，本文选取了户主年收入、配偶年收入、家庭人均可支配收入和家庭人均转移收入这四个变量。年收入包含其工薪收入、经营净收入、财产性收入和转移性收入；可支配收入为总收入扣除所得税和社会保障费的收入；转移性收入是指国家、单位、社会团体对居民家庭的各种转移支付和居民家庭间的收入转移。第三，关于消费，本文的消费代表每个家庭的年人均消费，由样本家庭通过日记账形式记录。本文沿用国际上通用的衡量指标，以非耐用品消费（Non-durable Consumption）作为主要考察变量，由家庭总支出排除家居用品、交通工具等耐用消费品支出（Durable Consumption），并加上根据住房条件估算住房租金计算所得②。此外，根据 Aguiar 和 Hurst（2005，2013）与 Miniaci 等（2010）对消费的分类研究，本文定义了工作相关消费、闲暇替代型消费、闲暇互补型消费以及其他消费作为分类消费变量③。其中工作相关消费包括在外饮食、衣着、交通和通信；闲暇替代型消费包括在家饮食、家政服务和个人护理；闲暇互补型消费包括水电煤气和休闲娱乐。不同于 Li 等（2015）的工作相关支出、在家食物支出、文化娱乐支出和其他非耐用品的分类，本文利用更翔实和细化的消费信息定义了闲暇替代或互补的消费支出，本文认为退休引起的消费变化不仅是总的消费支出金额变化，闲暇的增加也可能引致消费结构发生变化（在第五部分进行更详细的实证分析）④。

---

① 这些流动人口大部分来自农村地区，少量来自其他城镇，在本数据中只有 2002~2003 年将流动人口纳入统计，且比例只占总样本的 1.09%，很难具有代表性。

② 房屋租金是非耐用品消费的重要组成部分，囿于数据可得性，现有的研究往往忽略。在本文的原始数据中，自有住房家庭并没有估算的房租信息，因此本文根据地区、年份、房屋的详细信息估计了房租，详细过程参考 Huang（2014）。

③ Aguiar 和 Hurst（2005，2013）与 Miniaci 等（2010）定义工作相关消费包括工作地点来回交通、在外饮食、商务衣着；闲暇替代型消费（家庭生产服务）包括洗衣、园艺、家庭清洁、做饭；闲暇互补型消费包括暖气费和娱乐支出。

④ 这一说法已被 Hurst（2008）利用美国数据所证实。例如，一方面，退休后有更多时间从事家务劳动，从而省了部分食品开支和家政服务开支；另一方面，由于在家时间增多，相应的水、电、煤气等开支可能增加，并且退休老人有更多时间用于娱乐、外出旅游和参加体育活动，这些消费支出可能会随着闲暇的增多而提高。

　　进而，从表 2 的数值上进行描述性分析。需要指出的是，第（1）列为 50~70 岁全样本的基本特征，第（2）~第（5）列分别列示了 55~65 岁子样本，以及 60 岁前后以 5 年为带宽的子样本的结果[①]。在户主退休比例上，60~65 岁的男性退休比例高达 96%，而 55~60 岁的退休比例仅为 32%，证明强制退休政策对退休状态有重要影响。在收入方面，户主年收入、配偶年收入、家庭人均可支配收入分别为 5533 元、3040 元和 3689 元，而家庭人均转移收入为 1753 元，约占家庭人均可支配收入的 46%。对比 55~60 岁与 60~65 岁的子样本的结果，各项收入与消费均存在显著差异，其中，户主平均年收入下降 428 元，约占平均收入的 8%，人均转移收入增加了 1634 元，提高了 1 倍以上。在消费方面，样本期内城镇居民非耐用品消费为 2500 元；工作相关消费、闲暇替代型消费、闲暇互补型消费，以及其他非耐用消费品占比分别约为 20%、50%、7.5% 和 22.5%。初步的描述性结果显示，非耐用品消费不但没有显著下降，反而有 3.8% 的轻微提升。从分类消费品来看，除了与工作相关的消费下降了约 15% 外，其他非耐用品消费均有不同程度的上升。

表 2　主要变量断点特征描述

变量名称	全部 （1）	[55, 65] （2）	[55, 60] （3）	(60, 65] （4）	差额（4）-（3） （5）
样本量	45988	22501	12482	10019	—
A. 户主退休比例	0.49 (0.50)	0.60 (0.49)	0.32 (0.47)	0.96 (0.21)	0.64*** (0.01)
B. 收入（元）					
户主年收入	5532.88 (3171.60)	5437.60 (3064.87)	5628.14 (3343.48)	5200.21 (2658.64)	-427.93*** (41.01)
配偶年收入	3039.91 (2512.73)	2895.47 (2463.67)	3024.69 (2511.47)	2734.49 (2393.18)	-290.20*** (32.99)
家庭人均可支配收入	3689.15 (2225.43)	3693.30 (2247.91)	3729.90 (2329.21)	3647.69 (2141.56)	-82.21** (30.15)
家庭人均转移收入	1753.12 (1947.37)	2025.77 (1917.51)	1298.07 (1461.37)	2932.36 (2028.69)	1634.29*** (23.30)
C. 消费（元）					
非耐用品消费	2500.13 (1356.15)	2509.11 (1374.75)	2466.08 (1375.97)	2562.72 (1371.42)	96.64*** (18.43)
工作相关消费	490.34 (508.28)	468.06 (498.16)	498.26 (533.10)	430.43 (448.06)	-67.83*** (6.67)
闲暇替代型消费	1256.52 (629.65)	1298.61 (648.87)	1254.48 (629.09)	1353.58 (668.67)	99.09*** (8.68)
闲暇互补型消费	186.58 (180.58)	190.08 (184.88)	181.87 (174.53)	200.31 (196.54)	18.44*** (2.48)
其他非耐用品消费	566.69 (625.66)	552.36 (631.44)	531.47 (599.11)	578.40 (668.66)	46.94*** (8.46)

　　注：①表中为各变量均值，括号中为标准差。②收入和消费均代表每年人均的数额，并且以 1992 年为基准进行了物价指数的调整。③* 表示 P＜1%，** 表示 P＜0.05，*** 表示 P＜0.01。

　　在此数据基础上，为了消除年龄离散性带来的偏误，本文以户主年龄、省份和调查年份为分组标准，在 20 个年龄组 × 31 个省分组 × 11 个调查年份构成的网格中做平均，得到了 6951 个组群观测值。

---

　　① 由于数据中缺乏户主的出生月份相关信息，60 岁的退休年龄限制只能作为模糊断点，表 2 第 2~第 5 列中均不包含 60 岁的样本信息。

在计量分析中，我们以组内原始观测值数量占总样本观测值的比例作为权重。

五、计量结果

本节对退休消费关系的探讨分为以下几个步骤：首先检验退休概率在 60 岁前后的间断性；其次给出主要计量结果，即退休对非耐用品消费以及各分类消费品的影响；最后对基本结果进行稳健性检验。

（一）退休概率的间断性

男性 60 岁退休的强制退休政策对实际退休行为产生影响是我们的识别策略成立的前提。如表 3 所示，以退休状态为因变量，以是否大于 60 岁的虚拟变量作为自变量，在控制了一系列家庭特征变量后，本文得到 OLS 和 RD 回归的结果。两种回归结果均表明退休概率在 60 岁前后存在明显跳跃。图 2 验证了此结论，从退休概率随户主年龄的变化趋势来看，50 岁的城镇男性仅有 5.5%处于退休状态，59 岁时平均退休概率上升到 44%，而 61 岁户主的退休概率跳至 87%，说明男性户主在 60 岁前后的退休概率存在明显断点[1]。

表 3 一阶段结果：年龄对退休的影响

因变量	N （1）	OLS （2）	RD （3）
是否大于 60 岁	6953	0.227*** （0.013）	0.238*** （0.018）

注：①RD 的年龄断点为 60 岁，带宽为 5，核函数为三角形式。②控制变量包括户主受教育年限、配偶受教育年限、配偶退休状态、家庭规模、无收入家庭成员与私有住房比例和年龄与 60 岁之差的 1~3 阶多项式。③括号中为标准误，* 表示 $p < 1\%$，** 表示 $p < 0.05$，*** 表示 $p < 0.01$。

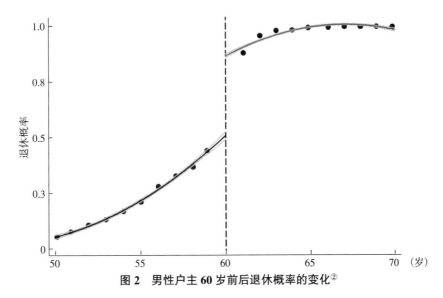

图 2 男性户主 60 岁前后退休概率的变化[2]

① 需要指出的是，20 世纪 90 年代国企改革时期，我国政府曾发布新的退休政策，规定已破产的国企员工视同退休，可提前 5 年进入养老金系统，即有可能因提前退休使得年龄 55 岁为退休概率间断点。在本文的数据中，对 55 岁的断点进行检验，结果并不显著；由图 2 也清晰可见退休概率在 55 岁前后是连续的。

② 此图样本是 49449 个 50~70 岁的男性户主，为消除模糊断点的影响，排除了正好 60 岁的样本。

（二）退休对消费的影响

本部分展示了退休对消费影响的基本结果。图 3 和图 4 的横轴表示年龄与 60 岁的差距，纵轴代表各省各年各年龄平均消费支出金额。如图 3 所示，人均非耐用品消费 60 岁前后的变化趋势为持续向上，并没有在 60 岁处下降——可以初步判断不存在退休后消费突降的情况。图 4 进一步展示了分类消费品的结果，以考察消费结构的变化。其中，工作相关消费在 60 岁前后出现了一定程度的下降；闲暇替代型消费不断上升，但在 60 岁前后存在增长率的差异；闲暇互补型消费保持平稳上升趋势，不存在跳跃；其他非耐用品消费在 60 岁处有小幅度的跳跃上升。图 3 和图 4 清晰地表明，中国城镇居民的消费不存在退休后跳跃性下降的情况，变化趋势较为平滑，但消费结构在 60 岁前后出现了一定变化。

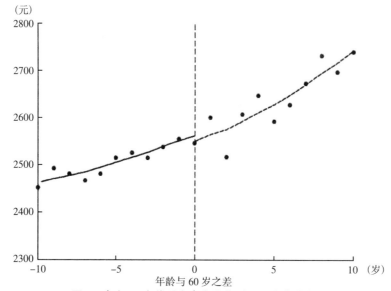

图 3　户主 60 岁前后家庭人均非耐用品消费的变化

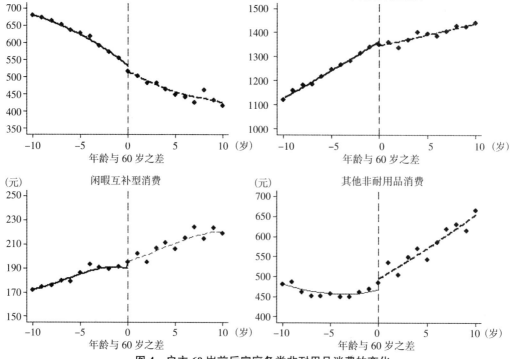

图 4　户主 60 岁前后家庭各类非耐用品消费的变化

为了进一步证实退休前后消费没有断点下降的结论，在表 4 中，本文分别用 OLS 和 IV（Fuzzy RD）方法进行了检验。为了排除家庭特征变量对结果的影响，在回归中本文控制了户主受教育年限、配偶受教育年限、配偶退休状态、家庭规模、无收入家庭成员数量，以及是否私有住房这些家庭特征变量，并纳入省份和年度的虚拟变量，以及年龄与 60 岁之差的一至三阶多项式。Panel A 报告了 OLS 估计量，以便与 Panel B 的 IV（Fuzzy RD）结果进行对比，其结果显示，退休导致非耐用品消费下降 5.9%，其中工作相关消费下降 9.7%，闲暇替代型消费下降 2.8%，其他非耐用品消费下降 13.7%，系数大部分在 1% 的水平上显著。然而，正如前文分析，退休与消费同时受到不可观测到的因素（如户主健康水平、预防性储蓄水平等）的影响，OLS 估计结果很可能是不一致的。为了解决此问题，本文用是否大于 60 岁的虚拟变量作为退休的工具变量，得到 Panel B 中 IV（Fuzzy RD）的估计结果。本文发现，相比于 Panel A，退休对消费影响的处置效应有不同程度的减小，其中，非耐用品消费下降 1.5%（约合年人均 38 元），工作相关消费下降 8.4%，闲暇替代型消费下降 2.2%，闲暇互补型消费上升 4%，其他非耐用品消费下降 2.7%，但估计系数均不显著，说明消费支出在 60 岁退休年龄前后不存在显著变化。

表 4　户主退休对家庭消费的影响

因变量	非耐用品消费 （1）	工作相关消费 （2）	闲暇替代型消费 （3）	闲暇互补型消费 （4）	其他非耐用品消费 （5）
			Panel A.OLS		
退休（Retire）	−0.059*** （0.012）	−0.097*** （0.031）	−0.028** （0.013）	0.009 （0.023）	−0.137*** （0.028）
R−sq	0.800	0.776	0.738	0.719	0.392
			Panel B. IV（Fuzzy RD）		
退休（Retire）	−0.015 （0.042）	−0.084 （0.102）	−0.022 （0.043）	0.040 （0.075）	−0.027 （0.101）
R−sq	0.800	0.776	0.738	0.719	0.391

注：①数据来自 1992~2003 年城镇家庭收入支出调查，50~70 岁男性户主家庭，以户主年龄、省份、年份作为分组变量进行组群合成，共得到 6953 个样本。②因变量为各变量的对数形式，括号中是标准差，* 表示 $p < 1\%$，** 表示 $p < 0.05$，*** 表示 $p < 0.01$。③控制变量包括户主受教育年限、配偶受教育年限、配偶退休状态、家庭规模、无收入家庭成员与私有住房比例，同时控制了省份与年度的虚拟变量以及年龄与 60 岁之差的一至三阶多项式。

根据回归结果可知：第一，总消费受退休影响有轻微下降，主要原因是工作相关消费下降，这与许多学者的研究结论相一致（Hurd 和 Rohwedder，2006；Ameriks 等，2007；Miniaci 等，2010）。第二，如 Hurst（2008）所述，本文发现退休会导致消费结构出现变化。从闲暇替代型和互补型消费支出的处置效应的正负号判断，退休使得闲暇的相对价格降低，一方面通过家庭劳动替代了在家饮食、家政服务、个人护理等消费支出，另一方面增加了部分居家和娱乐开支。这些发现都可以用扩展的生命周期理论解释，本文的结论进一步印证了消费平滑理论。第三，需要特别指出的是，邹红和喻开志（2015）利用 2000~2009 年广东省城镇居民家庭收支调查数据，发现退休使得家庭的文化娱乐支出显著下降 18.6%，在控制了家庭特征变量后显著下降 60%，这一结论与国际经验有较大差别，他们认为可能是我国退休老人倾向于选择低廉的文化娱乐消费，而退休前则更倾向于支付性的旅游和健身保健。然而，如表 4 第（4）列所示，本文的研究中，闲暇互补型消费所包含的水、电、煤气开支和娱乐文化消费支出在退休后轻微上升 4 个百分点。由于观察时期和样本数据的不同，这个问题有待其他学者进一步考察。整体来看，我国 20 世纪 90 年代社会转型期的居民消费在退休前后是平滑的。

（三）稳健性检验

对于上一节得到的基本结论，本文进行了一系列的稳健性检验。

首先，本文检查户主年龄分布在退休年龄附近的连续性。如果户主年龄在退休年龄附近是非连续的，则意味着存在年龄操控（Age Manipulation）的可能①，断点估计量的一致性会受到影响。通常，对驱动变量连续性的检验需要使用 McCrary 检验（McCrary，2008），但由于本文的年龄是离散的（以年为最小单位），这一检验无法进行。因此，本文做了户主年龄分布图，发现户主年龄分布基本平稳，不存在年龄操纵问题。

其次，我们检查在退休年龄附近人口学和社会—经济变量的连续性。如果这些变量在 60 岁前后存在着跳跃，意味着 RD/IV 识别的消费变化可能并不单单来自退休的影响。本文挑选了户主与配偶的受教育年限、配偶是否退休、家庭规模、无收入家庭成员和住房是否私有等变量进行检验，如图 5 所示，横轴为年龄与 60 岁的差距，纵轴代表各前定变量的均值，结果发现这些变量在 60 岁前后基本是平滑的。

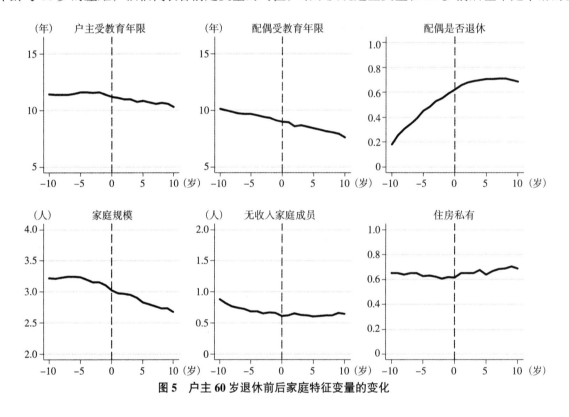

图 5　户主 60 岁退休前后家庭特征变量的变化

最后，对于 IV 的估计结果，本文尝试变换年龄多项式的阶数和省份、年份虚拟变量。如表 5 所示，变换年龄与 60 岁之差的次方，估计结果并未发生太大改变，当去掉省份或年份的虚拟变量时，系数变动幅度变大，但结果依然不显著。

本文的主要回归结果采用的是 2SLS，与 Fuzzy RD 在本质上是相同的。为了进一步证明结果的稳健性，我们也对 RD 估计量做了变换带宽、变换核函数等尝试。以本文最主要的因变量"家庭人均非耐用品消费"为例，图 6 展现了带宽从 2 到 10 的 RD 估计量和 95% 的置信区间。可以看出，不同带宽下 RD

---

① 驱动变量的操纵性是断点回归研究必须检验的，当然从直觉上讲，真实年龄随着时间增长而变化，虽然年龄是自报的，但年龄操纵的可能性不大。

表5　工具变量回归基本结果的稳健性检验

因变量：人均非耐用品消费	（1）	（2）	（3）	（4）	（5）
退休（Retire）	−0.015 (0.042)	−0.024 (0.022)	−0.015 (0.020)	0.007 (0.053)	−0.052 (0.066)
年龄与60岁之差的2次方	Yes	No	Yes	Yes	Yes
年龄与60岁之差的3次方	Yes	No	No	Yes	Yes
省份虚拟变量	Yes	Yes	Yes	Yes	No
年份虚拟变量	Yes	Yes	Yes	No	Yes

注：①数据来自1992~2003年城镇家庭收入支出调查，50~70岁男性户主家庭，以户主年龄、省份、年份作为分组变量进行组群合成，共得到6953个样本。②括号中是标准差，* 表示 $p < 1\%$，** 表示 $p < 0.05$，*** 表示 $p < 0.01$。③控制变量包括户主受教育年限、配偶受教育年限、配偶退休状态、家庭规模、无收入家庭成员与私有住房比例。

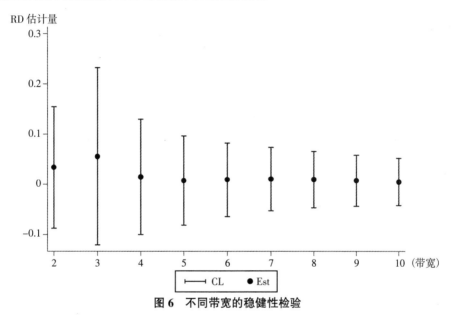

图6　不同带宽的稳健性检验

估计结果均介于0值上下区间，证明"退休—消费之谜"并不存在[①]。当本文把RD估计中的核函数变换为矩形函数（Rectangular Kernel）时，RD估计结果更加接近于0。

上述检验表明，本文的基本结果是稳健的。

六、作用机制

基于前文的主要结论，本节探讨退休前后消费未发生显著下降的原因。传统的理论往往从未预期到的冲击、退休后消费与闲暇的替代，以及短视行为和跨期行动不一致等角度进行解释。基于我国20世纪90年代的真实情况，本文认为可能的原因包括退休金的高替代率没有引起退休后收入大幅下降、代际转移平滑消费、家庭劳动并未替代消费支出等[②]。

---

　　① 当本文把RD估计中的局部多项式阶数取为2和3时，RD结果分别变为0.262和0.583，但P值增加很大，点估计结果已不具有可信性。

　　② 另一个可能的解释：我国"男60、女55"的退休制度从1951年以来一直推行，退休年龄是可预期的，较为充足的预防性储蓄或许可以解释为什么不存在"退休—消费之谜"。根据国家统计局资料，20世纪90年代以来我国城镇居民的消费储蓄行为发生很大变化，平均消费倾向从1990年的0.85持续下降，到2012年已经下降到0.67。但是由于缺乏相应的数据，这个影响机制难以检验，有待今后的进一步研究。

（一）养老金替代率与收入冲击

生命周期理论认为，在满足其他条件不变的情况下，如果不存在未预期到的冲击，那么消费在退休前后应该是平滑的。从现有的实证研究来看，退休引起的冲击主要是收入下降，如张克中和江求川（2013）研究发现，收入下降是导致退休后消费下降的直接原因。然而，20世纪90年代的社会经济环境较为特殊。首先是经济高速增长，居民收入快速提高；其次是国企改革，养老医疗等福利制度由单位保障向社会统筹转变。从养老金方面来看，在90年代前期城镇退休职工主要享受企业支付的养老金，1997年以后推行社会统筹与个人账户相结合的养老制度。在两种养老制度的衔接期，国有企业对"老人""中人"和"新人"区别对待，老人普遍按照原来的退休金标准继续执行。在本文数据年份内，退休的大部分属于"老人"，本文发现其养老金水平均处于较高水平。如图7所示，选取1992~2003年的50~70岁城镇男性户主的未退休样本的工资与已退休样本的养老金收入进行对比，发现工资收入与养老金收入在1992~2003年均增长了一倍以上，且养老金替代率在90年代基本维持在80%左右，虽然在2000年后养老金替代率略有下降，然而，直至2003年，依然保持在70%以上。这一结果与现有研究结论一致，例如，封进（2004）指出，我国养老金的平均替代率高达80%左右，在2000年之前的长时间内高于大多数的发达国家。而根据国际研究经验，养老金替代率大于70%，即可维持退休前的生活水平。因此，如果退休后收入未发生明显变化，即便家庭的消费行为是短视的，也不存在由收入冲击导致的退休后消费下降的情况。

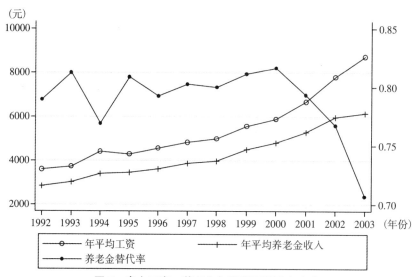

图7　户主工资、养老金与替代率的跨年变化

据此，本文分别检验了退休对户主年收入、配偶年收入、家庭人均转移收入与家庭人均可支配收入的影响。表6中工具变量的回归结果表明，户主退休导致其年收入在退休后显著下降20%；其配偶年收入也受到了一定的负向影响，但不显著；而以退休金为主体的转移收入显著增加1.5倍。从整体来看，家庭人均可支配收入仅下降7.5%，且并不显著。家庭是消费的决策主体，人均可支配收入基本不变也

表6　户主退休对家庭收入影响的工具变量回归结果

因变量	户主年收入（1）	配偶年收入（2）	家庭人均转移收入（3）	家庭人均可支配收入（4）
退休（Retire）	−0.200*** （0.056）	−0.149 （0.256）	1.479*** （0.136）	−0.075 （0.046）

注：同表4。

就印证了本文的猜测，即家庭并不存在明显的收入冲击。

（二）居住模式与代际转移

在现有的解释"退休—消费之谜"的实证基础上，近几年来出现了一个新的解释——居住模式的变化。考察居住模式的重要性在于，同居的家庭成员可能共享收入，父母与子女之间的转移性支付更为便利与频繁，且许多消费是以家庭为单位统一决策（如食品），因此父母退休造成的收入降低对家庭消费的影响相对较小。相反地，如果退休引起父母与子女分居，则退休造成的收入降低对消费的影响将变大。典型的研究是 Battistin 等（2009），他们发现意大利家庭规模在退休后显著下降 0.3，原因是意大利房价过高，成年子女普遍与父母同住，而父母在退休时利用一次性的退休补偿帮助子女购房，从而实现分居，这一外生变化是家庭消费出现断点下降的主要原因。

在现有的对我国的"退休—消费之谜"的研究中，杨赞等（2013）考虑到了此问题，他们的研究是基于无子女同居的老年人。然而，与子女同居是我国老年人的主要居住模式，家庭养老一直是我国养老的主要形式。尤其是在 90 年代住房改革前，城镇居民以单位分房为主，家庭住房普遍紧张，使老年人与子女同住现象更加普遍。在本文 50~70 岁的户主样本群体中，与子女同居的老人约占 2/3，独居老人（包括单独生活以及和配偶同住）约占 1/3。因此，单独考察独居老人的消费变化并不能代表整体退休老人的情况。本文的主要结论是基于控制家庭规模后的全体样本得出的，在此我们进一步比较了与子女同居老人与独居老人的分样本结果[①]。

若本文观察到独居老人退休后消费下降的幅度大于与子女同居的老人，则可以推断同住子女的收入转移在老人退休后起到了重要的保障作用；若未观察到独居老人退休后消费显著下降，那么本文可以更为肯定地证明中国城镇家庭不存在"退休—消费之谜"[②]。表 7 第（1）、第（2）列分别为与子女同居和独居老人的样本结果。从收入对比来看，与子女同居的户主年收入下降 16%，人均可支配收入下降 8%，而独居老人的户主年收入下降 32%，人均可支配收入下降 14%。可见，独居老人的收入下降幅度明显高于与子女同住的老人，但家庭总收入下降并不显著，说明两类老人均未受到明显的收入冲击。在消费方面，工具变量的估计系数均不显著，但独居老人的回归系数的绝对值均大于与子女同居的老人，例如非耐用品消费独居老人下降 6%，而与子女同居老人下降 4%[③]。此结果暗示子女赡养确实起到一定的风险分担和平滑消费的作用。

表 7　与子女同居和独居老人的工具变量回归结果

因变量	与子女同居（1）	独居老人（2）
A. 收入		
户主年收入	−0.163** (0.079)	−0.317*** (0.100)
家庭人均可支配收入	−0.083 (0.082)	−0.140 (0.094)

---

① 将全样本中与成年子女同居以及独居老人的样本分别进行提取，依据户主年龄、所在省份与年份进行组群样本的构造，分别得到 6385 个与 5231 个组群样本。

② 一般来说，独居老人往往经济更为独立，身体状况良好，具有较强的消费平滑能力，即居住模式选择亦具有内生性。受数据所限，本文未能识别这一内生性的影响，有待进一步研究证实。

③ 此外，从工作相关消费来看，由于与子女同居的包含了子女的工作相关消费，因此并没有显著变化（系数为 0.007），但独居老人的工作相关消费下降幅度较大（31.8%）。

续表

因变量	与子女同居（1）	独居老人（2）
B. 消费		
非耐用品消费	−0.040 (0.076)	−0.062 (0.090)
工作相关消费	0.007 (0.160)	−0.318 (0.193)
闲暇替代型消费	−0.062 (0.082)	−0.066 (0.098)
闲暇互补型消费	−0.056 (0.118)	0.104 (0.137)
其他非耐用消费品	0.034 (0.134)	−0.155 (0.192)
N	6385	5231

注：同表 4。

（三）家庭生产与食品购买

已有大量文献表明，家庭生产可以解释退休后消费的下降，主要机制包括到更远的大型批发市场购买商品、购买更便宜的食材、减少外出用餐、花更多的时间在家做饭等（Aguiar 和 Hurst，2005）。在对中国的研究中，家庭生产是否可以解释"退休—消费之谜"还没有定论。张克中和江求川（2013）利用CHNS 数据发现退休导致家庭的热量、碳水化合物、脂肪和蛋白质摄入量下降了 1.9%~2.7%，存在"退休—消费之谜"，但并不能用家庭生产来解释；Li 等（2015）利用 2002~2009 年的中国城镇居民收入支出调查以及 2008 年的时间利用情况调查的数据，发现退休后非周末的购物与做饭的时间显著变长，且购买的谷物、蔬菜、水果的价格出现显著下降，证明家庭劳动可以解释"退休—消费之谜"。

受制于时间利用数据（Time Use Data）的可得性，本文以食品价格作为考察对象，检验家庭生产对食品支出的替代性，选取的日常食品包括谷物、肉、蛋、鱼、鲜蔬、水果和鲜奶。表 8 的工具变量回归结果显示，退休对所有食物价格的影响系数都非常小，且均不显著，说明家庭劳动至少对食品价格不存在影响。可能的解释包括：一是中国 20 世纪 90 年代的市场细分程度不高，日常食品的售卖渠道较为单一，即便有大量的闲暇时间，退休后居民也无法通过去更远的地方购买食物节约成本，而超市的兴起主要是在 2000 年之后，具体而言，主要是在 2004 年底中国零售业全面对外开放、以沃尔玛为代表的大批外资超市在华开设连锁店之后[①]；二是退休并没有增加大量的闲暇时间，比如，退休后的老人多需要照顾子女的孩子，此外，若家庭已有家务劳动者，则退休并不会明显增加家庭生产。当然，这些推测需要更多的数据才能证实。

表 8 户主退休对食品价格的影响的工具变量回归结果

因变量	谷物（1）	肉（2）	蛋（3）	鱼（4）	鲜蔬（5）	水果（6）	鲜奶（7）
退休（Retire）	−0.013 (0.042)	0.077 (0.224)	0.002 (0.086)	−0.120 (0.212)	−0.042 (0.032)	0.043 (0.070)	0.106 (0.304)
N	6953	6952	6934	6712	6953	6947	5784
R−sq	0.635	0.671	0.861	0.482	0.786	0.679	0.588

注：同表 4。

---

① 这可能是 Li 等（2015）检测到退休后各类食品价格均有下降的原因。

七、结　论

本文的研究，专门针对 20 世纪 90 年代中国社会、经济转型期的退休—消费关系，与已有文献相呼应，有助于从更长的时间段上建立起退休—消费关系的动态特征。此外，90 年代转型期的特殊性，使本文可以借助对"退休—消费之谜"的研究，加强对转型经济体社保改革、市场经济发展与家庭消费之间关系的认识。

我们利用 1992~2003 年的中国城镇居民收入支出调查，基于强制退休政策设计断点回归，考察了退休对消费的影响。实证结果显示，退休仅使得总非耐用品消费轻微下降 1.5%。而 Li 等（2015）利用 2002~2009 年的 9 省的家庭城镇收支调查发现，退休导致家庭整体非耐用品消费显著下降 21%，邹红和喻开志（2015）利用 2000~2009 年广东省的数据发现，退休使城镇家庭非耐用品消费支出显著下降 9%。这说明，中国家庭退休后消费突然下降这一现象并非一直存在，主要发生在 2000 年后。从消费成分的变化来看，本文发现工作相关消费下降了 8.4%，这一点与已有文献是一致的（Li 等，2015；邹红和喻开志，2015）。本文将工作相关消费之外的非耐用品消费划分为闲暇替代型消费和闲暇互补型消费，其中闲暇替代型消费下降 2.2%，而闲暇互补型消费上升 4%，与扩展的生命周期理论相一致。稳健性检验证明本文的估计结果是可靠的。

整体来看，本文观察期内并不存在"退休—消费之谜"。对此，本文提出了几点与 20 世纪 90 年代转型期特征密切相关的解释。首先，90 年代的养老金替代率高达 70% 以上，退休并没有造成巨大的负向收入冲击；其次，中国家庭内部的代际转移也起到了平滑收入进而平滑消费的作用；最后，由于市场细分程度和家庭内部分工等原因，退休后家庭购买更低价格的食品和更多地在家生产食品的现象并不明显。

当然，随着经济和社会的发展，这三点特征都在变化。一是养老金替代率下降，统计数据表明，城镇基本养老保险替代率由 2002 年的 72.9% 下降到 2005 年的 57.7%，此后一直呈下降趋势，到 2011 年降至 50.3%[①]；二是随着家庭观念的改变和人口流动性的提高，独居老人的比例正在提高，在本数据中独居老人比例由 1992 年的 26% 增加到 2003 年的 38%；三是随着生活节奏的加快和商品经济的繁荣，上班族的家庭食物生产活动频率降低，更容易出现文献中强调的退休后家庭食品获取方式转变（Li 等，2015）。除了上述几点，居民的储蓄消费观念也随时间变化，目前研究的退休群体出生于 20 世纪 20~60 年代，经历了战争、饥荒、文革、恶性通胀、改革开放等重大社会历史时期，存在较多的不确定性，或许有更强的预防性储蓄动机。因此，虽然现有的研究显示，20 世纪 90 年代至 2010 年中国城镇老年人在退休时可以平滑消费，但并不代表中国老年人的福利保障水平会一直较高，本文预计随着养老金替代率下降、独居比例的提高，以及更年轻的出生组群老去，退休对消费的负向影响会逐渐加重。此外，在对影响机制进行考察时，由于许多变量无法测量和获取（如机关单位人员和企业人员养老金的"双轨制"、退休老人的健康状况、国企改革造成的提前退休等），诸多机制有待进一步考察和讨论。我们期待借本文推进该领域更深入的研究。

---

① 参见社科院社会保障研究中心郑秉文的《中国养老金发展报告（2012）》。

〔参考文献〕

[1] Angrist, Joshua D. and Jörn-Steffen Pischke. "Mostly harmless econometrics: An Empiricist's Companion," Princeton university press, 2008.

[2] Aguiar, Mark and Erik Hurst. "Consumption versus Expenditure," *Journal of Political Economy*, 2005, 113 (5), pp. 919-948.

[3] Aguiar, Mark and Erik Hurst. "Deconstructing life-cycle Expenditures," *Journal of Political Economy*, 2013, 121 (3), pp.437-492.

[4] Ameriks, John, Andrew Caplin and John Leahy. "Retirement Consumption: Insights from a Survey," *The review of economics and statistics*, 2007, 89 (2), pp.265-274.

[5] Banks, James, Richard Blundell, and Sarah Tanner. "Is there a Retirement-savings Puzzle?" *American Economic Review*, 1998, 88 (4), pp.769-788.

[6] Barrett, Garry F. and Matthew Brzozowski. "Food Expenditure and Involuntary Retirement: Resolving the Retirement-consumption Puzzle," *American Journal of Agricultural Economics*, 2012, 94 (4), pp.945-955.

[7] Battistin, Erich, Agar Brugiavini, Enrico Rettore and Guglielmo Weber. "The retirement consumption puzzle: evidence from a regression discontinuity approach," *The American Economic Review*, 2009, 99 (5), pp.2209-2226.

[8] Bernheim, B Douglas, Jonathan Skinner, and Steven Weinberg. "What Accounts for the Variation in Retirement Wealth Among US Households?" *American Economic Review*, 2001, 91 (4), pp.832-857.

[9] Chen, Yuyu, Yana Huang, and Hui Wang. "How do Households Respond to Income Shocks: Evidence from Urban China from 1992 to 2003," Working paper, Available at SSRN 2277691. 2013.

[10] Friedman, Milton. "The permanent income hypothesis," *A theory of the consumption function*. Princeton University Press, 1957, pp.20-37.

[11] Hamermesh, Daniel S. "Consumption during retirement: The missing link in the life cycle," *The Review of Economics and Statistics*, 1984, 66 (1), pp.1-7.

[12] Huang, Yana. "Consumption inequality and partial insurance in China," Working paper, 2014.

[13] Hurd, Michael D. and Susann Rohwedder. "Some answers to the retirement-consumption puzzle," NBER Working paper, (w12057), 2006.

[14] Hurst, Erik. "The Retirement of a Consumption Puzzle," NBER Working paper, (w13789), 2008.

[15] Lee, David S, and David Card. "Regression discontinuity inference with specification error," *Journal of Econometrics*, 2008, 142 (2), pp.655-674.

[16] Lee, David S, and Thomas. Lemieux. "Regression discontinuity design in economics," *Journal of Economic Literature*, 48 (June), 2010, pp.281-355.

[17] Li, Hongbin, Xinzheng Shi, and Binzhen Wu. "The Retirement Consumption Puzzle in China," American Economic Review, 105 (5), 2015, pp.437-441.

[18] Luengo-Prado, Maria Jose, and Almudena Sevilla. "Time to Cook: Expenditure at Retirement in Spain". *The Economic Journal*, 2013, 123 (569), pp.764-789.

[19] Lundberg, Shelly, Richard Startz, and Steven Stillman. "The retirement-consumption puzzle: A marital bargaining approach," *Journal of Public Economics*, 2003, 87 (5), pp.1199-1218.

[20] Mariger, Randall P. "A Life-cycle Consumption Model with Liquidity Contraints: Theory and Empirical Results." *Econometrica*, 1987, 55 (3), pp.533-557.

[21] McCrary, Justin. "Manipulation of the Running Variable in the Regression Discontinuity Design: A Density Test," *Journal of Econometrics*, 2008, 142 (2), pp.698-714.

[22] Miniaci, Raffaele, Chiara Monfardini, and Guglielmo Weber. "How does Consumption Change upon retirement?" *Empirical Economics*, 2010, 38 (2), pp.257-280.

［23］ Modigliani, Franco, and Richard Brumberg. "Utility Analysis and the Consumption Function: An Interpretation of Cross-section Data," *Franco Modigliani*, 1. 1954.

［24］ Moreau, Nicolas, and Elena Stancanelli. "Household Consumption at Retirement: A Regression Discontinuity Study on French Data," IZA Working paper, NO.7709. 2013.

［25］ Nivorozhkin, Anton. "The Retirement Consumption Puzzle: Evidence from Urban Russia," Working paper. 2010.

［26］ Schwerdt, Guido. "Why does Consumption Fall at Retirement? Evidence from Germany," *Economics Letters*, 2005, 89（3）, pp.300-305.

［27］ Smith, Sarah. "The Retirement-Consumption Puzzle and Involuntary Early Retirement: Evidence from the British Household Panel Survey," *The Economic Journal*, 116（510）, 2006, pp.130-148.

［28］ Wakabayashi, Midori. "The Retirement Consumption Puzzle in Japan," *Journal of Population Economics*, 2008, 21 （4）, pp.983-1005.

［29］ 封进：《中国养老保险体系改革的福利经济学分析》，《经济研究》2004 年第 2 期，第 55-63 页。

［30］ 雷晓燕、谭力、赵耀辉：《退休会影响健康吗?》，《经济学（季刊)》2010 年第 9 卷第 4 期，第 1539-1558 页。

［31］ 刘子兰、宋泽：《中国城市居民退休消费困境研究》，《中国人口科学》2013 年第 13 期 94-103 页。

［32］ 杨赞、赵丽清、陈杰：《中国城镇老年家庭的消费行为特征研究》，《统计研究》2013 年第 30 期 83-88 页。

［33］ 张克中、江求川：《老龄化，退休与消费——中国存在"退休—消费之谜"吗?》，《人口与经济》2013 年第 5 期 10-18 页。

［34］ 郑秉文：《中国养老金发展报告 2012》，经济与管理出版社 2012 年版。

［35］ 邹红、喻开志：《退休与城镇家庭消费：基于断点回归设计的经验证据》，《经济研究》2015 年第 1 期 124-139 页。

（本文发表在《世界经济文汇》2016 年第 1 期）

环境、健康与经济增长：最优能源税收入分配研究

陈素梅　何凌云

摘　要： 在经济增长与环境保护的双重压力下，如何实现在不损害经济或尽量降低经济产出损失的前提下减少环境污染、提高居民福利水平已成为当前我国转变经济增长方式、实现经济转型过程中亟待解决的重大问题之一。本文在世代交叠模型基础上引入环境污染对健康的影响，系统地探讨了在既定税率情形下能源税收入在居民收入与减排活动之间的最优分配比例，以降低"环境—健康—贫困"陷阱风险。研究表明，理论上存在能够实现人均产出最大化或居民福利最大化的最优分配比例。然而，结合中国实际参数，研究发现我国能源税收入分配政策难以同时满足两者最优目标；具体分配比例取决于政府决策偏好，并需要根据实际情况的差异进行相应调整。

关键词： 能源税收入分配；公众健康；经济增长；"环境—健康—贫困"陷阱

一、引　言

自改革开放以来，在保持经济快速增长的同时，我国能源环境问题却日趋严重，由环境污染引发的健康风险和损失成为社会各界高度关注的焦点。[①]《全球疾病负担 2010 年报告》显示，中国因室外 PM2.5 污染导致 123.4 万人过早死亡以及 2500 万伤残调整寿命年损失，几乎占全世界同类死亡案例总数的 40%。[②] 与此同时，严峻的能源环境形势还严重损害了经济，加剧了贫困。据测算，1998~2010 年我国环境污染成本约占人均实际 GDP 的 8%~10%（杨继生等，2013）。以 2007 年为例，我国由于大气污染导致了劳动力供给减少和医药支出增加，因此造成的 GDP 损失达到 3614.68 亿元，居民福利降低 2276.49 亿元（Chen 和 He，2014）。如此一来，当环境污染、健康、收入与经济彼此交互、相互影响时，我国面临着陷入甚至被锁定在"环境—健康—贫困"陷阱的巨大风险：污染损害健康—诱发疾病—损害劳动能力—加重经济负担并减少就业与劳动收入—陷入贫困—更加依赖能源资源—环境更为恶化—加重健康

[项目基金] 本文为国家社科重大项目（15ZDA054）和国家自然科学基金（71273261、71573258）的阶段性研究成果，并得到暨南大学高层次引进人才专项（88016557）的资助。感谢暨南大学经济学院张捷教授、王兵教授、傅京燕教授和中国社会科学院工业经济研究所李钢研究员的帮助，并感谢中国社科院工经所、暨南大学、北京理工大学、中国农业大学、南京信息工程大学等研究机构学术研讨会与会者的建议和评论。同时感谢匿名审稿人的建设性意见。本文文责自负。

① 近年来，中国政府致力于打造"健康中国"，提出"环境友好型社会"建设目标；社会公众也不断诉求环境健康权利，环境群体性事件年均增长高达 29%。资料来源：http://www.china.com.cn/news/2012-10/27/content_26920089_3.htm.

② 资料来源：http://news.ifeng.com/shendu/nfzm/detail_2013_04/07/23929797_0.shtml.

损害—更加贫困……从而陷入这一恶性循环不能自拔，加剧陷入"中等收入陷阱"①的风险（祁毓和卢洪友，2015）。因此，为了跨越"环境—健康—贫困"陷阱，"既要金山银山，也要绿水青山"，处理好环境、经济与健康之间的关系是当前中国经济转型过程中无法回避、亟待解决的关键问题之一。

鉴于污染的社会负外部性，征收能源税已逐渐成为世界各国治理环境污染的重要手段。然而，征收能源税同时也可能会增加经济成本、削弱企业和产业的国际竞争力、减少经济产出，从而损害经济增长。②当下，我国能源税征收已成既定事实，但收入用途却一直模糊不清。③因此，在既定的能源税税率情况下，基于环境、健康与经济协调发展的视角，研究能源税收入分配问题，从而在不损害经济或尽量降低经济产出损失的前提下，改善环境质量，跨越"环境—健康—贫困"陷阱，这是当前我国转变经济增长方式、实现经济转型过程中亟待解决的重大研究课题之一。

有关征收环境税是否损害经济增长的观点一直是学界讨论的热点话题，但至今仍然存在争议。其中，最早提出这一问题的是 Pearce（1991），他认为税收机制不仅可以改善环境，还会通过税收收入的合理再分配来降低征税所带来的扭曲，减少原有经济损失，增加居民收入。Chiroleu 和 Fodha（2006）基于世代交叠模型研究发现，当污染税收入用于降低劳动税税率时，短期内当前两代人福利水平将会显著提升；长期来看，经济增长会逐渐接近修正黄金律。Schwartz 和 Repetto（2000）基于环境质量与闲暇时间影响居民福利的新视角，认为市场就业量不仅受宏观经济的影响，也与环境及健康质量的变化息息相关，因此征收环境税将会获取环境保护与经济增长的"双重红利"。Schneider（1997）基于效率工资模型，发现当劳动税税率起初较高时，将环境税收入用于降低该税率使得自愿失业减少，同时也会增加居民福利。然而，Parry（1995）却发现，基于一般均衡视角，税收扭曲效应将会变得更为严重；以征收家庭污染税为例，在刺激清洁品需求、抑制污染品需求的同时，征税会降低居民劳动收入，放大污染税扭曲效应，最终损害经济产出。

相对于国外研究，国内学术界的讨论更多地聚焦于能源税，且往往从实证角度出发研究征税效果。一些学者认为能源税是能够实现经济持续增长的。如高颖和李善同（2009）研究发现，合理设计能源税收入循环利用方式会在促进节能的同时，改善宏观经济运行与居民生活质量。张为付和潘颖（2007）发现，在考虑环境污染影响全球经济福利情况下，存在一个最优的能源税税率，既能提高全球经济福利，也能改善因国际贸易所造成的全球环境恶化状况。然而，也有一些学者认为能源税会阻碍经济增长。例如，王德发（2006）、杨岚等（2009）等学者均发现征收能源税对国民经济总量增长存在一定的负面影响；肖俊极和孙洁（2012）研究结果表明，燃油税对汽车消费产生了抑制作用，显著降低了燃油消耗，与此同时也造成了社会福利损失。

不难发现，大多数现有研究在给定的能源税税率条件下，将能源税收入以降低企业或个人所得税的形式返还给生产者或消费者，试图减少甚至抵消能源税所造成的扭曲、降低经济负担。然而，作为连接

---

① 目前学者已从人口结构、收入分配、需求结构、产业结构、城市化进程、制度和技术进步、环境污染等方面入手证实中国可能面临着"中等收入陷阱"（楼继伟，2010；蔡昉，2011；郑秉文，2011；张德荣，2013；祁毓和卢洪友，2015），而本文选取了环境污染的角度进行相关探讨。

②《美国清洁空气法案》在出台的十年内，调查发现至少 100 万工人失业；且每年安抚失业工人的救济金将达 500 万美元（Goodstein，1996）。李钢等（2012）研究发现：倘若中国提升环境管制强度，工业废弃物排放完全达到现行法律标准，将会使经济增长率下降约 1 个百分点，制造业部门就业量下降约 1.8%，出口量减少约 1.7%。

③ 以燃油税为例，我国于 2009 年开征燃油税。燃油税收入按照顺序依次分配给公路养路费、航道养护费、公路运输管理费、公路客货运附加费、水路运输管理费、水运客货运附加费六项开支，补助各地取消政府还贷二级公路收费，补贴农民种粮以及公益活动等。然而，我国财政部公布的 2014 年中央对地方税收返还和转移支付决算表显示，中央对地方转移支付中的成品油税费改革转移支付 740 亿元，中央对地方税收返还中的成品油税费改革税收返还 1531 亿元。也就是说，与燃油税费改革相关的中央对地方的转移支付与税收返还共计 2271 亿元。然而，有关这些转移支付与税收返还的具体用途却不得而知。而且，燃油税最初目的是替代原有路费，但目前征收燃油税的同时，高速公路养路费仍在继续征收。现行燃油税收入用途已经成为一笔"糊涂账"。资料来源：http://www.gov.cn/xxgk/pub/govpublic/mrlm/200812/t20081219_33048.html，http://yss.mof.gov.cn/2014czys/201507/t20150709_1269837.html。

环境、经济与贫困之间关系的重要渠道——健康，却并没有得到应有的关注。事实上，由于环境污染的负外部性，环境质量与公众健康息息相关，而健康又是一种个人经济生产能力，直接影响个体经济产出和福利水平。[①] 也就是说，环境污染对健康的影响还会进一步传递到劳动力产出、社会经济福利、减贫政策效果等方面。鉴于我国"环境—健康—贫困"陷阱风险的存在，非常有必要考虑环境、健康与贫困之间的恶性循环关系。为了充分发挥能源税的逆向约束与正向激励作用，将能源税收入用于补贴减排活动以提高居民健康水平[②]并减少贫困，无论在理论上，还是在政策实践中，都是非常重要的关键问题之一，然而在以往研究中却没有得到应有的重视。那么，在既定能源税税率条件下，政府作为能源税征收的主体，应如何在居民收入和减排补贴之间配置税收收入，以实现经济损失最小化？政府抉择问题反映政府财政支出问题，这无论在理论还是实证上均是目前亟须探讨的问题。

为此，本文在世代交叠（Overlapping Generations, OLG）模型（1965）的理论基础上，考虑了环境污染对劳动生产率的负面影响，将环境质量和健康存量作为内生要素引入生产函数，构建两期世代交叠理论模型，系统分析能源税、能源消耗、环境污染及健康质量影响长期经济增长的内在机制。在给定能源税税率的情形下，当经济达到稳态均衡时，社会总产出水平是关于能源税收入对居民收入补贴比例的函数。此时政府可以设定居民收入与企业减排活动之间的最优分配比例，以实现经济产出损失或社会福利损失最小化。与已有文献相比，本文的贡献在于：首先，基于"环境—健康—贫困"陷阱的视角，将能源税收入与在居民收入和污染减排活动之间的分配结合起来，借此讨论政府最优能源税收入分配问题，以及最大化稳态均衡下的终身福利与人均产出；其次，建立了一个理论模型，对是否存在能源税收入的最优分配这一关键理论问题进行了学理讨论；最后，提出了如何有效突破或规避"环境—健康—贫困"陷阱风险的政策启示，以期为经济、环境和公共健康协调发展的相关政策制定提供一个新的视角。

本文结构安排如下：第二部分建立了内含健康影响劳动生产率的OLG模型；第三部分求解该模型的一般均衡，并从理论上讨论能源税收入在居民收入与减排补贴之间的最优分配比例，以分别实现人均产出最大化与居民福利最大化；第四部分结合中国实际数据，定量化探索中国最优能源税收入分配政策，并对经济参数进行敏感性分析；第五部分总结全文。

二、理论模型

基于OLG模型，假设每一代人分为青年和老年两个群体，随着时间的推移，当原来的青年群体进入老年阶段时，原来的老年人群将会逝去，而新的一代青年人也会出生；因此，任何时间点上都会同时存在这两个不同年龄层次的人群。在成年时期，社会成员拥有一单位的劳动要素禀赋，并会无弹性地提供给要素市场。为简化问题，人口无性别之分，每个人都会生育一个孩子。因此，经济中不存在净人口增长，在t（t=1, 2, ···, T, T→∞）时期出生的人口总量是常数L。

---

① 这种做法与实际情况较为吻合。根据WHO（2004）研究，在高收入国家中有56%遭受污染健康危害的居民是年龄为19~59岁的工作人群；Davis等（2005）研究表明，2003年美国1480万工人中有550万人（年龄为19~64岁）因自身或家属生病而不能集中精力工作。据Devol等（2007）估算：每年美国七大慢性疾病造成了超过11000亿美元的劳动生产率损失。因此，环境污染对劳动生产率的影响是不可忽略的。Zivin和Neidell（2012）研究发现：美国臭氧浓度每降低10ppm，工人生产率提高5.5%，这意味着环境保护并不单单意味着生产者的负担，同时更是人力资本的投资及促进经济增长的工具。Liu等（2008）发现中国居民家庭收入受其成员健康质量的高度影响，揭示了健康质量在生产过程中扮演着人力资本的角色。

② 李凯杰（2014）理论研究发现环境支出是改善环境的有效途径，同时也会通过健康途径影响经济增长；经验检验也再次证实政府环境支出的增加会显著地推动经济增长。

（一）消费模块

在两时期 OLG 模型中，对于出生在第 t 时期的成年人，可以从事生产工作；在第 t+1 时期将会变成老年人，养老退休。于是，每一代人的终身效用函数描述为：

$$U_t = \ln c_{1t} + \rho \ln c_{2t+1} \tag{1}$$

其中，c_{1t} 和 c_{2t+1} 分别为第 t 期成年人和第 t+1 期老年人的消费量，也就是代表性个体在工作时期和退休时期的消费量；ρ 为主观折现率，$\rho \in (0, 1]$，参数值越大，意味着代表性个人的终身消费越平滑，消费更加趋于理性。个体在成年时期的总收入有两种来源：一种是通过无弹性地提供一单位的劳动要素获取工资收入 W_t；另一种是政府将一部分能源税收入以居民转移支付的形式返还给居民 I_t。进而，个体在成年期将所获收入用于满足当期消费 c_{1t} 和储蓄 S_t，在老年时期将前一期的储蓄全部用于满足当期的消费需求 c_{2t+1}。为简便起见，假设个体是非利他的，各代际互不关心，不存在遗产赠与情况。因此，每一代人在成年期和老年期的消费预算约束分别为：

$$c_{1t} + s_t = W_t + I_t \tag{2}$$

$$c_{2t+1} = (1 + r_{t+1}) s_t \tag{3}$$

其中，r_{t+1} 为第 t+1 期的利率。

因此，代表性个体终身效用最大化的消费决策问题表示为：

$$\max_{c_{1t}, c_{2t+1}} (\ln c_{1t} + \rho \ln c_{2t+1})$$

$$\text{s.t.} \begin{cases} c_{1t} + s_t = w_t + I_t \\ c_{2t+1} = (1 + r_{t+1}) s_t \end{cases} \tag{4}$$

通过一阶条件，可求出个体最优的储蓄决策为：

$$s_t = \delta(W_t + I_t) \tag{5}$$

其中，$\delta = \rho/(1+\rho)$，私人储蓄率 δ 是主观折现率 ρ 的增函数。即主观折现率越高，代表性个人在成年时期的储蓄率就越高，跨期消费就会越平滑。

（二）生产模块

为了系统分析环境污染、健康与经济之间的内在关系，本模块在传统经济增长理论中引入了健康资本，使其成为企业生产投入的要素，暂不考虑人力资本等其他方面（如教育）对产出的影响。根据效率工资理论，健康状况好的劳动力具有高的工作效率，而工作效率高意味着单位时间内产出多。由此，健康状况的好坏将直接影响到劳动效率或产出。通过建立健康与劳动生产率之间的联系，把健康与产出联系起来。[①] 环境污染损害居民健康，降低劳动生产率，进而成为加重贫困的重要渠道。因此，假设最终产出以标准 Cobb-Douglas 形式生产技术由资本要素和有效率的劳动要素 $h_t^{\varepsilon} L_t$ 投入进行生产，即：

$$Y_t = AK_t^{\alpha} (h_t^{\varepsilon} L_t)^{1-\alpha}, \quad 0 < \alpha < 1, \quad \varepsilon \geq 0, \quad A > 0 \tag{6}$$

其中，A 是常数形式的全要素生产率；α 表示资本投入在生产过程中总投入的份额，即资本的产出弹性；ε 表示健康质量对劳动力质量的影响系数。为简化问题，假定人口增长为常数，且标准化为 1（即 L=1），人均产出就是总产出。那么，人均产出可以表示为人均资本与人均健康质量的函数，即：

$$y_t = Ak_t^{\alpha} (h_t^{\varepsilon})^{1-\alpha} \tag{7}$$

[①] Pautrel（2009）基于环境污染影响劳动生产率的视角，构建理论模型，研究发现环境税税率与终身福利、产出分别呈倒 U 形关系，但尚未讨论税收收入再利用以实现"双重红利"的问题。

在完全竞争市场环境中，代表性企业根据产出的多少缴纳能源税，[①] 税率 $\tau \in (0, 1]$。其利润最大化的目标为 $\pi_t = (1-\tau)y_t - (1+r_t)k_t - w_t$，从而单位有效劳动工资 w_t 和资本收益率 r_t 分别为：

$$w_t = A(1-\tau)(1-\alpha)k_t^\alpha (h_t^\varepsilon)^{1-\alpha} = (1-\tau)(1-\alpha)y_t \tag{8}$$

$$1 + r_t = A(1-\tau)\alpha k_t^{\alpha-1}(h_t^\varepsilon)^{1-\alpha} = (1-\tau)\alpha y_t / k_t \tag{9}$$

由此可知，征收能源税将会加重企业经济负担，间接性扭曲居民收入，使得居民劳动收入缩减至原来的 $1-\tau$ 倍。税率 τ 越高，居民收入扭曲越大。

(三) 政府模块

环境污染负外部性使得污染治理投资成为重中之重。加之上文所提到的税收扭曲，为了保持税收中性原则，假定将一部分能源税收入用于治理环境污染 D_t，补贴企业减排活动；剩余的税收用于居民转移支付 I_t，减少原有税制的扭曲。在政府财政收支平衡的假设下，不考虑其他税收收入的情况下，政府收入来自能源税的征收，即：

$$\tau y_t = D_t + I_t \tag{10}$$

令能源税收入中用于居民转移支付的比例为 $\beta \in (0, 1]$，那么，提高居民转移支付的比例就意味着减排活动的投入比例相对减少，两者存在此消彼长的关系。因此可得：

$$D_t = (1-\beta)\tau y_t \tag{11}$$

$$I_t = \beta \tau y_t \tag{12}$$

(四) 环境健康模块

为简化研究，假定产品生产过程中只生产一种产品，消耗一种能源，排放一种污染物；本文暂不考虑消费过程排出的污染物。假设第 t 期人均污染排放量 E_t 是人均产出水平 y_t 的函数，[②] 即：

$$E_t = z y_t \tag{13}$$

其中，z 代表污染强度，即单位产出的污染物排放量。

在本模型中，第 t+1 期人均污染存量 P_{t+1} 主要受三方面的影响：其一是当期人均污染物排放量 E_{t+1} 的影响，污染物排放越多，污染存量就越多；其二是环境再生速度，即环境的自净率 μ 越大，污染存量越小；其三是人类的环境保护，人类社会系统可以通过对环境保护的投入来改善环境，人均环境治理投入 D_{t+1} 越高，污染存量越小。因此，借鉴 Pautrel（2012）的做法，假设人均污染存量函数是零次齐次的，则：

$$P_{t+1} = [E_{t+1}/D_{t+1}]^\gamma + (1-\mu)P_t \tag{14}$$

这里，$\gamma > 0$，代表着污染排放与减排比率（E/D）对污染存量的外生弹性，在给定的排污流量条件下，弹性值越小，减排活动对环境质量的影响效果就越明显；$\mu \in (0, 1]$ 为环境自净率。将式（11）、式（13）代入式（14）中，可进一步约化污染存量不受产出活动影响的模型如下：[③]

$$P_{t+1} = \{z/[(1-\beta)\tau]\}^\gamma + (1-\mu)P_t \tag{15}$$

---

① 实际中，能源税是按照能源消耗量来征收。为简便起见，本文借鉴 Pautrel（2012）有关环境税征收的做法，假设能源税的征收直接与产出多少相关，节能减排技术的进步在此处不予以考虑。

② 本研究中污染排放表现为流量，环境质量是存量，污染函数为环境质量的变化率。为简便起见，这里不考虑能源使用和排污等方面的技术进步，假设污染强度系数和能源强度系数均为常数。

③ 基于模型设置，环境质量变化不受产出活动的影响，更有利于接下来经济稳态条件的研究。环境质量函数若采用线性形式，如 John 和 Pecchenino（1994），为确保 $P_t = E_t - D_t = [z - \tau(1-\beta)]y_t > 0$，则必须存在假设 $z > \tau(1-\beta)$，这在模型计算方面很难操作；且环境质量 $E_t - D_t$ 在经济平衡增长路径中是发散的。

如前所述，环境污染对公众健康危害巨大。因此，本文第 t 期的人均健康状态 h_t 与人均污染存量 P_t 负相关。在人力资本理论中，健康水平是投资的结果，健康投入是人们为了获得良好的健康而消费的食物、衣物、健身时间和医疗服务等资源（加里·S.贝克尔，1987）。因此，借鉴 Pautrel（2009）的做法，公众健康状态还受健康投资 $\theta > 0$ 的正面影响[①]：

$$h_t = \eta \theta / (\xi P_t^\varphi) \tag{16}$$

其中，$\eta > 0$ 为健康服务的效率，$\xi > 0$ 为系数，φ 为污染对公众健康的影响系数，φ 值越大，意味着环境污染对居民健康的危害越严重。为了保证污染对健康的负效应，假设污染存量 $P > 1$。

三、稳态均衡

为了简化分析，假定资本在当期全部折旧，[②] 每期资本存量由前一期储蓄所决定。于是，在资本市场出清的条件下，可以得到社会人均资本的动态过程：

$$K_{t+1} = s_t = \delta(W_t + \beta \tau y_t) = \delta[(1-\alpha)(1-\tau) + \beta \tau] y_t \tag{17}$$

由此可见，能源税的征收会扭曲居民收入，降低储蓄，进而影响资本积累及经济稳态增长。经过充分长时间的市场波动与调整，经济最终将收敛到其稳态均衡点上。那么，在稳态均衡时，人均资本、公众健康水平、污染存量、人均产出以及工资率分别达到均衡点 k^*、h^*、P^*、y^* 和 w^*。[③] 此时，人均污染存量是常数，令 $P_t = P_{t+1} = P^*$，代入式（15）中，得出稳态条件下的污染存量：

$$P^* = P(\beta) \equiv \frac{1}{\mu}\left[\frac{z}{(1-\beta)\tau}\right]^r \tag{18}$$

显然，污染存量与能源税税率呈负相关关系。也就是说，能源税政策通过价格机制调节市场行为，征税越严格，污染存量越小，环境质量越高。因此，征收能源税能够实现保护环境的"第一红利"效应，能源税最优分配问题更多地集中在经济产出效应的讨论上，详见下文的命题 1。

由式（16）与式（18），可得出稳态均衡条件下的健康水平：

$$h^* = H(\beta) \equiv \eta \theta \mu^\varphi \xi^{-1}[(1-\beta)\tau z^{-1}]^{\varphi r} \tag{19}$$

可以看出，公众健康质量与减排投入正相关，减排投入越多，污染存量就越小，健康水平会越高；公众健康与排污强度负相关，生产过程中单位产出排放污染物越多，污染存量就越大，健康质量会越恶化。

将式（7）代入式（17）中，令 $k_t = k_{t+1} = k^*$，可求出稳态下人均资本存量：

$$k^* = k(\beta) \equiv \{A\delta[(1-\alpha)(1-\tau) + \beta \tau]\}^{\frac{1}{1-\alpha}}(h^*)^\varepsilon \tag{20}$$

进而，工资回报率、人均产出在稳态条件下的均衡点分别为：

$$w^* = w(\beta) \equiv \Phi(1-\alpha)(1-\tau)[(1-\alpha)(1-\tau) + \beta \tau]^{\frac{\alpha}{1-\alpha}}(1-\beta)^{\varphi \gamma \varepsilon} \tag{21}$$

$$y^* = y(\beta) \equiv \Phi[(1-\alpha)(1-\tau) + \beta \tau]^{\frac{\alpha}{1-\alpha}}(1-\beta)^{\varphi \gamma \varepsilon} \tag{22}$$

[①] 健康投资不属于本文研究的重点，故为简化模型，θ 设为常数。

[②] 假设资本折旧率为 10% 时，有 96% 的资本存量在 30 年内完全折旧，而模型中个体由成年过渡到老年，大约需要 30 年，即 30 年为一期。因此，假设资本存量在当期完全折旧。

[③] 篇幅所限，求解过程省略，感兴趣读者可向笔者索取。

其中，$\Phi = A^{\frac{1}{1-\alpha}} \delta^{\frac{\alpha}{1-\alpha}} (\eta\theta\mu^{\varphi}/\xi)^{\varepsilon} [\tau/z] \varphi\gamma\varepsilon$。

最后，联立式（1）～式（3）、式（5）、式（19）～式（22），居民终身福利存在如下稳态均衡点：

$$U^* = \ln(1-\delta)\Phi^{\frac{1}{1-\delta}} [\alpha(1-\tau)]^{\frac{\delta}{1-\delta}} + \ln Z(\beta) \tag{23}$$

其中，$Z(\beta) = [(1-\alpha)(1-\tau)+\beta\tau]^{\frac{\alpha}{(1-\alpha)(1-\delta)}+1} (1-\beta)^{\frac{\varphi\gamma\varepsilon}{1-\delta}}$。

因此，根据式（22）和式（23），可得出在稳态均衡条件下为实现人均产出最大化和居民福利最大化的能源税收入最优分配机制：

命题1： 若能源税收入用于补贴居民的比例低于$\hat{\beta}$时，补贴居民的比例越高，人均产出水平就越高；反之亦然。当人均产出最大化时，征收能源税的经济损失将减少至最低值，从而实现了经济增长与环境保护的"双重红利"效应。

$$\hat{\beta} = \begin{cases} \dfrac{\dfrac{\alpha}{1-\alpha} - \varphi\gamma\varepsilon(1-\alpha)\left(\dfrac{1}{\tau}-1\right)}{\dfrac{\alpha}{1-\alpha} + \varphi\gamma\varepsilon}, & T_y < \tau \leq 1 \\ 0, & 0 < \tau \leq T_y \end{cases} \tag{24}$$

其中，临界值 $T_y = \varphi\gamma\varepsilon(1-\alpha)^2/[\alpha+\varphi\gamma\varepsilon(1-\alpha)^2]$。

证明：通过对式（22）求偏导，有：$\partial y^*/\partial\beta = y^*\left\{\dfrac{\alpha\tau}{(1-\alpha)[(1-\alpha)(1-\tau)+\beta\tau]} - \dfrac{\varphi\gamma\varepsilon}{1-\beta}\right\}$。

那么，如果存在 $\Omega(\beta) = \dfrac{\alpha\tau}{(1-\alpha)[(1-\alpha)(1-\tau)+\beta\tau]} - \dfrac{\varphi\gamma\varepsilon}{1-\beta} > 0$，$\partial y^*/\partial\beta$ 的符号是正号。也就是说，其充分条件是：$\Omega(\beta)$ 是 $\beta \in [0, 1)$ 的单调减函数，且 $\lim\limits_{\beta\to1}\Omega(\beta) = -\infty$，$\lim\limits_{\beta\to0}\Omega(\beta) = \alpha\tau/[(1-\alpha)^2(1-\tau)] - \varphi\gamma\varepsilon > 0$，即 $\varphi\gamma\varepsilon(1-\alpha)^2/[\alpha+\varphi\gamma\varepsilon(1-\alpha)^2] < \tau \leq 1$。在此条件下，存在最优解 $\hat{\beta}$ 使得稳态人均产出 y^* 最大化，即 $\Omega(\beta)=0$，整理得出 $\hat{\beta} = \{[\alpha/(1-\alpha)] - \varphi\gamma\varepsilon(1-\alpha)(\tau^{-1}-1)\}/\{[\alpha/(1-\alpha)]+\varphi\gamma\varepsilon\}$。当 $\beta < \hat{\beta}$ 时，$\partial y^*/\partial\beta > 0$；当 $\beta > \hat{\beta}$ 时，$\partial y^*/\partial\beta < 0$。反之，当 $\lim\limits_{\beta\to0}\Omega(\beta) \leq 0$ 时，即 $0 < \tau \leq \varphi\gamma\varepsilon(1-\alpha)^2/[\alpha+\varphi\gamma\varepsilon(1-\alpha)^2]$，那么，最优解 $\hat{\beta}=0$。当 $\varphi=0$ 时，$\Omega(\beta)>0$，$\partial y^*/\partial\beta > 0$，则最优解 $\hat{\beta}=1$。

命题1的含义：能源税收入分配既有可能推动经济增长，也有可能阻碍经济增长，这取决于能源税税率、污染对健康的危害、健康对劳动生产率的影响等参数的综合效应。实际上，能源税收入的再利用通过两种途径作用于人均产出：一方面，由能源税收入补贴的减排活动有助于改善公众健康，提高劳动力质量，从而提升产出水平，即式（22）中 $(1-\beta)^{\varphi\gamma\varepsilon}$；另一方面，通过增加居民转移支付，原有征税所带来的居民收入扭曲将会被部分抵消，从而居民储蓄以及资本存量将会进一步增加，即式（22）中 $[(1-\alpha)(1-\tau)+\beta\tau]^{\frac{\alpha}{1-\alpha}}$。也就是说，若增加一单位居民收入补贴带来的税收扭曲减少对经济增长的正面效应大于增加一单位减排补贴带来的健康质量改善对经济增长的正面影响，此时，提高能源税收入对居民收入的补贴比例会促进经济增长；反之，它会阻碍经济增长。据此，将 $\hat{\beta}$ 的能源税收入用于补贴居民，剩余的 $1-\hat{\beta}$ 用于补贴减排活动，能够实现稳态均衡条件下的人均产出最大化，此时，经济产出的损失也是最小的。

当 $\varphi=0$，即忽略环境污染对公众健康的危害时，劳动生产率也不会受到减排活动投资的影响，即 y^* 独立于 $(1-\beta)\tau$。此时，所有征收的能源税收入应全部补贴给居民。然而，中国环境污染严重威胁公众健康已是不争的事实，为提升居民健康质量、推动人均产出的增长、跨越"环境—健康—贫困"陷阱，将能源税收入分配给减排活动就显得日益重要且急迫。

命题 2：若能源税收入作为居民转移支付的比例低于 $\hat{\beta}_U$，居民转移支付的比例越高，居民终身福利水平就越高；反之亦然。

$$\hat{\beta}_U = \begin{cases} \dfrac{\dfrac{\alpha}{1-\alpha}+1-\delta-\varphi\gamma\varepsilon(1-\alpha)\left(\dfrac{1}{\tau}-1\right)}{\dfrac{\alpha}{1-\alpha}+\varphi\gamma\varepsilon+1-\delta}, & T_U < \tau \leqslant 1 \\ 0, & 0 < \tau \leqslant T_U \end{cases} \tag{25}$$

其中，临界值 $T_U = \varphi\gamma\varepsilon(1-\alpha)^2/[\delta\alpha+1-\delta+\varphi\gamma\varepsilon(1-\alpha)^2]$。

证明：对式（23）求偏导，得到 $\dfrac{\partial U^*}{\partial\beta} = \dfrac{\tau(1+\alpha\delta-\delta)}{[(1-\alpha)(1-\tau)+\beta\tau](1-\alpha)(1-\delta)} - \dfrac{\varphi\gamma\varepsilon}{(1-\delta)(1-\beta)}$。

令 $\Gamma(\beta) = \partial U^*/\partial\beta$，那么，$\Gamma(\beta)$ 是关于 $\beta \in [0, 1)$ 的单调减函数，且 $\lim\limits_{\beta\to 1}\Gamma(\beta) = -\infty$，$\lim\limits_{\beta\to 0}\Gamma(\beta) = \tau(1+\alpha\delta-\delta)/[(1-\alpha)^2(1-\delta)(1-\tau)] - \varphi\gamma\varepsilon/(1-\alpha)$。因此，当且仅当 $\lim\limits_{\beta\to 0}\Gamma(\beta) > 0$ 时，存在一个 $\hat{\beta}_U$ 值使得 $\Gamma(\beta) = \partial U^*/\partial\beta = 0$，即 $U^*(\beta)$ 是关于 $\beta \in [0, 1)$ 的倒 U 形函数，稳态条件下存在居民终身福利水平最大化。也就是说，当 $\varphi\gamma\varepsilon(1-\alpha)^2/[\delta\alpha+1-\delta+\varphi\gamma\varepsilon(1-\alpha)^2] < \tau \leqslant 1$ 时，$\hat{\beta}_U = \left[\dfrac{\alpha}{1-\alpha}+1-\delta-\varphi\gamma\varepsilon(1-\alpha)\left(\dfrac{1}{\tau}-1\right)\right]/\left(\dfrac{\alpha}{1-\alpha}+\varphi\gamma\varepsilon+1-\delta\right)$。当 $\beta < \hat{\beta}_U$ 时，$\partial U^*/\partial\beta > 0$；当 $\beta > \hat{\beta}_U$ 时，$\partial U^*/\partial\beta < 0$。当 $\lim\limits_{\beta\to 0}\Gamma(\beta) \leqslant 0$ 时，即 $0 < \tau \leqslant \varphi\gamma\varepsilon(1-\alpha)^2/[\delta\alpha+1-\delta+\varphi\gamma\varepsilon(1-\alpha)^2]$，$\Gamma(\beta)$ 在 $\beta \in [0, 1)$ 区间内恒小于等于 0，于是 $U^*(\beta)$ 是关于 $\beta \in [0, 1)$ 的单调递减函数，当 $\hat{\beta}_U = 0$ 时，$U^*(\beta)$ 取其最大值。

命题 2 的含义：能源税收入的分配既可能提高居民福利水平，也可能会损害居民福利，这取决于居民未来期消费的主观贴现率、能源税税率、污染对健康的危害、健康对劳动生产率的影响以及资本产出弹性等参数的综合影响。从理论上讲，能源税收入分配政策对居民福利水平的作用可分解为产出效应和收入效应两部分：一方面，减排活动的补贴有助于改善公众健康，提高劳动生产率，促进产出，从而增加居民劳动收入，即式（23）中 $(1-\beta)^{\frac{\varphi\gamma\varepsilon}{1-\delta}}$；另一方面，居民转移支付的增加使得原有征税所带来的居民收入扭曲被部分抵消，也会增加居民收入，即式（23）中 $[(1-\alpha)(1-\tau)+\beta\tau]^{\frac{\alpha}{(1-\alpha)(1-\delta)}+1}$。换言之，若增加一单位居民收入补贴所抵消的税收扭曲对居民收入的正面效应大于同等减排补贴所增加的产出对居民收入的正面影响，此时，提高能源税收入补贴居民收入的比例会有利于福利水平的提高；反之，居民收入补贴的增加降低福利水平。

在不考虑环境污染危害健康的情况下，即 $\varphi = 0$ 时，U^* 独立于 $(1-\beta)\tau$。此时，不存在减排活动对居民福利水平的正向影响，所有征收的能源税收入应全部返还给居民，以实现居民福利最大化。这与命题 1 所得出的结论类似。

推论 1：由命题 1 和命题 2 可推出：①当 $0 < \tau \leqslant T_U$ 时，$\hat{\beta} = \hat{\beta}_U = 0$。此时，当 $0 < \beta < 1$ 时，$\partial y^*/\partial\beta < 0$，$\partial U^*/\partial\beta < 0$。②当 $T_U < \tau \leqslant T_y$ 时，$\hat{\beta}_U > \hat{\beta} = 0$。此时，当 $0 < \beta < \hat{\beta}_U$ 时，$\partial y^*/\partial\beta < 0$，$\partial U^*/\partial\beta > 0$；当 $\hat{\beta}_U < \beta < 1$ 时，$\partial y^*/\partial\beta < 0$，$\partial U^*/\partial\beta < 0$。③当 $T_y < \tau \leqslant 1$ 时，$\hat{\beta}_U > \hat{\beta} > 0$。此时，当 $0 < \beta < \hat{\beta}$ 时，$\partial y^*/\partial\beta > 0$，$\partial U^*/\partial\beta > 0$；当 $\hat{\beta} > \beta > \hat{\beta}_U$ 时，$\partial y^*/\partial\beta < 0$，$\partial U^*/\partial\beta > 0$；当 $\hat{\beta}_U < \beta < 1$ 时，$\partial y^*/\partial\beta < 0$，$\partial U^*/\partial\beta > 0$。

证明：由式（25）减去式（24），可得：

$$\hat{\beta}_U - \hat{\beta} = \frac{\varphi\gamma\varepsilon(1-\delta)[\tau+(1-\alpha)(1-\tau)]}{\tau\left(\dfrac{\alpha}{1-\alpha}+\varphi\gamma\varepsilon+1-\delta\right)\left(\dfrac{\alpha}{1-\alpha}+\varphi\gamma\varepsilon\right)} > 0, \text{ 其中,} \quad \frac{\varphi\gamma\varepsilon(1-\alpha)^2}{\alpha+\varphi\gamma\varepsilon(1-\alpha)^2} < \tau \leqslant 1。$$

推论 1 的含义:当能源税税率在 $(0, T_U)$ 范围内时,将能源税收入全部用于补贴减排活动,能够同时实现人均产出最大化与居民福利水平最大化;当能源税税率在 $(T_U, 1]$ 范围内时,提高能源税收入对居民收入的补贴比例将有利于居民福利水平的提高,但可能会阻碍人均产出的增长。这主要归因于上文所提到的产出效应与收入效应的综合影响。当 $\tau \in (T_U, 1]$ 时,$0 < \beta < \hat{\beta}$ 意味着增加能源税收入对居民的补贴会产生正的产出效应和正的收入效应,从而提高稳态水平下的终身福利和人均产出;$\hat{\beta} < \beta < \hat{\beta}_U$ 意味着税收收入对居民补贴的增加将会产生负的产出效应和正的收入效应,而前者效应小于后者,从而提高了居民福利水平,降低了人均产出;同样地,$\hat{\beta}_U < \beta < 1$ 意味着提高能源税收入对居民收入的补贴比例将会产生负的产出效应和正的收入效应,而前者效应大于后者时,总福利效应为负,从而居民福利和人均产出均受到负面影响。那么,在能源税税率给定的条件下,中国如何分配能源税收入,是否能够同时促进人均产出和居民福利水平,将在接下来一节中结合实际数据进一步讨论。

四、最优能源税收入分配

本文接下来拟基于中国实际情况来考察最优能源税收入分配政策,定量化回答中国是否存在同时满足人均产出最大化和福利最大化的能源税收入再利用机制,并分析各参数对最优分配比例的影响。

根据模型的设定及已有文献研究结论来确定模型中的参数,这样可以避免参数设置的随意性并使参数的取值接近现实。根据《中国统计年鉴》(2014) 数据核算,通过计算城乡居民人均可支配收入扣除人均消费支出后的余额与人均可支配收入之比,得出 2013 年我国城乡居民储蓄率为 $\delta = 27\%$,此时换算成居民消费主观贴现率为 37%。根据王小鲁和樊纲 (2002) 对劳动和资本的产出弹性估值分别为 0.4 和 0.6,张军 (2002) 的资本与劳动产出弹性分别为 0.5、0.5,随着资本丰裕度的上升,其产出弹性在长期趋于下降,故本文借鉴汪伟 (2012) 的做法,基本情形下中国资本的产出份额为 $\alpha = 0.4$;《中国统计年鉴》(2014) 数据显示,2013 年中国卫生总费用占 GDP 的 5.57%,故健康投资设为 $\theta = 0.0557$;根据 Pautrel (2009) 中的数据设定,污染对健康的影响弹性 $\varphi = 2$,$\xi = 0.025$,污染排放与减排之比对污染存量的弹性数值设为 $\gamma = 0.3$,假设当期排放污染当期全部净化,环境自净率为 100%,$\mu = 1$;[1] 关于健康服务的效率 η,本文借鉴祁毓等 (2015) 的做法,假设 $\eta = 0.12$,即在其他条件不变的情况下,健康投资每提高一个单位,居民健康将会提高 0.12 个单位。在环境污染物中,选取烟(粉)尘作为目标污染物,根据《中国统计年鉴》(2014) 可知,2013 年烟(粉)尘排放量达 1278.14 万吨,GDP 为 568845 亿元,平均每亿元产出约排放 22 吨污染物,故设污染排放强度 $z = 22$。在健康对劳动生产率的影响程度方面,Chang 等 (2016) 研究发现当大气 PM2.5 浓度值超出 15 微克/立方米阈值时,污染浓度每上升 10 微克/立方米,工人生产率每小时将会降低 0.14 美元,相当于平均小时工资的 6%。通过换算,PM2.5 浓度每

---

① 由式 (22) ~式 (25) 可知,在稳态均衡条件下,环境自净率 μ 的取值只会影响人均产出水平的高低,对居民福利水平及最优能源税收入分配比例并没有影响。而本文探讨的重点是能源税收入最优分配问题,因此,环境自净率的设定不影响本文结论。

上升 1%，工人劳动生产率将下降 0.09%，而在本模型中，假设污染物是均匀地分布在大气中，[①] 人均污染存量每上升 1 个百分点将会导致污染浓度上升 1 个百分点，劳动生产率下降 $\varepsilon\varphi$ 个百分点，[②] 即 $\varepsilon\varphi = 0.09$，也就是说，$\varepsilon = 0.045$。为方便起见，不考虑技术变动，假设 A = 1。总结上述结果，本文数值模拟的参数取值见表 1。

表 1　参数取值表

参数	A	δ	α	η	θ	μ	ξ	ε	φ	z	γ
取值	1	0.27	0.4	0.12	0.0557	1	0.025	0.045	2	22	0.3

（一）数值模拟

在表 1 给定的参数取值下，可求出能源税税率临界值 $T_y = 2.37\%$，$T_U = 1.14\%$。因此，由推论 1 可知，当能源税税率低于 1.14% 时，将能源税收入全部用于补贴减排活动，能够同时实现人均产出最大化和福利最大化的理想状态。然而，我国能源税征收尚处于探索阶段，相关能源税收入数据较少。根据欧洲统计数据（European Statistics）可知，如图 1 所示，2013 年欧盟 28 国总能源税收入占 GDP 的 1.84%，其中比重最高的是罗马尼亚，占 3%；比重最低的是挪威，占 0.95%。可见，欧洲大部分国家现有能源税税率均在临界值 $T_U = 1.14\%$ 之上。据此，考虑到我国能源环境挑战的严峻性，假设我国能源税税率高于 1.14%，此时能源税收入分配政策将难以同时实现人均产出与居民福利水平的最大化。为了针对性分析人均产出最大化和福利水平最大化之间的目标冲突，选取最严厉的能源税征收情景，即我国参照罗马尼亚确定能源税税率，设 $\tau = 3\%$，使得 $\tau > T_y > T_U$。[③]

图 2 反映了在给定能源税税率 3% 的条件下税收收入补贴居民的比例 β 对人均产出、居民福利的边际效应。A 点意味着 $\partial y^*/\partial\beta = 0$，$\hat{\beta} = 0.20$。也就是说，当能源税收入返还给居民的比例 β 在（0，0.20）范围时，能源税收入的再利用将对人均产出产生正的影响；将 20% 的能源税收入用于增加居民收入，剩余的 80% 补贴给减排活动，此时能够实现稳态均衡下的人均产出最大化。但对于居民福利而言，这种分配比例并非是最优的，正如 B 点所描述的那样，$\partial U^*/\partial\beta = 0$，$\hat{\beta}_U = 0.61$，即将 61% 的税收收入返还给居民，剩余的 39% 用于补贴减排活动，此时稳态均衡下居民福利是最大的，但这种分配比例会使得稳态人均产出水平下降很多（即 $\partial y^*/\partial\beta < 0$）。由此看出，能源税收入在居民收入与减排活动之间的分配比例无法同时满足人均产出最大化与居民福利水平最大化。[④] 那么，在实践操作中能源税收入对居民的补贴比例选取 20% 还是 61%，取决于我国政府自身的决策偏好。但可以肯定的是，能源税收入分配政策是能

[①] 倘若大气污染物均匀地分布在空气中，那么，按照箱式模型的原理，$E_2/E_1 = (C_2 - b)/(C_1 - b)$，其中，$E_1$ 与 E_2 分别代表污染气体基准排放量与未来排放量，C_1 与 C_2 分别代表污染气体基准污染浓度与未来浓度，b 是污染背景浓度值。那么，在不考虑污染背景浓度的情况下，大气污染物存量上升 1% 就会引起污染浓度上升 1%（Chen 和 He，2014），这也与事实基本相符。以北京市为例，据《中国统计年鉴》（2014~2015）可知，2014 年烟尘排放量为 5.74 万吨，相比 2013 年下降了 3.2%；PM2.5 年均浓度值为 86 微克/立方米，相比 2013 年下降了约 3.3%。

[②] 将本文式（7）中变量 h_t^e 理解为第 t 期劳动生产率 χ_t，即 $\chi_t = h_t^e$。结合式（16）可得，劳动生产率为 $\chi_t = [\eta\theta/(\xi P_t^e)]^\varepsilon$，对污染存量 P_t 求导，由此可得 $\partial \ln \chi_t/\partial \ln P_t = -\varepsilon\varphi$。也就是说，污染存量每上升 1 个百分点，劳动生产率会下降 $\varepsilon\varphi$ 个百分点。

[③] 若我国制定极度宽松的能源税政策，能源税收入在 GDP 的比重低于 1.14% 时，将税收收入全部补贴减排活动，会同时实现人均产出与居民福利的最大化。鉴于目前我国能源环境问题的严重性，本文暂不考虑我国极度宽松的能源税政策情形。此外，若我国按照欧盟 28 国平均征税标准征收，能源税税率 $\tau = 1.84\%$，即 $T_U < \tau < T_y$，模拟结果显示，同样存在人均产出最大化与福利水平最大化的目标冲突。限于篇幅，这些结果没有具体列示，感兴趣读者可向笔者索取。

[④] 如图 2 所示，随着 β 的变动，其对居民福利的边际效应影响相对较大，而对人均产出的边际效应影响相对较小，这意味着可能存在兼容产出最大化与福利最大化的次优解。那么，如何寻找能源税收入次优分配比例以同时实现产出最大化与居民福利最大化是非常有价值、有意义的课题，也是未来值得深入研究的方向。

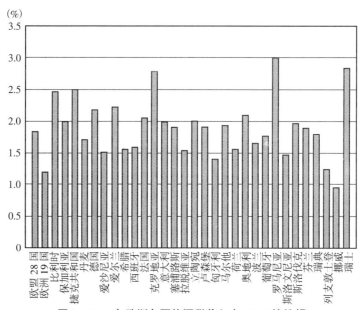

图1 2013年欧洲各国能源税收入占GDP的份额

资料来源：http://appsso.eurostat.ec.europa.eu/nui/setupDownloads.do.

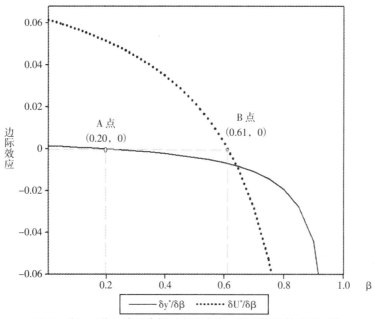

图2 能源税收入分配比例对人均产出、居民福利的边际影响

够实现经济或福利损失降低到最低水平的，有利于规避"环境—健康—贫困"陷阱。

在过去30多年里，中国政府是一个中性政府，以经济发展为准则来制定政策（贺大兴和姚洋，2011），将GDP作为评价经济福利的综合指标，较少关注居民福利水平的变化，以至于过度依赖能源消耗发展经济，环境污染日益严重。因此，从长期来看，以牺牲公众健康、破坏生态环境为代价来换取经济总量上的增长是不可取的，甚至整个经济系统有可能陷入"环境—健康—贫困"陷阱中。因此，尽管这种做法有可能会放慢经济增长速度，降低稳态均衡下的人均产出，政府仍应该将居民福利水平作为决策目标之一，以打破恶性循环的怪圈，真正实现经济—环境—公共健康的可持续协调发展。

(二) 敏感性检验

本小节将表1中的参数取值作为基准情景,结合以往学者对关键参数的赋值及中国工业化进程中经济社会未来可能发展趋势设置了关键参数变动情景,通过对比分析考察模型参数变动对能源税收入最优分配比例的影响。

如图3、图4、图5和图6所示,实线代表基准情景,虚线代表关键参数增加或减少的情形。不难看出,随着关键参数的变动,均存在$\partial y^*/\partial \beta = 0$、$\partial U^*/\partial \beta = 0$的情形;而且,在某个最优分配比例临界值之前,人均产出水平(或福利水平)随着能源税收入对居民收入的补贴比例提高而提高,当超过这个临界值时,它随着补贴比例的提高而下降。也就是说,不管关键参数如何变动,均会存在基于人均产出最大化或居民福利最大化的能源税收入最优分配比例,但又难以同时满足两者最优目标,这与命题1、命题2、推论1的结论相符,数值模拟与理论研究发现一致,结果具有稳健性。[①]

对于资本产出份额 α 而言,张芬等(2012)估计的资本产出弹性为0.5;白重恩和张琼(2014)发现:随着投资率大幅攀升和政府规模持续扩大,2008年金融危机后中国资本回报率大幅下降。基于上述研究,并结合中国工业化发展状况,本文引入 α = 0.38、α = 0.5 两种情形。如图3所示,当资本产出弹性下降时,基于人均产出最大化(或居民福利最大化)的能源税收入补贴居民的最优比例从A点(或B点)左移到A1点(B1点);反之,最优比例从A点(或B点)右移到A2点(B2点)。对此可解释为:资本产出弹性 α 的下降意味着劳动产出弹性 1 − α 的上升,原有征税所带来的收入扭曲加重;但同时,污染健康效应通过影响劳动生产率从而对人均产出产生更严重的负面影响。一旦增加减排活动的补贴比例,改善了环境质量及公众健康状况,则有利于刺激经济产出,增加居民收入,从而原有放大的税收扭曲将会被抵消。因此 α 越大,能源税收入补贴减排活动越重要;此时,政府会上调能源税收入对减排活动的补贴比例,降低居民补贴比例,保持人均产出最大化或福利最大化的状态。

在污染对健康危害程度 φ 方面,其危害程度或许远远超过目前所知程度,为此 φ 取2.4;考虑到未来医疗卫生技术的发达及居民对健康更为重视等因素影响,φ 取1.6。如图4所示,当污染对健康的危害程度 φ 下降时,基于人均产出最大化(或居民福利最大化)的能源税收入补贴居民的最优比例从A点(或B点)右移到A1点(B1点);反之,最优比例从A点(或B点)左移到A2点(B2点)。对此

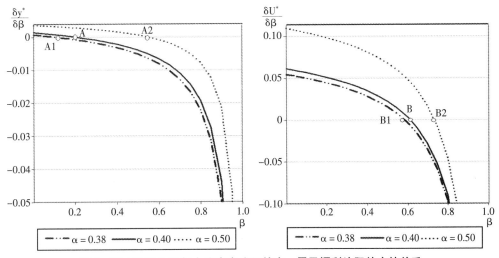

图3 资本产出份额与人均产出边际效应、居民福利边际效应的关系

---

① 另外,本文也对给定能源税税率 τ 介于临界值 T_U 与 T_y 之间的情形进行了敏感性检验,发现结果仍具有稳健性。限于篇幅,图3至图6仅列示了部分模拟结果,如需其他结果图,可向笔者索取。

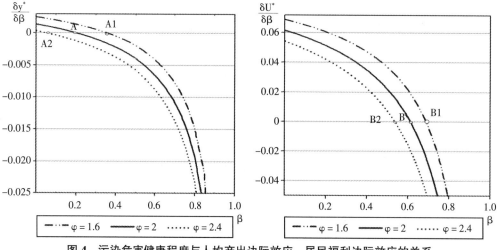

图 4　污染危害健康程度与人均产出边际效应、居民福利边际效应的关系

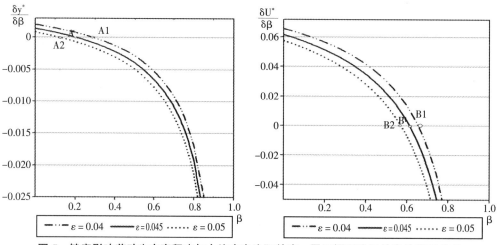

图 5　健康影响劳动生产率程度与人均产出边际效应、居民福利边际效应的关系关系

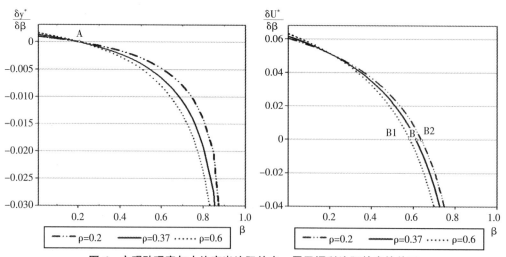

图 6　主观贴现率与人均产出边际效应、居民福利边际效应的关系

可解释为：当 φ 越小时，单位污染减排补贴对公众健康的改善越无效，此时补贴居民收入变得更加重要。因此，基于人均产出最大化或福利最大化的能源税收入对居民的补贴比例均会上升；反之亦然。

关于健康质量对劳动生产率影响 ε 的取值，由于缺乏相关的实证数据，假设基准情景中的 $\varepsilon = 0.045$

分别增加至 $\varepsilon = 0.05$ 或下降至 $\varepsilon = 0.04$。如图 5 所示，当上升时，为实现人均产出最大化（或居民福利水平最大化）的能源税收入补贴居民的最优比例从原有的 A 点（或 B 点）左移到 A2 点（B2 点）；反之，最优补贴比例右移到 A1 点（或 B1 点）。对此可解释为：当健康对劳动生产率的影响 ε 增加时，同等的健康质量改善对单位劳动产出的刺激作用增强，政府对减排活动补贴的重视程度上升，因此能源税收入补贴污染减排的比例上升，补贴居民的比例下降。

对于主观贴现率 ρ 而言，根据 Fanti 和 Gori（2011），主观贴现率取值一般为 0.2~0.6。为此，引入了主观贴现率 ρ 取值 0.2 和 0.6 两种情形，相应地，居民储蓄率 δ 分别为 0.17 和 0.37。当主观贴现率 ρ 增加时，为了平滑终身消费需求，居民更加重视储蓄，这意味着更高的资本积累和社会总产出水平 y^*，但居民工资水平 w^* 随之上升，可支配收入 $w^* + \beta\tau y^*$ 显著增加。此时，如图 6 所示，基于产出最大化的能源税收入最优分配比例不受其影响，仍固定在 A 点；但基于居民福利最大化的视角，相比于补贴居民收入，补贴减排活动显得更为重要，能源税收入补贴居民的最优比例将从 B 点左移到 B1 点，反之，最优比例将从 B 点右移到 B2 点。

五、结论与政策含义

面对"环境—健康—贫困"陷阱风险，如何制定能源税政策以实现经济与环境的协调发展成为我国政府亟须解决的问题。其中，征收能源税已成为既定事实，如何分配税收收入以减轻甚至避免经济损失成为目前学界和社会关注的热点，也关系到我国环境治理和改善民生等重大政策目标的顺利实现。考虑到环境污染对健康质量及经济产出的影响，认为应将能源税收入分配到居民收入与支持企业减排上。因此，基于健康影响经济产出的视角，本文构建 OLG 理论模型，首次讨论了在既定能源税税率水平下能源税收入在居民收入与污染减排之间的最优分配比例问题。

本文的主要结论是：第一，理论上存在能源税收入对居民收入与减排活动的最优分配比例，能够实现人均产出最大化或福利水平最大化。第二，当给定能源税税率满足阈值条件时，能源税收分配政策虽然有利于提高居民福利水平，但会阻碍经济增长。第三，结合中国实际数据，实证研究发现我国目前能源税分配政策难以同时实现人均产出与居民福利的最大化；敏感性分析表明当资本产出份额下降，或者健康对劳动生产率影响程度上升时，能源税收入补贴减排的最优比例会上升；当污染危害健康程度下降时，能源税收入对减排活动的最优补贴比例会下降；当主观贴现率上升时，基于福利最大化的能源税收入补贴减排的最优比例会上升；然而，无论参数如何变动，定性结论仍具有稳健性。

基于以上结论，并考虑到当下环境污染形势的严峻性，在未来一段时间内我国可能面临着较突出的"环境—健康—贫困"陷阱风险，为了有效突破或规避陷阱，本文的研究启示总结如下：

（1）征收能源税并将其收入用于补贴居民收入及企业污染减排的能源税收政策能够发挥逆向约束与正向激励的双重作用，在最大限度上降低征收能源税所带来的经济损失与居民福利损失。比如，将能源税用于增加居民转移支付，以降低因征税所带来的收入损失；它还可以用于奖励积极采用新减排技术并达到环保标准的企业，甚至对那些受能源税影响较大的能源排放密集型企业在其做出减排规划的前提下给予税收返还的短期支持。当然，能源税收入的一大用途是继续用于绿色环保支出，如专门用于研发新能源汽车等新技术、提高传统汽车燃油经济性、鼓励公交车出行等节能减排行为。如此一来，能源税政策将能源税征收与收入分配相结合，这也符合《大气污染防治行动计划》中的"谁污染、谁负责，多排放、多负担，节能减排得收益、获补偿"的原则，有利于降低征税损失，促进减排，为降低"中等收入陷阱"风险提供保障。

（2）能源税收入在居民收入与减排活动之间的补贴比例取决于政策制定者的决策偏好。过去我国片面追求国民生产总值增长，将经济产出作为评估政府官员业绩的标准，从而导致各级领导干部过度追求经济增长指标，忽视更为重要的健康、环境以及居民福祉。实际上，政策制定者的决策偏好在实现经济与环境融合方面处于非常重要的位置。目前来看，我国能源税收入分配政策无法同时实现人均产出与居民福利的最大化。因此，关于经济增长与福利增进的目标选取上需要依赖于我国政府的决策偏好。若政策导向由原有的唯 GDP 论向增进居民福祉转变，尽管可能会放慢经济增长速度，无法实现稳态均衡条件下的人均产出最大化，但会提升居民福利水平，这才是以人为本构建和谐社会的根本体现。

（3）能源税收入分配政策需要根据各地区的实际情况进行相应调整。中国地域辽阔，各地区环境污染与经济发展状况差异较大，一刀切的能源税收入分配机制在经济上往往是无效的。因此，建议在中央政府制定统一的能源税收入分配政策基础上，地方政府应根据当地实际情况，因地制宜，适当调整具体分配比例，从而兼顾各地区经济增长、环境保护与居民福祉。同时，随着现代化进程的加快推进，环境、污染和公共健康问题日益凸显，能源税收入分配政策也需要适时调整，因时制宜，才能不断提升居民福利水平、保障经济健康发展。

需要指出的是，本文的主要贡献在于从理论上分析环境、健康和经济增长之间的关系，讨论能源税收入在居民收入与企业污染减排之间的最优分配比例问题。考虑到理论研究的抽象性，本文定量结论仍需进一步经验检验和应用。

〔参考文献〕

［1］白重恩、张琼：《中国的资本回报率及其影响因素分析》，《世界经济》2014 年第 10 期。

［2］蔡昉：《"中等收入陷阱"的理论、经验与针对性》，《经济学动态》2011 年第 12 期。

［3］高颖、李善同：《征收能源消费税对社会经济与能源环境的影响分析》，《中国人口·资源与环境》2009 年第 2 期。

［4］贺大兴、姚洋：《社会平等、中性政府与中国经济增长》，《经济研究》2011 年第 11 期。

［5］加里·S. 贝克尔：《家庭经济分析》，华夏出版社 1987 年版。

［6］李钢、董敏杰、沈可挺：《强化环境管制政策对中国经济的影响——基于 CGE 模型的评估》，《中国工业经济》2012 年第 11 期。

［7］李凯杰：《环境支出促进了经济增长吗？——基于省级面板数据的研究》，《世界经济研究》2014 年第 12 期。

［8］楼继伟：《中国经济未来 15 年：风险、动力和政策挑战》，《比较》2010 年第 6 期。

［9］祁毓、卢洪友：《污染、健康与不平等——跨越"环境健康贫困"陷阱》，《管理世界》2015 年第 9 期。

［10］祁毓、卢洪友、张宁川：《环境质量、健康人力资本与经济增长》，《财贸经济》2015 年第 6 期。

［11］王德发：《能源税征收的劳动替代效应实证研究——基于上海市 2002 年大气污染的 CGE 模型的试算》，《财经研究》2006 年第 2 期。

［12］汪伟：《人口老龄化、养老保险制度变革与中国经济增长——理论分析与数值模拟》，《金融研究》2012 年第 10 期。

［13］王小鲁、樊纲：《中国经济增长的可持续性——跨世界的回顾与展望》，经济科学出版社 2000 年版。

［14］肖俊极、孙洁：《消费税和燃油税的有效性比较分析》，《经济学》（季刊）2012 年第 4 期。

［15］杨继生、徐娟、吴相俊：《经济增长与环境和社会健康成本》，《经济研究》2013 年第 12 期。

［16］杨岚、毛显强、刘琴、刘昭阳：《基于 CGE 模型的能源税政策影响分析》，《中国人口·资源与环境》2009 年第 2 期。

［17］张德荣：《"中等收入陷阱"发生机理与中国经济增长的阶段性动力》，《经济研究》2013 年第 9 期。

［18］张芬、周浩、邹薇：《公共健康支出、私人健康投资与经济增长：一个完全预见情况下的 OLG 模型》，《经济评论》2012 年第 6 期。

［19］张军：《资本形成、工业化与经济增长：中国的转轨特征》，《经济研究》2002 年第 6 期。

［20］郑秉文：《"中等收入陷阱"与中国发展道路——基于国际经验教训的视角》，《中国人口科学》2011 年第 1 期。

［21］张为付、潘颖：《能源税对国际贸易与环境污染影响的实证研究》，《南开经济研究》2007 年第 3 期。

［22］中华人民共和国国家统计局：《中国统计年鉴》(2014)，中国统计出版社 2014 年版。

［23］Chang, T., J. G. Zivin, T. Gross and M. Neidell, "Particulate Pollution and the Productivi-ty of Pear Packers", *American Economic Journal: Economic Policy*, 2016 (8)：141–169.

［24］Chen S. and L. He, "Welfare Loss of China's Air Pollution: How to Make Personal Vehicle Transportation Policy", *China Economic Review*, 2014 (3)：106–118.

［25］Chiroleu-Assouline, M. and M. Fodha, "Double Dividend Hypothesis, Golden Rule and Welfare Distribution", *Journal of Environmental Economics and Management*, 2006 (51)：323–335.

［26］Davis, K., S. R. Collins, M. M. Doty and A. Holmgren, "Health and Productivity among U.S. Workers", Issue Brief, The Commonwealth Fund, 2005.

［27］Devol, R., A. Bedroussian, A. Charuworn, et al., "An Unhealthy America: The Economic Burden of Chronic Disease", Milken Institute, 2007.

［28］Diamond, P. A., "National Debt in a Neoclassical Growth Model", *American Economic Review*, 1965 (55)：1126–1150.

［29］Fanti, L. and L. Gori, "Public Health Spending, Old-age Productivity and Economic Growth: Chaotic Cycles under Perfect Foresight", *Journal of Economic Behavior & Organization*, 2011 (78)：137–151.

［30］Goodstein, E., "Jobs and the Environment: An Overview", *Environmental Management*, 1996 (20)：313–321.

［31］John, A. and R. Pecchenino, "An Overlapping Generations Model of Growth and the Environment", *The Economic Journal*, 1994 (104)：1393–1410.

［32］Liu, G.G., W. H. Dow, A.Z. Fu, et al., "Income Productivity in China: On the Role of Health", *Journal of Health Economics*, 2008 (27)：27–44.

［33］Parry, I. W., "Pollution Taxes and Revenue Recycling", *Journal of Environmental Economics and management*, 1995 (29)：64–77.

［34］Pautrel, X., "Pollution and Life Expectancy: How Environmental Policy can Promote Growth", *Ecological Economics*, 2009 (68)：1040–1051.

［35］Pautrel, X., "Pollution, Private Investment in Healthcare, and Environmental Policy", The Scandinavian Journal of Economics, 2012 (114)：334–357.

［36］Pearce, D., "The Role of Carbon Taxes in Adjusting to Global Warming", The Economic Journal, 1991 (101)：938–948.

［37］Schneider, K., "Involuntary Unemployment and Environmental Policy: The Double Dividend Hypothesis", *The Scandinavian Journal of Economics*, 1997 (99)：45–59.

［38］Schwartz, J. and R. Repetto, "Nonseparable Utility and the Double Dividend Debate: Reconsidering the Tax-interaction Effect", *Environmental and Resource Economics*, 2000 (15)：149–157.

［39］World Health Organization, "The Global Burden of Disease: 2004 Update", Geneva, World Health Organization, 2004.

［40］World Health Organization, "WHO Air Quality Guidelines for Particulate Matter, Ozone, Nitrogen Dioxide and Sulfur Dioxide: Global Update 2005", Geneva, World Health Organization, 2006.

［41］Zivin, J.G. and M. Neidell, "The Impact of Pullution on Worker Productivity", *The American Economic Review*, 2012 (7)：3652–3673.

(本文发表在《经济研究》2017 年第 4 期)

从产业结构到现代产业体系：
继承、批判与拓展

贺　俊　吕　铁

摘　要：产业结构概念的泛化和滥用已经严重削弱了结构性分析在发展问题研究中的意义和价值。现代产业体系概念在继承了经典产业结构研究中的长期性、内生性和动态性等合理成分的基础上，针对传统产业结构研究的基本假设和主要命题与变化了的典型事实之间日益严重的冲突，从以下三个方面对其进行了拓展：一是在经济结构分析中引入知识的复杂性和经济活动的异质性等新的维度；二是在产业分工的基础上考虑到技术或知识分工等更加复杂的分工形式；三是关注被传统产业结构分析分解了的产业和产业要素之间的互动与融合特征。

关键词：产业结构；产业体系；复杂性；产品架构

现代产业体系作为一个有意义的结构性分析概念，既要能够准确承接传统产业结构研究中的合理成分，也要充分认识到既有的产业结构研究与已经发生了深刻转变的经济现实之间日益严重的冲突，在推进理论创新的同时，为解释和解决现实问题提供更有力的分析工具。

一、现代产业体系对产业结构概念的继承

在中国过去三十多年的转型发展过程中，产业结构问题受到了研究人员和政府部门的极大关注，产业结构研究成果和产业结构政策层出不穷。然而，当产业结构概念被学术界和政府部门大规模快速传播的同时，也逐渐出现了该概念被泛化甚至滥用的倾向。这种泛化和滥用集中表现为一些研究成果和产业政策对经典产业结构研究基本假设和核心命题的偏离和曲解。因此，我们认为，在对传统产业结构研究进行批判和拓展之前，首先需要澄清国内学术研究和政策实践中有关经典产业结构问题研究的常见误读，还原经典产业结构研究的合理假设与命题。有意义的产业体系研究的起点正是通过充分吸收和继承经典产业结构研究中的合理成分实现去伪存真的。

继承一：结构性分析是一个长期性问题。在经典的产业结构研究中，产业结构问题是长期发展问题，而不是短期增长问题。Syrquin 在其《结构转换的模式》一文中开篇就强调，"经济发展的过程可以视为一系列相互关联的结构转换过程……（而）结构转换是一个长期的过程"[1]。产业结构指的是从产出或要素使用的角度度量的部门在经济总体中的相对重要性，由于产业结构研究将"部门"作为分析的主要对象，因此，经济活动逐渐以"产业"的形式来组织的过程，即工业化（或产业化）过程成为产业结

构变迁的核心或动因[1]。产业结构的变迁受到长期的需求结构变动、长期的收入水平变动以及制度结构变动等长期因素的影响，因此，经典的产业结构研究总是利用长期的时间序列数据来测度需求、收入等长期自变量及其对长期产业结构变动特征的影响。如 Syrquin 和 Chenery 在其 20 世纪 80 年代后期发表的一系列成果中，基本上都使用了 30 年左右的多国时间序列数据。然而反观国内，一定数量的学术研究和几乎大多数的产业政策文件都在短期的意义上使用产业结构概念。有些学者建言以调整产业结构作为解决短期经济增长问题的手段，有的规划甚至国家级的规划将产业结构统计指标确定为相关部门年度工作业绩考核指标。这种将经济学中长期意义上的产业结构问题短期化的研究和认识，是造成调结构在中国现实操作中充满机会主义的重要原因。因此，现代产业体系研究和产业结构研究必须首先在学理层面回到长期问题研究的轨道上来。

继承二：结构性分析是一个动态问题。经典的产业结构研究并没有给出刻画产业结构变迁的永恒不变的普遍模式，而是将经济发展视为一个不断调整的动态过程。认为经典产业结构研究所揭示的产业结构变动特征是经济发展的标准模式或普遍模式的观点，往往直接或间接地体现在国内的产业结构研究中。这类研究常常将中国的产业结构特征（如国民经济中的三次产业比重、工业经济中的重化工业比重等数据）与经典的产业结构研究的主要结论进行跨时期的比较，将中国当期的产业结构与所谓可比时期（通常按照可比的人均 GDP 水平确定）的一般模式的差距视为中国的产业结构"偏差"，并将经典研究所揭示的产业结构变动特征视为将来中国产业结构调整的方向。普遍模式观点在国内学术界的一个表现，是将经典研究的主要结论作为中国产业结构问题分析的基本假设。例如，干春晖等在研究产业结构对中国经济增长和波动的影响时就直接"采用第三产业产值与第二产业产值之比作为产业结构高级化的度量"[2]。这类研究严重忽视了影响一国产业结构因素的多样性和复杂性，其基本假设是，影响产业结构变动的因素是相对稳定的，各国的产业结构变动模式是唯一的，经济发展过程中产业结构特征的变动是线性的。

然而，如果仔细回顾经典产业结构研究的逐步深化过程就可以发现，以 Chenery 和 Syrquin（CS）为代表的经济学家对于产业结构变动是否存在"普遍模式"是非常谨慎的。从 20 世纪 50 年代到 80 年代末，他们在不断利用更长的时期、覆盖更广泛国家的数据来修正所谓的产业结构变动模式[3][4][5][6]。Syrquin 在 20 世纪 90 年代以后的后续研究中，仍然通过不断引入国家间贸易等因素努力使基于多国数据刻画的产业结构"模式"更加稳健。在我们看来，经典产业结构研究对于推进学术界对产业结构理解的贡献，不在于提供了一个一成不变的"模式"，而在于提供了一个不断内生化更多样产业结构影响因素的分析起点和参照系。例如，基于 Syrquin 和 Chenery 提出的方法，Haraguchi 和 Rezonja（HR）利用 1963~2006 年 135 个国家的数据对产业结构变动特征进行的研究就发现，制造业在国民经济中的比重在人均 GDP 达到以 2005 年美元计算的 13500 美元左右（而不是 CS 研究得出的 39000 美元左右）时就开始出现下降，即制造业与收入水平的关系是凸的，而不像 CS 研究所揭示的是线性的[7]。造成这种差异的一个重要原因是，CS 采用的数据是样本国家处于快速工业化时期的数据，而 HR 的数据则覆盖了主要工业化国家工业发展更加完整的周期，体现了更加复杂的国家间产业分工和产业技术。可见，影响一国产业结构变动的因素是多样的，产业结构特征的呈现是动态的，并不存在唯一的产业结构变动模式。简单地拿一国特定经济发展阶段的产业结构特征与所谓的标准模式对比并以此确定一国的产业结构调整方向，具有严重的误导性。

继承三：结构性分析是一个内生性问题。在经典的产业结构研究中，产业结构是一个内生的结果或过程，而不是外生的原因。总体上看，经典产业结构的研究工作主要围绕两个方面展开，一方面是揭示多国产业结构变动的长期特征，另一方面是发掘导致这些特征的影响因素及其作用机制。在 20 世纪 60 年代的研究中，Chenery 首先将收入和国家规模纳入影响产业结构变动的分析框架中，在 20 世纪 60 年代中期以后直至 70 年代的研究中，Chenery 及其合作者强调一国对特定自然资源的依赖程度对产业结构的影响，80 年代 Ranis 和 Hayami 等学者的研究进一步引入一国的产业发展基础作为产业结构变动的影响因素[1]，而 90 年代以后 Syrquin 的研究则强调国家间的贸易和投资对产业结构的影响。可以看出，在经典的产业结构研究中，"产业结构和经济增长都不是外生变量，而是共同由复杂的供给和需求因素的相互作用导致的（结果）"[8]。更进一步，即便在看待产业结构和经济增长的关系时，经典产业结构也没有把产业结构简单视为经济增长的原因。相反，经典产业结构研究的"一个重要的假设是增长与结构变迁是相互作用的"[1]。与经典产业结构研究背离，从而把产业结构外生化相关的一个错误认识，是把产业结构概念工具化，即将产业结构本身作为经济发展的目标，并相应地过度强调产业政策和政府在促进产业结构变迁中的作用。这些恰恰是经典产业结构研究者极力反对的。Chenery 在谈及结构主义的政策含义时就强调"更多的注意力应当放在如何改进新古典基本模型的现实性上，而不是主张结构主义的过度简化了的结构程式（Structuralist Formulations）……结构主义的政策建议常常过分强调发展中国家有限的行政性政策工具"[9]。在经典产业结构研究中，产业结构的国家间差异是由外生的需求、收入、自然资源禀赋和产业基础等因素决定的，而产业结构的非均衡则是由部门间的要素回报差异导致的，如果产业结构的非均衡长期存在，则一定是由于存在较高的要素流动壁垒或产业调整成本；也就是说，产业结构的长期、严重不均衡是由要素市场和产品市场的交易成本和壁垒造成的。因此，促进产业结构优化的根本机制，是创造有利于产业结构优化的基本条件，并通过形成有效的要素市场和产品市场，降低产业结构调整的成本。如果过度依赖产业结构政策，反而会使政策本身成为结构调整的障碍。

基于对经典产业结构研究的理解，我们认为，现代产业体系概念在中国的发展，应当首先厘清产业结构研究中大量似是而非的假设和命题，通过借鉴和吸收产业结构分析中的合理成分，为现代产业体系研究和产业结构研究的对话和衔接创造条件。具体来说，在经典产业结构研究的语境下，对现代产业体系问题的基本理解，首先应当是一个长期发展问题，因而不宜与短期经济问题混为一谈；其次是一个国家特定性的动态问题，应当避免任何教条的国家间比较和照搬；最后是一个内生性问题，有关现代产业体系的刻画和分析不应简单作为产业政策的目标。

二、现代产业体系对产业结构概念的拓展

虽然产业结构研究曾经对于深化中国学术界和政府部门对经济问题的理解起到了重要的作用。但不可否认，由于产业结构概念理论外延的不恰当泛化，能够继续从这个概念挖掘出有新意的高质量学术研究成果越来越少，能够真正用这个概念清晰地启发经济实践的产业政策越来越少。一种建设性的学术态度，是在重新审视产业结构理论的基本假设的基础上，通过修正这些基本假设，来弥补理论概念和不断发展的事实之间的鸿沟。现代产业体系在理论上的提出，不是用一个更时髦的词汇替代一个已经泛滥的陈词，而是在提炼新的典型事实的基础上对产业结构概念的理论内涵和外延的谨慎拓展。

1. 拓展一：产业结构的多维性

"结构红利"的逐渐减弱，使传统产业结构研究的意义受到了严重的挑战。产业结构对我国经济增长的效应问题一直是国内产业结构研究的核心问题。在过去的二十多年里，该领域积累了大量的研究成果。总体上看，在这些研究中，分析的时期越接近转型后期，产业分析的层次越细，研究发现的"结构红利"效应越不显著。例如，郭克莎、胡永泰、干春晖等主要基于转轨早期的数据和（或）三次产业数据的研究都发现，产业结构对我国经济增长具有显著的影响[10][11][12]。郑玉歆对转轨初期（1980~1990

年）中国制造业行业结构变动的研究也发现，制造业结构变动对全要素生产率增长具有显著的积极影响[13]。然而针对转轨中后期的制造业产业结构（而不是三次产业结构）的多数研究却得出了不同的结论，例如，吕铁利用1980~1997年数据的研究显示，制造业行业间的劳动力流动对劳动生产率增长的影响并不大[14]；李小平和卢现祥利用1985~2003年数据的研究也表明，中国制造业结构变动并没有导致显著的"结构红利"现象[15]。

　　理论上讲，"结构红利"减弱可以有两种竞争性的解释：一种比较直观的解释是，随着我国产业结构日益完备，通过资源在产业间再配置提升总体生产效率的空间越来越小，中国经济增长的主要动力正快速由产业间配置效率向动态效率转变。这种解释可以说是目前国内产业结构研究的主流观点。另一种可能的解释是，传统产业结构研究的"结构划分"本身存在问题——传统产业结构研究的"结构划分"很可能已经不能很好地反映近年来中国经济真正的结构性特点。结构红利是否显著，不仅取决于配置效率和动态效率之间的相对重要性，同时也取决于我们如何定义"结构"或如何划分产业，不同的结构下，配置效率提升的空间很可能是不同的。除了前文提到的基于三次产业数据的研究和基于制造业数据的研究会发现不同的"结构效应"，来自哈佛大学Hausmann和麻省理工学院Hidalgo等的研究同样为我们提出第二种可能的解释提供了重要启发。他们的研究显示，在过去60多年，由工业产品复杂性所反映的一国制造业能力是所有预测性经济指标中能够最好地解释国家长期增长前景的指标，该指标甚至能够解释国家间收入差异的至少70%[16]。该研究的一个重要特点是重新理解产业结构的内涵，并采用与传统发展经济学完全不同的产业属性测度方法。如果说Fisher和Clark的三次产业划分强调的是产品的物理形态，一般统计意义上的产业分类强调的是产品的技术相关性，Hoffmann对制造业的划分强调的是工业品的直接用途，Hausmann和Hidalgo等学者显然更强调从产业所依赖的知识的复杂性来识别产业的差别和定义产业结构。在测度层面，不同于传统的从产出或规模的角度来测度不同产业对长期经济增长的相对重要性，他们从产业的知识复杂性或所体现的能力的角度来分析不同产业对经济发展的相对重要性。也正因此，他们得出了"虽然制造业的比重在发达国家并不高，但制造业，特别是那些复杂性制造业所体现的知识能力是决定一国长期发展水平的重要因素"这一具有强烈结构政策含义的结论。

　　Hausmann等的研究事实上指出了现代产业体系研究对传统产业结构研究进行拓展的一个重要方向，即从针对现实问题的有意义的理论概念出发，而不是从照搬经典产业结构研究的既有结论出发，从新的结构视角来重新审视经济发展过程。除了Hausmann等的研究外，以日本东京大学Fujimoto教授为代表的经济学家开创的基于产品架构概念的产业研究同样具有开拓性。他们创造性地将Ulrich教授提出的产品架构概念应用于产业结构和贸易结构的研究。通过利用产业一体化架构指数来测度不同产业的一体化程度（Integral Degree），他们发现了新的一国制造业在全球产业分工体系中的结构性特征——中国在劳动密集型的低一体化程度产业具有优势，日本在劳动密集的高一体化程度产业更具优势，美国则在知识密集的低一体化程度产业更具优势[17][18]。受该研究的启发，我们很容易提出一个新的有价值的中国产业结构问题，即未来中国产业结构调整的核心任务到底是在传统产业结构研究的语境下强调优化三次产业结构和轻重工业结构，还是从能力和知识的视角出发加快发展那些更能够体现中国比较优势和动态优势的部门？Hausmann和Fujimoto等从产业发展的能力基础出发重新理解和测度产业的差异性，对产业结构变迁和国家间产业分工问题提出了新的见解，彰显了创新性的产业结构视角对于经济问题分析的重要性，而这也正是现代产业体系研究进行拓展的重要方向。需要强调的是，近年来有关新的产业分类的研究，如Margaret通过纳入共同需求和市场结构等因素的产业分类以及Hicks基于知识和生产一体化的产业分类，都非常重视微观经济行为特征对产业发展绩效和产业结构的影响[19][20]。总体上看，这些研究为探索新的产业结构分类提供了重要的理论支撑，为基于中国或跨国的产业结构经验研究提供了创新的机会。

2. 拓展二：分工形式的多样性

传统产业结构研究遇到的第二个严峻挑战是不能很有说服力地回答中国经济学研究面临的一个日益突出的困惑，即为什么按照一般的产业结构评价标准，中国的制造业产业结构高级化程度已经达到了较高水平，但中国制造业的国际竞争力与发达工业国家相比却始终存在巨大的差距。换句话说，中国向工业大国发展的过程，几乎完美地复制了经典产业结构研究所揭示的工业结构变迁的一般路径，但面对如何促进由工业大国向工业强国转变的问题时，经典产业结构理论和既有的产业结构研究都显得无力。

造成这种现象的一个重要原因是，与经典产业结构研究相对应的贸易理论主要是新古典贸易理论，而 Heckscher 和 Olin 利用要素禀赋和相对价格差异解释国家间分工的新古典贸易理论能够解释的仅是不同国家在产业层面的分工模式。按照经典产业结构和新古典贸易理论，高技术行业在国民经济和出口中比重的提升是产业升级的重要表现。事实上，随着 20 世纪 80 年代以后国际产业转移加速和加工贸易等新的分工形式的发展，以电子、信息、机械等为代表的传统上被认为是高技术或中技术的产业在我国工业和出口中的比重确实在快速提升。然而，经典产业结构和新古典贸易理论在一国的产业结构和出口结构进入相对均衡状态时就几乎失去了解释力，因为要素结构的变动（如要素成本的快速上涨）与产业结构的相对稳定在新古典的理论世界中显然是不相容的。事实上，中国的产业结构和出口结构变动正逐渐进入这个阶段。"十一五"以来，我国工业出口结构呈现出的一个重要特点就是主要行业的出口比重变动明显收窄、出口结构总体趋于稳定：以纺织服装、鞋帽为代表的劳动密集型行业出口比重分别稳定在 14%~16% 和 3%~4% 的水平，以矿产品为代表的资源型行业的出口比重稳定在 2%~3% 的水平，以化工产品为代表的资本密集型行业的出口比重稳定在 4%~5% 的水平，而以机电产品为代表的技术密集型行业的出口比重稳定在 55%~60% 的水平。即随着经济发展水平的提高，一国的工业出口结构由"极化"向"多元化"发展[21]。

直观地看，新贸易理论似乎为特定阶段的产业结构稳定性现象提供了解释，即由于规模报酬、市场结构、需求差异等因素，国家间分工由产业间分工向产业内分工转变。不同于新古典贸易理论认为同一个行业在不同的国家是同质的，新贸易理论认为不同的产业在不同发展水平的国家，甚至相同发展水平的国家都是异质的，在发展中国家快速增长的高技术行业主要是低端产品或低端细分产业。但新贸易理论的问题在于仍然不能刻画国家间的工序分工现象[22]，而且，产业内贸易理论仍然不能为我们前文提到的产业结构稳定现象提供合理的解释。卢锋提出的产品内分工理论所刻画的国家间分工模式更加符合现实的南北贸易特征，即由于外包和加工贸易等企业实践的发展，国家间的分工模式不仅向产业内，甚至向产品内转变。更重要地，产品内分工理论与产业结构稳定性现象至少是不冲突的，即虽然产业结构趋于均衡，但要素结构决定的产品内生产分工在发生变动。然而，产品内分工理论并不能解释为什么会形成这样的分工格局和国际利益分配机制，即为什么不同的生产活动会分布在不同的国家，以及为什么有些生产性活动能够从全球分工体系中获得更高的价值。导致这种局限性的一个重要原因是产品内分工理论仅考虑了生产性活动的国家间分工，对于更为深层次的、决定了生产活动分工的知识分工没有给予关注，而国家间能力的差异才是导致产业间、产业内和产品内分工差异的根源。

按照这样的逻辑，我们很自然地找到另一个现代产业体系研究拓展的重要方向，即在更加微观的层面揭示隐藏在产业分工和产品分工背后的技术分工和知识分工模式。庆幸的是，有关这个问题的研究并不是空白，近年来有关产业架构（Industry Architecture）和技术集成（Technology Integration）的研究为这方面的拓展提供了重要的理论起点。该领域研究的一个重要命题是，生产的分工不等于技术的分工。例如，在飞机发动机产业，虽然飞机发动机制造商将大量的零部件进行全球外包，但事实上总成企业在相当的核心零部件领域保留着技术优势，即飞机发动机制造商外包了零部件的生产，但并没有丧失有关零部件的技术能力[23]；在电子信息产业，那些技术领先的生产企业虽然其生产线越来越窄，但其掌握优势技术的领域却越来越宽[24]；同样，在化工产业和食品产业都存在类似的现象[25][26]。因此可以说，简单的产业分工和产品分工模式实际上掩盖了企业间和国家间更为复杂的技术和知识分工形式。虽然从产业或产品的角度看，发达国家企业将大量的零部件，甚至关键零部件生产外包给了中国企业，而且中国企业确实逐渐掌握了这些产品的生产工艺。但是从知识分工的角度看，概念设计和检测等关键能力仍然由领先企业掌握，仅是细节设计和工业设计等技术环节外包到了发展中国家。这种不体现为产品的技术集成能力是产业分工、产业内分工和产品内分工都无法刻画的①。

从更加微观、更加多样化的国家间分工形式来观察和分析产业竞争优势的来源，国家间的分工和经济结构变迁问题至关重要。无论是李嘉图的贸易理论和新古典的贸易理论都将经济发展过程视为各种要素逐渐累积的过程，而产业结构变迁仅是要素累积的自然结果。因此，按照传统国际贸易理论的预见，后发国家的经济发展水平和产业结构即便有可能向发达国家"收敛"，也绝不可能实现超越。显然，传统国际贸易理论无法解释工业发展史上屡屡出现的结构性产业赶超，甚至整体经济发展水平的赶超。解决这种理论困惑的一个重要思路是重新理解决定产业竞争力的各种要素的独特属性以及各种要素之间的关系：一方面，制度不是相对于劳动、资本、自然资源等的另外一个独立的生产要素，而是让劳动、资本、自然资源等生产性要素发挥作用并决定了要素间战略互补性关系的组织载体；②另一方面，不同于其他的物质资本和人力资本，制度能力的提升不是一个"连续变化的累积过程"，而是一个"非连续变化的创新过程"。由于传统国际贸易理论忽略了要素之间的异质性，忽略了不同的组织能力能够让相同的要素产生完全不同的生产效率，因此虽然传统国家贸易理论为理解后发国家的经济起飞问题提供了洞见，但对于回答经济起飞阶段之后的经济赶超问题却缺乏解释力和政策含义。因此，在作为微观行为的结果而表现出来的产业结构问题背后，实际上是现代产业体系研究对于产业竞争力来源问题的重新思考：经济发展过程是一个基于特定制度基础而被"组织"起来的要素累积过程，只有将要素的异质性、要素之间的匹配、制度结构和组织能力等更加丰富的因素纳入分析框架，才能更准确地理解结构变迁和产业发展的真实过程[27]。

从现代产业体系对产业结构的拓展一和拓展二可以看出，现代产业体系并没有试图否定结构性分析的意义，而是强调从不同于传统的统计意义上的、更加多维度的产业结构视角来观察经济发展过程，可以从不同于传统的、仅从产业层面且更加微观的产品和知识分工的角度来观察经济发展过程。因此，从某种意义上讲，现代产业体系研究的目标是寻找不同于传统产业结构分析的、更能够解释经济发展本质和包容新的经济现象的"结构"分析框架和工具。如果放弃了"结构"分析，现代产业体系最终会像产业结构一样变成一个包罗万象，但实际上不知为何物的概念。

3. 拓展三：产业边界的模糊性

传统产业结构研究的另一个基本假设是，产业边界是可以清晰界定的。该假设不仅体现在我们前文分析的有关产业结构变动模式的实证研究中，而且反映在有关主导产业选择这类规范性的产业结构研究中。主导产业研究的一个重要内容是刻画主导产业的经济学和统计学性质，其中最有影响的定量标准当属筱原基准（收入弹性标准和生产率增长标准）与赫希曼基准（产业关联度标准）。尽管在现实的产业政策实践中，这两个基准并没有成为主导产业选择的教条，但不可否认，这两个基准确实是产业结构研究者和政府管理部门思考主导产业问题的主流逻辑。在产业结构不完备、很多重要的产业部门仍然处于快速成长期、行业间的生产率差异较为显著的时候，这些标准确实为产业结构研究和产业政策设计提供

---

① 需要强调的是，在技术创新研究领域，技术集成和装配是两种不同层次的能力，国内的一些研究错误地将装配，甚至"山寨"等同于技术集成。技术集成能力的核心是架构创新能力。

② Fujimoto 和 Oshika（2006）虽然意识到了制度能力因素对于解释国家间产业分工和产业竞争力的重要性，但他们仍然将制度视为一个外生的、独立的要素，在他们看来，外生的制度能力和外生的产品架构之间的"匹配"程度决定了一国的贸易结构和产业竞争力。

了简单而有效的工具。然而，随着我国的产业结构日益完备、各类型行业逐渐接近均衡增长状态时，这类研究的内在逻辑缺陷和负面影响逐渐显露。其中，筱原基准的最大问题是没有考虑产业之间的相互影响。基于筱原基准的产业结构研究的一个简单表述是，应当优先发展那些生产率增长更快的产业。按照这种逻辑，一国的总体经济效率最优的状态，就是不断扩大高效率部门的比重，直到所有部门的边际效率相同。这种预设了产业之间是完全独立的、产业发展没有外溢效应的产业结构思维由于没有考虑产业之间的投入产出关系和外溢效应，因此其基于产业间比较效率研究得到的结论并不能为确定正确的产业结构调整方向提供有价值的指导。

赫希曼基准虽然注意到了产业之间的相互影响，但由于赫希曼基准仅反映了产业间用增加值测度的"投入产业"关系，因而这种供给需求意义上的关联性仅反映了产业间统计层面的、作为结果表现出来的产出依赖关系，而没有揭示产业之间投入产出背后更加复杂的知识依赖和能力互补等外溢效应。以新兴产业为例，新兴产业对于经济发展和国际产业竞争的意义不仅体现在其本身创造或因形成新的需求而拉动创造的经济价值，更体现在新兴技术以及体现这些技术的装备在其他产业的广泛应用所引致的整个工业部门生产效率的大幅提升。例如，新兴产业中的新材料、工业生物以及工业机器人等"通用技术"和设备，虽然其本身的市场规模不大，但由于其广泛应用引发的新工艺、新装备及极端制造和精细制造能力的提升却常常是决定整个产业链竞争力的瓶颈和节点。

产业互动的另外一种形式是产业内部各价值链环节之间的互动，如研发与制造之间的相互作用。遗憾的是，目前这方面的主要成果是西方学者对如何通过增强制造能力来进一步加强其创新能力的研究，而国内有关如何利用中国既有的制造优势提升创新能力的实证研究却几乎是空白。例如，Pisano 等学者的研究发现，多晶硅在生产工艺方面与电子制造具有很高的相似性，而由于电子制造向亚洲的外迁，使美国在多晶硅领域诸多的原创性技术也逐渐向亚洲转移，最后使美国在该领域的技术优势和产业竞争力逐渐丧失。Pisano 及其合作者基于翔实的案例研究还揭示了美国电子显示、锂电池、计算机和通信等诸多产业的研发能力如何由于制造的外包和转移而受到损害[28]。可以看出，他们的研究反映了两种形式的产业互动：一是由于具有相似的制造工艺，传统产业的发展能够影响到新兴产业的发展；二是由于制造和研发的融合，产业内部的制造和研发之间形成相互增强的互补效应。受他们的研究的启发，我们很容易提出诸如如何利用中国日益完善的产业配套体系加速吸引科技要素向中国的集聚、如何将传统产业积累的优势嫁接到新兴产业的发展等有意义的问题，而这些恰恰都是在现代产业体系标题下应当重点深化研究的问题。

随着技术进步和商业组织模式创新，导致传统产业边界越来越模糊化的另外一个原因是产业融合。产业融合使得统计意义上并不属于同一行业的企业变成直接的竞争对手，产业组织结构呈现出鲜明的动态化和生态化等系统特征，传统的基于市场集中度和市场势力的市场结构分析失去了解释力。产业融合实现的一个重要方式是产业平台的形成。如智能手机领域的苹果和谷歌、视屏游戏中的微软和索尼、电力系统领域的 EV 和 Hydrogenics 等，都是各自领域中的平台型企业，围绕这些企业和产品形成的产业都是平台化的生态系统组织方式。相对于市场边界清晰的传统产业，产业平台生态系统的特点，一是存在大量的围绕平台的互补品，而这些互补品（如零部件、数字内容、应用软件、广告等）往往来源于统计意义上完全不同的行业；二是存在显著的网络效应，即无论从技术还是价值创造还是利益分配的角度，这些互补品与平台之间、互补品之间、平台和互补品与消费者之间都由于显著的网络效应被紧密连接在一起；三是产业平台往往向用户提供同时包含了产品和服务的一体化解决方案，这种整体性的解决方案很难清晰地界定属于工业品还是服务品[29]。

因此，现代产业体系对产业结构概念的第三个拓展体现在，现代产业体系在承认结构分析的意义并不断努力发现经济系统新的结构特征的同时，也强调被特定结构所分割了的部门和产业之间的互动和融合。在新一轮技术革命的背景下，这种针对产业间，甚至产业内部不同价值环节之间的互动和融合的分析显得尤为重要。

三、结　语

现代产业体系问题在理论上的提出和发展，既是产业经济学和发展经济学理论发展的需要，同时也是中国经济增长的主要动力由配置效率向动态效率转变、中国的产业发展模式由多国普遍模式向中国独特模式转变的客观要求，是中国进入产业结构体系已经比较完备、产业增长开始趋于均衡、产业发展需要探索新的动力和方向的特殊阶段时的客观要求。

我们主张在继承和吸收，而不是舍弃经典产业结构研究的基础上发展现代产业体系概念，我们主张通过清晰刻画概念的理论内涵，而不是以包容所有理想成分的方式来构建现代产业体系概念。一方面，尊重经典产业结构研究的传统，现代产业体系问题应当在长期、内生和动态的层面进行研究；另一方面，现代产业体系研究应当能够很好地解决传统产业结构研究的基本假设和主要命题与变化了的典型事实之间日益严重的冲突。基于此，相对于传统的产业结构概念，现代产业体系概念至少具有以下三个方面的独特性：一是三次产业结构、轻重工业结构等传统的产业结构划分方法并不是对经济系统进行结构化分析仅有的视角，产业所基于的知识的复杂性和经济活动的差异性同样能够为产业结构理论和经验研究提供有价值的洞见；二是"产业"层面的分工仅是国家间分工的一种形式，国家间的分工形式是多层次的，传统的产业结构和贸易结构研究常常掩盖了国家间更为复杂的产品内分工及越来越重要的技术分工问题；三是产业之间的边界并不总是可以清晰界定的，在对经济系统进行有意义的结构化分析的同时，必须同时注意被分解了的产业要素之间的互动和融合特征。现代产业体系问题研究的要旨在于，从理论能够更好地反映变化了的典型事实这一基本原则出发，通过对经济现象进行创新性的结构分析以及对被各类结构分析分解了的产业、产品和经济活动之间的互动融合关系进行分析，最终实现对经济现象的系统性认识。

需要强调的是，与传统的产业结构概念不同，现代产业体系概念的外延并不是可以简单用少数统计指标来测度和刻画的，从而大大增加了现代产业体系在经验研究和实践操作中的难度。然而，这也许正是当前发展阶段中国学术界和政策制定者必须直面的问题。当中国经济已经跨越了经济发展的初始阶段、经济发展越来越没有现成的模式可循时，有意义的经济发展战略应当更多地从自身的特定性和国家间发展模式的差异性出发来思考产业发展问题，即在新的发展模式下，无论是学术界还是实践部门都必须适应更加复杂的分析框架和决策模式。

〔**参考文献**〕

　〔1〕Syrquin，M.，"Patterns of Structural Change"，in Chenery H.，& T.N. Srinivasan（ed.），*Handbook of Development Economics*，volume 1，Amsterdam：Elsevier Science Publishers，1988：203-273.

　〔2〕干春晖等：《中国产业结构变迁对经济增长和波动的影响》，《经济研究》2011 年第 5 期，第 4-16 页。

　〔3〕Chenery，H.，"Patterns of Industrial Grow"，*American Economic Review*，1960，50（4）：624-654.

　〔4〕Chenery，H. and L. Taylor，"Development Patterns：Among Countries and Over Time"，*The Review of Economics and Statistics*，1968，50（4）：391-416.

　〔5〕Chenery，H. and M. Syrquin，*Patterns of Development*：1950-1970，London：Oxford University Press，1975.

　〔6〕Chenery，H. and M. Syrquin，"Patterns of Development，1950 to 1983"，World Bank Discussion Paper，

WDP41，1989.

［7］Haraguchi, N. and R., Gorazd, "In Search of General Patterns of Manufacturing Development", UNIDO Working Paper, 2010.

［8］Matthews, R.C.O., "The Economics of Institutions and the Sources of Growth", *Economic Journal*, 1986, 96（2）: 903-918.

［9］Chenery, H., "The Structuralist Approach to Development Policy", *American Economic Review*, 1975, 65（2）: 310-316.

［10］郭克莎：《三次产业增长因素及其变动特点分析》，《经济研究》1993 年第 2 期，第 51-61 页。

［11］胡永泰：《中国全要素生产率：来自农业部门劳动力再配置的首要作用》，《经济研究》1998 年第 3 期，第 33-41 期。

［12］干春晖等：《改革开放以来产业结构演进与生产率增长研究》，《中国工业经济》2009 年第 2 期，第 55-65 页。

［13］郑玉歆：《80 年代中国制造业生产率变动及其来源研究》，载郑玉歆等《体制转换中的中国工业生产率》，社会科学文献出版社 1993 年版。

［14］吕铁：《制造业结构变化对生产率增长的影响研究》，《管理世界》2002 年第 2 期，第 87-94 页。

［15］李小平、卢现祥：《中国制造业的结构变动和生产率增长》，《世界经济》2007 年第 5 期，第 52-64 页。

［16］Hausmann, R. & C.A., Hidalgo, et al., "The Atlas of Economic Complexity: Mapping Paths to Prosperity", CID Harvard University Working Paper, 2011.

［17］Fujimoto, T. & O., Takashi, "Empirical Analysis of the Hypothesis of Architecture based Competitive Advantage and International Trade Theory", MMRC Working Paper, 2006.

［18］Fujimoto, T. & S., Yoshinori, "Inter and Intra Company Competition in the Age of Global Competition: A Micro and Macro Interpretation of Ricardian Trade Theory", *Evolutionary and Institutional Economic Review*, 2011, 8（1）: 521-534.

［19］Margaret, D., "A Systems-based Approach to Industry Classification", *Research Policy*, 2007, 39（10）: 801-813.

［20］Hicks, D., "Structural Change and Industrial Classification", *Structural Change and Economics Dynamics*, 2011, 22（5）: 265-278.

［21］宋泓：《未来 10 年中国贸易的发展空间》，《国际经济评论》2010 年第 1 期，第 55-64 页。

［22］卢锋：《产品内分工》，《经济学》（季刊），2004 年第 4 期，第 56-72 页。

［23］Prencipe, A., "Technological Capabilities and Product Evolutionary Dynamics: A Case Study from the Aero Engine Industry", Research Policy, 1997, 10（25）: 834-845.

［24］Gambardella, A. and T., Salvatore, "Does Technological Convergence Imply Convergence in Markets? Evidence from the Electronics Industry", *Research Policy*, 1998, 5（27）: 456-467.

［25］Brusoni, S. and A., Prencipe, "Unpacking the Black Box of Modularity: Technologies, Products, Organisations", *Industrial and Corporate Change*, 2001, 2（10）: 234-246.

［26］Von Tunzelmann, G. N., "Localised Technological Search and Multi-Technology Companies", *Economics of Innovation and New Technology*, 1998, 3（6）: 201-215.

［27］贺俊、吕铁：《战略性新兴产业：从政策概念到理论问题》，《财贸经济》2012 年第 5 期，第 106-113 页。

［28］Pisano, G. & W., Shih, "Producing Prosperity: Why America Needs a Manufacturing Renaissance", Boston: Harvard Business School Press, 2012.

［29］Cusumano, M., "Staying Power", Cambridge: Oxford University Press, 2010.

（本文发表在《中国人民大学学报》2015 年第 2 期）

中速增长时期的产业政策转型
——以中国装备制造业为例

王燕梅

摘　要： 中国经济进入中速增长阶段之后，如何切实加快推动产业结构升级就显得更为紧迫。本文以中国装备制造业为例，在分析既有产业政策实施效果的基础上，对于产业政策进行了反思，认为尽管产业政策对于产业增长起到了积极的作用，但是在促进产业结构升级、技术进步方面，政策效果因为缺乏企业行为方式的支持而大打折扣。对于这种重点突破式的产业扶持政策，政策手段进一步扩展的空间已经不大，而再加大政策扶持的力度，其效果又会受到企业行为方式的制约。因此，需要实现政策的转型，逐步弱化重点扶持型的产业政策，将政策重心转向影响企业行为方式的外部制度环境的建设。

关键词： 中速增长；产业政策；企业行为方式；装备制造业

一、中速增长时期产业发展面临的主要问题

2012 年中国 GDP 比上年增长 7.8%，是 1999 以来中国经济增速的最低值，也是最近 20 年来"倒数第二"的经济增长速度。各种迹象似乎都预示着，中国经济即将告别过去长达 30 年的高速增长期，正式进入中速增长阶段。

GDP 增速放缓的同时，各制造业部门的增速也接续 2011 年的下滑走势继续深度下滑。中国制造业近两年发展中遇到的问题，表面看是需求约束，实质还是供给约束。在高速增长期，产业规模的增长快于产业结构升级，形成了大量的低水平生产能力；而进入中速增长期，需求规模扩张速度下降的同时，需求结构升级快于产出结构升级，大量低水平生产能力出现过剩，而高端优质产品生产又无法满足国内需求，导致仍然需要进口大量的高端装备和零部件产品。中国进入工业化中后期，尽管社会总需求增速有所下降，但是对于高端优质产品的需求却加速增长，因此，仅是从产业结构升级进而实现进口替代的角度看，就能创造巨大的国内需求。

中国制造业面临的问题，无论在高速增长期还是中低速增长期，都是如何切实加快推动结构升级的问题，只是进入中低速增长期后这一问题显得更为紧迫。

二、中国装备制造业相关政策对产业发展的作用

    装备制造业在中国经济中占有极其重要的地位，其面临的问题也在中国制造业中具有较强的代表性。装备制造业产业政策力度加大的时期，同时也是中国工业化进程进入中期阶段、国内机械装备需求扩张和对外开放扩大的时期，各方面积极推动因素交织在一起。在没有对产业政策绩效做进一步定量评估的情况下，无法将政策因素的实施效果从各因素中单独摘取出来。但是，在中国装备制造业目前与世界先进水平仍存在较大差距的情况下，国内急需发展的整机产品和零部件比较明确，细化到产品层次的产业扶持政策和产业技术政策，对于促进结构调整、技术创新进而提升产业竞争力应该是起到了积极有效的作用。

    （1）在装备制造业总体发展与增长方面，产业政策发挥了一定的作用。21世纪以来，中国装备制造业获得了前所未有的发展。从生产规模来看，21世纪是中华人民共和国成立以来装备制造业增长最快的时期。按照机械工业联合会对规模以上企业的统计，机械装备制造业总产值年均增长率，"十五"时期平均为23.71%，"十一五"时期平均为28.05%，2011年为25.06%，而改革开放的前20年（1979~1998年）为14.1%[①]。从国内外市场占有率来看，2004年开始，机械装备进出口逆差大幅缩小并迅速转为顺差，按照SITC7（机械及运输产品）口径统计的中国出口产品国际市场占有率，从2000年的3.16%上升到2011年的15.73%；而按照机械工业联合会的初步估算，国产设备自给率不断提高，"十五"时期平均为77.89%，"十一五"时期平均达到86.16%[②]。

    从政策出台的时间来看，21世纪的最初几年，中国装备制造业的相关政策主要就是东北老工业基地技改项目中所包含的内容，以及1994年就开始的对部分企业和部分产品（铸件、锻件、模具、数控机床）实施的增值税先征后返政策。2006年《国务院关于加快振兴装备制造业的若干意见》发布以后，涉及装备制造业的各项政策出台频率才大幅提高。从20世纪末到2006年，中国装备制造业已经进入了产业规模和竞争力快速提升的时期。在高速增长的需求拉动下，装备制造业的产品结构虽然也出现了明显的升级，但中低端产品的生产能力也同样大幅增长。因此，装备制造业的产业政策虽然对于产业整体增长也发挥了积极作用，但作用是有限的。

    （2）在推动重大装备领域技术突破方面，产业政策取得了明显效果。2006年以后，中国装备制造业在继续保持较高增长速度的同时，也进入了重大技术突破更为密集的时期。尤其是随着科技重大专项实施以来，集中布局的一大批项目陆续完成，一些长期以来依赖进口、在国内一直未能实现国产化的重大装备实现了零的突破。

    2006年以后，装备制造业的产业政策进一步集中于对高端产品技术创新和产业化的支持，资金支持渠道与政策力度也呈现出多元化和不断加大的势头。一些科技重大专项实施以来，不仅资金支持力度很大，而且通过创新平台建设、应用示范工程，在物质支撑、人才集聚和产品应用等方面为重大装备研究开发和产业化提供了有力支持。当然，随着中国进入工业化中期的后半阶段，需求结构升级对于机械装备产业升级也发挥了巨大的拉动作用，但是在集中力量实现重点领域突破方面，装备制造业产业政策

[①] 1979~1998年增长率统计口径为全部工业企业，数据来源于李健、黄开亮：《中国机械工业技术发展史》，机械工业出版社2001年版，第75页。

[②] 参见《中国机械工业年鉴》（2011）。

无疑发挥了重要作用。

（3）对于从整体上提升产品质量和企业效益，产业政策缺乏实施手段而效果甚微。从产品质量来看，目前中国装备制造业在许多中高端产品领域已经具备了生产能力，但是在产品质量、稳定性和可靠性方面仍然与发达国家存在巨大差距。即使结构、功能、外观设计与国外高档产品越来越"形似"，但在产品品质方面仍然导致无法达到"神似"，使中国高端装备丧失了进入许多重要领域关键工序的机会。在中低档机械装备中也存在同样问题，甚至有报道称刚刚使用两三年的新机床质量还不如服役 20 年以上的老机床。从经济效益来看，尽管企业利润水平与 20 世纪末相比已不可同日而语，但中国机械装备工业的增加值率一直徘徊在 24%~26%，发达国家则在 30% 以上。说明装备制造业的高速增长以及同期的各种政策并没有引发行业效益的根本性改善。

以盈利能力指标反映的企业绩效是企业以及行业竞争力最表层的表现，第二层是赖以在竞争性市场上胜出的产品质量、服务、品牌等；再深入就进入了企业生产经营过程。21 世纪以来中国装备制造业的产业政策，在走向主抓重点、以点带面的同时，在实现途径方面已经脱离了传统计划经济直接管理的方式。例如，"20 世纪原机械部制定的产业政策就直接干预到企业生产过程（推广计算机辅助设计、提高设备精度和效率、建立健全质量保证体系等），进入 21 世纪，这些内容在产业政策中已不复存在"（赵英，2012）。但是企业生产经营过程才是最终决定经营绩效和产品质量的根本所在，而目前的产业政策对此只能采取提倡、鼓励等方法，而失去了直接干预的依据和实施手段。

总体来看，21 世纪以来，中国装备制造业相关政策与其他正面因素交织在一起，对于产业增长起到了积极的推动作用。但是，在市场机制越来越发挥重要作用的情况下，我们不能也不应该对产业政策对于产业整体层面的结构升级效果寄予过高期望。实际上，在有关东亚成功经验的讨论中，始终存在着新自由主义与发展型国家两种理论范式的持续交锋，当前者将东亚经济奇迹归因于不受限制的自由市场力量之时，后者将它归功于国家有效的计划理性、市场指导和产业政策（郁建兴，2008）。甚至许多日本的经济学家认为，日本经济的成功，靠的是比较健全的市场竞争机制，以及民间企业的自主经营和企业家的革新精神，而产业政策很难说对日本经济起到了推动作用。

三、中国产业政策的逻辑推演

中国的产业政策体现了一种国家干预的经济发展思路，即通过政府干预使经济落后国家获得后发优势，实现经济的赶超。这种经济发展思路既受到新古典经济学的深刻影响，又因脱胎于传统的计划经济而带有计划经济的烙印，同时又与这两者有着显而易见的差异。新古典经济学将经济视为由市场这只"看不见的手"控制的自然系统，并假定可以自动达到市场出清；而中国 21 世纪以来的经济政策所体现的发展思路，则是在肯定市场机制在资源配置中起基础作用的同时，并没有放弃政府对于经济发展的干预，认为经济发展是一项社会工程，是可以目标明确地计划和支持的过程。其隐含的逻辑是，经济发展过程中的每一个阶段都存在正确的发展路径和关键部门，政府能够有效辨识出这样的路径和部门，并通过计划、规划和相应的扶持政策，就可以促使市场主体沿着正确的方向集体努力，从而实现国家整体经济实力的赶超。

这种市场经济基础上国家干预的经济发展思路，是在中国日渐对外开放的过程中形成的，既受到当时国际经济思潮和国际经济环境的深刻影响，又有着无法抹去的历史渊源和行为惯性。一方面，20 世纪 70 年代末期，中国传统计划经济的弊端日益显露，改革开始在计划经济的框架内小幅推开，随着改革深度和广度的逐步扩大，计划经济的制度框架开始受到越来越多的质疑。与此同时，中国也迈出了对外开放的脚步，西方发达国家的经济理论与先进的科学技术同时进入了我们的视野，由此，我们开始了学习引进的过程。中国开始改革开放的 20 世纪 70 年代末期，正是主张政府宏观调节的凯恩斯主义在西方发达国家陷入困境的时期，强调资源配置效率的新古典经济学在西方发达国家占据了主流话语权。因此，随着中国改革开放步伐的加大，尤其是 20 世纪 90 年代初期确立了市场经济体制的基础地位以后，释放市场力量、强调资源配置效率、发挥市场机制和鼓励竞争成为中国毋庸置疑的经济体制改革方向。与此同时，以产品内分工为特征的新一轮经济全球化浪潮在世界范围内兴起，中国凭借劳动力、资源等要素禀赋优势迅速融入了全球分工体系，以吸收外资和出口工业制成品为标志的经济外向程度在短时间内即达到相当高的水平。

另一方面，中国政府从没有放弃对于经济的干预，不仅是对宏观经济运行的调节，还包括以产业政策的制定和实施来干预产业发展。20 世纪 80 年代，"产业政策"进入中国政府、学术界、企业界的视野，一直到 20 世纪 90 年代中期，产业政策都是在以计划经济为主的体制中实施的，带有很强的计划经济色彩。进入 21 世纪以后，各类产业政策的出台频率大幅提高，产业政策体系逐步完善（赵英，2012）。究其原因，在于经济"计划"逐步为指导性的、弹性更大的"规划"所取代，通过计划直接分配资源以干预产业发展的传统手段丧失后，产业政策成为政府干预经济运行的有力"抓手"。产业政策的制定过程以政府部门为主，虽然发挥市场机制作用已经成为政策制定中牢固不可动摇的指导思想，但出于行为惯性，在政策的实施手段上还存在较强的计划经济痕迹。与此同时，随着中国参与国际分工的深化和经济发展过程中一些深层矛盾的积累爆发，中国政府对于经济的干预也从单纯地释放市场力量向引导和约束市场主体行为、从发挥要素禀赋优势向通过技术创新构建动态比较优势转变。

因此，作为国家干预经济发展的重要手段，中国的产业政策是市场经济与计划经济手段的糅合，产业政策所要引导的经济主体是竞争性的市场主体，发挥市场机制作用是产业政策毋庸置疑的指导思想，但产业政策的实施手段又没有脱离计划经济的窠臼。

中国实施产业政策的目的是提升产业竞争力，21 世纪以来更进一步明确为通过结构升级和技术创新促进竞争力提升。产业政策一般包括产业结构政策、产业组织政策、产业技术政策和产业布局政策。中国装备制造业的相关政策，以产业扶持政策和产业技术政策为主，同时也包括产业组织政策[①]和少数产业布局政策。产业扶持政策是对产业结构政策中确定的重点产业采取的鼓励或保护措施。产业结构政策是产业政策最基本的内容，甚至有些学者认为，狭义的产业政策就是指产业结构政策。产业结构政策主要是调节产业之间资源配置的政策，其核心是产业发展的优先顺序选择问题。《国务院关于加快振兴装备制造业的若干意见》《国务院关于加快培育和发展战略性新兴产业的决定》等文件明确了装备制造业和高端装备制造业的重点发展产业地位，高端装备制造业成为中国产业结构政策中所要突出扶持的产业。产业技术政策是政府为了推动产业的技术进步、对产业技术发展实行宏观指导而制定的影响产业技术开发或转移的一系列政策措施。产业技术政策的目标在于提高产业的技术水平，促进产业结构由低级向高级发展（蔡荣生，2005）。《国家中长期科学技术发展规划纲要》（2006~2020）确定的 16 个重大专项中大部分都涉及相关先进装备的制造，而在前述文件中也几乎都涉及从多渠道提高装备制造业创新能力、促进技术进步的内容。产业技术政策是通过推动技术进步促进产业结构升级，因此，中国装备制造业的相关政策本质上是产业结构政策，力图通过技术创新，尤其是高端产品的重点技术突破带动产业结构升级，从而实现产业竞争力的提升。

---

① 与一些强调发挥规模经济效应的产业（如钢铁、水泥等）不同，产业组织结构调整虽然也出现在装备制造业相关政策的政策目标之中，但实施力度不大，甚至缺乏有效的实施手段。

　　综上，中国装备制造业相关政策是按照以下逻辑展开的：在市场经济框架下，政府干预同样可以使落后国家实现经济赶超，提升产业竞争力。当前全球分工格局决定了经济赶超不能建立在要素禀赋基础上，而必须依靠自主创新的努力建立起生产技术上的比较优势。政府干预可以在推动建立生产技术上的比较优势方面发挥作用。产业政策是国家干预经济发展的重要手段，中国装备制造业符合产业政策中关键产业与技术路线明确的标准。作为赶超经济体中的一个关键产业，装备制造业被确定为需要重点扶持的产业；而作为赶超经济体中的一个传统产业，装备制造业的技术发展路线以及迫切需要加快发展的产品和瓶颈所在也是基本明确的。作为这一逻辑框架下产业政策的实施手段，中国装备制造业的相关政策本质上是产业结构政策，力图通过技术创新尤其是高端产品的重点技术突破带动产业结构升级从而实现产业竞争力提升。由于历史的渊源，中国的产业政策糅合了市场经济与计划经济的双重手段，身处其中的装备制造业，其相关政策也具有同样的特质，例如，在资金使用上就有计划经济的影子。资金渠道方面条块分割，从中央政府看，管理权分别隶属于不同政府部门，同时各级地方政府也有相应的资金投入；资金分配方面由上至下，政府定重点，企业申请并接受审批和认定。但是，传统计划经济是"人财物、产供销"全面管理的，而近期的扶持政策落足点是资金支持，没有深入企业的生产经营管理层面，并且在结构调整、自主创新、提升质量等所涉及的机制建设方面十分乏力。

四、企业行为方式对产业政策效果的影响

　　产业政策是通过调节企业行为来实现的，政策效果取决于企业行为。有关东亚赶超经济的研究，往往纠结于赶超成功是市场的成功还是产业政策的成功。实际上无论是市场机制的自发调节还是产业政策的"引导之手"，其对于创新能力和产业结构的作用都需要通过企业行为才能转化并体现在企业和产业的竞争力上。企业行为有其相对稳定的方式，可以称为"企业行为方式"或者说是企业运行机制。企业的行为方式，是在外在制度环境下形成的理性选择，外在制度环境与企业行为方式之间是互相影响的关系。产业政策是企业外在制度环境的一个重要组成，与此同时，企业行为方式也受到其他外在制度环境的作用，如产业政策之外的政府干预、社会公平、社会文化和价值观等（见图1）。

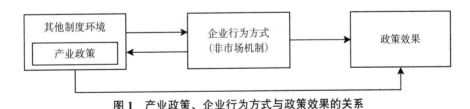

图1　产业政策、企业行为方式与政策效果的关系

　　在市场经济条件下，产业政策只能鼓励、诱导企业朝着政府期望的方向行动，而不能直接指挥企业行为。鼓励诱导的最主要措施就是通过财政、税收以及金融手段给予资金支持，无论是今天的中国还是高速增长时期的日本以及韩国，概莫能外。但是支持产业发展，不是投入资金、鼓励和诱导就足够了的。产业政策目标能否转化为企业目标，转化为企业目标后的效果如何，这些也需要考虑。产业政策只要有可行的实施手段，一般总会产生一定的政策效果，但是，是否更强的扶持力度就会带来更好的政策效果呢？并不尽然，这里，企业行为方式起了重要的作用。如果产业政策与企业行为方式相契合，产业政策的意图就能很好地体现在企业行为中，相反产业政策的效果就会大打折扣。

　　中国装备制造业相关政策的目的，是通过推动重点突破式的自主创新来促进结构升级，进而实现竞

争力的提升。那么，下面的问题就是，什么样的制度环境以及企业行为方式，有利于装备制造业的自主创新呢？装备制造业中代表性产品大多数是复杂产品系统（Complex Product Systems，CoPS），"复杂"是因为这类产品必然会涉及数量众多的零部件，需要领域广泛的知识与技能的参与。因此，中国装备制造业的自主创新应当走向"全产业链视角下的协同创新"：创新主体不再限于企业，也不仅仅着眼于装备制造业，而是涉及装备制造业产业链上的所有相关主体；创新内容包括技术创新、商业模式创新、产业组织创新、管理创新等。因此，有利于装备制造业自主创新的制度安排，其要义首先是要能够加强在创新过程中的各个主体、各个环节、各个时期之间的协调性。赖以支撑企业以及行业绩效和市场表现的，是生产经营过程中涉及的价值链各环节的能力，如产品开发能力、生产能力、市场开拓效率、风险分散能力等，而这些能力从根本上都来自企业组织能力，即协调与生产、销售、获得生产要素有关的各个方面的能力。

高柏（2008）认为，日本经济发展模式中存在着这种制度安排，"日本模式中的各种制度安排都是为了加强在创新过程中的协调而演化出来的"，他将这种制度安排称为"非市场机制"。在产业层面，体现为企业集团、主银行制、相互持股；在企业间关系中，体现为企业间的分工体系和下包制；在企业层面，则体现为终身雇佣制和年功序列制。此外，社会阶层的扁平化也起到了重要作用。陈建安（2007）用"企业行为方式"来概括企业和产业层面的制度安排，认为日本的产业政策与企业行为方式之间是互相影响的关系。日本的产业政策在很多方面"规定了企业的行为方式。主银行制、互相持股、企业系列、终身雇佣制、回避价格竞争的竞争模式、重视集团间的竞争、政官企的协调体制等，都是产业政策实施的结果，同时也是产业政策实施的前提"。克里斯托弗·弗里曼（2008）用"国家创新系统"来概括这种制度安排，包括通产省的产业政策，因"反求工程"而形成的研发、生产中的整体性思维和紧密联系，教育和培训体系的广泛发展，平等化的社会变革，特殊的竞争方式，以及相互持股的企业集团等。

日本经济发展过程中企业行为方式的形成有较为复杂的原因，并且随着日本赶超经济时代的结束，其弊端也逐步显现并受到较多的非议。尽管如此，日本在培育自主创新能力和竞争力提升方面所取得的成功是有目共睹的[①]，而这种成功中的相当一部分要归功于日本以其特有的制度安排解决了与技术进步相关的一些重要事项中的协调问题，其中可以归结到企业行为方式的制度安排既受到产业政策的影响也与社会制度变革相关。一是长期战略与短期利润的关系。日本企业着眼于长期战略而不是对短期利润的追求，这一指导思想决定了其对于引进技术的态度，不是直接拿来使用，而是通过"反求"工程，探究技术的前因后果直至内化为自己的技术能力并有所超越。着眼于长期战略是因为企业缺乏追求短期利润的动机，产业组织政策不鼓励产品市场上的价格竞争，而相互持股制度、主银行制度使企业容易获得技术投入所需的长期资金，并且没有来自资本市场和大股东的盈利压力。二是企业之间在生产和技术创新方面的协作。日本的大企业与自己的供应商形成了密切的协作关系，这种密切关系不仅来自企业集团和相互持股制度，而且受到产业政策的支持。"为了推进重化工业而重点发展大企业的产业结构政策，以及为了振兴地方经济和确保就业而着力保护中小企业的产业组织政策，使日本经济的二元结构得以存续。这种二元结构形成及延续了以长期和连续交易以及下包关系为特征的企业间多层次的分工体系"（陈建安，2007）。三是企业创新活动中各方面人员的协调，尤其是普通员工对创新的积极参与。技术创新和质量控制不仅是研发部门和管理层所关注的事情，而且得到了包括一线工人在内的全体员工的配合。这在宏观层面得到了社会平等化变革的有力支撑，通过完善社会保障制度，日本社会平等化进程在程度和速度上都超过了大多数发达国家，日本企业的管理层、白领和蓝领的收入差距变得极为微小；在企业层

[①] 在20世纪50年代早期，日本产品以价廉质次而在国际市场闻名，而到了六七十年代，日本产品已经完全扭转了其在国际市场中的形象。

面则通过终身雇佣制和年功序列制以及和企业绩效直接关联的年终奖金制度等，共同构筑了对全体员工的强大激励体系，以至于有研究认为，日本企业管理的目标从为股东利润最大化服务转向了为全体员工利益服务。

中国企业在上述与技术进步密切相关的关系协调中存在很大问题，进而形成了对自主创新的制约。一是中国过于追求短期利润，结果是长期内资源配置效率反而难以提高。过于追求短期利润有各个层次的原因，包括整个社会都弥漫的急功近利之风、融资渠道不畅、存在二元的融资市场、产品市场价格竞争激烈等。此外，政府对于经济的干预也助推了企业的短期行为。在产业政策之外，还存在其他的政府干预。"如果政府官员的业绩仍然通过所辖地区的'市场绩效'进行评价，政府对于所在地方企业的'支持之手'可能变成'掠夺之手'，即重视企业的短期业绩而忽视其长远发展"（冯华、司光禄，2013）。二是大企业与配套企业之间基于市场关系交易，缺乏深层次的协作。王伟光（2012）基于71家辽宁制造业企业的实证分析显示，"在辽宁产业创新网络中，中小企业获取外部知识的能动性较差，它们仍处于为核心企业提供简单初加工产品或零部件阶段……尽管中央和地方政府在促进企业合作创新方面的政策较多，但政策传导性弱，政策效力较差，尚未能实现产业创新网络利益共同体的联合利益最大化，政策的有效性有待加强"。三是普通员工对技术创新的参与度较低，缺乏把技术创新和质量控制落实到产品之中的激励。中国企业的员工普遍缺乏对于企业的归属感，原因在于民营和外资企业大量雇用经过短期培训即上岗的一线工人，即使是国有企业在20世纪末期的体制改革中也将普通员工视为吞噬利润的负面因素而实施"减员增效"，将其推向社会保障制度并不健全的社会；与此同时，在各类所有制企业中，普通员工与管理层的收入差距均大幅增长。在这样的制度安排下，技术创新和精细化制造因缺乏工人的配合而无法落实。

综上，近期的中国装备制造业的相关政策，在促进产业结构升级、技术进步方面，是有积极作用的；但是产业政策的效果因为缺乏企业行为方式的支持而大打折扣。企业行为方式即协调企业内外部各种关系的机制的总和，它对于形成自主创新能力和提升竞争力具有极其重要的作用。企业行为方式既受到产业政策的影响，也受到其他宏观制度安排的左右，乃至整个社会文化氛围的无形作用。

五、政策转型的方向——从重点扶持到制度环境构建

中国装备制造业的产业政策，其目的是通过高端产品的重点技术突破带动产业技术创新和结构升级，从而实现产业竞争力的提升。对于赶超经济体中的一个关键产业和传统产业，以此为目标实施政府干预并不乏成功的先例。然而，作为开放的市场经济条件下的政府干预，产业政策只能鼓励、诱导企业，但不能直接指挥企业行为，而鼓励诱导的政策工具较为狭窄，主要就是通过财政、税收以及金融手段给予资金支持，并且随着市场经济的规范将逐渐向财政手段进一步收窄。因此，对于中国装备制造业这种重点突破式的产业扶持政策，政策手段进一步扩展的空间已经不大，而再加大政策扶持的力度，其效果又会受到企业行为方式的制约。

如果从政策的拓展着眼，一种做法是将政府"干预之手"延长，直接组织企业内部以及企业之间的各种机制建设，这显然是回到了计划经济的老路；另一种做法则是跳出对特定企业的扶持政策，从影响企业行为方式的其他外部制度环境建设着手，即为了促进中国装备制造业竞争优势转型，使自主创新对于竞争力提升发挥更大作用，还需要有产业政策之外的考量。

从政府的角度，要从以下方面促进企业外部制度环境的改善：一是进一步完善全覆盖、宽领域的社

会保障制度的同时，加快推动社会平等化进程。已故的日本学者村上泰亮（1994）认为，"在发展主义中，政府必须用一个覆盖面较宽的收入政策为其产业政策做补充。为了维持发展导向计划，必须制定出缓和社会紧张关系的制度。否则，这些发展计划或许会被政治的不稳定所破坏。正是出于这种考虑，收入平等和工作保障才成为两个重要议题"（高柏，2008）。二是推动社会风尚和社会文化的转变。中国在市场化进程中对资源配置效率的片面追求助长了急功近利的社会风气，并进一步影响了制造业文化。机械装备是需要精细化制造的工业品，其技术进步不仅体现在持续创新的设计和材料运用上，还需要高品质管控下的生产体系的支撑。三是树立新的政绩观和调整政府官员的政绩考核体系。消除政府因对 GDP的追逐而干预企业经营、助推企业经营目标短期化的动机。四是继续推进体制改革，打破经济领域残存的行政壁垒。21 世纪以来，中国在经济高速增长的同时经济体制改革却陷入了停顿状态，改革的红利已经基本消耗殆尽。垄断行业的存在，以及不同所有制、不同规模企业在要素获取和使用成本上的不平等，致使部分企业的生存空间受到严重挤压，进而阻碍了企业间深度协作的发展。

从企业的角度，要从以下方面努力构建良好的小环境以弥补外部环境的不足：一是企业内部文化建设，以及员工激励与培养。装备制造业的技术进步不仅在于设计也在于加工制造，如果一线工人质量意识淡薄，综合素质不高，开发出来的中高档装备仍然无法解决质量不稳定和可靠性差的问题。企业应多借鉴中国文化中的人本管理思想，提高员工对企业的认同感和责任感。在人力资本在企业中的作用日益显著的今天，通过利润分享、为员工建立稳定的职业上升通道等"人本关怀"措施，使企业发展与员工发展更紧密地结合在一起。二是构建稳固的企业间"合作生产研发同盟"，与供应商和客户一同成长。中国装备制造企业需要在培养品质上完全可信赖的供应商和培养自身响应客户需求这两方面的能力下功夫。要从企业长期发展战略出发，从技术、资金等方面支持和培养供应商；深入客户的生产过程掌握客户需求的发展，不断满足用户发展过程中提出的新需求，使自己的产品在解决用户工艺需求方面始终保持拥有最好方案的地位。

〔参考文献〕

［1］赵英：《中国产业政策变动趋势实证研究（2000~2010）》，经济管理出版社 2012 年版。

［2］高柏：《经济意识形态与日本产业政策——1931~1965 年的发展主义》，上海人民出版社 2008 年版。

［3］郁建兴：《发展主义意识形态的反思与批判》，《马克思主义研究》，2008 年第 11 期。

［4］高柏：《新发展主义与古典发展主义——中国模式与日本模式的比较分析》，《社会学研究》2006 年第 1 期。

［5］陈建安：《日本的产业政策与企业的行为方式》，《日本学刊》2007 年第 1 期。

［6］蔡荣生：《经济政策学》，经济日报出版社 2005 年版。

［7］克里斯托弗·弗里曼：《技术政策与经济绩效：日本国家创新系统的经验》，东南大学出版社 2008 年版。

［8］冯华、司光禄：《公司治理视角下的企业边界分析》，《中国工业经济》2013 年第 2 期。

［9］王伟光、冯荣凯、尹博：《产业创新网络中的核心企业辐射力与知识溢出：基于 71 家辽宁制造业企业的实证分析》，研究报告，2012 年。

［10］村上泰亮：《反古典の政治経済学要綱——来世紀のための覚書》，中央公論社 1994 年版。

（本文发表在《当代经济科学》2014 年第 1 期）

产业生态系统与战略性新兴产业发展

李晓华　刘　峰

摘　要：基于商业生态系统、国家创新系统等既有理论，本文提出了产业生态系统的概念。与生态学家或环境学家将产业生态系统看作类似于自然生态系统的物质、能量和信息循环体系不同，本文将产业生态系统定义为对某一产业的发展产生重要影响的各种要素的集合及其相互作用的关系，包括创新生态系统、生产生态系统与应用生态系统三个子系统，以及要素供给、基础设施、社会文化环境、国际环境、政策体系等辅助因素。产业生态系统具有相互依赖、复杂连接、自我修复、共同演化等特征。产业的发展是整个产业生态系统共同作用的结果，各国在战略性新兴产业的竞争实际上就是产业生态系统的竞争，那些能够率先建立起完整的产业生态系统的国家将会在战略性新兴产业的发展中占据先机。培育和发展战略性新兴产业不能仅支持产业的某一个方面，而是要促进其所处生态系统的完善与协调。

关键词：产业生态系统；商业生态系统；国家创新系统；战略性新兴产业

一、问题提出

2008 年国际金融危机以来，世界主要发达国家纷纷提出加快发展战略性新兴产业，以保持科技前沿地位、抢占未来全球竞争的制高点。中国也在 2010 年和 2012 年相继发布《国务院关于加快培育和发展战略性新兴产业的决定》和《"十二五"国家战略性新兴产业发展规划》，以期加快培育和发展节能环保、新一代信息技术、生物、高端装备制造、新能源、新材料、新能源汽车等战略性新兴产业。战略性新兴产业一时成为学术界研究与企业界投资的热点，地方政府也纷纷将其作为新的增长点加以大力扶持和培育。

中国对战略性新兴产业的支持主要侧重于新兴技术的突破及其产业化，特别是地方政府更是将生产环节作为地方经济发展的支柱加以培育。但实际上，战略性新兴产业的发展不仅依赖于科学技术的突破，包括企业的发展环境、配套投入与互补性产品等在内的整个产业配套与支撑体系也至关重要。如同生物群落是一个有机的整体一样，产业的健康发展也需要形成健康的生态系统。只有健康的产业生态系统才能支撑新兴技术、新兴商业模式和新兴企业的成长与变革，进而推动新兴产业的繁荣。因此，除支持技术的创新与产业化之外，产业政策应当从产业生态系统的视角通盘考虑战略性新兴产业的培育和发展。

[**基金项目**] 国家社会科学基金重点项目"发展我国战略性新兴产业问题研究"（10AJL008）。

目前，学术界已经从商业生态系统、国家创新系统等相关视角对影响企业成长和产业创新的系统的构成及其组成要素的相互作用进行了研究，这些理论构成了本文的思想来源。Moore 在《哈佛商业评论》上发表的文章最先提出"商业生态系统"的概念，消费者、供应商、主要的生产者、竞争者和其他风险承担者构成了商业生态系统（Moore，1993），并在其中承担着不同的功能，各司其职，形成互赖、互依、共生的生态系统（穆尔，1999）。Lansiti 和 Levien（2004）指出，商业生态系统同生物生态系统一样，是由众多实体组成的一个大型的、松散连接的网络，企业以一种复杂的方式彼此相互作用，每一个企业的健康与绩效水平都取决于网络整体的健康与绩效状况。第二个与产业生态系统关系密切并被广泛讨论的理论是国家创新系统（National Innovation System，NIS 或 National System of Innovation，NSI）。这一概念最早由弗里曼在 1987 年出版的《技术政策与经济绩效》一书中提出，他将国家创新系统描述为"一种由公共和私人部门共同构建的网络，一切新技术的发起、引进、改良和传播都通过这个网络中各个组成部分的活动和互动得到实现"（弗里曼，2008）。Lundvall（1992）把国家创新系统的基本单元描述为企业的内部组织、企业间的关系、公共部门的作用、金融部门的体制结构、研发密集度与研发组织五个部分。他在一篇评述文章中指出，国家创新系统应该采用包含个体、组织和组织间学习的宽泛定义，唯有如此才能建立起创新与经济增长之间的联系（Lundvall，2007）。第三个与产业生态系统密切相关的理论是迈克尔·波特（2002）在《国家竞争优势》一书中提出的包括"生产要素""需求条件""相关产业和支持产业的表现""企业的战略、结构和竞争对手"四个基本因素和"机会""政府"两个附加因素的"钻石模型"。

这些研究尽管已经系统性地从不同视角研究了企业或产业的发展问题，但是并没有建立关于产业发展的完整框架，忽视了影响产业的某些方面，特别是没有用系统性的观点考察过新兴产业的发展。以这些既有的研究为基础，本文尝试构建产业生态系统的研究框架，并以此框架分析产业政策应如何支持战略性新兴产业的发展。

二、产业生态系统的构成与特征

1. 产业生态系统的构成

产业生态系统最早是产业生态学家或环境经济学家采用的概念，由 Frosch 和 Gallopoulos（1989）提出。这一派理论将经济视为一种类似于自然生态系统的循环体系，包含相互依赖的生产者、消费者和规制机构，它们相互之间及其与环境之间交换物质、能量和信息。持这种观点的学者关注在地理空间上相连或靠近的产业网络中的物质和能量流动，其目标在于充分利用生产过程中产生的各种副产品，实现产业与环境的和谐（Ruth 和 Davidsdottir，2009）。与生态或环境学家强调系统内物质、能量和信息的交换不同，本文更关心产业生态系统的各构成要素如何通过相互间的连接、依赖与协作，把产品研发、设计、生产出来并最终达至用户，实现价值的创造，进而在宏观上实现产业的健康发展与经济的繁荣。

本文将产业生态系统定义为，由能够对某一产业的发展产生重要影响的各种要素组成的集合及其相互作用关系，是由与产品的研发、生产与应用有关的大学、科研机构、原材料供应商、核心生产者、互补投入生产者、互补品生产者、中介组织、消费者等产业的各类参与者以及产业发展的支撑因素与外部环境等构成的产业赖以生存和发展的有机系统。Marklund 等（2009）在对国家创新战略进行分析时认为，创新和竞争政策应该聚焦于经济中不同关键过程的动态效率而不是单一的政策领域，在经济系统的动态变化中有四类主要的形成机制需要同时和综合地考虑：市场形成、企业形成、技术形成、科学形成。与此相类似，从产业链的视角出发，产品价值的实现也要经过创新（科学、技术）、生产（企业）和应用（市场）三个产业链过程。因此，我们将产业生态系统划分为创新生态系统、生产生态系统与应用生态系统三个子系统，它们构成了产业生态系统的核心层。此外，产业生态系统还包括支撑创新、生产与应用的要素供给、基础设施、社会文化环境、国际环境、政策体系等辅助因素（见图1）。

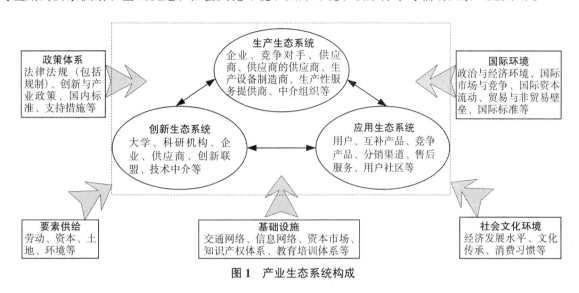

图1 产业生态系统构成

（1）创新生态系统。在知识经济时代，创新能力成为决定企业或国家竞争力的核心。创新活动的重要性不仅体现在通信、医药、互联网、航空航天等高技术领域，即使在冶金、纺织、服装等传统领域也是决定企业绩效的关键。在创新活动中，大学和科研机构主要承担着基础性、前沿性和产业共性科学与技术的研究任务，面向市场化的创新活动主要应由企业来实现。但是由于企业存在知识、能力的有限性和异质性，一个企业只在少数领域的创新活动中具有优势，或者核心企业为了更有效率地利用自身的资源，会将一些不那么重要的研发活动外包出去。例如，新药研发合同外包服务已经成为跨国医药巨头常用的研发模式，它们通过将一些非核心开发工作外包给专业、高效的中小企业，能够降低成本、缩短药物的开发时间。所以，整个产业的创新活动必须依赖由众多企业组成的创新网络。随着信息技术使协调成本显著降低，创新生态系统在广泛的产业领域中成为企业成长战略的核心元素（Adner，2006）。创新生态系统既包括企业自身的研发中心、检测中心、设计中心、中试基地等研发机构，也包括大学、科研机构、供应商和技术中介等组织。在许多产业中，由于新技术的研发投入巨大、所需知识复杂、具有很大的不确定性，为了降低创新风险、加快主导设计的确立，很多企业还会采取建立创新联盟的方式合作研发。

（2）生产生态系统。生产环节是用户效用满足和企业价值实现的物质基础，也是国民经济的重要组成部分。虽然发达国家将许多低附加值的生产环节离岸外包到发展中国家，但制造业在发达国家经济中仍然占有重要地位。特别是国际金融危机以来，以美国为代表的发达国家重新认识到实体经济的重要性，提出"重振制造业"的战略。生产生态系统包括生产最终产品的企业、竞争对手、供应商、供应商的供应商、生产设备制造、生产性服务提供商以及相关中介组织。这些参与者不仅局限于某一特定的产业，而是分布于广泛的相关产业领域之中。由于许多产品的复杂性高、生产的迂回程度高，几乎没有一家企业——哪怕是卓越的公司——能够完全实现自给自足而不依赖于原材料和零部件供应商、设备供应商的支持。以一台当下最流行的苹果iPhone 5智能手机为例，其生产过程用到近十个国家和地区的数十家企业的零部件，这些主要零部件供应商的背后同样有数十乃至上百家零部件供应商、设备供应商和服务供应商作为支撑。可见，一件产品的生产乃至一个产业的生产、制造活动是众多企业共同协作的结果。只有这些为数众多的参与者构成一个有效协作的整体，最终产品才能够得以生产出来。反之，某一参与者的缺失或薄弱，则会给生产活动造成很大的困难和障碍。

（3）应用生态系统。商品的销售过程是一个"惊险的飞跃"，只有产品能够满足用户的需求、获得用户的认可和接受，才能够实现其自身的价值。因此，产品的应用环节拥有产业发展的最终"表决权"，从产品最初的创意到生产过程，都必须指向实现用户的需求这一最终目的。应用生态系统包括用户、互补产品、竞争产品、分销渠道、售后服务、用户社区等，这些要素共同决定了用户效用的实现和用户的满意度，并通过反馈机制促进或限制产业的发展。竞争产品的存在意味着用户更多的选择；能够通过市场的繁荣带动互补品的发展，进而增加用户的价值；能够给企业以压力，驱动企业的持续创新。互补产品是产品价值实现和最大化的重要保障，特别是在网络效应市场中，互补产品的种类和质量在很大程度上决定了产品价值的大小。随着互联网技术的发展与新型商业模式的不断涌现，产品的用户能够通过网站购买评价、社交网络、博客、微博、论坛等多种形式表达对产品的感受，甚至一部分用户从消费者（Consumer）转变为产消者（Prosumer），对产品从使用（Usage）转变为产用（Produsage），直接参与产品的研发、设计和生产过程（Bruns，2008）。企业应该利用社会网络兴起的机会，同消费者保持密切的对话与合作，把消费者主动纳入企业经营活动中来。

（4）辅助因素。除创新生态系统、生产生态系统和应用生态系统三个子系统之外，产业生态系统还需要要素供给、基础设施、社会文化环境、政策体系、国际环境等辅助因素的支持。①要素供给：包括劳动、资本、土地、环境等生产要素，决定了一国的比较优势。要素供给一方面可能成为一国特定产业发展的约束条件，另一方面也会刺激新产业的产生。例如，高端劳动力的缺乏成为发展中国家高技术产业发展的瓶颈，严苛的环保标准迫使发达国家将高耗能、高排放产业转移到发展中国家，并率先发展低碳产业。②基础设施：包括交通网络、信息网络、资本市场、知识产权体系、教育培训体系等。基础设施是产业发展的必要条件，也是发展中国家经济起飞的基础。在高新技术产业领域，这些因素的重要性尤为突出。例如，互联网基础设施已经成为物联网、云计算、移动互联网等新一代信息技术产业发展的基本条件。③社会文化环境：包括经济发展水平、文化传承、消费习惯等，这些环境因素在国家间、地区间存在着很大的差异，潜移默化地影响着创新、生产与消费活动，形成各个国家创新与产业优势、商业模式、技术路线与产品特征的差异。④政策体系：包括法律法规、创新与产业政策、国内标准、支持措施等。法律、政策与产业的发展是否同步，政策支持的强度，产业管制的水平等在很大程度上会影响产业的发展速度。⑤国际环境：包括政治与经济环境、国际市场与竞争、国际资本流动、贸易与非贸易壁垒、国际标准等。国际环境因素在生产与创新全球化的今天对产业发展的重要性日益凸显。

产业的创新、生产与应用环节的发展都离不开辅助因素的支持，反过来产业的发展又能够促进与该产业相关的特定辅助因素的演化与完善。例如，产业的快速发展增加了对熟悉该领域技术、工艺、管理的员工的需求，会促使大学开设相应的专业或课程，吸引有关机构开发新的咨询与培训业务，从而促使人力资源的供给与社会教育培训体系发生改变；生产规模、市场需求的扩大会推动政府制定相关的生产、安全、应用、服务等一系列标准体系与监管法规。在某些情况下，辅助因素甚至会成为产业发展的关键。例如，在新兴产业发展的初期，政府采购、示范化应用和补贴能够降低产业发展的不确定性，快速扩大市场的规模，推动技术的成熟与完善。世界太阳能光伏产业的爆发式增长就很大程度上得益于2003年后德国、西班牙等欧盟国家推动光伏利用的法律、政策的出台。

在当前国际分工与合作高度发达、全球生产网络和全球创新网络蓬勃发展的环境下，很少有产品的研发、设计、原料、设备、生产、分销、用户等价值链的全部活动均在一个国家内部完成，而是充分利用全球范围内可获得的和最优的资源。因此，产业生态系统的地域范围并不局限于一个国家内部，而是覆盖全球范围内那些能为产业发展所用的资源。唯其如此，产业生态系统才能为一国的产业发展提供有效支撑，也只有这样的产业生态系统才是高效的。因此，虽然从目标出发，产业生态系统是关于一个国家或地区的；但是从它所覆盖的资源的角度，它更是全球化的，即全球产业生态系统。

2. 产业生态系统的主要特征

系统不是指其各组成要素构成一个系统的组织，而是指其各方面之间的关系是系统性的，它是一个系统内所有要素累积而形成的因果关系（纳如拉，2011）。如同自然生态系统一样，产业生态系统也表现出由于各要素、各成员的相互联系、相互作用而形成的系统性特征。

（1）相互依赖。在一个生态系统中，各种生物之间存在相互依赖、相互制约的关系。与此类似，产业生态系统是由众多成员参与一种产品的研发、设计、生产、分销的系统，每一个成员在该系统中都承担着必要的职能，成为产业发展所不可或缺的一部分，相互之间形成服务与被服务、供应与被供应的关系。单个的成员、要素无法创造价值，只有分散的成员、要素集合起来形成一个整体才对产业的发展具有意义。创新、生产、应用三个子系统构成了完整的产业链环节，创新子系统为生产子系统提供了技术基础和产品原型，为应用子系统提供了新的分销渠道、服务形式和用户参与方式；生产子系统将创新子系统的构想以物质或非物质的形态体现出来并提供给应用子系统；应用子系统实现产品的价值，并将用户意见反馈到创新与生产环节，甚至直接参与前两个子系统的活动，帮助前两个子系统实现不断提升。产业生态系统的相互依赖不仅表现在各子系统之间，而且表现在子系统内部。一项创新的成功常常不是独立的，而是要依赖于企业环境的变化。例如，对于空客 A380 的成功，只考虑空客是否能够成功地解决内部的创新挑战是不够的，系统内的所有其他合作者也必须解决各自的创新挑战，机场需要投资能容纳超大型飞机起降的基础设施，规制机构需要制定新的安全程序，训练模拟机构需要开发新的模拟器（Adner 和 Kapoor，2010）。

（2）复杂连接。产业生态系统是提供同类产品的成员以及有关要素的集合。在产业生态系统中，往往最终产品的提供者有多家，系统中的核心企业建立起各自的商业生态系统。这些商业生态系统之间并不是完全排斥和独立的，它们之间交叉连接，形成错综复杂的网络关系。由于生产同类产品的投入品也会具有很大的相似性，因此 A 商业生态系统的供应商常常也是 B 商业生态系统的供应商。特别是外包和柔性制造兴起后，像富士康（Foxconn）之类的外包合同供应商可以同时为众多的终端企业代工生产。甚至在有些情况下，核心企业之间也存在着投入—产出关系。例如，苹果与三星在笔记本电脑、智能手机、平板电脑、MP3 播放器等诸多领域都存在竞争关系，但三星也是苹果产品显示屏、存储器的重要供应商，同时二者之间还存在着复杂的专利许可关系。尽管支撑一个技术领域（如制药业）创新的机构系统很少与支撑另一个领域（如飞机制造业）的机构有重叠之处（尼尔森，2011），但从更广泛的产业层面来看，一件产品的生产需要来源于众多产业的原材料、零部件与设备，同时一件产品也可以作为多个产业的投入，因此，产业生态系统之间也会存在相对松散的网络化连接关系。

新兴产业的发展虽然可能是由于新技术的出现形成的，但并不意味着新兴产业是全新的，它只是脱胎于既有产业并增加了新的成分。新兴产业的发展必然要利用既有产业生态系统的某些要素，并推动既有产业生态系统演化形成能够为新兴产业服务的新的产业生态系统。所以，既有产业生态系统与新兴产业生态系统不是割裂的，而是紧密联系在一起的。以作为未来汽车产业发展方向的纯电动汽车为例，特斯拉（Tesla Motors）是纯电动车领域的先驱，也是最成功的企业。特斯拉汽车的生产获得了来自传统汽车产业的巨大帮助：松下联合特斯拉研发供电动汽车使用的下一代锂电池、丰田将加州一座工厂低价转让给特斯拉以实现特斯拉代表车型 Model S 的量产、特斯拉 Roadster 车在研发与生产过程中大量借鉴了英国莲花公司的工程力量并在最初车体设计方面借鉴了莲花 Elise 跑车的设计理念。

（3）自我修复。生态系统具有一定的自我修复能力。当生态平衡被破坏时，生态系统可以依靠自身的力量来修补某些局部损伤或破坏，以恢复到原来的状态或实现新的生态平衡。产业生态系统具有类似的自我修复能力。产业生态系统各部分间需要相互依赖，但是各部分发展不平衡的情况会经常出现，上游配套投入的瓶颈会限制核心企业的生产能力，下游互补品的瓶颈会通过限制消费者充分获得来自核心企业产品的价值而影响价值创造（Adner 和 Kapoor，2010）。当这种情况出现时，核心企业就会主动寻找新的上游部件和下游互补品的提供商，或者采取向上游或下游一体化的方式弥补市场供应的不足。反之，如果核心产品展现出了良好的市场前景，也会吸引企业自发地进入相应配件或互补产品的生产领域。但是产业生态系统的自我修复能力毕竟是有限的。一般而言，解决组织之外的关键瓶颈问题时，将资源配置给组织之外的合作者能够比配置到自己的项目上更加有效率（Adner，2006），因此，核心企业通过一体化方式解决瓶颈问题可能会是低效率的。

（4）共同演化。产业生态系统的成员一起参与产品的研发、设计、生产或分销活动，彼此相互依赖，形成了它们共同演化、发展的命运。自然选择是现代进化理论的基石，自然选择过程包含了变异的产生与选择（淘汰）两个阶段，只有那些最能适应环境特征的个体或变异特征能够最终保留下来（迈尔，2009）。在产业生态系统中，技术、参与成员、辅助因素也都在不断地发生着变化：新的科学技术、新的产品设计不断涌现，参与者不断进入、成长或衰亡，生产要素、基础设施、社会文化环境、政策体系、国际环境等辅助因素也时刻处于变化之中。这些变化通过产业生态系统各构成要素之间的联系互相影响，通过自我强化的反馈机制共同推动整个产业生态系统的演化。例如，创新投入的增加和水平提高有利于生产环节的发展，而产业规模的扩大又能够进一步增加对创新的投入，如此循环反复，推动整个系统的发展。如同自然系统一样，产业生态系统中的变化也存在着偶然性、不确定性，最终只有适应整个系统环境的变化才能保留下来并影响系统的格局。从更大范围内来说，只有适应整个全球经济社会发展环境、具有竞争力的产业生态系统才能够生存下来。

产业生态系统的演化可能是内生的，系统的参与者会不断自发地进行技术的变革、产品的创新，产业内激烈的竞争将会加速变化的过程。一般来说，系统内的核心企业会在演化中发挥更加积极的作用，它们建立平台、制定标准，带动上下游供应商做出改变。产业生态系统的演化也可能是外生的，外生的推动力既可能来自其他的产业生态系统，例如，电力、化石能源、信息技术等带有根本性创新的技术能够对几乎所有产业的发展产生深刻的影响；也可能来自辅助因素的变化，例如国际贸易的自由化或更多的贸易与非贸易壁垒、劳动力价格的上涨或短缺等。产业生态系统的演化方向并不总是趋向升级、繁荣的，其演化的过程中也可能因各种原因出现分叉，造成产业生态系统的衰落、消亡。例如，价格优势的丧失造成发达国家纺织服装产业的衰落，20 世纪 80 年代中国大飞机的发展被政府所终止。

3. 新兴产业的产业生态系统特征

在成熟产业中，产业生态系统的各个子系统、各种辅助因素都发展得比较完善，形成比较协调的相互关系。然而，新兴产业的产业生态系统是不成熟、不完善的，不仅表现在各个子系统及其内部成员上，而且表现在有关辅助因素上，产业生态系统的诸多要素与成员都无法形成对该产业的有力支撑。一是技术不成熟。新兴产业的主导技术尚未确立，同时有多条技术路线相互竞争。基础研究比较活跃，大学、科研机构对基础研究有较大投入。例如，2007 年美国大学的科研经费总额为 494 亿美元，其中医学、生命科学、海洋科学、生物工程与生物医药、航天工程等与战略性新兴产业相关领域的投入分别占到 33.4%、18.6%、18.6%、12.8% 和 10.1%（吴玮，2009）。二是市场规模小。新出现的产品虽然具有独特的价值，但是由于价格过高，只有少数领先用户（Lead User）会采用；同时，新产品的商业模式尚不明确，用户的定位不清晰也限制了市场的扩展。在网络效应市场中，用户还会由于主导设计不明确、互补产品数量少而选择观望、等待。例如，微软与以诺基亚为主的合作伙伴推出的 Windows Phone 8 智能手机就遇到作为互补产品的应用程序少的制约。三是核心企业尚未形成。主导技术范式需要经历较长的时期才能确立，此后企业将主要在主导范式下进行创新，但同时还会有许多新范式取代主导范式的尝试，兼之较小的市场规模，没有企业能够确立市场的稳固地位。四是互补企业和产品数量少。由于新产业市场容量的有限性和不确定性，零部件企业、互补产品企业不愿进入。终端产品企业无法从市场获得所需的新种类或新品质的原材料，所以只能自己制造有关的设备和零部件，随着市场的逐步扩大，市场中将会衍生出更多的配套企业（斯蒂格勒，1951），但仍然存在产业链各环节发展不同步的可能，产生对新兴产业发展的瓶颈制约。五是标准与监管体系不完善。由于主导设计不确定，统一的国际、国内标准尚在形成之中，政府有关部门也没有制定专门针对新兴产业的监管政策、市场准入政策与扶持政策。此外，服务于新兴产业的人才、中介机构、生产性服务机构、售后机构等也正在发展之中，例如，熟悉该产业领域的专门研发人才、管理人才与技术工人严重短缺。成熟产业与新兴产业的产业生态系统特征比较如表 1 所示。

表 1　成熟产业与新兴产业的产业生态系统特征比较

子系统	构成要素	成熟产业	新兴产业
创新生态系统	技术	主导技术出现，不确定性低	潜在主导设计相互竞争，不确定高
	大学、研究机构	基础研究投入少	基础研究投入多
	企业研究机构	重点是技术的改进	重点是寻找最优的技术路线
生产生态系统	核心企业	相对稳定	尚未明确
	配套投入企业	数量多，与核心企业形成比较稳定的供应关系	数量少，与核心企业处于搜寻、协调过程
	中介组织	数量多、经验丰富	数量少、水平低
应用生态系统	核心产品	种类丰富、质优价高	种类少、价格高、性能不稳定
	互补产品	种类丰富	种类少、质量低
	用户	市场规模大，用户广泛	市场规模小，只有少数领先型用户
辅助因素	标准	完善的标准体系	潜在标准相互竞争
	政策体系	比较完善，支持力度小	缺位或不完善，支持力度大
	支撑要素	丰富，匹配度高	短缺

三、新兴产业的特征与产业生态系统的重要性

良好的产业生态系统是一个产业健康发展的基础，产业生态系统中某一部分的薄弱会给整个产业的发展造成困难，某一部分的缺失则会使整个产业难以发展起来。战略性新兴产业具有根本性创新、不确定性和复杂性的特征（李晓华、吕铁，2010），是全球产业竞争的焦点，并且由于整体上处于萌芽或起步阶段，产业生态各子系统与辅助因素很不完善且相互间缺乏有机的联系与支撑。因此，推进产业生态系统的完善对于新兴产业的发展尤为重要。

1. *产品复杂性的要求*

经济发展的过程就是生产的迂回程度不断提高的过程（庞巴维克，1964），而分工的作用就是造成越来越迂回的生产方式，从而不断把先进的生产方式引入生产过程，带来生产率的大幅度提高（杨格，1996）。随着分工的深化、迂回生产程度的提高，产品也变得越来越复杂，特别是一些产品已经发展成为综合程度高、包含的子系统（模块）多、涉及多种知识和技能、界面复杂的复杂产品系统（Complex Products and Systems，CoPS）（陈劲，2007）。随着产品复杂程度的提高，一件产品往往由少则成百、多

则上万的零部件构成。例如，一辆汽车由大约 3 万个零部件组成，世界上最大的飞机空客 A380 由大约 400 万个独立部件组成。产品在工艺与生产上需要各种相互独立的技术，即使以单一技术为基础的产品，其制造工艺也往往用到好几种技术（纳如拉，2011）。此外，生产产品的设备（所谓迂回的生产方式）通常也是由其他产业提供的。因此，一个独立的企业已经很难完成一件产品生产的整个过程，而必须从其他企业和机构获得技术、原料、零部件、生产设备、研发和检测仪器等。20 世纪 80 年代以来，产业组织出现从垂直一体化向垂直分解转变的趋势，即是企业对日趋复杂环境的应对。企业的目标不是并且也无能力占据价值链的每一个环节，只能力图在一个或几个特定的价值链环节保持竞争优势、做到最好（李晓华，2005）。在这种情形下，企业与其合作伙伴之间通过产品、技术、生产过程、服务等连接而成的、相互依赖的网络愈加紧密。

战略性新兴产业的发展是由根本性创新（Radical Innovation）或颠覆式创新（Disruptive Innovation）推动的，这些根本性或颠覆式的创新往往覆盖广泛的技术领域，还有一些战略性新兴产业本身就是产业融合的产物，因而使得战略性新兴产业的复杂性尤为突出，具体表现为技术的复杂性和产业化的复杂性（李晓华、吕铁，2010）。产业核心技术的突破是一个长期复杂的过程，而且还需要其他众多的技术相配合、支持，甚至要求相关配套技术也要有重要的突破性进展。战略性新兴产业的复杂性还表现为产业化的复杂性。随着社会分工的日益细化，产业间的相互融合、交流也日趋深入，使产业间的界限变得模糊，一个产业的生产活动需要来自众多产业的技术、投入、设备的支持。例如，完成一架大型飞机的研制涉及流体力学、固体力学、计算数学、热物理、化学、信息科学、环境科学等领域，需要攻克的关键技术超过 200 项（彭勃、雷家骕，2011）。战略性新兴产业的复杂性决定了其发展必须依托于产业生态系统的发展与完善。

2. 产业协调发展的要求

产业生态系统的参与者与要素之间需要相互依赖、共同演进，其中涉及不同参与者之间的协调问题，即参与者之间如何就市场需求、主导设计等达成一致。例如，核心企业需要设备供应商提供合适的设备、零部件企业和互补品企业提供相配套的产品。在战略性新兴产业中，协调问题变得更为突出。一方面，具有网络效应的 ICT 产业是战略性新兴产业的重要组成部分。另一方面，20 世纪后期以来，随着信息技术革命的兴起，计算机、通信和互联网产业成为国民经济的重要组成部分。如果将技术按经济增长的贡献以及涉及的范围来划分，可以分为通用技术（General Purpose Technology，GPT）与特定技术（Specific Technology，ST）。通用技术涉及的范围广，对经济的影响广泛而深远，代表着能够改变居家生活和企业商业行为的变化（Bresnahan 和 Trajtenberg，1996）。作为继能源之后的一种通用技术，ICT 影响到国民经济的各个产业和生活的方方面面。不确定性从而预期对于网络效应的发挥具有非常重要的影响。两种（或两种以上）的竞争性网络产品在建立自己的用户网络或者互补品网络的初期，用户需要在不同的产品之间做出选择。但是由于企业与用户之间往往存在着信息不对称，用户难以获得有关产品质量、性能、用户规模、互补品种类等与其价值实现有关的信息。从理论上讲，用户之间可以通过协调来部分解决网络产品选择的难题，从而降低错误选择网络的风险。但由于存在着"搭便车"的动机和为数众多的消费者之间达成一致的巨大交易成本，消费者很难通过协调形成一致。在间接网络效应市场中的协调问题要更为复杂。"硬件"企业需要与"软件"企业协调，促使它们为自己的平台提供互补产品，但这里存在着悖论——"硬件"企业希望互补品提供者通过提供更大范围选择的软件来刺激新硬件产品的销量，互补者反过来希望等待，直到新硬件产品实现显著的市场渗透（Gandal 等，2000）。生产互补品的企业之间一方面也存在着集体行动的困境，另一方面相对于个体消费者还存在着竞争关系，因此这些互补品企业之间的协调就更为困难。然而一旦协调问题能够解决，用户规模的扩大、互补产品的增加将推动网络效应产品的发展，网络效应产品的发展又将推动用户规模的扩大与互补产品的增加，整个产业进入正反馈加速发展的轨道。另外，新兴产业在技术、市场、组织等方面都存在极大的不确定性，这几个方面又紧密联系在一起（李晓华、吕铁，2010）。作为一种对过去技术的颠覆，战略性新兴产业中根本性技术创新的不确定性更高。在根本性技术创新出现、主导设计尚未确立之前，由于技术发展的可能方向很多、不确定性很高，技术处于快速变化的阶段。即使产业的主导设计已经确立，技术的变化仍然可能改变技术路线并形成新的主导设计。因此，网络效应和不确定性的存在要求战略性新兴产业的发展要促进企业与用户之间、用户与用户之间、企业与企业之间的协调与共同演进，即产业生态系统的发展与完善。

3. 产业全球竞争的要求

一般而言，价值链各环节对生产要素的需求存在较大差异，不同国家、不同地区所具有的生产要素不同，其区位优势主要表现为某一特定环节的优势，因此企业可以根据需要将价值链的不同环节配置在不同的国家和地区。随着信息、航运技术的发展，企业在全球范围内配置资源的成本（包括运输成本、通信成本、交易成本、协调成本等）大幅度下降，产品的生产组织呈现片段化（Fragmentation）的趋势，产品内分工和垂直专业化成为国际分工的主导形式，外包和离岸外包成为企业在全球范围内最优配置资源和获取竞争优势的重要手段，全球生产活动连接成一个紧密的网络即全球生产网络（Henderson 等，2002）。在全球生产网络中，知识的移动也更加频繁，创新不仅在单个的国家中实施，而且常常以全球创新网络的形式跨越国家边界（Dedrick 等，2007）。跨国公司增加海外 R&D 投资，同时寻求将地理上分散的创新集群集成为全球生产、工程、发展和研究网络，这一趋势给全球生产网络增加了一个新的维度，将其转变为全球创新网络（Ernst，2007）。尽管目前企业可以在全球范围内组织生产，但是一个国家或地区的产业生态系统仍然是非常重要的，生产环节的集聚有利于降低采购成本、便利信息交流，成为一个国家或地区创新和制造能力的重要来源，决定着不同国家或地区间的国际分工地位和利益的分配。特别是跨国公司从维持自己的竞争优势出发，会对核心技术和产品进行控制；发达国家也会因为政治、经济等因素对其他国家进行先进设备、核心零部件输出的限制。因此，在一个国家内形成较为完整的产业生态系统或者培育产业生态系统中的核心企业、重要环节从而提高对产业生态系统的控制力非常必要。

4. 产业健康成长的要求

战略性新兴产业的健康成长需要以产业生态系统的各个子系统及其内部要素、辅助因素的协调发展为基础。某个子系统的发展滞后、某些关键要素的缺失以及某些辅助因素的不匹配都会拖产业发展的后腿。人为地刺激某一子系统或要素有可能促使战略性新兴产业出现快速的发展，但是如果没有构成产业生态系统的各子系统、各要素间的协调发展与共同演进，这样的产业发展很可能是畸形的、不可持续的。尽管中国从国家层面大力培育和发展战略性新兴产业的时间不长，但是在光伏、风电设备等产业领域已经出现了传统产业中出现的高能耗、高污染、产能过剩、全行业亏损等问题，产业的发展出现停滞乃至衰退，其根本原因在于产业生态系统的不完善、不协调。以光伏产业为例，中国已经是世界第一大光伏电池生产国，全国 31 个省（市、自治区）把光伏产业列为优先扶持发展的新兴产业，600 个城市中有 300 个发展光伏产业，100 多个建设了光伏产业基地，全国有 2000 多家企业在从事光伏产业，有1000 多家组件生产企业。但是与光伏电池组件生产规模失衡相对应的是上游创新生态系统与下游应用生态系统发展的严重滞后。光伏领域的核心专利、多晶硅核心设备及关键技术主要为发达国家及其大公司所拥有；国内光伏电池的应用市场规模狭小，光伏电池组件产量接近世界总产量一半，然而 95% 需要出口。产业生态系统发展的不协调使中国光伏产业处于一种畸形生长的状态，上游技术的落后造成多晶硅生产的物料及电力消耗大、生产成本高、污染大、竞争力差，而下游应用系统的薄弱造成中国光伏产业受制于国外市场。随着主要出口市场经济衰退造成的需求下降以及欧美实施"双反"制裁，中国光伏产业也随之陷入困境。因此，要使战略性新兴产业又好又快地健康发展必须依托于产业生态系统的完善。

四、产业生态系统与产业政策的理论基础

各国在战略性新兴产业上的竞争实际上就是产业生态系统的竞争，那些能够率先建立起完整的产业生态系统的国家将会在战略性新兴产业的发展中占据先机。Fransman（2010）对 ICT 生态系统的研究发现，产业生态系统特别是其在创新过程中的一些组成部分在不同国家和地区的表现差异是造成 ICT 产业发展水平差异的重要原因。当前，新的技术变革正在孕育，新的产业正在形成。然而在新兴产业中，由于技术不成熟、产业配套不完善、市场规模小，进入新兴产业的企业更需要来自外部的支持帮助它们解决这些问题。

产业生态系统的自我修复能力有限。尽管产业生态系统具有自我修复功能，但是当核心产品生产所需的投入要素或核心产品使用所需的互补产品无法从市场获取时，核心企业就必须将有限的资源投入到这些配套投入品或互补产品的生产上，而减少对核心产品的投入。经常的情形是，核心企业在配套投入品或互补产品的生产上并不具备核心能力，由于仅供自己使用，产量也无法达到最优生产规模，因此投入品的生产成本高、性能低。对资源的分散也延迟了对核心技术和核心产品的开发速度。产业生态系统的其他环节和辅助因素的不完善也会牵扯核心企业很大的精力。如果产业生态系统的短板过多，单凭一个或少数几个企业的力量是很难修复的。

产业生态系统存在外部性。在根本性创新过程中，不确定性高、风险难以估计，企业的进入意愿低，同时核心企业与配套企业、核心产品与互补产品生产者之间存在协调一致行动的困难。但是新兴产业无论技术还是产业化都具有正的外部性：技术一旦被发明出来就很容易被模仿，主导设计确定后会大大降低后来者的成本，产业化能够降低整个国家对该产品的支出。因此，从社会的角度来说，对新兴产业领域的投资有不足的倾向，需要政府政策给予必要的干预。制约产业发展的瓶颈还可能来自辅助因素，如果政府缺位而由企业承担相应的责任，则会出现与改革开放前"企业办社会"类似的低效局面。例如，当产业发展受到高端劳动力不足的制约时，政府部门应加大对专业培训机构的投入增加专门人才的供给，而不应由企业建立培训机构解决这一问题；产业管制标准的缺失会使企业花费巨大的精力来建立产业秩序。事实上，政府明确的发展战略、很少的政策支持就有可能起到非常大的推动效果。例如，中国政府培育和发展战略性新兴产业的政策出台后，企业形成了对战略性新兴产业发展的共识[①]，引发了新一轮投资热潮。

产业生态系统构成要素的重要程度不同。尽管在全球化时代，产业生态系统应该包括全球范围内的资源，但是各个国家的跨国公司仍然会对核心要素进行控制，不会任由这些核心要素转移到其他国家。只有那些拥有核心要素、核心企业的国家才能成为产业生态系统的控制者，获得丰厚的利润；而其他国家只能成为产业生态系统的跟随者，缺乏在产业竞争中的话语权。例如，在美国与韩国，因为有苹果和三星而占有了手机市场的绝大部分利润，而中国手机产量虽然居世界第一，但只能挣到微薄的组装费用。因此，培育和发展产业生态系统的核心企业就成为战略性新兴产业国际竞争的关键。

产业生态系统的关键是核心能力的保持。产业生态系统的共同演化特性决定了战略性新兴产业的发

[①] 企业对某一战略性新兴产业发展的共识不仅体现在终端产品的生产企业上，而且体现在配套投入、互补产品的生产企业上。政府的发展战略、支持政策降低了上述企业间的协调成本。

展不可能凭空而来，它必须依赖于产业生态系统中各种要素与成员的共同支撑，这些要素、成员之间以及它们与既有的产业生态系统之间有着紧密的联系，技术的变化路径常常会严重依赖于以前科学和技术的知识存量（Rosenberg，1994）。在某一终端产品竞争中的缺位不但意味着完全丢掉了该领域的发展机会，而且会影响到该终端产品的配套投入、互补产品、相关技术的研究、相关技术人才的培养锻炼等一系列产业生态系统要素的发展。如果一个国家放弃了某一战略性新兴产业的发展机会，就很有可能在以后错过与此产业技术相似的下一代战略性新兴产业的发展。国内外都有因为在产业发展上"一错而再错"的先例。美国是第一个在半导体与 LCD 领域建立显著技术领先地位的国家，其半导体技术一度领先日本大约 20 年时间。在 1985~1987 年半导体产业的衰退期间，面对日本企业的激烈竞争与产品价格的暴跌，一大批美国企业退出了市场。当市场和价格恢复时，这些企业再也无法回来。这一事件对美国企业最严重的长期损害是它们在 DRAM 技术上的核心能力被严重侵蚀。当 TFT-LCD 这一与 DRAM 有紧密联系（两者之间的联系从表面上看并不明显）的新兴产业在 20 世纪 90 年代出现时，由于该产业的巨大增长潜力，美国企业很想进入，但是由于核心能力被破坏、长期缺乏生产经验，它们已无法在 LCD 领域竞争（Peters，2006）。从这个意义上说，尽管根本性的技术创新是不连续的，是一种创造性破坏，但是支撑根本性创新与战略性新兴产业发展的能力是逐步演化的，产业生态系统的演化与发展是连续的。产业政策必须保护核心能力的持续发展。

五、结论与政策建议

以上分析表明，产业的健康发展需要完善、协调的产业生态系统做支持。战略性新兴产业本身所具有的产品复杂、不确定性及全球竞争的产业特性及其所处产业生态系统的不完善要求来自外部的支持。培育和发展战略性新兴产业不能仅支持产业的某一个单独方面，而是要促进其所处生态系统的完善与协调。在全球化竞争的时代，美国、日本、欧盟、韩国等发达国家都将发展战略性新兴产业作为抢占未来国际竞争制高点的重要战略，在研发、产业化、市场等各方面对战略性新兴产业给予大力的支持，帮助企业完善产业生态系统或弥补产业生态系统的不足，以加快战略性新兴产业的培育、突破与发展。从产业生态系统的视角出发，促进中国战略性新兴产业发展应重点抓好以下几个方面：

第一，完善创新生态系统建设，实现根本性创新的突破。根本性技术创新的出现是推动新兴产业发展的关键，也是战略性新兴产业发展的制高点。要加大对战略性新兴技术的基础科学研究、应用性研究的支持力度，以使中国能够掌握核心专利，在未来的主导设计形成与产业标准制定中获得发言权。由于在战略性新兴产业中，中国的角色已经从传统产业中的跟随者转变为发达国家的同行者，因此政府主导的技术发展战略难以取得预期的效果，必须将创新的主体从政府、研究机构转变到企业上来。政府的任务应当是推动建立有利于创新的制度环境和激励机制，通过一种竞争性的、公平的方式分配政府 R&D 资金，引导并调动大学、科研机构、创新链中的不同企业向战略性新兴产业的重大技术与相关配套技术进行投入的积极性，促进创新联盟、技术中介等新型创新组织的发展，形成以市场为导向、以企业为根本性创新与产学研用龙头的有机体系。

第二，完善生产生态系统建设，促进创新成果的产业转化。对生产环节的补贴是低效的，很容易引发投资过热、国际贸易摩擦等问题。产业政策的重点应当是引导与创造良好的产业化环境，而不是直接对生产企业进行补贴。具体来说可以从以下几方面着手：一是建立包括国内外科研机构、生产企业、原材料和零部件供应商、设备供应商的公共信息平台，减少技术产业化过程中的市场交易成本；二是加强国际对话，推动中国进一步融入世界经济体系，减少对中国进行限制的各种政治壁垒，使生产企业能够比较容易地购买到国外的先进技术、零部件与先进生产设备；三是加强知识产权保护，严厉打击侵犯知识产权的行为，使企业的创新与产业化投入能够得到应有的回报；四是改善融资环境，使作为配套投入供应商、互补品生产商的中小企业能够获得所需的资金支持与相对公平的成长环境。

第三，完善应用生态系统建设，增强需求对产业发展的拉动。从需求角度促进战略性新兴产业发展的关键是尽快扩大市场规模，政策扶持的重点应放在核心产品上，通过核心产品市场的成长带动互补品、渠道、售后服务等整个应用生态系统的完善。用户接受新产品的主要障碍是产品在产业化初期技术不成熟、稳定性差、价格高，因此应通过对用户的直接补贴使新产品获得相对于既有产品的价格竞争力，如消费品对消费者的直接补贴、投资品对企业用户的国产首台（套）装备风险补偿等。应充分发挥政府采购对市场的启动作用，在国家和地方政府投资的重点工程中优先购买战略性新兴产业的国产化成果。推动应用示范性项目的开展，通过总结示范应用和大规模应用的经验和问题，积极推动有关产品应用的法规、应用标准和技术规范的建立与完善，消除新产品的市场应用障碍。

第四，完善支撑要素的培育，创造产业发展的良好环境。产业生态系统相互依赖、共同演进的特征意味着企业、技术是"嵌入"在整个系统之中的，因此在培育和发展战略性新兴产业时，要重视要素市场的培育、基础设施的建设、社会文化环境与国际环境的改善以及政策体系的完善。在加大制造技术的研发、促进现代制造技术和制造系统的突破和应用的同时，要更加注重与现代制造技术和制造系统具有战略互补关系的配套技术、现代生产管理方法、知识型员工培养、企业组织结构和运行机制的完善（黄群慧、贺俊，2013）。通过建立科学的官员考核机制、推进要素价格形成机制改革、加强资源和生态环境保护等措施，抑制地方政府的投资冲动，理顺生产要素的价格扭曲，从而避免战略性新兴产业的生产环节脱离整个产业生态系统的畸形发展。

第五，完善产业救济政策，培育可持续的产业能力。在战略性产业发展的初期，由于产品成本高、性能不稳定，市场规模小，很大程度上依赖于政府政策的扶持来发展，产业生态系统非常脆弱，经济周期的波动、国际经济环境的变化等很多因素都会对产业发展造成致命的打击。产业的能力不是附着于某一个企业，而是附着于整个产业生态系统的系统化的能力。一旦从某一产业退出，相应的产业能力也会受到严重的损害，正如美国LCD产业一样，要想重新进入该产业或密切相关的产业就会遇到极大的困难。因此，当战略性新兴产业在发展初期遇到困难时，应对该产业施以必要的救济，比如对陷入困境的企业进行破产保护、通过国有资本注入的方式进行临时性的国有化、扩大政府采购的规模和补贴力度。这些救济措施在帮助企业渡过难关的同时，也能使产业的核心能力得到保护和延续。

〔参考文献〕

［1］Moore, J. F. Predators and Prey: A New Ecology of Competition [J]. Harvard Business Review, 1993 (3).

［2］Lansiti, M. and Levien, R. The Keystone Advantage: What the New Dynamics of Business Ecosystems Mean for Strategy, Innovation, and Sustainability [M]. Boston: Harvard Business School Press, 2004.

［3］Lundvall, B.-Å. National Systems of Innovation: Towards a Theory of Innovation and Interactive Learning [M]. London: Pinter, 1992.

［4］Lundvall, B.-Å. Innovation System Research and Policy: Where It Came from and Where It Might Go [EB/OL]. http://vbn.aau.dk/files/13354006/Postscript_Vinnova_version.doc, 2007.

［5］Frosch, R.A., Gallopoulos, N.E. Strategies for Manufacturing [J]. Scientific American, 1989 (3).

［6］Ruth, M. and Davidsdottir, B. Industrial Ecosystems, The Dynamics of Regions and Networks in Industrial Ecosystems [M]. Edward Elgar, 2009.

［7］Marklund, G., Vonortas, N. S., Wessner, C. W. The Innovation Imperative: National Innovation Strategies in the

Global Economy [M]. Edward Elgar, 2009.

[8] Adner, R. Match Your Innovation Strategy to Your Innovation Ecosystem [J]. Harvard Business Review, 2006 (4).

[9] Bruns, A. Blogs, Wikipedia, Second Life, and Beyond: From Production to Produsage [M]. Peter Lang Publishing, 2008.

[10] Adner, R. and Kapoor, R. Value Creation in Innovation Ecosystems: How the Structure of Technological Interdependence Affects Firm Performance in New Technology Generations [J]. Strategic Management Journal, 2010 (31).

[11] Bresnahan, T. F., Trajtenberg, M. General Purpose Technologies: "Engines of growth"? [J]. Journal of Econometrics, 1996 (65).

[12] Gandal, N., Kende, M., Rob, R. The Dynamics of Technological Adoption in Hardware/Software Systems: The Case of Compact Disc Players [J]. The Rand Journal of Economics, 2000 (1).

[13] Henderson, J., Dicken, P., Hess, M., Coe, N. and Yeung H. W. Global Production Networks and the Analysis of Economic Development [J]. Review of International Political Economy, 2002 (3).

[14] Dedrick, J., Kraemer, K. L., Linden, G. Capturing Value in a Global Innovation Network: A Comparison of Radical and Incremental Innovation [EB/OL]. http://www.escholarship.org/uc/item/2qd206g1, 2007.

[15] Ernst, D. Innovation Offshoring: Root Causes of Asia's Rise and Policy Implications [A]//Palacios, Juan J. (ed.) Multinational Corporation and the Emerging Network Economy in the Pacific Rim [C]. London: Routledge, 2007.

[16] Fransman, M. The New ICT Ecosystem: Implications for Policy and Regulation [M]. Cambridge University Press, 2010.

[17] Rosenberg, N. Exploring the Black Box: Technology, Economics and History [M]. Cambridge: Cambridge University Press, 1994.

[18] Peters, S. National Systems of Innovation: Creating High-Technology Industries [M]. Palgrave Macmillan, 2006.

[19] [美] 詹姆斯·弗·穆尔. 竞争的衰亡——商业生态系统时代的领导与战略 [M]. 梁骏等译. 北京: 北京出版社, 1999.

[20] [英] 克里斯托夫·弗里曼. 技术政策与经济绩效: 日本国家创新系统的经验 [M]. 张宇轩译. 南京: 东南大学出版社, 2008.

[21] [美] 迈克尔·波特. 国家竞争优势 [M]. 李明轩, 邱如美译. 北京: 华夏出版社, 2002.

[22] [瑞] 杰拉什·纳如拉. 全球化与技术: 相互依赖、创新系统与产业政策 [M]. 胡志坚, 王海燕主译. 北京: 知识产权出版社, 2011.

[23] [美] 理查德·R.尼尔森. 国家（地区）创新体系: 比较分析 [M]. 曾国屏等译. 北京: 知识产权出版社, 2011.

[24] [美] 恩斯特·迈尔. 进化是什么 [M]. 田洺译. 上海: 上海世纪出版集团, 2009.

[25] 吴玮. 简析美国高校科研资金投入的构成 [J]. 全球科技经济瞭望, 2009 (3).

[26] [美] G. J. 斯蒂格勒. 产业组织与政府管制 [M]. 潘振民译. 上海: 上海人民出版社, 上海三联书店, 1998.

[27] 李晓华, 吕铁. 战略性新兴产业的特征与政策导向研究 [J]. 宏观经济研究, 2010 (9).

[28] [奥] 庞巴维克. 资本实证论 [M]. 陈端译. 北京: 商务印书馆, 1964.

[29] 阿伦·杨格. 报酬递增与经济进步 [J]. 经济社会体制比较, 1996 (2).

[30] 陈劲. 复杂产品系统创新管理 [M]. 北京: 科学出版社, 2007.

[31] 李晓华. 产业组织的垂直解体与网络化 [J]. 中国工业经济, 2005 (7).

[32] 彭勃, 雷家骕. 基于产业创新系统理论的我国大飞机产业发展分析 [J]. 中国软科学, 2011 (8).

[33] 黄群慧, 贺俊. "第三次工业革命"与中国工业发展战略调整——技术经济范式转变的视角 [J]. 中国工业经济, 2013 (1).

（本文发表在《中国工业经济》2013 年第 3 期）

技术标准导入与战略性新兴产业发展

邓　洲

摘　要：技术标准具有排他性，作为私人产品的技术标准能够为拥有者带来垄断利润，因此成为领先者保持竞争优势、赶超者实现跨越发展的重要战略工具。技术领先国家一般采用两次编码过程制定技术标准并通过授权从发展中国家获取高额回报，而赶超国家应从制造能力和市场规模出发，设计有利于自身条件的自主技术标准导入机制。与传统产业相比，赶超国家面临在新兴产业中制定自主技术标准的战略机遇，当然标准成功的导入也需要满足形成足够规模用户基础、拥有强制造能力、产品技术尚不成熟、获得关键专利授权和国内市场相对独立的条件。国内已有自主技术标准中，发展不佳或退出市场的标准都不能全部满足上述条件，而成功产业化并实现商业价值的自主标准是基于市场需求和生产规模发展起来的。为了更好地在新兴产业领域培育自主技术标准，中国技术标准政策设计的关键维度包括：保护和发展用户基础、促进联盟的技术溢出、构建"长而窄"的专利保护体系。

关键词：技术标准；赶超国家；战略性新兴产业

技术标准作为一种特殊的制度安排，能够实现不同产品之间的兼容，减少交易成本，提高经济效益。同时，技术标准也给制度的发起者带来巨大的收益，形成市场垄断和行业进入壁垒，具有重要的战略意义。对于传统产业，技术的重大变革促使新标准的产生，新标准对旧标准的替代会改变行业竞争格局，掌握新标准的企业迅速崛起，不能获得新标准授权的企业的市场份额将减少；对于新兴产业，一个或若干个行业技术标准的出现不仅意味着产业技术的成熟，同时也标志着行业领军者的出现、行业市场竞争格局的确定。技术标准既是领先者保持市场优势、规避竞争、获得垄断利润的战略工具，也是赶超者重塑市场竞争格局、实现跨越式发展的战略工具。

目前，中国正处于由工业大国向工业强国转变，实现对发达国家赶超的重要阶段，大力发展战略性新兴产业，提高新兴产业在国民经济中的比重，提升整个工业的技术水平和生产效率不仅是结构调整、产业升级的问题，也是中国工业改变自身在国际分工中的地位，实现工业增长方式转变的重要内容。因此，战略性新兴产业的发展必须摆脱传统产业的发展模式，在劳动力成本比较优势的基础上，新兴产业的发展必须更多地依靠技术、品牌等不可复制的生产要素。否则，中国工业将再一次失去占领世界产业竞争制高点的机遇，新兴产业在中国的发展也可能同诸多传统产业一般，陷入低端制造的陷阱。技术标准作为不可复制的战略资源，是自主技术、自主品牌的集中体现，技术标准领域的竞争也是较高层次的市场竞争。自主技术标准的成功导入是新兴产业摆脱传统发展模式、促进中国工业发展方式转型、提高国际分工地位的重要保障。本文从技术标准的属性入手，结合赶超者技术标准的形成机制、战略要素特

[**基金项目**] 国家社会科学基金青年项目"新兴产业自主技术标准的导入与培育"（13CJY064）。

征，提出适合中国新兴产业技术标准导入的战略重点。

一、文献综述

技术标准具有排他性，这也是技术标准对产业和企业具有重要战略意义的根本原因。排他性首先表现在技术标准的形成过程中，Baskin（1998）认为标准的产生是技术创新的阶段性终止，只有某项技术创新项目彻底结束，才能对该项新技术实行标准化，标准化的过程是一个平台，使参与者能够交换关于新技术的相关知识，也只有那些参与到其中、拥有相关技术知识的核心公司，才可能有效使用新技术标准并从中获利（Antonelli，1994；Blind，2004；Farrell & Saloner，1985）。相比较而言，由于高昂的适应成本和受限制的吸收能力，没有对标准化过程实施影响的"局外者"在使用标准时面临巨大劣势。在标准产生之后，标准的使用同样具有排他性。当需要同时使用两种产品才能满足某种需要时（例如计算机和操作软件、播放器和碟片），两种产品需要在标准上实现统一或兼容，否则不能达到预期效果。如果技术标准与专利相联系（现实通常如此），技术标准成为私人物品，排他性的特征将为标准的拥有者带来垄断利润。

同时，技术的相关性、投资的准不可逆性和规模的报酬递增共同造成技术变迁路径依赖现象，技术标准一旦形成便被锁定（David，1985）。技术相关性是指一个产品的生产和使用过程必须遵循统一的规则，产品从制造到消费的整个过程所使用的技术是一致的或相关的。具有"硬件—软件"形式的产品最能够体现技术相关性：计算机和软件、播放器和碟片都必须采取统一或兼容的技术标准才能够实现产品的正常使用。David（1985）把软件的概念扩展到产品使用者的技能培训上，他认为，为了提高效率，打字员都会按照自己习惯（习惯由培训产生）敲击键盘，而不会去看键盘上各个字母键的具体分布情况。因此，键盘布局（这里被看作硬件）必须符合打字员的习惯（这里被看作软件）。投资的不可逆性是由高额安装成本造成的。技术标准是一个系统内诸多成熟技术的集中反映，因此在产生和扩散过程中将伴随长期艰苦的研究与开发活动、巨额的固定资产投入、长期系统的教育和培训等，这些都将产生高额的安装成本。因此，设立新标准、改变已经实施的旧标准以及局部的调整和升级都需要经过特别严格的论证，只有在新标准对效率的提高和效用的增加大到足够抵消安装成本时，新标准的设立才具有经济上的意义。在很多时候，由于安装成本过高，即便是新技术在效率上明显优于旧技术，旧的技术标准也很难被新标准所替代。例如，核能发电的反应堆可以采取轻水、气冷、重水和钠冷却四种技术，每个国家的选择各不相同，但是一旦选择其中的某项技术作为反应堆标准，就会因为投资的不可逆性被"锁定"在该技术上。规模的报酬递增是一个较为普遍的经济现象，对于技术标准来说，规模报酬递增是由其正外部性所决定的。对于具有网络型特征的产品来说，随着用户数量的增多，每增加一个用户所产生的边际效益（这部分效益中的绝大部分由新加入用户获得，还有一小部分被分配给使用该技术标准产品的所有用户）不断上升，而对应的成本却能基本保持不变。

根据 Katz 和 Shapiro（1985）的分析，网络外部性与消费外部性的区别在于，前者不能通过庇古或科斯的方法得到强化。在 Katz 和 Shapiro（1985，1986）、Farrell 和 Salnoer（1985，1988）等发表的经典文献中，都提到了网络外部性通过消费者选择不断加强的过程。简单来说，由于网络外部性表现为正，因此用户数量在一定条件下是一个自我实现和发展的过程，可以不借助制度性工具而通过市场的自然选择而实现。具体表现为：当一个消费者购买某一网络中的产品并使用时，不仅该消费者从使用中获得效用，新用户的加入也增加了整个网络的需求方规模，从而网络中所有生产者和消费者都能从中获利。梅特卡夫（Metcalfe）法则是网络外部性的本质反映。按照梅特卡夫的解释，网络对每个参与者的价值与网络中其他参与者的总数量成正比，如果网络中有 n 个参与者，那么网络对所有参与者的总价值就与 $n(n-1)=n^2-n$ 成正比。梅特卡夫法则揭示了外部性对网络型产业发展的作用：参与者越多，产生的效用越大，在突破临界量之后（即新参与者付出的成本小于获得的效用），消费市场的增长将是一个自动的过程。

二、技术标准的不同导入机制

由于技术禀赋和技术路径存在差异，不同参与者技术标准的导入机制也不相同。领先者利用技术研发上的优势，往往采用从操作习惯、生产规则，到标准内码的制定和外码释放的"技术先导型"机制。由于开创性创新少、技术轨迹不连续、技术联盟松散等原因，赶超国家难以按照领先者的路径形成自主的技术标准，而主要依靠制造能力提升技术能力、市场规模转化用户基础的方式培育自主技术标准。

1. 技术先导型：从内码形成到外码释放

技术标准的本质是一套从不可逆的技术创新和重复生产所提炼出来的、不能被没有参与到技术标准制定过程的主体所认知的密码。之所以说技术标准产生于不可逆的创新和重复生产活动中，是因为技术标准是对成熟技术的总结，只有在创新过程结束、创新的成果得到一定检验（包括实验室的检验和市场检验）之后，才有可能进入标准化的阶段（Baskin, 1998）。没有技术创新，技术标准也就无从谈起。之所以说技术标准不能被没有参与到标准制定过程中的主体所认知，是因为标准化的过程本身是一个平台，相关参与者会形成一个类似俱乐部的组织，无论这个俱乐部是正式的还是非正式的，都能够促使参与者交换关于新技术的相关知识（Blind, 2004）。要加入这个俱乐部，必须能够提供标准制定所需的核心技术或短板技术，俱乐部的成员通过共享技术成果实现对整个技术系统的掌握，在技术标准制定之后，俱乐部成员能够有效地使用这些技术规范（Antonelli, 1994）。也只有加入到俱乐部内，提供相关技术的公司或组织才能够从新标准中获得利益（Farrell & Salnoer, 1985）。而对于俱乐部以外的参与者，在采用技术标准的过程中除了要支付专利使用费，还面临间接的、高昂的适应性成本，没有对标准化过程实施影响的局外者在使用技术标准规范时将面临很大的战略劣势（Antonelli, 1994; Mastutes & Regibeau, 1996）。由于受限制的吸收能力，俱乐部之外的参与者也无法获得技术标准包含的全部技术信息，从而只能按照技术标准的最终表现形式——标准文本的要求规范和指导生产过程（Maskus & Penubarti, 1998）。

按照技术标准的定义和本质，以及对若干技术标准形成过程的总结，可以提炼出技术领先者标准形成的一般机制，如图 1 所示。最开始，在车间生产的工人会在重复性的劳动操作中养成一些习惯，这些操作习惯经过规范的文字化工作形成生产规则。在生产规则的基础上，专业的研究人员将进行技术提炼和技术选择，进一步形成技术标准内码。内码可以被作为下一阶段技术研发的基础，用于技术标准的升级，也可以被再次编码为外码。外码是可以被直接读取的生产要求，一部分外码将留在发起技术标准主体内部指导生产活动，另一部分外码会通过转让和公开等方式扩散到产业内的其他主体。技术标准内码和外码的编码过程只在能够提供相关技术的参与者或参与者联合体中进行，是一个非公开的过程，我们将从生产规则编码开始到再次形成生产过程的阶段称作技术标准黑箱。

操作习惯主要通过干中学和规模经济形成，是技术标准最初的形态。操作习惯能够提高劳动者的生产效率，从而缩短单位产品生产时间，降低生产成本。生产规则来源于对操作习惯的总结，生产规则与

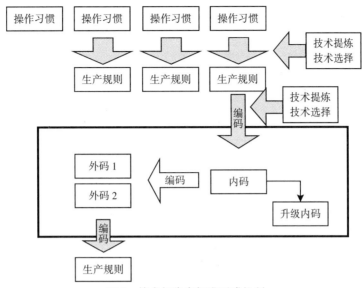

图1　技术领先者标准形成机制

操作习惯的区别在于后者属于一线操作员工的缄默知识，而前者是对缄默知识的总结，是能够被传递和继承的显性知识，很多企业都会组织熟练工人和技术人员共同编制详细的生产规则手册作为生产活动必须遵守的规范。生产规则的形成和成熟需要重复的生产劳动，因此生产规则通常产生于车间，具有学习精神的技能型工人对生产规则的形成起到至关重要的作用。

产生技术标准的黑箱包括两次编码过程：第一次编码是对已经发展成熟的生产规则进行总结和提炼，进而选择出最适合的技术类型。与前一环节不同的是，编码过程通常由专门的技术研发人员在专业的实验室或研究机构中完成。第一次编码的成果是一组对相关技术和实验结果（包括成功的和失败的）的无遗漏的全记录，我们将此次编码形成的标准密码称为技术标准的内码。由于保留了全部的数据，内码具有可调整性，掌握内码便能够根据需要和不断出现的新技术，对技术标准进行修正和改进，在适当的时候还能够依靠技术研发的惯性开发升级出新的标准。第二次编码是将技术标准所要求或规定的内容以简单、明确的文字表达出来的过程，其结果是各种技术标准文书，本文将这些文书称为技术标准的外码，以区别于第一次编码形成的技术标准核心的和可扩展的内码。形成外码的目的是方便技术标准被使用者读取和理解，因此在内涵上与内码存在显著的区别：外码注重实用性和明确性，而内码则包含技术标准相关的所有技术内容，两者的相同点是都需要由专业的技术人员在实验室等科研场所中完成。

标准扩散是技术标准的推广和出售活动。通过在标准黑箱中第二次编码形成标准外码，没有参与标准制定过程的市场主体也能够使用技术标准的最终成果，技术标准的形成过程也由此终止。领先者技术标准制定各个阶段的特点如表1所示。

表1　"技术先导型"标准导入过程

流程编号	流程内容	主要过程	知识类型	产生地点	关键人员
I	形成操作习惯	根据原材料特性、需求特点、现有技术和工艺水平形成重复的操作习惯	缄默知识	车间	技能工人
II	形成生产规则	形成规范的生产流程，包括对零部件型号、质量检验等做出要求	显性知识	车间	技能工人
III	第一次编码	通过对生产规则进行提炼和对技术的选择和综合，形成技术标准内码	缄默知识	实验室	科研人员

续表

流程编号	流程内容	主要过程	知识类型	产生地点	关键人员
Ⅳ	第二次编码	根据标准内码的内容，提炼出直接明确的生产要求，形成技术标准外码	显性知识	实验室	科研人员
Ⅴ	形成生产规则	根据标准外码的要求对生产流程进行规范	显性知识	车间	技能工人
Ⅲ—延续	标准升级	根据市场反馈和历史实验数据，依靠新出现的技术对技术标准进行改进，形成新的升级标准	缄默知识	实验室	科研人员

技术领先者标准形成机制的主要特点有：首先，技术标准的形成是不可逆的过程，标准密码的编制必须以生产规则为模板，而生产规则提炼于操作习惯。技术标准形成之后所释放的外码是具有结论性和指导性意义的文字叙述，可以被接受者运用于生产流程和生产规则的形成，但却无法被重新破译为内码。其次，技术标准的形成过程是不可跳越的。虽然技术的发展在很多时候都是跳越性的，但技术标准是对成熟技术系统的总结，没有完全经历技术创新过程的主体即便是通过购买或兼并的方法获得了技术的使用权，也会因为受限制的吸收能力而无法获取完整技术信息，从而难以有效地进行新技术标准的开发。从实际情况看，现有的具有全球性的技术标准主导者无疑都经历了完整的系统的技术研发过程，韩国等技术后起国家在 ICT 领域（例如 RAM）实现技术标准的突破也是在技术引进的同时长期坚持自主基础研发的结果（Kim，1998）。不可跳越的第二层意义是：技术创新的惯性使赶超者在获得旧标准内码之前难以进行替代新标准的开发。如图 1 所示，升级的新技术标准建立在所替代的旧技术标准基础之上。最后，技术标准的形成过程是排他性的，只有参与其中的企业、研究团队才能够完全发挥技术标准在促进生产效率、提高生产者福利上的功能和作用。

2. 后起国家培育自主技术标准的特殊性

上文描述的技术标准的形成机制具有普遍性和一般性，目前大多数国际标准的产生也遵循这样的规律。但是，这种按部就班的形成机制对技术禀赋的要求较高，因此只适用于在技术上处于领先地位的发达工业国家公司和这些公司联合体。对于技术赶超者而言，技术综合实力低，也不具备完整的技术系统，在生产过程中难以形成具有标准化价值的"操作习惯"和"生产规则"。以中国为例，技术标准的形成面临和工业化国家不同的环境和条件，主要表现为三个方面的特殊性：

首先，技术革新的时间重叠性降低了对网络化、标准化的适应能力。绝大多数发达国家在 19 世纪完成了第一次工业革命，在 20 世纪初结束了第二次工业革命，到 20 世纪 90 年代美国等发达国家提出信息化发展战略之时，发达国家已经在传统的工业化道路上发展和积累了上百年，进入后工业化时期，工业体系、企业实力和劳动力素质能够很快适应信息化的要求。相比较而言，中国的工业化起步晚，且多次被中断，虽然提出工业化与信息化融合发展的战略，但当前的工业化主要还是对第二次工业革命的补课，尚不具备迎接信息时代的条件。其次，工业技术体系非常不完善。一方面，中国开创性创新较少，工业技术体系建立在技术引进的基础上，一些所谓的"自主知识产权"产品，例如"和谐号"几乎全部借鉴日本和德国的原型车；另一方面，技术引进的源头较多造成技术轨迹缺乏连续性。苏联、美国、日本和欧洲都在不同时期成为中国主要的技术输入国，这加大了引进技术的集成难度，也影响了消化吸收后的再创新效果。最后，缺乏合作和联盟机制。技术标准是一系列技术的集成，需要掌握不同技术资源的企业、机构间的合作，但中国目前无论是双边合作还是多边联盟都缺乏环境基础，已有的一些标准联盟大多形同虚设，没有起到促进自主技术标准培育和发展的作用。

由于对信息化的适应能力弱、技术禀赋差、技术轨迹缺乏连续性、技术联盟松散等问题无法在短期内得到解决，赶超者难以按照一般的路径制定自主技术标准。目前的情况是，在几乎所有传统领域和大多数新兴产业领域，后起国家只能被动地从技术领先者处购买成熟标准，交纳高额的专利使用费。赶超者要实现在技术标准上的突破，参与国际标准制定工作，发起自主标准，就必须设计新的适应自身条件的技术标准形成机制。

3. 市场先导型：从制造能力和市场规模出发

领先者"技术先导型"标准导入是三阶段的编码过程，最重要的是第一次编码，即技术标准内码的形成。这一过程需要对各种相关技术以及长期连续的实验数据进行总结和归纳，因此，形成技术标准内码的前提条件是对相关技术全面系统的掌握。如果无法形成技术标准内码，技术标准形成机制链条将中断，而作为赶超者，无论是企业还是国家都很难达到进行第一次编码对技术能力的要求，沿着领先者的轨迹形成自主的技术标准在短期内是无法实现的。

从内生的角度看，技术标准是对技术的总结和归纳，是技术传播的形式，因而技术标准具有技术的属性。从外生的角度看，技术标准必须适应市场的要求，符合市场的选择。技术标准作为一种"连通器"，是实现各种相关产品共同使用的基础，在消费效用上表现为正外部性，由此，必要数量的生产规模和"用户基础"也是形成技术标准的条件。发达国家和跨国公司等领先者技术研发积累的时间较长，形成了成套技术和"专利池"（Shapiro, 2001），自然形成了沿原始创新的标准形成机制。相较而言，中国等国家在制造上的综合实力超过任何一个发达国家，制造上的优势是这些国家结构调整和产业升级的最坚实基础，同时，人口上的优势也使这些国家形成全球最大的几个单体市场。因此，培育自主技术标准应该充分发挥制造规模的优势，而不是从与领先者存在很大差距的技术入手。

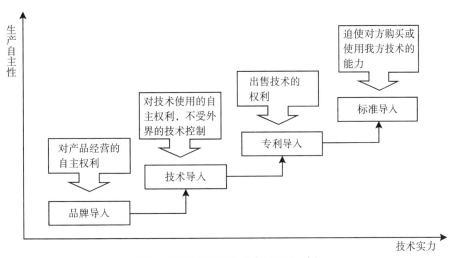

图 2 "市场先导型"的标准导入过程

图 2 反映的是适合赶超者的技术标准形成机制，横轴代表技术实力，纵轴代表生产自主性。赶超者形成自主的技术标准经历四个阶段：在第一阶段，赶超者要形成自己的制造优势，制造能力的提升不仅是获得在国际技术标准交易市场和制定会议上话语权的重要筹码，也是创建自主技术标准的前提——技术标准是对重复劳动的总结。在制造优势的基础上，赶超者要对生产产品植入自主品牌，实现从 OEM 到 ODM 的转换。在这一阶段，赶超者将通过自主品牌的营销网络销售产品，市场占有率的上升和由规模决定的价格优势是竞争力的主要来源。但是，产品生产所需的关键技术和核心技术仍然主要通过技术引进和专利购买的方式获得。在第二阶段，赶超者借助技术引进，开展系统的反求工程，逐渐摆脱对特定领先者的技术依赖。在对技术的理解不断加深的情况下，即使还不能有效地开发新技术，也能在技术引进的谈判过程中获得较高的议价能力和选择技术来源方的权利。这一阶段形成的自主技术主要还是依靠模仿、反求工程等方式获得的，自主技术原创性低，赶超者对技术的理解是"知其然，不知其所以

然"。在第三阶段，赶超者在特定领域的技术实力已经达到或超过领先者的水平，技术研发也成为国家和企业的经常性行为。在特定领域的技术研发成果能在发达国家申请专利，对技术的理解已经达到"知其然，亦知其所以然"的水平。但是，由于这些技术与国际领先水平还存在一定的差距，或并不符合发达国家的消费习惯，专利的扩散程度比较有限，赶超者也很难从专利转让中获得收益。在第四阶段，赶超者在某一领域的技术实力已经达到世界一流水平，技术研发也进入一种"研发—转换—获利—再研发—再转换—再获利"的良性循环。以技术进步为基础，在市场需求和生产规模优势的共同作用下，赶超者具备自主研制下一代技术的能力，从而打破标准制定的黑箱，开始制定和扩散自主技术标准（见图3）。

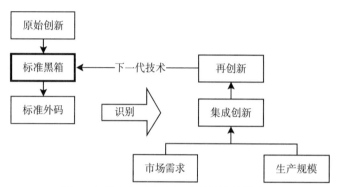

图3　赶超者打破技术标准黑箱的关键步骤

赶超者的技术标准形成机制在以下几个方面与领先者存在区别：第一，领先国家单个企业可以根据业务特点形成以技术标准为核心的业务特点，一些企业甚至完全不参与制造环节。但作为赶超国家，国家的工业体系的基础是制造业，技术标准与制造业的关系是：标准服务于制造业的发展，而非制造为标准服务。第二，生产规模和市场占有率是技术标准形成各个环节都必须依赖的最重要资源。与领先者依靠技术的自然演进形成标准不同，赶超者更能依靠的是在制造规模和市场占有率上的优势。第三，技术能力的获得是一个综合的过程。一方面，技术引进仍然是需要长期坚持的政策；另一方面，自主的基础研究也必不可少。两者相结合才能获得形成标准所必须的技术资源。

三、新兴产业技术标准导入

在积极参与国际标准制定工作的同时，赶超国家也加快了制定自主标准的战略进程。包括中国在内的一些发展中大国抓住本国工业化尚未完成同时信息化刚刚起步的机会，在国外标准在国内尚未形成用户基础之时，加快推进相关技术的研发进程，在新兴产业领域积极推动自主标准的出台和发展。例如，中国自2004年开始，在信息产业领域先后推出了EVD、RFID、闪联等一批具有较大影响力的技术标准，一些自主标准成功实现产业化并成为国际标准，也有一些自主标准则由于多方面的原因逐步退出了市场。无论成功或失败，其中的经验和教训都值得认真总结。

在中国确定的七大战略性新兴产业中，新一代信息技术属于典型的网络型产业，具有"硬件—软件"的架构特征。在这类产业中，硬件产品必须采用和软件产品统一或相兼容的系统才能够正常工作，例如移动通信终端必须与移动通信服务商提供的信号兼容，数字影音播放器必须与数字影音格式兼容等。要实现硬件产品与软件产品的兼容，就必须依赖技术标准，硬件和软件使用统一的技术标准才能够被消费。随着信息化的深入发展，除信息产业本身外，一些行业也出现"硬件—软件"的架构特征，信息化和数字化甚至成为一些传统产业转型升级为新兴产业的典型路径和成功标志。高端装备制造业的基础是传统装备制造业，其转型升级的两大特征是精细化和数字化，精细化是对生产工艺提出的更高要求，数字化则是通过嵌入信息技术实现装备制造产品的更新换代。例如，数控机床是在传统机械机床的基础上嵌入数字控制系统，通过计算机编程对机床机械部分发出指令以完成各种预定动作。数控是装备产业转型升级的发展方向，"硬件—软件"也是此类产业转型升级过程中普遍采用的架构模式。可以认为，无论是信息产业，还是嵌入信息技术的传统产业，都需要通过技术标准来实现网络外部性①的最大化，在很多时候，技术标准的出现（通常由竞争产生）是产业从萌芽到大发展、产品从出现到普及的转折点。而对于非网络型产业，技术标准不是产业发展的必要条件②。

1. 赶超国家新兴产业自主技术标准的战略机遇

在传统产业领域，发达国家掌握着具有国际垄断地位的技术标准，赶超国家制定和扩散自主技术标准的难度较大。但是，在新兴产业领域，由于产业主导技术尚未出现、信息技术广泛应用以及用户基础锁定较弱，赶超者制定自主技术标准的机遇较大。

首先，新兴产业技术尚未成熟，主导技术尚未出现。在传统产业领域，领先者积累了众多研究成果，行业主导技术明确，技术标准高度统一，赶超者制定自主技术标准成本高、风险大、收益小。而新兴产业技术处于高速增长阶段，创新的空间大，尚不存在垄断技术。目前，各个国家新能源、新能源汽车、新材料等产业的技术路径不尽相同，还不能判断哪条技术路径将获得更大市场。在这样的环境下，赶超者实施开创性创新，并将创新成果进行产业化的机会更大，新兴产业也应成为赶超国家技术标准战略的突破口。其次，信息技术得到广泛应用，新出现的技术标准多为信息技术标准。计算机的发明引发了新一次的工业革命，新萌发的产业要么以信息技术为基础（如电子信息产业），要么嵌入信息技术（例如高端装备制造业、新能源汽车），ISO 和 IEC 的数据表明，20 世纪 90 年代以来涌现的技术标准中，信息技术标准所占的比重越来越大。与传统的实现模拟功能的技术标准相比较，赶超者自主地实现数字功能的技术标准的制定和扩散有更大的机遇。一方面，信息技术标准能够以较低的成本实现兼容。在获得许可的情况下，安装"转换器"（Converter）就能够实现使用不同技术标准产品间的关联，但是"转换"本身是需要成本的。为实现模拟功能的技术标准安装"转换器"投资大、使用不方便，而不同信息技术标准之间的"转换"成本较低，为了获得更大的外部性，标准的发起者也愿意以较低的费用许可更多的产品兼容自身标准。例如，国际电信联盟确定 W–CDMA、CDMA2000、TD–SCDMA、WiMAX 为第三代移动通信国际标准，但是，通过运营商相互安装"转换器"兼容对方标准，使用不同标准的用户之间仍然可以通话、发短信、使用其他互动功能。同时，单个产品兼容多种信息技术标准也是可能的，支持多种网络的手机、播放多种格式的数字播放器能够吸引更多的消费者。另一方面，信息技术标准差异较模拟差异更容易被接受。以数字电视技术标准为例，普通消费者不会在意不同标准所采用的编码、解码模式的不同，他们关注的只是最终呈现出来的画质、音质和反应速度。因此，赶超者制定的信息技术

---

① 按照 Katz 和 Shapiro（1985）的解释，网络型产业的外部性有两种表现：一是消费的外部性，即使用某个产品的人越多，该产品所带来的效用越大，比如传真机和电话；二是生产的外部性，即生产某个产品的厂商越多，该产品的生产成本越低，消费者购买的动机越强，比如唱盘。对于耐用品，销售量增多还能够带来售后网络扩大的外部性。Katz 和 Shapiro（1986）在之后的研究中将这种外部性更精炼地归纳为直接网络效应和间接网络效应：直接网络效应由同一产品市场内各消费者之间的相互依赖关系造成，即使用同一产品，消费者的效用也将随着使用者的增多而增大；间接网络效应则由使用相关基础产品和辅助产品直接的互补性和依赖性造成，间接网络效应主要表现在具有"硬件—软件"模式的产业上。

② 新能源、新能源汽车、新材料、生物、节能环保等新兴行业的网络化程度并不高，但通过市场竞争、政策引导等各种机制作用，行业技术路径会逐渐收敛，最终仅有有限的几种技术会被大规模产业化，形成技术标准。这类技术标准几乎不产生任何网络外部性，但仍然具有排他性、锁定性和偶然性等技术标准的特点和规律，只是并不作为本文研究的重点。

标准更容易打破领先者的垄断。最后，由于低成本"转换器"的存在，用户基础的锁定性较弱，赶超者制定的标准能够融入领先者标准体系，从而快速形成支撑标准发展的用户规模。

2. 赶超者新兴产业技术标准导入的必要条件

赶超者在新兴产业领域面临制定和扩散自主技术标准的战略机遇，但是技术标准的成功导入需要满足一定的条件：第一，能够形成足够规模的用户基础。用户基础（Installed Base）是指选择使用某种技术产品消费者的数量。由于标准的排他性，具有外部性特征的产品是难以跨标准使用的（例如 VCD 机不能播放 DVD），产品市场空间的外延只能是选择某个标准的消费者总数，因此自主技术标准的发展必须有足够规模的用户基础。第二，拥有低成本、高质量和快速反应的制造能力。制造能力体现为在同一技术路径下，以更低的成本、更高的质量、更快的速度制造产品的能力。这一能力要依靠发达的制造业，更重要的是，技术研发和制造要一体化，使新标准能够快速产业化。第三，产品技术尚不成熟。由于发达国家专利和技术标准布局早于发展中国家，因此传统产业、传统产品专利和标准基本被发达国家控制。产品发展越不成熟，留给赶超国家企业的战略空间就越大，赶超国家的企业在新兴产业中能够获得比传统产业更宽松的自主技术标准发展环境。第四，能够获得关键专利授权。专利布局是领先者构建标准壁垒的最重要手段，中国企业应尽量绕开发达国家专利网，选择专利申请尚存在较大空白的产业和产品作为自主技术标准的突破点。第五，国内市场相对独立。如果技术标准能够有效地以国界划分边界，这将有利于国内企业的标准战略。赶超者可以通过产业政策，支持自主技术标准在国内的使用，虽然这在一定程度上会造成消费者的福利损失、增加企业运营成本，但能够有效促进自主技术标准的发展。

3. 战略性新兴产业自主技术标准发展过程中存在的问题

近年来，中国在战略新兴产业领域培育了 TD-SCDMA、IGRS、ADTB-T、AVS 等一系列自主技术标准，其中一些标准已经成功实现商业化。但是，由于政策设计和组织实施方面的问题，在自主技术标准的发展过程中也暴露出诸多问题：

一是新兴产业领域自主技术标准的发展滞后于产业和市场的发展。一方面，有能力制定自主技术标准的企业非常少，新兴制造业大多采用国外标准。重大技术标准或者受制于技术先进国家，如电子信息产业广泛采用日本和美国的技术标准；或者受制于主要消费市场国家，如光伏产业采用了大量的德国标准。另一方面，由于市场需求的爆发式增长，在大量订单面前，国内企业热衷于通过扩大产能增加利润，缺乏制定自主标准的积极性。二是缺乏国家层面的技术标准战略安排。发达国家技术标准战略的特点主要表现为两点：第一，根据未来技术的发展方向和自身的技术禀赋，制定明确的技术标准发展方向。第二，根据自身经济结构的特点，选择不同思路的技术标准发展战略，例如美国强调市场推动，突出开放性和全球关联性；欧盟强调国家间合作，重视政府间协调机制的建立；日本则强调政府主导下的技术进步引领和国际市场导向。相比较而言，中国技术标准的制定多是通过技术引进形成的，在引进某项技术的同时也就引进了对应的标准，缺乏明确的自主技术标准战略路线。三是部门多头管理和地区分割严重阻碍了技术标准的制定和推广。技术标准是对成套技术的高度概括，往往涉及多个行业部门和不同技术领域。由于缺乏统一的行业管理和科技管理体系，具有"系统性"和"集成化"特征的技术标准很难形成。此外，由于各地区的市场保护和技术标准政策不统一，技术标准的跨区域推广面临很大的协调和转换成本，地方保护主义加大了具有技术优势和市场前景的技术标准在全国范围推广的难度。四是重视标杆企业而忽视技术联盟对于自主技术标准培育的作用。对主导企业或主导科研机构进行重点扶持是目前国内技术标准培育的主要形式。这种组织形式的问题是在标准研发过程中不能利用其他企业或科研机构的技术力量；更重要的是，由于标准的研发过程只考虑了主导企业的利益诉求，技术路径的选择和标准设定并不能满足全行业整体利益最大化的要求，进而导致在标准商业推广过程中同业企业的相互掣肘。技术联盟或标准联盟通过提供企业间全过程的"对话机制",可以有效实现行业主体间的技术资源共享和标准共同推广。与成熟市场经济国家的标准联盟相比,中国标准联盟发展严重滞后。既有的联盟存在组织松散、管理机构独立性差等问题,联盟成员之间的合作层次低,联盟组织流于形式。五是企业自主技术标准推广的措施和手段有限。中国企业推广自主技术标准最常见的做法是通过低成本制造优势扩大消费者数量和市场份额,或者提高对国外成熟标准和其他国内标准的兼容性来吸引更多的潜在消费者。这些措施和手段存在较大的弊端,前者容易导致恶性价格竞争,后者容易引起与国外厂商的知识产权争端,丧失了制定自主技术标准的主动权。六是已经形成的自主技术标准面临来自国外标准的打压。在几个关键领域形成的自主技术标准目前都面临来自发达国家跨国公司技术标准的激烈竞争:EVD在 DVD 联盟的围攻之下已经名存实亡,IGRS、ADTB-T 等标准的发展前景不容乐观,AVS 标准基本上被 MPEG 系列标准所边缘化,实现大规模商业化的 TD-SCDMA 标准的国际市场开拓举步维艰。

4. 案例分析——TD-SCDMA 标准

TD-SCDMA 是中国提出的第三代移动通信标准,自 1998 年正式向 ITU(国际电联)提交以来,已经历十多年的发展,完成了标准的专家组评估、ITU 认可并发布、与 3GPP(第三代伙伴项目)体系的融合、新技术特性的引入等一系列的国际标准化工作,从而使 TD-SCDMA 标准成为第一个由中国提出的、以中国知识产权为主的、被国际上广泛接受和认可的无线通信国际标准。虽然还面临很多技术问题和发展制约,但 TD 标准的成功商业化和国际化不仅是中国电信产业发展重要的里程碑,也是中国自主技术标准走向国际市场的重要一步。

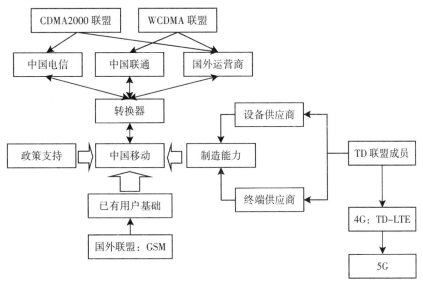

图 4 TD-SCDMA 标准的主要参与者

从 TD-SCDMA 的发展历程看,工业和信息化部、中国移动、TD 产业联盟在其中发挥了重要的作用,总结起来,成功的关键包括六个方面:第一,政策的支持。TD-SCDMA 的发展虽然经历一波三折,但始终得到政策的强力扶持。2009 年初,工业和信息化部、国家发展改革委、财政部、国资委、科技部等部门联合制定、颁布了六大类共 15 项支持 TD-SCDMA 发展的政策措施,从多个方面支持 TD 标准的产业化和下一代技术研发。第二,中国移动积累的 2G 用户基础。中国移动是国内市场占有率最大的移动通信运营商,GSM 的国内市场占有率超过 70%,在移动通信市场由 2G 向 3G 的转换过程中,中国移动庞大的 2G 用户为 3G 业务的发展提供了基础。虽然在 3G 时代,中国联通和中国电信的竞争力不断增强,但中国移动仍然保持行业领先,截至 2012 年底,中国移动 3G 用户达到 8792 万,占 3G 市场的份额为 38%①。第三，制造企业推动 TD-SCDMA 标准的商业化。普天、华为、联想等企业生产的设备和终端产品加快了 TD-SCDMA 网络的建设；更重要的是，几乎所有的国内外手机制造商都推出支持 TD-SCDMA 标准的 3G 终端产品，促进了中国移动 3G 业务的开展。第四，产业联盟是标准制定和扩散的主要平台。2002 年，成立之初的 TD-SCDMA 产业联盟的成员企业仅有 7 家，目前已经发展到近 100 家，覆盖了从系统、芯片、终端、测试仪表到运营商的产业链各个环节。联盟主要围绕 TD-SCDMA 技术进行标准的推进、完善以及产业的管理和协调，促进企业间资源共享和互惠互利，建议政府制定有利于 TD-SCDMA 发展的重大产业政策，提升联盟内通信企业的群体竞争力。第五，TD 联盟的持续创新。移动通信领域技术周期短，一代标准的寿命也只有 5~8 年。在 TD 得到 ITU 明确之后，工业和信息化部、中国移动、大唐等通信产业主管政府机构、移动通信运营商、通信企业开展了对下一代技术的开发，在 TD 领域积累了相当多知识产权。TD-LTE-Advanced（LTE-Advanced TDD 制式）是继 TD-SCDMA 之后，由中国主导的新一代移动通信技术标准。第六，转换器的设置。经过 ITU 的努力，全球移动通信技术锁定在有限的几项标准上，中国三大移动通信运营商在 2000 年前后也解决了不同标准网络之间通话、收发短信的问题，这为 3G 时代几大标准的同步发展奠定了基础。

四、政策含义

在新兴产业领域导入自主技术标准的目的是打破来自发达国家跨国公司的标准垄断，消除由垄断造成的对中国新兴产业和相关企业发展的障碍。技术标准容易形成垄断是由其锁定性和排他性的属性所决定的，打破垄断其实就是打破技术标准的锁定和排他效应。

技术上的锁定性和排他性是技术标准最根本的属性，这也可以看作产生网络外部效应所必需付出的成本。在已经存在全球性技术标准的情况下，对锁定性和排他性的突破应该采取迂回的手段，从外围进行战略部署：虽然不能短时间改变已有技术轨迹，但可以采取"转换器"的方法逐步培养和转换用户基础；虽然不能立刻主导国际技术标准的制定，但可以采取技术联盟的方法增强综合技术实力，获得相应技术标准的使用权。因此，对于中国而言，旨在打破技术标准垄断局面的战略重点应该包括三个方面的内容：首先，针对技术标准的锁定性，要从培育、转化和保护用户基础入手；其次，针对标准俱乐部在组织上的排他性，要从建立和发展企业技术联盟入手；最后，要创造实施技术标准战略良好的外围环境，专利制度既要起到保护知识产权的作用，也要防止跨国公司利用专利保护提高对技术标准的垄断程度。

1. 保护和发展用户基础

目前，几乎所有传统产业和很多新兴产业国际技术标准和相应的知识产权均被发达国家跨国公司控制，这些技术标准已经形成了规模巨大且稳定的用户基础，使技术和标准发展的轨迹被锁定在大型跨国公司预设的轨道上。中国拥有全球最大规模的单一市场，很多从事技术标准研究的国内学者，以及企业家也抱有很乐观的态度，认为国内市场必定会在新兴产业自主技术标准导入过程中起到举足轻重的作用。但实际情况是，虽然国内市场是自主技术标准导入最应该依托的战略资源，但是，市场容量在转换为用户基础之前，并不能成为技术标准导入的战略要素。第一，在经济全球化的背景下，一个国家或地

---

① 根据三大运营商各自公布的口径简单相加，截至 2012 年 12 月底，中国共有 3G 用户 2.34 亿，其中中国联通 7646 万，占 33%；中国电信 6905 万，占 29%；中国移动 8972 万，占 38%。

区的市场规模、市场潜力并不能作为某个企业或某一类企业的专属资源。第二，在标准竞争过程中，真正起作用的是用户基础，而非市场容量或市场潜力。第三，国内市场是宝贵的财富，对于新标准的设立是有帮助的，但国内市场要发挥作用需要相应的国家政策和企业战略提供支持。

在微软的 Office 办公软件进入中国市场之前，金山公司的 WPS 具备很高的市场占有率，用户基础十分发达。在这样的市场环境下，微软选择了在技术上对优势企业兼容的战略。1994 年，金山公司与微软签订协议，使 Office 中最主要的部件 Word 能够和已经大量存在的 WPS 用户实现信息交流，并通过更实用的操作界面和优惠迅速削弱金山公司在国内办公软件领域的势力。在取得一定数量用户基础之后，微软终止和金山公司的合同，推出新的 Word 版本，使得 WPS 用户不能与 Word 之间继续进行信息交流，这对金山公司的 WPS 构成了致命性打击。2002 年，金山公司单方面推出可以兼容 Word 的 WPS2002，宣告与微软历时 8 年的标准之争失败。金山公司的失败一部分原因在于相对微软其技术能力和研发实力更弱，但更多的原因在于中国企业过分夸大国内市场容量大的优势，而忽略作为技术标准战略的真正要素——用户基础。

金山与微软的案例是一个自主标准被跨国公司替代的过程，反映的是对用户基础保护的重要性。其实，对于中国而言，大多数技术标准战略的目标并不是保持已有技术标准的地位，而是实现对跨国公司控制标准的替代，在此过程中，合理运用"转换器"能够使自主技术标准在发展初期共享国外成熟标准的用户基础。根据微软公司的经验，在实现技术标准替代的整个过程中，用户基础的转移非常重要，用户基础数量的变化直接关系到企业战略的取向。

2. 提倡技术联盟，促进技术溢出

技术标准是对系统成熟技术的总结和归纳，随着技术发展知识化、复杂化和综合化（Freeman & Soete，1997）趋势的加强，单个企业难以提供形成一项技术标准所需的全部科技资源。因此，大多数新兴技术标准并不是由一家企业制定和完善的，技术联盟是经常采用的组织方式。目前，中国大多数新兴工业部门市场集中度偏低，缺乏领军性的大企业是多个行业难以做强的主要原因之一。相比较而言，新兴产业在国外的发展一般以若干个领军企业为中心，例如，在新一代信息技术应用领域，谷歌和 IBM 发挥了行业技术发源地的功能。构建企业间的技术联盟，通过联盟力量，而非单个企业与国外跨国公司以及跨国公司组建的联盟竞争，理应是中国目前技术战略的正确选择。但是，实际情况是，相对于发达国家跨国公司之间常见的各种联盟组织，中国能够发挥实际作用的技术联盟还非常少。在政府的支持下，某些领域形成了一定规模的技术联盟，但也因为联盟章程的不清晰、联盟目标的不明确、成员之间利益分配机制的不合理，不能承担制定和扩散技术标准的责任，最终以失败告终。

中国企业技术联盟失败的症结在于：技术在联盟内部无法有效地溢出。绝大多数中国企业的主营业务和收入的主要来源是制造环节，这成为实现联盟成员间技术溢出的重要障碍：一方面，成员间向市场提供的产品同质性高，替代竞争关系远大于互补关系，迫于竞争的压力，联盟成员都不愿意向其他成员公开自己的技术；另一方面，联盟成员的比较优势集中在制造能力上，能提供行业发展核心技术和关键技术的成员数量非常有限，即使各成员坦诚公开自主技术，对联盟整体技术能力提升的帮助也非常有限。因此，中国虽已形成一些技术联盟，但成员之间既无技术溢出的动机，也无技术溢出的来源，联盟并不能有效地促进技术交流和公共技术平台的建立，自然也无法形成自主技术标准。

打破中国技术联盟发展的僵局，解决缺少技术溢出问题的两个方法是：第一，提升国内技术联盟的开放程度，吸引国外跨国公司的参与。例如，由联想、TCL、康佳等中国企业主导的信息设备资源共享协同服务技术联盟（即闪联）不仅吸引了众多 ICT 领域的中国企业、科研机构的加盟，也联合了思科、西格玛等在无限共享技术方面有较强研发实力的跨国公司。得益于这些跨国公司在联盟中的技术溢出，闪联是目前国内信息产业领域发展最好的技术联盟之一。第二，与吸引跨国公司参与中国企业主导技术联盟相对应的是，鼓励有实力的中国企业加入国外技术联盟阵营。中国企业在制造环节的优势恰好是国外联盟相对较弱的地方，中国企业的加入能够增强联盟的产业化能力，同时获得国外技术标准的使用权。

3. 构建"长而窄"的专利保护体系

专利是一种具有排他性的法定权利。在技术快速革新和模仿难度较低的产业中，企业出于战略的考虑，在运用领袖时间、优质加工、独特设计等手段收回研发成本的同时，主要还是要通过申请专利使自己的研发成果得到法律的保护。Gilbert 和 Shapiro（1990）提出了专利制度最优宽度和长度的讨论，给出了最优专利政策简要的、一般性的结论：专利政策如果能够足够宽泛，且确实存在某一种政策工具影响专利产品销售的利润流向，则最优专利政策往往是长时限的专利保护期。按照 Gilbert 和 Shapiro 研究的结论，如果专利背后存在技术标准，那么在新标准还不足以形成对旧标准替代威胁之前，掌握旧标准的企业或企业联合体就能够运用较长时期的专利保护政策对产品进行垄断定价，从而补偿高昂创新成本。Klemperer 等不认同长专利保护期的观点，Klemperer（1990）认为，一些行业（电子信息）技术更新速度较快，且新技术很容易通过反求工程模仿，模仿者通过架构重组等措施也容易避开传统的专利保护，那么短期但严格的专利政策对技术创新的激励将大于长期宽松的专利政策。

Gilbert、Shapiro 和 Klemperer 都认同专利政策有利于保护领先者的创新成果，但是过于严格的专利保护又容易形成垄断，降低赶超者的技术创新热情，从而影响市场效率，阻碍技术进步。双方在最优专利政策上争论的焦点在于所研究产业的技术特征不同。本文认为，如果纯粹从保护早期创新的角度出发，实现传统模拟功能的专利需要更长的专利保护期，而实现电子、信息化功能的专利则需要更严格的专利保护政策。

寇宗来等（2007）通过博弈模型发展了 Klemperer、Gilbert 和 Shapiro 的研究，他们认为在创新阶段，专利保护宽度对应专利利润，加强专利保护可以提高厂商的创新激励，这体现了事前激励和动态效率；而在模仿阶段，专利保护宽度对应非侵权的模仿成本，增加宽度提高其他厂商的进入成本，这属于事后扭曲。对于发达国家而言，强有力的专利环境能够促进创新。赶超国家的创新活动中，集成创新和再创新的比重较大，基本上是在"模仿阶段"才加入博弈模型的。在这一阶段，过于严格的专利保护减少了赶超国家和企业集成创新、再创新的激励，有碍于赶超者自主技术标准的提出和发展。

专利是技术标准的载体，也是技术创新的激励手段。从现阶段中国所处的发展阶段和技术禀赋出发，为支持自主创新和自主技术标准的发展，国家专利制度应该是一个长度长、宽度较窄的体系。长时限的专利保护期主要保护那些具有重大意义的开创性创新，这类创新投资大、周期长、应用范围广，技术标准的产生和推广也需要较长时间，较长期限的专利保护有利于创新者收回研发成本。对于新兴产业而言，技术周期较短，较长时期的专利保护期并无多少实际意义。但是，较窄的专利保护宽度能够激励集成创新、再创新和改进性创新，这符合中国目前诸多新兴产业技术创新的特点，有利于在这些行业形成自主技术标准。

〔参考文献〕

［1］Antonelli, C. Localized Technological Change and the Evolution of Standards as Economic Institutions ［J］. Research Policy, 1994（3-4）：195-216.

［2］Brynojolfsson, E., Kemerer, C.F. Network Externalities in Microcomputer Software：an Econometric Analysis of the Spreadsheet Market［J］. Management Science, 1996, 42（12）：1627-1647.

［3］Blind, K. The Economics of Standard：Theory, Evidence, Policy ［M］. London：Edward Elgar, 2004.

［4］Farrell, J., Salnoer, G. Standardization, Compatibility and Innovation［J］. RAND Journal of Economics, 1985（1）：70-83.

［5］Matutes, C., Regibeau, P. A Selective Review of the Economics of Standardization：Entry Deterrence, Technological

Progress and International Competition [J]. European Journal of Political Economy, 1996 (2): 183-209.

[6] David, P.A. Clio and the Economics of Qwerty [J]. American Economic Review, 1985 (2): 332-337.

[7] Arthur, W.B. Competing Technologies, Increasing Returns, and Lock-in by Historical Events [J]. The Economic Journal, 1989 (394): 116-134.

[8] Katz, M., Shapiro, C. Network Externalities, Competition, and Compatibility[J]. American Economic Review, 1985 (75): 424-440.

[9] Katz, M.L., Shapiro, C. On the Licensing of Innovations [J]. RAND Journal of Economics, 1985 (4): 504-520.

[10] Katz, M., Shapiro, C. Product Compatibility Choice in a Market with Technological Progress [R]. Oxford Economic Paper, 1986.

[11] Farrell, J., Salnoer, G. Standardization, Compatibility, and Innovation [J]. RAND Journal of Economics, 1985 (1): 70-83.

[12] Farrell, J., Salnoer, G. Installed Base and Compatibility: Innovation, Product Preannouncements and Predation [J]. American Economic Review, 1986 (5): 1986.

[13] Baskin, E., Krechmer, K., Sherif, H. M. The Six Dimensions of Standards: Contribution towards a Theory of Standardization [C]. Selected Papers from the Seventh International Conference on Management of Technology, 1998.

[14] Kim, L. Imitation to Innovation: The Dynamics of Korea's Technological Learning [M]. Harvard Businiess School Press, 1998.

[15] Freeman, C., Soete, L. The Economics of Industrial Innovation [M]. London and Washington Press, 1998.

[16] Gilbert, R., Shapiro, C. Optimal Patent Length and Breadth[J]. RAND Journal of Economics, 1990 (1): 106-112.

[17] Klemperer, P. How Broad Should the Scope of Patent Protection Be? [J]. RAND Journal of Economics, 1990(1): 113-130.

[18] 寇宗来, 张剑, 周敏. 专利保护宽度、非侵权模仿和垄断竞争 [J]. 世界经济, 2007 (1).

（本文发表在《经济管理》2014 年第 7 期）

标准的经济性质与功能及其对技术创新的影响

朱 彤

摘 要：标准一直在工业社会和市场经济中起着重要的基础作用，是经济活动的重要"基础设施"。传统的具有准公共产品性质的标准不含有知识产权的内容，它不仅能够减少交易成本，降低供求双方在交易中的信息不对称程度，而且能够作为企业创新的起点和平台，加快企业创新步伐，刺激系统产品的组件创新。20世纪80年代以来，ICT产业出现了标准"私有化"的趋势。这一趋势既为产业的技术创新提供了新动力，也产生了不利于技术创新的因素。

关键词：公共标准；私有标准；技术创新

"标准"的产生与发展和人类社会发展息息相关。最早的标准是古埃及、阿拉伯和中国的书写文字。随着生产和交换活动的增加，不同的长度和容积的计量标准也得到发展。产业革命后出现的大量工业标准更成为一个货币化经济运行的必备要件和"基础设施"。标准的经济影响存在于经济活动的不同层面和环节。本文仅从标准的性质与经济功能出发，考察标准对技术创新的影响，以及知识产权介入标准和标准化活动后，标准的"私有产权"对技术创新的影响和相关的市场后果。这些问题，无论是对企业制定正确的标准与知识产权战略，还是对政府制定相关的标准政策，都是必要的前提和基础。

一、标准的基本类型与经济功能

在现代经济中，标准无处不在，但要对标准做一个普遍适用定义非常困难。迄今为止，相对完善的标准定义是国际标准化组织（ISO）提出来的。"标准是被作为规则、指南或特性界定反复使用，包含有技术性细节规定和其他精确规范的成文协议，以确保材料、产品、过程与服务符合特定的目的"。[①] 不过，经济学家更愿意把标准看成是在用户需求、生产者技术可能性与相关成本，以及政府为社会利益所强加的各种约束之间实现的平衡。

1. 标准的基本类型

在与"标准"相关的经济学文献中，标准的分类方法很多。概括起来，比较重要的分类方式有三种：按照标准的作用分类、按照标准与产品的关系分类，以及按照标准的形成过程分类。

（1）质量标准与兼容标准。戴维根据标准的作用把标准划分为兼容标准、质量标准和产品种类标准

[①] What Are Standards? http://www.iso.org/iso/en/aboutiso/introduction/index.html.

三类。这种标准分类已经为经济学家所广泛接受。然而，戴维所说产品种类标准不是一种独立的标准类型，而是标准形成后对"产品种类"的影响，因而是标准的"经济功能"，而非标准本身。

质量标准实际上是最低质量标准，这类标准详细规定了产品或服务可接受（合意）的质量，比如功能水平、性能变化、服务寿命、功效、安全性以及环境影响。一种规定了最低质量水平的标准通常是产业竞争的起点。兼容标准规定了一个产品或服务系统内一种产品与互补产品协同工作必须具有的物理或功能方面的性质。兼容性通常表现为一个系统中组件之间的标准化界面形式，因而又叫界面标准，如火车铁轨与车轮间距标准就属于界面标准。

（2）产品要素标准与非产品标准。根据标准包含的公共产品内容划分，标准可以分为产品要素标准和非产品标准两种基本类型。产品要素标准（Product-element Standards）通常包括产品的一种关键属性或者要素，而不是整个产品。一般来说，产品要素标准公共产品内容很少，但在规模经济相当大的情况下，或者在及早进入市场被作为国家经济的战略选择时，政府会强制实施某些产品要素标准。非产品标准（Nonproduct Standards）不取决于产品本身的属性，而是源于影响产品发展的基础技术，所以这些标准包含有相当多的公共产品性质。这类标准包括度量与测试方法、科学与工程数据库，以及标准参照物等。

（3）法定标准、自愿标准与事实标准。根据标准化方式的不同，标准可以划分为法定标准、自愿标准与事实标准。法定标准是政府或者政府授权的机构（通常是一些标准制定组织）制定的。法定标准通常属于强制性标准。法定标准可能采取产品要素形式，也可能采取非产品的形式；可能是质量标准，也可能是兼容标准。自愿标准是通过自愿协商和一个一致同意的程序而形成的标准。自愿标准通常是一些对相关产品或服务市场发展有重要影响，但单个企业又难以控制和实施的标准，因而需要通过利益相关者的一致同意来制定。企业通过自愿协商和一致同意制定的标准大多是产品要素标准，但有些界面标准也可能通过这一形式来制定。事实标准是指没有经过任何官方或准官方标准制定机构批准，通过市场竞争或市场优势地位形成的实际产业标准。

2. 标准的经济功能

从对经济活动的直接影响看，标准的经济功能主要表现在四个方面。各种标准由于使用范围和作用方式不同，不是每一类标准都具有所有四种功能。

（1）降低交易成本。质量标准通过提供产品功能、性能变化、安全性等方面的相关信息，降低了交易双方的交易成本和搜索成本，从而有利于交易的达成。公认的质量标准不仅可以降低产品购买者的风险，而且可以减少购买者在购买前用于评价该产品所花的时间和精力。很难想象，不存在一个明确界定的标准等级，以及鉴定所交易的产品符合该等级标准情况下，能够进行大规模的贸易活动。

（2）降低信息不对称，减少市场失败。如果没有反映产品属性的质量标准，消费者在交易之前就无法了解并评价产品质量。买卖双方的这种信息不对称可能造成严重的市场失败：产品质量低的销售者把高质量的销售者驱逐出了市场。这就是所谓"劣币驱逐良币"的格雷欣法则。去质量标准有信号显示效应，这可以降低买卖双方的信息不对称，帮助消费者正确地识别产品质量的高低，从而减少逆向选择造成的市场失败。

（3）减少产品种类，实现规模经济。标准限制了产品特征的数量和特定范围，如产品规格或质量水平，从而限制了消费者的选择范围。但在产品种类下降的同时，扩大了每一类产品所能获得的市场规模，有利于实现生产的规模经济。然而，随着信息与通信技术的发展，产品种类的减少不再只是一个选择产品标准化的物理尺寸问题（如螺丝的螺纹之间的宽度），产品种类的减少也反映在数据库格式等非物理属性，以及结合了物理与功能属性的界面方面。

（4）确保产品兼容性。当一种产品功能的发挥需要其他产品配合，或者一个"系统"中的其他组件配合时，就产生了对兼容标准或界面标准的需要。在系统产品的组件协同工作基础上，兼容标准可以起到扩大兼容产品的市场规模的作用。在信息与通信技术（ICT）产业，兼容标准的一个更为重要的市场后果是启动了不同技术或产品用户之间的网络效应。这是该产业的兼容标准引起众多经济学家关注的主要原因。

二、标准的公共产品性质与技术创新

标准本质上是具有公共性质的特定形式的知识。自产业革命以来，各国的标准化实践已经形成了与这一性质相适应的制度化基础。标准的公共产品性质及其经济功能，使其不仅成为现代市场经济正常运转的一个必要条件，而且也是技术创新的一个重要影响因素。

1. 标准的公共产品性质

标准实际上是思想与知识的一种存在形式，是社会发展到一定阶段所积累的公共知识的载体，在经济中发挥着日益重要的影响。它们使工厂得以实现规模经济，使市场能够以一种公平和有效的方式完成交易。标准的存在与利用使产品和服务的生产、销售与购买更加便利，并成为推动经济增长和技术创新的"经济基础设施"的一个必要组成部分。从标准的存在形式与经济功能看，标准具有相当的"公共产品"性质。

标准的公共产品性质来自标准存在巨大的外部性收益。例如，质量标准能够降低交易中的信息不对称，有效克服格雷欣法则，提高交易的效率。消防栓与消防龙头的兼容标准如果不存在，一旦失火就可能由于扑救不及导致巨大损失。标准的公共产品性质还可能源于很多标准是社会发展所积累的公共知识的载体。

由于标准所具有公共产品性质，因而从标准的主要发展历史看，特别是 20 世纪 70 年代以前，标准主要是通过政府和标准委员会两种途径制定，并且标准的内容是公开免费使用的。一般来说，这种标准委员会的标准制定活动要经过民主讨论，并受到一致同意、公开可获得性，以及平衡各方利益等原则的约束，以确保各方公平地获得和使用所制定的标准。从这个意义上，我们也可以把这部分具有"公共需求"、不存在任何私人产权的标准叫作"公共标准"。

2. 作为"公共产品"的标准对技术创新的影响

作为"公共产品"的标准不仅能够有效地提高经济的静态效率（降低交易成本，减少信息不对称），而且对技术创新有重要影响。作为公共产品的标准对技术创新的影响主要表现在三个方面：

（1）加快创新速度。大多与产品或技术相关的标准都包含着标准化的技术信息。这些技术信息随着标准的宣传、贸易交流的增加而扩散。从社会的角度看，可以有效地节约个别企业积累这些基本技术信息的时间，加快技术创新的速度。

（2）限制创新方向。标准对产品或服务属性的详细技术规范的规定，影响着企业 R&D 投入方向，因而限制了技术创新的方向。很多不符合标准要求，或者为标准所限制的技术创新受到抑制。这种限制对市场参与者来说不一定是坏事。因为创新方向的适当限制与创新数量的适当减少，可以使一种新技术很快实现规模经济，并缩短新技术完善和成熟的时间，最终使消费者享受到价廉物美的产品。

（3）刺激组件创新。兼容性通常表现为系统产品中组件之间的标准化界面。开放的界面标准能够促进组件层次上的创新。因为竞争者可以在这一界面的"任何一边"进行创新，从而该产品系统的消费者可以选择最优化系统设计的特定组件。而且这些组件随着时间推移也可以被更先进的组件所取代，因而极大地降低了整个系统被抛弃的风险。

概括"公共标准"对技术创新的上述影响方式，可以得到"公共标准"体系下的技术创新模式，如图 1 所示。

图 1 描述了产品和技术空间标准影响技术创新过程的理想模式。纵轴代表纵向产品差异：图中越靠上的点，绩效越好，产品功能越强。横轴代表横向的产品差异：横轴上的点代表设计和结构不同但功能可比较的产品。

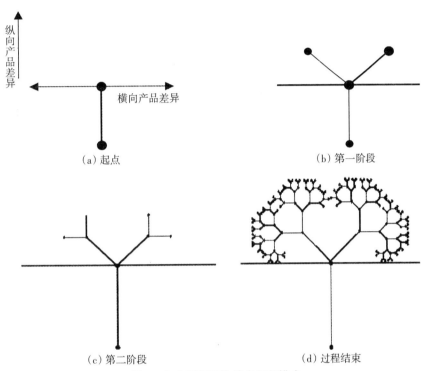

图 1 存在标准时的技术创新模式

技术创新的目的是提供满足市场需要的新产品和服务来填补产品空间。一个有效的创新应该在保证技术可行性和产品销路的前提下，形成图 1 (d) 中的树冠。图 1 (a) 是技术创新的起点。一个重要创新打开了产品和技术空间的一个新领域，随着时间的推移，其中的成熟技术逐渐成为标准化的知识，成为一个基本标准的内容。两端有圆点的竖线长度表示这一技术的创新程度。图 1 (b) 从这一基本标准引出了两个并发的创新，向两个不同的方向发展。在图 1 (c) 中，每个枝上又进一步产生两个创新。在这个基本的基础设施之上，技术创新与产品竞争的推动力将持续建立一个具有不同技术特征的竞争产品和服务的空间，如图 1 (d) 所示。

在这一过程中，标准的作用是推动和影响创新的模式。当产品结构不是很复杂、技术创新速度也不太快的标准发展早期阶段，技术创新模式可以表现出这种整齐而紧凑的理想结构。每次技术创新的结果都会推动标准的产生和发展，而一旦标准得到确定，又成为一次技术创新的基础和前提。因此，图 1 中 (a) (b) (c) 三图描述的与其说是创新，不如说是标准。但图 1 (d) 中更小的分支和次分支就不是标准了。

从图 1 可以看出，随着时间的推移，技术创新的频率和密度都在加快。而且，技术创新是沿着一定的路线进行的，但在树冠部分，一些线条使不同的创新路径重新连接起来。这意味着，开放的兼容标准还能够有效地降低消费者被"锁定"在一种技术路径上的风险。

三、标准的"私有化"趋势与及其对技术创新的影响

20 世纪 80 年代以来，标准化领域的一个突出现象是标准的"私有化"趋势。一些产业领域，主要是信息与通信等高科技产业出现了越来越多受知识产权保护的标准。ICT 标准的"私有化"趋势已经对多年来形成的标准制定的制度基础形成严峻挑战，并使这一领域的技术创新表现出不同的特点。

1. 标准"私有化"的表现与背景

目前看来，ICT 产业的标准"私有化"主要有三种表现形式：一是越来越多的企业私有技术或产品通过竞争获得市场主导地位而成为事实上的产业标准；二是在国际标准制定组织制定的标准中没有专利技术的在减少，有专利技术的在增加；三是开始出现市场驱动的企业标准制定联盟。与通常的标准制定组织不同，这些联盟由市场上的少数重要企业组成，目的是将这些企业拥有的专利技术体系推广为事实标准，或者推动已经被国际组织批准为标准的专利技术市场化。

事实上，任何企业或个人都希望能够拥有标准的"产权"。因为标准的控制者可以获得极大的市场竞争优势甚至垄断地位，还可以主导相关技术的发展方向。然而，为什么直到信息技术革命发展到一定阶段才出现标准的"私有化"趋势呢？或者说，为什么政府不设法在这一领域维持标准的公共性质，以更好地为公共利益服务呢？概括起来，主要有以下两个方面的推动因素：

第一，ICT 产业的很多标准包含了相当复杂的技术内容，对其给予知识产权保护能有效地激励这一领域的创新活动。普通标准作为完成某项任务、实现某一目标而规定的统一的、重复适用的规则，本身并不包含复杂的技术内容，一般只是规定了通过某些技术手段和技术途径所需要达到的目标。

ICT 产品基本都是由软件和硬件结合而成的"系统产品"，很多产品要素标准和界面标准本身就是包括产品功能的技术方案，是企业大量研发投资的结果。以网络设备为例，大量与信息传输有关的界面标准是以相应的软件程序为基础的，绝不仅是物理接口的尺寸和形状问题。

第二，技术创新速度快也是这一领域私有标准增加的一个重要原因。与其他产业相比，ICT 产业的技术创新速度快、技术的生命周期相对短。这对法定标准组织产生了两个方面的影响：①法定标准制定组织很难制定出不包含知识产权内容的标准。由于新技术产生的时间很快，当法定标准组织在制定相关的 IT 技术标准时，常常面对市场上不同企业掌握的、拥有专利的技术。因此，制定出的标准内容不可避免地包含有相当数量的专利技术。②即使标准组织制定出了（可能包含知识产权内容的）标准，但当市场上已经存在私有的事实标准时，组织制定的标准也很难取代这一事实标准。例如，美国思科公司是全球最大的网络设备供应商，占有网络设备 70% 以上的全球份额，因而其互连操作系统 Cisco IOS 就成为这一领域的事实标准。虽然国际电信联盟制定了能确保网络设备良好互联互通，且维护成本更低的开放系统标准，但由于思科公司在其 Cisco IOS 软件中大量使用了私有协议，并拒绝公开信息和授权使用，使用了"国际开放标准"的网络设备难以与市场上现有的思科设备很好地互联，因而很难取代现有的思科标准。

2. 知识产权、私有标准与技术创新

知识产权经过多年发展，已经形成了保护智力产品与创新内容的复杂体系。在现实市场中，对同一种产品，企业通常会利用专利权、商标权、商业秘密等多种知识产权手段来保护自己的利益，以在尽可能长的时间内保持垄断优势。从私有标准对技术创新的影响角度看，有两类与标准和标准化有关的情况值得重点关注：受专利保护的标准与技术创新、封闭的私有界面标准与技术创新。

（1）受专利保护的标准与技术创新。在标准获得专利保护的情况下，技术创新的模式与没有专利权保护的创新模式没有本质区别，同样有加快创新速度、限制创新方向和刺激组件创新的作用。因为获得专利保护的 IT 技术标准必须公开其技术原理和相关信息，企业仍可以以此为平台进行创新活动，生产出新的产品和技术。不同之处在于，企业利用这一平台需要支付一定的费用。这对企业的研发投入可能有一些影响，从而使分支上的创新数量有所下降，但不会对创新活动产生重要的不利的影响。在这种情况下，标准专利保护的范围对技术创新有不同程度的影响（见图 2）。

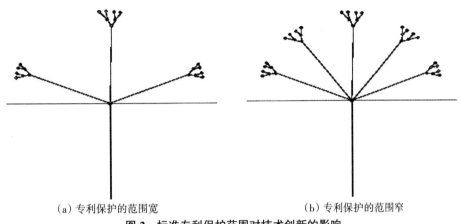

（a）专利保护的范围宽　　　　　　　　（b）专利保护的范围窄

图 2　标准专利保护范围对技术创新的影响

图 2 假定每个分支都受到专利的保护。显然，专利保护的范围宽时，次干的技术创新频率比专利保护的范围窄时要小，但产品层次的创新变化不大。

（2）封闭的私有界面标准与技术创新。很多企业不愿意以公开相关技术信息为代价获取专利保护，因而其技术的界面标准是封闭的，或者以私有协议的形式存在。这一类界面标准由于信息不公开，限制互补产品和竞争产品与之兼容，因而对技术创新有一定的不利影响。

首先，这种不利影响表现为抑制竞争产品创新。对网络和通信产品来说，互联互通非常重要。如果作为事实标准的界面是私有的和封闭的，后进入市场的竞争企业的产品无法与现有的网络互联，而只能自建网络。这对新产品的创新与市场扩展相当不利，甚至可能使新产品无法达到网络的临界容量而退出市场。其次，封闭的界面标准也会抑制组件创新。由于界面标准是封闭的，企业要么由自己提供整个系统产品的组件，要么向特定的合作伙伴开放界面标准，由合作伙伴来提供相应的组件。组件竞争显然不如开放界面标准条件下激烈，因而组件的数量和质量都会受到影响。最后，封闭界面标准强化的"技术锁定"效应。标准总会产生不同程度的锁定效应，但在标准开放和公开时，由于不同系统技术之间、不同系统组件之间的兼容性或协同性更好，可以在一定程度降低锁定的程度。封闭的界面标准使不同系统无法兼容，相应的消费者转换成本更大，因而强化了锁定效应。

假定市场只有一种封闭的事实标准的极端情况，技术创新模式如图 3 所示。

由图 3 可知，当一种标准是封闭的时，一个竞争者不可能利用其中的任一节点作为起点产生一个与之竞争的创新。因此，任何节点支持大量并发创新的能力肯定都是有限的。这表明，标准开放有强大的技术创新效应。

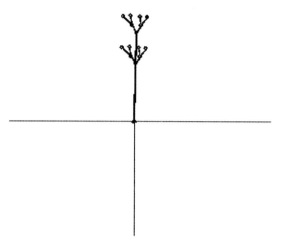

图 3　存在私有事实标准时的技术创新模式

四、政策含义

从当前世界各国的标准化实践看，国际标准组织、企业标准联盟以及企业事实标准已经成为标准化的主要形式，但政府在标准化中的作用仍然是不可替代的。保持标准的准公共性质有利于以标准为起点的技术创新，对有相当技术含量。的标准给予知识产权保护对技术创新的影响既有有利的方面，也有不利的方面。标准的"公共性质"与"私有性质"的平衡、知识产权保护宽严尺度只能由政府来把握。在 IT 标准"私有化"发展背景下，我国作为一个 IT 技术标准使用和引进国家，要避免私有标准的不利影响。这需要政府发挥积极作用，充分考虑标准的经济功能、标准的性质变化及其对技术创新的复杂影响，建立一个有利于我国企业进行技术标准创新的外部环境。

〔参考文献〕

[1] P. A. David, "Some New Standards for the Economics of Standardization in the Information Age", in: Dasgupta, P., Stoneman, P.L. Eds., The Economic Theory of Technology Policy. Ambridge Univ, Press, London, 1987.

[2] Gregory Tassey, "The Economics of R&D Policy", Quorum Books, Westport, CT, 1997.

[3] Jones P. and J. Hudson, "Standardization and the Costs of Assessing Quality", *European Journal of Political Economy*, Vol.12, No.2, 1996, pp.355-361.

[4] Gregory Tassey, "Standardization in Technology-based Markets", Research Policy, No.29, 2000, pp.587-602.

[5] G. M. P. Swann, "The Economics of Standardization: Final Report for Standards and Technical Regulations Directorate Department of Trade and Industry", Manchester Business School, University of Anchester, 2000 (December).

[6] Shurmer M. "Standardization: A New Challenge for the Intellectual Property System", Chapter 3 in A. Webster and K. Packer (eds) *Innovation and the Intellectual Property System*, Cambridge, Massachusetts: Kluwer Law International, 1996, pp.47-64.

[7] 朱彤：《知识产权、技术标准与技术创新》，载吕政主编《中国工业发展报告（2004）》，北京：经济管理出版社，2004 年版。

[8] Krechmer K. "The Principles of Open Standards", Standards Engineering Society: World Standards Day Paper Competition, 2nd Place, 1998.

（本文发表在《经济理论与经济管理》2006 年第 5 期）

第二篇

工业增长与资源环境

面向中上等收入阶段的中国工业化战略选择

黄群慧　黄阳华　贺　俊　江飞涛

摘　要： 东亚高收入经济体在进入中上等收入阶段后，制造业实际占比和全要素生产率都保持长期增长。这些典型事实与经典发展经济学推崇制造业作为经济增长引擎的理论内涵高度一致。中国进入中等收入阶段后，制造业实际占比和全要素生产率同时下降，在理论和经验上都出现了"过早去工业化"的倾向，加大了落入中等收入陷阱的风险。加快建设制造强国，发展先进制造业，提升传统产业发展的质量和效益，是中国当前工业发展战略的现实选择。

关键词： 中等收入陷阱；过早去工业化；生产效率；东亚经验

一、问题的提出

经历了近 40 载的快速增长，中国迈入了中上等收入阶段，社会面临的主要矛盾也发生了变化，要求提高经济发展的质量和效益。近年来，中国经济进入了从高速增长转为中高速增长、从要素驱动转向创新驱动和产业结构升级为基本特征的新常态，培育壮大新动能、加速新旧动能接续转换不仅直接关系到近期全面小康社会的建成，还关系到我国实现"两个一百年"奋斗目标的能力建设。同时，中国作为全球经济增长的动力源、主引擎和稳定器，能否成功跨越中等收入陷阱和迈向高收入阶段也引起了世界的瞩目。

回头来看，中国的经济增长可归因于在经济全球化"大稳定时期"快速推进工业化进程。这个发展过程也常被提炼为，中国发挥劳动力丰裕的比较优势，深入参与国际产业分工，向更高效率的工业部门转移农村剩余劳动力，从而提高了潜在经济增长率。就在中国成为了"世界工厂""世界第一工业大国"和"世界第一出口大国"之际，传统工业化模式正面临着现实和理论的多重挑战。第一，中国劳动力不再无限供给，劳动力成本连年快速上涨，支撑中国快速工业化的传统比较优势趋于弱化，越来越多的制造业企业开始拓展非制造业活动，出现了"脱实向虚"的趋势。第二，随着第三产业增加值占 GDP 的比重超过了第二产业，越来越多的人士提议"退二进三"，主张以服务业作为增长的动力部门。第三，一些服务业行业借助新一代信息通信技术，在短时期内形成了一批高速成长的"明星"企业，与大量传统制造业企业的经营困难形成了鲜明的反差，造成制造业企业坚守实体经济的信心不足。第四，近年来，我国一些传统工业区① 经济增长出现了"断崖式"下滑，工业化模式受到的质疑剧增。第五，国家

---

① 如东北老工业基地和全国数十个资源枯竭型城市。

"十三五"规划提出了五大发展理念，加之公众空前关注环境质量，传统工业发展方式的弊端也暴露得更为明显。在这些因素的共同作用下，"去工业化"思潮在我国获得了空前的影响力，"退二进三"已经出现了从极少数发达地区向全国蔓延之势。

然而，脱离中国经济发展阶段，"去工业化"的主张同样面临着新的问题。第一，我国跳出中等收入陷阱仍然需要保持中高速的经济增长，服务业能否支撑像中国这样一个发展中大国保持稳定的经济增长？第二，我国部分经济发达地区的服务业增加值占 GDP 的比重已经接近甚至超过了发达国家的一般水平，但经济增长的动力和稳定性都明显下滑，近来又不约而同地重新认识并强化制造业的功能。但是，可谓"去工业化易，再工业化难"[1]，我国尚处于中等收入阶段，能否承受"去工业化"给经济社会发展带来的一系列后果？第三，一些地方片面地将发达国家后工业化阶段服务业占比高的结果，当作经济增长的目标和手段，在发展服务业时存在"拔苗助长"的现象。例如，通过政策刺激房地产业和金融业等服务业的投资，反而积累了结构失衡的巨大风险，迫切需要深化供给侧结构性改革在房地产市场"去库存"和在金融部门"去杠杆"。第四，值得寻味的是，全球金融危机后，发达工业化国家深刻反思"去工业化"的得失后，一致认为制造业的竞争优势仍然是大国竞争的根基，纷纷提出了"制造业复兴战略""产业振兴计划"和"工业 4.0 计划"等再工业化战略，试图以更高水平的工业化重振制造业竞争力，应对新兴工业化经济体的赶超。

面对上述结构性变化，需要系统探讨工业化和去工业化的战略选择问题。它们都与经济发展阶段、发展方式密切相关，如果忽视了中国的基本国情，在全面建成小康社会的决胜阶段，可能会酿成中国出现"过早去工业化"的风险，导致新旧动能转换失灵而落入中等收入陷阱。

本文余下部分的结构安排如下：第二部分评述中国是否会落入中等收入陷阱的代表性研究，从理论上探讨经典工业化理论和去工业化研究对中等收入经济体制造业发展的理论启示。第三部分选取成功跨越中等收入陷阱的东亚经济体为比较研究对象，总结其在中高收入阶段的制造业转型升级的典型事实及其理论内涵。第四部分探讨中国进入中等收入阶段后是否存在"过早去工业化"的风险和应对思路。第五部分为小结。

二、中等收入陷阱与工业化：一个理论评述

（一）对中国如何跨越中等收入陷阱研究的评述

一般认为，中等收入陷阱是指一国跳出低收入国家行列后，人均收入增长长期停滞而无法向高收入国家收敛的一种稳态[2]。假如一国人口自然增长率是相对稳定的，那么人均收入增长长期停滞的主因便是经济增长的减速。理论研究的主要任务包括两个方面：一是识别一国传统经济增长的动力，探明其落入中等收入陷阱的潜在风险点；二是甄别一国经济增长的新动能，开辟跨越中等收入陷阱的新路径。在此基础上，政策研究者和决策的主要任务是，选择恰当的政策工具加速新旧动能转换，促进发展阶段的

---

[1] 典型的区域是北京市和上海市，两地第三产业增加值占 GDP 的比重已经分别超过 80% 和 70%。根据笔者多年在两市的跟踪调研，两地普遍存在制造业增加值占比快速下降后产业增长减速、产业竞争力提升缓慢、创新成果转移转化缺乏产业基础和应对新一轮产业变革主动性下降等问题，区域经济增长的稳定性也有所减弱。为此，上海市"十三五"时期为了防止产业空心化，提出制造业增加值占比保持 25% 左右的目标，并通过设定工业用地下限强化制造业发展的要素支撑。

[2] 蔡昉：《"中等收入陷阱"的理论、经验与针对性》，《经济学动态》2013 年第 12 期。

平稳过渡。对中国如何跨越中等收入陷阱的研究文献基本上按照上述逻辑展开。一般认为，中国改革开放以来经济快速增长的根本动力，源自经济内部的结构性变化。然而，学术界对推动中国增长的关键结构存在多重解释，对跨越中等收入陷阱的路径和政策也有不同的主张。

一是人口结构和要素结构的解释。蔡昉等学者强调，中国劳动力的充分供给不仅具有低成本的比较优势，而且推动了资本形成，是中国经济高速增长的重要因素。但是，随着"刘易斯拐点"出现后人口红利趋于耗尽，中国的潜在经济增长率下降，面临落入中等收入陷阱的风险。新发展阶段提高潜在经济增长率，需要提高人力资本、要素配置效率和技术创新等[①]。更为一般性地，林毅夫强调要素结构与长期经济增长之间的内生关系[②]，认为过去中国进入中等收入阶段得益于顺应要素禀赋结构，选择了具有比较优势的产业，跳出中等收入陷阱需要按照新的比较优势，推动产业升级[③]。

二是产业结构的解释，即关注长期增长中三次产业结构的变化。其一，经典产业结构理论[④]总结了发达国家的历史经验，指出产业结构或者就业结构转移的路径是先从第一产业向第二产业再向第三产业转移[⑤]。一些学者预测，当中国经济发展到较高水平后，服务业具有很大的增长潜力，在经济总量中的重要性将明显增加。从长期趋势看，这一判断具有较高的可信度，但问题是如何较为准确地把握发展阶段转换的时点[⑥]。其二，更多的观点则忽视了经济发展阶段的差异，采用了产业结构"对标"的思路，认为中国的服务业占比低于发达国家甚至中高收入经济体，可能会导致中国陷入中等收入陷阱[⑦]。这些研究的基本主张是加快发展服务业，甚至主张以服务业的增长作为跳出中等收入陷阱的引擎，建议我国过去重点支持工业发展的政策应逐渐转向支持服务业的发展[⑧]。本文认为，这类研究存有三点可商榷之处。第一，经典产业结构理论是基于传统的产业分类方法，而在新技术的持续推动下，制造业服务化和服务业制造化的融合发展模式日益明显，弱化了经典理论赖以成立的统计基础[⑨]。第二，中国的经济增长是在全球资本、贸易、技术、人才和知识流动空前自由的背景下，大量承接国际产业转移得以实现的。中国的产业结构深度嵌入于全球分工体系，而经典产业结构理论则是根据发达国家在旧的全球体系中对外产业转移之后的产业结构演进特征进行的经验归纳。时代背景和工业化模式的差异削弱了经典产业结构理论的现实指导意义。第三，中国作为世界上最大的发展中国家，借用经典产业结构理论时应首先选取可比的发展阶段。发达国家后工业化阶段的产业结构，对当今中国的指导意义相对有限。

此外，一些制度研究者认为，中国如果会落入中等收入陷阱，主要是受制度的束缚而丧失了对发达国家的赶超能力，只有通过深化制度改革才能增强经济增长的动力[⑩]。另有一些文献综合性地研究了中

① 蔡昉：《刘易斯转折点与公共政策方向的转变——关于中国社会保护的若干特征性事实》，《中国社会科学》2010 年第 6 期；蔡昉：《人口转变、人口红利与刘易斯转折点》，《经济研究》2010 年第 4 期；蔡昉：《理解中国经济发展的过去、现在和将来——基于一个贯通的增长理论框架》，《经济研究》2013 年第 11 期；F. Cai, "The Coming Demographic Impact on China's Growth: The Age Factor in the Middle-Income Trap", *Asian Economic Papers*, Vol. 11 No. 1, 2012, pp.95-111.

② 林毅夫：《新结构经济学：反思经济发展与政策的理论框架》，苏剑译，北京：北京大学出版社 2012 年版，第 20-22 页。

③ 林毅夫：《中国可以摆脱中等收入陷阱》，《中国经济周刊》2012 年第 43 期。

④ 严格地讲，经典产业结构理论是一种来自经验归纳的理论假说。

⑤ C. Clark, *The Conditions of Economic Progress*, London: Macmillan, 1940; S. Kuzntes, "Driving Forces of Economic Growth: What Can We Learn from History?", Weltwirtschaftliches Archiv, Vol. 116, No.3, 1980, pp. 409-431; H. Chenery and M. Syrquin, *Patterns of Development: 1950-1970*, London: Oxford University Press, 1975, p.21.

⑥ 江小涓、李辉：《服务业与中国经济：相关性和加快增长的潜力》，《经济研究》2004 年第 1 期；江小涓：《服务业增长：真实含义、多重影响和发展趋势》，《经济研究》2011 年第 4 期。

⑦ 迟福林：《走向服务业大国的转型与改革》，《经济日报》2015 年 4 月 16 日第 16 版；徐建国：《追求强劲的服务业》，载庄巨忠、保罗·范登堡、黄益平主编《中国的中等收入转型》，张成智等译，北京：社会科学文献出版社 2016 年版，第 336-351 页。

⑧ 张斌、茅锐：《工业赶超与经济结构失衡》，《中国社会科学》2016 年第 3 期。

⑨ 贺俊、吕铁：《从产业结构到现代产业体系：继承、批判与拓展》，《中国人民大学学报》2015 年第 2 期。

⑩ 许成钢：《2014 年，中国深化改革的动力在哪里？》，《人民论坛》2014 年第 1 期。

国的中等收入陷阱问题①，但理论体系和逻辑结构较为松散。

本文认为，中国跨越中等收入陷阱的研究，应立足于中国的发展阶段和发展模式。对中国这样一个仍处于工业化中后期阶段的国家而言，制造业的转型升级才是新旧动能转换的关键。现有研究已指出了制造业转型升级对跨越中等收入陷阱的迫切性，但是并没有对中国进入中等收入阶段的制造业发展加以专门的讨论，难以对上述工业化和去工业化的悖论提供逻辑一致的解释。因此，需要理论和经验相结合，研究中国进入中等收入阶段后的工业化战略问题。

（二）对经典工业化理论的再考察

在经济发展学说史上，工业化思想是一条较为完整的学术脉络，在过去数百年间指导后发国家的现代化道路②。现代工业化理论至少可以回溯至 20 世纪 40 年代。第二次世界大战前后，欧洲一些农业国家仍处于欠发达阶段，存在数以千万计的农业剩余人口，生活水平改善缓慢。如何在全欧洲范围利用这些"闲置的"人力资源，并改善他们的生活水平，成为当时重要的发展目标。Paul Rosenstein-Rodan 对此问题的研究被认为是发展经济学结构主义的开山之作③。他提出了两种基本的发展模式：引导剩余劳动力流向资本（即移民模式），或促进资本流向剩余劳动力（即工业化模式）。由于国家之间移民安置会引发严重的经济社会问题，工业化模式被认为更具经济可行性。但是，Rosenstein-Rodan 推崇工业化模式的主要理由，在于工业生产相比于传统农业，具有更强的产业关联性和更高的分工水平，更容易发挥规模报酬递增经济和外部经济④。因此，他主张"统筹投资"，大规模地推进工业化，快速提高生产要素的动态配置效率，有力带动欠发达地区经济起飞。

沿着 Rosenstein-Rodan 的"大推动"思路，20 世纪 50~70 年代产生了一大批研究欠发达国家如何快速实施工业化的理论，被统称为经典经济发展学或经典工业化理论⑤。这些理论延续了非均衡发展的思路，认为某些经济活动具有更高的生产率、更强的产业带动效应、更高的分工水平以及更快的技术创新速度，将生产要素配置于这些活动便可以提高经济增长率。近年兴起的演化发展经济学在经典工业化理论中加入了熊彼特的创新理论，提出发展"高质量的经济活动"是经济发展的关键，可视为

① 相关论文集参见庄巨忠、保罗·范登堡、黄益平主编：《中国的中等收入转型》，张成智等译，北京：社会科学文献出版社 2016 年版；A. Lewin, M. Kenney, J. Murmann (eds.), *China's Innovation Challenge: Overcoming the Middle-Income Trap*, Cambridge: Cambridge University Press, 2016。

② 对工业化经济思想史和政策史的研究，参见 E. Reinert (ed.), *Globalization, Economic Development and Inequality: An Alternative Perspective*, Cheltenham: Edward Elgar, 2004; H. J. Chang, *Bad Samaritans: The Guilty Secrets of Rich Nations and the Threat to Global Prosperity*, London: Random House, 2008; H. J. Chang, *Kicking Away the Ladder: How the Economic and Intellectual Histories of Capitalism Have Been Re-Written to Justify Neo-Liberal Capitalism*, London: Anthem Press, 2002; 赖纳特、贾根良主编：《穷国的国富论：演化发展经济学论文选》，北京：高等教育出版社 2007 年版。

③ P. Rosenstein-Rodan, "Problems of Industrialization of Eastern and South-Eastern Europe", *The Economic Journal*, Vol. 53, No. 210/211, pp. 202-211.

④ 关于产业分工与报酬递增相互促进的经典研究，参见 A. Young, "Increasing Returns and Economic Progress", *The Economic Journal*, Vol. 38, No. 152, 1928, pp. 527-542。外部经济则源自于马歇尔的经典研究，参见 A. Marshall, *Principles of Economics* (Eighth Edition), London: Palgrave Macmillan, 2013, p. 22.

⑤ 这一时期具有代表性的工业化理论，参见 W. A. Lewis, "Economic Development with Unlimited Supplies of Labour", *The Manchester School*, Vol. 22, No., 1954, pp. 139-191; A. Hirschman and G. Sirkin, "Investment Criteria and Capital Intensity Once Again", *The Quarterly Journal of Economics*, Vol. 72, No. 3, 1958, pp. 469-471; W. W. Rostow, *The Stages of Economic Growth: A Non-Communist Manifesto*, Cambridge: Cambridge University Press, 1960, pp.12-13; J. Fei and G. Ranis, "Economic Development in Historical Perspective", *The American Economic Review*, Vol. 59, No. 2, 1969, pp. 386-400; A. Gerschenkron, *Economic Backwardness In Historical Perspective, A Book Of Essays*, Cambridge, Massachusetts: Belknap Press of Harvard University Press, 1962, pp.8-11。一些同时期的学者研究了工业化导致世界经济的非均衡发展，参见 H. Singer, "Distribution of Gains Between the Lending and Borrowing Countries", *The American Economic Review*, Vol. 40, No. 2, 1950, pp. 473-485; R. Prebisch, "Commercial Policy in the Undeveloped Countries", *The American Economic Review*, Vol. 49, No. 2, 1959, pp. 951-973。

经典工业化理论的升级版[①]。在理论上精炼"高质量的经济活动"的特点，便集中体现为两个方面：一是与规模相关的经济（简称规模经济），包括一个部门自身的规模报酬递增和通过前后向联系所产生的外部经济[②]；二是与效率相关的经济（简称效率经济），包括专业化和分工、技术创新、资本深化和人力资本等。在当时的技术经济条件下，发达工业化国家基本完成了第二次工业革命，制造业广泛采用了大规模生产方式后，生产效率取得了明显的提升，全社会的技术创新也集中在制造业领域。因此，经典发展经济学家一致认为，制造业是最为重要的"增长引擎"[③]。这些理论对包括我国在内的广大发展中国家的经济发展战略和产业政策产生了深远的影响，是指导我国快速推动工业化的重要理论依据[④]。

本文认为，虽然在不同的技术经济范式和经济发展阶段之下，产业形态有所变化，但是经典发展经济学对"高质量经济活动"在经济增长中关键作用的强调，却具有理论一般性。第一，经典理论研究如何提高欠发达地区的生产要素配置，与中等收入经济体如何提高经济的潜在增长率以跨越中等收入陷阱是高度一致的。第二，经典理论主张将生产要素从低效率的农业部门转向高效率的工业部门，本质上是要甄别并培育"高质量的经济活动"，与跨越中等收入陷阱要求打造新动能的目标是高度一致的。第三，经典理论强调政府通过实施发展战略（或产业政策）创造结构红利，与跨越中等收入陷阱所需的政策转型、制度变革和释放改革红利是高度一致的。

因此，只要准确地把握经典工业化理论的内涵在于提高生产要素的动态配置效率，就可以超越其政策主张的时代局限性，在新的技术经济范式和发展阶段充分发掘潜在增长率。即便一个中等收入国家达到了较高的工业化水平后，只要制造业仍具有生产效率提升的空间，就可以推动更高水平的工业化提高潜在经济增长率，助推一国成功跨越中等收入陷阱。对中国这样一个全球最大的工业国家如何跨越中等收入陷阱而言，这一理论启示超越二、三产业动力之争，聚焦到新兴工业化国家进入中等收入阶段后的制造业发展上来，无疑更具现实意义。

（三）对去工业化与过早去工业化研究评述

20世纪中期以后，老牌工业化国家制造业占比显著下降，一些曾因工业发展而繁荣的地区沦为"绣带"。这些现象日益引起了对"去工业化"问题的关注[⑤]。英国作为近代工业革命的发源地，更早地出现了去工业化问题。一些学者基于去工业化的特征分析，剖析了制造业效率与去工业化之间的相互关系，拓展了规模经济与效率经济之间互动关系的研究[⑥]。一些研究区分了"良性去工业化"和"恶性去

[①]"高质量经济活动"的基本特征是：陡峭的学习曲线、高产出增长率、技术进步快、R&D密度高、干中学、不完全信息、动态不完全竞争性、规模经济和范围经济、高产业集中度、高进入退出壁垒、高品牌附加值等（参见 E. Reinert (ed.), *Globalization, Economic Development and Inequality: An Alternative Perspective*, p. 53）。

[②] 包括技术外部经济和金钱外部经济。

[③] N. Kaldor, *Causes of the Slow Rate of Economic Growth of the United Kingdom: An Inaugural Lecture*, Cambridge: Cambridge University Press, 1966.

[④] 需要强调的是，经典发展经济学主张发展制造业的前提条件是制造业活动具有规模经济和效率经济。如果其他经济活动也满足这些条件，同样具有促进经济更快增长的功能。例如，随着技术的发展，农业和服务业中的一些活动也具备了"高质量的经济活动"的特征。因此，经典发展经济学所推崇的是"高质量的经济活动"，而不是选择某些特定的部门，不应将其作为一些选择性产业政策的理论依据。

[⑤] 不过，在经济史中出现过多次以"去工业化"为手段弱化他国竞争力的案例，如英国封锁和限制美国和印度等殖民地发展工业，"二战"后期，盟国拟定了制裁德国"摩根索计划"（Morgenthau-Plan）也是一项去工业化计划（参见 H. Morgenthau, *Germany Is Our Problem*, New York and London: Harper & Brothers Publishers, 1945, p. 24; E. Penrose, *Economic Planning for the Peace*, Princeton University Press, 1953, p. 291; E. Reinert, J. Ghosh, R. Kattel (eds.), *Handbook of Alternative Theories of Economic Development*, Cheltenham: Edward Elgar Publishing, 2016, p.722）。

[⑥] A. Singh, "UK Industry and the World Economy: A Case of De-industrialization?", *Cambridge Journal of Economics*, Vol. 1, No. 2, 1997, pp. 113-136.

工业化"。前者表示制造业生产效率快速提升,劳动力向其他部门分流后,不会出现严重的失业问题;后者表示制造业产出或生产效率下降后,失业不能被其他部门充分吸纳,从而出现了一系列经济社会问题[1]。Tregenna 利用马克思主义政治经济学的剩余价值理论将两类去工业化重新加以理论化,即一国的劳动是否从剩余价值的生产活动中分流至非生产活动[2]。发达国家去工业化后国际竞争力下降也引发了激烈的政策讨论,即是否要采用保护主义政策维持一国高工资的制造业就业。对此,以 Krugman 为代表的主流经济学家根据"次优"理论,认为美国去工业化和贸易竞争力下降是由国内产业"扭曲"所造成的,不可能仅通过贸易政策加以解决[3]。

20 世纪 90 年代以来,去工业化现象蔓延至一些高速增长的新兴工业化经济体和中等收入经济体[4],"过早去工业化"(Premature Deindustrialization)的问题引起了学术界的关注。[5] Rodrik 的最新一项跨国研究为过早去工业化提供了大样本经验证据:以 1990 年为界,一国制造业占比达到峰值时,人均收入水平仅约为之前的 40%。换言之,在全球化年代,发展中国家的制造业"未富先衰",与高收入国家的去工业化存在显著差异,需要高度重视过早去工业化的经济与政治后果。此外,大量针对发展中经济体的国别研究也表明,"过早去工业化"后制造业规模经济和效率经济的衰退是导致其经济增长长期停滞的重要因素[6]。

根据已有的去工业化研究文献,若对去工业化进行规范分析,那么基于效率提升的制造业占比下降是可接受的,而由效率恶化导致的制造业萎缩是需要严加防范的。本文认为,忽视经济发展阶段和生产效率分析,片面对标发达国家后工业化阶段的产业结构,极可能酿成"过早去工业化"的风险。在全球范围内大量经济体去工业化的背景下,少数东亚工业化经济体有效防止了"过早去工业化"并成功跳出了中等收入陷阱,其经验尤其值得总结并加以理论剖析。

---

① R. Rowthorn and J. Wells, *De-industrialization and Foreign Trade*, Cambridge: Cambridge University Press, 1987, pp. 5-6.

② F. Tregenna, "A New Theoretical Analysis of Deindustrialisation", *Cambridge Journal of Economics*, Vol. 38, No. 6, 2014, pp. 1373-1390.

③ P. Krugman, "Domestic Distortions and the Deindustrialization Hypothesis", NBER Working Paper 5473, 1986.

④ 对全球范围内去工业化现象的经验分析,参见 R. Rowthorn and R. Ramaswamy, "Deindustrialization: Cause and Implications", IMF Working Paper WP/97/42, 1997; F. Tregenna, "Characterising Deindustrialisation: An Analysis of Changes in Manufacturing Employment and Output Internationally", *Cambridge Journal of Economics*, Vol. 33, No. 3, 2009, pp. 433-466; F. Tregenna, "Manufacturing Productivity, Deindustrialization, and Reindustrialization," World Institute of Development Economics Research, Working Paper No. 2011, 57。一些学者对去工业化现象进行了一般性的解释,参见 J. Palma, "Four Sources of 'De-Industrialization' and a New Concept of the Dutch Disease", in J. Ocampo (ed.), *Beyond Reforms: Structural Dynamics and Macroeconomic Vulnerability*, New York: Stanford University Press and World Bank, 2005, pp. 75-93.

⑤ S. Dasgupta and A. Singh, "Manufacturing, Services and Premature Deindustrialization in Developing Countries: A Kaldorian Analysis", Research Paper No. 2006/49, Helsinki: UNI-WIDER, 2006; J. Palma, "De-industrialization, 'Premature' De-industrialization and the Dutch Disease", in S. Durlauf and L. Blume (eds.), *The New Palgrave Dictionary of Economics* (Second Edition), Basingstoke: Palgrave Macmillan, 2008, pp. 401-410; D. Rodrik, "Premature Deindustrialization", *Journal of Economic Growth*, Vol. 21, No.1, 2016, pp.1-33; M. Castillo and A. Neto, "Premature Deindustrialization in Latin America", ECLAC-Production Development Series No. 205, 2016, http://repositorio.cepal.org/bitstream/handle/11362/40241/S1600503_en.pdf.

⑥ E. Paus, "Latin America and the Middle-Income Trap", ECLAC-Financing for Development Series No. 250, 2014, http://repositorio.cepal.org/bitstream/handle/11362/36816/1/S2014300_es.pdf, 2017-05-10; M. Cruz, "Premature De-industrialization: Theory, Evidence and Policy Recommendations in the Mexican Case", *Cambridge Journal of Economics*, Vol. 39, 2015, pp. 113-137.

三、制造业调整的"典型事实"：东亚高收入经济体的经验

（一）可比经济发展阶段的选取：绝对标准还是相对标准

　　跨越中等收入陷阱是迈向中高收入阶段的前提。现有文献通常采用两种方法定义中等收入陷阱[①]。第一种方法是采用绝对人均收入标准，即一个经济体的绝对人均收入长期徘徊在一定水平而难以向高收入国家收敛。例如，世界银行将 2015 年人均收入处于 1026~12475 美元的国家定义为中等收入国家，如果这些国家长期滞留在此水平，则可认为其落入了中等收入陷阱。近年来，一些研究分析了一国人均收入水平与经济增长率之间的统计关系，为中等收入阶段的存在性提供了经验证据。Eichengreen 等发现，当高增长经济体的人均收入达到 17000 美元后[②]，增速会下降 2 个百分点[③]。王庆等利用麦迪森世界经济千年统计研究发现，过去 100 年间有 40 个经济体人均 GDP 达到 7000 美元，其中有 31 个在随后十年间 GDP 平均增速比在此之前十年平均下降了 2.8 个百分点[④]。一些研究者批评该方法存在一定的主观性和随意性，主张采用相对人均收入标准，即第二种方法，将中等收入经济体与同期高收入国家[⑤] 的人均收入比长期维持在一定水平称为中等收入陷阱[⑥]。鉴于拉美绝大多数国家和东亚少数经济体被普遍认为是陷入和跨越中等收入陷阱的典型，一种可行的确定中等收入陷阱上下限的方法是，对比两类经济体的相对收入水平。本文认为，后发国家的工业化和经济发展本质上是对发达国家的赶超，产业追赶的绩效是其相对经济发展水平最重要的决定因素[⑦]。因此，本文倾向于采用后一种方法定义中等收入陷阱。

　　本文利用格罗宁根增长与发展中心（Groningen Growth and Development Centre，GGDC）数据库计算了拉美和东亚经济体与同期美国人均收入（均以 PPP 计算）的比值（见图 1）。结果显示，从 20 世纪 70 年代到 2010 年，大部分拉美经济体的相对人均收入长期处于 20%~40%。东亚经济体的表现则显著不同。1978 年，亚洲只有日本、中国香港和新加坡等少数经济体的相对人均收入超过了 40%；中国台湾地区和韩国的相对人均收入相继于 1989 年和 1991 年穿破了 40% 的上限；马来西亚和泰国于 20 世纪 80 年代进入了中等收入区间，但在此之后长达约 20 年都没有突破 40%，面临着陷入中等收入陷阱的风险。据此，本文将相对人均收入长期保持在 20%~40% 的经济体视为陷入了中等收入陷阱。1978 年，中国的相对人均收入仅为 5.3%，与印度、巴基斯坦等国相当。2007 年，中国相对人均收入超过了 20%，标志

　　① F. Im and D. Rosenblatt, "Middle-Income Traps: A Conceptual and Empirical Survey", *Journal of International Commerce*, *Economics and Policy*, Vol. 6, No. 3, 2015, pp.1550013: 1-39.

　　② 按照购买力平价和 2005 年美元计算。

　　③ B. Eichengreen, D. Park, K. Shin, "When Fast Growing Economies Slow Down: International Evidence and Implications for China", NBER Working Paper 16919, 2011. 该研究还特别指出中国巨大的经济规模和诸多结构性问题很可能导致中国落入中等收入陷阱。

　　④ 王庆、章俊、E. Ho：《2020 年前的中国经济：增长减速不是会否发生，而是如何发生》，摩根士丹利研究部，2009 年 9 月 20 日，http://www.morganstanleychina.com/views/docs/100920.pdf，2016 年 12 月 5 日。

　　⑤ 通常是以美国为标尺。

　　⑥ W. T. Woo, "Understanding the Middle-Income Trap in Economic Development: The Case of Malaysia", The World Economy Asia lecture, 2011, http://beta.nottingham.ac.uk/gep/documents/lectures/world-economy-asia-lectures/world-econ-asia-wing-thye-woo-2011.pdf, 2016-12-10; J. Lin and D. Rosenblatt, "Shifting Patterns of Economic Growth and Rethinking Development", *Journal of Economic Policy Reform*, Vol.15, No. 3, 2012, pp.171-194；朴永燮：《经济转型与"中等收入陷阱"：韩国经验》，《经济社会体制比较》2013 年第 1 期。

　　⑦ J. Mathews, "Catch-up Strategies and the Latecomer Effect in Industrial Development", *New Political Economy*, Vol. 11, No. 3, 2016, pp. 313-335; J. Fagerberg and M. Godhino, "Innovation and Catching-Up", in J. Fagerberg, D. Mowery and R. Nelson (eds.), *The Oxford Handbook of Innovation*, Oxford University Press, 2004, pp.514-542.

着中国进入了中等收入国家行列①。2010 年，中国相对人均收入达到了 26%，相当于 20 世纪 50 年代末的日本，或者 20 世纪 70 年代末的中国台湾地区、20 世纪 80 年代初的韩国、20 世纪 90 年代初的马来西亚和 21 世纪初的泰国。

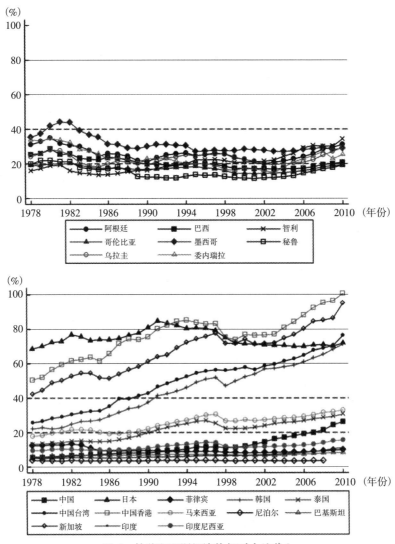

图 1　拉美和亚洲经济体相对人均收入

资料来源：根据 GGDC 数据库计算。

　　按照相似经济发展阶段才有可比性的原则，下文研究亚洲主要经济体处于与当今中国相似发展阶段的制造业发展经验②。

---

　　① 本文再用绝对收入水平法验证中国的发展阶段。2007 年，按照国家统计局和世界银行的数据，中国现价计算的人均 GDP 为 2807 美元和 2703 美元，按购买力平价法（PPP）计算相当于 7083 美元和 6821 美元，刚好处于一些研究提出的 7000 美元门槛。可见，无论采用何种定义，中国都在 2007 年前后进入了中等收入阶段。
　　② 需要说明的是，由于各经济体制造业的发展路径具有较大的个体差异性，本文只对各经济体制造业发展进行历史比较，而不直接进行经济体之间的横向比较。

(二)"典型事实 I":制造业的规模经济

本文采用多种方法分组别、分阶段计算了亚洲主要经济体(以下简称样本)[①]制造业增加值占 GDP 的比重(以下简称制造业占比)。第一,本文按照相对人均收入将样本分为高收入组和中等收入组,前者由日本、新加坡、韩国和中国台湾地区四个成功跨越了中等收入陷阱的经济体组成,后者由马来西亚、泰国和中国正面临陷入中等收入陷阱风险的经济体组成。第二,现有文献通常采用名义指标测算制造业占比,没有剔除产业间相对价格变化和宏观经济波动的影响[②]。本文在计算制造业占比时采用了 2005 年固定价格,以便更好地识别中长期的结构性变化。第三,为了更细致地比较发展阶段转换前后制造业占比的变化,本文进一步地将高收入组分为中等收入阶段和高收入阶段,将中等收入组分为进入中等收入阶段之前和之后两个阶段。计算所用数据均来自 GGDC 数据库。

计算结果表明,制造业占比上升贯穿于高收入经济体跨越中等收入陷阱前后。进入中等收入阶段后,日本、新加坡、中国台湾地区和韩国的制造业名义占比分别上升了 2.7 个、3.7 个、0 个和 3.7 个百分点;实际占比则上升得更快,分别上升了 4.2 个、10.3 个、5.8 个和 8.9 个百分点。成功跨越中等收入陷阱之后,日本、新加坡和韩国制造业实际占比不降反升(见表 1),并没有出现去工业化的现象。从 1970~2010 年的 40 年,日本第二产业名义占比从 43.7% 下降至 26.5%,制造业名义占比年平均值也从中等收入阶段(1953~1962 年)的 30.3% 下降为高收入阶段(1963~2010 年)的 27.5%,下降了 2.8 个百分比,符合经典产业结构理论的预期。但是,一旦剔除了价格因素后,日本制造业实际占比在跳出中等收入陷阱前后的变化则大相径庭,年平均值从 14.8% 剧增至 23.5%,上升了 8.7 个百分点,比名义值高出 11.5 个百分点,严重违背了经典产业结构理论的预期[③]。韩国的情况则更为明显。20 世纪 70 年代后期,韩国开始出现"蛙跳式"产业升级,制造业名义占比年平均值在跨越中等收入陷阱前后仅增长了 2.3 个百分点,但是实际占比年平均值却增长了 9.4 个百分点,高于前者 7.1 个百分点。与韩国类似,新加坡的制造业名义和实际占比年平均值都有所上升。相比而言,只有中国台湾地区的制造业名义和实际占比年平均值略有下降,接近英美等国在高收入阶段的去工业化特点[④]。从高收入组平均值看,制造业名义占比在跨越中等收入陷阱前后下降了 1.8 个百分点,而实际占比显著增长了 5.6 个百分点,高出前者 7.4 个百分点。东亚经济体制造业实际占比稳定增长,与跳出中等收入陷阱高度相关,与拉美国家大范围去工业化后陷入中等收入陷阱形成了鲜明对比。

本文将高收入经济体跳出中等收入陷阱前后,制造业实际占比保持增长的现象称为"典型事实 I"。这一发现具有两点直观且重要的政策启示:第一,如果中等收入经济体忽视经济发展阶段,对标发达国家后工业化阶段的产业结构,很可能造成战略方向上的误判。第二,如果忽视制造业实际占比变化,仅考察名义占比的变化趋势,同样可能造成战略方向上的误判。这两种误判相互叠加,可能会将中等收入新兴工业化经济体暴露于"过早去工业化"的风险当中,导致国民经济"脱实向虚"而丧失迈向高收入阶段的动力。

[①] 本文选择了日本、新加坡、中国台湾地区、韩国、马来西亚、泰国、中国和印度 8 个经济体,主要是出于如下三方面的考虑:一是 8 个经济体是亚洲主要工业化经济体;二是 8 个经济体具有地理相近性,便于控制全球经济因素的影响;三是 8 个经济体涵盖了不同经济发展水平,且具有显著的个体差异,更适合于比较分析。

[②] 李钢:《服务业能成为中国经济的动力产业吗》,《中国工业经济》2013 年第 4 期。

[③] 一般认为,三次产业结构中第二产业占比下降、第三产业占比上升的主要原因:一是第二产业效率进步更快,导致制造业产品价格下降;二是第二产业产品可贸易性更强,更利于地区间流动,更容易形成竞争性市场而导致价格下降(参见 W. Baumol and W. Bowen, *Performing Arts*: *The Economic Dilemma*, New York: Twentieth Century Fund, 1966, p. 390)。

[④] 需要指出的是,Selya 分析了中国台湾地区 318 个乡镇的工商统计数据后指出,1986~2001 年,该地区并没有去工业化,而是进行了产业结构的调整(参见 R. Selya, "The De-industrialization of Taiwan: A Spatial Perspective", *Geography Research Forum*, Vol. 27, 2007, pp. 70-96)。

表 1　制造业占比

单位：%

中等收入阶段	名义占比		实际占比（2005 年固定价格）	
高收入经济体组				
	中等收入	高收入	中等收入	高收入
日本	1953~1962	1963~2010	1953~1962	1963~2010
	30.3	27.5	14.8	23.5
新加坡	1970~1976	1977~2010	1970~1976	1977~2010
	22.2	25.0	25.5	26.4
中国台湾地区	1973~1989	1990~2001	1973~1989	1990~2001
	37.7	28.3	33.8	29.3
韩国	1976~1991	1992~2010	1976~1991	1992~2010
	29.0	31.3	19.7	29.1
组年平均值	29.8	28.0	23.5	29.1
中等收入经济体组				
	低收入	中等收入	低收入	中等收入
马来西亚	1970~1989	1990~2010	1970~1989	1990~2010
	20.3	27.1	14.9	26.4
泰国	1951~1990	1991~2010	1951~1990	1991~2010
	20.6	33.5	17.8	32.9
中国	1952~2007	2008~2010	1952~2007	2008~2010
	31.9	35.0	18.6	36.3
组年平均值	24.3	31.9	17.1	31.9

资料来源：根据 GGDC 数据库计算。

本文还对比了四个高收入经济体的制造业名义和实际增长率（见图 2），得出以下结果：第一，在迈向高收入经济体的进程中，制造业增加值增长率在长期内趋于下降，但是在中等收入阶段的大部分时间里，制造业增加值仍然保持正增长[①]；第二，制造业实际增长率的下降速度要慢于名义增长率的下降速度，而且下降得更为平缓。这再次表明，仅考察名义指标，对制造业规模的实际变化情况会造成误判。

虽然对制造业实际占比稳步增长与跨越中等收入陷阱之间的因果机制还需要更为深入的研究[②]，但"典型事实Ⅰ"至少表明，高收入经济体处于中等收入阶段时不仅没有去工业化，反而做大了制造业相对规模。这与经典工业化理论所推崇的制造业规模经济是一致的。

---

① 结果显示，只有日本的制造业增加值在新世纪之交出现了负增长，不过此时日本已经跨越中等收入陷阱长达半个世纪之久。需要强调的是，日本从 20 世纪 90 年代后通过对外直接投资加强东亚区域价值链的布局，此后日本制造业负增长并不表示制造业功能和竞争力的弱化（参见 M. Ando and F. Kimura，"Fragmentation in East Asia: Further Evidence"，ERIA-DP-2009-20，2009，http://www.eria.org/ERIA-DP-2009-20.pdf，2017-05-10；Y. Huang, N. Salike, F. Zhong，"Policy Effect on Structural Change: A Case of Chinese Intermediate Goods Trade"，China Economic Review，Vol. 44，2017，pp.30-47）。

② 1956~1970 年，日本第二产业对经济增长的贡献占到 60.5%（参见李钢：《服务业能成为中国经济的动力产业吗》，《中国工业经济》2013 年第 4 期）。

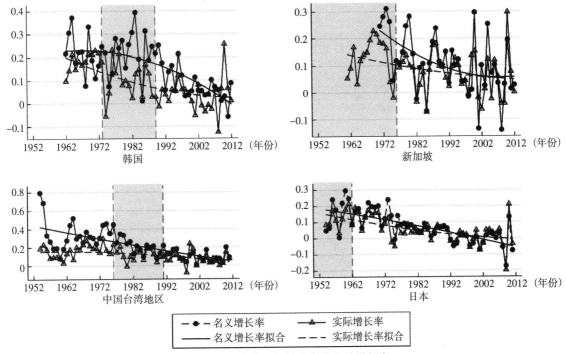

图2 亚洲高收入经济体制造业的增长率

注：①阴影部分表示中等收入阶段；②采用指数形式拟合。
资料来源：根据 GGDC 数据库计算。

本文进一步对比了高收入组和中等收入组的组间差异，发现制造业实际占比提高仅是跨越中等收入陷阱的必要非充分条件。一方面，即使一些中等收入经济体（如马来西亚和泰国）维持了较高的制造业占比，但是在长达20年的时间内都没有跳出中等收入区间，表明存在其他对跨越中等收入陷阱至关重要的变量。另一方面，高收入经济体在人口红利消失后，制造业实际占比仍保持长期增长，表明其制造业成功实现了比较优势的转换。根据经典工业化理论推断，这个解释因素很可能是制造业效率经济。

（三）"典型事实 II"：制造业的效率经济

本文利用制造业全要素生产率（TFP）累积指数测算了日本和韩国两国的制造业生产效率[①]，所用数据来自"生产效率与经济增长国际比较"（KLEMS）数据库。结果显示，两国制造业生产效率持续提升的趋势十分明显（见图3）。

20世纪70年代后，日本的食品、饮料和烟草制品，焦炭和精炼石油产品等低技术密集型传统行业的累积TFP指数趋于下降，但是电子和光学产品、化学品及化学制品，运输设备和机械装备等技术密集型行业的累积TFP指数明显上升，促进了制造业整体累积TFP指数持续上升，从1973年的50.8快速增长到2009年的91.2[②]。

韩国制造业也经历了明显的效率升级。20世纪80年代后，韩国的制造业累积TFP指数从1980年的49.1上升至2012年的129.1[③]。其中，机械，电子和光学产品，运输设备等技术密集型制造业的生产

[①] 本文根据生产函数，计算 TFP 增长率，公式为 $\Delta \ln TFP_{it} = \Delta \ln V_{it} - \sum_{X=K,L} \bar{v}_{Xit} \Delta \ln X_{it}$。其中，V 为制造业的增加值，作为产出；X 表示生产要素投入，包括资本投入存量（K）和劳动投入量（L）；$\bar{v}$ 为要素产出弹性或收入份额；下标 i（i = 1，2，…，n）为行业，t（t = 1，2，…，n）为年份。历年 TFP 累积指数由 TFP 的年增长率计算而得。记 t* 为基期，当年各产业的 TFP 为 100，则第 t*+n 年的 TFP 累积指数 $I_{t*+n} = 100 \times \prod_n (1 + \Delta \ln TFP_{i,t+j})$，（j = 1，2，…，n）；第 t*−n 年的 TFP 累积指数 $I_{t*-n} = 100 / \prod_n (1 + \Delta \ln TFP_{i,t+j})$，（j = 1，2，…，n）。

[②] 以 2005 年为基期，指数为 100。

[③] 以 2000 年为基期，指数为 100。

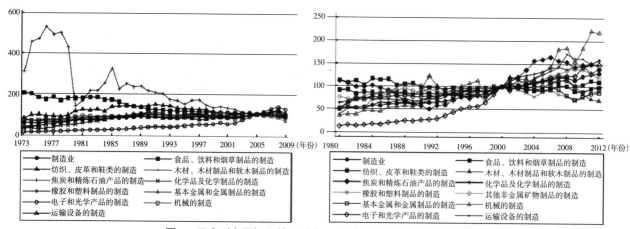

图3 日本（左图）和韩国（右图）制造业累积 TFP 指数

资料来源：根据 KLEMS 数据库计算。

效率快速增长。不过，与日本制造业效率改善方式有所不同的是，韩国制造业的效率提升并非局限于技术密集型制造业，大多数的中低技术制造业的生产效率也得到了明显改善，制造业效率整体上了一个台阶，成为助推韩国成功跨越中等收入陷阱的显著特征①。该结果表明，制造业效率的持续改善并不局限于特定的发展阶段，既发生于已经跳出中等收入陷阱的日本，也贯穿于韩国跳出中等收入陷阱前后。本文将该特征称为"典型事实Ⅱ"。上述两个典型事实表明，后发国家进入中高收入阶段后，经典工业化理论所推崇的制造业规模经济和效率经济仍然存在，仍是经济增长引擎的潜力所在。但是，要将典型事实变成可供其他发展中工业化经济体借鉴的经验，还需要结合产业史对相关机制加以进一步分析。

（四）对两个"典型事实"的进一步机制性分析②

上述两个典型事实的机制分析分别对应着两个研究问题，即中等收入经济体如何实现制造业的规模经济和效率经济。

第一，日韩两国产业史表明，实现制造业规模经济的主要机制是在经济发展的不同阶段动态地培育和发展新兴产业，带动下游产业和配套企业的发展。20 世纪 50 年代，仍处于中等收入阶段的日本推行重化工业化，振兴由钢铁、能源、石化等组成的"基干产业"，从而带动了下游纤维、合成树脂、家电和汽车制造等新产业的快速成长，推动了经济的高速增长。这些产业的成长还刺激了耐用消费品的发展，推动了消费升级③。日本于 20 世纪 60 年代初跳出了中等收入陷阱后，在高速增长时期曾发挥了重要作用的重化工业的国际竞争力开始下降，日本转而将计算机、电子、医药和交通运输设备等新兴"知识密集型"产业作为发展的重点，带动了大量配套中小企业的成长④，推动了价值链的升级。由于日本奉行"贸易立国"，其制造业的出口结构变化反映了产业结构的变化：1961 年以后，加工食品、纤维品、木制品、陶瓷等产品出口占总出口的比重不断下降，机械产品出口占总出口的比重则从 32%（1961~1965 年平均）上升到 64.9%（1976~1980 年平均）⑤。可见，这一时期日本新兴产业取得了快速发展，是实现制造业规模经济的主要载体。韩国跳出中等收入陷阱之前，重点发展的是劳动密集型轻工

---

① 20 世纪 70 年代，TFP 增长率对经济增长的贡献为 0.8%，而 80 年代后该数值上升到 3.4%（参见朴永燮：《经济转型与"中等收入陷阱"：韩国经验》，《经济社会体制比较》2013 年第 1 期）。

② 匿名审稿专家对制造业规模经济和效率经济的形成机制提出了有益的意见，特别是关于两者互动关系的意见启发了新的学术思考，我们深表感谢。

③ 武田晴人：《高速增长》，贺平译，中国香港：香港中和出版有限公司 2016 年版，第 13~16 页。

④ 安场保吉、猪木武德：《高速增长》，连湘译，北京：三联书店 1997 年版，第 25~31 页。

⑤ 安场保吉、猪木武德：《高速增长》，连湘译，北京：三联书店 1997 年版，第 53 页。

业。1970 年，韩国三大出口产品分别是纺织品、胶合板和假发，占总出口的比重分别为 40.8%、11.0% 和 10.8%，合计占比高达 2/3。但是，韩国跳出中等收入陷阱后，制造业加速向资本和技术密集型产业升级，重化工业产品出口占比从 1975 年的 25% 上升至 1980 年的 55%。20 世纪 80 年代后期，韩国半导体、计算机、电子、汽车、造船等技术密集型产业快速成长。到 2000 年，韩国出口前三大产品转变为半导体（15.1%）、计算机（8.5%）和汽车（7.7%）[①]。我们从中可以发现，日韩两国产业结构的调整，都先后经历了劳动密集型产业、重化工业和技术（知识）密集型产业等工业化阶段。可见，在经济发展的不同阶段培育和壮大新兴产业，是实现制造业规模经济的主要机制。

第二，上述新旧产业结构的调整，也是带动了制造业效率提升的重要机制之一。但是，制造业效率提升的长效机制，是在传统竞争优势弱化时，应及时推动制造业增长方式从要素驱动向创新驱动转变，更多地依靠技术进步推动制造业的升级。以日本为例，"二战"后劳动市场改革为工资的连续上涨奠定了制度基础，驱使日本制造业发起了一场"提高生产率运动"[②]。一是在短期内大范围引进先进设备和工艺，以资本深化推动制造业效率升级。1965~1975 年，日本仅用于技术进口的专款从 1.66 亿美元增长至 7.12 亿美元，增长了 3.3 倍。二是在长期内加强自主创新能力建设。自 20 世纪 70 年代后，日本抓住经济稳定发展对科技创新提出了新要求，逐步构建起了国家创新体系[③]。进入 20 世纪 80 年代后，"为推进以基础研究为中心的富有创造性的研究开发"，日本在研究管理、研究人才、研究开发基础设施以及科技信息活动等方面开展了系统性工作，实现了技术进步对经济增长的贡献达到 40% 以上[④]。这一系列的努力使日本成为"国家创新体系"研究的经典案例[⑤]。类似地，20 世纪 70 年代末韩国平均工资年均增长率超过 20%，采用劳动节约型技术成为制造业企业的现实选择。20 世纪 80 年代后，韩国主要通过加大企业自主研发强度、引进国外先进技术和增加资本品进口等渠道推动产业技术进步，"即便是在投资率停滞的情况下，韩国仍凭借技术创新推动了生产效率增长，为经济增长奠定了基础"[⑥]。可见，日本和韩国进入中等收入阶段后，面临着制造业传统比较优势弱化的挑战，并不是选择去工业化，而是持续加强资本深化和产业技术创新促进了制造业的生产效率提升[⑦]。

总之，日韩的经验表明，中等收入经济体可通过持续地培育和发展新兴产业，延伸产业链继续实现制造业的规模经济；可通过资本深化和加强产业创新体系建设，持续提升制造业的效率经济。因此，经典工业化理论及其升级版对发展中国家迈向中高收入阶段仍具有较强的现实指导意义[⑧]。由此观之，中国进入中等收入阶段后，制造业的发展战略选择不一定是去工业化，而是如何在新时代的技术经济条件下，改造和提升制造业的规模经济和效率经济，使其再次成为长期经济增长引擎。此问题的解答需要经过专门的研究，但作为其前期研究之一，有必要评估中国当前的去工业化是否是不利于保持长期增长的"过早去工业化"。

---

①⑥ 参见朴永燮：《经济转型与"中等收入陷阱"：韩国经验》，《经济社会体制比较》2013 年第 1 期。

② 武田晴人：《高速增长》，贺平译，中国香港：香港中和出版有限公司，2016 年版，第 55~56 页。

③ 主要措施包括：对标美国和德国的科技投入水平，加大研发经费支出，重点发展面向未来的战略性新兴技术；提升自主开发技术的能力，从单向技术引进变成推进国际科技协作；强化国立研究机构的技术供给功能，建设筑波科学城；完善技术教育培训体制，增加技术人员供给；等等。

④ 参见日本科技技术厅历年发布的《科技白皮书》。

⑤ C. Freeman, "Japan: A New National System of Innovation", in G. Dosi, C. Freeman, R. Nelson, G. Silverberg, L. Soete (eds.), *Technical Change and Economic Theory*, London: Pinter Publishers, 1988, pp. 330–348.

⑦ 当然，除了产业调整升级外，两国都加大了劳动力市场和教育制度的改革，提高劳动者素质和改善收入水平等。

⑧ 需要指出的是，理论的一般性并不表示政策的一般性。例如，随着产业技术的升级，选择性产业政策的瞄准效率下降，产业政策应该转向营造有利的创新环境。

四、中国是否存在"过早去工业化"的风险

本小节仍从制造业规模经济和效率经济两个关键维度，评价中国进入中等收入阶段后是否存在"过早去工业化"风险。需要说明的是，中国自 2007 年进入中等收入阶段至今已有 10 年时间，受限于统计数据的可得性，目前尚难以对中国制造业进行完整的评估，本文仅根据趋势做一些初步的研判。

（一）关于中国制造业规模经济的分析与讨论

本研究以 2007 年为中国进入中等收入阶段的分界点，采用多种指标对比了在此前后制造业占比的变化（见表 2）[①]。

表 2 中国制造业的规模变化

单位：%

制造业指标	A	B	B–A
Ⅰ：制造业名义占比			
平均占比[a]	1952~2007 年	2008~2010 年	
	31.9	35.0	3.1
	2004~2007 年	2008~2016 年	
平均占比	32.3	31.1	−1.2
平均增速	14.0	8.94	−5.1
	2003~2007 年	2008~2015 年	
固定资产投资占比	29.5	32.9	3.4
固定资产投资增速	24.8	15.5	−9.3
Ⅱ：制造业实际占比			
平均占比[a]	1952~2007 年	2008~2010 年	
	18.6	36.3	17.7
	1992~2007 年	2008~2015 年	
平均占比[b]	44.2	41.1	−3.1
平均增速[b]	15.9	10.2	−5.7

注：a. 根据 GGDC 数据库计算；b. 根据工业增加值可比价计算。
资料来源：根据国家统计局数据计算。

首先，显而易见的是，中国制造业名义占比下降[②]。第一，2004 年以来，中国制造业增加值占比总体呈现缓慢下降趋势；分阶段看，中国制造业占比年平均值从 2004~2007 年的 32.3% 下降为 2008~2016

---

① 2015 年和 2016 年制造业增加值，是根据当年制造业增加值增速测算而得的。
② 前文根据 GGDC 数据库计算，中国制造业平均名义占比从 1952~2007 年的年平均值 31.9% 上升为 2008~2010 年的 35.0%，增长 3.1 个百分点。但是，20 世纪 50 年代我国仍然是典型的农业国，导致 1952~2007 年的制造业平均占比偏低，故按照 GGDC 数据库计算的中国名义制造业占比上升并不具有参考价值。

年的31.1%，下降了1.2个百分点[①]。第二，与制造业占比高度相关的工业占比也出现了类似的变化，年平均值从1996~2007年的40.4%下降为2008~2015年的38.4%。第三，制造业固定资产投资增速从2003~2007年的24.8%下降为2008~2015年的15.5%，下降了9.3个百分点，低于同期全社会固定资产投资增速3个百分点，表明制造业固定资产投资占全社会固定资产投资的比重也在下降。

其次，中国制造业实际占比也出现了下降趋势。按照GGDC数据库计算，中国制造业实际占比年平均值从1952~2007年的18.6%上升为2008~2010年的36.3%。但是，由于历史基数过低，该结果不能反映近期的真实变化。本文利用可比价工业增加值近似计算了制造业的实际占比。结果显示，中国制造业实际占比从1992~2007年的年平均值44.2%下降为2008~2015年的41.1%，下降了3.1个百分点；同期中国制造业实际平均增速也下了一个台阶，从15.9%下降为10.2%，表明制造业的实际规模增长也趋于放缓。

可见，中国进入中等收入阶段后，至少已经出现了统计意义上的去工业化趋势，应引起研究者和政策制定的高度重视。去工业化引发了一系列的问题：

第一，中国的去工业化是否是"过早去工业化"？对此问题，可从如下三个方面加以判断：其一，1992~2007年，制造业对GDP增长的拉动平均值为5.54个百分点，而2008~2015年，该数值仅为3.65个百分点，表明进入中等收入阶段后，制造业作为中国经济增长的动力已趋于弱化。其二，如果将东亚高收入经济体当作全球跨越中等收入陷阱的"最佳实践"，那么中国制造业相对规模下降与上述"典型事实Ⅰ"相左，更接近拉美的去工业化。其三，中国已经过了制造业实际占比的峰值，然而仍然是一个发展中国家，那么可能落入了Rodrik所提出的过早去工业化的区间。综合起来，中国可能出现了"过早去工业化"的趋势。

第二，虽然中国制造业实际占比趋于下降，但是仍然高于东亚高收入经济体在中高收入阶段的平均水平，是否意味着中国更有能力承受"过早去工业化"呢？回答这个问题必须结合中国独特的工业化模式。首先，中国的工业化具有"压缩型"工业化的特征，即在相对较短的时间内达到了较高的工业化水平，导致中国制造业占比偏高。其次，中国实行改革开放后，采取出口导向的发展模式，主动且深入地参与了国际产业分工，大量承接了国际产业转移，也造成中国制造业占比偏高。由于各国发展模式和全球环境的差异，处于不同历史时期的经济体制造业相对占比的可比性较差，不能简单地认为中国制造业占比高就可以承受"过早去工业化"的风险。更为重要的是，问题的关键不在于国家之间制造业占比的相对高低，而在于如何在发展阶段转换的过程中，强化一国制造业与长期经济增长之间的联系，正视中国"过早去工业化"可能带来的长期增长风险。

第三，应对"过早去工业化"的风险，日韩的历史经验是否具有借鉴意义呢？根据前文的分析，日韩实现制造业规模经济的主要机制是在经济发展的不同阶段培育和壮大新兴产业。但是，中国在"压缩型"工业化模式下已经建立起了全世界最为完备的产业体系，在现有技术经济范式之下寻找具有较大增长潜力的新产业已经变得日益困难。因此，日韩的经验对我国的借鉴意义较为有限。面向未来，中国实现制造业规模经济的基本思路有两条：一是加快利用新一代信息技术促进制造业与非制造业活动的融合发展（特别是加快服务型制造的发展），培育若干世界级先进制造业集群，更广泛地发挥制造业活动的前后向联系效应，实现从制造业内部的规模经济向产业之间的规模经济升级。二是提高制造业的附加值，从外延式规模转向内涵式规模。中国制造业已经在大多数的终端消费品市场占有较大份额，甚至已

---

① 由于国家统计局调整了工业增加值的计算方法，自2011年起不再单独发布制造业增加值数据，难以直接计算制造业增加值占比。鉴于制造业是工业最为主要的组成部门（2004~2014年制造业占工业的比重平均值接近90%），在制造业数据不可得的情况下，本文以工业增加值近似地替代制造业增加值。

经触碰到了全球市场规模的"天花板"，产能、产量、规模经济增长受限。今后需要增强在产业上游高附加值的产品市场的竞争力，以制造业附加值的规模经济接力产量的规模经济。从长期看，正在孕育兴起的全球新一轮科技革命和产业变革是中国迈向中高收入阶段最为重要的发展机遇，中国在构建现代化经济体系时，应重视发掘技术经济范式转换过程中蕴藏的规模经济①。

（二）关于中国制造业效率经济的分析与讨论

现有研究单一地测算了中国的制造业生产效率②，本文为了便于与前文日韩的"典型事实Ⅱ"进行比较，仍然利用 KLEMS 数据库计算中国制造业的累积 TFP 指数③。计算结果表明（见图4），过去的30年里，中国制造业效率提升较为明显。1981~2010 年，电子及通信设备、电气设备、化学品及化学制品、机械装备等技术密集型行业的 TFP 累积指数持续增长，带动了中国制造业累积 TFP 指数总体保持快速上升的趋势，从 1981 年的 71.0 增长至 2010 年的 110.0。

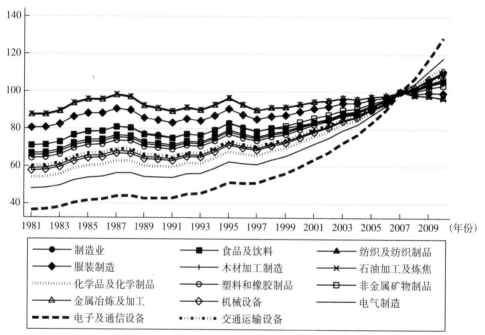

图 4 中国制造业累积 TFP 指数

资料来源：根据 KLEMS 数据库计算。

为了比较中国进入中等收入阶段前后制造业 TFP 的变化，本文分别计算了 2004~2007 年和 2008~2010 年制造业 TFP 的平均变化（见图5）。结果表明，进入中等收入阶段后，中国制造业 TFP 累积指数平均增速有所下降，从 2004~2007 年的 3.23% 下降为 2008~2010 年的 2.96%，下降了 0.27 个百分点。值

---

① 新一轮技术经济范式的基本特征是：数据要素将成为新型核心投入，以新一代互联网技术为支撑的通信基础设施的重要性超过交通基础设施，以数据和新一代互联网技术驱动的制造业智能化将引领国民体系的智能化（参见黄阳华：《工业革命中生产组织方式变革的历史考察与展望》，《中国人民大学学报》2016 年第 3 期）。上述每一个领域都蕴含着新兴产业的投资机遇和新的规模经济。

② 参见伍晓鹰：《测算和解读中国工业的全要素生产率》，《比较》2013 年第 6 期（总第 69 辑）；江飞涛、武鹏、李晓萍：《中国工业经济增长动力转换》，《中国工业经济》2014 年第 5 期；刘明康、陈永伟：《中国的全要素生产率现状、问题和对策》，《比较》2016 年第 3 期（总第 84 辑）。

③ 需要说明的是，KLEMS 项目由各区域项目构成，日本和韩国同属于亚洲项目，而中国是一个单独的项目，所以在细分的行业口径上会有细微的差异。由于数据的可得性，中国制造业行业的 TFP 采用随机前沿分析（SFA）计算。全部制造业的 TFP 以各行业的增加值份额为权重加权计算而得。

得注意的是，18 个主要制造业行业的 TFP 增速也出现了不同程度的下滑。江飞涛等的实证研究结果也表明，2004~2013 年，中国 TFP 年均增长率为-0.80%；2004~2008 年，TFP 年均增长率为 0.58%；2009~2013 年，TFP 年均增长率为-2.17%[①]。

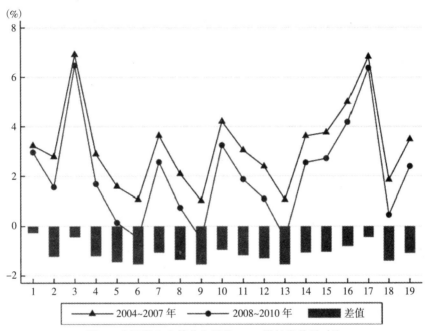

图 5　中国进入中等收入阶段 TFP 增长率前后对比

注：限于篇幅，横轴的行业用数字代表，其中"1"表示制造业，"2"~"19"表示 18 个主要制造业行业。

资料来源：根据 KLEMS 计算。

制造业生产效率增速下降的趋势，不仅会对制造业的长期增长造成不利影响，而且也会影响中国经济增长的长期动力。今后如何改善我国制造业生产效率存在两个政策思路：第一，计算结果显示，中国制造业行业间生产效率存在较大差异，表明行业之间的配置效率存在较大的优化空间。因此，我国亟须深化产业管制体制和要素市场的改革，拆除部分行业仍然存在的制度性进入壁垒，建立公平竞争的市场环境，加速生产要素跨行业流动，提高制造业的整体配置效率。第二，借鉴日韩跨越中等收入陷阱的成功经验，进入中等收入阶段后要更为重视科技创新在提升制造业生产效率中的基础性作用。其中，日本技术密集型产业生产效率快速提升和韩国高中低技术产业全面升级的经验都具有可取之处。对中国这样一个工业体系完备的世界工业大国而言，既要大力培育和发展新兴产业，更要看到传统产业的改造升级仍有效率提升的广阔空间，应提升制造业生产效率和发展质量。

（三）对中国过早去工业化的进一步讨论

如果将中国制造业生产效率增速下降与同期制造业实际占比下降结合起来，有可能为中国已显现的过早去工业化现象提供初步的机制性解释。第一，如果制造业 TFP 增长率下降是同期制造业实际占比下降的原因，那么中国的去工业化便符合"恶性去工业化"的特征。该情景意味着中国制造业增长仍还依赖于要素投入驱动，还没有转变到创新驱动发展模式上来，那么当要素成本快速上涨时，制造业传统比较优势逐渐消失，同时又没有形成新的竞争优势，会导致中国制造业规模萎缩和长期经济增长的动力下

---

① 参见江飞涛、武鹏、李晓萍：《中国工业经济增长动力机制转换》，《中国工业经济》2014 年第 5 期。该项研究使用了更新的数据，更好地控制了 2008 年全球金融危机造成的短期外生冲击，因此结果更为稳健。

降，加大落入中等收入陷阱的风险。第二，如果制造业实际占比下降是同期制造业 TFP 增长率下降的原因，可能的情景是，制造业过快萎缩造成上游科技创新缺乏转移转化的载体和服务的对象，导致科技创新投入的瞄准效率和投入产出效率低下，不利于推动创新型国家建设，也背离了依靠效率提升增强经济增长动能的基本要求。第三，如果制造业实际占比下降与同期制造业 TFP 增长率下降互为因果，那么上述两种情景形成恶性循环，中国落入中等收入陷阱的风险也将会叠加，是必须严加防范的情景。

总之，在制造业生产效率增长率和实际占比双双下降的情况下，无论出现上述何种情景，都很可能是不利于经济持续健康发展的过早去工业化，必须要引起高度的重视。当然，揭示中国为什么会出现过早去工业化是一个极为重要的研究问题，这也是今后中国迈向中高收入阶段研究的重要方向之一。

五、结　论

本文立足于中国作为工业大国和仍处于中等收入阶段的基本国情，研究了中等收入阶段的工业化战略问题。本文在理论上紧扣经典发展经济学的理论内涵，并结合东亚高收入经济体在中等收入阶段制造业调整升级的两个"典型事实"，认为制造业作为经济增长的引擎不仅适用于经济起飞阶段，也适用于中高收入阶段。本研究有助于超越当前宏观层面的工业与服务业动力之争，推动新时期以制造业转型升级跨越中等收入陷阱的学术和政策研究。

本文还发现，中国进入中等收入阶段后，制造业实际占比和生产效率增速同时出现了下降的趋势，在理论上、经验上和现实层面都可能出现了"过早去工业化"的现象，加大了中国因新旧动能转换失灵而陷入中等收入陷阱的风险。本文还结合中国的国情，对中国进入中等收入阶段后，如何实现制造业规模经济和效率经济提出了相应的政策思路，即工业化的战略选择不是去工业化，而是抢抓新一轮科技革命和产业变革的历史机遇，加快建设制造强国，加快发展先进制造业，同时重视提高传统产业发展的质量和效益，促进我国产业迈向全球价值链中高端，培育若干世界级先进制造业集群。

中等收入阶段作为经济发展的阶段之一，可能是一个相当长的过程。本文对中国制造业的分析仅是对中等收入阶段初期特征的分析。随着时间的推移和统计资料的丰富，将得到更为全面和准确的研究结论。

（本文发表在《中国社会科学》2017 年第 12 期）

论三次能源革命的共性与特性

史 丹

摘　要： 本文通过分析对比三次能源革命的动因、结果，总结了能源革命的基本特征和条件，并对当前的第三次能源革命特点和任务进行了描述，指出中国能源革命所具有的一般性和特殊性。三次能源革命所具有的共性是：一是能源革命总是与产业革命相伴生，形成新的能源产业并且成为经济发展的主导产业；二是能源结构不断优化，主导能源不断更替，并且向着高效、清洁、低碳、可持续的方向发展；三是三次能源革命的影响一次比一次深远，能源革命的范围越来越广泛。第三次能源革命则需要世界各国共同的努力。中国没有经历前两次能源革命的过程，但是第三次能源革命的特性决定了中国是重要的参与者与推动者，与发达国家相比，中国能源革命所形成的能源结构迭代性改进与经济发展水平决定了中国能源革命需要更强有力的政策推动。能源互联网和新能源发电技术与蒸汽机、内燃机的作用一样，是第三次能源革命的关键技术平台。

关键词： 能源革命；产业革命；能源结构；气候变化

迄今为止，人类历史上已发生过两次能源革命，当前正处于第三次能源革命的初期。一些人把人类利用火也视为能源革命是不正确的，因为在人类进化过程中，就开始使用火，火的使用让人类成为现代人。之所以对能源革命有不同的理解，源于对如何定义能源革命，或者什么叫能源革命，有不同的理解和认识。笔者认为，可以从三个角度分析和研究能源革命：一是从技术创新的角度分析和理解能源革命，研究和分析能源革命的原因与动力问题。二是从能源革命自身的角度分析能源革命所要达到的目标、任务与条件，这个研究角度主要服务于政策制定。三是从世界能源发展过程的角度分析能源革命的一般规律和发展方向。这三个角度互相补充，对于充分理解和推动能源革命很有帮助。运用上述思路，本文在分析第一次能源革命和第二次能源革命的过程与结果的基础上，分析了当前第三次能源革命的特征、任务，最后分析了中国能源革命的一般性和特殊性问题。

一、第一次和第二次能源革命的动力、过程与结果

能源是重要的生产要素。能源革命往往不是独立发生的，而是伴生于产业革命。迄今为止，人类历

[基金项目] 本文为国家社科基金重大项目"中国与周边国家电力互联互通战略"、中国社科院重大项目"转变经济发展方式与中国经济安全"的阶段性成果。

史上已发生过两次工业革命和能源革命，当前正处于第三次革命的初期。从历史的角度来看，工业与能源革命的结果都表现在结构变动上。因此，能源结构的变化可以作为区分能源革命代次的重要标志。

18世纪末至19世纪初，蒸汽机的发明及其广泛运用，促进了英国的重工业不断发展，英国率先开始了工业化进程。英国重工业的大规模发展，增加了能源的需求，以木材为主的生物质能已不能满足大工业生产的需求。与此同时，蒸汽机在煤炭开采中的运用，也极大地提高了煤炭生产效率，促进煤炭工业的发展，为满足快速增长的能源需求提供了保障。煤炭工业是英国工业化进程中最早发展起来的以蒸汽机为核心技术的机械化产业。

第一次能源革命成功的标志，是煤炭取代木材成为主导能源。1850年，煤炭在英国能源消费中的比重达到92%。与木材相比，煤炭能源密度高，便于运输，生产不受季节限制。以煤炭取代木材，使能源行业从农业中分离出来，改变了农业作为能源提供者的角色，节约下来的土地用于生产粮食，增加了农业供养人口，并使更多的劳动力从农业转移到工商业活动之中，加快了纺织、钢铁等行业的发展，英国的产业结构、人口结构随之发生了一系列的革命性变化。工业革命和能源革命具有伴生性，也就是说，英国的工业革命触发了能源革命，能源革命成就了工业革命。以蒸汽机为核心技术的第一次工业革命也在一定程度上锁定了煤炭需求，使煤炭作为主要能源在人类历史上持续百余年，直到第二次工业革命才有所改变。

19世纪70年代至20世纪初，以发电机、内燃机、电动机的发明与运用为标志的第二次工业革命爆发。内燃机使用液态能源，能源效率更高。发电机的发明，使人类所需的能源形式——光、热和机械运动都转换成电能，并可以通过电网远距离传送。第二次能源革命产生两个结果：一是内燃机、发动机不像蒸汽机那样直接燃烧煤炭，而是使用由原油炼制的成品油，由此促进了能源加工业的发展，即石油炼制行业和发电业的发展，能源生产由第一产业（煤炭采掘与石油开采）延伸到第二产业。二是生产和生活中更多地使用"加工过"的能源，形成了能源原料和能源产品之分，即一次能源和二次能源之分。

与第一次能源革命相比，第二次能源革命不仅为产业部门提供了更加方便、高效的电力与液体燃料，而且促进了新兴产业的发展，丰富了工业原料供应。例如，石油炼制不仅为航运、汽车、航空行业提供高效率的燃料，而且还为纺织等加工行业提供了替代天然原料的化工原料，解决了天然原料不足的问题，极大地丰富了物质生产。电的发明为各种电器生产制造和使用提供了便捷的动力，也为现代信息与通信业发展奠定了重要的基础，是人类由第一次工业革命的机械化时代走进电气化时代的前提条件。第二次能源革命使得工业生产体系由加工天然原料扩展为加工化工原料，产业链进一步延长，能源结构又一次发生一次质的变化，即一次能源结构逐步由以煤炭为主转向以石油为主，生产与生活更多地使用二次能源。

从19世纪初以煤炭为主，到从20世纪中期以石油为主，人类大规模地利用化石能源已有200多年。第二次能源革命和工业革命使人类进入有史以来物质最为丰富、能源消耗最多的工业化中期阶段。到20世纪50年代，世界上已有十多个国家进入工业化中后期发展阶段，工业生产体系进一步完善，对化石油能源的需求量级成倍地增长。经济学家在20世纪80年代就指出，当耐用消费品高度普及，后工业化过程行将结束，经济增长速度就要下降，其原因是工业化国家遇到普遍的问题与制约：一是公害的制约；二是能源资源的制约；三是国际关系摩擦制约；四是规模经济效益殆尽；五是技术革命停滞的制约。事实也是如此，20世纪由于中东国家石油禁运导致的二次石油危机曾引发工业发达国家的经济危机，经济发展受到严重的影响。一些国家对石油能源资源的争夺成为世界地缘政治不稳、局部战争不断的导火索。随着新兴工业化国家的发展，世界化石能源资源的紧缺性日益凸显，根据BP的数据，世界石油储采比为53年，世界天然气储采比为56年，世界煤炭储采比109年。化石能源的不可持续性以及对环境和生态的破坏性日益被人们所认识，并受到世界各国高度重视。科学家预计，今后几十年里，地球吸收碳排放的能力将下降，世界生态系统的巨大变化可能进一步加快地球变暖的进程，全球大气温度将在 21 世纪末或此后不久升高 6℃，地球的冰帽与冰盖融化，海平面上升 7 米，一些海洋国家从此消失。此外，还会在陆地形成干旱和洪水等多种自然灾害，威胁人类的生存环境。

二、第三次能源革命的特征、动因与任务

第一次和第二次石油危机之后，在工业发达国家掀起了能效革命，能源效率极大地改善，能源消费增速减缓。与此同时，生态环境的恶化，使人类逐步接受可持续发展的概念，也逐渐意识到减少化石能源消费对改善生态环境、减排温室气体的重要性。以 1987 年联合国环境与发展委员会《我们共同的未来》的调查报告为标志，能源与气候变化问题成为国际谈判和国际合作中的重要议题，以利用可再生能源为标志的第三次能源革命已经开始酝酿。近年来，人们对能源革命的重要性和革命方向的认识更加清晰。与前两次能源革命相比，第三次能源革命具有以下特征：

（一）第三次能源革命需要全球的能源合作

第一次和第二次能源革命是在少数国家率先进行的，分别经历上百年时间的不断发展和深化，主要是解决经济快速发展所需的燃料与动力问题。当今正在进行的第三次能源革命，重在寻求人与自然、人与社会和谐永续发展的途径，其意义与作用远远超出前两次能源革命。第三次能源革命的意义不仅关系到经济的可持续发展，而且关系到人类的可持续发展。国际合作是第三次能源革命的重要任务。此外，第三次能源革命所要解决的资源问题、气候变化问题和安全问题均是全球性问题，仅依靠少数国家不能取得明显效果。需要在全球范围内形成国际合作机制，促进世界各国共同行动。能源的清洁、低碳发展，是第三次能源革命的重要组成部分，也是区别前两次能源革命的主要特征。

然而，迄今为止，世界还没有摆脱对化石能源的依赖，化石能源仍是经济增长与发展的动力源。在当前经济增长模式下，减排在一定意义上会影响经济增长。根据"共同但有区别责任原则"，"巴厘岛路线图"已经为包括发展中国家在内的各国确定了减排行动"可测量、可报告、可核实"的要求。但是，从气候变化的国际谈判和减排实践来看，各国的承诺多于行动，甚至更多是"讨价还价"。哥本哈根峰会无果而终，坎昆气候变化会议不欢而散，都表明全球温室气体减排尚未达成共识，仍处于国家利益博弈阶段。

中国在减排问题上显示了一个大国应尽的责任。2008 年，中国宣布 2020 年中国温室气体比 2005 年下降 40%~45%。2015 年 6 月 30 日，中国政府再次宣布，中国温室气体到 2030 年左右达到峰值并且要争取提早达峰，温室气体比 2005 年再下降 60%~65%。非化石油能源占一次能源的比例达到 20% 左右，森林蓄积量比 2005 年增加 45 亿立方米等，2020 年后强化应对气候变化行动目标与措施。中国的行动和减排目标不仅为全球温室气体减排提供了有力的支撑，而且加快了我国清洁和可再生能源开发利用的进程。

按全球现在能源、经济发展的趋势和各国减排的实际，到 2030 年，温室气体的排放不会回落到 2010 年的水平，反而会提高 25%~30%。从这个角度来看，如何促进更多的国家采取切实可行的减排行动，形成世界各国低碳绿色转型的良性竞争与共同减排的非对抗机制，变负担和挑战为发展机遇和发展动力，促进建立发达国家向发展中国家提供清洁可再生能源技术的国际交流机制，减少清洁能源贸易壁垒等，都是能源国际合作方面的任务。2015 年 12 月在法国巴黎召开的第 21 次全球气候变化大会是一

次最富有成效的会议，会议上达成了到 2050 年全球达到碳中和的协议，把全球平均气温较工业化前水平升高控制在 2℃ 以内作为目标，并为把温升控制在 1.5℃ 而努力。

（二）形成清洁、低碳发展机制是第三次能源革命的重要内容

第一次和第二次能源革命，煤炭与石油分别成为主要能源，其成本核算和市场评价只包括其经济价值，而没有包括其外部成本（也许当时尚未认识到外部成本的存在）。然而，当前包括外部成本的低碳发展机制并未形成，温室气体减排和能源转型所发生的成本仍然不能得到合理的补偿。或者说，当前用新能源替代化石能源无论是从成本上还是从效率上都没有给生产者和消费者带来经济意义上的收益，绿色低碳发展需要各种制度约束和经济激励。推进发展机制的改革，为清洁低碳能源发展创造良好的市场条件，是第三次能源革命的重要条件。用清洁、可再生能源替代化石能源不仅从根本上改变能源开发利用方式，也从根本上改变社会价值判断和成本收益的计算方式。要实现以化石能源为基础的经济体系向以非化石能源为基础的经济体系转变，必须要建立起相应的碳价机制，使清洁低碳发展成为收益最佳的发展模式。

（三）若没有干预，第三次能源革命也将是一个较长的市场选择过程

能源革命的基本前提是新的能源技术发明与应用。然而，能源革命能否成功取决于新兴能源能否在市场中取得一定的份额。或者说，形成优于传统能源的竞争优势。从第一次能源革命到第二次能源革命，能源结构转换持续了近百年时间，这一百年之久实际上是市场逐步接受和选择的过程，最终使石油取替煤炭成为主要能源。第三次能源革命的技术基础是可再生能源发电技术、生物质燃料技术及其能源互联网，但受其成本高、效率低、出力不稳等因素所限，若没有政策干预，第三次能源革命也不会在较短时期内完成。若以清洁能源的占比作为第三次能源革命的一个标志，第三次能源革命刚刚揭开序幕，实现可再生能源为主的能源结构，最短需要数十年的时间。在这个过程中，煤炭、石油等化石能源占比渐消、清洁低碳能源占比渐长。中国能源革命的阶段性将更加显著：在 2020 年之前，化石能源消费尤其是煤炭消费过快增长的势头会转向低速增长或负增长，预计 2020 年前后煤炭消费达到峰值，2020 年之后的 10 年左右时间，清洁的化石能源天然气的消费比例大幅度提升，为大比例提高可再生能源比例奠定基础。2030 年或 2035 年之后，清洁可再生能源开始大规模替代化石能源，在 21 世纪中后期，有望完成中国能源的清洁低碳转型。

（四）第三次能源革命会进一步促进多元清洁的能源结构形成

从前两次能源革命的结果来看，能源革命也不是一种能源革另一种能源的命，而是某种能源发展得较快并占有较高的比例，最终结果是能源结构越来越多元化。例如，第二次能源革命之后，煤炭在世界能源总消费中仍占 20% 以上，是仅次于原油的第二大能源品种。第三次能源革命将是使能源结构由以化石能源为主转向以可再生能源为主，多元化特征会进一步突出。就某个较小的区域来看，有可能实现百分之百利用可再生能源，但从一个国家或者从全球来看，百分之百利用可再生能源则是不现实的。近年来，在全球能源结构占比明显上升的是天然气和核电，而新能源只是与能源消费增长保持同比例增长。随着碳捕捉技术的成熟，化石能源仍会有用武之地。以可再生能源为主的多元能源结构应是第三次能源革命的最终结果。

（五）能源互联网是第三次能源革命相关的关键技术平台

如同第一次能源革命的蒸汽机、第二次能源革命的内燃机和发电机，第三次能源革命的技术引擎除

了高效可再生能源技术（风能利用技术、光伏利用技术、生物质能技术）外，还有一个非常重要的技术平台，即能源互联网。《第三次工业革命：新经济模式如何改变世界》的作者杰里米·里夫金认为，历史上数次重大的经济革命都是在新的通信技术和新的能源系统结合之际发生的。由于化石燃料的逐渐枯竭及其造成的环境污染问题，在第二次工业革命中奠定的基于化石燃料大规模利用的工业模式正在走向终结。互联网技术和可再生能源结合起来将为第三次工业革命创造强大的新基础设施，以新能源技术和信息技术的深入结合为特征的"能源互联网"即将出现。里夫金认为，能源互联网应具有以下四大特征：①以可再生能源为主要一次能源；②支持超大规模分布式发电系统与分布式储能系统接入；③基于互联网技术实现广域能源共享；④支持交通系统的电气化（即由燃油汽车向电动汽车转变）。能源利用方式最终由以化石能源集中式消费为主转向以消费分布式可再生能源为主。

里夫金的观点得到国际社会和能源界的响应，一些主要发达国家的政府已开始关注和重点推动能源互联网的发展。2012年5月，欧盟在布鲁塞尔召开了题为"成长任务：欧洲领导第三次工业革命"的会议，欧盟理事会副主席Antonio Tajani在会上明确提出："第三次工业革命将围绕能源互联网展开……我们的2020战略让我们已经走在了正确的道路上，但我们需要加快投入……"德国对于能源互联网的发展尤其积极，已经率先提出了"E-Energy"计划，力图打造新型能源网络。在整个能源供应体系中，实现数字化互联及计算机控制和监测。我国有关部门也开始部署能源互联网的研究。

能源互联网以互联网及其他前沿信息技术为基础，以电力系统为核心，能源供给网络与能源消费网络紧密耦合，在传统的工业控制网络基础上增加了互联网等开放特性，可再生能源、清洁、高效能源能够得到充分利用，能源消费得到最大节约，并且能更为便利和公平地获得，能源生产者和消费者都可以平等使用能源互联网，每个能源生产者和消费者都是网络的节点，并且能够实现双向转换。此外，更重要的是，互联网使可再生能源在更大范围内与需求耦合，可以较大限度地消除风电、太阳能发电的不稳定性与间歇性问题，平滑发电出力。里夫金所预言的能源互联网正是基于这一发展需求。

总之，能源革命与产业革命总是相伴生的，同时也会催生新的产业。能源革命的结果不仅改变原来的能源结构，而且也会由于新的能源行业形成、发展改变整个产业结构。需要强调的是：随着能源技术的进步，人们可利用的能源种类会越来越多，一次能源结构的多元化程度将会越来越高。但是，对于终端消费来看，电力占比将越来越高，以智能制造和3D打印机为核心技术的第三次工业革命，可能会改变传统化石能源时代的大规模、标准化和集中式的生产模式；用户订制、个性化、单件生产改变能源需求特征，为分布式能源发展创新提供了可能和需求。产业革命和社会人口结构的变化对能源产生新的需求，技术创新则为能源革命提供了工具，能源革命支撑了产业与社会变革。

三、中国能源革命的特殊性

如上所述，第一次和第二次工业革命和能源革命是在为数不多的几个工业化国家中发端的，中国作为新兴工业化国家没有经历前两次革命。中华人民共和国成立后，中国的工业化是压缩式进行的，能源结构的变化与工业化进程并不同步，目前中国的能源结构仍停留在以煤炭为主的阶段。然而，在第三次能源革命中，中国却要成为主角。其原因在于：一是中国温室气体排放大国，而且在2030年前还将继续增长，目前中国温室气体排放已占全球的23%。二是能源环境问题已严重影响到中国经济的可持续发展。由能源生产与消费引发的水质下降、土地塌陷、空气污染问题已经非常严重，已到了不得不解决的程度。

与其他国家相比，中国能源革命所面对的国情比较复杂：一是以高碳化石能源为主的资源禀赋，煤炭消费占全球的一半以上，能源结构仍处于世界第一次能源革命的水平。二是中国的工业化和城镇化过程尚未完成，人均能源消费水平很低，能源需求仍处在上升期，2000~2011年，中国的能源需求增长了159%，占全球新增能源需求的55%，占全球新增石油需求的49%，占全球新增煤炭需求的84%，2014年能源消费量达到42.6亿吨标准煤。三是中国能源消费能源利用效率低，能源消费强度高。虽然经济总量位居世界第二，但能源利用效率却只有世界平均水平的1/3左右，在全球处于较低位置。中国的国情决定中国能源革命具有以下几点特殊性：

（一）以迭代方式实现能源结构的优化

总体上看，发达国家在完成工业化的过程中，也实现了由煤炭到油气的能源结构转化升级。目前我国的工业化进程已进入中后期阶段，但是能源结构的优化滞后于工业化进程，以煤为主的能源结构长期没有得到改变。能源革命要使中国能源结构发生迭代性的变化，具体表现为：一是中国的油气消费比重和可再生能源将同步快速增长，这是由于以油气为动力和燃料的产业发展尚未实现动力系统的变革，油气仍然无法被替代。但是，可再生能源发电与煤电相比，具有较大的替代性和市场竞争力，煤电市场逐步被可再生能源发电替代。二是煤炭和油气比重同时下降，中国能源结构跨越油气阶段直接进入以可再生能源为重要能源的阶段。近年来，中国第二种能源结构的迭代性变化已经非常明显，从规模上，我国的风电装机与火电装机居世界第一位。然而，从能源结构来看，中国非化石能源占一次能源消费比重较低，2013年为9.6%，低于世界平均水平的13.3%，低于德国的17.3%。煤炭消费比重仍然高达67.5%，而发达国家这一比重平均只有20%左右，世界平均水平也只有30.1%。2014年中国可再生能源发电占比不足5%，规模远远落后于欧盟，甚至低于世界平均水平，中国能源结构的优化任重道远。

（二）中国能源革命需要政策干预缩短市场选择的过程

发达国家进行第三次能源革命，是经过了一段较长时期的后工业化发展阶段，高耗能的制造业在产业中的占比降到10%以下，城镇化水平达到80%以上，产业结构轻型化，能源消费强度和能源消费量处于下降期，经济发展已由增长时代进入循环（经济）时代，第三次能源革命的技术准备和产业准备比较充分。我国由于工业化和城镇化尚未完成，能源需求从总量上看仍处于上升期，以较少的能源消费压缩式地实现工业化与城镇化，即新型工业化是中国作为后发工业国的不二选择。然而，从经济发展水平对能源价格承受力来看，中国明显低于发达国家。若按照经济法则由生产者和消费者进行自由选择，中国实现能源转型的时间可能要比发达国家更长。因此，中国能源革命必须要有更强的政策干预，才能与其他国家同步进行。

四、结　论

能源革命具有以下特点：一是能源革命总是与产业革命相伴生，产业革命对能源提出新的需求，同时催生新的能源产业。新的能源产业不仅满足能源需要，而且还会成为经济发展的主导产业。新的能源产业发展成熟度和在国民经济中地位是判断能源革命成功与否的重要标志之一。二是能源革命的结果是促进能源结构不断优化，主导能源不断更替，并且向着高效、低效、可持续的方向发展。随着技术进步，人类可利用的能源越来越多，因此一次能源结构将是多元的，主导能源的更替是能源革命的重要标志。三是三次能源革命的影响一次比一次深远，煤炭开创了工业化时代，石油天然气则使人类进入享受高等耐用消费品时代，清洁可再生能源则可以使人类进入可持续发展的社会。四是能源革命的范围越来越广泛，第一次工业革命和能源革命主要在以英国为首的欧洲大陆少数国家发生；第二次工业革命和能源革命则扩大到了北美洲地区，涉及国家较为广泛；第三次能源革命则需要全球各国共同的努力。中国在第三次能源革命中将成为主角。第三次能源革命成败取决于多种因素，其中新能源产业的发展和新能源技术平台建设，有利于新能源发展政策机制和市场环境建设，共同减排，有区分原则基础上的国际合作，是第三次能源革命的重要影响因素。

〔**参考文献**〕

［1］张跃发. 英国工业革命以来西方产业结构的两次转换［J］. 世界历史，1996（1）.

［2］解建红. 浅析英国工业革命的市场条件［J］. 山西高等学校社会科学学报，2006.

［3］杜祥琬. 能源革命：为了可持续发展的未来［J］. 中国人口·资源与环境，2014（7）.

［4］解振华. 以低碳为标志的新一轮能源革命已然兴起［J］. 广西电业，2014（11）.

［5］何建坤. 中国能源革命与低碳发展的战略选择［J］. 武汉大学学报，2015（1）.

（本文发表在《理论价格与实践》2016年第1期）

工业的使命和价值
——中国产业转型升级的理论逻辑

金 碚

摘 要： 工业的本质就是将无用的物质转变为有用的物质，将有害的物质转变为有益的物质。工业对于人类最伟大的贡献是，它是科技创新的实现载体和必备工具。人类最伟大的科学发现、技术发明，乃至人类任何杰出想象力的实现，都需要以工业为基础和手段。科技进步是工业的灵魂，工业是科技进步的躯体。自从有了近现代工业，人类发展就如同插上了翱翔的翅膀。工业化从"丛林法则"时代走向文明时代的实质是，工业发展的目标更趋向于自觉增进社会福利。工业发展走向更高文明阶段的直接表现就是：以持续创新和"革命"的方式实现进化过程。所谓工业转型或产业升级，实质上是工业所具有的创新性和革命性的自发彰显，在此过程中，市场发挥资源配置的决定性作用。当前的工业转型是工业的工具效用和价值实质间内在关系的再调整，是工业创新能力的再释放。信息化、智能化是工业发展的逻辑必然。科学、技术、机器、信息、智能、艺术、人文在工业化进程中汇聚，形成工业文明的内在逻辑，推动人类文明进程经历其最辉煌的发展阶段。

关键词： 工业化；产业转型；工业文明；工业理性

新中国成立 65 年来，经历了 20 世纪 50~70 年代的初步工业化和从 80 年代以来的加速工业化两个阶段，当前正走到一个必须实现产业转型的关键时期。产业转型具有深刻的意义，是中国工业化内在逻辑的现实演绎。其中，工业转型是关键。科学认识工业的使命和价值，对于工业转型的顺利实现，具有根本性的意义。有国外学者认为，技术是自我进化着的"第七种生命体"，技术总是通过工业活动而取得其存在形态，如果没有工业，任何技术都只能是幻想。技术进步表现为工业发展，而工业转型实质上也是技术进化过程中的一次突变和创新"涌现"。更重要的是，工业化不仅是物质技术过程，还是人类文明进程。因此，研究工业转型实际上就是探寻工业的本源性和工业发展的价值实质。据此才能深刻理解中国产业转型升级的客观规律，并以其理论逻辑指导实践进程。

一、工业是人类发展的翅膀

人类生存和繁衍最初依赖于自然界中可以直接获取的可用于消费的物质，例如植物、动物等。其居住地也是天然的或略经处置就可以遮风避雨的自然场所，例如洞穴、草棚等。以后人类逐渐学会了将原本不能用于消费的自然物转变为即加工制造成可以消费的物品，这就产生了"工业"活动，并逐渐发展起加工制造业和建筑业。有了工业就可以制造工具，而且可以制造各种用于制造工具的工具，从手工制造发展为机器制造，形成越来越复杂的生产"生产资料"的经济活动，其中包括"劳动工具"和"劳动对象"，即原材料。这样，工业就不断发展成为庞大的"迂回性"生产体系：对于最终的直接消费使用过程，工业生产活动的很大部分是间接的和迂回的，是为生产"劳动工具"和"劳动对象"而进行的生产，工业生产的"迂回"性实际上就是生产过程的高度分工化，不仅是各种技术分工，而且是普遍的社会分工，从而构成错综复杂的投入—产出关系。不过，无论工业生产的迂回过程如何复杂，工业的本质都是将无用物质转变为有用物质，将有害物质转变为有益物质。这种"有用""有益"的物质有些是可以直接消费的，而更多的"有用""有益"物质是用于生产性消费的，即相对于最终消费而言的间接消费。前者通常称为"消费资料生产"，后者称为"生产资料生产"。

工业既然能够将无用的物质转变为有用的物质，那么也就是可以让废物变为资源，如果对于人类来说无用即为"废物"，有用即为"资源"，工业越发达，就越能使更多的物质转变为资源。在高度发达的工业体系中，所有的物质都可以成为资源，因此，从最终意义上说，所谓"资源"都是由工业所创造的。如果没有工业，地球上大多数物质都是无用的废物；而随着工业的进步，将不会再有"废物"，连原本丢弃无用的"垃圾"也可以成为宝贵的"矿藏"，作为工业生产的原材料。可以说，工业面前无废物，城市垃圾也可以成为"第二矿山"。

英国社会学家安东尼·吉登斯在1990年出版的《现代性的后果》一书中指出："由科学与技术联盟所构筑起来的现代工业，以过去世世代代所不能想象的方式改变着自然界。在全球的工业化地区，并且逐渐地也在全球别的地方，人类开始生活在一种人化环境之中，这当然也是一种物质性的活动环境，但是它再也不仅仅是自然的了。不仅是建造起来的城市区域，而且绝大多数其他地区也都成了人类调整或控制的对象。"工业具有强大的创造力，工业渗透到几乎一切领域，使人类现代生活的各个领域都"工业化"了：农林牧渔、交通运输、信息传递、文化艺术、教育医疗、体育健身、休闲旅游，无不贯彻工业主义，依赖工业技术。当然，自从有了工业，战争形态也彻底改变了，出现了"战争的工业化"（Industrialization of War）现象。整个20世纪充斥了"工业化"的战争，钢铁、石油、火药、汽车、飞机乃至核技术等，所有工业品都可能成为战争工具。军力的强大依赖于工业的强大，工业的强大表现为军力的强大。

工业对于人类最伟大的贡献是，它是科技创新的实现载体和必备工具。人类最伟大的科学发现、技术发明，乃至人类任何杰出想象力的实现，都需要以工业为基础和手段。科技进步是工业的灵魂，工业是科技进步的躯体，绝大多数科技创新都表现为工业发展或者必须以工业发展为前提。所以，科技与工业实为一体，技术与工业几乎是同一概念，可以说工业就是人类生存和人类发展的技术，也可以说人类区别于其他动物的最重要的技术"绝活"就是工业。因此，只有工业国才可能成为创新型国家，拥有发达的工业特别是制造业才能成为技术创新的领导者国家。因此，科学技术革命同工业革命同命运，工业化就是科学化，即科学知识的成功运用，科学理性是工业精神的精髓。迄今为止，以科学理性和科技进步为标志的工业化时代是人类发展最辉煌的阶段。

美国历史学家伊恩·莫里斯将"能量获取"作为度量人类文明的核心指标之一。人类获取的能量包括食物能量和非食物能量两类。工业化之前，无论经济如何繁荣和富足，每天人均能量获取都难以突破25000千卡的上限，"直到19世纪，企业家们学会了将煤燃烧释放的热能转化为动能后，非食物能量获取才得到极大增长，这便将人类从马尔萨斯所说的陷阱中解救了出来"。2000年，日本每天人均食物热量和非食物热量的总体能量获取水平为大约104000千卡，而美国达到230000千卡。工业化使人类文明迈上了过去数万年所不可企及的发展高度。以其他指标来衡量，当进入工业化时期，全球的人均产出（收入）增长率比工业化之前高十多倍，其中已发生工业革命和进入加速工业化进程的国家和地区，经济增长和人均收入增长速度数十倍于工业化之前的几千年。实际上，现存的物质财富包括自然物质财富和人类创造的财富。人类直接取自自然的经济活动，例如狩猎、采集、种植等称为第一产业或广义农业。而第二产业即广义工业则是将不可使用的自然物质转变为可使用的物质的经济活动，其产业形态主要包括手工业、采掘业[①]、制造业和建筑业，现存的由人类创造的几乎所有可以长久保存的物质财富都是工业创造的。除非采用工业技术手段，第一产业和第三产业的产品是难以保存的，因而不可能成为物质财富的主要蓄存形态。所以，第一产业和第三产业所创造的物质财富甚至非物质财富都是程度不同的"工业化"的。极端地说，如果没有工业，人类将一无所有，虽然可以苟活，但没有任何财富积蓄；如果没有工业，即使是自然财富也不属于人类，大多不可为人类所用。

在发达的工业国家，绝大多数人都可以享受到工业化所创造的物质文明成果，其生活条件也都是"工业化"的。"今天，贫困线之下的美国人的生活水平不仅远远领先于大部分非洲人，也远远高于一个世纪之前的最富裕的美国人。如今，99%处于贫困线之下的美国人都能用上电灯、自来水、抽水马桶和至少一台电冰箱；95%处于贫困线之下的美国人至少拥有一台电视机；88%处于贫困线之下的美国人拥有一部电话；71%处于贫困线之下的美国人拥有一辆汽车；70%处于贫困线之下的美国人甚至还用上了空调。初看起来，这些东西似乎没什么了不起，但是在100年前，就连亨利·福特和科尼利厄·范德比尔特这些跻身于全球最富行列的人，也只能享受到这些奢侈品当中极少的一部分"。

当前，世界经济总体上仍处于工业化进程中，发达国家正在发生着学者们所说的"第三次工业革命"或"第四次工业革命"。美国作者彼得·戴曼迪斯和史蒂芬·科特勒在《富足：改变人类未来的4大力量》一书中写道："人类正在进入一个急剧的转折期，从现在开始，科学技术将会极大地提高生活在这个星球上的每个男人、女人与儿童的基本生活水平。让每个人都生活在富足当中，这个目标实际上几乎已经触手可及了。""划时代的技术进步，如计算系统、网络与传感器、人工智能、机器人技术、生物技术、生物信息学、3D打印技术、纳米技术、人机对接技术、生物医学工程，使今天的绝大多数人能够体验和享受过去只有富人才有机会拥有的生活。"这一切都基于工业的高度发达。工业是一切科学发明和创新想象得以实现的工具，也是大多数人生活水平提高的物质技术基础。

当然，在一定的条件下，工业也具有毁灭性，不仅是技术创新的"创造性毁灭"，而且可能是战争的毁灭和环境生态的毁灭。因为，如前所述，工业发展使战争工业化了，也使环境生态人化了，而工业化时代的环境人化，实际上就是环境的工业化，即以工业活动改造了自然环境，工业成为环境生态中不可或缺而且也是无法摆脱的组成因素。

无论如何，自从有了近现代工业，人类发展就如同插上了飞速翱翔的翅膀。人类创造性的伟大力量喷发出来，当然其中包括建设的创造性，也包括毁灭的创造性。因此，建设一些，毁灭一些，在建设中毁灭，在毁灭中建设，这就是工业化的历史，也是技术创新的历史。例如，汽车是最伟大的工业产品之一，汽车使人类生活极大改善，但同时也使人类不得不每年付出因车祸而死亡120万人的代价！工业使地球上越来越多的地方成为人类可以居住的场所，包括农村、城市甚至海岛、沙漠，但同时工业所导致的环境污染也一直如影随形，堆积如山的废旧工业品和城乡垃圾越来越困扰人类。几乎所有的兵器都是工业品，战争的工业化使得工业所制造的武器足以毁灭整个人类，但军事工业也成为推动最先进技术创新的源泉。总之，工业化将人类发展的一切领域都彻底改变了。

[①] 因其"直接取自自然"的性质，有的国家将采掘业归为第一产业。

二、工业化从"丛林"走向文明

既然工业是建设性的也是毁灭性的，那么，这种建设和毁灭是值得的吗？有人认为，工业发展是得不偿失的，工业会毁灭最有价值的东西，例如原生态的自然，被毁坏的自然比工业化的世界更有价值。所以，自然主义比工业主义更具人性。

原生态的自然意味着原始状态的人类生活。英国哲学家托马斯·霍布斯将其描绘为"丛林法则"下的生活。他说，在自然"丛林"状况下，人类生活不仅是"贫穷、肮脏和短命的"，而且是残忍的和孤独的，并没有自然主义者所幻想的人性栖息地。有些反科学反工业的人幻想回归到更简单的生活方式：完全有机的农耕和只运用前工业化时代的生产方式，然而，前工业化时代的知识和生产方式只能支撑今天地球上 1/10 人口的生存，即使可以让少数人享受田园诗般的生活（如果他们愿意的话），也不能解决大多数人贫穷、肮脏和短命的问题。相反，工业发展可以使人类生活变得富有、清洁和长寿。"公元 1800 年时世界上的人均富裕状况并不比公元前 100000 年时的好"，而工业化时代则创造大量的物质财富，使人类可以走出贫穷（尽管仍有未能消除的贫困现象），提高了大多数人的物质生活水平；工业化使人类可以生活在清洁的环境中，如果没有工业就不可能有大多数人的卫生生活条件，城市和乡村的较好卫生条件都是工业化的产物；工业化大大延长了人的寿命：工业化以前，人的平均寿命预期不足 30 岁，而工业化使得平均寿命预期翻番，发达工业国的平均寿命预期普遍超过 70 岁，甚至可以接近和超过 80 岁，这是工业化之前的时代所无法达到的。所以，工业化时代是人类历史迄今为止最安全、最清洁、人的平均寿命最长和健康状况最好的发展时期。

但是，工业化也有自己的"丛林"时代。血拼式的竞争、野蛮无序的增长、掠夺式的资源开采、无度的环境破坏，这些现象在大多数国家工业化的历史上都出现过。工业化走过的历史确实也往往是"劣迹斑斑"甚至"血迹斑斑"的。不过，这不是工业的本性。工业的本性是摆脱野蛮、走向文明，实际上，工业化也正是在创造文明，不过这个创造过程是有代价的。工业的科学理性主义所追求的不可能是"丛林法则"下的野蛮人类生活，而必然是符合人性的文明社会。

文明的本质是自律和同情（宽容），工业的理性主义精神可以是自律和同情（宽容）的基础，自律和同情（宽容）可以是理性主义的归结。因此，亚当·斯密一生所写的两本传世巨著，表面上相互矛盾，实际上，在人类文明的意义上它们是具有内在的逻辑一致性的。其中，《道德情操论》以自律和同情为主题，《国富论》以自利的理性为逻辑出发点。前者讨论人类行为所追求的价值实质；后者讨论人类行为所遵循的现实规律。这两者都是工业化进程的基本原理。

工业理性要求工业行为的自律，也就是要在工业生产过程中对有可能产生的外部性负面影响进行自我约束，其中最重要的就是对环境负面影响的自我约束。实际上，人类生存环境的现实空间分为两类：自然环境和人化环境，如果说"自然环境"是指未被人类活动改变过的自然生态环境，那么，所谓人化环境就是经人类活动改造过的环境，尤其是人类集聚而形成的社会性环境空间。显然，当人类摆脱原始状态后，越来越多的人生存在人化环境中，而深度人化的环境就是工业化的环境，即由工业方式改造和工业产品造就的环境。不仅是人们的居住地和生产地，即使是享受"自然风光"的旅游目的地，也越来越是工业化的生态环境，即经过"开发"的风景旅游区或人文旅游区。完全的自然环境不仅难以成为居住地和生产地，而且也难以成为大规模旅游目的地。因为，未经工业手段开发的自然景观一般旅游者是难以到达和逗留的。其实，自然环境之所以会成为自然风光旅游目的地，是因为现在大多数人都常年生活在高度人化的环境中，未经深度人化的自然环境反倒成了稀罕之地，常住在人化环境中的人去观光自然环境之地，而那些住在优美自然环境中的人却把到人居密集的城市视为"逛风景"。可见，既然人类行为特别是工业行为导致越来越多的自然环境成为人化环境，人化环境的目的是使自然环境变得更适宜人类到达、居住和享用，那么，文明的工业行为必须敬畏自然，必须深刻认识到破坏自然环境的野蛮工业行为是从根本上违背工业文明精神的。可以观察到在那些工业化国家，公众高度重视对自然环境的保护，他们普遍认为，"环境保护与经济发展是两个应当得到同等优先考虑的问题"，而且，"年轻人更偏好环境保护"。

工业理性也要求高度的同情心，如前所述，工业化使环境的人化和人的社会化越来越强，人类的社会化使得人类的群体性和互动性越来越强，进化过程中的竞争也会更为激烈和广泛。竞争就不可避免强弱相争和优胜劣汰。工业理性要求避免"丛林法则"的残忍性，即人类社会中的强者和竞争优势者不可无视弱者和竞争失利者的生存。因为实际上，几乎每一个人在其一生中都不会始终是强者，而总会有居于弱者或失利者地位的时期，例如，人人都有幼、老、病的时候，工业理性要求社会对弱者和失利者的同情心，实际上也是每个人对自身安全的关心，是基于人类理性的同情心和正常社会心理。所以，在各国的发展史上，社会福利制度的建立和不断完善成为工业化时代最重要的制度建设成就之一。例如，观察美国公民，"他们显然都赞同，美国公民应当拥有平等的机会。他们赞同个人应当尽自己的最大努力来帮助别人。他们赞同政府应当帮助那些真正需要得到帮助的人，只要这些人本身同时也在尽自己最大努力摆脱窘境。美国人还普遍赞成应该让富人支付更多的税收"。因此，即使在美国这样的最崇尚自由竞争的国家，随着工业化进程，也形成了基于同情心的核心价值观和公共政策的共识基础。尽管这一价值观共识从20世纪80年代以来有所削弱（也许同"去工业化"有关），但总体上没有根本性变化。

在工业化时代，最重要的微观经济主体是企业，通过企业在市场中的竞争，实现资源有效配置和社会的进步。工业化的一个显著特点是生产和人口向城市集中，让旧城变为新城或者崛起更多的工业城市，称之为城市化。城市化是人类历史上的一个深度社会性现象。所谓"深度社会性"是指，个体经济行为会对其他人产生很大的影响，人与人之间形成更为密切的关系。也就是说，经济行为具有更强的外部性。经济学通常研究的是各微观经济主体自身利益范围之内的成本和收益，而不很关注经济主体自身利益范围之外的成本和收益。意思是：假定我们的生产和交换是和其他人无关的，即不必考虑经济外部性的作用。其实，在现实中，很少有什么生产、交易活动是和别人无关而仅仅与当事者相关的。

由于经济学的主体分析框架基于上述假定，因而认为，通过市场机制可以使得各个企业在追求自己利益的同时，或其结果，也可以实现社会利益的最大化。通俗地讲就是，"人人为自己，上帝为大家"。"上帝"就是市场这只"看不见的手"，它可以（通过有效的价格信号）保证社会福利最大化的实现。我们可以把这种情况叫做古典企业逻辑。按照这样的逻辑，企业是追求自身利益最大化的自利性主体，其行为完全遵循经济学所假定的"经济人"。这样的理论对吗？很大的程度上是对的，但是它的成立必须基于严格的假设前提，其中之一是假定个体行为不影响别人，即没有外部性。但是在现实中，大多数情况下企业的生产活动却是会影响别人的，特别是在城市化条件下，经济活动在空间上高度聚集，企业经济行为的外部性非常强，即企业行为的成本和利益超过了产权边界。

于是，有人提出了另外一个企业逻辑和市场逻辑，即企业除了要做一个经济人，追求利润最大化之外，还应承担社会责任。按照古典企业的理论，企业只有两个社会责任：一个是高效率地生产价廉物美产品卖给更多的消费者；另一个就是依法纳税。除此之外，企业再没有其他社会责任，否则就是破坏市场经济原则。而按照第二种企业逻辑，企业不能只顾自己，也要承担社会责任，通俗讲就是："人人为自己，也要顾大家。"这样，企业就不仅是一个经济人，也是一个负有社会责任的"公民"，叫作企业公民或者公民企业。公民企业逻辑有其合理性和现实性，但也有局限性。一是企业承担了社会责任以后，会不会影响到自身的竞争力？就像以前的国有企业那样，承担了很多社会责任，"企业办社会"，背上社会负担，损害效率和竞争力。二是企业承担很多社会责任，如援建学校、援助弱势群体，如何保证真正实现了资源的有效配置和利用？如果将钱捐给慈善机构，慈善机构有能力有效地使用这些捐款吗？假设有10万个人得了某种疾病，企业或慈善机构只有能力救助其中的10个人，那么，怎么才能在10万个人里面找到最值得救助的10个人呢？也就是说，企业做好事但却难以保证资源的有效配置和利用，必然会遇到效率和公平性的问题。但这种企业理论还是很有价值的，它看到了企业的行为对别人和社会的影响，如果不顾社会、不顾别人，企业就不受欢迎，也必然影响其社会信誉。尤其是在高度信息化的社会和公众舆论力量越来越强大的条件下，不承担社会责任的企业将会严重缺乏竞争力。

面对上述两种企业理论的缺陷，出现了第三种企业理论，即社会企业，或社会企业家理论。如果说第一种企业逻辑是"人人为自己，上帝为大家"，第二种企业逻辑是"人人为自己，也要顾大家"，那么，第三种企业的理论则是"主观为社会，客观利自己"。也就是说，这类企业的行为目标已经不是为追求自己的利益，而是为了解决社会问题，即它们在主观上是为了实现社会的公益性目的，但所采用的是具有企业创新精神的方式，即以企业家创新的方式来实现社会利益目标。例如，比尔·盖茨经营的微软公司，可以说首先是一家古典企业，后来成为负有社会责任的公民企业，但微软公司的主观目的毕竟主要还是企业利润最大化，这是出资人的要求。再后来，比尔·盖茨不再经营微软公司，而立志做社会企业家，因而建立了一个公益性基金会，目的是解决世界尤其是非洲的贫困和穷人疾病问题。但是基金会的运作方式是富有企业创新精神的，而不仅是捐款做些传统的慈善救助活动。为什么要由企业家来做公益事业呢？因为公益性活动也要有效率、有创新。以高效率可持续的方式实现公益目标，是非常难以应对的挑战。如果做公益的人不能够有效地运用资金和管理项目，可能心是好的，但效率低下，浪费资源。而社会企业的逻辑就是不仅心要是好的，而且效率也要高，有高度的创新性，实现社会目标的效果要更好，受益面要更大，而且公益活动要具有可持续性。再如，诺贝尔和平奖获得者孟加拉经济学家尤努斯办了个穷人银行，成效非常显著。他就是典型的社会企业家，是为了广大穷人的利益而不是自己的盈利而办银行，但是采用的是高度创新的方式，而不是简单的施舍和救助，从而使得公益性活动具有可持续性，受益范围越来越大。用有效的市场机制和企业创新来实现社会公益目标就是社会企业的本质。

在现实中，第一类企业为数最多，这样的企业可以做到优秀，但不会伟大。第二类企业不仅能够做到优秀，而且可以成为伟大的企业，因为它们要有能力、有实力和高尚的意愿来承担社会责任，为此不惜更大的付出。第三类企业要用创新的方式来实现公益性目标，这可能是全世界最优秀、最卓越的企业家才能做好的事情。成功的社会企业和社会企业家是现代工业文明的突出标志之一。

可见，工业化从"丛林法则"时代走向文明时代的实质是，工业发展的目标更趋向于自觉增进社会福利。现代工业文明时代是更加富有同情心和社会良心的时代。

三、工业转型体现了创新和革命的本性

工业发展走向更高文明阶段的直接表现就是：以持续创新和"革命"的方式实现经济社会发展过程。工业的本性是创新的和革命的，而转型升级是技术创新和工业革命的基本路径。当前的世界和中国都处于又一次工业转型的时期，国外称之为"新工业革命"或"第三次工业革命"，而中国称之为"新型工业化""产业转型升级"或者"发展方式转变"。

工业发展没有历史终点，只要人类存在，工业生产就是其最基本的经济活动之一，因为不仅加工制造、建筑施工、能源供应等工业生产方式永远不会消失，衣、食、住、行、用的需要永远要由工业品来满足，而且一切其他的物质生产活动和服务生产活动也都要以工业技术和工业产品为基础和工具。例如，文化活动和产品也进行工业化，表演艺术就从舞台活动变为电影工业。工业不仅创造了大量的财富，而且也是解决各种人类发展问题的最重要手段之一。但是，从人类进步的意义上说，解决问题意味着可能产生更多的问题，甚至解决问题本身就是新问题的出现，而更多的问题意味着更大的进步空间，所以，困难、矛盾和问题层出不穷，工业发展永无止境。中国工业化过程充分表明了工业的这种特点。

工业是中国的骄傲，也是中国的问题。中国从 20 世纪 80 年代起进入加速工业化的时期，工业以年增长率远超过 10% 的速度推动 GDP 年增长达到 9%~10%，直到 2010 年，中国成为仅次于美国的世界第二大经济体。工业是中国迄今为止唯一可以同世界发达国家媲美的"法宝"和令世界生畏的财富利器，为国家积累了全世界最多的外汇。但是，工业的迅猛增长也产生了许多问题，目前中国所面临的"不平衡、不协调、不可持续"矛盾大都同工业增长有关，因此，中国经济发展方式转变的关键是工业转型。

当前，中国工业所处的发展阶段正面临着演化过程中的转折和突变时期。必须进行工业转型才能适应新的形势和环境。但是，工业转型并不是"去工业化"，而是强工业化，即实现工业发展的绿色化、精致化、高端化、信息化和服务化。调整中国工业化战略方向，实现两大目标：让现代工业在中国扎根和占据各产业的技术制高点，笔者曾经撰文称之为"从平推工业化转向立体工业化"。

工业品的估值和工业结构的合理与否是以一定的空间和时间为转移的。无论是在经济学理论上还是在现实中，都没有关于"合理产业结构"的绝对标准。经济学家曾经有过关于产业结构"标准型式"的描述，其原理是将大多数发达工业国产业结构的平均形态作为标准型式，再将其作为评价发展中国家的产业结构是否合理的参照系。如果显著偏离标准型式就认为产业结构不正常，如果接近标准型式就认为是正常。这样的方法尽管有一定的合理性，但本质上是不严谨的。因为各国的国情不同，所处的技术进步阶段不同，工业化的国际环境不同，后发工业化国家的产业结构特征很难都收敛为发达工业国产业结构的标准形态。例如，中国未必能用美国或者欧洲工业化国家当前或相同发展阶段的产业结构标准作为现在或将来产业结构是否合理的标准。因此，当我们说要"调整产业结构"时，实际上难以描述出合理产业结构的目标状态。既然没有明确可描述的目标状态，那么如何确定产业结构调整的方向呢？怎样的产业结构算是"合理"的呢？

新中国成立 60 多年来，几乎每一年都说产业结构不合理，每一时期都是说要进行产业结构调整，但似乎永远达不到"合理"状态。也许，追求从"不合理"向"合理"结构的努力本身就是一个"试错"过程，实现的"不合理"也许就是一种合理化动态过程所经历的阶段。如果真的"合理"了，可能反倒是更大的不合理。所以，产业结构的演进是一个永无止境的动态过程，如同生命体只有动态的平衡，没有最优均衡，而且，平衡状态也是不断被打破的，打破平衡和趋向平衡都是进步。从根本上说，是工业的创新性和革命性决定了产业结构的动态性。既然未来的状况取决于创新，创新具有不确定性，工业所具有的创新能力和活跃性远远超过任何人的想象，那么，人们当然很难准确预见本身就尚未确定的未来。因此，任何关于合理产业结构目标状态的具体描述，都是自作聪明的妄断。

产业结构的这一性质注定了"市场在资源配置中的决定性作用"。产业结构不是人为"设计"或"计划"出来的，而是在市场竞争过程中"进化"形成的，而且，进化过程永无止境。从这一意义说，工业转型并非是绝对的"纠错"或"纠偏"，不是对历史和现状的简单否定，而是不断自我调整的连续"适应"过程中的又一次阶段性突变。人在其中不是料事如神的算命先生，也没有人可以获得什么"锦囊妙计"。

从人类发展的历史看，不仅"设计"产业结构调整的所谓"合理"目标是不可行的，而且工业革命的深刻和广泛影响也是难以预料的，未来的状况实际上取决于千千万万个人和企业在不确定预期条件下进行创新性决策的结果。政府和专家以为可以自作聪明地描述未来，实际上很少有说对的，其实最多只具有"猜想"的意义。例如，即使是在 10 年前，也没有人可以说准 2014 年的钢铁产量，或"合理的钢铁产能"，更何况要判断涉及千千万万种工业产品和产能的"合理"工业结构了。因此，工业转型和产业结构调整必须立足现实，既要有紧迫感，更要有耐心。中国工业转型所面临的挑战是代际性的，即中国同发达国家的工业素质差距的基本性质仍然是发展中国家同发达国家之间的差距，这种差距是难以通过人为压缩一些产业和扶持一些新产业就可以在短期内消除的。工业转型升级和产业结构调整不可急于求成，更不能拔苗助长。

因此，所谓工业转型或产业升级，实质上是工业所具有的创新性和革命性的自发彰显，在此过程中，市场发挥资源配置的决定性作用。人们难以断定产业转型升级的目标结构状态，但是可以而且必须"安排"和"塑造"有利于工业转型的制度和政策，实质上就是构建和完善有利于创新和推进工业革命的有效的市场经济体制和政府政策体系。而这正是政府应发挥的有效作用。总之，尽管工业转型在本质上是一个由微观经济主体的自主创新活动所实现的而不以计划中心的主观意志为转移的经济演化过程，但是，政府管控和公共政策也应发挥影响未来的重要职能和积极作用。特别是，工业的价值理性往往须由政府的有效作用来实现。

四、工业化在中国远未完成

面对中国工业发展的现状特别是面临的种种问题和矛盾，如何科学认识中国产业转型升级，是一个颇具争议的问题。这首先取决于对中国工业化现状的判断。显而易见的事实是：30 多年来的改革开放，使中国工业发展取得了令世界震惊的成就。人类历史上从来没有发生过如此大规模高速度的工业化现象：从西欧工业革命算起，200~300 年的世界工业化进程才使得全球大约 20% 的人口生活于工业社会中；而中国的工业化进程则在几十年内使全世界生活于工业社会的人口翻一番。中国工业让一座座城市和一个个企业拔地而起，建设成就使中国一改贫穷落后的旧貌：上海似乎已经堪比纽约，北京似乎堪比东京，深圳似乎可以同香港一争雌雄了！而一些工业品的"产能过剩"似乎已经标志着工业的末路。于是，一些人直观地认为，中国至少是中国的东部地区已经快走完了工业化进程，似乎很快就要进入发达工业国家和高收入国家行列。一些工业产品产能过剩现象使许多人以为，既然"生产什么，什么就过剩"，那么就只有将工业转型为第三产业才有出路了。这实际上是一种"观光式"的感受，可以称之为"观光客幻象"，看到了景观表象，也有些直观体验，但缺乏深入洞察，因而忽视了中国工业的内在素质，高估了中国工业的发展阶段。

近些年，国际和国内的一些"研究"和"评估"结论似乎在"印证"中国工业化进程的完成，支持了一种舆论，即认为"中国超越美国成为头号工业大国"，而且"中国很快将成为世界第一大经济体"。如果采用一定的统计估算方式，也许确能得到这样的估算结论，但这决不是客观现实。尽管采用一定的统计准则，中国经济规模和工业产量规模可以很"大"，但在实质上，同发达国家相比，中国工业化的水平仍然很低，最保守地估计也至少还有 30~50 年的差距。

当估算国家的经济规模时，通常采用流量统计的方式，即计算一定时期（通常是一年）内所生产和进行市场交易的货物和服务的总量。而这种统计又可采用"国土准则"或"国民准则"两种方式。前者的统计原则是"在哪里生产就算哪个国家或地区的产出"，例如常用的"国内生产总值"即 GDP；后者的统计原则是"由谁生产的就算那个国家的产出"，例如常用的"国民生产总值"即 GNP。很显然，按照 GNP 统计准则，中国的经济规模显著小于按 GDP 准则统计的经济规模。因为，处于中国工业化的现阶段，更多发达国家的企业到中国的国土上生产，而较少的中国企业到发达国家国土上进行生产，因此，中国的 GDP＞GNP。即使中国的 GDP 世界第一，也不表明中国的 GNP 是世界第一。

由于在经济全球化条件下，商品自由贸易，资本国际流动也越来越自由，而劳动的国际流动却受到越来越大的限制。于是，国际资本与劳动的结合，更多地采取发达国家向中国输出资本，而不是中国向发达国家输出劳动的途径实现，于是世界工业生产地的地域分布向中国大规模转移，即在中国提供的"场地"上生产出了大量的工业品，而其中有相当一部分并不属于中国，也就是说，其性质是"MADE IN CHINA"（在中国生产）而不是"MADE BY CHINA"（由中国生产），经济成果（产品）的归属并非中国。再考虑各国人口数量的极大差距，中国有 13 亿人口，即使 GDP 和 GNP 的总量规模达到世界前列，但更为重要的人均 GDP 和人均 GNP 仍将长期处于世界中等水平，即使进入"高收入国家"行列，同发达工业国仍有很大差距，相当长时期内难以进入世界排名前列。

更进一步地，尽管采用以经济流量为对象的统计方法，中国经济和中国工业的总体规模确实已经很大，但中国经济的"存量"规模仍然很小，远没有达到工业化后期的水平。经济存量即一国现存的财富量，是真正的经济体量。形象地说，如果要评估一个家庭的经济实力，经济流量估算的是"全家一年能挣多少钱"，而经济存量估算的是"全家总共拥有多少财富"。一个祖辈贫穷而近些年收入较高并增长较快的家庭，同一个继承了大量财富但近些年的收入增长不很快的家庭相比，后者的经济实力和富裕程度恐怕要远远强于前者。显然，评估一个国家的经济实力和工业化水平，经济存量规模比流量规模更有意义。

工业化是人类创造和积累物质财富最快最多的时期，从一定意义上甚至可以说，积蓄物质财富是工业发展和工业化的历史使命，工业化进程是否完成就看工业发展的这一历史使命是否完成。这里所说的"工业发展"与"工业化"含义的差别是，前者主要指工业自身的发展，后者则还包括了使非工业产业更多地和系统化地采用工业技术、工业产品和工业组织方式。一个国家或经济体的真正实力（不考虑人力资本）即物质财富拥有量，主要包括了自然物质和工业生产物的蓄存量。也就是说，除了大自然的赐予，各国所拥有的物质财富主要是工业品（尤其是工业所创造的生产设备、建筑物和交通体系及各种物质基础设施）。这就可以理解，为什么人类物质财富主要是工业化时代所创造的。

因此，一个国家的工业化是否完成，不能仅看其工业的当期生产流量，更要看工业所生产和蓄积的物质财富存量达到了怎样的规模和水平。实际上，经济流量的产出能力也在很大程度上取决于财富存量的规模，一切生产活动都需要以一定的物质财富存量为条件。一个国家或经济体只有当大规模创造物质财富的任务基本完成，社会追求的目标已经主要不是创造物质财富而是享用"服务"（和积蓄文化财富）时，工业化时代才会结束。当然，即使到那时，工业也不会消失。任何时代的人类生产和生活都不能离开工业产品及其所积蓄的物质财富存量。

根据中国社会科学院工业经济研究所李钢和刘吉超对物质财富存量的估算，到 2008 年，美国财富总量是中国的 5.9 倍，日本是中国的 2.8 倍；美国生产性财富（工业生产物蓄存量）是中国的 3.8 倍，日本是中国的 2.4 倍；而人均生产性财富美国是中国的 16 倍，日本是中国的 25 倍。如果美、日、中三国均保持当前的生产性财富增速，中国的生产性财富要到 2034 年和 2035 年才能赶上美国、日本两国，而人均财富总量赶上美国、日本则需要更长的时间。

可见，从工业化创造和蓄积物质财富的历史使命看，中国工业化还远未完成。这不仅表现为物质财富蓄积存量规模与发达工业国有很大差距，更突出地还表现为中国工业的总体综合素质仍然不高。也就是说，尽管中国工业的生产规模已经十分巨大，若干产业中的中国工业品已达到国际先进水平，但是就总体综合素质而言，中国工业化并没有真正到达中后期阶段。中国社会科学院工业经济研究所的一项研究表明：中国工业的主体部分仍处于国际竞争力较弱的水平。这项研究把中国工业制成品按技术含量低、中、高的次序排列，发现国际竞争力大致呈 U 形分布，即两头相对较高，而在统计上分类为"中技术"的行业，例如化工、材料、机械、电子、精密仪器、交通设备等，国际竞争力显著较低，而这类产业恰恰是工业的主体和决定工业技术整体素质的关键基础部门。如果这类产业竞争力不强，技术水平较低，那么"低技术"和"高技术"产业就缺乏坚实基础。即使从发达国家引入高技术产业的某些环节，也是浅层性和"漂浮性"的，无法长久扎根，并会在技术上长期受制于人。

中国社会科学院工业经济研究所专家的另一项研究还表明：中国工业的大多数行业均没有站上世界产业技术制高点。而且，要达到这样的制高点，中国工业还有很长的路要走。即使是一些国际竞争力较强、性价比高、市场占有率很大的中国产品，其核心元器件、控制技术、关键材料等均须依赖进口。总体上看，中国工业品的精致化、尖端化、可靠性、稳定性等技术性能同国际先进水平仍有较大差距。有些工业品在发达国家已属"传统产业"，而对于中国来说还是需要大力发展的"新兴产业"，许多重要产品中国同先进工业国家还有几十年的技术差距，例如，数控机床、高端设备、化工材料、飞机制造、造船等，中国尽管已形成了相当大的生产规模，而且时有重大技术进步，但是，离世界的产业技术制高点还有非常大的距离。

攀登产业技术制高点需要专注、耐心、执着、踏实的工业精神。这样的工业精神不是一朝一夕可以形成的。目前，中国工业企业普遍缺乏攀登产业技术制高点的耐心和意志，往往是急于"做大"和追求短期利益。许多制造业企业过早走向投资化方向，稍有成功的企业家都转而成为赚快钱的"投资家"或进入地产业，企业股票上市后急于兑现股份，无意在实业上长期坚持做到极致。在这样的产业界心态下，工业综合素质的提高和形成自主技术创新能力面临很大的障碍。这也正是中国工业综合素质不高的突出表现之一。也就是说，中国大多数地区都还没有形成深厚的现代工业文明的社会基础，中国离发达工业国的标准还有相当大的差距。

在人类数千年历史的大部分时期，无论是以幅员、人口还是生产总量计算，中国都是世界第一大国，但是当 18 世纪一些西方国家率先发生工业革命，出现了"工业国"，中国很快成为疲软的巨人，尽管仍然"地大物博，人口众多"，却因工业薄弱而成为任人欺宰的弱国，徒有庞大躯体却无力挺腰站立。中国近代百年屈辱的历史，实质上就是工业薄弱的"软骨病"史：没有筋骨，必为病夫。当今世界，尽管一些小国可以从事特色经济而未必一定要以工业立国，但大国却必须以本国工业来支撑其庞大的经济躯体，否则必将衰落甚至崩溃。工业尤其制造业犹如大国之"筋骨"，拥有"钢筋铁骨"，国家方可屹立。新中国 65 年的历史，就是一部工业化史，历经艰难曲折，付出沉重代价，如铮铮铁骨般支撑起东方巨龙。

迄今为止，中国崛起最大的"功臣"就是规模巨大的工业体系，工业显著地提高了国家的生产率和收入水平，积累了大量的外汇。工业最重要的作用之一是支撑科学发明和技术创新的实现，从根本上决定着国家的创新能力。中国所面临的各项重大经济、社会和安全问题的解决都依赖于更加强大的工业能力。因此，在现阶段，中国最重要最迫切的战略任务之一仍然是继续强健工业筋骨。有了工业之筋骨，才能雄踞于世界大国之间，确保国家安全、民生福祉和民族昌盛，并且真正成为一个永远保持活力的创新型国家。

五、工业发展超越工具理性从而实现价值理性

　　工业生产在人类发展上发挥着巨大的作用，工业是创造财富的工具，财富是创造幸福的工具，但工业生产及其所创造的物质财富本身并不是人类追求的价值实质。可以说，就其现实机制而言，工业发展所直接体现的是人类的工具理性，即以高效率的方式创造和积累物质财富。这种工具理性主义是必要的，但是它只是基于人们追求财富欲望的心理倾向，而不能保证这就是提高生活质量和提高幸福水平的真实价值。"有证据表明，生活在经济发达国家中的许多人患有'发展疲劳症'，而且，有更多的证据表明，人们普遍意识到，无休止的经济增长并没有价值，除非它能够积极地改善大多数人的生活质量"。以工业不断增长来追求幸福，就如同"跑步机"效应：用尽气力，原地踏步。也就是说，工业生产创造了大量的物质财富，但人们并未因此而更感幸福。

　　产生这一现象的原因是：一方面，因受时空限制，个人享用物质财富的能力（消费能力）是有限的，无论衣、食、住、行，每个人实际上只需要非常有限的物质就可以得到满足。另一方面，由于工业产品可以突破时空限制，具有可保值、可耐用和可积蓄的性质，所以，一个人只要有追求物质财富心理偏向，就可以拥有或希望拥有大量的冗余性工业产品，即拥有、占有并不使用的产品。所以，进入工业化时期，人对物质的贪欲会大大增强。在此之前，人们拥有的可保值、可耐用和可积蓄的财产主要是可保存的自然物，例如兽皮、兽骨、石头等，而工业的产生和发展则使越来越多的人可以拥有可用于衣、食、住、行及各种用途的工业产品，如加工后可保存的食品、大量的衣物饰品、越来越大的住房、各种交通工具（从自行车、汽车、游艇到飞机），以及工业化的文化产品，如收藏品等。所有这些工业产品对于实际消费来说，往往是冗余的，即大多数时间是闲置不用的。

　　拥有或占有冗余产品可以产生安全感、富裕感，但毕竟是"不需使用"或"偶尔一用"之物，所以，当物质财富能够满足人的基本需要后，再大量积蓄和占有并不能导致人的实际生活质量的同比提高和产生更大满足感（幸福感）。所以，富裕的人和幸福的人、富裕国家和幸福国家，并不是同一回事。总之，尽管工业使人类拥有了获得幸福的物质手段，如果没有工业人类几乎一无所有，但工业发展本身未必就是幸福，就像财富是获得幸福的工具但其本身并不等于幸福。

　　人类发展中，大多数人生活水平的提高和消费需要须由物质产品来满足，没有物质产品或物质产品严重短缺就难以提高生活水平和幸福感；但是，物质财富满足生活水平提高特别是增强幸福感的效率是递减的。工业创造物质财富的根本目的是为幸福生活提供条件，但幸福生活并不仅依赖于物质财富，还要取决于主观感受，而作为主观感受的"幸福"的增进同物质供应的增加或者消费的物质量并不是正比例对应的。也就是说，同样的物质量（收入和财富）未必产生同样的幸福感，物质财富数量并非衡量幸福生活的唯一标准。现实是，物质增加到一定的量，其继续增加所产生的愉快感受强度是递减的，甚至可以达到"麻木"的程度。随着物质的极大丰富，对物质享用的愉快感将大大弱化。也就是说，社会经济发展的后果往往是，随着物质的越来越丰富，人们的抱怨和不满反而在增加，甚至出现极端悲观的行为表现——自杀率提高（有些高收入、高福利的国家居然成为高自杀率的国家）。因此，可以推论：随着物质生产的增加和物质享用的丰富，获取"幸福"的物质成本趋于不断增加。这意味着由于对物质享用的感受趋于递减，即物质的"效用"递减，物质增长对幸福的边际贡献将趋于减小。因此，当物质财富达到一定水平，随着物质财富的进一步增长，精神产品的供应增长，特别是精神性享用的感受能力的提高，将对幸福指数的增长具有越来越重要的意义。

正因为这样，当物质财富越来越丰富后，人们的价值准则即价值优先次序也将发生重大变化，即从高度评价物质财富的价值优先性，到更加重视非物质因素的价值优先性，有学者称之为从物质主义价值观到后物质主义价值观的转变。如果我们将近现代经济社会的历史描述为一个不断进化的进程，那么，在其初期，摆脱贫穷是社会主流的价值观，所以，发展工业最大的民生意义是"就业"和获取收入，收入水平决定了生命安全和生活保障①。当社会发展到一定阶段，追求和积累财富逐渐成为社会价值观的主导因素，工业生产成为积累财富的手段，社会越来越倾向于"有恒产者有恒心"的价值观。接着，社会经历了财富积累的一定时期，工业生产的目标将从创造物质财富和积累物质财富的工具理性，转向自觉地追求创造高品质生活质量和获得更高幸福感的价值理性目标，体现了工业文明根本性的历史进步。也就是说，工业发展将度过其"为生产而生产""为财富而生产""为 GDP 而生产"的工具理性主义阶段，转入为提高生活质量和获得幸福生活而生产的价值理性主义时代。追求物质财富最大化的工具理性被亚当·斯密称为"人类本性的欺骗"，在一定限度内可以发挥其推动经济发展的积极作用，而超过一定限度就成为非理性的荒谬。

尤其值得强调的是，人类生活质量和幸福生活的价值追求不仅是消费的满足，而且包含了基于"好奇心"的发现真理的本能愿望和基于爱美心的审美倾向，发现真理和寻求审美是人类自我价值实现的重要表现。人类进行科学研究的动机并非都是为了追求经济利益，追求美感也未必出于经济利益动机，对于真理和审美的追求，本身就是人类的价值，完全不必依附于利益欲望。工业发展对于人类实现这两个价值也具有重要意义。

如前所述，一方面，工业是科学发现和发明不可或缺的手段，尤其是现代科学的发展须臾离不开工业技术；另一方面，高度发达的工业必然从追求功能性走向创造审美艺术性。高质量的精致工业品都是艺术化的制成品，极致的工业品本身就是艺术品，具有高度的审美价值；伟大的哲学家和艺术家黑格尔、歌德和谢林等都曾发出过"建筑是凝固的音乐"的感叹，优美的建筑物是工业和艺术的结晶。工业不仅可以创造大量可复制的文化艺术产品，而且，高度发达的工业本身就具有追求差异化和唯一性的艺术天性，工业生产业态从标准化大规模制造转变为个性化定制生产就是这一工业本性的体现。设计—制造是工业生产的基本流程，无论是制造还是建筑，其工业设计和建筑设计都深含文化和艺术因素。科学技术使工业品"更有用""更廉价"，文化艺术则使工业品"有品位""高价值"。因此，工业的价值不仅是工具性的"功能""用途""财富"，而且还可以体现"探索""发现""创意""唯美"的创造性价值追求。人类是富于创造性的生命体，工业是人类实现其创造性价值的伟大工具。

工业不仅具有"寻真"和"求美"的价值，而且也有"为善"的价值。所谓"为善"，就是工业之本质应是有利民生的经济活动。如果仅由工具理性来主导，工业活动既可能"作恶"也可能"为善"。当然，无论"作恶"还是"为善"都是人的行为而非机器的所为，但是，工业本身就是人类行为的一种积极活动，所以，机器所为与人之所为实际上是同一回事。"作恶"的表现不仅是制造残酷杀人的武器，而且可能是为了满足财富的贪欲而不惜产生破坏环境、损害社会等负外部性扩散。而"为善"之表现则是以民生改善为目的，不仅提升可大众的生活质量，而且为改善公共服务提供物质条件。工业之"为善"本性的张扬，体现为"以人为本"的价值取向。避免"作恶"，持续"为善"，成为现代工业文明的内在价值取向。这才符合工业之朴素本性：将无用变有用，将有害变有益。

工业所具有的工具理性和价值理性的二重性，使得关于工业发展的认识往往成为最具争议性的经济话题之一。中国当前正处于工业化时代，对此应该没有异议。但加速工业化导致的问题却也产生了许多悖论性现象：工业让物质变为资源，克服着资源的稀缺性，工业也大量消耗着资源，导致资源的日益枯

---

① 当然，即使在发达的经济体中，就业仍然是大多数人的谋生手段，但就业的观念会发生很大变化。

竭；工业建设开拓了人类生存空间，工业的无度行为也破坏了环境生态；工业使人类延年益寿，工业也导致疾病怪症；工业创造了巨大的财富，工业也消灭了许多乐趣；工业创造了丰富的物质财富，工业也使很多物种濒临灭绝。因此，人们既赞赏工业，也诅咒工业；一边享受工业文明成果，一边责难工业带来困扰；而且，越是享受更多工业文明成果的人，越有可能激烈呼吁"去工业化"。

其实，中国当前产业转型升级的主要困难除了工业技术基础不坚实之外，就是过度的"工具理性"倾向，一味追求"速度""规模""增值"，追求盈利性的欲望抑制了工业的价值实质，加之中国社会心理趋向于以"大"为好的判断准则。似乎"利润最大化"是唯一目标，规模越大越有成就，工业不过是挣钱的工具，能赚钱就大肆扩张，不能赚钱就放弃，只要资产能增值做大，生产企业不过是"资本运作"的标的物。甚至连国有企业似乎也应该是以追求利润最大化为唯一目标的盈利机器。这样"天经地义"的工具理性逻辑，虽然具有现实性，但过度的工具理性如果销蚀了工业活动的价值理性，不仅会导致负外部性的膨胀，而且也会使产业升级失去内在的持续性动力，甚至导致"得不偿失"的窘境和难以挽回的损害。

工业具有开源、增效、积财的工具效用，而其价值实质则是"寻真""求美""为善"。通过开发资源，提高效率，创造财富，工业成为推进人类物质文明进程的强大工具。而探寻世界奥秘、实现审美创意和创造民生成就则是工业价值的最终体现。因此，工业的基本特征就是技术创新，包括连续性（递增性）创新和颠覆性（革命性）创新，依此而不断地"寻真""求美""为善"。当前的中国工业转型就是工业的工具效用和价值实质间内在关系的再调整，是工业创新能力的再释放。

六、信息化、智能化是工业发展的逻辑必然

工业在本质上是科技进步的物质实现形式，工业技术和工业组织形态是随着科技进步而不断演化的。工业技术从手工生产，到机械化、自动化，现在正向信息化和智能化发展。工业产品则从工匠式，到标准化、规模化，再向越来越个性化发展。工业组织形态从集中控制、科层分权，到向分布式、网络化，再向去中心化方向发展。体现了从以蒸汽机为标志的第一次工业革命、以电力和自动化为标志的第二次工业革命，到以计算机和互联网为标志的第三次工业革命，再到以人工智能和生命科学为标志的新工业革命（也有人称之为第四次工业革命）的演化历史。从工业发展的上述历史轨迹中可以看到，工业发展在实质上也是信息关系的演化，特别是人作用于物的信息关系演化：工业创新和工艺是科学技术知识的运用，工业生产流程和管理模式是工程设计和管理知识的运用，工业发展就是工业知识的积累和创新，也就是如何将"废物"变为"资源"、将"无用"变为"有用"、将"有害"变为"有益"的知识的形成、学习、传播和物化。从这一意义上可以说，工业发展就是人类知识进展并成功运用的过程。

由于知识是工业技术的核心，所以，越是拥有不为其他人所知的技术知识就越是具有竞争力：通俗地说就是"我知你不知，我会你不会"就是技术；如果人人都知、人人都会，那就不再是"技术"。因此，工业生产历来以拥有知识为特征，以信息"保密"为优势。由于工业品是经"加工制造"的产品，随着科学技术水平的提高，加工制造过程越来越复杂，迂回性的产业链越来越长，所以，工业生产技术和工艺过程秘而不宣，信息不透明和信息不对称现象越来越普遍。而且，关于工业品的知识越来越复杂，消费者对工业品的鉴别能力越来越不适应蕴含着极大信息量的工业品。工业的复制技术能力可以让行家也难辨真伪。

例如，在数十万年的人类进化过程中，人是靠味觉辨别什么食物对自己有利或有害的。喜欢吃什

么，感觉什么好吃，就表明吃这样的食物对身体有利；反之则有害，不能吃。正因为人类具有这样的本能，才可能繁衍至今。而在工业化过程中，消费者以味觉鉴别食物的功能越来越不适应了，好吃的食物未必有益。因为，各种食物都经过了加工制造，而且，作为食材的植物和动物的种植和饲养过程中也使用了大量经过加工制造的工业品，如肥料、饲料、抗生素和杀虫剂等。消费者自身具有的鉴别食物利害的信息处理能力越来越不能适应工业化的形势了。

为此，在工业化过程中，一方面需要保护企业的"商业秘密"和"技术秘密"，特别是技术诀窍（Know-how）；另一方面又要实行强制性信息披露的制度，例如，要求生产者公开产品的原料成分、生产日期、生产地等。尽管如此，一些生产者仍有可能甚至有动机向消费者和社会隐瞒不良行为，以获取更大的利益。这是工业缺乏自律性的客观信息环境。

不过，由于工业实际上具有信息本源性，即工业是信息的物化体，总是倾向于最大限度地运用可以获取和处理的信息，包括科技知识、行为信息、商业信息等，所以，必然走向信息技术越来越高级和信息化水平越来越发达的工业化阶段。这不仅表现为运用越来越丰富的科学知识、不断积累和传承工艺技能经验，而且越来越高效率进行信息处理，表现为信息传递的速度越来越快、成本越来越低，特别是信息传递处理越来越互联网化、分布式化，而不再是"中心—科层"纵向信息传递。因而，工业的信息关系和信息环境必然变得越来越透明，工业生产的迂回性关系在发达的信息化条件下将变为网络型关系并越来越具有可视性。这样，信息化必将有力地推动工业文明进程，演化为更具人性化的工业体系和组织形态。不仅生产技术、市场机制、企业竞争行为、竞争规则会发生重大变化，而且有可能抑制工业生产过程中的各种野蛮的掠夺性行为。因为，人们在信息公开的"大庭广众"和"众目睽睽"之下，总是比在私密场合更加自律和检点。

更重要的是，在高度发达的信息技术条件下，将会有越来越多的企业将信息公开作为竞争手段，颠覆传统竞争格局。因为，信息的公开和透明是获得信誉的最有效方式之一。例如，可以实时公开生产过程信息的绿色食品企业一定比不公开信息而只是依靠广告宣传的企业更具可信性和竞争力。我们注意到，一些先进企业已经开始有了向这一方向发展的明显动向。例如，国外有些产品已经可以电子信息方式向消费者提供该产品生产过程几乎所有的相关信息。甚至可以设想，有些企业采用发达的生产信息公开化系统，通过互联网将生产过程的全部可公开信息及时提供给消费者，直至可以让消费者实时了解产品生产的现场过程。这样的企业将获得强大的市场竞争力，对顾客产生极大的吸引力，那些仅依靠广告宣传向消费者提供信息的同类生产企业将完全不是它们的竞争对手。所以，企业信息公开化程度的提高将成为决定企业竞争力的重要因素之一。而且，只要有一些企业这样做，其他企业也将不得不这样做。从而彻底改变整个产业的企业竞争方式和竞争格局。

总之，信息化可以促进工业生产更快地提高效率，实现绿色化和增强精致化；信息技术的运用可以更高水平地实现工业设备的数控化和生产工艺及流程的科学化，从标准化生产和标准化产品向柔性化生产和个性化产品生产转变；更重要的是，信息化可能使工业品的经济学性质、工业生产方式和工业竞争行为发生实质性变化，使工业化进入文明进程的新阶段。

当前更值得关注的是，信息化和工业化的进一步融合发展将使人工智能越来越广泛、深入地融入工业，不仅是工业生产过程的智能化，而且将生产各种智能化的工业品，例如无人驾驶汽车、无人驾驶飞机，乃至具有各种拟人功能的机器人产品。其实，整个工业发展的历史就是一个机器替代人和模仿人的过程，"人像机器一样"和"机器像人一样"，"机器延伸人的功能"和"人使机器具有智能"，乃至"人机信息互联"和"人机智能一体"，是工业技术进化的基本逻辑。过去，人们以机械论隐喻看待人和工业，认为"人是机器"；而在工业高度发达的今天，如果以生物学的隐喻看待人和工业，则可以认为"技术有生命"，"机器是人"。因此，有国外学者认为人类正面临新工业革命，意味着进入"新生物时代"。无论我们是否同意这一观点，都不能不看到科学、技术、机器、信息、智能、艺术、人文在工业化进程中的汇聚，形成工业文明的内在逻辑，推动人类文明进程，经历其最辉煌的发展阶段。这就是中国工业转型和产业升级的理论逻辑。

七、结 语

综观历史，工业化的实质是人类文明进化现象，信息化将使工业化更透彻地展现其文明本性。工业化不仅是物质生产过程的技术进步，更不是人类对自然的掠夺，而是人类摆脱野蛮，走向现代文明的进步过程。但是，在工业化的早期，确实存在野蛮的掠夺性生产行为和对自然环境的肆意破坏，因为，人类本身就是从野蛮中来的，表现为缺乏自律、为所欲为和不择手段。而文明的精神实质是自律，因此，高度信息条件下的工业文明自律精神，决定了工业技术路线和创新方向的绿色化和以人为本的行为取向，即大规模地运用科学技术将"废物"变为"资源"，制造成可以满足人的需要、不断提高人的物质福利水平的产品，并彰显其增进人类幸福的价值实质。

工业化时代不仅是迄今为止的人类历史上最节约、最清洁、最安全的时代，是人类生命预期最长、身体最健康、享受物质和精神福利人数最多的时代，而且更是人类最聪慧和最富创新精神的时代。尤其是在人口极大增长，面临巨大的资源环境压力的条件下，建立发达的工业是实现资源节约、环境改善和提高生活质量的根本性技术条件和物质基础。当人类进入高度信息化的工业社会，工业化的文明本质，特别是绿色本性和幸福价值实质将得到全面的展现，反文明的野蛮行为将终无藏身之处。工业与信息化的深度融合将使中国走向工业文明的新境界。

〔参考文献〕

[1] [英] 安东尼·吉登斯. 现代性的后果 [M]. 北京：译林出版社，2011.

[2] [美] 伊恩·莫里斯. 文明的度量——社会发展如何决定国家命运 [M]. 北京：中信出版社，2014.

[3] [美] 彼得·戴曼迪斯，[美] 史蒂芬·科特勒. 富足：改变人类未来的4大力量 [M]. 杭州：浙江大学出版社，2014.

[4] [美] 杰弗里·萨克斯. 文明的代价——回归繁荣之路 [M]. 杭州：浙江大学出版社，2014.

[5] 李钢，刘吉超. 中国省际包容性财富指数的估算：1990~2010 [J]. 中国工业经济，2014 (1)：5-17.

[6] 金碚，李鹏飞，廖建辉. 中国产业国际竞争力现状及演变趋势 [J]. 中国工业经济，2013 (5)：5-17.

[7] 金碚. 全球竞争格局变化与中国产业发展 [M]. 北京：经济管理出版社，2013.

[8] 金碚. 论民生的经济学性质 [J]. 中国工业经济，2011 (1)：5-15.

[9] [美] 罗纳德·英格尔哈特. 发达工业社会的文化转型 [M]. 北京：社会科学文献出版社，2013.

[10] [英] 克里斯·佛里曼，弗朗西斯科·卢桑. 光阴似箭——从工业革命到信息革命 [M]. 北京：中国人民大学出版社，2007.

[11] [美] 比尔·麦吉本. 幸福经济学——从"更多"到"更好" [M]. 上海：南海出版公司，2010.

[12] [美] 罗纳德·英格尔哈特. 现代化与后现代化——43个国家的文化、经济与政治变迁 [M]. 北京：社会科学文献出版社，2013.

[13] [英] 克里斯·弗里曼，罗克·苏特. 工业创新经济学 [M]. 北京：北京大学出版社，2004.

[14] [英] G. M. 彼得·斯旺. 创新经济学 [M]. 上海：格致出版社，上海人民出版社，2013.

[15] [美] 约瑟夫·E. 斯蒂格利茨，[印] 阿马蒂亚·森，[法] 让—保罗·菲图西. 对我们生活的误测：为什么GDP增长不等于社会进步 [M]. 北京：新华出版社，2014.

[16]［美］凯文·凯利.科技想要什么［M］.上海：中信出版社，2011.

[17]厉以宁.工业化和制度调整——西欧经济史研究［M］.上海：商务印书馆，2010.

[18]金碚.国运制造——改天换地的中国工业化［M］.上海：中国社会科学出版社，2013.

（本文发表在《中国工业经济》2014年第9期）

中国自然资源资产负债表框架体系研究

——以 SEEA2012、SNA2008 和国家资产负债表为基础的一种思路

胡文龙 史 丹

摘 要： 自然资源资产负债表反映的是一国或地区在某一时点上对于自然资源环境的权利义务状态，可以看成是某一特定时点生态责任主体对所拥有的自然资源资产价值和所承担的生态环境负债所拍的一张"快照"。首先，本文以 DPSIR 链理论模型、环境经济核算体系（SEEA2012）、国民经济核算体系（SNA2008）国家资产负债表为理论基础，构建了自然资源资产负债表的理论框架。对经济和环境信息进行整合，需要采用一种跨学科方法。依照《中华人民共和国统计法》的要求，在国民经济核算体系（SNA）中需要编制国民资产负债综合表一张、机构部门资产负债表四张。国家资产负债表方法，就是以一国或一国政府为会计主体，通过账户整合将分散的分类核算账户纳入统一的资产负债权益框架，以期初和期末的资产、负债及净资产存量等形式，综合反映出一国物质财富"家底"的编报方法与技术体系。采用国家资产负债表的方法对自然资源总体情况进行信息披露，就是利用会计学中的资产负债表工具，客观全面反映生态责任主体在某一时点的自然资源静态存量情况，显示某一时间上自然资源资产的"家底"和结构，反映一定时间内的自然资产存量的变化。自然资源资产负债表是充分利用上述理论基础和核算方法进行自然资源信息披露的一种方式。其次，本文采用国家资产负债表的编制方法和技术手段，构建了以资产、负债和净资产为会计要素的自然资源资产负债表，以全面反映自然资源环境"家底"。自然资源资产是指天然存在、有使用价值、产权明确且可提高人类当前和未来福利的自然环境因素的总和；自然资源负债从经济本质上看，是会计主体在某一时点上应该承担的自然资源"现时义务"，该"现时义务"是人类在利用自然资源过程中所承担的能以货币计量、需以资产或劳务偿付的环境责任；自然资源净资产，是一国或地区所拥有的全部自然财富总和，它在数量上应该等于自然资源资产减去自然资源负债，即全部自然资源资产减去全部自然资源负债后的净值。最后，本文提出了推进自然资源行政管理改革、建立和完善自然资源台账系统、建立自然资源经营权交易市场、颁布自然资源计量核算准则体系等政策配套措施。

关键词： 自然资源资产负债表；环境经济核算；国民经济核算；框架体系

［基金项目］ 国家社科基金一般项目"中国对外贸易中的隐含资源环境要素流动问题研究"（14BJY067）、中国社会科学院重大国情调研项目"生态文明建设绩效考核与自然资源资产负债表编制情况"的阶段性研究成果。

一、"自然资源资产负债表"的提出

从已有的研究和实践来看，在中国共产党十八届三中全会《决定》首次提出"探索编制自然资源资产负债表"之前，"自然资源资产负债表"的提法基本没有，而"自然资源核算""环境资源核算"的称谓较为常见。关于自然资源资产的会计核算，目前理论研究相对成熟并在实践中逐步推广且已经成为主流的是联合国环境经济核算体系（SEEA2012）[1-2]。该体系运用会计账户技术和方法对资源环境领域的资产账户、环境活动账户及其流量进行了专门阐述。尽管会计账户技术和方法在环境经济核算中已被广泛采用，但是资产负债表技术尚没有被引入资源环境领域，导致目前该体系没有提出成熟成形的账户整合和列报方案，缺乏综合反映一国自然资源存量变化的资产列报框架体系[3]。国家资产负债表[3-5]是借鉴企业资产负债表技术，将国家视为会计主体，对一个国家特定时点的所有经济部门的资产和负债进行分类列示，并分别加总得到的表格。国家资产负债表将分散的分类核算账户纳入统一的资产负债权益框架，以期初和期末的资产、负债及净资产存量的形式，综合反映出一国完整的经济活动存量，从而显示一个国家在某一时点上的"家底"。

探索编制自然资源资产负债表，是在单一的"自然资源会计核算"向综合性"自然资源环境报表体系"构建这一趋势下出现的。早在 20 世纪 70 年代，Leontief（1970）[6] 和 Victor（1972）[7] 运用投入产出模型对自然资源数量和价值量进行分析，把自然资源恢复量、残余物排放视作常规经济活动产品，把自然资源的消耗利用与产出纳入传统的投入产出框架之中，建立了包含自然资源在内的国民经济投入产出表。雷明继承 Leontief 的复合核算思想，把以 SNA 为基础的国民经济核算和以实物量核算为基础的资源环境核算联系起来，建立了资源—环境绿色投入产出表，从经济活动对资源环境的消耗和占用两个方面，反映经济系统和资源环境的关系（雷明、李方，2006）[8]。杨世忠、曹梅梅（2010）[9] 提出了宏观环境会计核算体系框架构想，构建了环境资产变动表、环境资产负债表和环境损益表基本框架。"自然资源资产负债表"概念提出之后，耿建新（2014）[10] 基于自然资源资产离任审计的角度，对我国自然资源资产负债表的编制与运用进行了初步探讨。封志明、杨艳昭、李鹏（2014）[11] 与黄溶冰、赵谦（2015）[12] 等初步梳理了国内外自然资源核算研究历程和方法进展，讨论了基于自然资源核算编制自然资源资产负债表的框架设想与可能路径。

不难发现，尽管目前没有成熟的方法制度编制自然资源资产负债表，但在不同的学科领域中，已经蕴含了编制自然资源资产负债表的理论基础和可能的技术路线，探索自然资源资产负债表有迹可循。本文以联合国环境经济核算体系（SEEA2012）、国民经济核算体系（SNA2008）和国家资产负债表为基础，结合我国现阶段环境经济核算的现状，采用国家资产负债表的编制技术和方法手段，对自然资源资产负债表的理论框架与报表体系进行探索。

二、编制自然资源资产负债表的理论基础

（一）DPSIR 链理论模型

DPSIR 链理论模型从系统分析角度看待人类活动和环境系统的相互影响。它将经济社会环境系统的评价指标分成驱动力（Driving Forces）、压力（Pressure）、状态（State）、影响（Impact）及反应（Response）五个方面，基本分析框架是：经济社会"驱动力"（D），对环境产生"压力"（P），造成环境"状况"（S）的改变，这些改变反过来对人类社会和自然界又会产生一定的"影响"（I），当人们认识到这种改变和它所带来的影响后会采取某种社会"反应"（R），它又会对驱动力、压力甚至环境状况产生影响[13]。当前环境统计和环境指标可以按照 DPSIR 链理论模型进行结构分类，其具体指标如表 1 所示。

表 1　自然资源统计内容体系

与自然资源相关的社会经济活动（D）	活动对外部环境的影响（P.S.I）	社会对环境的反应（R）	现存数和总数合计
1. 自然资源的利用及有关活动 农业 林业 渔业 采矿业 能源生产和消耗 ……	1. 自然资源的消耗与增加 非耗竭性资源 耗竭性资源 …… 2. 环境质量 大气污染 水质 土壤和土地质量 生态系统的质量 …… 3. 人类健康和环境质量 人类健康和污染 环境灾害的影响	1. 自然资源的管理与恢复 自然的保护 自然资源的管理 退化环境的恢复 …… 2. 污染监测与控制 污染研究与监督 标准、控制和实施 环境清理和恢复 公共污染控制设施 …… 3. 自然灾害的预防及其危害的减轻	1. 非耗竭性资源 土地资源 生态资源 水资源 …… 2. 耗竭性资源 矿产资源现存数 森林资源现存数 …… 3. 能源现存数 4. 生态系统总数

资料来源：引自《环境统计资料的概念和方法：自然环境统计资料技术报告》。

以 DPSIR 链理论模型为基础，可以对人类活动影响下的自然资源物质和能量循环过程进行全链条分析。自然资源是一种自然存在物，它大多数时候是独立于人类活动而自然存在的，对于人类而言，其初始状态是以生态资产形式存在的；当自然资源作为一种生产要素进入人类经济活动时，自然资源从环境进入经济体的流量，是作为自然物质资产投入入账的（如矿物、木材、鱼类和水）；自然资源在经济活动体系内的循环流动，是作为产品、服务等物质量入账的（包括固定资产存量的增加量）；当自然资源退出人类经济活动系统重新进入环境系统时，自然资源大多是以人类活动残余物的形式在会计核算中入账的（如固体废物、废气排放和废水回流）。总体而言，环境既是经济系统所有自然投入（矿物、能源、土地、森林、水等）的来源，也是人类活动残余物的最终承载，所有经济活动的残余最终都会再次进入环境系统。图 1 对自然资源在经济环境系统中的循环流动链条进行了大致描述。

基于上述自然资源物质循环过程，按其处于人类社会经济活动的阶段不同，自然资源物质流量又可以大致分为两类：一类是进入人类经济社会系统的自然资源，它以产品或服务的形式在经济系统内进行循环；另一类是未进入人类经济社会系统的自然资源，它既包括初始作为生产要素储备尚处于生态资源形式的自然资源，也包括以残余物状态退出经济系统重新进入生态环境系统的自然资源（残余物）。

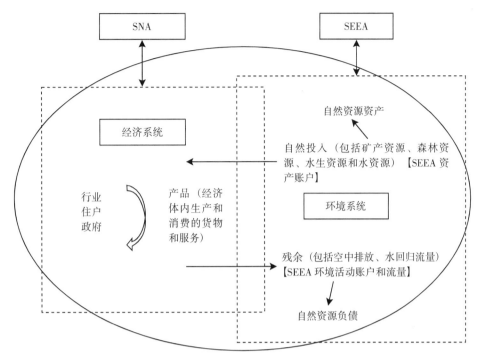

图 1　自然资源环境流量循环和核算体系构建的关系

部分进入经济系统的自然资源存量和流量核算，已经在国民经济核算体系（SNA2008）中以自然资源资产的形式得到了一定程度的反映；联合国环境经济核算体系（SEEA2012）站在系统反映自然资源静态存量和动态流量的角度，建立了更为全面系统的自然资源和生态环境经济核算体系。

（二）环境经济核算体系（SEEA2012）

环境经济核算体系（SEEA2012）是首个环境经济核算体系的国际统计标准。在该体系中，自然资源账户是从物质循环角度进行全链条计量记录的，主要焦点是利用物理单位记录出入经济体的物资和能源流量及经济体内部的物质和能源流量，从而使环境经济核算体系中的自然资源环境核算比国民经济核算体系（SNA）中的自然资源环境核算更加系统和全面。

具体而言，环境经济核算体系（SEEA2012）中心框架在明确各类自然资源定义和分类的基础上，设置了七组自然资源资产账户。这些资产账户包含实物量与价值量两大类核算表格，基本反映出了自然资源在生态与经济循环中的流转模式，即"期初存量—本期存量增加—本期存量减少—本期实物量与价格调整—期末存量"。与此同时，SEEA2012 还对两类主要环境活动（资源管理和环境保护）以账户形式进行了系统核算。SEEA2012 将单个自然资源的来源和用途以"资产来源=资产使用（占用）"的形式反映出来，已经具有资产负债表"来源=使用"的功能属性；SEEA2012 环境活动及其相关流量账户对环境活动的支出和收入进行了账户核算，其本质是对"环境债务"的处理和偿还进行计量记录。

环境经济核算体系（SEEA2012）上述资产和活动账户将水资源、能源、矿物、木材、鱼类、土壤、土地和生态系统、污染和废物、生产、消费和积累信息放在单一计量体系中，并为每个领域指定了具体而详细的计量办法。因此，以 SEEA2012 单项自然资源资产核算、环境活动及其相关流量核算为理论基础和现实依据，可以提出自然资源资产负债表的会计要素和列报科目。

（三）国家资产负债表

对经济和环境信息进行整合，需要采用一种跨学科方法。在 SEEA 自然资源资产账户、环境活动和相关流量账户的基础上，需要采用一定方法对自然资源环境总体情况进行有效披露。SEEA2012 中心框架利用国民账户体系的核算概念、结构、规则和原则，编制了实物供应利用表、自然资源资产账户和环境活动功能账户（如环境保护支出账户），但其在整合环境和经济信息上目前并没有形成成熟可操作性的框架体系。国家资产负债表可以综合反映一国国民经济活动的历史积累成果，反映特定时点一国经济总体实力的"家底"。依照《中华人民共和国统计法》的要求，在国民经济核算体系（SNA）中需要编制国民资产负债综合表一张、机构部门资产负债表四张[14]。国家资产负债表方法，就是以一国或一国政府为会计主体，通过账户整合，将分散的分类核算账户纳入统一的资产负债权益框架，以期初和期末的资产、负债及净资产存量等形式，综合反映出一国自然资源"家底"的编报方法与技术体系。采用国家资产负债表的方法编制自然资源资产负债表，就是利用会计学中的资产负债表工具，客观全面地反映生态责任主体在某一时点的自然资源静态存量情况，对自然资源总体情况进行信息披露，显示某一时间上自然资源资产的"家底"和结构，反映一定时间内的自然资产存量的变化。与环境经济核算体系（SEEA）作为一种全面系统的计量记录方式不同，自然资源资产负债表是充分利用 SEEA 的理论基础和核算方法进行自然资源信息披露的一种方式。它通过对自然资源资产和负债信息进行账户整合和信息列报，从而揭示一国或地区的自然资源"家底"。

总的来看，自然资源在循环流动全过程中，作为经济活动投入被视为一项自然权利，而社会经济活动等导致的残余物处理则是人类必须承担的天然环境责任。由于资产负债是经济系统中界定人与人之间权利和义务（权力和责任）的常用术语，将这一概念延展使用在自然资源环境对人的影响上，则自然资源资产负债表反映的是一国或地区在某一时点上对于自然资源环境的权利义务状态。从资产负债表反映的经济本质来看，自然资源资产负债表可以看成是某一特定时点生态责任主体对所拥有的自然资源资产价值和所承担的生态环境责任所拍的一张"快照"。自然环境中可作为要素投入人类经济活动的自然资源可被视为自然资源资产，退出经济循环进入环境系统的残余物会带来环境状态改变的压力和责任，可被视为环境负债（自然资源负债）。

三、自然资源资产负债表的基本框架体系

（一）自然资源资产负债表的基本要素

自然资源资产负债表（Natural Resource Statement of Assets and Liabilities，NRSAL）是所有自然资源在某一时点实物量和价值量状况的静态反映。在自然资源资产负债表中，可以根据自然资源基本特征分为自然资源资产、自然资源负债和自然资源净资产三大类会计要素。

1. 自然资源资产

自然资源是指天然存在、有使用价值、可提高人类当前和未来福利的自然环境因素的总和。资产是指企业过去的交易或事项形成的，由企业拥有或控制的，预期会给企业带来经济利益的资源。自然资源资产主要是指其中具有稀缺性、有用性（包括经济效益、社会效益、生态效益）及产权明确的自然资源。自然环境各部分中固有的价值以及自然环境为整个社会尤其是为经济提供的投入，均属于"自然资源资产"或"环境资产"。这些资产可以用实物也可以用货币来衡量。

2. 自然资源负债

自然资源负债从经济本质上看，就是会计主体在某一时点上应该承担的自然资源"现时义务"。该

"现时义务"是人类在利用自然资源过程中所承担的能以货币计量、需以资产或劳务偿还的责任。在自然资源环境循环流动过程中，既要关注自然资源环境作为生产要素形成物质财富的"资产属性"，也要关注在这一过程中伴随而生的自然资源环境作为人类活动残余物所形成的"债务属性"。从资产负债表的内在逻辑看，无论是"资产＝负债＋所有权权益"这一会计恒等式，还是"资产来源＝资产使用（占用）"这一传统会计平衡关系，反映的经济本质都是权力与责任、权利与义务之间的平衡关系。自然资源负债（债务）是人类经济活动所产生的负外部性对自然资源环境的破坏性影响，尤其是当这种影响无法通过自然生态系统自身作用予以恢复时，必须按照权责发生制原则核算相关主体的环境责任，导致"环境责任"产生的活动事项就是"环境负债"或"自然资源负债"。

3. 自然资源净资产

自然资源净资产是一国或地区所拥有的全部自然财富总和（绿色财富），它在数量上应该等于自然资源资产减去自然资源负债，即全部自然资源资产减去全部自然资源负债后的净值。根据生态系统生产总值（Gross Ecosystem Production，GEP）的定义和核算原理，GEP 就是一国或地区该年在自然资源利用、保护过程中创造出的自然资源绿色财富，它理论上应该等于该国或该地区自然资源净资产在该时期的增量，即 GEP＝年末自然资源净资产－年初自然资源净资产。因此，自然资源资产负债表是生态系统生产总值核算的有效工具。

（二）自然资源资产负债表的框架体系

本文充分借鉴 SEEA（2012）的基本理念和核心原则，结合中国自然资源环境实际情况，借鉴国家资产负债表的编制经验，提出如下自然资源资产负债表的框架体系：

（1）自然资源资产表。主要包括一国或地区具有明确产权的自然资源资产实物量表和价值量表。自然资源资产按照自然资源类型进行列报。对于自然资源资产的核算范围，各地可根据实际情况，选择"产权清晰、管理规范、数据翔实"的自然资源资产优先纳入，其他自然资源资产待条件成熟时可逐步纳入核算范围。

（2）自然资源负债表。主要反映一国或地区社会经济发展导致的自然资源"现实义务"，主要包括环境保护和资源管理。自然资源负债按照导致"环境责任"的活动类型分类列报，主要分为（应付）环境保护负债、（应付）资源管理负债和（应付）自然现象负债。对于自然资源负债的核算范围，可优先核算经济社会活动向环境排放产生的责任（固体残余、废气排放、废水排放等）。该负债是经济社会发展对自然资源环境影响带来的现时义务，可按照一定的程序和办法对其价值量进行确认。

（3）自然资源资产负债表。将一国或地区自然资源资产、自然资源负债按照国家资产负债表的方式列报，显示一国或地区自然资源净资产。

（4）自然资源资产负债表附注。主要包括核算的主体范围及合并汇总方法、会计政策和方法、报表项目明细信息、未在报表列示但对自然资源状况有重大影响的事项等，帮助报告使用者更好地理解自然资源资产负债表。

（5）政府自然资源管理状况。充分披露政府运用自然资源资产形成的收入和偿付自然资源负债所发生的支出，利用自然资源资产负债表及报表附注中的有关信息，结合国民经济形势、相关政策要求等，分析自然资源利用状况、生态环境管理效果，研究政府自然资源利用政策、生态环境保护政策以及生态环境经济社会中长期可持续发展政策等，更好地为领导决策服务。

（三）自然资源资产负债表的列报格式

1. 自然资源资产表

SEEA2012 将自然资源划分为矿产和能源资源、土地、土壤资源、木材资源、水生资源、其他生物资源、水资源七大类。我国《环境保护法》第二条规定自然资源包括土地、森林、草原、矿藏、海洋、湿地、水七大类。《中国自然资源手册》将自然资源分为土地、森林、草地、水、气候、矿产、海洋、能源和其他九大类。参考对比 SEEA 的定义和我国对自然资源的分类，按照自然资源的物理特质和功能属性，本文中自然资源资产表（见表 2）理论上主要包括以下五大类自然资源资产，即能源、矿产、土地、森林和水。自然资源资产表由统计部门根据汇总后的数据统一列示，具体自然资源资产按照自然资源的类型由相关自然资源管理部门填列。

表 2　自然资源资产表（理论框架）

自然资源资产类型	期初存量		期末存量	
	实物量	价值量	实物量	价值量
1　能源资源				
1.1　煤炭				
1.2　油页岩				
1.3　石油				
1.4　天然气				
1.5　煤层气				
1.6　其他自然能源资源				
2　矿产资源				
2.1　金属矿产资源				
2.2　非金属矿产资源				
3　土地资源				
3.1　耕地				
3.2　园地				
3.3　林地				
3.4　草地				
3.5　商服用地				
3.6　工矿仓储用地				
3.7　住宅用地				
3.8　公共管理与公共服务用地				
3.9　特殊用地				
3.10　交通运输用地				
3.11　其他土地				
4　林业资源（木材资源）				
4.1　森林				
4.2　林木				
4.3　其他林业资源				

续表

自然资源资产类型	期初存量		期末存量	
	实物量	价值量	实物量	价值量
5 水资源				
5.1 地表水（陆地水）				
5.2 地下水				
5.3 土壤水				

2. 自然资源负债表

自然资源负债表主要是指人类在开发利用自然资源全过程中涉及的按照权责发生制原则应该予以确认计量的环境保护责任、资源管理责任和可能承担的自然现象责任。自然资源负债是会计主体在某一时点上应该承担的自然资源"现时责任"。按照权责发生制原则，当不利于人类的环境出现时，则自然资源环境"现时责任"（负债）就产生了，导致这一责任产生的活动或事项就是自然资源负债（环境负债）。

SEEA 2012 将种类繁多的环境活动分为两类：环境保护和资源管理。环境保护指以减少或消除环境所受压力为主要目的的环境活动；资源管理指以更有效利用自然资源为主要目的的环境活动。不难发现，"增加或导致环境压力的那些活动"和"不太有效或低效利用自然资源的那些活动"，就是环境负债产生的根源。不管是环境保护还是资源管理，不管是政府支付还是向政府支付，都是为了承担环境责任而发生的。因此，核算上述经济社会活动所产生的环境责任，就是环境负债；而实际发生的"环境保护或资源管理"活动，就是 SEEA 2012 "环境活动账户和相关流量"的内容。两者之间的差额，则是该期末应该履行而没有履行的环境责任（即期末自然资源环境负债）。因此，自然资源环境负债列报，应该是该期期末应该承担而尚未承担的环境责任。

按照自然资源环境负债的产生根源，借鉴 SEEA 2012 中环境活动分类，可以确定自然资源负债列报的主要内容，即"增加或导致环境压力的那些活动"和"不太有效或者低效利用自然资源的那些活动"。具体而言，按照环境负债产生的主要根源，可以将自然资源环境负债分为人类活动产生的负债和自然变化产生的负债；而人类活动产生的负债又可以分为（应付）环境保护负债和（应付）资源管理负债。因此，自然资源负债列报内容主要包括（应付）环境保护负债、（应付）资源管理负债和（应付）自然现象负债（见表3）。对于这些环境负债，还可以按其偿还责任是否有法律强制性特征进一步细分为法定负债（或显性负债）和推定负债（或隐性负债）。

对于自然资源负债的分类，国内一些学者认为自然资源负债具体包括应付治污成本、应付生态恢复成本、应付生态维护成本、应付超载补偿成本等（王妹娥和程文琪，2014[15]；张友棠等，2014[16]）。本文认为上述"应付成本"是符合自然资源负债概念的，且其分类方法在环境负债价值核算时有独特优势，其价值评估方法值得借鉴。但从环境负债项目分类来看，由于相关概念界定模糊、标准认定困难、计量技术限制和基础数据缺乏，上述"应付成本"负债分类方法缺乏现实适用性。同时，由于当前我国环境负债是与我国经济发展长期处于工业化阶段密切相关的，环境负债主要体现为工业化进程带来的对环境的各种责任和义务。因此，用人类经济社会活动导致的环境责任来明确环境负债，按照导致环境负债的（经济）活动类型进行分类，更便于从宏观角度确定一国或者地区的自然资源负债类型。

自然资源负债数据的来源，应根据一国或地区经济社会活动所带来的环境责任确定。由于环境负债所反映的应尽义务需要根据复杂因素进行评估确定，因此自然资源负债的计量记录，既可以按照一定的会计政策采取适当的会计处理方法予以确认，也可以根据经验或有关资料加以估计确定，还可以按照经济领域类的影子价格进行价值评估计量。

表 3 自然资源负债的分类列报

SEEA 中环境活动分类：类别概览		自然资源资产负债表中的负债分类	
一级分类	二级分类	一级分类	二级分类
一、环境保护	1 保护周围空气和气候	一、（应付）环境保护负债	1.1 废水排放负债
	2 废水管理		1.2 化学需氧量排放负债
	3 废物管理		1.3 氨氮排放负债
	4 保护和补救土壤、地下水和地表水		1.4 废气排放负债
	5 减小噪声和震动		1.5 二氧化硫排放负债
	6 保护生物多样性和景观		1.6 氮氧化物排放负债
	7 辐射防护		1.7 烟（粉）尘排放负债
	8 环保研发		1.8 一般工业固体废物产生负债
	9 其他环保活动		1.9 二氧化碳排放负债
二、资源管理	10 矿产和能源资源管理	二、（应付）资源管理负债	2.1 矿产和能源管理负债
	11 木材资源管理		2.2 木材资源管理负债
	12 水生资源管理		2.3 水生资源管理负债
	13 其他生物资源管理		2.4 其他生物资源管理负债
	14 水资源管理		2.5 水资源管理负债
	15 资源管理研发活动		2.6 其他资源管理负债
	16 其他资源管理活动	三、（应付）自然现象负债	3.1 因地震导致负债
			3.2 因海啸导致负债
			3.3 因台风导致负债
			……

3. 自然资源资产负债表列报

根据前面自然资源资产分类及其列报和自然资源负债分类及其列报的理论框架体系，在 SEEA 2012 运用会计学账户工具广泛进行实物账户、资产账户和功能账户核算基础之上，本文采用国家资产负债表的编制技术和方法手段，对自然资源资产负债表的总体框架形式进行探索，从而形成如下的自然资源资产负债表列报框架（见表 4），以全面综合揭示一国或地区的自然资源环境"家底"。

总体来看，自然资源净资产是一国或地区自然资源环境的总财富。自然资源资产负债表列报遵循"自然资源资产－自然资源负债＝自然资源净资产"这一基本会计恒等式。按照自然资源环境为人类提供服务功能的类型划分，自然资源净资产可进一步细分为：生态价值、经济价值、文化价值和历史价值。自然资源净资产根据自然资源资产和自然资源负债的差额计算。

表 4 自然资源资产负债表（理论框架）

自然资源资产	实物量	价值量	自然资源负债和净资产	实物量	价值量
1 能源资源			1 （应付）环境保护负债		
1.1 煤炭			1.1 废水排放负债		
1.2 油页岩			1.2 化学需氧量排放负债		
1.3 石油			1.3 氨氮排放负债		
1.4 天然气			1.4 废气排放负债		

自然资源资产	实物量	价值量	自然资源负债和净资产	实物量	价值量
1.5　煤层气			1.5　二氧化硫排放负债		
1.6　其他自然能源资源			1.6　氮氧化物排放负债		
2　矿产资源			1.7　烟（粉）尘排放负债		
2.1　金属矿产资源			1.8　一般工业固体废物产生负债		
2.2　非金属矿产资源			1.9　二氧化碳排放负债		
3　土地资源			2　资源管理负债		
3.1　耕地			2.1　矿产和能源管理负债		
3.2　园地			2.2　木材资源管理负债		
3.3　林地			2.3　水生资源管理负债		
3.4　草地			2.4　其他生物资源管理负债		
3.5　商服用地			2.5　水资源管理负债		
3.6　工矿仓储用地			2.6　其他资源管理负债		
3.7　住宅用地			3　自然气候负债		
3.8　公共管理与公共服务用地			3.1　因地震导致负债		
3.9　特殊用地			3.2　因海啸导致负债		
3.10　交通运输用地			3.3　因台风导致负债		
3.11　其他土地			……		
4　林业资源（木材资源）					
4.1　森林					
4.2　林木					
4.3　其他林业资源			4　自然资源净资产		
5　水资源			4.1　生态价值		
5.1　地表水（陆地水）			4.2　经济价值		
5.2　地下水			4.3　文化价值		
5.3　土壤水			4.4　历史价值		
……			……		

四、推进自然资源资产负债表编制的政策建议

（一）成立"国家自然资源管理委员会"

尽管大多数自然资源在立法层面已经规定其所有权属于国家（全民）所有和集体所有，但在实践中，由于自然资源的公共产权属性，自然资源所有权虚化、所有者缺位现象非常普遍，自然资源过度使用、生态环境遭受破坏的"公地悲剧"不断上演。建议成立"国家自然资源管理委员会"履行自然资源所有权人职责，作为自然资源的产权主体，解决自然资源所有权虚化、所有者缺位问题。按照资产负债表权责发生制的要求，自然资源管理委员会有责任披露自然资源资产负债表，反映其受托责任。

（二）推进自然资源行政管理体制机制改革

在我国目前的行政组织体制下，自然资源管理呈现出管理权分散、政出多门、信息彼此孤立、管控缺乏合力等特点，条块化、分散化的管理体制已经不适应自然资源集约化、系统化、精细化的管理需要。建议加强自然资源行政管理体制机制改革，梳理整合目前林业、水利、土地等行政管理部门的自然资源行政管理权限，推进政府自然资源行政管理改革，成立自然资源管理部际联席会议，加强政府部门在自然资源行政管理、信息沟通、数据收集上的协调统一。

（三）建立和完善自然资源台账系统

加强自然资源基础信息整合，建立和完善自然资源台账系统，对自然资源进行账户管理，为自然资源资产负债表奠定核算基础。建立和完善自然资源台账系统，既是推进自然资源产权改革的数据基础和前提条件，也是预防国有（集体）自然资源资产流失的重大举措。自然资源资产负债表的责任主体主要是各级政府。对于设立专门管理机构承担监管责任的自然保护区、生态保护区、生态林区、水源涵养区等主体功能区或国家公园，也可以单独作为自然资源资产负债表的编制主体。对于其他经济责任主体，可以在其会计报表中设置专门账户对其自然资源资产、负债或权益进行单独反映。各地区统计局汇总各责任主体上报的自然资源资产、负债和权益信息，形成该地区全面系统的自然资源资产负债表。

（四）建立自然资源经营权、使用权交易市场

继续深化森林、土地、水、矿产等自然资源产权改革，理顺自然资源所有权、管理权和经营权的关系，优化资源配置，推动自然资源"三权"适当分离。推行自然资源产权登记和使用许可证制度，建立自然资源经营权、使用权交易市场，盘活自然资源存量资产，鼓励和推动自然资源的运营、经营由事业单位等非营利组织或企业等营利组织承担，最大限度提高自然资源管理和生态环境保护方面的绩效。

（五）完善自然资源计量记录核算准则体系

企业会计准则中已有对进入经济系统的自然资源的核算准则，《企业会计准则第5号——生物资产》和《企业会计准则第27号——石油天然气开采》目前已是企业会计准则的重要组成部分。由于自然资源涵盖范围广泛，在会计准则体系（企业会计准则、应用指南、准则解释）中，建议积极研究并适时推出系统的水资源和土地资源会计准则，并发布相关会计政策指引，为自然资源会计报告提供法律规范和操作依据。同时，还应改进自然资源数据收集和信息监测技术：一是弥补资源数据空白，增强自然资源基础数据收集；二是改进自然资源数据收集和信息监测方法，充分利用信息技术的快速发展，加强动态监测，提高监测频度和效率。

〔参考文献〕

［1］United Nations, European Commission, Food and Agriculture Organization, International Monetary Fund, Organization for Economic Cooperation and Development, the World Bank. System of Environmental-Economic Accounting 2012: Central Framework［EB/OL］. https://unstats.un.org/.22-54.

［2］高敏雪等.综合环境经济核算与计量分析——从国际经验到中国实践［M］.北京：经济科学出版社，2012.

［3］胡文龙.自然资源资产负债表基本理论问题探析［J］.中国经贸导刊，2014（10）：62-64.

［4］李扬等.中国国家资产负债表2013——理论、方法与风险评估［M］.北京：中国社会科学出版社，2013.

［5］李扬，张晓晶，常欣.中国国家资产负债表2013［M］.北京：中国社会科学出版社，2013.

［6］Leontief W. Environmental Repercussions and the Economic Structure: An Input-output Approach［J］. Review of Economics and Statistics，1970，52（3）：262–271.

［7］Victor P. A. Pollution：Economy and Environment ［M］. Toronto：University of Toronto Press，1972.

［8］雷明、李方. 中国绿色社会核算矩阵编制［J］. 经济科学，2006（3）：84–96.

［9］杨世忠，曹梅梅. 宏观环境会计核算体系框架构想［J］. 会计研究，2010（8）：9–15.

［10］耿建新. 我国自然资源资产负债表的编制与运用探讨——基于自然资源资产离任审计的角度［J］. 中国内部审计，2014（9）：15–22.

［11］封志明，杨艳昭，李鹏. 从自然资源核算到自然资源资产负债表编制［J］. 中国科学院院刊，2014（7）：449–456.

［12］黄溶冰，赵谦. 自然资源核算——从账户到资产负债表：演进与启示［J］. 财经理论与实践（双月刊），2015（1）：74–77.

［13］Svein Homstvedt，胡卫. 北欧国家的环境和自然资源统计［J］. 中国统计，2005（2）：53–54.

［14］国家统计局. 中国资产负债表编制方法［M］. 北京：中国统计出版社，2007.

［15］王妹娥，程文琪. 自然资源资产负债表探讨［J］. 现代工业经济和信息化，2014（9）.

［16］张友棠，刘帅，卢楠. 自然资源资产负债表创建研究［J］. 财会通讯，2014（4）：6–9.

（本文发表在《中国人口·资源与环境》2015 年第 8 期）

从逆向工程到正向设计

——中国高铁对装备制造业技术追赶与自主创新的启示

吕 铁 江 鸿

摘 要：本文整合技术追赶的传统理论观点，构造出基于技术学习的后发国家产业技术追赶分析框架，并运用这一框架分析来自中国高铁装备产业的一手调研数据。结果表明，该产业能够在后发情境下快速发展出正向设计能力，得益于四个主要因素，即强调工程化和商业化的技术能力建设思路，传承有序的人力资源积累和协调有效的长期合作机制，持续完善、高效运转的行业试验体系，以及密集试验、批量应用中发现问题、解决问题的高强度学习机制。本文进一步讨论了高铁装备产业对中国装备制造业发展正向设计能力、加快技术追赶速度的借鉴意义，据此提出了研究发现的政策启示。

关键词：正向设计；技术追赶；自主创新

一、引 言

正向设计能力（Methe，1995）是从用户需求出发确立顶层设计要求，自上而下地分解、细化复杂产品（系统）功能，确定产品功能结构、子系统和零部件解决方案，形成可批量生产[①]、稳定运行的商业化产品并实现全生命周期支持的能力。正向设计[②]与逆向工程是制造业产品开发的两类典型模式，但唯有前者才能引致真正的自主创新产品。传统的技术追赶研究将后发国家产业技术能力的形成过程简单划分为逆向工程和自主创新两个阶段（汪建成、毛蕴诗，2007）。但对中国高铁装备产业等装备制造部门的观察和分析显示，在这两个阶段之间存在着重大的能力断层，而这一断层突出表现为正向设计能力的缺失。对于正向设计能力形成过程的分析，有利于打开后发国家产业实现由逆向工程到自主创新跃迁的过程"黑箱"。

目前，中国装备制造部门普遍结束了单一的 OEM 阶段，但各部门的设计能力仍存在巨大差异。很多企业的自主设计活动停留在逆向工程阶段，出于对技术标准、产品质量和知识产权的考虑，不得不沿用仿制对象的供应商。在国产化率和全球份额增加的表象下，是缺少自主性的普遍事实。例如，除了移动智能终端 SoC 芯片、智能电视芯片等少数领域内的明星企业之外，中国大多数集成电路设计企业不具备架构设计能力，只能通过"抄板"亦步亦趋地再现国外设计，向特定供应商采购标准单元生产后低价竞售，产品严重同质化，产品升级换代主要跟随国外先进企业，难以在产品性能上超越仿制对象（魏少

[基金项目] 国家社会科学基金重点项目"推进我国工业创新驱动发展研究"（14AJY016）。

军，2016）。ADI 等国外企业却可采用特殊的封装技巧或增加冗余电路的手法加大逆向工程的难度与成本，在既有产品设计被其他厂商高效复现之前即推出下一代产品，充分享受自主创新收益。与此相比，中国高铁装备、水轮机组等少数部门则已培育出正向设计能力，可设计生产满足最新异质性需求、性能达到甚至超过国际先进水平的自主知识产权产品。究竟是哪些因素促使这些部门率先冲破逆向工程窠臼、发展出正向设计能力？相关因素如何影响正向设计能力发展？这些问题对理解中国装备制造业技术追赶绩效差异、加快技术学习和技术追赶具有重要意义。

与回答上述问题的迫切需要形成鲜明对比的，是当前有关后发国家复杂装备制造业技术追赶研究的相对缺失。第一，现有研究关注了技术追赶过程中的技术学习，但侧重于回答后发国家应当学习"什么"或学到了"什么"，很少关注具体的学习实践"如何"进行，以及不同实践对建立和维持技术能力的意义。第二，现有研究致力于寻找普适规律，较少对理论进行情境化修正或整合。受"华盛顿共识""东亚秩序"和"北京共识"的影响，后发国家技术追赶的政策和模式逐渐趋同，但技术能力差距却不断扩大（Cimoli 等，2009）。这表明，去背景化的研究结论与成功的技术追赶之间不存在必然联系，新技术经济范式下的技术追赶需要更加情境化的研究。第三，现有研究较少关注复杂装备制造业，前述问题在这些部门的研究中尤为突出。目前，有关技术追赶的关键研究发现多数基于对电子、通信、家电、汽车等产业的考察。仅有的少数以复杂装备制造业为背景的研究停留于对技术追赶模式的概括描述和对技术追赶路径的阶段划分，缺少对技术学习实践和技术能力形成细节的刻画，也很少进行情境化分析。

本文以中国高铁装备产业这一典型的复杂装备制造部门为研究对象，探讨正向设计能力的形成过程，以期为推动中国装备制造业的技术追赶和自主创新提供参考。本文的主要贡献在于：①在既有理论研究的基础上，整合构建了"战略导向—资源配置—活动系统—学习机制"的后发国家技术追赶分析框架；②运用新构建的分析框架分析技术追赶过程中技术学习的资源基础、活动系统和运行机制，弥补了当前技术追赶研究对技术学习实践关注不足的缺陷；③全面收集了中国高铁装备产业的一手数据，将复杂装备制造业纳入技术追赶研究的图景之中，扩展了后发国家技术追赶研究的实证背景。

二、文献回顾与分析框架

发展正向设计能力是后发国家在深度嵌入全球产业链的开放环境进行技术追赶的重要目标。正向设计能力与逆向工程能力同属产品设计能力（Razavi 和 Jamali，2010），都是技术能力的重要组成部分。但从同一产品的开发设计来看，逆向工程以仿制对象为起点，旨在破解特定仿制对象的技术规范或技术数据包，使自身产品尽可能接近仿制对象。正向设计则是以用户需求起点，旨在首先完整理解产品工作逻辑以及产品设计与产品性能之间的关系，在此基础上开发适用于不同需求的产品系列。因此，逆向工程有明确的仿制对象和知识搜寻范围，而正向设计的知识搜寻范围与应用方式均不确定，对设计能力提出了更高要求。具备正向设计能力的企业能够适时调整产品性能，完善产品谱系，满足异质性用户需求，掌握产品线扩展和供应商选择的主动权，使国际供应链资源由"不得不用"向"为我所用"再向"用舍在我"转变。因此，通过发展正向设计能力，后发国家企业能够彻底摆脱"受制于人"的普遍问题。

技术追赶是经济学与管理学研究的传统问题，东亚国家和地区更是近来的研究重点。相关研究主要围绕技术追赶的制度安排、机会与可能性、路径与模式、技术学习这四个主题展开，在前三个主题下均发展出了一些经典理论与模型。在制度安排的主题下，Johnson（1982）、Amsden（1989）、Wade（1990）

等学者提出并完善了"发展型国家"理论，认为政府干预市场是众多东亚国家和地区技术追赶的关键因素。在机会与可能性的主题下，Perez 和 Soete（1988）提出了"机会窗口"概念，认为后发国家可以利用新技术范式带来的"第二类机会窗口"实现技术追赶。不少学者运用并拓展了这一概念，提出商业周期、制度型市场等其他可能的机会窗口（Mathews，2005；Guiennif 和 Ramani，2012；魏江等，2016）。Borenztein（1998）和 Blomstrom（1999）则提出了"发展门槛"观点，指出后发国家必须具有一定的技术能力和基础设施，才能有效利用先进技术所有者的技术外溢。在此基础上，很多相关研究也进一步探讨了产业的进入成本与进入时机（顾卫东，2008）。在路径与模式的主题下，Hobday（1995）的"OEM—ODM—OBM"模型和 Kim（1980）的"引进—消化—提高"模型被广泛采用。一些研究特别关注后发国家跨越特定阶段的可能性，提出了路径跟随、阶段跳跃、路径创造等不同的追赶模式（Lee 和 Lim，2001）。

与上述研究相比，技术学习主题下的技术追赶研究在深度和系统性上都有所欠缺，停留于对知识来源、学习模式、学习内容的分类，缺少对技术学习实践及其作用机制的刻画与分析。①就知识来源而言，现有研究对源于国外技术引进和源于国内自主研发的知识与技术能力提升的不同关系多有探讨。部分研究强调技术引进对技术追赶早期阶段学习的重要性（Baskaran，2001；Zhang 和 Barbara，2001；张米尔、田丹，2008），部分研究强调自主产品平台对技术能力提升的重要性（路风、封凯栋，2004；徐雨森等，2008；路风、蔡莹莹，2010），部分研究则强调不同来源知识的协调利用和并行学习（Cho 和 Lee，2003；Lee 等，2011）。然而，这些研究都只关注对不同来源知识的学习结果及其对技术能力提升的最终影响，对不同来源知识的技术学习机制，特别是技术学习如何促进由技术引进到自主研发的转变语焉不详。②就学习模式而言，现有研究多借鉴技术追赶路径的研究成果，探讨特定追赶阶段的学习模式。例如，陈劲（1994）认为在"技术吸收—技术改进—自主创新"的不同阶段存在着"干中学—用中学—研究开发中学"的动态转变。魏江等（2016）发现，企业会根据技术不连续性和制度型市场机会的差异，分别选择并进式、内控式、外植式和采购式四种学习模式。然而，这些研究仅注重学习模式的类型化，并未讨论不同追赶阶段或条件下技术学习实践和模式转变的机制与结果。③就学习内容而言，现有研究致力于讨论特定产品技术特性和特定技术追赶阶段要求的关键技术能力。例如，Kim 及其合作者（Kim 和 Lee，1987；Kim，1997）发现，产品创新对复杂产品（系统）的技术追赶最为重要，工艺创新和产品开发对批量生产的消费品的技术追赶最为重要。吴先明、苏志文（2014）将技术引进后的内部融合分为技术迁移和技术提升两个阶段，认为前一阶段的学习重点是技术资源和研发方向整合，后一阶段的学习重点是技术水平和研发能力提升。然而，这些研究都没有深入阐述技术学习活动如何引致关键技术能力。

总体来看，尽管现有的技术追赶研究从制度安排、机会窗口等视角为复杂装备制造部门的技术追赶提供了具有一定解释力的概念，但既没有深入探讨真正引致正向设计能力跃迁的技术学习实践，也没有构造出基于技术学习的产业技术追赶分析框架。如果仅明确技术学习的重要性和阶段性特点，却不具体回答整个产业层次的技术学习活动实际"如何"进行以及其他技术追赶相关因素如何与技术学习活动相关联的问题，研究结论必然难以直接指导技术追赶实践。因此，有必要整合制度安排、机会窗口等视角与技术学习视角，形成更加全面、更具总体观的分析框架。

本文在延续技术追赶研究四个关键主题的基础上，构建出以技术学习为中心的后发国家技术追赶分析框架，并运用该框架分析中国高铁装备制造业由逆向工程到正向设计的转变。这一框架的理论逻辑在于，技术学习是各类因素影响技术追赶结果的最终环节。制度安排等因素既然能够作用于技术追赶，必然对技术学习活动存在实际影响，能够"投影"出技术学习活动分析框架。与技术追赶的制度安排、机会窗口与可能性、路径与模式、技术学习四个主题相对应，这一分析框架包括战略导向、资源配置、活动系统和学习机制四个维度。具体而言，战略导向是指受产业政策等制度性安排影响的技术学习导向，决定了产业技术主体的活动目标。资源配置是指可以支持技术学习活动的资源存量及其配置机制，决定了产业技术主体在特定的"发展门槛"条件下是否能及时获取并调动资源，开展技术学习，回应技术追赶的"机会窗口"。活动系统是指在特定的产业技术追赶路径与模式下技术学习凭依的主要活动，由研发设备等硬件和活动组织等软件构成，其侧重点会因其行业技术创新的知识基础而有所差异。例如，科技驱动型产业的技术追赶活动体系更强调基础研究活动，而经验驱动型产业的技术追赶活动体系更强调试验验证活动。学习机制是指在上述因素的基础上，产业技术相关主体获取并内化技术知识、提升技术能力的机制。简言之，战略导向、资源配置和活动系统从目标、资源、活动方式等方面塑造了技术学习的环境；当环境较为有利时，学习机制将更加高效地发挥作用，支撑起后发国家的技术能力提升与技术追赶。

三、数据收集与分析

本文采用三角交叉方法收集数据，通过对中国高铁装备产业相关主体的访谈收集一手数据，辅以对公开报道、行业期刊、企业年鉴、内部文件等资料的广泛搜索。2015年7月至2016年7月，研究团队共进行了37次焦点小组访谈，所有访谈均有录音。为丰富基于不同视角的信息，提高研究的信度和效度，研究团队选择的受访主体广泛覆盖了高铁装备用户、高铁装备总成企业、配套企业、高铁建设企业、相关高校和科研院所[①]。受访对象主要包括上述主体的高层管理人员、技术管理人员、项目管理人员和各个技术领域内的科研人员。所有访谈都采取非结构化形式，以确保更多的细节能从访谈中涌现。

本文数据处理步骤如下：在每次访谈结束后，研究团队立即将所有访谈录音转录为文本，并对当时所有访谈转录文本和二手数据等原始材料进行归纳式编码和分析。在此过程中，研究团队一方面根据编码过程中涌现的新主题调整访谈提纲，修正理论抽样计划；另一方面不断检视并调整原始编码和一级编码，在重复迭代之中提高一级编码的信度，为更高维度构念的汇总奠定基础。当数据出现理论饱和，无法再从新收集的数据中提炼出与正向设计能力及其提升相关的新见解时，研究团队即停止数据收集，并对原始编码和一级编码进行讨论与确认。基于前文发展的分析框架，研究团队进一步寻找一级编码之间的联系，分别抽取出与战略导向、资源配置、活动系统、学习机制等二级主题相关的一级节点，最后对二级主题进行三级编码，建构出各主题与正向设计能力提升之间的关系。为了降低整个编码分析过程中可能的偏见，研究团队采取了以下措施：第一，在编码完成后，请其他研究者独立评估三级编码和二级编码，并就有异议之处进行了深入讨论，在达成共识的基础上修正编码。第二，邀请中国铁路总公司等局内人士进行检验（Evered和Louis，1981），以确保研究团队已对场域内的实际情况做出了合理解释。

---

① 各类受访机构包括：一是高铁装备用户：中国铁路总公司、成都铁路局、太原铁路局；二是高铁装备总成企业：青岛四方机车车辆股份有限公司（以下简称四方）、长春轨道客车股份有限公司（以下简称长客）、唐山机车车辆有限公司（以下简称唐车）；三是高铁装备配套企业：戚墅堰机车车辆工艺研究所有限公司、株洲电力机车有限公司、株洲电力机车研究所有限公司；四是高铁建设企业：京福铁路客运专线安徽有限公司、铁建重工集团有限公司、中铁二局股份有限公司、中铁二院工程集团有限责任公司；五是高校与科研院所：西南交通大学（以下简称西南交大）、中南大学、中国铁道科学研究院（以下简称铁科院）。

四、中国高铁装备产业的正向设计能力发展

以准高速和高速① 动车组的技术进步为标志，中国高铁装备产业及其设计能力的发展经历了三个阶段。

1. 独立研发阶段（1990~2003 年）

1995 年前，原铁道部已开始组织研制准高速与高速列车，但尚未突破"机车＋客车"②路线，也未有国产准高速或高速动车组问世。1995 年后，围绕铁路局招标项目和原铁道部部管项目，中国高铁装备研发人员广泛尝试内燃、摆式、电动等技术路线，开发出众多新型动车组。这些车型虽然具有"需求引致"的正向设计色彩，但并未从根本上摆脱逆向工程和少量试制的特点。①就车体和头型设计、牵引制动系统、转向架构造、网络控制系统四项决定动车组知识产权归属的核心设计而言，这些型号的不少核心设计源于对国外产品的模仿和改造。②这些型号产量极小，未形成批量生产能力。据研究团队统计，这一时期中国企业共推出 13 种新型动车组，总产量却不足 40 列。③当时已投入或即将投入运营的 5 种电动车组都曾多次出现机破事故，难以满足稳定运行的商业化要求。

2. 引进学习阶段（2004~2008 年）

围绕时速 200 公里和 300 公里动车组采购项目，原铁道部组织完成了动力分散型电动车组技术的全面引进。四方、唐车、长客分别与日本川崎重工（以下简称川崎）、德国西门子和法国阿尔斯通合作，联合设计生产 CRH2A、CRH5A 和 CRH3C，并自行衍生出部分新型号，初步形成了 CRH 动车组产品系列。这些国产化型号虽然实现了大批量供应和商业化运行，但国内企业只能在原型车平台上进行小范围的环境适应性改进，不具备整车正向设计能力。①首批次 CRH 高速动车组的优化改造只能以中外联合设计的方式进行，研发周期和产品性能取决于原型车的技术成熟度。例如，四方与川崎联合设计的 CRH2A 基于日本成熟平台，不仅率先下线，而且很快实现了稳定的商业运行。长客与阿尔斯通联合设计的 CRH5A 却因阿尔斯通此前没有成熟的动力分散型电动车组平台，对原型车进行了基础性修改，投入运行早期的故障率长期居高不下。②中国高铁装备研发主体尚不通晓引进车型工作逻辑，自行完成的改进设计和型号衍生并未对原有平台进行大幅度改动，未达到正向设计产品的标准。以性能提升最为显著的 CRH2C-1 为例，尽管其速度（时速 300 公里）超过了引进车型 CRH2A（时速 250 公里）一个等级③，但其设计主要是将 CRH2A 从 4 动 4 拖结构恢复为日本原型车 E2-1000 的 6 动 2 拖结构④，使动车数量从 4 节增加到 6 节。由于 E2-1000 原版时速已经达到 275 公里，CRH2C-1 略作改进即"具备了提速到时速 300 公里的动力"（赵小刚，2014）。

3. 正向设计阶段（2009 年至今）

以建设京沪高铁为契机，原铁道部和科技部共同组织研制时速 350 公里及以上高速动车组，于

---

① 综合各定义和历史提法，本文将时速 160~200 公里称为"准高速"，时速 200 公里及以上称为"高速"。

② 普通客运列车是由 1 辆客运机车（提供动力）和多辆客车（不带动力）构成的编组，客车数量可调整。动车组是由多辆动车（自身带动力）和多辆拖车（不带动力）构成的编组，编组中的动车与拖车数量固定。根据动力来源，动车组可分为内燃动车组和电动车组。根据动力分布方式，动车组可分为动力集中型动车组（动力装置集中安装在列车两头的车辆上）和动力分散型动车组（动力装置分布在列车的多个不同位置）。除特别说明外，后文所涉车组均为动力分散型电动车组。

③ 高速动车组每提升 30~50 公里时速，速度就上了一个等级，设计上要做出较大调整。

④ "4 动 4 拖"指该型号动车组由 4 列动车和 4 列拖车构成，"6 动 2 拖"指该型号动车组由 6 列动车和 2 列拖车构成。这是铁路系统内部描述动车组编组方式的普遍用法。一般而言，动车数量越多，动车组动力越大，最高时速越快。

2010 年完成了四类核心设计全部自主化的 CRH380A、CRH380B 和 CRH380CL。此后，四方、长客、唐车又继续衍生出多种长大编组、高寒环境、强风沙环境的 CRH380 新车型。在 CRH380 系列研发过程中，中国高铁装备产业发展出整车层次的高速动车组正向设计能力，并运用这一能力自主开发出速度等级和环境适应性远超引进型号的全新动车组，形成了时速 160 公里至时速 400 公里的自主化产品序列。2017 年 6 月，具有完全自主知识产权和技术标准体系的时速 350 公里"复兴号"中国标准动车组（以下简称标动）正式投入运营。这是中国高铁装备产业集中运用高速动车组正向设计能力的最新成果。标动包括四方的 CR400AF 和长客的 CR400BF 两个型号，但不同厂家产品可互联互通，相同速度等级动车组可重联运行，不同速度等级动车组可互相救援。这表明中国高铁装备研发人员已因需开发出了不局限于引进平台的全套高速动车组工作逻辑，使脱胎于不同平台的标动实现了机械接口的物理互联、电气接口的数据互联、软件接口的逻辑互联和操作界面的互通、主要硬件的互换，确立了不同于"欧标"和"日标"的中国标准体系。

五、正向设计能力发展的促进因素及其作用

运用前文发展的技术追赶分析框架，考察高速动车组技术追赶过程中战略导向、资源配置、活动系统、学习机制四方面的特点，中国高铁装备产业正向设计能力的跃迁主要得益于以下因素：

1. 战略导向：强调工程化和商业化的技术能力建设宗旨

批量生产自主研发、性能成熟的商业产品是 2004 年后中国高铁装备研发的根本宗旨。这改变了整个产业的技术能力演进方向，使其快速向兼具技术和经济合理性、满足规模化需求的正向设计路径收敛。强调"先进、成熟、经济、适用、可靠"的大规模技术引进引致了成熟、完整的正向设计理念。铁科院首席研究员王悦明在受访时指出，2004 年前，铁路局招标研制的众多准高速或高速列车型号都以创新示范为目标。这些型号往往"一型一列"，即使"只在局管范围内跑旅游线路"，多数型号也"经不住跑"。而在原铁道部主抓的 3 个国家级高速电动车组项目中，"大白鲨"和"先锋号"均属试验样车，没有批量生产计划；唯有"中华之星"在立项之初即以批量生产、长期运营为目标。2004 年后的技术引进是中国高速动车组研发全面要求"批量、固化"的起点。对研发人员来说，CRH 系列型号不再"只是研究一个样车，考虑一项性能"，而是要将批量生产可行性和长期运营可靠性纳入全盘考量。

值得注意的是，对工程化、商业化速度与效果的追求常常使后发国家陷入对国外成熟产品的逆向工程之中。然而，大规模技术引进并没有淡化中国高铁装备产业的自主研发意愿，而将这种意愿引向了规模生产的正向设计产品。尽管不少人士诟病原铁道部在技术引进时要求前期研发的非 CRH 型号全体下马，但其初衷并非完全放弃自主开发。否则，2004 年、2005 年的两次招标就不会明确要求以中外联合设计的方式对引进车型开展适应性改造，也不会设置"技术转让实施评价"考核环节。中国高铁装备产业的自主研发意愿从未消失，在完成对 CRH 系列的技术吸收后，即被迅速导入 CRH380 系列的正向设计之中。

2. 资源配置：传承有序的人力资源积累和协调有效的长期合作机制

中国高铁装备正向设计能力的载体是各尽其能的产学研人才队伍，是将这些人才组织起来的产业活动体系。这不仅保存和拓展了中国高铁装备产业的知识和能力基础，而且促使各方以并行工程的方式深度协作，加快科学研究、产品开发、生产制造之间的迭代循环过程。

（1）早期自主研发项目形成的人才储备，从人力资源供给上保证了技术引进与消化吸收的效率效果。

而这批宝贵的技术人才得以保全，应归功于管理者抱负和大规模技术引进。据受访的四方技术中心研发人员回忆，"1998~2003 年是最困难的时期，每年都停工。停工期间，全厂干部和职工都拿 400 元基本工资，实际到手 256 元，但所有技术人员工资照发，因此，四方的技术人员没有断层"。大规模技术引进"不仅带来了技术提升，更在关键时刻留住了人才"。被及时保存和激活的个人经验与组织记忆，极大提高了知识获取和应用速度。铁科院一位车辆研究专家在受访时指出："2004 年前培养的这批人真正造过车。他们来引进，看一样的图纸，听一样的说明，但理解快得多，清楚得多。"川崎曾认为四方需要 16 年时间才能完成对引进技术的消化吸收，但中国高铁装备产业只用 5 年时间即已实现了正向设计。

（2）超越铁路系统传统边界的产学研长期合作，使铁路系统内外的相关人力资源被有效组织起来，服务于高铁装备技术突破与正向设计。2004 年前，中国轨道交通装备的产学研合作在范围和理念上存在明显局限。列入"九五"攻关计划的"先锋号"和"中华之星"都是原铁道部部属工厂、院校和科研机构的合作成果，完全不涉及铁路系统之外的机构。大规模技术引进之后，这些局限均被打破：一是原本局限于铁路系统内部的合作扩展到铁路系统之外。2008 年，原铁道部和科技部组织了铁路系统内外的 25 所高校、11 家科研院所、51 家国家重点实验室和工程研究中心开展协作，共同支撑起 CRH380 自主创新。这一合作模式也延续到了此后的高铁装备正向设计活动之中。二是原本局限于单个科研项目的短期合作扩展为企业主导的长期合作。四方总工程师梁建英指出："技术引进之前，我们也参与一些合作项目，但态度是很被动的。有时候有技术难题，但不愿意找外面的单位合作，总觉得自己也能做出结果。后来在引进中发现，很多技术，特别是前沿技术和理论基础，必须有外部支持，才能更上一层楼。我们的创新模式有了很好的转型，和高校、科研院所开展稳定的长期合作。"铁路系统实现政企分开改革后，高铁装备创新体系中的行政力量将逐步减弱，但行之有效的产学研合作机制将因企业对外长期合作理念的兴起得以维持和发展，继续服务于产品正向设计。

3. 活动系统：持续完善、高效运转的行业试验体系

对基于经验性知识的装备制造部门而言，试验活动是产学研各方主体开展研发与技术学习的基础体系。正向设计因其向前发展的建构本质，所需试验的种类繁、体量大、密度高，对试验设施、试验思路和试验组织都提出了全新要求。中国高铁装备试验得以快速进入了探索与验证并举的正向设计阶段，是不断完善的试验硬件与同步提升的试验理念、试验规范、试验组织等软件相辅相成的结果。

（1）根据本土需要建设或升级的众多试验台与实验室意味着国际领先而又极具适用性的仿真测试环境与台架试验条件。截至 2015 年底，中国共有 18 个运行或在建的国家级高铁相关试验平台。1995 年建成的西南交大牵引动力国家重点实验室因其"在运行时速才几十公里的时代"建设 450 公里时速轮轨滚动振动整车试验台的超前意识，在各型号准高速和高速列车研制中发挥了不可替代的作用。西南交大张卫华教授在访谈中表示，如果没有 400 公里以上时速的整车台架试验准备，中国高铁动车组开发不可能如此顺畅地进入 350 公里乃至更高时速的线上试验阶段。其余 17 个试验平台中，有 15 个在 2004 年大规模技术引进后启建。尽管受建设周期限制，目前只有半数完成验收，但功能和精度均达到了国际顶尖水平。

（2）2004 年后新建的众多线路带来了全球仅见的超大体量、复杂条件现场试验窗口和数据获取机会。从试验规格来看，2002 年用于"中华之星"性能测试的秦沈客专山绥试验段长度 64.1 公里，与法国 TGV 冲高试验段处于同一长度量级，但在最高试验速度上仍相去甚远。此后，建造标准更高的京津、武广、郑西、京沪等线则创造了大量时速 300 公里以上的超长试验段。从试验周期来看，每条新线都提供了在建期间的多段、多次试验段试验窗口期，全线铺通后的长距离全线试验窗口期，以及投入运营后的跟踪试验期。更重要的是，这些线路的建设时间相互衔接，建造标准逐步提升，运行环境差异较大，在整体上保证了近十年来兼具连续性和差异性的不间断线上试验。从试验工况来看，无论是地质和气

候，还是运行距离和开行密度，中国高铁运行条件之复杂堪称全球之最。遍历各种环境的线上试验为中国高铁装备产业带来了无可匹敌的问题库和数据库。受益于此，标动正向设计才有能力同时应对"长距离持续高速运行、开行密度较高、载客量较大以及高寒、多雪、高原风沙、沿海湿热、雾霾、柳絮等环境"的苛刻要求。

（3）测试与分析并重、验证与探索并重、短期研制与长期跟踪并重的理念是引领中国高铁装备试验全方位支持正向设计的首要因素。第一，中国高铁装备试验的测试活动与分析活动素来在人员和组织上高度统一，有助于研发人员深入解读试验结果，加快试验与设计的迭代过程。相比之下，原为全球第一的德国慕尼黑滚动振动试验台只是"作为试验工具存在，只提供测试数据，不做任何分析"（沈志云，2014）。第二，2004 年技术引进之初，中国高铁装备研发人员已有意向试验体系中注入探索性和长期性元素，在高铁联调联试、动态检测等验证性试验阶段增加科研试验。第三，自 2008 年京津城际通车起，中国高铁装备研发人员即创造性地对所有投入运营的新车型开展全生命周期的跟踪试验和数据采集。西南交大张卫华教授和徐志根教授解释说："列车性能会蜕变，而且每列车在每条线上的表现都不一样。跟踪运营列车，从一级检修到四级检修[①]，性能变化规律掌握得一清二楚，不但对养护有好处，对指导设计更有作用。"

（4）有力的试验组织、清晰的试验规范和相应的组织惯例，使高铁装备试验体系得以极高的试验密度有序运转。作为后发竞争者，中国高铁装备产业在追赶过程中面对着试验量更大、时间更紧的挑战，只有加大试验密度，才能使研发人员尽早"认识到产品设计表征出来的特征"，加快正向设计进度。这一期望得以实现，最初得益于原铁道部集中管理的组织安排。曾全程参与 CRH380 系列研制工作的四方技术中心受访人员回忆说："当时做试验，不需要层层审批，而是报到原铁道部动车组项目联合办公室（以下简称动联办），马上安排。"此外，早在 CRH380 上线试验之时，中国高铁装备产业即以确立试验规范为要务。原动联办成员、现中国铁路通信信号上海工程局集团有限公司总经理宋晓风回忆说："武广线试验有四项要求，第二项就是建立联调联试机制和整套标准，将来为其他线所用。"由此，中国高铁及早确立了涵盖科研试验、型式试验、产品检验、联调联试、运行考核、跟踪试验的详细试验规范，非正式协同惯例也逐渐生成。动联办于 2011 年撤销后，试验规范与相关惯例仍然延续下来，成为协调高密度试验的主要机制。

4. 学习机制：密集试验、批量应用的高强度技术学习

面对日、德、法三国差异化的高速列车设计，中国高铁装备研发、设计、制造、试验各参与单位以深刻理解不同车型运行原理，以融会形成自主设计思想为目标，开展高强度并行学习，在试验效率、问题识别、工作逻辑、设计工具、标准确立等方面快速改善，在短时间内引致了正向设计能力的突变。

（1）通过基于高密度并行试验的"试验中学"（Thomke，2003；Thomke 和 Reinertsen，2012），中国高铁装备研发人员迅速增强了试验技术，提高了试验效率，为产品改进和正向设计提供了适时、优质的数据支持。试验效率是整个试验周期（设计、实施、分析）所获信息的价值与成本比（Thomke，1998），虽与试验速度有关，但绝不等同于此。如果试验设计或操作不合理，试验速度反而有损试验效率。在铁科院国家工程实验室工作的丁福焰举例说："现在的测试系统都很先进，采数据、出报告好像很容易。但实际上影响因素很多，包括机械、安装、研判等。即使是摩擦系数这么简单的参数，如果把握不当，做一天试验，测出来的数据也可能根本是错的。"由此可见，试验效率取决于试验技术，后者则与经验

[①] 目前中国动车组修程分为一级检修到五级检修 5 个等级：每次运行结束（一般 1~2 日）后执行一次一级检修，每运行 3 万公里（或每月）执行一次二级检修，每运行 45 万公里（或每年）执行一次三级检修，每运行 90 万公里（或每三年）执行一次四级检修，每运行 180 万公里（或每六年）执行一次五级检修。

学习紧密相关。

同时引进多国高速动车组并辅之以大范围的产学研合作，使中国高铁装备产业得以兼具并行试验速度较快和串行试验促进学习的优点（Thomke 等，1998）。组建多个项目团队，分别攻关指定型号，这属于典型的并行安排，有利于在短期内完成大量试验，但不同团队难以获取其他团队的同期经验，容易造成各团队"背对背"试错的冗余试验，影响学习效果和试验技术改进。若采取减少单轮试验量、增加试验轮次的串行安排的方式，则难免降低试验速度。与此相比，前述的产学研合作机制，尤其是科研人员的跨团队活动，增强了中国高铁装备试验团队之间的实时信息交流，在保证并行试验速度和密度的同时，获得了原本在串行试验中才能达到的学习效果。就试验设计而言，据西南交大张卫华教授介绍："标动共有 16 个速度挡，161 个工况，2000 多个组合。虽然不是每个组合都做了试验，但也做了上千个组合。"研发人员并非不计成本地做加法，而其增删取舍试验设计的基础就是前期积累的试验技巧和相关知识。就试验操作而言，负责标动线路试验的大西高铁试验指挥部受访人员表示："试验大纲比较粗，通过现场优化才能将互不干扰的试验内容并行安排，不至于因某项试验出现问题而荒废整天的实验时间。而在并行安排中如何进行试验穿插，就取决于长期练出来的经验。"

（2）通过工程实践与设计实践反复迭代的"干中学"（Arrow，1962），中国高铁装备研发人员在设计输入和设计工具上取得了大量突破，形成了具有鲜明中国特征的自主化正向设计平台。在访谈过程中，不少技术专家指出："车辆设计知识是高度依赖经验积累的，很难从书上或者国外学到。"从 2004 年前的自主研发到大规模、多源头的技术引进和消化吸收，经验知识积累大大加速，主要体现在以下三个方面：

一是识别核心问题。影响高速动车组性能的因素极其庞杂，不可能也不必要全部纳入模型。确认核心问题及其影响因素是合理简化设计模型的先决条件，而不同问题和要素的相对重要性往往在产品开发和工程实践中才能显现。例如，尽管文献广泛提及空气动力学问题，但中国高铁装备研发人员却是在广深线提速过程中才真正认识到这一问题的重要性。铁科院首席研究员王悦明回忆："广深线提速前，我们看过国外文献，知道空气动力学研究是基本要求，但从上到下都不重视。没想到，在 160~200 公里的低时速下已经出现很多问题。准高速列车和老式客车交会，把对面的木头窗子都吸过来了。我们意识到空气动力学的确是高速情况下的大问题，原铁道部才会支持相关研究，为后来的高速动车组打下了基础。"中国高铁装备研发人员对气密强度的认识则是在武广线试验中得到深化的。铁科院原副院长康熊研究员介绍说："当时我在四方的车上，过隧道时能感觉到晃动很大。后来用传感器测，侧墙板最大内移达到 12 毫米，疲劳问题严重。"针对这一问题，四方技术中心副主任孙彦表示："从日本引进的 CRH2A 时速只有 250 公里，根本没发现气密强度的问题，日本人当然也不会主动提醒。所以，在研发 CRH380A 的前身 CRH2C-350 时，车体气密强度的要求就沿用了之前的 4000 帕。结果，CRH2C-350 在武广线上过隧道后，车体和门窗全都变形。我们在排查后发现，气密强度是造成此情况的主要指标。"认识到这一问题后，四方投入大量研究资源，"在车体重量仅增加 4% 的情况下"，将 CRH380A 的"气密强度从 4000 帕提高到 6000 帕"（矫阳，2011）。得益于经验性的问题识别和定义，中国高铁装备产业才能在迫切的追赶要求下，最大限度地减少过冗余、过试验、过设计造成的浪费，将有限资源聚焦于"真正的问题"。

二是构建工作逻辑。高速动车组的架构高度模块化（Baldwin 和 Clark，2000），其性能提升需要同级组件的优化匹配和自下而上的有效集成。正向设计能否形成符合用户期望的整车工作系统，实现这一设计的生产成本是否合乎预期，取决于研发人员对各级组件之间静态依赖关系和特定场景下动态调用关系的定义。这些关系的结构化表达，就是车辆工作逻辑，也是正向设计的精华所在（沈志云，2014）。由"中华之星"等早期型号到 CRH380 系列和标动，中国高速动车组工作逻辑急趋复杂。以信息传输为例，铁科院首席研究员王悦明介绍说："'大白鲨'的信息传递量和机车拉客车差不多，主要是一条开门线和两个司机室的控制线需要全列贯通。CRH型号则是每条信息都要传到主控车和其他列车。"中国高铁装备研发人员通过反复调试不同应用条件下的引进车型故障逻辑，逐步加深了对高速动车组工作逻辑的认识，随后根据实际运行条件自行设置逻辑或改写原有逻辑①。在密集的"试错—改错"过程中，中国高铁装备研发人员掌握了部件级、产品级、系统级等各层次硬件和嵌入软件、应用软件的联通、控制、监测、诊断等关系。目前，标动已经达到了"长客造和四方造车辆均能接收、执行、反馈对方主控车指令"这一"从未有过的信息传递和处理水平"。考虑到车速越高，"需要及时观察、判断的情况越多，对可靠性和实时性的要求越高，软件接口越多"，不同厂家车辆之间互联互通的事实反映出中国高铁装备研发队伍已具备了自主开发全套车辆工作逻辑的能力。

三是发展设计工具。高速动车组是众多组件交互形成的大型装配体，结构复杂、关联量大、参数繁多是其设计模型的固有特征。在明确关键变量及其关联关系的基础上，内置了逐层级关联关系的设计工具可固化产品工作逻辑，实现组件协同变形，帮助研发人员根据特定用户需求自顶向下地生成设计模型，减少设计工作量，丰富产品多样性。而要发展出正确传递并表达设计信息的优质工具，并保证其可读性、稳定性、后续开发与维护便利性，则有赖于研发人员在建模方法、设计参数、程序结构、实现方法上的实践经验。就建模方法和设计参数而言，西南交大徐志根教授表示，高校实验室的"支撑作用之一，就是确定设计用参数。我们根据基础理论和实验室数据建立模型，在大系统动力学的基础上做一个设计平台，为工厂提供动力学参数。工厂拿到这些参数，就能设计车辆"。就程序结构和实现方法而言，不少设计软件和设计环境"都是通过搞动车组，一点点摸索、一点点琢磨、一点点建立起来的"。例如，长客副总工程师李军反映："2006年底，长客派队去唐车参与CRH3A的消化吸收，了解到西门子用的是ELCAD三维设计软件，就联系软件公司，咨询设计步骤，再按照步骤自己摸索着搭建设计平台。为了测试平台是否有效，就把西门子给的生产图纸拿来，看能不能生成一样的图纸。如果不行，根据两头的结构和结果，继续推测、调整。2007年我们完全复原了西门子的车体设计。这就证明，我们有了自主的设计平台，而且和西门子的平台至少在工程化上是等效的。标准动车组设计的所有分析计算模块，都是这样建立起来的。"

（3）通过运行、维护技术来源各异的多种列车型号的"用中学"（Mukoyama，2006），中国高铁装备研发人员对各种设计理念在特定条件下的具象差异有了更为深入、直接的认识，提升了依据应用环境确立设计标准的水平。研究表明（Von Hippel 和 Tyre，1995），新装备有80%的问题都是出乎设计人员预料、在投入使用后才首次发现的，而解决这些问题所需的信息也隐藏在使用环境之中。在访谈过程中，来自不同单位的标动研发人员均表示，他们是在"融合国内现有四个平台的设计理念的基础上，综合对实际应用情况和应用需求的了解，确定了适合国内环境的设计要求"，标动网络控制系统中的监测设置就是应用现实推动设计变化的典型。受访的标动线路试验人员介绍说："日系车强调人的作用，很多监测项目由人工完成，不包含在监测系统之内，因此，对管理精细程度要求高，检修频率高。德系车强调硬件的作用，监测事无巨细，需要的检修人员少，但操作复杂，容易报故障。"这两种理念本无高下之分，也各自延伸出了适用的配套模式②。然而，一旦落实到他国环境中，管理者或操作者对这些问题响

---

① 以长客为例，一位受访技术人员表示："CRH5A故障很多，阿尔斯通解决不了，只能和长客分享控制程序，但这些程序本身就有缺陷。比如列车关门时，不管哪扇门，只要最后关，就关不上。反复排查，发现关门时空调还在打新风，车内有正压。我们增加一条新逻辑，设定关最后一扇门的瞬间空调停止，问题消失。5型车的类似问题几百上千件，我们一点点解决。掌握逻辑，用了整整七年。现在，至少在中国条件下，我们对5型车逻辑的理解比阿尔斯通好。"

② 以轴温监测处置为例，受访的标动研发人员表示："日本车轴温再高也不停车，只是加个熔断器，因为日本线路短，轴温再高，也能很快到站。欧洲车详细监测轴温和两轴温差，结果不对立刻报警、停车，启动预案。"

应和处置方式的态度却可能截然不同。"有些铁路局不喜欢欧洲车型，因为报警、停车太频繁；但是，有些铁路局认为小问题都报警也没关系，心里踏实。"为摸清用户偏好与成因，标动研发团队广泛调研国内装备应用单位，最终在一线经验的基础上建立起全新的适用性自主标准。"在体系架构上，我们比德国更强调监测，安全监测点从引进车型的 1000 多个增加到标动的 3000 多个。但在信息展示上，我们把监测信息分成了给司机、给随车机械师和给段上检修人员的部分，司机不会被频繁的报警打扰，随车机械师则能全面掌握车辆状态。"

六、研究结论与政策启示

1. 研究结论

本文运用基于技术学习的技术追赶分析框架，考察中国高铁装备研发由逆向工程转为正向设计的全过程，得出了如下结论：①从战略导向看，扭转既往以探索实验和产品示范为主的研发导向，将批量生产自主研发、性能成熟的商业产品作为根本宗旨，是该产业形成正向设计能力的前提。②从资源配置看，数十年传承有序的人力资源积累和协调有效的长期合作机制，是该产业形成正向设计能力的基础。③从活动系统看，科研与工程需要持续完善的试验体系，特别是同步提升的试验理念和组织水平，是该产业形成正向设计能力的重要支撑。④从学习机制看，同时引进多国技术促成的"试验中学""干中学""用中学"等高强度并行学习，是该产业形成正向设计能力的主要途径。

高铁装备产业的借鉴意义，在于明确四类关键因素的作用以及如何营造具备这些促进因素的制度与产业环境，而不在于对政府主导型技术追赶模式的简单复制。尽管"统一招标、单头对外、指定承接方和转让方"的顶层设计被视为中国高铁装备产业避开引进依赖陷阱的关键制度安排，但只有在同时满足市场规模、引进来源、技术周期、吸收能力等多种条件的前提下，这类安排才可能达成目标。①中国是高铁装备的最大市场，具有整合国内需求、提高买方谈判能力的天然优势。相比之下，石油装备、大飞机等产品的国际买家数量多、份额大，中国无法通过掌控最终市场附加技术转让条款。②拥有高铁装备技术的国际供应商较多，愿为争取订单接受技术转让要求。而很多装备制造部门或是面临长期的、严格的国外技术封锁（如航空发动机），绝无技术引进的可能性；或是国内需求逼近国际技术前沿面（如特高压成套设备），缺少可供借鉴的成熟技术。③高铁装备是产品架构相对稳定的长生命周期产品，引进当代或前代产品可为国内企业赢得技术追赶必要（尽管依旧紧迫）的窗口时间。大规模集成电路等短生命周期产品部门则很难寻觅到类似机会，如没有持续稳定的大规模产业投资，难以通过技术引进在产品换代前完成从逆向工程到正向设计的转变。④高铁装备技术引进的成功离不开已有的知识基础。20 世纪 80 年代原铁道部也曾两次组织机车技术引进，但当时铁路系统整体"技术水平还比较低下，要将引进技术大面积国产化的难度极大"（赵小刚，2014）。若没有 20 世纪 90 年代的知识积累，高速动车组研发人员不可能将嵌入到引进装备中的缄默知识迅速内化为正向设计能力。

2. 政策启示

针对中国装备制造业技术追赶在战略思路、资源配置、活动系统等方面的需求与缺陷，政府应通过引导和服务的方式，持续参与到中国装备制造业正向设计能力发展促进因素的积累之中。

（1）破除大量装备研发项目停留于首台（套）示范的现象，从扩大国内需求、分散用户风险的角度出发，加快自主设计装备的规模化商业应用。对大飞机、航空发动机等难以从资本市场获得足量产业投资的重大技术装备制造部门，长期维持甚至加强结构性支持政策，既要通过持续性的财政补贴、首台

（套）保险等手段将自主设计装备"扶上马"，更要运用阶段性的销售保护、政府采购、出口信贷等手段"送一程"，增强自主设计装备的市场预期，甚至如原铁道部在高铁动车组招标中所做的那样，直接为国内后发企业创造初期市场。对产业资本门槛较低但市场不确定性同样很高的其他装备制造部门，以强化质量保证体系和风险规避机制为目标，尽快出台普惠性支持政策。相关政策不必制订支持目录，而应以引导装备制造企业通过市场手段将自主设计新产品推向商业化为主旨。

（2）加大装备制造业专用性人力资本投资，预防复杂装备及其关联部门的专用性人才流失与断层，避免个人层次的激励不足影响产业层次的正向设计能力发展。受历史原因影响，国有企业无疑是目前中国复杂装备制造业专用性人力资本的蓄水池。近年来，中国装备制造业用人规模持续增长，但国有企业员工激励水平却有逐步下滑的趋势，人才流失特别是青年骨干流失加剧。针对这一现象，政府应加快推进国有企业考核体系和薪酬体系改革。短期来看，在保留工资总额限制的前提下，一方面应根据企业的实际效益和战略地位，为关键企业配备具有市场竞争力的工资总额；另一方面应在企业内部健全员工绩效动态考核机制，切实根据考核结果分配工资总额，以务实的态度最大化绩效薪酬的激励作用。长期来看，必须全面建立起基于硬预算约束的国有企业治理机制和管理体系，给予国有企业自行调整薪酬总额的权力，彻底消除员工收入和激励水平之间的矛盾。需要注意的是，政府不应出于对国有企业人才流失的担忧而设置违背市场原则的流动障碍，致使装备制造业的人才吸引力下降，自主研发后继乏力。同时，政府也应以加强人力资本供给为目标，提高学科教育质量，激发青年投身装备制造类专业和相关高校培养更高素质新生力量的动力，在产业层次上保证人才梯队的完整性和自主研发的可持续性。

（3）建设行业试验平台与数据库，重塑共性技术供给体系，加强装备制造业跃升到正向设计所必需的试验数据与共性技术的积累和扩散。中国装备制造业的部门创新体系正由政府主导转向企业主导。这在总体上有利于提高创新效率，但也给硬件投资大、组织成本高的正向研发试验和溢出效应强、直接收益低的共性技术研究带来了投入不足的隐忧。政府应充分利用当前资金相对充裕和全球高素质人才快速流动的有利条件，尽快夯实公共性的行业试验体系与共性技术研发体系。首先，将各级公共性试验资源整合到行业试验平台之中，提供无利或微利的试验服务。其次，建设行业试验数据库，运用试验平台补贴附加要求（如部分数据公开要求）等措施，鼓励参试机构共享试验设计、试验数据、试验规范和试验技术，在全行业范围内增强知识积累和学习效应。最后，前瞻性地推进装备制造业共性技术供给体制改革，保证共性技术研发、扩散和共享过程中公共性和效率性的平衡。

〔参考文献〕

［1］Amsden A H. Asia's Next Giant: South Korea and Late Industrialization［M］. New York: Oxford University Press, 1989.

［2］Arrow K J. The Economic Implications of Learning by Doing［J］. The Review of Economic Studies, 1962, 29（3）: 155-173.

［3］Baldwin C, Clark K. Design Rules（Volume 1）: The Power of Modularity［M］. Cambridge, Massachusetts: MIT Press, 2000.

［4］Baskaran A.Competence Building in Complex Systems in the Developing Countries: The Case of Satellite Building in India［J］. Technovation, 2001, 21（2）: 109-121.

［5］Blomstrom M, Sjoholm F.Technology Transfer and Spillovers: Does Local Participation with Multinationals Matter?［J］. European Economic Review, 1999, 43（4-6）: 915-923.

［6］Borenztein E, Gregorio J D, Lee J W. How Does Foreign Investment Affect Economic Growth?［J］. Journal of International Economics, 1998, 45（2）: 115-135.

［7］Cho H D, Lee J K. The Developmental Path of Networking Capability of Catch-up Players in Korea's Semiconductor

Industry [J]. R&D Management, 2003, 33 (4): 411-423.

[8] Cimoli M, Dosi G, Stiglitz J E. Industrial Policy and Development: The Political Economy of Capabilities Accumulatio [M]. Oxford Toronto: Oxford University Press, 2009.

[9] Evered R, Louis M R.Alternative Perspectives in the Organizational Sciences: "Inquiry from the Inside" and "Inquiry from the Outside" [J]. Academy of Management Review, 1981, 6 (3): 385-395.

[10] Guiennif S, Ramani S V. Explaining Divergence in Catching-up in Pharma between India and Brazil Using the NSI Framework [J]. Research Policy, 2012, 41 (2): 430-441.

[11] Hobday M. Innovation in East Asia: The Challenge to Japan [M]. Aldershot, Hants: Elgar, 1995.

[12] Johnson C A. MITI and the Japanese Miracle: The Growth of Industrial Policy, 1925-1975 [M]. Stanford, California: Stanford University Press, 1982.

[13] Kim L, Lee H. Patterns of Technological Change in a Rapidly Developing Country: A Synthesis [J]. Technovation, 1987, 6 (4): 261-276.

[14] Kim L. Imitation to Innovation: The Dynamics of Korea's Technological Learning [M]. Harvard Business Press, 1997.

[15] Kim L. Stages of Development of Industrial Technology in a Developing Country: A Model [J]. Research Policy, 1980, 9 (3): 254-277.

[16] Lee K, Lim C. Technological Regimes, Catching-up and Leapfrogging: Findings from Korea industries [J]. Research Policy, 2001, 30 (3): 459-483.

[17] Lee K, Jee M, Eun J-K.Assessing China's Economic Catch-Up at the Firm Level and Beyond: Washington Consensus, East Asian Consensus and the Beijing Model [J]. Industry and Innovation, 2011, 18 (5): 487-507.

[18] Mathews J A. Strategy and the Crystal Cycle [J]. California Management Review, 2005, 47 (1): 6-31.

[19] Methe D T. Moving into the Technological Fast Lane: From Reverse to Forward Engineering Through the Establishment of Innovation Communities in Korea [C]. Proceedings for Operating Research and the Management Sciences, 1995.

[20] Mukoyama T. Rosenberg's "Learning by Using" and Technology Diffusion [J]. Journal of Economic Behavior and Organization, 2006, 61 (1): 123-144.

[21] Perez C, Soete L.Catching up in Technology: Entry Barriers and Windows of Opportunity [A]//Dosi G., Freeman C., Nelson R, Soete L. (ed.) Technical Change and Economic Theory [C]. New York: Pinter Publishers, 1988.

[22] Razavi H, Jamali N.Comparison of Final Costs and Undervalues between Reverse and Forward Engineering Products [C]. The 2nd International Conference on Engineering System Management and Applications, ICESMA, 2010.

[23] Thomke S H. Managing Experimentation in the Design of New Products [J]. Management Science, 1998, 44 (6): 743-762.

[24] Thomke S H, von Hippel E, Franke R. Modes of Experimentation: An Innovation Process and Competitive Variable [J]. Research Policy, 1998, 27 (3): 315-332.

[25] Thomke S H, Reinertsen D.Unlocking Innovation Through Business Experimentation [J]. Harvard Business Review, 2012, 90 (5): 84-94.

[26] Thomke S H.Experimentation Matters: Unlocking the Potential of New Technologies for Innovation [M]. Boston Massachusetts: Harvard Business School Press, 2003.

[27] Von Hippel E, Tyre M J. How Learning by Doing is Done: Problem Identification in Novel Process Equipment [J]. Research Policy, 1995, 24 (1): 1-12.

[28] Wade R. Governing the Market: Economic Theory and the Role of Government in East Asian Industrialization [M]. Princeton, N. J: Princeton University Press, 1990.

[29] Zhang W, Barbara I. Managing the Product Development of China's SPC Switch Industry as an Example of CoPS [J]. Technovation, 2001, 21 (6): 361-368.

[30] 陈劲. 从技术引进到自主创新的学习模式 [J]. 科研管理, 1994 (2).

[31] 顾卫东. 我国汽车产业技术赶超的进入成本 [J]. 经济管理, 2008 (1).

[32] 矫阳. "中国面孔"是这样雕塑的 [N]. 科技日报, 2011-10-22.

[33] 路风, 蔡莹莹. 中国经济转型和产业升级挑战政府能力——从产业政策的角度看中国 TFT-LCD 工业的发展 [J]. 国际经济评论, 2010 (5).

[34] 路风, 封凯栋. 为什么自主开发是学习外国技术的最佳途径?——以日韩两国汽车工业发展经验为例 [J]. 中国软科学, 2004 (4).

[35] 沈志云. 我的高铁情缘——沈志云口述自传 [M]. 长沙: 湖南教育出版社, 2014.

[36] 汪建成, 毛蕴诗. 技术改进、消化吸收与自主创新机制 [J]. 经济管理, 2007 (3).

[37] 魏江, 潘秋玥, 王诗翔. 制度型市场与技术追赶 [J]. 中国工业经济, 2016 (9).

[38] 魏少军. 2015 年中国集成电路设计业的发展情况 [J]. 集成电路应用, 2016 (1).

[39] 吴先明, 苏志文.将跨国并购作为技术追赶的杠杆: 动态能力视角 [J]. 管理世界, 2014 (4).

[40] 徐雨森, 洪勇, 苏敬勤.后发企业技术能力生成与演进分析——以中国华录·松下公司 DVD 视盘机产业发展为例 [J]. 科学学与科学技术管理, 2008 (5).

[41] 张米尔, 田丹. 第三方技术源对跨越追赶陷阱的作用研究 [J]. 科学学研究, 2008 (2).

[42] 赵小刚. 与速度同行: 亲历中国铁路工业 40 年 [M]. 北京: 中信出版社, 2014.

(本文发表在《经济管理》2017 年第 10 期)

中国制造业的差距分析

谢晓霞

中国制造业中的某些产业已经形成了成熟市场，很多产品的产销量已经位居世界前列，因而国内外一些官员和学者认为中国已经成为了"世界工厂"。但综观历史上被称为"世界工厂"的英国、美国、日本，当时它们不仅很多工业产品产量在世界上居首位，而且它们掌握着研发、生产的核心和关键技术，影响甚至决定着世界主要工业产品的市场供求关系和价格走向，在国际市场上具有举足轻重的地位。而中国虽然已经拥有了"世界工厂"的一些特征，但中国产销量大的产业大多是劳动密集型产业以及资本和技术密集型产业中附加值较低的环节，大部分产品的核心技术都掌握在外国企业手中，中国的企业只是从事着组装加工工作。在产品的研发、技术创新、质量、管理、劳动力素质等方面，中国与发达国家相比还有很大差距，在很多重要领域，中国制造业的规模还很小，距离真正的"世界工厂"还相去甚远。

一、规模差距

1. 总量和市场份额不大

中国不少工业产品产量已经位居世界前列，如普通家电、显示器、照相机、手机、数控交换机、拉链、钢琴、手表、电池、玩具、拖拉机、变压器、自行车、摩托车、棉布、皮鞋、打火机、微型汽车等接近 100 项产量和销量都排世界第一，但中国制造业目前占世界制造业的比重只有 12%。从中国企业联合会对中国企业 500 强和世界 500 强做的比较可以看出，2004 年中国企业 500 强的资产规模总额为34092 亿美元，仅为当年世界企业 500 强资产总额的 5.61%；中国企业 500 强的营业收入总额为 10862亿美元，仅为世界企业 500 强的 7.3%；中国企业 500 强的利润收入总额为 386 亿美元，仅为世界企业500 强的 5.3%，如表 1 所示。

2003 年，中国的出口贸易额虽然已达到 4382 亿美元，居世界第 4 位，但占当年世界出口总额的比重也只有 5.86%，分别为居前 3 位的德国、美国和日本出口额的 58.6%、60.5% 和 92.9%，如表 2 所示。

而曾为"世界工厂"的英国、美国、日本，它们的工业生产和贸易额在当时世界上都占据很大的份额。

19 世纪中叶，英国在工业生产和世界贸易中成为第一大国，1840 年英国工业生产在世界工业生产中已占 45%，在棉纺织业，英国在世界上已经处于垄断地位，当时生产的纺织品，80% 输往国外。在煤炭生产和蒸汽机的应用方面，英国占有巨大优势，其有 50% 以上的工业品要在国外市场上销售，到

表1　2004年中国企业500强与世界企业500强比较

项目	2004年中国企业500强	2004年世界企业500强	中国500强/世界500强（%）
资产规模总额（亿美元）	34092	608145	5.61
营业收入总额（亿美元）	10862	148834	7.30
利润收入总额（亿美元）	386.5193	7311.594	5.30
人均营业收入（万元）	43.54	26827	16.23
人均利润额（万元）	1.53	13.17	11.63
人均资产（万元）	135.83	1094.19	12.41

资料来源：Admin：《中国500强VS世界500强》，中华商情网，2004年9月11日。

表2　2003年世界主要国家出口贸易额

单位：亿美元

国家	出口贸易额	占世界总额比重（%）	国家	出口贸易额	占世界总额比重（%）
世界	74820	100	法国	3847	5.14
中国	4382	5.86	德国	7484	10.00
日本	4719	6.31	英国	3039	4.06
韩国	1943	2.60	意大利	2902	3.88
新加坡	1441	1.93	荷兰	2934	3.92
加拿大	2721	3.64	俄罗斯	1352	1.81
墨西哥	1653	2.21	西班牙	1519	2.03
美国	7240	9.68			

资料来源：《中国统计年鉴》（2004）。

1870年，英国在世界工业生产中仍占1/3，当年英国的采煤量占世界采煤总量的51.5%，生铁产量占世界总产量的一半，棉花消费量占世界总消费量的49.2%，同时，英国在世界贸易总额中的比重达到了25%。[①]

1894年，美国工业跃居世界之首，1896~1900年，美国工业生产占西方世界工业生产的30%，1913年达到了36%。这一时期，美国主要的工业部门有钢铁、纺织、食品加工、木材和木材制品。

第二次世界大战以后，日本经济快速发展，也曾一度成为"世界工厂"。1980年，日本的制造业总产值为9749亿美元，仅次于美国，当年日本成为世界上第一汽车生产大国；1981年产量占世界总产量的29.7%。1975年，日本造船量占世界总量的50.1%。日本的炼钢技术、自动化流水作业线等曾名列世界前茅，照相机、电子产品都保持了很强的竞争实力。

技术进步和管理水平的提高是英国、美国、日本成为世界工厂的主要因素。

2. 产品以劳动密集型和低附加值为主

中国工业产品的产量虽然已经比较高，但产品品种少、档次不够高、产品附加值低。以钢铁产品为例，20世纪90年代末中国钢产量已达到世界第一，但品种不足，特别是优质钢材缺乏，低档次的建筑钢材占了很大比重。中国的出口额虽大，但附加值不高。2004年，我国生产钢27279.79万吨，进口钢材2930万吨，出口钢材1423万吨，净进口钢材1507万吨，大量优质钢材、特殊钢材都要靠进口。

---

① 李京文、方汉中：《国际技术经济比较——大国的过去、现在和未来》，中国社会出版社1990年版，第882-883页。

在出口产品结构上，虽然中国工业制成品的出口额 2003 年已达到 4034.16 亿美元，占出口总额的 92%，但主要出口商品还是以劳动密集型和部分资本密集型产品，以及高技术领域中的低附加值产品为主。表 3 列出了 2003 年出口金额最大的 20 种商品，可以看出，出口金额居前几位的都是低附加值的劳动密集型产品，即服装、塑料制品、家具及其零件、玩具、棉机织物、皮鞋、集装箱等。加工贸易在我国的对外贸易中占据主导地位。2004 年我国对外贸易总额为 11547.4 亿美元，其中加工贸易达 5497.2 亿美元，占 47.6%；在加工贸易总额中，加工贸易出口为 3279.9 亿美元，占 60%。在美国市场上，中国出口玩具"芭比娃娃"的零售价为 9.99 美元，而在美国海关的进口价仅为 2 美元，美方一下就挣了 8 美元。而在剩下的 2 美元中，1 美元是运输和管理费，65 美分用于支付原材料进口的成本，中方只得到区区 35 美分的加工费，只占产品零售价的 3.5%。

表 3　2003 年中国主要出口商品数量、金额

品名	数量	金额（万美元）	品名	数量	金额（万美元）
服装（针织、钩织的除外）		2332086	收录机及组合音响（万台）	20583	313536
针织钩织服装		1885949	钢材（万吨）	696	310496
塑料制品（万吨）	5482683	731766	船舶（艘）	70674	298752
家具及其零件		729711	静止式变流器（万个）	122558	288467
玩具		597930	医药品（吨）	303576	285812
棉机织物（万米）	559407	546331	通断保护电路装置		283736
皮鞋（万双）	103739	535606	煤（万吨）	9388	275032
集装箱（个）	1773053	385412	电线电缆（吨）	848326	266396
成品油（万吨）	1382	372066	电动机及发电机（万台）	326211	243867
电视机（包括整套、散件，万台）	4762	347159	汽车零件		241568

资料来源：《中国统计年鉴》（2004）。

从产品的进出口单价上也可以看出中国产品的低附加值特点以及与国际水平的差距。表 4 给出了 2003 年我国一些进出口产品的单价比值，除铜材外，其他产品的进口单价都高于出口单价，其中金属加工机床的这一比值高达 540，有线电话或电报交换机这一比值也达到了 260，说明我国出口的这两类产品多是低端产品，而进口的却是高端产品，这也反映了我国这两个领域的技术水平与国际水平的差距之大。我国在汽车、船舶和收录机产品出口方面也表现出了低附加值的特点，这几类产品的进出口单价

表 4　2003 年中国主要进出口工业品单价

品名	进口			出口			进口单价/出口单价
	数量	金额（美元）	单价	数量	金额（美元）	单价	
钢材（万吨）	3717	1991581	535.80	696	310496	446.11	1.20
汽车和汽车底盘（万辆）	17.2339	520990	30230.53	13.3372	41765	3131.47	9.65
金属加工机床（万台）	12.5702	413088	32862.48	623	37910	60.85	540.05
铜材（万吨）	105.5765	278339	2636.37	23.288	69022	2963.84	0.89
船舶（万艘）	0.1248	28572	228942.31	7.0674	298752	42271.78	5.42
电视机（万台）	101	8553	84.68	4762	347159	72.90	1.16
收录机及组合音响（万台）	130	7682	59.09	20583	313536	15.23	3.88
有线电话或电报交换机（万台）	3.317	7454	2247.21	19327	166613	8.62	260.68

资料来源：根据《中国统计年鉴》（2004）相关数据计算。

比值分别为 9.65、5.42 和 3.88。

2003 年，我国彩电出口数量比 2002 年增长 70%多，而得到的外汇金额只增长了 47%。我国出口到美国的女士胸衣（349/649 类）2001 年为 400 万件，收汇 486 万美元，2003 年出口 5938.8 万件，收汇5229 万美元。两年内出口数量增长 14.8 倍，金额增长 10.8 倍，每件胸衣单价从 1.22 美元下跌到 0.88美元。[①]

装备制造业最能体现一个国家制造业的水平。根据德国机械及制造设备协会的统计，2003 年全世界机械设备贸易总额为 4520 亿欧元，德国机械制造业出口仍继续占据世界第一的位置。德国机械制造业在世界相关贸易中所占的份额由 2002 年的 18.9%上升到 19.3%，日本和美国以 12.7%和 12.6%的市场份额分列第二位和第三位，意大利的市场份额为 9.8%，位居第四位。德国机械制造业对外出口增长最强劲的是液态机械设备以及印刷与造纸设备，分别拥有全球市场份额的 32.5%和 30.2%。日本则在工业机器人领域拥有领先地位，占据了 26.9%的全球市场份额；美国在采矿机械领域拥有 45.9%的市场份额；意大利的强项是清洁系统，占有 31.8%的全球市场份额。[②]

发达国家制造业已经通过大量使用数控机床、加工中心、机器人使生产过程实现柔性化，并且向智能化方向发展。与发达国家相比，我国机械工业从整体上看，仍有 10 多年的差距。全行业从整体上看仍处于以机械化为主、单机自动化、刚性自动化阶段。全行业拥有的数控机床仅占机床总量的 8%，柔性制造单元和系统仅在少数企业使用。工业机器人在我国机械制造业应用很少。我国企业采用柔性自动化技术、机器人技术的企业极少。装备制造业的落后直接影响了我国其他产业加工制造的水平。

3. 高技术产业比重不高

高技术产业产值占制造业产值的比重是国际上衡量制造业产业结构的重要指标之一。随着高技术产业的快速发展，中国高技术产业规模不断扩大，高技术产业产值占制造业的比重逐年上升。1995 年，高技术产业的总产值占全部制造业总产值的比重仅为 5.6%，2000 年已经接近 10%。美国和日本的这一指标分别于 1982 年和 1984 年首次超过 10%，英国和韩国也于 1986 年首次达到 10%，而且美国 2000 年已达到近 20%，韩国 1999 年已达到 21.5%，日本在 1997 年已达到 16%，见表 5。近 10 年来，中国积极参与国际高技术产业竞争，大力发展高技术产业，使得高技术产业规模迅速扩张，从而促进了制造业产业结构的明显改善。目前，中国高技术产业产值在制造业中的比重与美、日、英、法等发达国家的差距已明显缩小，而且已经超过了意大利的水平，接近加拿大和德国的水平。然而中国制造业整体规模与发达国家相比差距甚远，高技术产业在全球高技术产业中的比重还很低，1998 年大约仅占全球高技术产业总产值的 3%（根据美国《科学与工程指标》2002 年版所列的世界上 68 个国家和地区计算），而美国、日本高达 36%和 20%。

表 5 部分国家高技术产业产值占制造业产值的比重

单位：%

国家 \ 年份	1995	1996	1997	1998	1999	2000
中国	5.6	6.3	6.6	7.5	8.3	9.3
美国	16.9	17.5	18.0	18.5	18.6	19.7
日本	15.3	15.9	16.1			
德国	7.8	8.1	8.5	8.9	9.8[a]	

---

① 薛荣久：《"入世"后三年中国经济展望》，商务部国际贸易经济合作研究院，转引自全景网络。
② 《德国机械设备制造业出口继续占据世界第一》，http://www.sewinfo.net/2004/12-10/20041210104019.html。

续表

国家＼年份	1995	1996	1997	1998	1999	2000
法国	13.0	13.4	14.3	14.6		
英国	11.6	12.9	13.7	14.8		
加拿大	8.6	8.5	8.6	9.4	9.7	
意大利	5.5	5.7	5.7[a]	5.8[a]	5.9[a]	
韩国	17.3	17.0	17.8	19.2	21.5	

注：a 推算值。

资料来源：《中国科技指标 2002》，转引自中国科技促进发展研究中心：《中国高技术产业发展态势分析》，http: //cssd.acca21.org.cn/2003/news0318.html。

2001 年，世界平均高技术产品出口额占工业制成品出口额的比重平均为 23.3%，同年中国的这一指标为 20.4%，高于印度、印度尼西亚、斯里兰卡等国家，但与马来西亚、泰国、菲律宾、新加坡以及韩国、美国、日本、英国等国家还有不小的差距，如表 6 所示。

表 6　2001 年部分国家高技术产品出口额占制成品出口额比重

国家	比重（%）	国家	比重（%）	国家	比重（%）
中国	20.4	泰国	31.1	韩国	29.1
印度	5.7[a]	菲律宾	70.2	日本	26
印度尼西亚	13.4	新加坡	59.7	美国	32.1
斯里兰卡	3.2[a]	墨西哥	21.7	德国	17.6[b]
马来西亚	56.9	巴西	17.9	英国	31.4

注：a. 1999 年数字；b. 2000 年数字。

资料来源：《国际统计年鉴》（2003）。

二、生产效率和生产效益差距

1. 劳动生产率低

一个国家制造业的劳动生产率反映了该国制造业的生产效率。从表 7 给出的一些国家 1990~1994 年制造业人均增加值的数据可以看出，我国制造业的劳动生产率不仅与发达国家相差很大，分别只有日本、美国、德国和英国的 3.12%、3.55%、3.62%和 5.24%；而且与巴西、墨西哥等拉美国家以及泰国、

表 7　1990~1994 年制造业人均增加值

单位：美元

国家	人均增加值	国家	人均增加值	国家	人均增加值
中国	2885	斯里兰卡	3405	韩国	40916
孟加拉国	1711	马来西亚	12661	日本	92582
印度	3118	泰国	19946	美国	81353
印度尼西亚	5139	墨西哥	25931	德国	79616
		巴西	61595	英国	55060

资料来源：《国际统计年鉴》（2003）。

马来西亚、斯里兰卡、印度尼西亚等亚洲国家也有大小不等的差距。

2. 利润率低

利润率的高低是衡量一个国家是否已经成为制造业强国的重要指标。制造业的利润主要来自品牌价值、核心技术、知识产权、设计、高技术零部件、物流等环节。中国制造业的很多行业目前还主要集中在组装加工阶段，附加值和利润率低，许多产品的核心技术和知识产权并不掌握在中国企业手里，这一点在电子及通信工业上表现得尤为突出。多年来我国电子及通信工业一直以20%以上的速度发展，但近年来销售利润率却处于下降的态势，从2000年的6.56%下降到2003年的3.72%，已经低于我国工业5%以上的平均销售利润率。电子及通信工业的盈利能力下降，除了受近几年国际通信设备市场不景气、市场开放给我国产业带来了冲击外，更主要的还是我国的电子及通信工业缺乏核心技术，不仅产品附加值低，而且还要向外国厂商支付高额的专利费。目前很多行业都处于微利运行的状态，如彩电的利润率只有2%。从硅谷—中国台湾新竹—东莞之间的产业分工，其利润率按25%—15%—5%的比率递减。[①] 没有利润作为基础，中国的制造业难以持续、健康地发展。

3. 交易成本高

与发达国家相比，中国产品的制造成本虽然很低，但交易成本却很高。交易成本高主要表现在物流、供应链管理的落后，以及法律制度不完善、经济活动缺乏规范、经济行为人缺乏诚信等方面，其中供应链管理的落后尤为突出。

决定产品总成本的是整个供应链的效率，就是把生产过程从原材料和零部件采购、运输加工、分销直到最终把产品送到客户手中，作为一个环环相扣的完整链条，通过用现代信息技术武装起来的计划、控制、协调等经营活动，实现整个供应链的系统优化和它的各个环节之间的高效率的信息交换，达到成本最低、服务最好的目标。供应链管理的实质就是合作，它使供应商、制造商、分销商、客户多方受益。相对于通过扩大生产规模来降低成本、增加效益的做法，供应链管理则提出了企业如何通过改善经营理念、业务流程、与上游供货商和下游客户之间的关系等软建设来降低成本、提升效益，增强竞争力。据中国香港货品编码协会调查，供应链管理的实行，能将企业存货量平均减少25%，仓储及货运成本减少25%，信息交流环节之间的成本可削减20%。在目前竞争激烈、价格难以提升的市场上，这些成本的节省成为很多企业的利润增长源。

供应链管理在国外早已不是什么新鲜事物，但目前绝大多数中国内地企业对供应链及供应链管理并不了解，据中国物品编码中心的调查，超过九成的制造企业（92.2%）及批发企业（93.7%）对供应链及供应链管理表示不理解，零售业的情况较前两者为佳，但表示不理解的企业也接近90%。另外，许多公司的供应链创新聚焦于成本降低而非增加价值。实际上，在一些发达国家，如美国，通过供应链管理降低成本已无太大空间，但更重要的是通过供应链管理创造价值。

有的外商投资企业就是由于忍受不了中间环节的高时间成本，将在中国的生产撤出。如索尼公司从2002年初开始，就把一部分出口美国的摄像机生产从中国迁回日本，原因在于通关、运输时间长。

三、技术创新能力差距

虽然我国在很多产品领域已经成为跨国公司的世界性生产基地，而且在这个过程中，中国工业的技

[①] 胡小娟、陈钢：《"中国制造"的差距》，《互联网周刊》，2003年7月4日。

术水平和国际竞争力也得到了提高，但这种技术水平和国际竞争力主要体现于"三资"企业，至于国内其他企业，仍然不同程度地存在技术落后、设备陈旧、产品老化、缺乏竞争力的问题。

根据世界经济论坛（WEF）2000 年 9 月发表的《2000 年世界竞争力报告书》，中国竞争力在 59 个被调查对象中列第 41 位，比 1998 年的第 28 位后退了 13 位。根据瑞士洛桑国际管理学院（IMD）2002 年 4 月发表的世界竞争力排名，中国竞争力在 49 个被调查对象中列第 31 位，比 1998 年的第 24 位后退了 7 位。鉴于 WEF 和 IMD 评价各国竞争力的主要标准之一是技术革新力，并重点调查本国自身的技术革新力，而不是调查跨国公司投资企业的技术革新力，因此国际竞争力排名的后退，就表明中国技术革新力并没有随中国成为跨国公司的世界性生产基地而同比例提高。[①]

1. 研发（R&D）投入强度低

一个国家/行业的 R&D 强度指标反映了这个国家/行业自主研究开发能力的高低。计算 R&D 强度一般用 R&D 经费支出占 GDP 的比重、占工业增加值的比重或占销售收入的比重等来表示。2000 年中国 R&D 经费支出占 GDP 的比重为 1，中国的 R&D 强度大于周边和南美的发展中国家，但低于新加坡、韩国这样的新兴工业化国家以及美国、日本等发达国家，如表 8 所示。

表 8　一些国家 R&D 经费支出占 GDP 比重（2000 年）

国家	R&D 占 GDP 比重（%）	国家	R&D 占 GDP 比重（%）	国家	R&D 占 GDP 比重（%）
中国	1	墨西哥	0.4[c]	日本	3
印度	0.6[a]	巴西	0.8	美国	2.7
马来西亚	0.4[b]	新加坡	1.9	德国	2.5
泰国	0.1[a]	韩国	2.7	英国	1.9[c]

注：a. 1995 年数字；b. 1998 年数字；c. 1999 年数字。
资料来源：《国际统计年鉴》（2003）。

从制造业内部来看，中国的 R&D 强度与发达国家的差距更大。2001 年，中国 R&D 经费占工业增加值的比重为 2.6%，而美国和日本在 1997 年已分别达到 8.8% 和 7.9%，韩国在 1999 年已达到 4.5%，如表 9 所示。

表 9　部分国家制造业、高技术产业的 R&D 支出占工业增加值的比重

单位：%

	中国 2001 年	美国 1997 年	日本 1997 年	法国 1999 年	英国 1998 年	加拿大 1997 年	韩国 1999 年
全部制造业	2.6	8.8	7.9	7.0	5.4	4.0	4.5
高技术产业	5.1	27.6	20.3	27.5	19.1	31.7	13.0
航空航天制造业	13.3	38.2	29.3	40.1	24.3	22.7	
计算机及办公设备制造业	2.7	24.1	19.0	27.6	48.0	24.4	3.9
电子及通信设备制造业	2.5	52.4	34.3	13.3	3.5	44.9	7.0
医药制造业	6.5	18.3	16.2	34.1	12.1	37.7	17.9
医疗设备及仪器仪表制造业	2.7	25.8	21.9	16.9	7.3		4.1

资料来源：《中国科技指标 2002》，转引自中国科技促进发展研究中心：《中国高技术产业发展态势分析》，http://cssd.acca21.org.cn/2003/news0318.html。

[①] 刘昌黎：《论中国世界工厂及其对策》，载吕政主编《中国能成为世界工厂吗》，经济管理出版社 2003 年版。

一般来说，高技术产业属于 R&D 强度高的行业。然而由于经济发展水平和技术发展阶段的不同，在行业内部会出现全球性垂直分工。处于垂直分工上游的发达国家，对关键技术和部件会投入巨额资金进行研究开发，而处于垂直分工下游的国家，则采用委托加工方式配套生产外部设备或进行整机的组装，技术密集度低，在研究开发的投入上也比较少。从表 9 可以看出，中国的高技术产业表现出的技术密集度较低的特征，2001 年中国高技术产业的 R&D 强度只有 5.1%，计算机及办公设备制造业和电子及通信设备制造业这两个产值占高技术产业总产值比重达 3/4 的行业，R&D 强度分别只有 2.7% 和 2.5%，医疗设备及仪器仪表制造业的 R&D 强度也只有 2.7%。而美国、日本等发达国家高技术产业的 R&D 强度都在 20% 以上，韩国的该指标也达到了 13%。

2. 科技人员数量与先进国家差距大

一个国家拥有的科技人员的数量，表明该国在科技方面的人才实力。中国 2000 年每百万人从事 R&D 的科学家和工程师 545 人，高于周边和南美的发展中国家，但与新加坡、韩国等新兴工业化国家和日本、美国等发达国家相比，还有很大差距。2000 年，新加坡、韩国和日本的该指标分别达到 4140 人、2319 人和 5095 人，分别是中国的 7.6 倍、4.3 倍和 9.3 倍，而美国在 1997 年就已达到 4099 人，如表 10 所示。目前，我国从业人口中，具有各类大专及以上学历的人员仅占 5%，而发达国家的这个数据已达到 20%~30%。

表 10　每百万人从事 R&D 的科学家和工程师人数

国家	人数	年份
中国	545	2000
印度	157	1996
马来西亚	160	1998
泰国	74	1997
墨西哥	225	1999
巴西	323	2000
新加坡	4140	2000
韩国	2319	2000
日本	5095	2000
美国	4099	1997
德国	3161	2000
英国	2666	1998

资料来源：《国际统计年鉴》(2003)。

3. 专利申请数量少

专利是技术创新的直接体现。中国 2000 年申请的专利权数量为 122306 件，高于周边和南美的发展中国家，但远低于日本（486204 件）、美国（331773 件）、德国（262550 件）等发达国家。而且，在当年中国申请的全部专利权数量中，居民只占了 20.92%，其余近 80% 都是非居民即外国申请的，而同年韩国、日本、美国、德国的居民申请专利权数量所占的百分比分别达到了 48.22%、79.98%、52.92% 和 30%，如表 11 所示，中国与世界先进国家在专利申请方面的差距可见一斑。

专利申请数量少表明中国在核心技术和关键技术的掌握上与发达国家的差距，而且使中国的制造业对外国技术产生了依赖。有资料显示，中国社会固定资产中设备投资的 2/3 依赖进口。装备制造业被喻

表11　2000年专利权申请文件数量

单位：件

国家	居民	非居民	合计	居民占比（%）
中国	25592	96714	122306	20.92
印度	90	60852	60942	0.15
菲律宾	154	3482	3636	4.24
泰国	1117	4548	5665	19.72
墨西哥	451	66465	66916	0.67
巴西	41	64645	64686	0.06
韩国	73378	78806	152184	48.22
日本	388879	97325	486204	79.98
美国	175582	156191	331773	52.92
德国	78754	183796	262550	30.00
英国	33658	199565	233223	14.43

资料来源：《国际统计年鉴》（2003）。

为工业的母机，但中国装备制造业产品每年的外贸逆差高达数百亿美元。2003年，中国进口机械产品达到创纪录的975.64亿美元。其中，光纤制造设备、60万千瓦发电机的控制设备、大型飞机几乎百分之百靠进口；集成电路芯片制造设备的85%，石油化工设备的80%，轿车制造装备、数控机床和其他数字化机械（如纺织机械、多色胶印设备）70%以上依靠进口。[①] 有消息称，中国机械制造业中57%的产品产业化是在引进技术基础上完成的，但在大规模引进技术的同时，中国制造业消化能力却不是很强。统计数字显示，在钢铁、石化、电力、纺织、建筑等15个行业，中国装备技术水平落后于世界先进水平5~10年，有的甚至落后20~30年。

4. 知名品牌少

虽然目前中国在能源、化工、建材、纺织、家电、电子等十几个行业百余种产品的产量已经位居世界第一位，但与以上数据极不相称的是，世界500个著名品牌中，美国、日本、德国的占了2/3，中国的知名品牌却近乎空白。[②] 中国企业及其品牌在国际市场上的信誉度和影响力微乎其微，部分企业甚至不注重企业品牌和知识产权保护。在世界品牌实验室"2003年世界最具影响力的100个品牌排名"中，中国只有海尔一家品牌上榜，居第95位。

在轿车行业，跨国公司通过其合资合作企业已经占据了90%以上的中国轿车市场，但国内企业并未在20年的合作过程中逐步培养起开发能力和自主品牌，这对我国汽车工业的长远发展会带来重大不利的影响。

品牌不仅代表企业和产品的知名度，更代表企业的实力和产品的质量。在企业的信息化建设过程中，购买PC机或低端服务器设备时，中国企业和政府部门通常是买国内品牌的产品，但对于触及核心级应用的硬件设备时，大多还是花更高的费用购买IBM、DELL、HP等外国品牌的产品，他们认为从服务到稳定性上，外国产品要强于国内的产品。

①《"拿来主义"买不来现代化　谁来装备中国制造业》，《中国科技财富》，转引自 http://finance.tom.com，2004年9月2日。
②《中国1000大制造商排行榜揭晓同　入选门槛超10亿》，中国国际战略研究网，http://www.chinaiiss.org。

四、劳动力素质差距

1. 技能型人才缺乏

改革开放以来中国的教育事业取得了飞速发展，但中国人才短缺的问题依然突出。不仅高素质的专家型人才短缺，而且高级技术工人（俗称"高级蓝领"）也供不应求。在深圳，"高级蓝领"只有约1500人，而且其中1/3左右已退休或即将退休。深圳每年需要增加高级技工2000人以上，而现有的培训能力每年只能提供500人。[①] 即使装备制造业实力雄厚的上海市，高级技工占技工总数的比例也只有6.2%，而发达国家这一比例通常在40%~50%。

技术工人的缺乏直接影响到了产品的质量。中国一位飞机制造专家曾形象地说，同样的飞机零部件，如果由中国的工人装配，只能飞行400小时，如果由俄罗斯的工人装配能飞行800小时，而如果由美国的工人装配则能飞1200小时。[②] 这不仅说明了技能的重要性，也说明了中国工人的技能与国外的差距。

据劳动和社会保障部的统计，2004年第一季度我国三大经济圈高级技工的供给远远不能满足需求，如图1所示。从图中可知，环渤海地区、长江三角洲和珠江三角洲三大经济圈中级及以上技工的求人倍率都超过1，都处于高级技工供不应求的状态，其中长江三角洲高级技师的求人倍率达到了3.77。

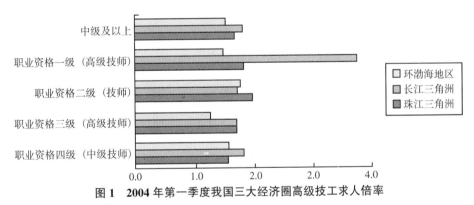

图1　2004年第一季度我国三大经济圈高级技工求人倍率

注：求人倍率＝需求人数/求职人数。

资料来源：劳动和社会保障部信息中心，转引自《苏州紧急"圈人"》，《21世纪经济报道》，2005年1月27日。

2. 继续教育不能适应现实需求

目前，中国对正规普通教育已经给予了很高的重视，但对提高整体人口质量起着重要作用的成人继续教育重视却不够，投入不足，目前仍然有不少人认为成人继续教育是学校和家庭的个体行为，而没有认识到这是一种社会行为和政府行为。由于教育资源投入的严重不足和人们认识上的偏差，致使中国成人继续教育长期在一种简单的、低水平发展的轨道上徘徊。

劳动力素质的提高，更多的是依靠成人继续教育来持续获得新知识，学习新技能，以适应不断变化的市场。由于产业结构的调整，一批新兴产业诞生，同时另一批产业萎缩，使摩擦性失业不断发生。即使在产业内部也随时进行着产品结构和人员的调整。这样必然带来大批劳动者劳动技能的改变和劳动岗

---

① 《"高级蓝领"比白领吃香》，《环球时报》，2005年2月4日。

② 曾言是：《"世界工厂"需要准备什么？》，《劳动保障通讯》2002年第12期。

位的转移，出现失业、培训和再就业问题，要求成人培训成为一项经常性的活动。但目前中国的成人教育仍然沿袭着普通高校传统的教育模式，制定统一的培养目标、教学计划和教学大纲，实施统一的教育方案和千篇一律的教学方法，使成人继续教育变成为一种单纯的学历教育。这在很大程度上限制了成人继续教育的功能。

而且，广大农村和边远地区由于教育资源严重不足，根本无法满足人们学习的需要，有些地方甚至无能力普及九年义务教育，不少人想学而无处学；有些地方由于经济落后，仍未解决温饱问题，根本无力支付学习费用，许多人想学而无力学习。

目前，中国的成人继续教育存在的问题影响了劳动力素质的提高。

五、中国制造业面临的挑战

1. 核心技术缺乏导致的制造业"空芯化"

目前在中国制造业的多个行业都存在着缺乏核心技术的问题，产量和销售量很大，但核心和关键技术却都需要进口。比如，我国已经成为DVD的生产大国，年产量超过3000万台，占世界总产量的70%，但DVD的核心技术并不在中国企业手里，DVD的核心元器件，如解码芯片、机芯、光头等都是从国外进口。

核心技术缺乏导致的"空芯化"使我国的制造业不仅附加值低，而且对外国技术产生了依赖，而当外国对我国进行技术封锁时，则使我国产业的发展受到制约。比如，集成电路的制造水平取决于制造设备的发展水平。在集成电路生产建设线中，设备投资约占70%以上。近几年我国集成电路生产线投资额大幅增加，但我国生产线上安装的设备基本上都是外国产品，国产设备在这一领域几乎是空白。集成电路制造设备属于高科技产品，其中的关键制造设备如投影光刻机西方国家对我国是进行封锁的。另外，我国集成电路仪器和材料也主要依靠进口。支撑业的发展滞后，严重制约了我国集成电路产品制造水平的提高。

2. 低成本劳动力优势正在逐渐消失

近年来，我国所吸引的外资很大部分集中在制造业的装配、组装工序，这是跨国公司生产全球化的结果，它们把一件产品的各个生产工序分别安排到世界上成本最低的地区去生产，以取得总体成本最低的优势。跨国公司到中国投资主要是看好中国良好的投资环境、低人工成本以及较高素质的劳动力，说中国是"世界加工厂"可能比"世界工厂"更确切。对于跨国公司来说，虽然低人工成本不一定成为决定性的因素，但确是非常重要的因素。在日本只有数千万日元一台的自动化机械才能做的在印刷电路板上粘贴微小芯片的工作，在珠三角的电子零件工厂，月薪只有500元的年轻女工却可以用手工进行操作。目前，世界500强企业中的400家左右都已到中国投资。但随着其他发展中国家投资环境的改善，中国劳动力成本的逐渐上升，外资企业向其他国家的转移就不可避免。目前，与越南、泰国、印度、柬埔寨等周边国家相比中国的劳动力成本已不占有优势，我国的一些企业已经将生产厂搬到了这些国家。除了东南亚，拉美、非洲市场也在逐步兴起。

在生产效率、技术创新能力等方面与国际水平还存在很大差距的同时，劳动力成本低的优势又将逐渐消失，中国要想成为"世界工厂"，任重而道远。

〔参考文献〕

［1］刘昌黎：《论中国世界工厂及其对策》，载吕政主编《中国能成为世界工厂吗》，经济管理出版社 2003 年版。

［2］曾言是：《"世界工厂"需要准备什么?》，载《劳动保障通讯》2002 年第 12 期。

［3］《"拿来主义"买不来现代化　谁来装备中国制造业》，《中国科技财富》，转引自 http：//finance.tom.com，2004 年 9 月 2 日。

［4］胡小娟、陈钢：《"中国制造"的差距》，载《互联网周刊》，2003 年 7 月 4 日。

［5］中国科技促进发展研究中心：《中国高技术产业发展态势分析》，http：//cssd.acca21.org.cn/2003/news0318.html。

［6］赵洪浪：《中科院调查：中国成为世界通信设备制造中心》，载《21 世纪经济报道》，2004 年 3 月 31 日。

［7］刘宝亮：《低制造成本还有优势吗》，载《中国经济导报》，转引自 http：//www.ceh.com.cn/zongheng，2003 年 10 月 23 日。

［8］张丽宾、毛炳寰：《区域劳动力市场差异明显，政策调整应有的放矢——2002 年中国部分城市劳动力市场供求状况分析》，http：//www.lm.gov.cn/gb/data/2004-05/26/content_8232.htm。

［9］《开发人才资源　应对 WTO 挑战》，《深圳虚拟大学园》，转引自 http：//202.38.66.66/news/hotspot/2001-11-29-9-37-24.htm。

［10］高延龙、马勇：《我国成人继续教育存在的问题及对策》，http：//fec.snnu.edu.cn/xuebao/woguochengren.htm。

［11］李京文、方汉中主编：《国际技术经济比较——大国的过去、现在和未来》，中国社会出版社 1990 年版。

［12］《德国机械设备制造业出口继续占据世界第一》，http：//www.sewinfo.net/2004/12-10/20041210104019.html。

［13］《中国制造业还有许多路要走》，http：//home.jsinfo.net/kexie/2003/0224/176.htm。

［14］吴欣：《中国制造业盛名背后的隐忧》，http：//it.sohu.com/66/25/article212152566.shtml。

［15］《外贸万亿美元与贸易强国梦》，《21 世纪经济报道》，2005 年 2 月 21 日。

［16］Admin：《中国 500 强 VS 世界 500 强》，中华商情网，2004 年 9 月 11 日。

（本文发表在《河北经贸大学学报》2005 年第 6 期）

借鉴国际经验推动我国连续流程产业价值链升级的政策建议

周维富

摘　要： 资源和原材料的全球配置、产业的全球布局和国际化发展、跨国投资并购、构建战略联盟、注重前沿技术创新能力建设等是发达国家实现对全球连续流程产业价值链掌控的主要做法。借鉴发达国家的成功经验，提升我国连续流程产业在全球价值链中的地位，需针对我国连续流程产业的技术、资源、环境和国际化能力短板，加快实施技术创新、资源控制、绿色低碳和"走出去"战略，提高产业自主技术创新能力、资源控制能力、绿色低碳发展能力。

关键词： 连续流程产业；价值链升级；价值链治理；政策建议

连续流程产业是运用物理、化学、生物等方法按照连续加工流程对原材料进行持续加工并最终制成产品的产业，主要包括钢铁、有色、石油、化工、建材、造纸等。从产业的技术特点看，连续流程产业的产业链上下游之间技术工艺联系紧密，相互依赖性很强，且生产工艺流程不可逆；从产业的经济特性看，连续流程产业的设备等固定资产投资规模大、沉淀成本高，大多属于资本密集型产业，达到一定的起始规模对产业的发展具有重要影响；从产业的生态特征看，连续流程产业是以资源能源为基础并对资源能源进行加工和再加工的产业，其资源能源消耗强度高，环境载荷大。目前，连续流程产业产值占我国工业总产值的1/4，绝大多数产品产量已跃居世界前列，但产业呈现大而不强态势，在国际产业链和价值链中长期处于中低端地位。因此，借鉴国外经验，推动我国连续流程产业价值链提升具有重要的现实意义。

一、发达国家控制连续流程产业全球价值链的做法和经验

当前，连续流程产业的全球价值链总体上由跨国公司主导，特别是由发达国家的跨国公司主导。跨国公司通过资源和原材料全球配置、实施全球布局和国际化发展战略、跨国并购和投资、构建战略联盟等多种方式，不断加强和完善对全球连续流程产业的价值链掌控。通过治理模式的创新，跨国公司成功掌控全球的战略资源、关键要素和核心技术，完成其对全球产业链和价值链的深度解构和整体布局，完

[基金项目] 本文是国家自然科学基金"全球价值链背景下我国制造业转型升级策略研究"（编号：71441033）和教育部人文社科研究规划基金项目"我国产业经济转型的路径研究"（编号：13YJA790013）的成果。

善其对全球产业链和价值链的治理和掌控。其主要做法和经验如下：

（一）全球范围配置资源和原材料

资源、能源是连续流程产业价值链的起点，也是产业价值链的关键要素。跨国公司为实现对国际价值链的控制，积极进行海外资源收购兼并，在全球配置资源和原材料，以控制全球资源的产业链和供应链。以钢铁产业为例，国际钢铁跨国公司为突破国际铁矿石三巨头——BHP BILLITON、CVRD 和 RioTinto 对全球铁矿石资源的垄断格局，降低企业的原料成本，积极并购国外优质矿产资源和钢铁生产企业，提高自有矿和股权矿的比重，构建全球资源和原材料的产业体系和供应体系。新日铁住金、JFE、浦项、安塞洛米塔尔等跨国公司均在海外控股或参股重要矿山，而通过控股和参股国外矿山，国际钢铁跨国公司一方面获得铁矿石的稳定供给，并有效控制原材料成本；另一方面形成对发展中国家钢铁企业的竞争优势（见表1）。

表 1　钢铁产业国际跨国公司控制的海外铁矿石资产情况

新日铁住金	拥有澳大利亚罗布河铁矿 13.5%的权益，折算铁矿石 620 万吨/年；拥有澳大利亚 Beasley River 37.6%的权益；拥有巴西 NAMISA 6.48%的权益，折算铁矿石 246 万吨/年；拥有巴西 NIBRASCO 25.4%的权益，折算铁矿石 250 万吨/年
JFE	拥有巴西 NAMISA 8.64%的权益，折算铁矿石 330 万吨/年；拥有澳大利亚杨迪矿西 4 区 20%的权益，折算铁矿石 300 万吨/年；拥有巴西 MSG 50%的权益，折算铁矿石 750 万吨/年
浦项	拥有巴西 KOBRASCO 50%权益；拥有巴西 Namisa 6.5%的权益；每年可从澳大利亚 Posmac 获得 300 万吨矿石；与 STX 和丸红合计持股澳大利亚 Roy Hill 30%，浦项每年可得矿 1650 万吨；拥有澳大利亚 API 24.5%的权益，年可得矿 980 万吨；拥有澳大利亚 Jack Hills 15%的权益，年可得矿 1000 万吨
安塞洛米塔尔	拥有安米加拿大铁矿公司 100%权益；拥有美国 Minorca 铁矿公司 100%的权益；拥有美国 Hibbing Taconite 铁矿公司 62.31%的权益；拥有墨西哥 Volcan 铁矿公司 100%的权益；拥有墨西哥 Pena Colorada 铁矿公司 50%的权益；拥有墨西哥 Las Truchas 铁矿公司 100%的权益；拥有巴西 Andrade 铁矿公司 100%的权益；拥有巴西 Mineracao Serra Azul 铁矿 100%的权益；拥有阿尔及利亚 Tebessa 铁矿公司 100%的权益；拥有波黑 Prijedor 铁矿公司 51%的权益；拥有乌克兰克里沃罗格铁矿公司 95.13%的权益；拥有哈萨克斯坦 Temirtau 铁矿公司 100%的权益；拥有利比里亚铁矿公司 100%的权益

资料来源：根据相关资料整理。

（二）实施全球布局和国际化发展战略

为实现对全球产业链和价值链的控制，跨国公司大力推进由传统生产商向提供系统化解决方案的综合服务商转型，打造以主业为核心、相关业务协同推进的跨国巨头，并围绕企业的核心优势主业产业链和价值链，在技术研发、原料供应、产品精深加工、市场拓展、技术与产品服务等众多领域开拓国际化发展新空间。如巴斯夫、陶氏化学等跨国化工巨头在巩固基础化学品在国际市场领先地位的同时，大力开拓高附加值、高技术含量的高新材料，生命科学，专用化学品和精细化工，农用化学品等领域国际市场。又如，德国钢铁巨头蒂森克虏伯把钢铁制造产业链延伸到技术、服务、电梯及汽车零部件等多个业务群。日本新日铁住金在加快先进技术的研发应用、巩固国内市场占有率的同时，还设立工程事业部，为国外钢铁生产企业提供技术咨询、成套设备输出、工程建设和钢铁生产流程优化改造服务。目前，新日铁住金公司的技术、产品、设备和相关服务已经拓展到世界 100 多个国家和地区。韩国浦项钢铁确立了"全球化"和钢铁产业技术创新"全球领导者"的发展方向，并在海外投资建设了一系列生产基地。近年来，浦项钢铁的境外销售收入已占其总收入的近 30%。

（三）加强跨国并购和直接投资

开展跨国并购和直接投资是跨国公司掌控全球连续流程产业价值链的重要手段，也是跨国公司掌控全球连续流程产业价值链进入新的发展阶段的重要标志。为提高对全球钢铁产业价值链的控制力和影响力，米塔尔公司从 20 世纪 70 年代成立之初就开始在东南亚开疆拓土，之后又把跨国并购的触角延伸至南美的特立尼达和多巴哥、墨西哥；北美的加拿大和美国；中亚的哈萨克斯坦；东欧的捷克、波兰、马其顿、罗马尼亚、乌克兰；非洲的南非。2006 年，米塔尔公司并购了当时世界第二大钢铁生产商安塞洛公司，并把公司名称改为安塞洛米塔尔公司，并购后的安塞洛米塔尔公司钢铁产能接近 1.5 亿吨，控制世界钢铁约 10%的市场份额。通过一系列跨国并购整合和直接投资，安塞洛米塔尔公司对其全球范围内的技术研发、原料供应、生产加工、市场营销、市场服务等上下游产业链和价值链进行全面优化整合，牢牢地控制了全球钢铁产业的高端市场、高端业务，成为钢铁产业领域"全球化程度最高"和全球规模最大的钢铁集团。日本新日铁成为全球钢铁产业价值链领导者的历史也是一部跨国并购和对外投资齐头并进的历史。20 世纪 70 年代，新日铁就开始在泰国、马来西亚等东南亚国家开展跨国并购和绿地投资，此后又把并购和投资延伸至印度、中国、越南等亚洲国家，沙特阿拉伯、阿拉伯联合酋长国、尼日利亚、南非等中东和非洲国家，瑞典等欧洲国家及美国、墨西哥、巴西等美洲国家。2012 年，新日铁合并重组了日本第三大钢铁生产商住友金属工业株式会社，并把公司名称改为新日铁住金株式会社。通过一系列跨国并购和对外直接投资，新日铁住金株式会社在全球汽车板、汽车用特殊钢棒、不锈钢、电工钢等高附加值、高技术含量的高端产品领域形成了高度的垄断性优势。

（四）积极构建纵向或横向战略联盟

构建纵向或横向战略联盟是国际钢铁跨国公司实现全球价值链治理的重要战略。为扩大全球特别是欧洲农化产品市场占有率，提升企业对全球农化产业链和价值链的控制，日本化工巨头住友化学与意大利化工巨头 Sipcam 公司相互参股，形成以产权为纽带的战略联盟。美国化工巨头杜邦公司与英国作物遗传国际公司针对生物杀虫剂的研发、生产加工和产品销售成立联合企业，结成以产权联合为纽带的战略联盟。为加强对全球钢铁产业价值链的治理，日本钢铁巨头新日铁住金通过交叉股权安排、联合投资、共同技术开发、业务整合等多种方式，与神户制钢所、浦项制铁公司、宝钢集团等大型钢铁企业结成相互合作的战略联盟，并与上游的设备制造商、原材料供应商，下游的汽车制造商、船舶制造商、大型地产开发商等战略用户及相关的金融机构、贸易公司、航运企业、再生资源处理企业等利益相关方开展多种形式和内容的长期稳定的合作或协作。为增强对全球高端钢铁产品价值链的控制，德国蒂森克虏伯与日本第二大钢铁公司 JFE 集团在汽车板材联合开发、先进技术互通、专利互换、新产品和新工艺联合开发等多领域结成战略联盟。

（五）注重前沿技术创新能力建设

连续流程产业的国际主导企业之所以在全球价值链中处于高端地位，与其注重装备、工艺、产品的创新能力不断提升息息相关。以钢铁产业为例，美国、日本、韩国、欧洲的主流钢铁企业为确保自身的核心竞争力，持续高强度地对高端钢铁产品、节能降耗减排技术装备和工艺流程、目标市场导向的先进技术、新一代钢铁制造工艺与技术、新型能源与材料生产技术和工艺流程等进行深度研发。进入 21 世纪以来，下一代钢铁生产技术等前沿技术成为国际主流钢铁企业研发的重点，新日铁住金着力研发低碳环保的"SCOPE21"炼焦新技术、COURSE50 炼铁新技术和脉动电磁浇注（EMC）炼钢新技术；韩国浦项制铁着力研发 FINEX 炼钢新工艺和高附加值、高技术含量的汽车板新材料 GI-ACE；美国钢铁企业则在能源部和钢铁协会资助下开展钢铁技术路线图研究项目（TRP）研究，大力开发氧化铁悬浮还原新技术、PSH 炉新技术和熔融氧化铁电新解技术；欧洲钢铁公司在欧盟支持下推出超低 CO_2 炼钢 ULCOS（超低二氧化碳炼钢）项目，力求在 TGRBF（高炉炉顶煤气循环）工艺、ULCORED（直接还原）工艺、HIsarna（新型熔融还原）工艺和电解铁矿石工艺研发上取得突破，引领全球钢铁产业发展潮流。

二、推动我国连续流程产业全球价值链升级的路径

借鉴发达国家的经验，提升我国连续流程产业在全球价值链中的地位，需要在充分利用我国要素资源比较优势和遵循国际价值链分工运行规律的前提下，针对我国连续流程产业的技术短板、资源短板、环境短板和国际化能力短板，加快实施技术创新战略、资源控制战略、绿色低碳战略和"走出去"战略，提高产业自主技术创新能力、资源控制能力、绿色低碳发展能力，促成已有优势的动态演进和新兴优势的加速生成，最终形成我国连续流程产业在全球价值链上整体动态攀升。

（一）提高产业自主技术创新能力，增强价值链控制力

技术研发能力特别是核心技术的研发能力，是企业在全球价值链中领导地位和控制能力的体现。因此，保持可持续的自主研发能力和掌握高端技术，并以此带动工艺和产品的升级，是我国连续流程产业实现价值链提升的根本。以钢铁产业为例，提高产业自主技术创新能力，增强价值链控制力急需在关键核心技术上取得突破。这些关键核心技术包括：研发低品位铁矿石资源科学勘查开发和综合高效利用技术，突破资源紧缺瓶颈；开发节能节材减排、清洁低碳生产共性技术，缓解制约产业发展的能源、环境制约；开发基础金属材料和新金属材料，突破新型材料关键核心技术，满足国家重点工程和重大项目对新材料特别是新金属材料的需求；发展循环经济，提高原材料的综合利用和循环利用水平，开发一批世界领先的低碳生产技术，推动产业低碳化发展；加强对关键核心部件和系统成套装备的研制，增强关键核心部件和系统成套装备自主制造能力，提高产业技术装备水平；围绕国民经济发展和军工现代化建设的迫切需求，研发一批具有自主知识产权的"双高"（高附加值、高技术含量）金属新材料产品，扭转我国"双高"金属新材料严重依赖进口的局面。

（二）加强产业链建设，提高核心供应链管控水平

在经济全球化深入发展和国际市场竞争日趋激烈的背景下，我国连续流程产业要在激烈的国际市场竞争中生存发展，进而实现产业价值链升级，一方面要向上游资源产业延伸，与上游资源企业合资合作，充分利用国内国外两个市场，最大限度地掌控上游产业的原燃料资源，保证资源能源供应的持续稳定、经济合算、优质高效，有效管控成本；另一方面要加强与下游战略用户联合，构建快速响应、稳定高效的产业供应链，突破国际竞争的绿色壁垒，实现转型发展。以钢铁产业为例，矿石资源、煤炭资源和废钢资源是钢铁产业重要的原材料，在现有的技术装备和工艺流程水平下，铁矿石、焦炭、废钢等原材料可变成本一般占企业生产成本的70%以上，因此，必须加强产业链建设。

首先，加强对上游重要资源的控制能力。一是加强与国外资源企业的战略合作。目前，我国钢铁企业从国外获得权益矿资源的数量和比重与国际钢铁跨国公司相差甚大，如何合理运用进口和并购等方式，以尽可能低的成本获得长期稳定的资源供给，已成为我国钢铁企业在激烈的国际竞争中生存和稳定发展的重要因素。借鉴安塞洛米塔尔、新日铁住金、浦项制铁等国际钢铁跨国公司通过并购海外矿山企业获取股权矿的经验，我国钢铁企业应充分利用目前大宗原材料市场相对疲软的战略机遇，加快"走出去"步伐，灵活运用合资合作、收购兼并、战略联盟、签订长期协议等多种方式与国外资源能源企业结成利益共同体，以获得持续稳定、经济高效的资源能源供应。二是积极挖掘国内资源能源潜力。在利用国外资源能源的同时，加大对国内资源能源的勘探力度，加快研发低品位矿、地质条件复杂矿、共生伴

生矿产采选冶炼技术与矿渣资源的综合利用技术，积极发掘国内铁矿石资源的潜力，统筹规划和合理利用国内矿产资源，提高国内铁矿石资源的供应能力，使之作为稳定钢铁企业铁矿石资源稳定供给的另一重要渠道，同时增强与国际铁矿石三巨头谈判的话语权。三是建立低成本、高效率的物流保障体系。借鉴新日铁住金等跨国钢铁企业的经验，有条件的钢铁企业应加强与物流配套港口、关键节点和行业电商平台的投资合作或战略结盟，提高企业对这些物流关键环节的管控能力，并通过签订长期物流合同、联合组建运输公司等多种方式加大与航运企业、第三方物流企业的战略合作，建立高效完善的物流保障体系，降低企业物流成本，保障战略资源的稳定供应。

其次，针对下游产业重点客户的经营方式和需求特点，建设便捷快速、经济高效的产品供应链。钢铁企业的产品是家电、汽车、工程机械、船舶制造、石化能源、公路铁路等基础设施建设及房地产开发等下游产业的重要原材料。加强与下游产业重点客户的战略合作，是钢铁企业加强产业链建设的重要内容。国际跨国钢铁企业如新日铁住金、浦项等十分重视加强与下游用钢企业进行战略合作，并以此来延伸产业链，提升企业价值和提高盈利能力。借鉴其经验，我国钢铁企业应延伸发展钢材精深加工服务，贴近重点客户建设物流加工配送中心，为客户提供量体裁衣的产品加工配送、系统解决方案和技术咨询等多方面的增值服务，健全完善企业的销售服务体系，延伸产业链，提升价值链。对长期稳定的战略用户，企业应尽可能在前期参与用户的技术和产品开发活动，派出专门的技术服务人员为用户提供产品应用的现场技术指导和技术咨询服务，掌握用户的需求期望和需求特征；在汽车板、造船板等高端产品领域需完善"剪切加工配送中心提供个性化服务"这一直销模式以锁定客户；对市场相对分散、面广量大的普通产品，应充分发挥分销商和零售商的作用，帮助其提升服务终端客户的能力，提高企业价值增值的空间和能力。

（三）实施环境保护力度提升战略，提升产业低碳化发展水平

对资源消耗大、环境载荷重的连续流程产业，低碳化发展已成为产业在全球价值链分工中掌握主动权的关键因素之一。国际跨国公司都已确立低碳发展理念，企业供应链具有"原料—成品—再生原料"的循环经济特征，其生产过程要求低能耗、低物耗、低污染、低排放和可循环。我国连续流程产业要实现在全球价值链的升级，需要推进环保力度提升战略，加快推进技术、工艺和装备的全面改造升级，实现制造过程低碳化和产品绿色化，提升产业低碳化发展水平，突破国际跨国巨头设置产业低碳发展壁垒。以钢铁产业为例，最大限度地减少资源投入，提高资源有效利用率，减少废弃物排放，使钢铁产业成为资源节约型和环境友好型产业，关键是要做好源头、过程和终端"三控制"。一是源头控制，要求在原材料购买、制造工艺技术选择时，采用无污染或低污染的原材料及资源利用效率高、"三废"排放量低的技术装备和工艺流程，控制好原材料投放和工艺流程设计准入关。二是过程控制，要求用科学的工艺操作规程指导企业生产经营活动，全面推广节能减排新技术、新工艺，降低企业生产经营活动的"三废"排放量，加大对生产经营过程中产生的"三废"处理力度，尽可能做到生产过程的无污染或少污染。三是终端控制，严格执行国家制定的污染物排放标准，推广应用防治技术，控制污染物排放总量，提高对生产过程中遗留的废弃物综合处理和循环利用水平，加大废钢和铁素体资源的回收利用力度。

三、推动我国连续流程产业价值链升级的政策建议

（一）进一步完善产业技术政策

研发能力和技术进步对连续流程产业的重要性不言而喻。研发能力的弱势是后起国家发展连续流程产业的"初始条件"，因此，提高技术自主创新能力是后发国家实现产业链升级和价值链提升的必由之路。提升创新能力，需要建立创新体系，提高创新投入力度和创新投入的效率。在这些方面，政府的产业技术政策发挥着重要作用。

（1）加快建设一批行业关键技术创新平台。通过创新平台建设，整合行业骨干企业和有关研究机构的研发力量和人才资源，发挥协同效应，突破制约产业价值链提升的关键核心技术。科技体制市场化改革后，企业成为研发投入的主体，而企业研发投入主要是解决企业当前发展所面临的一些技术问题，其研发方向具有短期效益性。而对整个产业长远发展具有重要作用的共性关键技术和前沿技术，如钢铁工业中非高炉炼钢技术、新型煤化工中的煤炭气化液化技术、石化产业中的复杂油气资源勘探开发技术、重劣质原油资源最优化利用技术、绿色生态农药研制关键技术等，这些技术大多具有技术公共产品的特征。企业没有动力，也没用能力对此进行投入，由此导致科技体制改革后，我国连续流程产业发展的一些共性关键技术供给严重短缺。解决这一问题，当务之急是政府要加快建设一批集产学研用为一体的产业技术研发公共平台，继续加大国家重大科技项目和国家自然科学基金项目对产业共性技术和关键技术的研发支持力度，加强组织协调，加快推进国家重点实验室、国家工程研究中心、国家工程实验室建设，建设一批更高质量、更高水平的产业技术创新联合实验室、合作研究平台和关键核心技术创新联盟，推动建设一批长期稳定的产学研用联合项目，努力突破制约产业发展的关键核心技术和共性技术，为我国连续流程产业链升级和价值链提升提供有力的技术支撑。

（2）将鼓励产业自主创新能力建设的各项支持政策落到实处。充分发挥行业骨干企业和科研院所等创新主体的积极性，推进产学研用战略协作。打破产业、区域及军民用之间的人为界限，整合优化全社会的技术力量和技术资源，推动技术与经济、研发与生产的深度融合。同时，继续鼓励行业骨干企业充分利用国外高端人才和技术资源。鼓励行业骨干企业与有关跨国公司和研究机构开展技术研发的战略合作或"走出去"在国外设立研发机构和实验室，引进与消化吸收国外先进技术，研发一批产业前瞻技术，开展面向世界市场的适应性开发、海外市场认证，构建全球研发体系，整合全球技术力量和技术资源。

（3）进一步加强对连续流程产业研发投入的财税支持力度。加大政府财政税收优惠政策对企业研发活动的激励，实施研发费用累计扣除等政策。创新联合组织形式及治理机制，引导多方资金联合进行研发投入，提高研发决策的科学性及研发效率。针对连续流程产业发展的特殊性和具体特征，从微观创新全过程角度和宏观制度环境角度给予企业研发活动全方位扶持，以降低企业从事研发活动的风险。

（二）制定激励性财税政策

政府应充分运用财政、税收、政府采购等政策手段，加大对连续流程产业产业链升级和价值链提升工作的支持力度，引导鼓励连续流程产业转型升级，迈上全球价值链中高端。具体包括：整合优化现有的政策资源和资金渠道，加大对连续流程产业转型升级的财税支持力度，加强对连续流程产业转型升级

示范工程、新型工业化产业示范基地建设、工业基础能力提升、服务型制造等方面的引导和支持；在中央预算内基建投资项目中列出专项资金，通过税收优惠、技术奖励等措施，加大技术创新的财税、金融信贷支持力度。

(三) 不断完善进出口政策

一方面，支持企业扩大进出口。对从国外引进的用于连续流程产业关键核心技术研发而国内不能生产的设备，免征进口关税和进口环节税。在世贸组织政策框架认可的范围内，通过出口信贷、财政贴息、关税减免等办法，鼓励国内企业扩大产品和技术出口，开拓世界市场。充分发挥政策性金融、开发性金融、商业性金融、优惠贷款等政策优惠措施对产品出口的激励效应，帮助企业扩大国际市场份额，培育一批具有掌控全球价值链的跨国公司。另一方面，完善出口服务体系，改善产品对外贸易的软环境。完善政府外贸管理部门的服务机制，重视向连续流程产业出口企业提供国际经贸信息，充分发挥我国驻外机构的信息搜集功能，由商务部、外交部等有关部门牵头建立国际经贸信息咨询平台，免费或低费向企业提供国际贸易信息，为企业提供国际贸易专家咨询和贸易中介服务等。重点建设一批国际化的生产力促进中心，为连续流程产业及连续流程产业产品出口服务。进一步简化商检、报关手续，对符合条件的企业实行快捷通关。大力发展现代物流业和"电子通关"联网监管技术，为连续流程产业产品出口创造便捷的"绿色通道"。

(四) 积极推进"走出去"战略

积极推进"走出去"战略，加大对优势企业对外直接投资和国际产能合作力度是进一步提高我国连续流程产业国际市场竞争力，优化整合全球资源配置能力，推动实现我国连续流程产业迈上国际产业链和价值链中高端的重要途径。为此，需要以"一带一路"建设和亚洲开发银行的创建为契机，加大现有政策资源的整合力度，发挥政策资源的协同效应，鼓励和引导治理机制完善、技术装备先进、管理制度科学的优势企业积极参与国外重要资源的联合勘查开发，并通过控股、参股、战略合作等多种方式在有资源、能源、市场等国家和地区建设原油、铁矿、铜矿、铝矿、煤炭、镍矿、铬矿、锰矿等资源能源基地，提高海外权益资源能源供应量比重；支持有条件的优势企业联合上下游企业集体"走出去"，开展对外直接投资和国际产能合作，鼓励和引导行业骨干龙头企业在国外建立专业产业园区和生产加工配送基地，提高国际产能合作的层次和水平。同时，加强"走出去"投融资综合服务平台、信息咨询服务平台、风险评估控制中心等公共服务平台建设，引导"走出去"企业完善风险评估、风险控制和风险分担机制，降低对外直接投资和国际产能合作的市场风险。

〔参考文献〕

[1] 高洪成，娄成武."十二五"期间中国钢铁工业发展的战略思考与路径选择 [J].中国软科学，2012 (12)：6-14.

[2] 何维达，万学军，武雅斌.中国钢铁产业竞争力研究——基于策略能力观的视角[J].中国工业经济，2009 (11)：56-65.

[3] 索贵彬，王延增.基于自主创新和绿色制造的我国钢铁工业发展策略研究 [J].科学管理研究，2008 (4)：30-33.

[4] 张辉.全球价值链理论与我国产业发展研究 [J].中国工业经济，2004 (5)：38-46.

(本文发表在《经济纵横》2016 年第 11 期)

基于损害和成本的环境污染损失核算

——以山东省为例

杨丹辉　李红莉

摘　要： 本文在回顾相关研究成果的基础上，在 SEEA 中，建立基于损害和成本的环境污染损失核算指标体系，比较两种核算方法的技术特征，并以山东省为例，运用这两种方法，对 2000~2005 年大气污染和水污染造成的各种经济损失进行核算。结果表明，与成本法相比，基于损害的污染损失评估方法和指标体系更为合理，能够较全面地反映经济活动造成的环境退化。针对计算期内山东省环境污染损失增长较快、占 GDP 比重上升且治理投入规模与污染损失存在较大缺口等具有典型性的问题，提出加强环境污染损失控制的政策建议：建立完善绿色 GDP 核算体系，大力发展新兴战略性产业，加快推进环境税试点，采取多元化的污染治理模式，促进产业绿色、低碳化、可持续发展。

关键词： 环境污染损失；环境损害；治理成本；市场价值法

环境作为一种不可替代的资源，其价值核算是环境经济学的核心问题之一。经济增长的环境成本曾长期被排除在传统国民经济核算体系之外，随着可持续发展理念的普及，环境经济一体化核算（A System of Integrated Environment and Economic Accounting，SEEA）逐步完善。山东省是我国人口、经济和工业大省，GDP 和工业增加值分别居全国第二位和第三位。近年来，尽管节能减排和污染治理取得了一定进展，但随着重化工业快速发展，山东省资源消耗增大，工业污染物排放控制难度加大，环境污染造成的损失呈上升态势。山东省的情况在全国很有代表性和典型性，本文对 2000~2005 年山东省大气污染与水污染造成的经济损失进行核算，探讨地方经济增长与环境污染损失之间的关系。

一、相关文献回顾

随着人类对环境价值认识的不断深入，以环境科学和经济学为基础的环境经济损失评估方法和指标体系不断完善。美国环境经济学家克鲁梯拉（Krutilla，1967）在测算环境污染的经济影响等方面做出了很多开创性研究。20 世纪 60 年代以来，环境问题由单一的环境污染演变成为生态破坏与环境污染并存的复合性问题。这一时期有关环境成本的计算推动了对大气、水、土壤污染损失的评估，确立了市场价值法为核心的环境经济损失评估方法（Dean，2002）。目前，环境损失评估在计算对象的内容上，已由

[基金项目] 中国社会科学院 2010 年度国情调研项目"山东省工业污染排放情况及治理效果"。

微观层面上升到全球系统层面，由环境资源估算扩展到环境服务估算，由经济效益估算深化到人类福利估算，逐步形成了以替代市场法和假想市场法为代表的新一代环境经济损失评估技术。

环境损失评估技术和方法的应用带动了相关实证研究。Dubourg（1996）采用"剂量—反应法"得出了英格兰和威尔士汽车尾气排放的铅造成的污染损失；Quah（2003）采用损害函数和剂量效应法估算了新加坡大气颗粒污染物（PM10）造成的健康损失，得出 1999 年大气污染损失占当年新加坡 GDP 的比重为 4.31% 的结论；Cowell 等（1996）运用剂量—反应法和市场价值法对欧洲酸性大气污染物腐蚀建筑物和材料造成的经济损失进行了核算；Delucchi（2002）利用享乐价格法、损害函数分析和条件价值法等方法，计算美国大气污染造成的健康损失和能见度损失；Seung-Jun Kwak（2001）采用 MAUT（多属性效用理论）对韩国首尔大气污染损失进行了计算，这些研究对单项污染损失估算的定量分析更为细化。

我国环境污染经济损失计量方面的研究起步较晚。1984 年，过孝民等在《公元 2000 年中国环境预测与对策研究》中，首次对全国环境污染造成的经济损失进行核算。1990 年，过孝民、张慧勤主持了"六五"时期环境经济损失研究。这项研究在计量方法、数据处理、结果表述等方面具有较高的学术和实用价值，其采用的研究方法被称为"过—张模型"。进入 20 世纪 90 年代，污染损失的核算再次受到重视。夏光（1997）估算出 1992 年中国环境污染损失值约为 986.1 亿元，但由于该研究中核算的环境污染损失不够全面（如未计入乡镇企业引起的污染损失），实际发生的损失远高于估算值。1997 年，郑易生、阎林等以 1995 年基准价的计算结果为环境污染的经济损失占当年 GNP 的 3.27%；在区域层面的研究，颜夕生（1993）采用市场价值法、机会成本法等方法，估算了江苏省农业环境污染造成的经济损失，指出 20 世纪 80 年代末江苏省农业污染造成的经济损失占当年农业总产值的 6.6%；在专项污染损失计算方面，相关研究也取得了长足进展。如针对大气污染损失，李莹等（2001）采用意愿调查法对北京市的情况进行分析。结果显示，研究范围内的北京市居民为 5 年内降低大气污染物质浓度 50% 的平均支付意愿是 143 元/户·年（1999 年价格）。郝吉明（2002）推导出适用于我国硫沉降导致森林损失的剂量—响应函数，并以湖南省为例，以 1995 年为基准年，推算出 2000~2020 年高、中、低三种 SO_2 排放情景下的森林损失。杨志明等（1997）采用损伤函数和市场价值法对广东、广西两地酸沉降破坏材料造成的损失进行了估算，得出这两个省区大气环境腐蚀材料造成的损失占 GDP 的比重分别为 1.0% 和 0.9% 的结论。

尽管国内相关研究在计算方法、指标选取以及数据来源等方面仍存在差别，但无论是对总体污染损失测算，还是区域或专项污染评估，现有研究成果大都支持了"我国环境污染造成了严重的经济损失"这一基本判断，并对后续的深入研究和政策制定提供了依据。

二、环境污染损失评估的指标体系与核算方法

环境污染损失核算主要有基于损害和成本两种方法。在 SEEA 中，其核算内容为环境提供的沉淀功能，即生产活动产生的残余物排放到同化残余物的空气、水和土地等环境媒介中。

1. 基于损害的环境污染损失指标体系

基于损害的环境污染损失指标的建立，主要依据大气污染和水污染的类型，重点评估健康损失、生产损失和固定资产损失三个方面的损失。这三类损失又涉及多个损失项目，受制于取证条件，很难将所有损失项目进行核算，因此，本文基于损害的指标体系中只列出在总污染损失中所占份额较大的污染损失项目，识别出主要污染因子，并在分析核算期内山东省环境质量的基础上，就污染因子对各种受体的

影响进行判断（见表1）。

表1　基于损害的环境污染损失核算的指标体系

大气污染	人体健康损失	医疗费用、病人及陪床人员的误工损失、过早死亡损失、生命质量损失
	农业损失	农作物减产损失及品质下降损失
	森林损失	材积量和生物量的减产损失、对森林生态功能的破坏损失
	腐蚀材料造成的损失	酸雨和二氧化硫等污染物对建筑及金属材料的腐蚀及损失
水污染	人体健康损失	医疗费用、病人及陪床人员的误工损失、过早死亡损失
	农业损失	污灌造成的农作物减产损失及品质下降损失
	工业损失	增加的水处理成本和缺水损失
	生活用水损失	增加的水质净化和处理成本
	渔业损失	渔业产量的损失

资料来源：作者整理。

2. 基于损害的环境污染损失核算方法

本文主要对大气污染损失和水污染损失进行核算。人体健康损失核算方法为人力资本法，其余采用市场价值法。

（1）大气污染损失。其中，人体健康损失计算公式如下：

$$S_P = \sum P_P \sum T_i L_1 + \sum Y_i L_i + P_P \sum H_i L_i + P_P \sum W_i L_{0i} \sum M \tag{1}$$

式中，S_P 为人体健康损失；P_P 为人力资本；M 为污染区的人口数；T_i 为污染导致的 i 种疾病患者人均丧失的劳动时间；Y_i 为 i 种疾病患者平均医疗费；H_i 为 i 种疾病患者陪床人员的平均误工费；W_i 为 i 种疾病患者死亡工作年损失；L_i 为污染区和清洁区 i 种疾病的发病率差值；L_{0i} 为污染区和清洁区 i 种疾病的死亡率差值，单位是 $1/10^5$。

大气污染对农业的损害以二氧化硫和酸雨为主，主要表现为粮食、蔬菜、经济作物等的减产降质。本文主要计算农作物长期在低浓度作用下的减产损失，公式如下：

$$W_A = Q_A R_A / (1 - R_A) \times P_A \tag{2}$$

式中，Q_A 为受污染时某作物的实际年产量；R_A 为在一定 SO_2 浓度或酸雨 pH 值影响下某作物的减产率；P_A 为某作物的收购价格。

对于森林损失，主要表现为酸雨对森林的危害，包括生物量、材积生产量减少以及森林纳污、净化等生态功能的降低。由于缺少生物量及生态功能的相关数据，这里只计算林木材积生产量的减产损失。材积生产量的减产率与降水的 pH 值有关，减产率由插值法计算得出：

$$W_F = \frac{Q_F R_F}{1 - R_F} \times K \times P_F \tag{3}$$

式中，Q_F 为受污染时林木的实际蓄积量；R_F 是在一定酸雨 pH 值影响下森林的减产率；K 为由林木蓄积量到材积生产的调整系数；P_F 为原木的市场价格。

在材料损失方面，酸雨对暴露在户外的材料，尤其是金属材料具有很大的腐蚀性，降低了材料的使用寿命。本文主要核算酸雨对建筑材料和自行车造成的损失：

$$C_p = (1/L_p - 1/L_0) C_0 \tag{4}$$

式中，C_p 为每年酸雨对材料造成的损失；C_0 为材料一次维修或更换的总费用，C_0 = 材料数量 × 维修或更换单价；L_p 为酸雨条件下材料的使用寿命（即维修或更换的周期）；L_0 为无酸雨条件下材料使用寿命。其中，材料使用寿命根据各种材料的损伤函数和公式得出：

$$L = CDL/Y \tag{5}$$

式中，L 为材料的使用寿命；CDL 为材料的临界损失阈值；Y 为材料的腐蚀速率。由此可计算出二氧化硫浓度为二级标准时，在不同 pH 值区间取其中间值时各种材料的使用寿命。

由式（4）得出，大气污染总损失为人体健康损失、农业损失、森林损失和材料损失之和：

$$V_A = S_P + W_A + W_F + C_p \tag{6}$$

（2）水污染损失。水体污染对人体健康造成的损失同样采用人力资本法（同式（1））。

水污染对农业的损害主要表现为污灌造成的农作物损失，盲目污灌会导致农田土壤污染，镉、铅、铬、铜等重金属蓄积量成倍增加。计算污灌造成的农作物损失采用市场价值法：

$$D_A = \sum_{x=1}^{n} \left[S_i Q_i x_i p_i + S_i Q_i (1 - x_i) y_i p_i \right] \tag{7}$$

式中，D_A 为污灌造成的农作物损失；S_i 为 i 种农作物的污灌面积；Q_i 为清灌区 i 种农作物的单产；x_i 为 i 种农作物由于污灌造成的减产率；y_i 为 i 种农作物由于污灌品质下降造成的市场价格下降幅度；p_i 为 i 种农作物的收购价格；i 为农作物种类。

水污染造成的工业损失主要是指由于使用不达标的水而使工业品质量下降的损失，该损失可通过充分的水处理措施防治，即采用防护费用法计算。由于采用地下水作为工业用水对工业生产的影响并不明显，因此只考虑使用地表水造成的工业损失。假定全部工业用水均受到污染且为劣 V 类，劣 V 类水经过二级处理后，能达到工业用水要求，相当于 IV 类水质，再由工业用水量可求得水处理成本，用公式表示为：

$$W_1 = Q_1 \times P_1 \tag{8}$$

式中，W_1 代表使用污水的工业损失；Q_1 代表工业用水量；P_1 代表水处理成本。

一旦水质污染导致不能满足生活用水的水质要求，即会增加水质净化和处理成本。按每吨水增加的净化和处理成本计算，再根据生活用水量可求得这一部分损失。用公式表示为：

$$W_W = Q_W \times P_W \tag{9}$$

式中，W_W 代表生活用水损失；Q_W 代表生活用水量；P_W 代表每吨水的水质净化成本。

在渔业损失（W_F）方面，如果渔业用水功能区的水质不符合用水要求，会使淡水渔业产量降低，但这一部分损失无法直接获得，因此，本文采用成果参照法（类比其他研究成果）计算这类损失。

综上所述，水污染造成的总损失为人体健康损失、农作物损失、工业损失、生活用水损失和渔业损失之和：

$$V_W = S_P + D_A + W_1 + W_W + W_F \tag{10}$$

3. 基于成本的环境污染损失指标体系

在 SEEA 框架中，基于成本的核算方法，一般采用治理成本法（也称维护成本法），即计算为避免环境污染所支付的成本，衡量减少污染达到给定标准所需的费用。污染发生之前的预防为避害成本，发生之后的扭转为恢复成本。对避害和恢复成本的划分有利于了解为预防和纠正环境退化所造成的损害需要支付的实际治理成本，反映出人们为维护环境所愿意且已经支付的价值。污染治理成本法核算的环境价值包括两部分：一是环境污染实际治理成本，二是环境污染虚拟治理成本。由于环境的公共物品性质，常常导致维护环境的实际投入不足以抵消经济活动对环境的不利影响。在实际环境维护支出并不充分的情况下，有必要估算环境退化的虚拟成本。污染治理虚拟成本是假设所有污染物都通过市场行为得到治理，则环境退化不会发生，因此，已发生的环境退化的经济价值应为治理所有污染物所需的成本。

4. 基于成本的环境污染损失核算方法

基于成本的环境污染损失核算相对来说比较简便，根据治理成本法，分别核算各类污染物的治理成本。根据统计资料得到各种污染物的排放实物量，计算公式如下：

$$V_a = \sum V_i = \sum P_i \times Q_i \tag{11}$$

式中，V_a 为总治理成本，V_i 分别代表大气和水污染中第 i 种污染物的治理成本；P_i 和 Q_i 分别代表大气和水污染中第 i 种污染物的单位治理成本和排放实物量。

三、基于损害的山东省环境污染损失核算

1. 基于损害的山东省大气污染损失[①]

在山东省 17 个地市中，威海、日照历年的大气环境质量均符合二级标准，济南、淄博、德州、菏泽、临沂的大气污染较为严重，多年超过三级标准，其他城市的大气环境质量则在二级和三级标准之间变动。由此确定威海、日照为清洁区，其他城市为污染区。从污染类型来看，山东省主要大气污染物为二氧化硫和可吸入颗粒物，属煤烟型污染。另外，山东半岛也是我国长江以北一个独立的酸雨区，主要分布在胶东半岛的青岛和潍坊地区。2002 年和 2004 年青岛市降水的 pH 年均值均小于 5.6，因此酸雨污染以青岛市为主。受制于数据来源，本文仅估算山东省 2000~2005 年大气污染对人体健康、农业、森林、材料造成的损失。

（1）人体健康损失。由于污染物对人体健康的损害在城镇地区表现较明显，因此该项损失计算主要考虑污染区的城镇地区。由于没有足够的数据建立大气污染物与疾病的剂量—反应模型，只能简单地通过污染区与清洁区的对比，粗略反映大气污染导致的患病情况，其前提是假设污染区与清洁区除污染因子的浓度不同外，其他条件均相同。依据各种疾病与大气污染的密切程度，主要计算呼吸道疾病引起的死亡所造成的损失。其中，人力资本用在岗职工平均工资表示，各种疾病的发病率、住院时间及费用借鉴了相关研究的调查结果（张林波、曹洪法等，1997；欧寿铭、潘荔卿、庄马展，1996）。[②]肺癌死亡率由山东省疾病预防控制中心获得。提前死亡造成的工作年损失主要考虑 15~59 岁各年龄段的人由于肺癌早死而损失的工作年限。由此获得式（1）中各种参数的取值，并计算出 2000~2005 年山东省大气污染对人体健康造成的损失。计算期内山东省大气污染对人体健康造成的损失呈快速上升态势，2005 年此项损失达 160.05 亿元，为 2000 年的 1.97 倍（见表 2）。

表 2 2000~2005 年山东省大气污染对人体健康造成的损失

年份	在岗职工平均工资（元/年·人）	污染区人口数（万人）	医疗护理费用（亿元）	陪床人员误工损失（亿元）	患者丧失劳动时间损失（亿元）	提前死亡损失（亿元）	合计（亿元）
2000	8772	2252.57	32.82	2.78	44.40	1.13	81.13
2001	10007	2351.66	34.26	3.31	52.88	1.31	91.76
2002	11374	2461.29	36.15	3.98	63.13	4.02	107.29
2003	12567	2651.82	39.03	4.76	75.22	5.53	124.54
2004	14332	2761.62	40.68	5.66	89.38	6.97	142.69
2005	16614	2766.65	40.82	6.58	103.86	8.8	160.05

资料来源：笔者计算。

---

① 本文省略了部分参数和阈值的取值方法及获得渠道。需了解相关内容的读者，请直接与笔者联系。
② 之所以借鉴上述调查结果，是因为其调查范围的污染水平与山东省污染区的水平比较接近。虽然医疗和消费水平等方面存在一定差异，但由于考虑的是污染区的平均水平，因而对结果影响不大。

（2）农业损失。对农业损害较大的大气污染物主要有二氧化硫、氟化物、烟尘、光化学氧化剂、氮氧化物、乙烯、氯气、氨气等。本文仅讨论二氧化硫造成的农作物损失。由于山东省农村地区二氧化硫的日均浓度一般不高于 0.04 毫克/立方米，因此粮食等农作物受影响较小，仅计算蔬菜的减产损失。参考相关研究（曹洪法、舒俭民，1991）的减产率（5%），由式（2）得出 2000~2005 年山东省大气污染造成的农业损失（见表3）。

表3　二氧化硫对山东省农业造成的损失

年份	蔬菜实际年产量（万吨）	蔬菜收购价格（元/千克）	经济损失（亿元）
2000	6385.80	0.46	15.54
2001	6713.49	0.48	16.96
2002	7411.86	0.47	18.32
2003	7763.51	0.52	21.25
2004	7983.40	0.55	23.11
2005	7798.68	0.59	24.20

资料来源：根据历年《山东省统计年鉴》相关数据计算。

对于青岛市，由于农作物受二氧化硫和酸雨的共同影响，因此根据农作物产量与二氧化硫浓度和 pH 值的回归方程（阮俊华，2001），求得农作物减产率，再计算出青岛市农作物损失。结果显示，2000~2005 年环境污染使青岛市农业遭受的损失急剧增加（见表4）。

表4　酸雨和二氧化硫共同影响下的青岛市农业损失

年份	降水pH值	粮食			蔬菜			棉花			损失合计（亿元）
		产量（吨）	减产率（%）	损失（亿元）	产量（吨）	减产率（%）	损失（亿元）	产量（吨）	减产率（%）	损失（亿元）	
2000	5.73	2780481	0.02	0.01	6649322	0.08	0.02	2077	0.00	0.00	0.03
2001	5.67	2539257	0.28	0.10	6250361	0.45	0.14	3409	0.20	0.00	0.24
2002	5.25	2383802	2.13	0.72	6847570	3.05	1.01	3755	2.38	0.01	1.74
2003	5.69	2221697	2.68	1.27	7305618	3.36	1.57	5324	0.00	0.00	2.84
2004	5.43	2323352	2.86	1.37	6720886	3.25	1.35	7216	2.46	0.03	2.75
2005	5.71	3095744	3.10	1.7	5792110	3.11	1.08	4042	0.00	0.00	2.78

资料来源：根据历年《山东省统计年鉴》相关数据计算。

（3）森林损失。一般而言，森林在二氧化硫单一污染物下的损失小于酸雨的影响。当降水 pH 值小于5.0、二氧化硫浓度为 0.05 毫克/立方米时，才会引起林材蓄积量减少。由于山东省林木周围二氧化硫的浓度小于 0.05 毫克/立方米，且 2000~2005 年青岛市降水的 pH 值均大于 5.25，因此计算期内大气污染对木材蓄积量基本没有影响，可以认定该项损失为0。

（4）材料损失。酸雨腐蚀性很大，直接降低材料的使用寿命。借鉴相关研究，本文仅对门窗油漆、砂浆灰水和自行车的损失进行估算。根据式（4）计算出二氧化硫环境浓度为二级标准、在不同 pH 值区间取其中间值时各种材料的使用寿命，确定公式中临界损失阈值，并将 pH=5.6 时的使用寿命作为无酸雨条件下材料的使用寿命 L_0。再根据式（4），可以得到青岛市 2000~2005 年酸雨对建筑材料和自行车造成的损失（见表5）。由于各年酸雨的 pH 值有差别，因而酸雨对材料造成的损失出现了较大波动。

表5　酸雨对材料造成的损失

单位：万元

年份	门窗漆	砂浆灰水	自行车	合　计
2000	0.00	0.00	0.00	0.00
2001	0.00	0.00	0.00	0.00
2002	27.86	69.65	163.04	260.54
2003	0.00	0.00	0.00	0.00
2004	35.69	89.56	167.89	293.14
2005	0.00	0.00	0.00	0.00

资料来源：笔者计算。

由以上各项损失的计算结果可以看出，在山东省大气污染造成的损害构成中，人体健康损失所占比重最大，在总污染损失中比重超过80%，农业损失次之，所占比重约为20%，材料损失仅发生在2002年和2004年，所占比重较小，而森林损失在现有数据下可认定为零。

2. 水污染损失

（1）人体健康损失。污染水体对人体健康的危害主要是通过饮水或洗涤取用而接触污染水质造成的，也可能通过水生食物链或经农田灌溉污染粮食和蔬菜，影响人体健康。本文主要考虑急性肠炎、细菌性痢疾、病毒性肝炎、肝癌等与水污染密切相关的消化系统癌症和肠道传染病。由于缺少山东省受水污染影响的人口数及相关疾病的发病率、住院时间等统计资料，本文通过间接推导和参考类似地区典型调查结果的方法获得相关数据。污染区人口数推导如下：将未饮用自来水的人口视为受水污染影响的人口，以农村人口为主。2003年山东省水利厅普查结果显示，截至2002年底，全省农村自来水普及率为40%，占农村人口数60%的人未饮用自来水，该人口比例即为受污染人口比例；由于受污染的人口集中于农村地区，人力资本以农民人均纯收入表示。采用人力资本法和公式（1），得出山东省水污染造成的人体健康损失。结果表明，2000~2002年水污染造成的人体健康损失变化不大，但2005年比2002年的损失上升幅度较大（见表6）。

表6　水污染造成的人体健康损失

年份	全省总人口（万人）	城镇人口（万人）	农村人口（万人）	受污染人口数 M（万人）	人力资本 P [元/(a·人)]	人体健康损失 S（亿元）
2000	8997	3419	5578	3347	2659.20	10.07
2001	9041	3544	5497	3298	2804.51	10.31
2002	9082	3660	5422	3253	2953.97	10.57
2003	9108	2833	6275	3765	3150.49	12.82
2004	9163	2951	6212	3727	3507.43	13.76
2005	9248	2978	6270	3762	3930.55	15.17

资料来源：根据山东省水利厅普查结果计算。

（2）污灌造成的农业损失。山东利用污水灌溉农田已有30余年的历史，由于农业用水日益匮乏，污灌面积迅速扩大。参考相关研究，据式（7），求出计算期污灌区土壤污染所造成的农作物损失。结果表明，2000~2005年山东省污灌造成的农作物损失大幅上升（见表7）。

表 7　2000~2005 年山东省污灌区土壤污染造成的农作物损失

年份	污灌面积（万公顷）	粮食作物损失（亿元）	蔬菜损失（亿元）	污灌的农作物损失（亿元）
2000	249.08	18.19	4.27	22.46
2001	373.61	30.02	7.22	37.24
2002	560.42	41.30	11.34	52.64
2003	840.63	84.74	15.44	100.18
2004	1260.94	172.03	28.64	200.67
2005	1891.41	267.46	57.52	324.98

资料来源：笔者计算。

（3）工业损失。工业损失采用防护费用法计算。根据山东省水质监测资料，山东省大部分地表河流工业用水区的水质超标。假定全部工业用水均受到污染且为劣Ⅴ类，劣Ⅴ类水经过二级处理的费用为 0.77 元/立方米。由式（8）得出水污染造成的工业损失（见表 8）。由于近年来山东省对工业用水实行了较为严格的控制，2000~2005 年工业用水总量下降，水处理成本降低，可以判定水污染造成的工业损失减少。

表 8　水污染造成的工业损失

年份	2000	2001	2002	2003	2004	2005
工业用水量（亿立方米）	12.80	19.17	17.06	15.01	14.04	11.00
水处理成本（亿元）	9.86	14.76	13.14	11.56	10.81	8.47

资料来源：根据《山东统计年鉴》相关年份计算。

（4）生活用水损失。生活用水污染会增加水质净化和处理成本。按每吨水增加 0.2 元计算，再根据山东省生活用水量，由式（9）可求得这一项损失（见表 9）。

表 9　水污染造成的生活用水损失

年份	2000	2001	2002	2003	2004	2005
生活用水量（亿立方米）	26.98	27.90	27.53	20.22	20.7	21.39
水质净化成本（亿元）	5.40	5.58	5.51	4.04	4.14	4.28

资料来源：笔者计算。

（5）渔业损失。目前，山东省地表水的渔业用水功能区水质大部分不符合用水要求，水污染使淡水渔业资源的产量降低，但这一部分损失量无法直接获得，因此，这里通过类比其他研究成果的方法来计算。其中，一种方法是通过渔业损失占渔业总产值的比例推出；另一种方法是通过减产率计算出水产品的减产量，再由市场价值法计算出损失。取两种方法计算结果的平均值代表山东省水污染造成的淡水渔业损失（见表 10）。

以上各项水污染损失的核算结果显示，计算期内山东省水污染造成的损害大幅度增加，由 2000 年的 50.72 亿元上升到 356.98 亿元。其中，水污染中农作物损失所占比重最大，在总污染损失中比重从 2000 年的 44% 上升到 2005 年的 91%，上升幅度也较大，主要原因在于山东省农业用水日益匮乏，污灌面积迅速扩大。人体健康损失、工业损失、生活用水损失和渔业损失都有一定幅度的上升，但在水污染损失中所占比重呈下降趋势。

表10 水污染造成的渔业损失

年份	淡水渔业产值（亿元）	淡水渔业损失（亿元）	水产品收购价格（元/吨）	淡水养殖产量（吨）	淡水捕捞产量（吨）	养殖减产量（吨）	捕捞减产量（吨）	淡水渔业损失（亿元）	淡水渔业损失均值（亿元）
2000	66.10	1.98	6757.30	941258	89916	47063	13487	3.88	2.93
2001	68.55	2.06	6716.54	941512	88562	47076	13284	4.02	3.04
2002	63.16	1.89	6253.10	888749	78764	44437	11815	3.67	2.78
2003	69.48	2.08	6171.81	919930	100771	45997	15116	4.16	3.12
2004	83.11	2.49	6881.57	957050	103500	47853	15525	4.97	3.73
2005	89.38	2.68	7308.22	977485	122768	48874	18415	5.47	4.08

资料来源：根据《山东统计年鉴》相关年份计算。

四、基于成本的山东省环境污染损失核算

1. 大气污染治理成本

根据相关研究，山东省削减二氧化硫的投资额约为5万元/百吨，运行费为每年1万元/百吨，即二氧化硫的治理成本为600元/吨，烟尘的治理成本为300元/吨，工业粉尘的治理成本为200元/吨。[①]根据《山东省环境公报》得到污染物的排放实物量，采用恢复费用法，计算出大气污染治理成本。结果显示，尽管2000~2005年山东省大气污染物排放构成发生了一定变化，表现为二氧化硫排放量上升，工业粉尘排放量大幅下降，但排放总量出现小幅下降。因此，计算期内基于成本的大气污染损失变化不大（见表11）。

表11 2000~2005年山东省大气污染治理成本

年份	SO_2排放量（万吨）	烟尘排放量（万吨）	工业粉尘排放量（万吨）	污染治理成本（亿元）
2000	179.6	67.3	74.6	14.3
2001	172.2	64.8	64.4	13.6
2002	169.0	61.9	60.3	13.2
2003	183.6	62.4	76.1	14.4
2004	182.1	57.6	39.8	13.5
2005	200.3	61.9	37.3	14.6

资料来源：笔者计算。

2. 水污染治理成本

根据刘利（2001）的研究，COD的单位处理成本取1.66元/千克，NH3-N（或TN）的单位处理成本取2.14元/千克。由《山东省环境公报》的污染物排放量，采用恢复费用法，计算水污染的治理成本。2000~2005年，由于包括废水、COD以及氨氮等主要污染物在内的水污染排放总量减少，山东省水污染治理成本基本呈下降的趋势（见表12）。

---

① 参考烟台市环境保护科学研究所《烟台市环境污染经济损失估算及环境保护对策的费用效益分析》的取值。

表12　2000~2005年山东省水污染治理成本

年份	废水排放量（亿吨）	COD排放量（万吨）	氨氮排放量（万吨）	污染治理成本（亿元）
2000	22.9	99.9	—	16.6
2001	23.5	92.2	8.4	17.1
2002	23.1	85.9	8.4	16.1
2003	24.6	82.9	7.8	15.4
2004	26.4	77.9	8.1	14.7
2005	28.0	77.0	8.4	14.6

资料来源：笔者计算。

五、结　论

本文分别对2000~2005年基于损害和成本的山东省各项环境污染损失进行了核算。结果表明，计算期内基于损害的山东省污染总损失远大于基于成本的总损失。这是由于基于成本的核算思路假设当所有排放的污染物都得到治理，当年的环境退化不会发生。治理成本是环境退化价值的一种下限核算，而基于损害计算出的污染损失则将环境污染造成的各种损害纳入了核算体系。与治理成本法相比，基于损害的估价方法更为合理，也更能体现污染造成的环境退化成本。另从污染损失的变化趋势来看，2001~2005年山东省基于损害的大气污染损失年增长幅度分别为12.7%、16.9%、16.7%、13.4%、10.9%，水污染损失年增长幅度分别为39.8%、19.3%、55.6%、77.0%、53.1%，反映出计算期内基于损害的山东省污染损失增长速度较快，这主要由于历史欠账，加之近年来山东省经济快速增长，重化工业化加快，造成环境污染问题较为突出，而同期山东省基于成本的大气和水污染损失年增长幅度均不大，说明计算期内山东省污染排放控制尤其是工业污染排放控制措施取得了一定成效。再从2000~2005年山东省大气和水污染治理投资来看，自2003年起，水污染的治理投资才略高于基于成本的水污染损失，而大气污染治理投资仅在2005年高于基于成本的大气污染损失。若将污染治理投资与基于损害的污染损失计算结果相比，两者相差非常大。这意味着山东省污染治理投资规模尚不足以弥补污染造成的损失（见表13）。

表13　山东省环境污染损失与治理投资情况

单位：亿元

年份	基于损害的环境污染损失		基于成本的环境污染损失		环境治理投资	
	大气污染	水污染	大气污染	水污染	大气污染	水污染
2000	96.70	50.72	14.3	16.6	9.38	11.96
2001	108.96	70.93	13.6	17.1	7.08	10.79
2002	127.38	84.64	13.2	16.1	9.36	15.71
2003	148.63	131.72	14.4	15.4	7.55	16.11
2004	168.58	233.11	13.5	14.7	10.82	16.30
2005	187.03	356.98	14.6	14.6	19.60	24.27

资料来源：笔者计算。

再将环境污染损失与山东省的GDP相比较，2000~2005年山东省大气与水污染损失总和在GDP中所占比重分别为1.77%、1.96%、2.06%、2.32%、2.67%和2.94%。2001~2005年山东省GDP增长速度为

10.3%、11.8%、17.5%、24.4%、23.3%，而按照当年价格计算，2001~2005年大气和水污染造成的经济损失增长率为22.08%、17.9%、32.2%、43.3%、35.4%，与按当年价格计算的GDP相比，环境污染损失的增长速度明显高于GDP的增长速度。

山东省的情况是处于加速工业化阶段地方经济增长与环境污染损失及其治理投入之间关系的典型实例，集中表现为：尽管各地污染物排放总体上得到了一定控制，但由于在工业化中后期的特定历史时期重化工业仍有较强扩张的动力，势必造成环境污染损失持续上升，其占GDP比重不断提高，加之污染治理技术相对落后，治理投入渠道和方式较为单一，导致治理投入规模与污染损失出现较大缺口，难以遏制环境退化发生。

面对日益增大的环境压力，应加强制度创新和政策引导，采取有效措施，减少经济活动特别是工业化发展带来的环境污染损失：①加强环境污染损失核算，建立完善基于SEEA的绿色GDP核算体系，并将绿色GDP及相关指标作为政府政绩考核的重要内容。②加大节能减排力度，通过废物交换、循环利用和清洁生产手段，摒弃"生产—污染—治理—再污染"的传统模式。大力发展节能环保、资源循环利用、新能源新材料等新兴战略性产业，促进产业绿色、低碳化、可持续发展。③积极推进环境税试点，逐步形成以市场手段为主导的污染控制和排污交易体系，推动企业环境成本"内部化"。④鼓励各种投资主体参与污染治理，研发适用型污染治理技术，扩大污染治理投入规模，改善治理效果，实现治理投入的多元化发展。

〔参考文献〕

［1］Krutilla, John V.. Some Environmental Effects of Economic Development［J］. Daedalus, Fall, 1967, 96（4）.

［2］Dean, J.M.. Does Trade Liberalization Harm the Environment? A New Test［J］. Canadian Journal of Economics, 2002, 35（4）.

［3］Dubourg, W.R.. Estimating the Mortality Costs of Lead Emission in England and Wales［J］. Energy Policy, 1996, 24（7）.

［4］Euston Quah and Tay Liam Boon. The Economic Cost of Particulate Air Pollution on Health in Singapore［J］. Journal of Asian Economics, 2003, 14（1）.

［5］Cowell, D. and Apsimon H.. Estimating the Cost of Damage to Buildings by Acidifying Atmospheric Pollution in Europe［J］. Atmospheric Environment, 1996, 30（17）.

［6］Delucchi, M. A., Murphy J.J. and McCubbin D.R.. The Health and Visibility Cost of Air Pollution a Comparison of Estimation Methods［J］. Journal of Environmental Management, 2002, 64（2）.

［7］Seung-Jun Kwak, Seung-Hoon Yoo and Tai-Yoo Kim. A Constructive Approach to Air-quality Valuation in Korea［J］. Ecological Economics, 2001（38）.

［8］过孝民，张慧勤. 公元2000年中国环境预测与对策研究［M］.北京：清华大学出版社，1990.

［9］夏光，赵毅红. 中国环境污染损失的经济计量与研究［J］.管理世界，1995（6）.

［10］郑易生，阎林，钱薏红. 90年代中期中国环境污染经济损失估算［J］.管理世界，1999（2）.

［11］颜夕生. 江苏省农业环境污染造成的经济损失估算［J］.农业环境保护，1993，12（4）.

［12］李莹，白墨等. 居民为改善北京市大气环境质量的支付意愿研究［J］.城市环境与城市生态，2001，14（5）.

［13］王舒曼，曲福田. 江苏省大气资源价值损失核算研究［J］.中国生态农业学报，2002，10（2）.

［14］郝吉明. SO_2排放造成的森林损失计算：以湖南省为例［J］.环境科学，2002，23（6）：1-5.

［15］王艳，赵旭丽，许扬等. 山东省大气污染经济损失估算［J］.城市环境与城市生态，2005，18（2）.

［16］杨志明，王文兴等. 酸沉降破坏材料造成的经济损失的估算研究［J］.重庆环境科学，1997，19（1）.

［17］王文兴，洪少贤，张婉华. 酸沉降对材料破坏的损伤函数的研究［J］.环境科学学报，1995，15（1）.

［18］王舒曼，曲福田. 水资源核算及对GDP的修正——以中国东部经济发达地区为例［J］.南京农业大学学报，

2001，24（2）.

［19］阮俊华.区域环境污染经济损失评估［D］.浙江大学硕士学位论文，2001.

［20］曹洪法，舒俭民.酸雨对两广地区农作物的经济损失研究［J］.环境科学研究，1991，4（1）.

［21］欧寿铭，潘荔卿，庄马展.厦门地区酸沉降造成的影响及经济损失估算［J］.环境科学研究，1996，9（5）.

［22］张林波，曹洪法等.苏、浙、皖、闽、湘、鄂、赣7省酸沉降农业危害［J］.中国环境科学，1997，17（6）.

（本文发表在《中国工业经济》2010年第7期）

基于碳资本存量的碳排放权分配方案

李 钢 廖建辉

摘 要：为应对气候变化，全球学者提出了基于现期排放量及历史排放量的不同减排方案，但由于其难以调和发达国家和发展中国家的利益，所以不能得到普遍认可。本文提出了碳资本的概念，认为碳资本是指对一国当代人生活质量仍旧有影响的历史碳排放，对应于一国物质财富在现有最先进技术水平下重置所需要的最低碳排放量；因为碳资本对各国当代人生活质量有很大的影响，因而它可以度量包括发达国家在内的各国应承担的历史排放责任。本文根据前人研究成果及相关数据，计算了目前中、美、日三国水泥、钢、铜、铝的社会蓄积量，研究设定了上述物质的碳排放系数，并在此基础上计算出中美日三国当前物质存量所内涵的碳资本量。结果表明，虽然目前中国碳资本总量已经超过美国和日本，但美、日两国人均碳资本是中国的 3 倍。因此，发达国家承担本国历史温室气体排放责任有其坚实的物质基础，发达国家民众承担本国历史温室气体排放也有其清晰的责任链条。本文提出全球碳减排方案的设计应包括两类账户，一是基于各国人均碳资本差异的考虑历史责任的公正账户，二是基于目前各国人口数量的考虑当期公平的平等账户。本方案的优点在于有清晰的理论依据，可平衡发达国家及发展中国家的利益，并促进全球技术合作与转移，共同应对气候变化。

关键词：碳资本；碳减排；气候变化

一、引 言

由起源于英国工业革命开启的工业化进程对世界发展而言意义重大，工业化的本质特征之一是改变了人们使用能源的方式；然而，化石燃料在短时间内集中利用势必造成一定的负面后果，其中由温室气体排放导致的全球气候变暖即是最为显著的负面影响。目前温室气体减排问题的难点在于发展与减排的交织和取舍难题，主要表现在两个方面：一方面，当前依然存在大量未实现工业化的发展中国家，其工业化推进过程中如果进行高强度减排势必有较大阻力，甚至有导致经济发展停滞的风险。发展中国家发展阶段的特点决定其仍然需要大规模地利用化石燃料，因而其温室气体排放在一定历史时期内必然还将增大。经济学家普遍认可，发展是人的基本权利，是目前为止人类能够获得高水平生活的唯一方式，发

[基金项目] 本文是国家社会科学基金重点项目"产业升级与环境管制提升路径互动研究"（批准号：14AJY015）的阶段性成果。作者感谢匿名审稿人的建设性建议；感谢中国社会科学院工业经济研究所金碚、张其仔、杨丹辉、郭朝先、李鹏飞等提出的建议；文责自负。

达国家不能剥夺发展中国家的发展权利。正是出于对发展的关注，《联合国气候变化框架公约》确定的"共同但有区别的责任"在一定程度上尊重了发展中国家的权利；2010 年在墨西哥坎昆召开的《联合国气候变化框架公约》第 16 次缔约方大会和第 6 次《京都议定书》成员国大会通过了两份重要决议，认可经济和社会发展以及减贫是发展中国家最重要的优先事务。另一方面，大气循环流动的全球性特点决定了大气的全球公共物品属性，这使得温室气体减排成为跨越国界的全球性问题，在缺乏国际行动协调一致情况下势必难以获得成功。

出于对以上问题的考虑，学者们及有关机构提出了两类不同的碳减排方案。一类方案主要根据各国当前温室气体排放量情况制定减排方案或分配排放权利，此类方案得到了发达国家支持。但由于其对各国历史排放责任缺乏足够考虑，发展中国家的学者普遍认为其仅代表了发达国家的利益；在公平与正义越来越被大家认可为国际治理准则的情形下，该类减排方案越来越不能为大家所接受。另一类减排方案认为在分配各国当前及未来可排放空间时应充分考虑其历史累计排放量。这些方案充分保护了发展中国家的发展权利，但并未获得发达国家学者的广泛认可。发达国家的学者对该类减排方案质疑的主要理由是，没有清晰的责任链表明历史碳排放责任应由该国当代人承担，具体而言，有三方面的理由：

第一，每个人都是平等的个体，由发达国家的当代人来承担其先人的碳排放责任没有法理依据。虽然东方文化普遍认可"父债子偿"，但西方文化对此理念认可程度并不太高。相反，它们认为每个人都是平等的主体，历史人口在解决碳排放问题上已经不能承担责任，当代人没有责任为其先人偿债。目前各国法律也普通认为，"父债子偿"是有条件的，即"父债"须与"子"有某种关系，如"父债"是因为"子"生活、学习、工作所形成；若"父债"与"子"没有关系，如"父债"仅是为满足"父"自己的生活所需，"子"就没有义务与责任承担"父债"。另外，在法理上，即便是与子女有密切关系的"父债"，子女偿还的上限也仅以继承的遗产为限。目前没能从理论上说明发达国家的当代人"父债子偿"（承担该国历史碳排放责任）的法理依据。

第二，国界与人口国籍是不断变化的，如何确定一国的历史累计排放？由于移民的原因，一国的历史累计排放及减排责任是难以计量的。例如，某人从中国移民到美国，其祖先的历史排放是应计在中国的历史排放中还是美国的历史排放中？在计算人均排放时，其祖先是应计在中国的历史人口还是美国的历史人口中？很多国家都有高比例的移民，历史累计排放的计量将有很大的困难；因此，简单以一国历史累计排放及"父债子偿"原则来说服发达国家承担历史责任有较大难度。

第三，目前的工业技术水平与发达国家工业化时的技术水平相比有很大进步，目前发展中国家工业化所需的排放应更少。因而简单以发达国家的历史排放对比说明发展中国家的排放权也难以让发达国家学者接受。

总之，虽然考虑历史排放的减排方案有更高的公平与正义性，但在目前的国际学术话语体系下，由于不能找到清晰的责任链条来要求发达国家承担历史责仼，因而第二类减排方案还没有成为国际气候变化谈判的主流方案。要让发达国家承担其历史排放责任，最好的方式是在目前国际学术话语体系内，找出其应承担其历史责任的依据，并说服其民众为该国的历史排放负责。出于以上考虑，本文认为需要考虑的应当仅是对提升当代人生活质量有意义的历史排放。何谓有意义的历史排放？那些在历史上形成的物质财富如果依然留存至今，其对当代人的生活水平具有直接贡献，因而具有意义；其理应作为研究各国碳排放责任分配的基础。而那些历史上由于消费所排放的温室气体对当代人的生活不构成直接影响，因而如果仍然计算在内并不合理，也不容易获得认可。

故此，本文试图从物质资本存量所内涵的累计碳排放角度研究温室气体排放问题，进而依次设定了相应的碳排放权。从本质上讲本方案属于基于现期的减排方案和基于历史的减排方案的折中选择；与基于现期的减排方案相比，本方案认为发达国家应承担历史排放责任，而不能仅考虑当期的排放量，从而有利于保护发展中国家的利益；与基于历史的减排方案相比，本方案设定并初步量化了碳资本，从而能在目前国际学术话语体系中量化发达国家的历史责任，而不是笼统地认为发达国家应对所有的历史碳排放都要承担责任。但研究仍存在几项难点，因而需要进行相应处置：其一，物质资本需要回归到实物形式，但由于其种类繁多，本文只能挑选几类碳排放量最大的物质资本类型，其余暂不考虑。其二，同一类型的物质资本中，由于初始形成的年代不同，势必导致技术水平不同因而碳排放系数也不同，本文用统一的技术水平进行处理，借此可避免不同时代技术水平差异所带来的争论。其三，若回归到物质资本的实物形式，在进行国际对比时难以做到将各国数据搜集齐全，因而本文主要选择中国、日本和美国作为研究样本，同时也对全球碳资本进行了估算。

二、主要物质资本蓄积量及碳排放系数估算

碳资本是指对一国（或地区）当代人生活质量仍旧有影响的历史碳排放，对应于一国物质财富在现有最先进技术水平下重置所需要的最低碳排放量。在计算碳资本时，一国（或地区）的物质财富不仅应包括一国（或地区）的基础设施和生产设备，也应包括居民住宅及耐用消费品等各类对当代人生活质量有影响的人造财富。物质财富重置碳排放不仅包括其制造过程碳排放，也包括其所使用原材料的生产过程所需碳排放。最低的碳排放是指按碳排放系数最低技术对物质资本进行重置。理论上讲，一国（或地区）的碳资本指的是所有物质财富所内涵的碳排放量；在实践中，最初的研究应把一国（或地区）主要耗能物质财富所内涵的碳资本量进行估算，而随着研究的不断深入，纳入研究的物质财富种类会不断扩大。本文所采取的计算碳资本的理论框架如图1所示。

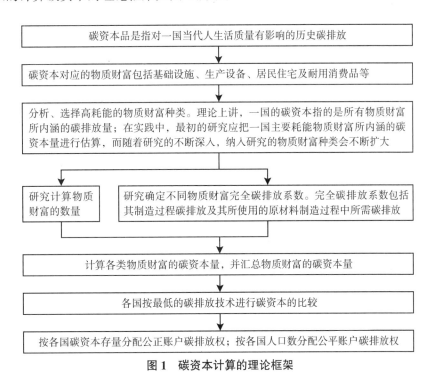

图1　碳资本计算的理论框架

本文根据研究需要及数据可得性选择了钢铁、水泥、铝、铜进行估算，这四种物质是当前物质资本存量的重要组成成分，同时也是能源消耗和温室气体排放最大的几个部门。从 CO_2 排放情况来看，全球

钢铁工业排放的 CO_2 占全球 CO_2 排放总量的 7% 左右，水泥行业占 8% 左右。[①] 中国有色金属行业二氧化碳排放占全国总排放量的比例约为 4.6%，其中排放量最大的为铝工业，其能耗和 CO_2 排放占整个有色金属工业的比重超过 70%，其次为铜工业。如果考虑整个产业链各环节的碳排放，则钢铁、水泥、铝、铜四个工业部门的碳排放所占比例更高。如果从流量式的生产活动中，这四大工业部门成为能耗和 CO_2 排放的主要部门；那么从物质资本存量所内涵的碳资本角度看，由当前各国物质资本存量中钢、水泥、铝、铜的社会蓄积量所内涵的碳资本也应是一国碳资本的主体。[②]

本文计算碳资本的具体步骤如下：首先，通过相关资料直接引用或间接估算钢铁、水泥、铝、铜社会蓄积量，以此代表物质资本存量。其次，收集中美日三国在其生产冶炼过程中的碳排放系数。这一过程基于两个原则：一是以完全排放为准，即不仅包括生产过程的直接排放，也包括产业链上下游及辅助材料生产所产生的间接排放；二是不同国家同一产品碳排放系数估算口径尽可能统一。最后，本文选取 2010 年作为研究的时间点，四种工业品蓄积量和碳排放系数数据尽可能向该时间点靠近。

1. 蓄积量估算

（1）钢铁蓄积量估算。目前国内已有学者针对中美日三国钢铁蓄积量进行过估算或预测，如谢开慧、黄金干、吴建常等。[③] 除此之外，联合国环境规划署 2010 年出版的《社会中的金属》[④] 报告中，对主要国家人均钢铁蓄积量进行了估算：美国 2004 年为 11~12 吨、中国 2004 年为 1.5 吨、日本 2000 年为 11.3 吨。根据上述数据及各国人口总量进行计算可以获得总量数据。[⑤] 目前不同学者对钢铁社会蓄积量的估测结果虽然存在一定差异，但折算到同一年份后比较接近。本文最后选择和处理的方法是：美国 2010 年钢铁社会蓄积量按照 2006 年 56 亿吨和 2012 年 60 亿吨进行线性插值，并与估测的 71 亿吨进行平均，最后为 64.8 亿吨；日本直接取 20 亿~22 亿吨这一区间的中间值 21 亿吨；中国采用 55 亿吨的估计值（见表 1）。

（2）水泥蓄积量估算。水泥产品运输半径短，很大程度上属于内销型产品，所以一国的水泥蓄积量与该国自身的生产关系密切，而受国际贸易影响很小。由于当前还没有文献对水泥社会蓄积量进行过估算，本文便通过计算各国从工业化初期开始的累计水泥产量来替代水泥社会蓄积量。这其中主要问题是未考虑水泥产品由于报废而退出社会的现象。之所以依然采用这种方法：一是无奈之举，要剔除该此影

---

① D. B. Müller, T. Wang, B. Duval, T. E. Graedel, "Exploring the Engine of Anthropogenic Iron Cycles", Proceedings of the National Academy of Sciences, Vol. 103, No. 44, 2006, pp. 16111-16116.

② 如果采用本文表 2 中中国粗钢、水泥、原铝和精炼铜的碳排放系数进行测算，可得到 2010 年中国钢铁、水泥、原铝和精炼铜四个部门完全二氧化碳排放量占中国该年度排放总量的比重达到 37.8%。根据 Chaoxian Guo 和 Yanhong Liu 的研究，2007 年中国投资碳排放占到 38.2%；2007 年中国资本形成率 41.6%，2010 年资本形成率 48.7%，假设 2007 年和 2010 年投资与消费活动的碳排放系数保持不变，可以估算 2010 年投资活动的碳排放占到 44.72%（= 38.2% × 48.7% ÷ 41.6%），由此可以估算本文所计算的四种物质占到了全部碳资本的比例为 84.5%（= 37.8 ÷ 44.72）。此处特别要说明的是，上述计算仅是为了初步估算本文所计算的碳资本与全部碳资本的比例关系；而且上述计算中假设当年生产的水泥、钢、铜、铝都用在了当年的投资活动中。当然，由于本文所计算的碳资本是指社会中长期蓄积的水泥、钢、铜、铝所内涵的碳资本，而不仅是指资本品中的碳资本；因而长期来看，上述假设又是可以放松的。另外，从一国物质资本的物质形态上来看，高耗能物质也主要由这些物质构成。综合上述，笔者认为本文所估算的碳资本占到了一国碳资本的绝大部分。当然，由于本文仅选择了四种物质进行估算，因而本文对各国碳资本存在一定程度的低估。但从本文研究的主要目的是出以碳资本为基础的减排方案来看，这种低估又是可以接受的。可以设想，随着对该问题研究的不断推进，碳资本估算精度会不断提高，但总会有所遗漏；一个可行的方案是在各国计量的碳资本数据基础上乘以一个大于 1 的系数。例如，可以乘以 1.18（44.72 ÷ 37.8），从而就可以估算出全部碳资本的存量。但这可能会引起更大的争论，因而我们目前没有采取此方法。其中参考了文献 C. X. Guo and Y. H. Liu, "Demand Effects on CO_2 Emission in China: A Structural Decomposition Analysis (SDA)", in S. J. Yao and M. J. Herrerias, "Energy Security and Sustainable Economic Growth in China", Palgrave Macmillan, July, 2014.

③ 谢开慧:《世界主要钢铁生产国钢铁蓄积量的推定》,《世界钢铁》2012 年第 2 期；谢开慧:《"钢铁蓄积量"到底谁说了算》,《市场》2012 年第 2 期。

④ 联合国环境规划署（UNEP）研究报告 "Metal Stocks in Society", http: //www.unep.org/resourcepanel/Portals/24102/PDFs/Metal-stocksinsociety.pdf.

⑤ 本文人口数据来源于 OECD 数据库，其中，2010 年美国总人口为 3.093 亿，中国为 13.598 亿，日本为 1.281 亿，全球为 69.16 亿。

响在技术上无法实现；二是建筑、桥梁等富含水泥的物质资本使用年限普遍很高；三是中国、日本、美国三国的水泥产量均有随时间不断增长的现象，这导致近几十年的水泥产量在历史累计产量中占比很高。因而依据历史累计产量估计的水泥社会蓄积量与真实社会蓄积量之间的差距相对不大。美国水泥产量数据起始于 1818 年，其中 1900 年以后的数据为产量数据，之前的为货运量（Shipments）数据。中国 1949 年人均 GDP 大约只有 600 盖凯美元，工业化基本处于起步阶段。[①] 因而，中国的水泥累计产量从 1949 年算起。日本则从 1905 年算起，彼时其人均 GDP 大约为 1113 盖凯美元，之前的水泥产量相对较小；此外由于日本 1945 年之前水泥产量相对 1945 年以后要小很多，可以判断日本 1905 年以前水泥产量对蓄积量的影响是十分有限的。最后得到的水泥社会蓄积量的估计结果如表 1 所示。

（3）铝蓄积量估算。据《社会中的金属》报告指出，2000 年美国人均铝拥有量为 483 千克，日本 2000 年为 343 千克，中国 2005 年为 37 千克，世界 2003 年平均为 82 千克。再根据各国人口总数可以推算出铝的社会蓄积量，其中，中国 2005 年达到 4877 万吨，这与岳强和陆钟武对中国 2006~2009 年铝的社会蓄积量的估计结果非常吻合。[②] 2006~2007 年中国铝的社会蓄积量增长幅度较大，为保守起见，本文以 2007~2009 年铝的社会蓄积量变化进行线性插值，由此得到 2010 年中国铝的社会蓄积量为 10199 万吨，折合人均拥有量为 75 千克，此值尚不及 2003 年世界平均水平。以 2005 年作为基期，按照不变价和不变汇率换算，可以计算出美国 2000~2010 年人均 GDP 复合增长率大约为 0.58%，日本大约为 0.68%。由此可见，美国和日本均已步入高收入的成熟发达阶段，人均 GDP 增长速度非常缓慢。由于经济增长是导致金属需求增长的重要因素，故借此可假定 2000~2010 年美国和日本的人均铝拥有量保持不变。这意味着，两国铝的社会蓄积量中不断产生的废弃铝资源不断通过资源回收方式以及新增原铝产量又再次补充到社会蓄积量中，与此同时，铝的社会蓄积量还将跟随人口的不断增长而不断获得调整。在此情况下，可以估算出 2010 年美国和日本铝的社会蓄积量分别为 14940 万吨和 4392 万吨（见表 1）。

（4）铜蓄积量估算。对铜的社会蓄积量的估计可以借鉴对铝的估计方法。其中，对中国的估计可以采用 Yue 等的估测结果，[③] 但他们的估计期间为 2006~2009 年，2010 年的估计值可以依据 2006~2009 年的估计结果进行趋势外推，可得到 2010 年中国铜的社会蓄积量为 5746 万吨，折合人均水平为 42 千克。对于美国和日本，采用《社会中的金属》报告中 2000 年的数据，该年份美国铜人均拥有量为 391 千克，日本为 298 千克，并假定两国人均铜拥有量保持不变进而可以估算出 2001~2010 年两国铜的社会蓄积量，最后得到 2010 年两国铜的社会蓄积量分别为 12095 万吨和 3816 万吨（见表 1）。

表 1 2010 年蓄积量

单位：万吨

国家	钢	水泥	原铝	精炼铜
中国	550000	1862400	10199	5746
美国	648000	532500	14940	12095
日本	210000	373600	4392	3816

① 本文所有涉及的盖凯美元都是指 1990 年盖凯美元，资料来源于麦迪森（1996）的研究。在《世界经济二百年回顾》的附表中，麦迪森把所有国家的 GDP 及人均 GDP 数据均转换成 1990 年美元，因此这里的盖凯美元其实指的是 1990 年美元。资料来源于麦迪森：《世界经济二百年回顾》，北京：改革出版社 1996 年版。

② 岳强、陆钟武：《我国铝的社会蓄积量分析》，《东北大学学报》（自然科学版）2011 年第 7 期。

③ Q. Yue, H. M. Wang, Z. W. Lu, "Quantitative Estimation of Social Stock for Metals Al and Cu in China", Transactions of Nonferrous Metals Society of China, Vol. 22, 2012, pp. 1744-1752.

2. 碳排放系数估算

金属生产主要有两种工艺：一种是基于矿石采选和冶炼，另一种是基于废弃金属回收。这两种生产工艺在能耗和温室气体排放方面存在较大差异，后者往往比前者小很多。但由于任何废弃金属最初都要通过第一种工艺生成，因而本文在设定碳排放系数时，均不考虑废弃金属回收再利用这一情况。显然，这必然导致对发达国家历史碳排放的低估，而且，越是工业化历程长的发达国家，其废弃金属再利用的时间和比例越大，低估的程度也就越高。但是考虑到本文主要是估算各国的碳资本存量，从而测算各国当代人应承担的"碳负债"，这种低估也就有其合理性。

（1）钢铁碳排放系数估算。依据国际钢铁协会的分析报告，西方传统长流程的生产企业，吨钢 CO_2 排放量在 1.7 吨左右，而中国 2008 年为 2.2 吨。[①] 日本作为世界钢铁工业能源利用效率最高的国家，其吨钢 CO_2 排放仍然要达到 1.64 吨。[②] 考虑到时间临近因素，本文以日本长流程生产工艺吨钢 CO_2 排放量 1.64 吨为计算基准，并以日本钢铁联盟对各国钢铁生产能源利用效率的对比分析作为推算依据，[③] 得到中国吨钢 CO_2 排放量为 2.017 吨，正处于世界产钢国的平均水平，美国吨钢 CO_2 排放量为 2.132 吨（见表 2）。

（2）水泥碳排放系数估算。中国当前尚未制定一套完整的水泥生产二氧化碳核算标准和排放系数体系，因而很难准确测定出全国水泥生产的 CO_2 排放量。2011 年，中国水泥产量占世界产量比重为 58.8%，中国水泥工业碳排放占世界比重达到 60.6%，[④] 可见中国单位水泥 CO_2 排放量比世界平均水平大约高出 2 个百分点。Hendriks 等的研究结果显示，在 21 世纪初期，单位水泥 CO_2 排放系数世界平均为 810 千克，北美为 890 千克，中国为 880 千克，此时中国单位水泥 CO_2 排放系数比世界平均水平高 8.6 个百分点。[⑤] 2006 年，世界生产 1 吨水泥碳排放系数仍然高达 800 千克，可见水泥工业在 21 世纪最初 6 年节能技术进展缓慢。假定 2010 年世界平均水平依然维持在 800 千克 CO_2/吨水泥；中国在平均水平上高出 2%，即达到 816 千克 CO_2/吨水泥；美国假设 2010 年单位水泥排放系数与世界平均水平的比例保持在 21 世纪初期水平上不变，并以北美单位水泥排放系数替代美国，故而计算得到 2010 年美国排放水平为 879 千克 CO_2/吨水泥。日本水泥生产碳排放系数可以参见刘砚秋的研究，即 2008 年水泥工业排放系数为 769 千克 CO_2/吨水泥，并假定 2010 年日本该指标维持在 2008 年的水平不变[⑥]。据此，可以估算出中国、日本、美国的水泥工业 CO_2 排放系数，其结果如表 2 所示。

（3）铝碳排放系数估算。在估算原铝生产过程中的 CO_2 排放时，较为科学的评价方法为生命周期评价（Life Cycle Assessment，LCA），当前，国际铝协、美国铝协和欧洲铝协等已经根据 LCA 提出了铝工业的能耗和温室气体排放核算框架。在此框架下，武万娟等对中国铝工业的 CO_2 排放进行了估算，得出 2005 年中国生产 1 吨原铝将排放 15379 千克的 CO_2；同期美国为 12329 千克，欧洲 12235 千克，世界 9647kg。[⑦] 也有其他学者估计出中国 2010 年生产 1 吨原铝碳排放系数为 23552 千克。[⑧] 可见不同学者对中

　　① 王维兴：《低碳，从技术装备优化入手》，《中国冶金报》，2010 年 3 月 4 日。
　　② 徐匡迪：《低碳经济与钢铁工业》，《钢铁》2010 年第 3 期。
　　③ 其将日本钢铁生产能源利用效率标准化为 100，并得到其他国家的能源利用效率指数，其中：韩国 102、德国 112、欧盟 15 国 119、法国 120、欧盟 23 国 121、英国 122、中国 123、印度 125、加拿大 128、美国 130、俄罗斯 143、世界平均 123。红光：《日本钢铁产业低碳化发展研究》，吉林大学经济学院博士学位论文，2012 年。
　　④ 刘立涛、张艳、沈镭等：《水泥生产的碳排放因子研究进展》，《资源科学》2014 年第 1 期。
　　⑤ C. A. Hendriks, E. Worrell, J. D. De, et al., "Emission Reduction of Greenhouse Gases from the Cement Industry", Netherland: International Energy Agency (IEA), 2002.
　　⑥ 刘砚秋：《可持续发展的日本水泥工业》，《水泥技术》2012 年第 6 期。
　　⑦ 这组数据中中国排放系数由武娟妮、万红艳等估算，欧洲排放系数、美国排放系数、世界排放系数分别由欧洲铝协、美国铝协、国际铝协估计，因而做出估计的主体不同。参考武娟妮、万红艳等：《中国原生铝工业的能耗与温室气体排放核算》，《清华大学学报》（自然科学版）2010 年第 3 期。
　　⑧ 李贵奇：《基于生命周期思想的环境评估模型及其在铝工业中的运用》，中南大学冶金科学与工程学院博士学位论文，2011 年。

国原铝工业碳排放系数的估计结果存在一定的差距。考虑到计算结果的可比性，本文中国和美国的排放系数最后选择武万娟等的估算结果，而日本采用能效最高的欧洲排放系数（见表2），并假设2010年与2005年碳排放系数保持不变。

（4）铜碳排放系数估算。当前，世界上由铜精矿生产精炼铜的生产工艺有两类，一类是火法冶炼，另一类是湿法冶炼；其中，火法冶炼是主要冶炼工艺，产量占85%左右，湿法冶炼只占15%左右。在中国，火法炼铜工艺生产的铜产量占比在98%以上。[1] 姜金龙等采用LCA法并根据ISO14000的技术框架和生产工艺流程分别计算出火法冶炼和湿法冶炼的排放系数，其结果为：生产1吨精炼铜火法冶炼工艺CO_2排放量为18381.8千克，湿法冶炼工艺为8321.2千克[2]。曾广圆等同样运用LCA方法，并考虑火法炼铜过程中鼓风熔炼、闪速熔炼和熔池熔炼三种不同的生产工艺，估算出这三种不同工艺下的火法炼铜法生产1吨精炼铜CO_2排放量分别为15320千克、8990千克、10010千克[3]。中国铜冶炼中的闪速熔炼工艺约占35%，熔池熔炼工艺约占42%[4]。基于此数据，曾广圆等估算出中国2007年火法冶炼工艺生产1吨精炼铜平均产生$CO_2$10870千克。阮仁满等人根据中国2006~2009年的工业生产数据并采用LCA方法，同样对中国火法炼铜工艺温室气体排放系数进行估算，其得到生产1吨精炼铜需要排放$CO_2$10909.29千克；与此同时，还以中国最大的湿法提铜矿山——紫金山金铜矿生物提铜工艺为研究对象，计算得到生物湿法炼铜碳排放系数为4090.57千克/吨（铜），本文将其作为最先进技术碳排放系数[5]。对比曾广圆等和阮仁满等关于中国火法炼铜碳排放系数估算结果可知两者基本相当，本文直接选择前者的估计结果。此外，根据国际铜组织（International Copper Organization）的评估，欧洲生产吨铜能耗约为中国火法炼铜生产能耗的60%，如果碳排放系数也按照这个比例换算可以估算得出欧洲火法炼铜生产1吨精炼铜排放$CO_2$6522千克。2010年中国精炼铜产量457万吨，占世界总产量的24%，再考虑中国火法炼铜工艺占比98%和世界火法炼铜工艺占比85%，可以简单估算出除中国外世界精炼铜生产火法冶炼工艺和湿法冶炼工艺占比分别大约为81%和19%，欧洲湿法炼铜工业碳排放系数参考中国最先进的生物湿法提铜工艺排放标准，由此可算出欧洲1吨精炼铜生产碳排放系数为6060千克，并将欧洲的排放强度运用于日本和美国（见表2）。

表2　2010年碳排放系数

单位：千克CO_2/吨

国家	钢	水泥	原铝	精炼铜
中国	2017	816	15379	10870
美国	2132	879	12329	6060
日本	1640	769	12235	6060

注：表中数据均为各国当前技术下的碳排放系数，代表的是各国的平均技术水平；而最先进技术指的是世界范围内碳排放系数最小的生产技术，其分别为：钢1640千克CO_2/吨；水泥769千克CO_2/吨；原铝12235千克CO_2/吨；精炼铜4091千克CO_2/吨。

① 韩明霞、孙启宏、乔琦等：《中国火法铜冶炼污染物排放情景分析》，《环境科学与管理》2009年第12期。
② 姜金龙、戴剑峰、冯旺军、徐金城：《火法和湿法生产电解铜过程的生命周期评价研究》，《兰州理工大学学报》2006年第1期。
③ 曾广圆、杨建新、宋小龙、吕彬：《火法炼铜能耗与碳排放情景分析——基于生命周期的视角》，《中国人口·资源与环境》2012年第4期。
④ 邓志文、黎剑华、陈静娟：《我国闪速炼铜厂的清洁生产》，《有色金属》（冶炼部分）2006年第3期。
⑤ 阮仁满、衷水平、王淀佐：《生物提铜与火法炼铜过程生命周期评价》，《矿产综合利用》2010年第3期。

三、中美日碳资本存量及对比分析

中美日三国汇总的碳资本计算结果见表 3，"对照中"的 CO_2 排放数据全部来自美国橡树岭二氧化碳排放信息分析中心（CDIAC）。从表 3 可以初步得出以下结论：

表 3 2010 年中、美、日三国碳资本总量及其比较分析

国家	碳资本				对照				
	碳资本总量（亿吨）		人均碳资本（吨/人）		年度排放总量（亿吨）	年度人均排放量（吨/人）	历史累计排放量（亿吨）	基于当前人口的人均历史累计排放量（吨/人）	基于历史人口的人均历史累计排放量（吨/人）
	最先进技术	当前技术	最先进技术	当前技术					
美国	170	211	55.11	68.12	55.44	17.92	3555	1149	534
日本	70	71	54.74	55.33	11.71	9.14	526	411	131
中国	248	285	18.26	20.95	82.87	6.09	1326	98	32

注：表中的历史累计排放量数据中，美国的数据期间为 1800~2010 年，日本为 1868~2010 年，中国为 1899~2010 年。

（1）发达国家承担历史上的碳排放责任有其坚实的物质基础。从表 3 可以发现一组有趣的数据，即按照同一生产技术水平核算，中国人均碳资本为 18.26 吨，日本和美国分别为 54.74 吨和 55.11 吨，日本和美国水平非常接近。这表明一国完成工业化后，人均碳资本量是十分接近的。换句话说，一国要想实现工业化，没有足够人均碳资本是不可能实现的。迄今为止，世界上任何一个大国但凡从穷国变成富国，通过工业化路径不断提高物质资本存量都是必经之路，而且也是唯一的道路。因此，一个国家在工业化进程中，其投资活动是一种必需的手段和基本的权利，因而在减排问题上应该优先保障这一经济行为。2010 年度中国 CO_2 排放总量达到 82.87 亿吨，超过美国的 55.44 亿吨成为世界第一大排放国。从表面上看，中国当前 CO_2 排放总量似乎偏高，但从人均排放量来看，中国为 6.09 吨/人，仍然仅相当于美国 1/3 的水平。此外，从排放结构也容易发现，当前由于中国仍处于工业化加快推进阶段，投资率较高；而发达国家普遍进入后工业化阶段，投资率相对较低。例如，2010 年，中国资本形成率为 48%，远高于同期美国的 18% 和日本的 20%。[①] 因而，中国当前 CO_2 排放中，很大比例是由投资活动引起的，而发达国家投资活动在工业化进程中已经基本完成，其投资所形成的物质资产仍旧在今天发挥重要作用；而投资活动是国民追求发展的基本权利，因而这种排放活动具有正当性。本文的研究表明，发达国家物质财富中所包含的碳排放就是发达国家必须承担历史责任的现实依据与物质基础。

（2）发达国家民众承担其国历史排放有其清晰的责任链条。如前所述，部分发达国家的学者以每个人都是公平的个体，由发达国家的当代人来承担其先人的碳排放责任没有道理为由来拒绝承担其历史碳排放责任。表 3 中的数据表明，美日两国民众必须认识到一国物质资本的人均多寡与该国生活水平的高低高度相关；换句话说，一国的人均碳资本很大程度上决定着一国的生活水平高低。既然发达国家历史排放形成的碳资本仍对当代人生活质量做出贡献，其理应要承担相应责任。进一步而言，如果我们认可"人人平等"这一基本原则，那就必须尊重发展中国家国民追求与发达国家同样生活质量的权利。

（3）剔除技术进步因素后，美日人均碳资本仍旧是中国的三倍。发展中国家属于后发国家，其面对

---

① 数据来自世界银行 WDI 数据库。

的技术路径已经确定，同发达国家又存在明显的技术差距，可以通过直接技术引进、模仿式创新等途径加快技术进步的步伐并大大降低技术研发风险，因而相对于发达国家同等人均收入水平时期而言，发展中国家生产技术要更为先进。中国工业化起步较晚，因而在工业化进程中，中国生产技术水平比发达国家可比时期要更为先进，从而消耗了更少的资源并排放出更少的温室气体。相反，发达国家工业化历程非常漫长，如美国工业化历史长达近 200 年，日本也大概有 150 年，其很多当前的物质资本形成时期很早，那时的生产技术水平相对落后，所以消耗了更多资源，也排放了更多温室气体。这也正是本文"引言"中所说，为什么发达国家的学者认为目前发展中国家工业化所需的排放应小很多，进而认为考虑历史排放的减排方案是不能接受的重要原因。但由于本文的研究并没有采取发达国家工业化时各类产品碳排放系数，而是采取当前的最先进技术水平进行计算，因而能有效剔除不同时期技术水平不同导致碳排放系数不同的问题。在同一技术水平（最先进技术）下，虽然中国碳资本总量达到 248 亿吨，超过美国的 170 亿吨和日本的 70 亿吨；但从人均碳资本来看，中国仅有 18.26 吨，美国为 55.11 吨，日本 54.74 吨，中国人均水平仅为美国和日本的 1/3 左右。

四、碳资本与碳排放权分配方案

当前多数学者或机构提出的碳排放方案在进行碳排放权国家间分配时只是规定某国一定时期内拥有排放一定数量 CO_2 的权利，而并未对其排放 CO_2 的结构进行规定。而事实上，权利需要负载于具体行动，并非所有行动都能代表行使权利，因而如果不进行分类容易造成混乱，致使发展中国家的发展权利得不到保障，而发达国家行为的正当性也易受到质疑。

1. 公正账户和平等账户

温室气体减排是全球性问题，任何人都有责任参与减排。另外，不同国家发展情况存在很大差异，这导致不同个体之间所处地位不同，因而出于公正的考量，首先应该消除这种差异，让所有国家都处于同一起跑线上。为此，可以将碳排放权划分为公正账户和平等账户；年度碳排放总量只可以储蓄，不能透支，此举可以避免机会主义行为。

（1）公正账户。由于发展中国家经济落后的直接原因来自物质财富不足，因而首先需要对发展中国家人均碳资本的差距进行补偿，其目的是保证同一时间点上发达国家与发展中国家承担与其发展阶段相当的减排责任。公正账户享有优先保障权，在进行碳排放权分配初始时首先确定。为确保公正账户的性质，各国公正账户不能在不同国家之间进行交易，但可用于本国为提升碳资本存量而进口资本品时使用。例如，A 国在公正账户中目前有 100 亿吨碳排放权，该国不能将其用于碳市场的交易，而仅能在本国进行投资时，由于从 B 国进口了相当量的物质资本而将其相应额度转移给 B 国。该账户之所以做这样的规定一方面是由该账户的性质决定的，另一方面也是由于很多研究表明，不断提升基础设施是解决发展中国家的贫穷与不平等问题的重要手段。

（2）平等账户。在分配公正账户后，便可以认为各国均承担了相应的历史责任。在此基础上，便可以将每个人看作平等的个体，因而在碳排放权分配上同等对待；各国平等账户所获得的碳排放权总量与其人口总量成正比。

2. 碳排放权的分配

在进行碳排放权分配前首先需要计算出可用于分配的碳排放总量，假设 2010 年为碳排放权计算的起始年份，设 2011~2050 年可用碳排放总量为 T，全球公正账户排放总量为 T1，全球平等账户排放总量为 T2。

假设一国 i 2010 年时的人均碳资本为 x_i，并以处于最高水平的美国人均碳资本 c 为标杆[①]；i 国人口总数为 N_i；全球国家总数为 n；公正账户碳排放权和平等账户碳排放权人均水平分别表示为 kf 和 ke。

则 i 国公正账户人均碳资本额度为：

$$kf_i = Max(c - x_i, \ 0) \tag{1}$$

全球公正账户排放总量为：

$$T1 = \sum_{i=1}^{n} kf_i \cdot N_i = \sum_{i=1}^{n} Max(c - x_i, \ 0) \cdot N_i \tag{2}$$

在确定全球公正账户碳排放权规模 T1 后，可以计算出全部剩余的碳排放空间，全球平等账户碳排放权总额度 T2 为：

$$T2 = T - T1 = T - \sum_{i=1}^{n} Max(c - x_i, \ 0) \cdot N_i \tag{3}$$

将 T2 平均分配给全球每一个人，因而各国平等账户碳排放权人均水平相同，各国平等账户人均碳排放权额度为：

$$ke_i = \frac{T2}{\sum\limits_{i=1}^{n} N_i} = \frac{T - T1}{\sum\limits_{i=1}^{n} N_i} = \frac{T - \sum\limits_{i=1}^{n} Max(c - x_i, \ 0) \cdot N_i}{\sum\limits_{i=1}^{n} N_i} \tag{4}$$

3. 碳排放权分配实例

IPCC 认为，在 2050 年之前，人类需要将大气温室气体浓度控制在安全范围内。本文按此假设，借鉴丁仲礼等的研究成果[②]，将 2050 年 CO_2 浓度控制在 470ppmv 目标线以下并计算得到 2005~2050 年全球 CO_2 排放空间为 12776 亿吨。而根据 CDIAC 的数据显示，2006~2010 年全球 CO_2 排放总量为 1600 亿吨，因而 2011~2050 年全球 CO_2 剩余排放空间为 11176 亿吨。

在排放总量限制下，需要计算出不同账户的相应额度，具体计算过程如下：

（1）世界人均碳资本。《社会中的金属》中估计 1985 年世界人均钢拥有量为 2.1 吨/人，2003 年世界铝人均拥有量 82 千克/人，2000 年世界铜人均拥有量 50 千克/人。首先，根据相应年度世界人口总量可估算以上三个年度世界粗钢、铝和铜的社会蓄积量。其次，铝、铜可参照美国地质调查（U.S. Geological Survey）数据库中的世界年度产量数据，[③] 粗钢参照历年《世界钢铁统计年鉴》中世界各年度粗钢产量及非电炉比例数据，[④] 再计算出 2010 年度之前残缺时期段的累计产量并与上述年度社会蓄积量数据相加，即可得到 2010 年度世界粗钢、铝、铜的社会蓄积量。至于水泥，其 1950~2010 年蓄积量增加额采用对这一期间产量数据进行累加，数据同样来源于美国地质调查数据库。而 1950 年世界人均 GDP 大约为 2338 盖凯美元，大致相当于中国 1985 年的水平（2084 盖凯美元），用 1985 年之前中国水泥累计产量除

---

① 本文在计算中，c 值取美国的人均碳资本 55.11 吨 CO_2。本文选择美国人均碳资本作为基准有如下几个原因：一是由于美国人均碳资本很高，在本文选择的三国中最高；二是因为美国仍旧是世界最有影响力的国家；三是因为美国是世界人口最多的高收入国家。2010 年全球高收入国家人口总量为 11.27 亿人（数据来源于《国际统计年鉴》（2012）），美国为 3.09 亿人，日本为 1.28 亿人，这两个国家就占到高收入国家人口总数的 38.8%，美国一国就占到 27%。

② 丁仲礼、段晓男、葛全胜、张志强：《2050 年大气 CO_2 浓度控制：各国排放权计算》，《中国科学》（D 辑：地球科学）》2009 年第 8 期。

③ http://minerals.usgs.gov/minerals/.

④ 用各年度粗钢产量乘以该年度非电炉钢比重，即可得出该年度世界粗钢蓄积量的净增加量，数据来源可参见：http://www.worldsteel.org/。

以当年中国人口规模可得到中国人均水泥拥有量 1.21 吨/人，用该水平代替世界 1950 年水平并依据 1950 年世界总人口可以估算出 1950 年世界水泥社会蓄积量。将以上两组数据相加可以得到 2010 年度水泥社会蓄积量。2010 年世界人口大约为 69.16 亿，由此计算出粗钢、水泥、铝、铜的人均拥有量分别为 3.77 吨、9.61 吨、111.73 千克和 65.38 千克，世界人均碳资本为 15.20 吨 CO_2。

（2）公正账户碳排放权。根据世界人均碳资本可以计算得到全球分配于公正账户的可用碳排放总量为 2759 亿吨，其中，中国为 501 亿吨，日本为 0.47 亿吨，美国该项目为 0。

（3）平等账户碳排放权。用全球 CO_2 剩余排放额度减去全球公正账户碳排放权即可得到全球平等账户碳排放权，其为 8417 亿吨，其中，中国获得 1655 亿吨，美国 376 亿吨，日本 156 亿吨。

最后计算得到的中国、日本、美国的碳排放权总额度和年度额度。从表 4 可以看出，2011~2050 年，中国的碳排放权总量为 2156 亿吨，美国和日本分别约为 376 亿吨和 156.47 亿吨。如果按照 2010 年度各国排放总量简单计算，则中国、美国、日本该总量分别只能使用 26 年、6.8 年和 13.4 年。因而当务之急，必须对当前的能源使用现状进行反思，尤其对不适当的消费行为等不可持续的碳排放部分要进行削减。如果基于人均年度碳排放量计算，可得中国为 3.96 吨/人·年，美国为 3.04 吨/人·年，日本为 3.05 吨/人·年。与 2010 年度的人均碳排放量相比三国均存在明显缺口，中国缺 2.13 吨/人·年，美国缺 14.88 吨/人·年，日本缺 6.09 吨/人·年，无论是缺口总量还是缺口比例，美国和日本都大得惊人，尤其是美国。由此可知，基于公正和平等的视角下，当前全球存在的碳排放空间难以满足实际需要，这种缺口无论对于发达国家还是发展中国家而言都很明显。发达国家需要为当前困境承担主要责任，在本文框架内主要表现在当前实际排放量普遍远高于其可排放量，如美国和日本分别高出 4.89 倍和 2.00 倍。此情形若持续下去势必大幅度挤占发展中国家经济发展所需碳排放空间，从而损害了广大发展中国家的基本权利。因此，一个协调、可持续的减排方案首先应该是发达国家需要率先大幅度降低温室气体减排，否则发展中国家的发展权利根本不可能得到有效保障。

表 4　2011~2050 年中日美三国碳（CO_2）排放额度

单位：亿吨

国家	分类	总账户	公正账户	平等账户
中国	总量	2156	501	1655
	年度量	53.90	—	41.38
日本	总量	156.47	0.47	156
	年度量	3.91	—	3.90
美国	总量	376	0	376
	年度量	9.40	—	9.40
世界	总量	11176	2759	8417
	年度量	279.40	68.98	210.42

那么，究竟中国 2011~2050 年的碳排放权能否满足经济发展需要呢？据岳超和王少鹏等的预测结果，2006~2050 年中国累计碳排放可能范围在 102~156PgC，相应人均累计碳排放量范围在 71~109tC，此相当于 3740 亿~5720 亿吨 CO_2 排放量。[①] 由于 2006~2010 年中国实际已经排放 CO_2 362 亿吨，因而 2011~2050 年可能排放范围在 3378 亿~5358 亿吨 CO_2。其最乐观的累计排放量预测值比中国可用排放总

---

① 岳超、王少鹏、朱江玲、方精云：《2050 年中国碳排放量的情景预测——碳排放和社会发展 IV》，《北京大学学报》（自然科学版）2010 年第 4 期。

额度高出 1222 亿吨，高出幅度大约在 56.68%。那么是否存在有利因素能降低中国未来 CO_2 累计排放量呢？本文认为大致存在如下有利因素。第一，全球经济有向低碳化加速发展的趋势，这可以从发达国家在近年来人均碳排放量下降趋势中看出。第二，如果中国加快能源结构调整，大力发展清洁能源，则碳排放系数会有所降低。例如，当前日本和法国经济发达程度相似，但由于能源结构差异导致人均 CO_2 排放存在明显差异，日本为 9.14 吨/人，法国为 5.76 吨/人。根据林伯强等的研究发现，积极的可再生能源政策和规划所推动的能源战略调整能够明显地改善能源结构，降低煤炭的消费比例，降低二氧化碳排放；到 2020 年，通过调整能源结构能够实现再减排 6 亿吨 CO_2 的目标[1]。可以设想页岩气等非传统低碳化石能源的大量使用，会相应降低中国经济总体的碳排放系数。第三，全球各国若能在减排活动上进一步加强交流与合作，则低碳技术溢出及研究开发的步伐都将进一步加快。据相关研究显示，通过技术进步推动能源强度下降，是减排的核心动力；能源强度每下降 1 个百分点，中国碳排放在理论上减少 33Mt；由于中国目前的能源强度仍与国外先进水平相差甚远，因而通过国际合作，利用发达国家先进的节能技术以提高能源利用效率，是中国低碳发展的重要途径[2]。林伯强和杜克锐的研究也表明，技术进步和资本能源替代效应是中国地区能源强度下降的主要因素，并且技术进步在 18 个省（市、区）中是能源强度下降的最大贡献者[3]。如前文所述，公正账户碳排放权是假设在统一的最先进技术条件下计算出来的，若发达国家不能有效向发展中国家提供先进技术，发展中国家的公正账户会相应提升，从而影响发达国家的利益。因而以碳资本为基础的碳排放权方案实施后，会促进发达国家向发展中国家进行技术转移，从而会进一步促进中国能源强度的下降。第四，随着全球气候变暖问题的广泛传播，社会民众逐渐获得清晰认知并参与节能减排行动，这势必通过消费者选择性消费行为推动产品低碳化和生产技术低碳化发展。第五，在未来 40 年期间，全球可能在太阳能、风能等新能源领域有较大程度的突破，并在碳汇技术和产业发展上更进一步。例如，据最近的观察研究表明，太阳能和风能等领域的可再生能源技术正在经历如同 20 世纪后半期信息技术一般的指数增长曲线。[4]

　　4. 基于碳资本的碳排放权分配方案与其他两类方案的比较

　　前文在量化碳资本的基础上设计了新的全球碳排放权分配方案。该方案可以说是属于基于现期的减排方案和基于历史的减排方案的折中选择，平衡了发达国家与发展中国家的利益。为了进行对比，我们将三种方案中的中美日三国的排放权列在表 5 中。从表 5 中可以看出以"丹麦草案"为代表的基于当期的排放权分配方案与以中科院丁仲礼等方案为代表的基于历史累计的排放权分配方案对不同国家的排放权分配有巨大的差异性影响，而基于碳资本的排放权分配方案使中美日三国的排放权介于二者之间。需要说明的是，"丹麦草案"与其他方案不同，没有在"2050 年全球二氧化碳浓度控制在 470ppmv 水平以下"的原则下进行碳排放权分配，因而其全球总排放权要远大于其他两个方案，各国的排放权绝对量都远大于其他两个方案。为了方便进行对比，我们将"丹麦草案"进行了调整，调整后使其在 2011~2050 年的全球二氧化碳排放总量与其他两个方案相当，其余各国的总量及年度量均按相同比例下调。另外，我们根据表 5 中的数据，计算了各方案下美日两国与中国碳排放权的相对比例，以及中美日三国碳排放权占世界的比例，计算结果如表 6 所示。各种比例数据在方案 1 及其调整方案中是相同的，因而就只列出了方案 1 的相应数据。从表 6 中可以更清楚地看出三种方案的差异。

① 林伯强、姚昕、刘希颖：《节能和碳排放约束下的中国能源结构战略调整》，《中国社会科学》2010 年第 1 期。
② 涂正革：《中国的碳减排路径与战略选择——基于八大行业部门碳排放量的指数分解分析》，《中国社会科学》2012 年第 3 期。
③ 林伯强、杜克锐：《理解中国能源强度的变化：一个综合的分解框架》，《世界经济》2014 年第 4 期。
④ 杰里米·里夫金：《零边际成本社会》，赛迪研究院专家组译，中信出版社 2014 年版，第 80—83 页。

表 5　2011~2050 年基于不同方案的中日美三国碳（CO$_2$）排放权

单位：亿吨

国家	分类	基于当期排放的碳排放权方案 方案 1	基于当期排放的碳排放权方案 方案 1ª（总量调整后）	基于碳资本的碳排放权方案 方案 2	基于历史累计排放的碳排放权方案 方案 3	2010 年年度实际排放量
中国	总量	2872	1929	2156	3668	
	年度量	71.80	48.22	53.90	91.70	82.87[①]
日本	总量	502	337	156.47	10.43	
	年度量	12.54	8.42	3.91	0.26	11.71
美国	总量	1211	813	376	−2271	
	年度量	30.28	20.34	9.40	−56.78	55.44
世界	总量	16641	11176	11176	11176	
	年度量	416[②]	279.38	279.40	279.40	336

注：a. 历史排放方案数据来源于丁仲礼等（2009）的研究，其历史累计排放数据计算起始年为 1900 年，表 7 中历史累计排放数据是在其分配额度基础上减去 2006~2010 年实际排放量所得。当期排放方案主要基于"丹麦草案"计算而来，在 2009 年的哥本哈根气候大会上，一份由部分发达国家秘密草拟的减排方案被曝光，即"丹麦草案"，该草案提出，到 2050 年，发达国家人均年排放不超过 2.67tC，而发展中国家人均年排放不超过 1.44tC。调整后的当前排放方案是在"丹麦草案"基础上，将 2011~2050 年全球二氧化碳排放总量调整到 11176 亿吨，以确保 2050 年全球二氧化碳浓度控制在 470ppmv 水平以下，其余各国的总量及年度量均按相同比例下调。

　　在方案 1 下，中国排放权（2011~2050 年，下同）仅为日本的 5.72 倍，美国的 2.37 倍；而中国人口是日本的 10.62 倍、美国的 4.4 倍。中国碳排放权占世界比重与中国人口占世界比例的相对比值为 88%；而美国和日本均为 163%，两者都远大于 1。从上述数据可以充分看出该方案代表了发达国家的利益，发展中国家是难以接受的。

　　在方案 3 下，中国排放权为日本的 351.68 倍，远远高于中国人口与日本人口的比值。中国碳排放权占世界比例高于中国人口占世界比例，两者的相对比例为 166.93%；而美国为−454.37%，日本为 5.04%，两者都远小于方案 1，特别是美国的排放权为负（只能向其他国家购买排放权），显然美国更不能接受方案 3。从上述数据都可以充分看出，该方案充分反映了发展中国家的利益，但发达国家难以接受。

　　在方案 2 下，中国排放权为日本的 13.78 倍，高于中国人口与日本人口的比值；中国排放权为美国的 5.73 倍，也高于中国人口与美国人口的比值。中国碳排放权占世界比例与中国人口占世界比例基本相同，两者的相对比例为 98.12%；而美国为 75.23%，日本为 75.59%。从上述数据可以看出，方案 2 平衡了发达国家与发展中国家的利益，中美日的排放权普遍介于方案 1 与方案 2 之间。

　　基于碳资本的排放权分配方案不仅有清晰的理论依据，有利于说服发达国家承担其历史排放，而且拥有以下优点：

---

　　① 从表 5 中可以看出，中国 2010 年的实际碳排放量为 82.87 亿吨，高于碳资本排放权方案下的 53.90 亿吨；这说明中国也必须抓紧实施节能减排方案。但若我们考虑包括中国在内的发展中国家有较大量的公正账户可用，在 2020 年前中国的碳减排压力尚可承受。我们按 2011 年到 2020 年平均中国每年碳排放量增加 3% 计算（国家专项规划《国家应对气候变化规则（2014~2020）》提出要"确保实现 2020 年碳排放强度比 2005 年下降 40%~45%"，以此测算我国碳排放强度年均要下降 3.3%~3.9%，我国到 2020 年前中国 GDP 年均增长速度按 7% 计算，则可以估算中国每年碳排放量增长为 3% 左右），2011~2020 年中国碳排放量共为 1061 亿吨；而中国同期平等账户碳排放量总共为 539 亿吨，而公正账户为 501 亿吨，共计 1040 亿吨，比中国预计的排放量仅低 21 亿吨，平均一年仅低 2 亿吨。而根据林伯强、姚昕、刘希颖的《节能和碳排放约束下的中国能源结构战略调整》研究成果可知，中国若能有效完成节能减排政策，则到 2020 年中国年均碳排放量为 90 亿吨，若采取进一步的节能减排政策甚至能降低到 84 亿吨。按上述研究，碳资本排放权方案下中国的排放空间，尚不会对中国的经济发展造成严重制约。

　　② 2010 年，全球人口总量大约为 69.16 亿人，其中高收入国家人口 11.27 亿人。在本表中，发达国家就用高收入国家表示，其余均为发展中国家。世界总量及年度量数据根据发达国家和发展中国家的相应数据加权计算而来。

（1）有利于全球技术合作，共同减少碳排放。公正账户碳排放权是假设在统一的最先进技术条件下计算出来的，但如果国际的技术转移不能有效实现，发展中国家该账户碳排放权额度会有较大程度提高，而这种提高是发展中国家应有的基本权利，发达国家也会因此使其碳排放空间相应有所减少。因而，加速先进技术的国际转移是符合全球各国利益的，是全球合作以减少温室气体排放的重要举措。这里还需要说明的是，一经确认了发达国家向发展中国家进行技术转移的义务及在此前提下根据世界最先进技术所确定的公正账户的碳排放权后，各国公正账户将不再根据各国的实际碳排放量进行调整；因而也将激励发展中国家采取更先进的技术水平，从而可以避免其在碳排放中潜在的"道德风险"。

（2）有利于发展中国家经济的可持续发展，而不是简单通过碳排放权交易以获取短期利益。坎昆大会通过了两份决议，认可经济和社会发展以及减贫是发展中国家的最重要的优先事务。而发展中国家经济和社会发展的重要障碍是基础设施落后。基于碳资本的碳排放权分配方案对于公正账户的碳排放权规定其不能在不同国家之间进行交易，但可用于本国为提升碳资本存量而进口资本品时使用，这就能保证发展中国家经济与社会的可持续发展。

表6　2011~2050年基于不同方案的中日美三国碳排放权比例分析

	方案1	方案2	方案3	人口
中国/日本（借）	5.72	13.78	351.68	10.62
中国/美国（借）	2.37	5.73	-1.62	4.40
中国/世界（%）	17.26	19.29	32.82	19.66
日本/世界（%）	3.02	1.40	0.09	1.85
美国/世界（%）	7.28	3.36	-20.32	4.47
中国占世界排放权比例/中国占世界人口比例（%）	88	98.12	166.93	
日本占世界排放权比例/日本占世界人口比例（%）	163	75.59	5.04	
美国占世界排放权比例/美国占世界人口比例（%）	163	75.23	-454.37	

（3）有利于中国站在"道德制高点上"，从而有利于改变中国参与应对气候变化谈判的被动局面。虽然以历史累计为基础的方案有利于维护发展中国家利益，但由于前面所述的原因难以在理论上说服发达国家。而发达国家又以应对气候变化是全人类的共同利益，各国都应做出贡献为由，并通过其强大话语权，经常人为制造"拯救人类的最后一次机会"这类的话题，使其似乎是站在"道德制高点上"要求中国做出难以承担的减排承诺；否则就以中国不负责任为借口，让以"小岛国"为代表的国家指责中国。而在基于碳资本的碳排放权分配方案中，中国排放权占世界的比例略低于中国人口占比。与全球完全按人均分配碳排放权方案相比[①]中国排放权在40年间共减少41.2亿吨，平均一年1.03亿吨；但由于该方案有清晰的理论依据，从而使得发达国家难以推脱其历史责任；又由于代表了发展中国家的利益，从而使中国能站在"道德制高点上"参加应对国际气候变化问题谈判。

（4）有利于碳减排责任从生产者责任向消费者责任转变。目前在碳排放责任方面有两个维度，一个是历史排放与现实排放责任，另一个是生产者与消费者责任。目前来看，强调历史排放比较有利于发展中国家，而仅谈当前的排放有利于发达国家。生产者责任对于制造业为净进口的国家有利，而消费者责任有利于制造业国际竞争力较强的国家。例如，樊纲等基于最终消费来衡量碳排放责任的研究发现，中

---

① 2011~2050年全球碳排放空间为11176亿吨CO_2，除以2010年全球总人口69.16亿人，再乘以中国人口总量13.598亿人可得中国所获的碳排放权额度为2197亿吨CO_2。

国 1950~2005 年的实际累计碳排放中有 14%~33% 是由他国消费所致；而大部分发达国家则恰恰相反，其实际排放低于消费排放。[①] 目前中国学者提出的减排方案，主要是强调了发展中国家的权利，而对中国作为制造业大国的考虑不足。本文所提出的方案不仅强调了发达国家所应承担的历史责任，而且其实质是反映了消费责任，其得到广泛认可后也必将进一步推动消费者减排责任被认可，从而对于碳排放净出口国有利。而且消费者减排责任被广泛认可后，也可以促进每位公民从自身做起，减少碳足迹；从而能从消费者倒逼生产者实现绿色、低碳化、可持续的生产模式，有利于从微观层面实现经济增长方式的转变。

五、结论和建议

温室气体排放已经成为一个全球性问题，其解决势必需要各国在认识和行动上的协调一致。但由于其中交织着发展问题，因而当前国家之间争论很大。发达国家提出的减排方案普遍忽视历史责任，损害了发展中国家的发展权利。发展中国家也提出相应的减排方案以充分反映发展中国家的利益，为争取发展中国家应有的权利发挥了巨大的作用。本文在前人研究的基础上，计算了世界及中美日三国的碳资本存量，并在此基础上提出了基于"公正与平等"理念的碳减排方案。本文提出的基于碳资本排放权方案与其他两种方案的简要比较如表 7 所示。

表 7　不同碳排放权方案的简要比较

	基于当期排放的碳排放权方案	基于历史累计排放的碳排放权方案	基于碳资本的碳排放权方案
基本主张	基于目前各国的排放量，认为目前的排放权是一种权利，可以继承	考虑各国的历史排放量，各国到某一时点的历史累计人均排放量相同	认为各国不仅将来的人均排放权相同，而且应考虑各国物质资本所内涵的碳资本差异
理念实质	存在就是合理的	"父债子偿"	每个人都有追求高质量生活的权利
碳排放权分配	发达国家人均碳排放权较高	发展中国家人均碳排放权较高	介于两者之间，但越是落后国家人均碳排放权越高
支持者	发达国家	发展中国家	平衡发达国家与发展中国家的利益

本文研究的主要结论如下：

（1）碳资本存量对发达国家须承担历史责任的累计碳排放进行了分离与量化。虽然目前基于历史排放的减排方案在为发展中国家争取"发展的减排空间"时发挥了巨大的作用，但并未获得发达国家学者的广泛认可。本文出于以上考虑，认为在研究碳减排责任时虽然考虑历史排放至关重要，但并不是所有的历史都对现在造成影响，需要考虑的仅应当是对提升当代人生活质量有意义的历史排放。我们认为本文所提出并计算的碳资本就是有意义的历史排放。

（2）中美日三国碳资本存量及人均碳资本存量的计算结果表明，发达国家有较高的人均碳资本存量。本文试图从物质资本存量所需碳排放，即碳资本角度出发，在历史累计碳排放中择取出对当代人生活质量有影响的部分。由于物质资本实物形态种类繁多，本文主要选择了碳排放最大的钢铁、水泥、铝、铜四个部门进行研究。计算结果表明，在这四种材料的人均拥有量上，中国与美日两国都存在明显差距；美日两国虽然处于同一经济发展水平，但不同材料的人均拥有量上却有较大的差异。为剔除世界

[①] 樊纲、苏铭、曹静：《最终消费与碳减排责任的经济学分析》，《经济研究》2010 年第 1 期。

200多年工业化进程中，由于技术进步所导致的碳排放系数的差异，本文采取最先进技术碳排放系数计算了中美日三国的碳资本总量及人均碳资本存量。结果表明，虽然中国目前碳资本总量已经超过美日，但美日人均碳资本量仍旧是中国的3倍。特别有意义的是，虽然美日两国水泥、钢铁、铝、铜四种物质的人均蓄积量有较大的差异，但两国的人均碳资本存量却是相当的。这一方面表明本文所采取的方法及参数较为合理；另一方面也表明碳资本存量是与经济社会发展水平高度相关的因素。因而虽然本文仅以美日为例进行了计算，但可以合理推测欧美日等发达国家都拥有较高且相近的人均碳资本存量。[①]

（3）发达国家较高的人均碳资本是其国民较高生活质量的基础，因而发达国家承担历史上的碳排放责任有其坚实的物质基础，发达国家民众承担其国历史排放也有其清晰的责任链条。如前所述，目前已有的依据历史累计碳排放的减排方案由于没有清晰责任链条，缺少有力的法理依据，难以说服发达国家为其历史排放负责。本文计算表明，美日人均碳资本存量为世界平均水平的3.6倍左右，其国民今天高质量的生活水平与历史高排放所形成的碳资本高度相关。可以说，发达国家如果没有其高额的人均碳资本存量，其国民的生活质量将一落千丈，因而发达国家为其历史排放负责也是应有之义。基于人人平等原则，发展中国家人民追求高质量的生活的正当性不容置疑，在可以预测的将来，通过工业化路径不断提高物质资本存量是实现高质量生活的必经之路。一个国家在工业化进程中，其投资活动是一种必需的手段和基本的权利，因而在减排问题上应该优先保障，在全球减排过程中为发展中国家预留出足够的碳资本排放空间也就是应有之义。

（4）依据"公正与平等"两大原则，本文初步制定了到2050年的碳排放权分配方案，将碳排放权划分为公正账户和平等账户。公正账户的设立是为了消除不同国家之间目前人均碳资本差距，体现了公正原则；而平等账户体现了人人都要为应对气候变化负责、人人平等的公平原则。物质资本是造就高水平生活的关键因素，人均资本拥有量越高，其相应的生活水平也就越高。这从当前日本和美国人均碳资本和生活水平基本一致可以看出。这一方面说明，发达国家高水平的生活质量来源于其物质资本，而物质资本的形成可以追溯到其历史上各个时期，因此发达国家需要为这部分有意义的历史排放承担相应责任。另一方面也说明，发展的基本权利反映在投资活动的正当性上，为保障发展中国家追求更好生活的权利，就应该优先保障发展中国家投资活动的碳排放，而不是简单地对发展中国家的碳排放进行限制，因而应优先保证各国的公正账户的排放权。根据我们的测算，目前世界人均碳资本存量为15.20吨CO_2，按其与美国目前人均碳资本差异来计算世界2011年到2050年公正账户的总排放权为2759亿吨CO_2，平等账户为8417亿吨CO_2。相应中国总排放权是2156亿吨，公正账户为501亿吨。2011年到2050年中国人均年排放权为3.96吨/人·年，略低于世界平均的4.04吨/人·年；美国为3.04吨/人·年，略低于日本的3.05吨/人·年，二者均低于世界平均排放权1吨左右。中美日三国均有减排压力，但美日的减排压力要远大于中国。为保证公正账户设定的性质，各国公正账户的碳排放权不能用于交易，而仅能与提升本国碳资本的国际贸易配合使用。

本文的研究所采用的物质类型仅有四种，依然较为有限，进一步的相关研究应该扩大物质种类。所采用的社会蓄积量和碳排放系数很多建立在其他学者研究的基础上，而不同学者对同一指标也存在不同的估算，因而对于数据进一步准确估算也是下一步研究的方向。本文仅对中美日三国的数据进行了估

[①]《社会中的金属》报告中将样本国家分为较发达国家（More-developed Countries）和较不发达国家（Less-developed Countries）两个子样本，分别计算了两个子样本下各种金属的人均社会蓄积量，其中，铝、铜、铁、铅、不锈钢、锌估计样本量分别为9个、34个、13个、20个、5个、14个，较发达国家人均社会蓄积量分别为350~500千克、140~300千克、7000~14000千克、20~150千克、80~180千克、80~200千克；较不发达国家人均量分别为35千克、30~40千克、2000千克、1~4千克、15千克、20~40千克。可见发达国家普遍拥有较高的人均金属社会蓄积量。所有估测值估计时间均在2000~2006年。

算，为促使基于碳资本的碳排放权分配方案变为可操作性的方案，还须对世界各国碳资本存量进行计算。最后，本文提出的碳排放权分配方案还应当与国内已经提出的其他基于历史累计排放的碳预算、碳账户方案结合，以进一步提升其可操作性；此外，还需要进一步研究不同方案对于不同国家特别是发展中国家经济发展的定量影响，并由此提出中国碳减排政策的调整方向。

（本文发表在《中国社会科学》2015 年第 7 期）

中国二氧化碳排放增长因素分析
——基于 SDA 分解技术

郭朝先

摘　要： 本文构建了一个扩展的（进口）竞争型经济—能源—环境投入产出模型，采用双层嵌套结构式的结构分解分析（SDA）方法，从经济整体、分产业、工业分行业三个角度对 1992~2007 年我国二氧化碳排放增长进行了分解。分析结果表明，能源消费强度效应始终是碳减排最主要的因素，最终需求的规模扩张效应和投入产出系数变动效应是促使碳排放增加的主要因素，相比之下，进口替代效应和能源消费结构变动效应一直比较小；在规模扩张诸因素中，出口和投资扩张效应越来越显著，而消费扩张效应重要性程度下降。本文研究还发现，2002~2007 年二氧化碳排放增长较前期明显加速，表明新一轮工业化呈现"高碳化"趋势。在整个研究期间，投入产出系数变动效应越来越大，在工业领域尤其是能源工业中情况更是如此，表明"粗放式"经济增长方式不但得以延续而且变本加厉。

关键词： 二氧化碳排放；SDA 分解；能源消费强度变动效应；投入产出系数变动效应

一、引　言

当前我国正处于快速工业化推进进程中，二氧化碳排放仍保持快速增加态势，控制和削减二氧化碳排放形势十分严峻。图 1 表明，改革开放以来，伴随中国经济快速增长，我国二氧化碳排放量呈逐步增长态势。其中，在 1996 年之前增长相对平缓，1978 年中国二氧化碳排放量为 14 亿吨，1996 年达到 35 亿吨，1978~2006 年年均增长约 5%；受亚洲金融危机的影响，1997 年之后的一段时间内我国碳排放出现了负增长，2001 年二氧化碳排放水平大致和 1997 年持平，约为 34 亿吨；进入 21 世纪特别是 2002 年以来，我国二氧化碳排放出现了快速增长，2002 年二氧化碳排放量为 36 亿吨，2008 年高达 68 亿吨，2002~2008 年年均增长率约为 11%，这个速度甚至高于同期经济增长速度。

到底是什么原因促进了我国碳排放持续快速增长，值得探讨。为深化我国碳排放增长路径的认识，推动我国经济发展方式的转变，有必要对驱动碳排放增长各个因素从总的效应中分离出来，单独计量其对总排放增长的贡献。通行的分解方法有两种：一种是指数分解方法 IDA（Index Decomposition Analysis），另一种是结构分解方法 SDA（Structural Decomposition Analysis）。SDA 法与 IDA 法最大的区别在于

[**基金项目**] 国家科技支撑计划课题"跨区域经济发展动态仿真模拟技术开发"（批准号：2006BAC18B03）；国家社会科学基金重大项目"产业竞争优势转型战略与全球分工模式的演变"（批准号：09&ZD035）。

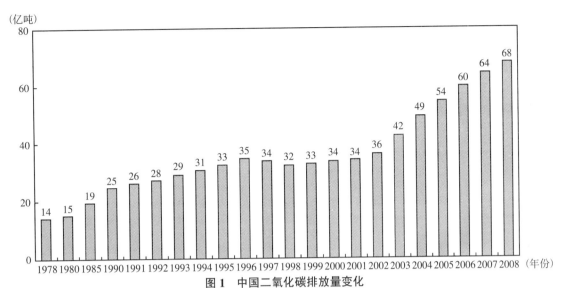

图1　中国二氧化碳排放量变化

资料来源：根据历年分品种能源消耗及 IPCC（2006）提供的碳排放系数计算而来。

前者基于投入产出表，后者则只需使用部门加总数据。Hoekstra 等（2003）对 SDA 法与 IDA 法在使用条件与使用方法上进行了比较，他们认为，相比于 IDA，SDA 对数据有着更高的要求，这是其主要劣势；SDA 的主要优势在于可凭借投入产出模型全面分析各种直接或间接的影响因素，特别是一部门需求变动给其他部门带来的间接影响，而这是 IDA 法所不具备的。本文采用 SDA 分解方法对我国碳排放增长进行因素分解。

基于投入产出模型的结构分解方法（SDA）因具有理论基础明确、数据整齐、能分析各种直接因素和间接因素影响等特点，越来越成为经济、社会、资源环境领域中常用工具手段。仅以对中国问题的研究为例，许多学者采用这种方法分析各种因素对中国经济增长的影响（夏明，2006）、能源消耗（李艳梅、张雷，2008；潘文卿，2010）、能源强度（夏炎、杨翠红、陈锡康，2009）、碳排放以及贸易含污量（张友国，2010）。

与本文较为密切的研究主要有廖明球（2009）对总产出的分解研究，潘文卿（2010）对能源消费变动的研究和张友国（2010）对碳排放分解的研究。本文借鉴了廖明球（2009）对总产出分解研究的成果，并把它整合到碳排放分解公式中。潘文卿（2010）对能源消费变动进行了 SDA 分解分析，本文借鉴其产业分类，将其运用到碳排放分解中。张友国（2010）也对碳排放进行了因素分解，该文的碳排放分解不仅包括生产部门的排放，也包括生活部门的排放，尽管考虑问题更加全面，但也有重复计算的嫌疑，因为投入产出分析本来就是分析经济系统各个部门相互作用的。另外，张友国（2010）是从各部门终端能源消费角度进行分解的，而本文是从各部门的能源直接使用量（消费量）角度出发的，这不仅表现为观察问题的角度不同，而且数据质量也是不一样的。[①]张友国的研究对本文具有重要的借鉴意义，并且其研究结论也可与本文研究结论相印证。

对比其他文献研究，本文新颖之处主要有：①采用双层嵌套结构式 SDA 对我国二氧化碳排放变动进行了分解，将碳排放变动分解为能源消费结构变动效应、能源消费强度变动效应、消费扩张效应、投资扩张效应、出口扩张效应、进口替代效应和投入产出系数变动效应七种效应。②采用了可比价投入产出表数据，消除价格因素的影响，从而研究方法更科学、计算结果更准确。③分产业对分解结果进行了

---

① 在历年《中国能源统计年鉴》中，没有比较全面的分产业部门、分品种能源消费统计数据，而只统计工业分行业终端能源消费量数据，因此，从各部门能源使用量角度出发分析问题有更好的数据基础，数据质量更高。

分析，不但分农业、工业、建筑业和服务业对不同效应在碳排放变动中发挥的作用进行了分解，而且将工业进一步划分为能源工业、轻制造业、重制造业和其他工业，从而更加全面分析各种效应的贡献。

　　本文接下来的安排是：第二部分介绍碳排放 SDA 分解方法，第三部分是数据来源及处理说明，第四部分是对 1992~2007 年中国碳排放因素分解实证分析，第五部分是基本结论。

二、研究方法

　　本文的研究是建立在扩展的经济—能源—碳排放投入产出表基础之上的，表 1 是这种表式的简表。由于我国未单独编制国内和进口的投入产出表，这里假设进口品和国内生产的产品没有差别，因而采用（进口）竞争型经济—能源—环境投入产出表表式。

表 1　（进口）竞争型经济—能源—环境投入产出表表式

	中间使用	最终需求（Y）			进口	总产出
		消费	资本形成	出口		
中间投入	AX	C	I	EX	IM	X
增加值	V					
总投入	X^T					
能源消费	$E\hat{X}$					
能源结构	F					
碳排放量	Q^T					

注：X^T、Q^T 分别是 X、Q 的转置，$\hat{X}$ 表示 X 的角阵。其中，$Q = \hat{S}\hat{E}X$，$S = c \times F$，c 是碳排放系数向量。

　　表 1 中，A 是投入产出直接消耗系数矩阵，X 是总产出列向量，则 X^T 是总投入行向量（T 表示转置），Y 是最终需求矩阵，包括消费向量（C）、资本形成向量（I）和出口向量（EX）三个部分，IM 是进口列向量。E 表示分产业部门的能源消费强度行向量，$E\hat{X}$ 表示分产业部门的能源消费量，其中 $\hat{X}$ 表示 X 的角阵。F 表示能源结构矩阵（指煤炭、石油、天然气三者所占比重）。由此可知，碳排放总量 $Q = cF\hat{E}X$，其中，c 表示碳排放系数向量。进一步令 $S = cF$，并将 S 写成角阵 $\hat{S}$ 的形式，则碳排放量 Q 可写成向量形式：$Q = \hat{S}\hat{E}X$。[①]

　　由此，$\Delta Q = Q_1 - Q_0 = \hat{S}_1\hat{E}_1X_1 - \hat{S}_0\hat{E}_0X_0$。其中，下标 1、0 分别表示变量在第 1 期（报告期）和第 0 期（基期）的取值；Δ 表示变量的变化。

　　结构分解分析模型通常有四种形式：①保留交叉项；②不保留交叉项，将其以不同权重方式分配给各自变量；③加权平均法；④两极分解法或中点权分解法。方法①中由于交叉影响的存在，因此无法说明某个自变量对因变量的全部影响；方法②在合并交叉项时，存在权重不匹配问题；方法③在理论上比较完善，但是计算量较大；方法④相对粗糙，但可为方法③的近似解，而且比较直观。Dietzenbacher 和

---

① 由于不同能源碳排放系数一般比较稳定，其在总效应中的贡献微乎其微。本文假定碳排放系数没有变动，没有进一步分离出碳排放系数变动效应。

Los（1998）也指出结构分解的形式并不是唯一的，从不同的因素排列顺序进行分解，会得到不同的分解形式。如果一个变量的变化由 n 个因素决定，那么该变量的结构分解形式共有 n! 个。理论上，用这 n! 个分解方程中每个因素的变动对应变量影响的平均值来衡量该因素的变动对应变量的影响是合理的，但实际计算操作上会相当复杂。不过，Dietzenbacher 和 Los（1998）进一步指出，如果变量过多，可采用两极分解方法作为替代，而所得到的结果却非常接近。[①] 这里采用两极分解方法来进行因素分解。

首先，可将 ΔQ 分解如下：$\Delta Q = \Delta \hat{S} \hat{E}_0 X_0 + \hat{S}_1 \Delta \hat{E} X_0 + \hat{S}_1 \hat{E}_1 \Delta X$。

或者：$\Delta Q = \Delta \hat{S} \hat{E}_1 X_1 + \hat{S}_0 \Delta \hat{E} X_1 + \hat{S}_0 \hat{E}_0 \Delta X$。

于是，$\Delta Q = (\Delta \hat{S} \hat{E}_0 X_0 + \Delta \hat{S} \hat{E}_1 X_1)/2 + (\hat{S}_1 \Delta \hat{E} X_0 + \hat{S}_0 \Delta \hat{E} X_1)/2 + (\hat{S}_0 \hat{E}_0 \Delta X + \hat{S}_1 \hat{E}_1 \Delta X)/2$。

根据投入产出表平衡关系式，经济规模的变化 ΔX 还可以进一步分解为国内需求变动效应（进一步可分解为消费和资本形成变动效应）、出口扩张效应、进口替代效应、技术变动效应。将 ΔX 进行进一步分解后代入 ΔQ 分解的表达式中就可形成"双层嵌套式"的结构分解表达式。

由于下述恒等式成立：总产品＝国内生产国内使用的中间产品＋国内生产国内使用的最终需求产品＋出口产品，则有：

$$X_0 = \hat{U}_0 A_0 X_0 + \hat{U}_0 (C_0 + I_0) + EX_0; \text{以及} \quad X_1 = \hat{U}_1 A_1 X_1 + \hat{U}_1 (C_1 + I_1) + EX_1。$$

其中，A 为直接消耗系数矩阵，$\hat{U}$ 为国内供给比率的对角矩阵，其对角元素 u_i 为各部门产品的国内供给比率。计算公式是：$u_i = \dfrac{x_i - e_i}{x_i - e_i + m_i}$，其中，$m_i$、$e_i$、$x_i$ 分别为进口列向量 IM、出口列向量 EX、总产出列向量 X 相应的元素。

根据以上假定条件，可以进一步对经济规模变化量 ΔX 进行因素分解。为记述方便，令 $R_0 = (1 - \hat{U}_0 A_0)^{-1}$，$R_1 = (1 - \hat{U}_1 A_1)^{-1}$。[②] 则：

$$\Delta X = \frac{1}{2}(R_0 \hat{U}_0 + R_1 \hat{U}_1) \Delta C + \frac{1}{2}(R_0 \hat{U}_0 + R_1 \hat{U}_1) \Delta I + \frac{1}{2}(R_0 + R_1) \Delta EX +$$

$$\frac{1}{2}[R_0 \Delta \hat{U}(A_1 X_1 + C_1 + I_1) + R_1 \Delta \hat{U}(A_0 X_0 + C_0 + I_0)] + \frac{1}{2}(R_0 \hat{U}_0 \Delta A X_1 + R_1 \hat{U}_1 \Delta A X_0)$$

将上式代入前述 ΔQ 表达式中，并令 $k = (\hat{S}_1 \hat{E}_1 + \hat{S}_0 \hat{E}_0)/2$，可得：

$\Delta Q = (\Delta \hat{S} \hat{E}_0 X_0 + \Delta \hat{S} \hat{E}_1 X_1)/2$……能源消费结构变动效应 +

$\quad (\hat{S}_1 \Delta \hat{E} X_0 + \hat{S}_0 \Delta \hat{E} X_1)/2$……能源消费强度变动效应 +

$\quad k(R_0 \hat{U}_0 + R_1 \hat{U}_1) \Delta C/2$……消费扩张效应 +

$\quad k(R_0 \hat{U}_0 + R_1 \hat{U}_1) \Delta I/2$……投资扩张效应 +

$\quad k(R_0 + R_1) \Delta EX/2$……出口扩张效应 +

$\quad k[R_0 \Delta \hat{U}(A_1 X_1 + C_1 + I_1) + R_1 \Delta \hat{U}(A_0 X_0 + C_0 + I_0)]/2$……进口替代效应 +

$\quad k(R_0 \hat{U}_0 \Delta A X_1 + R_1 \hat{U}_1 \Delta A X_0)/2$……投入产出系数变动效应

这就是碳排放的"双层嵌套式"的结构分解表达式，运用这个公式可对不同时间段的碳排放变动进

[①] 所谓两极分解方法就是将从第一个因素开始分解得到的各因素变化对应变量的影响值和从最后一个因素开始分解得到的各因素的影响值的平均值确定为各因素对应变量的影响值。

[②] 具体推导过程可参阅廖明球：《投入产出及其扩展分析》，首都经济贸易大学出版社 2009 年版。

行因素分析，分解出能源消费结构变动效应、能源消费强度变动效应、消费扩张效应、投资扩张效应、出口扩张效应、进口替代效应和投入产出系数变动效应七种效应。[①]

三、数据来源及处理

根据数据可获得性和匹配原则，本文采用的年度数据分别是 1992 年、1997 年、2002 年和 2007 年。采用的产业部门数是 29 个，其中农业部门 1 个，工业部门 24 个，建筑业部门 1 个，服务业部门 3 个。1992 年、1997 年、2002 年可比价投入产出表来源于刘起运、彭志龙主编的《中国 1992~2005 年可比价投入产出序列表及分析》，2007 年可比价投入产出表根据 2007 年中国投入产出表（现价）提供的初始数据，仿照可比价投入产出表编制方法由作者编制而成。[②] 分产业部门的能源采用一次能源（煤炭、石油、天然气）数据，原始数据来自于历年的《中国能源统计年鉴》和《中国统计年鉴》，根据匹配的原则，将耗能产业部门数调整为 29 个产业部门。不同能源的碳排放系数数据来自气候变化专门委员会（IPCC）编制的《2006 年 IPCC 国家温室气体清单指南》提供的默认值。

四、实证分析

我们从整体状况、分产业（农业、工业、建筑业和服务业）、工业分行业（能源工业、轻制造业、重制造业和其他工业）三个层面对 1992~2007 年我国碳排放变动进行 SDA 分解。

1. 整体状况分解结果

表 2 显示了 1992~2007 年分阶段各因素对中国碳排放增长的贡献，结果表明：

（1）1992~2007 年中国二氧化碳排放增长 34.2 亿吨，其中，能源消费强度变动效应始终保持负值，为中国减少碳排放发挥着积极作用，累计减排二氧化碳 103.86 亿吨。与此相反，消费、资本形成、出口等规模增长因素始终是驱使中国碳排放强力增长的主要因素，1992~2007 年三者累计增加碳排放 105.07 亿吨，分别为 25.60 亿吨、39.62 亿吨和 39.83 亿吨。表征广义技术进步（包括科学技术进步、管理集约化、产业结构变动等）的投入产出系数变动效应也始终是正值，且越来越大，1992~2007 年投入产出系数变动效应累计增加碳排放 32.10 亿吨，这说明，1992 年以来我国经济发展呈现日益"粗放型"增长态势，经济增长对物质资源特别是能源资源消耗的依赖程度加大，这与"低碳化"发展方向是背道而驰的。在此期间，能源消费结构变动效应不明显，1992~2007 年累计值仅减排 0.36 亿吨，说明中国能源结构多年来一直保持着一种稳定的状态。进口替代效应则从负数转变为正数，1992~1007 年累计增加碳排放 1.27 亿吨，说明从碳排放的角度看，我国进口结构也处于一种"劣化"的过程中。

（2）从消费、投资、出口三者对中国碳排放增长的贡献来看，1992~1997 年增长最多的是投资扩张效应，1997~2002 年、2002~2007 年增长最多的是出口扩张效应，1992~2007 年累计效果则更明显，消

[①] 由于 S=cF，假定碳排放系数 c 保持不变，则 S 的变动是由能源消费结构变量 F 的变动引起的，故 S 的变动效应就是能源消费结构变动效应。

[②] 详细编制方法请参阅刘起运，彭志龙主编. 中国 1992~2005 年可比价投入产出序列表及分析 [M]. 北京：中国统计出版社，2010.

费、投资、出口扩张效应分别为 25.60 亿吨、39.62 亿吨和 39.83 亿吨，表明出口和投资超过消费，成为碳排放增长的主要贡献源泉。

（3）2002 年开始的新一轮以重化工业为主的经济增长，使我国二氧化碳排放呈现急剧增长的态势。在 1992~2007 年碳排放增长 34.19 亿吨中，2002~2007 年碳排放增长占其中的 80%，达 27.24 亿吨。尽管这一时期我国大力推进节能减排工作，能源消费强度变动效应为-26.06 亿吨，但经济规模的扩张使碳排放增长 29.81 亿吨（消费、投资和出口三者扩张效应之和），尤其是投入产出系数变动使碳排放量大大地增加了，该效应达到 20.86 亿吨，这是一个令人担忧的现象。从"低碳化"角度来看，这一时期技术水平和产业结构出现了明显"倒退"，粗放型经济增长方式得以强化。

表 2　1992~2007 年中国碳排放变化结构分解

	碳排放增长（亿吨）				贡献率（%）			
	1992~ 1997 年	1997~ 2002 年	2002~ 2007 年	1992~ 2007 年	1992~ 1997 年	1997~ 2002 年	2002~ 2007 年	1992~ 2007 年
能源消费结构变动效应	0.02	−0.59	−0.06	−0.36	0.41	−19.25	−0.22	−1.07
能源消费强度变动效应	−15.49	−12.28	−26.06	−103.86	−401.88	−397.39	−95.65	−303.81
消费扩张效应	6.17	4.61	6.83	25.60	160.21	149.12	25.06	74.88
投资扩张效应	7.73	4.54	11.04	39.62	200.50	146.79	40.51	115.88
出口扩张效应	5.49	4.64	11.94	39.83	142.41	150.22	43.84	116.50
进口替代效应	−0.41	−1.23	2.70	1.27	−10.61	−39.96	9.91	3.72
投入产出系数变动效应	0.35	3.41	20.86	32.10	8.96	110.47	76.56	93.89
合计	3.85	3.09	27.24	34.19	100	100	100	100

2. 分产业分解结果

表 3 和图 2 显示了分产业分解的结果。数据显示，在 1992~2007 年总的碳排放增长中（341869 万吨），农业、工业、建筑业和服务业分别为 1134 万吨、344211 万吨、204 万吨和-3680 万吨，对排放增长的贡献率分别为 0.3%、100.7%、0.1%和-1.1%。可见，工业领域碳排放具有决定的作用，工业碳排放量超过全部碳排放增长量，而服务业碳排放则呈绝对减少态势。

分产业看，1992~2007 年能源消费强度变动效应是碳排放减少的主要因素，消费、投资和出口一般是碳排放增加的主要因素，但在不同产业作用不一样。在农业和服务业中，消费扩张效应比出口扩张效应、投资扩张效应都要大一些；在工业中，出口扩张效应比投资扩张效应、消费扩张效应要大一些；在建筑业中，占主导地位的是投资扩张效应，消费扩张效应和出口扩张效应则非常微小。在不同产业中，1992~2007 年能源消费结构变动效应也是碳排放减少的一个因素，但效果很微弱，服务业中的能源消费结构变动效应相对大一些，但也只占 26.3%。和其他产业的投入产出系数变动效应为负值不同，工业的投入产出系数变动效应是 323528 万吨。1992~2007 年，在所有产业中进口替代效应都不明显，所不同的是，工业的进口替代效应为正，而其他产业的进口替代效应为负。

图 2 显示，在不同时间段各种效应在不同产业中发挥的作用是不一样的。在农业和工业中，消费扩张效应呈逐步缩小趋势，而投资扩张效应和出口扩张效应则呈逐步增大趋势。在农业和服务业中能源消费强度效应有缩小的趋势（指贡献幅度，而非贡献率），而在工业中该效应有增大趋势。与其他产业碳排放增长（减少）相对缓慢相比，工业碳排放增长在 2002~2007 年出现了显著增长，尤其值得注意的是，其中的投入产出系数变动效应增长最多，该效应在工业碳排放增长中呈不断增长态势，而在其他产业中，其作用是不确定的。

表3　1992~2007年分产业碳排放变动结构分解

		碳排放变动（万吨）				贡献率（%）			
		农业	工业	建筑业	服务业	农业	工业	建筑业	服务业
1992~1997年	能源消费结构变动效应	0	262	14	−119	0.0	0.6	−7.3	3.6
	能源消费强度变动效应	−1095	−146222	−716	−6835	−340	−350.3	371.1	204.7
	消费扩张效应	1129	58488	10	2112	350.1	140.1	−5.1	−63.3
	投资扩张效应	34	75328	503	1399	10.7	180.4	−260.9	−41.9
	出口扩张效应	327	53129	6	1418	101.5	127.3	−2.9	−42.5
	进口替代效应	−18	−3931	−3	−137	−5.7	−9.4	1.8	4.1
	投入产出系数效应	−55	4691	−6	−1176	−17.0	11.2	3.3	35.2
	合计	322	41745	−193	−3339	100	100	100	100
1997~2002年	能源消费结构变动效应	0	−5784	−8	−158	0.0	−18.1	−2.3	20.1
	能源消费强度变动效应	−1019	−117454	−151	−4174	169.9	−367.8	−42.6	530.1
	消费扩张效应	104	44487	13	1477	−17.3	139.3	3.6	−187.6
	投资扩张效应	152	44234	463	508	−25.4	138.5	130.3	−64.6
	出口扩张效应	29	45431	8	952	−4.9	142.3	2.2	−120.9
	进口替代效应	−16	−12191	0	−139	2.7	−38.2	−0.1	17.6
	投入产出系数效应	150	33210	31	746	−25.0	104.0	8.8	−94.7
	合计	−600	31933	355	−787	100	100	100	100
2002~2007年	能源消费结构变动效应	0	−92	−16	−504	0.0	0.0	−39.3	−113.1
	能源消费强度变动效应	338	−258491	−550	−1892	23.9	−95.5	−1334	−424.2
	消费扩张效应	291	66565	36	1387	20.6	24.6	87.6	311.0
	投资扩张效应	380	108485	596	902	26.9	40.1	1445.5	202.3
	出口扩张效应	373	117981	13	1080	26.4	43.6	32.1	242.2
	进口替代效应	−17	26903	0	99	−1.2	9.9	−0.5	22.2
	投入产出系数效应	47	209182	−38	−627	3.3	77.3	−91.6	−140.5
	合计	1411	270533	41	446	100	100	100	100
1992~2007年	能源消费结构变动效应	0	−2668	−7	−966	0.0	−0.8	−3.4	26.3
	能源消费强度变动效应	−2171	−1013482	−2159	−20827	−191.5	−294.4	−1060	565.9
	消费扩张效应	1703	245084	81	9120	150.2	71.2	40.0	−247.8
	投资扩张效应	653	388165	2273	5079	57.6	112.8	1115.8	−138.0
	出口扩张效应	1058	390227	39	6942	93.4	113.4	19.2	−188.6
	进口替代效应	−77	13359	−8	−544	−6.8	3.9	−4.0	14.8
	投入产出系数效应	−32	323528	−16	−2483	−2.8	94.0	−7.8	67.5
	合计	1134	344211	204	−3680	100	100	100	100

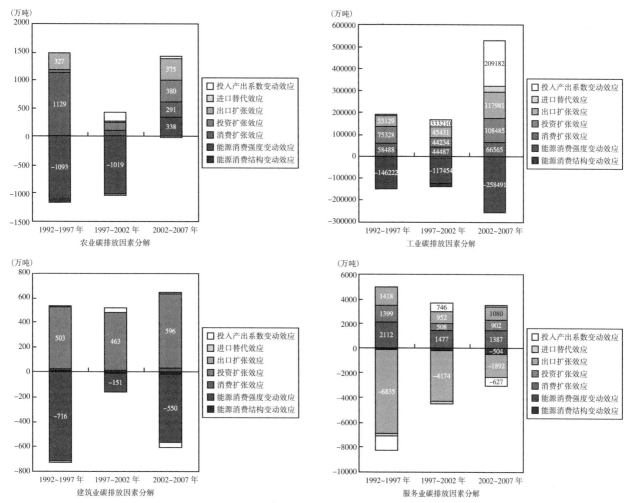

图 2 1992~2007 年分产业碳排放因素贡献变化

3. 工业分行业分解结果

鉴于工业碳排放增长的绝对地位，有必要对工业碳排放增长进行进一步分解，不妨将工业划分为能源工业、轻制造业、重制造业和其他工业四个行业，四个工业分行业分解结果如表 4 和图 3 所示。①

数据显示，在 1992~2007 年工业碳排放增长 344211 万吨中，能源工业、轻制造业、重制造业和其他工业碳排放分别增长 301062 万吨、2577 万吨、39470 万吨和 1102 万吨，对工业排放增长的贡献率分别为 87.5%、0.7%、11.5% 和 0.3%。可见，能源工业是碳排放最重要的部门，重工业碳排放也具有重要地位，轻制造业和其他工业的碳排放量则相对较少，两者碳排放增长对工业碳排放增长的贡献率仅为 1%。

从工业分行业情况看，1992~2007 年能源消费强度变动效应始终是促使碳排放减少的主要因素。消费、投资和出口等最终需求扩张是促使碳排放增加的主要因素，在能源工业和轻制造业中出口扩张效应是其中最大的，在重制造业和其他工业中，投资扩张效应是其他最大的。除此之外，投入产出系数变动效应则是各个部门中促使碳排放增长的又一个重要因素。这意味着整个生产部门的技术变化产生了更多的碳密集型中间投入需求，工业发展日益依赖对物质资源特别是能源资源的投入。一般地，进口替代效

---

① 能源工业包括煤炭开采和洗选业、石油和天然气开采业、石油加工炼焦及核燃料加工业、电力热力的生产和供应业、燃气生产和供应业 5 个行业；轻制造业包括食品制造及烟草加工业、纺织业、纺织服装鞋帽皮革羽绒及其制品业、木材加工及家具制造业、造纸印刷及文教体育用品制造业 5 个行业；重制造业包括化学工业、非金属矿物制品业、金属冶炼及压延加工业、金属制品业、通用专用设备制造业、交通运输设备制造业、电气机械及器材制造业、通信设备计算机及其他电子设备制造业、仪器仪表及文化办公用机械制造业 9 个行业；其他工业包括金属矿采选业、非金属矿及其他矿采选业、工艺品及其他制造业、废品废料、水的生产和供应业 5 个行业。

应都不明显，所不同的是，能源工业和其他工业的进口替代效应为负，而轻制造业和重制造业的进口替代效应为正。

表4　1992~2007年工业分行业碳排放因素分解

		碳排放变动（万吨）				贡献率（%）			
		能源工业	轻制造业	重制造业	其他工业	能源工业	轻制造业	重制造业	其他工业
1992~1997年	能源消费结构变动效应	4740	5	−3925	−558	−30.4	1.1	−7.6	−10.2
	能源消费强度变动效应	−108066	−6721	−35981	4546	692.9	−1442	−70.0	82.9
	消费扩张效应	36681	3265	17661	881	−235.2	700.4	34.4	16.1
	投资扩张效应	32933	1237	40789	370	−211.2	265.3	79.4	6.7
	出口扩张效应	24390	1729	26213	796	−156.4	371.0	51.0	14.5
	进口替代效应	−3336	−7	−446	−142	21.4	−1.4	−0.9	−2.6
	投入产出系数效应	−2937	958	7079	−409	18.8	205.5	13.8	−7.5
	合计	−15595	466	51390	5485	100	100	100	100
1997~2002年	能源消费结构变动效应	−7438	−2	1117	539	−7.0	0.0	−1.7	−10.6
	能源消费强度变动效应	22691	−10837	−122436	−6873	21.3	235.6	188.2	135.3
	消费扩张效应	30247	2402	11605	233	28.4	−52.2	−17.8	−4.6
	投资扩张效应	22871	404	20054	905	21.4	−8.8	−30.8	−17.8
	出口扩张效应	21579	2546	20791	515	20.2	−55.4	−32.0	−10.1
	进口替代效应	−4967	70	−7122	−173	−4.7	−1.5	10.9	3.4
	投入产出系数效应	21696	816	10926	−227	20.3	−17.7	−16.8	4.5
	合计	106679	−4600	−65065	−5081	100	100	100	100
2002~2007年	能源消费结构变动效应	489	−33	−575	26	0.2	−0.5	−1.1	3.7
	能源消费强度变动效应	−188909	−5516	−63026	−1040	−90.0	−82.2	−118.6	−148.9
	消费扩张效应	55795	3243	7292	235	26.6	48.3	13.7	33.6
	投资扩张效应	74792	1451	31548	694	35.6	21.6	59.4	99.4
	出口扩张效应	81966	3562	31947	505	39.0	53.1	60.1	72.4
	进口替代效应	14900	1157	10830	16	7.1	17.2	20.4	2.2
	投入产出系数效应	170945	2847	35127	262	81.4	42.4	66.1	37.5
	合计	209978	6711	53145	699	100	100	100	100
1992~2007年	能源消费结构变动效应	−220	−37	−2433	21	−0.1	−1.4	−6.2	1.9
	能源消费强度变动效应	−527221	−36671	−446375	−3216	−175.1	−1423	−11301	−291.7
	消费扩张效应	183238	11890	49179	776	60.9	461.4	124.6	70.4
	投资扩张效应	203513	5749	176988	1914	67.6	223.1	448.4	173.6
	出口扩张效应	217453	13563	157523	1687	72.2	526.3	399.1	153.0
	进口替代效应	−2701	1717	14865	−522	−0.9	66.6	37.7	−47.3
	投入产出系数效应	227000	6365	89722	442	75.4	247.0	227.3	40.1
	合计	301062	2577	39470	1102	100	100	100	100

　　图 3 显示，在不同时间段各种效应在工业分行业中发挥的作用是不一样的。在能源工业中，与其他时间段相比，2002~2007 年各种效应变化是最大的，不但消费、投资和出口等规模扩张效应出现大幅度增加，反映广义技术进步的投入产出系数变动效应也出现大幅度上升，这是导致工业乃至整个经济碳排放增长的一个重要因素。同时，在轻制造业、重制造业和其他工业中，投入产出系数变动效应也出现上升或由负转正，这反映近年来工业结构变动和技术水平变动出现了"高耗能、高排放"的不利形势。在具有最大排放贡献的能源工业和重制造业中，投资扩张效应和出口扩张效应倾向于超过消费扩张效应，而在轻制造业和其他工业中，这种趋势不明显。

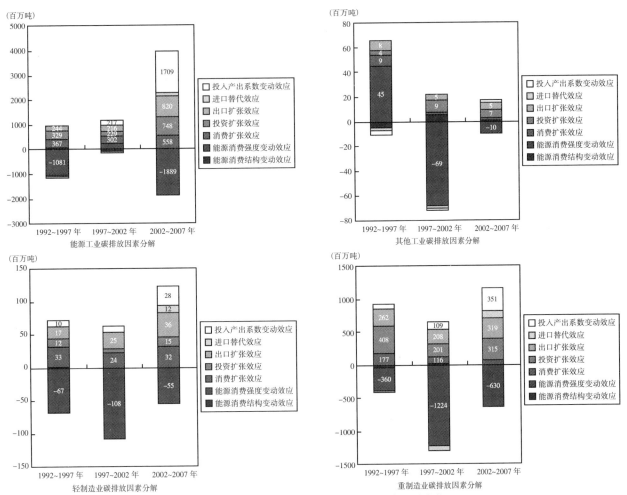

图 3　1992~2007 年工业分行业碳排放因素贡献变化

五、基本结论

　　本文通过编制扩展的（进口）竞争型经济—能源—环境投入产出表，采用可比价投入产出表数据，利用双层嵌套结构式 SDA 分解方法，从经济整体、分产业、工业分行业等不同维度对不同年份碳排放增长进行了结构分解，主要发现：

　　（1）能源消费强度效应是碳减排最主要的因素，最终需求的规模扩张效应和投入产出系数变动效应是促使碳排放增加的主要因素。我国碳排放伴随着经济增长而增加，1992~2007 年全国碳排放增长 34.2

亿吨，其中，能源消费强度变动效应减少碳排放 103.86 亿吨，但消费、资本形成、出口等规模扩张效应增加碳排放 105.07 亿吨，投入产出系数变动效应累计增加碳排放 32.10 亿吨。

（2）在规模扩张诸因素中，出口和投资扩张效应越来越显著，而消费扩张效应重要性程度下降。从消费、投资、出口三者对中国碳排放增长的贡献来看，1992~2007 年效果最显著的是出口扩张效应和投资扩张效应，分别为 39.62 亿吨和 39.83 亿吨，相比之下，消费扩张效应要小很多，只有 25.60 亿吨。因此，从碳减排角度，转变经济发展方式、实现中国经济增长由主要依靠投资和出口拉动向消费与投资、内需与外需协调拉动转变，在当前显得尤为迫切。

（3）投入产出系数变动效应发挥着越来越大的作用，"粗放式"经济增长方式不但得以维持而且变本加厉。1992~2007 年投入产出系数变动效应累计导致碳排放增加 32.10 亿吨，其中，1992~1997 年为 0.35 亿吨，1997~2002 年为 3.41 亿吨，2002~2007 年猛然增加到 20.86 亿吨。这个效应在工业领域，尤其是能源工业领域更是如此。投入产出系数变动效应越来越大意味着整个生产部门的技术变化产生了更多的碳密集型中间投入需求，"粗放式"经济增长方式有愈演愈烈的趋势。

（4）2002~2007 年碳排放增长最为迅速，新一轮工业化呈现"高碳化"趋势。相比前面几个阶段，2002 年以来我国碳排放出现了迅猛增长，年均增长率达 11%，高于同期经济增长速度。这一时期是我国新一轮重化工业快速推进时期，由于发展阶段、技术水平、体制机制、国际分工等多种因素制约，使我国重化工业发展难以摆脱"高投入、高消耗、高排放"的窠臼，新一轮工业化呈现"高碳化"趋势。这种状况十分令人担忧。

（5）工业是我国碳排放增长最重要的部门，其中最突出的是能源工业和重制造业。工业始终是我国碳排放最重要的领域，由于服务业碳排放有所减少，1992~2007 年工业领域碳排放增长甚至超过同期中国总排放量的增长，对中国碳排放增长的贡献率达 100.7%。在工业内部，能源工业和重制造业又是最重要的排放部门，1992~2007 年两者对工业排放增长的贡献率达 99%，而轻制造业和其他工业对工业碳排放增长仅为 1%。可见，调整产业结构、大力发展服务业以及调整工业结构、降低能源工业和重制造业在工业中的比重，对减少碳排放将是有益的。

（6）进口替代效应和能源消费结构变动效应一直都很小，或许成为未来碳减排的新增长点。与出口扩张效应越来越显著相比，进口替代效应变动相对较小。1992~1997 年、1997~2002 年进口替代效应还是负值，但 2002~2007 年该效应转为正值，从碳排放角度看，进口结构呈"劣化"的趋势。但未来随着中国经济结构调整和发展方式转变，进口结构有可能优化，从而为碳减排做出积极贡献。与此同时，能源结构变动效应普遍较小，揭示我国产业用能结构相对稳定的特点。这也说明，要在传统能源内部调整结构从而达到碳减排的目的是很难的。在我国，发展新能源和可再生能源，才是优化能源结构、减少碳排放的根本途径。

〔参考文献〕

［1］Dietzenbacher, E. & Los, B. Structural Decomposition Technique: Sense and Sensitivity ［J］. Economic Systems Research, 1998 （10）.

［2］Hoekstra, R., van den Bergh, J. C. J. M. Comparing Structural and Index Decomposition Analysis ［J］. Energy Economics, 2003 （25）.

［3］潘文卿. 中国生产用能源消费变动因素分析 ［A］ //载刘起运，彭志龙主编. 中国 1992~2005 年可比价投入产出序列表及分析. 北京：中国统计出版社，2010.

［4］张友国. 经济发展方式变化对中国碳排放强度的影响 ［J］. 经济研究，2010 （4）.

［5］廖明球. 投入产出及其扩展分析 ［M］. 北京：首都经济贸易大学出版社，2009.

［6］刘起运，彭志龙. 中国 1992~2005 年可比价投入产出序列表及分析 ［M］. 北京：中国统计出版社，2010.

［7］夏明. 投入产出体系与经济结构变迁 ［M］. 北京：中国经济出版社，2006.

［8］李景华. 中国第三产业投入产出分析：1987~1995——归因矩阵方法与 SDA 模型研究 ［A］// 中国投入产出分析应用论文精粹 ［M］. 北京：中国统计出版社，2004.

［9］李艳梅，张雷. 中国居民间接生活能源消费的结构分解分析 ［J］. 资源科学，2008（6）.

［10］夏炎，杨翠红，陈锡康. 基于可比价投入产出表分解我国能源强度影响因素 ［J］. 系统工程理论与实践，2009（10）.

（本文发表在《中国工业经济》2010 年第 12 期）

我国煤层气价格机制与政策研究

白 玫

摘　要：本文在对煤层气的价格机制分析的基础上，讨论了现行煤层价格机制存在的问题，建议通过参照天然气价格政策，建立政府指导价格下的供需双方协商定价制度，调整煤层气上网电价，变更补贴渠道，制定有差别的补贴政策，从而建立有利于煤层气开发利用的价格机制。

关键词：煤层气；价格机制；价格政策；补贴政策

近几年，我国煤层气开发利用已取得明显成效，但与产业化发展预期目标相距甚远。在煤层气产业尚处于发展的初期阶段、市场竞争机制还未完全形成的前提下，煤层气由市场定价不利于其产业发展。因此，在煤层气价格形成中，要避免价格政策导致不合理的产业链利润分配；还要避免与天然气比价、其他能源比价不合理。只有通过理顺煤层气价格形成机制，加大产业政策扶持力度，实行有差别的补贴政策，才能提高煤层气开发利用效率，促进煤层气产业快速、健康发展。

一、引　言

我国现行煤层气实行市场定价，即由供需双方协商确定煤层气价格；进入城市公共管网的煤层气按不低于同等热值天然气价格确定。在这种定价机制下，煤层气价格低于其价值，也低于非水可再生能源的价格，加上政府补贴和优惠政策力度不大，使企业开发煤层气得不到合理的利润回报，因而煤层气开发企业缺乏积极性，煤层气产业发展不尽如人意。随着天然气利用政策的重大变化以及煤层气需求不断增加，煤层气在我国一次能源中的地位越来越重要。因此，建立和完善煤层气价格形成机制、改进相关财税政策，对煤层气产业发展意义重大。

[项目基金] 本文得到国家自然科学基金项目（项目编号：70973140）、国家发展和改革委员会中国低碳发展宏观战略课题"中国低碳发展产业政策研究"（课题编号：201312）资助。

二、我国煤层气开发利用现状分析

为开发利用煤层气、减少煤矿瓦斯事故，国家出台了一系列的政策措施，煤层气实现了产业化开发。然而，从 20 世纪 80 年代开始开发，经过 30 年，煤层气产业的发展与政策预期有一定的距离，既没有达到煤层气规划的产量目标，也与我国煤层气的资源条件不相一致。

（一）煤层气开发没有完成规划目标

数据显示，我国煤层气开发没有完成"十一五"规划目标，仅完成产量目标的 88.0%、利用量目标的 43.8%。按目前开发情况，完成"十二五"规划目标的难度也很大。以 2012 年为例，我国煤层气产量为 125 亿立方米，其中地面开发煤层气产量约 25.7 亿立方米、煤矿瓦斯产量约 99.4 亿立方米，煤层气利用总量为 52 亿立方米，利用率为 41.6%，没有完成 2012 年"产量 155 亿立方米、利用量 80 亿立方米"年度目标，仅完成年度产量目标的 80.6%、年度利用量目标的 65.0%（见表 1）。

表 1　煤层气开发利用情况

单位：亿立方米

指标		煤层气开发利用			其中：				
		产量	利用量	利用率 (%)	地面开采			井下抽采	
					产能	产量	利用量	产量	利用量
2010 年	目标	100	80	80.0	70.2	50	50	50	30
	实际	88	35	39.8	31	15	12	73	23
	完成 (%)	88.0	43.8	—	44.2	30.0	24.0	146.0	76.7
2012 年	目标	155	80	51.6	—	—	—	—	—
	实际	125	52	41.6	—	25.7	20.2	99.4	31.8
	完成 (%)	80.6	65.0	—	—	—	—	—	—
2015 年	目标	300	244	81.3	196	160	160	140	84

资料来源：根据国家发展和改革委员会、国家能源局《关于下达 2012 年煤矿瓦斯事故控制指标、煤矿瓦斯抽采利用目标、地面煤层气开发利用目标的通知》《煤层气（煤矿瓦斯）开发利用"十一五"规划》《煤层气（煤矿瓦斯）开发利用"十二五"规划》计算整理。

（二）煤层气开发与我国资源条件的差距

我国煤层气资源丰富，埋深 2000 米以浅的煤层气资源量约 36.8 万亿立方米，未开采储量 31.5 万亿立方米，与天然气储量相当。其中，可采资源量为 10.9 万亿立方米，位居世界第三。如果以美国的煤层气开发水平测算（见表 2），我国煤层气理论稳定产量约为 900 亿立方米。目前的煤层气开发离这个目标相去甚远。

煤层气产业发展不尽如人意，究其原因，除了矿权重叠问题、投资秩序和投资环境问题、煤层气管道建设滞后问题，以及利用技术瓶颈等因素外，市场发育不完善、价格形成机制不合理，也是使企业缺乏开发煤层的积极性的重要原因。

表 2　世界主要国家煤层气储量与产量

国家	俄罗斯	加拿大	中国	美国
位次	1	2	3	4
储量（万亿立方米）	113	76	36.8	21
产量（亿立方米）	—	140	125（2012 年）	542
理论稳定产量（亿立方米）	2500	1500	900	550
打井数（口）	—	—	6800	82000

资料来源：根据 IEA 资料计算整理。

三、煤层气现有价格形成机制

（一）煤层气价格

我国煤层气价格形成机制是市场定价，由供需双方协商定价。第一，2006 年《国务院办公厅关于加快煤层气（煤矿瓦斯）抽采利用的若干意见》（国办发〔2006〕47 号，以下简称 47 号文）及 2007 年 4 月发改委《关于煤层气价格管理的通知》（发改价格〔2007〕826 号，以下简称 826 号文）明确"煤层气售价由供需双方协商确定"。第二，2013 年 9 月国务院办公厅作出《关于进一步加快煤层气（煤矿瓦斯）抽采利用的意见》（国办发〔2013〕93 号，以下简称 93 号文）要求进一步"落实煤层气市场定价机制"。

国务院出台的 93 号文与 826 号文不同之处在于：其一，强调严格落实放开煤层气（煤矿瓦斯）出厂价格政策，"已纳入地方政策管理的煤层气价格，要尽快放开"；其二，煤层气市场定价不仅仅限于民用煤层气，"未进入城市公共管网的销售价格由供需双方协商定价"；其三，进入城市公共管网的煤层气销售价格与天然气一样，实行政府定价与政府指导价，"按不低于同等热值天然气价格确定"。

（二）煤层气发电上网电价

从 2007 年到目前为止，煤层气（煤矿瓦斯）发电上网不参与市场竞价，上网电价与生物质发电项目上网电价挂钩。47 号文及 721 号文[①]规定：煤层气电厂不参与市场竞争，上网电价执行当地火电脱硫机组标杆电价。93 号文规定：①根据煤层气（煤矿瓦斯）发电造价及运营成本变化情况，按照合理成本加合理利润的原则，适时提高煤层气（煤矿瓦斯）发电上网标杆电价。②未提高前仍执行现行政策。③电网企业因此增加的购电成本，通过调整销售电价统筹解决。

（三）价格补贴

财政部《关于煤层气（煤矿瓦斯）开发利用补贴的实施意见》（财建〔2007〕114 号）规定，对企业抽采煤层气用于民用燃气、锅炉燃料、汽车燃料、化工原料、非上网自用发电等，"中央财政按每立方米 0.2 元煤层气（折纯）标准对煤层气开采企业进行补贴"，补贴额度 =（销售量 + 自用量 – 用于发电量）× 补贴标准。93 号文明确将"综合考虑抽采利用成本和市场销售价格等因素，提高煤层气（煤矿瓦

---

① 2007 年 4 月，国家发展和改革委员会发布《关于利用煤层气（煤矿瓦斯）发电工作实施意见的通知》（发改能源〔2007〕721 号），本文简称 721 号文。

斯）开发利用中央财政补贴标准，进一步调动企业积极性"。

（四）税收政策

2007 年，财政部、国家税务总局《关于加快煤层气抽采有关税收政策问题的通知》（财税 [2007] 16 号）明确："对煤层气抽采企业的增值税一般纳税人抽采销售煤层气实行增值税先征后退政策。先征后退税款由企业专项用于煤层气技术的研究和扩大再生产，不征收企业所得税。"2013 年 93 号文明确"扩大增值税进项税抵扣范围"，并将制定"煤层气（煤矿瓦斯）发电的增值税优惠政策"。进口设备和技术免征进口环节增值税。国家税务总局、财政部《关于加快煤层气抽采有关税收政策问题的通知》（2007）明确"对地面抽采煤层气暂不征收资源税"。

四、现有煤层气价格形成中存在的主要问题

（一）市场定价的不利影响

市场定价政策在煤层气产业发展成熟时是必要的。但是，在煤层气产业发展的初期阶段，煤层气销售实行市场定价难以真正保障煤层气开发企业的利益，从而影响企业开发利用煤层气的积极性，不利于煤层气产业的发展。

探究其原因，可以归纳为以下几方面：

（1）"就近利用"这一煤层气利用政策，无疑限制了煤层气的市场空间，限制了煤层气企业市场竞争能力。煤层气生产往往在煤炭富裕地区。在这些地区能源供给充足，能源价格低，煤层气开发企业价格谈判没有优势，从而导致煤层气低价销售甚至排空。

（2）所谓市场定价，就是由一个充分竞争的煤层气市场来决定煤层气价格。在煤层气市场竞争机制和竞争主体发育不完善的前提下，煤层气交易市场不规范、缺乏全国性煤层气长输管网，很难形成真正的市场定价机制，反而容易造成价格形成不利于煤层气开发和利用的局面。

（3）煤层气销售价格采用双方商榷方式，没有强制性标准。企业实现煤层气开发利用的盈亏平衡难度较大，从而导致煤层气开发企业盈利空间较小。

（4）煤层气产业还处于发展的初期阶段。对于处于这一阶段的产业应给予保护，产品定价采取政府保护价格，才能保护产业发展的可持续性。

（二）补贴政策落实不到位

（1）政策执行有困难，对煤层气（瓦斯气）发电企业的电价补贴不到位。以山西省为例，根据政策山西省采用煤矿瓦斯发电上网电价应每为千瓦时 0.509 元，即由 2005 年脱硫燃煤机组标杆上网电价（每千瓦时 0.259 元）加补贴电价（每千瓦时 0.25 元）确定。实际情况是煤层气发电项目上网电价为每千瓦时 0.380 元[①]，每千瓦时少补贴 0.129 元。其原因是煤层气发电所增加的成本在省电网摊销，这将导致煤层气发电上网补贴资金难以落实。在政策执行缺乏指标性和强制性的前提下，煤层气电价补贴由省电网公司承担的政策落实就变成了是煤层气发电企业与电网公司之间的行为，电网公司出于自身经济利

---

① 山西省物价局.山西省电网部分发电企业上网电价表 [Z] . 2009-11-20.

益的考虑，一方面没有足够资金和能力对煤层气发电企业进行足额补贴；另一方面也没有积极性和主动性对煤层气发电企业进行补贴。其结果是煤矿开发利用企业为了保证煤矿安全生产，需要瓦斯抽采连续运转，在瓦斯存储尚有困难的情况下，抽采瓦斯若不及时发电就只能排空。

（2）手续烦琐，企业获得补贴难。煤层气财政补贴现行标准是 0.20 元/立方米。但是，煤层气财政补贴申请手续烦琐、复杂，从申请补贴到企业领取财政补贴要一年左右的时间。同时，由于企业计量装置安装和运行不够规范，也不能拿到中央财政补贴。时间长、程序复杂削弱了财政补贴效应。在进口关税优惠方面，由于申报程序和限制条件等原因，大多数煤层气开发企业进口设备并没有获得免收进口关税和进口环节增值税的优惠。

（三）补贴力度不够

根据 93 号文提高煤层气产业补贴的精神，即便是将现行每立方米利用量补贴 0.2 元提到 0.6 元，这样的幅度看似挺大，但相对企业实际需求及国际同业水平仍有不小差距。

（1）煤层气补贴占煤气层价格的比重偏低。以山西省煤层气为例，煤层气补贴只占车用煤层气价格的 7.4%（山西省车用煤层气价格为 3.4 元/立方米），只占民用煤层气价格的 14.8%（山西省民用煤层气价格为 1.7 元/立方米），比美国的煤层气补贴力度要小得多。美国煤层气补贴额超过煤层气销售价格的50%。

（2）煤层气上网电价补贴比较低，没有充分考虑煤层气的资源价格。与非水可再生能源上网电价补贴相比，煤层气上网电价补贴低于同时期风电标杆电价和秸秆直燃发电项目上网电价。以山西省为例，利用煤层气（煤矿瓦斯）发电项目上网电价为 0.38 元/千瓦时，而新建风力发电项目执行国家核定的标杆上网电价 0.61 元/千瓦时，秸秆直燃发电项目上网电价为 0.509 元/千瓦时。在德国，2000 年《可再生能源法》规定，今后 20 年内，500 千瓦以上的煤层气发电设备每生产 1 千瓦时电量可获得补贴约 7 欧分，约合 0.60 元/千瓦时，高于山西省上网电量补贴 0.121 元/千瓦时的好几倍。

五、政策建议

（一）建立有利于煤层气开发利用的价格机制

现阶段煤层气价格参照天然气价格政策，出厂价格实行政府指导下的供需双方协商定价，即由国家物价管理部门制定基准价格及浮动幅度，供需双方可按规定的幅度协商确定具体价格。随着天然气价格市场化及煤层气产业发展进入成熟阶段，煤层气实行市场定价。直供工业用户煤层气价格实行在政府指导价下的供需双方协商定价。管道价和城市门气价参照天然气由政府指导定价。

变更上网电价补贴渠道。由于上网发电价格补贴由电网公司承担实施困难大，建议由根据国家统一规定实施电价补贴，变由电网公司补贴改由国家财政或省财政划拨专项资金对煤层气发电上网电价进行补贴，最大限度地鼓励充分利用煤层气（煤矿瓦斯气）发电，提高煤层气（煤矿瓦斯气）抽采率和利用率。对于煤层气发电用于矿区而没有上网的，建议给予一定的补贴，补贴由中央财政统一支付，补贴标准可参照可再生能源分布式发电项目的补贴标准，从而达到鼓励企业开发利用煤层气的目的。

（二）制定有差别的补贴政策

对于不同浓度的煤层气项目采取有差别的优惠政策。对于低浓度煤层气（瓦斯），建议国家在低浓度瓦斯利用项目建设、投资和利用方面给予更大的优惠政策，鼓励企业加大利用井下抽排瓦斯力度，实现经济利益、环境利益和社会效益的共赢局面。

对于不同地区、不同产量的煤层气项目采取有差别的优惠政策。目前，我国煤层气财税政策采用统一的标准，没有考虑地质条件和产量差异。有些矿区抽采和利用条件复杂，而国家财政补贴与其他条件优越地区相同，从而造成企业在这些矿区开发煤层气积极性不高；还有一些矿区抽采量逐年加大，逐渐形成规模化发展，而国家没有财政补贴从量变化的政策，因而开发煤层气的规模效应不明显。相比之下，美国的税收补贴条例随着通胀系数和产量的变化而变化，极大地激励了企业开发煤层气的积极性。

〔参考文献〕

［1］谢保国. 煤层气开发利用价格管理现状及建议［J］. 求索，2011（8）.

［2］姜晓华，柴立满，罗文静. 国外煤层气开发现状及对中国煤层气产业发展的思考［J］. 内蒙古石油化工，2008（8）.

［3］邱中建等. 中国非常规天然气的战略地位［J］. 天然气工业，2012，32（1）.

［4］姚香虞. 我国煤层气产业的定价机制研究——以晋煤集团为例［D］. 成都理工大学硕士学位论文，2012.

［5］徐继发，王升辉，孙婷婷，孟刚. 世界煤层气产业发展概况［J］. 中国矿业，2012，21（9）.

（本文发表在《价格理论与实践》2013 年第 12 期）

中国能源效率波动：理论解释、数值模拟及政策含义

吴利学

摘　要：本文从波动角度分析了中国能源效率的变化，特别强调波动成分对能源效率的短期影响，并在随机动态一般均衡框架下构建能源效率的机制决定模型，以探讨不同冲击对中国能源效率波动的作用差异。本文的理论分析和数值模拟表明：①内生的资本利用率变化可以成为决定中国能源效率波动的关键机制，大约能够分别解释改革以来产出—能源效率波动的 81% 和资本—能源效率波动的 97%；②全要素生产率、能源价格和政府消费的冲击对能源效率的影响差异很大，暂时性生产率冲击在短期内对产出有较大的刺激作用但产出—能源效率只有小幅提升，政府购买增加会导致经济的剧烈过度调整，提高能源价格对产出的影响相对较小但十分有利于提高能源利用效率，而不同冲击的恰当组合则既能提高能源效率又能保持产出平稳。这要求政府更为准确细致地把握经济形势、及时相机做出恰当反应，更多地采用多种政策组合方式，以最小福利代价取得最大经济效果。

关键词：能源效率；周期波动；资本利用率；政策模拟

一、引　言

能源是现代经济的基础，但人们却往往在经济发展受到约束时才注意到它的影响。20 世纪 70 年代的"石油危机"引起了西方国家对能源的高度重视，近年来中国快速增长的能源消费和较低的能源利用效率也受到了国际社会和国内各界的广泛关注。就经济学领域而言，众多研究从不同侧面丰富了我们对中国能源效率的认识：既有对中国能源效率趋势及其影响因素的考察（如史丹、张金隆，2003；韩智勇等，2004；蒋金荷，2004；周鸿、林凌，2005 等），也有对能源消费与经济增长关系的检验和对中长期能源需求的预测（如赵丽霞、魏魏贤，1998；王绍平、杨继生，2006；林伯强等，2007 等）。但是，从研究视角来看，现有成果主要集中于探讨能源效率的长期趋势，而忽略了其短期波动问题。

与产出等其他经济变量类似，宏观能源利用效率变化也包含趋势成分与波动成分两个方面，而且二者的变动特征和决定机制可能存在本质性差别。一般而言，能源效率的长期趋势主要由经济发展阶段、

[基金项目] 本文为国家自然科学基金项目"我国能源利用效率及其影响因素分析"（批准文号：50556002）的阶段性成果，欢迎批评指正。本文曾发表于《经济研究》2009 年第 5 期，限于篇幅，发表时进行了大幅压缩。作者感谢项目负责人中国社会科学院工业经济研究所史丹研究员的指导，中央财经大学商学院傅晓霞副教授、纽约大学经济系朱胜豪博士、中国社会科学院经济研究所汤铎铎博士、北京大学光华管理学院杨铮博士的帮助和匿名审稿人的宝贵建议，但文责自负。

资源禀赋和技术水平决定（Rosenberg，1980），而短期变化则往往与能源价格波动、经济景气循环等周期性因素密切相关（Kim and Loungani，1992；Rotemberg and Woodford，1996）。因此，只有区别长期趋势和短期波动，才能更为准确地认识能源效率的影响因素及其决定机制。例如，如果能源效率趋势分析中不剔除效率变化的波动成分，很可能夸大短期因素的作用，从而导致对其长期决定因素的错误判断。类似地，由于协整方程回归对变量方差十分敏感，波动因素对能源消费与经济增长关系估计结果的影响也很大。此外，如果忽略对短期能源效率机制的解释，即使区分能源需求的线性和非线性成分（赵进文、范继涛，2007），也仍然不能全面说明为什么不同时期能源消费与经济增长的依赖关系存在巨大差别[1]。从当前的现实情况来看，即使产业结构等因素导致中国总体能源效率有所降低，但近期能源效率的剧烈变化可能受短期因素的影响更大，如果能够熨平能源消费的剧烈波动，其下降幅度将大大缩小（参见第二部分）。鉴于中国能源供需矛盾的周期性反复（林伯强，2003），长远来看，保持宏观经济和能源需求的基本稳定也是减少能源浪费的重要途径。

那么，中国能源效率短期波动的关键性决定机制是什么，不同的短期冲击对能源效率会产生怎样的影响，如何才能以最小的福利代价提高能源利用效率？为了回答以上问题，本文借鉴微观能源技术理论和宏观景气循环理论，尝试在真实经济周期（Real Business Cycle，RBC）框架下对中国能源效率波动的决定机制进行初步探讨，并通过数值方法模拟了生产率、能源价格和政府支出等冲击的影响状况，从而分析了不同政策工具的效果和福利影响。从理论上讲，本文强调了资本和能源的短期固定技术关系（Pindyck and Rotemberg，1983；Atkeson and Kehoe，1999）和资本利用率在繁荣与萧条时期的巨大差异（Greenwood et al.，1988），将不同资本利用强度下的能源消耗差别作为解释短期内能源效率变化的关键机制，并认为生产率水平和产出对资本的依赖程度等因素决定了经济对不同性质冲击反应的差别，与资本—能源效率共同导致了产出—能源效率的波动。从方法论来看，本文主要采用了 Kydland 和 Prescott（1982）等开创的随机动态一般均衡（Stochastic Dynamic General Equilibrium，SDGE）分析方法，特别是参考了 Finn（1995，2000）及 Rotemberg 和 Woodford（1996）等将能源引入生产函数的 RBC 模型。但与他们强调能源冲击（特别是石油价格冲击）对宏观经济波动的影响不同[2]，本文更为关注宏观经济波动对能源效率的影响。

除上述研究对象和分析视角之外，本文的创新还体现在以下几个方面：首先，本文直接在企业成本中引入折旧和能源支出，将资本利用率作为厂商优化行为的内生因素，从而修正了 Finn（1995，2000）模型中能源消费由家庭负担的假设；其次，我们将全要素生产率解释为包含制度、政策和管理等多方面的复杂概念，并考虑了政府信息对能源价格和政府购买决策的影响，较为符合中国的经济现实；再次，本文考虑了政府支出对投资行为的影响但假定它不直接影响企业生产决策，以便于更好地刻画"转轨经济"的特点；最后，我们采用多种方法构造了中国能源消费、能源价格和主要宏观经济变量的时间序列，主要根据现实观测数据求解稳态均衡并对理论模型进行数值近似，完善了以往国内研究往往因缺乏数据而采用发达国家基准参数的缺陷。

本文的结构安排如下：第二部分描述中国能源效率波动的基本事实；第三部分构建能源与资本、产出之间的理论模型，解释能源效率的决定机制；第四部分采用校准方法确定模型的基本参数；第五部分对中国能源效率波动进行了数值模拟；第六部分通过脉冲试验方法讨论提高能源效率的政策工具；第七部分总结全文。

---

① 实际上，这正是现有能源效率分解和能源—增长关系研究存在较大争议的重要原因（吴滨、李为人，2007）。
② 当然，这与发达国家的"研究需求"有关，其能源供应基本稳定、能源市场比较完善，因而人们更为关注能源价格对通胀和失业等波动的影响。

二、基本事实

波动分析的基础是将经济变量变动分解为趋势成分和波动成分，综合考虑各种方法的优缺点，本文采用最为常用的 HP 滤波（Hodrick and Prescott，1997）方法来捕捉各经济变量波动状况。HP 滤波的关键是选择平滑参数，Ravn 和 Uhlig（2002）研究表明，对于年度数据应当取 6.25[①]。就宏观经济变量的衡量而言，本文与大部分已有研究（汤铎铎，2007）类似，具体的指标处理和数据来源参见附录 1。需要指出的是，本文采用产出总量与能源消费总量的比率反映经济活动中能源投入的偏要素生产率（Partial Factor Productivity），称之为产出—能源效率；同时定义资本与能源投入总量的比率为资本—能源效率，用来衡量资本运行对能源的耗费强度，从而反映宏观经济中资本与能源的依赖关系及其变化。

图 1~图 3 描述了本文滤波分析的主要结果：首先，图 1 提供了 1952~2006 年中国国内生产总值和

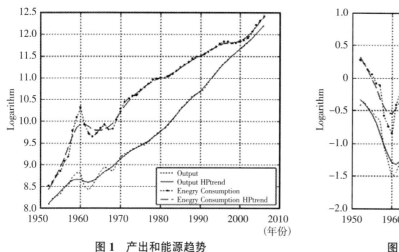

图 1 产出和能源趋势

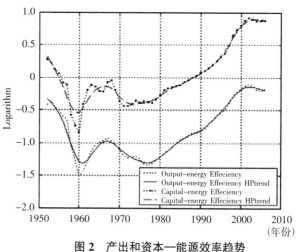

图 2 产出和资本—能源效率趋势

能源消费总量的实际数据（对数）和 HP 滤波得到的趋势，结果显示：尽管改革前波动较为剧烈，但产出和能源消费大体上呈现稳定的长期增长趋势，不过能源消费的变化不如产出平滑，改革后也出现了一些明显波动。其次，图 2 刻画了产出—能源效率和资本—能源效率状况以及二者的变化趋势，从中可见：随着经济的发展，产出—能源效率和资本—能源效率都发生了大幅变化，二者的基本趋势都是在新中国成立初期不断下降，在 20 世纪 60 年代有所改善但经过短暂调整后又呈下降趋势，直到改革后才呈现出持续上升态势，而最近又有一定下滑。特别地，图中显示"十五"期间能源效率发生了改革以来最为剧烈的波动，产出—能源效率和资本—能源效率都先是明显超过趋势水平而后又显著低于趋势水平。进一步的具体计算表明，2005 年产出—能源效率比 2002 年大约下降了 10%，但同期产出—能源效率趋势仅下降了约 4%，剩余的 6% 是由波动成分造成的，也就是说，后者对近期能源效率下降的"贡献"超过一半。最后，图 3 直观地描述了 1952~2006 年能源消费、产出—能源效率和资本—能源效率的波动状况，其中虚线为产出，可以作为判断其他变量波动特征的参考。其中 A 图刻画了能源消费波动状况：能源消费与产出波动基本同步且方向一致，改革后变化比改革前更为稳定，波动幅度明显变小，但能源消

[①] 我们尝试了 100 种不同的设定以及 BP、CF 等其他滤波方法，发现结果差异不大。

费波动幅度略大于产出，尤其当经济繁荣时通常向上偏离更多。从 B 图和 C 图可以看到，产出—能源效率和资本—能源效率波动大体同步且方向基本一致，但资本—能源效率逆周期特点更为突出，产出—能源效率波动相对更为温和。

此外，表 1 提供了主要经济变量实际波动的主要统计指标，包括 1952~2006 年和 1978~2006 年各变

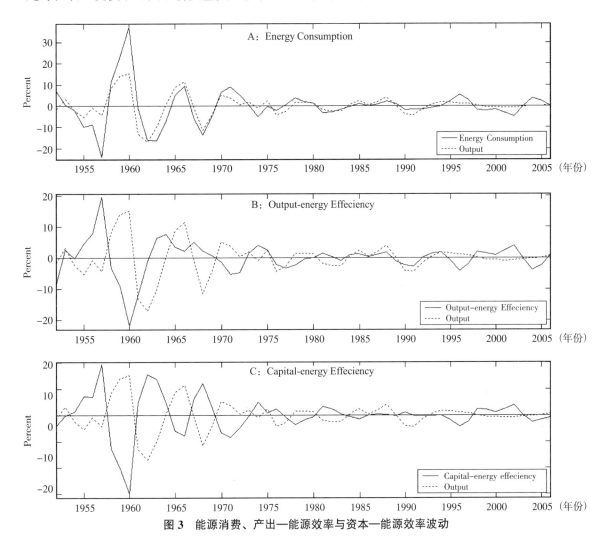

图 3 能源消费、产出—能源效率与资本—能源效率波动

量波动的标准差及其与产出的交叉相关系数。从波动性来看，改革之后所有主要变量波动的标准差都变小了，但不同变量的波动幅度并不完全相同，能源消费的波动幅度往往大于产出，而能源效率的波动幅度大体与产出接近。从对称性来看，能源消费向上偏倚较为明显，能源效率向下偏倚较为明显，特别是资本—能源效率更为突出。从相关性来看，资本—能源效率与产出的当期相关系数为负，是强烈逆周期的，产出—能源效率与产出的当期相关系数在改革前后发生了符号变化，但都比较小，改革后基本上是温和顺周期的。

以上分析充分显示了中国能源效率的变化特征：第一，中国能源效率变动包括趋势和波动两个方面，改革之前趋势和波动成分都变动剧烈，改革后趋势较为稳定，波动成分对短期变化的影响可能更大。第二，资本—能源效率波动与产出基本是反向的，但产出—能源效率波动与产出之间关系较为复杂，至少改革前后发生了很大变化。第三，能源消费与产出增长之间的关系是非线性的，而且能源效率的波动幅度也比产出略大，尤其是当经济增长过快时，能源效率将大幅下降。第四，结合中国经济发展的历程，我们认为经济发展战略和增长方式对中国能源效率的趋势和波动都有很大影响，但短期内生产

率和价格因素对能源效率波动的影响往往更大。这表明，中国能源效率长期趋势和短期波动的决定机制是不同的，对能源效率波动原因进行深入探讨，有助于我们全面理解能源效率变动的机制，并针对不同状况制定不同的政策措施。

表1　主要经济变量波动的统计特征

阶段	变量	标准差	相对标准差	与 GDP 的交叉协方差系数 Cov（y（t＋k），x（t））				
				K＝－2	－1	0	1	2
1952~2006 年	产出	5.54	1.00	－0.34	0.42	1.00	0.42	－0.34
	资本存量	1.75	0.32	0.43	0.71	0.43	－0.37	－0.78
	居民消费	2.47	0.45	－0.10	0.32	0.55	0.15	－0.02
	投资	12.89	2.33	－0.29	0.43	0.94	0.30	－0.38
	能源消费总量	8.71	1.57	0.02	0.55	0.80	0.09	－0.58
	产出—能源效率	5.46	0.99	－0.38	－0.47	－0.26	0.28	0.59
	资本—能源效率	7.45	1.35	0.07	－0.48	－0.83	－0.19	0.50
	全要素生产率	3.85	0.70	－0.59	0.12	0.85	0.60	0.02
	能源价格	5.85	1.06	－0.51	－0.01	0.51	0.52	0.17
	政府消费	6.64	1.20	－0.18	0.43	0.63	－0.01	－0.36
1978~2006 年	产出	1.86	1.00	－0.10	0.57	1.00	0.57	－0.10
	资本存量	0.97	0.52	0.53	0.78	0.63	0.05	－0.52
	居民消费	2.24	1.20	－0.34	0.12	0.51	0.32	0.03
	投资	5.59	3.00	－0.24	0.25	0.80	0.70	0.15
	能源消费总量	2.26	1.21	0.15	0.46	0.59	0.30	－0.07
	产出—能源效率	1.90	1.02	－0.28	0.01	0.28	0.20	－0.02
	资本—能源效率	1.78	0.96	0.10	－0.15	－0.40	－0.35	－0.19
	全要素生产率	1.44	0.78	－0.40	0.29	0.86	0.63	0.08
	能源价格	4.98	2.68	－0.20	0.13	0.42	0.45	0.26
	政府消费	3.28	1.76	－0.43	－0.07	0.36	0.55	0.25

三、理论模型

以上的描述分析表明，中国能源效率的短期变化与产出波动具有很强的关联性，这启示我们从景气周期的角度分析其决定机制，尤其是能源效率波动的非对称性以及产出—能源效率和资本—能源效率波动的差别。同时还进一步揭示出不同宏观条件下资本利用状况的变化可能是解释能源效率波动的关键：当经济处于繁荣时期，企业的设备往往超负荷运转，并且低效的备用设备也会投入使用，过高的资本利用强度大大增加了对能源的消耗，能源利用效率自然处于较低水平；而在萧条时期，企业总是倾向于优先使用最为先进的设备，并且较低的开工率自然减少了能源消耗，因而能源利用效率提高。特别地，由于企业一般都需要维持一些固定能源消费，同时当严重开工不足时还会因"无效开工"等原因造成产出—能源效率下降，所以能源效率的波动通常是不对称的（繁荣时期波幅更大），而且资本—能源效率波动与产出波动的相关性往往要高于产出—能源效率波动。

（一）基本设定

为了建模方便，我们考虑包括代表性厂商、家庭以及政府的三部门经济：厂商为生产的组织者，在现有技术条件下利用劳动和资本生产最终产品；家庭提供劳动和资本以取得工资和租金收入，并将税后净收入进行投资和消费；政府从私人部门取得税收，用于政府消费和转移支付；经济中只有一种最终产品，既可以用于投资，也可以作为家庭消费和政府消费（购买），或者用来向外部经济购买能源，投资、家庭消费和政府消费均以最终产品为计价单位，能源价格外生决定。

类似于基本的经济周期模型（King et al.，1988），本文采用如下生产函数描述总产出：

$$Y_t = z_t (K_t h_t)^\alpha (A_t n_t L_t)^{1-\alpha} \tag{1}$$

其中，t 表示时间，Y 为总产出；z 为随机扰动，表示各种生产率冲击；K 为资本存量，h 为资本利用率，$K_t h_t$ 表示 t 期生产过程中实际的资本服务量（Capital Serve）；A 为确定性生产效率，表示制度、技术和其他因素对生产的影响，是一个广义技术概念；L 为劳动力数量，n 为单位劳动力的劳动时间，$n_t L_t$ 表示在 t 期生产过程的实际劳动投入；确定性生产率水平和劳动力数量都被假定以外生不变的速度增长，即 $A_t = \gamma_A A_{t-1}$，$L_t = \gamma_L L_{t-1}$，γ_A 和 γ_L 分别表示生产率和劳动力的平均增长率；α 为资本产出弹性，$1-\alpha$ 为劳动产出弹性，$0 < \alpha < 1$。

通常，在新古典技术中资本总是被假定充分利用，而方程（1）与一般生产函数的关键区别就在于引入了资本利用率，正是这一改进使得本文模型直接地考察生产过程中的能源消费。特别地，由于在现代经济中能源主要作为资本利用的必要条件而进入生产，因而宏观经济中的能源消费与资本的关系可以表示为：

$$E_t = \gamma_E^{-t} a_t K_t \tag{2}$$

其中，E 为能源消费，表示提供资本服务所需要的能源消耗；γ_E 为资本能源效率进步率，表示能源利用的长期进步趋势；a 为能源利用系数，表示能源消费与资本的比例关系[1]。为考虑不同资本利用强度下能源消耗的差别，我们借鉴 Finn（1995，2000）的处理，假定能源利用系数为资本利用率的函数：

$$a_t = a(h_t) = \frac{1}{2} h_t^\nu \tag{3}$$

其中，$\nu > 1$，表示能源消耗将随着资本利用率的提高而加速提高。

与一般的新古典技术相同，资本积累方程假定如下：

$$K_{t+1} = (1 - \delta_t) K_t + I_t \tag{4}$$

其中，I 表示投资，δ 表示折旧率。但与新古典假设不同的是，由于本文考虑了资本的实际利用强度，因而不同时期的折旧也与资本利用率有关。特别地，我们假定：

$$\delta_t = \delta(h_t) = \frac{1}{\omega} h_t^\omega \tag{5}$$

其中，$\omega > 1$，表示折旧率随资本利用率的提高将加速提高。

显然，经济中的资源约束为：

$$I_t + C_t + G_t + P_t E_t \leq Y_t \tag{6}$$

[1] 实际上，如果能够识别每一期的资本利用强度和能效技术水平，我们还可以在方程（2）中进一步引入产业结构和设备更新等因素。但遗憾的是，中国官方统计没有提供资本利用率和企业层面的能源消费数据，所以资本结构、利用强度和技术水平的变化都难以直接确定。为了间接地确定资本利用率和能源利用技术的变化，本文只得将资本结构等影响吸收到技术变化中。

其中，C 表示家庭消费，G 表示政府消费，P 表示以产出衡量的（相对）能源价格。

由于对代表性决策者而言，技术水平和劳动力数量是外生给定的，我们不妨将经济表示成集约形式，因而生产函数、能源消费、资本积累和资源约束分别为：

$$y_t = z_t (k_t h_t)^\alpha n_t^{1-\alpha} \tag{7}$$

$$e_t = a_t k_t = \frac{1}{\upsilon} h_t^\upsilon h_t \tag{8}$$

$$\gamma_A \gamma_L k_{t+1} = (1-\delta_t) k_t + i_t \tag{9}$$

$$i_t + c_t + g_t + p_t e_t \leqslant y_t \tag{10}$$

其中，$y_t = \dfrac{Y_t}{A_t L_t}$，$k_t = \dfrac{K_t}{A_t L_t}$，$i_t = \dfrac{I_t}{A_t L_t}$，$c_t = \dfrac{C_t}{A_t L_t}$，$g_t = \dfrac{G_t}{A_t L_t}$，$p_t = \gamma_E^t P_t$，$e_t = \dfrac{\gamma_E^t E_t}{A_t L_t}$，分别表示 t 时期有效劳均产出、有效劳均资本、有效劳均投资、有效劳均家庭消费、有效劳均政府消费以及经过能源效率调整后的（相对）能源价格和有效劳均能源消费[①]。

（二）经济行为

1. 厂商

在给定技术条件下，厂商以竞争性价格雇用劳动、租赁资本，根据市场情况决定资本的利用强度，并支付生产过程中的能源消费和折旧，因而企业行为即最大化其利润：

$$\pi(n_t^d, k_t, h_t) = y_t - w_t n_t^d - (r_t + \delta_t) k_t - p_t e_t \tag{11}$$

其中，π 表示厂商的有效劳均净利润，n^d 表示劳动力需求，w 表示单位有效劳动的工资率，r 表示资本出租的净回报率。

2. 家庭

不妨假定每个代表性家庭提供 1 标准单位的劳动力，因而其总效用可以描述为：

$$U = \sum_{t=0}^{\infty} b^t \left[(A_t c_t) l_t^\varphi \right]^{1-\theta} / \left[A_0 (1-\theta) \right] \tag{12}$$

其中，$0 < b < 1$，表示时间贴现率；c 表示代表性家庭的有效劳均消费；l 表示休闲，等于时间禀赋（标准化为 1）减去劳动供给，即 $l = 1 - n^s$；$\varphi > 0$，表示家庭对休闲的相对偏好程度；$\theta > 0$，表示家庭的相对风险规避系数，决定消费的跨期替代行为[②]。特别地，如果 $\theta = 1$，即期效用函数采用 $u_t = \ln(A_t c_t) - \ln(A_0) + \varphi \ln (l_t)$。定义调整后时间贴现率 $\beta = b \gamma_A^{1-\theta}$，同时注意到 $A_t = \gamma_A A_{t-1}$，从而家庭行为即最大化其效用：

$$U = \sum_{t=0}^{\infty} \left\{ \beta^t \left[c_t (1 - n_t^s)^\varphi \right]^{1-\theta} / (1-\theta) \right\} \tag{13}$$

3. 政府

由于引入劳动所得税并不会改变模型的基本结论，我们假定政府只对资本收益以固定税率 τ 收税，并向每个代表性家庭支付 x 单位补贴，当然政府也可能向家庭收取一次性总赋税（Lump Sum Tax），此时转移支付为负数。所以政府的行为可以简化为如下消费：

$$g_t = \tau r_t k_t - x_t \tag{14}$$

---

① 这一调整是为了保证有效劳均能源消费存在稳态均衡水平。

② 为了简单，本文忽略了家庭消费的随机变化，也没有引入国外居民消费（外贸部门）冲击，考虑到我们将全要素生产率作为一个余项，这些冲击可能被部分地吸收到生产率变动之中。

实际上，以上假定意味着财政政策并不直接影响生产，但政府行为通过影响家庭收入发挥作用。因而，本文模型中竞争性均衡与政府计划均衡几乎是等价的，二者仅在家庭消费与政府消费分配机制上略有区别。这就使得我们的分析框架基本上能够适用于中国，因为它对改革前的计划经济和改革后的转轨经济都有较好的包容性。

（三）均衡和确定性稳态

根据本文的设定，经济的均衡状态可以定义为劳动力市场和资本市场出清、政府预算和资源市场平衡，即 $n_t^s = n_t^d$，$s_t = i_t - \delta_t k_t$，$x_t = 0$ 和 $i_t + c_t + g_t + p_t e_t = y_t$。综合厂商、政府和家庭的最优决策，可以得到如下均衡条件（推导见附录2）：

$$w_t = (1-\alpha) z_t (k_t h_t)^\alpha (n_t)^{-\alpha} \tag{15}$$

$$\mu_t w_t = \varphi \left[c_t (1-n_t^s)^\varphi \right]^{-\theta} c_t (1-n_t^s)^{\varphi-1} \tag{16}$$

$$r_t + \frac{1}{\omega} h_t^\omega + p_t \frac{1}{\upsilon} h_t^\upsilon = \alpha h_t z_t (k_t h_t)^{\alpha-1} n_t^{1-\alpha} \tag{17}$$

$$h_t^\omega + p_t h_t^\upsilon = \alpha h_t z_t (k_t h_t)^{\alpha-1} n_t^{1-\alpha} \tag{18}$$

$$\mu_t = \left[c_t (1-n_t)^\varphi \right]^{-\theta} (1-n_t)^\varphi \tag{19}$$

$$\gamma_A \gamma_L \mu_t = \beta E_t \left\{ \mu_{t+1} \left[1 + (1-\tau) r_{t+1} \right] \right\} \tag{20}$$

$$\gamma_A \gamma_L k_{t+1} = \left[1 - \delta(h_t) \right] k_t + y_t - c_t - g_t - p_t a(h_t) k_t \tag{21}$$

$$y_t = z_t (k_t h_t)^\alpha n_t^{1-\alpha} \tag{22}$$

其中，方程（15）和（16）分别描述了劳动力市场供需双方的决策，决定了均衡工资水平和劳动力投入；方程（17）描述了资本市场的均衡决策，决定了均衡资本收益（即利率）水平；方程（18）刻画了资本利用率的均衡决策，决定最优的资本利用强度；方程（19）决定家庭财富的影子价格及其变动趋势；方程（20）描述了家庭消费跨期替代的最优决策；方程（21）给出了政府预算平衡和资源充分利用条件下的资本积累动态；方程（22）刻画了经济的生产可能边界，以上条件共同决定了经济的均衡状况。

进一步地，我们将确定性稳态定义为没有随机冲击且经济中各变量都保持不变的均衡状态，即在 $z_{t+1} = z_t = z$，$p_{t+1} = p_t = p$，$g_{t+1} = g_t = g$ 的情况下，使 $S_{t+1} = S_t = S$ 满足均衡条件，其中 $S = [k, y, n, c, i, h, e, \mu, r, w]'$ 表示各变量的稳态均衡值。根据本文的模型设定，均衡系统方程（15）～方程（22）存在唯一的稳定解（参见附录4）。

四、参数识别

经济周期研究的重要目的和组成部分之一是通过模拟的方法分析其定性和定量特征，而要将以上模型作为实验分析的工具还需要识别其参数。但遗憾的是，目前大多国内研究往往将国外数据作为中国周期模型的识别基础，参数选择比较随意，结论可靠性不强（王勇、王鹏飞，2004）。为此，我们采用多种方法构建了中国宏观经济的主要变量序列数据，尽可能依据中国的基本经济特征来确定模型参数。考虑到本文的模型特点、研究目的和数据限制，我们主要采用校准（Calibration）方法进行参数识别，这种方法相对比较简单、方便，也可以为今后更为复杂的模型识别提供参数基准设定的参考[①]。

（一）基本参数

1. 生产率、折旧和关键比率

由于生产率的单位选取只影响经济规模的度量，我们不妨将生产率的确定性稳态水平标准化为 1，这样稳态下外生生产率冲击为 0（即 $z=1$）且经济中资本—产出比率等关键比率（Great Ratio）为常数。但由于中国缺乏资本存量的统计，不能直接确定资本—产出比。此外，为采用永续盘存法估算资本存量，还需要确定折旧，所以我们先来讨论折旧率的确定。从国际经验来看，大多数国家的资本折旧率在 4%~6%（Hall and Jones，1999），在对中国资本核算中，大多数学者也采用了这一经验数值。例如，Chow 和 Lin（2002）采用了 4%，Young（2000）采用了 6%，王小鲁和樊纲（2000）、Wang 和 Yao（2001）等采用了 5%。尽管张军等（2004）认为中国物质资本的经济折旧率大约为 9.6%，但如果剔除其中的技术进步因素，物质折旧率也应在 4%~6%。因而，我们设定稳态折旧率为 0.05，以此估算资本存量从而得到历年资本—产出比率，并分别将 1952~2006 年和 1978~2006 年平均值作为其稳态结果[②]。资本—能源比率和（调整后的）能源支出—产出比率等也通过类似处理得到。

2. 要素产出弹性

一般而言，要素产出弹性可以根据要素收入份额或生产函数回归得到（李京文、钟学义，1998）。从 Chow（1993），Chow 和 Lin（2002），张军和施少华（2003）等代表性估计结果来看，中国的资本产出弹性大约在 0.4~0.7，而且要素产出弹性之和大体接近于 1（傅晓霞、吴利学，2006）。但这些研究不能直接作为本文中的校准依据，因为他们都没有考虑资本利用率对要素产出弹性估计的影响。当然，其中主要的原因是缺乏资本利用的相关数据，不过由方程（2）、方程（3）可知，$h = (\upsilon \gamma_E^t E/K)^{\frac{1}{\upsilon}}$，代入方程（1）可以得到：

$$Y_t = z_t A_i^{1-\alpha} (\upsilon \gamma_E^t)^{\frac{\alpha}{\upsilon}} (n_t L_t)^{1-\alpha} E_t^{\frac{\alpha}{\upsilon}} K_t^{\alpha - \frac{\alpha}{\upsilon}} \tag{23}$$

即在我们的能源利用假定下考虑资本利用率等价于引入能源投入，因而根据公式（23）无须获得资本利用率数据也可以估计本文模型的生产函数。最近，史丹等（2008）采用类似公式（23）的方程估计出 $1-\alpha$、$\frac{\alpha}{\upsilon}$ 和 $\alpha - \frac{\alpha}{\upsilon}$ 分别为 0.2563、0.2423 和 0.5014，意味着本文中资本产出弹性 α 约为 0.7437，资本利用率的能源弹性 υ 约为 3.0693。考虑到发达国家资本产出弹性和资本利用率能源弹性分别大约在 0.3~0.4 和 1.5~2（Finn，2000）与中国资本对产出贡献较大及能耗较多的现实情况，我们将它作为本文的基准设定。实际上如果忽略劳动时间，直接估计方程（23）的结果也是类似的，同时敏感性分析表明本文模型对 α 和 υ 的变化是比较稳健的，例如劳动、能源和资本的产出弹性分别取 0.4、0.2 和 0.4，模型的主要结果基本不变。

3. 税率和劳动时间

对于资本税率，我们参考实际企业所得税来确定。新中国成立以来，中国税收体制和税率变化较大。在改革之前往往税利混征，但从"利改税"的具体情况来看，实际税率应当接近改革时确定的名义

[①] 目前识别周期模型参数的基本方法主要有校准和估计两种：前者根据既有经验结果和变量关系直接确定模型中的参数；后者通过对模型方程的回归来识别参数。近年来，国外研究中常用的方法是基于贝叶斯推断的最大似然估计，其突出优点是利用后验信息对估计结果进行修正，但它比较适合识别难以通过简单校准确定的复杂周期模型，而且其基本参数的先验分布设定实际上也需要以校准结果为基础。

[②] 我们分别采用 0.04、0.06 和 0.1 的折旧率进行了测算，发现对资本存量和资本—产出比率结果影响不大。

税率。在税利改革后到 2005 年税率调整之前，虽然名义税率为 33%，但对很多类型企业所得税实行了优惠税率，我们认为实际税率也应当大体接近目前实行的统一税率 25%。因而，本文分别采用 25% 和 33% 作为 1978~2006 年和 1952~2006 年的稳态税率水平。劳动时间采用工人每周平均劳动时间占非睡眠时间的比重来衡量，1978~2006 年结果为 0.3571；对于 1952~2006 年，考虑到 1994 年之前每周工作日和每天工作时间都可能更多一些，我们取稳态劳动时间为 0.3929（即平均每周 5.5 个工作日）。

4. 偏好

关于偏好的信息往往难以直接从数据中得到，只能根据经济理论和其他研究的经验结果确定。大多数研究发现，消费的跨期替代弹性很小，意味着家庭的风险规避系数 θ 比较大（Kocherlakota，1996）。在实际经济周期文献中，早期分析多采用对数效用函数形式（θ=1），后来的拓展研究 θ 一般在 0~3 取值（King and Rebelo，1999）。考虑到居民收入水平越低通常风险规避倾向越强，中国家庭的风险规避系数应比发达国家略大，因而本文取 θ=2。我们采用不同数值进行了敏感性分析，发现对模拟结果影响不大。通过求解均衡条件可以发现，效用函数中的另外两个参数（时间贴现率和对休闲的相对偏好系数）与模型中的其他参数存在着一定的数量关系，所以我们直接通过计算得到它们的稳态均衡值。

（二）随机冲击结构

为分析经济的动态变化和随机因素的影响，还需要确定各种冲击的随机结构。尽管改革以来中国经济发展受制度因素影响很大，但在本文模型中经济体制因素被吸收到生产率因素中，不直接影响企业和家庭决策，因而将它作为外生冲击是比较恰当的。不过，在转轨过程中政府的财政支出往往与体制变化相关，并非完全独立的政策工具。同时，中国的能源价格长期受政府管制影响，目前热力、电力等仍主要由政府决定，也不能作为独立的外生变量。因此，我们假定生产率变动为外生于生产决策的一阶自回归（AR（1））过程，而政府支出和能源价格变化受到生产率冲击的影响。具体而言，本文分别对生产率、价格和政府购买的随机冲击结构设定如下：

$$\ln(z_{t+1}) = \rho_z \ln(z_t) + (1-\rho_z) \ln(z) + \varepsilon_{t+1}^z \tag{24}$$

$$\ln(p_{t+1}) = \eta_p \ln z_{t+1} + \rho_p \ln(p_t) + (1-\rho_p) \ln(p) + \varepsilon_{t+1}^p \tag{25}$$

$$\ln(g_{t+1}) = \eta_g \ln z_{t+1} + \rho_g \ln(g_t) + (1-\rho_g) \ln(g) + \varepsilon_{t+1}^g \tag{26}$$

通常，生产率水平可以根据索洛余值方法（Solow，1957）确定，即令全要素生产率为产出中各要素投入的剩余部分，则由方程（1）可得：

$$\ln TFP_t = \ln z_t + (1-\alpha) \ln A_t = \ln Y_t - \alpha \ln(K_t h_t) - (1-\alpha) \ln(n_t L_t) \tag{27}$$

然而，由于缺乏劳动时间和资本利用率的系统数据，我们无法直接根据方程（27）进行增长核算。不过，对于中国这样劳动力非常丰富的发展中国家，劳动的产出弹性和休闲的跨期替代弹性较小，忽略劳动时间变化一般不会造成很大的生产率测度误差。同时，根据方程（23）可知，考虑资本利用率等价于引入能源投入，在方程（23）两边取对数并注意到 $A_t = \gamma_A A_{t-1}$，可以得到：

$$\ln Y_t = \ln A_0 + \frac{\alpha}{\upsilon} \ln(\upsilon) + (1-\alpha) \ln n + \ln z_t + t \left[(1-\alpha) \ln \gamma_A + \frac{\alpha}{\upsilon} \ln \gamma_E \right] +$$

$$\frac{\alpha}{\upsilon} \ln E_t + \left(\alpha - \frac{\alpha}{\upsilon} \right) \ln K_t + (1-\alpha) \ln\left(\frac{n_t}{n} L_t \right) \tag{28}$$

重新定义全要素生产率：

$$\ln TFP_t = \ln A_0 + \frac{\alpha}{\upsilon} \ln(\upsilon) + (1-\alpha) \ln n + \ln z_t + t \left[(1-\alpha) \ln \gamma_A + \frac{\alpha}{\upsilon} \ln \gamma_E \right] \tag{29}$$

忽略劳动时间变化的影响可得：

$$\ln TFP_t \approx \ln Y_t - \frac{\alpha}{\upsilon} \ln E_t - \left(\alpha - \frac{\alpha}{\upsilon} \right) \ln K_t - (1-\alpha) \ln L_t \tag{30}$$

显然，产出、资本、就业和能源消费的数据是可以获得的，因而全要素生产率可以通过方程（30）计算得到，从而估计生产冲击的随机结构。估计结果（见附录3）表明，方程（24）、方程（25）和方程（26）中关于生产率、能源价格和政府消费随机冲击结构的设定基本上是合理的，而且 η_p 和 η_g 的绝对数值和显著性水平都很高，证实了生产率变动对中国能源相对价格和政府消费的影响确实很大。

（三）技术进步、资本—能源效率提高和劳动力增长率

根据劳动力数据，可以直接计算得到就业人数的增长率 γ_L 序列，根据资本和能源消费数据可以得到资本—能源效率 γ_E 序列，而且由方程（29）还可以根据全要素生产率和资本—能源效率增长率计算劳动增进的技术进步率 γ_A 序列。我们分别采用这三个序列 1952~2006 年和 1978~2006 年的平均值作为它们不同阶段的稳态均衡结果。

（四）确定性稳态均衡解

根据上文的参数设定，可以得到稳态下各变量的数值结果：注意到资本—产出比率和资本—能源支出比率都已经确定，由方程（18）可知 $\omega = (\alpha y - \upsilon pe)/(\delta k)$，从而求得稳态资本利用率的折旧弹性，并由此求得稳态资本利用率 $h = (\omega\delta)^{\frac{1}{\omega}}$。根据资本—产出比率和生产函数可得 $k = n(h^\alpha k/y)^{\frac{1}{1-\alpha}}$，求得稳态有效劳均资本存量及有效劳均产出。由资本积累、家庭消费决策和政府消费均衡条件可知 $c = y - (\gamma_A \gamma_L - 1)k - \delta k - pe$，$g = \tau rk$ 和 $i = (\gamma_A \gamma_L - 1 + \delta)k$，从而得到稳态下有效劳均家庭消费、政府消费和投资。根据方程（5）及资本—能源比率有 $e = \frac{1}{\upsilon} h^\upsilon k$ 和 $p = (pe/k)(k/e)$，从而得到调整后的有效劳均能源消费和相对能源价格。根据方程（15）和方程（17）有 $w = (1-\alpha)y/n$ 和 $r = (\alpha y - \delta k - pe)/k$，从而得到工资率和利率。此外，由方程（16）和方程（20）可以得到 $\varphi = (1-\alpha)(1-n)y/(cn)$ 和 $\beta = \gamma_A \gamma_L/(1+(1-\tau)r)$，从而分别确定了家庭对休闲的相对偏好程度和调整后时间贴现率。

表 2 总结了模型中所有的校准参数和各变量的稳态值，就数值结果来讲基本与中国经济的现实相符：首先，从产出的分配比例来看，模型稳态下居民消费、政府消费和投资在产出中的比重分别为 0.4690、0.1374 和 0.3244，而实际观测数值 1978~2006 年平均分别为 0.3322、0.1333 和 0.3268，如果将净出口作为国外居民消费，二者几乎完全一致。其次，从资本市场均衡来看，模型中得到的稳态税后利率约为 16.45%，虽然远高于发达国家水平（通常为 3%~5%），但却恰好符合中国资本相对稀缺的现实状况。例如，中国人民银行的监测显示，温州民间借贷利率通常在 12%~20%（钟恬，2005），与本文结果非常接近。最后，从消费者偏好来看，我们的校准结果也反映了中国作为高速增长的发展中国家的特点：由于劳动力供给相对富裕且生活水平较低，因此居民对休闲的相对偏好程度要比发达国家（通常在 1.5~3.5）低；同时，由于经济增长较快、利率水平较高，居民对未来消费的相对评价自然也会低一些，因而时间贴现率要比经济发展更为平缓的发达国家（通常超过 0.95）要小（King and Rebelo，1999）。

表2　模型参数的校准结果和变量的确定性稳态解

	偏好	1952~2006年	1978~2006年	稳态值	1952~2006年	1978~2006年	关键比率	1952~2006年	1978~2006年
基本设定	θ	2	2	k	4.5043	4.4305	k/y	2.3084	2.5
	β	0.9077	0.9271	y	1.9513	1.7722	c/y	0.5047	0.4685
	φ	0.7847	0.9849	n	0.3929	0.3571	i/y	0.2498	0.3250
	生产	1952~2006年	1978~2006年	c	0.9847	0.8303	g/y	0.1885	0.1374
	α	0.7437	0.7437	i	0.4875	0.5759	pe/y	0.0570	0.0692
	ω	4.9282	4.2515	h	0.7526	0.6947			
	υ	3.0693	3.0693	e	0.6134	0.4720			
	δ	0.05	0.05	w	1.2729	1.2720			
	税率	1952~2006年	1978~2006年	r	0.2475	0.2198			
	τ	0.33	0.25						
增长率	生产率	1952~2006年	1978~2006年	能源技术	1952~2006年	1978~2006年	劳动力	1952~2006年	1978~2006年
	γ_A	1.0333	1.0555	γ_E	1.0109	1.0459	γ_L	1.0242	1.0232
随机冲击结构	稳态值	1952~2006年	1978~2006年	相关系数	1952~2006年	1978~2006年	标准差	1952~2006年	1978~2006年
	z	1	1	ρ_z	0.9268	0.8737	σ_z	0.0553	0.0202
	p	0.1813	0.2597	ρ_p	0.9179	0.8984	σ_p	0.0798	0.0881
				η_p	1.1531	2.5724			
	g	0.3679	0.2435	ρ_g	0.7530	0.5171	σ_g	0.0848	0.0325
				η_g	0.9843	0.8615			

五、数值模拟

根据模型的均衡条件和参数的校准结果，可以通过将模型在稳态附近进行对数线性化来模拟上述非线性系统的动态行为（方法和过程见附录4），从而描述经济中各变量的波动过程。这样，我们就能够检验模型中关键假说的解释力，同时直观地"再现"经济的波动，特别是刻画部分不能直接观测变量的行为。一般而言，模拟方法有两种：一是直接将随机结构方程的回归残差作为外生状态变量的随机冲击，从而得到整个经济系统的变动过程；二是根据回归得到的冲击结构估计利用计算机生成相应的随机序列，然后将它作为外生状态变量的随机冲击进行动态模拟。两种方法各有优劣，前者高度依赖于数据样本、增长核算和残差回归，但无须对随机扰动做出特定的分布假设，而且能够更好地模拟经济波动的整个过程；后者对数据样本和结果处理的依赖性较小，但受限于特定的随机分布假设，一般只能反映模型的总体统计特征。为了尽量全面、准确地判定模型的解释能力，我们分别采用这两种方法进行了模拟。

（一）实际残差模拟

我们根据观测数据得到的冲击估计对模型中各变量的波动进行模拟，图4~图8显示了各主要宏观经济变量的波动情况，其中实线为实际观测数据，两条虚线分别为根据1952~2006年和1978~2006年校准结果得到的模拟时间序列，所有变量均为对数序列HP滤波（平滑参数取6.25）结果。从模拟效果来看，模型捕捉到了绝大部分产出波动，经济周期的波峰、波谷和持续时间都与实际观测数据大体一致，即使对"大跃进""文革"等剧烈波动的拟合也是相当充分的。同时，尽管模型对资本存量和能源消费的模拟与实际波动的相符程度略差一些，但主要是模拟结果中的波幅略小一些，基本变化趋势与实际波动大体一致。从产出—能源效率和资本—能源效率来看，本文的模型总体上能够反映现实冲击对能源消费的影响，较为准确地刻画了能源消费的波动情况。考虑到中国经济的剧烈波动和本文模型对现实经济的抽象和简化，应当说它的解释能力是相当不错的。

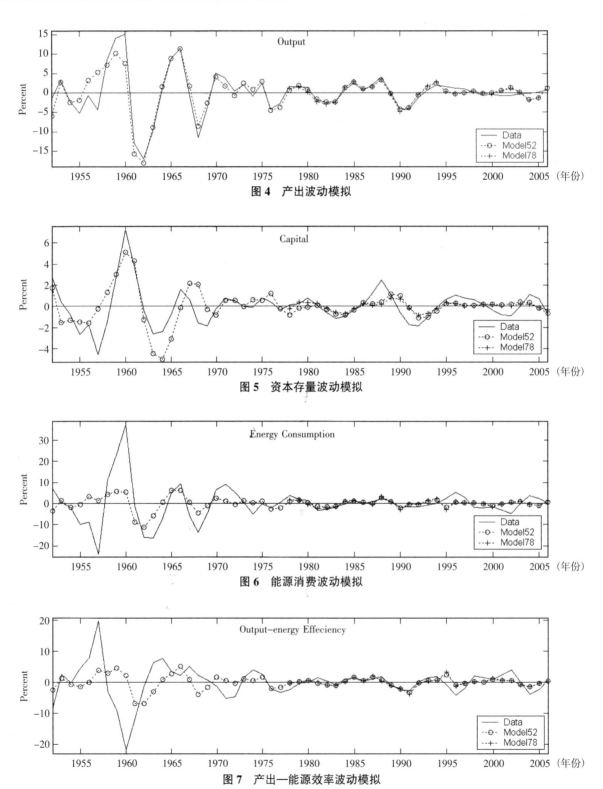

图 4　产出波动模拟

图 5　资本存量波动模拟

图 6　能源消费波动模拟

图 7　产出—能源效率波动模拟

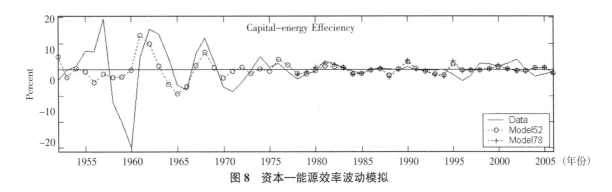

图8　资本—能源效率波动模拟

（二）随机冲击模拟

我们进行随机模拟试验，先根据生产率、能源价格和政府购买随机冲击的分布特征生成随机扰动序列，然后对模型进行动态模拟并对得到的变量序列进行 HP 滤波处理，最后计算各变量波动成分的统计特征。表3报告了（10000次）随机冲击模拟试验的主要结果，通过与实际数据结果比较，我们发现本文模型对中国经济波动的解释能力是相当不错的，而且1978~2006年校准结果的解释效果比1952~2006年的结果更好一些。首先，从波动性来看，1978~2006年随机模拟结果对产出、资本存量和能源消费波动的解释程度分别大约为88%、41%和72%，并且解释了产出—能源效率波动的81%和资本—能源效率波动的97%；1952~2006年的随机模拟结果对产出、资本存量和能源消费波动的解释程度分别大约为81%、65%和31%，不过只能解释产出—能源效率波动的39%和资本—能源效率波动的41%。其次，从各变量的交叉相关关系来看，模型也大体准确地反映了各变量与产出波动的协同情况，多数结果显示了与实际数据一致的相关关系：如居民消费和投资是高度顺周期的，几乎与产出的波动方向一致；资本存量波动略微滞后于产出，总体是温和顺周期的；而资本—能源效率与产出波动几乎完全相反，是强烈逆周期的，等等。

不过，模型对居民消费的模拟效果相对较差，表3显示1952~2006年和1978~2006年的随机模拟结果只能解释大约53%和19%的居民消费波动。我们认为，这主要有两方面原因：第一，本文没有考虑国外居民消费（净出口）波动；第二，更为重要的是，中国居民消费波动可能还受收入约束、市场供应、社会保障和福利制度等其他因素的影响。例如，改革以来的工资制度改革、职工住房体制改革和教育产业化等一系列巨大的制度冲击可能是造成1978~2006年中国家庭消费剧烈波动（幅度甚至超过产出）的重要原因。因而，仅仅依靠家庭财富等变量对改革后居民消费进行解释的能力自然较低——甚至低于改革前，模拟效果比较差也就在所难免。此外，资本存量与后期产出高度正相关，反映了资本形成的时滞效应，而且滞后期（大约为1年）基本与资本存量核算假设一致。但是从模拟结果来看，资本与当期产出的相关性与实际数据差异较大，表明我们对资本形成的假设可能过于简单。当然，引入更为复杂的消费决策和资本形成方式，模型的解释能力将进一步提高。但是，如何找到恰当的数据指标来反映这些经济行为，例如制度因素对居民消费的影响和不同宏观形势下的投资决策，是进一步扩展需要面对的主要困难[①]。因此，总体而言，本文模型结果也正如 Prescott（1986）对其真实经济周期模型的评价：模拟与现实之间的相符程度相当出色但远非完美。

---

① 实际上，在实际经济周期理论的开创性成果中，Kydland 和 Prescott（1982）就考虑了资本形成时滞，但由于缺乏数据支持，也只能假定各季度投资额相等，对于年度波动而言基本等价于假设资本形成滞后期为1年。再如，虽然能够获得产业结构或行业资本结构的宏观数据，但由于缺乏微观企业数据，我们仍难以确定经济结构变化对能源消费短期波动的具体影响程度。

表 3　随机冲击模拟结果的主要统计特征

阶段	变量	解释程度	标准差	相对标准差	与GDP的交叉协方差系数 Cov(y(t+k), x(t))				
					K=−2	−1	0	1	2
1952~2006年	产出	80.83	4.47	1.00	−0.25	0.08	1.00	0.08	−0.25
	资本存量	65.00	1.14	0.25	0.56	0.73	−0.22	−0.44	−0.33
	劳动时间	NA	2.15	0.48	−0.27	0.05	0.97	0.10	−0.22
	居民消费	52.80	1.30	0.29	−0.13	0.16	0.78	0.01	−0.25
	投资	150.05	19.34	4.32	−0.16	0.19	0.94	0.01	−0.29
	资本利用率	NA	1.02	0.23	−0.42	−0.21	0.89	0.25	−0.07
	能源消费总量	30.67	2.67	0.60	−0.25	0.07	0.95	0.10	−0.22
	产出—能源效率	38.65	2.11	0.47	−0.21	0.09	0.92	0.05	−0.25
	资本—能源效率	41.93	3.12	0.70	0.42	0.21	−0.89	−0.25	0.07
	全要素生产率	90.56	3.49	0.78	−0.32	−0.03	0.99	0.15	−0.19
	能源价格	109.79	6.42	1.44	0.11	0.32	0.43	−0.17	−0.29
	政府消费	105.37	6.99	1.56	0.11	0.38	0.44	−0.15	−0.28
1978~2006年	产出	88.44	1.65	1.00	−0.27	0.06	1.00	0.06	−0.27
	资本存量	40.61	0.40	0.24	0.47	0.81	−0.17	−0.42	−0.32
	劳动时间	NA	0.89	0.54	−0.29	0.02	0.97	0.09	−0.24
	居民消费	19.36	0.43	0.26	−0.10	0.16	0.68	−0.04	−0.25
	投资	104.83	5.86	3.56	−0.16	0.23	0.89	−0.02	−0.31
	资本利用率	NA	0.56	0.34	−0.27	−0.17	0.55	0.15	−0.04
	能源消费总量	71.63	1.62	0.98	−0.18	0.01	0.54	0.06	−0.12
	产出—能源效率	81.13	1.54	0.94	−0.10	0.06	0.48	0.00	−0.16
	资本—能源效率	96.79	1.72	1.05	0.27	0.17	−0.55	−0.15	0.04
	全要素生产率	88.65	1.28	0.78	−0.32	−0.05	0.97	0.11	−0.22
	能源价格	126.64	6.31	3.83	−0.01	0.10	0.27	−0.04	−0.13
	政府消费	107.47	3.53	2.14	0.19	0.64	0.28	−0.24	−0.30

注：解释程度为模拟结果标准差与观测数据标准差的比率（%），NA 表示缺乏该项观测数据。

六、政策试验

值得强调的是，虽然我们采用了真实经济周期的随机动态一般均衡框架，但并不意味着完全接受该学派的全部观点和假设。实际上，RBC 理论本身的最新发展趋势也是逐步放弃早期的纯粹技术波动思想，转而在其 SDGE 分析框架下引入货币、政府和价格黏性等其他学派对经济周期的解释（Gong and Semmler, 2006）。结合中国的现实情况，本文中的外生冲击不应当被理解为纯粹的随机因素，其"外生性"假设不再强调其不可控性，而是更为强调在短期内企业和家庭只能将它作为经济环境的变化。因此，从政策角度讲，政府应该也能够不断完善经济环境，至少需要对不利的冲击进行适度调整，更好地保证企业和家庭的福利，促进经济持续健康发展。

众所周知，中国经济波动的原因十分复杂，改革、开放等制度因素对宏观经济的影响远比发达国家剧烈，特别是在体制转轨过程中，经济制度和政府行为对企业生产决策的影响往往比单纯的生产技术（Product Techniques）更大，全要素生产率并非仅仅是对技术水平的测度而是一个包含制度、管理和政策的复杂概念。而且，就目前的能源价格体制和政府行为决策机制来看，能源价格很大程度上受政策影响，政府支出更是基本由政府直接决定。因此，这些都可以作为政府调节经济活动的政策工具，在宏观调控中发挥积极的"节能减排"作用。接下来，我们将以上模型作为模拟工具，通过脉冲试验来检验各种外生冲击对经济的影响，从而确定不同政策措施对各经济变量，特别是能源利用效率的影响。

脉冲反应试验的基本思路是，假定稳态经济受到某政策措施的冲击，根据模型模拟各经济变量的持续变化过程，从而说明政策的作用方向和大小。由于本文中两个阶段校准结果差异不大，同时模型对改革后的模拟效果较好且我们更为关心当前的现实情况，所以重点放在对 1978~2006 年结果的分析。我们首先分别对生产率、能源价格和政府购买的冲击进行模拟，然后分析复合冲击的影响，并分别结合近期的一些能源政策讨论它们的相应含义。

（一）生产率冲击

依据 1978~2006 年观测数据的校准结果，本文的模型显示：如果生产率水平在 t 时期受到外生冲击上升 1%，那么劳动时间将大约上升 0.65%，资本利用率大约上升 0.37%。由于资本形成存在时滞，当期资本存量不变，因而根据生产函数可知当期有效劳均产出将上升约 1.44%。与此同时，调整后有效劳均能源消费将上升约 1.13%，从而产出—能源效率上升约 0.31%，资本—能源效率下降约 1.13%。进一步地，在 t + 1 期，生产率水平将高于稳态水平约 0.87%，并且引致能源价格和政府消费分别上升约 0.74%和 2.25%，导致资本存量上升约 0.36%，资本利用率提高约 0.23%，产出上升约 1.47%，能源消费高于稳态水平 1.07%，使得产出—能源效率向上偏离约 0.31%，资本—能源效率向下偏离约 0.71%。依此类推，我们可以得到此后各期经济系统的变化情况，由于冲击是暂时性的并逐步消失，因而经济也逐步趋近于稳态。

图 9 和图 10 显示了技术冲击对模型中主要变量的影响，其中图 9 刻画了家庭和厂商的行为和结果：投资的反应最为强烈，先是大幅上升，然后大幅下降，最后慢慢恢复到正常水平，其峰值效应（Peak Effect）大约在 3 年后达到，投资最大增幅达 5.14%。家庭消费的变化则平滑得多，从当期上升 0.42%开始，6 年后慢慢达到峰值，而后缓慢向稳态趋近。劳动时间和资本利用率的变化比较接近，都是先小幅上升而后平缓下降到稳态水平之下，最后又逐步趋向稳态。以上变化导致了利率的较大波动，在冲击发生的当期上升 1.45%，但很快下降，9 年后低于稳态水平，此后缓慢恢复；而工资率的变化与家庭消费比较接近，始终高于稳态水平，变化比利率要平稳得多。图 10 反映了厂商、家庭和政府的应对行为对产出、资本存量和能源效率的影响。从中可见，产出在冲击发生当期大幅上升且很快达到峰值，此后逐步下降直到稳态水平；与此不同，资本的变化十分缓慢，先是逐渐积累，8 年后才达到峰值，随后的下降也非常平稳；而能源消费的变化恰好介于资本和产出之间，波动比资本剧烈但比产出平滑。以上结果导致了资本—能源效率和产出—能源效率完全不同的变化趋势：前者在冲击当期下降，然后逐步上升并长期超过稳态水平，缓慢达到最高点后趋向稳态；后者在冲击当期缓慢上升，大约七八年后达到峰值，然后逐步下降并趋向稳态。这表明，暂时性的生产率冲击在短期内对产出有较大的刺激作用，但资本存量只能缓慢调整，厂商必将提高其利用强度，从而能源消费也大幅增加，结果是资本—能源效率大幅下降，产出—能源效率只有小幅提升。

改革以来，随着经济体制转轨和对外开放的不断推进，全要素生产率水平呈现出持续大幅提升态势。但从冲击角度看，生产率改进速度并不是不变的，当改革推进较快时（如 1992~1994 年），生产率提高也较快，实际上相当于发生了正向的生产率冲击；当改革进程较慢时（如 1989~1991 年），生产率提高也比较缓慢，实际上相当于出现相对不利的生产率冲击。尽管目前中国经济体制改革已经进入一个相对平稳的阶段，但在完善要素市场体制、放宽政府管制、打破地方垄断等方面还有很长的路要走。因此，继续大力推进改革、提高资源配置效率仍然是提高中国能源利用效率的最有力手段。并且，选择恰当宏观经济环境和时机，以生产率波动较小的方式推进改革，更能够发挥其促进能源节约的作用。同时，某些短期能源政策也主要通过影响生产率发挥作用，例如淘汰落后产能实际上等价于改善资本的总体技术水平，显然会提高劳动生产率，从而提高能源利用效率。不过，由于淘汰落后产能同时又会加快其他资本的利用强度，应当与长期性加速资本折旧以及其他政策相结合，避免短期内资本利用率过高。

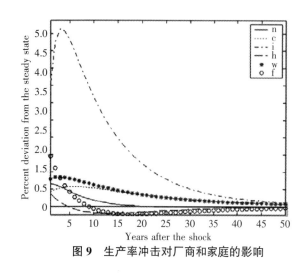

图 9　生产率冲击对厂商和家庭的影响

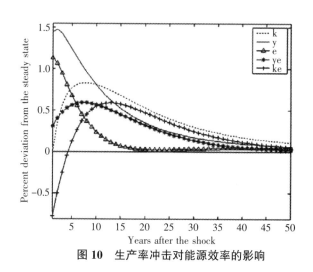

图 10　生产率冲击对能源效率的影响

（二）能源价格冲击

　　1978~2006 年的校准结果意味着，如果能源相对价格水平上升 1%，那么当期劳动时间将大约上升 0.0006%，资本利用率会下降 0.09%，因而可知有效劳均产出将下降约 0.067%。与此同时，调整后有效劳均能源消费将下降约 0.28%，从而产出—能源效率上升约 0.21%，资本—能源效率下降约 0.28%。到下一期，能源相对价格水平将高于稳态水平 0.90%，而资本存量下降约 0.014%，同时资本利用率下降约 0.08%，从而产出下降约 0.069%，能源消费低于稳态水平 0.26%，使得产出—能源效率向上偏离约 0.19%，资本—能源效率向上偏离约 0.24%。依此类推，同样可以得到此后各期经济系统的变化情况。

　　图 11 刻画了 1% 能源相对价格冲击对经济和能源效率的影响。从中可见，随着能源价格的上升，虽然产出和资本存量下降，但能源消费下降幅度更大，因而资本—能源效率和产出—能源效率都大幅提高，而且尽管资本—能源效率在 23 年后略低于稳态水平，但产出—能源效率则一直高于稳态水平。这说明，能源消费对于价格因素非常敏感，提高能源价格能够大幅度且持续地提高能源利用效率，并且对产出的影响相对较小。对比图 10 可以发现，能源相对价格冲击对产出的影响仅仅相当于生产率冲击影响的 1/20，但对产出—能源效率的影响却大约为生产率冲击影响的 1/2。也就是说，尽管能源价格变动对经济影响的绝对幅度比较小，但如果以产出波动为衡量单位，能源价格变动的相对影响就非常大，对能源效率的作用约为生产率的 10 倍。

　　能源价格是目前最受关注的能源政策之一，从我们的分析结果来看，它的确是提高能源效率最为有效的政策工具。但值得注意的是，本文的能源价格与通常的"石油价格"或"煤炭价格"有一定差别，这种相对于产出的综合价格指数反映了能源实际利用成本与总体经济需求的互动关系。因此它对能源效率的重大影响，提示我们不仅要调整个别能源产品的名义价格，更要通过体制改革理顺能源价格的形成机制。当然,从节能的角度来讲,总体上我们应当提高能源相对价格,例如在宏观经济过热时适度提高能源价格既可以抑制高耗能行业的投资需求,又可以激励企业采用更先进设备。不过,由于能源价格机制还不完善,因此短期内仍需恰当选择价格调整的手段和方式,如通过征收燃油税等可控性较强的方式可能比完全放开成品油价格更为稳妥。此外,由于能源价格波动也会对产出和消费等经济行为造成很大影响,当国际市场能源价格剧烈波动时,政府采取相应措施平滑国内能源价格变化将有利于稳定企业生产并为企业改进能源利用提供时间。因此,除定价缓冲机制外,石油、天然气等对海外市场依赖程度较高的能源品种的战略和商业储备也应当进一步加强和完善。

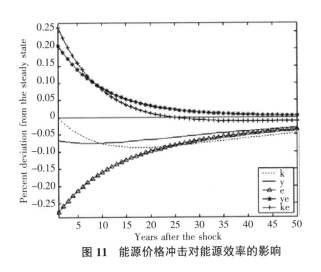

图 11 能源价格冲击对能源效率的影响

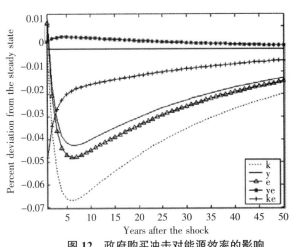

图 12 政府购买冲击对能源效率的影响

(三) 政府购买冲击

类似地,图 12 描绘了政府购买冲击发生后经济系统的长期变化情况:尽管短期内产出增加,但不能持久,2~3 年后经济又将大幅下滑,即政府购买波动将会导致经济的剧烈过度调整 (Overshooting)。由于政府购买的财富效应作用,资本存量的下降幅度比能源消费和产出都大,从而资本—能源效率下降,产出—能源效率上升。值得指出的是,本文中的政府购买不是政府投资而是指政府消费,政府消费增加 (减少) 实际上意味着增加 (减少) 对家庭的征税,因此它的政策含义与通常的政府投资支出不同。也就是说,以上结果表明,增税能够小幅提高产出—能源效率,但主要是通过压制投资实现的,对产出的影响很大;减税能够在中长期内有力地刺激产出增长,不过也会导致资本的过度积累和产出—能源效率的轻度下降。此外,与能源价格类似,政府购买冲击的影响幅度也比较小,大约 20%的政府购买冲击对产出的影响才相当于 1%的生产率冲击。因此,从能源效率角度考虑,我们认为以企业所得税调整作为政策工具应当比较慎重。

(四) 复合冲击试验

以上我们分别讨论了模型中三种外生冲击对经济的不同影响,接下来简单分析这些冲击同时发生作用的情况。图 13 刻画了生产率提高 1%和能源相对价格上升 10%的共同作用:产出和资本存量变化都相对缓慢,并且距离稳态水平相对较小;能源消费大幅下降,并且持续低于稳态水平;产出—能源效率大幅上升且一直高于稳态水平,资本—能源效率的上升略显缓慢且幅度也略低,尽管 40 年后也下降到稳态水平以下,但十分接近稳态水平。对比图 10 和图 11 可以清晰地发现,生产率和能源价格的复合冲击既实现了能源利用效率的显著提升,又保证了产出的平稳变化,政策效果要好于单独使用这两种政策工具中的任何一种。

图14显示了1%生产率冲击、10%能源相对价格冲击和20%政府购买冲击同期发生时经济系统的反应过程：尽管能源消费下降幅度更大，资本—能源效率和产出—能源效率都有所提高，但是产出也很快下降到稳态水平以下，而且大幅低于稳态水平，向稳态水平收敛的速度很慢。当然，其他冲击组合，包括不同方向和不同变化幅度的组合，同样将导致不同的经济波动过程，这里不再一一列举。总之，不同的冲击以及组合会对能源效率产生不同的影响，即使都造成能源效率提升，但产出、消费等其他变量的变化也可能完全不同，因而对整体社会福利的影响也存在巨大差异。

从短期来看，生产率、国际能源价格、进出口环境与政策、国内消费需求甚至融资成本的暂时性变化都会导致能源效率的波动，而且不同冲击的影响方向和幅度差别很大。因此，如果宏观经济政策适当，政府完全能够调节短期能源效率，至少可以在一定程度上消除不利冲击的负面影响或者降低能源效率变化的不利影响。当然，本文模型和以上政策试验都是说明性的，只能作为现实决策的理论参考。但我们相信，这种区分能源效率长期趋势和短期波动的分析思路，有助于全面揭示经济增长过程中能源消费的决定机制和不同政策措施对能源效率变动的影响差别，特别是有利于决策者针对不同能源效率变动状况制定不同的政策措施，更为有效地提高能源利用效率。

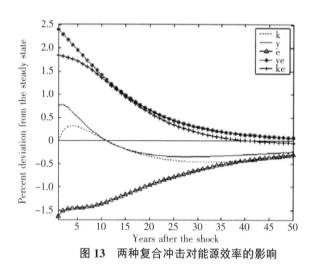

图13　两种复合冲击对能源效率的影响

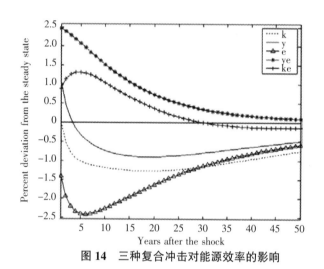

图14　三种复合冲击对能源效率的影响

七、总结性评述

近年来，中国能源效率问题得到了广泛关注，但现有成果大多仅仅局限于能源效率长期趋势的探讨。为此，本文从波动角度分析了中国能源效率的变化，特别强调了波动成分对能源效率的短期影响，以丰富和深入我们对中国能效变动的认识。首先，本文采用滤波方法将中国能源效率变动分解为趋势和波动两个方面，并重点总结了中国能源效率波动与宏观经济景气关系、波动的非对称性和产出—能源效率与资本—能源效率波动差异等方面的特征。其次，本文借鉴微观能源技术理论和宏观景气循环理论，尝试在真实经济周期框架下构建能源效率波动的内生决定模型，将不同资本利用强度下的能源消耗差别作为解释能源效率短期变化的关键机制。再次，我们根据中国的宏观数据和微观经验结果，对模型进行了校准实验，结果显示，本文模型大约能够解释改革以来产出波动的88%，能源消费波动的72%，产出—能源效率波动的81%，以及资本--能源效率波动的97%。最后，本文通过数值方法分析了不同政策工具的效果，发现全要素生产率、能源价格和政府消费的冲击对能源效率的影响差异很大，暂时性生产率冲击在短期内对产出有较大的刺激作用但产出—能源效率只有小幅提升，政府购买增加会导致经济的剧烈过度调整，提高能源价格十分有利于提高能源利用效率，而不同冲击的恰当组合则既能提高能源效率又能保持产出平稳。

本文的以上发现具有很强的政策含义，其中最为直接的就是今后能源效率的政策目标和手段都需要考虑长期趋势和短期波动两个方面，特别是应当根据不同的宏观经济形势选择恰当的政策工具。从具体措施角度讲，加速经济体制改革、征收能源消费税和增加财政补贴等方式都可以促进能源效率提高，但不同政策的见效时间、影响力度和福利代价差别很大，只有不同政策冲击的恰当组合才能实现理想的调控效果，其中以改进生产率和提高能源价格政策的联合应用最为有效。不过，需要指出的是，由于市场经济条件下能源消费和能源效率变动越来越成为经济主体理性反应的结果，因而为避免造成新的更大的社会福利损失，政府在推进经济稳定和节能减排等政策的过程中也应当尽量减少对经济的过度直接干预。这就对政府的宏观调控能力提出了更高要求，需要政府更为准确细致地把握经济形势、及时相机做出恰当反应、更多地采用多方政策组合方式，以最小福利代价取得最大经济效果。

当然，本文的研究仍然是初步性的，无论是理论模型还是实证分析都存在很多不完善之处，有待今后进行深入和扩展。例如，为了分析的方便，本文忽略了家庭消费和外贸等需求冲击，也没有引入货币和价格黏性等名义冲击；同时，本文对能源效率机制的解释还很不全面，特别是由于数据限制没有考虑产业结构变化和技术更新对能源利用水平的影响；再者，模型参数的识别和数值模拟也有待进一步完善。需要指出的是，作为经济周期理论在能源经济分析领域的应用，本文今后的扩展很大程度上依赖于中国经济周期研究的发展。我们相信，如果能够在周期分析中引入具有中国特色的内生制度变迁与技术进步、扭曲性财政政策和货币政策机制以及能源技术创新（引进），并找到恰当的数据指标来衡量这些经济行为，那么必将大大提高我们对能源效率波动的解释能力。此外，与其他研究方法——如利用微观数据的能源效率分解和基于投入产出的结构效应分析等——相结合也能够扩展本文的研究视角，同时不同方法和结果的比较分析还可以进一步检验本文的发现与结论。

〔参考文献〕

［1］傅晓霞、吴利学：《全要素生产率在中国地区差异中的贡献分析》，《世界经济》2006 年第 9 期。

［2］韩智勇、魏一鸣、焦建玲、范英、张九天：《中国能源消费与经济增长的协整性与因果关系分析》，《系统工程》2004 年第 7 期。

［3］蒋金荷：《提高能源效率与经济结构调整的策略分析》，《数量经济技术经济研究》2004 年第 10 期。

［4］李京文、钟学义：《中国生产率分析前沿》，社会科学文献出版社 1998 年版。

［5］林伯强：《电力消费与中国经济增长：基于生产函数的研究》，《管理世界》2003 年第 11 期。

［6］林伯强、魏巍贤、李丕东：《中国长期煤炭需求：影响与政策选择》，《经济研究》2007 年第 2 期。

［7］史丹、吴利学、傅晓霞、吴滨：《中国能源效率地区差异及其成因研究》，《管理世界》2008 年第 2 期。

［8］史丹、张金隆：《产业结构变动对能源消费的影响》，《经济理论与经济管理》2003 年第 8 期。

［9］汤铎铎：《中国经济周期波动的经验研究：描述性事实和特征事实（1949~2006）》，中国社会科学院研究生院博士学位论文，2007 年。

［10］王绍平、杨继生：《中国工业能源调整的长期战略与短期措施》，《中国社会科学》2006 年第 4 期。

［11］王小鲁、樊纲：《中国经济增长的可持续性——跨世纪的回顾与展望》，北京：经济科学出版社 2000 年版。

［12］王勇、王鹏飞：《对〈基本 RBC 方法模拟中国经济的数值试验〉的评论及其他》，《世界经济文汇》2004 年第 2 期。

［13］吴滨、李为人：《中国能源强度变化因素争论与剖析》，《中国社会科学院研究生院学报》2007 年第 2 期。

［14］张军、施少华：《中国经济全要素生产率变动：1952~1998》，《世界经济文汇》2003 年第 2 期。

［15］张军、吴桂英、张吉鹏：《中国省级物质资本存量估算：1952~2000》，《经济研究》2004 年第 10 期。

[16] 赵进文、范继涛:《经济增长与能源消费内在依存关系的实证研究》,《经济研究》2007 年第 8 期。

[17] 赵丽霞、魏巍贤:《能源与经济增长模型研究》,《预测》1998 年第 6 期。

[18] 钟恬:《中国经济存在“利率悖论”》,《证券时报(财经周刊)》2005 年 12 月 10 日 A2 版。

[19] 周鸿、林凌:《中国工业能耗变动因素分析:1993~2002》,《产业经济研究》2005 年第 5 期。

[20] Atkeson, Andrew and Kehoe, Patrick J., 1999, "Models of Energy Use: Putty-Putty versus Putty-Clay", *American Economic Review*, Vol.89, pp. 1028-1043.

[21] Chow, Gregory C., 1993, "Capital Formation and Economic Growth in China", *Quarterly Journal of Economics*, Vol.108, pp.809-842.

[22] Chow, Gregory C. and Lin Anloh, 2002, "Accounting for Economic Growth in Taiwan and Mainland China: A Comparative Analysis", *Journal of Comparative Economics*, Vol.30, pp.507-530.

[23] Finn, Mary G., 1995, "Variance Properties of Solow's Productivity Residual and Their Cyclical Implications", *Journal of Economic Dynamics and Control*, Vol.19, pp. 1249-1281.

[24] Finn, Mary G., 2000, "Perfect Competition and the Effects of Energy Price Increases on Economic Activity," *Journal of Money, Credit, and Banking*, Vol.32, pp.400-416.

[25] Gong, Gang and Semmler, Willi, 2006, *Stochastic Dynamic Macroeconomics: Theory and Empirical Evidence*, Oxford University Press.

[26] Greenwood, Jeremy, Hercowitz, Zvi and Huffman, Gregory, 1988, "Investment, Capacity Utilization, and the Real Business Cycle", *American Economic Review*, Vol.78, pp.402-417.

[27] Hall, Robert and Jones, Charles I., 1999, "Why Do some Countries Produce So Much More Output per Worker than Others?", *Quarterly Journal of Economics*, Vol.114, pp.83-116.

[28] Hodrick, Robert J., and Edward. Prescott, 1997, "Postwar US Business Cycles: An Empirical Ivestigation", *Journal of Money, Credit and Banking*, Vol. 29, pp.1-16.

[29] Kim, In-Moo and Loungani, Prakash, 1992, "The Role of Energy in Real Business Cycle Models", *Journal of Monetary Economics*, Vol.29, pp.173-190,

[30] King, Robert G. and Rebelo, Sergio, 1999, "Resuscitating Real Business Cycles", in John Taylor and Michael Woodford (ed.), *Handbook of Macroeconomics*, Vol.1B, pp.928-1002.

[31] King, Robert G., Plosser, Charles, and Rebelo, Sergio, 1988, "Production, Growth and Business Cycles: I. the Basic Neoclassical Model", *Journal of Monetary Economics*, Vol.21, pp.195-232.

[32] Kocherlakota, Narayana R., 1996, "The Equity Premium: It's Still a Puzzle", *Journal of Economic Literature*, Vol.34, pp.42-71.

[33] Kydland, Finn E. and Prescott, Edward C., 1982, "Time to Build and Aggregate Fluctuations", *Econometrica*, Vol.50, pp.1345-1370.

[34] Pindyck, Robert S. and Rotemberg, Julio J. 1983, "Dynamic Factor Demands and the Effects of Energy Price Shocks", *American Economic Review*, Vol.73, pp.106-179.

[35] Prescott, Edward, 1986, "Theory Ahead of Business-Cycle Measurement", *Carnegie-Rochester Conference Series on Public Policy*, Vol.25, pp.11-44.

[36] Ravn, Morten O. and Uhlig, Harald, 2002, "On Adjusting the Hodrick-Prescott Filter for the Frequency of Observations", *Review of Economics and Statistics*, Vol.84, pp. 371-376.

[37] Rosenberg, Nathan, 1980, "Historical Relations between Energy and Economic Growth", in Joy Dunkerley (ed.), *International Energy Strategies*, *Proceedings of the 1979 IAEE/RFF Conference*, Chapter 7, Cambridge, MA: Oelgeschlager, Gunn & Hain, Publishers, Inc., pp.55-70.

[38] Rotemberg, Julio J. and Woodford, Michael, 1996, "Imperfect Competition and the Effects of Energy Price Increases on Economic Activity", *Journal of Money, Credit, and Banking*, Vol.28, pp.549-577.

[39] Solow, Robert M., 1957, "Technical Change and the Aggregate Production Function", *Review of Economics and*

Statistics，Vol.39，pp.312–320.

[40] Wang, Yan. and Yao, Yudong, 2003, "Sources of China's Economic Growth 1952–1999：Incorporating Human Capital Accumulation", *China Economic Review*，Vol.14, pp.32–52.

[41] Young, Alwyn, 2000, "The Razor's Edge：Distortions and Incremental Reform in the People Republic of China", *Quarterly Journal of Economics*，Vol.117, pp.1091–1135.

附录1：数据说明

本文涉及中国1952~2006年能源消费和产出、资本、消费等宏观经济序列年度数据，指标处理和数据来源说明如下：

（一）能源数据

1. 能源消费

能源消费采用能源最终消费实物量，单位为万吨标准煤，数据来自《中国能源统计年鉴》《中国工业、能源和交通统计50年》和《中国统计年鉴》（历年各卷）。

2. 能源支出

由于缺乏系统的能源价格数据，无法直接通过能源消费的实物量计算其价值量。为此，我们假定能源消费等于能源供给，即能源支出等于煤炭、电力和石油等能源工业的增加值。鉴于行业划分和统计口径的调整，本文中的"能源工业"具体为：1952~1984年包括电力工业、煤炭及炼焦工业和石油工业，1985~1992年为煤炭采选业；石油和天然气开采业；电力、蒸汽、热水的生产和供应业；石油加工业，炼焦、煤气及煤制品业，1992年以后包括煤炭开采和洗选业；石油和天然气开采业；石油、核燃料加工及炼焦业；电力、蒸汽、热水的生产和供应业；煤气生产和供应业。由于1984年之前缺乏行业增加值数据，我们计算了1952~2006年能源工业占全部工业的总产值比重和1985~2006年能源工业占全部工业的增加值比重，通过回归方法估计1952~1984年能源工业占全部工业的增加值比重，从而根据全部工业增加值数据推算出1952~1984年能源工业增加值。

以上价值量指标单位均为亿元，其中全部工业和各行业总产值1984年以前相应年份数据分别采用1952年、1957年、1970年和1980年不变价格，1985年及以后数据采用当年价格，工业增加值全部采用当年价格，数据分别来自《中国工业、能源和交通统计50年》《中国国内生产总值核算历史资料1952~2004》和《中国统计年鉴》（历年各卷）。

3. 能源相对价格

本文中宏观经济变量均采用相对价格，若没有特殊说明，能源价格也是相对于产出价格而言的，但由于绝对能源价格数据无法获得，因而均采用间接方法计算。首先，我们根据当年价格的能源支出占工业增加值比重推算出能源支出占名义产出的份额，其次根据真实产出数据（说明见下）计算不变价格的能源支出，最后除以能源消费实物量得到能源相对价格。当然，能源的绝对价格可以通过能源支出除以能源消费实物量得到，再根据产出平减指数同样可以得到能源相对价格，两种方法的结果完全相同。

4. 能源效率

本文主要采用产出总量与能源投入总量的比率（产出—能源效率）作为能源利用效率的衡量指标，数值越高则表明效率越高，它与GDP能耗互为倒数，都可以反映经济活动中能源投入的偏要素生产率

(Partial Factor Productivity)，不过后者数值越大则能源效率越低，通常用来描述经济对能源的依赖程度。此外，为衡量生产过程中资本运行对能源的依赖程度，我们定义资本（说明见下）与能源投入总量的比率为资本—能源效率，主要反映宏观经济中资本与能源的技术关系。

（二）其他宏观数据

1. 产出及其构成

名义产出采用当年价格国内生产总值（GDP）指标，单位为亿元，真实产出采用根据 GDP 平减指数调整为 2005 年价格的 GDP 指标，数据主要来自《中国统计年鉴》（历年各卷），1990 年以前数据参考了《新中国五十年统计资料汇编》，并根据 2004 年经济普查结果进行了调整。

家庭消费和政府消费分别采用居民消费支出和政府消费支出指标，单位为亿元，利用历年居民消费支出指数和政府消费支出指数调整为 2005 年价格，2005 年和 2006 年指数均系根据居民消费者价格指数推算，数据来自《中国国内生产总值核算历史资料 1952~2004》和《中国统计年鉴》（历年各卷）。

本文没有明确考虑进出口和储蓄主体的区分，因而采用固定资产形成总额作为投资指标，单位为亿元，根据历年固定资产形成总额指数调整为 2005 年价格，数据来自《中国国内生产总值核算历史资料 1952~2004》和《中国统计年鉴》（历年各卷）。

2. 劳动投入

劳动力数量采用全社会从业人员指标，单位为万人，1990 年以前数据来自《新中国五十年统计资料汇编》，1991~2006 年数据来自《中国统计年鉴》根据人口变动情况抽样调查调整后的从业人员总计数，并根据 2004 年经济普查结果进行了调整。

由于缺乏劳动时间的具体数据，我们用每周平均劳动时间占平均非睡眠时间的比重来衡量工人劳动投入量，并将非睡眠时间标准化为 1。具体而言，假定所有工人平均睡眠时间为 8 小时，1978~2006 年平均每工作 5 天，每天工作 8 小时，因而平均劳动时间大约为 0.3571；对于 1952~2006 年，我们假定每周工作 5.5 天，因而平均劳动时间大约为 0.3929。

3. 资本存量

资本投入采用物质资本存量指标，单位为亿元，2005 年价格，根据永续盘存法计算。具体估算方法是：假设 1952 年资本—产出比率为 2，从而根据 1952 年 GDP 数据得到初始资本存量，此后历年资本存量计算公式为 $K_{t+1} = (1-\delta) K_t + I_t$，其中折旧率设定为 5%。

最后，值得指出的是，在周期分析中通常先对以绝对数量表示的变量数据取对数再进行滤波，这样可以避免度量单位的影响，而且得到的趋势成分可以近似看作变量的长期增长趋势，波动成分近似为各变量对自身长期趋势的相对偏差程度（百分比）。

附录 2：均衡条件的推导

根据厂商利润最大化的一阶条件，我们可以得到：

$$w_t = (1-\alpha) z_t (k_t h_t)^{\alpha} (n_t^d)^{-\alpha} \tag{31}$$

$$r_t + \frac{1}{\omega} h_t^{\omega} + p_t \frac{1}{\upsilon} h_t^{\upsilon} = \alpha h_t z_t (k_t h_t)^{\alpha-1} (n_t^d)^{1-\alpha} \tag{32}$$

$$h_t^{\omega} + p_t h_t^{\upsilon} = \alpha h_t z_t (k_t h_t)^{\alpha-1} (n_t^d)^{1-\alpha} \tag{33}$$

显然，方程（31）~方程（33）分别描述了厂商关于劳动投入、资本存量和资本利用率的最优决策，根据我们的假定，这一要素的最佳组合方式是企业利润最大化的唯一可行解。

由公式（13）可知家庭的效用最大化问题为：

$$V(k_0, z_0) = Max(c_t, n_t^s) E_0 \left\{ \sum_{t=0}^{\infty} \beta^t [c_t(1-n_t^s)^\varphi]^{1-\theta}/(1-\theta) \right\} \tag{34}$$

其中，E 表示期望算子。注意到政府的税收影响，并用 s 表示家庭储蓄，因而资本积累和消费约束为：

$$\gamma_A \gamma_L k_{t+1} = k_t + s_t \tag{35}$$

$$w_t n_t^s + (1-\tau) r_t k_t = c_t + s_t - x_t \tag{36}$$

显然，以上最优化问题等价于如下递归问题：

$$V(k_t, z_t) = Max(c_t, n_t^s) \left\{ \begin{array}{l} \beta^t [c_t(1-n_t^s)^\varphi]^{1-\theta}/(1-\theta) + \beta E_t V(k_{t+1}, z_{t+1}) + \\ \mu_t [k_t + (1-\tau) r_t k_t + w_t n_t^s - c_t - x_t - \gamma_A \gamma_L k_{t+1}] \end{array} \right\} \tag{37}$$

其中，μ 为共态变量，表示家庭财富的影子价格。由动态规划原理可知，递归问题方程（37）的一阶条件和横截条件为：

$$\mu_t w_t = \varphi [c_t(1-n_t^s)^\varphi]^{-\theta} c_t(1-n_t^s)^{\varphi-1} \tag{38}$$

$$\mu_t = [c_t(1-n_t^s)^\varphi]^{-\theta}(1-n_t^s)^\varphi \tag{39}$$

$$\gamma_A \gamma_L \mu_t = \beta E_t \{ \mu_{t+1}[1 + (1-\tau) r_{t+1}] \} \tag{40}$$

$$\lim_{t \to \infty} \beta^t \mu_t k_t = 0 \tag{41}$$

综合以上经济行为的最优决策结果，便可以得到文中的模型均衡条件方程（15）~（22）。

附录 3　随机冲击的估计

通过比较方程（24）和方程（29）可知，生产率冲击的自相关系数和随机扰动方差能够通过下式来估计：

$$\ln TFP_{t+1} = c_0^z + c_1^z t + \rho_z \ln TFP_t + \varepsilon_{t+1}^z \tag{42}$$

类似地，能源价格和政府购买的随机冲击可以通过估计如下方程得到：

$$\ln P_{t+1} = c_0^p + c_1^p t + \rho_p \ln P_t + \eta_p \ln TFP_{t+1} + \varepsilon_{t+1}^p \tag{43}$$

$$\ln G_{t+1} = c_0^g + c_1^g t + \rho_g \ln G_t + \eta_g \ln TFP_{t+1} + \varepsilon_{t+1}^g \tag{44}$$

其中，所有随机扰动均被假定服从零均值和不变方差的正态分布。

附表 1 提供了最小二乘回归的估计结果，从中可见，所有随机冲击结构的估计都在 5% 水平上显著，回归判决系数也超过 0.95，方程（43）和方程（44）的 Durbin-Watson 统计量都很接近 2，表明能源价格和政府购买冲击方程的回归效果是比较好的。当然，方程（42）的 DW 统计量只有 1 左右，意味着残差仍可能存在一定相关性。不过，生产率冲击是不是存在序列相关，不改变我们关于能源效率变化机制的假定，所以对于本文的研究目的而言并不是一个关键问题。事实上，只要假定生产率服从一阶自回归移动平均过程（ARMA（1，1）），便能够基本消除方程（42）回归残差的相关性，而且得到的随机结构估计与 AR（1）结果非常接近。因此，考虑到 ARMA（1，1）假设会使模型求解更为复杂但又不会对数值结果产生决定性影响，我们仍直接采用了 AR（1）的结果。

附表 1　随机扰动的回归结果

阶段	因变量	解释变量				回归统计		
		常数项	时间趋势	一阶滞后项	$\ln TFP_{t+1}$	AR^2	DW	S.E.
1952~2006 年	$\ln TFP_{t+1}$	−1.00***	0.0235**	0.9268***		0.956	1.00	0.0553
		(−3.94)	(2.43)	(19.61)				
	$\ln P_{t+1}$	1.27***	0.0147	0.9179***	1.1531***	0.985	1.62	0.0798
		(4.00)	(1.35)	(18.97)	(5.67)			
	$\ln G_{t+1}$	2.51***	0.0743***	0.7530***	0.9843***	0.996	2.01	0.0848
		(14.37)	(16.34)	(8.47)	(5.08)			
1978~2006 年	$\ln TFP_{t+1}$	−0.96***	0.0236***	0.8737***		0.993	0.92	0.0202
		(−7.81)	(4.61)	(7.65)				
	$\ln P_{t+1}$	1.69	0.0181	0.8984***	2.5724***	0.979	1.61	0.0881
		(1.55)	(0.57)	(13.01)	(2.99)			
	$\ln G_{t+1}$	2.39***	0.0783***	0.5171***	0.8615***	0.998	1.88	0.0361
		(7.38)	(9.20)	(3.59)	(2.70)			

注：①括号中为 t 统计量，*、**、***分别表示在 10%、5%、1%水平上显著；②AR^2 表示调整后回归判决系数，DW 表示 Durbin-Watson 统计量，S.E.表示回归残差。

　　此外，为考察生产率对能源价格和政府购买的影响，我们还在 $\eta_p=0$ 和 $\eta_g=0$ 的约束下对方程（43）和方程（44）进行了估计，并对以上方程估计残差之间的相关性分析，结果（见附表 2）表明：无论是改革之前还是改革之后，能源相对价格和政府购买波动都与生产率变动存在较强的相关关系；但考虑生产率的影响后，回归残差的相关程度大幅下降，相关系数从 0.5 左右下降到 0.2 左右。因此，我们认为方程（40）、方程（41）和方程（42）中关于生产率、能源价格和政府消费随机冲击结构的设定基本上是合理的，而且附表 1 中的回归结果基本上也是可靠的。另外，从附表 1 中的回归系数还可以看到，生产率变动确实对中国能源相对价格和政府消费影响很大，证实了政府行为的相关性以及对中国经济的巨大影响。

附表 2　随机扰动的相关系数

阶段	1952~2006 年					1978~2006 年				
变量	ε^z	ε^{p1}	ε^{p2}	ε^{g1}	ε^{g2}	ε^z	ε^{p1}	ε^{p2}	ε^{g1}	ε^{g2}
ε^z	1.00	0.63	0.00	0.47	−0.11	1.00	0.52	0.01	0.55	0.18
ε^{p1}	0.63	1.00	0.77	0.18	−0.16	0.52	1.00	0.86	0.20	−0.03
ε^{p2}	0.00	0.77	1.00	−0.15	−0.13	0.01	0.86	1.00	−0.09	−0.15
ε^{g1}	0.47	0.18	−0.15	1.00	0.81	0.55	0.20	−0.09	1.00	0.90
ε^{g2}	−0.11	−0.16	−0.13	0.81	1.00	0.18	−0.03	−0.15	0.90	1.00

注：其中 ε^{p1}、ε^{p2} 和 ε^{g1}、ε^{g2} 分别表示方程（43）和方程（44）无约束和有约束的回归残差。

附录4：模型的近似和求解方法

类似于 King 等（1988），本文采用对数线性展开的方法对模型的均衡条件在稳态附近进行近似。为此，我们定义各变量在 t 时期偏离稳态的程度（百分比）为 $\hat{S}_t = \ln(S_t/S)$，例如有效劳均资本存量和产出偏离稳态的程度分别为 $\hat{k}_t = \ln(t_t/k)$ 和 $\hat{y}_t = \ln(y_t/k)$ 等。

首先，应用这一定义，根据均衡条件方程（15）~方程（22）和随机冲击的结构设定方程（24）~方程（26）可以得到：

$$\hat{w}_t = \hat{y}_t - \hat{n}_t \tag{45}$$

$$\hat{c}_t = \hat{y}_t - \frac{1}{1-n}\hat{n}_t \tag{46}$$

$$r\hat{r}_t = \left[\omega(\omega-1)\delta + \upsilon(\upsilon-1)pa\right]\hat{h}_t + (\upsilon-1)pa\hat{p}_t \tag{47}$$

$$\frac{\alpha y}{k}(\hat{y}_t - \hat{k}_t) = (\omega^2\delta + \upsilon^2 pa)\hat{h}_t + \upsilon pa\hat{p}_t \tag{48}$$

$$\hat{\mu}_t = -\theta\hat{c}_t - (1-\varphi)(1-\theta)\frac{1}{1-n}\hat{n}_t \tag{49}$$

$$\hat{\mu}_t = E\left[\hat{\mu}_{t+1} + \frac{(1-\tau)r}{1+(1-\tau)r}\hat{r}_{t+1}\right] \tag{50}$$

$$\gamma_A\gamma_L\hat{k}_{t+1} = \frac{y}{k}\hat{y}_t - \frac{c}{k}\hat{c}_t - \frac{g}{k}\hat{g}_t - (\omega\delta + \upsilon pa)\hat{h}_t + (1-\delta-pa)\hat{k}_t \tag{51}$$

$$\hat{y}_t = \hat{z}_t + \alpha\hat{k}_t + \alpha\hat{h}_t + (1-\alpha)\hat{n}_t \tag{52}$$

$$\hat{z}_{t+1} = \rho_z\hat{z}_t + \varepsilon_{t+1}^z \tag{53}$$

$$\hat{p}_{t+1} = \eta_p\hat{z}_{t+1} + \rho_p\hat{p}_t + \varepsilon_{t+1}^p \tag{54}$$

$$\hat{g}_{t+1} = \eta_g\hat{z}_{t+1} + \rho_g\hat{g}_t + \varepsilon_{t+1}^g \tag{55}$$

其次，用 $X\hat{X}_t = [\hat{n}_t, \hat{k}_t, \hat{z}_t, \hat{p}_t, \hat{g}_t]'$ 表示 $\hat{S}S_t = [\hat{k}_{t+1}, \hat{\mu}_t, \hat{y}_t, \hat{c}_t, \hat{i}_t, \hat{h}_t, \hat{e}_t, \hat{w}_t, \hat{r}_t]$ 等变量，通过代换得到 $\hat{S}S_t = BX\hat{X}_t$，其中 $B(9\times 5) = [B_k, B_\mu, B_y, B_c, B_i, B_h, B_e, B_w, B_r]$，为由模型参数和稳态解决定的已知系数矩阵。

再次，我们进一步将状态变量的偏离表示为递归函数，并用状态变量的偏离表示经济中主要控制变量的偏离程度，即得到所有状态变量的动态方程和其他变量关于状态变量的方程：

$$\hat{X}_{t+1} = M\hat{X}_t + E_{t+1} \tag{56}$$

$$\hat{S}_t' = N\hat{X}_t \tag{57}$$

其中，$\hat{X}_t = [\hat{k}_t, \hat{z}_t, \hat{p}_t, \hat{g}_t]'$ 表示状态变量 t 时期的偏离，$\hat{S}_t' = [\hat{y}_t, \hat{n}_t, \hat{c}_t, \hat{i}_t, \hat{h}_t, \hat{e}_t, \hat{\mu}_t, \hat{r}_t, \hat{w}_t]'$ 为经济中主要控制变量和其他变量的偏离程度，$E_{t+1} = [0, \varepsilon_z^{t+1}, \varepsilon_p^{t+1}, \varepsilon_g^{t+1}]'$ 表示外生随机冲击，M 和 N 为恰当定义的系数矩阵。注意到 M 可以表示为 $\begin{bmatrix} M_k(1\times 4) \\ O(3\times 1)\ P(3\times 3) \end{bmatrix}$，P 是由外生冲击的随机结构决定的，O 表示零向量，只有 M_k 未知；同时，N 可以表示为 $[N_y, N_n, N_c, N_i, N_h, N_e, N_w, N_r]$，只要求得其中

的 N_n 便可以根据 B 解出 N_y、N_c 等其他向量。

最后，我们采用待定系数法，即假定 M_k 和 N_n 已知并代入方程 (52) 和方程 (53)，得到：

$$M_k(1 \times 4) = \left[B_k(1 \times 5) \right] \begin{bmatrix} N_n(1 \times 4) \\ I(4 \times 4) \end{bmatrix} \tag{58}$$

$$\left[B_\mu(1 \times 5) + \frac{(1-\tau)^r}{1+(1-\tau)^r} B_r(1 \times 5) \right] \begin{bmatrix} N_n(1 \times 4) \\ I(4 \times 4) \end{bmatrix} M(4 \times 4) = \left[B_\mu(1 \times 5) \right] \begin{bmatrix} N_n(1 \times 4) \\ I(4 \times 4) \end{bmatrix} \tag{59}$$

这实际上是关于 M_k 和 N_n 的二元二次矩阵方程。根据我们的设定，它有两组解，但只有一组满足横截条件，从而得到 M 和 N 的唯一解。

（本文发表在《经济研究》2009 年第 5 期）

稀有矿产资源的战略性评估
——基于战略性新兴产业发展的视角

李鹏飞　杨丹辉　渠慎宁　张艳芳

摘　要：作为不可再生的资源，稀有矿产在战略性新兴产业中有着广泛而重要的用途。近年来，全球稀有矿产品供求关系趋紧，稀有矿产领域的国际竞争不断升级。在对六大类 22 种稀有矿产资源进行界定、分析其在战略性新兴产业中应用的基础上，本文采用三因素分析框架，从供应风险、环境影响、供应受限的经济影响三个维度，设计了九项指标，对稀有矿产资源的战略性做出定量评估。结果显示，铂族金属的战略性最高，铯的战略性最低。为进一步提高评估结果的可靠性，本文运用蒙特卡洛模拟进行不确定性分析。模拟结果表明，在考虑了分项指标估算结果的影响之后，本文对 22 种稀有矿产资源战略性的评估结果依然成立。鉴于稀有矿产资源在战略性新兴产业中的重要性日益增强，应尽快制定实施稀有矿产资源的国家战略，着力提升战略性新兴产业关键原材料保障能力，实现稀有矿产可持续开发利用，维护国家资源安全。

关键词：稀有矿产；战略性；供应风险；环境影响；供应受限的经济影响

一、问题提出

稀有矿产资源通常是指地壳中丰度低、分布稀散，难以从矿石中提取，在工业上制备和应用较晚，但在现代工业中应用广泛的矿产资源。考察世界范围内工业化的历程可以发现，矿产资源消费总量及其结构表现出一定的阶段性特征。在工业化初中期，大量消耗煤炭、铁矿石等大宗矿产；工业化中期，石油、有色金属消费增长较快；进入工业化后期和后工业化时期，稀有金属需求逐步扩大，成为现代制造业特别是战略性新兴产业和国防工业的关键原材料。1900~2011 年百余年间，美国代表性大宗矿产品（铁矿石和铜）与稀有金属（钼和铟）消费量的变化趋势验证了矿产品消费结构的演变规律。由图 1 可见，美国大宗矿产品消费量在达到峰值后震荡下行，而稀有金属消费量则持续增长。稀有矿产资源消费量不断上升的同时，应用于工业生产的稀有矿产品的种类也大幅增加。以计算机芯片为例，20 世纪 80 年代的计算机芯片仅含有 12 种化学元素，而 21 世纪的高速大容量集成电路则包含 61 种化学元素。

[基金项目] 中国社会科学院创新工程项目"稀有矿产资源的国家战略研究"（SKGJCX2013—04）；国家社会科学基金重大项目"金属矿产资源国际市场价格操纵问题与我国定价权研究"（13&ZD169）；国家自然科学基金青年项目"能源和水资源消耗总量约束下的中国重化工业转型升级的动态 CGE 模型与政策研究"（71203232）。

增加的 49 种化学元素中，包括 15 种稀有金属，以及钇和除钷之外的其他 14 种镧系元素共 15 种稀土金属。

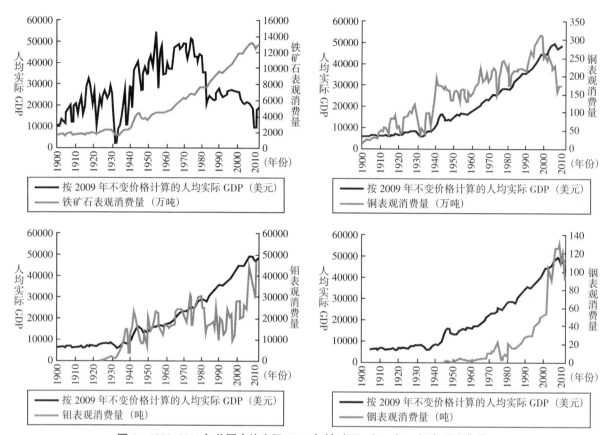

图 1　1900~2011 年美国人均实际 GDP 与铁矿石、铜、钼、铟表观消费量

注：铟的表观消费量为 1936~2011 年数据。

资料来源：实际 GDP 根据美国经济分析局（BEA）数据计算，铁矿石、铜、钼、铟表观消费量数据取自美国地质调查局（USGS）。

　　长期以来，发达国家既是先进材料的研发制造基地，又是主要消费市场，稀有矿产资源丰富的发展中国家仅扮演着初级矿产资源提供者的角色。然而，近 20 年来，部分稀有矿产品消费的地区结构发生了显著变化，新兴经济体和发展中国家正在改变全球稀有矿产的消费版图。为应对国际金融危机，发达国家实施"再工业化"战略，大力发展战略性新兴产业，这些举措不同程度地加剧了稀有矿产资源的国际竞争，稀有矿产资源更加炙手可热。值得注意的是，虽然开发利用技术的进步在一定程度上提高了稀有矿产品的全球供给能力或技术替代能力，缓解了部分稀有矿产品的供给压力，但近年来世界各国民众环保意识不断增强，稀有矿产资源开采、冶炼、提纯、使用、回收等各个环节都面临更加严格的环保标准，这对稀有矿产品供给形成了重要约束。

　　当前，中国正处于工业化中后期和城镇化加快发展的中期阶段。受人口规模、GDP 增速、产业结构、技术水平、消费偏好、体制机制等诸多因素影响，中国矿产资源消费具有复杂性和独特性，主要表现为传统产业和基础设施建设对大宗矿产需求仍然强劲，稀有矿产品消费规模迅速扩大，目前中国稀土、钨、锡、锑、钼等稀有金属的消费量均居全球第一位。同时，中国稀有矿产资源品种较为齐全，储量丰富，是稀有矿产品主要出口国。近年来，为保护环境、促进资源可持续利用，中国对钨、稀土等稀有矿产开采出口采取了一系列限制措施，但这些措施引发了美国、欧盟、日本等主要进口国家和地区的强烈反弹，稀有矿产资源领域的贸易摩擦呈加剧之势。[①]从应用前景、政策环境、资源安全等因素来看，全球稀有矿产资源供求关系偏紧、竞争升级的局面很可能会长期持续。在此背景下，科学地评估稀有矿产资源的战略性，为制定实施稀有矿产资源国家战略提供依据，对于提升战略性新兴产业原材料保障能力、维护国家资源安全具有重要意义。

二、概念界定与研究范围

尽管近年来相关研究十分活跃，但目前对稀有矿产资源尚无统一的界定和分类。实际上，矿产资源的分类反映出一定时期内认矿、找矿、采矿、用矿的生产实践和科技发展水平，稀有矿产资源所涵盖的矿种范围并非一成不变。中国比较常用的金属分类方法把除铁之外的 92 种金属（含半金属）分为有色轻金属、有色重金属、贵金属、稀有金属和半金属五大类。其中，稀有金属又分为稀有轻金属、稀有高熔点金属、稀散金属、稀土金属、稀有放射性金属五类。鉴于本文的出发点和落脚点是对稀有矿产资源的战略性作出评估，并以此作为稀有矿产资源国家战略的依据，综合考虑矿产品的性质和用途，本文将除稀有放射性金属之外的其他四类稀有金属、贵金属中的铂族金属，以及稀有非金属矿产石墨[②]，共计 22 种矿产资源界定为稀有矿产资源（见表 1）。

表 1　本文分析的 22 种稀有矿产资源

类别	稀有矿产资源名称
稀有轻金属	锂、铍、铷、铯
稀有高熔点金属	钛、锆、铪、钒、铌、钽、钨、钼、铼
稀散金属	镓、铟、铊、锗、硒、碲
稀土金属	｛镧、铈、镨、钕、钷、钐、铕、钆、铽、镝、钬、铒、铥、镱、镥、钪、钇｝
稀有贵金属	｛铂、铱、锇、钌、钯、铑｝
稀有非金属	石墨

注：由于相关统计资料通常把 17 种稀土元素合并为稀土金属，把 6 种铂族元素合并为稀有贵族金属，为便于进行定量分析，本文按照惯例将稀土元素和铂族元素分别视为一种稀有矿产资源。

资料来源：笔者整理。

本文评估稀有矿产资源的"战略性"，是对某种稀有矿产在全球范围内面临的供给风险、其开采加工过程造成环境影响和生态损害及其经济重要性进行综合分析，并以此判断其对产业发展特别是在战略性新兴产业发展中的相对重要性。总体来看，本文所考察的六大类 22 种稀有矿产资源在战略性新兴产业中应用广泛，但具体到某一产业需要用到的稀有矿产资源种类，不同产业存在一定差别。其中，新材料产业所需稀有矿产种类最多，新一代信息技术产业次之，新能源汽车产业最少。以各类稀有矿产资源在不同产业应用中的代表性产品为基础，结合国家发展和改革委员会 2013 年发布的《战略性新兴产业

---

① 2009 年，美国、欧盟、墨西哥等国家就中国对铝土、焦炭、萤石、镁、锰、金属硅、碳化硅、黄磷和锌共 9 种原材料采取出口配额、出口关税及其他控制出口数量和价格等措施，向 WTO 提出诉讼。2012 年 3 月，美国、日本和欧盟又联手将中国对稀土、钨、钼相关产品实施出口关税、出口配额及出口配额管理和分配措施诉至 WTO 争端解决机制。对于这些诉案，WTO 专家组相继做出了不利于中国的裁决。

② 已有许多技术文献指出，以石墨为原料制备的石墨烯在战略性新兴产业中的应用前景十分广阔，而且其丰度相对较低，因此本文将石墨作为稀有非金属矿产纳入研究范围。至于其他非金属矿产，除了硅之外，在战略性新兴产业中的应用还很有限。虽然硅的应用比较广泛，但其丰度较高，分布也比较集中，因而并不能算是稀有矿产。

重点产品和服务指导目录》(简称《目录》)中确定的七个产业近 3100 项细分产品和服务,初步定性判断出各类稀有矿产资源在七个产业 19 个发展方向上[①]应用的重要性,这一定性判断结果为本文后续定量研究提供了支持(见表 2)。

表 2　22 种稀有矿产资源应用于七大战略性新兴产业 19 个发展方向的重要性

战略性新兴产业应用方向		稀有轻金属				稀有高熔点金属									稀散金属						稀有贵金属	稀土金属	石墨
		锂	铍	铷	铯	钒	钛	锆	铪	铌	钽	钨	钼	铼	镓	铟	铊	锗	硒	碲			
节能环保产业	高效节能产业																					1	
	先进环保产业																				1	3	
	资源循环利用产业							4															
新一代信息技术产业	下一代信息网络产业																					4	
	电子核心基础产业																				2	3	1
生物产业	生物医药产业																				1	4	4
	生物医学工程产业						1			2	2	4	4	4								3	4
高端装备制造产业	航空装备产业	2	1			2	1			1	1	1	1	1								1	
	卫星及应用产业			1	1							1	1									1	
	轨道交通装备产业									1		1	1									2	
	海洋工程装备产业		2					2			2	1	1									2	
	智能制造装备产业											1	1									1	
新能源产业	核电技术产业			2	2	3	1	1	1	1												2	2
	风能产业						4	4														1	
	太阳能产业												4		2	2		3	1	1		4	2
新材料产业	新型金属功能材料产业	2	3	4	4	4	1	4	4	3	3	2	3		3	4	3	3	2			1	3
	先进结构材料产业		2					4	1	2	2	2	2	4									
	高性能复合材料产业		2				2																2
新能源汽车产业																					3	2	1

注:稀有矿产资源在各发展方向上应用的重要性从高到低依次以 1、2、3、4 表示。

资料来源:根据国家发展和改革委员会 2013 年发布的《战略性新兴产业重点产品和服务指导目录》和相关工程技术文献整理。

[①]《目录》确定了七个产业 23 个发展方向,但从目前的产业实践及相关技术文献看,本文分析的 22 种稀有矿产资源在《目录》中以下 4 个发展方向上的应用尚无突破:新一代信息技术产业中的高端软件和新兴信息服务产业,生物产业中的生物农业产业、生物制造产业,新能源产业中的生物质能产业。

三、评估方法与指标体系

（一）文献简评与评估方法

伴随着在战略性新兴产业中日益广泛且重要的应用，稀有矿产资源可持续保障问题成为研究热点。美国国家科学研究会、欧洲理事会、日本经济产业省相继发布了稀有金属或关键原材料战略的研究成果，国外一些学者也积极探索稀有矿产资源关键度的评价方法和指标体系。其中，NRC 建立了矿产品关键度评价矩阵，筛选出对美国经济具有战略意义的 11 种关键矿产品。这 11 种关键矿产品中，除了铜、锰之外，其他 9 种都属于稀有矿产资源。与此类似，在 EC 和日本经济产业省的相关研究中，也分别识别出包括主要稀有金属在内的战略性矿产资源。从国内研究进展来看，长期以来国内学者侧重于分析石油、天然气、铁矿石、煤炭等大宗矿产资源的保障能力及其影响因素。近年来，战略性新兴产业发展推高了稀有矿产品需求量，相关研究也开始关注稀有矿产资源的安全问题，但就目前掌握的文献来看，对中国关键稀有矿产资源的综合性研究非常缺乏，尚无对稀有矿产资源的战略性进行定量评估的研究成果，因此本文具有前瞻性和创新性。

对稀有矿产资源的战略性分析需要综合考虑地质储量、经济用途、技术创新、生态环境、地缘政治、社会发展水平和监管政策等多种因素。在现有研究中，美国和欧盟关键原材料战略研究所采用的分析框架都是双因素评价法，即分别以矿产资源的供应风险与供应受限的经济影响（或经济重要性）为横坐标和纵坐标，通过计算两个坐标下各种指数的数值确定各种矿产资源在坐标系中的位置，并根据一定标准把稀有矿产资源分为四类：①供应风险高、经济影响大的矿产资源；②供应风险高、经济影响小的矿产资源；③供应风险低、经济影响大的矿产资源；④供应风险低、经济影响小的矿产资源。供应风险高、经济影响大的矿产资源其关键度高，这些矿产被确定为需要重点保障的关键原材料。

只考虑供应风险和经济影响的双因素分析框架的优点是简洁明了，而其缺点在于未能考察矿产资源开采利用的环境影响。[①] 对于中国这样的稀有矿产品生产消费大国而言，评估稀有矿产资源的战略性仅限于供应风险和经济影响两个维度，而忽视资源开采利用对生态环境的影响，很可能会得出误导性的结论，难以为中国保护不可再生的稀有矿产资源提供支撑。特别是面对欧美国家向 WTO 提起的"稀土诉讼"，将稀有矿产资源开发利用的环境影响纳入分析框架更具现实意义。基于此，本文借鉴 Graedal 等最近提出的三因素分析框架，结合中国战略性新兴产业对稀有矿产资源的需求等实际情况，分别从供应风险、环境影响、供应受限的经济影响三个维度，测算出不同维度下各项评估指标的数值，进而对各评估指标的测算结果进行加总，判断 22 种稀有矿产资源的战略性。需要强调的是，本文采取的研究方法实际上是对各种稀有矿产资源在战略性新兴产业发展中的相对重要性进行量化排序，而这种排序可以作为直观的依据，在国家战略层面上对不同种类稀有矿产资源开发利用采取差别化、针对性的政策措施。

（二）评估指标体系

具体到本文选取的三个评估维度，在国家层面对矿产资源的供应风险进行评价时，既要考虑由地质

[①] EC 提到的环境国家风险（Environmental Country Risk），并非矿产资源开采利用可能会对生态环境产生的直接影响，而是特指矿产资源主要供应国（地区）采取的环境保护措施对原材料稳定供应带来的风险。

性、技术性和经济性因素共同决定的资源供应潜力，又要分析矿产品生产国的社会发展水平、矿业监管政策与地缘政治等影响资源开发及供应能力的因素；评估矿产资源的环境影响，则需要对资源开发利用全寿命周期的环境影响进行定量分析；而关于供应受限的经济影响，在 NRC 和 EC 等研究矿产资源和原材料关键度的文献中，一般只通过直接或间接度量矿产资源和原材料的经济贡献，及其进口依存度，来衡量供应受限的经济影响。不过，Graedal 等和 Nassar 等近期文献强调，矿产资源和材料的可替代性也是评价供应受限的经济影响的重要因素。原因在于，全球供求关系趋紧、部分稀有矿产品价格持续攀升势必刺激替代技术（产品）研发，导致替代技术或产品的技术经济性增强。在上述研究基础上，本文进一步将供应风险、环境影响、供应受限的经济影响三个维度分解为 7 个影响因素和 9 项评价指标，这些因素和指标的含义、作用机制及数据来源如表 3 所示。

表 3　稀有矿产资源战略性的评估指标体系

维度	影响因素	指标		
		名称	界定与作用机制	数据来源与处理方法
全球供应风险（SR）	地质性、技术性及经济性因素	资源供应潜力（R/P）	这一指标既会受到储量等地质性因素的影响，同时还会受到开采利用技术及成本等技术性和经济性因素的影响。在矿产品贸易全球化的背景下，通常用世界的资源剩余可采储量与当年产量之比（即储产比，R/P）来衡量其供应潜力①	利用美国地质调查局（USGS）公布的稀有矿产世界储量和产量，计算出各种稀有矿产的储产比
	社会发展水平与监管政策因素	社会发展水平（HDI）	一个国家或地区的经济社会发展水平越高，矿产资源开发的稳定性通常会越强，由其供应的矿产资源一般也不会在短期内出现大的波动	通常采用联合国开发计划署发布的人类发展指数（HDI）衡量一个国家或地区的经济社会发展水平。本文以各稀有矿产资源开发国的产量占比为权重，对其 HDI 值加权平均
		矿业监管政策（PPI）	一个国家或地区的矿业监管政策如果缺乏透明度，或存在朝令夕改的现象，会对矿产开发企业的投资产生负面影响，进而导致矿产资源供应风险上升	本文采用加拿大菲莎研究所发布的矿业政策潜力指数②（PPI）衡量矿业监管政策对稀有矿产勘探开发的影响。以各种稀有矿产资源开发国的产量占比为权重，进行加权平均
	地缘政治因素	矿业发展的政治环境（WGI-PV）	政治环境直接影响矿产资源供应，一个国家或地区政局动荡不安，暴力活动时有发生，既会在短期内影响矿业生产的稳定性，也会影响矿业的中长期投入	本文采用世界银行发布的世界治理指标中的政治稳定与无暴力程度（WGI-PV），以各种稀有矿产资源开发国的产量占比为权重，对其 WGI-PV 值进行加权平均
		全球供应集中度（HHI）	某种稀有矿产品如果由少数国家或地区集中供应，那么这些国家和地区的政治环境或主要矿业公司发展战略一旦发生变化，很可能会对该稀有矿产品的稳定供应产生较大影响。反之，资源分散，某个或部分国家或地区出现变动，一般不会对稳定供应产生显著影响	根据产业组织通常的研究方法，本文采用矿产品供应的赫芬达尔—赫希曼指数（HHI）度量其全球供应集中度。以各种稀有矿产资源开发国的产量占比数据为基础，将各产出国占比的百分数进行平方并相加，即可得出稀有矿产资源的 HHI 值
环境影响（EI）	全寿命周期环境影响	环境影响（EI）	某种矿产品开发利用的环境影响涉及包括开采、冶炼、加工、最终消费等各个环节在内的全寿命周期	根据 Steen 直接获得或间接测算

① Graedal 等和 Nassar 等提出，用资源耗竭时间（Depletion Time, DT）来衡量矿产资源的供应潜力更为合理，因为这一指标考虑了资源的回收利用。但他们也指出，当资源回收利用率为零时，资源耗竭时间（DT）就会退化为储产比（R/P）。根据 Graedal 等的研究，锂、铍、锶、锆、铪、钒、钽、镓、铟、铊、锗、硒、碲等稀有金属，除铈之外的所有稀土金属，以及稀有贵金属铼的回收利用率几乎为零。因此，本文用储产比衡量资源供应潜力得到的结论，与用资源耗竭时间衡量的结论不会有本质的差异。

② 矿业政策潜力指数（PPI）是加拿大菲莎研究所（Fraser Institute）发布的一个综合指数，用以衡量政府实施的矿业监管政策对矿产勘探开发投资的影响，包括矿业监管政策的不确定性、政策解释的模糊性、监管法规的实施程度、环境保护水平、税收制度、土地所有制和劳工问题等。PPI 指数得分越高，表示政策对吸引矿产勘探开发投资越有利。

维度	影响因素	指标		
		名称	界定与作用机制	数据来源与处理方法
供应受限的经济影响（EISR）	经济重要性	战略性新兴产业增加值（EC）	本文评估的稀有矿产资源的战略性集中体现于其在战略性新兴产业中的应用	本文先预测出（预测方法省略）2020年我国战略性新兴产业的增加值总额，并将其平均分配至七大战略性新兴产业的23个发展方向。然后，根据表2中稀有矿产资源在各个发展方向上的重要性等级（为便于进行定量分析，设最高层级的重要性分别是第二、第三、第四层级重要性的2倍、3倍、4倍），即可把各个发展方向的增加值分配至各种稀有矿产资源
	材料可替代性	材料可替代性（SP）	可替代性是从材料功能的角度衡量稀有矿产资源的经济重要性。由表2可知，各种稀有矿产资源在战略性新兴产业不同应用领域的重要性表明它们在不同领域的可替代性也有高低之别	以表2为基础，同样设最高层级的重要性分别是第二、第三、第四层级重要性的2倍、3倍、4倍，并假定4个层级对应的可替代性难度分别是100、50、33、25，即可根据稀有矿产资源在战略性新兴产业的用途及其重要性计算出可替代性难度
	对供应受限的敏感性	进口依存度（IR）	进口依存度高，意味着国际矿产品市场变化可能会影响供应的稳定性	由于中国稀有矿产资源的实际消费量数据很难获得，因此使用表观消费量作为替代，然后把进口量与之相除，得到进口依存度数据。对于那些表观消费量或进口量数据缺失的稀有矿产资源，则根据中国的产量占世界总产量的比重进行推断

资料来源：笔者整理。

四、稀有矿产资源的战略性：基于不同维度的测算

（一）全球供应风险

对供应风险维度下5项指标进行加权平均，即可得到衡量各种稀有矿产资源供应风险的指标值。图2简要说明了本文评价稀有矿产资源供应风险的指标及其权重。[①]

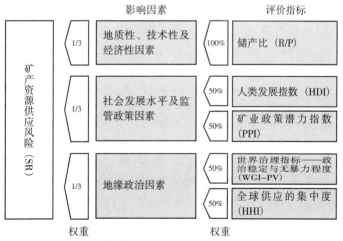

图2　稀有矿产资源供应风险的评价指标及权重构成

资料来源：根据Graedal等，笔者结合稀有矿产资源的特性和数据可获得性绘制。

[①] 本文认为，矿产资源的储产比只能说明供应潜力。把稀有矿产资源供应潜力转化为现实的供应能力，还会面临一些其他风险，这主要体现在社会性及监管性政策风险、地缘政治风险等方面。考虑到目前还没有定量研究表明何种分项指标比其他指标更重要，所以本文在对各分项指标加权时，对同一层级的分项指标赋予相同的权重。

1. 供应潜力

矿产资源的储产比之值越大，说明该资源的供应潜力越大，由资源供应潜力这一因素引起供应不足的风险也就越低。为了能与评价供应风险的其他指标进行合理加权，需要根据储产比的实际值进行换算。由于本文考察的 22 种稀有矿产资源的储产比最高值、最低值分别为 1630、17，且方差较大，因此借鉴 Graedal 等提出的换算方法，利用式（1）把储产比转换为取值范围在 [0，100] 的指标 $(R/P)_{Tran}$：

$$(R/P)_{Tran} = 100 + 19.0781 \times \log(R/P) - 15.6310 \times (\log(R/P))^2 \tag{1}$$

采用式（1）进行转换时，稀有矿产资源的储产比（R/P）越接近最低值，其 $(R/P)_{Tran}$ 的值增长得越快；R/P 越接近最高值，$(R/P)_{Tran}$ 下降得越慢。由表 4 可知，在 22 种稀有矿产资源中，铟的资源潜力所隐含的供应风险最高，铯的供应风险最低。[①] 分类别看，稀散金属在六大类稀有矿产的平均供应风险最高，稀有非金属次之，稀土金属最低。这一方面是因为稀散金属主要以分散状态存在，很少能够形成独立和共生矿床，其储量相对较少；另一方面，随着电子信息等高技术产业快速发展，国际市场对铟、镓、锗、硒、碲等稀散金属的需求急剧扩张。这两方面的因素决定了稀散金属储产比较低，其资源潜力所隐含的供应风险相应较高。同时，计算结果显示，稀土资源潜力所隐含的供应风险最低，这似乎违背常识，但却符合实际情况。一是受制于数据可得性，本文并未区分重稀土与轻稀土[②]，而从全球已探明储量来看，比较稀缺的是离子吸附型重稀土，轻稀土资源并不稀缺。二是尽管目前稀土在战略性新兴产业中有应用广泛，但其用量仍然相对较少。

2. 资源开发及供应能力

影响资源开发及供应能力的因素主要有二：一是社会性及监管性政策因素，包括资源产出国的社会发展水平和矿业监管政策；二是地缘政治因素，包括资源产出国的政治环境和矿产品的全球供应集中度。

根据式（2）把稀有矿产产出国社会发展水平隐含的风险转换为取值在 [0，100] 的指标 SPR：

$$SPR = -140.895 \times \ln(100 \times HDI) + 635.711 \tag{2}$$

显然，稀有矿产资源的 HDI 越接近最低值，其 SPR 值增长得越快；HDI 越接近最高值，SPR 下降得越慢。在 22 种稀有矿产资源中，钽的资源产出国经济社会发展水平的加权平均值最低，由此隐含的供应风险最高，铍的供应风险最低。这与钽、铍的资源分布有直接关系，世界上钽矿集中分布在莫桑比克、卢旺达、刚果（金）、埃塞俄比亚、尼日利亚、布隆迪等非洲国家，这些国家钽产量占世界总产量的比重高达 76.5%，由于这些国家经济社会发展水平都很低，必然会推高钽的供应风险。而对于铍而言，经济社会发展水平高居世界第三位的美国的产量占比达 90.38%，明显降低了铍的供给风险。

根据式（3）把稀有矿产产出国矿业监管政策隐含的风险转换为取值在 [0，100] 的指标 RPR：

$$RPR = -120.153\ln(PPI) + 508.984 \tag{3}$$

采用式（3）进行转换时，稀有矿产资源的 PPI 越接近最低值，其 RPR 值增长得越快；PPI 越接近最高值，RPR 下降得越慢。在 22 种稀有矿产资源中，石墨的资源产出国矿业监管政策潜力指数的加权平均值最低，由此隐含的供应风险最高，铯的供应风险最低。由于石墨的主要产出国是中国、印度、巴西等发展中国家，相对而言这些国家矿业监管政策的不确定性较大，矿产资源勘探开采投资预期的稳定性较弱，其 PPI 普遍低于平均水平，导致全球石墨供应面临较大的风险。而由于加拿大铯产量占世界总产量的比重高达 85%，其 PPI 值为 77.35，因此铯的全球供应中，矿业监管政策因素带来的风险很低（见

[①] 需要说明的是，由于 $(R/P)_{Tran}$ 是一个相对数，它衡量的仅是 22 种稀有矿产资源供应风险的相对差距。以铯为例，其 $(R/P)_{Tran}$ 值为 0，并不是说它完全没有供应风险，而是说相对于其他 21 种稀有矿产资源而言，其供应风险最低。与此类似，铟的 $(R/P)_{Tran}$ 值为 100，只是表明在本文考察的 22 种稀有矿产资源中，其供应风险最高。本文所有分项指标都通过公式把 22 种稀有矿产资源的指标原始值（绝对数），转换为取值范围在 [0，100] 的相对数。后面类似值不再赘述。

[②] 重稀土是指钆、铽、镝、钬、铒、铥、镱、镥、钇 9 种钇组稀土，轻稀土是指镧、铈、镨、钕、钷、钐、铕 7 种铈组稀土。

表4)。

根据式（4）把稀有矿产产出国政治环境隐含的风险转换为取值范围在 [0，100] 的指标 PER：

$$RER = -100.78\ln(MGI-PV) + 441.19 \tag{4}$$

转换结果为：稀有矿产资源的 WGI-PV 越接近最低值，其 PER 值增长得越快；WGI-PV 越接近最高值，PER 下降得越慢。结果同样是石墨的资源产出国政治稳定与无暴力程度指标的加权平均值最低，由此隐含的供应风险最高，铯的供应风险最低（见表4）。整体而言，各种稀有矿产资源供应风险受政治稳定与无暴力程度指标（WGI-PV）与矿业监管政策潜力指数（PPI）的影响程度基本一致。可见，这两个指标实际上是从不同侧面衡量资源富集国（地区）政府的治理水平。

根据式（5）把全球供应集中度隐含的风险转换为取值范围在 [0，100] 的指标 GSCR：

$$GSCR = 50.7795 \times \ln(HHI) - 359.0464 \tag{5}$$

采用式（5）转换，稀有矿产资源的 HHI 越接近最低值，其 GSCR 值降低得越快；HHI 越接近最高值，GSCR 增长得越慢。其中，钛的全球供应集中度为 1177，为 22 种稀有矿产资源 HHI 的最低值（见表4）。

3. 全球供应风险加总

以表4报告的22种稀有矿产资源相关指标值为基础，利用图2设定的权重进行加总，得出定量评价稀有矿产资源供应风险的指标 SR 值，即 22 稀有矿产资源在全球市场上的相对供应风险。结果显示，钨的全球供应风险最高，石墨次之，锗第三，铯最低。并且，在六大类稀有矿产资源中，锗、镓、铟、铊、硒、碲等稀散金属的供应风险平均值最高，锂、铍、铷、铯等稀有轻金属的供应风险平均值最低。

（二）环境影响

矿产资源特别是稀有矿产资源开发利用会对生态环境产生一定的破坏作用。在环境保护和生态文明建设持续推进的背景下，环境损害已成为影响稀有矿产资源开发利用的重要因素。在供应风险等其他条件相同的情况下，一种稀有矿产资源开发利用的环境损害越大，通常意味着其供应量越有可能因为生态环境保护减少。Nassar 等和 Graedal 等指出，对矿产资源的关键度或战略性进行评价时，需要对资源开发利用全寿命周期的环境影响进行定量分析。目前国际上流行的全寿命周期环境影响评价数据库，如由瑞士全寿命周期分析中心、瑞士联邦环境办公室和瑞士联邦能源办公室联合资助奖励的 Ecoinvent 数据库，主要分析铁矿石、石油、煤炭等大宗矿产资源开发利用的全寿命周期环境影响，稀有矿产资源开发利用的环境影响还没有成为它们关注的焦点。不过，从 Steen 的报告中可直接获得除铂族金属、稀土金属和石墨外的其他 19 种稀有矿产资源开发利用的全寿命环境影响指数，并且可以通过估算间接获得铂族金属、稀土金属和石墨的全寿命环境影响指数。本文对相关数据进一步做如下处理：

由于铂、钯生产量在铂族金属产量中的占比很高，因而以 USGS 披露的 2011 年全球铂、钯产量为权重对其环境影响指数进行加权平均，计算出铂族金属作为一个总类的环境影响指数的估算值。[①] Steen 的报告还给出了除钷之外的其他 16 种稀土金属的环境影响指数。考虑到 2011 年中国稀土氧化物（REO）产量占世界总产量的比重接近 95%，本文以《中国稀土——2011》披露的各类稀土冶炼产品产量为基础，估算出镧、铈、镨、钕、钐、铕、钆、铽、镝、铒、钇 11 种稀土金属的产量及其在总产量中的比重。然后，以这些稀土元素的产量占比为权重，对其环境影响指数进行加强平均，求得稀土金属作

---

① 因为铱、铑、钌、锇这四种铂族金属的环境影响指数要比铂和钯高一个数量级，所以本文估计值有可能会偏低，后续需要进一步做不确定性分析。

为一个总类的环境影响指数的估算值。[①] 另外，作为 22 种稀有矿产中唯一的非金属矿产，石墨的情况也比较特殊。Steen 的研究并未提供石墨的环境影响指数。考虑到石墨开采、选矿及加工过程中主要产生粉尘、废气、废水和废渣等污染物，与大宗非金属矿产相似，因此，参考 Steen 给出的煤矿和硫矿这两种非金属矿产开发利用的环境影响指数，将这两种矿产的平均值作为石墨环境影响的指数值。

在上述数据处理基础上，本文得出 22 种稀有矿产资源的环境影响指数，其最高值、最低值分别为 7430000 ELU/千克、0.0749 ELU/千克，且方差很大，因此利用式（6）将其转换为取值范围在 [0，100] 的指标 $(EI)_{Tran}$：

$$(EI)_{Tran} = 12.506 \times \log(EI) + 14.075 \tag{6}$$

显然，$(EI)_{Tran}$ 值越大，说明资源开发利用对生态环境的损害越大，反之则越小。以稀有矿产资源开发利用的全寿命周期环境影响指数来衡量，铂、钯等稀有贵金属的环境影响最大，稀有非金属石墨的环境影响最低。在六大类稀有矿产资源中，稀散金属环境影响指数的平均值最高，稀有轻金属环境影响指数的平均值最低（见表 4）。

（三）供应受限的经济影响

本文考察稀有矿产资源供应受限的经济影响，采用经济重要性、材料可替代性和对供应限制的敏感性三项指标。对这三个指标进行加权平均，得出衡量各种稀有矿产资源供应风险的指标值（见图 3 和表 4）。[②]

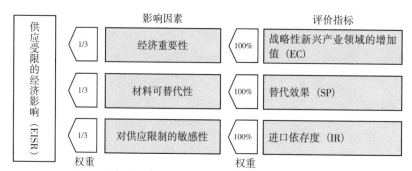

图 3 稀有矿产资源供应受限的经济影响评价指标及权重构成

资料来源：根据 Graedal 等，笔者结合中国的实际情况和数据可获得性绘制。

1. 经济重要性

本文预测到 2020 年，中国战略性新兴产业的增加值总额将达到 120453.84 亿元[③]，将增加值总额分配至七大战略性新兴产业的不同发展方向，则每个发展方向在 2020 年的增加值为 5237.12 亿元。在此基础上，把重要性分为 4 个层级。把稀有矿产资源在战略性新兴产业主要应用领域的经济影响相加，计算出在此指标上的总值。最后，再根据式（7）将各稀有矿产资源的经济影响转换为取值范围在 [0，100] 的经济重要性 (EC_{Tran}) 的指标值。转换结果表明，EC_{Tran} 与 EC 正相关，但在 EC 值增加过程中，EC_{Tran} 增长速度会逐渐放缓。

---

① 同样地，由于钪、钇、镱、镥这 4 种重稀土的环境影响指数比镧、铈、镨、钕等轻稀土高出不止一个数量级，这一估算值也有可能偏低，需要今后做不确定性检验。

② 稀有矿产资源供应受限的经济影响，既包括经济重要性、对供应限制的敏感性等直接相关的指标，又包括材料可替代性这一间接相关的指标。因此，评估稀有矿产资源供应受限的经济影响时，需要把这些因素都纳入进来。在权重设置方面，由于目前还没有定量研究表明哪个指标更重要，因此本文对同一层级的分项指标赋予相同权重。

③ 限于篇幅，预测方法从略，读者需要可与笔者联系。

$$(EC)_{Tran} = 132.04 \times \log(EC) - 347.52 \tag{7}$$

2. 材料可替代性

以锂为例，在表2中锂主要应用于电子核心基础产业、生物医药产业、航空装备产业、新型金属功能材料产业、新能源汽车产业5个领域，并且对应的重要性分别是第二层级、第四层级、第二层级、第二层级和第一层级，因此锂的可替代性难度值为275。然后，根据式（8）将其转换为取值范围在[0，100]的材料可替代性（SP_{Tran}）的指标值。SP_{Tran}与SP正相关，并且在SP值增加过程中，SP_{Tran}增速趋缓。

$$(SP)_{Tran} = 40.72 \times \ln(SP) - 175.82 \tag{8}$$

3. 对供应限制的敏感性

按照上文提出的数据处理方法，根据式（9）把进口依存度（IR）转换为取值范围在[0，100]的IR_{Tran}。$(IR)_{Tran}$与IR正相关，并且在IR增加过程中，$(IR)_{Tran}$增长速度同样有所下降。

$$(IR)_{Tran} = 13.62 \times \ln(IR) - 31.38 \tag{9}$$

表4　稀有矿产资源供应风险、全寿命周期环境影响及供应受限的经济影响度量

稀有矿产资源	供应风险					环境影响	供应受限的经济影响		
	资源潜力隐含的供应风险（R/P）$_{Tran}$	社会发展水平隐含的风险 SPR	矿业监管政策隐含的风险 RPR	政治稳定与无暴力程度隐含的风险 PER	全球供应集中度隐含的风险 GSCR	全寿命周期环境影响（EI）$_{Tran}$	经济重要性（EC）$_{Tran}$	材料可替代性（SP）$_{Tran}$	对供应限制的敏感性（IR）$_{Tran}$
锂	45	11	20	25	48	2	53	53	91
铍	77	0	12	21	99	51	22	58	53
铷	59	42	52	47	68	32	27	45	57
铯	0	10	0	0	93	48	27	45	57
钛	75	30	47	32	0	14	43	92	100
锆	94	23	46	31	47	28	32	35	93
铪	94	23	46	31	47	48	30	45	93
钒	58	38	95	89	51	36	0	38	0
铌	83	29	63	45	100	40	39	79	93
钽	62	100	80	76	30	55	8	54	93
钨	89	35	98	92	92	56	58	93	0
钼	90	20	44	59	39	68	54	92	66
铼	87	14	19	29	53	100	12	35	93
镓	74	29	93	79	73	43	64	54	53
铟	100	22	69	55	58	73	1	23	0
铊	91	2	56	22	93	59	61	0	93
锗	95	36	90	84	76	56	100	32	0
硒	87	5	48	18	34	71	30	32	93
碲	64	7	12	15	63	86	30	32	93
稀土金属	17	33	92	90	95	44	78	100	0
铂族金属	66	39	79	69	61	100	73	61	94
石墨	83	40	100	100	74	0	53	71	0

资料来源：笔者计算。

五、总体判断与不确定性分析

（一）稀有矿产资源战略性的总体判断

以上分别从供应风险、环境影响、供应受限的经济影响三个不同的维度对稀有矿产资源的战略性做出了评估。进一步对不同维度测算出的结果加总，以便从整体上判断各种稀有矿产战略性的相对位次。参考 Nassar 等和 Graedal 等的处理方法，利用式（10）对其进行加总。结果显示，铂族金属的战略性最高，而铯的战略性最低（见图4）。

$$\|\text{STR}\| = \frac{\sqrt{\text{SR}^2 + (\text{EI}_{\text{Tran}})^2 + \text{EISR}^2}}{\sqrt{3}} \tag{10}$$

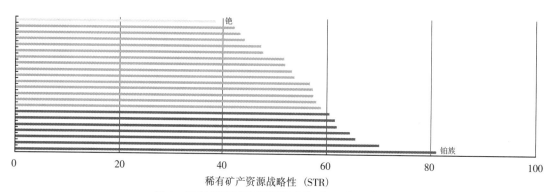

图4　22种稀有矿产资源战略性（STR）比较

资料来源：根据表4的数据，经加权平均计算。

（二）不确定性分析

受数据可获得性的制约，在测算供应风险、环境影响、供应受限的经济影响三个维度下稀有矿产资源的战略性的过程中，部分指标采用了估算方法。为提高本文分析结果的稳健性，借鉴 Nassar 等和 Graedal 等提出的不确定性分析思路，进一步考察分项指标估算结果的影响。具体步骤如下：第一步，得出各种稀有矿产供应风险、环境影响、供应受限的经济影响数据等相关数据后，分别求出供应风险、环境影响、供应受限的经济影响的基准标准差。鉴于各种稀有矿产资源的各项数据差异较大，为了平稳化数据，对基准标准差进行对数化处理。第二步，将各种稀有矿产供应风险、环境影响、供应受限的经济影响数据的可靠性分为五个层次，并设定出各自的误差倍数。其中，结果不确定性第一高、第二高、第三高、第四高、第五高的指标设定的误差倍数分别是基本标准差的5倍、4倍、3倍、2倍和1倍。第三步，根据不同稀有金属供应风险、环境影响、供应受限的经济影响中各子数据的可靠性，给出其误差倍数的值，然后分别乘以其子数据的权重，得出各稀有金属供应风险、环境影响、供应受限的经济影响数据三项指标的误差倍数，再分别乘以各自的基准标准差，计算出各稀有金属的修正后标准差。

在上述数据处理基础上，本文运用蒙特卡洛模拟的方法，演示测算结果的不确定性。假定各稀有金属的供应风险、环境影响、供应受限的经济影响数据均服从正态分布，根据之前求出的各稀有金属各项数据标准差和均值，进行蒙特卡洛模拟，通过10000次迭代测算得出各项数据的波动范围。图5和图6

分别给出了 22 种稀有矿产资源战略性评估的不确定性分析结果①。比较图中各种稀有矿产资源战略性评价结果的"不确定性云"发现，尽管不同稀有矿产的"云"的大小不一，但基本上没有出现其中一朵"云"大面积覆盖另一朵"云"的情况。根据蒙特卡洛模拟的原理，出现这样的情况可以认为，在考虑了分项指标估算结果的影响之后，本文对 22 种稀有矿产资源战略性的评估结果依然成立。

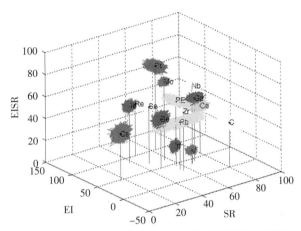

图 5 16 种稀有矿产资源战略性（STR）评价的不确定性云图

注：图中 16 种稀有矿产资源分别是铂族（Pt）、钼（Mo）、铌（Nb）、镓（Ga）、稀土（RE）、锗（Ge）、碲（Te）、铼（Re）、硒（Se）、锆（Zr）、铍（Be）、铷（Rb）、铯（Cs）、石墨（C）、铟（In）、钒（V）。

资料来源：根据蒙特卡洛模拟结果绘制。

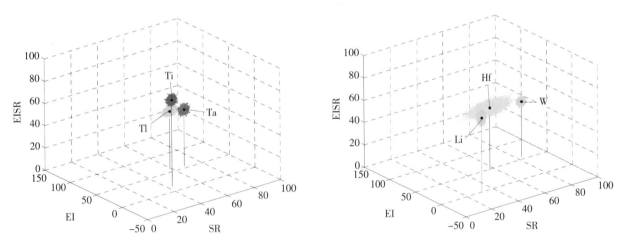

图 6 6 种稀有矿产资源战略性（STR）评价的不确定性云图

注：右图中 3 种稀有矿产资源分别是锂（Li）、铪（Hf）、钨（W），左图中 3 种稀有矿产资源分别是钛（Ti）、铊（Tl）、钽（Ta）。

资料来源：根据蒙特卡洛模拟结果绘制。

六、结论与展望

本文通过文献研究梳理出六大类 22 种稀有矿产资源在中国战略性新兴产业中的重要应用。在此基

---

① 由于蒙特卡洛模拟结果的三维效果难以在平面呈现，本文分别在图 5 和图 6 中用三幅云图展示了 22 种稀有矿产资源战略性评估的不确定性分析结果。

础上，采用新近发展起来的三因素分析框架，结合战略性新兴产业实际发展情况和数据的可获得性，从全球供应风险、环境影响、供应受限的经济影响三个维度的 9 项指标，分析判断稀有矿产资源的战略性，对各种稀有矿产资源在战略性新兴产业中的相对重要性做出了量化排序，并运用蒙特卡洛模式验证了评估结果的可靠性。

本文在稀有矿产资源战略性定量评估方面做出的创新性探索，对于制定实施稀有矿产资源国家战略具有重要的参考价值。稀有矿产资源战略及相关政策措施受资源禀赋、技术、经济、政治、环境等诸多因素影响，需要加强顶层设计，为稀有矿产资源的战略储备和开放式、可持续利用提供有力支撑。同时，由于稀有矿产资源开采、冶炼、加工等产业链的不同环节都会产生环境损害，这也为中国采取必要的政策手段对稀有矿产及其产品实行出口数量管理提供了依据。但是，在现行 WTO 基本原则和法规框架下，多边贸易体制基本不支持成员国采取特定协议规定以外的关税和非关税手段对商品和服务进行出口数量限制。因此，如何在稀有矿产及其产品输出中体现环境损害的补偿，还需要新的政策思路和工具。首先，要科学评估不同稀有矿产的稀缺性和战略地位，推动稀有矿产资源管理体制机制创新。采取差别化管理方式，对于关键稀有矿产品，加快试点实行国家专营，而对于一般性的稀有矿产品则应突出市场在资源配置中的决定性作用，更多地运用市场化政策工具规划产业发展，进行出口管理。其次，建立完善以市场化为导向，能够反映市场供求关系、资源稀缺程度、环境损害成本的稀有矿产品价格形成机制。以深化资源领域改革为契机，逐步将资源税和环境税等政策工具作为稀有矿产资源管理的核心手段，进而将开采、生产加工和出口规模控制的政策重心前移，对战略性高的稀有稀缺矿产资源开发利用实行全方位监管，从而有效维护国家资源安全，改善生态环境。再次，政府和企业应共同努力，推动开采加工技术的绿色化创新，采取更加严格的行业环境标准，加大环境整治力度，促使稀有矿产品开采加工企业环境成本内部化，不断降低稀有矿产开发利用的环境影响。同时，以技术创新和结构调整为抓手，加快淘汰落后产能，鼓励引导各类市场主体投资稀有矿产的高端应用领域，促进产业向高附加值环节延伸，逐步缩小在新型材料、关键设备和核心技术等方面与国际先进水平的差距。最后，作为稀有矿产资源大国，应坚持开放利用的原则，协调资源主权与多边贸易规则之间的关系，兼顾国内消费和国际需求，积极开展稀有矿产领域技术研发、行业标准、人才交流等方面的国际合作，共同推动多元化全球供给格局的形成与完善。

本文在稀有矿产资源战略性评估方面做了一些有益的探索。当然，甄别战略性新兴产业发展所需的稀有矿产资源，并对其战略性作出判断是一项复杂的研究工作，国内外现有研究方法和分析框架仍有待完善，而数据的可得性则是相关研究的主要障碍。正是限于难以获得相关数据，本文未能将稀土分为轻稀土和中重稀土，对其战略性分别进行测算。众所周知，重稀土不仅资源稀缺程度和资源集中度远高于轻稀土，而且轻重稀土开采加工过程造成的环境影响也存在较大差别。同样地，本文将铂族金属作为一种稀有矿产进行评估，而实际上在铂族金属内部，铂、钯、铑等金属稀缺度及用途的差别也很大。因此，在本文结论的基础上，未来笔者还将对稀有矿产资源的综合保障能力、资源开发利用的环境成本估算、稀有矿产资源国家战略框架及政策保障体系等重要内容逐一进行深入研究，从而为制定实施稀有矿产资源国家战略提供更有力的支撑，推动完善稀有矿产品价格形成机制，有效应对稀有矿产品贸易摩擦，促进中国优势稀有资源可持续开发利用。

〔参考文献〕

［1］National Research Council. Minerals, Critical Minerals, and the U.S. Economy［M］. National Academies Press: Washington, DC, 2008.

［2］European Commission. Report of the Ad-hoc Working Group on Defining Critical Raw Materials: Critical Raw Materials for the EU [R]. European Commission, Brussels, 2010.

[3] 経済産業省.資源確保戦略 [R]. 総合資源エネルギー調査会基本問題委員会（第二十八回）参考資料 1-2, 2010.

[4] Achzet, B., A. Reller and V. Zepf. Materials Critical to the Energy Industry: An Introduction [R]. University of Augsburg Report for the BP Energy Sustainability Challenge, Augsburg, Germany, 2011.

[5] Knoeri, C., P. A. Wäger, A. Stamp, H. J. Althaus, M. Weil. Towards a Dynamic Assessment of Raw Materials Criticality: Linking Agent-Based Demand-With Material Flow Supply Modeling Approaches [J]. Science of the Total Environment, 2013: 461-462, 808-812.

[6] Nassar, N.T. et al.. Criticality of the Geological Copper Family [J]. Environmental Science & Technology, 2012, 46 (2): 1071-1078.

[7] 陈志, 金碚, 李钢. 中国矿产资源存在着怎样的缺口？——一个基本面的分析 [J].经济研究参考, 2007 (57): 1-15.

[8] 陈其慎, 王高尚. 中国非能源战略性矿产的界定及其重要性评价 [J]. 中国国土资源经济, 2007 (1): 18-21.

[9] Wäger P.A., et al.. Scarce Metals: Raw Materials for Emerging Technologies [J]. Swiss Academy for Engineering Sciences, 2010.

[10] Graedal, T.E. et al.. Methodology of Metal Criticality Determination [J]. Environmental Science & Technology, 2012, 46 (2): 1063-1070.

[11] Graedal, T.E. et al.. What Do We Know About Metal Recycling Rates [J]. Journal of Industrial Ecology, 2011, 15 (3): 355-366.

[12] Steen, B.. A Systematic Approach to Environmental Priority Strategies in Product Development (EPS). Version 2000-Models and Data of the Default Method [R]. Chalmers University of Technology, Sweden, 1999.

[13] USGS. Mineral Commodity Summaries [R]. U.S. Geological Survey, 2013, Washington, DC.

(本文发表在《中国工业经济》2014 年第 7 期)

中国废弃物温室气体排放及其峰值测算

渠慎宁　杨丹辉

　　摘　要：作为温室气体的主要排放源之一，废弃物处置过程中会产生甲烷、二氧化碳、氧化亚氮等温室气体。近年来，随着经济高速增长与城市化进程加快，我国废弃物生成量及其排放的温室气体不断增多。采用《IPCC 2006 年指南》建议的一阶衰减法，本文对我国废弃物的碳排放进行系统测算，预测废弃物排放峰值及出现时间。结果显示，1981~2009 年，我国废弃物的碳排放处于快速上升状态，并将于 2024 年达到峰值。比较发达国家的废弃物排放情况发现，我国废弃物处置仍有较大提升空间，推进产业转型升级、完善废弃物处置管理体系有助于减少废弃物生成，加快废弃物排放达峰，进而降低我国温室气体排放总量。

　　关键词：废弃物；温室气体；峰值；一阶衰减法

一、引　言

　　随着人口增加、城市化进程加快以及经济发展水平的提高，我国废弃物产生量日益增多。废弃物处置不仅影响居民的生活环境质量，而且还关系到温室气体排放。作为温室气体的主要排放源之一，废弃物在处置过程中，会产生甲烷、二氧化碳、氧化亚氮等温室气体[①]。目前，我国对废弃物处理通常采取填埋、焚烧和堆肥三种方式。根据《IPCC 2006 年国家温室气体清单修订指南》（以下简称《IPCC 2006 年指南》）中国家温室气体清单的分类，废弃物产生的温室气体主要来源于四个方面（见图 1）。其中，固体废弃物填埋处理（SWDS）是废弃物温室气体最大的排放来源。固体废弃物填埋处理时，甲烷菌使其含有的有机物质发生厌氧分解，产生甲烷。甲烷是《京都议定书》中提出要控制的 6 种温室气体之一，是仅次于二氧化碳的具有较强温室效应的气体，而且其增温潜能较高，相当于同等质量二氧化碳的 21 倍（高庆先等，2006）。据 IPCC 估算，在每年全球温室气体排放中，由固体废弃物填埋产生的甲烷占 3%~4%（IPCC，2001）。同时，固体废弃物填埋处理还会产生二氧化碳、非甲烷挥发性有机化合物（NMVOC）以及较少量的氧化亚氮、氮氧化合物和一氧化碳。其中，包含化石碳（如塑料）在内的废弃物焚化和露天燃烧是废弃物主要的二氧化碳排放来源。另外，废水处理也会造成甲烷和二氧化碳的排放。

　　[附注] 本文发表于《中国工业经济》2011 年第 11 期，荣获第九届中国社会科学院优秀科研成果三等奖，2015 年中国社会科学院工业经济研究所优秀科研成果一等奖。
　　① 按照 IPCC 分类，温室气体排放源主要有六个部门，分别为：能源生产利用、农业、工业生产过程、废弃物、溶剂使用及其他。

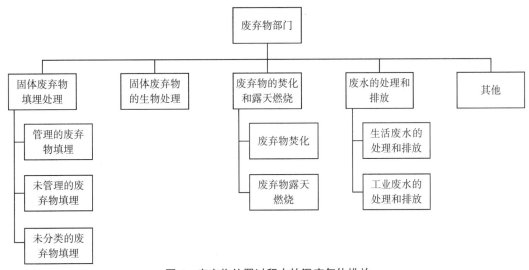

图1 废弃物处置过程中的温室气体排放

资料来源:《IPCC2 006 年指南》。

目前，中国已超过美国成为全球最大的城市固体废弃物（MSW）和工业固体废弃物生成地。2009年，我国城市固体废弃物和工业固体废弃物的产生量分别达到了 1.57 亿吨和 20.3 亿吨。分析废弃物的温室气体排放趋势，计算其所占排放总量的比重，对我国掌握各类排放源的排放态势，设计相关领域的减排路径具有重要意义。然而，关于我国废弃物温室气体排放的相关研究成果很少。其中，杜吴鹏（2006）、高庆先等（2006）利用《IPCC 1996 年指南》给出的质量平衡法，测算出 1994~2004 年我国城市固体废弃物填埋处理所产生的甲烷排放量。但是，最新的《IPCC 2006 年指南》却建议在计算废弃物的甲烷排放时，尽量不要采用质量平衡方法，而鼓励使用一阶衰减法（FOD）。相比质量平衡法，一阶衰减法估算的年度排放更加精确。本文根据《IPCC 2006 年指南》提供的参考方法，对我国废弃物的温室气体排放进行系统的定量分析，并对 2010~2050 年的排放趋势做出预测，估算废弃物温室气体排放峰值及其出现时间。在此基础之上，通过国际比较，提出减少废弃物温室气体排放的政策建议，为我国相关部门制定废弃物的减排路径提供依据。[①]

二、计算方法及依据

《IPCC 2006 年指南》推荐使用一阶衰减法计算固体废弃物填埋处理产生的甲烷。此方法假设，在甲烷和二氧化碳形成的数十年里，废弃物中的可降解有机成分——可降解有机碳（DOC）衰减较慢。如果条件恒定，甲烷产生率完全取决于废弃物的含碳量。因此，在填埋之后的最初若干年内，处置场沉积的废弃物所产生的甲烷排放量最高，随着废弃物中可降解有机碳逐渐被细菌消耗，其排放量将趋于下降。一阶衰减法要求先计算被填埋处理的废弃物中可降解有机碳（DDOCm）的数量。作为有机碳的一部分，DDOCm 是指在厌氧条件下填埋处理时降解的那部分碳。源自废弃物填埋处置的 DDOCm 为:

---

① 由于经济发展水平、生活习惯和自然地理条件不同，各个国家和地区对废弃物的处置方式存在较大差异。美国、意大利、英国等国以卫生填埋为主，日本、丹麦、荷兰、瑞士则以焚烧为主，而芬兰、比利时堆肥处理所占比重较大。目前，中国固体废弃物处理主要采取填埋方式，而且是以简易填埋处理为主（杜吴鹏等，2006）。据 IPCC 估计，我国约 97%的城市固体废弃物按填埋处理，焚烧和堆肥处理分别约占 2%和 1%。因此，在测算我国废弃物部门碳排放时，本文主要测算固体废弃物填埋处理所产生的排放。

$$DDOCm = W \cdot DOC \cdot DOC_f \cdot MCF \tag{1}$$

其中，DDOCm 为沉积的可分解 DOC 质量，W 为沉积的废弃物质量，DOC 为沉积年份的可降解有机碳，DOC_f 为可分解的 DOC 比重，MCF 为沉积年份有氧分解的甲烷修正因子。

在一阶衰减反应中，结果量始终与反应材料数量成正比。这意味着，只有在填埋场的分解材料总质量与每年产生的甲烷量有关，而每年填埋的废弃物量则与其无关。在已知起始年份 SWDS 中分解材料数量的条件下，可求出 T 年末 SWDS 累积的 DDOCm：

$$DDOCma_T = DDOCmd_T + (DDOCma_{T-1} \cdot e^{-k}) \tag{2}$$

在此基础上，可进一步求出 T 年末分解的 DDOCm：

$$DDOCmdecomp_T = DDOCma_{T-1} \cdot (1 - e^{-k}) \tag{3}$$

其中，T 为清单（计算）年份，$DDOCma_T$ 为 T 年末 SWDS 累积的 DDOCm，$DDOCma_{T-1}$ 为 T-1 年末 SWDS 累积的 DDOCm，$DDOCmd_T$ 为 T 年沉积到 SWDS 的 DDOCm，$DDOCmdecomp_T$ 为 T 年末 SWDS 分解的 DDOCm，k 为反应常量，$k = \ln2/t_{1/2}$/年，$t_{1/2}$ 为半衰期时间。

由此，可求出分解的 DDOCm 产生的甲烷：

$$CH_{4\,产生\,T} = DDOCmdecomp_T \cdot F \cdot 16/12 \tag{4}$$

其中，$CH_{4\,产生\,T}$ 为 T 年可分解材料产生的甲烷量，$DDOCmdecomp_T$ 为 T 年分解的 DDOCm，F 为产生的垃圾填埋气体中甲烷所占比重，16/12 为 CH4/C 分子量之比。

由（4）式可以看出，甲烷是厌氧条件下有机材料降解产生的结果。某年份所填埋的废弃物会随着降解不断产生甲烷。在此过程中，其释放的甲烷将在随后几十年里逐渐减少。另外，回收的甲烷必须从产生的甲烷数量中减去，只有未回收的甲烷会在废弃物覆盖层处氧化。因此，T 年时固体废弃物填埋产生的甲烷排放为：

$$CH_{4\,排放} = \left[\sum_x CH_{4\,产生\,x,T} - R_T \right] \cdot (1 - OX_T) \tag{5}$$

其中，$CH_{4\,排放}$ 为 T 年排放的甲烷，T 为计算年份，x 为废弃物类别，R_T 为 T 年回收的甲烷，OX_T 为 T 年的氧化因子。

三、固体废弃物生成量：相关数据处理

编制固体废弃物生成的数据是估算其排放温室气体的起点。在编制过程中，由于经济发展水平、产业结构、废弃物管理法规以及生活方式不同，各国固体废弃物的产生率和成分也不尽相同。《IPCC 2006 年指南》将填埋处置的固体废弃物分为三类：城市固体废弃物（MSW）、污泥和工业废弃物。然而，在我国，由于农村人口所占比重较大，农村废弃物排放也不可忽视。同时，鉴于污泥占填埋处置废弃物的比重较小，且我国可查污泥的统计数据较少，在此不做估算。因此，本文重点测算城市固体废弃物、农村固体废弃物与工业固体废物三项指标。

如前所述，给定一期固体废弃物在填埋后，甲烷会随着有机物质的分解陆续排放，其排放过程将是长期的。假定值为 1 的废弃物在第 0 期被填埋，通过对其一阶衰减过程进行数值模拟可以发现，第二期时废弃物的甲烷排放量最高，此后逐渐减少，至第 50 期时甲烷排放量已基本为零。相比固体废弃物填埋量，废弃物产生的温室气体排放量（折合为碳排放）存在一定的滞后性。当废弃物填埋量达到峰值时，其产生的碳排放量将会延后若干年才能达到峰值。因此，为使计算结果更加准确可信，一阶衰减法需要收集或估算废弃物的历史处置数据，采用至少 50 年的处置数据为佳（见图 2）。

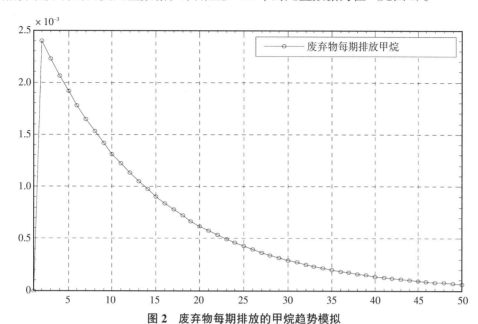

图 2　废弃物每期排放的甲烷趋势模拟

1. 城市固体废弃物生成分析

本文采用我国历年城市生活垃圾清运量代表城市固体废弃物生成量。由于该指标自 1980 年才有可查数据，为了获得 50 年以上的数据，需对未来一段时期城市生活垃圾清运量进行预测。城市垃圾生成（清运量）主要受人口、城市化率、经济发展水平以及垃圾处理技术等因素的影响，因此，选取城市人口、城市化率、人均 GDP、生活垃圾排放强度（生活垃圾清运量/GDP）作为相应的自变量，预测采用多元线性回归方法，计量回归结果如下：

$$rab = -14.175 + 0.991mp - 0.995mr + 1.005a + 0.998t$$
$$(-41.05)^* \quad (28.63)^* \quad (-27.08)^* \quad (152.49)^* \quad (202.10)^* \tag{6}$$

注：括号内为 t 值，* 表示 p<0.01。

其中，rab 为城市生活垃圾清运量，mp 为城市人口，mr 为城市化率，a 为人均 GDP，t 为城市生活垃圾排放强度。各变量数据均经过对数化处理。统计检验结果为：$R^2 = 0.999$，p = 0.000，D.W. = 1.35。

为预测 2010~2050 年城市生活垃圾清运（排放）量，需设定方程（5）中各变量 2010~2050 年的变化情景（见表 1）。

表 1　相关变量的情景设定

变量	情景模式设定目标
城市人口 *	2050 年城市人口为 2005 年两倍
城市化率 **	2050 年城市化率为 79%，达到美国 2009 年水平
人均 GDP ***	2050 年人均 GDP 约 30000 美元（2005 年美元）
城市生活垃圾排放强度 ****	2050 年城市生活垃圾排放强度较 2005 年下降 90%

注：* 城市人口设定需先预测出 2010~2050 年总人口数量，总人口预测参考 UN（2009）的估算，中国人口将于 21 世纪 30 年代达到峰值，进入 21 世纪 40 年代后人口转为负增长，总人口与城市化率之积即为城市人口的预测数据；** 城市化率的设定先利用 1978~2009 年中国城市化率数据，分别回归出 Logistic 与 Compertz 增长方程，再借助两方程分别预测出中国 2010~2050 年城市化率数据，对两组数值取代数加权，即得到 2010~2050 年中国城市化率预测值；*** 人均 GDP 的设定参照许宪春（2002）的预测，即 2050 年人均 GDP 为 2008 年人均 GDP 的 10 倍（约 30000 美元），达到目前中等发达国家水平；**** 城市化生活垃圾排放强度的设定利用了三次函数曲线逼近 1980~2009 年城市生活垃圾排放强度数据，得出三次函数方程后，进而对 2010~2050 年数据做出估算。

　　根据上述对各变量的情景设定进行预测，结果显示，到 2050 年，我国城市生活垃圾清运（排放量）仍不会出现峰值（见图3）。这表明，城市化进程加快、城市人口增多及居民生活水平提高将导致城市生活垃圾生成量不断上升。

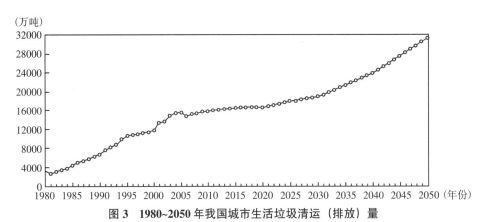

（万吨）

图 3　1980~2050 年我国城市生活垃圾清运（排放）量

2. 农村固体废弃物产生趋势

　　我国农村固体废弃物主要由农业有机副产物构成（陈雪雯等，2010）。农业有机副产物则由农业生产产生，包括农作物的秸秆、玉米芯、棉籽皮等。黄振管（1995）给出了农业有机副产物的计算方法：$W = Q_1 \cdot k + Q_2$。其中，W 为农业副产物生产量，Q_1 为农作物产量，k 为秸秆系数，Q_2 为非秸秆类农业副产物。蔡金炉（1992）估算出中国的秸秆系数 k 值为 1.35[①]。采用历年粮食产量数据替代秸秆类农作物产量数据，即可估算出 1980~2009 年农村固体废弃物排放量。

　　为了预估 2010~2050 年农村固体废弃物排放，需要对我国未来粮食产量进行预测。刘江（2000）参照国外中等发达国家的消费结构预测出我国未来 50 年的人均粮食需求。在刘江给出的整数年节点预测基础上，利用 Matlab 对其进行样本函数插值模拟，可得出其他年份的人均粮食需求量。结果显示，2050 年，我国人均粮食需求量将达到 430 公斤，比 2005 年增长 9.4%。由此，利用前文对未来人口的预测结果，则可估算出 2010~2050 年我国粮食需求量。假定未来我国能保持粮食基本自给状态，则可近似将粮食需求量等于粮食生产量。[②] 在此基础上，测算我国农村固体废弃物的产生量。从图 4 可以看出，未来我国农业的固体废弃物产生量将呈上升趋势，但上升速度趋缓。一方面，居民生活水平提升将推高

（万吨）

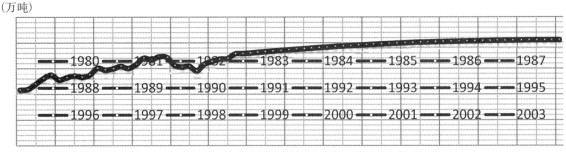

图 4　1980~2050 年我国农村固体废弃物产生量

---

　　① 由于我国农作物主要由秸秆类作物构成，非秸秆类作物所占比重较小，为便于预测未来农业副产物的产量，本文暂不考虑非秸秆类作物的排放。另外，受数据来源限制，本文未将农村生活垃圾计入农村固体废弃物之中，但可以预见，随着农民收入水平提高和消费结构变化，我国农村生活垃圾生成量也将逐步增加。

　　② 2004 年以来，我国粮食连续 6 年增产，2009 年粮食总产量达到 10616 亿斤，比 2003 年增产 2002 亿斤，粮食自给率保持在 95% 以上。尽管近两年来粮食进口量不断增加，但所占比重仍较小。同时，政府一直高度重视粮食安全问题，因此，可预计今后粮食生产与消费仍将基本处于平衡状态。

粮食需求量；另一方面，由于我国总人口增速下降，并较有可能在 2050 年之前迎来人口拐点（UN，2009；杜鹏等，2005；陈卫，2006），这在一定程度上抑制了粮食总需求量。

3. 工业固体废物生成量测算

自 1980 年以来，工业固体废物一直是我国固体废弃物的最大来源。2009 年，我国工业固废产生量达到 203943 万吨，而城市生活垃圾清运量仅为 15734 万吨，前者是后者的约 12 倍。该指标的统计同样也始于 1980 年，因此，为获得 50 年以上的数据，需对未来工业固体废物产生量进行预测。预测同样采用多元线性回归的方法，选取总人口、人均 GDP、工业固体废物产生强度（工业总体废物产生量/工业总产值指数）三项影响工业固体废物生成的主要因素作为自变量，计量回归结果如下：

$$iw = -27.724 + 1.513p + 2.633a - 0.081a^2 + 0.929tw + u$$

$$(-2.94)^* \quad (2.12)^{**} \quad (3.84)^* \quad (-2.20)^{**} \quad (24.89)^*$$

$$u = 0.778u_{-1} + \varepsilon$$

$$(10.42)^*$$

注：括号内为 t 值，* 表示 $p < 0.01$，** 表示 $p < 0.05$。

其中，iw 为工业固体废物产生量，p 为总人口，a 为人均 GDP，tw 为工业固体废物产生强度。各变量数据均经过对数化处理。统计检验结果为：$R^2 = 0.999$，$p = 0.000$，D.W.$= 1.86$。

利用回归方程，通过设立各自变量 2010~2050 年增长情景模式（设定依据参照上文）（见表 2），即可对 2010~2050 年工业固体废物产生量进行预测。预测结果显示，我国工业固体废物产生量将在 2025 年达到峰值，峰值额约为 22 亿吨，随后将逐步下降（见图 5）。

表 2　人口、人均 GDP 及工业固体废弃物产生强度的情景设定

变量	情景模式设定目标
总人口	2035 年人口达到峰值，2050 年回落至 14 亿人
人均 GDP	2050 年人均 GDP 约 30000 美元（2005 年美元）
工业固体废物产生强度	2050 年工业固体废物产生强度较 2005 年下降 90%

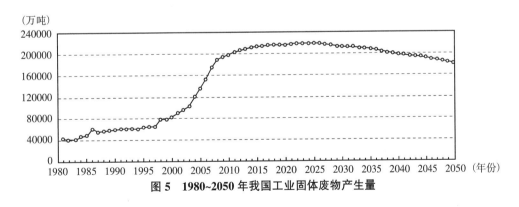

图 5　1980~2050 年我国工业固体废物产生量

目前，各国仅对无法回收再利用的废弃物采取填埋等处置手段，而且只有这部分的工业固体废物才会排放甲烷等温室气体。随着回收利用技术的推广应用，工业固体废物回收利用比重不断提高，美国、日本、德国等发达国家工业固体废物利用率均已接近 100%，促使工业固废温室气体排放显著下降。为缓解日益增大的环境和资源压力，近年来我国工业固体废物再利用力度加大，工业固体废物综合利用率已由 1990 年的 29.3% 上升至 2010 年的 69%，其中"十一五"时期工业固体废物综合利用率提高 13.2 个百分点。但与发达国家相比，我国固体废物处理技术和综合利用水平仍存在一定差距，减量化、无害化、稳定化、资源化程度偏低，尚有较大的提升空间。与"十一五"规划不同，"十二五"规划中并未设

置工业固体废物综合利用率目标，但 2011 年工业和信息化部发布了《关于开展工业固体废物综合利用基地建设试点工作的通知》，要求到"十二五"末，试点地区工业固体废物综合利用率在 2010 年基础上提高 10~12 个百分点。假定"十二五"末，试点地区如期完成该任务，则届时试点地区工业固体废物综合利用率将达到 79%~81%。由此，假设 2015 年全国工业固体废物综合利用率为 75%，2050 年工业固体废物综合利用率接近发达工业国的水平，为 95%，同样采用 Matlab 对其进行样本函数插值模拟，可得出 2010~2050 年我国工业固废综合利用率数值（见图 6）。在此基础上，计算出 1980~2050 年未被利用的工业固体废物（即按填埋处理的工业固体废物）数量（见图 7）[①]。结果显示，2010~2050 年我国按填埋处理的工业固体废物数量明显下降。这一趋势符合加快转变发展方式的目标方向，也是随着产业转型升级工业固体废物综合利用率逐步提高的结果。

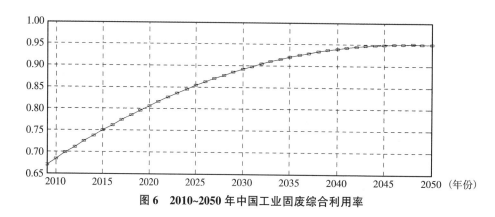

图 6　2010~2050 年中国工业固废综合利用率

（万吨）

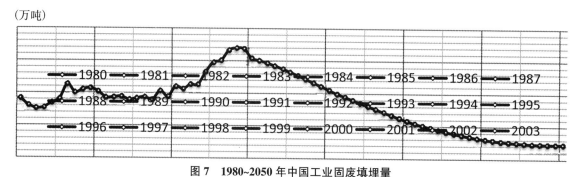

图 7　1980~2050 年中国工业固废填埋量

四、废弃物碳排放及其峰值：基于 FOD 的测算

　　在获得 1980~2050 年城市固体废弃物、农村固体废弃物与工业固体废物填埋处置相关数据后，即可使用一阶衰减法分别计算出其排放的甲烷。计算步骤如下：首先，利用 T 年排放的固体废弃物数据，计算出当年产生出的可降解有机碳（DDOCm）。其次，计算 T 年年终时固体废弃物处置中所累积的 DDOCm。再次，计算 T 年固体废弃物处置中所分解的 DDOCm。最后，计算可分解材料所产生的甲烷。

　　使用一阶衰减法时，需要对相关参数进行校准。《IPCC 2006 年指南》鼓励通过开展废弃物产生研究、SWDS 抽样调查及结合国内可降解有机碳的分析，获取特定国家参数值。然而，由于调研条件限制，中

[①] 由于 1980~1989 年工业固废综合利用率没用统计数据，这一时期的数据按年均利用率 25% 估算。

国特定参数值尚难以获得。在这种情况下，本文借鉴《IPCC 2006 年指南》中给出的缺省参数值，测算甲烷排放量。其中，城市和农村固体废弃物的可降解有机碳（DOC）值为 0.14，可降解有机碳的比重（DOC_f）值为 0.5，甲烷修正因子（MCF）为 0.71，产生的垃圾填埋气体中甲烷的比重（F）值为 0.5，氧化因子（OX）值为 0。而对于工业固体废物，DOC 值为 0.15，DOC_f 值为 0.5，MCF 值为 0.72，F 值为 0.5，OX 值为 0。

由于半衰期的反应常量（k）值受气候影响较大，该数值在降雨量少的干地区与雨量丰沛的湿地区之间存在较大差异，而我国幅员辽阔，各地区气候和降雨量差别较大，直接影响反应常量的取值。因此，本文以年均降水量 800 毫米作为划分标准，将我国 31 个省市区划分为干地区与湿地区，从而对参数 k 进行校准，以改进预测结果（见表 3）。同时，依据 1980~2009 年各省（市、自治区）的 GDP 水平，测算各年干地区与湿地区参数权重，由此分别加权计算出我国城市、工业固体废弃物在半衰期中的反应常量 k 值。同样，利用 1980~2009 年各省市粮食年产量，加权测算出我国农业固体废弃物在半衰期中的反应常量 k 值。

表 3　中国干、湿地区划分

干地区（年降水量 < 800mm）	湿地区（年降水量 > 800mm）
北京、天津、河北、山西、内蒙古、甘肃、陕西、宁夏、青海、新疆、西藏、河南、山东、黑龙江	上海、江苏、安徽、浙江、福建、广东、广西、海南、江西、湖南、湖北、四川、重庆、云南、贵州、吉林、辽宁

资料来源：笔者整理。

利用校准后的参数，分别求出各年城市、农村、工业固体废弃物甲烷排放量，加总得出废弃物甲烷排放总量，进而换算成废弃物碳排放总量（见表 4）[①]。结果显示，1981~2009 年，我国固体废弃物碳排放处于快速上升态势，2009 年碳排放量达 2788.27 万吨。但固体废弃物排放占全国碳排放总量比重在达到 2001 年的 2.34% 高点之后，下降较快，2009 年这一比值降至 1.4%。主要原因在于：一方面，20 世纪前十年这一轮工业和经济高增长导致能源、工业生产过程等主要排放源的排放增长相对更快，占排放总量的比重上升幅度更大；另一方面，这也是我国废弃物处置水平提高的结果。继续推算未来固体废弃物的碳排放量发现，我国固体废弃物产生的碳排放将于 2024 年达到峰值，峰值量为 3323.6 万吨，随后排放量将呈下降趋势，所占全国碳排放总量比重进一步下降，届时为 1.1%（见图 8）[②]。

表 4　1981~2009 年中国固体废弃物碳排放

单位：万吨

年份	城市固废产量	农村固废产量	工业固废填埋量	城市固废甲烷排放量	农村固废甲烷排放量	工业固废甲烷排放量	废弃物碳排放量	中国碳排放总量	所占比重（%）
1981	2606	43877.7	32291.2	7.51757	103.872	95.3029	155.019	40596.0	0.381
1982	3125	47857.5	30375.7	13.2280	201.664	172.611	290.628	42374.5	0.685
1983	3452	52282.8	30888.7	19.7705	301.925	239.324	420.765	44999.4	0.935
1984	3757	54986.8	33908.2	26.6239	405.545	302.542	551.033	48616.7	1.133
1985	4477	51179.8	36306.7	33.7129	508.148	369.055	683.187	52667	1.297
1986	5009	52853.8	45273	42.0166	594.181	437.005	804.902	55613.2	1.447
1987	5398	54402.3	40155.7	50.9957	677.999	523.416	939.308	59675.1	1.574

---

① 根据《IPCC 2006 年指南》，1 吨 CH_4 = 21 吨 CO_2。

② 2010~2050 年中国碳排放的预测数据参见渠慎宁等（2010）。

续表

年份	城市固废产量	农村固废产量	工业固废填埋量	城市固废甲烷排放量	农村固废甲烷排放量	工业固废甲烷排放量	废弃物碳排放量	中国碳排放总量	所占比重(%)
1988	5751	53200.8	42099	60.2580	759.463	590.221	1057.45	64043.2	1.651
1989	6292	55019.2	42879.7	69.6966	832.141	657.255	1169.32	66754.4	1.751
1990	6767	60242.4	40862.4	79.75	903.918	721.468	1278.85	67758.9	1.887
1991	7636	58764.1	37253.2	90.2152	983.033	775.77	1386.76	71424.6	1.941
1992	8262	59759.1	37377.9	102.008	1052.86	816.724	1478.70	75006.4	1.971
1993	8791	61626.1	37827	114.449	1120.03	855.038	1567.14	79286.8	1.976
1994	9952	60088.5	35911.7	127.258	1186.81	891.746	1654.36	83602.0	1.978
1995	10671	62993.7	36814.6	141.927	1245.06	920.801	1730.84	88968.9	1.945
1996	10825	68112.9	37561.2	157.258	1306.07	950.106	1810.07	94752.7	1.910
1997	10982	66712.9	35965.2	171.849	1374.94	979.235	1894.52	92696.7	2.043
1998	11302	69160.5	41395.1	185.759	1435.46	1002.09	1967.49	87974.8	2.236
1999	11415	68632.6	37887.4	199.430	1497.48	1037.45	2050.77	89343.4	2.295
2000	11819	62394.3	44149.9	212.382	1553.73	1061.10	2120.41	91797.8	2.309
2001	13470	61106.4	42554.3	225.365	1590.94	1099.37	2186.76	93554	2.337
2002	13650	61703.1	45458.8	241.370	1622.36	1130.71	2245.83	99153.4	2.265
2003	14857	58144.5	45393.4	256.648	1652.93	1167.35	2307.70	115870	1.991
2004	15509	63378.4	53173.2	273.716	1672.75	1201.17	2360.73	134068	1.760
2005	15577	65342.7	59023.1	291.113	1703.70	1252.82	2435.73	148594	1.639
2006	14841	67235.4	60313.3	307.413	1737.12	1315.99	2520.39	162789	1.548
2007	15215	67716	66564.5	320.765	1772.66	1377.95	2603.53	175263	1.485
2008	15438	71375.8	67875.3	334.048	1806.78	1451.72	2694.41	185056	1.456
2009	15676	71660.7	67301.1	346.904	1847.21	1523.57	2788.27	198018	1.410

资料来源：笔者整理。

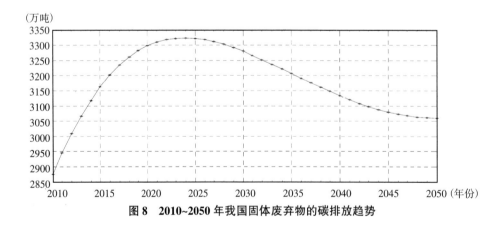

图8　2010~2050年我国固体废弃物的碳排放趋势

五、结论：国际比较与政策建议

过去 20 年中，主要发达国家废弃物温室气体排放占其排放总量的比重均量大幅下降。1990~2009 年，美国、澳大利亚、日本在碳排放总量出现不同程度增长的情况下，其废弃物的碳排放仍有明显下降，而同期欧盟（15 国）废弃物碳排放下降也远远超过其排放总量的下降幅度（见表 5）。产业升级转移、废弃物处理技术发展、工业清洁生产和循环经济的推广以及居民生活垃圾规范化管理是导致发达国家废弃物温室气体排放下降的主要原因。目前，欧美国家废弃物收集、回收、处理、加工及销售的规模化、产业化水平不断提高，并已形成较为成熟的商业模式。固体废弃物处理公司一般有包括废弃物回收中心、垃圾填埋场、有机废弃物堆肥场等在内的一整套处理设施，而居民和商业机构交纳的废弃物处理费以及回收产品和副产品销售则是其收益的主要来源。回收率提高不仅可以减少温室气体排放，缓解水体污染，降低对填埋场和焚烧炉的需求，而且还能够提供工业原材料，节约能源，增加就业机会。

发达国家不仅废弃物处置技术领先，而且还建立了科学的废弃物管理体系，其核心内容在于通过设置合理的废弃物管理分级制度，在源头对可循环利用物质进行分离，从而尽量减少废弃物产生量，增加废弃物回用量（见图 9）。

表 5　主要发达国家废弃物温室气体排放情况

单位：%

	2009 年废弃物排放占碳排放总量的比重	1990~2009 年废弃物碳排放变化	1990~2009 年碳排放总量变化
欧盟（15 国）	3.09	−39.1	−12.7
美国	2.27	−14.1	7.3
日本	1.80	−14.6	0.4
澳大利亚	2.61	−21.9	30.5

资料来源：根据各国《温室气体国家排放清单》相关年份计算。

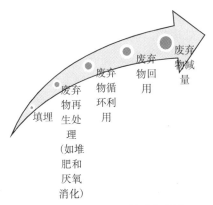

图 9　废弃物处置的分级制度

资料来源：笔者整理。

与发达国家相比，我国人均 GDP 和城市化率较低，人均固体废弃物日产量约为 0.75 千克，处于较低水平，而日本、卢森堡、美国等发达国家人均固体废弃物日产量分别达到 1.2 千克、1.75 千克、2.1 千克（世界银行，2005）。然而，由于人口基数大，我国废弃物生成总量仍较大，而且随着人均收入不断提高，工业化和城市化进程加快，我国废弃物生成量特别是城市固体废弃物产量呈快速上升趋势，废弃物的温室气体排放增加，环境影响增大。与发达国家废弃物温室气体排放已出现下降的趋势不同，我国废弃物碳排放到2024年才能达到峰值。到2050年，我国废弃物排放与峰值时水平相比将下降约10%，与美国、日本1990~2005年变化情况相近，这是由我国经济发展和工业化的阶段性特征决定的。相对于城市固体废弃物，由于我国粮食需求的逐步稳定，农村固体废弃物生成量增速趋缓，而工业固体废弃物则随着综合利用率逐步提高，处置量将明显下降。同时，本文的预测结果显示，我国废弃物碳排放峰值出现时间要早于碳排放总量的达峰时间，这主要是由于废弃物占排放总量的比重较小，而能源、工业生产、交通等部门面临的减排压力更为突出。①

近年来，随着节能减排力度不断加大，我国废弃物处理技术取得显著进步。多数大型城市积极推进垃圾卫生填埋，并以此作为废弃物的主要处理方法。尽管如此，与国外先进的废弃物处置产业化体系相比，我国相关领域在产业规模、产业结构、产业技术、管理体制等方面仍存在较大差距。目前，我国废弃物管理缺少系统、可靠的废弃物产量和处理成本数据，导致政策制定依据不足。同时，居民废弃物处置仍以市政市容管理部门为主导，回收处理效率低，收费难以弥补成本，主要依靠财政支持。而相关部门职责划分不清，建设部和环境保护部均有管理职权，重复监管问题突出。此外，由于废弃物处置市场化经营的商业参与规则不健全，私营部门参与度较低，难以通过市场竞争提高废弃物处置的运营效率。

从发达国家的经验来看，废弃物处置技术已比较成熟，并能够取得温室气体减排和减少环境损害的双重效应。在加速工业化和城市化条件下，我国固体废弃物处理有较大的改善潜力。为此，应借鉴发达国家的经验和方式，结合我国废弃物产生及其温室气体排放趋势，加快发展废弃物处置及相关行业发展，减少废弃物温室气体排放。

一要加快转变发展方式，推进产业转型升级，加大废弃物处置技术研发投入和推广应用。作为废弃物的主要排放来源，我国工业固体废物减排潜力较大。因此，应加快传统产业技术改造，下大力气淘汰落后产能，大力发展战略性新兴产业，积极推进清洁生产和循环经济，配合资源税改革和环境税试点，提高工业生产效率和资源利用率，从源头上减少工业固体废物排放，力争提前达到废弃物碳排放峰值。二要高度重视农村废弃物处理，提高农村废弃物综合利用率。目前，农村废弃物管理制度建设滞后，处置方式单一，回收利用率较低。农民收入水平提高和消费升级将改变未来农村废弃物的构成，使得处置压力进一步加大。今后，应加大农村废弃物回收与处置的基础设施建设，提高秸秆类农副产品综合利用率，在为农民创造一定收益的同时，缓解环境压力，减少农村温室气体排放。三要科学设计废弃物分类层级和处置模式。目前，我国废弃物处理仍以简单填埋为主。应尽快建立适合中国产业结构和居民生活方式的废弃物分级管理制度，由末端处置转向源头管理，减少转运和处置量，延长填埋场使用时间，提高废弃物综合利用率。四要尽快制定完善废弃物管理法规。目前，我国固体废弃物管理的相关法规尚不完善，致使各地政府部门缺少可参照的统一标准，废弃物管理较为混乱。为此，应加快立法进程，明确各部门职责，统筹规划，鼓励区域间合作和跨部门协调，充分发挥市场机制，建立可持续的废弃物管理政策法规体系。五要加大投入，降低废弃物处理的环境影响。由于垃圾填埋过程中处置不当，致使填埋场周边土地污染严重，"棕地"现象日益增多。据世界银行统计，中国目前至少有5000块"棕地"，清理这些"棕地"的成本远高于废弃物填埋的收益。同时，近年来，焚烧处理废弃物方式在我国发展较快，但由于焚烧温度较低，废弃物焚烧过程中会产生二噁英等有害物质。因此，应加强废弃物处置技术创新和改造的投入力度，开发适合中国国情的废弃物处置技术，实现温室气体减排的同时，降低环境影响。

---

① 目前，国内对中国碳排放总量峰值预测大都得出了总量达峰时间在2030~2040年的结果，课题组关于排放总量的研究也支持这一判断。

〔参考文献〕

［1］IPCC. Summary for Policymakers and Technical Summary of Climate Change 2001：Mitigation ［R］. Contribution of Working Group III to the Third Assessment Report of the Intergovernmental Panel on Climate Change，Bert Metz et al. eds. Cambridge University Press，Cambridge，2001.

［2］UN.World Population Prospects：The 2009 Revision ［R］. Geneva，2009.

［3］杜吴鹏，高庆先，张恩琛，缪启龙，吴建国. 中国城市生活垃圾排放现状及成分分析 ［J］. 环境科学研究，2006（5）.

［4］陈雪雯，李建华. 农村废弃物排放及资源化现状分析 ［J］. 安徽农业科学，2010（20）.

［5］高庆先，杜吴鹏，卢士庆，张志刚，张恩深，吴建国，任阵海. 中国固体废弃物甲烷排放研究［J］. 气候变化研究进展，2006（6）.

［6］杜吴鹏. 城市固体废弃物（MSW）填埋处理温室气体——甲烷排放研究 ［D］. 南京信息工程大学硕士学位论文，2006.

［7］黄振管. 全国城镇有机废弃物生成、利用和排放状况的初步分析 ［J］. 生态经济，1999（3）.

［8］刘江. 21 世纪初中国农业发展战略 ［M］. 北京：中国农业出版社，2000.

［9］蔡金炉. 农副产品资源化综合利用的途径 ［J］. 农村生态环境，1992（1）.

［10］渠慎宁，郭朝先. 基于 STIRPAT 模型的中国碳排放峰值预测研究 ［J］. 中国人口·资源与环境，2010（12）.

［11］陈卫. 中国未来人口发展趋势：2005~2050 年 ［J］. 人口研究，2006（4）.

［12］杜鹏，翟振武，陈卫. 中国人口老龄化百年发展趋势 ［J］. 人口研究，2005（6）.

［13］许宪春. 中国未来经济增长及其国际经济地位展望 ［J］. 经济研究，2002（3）.

［14］IPCC. 2006 年国家温室气体清单修订指南 ［R］. 2006.

［15］世界银行. 中国固体废弃物管理：问题与建议 ［R］. 2005.

（本文发表在《中国工业经济》2011 年第 11 期）

垃圾处理产业引入竞争机制与民营化的政策

丁　毅

20 世纪以来，以"大量生产、大量消费、大量排废"为特征的现代工业社会经济增长模式成为世界经济发展的主流模式。到 20 世纪 90 年代，以消耗资源发展经济的弊端充分显现，人类可持续发展面临资源短缺、污染严重的挑战。人们不得不反思既有的经济增长模式，循环经济概念应运而生。

在循环经济概念的指引下，近十几年来，欧美发达国家城市生活垃圾[①] 处理理念也发生了革命性变化。其核心内容是城市垃圾综合管理和综合处理思想的形成和实施。垃圾处理的重心前移，由单纯的末端处理转移至源头控制、再生利用。许多国家以法律形式规定了国家、公民、企业单位对垃圾处理应负的责任以及垃圾处理的优先次序。规定垃圾处理的优先次序为：源头减量、再使用、资源回收利用、能源回收利用、卫生填埋。[②] 将垃圾中的可利用成分作为再生资源进行回收利用成为垃圾处理产业的重要环节，被称为"静脉经济"和第四产业，成为循环社会经济系统中新的不可缺少的重要组成部分，统计显示，全球再生资源产值 2003 年已达 6000 亿美元。目前，美国再生资源行业产值达 1100 亿美元，日本达 350 亿美元。而根据测算，我国每年可以回收但没有回收利用的再生资源价值也有 350 亿~400 亿元。

垃圾处理理念转变发生在欧美国家对公共事业的供给模式进行不断反思的大背景下。"大社会、小政府"，政府职责在于掌舵（宏观决策和战略协调）而非划桨（微观执行和生产经营），公共事业的政府垄断供给会导致服务的低效率等观点成为主导认识。继 20 世纪 30 年代大规模推行公共事业政府垄断供给之后，20 世纪 80 年代以来，这些国家又进行了大规模的公共事业私有化、民营化，以弥补公共服务领域的"政府失灵"。曾被明确界定在不同领域发挥不同且不可替代作用的政府与市场、社会关系开始发生微妙的变化，界限变得模糊，出现融合倾向。甚至有人认为"人们已难以说清政府的界限在哪里中止

---

① 垃圾是对"固体废弃物"的通俗称呼，不同国家在不同时期对垃圾的内涵和外延都有不同的界定。我国现阶段对垃圾的定义为：人类在生存和发展过程中产生的固体废弃物。主要包括城市生活固体废物、工业固体废物和农业废弃物。

城市生活垃圾是指城市人口在日常生活中产生或为城市日常生活提供服务产生的固体废物，以及法律、行政法规规定，视为城市生活垃圾的固体废物，主要包括居民生活垃圾、医院垃圾、商业垃圾、建筑垃圾和渣土，不包括危险废弃物。

工业固体废物是指在工业、交通等生产活动中产生的采矿废石、选矿尾矿、燃料废渣、化工生产及冶炼废渣等固体废物，又称工业废渣或工业垃圾。工业固体废物按照其来源及物理性状大体可分为六大类。而依废渣的毒性又可分为有毒废渣与无毒废渣两大类。

农业废弃物，也称为农业垃圾，主要为粪便及植物秸秆类。

此外，其他国家的定义也各有侧重。

目前，绝大多数国家的工业废弃物都依照"污染者责任自负"原则，由排污企业自行承担处理责任，企业也可以将自身无力处理的废弃物委托给得到政府许可的专业处理机构代为处理，企业缴纳相应费用。工业废弃物处理的市场化程度较高。本章对工业废弃物处理产业不做重点陈述，若非特别指出，本章所言垃圾处理产业特指城市生活垃圾处理产业。

② 源头减量即从源头上控制垃圾的产生量，如逐步改革城市燃料结构，实行净菜进城，工业领域推行清洁生产，包装领域推广素简包装，杜绝使用一次性商品，提高产品的使用寿命，日常生活物品的互置交换等；再使用即尽可能在不改变物品物理形状的前提下多次重复使用，如电器汽车零部件的重复使用等；资源回收利用即将废弃物作为原材料回收利用，让垃圾再度回到物质循环圈内，尽量建设一个资源的闭合循环系统；能源回收利用即通过焚烧方式或垃圾尾气回收达到能源回收利用的目的；卫生填埋即在开展了源头减量和资源、能源再生利用之后，对实在不能利用的残余物进行符合环境要求的填埋消纳。

而私营企业（市场）的界限又从哪里开始"（苏里克斯·A. 尼格罗、劳埃德·G. 尼格罗，1997）。

在公共事业领域，政府与民间的合作融资方式越来越被普遍地采用。政府通过部分或全部让渡项目建设与运营权利，实现吸引市场投资和市场经营管理资源的双重目标。常见的民间投资模式包括永久专营模式（Perpetual Franchise Model，PF）、建设转让模式（Build-Transfer Model，BT）、建设经营转让模式（Build-Operate-Transfer Model，BOT）、建设转让经营模式（Build-Transfer-Operate Model，BTO）、购买建设经营模式（Buy-Build-Operate Model，BBO）、租赁经营开发模式（Lease-Develop-Operate，LDO）、暂时私有化模式（Temporary Privatization Model，TP）、管理合同模式（Management-Contract Model，MC）等。在这些合作融资安排中，企业从政府那里获得了对基础设施项目进行建设、经营的特许权，不同程度地参与项目的设计、筹资、建设和运营管理工作，从而可以缓解政府的投资压力和融资风险，也可以促进基础设施整体效率的提高。

在垃圾处理领域，各国政府与民间也展开了多形式、多层次的合作。根据不同环节经济技术属性的不同，采取不同的改革形式，既有垃圾收集、运输、处理环节的作业外包、特许经营，也有垃圾资源回收利用环节的民间资本独立运作；既有打破政府垄断供给、引进竞争机制和民营化的尝试，又有为解决适用市场原理的产业废弃物处理领域出现的种种问题，公共参与在产业废弃物处理领域不断扩大。为提高垃圾处理的效率，同时实现垃圾处理产业的经济效益、社会效益、环境效益，各国都在尝试寻找不同供给模式的最佳组合，试图同时避免市场与政府双失灵，最大限度地发挥各自优势，在政府能力所及的条件下，既用足市场和社会，又充分发挥政府的有效性。

与发达国家业已发展成熟的垃圾处理产业相比，我国的垃圾处理产业尚且处于萌芽状态。垃圾综合管理水平低，垃圾分类收集和垃圾排放收费制度尚不普及，缺少发育成熟的市场主体，实现城市生活垃圾现代化处理的基础薄弱。因此，在垃圾处理领域引进竞争机制和民营化所面临的问题与发达国家不同，需要做大量基础性的工作，改变公众观念，整备法律政策体系，培育市场主体，探索适合我国国情的技术路线，摸索具有经济和环境可行性的垃圾处理服务供给模式，困难更大。但无论我国的垃圾处理产业发展方向如何，有一点可以肯定，这绝不是单纯推行民营化就能万事大吉的。

一、垃圾处理产业的经济技术特征及其他

广义的垃圾处理产业包括垃圾收集、分拣、储运中转、回收利用、处理加工以及对垃圾进行最终消纳处理等一系列服务环节及其周边市场，即设备技术市场，垃圾处理场工程设计、施工市场以及相关咨询服务市场。

城市垃圾处理及其资源化综合利用是关系到国计民生、环境保护的重大课题。垃圾处理行业具有公益性、投资回报率低、投资回报周期长，社会效益、环境效益突出，而经济效益微薄等特点。市容市貌、垃圾处理的好坏直接影响一个城市的形象，影响城市居民的生活环境、工作环境的质量，具有很强的公共特性。20世纪以来，在世界多数国家，垃圾处理都作为城市地方政府一项重要的公共服务，由政府垄断性供给，即从生活垃圾收集、清运到处理以及监督管理都由政府全程负责。但随着国家经济水平的提高、公民个人财力的增强、对垃圾处理需求的分化以及垃圾处理理念的变迁，垃圾处理的纯公共性开始出现明显的变化。垃圾排放量的剧增，居民要求日益提高，政府财政捉襟见肘，再加上公共垄断事业的低效率不断受到质疑和抨击，政府不得不采取"使用者付费"的垃圾收费制度和鼓励市场参与的方式以弥补服务供给资源的不足。垃圾处理的政府垄断性非市场化供给模式受到严重挑战，引入市场机

制和民营化成为席卷世界的潮流。

引入竞争机制和民营化是垃圾处理产业适应时代变迁的手段，而不是其终极目的。垃圾处理产业变革的终极目的在于采用有效的供给模式，实现垃圾处理的"减量化、资源化、无害化"，最大限度地提高市民所享受的公益水平，提高垃圾处理服务的供给效率，节约资源，实现物质的良性循环。而公共服务的供给模式的有效性是由公共服务本身的特性决定的。所以在此，我们先对垃圾处理产业的经济技术特性进行简单的梳理。

1. 垃圾处理产业作为公共事业的理论依据

垃圾处理产业以下经济技术特性为其作为公共事业提供了理论依据：

（1）城市垃圾处理服务消费具有明显的非竞争性和非排他性。

良好的市容卫生、清洁的环境为身处其中的所有人带来的效用是一致的，增加一个消费者不会影响其他人的愉悦感受。同时，城市垃圾处理受益具有非排他性。良好环境对任何城市居民都有好处，马路清扫会让所有使用马路的人自然从中受益，无须付出代价。

（2）垃圾处理具有较强的外部性。

如果垃圾得不到妥善的清扫、运输、处理，首先会对公共卫生带来极大的隐患，很可能导致瘟疫的流行。事实上，19世纪欧美国家很大程度上正是出于公共卫生考虑，才把垃圾处理归入公共事业范畴。其次，垃圾无害化处理水平的高低直接决定了垃圾对环境污染的程度。垃圾无害化处理水平低就会对大气、土壤、水源造成严重污染，带来外部不经济性。

（3）垃圾处理具有利益计算上的不确定性。

垃圾处理以垃圾减量为前提，以实现垃圾的资源回收利用和垃圾无害化处理为最终目的。所以，经济利益并非其终极目标，它追求的是"经济效益、生态效益和社会效益三者的统一"（叶文虎）。垃圾处理对社会利益的贡献是长期的，很难确切地计算它到底产生了多少收益。

（4）垃圾处理具有较高的进入壁垒。

垃圾处理涉及的环节多，需要投入大量的人力、物力和财力，投资大，而且直接经济效益低、投资回报周期长、回报率低，独自投资于垃圾处理全过程非一般企业和个人所能承受，而投资于其中一个环节又涉及巨大的协调成本，所以对一般企业和个人不具备足够的吸引力。

（5）垃圾处理价格机制不灵活。

垃圾处理服务是事关市民生活的不可或缺的基础性服务，其价格的形成和调整涉及大多数居民的利益，不能随行就市，完全按供求规律行事。而且垃圾处理还肩负环境资源目标，政府和社会干预在所难免。

垃圾处理具有的公共性和公益性为政府介入垃圾处理服务供给，实施严格的环卫管理、投资垃圾处理基础设施提供了理论依据。西方经济学家也认为："由于公共产品的私人提供量普遍不足，政府必须插手提供公共产品。"垃圾处理领域引进竞争机制、推行民营化的前提依然建立在承认垃圾处理产业公共属性的基础上。

2. 垃圾处理产业引进竞争机制、推行民营化的理论依据

垃圾处理产业引进竞争机制、推行民营化的原因既包括公共财政无法满足日益增长的垃圾处理需求，不得不求助于民间资本，也包括因垃圾处理理念变化，垃圾处理产业的内涵和外延得到拓展后其经济技术属性发生变化，有效供给模式也发生相应变化。

（1）面对日益增长的垃圾处理需求，公共财政难以为继。

随着经济发展水平的提高，"大量生产、大量消费"的现代经济增长模式势必带来垃圾的增长。20世纪80年代初期，国外城市垃圾平均年增长率为2%~5%，有的国家达到10%。近年来，工业发达国家

的城市生活垃圾总增长率为3%~5%（江源、刘运通、邵培，2004）。同时，市民对垃圾无害化处理的要求越来越高，垃圾处理产业所需要的投资也日益巨大化。作为社会公益事业由政府包揽，即从生活垃圾收集、清运到处理以及监督管理都由政府全程负责的垃圾处理模式带来垃圾处理领域的公共财政支出急速膨胀，对公共财政造成极大压力。国家与地方财政都不足以支持垃圾处理设施的建设与运营，这就是要通过适当的契约安排吸引私人资金极为重要的原因。

（2）垃圾处理民营化既有先例，又存在技术上的可行性。

西方国家认识到公用事业领域存在"市场失灵"的问题，在20世纪以来广泛采取由政府负责提供公共服务的做法，但从本质上讲，"提供服务并非政府的义务，政府的义务是保证服务得以实现"（戴维·奥斯本、特德·盖布勒，1996）。19世纪末20世纪初，由于地方政府缺乏资金，国家补贴又相当有限，英美国家的公共事业也主要由与市政当局订立长期合同的私人企业提供，这与目前的民营化模式很相似。而且产业废弃物处理一向由民间企业承担，从技术上讲，城市生活垃圾处理民营化并不存在技术上的障碍。随着垃圾处理理念的转变，垃圾处理不单纯是焚烧、填埋、堆肥，还涉及资源的回收利用，垃圾处理越来越细分化、专业化，政府缺乏相应的技术和技能。此外，如果以回收利用为前提，就需要针对分别收集来的各种废弃物进行不同的处理，政府承担这些设备及人员，负担会太重，效率也会大打折扣。民间企业实际上在回收利用领域处于主导地位。

（3）垃圾收费制的推行增加了垃圾处理产业对民间资金的吸引力。

由于公共物品消费上不存在支出约束，供给上没有利润驱动，因此在享受清洁环境的同时过度消费的"搭便车"现象在所难免。缺乏代价意识导致过度消费垃圾服务，造成人力资源和财力的巨大浪费。为减轻垃圾处理公共支出的压力，同时也为强化市民的环境意识，实现垃圾的"减量化"，各国政府尝试采取经济手段改变市民的行为方式，推行垃圾收费制。不交费就不能得到垃圾清运服务，垃圾收费制的推行使服务受益排他成为可能，使垃圾处理产业有了市场化的条件，也为承担一定公益责任的垃圾处理企业在政府财政补贴之外，增加了新的收入来源，增加了垃圾处理产业对民间资金的吸引力。

（4）垃圾处理涉及多个环节，多种供给模式组合才能实现最优绩效。

垃圾处理产业环节较多，其经济技术特性具有多样性和多层次性，不同特性的具体服务应该由不同主体和不同模式予以解决。先行研究对垃圾处理服务各类供给模式的优劣以及使用的具体服务类别进行了归纳整理（见表1），指出只有通过多种供给模式组合，才能实现垃圾处理服务的最优绩效。简单地说，就是回收利用领域的理想供给模式是民间企业主导、政府辅助并予以政策及技术支援，而在垃圾处理领域则出于降低外部不经济及环境污染风险考虑，较为理想的模式为在加强政府监管的前提下，最大限度地利用民间的资金和技术能力。

表1　垃圾处理服务各类供给模式比较

制度安排	主要优点	主要缺点	可适用的主要服务类别
政府完全供给模式	◎非营利性质，增进社会效益为主； ◎政府全面控制，服务生产和提供； ◎有利于垃圾分类收集和统一回收利用； ◎管理措施具有连续性，从业人员经验丰富，有利于实现长期规划目标； ◎可长期积累保存垃圾处理统计资料	◎服务供给不具备市场竞争激励机制； ◎效率低下，缺乏改进工作效率的动力； ◎服务供给易受宏观政策的影响； ◎服务经费受到政府预算的制约，而经费紧张相应地影响垃圾处理设施的更新和维护保养	◎城市道路、街道和巷弄、公共广场、公共水域等公共区域的垃圾清扫服务
政府市场化管理模式	◎营利性质，经济效益和社会效益同时兼顾； ◎具有竞争机制，通过竞争而设的招标制度可大幅度降低服务成本； ◎政府部门仍然有宏观干预，可以严格依规定监督服务供给质量、设定应该达到的服务标准； ◎有利于垃圾的分类收集和回收利用	◎招投标过程会有竞争主体的机会主义行为、彼此的共谋勾结； ◎政府主管部门有较高的监督管理成本； ◎有意不履行或歪曲合同规定，忽视服务对象的真实需求，提供质次价高的服务； ◎服务主体经济利益取向，重收费盈利，轻服务	◎城市道路、街道和巷弄、公共广场、公共水域等公共区域的垃圾清扫、清运服务； ◎街边工商店铺和居民房屋的门前路面的垃圾处理； ◎垃圾处理场的运行经营

续表

制度安排	主要优点	主要缺点	可适用的主要服务类别
"私营"商业型模式	◎经济上自负盈亏，独立承担经营风险； ◎具有市场竞争机制，可降低服务供给成本； ◎服务针对性强，一般服务质量很高	◎不利于政府宏观监督管理； ◎存在不正当的恶性竞争的可能； ◎无规模经济的优势，各个主体分块经营，标准也不统一； ◎不利于垃圾的分类收集和回收利用	◎非社区内的私人房屋、别墅专门申请的垃圾处理服务； ◎为城市中的居民社区和企事业单位提供的垃圾处理服务； ◎城市生活垃圾中可再生资源的拣拾、分选、交易、再加工利用
志愿型自我服务模式	◎非营利的纯公益性质； ◎提升社会环保意识，促进社会自理服务	◎标准不一，不利于政府宏观监督管理； ◎经济上可能总体不合理； ◎不利于垃圾的分类收集和回收利用，可能转嫁污染	◎城市中居民社区和企事业单位自行处理垃圾； ◎非社区内的私人房屋、别墅用户自行处理垃圾

资料来源：何德文：《城市居民生活垃圾管理及其决策支持系统开发研究》，同济大学博士学位论文，2001 年，第 134–136 页。

3. 垃圾处理产业的支撑条件

实施在垃圾分类回收基础上的综合处理，实现垃圾处理的"减量化、资源化和无害化"是一项涉及全社会的系统工程，需要许多支撑条件以保障其顺利实现。其中最主要的支撑条件有以下几方面。

（1）建立强制性的法律法规体系[①]。

制定城市生活垃圾法规是垃圾源头减量、防止城市生活垃圾污染和再资源化的重要保证。制定强制性城市生活垃圾管理办法及配套的生活垃圾分类收集办法，以法规的形式确立生活垃圾分类收集的法律地位，明确生活垃圾分类标准、收集费用及法律责任，使之纳入依法管理的轨道，为生活垃圾的减量化、资源化、无害化处理创造条件。建立可再生利用生活垃圾的强制分类收集制度和义务回收制度。对城市生活垃圾处理方法及技术标准也制定相应的法令细则，防止资源浪费、二次污染。即使垃圾处理产业链各环节的参与者有了法律的参考依据，又使有关部门能够依法加强管理。

（2）制定激励性经济政策。

激励性经济政策主要包括针对消费者的垃圾处理收费制、饮料瓶等押金制；针对商品制造、运输、销售厂家的实行制造者责任制；针对业内企业的财政补贴、税收优惠、技术支持，培育再生资源产品市场等激励措施。

垃圾处理服务的公益性滋生了垃圾处理服务的过度消费，征收垃圾处理费对消费者减少垃圾排放形成经济激励，是管理城市垃圾的有效措施之一，可以抑制垃圾排放量的增长，同时还可以补偿垃圾处理的运行费用。垃圾收费制在发达国家已经得到普及，日本实行垃圾收费制的时间并不长，但已取得较好的效果，垃圾数量明显减少；美国西雅图市实行垃圾收费后，垃圾产量减少了 25%。目前，我国已进入垃圾收费试点、推广阶段。

为了提高饮料瓶的回收率，采取强制押金制，用收取押金的方式激励消费者参与饮料瓶的循环回收利用过程。

针对商品制造、运输、销售厂家的实行制造者责任制，规定相关企业对商品最终处理承担相应的经济责任，通过影响企业生产经营成本的方式激励企业推行清洁生产，减少不必要的包装物，以积极预防的方式实现垃圾源头减量的目标。

与此同时，为了吸引更多的企业进入投入大、资金回收周期长、对民间资本的吸引力并不很强的垃

---

① 虽然各国废弃物法规不尽相同，但都具有"强制性"的特点。如英国规定："任何人都不能在批准的场所以外放置规定的废弃物"；法国规定"禁止对再利用产品搞等级差别"；瑞典规定"盛酒容器不管能否回收，均采取押金方法"。

圾处理产业中，20世纪70年代以来，很多国家都采取各种措施，如税收返还、提高工资级别、给予财政补贴和低息贷款等，促进垃圾处理产业的发展。同时，不断严格管理制度，确保部分税收收入用于垃圾处理、回收和循环利用体系的开发；给予垃圾处理企业地价优惠，交付一定的垃圾处理补偿费，促进处理厂正常运行（廖银章，2000）；提供无偿业务和技术咨询；设立专项研究基金，支持相关研究；保护相关企业的利益，广泛开展公众教育，培育利用再生资源产品的市场，在政府机关大规模提倡使用再生产品，从各个方面对再生资源产品的生产和销售给予鼓励和支持。

（3）实行分类收集、资源回收和综合利用的管理政策。

垃圾是"放错了地方的资源"，垃圾的价值很大程度上取决于垃圾混合或分类的程度，垃圾的混合程度与价值之间呈倒数关系（王羽、陆雍森）。垃圾分类收集是垃圾处理产业实现垃圾"减量化、资源化、无害化"的前提条件和中心环节。

面对全球各国城市生活垃圾的迅猛增长，在过去几十年中，几乎所有的工业化国家在城市生活垃圾问题上，都在由单纯的处理向综合治理方向转变，从根本上改变了垃圾处理的内涵。发达国家如日本、美国、德国等国已较早提出并实现垃圾的"减量化、资源化、无害化"，还建立起相对完善的分类回收处理系统。在解决城市生活垃圾的问题上，我国尚处于重点考虑如何处理产生的垃圾，即末端治理的阶段。国内外实践证明末端治理处理量大、投资大，运行费用也高，不符合可持续发展战略。今后，应借鉴发达国家垃圾治理管理经验，制定高层次的垃圾综合治理战略目标，建立一套有效的垃圾收集系统和制度，疏通分类收集后垃圾的专门流向途径。首先，避免产生垃圾，如果产生，产生量最少；其次，最大可能地进行回收利用；最后，制定适合于本地具体情况的垃圾无害化处理模式。

二、各国垃圾处理产业引入竞争机制及民营化的实践

城市生活垃圾的产量惊人，对环境影响巨大，如何有效地处理城市生活垃圾，使之"减量化、资源化、无害化"，把垃圾处理产业纳入循环经济的轨道，成为20世纪后半叶世界各国关注的课题。欧美、日本等国纷纷制定出台相关法律、法规，以法律的形式规定垃圾处理的宗旨、目标，明确各个行为主体所承担的责任义务，为垃圾的分类收集、资源能源回收利用以及垃圾的最终处理建立起完善的法律保障体系。同时，采取各种措施调动全社会资源参与垃圾综合管理体系，政府、公共部门、市民社会、企业团体在垃圾的收集、运输、回收利用、最终处理等各个环节各司其职。为提高垃圾处理的效率，世界各国展开了各具特色的引入竞争机制及民营化的探索（见表2）。这些探索在法律保障下展开，并与其他相关措施紧密相连，取得了良好的成效，对我国垃圾处理产业体制改革有很大的借鉴意义。

表2　发达国家公共事业引进竞争机制和民营化的推进过程

国别	推进过程
英国	◎20世纪80年代，推进国营企业民营化（交通、能源、供水、通信等） ◎1980年官民强制竞争招标（引进CCT，垃圾收集、餐饮供应、卫生清扫业务外包） ◎1992年推行PFI ◎1994年通过引进Universal Test，规定所有公共事业领域都必须探讨实施PFI的可行性 ◎1997年布莱尔政权将PFI概念扩展为PPP概念 ◎1999年通过推进Best Value Initiative进一步推进PPP ◎2002年采用成果指标、检查验证、督查等措施改善公共服务的质量，降低其成本，使用、推广多样化的PPP手法

续表

国别	推进过程
美国	◎1985年里根政府把联邦政府非核心业务委托给民间组织 ◎以1993年《政府业绩法》、1996年《联邦政府采购法》、1998年《政府业务清算改革法》为基础，行政改革进一步深化，民间委托也进一步推进 ◎1996年修订行政预算管理局通知（A-76），推进、拓展了官民竞争招标 ◎2001年布什总统发表行政改革议题，要求积极推进官民竞争招标 ◎2003年修订（A-76），设定简易的官民竞争招标手续，大胆推进民间委托
日本	◎1999年《PFI推进法》出台 ◎2001年设立独立行政法人制度 ◎2003年修订地方自治法，引进指定管理者制度 ◎2004年推进管制改革、公共事业对民间开放会议中间报告发表，提出市场化试验步骤 ◎2005年内阁会议在构造改革及经济财政中期展望中决定展开市场化试验试点

资料来源：日本经济产业省：《经济产业省亚洲PPP研究会报告书》，2005年4月。略有改动。

1. 德国垃圾处理产业引入竞争机制及民营化的实践

德国是一个极为重视环境保护的国家，其垃圾处理理念始终引领世界潮流。德国垃圾分类非常细，收集系统完善而高效，专项垃圾回收产业发达。作为由16个州组成的联邦制国家，德国垃圾收集、处理公共系统全部由地方管理，以市场经济方式经营，垃圾的回收利用则主要通过私营回收公司完成。1999年，全国有900家企业从事垃圾清除工作，从业人员12万人，年清除垃圾3亿吨，营业额750亿马克，营业额增长率为10%，而家庭垃圾的年增长率仅为2%（万小军，1999）。利用剩菜剩叶等生物垃圾堆肥和将废纸、废玻璃、废塑料回收利用，每年总产值约占其国民生产总值的8%，约达1900亿美元，从业人员已达200万人，约占其总人口的2%。由于法规严密、执行到位，德国政府通过垃圾分类有效地实现了大量有用垃圾资源的回收与利用，加之财政政策的扶持，使得参与其中的私营公司盈利颇丰，从而形成环境保护、资源利用、参与公司盈利几方共赢的结局。德国在垃圾处理产业领域影响力最大的实践是建立了完善的法律法规系统以及以"绿点标志"著称于世的包装物二元回收体系。

资料1　德国勒沃库森垃圾处理公司

德国勒沃库森垃圾处理公司在创立时得到市政府的资金支持，现在涉足废物回收和再生利用、垃圾堆肥、电子废物拆解、垃圾焚烧发电、垃圾填埋等多个领域，公司的收入主要来自废物再生利用、居民和企业缴费、发电等。回收中心还出售用有机垃圾制造的肥料。

资料来源：刘世昕，2004。

（1）垃圾处理相关法律法规的制定完善。

为出台在生态和经济两方面都能承受得起的垃圾消纳措施，需要制定一个全面的垃圾经济学计划。随着对垃圾问题认识的不断深入，德国的垃圾立法从20世纪70年代初以来，几经修改完善，从最初的《垃圾清除法》发展到1986年的《废弃物限制及废弃物处理法》、1996年的《循环经济与废弃物处理法》[①]，垃圾处理理念完成了从末端处理到全程控制、综合处理的转变，垃圾立法系统日趋完善。

1972年，德国政府颁布了《垃圾清除法》，规定接受垃圾清运是公民的基本义务；各州义务实施跨地区的垃圾清除计划；垃圾清运不得破坏公众利益；垃圾只能在获得许可的处理设施和场地中进行处理和堆放。

---

① 德国的《循环经济与废弃物处理法》是世界上第一部循环经济法。

1986 年颁布《废弃物限制及废弃物处理法》，废弃物的处理理念由规定"怎样处理废弃物"提升到"如何避免废弃物的产生"的高度，规定了分类收集义务，将垃圾减量和垃圾资源化利用列在各类垃圾管理和处理方式的首位。为确保《废弃物限制及废弃物处理法》有效执行，联邦政府还作出了有关规定，如 1988 年颁布塑料包装材料回收规定，1989 年颁布了废弃溶液处理规定，1990 年颁布 《包装条例》，旨在减少包装废弃物的产生，将各类包装物的回收规定为国民义务。同时严格规定事业者责任，规定事业者容器包装废弃物回收利用义务。

德国的 《包装条例》对"谁制造、销售、消费包装物品，谁就有避免产生、回收利用和处置废物的义务"进行了具体化，将回收、利用、处置废旧包装材料的义务与生产、销售、消费该商品的权利挂钩，把回收、利用、处置的义务分解落实到商品及其包装材料的整个生命周期的各个细微环节，因而具有较强的操作性和实效性。

1996 年颁布《循环经济与废弃物处理法》，[①] 确立了德国循环经济的总纲，把废弃物处理提高到发展循环经济的高度。并建立系统配套的法规体系，出台废车限制条例、废弃电池条例等专项产品的实施条例。

《循环经济与废弃物处理法》规定垃圾处理的优先次序为：垃圾减量、回收利用、无害处理。该法还规定了国家和私人企业之间新的责任分配方式。过去的模式是企业或私人排放垃圾，国家进行垃圾的处理和消纳。[②] 现在则规定垃圾的排放者应该承担垃圾利用和处理的义务，可以自己承担这一义务，也可以委托第三者（协会组织或私营企业）进行垃圾利用和清理。如果这些都不能够得以实施，则应该委托国家垃圾清理机构进行清理。垃圾排放者或拥有者把利用和清除垃圾的工作委托或转让给第三者的前提是，被委托方必须保证垃圾的利用和无害化处理，他们必须具有专业水平、具有可靠性，对公众利益不造成损害，并且必须经有关主管部门批准。通过转让责任能够使大多数循环经济的措施维持盈利，也使垃圾管理中"污染者责任自负"原则在企业中能够顺利贯彻实施。地方政府可以进行宏观调控，确定到底应该有多少比例的垃圾处理企业可以私有化（亦冬，2004）。

德国对生活垃圾的管理全面体现了"污染者付费"原则。"污染者付费"制度的确立不仅解决了垃圾的管理和后续处置费用，而且通过影响产品成本来引导生产者行为，起到鼓励生产者减少原材料使用量以及采用可回收利用材料制造产品的作用。

2000 年《可再生能源法》正式实施，根据此法从事再生能源的企业可以获得政府的经济补助，该法进一步促进了再生资源的开发和利用。

正是由于制定出一整套行之有效的循环经济法律法规体系，并严格执行，垃圾的回收利用才有了实现的基础，[③] 德国垃圾处理产业才得以蓬勃发展。

（2）包装废弃物二元回收体系的建立。

商品包装物是现代社会城市生活垃圾的一个重要组成部分。垃圾管理的重要目标之一就是通过限制包装体积和重量、回收利用等措施减少包装垃圾（运输包装和销售包装等）的数量。

德国的《包装条例》明确指出，制造商和销售商是包装垃圾的生产和排放者，因此应当承担该类垃圾的回收和利用责任，而不应该由政府公共服务系统承担这种责任。包装品的制造和使用者应该负责建立与公共垃圾收集系统分离的物品回收、分类和利用系统，并承担相应的建设投资和运行费用。

---

① 此前，《垃圾清除法》分别在 1976 年、1982 年、1985 年进行了三次修订。

② 虽然国家可以将具体业务委托给民间企业，但向国民提供垃圾处理服务的责任仍在政府。

③ 目前，德国的废金属、废汽车、废轮胎、废玻璃、废机油等几乎都达到了 100% 的回收利用。特殊的工业废物，如蓄电池、放射性元素，也在政府有关部门监督下在专业公司得到特别处理。

为避免相关企业各自建立复杂的产品包装押金返还和回收系统及其需要的巨额投入，1990 年，德国的商业、消费品工业、包装品工业和材料供给商等行业联合成立了 DSD 股份有限公司,[①] 专门负责回收铝、铁、塑料等包装废弃物以及玻璃和纸张。[②]

DSD 公司是由 95 家生产与销售企业创建的非政府组织，享有《包装条例》中的免税政策。目前有 300 余名员工，由三人组成董事会负责具体运行，并由包装制品企业、使用包装的企业、销售商店以及废弃物管理部门各出三名代表组成拥有最高权力的监督机构。DSD 公司通过与 500 多家私人及废品管理公司签约，在城市各个角落安置专门收集带有"绿点"标志的包装废弃物的黄色垃圾桶，建立遍及全国的回收体系（戴宏民，2003）。

2000 年，DSD 公司有会员 1.79 万个，会员根据其包装材料使用类型及重量向 DSD 公司支付费用，同时取得使用"绿点"包装回收标志的权利。[③] 交纳了"绿点"许可证费的公司可以通过 DSD 公司的专业回收系统对废弃物进行加工处理。而非会员企业因为必须执行《包装条例》的相关条款，自行承担用于运输和销售等环节的包装品的回收利用义务，所花费用更高。

DSD 公司回收系统的建立和运行独立于公共垃圾收集和回收利用系统，分流了公共垃圾处理部门的部分垃圾，因此被称为二元系统。DSD 公司回收系统体现了环境政策中"污染者责任自负"的原则，减轻了政府负担。同时，DSD 公司作为一家民间所有、从事公众利益服务的组织，也在符合国家环境政策要求的前提下，以收费经营的方式，协调地方政府、废弃物管理部门与回收公司各方的利益，明晰各方职责权益，推动了包装废弃物的顺利回收。

由于 DSD 公司的卓越运作，2001 年德国各类包装废弃物回收利用指标如表 3 所示，超过法律规定量。

表 3　2001 年德国各类包装实际完成回收状况[④]

循环使用包装材料	法规要求（%）	年实际完成（%）
铝包装	60	105
复合包装	60	65
塑料包装	60	87
纸包装	70	166
马口铁包装	70	114
玻璃包装	75	93

资料来源：戴宏民（2003）。

二元回收体系在德国循环经济中发挥了显著成效，对其他国家也起到示范效用。1994 年 12 月，欧共体根据德国的经验通过欧盟包装准则，绿点公司的回收制度被欧盟、北美地区国家广泛采用。[⑤]

---

① DSD 是德国双向系统 Duales System in Deutschland 的简称。

② 其他类型的包装废弃物由另外一些回收组织回收。和 DSD 同处科隆的原材料再生利用协会 VFW 也回收销售包装，是 DSD 最主要的竞争伙伴。详见史密斯为中国包装考察团的授课：《绿点公司的标志与运作》，2002 年 9 月 4 日。转引自戴宏民：《绿点公司的组织、运作和资源化》，《包装工程》2003 年第 1 期，第 8-11 页。

③ 会员向 DSD 公司支付的费用俗称"绿点"许可证费，DSD 公司因此也被称作绿点公司。

④ 表中数字超出者，是多回收了未使用绿点标志的包装，如纸包装，绿点公司会员应予回收的是 891.723 吨，实际被回收的则达到 1483.941 吨。

⑤ 采用绿点回收体系的国家及开始实施时间如下：奥地利（1993）、比利时（1994）、捷克（2000）、法国（1993）、匈牙利（2001）、希腊（2002）、爱尔兰（1998）、拉脱维亚（2000）、卢森堡（1995）、挪威（2000）、波兰（2002）、葡萄牙（1997）、西班牙（1996）、瑞典（2001）、加拿大（2001）、美国（2001）。

2. 日本垃圾①处理产业开放竞争与民营化的实践

在亚洲国家中，日本对垃圾处理的公益性、重要性认识较早，早在 1900 年就制定了第一部垃圾立法，垃圾处理理念转变也几乎与欧美发达国家同步。但日本公共事业领域引进竞争机制和民营化的尝试要晚于欧美国家，垃圾处理产业推进开放竞争与民营化在近几年才得到广泛的关注，最初更多关注在硬件设施建设中引进民间资金，近年来才逐渐扩大内涵，从 PFI 转变为 PPP。

（1）日本垃圾处理立法体系的历史沿革。

日本江户时代以及明治维新政府初期，城市生活垃圾的收集、回收及填埋事务都是由得到幕府许可的垃圾行业公会垄断，后出于公共卫生的考虑，1900 年出台《污秽物扫除法》②，规定了日后日本垃圾处理的两大原则，即地方政府直接承担处理责任原则和焚烧处理③原则。1954 年，制定《清扫法》。1970 年《清扫法》被废除，《废弃物处理及清扫法》（简称《废弃物处理法》）与一系列公害管制法同时制定出台。该法继续沿革关于市町村④计划性收集、处理一般废弃物的义务，同时规定产业废弃物由排污企业按"污染者责任自负"原则，承担处理产业废弃物的义务，但允许生产者将其委托给获得许可的专业处理企业；都道府县知事拥有产业废弃物处理事务许可权；并设定了废弃物处理标准。

《废弃物处理法》是日本关于垃圾处理的根本性法律，随着时代变迁，经历多次修订。其中 1991 年的修订最为全面系统，增加抑制废弃物、促进回收利用的目的。但《废弃物处理法》本质上仍然是以恰当处理废弃物为目的的法律，缺少抑制废弃物产生及排放的有效规定，不能满足抑制废弃物产生、促进回收利用的时代要求。

为构筑减轻环境负荷的循环性社会，日本 1991 年制定《再生资源利用促进法》（现修正为《资源有效利用促进法》），这是关于回收利用的第一部法律，其目的为减少废弃物，促进其再生利用以及确保其的适当处理。1995 年 6 月又借鉴德国、法国的先行立法，制定《容器包装回收利用法》。1998 年 6 月制定《家电回收利用法》。

2000 年 5 月制定《推进循环社会形成基本法》，其目的是通过社会中物质循环的形成，控制天然资源的使用，鼓励利用再生资源，减轻环境负荷，明确建设循环型社会的基本原则和措施等对策框架。此外，第一次以法律形式明确规定了废弃物处理的优先次序，即减量、再使用、再生利用、热回收、恰当处理；并规定了扩大生产者责任的一般原则。自此，日本固体废弃物处理的根本出发点从末端处理向控制废弃物产生、循环利用、恰当处理转换，即完成了"从摇篮到坟墓"的全流程对策转换。

为与《推进循环社会形成基本法》相配套，2000 年 5 月还制定出台了《食品回收利用法》《建筑回收利用法》《绿色采购法》（即《推进国家调配有利环境保护物品的法律》），并将《再生资源利用促进法》修订为《资源有效利用促进法》。此外，《废弃物处理法》也进一步强化了排污者责任。2002 年 7 月制定《汽车回收利用法》。从抑制废弃物、再生品生产、固体废物回收和再生品使用等方面，确保社会的物质循环，控制天然资源的消费，为实现循环型社会提供法律保障。日本形成了在《环境基本法》《推进循环社会形成基本法》统领下，以《资源有效利用促进法》和《废弃物处理及清扫法》为支柱，个别法为依托

---

① 不同历史时期，日本法律对废弃物的界定与分类大不相同。现行的日本相关法律对废弃物的定义是：呈固体状或液体状的生活垃圾、粗大垃圾、可燃植物秸秆、污泥、屎尿、废油、废酸、动物尸体以及其他污秽物或废物。日本将垃圾分为产业废弃物（相当于我国的工业废弃物）、一般废弃物（相当于我国的城市生活垃圾，简称垃圾）和特别管理废弃物（相当于我国的危险废弃物）。这里为表述方便，交替使用一般废弃物和垃圾的称谓。
② 日本垃圾立法较早。
③ 时至今日，焚烧仍然是日本垃圾处理的主要方式。日本原厚生省的统计数据表明，1999 年焚烧处理量占全部处理总量的 78%。
④ 日本基层地方政府，级别相当于中国城市的市、县、街道和农村的村庄。

的循环型社会①的法律体系。如图1所示。

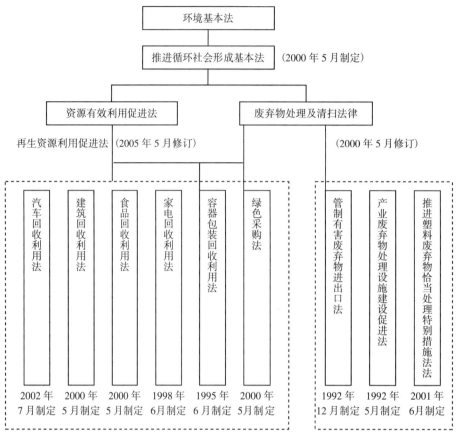

图1　日本有关废弃物的法律体系

（2）日本废弃物处理现状。

日本《废弃物处理法》规定在废弃物处理方面，国家、地方政府、企业、事业单位、个人各负其责。国民责任为：抑制废弃物排放、利用再生物品、分类排放废弃物，尽可能自行处置废弃物。

产业废弃物按照"污染者负担原则"，由产废企业自行负责处理，无法处理的则可委托给得到都道府县知事许可的处理企业代为处理。企事业单位承担其产生的一般废弃物的处理责任，但具体操作往往是由具有许可证②的民间企业负责收集，处理环节交付给市町村处理设施。涉及市町村处理设施的，需付相应费用。

国家有义务对地方自治体提供技术及财政援助，设定废弃物处理标准。日本经济高速增长时期，垃圾量迅速增加。1963年制定《建设生活环境设施紧急措施法》，并以此为基础制定"建设生活环境设施五年计划"，规定国库对地方政府建设垃圾焚烧炉给予补助，但由于公路、港湾、铁路等动脉部门需要大量资金，自补助金制度创设以来至1971年，历年焚烧炉建设总资金中来自国家财政的补助金仅占2%~6%左右（原日本厚生省水道环境部，1997），大部分建设费用由地方政府和当地居民负担。1972年开始，补助金额大幅度上升，补助范围也由焚烧炉扩展至全部垃圾处理设施。但一般废弃物处理还是主要

---

① 日本政府2003年3月公布"推进循环型社会形成基本计划"，提出具体的量化目标：一是资源生产性由2000年的28万日元/吨提高到2010年的39万日元/吨（提高约40%）；二是循环利用率由2000年的10%提高到2010年的14%（提高约4%）；三是最终处理量由2000年的5600万吨减少至2010年的2800万吨（约减少50%）。

② 一般废弃物许可条件很严格，除了满足"当地市町村难以自行收集、搬运一般废弃物"，而且"其业务内容符合一般废弃物处理计划要求"之外，还有很多严格规定。

由地方财政支付，国家补贴量一般都在 1/4 以下。1992 年日本厚生省又创立了针对市町村分类收集、回收利用广场、回收利用中心的补贴制度。

都道府县①知事拥有产业废弃物处理事务许可权。许可权分收集搬运、处理两种，互不相通。即获得处理许可的企业不得从事收集搬运环节的工作，除非它同时拥有收集搬运许可；反之亦然。产业废弃物原则上由得到许可的民间企业出力，但都道府县有义务采取必要措施保障产业废弃物恰当处理，可以自行认定需要由都道府县处理的产业废弃物，并收取相应费用。

市町村需要制定本区域内的"一般废弃物处理计划"。市町村有义务采取必要措施保障一般废弃物恰当处理，并促进一般废弃物处理事业高效运营。市町村必须按照一般废弃物处理计划，在对生活环境不产生障碍的前提下，有计划地收集、搬运、处理一般废弃物。市町村在处理一般废弃物的同时，也可以处理产业废弃物。

日本自 1900 年《污秽物扫除法》制定以来，一般废弃物处理都被定位为"市町村自治事务"，只要不违反法律，市町村可以自由决定收集、处理方法。因此，不同市町村在分类方法、收集频率、收费等方面的服务各不相同。小规模的市町村也可以酌情组织专门的地方公共团体共同处理一般废弃物。

一般废弃物处理立法规定了市町村直接经营的原则，同时也认可市町村将相关业务委托给民间企业。这种委托并非从根本上认同"从民间购买服务"，只是政府将本该由自身实施的部分业务委托给民间企业。虽然实践证明把某些公共事务委托给民间组织可以大大降低其运行成本（见图 2），垃圾收集可节约 55.4%，但法律并不主张民间企业主导一般废弃物处理业务，一般废弃物处理的主体仍为市町村。

即便如此，随着时代的发展，屎尿以及近年来作为分别收集对象的旧纸、旧纤维等的处理也成为市町村政府的处理对象，市町村政府在一般废弃物处理领域的职责范围日益扩大，使财政负担日益沉重，提高一般废弃物处理的效率、削减成本成为当务之急的课题。为此，地方政府开始将一般废弃物的收集搬运、处理设施的运营等业务委托给民间企业。

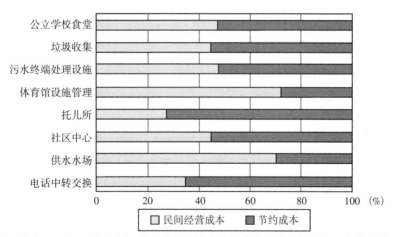

图 2　日本部分公共事业民间经营成本相对于公共团体直接经营成本的比例（假设直接经营成本为 100%）

注：委托给民间经营可节约一半左右的成本。

资料来源：日本地方自治经营学会：《公立与民间成本及服务比较》，转引自经济产业省经济产业研究所日本版 PPP 研究会 2002 年 5 月 22 日报告《为实现日本版 PPP（公共服务队民间的开放）——发挥民间活力的经济复兴》。

早在 20 世纪 70 年代末，英国撒切尔政权就开始尝试通过民间委托（外包、公有民营）、PFI（Private Finance Initiative）、民营化、独立行政法人等推进手段，对民间开放以前由公共部门提供的公共

---

① 日本地方自治政府，级别相当于中国的省、直辖市、自治区。

服务领域。相形之下，日本公共服务领域引进竞争机制、民营化的尝试起步较晚，直到 1999 年才制定出台《利用民间资金促进公共设施建设法》（PFI 推进法），并在废弃物领域中几个焚烧设施和回收利用设施的建设中得以实施（详见资料）。PFI 是提高废弃物处理效率的新手段，其出发点是在公共事业领域引进民间资金和民间技能，虽然也有以购买服务方式开展的 PFI（即公共部门从民间购买服务），或者民间与公共部门合作向使用者收费的自立型 PFI，但主要是硬件建设中引进民间资金。2003 年修订《地方自治法》，引进指定管理者制度，使民间运营公共设施成为可能。PFI 拓展为 PPP[①]。

资料 2　日本以 PPP 方式进行的废弃物处理项目

日本经济产业省经济产业研究所日本版 PPP 研究会一项研究表明：截至 2002 年 5 月 2 日，地方公共团体预计实施的 47 项 PPP 事业中，涉及资源循环利用和废弃物处理的共计 5 项。分别为第 8 项：大馆跨地区市町村圈组合垃圾处理项目；第 9 项：当新田环境中心余热利用设施建设运营 PFI 项目；第 20 项：仓敷市资源循环型废弃物处理设施建设运营项目；第 30 项：（暂定）新循环利用中心建设项目；第 33 项：留边荣町外 2 町一般废弃物最终处理场建设及运营项目。

随着公共事业民营化的推进，垃圾处理产业中民间委托类型日渐增多（见表 4）。市町村在垃圾收集环节直接经营比重呈持续下降趋势，而市町村委托经营以及获得许可的民间企业经营的比重越来越大。图 3 显示的是日本三菱综合研究所对 275 个主要市町村公共事业业务委托比例的调查结果，调查表明，对垃圾收集业务展开委托或部分委托的市町村比例已经达到 77.8%。表 5 则显示了 1987~1999 年，垃圾收集领域市町村直接经营、委托经营、民间经营比重的变迁。

表 4　日本垃圾处理产业中民间委托的类型

利用其服务及人力	利用其技术及技能	将废弃物物理性处理业务委托给民间企业
◎ 委托垃圾收集业务 ◎ 委托垃圾搬运业务 ◎ 委托最终处理场运作 ◎ 委托展开回收利用设施中的分选工作	◎ 委托运营焚烧设施	◎ 委托民间企业展开可再资源化物质的分选、处理业务 ◎ 委托民间企业展开最终处理业务

资料来源：《构筑主体多元化的高效垃圾处理体系》，废弃物学会 PFI 研究会报告，2001 年 3 月。

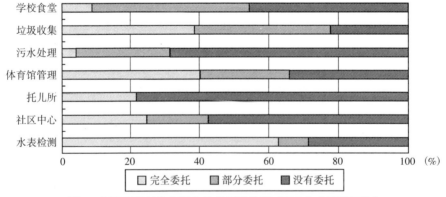

图 3　主要市町村公共事业业务委托比例（275 个市町村平均）

资料来源：日本三菱综合研究所：《对地方公共团体关于行政经营的调查》，转引自经济产业省经济产业研究所日本版 PPP 研究会 2002 年 5 月 22 日报告《为实现日本版 PPP（公共服务队民间的开放）——发挥民间活力的经济复兴》。

[①] 日本版的 PPP 被定义为：通过公私合作方式，对民间开放公共事业。PPP 的目标是由公共部门直接提供公共服务转化为公共服务提供者参与市场竞争，提高公共服务供给效率，创造新的就业机会及核心的产业领域。强调官民协作，国家承担整备环境，制定规则，弥补市场不足的职责。

表 5　1987~1999 年日本垃圾不同收集形态所占比重及其变迁

单位：%

年份	1987	1989	1991	1993	1995	1997	1999
市町村直接经营	53.3	50.3	48.8	45.9	43.9	41.6	38.7
市町村委托经营	29.3	30.3	31.9	33.4	33.9	34.9	36.3
获得许可的民间企业	17.4	19.4	19.3	20.7	22.2	23.5	24.9

资料来源：丸善株式会社：《垃圾百科事典》，2003 年 9 月 25 日，第 79 页。

　　垃圾最终处理环节引进竞争机制和民营化也逐渐开展起来。由环境大臣指定设立的废弃物处理中心既可以由国家或者地方公共团体出资建立，也可以由民间出资的特定法人以及 PFI 中标者监理。当废弃物处理中心受市町村委托建设相关设施时，与市町村一样可以接受财政补贴，享受税收优惠等建设支持。

　　日本垃圾处理产业引入竞争机制和民营化的一个特点是：强调废弃物处理产业既不能成为单纯的自治体公共事业，也不能一味追求民营化，而是应该官民合理分担不同功能。回收利用领域的理想体制是推行民间主导、政府辅助、支援模式，而废弃物处理领域则出于降低外部不经济及环境污染的风险考虑，较为理想的模式为在加强政府监管的前提下，最大限度地利用民间的资金和技术能力。

　　3. 美国垃圾处理产业引入竞争机制和民营化实践

　　（1）美国垃圾处理产业相关立法。

　　美国是世界上产生垃圾最多的国家，垃圾处理成为许多城市面临的难题。1965 年美国联邦政府颁布《固体废物处理法案》（即公共法律 89-272（Ⅱ）），旨在提高固体废弃物收集、分选和回收利用的组织、管理及相关技术；改进垃圾最终处理方法；为垃圾处理系统的设计、操作和维持提供培训拨款。

　　1970 年，美国出台《资源再利用法》，将垃圾管理计划的重点由末端处理转向可回收物品的循环和再利用，或能源转化利用。1976 年又在《资源再利用法》基础上通过了《资源保护和再生利用法》（RCRA，公共法律 94-580），为固体废弃物的储存、处置、销毁提供了标准。此后，该法又得到多次修订。

　　美国联邦法律和相关政策鼓励各州实施固体废弃物管理计划，加强对废旧物质的回收利用，但允许各州同时考虑满足法律要求和社区对设备的支付能力，因此对各州的影响程度不一。20 世纪 80 年代中期，俄勒冈、新泽西、罗德岛等州先后制定了不同形式的再生循环法规，如纽约市的《垃圾分类回收法》，规定所有市民有义务将生活垃圾中的可回收垃圾分离出来，如果在居民垃圾中发现可回收物品，丢弃者将面临环卫部门的罚款处罚。1990 年，纽约市对《垃圾分类回收法》再次进行补充，要求市民必须将家中废电池、废轮胎送到有关回收机构（谢芳，1999）；加利福尼亚、缅因、纽约等 10 个州先后出台了包装用品的回收押金制度，20 多个州制定了禁止在庭院内处理垃圾物的法规，现在已有半数以上的州制定了不同形式的再生循环经济法规。根据美国《废弃物再循环》杂志报道，2004 年美国各州全年平均废弃物回收再利用率为 40%。

　　（2）美国垃圾处理[①] 产业基本情况。

　　20 世纪 80 年代，美国里根政府开始推行公共事业民营化尝试，把联邦政府非核心业务委托给民间组织。规定各州政府可以自行判断，为实现提供更好更便宜的公共服务的目的，是否需要将监狱、医院、废弃物处理、上下水道、IT 等领域业务委托给民间企业。各州纷纷采用招投标制度，将垃圾服务承包出去，由消费者直接付费或者由政府颁发营业执照的私营或商业性运输公司与市政府签订合同。美国对大约 315 个地方社区的固体垃圾收集调查显示，私营机构承包要比政府直接提供这种服务节约 25% 的

　　① 由于资料所限，这里的垃圾处理包括工业固体废弃物处理和城市生活垃圾处理。

费用；1993年有独立的研究组织提供的报告显示，私营机构承包市街道清扫费用节约43%（菲利克斯·A.尼格罗、劳埃德·G.尼格罗，1997）。①

在美国垃圾处理产业中，民营公司所占分量较重。美国佛罗里达州奥兰多市的贝克公司从1999年11月到2001年4月对全美所有从事固体废物收集、处理、循环再利用、焚烧、堆肥或其他固体废物加工的部门进行了系统调查（逄辰生，2002）。调查显示，1999年美国垃圾处理产业由三类企业构成，即上市私营公司——在国家股票交易所发行股票的私营公司；非上市私营公司——没有在国家股票交易所发行股票的私营公司；公共部门——市政府（地区、县、城镇）所有的垃圾处理部门。在全美27028家垃圾处理企业中，公共部门占56%，私营公司占44%。而非上市私营公司又占私营公司总数的99.8%，上市私营公司只占私营公司总数的0.2%。全美固体废物处理产业共有员工367800人，私营公司雇用的人员占总数的74%（272172人）。其中，非上市私营公司雇用的人员占私营公司雇用人员总数的42%（154476人）；上市私营公司雇用的人员占私营公司雇用人员总数的32%（117696人）；公共部门雇用人员占美国废物行业所雇人员总数的26%（95628人）。

1999年，美国垃圾处理产业私营公司拥有53%的固体废物处理设施，公共部门拥有47%的固体废物处理设施。在私营公司中，上市私营公司拥有12%的固体废物处理设施，非上市私营公司拥有41%的固体废物处理设施（见表6）。上市公司拥有的处理设施所占数量虽相对较少，但其加工处理的固体废弃物的比重却高达40%，而拥有41%相关设施的非上市私营公司加工处理了29%的固体废弃物，拥有设施最多的公共部门加工处理了31%的固体废弃物。

表6　1999年美国固体废物处理设施所有权情况

单位：家

设施类型	上市公司	非上市私营公司	公共部门	总计	百分比（%）
城市固体废物填埋场	700	400	2100	3200	20
建筑垃圾填埋场	50	200	400	600	4
转运站	400	500	2200	3100	20
焚烧厂	40	30	70	140	1
废物回收再利用设施	600	1700	1200	3500	22
堆肥设施	50	200	1400	1600	10
其他设施	100	3400	100	3600	23
总计	1840	6430	7470	15740	
百分比（%）	12	41	47		100

资料来源：逄辰生（2002）。

美国垃圾处理行业在美国经济中具有很重要的作用，1999年美国垃圾处理行业的年销售总额为433亿美元，为员工提供100亿美元的工资收入。为美国联邦政府、州和地方政府创造了141亿美元的直接和间接税收。其中，向联邦政府缴纳税款89亿美元，向各州和地方政府缴纳税款52亿美元。美国垃圾处理行业通过成千上万个各种类型的废物处理、加工企业，为美国劳动力市场提供了千百万个就业岗位，还通过每年购买成千上万套大小型机动车辆和机械设备，刺激了美国工业的发展。

为了鼓励城市生活废弃物的处理和回收利用，美国各级政府采用财政手段对城市生活垃圾处理者提供必要的资金援助，如通融资金、补助金和税收等。美国废弃物处理及再资源化经济奖金制度规定：对

---

① 马里兰州蒙哥马利市以前只由一个承包商来负责该地区废物收集工作，现在政府把地区分成9个小块，私营公司必须通过投标竞争来得到项目。居民费用大幅下降。

制订和修改固体废物计划的州、市或州间机关实行补助；对固体废弃物处理方法的研究开发、调查研究以及实际验证实行补助；对资源回收装置的设计、操作管理、监督和维护人员的训练计划实行补助。

在美国，垃圾处理产业被称为"静脉经济"和第四产业。美国除了加强环境保护局的职能外，还专门成立了全国物资循环利用联合会①。为了提高大众的环保意识，美国将每年的 11 月 15 日定为"回收利用日"，各州也成立了各式各样的再生物质利用协会和非政府组织，开设网站，列出使用再生物质进行生产的厂商并举办各种活动，鼓励人们购买使用再生物质的产品。在回收利用的废弃物当中，纸张的回收率为 42%，软饮料塑料瓶的回收利用率为 40%，啤酒和其他软饮料罐的回收利用率为 55%，铁质包装的回收率则高达 57%（亦冬，2004）。由于各地政府措施得当，加之产业界合作以及具有高度环保意识的公众的有力支持，美国正进一步发展成为所谓循环经济型社会体系。

三、我国垃圾处理产业现状、体制变革及存在问题

1. 我国垃圾处理产业的现状

（1）我国城市生活垃圾基本情况。

20 世纪 80 年代以前，我国城市生活垃圾问题尚未凸显，城市生活垃圾主要以简易填埋的方式处理或部分被用作农田施肥。

但近 20 年来，我国的城市数量和规模不断扩大，目前，我国城市常住人口超过 3 亿，还有相当多的流动人口。另据估计，我国的城镇人口将从 3 亿~5 亿增长到 9 亿。城镇人口的增长带来城市垃圾产生量的迅速增长，1979 年以来，平均涨幅高达 8.98%，少数城市如北京的增长率达 15%~20%。20 世纪 90 年代中期，随着垃圾数量和垃圾成分的变化，一方面，垃圾简单堆放造成的事故频繁发生；另一方面，垃圾堆放占用的耕地面积迅速增加。城市生活垃圾处理问题引起了高度关注，各级政府通过多种渠道筹集资金，建设各类垃圾无害化处理设施。但由于资金、技术、体制等种种原因，城市生活垃圾问题并未得到妥善解决。

时至 2004 年，我国城市生活垃圾年产生量已接近 2 亿吨，其中 80%~90% 来自大中城市。城市生活垃圾存量已高达 62 亿吨，侵占约 5 亿平方米的土地，全国 668 座城市中有 200 多座城市已陷入生活垃圾的包围之中。按各地上报的数据统计，目前我国城市生活垃圾无害化处理率要高于 50%。但由于对无害化处理缺乏统一的国家标准，实际真正无害化处理率要更低。根据 2003 年对 255 个城市的 388 座生活垃圾处理场（厂）的调查分析，我国城市生活垃圾无害化处理设施达标率约 25%，考虑运行管理等因素，实际的无害化处理率不足 20%（张悦，2005）。② 即使技术和管理方面都较为规范，代表中国生活垃圾卫生填埋场较高水平的北京地区，也存在较大的垃圾污染隐患（参见资料 3）。

资料 3　北京发布城市垃圾调查报告　垃圾处理场 95% 违规

2005 年 3 月，北京市地勘局地调院发布了我国第一个城市生活垃圾地质环境调查成果——《北京城市生活垃圾处理现状及选址地质环境调查》。调查显示：北京市六环以内平原区正在运营的垃圾处理场

---

① 该联合会涉及 5.6 万家废弃物回收利用企业，提供就业岗位 110 万个，每年的毛销售额高达 2360 亿美元，为员工支付的薪水总额达 370 亿美元。该行业的发展规模与美国的汽车业基本相当，其中最大的一块是纸制品的回收利用，年销售收入达 490 亿美元，其次是钢铁和铸造业，年销售收入分别为 280 亿美元和 160 亿美元。

② 2005 年我国的城市生活垃圾无害化处理率可达 35%。

地中，正规垃圾处理场及转运站 18 处，占垃圾处理场总数的 5%，垃圾处理量达 73%；而非正规垃圾处理场及转运站有 368 处，占垃圾处理场总数的 95%，垃圾处理量占 27%。

这 18 处正规垃圾处理场是 1991 年以来陆续建成的，为无害化垃圾处理场，主要消纳城八区和郊区卫星城的城市生活垃圾。市政管委主任梁广生日前在城市管理广播中介绍，正规垃圾填埋场的填埋不是简单的堆埋，而是装有规定数量的排气管道、排水管道的填埋法。垃圾所产生的气体、液体都会沿预设管线流入规定的排放口，不会对地下的土质和水质造成污染。而非正规垃圾处理场多使用露天堆放或简易填埋等原始方式处理，污染水体、土壤、大气，传染疾病。今后，垃圾处理要逐步实行垃圾分类投放、分类收集、分类运输和分类处理，逐步减少以至最终禁止混合垃圾直接填埋处理。

资料来源：http：//news.netbirds.com，网鸟新闻中心，2005 年 3 月 30 日。
参考来源：京华时报记者：潘澄清、李艾。

长期以来，中国绝大部分城市采取露天堆放、自然填沟和填坑的原始方式消纳城市垃圾。这种处理方式对土壤、地下水、大气等都会造成现实的影响和潜在的危险。特别是填埋厂的渗沥水，由于没有进行必要的收集和处理，已经导致了一些地区水源的严重污染。作为世界上最大的发展中国家，到 20 世纪 90 年代初，环境问题已成为制约经济发展、危害群众健康的重要因素。垃圾的"减量化、无害化、资源化"处理已到了刻不容缓的地步。

我国各城市生活垃圾产量在迅速增加的同时，垃圾构成及其物理化特性也发生了相应变化。与发达工业国家相比，我国生活垃圾具有以下主要特性：第一，我国生活垃圾含水量高，一般为 55%~65%，一些南方城市在夏季高达 70%，而西方国家一般为 30%~35%。第二，我国生活垃圾中厨余和餐饮等有机废物比例大，为 45%~55%，西方发达国家一般在 20% 左右。第三，我国生活垃圾依然以混合收集为主，垃圾分类回收在中国城市生活垃圾收集中尚未真正实行，只是北京、上海和深圳等地已经开始试点。全国绝大部分城市处理的都是混合原生垃圾。而发达国家生活垃圾分类收集率在 60% 以上，德国等一些欧洲国家超过 80%。

我国生活垃圾的这些特性，使我们面临的垃圾处理问题比发达国家更加棘手。一是垃圾填埋产生的渗沥水量大，污染物浓度高；二是生活垃圾发热量低，大部分不宜直接焚烧；三是混合垃圾难以进行机械化分选，资源回收率低，堆肥质量差。我国历年城市生活垃圾相关资料如表 7 所示。

表 7   我国历年城市生活垃圾相关资料

年份	产生量（万吨）	清运量（万吨）	处理厂（场）座数（座）	集中处理量（万吨）	集中处理率（%）
1980		3132	17	215	6.86
1985		4477	14	232	5.18
1990		6767	66	212	3.13
1995		10671	932	6014	56.36
2000		11818	660	7255	61.39
2001		13470	741	7840	58.20
2002		13650	651	7404	54.24
2003		14857	574	7545	50.78

资料来源：张益、卢英方。

垃圾不仅造成公害，更是资源的巨大浪费。在我国每年 2 亿吨的城市垃圾中，被丢弃的"可再生资源"价值高达 300 亿元以上。有文章指出，2005 年我国有望"废"中取宝 550 亿元（张益、卢英方）。

（2）我国生活垃圾管理体系。

中国城市生活垃圾的处置和管理方式与国家的经济发展水平、技术水平以及对垃圾环境影响的认识有关。计划经济时期，城市生活垃圾处理一直被作为一种社会福利事业来管理。从垃圾的清扫、收集、运输到处理，全部费用和管理均由政府包办。20世纪80年代以来，城市生活垃圾的污染防治得到国家和政府主管部门的重视，陆续出台了一些政策，逐渐形成了我国现行的城市垃圾管理体制（见图4）。由于该管理体制的建立和完善，近些年来，城市垃圾污染问题在少数城市有所缓解。但在很大程度上，该体系仍然是计划经济体制下管理体制的延续，仍存在不少有待解决的问题。

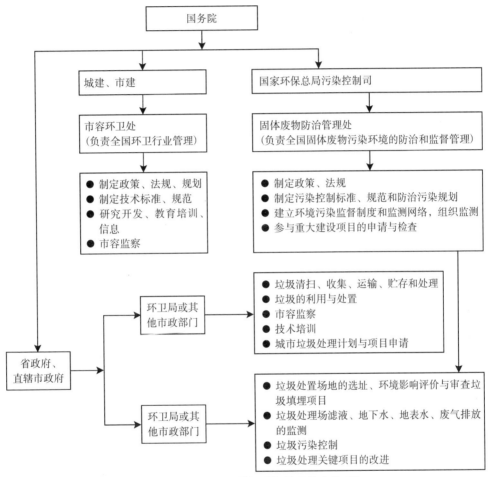

图4 中国城市生活垃圾现行管理基本体系①

资料来源：国家环境保护总局污染控制司，1999。

20世纪90年代之后，我国开始重视城市生活垃圾的无害化处理，投资修建垃圾填埋场和垃圾焚烧装置，提倡垃圾处理产业化。但是，目前全国城市垃圾处理的总体水平仍然非常落后，许多城市缺乏有效的垃圾管理体制，城市生活垃圾的处置和管理在绝大多数城市中仍然是由城市环境卫生部门负责，垃圾处理的资金来源以国家财政拨款为主，各个城市的环卫经费明显不足，垃圾处理的科技水平和基础设施严重滞后，远不能适应城市建设、管理和环境保护的需要。

———————————

① 污染控制司的职能为：拟订和组织实施大气、水体、噪声、固体废物、有毒化学品以及机动车的污染防治法规和规章；组织实施排污申报登记、排污许可证、污染源限期治理和达标排放、危险废物经营许可、有毒化学品进出口登记、行政代执行等环境管理制度；组织编制环境功能区划；组织拟定和监督实施国家重点流域、重点区域污染防治规划；承办可用作原料的废物进出口许可工作；监督管理海岸工程、陆源污染、拆船等海洋环境污染防治工作。

我国很多城市环境卫生管理规划都将主要目标集中在生活垃圾的末端处理设施和运输方面，在垃圾分类收集运输方面的规划与投资相对薄弱。垃圾管理也仍然处在以收集、清运和简单堆放模式为主的阶段。缺少对垃圾中有用成分进行回收利用的管理机制和技术设备，缺少鼓励垃圾减量的措施，垃圾的全过程管理尚未实现。生活垃圾管理机制与许多发达国家相比，仍然很不健全。

（3）我国垃圾处理产业的现状。

垃圾处理产业在许多发达国家，已经是一个成熟的产业，其经济效益、社会效益和环境效益受到全社会的公认。我国各级政府和城市环境卫生部门对城市垃圾的收集回收、运输转运和处理，也投入了大量人力、物力和财力，使我国环卫工作取得了长足的发展。特别是近年来，国家实行积极的财政政策，城市垃圾处理得到支持。在中央国债支持下，地方政府加大了投入的力度。"十五"计划期间，一大批垃圾处理项目按照新标准开工建设并相继投入使用，提高了我国城市生活垃圾处理能力。同时，通过推进市场化改革，投资主体多元化格局开始形成。但就目前而言，我国城市垃圾处理还主要由政府投资、政府经营，非营利性收费，垃圾处理产业化进程起步伊始，法律法规政策环境尚未整备，市场主体有待于进一步培育发展。

由于缺乏垃圾收集、中转运输、分拣等环节的统计数据，这里仅介绍垃圾最终处理环节和回收利用环节的基本情况。

根据建设部综合财务司统计，截至2003年底，全国660个建制市中现有各类生活垃圾最终处理厂（场）574座，年处理能力为7545万吨，各建制市基本上均建有生活垃圾处理设施。其中，城市生活垃圾填埋场457座，处理能力6404万吨，分别占79.6%和84.9%；城市生活垃圾焚烧厂47个，处理能力370万吨，分别占8.2%和4.9%；城市生活垃圾堆肥厂70个，处理能力717万吨，分别占12.2%和9.5%。

上述数据表明，填埋是我国目前大多数城市解决生活垃圾出路的最主要方法，近85%的城市生活垃圾采用填埋处理。这种被认为符合我国经济发展阶段和垃圾处理技术水平的垃圾处理方式存在很多问题。一是填埋处理需要消耗大量土地资源，难以满足可持续发展和循环经济的要求；二是大部分垃圾场存在环境污染及安全隐患，目前能够对填埋气进行资源化利用的填埋场不足3%；三是大部分可回收资源被掩埋，不能再生利用；四是建设规范的无害化填埋场，投资并不如想象的节省。1座日处理垃圾1000吨的填埋场（20年使用期，服务人口约100万人）需投资2亿~3亿元，每吨垃圾处理成本（含投资成本）达60~80元。

我国城市生活垃圾堆肥处理历史悠久，但垃圾分类是垃圾堆肥利用的前提，而我国垃圾分类收集尚未推广。由于存在垃圾分选效率低、肥料质量差、没有市场销路等问题，一批国债项目成"垃圾项目"，最近查处的四川、安徽一批垃圾处理项目均不能正常运行。2003年底全国共有城市生活垃圾堆肥厂70座，堆肥处理率近10%。

垃圾焚烧发电是欧美国家和日本采用的主要方式之一，在垃圾减量化和热能利用方面有一定优势。我国生活垃圾焚烧技术的研究和应用起步于20世纪80年代中期，近年来，得到快速发展，2003年底全国共有各类生活垃圾焚烧厂47座，目前有近百个垃圾焚烧项目正在规划建设之中，仅东莞市就计划建设10多座垃圾焚烧厂。但目前我国大多数城市尚不具备建设城市生活垃圾焚烧发电厂的条件。首先，垃圾焚烧发电需要的投资和运行成本较高，日处理1000吨垃圾工程要投资4亿~6亿元。其次，我国生活垃圾的发热量低，约为发达国家的1/3，并不适合焚烧，垃圾加煤焚烧使一些垃圾焚烧场实际演变成"小火电"项目[①]。另外，一些小型垃圾焚烧厂，往往因资金不足而未配套建设余热利用装置和符合环保

---

① 垃圾加煤焚烧，煤的热利用效率约为常规锅炉燃煤的1/2，在技术经济方面是否合理有待进一步研究。

要求的尾气处理系统，不能处理垃圾焚烧时产生的有毒气体。

我国城市生活垃圾最终处理发展方向尚不明朗，但总体来讲，综合处理技术正越来越受到各界的高度重视。而且我国地域差别大，不存在四海皆准的最优垃圾处理模式，城市生活垃圾处理技术的选择和发展，主要取决于垃圾成分、当地经济基础、地质、地理条件等。应对不同地区、不同垃圾成分应采用不同的垃圾处理方式，以最低投资、最高回收效益（包括经济效益、环境效益）、最为合理的准则选取垃圾处理模式，真正实现垃圾的"减量化、无害化、资源化"。

垃圾资源化处理已经成为世界各国垃圾处理的共同趋势，我国也开始强调垃圾资源回收利用的重要性。我国城市生活垃圾资源成分分析表明（见表8），我国生活垃圾资源利用具有很大潜力。各类可利用物质的数量都表现出明显的迅速增长趋势。

表8　城市生活垃圾中可能回收资源量的估计

单位：万吨

资源种类	1990 年			1995 年			2000 年		
	重点城市	中小城市	合计	重点城市	中小城市	合计	重点城市	中小城市	合计
总量	3840	2260	6400	4800	3200	8000	5760	3840	9600
废纸	338	62	399	673	282	854	1119	538	1657
废金属	61	17	79	122	51	173	200	98	298
废塑料	37	31	69	103	31	134	191	82	273
废玻璃	55	39	94	110	46	156	181	111	292
废织物	66	23	88	131	55	185	215	104	319
堆肥物	2111	539	2651	2471	1760	4231	2764	1976	4740

资料来源：江源、刘运通、邵培（2004），第107页。

我国发展再生资源利用行业的基础也较好。20世纪50年代起，我国曾创建了一个非常具有中国特色的物质循环利用系统，并相应建立了一个与之配套的、遍及全国的废旧物品回收网络[1]。据不完全统计，全国曾有县级以上各类再生资源公司5000多个，回收网点近16万个，各类加工厂（场）3000多家，从业人员近百万人。由于近年来废品回收行业的政策失当和管理无序化，[2]废品回收业出现不景气的情况，国有废品回收系统全面退出民用废品回收市场。

以外来人口为主的个体废旧物资收购者一定程度上弥补了因国有系统退出造成的缺位，完成部分垃圾中可回收物品的回收，但由于缺乏管理和组织不可避免地存在很多负面作用。政府甚至在一些地方实际上放弃了对个体经营性质的废品回收市场的管理，放弃了对其在资源和环境方面的目标控制，使其流于自发和无序状态。一方面，个体经营者为单纯的经济利益驱动，往往放弃一些利润较低但可利用率较高的再生资源的经营。其经营和加工方式停留在小而杂乱的原始作业水平上，收购者在城郊随处驻扎，废品四处堆积，由他们承包的废旧品加工和利用工厂更是污水横流，异味刺鼻，带来严重的环境污染。另一方面，由于缺乏有效的控制和管理，废品回收又成为大量销赃、偷盗、破坏等违法犯罪行为的藏匿处。这些问题已经引起相关部门的重视，部分城市开始采取措施规范废旧物资回收市场（参见资料4、资料5）。

---

①　这个网络由物资再生利用公司（包括金属回收公司）和由供销合作社代为经营的废旧物资回收公司两大废旧物资回收利用体系组成。

②　管理混乱也是目前废品回收行业运行不利的一个重要原因。在有利可图的回收项目上，如报废汽车、废设备、工业废金属等，缺乏统一管理，而多个部门和行业争相控制经营权、审批权，由职责不清和擅用权力引发的行业内的混乱无序和违法交易、行贿受贿及国有资产的流失情况均很严重。应在体制上统一管理经营。

我国现有的废旧物资回收企业普遍经营规模小，工艺技术落后；社会对再生资源认识不足，丢弃现象严重，再生资源回收率低；国家对再生资源回收利用技术开发投入严重不足；缺乏行业的各类标准、法规；缺乏优惠政策和资金支持，没有形成社会市场机制，企业难以取得应有效益。因此，我国在再生资源回收利用方面同西方发达国家相比存在很大差距。

资料4　西安市将建4个废物交易市场

目前，西安市经营废旧物资回收站的约2000多家，从业人数2万人左右，已办证的回收站约1000多家，但有一半属无证经营。另外，在已办证的1000多家废品回收站中，90%以上未经过相关部门规划，这种带自发性质形成的网络布局既无统一规划，又缺乏相关管理，经营环境差，有些甚至成为盗销市政设施的帮凶。经营混乱、组织化程度低，管理模式落后的现状严重制约了西安市回收利用行业的健康发展，也使国家税费大量流失。

西安市供销社物资回收利用总公司计划两年内投入资金2亿元，在城六区内投入4000多辆流动收购垃圾车，在西安市供销合作联社废旧物资回收系统从业人数基础上增加人员，所有人员将统一着装、统一标识、统一衡器、统一收购价格，经统一培训后上岗，三轮车及流动收购人员要全市统一编号；新建、扩建、改建、整编1400个回收亭（站），在城乡接合部筹建4个废旧物资类集散交易市场，市场同时具有储存、集散和初级加工功能，在三环周边及郊县区新建废金属、废塑料、废纸加工工业园区。通过这些，建成一个现代回收利用体系，改变现有废旧物品回收利用的传统模式，从传统的单个企业经营向联合经营的集团化经营模式转变，从单纯的流通体制向流通、生产、科研以及服务、科工贸一体化方向转变，创建再生资源物流体系。再建一个再生资源回收网站，实现网上收废，资源互动。

资料来源：http://www.wastechina.com，中国废品网，2005年9月21日。

资料5　福州开展"回收工程进社区"活动

昨日从福州市再生资源行业协会了解到，我市将以社区为示范点开展"回收工程进社区"活动，今后城区每1000~1500户、乡镇1500~2000户居民设置一个固定或简易收购站点。条件暂不具备的地区可设立流动回收车。据悉，我市将采取3项措施来规范废品回收。具体是：第一，实行规范化管理。以社区为示范点开展"回收工程进社区"活动，在一定数量人口的城区和乡镇居民中设立收购站点。站点要配备绿色遮护栏、遮阳伞等设备，并一律标注国际通用的再生资源无限循环标识。第二，拟开辟3个废品回收交流的专业市场，设立金属等物品分类处理中心。第三，对目前1万多名从业人员中未取得从业证书的经营者进行培训考核。力争在一年内给所有的回收站"上户口"，并对废品回收者服装、收购价格、计量工具、车辆等进行统一规范。

资料来源：闽都新闻，2005年9月11日。

2. 我国垃圾处理产业体制变革

我国的垃圾处理产业尚处于萌芽状态。垃圾处理管理体制和运行机制条块分割，各自为政，缺乏中长期规划和具体实施措施；垃圾管理部门仍集管理职能和服务职能为一体，综合管理水平低，政事不分，管干不分；经费由政府包揽，工作靠行政推动，与市场经济脱节，资源得不到合理配置；许多环卫作业单位尚未实现企业化改革，还是事业编制，严重制约了环卫作业队伍自身的改革创新和自我发展；垃圾处理领域缺乏完善的市场运行机制，包括投资机制和价格机制及相应的政策支持，城市生活垃圾处理投资主要由政府承担，社会上虽然存在投资需求，但产业化进程始终没有明显推进。

随着我国经济迅速发展，培育和发展垃圾处理产业的重要性和必要性已经引起国家的高度重视。政府主管部门认真总结了以往我国城市生活垃圾处理的经验和教训，进一步提出了有关城市生活垃圾处理及污染防治的政策。

国际经验表明，城市生活垃圾收费既有利于垃圾源头减量，又为垃圾处理产业化运营提供了资金支持，是垃圾处理产业化的前提条件之一。早在 1994 年，国家建设部就出台了征收城市生活垃圾处理费的有关规定，1999 年，国家发展计划委员会也提出要实行垃圾处理收费制度，促进城市环保产业发展。2000 年，建设部颁布《城市生活垃圾处理及污染防治技术政策》，提出应按照减量化、资源化、无害化的原则，加强对垃圾产生的全过程管理；鼓励垃圾处理设施建设投资多元化、运营市场化、设备标准化和监控自动化；鼓励社会各界积极参与垃圾减量、分类收集和回收利用。

垃圾治理的产业化是一个庞大而复杂的系统工程，绝非一个部门、一个单位可以完成的。2002 年 6 月，国家计委、财政部、建设部、国家环保总局四部委联合出台《关于实行城市生活垃圾处理收费制度促进垃圾处理产业化的通知》，确立了市场化的垃圾处理收费制度。① 2002 年 9 月，国家计委、建设部、环保总局三部委又联合出台《关于推进城市污水、垃圾处理产业化发展的意见》，国家开始对具体公共基础设施的民营资本的进入制定政策，以法规形式确定了垃圾处理市场化改革的形式和方向，即投资主体多元化、运营主体企业化、运行管理市场化，形成开放式、竞争性的建设运营格局。

我国政府主管部门有关城市生活垃圾处理政策的陆续制定和延伸，推动了我国城市生活垃圾综合治理和实现垃圾产业化的进程。

2000 年，建设部选择北京、上海、广州、深圳、杭州、厦门、桂林、南京 8 个城市进行垃圾分类收集试点，重点回收废纸、废塑料和废电池，已取得一定成效。如北京市已在政府机关、学校和事业单位实行废纸回收、推广和使用再生纸办公制度，上海完善了废电池回收和处置系统。虽然时至今日垃圾分类收集在我国仍未能进入全面推行阶段，但国人对于垃圾分类收集的概念不再陌生。

从 20 世纪 80 年代开始，我国进行了以公共事业组织自由化、公共事业服务社会化、事业人才流动市场化、公共事业经营多元化和公共事业管理法制化为特征的事业单位和事业体制的改革。国家相关职能部门出台了一系列政策法规以支持公用事业民营化。建设部 1999 年出台市政公共事业改革指导意见，明确提出市场化改革的总体方向；2001 年 12 月 11 日，国家计委发出了《关于印发〈促进和引导民间投资的若干意见〉的通知》，提出"鼓励和引导民间投资以独资、合作、联营、参股、特许经营等方式，参与经营性的基础设施和公益事业项目建设"；2002 年 1 月，国家计委发出《"十五"期间加快发展服务业若干政策措施的意见》，提出要积极鼓励非国有经济在更广泛的领域参与服务业发展，放宽公共事业等行业的市场准入；2002 年 3 月 4 日，国家计委公布的新的《外商投资产业指导》中，原禁止外商投资的电信和燃气、热力、供排水等城市管网首次被列为对外开放领域，国家在城市公用事业及基础设施行业扩大开放政策逐步到位。

2002 年 12 月 27 日，建设部出台《关于加快市政公用行业市场化进程的意见》，进一步具体化了公用事业市场化改革目标；2003 年底，中央十六届三中全会发布《关于完善社会主义市场经济体制若干问题的决定》，指出"允许非公有资本进入法律法规未禁入的基础设施、公用事业及其他行业和领域"；2004 年建设部《市政公用事业特许经营管理办法》明确鼓励社会资金和外国资本以多种形式参与城市公用事业建设；2005 年 2 月 24 日，由新华社全文播发的《国务院关于鼓励支持和引导个体私营等非公有制经济发展的若干意见》（简称"非公经济 36 条"），正式以国家政策形式允许非公有资本进入垄断行业和领域，允许非公有资本进入公用事业和基础设施领域，允许非公有资本进入社会事业领域，放宽一些自然垄断行业的市场准入。

---

① 很多城市也相继制定垃圾收费标准并实施征收生活垃圾处理费，但由于种种原因，目前我国垃圾处理费收取率并不高。

在国家政策的支持鼓励下，垃圾处理行业市场化改革的思路确立为"政企分开、管干分离、重心下移、开放行业市场、推行产业化、逐步形成有序竞争格局"，现已取得了一定的进展，初步确定了原环卫事业单位企业化运营的基本模式。虽然现阶段的环卫作业企业还不是完全意义上的企业，但将环卫作业队伍从城市环卫管理系统中剥离出来，管理职能由政府综合管理部门承担已经成为必然趋势。垃圾处理产业引进竞争机制和民营化的尝试普遍展开。

资料6 上海城市生活垃圾处置产业化改革的政策建议

（一）上海固体废弃物处置的现状

据统计，上海市 2004 年生活垃圾总量达到 609.68 万吨，每天产生 1.67 万吨。全市共有生活垃圾运输车 2909 辆，其中封闭式垃圾运输车 2502 辆，占 86%（中心城区垃圾运输车已全部实现密闭化）。全市共有生活垃圾中转站 75 座，其中达到国际一流标准的现代化陆运中转站 2 座，较正规的陆运中转站 2 座，垃圾处理设施包括：老港填埋场、江桥焚烧厂、御桥焚烧厂、美商生化处理厂、黎明填埋场、松江填埋场、奉贤焚烧厂、青浦赵屯堆场、三林应急堆场以及一些简易堆场。垃圾处理设施缺口量较大。

上海垃圾无害化处理率只达到 20% 左右，与国际大都市的垃圾处理水平相距甚远。根据上海市固废规划，上海市将逐步控制原生垃圾直接填埋，力争 2010 年达到"原生垃圾零填埋"。

（二）上海市容环卫行业的市场化改革进程

近几年来，上海市充分发挥市场机制的作用，改革投融资体制，积极推进垃圾处理市场化、产业化进程，取得了明显的效果。

一是多渠道吸引外资和国内社会资金参与城市环境基础设施建设。利用外国政府贷款在浦东、浦西建设了两座日处理千吨级的生活垃圾焚烧厂；吸引外商独资建设了日处理 1000 吨的浦东生活垃圾生化处理厂；吸引外商与振环实业总公司以合资方式投资建设日处理生活垃圾 1000 吨的普陀生活垃圾生化处理厂；振环实业总公司投资 1200 万元建设了崇明生活垃圾中转站；上海环境投资有限公司投资建设了闵行生活垃圾焚烧发电厂以及黄浦、杨浦、虹口等区的生活垃圾中转站等。

二是探索外国资本参与环保设施投资经营的新模式。2004 年，总投资为 7.5 亿元、设计规模为日处理 1000 吨的浦东御桥垃圾焚烧发电厂项目，采用 TOT 模式，首次成功引进国际资本，意大利英波基洛集团中标。项目公司以 TOT 形式，在 20 年专营期内，运营这家日处理能力达到 1000 吨的大型生活垃圾处理厂。老港生活垃圾填埋场四期采用国际通行 BOT 模式进行公开招标，最终选定中信泰富和法国 ONYX 投标联合体负责项目的投资建设和运营。

另外，上海市还正在积极探索建立城市生活垃圾作业服务市场化机制，实行政企、政事、事企、管理和作业"四分开"，作业单位转制为"独立法人"，增强了适应市场的能力。在具体运作中，由物业公司（代表居民）选择收集单位，收集作业单位选择中转运输单位，中转运输单位选择处置单位，各方以合同形式和电脑称重作为付费依据，从而明显提高了作业效率和服务质量。同时，对以往计划分配各区生活垃圾运输、处置的方式进行了改革，实行"核定基数，总量包干，委托服务，按实结算，超量自付，节余归己"的政策，市里将原来用于末端处置的部分费用"奖励"给"节余"的区，从而调动了各区源头减量的积极性。

上海市环卫行业市场化和产业化改革的经验可以概括为：坚持可持续发展战略，尽快形成环卫产业，推进环卫产业发展，转变和完善政府职能，坚持宏观调控与市场机制相结合，积极培育环卫产业市场，建立起一整套完整的指导环卫事业运行的机制，积极稳妥、分步实施来推进环卫产业化。

（三）建立适应城市生活垃圾处理行业发展要求的政府监管机制

一是加大市场监管力度。进一步规范行业管理，推进依法行政，建立公开、公平、公正的市场环境。

二是严格市场准入制度，加强市场主体的资质管理。

三是加快制定特许经营管理的地方性法规，规范特许经营权管理。国有存量资产、国有股权和经营权、专营权、作业权的出让、转让，以及特许经营单位的确定，都要实行公开招标或拍卖。

四是规范融资行为，采用 BOT、TOT 等形式引进资金，不得承诺固定回报。

五是完善行业的服务质量评价考核标准，建立考核机制，强化服务质量监督。

六是建立合理的价费机制。按照"企业成本＋税费＋合理利润"的原则，确定行业的产品、服务价格，并根据社会平均成本和年度价格指数，适时予以调整。健全价格听证制度，规范定价行为。

七是确保产品和服务的有效供给。实行市场化运作后，政府仍然要保留一定的调控手段和能力，确保产品和服务的有效供给，维护社会稳定。

资料来源：吉晓翔。

3. 我国垃圾处理产业存在问题

我国城市垃圾处理滞后不仅是垃圾处理技术水平的问题，更是观念陈旧、管理体制落后和政策支持体系不完备的问题。正是这些综合因素制约了我国城市垃圾处理产业的快速发展。

（1）传统的观念和发展方式制约垃圾处理产业的发展。

虽然国家提倡城市垃圾处理产业化已有时日，但传统观念仍根深蒂固。这主要表现在以下三个方面：

首先，理所当然地认为垃圾处理是政府的事，应该由政府负担其投资、建设、运作和管理的所有费用。在这种传统观念下，垃圾处理不是一个产业，而是一种社会公共福利事业。

其次，我国垃圾处理重心仍停留在垃圾末端处理上，对垃圾源头减量、回收利用重视不够。过度包装和一次性商品造成资源浪费，垃圾处理治标不治本，事倍功半。国际上垃圾回收利用已经成为垃圾处理产业重要的经济利润来源，使垃圾处理产业成为新的经济增长点，而我国相关领域远远没有得到应有的发展。

最后，"垃圾是唯一增长的资源"的观念尚未普及。垃圾在多数国人心目中仍等同于无用的废弃物，认识不到垃圾分类收集、垃圾回收利用对于建设循环社会的重要意义，因此对推行垃圾分类收集和回收利用缺少主动配合意识，分类收集设施人为破坏损失严重。垃圾混合收集，回收物质质量难以保证，增大了资源化、无害化处理的难度和成本。垃圾处理产业发展缺少必要的社会基础。

（2）垃圾管理体制改革滞后。

我国习惯将垃圾处理视为公共性社会福利事业，几乎所有垃圾处置设施的投资、建设、设备购置、经营管理等都由政府主管的不同级别、不同区域的相关部门包揽。他们既是监督机构，又是管理机构和执行单位，政企合一，不利于形成有效的监督和竞争机制。另外，他们又是不同的利益主体，相互之间的利益分配很难协调，管理混乱、效率低下，最终导致各个环节的无序参与和竞争。

政事（企）合一的管理体制使得城市生活垃圾管理的重心一直停留在作业服务的具体指导上，缺乏制定和监督执行地方垃圾处理规划的行政管理水平。不少地区环卫系统体制改革虽然一定程度上对环卫作业管理体制进行了调整，对环卫作业经费支付问题做了一些探讨，部分环卫作业企业已实现企业化经营，但没有涉及环卫作业市场化改革的核心问题和环卫作业市场价格体系的建立，政府核定环卫作业价格时没有考虑企业的经营利润，企业没有利润空间。改革也没有涉及管理体制的根本性改革。管理体制改革的滞后延缓了垃圾处理产业市场化的进程，资金效率低、政府垄断经营的现象依然较为严重。

缺乏独立、公正、符合行业特点的产品和服务质量监督、考核体系，主管部门的监管职能薄弱，对不符合考核标准的质量低劣或破坏环境及违法的行为和责任者惩处力度不够。尚未建立起社会公众积极参与的多方位、多渠道的社会监督体系。

随着社会主义市场经济体制的逐步建立，传统的管理体制已远不能适应现代化城市发展的需要，成为垃圾处理产业发展的桎梏。

（3）政策法规支持体系不完善。

我国垃圾处理相关法律、法规及行业标准、监控体系尚不够完善。全国人大、国务院、建设部和国家环境保护总局均对城市固体废弃物污染环境的防治制定了相关的法规、条例与标准，但是由于缺少相应的配套法规与实施细则，尚未建立起与当前经济水平相适应并与国际接轨的环卫作业管理法规体系，依法约束相关企业行为、提高行业自律性、维护公众利益和社会环境效益的难度较大。缺少规范垃圾资源利用的措施和垃圾减量措施。虽然国家提倡垃圾资源成分的再生利用和垃圾减量，但还缺乏具体措施，如对包装品数量的限制，对可利用物质的分类回收等。而且推动政策法规的执行落实比立法难度更大，如我国垃圾收费制迟迟不见成效，首都北京垃圾收费的清缴率也只有 10% 左右。

此外，对于在国际上业已成熟、近来受到国内广泛关注的 BOT、TOT、PPP 等经营模式，我国也缺乏配套的法律法规支持。BOT 项目以项目投资所形成的资产、未来的收益或权益作为建立项目融资信用的基础，取得债务融资，项目的股本投资方不对项目的借款提供担保或只提供部分担保。项目融资不同于传统的银行贷款，但现实是多数国内银行没有有限追索融资的经验和规定，银行对这种融资方式持观望态度。我国《贷款通则》规定，银行贷款不能用于权益性投资，商业银行不能为并购方购买股权提供贷款。这也就形成了 TOT 项目融资的法律障碍（文一波，2005）。

目前，我国落后的管理体制和不完善的政策法规支持体系已成为阻碍城市垃圾治理发展的最大障碍。

（4）融资渠道狭窄，资金匮乏。

我国城市垃圾处理费用主要由地方财政负担，随着垃圾量的增加，财政投入越来越多，包袱越来越重，地方政府财政不堪重负。例如，首都北京"九五"期间环卫费用高达 11 亿元，2004 年的垃圾年产量已突破 500 万吨，处理一吨垃圾需花 110 元，一年的处理费用就是 5 亿多元，这还不包括建设垃圾处理场的费用（建一座大型垃圾填埋厂需花 1 亿~2 亿元，建一座大型垃圾焚烧厂就得花 20 多亿元，这又是一笔巨大的支出）。由此形成了"垃圾产生量增加—污染环境和治理费用攀升—财政负担加重—资金不足"的恶性循环。

虽然国家也制定出台了一些政策，鼓励垃圾处理产业引入竞争机制和民营化，但垃圾收费制度尚未普及，垃圾处理产业的价格体系尚不完善，利益激励机制缺位，社会资本进入仍存在一定困难。相对于垃圾增长，设施投资总量严重不足，融资渠道狭窄，[①] 投资主体单一，垃圾处理体系建设远远落后于实际发展的需要，城市垃圾无害化处理程度低。资金匮乏也大大影响了技术设施的更新换代，虽然近年来在有条件的城市，垃圾的清运、转运的机械化水平有了明显的进步，但总体水平仍较落后，特别是清扫工作仍以劳动密集型为主，还没有摆脱"脏、苦、累"的状况。资金投入的不足和技术设施的落后也制约着我国垃圾处理产业的发展。

从表面上看，资金缺口和技术落后是我国垃圾处理产业面临的最大问题，但从更深层次来看，陈旧的观念、落后的垃圾管理体系和技术经济政策才是影响我国垃圾处理产业发展的最根本问题。

---

① 垃圾处理设施负债融资模式主要有银行贷款、利用国债资金、利用外资、企业债券和股票。

四、我国垃圾处理产业民营化路径及政策选择

1. 我国垃圾处理产业民营化的尝试

我国垃圾处理产业民营化尝试起步于 20 世纪 90 年代，是我国垃圾处理产业市场化改革的主要内容和基本趋势之一，目的是通过国有企业退出垃圾处理产业非公益性环节，把发展空间留给民间企业，从而推动垃圾处理由国有企业垄断经营向民营化转变。在全国各地推行垃圾处理行业市场化改革的实际操作中，民营化得到普遍重视，成为市场化改革的最基本内容，不少地方几乎成为垃圾处理行业市场化的代名词。据全国工商联经济部于 2004 年 2 月对全国不同地区进入基础设施、公用事业领域的民营企业调研显示，在城市煤气和燃气供应、电力热力供应、发电厂、市政基础设施、高等级公路和桥梁建设等领域已经有较多民营企业参与，而参与到自来水、污水处理、城市垃圾处理、民航、铁路和通信等领域的民营企业也逐渐增加。

各地展开的垃圾处理产业民营化尝试形式各不相同，投资主体、建设主体已经向多元化发展。对于存量资产，民营化的具体形式包括出售、租赁、运营和维护的合同承包。或者民营企业收购基础设施，在特许权下经营并向用户收取费用；或者政府将基础设施出租给民营企业，民营企业在特许权下经营并向用户收取费用；或者民营企业经营和维护政府拥有的基础设施，政府向该民营企业支付一定的费用。对于新增资产，民营化的具体形式更是多种多样，有国内上市公司投资建设并进行商业化运营的，如天津双港焚烧发电项目；有外商独资建设运营的，如上海浦东美商生活垃圾生化处理厂；有民营企业独资建设并运营管理的，如杭州锦江集团建设杭州乔司垃圾焚烧发电厂[①]；有以 BOT、TOT 等方式建设运营的，包括外资 BOT 如深圳市宝安区垃圾焚烧发电厂、广州李坑生活垃圾综合处理厂[②]，合资 BOT 如成都生活垃圾焚烧发电厂[③]，内资 BOT 如温州市东庄垃圾发电厂、四川崇州垃圾处理场，外资 TOT 如上海浦东御桥垃圾焚烧发电厂等。

垃圾处理采用哪种民营化方式由项目的具体情况、政府和企业合作双方的态度与资金、技术实力以及包括相关政策在内的投资环境共同决定，不能机械照搬。以下选择若干具有代表性的新增垃圾处理设施案例进行分析说明。

（1）天津泰达股份有限公司投资建设天津双港垃圾焚烧发电项目[④]。

1996 年天津市政府提出要建设天津双港垃圾焚烧发电项目，并与多方接触谈判，提出各种不同融

---

① 2005 年 9 月，以垃圾发电起家的锦江集团通过新锦源实际控制安源股份的收购计划已全面完成。锦江集团把浙江大学的循环流化床技术推向商业化，在浙江、山东、安徽、河北、河南、辽宁等地大量兴建垃圾发电厂，总资产达 50 多亿元。集团计划未来几年内在全国建 70 座左右的垃圾焚烧发电厂，将国产技术进一步推广。市场推测锦江集团收购安源股份的用意在于以安源股份作为平台，将垃圾发电厂的资产推上资本市场。如果垃圾发电资产注入计划实施，安源股份将成为垃圾发电概念的领头羊。

② 广东省第一个以分拣、厌氧发酵、沼气发电工艺为核心的生活垃圾综合处理工程项目李坑生活垃圾综合处理厂，于 2005 年 4 月签订特许经营服务合同。香港亚太环保有限公司全资公司广州建纳斯环保能源有限公司获得该项目的 25 年特许经营权。总投资 3 亿元左右。

③ 2005 年 5 月由民营资本和法国企业组成的"上海环境投资有限公司联合体"成为成都城市生活垃圾焚烧发电厂项目 25 年特许权的项目受让人。该项目总投资 5.2 亿元，计划 2005 年内开工，建成后将成为西南规模最大和工艺最先进的城市生活垃圾焚烧发电项目。由项目法人投资、建设、经营，政府采购项目法人提供垃圾处置服务。

④ 泰达股份垃圾发电二期项目———日处理 1000 吨城市生活垃圾的贯庄垃圾综合处理项目，已完成可行性研究报告并上报市发改委，该项目被列为 2005 年天津市重点工程项目。同时泰达股份正在积极开展成都、海南等地的垃圾发电项目的投标工作。由于有大量的垃圾发电项目储备，泰达环保垃圾发电行业初具规模，规模经济性的效益将在未来得到体现，比如可以大大优化供应商的采购成本，还可以统一建设施工技术标准和设计方案，缩短垃圾发电厂的建设周期等。

资方案，包括引进国外资本和国内民间资本。

由于外资方要求在合同书上对垃圾处理费用、上网电价、保证垃圾供应等内容作出明确规定，天津市政府要承担的风险较大，同时也由于当时国家计委对外资进入此类项目审批极严，天津市政府多次与外方谈判，但最终都不了了之。而国内的民营企业不仅在资金实力、技术实力、管理能力都存在一定问题，而且要求市政府作出的承诺更苛刻，因此由国内民营企业投资建设的可能性也被排除。

经过长时间的酝酿磋商，最终于 1999 年底确定由上市公司天津泰达股份有限公司和天津市环境卫生工程设计院共同投资成立泰达环保，建设天津双港垃圾焚烧发电项目。2000 年 3 月，北京国电华北电力工程有限公司完成该项目的初步可行性研究工作，同年 5 月通过天津市计委的评估并上报项目建议书。2000 年 11 月，国家计委正式批准该项目立项。2003 年 7 月破土动工，2005 年 5 月正式进入商业运营。该项目总投资 5.4 亿元，引进 3 台具备国际先进水平的炉排式垃圾焚烧炉，装机容量为 2 台 12MW 的汽轮发电机组，日处理生活垃圾 1200 吨，是国内目前已建成的规模最大的垃圾焚烧发电厂，占天津市日产生活垃圾总量的 1/4；年上网发电量 1.2 亿千瓦时，相当于节约优质原煤 4.8 万吨。

泰达模式具有三个鲜明的特点。首先，泰达模式政府色彩较为明显。① 由于公共事业的特殊性，政府不能对公共事业的控制权放任自流，必须拥有足够的影响力。天津泰达股份母公司泰达集团是直属于天津经济技术开发区特大型国有企业集团，具有强大的政府背景。天津市政府对双港垃圾焚烧发电项目的建设、运作都具有很强的控制能力。天津市政当局没有像当初天津通用水务公司引入外资时那样承诺固定回报率，对垃圾处理费和上网电价，有关方面也仅仅做出了意向性承诺，而没有予以明确的规定，通过一个不明确的承诺代替明确的协议大大降低了自己的成本。同时通过天津市环境工程卫生设计院作为政府的代表入股泰达环保，起到一定监督作用，一定程度上缓解了政府与企业的信息不对称，降低了监督成本。

而泰达股份之所以接受这样的条件，是因为相信母公司与政府之间的渊源关系足以保证及时与政府协商解决预料之外的风险，泰达股份为政府承担的成本政府会通过各种方式给予相应补偿。泰达股份的母公司泰达集团在天津市的基础设施建设（如海河综合开发）中正是凭借与政府的特殊关系取得较大的收益，也使其有实力支持下属企业泰达股份的进一步发展。

生活垃圾焚烧发电场不是一个封闭系统，它是以生活垃圾为原料输入端、以电力产品为输出端构成的一个物流循环体系，焚烧场处于这个物流体系的中间环节，与相关横向单位如电网管理部门、生活垃圾收运公司等关系密切。泰达股份与政府的密切关系有助于泰达环保有效协调与上游、下游企业之间的关系。天津市环卫局下属天津市环境卫生工程设计院作为泰达环保的股东，有义务也有动力保证垃圾足量供应。

其次，泰达模式的资金成本较低，企业运营压力较小。该项目总投资 5.58 亿元，只有不到 1.6 亿元的银行贷款，其余 4 亿元由泰达股份出资，作为资本金。企业真正需要还本付息的不到 1.6 亿元，且贷款利率较低。而在中外合作企业的出资方式中，一般只将总出资的 40% 作为资本金，其余 60% 作为股东贷款，利率一般为香港港元优惠利率的 1%，成本较高。高资本金率也使企业拥有较强的融资能力，有利于未来企业进一步发展成为国内垃圾处理领域的龙头企业。但泰达股份进入自己所不熟悉的领域难免也要付出一定学习成本，在设备招标、企业运营上都需要一定的摸索时间。而且近 4 亿元的资金投入作为沉淀资本，一旦达不到预期收益，损失会很大。

---

① 2002 年，上市公司漳州发展（原福建双菱）收购漳州九龙岭无害化处理厂，成立城市废弃物净化公司，同时收购漳州市 3 个自来水厂，加上 2001 年获得的高速公路经营权，通过有效整合公路交通、水务、环保等优质资产，漳州发展在漳州地区公用事业领域形成了相对垄断的优势。与泰达相似，漳州发展在当地具有明显的行政资源优势，公司的发展得到当地政府的大力扶持。漳州当地政府希望借助上市公司的融资能力，支持地方经济发展，同时通过城市的发展给企业带来丰厚的回报，实现资本市场和区域经济良性互动的目的。

最后，泰达模式日后协调成本较大。虽然泰达股份与政府关系密切，具有良好的沟通能力，但政府承诺过于简略，不确定性过高，必然会增加日后的协调成本。

除了泰达股份之外，2002年以来，其他上市公司也频频进军公用事业，介入生活垃圾发电项目的上市公司还包括华光股份、华电能源和岁宝热电等。

（2）美商国际集团独资建设运营上海浦东美商生活垃圾生化处理厂。

2002年，经过上海浦东新区多方考察和严格论证，跨国公司美商国际集团下属上海浦东美商生物高科技环保公司获得独家投资建设垃圾综合处理厂的特许经营权。生化处理厂总投资2.6亿元，厂区占地6万平方米，日处理垃圾1000吨。2003年5月，项目建成并投入试运行。按照特许经营协议，"美商"承担全部建设资金及运行责任和费用。上海市浦东环境卫生管理部门派驻监管员进行全过程监督，政府支付垃圾处理费每吨50元。

该项目针对中国垃圾的特点，采取综合处理技术路线，利用美商国际集团掌握的世界领先的专有技术，对生活垃圾进行自动分类、资源回收再利用，运用高科技微生物堆肥发酵法生产有机肥。用这种方式处理生活垃圾，无二次污染，有用物资可充分回收利用，生产的有机肥又是很好的肥料，充分体现"减量化、资源化、无害化"原则。上海浦东美商生活垃圾生化处理厂提供了城市生活垃圾生化处理的成功案例，具有重要的借鉴意义。2004年4月，该项目被列入建设部科技示范工程市场化运作项目。

该项目每吨垃圾的处理费用为70多元，政府补贴50元，价格缺口为20元左右。处理厂每天能够从1000吨垃圾中分拣出50吨塑料，经过处理后制成塑料颗粒，每吨400元；每天分拣出5吨金属，每吨800元。此外，每天20吨的玻璃和其他一些可再生利用的废弃物也能产生一定的利润，每吨有机基肥还能卖出200元左右。再加上政府给企业的一些优惠政策，如免收企业20年的土地使用费用等，企业的效益相当不错。

上海浦东美商生活垃圾生化处理厂模式具有以下两个特点：

首先，投资方拥有相关技术专利及大规模工程建设经验。美商国际集团是目前世界上对城市生活垃圾进行生化综合处理的环保型公益集团企业。早在1988年，美商国际集团就开始着手开发环保产业，在吸收世界11个发达国家环保设备先进技术的基础上，成功地研制出适合中国国情的生活垃圾无害化、资源化、减量化、产业化自动处理技术、设备，并于1998年在大庆市承建首座日处理垃圾800吨的生化垃圾处理厂，2000年投入运营，同年该项目被国家经贸委认定为国家"重大环保示范工程"和国家"火炬计划"，2001年又被列入国家"863计划"在全国推广。①

在国内众多垃圾堆肥项目失败的背景下，"美商"示范工程的成功证明生物发酵和机械分选技术是成熟可行的，垃圾堆肥作为垃圾处理理念本身并没有问题，多数垃圾堆肥项目失败的主要原因在于选择了错误的技术路线和不合适的机械设备。只要技术和设备来源可靠，可以保障正常运行，垃圾堆肥管理技术要求不会难于垃圾焚烧。

其次，盈利模式多元化。美商国际集团投资生活垃圾生化处理厂，并不单纯依靠政府补贴，而是通过回收利用垃圾中的资源成分以及出售有机基肥盈利。同时，在项目承建方式上，除独资建设、承建"包交钥匙工程"和销售垃圾处理机械设备等方式外，还采取合资、合作、转让等方式进行合作，加大对自身专有技术推广的力度，打造品牌，实现多方共赢。

---

① 除大庆、上海浦东外，目前美商国际集团又在辽宁省抚顺市、内蒙古呼和浩特市投资承建了规模分别为800吨、600吨的城市生活垃圾生化处理厂。同时，北京、天津、深圳、武汉、徐州、上海市松江区、无锡、连云港、慈溪、哈尔滨、肇庆、南昌、泉州、赣州、延吉、齐齐哈尔、包头等市及俄罗斯（莫斯科市、乌法市、高尔基市）、菲律宾（马尼拉市）、中国澳门特别行政区等地的项目也正在洽谈中。

（3）民营杭州锦江集团投资垃圾发电厂和能源综合利用电厂。

民营杭州锦江集团有限公司是一家以环保能源、纺织服装、建材为主产业，集科、工、贸生产经营于一体的大型企业集团，截至 2002 年底，公司总资产 33 亿元，并在国内拥有多个锦江工业园区。对锦江集团而言，轻纺业是基础产业和支柱产业，造纸业是核心产业，生活垃圾焚烧发电及资源综合利用是新兴产业。

自 1998 年利用浙江大学的异重流化床垃圾焚烧技术把余杭锦江热电厂改造为单炉日处理生活垃圾 150 吨的垃圾焚烧发电厂以来，锦江集团先后在浙江、山东、安徽、河北、河南、辽宁等地投资兴建垃圾发电厂。其中，浙江杭州乔司日处理 800 吨城市生活垃圾焚烧发电项目被国家计委列为高技术产业化示范工程项目。锦江集团在把浙江大学的循环流化床技术推向商业化的基础上，进一步开发了新型甲酸非木材纤维环保制浆新技术、中高密度板、灰渣综合利用及建材、污水处理等项目，与能源配套，形成以垃圾焚烧发电厂为龙头的可持续发展高效产业链体系。

2005 年 9 月，锦江集团通过新锦源实际控制安源股份的收购计划全面完成。市场推测锦江集团收购安源股份的用意在于以安源股份作为平台，将垃圾发电厂的资产推上资本市场。虽然这种推测还存在很多的变数，但如果垃圾发电资产注入计划实施，由锦江集团控股的安源股份有可能成为垃圾发电概念的领头羊。[①]

锦江模式与美商模式有较多相似之处，如拥有相关专利技术；除垃圾最终处理环节之外，还涉足上游产品（垃圾处理设备的生产销售以及垃圾处理场建设，而这些正是目前垃圾处理产业真正存在较高利润空间和较大发展空间的环节）和下游产品（基肥、建材等）。

此外，由于垃圾发电的成本比较高，垃圾发电企业又要受到上网电价管制，盈利依赖补贴，因此即使在上网电价和政府补贴均较高的东部沿海地区，发电企业的盈利情况也并没有外界想象得那么高。锦江集团工程总投资高达 2.3 亿元人民币的乔司电厂从 2002 年运行至今，仍处于亏损状态。

（4）温州民营企业伟明环保工程有限公司投资温州东庄垃圾发电厂。

民营经济发达的温州借鉴其他城市做法，采取国际流行的 BOT 模式，政府出让垃圾处理的经营权、收益权，出台各项优惠政策，鼓励民营企业、民间资本投资垃圾处理事业并负责经营。温州市伟明环保工程有限公司取得了以 BOT 方式投资建设温州东庄垃圾发电厂的资格。该项目投资 9000 万元，发电厂设计日处理生活垃圾 320 吨，年发电 2500 万千瓦。一期工程投资 6500 万元，日处理生活垃圾 160 吨（实际处理量达 200 吨），年发电 900 万度，于 2000 年 11 月竣工，并网发电，实现当年建设当年投产。温州政府无偿提供土地及"四通一平"费用，每吨垃圾补贴企业 73.8 元处理费，保证以 0.52/KWh 的电价收购企业的发电量，保证企业 25 年的运营期（不包括 2 年建设期），25 年后该项目产权和经营权无偿移交政府。

温州东庄模式的特点可以归纳为两点：首先，采取了 BOT 投资模式。如上文所述，BOT 经营模式以及其变种在国际公共事业领域已经是历经多年实践考验的成熟模式，与其他经营模式最大的本质区别在于其融资方式的不同和政府的参与。BOT 项目的运作既有一种政府行为的特征（即负责市政基础设施建设），又有一种企业行为的特征（即项目公司对项目的建设和经营自负盈亏）。在 BOT 模式中，政府主要职能是发起并组织企业的招投标，并对中标企业的建设和运营进行严格监督，确保工程质量和垃圾处理达标，既能避免投资运营风险，又能节约财政支出。项目本身能建立清晰的产权以及较为完善的内部管理和激励机制，以便提高投资和管理水平，实现高效率运行。但由于这种投资模式在我国尚属新生事物，从宏观的法律法规环境到微观的协议签署都缺乏系统规范，项目成功与否可能要取决于未来不确

[①] 锦江集团宣称要将国产技术进一步推广，未来几年内计划在全国建 70 座左右的垃圾焚烧发电厂。

定因素的影响，事后协调成本可能会较大。

其次，东庄垃圾焚烧发电厂是我国第一家全部采用国产化设备的垃圾发电厂，每吨投资成本只有28万元，是国内单位投资成本较低的垃圾焚烧处理工程之一。采用国产化焚烧设备，使工程投资比引进国外同类设备降低 50% 以上，运行维修费用降低 15% 以上。设备国产化不仅大幅度降低了垃圾焚烧发电厂的建设和运行成本，而且有利于推进我国垃圾处理产业的发展，取得良好的环境、经济和社会效益。

2. 我国垃圾处理产业民营化所面临的问题

我国垃圾处理产业民营化在取得进展的同时也暴露出一些问题。这些问题严重影响我国垃圾处理产业民营化的进程及实施效果。

（1）法律法规滞后成为垃圾处理产业民营化的瓶颈。

公共事业的民营化需要依靠政府的法律制度来保证合约和产权。制度发展程度，尤其是法治环境，影响着私人投资者对项目市场风险的评估和项目收益的判断。虽然迄今为止我国已经制定出台了一系列推进公共事业市场化、民营化的政策主张，但基本停留在一般的宏观号召而缺少具体可操作性水平上。例如，中共十六届三中全会指出：只要是法律法规不禁止的就允许民营企业进入。但实际上，越是政府强调允许的行业领域民营企业越难进入。这是因为除了纲领性文件之外，我国并没有制定统一规范的市场准入办法。世界发达国家和地区都有大量针对民间投资的市场准入法规，使得民营经济能够"依法投资"，而我国在这方面依然是空白。民营经济在哪些领域介入，在多大程度上介入，都还处于模糊的阶段，任何行政文件和大的指导原则都代替不了细致的、可操作的专门法律条文，所以目前我国民营资本投资公共领域的比重还很小。

法规严重滞后于实践可能会产生很多问题。例如，在我国公共事业民营化过程中，BOT 融资方式受到广泛关注，很多地方也已经付诸实施，但目前我国只有前国家计委一个相关规定，而且可操作性很弱。地方政府对 BOT 特许经营采取"摸着石头过河"的态度，或照搬国外经验，却不管是否会出现"水土不服"现象；或语焉不详，事事留待日后再定；或一味空口许诺，完全不顾及自身的兑现能力。这造成两个后果：一方面，无法可依使得政府有权在事后针对出现的问题出台一些相关的补救措施，而政府过多的事后权力往往易于导致政府权力膨胀和过多的寻租空间，伤害市场精神；另一方面，由于垃圾处理等公共事业投入资金巨大，回报率低，资金回收周期长，民营企业市场权利存在的不确定性及其潜在市场风险势必影响民营企业的投资决策。这也就是为什么涉足垃圾处理产业的上市公司或民营企业不是拥有强大的政府背景，就是要求同时获得其他投资回报高的公共事业领域的特许经营权。

相关法律法规建设的滞后已经成为我国垃圾处理产业民营化的瓶颈。

（2）政府的信用风险成为垃圾处理产业民营化过程中存在的最大障碍。

推行垃圾处理产业民营化有两个最重要的原因：一是政府财政支付能力不能满足垃圾处理产业快速发展的投资需求；二是垃圾处理产业产业链发生了很大的变化，其经济技术特性出现多样性和多层次性，需要政府、市场和社会共同参与具有潜在竞争性的服务和互补供给公共服务。垃圾处理产业民营化的目的应该是在保证社会公平性和公共安全的前提下，消除垄断租金，提高社会福利和垃圾处理产业的效率。但事实上，在我国垃圾处理产业民营化的实践中，许多地方政府根本没有考虑垃圾处理产业公平性、安全性、效率性，更多是单纯出于获取权力、甩财政包袱、招商引资等目的。比如，现在很多城市政府为了减轻财政负担，非常热衷于垃圾处理项目的招商引资，但将一些市场化条件尚未具备的项目包装后推介给民间资本，之后由于地方政府支付能力有限，往往会出现政府承诺不能兑现、政策无法落实等问题。对于参与垃圾处理产业民营化的私人投资者和贷款人而言，垃圾处理产业的市场风险远远低于当地政府的信用风险。

政府的信用风险成为垃圾处理产业民营化过程中存在的最大障碍。

（3）政府行政能力的不足给垃圾处理产业民营化带来隐患。

垃圾处理产业事关人民群众生活质量、环境保护、社会可持续发展，直接关系到社会公共利益，其市场化改革降低了政府官僚机构在其不擅长的企业活动中所发挥的作用，但同时也对政府在宏观调控、行业监管方面的能力提出了更高的要求。政府需要作为公众环境利益和要求的代表，制定城市垃圾处理产业发展规划或目标；需要通过事先控制和事后监督，依法对企业的市场进入、价格决定、服务质量和服务条件加以监督管理。但目前我国许多地方政府既缺少足够的垃圾处理产业相关知识，也缺少足够的行政能力，监管体系混乱，监管法规、监管手段也非常缺乏。

行政能力的不足使得政府无法遏制私人提供公共物品可能会出现某些外部的负效应，给公共利益带来隐患。比如，政府市场准入监管、价格监管能力的不足可能导致垃圾处理产业民营化过程中，公共部门的非效率转化为民营化的非效率，民营企业垄断市场，"俘虏"监管者，提出过高的要价，提供低水平服务，危害公共利益。

（4）我国垃圾处理产业所处的幼稚的发展阶段使得深入广泛推行民营化还需要更多时日。

垃圾处理由公共事业向产业的转变，即垃圾处理产业化是垃圾处理产业民营化的前提条件。世界发达国家垃圾处理产业已经进入相对成熟的发展阶段：有较为完善的垃圾管理体系，政府的法律约束机制、经济激励机制基本建立健全；消费者环保意识强，对垃圾减量、分类收集、回收利用参与程度高；产业链发达，市场细分化程度高；具有资金实力、技术能力、运营经验的市场主体较多……具备推行民营化的种种条件。

而目前，我国垃圾处理产业发展尚且处于幼稚阶段：垃圾处理管理体系不完善，垃圾收费制度、垃圾分类收集尚未普及，还没有形成完整的产业链，企业面临的市场风险较大，运营成本高；配套的政策法规体系建设滞后；价格体制不完善，政府的支持力度不足，垃圾处理设施的建设投资和运行费用没有可靠的保证；国内民营企业资金实力弱、技术落后、管理经验不足、项目融资渠道匮乏等弱势状况在短期内难以改变，抗风险能力较差；外资企业具备资金和技术实力，但是缺乏本地化优势，独立的市场主体还需要进一步培育；等等。总而言之，我国垃圾处理产业民营化的初始条件完全不同于发达国家，要边进行产业化建设，边展开民营化变革，所以会遇到更多的困难，面临更多的不确定性，试错不可避免。垃圾处理产业深入广泛推行民营化还需要更谨慎的尝试和更多时日。

3. 我国垃圾处理产业民营化的政策选择

（1）增强垃圾处理产业民营化的法治化、制度化、公开化。

国外经验表明，公用事业民营化要取得预期成效，需要很多的条件，其中之一便是确立法律框架，包括中央法规和地方法规。我国应借鉴国际上成功的经验，找出适合我国国情特点的有效做法，尽快出台相应的法律法规，规范相应的具体制度，规范政府的责任、权利和义务，提高政府对合同执行的信誉度。只有政府依法行事，严格执行合同条款，才能给民营投资者及一些跨国投资者以稳定的预期，增强他们对政府的信心，拓宽垃圾处理产业的投资渠道。政府要从单一的政策推动走向制度建设，要规范市场环境，把激励机制、竞争机制、风险机制、责任机制等重要机制引入公用事业领域，并用法治化手段确定下来，支持和保障垃圾处理等产业民营化按照正常和健康的轨道发展。

此外，应强调垃圾处理产业民营化的公开性。垃圾处理涉及公众利益，所以应确保消费者的参与权。应该建立公平和透明的特许权授予程序，垃圾处理产业特许权的有关合约除了涉及商业秘密以外，都应该公开透明，公众和上级政府可以通过透明的合约进行监督。

（2）加强和完善政府监管体系建设。

建立相对独立的监管机构和稳定有效的管制框架是加强政府监管体系建设的重要内容，而完善的政府监管体系和有力的监管法规执行能力是公用事业民营化得以发起、进行以及未来运营顺畅的重要的环节。政府对垃圾处理产业民营化的监管主要包括市场准入监管，即政府根据资金实力、设备设施、作业场所、管理能力、人员素质等方面的标准，设定市场准入门槛，通过招标、拍卖等方式选择项目特许权的获得者；价格监管，也就是防止市场主体利用其垄断地位制定不利于消费者的垄断价格，同时保证市场主体获得一定回报，以吸引多元投资主体的参与；质量监管，即防范垃圾处理的二次污染等问题。此外，加强和完善政府监管体系建设对防范和控制垃圾处理产业民营化的公共风险具有关键性的意义（汪永成，2005）。

（3）保留政府对垃圾处理产业一定的控制权。

城市生活垃圾处理事关百姓日常生活，具有基础性、公益性的特点，这与民间资本趋利特性存在一定矛盾，垃圾处理产业民营化不可避免地存在一些可能损害公共利益的公共性风险，而且并没有足够的证据证明垃圾处理项目民营化就一定比公共部门经营效率高。所以政府预留一定的服务能力，培育国有多元化的投融资、建设和运营主体，最大限度规避可能存在的公共安全风险还是非常有必要的。

特别是目前我国城市生活垃圾处理产业刚刚起步，如果没有完善的约束机制，在政府需要利用公用事业设施以完成其社会管理职能时，就不能排除民间企业利用公用事业的特殊性来要挟政府以获取高额利润的可能性，推动公共部门参与公共服务供给的竞争，可以作为一种平衡举措，防止私人机构可能的"串谋"、过高的要价和低水平服务。

（4）加强政府对民营资本的支持力度。

发达国家的市场经济体系较为成熟，垃圾处理管理体系也比较合理完善，价格体制的完善保证了垃圾处理设施的建设投资和运行费用。市场机制直接贯穿垃圾收运、处理和再生利用的全过程，垃圾处理设施的建设融资渠道较多，政府只需通过税收或垃圾处理收费保证建设投资的回收和企业的运营收入。垃圾处理产业在国家经济技术政策的监督和指导下，形成了良性循环的发展机制。而目前我国垃圾处理正处于公共事业向产业化转移的阶段，其所处的政策环境、社会环境、融资环境、运营环境都迥异于发达国家。垃圾处理产业发展需要政府全方位介入，如果没有政府支持或政府支持不力，投资回报率低，投资回报周期长，私人进入初始成本高，私人获取利润的空间不大的垃圾处理产业很难构成对民间资本的吸引力。政府应当给予企业更多的政策扶持和规划引导，加大对民营资本的支持力度，为企业营造城市垃圾处理产业的市场空间和良好的政策环境，从资金、税收、能源、土地和技术服务等方面给予具体优惠，鼓励和推动垃圾处理产业的快速发展。并且政府要针对垃圾处理产业发展的不同阶段，选用不同的政策工具，调整政策支持的侧重点，防止政府不恰当的介入成为企业发展的桎梏。

五、我国垃圾处理产业引入竞争机制的路径及政策选择

我国垃圾处理事业市场化改革包括三方面内容：一是实现垃圾处理产业化，即实现垃圾处理由公共事业向产业的转变；二是垃圾处理产业竞争化，即实现投资多元化、经营主体多元化，改变垄断性市场结构，提高产业效率；三是垃圾处理产业民营化，即打破公共部门垄断局面，多种形式地吸引民间部门介入垃圾处理产业的投资、建设、管理、运营，在市场化程度不同的各个产业链实现不同层次的民营化。

从理论上讲，产业化是垃圾处理事业市场化改革的方向，是实现竞争化、民营化的前提。通过引进竞争机制，提高产业效率，是垃圾处理事业市场化改革的主要目标。民营化则是实现市场化的重要却并非唯一的手段和方式。对此，尼古拉斯·亨利强调，"公有还是私营是重要的，但有竞争还是无竞争往往

更加重要"(尼古拉斯·亨利,2002)。垃圾处理产业推行民营化固然重要,更重要的则是以各种形式为载体的竞争机制的引入。如果没有政府有效监管,竞争并不一定能增进公共服务的供给效益,但反过来,如果缺乏竞争机制的激励,绝大多数的公共服务供给一定无效。然而,在客观实践中,许多地方政府更多地着眼于易于操作并易于获得转型租金的民营化内容,而忽略为民间部门营造产业化的前提,更缺乏积极引进竞争机制的意识和能力,形成了一些市场化改革的误区,影响改革的效果。

1. 我国垃圾处理产业市场化改革的误区

(1)垃圾处理产业民营化并不必然意味着市场效率的提高。

政府垄断经营所导致的原有垃圾处理体制的效率低下是垃圾处理市场化改革的一个重要动因。民营化是已得到许多国家实践证实的实现市场化改革的一个重要手段和方式,但单纯的民营化并不会必然地导致垃圾处理事业市场绩效改善。从本质上分析,真正促进效率提高的是市场竞争机制的引入而不是经营主体及所有制的改变。如果只是将国有企业的垄断经营转变为民营企业垄断经营或公私合作企业的垄断经营,而不打破原有的垄断性市场结构,培育市场竞争机制,这实际上只是实现了利益再分配而不是激励机制的演进,民营化后的垃圾处理事业如果缺少市场竞争的压力,很可能依然低效。

(2)垃圾处理产业各环节捆绑销售、"一揽子"转给做法不一定妥当。

垃圾处理产业的产业链较长,不同环节的经济技术属性有很大差异,有的环节对规模性要求较高(如垃圾收集运输环节);有的环节则要求专业化分散经营(如垃圾资源化环节);有的环节公益性较强(如街道清扫保洁);有的环节则完全适应市场化(如商业设施的垃圾清扫);还有些环节适合于政府调控下的市场化(如垃圾最终处理设施);等等。在开展市场化改革时,应将垃圾处理产业自然垄断环节和非自然垄断环节分开,将公益性环节和市场化环节分开,根据不同环节的经济技术特性,来确定市场的介入程度以及介入方式。在垄断性环节,应通过竞争性招标确定一家或少数几家进行经营,政府加强管制;在非垄断性环节,则应让多家企业竞争性经营,充分发挥市场机制的作用。

但在垃圾处理产业市场化改革实践中,一些地方政府为了迅速甩掉财政包袱,不计改革的社会成本,把地方垃圾处理事业的不同环节捆绑销售,"一揽子"转让给商业机构。这种做法看似操作方便,实际不一定妥当,很可能遗患无穷。民间部门获得垃圾处理的垄断性经营权,可以利用垃圾处理对于公共生活的影响力要挟政府,提高价格,损害民众利益。但也可能因为缺少政府组织力的支持,为保证产业链的顺利运转不得不花费大量的协调成本,陷入经营困境。普通民众可能会因此不得不忍受质劣价高的垃圾处理服务。政府可能就此成为民间部门的"俘虏",并不得不为生活环境质量下降、民众不满最终买单。

(3)垃圾处理产业市场化改革并不意味着政府可以撒手不管。

垃圾处理产业市场化改革的一个重要内容是转变政府相关部门职能,政府由垃圾处理的投资者、管理者和经营者转变成为垃圾处理产业发展的指导者、培育者和监督者,让企业真正成为市场的主体。把不宜再由政府直接承担的如咨询服务、人员培训、信息交流、成本测算、质量监督、项目招投标、合同谈判、工艺设备选择、投资评估、企业资质审查以及制定行业行为规范等基础性、事务性的工作,移交行业协会或其他社会中介机构办理。显然,这种职能转变只意味着政府把自己的"掌舵"(公共服务的决策、监督、控制)职能和"划桨"(公共服务的直接生产)职能区别开来,放弃一部分"划桨"职能,并不意味着政府对垃圾处理事业承担的责任有所减轻。相反,由于目前我国相关法律、法规及行业标准、监控体系尚不够完善,市场竞争主体还有待于进一步培育,还需要政府谨慎介入市场化改革的每一个环节,政府宏观调控的重要性非但没有减弱反倒越发凸显,政府有大量的工作要做。

2. 垃圾处理产业引入竞争机制的路径及其政策选择

（1）实现单一产权向多元化产权结构转变。

E.S.萨瓦斯在其《民营化与公司部门的伙伴关系》（2000）一书中指出：多元主体参与公共服务供给本身为可能的竞争提供了条件。而竞争会打破垄断，促进供给效率，也使垄断有了更多替代选择。我国垃圾处理事业长期以来由政府投资，国有企事业单位建设运营，要改变这种单一产权结构，就要开放垃圾处理产业投资、建设、运营、作业市场，鼓励各种经济成分的社会企业进入，培育和引进作为独立法人的竞争实体，实现单一产权向多元化产权结构的转变。

要进一步强化投融资体制改革，通过经济杠杆引导社会资本进入垃圾处理产业，多方面拓展融资渠道，彻底改变政府投资一统天下的局面。充分发挥政府、企业、个人、外资等各方面的投资积极性，建立适应市场机制的多元投资体系。

与此同时，要加强资质管理，加快服务标准制定，规范招投标机制，扶持培养相关经济主体。各种投资者平等参与特许经营权竞争，投资能力、经营业绩、信誉等级等成为进入垃圾处理服务市场的首要条件。凡是具备条件的企业，均可以通过竞争成为生产者，形成由企业、民间投资者和外商投资者等多元投资主体共同参与的有序竞争格局。

（2）改变垄断性产业结构。

从我国现有的市政公共事业改革现状来看，虽然广泛推行民营化的领域不少，但由于市场结构未发生改变，真正实现改善市场竞争机制目标的领域并不多。短期内，特许经营权的招标、竞争经营的确起到了降低市场价格的作用，但从长期来看，经营权一旦有了归属，事前的多家竞争格局就被事后单方垄断的局面代替。即使市场主体由国有企业变为私营企业、上市公司或外资企业，如果缺乏有效的价格规制手段，市场价格仍然会回升。很难指望在垄断性市场结构没被打破的前提下，市场主体行为与市场绩效会发生大的改变。

政府应该对垃圾处理产业各环节的经济技术属性进行分析，区分垄断性环节和非垄断性环节，尽量避免直接把具有垄断性质的项目卖掉，防止垄断权力延续。过度竞争与竞争不足都会导致社会资源配置的低效率。因此，必须通过价格体系调节企业数量，妥善解决竞争活力与规模效益的冲突问题，实现有效竞争，即规模经济范围内的适度竞争。应按照最佳规模化原则，把城市划分成若干个区域，把这些区域的垃圾处理权进行招投标或拍卖，也可以将垃圾处理基础设施的建设权和经营权进行分离后再招标或拍卖，限制特许权授予时间，增加企业的竞争压力。总之，采取各种方法，引进有效的市场竞争机制，打破垄断性市场结构是提高垃圾处理服务供给效率的关键。

（3）改变政府干预方式。

世界银行指出，"公用事业是天然垄断性的。因此，除非它们受到调控和管理，否则，私营公用事业经营者就会像垄断者一样，限制产量并提高价格。这会给整个经济的效率和收入分配带来恶果。"已有的研究也表明，经济效率的提高在很大程度上取决于政府所采取的促进竞争与改进管制效率的政策措施（王俊豪，2004）。在公用事业领域，"加强利用市场机制必须伴之以有效的调控能力"（汪永成，2005）。因此，必须加快政府的治道变革，实现政府由直接经营管理者向市场管制者角色的转变。政府由过去管企业、管行业转变为管市场，通过事先控制和事后监督，依法对企业的市场进入、价格决定、服务质量和服务条件加以管理。要加强政府监管能力建设，积极探索适合于我国国情的垃圾处理服务市场的监管机制，严格执行相关运行及环境标准。把政府管制与市场竞争有机结合起来，发展出一个综合的、完整的监管结构和法律结构及法律法规，来保证和约束多元化市场主体竞争，在提高垃圾处理服务供给效率的同时，保障社会公平性和安全性。

垃圾处理产业的发展是一个需要政府、公共部门、民间部门、第三部门、社会公众共同参与的系统化工程，只有建立起全社会参与的垃圾综合管理体系，社会各方面在垃圾的收集、运输、回收利用、最终处理等各个环节各司其职、各尽所能，垃圾处理产业才能顺利发展壮大。

　　垃圾处理产业链较长，不同环节经济技术特征不同，适宜的供给模式也有所不同。要根据不同环节的经济技术特征、在多大程度上服务于公共目的等标准，来确定市场的介入程度，不同的供给模式各有利弊（详见表1，垃圾处理服务各类供给模式比较）。各地在推行垃圾处理产业市场化改革的过程中，应结合本地具体情况，寻找不同供给模式的最佳组合，而不能盲目跟风。

　　民营化并非垃圾处理产业市场化改革的全部内容。民营化只是打破垃圾处理产业垄断性市场结构、引进竞争机制、提高垃圾处理服务供给效率的一种手段和方式。承认垃圾处理产业公共属性，提高垃圾处理的效率，同时实现垃圾处理产业的经济效益、社会效益、环境效益，这是垃圾处理产业市场化改革的前提条件。引入竞争机制及民营化的目的是探索更有效的供给组合模式，实现垃圾处理的"减量化、资源化、无害化"，最大限度地提高民众所享受的公益水平，节约资源，实现物质的良性循环。政府不能放弃对垃圾处理的控制权，垃圾处理产业的竞争是建立在政府严格管制下的竞争。

〔参考文献〕

　　[1] 戴宏民：《绿点公司的组织、运作和资源化》，《包装工程》2003年第1期。

　　[2] 何德文：《城市居民生活垃圾收运管理及其决策支持系统开发研究》，同济大学博士学位论文，2001年。

　　[3] 胡鞍钢、过勇：《从垄断市场到竞争市场：深刻的社会变革》，《改革》2002年第1期。

　　[4] 江源、刘运通、邵培：《城市生活垃圾管理》，中国环境科学出版社2004年版。

　　[5] 金碚：《何去何从——当代中国的国有企业问题》，今日中国出版社，1997年版。

　　[6] 金碚、刘戒骄：《构建现代市场体系有效竞争秩序若干问题探讨》，《东南学术》2003年第5期。

　　[7] 李华友：《城市生活垃圾处置产业化环境经济政策研究》，中国人民大学博士学位论文，2004年。

　　[8] 廖利：《城市垃圾清运处理设施规划》，科学出版社1999年版。

　　[9] 廖银章：《国外城市生活垃圾管理政策及启示》，《软科学》2000年第1期。

　　[10] 刘戒骄：《垄断产业改革：基于网络视角的分析》，经济管理出版社2005年版。

　　[11] 罗云辉、夏大慰：《自然垄断产业进一步放松规制的理论依据》，《中国工业经济》2003年第8期。

　　[12] 逢辰生：《美国固体废物行业概况》，《节能与环保》2002年6月刊。

　　[13] 秦小鹏：《城市公共服务的有效供给研究：以深圳市垃圾治理为例》，深圳大学硕士学位论文，2003年。

　　[14] 青木昌彦和奥野正宽：《经济体制的比较制度分析》，中译本，中国发展出版社1999年版。

　　[15] 日本地方自治经营学会：《公立与民间成本及服务比较》，转引自经济产业省经济产业研究所日本版PPP研究会2002年5月22日报告《为实现日本版PPP（公共服务队民间的开放）——发挥民间活力的经济复兴》。

　　[16] 日本废弃物学会：《构筑主体多元化的高效垃圾处理体系》，废弃物学会PFI研究会报告，2001年。

　　[17] 日本经济产业省：《经济产业省亚洲PPP研究会报告书》，2005年。

　　[18] 日本三菱综合研究所：《对地方公共团体关于行政经营的调查》，转引自经济产业省经济产业研究所日本版PPP研究会2002年5月22日报告《为实现日本版PPP（公共服务队民间的开放）——发挥民间活力的经济复兴》。

　　[19] 斯蒂格勒（Stigler, George J.）：《产业组织和政府管制》，中译本，上海三联书店1989年版。

　　[20] 史普博（Spulber, Daniel F.）：《管制与市场》，中译本，上海三联书店、上海人民出版社1999年版。

　　[21] 丸善株式会社：《垃圾百科事典》，2003年。

　　[22] 万小军：《德国的垃圾清除业》，《江海侨声》1999年第7期。

　　[23] 王俊豪：《中国政府管制体制改革研究》，经济科学出版社1999年版。

　　[24] 王俊豪：《自然垄断产业的政府管制》，浙江大学出版社2000年版。

　　[25] 王俊豪、周小梅：《中国自然垄断产业民营化改革与政府管制政策》，经济管理出版社2004年版。

　　[26] 王羽、陆雍森：《城市居民生活垃圾分类收集的影响因素》，上海生活垃圾处理网。

　　[27] 谢芳：《客居纽约谈环保——纽约市城市垃圾管理》，《生态环境与保护》1999年第6期。

[28] 叶文虎：《大力推进城市垃圾产业化》，中国网。

[29] 原日本厚生省水道环境部：《日本的废弃物处理》，1997 年。

[30] 张昕竹等：《网络产业：管制与竞争理论》，社会科学文献出版社 2000 年版。

[31] 张益、卢英方：《我国城市生活垃圾处理现状评估及无害化处理率分析》，上海生活垃圾处理网。

[32] 植草益：《微观管制经济学》，中译本，中国发展出版社 1992 年版。

（本文为《公用事业：竞争、民营与监管》一书第七章）

能源消费困境：促进工业增长与阻碍结构调整并存

——生产要素贡献与能源强度分解双重视角的实证分析

张艳芳　付一夫　夏宜君　曲　直

摘　要：能源消费的增长会促进工业产出的增长，但也会阻碍工业结构的优化和升级。本文将能源作为"第三类"生产要素引入 C—D 生产函数，利用中国 2000~2014 年工业及其内部各行业的相关数据，测算能源消费和其他要素对工业增长的贡献，并运用 LMDI 能源强度分解模型分析技术进步和结构转换对工业能源强度变化的影响，结果表明：中国工业增长具有"资本和能源双驱动"的特征，能源产出弹性接近同期资本产出弹性，远高于劳动产出弹性，要素贡献则表现为"资本和能源为主，全要素生产率和劳动为辅"；工业能源强度不断降低，但下降幅度趋缓；工业能源强度的降低得益于各行业普遍的技术进步，但通过技术进步进一步降低能耗已越来越难；工业结构升级进展缓慢，高耗能产业增加值比重不降反升，结构因子对能源强度降低具有副作用。因此，未来要进一步降低工业能源强度，必须重点推进工业内部结构调整和升级，减少工业发展对能源的依赖程度。

关键词：能源消费；能源强度；结构调整；技术进步；能源使用效率；要素贡献；全要素生产率；资本投入；劳动投入

一、引　言

能源是人类生存和社会发展的重要物质基础，对经济增长起着重要的支撑作用。近年来，中国能源消费与经济社会发展之间的紧张态势日益严峻：一方面，在保障经济社会发展的同时，能源消费量持续快速攀升，中国已成为世界第一能源消费大国，能源供给压力与日俱增；另一方面，在能源开发和利用过程中，也出现了诸如水污染加剧、多地持续大范围雾霾天气等一系列环境问题。在经济增长速度换挡、结构调整步伐加快、发展动力开始转换的新常态下，推进能源供给侧结构性改革，是破解目前中国能源行业结构性失衡难题、突破经济发展的能源瓶颈制约的紧迫任务和关键举措。

工业一直是国民经济中能源消费的最主要部门。从能源消费结构来看，中国工业部门的能源消费量

[基金项目] 国家软科学面上项目"产业结构转换、技术创新与中国经济增长潜力提升"（2014GXS4B073）；中国特色社会主义理论体系研究中心/国家社科基金重大项目"创新驱动发展战略与'双创'研究"（2015YZD03）；中国社会科学院创新工程项目"创新驱动发展的分析与测算"（10620161001005）。

占比已接近70%，其中钢铁、有色金属、建材、石化、化工和电力六大高耗能行业的能源消耗量约占全社会能源消费总量的一半以上。因此，对能源消费、结构转换与工业经济增长之间的关系进行深入研究有着重要的现实意义，它将直接关系到中国能否进一步优化能源消费结构、提高能源利用效率、加快经济结构向能源节约型和集约化转变。

从20世纪60年代起，经济学家就已经开始关注能源消费与经济增长之间的关系问题。已有相关研究主要集中在分析能源消费与产出增长二者之间的因果关系方面（Granger，1969），在分析过程中也采用了不同的方法，如相关分析、简单回归、双变量因果检验、单位根检验、多变量协整分析、面板数据协整分析、VEC、方差分解等（Ghali et al.，2004）。由于不同学者采用的方法各异，选择的案例和数据也有所差别，故研究结论也不尽相同。国内关于能源消费与产出增长关系的研究主要也是采用各种计量方法来分析能源消费与工业经济增长之间的关系。例如，刘爱芹（2008）运用灰色相对关联度方法从能源消费总量与能源利用效率两方面分析了山东省能源消费与工业经济增长之间的关联度；解亚（2008）运用DEA方法测度了1998~2003年中国36个工业行业的Malmqusit生产率指数、技术效率和技术进步并检验了能源消费与生产率之间的联系；谭元发（2011）基于协整检验与构建误差修正模型得出能源消费增长与工业经济增长之间存在单向因果关系的结论；查建平等（2011）利用相对"脱钩""复钩"的理论与测度模型对2000~2009年中国工业经济增长与能源消费和碳排放之间的脱钩关系进行研究；姜磊和闫云凤（2012）则对中国工业能源消费总量、煤炭消费和电力消费分别与工业增长之间是否存在长期稳定的均衡关系进行了面板协整检验；此外，还有学者计算了中国能源消费量与工业和重工业增长之间的相关系数（范振林等，2016）。

国内外相关研究普遍认为，能源强度变化的影响因素可以归于两个方面——技术因素和结构因素，即技术进步和结构调整能够提高能源利用效率，从而促进经济的增长。从技术进步角度进行研究的能源消费理论认为经济增长仍然是一个技术、资本和制度的问题，在经济增长理论中，可以把"能源问题"看作能够被技术进步解决的"成本问题"，通过技术进步可以有效提高资源使用效率。技术进步改善自然环境的实例很多，例如新技术能够在能源使用量增加的情况下让含碳能源的使用减少。Solow等（1976）提出了资本的积累对资源投入下降的补偿条件，Stiglitz（1974）则构造了劳动、资本和资源互相替代的生产函数。Jaffe等（2003）认为经济增长和环境之间的关系是由技术进步决定的，应该通过技术进步来解决能源消费带来的环境问题。Bretschger（2005）认为知识增加和技术进步是解决自然资源不足问题的关键，Tsur等（2005）将干中学引入模型，认为知识资本决定长期经济增长，技术进步能够弥补资源的短缺，资源不足的经济需要更多的研发投入。大部分研究认为，虽然能源匮乏和环境污染减缓了经济增长的速度，但是可以通过技术进步提高能源消费的效率，这是经济继续增长的关键。蒲志仲等（2015）按照工业化不同发展时期计算能源的产出弹性和替代弹性分析能源消费效率对经济增长的贡献，解释了能源消费、技术进步和经济增长之间的关系。

从结构调整角度来看，不少研究通过计算各产业的能源消费效率，来阐释结构调整是否能够带来能源消费效率的提高，从而达到促进经济增长的目的。刘满平等（2006）提出从产业结构调整和能源供给、消费协调发展的角度出发，采取多种配套措施，缓减能源供给的"流量约束"；张宗成等（2004）通过分析1995~2000年的数据认为产业结构是中国能源消费弹性低的主要原因。刘凤朝等（2008）认为，能源消耗较少产业的产值比重增加能够有效减少能源消费。史丹（2002，2009）则利用结构指数方法计算得出结构变动降低了能源强度，但她同时指出应该区别能源强度下降的原因是产业结构调整还是各产业能源效率同时提高。

综上所述，国内外学者对能源消费与经济增长关系的定量研究大多局限在两者之间因果关系的验证层面，而对于能源消费对工业经济增长的具体贡献程度以及工业经济增长是否影响且如何影响能源强度变化等方面并没有进行过多探讨。考虑到能源在工业生产活动中扮演的重要角色，本文拟将能源消费作为除资本与劳动外的"第三类"生产要素引入 Cobb—Douglas 生产函数（后文简称为 C—D 生产函数），并以工业部门及其内部各行业为考察对象，尝试采用拓展后的要素贡献测度模型与改良后的对数平均迪氏分解法（后文简称 LMDI 分解法），从能源与要素投入对增长的贡献程度、部门技术进步与工业结构转换对能源强度的影响等角度进行系统的讨论。后续章节安排如下：第二部分为"分析方法与模型"，给出本文采用的计量模型与能源强度变化的分解公式；第三部分为"能源消费对工业经济增长影响的实证分析"，对工业及其内部 10 个行业经济增长来源进行分解，从而判断能源消费与其他要素对本部门增长的贡献程度；第四部分为"工业能源强度的 LMDI 分解与分析"，按照工业部门内 10 个行业对工业能源强度的变化进行技术因子与结构因子的分解，并探讨工业及其内部各行业的技术进步和结构转换是如何影响能源强度变化的；第五部分为"结论与建议"。

二、分析方法与模型

（一）要素贡献测度模型

已有研究在测度资本、劳动等生产要素对经济增长的贡献时，通常采用基于 C—D 生产函数的增长核算模型来完成。传统的 C—D 生产函数只包括资本和劳动两类生产要素。在采用增长核算方法来测度各生产要素对经济增长的贡献程度时，通常将除资本贡献和劳动贡献外的部分视为全要素生产率（后文简称为 TFP）的贡献。本文将能源作为"第三类"要素纳入其中，拓展后的 C—D 生产函数可以写为：

$$Y_t = F(A_t, K_t, L_t, E_t) \tag{1}$$

其中，Y 为国内生产总值，A 为全要素生产率，K 为资本投入，L 为劳动投入，E 为能源消费总量。在这里，我们假设生产函数为规模报酬不变，即资本、劳动与能源三要素的产出弹性之和为 1，那么对公式（1）做进一步处理，可以构造出如下对数线性的 C—D 生产函数：

$$\ln\left(\frac{Y_t}{L_t}\right) = \Delta_t + \alpha\ln\left(\frac{Y_t}{L_t}\right) + \gamma\ln\left(\frac{E_t}{L_t}\right) + \varepsilon_t \tag{2}$$

其中，α、γ 分别为资本投入与能源消费的产出弹性，Δ_t 和 ε_t 则分别为常数项与随机扰动项。定义 β 为劳动投入的产出弹性，那么有 $\beta = 1 - \alpha - \gamma$。于是，对式（2）进行回归检验便可以估计出各种投入要素的产出弹性。

在此基础上，对式（1）两边求时间 t 的全微分，有：

$$\dot{Y} = \frac{\partial Y}{\partial t} = \frac{\partial F}{\partial A}\dot{A} + \frac{\partial F}{\partial K}\dot{K} + \frac{\partial F}{\partial L}\dot{L} + \frac{\partial F}{\partial E}\dot{E} \tag{3}$$

两边同时除以 Y，并进一步整理可得：

$$\frac{\dot{Y}}{Y} = \frac{\partial F}{\partial A}\frac{A}{Y}\frac{\dot{A}}{A} + \frac{\partial F}{\partial K}\frac{K}{Y}\frac{\dot{K}}{K} + \frac{\partial F}{\partial L}\frac{L}{Y}\frac{\dot{L}}{L} + \frac{\partial F}{\partial E}\frac{E}{Y}\frac{\dot{E}}{E} = \frac{\dot{A}}{A} + \alpha\frac{\dot{K}}{K} + \beta\frac{\dot{L}}{L} + \gamma\frac{\dot{E}}{E} \tag{4}$$

其中，$\alpha = \frac{\partial F}{\partial K}\frac{K}{Y}$，$\beta = \frac{\partial F}{\partial L}\frac{L}{Y}$，$Y = \frac{\partial F}{\partial E}\frac{E}{Y}$，分别为前文提到的资本、劳动和能源的产出弹性；$\frac{\dot{Y}}{Y}$、$\frac{\dot{A}}{A}$、$\frac{\dot{K}}{K}$、$\frac{\dot{L}}{L}$、$\frac{\dot{E}}{E}$ 则分别为产出、TFP、资本投入、劳动投入、能源消费的增长率。于是，TFP 的增长

率便可以由下式表示：

$$\frac{\dot{A}}{A} = \frac{\dot{Y}}{L} - \alpha \frac{\dot{K}}{K} - \beta \frac{\dot{L}}{L} - \gamma \frac{\dot{E}}{E} \tag{5}$$

另外，根据式（4），也可以得到各要素对经济增长的贡献程度。

为了能够准确测度各类生产要素及 TFP 变化对经济增长的贡献，需要对三类生产要素的投入进行估算。考虑到工业部门及其内部各行业的能源消费数据可以从历年的统计年鉴中直接获得①，那么对资本投入与劳动投入的估算便成为接下来需要解决的问题。

资本要素投入方面，当前较为严谨完善的核算体系当属 OECD（2001）的《资本测算手册》，该手册充分吸收了以 Jorgenson（1963）为代表的诸多经济学家的理论学说，将投资理论的有关内容引入资本测算的过程中，并成为规范 OECD 成员国进行资本投入及全要素生产率测算的重要参考依据。该手册明确指出，真正作为要素投入参与生产的应该是资本服务而非一般意义上的存量资本，因此在估算过程中，除历年的固定资本形成额外，更要将不同类型存量资本的生产能力变化情况（即年限—效率模式）与使用报废情况（及退役模式）纳入考虑范围。本文将从度量资本服务数量的指标——生产性资本存量出发，将不同种类资本品的年限—效率模式与退役模式的数理模型纳入考虑范畴，进而通过永续盘存法（PIM）来完成生产性资本存量的估算。

依托 OECD（2001）的《资本测算手册》，我们采用双曲线的年限—效率模型来描述存量资本的生产能力变化（用 h 表示），而退役模式则采用对数正态分布来进行刻画（用 F 表示）。用公式可分别表示为：

$$h_n(\text{hyperbolic}) = \frac{T - n}{T - b \cdot n} \tag{6}$$

$$F_T = \frac{1}{T\sigma\sqrt{2\pi}} e^{-(\ln T - \mu)^2/2\sigma^2} \tag{7}$$

式（6）中，T 为资本的服务年限，n 为当前年份，而参数 b≤1 则决定了函数的形式。按照 OECD（2001）的介绍，一般来说，在双曲线的年限—效率模式下，存量资本的生产能力衰减情况随时间推移会呈现出从相对较慢到不断加快的变化趋势。式（7）中，T 是资本的役龄（Vintage），σ 和 μ 分别是对数正态分布函数的标准差和均值，$\sigma = \sqrt{\ln(1 + (\text{m/s})^{-2})}$，$\mu = \ln m - 0.5\sigma^2$。其中，m 代表资本的平均服务年限，而 s 的取值范围一般为 $[\text{m/4}, \text{m/2}]$。

设定好存量资本的年限—效率模式与退役模式后，即可采用永续盘存法（PIM）来估算出类存量资本在 t 时点的"生产性资本存量"；确定该类资本价格（或用户成本）后，用二者相乘便可估算出资本要素投入（即资本服务的价值）：

$$K_{i,t}^P = \sum_{\tau=0}^{T} h_{i,\tau} \cdot F_{i,\tau} \frac{IN_{i,t-\tau}}{q_{i,t-\tau,0}} \tag{8}$$

$$\mu_{i,t,s} = q_{i,t,s}(r_t + d_{i,t,s} - \rho_{i,t} + d_{i,t,s}\rho_{i,t}) = \mu_{i,t,0} \cdot h_{i,s} \cdot F_{i,s} \tag{9}$$

式（8）、式（9）中，$IN_{i,t}$ 代表 t 时期对第 i 类资本的投资支出，即"固定资本形成"；$q_{i,t,0}$ 是价格指数；$h_{i,\tau}$、$F_{i,\tau}$ 分别为资本的年限—效率模式和退役模式；下标 s 代表资本役龄，μ 为用户成本，q 为资产价格，r 为资本回报率，d 为资产折旧率，ρ 为资产价格的变化。

劳动要素投入方面，与资本投入类似，作为要素投入的是就业人员贡献的劳动工时数而非就业人数本身，这主要是因为劳动工时的变化情况与法定工作日及工作时间的变化、劳动者的加班加点、从业人

---

① 由于工业生产中，参与生产的是"能源消费"而非"能源投入"，故在后文的实证过程中，一律采用能源消费的有关数据，而事实上，能源的投入量比能源的消费量更多。

员自身素质差异以及是全职或是兼职等因素均有关系，而这些因素是无法反映在就业人数上的（岳希明等，2008）。故有必要根据不同特征对劳动者进行分类，不同类型的劳动要素投入可以用其在总劳动报酬中所占份额作为权重进行加总。于是，劳动要素投入增长可以表示为：

$$\frac{dlnL}{dt} = \sum_i v_i \frac{dlnL_i}{dt}, \quad v_i = \frac{p_i L_i}{\sum_i p_i L_i} \tag{10}$$

其中，L 为总劳动投入；L_i 为不同类型的劳动投入，表现为劳动小时数；p_i 为第 i 种劳动投入的价格，如小时工资；v_i 为第 i 种劳动报酬所占的份额。

（二）LMDI 能源强度分解模型

对于工业能源强度来说，其影响因素主要有两方面：一方面，工业内各个行业能源强度的普遍降低会降低工业整体的能源强度，即能源的使用效率得到提高；另一方面，由于不同行业的能源利用效率不尽相同，在工业化进程中，工业内部结构会不断转换调整，各行业所占份额也会随之变化，这必然会对工业整体能源消费强度产生影响。上述影响工业能源强度变化的两种因素可称之为技术进步因子（以下简称为"技术因子"）和工业结构调整因子（以下简称为"结构因子"）。如果能准确地测算出这两种因子对工业能源强度变化的影响，那将可以对工业内部各行业的能源使用效率变化与工业结构的转换所带来的影响有较为清晰的认识，从而为政府部门有针对性地调整工业结构提供参考依据。

LMDI 因素分解模型多用来探究经济结构、能源结构、能源强度、技术进步等因素对碳排放强度变化的影响及贡献（郭朝先，2004；刘建翠，2013）。因此，本文拟采用改良后的 LMDI 因素分解模型，对工业能源强度的变化加以分解。

若将工业经济划分为 n 个部门，那么有如下等式存在：

$$E_{(t)} = \sum_i^n E_{i(t)}, \quad Y_{(t)} = \sum_i^n Y_{i(t)} \tag{11}$$

其中，t 为 i 第 t 期，i 为第 i 个经济部门，E 表示能源消费总量，Y 表示工业增加值，Y_i 表示部门 i 的增加值。于是，工业部门的总体能源消费强度可表示为：

$$e_{(t)} = \frac{E_{(t)}}{Y_{(t)}} = \frac{\sum_i^n E_{i(t)}}{\sum_i^n Y_{i(t)}} = \frac{\sum_i^n e_{i(t)} Y_{i(t)}}{\sum_i^n Y_{i(t)}} = \sum_i^n e_{i(t)} y_{i(t)} \tag{12}$$

其中，e 表示总体能源强度，即单位工业增加值的能源消费量；e_i 表示部门 i 的能源强度；y_i 表示部门 i 的增加值占总产出的份额。可以看到，总体能源强度由各部门的能源强度以及各部门增加值占比两个因素共同决定。前者反映了各部门的能源利用效率，直接表现为各部门普遍的技术进步；后者则反映了工业经济的结构变动。假设以第 m−1 年为基期，那么总体能源强度的变化可以按下式进行分解：

$$e_{(m)} - e_{(m-1)} = \sum_i^n e_{i(m)} y_{i(m)} - \sum_i^n e_{i(m-1)} y_{i(m-1)}$$
$$= \sum_i^n e_{i(m)} - e_{i(m-1)} y_{i(m)} + \sum_i^n e_{i(m-1)} (y_{i(m)} - y_{i(m-1)}) \tag{13}$$

其中，等号右边第一项表示技术因子，用来衡量各部门普遍的技术进步引起的能源强度变化；第二项表示结构因子，用来衡量产业结构的不断调整对总体能源强度的影响情况。在此基础上，可以得到技术因子与结构因子各自对总体能源强度变动率的贡献程度，即：

$$w_T = \frac{\sum_i^n (e_{i(m)} - e_{i(m-1)}) y_{i(m)}}{\sum_i^n e_{i(m)} y_{i(m)} - \sum_i^n e_{i(m-1)} y_{i(m-1)}} \tag{14}$$

$$w_S = \frac{\sum_i^n e_{i(m-1)}(y_{i(m)} - y_{i(m-1)})}{\sum_i^n e_{i(m)}y_{i(m)} - \sum_i^n e_{i(m-1)}y_{i(m-1)}} \qquad (15)$$

其中，分母 $\sum_i^n e_{i(m)}y_{i(m)} - \sum_i^n e_{i(m-1)}y_{i(m-1)}$ 代表了工业总体能源强度的年度变化。假设分母值为负，则意味着能源消费强度降低。那么对于式（14）来说，如果分子的值也为负，那么 w_T 值为正，意味着各行业因技术进步带动能源消费强度降低；反之亦然。对于式（15）来说，w_S 值为正为负的变化含义与式（14）道理等同。

三、能源消费对工业经济增长影响的实证分析

（一）数据来源与说明

对工业部门进行划分的过程中，在尽可能贴近现行国民统计核算体系的同时，根据数据的可获得性，我们将行业性质相近的部门进行合并。最后，将工业部门细分为 10 个行业，分别为：采掘业，食品加工业，纺织业，炼焦、燃气、石油加工业，化学工业，非金属矿物制品业，金属制品业，机械设备制造业，其他制造业，电力热力业。

为了确保宏观经济整体与各行业要素投入在核算过程中的平衡性，对于各细分行业资本要素投入与劳动要素投入的缺失数据，我们参考蔡跃洲等（2017）"先宏观后行业"的处理思路，先对国民经济总体的资本投入与劳动投入进行总量上的估算，然后再按照 OECD（2001）中的方法计算得到工业内部各行业的资本与劳动要素占国民经济总体资本投入与劳动投入的份额，进而得到工业各部门的要素投入数量。

1. 资本投入估算

在生产过程中，不同类型的资本在生产能力变化、使用寿命与退役模式等方面是有所不同的。例如，建筑厂房与一般的机器相比，若干年后，前者能够在生产中提供的服务能力不会有明显变化，但后者由于折旧速率较快可能已经濒临报废。因此，为了区分不同类型的资本在生产过程中所具备的不同的生产能力变化、役龄与退役模式，我们根据《中国统计年鉴》中对固定资产投资构成的划分，对应地将资本也划分为"建筑物""机器设备""其他"三大类，并参考 OECD（2001）、蔡跃洲等（2015）、曹跃群等（2012）的思路，对其分别进行参数设定（见表 1）。

表 1　各类资本的参数设定（含年限—效率模式与退役模式）

	建筑物	机器设备	其他
服务年限 T（年限—效率模式）	38	16	20
参数 b（退役模式）	0.75	0.5	0.6

于是，结合第二部分中的思路，按照以下步骤对资本投入（即资本服务）进行估算：首先，综合《中国国内生产总值核算历史资料：1952~2004》、历年《投入产出表》等统计资料，并补齐缺失年份数据后可形成 1952~2014 年"固定资本形成总额"数据序列；假定每年三大类固定资产形成额占固定资产形成总额的比重与相应年份三大类固定资产投资额占固定资产投资总额比重基本一致，据此，将历年固定资本形成总额按上述比重分解，从而得到"建筑物""机器设备""其他"三类固定资本形成数据序列。其次，从历年《中国统计年鉴》中可获得 1990 年以来"建筑安装工程投资""设备购置投资"和"其他费

用"三类细分的固定资产投资价格指数，并利用《中国国内生产总值核算历史资料：1952~2004》中的"现价固定资本形成总额"与"不变价固定资本形成增长率"计算出 1990 年以前的固定资产投资价格指数，进而推算出 1952~1989 年的缺失数据。再次，将各类资本历年的固定资本形成额分别折算成 2012年不变价，并结合已设定好的年限—效率模式与退役模式，按照式（8）进行永续盘存的估算工作，从而得到各类资本的生产性资本存量，即资本服务的数量。最后，根据"劳动报酬与资本报酬之和等于国民经济总产出"这一等量关系，利用资金流量表中的"劳动者报酬"数据，可以计算出历年（平均）资本回报率 r_t，将其代入式（9）可求出各类生产性存量资本的用户成本，结合生产性资本存量可进一步估算出各类资本服务的价值，即国民经济的各类资本要素投入。

在分行业的资本要素估算方面，我们依旧将各行业的资本要素划分为"建筑物""机器设备"和"其他"，并以各行业各类资本的历年固定资产投资额为基础，分别进行永续盘存处理，进而可以算出 10 个行业中每一类资本所占的比重，如此一来，便可得到所有行业历年的资本要素投入。

2. 劳动投入估算

在劳动投入总量估算中，我们直接参考蔡跃洲等（2015）的思路及具体估算方法，以劳动小时作为衡量劳动要素投入的数量单位，并充分考虑劳动者教育程度分布情况，将各类劳动（时间）的价值（即劳动要素投入总量）的估算数据延长至 2014 年。具体而言，是基于"中国综合社会调查"（CGSS）、"中国家庭收入调查"（CHIP）、历年《中国劳动统计年鉴》与 Barro 等（2013）的"世界各国教育分布数据库"中关于不同教育程度劳动者的工资和劳动时间与全国劳动者教育程度分布状况的有关数据，将劳动投入按照不同的教育程度进行划分；而受家庭调查的样本数限制，不同教育程度劳动者工资和劳动时间的数据波动较大。假设不同教育程度劳动者的工作时间及其相对工资基本保持不变。在此基础上，我们计算了调查所覆盖年份（1995 年、2002 年、2005 年、2006 年、2007 年、2008 年、2010 年、2011 年、2012 年、2013 年）的不同教育程度劳动者的平均工作时间及相对工资平均值，并以上述平均值作为恒定值。此外，《中国劳动统计年鉴》中的劳动者教育程度分布最早只到 1996 年，之前年份的数据我们用 Barro 等（2013）数据中 15 岁以上人口的教育程度分布作为替代，并将中间空缺年份用内插法补全。另外，由于统计口径的变化，我们根据 Holz（2006）对 1990 年前的劳动人数进行了调整，于是可以得到在工业内部各行业的劳动投入序列。

（二）实证结果与分析

根据式（2），我们采用 Stata 软件对工业整体及其内部 10 个行业 2000~2014 年的数据分别进行OLS计量回归，得到结果如表 2 所示：

表 2　2000~2014 年工业各部门要素产出弹性的回归结果

	ln（K/L）		ln（E/L）		Δ 系数		劳动产出弹性 β
	系数 α	收尾概率	系数 γ	收尾概率	系数	收尾概率	
工业	0.483****	0.000	0.421****	0.000	-0.357****	0.000	0.096
（1）采掘业	0.757****	0.000	0.123*	0.060	-0.226****	0.000	0.120
（2）食品加工业	0.485****	0.000	0.468**	0.047	0.432****	0.000	0.047
（3）纺织业	0.577****	0.000	0.307***	0.004	-0.159****	0.000	0.116
（4）炼焦、燃气、石油加工业	0.676****	0.000	0.319***	0.010	-0.391**	0.021	0.005
（5）化学工业	0.489****	0.000	0.428**	0.013	-0.569****	0.001	0.083
（6）非金属矿物制品业	0.297****	0.000	0.557****	0.000	-0.565****	0.001	0.146

续表

	ln (K/L)		ln (E/L)		Δ 系数		劳动产出弹性 β
	系数 α	收尾概率	系数 γ	收尾概率	系数	收尾概率	
（7）金属制品业	0.696****	0.000	0.142***	0.004	−0.301****	0.000	0.162
（8）机械设备制造业	0.224****	0.000	0.642****	0.000	0.703****	0.000	0.134
（9）其他制造业	0.827****	0.000	−0.304**	0.025	1.002****	0.000	0.477
（10）电力热力业	0.747****	0.000	0.376**	0.014	−1.836****	0.000	−0.123

注：*、**、***、**** 分别表示估计值在 10%、5%、1% 和 1‰ 的水平上显著。

基于式（2）所确定的回归模型，工业整体及 10 个行业的拟合优度均达到 0.99 以上，拟合情况良好，且根据表 2 可知，所有变量在 10%、5%、1% 或 1‰ 的显著性水平上均通过检验。进而，根据前文 α + β + γ = 1，可以得到工业整体及 10 个行业的劳动投入的产出弹性。我们发现，2000~2014 年中国工业的能源产出弹性高达 0.421，接近同期资本产出弹性的数值；而劳动产出弹性很低，仅为 0.096。由此可以初步判断，2000 年以来，资本和能源在推动中国工业化进程方面的作用更大，也意味着工业经济增长主要是依靠资本投入的不断积累与能源消费的持续增加来实现的。这也基本符合中国工业发展的实际。

分行业看，除个别行业外，各行业均呈现出资本和能源"双驱动"特征，且能源产出弹性均小于资本产出弹性。"机械设备制造业""非金属矿物制品业"的能源产出弹性远大于资本产出弹性，反映出能源消费在这两个行业增长中扮演了更为重要的角色；"其他制造业"的能源产出弹性则为负值，说明随着其他制造业包括废弃资源综合利用、机械和设备修理等领域的增长，能源消费呈负增长态势，这可能是由于其他制造业本身对能源的需求不大造成的。

进一步地，在得到各类生产要素的产出弹性后，根据式（3）~ 式（5）可以对 2000~2014 年工业整体经济增长的来源进行分解，进而测算出各行业资本、劳动、能源与 TFP 分别对各行业的贡献程度。具体结果如表 3 所示：

表 3　2000~2014 年工业经济增长来源分解与各要素的平均贡献

单位：%

	平均增速	贡献程度
工业增加值	10.03	100
资本投入	6.26	62.45
劳动投入	0.06	0.61
能源消费	3.49	34.78
TFP	0.22	2.16

注："平均增速"中各数值分别代表由工业及其内部细分行业资本要素投入、劳动要素投入增加、能源消费增加与 TFP 提升带动的工业增加值的增长（百分点）。

沿用这一方法，进一步可以将考察深入到 10 个细分行业之中，同样可以获得各要素对本部门经济增长的贡献程度。具体结果如表 4 所示：

表4 2000~2014年工业各行业要素对本部门增长的平均贡献

单位：%

工业内部各行业	资本投入	劳动投入	能源消费	TFP
（1）采掘业	87.85	−0.92	8.38	4.69
（2）食品加工业	69.77	0.64	24.09	5.50
（3）纺织业	77.25	0.49	24.22	−1.96
（4）炼焦、燃气、石油加工业	74.67	−0.07	24.19	1.22
（5）化学工业	65.03	0.32	33.57	1.07
（6）非金属矿物制品业	45.53	−0.25	46.53	8.18
（7）金属制品业	84.83	−0.60	14.49	1.28
（8）机械设备制造业	33.93	2.43	59.05	4.59
（9）其他制造业	117.58	−7.03	−11.77	1.23
（10）电力热力业	74.43	−0.74	25.17	1.14

由于不同阶段发展状况不同，经济结构也发生了变化，故有必要分时间段进行考察，从而对不同阶段的要素贡献差异及背后的原因进行更为深入的剖析。基于对2000~2014年经济周期性波动的判断，我们以2008年为时间节点[①]，分别对2000~2008年与2009~2014年中国工业经济的增长特点进行考察，从而可以得到各要素投入与TFP增长对各行业增长的贡献变化。结果如表5所示：

表5 各阶段工业各部门能源消费与TFP对本部门增长的平均贡献

单位：%

行业	2000~2008年				2009~2014年			
	资本投入	劳动投入	能源消费	TFP	资本投入	劳动投入	能源消费	TFP
工业	55.46	1.19	35.35	8	75.64	−0.47	33.7	−8.87
（1）采掘业	83.67	3.42	7.59	5.32	95.76	−9.13	9.86	3.51
（2）食品加工业	57.28	0.24	21.79	20.69	93.36	1.39	28.44	−23.19
（3）纺织业	66.95	0.64	27.87	4.54	96.7	0.21	17.32	−14.23
（4）炼焦、燃气、石油加工业	78.27	−0.01	21.49	0.25	67.85	−0.18	29.28	3.05
（5）化学工业	56.65	0.05	33	10.3	80.85	0.84	34.64	−16.33
（6）非金属矿物制品业	36.12	−1.29	47.7	17.47	63.31	1.73	44.32	−9.36
（7）金属制品业	79.8	0.09	16.2	3.91	94.32	−1.9	11.26	−3.68
（8）机械设备制造业	27.55	2.13	59.93	10.39	45.99	2.99	57.39	−6.37
（9）其他制造业	95.27	0.32	−5.9	10.31	159.7	−20.92	−23.04	−15.74
（10）电力热力业	79.71	−3.34	21.05	2.58	64.44	4.18	32.94	−1.56

从表3、表4和表5中可以看出，2000~2008年与2009~2014年，不同要素对中国工业经济增长的贡献有以下主要特点：

第一，从整体情况来看，2000~2014年资本投入对工业整体的平均贡献率高达62.45%，资本是这期间支撑中国工业经济增长的主导因素；而能源要素的平均贡献率超过了1/3，也起到了重要的支撑作用。

---

① 即对全球金融危机爆发前后的中国工业经济发展进行分段考察。

相比之下，TFP与劳动投入的贡献率均较低，分别只有2.16%和0.61%。分行业来看，各部门也基本都呈现出较为明显的"资本与能源主导，TFP与劳动为辅"的要素贡献特征。这一方面印证了21世纪以来中国工业经济呈现出的要素驱动特别是投资驱动的增长特征，另一方面也映射出中国工业经济较为明显的粗放式发展模式。

第二，从变化趋势来看，2008年以后，工业整体及内部多数行业的资本投入对增长的贡献均有较大幅度的提升。其中，采掘业、食品加工业、纺织业、金属制品业、其他制造业的资本贡献甚至超过了90%；而各行业能源消费的贡献变动不大，2008年后较前一阶段略有下降；除采掘业和炼焦、燃气、石油加工业外，各行业TFP对增长的贡献均由前一阶段的正向贡献变为后一阶段的负向贡献。这反映了自2008年金融危机以来，中国工业经济几乎完全是以投资驱动为主导的低质量增长，以"四万亿计划"为代表的一揽子经济刺激政策带动了工业经济增长的同时，拉高了资本对增长的贡献，但是对TFP的贡献形成了挤压。2008年后，劳动要素在多数行业中也呈现出负向贡献，主要是因为劳动工时呈下降趋势，原因可能在于，随着科技不断发展，越来越多的机器投入到工业生产活动中，在一定程度上对工人的劳动工时造成了排挤；同时，近年来互联网、云计算等信息通信技术的发展，大大提高了工业各行业的生产效率，这也相应地减少了工人们的劳动时间；此外，服务业的不断发展吸引了不少劳动人员从工业部门转移至服务业部门。这些都会造成工业各行业的劳动投入不断下降，进而导致其贡献多为负值。

第三，从能源要素的贡献度来看，对比2008年前后，能源消费对工业整体增长的贡献变化不大，为仅次于资本投入的重要角色。分行业看，2009~2014年非金属矿物制品业、机械设备制造业、化学工业、电力热力业及炼焦、燃气、石油加工业等的能源消费贡献程度相对较高；机械设备制造业、非金属矿物制品业的能源贡献度超过了资本投入并占据首位，与前文中这两个行业能源产出弹性大于资本产出弹性的测算结果是吻合的，这也反映了机械设备制造业和非金属矿物制品业对能源的依赖程度较高。

上述分析结果表明，21世纪以来中国能源消费量快速增加，这一方面是由于国内工业化进程不断加快，经济发展对能源的需求不断增加；另一方面则是因为加入WTO后，中国积极融入全球产业分工体系，加之国内要素价格长期扭曲，土地、能源、劳动力和原材料价格相对低廉，越来越多的非核心部件加工制造和劳动密集型装配环节被转移到中国，"投资+出口"导向型经济增长模式得到了进一步强化，形成了以高耗能行业为主导的工业结构。高耗能行业的快速扩张带动了能源消费的急剧增长，能源的大量投入为高耗能行业的增长提供了坚实的物质基础。因此，能源成为仅次于投资的促进工业经济增长的重要因素。

在观察到能源对工业增长起到重要作用的同时，我们也应注意到，2000~2014年TFP对工业增长的贡献份额较小且不太稳定，2008年后TFP贡献较前一阶段下降，甚至降为负值。TFP贡献为负的原因，如前文所述，可能的一个解释是，2008年后"四万亿计划"中以工程建设为主要投向的资金增速甚至超过了GDP增速，拉高了资本贡献的同时，对TFP贡献形成了挤压，导致TFP贡献出现负值。即便如此，事实上TFP贡献较资本、能源贡献仍然要小得多。在能源供给日趋紧张的今天，节能已是势在必行，而有效提高工业部门的全要素生产率，才是推动工业各部门乃至整个国民经济可持续健康发展的关键。因此，应充分发挥科技对工业发展的引领支撑作用，切实有效提高全要素生产率，在提高能源利用效率的基础上，减少能源消费总量。

四、工业能源强度的 LMDI 分解与分析

我们进一步测算各部门的技术进步与工业结构转换对于工业总体能源强度的影响情况。将历年增加值均平减为 2012 年不变价后，结合式（11）~ 式（15），以 2000 年为基期，可以得到 2000~2014 年工业各部门能源强度的变化以及各部门技术因子和结构因子的影响；进而，同样以 2008 年为时间节点，将考察阶段划分为 2000~2008 年与 2009~2014 年，于是可以分别计算出不同阶段各部门的技术因子和结构因子对工业部门能源强度变化的贡献程度。具体结果如表 6 所示。

表 6　2000~2014 年按各行业对总体能源强度变化影响的分解

单位：吨标准煤/万元增加值

	能源强度变化			平均贡献程度（%）		
	2000~2008 年	2009~2014 年	2000~2014 年	2000~2008 年	2009~2014 年	2000~2014 年
工业总体能源强度变化	−0.6582	−0.2469	−0.9051	100.00	100.00	100.00
技术因子贡献加总	−0.8702	−0.3417	−1.2119	132.22	138.37	133.89
（1）采掘业	−0.1922	0.0090	−0.1833	29.20	−3.62	20.25
（2）食品加工业	−0.0173	−0.0193	−0.0365	2.63	7.80	4.04
（3）纺织业	−0.0100	−0.0090	−0.0189	1.51	3.63	2.09
（4）炼焦、燃气、石油加工业	−0.0252	−0.0358	−0.0610	3.83	14.49	6.74
（5）化学工业	−0.0771	−0.0627	−0.1398	11.72	25.38	15.45
（6）非金属矿物制品业	−0.0996	−0.0546	−0.1542	15.14	22.11	17.04
（7）金属制品业	−0.3236	−0.1123	−0.4359	49.17	45.47	48.16
（8）机械设备制造业	−0.0235	−0.0064	−0.0300	3.57	2.61	3.31
（9）其他制造业	−0.0214	−0.0005	−0.0219	3.25	0.22	2.42
（10）电力热力业	−0.0802	−0.0501	−0.1303	12.19	20.28	14.40
结构因子贡献加总	0.2120	0.0947	0.3068	−32.22	−38.37	−33.89
（1）采掘业	0.0538	−0.0290	0.0248	−8.18	11.74	−2.74
（2）食品加工业	−0.0162	0.0091	−0.0071	2.46	−3.70	0.78
（3）纺织业	−0.0231	−0.0164	−0.0394	3.50	6.63	4.36
（4）炼焦、燃气、石油加工业	−0.0515	0.0251	−0.0265	7.83	−10.14	2.93
（5）化学工业	−0.0570	0.0225	−0.0345	8.66	−9.11	3.81
（6）非金属矿物制品业	0.0455	0.0242	0.0697	−6.92	−9.79	−7.70
（7）金属制品业	0.2993	0.0326	0.3319	−45.48	−13.20	−36.68
（8）机械设备制造业	0.0014	−0.0034	−0.0020	−0.22	1.38	0.22
（9）其他制造业	0.0033	−0.0014	0.0019	−0.50	0.56	−0.21
（10）电力热力业	−0.0436	0.0314	−0.0121	6.62	−12.73	1.34

从表 6 可以看出，2000 年以来中国工业部门能源强度变化以及技术因子和结构因子对其贡献主要有以下特点：

第一，从整体来看，2000~2014 年工业部门能源强度下降了 0.91 吨标准煤/万元增加值，降幅为 40.58%。其中，技术因子使能源强度下降了 1.21 吨标准煤/万元增加值，而结构因子却使能源强度提高了 0.31 吨标准煤/万元增加值，二者的贡献分别 133.89% 和-33.89%。这说明工业部门的技术进步提高了能源使用效率，能源强度的下降起到了决定性作用；而工业结构转换对工业整体能源使用效率的提升作用有限，甚至可以说是起到了负作用。分阶段来看，2009~2014 年工业能源强度年均降幅与 2000~2008 年相比明显趋缓，可能的原因一方面在于通过技术进步推动能源使用效率提升的难度日益增加；另一方面，能源强度与产业结构也息息相关，2008 年后高耗能行业的增加值比重较前一阶段不但没有下降，反而上升了 5.42 个百分点[1]。高耗能行业的扩张使产业结构呈现重化趋势，能源消费量剧增，可能抵消部分技术进步带来的效率提升，使能源强度整体下降幅度呈现放缓趋势。

第二，从技术因子贡献来看，2000~2014 年，食品加工业，纺织业，炼焦、燃气、石油加工业，机械设备制造业和其他制造业五个行业的技术因子平均贡献率相对较低，均未超过 7%；金属制品业和采掘业的技术因子平均贡献率则相对较高，分别达到了 48.16% 和 20.25%，非金属矿物制品业、化学工业、电力热力业的技术因子贡献率也均在 15% 左右。分阶段看，2008 年后，采掘业、金属制品业、机械设备制造业和其他制造业的技术因子贡献较前一阶段有所下降，这些行业通过技术进步提高能源使用效率的难度在加大，其中采掘业技术进步对能源强度下降的贡献由正转负；其余行业如食品加工业、纺织工业、化学工业、非金属矿物制品业、电力热力业和炼焦、燃气、石油加工业 2008 年后技术因子贡献较前一阶段有所上升，说明这些行业的技术进步加速了能源强度的下降。

第三，从结构因子贡献来看，2000~2014 年结构因子对工业整体能源强度变化的反向贡献几乎全部来自金属制品业，这与其技术因子较高的贡献度形成鲜明的反差；结构因子的反向贡献还来自非金属矿物制品业、采掘业和其他制造业。分阶段看，2008 年后金属制品业的结构因子反向贡献程度有所降低；同样作为高耗能行业的化学工业，非金属矿物制造业，炼焦、燃气、石油加工业和电力热力业，2008 年后其结构因子均对工业总体能源强度带来了负向贡献，且有加剧的趋势。这说明，由于高耗能产业增加值比重不降反升，使产业结构呈现重化趋势，2000 年以来工业结构转换并没有取得实质性进展，工业内部结构调整缓慢对能源强度下降起到了负面作用。因此，推动工业内部结构的调整也是提高能源使用效率、促进工业节能的重要途径。

但是，究其原因，2000 年以来工业结构调整缓慢正是工业内部以高耗能产业为主导的产业结构特征造成的。高耗能产业对能源的需求量大，而大量的能源消耗支撑了高耗能产业的快速扩张。因此可以说，高度依赖于能源的高耗能产业的快速发展阻碍了工业结构调整。一方面，2000 年以后中国工业化进程加速，城镇化建设加快，发展阶段决定了 21 世纪以来中国对基础设施建设的需求较大，固定资产投资规模保持较高增速，高耗能产业的发展有其合理性和必然性；另一方面，由于要素价格长期扭曲，价格形成机制不完善，能源价格一直未包含环境成本并长期处于较低水平，使得高耗能项目不断增多。此外，由于部分地区一时未能找到新的经济增长点，形成对传统发展路径的依赖，也是高耗能项目欲罢不能的重要原因。未来一段时期，中国工业化进入中后期阶段，城镇化建设继续推进，还需要大量能源的支撑，工业结构重化趋势难以得到迅速逆转，结构调整道阻且长。

---

[1] 2008 年高耗能行业增加值占工业比重为 37.28%，2014 年该比重增至 42.71%。

五、结论与建议

2000 年以来，中国工业经济保持较快增长的同时，也出现了一系列能源环境问题，工业经济增长受到能源与环境的双重约束，工业结构转型也面临一些问题。本文依托以 C—D 生产函数为基础的要素贡献测度模型，对 2000~2014 年中国工业能源消费如何影响工业增长进行了定量研究。在此基础上，进一步运用改良后的 LMDI 能源强度分解模型对工业各部门的技术进步与结构转换如何影响工业能源强度变化进行了较为深入的探讨。结果显示：

第一，从产出弹性来看，2000~2014 年中国工业的能源产出弹性高达 0.421，接近同期资本产出弹性，远高于劳动产出弹性。除个别行业外，各行业基本呈现出资本和能源"双驱动"特征。资本和能源在推动中国工业化进程中起主要作用，工业经济增长主要是依靠资本投入的不断积累与能源消费的持续增加来实现的。

第二，从要素贡献来看，能源消费对中国工业经济增长的贡献仅次于资本贡献，高于 TFP 贡献和劳动贡献。分行业来看，各部门也基本呈现出较明显的"资本与能源主导，TFP 与劳动为辅"的要素贡献特征。2008 年后，"四万亿计划"中以工程建设为主要投向的资金增速超过了 GDP 增速，在拉高资本贡献的同时，对 TFP 贡献形成了挤压，导致 TFP 贡献出现负值。

第三，从能源强度分解情况来看，2000~2014 年中国能源强度呈下降趋势，能源使用效率提高，技术因子贡献起决定性作用，但是能源强度下降幅度放缓，依靠技术进步推动能效提升已越来越难。

第四，2000 年以来高耗能产业增加值比重不降反升，工业结构转换进展缓慢，结构因子对能源强度降低所起的作用有限，甚至可以说是起到负作用。高耗能产业的持续扩张带动了能源消费量的剧增，反过来也阻碍了工业结构调整。

面对经济增长速度换挡、能源资源环境约束以及国际环境变化，如何在工业化中后期，不断促进产业结构优化升级、努力提高工业部门全要素生产率，以实现国民经济可持续发展，是摆在我们面前的重大理论和现实问题。在能源供应日趋紧张、环境污染日益严重的背景下，大力推进工业、能源供给侧结构改革是应对中国经济新常态、解决经济增长与能源约束、环境污染之间矛盾的必然选择。结合实证研究结论，本文有以下几点政策建议：

第一，贯彻落实创新驱动发展战略，坚持创新发展理念，充分发挥科技对工业发展的引领支撑作用，促进全要素生产率的提升，提高工业经济增长的科技含量，并能够切实通过技术进步来提高各部门的能源使用效率。当今世界正处在新一轮科技革命和产业变革孕育期，颠覆性技术不断涌现，积极推进能源领域技术创新，尤其是节能和新能源领域的技术创新，是加速能源生产和消费变革的重要路径，对提高我国能源效率、保障能源安全和减轻环境压力有重要意义。

第二，推动工业供给侧结构性改革，着力运用税收、环境规制等政策工具，引导生产要素更多地向低能耗、低污染、高技术含量的行业中配置，从而实现工业整体能耗水平的进一步降低。现阶段，能源效率的提高与产业结构优化具有一定的内在一致性，而产业结构的调整和优化是一项系统工程，受到各种因素的影响，一方面政府可以通过制定各种产业政策和能源消费政策来引导产业结构的调整；另一方面也可以通过能源价格改革来调节不同产业的需求，从而达到引导产业结构调整和优化的目的。

第三，推动能源供给结构调整与发展模式变革协同共进，积极培育可再生能源、核电、天然气等新兴能源需求，加强能源整体规划引导，引导资源进行优化配置，加快工业能源使用的绿色化进程，调整能源供给结构，同时提高能源利用效率，以实现能源与经济可持续性发展的目的。

〔参考文献〕

[1] 蔡跃洲，付一夫. 全要素生产率增长中的技术效应与结构效应——基于中国宏观和产业数据的测算及分解 [J]. 经济研究，2017（1）：72-88.

[2] 蔡跃洲，张钧南. 信息通信技术对中国经济增长的替代效应与渗透效应——基于乔根森增长核算框架的测算与分析 [J]. 经济研究，2015（12）：100-114.

[3] 曹跃群，秦增强，齐倩. 中国资本服务估算 [J]. 统计研究，2012（12）：45-52.

[4] 查建平，唐方方，傅浩. 中国能源消费、碳排放与工业经济增长——一个脱钩理论视角的实证分析 [J]. 当代经济科学，2011（6）：81-89.

[5] 范振林，马苗卉，黄建华. 我国能源消费与工业增长变化关系研究[J]. 中国国土资源经济，2016，29（10）：60-64.

[6] 郭朝先. 中国碳排放因素分解：基于 LMDI 分解技术 [J]. 中国人口·资源与环境，2010（12）：4-9.

[7] 姜磊，闫云凤. 中国 29 个行业能源消费与工业增长关系的研究 [J]. 产经评论，2012（3）：32-40.

[8] 解垩. 能源消费与中国工业生产率增长 [J]. 中国人口·资源与环境，2008（3）：88-92.

[9] 刘爱芹. 山东省能源消费与工业经济增长的灰色关联分析 [J]. 中国人口·资源与环境，2008（3）：103-107.

[10] 刘凤朝，孙玉涛. 技术创新、产业结构调整对能源消费影响的实证分析 [J]. 中国人口·资源与环境，2008（3）：108-113.

[11] 刘建翠. 产业结构变动、技术进步与碳排放 [J]. 首都经济贸易大学学报，2013（5）：14-20.

[12] 刘满平，朱霖. 中国产业结构调整与能源供给、消费的协调发展研究 [J]. 中国能源，2006（1）：11-14.

[13] 蒲志仲，刘新卫，毛程丝. 能源对中国工业化时期经济增长的贡献分析 [J]. 数量经济技术经济研究，2015（10）：3-19.

[14] 史丹. 我国经济增长过程中能源效率的改进 [J]. 经济研究，2002（9）：32-39.

[15] 史丹. 结构变动是影响我国能源消费的主要因素 [J]. 中国工业经济，2009（11）：38-43.

[16] 谭元发. 能源消费与工业经济增长的协整与 ECM 分析 [J]. 统计与决策，2011（4）：89-91.

[17] 岳希明，任若恩. 测量中国经济的劳动投入：1982~2000 年 [J]. 经济研究，2008（3）：16-28.

[18] 张宗成，周猛. 中国经济增长与能源消费的异常关系分析 [J]. 上海经济研究，2004（4）：41-46.

[19] Granger, C. W. J, 1969. "Investigating Causal Relations by Econometric Models and Cross-Spectral Methods", Econometrica, 37, pp.424-438.

[20] Ghali, K. H. and El-Sakka, 2004. "Energy Use and Output Growth in Canada: A Multivariate Cointegration Analysis", Energy Economics, 26, pp.225-238.

[21] IPPC, WGI, 2001. Summary for Policymaker Climate Change 2001: Impacts, Adaption and Vulnerability, http://www.ippc.ch/pub/spm22-01.

[22] Solow, R. M. and Wan F. Y., 1976. "Extraction Costs in the Theory of Exhaustible Resources", *Bell Journal of Economics*, 7, pp.359-370.

[23] Stiglitz E., 1974. "Growth with Exhaustible Resources: Efficient and Optimal Growth Paths", *Review of Economic Studies*, 89, pp.109-115.

[24] Jaffe A., Newell R. and Stavins R., 2003. "Technological Change and the Environment", In: Mtler, K-G., Vincent, J. (Eds.), Handbook of Environmental Economies. North-Holland, Amsterdam.

[25] Bretschger, 2005. "Economies of Technological Change and the Natural Environment: How Effective Are Innovations as a Remedy for Resource Scarcity?", *Ecological Economics*, 54, pp.148-163.

[26] Tsur Y. and Zemel A., 2005. "Scarcity, Growth and R&D", *Journal of Environmental Economics and Management*, 49, pp.484-499.

[27] OECD, 2001. "Measuring Capital—Measurement of Capital Stocks, Consumption of Fixed Capital and Capital Services", OECD Manual.

[28] Jorgenson, D. W., 1963. "Capital Theory and Investment Behavior", *American Economic Review*, 53, pp.247-259.

（本文发表在《西部论坛》2017 年第 4 期）

中国碳排放空间相关与空间溢出效应研究

刘佳骏　史　丹　汪　川

摘　要：本文利用空间相关模型与空间溢出模型，结合全国 30 个省份的面板数据分析我国碳排放强度与人均碳排放的空间效应关系，研究结果表明：2000~2010 年，碳排放强度在局部范围内具有较高的空间相关性，"冷点"区与"热点"地区空间格局相对稳定；人均碳排放强度局部范围内空间相关性较低，没有出现显著的"凸点"和"凹点"现象；碳排放强度溢出效应显著区域主要集中在东部沿海经济发达省份与中西部传统能源产品输出省份，人均碳排放溢出效应显著的区域主要集中在环渤海与长三角城市群聚集的省份，中部（两湖、徽、赣）和云贵高原的人均碳排放存在一定集聚效应，但东部沿海经济发达省份碳排放强度与人均碳排放对碳排放占全国份额的发散效应显著，而中西部能源产品输出省份收敛效应显著。

关键词：碳排放；空间相关；溢出；增长；对策建议

一、引　言

目前结合经济发展对二氧化碳排放进行研究主要集中在三个方面：一是基于环境库兹涅茨曲线（EKC）检验碳排放与经济增长是否呈现先污染后改善的倒 U 形曲线的研究，许广月等（2010）对中国的碳排放是否存在环境库兹涅茨曲线做了相关的研究。研究结果表明：中国西部地区不存在人均碳排放环境库兹涅茨曲线，但东部地区和中部地区存在该曲线，同时还推导出了各个省份人均碳排放的拐点以及到达这个拐点所需要的时间。林伯强等（2009）对中国的二氧化碳库兹涅茨曲线做了对比和预测，研究发现：中国二氧化碳库兹涅茨曲线的理论拐点对应的人均收入是 37170 元，也就是在 2020 年左右；中国以煤炭为主和高能源需求将导致二氧化碳的排放呈不断增长的趋势。二是基于 Divisia、突变级数、STIRPAT 等方法研究了二氧化碳排放量变化的影响因素，包括经济发展、人口增长等拉动因素和能源结构、能源效率等抑制因素。宋德勇（2009）采用"两阶段 LMDI"方法，从四个方面分析了影响碳排放量的因素，并进一步分解了能源强度，得出结论：我国四个阶段呈现出的不同的经济增长方式是造成碳排放波动的主要原因。李国志等（2010）将中国划分为高中低三个类型的碳排放区域，然后分析了不同

[基金项目] 国家自然科学基金"宁蒙沿黄地带城市化与环境耦合机理与调控研究"（编号：41271556）、国家能源局委托课题"'十三五'推进能源消费革命和节能减排的主要目标及对策措施研究"、国家发改委重点课题"中国低碳发展产业政策研究"（编号：201312）成果之一。

影响因素对三个区域的影响。三是以碳排放效率、碳排放强度等为主体，研究其分布状态及影响因素，从而进一步深层次地寻找低碳经济环境下如何更有效地减少碳排放，同时保证经济的持续稳定发展。李涛等（2011）采用三阶段模型求解产出水平和投入要素给定的情况下碳排放量最小的效率指标，进而分析区域效率差异的比较，认为我国的碳排放效率在不断提高，但区域之间的差距比较大，产业结构对于碳排放效率的提高有非常重要的作用。王群伟等（2010）运用 DEA 模型测算了二氧化碳排放绩效的 Malmquist 指数，同时采用面板数据及收敛理论分析了造成区域差异的原因，得出结论：技术进步是导致二氧化碳排放绩效提高的主要因素，并且二氧化碳排放绩效还存在着收敛性。

目前，国内学者也开始从空间计量的视角对区域碳排放问题进行了研究。张雷等（2010）从一次能源消费的角度探讨了中国的碳排放总量增长与空间格局变化问题，并提出了产业结构的变化决定了区域经济发展和能源消费的基本状态，而多元化产业结构会减缓能源消费和碳排放总量。宋帮英等（2010）采用空间加权回归模型对我国 30 个省份碳排放影响因素（经济发展水平、产业结构、人口和外商直接投资等）的空间差异性进行了分析。刘佳骏（2013）利用全国省级面板数据，结合重心模型对全国经济总量、碳排放与碳排放强度重心转移轨迹进行了研究，结果表明：中国碳排放量与碳排放强度重心逐渐向西南方向移动，而经济重心却呈现出向西北方向移动的轨迹。经济增长是导致碳排放增长的重要因素，能源效率可以有效抑制碳排放增长，并且能源效率的区域分布不均衡是导致碳排放重心与经济重心移动轨迹出现偏离的主要原因。

上述成果虽然对中国的碳排放问题的研究做出许多有益贡献，但是忽视了一个重要问题：相邻区域社会经济发展与碳排放的关系，即在空间上不同区域发展与碳排放的内在关系。一个国家或区域的碳排放是与其社会经济发展所处的不同阶段密切相关的，具有很强的时空属性，区域内的产业结构、能源结构、技术水平、城市化水平和人口增长等因素，区域间的贸易结构、分工合作、经济和技术溢出等因素都会影响到碳排放的总量和分布。碳排放不仅可以通过调整区域内的产业结构、能源结构和技术研发等途径来实现结构性减排，也可以通过区域间的商品贸易、产业转移等途径来实现转移性减排。因此，考虑到中国各地区的区域发展和资源禀赋极不平衡，碳排放研究不仅体现在总量增长上，更多地应体现在碳排放空间格局的动态演化上。

目前一些研究虽然从空间计量的视角对区域碳排放问题进行了探讨，但都是对区域社会经济发展状况与碳排放水平之间的关系进行研究，尤其是对我国现有区域发展模式下，未来区域碳排放的时空演化趋势缺乏系统性的分析。从目前国土空间开发格局来看，我国在一定条件下已经形成长期的区域社会经济东、中、西梯次发展的态势或格局，并且在不同区域内形成了相对的"热点"与"冷点"集聚区，存在着"极化效应"和"溢出效应"的相互作用，前者是指邻近的落后地区的优质生产要素向先进的中心区域聚集，后者则是指中心区域的生产技术、经验、投资等要素向邻近的落后地区扩散。本文利用空间相关模型，深入分析我国的区域碳排放空间特征，并利用空间滞后模型揭示我国不同区域的碳排放溢出与集聚效应，为我国未来区域碳减排方案和相关政策制定提供科学依据。

二、相关模型构建

（一）碳排放计算方法

由于目前国内尚无各省份碳排放的数据，因此本文首先依据国际通用的政府间气候变化专门委员会

（IPCC）的方法对各省 2000~2010 年的二氧化碳排放量进行估计。计算的公式为：

$$E_{(CO_2)} = \sum_{j=1}^{n} [FC_j] \times [CAL_j] \times [CC_j] \times [CO_j] \times (44/12)$$

式中，j 代表能源种类，FC 为能源消耗总量，CAL 为能源的热值，CC 为碳含量，CO 代表碳氧化率。碳排放强度的定义是区域 CO_2 排放量与其 GDP 的比值。因此，CO_2 排放强度的计算公式为：

$$\eta_i = \frac{E_{(CO_2)}}{GDP_i}$$

式中，η_i 为第 i 区域碳排放强度，$E_{(CO_2)}$ 为第 i 区域碳排放量，GDP_i 为第 i 区域 GDP。

计算中采用的各省份能源消费结构数据、一次能源消费总量数据、各种能源消耗总量数据来自历年中国能源统计年鉴、各省份统计年鉴。用于计算的各种能源热值系数来自 2011 年的中国能源统计年鉴。各种燃料消耗的碳含量、碳氧化率值来源于政府间气候变化专门委员会（IPCC）出版的国家温室气体库存指南（IPCC Guidelines for National Greenhouse Gas Inventories）能源部分第二卷第一章的表 1-3 和表 1-4。根据我国国情，煤炭、石油、天然气的碳氧化率分别设定为 0.80、0.90 和 0.90。经济数据来自《中国统计年鉴》。

（二）空间相关模型

1. 全局空间自相关模型

本文采用 Moran's I 指数，用来描述整个研究区域上所有的空间对象之间的平均关联程度、空间分布模式以及其显著性。以下介绍 Moran's I 指数的基本原理。

如果 X_i 是位置（区域）i 的观测值，则该变量的全局 Moran 指数 I，用如下公式计算：

$$I = \frac{n \sum_{i=1}^{n} \sum_{j=1}^{n} w_{ij}(x_i - \bar{x})(x_j - \bar{x})}{\sum_{i=1}^{n} \sum_{j=1}^{n} w_{ij} \sum_{i=1}^{n} (x_i - \bar{x})^2} = \frac{n \sum_{i=1}^{n} \sum_{j=1}^{n} w_{ij}(x_i - \bar{x})(x_j - \bar{x})}{S^2 \sum_{i=1}^{n} \sum_{j=1}^{n} w_{ij}}$$

式中，$S^2 = \frac{1}{n} \sum_{i=1}^{n} (x_i - \bar{x})^2$；$\bar{x} = \frac{1}{n} \sum_{i=1}^{n} x_i$；$W_{ij}$ 为空间邻接矩阵，当实体 i 与实体 j 拓扑相邻具有公共边时表示其值为 1，否则为 0。基于距离的空间权重矩阵，样本权重总值为 1。

同时，对全局空间自相关分析的结果需进行 Z 值显著性检验，根据 Z 值大小，在设定显著性水平下做出接受或拒绝零假设的判断。

2. 局部空间自相关模型

局部统计适用于识别小的空间相关，验证假设以及确定一个距离，超过这个距离空间单元将不存在相关。局部自相关可以探测出高值聚集区，称为热点；低值聚集区，称为冷点。从本质上看，局域空间自相关是将 Moran'I 分解到各个区域单元。本文定义的局部自相关系数 LISA 如下，对于某个空间单元 i 有：

$$I_i = \frac{x_i - \bar{x}}{\left[\sum_{j=1, j \neq i}^{n} x_j^2 / (n-1) \right] - \bar{x}^2} = \sum_{j=1}^{n} w_{ij}(x_j - \bar{x}) = z_i \sum_{j=1}^{n} w_{ij} z_j$$

式中，z_i 是 x_i 的标准化变换，$z_i = \frac{x_i - \bar{x}}{\sigma}$，$W_{ij}$ 为按照行和归一化后的权重矩阵（每行的和为 1，非对称）。当观察值 z_i、z_j 背离平均数时，局部 Moran'I 可以解释为从局部和全局统计之间的关系得出的一个局部不稳定指标。具体来说，I_i 的平均数等于全局 I 的一个比例。

LISA 的 Z 检验为：

$$z = \frac{I_i - E(I_i)}{\sqrt{VAR(G_i^*)}}$$

(三) 空间动态模型

本文考虑空间效应与跨期动态性，将区域碳排放增量的动态效应分解为相邻（溢出）效应和增长效应，结合空间自相关分析，构建区域碳排放占全国份额变化的空间动态效应模型。

人均碳排放空间动态面板滞后模型为：

$$\ln[E_{(CO_2)_{i,t}} / \sum E_{(CO_2)_{i,t}}] = \alpha + \beta_1(I_{n,t[EP(CO_2)]} \times W)\ln EP(CO_2)_{i,t-1} + \beta_2 \ln EP(CO_2)_{i,t} + X\delta + \mu_i + \omega_{it}$$

$$\omega_{i,t} \sim N(0, \sigma^2), \ \xi_{i,t} \sim N(0, \sigma^2)$$

碳排放强度空间动态面板滞后模型：

$$\ln[E_{(CO_2)_{i,t}} / \sum E_{(CO_2)_{i,t}}] = \alpha + \beta_1(I_{n,t[\eta(CO_2)]} \times W)\ln \eta(CO_2)_{i,t-1} + \beta_2 \ln \eta(CO_2)_{i,t} + X\delta + \mu_i + \omega_{it}$$

$$\omega_{i,t} \sim N(0, \sigma^2), \ \xi_{i,t} \sim N(0, \sigma^2)$$

式中，$I_{n,t}$ 为第 t 年的对应变量局部空间自相关系数矩阵，W 为二进制空间邻接矩阵，这里对空间权重矩阵结合空间相关系数进行改进，弥补了原始单一空间相邻概念的不足[①]。$E_{(CO_2)_{i,t}} / \sum E_{(CO_2)_{i,t}}$ 为第 i 省区第 t 年的碳排放量占全国的份额，$EP(CO_2)_{i,t}$ 为第 i 省区第 t 年的人均碳排放，$\eta(CO_2)_{i,t}$ 为第 i 省区第 t 年的碳排放强度，ξ 为随机误差项。

β_{1i} 表示第 i 地区与相邻地区间碳排放份额的竞合关系：$\beta_{1i} > 0$ 表示某一地区的碳排放会受到邻近地区碳排放强度（或人均碳排放）的溢出效应影响，其占全国份额会随着邻近地区排放强度（或人均碳排放）的增长而增长；$\beta_{1i} < 0$ 表示某一地区受到邻近地区排放强度（或人均碳排放）的集聚效应的影响，其占全国份额随着邻近地区排放强度（或人均碳排放）的增长而下降；$\beta_{1i} = 0$ 则表示无显著影响。同时动态效应也反映出碳排放份额具有时间依赖性：$\beta_{1i} > 0$ 表示某一地区上期的碳排放强度（或人均碳排放）对本期的碳排放份额具有正的促进作用；$\beta_{1i} < 0$ 表示某一地区上期的碳排放强度（或人均碳排放）对本期的碳排放份额具有负的促进作用；$\beta_{1i} = 0$ 则表示无显著影响。

β_{2i} 表示当全国碳排放量增长时，某一地区份额的变化情况：$\beta_{2i} > 0$ 表示某一省区碳排放强度（或人均碳排放）与其碳排放量占全国份额之间存在收敛效应，即某一地区碳排放占全国份额会随着该地区碳排放强度（或人均碳排放）增长而上升；$\beta_{2i} < 0$ 则表示某一省区碳排放强度（或人均碳排放）与其碳排放量占全国份额之间存在发散效应，某一地区的排放份额会随着该地区碳排放强度（或人均碳排放）增长而下降；$\beta_{2i} = 0$ 则表示无显著影响。

---

① 当研究范围内同时存在高值和低值聚集时，局部自相关系数会受聚集区域规模的影响。由于研究全国范围的碳排放，重点碳排放研究省区间的碳排放联系，故本文选取所有研究单元的局部自相关系数（Z Score）为权重矩阵，Z 值大，说明该单元的邻居的观测值大；Z 值小，说明该单元的邻居的观测值小；Z 趋向于 0，说明该单元的邻居的观测值不存在聚集现象（随机分布），$(I_{n,t} \times W)$ 形成的这种权重矩阵形式同时体现了研究最小单元的空间和数量信息，较以往研究具有一定创新意义。

三、结果分析

（一）空间相关模型分析结果

1. 碳排放强度空间格局特征

根据 2000~2010 年中国碳排放强度的空间自相关分析可知（见表 1），各年 Moran's I 值均为正，且除 2002 年通过 95%的 Z 值检验外，其余均在 99%的可置信水平以上，检验结果显著，表明全国碳排放强度具有空间正相关关系；2000 年以来，碳排放强度水平相似的省区在空间上呈现集中分布，集聚态势明显，且"十五"规划之后，Moran's I 值变化不大，空间"集中"的趋势较为稳定。

表 1　中国 2000~2010 年能源碳排放强度全局自相关 Moran's I

年份	2000	2001	2002	2003	2004	2005	2006	2007	2008	2009	2010
Moran's I	0.2319	0.2011	0.1719	0.1802	0.2036	0.2371	0.2398	0.2434	0.2488	0.2451	0.2454
$Z^*_{(1)}$	2.56	2.76	2.46	2.62	2.58	2.93	2.68	2.59	2.71	2.83	2.68

注：$*Z_{(1)} > 1.96$，表明在 5%的显著性水平；$Z_{(1)} > 2.58$，表明在 1%的显著性水平。

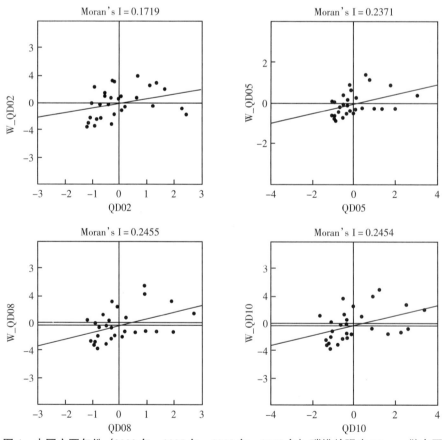

图 1　中国主要年份（2002 年、2005 年、2008 年、2010 年）碳排放强度 Moran 散点图

在此基础上进一步研究碳排放强度在局部区域的集聚分散趋势，识别碳排放强度的"冷点"和"热点"区域。

Moran 散点图中（见图1）的"高—高"（HH）和"低—低"（LL）象限表明碳排放强度的观测值存在较强的空间正相关，即具有均质性；"高—低"（HL）关联和"低—高"（LH）关联表示存在较强的空间负相关，即空间单元存在异质性。从全国2002年、2005年、2008年和2010年这四个年份的 Moran 散点图来看，各年份中位于 HH 和 LL 象限的样本数分别占总量的56%、59%、59%和63%；相应地，位于 HL 和 LH 象限的样本比例分别为44%、41%、41%和37%。这表明，研究时段内碳排放强度的空间异质性（离散分布格局）略有上升，但总体而言碳排放强度在局部范围内仍具有较高的空间相关性，局部集聚格局显著。"高—低"关联（HL）显著区是局部高值离群点类型，即碳排放强度相对高于周围的省份，主要分布于长江中游和西南地区且只有贵州省通过检验；"低—高"关联（LH）区是局部低值离群点类型，主要分布于靠近东部和南部沿海地区的内陆，但统计检验显著区较少，表明这些区域显现的"凹点"现象可能是低概率事件。

2000~2010年，全国碳排放强度的"冷点"区（低值集聚区）空间格局相对较为稳定，呈现出先减少后增多的趋势。2005年前，均分布于东部沿海的长三角地区和南部沿海的珠三角地区，而2005年后主要分布于东部沿海的长三角地区。碳排放强度的"热点"区（高值集聚区）分布变化不大，西北、黄河中游和东北地区均有分布，其中西北黄河中游甘、青、宁、陕四省区作为"热点"区的稳定度较高。此外，历年"热点"区在数量上呈现稳定趋势（见图2）。

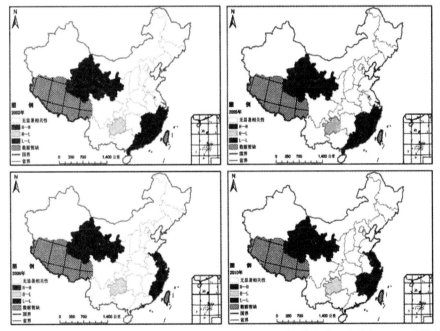

图2 中国主要年份（2002年、2005年、2008年、2010年）碳排放强度空间 LISA 集聚格局

研究时间段内，显著稳定热点区域分布主要集中在甘肃、青海、宁夏和陕西，这主要是因为长期以来西北地区作为我国重要的油气和煤炭基地，能源资源等原材料的开采消费比例较高，尤其与近年来宁蒙沿黄经济带、兰西格经济区和鄂尔多斯盆地地区油气资源的开发，能源消耗的重心逐渐向西北等地区转移的相关效应紧密相关。而碳排放强度的"冷点"区的集聚主要源于2000年后东部沿海长三角和珠三角的传统高耗能产业逐步向中西部转移，而在原有区域逐步形成以资本密集和知识创新为驱动的经济结构，逐步降低对一次能源的依赖程度，提高能源效率的结果。但在2005年后广东省却被排除在了稳定"冷点"区范围，一定程度上反映了广东省制造业目前仍然对能源的需求量较大，其产业结构仍处于向高端制造业与生产性服务业转型升级的阶段。

"高—低"关联（HL）显著稳定区只有贵州省，这一方面说明该省的碳排放强度始终处于全国较高水平，这与其长期以来较周边省区经济发展缓慢、经济发展水平与总量较低、一次能源消耗量大、使得其能源效率偏低进而推高碳排放强度有关；另一方面则反映出其被周边以具有相对较低的碳排放强度经济结构的省份包围，从而进一步地反映出四川、重庆、湖南三省目前的碳排放强度处于相对较低水平，这与这些省份目前相对贵州具有较高的经济发展速度和较大的经济总量拉低其碳排放强度有关。

2. 人均碳排放空间格局特征

根据 2000~2010 年中国人均碳排放的空间自相关分析可知（见表 2），各年 Moran's I 值均为正，且除 2002 年、2003 年通过 95%的 Z 值检验外，其余均在 99%的可置信水平以上，检验结果显著，表明全国人均碳排放具有空间正相关关系；2000 年以来，人均碳排放水平相似的省区在空间上呈现集中分布，集聚态势明显，且"十五"规划之后，Moran's I 值变化不大，空间"集中"的趋势较为稳定。

表 2　中国 2000~2010 年人均碳排放强度全局自相关 Moran's I

年份	2000	2001	2002	2003	2004	2005	2006	2007	2008	2009	2010
Moran's I	0.3762	0.3398	0.4249	0.4087	0.3765	0.3685	0.3451	0.3324	0.3240	0.2853	0.2492
$Z^*_{(1)}$	2.67	2.61	2.36	2.45	2.67	2.94	2.63	2.73	2.37	2.81	2.65

注：$*Z_{(1)} > 1.96$，表明在 5%的显著性水平；$Z_{(1)} > 2.58$，表明在 1%的显著性水平。

在此基础上进一步研究碳排放强度在局部区域的集聚分散趋势，识别人均碳排放的"冷点"和"热点"区域。

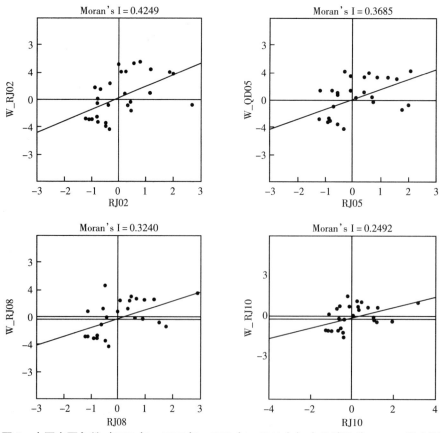

图 3　中国主要年份（2002 年、2005 年、2008 年、2010 年）人均碳排放 Moran 散点图

Moran 散点图中（见图 3）的"高—高"（HH）和"低—低"（LL）象限表明人均碳排放的观测值存在较强的空间正相关，即具有均质性；"高—低"（HL）关联和"低—高"（LH）关联表示存在较强的空间负相关，即人均碳排放空间单元存在异质性。从全国 2002 年、2005 年、2008 年和 2010 年这四个年份的人均碳排放 Moran 散点图来看，各年份中位于 HH 和 LL 象限的样本数分别占总量的 72%、66%、66% 和 72%；相应地位于 HL 和 LH 象限的样本比例分别为 28%、34%、34% 和 28%。

这表明，研究时段内人均碳排放强度的空间异质性（离散分布格局）呈先下降后上升趋势，但总体而言，人均碳排放强度在局部范围内的空间相关性较低，局部集聚格局不显著。尤其是"高—高"（HH）和"低—低"（LL）的空间集聚显著性明显。而"高—低"关联（HL）区是局部高值离群点类型（即人均碳排放强度相对高于周围的省份），"低—高"关联（LH）区是局部低值离群点类型（即人均碳排放强度相对低于周围的省份），表明这些区域显现的"凸点"和"凹点"现象可能是低概率事件。

2000~2010 年，全国人均碳排放的"冷点"区（低值集聚区）空间格局相对较为稳定，呈现出先增多后减少的趋势。2005 年前，均分布于长江中游省区和海南省；而 2005 年后主要分布于西南、长江中游省区与海南省，这一期间贵州省与重庆市逐步从人均碳排放的"冷点"显著区中剔除。人均碳排放的"热点"显著区（高值集聚区）分布呈现逐年减少态势，由 2002 年的内蒙古、山西、北京、天津和辽宁，到 2010 年逐步减少至只有内蒙古一个区份（见图 4）。

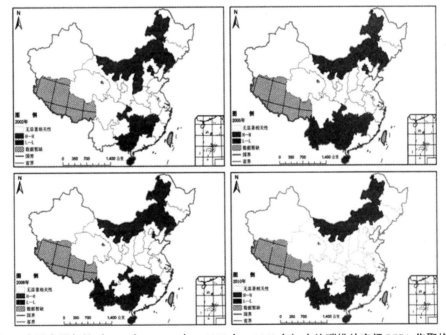

图 4　中国主要年份（2002 年、2005 年、2008 年、2010 年）人均碳排放空间 LISA 集聚格局

研究时间段内，人均碳排放热点区域分布主要集中在华北平原与蒙古高原地区，这主要因为长期以来华北地区作为我国重要的重工业和能源基地，能源生产与重工业占经济结构比例较高，尤其近年来对内蒙古煤炭资源开发强度日益增强，同时内蒙古也是华北电网煤电外送的重要地区，而该地区的人口近十年没有较大增长，导致这种高点的集聚始终以该地区最为突出。研究时间段内，山西、辽宁、北京、天津逐步从高值"热点"显著区剔除的原因各不相同，京、津两市的人均碳排放降低主要是由于能源消费结构的转变与人口集聚，2005 年后两市逐步减少一次能源使用量，同时外来人口大量涌入导致其人均碳排放加速减少；辽宁省主要原因在于东北振兴政策加速其传统重工业经济结构转型，同时受技术进步的影响，从根本上导致其人均碳排量减少；山西省则是因为近年来受国家煤炭生产宏观调控的影响，煤炭产量逐年减少，相关绿色开采与环境治理政策的实施，导致其人均碳排放逐步降低。

　　研究时间段内，人均碳排放稳定"冷点"区范围变化经历了先增多后减少的过程，原因较为复杂。江西、湖南、广西和海南始终处于显著状态，这与这四省区在十年间产业结构没有较大变化直接相关。2005年，云贵两省进入显著"冷点"区范围，原因在于西部大开发战略与中部崛起战略实施的最初五年两省的经济发展增速较周区省份较慢，其能源需求增速也较相邻的四川省有较大差距，间接导致其人均碳排放量相对周边省区较低。而2005年后，重庆市和贵州省逐步从显著"冷点"区范围内剔除的原因也不相同，贵州省2005年后火电装机规模逐年上升，特别是2008年受经济大环境影响，大部分水电停机，而相应火电机组则满负荷运转导致该地区的碳排放量剧增，直接导致其人均碳排放的增长；而重庆市主要是因为其经济发展提速，导致其能源需求量急剧增长，从而导致人均碳排放增高。

　　全国范围内人均碳排放没有出现显著的"凸点"和"凹点"现象，没有出现显著相关性的区域包括我国西北、中原区、东北地区与整个东南沿海地区，这些地区形成一个近似"Y"型区，这一"Y"型区三个方向上相邻省区人均碳排放量并没有较大的差距，反映出三个方向上经济发展水平与经济结构的相似性。东北地区由于历史原因，其经济结构相似度较高，人均碳排放差异不大；而东部沿海地区是我国改革开放的先行区，30多年来形成了京津冀、山东半岛、长三角、海西与珠三角五大城市群，因其经济发展程度集聚了相应的人口规模，而这些城市群在经济结构与经济发展水平上并没有实质性的差异，同样导致了整个东南沿海地区的人均碳排放差异不大；而西北与中原地区近10年来受西部大开发、中部崛起和东部沿海地区产业梯度转移发展的影响，使得相关高耗能产业在空间上逐步向中西部布局，经济发展程度同样集聚了相应人口规模，而在西北和黄河中下游地区依赖其能矿资源优势形成的工业结构相似性更高，直接导致这一区域范围内人均碳排放量差异不明显。

（二）空间动态模型结果分析

1. 碳排放强度空间溢出分析

　　由碳排放强度空间溢出模型计算得到的结果如表3所示（由于统计数据获得原因，1980~2000年碳排放数据由各省份能源消耗标煤准核算，2000~2010年各省份碳排放数据按能源消耗类型计算）。

表3　碳排放强度空间溢出模型分析结果

省份	β_1	β_2
北京	0.0003010**	−0.0006369**
天津	0.0002218*	−0.0059088*
河北	−0.0000708*	0.0001941**
山西	−0.0002662**	0.0033223**
内蒙古	−0.0005887**	0.0021690**
辽宁	0.0002964***	0.0030121***
吉林	0.0001023***	0.0021022***
黑龙江	−0.0003698***	0.0034419***
上海	0.0002639**	−0.0002211**
江苏	0.0002713*	−0.0014084*
浙江	0.0004306*	−0.0039236**
安徽	−0.0002737***	0.0046287*
福建	0.0000004***	0.0019770***

续表

省份	β_1	β_2
江西	−0.0000347***	0.0021118***
山东	0.0000947**	0.0003447*
河南	−0.0001276**	0.0001392*
湖北	0.0002117*	0.0040023*
湖南	0.0000275*	0.0037999*
广东	0.0001947**	−0.0054836**
广西	0.0000352***	0.0025259
海南	0.0000431*	−0.0008117*
四川	−0.0002570***	0.0062949***
贵州	−0.0002328***	0.0020848***
云南	−0.0001165***	0.0026444*
陕西	−0.0000281*	0.0021145*
甘肃	0.0000536*	0.0010459*
青海	−0.0000303***	0.0004583***
宁夏	−0.0000715*	0.0007322***
新疆	−0.0001302**	0.0015668***

注：** 表示 5% 的显著性水平，* 表示 10% 的显著性水平，*** 为不显著。

从表 3 中国各省份碳排放的份额与碳排放强度空间滞后变化关系中可以得出未来碳排放强度上各省份的竞合规律：经济发达的京、津、沪和鲁、苏、浙、闽、粤等东部沿海省份的份额虽然较大，但趋于稳定，而且在新增排放量中所占的比重呈下降趋势，京、津、沪、鲁、苏、浙对邻近地区如晋、冀、豫、皖、蒙等省区产生的溢出效应较为显著（$\beta_{1i}>0$），即高碳排放强度会产生高碳排放区域的溢出，这主要是因为这些经济发达地区从邻近地区输入能源，这些地区碳排放强度的增长会拉动邻近地区的碳排放份额呈现更加快速增长的态势。闽、粤与周边地区的净相邻效应则不显著；西北地区省份尤其是宁、蒙、陕、甘沿黄经济带受到周边地区溢出效应的影响较为显著，而云、贵、川与周边地区的净相邻效应则不显著；传统的重工业基地如东北三省的碳排放份额有所下降，且区域碳排放强度溢出效应不显著，中部（两湖、徽赣）的份额有所上升，但中部省份受到沿海地区碳排放强度溢出效应的影响较为显著，而东北地区和西南地区与邻近地区的净相邻效应不显著，这与该部分地区内产业用能需求与能源需求相对平衡所致。

碳排放强度与该省碳排放量占全国份额存在显著收敛效应的地区（$\beta_{2i}>0$）主要集中在中西部能源输出省份和西南地区（云贵川、蒙疆、陕甘宁青、晋冀豫），而经济发达的沿海省区的发散效应（$\beta_{2i}<0$）相对显著。从动态效应角度分析，东部大部分经济发达的能源输入省区 $\beta_{1i}>0$，说明该部分省区碳排放份额对碳排放强度具有时间依赖性，上期的碳排放强度对本期的份额具有促进作用，这是由于该部分省份的经济社会发展仍需要大量的能源消耗，虽然经济规模的增大导致碳排放强度降低，但区域碳排放仍处于惯性增长阶段，同时该部分地区 $\beta_{2i}<0$，说明其碳排放份额随着碳排放强度增长而下降，表明东部经济发达省份的碳排放增速正在放缓，体现为沿海经济发达地区的发散效应相对显著；而绝大多数产能或以能源产业为主的省份 $\beta_{1i}<0$，说明上期的碳排放强度对本期的碳排放份额具有抑制作用，这是由于该部分省份逐步意识到本省份过度依赖能源的产业结构，正在逐步向更高级的产业结构转型，同时，该部分地区 $\beta_{2i}>0$，说明碳排放份额随着碳排放强度增长而增长，表明该部分地区的碳排放增速依然较快，集中体现在中、西部地区与河北省等一些传统能源产品输出省份的碳排放强度与碳排份额的收敛效应相对显著。

2. 人均碳排放空间溢出分析

由人均碳排放空间溢出模型计算得到的结果如表4所示：

表 4　人均碳排放空间溢出模型分析结果

省份	β_1	β_2
北京	0.06562**	−0.06562**
天津	0.016443*	−0.016443**
河北	0.752467**	−0.752467**
山西	0.17811*	0.17811*
内蒙古	0.144317**	0.144317**
辽宁	0.04252***	0.04252***
吉林	0.042242***	0.042242*
黑龙江	−0.02276***	0.02276***
上海	0.52775**	−0.52775**
江苏	0.142155*	−0.142155**
浙江	0.356302*	−0.356302**
安徽	0.130677*	0.130677*
福建	−0.090692***	0.090692*
江西	−0.116461***	0.116461*
山东	0.132628***	0.132628*
河南	0.091048*	0.091048*
湖北	−0.214841**	0.214841*
湖南	−0.108478**	0.108478**
广东	0.121319**	−0.121319**
广西	−0.130125**	0.130125*
海南	−0.388098***	0.388098***
四川	0.076812**	0.076812*
贵州	−0.367923**	0.367923**
云南	−0.156963*	0.156963*
陕西	0.172222*	0.172222*
甘肃	0.08002**	−0.08002**
青海	−0.365118***	0.365118***
宁夏	0.570895*	0.570895*
新疆	0.370119***	0.370119***

注：** 表示5%的显著性水平，* 表示10%的显著性水平，*** 为不显著。

从表4中国区域碳排放的份额与人均碳排放空间滞后变化关系中可以得出人均碳排放上各省份的竞合规律：经济发达的京、津、沪和鲁、苏、浙、闽、粤等东部沿海省份的人均碳排放较高，但趋于稳定，人均碳排放的溢出效应显著区域主要集中在环渤海京、津、冀、蒙、晋、鲁和长三角的苏、浙、沪地区（$\beta_{1i}>0$）。环渤海地区溢出效应主要表现在西北部邻近区域，长三角地区溢出效应主要表现在沿长江上游方向，而西部地区的关中地带和陇海—兰新沿线的人均碳排放较高，所以也存在一定的溢出效应，即高人均碳排放地区会产生高碳排放区域的溢出，而溢出效应显著的地区与我国主要城市群区域基本吻合，这主要是因为这些城市群作为主要的能源输入和人口集聚区域，其经济社会发展必然对邻近地区的产业结构造成影响，逐步形成相应的区域分工格局。这些地区人均碳排放的增长会拉动邻近地区的碳排放呈现更加快速增长的态势，同时城市对人口的集聚效应使人均碳排放的溢出效应进一步强化。中部（两湖、徽、赣）和云贵高原的人均碳排放存在集聚效应（$\beta_{1i}<0$），即该部分地区人均碳排放的增长会导致该部分地区碳排放总量在全国份额的下降，这是由于该部分省份主要是承接东部产业转移与工业发展相对滞后的地区，其经济发展虽然会导致碳排放量的升高，但人口的集聚效应并不显著，反而往往是人口流出地，这样就导致了该地区人均碳排放量逐步增高，而碳排放总量在全国的份额却并没有增长，显现出相应的集聚效应。传统的重工业基地东北三省、闽、琼的人均碳排放强度溢出效应不显著，闽、粤与周边地区的净相邻效应则不显著。

人均碳排放与该省碳排放总量占全国份额存在显著收敛效应地区（$\beta_{2i}>0$）主要集中在中西部能源输出省份，而经济发达的沿海地区的发散效应（$\beta_{2i}<0$）相对显著。从动态效应角度分析，东部沿海大部分城市群发育成熟的能源输入省份$\beta_{1i}>0$，说明该部分省份碳排放占全国份额对人均碳排放具有时间依赖性，上期的人均碳排放对本期的份额具有促进作用。这是由于该部分省份的经济规模的增大导致大量人口集聚，城市化进程加速虽然导致人均碳排放增长放缓，但该部分区域碳排放仍处于增长阶段。同时该部分地区$\beta_{2i}<0$，说明东部沿海省份的碳排放份额随着人均碳排放增长而下降，同样表明东部经济发达省份的碳排放增速正在放缓，体现为经济发达的沿海地区的人均碳排放对区域碳排放占全国份额的发散效应相对显著。西南人口流出的欠发达省份或是中部承接东部产业转移且处于产业转型的省份$\beta_{1i}<0$，说明上期的人均碳排放对本期的碳排放份额具有抑制作用，这是由于该部分省份正处于产业结构升级的过渡阶段（中部两湖地区）或是城市由于集聚能力较差而导致的人口外迁（云、贵、青）效应结果。这些地区目前的工业化进程虽然会导致人均碳排放增长，但是该区域的碳排放份额并不会升高，而结构的调整和虚假城市化效应将上期的人均碳排放对本期的碳排放份额降低进一步强化。同时，中、西部大部分地区处于快速城市化和产业升级的阶段，该部分地区$\beta_{2i}>0$，其碳排放占全国份额随着人均碳排放增长而增长，说明该部分地区的碳排放总量增速在逐步加大，城市化进程和产业结构重化导致的碳排放量高速增长，表现为人均碳排放收敛效应显著。

四、结论与政策建议

（一）主要结论

综上分析，我国各省份碳排放强度局部范围内具有较高的空间相关性，"冷点"区与"热点"区空间格局相对稳定；人均碳排放强度局部范围内空间相关性较低，没有出现显著的"凸点"和"凹点"现象。碳排放强度溢出效应显著的区域主要集中在东部沿海经济发达省份与中西部传统能源产品输出省份。人均碳排放溢出效应显著的区域主要集中在环渤海与长三角城市群聚集的省份，中部（两湖、徽、赣）和云贵高原的人均碳排放存在一定集聚效应。但东部沿海经济发达省区碳排放强度与人均碳排放对该部分省份碳排放占全国份额的发散效应显著，而中西部能源产品输出省份对各自省份所占份额的收敛效应显著。

（二）政策建议

1. 分区域因地制宜制定排放控制措施，重点控制碳排放强度与人均碳排放的热点溢出区域

重点控制碳排放强度与人均碳排放水平高、增速又较快的溢出效应热点省份，如西北地区的内蒙古、山西等省份、环渤海和长三角地区；适当控制碳排放强度与人均碳排放水平趋中、增速较为稳定的集聚效应冷点省份，如两湖、云贵、江西、安徽等中部与西南省份。

2. 西北溢出与收敛效应显著省份应加快产业结构优化升级，改变资源密集与高碳产品出口贸易格局

西北碳排放强度与人均碳排放溢出效应显著地区域亟须加快产业结构优化和升级，改善贸易结构。我国能源供给不足，碳减排压力巨大，资源密集型产品出口增长不可持续，必须加快西部产业结构优化和升级，促进传统重化工业向低消耗、轻污染、高素质产业拓展和结构优化升级，延长产业链，提高附加值，改变西部传统以出口高碳产品为主的贸易格局，减少贸易中的碳泄漏，有效抑制该部分地区碳排放强度与人均碳排放对碳排放份额的收敛效应。

3. 东部溢出与发散效应显著的城市群集聚区域应做好区域合作治理与城市功能布局，促进低碳城市建设，实现区域碳平衡

城市群低碳发展的区域合作目的不仅要推动城市群区域经济发展，更重要的是要控制城市群区域的碳排放。对于我国城市群所处的不同发展阶段，对溢出热点城市群碳排放目标进行严格控制，通过区域合作，实现城市群内部不同功能城市的分工合作和资源最优化组合，依托高效公共交通体系促进城市群一体化发展，进一步强化该部分地区碳排放强度与人均碳排放对碳排放份额的发散效应，实现区域碳平衡。同时，积极应用低碳技术，从城市规划层面推动低碳城市建设，实现区域碳平衡。

〔参考文献〕

[1] 许广月，宋德勇. 中国碳排放环境库兹涅茨曲线的实证研究——基于省域面板数据 [J]. 中国工业经济，2010，27（5）：37-47.

[2] 林伯强，蒋竺均. 中国二氧化碳的环境库兹涅茨曲线预测及影响因素分析 [J]. 管理世界，2009，24（4）：27-36.

[3] 宋德勇，卢忠宝. 中国碳排放影响因素分解及其周期性波动研究[J]. 中国人口·资源与环境，2009，19（3）：18-24.

[4] 李国志，李宗植. 中国二氧化碳排放的区域差异和影响因素研究 [J]. 中国人口·资源与环境，2010，20（5）：22-27.

[5] 李涛，傅强. 中国省际碳排放效率研究 [J]，统计研究，2011，28（7）：62-70.

[6] 王群伟，周鹏，周德群. 我国二氧化碳排放绩效的动态变化、区域差异及影响因素 [J]. 中国工业经济，2010，27（1）：45-54.

[7] 张雷，黄园淅，李艳梅，程晓凌. 中国碳排放区域格局变化与减排途径分析 [J]. 资源科学，2010，32（2）：211-217.

[8] 宋帮英，苏方林. 我国省域碳排放量与经济发展的 GWR 实证研究 [J]. 财经科学，2010，53（4）：41-49.

[9] 刘佳骏，史丹，李雪慧. 中国碳排放转移趋势与驱动因素分析 [J]. 财贸经济，2013，33（12）：112-123.

[10] Anselin, L., D. Griffith, "Do Spatial Effects really Matter in Regression Analysis?" *Papers of the Regional Science Association*, 1988, Vol.65, pp. 11-34.

[11] Barro, R., and Salai, Martin, X., "Convergence across States and Regions", *Brooking Papers on Economic Activity*, 1991, Vol.1, pp. 107-182.

[12] 刘佳骏，董锁成，李宇. 产业结构对区域能源效率贡献的空间分析——以中国大陆 31 省区为例 [J]. 自然资源学报，2011，26（12）：1999-2011.

（本文发表在《自然资源学报》2015 年第 8 期）

水源涵养地农业生产化肥投入的面源污染与控制
——基于微观数据的实证分析

袁惊柱

摘　要： 化肥投入造成的面源氮源、磷源已成为水源涵养地水体面源污染的一个重要来源。东江湖库区作为我国重要的水源涵养地，其农业生产投入的化肥已给该地保持Ⅱ类水质带来了很大压力。通过基于农民保留效用的生态补偿方式来控制农业生产的化肥投入是水源涵养地面源污染控制的有效措施。本文基于东江湖库区 2012 年的技术水平、生产条件和物价水平，测算出补偿标准为：水稻 664.49 元/亩，玉米 273.96 元/亩，生姜 2498.49 元/亩，板栗 541.45 元/亩，茶树 860.68 元/亩，橘树 1368.16 元/亩。若要分阶段进行，首先应该控制橘树的化肥投入。补偿金可以通过东江湖的生活供水收入、发电收入和旅游收入来解决。同时，后期应配套政策引导水源涵养地农民转变生产方式，保障生态补偿政策的政策成果。

关键词： 水源涵养地；农业生产；化肥投入；面源污染

一、问题的提出

自 20 世纪 60 年代以来，随着中国重要流域如滇池、五大湖泊（太湖、巢湖、鄱阳湖、洪泽湖、洞庭湖）、三峡库区水域农田氮、磷肥料用量增加，氮、磷富营养化程度逐步升级，称之为水体污染元凶的磷素发生量在这些流域平均增加了 12 倍，折合为每公顷耕地平均发生量达到 243 千克。构成磷素发生总量的主要三组分——农田化肥、畜禽排放和农村人口排污的比例，由 20 世纪 60 年代的 1∶5∶4 演变为目前的 6∶3∶1（黄德林，2008）。在中国水体污染严重的流域，农田、农村畜禽养殖和城乡接合部的生活排污是造成水体氮、磷富营养化的主要原因，其贡献率大大超过来自城市生活污水的点源污染和工业的点源污染。目前，中国的滇池、太湖和巢湖水质污染严重，为劣 V 类，洪泽湖、洞庭湖、鄱阳湖、三峡库区的水质呈富营养化，主要污染物为总氮和总磷（张维理等，2004）。Newman（1995）的研究也表明，在研究的 86 条河流中，一半以上的河流中的氮有 90% 是来自面源氮源，1/3 的河流中的磷有 90% 是来自面源磷源。可见，农业生产经营中的化肥投入已经成为水源涵养地面源污染的重要来源，主要原因是水体中氮、磷元素含量超标。

[基金项目] 国家科技支撑计划课题"重点生态功能区生态补偿关键技术研究"（项目编号：2013BAC03B05）、四川省科技厅软科学项目城乡统筹发展中农业非点源污染控制的农户行为研究：基于"集体表现视角"（项目编号：2013ZR0055）。

氮素在自然界的循环大致可分为地质大循环和生物小循环，并由四个反应循环而成：固氮、氨（铵）、硝化、反硝化过程。N_2、NH_3、NO、N_2O、NO_2 等气态化合物是挥发性的，NH_4^+、NO_2^-、NO_3^- 等固体化合物溶解度很高。氮肥施入土壤后，经过微生物作用迅速地变成硝酸盐，除作物吸收利用一部分外，有很大一部分通过 NO_3^- 淋失、反硝化、NH_3 挥发以及 NO_2^- 的化学分解等途径从土壤中损失掉。在土壤——作物系统中，氮素的作物利用率仅为 20%~35%，大部分被土壤吸附，逐渐供作物吸收利用，有 5%~10% 挥发到大气中，随降水径流和渗漏排出农田的氮素中，有 20%~25% 是当季施用的氮素化肥。地表径流携带的营养物质量，取决于地表径流流经区域的土壤类型、降水量、地质、地形、地表植被、肥料施用量和人为管理措施等多种因素。施用氮肥后，各种形态的氮在土壤微生物的作用下先形成 $NO_3^-\_N$，因其不被土壤微粒所吸附，所以易随水进入地下水。据全国试验结果，氮素施入土壤后，淋溶和地面径流损失约占 25%（吕耀，1998）。磷施入土壤中后，会经历固定或矿化、植物吸收等过程，一般会发生无机磷酸盐的溶解作用、有机磷酸盐的矿化作用、固定作用以及无机磷酸盐的氧化还原作用。磷的流失以吸附作用为主，农业流域磷污染迁移传输方式有两种：表面径流传输过程和土壤中流传输过程。农田流失的磷主要以非溶解态磷和颗粒结合态磷形式存在，其中 80% 以上的是颗粒结合态磷（窦培谦等，2006；苑韶峰等，2004）。

氮、磷元素在水体中含量超标是水体富营养化的主要原因，由氮肥和磷肥过度投入造成的富营养化已经越来越成为湖泊、河流、河口和沿岸海域的一个重要问题（Smith，1998）。水体富营养化的后果是造成赤潮，进而会使水生生物死亡，减少水生生态系统多样性，还可能对家禽和人类的健康造成危害。大多数富营养化水体的恢复需要减少非点源磷和氮的投入，但其成本是巨大的，且恢复缓慢（Carpenter et al.，1998）。因此，当水源涵养地农业生产经营活动对水体带来面源污染威胁时，如何衡量控制面源污染的成本与效益就尤为重要。中国在农业面源污染防治方面，有良好的制度环境。如在《环境保护法》《海洋环境保护法》《农业法》《农产品质量安全法》《农产品产地安全管理办法》《水污染防治法》中，都涉及对农业生产中化肥、农药等化学投入品导致的农业面源污染防治的规定。"十一五"期间，大量政策性文件更是将农药化肥等引起的农业面源污染作为政府工作的重心。但据 2010 年我国发布的《第一次全国污染源普查公报》显示，我国种植业总氮流失量 159.78 万吨，其中径流流失量 32.01 万吨，地下淋溶流失量 20.74 万吨，基础流失量 107.03 万吨，总磷流失量 10.87 万吨。重点流域种植业主要水污染物流失量中，总氮 71.04 万吨，总磷 3.69 万吨。总体形势依然比较严峻。

"十三五"规划纲要指出，要加大农业面源污染防治力度。对于目前水质仍然良好的水源涵养地，在这种形势下应该如何控制和管理水源地农民农业生产经营中的化肥农药等投入呢？本文的研究方法是以东江湖库区作为水源涵养地典型代表的经验研究，研究思路是：以东江湖库区样本农户的农业生产经营情况为基础，判断农业生产投入的化肥对东江湖水体面源污染的威胁程度。若现阶段农业生产投入的化肥等对东江湖水体面源污染的威胁程度较低，则考察农户家庭生产投入中务农劳动力和非务农劳动力与家庭收入的显著关系，可以为未来制定生态补偿政策提供目标人群指向；若现阶段农业生产投入的化肥等对东江湖水体面源污染的威胁程度较高，则需要综合考察作物的化肥使用效率和使用总量，并验证通过退耕或休耕并补偿农户收入损失的方式实现对化肥等投入的控制是否具有经济效率。接下来本文结构安排如下：第二部分统计描述东江湖库区农业生产化肥投入情况；第三部分根据已有的技术参数计算东江湖库区农业生产化肥投入的面源污染情况；第四部分通过成本效益权衡，分析面源污染减排的环境效应及其政策导向；第五部分为简要结论。

二、东江湖库区农业生产化肥投入情况

2013 年 8 月，课题组对东江湖库区 2012 年农业生产情况进行了抽样调查，最终获得了包括黄草镇、滁口镇和白廊乡 3 个乡镇的 135 份有效调查问卷，其中黄草镇抽查了 2 个村，每个村调查了 18 户农户；滁口镇抽查了 10 个村，共获得 51 份数据；白廊乡抽查了 4 个村，共获得 48 份有效问卷。调查数据显示，按照当年投入产出平均值统计，东江湖库区样本农户家庭全年纯收入为 49475 元，家庭经营纯收入为 38811 元，第一产业纯收入为 12129 元；农业生产主要种植水稻、玉米等粮食作物，生姜等经济作物，板栗、茶树、橘树等经济林木。如表 1 所示，东江湖库区农户农业生产种植的主要是橘树，在样本农户中占比达 84.44%；其次是玉米，占比 25.93%；最少的是水稻和生姜，占比均为 11.11%。在种植面积上，经济林木的种植面积偏大，最大的是橘树，户均达到 3.93 亩；最少的是玉米，户均为 1.46亩。在单产上，各种作物产量一般，特别是玉米，由于受到了风灾等自然灾害影响，减产严重，单产只有 200 千克/亩。

表 1　东江湖库区样本农户农业生产种植情况

变量	水稻	玉米	生姜	茶树	板栗	橘树
种植户数（户）	15	35	15	24	25	114
户均面积（亩）	2.31	1.46	2.05	2.11	2.97	3.93
单产（千克/亩）	440.13	200.00	1449.93	189.36	517.85	1578.00

资料来源：课题组调查数据整理。

为了保证产量，在农业生产中，绝大多数农户都施用了化肥。调查显示，东江湖库区样本农户施用的主要是复合肥，包括硫酸铵、硫酸钾、氯化钾、尿素等。如表 2 数据显示，样本农户在水稻、玉米、生姜、茶树、板栗和橘树的种植上，2012 年施用的氮肥总量为 19143 千克，磷肥总量为 11750 千克，钾肥总量为 57277 千克。根据各种化肥的配方比例折合成纯量，2012 年样本农户在这些作物上施用的纯氮总量为 16126 千克，纯磷总量为 9562 千克，纯钾总量为 8025 千克。其中，在肥料施用总量和折纯总量上，橘树的施肥量占到所有作物施肥总量的 70% 以上。

表 2　2012 年东江湖库区样本农户农业生产化肥投入总量情况

变量	水稻	玉米	生姜	茶树	板栗	橘树	总计
施肥户数（户）	12	14	13	17	9	79	144
氮肥总量（千克）	428	499	1925	2398	260	13633	19143
磷肥总量（千克）	0	25	3400	0	0	8325	11750
钾肥总量（千克）	1424	1502	6020	2122	2320	43889	57277
纯氮总量（千克）	366	478	1763	1350	437	11732	16126
纯磷总量（千克）	171	213	1438	305	277	7158	9562
纯钾总量（千克）	213	236	1054	306	287	5929	8025

资料来源：课题组调查数据整理。

　　根据每种作物的种植面积，将施肥量换算成单位面积的平均施肥量，可得表3。相对而言，粮食作物的亩均施肥量要小于经济作物，蔬菜园的亩均施肥量要高于果树园和茶树园。在化肥总量和纯量上，除生姜外，其他5种作物的化肥亩均投入量大小顺序为：钾肥＞氮肥＞磷肥，生姜的化肥亩均投入量大小顺序为：钾肥＞磷肥＞氮肥，其中，水稻、茶树和板栗都不施用磷肥。

表3　东江湖库区样本农户农业生产单位面积化肥投入均量情况

单位：千克/亩·户

变量	水稻	玉米	生姜	茶树	板栗	橘树
氮肥	19.20	19.60	93.32	65.19	8.33	49.88
磷肥	0	1.79	139.81	0	0	29.44
钾肥	57.36	78.72	241.78	101.92	80.05	184.29
纯氮	15.69	23.23	78.90	43.24	14.95	48.26
纯磷	7.07	11.54	59.58	14.84	10.66	28.72
纯钾	9.05	13.25	40.43	14.86	13.06	24.54

资料来源：课题组调查数据整理。

三、东江湖库区农业生产化肥投入的面源污染分析

　　化肥施用之后，一般会通过三种途径产生面源污染：地表径流、地下淋溶和大气沉降。东江湖库区处于南方山地丘陵区，地形以坡地为主，农业种植普遍存在但不密集，这些因素使东江湖的水质主要受地表径流流失量的影响。以 P 表示化肥的地表径流流失量，Fer 表示使用化肥的折纯量，α 表示不同作物在不同生长环境中的化肥地表径流流失系数，则有：

$$P = Fer \times \alpha \tag{1}$$

　　国务院全国污染源普查领导小组办公室2009年2月编制的《第一次全国污染源普查——农业污染源肥料流失系数手册》，通过实地监测，获得了涵盖我国主要种植区域、种植方式、耕作方式、农田类型、土壤类型、地形地貌和主要作物的农田肥料流失系数。本文依据该手册并根据东江湖库区的实际情况，选取匹配类型的参数作为东江湖库区水稻、玉米、生姜、板栗、茶树和橘树的化肥地表径流系数，具体情况如表4所示。

表4　不同作物化肥地表径流流失系数（α）

作物	类型	流失系数（%）				
		总氮	总磷	硝氮	氨氮	可溶性总磷
生姜、玉米	南方山地丘陵区、缓坡地、非梯田、横坡、旱地、园地	0.536	0.120	0.071	0.097	0.097
水稻	南方山地丘陵区、缓坡地、梯田、水田、稻油轮作	0.577	0.671	0.372	0.024	0.257
茶树、橘树	南方山地丘陵区、陡坡地、梯田、旱地、园地	0.676	0.289	0.339	0.019	0.027
板栗	南方山地丘陵区、缓坡地、非梯田、顺坡、旱地	0.271	0.085	0.060	0.004	0.000

资料来源：《第一次全国污染源普查——农业污染源肥料流失系数手册》。

表4为式（1）中流失系数 α 的技术参考值。表2、表3分别列出了东江湖库区样本农户农业生产化肥投入在各种主要作物上的投入总量、亩均投入量和折纯量，即为式（1）中的 Fer。化肥投入总量的折纯量与流失系数的乘积即为各种作物在不同流失变量上的流失量，即为表5数据；化肥投入亩均量的折纯量与流失系数的乘积即为各种作物在不同流失变量上的流失量，即为表6数据。表5、表6数据显示，橘树和生姜的化肥地表径流流失量显著高于其他作物。特别是橘树，其化肥地表径流流失量要高于其他作物流失量总和。

表5　东江湖库区样本农户不同作物肥料施用总量流失情况

单位：千克

作物	总氮	总磷	硝氮	氨氮	可溶性总磷
水稻	2.11182	1.14741	1.36152	0.08784	0.43947
玉米	2.56208	0.2556	0.33938	0.46366	0.20661
生姜	9.44968	1.7256	1.25173	1.71011	1.39486
茶树	9.126	0.88145	4.5765	0.2565	0.08235
板栗	1.18427	0.23545	0.2622	0.01108	0
橘树	79.30832	6.0843	39.77148	2.22908	1.93266
总计	103.7422	10.32981	47.56281	4.75827	4.05595

资料来源：根据课题组调查数据式（1）计算所得。

表6　东江湖库区样本农户不同作物肥料施用亩均流失情况

单位：千克/亩

作物	总氮	总磷	硝氮	氨氮	可溶性总磷
水稻	0.0905313	0.0474397	0.0583668	0.0037656	0.0181699
玉米	0.1245128	0.013848	0.0164933	0.0225331	0.0111938
生姜	0.422904	0.071496	0.056019	0.076533	0.0577926
茶树	0.2923024	0.0428876	0.1465836	0.0082156	0.0040068
板栗	0.0405145	0.009061	0.00897	0.000598	0
橘树	0.3262376	0.0830008	0.1636014	0.0091694	0.0077544

资料来源：根据课题组调查数据式（1）计算所得。

一般说来，在封闭性湖泊和水库的水中，氮（N）的浓度超过0.2mg/L时，就可能引起"藻华"现象的发生。在WHO颁布的饮用水的质量标准中，NO_3-N 的最大允许浓度为10mg/L，我国的相应标准是20mg/L（朱兆良，2000）。我国地面水环境标准（G3838-2002）规定湖泊和水库总磷容许值如下：Ⅰ类水质为总磷含量不超过0.01mg/L，Ⅱ类水质为总磷含量不超过0.025mg/L，Ⅲ类水质为总磷含量不超过0.05mg/L，Ⅳ类水质为总磷含量不超过0.1mg/L，Ⅴ类水质为总磷含量不超过0.2mg/L。东江湖的正常蓄水量为81亿立方米，即为 $8.1×10^{12}$L。按照水质标准，东江湖引起"藻华"的氮元素临界值为 $1.62×10^{12}$mg，各类水质总磷含量的临界值为：Ⅰ类水质为 $8.1×10^{10}$mg，Ⅱ类水质为 $2.025×10^{11}$mg，Ⅲ类水质为 $4.05×10^{11}$mg，Ⅳ类水质为 $8.1×10^{11}$mg，Ⅳ类水质为 $1.62×10^{12}$mg。根据第五次人口普查资料，黄草镇、滁口镇和白廊乡的家庭户数分别为3757户、3722户和3897户，课题组共调查了135户，占总体的比例为1.2%。根据样本农户的化肥流失情况，估计出黄草镇、滁口镇和白廊乡的化肥流失情况，如表7所示。单从化肥一项考虑，目前的流失量还在"藻华"的临界值范围内，东江湖水质大多为Ⅰ类水质和Ⅱ类水质。但考虑到有机肥、农药以及生活垃圾和历史沉积下的流失情况，Ⅰ类水质会大量减少，再加上东江湖库区还有坪石乡、清江乡等其他乡镇的农业生产和生活排放流失量的影响，东江湖保持Ⅱ类水质的压力很大，其中绝大部分是来自农业生产中的化肥流失量，因此，控制东江湖库区农业生产化肥投入是必要的。

表7　黄草镇、滁口镇和白廊乡不同作物肥料施用总量流失估计情况

单位：千克

作物	总氮	总磷	硝氮	氨氮	可溶性总磷
水稻	177.9631	96.69224	114.7353	7.402277	37.0341369
玉米	215.9065	21.53941	28.59955	39.07263	17.4110247
生姜	796.3245	145.4163	105.4833	144.111	117.5448522
茶树	769.048	74.27979	385.6617	21.61526	6.9396345
板栗	99.79843	19.84137	22.09559	0.933712	0
橘树	6683.312	512.724	3351.543	187.8446	162.8652582
总计	8742.355	870.4931	4008.118	400.9794	341.7949065

资料来源：根据课题组数据计算而得。

四、面源污染减排环境效应及政策导向

农业生产中广泛使用化肥是世界农业生产中的普遍做法。中国在未使用化肥之前，经历了几千年的有机农业时期，使用的是有机肥，如家禽粪便等，但这仍然会对水体产生面源污染，且其对作物增产的效率远远低于化肥。因此，作为一种技术进步，化肥在农业生产中是必要的。但是，在贡献产量的同时，它也产生了水体的富营养化等面源污染问题。为了保护稀缺的水资源，重视农业生产面源污染的控制具有重要意义。黄德林等（2008）通过化肥、农药减排试验来测算环境的保护成本，即通过不同模式下的化肥、农药减排造成的农产品产量损失来衡量环境成本，通过化肥、农药的污染量来测算减排成本。在他的研究中，设计了四种化肥、农药减排模式：化肥农药减量10%、化肥农药减量30%、化肥农药减量50%、化肥农药全减。这种方式虽然能测算出不同模式下农业生产中化肥、农药的减排成本，但其可操作性不高。化肥、农药使用量上的监测虽然可以实现，但除化肥农药全减模式外的三种模式都会产生巨大的交易成本。事实上，农业生产造成的面源污染是一种普遍现象，如化肥使用后氮磷元素流失后造成的水体面源污染在全世界普遍存在，这个问题是不能消除的，只能通过技术手段来实现一定程度的减少（Choudhury et al.，2005；姜太碧等，2012）。不同的环境会产生不同类型的面源污染，要从整体上控制面源污染，必须分类进行。一般而言，对于生态保护区或水源涵养地等以环境为主的区域，会采取生态补偿的方式，实现当期化肥农药的零投入，以每亩作物净收益作为补偿标准，来补偿农民的损失（谭秋成，2012）。但对于具有农产品提供功能的农业生产区域，不施用农药化肥是不现实的。对于这种区域，更为合适的方式是使用化肥农药新技术，如通过使用化肥减量技术，即在不显著降低作物产量的条件下，通过改革耕作制度、创新集成施肥技术、改进施肥方法、研发新型肥料等一系列措施，减少化肥施用量，提高肥料利用率和施肥效益，以减少农业面源污染。

东江湖库区作为重要的水源涵养地，应严格控制农业生产造成的面源污染。首要的问题是如何合理地对农民不施用农药化肥进行补偿。一般而言，补偿的标准是以农民遭受的损失为标准，因而通过调查数据获得农民收入和农药化肥支出的经验函数是必要的。以 Y 表示农民种植业和林业纯收入，I 代表农业生产中的总资金支出，包括农药、化肥和其他支出，其中，P_e 代表农民农业生产中投入的农药支出，F 代表农民农业生产投入中的化肥支出，T 代表农药和化肥资金支出之和，R 代表其他支出。NF 代表非化肥资金支出，L 代表投入的劳动力数量，S 代表耕地面积，A 代表农民农业生产中投入的除上述以外的其他支出（扰动项），采用柯布—道格拉斯函数形式：

$$Y = A\ NF^{\alpha}\ F^{\mu}\ L^{\beta}\ S^{\gamma} \tag{2}$$

$$Y = A\ P_e^{\lambda}\ F^{\mu}\ R^{\eta}\ L^{\beta}\ S^{\gamma} \tag{3}$$

$$Y = A\ T^{\varepsilon}\ R^{\eta}\ L^{\beta}\ S^{\gamma} \tag{4}$$

其中，α、β、γ、λ、η、μ、ε 分别为非化肥、劳动力、耕地面积、农药支出、其他支出、化肥支出、农药化肥支出之和对农民收入的贡献率。对式（2）、式（3）、式（4）两边求对数，则有：

$$\log Y = \log A + \alpha \log NF + \mu\ \text{lof}\ F + \beta \log L + \gamma \log S \tag{5}$$

$$\log Y = \log A + \lambda \log P_e + \mu\ \text{lof}\ F + \eta \log R + \beta \log L + \gamma \log S \tag{6}$$

$$\log Y = \log A + \varepsilon \log T + \eta \log R + \beta \log L + \gamma \log S \tag{7}$$

东江湖库区农民收入、农药、化肥投入支出的回归结果如表 8 所示。

表 8　东江湖库区样本农户收入与农药化肥支出回归结果

logY	模型 1			模型 2			模型 3		
变量	Coef.	t	P>|t|	Coef.	t	P>|t|	Coef.	t	P>|t|
logNF	0.1896	1.21	0.228	—	—	—	—	—	—
logF	0.0546	0.67	0.567	0.0741	0.63	0.528	—	—	—
logL	−0.0713	−1.31	0.194	−0.0761	−1.38	0.171	−0.0770	−1.41	0.163
logS	0.7806	3.88	0.000	0.9272	4.75	0.000	0.9349	4.97	0.000
logP$_e$	—	—	—	0.0103	0.11	0.914	—	—	—
logR	—	—	—	0.0099	−0.46	0.649	−0.0101	−0.47	0.638
logT	—	—	—	—	—	—	0.0800	1.03	0.304
Cons	5.6574	6.03	0.000	6.5662	11.42	0.000	6.5411	11.07	0.000
模型总体特征	Number of obs = 100 Prob > F = 0.0000 Adj R-squared = 0.2490			Number of obs = 100 Prob > F = 0.0000 Adj R − squared = 0.2313			Number of obs = 100 Prob > F = 0.0000 Adj R-squared = 0.2388		

注：使用 stata12.0 回归。

表 8 的回归结果表明，化肥支出对农户收入的贡献率不大，且不显著。非化肥投入（NF）与农药化肥投入（T）相对于化肥投入（F）对农户种植业与林业纯收入的贡献作用要大，且显著性要高，但对收入的贡献率都不高。其原因是：一方面，化肥、农药支出存在高度相关性，表明化肥和农药是作物高产量的必要条件；另一方面，农户农业投入中的化肥和农药都施用过量，过量的化肥、农药、有机肥等投入不仅对增加收入贡献极少，而且还会加大水体面源污染的程度。所以，东江湖作为重要的水源涵养地，在其农业生产化肥投入已经对其水体面源污染造成较大威胁的情况下，应严格控制水体的污染源。但通过减少化肥施用量进行控制是不可取的，以表 8 系数求得的收入损失会存在较大误差，且其控制上的高交易成本使其操作性不强。必要时应实现休耕和退耕，以控制农业生产中的化肥和农药等投入，并补偿农民在各种作物上的净收益损失。根据课题组的调研数据，获得东江湖库区样本农户在水稻、玉米、生姜、板栗、茶树和橘树上的净收益情况，具体如表 9 数据所示。可以发现，氮元素投入产出效率最高的是水稻，最低的是玉米，磷元素投入产出效率最高的也是水稻，最低的也是玉米。

表9　东江湖库区样本农户种植业净收入及化肥效率情况

项目	水稻	玉米	生姜	板栗	茶树	橘树
净收入（元/亩）	664.49	273.96	2498.49	541.45	860.68	1368.16
纯氮净收入（元/千克）	42.35	11.79	31.67	36.22	19.90	28.35
纯磷净收入（元/千克）	93.99	23.74	41.94	50.79	57.99	47.64

注：净收入为作物的产量与市价之积再减去雇工劳动力成本、种子成本、租机械、役畜及灌溉成本、农膜成本、农药成本、化肥成本。

　　综合考虑化肥施用总量和化肥使用效率，对于水源涵养地，化肥使用效率应让位于化肥施用总量，即化肥使用效率高的作物因为施用总量大应该首先进行化肥投入的控制，在必要时实行休耕或退耕。东江湖库区化肥施用总量最大的是橘树，因为种植覆盖率大，其施用的化肥总量高于其他作物的施用总量之和。因此，在对东江湖水质造成污染的面源氮源和面源磷源中，橘树占比最大，应首先控制它的化肥投入。本文认为，若要在东江湖库区实行退耕政策，则应按照作物的净收益进行补贴，即水稻补贴664.49元/亩，玉米补贴273.96元/亩，生姜补贴2498.49元/亩，板栗补贴541.45元/亩，茶树补贴860.68元/亩，橘树补贴1368.16元/亩。其补贴的资金来源可通过东江湖的供水收入、发电收入和旅游收入解决，东江湖的水可供长沙、株洲、湘潭等地1300万人饮用，按照长沙市2014年的平均水价3元/吨，东江湖正常蓄水81亿立方米，市值243亿元。在旅游收入方面，经统计，2012年旅游总收入为32.45亿元。只要水质和环境保护得好，这种收入就是可持续的，减少化肥的投入是经济可行的。以样本农户的数据计算，对农户不使用化肥等控制面源氮源、磷源的行为进行补偿，以样本比例估算出黄草镇、滁口镇和白廊乡的总补偿金为69524015元。当然，这种补偿标准可能存在一些问题，如由于土地等级不同、作物大小不同、种植技术不同等因素造成的产量和质量差异，农民的现实收入与补偿标准的平均收入存在着差异，原始收入低于补偿标准的农民会愿意履行政策内容，但收入高于补偿标准的农民就会抵制政策。另外，不一定要完全实行休耕或退耕，只要不施用化肥和农药，就可以引导农民向无化肥农药投入的生态农业转型，如使用综合虫害治理等技术手段，不仅可以保护水源和环境，还可以提升农产品的质量和安全。总之，面源污染的环境减排效应是具有经济效率的，政策应指向对农户不施用化肥行为的引导，实现水源涵养地农民生产方式的转变，且通过生态补偿保证农民的收益。

五、简要结论

　　本文通过考察东江湖水源涵养地农业生产投入的化肥对水体面源污染的影响及其控制方法的经济效率，主要得出以下结论：第一，对于像东江湖一样的水源涵养地，农业虽然是小规模分散经营模式，但其投入的化肥仍是造成水源面源污染的一个大的来源。第二，若水源涵养地农业生产投入的化肥对水源水体造成的面源污染很少，且水体中的氮、磷素含量远离"藻华"临界值时，先考察农民的资源配置方式与家庭收入的关系后再制定保护水质的政策，能够选择更高经济效率的政策时间段与政策实施对象。例如东江湖库区农业生产投入的化肥如果对东江湖水体造成的面源污染很少，通过回归发现，外出打工的劳动力人数与家庭收入显著相关，那么与当前实行生态移民政策相比，选择在未来一定时间段后对外出打工的人员进行生态移民政策，既可以节省成本，又可以一次性解决化肥等面源污染问题，还可以促进农民工城市化。第三，若水源涵养地农业生产投入的化肥使水源水体中的氮、磷素含量接近"藻华"临界值时，必须严格控制水体的污染源，实行退耕、休耕等生态补偿政策，对农民不施用农药、化肥等水体污染源的行为造成的净收入损失进行补偿，补偿的标准以农民的保留效用为准。基于 2012 年的技术水平、生产条件和价格水平，若对东江湖库区农民农业生产投入化肥等会造成水体面源污染的行为进行控制，应该补偿其收益损失，具体为：水稻补贴 664.49 元/亩，玉米补贴 273.96 元/亩，生姜补贴 2498.49 元/亩，板栗补贴 541.45 元/亩，茶树补贴 860.68 元/亩，橘树补贴 1368.16 元/亩。需要说明的是，本文计算的补偿标准只是农民在土地上种植作物的收益，不包括水土保持、固碳产氧等生态服务价值。同时，可以给水源涵养地生态补偿政策配套一些后续政策，如引导农户向新的生产方式转变，并利用水源地生活供水收入、环境享乐收入等为生态补偿提供政策补偿资金，在持续保障水源涵养地水质的同时，保障农民收益及生态补偿的成果，同时实现经济和生态的协调发展。

本文的研究结果表明，目前中国水源涵养地农业生产的化肥投入已经给水源水体带来了面源污染的严重威胁，如何制定政策使政策实施后的生态效率与经济效率的边际变量相等，从而实现总效率的最大化是一个具有挑战性的问题。本文的研究结论为这一问题的解决提供了一个可以操作的方案，并为相关生态补偿政策实施时间、对象及补偿标准的确定提供了科学有效的参考。

〔参考文献〕

［1］A. T. M. A. Choudhury, I. R. Kennedy. Nitrogen Fertilizer Losses from Rice Soils and Control of Environmental Pollurion Problems［J］. Communications in Soil Science and Plant Analysis, 2005（36）：1625-1639.

［2］Newman A.. Water Pollution Point Sources still Significant in Urban Areas［J］. Environmental Science and Technology, 1995（29）：114.

［3］Smith V. H.. Cultural Eutrophication of Inland, Estuarine, and Costal Waters［A］. In M. L. Pace and P.M. Groffman, editors. Successes, Limitations, and Frontiers in Ecosystem Science［M］. Springer-Verlag, New York, USA, 1998.

［4］S.R. Carpenter, N.F. Caraco, D.L. Correll, R.W. Howarth, A.N. Sharpley, V.H. Smith. Nonpoint Pollution of Surface Waters with Phosphorus and Nitrogen［J］. Ecological Applications, 1998, 8（3）：559-568.

［5］窦培谦、王晓燕、干丽华. 非点源污染中氮磷迁移转化机理研究进展［J］. 首都师范大学学报（自然科学版），2006, 27（2）：93-98.

［6］黄德林，包菲. 农业环境污染减排及其政策导向［M］. 北京：中国农业科学技术出版社，2008.

［7］姜太碧，袁惊柱. 农业非点源污染控制管理政策研究进展与启示［J］. 西南民族大学学报（人文社会科学版），2012（12）.

［8］吕耀. 农业生态系统中氮素造成的非点源污染［J］. 农业环境保护，1998, 17（1）：35-39.

［9］谭秋成. 丹江口库区化肥施用控制与农田生态补偿标准［J］. 中国人口·资源与环境，2012, 22（3）：124-129.

［10］苑韶峰，吕军. 流域农业非点源污染研究概况［J］. 土壤通报，2004, 35（4）：507-511.

［11］朱兆良. 农田中氮肥的损失与对策［J］. 土壤与环境，2000, 9（1）：1-6.

［12］张维理，武淑霞，冀宏杰，Kolbe H.. 中国农业面源污染形势估计及控制对策//21 世纪初期中国面源污染的形势估计［J］. 中国农业科学，2004, 37（7）：1008-1017.

（本文发表在《生态经济》2016 年第 11 期）

第三篇

体制改革与制度创新

论新时期全面深化国有经济改革重大任务

中国社会科学院工业经济研究所课题组[①]

摘　要：党的十八届三中全会后，中国进入全面深化改革的新时期。新时期全面深化国有经济改革的基本目标是，实现市场在资源配置中起决定性作用的条件下国有经济与成熟市场经济体制的全面融合。要实现这个改革目标，中国面临着与时俱进地根据国家使命调整国有经济功能和布局、推进混合所有制改革确立国有经济的主要实现形式、建立分类分层全覆盖的新国有经济管理体制、推动国有企业完善现代企业制度以奠定国有经济高效运行微观治理机制四项重大任务。①新时期需要准确界定不同国有企业的功能，将国有企业分成公共政策性、特定功能性和一般商业性三种类型。这是国有经济改革的前提。现有113家中央企业中，本文认为公共政策性企业有5家，特定功能性企业32家，一般商业性企业76家。针对三类国有企业的功能定位，各类国有企业战略性调整的方向和重点都不同。②推进混合所有制改革坚持"上下结合、试点先行、协同推进"的方法论原则，做到"蹄疾而步稳"；具体推进时要做到改革程序公正规范、改革方案依法依规、股权转让公开公允、内部分配公正透明；要协调推进产权改革、治理改革、政府功能完善及市场结构调整，保证非国有经济参与混合所有制改革的公平透明；国有企业推进混合所有制改革引入员工持股制度，应该坚持激励相容、增量分享和长期导向的三个原则；推动垄断性行业向可竞争性市场结构转变，为国有企业推进混合所有制创造条件。③国有经济管理新体制是由"国有经济管理委员会—国有资本经营公司或者国有资本投资公司—一般经营性企业"三个层次构成，管理公共政策性、特定功能性和一般商业性三个类型国有企业，是可覆盖所有国有经济的"三层三类全覆盖"管理体制。④在"三层三类"国有经济管理体制下，推动国有企业完善现代企业制度关键是建立差异化的分类治理机制，也就是按照不同功能定位的国有企业，分别建立不同的企业治理机制。

关键词：国有经济；全面深化改革；功能分类；战略性调整；混合所有制改革；国有经济管理体制；分类治理

[基金项目] 国家社会科学基金重大项目"深入推进国有经济战略性调整研究"（批准号：12&ZD085）；中国社会科学院创新工程研究项目"国有企业混合所有制变革与路径研究""新时期国有企业制度创新研究""垄断行业深化改革研究"。

① 本文是在9个课题分报告基础上由黄群慧汇总执笔完成，这9个分报告分别为：《新时期国有企业与国有资产管理体制改革的形势与思路》（黄群慧执笔），《国有资产管理体制改革总体设计》（黄速建、余菁执笔），《积极发展混合所有制研究》（王钦、肖红军、贺俊、张航燕执笔），《国有企业功能定位与分类治理》（李钢执笔）、《组建国有资本投资公司与国有资本经营公司研究》（余菁执笔）、《深化垄断行业改革研究》（刘戒骄执笔）、《国有资本经营预算体制改革研究》（杜莹芬执笔）、《完善国有企业现代公司法人治理研究》（刘建丽执笔）、《国有企业员工持股制度研究》（王欣执笔）。

党的十八届三中全会通过了具有里程碑意义的《决定》，提出要紧紧围绕使市场在资源配置中起决定性作用和更好地发挥政府作用深化经济体制改革，对国有经济进一步深化改革提出了新要求，中国国有经济改革在经历 30 多年的理论和实践探索后，进入了一个全面深化改革的新时期。

一、实现市场在资源配置中起决定性作用条件下的国有经济与成熟市场经济体制的融合

1. 国有经济改革的根本问题

在中国确立社会主义市场经济体制改革的目标后，作为公有制代表的国有经济如何与市场经济体制融合，一直是国有经济改革需要破解的根本性问题。如何通过改革，解决国有经济与市场经济体制存在的管理体制、运行机制、定位布局、实现形式等方面矛盾，使国有经济能够适应市场机制，在市场竞争中不断提高效率、发展壮大，从而发挥在国民经济中的主导作用，构成了中国国有企业和国有资产管理体制改革的主线。

沿着这个改革主线，中国国有经济改革先后经历了三个阶段[1]。第一个阶段是改革开放之初到党的十四届三中全会的"放权让利"阶段，该阶段大体上用了 15 年的时间，贯穿 20 世纪 80 年代和 90 年代初。当时，改革的重心落在国有企业层面。这一阶段，改革的主要任务是引导国营单位走出计划经济体制的旧观念与行为的束缚，使它们能够逐步适应商品化的经营环境，完成自身的企业化改造，解决了一个个国有企业进入市场的问题。第二个阶段是 20 世纪 90 年代初至 21 世纪初的"制度创新"阶段，大体上有 10 年左右的时间。当时，改革的重心落在建立现代企业制度和推动国有经济结构调整上。这一阶段，改革的主要任务是引导国有企业确立与市场经济要求相适应的资本和产权的观念，建立现代企业制度，通过国有经济布局与结构战略性调整，初步解决了整个国有经济部门如何适应市场竞争优胜劣汰的问题，改变了国有经济量大面广、经营质量良莠不齐和国家财政负担过重的局面。第三个阶段是党的十六大以后、以 2003 年国资委成立为标志的"国资发展"阶段，国有企业改革进入到以国有资产管理体制改革推动国有企业改革时期。这一阶段，改革的主要任务是由国资委负责监督管理国有企业实现国有资产保值增值目标，解决了以往国有经济管理部门林立、机构臃肿、监管效率低下的问题，使国有资产利用市场机制发展壮大成为可能。

30 多年的国有经济改革进程表明，伴随着中国市场经济体制逐步建立，实现国有经济与市场经济体制的融合，在市场竞争中发挥国有经济主导作用，不断增强国有经济活力、控制力和影响力，一直是中国国有经济改革的根本问题。

2. 新时期国有经济改革的基本目标

经过 30 多年上述三个阶段的改革，国有经济改革与发展取得了巨大成就。一是经济布局优化。国有资本逐步从一般生产加工行业退出，国有资本更多地集中于关系国民经济命脉的重要行业和关键领域，在国民经济中发挥着主导作用。二是政企关系优化。初步建立起相对有效的国有资产管理体制，改变了过去"五龙治水"、普遍"内部人控制"的现象，企业经营性国有资产得到了相对规范的管理。财政预算不再安排用于补充国有且有资本金性质的支出和经营性亏损，政府的公共管理职能和出资人职能初步分离。三是经营机制优化，从数量上看大部分国有企业已经进行了公司制股份制改革，初步建立起现代企业制度，公司治理结构逐步规范。四是经营绩效优化，国有企业发展质量和运行效率得到了提升，竞争力有了很大增强，国有经济已经摆脱困境，对经济社会发展的贡献进一步显现。

应该说，国有经济从总体上已经与市场经济体制逐步适应和融合。但是，中国国内外环境正发生巨大变化，从国际环境看，在经济全球化的大趋势下，中国的开放水平进一步提高，国有经济面临国家使命提升与国际环境严峻的双重压力；从国内经济环境看，进入"十二五"以后，中国已经步入工业化后期[2]，中国经济发展方式亟待转变，国有经济所熟悉的要素驱动型的发展环境正在改变。这些新形势对中国经济发展提出了新要求。尤其是，党的十八届三中全会以后，中国要建立市场在资源配置中起决定性作用和更好发挥政府作用的市场经济体制，这是一种更加成熟的社会主义市场经济体制，现有国有经济与这种成熟社会主义市场经济体制的要求还有很大差距，这主要表现在由于国有经济改革"不到位"而产生的不适应。一是国有经济战略性调整不到位，使得国有经济功能定位和布局不适应。国有经济的公共政策性功能和市场盈利性功能还没有区分，许多国有企业在经营中还面临着"公益性使命"和"盈利性使命"的冲突，处于赚钱和不赚钱两难的尴尬境界——不赚钱无法完成国有资产保值增值、壮大国有经济的目标，赚了钱又被指责损害了市场公平和效率。垄断行业的国有企业改革还不到位，还缺乏一条明确、可信又可行的改革路径。垄断行业的国有企业追求行政垄断地位的行为，影响到构建公平有效的市场经济格局。二是国有企业的公司制股份制改革没有到位，使得国有经济的产权实现形式还存在不适应。为数众多的国有大企业，其母公司及二级以上公司层面的股权多元化改革，大多是停滞不前。三是国有资产管理体制改革不到位，无法适应新形势的要求。一方面，国有资本流动性仍然较差，还满足不了有进有退、合理流动和实现国有资本动态优化配置的要求；另一方面，国有企业还常常面临相关政府部门不当干涉的困扰。四是现代企业制度建设还不到位，国有企业的微观治理机制还不适应成熟市场经济的要求。国有企业治理结构还不规范，企业具有行政级别，国有企业经理人的市场选聘、监督约束机制改革还有待形成和完善，存在国有企业经营管理者"党政干部"和"企业家"双重角色的冲突，这既使得企业市场化经营权利无法得到充分保障，又影响到市场公平性。

这些改革不到位问题，从本质上说还是国有经济没有与成熟市场经济体制有机融合，在管理体制、运行机制、定位布局、实现形式等方面还存在矛盾。三中全会决定要建立市场在资源配置中起决定性作用的健全的社会主义市场经济体制，这就对国有经济与市场经济体制融合提出了更高的要求，国有经济一方面要提高国有企业活力和适应市场公平竞争的能力，另一方面要提高服务国家战略目标、提供公共服务的能力。新时期全面深化国有经济改革，就是要解决国有经济与成熟市场经济体制的这些矛盾，基本目标是实现在市场在资源配置中起决定性作用的条件下国有经济与成熟市场经济体制的全面融合。

3. 新时期国有经济改革的重大任务

基于中国国有经济改革理论和实践探索，参考国外成熟市场经济国家的经验，中国国有经济与成熟市场经济体制的融合，需要回答以下四方面重大问题：一是在社会主义市场经济体制下，国有经济应该有怎样的功能定位和布局？是否需要动态调整？二是与计划经济体制下单一国有制相比，市场经济体制下国有经济的主要实现形式是什么？尤其是国有企业主要以怎样的所有权结构形式存在？三是中国庞大的国有经济，在市场经济体制条件下应该建立怎样的国有经济管理体制？四是作为国有经济的主要微观主体的企业，在市场经济条件下为了保证自己的竞争力，应该具有怎样的治理结构和运营机制？

党的十八届三中全会通过的《决定》，在总结中国国有经济改革的历史经验、分析中国面临的新形势新任务基础上，回答了上述四个方面的问题。关于国有经济的功能定位和布局，在明确坚持公有制主体地位、发挥国有经济主导作用的前提下，提出准确界定不同国有企业的功能，国有资本运营要服务于国家战略目标，重点提供公共服务、发展重要前瞻性战略性产业、保护生态环境、支持科技进步、保障国家安全；关于国有经济的主要实现形式，提出要积极发展混合所有制经济；关于国有经济管理体制，提出完善国有资本管理体制，以管资本为主加强国有资产监管；关于国有经济微观制度基础，提出要推动国有企业完善现代企业制度，健全协调运作、有效制衡的公司法人治理结构。这实质上明确了新时期中国国有经济改革的重大任务。关于国有经济四项重大改革任务和具体措施的内容和关系如图1所示。

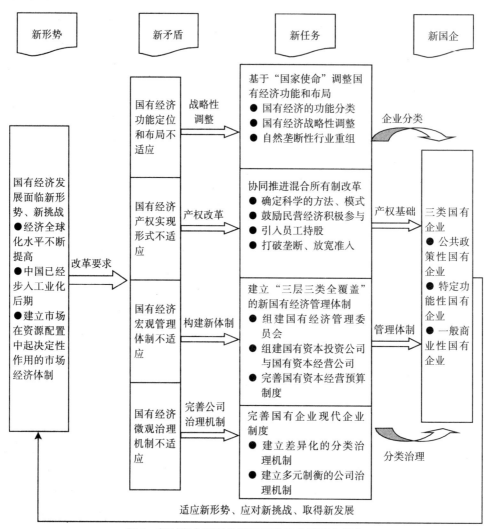

图1　新时期全面深化国有经济改革的重大任务

资料来源：笔者整理。

　　以党的十八届三中全会的精神为指导，本文认为，新时期国有经济面临新形势和新挑战，要实现国有经济与成熟市场经济体制全面融合面临着一些矛盾，这要求完成与时俱进地根据国家使命调整国有经济功能和布局、推进混合所有制改革确立国有经济的主要实现形式、建立分类分层的新国有经济管理体制、推动国有企业完善现代企业制度以奠定国有经济高效运行微观基础这四项重大任务，通过这四项改革重大任务和具体改革措施的推进，最终形成以"新型国有企业"为主的国有经济，① 这些"新国企"将适应新形势的发展要求，日益与市场在资源配置中发挥决定性作用的条件下的成熟社会主义市场经济体制相融合。

---

　　① 有关"新国企"的更为全面的研究可参阅金碚和黄群慧 [3]。

二、与时俱进地根据"国家使命"调整国有经济功能定位和布局

1. 基于使命的国有经济功能分类

使命就是企业存在的理由，是企业的价值取向和事业定位，使命不明确或者使命冲突会导致企业行为逻辑混乱。对于国有企业而言，实现国家赋予的使命——"国家使命"是国有企业生存发展的理由。在社会主义市场经济体制下，国有经济的"国家使命"，不仅着眼于如何运营管理好现有的存量国有资产的问题，而应放眼社会、放眼世界、放眼未来，从社会性、国际化和可持续性的视角入手，更好地配置国有资本，更好地发挥国有经济部门与非国有经济部门的互补功能，为整个国民经济向更健康、更有竞争力、更具可持续性的方向发展，为中华民族实现伟大复兴，为实现"中国梦"而贡献积极力量。

具体而言，中国是一个发展中的渐进式的经济转轨国家，这就决定了中国的国有经济在相当长的历史时期既要有一般的市场体制国家在市场经济运行中国有经济应承担的使命，又要有发展中国家在经济赶超中国有经济应承担的使命，还要有转轨经济国家在渐进式转轨过程中国有经济应承担的使命，我们将其划分为国有经济的"市场经济国家使命""发展中国家使命"和"转轨经济国家使命"，针对这三类"国家使命"，国有经济相应的功能分别是"弥补市场失灵功能""实现经济赶超功能""培育市场主体功能"。

市场经济国家普遍面临市场失灵问题，所谓市场失灵，是指市场机制在某些领域不能使社会资源的配置达到帕累托最优状态的表现，这些领域包括自然垄断、公共产品、存在外部性和信息不完全等领域。由于市场经济无法达到最优的资源配置，就需要国家对市场经济进行干预，以达到优化资源配置的目的。也就是说，相对于市场而言，政府在纠正自然垄断、矫正外部效应、提供公共物品、实现区域协调发展、保证收入公平分配等方面具有更大的优势和作用，而国有经济则是政府承担这一职能的重要载体，国家或政府通过举办国有企业、发展国有经济的手段来实现政府干预市场、弥补市场失灵的目的。[4]这就是市场经济国家赋予国有经济的使命，也就是国有经济的"弥补市场失灵功能"。

实现经济赶超是发展中国家特有的目标，发展经济学表明，发展中国家在经济赶超阶段，在国际市场上往往遵循静态比较优势，发展中国家可以从国际贸易或国际分工中获益，但却不能从根本上解决核心技术的研发、产业结构提升、经济发展方式转变等重大问题，其后果就是陷入"比较优势陷阱"或"低端锁定陷阱"。[5]因此，在成为世界一流强国之前，发展中国家都必须保持相当数量的国有企业，去承担建立现代化经济强国、实现经济赶超的功能。在国家的支持下，国有企业在充分理解国际竞争秩序的条件下，在立足于自身现有的条件和资源状况的基础上，通过专业化学习、投资创新及经验积累等后天因素着力培育和强化其动态比较优势，从而在事关国计民生的基础产业、支柱产业、战略产业方面与国外企业竞争抗衡，承担支持科技进步、保障国家经济安全等功能，这就是国有经济基于赶超国家使命而承担的"实现经济赶超功能"。

对于转轨经济国家，尤其是实行渐进式改革的转轨经济国家，其转轨过程是由大一统的国有经济结构向混合所有经济结构的演进。在传统的计划经济体制下，这类国家是没有真正的市场经济主体——企业的，改革的过程是将国有企业转化为自主经营、自负盈利、自我约束、自我发展的真正的市场主体，也就是培育市场主体的过程。同时，随着民营经济的兴起和外资企业的进入，市场经济主体逐步丰富，混合所有制的经济结构逐步形成。转轨经济国家需要国有经济承担逐步发展独立的市场经济主体的功能，作为独立市场主体的国有企业，要积极应对市场的激烈竞争，在竞争中通过追求盈利来实现国有资

产保值增值，回报国家这个所有者代表。这就是国有经济要承担的"转轨经济国家使命"和"培育市场主体功能"。

多年改革发展留下的巨大的国有经济总体上承担着上述三大"国家使命"，但这三大使命在具体国有企业中没有区分。由于"弥补市场缺陷"强调国有企业作为政府实现公共目标的工具或者资源，具有公共政策性，而"培育市场主体"则要求国有企业追求市场盈利性，保证国有资产的保值增值，这造成国有企业面临着"使命冲突"，从而使得国有企业无法与市场经济体制彻底融合。新时期要深化国有经济改革，需要准确界定不同国有企业的功能，国有企业已经步入了一个"分类改革与分类监管"的新时期。我们认为，基于上述三类"国家使命"和国有经济功能性质，考虑到历史沿革和可行性，将国有企业分成公共政策性、特定功能性和一般商业性三种类型。[1]

公共政策性国有企业，是带有公共性或公益性的、特殊目的的国有企业。它们仅承担国家公益性或公共性政策目标而不承担商业功能。公共政策性国有企业，应该是国有独资企业。具体监管方法是"一企一制""一企一法"，确保企业活动始终以社会公共利益为目标。这类国有企业数量非常少。目前，有的公共政策性国有企业也在开展商业性业务活动，一旦明确企业功能定位，其商业性活动应该逐步分离出来。从长远看，公共政策性国有企业将是国有资本加强投资和监管的重点。

一般商业性国有企业，也就是人们常说的竞争性国有企业。它们属于高度市场化的国有企业，只承担商业功能和只追求盈利性经营目标。一般商业性国有企业采用公司制或股份制，其股权结构应该由市场竞争规律决定，遵循优胜劣汰原则。在规范运作的前提下，这类企业的股权多元化程度和股东的异质性程度，不应该受到非市场性因素的困扰和扭曲。为数众多的中小型国有企业都属于这一类型。

特定功能性国有企业，具有混合特征。它们有一部分商业功能，也有一部分非商业性或政策性功能，其非商业性功能的实现又要求以企业自身发展和经营活动盈利为基础和前提。特定功能性国有企业的股权结构是国有绝对控股或相对控股的多元化结构。有特殊的政策性功能要求的，可以制定具体政策来规范企业的股权结构；没有特殊政策规定的，应该由市场来发挥资源配置的决定性作用。从长远看，特定功能性国有企业将进一步分化，这类企业中的大多数，将转变为一般商业性国有企业。

有关基于国家使命的对国有经济的功能定位和国有企业的分类之间的对应关系如表1所示。

表1　国有经济"国家使命"、功能定位与国有企业分类的对应关系

国家使命	市场经济国家使命	发展中国家使命	转轨经济国家使命
功能定位	弥补市场失灵	实现经济赶超	培育市场主体
功能说明	作为国家政策的一种工具，弥补市场经济的不足，发挥纠正自然垄断、矫正外部效应、提供公共物品、实现区域协调发展、保证收入公平分配等方面作用，是建立市场经济条件下现代的国家治理机制的一部分	在事关国计民生的基础产业、支柱产业、战略产业与国外企业竞争抗衡，承担支持科技进步、保障国家经济安全等功能，最终实现经济赶超。在成为世界一流经济强国之前，需要保持相当数量的此类国有企业	国有经济承担在经济体制改革中逐步发展独立的市场经济主体的功能，作为独立市场主体的国有企业，要自主经营、自负盈亏、自我约束、自我发展，要积极应对市场的激烈竞争，在竞争中通过追求盈利来实现国有资产保值增值
企业分类	公共政策性企业	特定功能性企业	一般商业性企业
价值导向	公共功能	功能+利润	市场利润

资料来源：笔者自撰。

基于分类思路，本文认为，现在的113家中央企业中公共政策性企业有5家，包括中储粮总公司、中储棉总公司、华孚集团、国家电网和南方电网；特定功能性企业32家，包括国防军工板块的十大军工企业和中国商飞公司，能源板块的三大石油公司、国家核电、中广核集团和六大电力公司，及其他功能板块的中盐公司、中国国新、三大电信公司、三大航空公司以及中远集团、中国海运；一般商业性企业76家，包括一般工业制造企业、综合贸易服务企业、建筑工程企业、科研企业和资产规模在500亿

元以下的其他中小企业。由于国有企业构成的复杂性，具体的分类方法可以是动态的，会随着环境和情况变化而调整。

2. 功能转换与国有经济战略性调整

国有经济的功能定位并不是一成不变的，如果说，以前国有经济保值增值被放到非常重要的位置，那么在新时期，国有资本将加大对公益性企业的投入，在提供公共服务方面做出更大贡献。这种功能转换意味着新时期中国需要进行国有经济战略性重组。基于上述三类国有企业的功能定位，各类国有企业战略性调整的方向和重点都不同。

对于界定为一般商业性企业的国有企业，其战略性调整目标是完全剥离行政垄断业务，通过市场化手段增强企业活力和提高企业效率，同时建立国有资本灵活退出机制，逐步退出部分国有资本，投向更符合公共服务和国家战略目标的企业。为实现上述改革目标，一方面，要推进公共资源配置市场化，加快政府管制改革，破除各种形式的行政垄断；另一方面，这类国有企业应勇于突破所有制观念的束缚，大力引入其他所有制经济成分，充分发挥其企业制度中内生的国有资本放大功能。在改革实践中，应该按照市场公平竞争要求，鼓励非公有制企业参与一般商业性国有企业的改革，鼓励发展形成非公有资本控股的混合所有制企业；鼓励一般商业性国有企业在改革成为混合所有制企业的同时，实行员工持股，形成资本所有者和劳动者利益共同体。在改革过程中，从这类企业中陆续退出的部分国有资本，将通过国有资本运营公司这一运作平台，转而投向那些更加符合国家战略目标的重要行业和关键领域。

对于界定为公共政策性企业的国有企业，其战略性调整目标是退出盈利性市场业务领域、专注公共政策目标的实现，在此前提下，国有资本要加大对这类企业的投入。首先，已从事的盈利性市场业务，要逐步剥离；其次，要继续加大国有资本的投入力度，提高这类企业的公共服务能力和承担社会责任的能力；最后，要不断提高公司管理科学化水平，改善国有资本的使用效率。虽然公共政策性企业不以盈利为目的，但为了提高管理效率，在具体项目和环节上可探索引入竞争机制，允许非国有资本参股公共政策性企业负责的一些公共服务项目。公共政策性国有企业自身，既不适合改组为国有资本投资公司或运营公司，也不适合推行员工持股制度来发展混合所有制。

对于界定为特定功能性企业，战略性调整的总体方向是，主要依托国有资本投资运营公司这一运作平台，不断地主动退出那些竞争格局趋于成熟、战略重要性趋于下降的产业领域和环节，不断努力在提供公共服务、保障国家安全和符合国家战略要求的各种新兴产业领域发挥更大的功能作用。其中，那些功能定位与提供公共服务、保障国家安全紧密相关的国有企业，在推行混合所有制经济、实行企业员工持股方面，要慎之又慎；那些与保护生态环境、支持科技进步、开展国际化经营、战略性新兴产业领域相关的国有企业，可鼓励探索和发展混合所有制经济和员工持股制度。如果某些特定功能性国有企业的功能特征有日渐弱化的趋势，它们就应该及时转变为一般商业性国有企业，再遵照一般商业性国有企业的规律，来进行战略性调整和深化改革。

需要说明的是，随着国有经济管理体制改革的深入，现有的113家中央企业数量会进一步减少，尤其是按照党的十八届三中全会精神，组建国有资本投资公司和运营公司，这些平台公司组建过程本身就是国有经济战略性调整的过程，甚至是未来几年内国有经济战略性调整的主要任务。

3. 垄断性行业国有经济的战略性调整

电力、电信、民航、石油天然气、邮政、铁路、市政公共事业等垄断性行业的国有企业是国有经济中非常特殊且问题突出的部分，大部分属于上述特定功能性企业。垄断性行业国有经济战略性调整，应该通过产权重构带动业务重组和企业组织结构调整，实现产业组织效率和企业绩效的同步提升。产权重构旨在形成符合行业技术经济特征和经济发展阶段要求的产权结构和治理架构。业务重组旨在优化相关业务配置和遏制垄断，形成主业突出、网络开放、竞争有效的经营格局。企业组织结构调整旨在形成兼有规模经济和竞争效率的市场结构，使企业成为社会主义市场经济体制更具活力的市场主体，成为中国国民经济和国有经济中更具战略性的组成部分。

产权重构是国有企业产权多元化的重要途径，也是垄断性行业国有企业建立现代治理制度的基础。垄断性行业国有企业产权重构主要有三种目标模式，即国有独资模式、国有绝对控股模式和国有相对控股模式，重点推动垄断性行业中央企业从国有独资公司向国有绝对控股公司再向国有相对控股公司转变，发展混合所有制经济，实现产权多元化。随着社会主义市场经济体制的成熟定型和民营经济成长，降低上述领域对国有经济的依赖，逐步从国有绝对控股转向国有相对控股。

业务重组要区分自然垄断的网络环节和可竞争的非网络环节性质，根据行业特点整体规划、分步实施。一般认为，电力产业的输配电网，铁路行业的路轨网络，石油产业的输油管线，天然气行业的输气管线，电信行业的电信、电话和宽带网络，属于自然垄断的网络环节，而电力行业的发电、售电业务，铁路的运输业务，石油和天然气的勘探、销售业务，电信行业的移动电话、互联网、电视网络和增值业务等属于可竞争的非自然垄断环节[6]。积极研究将电信基础设施和长距离输油、输气管网从企业剥离出来，组建独立网络运营企业的方式。着眼于整个国民经济而不仅仅是某个行业或经济主体自身的视角，谋划和评估网络设施开放使用，通过网络设施平等开放推动可竞争性市场结构构建和公平竞争制度建设，使垄断性行业国有经济成为社会主义市场经济体制更具活力的组成部分，改革和发展成果更好地惠及国民经济其他产业和广大人民群众。具体而言，石油行业主要是深化中石油和中石化内部重组，通过兼并重组、注入资本金等政策将中海油、中化集团整合成一家新的国家石油公司。电网行业主要是实现国家电网公司和南方电网公司的合并，在国家电网公司、区域电网公司与省电网公司之间建立规范的母子公司关系。输配分离后，国家电网公司和区域电网公司经营输电网，配电网划归省电网公司。民航业重点培育几家区域性航空运输企业，解决航空支线垄断程度过高的问题，把航油、航材、航信三家企业改造成由各航空运输企业参股的股权多元化的股份有限公司。

企业组织结构调整重点是在产权结构和业务结构重组的基础上，对一些行业内国有企业的数量及其关系进行选择和优化。由于垄断性行业国有企业均为大型企业或特大型企业，国有企业数量对行业垄断竞争状况和产业绩效具有重要影响。从有效竞争和便于管理的角度看，国有企业在特定行业内的企业数量既不是越少越好，也不是越多越好，否则不是造成垄断就是造成国有企业过度竞争。企业组织结构调整应解决经营者数量少导致的竞争不足问题，适当增加经营者数量，形成兼有规模经济和竞争效率的市场结构。

三、协同推进混合所有制改革确立国有经济的主要实现形式

1. 推进混合所有制改革的方法论原则

为了既避免改革过程中出现国有资产流失等问题，又能够达到混合所有制改革的目标，推进混合所有制改革必须坚持"上下结合、试点先行、协同推进"的改革路径和方法论原则，混合所有制改革一定要在上下结合、先行试点的基础上制定改革细则，然后才能全面协同推进，做到"蹄疾而步稳"。

中国的改革经验表明，成功的改革推进路径是先"自下而上"——允许基层积极探索，具体包括基层创新、发现问题、积累经验、总结分析等操作步骤，得到基层探索的整体改革意义，进而"自上而下"——进行顶层指导下的推进，具体包括明确方向、选择试点、制定规则、全面推进等程序，从而实现积极稳妥地全面改革。而且这个"自下而上"和"自上而下"的过程往往需要多次反复。这种"上下

结合"的改革推进路径，既激发了基层改革创新的积极性、保护了经济的活力，又实现了改革的有序性、避免了改革一哄而上的混乱，是我们改革取得巨大成就的方法论保证[7]。同样，今天我们推进混合所有制改革，也应该坚持这样的改革路径，或者说方法论原则。党的十八届三中全会明确了大力发展混合所有制的方向，这意味着经过多年"自下而上"的探索，我们已经明确了混合所有制改革方向，全国正处于"自上而下"地推进混合所有制改革的阶段。

当前混合所有制改革工作的重点应该是积极推进试点，在试点的基础上分析问题、总结经验，进而制定具体规则和程序、探索混合所有制改革实施细则，以保证进一步全面推进混合所有制改革在制度和法律的框架下规范运作。根据实际情况，积极开展分类试点，寻找突破口，总结经验，形成操作规范。在试点中前行，通过具体实践操作，不断发现新问题，寻找解决问题的办法，并进行知识的积累，最终形成操作的规范。在"开展试点"的基础上，加强经验交流，全国各地相互促进，探索发展混合所有制经济的新规范。近日，国务院国资委选择国家开发投资公司、中粮集团有限公司开展改组国有资本投资公司试点，中国医药集团总公司、中国建筑材料集团公司开展发展混合所有制经济试点，新兴际华集团有限公司、中国节能环保公司、中国医药集团总公司、中国建筑材料集团公司开展董事会行使高级管理人员选聘、业绩考核和薪酬管理职权试点，还将在国资委管理主要负责人的中央企业中选择2~3家开展派驻纪检组试点[8]。这种试点的方法是具有重要意义的，但应注意到很多改革在企业层面是有机联系的，注意改革制度的协同性，不要人为割裂。相对于国务院国资委试点先行的做法，一些地方政府将混合所有制企业比例、混合所有制企业中民营企业持股比例、国有资本证券化比例等作为混合所有制改革的量化考核指标，放在国有企业改革指导意见中，这是不妥的，在改革试点没有开展之前，制定这种改革方案，使改革方案成为彰显政绩目标和决心的"改革大跃进规划"。这种政府主导的急于求成的心态会加大国有资产流失的风险。

通过推进混合所有制改革试点，要探索和制定三方面细则：一是界定不同国有企业功能，将国有企业分为公共政策性、特定功能性和一般商业性，为不同类型国有企业建立不同法律法规，进而设计不同的混合所有制改革实施细则；二是完善公司治理结构，总结国有董事会试点经验，明确混合所有制下国有企业董事会的运行规则，建立有效的高层管理人员选拔和激励约束机制，从机制上保证国有董事和非国有董事的行为规范化和长期化，保证国有和非国有资产共同保值增值；三是着力营造公平竞争的市场环境，努力完善产权流动的市场机制和产权保护的法律体系，重新制定《非国有资本参与国有企业投资项目办法》和《国有资本运营公司和国有资本投资公司试点办法》之类的新制度，完善和修订不适应混合所有制改革要求的法律法规、规范性文件。

发展混合所有制是一个系统性、整体性和协同性的改革，需要统筹好中央和地方的关系，试点和规范的关系，渐进和突破的关系。从中央和地方的关系看，在中央层面，主要解决垄断行业的国企混合所有制改革问题，地方层面则着重解决地方融投资平台、城市公共服务业等改革，一些影响大的问题也可由地方先行试验；从试点和规范的关系看，一方面要建立容错机制、允许试点创新，并以此为基础不断形成规范性的政策指导，另一方面也要通过规范，设定基本的试点创新"底线"；从渐进和突破的关系看，既要通过渐进开展积累相关经验，激发发展混合所有制经济的积极性和主动性，又要敢于面对难点攻坚突破，突破改制重组的瓶颈。在协同推进上，要处理好三个协同：一是行业协同，就是要把握发展混合所有制节奏，既要加快竞争性领域的改革步伐，又要攻坚克难，突破垄断行业的改革，相互借鉴经验；二是制度协同，要协同推进公司治理、产权和资产交易、资本管理、人事和分配制度等各方面的制度建设；三是进度协同，要把握好试点先行、细则制定和全面推进的时间协调。

2. 发展混合所有制的模式选择

依据不同的标准，发展混合所有制的模式划分存在显著差异。从宏观推进层面来看，按照主导力量的不同，发展混合所有制可以分为政府主导型模式和市场主导型模式；按照推进路径的不同，发展混合所有制可以分为自上而下型模式、自下而上型模式和上下结合型模式；按照改革对象的不同，发展混合所有制可以分为存量改造型模式和增量发展型模式。从微观操作层面来看，按照混合途径的不同，发展混合所有制可以分为合资混合模式、合作混合模式和配股混合模式；按照资本属性的不同，发展混合所有制可以分为公有资本与私有资本混合模式、公有资本与外资混合模式、公私资本与外资共同混合模式；按照控股主体的不同，发展混合所有制可以分为公有资本控股型混合模式、私有资本控股型混合模式和外资控股型混合模式，或者分为公有资本控股型混合模式和公有资本参股型混合模式；按照混合程度的不同，发展混合所有制可以分为整体混合模式和部分混合模式。

由于发展混合所有制既要有宏观层面的顶层设计，又要有微观层面的操作方案，因此模式的划分应实现宏观与微观的结合。基于改革顶层设计的清晰性需要，在宏观推进层面可以改革对象为划分依据，将发展混合所有制区分为存量改造型模式和增量发展型模式。存量改造型模式主要是鼓励非公有制经济参与国有企业和集体企业改革，实现国有企业和集体企业存量产权的多元化。存量改造型模式是当前发展混合所有制的重点，其微观实现方式主要包括公司制股份改革、开放性市场化双向联合重组、股权激励和员工持股。增量发展型模式主要是新的投资中推动公有资本与非公有资本的共同参与，实现国有企业和集体企业增量产权的多元化。增量发展型模式也是发展混合所有制的重要形式，其微观实现方式主要包括新设混合所有制企业或新投资项目中推动公有资本与非公有资本的共同参与。进一步地，无论是存量改造型模式还是增量发展型模式，均可采取公有资本绝对控股、公有资本相对控股和公有资本参股三种形式。

发展混合所有制的不同模式各有优劣，并没有普适性的模式，实践中需要综合考虑产业性质、市场发育程度、企业组织特征、企业发展基础等多方面的内外部因素。从产业性质来看，相对成熟的产业中因公有资本的布局已经相对明确，因此发展混合所有制可以更多地选择存量改造型模式；而新兴产业中所有属性的资本布局都仍然是不确定的，因此发展混合所有制可以更多地选择增量发展型模式。但无论是存量改造型模式还是增量发展型模式，对于涉及国民经济命脉的重要行业和关键领域，可以采取国有绝对控股的混合所有制形式；涉及支柱产业、高新技术产业等行业，可以采取国有相对控股的混合所有制形式；对于国有资本不需要控制可以由社会资本控股的领域，可以采取国有参股的混合所有制形式。从市场发育程度来看，当产权交易市场、资本市场较为发达时，发展混合所有制可以更多地采取存量改造型模式；反之，则可以更多地采取增量发展型模式。从企业组织特征来看，当公有制企业规模较大时，发展混合所有制可以同时采用存量改造型模式和增量发展型模式；反之，则可以更多地采取存量改造型模式。从企业发展基础来看，如果公有制企业盈利能力较强，可以同时采用存量改造型模式和增量发展型模式，而且，当公有制企业具有决定性的要素优势时，可以选择国有绝对或相对控股的混合所有制形式，否则采取国有参股的混合所有制形式；如果公有制企业盈利能力较弱，可以更多地采用存量改造型模式，并主要采取国有参股的混合所有制形式。

3. 推进国有企业混合所有制改革的具体要求

由于每家国有企业的功能定位、历史沿革、行业特性、规模大小、生存状态都千差万别，在具体推进混合所有制改革时，"一企一策"是一个必然的选择，但这并不意味着国家没有统一的约束。国家统一的约束应该至少体现在改革程序公正规范、改革方案依法依规、股权转让公开公允、内部分配公正透明四个方面。一是改革程序要公正规范。整个改革先后程序必须有严格的规定，不要担心繁文缛节，公正规范是企业改革的第一要义，在规范和效率的选择上，规范始终应该摆在首位。二是改革方案要依法依规。企业改革方案要严格遵照各项法律、规范和流程制定，最终要必须经过相应政府主管部门的批准，一些重大的企业改革方案建议由同级人大讨论批准。三是股权转让公开公允。在混合所有制改革过程中，涉及国有股权转让，信息必须公开透明，转让价格要保证公允。信息公开透明，发挥社会的监督作用，往往是避免国有资产流失的最好办法。四是内部分配公正透明。混合所有制改革中，会涉及员工持股和管理者持股。这个过程中，要保证分配公正透明，这不仅是为了避免国资流失、利益输送等问题出现，还为了更好地发挥员工持股的激励作用。为了保证公正透明，一定要做到充分的民主，要注意充分发挥职代会的作用。通过多轮投票选举产生职代会代表，职工代表充分发挥沟通桥梁作用，在改革总体方案的形成、职工持股认购额度分配等关键环节，每一项改革决策的酝酿与形成都要交职代会表决通过。

发展混合所有制之所以受到很大的争议和阻力，很大程度上是由于在发展混合所有制过程中可能出现国有资产流失等"混合失当"问题，这使得防止国有资产流失成为发展混合所有制的关键问题。发展混合所有制过程中的国有资产流失最可能发生的地方是优良企业、优良资产、优良业务线，并可能通过潜在利益、资产评估、同业竞争和关联交易等渠道发生。基于此，发展混合所有制过程中要防止国有资产流失，应重点采取两个方面的关键举措：一是统一政策标准，分企审批，即制定统一政策标准，使国有企业混合所有制改革的一些重要事项有政策标准作为依据，同时每个国有企业混合所有制改革的具体方案，必须上报国资监管部门审批。二是统一产权管理，建立统一、开放、规范、高效的产权交易市场，严格执行产权交易进入市场制度，加强产权交易的监管以及混合所有制企业的国有资产监管，确保做到混合前公平评估、混合中阳光操作、混合后规范运营。

4. 鼓励非公有制企业参与国有企业改革

鼓励非公企业参与国有企业改革，就是要从有利于企业竞争力和总体经济效率的基本要求出发，清除当前制约非公企业参与国企改革的障碍，创造继续深化改革的条件，形成继续深化改革的强大动力。

经过30多年的国有企业改革探索，中国的国有全资企业相当一部分已经演变为同时含有国有股和非国有股的混合所有制企业，并且已经涌现出一批以联想集团、TCL、万科股份等为代表的优秀混合所有制企业，形成了进一步推进混合所有制改革的示范效应。但是从总体上看，目前进一步推进非公企业参与国企改革还存在许多障碍，既有政策性障碍，也有市场性障碍，具体表现为：一是对于民营资本进入意愿比较高的领域，包括能源、交通、医疗、教育、通信等，政府尚未给出放松进入的时间表，更未给出非禁即入的"负面清单"，民营资本通过参与混合所有制企业改革进入这些领域的难度大、成本高；二是民营企业面临"玻璃门""弹簧门""旋转门"等各种隐性壁垒，国有企业在项目审批、土地、税收和户口指标等方面具有"政策红利"；三是具有垄断势力、财务绩效良好的国有企业缺乏引入民营资本的内在动力，政府和企业内部管理层缺乏推进混合所有制改革的积极性；四是一些地方政府出于发展地方经济的考虑，在引入非公企业资本时，常常对于混合所有制企业的经营范围和区位布局制定了"特别条款"，影响了混合所有制企业的商业化程度和独立性[9]，造成实际上的非公企业资本的股权与控制权的不对称，也造成事后股东间公司权力斗争的隐患；五是人员身份转换和安置障碍是非公企业参与国有企业改革的后顾之忧。

针对以上发展混合所有制的现实障碍，鼓励非公有制企业参与国有企业改革、发展非公有制控股的混合所有制企业来进一步深化国有企业改革需要满足多方面的条件，从而形成既满足现实需求又符合理论规律的改革思路：一是产权改革与治理改革的协同推进。产权改革是前提，但在产权多元化的基础上优化公司治理结构才是发挥混合所有制企业制度优势的关键[10]。在坚持统一的《公司法》和国有企业改革总体安排的制度框架下，促进各利益相关方根据各自的利益诉求进行平等对话和谈判、形成公司治理差别化和动态化，当前中国的混合所有制企业的公司治理安排中尤其要重视积极引入战略性投资者。研究和经验表明，当改制形成的混合所有制企业引入的非公企业投资者不属于具有长期性投资愿景和具备相关行业技术管理经验的战略性投资者时，股东之间的冲突和摩擦、进而公司权力斗争将导致高额的治理成本。因此，混合所有制改革不能流于形式，必须着眼于提升企业效率、降低治理成本，把引入真正能够提升公司长期价值和竞争力的战略性投资者作为推进混合所有制改革的要点。二是产权改革与市场结构调整的协同推进，弱化垄断性租金驱动的混合所有制企业改革。市场化的企业主体和有效竞争的市场结构是提升产业效率的两个重要条件[11]，缺一不可。无论是对于行政性管制导致的自然垄断还是市场竞争过程中国有企业形成的经济性垄断，在垄断企业自身投资主体和股权多元化的同时，要配合放松行业进入管制，通过鼓励形成新的市场竞争主体、形成有效竞争来全面促进经济效率的提升，避免在混合所有制改革后形成新的民营资本垄断或"合伙垄断"；与此同时，也通过形成竞争预期，避免非公企业参与国有企业改革的激励扭曲，有利于真正的战略性投资者进入。三是混合所有制和政府功能完善的协同推进，弱化行政性租金驱动的混合所有制企业改革。消除政府在资金、税收、融资、土地、项目审批等方面对国有企业和混合所有制企业（特别是国有资本控股的混合所有制企业）的各类显性和隐性补贴和优惠，避免行政权力对股权结构、董事会结构和高层管理人员选聘的干预。四是保证非公企业参与国有企业改革过程的透明性和竞争性，通过社会性治理保证交易的公正公平，避免国有资产流失。由国资委牵头制定非公企业参与国有企业改革的信息披露制度，对于资产评估、股权定价、股权结构、管理层持股等重要交易信息按照标准化的文本格式及时对外公布，形成媒体、学术界和社会各界对非公企业参与国有企业改革的监督、约束机制。

5. 推进混合所有制改革中引入员工持股制度

国有企业在推进混合所有制的过程中引入员工持股制度，一方面有利于国有企业混合所有制改革，完善公司治理；另一方面有利于建立员工长期激励机制，使工与企业形成利益共同体。但是，员工持股制度能否有效发挥增加经济激励与改善社会治理的双重效应，关键取决于员工持股的具体方案设计。方案设计不当，不仅无法发挥激励作用，还有可能造成国有资产流失、寻租和利益输送等问题。国有企业推进混合所有制改革引入员工持股制度，应该坚持激励相容、增量分享和长期导向的原则[12]。

（1）激励相容原则。这要求员工持股方案在保证员工追求自身利益的过程中，也实现公司整体价值的最大化。只有在股票价格、持有比例、持有期限、退出机制等方面设计得当，才有可能产生这种"激励相容"的效果，使员工的个人利益与企业长远发展的利益捆绑在一起。否则，会造成激励过度或激励扭曲的问题，从长远看会造成国有资产流失。例如，在持股比例上，管理层持股过高，普通员工持股过低，造成收入差距过分拉大，企业内部产生矛盾，影响企业长期发展；再如，持股期限和退出机制设计不当，员工在公司上市前持有大量股份，待公司上市后立刻大量抛售股票以获取股票溢价收入，从而无法激励长期化行为；又如，"人人都持股"的平均主义，或普通员工持股比例过低，会造成新的"大锅饭"和"搭便车"的激励不足现象。

（2）增量分享原则。实行员工持股制度，不能将现有的国有资产存量作为员工持股的来源，要着眼于"分享增量利益"。也就是说，设计员工持股制度，不允许将原有的国有资产存量去和员工分享，而允许将企业增量效益，尤其是那些明确是由于员工努力而新创造出来的企业超额收益用作员工分享。这样，不仅可以有效避免国有资产流失，而且将更加有利于激励员工努力工作，提升企业未来的发展空间，进一步做大做强国有资产总量，实现国有资产和员工利益的"双赢"。

（3）长期导向原则。大力发展混合所有制背景下的员工持股制度，应该仔细考虑如何将长期导向原则植入职工持股制度之中。在制度设计中，不仅要对持股员工的工作年限提出要求，还要规定员工持股时间，尽可能延长员工持股时间。证监会最新颁布的《试点指导意见》提出了"要使员工获得本公司股票并长期持有"，但是，该文件在持股期限上所做的具体规定——"每期员工持股计划的持股期限不得低于12个月"，并没有贯彻落实长期持有的政策思想，未来政策应进一步朝着延长持股期限的方向变化。只有坚持长期导向的激励原则，才有可能充分发挥这一制度的激励效用，保证国有资产的保值增值。

6. 打破垄断推进混合所有制改革

垄断性行业国有企业改革应该立足于发展环境和功能定位，以放宽准入、多元投资、有效竞争、合理分配、独立监管为主攻方向，提高市场开放与竞争程度，推动垄断性行业向可竞争性市场结构转变，为国有企业推进混合所有制创造条件，实现竞争效率和规模经济的同步提升。

（1）解决垄断性行业国有企业经营活动和招投标系统内封闭运行、向社会开放不够的问题。推动电信、电力、油气、公用事业等领域招投标向社会开放，鼓励民营企业申请勘察设计、施工、监理、咨询、信息网络系统集成、网络建设、项目招标代理机构等企业资质。凡具有相应资质的民营企业，平等参与建设项目招标，不得设立其他附加条件。鼓励民间资本参与上述行业基础设施的投资、建设和运营维护。引导大型国有企业积极顺应专业化分工经营的趋势，将基础设施投资、建设和运营维护外包给第三方民营企业，加强基础设施的共建共享。

（2）加强和改善垄断业务监管，防止相关企业凭借网络设施排挤竞争者。根据行业特点，对于在技术经济上要求保持物理和经营管理上整体性的垄断性业务，可以授权一家或少数几家国有企业垄断经营，非国有资本可以股权投资形式进入，但要防止相关企业凭借网络设施排挤竞争者，滥用市场优势地位。随着社会主义市场经济体制的成熟定型和民营经济的成长，逐步降低上述领域对国有经济的依赖，实现从一股独大向股权分散的社会化企业转变。对于资源类产品和服务的进出口，应放宽市场准入，允许更多的经营者经营，以便对国内垄断企业形成一定的竞争压力。

（3）构建可竞争性市场结构，更好地发挥竞争机制的作用。油气产业上游领域重点解决石油天然气探矿权和采矿权过度集中和"一家独大"的问题，引进一批具有资质和能力的企业从事页岩气、页岩油、煤层气、致密气等非常规油气资源开发；下游领域，重点加强符合条件企业的炼油业务，改变原油和成品油进口管制，增加从事原油和成品油进口业务的主体，取消非国有贸易进口的原油必须交给两大石油公司加工的"隐性政策"，放宽进口原油在国内自由贸易，允许非国有企业根据市场需求组织进口。电信应完善关于码号资源、市场竞争行为管理的相关规定，维护好消费者权益，对企业退出机制、个人隐私保护、服务质量保证等方面做出更为细致的规定。解决中国移动"一家独大"掌握绝对市场控制力，中国电信和中国联通难以对中国移动构成实质性竞争的问题。电力重点解决发电侧缺乏竞争和购电、售电过度垄断问题，赋予电厂卖电、用户买电的选择权和议价权。放宽发电企业向用户直接售电的限制，允许全部分布式发电自用或直接向终端用户售电，允许全部规模以上工业企业和其他行业大中型电力用户直接、自主选择供电单位，大幅度增加直购电用户的数量，改变电网企业独家购买电力的格局。解决调度与交易、发电厂与用户接入电网审批等权力不透明、电费结算不公平和电网接入审批困难等问题。

四、构建分层分类全覆盖的新国有经济管理体制

1. 构建"三层三类全覆盖"的国有经济管理新体制

目前，关于如何改革国有资产管理体制，有两种观点：一种观点强调要肯定和坚持2003年以来国有资产管理体制改革的成果，而党的十八届三中全会提出的以"管资本"为主的管理体制，应该是对现行"管人、管事、管资产"管理体制的完善，以淡马锡模式和汇金模式为代表的金融资本管理模式存在政企不分、政资不分的弊端，不能够将金融资本管理模式照搬到实业资本管理模式上，尤其是面对中国庞大的国有实体经济，这种照搬更不可行；另一种观点认为，现行国有资产管理体制在过去十年的运行

中，暴露出加剧政企不分、政资不分，过度干预以及国有资产规模扩张快但运行效益水平不高这些新矛盾和新问题，深化改革需要转换国资委的角色，以"管资本"为主的管理形式来替代国资委现行"管人、管事、管资产"的管理形式，推动国有资产的资本化和证券化，学习汇金模式和淡马锡模式，建立以财务约束为主线的国有产权委托代理关系。

本文认为，中国应该构建一种分层分类的国有经济管理体制。从分层看：①在最高层次上，是政府的国有经济管理部门（这里没有将最高层次人民代表大会考虑进去，而未来国有资本经营预算是应该向人民代表大会定期汇报的），可以命名为"国有经济管理委员会"（简称"国经委"），区别于现有的"国有资产监督管理委员会"（简称"国资委"），"国经委"负责整体国有经济（包括隶属不同部门的国有企业、国有资产和国有资本）监管政策的制定和监督政策的执行，解决整个国有经济部门和不同类型的国有企业的功能定位问题，建立国有资产负债总表、编制和执行国有资本经营预算，负责中间层次的国有资本运营公司、国有资本投资公司的组建，对其章程、使命和预算进行管理，负责国有经济的统计、稽核、监控等。这意味着，与现有的"国资委"相比，"国经委"管理职能要减少和虚化很多。②在中间层次上，组建和发展若干数量的国有资本投资公司和国有资本运营公司。作为世界最大规模的经济体之一，在中央政府层面，需要至少十家或者是数十家中间层次的这类平台公司。从现实出发，这类平台公司有三类：一是类似于汇金模式的国有资本运营公司；二是投资实业方向相对单一、主业突出的国有资本投资公司，如中石油；三是投资实业方向多元、主业不突出的国有资本投资公司，如中粮、国投等。正是这三类平台公司共同存在，实际上就折中了上述国有资产管理体制改革的两种观点。作为政府与市场之间的连通器，这些平台公司，将在确保国家政策方针贯彻落实的前提下，尽最大可能地运用和调动各种市场手段，为下辖的国有企业提供与其企业使命、功能定位相称的和相适宜的运营体制机制。③在第三层级上，指一般意义的经营性国有企业。从分类上看，本文已经讨论过上述三类基于使命的国有企业功能定位，由于类型不同，相应的管理方式也将有很大的差别。这里新体制的结果是，只有极少数量的、定位于履行公共政策功能的国有企业，会继续运行在政府部门直接管理的体制中。为数众多的国有企业，将运行在以"管资本"为主的日趋市场化的管理体制中。总之，本文设想的国有经济管理体制是由"国有经济管理委员会—国有资本经营公司或者国有资本投资公司——般经营性企业"三个层次构成，管理"公共政策性、特定功能性和一般商业性"三个类型国有企业的"三层三类"体制。①

需要进一步说明的是，这种"三层三类"国有经济管理体制，也使得"全覆盖"的国有资产和国有企业的统一监管成为可能。因为"国经委"管理职能的"虚化"，使得能够将工业、金融、文化、铁路等各个领域的国有经济全部纳入"国资委"的管理范围中，只是要根据行业特征在其下组建不同的国有资本运营公司和国有资本投资公司而已。建立"全覆盖"的统一监管体制，确立"国经委"的政策权威地位，由"国经委"出台统一的国有经济监管政策，有助于消除现行监管体制中的"盲区"，有利于打破"条块分割"的局面，促进全国国有资本的统一优化配置。现有的"条块分割"国有资产管理体制，容易导致部门利益和行业壁垒，导致国有资产政策缺乏整体性和系统性，不利于国有资产保值增值[14]。"国经委"要着重通过对不同国有部门的准确功能定位，对国有资本投资公司或者国有资本运营公司进行充分授权，避免随意参与和干预相对低层次的国有资本投资运营公司及下辖国有企业和国有资产的日常运营活动。当然，由于"全覆盖"改革力度很大，建议现在在厦门、大连等地方国资委试点的基础上，进一步扩大地方国资委层面进行试点，然后逐步提高到中央层面。也就是说，这里提出未来构建的是"三层三类全覆盖"国有经济管理体制。

---

① 早在 1991 年，蒋一苇先生就提出要建立国有资产管理部门、投资公司、被投资企业的三层国有资产管理体制，并深入论述国有资产的价值化管理问题，也就是当前提出的从"管资产"到"管资本"转变问题，具体参阅蒋一苇和唐丰义 [13]。

在上述"三层三类全覆盖"国有经济管理体制下，如何实现以"管资本为主"加强国有资产监管呢？这要求具体明确"管资本"的核心职责是什么。我们认为，"管资本"的核心管理职责包括：①公司章程审批；②国有股东代表管理；③国有资本经营预决算；④经营业绩与绩效考核评价；⑤国有资本经营收益上交；⑥审计；⑦信息披露管理。对于一般商业性国有企业，一般只需管理这七项职能即可，而对于特定功能性国有企业，可以在此七项核心管理职责基础上，结合具体企业所承担的特定功能，进一步添加或减少适用于该企业的特定功能的基础管理职能。例如，有的企业在投资方向上承担了国有经济布局与结构调整的特殊使命，此时，就需要添加针对其投资方向或投资力度的相关监管职能；而有的企业，在应急管理、维护稳定和技术创新等方面，承担了特殊的任务，此时，也需要针对这些非经营活动，增加相应的监管职能。对于公共政策性国有企业，应该按照"一企一法""一事一议"的管理方针，来不断调整和优化相应的管理职能。从分层角度看，要保证第二层次的平台公司起到对第一层次的"行政性"政策要求的过滤器的作用，从而为第三层次的经营性国有企业营造一个真正贴近市场运作规则的公平竞争的制度环境。

过去十余年的改革实践表明，国有经济管理体制改革是一项综合性的体制机制改革，不仅涉及国有经济、国有资产和国有企业的功能定位问题，还涉及干部管理体制、劳动人事制度以及调整政府与企业之间、中央政府与地方政府之间的关系等更为深层次的社会经济运行的体制机制问题。要使上述分层分类的新国有经济管理体制真正建立并发挥理想作用，还要注意以下几点：一是政府及国资监管部门要按照国家治理体系和治理能力现代化的要求，转变治理理念和转换职能，对国有企业进行减政放权，新时期的改革，需要借鉴"负面清单"的思想，确保权力和责任相统一，管关键事项，落实问责机制。二是需要解决国有企业领导人的行政级别问题，推行国有企业高管人员的市场化选聘、考核与薪酬制度以及彻底实施企业的三项劳动人事制度改革。三是中央政府与地方政府需要更为清晰地界定各自的国资管理权限。在实践中，地方政府层面的国有资产管理体制和中央政府层面的国有资产管理体制，有很大的不同。中央政府与国有资产运营主体的关系相对超脱，而地方政府与国有资产运营主体的关系更加紧密。这意味着，越在地方层面，改革国有资产管理体制，实现政企分开、政资分开和对国有企业进行充分授权的难度越大。① 四是研究破解长期经营不善和严重亏损企业的改革难题。目前，国有企业和国有资产可持续增长与发展的基础尚不稳固，有一些长期经营不善和严重亏损的困难国有企业的改革任务仍然非常艰巨。要研究如何推动国有资本从低效企业、困难企业的退出和盘活，切实解决好这些困难企业的改革难题，需要国家在员工安置、企业依法破产等方面给予配套政策支持。

2. 组建国有资本投资公司与国有资本运营公司

建立"三层三类全覆盖"的国有经济新管理体制，当前的关键任务是要逐步试点组建国有资本运营公司和国有资本投资公司。国有资本投资和国有资本运营公司居于中间层次，承担了特定的功能。它们是新时期完善国有资产管理体制、构建以管资本为主的新国资监管体制的主要抓手，是真正实现政企分开、政资分开和分类监管的枢纽、界面和平台，是落实国有资本投资运营服务于国家战略目标这一责任的市场主体。虽然党的十八届三中全会提出组建国有资本运营公司和国有资本投资公司，并将二者做了投资实业和不投资实业的区分，但在现实经济中，资本流动性很大，金融资本和实业资本是可以循环的，可能并没有非常明确的界限，与人们通常所说的国有控股公司的含义接近。这实际上也就是说，需要在组建国有资本投资公司和运营公司过程中，有更为包容、更为务实的态度，不要主观规划组建资本投资公司和资本运营公司的数量比例，要根据现有的集团公司的具体业务、资金状况、功能定位等情况，"一企一策"地推进资本投资公司或者运营公司的组建，实际上这是一个复杂的国有经济战略性调整过程，需要耐心地、有序地推进。

组建国有资本投资或者国有资本运营公司，原则上应在现有的大型或特大型国有企业集团的基础上组建或改组，尽可能不新设国有资本投资或者国有资本运营公司。这个组建过程，正是集团公司股权多元化的过程。长期以来，中国集团公司层面的股权多元化进程停滞不前，而组建国有资本投资公司或者运营公司，会极大地加快中国集团公司层面的股权改革进程。预计用三年左右时间，在中央政府层面和地方政府层面，分别组建一定数量的国有资本投资公司和国有资本运营公司。国有资本投资公司和国有资本运营公司应有一定的资产规模优势。资产规模不突出的企业，可以联合其他国有企业改组设立国有资本投资运营公司。在中央政府层面，国有资本投资运营公司的数量可以为几十家，户均资产规模应在千亿级以上的水平。在地方政府层面，需要视当地国有资本规模而因地制宜。到 2017 年，各级政府80%的国有资本，应实现向国有资本投资公司或者国有资本运营公司的集中。

推进集团公司改制为国有资本运营公司或国有资本经营公司，需要选择试点稳步推进。要成为国有资本投资运营公司的试点企业，它应该具备一定的前提条件。首先，试点企业，应该具备一定的资产规模优势。规模太小的企业或企业集团，其试点意义不突出，很难对其他企业产生示范和带动效应。其次，试点企业应该有相对较强的国有资产的资本化能力和保障国有资本投资公司或国有资本盈利的能力。最后，试点企业需要有配套的体制机制来确立自身相对规范的市场主体地位。只有这样的企业，才能运用企业化和市场化的手段，通过有效开展国有资本的投资运营活动，在实现企业自身发展的同时，实现国家与区域社会经济发展的战略性目标。在实践中，实行试点的企业或企业集团，可以各具其业务特点。首先，业务领域专业化特征突出的企业，可以选择成为国有资本投资公司的试点企业。例如，国资委近期选择了国家开发投资公司和中粮集团有限公司开展改组国有资本投资公司试点。这两家公司既有一定的资产规模优势，又有相对较强的资本投资运营能力，还有相对突出的专业化领域，因而是较理想的试点对象。其次，业务领域多元化特征突出的企业和一些已经形成较为显著的产融结合的业务结构的企业，可以选择成为国有资本运营公司的试点企业。在实践中，有的企业将发展金融控股公司作为自身的发展定位，这类公司相对宜于开展国有资本运营公司试点。最后，既有专业化的业务领域，又有多元化业务架构的企业，可以选择成为国有资本运营公司的试点企业。成为国有资本投资公司或国有资本运营公司试点，要将国有资本更多地在实现国家战略目标所需要的提供公共服务、发展重要前瞻性战略性产业、保护生态环境、支持科技进步、保障国家安全和国际化经营六个方面开展投资运营活动。

组建国有资本投资公司或国有资本运营公司，需要做好体制机制上的制度保障工作。具体而言：一方面，需要改革国有资本授权经营体制，理顺国资监管部门与国有资本投资公司或国有资本运营公司之间的关系；另一方面，需要改革国有资本投资公司或国有资本运营公司内部的集团化管控体制，理顺国有资本投资公司或国有资本运营公司与出资企业之间的关系。同时，国资监管部门还应该为国有资本投资公司或国有资本运营公司提供健康高效运作的政策环境。例如，国有资本投资运营公司在开展国有资本运营、促进存量资产的资本化和有序流动时，会需要有关部门提供各种政策手段的配合与支持。再如，国有资本投资运营公司在解决困难企业问题时，应对企业的历史遗留问题，帮助解决企业资产处置和人员安置、医疗和养老保险接续、依法破产等问题，这些都是政策性非常强的改革难题，单纯靠国有资本投资公司或者国有资本运营公司的主观努力是不够的，国资监管部门应该努力为这些活动创造规范且有利的政策环境。

3. 完善国有资本经营预算制度

国有资本经营预算从 2007 年开始试点，经过 3 年试运行，基本建立了国有资本经营预算政策法规、组织保障和预算指标、报表体系，制定了基本的业务流程，实现了国有资本经营预算编制和收益收缴两方面的突破，结束了国有企业连续 13 年"不向政府分红"的历史[16]。但是在一些重大问题上，如国有资本经营预算目标、编制主体、利润收缴（范围、比例）、分配、使用和监督，国有资本经营预算与其他预算的关系等方面仍有较多分歧。按照党的十八届三中全会公报《决定》精神，未来完善国有资本预算制度的方向有以下几个方面：一是构建完整的国有资本预算体系，建立覆盖全部国有企业、分级分类管理的国有资本经营预算和收益分享制度。逐步扩大试点，将金融、铁路、交通、教育、文化、科技、农业等部门所属中央企业纳入中央国有资本经营预算试行范围。推动地方国有资本经营预算试点工作，做好汇总编制全国国有资本经营预算准备工作。二是合理确定国有资本收益上缴的对象，同时要根据中国国情和国有企业的类型分别确定国有资本收益上缴的比例。三是合理界定国有资本经营预算支出功能与方向，要向社会保障、医疗卫生、教育就业等民生领域倾斜。四是逐步加大中央国有资本经营预算调入公共财政预算的规模，逐步提高国有资本收益上缴公共财政比例，至 2020 年提高到 30%，国有资本收益更多用于保障和改善民生。同时，提高中央国有资本经营预算资金调入公共财政预算的比例，至 2020 年提高到 50%。五是加强国有产权转让的监管，加快推进国有资本变现收益预算管理。强化国有产权交易的全过程控制和监督，增强产权交易的公开性和透明度，加强受让企业资信调查，维护国有资产的安全。尽快将国有资本变现收益纳入国有资本经营预算中[17]。

完善国有资本经营预算制度，需要加快国有资本经营预算制度化和法制化建设，保证国有资本经营预算支出具有约束力，保证国有资本经营预算编制和执行的顺利进行。一是强调人大作为国家权力机关在国有资本经营预算中的地位和作用。建议全国人大适时启动对现行《企业国有资产法》的修订，在法理上明确全国人大和国务院在国有资产所有权上的委托代理关系，保障全国人大依法对国资治理的履行监督职能。建议各级人民代表大会常务委员会下设的国有资本经营专门委员会，作为国有资本经营预算的审议与监督机构。二是明确国有资本收益支出范围，提高中央企业国有资本收益上缴公共财政比例，提高中央国有资本经营预算资金调入公共财政预算的比例，建议在《国有资本经营预算条例》中对利润上缴和留存比例做出规定。对国有企业的资本经营预算支出，应按照"统筹兼顾，留有余地"的原则，重点推动国有经济布局的战略性调整和国有经济产业结构的进一步优化，促进国有资本向关系国家安全和国民经济命脉的重要行业和关键领域集中，促进国有企业提高自主创新能力和开展节能减排工作。建议安排专门预算资金解决长期经营不善和亏损国有企业的退出和破产工作[18]。三是根据国有资本分类监管的总体设计，逐步探索科学合理的国有企业资本收益分配制度，应从公司未来发展战略的实际需要考虑，对利润上缴和留存比例做出弹性规定，保障国有企业持续健康发展。四是由于各类国有企业存在较大差异，应当在大原则一致的前提下，制定适合各类国企、各地区实际的国有资本收益收缴制度。本着既要确保国有资本收益的足额及时收缴，又要考虑国有企业的实际运营状况和承受能力的原则，国有资本收益的收缴标准既可以是净利润，也可以是可供投资者分配的利润。同时，要充分重视国有公司未来发展战略的实际需要，对利润上缴和留存比例做出弹性规划，以保障国有企业持续健康的发展。五是采用跨年期调整预算年度。建议采用从每年的 8 月 1 日起至次年的 7 月 31 日止的跨年期编制预算。按照《公司法》的规定，企业在年中结束后的两个月内报出年中报表，可以为预算编制提供更多的参考数据，这是国有资本经营预算得以高质高效编制的有力保障，同时还可以解决年度中间预算执行空档的问题。此外，在年度预算的基础上，还应当编制三年期的多年预算，以全面反映国有资本经营的发展趋势。六是建立与国有资本经营预算目标相一致的国有资本经营预算编制的确认计量基础：建立以修正的收付实现制为基础的国有资本经营预算编制指标体系；使用增量预算的编制方法反映国有资本在经营过程中的保值增值状况。七是加快配套的制度建设，加快《公司法》《预算法》的修订，出台《国有资本经营预算条例》，改革和完善《政府预算收支科目》。

五、推动国有企业完善现代企业制度以奠定国有经济高效运行的微观治理机制

1. 建立差异化的分类治理机制

在"三层三类"国有经济管理体制下，国有企业的治理也必须采用差异化的分类治理体制。所谓差异化分类治理体制，指的是不同功能定位的国有企业，分别适用于不同的企业治理体制。具体表现为六个方面的差异化制度安排：一是法律适用；二是考核办法；三是企业领导人员选任制度；四是高管薪酬制度；五是国有资本收益上缴制度；六是监督与信息公开制度[19]。

（1）关于法律适用。这需要完善现有的法律体系，一是将现有的《公司法》中国有独资公司特别规定部分独立出来，形成专门的《国有独资公司法》，这个法律主要适用于一般政策性国有企业和一些特定功能性国有企业的集团公司。如果必要，还可以针对每家政策性国有企业进行单独立法。二是针对现有的处于自然垄断性行业的国有企业，可以单独制定专门的行业法规，这些法规对相应行业的特定功能性国有企业进行保护和约束。三是对于一般商业性国有企业，不需要有任何特殊的法律，与非国有企业完全一样，完全适用修改后的《公司法》。

（2）关于分类考核。一般商业性国有企业的考核，应趋同于一般企业的考核，重在考核国有资本的投资收益水平；公共政策性国有企业，应显著区别于一般企业的考核，主要考核政策性目标的履行情况；特定功能性国有企业的考核，应区分商业性业务活动和政策性业务活动，再分别从盈利性和政策使命角度予以考核。

（3）关于企业领导人员选任制度。现行的国有企业领导人管理制度下，所有国有企业领导人同时扮演"企业家"角色和"党政干部"角色。这种既"当官"又"挣钱"，或者既可以"当官"也可以"挣钱"的双重角色，不仅在社会上造成极大的不公平，而且也不利于规范的现代企业制度和公司治理结构的建立，进而影响国有企业向混合所有制方向改革。在分类监管的框架下，国有企业领导人的管理体制也需要从"集中统一"转为"分类分层"管理。一般商业性国有企业领导人员的角色应是职业经理人，除董事长、党委书记等个别主要领导人员外，其他应该全部实行市场化选聘，由董事会任命；公共政策性国有企业领导人员的角色应是党政干部，在选用方面，采用上级组织部门选拔任命的方式，他们有相应的行政级别，选用、晋升和交流都可按照行政方法和渠道；特定功能性国有企业领导人员中，集团公司的少数领导人员和子公司的个别主要领导人员可以是党政干部角色，采用组织部门选拔任命方式，其他大部分企业领导人员要实施市场化选聘制度，由董事会选拔任命。在实践中，应尽可能明确企业领导人员的具体角色，再执行相应的选任制度。推进国有企业领导人员管理体制从"集中统一"向"分层分类"转变，一方面，坚持了党管干部原则，降低了党组织部门直接管理国有企业领导人员的程度，提高了党管干部的科学化水平；另一方面，有利于推进大型国有企业治理结构的完善、促进董事会作用的有效发挥，有利于国有企业职业经理市场培育，进而有利于国有企业实现向混合所有制方向的改革。

（4）关于高管薪酬制度。一般商业性国有企业，参照市场标准制是高管的薪酬待遇标准，而且，可以实施股权激励制度；公共政策性国有企业的高管薪酬，应大体上向同级别的党政官员看齐，可以稍高于同级别官员，但不能采用市场化的激励机制，不能享受过高的年薪和股权激励，这类企业的激励主要以行政级别晋升为主；特定功能性国有企业的高管薪酬的制定依据，应该与该企业高管角色保持一致——该企业高管的市场化选聘比例越高，高管薪酬与企业业绩的相关度越高；反之，高管薪酬中的市

场化激励色彩越弱。

（5）关于国有资本收益上缴制度。一般商业性国有企业，应该按照市场规范运作的方式、参照市场标准来确定国有资本收益上缴标准；公共政策性国有企业，可以不要求有资本收益，例如，中国储备粮总公司、中国储备棉总公司这类公司是可以免交国有资本收益的；特定功能性国有企业，可以基于其专营和垄断程度来确定其国有资本金收益上缴比例，垄断程度越高，国有资本收益上缴比例越高；反之，则国有资本收益上缴比例越低。

（6）关于监督和信息公开制度。一般商业性国有企业，应以市场竞争的硬约束为最重要的监督制度，在市场约束机制真正生效后，其他各种行政化的监督制度可以逐步从量大面广的一般商业性国有企业中退出，这将大幅度减少政府对国有企业的不当干预，同时，也大大降低国有企业的高昂监督成本；公共政策性国有企业，应该是强化行政监督的主要对象，应该与政府信息公开同步；特定功能性国有企业，宜采用市场化监督和行政化监督相结合、自愿性信息公开与强制性信息公开相结合的制度，同时，应按照市场在资源配置中起决定性作用的要求，加快向以市场化监督为主的方向改革。

2. 建立多元制衡的公司治理机制

无论是处于第二层次的国有资本投资公司或者国有资本经营公司，还是处于第三层次的一般性经营企业，建立多元制衡的公司治理机制，都是建立现代企业制度的关键。只是对于前者而言，多数企业是国有控股，多元制衡方是不同国有法人。

在积极推进国有企业混合所有制改革的背景下，国有企业已经具备了建立多元制衡的产权基础。混合所有制是当前国有企业存在的主要形态。在混合所有制企业中，不同性质的资本发挥了不同的作用。外资和社会资本具有灵活且独立的天性，是混合所有制中最具活力的因素；国有资本以其稳健和负有"国家使命"为特征，在企业运营中扮演了"定海神针"的角色；管理层和员工的股权激励，将企业管理者的个人价值放到市场中进行评判和裁定，具有激发经营管理团队和员工的经营活力和积极性的功能。

在董事会制度构建上，要让董事会真正成为资本意志表达和决策的平台，保障同股同权。国有股东、财务投资者、管理层和员工持股、外资股等不同成分的资本，以董事会为平台，严格遵行法律法规，按股权比例表决。要完善独立董事和外部董事制度，增加独立董事和外部董事数量，让独立董事和外部董事得到真正的独立和尊重。切实加强董事会薪酬委员会、审计委员会与提名委员会等专业委员会的作用，建立市场化的选人、用人机制和薪酬制度，强化全面风险管理，建立风险预警体系，加强对经理层的监督和指导。

对于国有企业公司治理而言，信息公开制度发挥着关键的制衡作用。无论是否是上市公司，国有企业都应该建立事前报告制度、事后报告制度和总体报告制度。依据国有企业是否涉及敏感行业，修订不同类型企业的信息披露内容、方式、对象和频次。对于多数涉及市场竞争的国有企业，尤其是非上市公司，要改善信息披露的质量和及时性。事前报告的内容应主要集中于经营目标和战略规划；事后报告的主要内容应包括财务报告、公司治理的报告以及社会责任报告等；总体报告主要由企业、审计或监管部门向人代会、社会公众通报有关情况。

对于未上市的混合所有制企业，要参照上市公司，建立与完善能够保障中小股东合法权益、话语权的公司治理制度。比如，关联交易中关联股东的决策回避，控股股东与上市公司实行"五独立"（人员、资产、财务分开，机构、业务），控股股东不得占用和支配上市公司资产或干预上市公司对该资产的经营管理、不得干预公司的财务与会计活动，控股股东及其职能部门与上市公司及其职能部门之间没有上下级关系，控股股东要避免同业竞争、独立董事制度、专门委员会制度、绩效评价与激励约束制度、信息披露制度等，还有国务院《关于进一步加强资本市场中小投资者合法权益保护工作的意见》，都可以在非上市的混合所有制企业中根据实际情况参照运用。这种治理制度要保障的不仅是在国有控股的混合所有制企业的非国有中小股东的合法权益与话语权，也要保障在非国有资本控股的混合所有制企业中国有小小股东的合法权益与话语权[20]。

〔参考文献〕

[1] 黄群慧，余菁. 新时期新思路：国有企业分类改革与治理 [J]. 中国工业经济，2013（11）：5-17.

[2] 陈佳贵，黄群慧，吕铁，李晓华等. 中国工业化进程报告（1995~2010）[M]. 北京：社会科学文献出版社，2012.

[3] 金碚，黄群慧."新型国有企业"现象初步研究 [J]. 中国工业经济，2005（5）：5-14.

[4] 韩丽华，潘明星. 政府经济学 [M]. 北京：中国人民大学出版社，2003.

[5] 朱春红. 发挥我国产业静态比较优势与培育动态比较优势构想 [J]. 现代财经，2005（11）.

[6] 冯飞等. 深化垄断行业改革研究 [M] //载"改革的重点领域与推进机制研究"课题组. 改革攻坚（上）——改革的重点领域与推进机制研究. 北京：中国发展出版社，2013.

[7] 黄群慧. 混合所有制改革要"上下结合"[N]. 人民日报，2014-04-08.

[8] 高江虹. 国资委密集会商改革整体方案："四项改革"试点启动 [N]. 21 世纪经济报道，2014-07-09.

[9] 张文魁. 解放国企：民营化的逻辑与改革路径 [M]. 北京：中信出版社，2013.

[10] 谢贞发，陈玲. 所有权、竞争、公司治理与国有企业改制绩效——一个荟萃回归分析 [J]. 珞珈管理评论，2012（12）：95-106.

[11] Hay，Donald，Liu，Shaojia.The Efficiency of Firms：What Difference Does Competition Make [J]. The Economic Journal，1997（5）：597-617.

[12] 黄群慧，余菁，王欣，邵婧婷. 新时期中国企业员工持股制度研究 [J]. 中国工业经济，2014（7）：5-16.

[13] 蒋一苇，唐丰义. 论国有资产的价值化管理 [J]. 经济研究，1991（2）：3-8.

[14] 赵昌文等. 国有资本管理制度改革研究 [M] // 载"推进经济体制重点领域改革研究"课题组. 改革攻坚（下）——推进经济体制重点领域改革研究. 北京：中国发展出版社，2013.

[15] 陈佳贵. 产权明晰与建立现代企业制度 [J]. 中共中央党校学报，2000（12）：103-106.

[16] 周绍朋，郭凯论. 国有资本经营预算制度的建立与完善 [N]. 光明日报，2010-05-18.

[17] 陈林. 什么是国有资本经营预算制度 [J]. 求是，2014（7）：61.

[18] 陈艳利. 进一步深化国有资本经营预算制度的思考 [J]. 国有资产管理，2012（6）.

[19] 黄群慧，余菁. 界定不同国企的功能推进分类治理与改革 [N]. 经济参考报，2014-07-15.

[20] 黄速建. 中国国有企业混合所有制改革研究 [J]. 经济管理，2014（7）：1-10.

（本文发表在《中国工业经济》2014 年第 9 期）

中国经济改革的实践丰富和发展了马克思主义政治经济学

吕 政

摘 要：中国经济改革的实践不断丰富和发展了马克思主义政治经济学理论。中国处在社会主义初级阶段的科学论断，遵循和发展了马克思主义关于社会主义社会发展阶段的理论。有中国特色社会主义符合中国社会经济发展规律的要求并显示出强大的生命力。所有制结构既坚持发展社会主义公有制经济，又鼓励和支持非公有制经济的发展。混合所有制经济能够促进资本集中，又有利于实现资本社会化，避免社会财富分配的两极分化。社会主义市场经济的理论和政策，发展了马克思主义政治经济学关于商品生产和商品交换的理论、价值规律理论，突破了社会主义与市场经济对立的认识，并稳妥地推进由计划经济向社会主义市场经济的转变。我国关于资源配置的产业结构理论和产业政策发展了马克思主义政治经济学的社会扩大再生产理论。

关键词：初级阶段；市场经济；所有制结构；扩大再生产

一、前 言

马克思和恩格斯共同创立的马克思主义政治经济学是以社会生产关系为研究对象的科学，它揭示了人类社会各个发展阶段上特别是资本主义商品经济支配物质资料的生产、交换和产品分配关系的规律。马克思主义政治经济学是用辩证唯物主义和历史唯物主义的世界观和方法论，第一次从一切社会关系中划分出生产关系，并指明它是一切社会中最根本、最本质的关系，马克思主义政治经济学研究的对象不是物，而是在商品生产和商品交换过程中人和人的关系。马克思主义政治经济学具有代表着广大人民群众利益的价值取向，而不是研究怎样追求资本利益的最大化学问。

马克思从解剖商品、商品生产和商品交换关系入手，创立了系统的和经典的马克思主义政治经济学基本原理，包括商品二重性、劳动二重性、社会必要劳动和剩余劳动、商品价值和剩余价值，价值规律、货币职能、资本有机构成、资本周转与循环、简单再生产和扩大再生产，社会平均利润率、资本形态、虚拟资本、级差地租、竞争与垄断、积累与消费、生产资料私人占有与生产社会化的矛盾、经济周期等理论。马克思主义政治经济学的经典理论对于认识和把握社会主义市场经济条件下的经济现象和经济运行规律仍然具有指导意义。

马克思主义政治经济学是不断发展的科学。恩格斯在《反杜林论》中指出："人们生产和交换产品时所处的条件，各国各有不同，在每一个国度里，一代一代各有变化，所以对于一切国度和一切历史时代，政治经济学不能都是一样的……所以政治经济学在本质上说来是一种历史的科学。"①当代马克思主义政治经济学，应遵循马克思主义基本原理，研究和回答当代经济发展实践出现的新情况和提出的新问题，主要任务是研究社会主义市场经济的生产力与生产关系、上层建筑与经济基础运行和发展变化规律，既要研究市场经济的一般规律，也要研究有中国特色的社会主义市场经济的特殊规律。

1978年党的十一届三中全会以来的改革开放，把马克思主义的基本原理同当代中国的实际相结合，提出了建设有中国特色社会主义的理论、方针和政策，极大地推动了中国社会经济的发展。在这一进程中，马克思主义政治经济学的理论发挥了重要的指导作用，改革开放的实践又不断丰富和发展了马克思主义政治经济学理论。

二、中国处在社会主义初级阶段的客观必然性

社会主义发展阶段问题既是科学社会主义理论需要回答的问题，也是马克思主义政治经济学需要研究的问题。因为社会发展阶段最终是由生产力发展水平及与之相适应的生产关系所决定的。对社会经济发展阶段的科学判断，是正确选择发展道路、发展模式和发展政策的前提。

马克思指出，共产主义社会第一阶段（即社会主义阶段）是刚刚从资本主义社会中产生的，因而它在经济、道德和精神等各方面不得不带有它脱胎出来的那个旧社会的痕迹。这些痕迹的消除，需要一个发展过程，需要它在自身基础上进一步发展到共产主义高级阶段才能完成。我国的社会主义社会的历史起点不是在资本主义充分发展的基础上产生的，而是在结束半封建、半殖民地社会和以落后的小农经济为主体的经济基础上建立起来的。毋庸置疑，在我国社会主义初级阶段，社会政治经济生活的各个方面，既带有延续几千年的小农经济生产方式和封建主义思想的痕迹，也带有资本主义生产方式和价值观念的痕迹。

中华人民共和国成立之初，我们党创造性地提出了符合中国实际情况的新民主主义的理论和经济政策，既防止了把新中国引向资本主义的倾向，又防止了脱离中国国情、企图一步跨入社会主义的"左"的错误，从而保证在取得民主革命胜利以后所确立的经济制度和经济运行方式，更加适应当时我国生产力发展水平。新民主主义的理论、政策和实践迅速医治了战争创伤，促进了国民经济的恢复和发展，并为向社会主义的过渡奠定了基础。

在顺利完成第一个五年计划和对农业、手工业、资本主义工商业的社会主义三大改造任务之后，开始出现了社会主义革命和社会主义建设事业急于求成的思想。这种思想的理论根源是缺乏对于社会主义建设的长期性和艰巨性的科学分析和清醒认识。在所有制结构上，片面追求向全民所有制过渡，在农村急于建立"一大二公"、政社合一的人民公社体制，在经济建设的速度上，追求脱离实际的高速度。理论与政策的失误，导致1958~1978年的20年经济建设出现曲折，在经济发展过程中付出了较高的成本和代价。这也说明经济工作的指导思想必须准确把握本国社会经济发展所处的历史阶段的重要性。

1978年召开的党的十一届三中全会，重新恢复了解放思想、实事求是的马克思主义思想路线，确立了以经济建设为中心和实行改革开放的方针。在对我国经济社会经济发展阶段的判断上，明确做出了我国仍然处在社会主义初级阶段的科学论断。我国社会主义初级阶段的基本特征是生产力还不发达，社会的基本矛盾是人民群众不断提高的物质文化生活水平的需求与生产力相对落后的矛盾，社会主义市场

---

①《马克思恩格斯文集》（第九卷），人民出版社2009年版，第153页。

经济制度和机制还很不完善，科技创新能力和竞争力不强，生产的社会化程度不适应生产力发展的要求，城乡差别、工农差别的二元经济结构短期内难以消除，区域经济发展不平衡，人口增长与资源环境的矛盾突出，人均国民收入以及人民群众生活水平与发达国家相比存在显著差距。这些矛盾具有全局性和长期性的特点，认识和解决这些矛盾，既是发展经济学的研究任务，更需要政治经济学理论研究通过分析生产关系与生产力、上层建筑与经济基础矛盾的表现形式、运行机制和发展趋势，获得规律性的认识。

我国经过几十年的建设和发展，经济总量已位居世界第二位，人均国民收入即将跨入1万美元的中等偏上行列。市场供求关系从全面短缺转向相对过剩，科学技术进步促进工业化与信息化的不断融合，并正在深刻地改变社会的生产方式和生活方式。马克思主义经济学理论研究既要看到这些变化还没有从根本上改变我国仍然处在社会主义初级阶段的历史定位，又要研究这些变化对社会经济发展的影响和趋势。

三、有中国特色社会主义的强大生命力

马克思和恩格斯在分析资本主义基本矛盾的基础上，提出了社会主义必然代替资本主义的论断，并在理论上完成了从空想社会主义向科学社会主义的转变。19世纪中叶以后马克思主义理论的传播和欧洲工人运动的兴起，为20世纪初俄国社会主义革命的胜利拉开了序幕。但是如何建设、巩固和发展社会主义，其历史进程并非一帆风顺。1991年冬天，在经历了74年建设和发展并拥有强大军事力量的苏联共产党、社会主义政权和经济制度垮台了。西方世界无比兴奋，并认为社会主义的历史从此终结了。从那时开始一直到现在，一些西方的媒体不断地说中国即将崩溃。这些预言，有嫉妒与仇恨，还有恫吓和诅咒，都反映了一个共同的阴暗心理，那就是唯恐中国不乱，唯恐中国不垮。

在重要的历史关口，邓小平同志指出："一些国家出现严重曲折，社会主义好像被削弱了，但人们经受锻炼，从中吸取教训，将促使社会主义向着更加健康的方向发展。因此，不要惊慌失措，不要认为马克思主义就消失了、失败了。哪有这回事！"[①] 1992年邓小平南方谈话和党的十四大之后，开启了建设有中国特色社会主义的新局面。有中国特色社会主义的基本内涵是，政治上坚持中国共产党的领导；在思想上坚持以马克思主义为指导并与中国国情相结合；在经济制度上，坚持公有制为主体和多种所有制经济共同发展，实行社会主义市场经济；在社会主义的根本任务上，坚持以经济建设为中心，不断解放生产力、发展生产力，实现共同富裕，消除两极分化；在对外关系上，坚持独立自主的和平外交政策和对外开放的方针。有中国特色社会主义为中国社会经济发展提供了可靠的制度保证。

1990年中国国内生产总值为18667.8亿元，人均1644元，2015年增长到689052亿元，人均50003元；中国经济总量从1990年世界排名第11位上升到2015年的第2位。按可比价格计算，2015年中国国内生产总值是1990年的10.63倍，25年年均增长9.9%；进出口贸易总额1990年为1154.4亿美元，2015年上升到39552亿美元，外贸顺差1990年为87.4亿美元，2015年增长到5546亿美元，外汇储备由1990年的110.93亿美元上升到2015年的33304亿美元。在基础设施建设方面，20世纪末开始起步，用了不到20年的时间，到2015年建成了13万公里高速公路和2万公里高速铁路，高速公路通车里程居世界第1位，高速铁路营业里程占世界总量的60%。

---

① 《邓小平文选》（第三卷），人民出版社1993年1版，第383页。

国际上还有一种扬印贬中的舆论，认为印度是实行多党制的民主国家，实行以私有制为基础的资本主义制度，因此印度必然会超过中国。印度和中国在历史上都饱受帝国主义的侵略，并先后于 1947 年和 1949 年独立，两国的人口规模相近，独立后实行了不同的社会制度和发展道路。1949 年印度与中国相比①，主要工业产品产量都超过中国，其中原油产量比中国高出 108%，发电量高出 14%，钢产量是中国的 8.7 倍，生铁产量是中国的 6.5 倍，水泥产量是中国的 2.8 倍，硫酸产量是中国的 2.5 倍，纯碱产量是中国的 4.5 倍，布产量是中国的 1.83 倍。60 年以后的 2010 年，中国有 220 多种主要工业产品产量居世界第 1 位（见表 1）。不仅远超印度，也超过主要工业发达国家。1990 年中国人均 GDP 为 344 美元，印度是 395 美元，印度人均 GDP 比中国高出 14.8%。2015 年中国 GDP 总量是印度的 5 倍，人均 GDP 是印度 4.8 倍。

表 1　中国主要工业产品产量占世界总产量的比重

单位：%

煤炭	45	钢材	53	发电量	22
水泥	60	化肥	35	微波炉	70
汽车	25	铜	24	计算机	68
彩电	50	化纤	42	电冰箱	65
空调	80	玻璃	50	洗衣机	44
手机	70	造船	41	电解铝	65
纱	46	数码相机	65	工程机械	43

资料来源：《中国新闻网》，2014 年 10 月 5 日。

生产力是否发展了，人民群众的生活水平是否提高了，综合国力是否增强了，各项社会事业是否全面进步了，是检验上层建筑是否适应经济基础的要求，生产关系是否适应生产力发展要求的最重要的实践标准。尽管我们在发展道路上还面临着许多矛盾和困难，我们的社会并不完美，但是对于有中国特色社会主义的理论自信、制度自信和道路自信，有着充分的事实依据，中华人民共和国成立以来，特别是改革开放以来的历史发展成就已经做出了无可辩驳的结论。

四、社会主义与市场经济的兼容性

恩格斯在《反杜林论》中曾经指出，社会一旦占有生产资料，"社会的生产无政府状态就让位于按照全社会和每个成员的需要进行社会的有计划的调节"②。苏联在 20 世纪 20 年代列宁去世以后，放弃了具有市场经济特点的新经济政策，开始建立社会主义计划经济体制。这种体制的积极作用是推进了苏联工业化进程，在较短的时期内建成了工业化强国，为取得卫国战争的胜利奠定基础。但在后来的发展中日益暴露出计划经济体制不适应社会生产力发展的要求。

我国第一个五年计划时期借鉴和学习苏联的经验，逐步建立起高度集中的计划经济体制，通过行政的和计划的手段，集中有限的物力和财力，对于迅速奠定工业化基础，改变旧中国积弱积贫的经济面貌

---

① 王海波：《新中国工业经济史》，经济管理出版社 1994 年版，第 67-68 页。
②《马克思恩格斯选集》（第三卷），人民出版社 1972 年版，第 319 页。

发挥了积极作用。但是随着社会生产力的发展，这种计划经济体制的弊端也日益突出。马克思曾经指出，政治经济学应当指导生产力的进一步发展和建立相应的生产关系。毛泽东同志在1956年的《论十大关系》中，就开始对苏联计划经济模式进行了反思，指出了它的局限性。

1979年春天，我国开始突破传统计划经济体制的改革，在理论上首先突破了把计划经济同商品经济对立起来的传统观念。党的十二届三中全会关于经济体制改革的决定指出：社会主义经济是在公有制基础上的有计划的商品经济。商品经济的充分发展，是社会经济发展的不可逾越的阶段，是实现我国经济现代化的必要条件。只有充分发展商品经济，才能把经济真正搞活，促使各个企业提高效率，灵活经营，灵敏地适应复杂多变的社会需求，而这是单纯依靠行政手段和指令性计划所不能做到的。因此必须大力发展商品经济。发展商品生产和商品交换，就必须遵循价值规律。在商品经济和价值规律问题上，社会主义经济同资本主义经济的区别不在于商品经济是否存在以及价值规律是否发挥作用，而在于所有制和分配方式的不同。

关于社会主义经济是商品经济的认识为推进市场取向的改革奠定了理论基础。改革的任务是必须解决从事商品生产和商品交换主体即企业的性质和地位问题，解决价格的形成机制和价格杠杆的作用方式问题，解决政府对市场运行过程的管理与调控问题。因此，我国经济体制改革的初期始终围绕上述三个方面展开，一是以企业改革为中心，使企业成为自主经营、自负盈亏、自我积累和自我发展的商品生产者和经营者；二是改革价格形成机制和价格体系，使价值规律在市场运行中发挥好调节作用，建立起合理的价格体系，调整不合理的比价，同时改革税收制度、财政体制、金融体制，充分重视经济杠杆的作用；三是简政放权，减少政府对市场微观主体的行政干预。党的十三大在总结改革实践经验的基础上，提出了"市场引导企业，政府调控市场"的模式，从而使我国经济体制转向市场经济又向前推进了一步。

邓小平同志在1992年春天的南方谈话中指出，市场经济不等于资本主义，社会主义也有市场。计划和市场都是经济手段，计划多一点还是市场多一点，不是社会主义与资本主义的本质区别。邓小平同志的这些论断，丰富和发展了马克思主义政治经济学的理论，突破了市场经济与计划调节完全对立的理论认识。社会主义也可以搞市场经济的理论主张成为我国经济体制改革的指导思想。党的十四大明确提出中国经济体制改革的方向是建立社会主义市场经济新体制，引领我国经济体制改革进入一个新阶段。围绕建立社会主义市场经济体制，不断推进国有经济的战略性改组，收缩国有经济战线，发展股份制经济，建立现代企业制度，改革政府宏观调控体制和机制，撤销各级政府直接管理企业的行业管理部门，培育和完善各种类型的商品市场和生产要素市场，完善农村家庭联产承包责任制，取消农业税，改革价格形成机制和价格体系，建立社会化的失业、医疗和养老保障体系。经过30多年的改革，我国社会主义市场经济新体制基本建立。

党的十八届三中全会根据我国经济发展进入新阶段的客观要求，对全面深化体制改革做出新的部署，并把深化经济体制改革作为全面深化改革的重点，核心问题是处理好政府和市场的关系，使市场在资源配置中起决定性作用和更好发挥政府作用。提出必须积极稳妥地从广度和深度上推进市场化改革，大幅度减少政府对资源的直接配置，推动资源配置依据市场规则、市场价格、市场竞争实现效益最大化和效率最优化。政府的职责和作用主要是保持宏观经济稳定，加强和优化公共服务，保障公平竞争，加强市场监管，维护市场秩序，推动可持续发展，促进共同富裕，弥补市场失灵。市场机制在资源配置过程中发挥决定作用的基本含义是资源配置的主体是企业而不是政府，价值规律仍然是社会主义市场经济必须遵循的基本经济规律，价格杠杆和供求关系引导投资方向和企业的生产经营行为，优胜劣汰的竞争机制决定企业的生死存亡，政府发挥好宏观调控和市场监管的职能，从而保证社会经济生活既有活力，又有秩序。我国经济体制转型的实践证明，社会主义与市场经济完全能够统一和兼容。因为社会主义初级阶段，存在着多种经济成分，即使在公有制经济内部，各个经济主体之间也必须遵循等价交换、独立核算和自负盈亏的规则；社会主义仍然存在广泛的商品生产和商品交换；价值规律和竞争机制仍然是社会主义经济的普遍规律。我国深化经济体制改革的方略，既坚持了市场化改革的方向，又摒弃了实行以私有制为基础、完全自由竞争的市场经济的主张，从理论与实践的结合上丰富和发展了马克思主义政治经济学。

五、改革所有制结构和公有制的实现形式

马克思主义政治经济学科学地揭示了生产资料所有制在社会经济生活中的作用。生产资料所有制决定着不同阶层的经济地位，制约着社会再生产的运行过程，决定着社会产品的分配方式和分配结果，因此所有制是生产关系中具有基础性的经济制度。生产资料所有制又是通过生产、交换、分配等社会再生产的各个环节实现的。生产资料所有制的变革，都是同旧的所有制关系不再适应的新生产力发展的必然结果。马克思和恩格斯在《共产党宣言》中指出，"共产党人可以用一句话把自己的理论概括起来：消灭私有制"。"共产主义并不剥夺任何人含有社会产品的权力，它剥夺利用这种占有去奴役他人劳动的权力"[①]。建立社会主义公有制的出发点主要有两个：一是消除生产资料私人占有与生产社会化的矛盾，以保证社会扩大再生产顺利进行；二是消除通过对资料的占有而占有他人劳动的剥削现象，即消除导致社会财富分配不公平的制度基础。社会主义革命和建设的实践正是按照马克思主义政治经济学理论揭示的方向进行的。

中华人民共和国成立以后，我国逐步建立了城市以国有经济为主体，农村土地等生产资料实行集体所有的社会主义公有制经济制度。社会主义公有制经济的确立，对于加快我国工业化进程和社会经济发展，实行按劳分配，避免社会财富分配出现两极分化，提供了制度性的保障。但是，1958年以后，由于指导思想上的"左"的错误的影响，在所有制结构和公有制实现形式上，片面追求"一大二公"，限制非公有制经济的发展，违背了生产关系一定要适应生产力发展的客观规律。

1978年以来，按照生产关系一定要适应生产力发展的要求，不断深化所有制结构和公有制实现形式的改革，形成了"两个毫不动摇"的方针，即毫不动摇地巩固和发展公有制经济，毫不动摇地鼓励和引导非公有制经济的发展，坚持和完善公有制为主体、多种所有制经济共同发展的基本经济制度。关于所有制结构"两个毫不动摇"的方针，既坚持了社会主义公有制的方向，又肯定了非公有制经济存在和发展的必要性，丰富和发展了马克思主义政治经济学的所有制理论。

我国所有制结构的变革，调动了亿万群众创造财富的主动性，提高了生产要素的配置效率，扩大了就业渠道，促进了社会生产力的发展。另外，这种变化并没有动摇国有经济的根基，国有资产的总量持续增长，经济效益不断提高，在关系国民经济命脉的基础产业，如大型矿山开采、石油开采和石油化工、冶金、电力、通信、铁路、航空运输、重型机械设备制造以及关系国家安全的国防科技工业等领域，仍然由国有独资和国有控股企业占主导地位。公有制经济为主体、国有经济为主导，非公有制经济不断发展壮大的所有制结构，是有中国特色社会主义的经济基础。改革开放以来我国经济持续较快增长和综合国力不断增强的实践证明，这种所有制结构，适应社会主义市场经济和现阶段我国生产力发展的客观要求。

有一种观点认为，深化经济体制改革要解决的深层次矛盾是推进生产资料所有制的私有化。很多人

---

① 《马克思恩格斯选集》（第一卷），人民出版社1972年版，第265、267页。

理解的私有化就是以家族私人资本为主要形态，并由家族直接掌管，否则就是所有权没有人格化的代表。

为什么不能全面推进私有化，而必须坚持国有经济的主导地位？

第一，随着生产力的发展和科学技术进步，由生产力技术构成所决定的资本有机构成不断提高是经济发展的普遍规律。这一规律必然导致资本的集中化和社会化，特别是在资本和资源密集型行业，要求实现规模经济，并以资本集中为特征的大型企业为主导。大型国有企业符合生产集中化的客观经济规律的要求。单个家族私人资本已难以容纳和适应生产力发展的这种客观要求。所有制的选择，只能坚持生产力先进与否的标准。

第二，国有大型军工集团是维护国家安全的根本保障。国防科技工业是资本密集和技术密集相结合的产业。军工集团必须承担不以营利为目的和维护国家安全的社会责任。以大型国有企业为主体的国防科技工业在我国军事装备制造业的发展中发挥了无可替代的作用。如果取消国有军工企业，谁来对国家安全负责？难道我们也要向印度学习，依靠买国外的武器装备实现国防现代化吗？只有那些企图遏制中国国防现代化的政治势力最希望中国国有军工企业被削弱和取消。

第三，必须吸取一些前社会主义国家私有化过程中的教训。有些前社会主义国家，昔日的权贵和一些胆大妄为之徒通过合法与非法的手段，巧取豪夺，用很短的时间实现了国有资产向少数人的转移和集中，在国民经济的各个领域形成一批私人寡头，加剧了社会的两极分化，一边是财富积累，一边是贫困积累。与此同时一些私人寡头把巨额财产转向国外，导致国民财富的流失。但是私有化并没有促进技术进步和产业结构的升级；相反，在技术密集型产业领域，进一步扩大了与国际先进水平的差距，这些教训必须记住。

在小农经济生产方式基础上形成的私有观念认为，生产资料所有权只有是我个人的或我家族的，这种产权制度才符合人的本性，才能形成有效的激励机制。实际上，早在19世纪中叶马克思撰写《资本论》的年代，私人资本的实现形式就开始出现变化。因为随着生产力的发展和技术进步，单个私人资本越来越难以适应由于资本有机构成提高而导致的资本集中化趋势。以不同类型股份公司为实现形式的混合所有制经济便应运而生。马克思在《资本论》中指出，股份公司就是"那种本身建立在社会生产方式的基础上并以生产资料和劳动力的社会集中为前提的资本，在这里直接取的社会资本（即那些直接联合起来的个人资本）的形式，而与私人资本相对立，并且它的企业也表现为社会企业，而与私人企业相对立。这是作为私人财产的资本在资本主义生产方式本身范围内的扬弃"①。股份制经济的出现，是生产资料所有制实现形式的重要变革，其意义在于，股份公司的生产资料所有权实现了社会化和多元化，而不再以单个家族的私人资本为主导；资本所有者由原来单个资本承担无限责任转变为只承担以出资多少为限的有限责任，降低和分散了投资风险；促进了资本的集中，为发展有机构成高的产业创造了条件；促进了所有权与经营权的分离，把资本交给善于经营的职业经理人去经营。以股份制经济主体的混合所有制经济出现，既为私人资本的社会化和集中化开辟了道路，也为公有制经济找到新的实现形式。

党的十八届三中全会关于全面深化体制改革的决定提出积极发展混合所有制经济。国有资本、集体资本、非公有资本等交叉持股、相互融合的混合所有制经济，是基本经济制度的重要实现形式，有利于国有资本放大功能、保值增值、提高竞争力，有利于各种所有制资本取长补短、相互促进、共同发展。允许更多国有经济和其他所有制经济发展成为混合所有制经济。国有资本投资项目允许非国有资本参股。允许混合所有制经济实行企业员工持股，形成资本所有者和劳动者利益共同体。

马克思主义政治经济学理论认为，生产资料所有权决定着社会产品的分配关系，社会产品分配差距

---

① 《资本论》（第三卷），人民出版社1975年版，第493页。

拉大的主要原因是私人对生产资料占有多寡的不同。市场经济发达的日本和德国基尼系数只有 0.28 左右，其重要原因是大型企业的资本不是集中在少数私人手中，而是资本终极所有权高度分散在公众自然人和机构手中，即以资本社会化为主导而不是以私人家族资本为主导，虽然在世界富豪排行榜上鲜有知名的富豪，但却有一大批具有竞争力的大型跨国公司。我国积极发展混合所有制经济的重要目的，是要在实现企业法人资本集中化的同时，实现资本来源的高度社会化和分散化，即企业享有法人资本所有权，大量分散的机构和自然人享有终极所有权，从而为社会产品的公平分配和消除财富占有的两极分化奠定基础。混合所有制是资本集中与资本分散统一于一体的实现形式。我们追求的不应当是有多少亿万富翁能够上世界富豪排行榜，而是培育更多的建立在资本社会化基础之上的有机构成高的大型企业，并具有强大的国际竞争力，它们既是国家综合实力的代表，又能造福于千千万万个所有者。

六、社会主义市场经济条件下扩大再生产的平衡与协调

马克思主义政治经济学理论关于资本主义扩大再生产问题的研究，主要集中在两个方面：一是研究和论证了社会再生产过程中生产资料生产与消费资料生产两大部类之间实现平衡的条件。二是资本家为了追逐更大的利润，不断地把剩余价值转化为资本，通过资本积累进行扩大再生产，其结果一边是资本与财富的积累，一边是贫困的积累，并最终无产阶级有效需求不足而导致生产过剩危机。

马克思在《资本论》中揭示的是资本主义扩大再生产现象和规律，但是社会主义扩大再生产也同样面临着如何解决国民经济各个部门的平衡问题、工业化初期阶段的商品短缺问题、转向市场经济和进入工业化中期阶段以后出现的生产相对过剩问题、经济的可持续发展问题等。我国社会主义建设和改革开放的实践，探索和发展了马克思主义政治经济学扩大再生产的理论。

第一，正确处理积累与消费的关系。在社会主义扩大再生产过程中，解决积累与消费的关系，一是要在公有制范围内处理好国家、集体与个人的经济关系；二是在非公有制经济中，处理好资本与劳动的关系。1979 年以后，吸取前 30 年的经验和教训，逐步降低积累率，压缩固定资产投资规模，调整重工业优先增长的政策，鼓励和支持消费品工业的发展，到 20 世纪 80 年代中期，基本消除了消费品严重短缺的局面，人民群众的生活水平显著改善。

社会主义扩大再生产的途径，主要是通过固定资产投资实现的。固定资产投资又是由国家财政投资、企业投资两个渠道形成的。1990~2010 年，我国经济进入加速工业化的发展阶段。与此同时，由于所有制结构的变化，固定资产投资主体出现多元化，虽然国家财政投资的比重逐年下降，但全社会固定资产投资规模迅速扩大。事实上出现了积累率过高、投资过热以及微观经济主体投资盲目性与社会扩大再生产平衡要求的矛盾。在我国社会主义市场经济条件下，既发挥市场竞争的机制，淘汰落后生产能力，又通过政府的宏观调控，运用信贷、税收等去产能、去杠杆等手段，引导和控制投资规模；同时通过调节劳动与资本的关系、设立最低工资线和促进消费的政策，发挥消费对经济增长的拉动作用。这些政策，在实践上避免了市场经济经常出现的经济周期性危机，实现了社会主义扩大再生产的平稳与协调。

第二，正确把握产业结构演变与升级的趋势。马克思把社会生产部门概括为生产资料生产部门和消费资料生产部门。这两大部门在使用价值形态上形成了社会物质产品生产的产业结构。同时在商品生产和商品交换条件下，各类物质产品生产主体之间又形成了通过商品交换的价值形态形成相互联系的经济关系。马克思主义政治经济学的经典理论揭示了不同部门之间的经济关系通过生产价格和社会平均利润率的机制实现平衡。

社会主义市场经济条件下产业结构的发展变化是社会扩大再生产的核心问题，因为产业结构是生产要素在不同部门、不同企业、不同地区配置的比例关系。产业结构制约社会再生产的比例关系，包括工业与农业、重工业与轻工业、上游产业与下游产业、生产与流通行业等；产业结构还决定着产品的市场供求关系；决定着国家或地区的经济效率，关系到国家和企业的竞争力；决定和影响着贸易条件、进出口结构和效益。

产业结构是马克思所揭示的社会再生产两大部类相互关系的具体表现形式，它既反映了社会在生产过程中物与物的关系，也反映了不同经济部门之间的经济利益关系。在资本主义市场经济条件下，产业结构的形成和变化，主要通过市场自由竞争来实现，通常伴随着周期性的经济危机。我国在社会主义建立的初期，试图用国家的行政计划手段，安排产业结构，调节社会再生产的比例关系。但是实践证明行政计划难以科学地反映市场供求关系，难以协调不同生产部门之间的利益关系，难以保持社会再生产的平衡。

改革开放以来，我国市场经济体制和运行方式逐步转向社会主义市场经济，开始发挥市场机制在资源配置过程中的基础性与决定性作用。与此同时，为了避免市场经济机制的自发性和盲目性，政府通过制定产业政策对资源配置过程进行引导。制定和实施产业政策的必要性在于：一是由于市场机制有缺陷，需要由政府制定产业政策来矫正市场失灵，以实现生产要素配置的合理化。因为经济主体为了追求利益最大化，有可能损害外部社会效益，需要由政府进行限制和引导。二是现代市场经济是有规则的经济，需要由超越不同经济主体利益关系的政府制定市场规则，以实现市场的有序竞争。三是防止垄断对消费者利益造成的损失以及对科技进步的阻碍。四是促进不具有直接经济利益的公共产品部门的发展。五是发展中国家为了实现经济赶超，改善国际分工地位，需要通过市场竞争机制和国家的引导，促进产业发展和升级。可以说，我国产业政策的理论与实践丰富和发展了马克思主义政治经济学关于社会扩大再生产的理论。

第三，正确处理实体经济与虚拟经济的关系。马克思在《资本论》中揭示了虚拟经济形成的原因和本质，指出虚拟资本是在借贷资本、生息资本、银行信用制度的基础上产生的经济形态；虚拟资本本身没有创造价值，但是可以通过资本的循环运动获取收益。

虚拟经济的经营主体总是试图通过短期投机赚取暴利。现代电子通信与网络技术使虚拟资本的巨额交易、划转和清算可以在瞬间完成，为虚拟资本的投机创造了技术条件、提供了技术支持。少数金融精英获取的暴利诱惑投资者进入资本市场，降低了企业经营实体经济的积极性以及大众在物质生产部门工作的意愿，割断了收入和劳动创造财富的联系，使财富迅速向少数人集中，加剧了社会分配不公。美国金融危机的深层次原因是实体经济微利，缺乏新的投资方向，抑制制造业为主体的实体经济的比重下降，形成虚拟经济的泡沫。

我国的经济货币化和资产证券化程度日益加深，虚拟经济发展很快，并对实体经济产生了重要影响。鉴于2008年由美国虚拟经济泡沫引发的国际金融危机的教训，我国经济发展在政策上，一直强调发展实体经济的重要性，货币、信贷、资本市场政策、科技创新政策和抑制房地产泡沫等政策，支持实体经济的发展，提高实体经济的资源配置效率和国际竞争力，把发展先进制造业作为增强综合国力的基础。

七、结　语

本文的结语着重讨论政治经济学的方法论问题。

第一，怎样认识经济学与政治经济学的联系与区别？广义的经济学包含政治经济学，其研究对象都是社会经济活动中的生产、流通、分配和消费问题。在我国现行的学科分类中，政治经济学被列为经济学科中的理论经济学范畴。但是狭义的经济学又不同于政治经济学，它们的研究对象是有区别的，经济学不应取代政治经济学。

恩格斯关于政治经济学的定义是：政治经济学作为一门研究人类社会进行生产和交换并相应地进行产品分配条件和形式的科学。从最广的意义上说，是研究人类社会中支配物质生活的生产和交换的规律的科学。马克思指出：政治经济学不是工艺学，而是研究物质财富生产过程中人们的社会生产关系的科学。马克思和恩格斯共同创立的马克思主义政治经济学，考察了资本主义生产方式和运行机制，分析了资产阶级和无产阶级的不同地位和分配关系，揭示了资本主义的历史作用和历史趋势，提出了社会主义的历史必然性。

英国经济学家罗宾斯对经济学的定义是："经济学是研究稀缺资源配置的科学，即经济学是把人类行为当作目的与具有各种不同用途的稀缺手段之间的一种关系来研究的科学。"

基于经济学和政治经济学的不同内涵，研究稀缺资源配置方式的经济学不可能替代研究社会生产关系的马克思主义政治经济学。在一定意义上说，以研究资源配置效率为宗旨的经济学是侧重于资源配置方法论的学问，而马克思主义政治经济学是研究生产力与生产关系矛盾运动即生产方式运行和发展的学问。前者研究的是术，后者研究的是道；前者是研究如何实现资本利益最大化，后者是研究生产关系如何适应生产力发展的要求。

第二，关于政治经济学的研究方法问题。政治经济学是研究生产力与生产关系发展变化的学问，其任务是揭示社会经济发展和运行中生产力与生产关系矛盾运动的规律性，并根据对于规律性的认识，提出改革生产关系和上层建筑的方向，为促进社会生产力的发展提供理论支持。政治经济学也是一门历史科学，不知有汉，何论魏晋？因为经济制度的变迁，生产力的发展总是从过去走到今天，从现在走向未来。离开对历史的认识和分析，就很难理解今天、把握未来。政治经济学研究对象和研究任务的规定性，决定了在研究方法上必须坚持理论与实际相结合，坚持定性分析与定量分析相结合，坚持洞察历史与把握未来趋势相结合，把认识回答当代社会再生产的重大现实问题作为自己的使命。

不可否认，在当前我国经济学研究和教学中，存在用研究资源配置方法的经济学替代研究社会生产关系的政治经济学的问题，存在着照抄照搬西方经济学理论和方法的倾向，缺乏对经济发展和运行实际问题的调查研究，缺乏反映规律性的大数据的支持，过多地用数学模型代替理论与实际相结合的分析。

20世纪30年代初，中国革命曾经经历过从莫斯科传来的教条主义的瞎指挥，毛泽东同志坚持走马克思主义理论与中国革命实践相结合的道路。历史证明毛泽东关于中国民主革命的指导思想、战略和策略是正确的和成功的。当代经济学理论研究必须以史为鉴，从中国国情出发，研究当代中国经济发展和运行中的重大现实问题，既要研究市场经济的普遍规律，又要研究中国社会主义市场经济的特殊性，在政治经济学研究和教学中坚持马克思主义的世界观和方法论。

〔**参考文献**〕

［1］《资本论》，人民出版社 1976 年版。

［2］《马克思恩格斯选集》（第一卷），人民出版社 1972 年版。

［3］《邓小平文选》（第三卷），人民出版社 1993 年版。

［4］《中共十三届四中全会以来历次全国代表大会中央全会重要文献选编》，2002 年 10 月版。

［5］《马斯主义经典作家论历史科学》，人民出版社 1964 年版。

［6］《马克思主义政治经济学概论》，人民出版社、高等教育出版社 2011 年版。

［7］《当代马克思主义政治经济学十五讲》，中国人民大学出版社 2016 年版。

（本文发表在《中国工业经济》2017 年第 10 期）

中国国有企业混合所有制改革研究

黄速建

摘　要：《中共中央关于全面深化改革若干重大问题的决定》将混合所有制经济提高到"公有制为主体、多种所有制经济共同发展"这一中国基本经济制度的重要实现形式的高度。随着改革的逐步深入，混合所有制在中国已经有了长足的发展。截至2012年底，中央企业及其子企业引入非公资本形成混合所有制企业，已经占到总企业户数的52%。今天强调发展混合所有制经济，强调混合所有制经济是基本经济制度的微观实现形式，除了提供制度合法性以外，还进一步明确了这种混合所有制的制度意义与高度，明确混合所有制是建立现代企业制度、现代国有企业制度的主要组织形式和实现形式，为公有制经济和非公有制经济的进一步发展提供新的空间。从中国改革开放的实践情况看，混合所有制经济对国有企业改革的深化、资源配置效率的提高、企业竞争力的增强起到了重要作用。文章分析了下一步国有企业混合所有制改革中面临的重点问题，进而提出了推进国有企业混合所有制改革的若干措施。

《中共中央关于全面深化改革若干重大问题的决定》将混合所有制经济提高到"公有制为主体、多种所有制经济共同发展"这一中国基本经济制度的重要实现形式的高度。混合所有制经济包含了两层含义：一是指从整个国民经济的所有制结构来看，既有国有和集体所有等公有制成分，还有其他非公有制的经济成分，形成一种以公有制经济为主体，多种所有制经济共同发展的格局；二是指从企业的产权结构而言，除了有国家所有或集体所有的成分外，还有其他的非公有制成分，在企业的层面形成国有资本、集体资本和非公有资本交叉持股、相互融合的状况。我们是从第二层含义来讨论国有企业的混合所有制改革[①]。混合所有制经济在中国发展的基本状况如何？为什么要发展混合所有制经济？国有企业混合所有制改革的基本路径是什么？国有企业在进行混合所有制改革时遇到的主要问题是什么？本章将就这些问题进行讨论。

一、混合所有制经济发展的基本状况

混合所有制经济在中国已经有了长足的发展。国家统计局按企业登记注册类型将企业分为内资企

[①] 混合所有制企业具体地可以有国有股份与非公有股份共同组成的企业、集体股份与非公有股份共同组成的企业和国有股份与集体股份共同组成的企业。在前两种混合所有制企业中，在一定条件下，非公有股份可以是企业员工所持的股份，也可以是外资。在这里讨论的是由国有股份与其他非公有股份共同组成的混合所有制企业。

业、港澳台商投资企业和外商投资企业三大类。内资企业又分为国有企业、集体企业、股份合作企业、联营企业、有限责任公司（包括国有独资公司和其他有限责任公司）、股份有限公司、私营企业和其他企业；港澳台商投资企业又分为合资经营企业（港或澳、台资）、合作经营企业（港或澳、台资）、港澳台独资经营企业、港澳台商投资股份有限公司和其他港澳台商投资企业等；外商投资企业分为中外合资经营企业、中外合作经营企业、外资企业、外商投资股份有限公司、其他外商投资企业等。在二级分类下面，有的还有细分。

在这些企业类别中，股份合作企业、国有与集体联营企业、其他联营企业、其他有限责任公司、股份有限公司、港澳台商投资股份有限公司、其他港澳台商投资企业、中外合资经营企业、中外合作经营企业、外商投资股份有限公司等多种企业类型中，基本上都是多种所有制资本混合的，也大量地存在着国有的资本。为统计方便，我们不妨不是特别精确地将这些企业作为混合所有制经济的统计范围。

表1　2012年中国混合所有制工业企业有关数据

单位：亿元

项目	企业单位数（个）	资产总计	主营业务收入	利润总额
规模以上工业企业总计	343769	768421	929292	61910
股份合作企业	2397	3138	4074	302
国有与集体联营企业	101	203	171	12
其他联营企业	146	138	232	21
其他有限责任公司	65511	175674	191041	12284
股份有限公司	9012	98057	90112	7650
港、澳、台商投资股份	472	3952	3362	206
其他港、澳、台商投资企业	63	178	228	13
中外合资经营企业	11498	48726	63255	4737
中外合作经营企业	861	2743	2991	235
外商投资股份有限公司	505	5595	5080	425
小计	90566	338404	360546	25885

资料来源：据国家统计局编：《中国统计年鉴》（2013），（中国统计出版社2013年版）整理。

从表1可以看到，2012年，混合所有制工业企业数量占规模以上工业企业单位数的26.3%；资产占44.0%；主营业务收入占38.8%；利润总额占41.8%。按注册登记类型分全社会固定资产投资扣除国有、集体、私营、个体、港澳台商和外商投资外，股份合作企业、联营企业、有限责任公司和股份有限公司的固定资产投资占33.9%；按注册登记类型分城镇就业人员中，扣除国有单位、城镇集体单位、私营单位、港澳台商投资单位、外商投资单位和个体外，股份合作单位、联营单位、有限责任公司和股份有限公司就业人数为5218万人，占城镇就业人员的14.1%[1]；2012年我国企业税收总额为11.074万亿元，其中混合所有制的公司制企业税收总额为5.1823万亿元，占47%。[2]

中央企业及其子企业引入非公资本形成混合所有制企业，已经占到总企业户数的52%。2005~2012年，国有控股上市公司通过股票市场发行的可转债，引入民间投资累计达638项，数额累计15146亿元。截止到2012年底，中央企业及其子企业控股的上市公司总共是378家，上市公司中非国有股权的

① 国家统计局编：《中国统计年鉴》（2013），中国统计出版社2013年版。
② 陈永杰：《混合所有制经济约占我国经济总量的1/3》，《中国民营企业》，2014年第2期。

比例已经超过 53%。地方国有企业控股的上市公司 681 户，上市公司非国有股权的比例已经超过 60%。2010 年，新 36 条颁布以来，截至 2012 年底，民间投资参与各类企业国有资产产权的交易数量的总数是 4473 宗，占到交易总宗数的 81%，数量金额总共是 1749 亿元，占到交易总额的 66%。[①] 2007 年至 2012 年第三季度，中央企业通过改制上市，共从境内外资本市场募集资金约 9157.5 亿元。[②]

截至 2012 年底，股份制商业银行总股本中民间资本占比达到 45%，而城市商业银行总股本中民间资本占比则超过半数，农村中小金融机构股本中民间资本占比超过 90%。从 1999 年到 2011 年，混合所有制经济对全国税收的贡献率是逐年提高的，1999 年占 11.68%，2005 年占 36.57%，2011 年占 48.52%。[③]

2013 年，中国进入世界 500 强的企业数量达到了 85 家，其中除了几家国有独资公司外，多数为混合所有制的企业。

截止到 2014 年 2 月，中国境内上市公司有 2537 家，总股本达 34223.220 亿股，总市值达 236625.062 亿元，其中，流通股本达 30276.268 亿股，流通市值达 199927.294 亿元，投资者开户总数为 196953.360 万户[④]。在境内上市公司中，有着大量的国有控股、参股或集体控股、参股的混合所有制股份有限公司。在境外上市公司企业中，也有不少是国有控股的特大型企业，通过在境外上市，这些企业也成为混合所有制的企业。在境内上市公司中，按总资产作为规模依据排名在前面的，几乎全部为国有控股的上市公司。

2012 年，限额以上批发业企业中，混合所有制批发企业有 20937 家，占全部 72944 家批发企业的 28.7%；年末从业人数占 37.0%；商品购进额占 43.7%；商品销售额占 42.8%；资产占 31.6%；所有者权益占 39.0%；主营业务收入占 42.6%；主营业务利润占 32.3%。限额以上零售业企业中，混合所有制零售企业数占 33.7%；年末从业人数占 18.4%；商品购进额占 51.5%；商品销售额占 52.7%；资产占 53.2%；所有者权益占 52.7%；主营业务收入占 51.8%；主营业务利润占 50.7%。连锁零售企业总店数占 52.0%；连锁零售企业门店总数占 60.6%；年末从业人数（2008 年的数据）占 71.2%；年末零售营业面积占 76.2%；商品销售额占 75.5%；商品购进额占 74.4%。[⑤]

从以上列举的数据可以看出，混合所有制经济对中国的经济社会发展发挥着不可替代的作用，在国民经济中有着重要的地位。今天强调发展混合所有制经济，强调混合所有制经济是基本经济制度的微观实现形式，除了提供制度合法性以外，还进一步明确了这种混合所有制的制度意义与高度，明确混合所有制是建立现代企业制度、现代国有企业制度的主要组织形式和实现形式，为公有制经济和非公有制经济的进一步发展提供新的空间。同时也能够进一步推动国有企业实行包括混合所有制在内的股份制改革，且这种多元投资主体的股份制改革不一定非要国有控股，也不一定只能进行增量改革，必要时国有资本存量也可以适当减持。

[①] 黄淑和：《黄淑和就深化国资国企改革答记者问》，2013 年 12 月 19 日，国资委网站，http://www.sasac.gov.cn/n1180/n1566/n259730/n264153/15631809.html。

[②] 黄群慧：《新时期如何积极发展混合所有制经济》，《行政管理改革》，2013 年第 2 期。

[③] 张卓元：《混合所有制经济是基本经济制度的重要实现形式》，《经济日报》，2013 年 11 月 22 日。

[④] 万得资讯。

[⑤] 万得资讯。我们这儿粗略地将股份合作企业、国有与集体联营企业、其他联营企业、其他有限责任公司、港澳台商投资的合资经营企业与合作经营企业、港澳台商投资股份有限公司、中外合资经营企业和合作经营企业、外商投资股份有限公司等列入混合所有制的统计范围。

二、发展混合所有制经济的正当性

既然混合所有制经济在中国是过去完成时和现在进行时，而不是将来时，为什么还要提出大力发展混合所有制经济？其主要理由可能至少有以下几点：

1. 对中国混合所有制经济提供制度的合法性

混合所有制经济并不是现在才提出来的一条改革路径。人们早在 20 世纪 80 年代就开始讨论混合所有制经济或与混合所有制经济相关的一些问题。[①] "公有制经济不仅包括国有经济和集体经济，还包括混合所有制经济中的国有成分和集体成分"[②]。党的十五大报告就提出了 "除极少数必须由国家独资经营的企业外，积极推行股份制，发展混合所有制经济。实行投资主体多元化，重要的企业由国家控股"[③]。党的十六大报告也提出 "要顺应经济市场化不断发展的趋势，进一步增强公有制经济的活力，大力发展国有资本、集体资本和非公有资本等参股的混合所有制经济，实现投资主体多元化，使股份制成为公有制的主要实现形式"[④]。

中国共产党十八届三中全会通过的《中共中央关于全面深化改革若干重大问题的决定》进一步明确指出："国有资本、集体资本、非公有资本等交叉持股、相互融合的混合所有制经济，是基本经济制度的重要实现形式，有利于国有资本放大功能、保值增值、提高竞争力，有利于各种所有制资本取长补短、相互促进、共同发展。允许更多国有经济和其他所有制经济发展成为混合所有制经济。国有资本投资项目允许非国有资本参股。允许混合所有制经济实行企业员工持股，形成资本所有者和劳动者利益共同体。"[⑤]

经过 30 多年的企业改革，所有制结构发生的巨大变化，原来那种只有全民所有制和集体所有制的所有制结构早已经被打破，以公有制为主体，多种所有制经济共同发展的所有制结构也早已形成。在发展具有中国特色的社会主义市场经济过程中，人们也一直在探索国有和集体所有等公有制经济如何适应市场经济的环境，与市场经济相兼容，也一直在探索社会主义市场经济条件下公有制的有效微观组织形式和实现形式。

党的十四届三中全会通过的《中共中央关于建立社会主义市场经济体制若干问题的决定》提出："建立现代企业制度，是发展社会化大生产和市场经济的必然要求，是我国国有企业改革的方向。"[⑥] 在国有企业中建立现代企业制度，主要是以股份制作为基本企业组织形式对其进行改造。在推进国有企业建立现代企业制度的过程中，多数国有企业在企业组织形式上进行了公司制、股份制的改革，尤其是大量的

---

① 比如，在《公司论》一书中，作者就提出 "应该选择多种经济成分混合的、多元主体共同投资的公司企业作为我国有计划商品经济条件下的主导企业组织形式"，"在公司的各投资主体中，可以有国家、有关的机构，也可以有个体劳动者，还可以有外资；可以有公司内部的职工，也可以有不在公司中工作的劳动者个人"（黄速建著：《公司论》，中国人民大学出版社，1989 年版，第 271、450 页）。

② 江泽民：《高举邓小平理论伟大旗帜，把建设有中国特色社会主义事业全面推向二十一世纪》（在中国共产党第十五次全国代表大会上的报告），1997 年 9 月 12 日，中国政府门户网站，http://www.gov.cn/test/2008-07/11/content_1042080.htm。

③ 江泽民：《全面建设小康社会，开创中国特色社会主义事业新局面》（在中国共产党第十六次全国代表大会上的报告），2002 年 11 月 8 日，中国政府门户网站，http://www.gov.cn/test/2008-08/01/content_1061490.htm。

④《中共中央关于完善社会主义市场经济体制若干问题的决定》（2003 年 10 月 14 日中国共产党第十六届中央委员会第三次全体会议通过）。

⑤《中共中央关于全面深化改革若干重大问题的决定》（2013 年 11 月 12 日中国共产党第十八届中央委员会第三次全体会议通过）。

⑥《中共中央关于完善社会主义市场经济体制若干问题的决定》（2003 年 10 月 14 日中国共产党第十六届中央委员会第三次全体会议通过）。

国有企业成了上市公司，也有不少国有企业在对外投资、设立新的企业时，吸收了非国有或非公有的股份，或入股了非公有的项目、企业①。混合所有制企业事实上已经大量存在。实践表明，在以"公有制为主体，多种所有制经济共同发展"基本经济制度的社会主义市场经济条件下，在微观层面公有制企业的所有制结构不可能都是单一的，非公有制企业的所有制结构也不一定是单一的，大量的是混合所有的。这种混合所有制的企业是能够适应社会主义市场经济环境的公有制有效微观组织形式和实现形式。明确混合所有制经济的地位，为改革中大量出现与存在的混合所有制企业提供了制度合法性。

2. 更有效地发展公有制经济

"公有制的主体地位主要体现在：公有资产在社会总资产中占优势；国有经济控制国民经济命脉，对经济发展起主导作用。这是就全国而言，有的地方、有的产业可以有所差别。"②通过在微观层面发展混合所有制，比起单一所有制的国有独资企业，可以只用一定量的国有资本吸收、带动其他非国有的资本去扩大原有企业的生产经营、投资、技术创新，去实施建设项目，从而放大了国有资本的功能与力量。在公共建设的领域也是如此。举例来说，北京市国有首创集团和香港地铁公司共同投资建成的北京市地铁 4 号线，总投资 150 多亿元，引资 46 亿元③。公有制经济的主体地位、国有经济的主导或控制力、影响力，会通过混合所有制经济中国有资本的功能与力量的放大而体现出来，却不一定是表现在与其他非公有制经济相比整体上比重的变化。

3. 有利于改善公司治理

混合所有制企业一定是按《公司法》规范的多元投资主体的股份制企业，在这样的企业中，至少在形式上要严格按《公司法》要求，建立起规范的公司治理框架，其公司治理也要按《公司法》运转，从而有利于改善企业的公司治理。④

4. 有利于打破国有资本在一些行业中的垄断

混合所有制经济的发展也有利于打破一些自然垄断或行政垄断行业的国有资本垄断。我国除了存在着一些自然垄断行业外，还存在着一些行政性垄断或行政性寡头垄断的行业，这些行业的母公司几乎都是国有独资的。所谓垄断，是企业经营的业务的垄断，而不一定必须是国有资本的垄断。通过一定形式与合理定价增量吸收一定比例的非国有股份，或存量减持一部分国有股份，在这类企业中形成混合所有制的格局，可以改变国有资本垄断的状况，为国有资本控制力的增强、功能与力量的放大和公司治理的改善提供可行的路径。

5. 进一步推动非公有制经济的发展

在社会主义市场经济环境中，公有制经济与非公有制经济各有长处。公有制经济中的国有经济在公用事业、基础设施、垄断性行业和包括战略性新兴产业在内的一部分竞争性领域相对地具有经营规模大、技术实力强、员工素质高、发展比较早等多方面的优势，而非公有制经济则相对具有经营灵活、市场适应度高、竞争力强、投资者人格化程度高等多方面的优势。公有制经济与非公有制经济在企业层面相互融合，可以实现优势互补。

发展混合所有制经济也可以为非公有制经济的放大提供微观条件。在某些竞争性领域，公有制资本竞争优势不强，也完全没有必要绝对控股或相对控股，可以退出或只是参股，而由非公有制资本控股。这样也能够相应地放大非公有制资本，提高非公有制资本在一部分领域的控制力、功能与力量。发展混

---

① 在这一过程中，也有一批国有企业通过拍卖、改制等多种方式转变为非国有企业。

② 江泽民：《高举邓小平理论伟大旗帜，把建设有中国特色社会主义事业全面推向二十一世纪》（在中国共产党第十五次全国代表大会上的报告），1997 年 9 月 12 日。

③ 张卓元：《为什么要发展混合所有制经济》，《湖北日报》，2013 年 12 月 23 日。

④ 同③。

合所有制经济可以为非公有制经济发展拓宽投资渠道，为非公有制经济进入一些原来不能进入或难以进入的领域提供微观组织条件，为非公有制经济的发展提供新的空间，打破所谓的"玻璃门"和"弹簧门"；也能够体现非公有制在生产要素利用、投资领域、竞争条件等方面的公平性，从而为非公有制经济与公有制经济公平竞争、共同发展创造组织条件。进入垄断、特许行业提供条件，有利于打破所谓的"玻璃门""弹簧门"，放大非公经济，为共同发展提供微观组织条件，创造要素利用、投资领域的公平，为非公发展提供新的空间，拓宽非公投资渠道。

从中国改革开放的实践情况看，混合所有制经济对国有企业改革的深化、资源配置效率的提高、企业竞争力的增强起到了重要作用。

三、国有企业混合所有制改革中需解决的重点问题

虽然混合所有制经济在中国已经有了长足的发展，但在国有企业进行混合所有制改革的过程中，依然会遇到一些需要我们解决的问题。

1. 对国有企业进行切合实际的功能分类与分类监管

国有企业由于所处的行业不同，所承担的功能不同，由同一种制度去进行监管显然不恰当。对国有企业进行功能分类是国有企业改革的一个基础性条件，要在此基础上实行分类监管与分类治理。同样，对于哪些国有企业应该实行国有独资，哪些国有企业可以实行混合所有制，以及其中哪些国有企业国家可以一般性参股，哪些国有企业国家必须绝对控股，哪些国有企业国家可以只是作为第一大股东相对控股，也要建立在对国有企业进行科学合理分类的基础上。

2. 国有独资的国有企业的混合所有制改革

虽然已经有大量的国有企业实行了股份制改革，实行了混合所有制，但是我们还是存在着大量的按照《全民所有制工业企业法》登记、规范的国有独资的国有企业。国有企业和国有独资公司虽然企业数占全部规模以上内资工业企业数的比重很小，但从资产、主营业务收入和利润总额的占比看，还是比较大的。

2012 年，按《全民所有制工业企业法》登记注册的国有独资的国有企业有 6770 个，按《公司法》登记注册的国有独资公司有 1444 个。分别占全部规模以上内资企业数的 0.02% 和 0.005%，但资产分别占 17.1% 和 8.2%；主营业务收入分别占 11.0% 和 4.7%；利润总额分别占 8.1% 和 3.4%。[①]

国有企业和国有独资公司是所有登记注册类型的规模以上工业企业中平均规模最大的企业。2012 年，全国规模以上工业企业按资产总额、主营业务收入和利润计算的平均规模分别为 2.08 亿元、2.59 亿元和 0.19 亿元。而国有企业按这三个指标计算的平均规模分别为 13.23 亿元、10.29 亿元和 0.53 亿元；国有联营企业的平均规模分别为 9.98 亿元、7.17 亿元和 0.27 亿元；国有独资公司的平均规模分别为 35.32 亿元、23.8 亿元和 1.57 亿元（见表 2）。

发展混合所有制经济、对公有企业进行混合所有制变革，其对象就是国有企业、国有独资的有限责任公司、一些新设立的有国有资本控股或参股的企业，也包括一些集体所有的企业、集体资本新投资设立的企业、国有资本参股或控股其他所有制的企业、非公有资本参股公有企业，等等。其中，主要的对象就是国有企业和国有独资公司。

---

① 万得资讯。

表2　2012年规模以上工业企业平均规模

单位：亿元

项目	企业单位数（个）	按资产总额计算	按主营业务收入计算	按利润总额计算
总计	343769	2.24	2.70	0.18
内资企业	286861	2.08	2.47	0.17
国有企业	6770	15.07	11.45	0.57
集体企业	4814	1.18	2.28	0.19
股份合作企业	2397	1.31	1.70	0.13
联营企业	481	2.15	2.35	0.14
国有联营企业	103	5.73	4.85	0.18
集体联营企业	131	0.80	1.74	0.13
国有与集体联营企业	101	2.01	1.69	0.12
其他联营企业	146	0.94	1.59	0.14
有限责任公司	66955	3.36	3.35	0.21
国有独资公司	1444	33.99	22.93	1.13
其他有限责任公司	65511	2.68	2.92	0.188
股份有限公司	9012	10.88	10.00	0.85
私营企业	189289	0.81	1.51	0.11
私营独资企业	34678	0.50	1.39	0.12
私营合伙企业	5576	0.49	1.23	0.11
私营有限责任公司	141884	0.84	1.49	0.10
私营股份有限公司	7151	1.78	2.62	0.20
其他企业	7143	1.24	1.93	0.15
港、澳、台商投资企业	25935	2.55	3.11	0.19
外商投资企业	30973	3.41	4.56	0.29

资料来源：据《中国统计年鉴》（2013）有关数据计算；国家统计局编：《中国统计年鉴》（2013），中国统计出版社2012年版。

多年来，虽然通过对国有企业的股份制、公司制改造，尤其是通过国有企业的上市，混合所有制有了较大的发展，但如何在现存的国有企业、国有独资公司推进混合所有制改革仍是一个有待解决的问题。由于有些国有独资公司有一些历史遗留问题尚未解决，比如，存在着不宜直接上市或不宜马上并入所控股上市公司的存续企业；认为承担着重要的政策使命，处于国计民生的关键行业或命脉行业，不宜直接实行股权多样化或让非国有资本入股①；或是其他一些具体原因，这个层面的企业虽然多已改组为国有独资的有限责任公司，但并未实行股权多样化，整体上市的工作推进不快。现存的国有独资的国有企业的股份制改革也比较缓慢。

下一步推进国有企业的混合所有制改革，主要就是要推进这些国有独资的国有企业和国有独资公司，在对其进行科学合理分类的基础工业上的混合所有制变革。

3.防止国有资产流失，平等地保护公有与非公有的产权不受侵犯

有些人有所担心，国有企业混合所有制变革会不会造成国有资产的流失？理由是在上一轮国有企业的改制过程中，出现了不少国有资产流失的现象。

---

① 黄群慧：《新时期如何积极发展混合所有制经济》，《行政管理改革》，2013年第2期。

所谓国有资产流失，是指在国有企业改制、重组过程中，由于不同原因以严重低估的价格出售企业国有资产所造成的国有资产的损失。"严重低估"大致可以分为两类情况：一是由于腐败的原因有意地严重低估企业的国有资产；二是由于信息不对称或有关部门为了减轻自己的负担与"后患"而严重低估企业的国有资产。应该说，在前三十多年的国有企业改革、改组过程中，确实存在着国有资产流失的情况，但是，国有资产流失不是前三十多年国有企业改革的主流。主流是盘活了企业国有资产，调整了国有资产的结构与布局，壮大了国有经济的同时，给非公有制经济的发展提供了空间，调整了所有制结构，在市场经济的环境中公有制经济与非公有制经济都得到了极大的发展。

在国有企业混合所有制改革过程中，如何防止国有资产的流失，是一个需要高度重视的问题。这方面如果没有适当的措施与规则，那么，无论是国有企业本身还是有关的审批部门，都会冒被人质疑"国有资产流失"的风险，从而影响国有企业混合所有制改革的进程。

在国有企业混合所有制改革过程中，国有企业股权严重偏离合理价格的"贱卖"或"贵卖"都不恰当，国有企业购买非公有企业股权的"贵买"与"贱买"也不恰当。在国有企业推进混合所有制过程中，既要保护国有产权的合法权益，使其不受侵犯，同样也要保护非国有产权的合法权益，使其不受侵犯。

4. 国有企业的"行政化"

在国有独资的国有企业和国有独资公司中，仍然有着不同的行政级别，企业的高层管理人员一方面享受到同级别党政官员的或公务员的所谓政治待遇、荣誉声誉、与党政机关间往返通道畅通、有着升迁做官的预期机会等，另一方面又享受着远高于同级别党政官员和公务员的各种物质待遇，既"当官"又"挣钱"。[1] 企业内部各职能管理部门以及下属企业也相应地设立的比照公务员的级别，管理人员习惯、喜欢处长、局长之类的"官称"。这些有着行政级别的国有企业的高层管理人员，既是"企业家"，又是"官员"，既不是真正的企业家或职业经理人，又不是真正的官员。要对多数国有企业和国有独资公司进行混合所有制改造，如何打破国有企业的行政级别，推动国有企业的去行政化，是需要解决的又一个重要问题。

5. 在国有绝对或相对控股的混合所有制企业中如何建立规范的、透明的公司治理

建立规范、透明的公司治理是为了保障非公有资本投资者的合法权益，尤其是保障非公有资本投资者在混合所有制企业中的话语权。这个问题实际上是需要解决如何让非国有资本在企业"有利可图"的情况下愿意来。在国有资本绝对或相对控股的混合所有制企业中，非公有资本通常实力相对弱，单个的非公有资本是小股东。受多种因素的限制，与国有资本相比，非国有资本面临着在市场主体权益、机会、规则、生产要素等关键资源获得与使用、市场准入、贷款融资、财产安全保障等方面的不平等。如果缺乏法律、执法、诚信、公司治理等多方面的保障，非国有资本在混合所有制企业不是控股的话就话语权不足，就会担心合法权益得不到保障，担心这不是有利可图的"馅饼"，而是"陷阱"，通常就不会愿意参与国有企业的混合所有制改革。

非国有资本的投资者作为混合所有制企业的委托人，面临着严重的信息不对称问题，面临着双重的"道德风险"与"逆向选择"问题。一方面，非国有的委托人要面临企业高层管理人员的一般的"道德风险"和"逆向选择"问题；另一方面，他们还要面临着混合所有制企业国有大股东的"道德风险"和"逆向选择"问题。如果没有规范的公司治理，如果这种公司治理或对国有控股的混合所有制企业没有保障小股东的话语权合法权益的制度，那么大股东相对小股东的"道德风险"与"逆向选择"是有可能产生且难以防范的。由此，就难以动员或吸引非国有资本的投入。混合所有制企业中不可能全由非国有

① 黄群慧：《新时期如何积极发展混合所有制经济》，《行政管理改革》，2013年第2期。

资本控制，非国有资本所担心的"被控制"实际上是担心只是出资本，没有话语权，一切由大股东说了算①。

6. 所谓"玻璃门""弹簧门""旋转门"和"天花板"的问题

这个问题是要解决如何让非国有资本进得来，保证各种所有制投资者在生产要素使用、市场竞争等方面得到平等对待。在讨论非国有资本进入原来由国有资本垄断或行政垄断的行业、允许非国有资本参与国有企业的混合所有制改造时，人们用"玻璃门""弹簧门""旋转门"和"天花板"等一些十分形象的词汇来表达政策允许非国有资本"进入"，但实际上难以操作的现象。在认为"无利可图"，只有"骨头"没有"肉"的情况下，非国有资本进入不会愿意进入，或者有些行业非国有资本愿意进入，但还没有真正放开进入。

7. 不同所有制投资者或企业在文化与管理方面的融合问题

这个问题是要解决非国有资本与国有资本能够真正"混"起来。国有企业与非国有企业有着不同的文化与管理风格、习惯和特点。比如，国有企业往往有行政级别，有的管理人员有"官气"，尤其是国有企业作为所谓"体制内"企业，有着制度优越感，在企业管理上有着一定程度的官僚作风，在公司治理方面许多问题要向上级请求，要听上级指示。非国有企业在管理上往往有家长作风，不够规范，随意性强，尤其不少非国有企业是家庭或家族企业，管理素质平均较低。这些都会在国有资本与非国有资本融合以后在企业的管理、文化方面形成或多或少的冲突。②

8. 协调好存量改革和增量改革的问题

混合所有制的改革涉及对存量产权的改革和对增量资产的产权多元化，目前来看增量的改革相对容易，而存量改革由于涉及固有利益格局调整相对更难。不同的企业可以有不同的混合所有制，改革路径有些企业则可能既涉及存量又涉及增量的改革，那么这类企业在改革过程中就需要协调两部分的关系，在同一子公司层面，既要做到不同产权主体的责、权、利对等，又要设计各方能接受的改革方案，有效化解改革成本，消除阻碍改革的不利因素，保障改革中利益相关方的权益。

四、推进国有企业混合所有制改革的若干措施

针对上述国有企业发展混合所有制可能会遇到的一些问题，可以采取以下一些措施来推进国有企业的混合所有制改革。

1. 在对国有企业进行合理分类的基础上，建立明确的进入机制

要明确限定国有资本独资的领域，相应地也限定必须由国有资本绝对控股、相对控股和一般性参股或可以完全退出的领域。这样也就相应地明确了非国有资本可以进入的范围与领域以及进入的程度。要在推进水、石油、天然气、电力、交通、电信等领域进行价格改革，放开竞争性环节价格的同时，要积极推进这些竞争性环节的公平准入。可以在金融、石油、电力、铁路、电信、资源开发、公用事业等国有资本相对集中的领域，在这些领域可以竞争的环节，向非国有资本开放，为非国有资本提供进一步发

① 《中国经济周刊》的记者问福耀集团董事长曹德旺："在当前推进混合所有制改革中，让您参股国有企业，比如中石化、中石油，您会愿意吗？"曹德旺回答道："我没钱，也不敢。它的本钱太大，我的太小。它说增资，比如动辄增资100亿，我能占多少股份呢？你抓一头鲸扔到锅里，叫我撒一把盐巴，我没有那么多钱买盐巴啊。"姚冬琴：《国企、民企老总对话混合所有制改革》，《中国经济周刊》，2014年3月10日。这十分形象地反映了非国有投资者所担心的投资国有企业后没有话语权而在企业增资或其他重大决策方面"被控制"。

② 方烨：《企业家纵论发展混合所有制》，《经济参考报》，2014年3月25日。

展的空间。在一些大型、特大型国有企业和国有独资公司难以马上直接进行混合所有制改革的情况下，可以通过业务拆分、环节拆分的方式，在一些具体的业务与环节上放开非国有资本的准入。即使是一些提供准公共产品的公用事业领域，也可以通过特许经营的方式，允许非国有资本的进入。自然垄断的行业也不一定非要国有资本独家经营，这些领域的一些竞争性环节可以放开非国有资本的进入。即使是垄断性环节也只是指业务的垄断，不是资本的垄断，非国有资本（不包括对外国资本）照样可以通过适当的方式进入，比如，在公开市场上购买已上市垄断性公司的股票。要保证产业安全，对于外资的放宽准入，要区分不同的行业制定标准，包括能否允许进入、进入的比重等。

2. 建立明确的退出机制

与建立明确的进入机制一样，实质是要建立混合所有制企业产权流动的市场机制，使公有资本投资者与非公有资本投资者的产权都能够按投资收益的预期或投资者的经营战略安排进行流动，能够在规则之下自由地进入与退出，而不是进得来、出不去。

3. 明确规定国有企业混合所有制改革的程序与方式

无论是原有的国有企业或国有独资公司要进行混合所有制改造，还是这些企业下属的企业要进行混合所有制改造，或是国有企业、国有独资公司要参股、控股非国有企业，国有资产监管部门或其他相关部门应该制定明确程序，规定符合市场规则的具体可供选择的方式。从上海、广东、重庆等多个地方国有资产管理体制改革和国有企业改革的做法看，各地都对实行混合所有制的对象选择、国有与非国有资本的比例、混合所有制改革的程序与方式、各种所有制资本的权益保障等多个方面做了规定[①]。安徽对实行混合所有制改革规定了"六个一批"的路径与方式，即股份制改造培育一批、整体上市发展一批、资本运作深化一批、员工持股转换一批、开放项目引进一批、参股民企投入一批[②]。

4. 公平、公开、公正，充分尊重市场规则

在国有企业混合所有制改革过程中，不仅是在完善相关的法律、法规、规范性文件方面，要对公有资本与非公有资本实施平等的保护，公有的资本与非公有的资本都可以平等地参与市场竞争，平等地利用生产要素等各种资源；改革的程序、方法、政策等都要公开；在执法或执行相关规范性文件规定的时候要公正对待所有的投资者，不能只是单方面地保护国有或公有投资者。在公有股权或公有资产定价方面，要遵循公开、公允和市场化的原则，存量公有产权或资产的出让要通过公开市场操作，由市场决定产权或资产的价格。无论是非公有资本参股公有企业，还是公有资本参加非公有企业，都要遵循上述原则。在资产评估、资产估值或产权定价等方面，市场上有比较成熟的方法，并不是难题。

5. 在混合所有制企业建立运转协调、制衡有效、保障平等的公司治理

对于未上市的混合所有制企业，要参照上市公司，建立与完善能够保障中小股东合法权益、话语权的公司治理制度。比如，关联交易中关联股东的决策回避、控股股东与上市公司实行"五独立"（人员、资产、财务分开，机构、业务）、控股股东不得占用和支配上市公司资产或干预上市公司对该资产的经营管理、不得干预公司的财务与会计活动、控股股东及其职能部门与上市公司及其职能部门之间没有上下级关系、控股股东要避免同业竞争、独立董事制度、专门委员会制度、绩效评价与激励约束制度、信息披露制度，等等，还有国务院《关于进一步加强资本市场中小投资者合法权益保护工作的意见》，可以在非上市的混合所有制企业中都可根据实际情况参照运用。这种治理制度要保障的不仅是在国有控股的混合所有制企业的非国有中小股东的合法权益与话语权，也要保障在非国有资本控股的混合所有制企业中国有小股东的合法权益与话语权。

---

① 刘奇洪：《对实行混合所有制的顾虑》，人民网，http://finance.people.com.cn/n/2014/0404/c383324-24829605.html。
② 何苗：《安徽国资改革启动：六种路径实现混合所有制》，《21世纪经济报道》，2014年3月20日。

6. 国有企业的去行政化

国有企业的去行政化主要是指两个方面：一是要取消所有国有企业的行政级别，确立国有企业作为企业的身份。在国有企业、国有独资公司或大型、特大型国有控股的企业，非市场化聘任的主要高层管理人员可以有相应的行政级别，但对他们的考核、激励、约束、报酬等都要按公务员管理办法，并根据企业经营的特殊性作出特别安排。在国有企业高层管理人员的安排上，不要成为对一些官员的照顾性或"近水楼台"的"红利"。要完善并运用好职业经理人市场，尽可能增加市场化聘任管理人员的比例，减少非市场化聘任的管理人员。对于市场化聘任的企业管理人员与员工，要做到能进能出，职务要能上能下，收入能高能低。二是要改变国有企业经营管理中的行政化作风，要"在商言商"，不要"在商言官"。这也是政企分开的一项重要内容。

7. 继续实行国有企业的配套改革

对国有企业进行混合所有制改革需要实行相关的配套改革，尤其是劳动、人事、分配制度的改革。要在国有企业中实行市场化的用工机制与收入分配机制。要防止和制止国有企业在"减员增效、下岗分流"后或经营状况好转后的用工机制与收入分配机制向着市场经济体制方向回溯。大庆油田对职工大学毕业的子女分配制度和中石油"减员"没几年人员数量和成本就开始双升的例子，就典型地反映了坚持国有企业配套改革的重要性。①

〔参考文献〕

[1] 黄速建：《公司论》，中国人民大学出版社 1989 年版。

[2] 江泽民："高举邓小平理论伟大旗帜，把建设有中国特色社会主义事业全面推向二十一世纪（在中国共产党第十五次全国代表大会上的报告）"，1997 年 9 月 12 日。

[3] 江泽民："全面建设小康社会，开创中国特色社会主义事业新局面（在中国共产党第十六次全国代表大会上的报告）"，2002 年 11 月 8 日。

[4]"中共中央关于完善社会主义市场经济体制若干问题的决定"，2003 年 10 月 14 日。

[5] 常修泽：《完善社会主义市场经济体制的新议题：发展混合所有制经济》，21 世纪经济报道，2003-10-22。

[6] 黄群慧：《新时期如何积极发展混合所有制经济》，《行政管理改革》，2013 年第 2 期。

[7] 张卓元：《为什么要发展混合所有制经济》，《湖北日报》，2013 年 12 月 23 日。

[8] 黄淑和：《黄淑和就深化国资国企改革答记者问》，2013 年 12 月 19 日，国资委网站，http://www.sasac.gov.cn/n1180/n1566/n259730/n264153/15631809.html。

[9] 陈永杰：《混合所有制经济约占我国经济总量的 1/3》，《中国民营企业》，2014.

[10] 张卓元：《混合所有制经济是基本经济制度的重要实现形式》，《经济日报》，2013 年 11 月 22 日。

（本文发表在《经济管理》2014 年第 7 期）

---

① 《中石油大庆油田数千职工抗议改变子女包分配》，观察网，http://www.guancha.cn/local/2014_04_30_225679.shtml？ZXW。

关于国有企业存在依据的新思考

刘戒骄

摘　要： 国有企业是中国基本经济制度的基石。在当前全面深化改革的历史阶段，国有企业再次面临新的困难和挑战。如何结合改革发展实践及对市场经济体制认识的深化，回答对国有经济和国有企业的质疑，进一步阐述国有企业存在依据，深化对国有经济和国有企业作用的认识，是一个具有重要理论价值和实践意义的课题。西方学术界在反思新自由主义的私有化理论和应对这次金融危机中，出现了不少揭露私有制弊端、质疑私有化根基的研究成果，本文结合新的实践和理论进展对国有企业存在依据进行新的分析。国有企业和私有企业各有适用领域和条件，私有企业无法克服的弊端以及国有企业可以成为市场竞争主体是国有企业存在的内在原因。私有经济发展不充分、私有企业经营的监管薄弱是国有企业存在和发展的外在原因。关系国家安全和国民经济命脉的行业领域、不能引入竞争的垄断行业、私人资本无力进入的行业，更需要发挥国有企业作用。在实践中，需要处理好发展国有企业和非国有企业两者之间的关系，不能由于发展国有企业而限制非国有经济成分发展。发展壮大国有企业，必须按市场经济体制要求将其改造成独立市场主体，并革除妨碍公平竞争的体制和政策，为私有经济和其他经济成分企业发展创造条件和空间，实现国有企业与非国有企业公平竞争和共同发展。

关键词： 国有经济；国有企业；私有化；所有制

国有企业是中国基本经济制度的基石，是推进国家工业化和现代化的依托，是提高产业国际竞争力的保障。党的十八大以来，习近平总书记多次强调对国有企业要有制度自信，坚持把国有企业搞好、做大做强做优不动摇。近日，在全国国有企业改革座谈会召开之际，习近平总书记作出重要指示，强调国有企业是壮大国家综合实力、保障人民共同利益的重要力量，必须理直气壮做大做强做优。这要求我们从理论制度和实践教训层面把握市场经济条件下国有经济和国有企业存在依据这个本源性问题，坚定搞好国有企业的信心。理论界主要从生产资料资本主义私人占有与生产社会化的矛盾、社会主义制度要求和避免两极分化等方面阐述国有企业存在依据，也有一些文献从国有企业与市场经济兼容性角度分析国有企业存在依据。总体来看，现有文献注重从必要性和意义作用角度论证国有企业存在依据，缺乏结合西方国家私有化教训和基于市场经济体制层面对国有企业存在依据的分析。当前的改革发展实践，要求结合改革开放以来我们对市场经济体制和基本经济制度认识的深化进一步分析国有企业存在依据。

改革开放以来的一个时期，西方经济学主张私有化的理论和观点广为传播，对西方国家私有化的实践特别是其中的教训缺乏全面了解，质疑、批驳私有化和揭露私有化弊端的观点受到忽视。甚至有观点将当前我国经济速度放缓和一些产业出现的周期性、结构性困难归因为国有企业。近一个时期以来，西方学术界在反思私有化和应对这次金融危机中，出现了一些揭露私有制弊端、质疑私有化根基和肯定国有经济地位与作用的研究成果，对国有企业天然缺乏效率、不能与市场经济兼容等新自由经济学观点进行批驳，对国有企业私有化改造的弊端和效果进行新的分析，这些文献有利于深化对国有经济与市场经济关系及社会主义基本经济制度的认识，值得我们重视和研究。本文结合这些新认识和新文献，对市场经济条件下国有企业存在的依据进行一些新的分析。

一、国有经济和私有经济并存是市场经济的一个共性

由于时代和当时实践的限制，马克思主义经典理论没有深入研究国有企业问题，但是，马克思和恩格斯在其所有制理论中阐述了公有制与私有制并存问题。马克思和恩格斯分析了资本主义雇佣劳动关系下劳动与资本的对立，揭示了资本主义私有制与生产社会化之间的基本矛盾，推导出必须对生产资料实行社会占有，由国家履行管理社会财产的职责，以生产资料公有制取代资本主义私有制。但马克思和恩格斯还认为私有制的消亡需要满足一定的条件。马克思在《政治经济学批判》序言中指出："无论哪一个社会形态，在它们所能容纳的全部生产力发挥出来以前，是决不会灭亡的；而新的更高的生产关系，在它存在的物质条件在旧社会的胎胞里成熟以前，是决不会出现的"，这也是客观规律（马克思，1972）。恩格斯在《共产主义原理》一文中回答"能不能一下子就把私有制废除呢？"的提问时，明确地说："不，不能，正像不能一下子就把现有的生产力扩大到为建立公有经济所必要的程度一样。因此，征象显著即将来临的无产阶级革命，只能逐步改造现社会，并且只有在废除私有制所必需的大量生产资料创造出来之后才能废除私有制"（恩格斯，1972）。马克思和恩格斯的基本观点是，随着生产社会化发展和程度的提高，生产资料私有制与生产社会化二者之间的矛盾会不断加深，只有当这个矛盾加深到一定程度，资本主义私有制才会被社会主义公有制所取代，即私有制的消灭应以生产资料的大量生产、社会财富的大量涌现为前提。马克思和恩格斯尽管是从新旧社会制度交替角度阐述公有制和私有制并存的，揭示了公有制取代私有制需要一定的条件和较长期的过程，对于分析现实经济体系中国有企业和非国有企业并存问题提供了基础的理论分析。

西方资本主义国家的市场经济体制尽管以私有制为所有制的基础和主体，但没有哪一个国家仅依靠国有经济部门或私有经济部门来配置资源，经济体系中仍然存在一定数量的国有企业——由政府投资设立、从事特定经济活动的法律实体。尽管经历多次私有化改革，甚至掀起私有化运动，但是，每一次私有化都没有完全消灭国有企业，实现彻底的私有化。英国撒切尔政府推行的大规模私有化浪潮，尽管减少了国有企业分布领域和数量，在许多战略领域，特别是基础设施和公用事业领域国有企业仍然继续发挥重要作用。美国推崇个人主义和自由竞争，在思想理念上主张政府秉持竞争中立地位，怀疑和否定国有企业作用，尽最大可能控制国有化程度，商业活动最大程度依靠私有部门，联邦政府和地方政府仍然不能避免直接参与经营活动。虽然美国国有化程度很低，美国却是西方国家中较早创办和经营国有企业的国家，联邦政府和地方政府创办和拥有的一些企业历经几十年乃至上百年至今仍然存在，联邦政府和地方政府也有一些在功能和管理上类似于企业的机构，这些机构实际上起着国有企业作用。这些企业主要集中于政策性金融保险机构、邮政、城际和跨州铁路客运、流域综合开发、公共广播电视、气象服务等无法引入竞争和公共属性强的产业领域（刘戒骄，2014）。这说明在市场经济条件下，国有企业有其存在、发展的必然性与合理性。

经过长期演进发展，资本主义国家普遍由单一的私人资本主义经济转变为体现社会化要求的公共经济和私有经济并存的双重经济（Dual Economy）。公共经济的主要形式之一是为提供公共产品和服务、解决私有垄断弊端等目的设立的国有企业。阿瑟·塞西尔·庇古（2006）认为，在资本主义发展时期，政

府对经济的干预不仅是必要的，而且是可能的。随着社会进步，政府机构已经被改造成能够担负谋取社会福利的责任。还指出，政府不仅可以摆脱信息不足、部门私利等局限性，而且具有一种优势。这种优势类似于在生产合作中见到的那种优势。亦即同私人公司相比，政府机构用一定数额的金钱，能够招聘到更加出色的工程师或经理，原因在于工程师或经理得自于为公众服务的额外满足创造了一种新价值。一定能力的人乐于为私人公司工作的程度和乐于为政府机构工作的程度是不一样的，两者之间的差异实际上是产业组织采取公共形式带来的额外产品。主流西方经济学教科书也一再论述公私并存的经济，认为这是资本主义国家发展的必然趋势。美国经济学家约瑟夫·E.斯蒂格利茨在其编纂的《经济学》教科书中有一个题为"私有化的阴暗面"的专栏，承认私有化预示的提高效率往往未能实现（约瑟夫·E.斯蒂格利茨、卡尔·E.沃尔什，2010）。美国、欧盟成员国和几乎所有国家经济中一直存在着各种类型的公共企业。有些由中央或联邦政府投资和拥有，有些由地方或州政府出资设立和拥有。还有一些企业采取弱化所有权、强化管理权的产权制度和治理方式，即企业所有权由集体而不是个人所有。这主要包括两种类型，一种是员工集体拥有企业所有权，另一种是利益相关方如购买或使用企业产品的客户拥有企业所有权。法国著名马克思主义经济学家热拉尔·迪梅尼尔（2015）将法国经济界定为国有经济和私人经济并存的混合经济。澳大利亚、美国等西方国家提出"竞争中立"旨在要求"政府的商业活动不得因其公共部门所有权地位而享受私营部门竞争者所不能享有的竞争优势"（Australia Government，2004）。这说明竞争中立并不是消除国有企业和政府商业活动，或在市场竞争中排斥国有企业，而是要求政府在市场竞争这一问题上平等对待国有企业和私营企业，消除政府给予国有企业的各种优惠。

国有经济与私有经济并存是西方国家所有制长期存在的一个共同特点。国有企业是不同类型的国家，或不同性质的经济制度，都可以采用的一种所有制形式。西方市场经济国家经历过多次国有化，国有化是随时准备采用的一种制度形式。尽管从理论上和原则上，西方经济学认为建立国有企业是有条件和受到严格限制的，但在现实经济体制中却是离不开绕不过的，时不时采取国有企业组织形式解决问题。所以，不能把国有企业这种制度安排视为无法与市场经济兼容（金碚、刘戒骄，2009）。在市场经济条件下，国有化和国有企业是同解决私有企业不能解决的特殊问题、发挥私有企业不能发挥的特殊功能直接相关。在某些特殊情况下，国有企业可以被赋予公共性和社会性职能。当然，不同意识形态倾向和政治理念的国家或党派，对国有化有非常不同的意见和评价，但是，现实胜于理念，特别是当面对重大金融危机、经济危机和社会问题时，对于国有化，绝大多数国家实际上最终采取的都是现实主义立场，而不是一味坚守理想主义立场。西方经济学家往往从各种表象和外因而不是资本主义制度本身寻找危机的原因，结果只能在自由市场经济和国家干预之间摇摆。自由市场经济危机时他们主张国家干预，国家干预导致问题严重时他们主张自由竞争。20世纪七八十年代持续的滞胀导致英国和欧洲等一些国家陷入严重的经济萧条和财政危机，经济萧条导致财政收入减少和失业率增加，失业救济金和社会保障支出上升，政府财政收支压力很大。这些国家将国有企业私有化应对财政危机，它们或者出售国有企业的部分股份，或者出售国有企业的全部股份，将出售股份所得作为平衡财政收支和缓解财政危机的短期手段，甚至作为化解政权危机和经济危机的应急措施（克里斯·哈曼，2008）。

国有经济与私有经济并存的制度原因在于市场经济体制内生的两重性。一方面，在市场经济中，不同市场主体可以利用分散的信息，根据外部环境和自身条件，自行进行经济决策。有多少个微观经济主体，就有多少个资源配置的决策主体。经济主体对自身利益和竞争优势的追求过程，也是企业优化资源配置的过程，各类市场主体个别的资源配置在整体上导致整个经济体生产要素配置的优化，将稀缺资源配置在最能发挥作用的领域，进而促进全要素生产率的提高和社会生产力的发展。另一方面，任何市场体制都存在市场失灵、负的外部性以及由此产生的财富分配差距过大等无法克服的缺陷。私有经济主体在实现自身经济利益过程中，极易导致劳资矛盾、损害环境、忽视职业健康和过度追求物质利益等问题。只有与公有制相结合，市场经济才可能纠正、抑制私有制的弊端，把市场经济的局限性减少到最低程度，实现资源的有效配置。国有企业和非国有企业并存，顺应了市场经济体制对不同所有制企业合作和共同发展的客观要求。

二、私有化的弊端暴露根基受到质疑

20世纪八九十年代，主要资本主义国家相继掀起了大规模私有化浪潮，对包括能源矿产、公用事业和基础设施等领域在内的国有企业进行公司制改造，并出售企业的国有股权，中小型国有企业直接出售给私人或实行公私混合经营。20世纪90年代，苏联、东欧等社会主义制度相继消亡与私有化如影随形，引发了一些人对公有制的质疑。20多年的实践表明，私有化没有使资源配置得到全面改善，也未能建立起公平、有效的竞争体制，很多企业私有化后并没有取得预期效果，除一些小企业和极少数大企业以外，企业绩效改进往往以牺牲员工利益和社会利益为代价。科林·克劳奇认为俄罗斯和拉丁美洲大规模的私有化过程中，官商勾结和国有资产大量流失不仅引发了严重的贫富两极分化和社会对立，还滋生出腐败和资本干预政治，造成严重的经济和社会问题。苏联解体后俄罗斯实行私有化引起经济大衰退，民众期待通过自由化均分国家财富的目标落空。私有化导致的寡头政治延缓了俄罗斯的民主化进程。拉美国家受新自由主义影响而推行的国有企业私有化导致严重的腐败和国有资产流失，使其深陷社会经济危机难以自拔（科林·克劳奇，2013）。

私有化需要完善有效的监管来保障社会利益。被监管企业和监管机构之间同样存在委托人和代理人之间的问题。由于管制机构缺乏被管制企业的信息，因而很难充分有效地对被管制企业进行管制，管制并不能从根本上制止私有化后的垄断企业获取垄断利润。其实，弊病在于垄断，经济自由化与私有化发生冲突时，优先的选择是促进竞争而不是私有化。因此，企业绩效与国有还是私有没有内生的必然的联系，更不能说私有企业比国有企业更具有参与市场竞争的能力。政府可以对国有企业行使相应的权能，超越私人投资的局限，避免过度追求企业经济利益而损害社会利益。2008年爆发的国际金融危机集中暴露了私有化的弊端，重创了人们对资本主义市场经济体制和私有制的信仰，经济学者和社会各方面纷纷要求重新审视评估资本主义经济体制。私有化失败的实践促使一些西方学者批评私有化理论，质疑私有化的根基，在西方学术界掀起了一股对资本主义市场经济制度和私有化弊端的集中反思。

一些国外经济学家开始质疑对私有制优越性的论证是否正确，私有企业对经营者的激励是否一定强于国有企业。人们认识到，以往对私有制优越性的解释建立在一个过于简单和经不起推敲的理论逻辑上。在所有者不直接经营企业的条件下，国有企业存在的委托代理问题同样存在于私有企业。阿瑟·塞西尔·庇古（2006）在20世纪30年代就认识到：当条件允许由私人企业进行小规模生产时，企业的成功关系到企业主的个人利益，这种利益会对提高效率产生激励作用，而私人合股公司和国有公司都缺乏这种激励。然而，在很大一部分工业领域中，选择对象实际上不是私人企业和国有公司，而是合股公司和国有公司。在这里，根本见不到企业主经营自己较小企业时表现出来的那种进取精神，拥有的那种自由和对自身利益的那种关心。私有企业和国有企业都面临激励难题。最重要的是寻找能够有效激励经理人的机制，而国有企业也可以采用这种激励机制（约瑟夫·E.斯蒂格利茨，1998）。K. S. 乔末指出，公共部门可以更有效地运作，很多国家提供了例证。私有化如果仅仅是将公有垄断转换为私有垄断，没有实现市场竞争环境的变革，期待的效率提升就可能成为海市蜃楼。私有化不能为公共部门全部症结提供灵丹妙药，私有企业也不能保证在其接管公共行业的业务后，能够最有效地满足公众利益（K.S.乔末，

2013）。

由于私人资本无法实现劳动者与生产资料的直接结合，私人资本逐利存在无法消除的弊端。由于依靠人们对自我利益的追求进行决策，私有市场主体主要甚至完全以私人成本和私人收益为决策依据，缺乏将社会成本和社会收益纳入决策依据的内在动力。这种忽视社会成本和社会收益过度追求私人成本和私人收益的决策，无法实现在道德同情和法律正义的内外约束下利他，存在无法自我修复的缺陷。私有化后，企业所有者偏好优先保障经理层和股东的利益，过多追求利润、市场占有率等短期利益，忽视职工和企业长期可持续发展能力和技术核心能力得不到应有重视。垄断行业私有化后普遍存在企业长期投资意愿降低，掠夺性利用现有设备和裁减雇员，甚至用于技术改造和职工培训的资金也大幅度削减等问题。

由于缺乏有效的监督，特别是处于家族控制的企业董事会和监事会不能对管理层产生真正的约束力，一些企业管理层采取官商勾结、商业贿赂、破坏环境等手段攫取更多利润。一些法制和监管较完备的发达国家，公用事业私有化后仍然出现了基础设施投入不足、服务质量下降、服务价格提高、财政补贴增加等损害公共利益问题。例如，英国曾将铁路修建和维护服务出售给一家垄断厂商，实现了私有化，但带来了严重的投资不足和铁路安全问题。为解决上述问题，政府创建了一个名为铁路网（Network Rail）的组织，该组织的产权形式设计得非常奇怪，宣称自己是一家按商业化运作的企业。这家企业没有任何股东，其所有利润全部再投资于铁路网的修建和维护。该组织的董事会由铁道部和消费者任命，运作受轨道办公室（Office of Rail Regulation，ORR）监管，资金由政府担保。

从经济学角度看，在企业所有权和经营权合二为一时，即拥有企业的所有者同时作为企业的经营者，所有者和经营者的利益高度一致，激励作用最强。在一定范围内利用私有制的这个特点，可以改善企业绩效促进生产力发展。但是，生产的社会化客观上要求资本的社会化和财产的社会化，私有企业发展到一定阶段必然削弱创办人和大股东的控制权，增强职业经理人的控制权。所有权和经营权分离之后，对不是所有者的经营者不能产生所有权激励。现在，主要资本主义国家私有企业普遍采取股份有限公司的形式，股份有限公司通过在公司内部鼓励工人持股和对外向社会发行股票普遍实现了所有权权高度分散化。其实，股权分散化早在第一次世界大战前后在英国等资本主义国家里就已出现并起到重要作用，当时私有企业制度由业主制企业向合伙制和股份制企业转变，企业所有权主体增多，企业产权结构呈现出分散化趋势。直到第二次世界大战前，西方国家的私有企业仍然多为私人权势集团控制，少数资本家通过控制母公司和金融机构间接控制上市公司及附属企业。第二次世界大战后，恢复和发展经济对巨型资本和大型企业的需求增多，只有分散股权和发行小面额股票，才能把广大民众手中的闲散资金集中起来，迅速实现资本集中。西欧、美国的私有企业为了满足这种生产社会化需求，改变之前只发行大面额股票的做法，普遍发行小面额股票，大力推行股份制和职工持股，为广大劳动者购买股票提供了可能。一些企业甚至将全部或大部分股权出售给本公司雇员。英国、法国、意大利等欧洲国家和美国、日本的私有企业走上了股权分散、职业经理控制的道路，公司股东数量大幅度增长，创始人股份被稀释，单个私人股东控制能力减弱。股份公司"实际执行职能的资本家转化为单纯的经理，即别人的资本的管理人，而资本所有者则转化为单纯的所有者，即单纯的货币资本家"（马克思，1975）。一些经济学家甚至将此现象作为"人民资本主义"或"大众资本主义"广为宣传的原因。

私有化可以有条件地提高一些领域的经济效率，但是，在现有经济学理论中找不到相关理论支持，在实践上也没有可靠的实证证据证明私有企业效率必然高于国有企业。亚当·斯密对看不见的手的论述，即理性人在追求自身安乐和利益时，市场机制可以不自觉地引导他去促进社会福利，即市场主体在追求自身利益最大化的同时能够实现社会福利最大化，没有否认国有企业作为经济主体也可以追求自己的利益，不能由此直接推导出私有化结论。私有企业在缺乏监管条件下容易产生负的外部性，导致公共产品和公共服务供给不足、资源环境过度开发利用等问题，增加经济社会发展的成本。国有企业与私有企业都可以实施垄断行为。对垄断产业的国有企业实行私有化，很可能将国有企业垄断地位转移到私人集团，私人集团又可能利用此类权力实现自身利益最大化。约瑟夫·E.斯蒂格利茨指出，企业的盈利能力强并非绝对地表明更有效率。即使能够证明私有化比公有制更有效率，也并不能说私有化就是可取的（约瑟夫·E.斯蒂格利茨，2013）。贾亚蒂·戈什认为，监管需要成本并很难避免产生官僚主义低效率，监管私人企业成本更高，私有企业存在强烈的收买监管者的动机，监管很难达到预期目的。结果，私有企业经营对用户和公众利益的损害比国有企业的问题更严重，私有企业比国有企业更不可取（贾亚蒂·戈什，2007）。可见，国有企业并不比私有企业必然更缺乏效率，从本质上看，企业的低效率源于与市场竞争的隔离而非来自于公共所有权本身。

三、国有企业可以成为市场竞争主体

市场经济是一种由市场竞争主体在技术和制度等条件约束下，通过竞争取得和配置稀缺资源的经济制度，本质上是个人和企业对由市场供求关系决定的需求和价格作出反应，通过市场主体自愿交易促进资源流动来改善资源配置效率。不同市场主体对自身利益的追求及其之间的公平竞争和交易构成市场发挥作用的必要条件。新自由主义文献认为，国有企业不能与市场经济兼容，市场经济中没有国有企业的存身之地，国有企业不能成为市场主体，私有企业才能成为市场经济主体。其理由：一是"代理问题"。委托代理理论认为，企业在由所有者即委托人亲自管理时才会产生有效激励。当委托人将管理权委托给他人时，所有者的目标可能与代理人的目标产生冲突，代理人的行为不符合委托人的利益。国有企业所有者与经营者之间存在高度的信息不对称，国有企业代理链条长，代理成本高，很难实现对管理人员的有效激励，国有企业的效率低于私有企业。二是"搭便车"问题。国有企业产权由全体公民平均拥有，每个人都希望别人替自己支付监督成本，每个人都希望别人替自己监督，即每个人都希望自己"搭便车"，单个公民缺乏意愿和动机监督企业管理者行为。三是国有企业享受政府特殊政策支持，在与非国有企业竞争中处于不合理的优势地位。他们认为，国有企业天然地与政府联系紧密，更有可能获得政府信誉、税收优惠、贷款担保和监管优待等支持。西方市场经济国家的国有企业曾经一度享有财政补贴、受保护的市场和管制豁免等优势。在出现亏损或面临破产危险时，容易通过政治游说从政府得到援助。这种优势的获取无法对国有企业行为施加强有力的约束，进而降低企业经营决策和管理的效率。新自由主义经济理论根据以上分析，提出国有企业低效率论断并否定国有企业存在的合理性，这种观点在改革开放之后的一个时期内广为流行。

以上结论是在研究方法和研究对象存在局限性的情况下得出的，经不起实践的检验和严谨的逻辑分析。从实践看，虽然经历多次私有化，但国有企业在世界各国经济发展中，特别是在基础设施、公用事业和能源矿产等领域依然发挥私有企业无法替代的作用，新自由主义者对国有企业所下的结论与经济发展实践不符。不难看出，以上否定国有企业的三种理由可以完全照搬用于否定所有权与经营权分离的私有企业。委托代理问题、搭便车问题和预算软约束问题同样存在于大型私有企业。虽然某些私有企业仍然由所有者管理，但是，所有者可能既无兴趣也无能力亲自经营企业，私有企业在发展到一定规模必然抛弃家族管理，经营权由职业经理人掌控，并向股权分散化、单一股东持股份额低到难以发挥控制力的公司制企业转变。古典经济学家对私有企业存在的委托代理问题有明确的分析："股东对于公司业务多无所知。在钱财的处理上，股份公司的董事为他人尽力，而私人合伙公司的伙员，则纯是为自己打算。

所以，要想股份公司董事们监视钱财用途，像私人合伙公司伙员那样用意周到，那是很难做到的。疏忽与浪费，常为股份公司业务经营上多少难免的弊病。唯其如此，凡属从事国外贸易的股份公司，总是竞争不过私人的冒险者。"（亚当·斯密，1974）这样的私有企业，经营者获得了比所有者更大的控制权，所有者只能通过股东会选举董事会、董事会聘用的管理者进行控制和管理，此时私有企业面临与国有企业同样的问题。搭便车和缺乏监督现象客观存在，由此否定国有企业可以成为市场主体的结论不充分，关键在于建立科学的公司治理和外部监督机制，理清董事会、监事会、经理层等在现代公司治理结构中的功能，构建决策、执行和监督相互制衡的治理机制，形成既能保障股东权益又能调动经营者积极性的激励约束制度，降低代理人的机会主义偏好。可见，国有企业和现代私有企业都具有所有权与控制权相分离这一特征，都面临委托代理问题和搭便车问题。国有企业属于全民所有，全体人民是国有企业经营管理权限的终极委托人。然而，人民由于人数众多而难以直接对某一个国有企业履行具体的契约执行能力，这就造成国有企业委托人虚化，人民对国有企业的委托人职能必须借助政府行政体系的力量来实现。尽管国有企业的委托代理关系由于委托人人数众多比私有企业复杂，国有企业委托人对代理人的监督更困难，但是，这并不能得出人民无法监督代理人的结论。客观事实是，对代理人的监督并不需要全体委托人的行动，少数代理人的努力，通过信息对大众的公开传播就可以达到有效监督和制约代理人，从而使国有股东对经理人的监督达到私有企业的水平。根据现代企业治理理论，政府可以行使委托人职责，为国有企业设计一种制度和机制，对国有企业完善决策机制、强化集体决策和推进科学决策提出要求，通过信息公开和加强外部监督，激励约束代理人努力工作，代理人和委托人利益协调一致并成为利益共同体。

西方经济理论的核心，尤其是一般均衡理论并没有涉及所有权问题。根据一般均衡理论，如果假定公有制企业也追求利润最大化，其结果与私有制没有区别（热拉尔·罗兰，2013）。从国内外实践看，国有企业能否成为市场竞争主体，核心是看其是否拥有独立资产和利益，能否在市场竞争中自主决策，与各类经济主体建立公平竞争关系，平等获取各种生产要素和稀缺资源，同等接受供求、竞争和价格调节。尽管国有企业因为特殊的所有制关系一定程度上被视为政府职能的延伸，客观上承担一些公共服务功能，扮演着公共利益增进者和维护者角色，但国有企业性质上是一种享有自主权并具有长期经济目的的经济组织，是为市场提供产品或服务的企业。就法律形式而言，经过政企分离改革和公司制改造，国有企业普遍采取与一般私有企业相同的公司制组织形式，成为具有独立法律人格、拥有自己的财产、独立承担财产责任并能够以自己名义从事经营活动的企业，并且绝大多数国有企业从事以营利为目的的商业性活动。即使一些国有企业成立的目的是为了更好地管理和控制某种经济活动，替代行政机构履行公共职能，这类国有企业也与直接掌握公共资源和行使行政权的政府部门不同，可以采取近似于私营企业的管理方法。此时，即使其经营目标为政府所设定，国有企业仍然可以实行"独立核算、自负盈亏"，按商业原则管理和经营。可见，中国国有企业已经满足市场主体在独立资产、独立利益和自主决策等方面的要求，成为合格的市场主体。

国有企业和私有企业都具有寻求政府保护形成和维持垄断地位，影响和诱导政府部门人员不正当使用公权力，从而获得有利交易机会的动机。这个私有企业同样存在的问题，不是阻碍国有企业成为市场竞争主体的障碍。不同所有制企业进入垄断行业面临的不平等待遇可以从制度上加以解决，国有企业拥有和行使的公共权力可以通过改革剥离。政府可以被改革为竞争中立者，保持中立态度，一视同仁地对待各类企业，为各类企业创造公平竞争环境。政府或国有资产管理机构可以给国有企业设立明确、可考核的财务目标，使其按商业原则管理和经营。在国有企业垄断和拥有较强控制力的产业领域，只要政府放弃限制新企业进入的政策，取消对在位垄断企业的保护，新企业会进入这些领域，形成国有企业与非国有企业相互竞争的市场结构。可见，垄断不能消灭竞争，离开政府保护企业无法长期维持垄断地位。

只有公平对待国有企业、私有企业和其他企业等各类市场主体，取消各类市场主体的不合理待遇，国有企业与非国有企业才能够进行公平竞争，并且国有企业之间能够形成各自具有独立利益的竞争关系，国有企业才能成为能够满足市场经济体制要求，以其法人财产权独立从事经营活动、承担有限责任和平等参与市场竞争的合格的市场主体。

规范政府对国有企业管理是国有企业成为市场主体的前提。这个问题的实质是国有企业与政府的关系，即政企关系。由于国有企业的公共属性，政府需要从政策制定实施和行使所有权两个角度对国有企业进行管理，核心是理顺政府管理国有企业的方式和途径，妥善解决政企不分的弊端。正如一些文献指出的，改革开放之前，社会主义国家（政府）是全部生产资料进而也自然而然地是全部剩余产品的唯一所有者和支配者；社会主义国家内部的全民所有制企业之间也是自我封闭，彼此独立的（李正图、张凯，2016）。改革伊始，提出适当分离所有权和经营权，将国有企业改造成具有独立经济利益的法人实体和市场主体，使其成为商品生产者和经营者。目前，中国基本理清了政府作为经济管理者和国有企业所有者的职能界限，改革了国有企业在税收、补贴、市场准入等方面的不合理竞争优势，国有企业遵守与非国有企业一样的制度规则，国有企业的经营决策普遍是基于经济目标和商业规则考虑做出。国有企业实现了从政府"附属物"向具有独立利益的法人实体和市场主体的转变，改变了政府直接管理和经营国有企业的体制，探索出与市场经济兼容的国有企业形式——以现代企业制度为基础的公司制、股份制企业，实现了所有权与经营管理权的分离和按商业化原则经营与管理。但是，由于政企分离的不彻底，一些国有企业还没有完成市场主体的改造，仍然具有行政机构附属物的特点，还在承担本应该由政府和社会承担的事务，这是中国国有企业不完全适应市场经济的重要原因。此外，中国市场经济体制还不成熟、不完善，政府对一些国有企业经营行为的干预依然存在，国有企业在一些领域垄断程度过高、竞争活力不足的问题依然存在，国有企业和国有资本管理体制还在改革探索中，国有企业成为合格市场主体还有不少问题需要解决。这些问题正在通过当前的深化改革加以解决。当前的改革，要科学界定政府职能，进一步理清政企关系，严格落实政企分开、政资分开、所有权与经营权分离等改革措施，实现政府和国有企业在人事、职能、责任、资产等方面的分离，使国有企业成为与其他经济成分平等的市场主体，从制度上保障国有企业成为合格的市场主体。

构建国有企业和其他所有制企业公平竞争制度，使各类市场主体在要素取得、市场准入和市场监管等各方面面临同一体制环境，是国有企业成为市场竞争主体的客观要求。市场经济本质是依靠市场主体自主选择和市场主体之间的竞争，通过市场主体不断创新来改善资源配置效率，最终实现资源配置效率最大化。市场配置资源，核心是公平竞争。不同所有制企业之间和同一所有制的不同企业之间，包括国有企业之间都存在竞争关系。只有通过公平竞争，包括国有企业与国有企业、国有企业与私有企业、私有企业与私有企业之间的公平竞争，才能实现优胜劣汰。不公平的竞争，尽管也是竞争，由于诱导市场主体牟取不正当利益，削弱了市场创新的激励，不能实现资源最优配置。从这个意义上说，社会主义市场经济体制必须实现公平竞争这个基本制度要求，政府必须公平配置公共资源，发挥好构建和保障公平竞争制度这个基本责任。任何企业组织形式，无论国有企业还是私有企业，都需要在公平竞争中成长壮大。在竞争性市场中，任何企业包括国有企业都不应该享受特殊优待和支持，国有企业应该和私有企业拥有平等市场竞争地位，国有企业根据市场需求组织生产经营与私有企业同样的产品与服务，不应该基于特殊所有权地位而享受私有企业不能享受的竞争优势。如果国有企业的效率不够高，同样会面临市场优胜劣汰的洗礼。对于竞争性行业和领域，应该放宽市场准入，政府不对进入市场的企业数量进行限制，激励企业依靠科技创新和管理创新来获得生存发展能力，不宜强行要求国有企业退出竞争。实践证明，国有企业不是天然无法改变的低效率，私有企业也不是天生永恒的高效率，依靠创新实现高效率的国有企业和非国有企业均不乏其例。各类企业公平竞争，高效率的企业生存发展，低效率的企业被淘汰退出，经济体制才能不断提高资源配置效率，并展现出活力和优越性。

四、私有经济发展不充分更需要发挥国有企业作用

马克思主义认为，一个社会的经济制度是该社会占统治地位的生产关系的具体规定和外在体现。国有企业在社会生产关系中占据什么地位，或者说国有企业存在和发展到什么程度，一个重要影响因素是私有经济发展水平。私有经济发展不充分、投资能力不足是一些国家建立国有企业的主要原因。在许多发展中国家，民间资本规模小且分散，资本难以集中形成合力。分散的私有经济只有通过股份制才能够把居民手中的闲散资金集中起来，转变为社会资本，壮大私有企业生产规模，巩固其在竞争中的地位。在此之前，只有国有或外资企业才具有建设大型资本密集型项目的能力。为避免外资对本国重点关键领域的控制，国家只有通过建立国有企业才能更好地实现经济和社会目标。

新中国成立初期，生产力水平相当低下，资本稀缺，生产的社会化程度很低，私有企业普遍采用以手工工具为主、兼有少量机器生产的落后生产方式，投资能力和创新能力薄弱，难以满足国家工业化和建立独立工业体系的要求。在这样的生产力水平条件下，面对私人资本薄弱和实现国家工业化的尖锐矛盾，为了迅速发展重化工业加快国家工业化进程，赶超发达国家，只有通过发展国有经济采取国有企业这种具有更强资本动员能力的企业组织形式，才能形成大型企业，满足发展资本密集型重化工业的要求。

改革开放以来私有经济有很大发展，非国有经济比重持续提高，但私有经济基础仍然薄弱，社会化程度不足，总体处于向现代企业转型发展阶段。私有企业整体上处于依靠家族资本积累的发展阶段，单个资本的联合还没有发展到能够适应资本密集型产业生产力发展要求的水平，企业资本形态从依靠家族私人资本积累向依靠资本集中并进而实现社会化的转变刚刚开始，单个私人资本规模小、吸纳社会资本能力弱与资本有机构成提高之间的矛盾依然突出（吕政，2012）。已经进行公司制改造，开启资本多元化、社会化的私有企业，大多没有引入职业经理人，实现所有权与经营权的分离。一些大型私有企业上市后仍然没有摆脱家族管理方式，没有完成从创业家族的一股独大向股权分散的公司制企业的转变。这种家族式人格化的非正式管理体制，使企业在创业初期率先从市场化改革中获得了发展动力，但这不是符合现代市场经济要求的治理制度。私有企业发展壮大和成为股权高度开放多元的社会化企业是一个长期过程，完成这个转变之前私有企业难以筹措足够资本承担大型项目建设，只能依靠国有企业承担资本有机构成高、固定资本投入规模大的项目。

当前，国际竞争格局正在进行深度调整，发达国家纷纷实施重振经济的新战略，大型跨国公司以其资本和技术优势，对中国形成新的竞争压力。中国必须根据国家长远发展要求和生产社会化程度，科学界定各类国有企业的设立目的和作用，坚持和完善国有经济的主导作用，保持国有经济在国民经济中占有足够比重。同时，对上一轮国有企业改革出现的问题进行调整，持续推动国有经济布局结构优化，引导国有资本更好体现政府意图和服务于国家战略目标。在关系国家安全和国民经济命脉的重要行业和关键领域中配置更多国有资本，布局更多国有企业，增强国有企业引领和带动作用，防止私人商业寡头和外国资本威胁国家经济安全，进而加强公有制巩固社会主义基本经济制度。

自然垄断产业和需要保持独家垄断的环节，主要是基础设施和公用事业等提供基础产品和公共服务的领域，需要发展国有企业促进竞争和保护公共利益。各类管道、电网、铁路、基础电信网等基础设施和公用事业领域，原来被认为应该由政府保障供给的领域现在普遍由国有企业组织建设和运营，并确保国民平等地获得基本的公共服务。这类服务生产的社会化程度很高，服务领域极广，其产品或服务属于

公共物品或准公共物品，由国有企业经营可以促进社会福利和全民利益。即使私有投资者收购上述领域的国有企业，也不能改变该类产业的垄断性质。对于私有化不能改变其垄断性质，还是只能容纳一家企业经营的领域，在遏制私人垄断的法规和管制不健全的条件下，由国有企业经营可以满足产品和服务需求，避免监管失灵和私人垄断导致的社会福利损失。这些领域如果由私有企业垄断经营，私有企业可能通过谋求政府授予的特权追求并扩大自己的利润，对其他企业造成不公平竞争，在价格、质量和服务满意度等方面损害公众和消费者利益。这一领域由国有企业经营，可以弥补市场缺陷，纠正私有垄断的弊病，保障各类市场主体平等使用基础设施和公用事业，改善私有企业发展所必需的基础条件，为非国有企业发展及营造公平竞争市场环境创造外部经济正效应。在科学技术进步使自然垄断领域环节转变为可以容纳多家企业并存和相互竞争时，需要及时放宽市场准入，引入多个市场主体参与竞争，将垄断市场结构改造为可竞争性市场结构。

整体性和公共性特征较强的矿产资源勘探开发，要求遵循可持续发展理念有计划有节制地开发利用，必须坚持和加强国有经济的控制力。这类关系经济发展全局的重要资源产业和战略产业，特别是投资巨大、风险高、战略作用强的大宗矿产资源勘探开发，私有部门独立开发难以满足资源利用和环境保护要求，必须由国有大型企业进行主导，私有企业可以通过与国有公司合作参与其中。国外石油、天然气等重要矿产资源开发曾经广泛采用合营开采、利润分成等方式，资源国政府取得的超额利润份额普遍少于开发企业。为获得超额利润的更多份额，近十几年资源国政府纷纷重新采取国有化措施，使政府在资源的开发、经营和销售领域起主导作用。对于国有产权比重过低的产业关键领域，可以通过追加国有投资、发行政府担保债券等途径提高国有经济控制力。对于需要降低国有产权比重和需要联合出资经营的领域，可以引入战略投资者和社会资本，使私有资本甚至外资在这类产业中获得一定的发展空间，发挥各类投资者的积极作用。

基础重化工业和高端制造业直接关系国家安全，决定国家整体竞争力，需要国有企业掌控关键领域和核心技术，参与国内外市场竞争。这一领域中的企业虽然以营利为主要目标，但是，其技术与产品往往与国家的经济和军事安全具有密切的联系，其产品供给能力和质量对整个国民经济发展具有决定性影响，负有发展民族经济和保障国家经济安全的重要任务。这类产业国际竞争激烈，外资凭借资本和技术优势容易在市场竞争中占据优势地位，国内企业参与市场竞争需要巨额研发和生产投资，不断向价值链高端攀升。在私有企业技术能力和投资能力较弱的情况下，设立国有企业有利于培育这类产业的国际竞争力，攻克掌握这些行业关键环节和核心技术，增强民族经济与外资企业和跨国公司进行竞争的能力，为国内相关产业发展创造条件，保障国家经济安全。从产业生态系统看，该领域国有企业处于生态圈的核心位置，周边其他企业围绕核心企业在专业化协作基础上开展业务，为核心企业提供产品、服务和技术。随着私有经济发展壮大，国有资本可以退出产业链中低端领域，采取上市出售股权等多种方式减少对中低端环节的投入，向产业链中高端环节集聚，调节国有资本在这一产业的分布。

战略性新兴产业需要国有企业发挥先导带动作用。战略性新兴产业是当前具备战略产业部分条件且将来可能成长为战略产业的新兴产业，其发展主要由应用广泛的重大科技创新推动。与其他产业相比，战略性新兴产业虽然普遍处于成长阶段规模较小，但其关键共性技术往往具有超强的渗透和推动其他产业发展的作用，既能提升其他产业的核心技术和市场竞争力，也能支撑和拉动整个国民经济的长期增长，其发展具有显著的正向外部经济性。战略性新兴产业需要集中巨额资本进行新技术的研究和产业投资，科技进步带动设备的大型化、高效化、精密化和自动化，提高了购买这些设备需要的资金规模。特别是电子信息、航空航天、新能源和海洋开发等产业的基础和关键环节都要求建立超大规模企业，这些产业研发投入强度大，投资风险高，核心技术研发和产业发展升级需要政府力量的支持和推动。在全球化背景和当前国际产业发展态势下，战略性新兴产业的竞争已经由国内竞争转变为国际竞争，体现为各国行业龙头骨干企业在科技创新特别是掌握综合技术和核心技术能力方面的较量。国内外众多领先企业纷纷抢占技术制高点和技术标准制定权，取得竞争优势要求企业从技术跟随者晋升为先进技术领导者，这就更需要发挥国有企业资本和技术等综合优势，不断加大研发投入，提高自主创新能力，抢占技术链关键节点的位置，向产业链高端攀升。这些产业和部门在启动成长期需要国有企业扮演重要角色。如果没有国有企业领军超前开展技术研发和投资建设，而是依靠缺乏资本和研发能力的企业自然追赶，通过市场竞争自发地成长，就会延误时机，难以成为引领产业发展和技术创新的中坚力量。

五、保障国有企业与非国有企业的共同发展

发展壮大国有企业与发展壮大私有经济和其他经济成分在根本上并不对立，两者可以相互促进共同发展。但在实践中需要处理好两者关系，不能由于发展国有企业而限制非国有经济成分发展。只要制度设计得当，国有企业发展可以为私有经济和其他经济成分发展创造条件和空间。经过新中国成立特别是改革开放以来的实践，中国探索形成了社会主体市场经济体制和公有制为主体、多种所有制经济共同发展的基本经济制度，确立了毫不动摇巩固和发展公有制经济和毫不动摇鼓励、支持、引导非公有制经济发展的原则，私有企业和其他非公有制企业的平等地位逐步确立。这就要求把公平竞争作为经济发展理念和经济体制的内在要素，营造公有制经济与非公有制经济、国有企业与非国有企业之间的公平竞争环境，通过各类市场主体有效参与市场交易实现市场对资源的有效配置。

当前，我国正处于全面深化改革的历史性阶段，迫切要求国有企业和非国有企业都能按着市场经济对独立经济主体的要求改革相关体制政策，实现国有企业与非国有企业的共同发展。引导私有企业随着规模扩大积极采取公司制组织形式。现代私有制经济虽然保留了传统私有制经济的若干内核，但对传统私有制生产关系进行了扬弃，融入了传统私有制经济所缺乏的社会化因素，使其在一定程度上顺应了生产社会化的要求。要采取措施引导私有企业增加社会化元素，积极推动私有企业引入社会资本实现产权多元化，按着现代企业制度规范和产权多元化要求完善企业治理机制，理顺董事会和经理层关系，提高董事会独立性和超脱性，形成股东会和董事会决策、经理层执行的治理架构。同时，建立和完善职业经理人制度，发挥好职业经理人作用，提倡民主管理、职工参与和公平分配，使私有企业采取跟某些与生产社会化相适应、有利于克服私有制弊端和促进社会进步的企业组织和管理方式，从而使包括私有企业在内的非国有企业在国家工业化和现代化中发挥更大作用。国有企业重点是进一步实现政府竞争中立，更好地发挥政府在放宽市场准入、加强垄断行业监管、清理偏袒性政策等方面的作用，最大限度减少现行经济体制中阻碍公平竞争和非国有企业发展的因素，避免不公平竞争制度的永久化，实现国有企业与非国有企业共同发展。

实现政府竞争中立，核心是使政府从市场主体角色转变成裁判者，确保市场主体通过公平竞争谋求竞争优势，防止企业通过不正当手段排挤其他竞争者，或者借用政府偏爱实现优胜。为此，要深化政府机构改革，推动政府作为政策制定者和市场监管者的职能与作为国有企业出资人的职能实现分离，由不同的机构行使。履行政策制定者和市场监管者职能的机构，不再拥有和管理国有企业，确保政府在履行政策制定和市场监管职能时坚守竞争中立原则，在稀缺要素出让和各类政策制定执行中，不偏袒任何一类企业，彻底把不应该由企业承担的职能剥离给政府和行业协会，使行业运营者成为符合现代企业制度要求的市场主体。作为出资人，政府应该超越私有企业过度追求自身利益的局限，充分考虑社会成本和

社会收益，按照法定程序通过企业治理机构行使相应的权能。

放宽市场准入，革除对私有企业和其他非国有经济主体的歧视和各种隐性壁垒。重点是取消对市场准入的不合理限制，降低市场准入的条件和要求，简化市场准入申请和审批，禁止对非国有企业进入设定额外条件，打破地区封锁和行业垄断，实现国有企业和非国有企业市场准入的一视同仁、公平竞争。引导大型国有企业顺应分工不断深化和专业化协作的要求，树立开放发展的理念，重新整合业务结构，将自己不具备专业化优势的业务外包给专业化企业，解决一些行业国有企业与非国有企业专业化协作不够、服务外包和采购向非国有企业开放不够的问题。清理各类资质和其他准入条件对竞争的不当限制，鼓励非国有企业申请相应资质，推动基础设施、公用事业和高科技等领域招投标向社会开放。对参与建设项目和服务外包招标的私有企业，不得设立市场容量要求和额外附加条件。

加强垄断行业监管应坚持网络中立原则，以网络设施公平开放使用为突破口，解决主导企业凭借网络设施排挤其他经营者的问题。立足于国民经济整体而不是个别企业自身利益，推动网络设施公平开放和充分利用，使各类企业特别是不拥有网络设施的企业获得平等网络设施使用权。探索实现网络中立的方式和途径，推动国有企业网络设施向各类企业平等开放，研究将长距离输油、输气管网和公用事业管网等垄断性基础设施从一体化企业剥离出来，组建独立网络设施运营企业的可行性。对于在技术经济上不支持分割，要求保持物理整体性和独家垄断经营的业务，可以授权一家国有企业垄断经营，私有企业和其他所有制企业可以采取合作经营和增资扩股方式参与经营。在技术进步不再要求保持物理和经营管理整体性的垄断性业务，应当及时放宽市场准入，允许私有企业和其他非国有企业进入，实现各类市场主体的相互竞争和共同发展。

偏袒性政策重点清理政府采购、进口管制和专卖中过度保护垄断和在位企业的政策。新能源汽车、石油天然气开采、发电和民航运输等领域通过改革形成了多个市场主体并存的市场结构，但由于一些领域限制竞争、保护垄断的政策没有改变，企业之间的竞争十分有限，有效竞争的目标没有实现。近几年出台的政府采购等政策具有限制竞争的效果。对于国内市场垄断程度高的资源类产品和服务，放宽进口市场管制，取消进口配额的数量限制，允许包括私有企业在内的各类市场主体经营，通过扩大相关产品进口和在国内自主销售削弱国内企业的垄断，提高国内市场的竞争强度。卷烟、盐业等行业被赋予的专卖领域过宽，重新研究各类专卖制度的合理性，收缩专卖领域。对于降低资源配置效率和损害社会福利的专卖，坚决取消。需要继续保留专卖的产品，要避免从原材料供应、生产到运输、销售全过程的各个环节都实行垄断经营，运输、产品销售和专卖产品生产需要的原材料应该允许各类企业经营。

〔参考文献〕

［1］Australia Government. Australian Government Competitive Neutrality Guidelines for Managers ［EB/OL］.澳大利亚财政部网站，2004.

［2］刘戒骄.从三个联邦企业看美国的国有经济和垄断行业［J］.经济研究参考，2014（57）.

［3］［英］阿瑟·塞西尔·庇古.社会主义和资本主义的比较［M］.谨斋译.北京：商务印书馆，2014.

［4］［美］约瑟夫·E.斯蒂格利茨，卡尔·E.沃尔什.经济学［M］.黄险峰，张帆译.北京：中国人民大学出版社，2010.

［5］［法］热拉尔·迪梅尼尔，多米尼克·莱维.大分化——正在走向终结的新自由主义［M］.陈杰译.北京：商务印书馆，2015.

［6］金碚，刘戒骄.西方国家应对金融危机的国有化措施分析［J］.经济研究，2009（11）.

［7］［英］克里斯·哈曼.对新自由主义理论研究的反思（下）［J］.国外理论动态，2008（10）.

［8］［英］科林·克劳奇.新自由主义不死之谜［M］.蒲艳译.北京：中国人民大学出版社，2013.

［9］［英］阿瑟·塞西尔·庇古.福利经济学［M］.朱泱，张胜纪，吴良键译.北京：商务印书馆，2006.

［10］［美］约瑟夫·E.斯蒂格利茨.社会主义向何处去——经济体制转型的理论与证据［M］.周立群，韩亮等译.长

春：吉林人民出版社，1998.

　　［11］［美］K.S. 乔末. 与日深化的私有化争论：主要观点回顾 ［A］//私有化成功与失败 ［M］. 张宏胜，于淼等译. 北京：中国人民大学出版社，2013.

　　［12］［美］约瑟夫·E. 斯蒂格利茨. 序 ［A］//私有化成功与失败 ［M］. 张宏胜，于淼等译. 北京：中国人民大学出版社，2013.

　　［13］［印］贾亚蒂·戈什. 宏观经济和增长政策版权所有 ［Z］. 联合国经济和社会事务部（DESA），2007.

　　［14］［英］亚当·斯密. 国民财富的性质和原因的研究（下）［M］. 北京：商务印书馆，1974.

　　［15］［法］热拉尔·罗兰. 私有制和公有制经济理论 ［A］//私有化成功与失败 ［M］. 张宏胜，于淼等译. 北京：中国人民大学出版社，2013.

　　［16］李正图，张凯. 论公有制经济中的政府行为 ［J］. 江淮论坛，2016（2）.

　　［17］吕政. 适应生产力发展要求是所有制调整的出发点 ［N］. 人民日报，2012-05-23.

　　［18］马克思. 政治经济学批判序言 ［A］//马克思恩格斯选集第二卷 ［M］. 北京：人民出版社，1972.

　　［19］马克思. 资本论（第 3 卷）［M］. 北京：人民出版社，1975.

　　［20］恩格斯. 共产主义原理 ［A］//马克思恩格斯选集第一卷 ［M］. 北京：人民出版社，1972.

（本文发表在《经济管理》2016 年第 10 期）

国有经济现状及改革的方向

张航燕

摘　要：本文通过对国有经济的总量、结构及效益分析得出，我国国有经济布局和结构调整取得重要进展，经济效益有所提高，但也存在着国有经济产业分布仍然过宽，区域结构不尽合理、国有经济整体效益还有待进一步提高等问题。为进一步推进国有企业改革，论文提出建立混合所有制，重塑国有企业的产权模式；推动国有企业分类改革，优化国有经济战略布局等政策建议。

关键词：国有经济；产权；战略布局

一、问题的提出

党的十四大以来，党中央在总结国有企业改革和发展的经验基础上，提出从战略上调整国有经济布局[1]，增强国有企业的控制力和竞争力的战略转移。1995 年 9 月，在党的十四届五中全会中提出：要着眼于搞好整个国有经济，通过存量资产的流动和重组，对国有企业实施战略性改组。1997 年 9 月党的十五大明确指出："要从战略上调整经济布局。对关系国民经济命脉的重要行业和关键领域，国有经济必须占支配地位。在其他领域，可以通过资产重组和结构调整，以加强重点，提高国有资产的整体质量。"1999 年 9 月，党的十五届四中全会首次把"重要的行业和关键领域"定义为："涉及国家安全的行业，自然垄断的行业，提供重要公共产品和服务的行业，以及支柱产业和高新技术产业的重要骨干企业。"2003 年 10 月党的十六届三中全会通过《中共中央关于完善社会主义市场经济体制若干问题的决定》中指出，坚持公有制的主体地位，发展国有经济的主导作用。完善国有资本有进有退、合理流动的机制，进一步推动国有资本更多地投向关系国家安全和国民经济命脉的重要行业和关键领域，增强国有经济的控制力。

工业是整个国民经济的支柱[2]，是国有经济调整的重点。因此，本文分析自 2003 年以来，国有工业经济布局和调整的趋势，以期对国有经济战略性调整能有所借鉴。

───────────────

[基金项目] 本文受到国家社会科学基金重大项目"深入推进国有经济战略性调整研究"（批准号：12&ZD085）、国家社会科学基金重点项目"深化国有企业改革问题研究"（批准号：13AJY012）和中国社会科学院工业经济研究所创新工程"工业经济运行监测与风险评估研究"支持，是上述科研项目的阶段性研究成果之一。

二、国有工业经济总量分析

截至 2010 年，规模以上国有工业企业单位达到 2.03 万个，比 2003 年减少了 1.4 万个。规模以上国有工业企业单位数占全部规模以上企业数量的比重呈现下降的态势，由 2003 年的 17.5%降至 2010 年的 4.5%（见表 1）。

表 1　国有工业企业生产单位数及所占比重

年份	2003	2004	2005	2006	2007	2008	2009	2010
总单位数（万个）	19.62	27.65	27.18	30.20	33.68	42.61	43.44	45.29
国有经济（万个）	3.43	3.56	2.75	2.50	2.07	2.07	2.05	2.03
比重（%）	17.5	12.9	10.1	8.3	6.2	4.9	4.7	4.5

资料来源：《中国工业经济年鉴》。

表 2　国家资本比重及国有经济总量

年份	2003	2004	2005	2006	2007	2008	2009	2010
国有资本比重（%）	31.19	29.19	25.10	23.75	21.26	21.96	19.18	16.66
工业总产值（亿元）	44374.39	58882.71	63156.49	75189.88	86140.66	111399.76	105166.13	116385.18
所有者权益（亿元）	21561.51	26354.69	25823.39	29308.1	31863.67	40044.8	39642.92	41843.31
利润（亿元）	2600.39	3482.16	3715.44	4632.30	5773.19	6711.50	6625.20	8838.07

资料来源：依据《中国工业经济年鉴》计算而得。

截至 2010 年，国有资本占实收资本的比重从 2003 年的 31.19%，降至 2010 年的 16.66%，降低了 14.53 个百分点。工业总产值、所有者权益和利润总额中归属国家所有的分别为 116385.18 亿元、41843.31 亿元和 8838.07 亿元（见表 2）；归属国家所有的工业总产值、所有者权益和利润总额的年复合增长率分别为 14.8%、9.9%和 19.1%。

三、国有工业经济的结构分析

1. 国有经济的行业结构

截至 2010 年底，国有资本占比超过 20%的行业有以下 8 个：水的生产和供应业，石油和天然气开采业，电力、热力的生产和供应业，石油加工、炼焦及核燃料加工业，黑色金属矿采选业，煤炭开采和洗选业，黑色金属冶炼及压延加工业，燃气生产和供应业。这 8 个行业中，水的生产和供应业，电力、热力的生产和供应业，燃气生产和供应业属于自然垄断产业；其他 5 个行业则属于国民经济的基础产业，提供石油、煤、钢铁等基础原料。总体来看，国有经济行业布局体现了国有经济战略调整的意旨。国有资本正逐步向自然垄断和关系国民经济命脉的基础行业集中。

从变化趋势来看，国有资本比重下降达到 20 个百分点的行业主要有：其他采矿业、烟草制品业、煤炭开采和洗选业，燃气生产和供应业，有色金属矿采选业，非金属矿采选业，黑色金属矿采选业，黑色金属冶炼及压延加工业，水的生产和供应业和有色金属冶炼及压延加工业。其中，烟草制品业国有资本比重已下降至 2010 年的 17.42%；特别是 2005 年至 2007 年，国有资本比重由 85.66% 降到 28.39%。煤炭开采和洗选业国有资本比重由 2003 年的 74.43% 降至 2010 年的 30.52%。而黑色金属矿采选业和黑色金属冶炼及压延加工业呈现波动中走低的态势，由 2003 年的绝对控股转变为相对控股。

2003 年以来，石油和天然气开采业，石油加工、炼焦及核燃料加工业国有资本比重出现波动中走高的态势。2003 年石油和天然气开采业，石油加工、炼焦及核燃料加工业国有资本比重分别为 40.87% 和 30.28%，2010 年国有资本比重分别达到 48.18% 和 39.36%。这反映出，在石油绝对储量减少而世界各国的消费有增无减，新的替代能源还没有出现之前，石油仍是一种稀缺资源。石油行业作为关系国民经济安全和命脉的产业，国有资本仍处于相对控股的状态。

在三个自然垄断产业中，燃气的生产和供应业国有资本比重最低。水的生产和供应业国有资本比重由 2003 年的 81.64% 下降至 2010 年的 59.35%，国有资本处于绝对控股状态。2003~2009 年，电力、热力的生产和供应业国有资本的比重在 50%~58% 的范围浮动，处于绝对控股的地位，但 2010 年国有资本比重迅速降至 41.7%。2003 年以来，燃气生产和供应业国有资本的比重呈现下降态势，2003 年国有资本的比重高达 60.6%，2010 年已经降至 23.05%。

2. 国有经济的区域结构

截至 2010 年底，我国有 13 个省（自治区、直辖市）国有资本出资比例高于 20%，分别是北京、甘肃、新疆、贵州、西藏、山西、辽宁、宁夏、内蒙古、湖北、陕西、海南和广西。这些省份主要集中在西部和中部地区以及老的工业基地。沿海地区的广东、上海、福建、浙江、江苏的国有资本比重已经低于 10%。

从变化趋势看，降幅达到 20 个百分点的省份有西藏、陕西、广西、云南、安徽、湖北、江西、贵州、内蒙古、河南、河北、新疆、山西和吉林，主要集中在中西部地区和老工业基地。其中，西藏国有资本的比重由 2003 年的 84.91% 降至 2010 年的 30.17%，降低了近 55 个百分点，降幅最大；陕西居第二位，降低了 39 个百分点。

值得注意的是，北京市国有资本的比重整体处于波动上升的趋势。2003 年北京市国有资本的比重为 37.12%，2004 年升至 55.08%，随后开始下降，到 2008 年国有资本的比重降至 45.76%，随后再次回升，2010 年国有资本的比重为 47.1%。

我国国有资本主要分布在东部发达省份。2010 年，国家对北京市国有资本投入的比重达到 13.69%，山东为 8.4%，排名第三位和第四位的依次是辽宁（8.06%）和广东（5.78%），排名前四位合计比重达到 36%；而宁夏、海南、青海、西藏四省区国有资本占比均不到 1%，国有资本地区分布呈现出不平衡态势。

3. 国有工业经济的所有制结构

截至 2010 年，国有资本在股份公司中的占比最高为 24.32%，接下来依次是独资企业、有限责任公司和合作、合伙企业（见表 3）。从变化趋势来看，国有资本在独资企业、合作合伙企业以及有限责任公司中的占比均呈现下降的态势；在股份有限公司中的占比呈现先升后降的趋势，2008 年，国有资本在股份有限公司的占比达到 35.41%，自 2009 年开始回落，到 2010 年降至 24.32%。

表3　国有资本的所有制结构

单位：%

年份	2004	2006	2007	2008	2009	2010
独资企业	41.53	29.30	24.61	26.51	20.81	20.38
合作、合伙企业	9.08	8.12	8.33	7.23	5.96	6.64
股份有限公司	27.34	29.91	31.86	35.41	34.20	24.32
有限责任公司	21.21	19.00	17.00	15.13	14.44	12.87

注：在统计中，独资企业包括国有企业、集体企业、私营独资、港澳台商独资经营企业和外资企业。
资料来源：《中国工业经济年鉴》。

四、国有工业经济效益分析

净资产收益率又称股东权益报酬率（Rate of Return on Common Stockholder's Equity，ROE），是衡量公司盈利能力的重要指标，是企业税后利润与平均所有者权益的比值，该指标越高，说明投资带来的收益越高；净资产收益率越低，说明企业所有者权益的获利能力越弱。该指标体现了自有资本获得净收益的能力。

1. 工业整体效益

2003年以来各年国有及国有控股企业的净资产收益率均低于工业企业平均的净资产收益率，反映出国有经济的低效性（见图1），并且差距呈放大的态势。2003~2006年，国有及国有控股企业的净资产收益率与工业企业平均的净资产收益率差距不足2个百分点；2007年以后，差距呈扩大态势，2007年两者仅差2.18个百分点，到2011年两者的差距扩大至5.37个百分点。

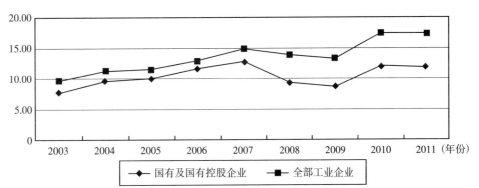

图1　2003年以来国有及国有控股企业与工业企业净资产收益率

资料来源：《中国工业经济年鉴》。

2. 分行业效益

我们选择了国有资本比重超过20%的8个行业，分析自2003年以来，这8个行业国有及国有控股企业盈利能力变化（见表4）。整体来看，这8个国有资本比重较高的行业，国有及国有控股企业的净资产收益率低于各行业平均水平，并且远远低于各行业港澳台和外商投资企业，并且行业之间效益呈分化态势。

三个自然垄断产业中，国有资本比重最高的水的生产和供应业中国有及国有控股企业盈利能力最低。2003~2009年，该行业国有及国有控股企业均处于亏损状态，2010年和2011年情况好转，但也处

表 4　国有资本比重超过 20% 的 8 个行业不同所有制企业盈利能力变化

单位：%

行业	2003年	2004年	2005年	2006年	2007年	2008年	2009年	2010年	2011年	均值
电力、热力的生产和供应业	5.83	4.13	5.20	6.87	7.07	1.71	4.16	5.87	5.31	5.13
电力、热力的生产和供应业国有及国有控股企业	5.10	4.76	4.93	6.63	6.84	1.57	3.64	5.73	5.34	4.95
电力、热力的生产和供应业三资企业	14.37	11.93	11.66	10.68	11.41	4.01	10.53	8.03	6.22	9.87
黑色金属矿采选业	9.11	19.64	19.83	19.28	29.68	39.21	20.27	29.43	28.60	23.89
黑色金属矿采选业国有及国有控股企业	1.29	10.03	10.11	9.03	12.67	21.14	6.50	9.96	9.23	10.00
黑色金属矿采选业三资企业	1.54	23.60	32.73	42.48	44.95	48.92	12.54	32.46	36.06	30.59
黑色金属冶炼及压延加工业	9.84	13.99	11.90	12.71	15.55	9.73	7.43	10.54	10.32	11.34
黑色金属冶炼及压延加工业国有及国有控股企业	8.41	1.03	11.17	10.86	11.30	3.26	2.30	4.10	2.64	6.12
黑色金属冶炼及压延加工业三资企业	15.80	14.99	10.67	16.72	19.07	16.41	10.03	15.18	13.07	14.66
煤炭开采和洗选业	4.81	9.07	13.85	13.62	15.86	26.36	18.69	23.30	24.66	16.69
煤炭开采和洗选业国有及国有控股企业	3.30	6.58	9.90	9.76	12.37	20.66	14.47	18.68	18.84	12.73
煤炭开采和洗选业三资企业	0.19	4.04	26.83	24.61	26.81	40.73	33.85	39.18	42.08	26.48
燃气生产和供应业	1.22	1.30	2.18	3.62	8.24	11.14	12.33	15.21	16.39	7.96
燃气生产和供应业国有及国有控股企业	0.79	0.83	0.96	1.00	4.21	5.35	6.67	9.03	11.46	4.48
燃气生产和供应业三资企业	2.87	0.36	6.37	8.18	13.33	14.45	15.74	19.15	17.02	10.83
石油和天然气开采业	30.48	38.46	54.17	57.45	47.38	49.69	18.00	26.01	33.91	39.51
石油和天然气开采业国有及国有控股企业	29.85	37.01	52.62	59.03	47.68	50.15	17.57	25.51	31.57	39.00
石油和天然气开采业三资企业	53.19	88.48	99.64	86.64	70.51	124.46	90.11	267.73	196.84	119.73
石油加工、炼焦及核燃料加工业	5.12	9.37	−3.46	−7.72	4.43	−17.65	15.00	16.77	4.88	2.97
石油加工、炼焦及核燃料加工业国有及国有控股企业）	3.76	8.93	−7.53	−13.81	−1.47	−32.81	14.50	15.42	−2.27	−1.70
石油加工、炼焦及核燃料加工业三资企业	10.76	18.56	10.53	5.39	9.92	−12.50	23.55	23.22	8.01	10.83
水的生产和供应业	0.10	0.28	−0.07	1.10	1.27	1.02	0.86	1.86	2.10	0.95
水的生产和供应业国有及国有控股企业	−0.56	−0.38	−0.83	−0.22	−0.14	−0.04	−0.56	0.44	0.61	−0.19
水的生产和供应业三资企业	6.31	3.54	3.00	7.78	7.09	7.43	5.20	5.97	6.86	5.91

于微利状态。相比港澳台和外商投资企业，水的生产和供应业中国有及国有控股企业盈利能力还是很低的，2010 年和 2011 年港澳台和外商投资企业的净资产收益率分别是国有及国有控股企业的 13.6 倍和 11.2 倍。其他两个自然垄断行业中国有及国有控股企业的投资回报率也都低于港澳台和外商投资企业。

其他五个行业，位居产业链前端的石油和天然气开采业、黑色金属矿采选业、煤炭开采和洗选业投资回报高于处于产业链中端和下端石油加工、炼焦及核燃料加工业，黑色金属冶炼及压延加工业的产业。例如，2003~2011 年石油和天然气开采业平均净资产收益率为 39.51%，而同期石油加工、炼焦及核燃料加工业平均净资产收益率仅为 2.97%。这五个行业国有及国有控股企业的盈利能力远低于港澳台和外商投资企业。例如，石油和天然气开采业港澳台及外商投资企业的平均净资产收益率是国有及国有控股企业的 3.1 倍。石油加工、炼焦及核燃料加工业国有及国有控股企业的净资产收益率只有 −1.7%，而同行业港澳台及外商投资企业的平均净资产收益率高达 10.83%。

　　总体上看，我国国有经济布局和结构调整取得重要进展，经济效益有所提高，但也存在着国有经济产业分布仍然过宽，区域结构不尽合理、国有经济整体效益还有待进一步提高等问题。在 39 个主要行业中，除其他采矿业以外，国有经济均有不同程度涉及。除自然垄断产业、关系国民经济命脉的产业外，竞争性行业国有经济的比重仍然过高。国有资本投资过度集中在北京、山东、广东、辽宁等地。

五、国有经济改革的方向

1. 建立混合所有制，重塑国有企业的产权模式

　　戚聿东、张航燕[3] 的研究指出，在多种产权形式之间，国有企业的综合绩效最低；在不同产权程度之间，独资企业的综合绩效最低。国有独资公司恰恰是两种最无效率的产权形式组合叠加。鉴于中央企业以及省级以下各级政府国资委直属的国有企业绝大多数为国有独资公司，特别是中国垄断行业中的企业几乎都是国有企业，而且几乎是清一色的国有独资公司。因此，有必要重塑国有企业的产权模式，按照国际经验和绩效导向，在国有企业母公司层面实现投资主体多元化，建立混合所有制。可从国有企业母公司改制入手，着眼于整体上市，将现有的母公司（总公司）的国有独资公司先改制为国家绝对控股公司（国家持股 50% 以上），再逐步改制为国家相对控股公司。国有相对控股公司作为混合所有制形式，不意味着国有制性质的改变，仅仅意味着国有制实现形式的转变，而且转变后有助于增强国有经济控制力和提高国有经济运行效率。

2. 推动国有企业分类改革，优化国有经济战略布局

　　2012 年，国务院批转《关于 2012 年深化经济体制改革重点工作的意见》，指出要"深入推进国有经济战略性调整，健全国有资本有进有退、合理流动机制，优化国有资本战略布局"。当前国有经济战略性调整需要结合国有企业的功能定位，推动国有企业分类改革，进而优化国有经济战略布局。按照国有企业使命和承担目标责任性质的不同，将国有企业分为公共政策性、特定功能性和一般商业性三类，并在此基础上，推进国有企业分类治理和改革。通过分类改革，国有经济应削减在一般商业性国有企业数量和比重，控制在特定功能性国有企业数量和比重，进一步向公共政策性的国有企业集中；在追求国有经济的高质量和可持续性发展上体现国有经济的控制力和影响力，进而实现国有经济动态优化与平衡[4]。

3. 树立整体渐进式改革观，加快垄断行业改革

　　垄断行业是国有企业集中的领域，垄断行业改革已经进入改革的"深水区"，加快垄断行业改革需要坚持"整体渐进式改革"的大思路。垄断行业改革是一项系统工程，需要在竞争模式、运营模式、产权模式、治理模式、价格模式、监管模式六个方面整体设计，逐步推进[5]。引入竞争机制将是垄断行业改革的基本主题，为了塑造真正的有效竞争格局，首先需要设计好运营模式；吸取金融、电信、电力等行业改革之初过于强调分业经营的教训，有必要在那些必须打破垄断的行业一开始，就采取五家以上综合运营商的竞争模式。一旦形成有效竞争，就可倒逼垄断行业产权和治理模式改革，进而推动价格和监管改革。

4. 深化企业内部制度改革，完善国有资产管理体制

　　深化企业劳动、人事、分配三项内部制度改革。劳动制度上，实现全员劳动合同制，彻底解决"职工能进能出"问题；人事制度上，实行干部聘任制，打破干部与职工的界限，彻底解决"干部能上能下"问题；分配制度上，解决收入"能多不能少"问题，解决内部分配差距过大问题。合理界定国有企业改革主管机构及其与国资监管部门、国资预算部门、行业规制部门、反垄断部门的关系，完成从"以

管企业为主"向"以管资本为主"的转变。

〔参考文献〕

[1] 苗长发，孙业礼. 坚持解放思想再创新的辉煌——十四大以来国有企业改革和发展的新探索、新思路、新突破 [N]. 人民日报，2000-03-07.

[2] 陈硕颖. 收入分配差距扩大的根子在政府和国企的高收入吗 [J]. 红旗文稿，2013（5）：19-22.

[3] 戚聿东，张航燕. 所有制、产权程度及其财务绩效——兼论国有企业产权改革的方向 [J]. 经济与管理研究，2013（12）：23-29.

[4] 黄群慧，余菁. 新时期的新思路：国有企业分类改革与治理 [J]. 中国工业经济，2013（11）：5-17.

[5] 戚聿东，柳学信. 深化垄断行业改革的模式与路径 [J]. 中国工业经济，2008（6）：44-55.

（本文发表在《经济与管理研究》2014 年第 12 期）

中央国有企业投资管控效率对股东回报的影响
——基于国有企业股权多元化目标的研究

刘建丽　张文珂　张芳芳

摘　要： 基于中央国有企业上市公司 2007~2012 年的财务面板数据，本文首先从大股东控制的角度出发，运用数据包络分析法构建了投资管控效率的评价指标，然后将该指标用于分析国有企业投资管控效率与股东回报之间的关系。投资管控效率指标是一个多维度的度量指标，其构建思路有别于通常投资效率分析的投资现金流灵敏度视角。该指标不仅全面考虑了产出效果诸如有形资产的扩张、投资现金流的增长和经营现金流的加速效果，也考虑了管理成本和股权资本的投入，尤其考虑了大股东的股权占用。通过进一步的面板数据分析发现，现阶段投资管控效率与国有企业股东回报之间存在一种反向背离关系。该背离机制具有特定的管理内涵：可以预见，在其他条件相同的情况下，当国有企业的投资管控效率较高时，企业的股东回报较低；当投资管控效率较低时，股东回报倾向于较高。理顺投资管控效率与股东回报之间的作用机制，有利于引导国有企业在提高管控效率的同时，进行合理的利益分配，从而更好地实现股权多元化改革目标和更高的投资效率。

关键词： 中央国有企业；投资管控效率；大股东控制；股东回报

一、问题提出

企业投资效率低下是微观组织运行缺乏效率的一种具体表现，也是对社会资源的一种浪费，而这种浪费又会阻碍其他有效率的生产单位获取更多的资源并创造更多的财富。企业投资效率低下这种非效率状态，既可以通过外部市场交易这种资源配置的帕累托改进来改善，也可以通过企业管控效率的内在提升得以优化。在股权相对集中的公司制企业，内部管控效率本质上是大股东追求"自利"目标的治理结果，广大中小股东则以资本投入为成本进行有偿"搭便车"。如果企业内部管控在投资效率提升方面存在改进空间，则以较少的股权资本和管理费用投入来控制更多的投资项目并实现更多的投资现金流，就是企业控制主体企盼达到的可行目标。也就是说，在现代公司治理框架下，投资管控效率提升符合大股东理性。然而，国有企业特殊的委托代理机制和内部治理问题，会造成事实上的大股东"非理性"。当

[**基金项目**] 国家社会科学基金青年项目"国有企业跨国投资与政府监管问题研究"（批准号：12CGL007）；安徽省优秀青年人才基金重点项目"净利润构成成分的波动性与现金分配"（2012SQRW051ZD）；安徽省优秀青年人才基金重点项目"基于资金链视角的房地产企业风险管理研究"（2012SQRW047ZD）。

国有企业投资管控效率较低时，无论股东回报是随之降低还是服务于"内部人"的自利目标而暂时较高，都会损害国有经济利益和其他股东的权益。因此，通过引入多元投资主体，改善国有企业治理结构，有利于消除大股东"非理性"，提高投资管控效率。在此背景下，国有企业改革的一个重要问题是如何吸引普通投资者尤其是机构投资者以实现产权结构的多元化，并在较高的治理水平下进一步提高投资管控效率。那么，现阶段国有控股企业的投资管控效率如何？投资管控效率的提高是否有利于改善股东回报进而吸引外部投资者？这些问题直接关系到国有企业股权多元化目标的实现。

首先，提升大股东控制下的投资管控效率能为股权投资者带来更多的回报吗？既有的研究文献显示，大股东管控与股东回报之间暗含着某种联系。不仅在公司股利分配的多少上，而且在股票回购和新股发行上，大股东都具有更多的自主权和自利性。Shleifer 和 Vishny[1] 使用补偿支付的思想分析和解释了大股东对企业股利政策的影响，他们认为，大股东监管企业本质上是为了维护自己的利益，企业的股利政策有利于大股东，可被看作是小股东在补贴大股东直接监管的成本；与该补偿支付思想不同的是，Espen Eckbo 和 Verma[2] 认为，直接的补偿支付是非法的，应当使用非合作博弈结构来解释大股东的相对投票权如何决定企业的年现金股利；Faccio 等[3] 基于股利分析的研究表明，委托代理问题会产生内部控股股东对外部小股东的掠夺现象；而且，大股东的掠夺不仅仅是在不同股东之间进行利益再分配那么简单，公司内部人可以选择投资那些具有较低收益率或负收益率的投资项目，或向权势亲友群体控制的商业集团投资，以获得关联交易的便利。

其次，不同股权结构下，企业基于大股东控制的投资效率如何？Cronqvist 和 Fahlenbrach[4] 的研究表明，大股东的异质性对于企业投融资政策的选择、企业绩效等都有显著和重要的经济影响；不同的大股东其投资、治理风格截然不同，大股东的监控能力和影响力越大，其对于公司政策和企业绩效的影响也越大；窦炜等[5] 研究了绝对控股情形下的大股东治理对投资效率的影响，结果发现，大股东持股比例越高时则过度投资倾向性越弱，当大股东的持股比例越低时投资不足的倾向性越弱。Burkart 等[6] 认为，分散的所有权及其导致的管理人员的主动决策既产生成本也产生收益，股权集中程度是大股东控制和经理人主动性的均衡结果；虽然较低的大股东监管成本会导致大股东降低股权集中度，即大股东持股比例也是大股东监管成本高低的一个反映。但是，Burkart 等[6] 的研究并没有明确什么样的所有权结构对企业是最有利的。因此，有必要将股权结构与投资管控的效果结合起来进一步分析，这就需要包含股权杠杆的投资管控效率这一概念。

二、中央国有企业的投资管控效率分析

中央国有企业掌握着国民经济的命脉，基本上都属于我国国有经济的基础性和支柱性产业，由于产业特性或历史原因，已经在国内形成垄断地位。然而，中央国有企业在投资方面的缺陷一直广为学者们所诟病，如中央国有企业普遍存在过度投资、投资效率低下的现象[7]。为全面深化经济体制改革，提高国有经济活力、影响力和控制力，完善"公有制为主体、多种所有制经济共同发展"这一基本经济制度，形式上已经完成公司制改造的中央国有企业，自然成为混合所有制改革的重点。实现较高的投资管控效率，既可以改善企业的经济效益，也可以提高国有资本的影响力和带动力，是当前推进国有企业混合所有制改革的题中之义。在治理形态上，国有上市公司是经营权与所有权相分离的现代企业，其所有权属于全体持股股东，而企业的经营权则被大股东的代理机构所指定的代理人所控制。在存在双重代理的情况下，国有上市公司的投资目的和权益分配政策等不一定完全符合中小股东利益，甚至也不一定完全符合大股东利益。除关键领域外，国有企业股权多元化改革的目标就是要消除控股股东"虚置"对企业发展的不利影响，通过引入更多的投资者，优化治理结构，增强企业活力和市场竞争力。但是，股权多元化并不意味着要弱化国有股权对企业的投资管控；否则，就是没有经济意义的退出市场行为，这是与国有企业改革初衷相背离的。同时，在国际市场上，这些企业大都处于高度竞争的行业，企业的持续成长必须面对激烈的国际竞争。通过股权多元化建立独立的公司治理体系、减少行政干预，不仅是提高投资效率的必要途径，也是消除国际上对中央国有企业的制度歧视、推动其海外发展的有力举措。此外，中央国有企业多属于资本密集型产业，其发展往往离不开实体项目的投资如自然资源的开采权、大型机械设备的投入和厂房的建设等，如果投资管控不力就会给企业和国家带来严重的经济损失。对于国有资本而言，混合所有制改革就是要通过产权多元化实现更高的投资效率，也就是要通过更少的股权资本占用和管理费用投入，得到更高的投资回报，因此，有必要全方位地构建基于国有企业股权多元化目标的投资管控效率指标。

（一）模型选取和变量界定

目前，还鲜有研究涉及国有企业的投资管控效率问题。虽然，对于大股东控制下的投资管控效率的研究还是一个全新的领域，但是，国内外关于投资效率分析的理论方法能够为本文提供借鉴。与企业投资效率相关的既有研究文献主要集中于不同股权结构背景下的投资偏离问题，而申慧慧等[8]则指出，投资偏离不等同于投资无效，而且无法准确估算出实现企业财务管理目标的最优投资规模；高明华等[8]分析了多维度的财务治理对投资效率的影响，其中财务控制和财务监督的影响比较显著；卢惟[10]认为，公司制企业的两权分离以及由此产生的委托代理成本问题是影响企业投资行为的原因，其研究结果表明，中央国有企业上市公司的现金流权、控制权的分离程度指标对投资行为没有产生显著的影响；冉茂盛等[11]认为，大股东通过有效控制企业以实现利己的投资和收益，企业的投资效率是大股东控制机制的间接函数；张跃龙等[12]认为，现金和现金等价物的持有量没有对投资效率产生影响，而企业的盈利能力是投资效率的主要决定因素；债权人在信息不对称假设下不能起到约束管理层的作用，而债务融资对投资效率反而起到了加剧过度投资的负向作用。在关于投资效率的度量方法中，有学者使用了非参数估计的数据包络分析法，如王坚强和阳建军[13]、覃家琦等[14]；也有学者采用参数估计的随机前沿分析模型的方法，如连玉君和苏治[15]；还有学者在研究中同时运用了前两种方法，如冉茂盛[11]；还有学者提出采用全要素生产率的方法来度量投资效率，如覃家琦等[16]。其中，数据包络分析的研究方法源于 Farrell[17] 等提出的径向效率测度的思想，后经 Charnes 等[18] 的发展逐步形成了测度投入产出效率的非参数分析方法，作为运筹学最优化方法的一种，其已经基本趋于成熟可靠。近年来，数据包络分析法在经济生产、会计绩效和组织管理领域的投入产出评价建模中都得到了很好的运用。在规模报酬可变或规模报酬不变的假设前提下，经济决策单位具有差异化的资源投入和产出结果，存在相对最优化的状态组合位于有效的前沿上，通过测度各决策单位状态组合相对于有效前沿的距离而得出效率评分。在经济单位运行过程中往往出现规模报酬递增或规模报酬递减的情况，规模报酬可变的假设更符合实际。Scheel 和 Scholtes[19]、Banker 等[20] 对规模报酬可变、投入导向型的径向模型进行了理论分析，该模型可简化为如下形式：

$$E_k^{CRS}(X^k, Y^k) = \min_{\lambda} \left\{ \varepsilon_k \,\middle|\, \varepsilon_k X^k - \sum_j \lambda_j X_j \geq 0, \ \sum_j \lambda_j Y_j - Y^k \geq 0, \ \sum_j \lambda_j = 1, \ \lambda_j \geq 0, \ j = 1, 2, \cdots, n \right\}$$

该模型适用于分析国有企业在深化改革背景下的投资管控效率问题，可以通过效率测度系统（EMS）并运用规模报酬可变、投入导向型的径向模型计算得到效率指标值。本文衡量国有控股上市公司的投资管控效率水平时，采用了大股东股权杠杆（EL）、管理费用占比（MC）和权益比（EA）作为投入要素指标。其中，大股东股权杠杆反映的是大股东或控股股东以多大的股权比例获得支配其他股东的权利。大股东的持股比例与大股东管控效率的投入成本直接相关。由于小股东对公司经营决策的影响受限于其参与成本过高，所以这里忽略小股东的持股份额。大股东股权杠杆越小，表明国有控股股东在对公司的股权投入较小的情况下掌握企业的经营决策权。即使考虑交叉持股的情况，如其他前 10 大股东的股份也来源于中央控股企业，但这不影响第 1 大股东调动其他企业股权的性质。管理费用占比反映的是企业管控支出占三项期间费用的比例。该比例越低，企业的直接管理控制成本相对于企业正常的生产经营所需的费用支出越低。权益比反映了股东权益调动企业资产的能力，该比值越低，股权的杠杆效应越强。徐玉德和周玮[7]认为，中央国有企业的资本结构对投资收益有重要影响，股东权益比例高的企业投资收益较高。对于股东权益比例低的企业，若企业仍然能够获得同等的投资收益，说明企业有较高的投资管控效率。上述三个投入指标都符合本文投资管控效率投入变量的内涵。

本文构建的投资管控效率的产出要素也包括三种，分别是有形资产变动（TA）、投资现金流比（ICR）和经营现金流成长性（OCR）。每个要素指标都有直接的投资产出指示含义，其中，若有形资产变动大于 1，则反映了企业实体资产的扩张；若投资现金流比大于 1，则反映了企业用当期投资现金流入覆盖前期投资现金流出的能力；若经营现金流成长性大于 1，则反映了经营现金流的增长速度具有加快的趋势，朝有利于企业的方向发展。上述三项产出指标从不同的方面反映了企业投资实际的、直接的产出效果。该指标反映了这样一种投资管理控制目标和要求，即企业可以通过最小化股权杠杆、管理费用比和股东权益比例达到投资管控的相对有效，获得企业有形资产的扩张、投资现金流的增加和经营现金流的加速成长。投资管控效率（DEA3）的三项投入要素和三项产出要素的具体定义和计算方法如表 1 所示。

表 1　投资管控效率（DEA3）投入产出变量定义表

	变量名称	变量定义
投入变量	大股东股权杠杆（EL）	= 第 1 大股东持股比例/前 10 大股东持股比例合计
	管理费用占比（MC）	= 管理费用/（管理费用 + 销售费用 + 财务费用）
	权益比（EA）	= 所有者权益合计/总资产 = 1 − 资产负债率
产出变量	有形资产变动（TA）	= 本期的有形资产净值占总资产百分比/上期的有形资产净值占总资产百分比 =（本期的有形资产/总资产）/（上期的有形资产/总资产）
	投资现金流比（ICR）	= 本期投资现金流入小计/上期投资现金流出小计
	经营现金流成长性（OCR）	= exp（本期经营活动产生的现金流量净额同比增长率 − 上期经营活动产生的现金流量净额同比增长率）

（二）数据选取与描述性统计

本文主要以 2007 年实行新会计准则后中央国有企业所属上市公司的财务数据为分析对象，数据来源于 Wind 资讯数据库，并采用中国证监会的行业分类标准。由于部分数据是以 2007 年的数据为基期测算得到的，因此实际获得的是 2008~2012 年的面板分析数据。其中剔除了少量数据不全的企业，最后获得了 246 家中央国有企业上市公司 5 年共 1230 个样本数据。由于不同年份的外部经济环境存在不一致的影响，投资管控效率的测度指标需要分年度分别进行计算。而且，考虑到后面需要进行的投资管控效率与股东回报的面板数据分析已经涉及了时间因素，这里分 5 个年度分别计算 5 次得到的投资管控效率指标更符合模型的设定要求。从表 2 中的描述性统计分析结果可以看出，电力、煤气及水的生产和供应业的 DEA3 平均值水平是最高的，其次是农、林、牧、渔业和房地产业。研究样本中，作为中央国有企业主要构成部分的 142 家制造业上市公司其投资管控效率的五年内平均值均低于 0.5，仅优于信息技术业、社会服务业和采掘业。图 1 为投资管控效率 DEA3 五年的核密度图。从图 1 和表 2 中可以看出，部分企业的 DEA3 评分为 1，说明存在相对有效的企业位于效率前沿上。但是，这部分相对有效的企业数量较小，大多数企业的投资管控效率水平是较低的，表明中央国有企业上市公司的投资管控效率水平还有很大的改进余地。从效率指标的测度方法来看，产生低效率管控水平的原因是多方面的。在管控方面，可能是第一大股东持股比例过高、股权杠杆过大造成的，还有可能是内部管理成本较高导致的，也有可能是股东权益比重过高，中央国有企业偏好股权融资而负债不足造成的。在投资效果方面，可能的原因包括有形资产增加值不明显、投资现金流质量不高和经营现金流不具成长性。所有企业的 DEA3 评分都在 0.2 以上，绝对无效即 DEA3 为 0 的企业不存在。这种评分指标反映的是国有企业投资管控的相对效果，有助于后续分析其对股东回报的影响。

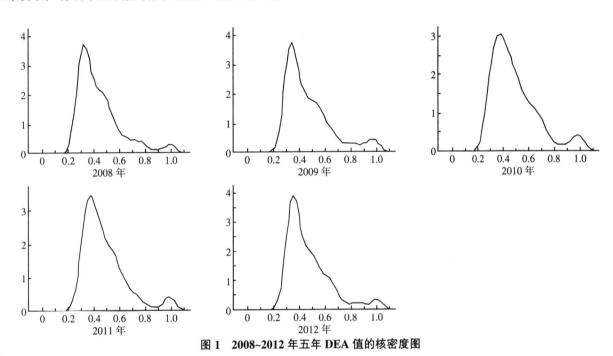

图 1　2008~2012 年五年 DEA 值的核密度图

表 2　投资管控效率（DEA3）描述性统计均值分析

行业分类	样本数	2008 年	2009 年	2010 年	2011 年	2012 年
制造业	710	0.4357 (0.1522)	0.4618 (0.1603)	0.4730 (0.1493)	0.4484 (0.1232)	0.4546 (0.1496)
信息技术业	105	0.3994 (0.1111)	0.4601 (0.1926)	0.4002 (0.0804)	0.4133 (0.1470)	0.4121 (0.1379)
交通运输、仓储业	75	0.4579 (0.1872)	0.5035 (0.1930)	0.5039 (0.1617)	0.4867 (0.1362)	0.4964 (0.1233)
房地产业	35	0.4724 (0.1495)	0.5840 (0.2497)	0.6016 (0.2014)	0.5755 (0.1077)	0.5914 (0.2204)
批发和零售贸易	55	0.4933 (0.2592)	0.4762 (0.2018)	0.5197 (0.1611)	0.5215 (0.1853)	0.4851 (0.1572)
社会服务业	10	0.3358 (0.0147)	0.3530 (0.0400)	0.4757 (0.0460)	0.4470 (0.0514)	0.4222 (0.0658)
电力、煤气及水的生产和供应业	110	0.6209 (0.2283)	0.6327 (0.1952)	0.7398 (0.1692)	0.7402 (0.1872)	0.6889 (0.1877)

行业分类	样本数	2008 年	2009 年	2010 年	2011 年	2012 年
农、林、牧、渔业	15	0.5094 (0.1581)	0.5408 (0.1669)	0.5037 (0.1562)	0.6777 (0.3176)	0.5290 (0.1442)
采掘业	70	0.3553 (0.0654)	0.3992 (0.1087)	0.4400 (0.1913)	0.3894 (0.0927)	0.3912 (0.0836)
建筑业	45	0.4194 (0.0777)	0.4760 (0.1166)	0.5843 (0.1637)	0.5394 (0.1087)	0.4880 (0.1500)

注：括号内为标准差。

三、投资管控效率对股东回报的影响分析

（一）面板数据回归

股东回报被 Dechow 等[21] 定义为企业对股权资本持有者的净现金分配额，即通过股利分配额与股权回购额之和再扣除股权发行额后得到的结果。最早在 Miller 和 Rock[22] 的研究中将股东回报称为净股利，其值的大小不仅反映了企业与股东之间的股利分配关系，也反映了企业与股东之间再融资的资金关系。可以采用 Dechow 等[21] 在实证分析中的指标度量方法，以净利润与总权益变动额之差与平均总资产之比表示股东回报（DISTEQ）指标。中央国有企业上市公司相较于地方国有企业更规范，其权益资本变动如股票回购、新股发行以及利润分配等相关财务活动所形成的股东回报数据更具有研究价值。针对中央国有企业上市公司的股东回报数据，通过面板数据模型的构建、控制变量的大量测试和统计检验，使用 stata 和 R 语言分析多种形式的关于股东回报和投资管控效率的面板数据模型，包括固定效应和随机效应模型。在考虑模型的拟合度、精简和排除没有解释力度的变量后，个体和时间固定效应的八项自变量面板数据模型所涉及的回归元最为全面，可以表示为：

$$DISTEQ_{it} = \beta_0 + \beta_{DEA3} DEA3_{it} + \beta_{M/B} M/B_{it} + \beta_{LEV} LEV_{it} + \beta_{\Delta CASH} \Delta CASH_{it} + \beta_{TC} TC_{it} + \beta_{SIZE} SIZE_{it} + \beta_{SG} SG_{it} +$$

$$\beta_{SALES} SALES_{it} + \sum_{i=2}^{n} \alpha_i COM_i + \sum_{t=2}^{T} \alpha_t YEAR_t + \varepsilon_{it}$$

其中，COM_i 为国有企业上市公司哑变量，$YEAR_t$ 为年度哑变量，$DEA3_{it}$ 为投资管控效率自变量。上述模型中，市值账面比（M/B）也被称为 Tobin's Q，被用于企业价值和股利分配的相关研究[23]。市值账面比反映了企业的未来投资机会和融资环境，同时是融资决策如股权发行的重要影响因素；市场价值的相对高估反映了市场对企业未来高权益回报的认同，此时，企业发行新股的融资环境较为宽松[24-26]。本文采用上期研发费用与无形资产净额之和表示企业本期可用于生产的技术存量，同时考虑去除不同行业中规模因素对技术的影响，即将技术存量与行业平均营业总收入之比作为企业的技术竞争力指标（TC）。另外，控制变量财务杠杆以资产负债率来衡量，现金变动以现金和现金等价物的变动额除以平均总资产来衡量，企业规模以总资产的自然对数来衡量，收入水平以营业总收入的自然对数来衡量，收入成长性以营业总收入的同比增长率来衡量。本文的投资管控效率既可以使用 DEA3 指标，也可以使用其替代指标 DEA2。两种度量指标的区别在于 DEA3 指标考虑的因素更为全面，而 DEA2 指标更为简单直接。具体的指标定义如表 3 所示，面板数据的描述性统计分析结果如表 4 所示。

表 3　面板数据分析主要变量定义表

变量名称	变量定义
股东回报（DISTEQ）	=（股利分配＋股票回购－股权发行）/平均总资产＝2×[净利润－（总资产变动额－总负债变动额）]/（上期总资产＋本期总资产）
投资管控效率（DEA3）	=以表 1 中大股东股权杠杆（EL）、管理费用占比（MC）、权益比（EA）三项为投入变量，以有形资产变动（TA）、投资现金流比（ICR）、经营现金流成长性（OCR）三项为产出变量定义的效率指标变量
投资管控效率（DEA2）	=以表 1 中大股东股权杠杆（EL）、管理费用占比（MC）两项为投入变量，以有形资产变动（TA）、投资现金流比（ICR）两项为产出变量定义的效率指标变量
技术竞争力（TC）	=（上期研发费用＋上期无形资产净额）/本期行业平均营业总收入
市值账面比（M/B）	=（总资产－所有者权益合计－递延所得税负债＋年末股权市场价值）/总资产
财务杠杆（LEV）	=资产负债率
现金变动（ΔCASH）	=2×现金及现金等价物净增加额/（上期总资产＋本期总资产）
企业规模（SIZE）	=Ln（总资产）
收入水平（SALES）	=Ln（营业总收入）
收入成长性（SG）	=营业总收入的同比增长率

从表 4 中的描述性统计分析结果可以看出，平均的股东回报为负，即 246 家中央国有企业五年内平均从股东获得 1.98%净融资率，或者说国有企业从股东获得的平均融资率大于其返还股东的平均回报率。平均的投资管控效率指标 DEA3 和 DEA2 分别为 0.4784 和 0.4302，没有绝对无效的企业。中央国有企业上市公司的平均负债率为 54.23%，并且部分企业出现了资不抵债的情况。从表 4 中可以看出，企业间的收入成长性存在一定的差异性；而企业间的规模和收入水平都是取对数后的衡量指标，两个指标的均值、最小值、最大值都比较接近。

表 4　面板数据的描述性统计分析结果

变量	样本		均值	标准差	最小值	最大值
DISTEQ	全部	N＝1230	−0.0198	0.1090	−0.8221	0.4330
	组间	n＝246		0.0500	−0.2155	0.0863
	组内	T＝5		0.0969	−0.6752	0.3636
DEA3	全部	N＝1230	0.4784	0.1695	0.2735	1.0000
	组间	n＝246		0.1451	0.2884	1.0000
	组内	T＝5		0.0880	0.0925	1.0114
DEA2	全部	N＝1230	0.4302	0.1564	0.2613	1.0000
	组间	n＝246		0.1357	0.2775	1.0000
	组内	T＝5		0.0781	0.0479	0.9966
M/B	全部	N＝1230	2.0757	1.3507	0.7021	13.1418
	组间	n＝246		1.0630	0.7763	6.8807
	组内	T＝5		0.8355	−1.7621	10.0964
LEV	全部	N＝1230	0.5423	0.2150	0.0373	2.0559
	组间	n＝246		0.2009	0.0568	1.1098
	组内	T＝5		0.0774	−0.0064	1.5103

续表

变量	样本		均值	标准差	最小值	最大值
ΔCASH	全部	N = 1230	0.0138	0.0827	−0.2760	0.6421
	组间	n = 246		0.0322	−0.1112	0.1580
	组内	T = 5		0.0762	−0.3703	0.4980
SALES	全部	N = 1230	22.0492	1.6986	16.2147	28.6556
	组间	n = 246		1.6580	16.9405	28.2833
	组内	T = 5		0.3811	19.8959	24.9978
TC	全部	N = 1230	0.1245	0.4873	0.0000	9.0092
	组间	n = 246		0.4700	0.0000	6.5220
	组内	T = 5		0.1314	−2.5241	2.6117
SIZE	全部	N = 1230	22.4838	1.6311	19.5411	28.4052
	组间	n = 246		1.6041	19.6749	28.1270
	组内	T = 5		0.3097	20.4373	24.8278
SG	全部	N = 1230	15.5232	41.0192	−90.1210	729.2267
	组间	n = 246		18.7728	−19.0372	153.2880
	组内	T = 5		36.4871	−169.2322	591.4619

　　以 DEA3 表示的投资管控效率对股东回报（DISTEQ）的影响分析结果如表 5 所示。表 5 中的模型 2 和模型 5 使用了 Robust 协方差矩阵的估计方法，控制了固定效应模型中可能存在的异方差问题，相对于表 5 中的其他模型得到了更为稳健的结果。表 5 中模型 1 和模型 3 对时间固定效应的存在性进行了检验，pF 检验表明存在时间固定效应。然而，Breusch-PaganLM 检验表明不存在时间固定效应，时间固定效应存在着影响的不确定性。表 5 中将模型 6 和模型 7 进行比较，通过对随机效应进行 Breusch-PaganLM 检验表明存在面板效应，采用随机效应模型优于合并模型。在固定效应模型 4 和随机效应模型 6 之间进行选择时，Hausman 检验的结果表明采用固定效应模型优于随机效应模型，同时 pF 检验表明固定效应优于合并 OLS 模型。因此，表 5 的研究结果表明适用模型的优劣顺序为：固定效应模型 > 随机效应模型 > 合并 OLS 模型。为了严格排除多重共线性的影响，本研究还进行了 VIF 检验。本研究发现当采用 DEA3、M/B、LEV、ΔCASH、TC 和 SIZE 六项自变量进行合并 OLS 分析时 VIF 的最大值和均值都小于 1.7，进一步排除了多重共线性对参数估计显著性的影响。当采用八项自变量分析，其最大的 VIF 值也小于 7，VIF 均值小于 2.6，并没有存在多重共线性的明显证据。另外，本文采用六项自变量分析与采用八项自变量分析的固定效应参数估计结果、符号及其显著性都基本保持一致，表明本文的回归结果是令人满意的。

　　表 5 中的分析结果表明，以 DEA3 表示的投资管控效率对股东回报具有显著的负效应，即投资管控效率较高时对应的股东回报较少。国有企业的投资管控效率与股东回报在事实上存在一种显著的背离倾向。这种背离投资者利益的扭曲机制表明，当国有企业的投资管控效率较高时，可以预见企业的股东回报较低；在其他条件相同的情况下，当投资管控效率较低时，股东回报才倾向于较高。除投资管控效率指标外，控制变量财务杠杆、现金变动、企业规模都非常显著，当负债率较高、现金存量减少、技术竞争力较高、企业规模较小时企业会有较高的股东回报。其中，技术竞争力在固定效应模型中非常显著，市值账面比在 10% 显著水平下显著。本文考虑的上述指标或控制变量是经过筛选的结果，充分考虑了它们之间可能存在的复杂关系，不仅有经济意义的考虑，也有会计指标关系的考虑。例如，从经济意义上

考虑，负债程度是企业偿债能力的指标，是现代公司治理中股东与债权人关系的一个反映指标。研究结果表明，负债程度越高的企业越倾向于进行股东权益分配，这表明企业的负债水平和偿债能力并不是制约企业给予股东回报的障碍，或者说，在股东权益分配中并没有保障债权人利益的考虑。虽然，上述指标或控制变量之间的关系较为复杂，但可以肯定的是，投资管控效率指标与股东回报之间的背离关系是稳定的，后文的稳健性检验也证实了这一点。

表 5　以 DEA3 表示的投资管控效率对股东回报的影响分析

变量系数或统计量	六项自变量		八项自变量				
	模型 1 个体和时间固定效应	模型 2 固定效应 (Robust)	模型 3 个体和时间固定效应	模型 4 固定效应	模型 5 固定效应 (Robust)	模型 6 随机效应	模型 7 合并 OLS
β_D	−0.1949*** (0.0294)	−0.1921*** (0.0514)	−0.1933*** (0.0294)	−0.1897*** (0.0293)	−0.1897** (0.0514)	−0.1134*** (0.0197)	−0.0949*** (0.0183)
β_M	0.0068* (0.0039)	0.0071* (0.0040)	0.0067* (0.0039)	0.0076** (0.0031)	0.0076* (0.0041)	0.0059** (0.0026)	0.0045* (0.0025)
β_L	0.3981*** (0.0336)	0.3993*** (0.0915)	0.4041*** (0.0337)	0.4070*** (0.0339)	0.4070*** (0.0965)	0.1054*** (0.0172)	0.0786*** (0.0156)
$\beta_{\Delta CASH}$	−0.4863*** (0.0337)	−0.5051*** (0.0629)	−0.4753*** (0.0339)	−0.4916*** (0.0337)	−0.4916*** (0.0610)	−0.4933*** (0.0339)	−0.4853*** (0.0346)
β_{TC}	0.0904*** (0.0194)	0.0869*** (0.0180)	0.0874*** (0.0194)	0.0843*** (0.0194)	0.0843*** (0.0161)	0.0046 (0.0072)	0.0003 (0.0064)
β_{SIZE}	−0.0903*** (0.0115)	−0.0694*** (0.0151)	−0.1023*** (0.0153)	−0.0905*** (0.0138)	−0.0905*** (0.0217)	−0.0108** (0.0051)	−0.0094** (0.0045)
β_{SG}			−0.0002** (0.0001)	−0.0002** (0.0001)	−0.0002 (0.0001)	−0.0002** (0.0001)	−0.0002** (0.0001)
β_{SALES}			0.0157 (0.0113)	0.0228** (0.0111)	0.0228 (0.0148)	0.0103** (0.0047)	0.0110*** (0.0042)
α_{2009}	−0.0067 (0.0093)		−0.0071 (0.0094)				
α_{2010}	0.0162 (0.0105)		0.0183* (0.0105)				
α_{2011}	0.0273*** (0.0097)		0.0253*** (0.0097)				
α_{2012}	0.0170* (0.0103)		0.0132 (0.0104)				
个体效应的 σ_u	0.1407	0.1170	0.1381	0.1179	0.1179	0.0268	
σ_ε	0.0880	0.0886	0.0878	0.0884	0.0884	0.0884	
个体效应方差比 ρ	0.7186	0.6353	0.7120	0.6403	0.6403	0.0842	
R^2	0.3466	0.3349	0.3509	0.3398	0.3398	0.1981	0.1831
调整 R^2	0.2745		0.2773	0.2696		0.1967	0.1818
模型系数 F 统计量	51.6739***	19.5400***	43.7862***	62.7843***	15.7900***	37.7130***	34.2152***
pF 检验	4.3847***		4.1626***	2.2503***			
LM 检验	0.6574		2.0166			12.1173***	
Hausman 检验				189.8657***			

注：***、**、* 分别表示 1%、5%、10%水平下显著；括号内为标准差。

（二）稳健性检验与分析

本文的研究结果是稳健的，无论是采用投资管控效率的替代指标进行分析，还是通过减少回归分析的变量，相关模型的分析过程和数据结果都没有明显的改变。本文首先对投资管控效率的度量维度和指标定义进行了调整，采用了分析维度较小的 DEA2 指标代替 DEA3 指标重新进行面板数据分析。投资管控效率 DEA2 指标相对于 DEA3 指标减少了一个投入维度和一个产出维度，采用大股东股权杠杆（EL）和管理费用占比（MC）作为投入要素，同时采用有形资产变动（TA）和投资现金流比（ICR）作为产出要素。DEA2 指标相对于 DEA3 指标简单，但对于投资管控效率的描述更为直接。相关结果也可以作为前述分析结果的一部分，如表 6 所示。

表 6 中模型 8 和模型 10 对时间固定效应的存在性进行了检验，模型 8 中只有六项自变量的 pF 检验在 10% 的显著水平表明存在时间固定效应，而其他 pF 检验和 Breusch-PaganLM 检验均表明不存在时间固定效应。时间固定效应同表 5 中的结果类似，存在着时间固定效应影响的不确定性。表 6 中将模型 13 和模型 14 进行比较，通过对随机效应进行 Breusch-PaganLM 检验表明存在面板效应，采用随机效应模型 13 优于合并模型 14。在固定效应模型 11 和随机效应模型 13 间进行选择时，通过 Hausman 检验表明采用固定效应模型优于随机效应模型，同时 pF 检验表明固定效应模型也优于合并 OLS 模型。因此，表 6 中的研究结果同样表明各种适用模型间的优劣顺序为：固定效应模型>随机效应模型>合并 OLS 模型。表 6 中的模型 9 和模型 12 相对于其他模型继续采用了表 5 中模型 2 和模型 5 的 Robust 协方差矩阵估计方法，控制了固定效应模型中可能存在的异方差问题，也得到了更为稳健的结果。表 6 中的分析结果表明以 DEA2 表示的投资管控效率对股东回报具有显著的负效应，这与表 5 中的分析结果一致。无论是以 DEA2 表示的投资管控效率还是以 DEA3 表示的投资管控效率都对股东回报起到了显著的决定或影响作用。从变量系数的绝对值变得更大可以看出，在 DEA2 指标下，其对股东回报的反向制约的负效应更加明显。另外，表 6 中模型变量的参数估计结果与表 5 中模型变量的参数估计结果、符号和显著性基本保持一致，上述分析进一步验证了本文研究结果的稳健性。

表 6　以 DEA2 表示的投资管控效率对股东回报的影响分析

变量系数或统计量	六项自变量		八项自变量				
	模型 8 个体和时间固定效应	模型 9 固定效应 (Robust)	模型 10 个体和时间固定效应	模型 11 固定效应	模型 12 固定效应 (Robust)	模型 13 随机效应	模型 14 合并 OLS
β_D	−0.2544*** (0.0328)	−0.2682*** (0.0629)	−0.2538*** (0.0328)	−0.2673*** (0.0322)	−0.2673*** (0.0635)	−0.1187*** (0.0203)	−0.0950*** (0.0185)
β_M	0.0084** (0.0039)	0.0061 (0.0040)	0.0084** (0.0039)	0.0068** (0.0031)	0.0068* (0.0040)	0.0054** (0.0026)	0.0040 (0.0025)
β_L	0.3512*** (0.0333)	0.3506*** (0.0800)	0.3570*** (0.0334)	0.3579*** (0.0334)	0.3579*** (0.0848)	0.0792*** (0.0164)	0.0550*** (0.0146)
$\beta_{\Delta CASH}$	−0.4787*** (0.0334)	−0.4897*** (0.0647)	−0.4672*** (0.0336)	−0.4752*** (0.0334)	−0.4752*** (0.0626)	−0.4875*** (0.0339)	−0.4800*** (0.0347)
β_{TC}	0.0894*** (0.0192)	0.0861*** (0.0169)	0.0862*** (0.0192)	0.0829*** (0.0191)	0.0829*** (0.0147)	0.0048 (0.0073)	0.0003 (0.0064)
β_{SIZE}	−0.0856*** (0.0115)	−0.0749*** (0.0142)	−0.0957*** (0.0152)	−0.0923*** (0.0136)	−0.0923*** (0.0199)	−0.0103** (0.0052)	−0.0090** (0.0046)
β_{SC}			−0.0002*** (0.0001)	−0.0002*** (0.0001)	−0.0002* (0.0001)	−0.0002*** (0.0001)	−0.0002** (0.0001)

续表

变量系数或统计量	六项自变量		八项自变量				
	模型 8 个体和时间固定效应	模型 9 固定效应 (Robust)	模型 10 个体和时间固定效应	模型 11 固定效应	模型 12 固定效应 (Robust)	模型 13 随机效应	模型 14 合并 OLS
β_{SALES}			0.0137 (0.0112)	0.0192* (0.0110)	0.0192 (0.0144)	0.0098** (0.0047)	0.0108*** (0.0042)
α_{2009}	−0.0095 (0.0092)		−0.0102 (0.0093)				
α_{2010}	0.0000 (0.0104)		0.0023 (0.0104)				
α_{2011}	0.0154 (0.0096)		0.0134 (0.0097)				
α_{2012}	0.0079 (0.0103)		0.0040 (0.0103)				
个体效应的 σ_u	0.1383	0.1254	0.1358	0.1261	0.1261	0.0275	
σ_ε	0.0873	0.0875	0.0871	0.0872	0.0872	0.0872	
个体效应方差比 ρ	0.7149	0.6725	0.7085	0.6764	0.6764	0.0906	
R^2	0.3568	0.3515	0.3615	0.3568	0.3568	0.1996	0.1827
调整 R^2	0.2826		0.2857	0.2832		0.1981	0.1814
模型系数 F 统计量	54.0384***	21.1200***	45.8537***	67.6863***	17.2700***	38.0510***	34.1249***
pF 检验	2.0369*		1.7644	2.4187***			
LM 检验	0.8538		2.1493			12.7984***	
Hausman 检验				839.7091***			

注：***、**、* 分别表示 1%、5%、10%水平下显著；括号内为标准差。

四、结论与启示

（一）研究结论

既有的研究文献还未涉及大股东控制下的投资管控效率问题，也不能得出投资管控效率与不同股东类型利益分配之间存在关联性的有效结论。本文以中央国有企业的上市公司为研究对象，首先通过数据包络分析法度量了中央国有企业的投资管控效率，然后将数据包络分析的结果作为自变量构建面板数据分析模型，研究了投资管控效率对股东回报的影响机制。前述分析得出的研究结论主要包含以下三个方面：

（1）针对现阶段国有企业改革的目标，需要构建一个既从大股东角度出发又超越一般的投资效率衡量范畴的多维度投资管控效率评价体系。投资管控效率指标是大股东管控和企业投资效率的结合体，既考虑投资效益的多少、投资效果的优劣，也考虑投入的差异问题。通过综合考虑资产的扩张效果、投资现金流的增速效果和经营现金流的加速效果，以及控股股东的股权投入和管理费用等，该指标反映了国有企业深化改革的既定方向和潜在要求，因此是一个适用于国有企业股权多元化改革目标和投资管控效率测度的评价指标。

（2）利用本文构建的投资管控效率指标对中央国有企业上市公司进行统计，结果发现，在统计区间内大多数企业投资管控效率较低，且近年来没有明显改善。分行业来看，电力、煤气及水的生产和供应业的投资管控效率最高。研究样本中，作为中央国有企业主要构成部分的142家制造业上市公司其投资管控效率的五年内平均值均低于0.5。这种情况表明，行业竞争程度的加剧并未对国有企业提升管控效率形成有力刺激，而电力、煤气及水的生产和供应业的投资管控效率明显高于其他行业，其行业属性所导致的供应方垄断地位可能在保障企业盈利能力方面起到了重要的作用。综合而言，中央国有企业上市公司的投资管控效率水平还有很大的改进余地。

（3）通过深入研究发现，现阶段投资管控效率对中央国有企业的股东回报存在反向制约关系。国有企业从股东获得的平均融资率大于其返还股东的平均回报率。一般而言，不分配或较少分配股利是部分国有企业投资管控效率较高的一种表现。借助于投资管控效率的三个投入维度和三个产出维度进行实证分析，结果反映了这样一种现象：大股东既有通过缩小控股权提升投资管控效率的期望，也有通过减少股东回报、压缩企业对广大股东的现金流出，从而达到控制企业现金流的意图。实证结果表明，这种并行的期望正被投资管控效率高的部分中央国有企业所实现。

（二）研究启示

理想状态下，应当通过股权多元化降低国有股权比例，同时提升国有企业的投资管控效率。国有企业的利益分配既要保证国有企业的持续发展，又需要为股东带来较高的回报，长远来看，这二者应该并行不悖，但在短期内，则可能存在相互制约。只有理顺投资管控效率与股东回报之间的关系，才能很好地实现股权多元化目标，最终达到大股东和中小股东的和谐共赢。综合考虑，得出深化国有企业改革的启示如下：

（1）伴随着经济领域的全面深化改革，中央提出对国有企业进行混合所有制改革的明确要求，实际上就是要在重塑国有资本管理体制和国有企业治理结构的基础上，实现更高的国有资本收益率。既有的相关研究多涉及国有企业投资效率，其研究视角集中于分析投资现金流灵敏度和非效率投资，如国有企业投资不当和过度投资的问题。然而，国有企业投资低效不能简单地归因于内部管理问题，其深层次原因在于治理失效和监管不力。因此，构建有效的股权结构和治理结构是提高国有企业经营效率的重要保障。这就需要构建一个比投资效率更全面综合的衡量指标，既符合大股东控制下国有企业实际运作规律，也体现国有企业混合所有制改革的目标要求。本文认为，综合考虑股权资本占用和管理费用基础上的投资管控效率更能切合国有企业改革的实际任务目标。

（2）对于现代社会的经济发展模式而言，资本扩张给企业带来的增长效果是不言而喻的。而资本扩张既表现在对资本运用所产生的投资效果上，也表现在企业股权资本多元化和对债务性资本的充分运用上。股东回报倾向低则体现出国有企业在公有产权较低的回报约束下长期低成本占用股权的偏爱，也就是说，国有股东的"虚置特性"和名义上的大股东控制弱化了股票市场对企业的回报约束。对于中央国有企业上市公司而言，大股东股权过于集中、偏重于股权融资而债务性资本运用相对不足、管理费用偏高等弊端都明显制约着现代企业制度优势在国有企业的充分发挥。因此，鼓励国有企业通过产权交易市场、股票市场以及内部分配机制等实现股权多元化，有利于推动国有企业建立有效制衡的控制权结构，从而使国有企业的分配机制更趋合理，并能有效纠正股权占用成本失真的问题。

（3）从大股东的股权投入成本看，大股东持股比例的大小实际上是大股东与普通股民之间的利益平衡结果。而且，这种利益平衡结果会反映在股东回报的多少上。虽然随着国有企业改革的深入和资本市场监管体制的健全，关于上市公司的利润安排、股利分配、股票回购和股权发行等会越来越规范，但股东回报仍然更多地是由大股东决定的行为。从基本面来看，较高的投资管控效率有利于吸引战略投资者；然而，在一定时期内，投资管控效率高的企业不一定能为投资者带来更多的回报。如果股东回报长期背离于投资效率，则有可能导致中小投资者离场。因此，如果寄希望于通过引入战略投资者实现国有企业股权多元化，就需要引导企业在提高管控效率的基础上，适当提高股东回报，并强化国有企业信息披露约束，建立国有企业事前报告制度、事后报告制度和总体报告制度。如此才可能形成有效监管基础上的持续高效率。

（4）国有股"一股独大"与双重代理机制的并存难以避免"内部人控制"和道德风险问题，因此，国有企业投资管控效率的提高很大程度上依赖于制度变革所释放的改革红利。要解决前述问题，就需要改革现有的国有资产投资管理体制和国有资产监管体制，还原并放大国有股权的资本属性，切实推动政企分开、政商分开和政资分开；改革国有企业利益分配机制，探索员工持股等激励机制，使员工成为企业决策的参与者和监督者，以及企业效率提升的原动力；在对国有企业进行功能分类的基础上，针对不同企业的战略使命和行业特点，探索相应的产权结构安排和公司治理模式，强化对董事会的制衡与内部监督。在此基础上，国有企业股权多元化应该是自然而然的市场化交易的结果，而非刻意追求的形式化目标。

上述结论和启示只是对投资管控效率与股东回报关系的初步探索，有待于学者们进一步的深入研究和探讨。基于国有企业改革的迫切需要，在实证分析过程中关于投资管控效率的分析对象仅限于中央国有企业的上市公司，而国有企业特殊的经营目的决定了其有别于一般企业的投资、分配行为；在后续的研究中可以将观察范围扩大到整个资本市场的上市公司，或者在事先区分不同控制人的前提下进行分类对比研究。

〔参考文献〕

［1］Shleifer, A., and R. W. Vishny. Large Shareholders and Corporate Control［J］. Journal of Political Economy, 1986, 94（3）: 461-488.

［2］Espen Eckbo, B., and S. Verma. Managerial Shareownership, Voting Power, and Cash Dividend Policy［J］. Journal of Corporate Finance, 1994, 1（1）: 33-62.

［3］Faccio, M., L. H. P. Lang, and L. Young. Dividends and Expropriation［J］. The American Economic Review, 2001, 91（1）: 54-78.

［4］Cronqvist, H., and R. Fahlenbrach. Large Shareholders and Corporate Policies［J］. The Review of Financial Studies, 2009, 22（10）: 3941-3976.

［5］窦炜, 刘星, 安灵. 股权集中、控制权配置与公司非效率投资行为——兼论大股东的监督抑或合谋?［J］. 管理科学学报, 2011（11）: 81-96.

［6］Burkart, M., D. Gromb, and F. Panunzi. Large Shareholders, Monitoring, and the Value of the Firm［J］. The Quarterly Journal of Economics, 1997, 112（3）: 693-728.

［7］徐玉德, 周玮. 不同资本结构与所有权安排下的投资效率测度——来自我国A股市场的经验证据［J］. 中国工业经济, 2009（11）: 131-140.

［8］申慧慧, 于鹏, 吴联生. 国有股权、环境不确定性与投资效率［J］. 经济研究, 2012（7）: 113-126.

［9］高明华, 朱松, 杜雯翠. 财务治理、投资效率与企业经营绩效［J］. 财经研究, 2012（4）: 123-133.

［10］卢惟. 控制权、现金流权与资本投资效率的关系研究［J］. 商业时代, 2010（29）: 63-64.

［11］冉茂盛, 钟海燕, 文守逊, 邓流生. 大股东控制影响上市公司投资效率的路径研究［J］. 中国管理科学, 2010（4）: 165-172.

［12］张跃龙, 谭跃, 夏芳. 投资效率是被"债务融资"束缚了手脚吗?［J］. 经济与管理研究, 2011（2）: 46-55.

［13］王坚强, 阳建军. 基于DEA模型的企业投资效率评价［J］. 科研管理, 2010（4）: 73-80.

［14］覃家琦，何青，李嫦娟.跨境双重上市与公司投资效率分析［J］.证券市场导报，2009（10）：52-60.

［15］连玉君，苏治.融资约束、不确定性与上市公司投资效率［J］.管理评论，2009（1）：19-26.

［16］覃家琦，齐寅峰，李莉.微观企业投资效率的度量：基于全要素生产率的理论分析［J］.经济评论，2009（2）：133-141.

［17］Farrell M. J. The Measurement of Productive Efficiency ［J］. Journal of the Royal Statistical Society. Series A（General），1957，120（3）：253-290.

［18］Charnes, A., W. W. Cooper, and E. Rhodes. Measuring the Efficiency of Decision Making Units［J］. European Journal of Operational Research, 1978, 2（6）：429-444.

［19］Scheel, H., and S. Scholtes. Continuity of DEA Efficiency Measures［J］. Operations Research, 2003, 51（1）：149-159.

［20］Banker, R. D., A. Charnes, and W. W. Cooper. Some Models for Estimating Technical and Scale Inefficiencies in Data Envelopment Analysis ［J］. Management Science, 1984, 30（9）：1078-1092.

［21］Dechow, P. M., S. A. Richardson, and R. G. Sloan. The Persistence and Pricing of the Cash Component of Earnings ［J］. Journal of Accounting Research, 2008, 46（3）：537-566.

［22］Miller, M. H., and K. Rock. Dividend Policy under Asymmetric Information ［J］. The Journal of Finance，1985，40（4）：1031-1051.

［23］Lang, L. H. P., and R. H. Litzenberger. Dividend Announcements：Cash flow Signalling vs. Free Cash Flow Hypothesis? ［J］. Journal of Financial Economics, 1989, 24（1）：181-191.

［24］Hovakimian, G. Determinants of Investment Cash Flow Sensitivity［J］. Financial Management, 2009, 38（1）：161-183.

［25］Graham, J. R., and C. R. Harvey. The Theory and Practice of Corporate Finance：Evidence From the Field ［J］. Journal of Financial Economics, 2001, 60（2-3）：187-243.

［26］Baker, M., and J. Wurgler. Market Timing and Capital Structure ［J］. The Journal of Finance, 2002, 57（1）：1-32.

（本文发表在《中国工业经济》2014 年第 8 期）

央企集团管控架构的演进：战略决定、制度引致还是路径依赖？
——一项定性比较分析（QCA）尝试

江 鸿

摘 要： 本文以104家国资委监管的、在体制转型中面临"难管控"问题的央企集团为实证研究对象，探讨中国大型国企集团在多元化发展过程中异于钱德勒"结构追随战略"命题的管控架构选择及其前因条件，分析集团战略、制度改革、历史轨迹等因素的交互作用。作为中文管理学界首批尝试使用定性比较分析（QCA）方法的研究之一，本文探索性地识别出三类本土化的管控架构配适性选择，即可由战略要素独立解释的"钱德勒式"配适、由战略要素与互补要素共同解释的"准钱德勒式"配适、完全由替代战略要素的其他要素解释的"非钱德勒式"配适，并对比了这些配适的前因条件构型差异。基于历史、制度要素的印迹效应和集团总部自主选择意愿的相对强弱，本文将"非钱德勒式"配适进一步区分为路径依赖型与选择变异型。结果表明，在中国情境下，经典的"钱德勒式"配适的比重远低于其他两类，仅有非相关多元化央企集团的管控架构选择符合其预测；在"准钱德勒式"和"非钱德勒式"配适中，公司制改造等制度因素和集团组建方式等历史因素作为不可缺少的影响条件，使众多专业化和相关多元化央企集团做出了与经典预测迥异的管控架构选择。本研究丰富和发展了大型国企集团的管控理论。

关键词： 集团管控；组织架构；定性比较分析；构型；国有企业

一、引 言

企业战略与组织结构的协同变革是发达国家企业近百年前开始的管理实践，经钱德勒（Chandler，1962）提炼为"结构追随战略"的观点后，更被各界广为认可并普遍应用。中国自20世纪80年代以来，随着"横向经济联合""大型企业集团试点""股份制改造""建立现代企业制度""大公司，大集团"等改革措施的推进，国有企业经营规模不断扩大，业务构成日趋复杂。一批大型国企组建为多法人联合体形式的企业集团后，战略及边界更是发生了重大变化。为顺应大型复杂组织管理的需要，这些国企在探索或模仿中开展管控架构变革，试图达成集团战略与管控架构的匹配。然而，迄今为止的管控架构调整结果仍与"钱德勒式"配适命题的经典预测差异甚大。

许多实施业务多元化战略的集团化国企（如中国中钢集团公司、中国石油化工集团公司、神华集团有限责任公司等）囿于各类因素限制，维持着理论上与其战略类型明显不匹配的职能型管控架构。其中有的保留着"小总部"但管控虚化，有的为维持或加强总部管控能力不得不设立"大总部"。尽管表现形式各异，但这类集团均未设立分业务板块管理的责任单元。与此对照，中国也有一批集团化国企在试误式调整中突破历史背景及制度惯性的束缚，逐步将战略与管控架构配适到位。例如，中粮集团有限公司，为顺应其战略从众多领域多元化向有限相关多元化转变的需要，2006 年初开始调整多元化业务管控架构，经历了撤销"经营中心"，一年后恢复，之后更名为"一级经营单位"的反复过程，最终建成了对二级经营单位分层分类管控的业务条线型管控架构[①]。

两相对比，我们不禁好奇：在集团战略尤其是集团业务多元化与否大体相同的情况下，这些国企集团的管控架构选择为何相去甚远？除了钱德勒针对西方现代公司归纳的战略与结构匹配关系外，是否还存在与转型中的中国大型集团化国企特征相关的配适性结构选择？其决定因素有何异同？各因素又如何结合起来，影响着这类企业的管控架构选择？

尽管新兴经济体中企业集团组织形式的多样性已为学界关注（Khanna & Yafeh，2007；陈文婷译，2010），但国际上以中国为背景的集团组织形式研究仍明显少于以相对发达国家为背景的研究（Chang & Hong，2002；Khanna，2009；Lee & Jin，2009），针对中国情境的管控架构特征研究更是罕见（Bruton & Lau，2008；钱婷、武常岐，2012）。基于以往研究"较少探讨多元化战略与组织结构匹配程度的影响因素"的评判，冯米、路江涌、林道谧（2012）尝试从行业集中度、金融市场制度和所有权结构三个方面探寻本土企业集团战略与结构匹配关系的影响因素。该文构建了"多元化程度与控制集权化匹配度"指标用以衡量被解释结果，以中国台湾地区 1981~1998 年 100 家最大的企业集团为样本，对三方面因素的影响做经验性验证，发现有关集团内上市公司数目和政府投资者所有权影响的假设只得到了部分支持，有关机构投资者和集团内部所有权影响的假设则未得到支持。这项实证研究显示，中国本土企业集团战略与结构匹配关系的影响因素可能比发达国家更为复杂，亟待进一步的实证研究来辨明和深化。

除了"不成熟的市场环境"给本土研究带来新的挑战之外，现有研究还存在着如下两个显著缺失，从而更无法对本土企业战略与结构配适问题给出有力解答：其一，中国大企业集团中众多成员企业以纵横交错关系构成多层法人嵌套结构的情形极为独特，并非集团战略这单一的决定要素可以解释的，而现有文献偏重企业集团外部市场环境和制度因素的影响，未将股权结构、集团战略以外的其他内部重要影响因素和相关分析视角引入大企业集团组织研究中。就中国企业集团发表多篇论文的姚咏仪及其合作者（Yiu，Bruton & Lu，2005）曾指出，对企业集团管理问题和历史轨迹缺乏关注，使我们忽略了不少影响集团价值创造的重要因素。乔尔潘和引野隆（Colpan & Hikino，2010）也强调跨角度研究的必要性，呼吁将金融和治理视角与发展和战略视角结合起来，以加深对层级化联结的集团组织形式的认识。其二，国际上鲜有文献对特定制度环境中的企业集团尤其是同类企业集团（Boyd & Hoskisson，2010）之间管控架构差异的形成原因和演进过程做出系统性研究，国内学者对中国企业集团内部组织和管理体制的研究则多停留在描述性阶段（刘斌，2012），且侧重于探讨业务单元的构成及是否具有独立法人地位和产权链关系（刘启亮、李增泉、姚易伟，2008）等基本组织构成问题，而不是整个集团的管控问题。

有鉴于上述问题和研究缺失，本文从整体论和集合论的视角出发，以 104 家国务院国有资产监督管理委员会（简称国资委）直接监管的大型中央国企集团（简称央企）为实证研究对象，使用拉金（Ragin，1987）始创的定性比较分析（Qualitative Comparative Analysis，QCA）方法探讨上述问题。通过对比样本央企选择职能型（Functional Form，F 型）管控架构[②]、事业部型（Multidivisional Form，M 型）

[①] 业务条线（Business Streams），又称业务板块，是指对企业或集团业务按不同领域所做的区分。
[②] 组织理论文献中通常称为 U 型结构（Unitary Form）。但鉴于本文研究的这类职能型管控集团不少存在松散联结甚或"集而不团"问题，所以文中不以具有"统一体"内涵的 U 型称之。

管控架构或子集团公司型（Capital-holding Form，H 型）管控架构的不同前因条件构型（Causal Configuration），本文识别出"钱德勒式""准钱德勒式"和"非钱德勒式"三类本土化的管控架构配适方式。在此基础上，本文重点关注演进路径与内部制度在大型央企集团管控架构选择中的作用，探寻其"集而不团、管而不控"的组织根源，以及突破钱德勒等设想的一般路径构建业务条线型管控架构的可能及条件。作为经济发展的重要支柱①，大型国企以其庞大的规模、复杂的业务结构、产权链各级主体间特殊的权责关系，成为转型期中国极具代表性的企业群体。本文得出的战略与结构配适的本土化规律，对构建中国情境下的组织管理与集团管控理论具有重要价值。

二、文献评述

（一）组织形式多样性：大型企业中的非 M 型结构

倡导"管理革命"的美国学者（Chandler，1962；Rumelt，1974）基于对大型企业特别是整体上市公司的长期追踪研究提出，"集中政策下分散经营"的 M 型结构对多元化经营企业最为配适。无论是高度集权的 F 型组织在业务扩展过程中按产业或业务领域部门化从而转变为相对分权的 M 型组织（如杜邦公司），还是以持股方式联结多法人企业的高度分权的 H 型组织在追求协同效应的过程中通过吸收合并或管理整合转变为相对集权的 M 型组织（如通用汽车公司），M 型结构已成为美国多元化企业普遍接受的、与其战略匹配良好的组织形式。20 世纪 80 年代以来，尽管网络型（Network Form，N 型）、多子公司（Multi-subsidiary Form，MSF 型）、多层级子公司型（Multi-layered Subsidiary Form，MLSF 型）等新兴组织形式受到了一些西方研究者的关注（Whittington & Mayer，1997；Prechel，1997；Zey & Swenson，1999），但至今未成为美国大型企业组织研究的主流。究其原因，主要是美国大型企业多系以业务关系联结的整体上市公司，而非以产权关系联结的多法人集团。与母子公司间的治理关系相比，业务协调与管理才是美国大型企业组织研究的要题。

在美国之外，大型企业组织形式研究的主题更为多样，有超越"管理革命"倡导者推崇的多元化战略与 M 型结构匹配论的趋势。就欧洲国家而言，惠廷顿和梅耶（Whittington & Mayer，1997）曾做过如下比较：1969 年美国大型工业公司中采用 M 型结构的比例高达 2/3（Rumelt，1974），而 20 世纪 70 年代初期欧洲的相应比例仅为 50% 甚至更小（Scott，1973），且此比例在 80 年代后仍然很低。惠廷顿和梅耶对此给出的评判是：这绝非"落后"的表现，而是企业对不同国家制度环境的"适应"。就东亚国家和地区而言，张志铮、梁宪（1995）发现，中国香港各大企业集团多为通过旗下上市公司以"旗舰"式运作的 H 型组织。丹羽哲夫（1997）关于日本三菱集团 F 型→M 型（1908 年）→H 型（1943 年）→N 型（20 世纪 50 年代后）转变过程的描述则表明，随着业务结构的复杂化和成员企业独立性的增加，沿着业务多元化方向发展的大型企业可能在实现 M 型结构后再经历若干阶段的组织演进。组织结构是顺应情境需要而不断调整的动态过程的产物。

综上所述，M 型结构并非大型企业的终极组织形式。在产权纽带与业务纽带并存或前者强于后者的

---

① 根据中国企业联合会数据，入榜"2012 年中国企业 500 强"的企业 2011 年累计实现营业收入 44.9 万亿元，相当于同年中国 GDP 总量的 95.3%；其中，310 家国有及其控股企业的营业收入占 500 强企业营业收入总额的 81.87%，利润占 500 强企业利润总额的 83.61%。另据国资委数据，2011 年，117 家央企累计实现营业收入 20.24 万亿元，相当于同年中国 GDP 总量的 42.9%。在国内 A 股市场，国有控股企业仅占上市公司数量的 30%，却占全部市值的 70%。

多业务集团化企业中，基于产权关系的治理问题广泛存在于投资者与集团母公司、集团母公司与子公司、子公司与孙公司之间。此时，投资者立场的母子公司间治理问题，在现实性和重要性上超过了管理者立场的业务管理或交易治理问题，H 型结构也就成为大型企业集团首选的管控架构之一。当 N 型和 H 型结构体现的各种"互握的手"（Larsson，1993）与"看不见的手""看得见的手"一同作为大型企业管理下属业务单元的备择性力量时，多种组织形式的共存或并存成为常态。

（二）组织分析单元：治理视角的二元论与集团管控的整体论

大型企业组织形式的多样化唤起了学者对情境相依性以及 M 型结构之外的其他组织形式的关注。早期的"管理革命"不再是主导组织管理研究的唯一视角。然而，近年来有关 H 型、N 型等组织的研究多局限在以"二元关系"（Dyadic）为基础的公司治理理论和交易治理理论领域内，在以整个组织为研究对象的组织管理理论领域内未有重大建树。这些研究或从委托代理理论和管家理论出发，围绕基于产权链的母子公司间关系展开，旨在解决集团母公司作为机构持股者对特定企业的投资保护与增值问题（Berle & Means，1968；Donaldson & Davis，1991；Davis，Schoorman & Donaldson，1997）；或从交易费用理论和组织经济学出发，围绕基于价值链的企业间业务关系展开，旨在解决组织边界等相关治理问题（Coase，1937；Williamson，1981）。不论是公司治理关注的与被持股企业的产权关联，还是交易治理关注的单项交易或业务关联，以上理论视角反映的均是二元关系。其分析单元相较于组织管理理论，尤其是企业集团宏观背景下的管控理论都相对微观。

以两者中分析层次较宏观（关注企业层次关系）的母子公司治理理论为例，其与集团管控理论有多方面的显著区别。从管理主体与客体来看，公司治理视角下的集团公司只是简单的出资人，基于产权关联对下属子公司进行母子公司关系管理。集团管控视角下的集团总部不仅是出资人，还是整个组织的管理主体，负责直接或间接地协调、控制集团属下所有业务单元。从管理介质与方式来看，在公司治理的视角下，资本是集团最重要的资源。产权代表通过规范的治理结构，实现母公司资本的保值增值，确保出资者利益最大化。在集团管控的视角下，管控体系比资本更重要（中央企业管理提升活动领导小组办公室，2013）。集团总部及其派出人员必须依照集团总体战略确定下属业务单元的战略，以实现集团整体价值最大化。从管理目的与效果来看，公司治理视角下的集团通过子公司分红获利，追求单项投资回报的最大化。集团管控视角下的集团总部则通过构建成员企业间的协同效应创利，必要时会为了集团整体发展而牺牲个别子公司的利益。

这些差别说明，将集团母公司仅视为出资人（法人性质的股东）来研究其对持股子公司的关系管理或治理，难以体现企业集团作为多法人联合体的特点以及集团总部的作用。集团总部履行的不只是单一的治理职责，而是与整个组织管理有关的多种相应职责（Chandler，1991；Egelhoff，2010）。无论是关注价值链上垂直关系的交易费用理论和组织经济学，还是关注产权链上垂直关系的公司治理理论，都缺乏"整体论"（Holistic）内涵，不利于全面理解多业务、多单元集团的总部功能及其对集团价值创造的意义。以企业集团整体为分析单元、以集团母公司为管控主体的集团管控视角则能对现有的组织形式研究起到必要的补充作用。

（三）作为管控架构的 H 型结构：与 M 型结构异曲同工

管控架构是大型企业集团对多元化、多法人甚至多层级法人的业务单位群实施管理和控制的支撑性框架。根据最高施控主体（集团总部）与受控客体（业务单元）之间的管理层级关系，可以区分出三种基本的集团管控架构（如图 1 所示）：总部通过职能部门辅助管理业务单元；总部授权无法人资格的事业部或事业群部管理业务单元；总部通过其控股但具有独立法人地位的子集团公司或业务板块子公司管理业务单元。本文将这三种管控架构分别简称为 F 型、M 型和 H 型。其中，前者是非业务条线型管控架构，后两种则同属于业务条线型管控架构。

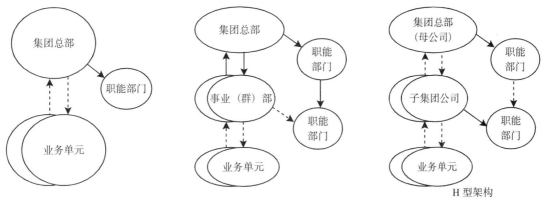

图 1　大型企业集团管控的三种基本架构

由于无法人地位的事业部或事业群部和作为独立法人的子（集团）公司均可作为多元化集团管控旗下各业务条线的责任单元，M 型和 H 型架构之间的"法人地位"差异在集团管控问题上无关宏旨。两者基本的管控原则大体类似：按不同板块或条线的业务构建各自的管理责任单元，即集团总部（母公司）之下的次级总部。在大公司或大集团中，处于权力链同一层次的管理主客体（不论是否具有独立法人地位）虽然横向地位相当，但在业务上则可以是正向强相关关系（合作）或负向强相关关系（竞争），甚或毫无关联。基于不同业务关系，现有文献将 M 型结构细分为合作型与竞争型（Kock & Guillén，2001；Chang & Hong，2002；Helfat & Eisenhardt，2004）。从业务单位横向关系的角度对这两类结构价值创造路径的比较，初步揭示了"治理经济"有别于"规模经济"和"范围经济"的机理（Helfat & Eisenhdart，2004）。

总体上看，现有组织研究多停留在大公司内部无法人地位的事业（群）部的管理上，未对企业集团不同于单体大公司的"中观"组织议题给予足够关注。即便一些文献论及集团总部或母公司从（多）事业部的行政上级转为（多）法人联合体的管控主体，但它们要么把 H 型结构视为一种类似竞争型 M 型、可支撑多元化战略的组织形式，要么将其视为"二元关系"意义上与契约联结相比照的产权联结或治理股权控制关系的概念。根据乔尔潘和引野隆（Colpan & Hikino，2010）的观点，无论集团业务运营的基本单元是否具有独立法人地位，只要集团内部以层级化联结，企业集团管控两大原则中的"权威"原则（另一是适用于 N 型企业集团的"联盟"原则）均可适用。但"权威"原则应用于 M 型、多层法人嵌套的 H 型乃至更复杂的 MLSF 型企业集团时，总部与次级管理单元的权责配置形态及其形成条件，实难在行政管理与股权控制的简单关联中就能凸显。

就国际范围的实践来看，H 型管控架构在大型企业集团中的应用经历了一个漫长、起伏的过程。虽然集团化企业早在 20 世纪初期就已出现，但 H 型组织因不利于形成规模和范围经济而被依靠权力链运作的"大公司"体制替代。此后，以投资回报为核心的"投资者模型"（Whittington & Mayer，1997）一度盛行于美国的整体上市大公司中，为非相关多元化公司采用 H 型结构、从无组织状态转向财务型管控提供了支撑工具（Toms & Wright，2005）。然而，许多不从事非相关多元化经营的企业终因 H 型管控模式有碍相关业务形成协同效应而将其摒弃，转而采用依靠总部计划人员和第二、三层级经理人员运作的"经理人模型"来实施管控（Whittington & Mayer，1997），M 型结构也因此成为 20 世纪六七十年代美国多元化公司中的"时尚"（Rumelt，1974）。20 世纪 80 年代中期后，美国大公司直属第一层级单位"子公司化"比例因该国税制改革有所提升，但直至 1994 年始终未突破 55%（Zey & Swenson，1998）。

直到新兴经济体崛起后，H 型结构在新加坡、印度、中国内地、中国香港、法国等地被广泛应用，才重新引起关注（韩朝华，1999；Ghemawat & Khanna，1998；Keister，1998，2004；Chang & Hong，2002；Carney，2005；Yiu et al.，2007；Boyd & Hoskisson，2010）。

随着 H 型结构的普及，注重实践导向和创造致用知识的研究者试图从总部功能和价值创造的角度（Chandler，1991；Goold，Alexander & Campbell，1995）为多业务单元或跨国公司采用非 M 型结构提供合法性解释。其中，除少数研究者把总部人员配备和机构设置视为结构问题（Collis，Young & Goold，2007，2012；Kleinbaum & Stuart，2014；Menz，Kunisch & Collis，2013）外，母合优势说（Goold et al.，1995）、协同效应说（Campbell & Luchs，1992）、差异化配适说（Nohria & Ghoshal，1994；Birkinshaw & Morrison，1995）等理论都倾向于将多业务单元或多国子公司与总部或母公司的关系作为研究对象。这样，母子公司关系协调与控制开始替代公司治理，成为西方近年来研究的焦点。然而，位于总部下一层级的管理总部，尤其是依照业务条线而非地理区域分设的次级管理总部，尚未引起足够重视。

在中国大型企业集团中，H 型结构呈压倒性多数，多层级法人嵌套的结构也在逐渐普及。刘斌（2012）分析了中国 11 个行业中 36 家企业集团的组织结构类型及其演变，发现中国企业集团的主导组织形式为产权联结型，且正在出现"多层集团型"结构特征，认为这一"具有多种业务、由多层业务集团有机联系组成的结构"是一个便于"管理更为复杂多样化的业务"的重要的组织演变趋向。类似研究指出，多层级法人嵌套的结构已是中国国企和民企中的普遍现实存在（王力军，2008；罗党论、唐清泉，2008），且较美国 20 世纪 80 年代后期出现的 MLSF 型结构更为复杂。总体上，在中国的大集团中，不论其集团核心企业所有权性质上为国企还是民企，子公司建制普遍并不仅存于集团的第一层级，而是广泛分布在整个集团的不同层级中，形成了包含复杂产权链的、多层法人嵌套的 H 型结构。

以上回顾表明，尽管 M 型与 H 型两种组织形式均可作为业务条线型管控架构，且适用的管控对象（多元化集团）和管控原则（"权威"原则）基本类似，但是大型集团化企业倾向采用何种组织形式实施管控，是与国情、历史等多方面因素相关的演进结果。多元化战略这一内部驱动因素绝非决定大企业集团管控架构选择的唯一要素。正如卡纳和亚菲（Khanna & Yafeh，2007；陈文婷译，2010）在《新兴市场的企业集团：是典范还是寄生虫》中所指出的那样，遍布于新兴经济体的企业集团是"一个令人着迷的研究课题"，新兴经济中集团组织形式的多样性也已得到了学界的关注。然而，目前有关中国大型企业集团管控架构的研究还存在不少显著缺失。由于国际范围内对发展中国家企业集团管控架构问题的研究相对稀少（Chang & Hong，2002；Bruton & Lau，2008；Khanna，2009；Lee & Jin，2009；钱婷、武常岐，2012），已见的少量文献对中国独特制度环境中企业集团的研究多停留在制度环境等外部情境因素上，对特定制度环境下同类企业集团（Boyd & Hoskisson，2010）之间管控架构差异的形成原因和演进过程鲜有具体分析，尤其对集团战略之外的历史轨迹、企业制度等因素的影响（Yiu et al.，2005）和"战略决定论"以外的其他理论视角（Colpan & Hikino，2010）缺乏应有的关注。就国内研究现状看，当前有关中国企业集团内部组织和管理体制的探讨多停留在描述性研究阶段，侧重于观察业务单元是否为独立法人及具有哪些经营自主权等基本的组织结构问题，而忽略对管控架构成因及因果机制的探讨。例如，刘斌（2012）虽总结出中国集团以 H 型结构为主导组织形式的现状有别于欧美公司，但只是草草推断其原因"与中国企业集团发展环境和历程的特点相关"，没有就此做深入分析；虽发现"多层集团型"结构是中国集团组织演变的重要趋势，但未涉及对业务单元进行分板块管理的整体架构。尽管国内关注母子公司协同效应的研究日益增多（韵江、刘立、高杰，2006；陈志军、刘晓，2010；李彬、潘爱玲，2014），但主要沿着集团价值创造和战略协同的主线展开，既未探讨集团总部如何实现"未定边界管理"（Meyer & Lu，2005）的组织问题，也未完整刻画母子公司协同效应的内部结构和生成机理。

财务和金融领域有关多级法人甚至多级上市公司嵌套的"金字塔"状（刘启亮等，2008；王斌，2011）集团结构的研究，则基本上秉承公司治理的二元论视角。

鉴于既有文献的稀少与缺失，要丰富和发展本土化的多业务、多单元的组织管理理论，必须立足于中国企业集团管理实践，将集团战略之外的企业内外部制度、历史轨迹等因素纳入分析，对关乎业务条线管理实体化的 H 型与 M 型管控架构的成因及可能存在的多样化演进路径做出解释性研究。本文第一作者在作为主要编著者参与的中央企业管理提升指导用书中，结合集团内外部情境条件，分析了集团化企业如何在多种可行管控架构中选择合适者来匹配其特有的情境条件，以确保管控目标的实现。该研究尽管囊括了众多情境因素，却囿于"权变"思路，仅就单个因素的独立作用逐一探讨与其匹配的管控模式的选用原理，并未考察多因素共同作用的情形及其具体机理。相形之下，综合考虑多个因素及其复杂交互作用的"构型"范式（Miller & Friesen，1984；Meyer，Tsui & Hinings，1993）前因条件组合研究（Ragin，2008；Fiss，Cambré & Marx，2013），将有助于更深入地刻画与解释中国大型企业集团管控架构演变的驱动力量和过程机理。作为首批在中文管理学界创新性地采用这一范式并基于此进行定性比较分析（QCA）的研究之一，本文以央企集团为研究对象，分析中国大型集团化企业的业务条线管理实体化（构建承担相似或相关业务单元管理责任的事业部、事业群部、子集团公司）过程，对不同集团选用 F 型、M 型或 H 型管控架构的前因条件构型做出类型化解释。

三、研究方法

（一）数据收集

本研究的数据来源十分多样。首先，2011~2012 年，本文第一作者在宝钢集团有限公司、中国中化集团公司、中国航空工业集团公司、中国远洋运输（集团）总公司、中粮集团有限公司、中国移动通信集团公司、中国建筑工程总公司等十多家央企集团对集团高管和总部职能主管开展了焦点小组访谈，充分了解了以上央企在选择管控架构时的各种考量与限制因素。其次，我们于 2011 年 8 月底至 9 月底通过国资委企业改革局向当时的全部 117 家央企发放了结构性问卷，回收 104 份，剔除其中 1 家出现较严重数据缺失的填答企业，有效问卷回收率为 88.9%。本文第一作者利用与一家业务多元化央企共商区域管控问题的机会补发并回收了其前期未填答的问卷，并对数据进行了多渠道核实，使本项研究的有效样本量增至 104 份。再次，我们系统收集了二手数据（如中国企业联合会提供的"2012 年中国企业 500强数据库"），以补充并验证访谈和问卷数据。借助二手数据，问卷中存在局部数据含糊或缺失的个别数值得以澄清或补足。最后，考虑到给出因果解释对必要长度之时滞（本文设定为 2 年）的需要，加之问卷填答者对管控架构类型的理解或有不同，自 2011 年以来，我们对集团组织结（机）构、成员企业等信息进行了长期追踪，以确保被解释结果——集团管控架构数据的时效性和准确性。

（二）分析策略：定性比较分析（QCA）

本文摒弃了以"自变量—因变量"二元关系为基础的统计手段，转而运用拉金（Ragin，1987）始创的、以集合论为基础的定性比较分析（QCA）方法。这主要出于以下几点考虑：第一，现有研究和本文第一作者参与央企集团管控课题的调研均表明，要揭示中国大型企业集团管控架构选择的机理，集团战略、内外部制度、历史轨迹等因素独立作用或两两交互作用的常规统计分析远远不够，必须从整体性关系出发探讨这众多因素间复杂的共同作用。QCA 方法对此类研究更为合适。该方法并不将各影响因素视为独立作用于因变量的自变量，而是将其视为以组合方式共同引致被解释结果的前因条件构型中不可与其他因素割裂的前因要素；并不关注个体自变量对因变量的净效应，而是专注于挖掘对被解释结果有解释力、由大量前因要素组成的相似或相异类型（Ragin，1987，2000）。QCA 方法将辅助本研究清晰识别出决定央企集团管控架构选择的不同前因条件构型及其与特定管控架构的一致性联系。相比之下，统计分析方法甚至很难处理三个以上变量的交互作用。

第二，由于经济转型过程前期演进路径的差异，中国大型企业集团在选择管控架构时重点考虑的因素及每个因素的影响方向可能不同。即使是同一央企集团，其考虑是否选用 M 型架构时关注的前因要素也有别于其考虑是否选用非 M 型架构时关注的前因要素；即便所有前因要素完全相同，使其采用 M 型架构的前因条件构型也不一定是使其采用非 M 型架构的前因条件构型的补集。假定某企业集团在选用 M 型架构或非 M 型架构时都会考虑因素 A，且决定其选用 M 型架构的前因条件是 A 存在，那么，该条件不存在（记为~A）未必是使其选用其他管控架构的条件。与仅能处理完全对称的相关关系（若 A→M，则~A→~M）的统计分析方法相比，QCA 方法允许并且能很好地处理这种前因不对称性（即使 A→M 成立，~A→~M 未必成立）（Fiss，2011）[①]。

第三，改革开放以来，央企集团管控架构演进路径的多样性与部分央企殊途同归的演进结果表明，可能存在多条导向同一管控架构选择的"等效"（Equifinal）因果链。例如，尽管学界公认业务多元化战略是大型企业采用 M 型架构的重要原因（Chandler，1962），但亦有不少实行非多元化战略的央企集团采用这一架构。面对这一现实，变量导向的统计分析方法虽能将集团战略之外的其他影响因素一同纳入分析，并通过定义中介、调节变量来刻画这些变量对因变量的不同影响方式，但所有自变量在解释因变量变异时只能是替代关系（解释因变量的同一部分变异、往往形成互斥的竞争性理论）或累加关系（解释因变量的不同部分变异），而非完全等效关系。QCA 方法则认可不同前因条件构型对被解释结果有互不冲突的完全等效性（Fiss，2007；Grandori & Furnari，2008）；换言之，若有事实支持，"A（如多元化战略）且 B"和"~A（如非多元化战略）且~B"均可 100%地引致被解释结果。相对而言，QCA 方法显然更适于探讨本文的中心议题。

第四，本研究开始时中国共有 117 家央企。即便收集到所有这些企业的数据，样本量也未能达到"大样本"水平，无法对企业内外部不同层次的众多影响因素做有效的跨层次处理，难以通过统计方法得出稳健的结果。若以适合小样本的常规案例研究方法待之，又无法通过手动方式对比上百家样本企业的数据并总结出规律。QCA 方法则介于两者之间，它以布尔运算为基础，分析结果稳健性不取决于样本大小，只取决于样本是否涵盖了代表性个体，而且能将统计方法的系统性量化分析（可借助程序处理数据）与定性研究方法对实际现象的深入了解（能逐个考察中等大小样本中的代表性个体）结合起来。本研究数据涵盖各类代表性央企集团，样本量适中，是 QCA 方法适用的对象。更重要的是，该方法并不要求对多层次的前因条件做特殊处理，尤其适合本文及类似的跨层次探索性研究（Lacey & Fiss，2009）。

综合上述考虑，本文选用清晰集（Crisp-set）定性比较分析（简称 csQCA）方法，将样本中各解释

---

① 此可推及多个条件如 A 和 B 共存的情形，即"A 且 B"与"~A 且~B"具有前因不对称性。此外，当样本中"A 且 B 且采用 M 型架构"的企业集团和"~A 且~B 且采用 H 型架构"的企业集团同时出现且数量均分时，统计分析方法将认定变量 A 与 M 型架构或 H 型架构之间的相关性均不显著，进而完全排除变量 A 在解释集团管控架构选择中的作用；但事实上，因素 A 可能是集团选择 M 型架构或 H 型架构的必要条件。与之相比，QCA 方法则能识别出"A 且 B"和"~A 且~B"这两个前因条件构型与企业集团管控架构选择之间清晰的对应关系。

因素[1]及被解释结果按照"二分归属"（Binary Membership）原则标定为 0 或 1（Ragin，2008）。需要说明的是，集合归属度与统计分析方法中取值在 0~1 的定距或定序变量的含义大不相同：后者旨在使用尽可能精细的量表，将研究对象在各变量上的最细微差异纳入分析；QCA 方法则根据现有理论和研究需要定义各前因要素集合及研究对象在各集合中的归属度标定标准，仅将与被解释结果真正"相关"的差异纳入分析。此外，根据马克斯和杜莎（Marx & Dusa，2011）的数据模拟结果，对包含九个前因要素的 csQCA 而言，样本数达到 100 能够清晰区分随机数据和真实数据。本研究的样本量为 104，所以能保证分析结果的内部效度。

（三）数据分析过程

本研究的数据分析包括四个阶段：第一阶段，通过对代表性央企集团的探索性研究，提炼出影响央企集团选择特定管控架构尤其是业务条线型管控架构与否的各项前因要素。如"数据收集"一节所述，在研究初期，本文第一作者对十多家央企集团中涉及管控架构选择决策的高管团队和总部职能主管开展了深入访谈。除集团战略这个"钱德勒式"经典理论强调的影响因素外，访谈者均认为其所在央企集团的管控架构和内外部制度、历史轨迹等因素紧密相关。鉴于此，我们系统比对了这些央企集团的访谈数据和相关二手数据，识别出决定其管控架构选择的共有前因要素，并从中抽取访谈者提及最为频繁、所提及影响机制最具启发性和一致性的前因要素，用于指导问卷设计。在此过程中，我们根据案例研究设计中需关注极端案例（Eisenhardt，1989；殷，2004）的建议，重点比对在"战略—结构"匹配上形成鲜明对比的，尤其与"钱德勒式"预测不相吻合的典型案例（如集团业务多元化却保留 F 型管控架构的神华集团有限公司、中国移动通信集团公司，以及集团业务仅相关多元化却采用 H 型管控架构的中国航空工业集团公司、中粮集团有限公司等），以探索集团战略之外的本土化前因要素。经过多次迭代，我们最终提炼出九个共同影响央企集团管控架构选择的主要前因要素，并将与这些要素相关的多个问题纳入向全部 117 家央企集团发放的调查问卷中。这些前因要素与被解释结果列示如表 1 所示。

表 1　前因要素、被解释结果的定义与二元编码

代码及名称		编码为 1	编码为 0
前因要素			
Dr	集团业务相关多元化	相关多元化	专业化或非相关多元化
Du	集团业务非相关多元化	非相关多元化	专业化或相关多元化
B	集团组建方式	"先有子公司，后有母公司"	资产剥离或业务分拆、投资、收购与联盟等方式
G	集团扩张路径	自有投资为主的内生式发展	收购兼并、国家划拨资产等的外延式发展
R	集团面临的资产重组问题	比较严重	不严重
P	集团核心企业的产权性质	集团母公司为依照公司法注册的"有限责任公司"	集团母公司为依照企业法注册的国有独资公司
C	集团范围的企业文化特征	以绩效和创新为导向	不以绩效和创新为导向
Up	集团管控体系构建受到的自下而上的影响	集团管控体系构建中对集团成员单位意见的关注度较高，对国家制度要求的关注度较低	集团管控体系构建中对集团成员单位意见的关注度较低，对国家制度要求的关注度较高
Lc	集团旗下多家子公司上市对集团管控体系构建的影响	管控体系构建中充分考虑了多家控股子公司上市带来的管控复杂性	管控体系构建中不存在对多家控股子公司上市带来的管控复杂性的考量

---

[1] 解释变量如未区分具体状态，统称为因素或（前因）要素；若区分 0 或 1 状态，则称为条件或（前因）条件。

续表

代码及名称		编码为1	编码为0
被解释结果（管控架构类型）			
F	选用职能型架构	F 型	M 型或 H 型
M	选用事业部型架构	M 型	F 型或 H 型
H	选用子集团公司型架构	H 型	F 型或 M 型

注：行文中编码为 1 的条件直接以字母表示，编码为 0 的条件则在字母前加符号"~"（表示不存在此条件）。

第二阶段，通过多渠道、多来源的二手数据核实问卷填答的结果，并据此标定（Calibrate）各个样本央企集团在每个前因要素和被解释结果上的归属度（标定结果详见表 1 中的编码 0 和 1）。概括地说，对被解释结果和大部分前因要素的标定均系依据问卷单问题的直接答案，但前因要素 Up 和 Lc 的标定则综合了问卷中几个相关问题的答案。具体就 Up 而言，如果某样本央企集团在选择管控架构时考虑"子公司的战略地位"且"集团内部经常就管控问题进行开诚布公、富有建设性的讨论"的程度较其考虑"国家的制度要求"且"按照国家管控央企的方式来管控集团成员企业"的程度为高，表明其管控体系构建具有更强的自下而上的性质，依此将其在 Up 集合中的归属度标定为 1；否则，标定为 0。就 Lc 而言，如果某样本央企集团"旗下控股上市公司数（以符号 L 表示）大于 1"且在选择管控架构时考虑了"集团业务组合广度及业务领域异质性"（以符号 C 表示），说明下属多家子公司上市带来的管控复杂性对管控体系构建产生了重要影响，依此将其在 Lc 集合中的归属度标定为 1；否则，标定为 0。

需要说明的是，在标定样本央企集团在 Lc 集合中的归属度时，我们之所以把"旗下控股上市公司数"作为管控复杂性考虑的对象，是因为这一数值不仅类同于集团规模被视为驱动组织结构演变的重要情境因素，而且是深入刻画转型经济体特征的本土化情境因素，在之前的典型央企集团访谈中被屡屡提及。在现有理论文献中，当研究对象是单体企业时，组织规模一般以员工人数、销售额、资产额等指标衡量，但对企业集团来说，成员单位数量指标才更能准确反映由规模产生的管控复杂程度；进一步从中国企业实际来看，分拆上市还是整体上市一直是国企改制中未有定论的改革实践，且样本央企集团"旗下控股上市公司数"与"集团成员企业数"显著相关（见后文表 2，剔除控股上市公司数 L ≤ 1 的样本央企前后的 Pearson 相关系数分别为 $R_{EB} = 0.57^{**}$ 和 $R_{cb} = 0.44^{**}$）。为使理论构念更好地反映实际情况，我们决定采用"旗下控股上市公司数"（L）而非"集团成员企业数"作为样本央企集团在 Lc 集合中归属度的标定依据之一。另一依据是反映集团管理层主观性的指标，即管控体系构建中是否考虑了"集团业务组合广度及业务领域异质性"（C）。根据这两个指标具有"逻辑和"的关系，我们利用集合论的布尔运算原理和以多变量"交集"构建高阶构念的跨层本体论关系（Goertz & Mahoney，2005），将 L 与 C 交集形成的复合变量"Lc"作为衡量集团管控复杂性的客观性与主观性统一的高阶变量。

第三阶段，使用 fs/QCA 2.0 软件的 csQCA 模块分析 104 家样本央企集团的数据，识别出决定其管控架构选择的前因条件构型。我们首先分析了九个前因条件各自解释样本央企集团选用业务条线型管控架构与否的必要性与充分性[①]。如表 3 所示，任一单项条件（即使是集团战略、集团核心企业产权性质、集团的企业文化这三个通常被认为对组织结构演变具有重要影响的因素）均非充要条件，即单因素对被解释结果不具决定性的解释力。鉴于此，我们转而从多因素组合的"构型"角度做进一步分析，最终得

---

① 在 QCA 中，覆盖率（Coverage）和一致率（Consistency）分别用于判断前因条件构型是否是被解释结果的必要条件和充分条件。假设 X 集合为前因条件，Y 集合为被解释结果，那么，覆盖率是 X 与 Y 的交集占 Y 集合的比例，一致率是 X 与 Y 的交集占 X 集合的比例。

出了与样本央企集团选用业务条线型管控架构与否具有决定性联系（即较高充分性[1]和必要性）的多个前因条件构型（如下文表 5、表 6 所示）。

在构型分析中，csQCA 模块会先给出包含所有潜在构型的真值表（Truth Table），并根据研究者选定的一致率门槛值（Consistency Threshold）和案例[2]频数门槛值（Frequency Threshold）自动筛选出对被解释结果具有充分性的前因条件构型。之后，结合研究者给出的假设，该模块会通过简单类反事实（Easy Counterfactual）和困难类反事实（Difficult Counterfactual）分析[3]简化筛选出的构型，得出被解释结果的简洁解（Parsimonious Solution）和优化解（Intermediate Solution）[4]。综合考虑一致率门槛值不低于 0.75 的建议标准（Ragin，2006，2008）、样本数据在一致率上的自然断裂（Schneider, Schulze-Bentrop & Paunescu，2010）、三类管控架构在样本中的比例及马克斯和杜莎（Marx & Dusa，2011）通过数据模拟得到的一致率下限门槛值，本文在是否选用 F 型或 M 型架构的分析中将一致率门槛值设为 0.85，在是否选用 H 型架构的分析中将一致率门槛值设为 0.9。为保证案例频数大于或等于频数门槛值的前因条件构型覆盖至少 75%~80% 的样本央企集团（Ragin，2008），本文将三项分析的案例频数门槛值均设为 1。结合现有“战略—结构”理论和访谈结果，本文分别设定 ~Dr、Dr 和 Du 为选用 F 型、M 型和 H 型管控架构的简单类反事实前因条件。

这里需要说明的是，我们对样本央企集团是否选用 H 型管控架构的分析包含了全部九个前因要素，而对样本央企集团是否选用 F 型或 M 型管控架构的分析则仅包含除 Du 之外的八个前因要素。也即，后一分析与前一分析所包含的潜在构型数量分别为 2^9 和 2^8。将要素 Du 从 F 型或 M 型管控架构分析中剔除，是一种合理的简化。有两方面理由：其一，根据现有的“战略—结构”配适理论，F 型与 M 型架构与非相关多元化战略（Du）的配适度极低，采用这两类架构是非相关多元化企业集团的非理性选择；其二，如表 3 所示，~Du 对样本央企集团选用 F 型或 M 型架构的覆盖率（即必要性）为 1，是两者的绝对必要条件，可被视为选用这两类管控架构的前因构型中隐含的默认条件。

第四阶段，比对第三阶段得出的前因条件构型，归纳出若干构型的共有条件，并据此对央企集团“战略—结构”配适情形做出类型化解释。我们将九个前因要素归并为集团战略（Dr、Du）、管控难度（B、G、R）、管控能力（P、C）、管理体系构建方式（Up、Lc）四个方面。基于实践观察和相关理论，我们首先根据集团战略对是否选用某种特定管控架构影响的前因条件构型进行分类，再针对不同的战略条件，按照管控难度从低到高的顺序对前因条件构型排序，使包含较多构型的优化解得到规律性呈现。我们对管控难度的定义是，当集团属于 B*~G*R 集合时，即以“先有子公司，后有母公司”（简称“先子后母”）方式组建、主要通过外生式路径扩张、面临比较严重的资产重组问题时，管控难度最大；反之，当集团属于 ~B*G*~R 时，管控难度最低。最后，我们通过整体比较对解释管控架构选择具备充分性的各条件构型，识别出选用不同或相同管控架构的样本央企集团在四方面核心条件上的异同，由此完

---

[1] 在是否选择 F 型、M 型、H 型架构的分析中，本文随解释要素数目增加采用了相对更严格的充分性水平标准，详见注释。

[2] 此处，案例（Case）是指满足真值表中构型的典型样本。

[3] 若研究者确信有冗余条件被纳入了特定前因构型，而该构型是否引致被解释结果并不受冗余条件的影响，在此情形下可将冗余条件移出构型以简化条件组合，此为简单类反事实分析。若研究者缺乏理论上对某条件是否冗余的明确判断，现有样本数据亦无法证明移出该条件后的构型不能引致该被解释结果，但出于简化构型的考虑，仍将该条件移出构型，此为困难类反事实分析。对这两类反事实分析的详细说明，可参阅 Ragin（2008）和 Fiss（2011）。

[4] 这两类解的重要区别在于，优化解仅基于简单类反事实分析，其中的前因条件可能因研究者设定不同的简单类反事实前因条件而消失；简洁解则基于两类反事实分析，其中的前因条件十分稳定，不受研究者对简单类反事实前因条件设定的影响。西方文献中常将简洁和优化解共同包含的前因条件称为核心条件（Core Condition），而将仅在优化解中包含的前因条件称为辅助或边缘条件（Peripheral Condition）（Fiss，2011）。这一比对的称谓虽然通行，但易引致某种误解，认为后类条件并不重要。其实，从对被解释结果的充分性看，非核心条件也可能是解释中不可缺少的重要条件。并且，简洁解的一致率通常小于或等于优化解，且对纳入了困难类反事实的简洁解来说，随着新观测案例的加入，其一致率可能会下降。

成全部构型的最终简化与分类。

四、数据分析结果

（一）描述性统计

样本中的 104 家央企皆为由国资委履行出资人职责的大型集团，平均下属成员企业数为 254 家。如表 2 所示，这些央企集团中有 77 家采用 F 型架构，8 家采用 M 型架构，19 家采用 H 型架构。共有 27 家采用业务条线型管控架构，占样本量的 26%。这一分布符合中国企业在成长为大型集团的过程中以 F 型架构为主、逐步向业务条线型架构转变的现状。

表 2　104 家样本央企集团母公司的基本特征

样本特征	样本分布	集团母公司成立时间			
		1978 年前	1978~1990 年	1991~2000 年	2001~2010 年
全样本	104	11	23	37	33
F 型架构集团数及在全样本中的占比	77	90.9%	65.2%	67.6%	81.8%
M 型架构集团数及在全样本中的占比	8	0	13.0%	5.4%	9.1%
H 型架构集团数及在全样本中的占比	19	9.1%	21.7%	27.0%	9.1%
控股上市公司数 L≤1 的集团数	46	7	8	9	22
控股上市公司数 L>1 的集团数	58	4	15	28	11
（A）多元化集团数及在全样本中的占比	68（65.4%）	81.8%	69.6%	64.9%	57.6%
（B）集团成员企业数均值	254	208	300	290	197
（C）股权隶属关系层数均值	4.7	4.2	5.1	5.0	4.3
（D）控股上市公司所在最长层级均值	2.5	2.0	3.0	2.9	2.0
（E）控股上市公司数均值	3.1	1.8	3.8	3.5	2.5
控股上市公司数 L>1 的样本					
此类集团样本数及在全样本中的占比	58（55.8%）	特征 E 或 e 与其他特征项的 Pearson 相关系数			
（a）多元化集团数及在此类集团中的占比	43（74.1%）	● 全样本中：$R_{EA} = 0.27^{**}$　　$R_{EB} = 0.57^{**}$　$R_{ED} = 0.69^{**}$　$R_{EC} = 0.44^{**}$			
（b）集团成员企业数均值	395	● 控股上市公司数 L>1 的样本中：$R_{ea} = 0.28^{*}$　$R_{eb} = 0.44^{**}$　$R_{ec} = 0.26^{\dagger}$　$R_{ed} = 0.52^{**}$			
（c）股权隶属关系层数均值	5.3				
（d）控股上市公司所在最长层级均值	3.6				
（e）控股上市公司数均值	5.1				

注：†、*、** 分别表示双尾检验中 0.10、0.05、0.01 的显著性水平。

从占当时央企集团总数 88.9% 的本研究样本来看，集团多元化战略与业务条线型管控架构之间并无钱德勒主张的强对应关系。如图 2 所示，68 家实行业务多元化战略的样本央企集团中，只有 22 家（32.4%）采用业务条线型管控架构，其中，实行相关多元化和非相关多元化战略的分别为 16 家和 6 家，各占采用同类战略的央企集团的 25.8% 和 100%。这 22 家多元化集团只占采用业务条线型管控架构的 27 家样本集团的 81.5%，此外，尚有 5 家实行专业化战略的样本集团采用了这一架构，占采用该类战略的央企集团的 13.9%。

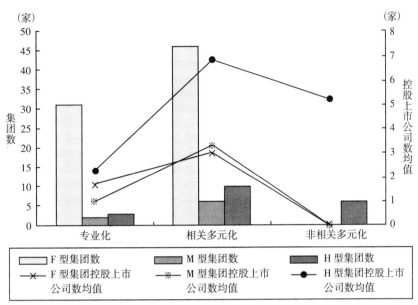

图 2　104 家样本在不同战略下各管控架构及对应集团控股上市公司数分布

(二) 单项前因条件的必要性与充分性分析

如表 3 所示，所有单项前因条件对样本央企集团的管控架构选择都不构成充要条件。首先，从必要性来看，除~Du 外的各单项前因条件对解释任一特定管控架构选择的必要性均未超过 0.9，既不构成也不近似于必要条件 (Ragin，2006)。而且，尽管不实行非相关多元化战略 (~Du) 是选用 F 型或 M 型管控架构的绝对必要条件，实行非相关多元化战略 (Du) 却并非选用 H 型架构的必要条件。其次，从充分性来看，除 Du 是选用 H 型管控架构的充分条件，其余前因条件对选用某一特定管控架构皆不构成充分条件。就充分性超过样本平均水平的前因条件而言，除专业化战略 (~D) 对 F 型架构采用具有 0.86 的充分性水平外，其他因素均未达到 0.85 的一致门槛值。类似地，以外生方式扩张 (~G)、管控体系构建中自下而上的影响较大 (Up) 及管控体系构建中不存在对多家控股子公司上市带来的管控复杂性考量 (~Lc) 对采用 M 型架构，以及管控体系构建中充分考虑集团管控复杂性 (Lc) 对采用 H 型架构，虽具有相对较高的充分性，但都远低于 0.5 的水平。可见，这些前因条件都不足以作为被解释结果的充分条件。

表 3　单项前因条件对选用不同管控架构的必要性与充分性分析

前因条件及样本数		解释力度	前因条件的必要性			前因条件的充分性		
			F 型	M 型	H 型	F 型	M 型	H 型
发展战略	Dr	62	0.60	0.75	0.53	0.74	0.10	0.16
	~Dr	42	0.40	0.25	0.47	0.74	0.05	0.21
	Du	6	0.00	0.00	0.32	0.00	0.00	1.00
	~Du	98	1.00	1.00	0.68	0.79	0.08	0.13
	D (Dr+Du)	68	0.60	0.75	0.84	0.68	0.09	0.24
	~D (~Dr*~Du)	36	0.40	0.25	0.16	0.86	0.06	0.08

续表

前因条件及样本数		解释力度	前因条件的必要性			前因条件的充分性		
			F 型	M 型	H 型	F 型	M 型	H 型
管控难度	B	65	0.62	0.75	0.58	0.74	0.09	0.17
	~B	39	0.38	0.25	0.42	0.74	0.05	0.21
	G	77	0.78	0.50	0.68	0.78	0.05	0.17
	~G	27	0.22	0.50	0.32	0.63	0.15	0.22
	R	34	0.31	0.25	0.42	0.71	0.06	0.24
	~R	70	0.69	0.75	0.58	0.76	0.09	0.16
	~B*G*~R	23	0.23	0.13	0.21	0.78	0.04	0.17
	B*~G*R	8	0.05	0.13	0.16	0.50	0.13	0.38
管控能力	P	30	0.27	0.25	0.37	0.70	0.07	0.23
	~P	74	0.73	0.75	0.63	0.76	0.08	0.16
	C	52	0.51	0.50	0.47	0.75	0.08	0.17
	~C	52	0.49	0.50	0.53	0.73	0.08	0.19
管控体系构建方式	Up	25	0.21	0.38	0.32	0.64	0.12	0.24
	~Up	79	0.79	0.63	0.68	0.77	0.06	0.16
	Lc	44	0.36	0.13	0.79	0.64	0.02	0.34
	~Lc	60	0.64	0.88	0.21	0.82	0.12	0.07
全样本平均值			—	—	—	0.74	0.08	0.18

注：* 表示交集，即"且"（logical AND）；+ 表示并集，即"或"（logical OR），下同。

　　值得注意的是，尽管研究者常将央企集团行为与西方经典理论预测之间的差异归因于不完全竞争的市场环境，但分析表明，行业垄断程度（或竞争性）既非解释样本央企集团管控架构选择的必要条件，也非其充分条件。换言之，与一般认识不同，央企集团有别于经典的"战略—结构"匹配思路的管控架构选择格局，绝不能简单归因于政府保护机制和不完全竞争。依据财政部 2010 年颁布的《中央企业国有资本收益收取比例分类表》中的分类标准，我们标定出各样本央企集团主营业务所在行业的垄断程度，并分析这一因素对解释样本央企集团管控架构选择的必要性和充分性，结果如表 4 所示。考虑到行业垄断程度对解释任一特定管控架构选择的必要性均低于 0.7，对解释选择 F 型、M 型或 H 型管控架构的充分性均不足 0.8，不构成被解释架构的必要或充分条件，加之本文旨在聚焦于与集团战略相应的企业层面解释因素，因此我们并未将这一行业层次的因素纳入构型分析。

表 4　行业垄断程度对选用不同管控架构的必要性与充分性分析

行业垄断程度及样本数	解释力度	前因条件的必要性			前因条件的充分性		
		F 型	M 型	H 型	F 型	M 型	H 型
主营业务处于垄断行业	36	0.40	0.31	0.37	0.77	0.06	0.17
主营业务不处于垄断行业	68	0.60	0.69	0.63	0.72	0.09	0.19

（三）选用特定集团管控架构的前因条件构型

　　各要素的充分性和必要性分析表明，单项前因条件对本研究被解释结果的解释力很弱。鉴于此，我们对样本央企集团选用 F 型、M 型或 H 型管控架构的前因条件进行构型分析，结果如表 5、表 6 所示。

表 5　样本央企集团选用 F 型管控架构的前因条件构型

要素	F1a	F1b	F2a	F2b	F3a	F3b	F3c	F4	F5a	F5b	F6a	F6b	F6c	F7a	F7b	F8	F9a	F9b	F10a	F10b
Dr	⊗	⊗	⊗	⊗	⊗	⊗	⊗									●	●	●	●	●
B	⊗	●	⊗	•		•		●	⊗	⊗		●	•	•	●	⊗			•	●
G	●	●	⊗	⊗	●			•	●	⊗		⊗		●	●	●	●	•		
R	●			⊗		⊗			⊗	•	⊗		⊗		•	●			⊗	•
P	⊗	⊗	⊗	⊗	●				⊗	⊗			●				⊗	⊗		⊗
C	•	●		⊗	⊗			●	●	●	●	●			⊗	⊗			⊗	⊗
Up		●	⊗	⊗	⊗	⊗	⊗	●	●	●	●	●		⊗	⊗		⊗	⊗	●	
Lc	⊗	●	•	●	⊗	⊗			•	⊗	⊗	⊗			●	●	⊗	⊗		
CS	1	1	1	1	1	1	1	1	1	1	1	1	1	1	1	1	1	1	1	1
CV	0.026	0.039	0.026	0.039	0.065	0.013	0.065	0.065	0.130	0.026	0.065	0.065	0.065	0.026	0.143	0.078	0.026	0.026	0.026	0.039
NCV	0.026	0.039	0	0.026	0.065	0	0.065	0.052	0.039	0.013	0.052	0.052	0.065	0.026	0.013	0.039	0.026	0.026	0.026	0.039
OCS	1																			
OCV	0.844																			

注：①●或 • 表示该条件存在，⊗或⊗表示该条件不存在，"空白"表示构型中该条件可存在、可不存在；●或⊗表示核心条件，•或⊗表示辅助条件（具体含义详见尾注⑨）。

②如前文"数据分析过程"中所述，本文将~Du 视为样本央企集团采用 F 型、M 型架构的默认隐含条件，因而在涉及专业化（~D = ~Dr*~Du）或相关多元化（Dr*~Du）的构型中均不再赘录"~Du"。

③CS 表示一致率（Consistency），CV 表示覆盖率（Coverage），NCV 表示净覆盖率（Net Coverage），即由该构型独立解释、不与同一被解释结果的其他构型重合的覆盖率；OCS 表示总体一致率（Overall Consistency），OCV 表示总体覆盖率（Overall Coverage）。

表 6　样本央企集团选用 M 型和 H 型管控架构的前因条件构型

要素	M1	M2	M3	M4	H1a	H1b	H1c	H1d	H1e	H2	H3	H4	H5a	H5b	H6	H7	H8
Du					●	●	●	●	●								
Dr	●	●	•	●	⊗	⊗	⊗	⊗	⊗	•	•	•	●	●	●	⊗	⊗
B	⊗	•	●	•	⊗	⊗		•	⊗		⊗	⊗		•	•	⊗	•
G	•	⊗	⊗	●	•	•	•	•	•	•	•	⊗	•	•	●	⊗	●
R	●	●	•	⊗	•	•	•	•	•	•	•	●	•	●	●	●	⊗
P	⊗	●	•	•	•	•	•	•	•	⊗	⊗	⊗	⊗	⊗	•	•	•
C	•	•	⊗	●	•	•	•	•	•	•	⊗	•	⊗	⊗	•	●	●
Up	●	⊗	⊗	•	•	•	•	•	•	⊗		●	⊗	⊗	●	•	●
Lc	⊗	⊗	⊗	●	⊗	•	•	•	•	•	●	•	●	•	●	•	•
CS	1	1	1	1	1	1	1	1	1	1	1	1	1	1	1	1	1
CV	0.125	0.125	0.250	0.125	0.052	0.052	0.105	0.105	0.052	0.052	0.105	0.105	0.105	0.105	0.052	0.052	0.052
NCV	0.125	0.125	0.250	0.125	0.052	0.052	0.052	0.052	0.052	0.052	0.052	0.052	0.052	0.052	0.052	0.052	0.052
OCS	1				1												
OCV	0.625				0.842												

注：同表 5。

五、研究发现与讨论

（一）集团战略对业务条线型管控架构的选用：必要但不充分的条件

总体上说，104 家样本央企集团选用管控架构，尤其是选用业务条线型管控架构的格局，与美国学者"战略决定结构""M 型结构对（相关）多元化企业最为配适"的主张差异很大。一方面，由图 2 可知，仅有 1/4 （25.8%）的相关多元化集团或不足 1/3 （32.4%）的（相关或非相关）多元化集团采用了业务条线型管控架构；相反，却有 1/7 （13.9%）的专业化集团采用了该架构。这表明，在本研究情境中，多元化战略对集团管控架构的选择，尤其是业务条线型管控架构的选择，并无现有理论预期的解释力。另一方面，如图 3 所示，在实行专业化、相关多元化、非相关多元化战略的集团群体中，采用 H 型与 M 型架构的集团数之比分别为 3：2（家）、10：6、6：0，合计比例为 19：8。这反映出，无论集团各项业务之间的关联是否紧密，实行多元化战略的央企集团都更倾向于将具有独立法人地位的子（集团）公司，而非作为内部经营单位的事业（群）部，设立为业务条线管理的组织载体，并不因采用相关多元化战略而更多地选用理论上认为最配适的 M 型结构。综上所述，样本央企集团中"战略—结构"配适格局与经典理念之间存在巨大反差。同时，由图 3、表 2 可知，（相关或非相关）多元化战略是采用业务条线型管控架构的必要条件。据此，我们得出如下推断：

命题 1：多元化战略是央企集团采用业务条线型管控架构的必要不充分条件。

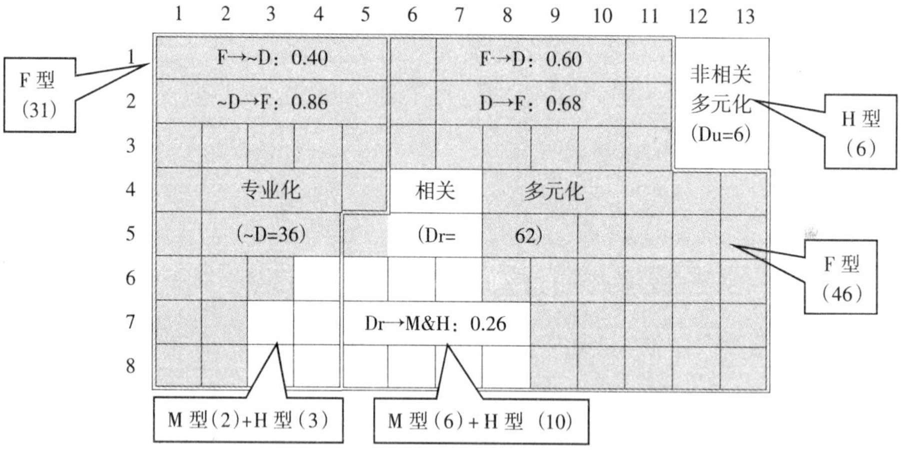

图 3　多元化战略对集团选用业务条线型管控架构的必要性与充分性

注：①多元化战略对选用业务条线型集团管控架构的必要性为（如图白色区域所示）：M 型或 H 型→Dr = (6 + 10) / (2 + 6 + 3 + 10 + 6) = 0.59，M 型或 H 型→D （Dr + Du） = (6 + 10 + 6)/(2 + 6 + 3 + 10 + 6) = 0.81。

②多元化战略对选用业务条线型集团管控架构的充分性为（如图右半侧所示）：Dr→M 或 H 型 = (6 + 10)/62 = 0.26，D→M 型或 H 型 = (6 + 10 + 6)/(62 + 6) = 0.32。

（二）管控架构演进影响因素的多样性：组成"构型"的前因条件

央企集团管控架构选择与西方学者有关战略与结构关系"经典"命题的差异，意味着在这些集团（不）采用业务条线型管控架构的背后，还有着集团战略之外的重要影响因素。鉴于此，我们在 QCA 分析中逐步添加集团战略（Dr、Du）之外的其他前因条件，发现在已纳入集团管控难度相关因素（B、G、R）的基础上进一步添加是否充分考虑旗下多家控股子公司上市带来的集团管控复杂性（Lc）这一因素，即可显著提升前因条件组合对被解释结果的充分性。初步分析显示，在集团管控难度相对较低的情况下，G*~R*~Lc、~B*~G*~R*~Lc 和 B*G*R 三个前因条件组合，对解释样本央企集团选用 F 型架构的一致率分别为 0.87、1 和 0.88，覆盖率分别为 0.429、0.039 和 0.182，总覆盖率达到 0.65。在集团管控难度相对较高的情况下，前因条件组合~B*~G*R 对解释样本央企集团选用 H 型架构的一致率为 1，覆盖率为 0.105。显然，在这些具有解释力的简约的前因条件构型中，集团是否以"先子后母"方式组建（B）以及是否充分考虑到管控复杂性（Lc）这两个因素具有重要作用：前者决定了集团母公司与下属业务板块管理单元之间的强弱对比，是制约母公司管控能力的历史因素；后者反映了集团高层的管控理念，是影响集团集分权体制设计的认知因素。

在 20 世纪 90 年代初建立现代企业制度的过程中，中国国有企业或将核心业务"分拆上市"，或收购控股上市公司。央企集团旗下拥有多家控股上市公司成为普遍现象（见表 2 统计）。这便利了外部融资，但也带来了许多内部管理难题。问卷数据显示，样本央企集团绝大多数管理层认为，旗下控股上市公司过少会削弱集团的融资能力（–0.21*），过多则会牵制集团的整体管控力（0.40**），使集团在同业整体上市过程中面临较重的资产重组问题（0.34**）。尽管如此，仍有 6 家拥有 4 家以上控股上市公司的样本央企集团管理层认为"上市公司数量过少，影响了集团的融资能力"。可见，"资本饥渴症"强烈驱动着中国集团化国企选择子公司独立上市，由此影响到集团的集分权体制设计。因此，反映国企股份化改制特点和管理层认知的 Lc，是决定集团管控架构选择的重要前因要素之一。

此外，归并表 5 中的前因条件构型 F7a、F7b、F8 和 F3a、F3b、F3c 可知，前者并集 Dr*G*P*~C 和后者并集~D*G*P*~C（表 7 所示~D*P 的子集）还可进一步合并为 G*P*~C。该并集共覆盖 6 家相关多元化集团与 4 家非多元化集团，对解释样本央企集团选用 F 型架构的覆盖率为 0.096、一致率为 1，说明它可对多元化或非多元化央企集团的这一架构选择做出统一的充分解释。在此集合中，战略（Dr 或~D）并非必要的解释条件，集团母公司产权性质（P）则是一个重要的制度因素。

综上所述，我们得出如下推断：

命题 2：集团历史因素、管理层认知因素、产权制度因素是影响央企集团管控架构选择的前因构型中不可忽视的组成条件。

鉴于"战略决定结构"的经典命题在本研究情境中缺乏决定性的解释力，我们一方面需要寻找对样本央企集团中某种特定管控架构选择具有较高一致率的"充分性解释"，以探知实行不同战略的集团选用相同管控架构的原因；另一方面需获取能有效区分样本央企集团中各种管控架构选择（即 F 型—M 型、F 型—H 型、M 型—H 型）的"差异性解释"，以揭示实行类似战略的集团选用不同管控架构的原因。这两类解释中的前因条件构型应较表 5、表 6 展示的优化解中的构型更为简约，以便对诸多前因构型做总括性比较，从而识别出补充或替代战略要素的、影响央企集团管控架构选择的关键本土化条件。在后文中，我们将可由战略要素独立解释的集团管控架构配适关系称为"钱德勒式"命题，由战略与互补要素共同解释的架构配适关系称为"准钱德勒式"命题，由可替代战略的其他要素解释的架构配适关系称为"非钱德勒式"命题。

（三）样本央企集团选用各类管控架构的充分性解释

1. 选用非业务条线型管控架构的充分性解释

我们归并表 5 中样本央企集团选用 F 型管控架构的前因条件构型，得到六个对解释该选择具有足够充分性（一致率在 0.85 或以上）的、相对简约的低阶并集和两个更为简约的高阶并集（见表 7）。这些简化的前因条件构型集合共包括 42 个案例，累计覆盖率为 0.55；2 个高阶并集净覆盖率分别为 0.338 和 0.39。

表7　样本央企集团选用 F 型管控架构的一种简约的充分性解释

低阶、高阶并集	前因条件构型	CS	CV（N）	NCV（N）
~D*（P+C+Lc）		**0.963**	**0.338（26）**	**0.338（26）**
~D*C	F1a/bF4F5/bF6a/b/c	0.947	0.234（18）	0.104（8）
~D*Lc	F2a/b	1	0.143（11）	0.052（4）
~D*P	F3a/b/cF7a/b	1	0.104（8）	0.052（4）
其子集~D*P*G*~C	F3a/b/cF7a	1	0.052（4）	
Dr*（G*P*~C+~P*~Lc）		**0.909**	**0.390（30）**	**0.390（30）**
Dr*G*P*~C	F7a/bF8	1	0.078（6）	0.078（6）
Dr*~P*~Lc	F4F6a/b/cF9a/bF10a	0.889	0.312（24）	0.312（24）

注：加粗文字代表高阶并集。CS 表示一致率；N 表示覆盖率数值对应的案例数。高阶并集的净覆盖率为不与该表中所有其他高阶并集重合的覆盖率，低阶并集的净覆盖率为不与该表中所有其他低阶并集重合的覆盖率。下同。

　　选用 F 型架构的第一个高阶并集表明，实行专业化战略（~D）的样本央企集团，若其母公司系依照公司法注册（P），或集团受绩效和创新导向的企业文化（C）驱动，或在构建管控体系时充分考虑了多家控股子公司上市带来的管控复杂性（Lc），则会像"钱德勒式"命题预期的那样，选择对成员企业进行强有力的集权式管控的 F 型架构。第二个高阶并集表明，实行相关多元化战略（Dr）的样本央企集团，在主要通过内生式路径发展（G）、母公司依照公司法注册（P）且集团无绩效和创新导向的企业文化（~C）的情况下，或在集团母公司依照企业法注册（~P）且不存在对多家控股子公司上市带来的管控复杂性考量（~Lc）的情况下，也会沿用传统的 F 型架构，而不会像"钱德勒式"命题预期的那样转用与该战略最为配适的 M 型架构。

　　综上可见，P、C、Lc 中的任一条件均可与非多元化战略（~D）形成互补，使样本央企集团中专业化战略解释集团选用 F 型管控架构的一致率由 0.86（如图 3 中~D→F 所示）提升到 0.95 以上；而 P*~C*G 和~P*~Lc 这两个与相关多元化战略（Dr）共存的前因条件组合则对专业化战略形成了替代，使占全样本 29% 的 30 个央企集团在实行多元化战略的情况下呈现出与相关理论命题不相吻合的管控架构选择。更重要的是，前者 0.338 和后者 0.39 的净覆盖率证明，在中国选用非业务条线型管控架构的央企集团中，经典的"钱德勒式"配适实际上极其少见，而后者所代表的"非钱德勒式"配适在比例上甚至略超前者代表的"准钱德勒式"配适。

　　2. 选用业务条线型管控架构的充分性解释

　　为找出对样本央企集团选用业务条线型管控架构的解释具有足够充分性的、简洁的前因条件构型，我们尝试对表 6 中样本央企集团选用 M 型或 H 型管控架构的情形进行归并，希望能得到符合标准的低阶、高阶构型并集。然而，就 M 型架构的选用而言，即便是解释力相对较高的前因条件构型的低阶并集 D*P*~C*~Lc，其一致率也仅有 0.33。就 H 型架构的选用来说，H1a、H1b、H1c、H1d、H1e 的并集 Du，则构成该选择的唯一的充分性高阶解释。也即，实行非相关多元化战略的样本央企集团确实像"钱德勒式"命题预期的那样，采用分权式管控的 H 型架构。除此之外，其他解释力相对较高的前因条件构型的并集，即 D*P*C*Lc、D*~R*P*Lc、D*R~P*Lc 和 D*~R*~P*~C*Lc，对这一选择一致率分别为 0.63、0.75、0.44 和 0.57。总体来看，除高阶并集 Du 外，没有发现对解释样本央企集团选用业务条线型管控架构的一致性水平达到满意程度的简约的充分性解释。而作为高阶并集的非相关多元化（Du）条件仅 0.316 的净覆盖率（见表 9 末行）也表明，在中国选用业务条线型管控架构的央企集团中，经典的"钱德勒式"配适其实远非主流。

（四）样本央企集团选用不同管控架构的差异性解释

上述分析显示，由于存在多样化的复杂演进路径，我们难以获取央企集团选用业务条线型管控架构的相对简约的充分性解释。要对央企集团选用非业务条线型与业务条线型管控架构的不同条件做出有意义的解释，简单的"钱德勒式"和"准钱德勒式"解释也远远不够。为此，我们依照不同的集团战略将表5和表6中优化解所含的全部前因条件构型分为专业化（~D）与（相关）多元化（Dr）两类，分别比较这两种战略条件下样本央企集团采用非业务条线型管控架构与业务条线型管控架构的独特前因条件组合及组合间差异，以检验或修正"钱德勒式"命题。

1. （准）钱德勒式匹配的差异性解释：战略的互补条件

首先，我们对实行专业化战略（确定为~D或Dr取值不定）的样本央企集团选用F型管控架构的15个前因条件构型与实行相同战略的样本央企集团选用M型管控架构或H型管控架构的前因条件构型进行比较，归纳出这些集团在专业化战略条件下沿用F型架构的独特前因条件构型的低阶、高阶并集。如表8所示，所有低阶并集解释样本央企集团选择该架构的一致率均在0.85以上，共覆盖28个F型案例，覆盖率为0.364。进一步归并上述低阶并集，可得到专业化战略（~D）与F型管控架构形成"准钱德勒式"配适的两个高阶并集。

第一个高阶解释表明，实行专业化战略且有绩效和创新导向文化（C）的样本央企集团，若主要通过内生式路径发展（G），或内部无严重的资产重组问题（~R），会沿用F型架构。第二个高阶解释表明，实行专业化战略且在管控体系构建中关注国家制度要求胜于内部成员单位意见（~Up）的样本央企集团，若主要通过内生式路径发展（G）且母公司依照公司法注册（P），或主要通过外生式路径发展（~G）且在管控体系构建中考虑了多家上市子公司带来的管控复杂性（Lc），或者母公司以"先母后子"方式组建（~B）且集团无内部资产重组问题（~R），也会选用F型架构。

综上分析，在央企集团中，绩效和创新导向的集团企业文化或对国家制度要求的重点关注是与专业化战略互补的重要前因条件，与战略共同构成了"准钱德勒式"匹配条件。前者反映出在单一产品/服务领域专业化发展的集团，出于追求绩效和创新的内在需要，会主动强化既有的F型管控架构，以达成通过集权管理提高集团整体价值创造力的目的。后者则反映出外部制度条件对企业结构的决定作用，即无论集团管控难度高（~G）还是低（G与~B*~R），非多元化集团都可能出于国家对央企设置的各种显性或隐形的制度性要求，主动或被动地保留非业务条线型管控架构，以适应国家制度性安排的需要。据此，我们得出如下推断：

命题3：由于国家制度要求的约束或绩效和创新导向文化的支持，中国部分专业化央企集团沿循一般的管控架构演进路径（沿用F型管控架构），实现了管控架构与战略的最优配适。

表8　样本央企集团选用F型管控架构的"准钱德勒式"配适条件

低阶、高阶并集	前因条件构型	CS	CV（N）	NCV（N）
~D*（G+~R）*C		0.947	0.234（18）	0.143（11）
~D*G*C	F1a/bF5a/b	0.944	0.221（17）	0.065（5）
~D*~R*C	F6a/b/c	0.923	0.156（12）	0（0）
~D*（G*P+~G*Lc+~R*~B）*~Up		1	0.221（17）	0.130（10）
~D*G*P*~Up	F3a/b/cF7a/b	1	0.091（7）	0.026（2）
~D*~G*~Up*Lc	F2a/b	1	0.065（5）	0.039（3）
~D*~B*~R*~Up	F4	1	0.117（9）	0.026（2）

其次，我们对实行多元化战略（确定为 Du、Dr 或二者取值不定）的样本央企集团选用 M 型或 H 型管控架构的 17 个前因条件构型与实行相同战略的样本央企集团选用 F 型管控架构的前因条件构型进行比较，归纳出这些集团在多元化战略条件下遵循"（准）钱德勒式"配适而选用业务条线型架构的独特前因条件构型的低阶、高阶并集。如表 9 所示，所有低阶并集解释样本央企集团选择该类架构的一致率均为 1，其中对 M 型、H 型架构的累计覆盖率分别为 0.5 和 0.316，是有效的差异性解释。进一步归并上述低阶并集，可得到多元化战略（Dr 或 Du）与 M 型、H 型架构形成"准钱德勒式"配适的高阶并集。

从相关多元化（Dr）样本央企集团来看，表 9 中第一个高阶差异性解释表明，对实行该战略且不存在管控复杂性考量（~Lc）的样本央企集团，有两条路径会引致其采用 M 型架构：其一，在面临较严重的内部资产重组问题（R）的情况下，或是在管控体系构建中特别关注内部成员单位意见（Up）或是母公司依照公司法注册（P）；其二，在母公司以"先子后母"的方式组建（B）且集团主要通过外生式路径发展（~G）的情况下，缺乏绩效和创新导向文化（~C）且母公司未经公司制改造（~P）。进一步地，由第二个高阶解释可知，在集团管控体系构建中充分考虑了管控复杂性（Lc）的相关多元化集团，若母公司以"先子后母"的方式组建（B）、集团已形成绩效和创新导向的文化（C）且不存在资产重组问题（~R），也会选用 M 型架构。

再从非相关多元化（Du）样本央企集团看，其唯一的高阶差异性解释即为前文论述过的充分性解释 Du，即单个战略条件足以决定非相关多元化集团采用与"钱德勒式"命题吻合的管控架构。需要说明的是，此条件虽可区分业务条线型架构与非业务条线型架构之间的选择，但对选用 H 型架构这一特定的业务条线型架构却并非必要（如表 3 所示，H 型→Du = 0.32）。相比之下，由 5/6 的非相关多元化样本央企集团都拥有 2 家以上控股上市子公司的实际情况推论，多家子公司上市引发的管控复杂性考量（Lc）才是选用 H 型管控结构更具必要性的前因条件（如表 3 所示，H 型→Lc = 0.79）。

综上可见，在央企情境中，面临较大管控难度的集团客观上不存在或主观上不考虑旗下多家子公司独立上市造成的管控复杂性，或虽存在此考量但集团内部并无严重的资产重组问题且已形成绩效和创新导向文化，是与相关多元化战略互补以形成"准钱德勒式"配适的重要前因条件；非相关多元化战略则如经典理论的推断，是形成典型的"钱德勒式"配适的充分条件，而该战略条件与管控复杂性考量的结合，构成了这一匹配的充要条件。这两类央企集团表现出与西方企业基本类似的前因条件构型。也即，在对相关多元化业务单元实施管控时，要么不存在或无须考虑旗下多家控股子公司上市带来的管控复杂性，要么内部资产归口清晰且有绩效和创新导向的文化。这样的集团在管控属下业务单元时较少为制度和历史因素掣肘，能根据战略与结构的一般配适需求实施组织调整，采取 M 型架构。在对非相关多元化业务单元实施管控时，不论集团内、外部情境如何，唯有分权度较高的 H 型架构，才能帮助集团母公司有效管控彼此无战略性联系的多类业务，使作为独立法人的子（集团）公司分权化灵活运营，使整个集团获取投资组合收益。据此，我们得出如下推断：

命题 4a：面临较大管控难度的集团不存在管控复杂性考量，或存在此考量但有绩效和创新导向文化支持，使部分相关多元化央企集团能够沿循一般的管控架构演进路径，实现管控架构的最优化（选用 M 型管控架构）。

命题 4b：出自实施集团战略的强烈需要，非相关多元化央企集团主要以多家子公司上市方式摆脱制度和历史因素的约束，沿循一般的管控架构演进路径，实现管控架构的最优化（选用 H 型管控架构）。

表9 样本央企集团选用业务条线型管控架构"准钱德勒式"配适条件

低阶、高阶并集	前因条件构型	CS	CV（N）	NCV（N）
Dr*[（Up+P）*R+B*~G*~C*~P]*~Lc		1	0.375（3）	0.375（3）
Dr*R*Up*~Lc	M1	1	0.125（1）	0.125（1）
Dr*R*P*~Lc	M2	1	0.125（1）	0.125（1）
Dr*B*~G*~P*~C*~Lc	M3	1	0.125（1）	0.125（1）
Dr*B*~R*C*Lc		1	0.125（1）	0.125（1）
Dr*B*~R*C*Lc	M4	1	0.125（1）	0.125（1）
Du		1	0.316（6）	0.316（6）
Du	H1a/b/c/d/e	1	0.316（6）	0.316（6）
Du*Lc（Du 子集）	H1b/c/d/e	1	0.263（5）	0.263（5）

注：对最后一个高阶并集而言，Du 本身已构成选择 H 型管控架构的绝对充分条件，但其添加 Lc 条件的子集出现于 5/6 的案例中，表明非相关多元化战略与 H 型架构的"钱德勒式"配适主要出现在存有管控复杂性考量的场合。Lc 可视为对解释该类配适性选择不具必要性的边界条件（Scoping Condition）（Marx & Dusa，2011）。

2. "非钱德勒式"配适的差异性解释：战略的替代条件

首先，我们对实行专业化战略（确定为~D 或 Dr 取值不定）的样本央企集团选用与其战略不匹配的 M 型或 H 型管控架构的三个前因条件构型与实行相同战略的样本央企集团选用 F 型管控架构的前因条件构型进行比较，归纳出这些集团在专业化战略条件下违背战略决定原则而选用业务条线型管控架构的独特前因条件构型的低阶、高阶并集。如表10所示，所有低阶并集解释样本央企集团选择 M 型或 H 型架构的一致率均为 1，对业务条线型架构选用的累计覆盖率为 0.111，是有效的差异性解释。进一步归并这些低阶并集，可得到专业化战略与 M 型、H 型架构形成"非钱德勒式"配适的高阶并集。这一高阶差异性解释表明，母公司为依照企业法注册的国有独资公司（~P）、集团内部未形成绩效和创新导向的文化（~C）、不存在管控复杂性考量（~Lc）构成了专业化样本央企集团采用业务条线型管控架构的不可缺少的共有前因条件。具体地，其下的第一个低阶并集显示，对于选用 M 型架构的专业化集团，母公司以"先子后母"方式组建（B）和集团主要采用内生式发展路径（~G）是决定其管控架构的主要伴生条件；后两个低阶并集则显示，对于选用 H 型架构的专业化集团，集团存在内部资产重组问题（R），或在管控体系构建中相比国家制度要求而更注重成员单位的意见（Up），才是与共有条件一同决定其管控架构选择的伴生条件。

由此可见，在央企情境中，母公司未经公司制改造，缺乏绩效和创新为导向的文化引导，以及不存在多家子公司独立上市的管控复杂性考量，是替代多元化战略而使专业化集团突破"战略决定结构"的常规演进阶段，在"变异"中选用业务条线型管控架构的基本条件。在这三项条件的组合下，一方面，未经公司制改造的集团母公司的单一化股权结构弱化了集团总部的管控能力，加之不以绩效和创新为追求，使原本对其更适用的集权式管控难以奏效；另一方面，管控复杂性不高或未将此因素纳入考量，又给央企集团管控架构的变异赋予了自主选择色彩。至于这些集团在变异过程中究竟是选用与其战略偏离稍小的 M 型架构，还是相去甚远的 H 型架构，则取决于其发展轨迹中沉淀下来的管控难度。部分集团存在"弱天子"问题且以"先子后母"方式组建，因而依靠早期进入集团的彼此关系密切的"强诸侯"运作，积极推进向 M 型架构的变异，并将后期外生式发展过程中吸收的法人性质的子公司纳入归口管理产品线或业务条线的事业（群）部体系。还有部分集团或因面临严重的资产重组问题而无力整合同一产业领域内的业务，或因作为"弱天子"的集团母公司不得不特别尊重甚而放任"强诸侯"，只能准允其在保留独立法人地位的情形下行使业务板块管理责任，"不得已而为之"地发生向 H 型架构的消极变异。由于上述前因条件构型既反映了央企集团管控架构演进中企业历史因素对现行战略的替代作用，又包含了集团总部（积极或消极）的自主选择，所以我们将表10中的情形统称为选择变异型"非钱德勒式"配适。据此，我们得出如下推断：

命题5：部分非多元化央企集团在核心企业未经公司制改造且未形成绩效和创新导向文化的情形下，因客观上不存在多家控股子公司上市问题或主观上并无此种管控复杂性的考虑，从而在选择性变异中突破一般的管控架构演进路径，实现了管控架构的次优化（采用M型或H型管控架构）。

表10 样本央企集团选用业务条线型管控架构的选择变异型"非钱德勒式"配适条件

低阶、高阶并集	前因条件构型	CS	CV（N）	NCV（N）
~D*（B*~G+R+Up）*~P*~C*~Lc		1	0.111（3）	0.111（3）
~D*~P*~C*~Lc*B*~G	M4	1	0.125（1）	0.125（1）
~D*~P*~C*~Lc*R	H7	1	0.053（1）	0.053（1）
~D*~P*~C*~Lc*Up	H8	1	0.053（1）	0.053（1）

注：高阶并集CV和UCV的覆盖对象系采用业务条线型管控架构的全部样本央企集团。

其次，我们对实行（相关）多元化战略（确定为Dr，或Dr取值不定但Du取值为0）的样本央企集团选用F型管控架构的13个前因条件构型与实行相同战略的样本央企集团选用M型管控架构或H型管控架构的前因条件构型进行比较，归纳出这些集团在多元化战略条件下背离"钱德勒式"命题而选用F型架构的独特前因条件构型的低阶、高阶并集。如表11所示，所有低阶并集解释样本央企集团该架构选择的一致率均在0.85以上，累计覆盖率为0.532，是有效的差异性解释。对这些低阶并集做进一步归并，可得到相关多元化战略（Dr）与业务条线型管控架构形成"非钱德勒式"配适的四个高阶并集。

概括地说，业务多元化的样本央企集团在以下四种情形下会选用与其战略看似不甚配适的F型架构：其一，管控体系构建中注重国家制度要求更胜内部成员单位意见（~Up）的集团，当其不存在管控复杂性考量（~Lc）且不以"先子后母"方式组建（~B）或主要采用内生式发展路径（G）时，或者当其母公司为企业法注册的国有独资公司（~P）时；其二，不存在管控复杂性考量（~Lc）的集团当内部不存在资产重组问题（~R）且具有绩效和创新导向文化（C）时；其三，母公司依照公司法注册（P）的集团，当其在管控体系构建中考虑了多家子公司上市带来的管控复杂性问题（Lc）但未能在集团范围形成绩效和创新导向文化（~C）时；其四，以"先子后母"方式组建（B）的集团，当其母公司依照公司法注册（P）但集团主要通过内生式路径发展（G）时，或者当其管控体系构建中更注重集团内部成员单位意见而非国家制度要求（Up）且又未形成绩效和创新导向文化（~C）时。

综上可见，将多元化样本央企集团锁定于非业务条线型管控架构的原因虽多，但最主要的原因是，注重国家制度要求的集团或因为不存在管控复杂性考量或因为母公司仍为国有独资的集团公司，从而保留了F型架构。这类集团共22家，在所有采用该架构的相关多元化样本央企集团中占近五成的比例。其他的原因或是无管控复杂性考量的集团因内部不存在资产重组问题而沿用了传统架构，或是经过公司制改造的母公司虽考虑了管控复杂性但因集团未形成绩效和创新导向文化而无意改变现有架构，抑或是通过"先子后母"方式组建的弱总部集团没有信心凭借业务条线型管控架构管控下属业务单元。总体来看，在央企情境中，制度变革的滞后性与企业历史因素的限制是对专业化战略产生替代而形成"非钱德勒式"配适的关键前因条件。鉴于这些条件反映出央企集团管控架构演进中对制度或历史因素的路径依赖，所以我们将表11中的情形统称为路径依赖型"非钱德勒式"配适。据此，我们得出如下推断：

命题6：或是注重国家制度要求的集团不存在管控复杂性考量或母公司仍为国有独资的集团公司，或是公司制改造后的母公司未形成集团范围绩效和创新导向文化，或是囿于集团组建方式的强印迹效应，不少多元化央企集团滞后于一般的管控架构演进阶段，耽于管控架构的次优化（沿用 F 型管控架构）。

表 11 样本央企集团选用 F 型管控架构的路径依赖型"非钱德勒式"配适条件

低阶、高阶并集	前因条件构型	CS	CV（N）	NCV（N）
Dr*［(~B + G)*~Lc + G*~P*C］*~Up		1	0.286（22）	0.234（18）
Dr*~B*~Lc*~Up	F4	1	0.130（10）	0.013（1）
Dr*G*~Lc*~Up	F9a/b	1	0.221（17）	0.065（5）
Dr*G*~P*C*~Up	F5a/b	1	0.104（8）	0.052（4）
Dr*~R*~Lc*C		0.923	0.156（12）	0.117（9）
Dr*~R*C*~Lc	F6a/b/c	0.923	0.156（12）	0.156（12）
Dr*~C*P*Lc		1	0.065（5）	0.026（2）
Dr*~C*P*Lc	F8	1	0.065（5）	0.065（5）
Dr*(G*P + ~C*Up)*B		1	0.130（10）	0.065（5）
Dr*B*G*P	F7a/b	1	0.078（6）	0.078（6）
Dr*B*~C*Up	F10a/b	1	0.052（4）	0.052（4）

最后，我们比较实行相关多元化战略的样本央企集团选用 H 型架构的六个前因条件构型与实行相同战略的样本央企集团选用 M 型管控架构的前因条件构型，以深入区分这些集团选择不同主体作为业务条线管理责任单元的低阶、高阶并集。如表 12 所示，所有低阶并集解释样本央企集团选择 H 型架构的一致率均为 1，累计覆盖率为 0.421，是有效的差异性解释。对这些低阶并集做进一步归并，可得到在"多元化战略—业务条线型结构"的总体趋向下具体架构选择有悖于经典命题，即相关多元化战略（Dr）对应 H 型架构而非 M 型架构的两个高阶并集。

这两个高阶差异性解释显示，原本宜采用偏集权的 M 型架构的相关多元化样本央企集团，在两种情况下采用了更为分权的 H 型架构。其一，相关多元化集团以"先母后子"方式组建（~B）、母公司依照公司法注册（P）且集团内部形成了以绩效和创新为导向的文化（C）。其二，集团管控体系构建中充分考虑了旗下多家控股子公司上市带来的管控复杂性（Lc）。第二种情况又可细分为两类：一是母公司为未经公司制改造的、依照企业法注册的国有独资公司（~P），当集团不是以"先子后母"方式组建（~B）而又未形成绩效和创新导向文化（~C）或管控体系构建中对集团下属成员单位意见的重视超过了对国家制度要求的关注（Up）时，或者当集团面临较严重的内部资产重组问题（R）且又缺乏绩效和创新导向文化（~C）并在管控体系构建中更重视国家制度要求（~Up）时；二是以"先子后母"方式组建（B）的集团，面临内部资产重组问题（R），并且在集团管控体系构建中重视内部自下而上的意见胜于国家制度要求（Up）时。

综上可见，在央企情境中，一方面，集权与分权相结合的 M 型架构的接受度不高，使得相关多元化集团母公司即便经过了公司制改造，也偏好通过旗下独立法人的子公司管理业务板块的 H 型架构。将这一选择的高阶解释~B*P*C 与相关多元化情形下的 H1a、H1d 对比可知，不论下属业务的关联性如何，出现了前因条件组合~B*P*C 的多元化央企集团都倾向于选用 H 型架构，即公司制改造并未改变相关多元化央企集团管控架构选择的偏好。另一方面，旗下多家子公司独立上市增加了集团管控复杂度和难度，使管控能力低弱（如母公司未经公司制改造造成的"弱天子"情形，或集团以"先子后母"方式组建造成的"强诸侯"情形）的集团总部不得不依靠独立上市的子公司融资，依靠基于产权关系的业务板块（子集团）管理下属业务。将表 12 中对 H 型架构覆盖率较高（0.368）的高阶解释 Dr* ｛[~B*(~C+Up)+R*~C*~Up]*~P+B*R*C*Up｝*Lc 与表 9 中对 M 型覆盖率相当（0.375）的高阶解释 Dr*[(Up+P)*R+B*~G*~C*~P]*~Lc 对比可知，央企集团在相关多元化战略下选用 H 型还是 M 型架构主要取决于对多家控股了公司独立上市所引致的管控复杂性的考量（Lc）。选用 M 型架构的集团不存在这种考量（~Lc），而选用 H 型架构的集团则恰恰相反（Lc）。总体上说，以上两方面中，前一高阶并集反映了在本土化通行观念影响下积极的选择偏好，后一高阶并集则反映了在国有企业产权制度背景（如集团公司为股权单一的传统国有独资企业）及制度变革轨迹（如集团非整体上市，母公司通过行政性部门、事业单位转制或若干子公司合并而来）下消极的自主选择。从覆盖率看，后者更是超越前者，占据了做出这种"非钱德勒型"管控架构变异性选择的相关多元化央企集团的主流。据此，我们得出如下推断：

命题 7：在母公司未经公司制改造的产权制度历史背景下，出自应对源于非整体上市的管控复杂性的需要，部分相关多元化央企集团在弱管控能力、高管控难度的挑战下，在选择性变异中突破一般的管控架构演进路径，实现了管控架构的次优化（采用 H 型管控架构）。

表 12　相关多元化样本央企集团选用 H 型管控架构的选择变异型"非钱德勒式"配适条件

低阶、高阶并集	前因条件构型	CS	CV（N）	NCV（N）
Dr*~B*P*C		1	0.053（1）	0.053（1）
Dr*~B*P*C	H2	1	0.053（1）	0.053（1）
Dr*｛[~B*(~C+Up)+R*~C*~Up]*~P+B*R*C*Up｝*Lc		1	0.368（7）	0.368（7）
Dr*~B*~P*~C*Lc	H3	1	0.158（3）	0.053（1）
Dr*~B*~P*Up*Lc	H4	1	0.105（2）	0.053（1）
Dr*R*~P*~C*~Up*Lc	H5a/b	1	0.158（3）	0.105（2）
Dr*(B*)R*C*Up*Lc	H6	1	0.053（1）	0.053（1）

综上所述，集团历史（尤其是中国特有的"先子后母"集团母公司组建方式）、管理层认知（对同美国企业整体上市模式差别甚大的多家子公司独立上市乃至"分拆上市"模式引致的管控复杂性的考量）、产权制度变革（特别是在"现代企业制度建设"过程中将依照企业法注册的国有独资公司改造为依照公司法注册的有限责任公司）相关的多种本土化前因条件补充或替代了集团战略，使中国央企集团或沿循、或迁就、或突破经典的"钱德勒式"战略与结构匹配关系，形成了演进路径非收敛的各种"准钱德勒式"和"非钱德勒式"配适。与非相关多元化战略匹配 H 型架构这唯一的"钱德勒式"配适仅 0.316 的累计覆盖率相比，互补要素联合作用引致的专业化战略匹配 F 型架构、相关多元化战略匹配 M 型架构这两类"准钱德勒式"配适的累计覆盖率分别为 0.364 和 0.5，专业化战略匹配业务条线型架构、（相关）多元化战略匹配 F 型架构匹配、相关多元化战略匹配 H 型架构这三类"非钱德勒式"配适的累计覆盖率则分别为 0.111、0.532、0.421。据此，我们得如下推断：

命题 8：央企集团的管控架构选择可分为"钱德勒式"配适、"准钱德勒式"配适和"非钱德勒式"配适三类。由战略要素独立决定的经典"钱德勒式"配适的比重远低于其他两类。

六、结论与展望

探寻战略与结构匹配的影响因素，对我国企业集团未来的发展有重要指导意义（Yiu et al.，2005；冯米等，2012）。本文从组织管理的整体观和本土大企业集团发展的历史脉络出发，通过对 QCA 初始结果的归纳与分析，揭示了中国国企情境中多业务、多单元大型公司在集团战略、历史路径、管理认知、产权制度变革的共同作用下选择管控架构的整体图景，识别了异于钱德勒"结构追随战略"理论的本土化管控架构配适方式，并明晰了这些选择的前因要素及其不同组合类型。这些发现弥补了现有的组织研究文献中忽视转型经济背景、遗漏历史轨迹等重要驱动因素、缺乏对管控架构差异成因分析的不足。本研究不仅深化和补充了经典的战略与结构匹配理论，而且推动了多业务、多单元大型企业管控本土化理论的构建，对未来在进一步整合国资企业、发展混合所有制过程中的集团化改革和管控架构调整具有切实的指导意义。

（一）研究结论

本研究发现，在集团组建方式、早期投资权过度下放引致集团产权层级过多及非整体上市等历史性因素，以及母公司产权性质、国家制度要求等制度性因素的共同影响下，处于转型时期的中国大型集团化央企实际上很少依照"钱德勒式"战略与结构匹配关系来选择和调整管控架构。在本文研究样本中，完全由集团战略决定的"钱德勒式"配适仅存在于五个构型的非相关多元化央企集团中，而有 15 个构型的专业化央企集团和四个构型的相关多元化央企集团在管控架构选择中表现出需由集团战略与其他互补要素共同解释的"准钱德勒式"配适，还有三个构型的专业化央企集团和 13 个构型的相关多元化央企集团的管控架构选择表现出与集团战略解释相悖、完全由其他替代因素解释的"非钱德勒式"配适。最后一类配适又可依据其管控架构调整是滞后于还是突破了一般的管控架构演进路径，进一步区分为路径依赖型和选择变异型两个子类。

通过对"钱德勒式""准钱德勒式"和"非钱德勒式"配适所有前因构型的详尽比同和比异，我们发现：首先，非相关多元化战略是唯一可独立形成"钱德勒式"配适的稳定条件，其他类型的发展战略均不构成经典理论所预测的匹配性管控架构选择的充要条件。其次，就"准钱德勒式"配适来说，绩效和创新导向的文化与对国家制度要求的关注，是和专业化战略互补的、驱动实行该战略的央企集团选择非业务条线型管控架构的前因条件；不存在或无须考虑因国资改革历史轨迹中偏好多子公司上市而非整体上市的体制与理念要素，或者做出这一考量的集团已在内部形成绩效和创新导向的文化，则作为与相关多元化战略互补的前因条件，联合解释了实行这一战略的央企集团对业务条线型管控架构的选用。最后，就"非钱德勒式"配适而言，不存在源自非整体上市的管控复杂性考量，加之未经公司制改造的国有独资的集团公司和不以绩效和创新为导向的集团企业文化，替代了专业化战略，使这些央企集团在经营领域尚未跨多个产业的情况下转向了产品线细分的业务条线型管控架构；同样替代战略要素的，一些相关多元化央企集团在管控复杂性考量下，因为母公司未经公司制改造或以"先子后母"方式组建的集团存在内部资产重组问题，从而在选择变异中采用了与相关业务协同需要不甚匹配的 H 型管控架构，而不是经典理论所预测的 M 型架构。另外，央企中还存在另一种背离经典预测的"非钱德勒式"配适，即本应采取业务条线型架构的集团却滞后地采用了 F 型架构。其原因中除了无管控复杂性考量或（和）出自国家制度要求外，存有管控复杂性考量的集团母公司虽经过产权意义上的公司制改造但未在集团范围建成绩效和创新导向文化，以及"先子后母"这一转型中特有的、由若干个成规模子公司经"行政捏合"为母公司的集团组建方式，均对相关多元化战略形成了明显的替代，使业务领域已呈多元化态势的央企集团锁定于既往的职能型管控架构中，从而呈现战略无力驱动管控架构演进的路径依赖特征。

　　表13简要总结了本文发现的主要配适类型及对各类配适差异性解释中所共有的重要前因条件。总体看，在中国情境下，经典的"钱德勒式"配适的比重远低于"准钱德勒式"和"非钱德勒式"配适。除了非相关多元化央企集团（6/6）的管控架构选择均符合"钱德勒式"配适的预测外，大多数专业化央企集团（28/36）的管控架构选择都表现为"准钱德勒式"配适，而"非钱德勒式"配适是相关多元化央企集团管控架构选择的主流［(32+7)/62］。在"准钱德勒式"和"非钱德勒式"配适中，传统国企的产权性质（是否公司法注册）及改制的历史轨迹（包括集团"先子后母"组建方式、分拆上市带来的管控复杂性等）对央企集团管控架构的演进或停滞具有较战略要素更强的解释作用。这反映了中国作为转型经济体独有的组织演变特点。

表13　研究结果总结表

集团战略	管控架构及案例数①	配适类型	差异性解释中的重要共有条件	覆盖案例数	合计覆盖案例数②	解释水平②/①
专业化（36家）	F型（31家）	准钱德勒式	绩效和创新导向文化	18	28	90.3%
			国家制度要求	17		
	M型或H型（5家）	非钱德勒式：选择变异型	企业无法注册、缺乏绩效和创新导向文化且无管控复杂性考量	3	3	60%
相关多元化（62家）	F型（46家）	非钱德勒式：路径依赖型	国家制度要求且企业法注册或无管控复杂性考量	22	32	69.6%
			经公司制改造的母公司存有管控复杂性考量但未在集团范围形成绩效和创新导向文化	5		
			集团通过先子后母方式组建	10		
	M型（6家）	准钱德勒式	不存在管控复杂性考量但面临较大管控难度	3	4	66.7%
			存在管控复杂性考量时具有绩效和创新导向文化	1		
	H型（10家）	非钱德勒式：选择变异型	存在管控复杂性考量且母公司未经公司制改造或先子后母集团内部存在资产重组问题	7	7	70%
非相关多元化（6家）	H型（6家）	钱德勒式	战略是绝对充分条件（管控复杂性考量仅作为其主要的边界条件）	6	6	100%

（二）研究贡献

　　首先，本研究的贡献在于选择以央企集团这一鲜有深入研究，却对转型期中国大型企业而言极具代表性的特殊企业群体为实证研究对象。由于央企管控架构演变的过程相对漫长且复杂，加之相关信息透明度较低，要取得与本文研究问题有关的、切实可信的系统性资料十分困难。本研究团队借助参与国资委央企集团管控课题研究的机会，通过实地访谈、问卷调查、二手数据收集等多种渠道实现了数据的三角验证，在中国集团管控研究中取得了实证背景的重要突破。

　　其次，我们将"先子后母"的集团组建方式、产权性质上属依照企业法而非公司法注册的集团母公司、集团内部有多家控股子公司独立上市等中国特有的情境化因素纳入集团管控架构成因分析。鉴于中国大型国企集团普遍面临"强诸侯，弱天子""集而不团，管而不控"、产权链分布过长、集团内部业务重叠等问题，且一时难以解决，唯有深入阐释这些因素在战略与结构本土化配适中的作用，集团管控研究才能真正深入到因果机制层面，得出的结论才能切实有效地指导逐步铺开的国资国企整合与结构调整。当前一些以"先子后母"方式组建或者主要依靠外生式路径发展的央企集团，其高管惯常将"集而不团"问题归罪于"弱天子、强诸侯"这一历史性因素的阻滞或锁定作用，并不去思考如何使集团总部发挥主动性以实现路径改善甚至路径突破。实际上，"弱天子"的出现可能仅与集团组建之初形成的母公司特质相关，与"强诸侯"并无必然联系。若切断二者的简单关联，清楚区分央企集团选择同一管控架构的不同历史归因，便可能明确消弭管控架构优化障碍的具体手段。在"强诸侯"情形下，可通过压缩产权链层级、推进整体上市（~Lc）等举措促使集团转向业务条线型管控架构（如表 9 中第一个高阶并集所示）；在"弱天子"情形下，则可通过培育绩效和创新导向的集团企业文化（C），以实现相关多元化战略与 M 型架构的"准钱德勒式"配适（如表 9 中第二个高阶并集所示）。概言之，从本文得出的三类与中国央企集团特征相关的配适性方案出发，研究者可通过分析特定前因构型的条件结构及其组合关系性质（互补或替代），明确不同因素的具体影响与产生影响的协同机理，以此帮助"弱天子、强诸侯"型央企集团找出在管控架构选择中实现路径突破的关键所在（如表 10 第一个低阶并集所示）。

最后，我们摒弃了盛行的统计学量化分析视角，首次在中文管理学领域采用以多变量系统性关系分析为基础的构型研究范式探讨集团管控问题，在数据使用与研究方法上为中文管理学界提供了将跨案例研究与较大样本量糅合的独特研究途径。本文既是国内首批尝试使用 QCA 方法的研究之一，更是国内管理学领域首例以 QCA 方法对单个前因条件与前因条件组合（构型）的充分性和必要性进行严谨、透彻分析的研究。借助 QCA 方法，我们得以将多个相互作用的前因要素整合到同一分析框架中，并以单个条件不充分却非冗余（IN）、条件组合构型并非绝对必要但充分（US）的"INUS"前因条件构型解释这些因素的作用。这不仅凸显了各前因要素背后深刻的历史与制度烙印，还以体现"结果等效性"的多样化路径展现了央企集团管控架构演进的探索性与非收敛特征，为中国大型集团化企业的管控架构选择提供了全景式的系统化考察与认识。

（三）研究局限与未来研究方向

本文主要存在两方面局限：第一，尽管本研究在基本 QCA 分析中完全遵守国际学界的准则，但我们对"钱德勒式""准钱德勒式""非钱德勒式"配适的不同前因条件构型的比对与归纳还有待进一步凝练，对各类配适条件的解读也尚需深化。第二，因篇幅限制，本文缺乏典型案例展示，未能在因果解释中实现深度案例材料与 QCA 分析结果的结合。

未来可在以下方面继续运用 QCA 方法深入研究中国大型企业集团管控问题：一是将非央企类国企集团或非国企类大型企业集团纳入分析框架，细化本文提出的命题，明确其适用的边界条件。二是进一步收集、分析中国大型国企集团案例，并与本文识别的央企集团选择 F 型、M 型、H 管控架构的前因条件构型进行比对，系统完善中国情境下管控架构配适性选择的类型化解释。三是专注于"非钱德勒式"配适，深入解读中国多元化大型企业集团沿用非业务条线型管控架构、专业化大型企业集团采用业务条线型管控架构的具体前因条件及其组合方式，为深化中国国企改革提供突破路径依赖、优化管控架构的细化途径。四是将战略与管控架构的配适类型与中国大型企业集团的绩效相关联，全面探讨管控架构的配适性选择在中国情境下的作用效果及分类学意义。

注释

从自然断裂上看，样本央企集团采用 F 型、M 型、H 型架构的所有潜在前因构型的一致率，分别在 1 至 0.75、1 至 0.5、1 至 0.33 间出现断裂。就此而言，结合 Ragin（2006，2008）的建议，在是否选用三类架构的分析中，一致率门槛值大于等于 0.75 即可。但从三类架构的样本占比来看，采用 F 型、M 型、H 型架构的样本央企集团比例分别为 74%、8%、18%。为有效区分具有充分性的构型与样本占比随机分布的构型，是否采用某类架构的一致率门槛值应明显高于该类架构的总样本占比。马克斯和杜莎（Marx & Dusa，2011）的研究结论表明，对样本数为 104 的 csQCA 而言，若前因要素为 8 个（是否采用 F 型或 M 型的要素个数），一致率下限门槛值为 0.82，若前因要素为 9 个（是否采用 H 型的要素个数），一致率下限门槛值为 0.9。综上考虑，本文分别设定 0.85、0.85、0.9 为是否采用 F 型、M 型、H 型架构的一致率门槛值。

我们依据这份财政部文件将宏观调控型（文件中第四类）、军工和转制科研院（文件中第三类）、资源垄断型（文件中第一类）、一般竞争型（文件中第二类）央企的主营业务所在行业垄断程度分别标定为 1、0.75、0.501、0.25。

括号内数字为控股上市公司数或控股上市公司所在最长层级数与问卷中相应题项（如-0.21 对应"本集团旗下控股上市公司过多是否削弱了集团融资能力"题项）的 Pearson 相关系数。* 和 ** 分别表示双尾检验中 0.05 和 0.01 的显著性水平。

在受传统"条条经济"影响的中国，事业部常被等同于专业管理部门，或者至多被视为相对独立经营的业务单元，而不是对分、子公司实施业务条线型管控的责任单元。

IN 即 Insufficiency（不充分）和 Necessary（必要、非冗余），US 即 Unnecessary（不必要）和 Sufficiency（充分）。

〔参考文献〕

［1］陈文婷（译）：《新兴市场的企业集团：是典范还是寄生虫（下）》，《管理世界》2010 年第 6 期。

［2］陈志军、刘晓：《母子公司协同效应评价的一种模型》，《经济管理》2010 年第 10 期。

［3］丹羽哲夫：《日本企业革新与 21 世纪战略》，吴永宽等译，北京三联书店 1997 年版。

［4］冯米、路江涌、林道谧：《战略与结构匹配的影响因素：以我国台湾地区企业集团为例》，《管理世界》2012 年第 2 期。

［5］韩朝华：《中国企业集团的行为和制度（下）》，《改革》1999 年第 5 期。

［6］刘斌：《三维突破：解构中国企业集团成长》，中国人民大学出版社 2012 年版。

［7］李彬、潘爱玲：《母子公司协同效应的三维结构解析及其价值相关性检验》，《南开管理评论》2014 年第 1 期。

［8］刘启亮、李增泉、姚易伟：《投资者保护，控制权私利与金字塔结构——以格林柯尔为例》，《管理世界》2008 年第 12 期。

［9］罗党论、唐清泉：《金字塔结构，所有制与中小股东利益保护——来自中国上市公司的经验证据》，《财经研究》2008 年第 9 期。

［10］罗伯特·殷：《案例研究：设计与方法》，周海涛等译，重庆大学出版社 2004 年版。

［11］钱婷、武常岐：《中国国有企业集团：基于情境化特征的探讨》，《经济学动态》2012 年第 4 期。

［12］王斌：《集团战略，事业部类型与财务管控体系》，《财务与会计》2011 年第 7 期。

［13］王力军：《金字塔结构控制，投资者保护与公司价值——来自中国民营上市公司的经验证据》，《财贸研究》2008 年第 4 期。

［14］韵江、刘立、高杰：《企业集团的价值创造与协同效应的实现机制》，《财经问题研究》2006 年第 4 期。

［15］张志铮、梁宪：《把中国企业集团建立在现代企业制度的基础上》，《中国改革》1995 年第 6 期。

［16］中央企业管理提升活动领导小组办公室：《企业集团管控》，团结出版社 2013 年版。

［17］Berle, A. A., & Gardiner, C. Means, 1968, The Modern Corporation and Private Property, New York: Harcourt, Brace World.

［18］Birkinshaw, J. M. & Morrison, A. J., 1995, "Configurations of Strategy and Structure in Subsidiaries of Multinational Corporations", Journal of International Business Studies, Vol. 26, pp. 729–753.

［19］Boyd, B. K. & Hoskisson, R. E., 2010, "Corporate Governance of Business Groups", in Colpan, A.M., Hikino, T. & Lincoln J. R. (Eds.), The Oxford Handbook of Business Groups, pp. 670–695. Oxford: Oxford University Press.

［20］Bruton, G. D. & Lau, C. M., 2008, "Asian Management Research: Status Today and Future Outlook", Journal of Management Studies, Vol. 45, pp. 636–659.

［21］Campbell, A. & Luchs, K. S., 1992, Strategic synergy, Oxford: Butterworth Heinemann Ltd.

［22］Carney, M., 2005, "Corporate Governance and Competitive Advantage in Family-Controlled Firms", Entrepreneurship Theory and Practice, Vol. 29, pp. 249–265.

[23] Chandler, A. D., 1962, Strategy and Structure: Chapters in the History of the Industrial Enterprise, Cambridge, MA: MIT press.

[24] Chandler, A. D., 1991, "The Functions of the HQ Unit in the Multibusiness Firm", Strategic Management Journal, Vol. 12, pp. 31–50.

[25] Chang, S. J. & Hong, J., 2002, "How Much Does the Business Group Matter in Korea?", Strategic Management Journal, Vol. 23, pp. 265–274.

[26] Coarse, R.H., 1937, "The Nature of the Firm", Economica, Vol. 4, pp. 386–405.

[27] Collis, D., Young, D. & Goold, M., 2007, "The Size, Structure, and Performance of Corporate Headquarters", Strategic Management Journal, Vol. 28, pp. 383–405.

[28] Collis, D., Young, D. & Goold, M., 2012, "The Size and Composition of Corporate Headquarters in Multinational Companies: Empirical Evidence", Journal of International Management, Vol. 18, pp. 260–275.

[29] Colpan, A. M. & Hikino, T., 2010, "Foundations of Business Groups: Towards an Integrated Framework", in Colpan, A.M., Hikino, T. & Lincoln J. R. (Eds.), The Oxford Handbook of Business Groups, pp. 15–66. Oxford: Oxford University Press.

[30] Davis, J. H., Schoorman, D. & Donaldson, L., 1997, "Toward a Stewardship Theory of Management", Academy of Management Review, Vol. 22, pp. 20–47.

[31] Donalson, L. & Davis, J. H., 1991, "Stewardship Theory or Agency Theory: CEO Governance and Shareholder Returns", Australian Journal of Management, Vol. 16, pp. 49–64.

[32] Egelhoff G. W., 2010, "How the Parent Headquarters Adds Value to an MNC", Management International Review, Vol. 50, pp. 413–431.

[33] Eisenhardt, K.M., 1989, "Building Theories from Case Study Research", Academy of Management Review, Vol. 14, pp. 532–550.

[34] Fiss, P. C., 2007, "A Set-theoretic Approach to Organizational Configurations", Academy of Management Review, Vol. 32, pp. 1180–1198.

[35] Fiss, P. C., 2011, "Building Better Causal Theories: A Fuzzy Set Approach to Typologies in Organization Research", Academy of Management Journal, Vol. 54, pp. 393–420.

[36] Fiss, P. C., Cambré, B. & Marx, A. (Eds.), 2013, Configurational Theory and Methods in Organizational Research, UK: Emerald Group Publishing.

[37] Goertz, G. & Mahoney, J., 2005, "Two-Level Theories and Fuzzy-Set Analysis", Sociological Methods & Research, Vol. 33, pp. 497–538.

[38] Ghemawat, P. & Khanna, T., 1998, "The Nature of Diversified Business Groups: A Research Design and Two Case Studies", The Journal of Industrial Economics, Vol. 46, pp. 35–61.

[39] Goold, M., Alexander, M. & Campbell, A., 1995, Corporate-level Strategy: Creating Value in the Multibusiness Company, New York: Wiley.

[40] Grandori, A. & Furnari, S., 2008, "A Chemistry of Organization: Combinatory Analysis and Design", Organization Studies, Vol. 29, pp. 459–485.

[41] Helfat, C. E. & Eisenhardt, K. M., 2004, "Inter-temporal Economies of Scope, Organizational Modularity, and the Dynamics of Diversification", Strategic Management Journal, Vol. 25, pp. 1217–1232.

[42] Keister, L. A., 1998, "Engineering Growth: Business Group Structure and Firm Performance in China's Transition Economy", American Journal of Sociology, Vol. 104, pp. 404–440.

[43] Keister, L. A., 2004, "Capital Structure in Transition: The Transformation of Financial Strategies in China's Emerging Economy", Organization Science, Vol. 15, pp. 145–158.

[44] Khanna, T. & Yafeh, Y., 2007, "Business Groups in Emerging Markets: Paragons or Parasites?", Journal of Economic literature, Vol. XLV, pp. 331–372.

［45］Khanna, T., 2009, "Learning from Economic Experiments in China and India", Academy of Management Perspectives, Vol. 23, pp. 36–43.

［46］Kleinbaum, A. M., & Stuart, T. E., 2014, "Inside the Black Box of the Corporate Staff: Social Networks and the Implementation of Corporate Strategy", Strategic Management Journal, Vol. 35, pp. 24–47.

［47］Kock, C. J. & Guillén, M. F., 2001, "Strategy and Structure in Developing Countries: Business Groups as an Evolutionary Response to Opportunities for Unrelated Diversification", Industrial and Corporate Change, Vol. 10, pp. 77–113.

［48］Lacey, R. & Fiss, P. C., 2009, "Comparative Organizational Analysis across Multiple Levels: A Set-theoretic Approach", Research in the Sociology of Organizations, Vol. 26, pp. 91–116.

［49］Larsson R., 1993, "The Handshake between Invisible and Visible Hands: Toward a Tripolar Institutional Framework", International Studies of Management & Organization, Vol. 23, pp. 87–106.

［50］Lee, K. & Jin, X., 2009, "The Origins of Business Groups in China: An Empirical Testing of the Three Paths and the Three Theories", Business History, Vol. 51, pp. 77–99.

［51］Marx, A. & Dusa, A., 2011, "Crisp-Set Qualitative Comparative Analysis (csQCA), Contradictions and Consistency Benchmarks for Model Specification", Methodological Innovations Online, Vol. 6, pp. 103–148.

［52］Menz, M., Kunisch, S. & Collis, D. J., 2013, "What Do We Know About Corporate Headquarters? A Review, Integration, and Research Agenda", Harvard Business School Working Paper, No. 14-016.

［53］Meyer, A. D., Tsui, A. S. & Hinings, C. R., 1993, "Configurational Approaches to Organizational Analysis", Academy of Management Journal, Vol. 36, pp. 1175–1195.

［54］Meyer, M. W. & Lu, X., 2005, "Managing Indefinite Boundaries: The Strategy and Structure of a Chinese Business Firm", Management and Organization Review, Vol. 1, pp. 57–86.

［55］Miller, D. & Friesen, P. H., 1984, "A Longitudinal Study of the Corporate Life Cycle", Management Science, Vol. 30, pp. 1161–1183.

［56］Nohria, N. & Ghoshal, S., 1994, "Differentiated Fit and Shared Values: Alternatives for Managing Headquarters Subsidiary Relations", Strategic Management Journal, Vol. 15, pp. 491–502.

［57］Prechel, H., 1997, "Corporate Transformation to the Multilayered Subsidiary Form: Changing Economic Conditions and State Business Policy", Sociological Forum, Vol. 12, pp. 405–439.

［58］Ragin, C. C., 1987, The Comparative Method: Moving Beyond Qualitative and Quantitative Strategies, Berkeley: University of California Press.

［59］Ragin, C. C., 2000, Fuzzy-set Social Science, Chicago: University of Chicago Press.

［60］Ragin, C. C., 2006, "Set Relations in Social Research: Evaluating Their Consistency and Coverage", Political Analysis, Vol. 14, pp. 291–310.

［61］Ragin, C. C., 2008, Redesigning Social Inquiry: Fuzzy Sets and Beyond, Chicago: University of Chicago Press.

［62］Rumelt, R. P., 1974, Strategy, Structure and Performance, Cambridge, MA: Harvard University Press.

［63］Schneider, M. R., Schulze-Bentrop, C. & Paunescu, M., 2010, "Mapping the Institutional Capital of High-tech Firms: A Fuzzy-set Analysis of Capitalist Variety and Export Performance", Journal of International Business Studies, Vol. 41, pp. 246–266.

［64］Scott, B., 1973, "The Industrial State: Old Myths and New Realities", Harvard Business Review, Vol. 51, pp. 138–148.

［65］Toms, S. & Wright, M., 2005, "Divergence and Convergence within Anglo-American Corporate Governance Systems: Evidence from the US and UK, 1950-2000", Business History, Vol. 47, pp. 267–295.

［66］Whittington, R. & Mayer, M., 1997, "Beyond or Behind the M-form? The Structures of European Business", in Thomas, H., O'Neal, D. & Ghertman, M. (Eds.), Strategy, Structure and Style, pp. 241–258.

［67］Williamson, O. E., 1981, "The Economics of Organization: The Transaction Cost Approach", American Journal of Sociology, Vol. 87, pp. 548–577.

［68］Yiu, D., Bruton, G. D. & Lu, Y., 2005, "Understanding Business Group Performance in an Emerging Economy: Acquiring Resources and Capabilities in Order to Prosper", Journal of Management Studies, Vol. 42, pp. 183–206.

［69］Yiu, D. W., Lu, Y., Bruton, G. D. & Hoskisson, R. E., 2007, "Business Groups: An Integrated Model to Focus Future Research", Journal of Management Studies, Vol. 44, pp. 1551–1579.

［70］Zey, M. & Swenson, T., 1998, "Corporate Tax Laws, Corporate Restructuring, and Subsidiarization of Corporate Form, 1981–1995", The Sociological Quarterly, Vol. 39, pp. 555–582.

［71］Zey, M. & Swenson, T., 1999, "The Transformation of the Dominant Corporate Form from Multidivisional to Multisubsidiary", The Sociological Quarterly, Vol. 40, pp. 241–267.

（本文发表在《管理世界》2014 年第 12 期）

中国药业政府管制制度形成障碍的分析[*]

余　晖

一、中国药业的政府管制：故事与问题

（一）药品的两重性与药业的政府管制

1. 什么叫政府管制

从行政法的意义上说，政府管制一般是指政府行政机构根据法律授权，采用特殊的行政手段或准立法、准司法手段，对企业、消费者等行政相对人的行为实施直接控制的活动。在经济学家看来，政府管制的作用范围在微观经济领域，因此也被称为微观管制经济学（植草（1992），不过日本人习惯把管制称为"规制"）。从 Stigler（1971）开始，经济学家之所以对政府管制的研究兴趣日浓，我猜想，是因为大量的政府管制活动都与处理企业间、企业和消费者间的关系有关，这恰巧与微观经济学里的微观经济主体一致，因而可以借用微观经济学的分析方法。不同之处在于：传统的微观经济学不把政府作为微观经济主体来研究，而现代管制经济学则日益倾向于将政府（起码是政府官僚）视为一个标准的经济人来对待。

Stigler（1971）把他对政府管制的研究称为"经济管制的理论"，并因此创立了管制经济学。那个时期的管制经济学主要研究所谓"自然垄断产业"的进入和定价问题（Kahn，1971，1972）。之后不久，经济学家逐渐使用"管制的经济理论"的说法。这是因为，经济学家们发现，政府管制活动按其目标可分为"经济的"和"社会的"两种。前者侧重于处理企业间及企业和消费者间纯粹的经济关系；后者则偏重于处理企业的经济行为可能给消费者和社会带来的不健康或不安全问题。20 世纪 80 年代以来，西方国家里社会性管制活动的比重越来越大，并成为管制经济学研究的热点。也有的经济学家如 Spulber（1989）则把政府管制所触及的领域分为有可能存在市场失灵的"进入壁垒""外部性"和"内部性"[①] 三大类。第一类明显与市场结构即企业间的垄断和竞争关系有关（如自然垄断、违竟行为）；第二类主要

　　* 本文是作者 1996 年完成的天则经济研究所的一项研究课题报告。曾发表于《管理世界》，1997 年第 5~6 期。后收入《中国制度变迁的案例研究（第二集）》，中国财政经济出版社 1999 年版；又收入中国社会科学院科研局编《纪念中国社会科学院建院三十周年优秀科研成果奖获奖论文集》（第三届，上册），社会科学文献出版社 2007 年版。
　　① Spulber（1989）对内部性下的定义是："内部性是指由交易者所经受的但没有在交易条款中说明的交易的成本和效益。"有三类主要的"交易成本"是造成内部性的原因：a. 在存在风险的条件下签订意外性合约（Contingent Contract）的成本；b. 当合约者行为不能完全观察到时所发生的观察或监督成本；c. 交易者收集他人信息和公开自身所占有的信息时发生的成本。内部性的存在使得交易者不能获取全部潜在的交易所得。

与企业对特定社会群体造成的外部不经济有关（如环境污染、公共资源的耗竭）；第三类则主要与企业和消费者之间因信息不对称而引起的内部不经济有关（如产品质量、作业场所的卫生和安全）。不难看出，后两类领域里的政府管制与上述的社会性管制在内容上基本一致。

2. 药品的两重性、信息偏在和药业的政府管制

药业（指药品的研制、生产和流通）本身是一个竞争性产业，但在世界各国它却受到包括进入限制和标准设立等在内的复杂而严格的政府管制。

从药物学角度看，药业的政府管制与药品以下的一些特殊性有关：①药品的两重性，即它既可以防治疾病、健康保健，又有不同程度的副作用，如失之管理，使用不当，有可能危及人们的生命安全。②药品具有很强的专用性，即人们一般要通过医生的检查、诊断并在医生或药师的指导下合理使用药品，若滥用药品则可能造成中毒或引发药源性疾病。据世界卫生组织统计，目前全世界有 1/3 的患者是死于用药不当。而我国使用抗生素药物造成的药源性疾病，20 世纪 50 年代发生率为 15.6%，80 年代高达50%。③药品的质量至关重要。不符合质量标准要求的药品可直接危害患者的生命。④因药品有特殊的使用价值，其经济效益高于普通商品，因此有被不法分子作为牟利工具的可能性。据世界卫生组织统计报告，全世界每年有近 100 亿美元的假劣药品。⑤药品质量的优劣、真伪，一般消费者难以识别，只有依靠专门的技术人员使用专门的设备才能做出鉴定和评价。

这些特性说明，在普通消费者（即患者）与药品生产企业、药品经营企业、医师及药师之间，对药品的质量、用途及使用方法等，存在着严重的信息不对称，即消费者所掌握的药品知识是很不完全的。因而在药品交易中，消费者处于绝对被动的地位，完全有可能承担额外的交易成本。药品的政府管制，旨在从制度上保证消费者获得更多的药品信息，从而尽量降低交易成本和健康风险。因此药业管制属上述第三类社会性管制。

药品的管理有悠久的历史。例如我国，在药品管理机构据上，《周礼·天官》记载，医师是官名，为众医之长，其职权是"掌众医之政令，聚毒药以供医事"；秦时设有太医令丞，东汉光武帝时医药管理开始分设，"置太医令一人，药丞、方丞各一人，药丞主药，方丞主方。"在药品生产经营上，宋代政府始创的官办"和剂局"和"惠民局"遍及各州、府、军队，由政府经营制药、卖药；明代始有民间药铺。在药品标准上，由政府组织编写出版的有唐朝的《新修本草》；宋朝的《太平惠民和剂局方》；明代则有了李时珍的《本草纲目》（参见李超进（1988）的相关研究）。

在许多现代市场化国家，如美国、英国和日本，政府都通过药品立法设立某一行政机构对药品（一般还包括食品、化妆品和医疗器械）业实行高度统一的管制，这种高度统一的管制体系，除了具备较高的执法效率外，还能取得执法资源和技术（如药品检验人员和设备）的规模经济，因而在世界各国被广泛采用。

（二）中国药业市场现状：秩序混乱、屡治不果

中国药业市场上存在着广泛的内部不经济，其主要表现在以下几个方面：

第一，假冒伪劣药品泛滥。全国查处的假劣药品案，1992 年为 1.7 万起，1993 年为 2.45 万起，1994 年猛增到 4.17 万起。①

第二，百业经药。许多地方和部门擅自开办药品经营企业和药品集贸市场，大量无证或证照不全的经营者充斥其中，在缺乏药品经营设备、不懂药品经营技术的情况下，大搞诱购贿销，成为假冒伪劣药品的主要流通渠道。

---

① 单宏权：《我国医药商品流通体制现状》，载国家医药管理局编《医药政策研究》1995 年第 8 期。

第三，药品购销中回扣之风盛行。由于回扣率一般在 10%~15%，有的地方甚至高达 60%~70%，而医疗机构本已享有 15%~18%的药品批零差价，因此医疗机构大发药"财"，患者则不得不承受大处方、高药价。[①]

第四，农村药品供应状况堪忧。众多个体医生，多以行医为名，行买药之实，使本来就缺医少药（据药界人士估计，占我国总人口 3/4 的农村人口仅消费全国 1/4 的药品）的 8 亿农民成为假劣药品的主要受害者。

为此，国务院于 1994 年 9 月 29 日发布了"53 号文"即《关于进一步加强药品管理工作的紧急通知》（国发〔1994〕53 号）。对上述混乱的市场状况及推波助澜的地方保护主义和药品管理部门的官僚作风，提出了某些治理对策。并声言将组织有关部门"深入研究修改和完善加强药品管理的有关法规，进一步理顺药品管理体制，改革药品价格管理制度，完善药品质量监督体系。"时隔两年，国务院办公厅又发布了《关于继续整顿和规范药品生产经营秩序加强药品管理工作的通知》（国办发〔1996〕14 号），列举了药品管理方面仍然存在的突出问题：无证照或证照不全、出租或转让证照违法生产、经营药品；药品集贸市场继续开办、取缔后擅自重新开业；整顿中药材专业市场的工作进展迟缓，一些违标中药材市场尚未关闭，仍违法许可中西成药、炮制中药饮片等进场交易；在当地政府的支持和纵容下，少数地区有恃无恐地制售假劣药品、开办药品集贸市场；一些部门自查自纠的态度不坚决，措施不得力，配合协作不够，互相扯皮；药品购销中的回扣已成歪风，危害深重。

可见，药品市场的混乱状况并未得到明显控制，且不排除继续蔓延的可能。

（三）中国药业的政府管制：背景、现状和走向

中国的药业正处于从福利事业向经济产业的过渡时期，随着市场化改革的深入和人们对药品有效需求的增长，药业市场呈现出空前强劲的盈利局面。药品市场上的上述不良状况是经济增长初期市场主体逐利欲望超道德膨胀的一种体现。如果竞争规则和市场法制不健全，这种市场的无序就是一种必然的现象。药业的政府管制作为政府代表公益维持市场秩序，消除市场失灵的一种制度，是在法律框架内，借助一定形式的药品行政管理体制来运作的。以下我们通过对中国药政体制历史演变及其对现存药品管制制度的影响的描述，正是要说明现存药品管制制度的缺陷与上述药品市场无序状况之间的必然联系。

1. 中国药业管理制度的演进

中国药业管理制度的变迁大致可以分为两个阶段，即前市场化阶段和市场化改革阶段。

第一阶段，前市场化的部门管理阶段（1949~1978 年）：条条分割、机构变动频仍。新中国成立之初，就成立了中央人民政府卫生部及其药政机构，主管药业的行政工作。当时的主要任务是查禁鸦片等毒品和打击制售假药的活动。这些任务，在很短的几年内便顺利完成。随着药品工商业的社会主义改造运动的结束，药政工作逐步让位给条条细分的部门管理，即进入政企合一的计划经济体制。这种体制延续了 30 年之久，其一个明显的特征是企业归属关系的频繁变动，体现了这一时期中国药业非独立、非经济产业的性质，它只构成各大类产业的一个附属部分（秦海，1995）。以下，我们按化学制药业、中药业、医药商业和医疗器械业的分类来观察此时期药业管理体制的变更（参见郑国辰（1995）的研究）。

化学制药业。化学制药业的管理部门，先后有轻工业部医药工业管理局（1952~1956 年）、化工部医药司（由医药工业管理局改建而成，1956~1964 年）、化工部中国医药工业公司（1964~1970 年）、燃化部医药小组（1970~1974 年）、燃化部医药局（1974~1975 年）、石化部医药局（1975~1978 年）以及化工部医药局（1978 年）。

[①] 慎海雄、叶辉：《医药"回扣风"追踪录》，载《了望》新闻周刊 1995 年第 40 期。

中药业。中药业的管理部门，先后有土产公司和供销合作社（1950~1954 年），中药管理委员会（卫生部）中国药材公司（1954~1955 年），全国供销合作总社中药材管理总局（1955~1956 年），商业部中国药材公司（1956~1957 年），卫生部药政管理局（1957 ~1963 年），商业部中国药材公司（1963~1970 年），商业部医药组（1970~1972 年）以及商业部医药局（1972~1978 年）。

药品商业。药品商业的管理部门，先后有卫生部中国医药公司（1950~1952 年），贸易部中国医药公司（1952~1958 年），商业部医药贸易局（1958~1962 年），商业部中国医药公司（1962~1970 年），商业部医药组（1970~1972 年），商业部医药局（1972~1978 年）。

医疗器械业。医疗器械业的管理部门，先后有轻工部医药工业管理局（1952~1956 年），化工部医药工业管理局（1956 年 6 月~1956 年 11 月），一机部仪器仪表工业局（1956~1960 年），卫生部医疗器械工业局（1961~1966 年）以及卫生部医药器械管理局中国医疗器械工业公司（1966~1978 年）。

第二阶段，市场化改革阶段（1978 年至今）：部门管理和政府管制并存。随着市场化改革的深入，人们逐步认识到药业是一个盈利潜力很大的可以独立发展的经济性产业。而当时条条分割、决策权分散的管理体制不利于医药产业的快速发展。面临逐步增多的各种所有制性质的药业市场进入者，原有政企合一的部门管理机构，已不大适合扮演进入管制者的角色，逐步扩大的医药市场原则上要求有一个中立性质的管制机构来维持正常的竞争秩序。但由于部门管理体制惯性太大，以至于尚未完成由部门管理向政府管制的过渡，因此，这一时期的药业管理制度是以部门管理为主、政府管制为辅。条条分割的局面不但没有得到根本的改善，反而由于经济利益的驱动有进一步加深的趋势，机构再调整的难度已无法与 1978 年前同日而语。我们从以下几个方面来说明上述观点。

国家医药管理局：未完成的部门整合。1978 年 7 月 22 日成立，直属国务院，由卫生部代管国家医药管理总局，这无疑是一个重大而富有远见的决策。国家医药管理局的使命里极有可能包含着要建立一个将部门管理和行政监督两种职能合而为一的设想。

1978~1982 年它基本完成了部门整合的目标：把中西药品、医疗器材的生产、供应、使用统一管理起来，由国家计委单列户头，统一规划、统一计划、统一管理。原来属于商业部的中国药材公司、化工部的中国医药工业公司和卫生部的中国医疗器械工业公司和中国医药公司都很迅速地划归到该局。在此期间，各省、自治区、直辖市相继建立该局下属的医药管理局或医药公司，一些地县也相应建立了医药管理机构。

但在 1982 年的机构改革中，该局被划归国家经委领导，改名为"国家医药管理局"，降格为一个归口管理药品工商企业的主管部门。虽然 1988 年又改回国务院的直属职能局、1994 年又返回到权倾一时的国家经贸委，但从 1982 年起，它就永远失去了彻底完成部门整合的机会；并且与卫生部分道扬镳，从此两家为争夺全国药品管理的主导地位而陷入一场无休止的较量。表 1 反映的是经过"整合"后的中国制药业的条条格局。

表 1　中国药业的分类管理

主管部门	药品类别
国家医药管理局	化学药品和医疗器械
卫生部	生物制品、医疗制剂
国家中医药管理局	中药材、中药饮片、中成药
农业部、国家动植物管理部门	兽药
公安部	麻醉药品（产量配额）
能源部	放射性药品（产量配额）

续表

主管部门	药品类别
国家体育委员会	运动药品
国内贸易部	生化药品

资料来源：参见郑国辰（1995）、秦海（1996）。

《药品管理法》（1984）：一厢情愿的政府管制。我们把1984年药品管理法的颁布看作是中国药品管制制度的雏形，是因为首次通过法律的形式，规定了药品的行政管制机构和药品的市场准入制度及相应的行政处罚措施等。之所以又称它为一厢情愿的政府管制，则是因为作为法定的主要管制机构的卫生部恰好是这部法律的草案的起草者（另一个管制机构是负责企业登记注册的工商行政部门），而包括两年前刚脱离卫生部的国家医药管理局在内的其他药业行政主管部门，在市场准入和药品行政监督执法程序中未得到任何实质性的权力。后来的药品管理实践已充分证明这种带有成见的制度安排并不能造就中国药品市场的良好秩序。

以下简单介绍1984年《药品管理法》规定的市场准入程序及1994年的一次非正式修正案。

《药品管理法》规定："开办药品生产企业、经营企业，必须经由所在省、自治区、直辖市药品生产经营主管部门审查同意，经所在省、自治区、直辖市卫生行政部门审核批准，并发给《药品生产企业许可证》和《药品经营企业许可证》。无此两证的，工商行政管理部门不得发给《营业执照》。"而医疗单位配制制剂，则只需同级卫生行政部门审查批准，发给《制剂许可证》即可。

到1994年，国内药品市场已经混乱到舆论鼎沸的地步，在来不及修改药品管理法的情况下，国务院发了一个紧急通知（即前面提到的"国发〔1994〕53号文"），其中正式授予药品生产经营主管部门颁发《药品生产企业合格证》和《药品经营企业合格证》的权力。这次非正式的法律修正案使得药业的市场准入从此进入"两证一照"的程序。药业行政管制多元化的格局也由此进一步加深，加上地方政府对药政机构的实际控制，中国药业真可谓"九龙治水""浊浪滔天"。

国家中医药管理局：半路"咬金"。中国药业行政多元化的进程中，国家中医药管理局的成立是"浓抹重彩"的一笔。1988年，该局从国家医药管理局分出，重新归口卫生部领导，直接管理中药的生产和供应。但是，该局没有设立地方"条条"机构，而是借用医药管理局的地方机构。

2. 中国药业政府管制的基本走向

从文献和对卫生部药政局、国家医药管理局等有关部门直接调查的结果来看，几乎各方的意见都是要求建立一个直接隶属国务院，具有高度权威的、统一而高效的药品管理机构，既负责药品的行政管理（包括标准设立、药品检验、执法监督等），同时又承担对医药行业的宏观管理（包括行业规划、行业内外协调、行政指导等）。这些建议，与中央机构编制委员会办公室牵头的"医药体制改革领导小组"的上报方案基本一致。所不同的是，由于特殊的原因，此方案充分考虑了国家中医药管理局依旧独立的可能。遗憾的是，这个以国务委员彭佩云的名义提交给国务院办公会议的方案，没有被列入本届政府的议事日程，虽然笔者的观点与此方案有较大的差异。

在笔者看来，上述方案除仍然无法克服政企不分的缺点外，对现行药政体制的条块格局也无任何触动。即使行政级别上升，恐怕也难以实现行政统一和行政高效的目标。因此中国药业未来的政府管制应该是一种权力高度集中的行政法体系，从第一层面的制度来看，它至少要具备以下几个基本特征：

第一，修改以后的《药品管理法》，应该尽量体现各相关利益集团的利益。

第二，接受药品法授权的药品行政监督机构是唯一的，它具有完整的行政权、准立法权及准司法权。除行政权外，该机构不再承担任何行业管理的职责。

第三，在组织上，该机构直属于国务院，并建立大区派出机构和地方执行机构，同时拥有一体化的药品检验机构。

第四，在行政资源上，该机构的行政预算完全由中央政府承担；有充足的行政经费保证机构的高效运转和公务员的工薪养廉。

第五，对所有的中西药品及医疗器械实行统一全面的管理。①

（四）问题与本项研究的目的

1. 问题

虽然笔者站在旁观者立场上提出的目标很可能遭到药业及政府各界的反对，但即使是上述已有的改革方案也无法得到正式的审议和实施。建立新的药品管制制度的根本是修改现行的药品管理法。据说，这部法律的草案在征求意见时，曾经遭到国家医药管理局多次书面反对，按照我国的行政立法"内阁部门一票否决"的惯例，这部法律本不应该仓促通过，个中原因，一般人自然无法知晓。不过，修改法律的意愿却一直没有停止，每年都有修改该法的议案和建议，1994年有187位全国人大代表提出6个修改该法的议案，1995年有2个修改议案，1997年有64名人大代表提出修改或修订该法的议案。

从制度变迁的动力学观点（林毅夫，1989）来看，在中国的市场化改革进程中，药业的政府管制，作为从原有计划经济体制下形成的所谓"药品的管理体制"② 脱胎而来的新的制度安排之所以迟迟未能建立，可以说是因为它作为一种公共商品，也陷入了有效供给不足的境地。单纯依靠自发性的诱导变迁，不能解决目前存在的制度失败问题。因此，必须借助政府力量的推动，作强制性制度变迁。然而，政府力量的介入，也自然无法超越现存的初始条件，如政府本身的动机，现有的制度结构，以及现有利益集团的利益格局等（林毅夫，1989）。可见，政府的介入，在时机的选择、决策的方法及最终效果等方面，都并非轻而易举的事情。

2. 研究目的

以往研究制度变迁的案例大都选择某种演变过程基本完成的制度作为对象。本案例的视角则不同，它是要解释为什么一种新的制度安排面对迫切的社会需求不能尽快形成和建立，阻碍旧的无效制度向新制度演变的因素是什么。

阻碍中国药业管制制度形成的因素可能很多，我们甚至无法一一识别。本文受制度变迁的动力学（林毅夫，1989）和制度非中性（张宇燕，1994、1992）等理论的启发，只选择药业管制制度形成中各种依存性制度及相关利益集团的影响进行实证分析。这是本文的主要目的。另外，这种分析的过程，也可以看成是对这些理论的检验。笔者虽然没有能力对现有理论做出修正，但希望借助"政企（事）同盟"（余晖，1996）等概念对这些理论在中国的具体运用所遇到的某些特殊现象做出解释，从而有利于政府管制和制度经济学的研究在中国的深化，并就此机会求教于诸位同仁。

有必要事先声明的是，本案例研究的药业政府管制制度主要指的是某些最基本的第一层面的管制制度，如药品管制的基本法律制度和相应的药政体制。它们的主要内容基本反映在上文"中国药业政府管制的基本走向"中。至于药业管制体系中第二层面的管制制度，如市场进入和退出制度、新药审批制度、药典制度等则基本不予讨论。这并非意味它们不重要，而是因为：如上所述，目前我国药品市场上的无序状态大都可归结到基本法律制度的欠缺和药政体制的不顺之上。这些基本的制度建立不完善，第

---

① 限于篇幅，本文暂不讨论食品、化妆品、兽药、保健品等是否纳入药政机构统一管理范围的问题，虽然作者本人倾向于将药品管制的对象扩大到这些物品上。

② 传统的所谓"管理体制"的含义更倾向于产业主管部门对该产业内企业的微观管理；而"政府管制"则特指政府行政机构从经济关系上超脱于任何微观主体的以法律为基础的对相关行政相对人施行的外部控制。参见余晖（1996）。

二层面的制度即使建立起来也不能正常发挥作用。因此，本文第二部分将讨论的各种依存性制度都是与药业基本管制制度相对应相平行的制度安排。它们从不同的侧面影响药业政府管制基本甚至具体制度的形成。而本文第三部分所识别的各相关利益集团正首先是在这些第一层面的制度形成过程中通过各种形式的博弈追求自身利益的最大化，从而或促进或阻碍新制度安排的建立。我们把不利于药业管制制度创新的各种依存性制度和利益格局视为制度变迁的障碍。①

二、实证之一：依存性制度分析

我们已经知道，许多制度安排是紧密相关的。某一特定制度安排的变迁，将因此引起其他相关制度安排的不均衡；反之，如果其他相关制度安排变迁的进程过于迟缓，或与该特定制度安排不相容，则该制度安排的变迁就会受阻、变形甚至完全失败。上述由笔者构思的药品管制的目标模式，作为一种新的制度安排，按照笔者大胆的预计，需要10年以上的时间方能实现。这个判断，基本来源于以下对与该制度相关的几种依存性制度的分析。

（一）国有资产和行业管理制度

从表1中可以看出，中国药品制造业不论在改革前还是改革后，都分散在多个部门进行分类管理。这些部门在目前的国有资产管理体制下，依然代表国家行使国有资产所有者或国有资产授权经营主体的职责，对下属国营医药企业的资产运营拥有直接的控制权。与此同时，它们还肩负各自行业的"宏观管理"任务，即所谓的"规划、协调和监督"，如具体贯彻执行国家的产业政策；分配国家对药业的技术改造、新产品开发及基本建设投资；调整产业布局或产业结构；制定并监督执行产品的行业标准等。

产业部门的这种双重角色，一方面使得国有药品制造企业难以完全走向市场，另一方面在药品的行业管理和行政监督之间也确实造成了职权范围的交叉，给实际药品管理设置了人为的障碍。例如，卫生部作为法定的药品行政监督部门，制定并颁布了"药品生产质量管理规范"（GMP）要求药品生产企业执行。但几年下来只有10%的企业能实现此规范，其原因据产业部门反映是该规范过于苛严，超越中国的现实。于是国家医药管理局也出台了一种GMP，鼓励所属企业执行。如此，药政部门就无法一以贯之地执行其管制政策。再如，卫生部根据法律授权制定并颁布国家药品标准（药典），定期淘汰部分疗效不确、不良反应大及危害健康的药品并相应撤销其生产批准文号。这本属国际惯例，无疑对病患者有利。但一旦实行起来，却可能造成某些药品生产企业的产品积压甚至停工停产，直接损害行业的利益。企业的利益如果受到政府的直接保护，它就有充分理由逃避来自行政部门的监督。这是大部分人的身体健康和少数人的经济利益之间的矛盾给药品管制设置的又一道障碍。

虽然卫生部与产业部门一样，也有直属的生物药品制造企业，但它在批评其他产业部门政企不分因

---

① 由于本文的初稿中没有对此加以说明，可能导致读者在阅读本文时产生误解。例如本文的特定评论人之一秦海先生在他的书面评论中就严厉批评作者"未必对中国药业的政府管制制度非常了解……将许多与药业本身关系不密切的其他制度作为分析对象，以至于使真正药业管制制度的形成和变迁被淹没在罗列过多的材料中"并建议"这篇案例论文有必要大改，将那些与药业管制制度无关的部分全部删除。"我猜想他所指的"无关的制度"包括本文第三部分讨论的"中国药业国有资产和行业管理制度"及"条块格局中的药政体制"。在他推荐的作为研究对象的药业管制制度四个组成部分中，除了本文第三部分重点讨论过的"医药合业制度"和"医疗保障制度"外，还包括"药业进入或退出制度"和"新药上市制度"。在我看来，这前两种制度并非药业管制体系中的属制度，而恰好是管制制度的依存性制度；而后两种制度只是药业管制的属制度，它们与药业管制基本制度不存在平行依存的关系，因此不是本项研究的主要对象。这里既要感谢秦先生的好意，更要感谢他评论中的由我造成的误解使我在修改论文时感到有作此声明的必要。

而没有资格从事药品监督管理的时候，却不愿提及这一点。其实，其他产业部门作为管制权竞争者以相同理由指责卫生部时，它们手里还握有更有力的批评武器，那就是，卫生部不但政企不分，而且还政事不分，即所有国立医疗机构都直属于各级卫生部门。这本不稀奇，国外也有国立医院，关键在于，这些医疗机构不仅自配药剂，而且还拥有国内外最大的药品销售网——药房。药房低价买药（批零差价加高额回扣）高价卖药（大处方、尽量推销高价药进口药）的行为，使20%多的不合格药品流向患者（参见注3）。卫生部面对雨后春笋般出现的药材市场上肆意泛滥的假冒伪劣药品义愤填膺之际，却无法抹去自己身上的污点，还有什么东西能够比此更严重地损害其法定的药品管制者的声誉呢？当然，这种政事不分的现象还与我国的医疗保健制度及医药合业制度有关，下一小节将涉及这一点。

除了政企不分和政事不分外，在我国还存在另一种更为奇特的制度安排，这就是政市不分，即将近半数的药品集贸市场是由各级工商行政管理部门集资举办的。工商行政部门最初的功能就是管理农产品集贸市场和个体工商业者，现在的职能已扩展到广告管理、商标管理及反不正当竞争等。但目前它最实在的最拿手的领域还是对集贸市场的管理。建立集贸市场，提供必要的交易设施，自然有助于改善市容、提高交易的质量以及节约市场管理费用。但这也为工商部门在收取正常的市场管理费外，寻求其他"租金"开了方便之门。而不法商贩以较低代价取得交易权的同时，无形中也躲进了一顶可靠的保护伞。药品市场里假冒伪劣药品泛滥以及药品市场取缔无方的事实，无疑与此政市不分有密切关系。工商部门连自己开办的市场里的假冒伪劣药品都禁止不住，又怎么能管好其他的药品市场呢？

在我国现存的药品管制体系中，药品生产、经营主体必须同时取得药品生产（经营）合格证、药品生产（经营）许可证及营业执照方可进入市场。而这"两证一照"的审发和监督检查权却恰好分散在上述药品生产（经营）行业主管部门、卫生部药政部门及工商行政部门手中。在部门整体利益驱动下，加上执法人员以权谋私的行为，药品市场上证照不全的现象也就不难理解。这种不合理的权力分散，不能不说导源于国有资产及行业管理体制。因此要建立统一高效的药品管制制度，必须彻底改变政企不分、政事不分及政市不分的局面，但是这要比想象的困难得多。

（二）医疗卫生及保健制度

药品市场上存在的大处方和大量制售假劣药品的现象，充分反映了我国医疗服务和药品市场的绝对卖方性质。改革近20年来，卖方市场的范围已经大大缩小，目前主要存在于某些自然垄断产业，如邮电、城市燃气等。医药业卖方市场的持续，除了在医生和药品制售企业与作为病患人员的消费者之间存在很大程度的信息不对称外，更主要的是与我国的医疗卫生和保健制度有关。我国的卫生保健制度在改革以来越发滑向卫生投入不足与卫生资源浪费相并存的陷阱，它的形成与特征可以从如下几个方面来认识。

1. 医疗机构的所有制结构

作为一种意识形态变革的结果，医疗机构所有制结构的变化耐人寻味，我们从各个时期不同所有制机构就业量的变化来说明这一过程，如表2所示：

表2 中国医疗机构所有制结构的变化

	1950年		1958年		1989年	
	人数（万人）	比重（%）	人数（万人）	比重（%）	人数（万人）	比重（%）
全民所有制	13	21.2	63.4	41.5	386.8	80.8
集体所有制	0.3	0.5	85.4	55.8	75.2	15.7
私人开业者	48	78.3	4.1	2.7	16.6	3.5
合计	61.3	100	152.9	100	478.6	100

资料来源：《中国改革全书·医疗卫生体制改革卷》。

对表 2 需要补充的是，在"文化大革命"时全国只剩 1900 名个体行医者（主要是中医），集体所有制比例下降到 20%左右；另外，个体行医人数在 1981 年时降至 1.8 万人，经过改革，扩大到 1985 年的 11.7 万人。可以说自 20 世纪 60 年代以来，全民所有制医疗机构占据了绝对优势。但全民比例的扩大并不意味着业务素质有相应的提高，例如"文化大革命"中就有 80 万未经专业培训的人员涌进卫生机构（参见表 2 资料来源）。

这种所有制结构造成的直接后果是"人头费"占卫生事业费的比例越来越高，加大了国家财政的压力，是国家财政补偿显得相对不足的重要原因，而且，如此庞大的利益集团一经形成，自然成为日后改革的强大阻碍。这些在下文中都将论及。

2. "以药养医"机制的形成

1994 年，我国卫生总费用（包括国家、社会、个人等各方面对卫生事业的投入费用）仅占国内生产总值的 3.8%，其中政府卫生投入仅占卫生总费用的 27%，即使在发展中国家也属中下水平。[①]财政经常性补偿只能勉强维持医疗机构的人头开支。后者要生存和发展，就必须依靠医疗服务收入和销售药品的加成收入。但长期以来，医疗服务实行低于成本的价格政策，特别是反映技术劳务的医疗价格偏低。因此，医疗机构只能过度依赖售药收入和高新设备检查治疗收入，它们占目前医院收费的比例分别为 70%和 20%。[②]在某些中小医院，药品收入甚至占 80%~90%。实际上，医疗机构已在不知不觉中完成了由事业型向企业型的转化，虽然这一过程伴随着医德的沦丧和卫生资源的过度消耗和浪费（高回扣、大处方、随意使用高技术医疗检查设备等）。

3. 日益窘迫的公费、劳保医疗制度

卫生资源过度浪费最坚实的基础是几十年一贯的公费、劳保医疗制度。目前享受公费医疗的有党政机关和事业单位人员（人数约 0.3 亿）、享受劳保医疗的有全民所有制企业及城镇部分集体所有制企业职工及退休人员（人数约 1.4 亿）以及享受半费医疗待遇的上述在职干部职工的直系亲属（人数约 0.6 亿），总人数约 2.3 亿人，占全国总人口的 19.5%。但是这部分人口的年均医疗费用支出却占全国总医疗费用支出的 42.5%，高达 480 亿元。而且年平均递增达 23.3%，大大超出同期国家财政支出 12.5%的递增速度。[③]对国家来说，虽然在给医院的预算拨款上控制到最低点，但却让医院通过各种办法（尤其是卖药）从公费医疗的支出上收了回去。

这种医疗制度的主要缺点有：第一，缺乏有效的制约机制。第二，缺乏合理的医疗经费筹措机制和稳定的医疗费用来源。第三，覆盖面窄，如城镇个体劳动者、私营企业职工、外商投资企业的中方职工都无明确的医疗保障。第四，管理和服务的社会化程度低。1994 年国务院决定在江苏镇江和江西九江两个中等城市进行职工医疗保障制度改革试点，试点的主要内容是要建立社会统筹医疗基金和职工个人医疗账户相结合的医疗保险制度。据报告，这项试点自 1995 年 1 月正式实施以后的大半年时间里取得了如下的进展和效果：参保筹资工作基本到位；医疗保险基金基本平衡并略有盈余；医疗费用增长过快的势头得到遏制等。但由于医疗机构财政补偿问题没有得到配套解决，将避免不了在提高医疗收费后，药品消费额仍得不到有效控制，从而造成医药费用继续上涨，加重患者和职工医疗保险基金的负担。否则，医疗机构将面临大幅度的亏损。[④]另外，这项改革试点的覆盖面仍然没有超出原有公费、劳保医疗

①　参见彭佩云：《在全国卫生工作会议上的总结讲话》，载《健康报》1996 年 12 月 19 日；《市场经济下卫生事业改革走向》，载《瞭望》周刊 1995 年第 6~7 期。

②　参见贾杰《论医疗收费体制现状和改革途径》载《价格辑刊》1995 年第 12 期。

③　参见《中国改革全书·医疗卫生体制改革卷》；陶国峰：《公费医疗如何养肥了"洋药"》，载《经济日报》1996 年 6 月 3 日；汤华、常路：《"小病进药店"：不再是少数人的选择——中国推行非处方药管理制度》，载《瞭望》周刊 1996 年第 34 期。

④　参见特约记者：《建立符合国情的职工医疗保险新制度》，载《瞭望》周刊 1995 年第 37 期。

保障的范围，在 1996 年国务院扩大试点的通知中，也未明确突破原有的覆盖面。

4. 几近瓦解的农村合作医疗制度

其实，被拒之公费、劳保医疗门外的不光是城镇非党政事业部门和国企的社会成员，更遭到忽略的是占全国总人口 71.4%（1994 年）左右的农民。在社会化健康保险制度刚起步于中国城镇之时，离广大农民更近的可能还应该是合作医疗制度。然而，随着农村推行家庭联产承包制和人民公社制度的解体，创办于 20 世纪 60 年代曾经覆盖中国 85% 农村人口，被誉为"开创了发展中国家人口大国较好解决了农村卫生道路的典范"的农村合作医疗制度，在 1978 年时还存在于我国 90% 的乡村，到 1990 年却下降到 4%，几乎彻底瓦解。由此，中国农村卫生工作三级预防网——县、乡、村的"网底"破了，导致大部分地区农民看病、就医、用药出现困难。[①] 有调查表明，在贫困地区，患病未就诊的 72.6% 和应住院而未住院者的 89.2% 是由于经济困难没有支付能力；有些地区，因病致贫、返贫的农户占贫困户的 60% 以上。[②]

农村合作医疗制度的前身是 20 世纪 40 年代陕甘宁边区和民主根据地群众集股的医药合作社，一种自发性的制度安排能在 60 年代蔚为壮观，有赖于政府的正确引导和支持。但当这种制度面临新的环境未能做出即时调整时，作为在知识结构远远优越于泱泱农民并握有绝对权力的各级政府，在习惯性的口头承诺之际，却任由一种虽有缺陷但功能未泯的制度滑向深渊，不能不说是一种严重的失职。这种失职与政府对卫生事业的财政投资体制有关，如财政卫生经费的供应，现行财政对医疗机构的正常补助，系采取按床位、人头的方式补助，造成哪里医院多、哪里医院大、哪里人员多，资金就流向哪里；而在农村的三项建设（中心乡卫生院、县一级妇幼保健站、县卫生防疫站）国家计委仅从"八五"期间开始，每年安排 8000 万元的投入，这显然是杯水车薪。[③] 更不用说以法律形式要求各级政府从财政（其来源中本来就有农民缴纳的各种捐税）斥资农村合作医疗基金帮助农民恢复和重建农村合作医疗制度了。难怪有人指责"城市老爷卫生部"代表和反映了城市人口的利益。

农村合作医疗制度及相应的农村医生队伍的解体，加上传统药品流通体制的失灵（药品集贸市场取代了原有的农村医药批发点），使药品管制体系在县以下地域失去了支撑结构，这是假冒伪劣药品借助非法药贩和个体医生之手源源流入尚处温饱边缘的农民家庭的又一要因。

（三）医药合业制度与药品混合管理制度

1. 医药合业制度

医药合业制度是相对医药分业制度而言的，后者的基本含义是指医疗活动中，医生负责诊断和处方，药师则负责根据处方配剂并向患者提供药物，当然，这里所说的药物不包括临床使用的药物。从医药分业的程度和特点来看，有两种医药分业：一是单纯技术分业而经济上合业的不完全性医药分业；二是不仅在技术上还在经济上分业的完全性医药分业。[④] 前者最典型的模式是由医院直接开办药房，患者持医生的处方到药房交费取药，药房里药师的工作主要是按处方配药发药。后者的典型模式是医院和药店分别为两个不同的经济实体，甚至在空间上是分开的；患者持医生的处方到药店购药，并接受药店里药师的更详细的指导。无疑，中国的患者最熟悉的是前一种模式，即拿着医生的处方，先后排三次队，经过药房划价、交费处交费与药房取药这三道程序，一脸见方的窗口，连药师的面都难得见到。药师的

---

①③ 参见赵忆宁：《投资于全体人民的健康——政府对重建农村合作医疗的责任》，载《瞭望》周刊 1996 年第 50 期。

② 参见彭佩云：《在全国卫生工作会议上的总结讲话》，载《健康报》1996 年 12 月 19 日；《市场经济下卫生事业改革走向》，载《瞭望》周刊 1995 年第 6~7 期。

④ 茅庆连、杨春等：《中国实行医药分业之必要性与可行性研究》，载郑国辰主编《医药经济论文选（4）》（未公开发行），1996 年。

概念，对中国患者来说是陌生的。因此，实际上我国实行的是医药合业制度，药师最适合的工作岗位不是在医院，也不是在零售药店，而是在制药厂。

但国际上通行的却是医药分业制度。这种制度在我国明代出现民间药店后也一直沿用到20世纪中叶。这种制度是医疗活动社会分工的必然结果，在市场经济体制和健康保障社会化的条件下，更显示出其合理性。它的好处是由药店和药师的经济独立性带来的，主要表现在：第一，克服医生既处方又卖药条件下药物使用的相对不安全性，药师能够对医生处方的安全有效性做出判断并予以修正。第二，在竞争制度下，药店的药师总愿意帮助购药者经济合理地配备药物，从而减少合业制度下医生为满足自身经济利益给患者造成的经济损失。当患者自费购药或参加医疗社会保险时，这一点显得尤为重要。第三，有利于形成以患者需要和利益为中心导向的现代医疗体系，这是因为公开性的分业制度为医生和药师提供了充分证明自己技术水准和客观公正性的制度条件。第四，从合业到分业，药师的主体意识、专业意识及责任意识增强，在时间和空间上也具备了为患者提供更深入的用药服务的条件。

由此可见，医药分业制度符合我国正在建立的医疗社会保障制度，也是克服卫生资源浪费和用药质量下降的有效手段。阻碍这项制度形成的最大因素无疑是前面已分析过的"以药养医"机制。要改变"以药养医"机制，应该从改革我国行政事业体制和提高医院门诊及医生的技术收费价格入手。日本在20世纪60年代推行医药分业时也遇到过医疗低技术收费政策的问题，但经过近20年来政府、保险、医生、药师及患者的不懈努力，医药分业已基本实现。[①] 它们的经验值得借鉴。

2. 药品的混合管理

药品的混合管理是相对于药品的分类管理而言的。后者是指将药品分为处方药和非处方药并实行分类管理。处方药是指必须凭医生处方才能从药店或药房购取，并在医疗专业人员指导下使用的药物；非处方药是指不需要医生处方在药店或药房即可买到，由患者根据对病情的自我判断，或借助药品说明书，或经药师提供咨询，自我进行治疗的药物。在发达国家，有别于处方药的一个明显特征，是非处方药的费用负担者多为个人，而不是政府或保险公司。在发达国家，药品分类管理的制度始于20世纪70年代，到1995年，国际非处方药的销售总额已达440亿美元，占世界总医药市场的1/6。[②] 非处方药市场之所以能如此迅速的发展，与两个因素有关：一是"自我保健"观念的风行；二是许多政府为了减轻日益沉重的卫生负担，将一些合适的处方药转变为非处方药。实际上，只需将挂号费作相当的提高，便能将很多理智的患者"赶到"药店里去。

随着医疗保健制度的改革和人口流动带来城市人口的剧增，我国不少城镇出现了"大病上医院、小病进药店"的现象并由此牵动了药品零售额的大幅度增长。据医药行业统计，以往药品消费的95%在医院药房，近年来药品零售额的比重以上升到10%，有的地区占到15%以上，如深圳市占到37%左右。但是，在我国的任何一家药店，无须凭医生处方就能随意买到本应凭医生处方才能买到的抗生素、心血管、激素用药、神经系统用药、副作用强的抗癌药物，甚至"安定"药片等，而且绝大多数的药店都没有专职的药剂师。

经过10年的酝酿和准备，1996年4月，我国成立了"国家推行处方药与非处方药工作领导小组"及其办公室（设在卫生部），计划用5年时间建立起我国的药品分类管理体制，并已开始组织遴选非处方药物的工作。但是，可以预料，如果不改革医药合业制度，不改变现有医药商业领域里政企不分的格局，这项制度的建立恐怕需要远不止5年的时间。因为很明显，在目前的制度结构下，药品的分类管理制度虽然对政府、药品制售企业、保险机构有利，但会威胁医院的利益；而如果医院药房继续售药，这

① 茅庆连、杨春等：《中国实行医药分业之必要性与可行性研究》，载郑国辰主编《医药经济论文选（4）》（未公开发行），1996年。
② 汤华、常路：《"小病进药店"：不再是少数人的选择——中国推行非处方药管理制度》，载《瞭望》周刊1996年。

项制度的好处即将大打折扣。

（四）"条块"格局中的行政体制

所谓"条块"格局，指的是部门管理和地区管理之间的关系，并在很大程度上反映出中央和地方的关系（关山和姜洪，1990）。这是因为"条条"是中央政府的各职能管理机构在地方的直线延伸，它更多地代表部门的经济利益和体现中央的意志；而"块块"是指执行地区管理职能的各级地方政府，及其代表的经济利益。不同的是，条条不是一级政权机构，而块块则是一个行政区划中的政权机构。条块格局在每个国家都存在，只不过在发展中的计划经济国家里，条块之间的利益冲突表现得更为强烈。

市场化改革的过程，是一个从集权到分权的权力多元化过程，也是条块格局中以条为主过渡到以块为主的过程。这种演变轨迹在中国近 20 年的经济改革实践中已得到了充分的体现，以至于地方权利出现了过度的膨胀。这种变化的一个重要表现就是中央政府的财政能力下降（王绍光和胡鞍钢，1993）和地方政府财政（尤其是预算外财政）能力的大幅增强（朱玲，1996）。

其实，在谈论政府财政状况时，首先应该考虑的是政府的事权即政府的职能安排是否合理。如果政府将其职能不适当地扩展到过多私人产品领域，或者在缺乏完善的财政法体系监督下将财政收入转移给少数权力集团和个人，而忽视公共产品的供应，这时来宣扬国家能力下降的观点，就有献媚之嫌。笔者总有一个未经严格证明的想法，即如果我们的政府将自己的职能范围收缩到仅提供社会公共物品，目前水平的财政能力不是不足，而是会有富余。但遗憾的是，我们的政府在安排其财政资源时，首先考虑政治的需要，如各个党派及官办社会团体的开支都纳入政府预算；其次考虑的是经济的需要，如大量斥资竞争性产业里的国有企业；再是考虑社会的公共利益，如教育、基础设施、社会福利等。在行政资源的安排上，也总是向产业管理部门倾斜，而致许多行政监督执法部门于嗷嗷待哺，不思清廉的境地。从中央到地方，各级政府莫不如此。如卫生系统的药品监督机构每年的事业费仅占卫生事业经费总额的0.77%，1989 年其人均支出经费为 6.69 元，而药品检验机构人均经费仅有 0.08 元。大多数地方药检所经费缺口达一半以上，难以维持日常的工作条件。[①]

问题的严重性还体现在我国行政机构的设置上，我国大部分行政（事业）机构的设置，从中央到地方各级政府，采取的是上下对口、上级业务指导、各级政府领导的模式。因此，地方行政机构的规模大小、经费丰歉、人事任命等都由地方各级政府掌握。中央政府的某项行政政策，在采用"条条"向下贯彻时，其效果无疑将受到"块块"偏好的干扰。地方在消化中央政策时，一条重要的标准是看该政策的执行是否会影响当地经济的发展。由于中央放弃了地方行政机构的实际控制权，因而"条条"的纵向联结"脐带"，就常常被"块块"实施"外科手术"而切断。一般情况下，这些缩短了的"条条"都会向"块块"这个"地头蛇"投降（关山和姜洪，1990）。

疆域辽阔和财政窘迫是中央政府容忍地方政府这种离心倾向的主要原因。在集产业管理和行政监督职能于一身的某些"条条"里（如邮电），中央政策的执行效率非常高，这是因为垄断利润解决了行政资源短缺的问题。但在一个缺乏雄厚产业基础或根本没有产业依托的行政"条条"里（如药政、环保、技术监督、反不正当竞争等），其执法效率的提高就必然受阻于地方保护主义。本文第一部分关于我国药品管制效果的描述已充分说明了这一点。

地方保护主义不仅有碍于全国统一市场的形成，而且在产品质量（如伪劣药品）和环境污染等市场失灵领域造成严重的地区间的外部不经济。对此类市场失灵的矫正，有赖于建立超越地方利益的行政体制（如美国的 FDA），中央政府在这方面的制度建设中有充分的理由和不可推卸的责任。

---

① 参见王志清、李勤：《对于加强卫生事业中药品管理的认识》，"我国医药改革与发展研讨会"提交的论文，1995 年 10 月。

三、实证之二：利益集团与新旧制度的更替

根据制度非中性的思想（张宇燕，1992、1994），任何制度给相关利益集团带来的利益大小应该是按照各利益集团的政治实力来排序的。只要政治实力不发生变化，旧的制度就将在某一时期内维持下去，当某一（些）利益集团在现行制度下所获得的利益小于其付出的成本，并且其政治实力有所改善时，它（们）就会寻求制度的变革，以增加自身的利益到其满意的程度。如果在制度交易的过程中，每个利益集团都能在不牺牲他人利益的前提下获得满意，就可以说由此形成的制度将有助于社会福利的改善。上文已经大致讨论了中国药业新旧管制制度及与现行制度相依存的另一些制度安排，本小节的任务就是要对参加这些制度交易的利益集团进行识别，并分析它们在各种制度安排下的利益得失和肯否态度，以及它们之间博弈的方式和政治法律制度的背景。我们也许会发现一种有利于大多数人的制度安排为何不能建立起来的真正原因。

在具体分析开始之前，有一个情况必须略加说明。关于利益集团的研究，虽然引人入胜，但在中国要开展此项研究却是非常困难的事情。在民主制度比较发达的市场国家，完善的程序法体系能够基本保证每一种公共政策或正式的制度安排在公开的过程中形成，各种听证形式为相关利益集团公开表达自身的意见和争取合法的权利提供了有效的机会，也使包括学者在内的社会各界有可能通过同样公开的证词（文字的或口头的）充分了解相关各方的利益要求及其实现利益目标的博弈过程（余晖，1994b）。中国的经济学家就没有这么幸运，由于缺乏行政程序法，各种行政立法或行政政策的制定都是在相对封闭的政治程序中完成的，它的弊端下文还要讨论，但有一点可以肯定，经济学家，尤其是制度经济学家在研究利益集团时，无法获得于实证研究至关重要的一手信息，如果有的话，无非来源于：第一，对利益集团部分成员的实际调查；第二，政府主管官员的慷慨帮助，提供某些不能公开引用的或许有政府领导批示的上报材料或"红头文件"；第三，各种已经颁布生效的政府法规、规章和通知；第四，散存于各种会议文件、书籍报刊甚至电视广播节目（如"焦点访谈""今日话题"）中的零星信息。显然，这些信息的成本不仅不菲，而且不完全性较高。笔者以下的分析，就建立在这些很不完全的信息的基础之上，希望读者朋友谅解并赐予更完全的信息。

（一）利益集团及其制度偏好

在前两部分，我们逐个分析了6大类有关药品管理的制度安排，即现行的药品管理体制、药品管制的目标模式、国有资产及行业管理制度、医疗保健制度、医药合业和药品混合管理制度、"条块"格局中的行政制度。而实际上，在正面讨论后4类制度的现行安排时，笔者也附带介绍了这些制度安排发生变迁的可能走向。因此总共可以列举出10种制度安排，供相关利益集团选择：现行部门分散的药品管理体制、未来行政统一的药品管制制度、现行地方分权的药政体制、未来中央集权的药政体制、现行政企（事）合一的行业管理体制、未来政企（事）分开的行业管理体制、现行歧视性医疗保障制度、未来社会性医疗保障制度、现行医药合业和药品混合管理制度、未来医药分业和药品分类管理制度。

至于利益集团，根据以上各种制度可能涉及的不同的人群或机构，大致分为中央政府、地方政府、国有药品工商企业、国有医疗卫生机构、参与药品管制的行政机构、公费和劳保医疗享受者、农民和城镇自费医疗人员、城镇非国有医药工商企业或机构8大类。这些利益集团的制度偏好（赞成或反对）可以从表3中大约观察到。

从表 3 我们可以发现某些突出的偏好显示特征：

表 3　中国医药业相关利益集团的制度偏好

利益集团 \ 制度安排	现行部门分散的药品管理体制	未来行政统一的药品管理体制	现行地方分权的药政体制	未来中央集权的药政体制	现行政企(事)合一的行业管理体制	未来政企(事)分开的行业管理体制	现行歧视性医疗保障制度	未来社会性医疗保障制度	现行医药合业和药品混合管理制度	未来医药分业和药品分类管理制度
中央政府	●	○	●	○	○	●	●	○	●	○
地方政府	●	○	○	●	○	●	●	○	●	○
国有药品工商企业	○	●	●	●	●	●	●	○	●	●
国有医疗卫生机构	○	●	○	●	●	●	○	●	○	●
参与药品管制的行政机构	○	●	●	○	●	●	●	○	●	●
公费和劳保医疗享受者	○	●	●	●	●	●	●	○	●	●
农民和城镇自费医疗人员	●	○	●	○	●	○	●	○	●	○
城镇非国有医药工商企业或机构	●	○	○	●	●	○	●	○	●	○

注："○"表示赞成，"●"表示反对。

第一，没有一种制度是被所有利益集团赞成或反对的，这说明非中性的制度安排确实广泛存在。

第二，"农民及城镇自费医疗人员"赞成所有新的制度安排，而"公费和劳保医疗享受者"和"国有医疗卫生机构"却赞成所有现行的制度安排。

第三，除了在政企合一问题上，"中央政府"与"农民和城镇自费医疗人员"有分歧外，对其他制度安排，两者都有相同的偏好。

第四，"中央政府"和"地方政府"只是在药政体制集权和分权的问题上存在分歧，在其他制度安排上态度一致。

第五，"农民和城镇自费医疗人员"与"城镇非国有医药工商企业或机构"除了在中央集权问题上态度不一致，对其他制度安排都显示出相同的偏好。

第六，按照反对（或赞成）新制度安排（或现行制度安排）的强烈程度给利益集团排序如下：国有医疗卫生机构、公费和劳保医疗享受者、参与药品管制的行政机构、国有药品工商企业、地方政府、中央政府、城镇非国有医药工商企业或机构、农民和城镇自费医疗人员。

（二）对偏好显示特征的解释：为什么人们会容忍对大多数人不利的制度

上述偏好显示的特征与我们在本文第一部分第（四）节中的设问"为什么对大多数人不利的制度安排能长期存在"有何内在的联系，即现在我们要解释的问题具体到："为什么占全国人口 70%以上的'农民和城镇自费医疗人员'不能拥有一个经济而安全有效的药品管制制度？"

制度均衡是该制度下相关人群所得大于所失的结果，一旦某（些）人群所得小于所失，他们就会寻求新的制度安排，制度均衡随之被打破。自然演变也许能诱导出新的制度均衡，但也许不会。实际上，政府在促成新的制度安排时作用有限。完善的政治和法律制度是保证大多数人利益的根本。如果一种经济制度能忽视大多数人的利益而长期存在，那么一定是这个社会的政治法律制度出现了故障。

1. 成本和效益分析

（1）在现行制度安排下，农民和城镇自费医疗人员不但要支付日益高涨的医疗药品价格，而且还得不到安全有效的药品和医疗服务。作为中国社会一个平均收入最低的阶层，他们为现行制度支付的成本远远超过他们所获得的收益。他们自然是新制度安排的最大受益者。但作为一个利益集团，他们的人数确实太大，要组成一个能够高效率行动的组织，其组织、运行和监督的费用显然过高。一方面是知识的欠缺，另一方面是"搭便车"的自然理性，铸就了中国农民及下层市民的坚忍性格，从不轻易地为了预期的利益而支付现实的成本。

（2）城镇非国有医药工商企业或机构以乡镇企业和个体医生为主体，它们赞成行政统一的药品管制，是为了节约交易费用；但它们同时拥护地方分权的药政体制，确是为其非法经营活动寻求地方政府的保护。只有当它们为地方保护支付的费用超过其经营所得时，它们才可能放弃对地方分权体制的偏好。

（3）中央政府从新制度安排所得到的利益仅次于农民和城镇自费医疗人员，因为它从缩减管制机构、推行社会医疗保障制度及非处方药市场的扩大等方面节约下来的财政开支，远远大于维持集权性药政体制和医疗技术价格提高而增加的财政开支，又可以借机巩固中央集权。但是中央政府从不愿支持实质性的政企分开，因为国有资产是党政合一的中央政府的政权基础所在。因此，它情愿容忍管制机构的无能低效，而不愿失去它控制国有资产的代理机构。对中央政府来说，只要国有资产不旁落，其他的代价都是次要的。

（4）地方政府对国有企业的依恋不一定强于它对地方非国有企业的感情，虽然新的制度安排有利于它节约地方财政支出，但这一切都无法弥补它失去对地方药政机构的实际控制权所造成的损失。无疑它会极力反对中央集权的药政体制。而使得即便行政统一的药品管制体系能够建立，也无法在地方高效率地运作。

（5）国有药品工商企业虽然能从政企分开获得自主权的扩大，但是它们有可能因此失去部门和地方的保护和优惠政策，从而面临技术创新、改善生产条件带来的投资增加，以及在市场进入和市场退出方面遇到新的困难。如果它们不能充分利用医药分业和药品分类管理制度带来的药品市场的扩大的机会，摆脱目前大面积亏损的困境，就有可能把偏好继续留给现行的制度安排。实际上，政企分开的主动权掌握在主管部门的手中，而且，企业经营状况的好坏与大部分国有企业领导人的利益得失没有多大关系。这极有可能影响国有药品工商企业制度创新的动力。

（6）国有医疗卫生机构无疑是新制度安排的最大受损者。由于是行政事业单位，它们比国有药品工商企业更加依赖各级主管部门的保护。而政事分开，首先使这支二三百万人的队伍面临大幅度裁员的威胁。不仅如此，社会性医疗保障制度的建立以及更要命的医药分业和药品分类管理，将使它们几乎彻底丧失份额高达60%以上的药品主市场的地位，这种损失即使靠大幅度提高医疗技术和医疗服务价格也难以弥补。由此，我们应该清醒地认识到，目前2000多万党政事业单位职工的分流问题已直接关系到政府体制改革的成败。

（7）虽然国有药品工商企业和国有医疗卫生机构是阻碍制度变迁的主要力量，但它们毕竟数量居多，难以结成强有力的行动集团，只有在找到与政府立法机构谈判的代表后，他们的利益才有可能得到保障。比农民们幸运得多，众多主管部门如卫生部、国家医药管理局、国家中医药管理局等，都不但是上述企业和机构的顶头上司，而且是直接参与药品管制的行政机构。主管部门的身份是它们参与药品管制的最佳资格，他们自然自愿"责无旁贷"地成为国有医药行业微观主体的利益代表。实际上，计划体制内成长起来的部门官僚们在近20年市场化改革的过程中，已经由国家和企业的代表蜕变成不但有独立意志而且具备特殊利益的利益集团。它们的特点是具备充分的管理技术和立法知识、熟悉政治程序和社会环境、人少精干、信息交流渠道畅通，因而是最强有力的利益行动集团。它们最为反感的就是机构的统一和权力的集中，正因为如此，他们的寻租条件就可能丧失。因此，它们会把企事业单位的利益作为一张与国家谈判的王牌，由此形成可怕的"政企（事）同盟"①成为最强大的"院外"集团。

参与药品管制的还有另外一些非部门主管的行政机构，如国家计委物价部门、国家工商行政管理局、国家技术监督局等，按照行政传统，他们各管一方，如药品和医疗服务价格、工商企业注册和市场交易、医药产品标准等。同样是官僚阶层，具有同样的寻租欲望，因此他们绝不会赞成行政统一的药品管制制度。

（8）公费和劳保医疗享受者作为现行制度安排的最大受益集团，虽然反对建立任何新的制度，但同样存在人数众多、不易组织的问题。不可忽略的是，享受公费医疗的成员当中绝大多数分散在各种政府行政及其事业机构，除了惋惜歧视性的医疗保障制度外，他们作为管制参与机构的成员，肯定还会寻求公费包销之外的更多的利益。这样，又一个共容性利益集团将加入阻碍制度变迁的队伍。

2. 谁来立法

通过各种制度安排下利益集团成本效益的分析，虽然农民和城镇自费医疗成员、城镇非国有医药工商企业或机构这两个利益集团在新制度安排下得益最大，而且其成员分布最广、人数最多，但它们却并非两个强有力的行动集团，因此在新制度安排的建立过程中，不能发挥与其未来利益相对称的推动作用。与此相反，城镇公费和劳保医疗享受者、政企同盟、政事同盟以及其他的药品管制参与机构，由于新制度安排对他们不利，虽然他们规模较小，却极有可能成为结构紧密、力量强大的行动集团，并且会积极投入维护现行制度安排的较量。而政府的立场摇摆不定，但目前可能更倾向于后一集团舰队。因此，从政治实力对比的角度判断，现行对大多数社会成员不利的制度安排将不会很快被取代。

像药品管制这样的制度的建立，国内外的成例都必须经过行政立法程序。那么，在政治实力上处于劣势的大多数"有理性的被动参与式选民"的利益能否通过行政立法程序得到相应的补偿呢？

在代议制国家，立法机构是立法的主体，立法成员由各选区成员投票产生，基本能代表该选区大多数选民的利益，如此制定出来的法律一般都不会对社会大多数成员不利。我国也是代议制国家，宪法规定全国人民代表大会是最高立法和权力机关。但由于同时通行民主集中制的做法，执政党在人民代表候选人提名和实际立法过程中起着决定性的作用。公众所熟悉的立法程序是将已经由最高行政机关（国务院）和执政党同意的法案提到为期短暂的人民代表大会上表决通过。因此立法的关键机构是国务院，也就是说，行政法律的公正与否，首先取决于国务院内部的立法程序。公正性是行政行为最本质的要求，要做到这一点，仅仅给行政相对人事后救济是远远不够的，重要的是必须为行政相对人设置事先、事中参与程序，其核心就是设定行政相对人辩驳行政主体行政行为的听证程序。由于我国行政程序法建设的落后，使得这一作为行政程序核心的听证制度至今尚未完全建立起来，其中最薄弱的环节就是行政立法程序。

在我国，根据宪法（第89条第1款）的授权，国务院行使"规定行政措施，制定行政法规，发布

---

① 政府与企业之间这种休戚与共的父子关系对正在建立过程中的政府管制及其效果的消极影响是致命的，这是因为：第一，既是行政部门又兼行业主管的管制者不可能站在中立的立场上平等对待所有的市场参与者，新的市场进入者或非国有企业很可能受到歧视；第二，这种政企同盟一旦形成，便完全有可能在立法和执法过程中藐视消费者的力量，置他们的合法权益于不顾。在配尔兹曼管制模型里（余晖，1995a），管制者主要追求的目标是政治利益即选票的最大化，企业追求利润最大化，而消费者则追求消费者剩余的最大化。为了使管制政策偏向自己，企业和消费者利益集团都会在某一限度内为管制者拉选票而支付成本，而作为管制者来说，任何偏袒一方都可能失去另一方的选票，因此，一项管制往往能在一个均衡点使三方达到满意。也就是说，一项管制政策短期内可能有所偏向，但它不可能永远向某一利益集团倾斜。在我们的模型里则不同：虽然企业和消费者的目标不变，但管制者却不用追求选票的最大化，它追求的目标几乎与企业是一致的，因此在政企合一的条件下，使三方满意的均衡点是找不到的，虽然几乎所有的成本都由消费者承担。从高居不下的电话初装费、只涨不落的飞机票价、越打越火的假劣药品以及屡屡发生的重大医疗事故等故事中，我们不难验证这一观点（余晖，1996）。

决定和命令"的职权。从国务院制定的《行政法规制定程序暂行条例》不难发现，行政法规的制定从规划、起草、审定到发布的全部过程都是在国务院内部完成的。这个程序最大的特点是强调国务院各主管部门之间在法规制定中的协调性，某一项法规要在各有关部门充分协商的基础上取得一致方能最后通过（而法规的实施细则则可由主管部门独立完成）。该条例只字未提相关利益团体即未来的行政相对人（如企业、消费者或其他社会团体）在法规制定程序中的地位。同样，根据《国务院组织法》（1982），"国务院主管部、委员会可以在本部门的权限内发布命令、指示和规章"（第 10 条），这个过程与行政相对人也无任何关系。

行政法律的制定权属于全国人大（宪法第 62 条第 3 款："制定和修改刑事、民事、国家机构的和其他的基本法律"）和全国人大常委会（宪法第 67 条第 2 款："制定和修改应当由全国人民代表大会制定的法律以外的其他法律"）；根据《全国人大组织法》（1982），具体承担法律议案审议及法律草案起草组织工作的是全国人大各专门委员会（第 37 条各款）。而在实际操作中，通常是由各专门委员会将法律草案的起草权委托给国务院各有关主管部门（宪法第 89 条第 18 款），至于法律草案的制定程序则与上述行政法规的制定程序基本相同，立法主体实质上依然是国务院。

不仅如此，行政诉讼（第 10 条第 1 款）也未赋予国家司法机关对行政法规的复审权。由此造成行政立法过度倚重于国务院这个最高行政执法机构的局面。

这种立法制度的最大疏陋在于将行政立法的实际控制权交给了各有关行政主管机构，尤其是某一负责法案起草的行政主管机构。比如 1984 年《药品管理法》的起草机构就是卫生部。在政企不分的行业管理体制下，政企（事）同盟极有条件操纵行政立法过程，可以想见，最后形成的法案，肯定是官僚机构、政企同盟瓜分行政权力，起草机构得益最丰的结果。而力量分散的利益集团，由于缺乏利益相关的官僚代言人，它们的利益往往受到不同程度的忽略。不仅如此，这种封闭性的立法程序会助长行政立法机关的官僚主义作风，完全可能因内部各部门之间权利难以调和而延误立法的进程，从而使有关利益团体乃至整个社会的利益长期受到损害。《职业安全与卫生法》历经数十载而终未能面世的事实就是一个极好的例证。无法否认又让人遗憾的是这样的例子还很多（参见余晖（1996，第 5 章）的相关研究）。

据悉，国务院已经组织包括卫生部、国家医药管理局、国家中医药管理局等有关部门参加的《药品管理法》修正案调查小组，但在现行政治法律制度不进行改革的情况下，我们无法对修正的药品管理法的公正性持乐观的态度，虽然 1984 年卫生部在起草药品管理法时一边倒的现象已不可能重演。

四、结　论

通过对我国药品管理制度演进过程的回顾，我们不难发现我国药品市场上持续甚久的不良秩序（假劣药品泛滥和大处方等）与现行行政分散、地方分权的药政体制有极大关系。药业各界和政府有关部门正在酝酿一种行业管理和行政权力相对集中的新式药品管理制度。其实，这是一个老生常谈却一直难以付诸实施的方案。笔者的想法更进了一步：要彻底整顿药品市场的秩序，应该建立一种全新的政府管制制度，即不仅必须将分散的行政权力集中到一个药政机构，而且要将行业管理的职能剥离出去，并将现行的地方药政权集中到中央药政机构。所以，未来的药业政府管制，是以一个不受医药行业利益及地方利益干扰有充足行政经费的中央集权式药政机构为主体的行政法律体系。

但是，接下来的实证研究却表明：要建立这样一种对大多数社会成员有利的政府管制制度，在近期甚至今后很长一段时期内，都没有成功的希望。这是因为，这项新的制度安排的形成，受到现行制度结构中其他一些依存性制度安排的制约，如地方实际控制的药政体制、政企政事合一的行业管理体制、覆盖面很小的医疗保障制度、医药合业和药品混合管理制度等。这些依存性制度有的已开始作试验性的变迁，如政企分开、医疗保障的社会统筹和个人账户以及可报销的基本药物目录的遴选等；而有的却没有变迁的迹象，如中央和地方的事权分配体制、医药合业制度。总的说来，这些依存性制度变迁的方向与新的制度安排是否相容，尚难做出判断，因此便涉及有关利益集团的制度偏好的研究。其结果显示，现行的制度结构对某些精干的利益集团有利，如政企同盟、政事同盟、非行业主管部门但参与药品管制的行政机构；而将受益于新制度安排的利益集团，虽然规模庞大，却分布松散、"朝中无官"，难以实际行动，如农民、城镇自费医疗者。政府本来应该持公正的立场，支持新的制度安排的建立。但不幸的是，我们的政府不但是政权的拥有者，而且本身就是一个"资本家"，作为一个特殊的利益集团，它的利益与行业内国有企业及作为其代理人的行业主管部门即政企（事）同盟的利益是一致的。道德和正义的约束终要让步于政权建立之上的经济利益的诱惑。这就难免使得封闭性的行政立法程序得以取代投票制度和听证制度，从而使大量不利于大多数社会成员的正式制度被生产出来。

本案例的研究基于制度经济学中关于制度变迁的动力学理论，主要的分析工具是"依存性制度"（林毅夫，1989）、"制度非中性"（张宇燕，1994）、"有理性的忽略"（张宇燕，1992）、"有理性的容忍"（盛洪，1995）及"利益集团"（张宇燕，1992）等理论和思想。而本文的实证研究也主要是对这些理论命题的检验。从结果来看，这些命题基本上是可以得到证实的。Pltzman（1976）的管制均衡模型更适合于管制制度建立之后管制者与被管制者和消费者之间的互动关系的研究（余晖，1995a），因此本文未加利用，不过，如果把管制制度的建立也视为一种管制政策，这一模型也是有效的。本研究的不足之处很多，最明显的是关于利益集团的制度偏好的证明缺乏足够的证据。

在研究的过程中，本人还使用了"政企（事）利益同盟""有理性的被动参与式选民"及"封闭式行政立法程序"等概念，这些概念作为上述理论的扩充，笔者自以为有助于对转轨时期中国政府管制或公共政策的研究。这些概念在本文尤其在笔者另一些研究中已经运用过，并得到部分证实，在此恳求广大同仁不吝赐教和批判。

〔参考文献〕

［1］Spulber，1989，Regulation and Market，MIT，Press.

［2］张曙光：《前言：制度变迁与案例研究》，载天则经济研究所《中国制度变迁的案例研究（第1集）》，上海人民出版社1996年版。

［3］周其仁：《研究真实世界的经济学：科斯研究经济学的方法及其在中国的实践》，载《中国社会科学季刊》（香港）1997年总第18期。

［4］林毅夫：《关于制度变迁的经济学理论：诱致性变迁与强制性变迁》（1989），译载《财产权利与制度变迁——产权学派与新制度学派译文集》，上海三联出版社1991年版。

［5］张宇燕：《利益集团与制度非中性》，载天则经济研究所《中国经济学：1994》，上海人民出版社1995年版；《经济发展与制度选择》，中国人民大学出版社1992年版。

［6］盛洪：《为什么人们会选择对自己不利的制度安排》，载天则经济研究所《中国经济学：1995》，上海人民出版社1996年版。

［7］关山、姜洪主编：《块块经济学：中国地方政府的经济行为分析》，海洋出版社1990年版。

［8］李超进主编：《药事管理学》，中国卫生出版社1988年版。

［9］秦海：《中国药业：管理体制、市场结构及国际比较——中国药业研究报告》（未公开发表），1996年。

［10］郑国辰主编：《医药经济论文选（4）》，国家医药管理内部赠书（未公开发行），1996年。

［11］卫生部药政管理局编：《药品监督管理法规汇编》，人民卫生出版社1994年版。

　［12］国务院办公厅和中央编委办公室编:《中央政府机构组织》,中国发展出版社 1995 年版。

　［13］彭瑞骢等:《中国改革全书:医疗卫生体制改革卷》,大连出版社 1992 年版。

　［14］余晖:《"管制的经济理论与过程分析》,载《经济研究》;《美国:政府管制的法律体系》,载《中国工业经济研究》1995 年第 12 期。

　［15］余晖:《政府与企业:从宏观管理到微观管制》,福建人民出版社 1996 年版。

（本文发表在《管理世界》1997 年第 6 期）

"营改增"对企业行为影响的实证分析

李春瑜

摘　要： 本文利用 149 家上市公司 2010~2014 年的公开数据，从固定资产投资、劳动雇佣、研发创新、运营效率四个维度，研究"营改增"对企业行为的影响。实证分析结果表明：在促进固定资产投资和吸纳就业方面，营改增整体上呈现明显的积极作用，但是在促进研发和运营效率提升方面的长期政策效应还未显现。同时，营改增在不同类型企业间的政策效应存在显著差异。为此提出了相关建议，包括：坚定营改增信心，积极稳妥推进营改增全面实施；加强营改增在不同行业、不同类型企业政策效应的调查和分析研究；加大对营改增企业的指导服务，鼓励企业做好营改增税务筹划；等等。

关键词： 营改增；企业行为；影响；实证分析

一、引　言

营业税改增值税（以下简称营改增）是我国税制改革的一项重大举措。营改增有助于减轻现代服务业税负、推动产业升级转型，同时也打通了服务业和制造业之间的增值税抵扣链条，实现了增值税环环抵扣和税制公平。从 2012 年 1 月 1 日上海服务业企业营改增试点至今，营改增已经实施近四年，其政策效应是否符合预期，是一个值得深入研究的问题。其中，营改增对企业行为的影响，目前已有研究涉猎不多。本文利用上市公司 2010~2014 年的公开数据，对营改增的企业行为影响进行实证分析，并基于分析结论提出营改增政策推进和完善的相关建议。

二、文献综述

营改增实施后政策效应的研究，总体可以分为四类：

第一，营改增对企业税负的影响。这类研究就营改增前后服务业税负进行对比，考察营改增是否有效降低了企业税负。从研究方法看，又可分为三种：一是以投入产出表为工具进行测算，从服务业上下游产业的投入产出系数来推算营改增后的企业税负，并和以前税负进行比较（何骏，2012；潘文轩，2012；田志伟、胡怡建，2013）；二是对营改增前后实际统计数据进行实证分析，在控制其他因素对税负影响的前提下，考察营改增因素对企业税负的影响方向和显著程度（吴金光、欧阳玲、段中元，

2014；王新红、云佳，2014）；三是在一些假设前提下，进行逻辑和数量推理，推断营改增对税负的影响（潘文轩，2013）。这类研究的一般结论是：营改增降低了服务业税负。但也有些结论认为对于运输业、不动产租赁业等营改增后税率较高的行业，税负不降反增。

第二，营改增对企业绩效的影响。这类研究基本采取实证模式，以上市公司公开的数据作为分析样本，考察营改增对企业绩效（一般是净资产收益率 ROE）的影响方向和显著程度（王佩，2014；王玉兰、李雅坤，2014；郭均英等，2015）。基于样本的不同，这类研究在分析结论上分别有降低绩效、提高绩效和影响不显著三种。

第三，营改增对上市公司股价的影响。文献以上海 18 家上市公司为研究样本，采用时间分析法的实证手段，考察增值税扩围对股价的影响。结论是改革事件对上市公司的股价有显著的冲击效应，改革事件对上市公司股价的冲击效应具有稳定性，但行业影响不同（李涛等，2013）。

第四，营改增对企业行为的影响。相关文献认为，营改增除了有效降低税负外，影响企业投资结构和定价机制，并有助于提高企业专业化水平（刘晗，2014）。文献以上海市"营改增"试点政策为例，阐述了营改增对现代服务业服务贸易的影响，认为营改增有利于企业的服务贸易（冯秀娟等，2013）。

从现有研究来看，营改增税负和绩效影响研究已经较为成熟，但营改增对企业行为影响研究并不多，且现有研究均为定性的逻辑推断型研究，缺乏长时间视窗、多样本数据的实证检验。

三、研究假设

本文选择了固定资产投资、劳动雇佣、研发创新、运营效率四个维度，考察营改增对企业行为的影响，为此提出四项研究假设：

假设 1：营改增促进了固定资产投资。

营改增前，服务业购进的生产类设备不能抵扣进项税，营改增后则可以抵扣，购置固定资产能够降低企业税负，营改增也使得固定资产的购置成本降低。因此，我们提出第一个假设：营改增政策将促进企业固定资产投资行为。

假设 2-1：营改增促进了劳动雇佣。

在营改增的宏观经济效应方面，对就业影响研究比较主流的观点是，营改增能够促进服务业的发展，若考虑一般情况下服务业的发展能够吸纳较多的劳动力，可以认为营改增对就业的影响是正面的（孙刚，2012；王朝才，2012；赵迎春等，2009）。因此我们提出第二个假设：营改增将促进企业吸纳更多劳动力，增加雇佣人数。

假设 2-2：营改增降低了劳动雇佣。

从税务筹划的角度看，将原来"直接雇佣员工"改为"通过和劳务派遣（服务）公司签订劳务协议用工"的方式，可以有效地降低税负。因为直接支付员工工资无法取得增值税发票，通过劳务公司协议用工方式，则可以取得劳务公司开具的增值税发票，从而实现进项税抵扣。营改增后，企业可能基于税务筹划的目的，改直接用工为间接用工，从而降低直接雇员数量。针对这种可能，我们提出假设 2-1 的一个竞争性假设：营改增降低了劳动雇佣。

假设 3：营改增促进了研发创新。

得益于营改增的促进作用，服务型企业的"服务专业化""服务精细化"趋势将加快，从而推动服务型企业转型升级。创新是服务业转型升级的重要方式，服务业创新包括模式创新、管理创新和技术创新，技术创新比较容易用研发支出等数据进行衡量，因此我们提出第三个假设：营改增将加大企业的研发力度。

假设 4：营改增提高了运营效率。

营改增会促进企业外包。在"营改增"之前，企业外包出去的服务，服务供应商提供的营业税发票不能用来抵扣，致使企业税负增加，客观上妨碍了外包发展。"营改增"后鼓励服务型企业内部服务外包，母企业在专注"做精做专"的同时，也可以剥离非核心人员和资产，从而提高运营效率。因此我们提出第四个假设：营改增将提高运营效率。

四、研究设计

（一）研究变量

1. 解释变量（自变量）

以营改增政策（Policy）作为解释变量。营改增的政策轨迹如下：2012 年 1 月，上海市作为首个试点城市，在交通运输业和部分现代服务业开展"营改增"工作；2012 年 8 月 1 日开始，将交通运输业和部分现代服务业"营改增"试点范围由上海市分批扩大至北京、天津、江苏、浙江、安徽、福建、湖北、广东和厦门、深圳 10 个省（直辖市、计划单列市）；自 2013 年 8 月 1 日起，将交通运输业和部分现代服务业"营改增"试点在全国范围内推开，并扩大现代服务业试点范围，将广播影视作品的制作、播映、发行等纳入试点；2014 年 1 月 1 日起，将铁路运输和邮政业纳入营改增试点范围；从 2014 年 6 月 1 日起将电信业纳入营改增范围。目前，除了建筑业、金融业、房地产业和生活服务业以外，营改增已经覆盖其他服务行业。

本文设定营改增政策变量为哑变量。在企业样本符合营改增政策所涉及的日期（年度）、行业和地区三个要素时，变量取值为 1，否则为 0。由于实施营改增的时间节点大部分在年度之间，考虑到税收政策效应的滞后性，对下半年实施营改增所涉及的样本，本年度营改增政策变量取值为 0，从下年度开始取值为 1。例如某企业属于交通运输业，注册地在北京，则其 2010~2014 年各年度营改增政策解释变量的赋值分别为 0、0、0、1、1，如果该企业注册地在上海，则各年变量取值分别为 0、0、1、1、1。

2. 被解释变量（因变量）

固定资产投资变量（ln_FI）：用年末企业固定资产原值的对数来计量。

劳动雇佣变量（HR）：用年末企业正式雇员数量来计量。

研发创新变量（RD）：用年度研发支出总额与营业收入的比值来计量。

运营效率变量（OE）：人力资源是服务业的核心资源，人均产出是服务业效率衡量的重要标准，用雇员人均营业收入来计量运营效率。

3. 控制变量

企业行为表现是多个因素共同叠加所导致的结果，税务政策只是其中政策之一。为了有效考查税务政策的影响，必须有其他控制变量，通过其他可能影响企业行为的变量加入回归方程，来控制税务政策以外的因素对分析过程和分析结果的影响：

企业规模变量，用资产规模的对数（ln_A）来计量。

企业盈利能力变量 2 个，用毛利率（GP）和净资产收益率（EY）来计量。

融资能力变量 1 个，用资产负债率来计量。

企业现金流变量，用经营活动现金流量净额占营业收入的比例来计量。

行业变量 5 个，分别为运输业（Industry1）、仓储物流业（Industry2）、广播电视业（Industry3）、互联网（Industry4）、软件与信息服务业（Industry5）。行业变量为哑变量，样本属于某行业时，取 1，否则为 0。

最终控制人变量 2 个，分别为民营控股（Prviate）和国有控股（N_ Prviate），为哑变量，取值 1 或 0。

区域变量 3 个，分别为东部（Area1）、中部（Area2）和西部（Area3），为哑变量，取值 1 或 0。

年度变量，样本涉及 5 个年度，为哑变量。（Year2010~2015）

（二）研究模型

用 OLS 方法进行回归，回归方程如下：

被解释变量 = 常数项 + 解释变量系数 × 解释变量 + 控制变量系数 × 控制变量 + 残差

（三）研究样本和数据

2015 年 5 月 30 日，A 股、中小板、创业板中涉及营改增的服务类企业共计 204 家，我们选择了 2010~2014 年数据健全的 149 家作为分析样本，保持年度样本数据之间的一致性和可比性，来增加分析的客观性和合理性。这样得到 745 个观测值。数据来源为 CCER（色诺芬数据库）和 CSMAR（国泰安数据库）。

样本的归类情况如表 1 所示：

表 1 测试样本归类情况表

行业		最终控制人性质		地区	
类别	数量	类别	数量	类别	数量
运输业	60	民营控股	59	东部	125
仓储物流业	4	国有控股	90	中部	12
广电业	8			西部	12
互联网	9				
信息技术	68				
合计	149	合计	149	合计	149

在观测值中，适用增值税政策的观测值为 289 个，适用营业税政策的观测值为 456 个。

五、实证过程与结果

（一）整体样本回归

利用 SPSS17.0，在进行回归分析之前，我们对回归变量之间可能存在的多重共线性进行了诊断，容忍度（Tolerance）和方差膨胀因子（VIF）都在合理范围之内。采用"enter"方法让回归变量一次性进入回归方程，回归结果如表 2 所示（限于篇幅，行业变量、年份变量、地区变量和最终控制人变量系数未列入表中）：

表 2　营改增对企业行为影响的回归分析结果（总体）

被解释变量		固定资产投资	雇员数量	研发创新	运营效率
解释变量	营改增政策	0.046** (1.832)	0.128* (2.010)	0.068 (1.217)	0.116 (1.645)
控制变量	资产规模	0.599*** (24.961)	0.604*** (12.911)	−0.002 (−0.037)	−0.035 (−0.668)
	毛利率	−0.005 (−0.218)	−0.095** (−2.132)	0.382*** (9.621)	−0.190*** (−3.776)
	净资产收益率	−0.031* (−1.772)	0.038 (1.115)	−0.165*** (−5.454)	0.010 (0.267)
	资产负债率	0.037* (1.685)	0.004 (0.100)	−0.107** (−2.783)	−0.007 (−0.152)
	经营现金流收入比	−0.030 (−1.494)	−0.105** (−2.666)	−0.036 (−1.102)	0.026 (0.582)
调整后的 R^2		0.816	0.586	0.428	0.487
观测值数量		745	745	745	745
F 值		166.720	124.364	31.253	38.246

注：*10%置信水平有效；**5%置信水平有效；***1%置信水平有效。表中框内未加括号的数字，为标准化回归系数，括号内为 P 值。

由回归分析结果看：在控制了企业规模、盈利水平、现金流、行业、年份和企业性质等因素后，营改增政策对固定资产投资的回归在 5%置信水平上显著，且回归系数为正，假设 1 得到检验；营改增对雇员数量的回归在 10%置信水平上显著，且回归系数为正，假设 2-1 得到检验，否定了竞争性假设 2-2，说明营改增政策在促进服务业吸纳就业方面确实起到了积极作用；营改增对研发创新和运营效率的回归系数均为正数，但统计上并不显著，假设 3 和假设 4 都没有得到验证。营改增对研发创新和运营效率的积极作用可能需要今后较长一段时间后才能逐步显现。

（二）分类样本回归

为了进一步分析营改增政策对企业行为的影响，我们按照样本的归类和各类数量多少，对营改增效果从行业（运输业和非运输业[①]）、地区（东部、中西部）、控制人性质（民营控股和国有控股）三个维度，分别进行回归分析，结果如表 3 所示：

表 3　营改增对企业行为影响的回归分析结果（分类）

营改增政策	样本量	营改增对各被解释变量的标准回归系数和 P 值			
		固定资产投资	雇员数量	研发创新	运营效率
全部	149	0.046** (1.832)	0.128* (2.010)	0.068 (1.217)	0.116 (1.645)
运输业	60	0.114*** (1.370)	−0.121 (−1.417)	−0.003 (−0.036)	−0.078 (−0.774)

[①] 之所以将运输业单列，是考虑诸多已有的研究表明，营改增不但不会降低运输业税负，反而会增加运输业税负，营改增在运输业的预期税改作用会受到影响。

续表

营改增政策	样本量	营改增对各被解释变量的标准回归系数和 P 值			
		固定资产投资	雇员数量	研发创新	运营效率
非运输业	89	0.055* (0.827)	0.214* (2.468)	0.106 (1.109)	0.267* (1.862)
东部	125	0.081* (1.222)	0.182* (2.664)	0.037 (0.595)	0.154 (1.620)
中西部	24	0.042* (0.866)	0.229 (1.384)	0.156 (1.168)	0.137 (1.650)
民营	59	0.109** (2.087)	0.237* (2.812)	0.014 (0.005)	0.136 (1.262)
国有	90	0.003 (0.062)	0.006 (0.078)	0.005 (0.058)	−0.086 (−0.951)

注：*10%置信水平有效；**5%置信水平有效；***1%置信水平有效。表中框内未加括号的数字，为标准化回归系数，括号内为 P 值。

结果显示，营改增政策对不同类型企业的影响确实存在差异。

就营改增对固定资产投资影响来看，运输行业的回归系数和显著性程度都超过非运输行业。相对于其他服务型行业，运输行业发展驱动要素中固定资产（例如运输工具、运输设施等）的作用更明显，运输业对固定资产投资需求也更大。不管营改增后运输业是否总体税负降低，通过固定资产投资以增加进项税抵扣，都是运输业企业降低税负的一个理性选择。结果还显示，营改增对东部企业固定资产投资促进作用的显著性程度略强于中西部企业，营改增对非国有企业固定资产投资促进显著，而对国有企业不显著。可能的原因是东部企业和非国有企业税务筹划的主动性更高，或者节税预期下固定资产投资的积极性更高。

就营改增对企业雇佣影响来看，非运输行业的影响显著，而运输行业则不显著，可能的原因是样本中的非运输行业大都属于快速发展的新型行业（互联网、信息技术、广播电视），企业对营改增正向作用预期更加强烈，在员工雇佣方面的态度也更为乐观。结果还显示，营改增雇佣的影响作用，东部企业和非国有企业显著，而中西部企业和国有企业不显著，原因也可以用这类企业政策预期和用工态度更为正向积极来解释。

就营改增对企业研发行为影响来看，各种分类回归分析结果均不显著。说明营改增对研发的促进机理还普遍未在企业发挥作用。

就营改增对企业运营效率影响来看，仅在非运输行业的回归分析中显示结果显著有效，回归系数为正，其他分类回归和总体回归均不显著。可能的原因是营改增后信息技术服务、互联网等新兴服务行业更积极通过外包来避税和促进经营专业化，运营效率得以提高。

（三）稳健性检验

为了保障结果的客观性，我们对解释变量的计量方式进行了转换，分别用年末固定资产占总资产的比例、年度雇员数量增加、研发人员占营业收入比例和资产周转率来衡量固定资产投资、劳动雇佣、研发创新和运营效率，回归分析结果显示：营改增对运营效率的影响不管是分类样本还是总体样本，结果均不显著，这一点和上文的结果稍有不同。其他结果均一样。限于篇幅，稳健性检验的详细结果不再赘述。

六、结论与建议

基于以上分析，在营改增对企业行为影响的政策效应方面，结论如下：

一是营改增政策效应已经初步显现。在促进固定资产投资和吸纳就业方面，营改增政策积极作用整体上呈现明显，政策意图已经有所实现。

二是营改增长期政策效应还有待进一步考察。服务业的发展方向，是通过精细化和专业化实现转型升级，优化运营模式和专注研究开发是现代服务业发展的根本。在研发创新和运营提升等企业发展长效机制促进方面，营改增效果还不明显。

三是营改增政策效应在不同企业间存在显著差异。非运输行业、东部企业和非国有企业的政策效应分别显著高于运输行业、中西部企业和国有企业。税改政策效应优先在新兴产业、市场化程度高企业、经济发达地区企业呈现。

鉴于此，提出建议如下：

一是坚定营改增的信心，积极稳妥推进营改增政策全面实施。营改增是利国利企的一项重大税制改革举措，政策的方向性和合理性均不容置疑。要坚持营改增全面覆盖的原定计划，在 2015 年底之前将营改增扩围到建筑业、金融业、房地产和生活服务业，实现营改增在各服务行业的一盘棋。

二是加强营改增在不同行业、不同类型企业政策效应的调查和分析研究。尤其是对营改增后税负加大、营改增政策效应不明显的行业和地区以及国有企业，要加大调研力度，分析客观和主观原因，有针对性地解决问题，保障政策效果不打折扣。

三是加大企业应对营改增政策的指导服务，鼓励企业做好营改增税务筹划。营改增对原营业税企业的税务管理、用工方式、投资模式、运营模式都会产生较大冲击和影响，有效进行税务筹划和管理，才能最大化政策的积极作用。税务机关等相关机构应对营改增后的企业实施积极指导和引导，帮助企业进行营改增后管理体系的重构，建立营改增效应发挥作用的长效机制。

〔参考文献〕

[1] 何骏.上海增值税改革对现代服务业的影响测算及效应评估 [J].经济与管理研究，2012（10）.

[2] 潘文轩.增值税"扩围"改革对行业税负变动的预期影响 [J].南京审计学院学报，2012（4）.

[3] 田志伟，胡怡建."营改增"对各行业税负影响的动态分析——基于 CGE 模型的分析 [J].财经论丛，2013（7）.

[4] 潘文轩."营改增"试点中部分企业税负"不减反增"现象分析 [J].财贸研究，2013（1）.

[5] 吴金光，欧阳玲，段中元."营改增"的影响效应研究——以上海市的改革试点为例 [J].财经问题研究，2014（2）.

[6] 王新红，云佳.营改增对交通运输业上市公司流转类税负及业绩的影响研究 [J].税务与经济，2014（6）.

[7] 刘晗等."营改增"试点政策运行对企业影响的效应分析 [J].经济研究参考，2014（23）.

[8] 冯秀娟等.增值税"扩围"改革对现代服务业发展的影响分析——以上海市"营改增"试点政策为例 [J].北京市经济管理干部学院学报，2013（1）.

[9] 王佩等."营改增"对交通运输业上市公司税负及业绩的影响 [J].税务研究，2014（5）.

[10] 王玉兰，李雅坤."营改增"对交通运输业税负及盈利水平影响研究——以沪市上市公司为例 [J].财政研究，2014（5）.

[11] 郭均英等."营改增"对企业经济后果影响研究 [J].财政研究，2015（4）.

[12] 李涛等.我国增值税扩围改革的资本市场反应与经济后果——来自上市公司股价的经验证据 [J].经济体制改革, 2013 (1).

[13] 孙刚.增值税"扩围"的方式选择：基于对行业和体制调整的影响性分析 [J].地方财政研究, 2012 (7).

[14] 王朝才, 许军, 江昊.从对经济效率影响的视角谈我国增值税"扩围"方案的选择 [J].财政研究, 2012 (7).

[15] 赵迎春, 田志伟.增值税"扩围"的宏观效应分析 [J].税务研究, 2009 (12).

（本文发表在《地方财政研究》2016 年第 1 期）

地区竞争、体制扭曲与产能过剩的形成机理

江飞涛　耿　强　吕大国　李晓萍

摘　要：中国的财政分权体制和以考核 GDP 增长为核心的政府官员政治晋升体制，使地方政府具有强烈的动机干预企业投资和利用各种优惠政策招商引资；土地的模糊产权、环境保护体制上的严重缺陷和金融机构的软约束问题，使低价出让工业土地、牺牲环境和帮助企业获取金融资源成为地方政府竞争资本流入的重要手段。体制扭曲背景下，地区对于投资的补贴性竞争才是导致产能过剩最为重要的原因。本文进一步建立模型详细说明：地方政府低价供地等所导致的补贴效应，地方政府低价供地以及协调配套贷款等行为下企业自有投资过低所导致严重的风险外部化效应，扭曲了企业的投资行为，导致企业过度的产能投资、行业产能过剩。本文研究表明，从根本上解决产能过剩问题需要在土地产权、环境保护体制、金融体制、财政体制等方面进一步推进改革。

关键词：产能过剩；投资补贴；成本外部化；风险外部化

一、引　言

20 世纪 80 年代以来，"重复建设""过度竞争""过度投资"和"产能过剩"等类似的问题，一直困扰着经济政策部门[①]。政策部门认为"重复建设""过度竞争""产能过剩"等类似问题，会导致产业组织恶化、企业利润下降、亏损增加、加大金融风险、严重浪费资源，使资源环境约束矛盾更为突出，使经济结构不协调的问题更为严重，影响国民经济持续、健康、协调发展。重复建设、产能过剩等问题一直是学者、政策部门高度关注的问题。对于重复建设、产能过剩形成机理的研究上，一直存在两种截然不同的研究传统：一种是以"市场失灵"来解释产能过剩、重复建设的形成机理；另一种则是以转轨经济中体制缺陷对经济主体行为的扭曲来解释。两种不同的研究传统，同时意味着两种完全不同的治理政策。以"市场失灵"来解释产能过剩的形成机理，意味着政府应该通过干预市场方式来治理产能过剩、矫正市场失灵；而以体制扭曲来解释产能过剩的形成，则意味着政府应该通过完善相应市场制度来治理产能过剩。政策部门更倾向于认为产能过剩、重复建设是"市场失灵"的结果。长期以来，政策部门以

───────────

[基金项目] 国家社科基金重点项目"转轨体制下中国工业产能过剩、重复建设形成机理与治理政策研究"（批准号：09AZD017）；国家社科基金重点项目"产能过剩治理与投融资体制改革研究"（项目批准号：09AJY002）；国家社科基金重大招标项目"新型工业化道理与推进工业结构优化升级"（批准号：06&ZD002）；教育部基地重大项目"金融创新、资本市场与区域经济增长"（批准号：10JJD790027）。

① 这几个概念描述的基本上是同一现象，它们之间的差异在于描述现象时侧重点上有所不同。

包括市场准入、项目审批、供地审批、贷款的行政核准、目录指导、强制性清理等行政管制政策来治理重复建设、产能过剩。同时，重复建设、产能过剩及其"市场失灵"解说成为政府部门广泛干预微观经济的最为重要的依据之一（江飞涛、李晓萍，2010）。

然而，以"市场失灵"解释产能过剩形成的各种理论却似是而非。江飞涛、曹建海（2009）就曾指出，以低集中度市场结构、过度进入定理等解释产能过剩形成机理的相应"市场失灵"理论均存在根本缺陷。林毅夫（2007）和林毅夫、巫和懋、邢亦青（2010）提出"潮涌"理论，将产能过剩归结为发展中国家特有"市场失灵"现象，它试图阐述发展中国家存在对于新产业发展前景存在的准确、良好的社会共识，这种共识会引发投资的"潮涌"现象，并进而导致产能过剩。该理论自提出后，产生了广泛的影响，而该理论假说存在的重要缺陷被忽视了。正如本文稍后将详细阐述的，首先，"潮涌"理论的基本假设就不成立，并不存在企业对未来有前景行业市场需求所谓（基于正确预测）的共识，不同预期之间往往分歧巨大[①]；其次，其模型中可能出现的产能过剩是不完备信息假设条件下对均衡状态的偏离，而这只是现实市场的常态。文中还高估了发展中国家新行业市场需求急剧扩张对于产能过剩出现的概率和程度的影响。从中国现实经济中产能治理政策实施效果来看，基于"市场失灵"解说、以直接干预微观经济为特征的产能过剩治理政策，不但不能从根本上治理产能过剩，还导致了一系列的不良政策效应（江飞涛、陈伟刚等，2007；曹建海、江飞涛，2010）。

以转轨经济中体制缺陷对经济主体行为的扭曲来解释产能过剩形成的已有研究，亦存在不足。不少研究都曾指出，地方政府在地区竞争时实施地方保护主义和分割市场的做法，导致了重复建设、产能过剩问题，这实质上是认为产能过剩与重复建设是"体制扭曲"和"政府失灵"的结果。但是，这些研究从理论上阐述产能过剩形成机理时，却试图采用过度进入定理、保有过剩产能与价格合谋等，将产能过剩解释为"市场失灵"的结果，其理论解释和现实分析严重脱节，并进而导致在产能过剩治理政策取向判断和选择时的混乱。此外，这些理论本身也存在缺陷。1994 年分税制改革后，特别是加入 WTO 以来，中国市场一体化进程明显加速。地区竞争的方式也发生了转变，从对本地政府所有的国有和乡镇企业提供各种形式支持，乃至设置地区壁垒实行地方保护主义，转向吸引外来企业投资以及推动本地企业投资而进行的补贴性竞争（陶然等，2009），地方保护主义和市场分割也不再是导致重复建设和产能过剩的主要原因。有研究进一步指出，地区之间愈演愈烈的对于投资的补贴性竞争成为导致产能过剩最为主要的原因（李军杰，2005；郭庆旺、贾俊雪，2006；陶然等，2007；等等）。然而，对于地区之间的补贴性竞争如何导致产能过剩的微观机制，这些研究并没有从理论上给予明确的阐述。

地区补贴性竞争是导致中国产能过剩的主要原因，对于产能过剩形成机理的分析应该建立在补贴性竞争的理论框架下。目前，对于补贴性竞争的研究主要集中在新国际经济学领域，这些研究大体上可以分为以下两类：第一类文献是战略性贸易理论中关于出口的补贴性竞争方面的，例如，Helpman 和 Krugman（1989）、Neary 和 Leathy（2000）关于出口补贴竞争的研究。第二类文献是围绕地区（国家）之间为争取 FDI 流入而进行的补贴性竞争展开，例如，Bond 和 Samuelson（1986）、Doyle 和 van Wijnbergen（1984）、Barros 和 Cabral（2000）、Parcero（2007）、Facundo Albornoz 等（2009）的研究。对中国而言，地区之间对于吸引投资（既包括大量的国内投资又包括 FDI）的补贴性竞争更为激烈和普遍，中国地方政府偏好、面临的约束和行为特征也显著不同于这些研究文献里的假设，这些研究也不考虑地区补贴性竞争对于企业产能投资和产能利用率的影响。

---

① 例如，在钢铁工业（铝工业）快速发展的过程中，关于中国到底需要多少吨钢（铝）的激烈争论从未停止过，不同意见之间分歧巨大；在汽车工业发展的过程中，对于轿车是否能进入家庭就发生过激烈的争论，对于汽车市场需求规模的争论也从未停止，各方对于未来市场的前景同样存在很大的分歧。

　　总体而言，从体制扭曲与地区竞争角度详细探讨产能过剩形成机理的研究缺乏，更未建立相应的理论模型明确阐述其微观机理。国外关于补贴性竞争的研究进展，可以为我们研究中国地区间补贴性竞争提供一些分析思路和启示，但是并没有直接提供可供借鉴的模型。本文试图弥补以往研究中的不足，建立符合中国地区补贴性竞争特征的分析模型，系统阐述地区补贴性竞争背景下产能过剩形成的微观机理，以实现经济现实分析和理论解释上的一致性。本文第二部分是阐述产能过剩形成的体制基础和机理；第三部分建立符合中国地区补贴性竞争特征的理论模型，阐述产能过剩的微观形成机理；第四部分是结论与政策含义。

二、产能过剩形成的体制基础

　　1. 地方政府不当干预企业的强烈动机及其体制原因

　　改革开放以来，中国地方政府在地区经济增长中扮演了一个非常重要的角色。它们以超乎寻常的热情寻求一切可能的投资机会，以推动地方经济的发展（周黎安，2007）。地方政府之所以具有强烈的干预企业投资和利用各种优惠政策招商引资的动机，主要基于两方面的原因：一是财政分权使地方政府具有采用不当手段推动投资的强烈动机；二是官员政治晋升体系使地方政府具有采用不当手段推动投资的强烈动机。

　　（1）财政分权与地方政府采用不当手段推动投资的热情。在传统的计划经济体制下，地方政府只是行政体系中的一级组织，不具有"经济人"的特征。然而，随着放权让利改革的深化以及"分灶吃饭"财政体制的实施，地方政府被赋予了具有较强独立性的经济利益，在整个经济体系中具有了"准市场主体"的地位，具备了"经济人"的特征。经过二十几年的改革，地方政府具有了自己的经济利益和经济地位，为地方追求经济利益的最大化提供了动力，为地方政府确立了追求经济发展的目标。因为财政分权使地方政府的各种利益和地区经济发展的相关性大大提高（Jin et al.，2005）。经济增长、就业率的实现在很大程度上取决于当地的投资量和投资项目状况，由此地方政府具有很强的动机争取资本资源、扩大投资规模。

　　财政分权改革以后，我国地方政府具有显著的"法团化"（Lacal State Corporatism）趋势。所谓"法团化"，指的是地方政府直接介入经济，扮演管理企业的角色的过程，以及各级政府、政党与所辖企业形成的一个类似大型企业的利益共同体。在经济转轨时期，先有党、政、地方企业，后来又有地方民营企业，它们相互结合，形成一定意义上的法团组织，构成了中国经济改革的微观层次上的制度基础。在一般的情况下，具有"法团化"趋向的地方辖区往往把宏观经济稳定、收入分配公平和环境外溢影响都视为"外部性"问题，并将尽可能多地争取外来投资、金融资源、上级政府资助或特别优惠（Qian and Roland，1998）。

　　（2）官员政治晋升体系与地方政府采用不当手段推动投资的热情。地方政府干预企业投资的另一个重要的动机，在于现有以考核 GDP 增长为核心的政府官员政治晋升体系，使得政府官员有很强的动力推进本地投资和经济增长。虽然财税激励无疑构成地方政府行为的一个重要动力，但作为处于行政金字塔之中的政府官员，除了关心地方的财政收入，自然也关心其在"官场"升迁中的机遇。这种激励在现实中可能更为重要。中国地方官员的晋升体系非常类似于晋升锦标赛模型，官员晋升与不晋升之间存在巨大的利益差异，这不仅表现为行政权力和地位之间的巨大差异，而且在政治前景上也不可同日而语（周黎安，2004、2007）。

晋升锦标赛使得政府官员同时在经济上和政治上竞争，经济竞争由于受到以零和博弈为特征的行政竞争的支配而出现资源配置扭曲的现象。这是因为，晋升职位总是有限的，晋升锦标赛具有一种"赢家通吃"和"零和博弈"的特征，一人提升势必降低别的竞争者的晋升机会，这种激烈的政治竞争就会转化为了政治收益不计社会经济成本和效益一味推动经济规模增长的竞争（周黎安，2007）。在我国，经济的增长很大程度上取决于投资的增长，这种经济和政治上的竞争不可避免地成为各级地方政府不惜代价争夺资本流入和投资资源的竞争。因此，地方政府往往在招商竞争时，大大压低土地价格，甚至"零地价"供地，并在税收上提供各种优惠；地方政府甚至为了吸引投资者，在劳动保障和社会福利方面不作为，压低劳动力成本，人为提高投资者的利润空间。

2. 地方政府不当干预企业投资的主要手段及其体制基础

财政分权与以考核 GDP 增长为核心的政府官员政治晋升体制，使地方政府具有不当干预企业投资的强烈动机。土地和环境的"模糊产权"问题以及金融体系的"预算软约束"问题，为地方政府不当干预企业投资提供了最为重要的手段。在经济转型期，中央政府由于没有足够的制度创新"知识"以及无法全面掌握各个区域的具体情况，从而不得不借助代理人（地方政府）临近现场，通过其能够掌握较多信息的优势去推动制度创新。但是，中央政府在预留给地方政府制度创新空间的同时，客观上也留下了"模糊产权""预算软约束"等非规范的制度环境。通过攫取界定模糊的产权（例如辖区内的土地）和"预算软约束"（金融租金）领域的"公共"资源，地方政府获取了对投资进行巨额实质性补贴的能力（李军杰，2004）。此外，环境产权的模糊和环境保护体制中存在的根本性缺陷，也让许多地方政府（特别是经济相对落后的地区）将放宽环保标准、容忍企业在本地区的环境污染作为吸引企业投资的一种重要手段。对于许多高能耗、高污染物排放的行业来说，地方政府的这一举措能在很大程度上降低企业的生产成本，实质上是企业生产成本的外部化。

（1）土地"模糊产权"与地方政府对投资者的低价供地行为。所谓"模糊产权"（Ambiguous Property Rights），是指由于市场环境的变化，新出现的营利性的资本产权束因为没有得到最终控制权的及时、明确的界定，从而处于"开放状态"，进而成为被竞相攫取的"公地"。随着中国城市化和城市面积的迅速扩展，大量农村土地转变为城市土地将不可避免。根据中国的现行法律，农村土地属于农民集体的"集体所有"。但是，由于"集体"和"集体所有"从来就没有得到清晰的界定，这些土地的产权事实上是虚置的，或者说是"模糊"的。在市场经济体制下，由于靠近城市的特殊的区位优势，随着城市化的推进，这些耕地就产生了被用来进行商业性开发从而盈利的可能，即出现了营利性的资本产权束。而在这些新出现的产权束未能重新得到明确界定的情况下，它就处于"开放状态"，即可能被人们用低成本获得。

在土地征用阶段，地方政府能通过强制手段低成本获取土地，基本上剥夺了失地农民因转变用途而产生的土地增值收益。地方政府取得土地之后，出于本届班子的政绩和可支配资金的最大化，倾向于对不同用途上的土地采取不同步同出让方式的差别定价战略。地方政府会在土地一级市场上垄断性地出让商业和住宅用地获取巨大收益，并获取了以低于征收开发成本价格出让工业用地所需的财政支持；对于工业用地、仓储用地地方政府更看重的是工厂建成之后给本地区带来的 GDP、税收、就业等政绩利益和长期利益，倾向于以低地价甚至零地价方式招商引资或提供给进行投资的本地企业（曹建海，2004）。这一做法实际上是为投资者提供投资补贴，投资者不但获取了土地转变用途的全部增值收益，以低于征地成本和开发成本获取土地，实际上还获取了地方政府代为征用开发土地过程中形成的实质财政补贴。我们之所以把低价供地看作投资补贴主要是因为：土地并不是产能投资中的沉没成本，项目运营结束后，可以转让，因而土地购置成本并不是企业产品生产和销售成本的组成部分，政府对企业的投资的低价供地甚至零地价供地行为，可以使企业在项目运营结束后以市场价格出售土地获取额外的投资收益。

李扬等（2005）进一步指出：问题的复杂性还在于，作为人类一切经济活动的承载物，土地从来就是最优良的信贷发放标的物。政府掌握了土地，也就掌握了对地区金融资源的配置权。由于企业拿到土地之后便可持之到银行要求相应的贷款，因而，土地批租权实质上就演变成地方政府取得信贷的权利。政府及相关官员可以根据自己"政治晋升"的各种政治和经济的目的，对不同企业给予不同的安排。结果，往往是资本密集型、高能耗、高产值的大型企业很容易用较低价格取得土地，而处于发展初期的中小企业却难以获得相应的资本、土地等资源。

（2）"预算软约束"与地方政府主导下的企业金融。在1994年国有银行开始商业化改革之前，我国的金融资源是被中央政府高度集中控制的。在一个相当长的时期中，国有银行实质上承担着政府分配金融资源的任务，其基层机构更只是完成计划的工具。地方政府频繁"跑部"去争取的就不只是无偿的财政资金，还包括事实上也不必偿还的金融资源。从1994年开始的国有银行体制改革，在一定程度上改变了上述状况。但是，由于银行并不真正为其吸收存款的安全负责，同时也并不真正为其贷款的风险负责，其预算约束依然硬不起来。而所谓银行的"预算软约束"，事实上正是政府干预金融活动的另一种表述。

与传统体制相比，正在改革过程中的商业银行的经营行为已经有了较大的变化。但是，在现代公司治理结构尚不完善的前提下，由于国有商业银行的分支机构掌握着一定的配置金融资源的权利，由于大量的以地方资本为基础且主要服务于地方的金融机构纷纷建立，在中央政府逐步放弃一部分对金融资源的控制权的同时，地方政府在一定程度上承接了干预金融活动的权利。不过，由于地处一隅，地方政府干预金融资源配置的形式有了变化。一方面，它们可以用优厚的"配套"条件或其他因素来诱引银行在本地投入金融资源；另一方面，它们则更多地通过默许、容忍，甚至鼓励本地企业用展期、拖欠，甚至逃废债的方式来攫取全国性金融资源。由于国有银行的预算约束仍然是软的，由于中央有关当局用无穷尽的"救助"措施一次又一次地容忍甚至确认了这种软预算约束，地方政府的这种攫取全国性金融资源的手段总能够奏效。在这种格局下，地方国有企业（甚至非国有企业）的融资成本和金融风险仍然会由国有银行承担，而且最终还是会转嫁给中央政府（李扬等，2005）。

（3）环境的"模糊产权"、环保制度缺陷及地方政府对本地企业环境污染的纵容。环境产权具有公共品的特征，外部性比较强，许多环境资源缺乏清晰的产权，政府可以通过制定或维护适当的制度安排以建立产权制度，提高环境效率；在已经存在产权但实施产权的成本非常高的情况下，政府则通过健全法律和司法结构以纠正外部性造成的损失来提高环境效率。近年来，虽然中央政府越来越关注环境保护问题，也加大了环境保护的投入力度，在环境保护制度上做了一些调整。但是，在推进环境产权的优化、完善和健全环境保护相关法律，以及保证法律的有效执行上进展很有限。我国在环境产权的分割和清晰化方面严重落后于发达国家，污染企业的责任和居民的公共权益很不明晰，对于环境违法行为所规定的法律责任要求不严，基本上没有刑事制裁条款，对环境违法者基本上不处罚，就是处罚大多也是行政制裁，很少有法院进行司法审判（高有福，2006）。由于司法的不独立，地方政府对于司法有很大的影响力，地方政府维护本地企业干预司法时，被污染损害合法权益的居民很难通过法律途径维权。在中国的行政体制中，地方官员是对上级负责，并不对选民负责，被污染损害权益的居民也难以通过选票维护其合法权益。

我国的环境监督管理部门实行双重管理体制，即各地区的环境保护局，既要接受地方政府、地方党委的领导，又要接受上级环境保护局（部）及党委的监督指导，其中以地方管理为主。在这种管理体制下，充分考虑本地的环保部门对于上级部门所具有的信息优势，地方政府在很大程度上主导了当地环保部门的工作。中国是垂直型的行政体制，中央政府与地方政府是一种委托代理关系，虽然中央政府将环境和经济的协调发展作为整体目标，由于环境观测的信息成本非常高，经济观测的信息成本相对很低，中央政府难以向地方政府提供环境与经济协调发展的激励合同，只能退而求其次，提供以经济增长为核心的激励合同，这种激励合同不可避免地使地方政府为追求经济增长而忽略环境保护。杨海生、陈少凌和周永章（2008）的实证研究进一步表明，地方政府的环境保护政策是以吸引资本作为首要目标，特别是资本密度比较低的落后地区，往往以非常宽松的环保政策、以牺牲环境为代价来竞争资本流入和产业转移。宽松的环境政策、对企业环境污染的纵容，会使企业（特别是在高能耗、高污染排放的产业）的生产成本严重外部化。

三、投资补贴与产能过剩的形成机理

1. 理论模型

为此，我们构建一个两期博弈模型，博弈的主体为 n 个同质的企业，分别处于 n 个同质的地区，地方政府自身关于企业产能投资的收益函数和成本函数是外生给定的，第 i 个地方政府的收益函数为 $R(Q_i)$，由于地方政府的收益不仅是地方政府的财税收入，还包括地方政府官员对于本地区产出的效用，所以地方政府的收益函数就是地方政府的效用函数，那么我们就可以用相对风险厌恶系数来描绘地方政府的收益函数，我们首先对地方政府的收益函数进行一些合理的假设 $R'(Q_i) > 0$，$R''(Q_i) < 0$，$-Q \dfrac{R''(Q)}{R'(Q)} = r$，$0 < r < 1$，这里我们运用了相对风险厌恶系数的概念，它表明收益曲线相对比较平坦，并且随着产能的增大，收益曲线的形状变化较小，实质上这也隐含着地方政府为了较高的收益愿意提供补贴，并且随着企业产能的增加，这种提供补贴的意愿下降较小。显然，这样的假设是符合实际情况的。政府提供投资补贴 1 单位所付出的成本为 β（$1 \geqslant \beta > 0$），主要是因为企业得到的补贴可以是政府直接支付的财政补贴或税收减免，也可以是地方政府低价征地后低价甚至零价格提供给企业后，给企业带来的巨额土地收益，采用低价供地的方式提供投资补贴方式具有杠杆效应，即政府可以以较低的成本提供很高的投资补贴。地方政府追求其自身收益的最大化。在第一阶段企业会根据地方政府的补贴函数、未来的市场收益函数以及自己的产能成本函数来确定自身的产能，并完成产能投资，在第二阶段企业根据市场情况确定实际产量。

假设：厂商边际可变成本＝平均可变成本＝c，市场上存在 n 个厂商，市场反需求函数是 $p = a - nq$，q 为企业的实际产量，企业的产能为 Q，企业得到的每单位产能投资的补贴为 b（Q），企业投资产能 Q 的成本为 kQ，k 为常数。一旦企业产能建立，则其成本 kQ 被视为沉没成本。

2. 均衡分析

由于第 i 个地方政府追求利益的最大化，即最大化 $R(Q_i) - \beta b_i Q_i$，由一阶条件解得：$b_i = \dfrac{R'(Q_i)}{\beta}$，这就是第 i 个企业所面临的补贴函数。

采用逆向归纳法：

在第二阶段，第 i 个企业的市场收益为：$[a - (q_1 + \cdots + q_i + \cdots + q_n)] q_i - cq_i$，s.t.：$Q_i \geqslant q_i$ 约束条件表示企业的产量不能大于产能。

在第一阶段，第 i 个企业的市场收益为：

$$\pi_i = [a - (q_1 + \cdots + q_i + \cdots + q_n)] q_i - cq_i + \frac{R'(Q_i)}{\beta} Q_i - kQ_i$$

由 K-T 条件知：当 $\lambda > 0$ 时，$Q_i = q_i$，则由对称可以解得 Q_i。

当 $\lambda = 0$ 时，$Q_i > q_i$，由对称可以解得 $q_i = \dfrac{a-c}{n+1}$。此时 $\dfrac{R''(Q_i)}{\beta}Q_i + \dfrac{R'(Q_i)}{\beta} = k$。

因为 $-Q\dfrac{R''(Q)}{R'(Q)} = r$，所以此时 $(1-r)\,R'(Q_i) = \beta k$。

因为此时 $Q_i > q_i = \dfrac{a-c}{n+1}$，所以当 $R'\left(\dfrac{a-c}{n+1}\right) > \dfrac{\beta k}{1-r}$ 时就会出现产能过剩。

由以上分析可知，投资补贴并不必然导致产能过剩，而是存在两种均衡情况，一种没有出现产能过剩，另一种则出现了产能过剩，只有当补贴水平超过一定数值时（即 $b\left(\dfrac{a-c}{n+1}\right) = \dfrac{R'\left(\dfrac{a-c}{n+1}\right)}{\beta} > \dfrac{k}{1-r}$）才会出现产能过剩。显然当其他条件都不变的情况下，n 越大，$q_i = \dfrac{a-c}{n+1}$ 越小，则 $R'\left(\dfrac{a-c}{n+1}\right) > \dfrac{\beta k}{1-r}$ 越容易出现，也就越容易出现产能过剩；同样地，β 越小，$\dfrac{\beta k}{1-r}$ 则越小，这样越容易出现 $R'\left(\dfrac{a-c}{n+1}\right) > \dfrac{\beta k}{1-r}$ 的情况。这两者的结合使得产能过剩的情况更容易出现。这表明，当地区投资补贴比较普遍，政府对于产能投资的偏好比较强，政府提供单位补贴所付出的成本比较小时（如目前地方政府普遍采用低价提供土地的方式），会使产能过剩的情况更容易出现。

3. 主要推论

命题 1：寡头市场，投资补贴高于某一定值时，会造成社会总福利的损失。当产能投资补贴达到一定程度时，会导致产能过剩，造成更为严重的社会福利损失。并且投资补贴水平越高，社会总福利损失越大。在竞争性市场中，无论投资补贴会不会导致产能过剩，都必然会带来社会总福利的损失。

证明：当 $q = Q$ 时，即 $b\left(\dfrac{a-c}{n+1}\right) = \dfrac{R'\left(\dfrac{a-c}{n+1}\right)}{\beta} \leqslant \dfrac{k}{1-r}$。

不存在投资补贴时，可得 $q_i = \dfrac{a-c-k}{n+1}$，消费者剩余 $\Pi = \dfrac{1}{2}\left(n\dfrac{a-c-k}{n+1}\right)^2$，第 i 个厂商利润 $\pi_i = \left(\dfrac{a-c-k}{n+1}\right)^2$。

当存在投资补贴时，为证明方便假设补贴为常数 $\bar{b}$，可得 $q'_i = \dfrac{a-c+\bar{b}-k}{n+1}$，消费者剩余 $\Pi' = \dfrac{1}{2}\left(n\dfrac{a-c+\bar{b}-k}{n+1}\right)^2$，第 i 个厂商利润 $\pi'_i = \left(\dfrac{a-c+\bar{b}-k}{n+1}\right)^2$。

虽然地方政府的补贴成本为 $\beta\bar{b}nq'_i$，但其他补贴来自社会上的其他部门，所以可以认为补贴社会总成本是 $\bar{b}nq'_i = \bar{b}n\dfrac{a-c+\bar{b}-k}{n+1}$。

则社会福利变化额为 $\Delta \amalg = \Pi' - \Pi + n(\pi'_i - \pi_i) - n\bar{b}q_i = \dfrac{n\bar{b}(a-c-k) - \dfrac{n^2\bar{b}^2}{2}}{(n+1)^2}$。

所以，当单位投资补贴 $\bar{b}$ 超过 $\dfrac{2(a-c-k)}{n}$ 时就会造成社会福利小于没有投资补贴时的情形。

因为 $\dfrac{\partial \amalg}{\partial \bar{b}} = \dfrac{n(a-c-k) - n^2\bar{b}}{(n+1)^2}$，当 $\dfrac{\partial \amalg}{\partial \bar{b}} < 0$ 时，解得 $\bar{b} > \dfrac{a-c-k}{n}$，即 $\bar{b} > \dfrac{a-c-k}{n}$ 时，随着补贴的增加社会总福利开始下降；当 $\bar{b} > \dfrac{2(a-c-k)}{n}$ 时，社会福利小于没有

投资补贴时的情形。并且，随着补贴的增加，社会福利的损失也会增加。

在竞争性市场中，$n \rightarrow \infty$，$\dfrac{a-c-k}{n} \rightarrow 0$，

故当$\bar{b}$为很小的正值时，即会导致社会总福利损失。同样随着$\bar{b}$的增加，社会总福利水平将进一步下降[①]。由于我们的模型假设市场是产能约束情况下的伯川德竞争，这才出现了当补贴是少量时社会福利增加的情况。如果我们采用更为竞争型的模型，如产能约束以及随机配给规则下 Bertrand 竞争模型，在企业数量较少情形下的均衡状态就能比较接近完全竞争市场时的均衡结果，当$\bar{b}$为很小正值时，就会导致社会总福利损失。

当 q<Q 时，即 $R' \left(\dfrac{a-c}{n+1} \right) > \dfrac{\beta k}{1-r}$。

因为 q<Q，所以补贴的增加不会影响 q 的变化。假设$\dfrac{R'(Q_i)}{\beta} = b$，

$$\dfrac{\partial \pi_i}{\partial b} = Q_i + b \dfrac{\partial Q_i}{\partial b} - k \dfrac{\partial Q_i}{\partial b} = Q_i + r \dfrac{R'(Q_i)}{R''(Q_i)} = 0$$

第 i 个地方政府的补贴增加额为 $Q_i db$，补贴的增加只增加了企业的产能，产量 q 不变。因为 q 不变，所以 p 不变，消费者剩余不变。厂商只增加了过剩的产能，造成了资源的浪费，社会福利的损失。

命题 2：对于产能投资的补贴将加剧经济周期性波动中产能利用率的波动，使萧条时期的产能利用率进一步下降。

证明：我们假设企业设计产能时，市场出现繁荣的概率为 θ，出现萧条的概率为 1−θ，萧条时期的需求函数为 p = a' − nq(a>a')。

当 q=Q 时，厂商最大化利润：

$$\pi_i = \theta \{ [a - (q_1 + \cdots + q_i + \cdots + q_n)] q_i - c q_i \} + (1-\theta) \{ [a' - (q_1' + \cdots + q_i' + \cdots + q_n')] q_i' - c q_i' \} + \dfrac{R'(q_i)}{\beta} q_i - k q_i$$

s.t.：$q_i \geq q_i'$，约束条件意味着萧条时期的产量不能大于繁荣时期的产量即设计产能。

假设处于 K-T 条件的解 q_i 处时，$\dfrac{R'(q_i)}{\beta} = b$，则 $\dfrac{R''(q_i')}{\beta} q_i' + \dfrac{R'(q_i')}{\beta} = (1-r)b$。

则：（1）$\lambda = 0$ $q_i > q_i'$，由对称解得 $q_i = \dfrac{a - c + \dfrac{(1-r)b-k}{\theta}}{n+1}$，$q_i' = \dfrac{a'-c}{n+1}$。

$\dfrac{\partial (q_i - q_i')}{\partial b} = \dfrac{1-r}{\theta(n+1)} > 0$，所以补贴增加会导致产能利用率的波动增大。

（2）$\lambda > 0$，$q_i - q_i'$，由对称解得 $q_i' = q_i = \dfrac{\theta a + (1-\theta)a' - c + (1-r)b - k}{n+1}$。

$\dfrac{\partial q_i}{\partial b} = \dfrac{1-r}{n+1} > 0$，所以补贴增加，繁荣和萧条时期的产量都增加。

但随着产量的增加，$\lambda = (1-\theta)[a' - (q_1' + \cdots + q_i' + \cdots + q_n') - q_i' - c]$ 必然减小，当 $\lambda = 0$ 时，导致 $q_i > q_i'$，引起在萧条时期的产能过剩。

由之前的证明知道，当 $R' \left(\dfrac{a-c}{n+1} \right) > \dfrac{\beta k}{1-r}$ 时就会造成产能过剩，当存在产能过剩时，繁荣时期企

[①] 这一结论的成立并不需要借助完全竞争市场的原子型企业假设，在企业数量较多的竞争性市场，围绕价格和市场份额而展开的激烈竞争会使总产量接近或等于完全竞争模型中的均衡产量，产能投资补贴只能使社会总产量超过无补贴时的均衡产量（也是社会福利最大化时的产量），进而导致社会福利损失，并且补贴越高，导致的社会福利损失越大。

业的实际产量 $q_i = \dfrac{a-c}{n+1}$。萧条时期的实际产量为 $q_i' = \dfrac{a'-c}{n+1}$，$q_i > q_i'$，也就是说，当地方政府的边际收益

$R'\left(\dfrac{a-c}{n+1}\right) > \dfrac{\beta k}{1-r}$ 时就会造成产能过剩。当产能增加到 Q_i，使 $R'(Q_i) = \dfrac{\beta k}{1-r}$ 时才达到均衡，此时 $Q_i > q_i = $

$\dfrac{a-c}{n+1}$。由之前的证明可知，政府增加投资补贴必然导致企业的设计产能增大，这必然会引起产能利用率波动的增大。

命题3：在面对市场不确定性时，产能投资中自有资本过低导致的风险外部化使产能过剩的概率增大。

在中国，由于地方政为吸引投资低价供地提供的巨额投资补贴以及土地在获取贷款中的重要的抵押作用，以及地方政府帮助投资企业"协调贷款"的行为，往往使企业可以以极低的自有投资完成需要大量资本投入的项目，并导致严重的风险外部化问题，进而导致市场存在不确定性时产能过剩的概率大大增加。

证明：假设可变成本 $c=0$，市场存在不确定性，即市场容量 a 在区间 $[a_L, a_H]$ 上的概率分布函数是 $F(a)$，$F(a)$ 可导，a 的概率密度函数是 $f(a)$。存在风险外部性表示厂商的自有投入为 ekq_i，($0 \le e \le 1$)，e 为产能投资中自有资本的投入。

考虑两种极端情况，即 $e=1$ 和 $e=0$ 的情况。

(1) 当 $e=1$ 时，第 i 个厂商在第一阶段选择产能 q_i，则厂商在第二阶段的产量存在两种情况：q_i 和 $\dfrac{a}{n+1}$，当 $a \ge (n+1)q_i$ 时，产量为 q_i，否则选择产量为 $\dfrac{a}{n+1}$。

则厂商的期望利润为：

$$E(\pi_i) = \int_{(n+1)q_i}^{a_H} [a-(q_1+\cdots q_n)]q_i f(a)\,da + \int_{a_L}^{(n+1)q_i} \left(\dfrac{A}{n+1}\right)^2 f(a)\,da - kq_i$$

可得：

$$\int_{(n+1)q_i}^{a_H} af(a)\,da - (n+1)q_i \int_{(n+1)q_i}^{a_H} f(a)\,da - k = 0 \tag{1}$$

(2) 当 $e=0$ 时，产能、产量的选择与 $e=1$ 时一样。

设当出现产能过剩，即产量为 $\dfrac{a}{n+1}$ 时，厂商出现亏损。此时盈亏平衡点为 $\left(\dfrac{a}{n+1}\right)^2 = kq_i'$，即 $a = (n+1)\sqrt{kq_i'}$。

则厂商的期望利润为：

$$E(\pi_i) = \int_{(n+1)q_i'}^{a_H} [a-(q_1'+\cdots q_n')]q_i' f(a)\,da + \int_{(n+1)\sqrt{kq_i'}}^{(n+1)q_i'} \left(\dfrac{A}{n+1}\right)^2 f(a)\,da - \int_{(n+1)\sqrt{kq_i'}}^{a_H} kq_i' f(a)\,da$$

可得：

$$\int_{(n+1)q_i'}^{a_H} af(a)\,da - (n+1)q_i' \int_{(n+1)q_i'}^{a_H} f(a)\,da - k\int_{(n+1)\sqrt{kq_i'}}^{a_H} f(a)\,da = 0 \tag{2}$$

因为 $k\int_{(n+1)\sqrt{kq_i'}}^{a_H} f(a)\,da < k$，设 $y(q_i) = \int_{(n+1)q_i}^{a_H} af(a)\,da - (n+1)q_i \int_{(n+1)q_i}^{a_H} f(a)\,da$，则 $\dfrac{\partial y(q_i)}{\partial q_i} = -(n+1)\int_{(n+1)q_i}^{a_H} f(a)\,da < 0$。

所以 $y(q_i)$ 随着 q_i 的增大而减少。由此可以知道式 (1) 的 q_i 必然小于式 (2) 的 q_i'，即当存在完全风险外部化时的产能大于不存在风险外部化时的产能。

由上面的分析可以知道当产能为 q_i 时产能过剩的概率为 $F[(n+1)q_i]$，因为 $q_i'>q_i$，所以 $F[(n+1)q_i]<F[(n+1)q_i']$，也就是说，当存在完全风险外部化时的产能过剩概率大于不存在风险外部化时的产能过剩概率。

4. 对于理论模型的进一步阐述

中国的地方政府有强烈吸引投资推动经济增长的动机，土地的模糊产权使地方政府能为企业投资提供大量实质性补贴以及重要的融资抵押品，金融体系的软预算约束使地方政府能够帮助本地企业转嫁融资成本和风险成本，环境的模糊产权和环境保护体制上的缺陷，使地方政府为吸引投资和固化本地资本牺牲环境，这些使投资者的私人成本远远小于社会成本，并获取大量来自社会财富转移的外部收益，改变企业投资的激励结构，扭曲企业的投资行为。这种地区之间普遍存在的对于投资的补贴性竞争 (Subsidy Competition)，导致普遍的投资扭曲，并进而导致较为严重的产能过剩问题。

投资补贴将会严重地扭曲企业的产能投资行为和竞争行为 (曼弗里德·诺依曼，2003)，而成本外部化必然会导致厂商生产超过社会福利最大化的过剩产量。政府补贴可以包括以下形式：直接的转移支付、税收豁免、低于市场价格出让土地、为企业提供政府担保以及对公营企业注资等。如果在同等条件下没有私人愿意进行股权投资的情况下，政府增加股权投入也属于补贴行为。历史上，欧共体各成员国纷纷以大量政府补贴的方式努力扩大其本国钢铁企业的市场份额，导致 20 世纪 70 年代中期到 90 年代初期欧共体钢铁工业严重的产能过剩和社会福利的严重损失。在中国，地方政府主要通过土地政策、税收减免对本地企业以及来本地进行投资的企业进行投资补贴。税制改革前，税收减免是对企业投资进行补贴的主要手段；税制改革之后，地方政府通过税收减免对企业投资进行补贴的能力被削弱了，低价或免费提供土地成为地方政府新的最主要的投资补贴手段，一些地方政府甚至通过财政支出直接为企业提供投资补贴。很显然，大量的投资补贴，会使投资企业在产品市场之外获取额外的投资收益，这会显著扭曲投资企业的投资行为，大大增加企业利润最大化时的产能投资和产量。当投资补贴水平达到一定水平时，还会诱使企业为了获取巨额的投资补贴，投资原本亏损的项目或供过于求的行业，甚至进行过度的产能投资 (并不用于实际生产，仅是为了获取补贴收益)，巨额的投资补贴可以弥补企业在产品市场上的亏损，并提供可观的投资收益。普遍的地方政府补贴性竞争，会导致全社会过多的产能投入和均衡产出，甚至导致部分行业出现严重的产能过剩现象，并进而导致社会总福利上的严重损失 (曹建海、江飞涛，2010)。

相对于土地的市场价格，政府低价供地为投资方提供了额外的巨额收益，形成对企业投资的巨额实质性补贴，并大大降低了项目投资中的自有投资，进而导致严重的风险外部化。在现代公司制中，股东并不承担无限责任，而仅以自有出资承担有限经济责任。企业在新建项目投资中，大多新设子公司以隔离风险，当新建项目失败时，投资方在自有出资范围内承担亏损，如果亏损数额超过投资者的自有出资，企业的债权人将承受部分项目失败所带来的损失。当企业的自有投资过少或投资者抽逃资本金情形时，债权人将会承受投资失败造成的大部分损失，在成熟市场环境下，银行一般会拒绝贷款给自有资金过少的新建项目或拒绝贷款给资产负债率过高的企业，以避免承担与利息收入不对称的风险，因而在成熟市场经济环境下，企业通过少量自有资金来撬动大量资金投入的新建项目是很难实现的。

中国现阶段转轨体制下，土地扮演了一个极为重要的关键性角色，即企业将低价或免费获得的土地作为抵押物，从银行获取数量相当于土地市场价值的低息贷款作为投资资金，使企业可以以很少的自有资金投入推动资本密集项目，形成庞大的生产能力。需要说明的是，这种自有资金的极低投入还会被资产负债表上的会计处理 (将低价获取的土地使用权以市值计入自有资本投入) 所掩盖。地方政府帮助本地重点扶持企业和本地重点投资项目"协调"银行贷款，干预金融机构信贷投放，进一步减少了投资企业的所需自有投入，使企业投资风险的外部化进一步加剧。这种投资风险成本显著的外部化趋势，导致企业投资行为更具风险性，使企业倾向于过度产能投资。普遍的投资风险外部化，进而导致全行业的过度产能投资，尤其会使经济周期性波动过程中的萧条时期出现比较严重的产能过剩。

此外，地方政府为吸引投资和固化本地资源，纵容企业污染环境，使本地高污染行业企业的生产成本严重外部化，从而导致这些企业过度的产能投资和产品生产；普遍的牺牲环境竞争资本流入的做法使高污染行业过多的产能投入，进一步加重高能耗、高排放行业的产能过剩。还需要指出的是，广泛的地区补贴性竞争还会为低效率的企业生存甚至发展提供空间，市场优胜劣汰的竞争机制难以充分发挥，导致产业（甚至整个经济）的配置效率低下；广泛的地区补贴性竞争还会诱发企业的寻租行为，诱使企业将更多的精力和投入放在寻求地方政府的补贴和优惠政策上，而不是把更多的投入放在研究开发、技术工艺的改造升级以及市场开拓上，会对产业的动态效率产生较为严重的不利影响，并进而导致中国企业在国际竞争中更依赖以政府补贴和低污染排放标准所带来的所谓低成本竞争力。

四、结论与政策含义

1. 论文主要研究结论

财政分权和以考核 GDP 增长为核心的政府官员政治晋升体制，使地方政府具有强烈的干预企业投资和利用各种优惠政策招商引资的动机，特别是对于具有高投入、高产出特征的行业，无论从政绩显示还是从财政、地方就业等方面考虑，各级地方政府都有非常强的动机推动这些行业的企业在本地的投资；而土地所有权的地方垄断和金融体系的软预算约束，使为企业提供低价土地、减免税收等补贴措施，帮助企业获取金融资源成为地方政府竞争资本流入的主要方式，并成为地区之间竞争的具体形式和核心内容。地区竞争中的投资补贴、帮助企业获取金融措施的广泛采用，使企业的投资行为被扭曲，并进而导致产能过剩：广泛的投资补贴使企业进行过度的产能投资，导致行业内过多的产能投入和均衡产出，以及社会总福利上的损失；当投资补贴水平超过一定程度，并且国际市场需求到达极限时，必然带来严重的产能过剩，进一步加大社会总福利的损失；地方政府低价提供土地的抵押功能和杠杆作用，并帮助企业协调获取贷款，会使企业自有投资比率过低，投资风险显著外部化，企业期望收益最大化时的产能投资显著增加，进而导致萧条时期产能利用率进一步下降，其宏观表现就是每轮周期的波幅被人为扩大；地区之间竞争的加剧，会使投资补贴一直处于很高水平，并进而使投资补贴所导致的社会总福利损失处于较高水平以及产能过剩更为严重。

2. 政策含义与讨论

产能过剩并不是一个严密的经济学概念，从字面上理解，产能过剩就是生产能力超过社会需求的状态。因而，在讨论政策之前，有必要区分两种不同类型的产能过剩。一种是在比较完善和健全的市场体制下，现实经济运行的供需动态匹配和调整过程中以及经济周期性波动过程中，出现的生产能力相对需求过剩的情形。这种过剩是市场经济运行中的常态，也正是这种过剩，会使市场竞争加剧，市场的优胜劣汰机制才会起作用。在市场经济中，企业还会保有一定的富余产能以应对需求的突然增长。在比较完善和健全的市场体制中，不受阻碍的市场过程能有效协调经济主体之间的行为并引导供需迅速趋向动态均衡，并不需要宏观经济政策之外的其他具体产业政策再来应对产能过剩。另一种是经济体制缺陷扭曲企业投资行为而带来的产能过剩，正如本文所论述的在中国转轨过程中，在土地的模糊产权、银行预算软约束以及地方政府干预金融等体制缺陷背景下，地区之间对于投资的补贴性竞争会使企业过度投资以及市场协调供需均衡的机制难以有效运转，进而导致系统性的产能过剩和经济波动加剧（耿强、江飞涛、傅坦，2011）。体制扭曲才是中国出现产能过剩顽疾的关键所在，也是政策部门更需要关注的问题。

将两种不同类型的产能过剩混为一谈，在很大程度上是对市场机制的误解，将完全信息条件下实现社会资源的最优配置当作市场的功能，并导致不适当的治理政策。现实经济中市场中的知识或信息从来就是不完全的，市场机制和市场过程的功能恰恰在于发现知识，在于对具有分散知识的私人行动加以协调，以有效利用分散知识、解决知识问题，使市场参与者充分利用互惠交换机会进而使市场不断趋于动态均衡并实现动态效率（王廷惠，2005）。需要进一步指出的是，市场体系促进效率的能力，总是受到市场运行所赖以依存制度体系的制约，对于曾长期处于计划体制指导、目前市场体系仍不健全的中国，转轨过程中看似"市场失灵"的产能过剩现象，是制度缺陷和政府对微观经济管束的结果，实则是"制度局限"与"政府失灵"。试图通过政府对微观经济更为广泛和细致的管束来治理所谓的产能过剩只能是南辕北辙，不但不能从根本上治理体制扭曲导致的产能过剩，相反会使供需市场调节更为困难并带来更多不良的政策效应。

长期以来，我国政策部门以包括市场准入、项目审批、供地审批、贷款的行政核准、目录指导、强制性清理等行政管制措施来治理产能过剩，体现出直接干预市场的特征。以"市场失灵"解释"产能过剩"的形成机理，则是上述政策的理论依据。本文的研究以及此前的研究（江飞涛、曹建海，2009）表明这些理论依据是令人质疑的。在产能过剩治理政策制定和实施过程中，政策部门以其自身对市场供需状况的判断以及对未来供需形势变化的预测来判断某个行业是否存在产能过剩，并以政策部门自身的判断和预测作为依据制定相应的行业产能投资控制措施、控制目标，这实际上是以政府的判断和控制来代替市场的协调机制，具有很强的计划经济色彩（江飞涛、李晓萍，2010）。这种政策需要相应部门能对未来市场供需状况做出准确的预测，而这一点恰恰是最让人质疑的。以钢铁工业为例，从20世纪90年代以来许多政策文件中对未来市场的预测来看，无论长期或短期预测，均与实际情况存在很大差异，如果这些政策中的控制目标实现，那么将会出现严重的供不应求[①]。

有些研究者认为，这类治理政策直接干预市场的投资管制类政策并没有什么问题，采用更为科学的预测方法就能让政策部门做出更为准确的预测，就能完善这类政策并使其行之有效。这种认识显然没有认识到市场的真正功能与政府准确预测的不可能性。政府对于市场供需状况的准确判断，需要关于消费者偏好、生产者成本、潜在生产者进入意愿等大量市场细节知识，而这些知识只能依靠市场过程的展开而逐渐显示和暴露出来，在市场过程产生这些信息之前是无法获取它的。不仅如此，这些信息自身的默识性、不确定知识的黏性（Sticky Knowledge）以及这些知识与特定的语境高度相关性，导致这些知识传播的局域性和知识收集的艰巨性，这些缄默知识和黏性知识同时是无法汇总的知识，政策制定部门也不可能依据这些知识进行正确的计算和预测。需要进一步指出的是，只有具体场景中的现场个人才具有可获取资源、局部市场变化等私人知识，才有可能充分利用特定知识优势对环境与条件的变化做出更为灵活的反应（王廷惠，2005）。政府不可能具有比企业家更为敏锐地发现正在运行的市场过程中潜在知识的能力，也不可能比经济个体更能对市场做出灵活反应。因而，政府不可能准确预测未来市场的供需状况，也就不可能通过投资管制正确指导市场企业中的产能投资。计划色彩强烈的投资管制政策，更是会导致市场协调困难、市场波动加剧等不良的政策效应（江飞涛、陈伟刚等，2007）。

既然需要政策治理的产能过剩并非"市场失灵"而是"制度局限"，那么治理这类产能过剩的关键在于矫正现有制度基础，采取以增进与扩展市场为导向的治理政策。即通过推进经济体制改革，健全和

[①] 据发改委公布，2003年后新增的炼钢产能中，经发改委、环保总局、国土资源部核准（名为核准，实为审批）的项目中新增产能在全部新增产能中占比不足20%，没有经过审批的违规建设产能在3亿吨左右。如果没有这些违规的产能存在，我国钢铁产品的严重短缺将制约中国经济的发展。

完善市场制度，矫正现有不合理制度对市场主体行为的扭曲，并充分发挥市场在利用市场分散信息、协调供需均衡、淘汰落后企业和产能等方面的高效率性。具体而言，治理产能过剩应该从以下方面着手：第一，调整财税体制，特别是理顺中央与地方之间的利益分配机制，改革以考核 GDP 增长为重点的政府官员政治晋升体制，消除地方政府不当干预企业投资的强烈动机。此外，地方财政透明化与民主化，有利于避免地方政府为企业投资提供财政补贴。第二，改革现有土地管理制度，明晰土地产权，深化土地市场的改革，理顺土地市场的价格形成机制，从根本上杜绝地方政府通过低价甚至零低价供地为企业提供补贴。第三，进一步推动金融体制改革，进一步硬化银行预算约束、理顺地方政府与银行的关系，通过市场手段提高企业投资中自有资金的比例，降低企业投资行为中的风险外部化问题。第四，改革现有的环境保护体制，保障环境保护相关法规的严格执行，防止地方政府牺牲环境竞争资本流入。同时，制定实施长期稳定和严格的环境政策，与治理产能过剩等产业政策目标相对独立，不能因为产能不过剩就不实施严格的环境保护政策。

〔参考文献〕

［1］Bond，E. W. and L. Samuelso. Tax Holidays as Signals［J］. The American Economic Reviewn，1986，76（4）.

［2］Barros，P. P. and L. Cabral. Competing for Foreign Direct Investment［J］. Review of International Economics，2000，8（2）.

［3］Doyle，C. and S. V. Wijnbergen. Taxation of Foreign Multinationals：A Sequential Bargaining Approach to Tax Holidays［J］. Institute for International Economic Studies（Seminal Paper No. 284），1984.

［4］Facundo Albornoz，Gregory Corcos and Toby Kendall. Subsidy Competition and the Mode of FDI［J］. Regional Science and Urban Economics，2009，39（4）.

［5］J. Peter Neary and Dermot Leahy. Strategic Trade And Industrial Policy Towards Dynamic Oligopolies［J］. The Economic Journal，2000，110（4）.

［6］Jin，Hehui.，Yingyi Qian，and Berry Weingast. Regional Decentralization and Fiscal Incentive：Federalism Chinese Style［J］. Journal of Public Economics，2005，89（9）.

［7］Helpman，Elhanan and Paul R. Krugman. Trade Policy and Market Structure［M］. Cambridge，MA：MIT Press，1989.

［8］Osiris Jorge Parcero. Inter –Jurisdiction Subsidy Competition for a New Production Plant：What is the Central Government Optimal Policy?［J］. Regional Science and Urban Economics，2007，37（6）.

［9］Qian. Y. and G. Roland. Federalism and the Soft Budget constrain［J］. American Economic Review，1998（5）.

［10］曹建海. 论我国土地管理制度与重复建设之关联［J］. 中国土地，2004（11）.

［11］曹建海，江飞涛. 中国工业投资中的重复建设与产能过剩问题研究［M］. 北京：经济管理出版社，2010.

［12］高有福. 环境保护中政府行为的经济学分析与对策研究［D］. 吉林大学博士学位论文，2006.

［13］耿强，江飞涛，傅坦. 政策性补贴、产能过剩与中国的经济波动——引入产能利用率 RBC 模型的实证检验［J］. 中国工业经济，2011（5）.

［14］郭庆旺，贾俊雪. 地方政府行为、投资冲动与宏观经济稳定［J］. 管理世界，2006（5）.

［15］江飞涛，曹建海. 市场失灵还是体制扭曲？——重复建设形成机理研究中的争论、缺陷与新的进展［J］. 中国工业经济，2009（1）.

［16］江飞涛，陈伟刚等. 投资规制政策的缺陷与不良效应——基于中国钢铁工业的研究［J］. 中国工业经济，2007（6）.

［17］江飞涛，李晓萍. 直接干预市场与限制竞争：中国产业政策的取向与根本缺陷［J］. 中国工业经济，2010（9）.

［18］科尔奈. 短缺经济学（中文版）［M］. 北京：经济科学出版社，1986.

［19］科尔奈. 社会主义体制——共产主义政治经济学（中文版）［M］. 北京：中央编译出版社，2007.

［20］李军杰. 经济转型中的地方政府经济行为变异分析［J］. 中国工业经济，2005（1）.

［21］李扬等.中国城市金融生态环境评价［M］.北京：人民出版社，2005.

［22］林毅夫.潮涌现象与发展中国家宏观经济理论的重新构建［J］.经济研究，2007（1）.

［23］林毅夫，巫和懋，邢亦青."潮涌现象"与产能过剩的形成机理［J］.经济研究，2010（10）.

［24］曼弗里德·诺依曼.竞争政策——历史、理论与实践（中文版）［M］.北京：北京大学出版社，2003.

［25］陶然，陆曦，苏福兵，汪晖.地区竞争格局演变下的中国转轨：财政激励和发展模式反思［J］.经济研究，2009（7）.

［26］陶然，袁飞，曹广忠.区域竞争、土地出让与地方财政效应：基于1999~2003年中国地级城市面板数据的分析［J］.世界经济，2007（10）.

［27］王廷惠.微观规制理论研究：基于对正统理论的批判和将市场作为一个过程的理解［M］.北京：中国经济出版社，2005.

［28］杨海生，陈少凌，周永章.地方政府竞争与环境政策——来自中国省份数据的证据［J］.南方经济，2008（6）.

［29］张维迎，马捷.恶性竞争的产权基础［J］.经济研究，1999（7）.

［30］周黎安.晋升博弈中政府官员的激励与合作——兼论我国地方保护主义和重复建设问题长期存在的原因［J］.经济研究，2004（6）.

［31］周黎安.中国地方官员的晋升锦标赛模式研究［J］.经济研究，2007（7）.

［32］周黎安，李宏彬，陈烨.相对绩效考核：关于中国地方晋升的一项经验研究［J］.经济学报，2005（1）.

（本文发表在《中国工业经济》2016年第6期）

第四篇

区域经济与地区战略

中国城镇化进程中两极化倾向与规模格局重构

魏后凯

摘　要： 近年来，中国城镇化进程中出现了特大城市规模迅速膨胀、中小城市和小城镇相对萎缩的两极化倾向。文章采用系统数据深刻揭示了这种大城市偏向下的两极化倾向，并从传统发展理念、资源配置偏向、市场极化效应、农民迁移意愿和政府调控失效等综合视角考察了其形成机理，探讨了重构城镇化规模格局的科学基础和战略选择。文章认为，当今中国社会正由城乡二元结构转变为由城乡之间、城镇之间、城市内部三重二元结构相互叠加的多元结构；考虑到资源环境承载能力、城镇人口吸纳能力、公共设施容量、农民迁移意愿和设市工作的恢复，未来中国特大城市、大城市、中小城市和建制镇吸纳新增城镇人口的比例由目前的 36：8：9：47 转变为 30：18：18：34 比较合适；提高城市规模等级的人口标准弊多利少，中国城市规模等级的划分应侧重增加层级，以巨型城市（1000 万人以上）、超大城市（400 万~1000 万人）、特大城市（100 万~400 万人）、大城市（50 万~100 万人）、中等城市（20万~50 万人）和小城市（20 万人以下）六级为宜；实行多中心网络开发战略，积极培育壮大世界级、国家级和区域级城市群，推动形成全国三级城市群结构体系，使之成为中国推进城镇化的主体形态和吸纳新增城镇人口的主要载体；实行差别化的人口规模调控政策，严格控制 400 万人以上的特大城市人口规模，着力提高中小城市和小城镇综合承载能力，推动形成以城市群为主体形态，大中小城市和小城镇合理分工、协调发展、等级有序的城镇化规模格局。

关键词： 城镇化格局；两极化倾向；城镇规模结构；大城市偏向

一、问题提出

城镇化是一个漫长的历史过程，它是经济社会发展的结果。一般地说，城镇化具有多方面的综合效应，不仅会拉动投资、扩大内需和刺激经济增长，而且能够促进产业升级，推动技术创新，加速人力资本积累，提高城乡居民收入。有序推进城镇化，必须从中国国情出发，科学把握城镇化的规模、速度和节奏，全面提高城镇化质量，优化城镇规模结构和空间布局，推动形成科学合理的城镇化格局。这种科学合理的城镇化格局，既包括城镇化的规模格局，也包括城镇化的空间格局。

2000 年以来，中国政府再三强调要促进大中小城市和小城镇协调发展，中共十八大报告进一步明确提出要"构建科学合理的城市化格局"。然而，从近年来中国城镇化的进程看，这种科学合理的城镇

[基金项目] 中国社会科学院创新工程项目"城镇化质量评估与提升路径研究"。

化格局远没有得到有效形成，反而出现了大城市尤其是特大城市迅速膨胀、中小城市和小城镇相对萎缩的两极化倾向。目前国内已有学者注意到了这种两极化倾向，如刘爱梅（2011）把这种现象称为城市规模的"两极分化"，并从市场选择、干部考核任用和政治体制、自然历史因素三个方面考察了其形成原因，但现有研究把注意力更多地集中在大城市人口过快增长、规模过度膨胀以及大城市病的治理上（陈有川，2003；刘锋等，2011；周春山、叶昌东，2013），而对两极化的表征、形成机理、经济社会影响以及如何构建科学合理的城镇化规模格局缺乏系统深入的研究。

长期以来，国内外学术界对城市偏向理论和政策进行了广泛探讨（Corbridge，Jones，2005；王颂吉、白永秀，2013），并据此来解释发展中国家的城乡关系格局和城乡二元结构。然而，对于发展中国家城镇化进程中存在的大城市偏向，却没有引起人们的高度关注。这种大城市偏向是市场机制、政府资源配置偏向和人口迁移意愿等多方面因素综合作用的结果。中国是一个典型的城乡区域差异较大的发展中大国，在当前中国经济社会发展的进程中，不仅存在着因过去城市偏向政策造成的城乡二元结构，而且也存在着因大城市偏向造成的城镇增长两极化倾向，即不同规模城镇之间的二元结构。近年来，随着中国城镇化的快速推进，大量农业转移人口进入城镇就业和居住，但其市民化进程严重滞后，平均市民化程度只有40%左右（魏后凯、苏红健，2013），再加上大量城中村、棚户区等的存在，城市内部的二元结构也日益凸显。因此，当今的中国社会并非单纯用城乡二元结构可以完全概括的，事实上它已经演变成为一个由城乡之间、城镇之间、城市内部三重二元结构相互叠加而成的多元结构。从城乡二元结构到多元结构的转变，是当今中国社会的重要特征。

本文将从城镇协调发展的角度重点探讨被学术界所忽视的城镇之间的二元结构问题。论文将重点讨论近年来中国城镇化进程中存在的两极化倾向，从多视角综合考察这种两极化倾向的形成机理，并在此基础上深入探讨中国城镇化规模格局重构的科学基础和战略选择。

二、中国城镇化进程中的两极化倾向

中华人民共和国成立以来，中国实行控制大城市规模、合理发展中小城市和小城镇的城镇化规模政策。2001年3月九届全国人大四次会议通过的"十五"计划纲要，提出"走符合我国国情、大中小城市和小城镇协调发展的多样化城镇化道路"，这种"大中小城市和小城镇协调发展"的基本方针，体现在随后的各种政策文件之中，并一直延续至今。从城镇体系的角度看，不同规模等级的城镇保持协调发展，这是世界城镇化演变的一般规律，也是走中国特色新型城镇化道路的根本要求。然而，从城镇化规模政策的实施效果来看，由于多方面因素的综合作用，近年来中国城镇规模结构严重失调，出现了明显的两极化倾向。一方面，大城市数量和人口比重不断增加，一些特大城市规模急剧膨胀，逼近或超过区域资源环境承载能力，大城市病问题凸显；另一方面，中小城市数量和人口比重减少，中西部一些小城市和小城镇甚至出现相对萎缩迹象，城镇体系中缺乏中小城市的有力支撑。其结果是，中国城市人口规模结构可能会有从正常的"金字塔"形向"倒金字塔"形转变的危险。这种两极化倾向反映在空间格局上，就是城镇空间结构的失调。即沿海珠三角、长三角、京津冀等城市群日益逼近资源环境承载力的极限，可持续发展问题日渐突出，而中西部中小城市和小城镇，由于缺乏产业支撑和公共服务，就业岗位和人口吸纳能力严重不足。

中国城市人口规模结构的变动趋势较好地反映了这种两极化倾向。1980年国家建委修订的《城市规划定额指标暂行规定》，将城市人口规模划分为4级，即100万人以上为特大城市，50万~100万人为大城市，20 万~50 万人为中等城市，20 万人及以下为小城市。1990 年实施的 《中华人民共和国城市规划法》，明确按市区和近郊区非农业人口将城市规模等级划分为大城市、中等城市、小城市 3 级，但 2008 年实施的 《中华人民共和国城乡规划法》并没有做出城市规模等级划分的规定。考虑到近年来特大城市数量的迅速增加，在下面的分析中，我们将对特大城市进一步细分。如果按城市非农业人口分组，2000~2011 年，中国大城市数量增加了 67 座，城市数量比重和人口比重分别提高了 10.45 个和 14.64 个百分点。尤其是 200 万人以上的特大城市，这期间增加了 11 座，城市人口比重增加了 9.24 个百分点。相反，中等城市的数量尽管有一定的增加，但其人口比重却减少了 5.96 个百分点；小城市数量和人口比重都在迅速下降，其中城市数量减少了 102 座，城市数量比重和人口比重分别下降了 14.76 个和 8.68 个百分点 （见表 1）。再从人口增长速度看，近年来中国城市非农业人口增长速度与其人口规模大体同方向变化。在这期间，400 万人以上的特大城市人口数量增长最快，增速达 126.60%；其次是 200 万~400 万人的特大城市，人口增长了 81.98%；而中等城市仅增长 16.84%，小城市则下降了 21.81%。这表明，无论从城市人口规模结构还是从城市人口增长看，中国的大城市尤其是特大城市人口规模近年来都在急剧扩张，而中小城市则处于相对萎缩之中。

表 1　中国不同等级规模城市数量和人口比重的变化

城市人口规模	2000 年			2011 年			2000~2011 年变化			
	城市数量（个）	数量比重（%）	人口比重（%）	城市数量（个）	数量比重（%）	人口比重（%）	城市数量（个）	数量比重（%）	人口比重（%）	人口增长（%）
400 万人以上	5	0.75	12.97	10	1.53	19.96	5	0.78	6.99	126.60
200 万~400 万人	8	1.20	9.56	14	2.14	11.81	6	0.94	2.25	81.98
100 万~200 万人	25	3.76	14.55	39	5.95	16.38	14	2.19	1.83	65.82
50 万~100 万人	54	8.12	15.54	96	14.66	19.11	42	6.54	3.57	81.11
20 万~50 万人	220	33.08	28.86	245	37.40	22.90	25	4.32	−5.96	16.84
20 万人以下	353	53.08	18.52	251	38.32	9.84	−102	−14.76	−8.68	−21.81
合计	665	100.00	100.00	655	100.00	100.00	−10	0	0	47.26

注：城市人口规模按非农业人口分组，人口数为非农业人口。2000 年城市数已对《中国人口统计年鉴》（2001）中的原始数据进行了勘误。

资料来源：根据《中国人口统计年鉴》（2001）和《中国人口与就业统计年鉴》（2012）计算。

由于户籍制度改革严重滞后，中国城市非农业人口远低于其常住人口。然而，迄今为止，中国还缺乏各城市系统的常住人口统计数据，我们采用住房和城乡建设部公布的各城市城区人口来进行分析。各城市城区人口与常住人口数据大体接近。2010 年，全国城市城区人口 （含暂住人口） 仅比第六次全国人口普查城市常住人口低 2.25%。2006~2011 年，全国大城市和中等城市数量分别增加了 12 座和 37 座，其城区人口比重呈现不同程度的提升；而小城市数量则减少了 47 座，城区人口比重减少了 2.35 个百分点 （见表 2）。2011 年，中国城市人口的 55.44%集中在数量仅占 11.11%的特大城市。从各级城市新增城区人口的吸纳情况看，这期间中国城市新增城区人口的 83.95%是依靠大城市吸纳的，其中 400 万人以上的特大城市吸纳了 61.06%；而小城市由于数量减少，城区人口趋于下降，呈不断萎缩的态势。再从城区人口增长看，这期间 400 万人以上的特大城市城区人口增长了 23.60%，而小城市则下降了 17.34%，呈现出明显的两极化趋势。

表 2　2006~2011 年中国不同规模城市数量及城区人口变化

规模分类	2006 年			2011 年			2006~2011 年变化				
	城市数（个）	城区人口（万人）	人口比重（%）	城市数（个）	城区人口（万人）	人口比重（%）	城市数（个）	新增城区人口（万人）	新增人口吸纳比重（%）	人口比重变化（%）	城区人口增长（%）
400 万人以上	11	9358.67	25.11	13	11567.74	28.29	2	2209.07	61.06	3.18	23.60
200 万~400 万人	22	5902.93	15.84	22	5997.05	14.67	0	94.12	2.60	−1.17	1.59
100 万~200 万人	35	4924.48	13.21	38	5106.31	12.49	3	181.83	5.03	−0.72	3.69
50 万~100 万人	92	6382.87	17.12	99	6934.87	16.96	7	552.00	15.26	−0.17	8.65
20 万~50 万人	230	7150.9	19.19	267	8347.70	20.41	37	1196.80	33.08	1.23	16.74
20 万人以下	265	3552.89	9.53	218	2936.66	7.18	−47	−616.23	−17.03	−2.35	−17.34
总计	655	37272.74	100.00	657	40890.33	100.00	2	3617.59	100.00	0.00	9.71

注：城区人口包括暂住人口，2005 年及之前未公布城区人口数据。
资料来源：根据《中国城市建设统计年鉴》（2006、2011）计算。

中国的建制镇虽然数量大，但规模偏小，实力偏弱，平均每个建制镇镇区人口仅有 1 万人（魏后凯，2010）。1982~1990 年，中国城镇化推进速度较慢，建制镇数量较少，吸纳能力有限，新增城镇人口接近 3/4 由城市吸纳，只有 1/4 多由镇吸纳（见表 3）。1990~2000 年，随着建制镇数量的迅速增加，镇吸纳新增城镇人口的比重大幅提高，几乎接近城市吸纳新增城镇人口的比重，达到 49.94%。之后，由于建制镇的数量大体维持稳定，镇吸纳新增城镇人口的比重呈现下降趋势，2000~2010 年已下降到 47.39%。按照第六次人口普查的数据，目前中国城镇人口大约有 60% 集中在城市，40% 集中在镇。

表 3　1982~2010 年中国市镇人口吸纳情况

指标		市	镇	市镇合计
城镇人口（万人）	1982 年	14525.31	6105.61	20630.92
	1990 年	21122.25	8492.27	29614.52
	2000 年	29263.27	16613.83	45877.10
	2010 年	40376.00	26624.55	67000.55
年均新增城镇人口（万人）	1982~1990 年	824.62	298.33	1122.95
	1990~2000 年	814.10	812.16	1626.26
	2000~2010 年	1111.27	1001.07	2112.35
	1982~2010 年	923.24	732.82	1656.06
城镇人口吸纳比重（%）	1982~1990 年	73.43	26.57	100.00
	1990~2000 年	50.06	49.94	100.00
	2000~2010 年	52.61	47.39	100.00
	1982~2010 年	55.75	44.25	100.00

资料来源：根据历次全国人口普查数据计算。

根据 2000~2010 年新增城镇人口和 2006~2011 年新增城区人口的吸纳情况，可以粗略估算，近年来中国新增城镇人口约有 36% 是由特大城市吸纳的，大城市吸纳 8%，中小城市吸纳 9%，建制镇吸纳 47%。即特大城市、大城市、中小城市和镇吸纳新增城镇人口的比例大约为 36∶8∶9∶47。也就是说，中国新增城镇人口大约有 44% 是依靠大城市吸纳的，而中小城市因数量减少，人口吸纳能力严重不足，呈现出相对萎缩的状态。新增城镇人口过多流向特大城市尤其是 400 万人以上的特大城市，导致这些城市人口和空间规模过度膨胀，逼近甚至超越其综合承载能力，加上规划布局不合理和管理不善，出现了房价高企、交通拥堵、环境质量下降、社会矛盾加剧等突出问题，大城市病日益凸显。

三、对两极化形成机理的多视角透析

中国城镇化进程中出现的两极化倾向，与中国政府近年来倡导的城镇化基本方针是背道而驰的。这表明，从某种程度上讲，中国的城镇化规模政策是失效的。要深刻揭示中国城镇化规模政策的失效，必须对这种两极化倾向的形成机理进行多视角透析。总的来讲，传统发展理念、资源配置偏向、市场极化效应、农民迁移意愿和政府调控失效是导致这种两极化倾向的根本原因。

1. 传统发展理念的影响

由于认识上的偏差，各地在推进城镇化的进程中，往往贪大求全，盲目追求 GDP。在这种传统的发展理念下，人们过度追求大城市扭曲的经济效益，而忽视生态环境效益和城市的宜居性，忽视城镇化的资源环境成本、交通拥挤成本和城镇居民的生活成本。很明显，在现行体制下，大城市的规模经济效益被人为地扭曲和高估了。首先，大城市地价和房价高昂，且上涨较快，这既成为大城市经济和财富增长的重要源泉，也在一定程度上抬高了大城市的产出效率。其次，大城市物价水平和生活成本较高，居民上下班通勤时间长、成本高，而学术界在度量城市规模经济效益时并没有把这些成本考虑在内，这无疑就高估了大城市的经济效益。最后，大城市每天要消耗大量的资源，如能源、水资源等，而这些资源是依靠周边和其他地区供应的。由于价格扭曲和资源补偿机制不完善，伴随着这些资源的大规模调动，将会形成地区间价值转移。例如，为解决某些地区尤其是大城市缺水而兴建的大型调水工程，其高额的建设成本并没有在水价中完全体现，而主要靠全社会来分摊。河北张家口等地每年向北京调出大量水资源，但其获得的水资源补偿却很低。这表明，由于价格扭曲造成的价值转移，一些大城市通过不平等交换攫取了周边和其他地区的经济利益，其统计上的高额经济效益被人为地扭曲或高估了。在传统发展理念下，这种扭曲或高估的经济效益又成为一些学者和政府部门主张资源配置偏向大城市的理由和借口，而不考虑这些大城市的过度膨胀是否宜居，是否超越了其资源环境承载能力。除了贪大之外，各个大城市还存在着求全的发展理念，既要成为政治中心、科技文化中心，还要成为交通中心、信息中心、金融中心、经济中心等，各种功能的叠加和众多机构的集聚，必定推动大城市摊大饼式过度蔓延扩张。

2. 资源配置的双重偏向

中国的城镇发展带有浓厚的行政化色彩，政府资源配置的行政中心偏向和大城市偏向明显。这种资源配置的双重偏向及其相互强化效应，是导致近年来中国城镇增长两极化的根本原因。在一些发展中国家，这种双重偏向也是存在的。政府部门往往将过多份额的资源集中到大城市，尤其是作为首位城市的首府，导致首位城市的规模不断膨胀（Gugler, 1982）。不同于其他发展中国家，中国的城镇具有不同的行政级别，包括直辖市、副省级市、较大的市、地级市、副地级市、县级市、副县级镇和一般镇等。不同级别城镇在官员级别、行政管理、资源配置、政策法律制定等方面权限不同，且严格服从行政级别的高低。这种下级城镇严格服从上级城市"领导"的城镇管理体制，虽然有利于上下级城镇之间的协调，但由于各城镇权力的不平等以及社会资本的悬殊差异，容易出现政府资源配置的双重极化倾向，即各种资源向高等级的行政中心和大城市集中。长期以来，受这种行政等级体制对城镇资源配置的影响，政府资源高度向各级行政中心，如首都、直辖市、计划单列市、省会（首府）、地级市等集中。中央把较多的资源集中投向首都、直辖市和计划单列市，各省区则把资源较多地投向省会或首府城市。这种行政中心偏向导致城镇资源配置严重不均衡，首都、直辖市、计划单列市、省会（首府）城市等高等级行政中心获得了较多的发展机会和资源，人口和产业迅速集聚，就业岗位充足，公共设施优越，城市规模急剧膨胀。2012 年，中国城区人口（包括暂住人口）超过 400 万的特大城市有 13 座，包括上海、北京、重庆、深圳、广州、天津、武汉、东莞、郑州、沈阳、南京、成都、哈尔滨，除东莞外全部为直辖市、计划单列市和省会城市。东莞城区人口尽管超过 600 多万，但约 70% 是暂住人口，剔除暂住人口后城区人口不到 200 万。在中国大陆 27 个省区中，除青岛城区人口略高于济南，厦门略高于福州外，其他省会（首府）城市都是本省区的首位城市。因此，在这种城镇资源配置的行政中心偏向下，省会的变迁往往会导致城市经济的兴衰。其结果是，前省会城市出现相对衰落，新省会城市则迅猛扩张，两者形成鲜明的对照（见表 4）。事实上，这种行政中心偏向也是大城市偏向，两者起到了相互强化的作用。此外，在现行的"市管县"体制下，地级中心城市往往利用行政优势，大规模"吸纳"所辖县域的人口、产业和资源，在某种程度上剥夺了县域的发展机会，而当初设想的其辐射带动作用则没有得到应有发挥。目前，在许多地级市，所辖县域人才、资金和建设用地指标向地级中心城区集聚或"转移"已经成为一种普遍现象。

表 4　新中国成立后省会（首府）的迁移情况

省份	省会（首府）迁移			2012 年城区人口（万人）		
	迁移年份	前省会城市	现省会城市	前省会城市	现省会城市	两者之比
河北	1968	保定	石家庄	121.13	251.01	1：2.07
内蒙古	1953	张家口	呼和浩特	86.80	189.01	1：2.18
吉林	1954	吉林	长春	127.93	361.00	1：2.82
黑龙江	1954	齐齐哈尔	哈尔滨	108.85	430.61	1：3.96
河南	1952	开封	郑州	88.86	581.66	1：6.55
广西	1950	桂林	南宁	82.20	248.08	1：3.02

资料来源：城区人口根据《中国城市建设统计年鉴》（2012）整理。

3. 市场作用的极化效应

城市是人口、要素和非农产业的集聚地，也是人类经济社会活动的重要空间载体。人口、要素和非农产业向城镇集聚，可以获得多方面的集聚规模效益，如不可分物品的共享、中间投入品的共享、劳动力的共享、产业关联经济、知识溢出等（魏后凯，2006），这一点已得到学术界的认同。Henderson（2003）认为，城市的集聚建立在规模经济与市场作用的基础之上，并且可以产生溢出效应，这使大城市的集聚力量存在自我强化效应。这种自我强化效应将促使更多的人口和资源流入大城市，而使小城市规模难以扩大，由此造成城市规模扩张的两极化倾向。特别是，在经济发展的中前期阶段，大城市的集聚规模效益往往高于中小城市。有研究表明，规模在 100 万~400 万人的大城市，净规模收益最高，达到城市 GDP 的 17%~19%（王小鲁、夏小林，1999；Au，Henderson，2006）。还有研究发现，中国地级及以上城市效率与其规模之间大体呈"倒 U"形关系，"倒 U"形曲线的顶点位于 352 万~932 万人（王业强，2012）。虽然目前学术界对城市最优规模尚未形成一致看法，但有一点是可以肯定的，即在一定的城市规模限度之下，城市效率是随着其规模增长而不断提高的。在这种情况下，为追求集聚规模效益最大化，市场力量的自发作用会形成一种极化效应，诱发各种要素和资源向规模等级较高的城市集聚，促使大城市人口和空间规模不断扩张。如果政府缺乏有效的规划和政策调控，则通常会导致大城市过度蔓延。国际经验表明，由于现有大城市的规模扩张和中小城市的不断升级，20 世纪中叶以来，世界城市人口一直在向大城市集中，城镇化进程中的人口极化倾向十分明显。1950~2010年，世界100万人以上的大城市数量由75个增加到449个，占世界城市人口的比重由23%提升到38%，预计到2025年将增加到668个，其城市人口比重将达到47%（United Nations，2012）。这种城镇人口的极化倾向主要是由缺乏规划和调控的发展中国家贡献的。有的学者把这种大城市人口比重增大的现象称为"大城市人口的超前发展规律"（胡兆量，1985，1986），有的则把它称为"大城市超先增长规律"（高佩义，1991）。这里暂且不讨论"大城市超前发展规律"能否成立，但可以肯定的是，在集聚规模效益作用下，市场自发的力量会产生一种极化效应，促使人口、要素和产业向大城市集聚，从而加剧不同规模城镇之间发展的不平等。

　　4. 进城农民的迁移意愿

　　行政配置资源和市场力量的双重极化作用，导致资源、要素和产业向那些处于高等级行政中心的大城市集中，而这种集中又将使大城市政府有能力提供更好的公共服务，不断改善基础设施和居住环境，提高居民福利和工资水平。其结果是，大中小城市和小城镇在就业机会、公共服务、工资福利水平、居住环境等方面都相差悬殊。2011年，中国建制市市政公用设施水平和人均市政公用设施建设投资均远高于县城，而县城又远高于一般建制镇（见表5）。大城市的市政公用设施、公共服务和工资水平，也远高于中小城市。2011年全国36个省会城市和计划单列市市辖区在岗职工平均工资比地级及以上城市市辖区平均水平高15.51%，比县级市高58.43%。特别是，目前中国的优质教育、文化和卫生资源都高度集中在少数特大城市。面对这种悬殊的差异，进城农民大都愿意流向或迁往就业机会多、公共服务好、收入水平高的大城市尤其是特大城市，而不愿留在离家较近的小城市和小城镇，由此影响了就地城镇化的进程，使中国的城镇化成为了大城市化。2012年，在全国1.63亿外出农民工中，有65%集中在地级及以上大中城市，其中直辖市和省会城市占30.1%，地级市占34.9%（国家统计局，2013）。全国流动人口八成以上分布在大中城市，尤其是直辖市、计划单列市和省会城市，吸纳了流动人口总量的54.1%；而希望在城市落户的流动人口中，约有70%青睐大城市（国家人口和计划生育委员会流动人口服务管理司，2012）。广大中小城市和小城镇由于缺乏产业支撑，就业岗位不足，加上基础设施和公共服务落后，对进城农民的吸引力不大，尽管中央在前几年就已经明确"全面放开建制镇和小城市落户限制，有序放开中等城市落户限制"。由此可见，就业机会、工资福利水平和公共服务等方面的悬殊差异，是导致进城农民偏爱大城市的主要原因。

表5　2011年中国城镇市政公用设施水平和投资情况

主要指标	实际值			相对水平（以城市为1）	
	建制市	县城	建制镇	县城	建制镇
用水普及率（%）	97.04	86.09	79.80	0.89	0.82
燃气普及率（%）	92.41	66.52	46.10	0.72	0.50
污水处理率（%）	83.63	70.41	<20.00[a]	0.84	<0.24
人均公园绿地面积（m²）	11.80	8.46	2.03	0.72	0.17
建成区绿地率（%）	35.27	22.19	8.00	0.63	0.23
建成区绿化覆盖率（%）	39.22	26.81	15.00	0.68	0.38
人均市政公用设施建设投资（元）	3461.43	2003.33	687.15	0.58	0.20

注：a为2010年数据。

资料来源：根据《中国城乡建设统计年鉴》（2011）以及住房和城乡建设部《中国城镇排水与污水处理状况公报（2006~2010）》整理。

5. 政府调控手段的缺乏

为严格控制城市建设用地尤其是中小城市建设用地规模，1997 年 4 月中共中央、国务院在《关于进一步加强土地管理切实保护耕地的通知》中明确提出"冻结县改市的审批"。自此以后，除个别情况外，中国建制市的设置工作基本上处于停滞状态。特别是，随着部分地区"撤县（市）改区"的区划调整，全国建制市的数量不但没有增加，反而还有所减少。1997~2012 年，尽管中国城镇人口在不断增加，城镇化水平在快速提升，但全国建制市的数量则由 668 个减少到 657 个，减少了 11 个（见图 1）。设市工作长期停滞导致建制市数量不增反减，新增进城人口只能依靠现有城市来吸纳，由此加剧了城市规模扩张和膨胀趋势。1996~2010 年，中国平均每个城市建成区面积和建设用地面积分别扩张了 1.01 倍和 1.12 倍。在"县改市"工作停滞后，很多地级及以上城市大力推进"撤县（市）改区"工作，结果地级及以上城市市政区急剧膨胀，全国市辖区数量由 1997 年底的 727 个增加到 2012 年底的 860 个，而县级市则不断萎缩，由 442 个减少到 368 个。由于县（市）区权限的差异，"撤县（市）改区"可以使上级政府获取更多的权益，包括土地出让转让权益。近年来，各大中城市又掀起了设立新区的热潮。很明显，大规模"撤县（市）改区"和设立新区实际上助推了大城市"摊大饼"式蔓延扩张。现行体制下城市规划的失效和政府调控手段的缺乏，难以有效遏制大城市尤其是 400 万人以上的特大城市规模扩张。如北京城市总体规划提出的人口规模控制目标屡次提前突破，就是一个典型的例子。按照国务院批复的《北京城市总体规划（2004~2020 年）》，2020 年北京市总人口规模控制在 1800 万人，而实际上 2010 年就已超过，2012 年北京常住人口达到 2069.3 万人，其中常住外来人口 773.8 万人。2001~2012 年，北京市平均每年新增常住人口高达 58.81 万人，其中常住外来人口 43.14 万人。特别是，在"土地财政"的驱动下，各城市尤其是大城市更热衷于依靠卖地来增加地方财政收入，有的地方甚至把各县建设用地指标都集中用于中心城市。全国城市土地出让转让收入占城市维护建设市财政资金收入的比重，2006 年还只有 27.56%，到 2011 年已迅速提高到 58.57%。

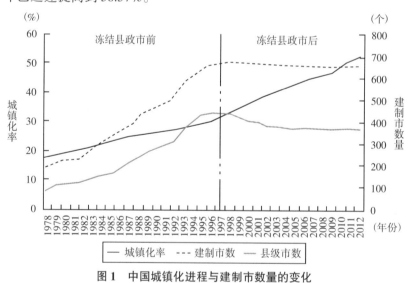

图 1　中国城镇化进程与建制市数量的变化

资料来源：根据《中国统计摘要》（2013）和《中国城市建设统计年鉴》（2012）绘制。

四、中国城镇化规模格局重构的科学基础

中国城镇化进程中的两极化倾向，既加剧了城市规模结构的不合理，制约了空间资源的有效均衡配

置，又阻碍了城镇化和市民化的进程，不利于形成科学合理的城镇化格局。而且，这种两极化倾向还诱发了一系列的深层次矛盾。一是特大城市人口快速增长与资源环境承载能力不足之间的矛盾。随着资源、要素和产业的大规模集聚，一些特大城市拥有较多的发展机会，就业岗位充足，人口吸纳能力较强，由此导致城市人口规模迅速增长。2006~2012年，上海、北京、深圳等12个400万人以上的特大城市城区人口规模平均增长了27.41%，远高于全国城市13.29%的平均增速（见表6）。然而，目前这些特大城市普遍面临资源环境承载能力的限制，有的已经逼近承载能力的极限，甚至超过了承载能力。有关研究表明，北京市水资源承载能力在1800万人以内，目前的人口规模基本处于超载、不可持续状态（冯海燕等，2006；童玉芬，2010；石敏俊等，2013）。深圳的化学需氧量（CODcr）和氨氮（NH$_3$-N）排放量均大大超过水环境容量（邬彬等，2012），近年来出现了人口、土地、资源、环境四个"难以为继"。二是中小城市和小城镇加快发展意图与人口吸纳能力不足之间的矛盾。中小城市和小城镇数量多，分布广，进城门槛低，资源环境承载能力充裕，未来发展的潜力巨大。因此，长期以来中国政府都强调加快中小城市和小城镇发展，而这些城镇也有这方面的强烈愿望。但是，由于基础设施和公共服务落后，缺乏产业支撑和就业机会，中小城市和小城镇人口吸纳能力严重不足，而且对农民缺乏吸引力。三是农民向往大城市的意愿与农民的承受能力不足之间的矛盾。如前所述，面对就业机会、公共服务、工资福利等方面的悬殊差异，进城农民大都愿意到大城市就业和定居，但大城市房价和生活成本高昂，农民进城的门槛和市民化的成本也较高，单纯依靠农民工的低工资收入很难承受这种高额成本。据测算，目前农民工市民化的人均公共成本全国平均约为13万元（单菁菁，2013），而大城市人均成本是中小城市的2~3倍，特大城市则是中小城市的3~5倍（建设部调研组，2006）。近年来，虽然全国外出农民工月均收入增长较快，但2012年也只有2290元，仅相当于城镇单位就业人员月平均工资的58.76%。因此，农民向往大城市的美好意愿与其较低的承受能力之间存在矛盾。

表6　中国12个400万人以上的特大城市城区人口增长情况

城市	2006年（万人）	2012年（万人）	人口增长（%）
上海	1815.08	2380.43	31.15
北京	1333.00	1783.70	33.81
广州	985.54	1015.00	2.99
深圳	846.43	1054.74	24.61
重庆	832.54	1118.30	34.32
武汉	493.00	627.52	27.29
天津	567.45	649.41	14.44
沈阳	457.61	571.36	24.86
南京	431.32	567.27	31.52
郑州	261.20	591.66	126.52
成都	390.24	458.31	17.44
哈尔滨	415.25	430.61	3.70
小计	8828.66	11248.31	27.41
全部城市	37272.8	42226.8	13.29

注：东莞因暂住人口多、城区人口不稳定未包括在内。城区人口包括暂住人口。
资料来源：根据《中国城市建设统计年鉴》（2006、2012）整理。

因此，构建科学合理的城镇化规模格局，必须尽快解决这些深层次的矛盾，充分发挥各级各类城镇的优势，加强资源整合和分工合作，促进大中小城市和小城镇协调发展，走以人为本、集约智能、绿色低碳、城乡一体、四化同步的中国特色新型城镇化道路（魏后凯，2014）。促进大中小城市和小城镇协调发展，核心就是新增城镇人口必须依靠大中小城市与小城镇共同吸纳，而不是单纯依靠大城市或中小城市和小城镇来吸纳。这样，通过增量调整和存量优化，重构城镇化规模格局。当前，中国城镇化规模格局的重构需要综合考虑以下几方面因素：一是区域资源环境承载能力，尤其是水资源、土地、环境等方面的承载能力，决定了城市或区域可承载的城镇人口规模极限，接近或突破这一极限将会对生态环境产生巨大的压力和破坏，降低城市的宜居性和居民福利水平。因此，区域资源环境承载能力设定了城市人口规模的天花板，它是特定条件下城市可承载的最大人口规模。在不降低宜居性和福利水平的条件下，实行远距离调水、节约集约利用资源和推动产业升级，虽然可以提高资源环境承载能力，但其提高幅度也是有限度的。二是城镇人口吸纳能力。它取决于城镇形成的持续产业支撑能力和能够提供的稳定就业岗位。农民进城就业定居，必须要有稳定的就业岗位，而稳定的就业岗位则需要有持续的产业支撑。如果城镇产业不稳定，随着环境变化会随时发生转移或迁出，那么这种产业提供的就业岗位将是不稳定的，难以形成持续的人口吸纳能力。三是城镇公共设施承载能力。包括城镇现有基础设施、公共交通、医疗卫生、文化教育等设施的容量。从短期看，这些设施的容量会影响甚至限制城镇可承载的人口规模，但从长远看，随着公共设施投资的增加，这种容量也将不断提高。因此，城镇公共设施承载能力是可变的，它取决于未来公共设施的投资规模。四是进城农民的迁移意愿。吸纳农业转移人口，鼓励农民进城，必须充分考虑农民的迁移意愿，坚持自愿、分类、因地制宜的原则，而不能把政府的意志强加给农民，使农民"被城镇化""被市民化"。当前，农民就地就近实现城镇化和市民化的意愿不高，并非农民原本的真实愿望，而主要是大城市就业岗位、发展机会和公共服务引导的结果。要从根本上改变这种状况，关键是缩小中小城市和小城镇与大城市在基础设施、公共服务、就业机会等方面的差距。五是设市工作的恢复。当前及今后一段时期，中国仍处于城镇化的快速推进时期，随着城镇化的快速推进和城镇人口的不断增加，单纯依靠现有城市来吸纳新增城镇人口是不现实的，这将会进一步加剧大城市尤其是特大城市的规模膨胀趋势。为此需要尽快恢复建制市的设置工作，逐步把那些有条件的县改为县级市，并采取"切块"的办法推进"镇改市"，使新设的建制市成为吸纳农民进城的重要载体。

综合考虑以上因素，未来中国特大城市、大城市、中小城市和建制镇吸纳新增城镇人口的比例保持在 30：18：18：34 左右比较合适 q（见图 2）。首先，虽然目前 100 万~200 万人的特大城市仍有较大的发展空间，但 200 万~400 万人的特大城市其资源环境承载能力已日益有限，一些 400 万人以上的特大城市已经处于超载状态，而且过大的规模也增加了其负外部效应，必须采取手段进行人口规模控制，以防止其无限制地扩张下去（王小鲁，2010）。从发展的眼光看，随着收入水平的不断提高，城镇居民将日益向往更多的休闲空间以及良好的生态和生活空间，而不单纯是集约高效的生产空间。因此，要保持

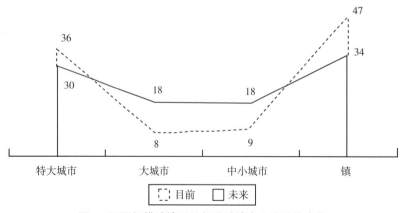

图 2 不同规模城镇吸纳新增城镇人口比重的变化

宜居适度的生活空间和山清水秀的生态空间，未来 100 万人以上的特大城市吸纳新增城镇人口的能力将日益受限，吸纳的比重将会出现一定程度的下降。其次，由于发展阶段的缘故，中国 50 万~100 万人的大城市集聚效应将会进一步增强，加上一些中小城市升级为大城市，未来大城市吸纳新增城镇人口的能力将大幅提高。再次，随着公共服务水平的提高和产业支撑能力的增强，加上恢复设市工作后大批新建市的进入，未来中小城市吸纳新增城镇人口的能力也将大幅提升。最后，在启动恢复设市工作的前提下，建制镇吸纳新增城镇人口的比重将会出现较大幅度的下降，这主要是一些符合条件的建制镇转为建制市的结果。

考虑到 1997 年以来中国设市工作的停顿，目前已有不少建制镇镇区人口规模接近或超过设市标准。按照 1993 年国务院批复的设市标准，每平方公里人口密度大于 400 人、100~400 人以及不足 100 人的县，县政府驻地镇从事非农产业的人口不低于 12 万、10 万、8 万，并同时满足其他条件，可设立县级市。在特殊情况下，州（盟、县）驻地镇非农业人口不低于 6 万可设县级市。2009 年，在全国 1.97 万个建制镇中，有 192 个建制镇镇区人口规模超过 10 万人，其中有 14 个镇镇区人口达到 20 万以上，178 个镇在 10 万~20 万人（见表 7）。这些镇区人口超过 10 万的建制镇，除广东东莞市虎门镇外，其他镇镇区人口都在 50 万以下，如能设市均为中小城市。其镇区人口约占全部建制镇的 12.79%，占全国城镇人口的 4.20%。现有镇区人口在 6 万~10 万的建制镇，其镇区人口占全国城镇人口的 4.60%，很大部分也具有设市的条件。此外，随着大中城市市辖区的扩张和撤镇改区，一些建制镇将成为城区的一部分。因此，如果启动恢复建制市设置工作，将有一大批建制镇转为中小城市或纳入城区的范围，这样镇吸纳新增城镇人口的能力将会大幅下降。

表 7 2009 年中国建制镇镇区人口规模结构

规模等级	建制镇数		镇区人口		镇区人口平均规模（万人）
	数量（个）	比重（%）	人口数（万人）	比重（%）	
20 万人以上	14	0.07	374	1.76	26.72
10 万~20 万人	178	0.90	2338	11.03	13.14
6 万~10 万人	388	1.97	2968	14.00	7.65
3 万~6 万人	962	4.88	4071	19.20	4.23
1 万~3 万人	3454	17.54	5711	26.93	1.65
0.5 万~1 万人	4361	22.14	3046	14.37	0.70
0.5 万人以下	10342	52.50	2695	12.71	0.26
总计	19699	100.00	21203	100.00	1.08

资料来源：根据《中国建制镇统计资料》（2010）计算。

当前，中国已经越过城镇化率 50% 的拐点，开始进入重要的战略转型期。未来中国城镇化将由加速推进向减速推进转变，重点是以人为核心推进市民化，提高城镇化质量。根据我们的预测，到 2030 年中国城镇化率将达到 68% 左右，新增城镇人口 2.41 亿（见表 8）。如果这期间中国特大城市、大城市、中小城市和建制镇吸纳新增城镇人口的比例保持在 30∶18∶18∶34，那么，特大城市将吸纳新增城镇人口 0.72 亿，大城市和中小城市分别吸纳 0.43 亿，镇吸纳 0.82 亿。也就是说，未来中国 48% 的新增城镇人口将由 50 万人以上的大城市来吸纳，另外 52% 由中小城市和建制镇来吸纳。

表 8   2050 年中国城镇化率和城镇人口预测

年份	2012	2020	2030	2040	2050
总人口（亿人）	13.54	13.88	13.93	13.61	12.96
城镇总人口（亿人）	7.12	8.37	9.53	10.26	10.58
累计新增城镇人口（亿人）	—	1.26	2.41	3.14	3.46
城镇化率（综合预测值，%）	52.57	60.34	68.38	75.37	81.63

注：2012 年为实际数。

资料来源：城镇化率预测数据来自高春亮和魏后凯（2013）；总人口预测数据来自联合国 "World Population Prospects：The 2010 Revision" 表 A.9 中的方案。

五、重构城镇化规模格局的战略选择

综上所述，构建科学合理的城镇化规模格局，主要是考虑区域资源环境承载能力、城镇的公共设施容量和人口吸纳能力等因素，而不是某些学者所倡导的单纯城市最优规模。即使这种最优规模是存在的，如果按照最优规模来确定城镇化的规模格局，那么现实世界中将不存在城镇体系，各个城镇的规模大小将整齐划一。显然，这与现实世界不符。为此，当前亟须加强对进城农民迁移意愿和城市综合承载力的调查研究，根据资源环境承载能力、城市公共设施容量和人口吸纳能力，实行差别化的规模调控政策，合理引导农业转移人口流向，依靠产业集聚引导人口集聚，促进人口与产业协同集聚、产业发展与城镇建设有机融合，推动形成以城市群为主体形态，大中小城市和小城镇合理分工、协调发展、等级有序的城镇化规模格局，有效遏制城镇增长的两极化倾向。

1. 制定科学的城市规模等级分类标准

针对城镇化进程中的两极化倾向，目前一些学者和有关部门主张提高城市规模等级的标准，即将小城市人口从 20 万以下提高到 50 万以下，中等城市从 20 万~50 万提高到 50 万~100 万，大城市从 50 万~100 万提高到 100 万~500 万，特大城市从 100 万以上提高到 500 万以上。当然，也有学者主张将特大城市的人口标准提高到 200 万（严重敏，1989）或 300 万（牛凤瑞等，2010），甚至 1000 万（祝辉，2013）。这种提高城市规模等级标准的做法，反映了人们的"求大"心理和大城市偏向。如果把这一主张纳入国家规划并作为规范固定下来，无疑是弊多利少。虽然从统计上看，这种做法可以人为地增加"中小城市"数量和人口比重，全国城市规模结构似乎更"协调"了，但它并没有改变城市规模结构失调的本质，而且还会带来诸多方面的负面效应。从国际比较看，中国的城市规模等级标准本来就偏高，如联合国将 10 万~100 万人的城市界定为大城市，将 100 万人以上的城市界定为特大城市；苏联则将 50 万人以上的城市界定为超大城市；而国际上一般把 800 万或 1000 万人以上的城市称为巨型城市或超级城市。这些巨型城市既是天堂也是地狱（杨保军，2009），尤其是从宜居、安全、和谐、可持续的角度看。无论是发达国家还是发展中国家，大都把这些巨型城市作为人口规模控制和功能疏散的重点。更重要的是，城市规模等级标准提高以后，现有一大批大中城市的规模等级将随之降级，各地的相关规划也需要进行调整。规模等级降级将使这些城市产生一种"失落感"，激发它们进一步扩大规模的热情。如果将特大城市标准提高到 500 万人，按城区人口（包括暂住人口）计算，全国共有 11 个。除 4 个直辖市之外，只有广东、湖北、辽宁、江苏、河南 5 省拥有特大城市，其他省区必定会调动各方面资源，为构建本省区的特大城市而不懈努力，由此将形成新一轮的特大城市规模扩张竞争。因此，提高城市规模等级标准将会进一步加剧城镇增长的两极化。从城镇协调发展的角度看，我以为，应增加特大城市的层级而不是单纯提高标准。即将现有 100 万人以上的特大城市划分为 100 万~400 万、400 万~1000 万和 1000 万以上 3 级，其中 400 万~1000 万人的特大城市为超大城市，1000 万人以上的特大城市为巨型城市。这样，中国城市规模等级可划分为 6 级，包括巨型城市（1000 万以上）、超大城市（400 万~1000 万）、特大城市（100 万~400 万）、大城市（50 万~100 万）、中等城市（20 万~50 万）和小城市（20 万以下）。对于像中国这样一个发展中大国，随着城镇化的快速推进，城镇数量将不断增加，适时增加城镇规模等级的层级是很有必要的。

2. 对特大城市人口规模实行差别化调控

目前，中国一些 400 万人以上的特大城市尤其是 1000 万人以上的巨型城市，大多已逼近资源环境承载能力的极限，甚至处于超载状态。鉴于资源环境承载能力的天花板限制，以及日趋严重的"城市病"和日益凸显的集聚负外部效应，当前急需采取综合手段对 400 万人以上的特大城市实行人口规模控制。在这些特大城市中，北京、上海、天津、重庆、广州为国家中心城市，深圳、武汉、沈阳、南京、郑州、成都、哈尔滨等为区域性中心城市，大都处于国家城镇体系的顶层，是全国重要城市群的核心和领导城市。对这些城市既要严格控制人口规模，加强大城市病综合治理，防止城市空间过度蔓延，又要充分发挥中心城市的引领、示范和辐射带动作用。要破解这一两难的困境，关键是转变发展方式，促进城市全面转型升级，实行"去功能化"。这样就需要在控制手段上，改变目前单纯采取限制落户来控制人口规模的办法，实行"双向"综合调控。一方面，科学确定城市的功能定位和发展导向，并据此制定合理可行的产业准入标准，调整优化产业结构，逐步引导这些城市向高端化和服务化方向发展，依靠产业优化减轻其人口大规模集聚的压力；另一方面，根据区域资源环境承载能力和城市公共设施容量，合理引导城市中心区人口、产业、设施和功能疏散，依靠功能疏散引导人口、产业和设施疏散，促进特大城市空间结构优化和区域一体化，提高其可持续发展能力。功能疏散或"去功能化"是控制特大城市人口规模的核心和关键。为此，要在合理确定功能定位、实行功能疏散的基础上，积极引导和鼓励特大城市中心区人口和产业向周边地区扩散，同时加强快速交通网络建设，优先发展公共交通尤其是大容量轨道交通，着力推进基础设施、产业布局、环境治理、要素市场、劳动就业和社会保障等一体化，促使进城农民在特大城市郊区（县）和周边城镇居住，并通过快速交通体系到城区上班，或者实现就近就业。此外，还必须从综合承载力和宜居、可持续的角度，科学确定特大城市的增长边界，合理划定生态红线，设定生态空间的底线和开发强度的高限，促进生产、生活和生态空间和谐有序。

3. 巩固并发挥城市群的主体形态作用

近年来，随着经济全球化、区域一体化与交通网络化的快速推进，中国涌现出了一批大小不同、规模不等、发育程度不一的城市群。这些城市群作为国家参与全球化竞争和国际分工的全新地域单元，已经成为引领和支撑中国经济高速增长的主导地区，主宰着中国经济发展的命脉。随着城市群的迅速兴起，目前中国已进入一个以城市群为载体的群体竞争新时代，城市群已经成为中国推进城镇化的主体形态。据研究，目前中国 23 个城市群集中了全国 47.98%的城镇、51.39%的城镇人口和 78.78%的 GDP 总量，其经济密度和人口密度分别是全国平均水平的 3.63 倍和 2.26 倍（方创琳等，2011）。未来 20 年，中国仍将处于城镇化的快速推进时期，城市群不仅是推进城镇化的主体形态，也是吸纳新增城镇人口的主要载体。据国务院发展研究中心课题组（2011）测算，在 2020 年前，城市群地区将集聚中国城镇人口的 60%以上。这就意味着，未来中国城市群集聚人口的能力还将会进一步提升。为此，在推进城镇化的过程中，必须继续巩固和充分发挥城市群的主体形态作用，使之成为吸纳新增城镇人口的主要载体。

首先，积极培育壮大不同等级的城市群。从长期发展看，在 2030 年前，中国应实行多中心网络开发战略，积极培育壮大世界级、国家级和区域级城市群，推动形成全国三级城市群结构体系。其中，世界级城市群包括长三角、珠三角、京津冀、长江中游 4 个城市群，国家级城市群包括山东半岛、海峡西岸、辽中南、哈长、中原、江淮、成渝、关中—天水、北部湾、兰州—西宁10个城市群，区域级城市群包括冀中南、东陇海、太原、呼包鄂、黔中、滇中、宁夏—沿黄、天山北坡、藏中南9个城市群。这三级城市群将成为未来支撑中国经济持续快速发展的重要增长极，也是集聚城镇人口和非农产业的主要载体。其次，不断提高城市群的可持续发展能力。对于长三角、珠三角、京津冀等成熟的城市群，要针对当前面临的资源环境承载能力约束，加快发展转型和产业升级步伐，推进区域一体化和空间结构优化，强化环境治理和生态化改造，以提升其国际竞争力、自主创新能力和可持续发展能力。对于中西部一些处于发育中的城市群，要针对人口吸纳能力不足和发展层次低的问题，全面优化投资环境，完善产业配套体系，提升中心城市功能和档次，强化各级城镇的产业支撑和分工合作，依靠产业支撑和环境优化来挖掘其发展潜力，增强发展后劲。

4. 提高中小城市和小城镇综合承载能力

城镇综合承载能力是指在保持良好的生态环境和生活质量的前提下，一个城镇所能承载或容纳的最大人口数量。它主要取决于区域的资源环境承载能力、城镇的公共设施容量和人口吸纳能力。目前，中国一些特大城市因产业大规模集聚，大都拥有强劲的人口吸纳能力，但往往资源环境承载能力不足；相反，一些中小城市和小城镇具有较强的资源环境承载能力，但现有公共设施容量有限，产业支撑和人口吸纳能力不足。要解决这一两难的困境，要么提高特大城市的资源环境承载能力，要么增强中小城市和小城镇的人口吸纳能力。随着科技的进步，虽然通过加大投资和采取技术手段，可以在一定程度上改善特大城市资源环境承载能力状况，但人口和经济活动的过度集聚，将会以牺牲城市的宜居性和居民福利为代价，不符合以人为核心的新型城镇化导向。从生态宜居的角度看，要想"让居民望得见山、看得见水、记得住乡愁"，未来提高中小城市和小城镇人口吸纳能力的潜力将更大。为此，应针对中小城市和小城镇面临的主要问题，着力加强基础设施建设，提高公共服务能力和水平，积极培育特色优势产业，不断扩大就业机会，以逐步提高其人口吸纳能力。同时，要摒弃资源配置中的行政中心偏向和大城市偏向，充分发挥不同规模城镇的优势，强化大中小城市和小城镇功能分工，推动特大城市全面转型升级，引导其人口、要素、产业向中小城市和小城镇转移扩散，支持国内外民间资本投向中小城市和小城镇，政府投资的城镇基础设施和公共服务要向中小城市和小城镇倾斜。特别是，要采取财政补贴、奖励、贴息等手段，加强小城镇基础设施、公共服务设施和安居工程建设，鼓励小城镇向专业化、特色化、生态化方向发展，逐步培育建设一批生态宜居、设施完善、特色鲜明、优势突出、竞争力强的特色生态小镇。

〔参考文献〕

〔1〕Corbridge, S., Jones, G.A. The Continuing Debate about Urban Bias: The Thesis, Its Critics, Its Influence, and Implications for Poverty Reduction〔R〕. Mimeo, Prepared for DFID, 2005.

〔2〕Gugler, J. Overurbanization Reconsidered〔J〕. Economic Development and Cultural Change, 1982, 31 (1).

〔3〕Henderson, J.V. The Urbanisation Process and Economic Growth: The So-what Question〔J〕. Journal of Economic Growth, 2003 (8).

〔4〕Au, C.C., Henderson, J.V. Are Chinese Cities Too Small?〔J〕. Review of Economic Studies, 2006, 73 (3).

〔5〕United Nations. World Urbanization Prospects: The 2011 Revision〔M〕. New York, 2012.

〔6〕刘爱梅. 我国城市规模两极分化的现状与原因〔J〕. 城市问题, 2011 (4).

〔7〕陈有川. 大城市规模急剧扩张的原因分析与对策研究〔J〕. 城市规划, 2003, 27 (4).

〔8〕刘锋, 黄润龙, 丁金宏, 段成荣. 特大城市如何调控人口规模?〔J〕. 人口研究, 2011, 35 (1).

〔9〕周春山, 叶昌东. 中国特大城市空间增长特征及其原因分析〔J〕. 地理学报, 2013, 68 (6).

〔10〕王颂吉, 白永秀. 城市偏向理论研究述评〔J〕. 经济学家, 2013 (7).

〔11〕魏后凯, 苏红健. 中国农业转移人口市民化进程研究〔J〕. 中国人口科学, 2013 (5).

[12] 魏后凯. 我国镇域经济科学发展研究 [J]. 江海学科, 2010 (2).

[13] 魏后凯. 现代区域经济学 [M]. 北京: 经济管理出版社, 2006.

[14] 王小鲁, 夏小林. 优化城市规模, 推动经济增长 [J]. 经济研究, 1999 (9).

[15] 王业强. 倒 "U" 型城市规模效率曲线及其政策含义——基于中国地级以上城市经济、社会和环境效率的比较研究 [J]. 财贸经济, 2012 (11).

[16] 胡兆量. 大城市人口的超前发展规律 [J]. 社会调查与研究, 1985 (2).

[17] 胡兆量. 大城市的超前发展及对策 [J]. 北京大学学报 (哲学社会科学版), 1986 (5).

[18] 高佩义. 中外城市化比较研究 [M]. 天津: 南开大学出版社, 1991.

[19] 国家统计局. 2012 年全国农民工监测调查报告 [R]. 2013-05-27.

[20] 国家人口和计划生育委员会流动人口服务管理司. 中国流动人口发展报告 2012 [M]. 北京: 中国人口出版社, 2012.

[21] 冯海燕, 张昕, 李光永, 穆乃君, 陈瑾. 北京市水资源承载力系统动力学模拟 [J]. 中国农业大学学报, 2006, 11 (6).

[22] 童玉芬. 北京市水资源人口承载力的动态模拟与分析 [J]. 中国人口·资源与环境, 2010, 20 (9).

[23] 石敏俊, 张卓颖, 周丁扬. 京津水资源承载力研究 [A]//文魁, 祝尔娟. 京津冀发展报告 (2013) [M]. 北京: 社会科学文献出版社, 2013.

[24] 邬彬, 车秀珍, 陈晓丹, 谢林伸. 深圳水环境容量及其承载力评价 [J]. 环境科学研究, 2012, 25 (8).

[25] 单菁菁. 农民工市民化的成本及其分担机制 [A]//潘家华, 魏后凯. 中国城市发展报告 (No.6) [M]. 北京: 社科文献出版社, 2013.

[26] 建设部调研组. 农民工进城对城市建设提出的新要求 [A]//国务院研究室课题组. 中国农民工调研报告 [M]. 北京: 中国言实出版社, 2006.

[27] 魏后凯. 走中国特色的新型城镇化道路 [M]. 北京: 社科文献出版社, 2014.

[28] 王小鲁. 中国城市化路径与城市规模的经济学分析 [J]. 经济研究, 2010 (10).

[29] 高春亮, 魏后凯. 中国城镇化趋势预测研究 [J]. 当代经济科学, 2013, 35 (4).

[30] 严重敏. 试论我国城乡人口划分标准和城市规模等级问题 [J]. 人口与经济, 1989 (2).

[31] 牛凤瑞, 白津夫, 杨中川. 中国中小城市发展报告 (2010) [M]. 北京: 社科文献出版社, 2010.

[32] 祝辉. 新形势下特大城市概念的再解析 [J]. 区域经济评论, 2013 (2).

[33] 杨保军. 巨型城市: 是天堂, 也是地狱 [J]. 商务周刊, 2009 (1).

[34] 方创琳, 姚士谋, 刘盛和等. 2010 中国城市群发展报告 [M]. 北京: 科学出版社, 2011.

[35] 国务院发展研究中心课题组. 农民工市民化制度创新与顶层政策设计 [M]. 北京: 中国发展出版社, 2011.

(本文发表在《中国工业经济》2014 年第 3 期)

城镇化与产业发展互动关系的理论探讨

叶振宇

摘 要：城镇化与工业化相互促进的一般规律是分析城镇化与产业发展互动关系的理论基础。城镇化顺利推进离不开产业发展的支撑作用，两者之间通过要素集聚、效率提升、产城融合、网络协同等机制实现互动，这种互动关系既有共性问题，又有制约问题。同时，城镇化的不同阶段对产业发展要求是不同的，主要体现在产业结构、生产组织、发展策略等方面。

关键词：城镇化；工业化；产业发展

城镇化是我国走向现代化强国的必经之路，增强城镇化的产业支撑能力是我国城镇化健康发展的内在要求。当前，我国城镇化进程已进入质量全面提升的战略时期，大国的城镇化有自身的特殊性、问题的复杂性和任务的艰巨性，为此，准确把握好城镇化与产业发展的互动关系，把提升城镇化产业支撑能力作为重点，同时也要高度警惕无产业或无就业的城镇化，防止个别地方进行激进的造城运动。

一、城镇化与工业化的互动关系

工业化是城镇化的基本动力，城镇化是工业化的空间表现。城镇化在城乡层面至少存在人口结构、经济结构、地域空间、生活方式等方面的变化（许学强等，2010），每种类型的结构转型背后都有工业化的推动作用。工业化水平和质量提升也是推进城镇化的重要力量。

为什么会出现城市，这是分析城镇化与工业化关系绕不开的问题。除了古代防御性城市等特殊功能城市之外，城市形成之前基本是以家庭小规模生产为主要方式，缺少市场交易行为，每个家庭之间基本实现自给自足。但这种生产方式不会由此而停止，由于资源禀赋、人所掌握的技能等方面存在差异，于是在比较优势的作用之下，从事专业生产和贸易是可行的，但这并不必然诞生城市，只有在规模报酬递增的机制下，交换过程中出现了许多规模经济现象。由于货物运输和市场交易存在规模经济，许多从事这类活动的中介组织或商贸企业便应运而生，他们出于规模经济考虑而将机构选址在便于收集和分配货物的地方，这些地方后来就形成贸易城市。同样，当家庭作坊生产方式逐步被机械化专业生产方式所取代之后，工业生产过程中存在着企业内部规模经济和不同主体之间的正向外部性，因而，在工业革命以

[**基金项目**] 本文系中国工程院重大咨询项目《中国特色城镇化道路发展战略研究》子课题四《中国城镇化的产业支撑能力研究》成果之一。

后便出现了典型的工业城市，如曼彻斯特（奥沙利文，2008）。然而，现代城市发展并不是朝着单一专业化方向前进，相反，却出现了多元化和专业化共同存在的现象，因为企业能够从多样化外部性中获得好处并提高生产效率（Jacobs，1969），从而集聚更多的人口和产业。可见，进入工业社会以来，城镇化是工业化内在推动的结果，而城镇化所引起的人口、空间、社会等方面的转型构成工业化的表现形式。同时，城镇化不是静止和无序的，而是处于动态、系统的变化过程，但如果政府不当干预，可能扭曲两者关系，从而导致城镇化滞后、过度以及工业化质量不高。

工业化和城镇化相互促进关系需要具备一些必要的条件（见图 1 和表 1）。产业结构演变是两者相互促进的基本条件。世界大国的发展经验表明，工业化水平提高是产业结构演进的过程，离不开城镇化的支持，既包括农业劳动力向非农产业转移，又包括城镇化过程带来的消费需求以及消费结构升级。产业结构演进一般遵循轻工业—重工业—服务业的演进路线，并对应于工业化的每个阶段。在工业化初期，轻工业发展较快，比重较高，且具有投资少、见效快，吸纳就业量大等特点，从而形成第一次农业劳动力向非农产业转移的"窗口期"。随着收入水平提高，人们已基本解决了衣食住行等问题，开始转向耐用消费品消费，由此带动了重工业的发展；同时，轻工业自身发展水平提高以及来自更加激烈的竞争压力，要求重工业部门为轻工业提供更加先进的装备，这两方面为重工业快速发展创造了良好的条件。重工业部门具有资本投入大、技术水平高、企业规模大、吸纳就业少等特点，是一个国家财富积累的关键阶段，也是由工业化初期进入工业化中期的标志。当工业化处于该阶段时，工业部门新增就业的增速有所放缓，但这并不意味着城镇化在该阶段就处于停滞，相反，工业规模扩张、建筑业增长和服务业部门发展也可吸纳大量的农业转移劳动力。国家实力增强和工业化水平提高势必增加了居民收入，人们消费需求也随之进一步升级，开始转向个性化、多样化的服务需求，并且，工业部门也需要相关服务配套，这些方面都将带动生产性服务业和生活性服务业较快发展，因而，服务业后来居上逐渐取代重工业，成为国民经济最大的部门，并标志着经济发展从工业化中期向工业化后期、后工业化阶段循序演进。服务业对不同层次劳动力都有较强的吸纳能力，非农产业吸纳劳动力转移的第二次"窗口期"由此出现。在产业结构调整的过程中，工业化、城镇化与农业现代化是贯彻始终的一条主线，农业现代化是工业化和城镇化顺利推进的基础，只有农业生产力水平不断提高，农村剩余劳动力才有可能转移到城市成为产业工人或建筑工人。另外，农业现代化意味着农业生产率不断提高，农业能够向工业提供更多的原材料并保障城乡居民日益增长的生活需求，也有利于保障国家粮食安全。此外，建筑业发展有力地支持了工业化和城镇化进程平稳推进。

表 1　工业化阶段与城镇化水平的关系

发展阶段	工业化初级阶段	工业化中级阶段	工业化高级阶段	后工业社会
城镇化水平	10%~30%	30%~70%	70%~80%	80%以上

资料来源：钱纳里等：《工业化与经济增长的比较研究》，上海三联书店 1989 年版。

企业规模化、专业化生产和集聚经济是城镇化与工业化相互促进的内在条件，是规模报酬递增机制作用的结果。企业存在自身规模经济和专业化生产，这是现代企业与手工作坊的本质区别（叶裕民，2001）。如上文所述，正是由于这种生产方式才会出现工业城市，也才使得农业劳动力向非农产业转移成为可能。同样，在规模报酬递增机制的作用下，经济活动呈现空间集聚现象，同一个部门或不同部门的企业共同存在，并彼此建立各种各样的联系，从中节约了产品运输、劳动力流动、创新知识传播等方面的成本。而空间外部性的广泛存在，才使得企业从产业专业化和多样化中获得双重的受益。进一步地，随着城市群的兴起，不同等级、规模的城市之间的联系更加紧密，企业进行要素资源配置、专业化生产及相关的配套生产能够从单独某个城市扩展到城市群区域，企业乃至整个产业发展得益于城市群空间外部性。

　　居民参与创造和平等分享城镇化和工业化带来的成果是城镇化与工业化互相促进的保障条件。综观世界大国崛起历程，普通百姓无论是从农村迁移到城市还是一直居住在城市，他们通过自身的努力都有平等机会分享社会财富增长带来的好处，并顺利进入到中产阶级的行列。居民收入水平的增长和消费结构的升级同步进行有力地推动了产业结构升级，而产业结构演变又进一步促进了工业化进程。

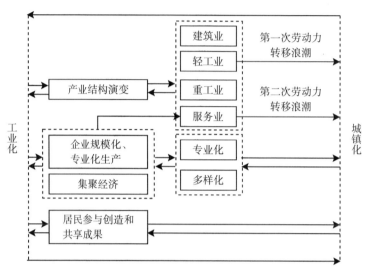

图1　工业化与城镇化互动关系的逻辑框架

资料来源：叶裕民：《中国城镇化之路——经济支持与制度创新》，商务印书馆 2001 年版，第 52 页。本文做了进一步改动。

二、城镇化与产业发展的互动关系

　　从现有经济学文献看，很难找到现成的理论能较好地解释城镇化与产业发展的一般关系，加之中国特殊的国情背景，使得分析这两者的关系变得更加困难。为此，下文尝试从产业结构等视角，分析两者之间的作用机制，以此阐述两者互动关系（见图2）。

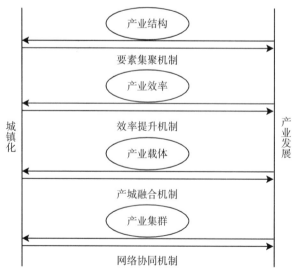

图2　城镇化与产业发展相互关系的分析框架

1. 产业结构视角

如前文所述，产业结构在演进过程中将出现两次非农产业吸纳劳动力转移的浪潮，也是城市集聚大规模农业转移人口的"窗口期"。产业发展带动了生产要素向各类城市集聚，这种要素集聚机制有利于加快城镇化进程。而技术创新推动产业结构升级，更先进技术广泛应用于工业部门，进而可能降低工业部门的产出就业弹性，但产业结构从以工业为主导逐步向以服务业为主导转变，服务业的发展有利于扩大农业转移人口的就业渠道，新兴产业的出现也能吸纳大量就业尤其是高级专业人才的就业。从全社会来看，在工业化阶段，就业总量可以维持较高的增长速度，城镇化水平也随之迅速提高，两者之间总体上呈现正向互动关系。同时，城镇化进程推进通过投资和消费创造了巨大的市场需求，从而带动产业发展。如果体制能够理顺，城镇化将是扩大内需的最大潜力，这种增长促进效应将会释放出很大的红利。

2. 产业效率视角

对于像中国这样的发展中大国，人多地少，农村人口占总人口比重很高，第一产业从业人员规模较大，但城乡要素流动结构不合理以及遇到的各种流动障碍都可能扭曲要素配置效率，从而导致农业劳动生产率增长速度相对缓慢。不同的是，农村剩余劳动力转向城镇就业，有机会接受城市文明的熏陶和企业提供的职业培训，从而提高自身综合素质，同时，不同类型劳动力通过劳动市场可以找到合适的就业岗位以及彼此之间在生活或工作之中也有机会互相分享专业或创新知识，这些因素都有利于提高非农产业的劳动生产率。同时，在城镇化进程中，城市集聚优势不断显现，集聚外部性使得产业发展从专业化和多样化中获益，从而降低了各种交易成本，提高产业全要素生产率。反过来，产业效率的提升是维持较强城市竞争优势的基础，也是提高城镇居民收入的有效保障。只有城镇居民可支配收入实现增长，他们的消费结构才有可能实现升级，从而带动产业结构升级。

3. 产业载体视角

实践表明，以各种产业园区为代表的产业载体是国家或地方实施发展战略的重要抓手，同时也是促进产业集聚的手段。产业园区一般经历了三个不同的发展阶段。在初创阶段，地方政府限于自身财力不足，先征用规模较大的土地，从居住和商业用地出让中获得的收入用于建设工业园区的基础设施，也可能将征收过来的土地直接交给工业企业开发，东亚国家都有类似的经历。招商引资是产业园区初创阶段面临的最紧迫任务，政府补贴、土地低价转让等行为时有发生，这样做可以换来产业兴"园"的效果，成为地方经济的新增长点。在发展阶段，园区土地空间开发基本完毕，大量农业转移人口涌入园区就业，产业发展随着产品生命周期依次经历发展、成熟甚至衰退阶段。当产品处于生命周期的成熟阶段，部分企业可能难以承受成本上涨和外部竞争压力，为此选择搬迁，但也有一些企业加快自身转型升级，这阶段"腾笼换鸟"现象将会发生，但不排除有一批园区将陷入产业衰退的困境，沦为老工业区。在升级阶段（或称"二次创业"），产业与城市融合发展是本阶段的重点，园区发展必须考虑外来从业人员安居、子女教育、医疗养老等问题，于是地方政府要考虑为他们解决住房、社会保障等问题，在有条件的地方可考虑在园区基础上建设产业新城。综上，产业载体发展阶段演进表明，城镇化与产业发展的互动通过产城融合机制获得极化效应。

4. 产业集群视角

产业集群是一群在地理上临近而且相互联系和互动的企业和机构（王缉慈等，2010）。在许多国家，如意大利、瑞典、德国、瑞士等国家，大量的中小企业构成了产业集群的主体，是地方产业发展的一种组织形态。像我国这样的发展中大国，产业集群多产生于专业镇或专业园区，吸纳就业能力较强，是农业转移人口的"就业池"。在城镇化与产业发展互动关系中，产业集群发挥着特殊的作用，网络协作机制有效地促进要素集聚、配置以及融入当地环境中。例如，产业集群内部形成专业化劳动力市场，增加了从业人员寻找合适职位的机会，也有利于扩大就业规模。同时，在产业集群中，从业人员很容易利用这种生产组织体系的内在优势融入地方社会网络，如果政策允许落户，可就地实现市民化，这是地方政府推进城镇化的探索方向。

三、城镇化不同阶段对产业发展的要求

经验研究表明，城镇化速度总体上要经历起步、加快、放缓三个阶段，城镇化的每个阶段对产业类型、规模和层次的要求不同。当城镇化进程处于起步阶段时，发展就业容量大、技术层次较低、附加值不高的产业是解决农村剩余劳动力向城镇转移的主要渠道，此时，创造就业是推动城镇化进程前进的内在要求。当城镇化进程处于加快阶段，除了继续发展劳动密集型产业之外，重点转向发展资本密集或技术密集或两者兼具的产业，这些产业的发展将迅速积累国家财富，反过来促进城市发展，此时，创造就业、增加居民收入和提升城市功能是城镇化与产业发展相互促进的现实需要。同时，也要大力发展服务业，满足城镇居民日益增长的需求。当城镇化进程处于放缓阶段，服务业发展后来居上，现代服务业与现代制造业融合发展、传统服务业改造提升等成为主攻方向，在此阶段，提高产业素质、集约节约利用资源、改善生态环境和促进城乡协调发展是继续推进城镇化与产业发展相互促进的有效途径。表2从产业结构、生产组织和发展策略三个方面分别讨论城镇化不同阶段的产业发展趋势，从中可以看出，当城镇化处于较高水平时，随着居民人均收入进入高水平以及工业化进入后工业化阶段，产业发展不仅面临素质提升，还要满足企业和个人的个性化需求。

表2　城镇化不同阶段与产业发展的关系城镇化

		城镇化		
		起步阶段	加快阶段	成熟阶段
产业发展	产业结构	第一产业处于主导地位，第二、第三产业比重逐步提高	第二产业处于主导地位，第三产业加快发展，第一产业比重下降	第三产业比重逐步提高，最终超过第二产业，第一产业比重很低
	生产组织	家庭作坊式工业生产占据重要地位，现代化大工业开始起步	福特制生产组织方式大规模应用，标准化生产方式占据主导	小众化和市场细分趋势明显，柔性化生产方式出现，个性化需求增长
	发展策略	加快推进工业化进程，引入现代企业管理方式等	大力推进工业发展，适时促进产业结构调整和升级，扩大非农产业就业等	改造提升传统产业（包括农业现代化、工业转型升级和优化传统服务业），培育发展新兴产业，注重劳动者素质提高和科技创新等

四、城镇化与产业发展的共性问题

以上分析表明，城镇化与产业发展之间存在互动关系，对于我国而言，两者之间存在一些共性问题。

第一，提升进城务工人员素质是城镇化质量和产业效率同步提高的关键。进城务工人员并非中国独有现象，进城务工人员的素质关乎国家现代化进程。衡量城镇化质量的一个重要指标就是城镇居民素质高低，同样，从业人员素质直接关系到产业生产率。第一产业从业人员由农村流到城市从事非农产业，是一次跨门类就业的素质拓展过程，最初主要从事技能要求较低的一般加工业或建筑业；随后，他们在从事专业工作过程中有机会接受相关的职业技术培训，这是个人综合素质第二次提升的过程，也是城镇化质量提高的表现。所以，提升进城务工人员素质的核心环节是支持有条件的外来务工人员在城市落户，同时，建立政府、企业和劳动者个人之间相互促进的内生增长机制，例如，签订较长的劳动合同确保企业和劳动者个人都有一个长远的素质提升规划。

第二，集约节约利用资源是城镇化绩效和产业发展效益同步提升的着力点。对于中国这样一个人多地少的国家，经过这么多年的发展，目前可用于城市发展的建设用地日趋减少，加之严格的用地指标管理，用地持续紧张可能是今后长期要面对的问题。同时，对于城镇化和产业发展而言，传统经济发展方式已消耗了大量的矿产资源和能源，继续走下去已是难以为继。因此，今后要从市场机制完善和体制改革入手，着力从规划编制、机制转换、产业结构调整、技术推广等方面出发，探索布局紧凑、节能环保、高效集约的发展路径。

第三，推动技术创新使之产生实效是城镇化和产业发展能力同步增强的保障。技术创新不仅可以改变企业生产分工形式和促进行业技术或工艺的革新，还可以改变城镇化的空间形态及相关主体的行为方式。例如，高速铁路的修通使得相距较近的城市可以实现同城化，现代信息技术应用为传统产业的振兴提供了复兴的机会，现代网络技术发展也影响了企业区位选择决策。总之，技术创新对城镇化和产业发展的影响是不可估量的。

五、城镇化与产业发展相互促进的制约问题

当然，我国在实现城镇化与产业发展相互促进过程中，也会遇到了一些制约问题：

第一，户籍制度问题。现行户籍制度不仅让进城务工人员无法顺利落户及享受当地均等化的基本公共服务，也给我国城镇化健康发展埋下了很大的隐患，不利于社会长期稳定。另外，现行的户籍制度不利于建立适应产业发展的劳动力供给机制。绝大多数的企业和外来务工人员之间只签订了短期用工合同，这种短期性质的合约加剧了企业用工风险，也不利于外来务工人员素质的提高。可见，坚持因地制宜原则，稳妥推进户籍制度改革势在必行。

第二，产业项目低水平重复建设问题。这个问题之所以能长期存在，很大程度是由现行的体制引起的。一方面，当城镇化目标被列入当地省属规划之后，由于对于干部政绩考核的形式主义理解，地方政府为了达到目标，可能采取扭曲市场的行为来搞"城镇化大跃进运动"，例如，巧立各种名目，缺乏规划论证，盲目建设新城新区，从而积累了很大的投资风险。另一方面，许多地方政府不顾自身实际条件盲目发展新兴产业，但实际落地的项目却处于产业链低端，这种产业进入门槛很低。并且，由于攀比效应，这种势头容易蔓延至全国其他地区，加之市场需求变动，容易形成很高的产能过剩风险。因此，低水平重复建设对城镇化和产业发展相互促进都是不利的，及时反思和改进现行的体制是十分必要的。

第三，城市资源环境承载力问题。一方面，城镇化水平提高和产业发展都需要消耗大量的水、土地等自然资源，虽然有些资源可以从区外运入，但与人类生活和工业生产密切相关的土地资源是不可移动的，水资源也是有限供给，这些因素限制了城市和产业的大规模扩张。另一方面，环境容量是有限的。尽管技术或管理创新可以有限地扩大环境容量，但这需要时间和经济成本。城镇化本质是人类和产业活动在空间高度集中，两类行为都会产生"负"的产出，例如，大量污染物排放等。当"负"的产出规模超过环境自身负荷，就会引起一系列的环境问题。如果不重视资源环境承载力问题，有可能造成城镇化成本上升和产业发展效益下降。

〔参考文献〕

[1] 许学强，周一星，宁越强. 城市地理学 [M]. 北京：高等教育出版社，2010.

[2] 叶裕民. 中国城镇化之路——经济支持与制度创新 [M]. 北京：商务印书馆，2001.

[3] 钱纳里等. 工业化与经济增长的比较研究 [M]. 上海：上海二联出版社，1989.

[4] [美] 奥沙利文. 城市经济学 [M]. 周京奎译. 北京：北京大学出版社，2008.

[5] 王缉慈等. 超越集群：中国产业集群的理论探索 [M]. 北京：科学出版社，2010.

[6] Jacobs，Jane. The Economy of Cities [M]. New York：Vintage，1969.

(本文发表在《区域经济评论》2013 年第 4 期)

新型区域创新体系：概念廓清与政策含义

刘建丽

摘　要： 在新一轮产业革命浪潮来袭、信息经济加速改造传统产业的时代背景下，传统的区域创新体系正在发生深度重构。基于地域的"看得见的网"与基于互联网和大数据的"看不见的网"的有效融合，正在催生出新型的区域创新体系。与之相适应，区域创新体系的研究范式正处于转变之中。我国区域创新体系构建需要加强顶层制度设计和政策体系创新，以形成促进区域创新能力成长的必要制度支撑，打造基于不同资源条件的创新增长极，最终实现国家的创新战略和赶超战略。厘清新型区域创新体系的本质内涵并对我国区域创新体系进行类型划分，深刻把握不同区域创新体系的内在动力机制，是有效推进区域创新战略、制定适配型区域创新政策的必要前提。本文在探讨新型区域创新体系本质内涵并对我国区域创新体系进行有效分类的基础上，讨论了构建新型区域创新体系的政策含义。

关键词： 新型；区域创新体系；概念；政策含义

从国民经济角度而言，区域创新体系是国家创新体系的组成部分和重要支撑，是带动区域经济结构调整和经济增长方式转变的强大引擎，是各种资源高效集聚以促进产业自主创新的重要载体，是我国抢占世界高新技术产业制高点的前沿阵地。当前，在新一轮产业革命浪潮来袭、信息经济加速改造传统产业的时代背景下，中国的经济发展方式正从粗放型向集约型转变，增长动力正从要素驱动转向创新驱动，区域经济正从不均衡发展向区域协调发展转变。在云计算和电子商务的驱动下，传统的区域创新体系正在发生深度重构，基于地域的"看得见的网"与基于互联网和大数据的"看不见的网"的有效融合，正在催生出新型的区域创新体系。正如 Cooke（2010）所指出的那样，一些区域创新体系正在超越传统的集群边界和产业边界，而体现出"平台型"产业创新特征。区域创新体系的研究范式正处于转变之中。

走中国特色自主创新道路，需要在全国范围内建成要素配置能力优、产业创新能力足、商业实现能力强的新型区域创新体系。中共十八届三中全会在《中共中央关于全面深化改革若干重大问题的决定》中提出，"着力清除市场壁垒"，"发挥市场在资源配置中的决定性作用"，"建立城乡统一的建设用地市场"，这些决议有利于新型区域创新体系的构建。与之相适应，我国区域创新体系构建需要加强顶层制度设计和政策体系创新，以形成促进区域创新能力成长的必要制度支撑，打造基于不同资源条件的创新增长极，最终实现国家的创新战略和赶超战略。厘清新型区域创新体系的本质内涵并对我国区域创新体系进行类型划分，有效把握不同区域创新体系的内在动力机制，是有效构建区域创新战略、制定适配型区域创新政策的必要前提。

[**基金项目**] 国家社科基金重大招标项目《构建区域创新体系战略研究》（项目编号：08&ZD038）。

一、新型区域创新体系的本质内涵

1. 传统区域创新体系的内涵

根据 Cooke（1992）的经典定义，区域创新体系主要是由在地理上相互分工与关联的生产企业、研究机构和高等教育机构等构成的区域性组织系统，该系统支持并产生创新。在此基础上，Asheim 和 Isaksen（1997）认为，区域创新系统包括技术—经济结构（生产结构）和政治—制度结构（制度基础）。区域创新体系包括两种类型的主体和它们之间的互动，第一类是区域内的主要产业集群，它包括支撑和配套企业；第二类是制度性基础设施，它包括研究机构、高等教育机构、技术转移机构、职业培训机构、企业协会和金融机构等，它们对区域创新产生很重要的支持作用。之后，关于区域创新体系的理论演化主要来自于两大领域：一个是来自创新系统的研究族群，他们根据经济和技术变革的演化理论，将区域创新定义为演化的社会化过程。这一研究范式强调创新主体的集体学习过程以及各主体之间的合作（Cooke 等，1998；Cooke，2001）。另一个研究族群来自于区域科学领域，他们侧重于解释产生创新的社会—制度环境。从区域观来看，创新是一个本地嵌入性的知识创造过程。该研究范式强调地理邻近、空间集聚和区域性的制度环境对知识创造和知识扩散的作用（Kirat 和 Lung，1999）。显然，前者强调主体之间的互动学习，在此意义上，区域创新体系类似于一个自演化的知识创造网络；后者关注区域环境与创新主体以及创新活动之间的关联，在此语境中，区域创新体系是一个附着在特定地理空间的产业—技术系统。然而，从经济发展现实来看，经济技术系统和制度环境系统通常很难割裂开来，区域创新体系本身就是一个复杂的交互系统；而且，随着信息技术的发展，创新的本地嵌入性正在悄然发生变化。从公共政策视角出发，尽早研究新型区域创新体系的本质内涵，并引申出更明确的政策含义，才能找到更有效的政策工具。从实践角度来看，综合以上两种研究范式，并充分考虑信息经济飞速发展的客观现实，才可能建立内在逻辑统一的概念框架。

2. 新型区域创新体系的本质内涵

本质上而言，区域创新体系是基于一定空间结构的知识创造网络和产业创新平台，是一个基于基础架构、制度与创新活动（Infrastructure-Institution-Innovation Activities）的动态三螺旋系统，本文称之为"3Is"螺旋系统。对于产业和企业而言，区域创新体系是群体性创新的网络平台和制度环境；从公共治理角度而言，区域创新体系是一个组织单元和组织平台，是推进技术变革和社会变革的制度创新工具。主体—结构、制度—环境、活动—能力三组要素相互依托、互相促进、互为制约，共同构成了区域创新体系的核心。新型区域创新体系是基于信息经济和传统区域经济的社会化创新体系和产业链重构体系。从语义内核来看，新型区域创新体系与传统意义上的创新体系并无二致，其也是一个"3Is"螺旋系统。但需要关注的是，3I 本身已经发生了较为根本性的变化。

（1）新型区域创新体系是一种更加开放、边界更加模糊的知识交互网络。传统的区域创新体系内，基础架构由基础设施、产业主体及支撑网络组成。在新型区域创新体系内，参与创新的主体、网络关系以及基础架构的形态都发生了深刻变化。首先，参与主体很大程度上突破了地域的限制，在图 1 中，创新活动链虚线框内的主体都可以不在地理区域内，而通过创新价值链的网络联结而与产业主体发生互动；其次，在新型区域创新体系内，基础架构不仅包括物质基础，还包括知识基础和知识流动网络。在知识经济时代，无形的知识流动网络较之各种有形的主体和载体更为重要，已经跃居于统领地位，或者说，信息流正催生物流和资金流。对于区域创新体系内的单个主体而言，不仅要频繁地与体系内的主体

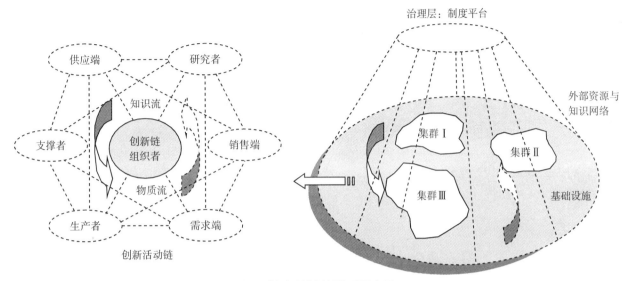

图1 新型区域创新体系示意图

进行互动，还要不断与外界主体进行物质与知识的交换。可以说，形成并保持合理的耗散结构是创新体系始终保持活力的前提。随着主体之间关系的变动、新的创新主体的加入或原有主体的退出，创新体系内的知识存量、知识类型与知识交互网络不断发生着变化。对于创新主体而言，创新的知识资源和网络关系也在发生着变化。

（2）新型区域创新体系是一种多种治理方式并存的经济—社会演化系统。区域创新体系中的制度变量集中表现为治理结构与治理方式。对我国企业而言，基于政府和中介组织的行业治理和区域治理模式由来已久，也积累了较多的经验，但基于特定空间的区域治理模式要么囿于传统的地方行政管理，要么有机构、无活动，流于形式。新型区域创新体系应该是一种平台式的经济—社会治理形态。政府与产业、企业的直接关联减少，其所提供的制度供给应该是基于公共治理平台的服务包。各创新主体基于一定的市场交易或市场竞合关系而共生于特定的空间，形成特定的市场结构和自组织生态。同时，关系、文化氛围等非正式制度在新型区域创新体系内发挥着越来越重要的作用。各主体之间通过非正式的社会交往而培植"关系资源"，形成 Burt（1992）意义上的结构洞，降低交易成本，捕捉创新机会，提高创新效率。同时，一个地区鼓励创新的文化，对创新失败的容忍程度，创新意识和进取精神的多寡，以及互信合作的意识，往往决定了一个地区对创新资源的吸纳和集聚能力。因此，市场治理、政府治理与社会治理并存于区域创新体系内。相应地，区域创新体系表现出经济—社会二元演化的特征。通过设置有效的治理结构，引入或设置必要的参与主体，构建有效的网络架构，打造适宜的外部环境，可以激活区域内的创新资源，增进区域内的产业创新效率。

（3）新型区域创新体系是一种触角更多、价值链更加扁平、反应更加迅捷的并行创新网络。由于信息技术、商业模式和消费习惯的变化，新型区域创新体系的网络形态、创新链条的组织过程以及企业内部的创新行为都发生了根本性变化。虽然同样是网络结构，但传统的区域创新体系是厂商主导的基于纵向价值链的纵深网络，生产企业往往扮演着创新的主导角色，是前端主导的创新系统。而新型区域创新体系内，因信息技术的发展使得交易成本降低，跨地域的合作更加快捷，企业之间的分工更专业化，价值链上任何一环都有可能成为创新的参与者甚至引领者。最为明显的变化是，销售平台、终端消费者和普通大众正在向创新核心层前移，成为创新的积极参与者甚至是引领者，分布式、同步化的创新过程成为可能。在这种多方主体交互下的扁平网络中，资源配置和价值实现的过程更加迅捷，更有效率。与之相伴的是生产组织方式和销售模式的变革。

（4）新型区域创新体系是一种基于信息技术的产业融合发展平台。不管是生产型还是交易型网络，传统区域创新体系的主导产业类型都较为单一，要么以大型的专业市场交易平台为支撑，要么以集聚化的生产制造基地为主体。由于网络水平链接的拓展，新型区域创新体系更多地体现为农业、制造业、生产性服务业以及生活服务业的融合发展平台，而且，这种平台无一例外需要借助互联网实现价值链接，对应于当下流行的 C2B、B2B、O2O 等电子商务模式。而在这些商务模式的背后，是生产组织方式和制造方式的根本变革。传统的区域创新体系由于"系统惯性"和"路径依赖"的存在，很有可能在"范式革命"中落伍。从价值链的角度来看，如果传统的区域创新体系不能顺应网络虚拟化和产业融合发展的趋势，将失去嫁接现代产业和产业升级的机会，从而逐渐丧失产业体系中价值创造的支配地位，甚至从新一轮产业分工中出局。

二、区域创新体系的类型及其内在动力机制

1. 区域创新体系的几种分类方式

对区域创新体系进行有效分类，是有效制定区域创新政策的前提。国内外一些学者根据不同的研究维度，对区域创新体系进行了划分。一些学者根据治理结构和社会根植性进行划分，例如，Cooke（1998）根据治理结构将区域创新体系划分为草根型（Grassroots）、网络型（Network）和统制型（Dirigiste）。他还按照企业创新活动模式，把区域创新系统分为本地型、交互型和全球型三大类。Asheim 和 Coenen（2005）根据各种产业和经济部门的知识基础描绘了两种区域创新体系：基于分析知识的区域创新体系和基于综合知识的区域创新体系。其中，分析知识主要存在于通过认知发掘和探索过程引发知识创新的高新技术集群中，如生物技术及 ICT（信息通信技术）集群；综合知识则主要存在于通过对已有知识集成应用来推动技术创新的集群中，以传统的中低技术集群为代表。国内学者也对区域创新体系类型进行了研究。林迎星（2006）从两个维度对区域创新体系类型进行了划分。首先，依据区域优势产业维度，把区域创新体系分为高技术产业型区域创新体系、传统产业型区域创新体系和混合产业型区域创新体系；其次，依据创新资源的配置机制，把区域创新体系分为政府主导型的区域创新体系、政府与市场共推型的区域创新体系、市场主导型的区域创新体系。毛艳华（2007）依据治理结构、社会根植性、创新主体、创新环境以及主体互动程度等将区域创新系统区分为三个类型，即地域根植性区域创新体系、区域网络化创新体系和区域化国家创新体系。这些分类方式从不同的视角出发，分别服务于不同的研究目的。有些分类对于有效制定区域创新政策具有一定的指导意义，但多数研究没有关注中国转型过程中不均衡的制度资源对区域创新体系的影响，而且，随着时间的推移，产业技术内涵已经发生了变化，政府和市场的边界以及二者发挥作用的方式也在发生变化。

2. 我国区域创新体系的重新分类

笔者认为，区域创新体系必然以一定的产业集聚为支撑，只不过赖以支撑的产业集群其网络结构、主导产业类型存在差异而已。作为转型过程中的新兴市场经济国家，中国总体制度环境的特征是市场发育不完善，历史上形成的资源配置较多依赖于非市场力量。在这一特殊制度背景下，从市场发育程度和科技资源禀赋两个维度出发，按照区域创新体系初始驱动要素和创新资源配置方式的不同，中国目前的区域创新体系基本上可以分成以下四类：内生驱动型、科学基础型、国资主导型和外资拉动型（如图2所示）。

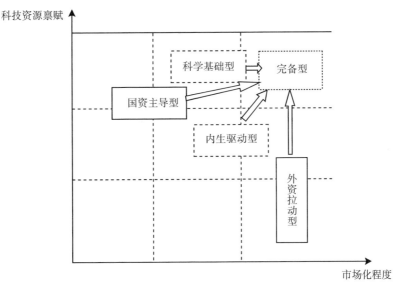

图 2　中国区域创新体系的类型划分

（1）内生驱动型区域创新体系。这类地区市场发育程度较高，科技资源禀赋中等，而以企业家精神为主要指征的内生驱动力量较强。从网络结构维度出发，这类创新体系可分为以大企业为中心的垂直型网络体系和中小企业集聚的水平型网络体系。从产业链主导力量来看，可分为生产制造型创新体系和市场交易型创新体系。当前，大部分区域创新体系都以生产制造为核心，表现为大量生产性企业的集聚。也有一些创新体系以平台型市场交易（内贸或外贸）起步，逐步形成研发、生产和销售的产业创新链条，例如义乌、余姚等地通过发展专业市场，带动了生产性企业和相关服务业企业的集聚发展，就是典型的市场交易型创新体系。这种创新体系市场化程度高而科技资源禀赋相对不足，市场交易或贸易活动频繁。

（2）科学基础型区域创新体系。这一类型是指以大量高校、科研院所为中心，通过基础研究和应用基础研究衍生出的产业集群为主导的区域创新体系。这类创新体系的科技资源禀赋较高，产学研合作成为推进企业创新和区域创新的重要途径。根据合作关系的紧密程度，产学研合作模式主要有三种：第一种是以产权关系为纽带的紧密型产学研合作，即大学、科研院所利用其研究开发能力，通过创办企业直接将核心技术进行商业化和产业化，企业与原来的大学、院所之间保持着较为紧密的联系，如北大方正、清华同方等；第二种是企业与研究机构之间通过有期限的合作契约，针对特定的创新目标达成委托协议，以人员借入、设备租用和项目委托等方式，实现创新要素在各主体之间的转化；第三种是企业与大学、科研院所通过一些地方性平台或相互之间的信用关系，建立人员交流或信息沟通等方面的非正式合作关系。

（3）国资主导型区域创新体系。这一类型主要是指在政府主导的科研和产业投入基础上，形成的以大型国有装备制造企业为中心的产业基地型创新体系。由于历史形成的原因，这种创新体系的科技资源禀赋较高，但市场化程度较低。例如，东北老工业基地和军民结合的西部三线地区，基本属于这一类型的创新体系。该类地区具备深厚的技术积淀，但技术转移和知识流动的网络联结不发达。

（4）外资拉动型区域创新体系。与内生驱动型创新体系以本土草根创新主体为主要推动力不同，外资拉动型创新体系以外商投资为重要推动力，形成了外资主导的模块化产业能力和产业升级路径，外资企业的进入在很大程度上提升了本土企业的技术水平。例如，珠江三角洲地区从"三来一补"的"飞地经济"逐步转变为内外资良性互动的区域创新体系，就体现了外资在产业升级过程中的重要作用。目前，珠江三角洲地区有 3000 多家日资企业，随着日资模具加工制造业本地化趋势的日益增强，我国模具加工企业的整体技术水平将迎来很大的飞跃。

当然，这几种类型并不是截然分开、泾渭分明的，而是在某些大的区域内相互交融，各种类型的子系统相互交织，形成更大范围的区域创新系统，例如，在长三角地区，市场交易型、科学基础型和内生驱动型力量相互交融，使跨行政边界的区域创新体系日益完善。

进行基本的类型划分以后，可以发现，由于驱动因素的先天特性，导致不同类型区域创新体系的本地根植性差别较大，而这一因素对于区域经济的持续发展和区域创新体系的功能发挥至关重要。在图2中，虚线框代表较好的根植性，实线框表示根植性较差。传统经济范式下，区域创新体系的最优演化路径是向科技资源积累更充足、市场化程度更高、本地根植性更优的完备型创新体系转化。在高度信息化的数字经济时代，创新网络对物质基础的依赖大大降低，本地创新系统可以通过链接外部虚拟网络而实现市场化程度和科技资源禀赋的大幅跃升，然而，根植性却只能通过本地经济主体的不断结网而实现。

3. 不同区域创新体系的内部动力机制

Cooke（1998）认为，区域创新体系是企业及其他机构经由以根植性为特征的制度环境系统地从事交互学习的地方。这里，他引入了三个重要的概念："交互学习""根植性"和"制度环境"。Doloreux（2002）将"内部机制"描述为区域创新系统内部的基本动力，并提出四种动力机制：互动学习、知识生产、邻近性和社会根植性，他认为，正是这些基本动力解释了区域创新体系的效率和成功。

本文认为，从区域创新体系的本质出发，其动力机制的核心是各类知识在系统内创造、传播和共享的基本途径和方式。综合起来，创新体系内知识创造和传播的动力机制包括学习培训机制、竞争机制、产业化机制和根植性获取。在创新网络层面，学习培训机制促进了新知识的传播，而这主要通过企业之间的研讨、产业链内部的培训、规范以及相互模仿和借鉴而产生；竞争机制包括竞争压力下的学习和竞争性溢出，前者主要是由于竞争的压力而提高创新投入而实现，而后者主要通过产品和人员的流动而实现；产业化机制是科研成果在产业化过程中所产生的知识创造及传播机制；根植性获取是只要处在区域创新体系内的企业都可以较容易实现的途径，通过这种方式，企业首先获取显性知识；通过长期参与区域分工和协作，企业可以在更深层次上获得隐性知识。由于主导知识类型、创新资源、创新主体、网络类型和制度环境的不同，不同类型区域创新体系内部的主体知识及其运行机制存在一些差异。除了这些基本的知识创新机制之外，不同种类区域创新体系，其内部动力机制的主要模式仍然存在差异（如表1所示）。

表1 不同类型区域创新体系的知识类型、网络类型与内部动力机制

区域创新体系	内生驱动型	国资主导型	科学基础型	外资拉动型
主导知识类型	组织隐性综合知识 制造知识、产品知识	组织隐性分析知识 技术知识	个人隐性分析知识 创意知识、研发知识	组织显性综合知识 制造知识、工艺知识
网络类型	水平草根网络	中心—外围网络	点团分布网络	核心溢出网络
内部动力机制	交互学习 竞争机制 根植性获取	制度创新 技术扩散	源头创新 组织创新 技术转化	输入型创新 学习培训机制

（1）内生驱动型创新体系——交互学习、竞争机制以及根植性获取。内生驱动型区域创新体系由于具备较为完善的市场环境，竞争较为充分。企业家精神通过集群的竞争机制和学习效应，可以刺激更多的知识创造。在水平型创新体系中，处于价值链同一节点的企业数量往往非常多，因此，这种创新体系内企业之间的竞争非常激烈。在这一类创新体系内，较容易传播的综合知识占据主导地位，"交互学习""竞争机制""根植性获取"是主要的系统创新动力机制。"交互学习"是一把"双刃剑"，它一方面可以

促进知识的交流和传播，带动群体创新；另一方面由于模仿的成本较低，创新成果难以获得超额收益，系统内的企业容易群体性地陷入"低端陷阱"。如果在一个创新体系内存在寡头竞争的格局，则寡头之间还存在竞争性学习和竞争性溢出。

（2）国资主导型创新体系——制度创新与技术扩散。在国资主导型创新体系内，国家对产业的战略性布局奠定了区域创新资源的基础，这些核心资源基本上掌握在大中型国有企业手中，大企业发挥着技术中心的作用。这些企业在发展或改制过程中，人力资源、隐性知识其至固定资产慢慢转移或扩散到不同规模、不同产权制度的企业中，成为一定区域内创新要素的基本组成部分。而大企业在承担国家科技攻关项目、进行技术攻关的过程中，必然也会带动区域内科研人才和技术性人才的成长，进而溢出到不同的企业和生产环节，使区域内的系统创新呈现出从中心点不断向外围扩散的特征，形成中心—外围网络结构。在这种带有统制性特征的创新体系内，大企业本身的创新投入和持续创新能力很大程度上决定了区域创新系统的生命力，而系统内创新资源的市场化配置能力也在很大程度上制约着系统创新能力的实现。在投入既定的情况下，大企业自身的制度创新和区域创新系统内的制度安排对于区域创新效率至关重要。

（3）科学基础型创新体系——源头创新组织创新与技术转化。科学基础型创新体系内科技资源禀赋充足，科研院所云集，科研人才充裕，科学研究尤其是基础研究的投入具备明显优势。在该类创新体系内，分析知识的创造和传播居于主导地位。由科研院所衍生出的企业或者与科研院所合作紧密的企业，能够较容易获得初始创新的种子，但这些种子要成长为产业，还需要不断的探索和认知，以产生出新的知识。在这一条件下，科技成果向产品技术的市场转化效率就成为区域创新体系良性运转的关键。在这类创新体系内，知识创新不仅产生于科研机构和实验室，还大量产生于科研成果的产业化过程。实际上，当一种科研成果发布出来以后，其知识主体就已经是显性知识，而产业化所需的大量隐性知识是在不断试验的过程中产生的。这种知识创造的动力机制我们称之为产业化机制，而该机制的有效运作高度依赖于技术产业化市场与企业家精神。

（4）外资拉动型创新体系——输入型创新与学习培训机制。外资拉动型创新体系内，市场化程度较高，而科技资源禀赋通常较为贫乏。创新体系内的知识源主要是由跨国公司直接输入的。这种输入型创新可以通过供应链内部的学习培训效应以及人员的流动，在纵向系统内溢出和扩散。在现实中，尽管外资企业通常采取一系列手段防止技术溢出，但显性产品知识仍然很容易被周围企业获取，而且，企业的研发设计、过程技术以及质量控制等方面的知识，也可以通过人员的流动而溢出到周边企业。从区域创新体系构建角度而言，吸引研发型投资和总部型投资，较之单纯的制造型投资更有价值。

三、构建新型区域创新体系的政策含义

在不同层面，构建区域创新体系具有不同的战略目标。在国家层面，其终极目标是提升国家综合竞争力；在地方层面，其直接目标是提高区域的系统创新能力和生产效率；而在产业和企业层面，其现实目标是提高自主创新能力。在可操作的层面，构建区域创新体系本质上是要提高区域创新体系的整体创新效率，改进创新效果。区域创新体系优劣的评价标准是区域创新能力的强弱。从区域创新体系的"结构—制度—活动"三螺旋视角出发，可以找到构建区域创新体系的战略支点，解决区域创新政策与区域创新能力耦合的问题。传统的四类区域创新体系要向新型创新体系转型或跃升，避免遭遇"创新陷阱"，需要在各个层面进行制度创新。通过对区域创新体系的内涵和运行机制进行分析，可以知晓，区域创新体系既是一个自我演化体系，又是可建构的经济—社会系统。区域创新效率是群体性创新投入、网络结构、治理方式以及政策组合的函数，着力于任何一个变量，都可以提升区域创新效率。由此，可以提出如下命题：

1. 改变网络基础架构，可以增进区域创新效率

（1）突破行政边界，构建基于"未来观"的基础设施网络。商业生态和创新模式的改变正在以人们意想不到的速度发生。那些基于"未来观"而投资智慧型基础设施的区域，将在下一轮产业竞争中占据有利位置。随着商业创新行为的"无边界化"倾向，跨越行政边界建立移动互联网、物联网、智能交通以及智能物流等基础设施，构建科技资源共享平台和知识流动网络，搭建广域的产学研用联盟，能够大大降低区域内企业的创新成本，提高群体创新效率。

（2）塑造良好的产业创新生态，促进传统价值链向"价值网"转变。塑造科学的产业结构和产业组织形态，形成创新要素合理流动的创新环境。随着电子商务平台的迅猛发展和人们消费需求的日益个性化，大规模定制生产方式正在受到越来越多的青睐。引导传统制造业与现代服务业相嫁接，使之与电子商务、创意产业等产业主体快速融合发展，与现代物流、网络金融等服务主体高效链接，从而催生出新的知识流架构和分布式创新的主体网络结构；与之相对应的是，传统的纵向价值链向水平的并行价值网转变，以此适应瞬息万变的个性化需求和相对的规模化生产。

（3）打造开放网络，增加创新知识源，提高区域创新效率。除了内部演化方式，增加创新知识源可以通过在本地引入创新主体和建立外部网络链接两种方式实现。通过引入创新网络主导者，可以激活区域内"沉睡的"创新资源，提高创新效能。塑造良好的区域创新文化和氛围，使进入区域的产业主体较容易地嵌入网络之中，从网络系统获取独特的区域绑定性资源和知识，获得外部性收益。更多情况下，通过本地创新平台、创新主体与域外创新知识拥有者建立的基于契约或非契约的关联，就可以获取创新知识源，改变本地创新体系内的知识流结构，增加创新的动力和创新成功的概率。

2. 改善网络治理结构，可以大大提升区域创新效率

（1）建立平台式核心治理结构是提高区域创新效率的关键。目前，许多区域创新体系仍未形成有效的核心治理结构，"政府"和"市场"两只手在区域创新体系层面没有形成有效衔接。在通常的产业园区"管委会"治理模式下，政府与企业之间仍然是"点对点"的服务方式。各创新主体之间是相互离散的，它们之间的联结主要通过主动的市场化搜寻而产生。而且，对于一些跨越行政边界的创新行为协调问题，这种"亚政府"的方式很难奏效。此时，设立跨区域的协调机构或者调整行政边界对于区域创新效率的提升显得非常必要。政府主导建立非营利性创新服务平台或区域性中核机构，可以使创新主体充分享受制度外部性带来的好处，减少搜索和沟通成本以及某些功能性建设成本。在此方面，日本进行区域创新治理的经验值得我国借鉴。日本的区域创新体系基本上以产业集群为依托，具体的内部交流、合作研究、资金分配是通过"中核机构"来运作的。这一机构内生于这一体系，是由"A"（Academy）和"B"（Business）两部分人组成的，这样一个机构本身就是产学研合作的表现形式之一。为保持中核机构的独立性，其负责人即"事业总括"通常由退休的知名教授或企业家担任。国家财政的创新支持资金也通过中核机构进行平台式运作，而非直接投入单独的企业，这保障了公共资金投资效用的发挥。

（2）行业自治组织可以在治理方面发挥更大作用。一个运行优良有序的创新体系，离不开区域内行业的自我组织。行业协会、同业公会等各类商会组织在协调企业合作、拓展外部联系、提供商业信息、处理公共关系等方面可以发挥独特作用。这些机构可以与中核机构进行整合，中核机构中的部分职能可以由协会或商会会长担任。充分发挥行业自治组织的作用，可以更加贴切地反映企业的问题和需求，提高行业协调的针对性和有效性。

3. 激励企业创新行为，可以从根本上提高区域创新效率

（1）公共创新投入是形成特殊的区域创新资源的有效途径。公共创新投入主要用于公共基础设施和机构的建设以及公共科研支出。这些投入不仅能够提高存量企业的创新效率，还能够吸引新企业加入，刺激新事业的创出。这些投入所形成的资源，很大程度上决定了区域创新资源的品质，是形成区域竞争优势的重要基础。从我国科研机构和人员分布不均衡的现实出发，国家可以建立区域创新导向的科技投入体制，在科技人员密集的地区，例如北京，加大对基础研究的支持力度，应用性研究的资金通过区域创新平台，优先投入有产学研合作的项目，提高科研机构研究成果的转化率；在产业集群基础好而大学、研究机构相对较少的地区，将资金优先投向共性技术研发，鼓励应用性研究和试验开发。

（2）企业持续的创新行为是区域创新活力的源泉所在。区域创新体系的外在效果最终要落脚到区域内企业的创新行为。政府通过制定区域创新政策，支持产业链全过程创新，使不同规模的企业有动力进入创新系统，并且有动力持续创新，这种政策就是适配性政策。激活并保持区域内企业的创新活力，不仅要吸引创新活跃的企业入驻，还要增加制度供给，激励企业加大创新投入，同时，逐步淘汰创新停滞的企业。在特定产业园区内，可以通过创新论坛、创业指导等方式，激发企业创新行为。

4. 提高政策工具的适配性，可以改善区域创新效率

（1）建立过程导向的差别性科技政策，提高政策工具的"区域适配性"。系统性的产业化创新是特定知识在特定空间产生、集成、转化以及市场价值实现的过程，体现为前期研究、试验开发、产品设计、生产制造、市场销售、物流配送全产业链的综合实现能力。针对各种创新体系的发展程度和产业创新过程面临的主要障碍，科技政策应该体现出差异化，提高对特定区域的适配性。在科学基础型区域，加大对基础性、战略性、前沿性科学研究和共性技术研究的支持力度，增加创新孵化器，培育创业型创新环境，引导学院研究向应用成果转化，应该成为区域创新体系建设的主要任务；对于国资主导型地区，完善市场激励机制，增强区域的开放度和外向度，加强系统要素之间的互动是主要方向；而在内生驱动型区域，增加公共研发平台，增强制造部门与科学研究部门的链接是关键；在外资拉动型地区，需要提高区域的产业创出能力，扩大技术溢出通道，建立企业与科研机构的联系，培育各类中介组织，进一步提高区域的自主创新能力。

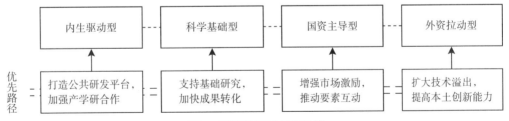

图3　适配性区域创新政策

（2）建立平台导向的创新支持体系，放大政策工具的杠杆功能。就整个区域创新体系的创新效率而言，产业化创新综合服务平台的功能发挥至关重要。然而，目前各类科技扶持政策仍然具有明显的"重单项、轻平台""重论证、轻跟踪"的倾向，在提高各区域新技术产业化能力方面效果不甚明显。从区域创新体系的主导产业特性出发，建立特色产业创新服务平台，施以差异性的平台扶持政策，有利于迅速补齐产业创新的短板，发挥科技扶持资金的杠杆效应。例如，在传统制造业集聚区，综合服务平台应加强工艺流程、工业设计等方面的指导；而在新技术产业集聚区，创新服务平台应着力突出产业金融、人才支持和市场扶持等方面的功能。

归结起来，基于宏观制度视角和微观知识流特征进行区域创新体系的分类研究、分类治理，进而选

择差别性政策工具，是区域创新体系发展的内在要求。通过实证研究，进一步检验不同政策工具对创新体系内动力机制发挥作用的影响程度，有利于更好地确定政策着力点。

〔参考文献〕

[1] Asheim, B.T. and Isaksen, A. Location, Agglomeration and Innovation: Towards Regional Innovation Systems in Norway? [J]. European Planning Studies, 1997, 5 (3): 299-330.

[2] Burt, R.S. Structural Holes [M]. Cambridge, MA: Harvard University Press, 1992.

[3] Cooke, P., Regional Innovation Systems: Competitive Regulation in the New Europe [J]. Geoforum, 1992 (23): 365-382.

[4] Cooke, P., Uranga M. G., Etxebarria G. Regional Systems of Innovation: An Evolutionary Perspective [J]. Environment and Planning, 1998, 30 (9): 1563-1584.

[5] Cooke, P. Regional Innovation Systems, Clusters and the Knowledge Economy [J]. Industrial and Corporate Change, 2001, 10 (4): 945-974.

[6] Cooke, P., Regional Innovation Systems: Development Opportunities from the "Green Turn" [J]. Technology Analysis & Strategic Management, 2010, 22 (7): 831-844.

[7] Kirat, T. and Lung, Y. Innovation and Proximity Territories as Loci of Collective Learning Processes. European Urban and Regional Studies, 1999, 6 (1): 27-38.

[8] 张钢，倪旭东. 从知识分类到知识地图：一个面向组织现实的分析 [J]. 自然辩证法通讯，2005 (1).

[9] 毛艳华. 区域创新系统的内涵及其政策含义 [J]. 经济学家，2007 (3).

[10] 林迎星. 区域创新优势 [M]. 北京：经济管理出版社，2006.

[11] 刘建丽. "十二五" 时期创新导向的区域协调发展政策研究 [J]. 中国经贸导刊，2010 (21).

（本文发表在《经济管理》2014 年第 4 期）

"十一五"以来我国区域结构变动跟踪分析

孙承平

摘　要：2013年以来，我国区域经济在强调"健全国土空间开发、资源节约利用、生态环境保护"的发展模式下，发展格局出现了一定的变化，区域经济增长"东慢西快"的格局虽未改变，但已出现一些值得关注的新趋势，尤其是东部地区增速低位趋稳，中西部地区增速回落明显；中西部地区外贸增长迅速，东部地区平稳增长；地区间发展差距呈相对缩小的态势；区域合作范围不断扩大，合作水平明显提高，区域经济协调发展战略取得一定成效。不过，区域发展仍存在着一些突出的矛盾和问题，资源环境对区域发展的约束日益突出、公共服务水平区际差距较大、人口分布与产业布局的不协调、区域创新对经济发展的推动作用还较弱。为促进区域经济协调发展，尽快细化差别化的区域政策，建议从逐步建立合理的空间开发结构、实行网络开发与极点强化战略、以产业合作促区域合作、深化区域间产业结构调整、开展新型的区域合作与开放战略、建立区域人口流动与经济发展双调控机制等几个方面着手。

关键词：区域发展；新格局与新趋势

进入"十二五"以来，我国的区域发展战略和政策发生了一些转变与调整，特别是党的十八届三中全会以来围绕"改革"这一主题，强调"健全国土空间开发、资源节约利用、生态环境保护"的发展模式，区域经济发展格局出现了一定的变化，呈现出一些新的特点与态势。

一、我国区域发展中出现的新特点及其趋势

1. 东部经济增长低位趋稳，中西部降幅趋大

近年来我国区域经济增长"东慢西快"的格局虽未改变，但已出现一些值得关注的新趋势，尤其是东部地区增速低位趋稳，中西部地区增速回落明显。2013年，我国国内生产总值达到568845亿元，同比增长7.7%，其中东部地区国内生产总值为322259.2亿元，同比增长9.04%，中部、西部和东北地区分别为127305.3亿元、127741.6亿元和54442.1亿元，同比增长分别为11.30%、13.64%和11.24%，经济增速均超过了东部地区（见表1）。随着东部地区结构调整和转型升级的不断深化，有望形成新的增长动力，区域发展格局将在深化调整中得到优化。一方面，由于近年来推动中西部地区快速增长的大规模固定资产投资、跨区域产业转移、资源能源型产业增速趋于回落，以及外部需求不振等因素，中西部地区经济增速呈现高位回落态势；另一方面，随着东部地区转型升级和结构调整的深化，现代服务业、高新技术产业发展加快，消费市场稳中有升，民间投资趋于活跃，经济增速呈现触底回稳态势。2014

年第一季度，东部地区工业增加值同比增长 8.1%，同比回落 1 个百分点；中部地区增长 8.9%，同比回落 1.2 个百分点；西部地区增长 10.4%，同比加快 0.1 个百分点。而资源型行业占比较高、产业结构偏重的东北地区工业增加值则增速回落明显，其中黑龙江、吉林两省的工业增长值同比增长 0.5% 和 6.5%，增速回落均超过 6 个百分点。

表 1 2012 年我国各地区国内生产总值及同比增长

单位：亿元

地区	2013 年	2012 年	同比增长（%）
全国	568845	518942.1	7.7
东部地区	322259.2	295892	9.04
中部地区	127305.3	116277.7	11.30
西部地区	127741.6	113904.8	13.64
东北地区	54442.1	50477.3	11.24

资料来源：《中国区域经济统计年鉴》（2012、2013），2013 年数据为全国统计要报。

2. 东部工业比重略降，中西部略升

我国工业经过十几年的快速发展，在空间上已形成明显的梯度差距。2012 年，东部地区完成工业增加值 125944.7 亿元，占全国比重达到 50.4%，中部地区为 53768.8 亿元，占比为 21.5%，西部和东北地区分别为 47811.9 亿元和 22428.2 亿元，占比分别为 19.1% 和 9.0%，东部地区贡献了全国一半以上的工业增加值，是我国工业集中布局的地区（见表 2）。近年来，在支撑我国工业发展的要素条件发生变化后，四大板块工业经济运行也呈现新的特点。东部地区在"倒逼机制"作用下转型发展取得进展，中西部地区发挥后发优势，基础设施建设、承接产业转移、特色产业发展成效显著，但由于工业化特征的内需增长空间逐步变小等因素，增速也将趋于放缓。

表 2 2012 年我国四大地区工业增加值及占比

单位：亿元

地 区	工业增加值	占全国比重（%）
东部地区	125944.7	50.4
中部地区	53768.8	21.5
西部地区	47811.9	19.1
东北地区	22428.2	9.0

资料来源：《中国区域经济统计年鉴》（2013）。

3. 地区间发展差距呈相对缩小的态势

在全面推进我国区域经济发展水平提升的同时，虽然仍存在较大的区域间差距，但相对差距已呈现缩小趋势。2012 年，东部地区人均 GDP 达到 57722 元，中部地区为 32427 元，西部地区和东北地区分别为 31357 元和 46014 元，与 2008 年相比，五年间分别提高了 20699 元、15361 元、15507 元和 20085 元，东部地区人均 GDP 提升水平最高，东北地区和西部地区次之，中部地区增长最少（见表 3）。到 2012 年，东部地区人均 GDP 是中部的 1.78 倍，是西部的 1.84 倍，是东北地区的 1.25 倍，比较来看，东部地区与其他三大区域之间的差距仍然较大，中部和西部之间的差距相对较小，从绝对值来看，我国区域差距主要表现为东部地区与其他三大区域之间的差距。从动态的角度看，如果以全国人均 GDP 为 100 计算，2008 年西部地区人均 GDP 相对水平为 66.9，到 2012 年上升到 81.5，中部地区从 72.0 上升到 84.3，东部和东北地区人均 GDP 相对水平变化不大，分别从 1.50、1.09 上升到 1.56、1.19，中西部地区与各地区平均水平之间的差距已开始缩小，地区间差距呈相对缩小的态势。

表3　2008年和2012年我国各地区人均GDP及差距

单位：元

地区	2012年	2008年	增长
全国	38459	23707	14752
东部地区	57722	37023	20699
中部地区	32427	17066	15361
西部地区	31357	15850	15507
东北地区	46014	25929	20085

资料来源：《中国统计年鉴》（2009、2013）。

4.中西部地区外贸增长迅速，东部地区平稳增长

2013年，我国进出口总值达25.83万亿（折合4.16万亿美元），扣除汇率因素同比增长7.6%，年进出口总值首次突破4万亿美元。同年，中部地区外贸增长13.6%，西部地区外贸增长17.7%，中西部地区外贸增长迅速。其中重庆、河南、安徽、云南、陕西、甘肃、贵州7个省市外贸增速都在15%以上，占全国进口总值的5.7%，比上年提升了0.6个百分点。东部地区外贸增长6.6%，其中广东、江苏、上海、北京、浙江、山东和福建7个省市进出口总值达3.29万亿美元，占全国进出口总值的79%，比上年回落了0.9个百分点[①]。总体来看，中西部地区明显高于同期我国进出口总体增速，区域贸易结构不断优化。东部地区虽仍是我国进出口贸易最集中的地区，但从变动趋势看，2008~2012年，东部地区进出口总额增幅回落最大，占全国总额的比重一直下降，从87.7%下降到84.6%，下降了3.1个百分点，而其他三大区域增幅虽有所回落，但占全国的份额一直在扩大，其中，西部地区进出口总额增长最快，其占全国的份额五年间增长了1.9个百分点（见表4）。

表4　2008年和2012年我国四大区域进出口总额及所占比重

单位：亿美元

地　区	2012年		2008年	
	进出口总额	占全国比重（%）	进出口总额	占全国比重（%）
东部地区	32710.8	84.6	22487.0	87.7
中部地区	1933.9	5.0	989.3	3.9
西部地区	2364.0	6.1	1067.3	4.2
东北地区	1662.4	4.3	1089.0	4.2

资料来源：《中国区域经济统计年鉴》（2009、2013）。

5.中西部地区正成为投资的重点板块

近年来，随着中央政府投资地区性倾斜及中西部地区投资环境的优化，中西部地区正日益成为投资的重点板块。2013年，全社会固定资产投资447074亿元，比上年增长19.3%，扣除价格因素，同比增长18.9%，其中东部地区投资[②]179092亿元，比上年增长17.9%；中部地区投资105894亿元，比上年增长22.2%；西部地区投资109228亿元，比上年增长22.8%；东北地区投资47367亿元，比上年增长18.4%，中西部的增速远高于其他地区，成为固定资产投资增速最快的板块。从实际使用外资来看，中

[①] 资源来源于商务部：《2013年我国对外贸易情况介绍》。
[②] 固定资产投资按东部、中部、西部和东北地区计算的合计数据小于全国数据，是因为有部分跨地区的投资未计算在地区数据中。

西部地区实际使用外资增长高于全国平均水平。2013年，中部地区实际使用外资金额101亿美元，同比增长8.79%；西部地区实际使用外资金额106.1亿美元，同比增长6.96%；东部地区实际使用外资金额968.78亿美元，同比增长4.72%。在全国吸收外资总量中，东部、中部、西部地区所占比重分别为78.45%、14.7%和6.85%。中西部地区占比首次超过20%①。

6. 区域增长呈现"多极驱动"之势

国家近来陆续批准了一系列区域规划和区域性文件，区域规划布局从东部、南部沿海延伸到中部、西部、东北等地，构建新的经济增长点，由过去主要依靠东南沿海的珠三角、长三角等少数一两个地区的单极驱动，正转为依靠包括中西部在内的更多地区的多元化驱动，特别是党的十八届三中全会提出推进丝绸之路经济带、海上丝绸之路建设，使区域发展正在形成一些新的经济增长极，呈现出"多极驱动"之势。2012年，我国"多极"地区增速明显，占全国经济总量的份额有不同程度的扩大。长三角、珠三角2012年的增长速度分别为8.9%与8.1%，增速已趋缓，对我国经济的支撑带动作用已减弱。海峡西岸经济区、北部湾经济区及关中—天水经济区同年的增长速度远高于全国9.8%的增速，分别达到11.2%、11.7%和14.3%（见表5），占全国经济总量的比重也不断扩张，从而成为支撑国民经济稳定增长新的增长极，在促进区域协调发展、改变区域发展失衡带来的消极影响方面起到了积极的作用。

表5　2012年我国主要经济区生产总值及增长速度

单位：亿元

地区	地区生产总值	增长（%）	占全国比重（%）
长三角经济区	108905.3	8.9	20.9
珠三角经济区	47779.56	8.1	9.2
海峡西岸经济区	33594	11.2	6.5
北部湾经济区（6市）	5901	11.7	1.1
关中—天水经济区	9494.72	14.3	1.8

资料来源：《中国区域经济统计年鉴》（2013）。

7. 区域合作范围不断扩大，合作水平明显提高

我国区域发展格局已从"省份经济"走向"区域经济"，主要表现在区域合作力度加强。正在着力推动的丝绸之路经济带、21世纪海上丝绸之路、京津冀一体化、长江经济带等是区域合作推进的最新表现。安徽提出融入长三角，江西提出借力珠三角和长三角。东部、中部、西部对口支援西藏、新疆和四省藏区，以及其他民族地区。党的十八届三中全会提出推进"一带一路"建设，区域合作全方位展开，将会成为我国区域合作的一项重要战略，从贸易、投资、技术、产业、物流、基础设施等多方面展开合作，西部、东部、中部大部分省份融入这一区域合作中，这将会激发新一轮产业转移，加快要素流动和区域融合。在深入实施"走出去"战略的同时，我国不断加强与周边国家的次区域合作。强化战略通道建设，提高境外基础性战略资源供给地的运输保障能力，确保国家基础产业的产业链安全。国际区域合作方面，西南地区抓住中国与东盟建立自由贸易区的机遇，扩大与东盟国家合作；新疆向西开放，加强与中亚国家合作；东北地区开展东北亚经济合作。随着我国区域经济蓬勃发展，区域合作和对外开放进入一个新阶段。

---

① 资源来源于商务部：《2013年我国对外贸易情况介绍》。

二、我国区域发展中出现的问题与面临的挑战

近年来，我国区域发展的格局出现了积极的变化，但是必须看到，区域发展中不协调的格局并没有发生实质性的转变，区域发展仍存在着一些突出的矛盾和问题。具体有以下几个问题：

1. 资源环境对区域发展的约束日益突出

党的十八大提出按照人口资源环境相均衡、经济社会生态效益相统一的原则，优化国土空间开发格局。各地区在谋求发展中，却存在着区域经济的持续增长以过度占用土地、矿产、水等资源和环境损害为代价，造成部分地区空间利用效率十分低下。不同区域都存在着忽视资源环境承载力的盲目开发现象。一方面，一些资源环境条件欠佳或脆弱地区，在"行政区经济"的大环境下，一味追求 GDP 增长，不顾自身承载能力盲目过度开发，致使资源更加匮乏，生态环境更加恶化，特别是一部分国土的生态环境脆弱、生态退化问题严重，并不适合大规模地集聚经济，不适合大规模地推进工业化和城镇化；另一方面，发达地区资源和生态环境的支撑能力日益下降，给进一步发展造成了新的制约。2012 年，我国万元 GDP 能耗是发达国家的 3~11 倍；2007 年 COD（化学需氧量）排放总量达 1382 万吨，接近排放最大允许量的 2 倍。如果扣除生态环境成本和其他社会成本，我国空间利用的真实绩效就要大打折扣。

2. 公共服务水平区际差距较大

促进区域协调发展、缩小地区差距的核心和关键所在是实现基本公共服务的均等化和生活条件的同质化。虽然近年来中央财政已加大了对中西部地区和东北地区的一般性转移支付和专项转移支付额度，进一步均衡地方财力，逐步推进地区之间的基本公共服务均等化，但各区域间的地方财政实力、人均可支配财力和公共服务能力的差距仍然较大。2012 年，我国各地区财政收入共为 61078.3 亿元，其中东部地区占 53.5%，西部地区占 20.9%，中部地区占 16.9%，东北地区 8.7%，财政收入最高的东部地区分别是西部的 2.56 倍、中部的 3.16 倍、东北地区的 6.15 倍，各地区财政实力相差巨大。相对于东部地区而言，中西部地区和东北地区的公共服务能力明显不足，公共服务水平较低，离中央要求的实现基本公共服务均等化目标仍有很大差距。

2012 年，我国各地区平均人均财政支出最高的地区为东北地区，为 9296 元，依次为西部地区 8858元、东部地区 8180 元、中部地区 6297 元，与 2008 年各地区平均人均财政支出相比，年均增幅分别为东部地区 17.4%、中部地区 22.9%、西部地区 23.8% 和东北地区 20.0%（见表 6），中西部地区人均财政支出增长速度已高于东部地区，区域间的人均财政支出相对差距已呈现缩小趋势，各区域间基本公共服务均等化已取得一定成效。特别是近年来，中央政府针对中西部地区的民族问题和贫困问题加大了支援力度和财政转移支付额度，提高了公共产品供给能力，尽力使不同地区人民都能享受大体相当的基本公共服务，在一定程度抑制了公平服务水平区际差距扩大的趋势。

表 6　2012 年我国各地区财政收支及增速

地区	地方财政收入（亿元）	地方财政支出（亿元）	人均财政支出（元）	2008~2012 年人均财政支出年均增长（%）
东部地区	32679.1	42093.1	8180	17.4
中部地区	10326.6	22624.9	6298	22.9
西部地区	12762.8	32269.1	8858	23.8
东北地区	5309.8	10201.3	9296	20.0

资料来源：《中国区域经济统计年鉴》（2009、2013）。

3. 城乡收入差距仍然较大，呈现从东到西逐步扩大的趋势

我国各地区的居民生活水平在近几年得到明显提高，其中东部地区城乡居民收入在四大地区中最高，以绝对优势领先于全国其他地区。2012 年东部地区城镇居民人均可支配收入、农村居民人均纯收入分别为 29622 元和 10817 元，分别为全国平均水平的 1.21 倍和 1.37 倍（见表 7）。西部地区人均可支配收入及农村居民人均纯收入为全国最低水平，两者均相当于全国平均水平的 83.9% 和 76.1%。2008~2012 年，东北地区和西部地区城镇居民人均可支配收入不断提高，与全国平均水平的差距不断缩小，东北地区从相当于全国平均水平的 83.1% 提高到 84.5%，西部地区则从 82.2% 提高到 83.9%。虽然地区间差距已有缩小的趋势，但区域间的城乡收入差距过大的现象仍然存在，并且呈现从东到西逐步扩大的趋势。2012 年全国城镇居民人均可支配收入与农村居民人均纯收入之比为 3.10 : 1，同期西部为 3.42 : 1，中部为 2.78 : 1，东部为 2.74 : 1，东北为 2.34 : 1，东部地区、东北地区的城乡居民收入差距明显小于中西部地区，而西部地区城乡收入差距则居全国四大区域之首。这表明我国城乡收入差距正从东到西逐步扩大，也说明统筹城乡发展的重点区域在中西部地区。

表 7　2008 年和 2012 年我国各地区城乡收入

单位：元

地区	城镇居民人均可支配收入		农村居民人均纯收入	
	2012 年	2008 年	2012 年	2008 年
东部地区	29622	19203	10817	6598
中部地区	20697	13226	7435	4453
西部地区	20600	12971	6027	3518
东北地区	20759	13120	8846	5101

资料来源：《中国区域经济统计年鉴》（2009、2013）。

4. 人口分布与产业布局的不协调

我国经济发展中长期以来一直存在着比较大的"梯度差"，导致人口集聚滞后于产业集聚。长三角、京津冀和珠三角是我国产业集聚的三大都市圈，GDP 占全国的 41%，人口仅占 22%；沿海 11 省（区、市）GDP 占全国的 61%，人口仅占 43%。人口与产业在空间上集聚的不一致，导致人口和经济活动向城市群和大都市圈集中的趋势增强，对城市基础设施建设投资需求和消费需求形成巨大压力。据统计，目前农村进入城市的劳动力已经达到 1.5 亿人，跨省流动劳动力 90% 来自中西部，82% 流向东部地区，而且约有 2/3 农村转移劳动力进入地级以上大中城市。2012 年，东部地区实现了全国 51.3% 的国内生产总值，人口仅占全国的 38.2%，同期，中部地区、西部地区和东北地区分别实现了全国的 20.2%、19.8% 和 8.8% 的国内生产总值，人口却占到 26.7%、27.0% 和 8.1%，东部地区实现了全国一半以上的产值，人口却不到全国的 40%，人口聚集滞后产业的空间布局。

5. 区域创新对经济发展的推动作用还较弱

区域创新通过提高要素使用效率从而推动地区经济的发展。与单纯依靠要素投入而获得的粗放型经济增长方式相比，区域创新却可以使经济增长达到速度与质量的统一，具备集约型增长的特点。区域创新其中一项作用就是可以降低区域经济增长中的物质消耗，提高区域经济增长的质量。2012 年。我国一般工业固体废物产生量达到 329044.26 万吨，而一般工业固体废物综合利用量为 202461.92 万吨，占产生量的 61.5%，与 2008 年的 64.9% 相比，虽然一般工业固体废物综合利用量有所提升，但年均增幅仅为 1.4%，与同期工业增加值近 20% 的年均增幅相比，这一比例几乎可以忽略不计，经济发展还是呈现粗放式特点，技术创新在促进有形生产要素的反复和循环使用方面还较弱。

三、我国区域发展未来重要任务

积极应对区域经济发展中新趋势与新问题，重点落实以下几大任务：

1. 深化区域间产业结构调整

不同的地区有不同的区位条件和要素禀赋优势，有不同的特色优势产业，面临不同的成本压力，因此深化区域间产业结构调整具有现实的产业基础。而且，由于一些先发展地区的土地成本、劳动力成本、环保成本快速上升，而后发展地区在这些方面拥有明显的低成本优势，因此国内不同地区之间的产业结构调整和重组就具有内在的动力。对于东部地区，应积极引领转型发展，着力推进体制改革和机制创新，激发市场主体的活力和创造性，加快现代服务业、战略性新兴产业和高技术制造业发展，通过新型城镇化发展释放内需潜力，培育开放型经济新优势和经济发展新动力。对于中西部地区，要立足资源禀赋和比较优势，加快政府职能转变和市场环境建设，进一步完善基础设施、承接产业转移，大力发展劳动密集型、资源能源密集型产业，积极培育装备制造、消费品制造和生态环保等产业竞争优势。这样，将大大增强区域经济发展的协调性，有助于形成东中西部优势互补、良性互动的区域发展新格局，为推动经济转型、打造中国经济的升级版奠定坚实基础。

2. 开展新型的区域合作与开放战略

积极构建有效平台，加快东部产业向中西部转移步伐，鼓励劳动密集、物流成本低、产品时效性弱的产业向中西部地区转移，引导转移产业向中西部地区的工业园区集中。建设中西部产业转移示范区，积极探索中西部地区承接东部地区产业转移和工业园区建设的成功模式。加快中西部有条件的大中城市积极承接国际产业转移，大力发展外包服务业，建设服务外包产业基地。推进以大中城市为核心的跨区域合作，加快区域一体化进程。加快沿边地区对外开放，大力发展边境贸易，实行以开放促开发战略，建设沿边开放带，推动沿边地区发展，实现兴边富民、保土安民目标，构筑沿边对外开放新格局。

3. 建立新型的发展评价体系

尽管当前促进人与自然和谐相处，"不要污染的 GDP"，"要经济增长，更要青山绿水"已逐步成为全社会的共识。但在实际工作中，考核评价体系目前仍过多强调 GDP 增速和财政收入增幅，有相当一部分地区在经济发展中唯 GDP 为上，仍坚持"快"字优先，没有按主体功能区的要求，制定针对性的发展评价体系。按照区别对待、分类指导的原则，明确各区域的主体功能和发展方向，有针对性地制定区域政策、实行绩效评价，从而有利于促进区域科学发展、和谐发展、协调发展。如果不考虑地区的特点和差别，用同一标准去衡量各地发展，评价就难以做到客观公正，也容易诱导地方政府产生对宏观不利的行为。科学的评价体系和绩效考核，是实施主体功能区规划的重要保障。按照不同主体功能区发展的要求，制定各有侧重的绩效评价体系和考核办法，不仅可以使功能区规划真正落到实处，同时也有利于区域协调发展。

4. 建立区域人口流动与经济发展双调控机制

以人为本的科学发展观和全面建设小康社会，一方面要求提高国家竞争力，努力缩小与发达国家的差距，另一方面也要求国内区域间协调发展，缩小国内地区之间发展上的差距。实践证明，要同时缩小这两个差距，唯一的办法就是按照健全市场机制和合作机制的要求，建立区域人口流动与经济发展双调控机制，同时调节"分子"和"分母"，允许包括人口在内的经济要素在空间上完全自由地流动，做到经济相对发达的地区在集聚经济资源的同时，也能吸收更多的劳动力和人口，这样才能既提高区域竞争力，又能促进区域经济协调发展，实现"两个差距"同时兼顾的目的。

〔参考文献〕

〔1〕刘云中，侯永志：《我国"国家战略性"区域规划的实施效果、存在问题和改进建议》，国研网内部研究报告，http：//expert.drcnet.com.cn/Showdoc.aspx？doc_id=201044。

〔2〕郭元晞，常晓鸣：《产业转移类型与中西部地区产业承接方式转变》，《社会科学研究》2010年第4期。

〔3〕刘苏社：《当前我国区域经济发展需要关注的几个问题》，《理论前沿》2008年第9期。

（本文发表在《发展研究》2010年第8期）

新一轮东北振兴战略要思考的几个关键问题

陈　耀

摘　要： 新一轮东北振兴需要思考几个关键问题：东北老工业基地振兴"黄金十年"的产生原因、近年东北地区经济增长面临的困局、重塑东北营商环境、推进国有企业改革激发市场活力，再造制造业新优势和创新开放合作。科学认识这些问题，对加快实现东北老工业基地全面振兴至关重要。

关键词： 东北振兴；国有企业；改革；制造业；创新；开放

2016 年 4 月，中共中央、国务院印发《关于全面振兴东北地区等老工业基地的若干意见》，这是推进新一轮东北振兴战略的顶层设计和纲领性文件；8 月，国家发改委出台《推进东北地区等老工业基地振兴三年滚动实施方案（2016~2018 年)》；11 月，国务院印发《关于深入推进实施新一轮东北振兴战略加快推动东北地区经济企稳向好若干重要举措的意见》，从 4 个方面提出 14 项政策措施，并把任务分解到国家相关部委和东北三省一区，细化落实。这标志着自 2003 年东北地区等老工业基地振兴上升为国家战略以来，"新一轮东北振兴战略"正式启动。新一轮东北振兴势必要思考几个关键问题：如何看待前一轮东北振兴的效果，如何分析近期出现的困局，东北怎样才能留住人留住企业，产业转型升级的方向路径是什么，如何深化国有经济改革激发市场活力和如何有效推进开放合作。

一、如何评价东北"黄金十年"

东北"黄金十年"是指中央提出实施东北地区等老工业基地振兴战略之后东北地区经济快速发展的那段时间。根据国家统计局的数据，进入 21 世纪，辽宁、吉林和黑龙江经济增长速度开始加快，2003 年三省 GDP 增长率均跃升到两位数，分别达 11.5%、10.2% 和 10.2%。直到 2011 年三省均保持在两位数增速，分别为 12.2%、13.8% 和 12.2%。2012 年辽宁省增速率先落入个位数，达到 9.5%，之后一路下滑。2003~2013 年的十年间，东北三省经济增长大多数年份都高于全国平均增长，相对于之前和之后的增长，可把这十年称为东北的"黄金十年"。现在的问题是，这十年的高增长是怎样产生的？很多人都把它与东北振兴战略联系起来，认为该战略取得了明显成效。的确，东北"黄金十年"正是国家战略实施的重要时期，这期间国家出台了解决东北老工业基地债务负担、技术装备老化、资源枯竭型城市困难等针对性强的政策，特别是先后确定了 3 批 69 个资源枯竭型城市转型试点并给予财政转移支付支持，落实了一批财政支持的重大专项，包括城区老工业区、独立工矿区、采煤沉陷区的治理项目，促进了东北城市环境的改善和企业的搬迁改造；一批特色优势产业得到培育壮大，辽宁省的装备制造业、吉林省的轨道交通业、黑龙江省的绿色食品加工业在全国的影响力和竞争力明显提升。[1] 但对东北"黄金十年"的评价，既要看到政策的作用，更不应忽略客观的成因。综合来看，它是由国家一系列振兴东北的政策、当时所处的外部市场环境及自身产业结构特点形成的。前十年的振兴效果很明显，一方面是由国家战略推动，另一方面是市场环境的影响作用。必须认识到东北振兴战略提出时，正是我国开始以新一轮重化工为特征的工业化加速时期，"住"（住房）和"行"（汽车和旅游）消费结构升级带动了钢铁、建材、能源等产业的突飞猛进，而东北振兴政策正好与这一时期的发展环境相吻合。虽然，当时东北地区发展存在的诸多问题并未解决，但由于这一时期外部形势好，市场需求与产业结构相匹配，所以才有明显成效，而我们往往只将其理解或归结为政策推动。这样的理解带来了对东北问题认识的两大困惑：一是"黄金十年""成效显著"遮掩了老工业基地长期存在的体制机制和结构性矛盾。事实上，这一时期东北地区的体制机制问题并未根本触及，或有所触及但并不彻底（如减免国企债务，推动国企轻装上阵解决企业办社会的问题等），而结构性问题也由于市场旺盛需求反而得到加强（如大量存在的高能耗、高物耗的低端产业，有的地方经济支柱近半个多世纪没有改变）。二是这一时期国家对东北老工业基地出台了一系列扶持振兴政策，为什么还会存在近年的东北困局？显然这不是政策本身的问题，除了市场变化的客观因素外，关键是一些政策并未得到全面有效的实施。虽然针对东北的体制问题、结构问题、开放问题、人才问题、民生问题都有专门的解决方案和措施，但却落实不到位。当然，随着环境变化，振兴战略和政策也需要不断与时俱进地完善，使其更有科学性、针对性和可操作性。

二、怎样看待近年东北地区经济增长面临的困局

2013 年以来，东北三省经济下行压力增大，辽宁省尤为突出，2013~2015 年增长率分别为 8.7%、5.8%、3.0%，2016 年前三季度转为负增长，跌至 -2.2%，三省经济增速不仅低于全国平均水平，而且在全国 31 个省（区、市）中排在最后（三省中吉林省形势相对好些，2016 年前三季度增速为 6.9%，略高于全国 6.7%的水平）；而且除了 GDP 增速，工业、投资、财政均出现严重下滑。对东北地区经济增长面临的困局，学界给予高度关注，并对此做出分析解释，主要可归纳为以下五种主要观点：
一是所谓"新东北现象"，即认为它是受全国经济下行压力的影响，是经济发展新常态遇到的新问题。二是"结构失衡说"，认为东北经济结构存在失衡，直接影响其经济表现。突出特征是，第二产业偏大，第三产业发展缓慢；传统产业偏大，新兴产业偏小；重化工比重大，产能过剩严重；大型国企独大，民营、中小企业发展不足。三是"市场缺失说"，认为东北地区经济发展主要依靠巨额投资拉动与政府的强势推动，而缺乏有效的市场需求和市场内生动力推动，本地缺支撑、域外缺开拓，且创新动力不足。四是"人口外流说"，认为东北地区连续多年人口外流，导致大量青壮年劳动力的流失，人口红利过早耗尽，加之较为严格地执行人口生育政策，人口老龄化问题突出，长期人口净流出对老工业基地无疑是釜底抽薪。五是"体制束缚说"，这是共识最多的观点，认为东北地区经济落后的深层次原因在于传统体制的束缚，换言之，制约东北发展的根本原因在于制度路径依赖。[2] 上述五种主要观点对东北出现经济困局的解释都有一定道理，但似乎大多还是停留在就事论事、对原有问题的分析上，为什么东北地区经济出现区域整体性下滑，需做出针对性更强的分析，也就是说，要将一般原因与特定时空因素结合起来。我们认为，东北困局一方面是原有结构效应和制度效应在特定时空中最大限度地释放或集中爆发，同时又是我国经济进入新常态后外部效应的催化结果，是既有因素与新生因素的叠加，如国内消费需求转化和产能过剩导致对重化工产品需求的剧减、人口红利比全国提前消失、互联网等新技术变革

对传统行业的冲击，等等。需要注意的是，东北三省出现经济困局的程度也不尽一致，最严重的是辽宁省，其次是黑龙江省，而吉林省则相对较轻，这从一系列指标上都得到印证。但总体看，东北地区存在的深层次问题具有共性，如不能尽快解决，必将引致地区经济的进一步恶化。显然，根本出路还在于深化改革、扩大开放、优化结构，要以供给侧结构性改革为动力提升经济增长的质量、效益和活力。东北经济的严峻形势也表明，振兴老工业基地必须遵循区域发展演进规律，科学认识老工业基地振兴的综合性、复杂性和周期波动性。

三、如何重塑东北营商环境

最近，引起广泛关注的东北现象是："投资不过山海关""为什么企业选择离开东北""为什么东北留不住人"，这三句话高度概括了东北地区不尽如人意的营商环境。任何一个区域的发展都离不开资本和人力资源，而决定这两大要素的关键在于地区的营商环境。地区营商环境好，对要素资源有吸引力，就会有净资本和净人口的流入，则地区繁荣；反之，则出现净流出，地区萧条。

根据 2010 年全国第六次人口普查数据，东北三省十年共流出人口 400 余万人，减去流入的人口，东北净流出人口为 180 万人。而 2000 年全国第五次人口普查时，东北三省人口净流入为 36 万人。2015 年，辽宁省和黑龙江省常住人口分别为 4382.4 万人和 3812 万人，比上年分别减少 8.6 万人和 21 万人，吉林省常住人口为 2753.3 万人，比上年增加 0.9 万人，三省合计共减少 28.7 万人。需要说明的是，东北地区人口在减少，而减少的总量并不大，2015 年仅占总人口的 0.26%，但要注意与 2010 年前平均每年减少 18 万人相比，2015 年减少的人口增加 10.7 万人，表明近几年人口萎缩加快，尤其是外流人口中有不少是高层次人才。

东北地区的投资减少要比其他地区严重得多。2015 年，全国固定资产投资增长最低的省份有三个，其中辽宁省为-27.8%，内蒙古为 0.1%，黑龙江为 3.6%，吉林省相对好些，投资增幅为 12.6%。2016 年前三季度，辽宁省投资下滑更严重，同比下降 63.5%，其中民间投资同比下降 66.5%，黑龙江省投资增速则为 5.6%，吉林省仍保持两位数增长。考察东北地区的投资除了要关注民间资本外，还要看能否吸引外部投资，据统计，2015 年辽宁省外商直接投资为 51.9 亿美元，比上年下降 34.4%。总体看，东北地区近年来未能成为全国的投资热土，反映出境内外投资者对东北地区的投资意愿不强。从地理区位、资源禀赋、基础设施等条件看，东北地区并不比中西部地区差，但为什么这些年出现很多企业、投资、人才不愿留在本地呢？来自大量调研得出的结论是，东北地区的投资环境、发展环境不尽如人意。因此，新一轮东北振兴应从重塑营商环境抓起，重点是软环境建设，主旨是留住企业留住人。

解决东北暴露出来的营商环境问题，应借鉴改革开放近 40 年来各地区在营商环境建设上积累的有效经验。例如，东南沿海地区的"大市场、小政府""一站式、保姆式服务""人人都是环境"，中西部地区开展的"软环境治理年"活动和"软环境考核体系"等组织制度建设。最重要的是，必须按照中央深化改革的要求，着力推进各级政府的"放（简政放权）、管（放管结合）、服（优化服务）"，该放的权力坚决放掉，该管的事切实管好，该服务的服务到位，逐步形成"三个清单"（权力清单、责任清单、负面清单）的管理新模式；建立"亲""清"的政商关系，实现政府法无授权不可为，法定职责必须为，市场主体法无禁止即可为，真正建成法治政府和服务型政府，让市场主体和老百姓有更多的改革获得感；切实做好"人"的文章，树立"人才兴则东北兴"的核心理念，不仅要用"事业、待遇、感情"留住人，还要大力吸引国内外优秀人才投身新一轮东北振兴事业。

652 求索 求实 求真

四、如何推进国有企业改革激发市场活力

经过这些年的改革，东北地区国有企业"独大"的局面并未得到根本改观，以国有经济为主体、多种所有制经济共同发展的多元化格局并未真正形成。整体来看，东北地区国有经济比重高于全国其他地区，非公有制经济发展相对不足，因而市场经济缺乏活力，对外部环境缺乏应变弹性，这是造成东北经济困局的长期制度性因素。造成东北地区国有经济改革严重滞后的原因，除了东北计划体制根深蒂固、国有企业规模大，积重难返之外，很重要的原因在于对东北地区国有经济改革的方向路径似乎并不很明确。

目前，对东北地区国企改革两种代表性的观点是"瘦身强体"或"做大做强"，两种观点看似截然不同，但从中央的指导意见和方案看，两者实践上并不矛盾。可从两个层面看东北地区的国有经济改革：一是从东北老工业基地振兴的整体层面看，必须对国有经济进行"瘦身"。包括推动国有企业按照现代企业制度和混合所有制形式去改革，选择部分中央企业开展综合改革试点，引导中央企业加大与地方合作力度，加快解决历史遗留问题，加快在东北地区开展民营经济发展改革示范，设立民营银行，等等。显然，通过"混改"和发展非公有制经济稀释国有股比重和国有经济占比，最终形成多元化的格局。二是从东北地区国有经济自身层面看，国有资本也要按照资本属性获得发展，保值增值是基本要求；国有企业必须越办越好，也要不断"强身健体"，做大做强是必然目标。国有企业是锻造国家工业体系、推进国家现代化、保障人民共同利益、实现公平正义的重要力量，担负不可或缺的经济社会功能，对东北地区国有经济的改革必须基于这种认识。为此，要避免两种倾向：一种是把国有经济看作是东北振兴的"包袱"，似乎国企改小了、改没了就好了，甩掉这个"包袱"，东北经济就能脱困；另一种倾向就是把振兴东北等同于振兴国企，不加区分地扶持一些亏损严重、产能过剩、没有竞争力的国企，甚至是"僵尸企业"，期望通过"输血"使其复活。

总之，新一轮振兴必须加大国有经济改革力度，提高非公经济比例，增强东北老工业基地的市场活力。国有改革要在遵循市场化原则和保障产业安全前提下，在国企分类的基础上深化混合所有制改革，竞争性国企将更多引入民企等多种所有制资本，并推进国企并购重组，那些已丧失市场竞争力的国企应尽早重组或出清，做好海内外战略布局。同时，要实现非公经济的大发展，尽可能放开各种限制和准入门槛，复制上海自贸区负面清单的管理办法，打破"玻璃门""弹簧门"，为民间资本进入开"绿灯"。

五、如何再造制造业新优势

作为老工业基地，产业结构"老化"，不能适应需求变化，不能适时转型升级，成为长期困扰东北地区经济发展的难题。新一轮振兴要从打造营商环境抓起，要在体制机制改革上取得突破，更要把培育产业新优势作为主攻方向。产业迈向中高端是东北全面振兴的一个重要标志。[3] 那么，怎样实现产业迈向中高端的目标？基于老工业基地的基础和问题，重点是正确认识和处理好制造业与服务业、制造业与新兴产业两大关系，围绕传统产业的提升，抢抓新技术变革的机遇，再创制造业新优势。

在新一轮振兴中明确三次产业的结构变动方向至关重要。目前的困惑是，全国很多地区都在"去工

业化"，沿海发达地区正在形成"服务主导型"经济，而东北的最大优势恰恰是在工业和"黑土地"上，究竟是坚守"比较优势"还是"跟随趋势"？从全国看，2015年三次产业的比重为9.0：40.5：50.5，第三产业不仅比重首次突破50%，而且增速达8.3%，高于第二产业2.3个百分点。事实上东北地区三次产业结构也在快速调整，2010~2014年从10.7：52.3：37.0调整为11.2：47.3：41.5，第二产业比重下降5.0个百分点，第三产业提升4.5个百分点，均快于同期全国变化速度。2015年，辽宁省三次产业结构由上年的8.0：50.2：41.8调整为8.3：46.6：45.1，也反映了"二产降、三产升"的同样趋势，不同的只是东北地区第二产业比重仍高于第三产业，第一产业比重略有回升。因此，未来东北地区产业结构调整必然是在跟随趋势的背景下体现自身优势，现代服务业会继续得到快速发展，而工业比重还会有所下降但仍会高于全国水平（内部结构趋优，尤其高端制造发展加快），现代农业将在发展中稳固（农业中三次产业融合度升高，产业链延长）。

关于传统制造业与新兴产业发展的关系，困扰主要不在于要不要发展新兴产业，而在于制造业能不能丢，能否保得住，如何兼顾"保旧"与"上新"？东北地区是我国的工业化先驱，制造业基础雄厚，产业技术体系完整，但近些年制造业发展面临诸多困难。一方面，产能过剩严重，市场饱和，企业亏损经营，"去产能""去库存"因牵涉职工安置和社会稳定而压力大；另一方面，科技创新严重不足。目前，东北地区无论是科技投入还是新产品的产出，在全国都处于最低水平。2013年，东北规模以上工业企业人均科研经费支出和主营业务收入中新产品所占比重分别只有20.14万元和6.15%，不仅低于全国平均水平（24.88万元和12.38%），而且低于西部地区水平（21.78万元和7.14%）。同时，新产业、新业态、新模式发展更是滞后，据统计，目前全国百强互联网企业，东北没有一家。显然，新一轮东北振兴既要在"保旧"中提升传统产业，更要在"上新"中增强区域创新能力。

毫无疑问，作为我国制造业的重镇，东北地区不仅不能放弃制造业，还要在制造强国建设中有更大作为，要按照《中国制造2025》的战略部署，努力打造制造业强国"先行区"和"核心区"。目前，最紧要的是抓住国家化解过剩产能的政策机遇，加快淘汰煤炭、钢铁、水泥等低端落后产业，这样也可为新兴产业发展腾出空间。同时，跟踪国际制造技术前沿，加快信息化与工业化深度融合，大力推进优势产业的智能化水平，特别是东北地区的高端装备、数控机床、大型成套设备、轨道交通、造船业、电力电网设备等智能生产，依托已有基础和优势重点培育工业机器人、无人技术、大数据、云计算、物联网、虚拟现实（VR）等新产业、新技术。还要重视服务于制造业的工业设计、研发、品牌等生产性服务业发展，推动企业从OEM（贴牌）向ODM（自主设计）乃至OBM（自主品牌）迈进。此外，发挥东北地区生态资源、冰雪资源和文化资源优势，发展健康养老、文化创意、休闲旅游、体育等市场空间巨大的服务业。东北地区的大城市要逐步从工业型向服务型经济转变，这也是国际国内大趋势。

六、如何创新开放合作

东北三省地理区位偏居一隅，对外开放程度不高，外资外贸依存度均低于全国平均水平；东北与关内联系相对紧密的主要是华北和华东地区，吸引的关内要素资源很有限，这也是制约东北发展的重要因素。因此，新一轮东北振兴要在对内对外开放合作上有更多创新，让开放合作结出更多"振兴硕果"。

对外开放主要是借助国家推进"一带一路"建设的契机，积极谋划建设中蒙俄经济走廊，主动开展同俄罗斯、蒙古国、韩国、日本的经济合作和人文交流。对内合作重点是环渤海地区特别是对接国家京津冀协同发展战略，抓住首都功能疏解和产业外迁的机会，主动承接京津产业及科技成果转化。值得注意的是，新一轮振兴有一个创新举措，就是组织东北辽吉黑三省与东南沿海江浙粤三省，沈阳、大连、长春、哈尔滨四市与北京、上海、天津、深圳四市建立对口合作机制，开展互派干部挂职交流和定向培训，通过市场化合作方式积极吸引项目和投资在东北地区落地，支持东北装备制造优势与东部地区需求有效对接。与对口援助、对口帮扶不同，这种对口合作的目的是优势互补、取长补短。对于东北地区，就是通过与沿海发达地区对标，学习借鉴其发展理念、管理经验及商业模式，促进优势资源转化和装备市场开拓。此外，还可开展产业园区共建、特色小镇共建、信息科技平台共建等多种合作形式。

〔参考文献〕

［1］姜巍，张莞航. 东北振兴："三年滚动方案"能否"四两拨千斤"？［J］. 中国发展观察，2016（17）：18-20.

［2］陈耀，王宁. 新常态下振兴东北需要再造新优势［J］. 党政干部学刊，2016（3）：41-48.

［3］谭怡，史冬柏. 东北有条件成制造强国核心区——访中国社会科学院研究员陈耀［N］. 辽宁日报，2016-04-05.

（本文发表在《经济纵横》2017 年第 1 期）

京津冀协同发展态势与政策匹配

石碧华

摘　要：京津冀协同发展战略的提出有着深刻的时代背景和现实意义。本文在分析京津冀协同发展的现实基础、发展现状及目前存在的主要问题和挑战的基础上，提出京津冀未来发展中要协调好的几大关系及一些政策建议。

关键词：京津冀协同发展；区域经济；政府行为

一、对京津冀协同发展战略的认识

京津冀协同发展的提法由来已久，早在 1986 年就提出"环渤海经济圈"的设想，之后又有"首都经济圈""环首都经济圈"等各种规划和设想。不论是理论界还是各级政府，对京津冀合作的必要性都有一定的认识，也有一些实际举措，但成效并不明显。这次京津冀协同发展上升为国家战略，要得益于新一代领导人的远见卓识以及对区域发展问题的重视，具有深刻的时代内涵和重要的战略意义。

（一）战略提出的大背景

从普遍的认识来看，主要还是环境、经济、社会及政治安全等方面的因素。

（1）环境问题是导火索。随着经济的快速增长，京津冀地区资源环境超载严重，生态环境质量总体下降，以城市为中心的环境污染呈恶化趋势，特别是近年来持续出现的大气污染、雾霾等使区域生态联防联治的需求极为迫切。

（2）京津冀地区的战略定位。京津冀协同发展之所以上升为重大的国家战略，主要还是基于京津冀在全国改革发展大局中的战略地位和独特作用。提升京津冀地区的整体实力，面向未来打造新的首都经济圈，使其成为我国经济增长的"第三极"，并建成世界级的城市群，是京津冀地区未来承担的主要区域发展任务。

（3）北京未来的发展和定位。北京作为首都，伴随着人口激增，"大城市病"日益突出，城市发展面临瓶颈。因此，不仅从环境和安全角度，更重要的是从北京未来世界城市的发展定位来看，北京要疏解非首都核心功能，优化产业结构，加快产业转移，迫切需要京津冀三地协同发展。

（4）新型城镇化的示范和样板及新型区域合作模式的探索。与长三角、珠三角比较，京津冀区域矛盾比较突出，城镇体系发育不健全。实现一体化发展，不仅可以为新型城镇化建设提供示范和样板，同时，也是对以往区域发展战略和政策的突破，为探索不同类型区域之间建立新型区域合作模式、为实现区域协同发展提供示范和借鉴。

（二）与以往区域发展规划的比较

以往的区域发展战略，如西部大开发、东北振兴、中部崛起等也都上升为国家战略，这些区域发展战略都是国家财政和政策支持下的地区整体提升模式，且以产业升级为主；它们属于中央政府政策优惠和财政支持、经济政策驱动型；区域内各地普遍受惠，共同提升，区域内各地区之间没有很多的结构性整合。京津冀一体化已经酝酿了多年，但一直没有得以切实推进。现在中央提出的京津冀协调发展战略，与以往相比属于全新的区域政策，它反映了中央政府的引导和要求，属于政治推动型。而且，这一战略的提出除了经济因素外，环境、社会因素也是重要考量因素。与以往区域发展战略相比，京津冀区域内也将具有产业和经济社会发展模式的多样性：区域内存在产业转移和结构调整等，涉及共赢与补偿问题，其中会存在各地间利益格局的调整或博弈；在财政支持方面，除了原有的环境治理投入外，中央层面未必会给予更多投入和支持。

从与长三角、珠三角的比较来看，两角地区更多的是自发的，以产业集聚带动，其中伴随城市化过程和"三农"的弱化和消失。京津冀一体化，则是民间愿望和中央共同推动；以核心区域带动、辐射相对落后地区，产业结构上的差异化、层次性将更明显；同时会带动城市化进程，河北农村地区发展将更具"新型城镇化"特征。

二、京津冀协同发展的现实基础及发展现状

京津冀地区地缘相接、人缘相亲、地域一体、文化一脉，历史渊源深厚，加上国家政策的支持，具备协同发展良好的现实基础。

（一）京津冀协同发展的现实基础

（1）中央高度重视和国家政策的支持。习总书记一直十分关心京津冀协同发展，并亲自过问其落实情况。京津冀一体化上升为国家战略后，为了加强顶层设计和统筹协调，国务院专门成立了"京津冀协同发展领导小组"以及相应办公室，并由中共中央政治局常委、国务院副总理张高丽任领导小组组长。同时，还成立了"京津冀专家咨询委员会"，为高效推动京津冀协同发展提供强有力的领导和智力支持。特别是，《京津冀协同发展规划纲要》的出台，为科学推动京津冀协同发展指明了方向，同时也标志着京津冀协同发展进入全面实施的新阶段。此外，为了加强对京津冀协同发展的引领指导作用，目前三省市会同中央有关部门正在加快编制京津冀"十三五"规划和有关专项规划，从各个层面来推进京津冀协同发展。这些都为京津冀实现协同发展创造了良好的制度和政策环境。

（2）地域文化的一致性和相融性。从行政区域历史变迁来看，京津冀地区具有十分复杂的人缘、地缘、业缘关系。区域文化风俗和而不同，具有天然的融合性。例如，北京作为首都，文化主要是大气、包容、创新意识强；天津的商埠文化和租界文化明显，热情开朗，商业意识和开放思维较强；河北是"燕赵文化"，慷慨悲壮，讲究正义，憨厚朴实。这几种文化虽然形成了各自不同的核心价值，存在着一定的差异性，但其基本的价值认同和核心精神是一致的。

（3）交通基础设施的通达性。地理上的邻近以及交通等基础设施的快速发展，为京津冀协同提供了良好的发展条件。随着京津冀协同发展战略的全面实施，交通一体化与生态保护、产业升级作为京津冀

协同发展的重点突破口，在过去的一年多取得了重大进展，区际、城际铁路建设得到加强；三地公里里程逐步增加，一批"断头路""瓶颈路"路段被打通；北京新机场正在加快建设；以轨道交通为骨干的多节点、网络化、全覆盖的交通格局正在形成。

（4）区域间存在的互补性和产业梯度。区域之间的互补性是区域合作的基础。这种互补性，可以表现为区域间生产要素，如土地、劳动力等资源禀赋的互补性，也可以表现为由于经济结构的不同而存在的产业互补性。这种互补性使区域有可能产生生产要素、产品和服务的供求关系，或是某些产业的空间转移，从而形成区域产业合作和联动关系。如以纽约为中心的"波士华"城市群，尽管各个城市的主导、产业不同，但产业之间有序分工、梯次分布、联系紧密。纽约在区域产业联动和产业结构调整中起着先导创新作用，周边城市以纺织、服饰、造纸、食品为中心的制造业则紧紧地围绕着纽约支柱产业的需要而有效发展。

京津冀在资源和产业上存在互补性。北京在教育资源、科技实力、人力资本等方面优势明显，科技投入和科技成果远远超过国内其他省份。第三产业发展基础雄厚，且对经济发展的贡献度也高。天津也具有较好的科技、人才基础，但更突出的是其大项目和制造业。天津制造业在总体规模和技术密集度方面处于全国领先地位。河北省虽然经济发展水平相对较低，但在区域经济发展中也具有很多优势。工业具有一定基础，劳动力资源丰富，在提供区域配套方面有一定的竞争力，与京津可以形成产业互补关系。特别是在资源供给（包括农产品供应）和物流方面，河北对北京、天津贡献很大。三地如何形成良性互动共赢关系，亟须深入研究。

（5）区域中心城市创新能力较强。创新驱动是京津冀区域合作的重点。京津冀区域的中心城市是北京和天津，京津整体创新能力较强，为推动区域和产业联动、促进协同发展提供了强大的动力。要充分利用北京和天津的人才和研发机构的优势，建立一个区域一体化的创新网络。这个网络包括研发网络、信息技术交流网络、科学实验室共享网络、成果转化服务网络、风险投资网络等。创新一体化网络的建设可以提高京津冀企业的产业层次和竞争力，促进区域产业联动和协同发展。北京作为科技创新中心，对津冀科技辐射力度不断增强。2014 年，北京输出到津冀的技术合同共 3475 项，同比增长 9.4%；输出到津冀的技术合同成交额为 83.2 亿元，同比增长 16.8%。京津冀三地还签署《京津冀协同创新发展战略研究和基础研究合作框架协议》，将在战略研究和基础研究层面深入开展实质性合作，重点在科技创新一体化、生态建设、产业协同发展、政策协同创新、科技资源共享等方面，全方位提升京津冀协同创新水平。

（二）京津冀协同发展的现状特征

总的来看，目前京津冀协同发展具有以下几个方面的特征：

（1）从集聚阶段向扩散阶段过渡。从发展阶段来看，目前京津冀地区还处于从要素绝对集聚阶段向传统要素扩散阶段的过渡时期。从中心城市北京和天津与周边地区的经济联系来看，一方面，区域产业优势已经形成，极化效应已十分明显，特别是体现在对高级人才和资本的吸聚上；另一方面，中心城市产业和创新势能还较低，对周围地区的辐射带动作用还较小，资金和技术输出的能力还较弱，与其他地区基于技术合作的水平式合作还没有形成。

具体来说，进入"十二五"以后，北京产业发展的首要任务是实现"升级"，着力构建"高精尖"经济结构，因此"扩散"传统制造业和重化工业，大力发展"高端"制造业和现代服务业是必然趋势。2014 年，规模以上工业中战略性新兴产业增加值同比增长 17.9%，对全市规模以上工业增长的贡献率达到 62.7%；金融业、信息服务业和科技服务业等高端服务业发展较快，三个行业对全市经济增长贡献率达到 50.5%。天津及滨海新区产业发展的首要任务是"集聚"，以创新引领转型发展，在把现代制造和现代物流做大做强的基础上，向高端化发展，加快由制造经济向创造经济、生态友好型经济转型。2014年，装备制造业产值对全市规模以上工业总产值增长的贡献率达到43.0%。河北省以"化解"优势富余产能、推进结构调整为重点，主要发展钢铁、石化、现代装备、现代制药等重化工业。因此，目前，京津两大城市的功能已经开始由以聚集为主转向以扩散为主，日益加重的资源、环境压力也要求其将一些不适应的产业向外围扩散。

（2）区域内的经济联系较松散。与长三角比较，京津冀区域内部的经济联系相对较弱。北京周边的河北有些市县整体经济发展仍然严重落后，甚至还出现"环首都贫困带"。长三角区域内的产业合作高于区外，经济联系也明显高于其他地区，特别是上海与长三角其他地区的产业联动已经形成了一定的规模。

从北京与其他城市经济联系强度看，除京津之间联系相对紧密之外，与其他城市之间联系较松散。从北京来看，北京与天津之间经济联系强度最大，与唐山和廊坊的经济联系强度次之，与保定和沧州的经济联系居于较低水平，与其他城市的经济联系强度很低。从天津与其他城市经济联系强度看，天津与北京之间经济联系强度最大，与唐山和廊坊的经济联系强度次之，与石家庄、保定、沧州和张家口的联系较低，与承德、秦皇岛、衡水、邢台和邯郸经济联系最低。城市间经济联系较松散也是造成京津冀城市群发展不平衡的重要原因。

（3）以垂直型分工为主，逐步向水平型分工转变。目前，京津核心城市与周边其他地区产业联动还主要表现在基于产业链的垂直联系和合作上，尤其体现在市场拓展、原材料供应和生产环节的合作上，企业间水平联系不足，特别是基于创新的合作非常缺乏。但随着地区间经济一体化程度的提高，京津核心城市与周边地区产业联动正逐步向水平联系方向发展。以北京为例，随着城市功能的不断提升、制造业的衰落，它将逐步发展成为区域科技创新、贸易、金融服务等中心。北京与京津冀其他区域产业间的技术、物流、金融服务等水平合作将越来越多，因此，水平联系将逐渐成为北京与京津冀其他区域产业联动未来发展的主要方向。

（4）以要素流动和产业转移为主。从合作方式来看，过去长期以来，京津冀合作一直处于初级阶段，如河北与北京主要在农副产品供应、水资源供应、生态保护、能源交通、旅游等领域开展了一定程度的合作，承担一定的为首都服务的功能，而且这种合作还停留在较低层次，缺乏广度和深度。目前，京津冀之间合作仍主要以要素流动和产业转移为主。随着京津冀协同发展战略的深入实施，三地间产业对接的稳步推进，产业转移的力度将会进一步加大。

京津冀协同发展战略的核心是要有序疏解北京的非首都功能。三地产业对接合作稳步推进，辐射转移效果初见成效。2014年，北京搭建产业疏解合作平台30个，推进产业疏解项目53个；中关村企业在天津、河北累计设立分支机构1532个。天津、河北则积极推进三地承接协作。天津市发挥自贸区和国家自主创新示范区优势，加快推进未来科技城、京津产业新城等12个承接平台建设；2014年引进北京项目538个；吸引京冀企业投资1128亿元，占天津全市利用内资的40%，北京、河北货物占天津口岸出口总额的35.8%。2014年，河北省全力推进40个产业平台建设，从京津引进资金3757亿元，占引进省外资金总量的51%；承接京津转移项目163个，完成投资超过了1000亿元①。

---

① 数据均来源于北京市统计局。

三、京津冀协同发展面临的主要问题和挑战

应该说，在当前我国重点实施的三大国家战略中，京津冀协同发展战略的推动力度最大，路线图也最清晰。在中央的高度重视和大力支持下，一年多的时间，京津冀协同发展就取得了明显的成效。但从目前京津冀区域合作的发展现状来看，仍面临着诸多问题和挑战。

（一）行政分割以及地方保护主义

过去长期以来，行政壁垒所导致的地方保护主义仍然是京津冀协同发展的主要障碍。虽然京津冀协同发展上升为国家战略后，中央成立了相应的领导和推动机构，但由于行政区割据的状态暂时无法根本改变，必须有破解地方保护主义的强有力措施。一是利用好干部考核机制；二是运用财政、税收、投资和产业政策等经济手段，包括发达城市对落后地区环境或资源的补偿；三是把行政区划调整作为一个备选方案。

（二）区域内部经济落差较大

京津冀内部经济结构和产业发展水平相差较大，这是整个京津冀经济区协同发展的难点和重点。从发展阶段来看，目前北京已率先迈向后工业化社会，天津正处于工业化后期，而河北正处于工业化中期。京津冀三地产业结构差异十分明显。北京进入"十二五"以来，产业发展的重点是升级，高端产业和服务业发展较快。2014年，三次产业结构为0.7∶21.4∶77.9，城镇化率达到86.4%。天津的制造业基础较好，"十二五"重点是在发展现代制造业的基础上，加快壮大服务业。2014年，三次产业结构为1.3∶49.4∶49.3，城镇化率达到82.3%。河北省属于资源型和加工型地区，"十二五"重点发展钢铁、石化、现代装备、现代制药等重化工业。产业结构与天津同构，但水平相对较低。2014年，三次产业结构为11.7∶51.1∶37.2，城镇化率为49.3%，低于全国平均水平近5.5个百分比[1]。河北省与京津两市在经济发展水平和产业结构上存在较大的落差，区域经济联系的障碍和难度较大，需要政府进行积极引导和适当的政策倾斜。因此，如何实现京津与河北的产业联动发展，仍需深入研究。

（三）区域市场化程度低

相对于市场化程度较高的长三角和珠三角地区来说，京津冀市场力量发展较为滞后，国有经济仍占据主导力量，国有企业资产总额占全国的比重高达62.8%；民营经济发展较为迟缓，且大多规模较小。资源配置的行政色彩仍十分浓厚，市场机制作用发挥不充分。行政过多干预造成的市场壁垒仍然存在，妨碍了生产要素自由流动，区域内统一开放的市场体系尚未形成。

（四）京津的对外辐射不够，区域竞争大于合作

与长三角和珠三角相比，京津冀区域内部的经济联系相对较弱。除京津之间的经济联系相对紧密外，其他城市之间的联系较松散。作为区域中心城市，北京和天津长期处于生产要素的聚集阶段，对外辐射不够。环北京贫困带的出现足以说明京津对周边的带动作用不强。大量公共服务和优质资源在京津

---

[1] 数据分别来源于北京市、天津市和河北省2014年国民经济和社会发展统计公报。

集聚，对周边地区的虹吸效应明显。在各自不同的发展阶段下，京津冀整个区域出现了激烈的同构竞争。如为吸引京津优势资源，河北一些市县在招商引资等方面存在明显的恶性竞争，不利于整个区域资源的优化配置，从而不利于区域协调发展。

（五）区域公共服务水平差距大

要实现京津冀协同发展首先要解决好区域内公共服务均等化问题。长期以来，京津冀区域间的公共服务水平差距较大。北京集中了全国最优质的教育、医疗等资源，有其他地区无法比拟的优势。由于公共服务水平的地区差异，京津冀区域之间的户口不能平等对换。这种户籍制度所带来的优质公共资源的福利化供给，只会加剧资源和人口向北京集中。目前，京津冀三省市在社会保障、医疗卫生、教育合作等方面进行了一些有益的探索实践，积累了一定的经验。但由于受限于政府财力以及利益关系的难以协调等诸多因素，目前仍是三地协同发展的难题。相对于京津冀协同发展的总体目标来说，亟须加快推进各项改革创新。

（六）北京非首都功能的疏解难度大

有序疏解北京非首都功能是京津冀协同发展战略的核心，是关键环节和重中之重，对于推动京津冀协同发展具有重要的先导作用。《京津冀协同发展规划纲要》中对于北京非首都功能疏解的原则、方向、路径和任务提出了明确要求，但还需要进一步深入研究论证。北京已明确了四类非首都功能。严控增量和有序疏解存量是北京市疏解非首都功能的切入点。在控增量方面，北京正在按照从严、从紧原则，修订《北京市新增产业禁止和限制目录（2015年版）》和实施细则；在疏存量方面，北京正在分类制定产业、市场、教育、医疗、行政事业单位等领域存量疏解方案。对于北京向津冀疏解的产业，一般是通过行政命令和基于市场导向两种方式进行疏解转移①。不论是对迁入地还是迁出地来说，都是一个复杂的系统工程，涉及人员疏解、税收分成等各方面，必须统筹谋划、循序渐进、突出重点、分步实施。

可见，京津冀协同发展的路仍然漫长，需要好的机制。这也是对中国最高决策层执政智慧与勇气的考验。

四、促进京津冀协同发展的建议

着眼未来，京津冀协同发展要处理好三方面的关系。一是要着眼长远，协调好京津冀一体化与以北京为核心的首都经济圈，以及京津冀一体化与以天津为核心的环渤海经济区的关系，带动和辐射更广大的地区。二是要处理好克服地方保护主义和适度尊重地方利益的关系。应对地方保护主义持"适度包容"的态度。要理解其产生的"必然性"，在推进京津冀协调发展中对各地方的正当利益予以适度的理解和尊重，以减少推进的阻力。三是要把握好在京津冀协同发展规划中央主导决策与地方参与决策的关系。5~10年后，待京津冀一体化的瓶颈被破除、地方保护主义等阻力被消解、区域协调发展进入良性状态后，在决策模式上，应考虑由自上而下的中央决策地方执行的模式逐渐转向多方参与的自下而上的多元调控模式。

---

① 京津冀协同发展领导小组办公室负责人就京津冀协同发展有关问题答记者问［EB/OL］. 新华网，http://news.xinhuanet.com/2015-08/23/c_1116342156.htm，2015-8-23.

目前，针对京津冀协同发展中存在的主要问题，还亟须加大制度供给和政策支持。在加快推进交通一体化建设、生态环境保护及产业转型升级和转移对接的同时，要加强以下几个方面的工作：

（一）处理好政府与市场的关系，完善区域协同发展机制

（1）强化政府的引导作用。中央政府在推动京津冀协同发展中的重要作用体现在：①通过制定和实施区域规划和区域政策，对区域协同发展在方向上给予引导。②加强规划的衔接。要实现各城市、地区之间重要规划的对接以及各部分、领域之间规划的衔接。同时，建立健全相应的实施机制。③规范地方政府行为，加强行政协调，制定区域协调发展的政策和制度，推进政策和制度建设一体化。④改革不合理的政绩考核体系；规范政府干预市场的行为，转变政府职能，完成从经济主体向社会服务的转型。⑤建立和完善区域利益协调机制。主要是区域利益的补偿机制和共享机制，如探索建立区域生态补偿的长效机制、产业疏解转移中的利益共享机制等，并尽快制定相关的法律，为区域合作构筑良好的制度平台。⑥引导建立区域性的行业协会，通过行业内部的协商来形成行业规范、产业标准等，来促进区域产业联动发展。

（2）加快建立区域一体化的市场体系。要加快培育市场经济主体，充分发挥市场在资源配置中的决定性作用。尽管目前京津冀一体化是在政府的推动下进行的，但从长远来说，市场力量才是推动京津冀区域发展的持久动力。尤其在经济结构调整，如产业的疏解和转移等方面，更多地要依靠市场的力量去解决。企业是区域产业联动的主体，只有充分发挥市场机制的作用，才能实现要素的自由流动和资源在空间的优化配置，并通过竞争，最终形成合理的区域产业分工合作体系，实现区域产业联动及协同转型升级。

（3）积极推进各种社会组织和公众参与。相对于政府和企业来说，行业协会、中介机构、研发机构等各种社会组织在区域合作中会起到越来越重要的作用。社会组织可以有效地弥补"看得见的政府之手"和"看不见的市场之手"的不足，在市场失灵与政府失灵同时存在的领域，各种社会组织具有不可替代的作用。因此，在京津冀协同发展中，应积极创造条件让各种社会力量参与决策、建设和运用。

（二）通过培育区域产业集群等方式，促进区域产业协同发展

（1）加快区域产业转移。从承接条件来看，河北省的资源和产业优势明显，而且正处于转型升级的关键阶段，也更需要产业转移来促进产业结构的优化。通过产业转移可以推动河北省战略性新兴产业、现代制造业、生物医药、新能源、电子信息、现代物流业等高端产业的发展，有利于整个区域产业的转型升级和联动发展。

（2）培育跨区域产业集群。产业集群可以说是实现区域产业联动及协同转型升级最有效的方式。产业集群可以通过产业链上下游的相互联系冲破行政区划分割，达到资源整合、要素自由流动和资源在空间合理配置的目的，从而实现区域产业联动和转型升级与城镇空间模式的协同。各类产业集群的发展，不但使不同城市间在一定程度上形成了产业和产品的新型专业化分工关系，而且也对资源高效利用和特色产业带的形成产生了重要作用。

与全国其他地区相比，京津冀地区的产业集群的类型虽然不多，但大都发展程度相对成熟，形成了各自特色的地区比较优势，如北京以中关村移动互联网和新一代移动通信产业集群、卫星应用、生物和健康、节能环保、轨道交通等产业集群为依托，不断培育新业态、新模式和新的增长点，为实施京津冀协同发展发挥了创新支撑作用；天津以"科技小巨人成长计划"为契机，发展新能源和高端装备制造产业集群，使之成为支撑战略性新兴产业发展的重要力量；河北则通过推进新能源与智能电网装备、药用

辅料与制剂及现代装备制造创新型产业集群建设,打造新引擎①。目前,如何培育和发展京津冀内部跨地区的新兴产业集群作为区域内产业协同转型升级的重要手段,如何促进传统产业集群的转型升级,以及如何正确把握产业集群的发展方向和方式,进一步发挥产业集群在促进城市间合理分工、合作关系形成中的重要作用等,是京津冀城市群规划所面临的一个重要问题。

(3)促进合作共建开发区。合作共建开发区是目前中心城市与周边地区产业合作和联动的一种有效方式。要鼓励中心城市的开发区,利用自身的管理、营销经验,人才和资金优势,采取合资、合作、参股、委托等多种方式,利用周边地区土地等方面的优惠,提供资金、管理人才、品牌等合作共建开发区,按照中心城市开发区的体制进行管理,按生产要素投入比例分享利益。如北京可以利用中关村的品牌、管理等方面的优势,通过合理的利益分配机制,共建产业园区,加快产业向周边地区的整体转移。

(三)注重发挥中心城市的作用,构建合理的城市群层级体系

(1)构建合理的层级结构。京津冀地区,缺乏合理的城市群层级结构,这也是阻碍其协同发展的一个重要因素。每个城市群都有着不同的等级规模和层级结构,这也是在城市群规划和市场经济共同作用的结果。明确每个城市在城市群中的合理定位,对于推进城市间分工合作关系的形成,实现区域发展具有正向的促进作用。否则,就会陷入对经济中心、物流中心等的争夺之中,导致城镇发展处于无序混乱状态,并对市场体系、产业组织网络和基础设施网络的一体化、高级化和现代化进程造成障碍,并对产业结构的整体升级产生不利影响。

京津冀地区,除了京津以外,城市化水平普遍较低,河北省11个地级市,除石家庄与唐山外均为中小城市,城市群内部经济发展差异悬殊,没有形成有序的梯度。由于城市等级结构不合理,大城市缺乏,造成经济联系不强。另外,中等和小城市发展不足,也难以承接中心城市所形成的产业集聚和产业规模,对北京、天津的经济支撑力相对不足。加上京津这两个中心城市对外辐射不强,其周边城市对更外围城市的辐射作用则更弱,整个城市群经济扩散效应缓慢,影响整体竞争力。《京津冀协同发展规划纲要》中,虽对北京、天津两大核心城市赋予了明确的定位,但对河北的一些核心城市发展定位还待深入,易造成其他城市之间为争取京津的优势资源而陷入恶性竞争。

(2)发挥中心城市的作用。在城市群中,中心城市的作用也十分重要。城市群中各级中心城市须存在明晰的功能定位和层次结构,否则就会加大各城市间的盲目竞争,引起各种纷争。核心城市是城市群的集聚中心、辐射中心以及示范中心,应该具有强大的吸引能力、辐射能力和综合服务能力,能够通过产业联动带动周边地区产业转型升级和经济发展,并对整个区域的经济社会发展起到引导作用。京津冀是双核结构,北京和天津是京津冀区域协同发展的两大引擎,处理好京津关于对于京津冀协同发展至关重要。同时,北京和天津在各自发展中都遇到了瓶颈,双城联动是北京和天津实现又好又快发展的内在要求。双城联动既要发挥两个城市各自的优势,又要实现互促互进、充分对接。双城联动要以"市场化"和"便利化"为改革着力点,率先提出"破体制障碍,促要素流动转移改革方案"。应超前谋划并率先制定破除体制机制障碍、促进京津冀要素流动和市场主体自由转移的改革方案。除了核心城市以外,城市群各次级中心城市的快速发展,有利于增强城市群整体功能和辐射能力,并通过产业联动带动区域结构转型升级。因此,完善和提升京津冀地区中心城市的功能,对于整个区域协同发展具有重要意义。

---

①京津冀携手推进创新型产业集群协同发展〔EB/OL〕.科技部网站,http://www.most.gov.cn/kjbgz/201507/t20150703_120532.htm, 2015-7-6.

〔参考文献〕

［1］王佳宁，刘治彦等. 推进京津冀协同发展［J］. 改革，2015（8）：5-28.

［2］张云等. "京津冀协同发展：机遇与路径学术探讨会" 综述［J］. 经济与管理，2014（3）：95-97.

［3］吴群刚、杨开忠. 关于京津冀区域一体化发展的思考［J］. 城市问题，2010（1）：11-16.

［4］武廷海. 纽约大都市地区规划的历史与现状——纽约区域规划协会的探索［J］. 国外城市规划，2000（2）：3-7.

［5］陶希东，黄丽. 美国大都市区规划管理经验及启示［J］. 城市问题，2005（1）：59-62.

［6］刘建朝，高素英. 基于城市联系强度与城市流的京津冀城市群空间联系研究［J］. 地域研究与开发，2013（4）：57-61.

［7］石碧华. 长三角城市群产业联动协同转型的机制与对策［J］. 南京社会科学，2014（11）：9-16.

（本文发表在《重庆社会科学》2015 年第 11 期）

积极推动雄安创新发展示范区建设

周民良

党中央、国务院决定设立雄安新区，体现了以习近平总书记为核心的党中央推动京津冀协同发展的信心与决心。雄安新区的设立和提出打造雄安创新发展示范区，标志着京津冀协同发展进入新阶段。为贯彻落实好中央重大决策，首先需要认识好、研究好雄安创新发展示范区，然后规划好、布局好、建设好雄安创新发展示范区。

一、体现创新发展新思维

从区域经济学角度看，设立雄安新区符合京津冀协同发展需要，符合区域经济发展规律，充分体现了创新发展新思维。

第一，体现疏解北京非首都功能新思维。一方面，雄安新区距离北京只有100多公里，属于非首都功能易扩散区，疏解来自北京的高校、科研机构、医疗机构，交通运输距离较短，只需支付较少的疏解成本，同时加强京雄两城经济联系的便利化程度较高。另一方面，设立雄安新区，就是要建立一个反磁力中心，抵消北京对资源与要素的吸引力，并对从各地进入北京的人口、物流起到一定拦截作用，能够在一定程度上缓解北京的大城市病。

第二，体现推动持续发展的新思维。雄安新区位于河北中部地区，自身的资源环境承载能力较大。正如毛泽东所说的，一张白纸，没有负担，可画更新更美的蓝图。在雄安发展创新型经济，内部调整拆迁改造成本较低，发展起点较高；而通过加强资源节约与环境保护，并利用好南水北调工程用水，奠定雄安新区创新发展的资源与环境基础，促进雄安新区的持续发展。

第三，体现推动产业发展新思维。新中国成立之初，一些少数民族跨越社会发展形态，直接从原始社会或者奴隶社会进入社会主义社会，被称为"直过"民族。在经济总量较小、人口数量较少的雄安新区，通过植入创新要素，可以走与传统城市不同的跨越式发展道路，使雄安新区越过产业发展的若干阶段，实现产业"直过"，推动创新型产业的爆发式、规模化发展，实现跨越式发展。

第四，体现推动区域均衡发展新思维。京津冀地区资源分布严重不平衡，过多资源集中在首都，周边地区创新推动作用严重不足。雄安地区三县属于河北省的不发达地区，通过疏解功能，发展新兴产业，可解决地区间的经济失衡状态，带动雄安新区周边地区发展，使京津冀地区发展更加均衡。

二、打造创新要素密集区

京津冀地区存在着大量的创新资源，大量的国家级高端科研机构与高水平大学集中在京津冀地区，而且北京有中关村国家自主创新示范区、天津有滨海新区，但是京津冀地区的创新驱动能力发挥比较有限。根据 2thinknow 对 2015 年全球数百个大城市创新指数的分析，亚洲闯入前 10 位的有首尔（第 5 位）、新加坡（第 8 位）和东京（第 10 位）。而中国的主要大城市在全球大城市创新指数排名差强人意，上海市位于第 20 位，而北京却位于第 40 位。

造成京津冀地区创新能力没有有效发挥的原因可能在于：京津冀地区的创新资源在各个城市被地域分割，大学之间、大学与研究机构之间缺乏有效联系；大学、研发机构与园区距离较远，运输成本和时间成本较高。除此之外，专利制度改革还不够，检索和评价利用的成本较高，专利制度不能形成有效正向激励；创新的评价体系不规范、不完善。大量的研究停留在实验室、论文阶段，产品创新不能与论文等放在等量齐观的位置；创新成果的转化收益在研究机构与个人之间如何分配缺乏规范化的政策；还存在着大学和科技创新机构区域分隔、重复建设等现象。这些现象表明，在创新要素转化为生产力方面，存在着横向延伸障碍的许多地域、制度、政策性问题。

尤其是，在诸如首都这样政治优势明显的地区，纵向行政命令的干预色彩比较浓厚，也会影响到创新要素的自由生成、自由集结、自由利用与自由转化。

河北省环境污染问题严重，雄安新区在现代产业体系建设上选择范围不是很广，就是发展资源消耗低、环境污染少的高新技术产业和先进制造产业。党中央、国务院已经确定了雄安创新发展示范区的定位，未来必然会以创新为动力推动面向世界前沿创新成果、世界前沿创新技术、世界前沿创新产业方向而努力。设立雄安新区，当然希望使未在京津冀充分燃烧的创新之火，在雄安新区燃烧和升华。

在一个全新的区域重组创新资源，至少可重新组织地域创新资源，打破创新资源之间的分割状态；可以有效链接创新成果与创新转化基地之间的联系，减少转化成本。如能通过体制改革和政策创新的推进，将可能在京津冀甚至在全球范围组织创新资源：创新要素可流动，可以顺畅汇聚创新要素；创新要素可集中，能够广泛供给创新要素；创新要素能移植，能够大量重组创新要素；创新要素可增值，可以有效转化创新成果。与此同时，在一个行政等级较高赋予较多试验示范功能的新区进行政府管理时，政策限制和干预会较少，创新的空间因而可以增大。

中国经济体制改革的一个特殊现象是，当不依附于行政管理的要素集中时，这些要素的谈判能力对其市场竞争中的价值实现起到重要作用。比如，国有经济相对集中的地区，国有经济因为对权力的天然依附，所以企业与政府的谈判能力相对较弱，企业依赖于政府提供纵向保护与金融等资源支持，横向竞争能力就越弱，同时区域的投资环境就越差。反之，在民营经济与外资经济相对较强的地区，企业与政府的谈判能力就越强，越要求政府提供更规范化的政策管理和好的投资环境。以此推论，在大量创新资源集中在雄安，而这些创新资源的供给源头来自于不同渠道和归属时，各种不同类型创新组织可以形成集体力量，加强与行政机构的谈判能力，进而有助于创造有利于创新潜力释放的政策与社会环境。在这种情况下，既有可能在专利、利益分配、中试等方面创立新规则或者进行先行先试，其他地方遭遇到的问题会在雄安新区得到较好解决，从而为全国在技术创新方面的改革和开放积累经验。因此，在新区范围，加强横向延伸的创新要素与纵向命令的政策管理之间的博弈和协同，可找到融市场效率与政策效率于一体的结合点。

三、按创新区位论模式布局大学科技城

在创新的整体方向确定后，建设集大学、研发机构、产业园区于一体的大学科技城乃题中之义。相对于以往从级差地租角度提高城市效率角度，从市区往外迁移大学东一处西一处相比，建设大学城本身是好的创意。但是，当下的许多大学城只是把众多学校扎堆放在一起，缺乏很好的组织联系，学校之间联系不便、沟通不畅的问题依然存在。建设雄安大学科技城，不仅要把众多大学与科研机构放在一起，而且还要争取地域组织的合理设计，力争要使各大学之间联系方便，便于教学科研等方面的沟通。

在雄安新区这张白纸上描绘未来发展蓝图和布局创新生产力时，区位论是一个很好的理论工具。西方学术先贤杜能、韦伯、克里斯泰勒等围绕农业区位、工业区位、城市区位等做了一系列有效率的探索，留下了许多让人赞叹的思想精华。笔者认为，在当代运输成本已经大幅度下降的情况下，按照区位论模式在雄安的地域空间配置创新资源，是一项具有意义的尝试。

大学科技城的核心应是信息圈，建设高水平的图书馆、书店、会议中心、展示中心，方便各大学、研究机构的学生、老师、研究人员查阅资料、购买图书和进行学术交流。

信息圈外围应该是创新圈，集中分布大学与研究机构，这样可以形成门对门的朝向，各类大学或者科研机构按照扇形向外延伸。在资源组合上，可以按照国家战略需求与未来科技发展方向，集中分布机械、电子、信息、生物、航空、航天、新能源、新材料等类型的大学与科研机构，瞄准国际前沿布局创新生产力。可以在其中设立少量综合性大学，比如迁建或者组建白洋淀大学，增强这一区域的人文氛围。不同部门隶属特性的科学技术研究机构可根据大学研究方向与自身研究的一致性，布局在大学校园内，便于利用大学资源，深化与大学交流与合作，也方便教学与研究角色互换。对于大学硕士博士生来说，也多一个创造性研究的学术通道。毗邻的大学之间不设围墙，便于跨学科交流与合作，也便于不同大学各类讲座、会议、课程等资源的共享。

创新圈与信息圈之间，可就近设立创业圈。这一圈层紧贴校园，距离图书馆和书店不远，可以布局不大利用自然资源的创新创业大楼、创新车库、创新咖啡屋、创新辅导站以及创新服务大厅，既可以方便大学生、研究人员参与各类创新创业实践，畅通创新创业通道，也方便创业者就近找到助手和兼职工作人员。在创业圈的创新创业大楼之间，可以设立中介服务机构，主要包括人力资源机构、技术转让机构及会计、税务机构、法律服务机构、咨询服务机构、猎头公司等。

创新圈以外，应是生活圈。规划设计住宅区、行政区、商业区和各类生活设施、各类市场，与大学园区保持适度距离，为城市提供必要的服务。生活圈与创新圈之间，可由绿地甚至小桥流水相隔离。

生活圈往外，应是产业圈。其中一部分在大学教学科研的研究人员，产业转化基地就设置在产业圈，可以方便住宅区的人员在两个方向上的工作与创新通道。国内在建设产业园区方面的经验十分成熟，产业园区的设立应该与大学和研究机构的科技要素配置比较接近。各类产业园区按照功能与定位不同，可依次分布人才密集型产业区、技术密集型产业区、先进制造产业区。

圈层布局的最外围，应是产业配套圈，能够近便地为产业园区提供产品和服务配套。

在整个大学科技城设计中，应以环形与放射型快速运输通道结合的先进交通运输形式，便利地连接不同圈层的不同对象，创造更多的创新创业交流机会。

当然，在生活圈与产业圈之间，也应有绿化带相隔离。在整个圈层结构中，各类区域的主导风向应该平行，以防止有轻微污染的气体漂流扩散，影响整个区域的创新与生活。

四、构筑促进创新的体制机制

建设雄安创新发展示范区，将除了探索大都市功能疏解的创新实践外，更在于在北方形成一个新型改革试验区，其功能应该与浦东、深圳具有同样作用。此类新区的设立，不仅会推动京津冀地区创新要素更加合理地布局建设一个新的创新中心，还可以为全国产业转型升级和创新驱动发展积累经验，探索出可推广政策与可复制经验。

第一，首先赋予雄安新区计划单列的基础功能，便于组织创新资源和加强创新管理协调。

第二，将雄安确定为科技改革试点区。决策部门可以把一些前沿性研究机构如 3D 打印、机器人、芯片、高端装备、生物、新材料、新能源、航空、航天、交通、电子等技术研究机构与理工科高等院校疏解到雄安或者在雄安新建，把雄安建设成科研机构集聚区。尤其是，学科类型的多样化，可大幅度提高交叉科学的创新能力、促进跨学科创新成果的涌现，同时提升区域内技术人才协调与相互配套协作能力。要鼓励人才的流动、重组、跨领域，使其在适度流动中寻找更好的定位；可供给创新能力强的科技人员以重组的研究经费和更大的财力使用范围，鼓励其自主选择创新突破方向；要加强科技成果评价制度、科技成果转化制度、专利制度的改革，推动成果、人才竞争中的择优汰劣，推动更多高水平科研成果源源不断生产出来；要打通科技成果与产业基地之间联系的各类障碍，完善知识产权归属和利益分享机制，建立新型股权激励政策，推动金融、法律、利益分配等方面的制度创新，畅通技术创新转化通道。

第三，深化高等教育体制改革。高等教育存在明显不足，大学的教学、考试制度与国际标准相比存在较大差距。向研究型大学方向转型是国际趋势，雄安的高等院校要适应这一趋势，鼓励学术研究向国际标准看齐。同时，大学教师不必把编教材作为任务，可大胆拿来，采用世界最好教材教育学生。应加强高等院校内部的优胜劣汰。教师队伍可采用合同制把激励约束结合起来，鼓励教学创新；建立正常的教学评价标准，教师如果不能按照相关标准提供高水平教学授课，可正常解聘；学生不能完成应有考核，也可正常降级。同时，应该积极聘任外教，加强教师队伍的国际交流，鼓励更多优秀教师采用双语教学。

第四，深化政府管理体制改革。按照党的十八届三中全会的精神，推动政府管理体制的改革，除了积极推动大部制改革外，应该深化规划体制改革、财税体制改革、环境保护体制等方面的改革，在建立现代国家治理体系方面积极探索、积累经验，探索推进政治体制改革。政府部门应加强与高等院校、科研机构的协商与对话，积极解决高等教育、科研机构在雄安遇到的各类问题，创造有利于技术创新的社会环境与社会氛围。

第五，产业园区建设体现创新思路。打造国际一流产业园区，重视新技术、新模式、新产业、新业态的培育，加速推进信息技术与先进制造业和高新技术产业融合创新发展，营造高端、高质、高效的产业生态，推动高技术含量、高成长性、高附加值、高带动性的产业发展，积极促进产城融合，打造技术领先、经济高效、生态优良、区域和谐的产业科技新城。

第六，把非首都功能疏解与雄安新区的创新动能培育结合起来。疏解北京的非首都功能，是党中央提出的重大决策，应得到切实贯彻执行。要把北京的疏解功能与雄安培育动能两项工作衔接起来，特别注重疏解理工科类院校，在改造调整的基础上异地高水平再建。搬迁可在假期进行。一些正在进行的试验实验不必中断，可在研究周期结束后再行搬迁。当然，疏解功能不必只限于疏解北京高校，也可以疏解天津与石家庄的高校。

　　第七，加强省部共建。可以制定《中国制造 2025》雄安行动计划，把部分国家确定的先进制造项目、高新技术项目放在雄安新区；国家科技机构在新设研究所时，可把雄安作为重要基地；科技部门、规划部门在考虑全国性重大科技项目时，可以把雄安作为其中重要基地。建议一段时期内在国家自然科学基金、国家社科基金中罗列雄安新区专项，加强对雄安新区的创新发展研究。

　　第八，建设智慧城市。通过物质资源、信息资源和智力资源利用，推动物联网、云计算、大数据、地理空间基础设施等新一代信息技术应用，打造宽带城市、无线城市、智能城市、感知城市，推动该智慧交通、智慧医疗、智慧养生、智慧政务，推动从移动互联向智能互联的跨越，以先进技术、超前标准、大众成本打造国内智慧城市新样板。

　　第九，形成良好的创新文化。比如，在美国硅谷形成的勇于创业、鼓励尝试、崇尚竞争、信奉合作、追求成功、宽容失败、许可叛逆、容忍跳槽的独特文化，也可以移植到雄安创新发展示范区中。要在雄安养成尊重知识、尊重人才、尊重创新的环境，要有尊重创新异端的态度，当然也要反对创新极端化，各类创新活动要受到法律、法规和基本生活习俗的约束。

（本文发表在《中国发展观察》2017 年第 9 期）

我国地区工业结构变化和工业增长分析

——兼论经济新常态下对我国地区工业发展的启示

刘 楷

摘 要：我国地区工业结构变动和工业增长之间相互影响，但结构变动对工业增长之间的影响相对较大。我国地区工业结构变动对工业增长的影响可以基本表述为：能源原材料工业的变动幅度决定着地区工业结构的变动幅度，且能源原材料工业和轻工、装备制造业在结构变动中互为制约，但主要对装备制造业影响较大。因此，为使工业增长保持一定的活力，需要保持必要的结构变动。一般来讲，能源原材料工业在地区工业中占百分比减少，倾向于加快地区工业的增长速度；装备制造业在地区工业中所占百分比增加，倾向于加快地区工业的相对增长速度。靠发展能源原材料工业来提升地区工业增长速度的做法，最终会降低工业增长速度，为加快地区工业增长速度，最终要依托装备制造业和轻工业的发展，这对于在经济新常态下，更好地通过地区工业结构的变动来加速地区工业发展具有重要意义。

关键词：区域工业结构变动；区域工业增长；新常态；区域发展启示

改革开放以来，我国经济发展和产业结构变动相互伴随，从工业内部结构看，经历了从改革开放初期大力发展以内需为主的轻工业，到 20 世纪中期进入出口导向和重化工业并重发展以及金融危机后出口导向型产业发展受到阻碍，产业发展再度进入以内需为导向的结构变动等阶段，这些阶段体现了我国工业发展从量的积累到质量不断提升，产业结构不断适应市场需求的过程。

当前，我国经济发展进入了新常态阶段，借鉴国内外的研究成果，详细研究区域工业结构变化对推进区域工业增长所起的作用以及二者之间的相互关系，对于新常态下我国工业经济的发展具有重要意义。

一、国内外研究综述

国际上对产业结构演变和经济增长之间关系的研究，可以追溯到熊彼特（1939），但深入的研究，始于库兹涅茨（1989，1999），库兹涅茨在研究经济增长和产业结构的关系时，特别强调产业结构变化对经济增长的影响。但他也认为，经济增长与产业结构的变化固然是相互影响的，但是必须先有一定的经济增长才能有产业结构的变化，在经济停滞条件下，产业结构是不会发生变化的。

库茨涅茨之后，许多学者对结构调整和经济增长进行了更加深入的探讨，Liikanen（1999）总结了欧盟 14 个国家 1988~1998 年结构变动和增长的关系后认为：在一个快速变化的经济中，结构变动对于经济增长十分重要，不同的结构模式，反映出对技术有效利用方面存在的差异，通过结构变动可以增加经济对技术和市场变化以及经济动荡的适应性，焕发出增长的潜力。

经济能不能脱离经济结构而独立增长，结构变动和经济增长之间的关系是什么？对于这个问题，Nutahara（2008）总结，当前存在两种独立的观点，即熊彼特的观点和新古典的观点，熊彼特坚持认为创造性破坏是经济增长的引擎；相反，在新古典的文献中则认为结构变化同经济增长关系不大，即各产业均衡增长。为回答这一问题，他用日本工业生产月度数据，度量经济结构变化的指数，研究发现：短期内结构变化和经济周期没有显著关系，同新古典的均衡增长（观点）相一致；但对于长期而言，结构变化的长期运动同经济增长密切相关，同熊彼特的理论相一致，即新行业的进入将导致长期的经济增长。

联合国《世界经济和社会观察（2006）》指出，经济增长需要结构变动。对发展中国家而言，增长和发展不是推动技术前沿发展，而更多的是改变生产结构。联合国工业发展组织研究报告认为（UNIDO，2012），结构变化能够加速经济发展，经济增长和发展同经济活动的变化即结构变化之间存在内在的联系。结构变化一般指在一个经济体系中，一个相对重要的部门，产值、资本和劳动力份额在相当长时期内的变化。结构变化可以导致经济的多样化、升级和深化，而它们又可以加速经济增长、减少经济的动荡，创造就业机会、使经济加速融入全球经济中。但也同时认为，如果结构变化被误导，或者太慢，将会导致经济发展停滞。这一观点对我国的经济发展有很大启示，即转变经济增长方式，加速经济发展，必须要有适度、有效的结构转换加以配合。Peneder（2002）研究认为，由于某种类型的行业的生产率比其他行业（的生产率）系统地获得了更高的增长率，因此结构变化所青睐的行业，对于总量增长是有利的。

国内关于结构变动和经济发展的研究较多，但基本限于三次产业间的结构变动和经济增长之间的一般性研究，吕健（2012）的研究代表了这一领域较高的水平，他采用空间面板数据模型，考察了产业结构变动背景下全国和东、中、西部地区 1995~2011 年经济增长速度与结构性因素之间的关系。实证研究的结果表明，中国经济增长速度总体上存在着空间自相关；东部地区经济增长已经开始"结构性减速"，西部地区正在"结构性加速"，而中部地区为"加速"与"减速"并存，整体呈现出"结构性加速"；全国经济总体上依然维持在"结构性加速"阶段，但经济增长分化的格局业已形成。

二、我国地区工业结构变化和增长相关性研究

本文采取相关分析的方法，研究结构变动和增长之间的关系。

1. 变量选取

变量包括结构变动变量和增长变量。本文的数据基础涉及各地区工业总产值和工业所属的 39（41个）个行业[①]。在理想情况下，不论是测定结构变化还是增长，最好采用不变价来计算，但由于数据获取方面的限制，本文采用现价计算。本文研究的年限为 1998~2012 年。

（1）结构变动变量。采用 Michaeli 系数[②]作为度量结构变动速度的指标，其公式为：

---

① 从 2012 年起，国家统计局执行新的国民经济行业分类标准（GB/T 4754–2011），工业行业大类由 2012 年之前的 39 个调整为 41 个，本文对涉及 2011~2012 年相关的计算，对相关行业的数据进行了一致性的调整。

② 见 Aiginger（2001）。

$$\text{Michaeli 系数} = \sum_{i=1}^{n} \left| a_{i,t} - a_{i,t-n} \right|$$

式中，$a_{i,t}$ 和 $a_{i,t-n}$ 分别表示了行业 i 在结束年份和起始年份所占的份额。本文中，将 Michaeli 系数称为结构变动系数，简称"变动系数"。

（2）增长变量。为消除用现价计算出的各地区工业增长速度过高以及年与年之间横向对比困难问题，本文中各地区工业增长速度采用相对增长速度，即：

地区工业相对增长速度＝（地区工业总产值 $_{(n+1)}$/ 地区工业总产值 $_{(n)}$）/（全国工业总产值 $_{(n+1)}$/ 全国工业总产值 $_{(n)}$）

其中 n 和 n+1 分别表示第 n 年和 n+1 年。相对工业增长速度，在本文中简称为"增长速度"。

2. 结构变动和工业增长之间相关性分析

（1）短期的相关性。以全国 31 个省级单位为样本，以年度为研究系列，分别计算 1999~2012 年历年的工业结构变动系数和工业增长相对速度之间的相关性。经初步计算，在 14 年中，仅有 2000 年、2002 年、2006 年、2007 年、2009 年 5 年的变动系数和增长速度之间的相关性通过检验（P<0.05），其余 9 年的变动系数和增长速度之间的相关性没有通过检验。

进一步研究发现，如果以 31 个省级单位为样本，以变动系数和增长速度为变量做散点图，可以看到每一年中，各地区的变动系数和工业增长速度之间显现出了比较明显的线性关系，基本上沿一定的线性规律变化，只是由于存在若干异常分布点（通常为二者比值较大或较小的极值点），干扰了二者的相关性。因此，可以假设，如果删除这些异常的点，系数和增长之间就能够呈现出比较明显的线性关系。

异常点的删除。第一步，以年度为研究基础，每一年依次计算出删除一个省级单位数据，但保留其他 30 个省级单位数据后，该年结构变动和增长速度之间的相关系数和 P 值，该 P 值越小，说明删除了该地区后，余下省级地区变动系数和增长速度之间的相关性更好。将 31 个省级单位数据依次删除一遍（每次仅删除一个省的数据），这样，2009~2012 年共 14 年，每一年共计算出 31 个剔除了某一个省级地区，保留 30 个省级地区的 P 值。将相关年份得到的 P 值以年度为单位，从小到大排序，则可以找出在相应年份中，对变动系数和增长速度之间相关性影响较大的省级地区。第二步，首先剔除 P 值最小的第一个省级地区，如果其余的 30 个省级地区的变动系数和增长速度之间相关性的 P 值不达标（P<0.05），则继续剔除下一个省级地区，直到 P 值合格为止。在本研究中，不用剔除省级地区就可以达标的年份有 5 个，即 2000 年、2002 年、2006 年、2007 年、2009 年；剔除 1 个省级地区就可达标的年份有 0 个年份；剔除 2 个省级地区就可达标的年份有 2 年，即 1999 年和 2005 年；剔除 3 个省级单位的有 1 个年份，即 2003 年；剔除四个省级单位的有 3 个，即 2001 年、2004 年、2012 年；剔除 5 个的年份为 0 个；剔除 6 个的年份的有 1 年，即 2010 年；剔除 7 个的年份仅有 2 年，即 2008 年和 2011 年（见表 1）。

表 1 历年结构变动和增长相关性及剔除的异常地区

年份	统计值		剔除的省级地区数量（个）
	R	P	
1999	0.238	0.197	0
	0.436	0.018	2（琼、甘）
	0.524	0.005	4（琼、甘、苏、冀）
2000	0.364	0.044	0
	0.474	0.008	1（琼）

续表

年份	统计值		剔除的省级地区数量（个）
	R	P	
2001	−0.187	0.314	0
	−0.433	0.024	4（甘、宁、辽、黑）
	−0.537	0.006	6（甘、宁、辽、吉、黑、京）
2002	−0.521	0.003	0
2003	−0.165	0.375	0
	−0.395	0.038	3（晋、黑、宁）
	−0.540	0.004	5（晋、黑、宁、鄂、冀）
2004	−0.188	0.311	0
	−0.420	0.029	4（青、藏、宁、贵）
	−0.524	0.009	7（青、藏、宁、贵、粤、沪、冀）
2005	−0.253	0.169	0
	−0.389	0.037	2（青、新）
	−0.497	0.008	4（青、新、粤、沪）
2006	0.440	0.013	0
	0.478	0.008	1（藏）
2007	0.365	0.044	0
	0.505	0.004	1（藏）
2008	0.125	0.505	0
	0.431	0.036	7（琼、云、赣、桂、津、京、贵）
2009	−0.376	0.037	0
	−0.489	0.007	2（粤、浙）
2010	0.067	0.719	0
	0.436	0.029	6（赣、京、湘、津、蒙、贵）
2011	0.165	0.374	0
	0.437	0.033	7（藏、豫、琼、湘、京、冀、皖）
2012	−0.038	0.841	0
	−0.425	0.027	4（辽、沪、浙、藏）
	−0.516	0.008	6（辽、沪、浙、藏、冀、鄂）

资料来源：1998~2011 年基础数据来自相关年份的《中国工业统计年报》，2012 年基础数据来自《中国工业统计年鉴》(2013)。下同。

此外，从表 1 中还可看到，变动系数和增长速度之间的相关性既有正值也有负值，2001~2005 年以及 2009 年、2012 年都为负值，说明这些年，结构变动幅度较大的地区，增长速度反而较慢。总之，在以年度为单位的研究中，我国各地区的结构变动和工业增长之间具有较强的相关性。

（2）较长时段的相关性。上一部分确认了在以年度为单位的短期中，我国地区工业结构变动和工业增长之间具有比较明显的相关性。在跨越若干年的时段中二者是否也存在相关性，从表 1 中可以看到，结构变动和增长之间的相关性在 2001 年、2002 年、2003 年、2004 年、2005 年为负值，2006 年、2007 年、2008 年为正值，2009 年、2010 年、2011 年、2012 年正负交替，因此，将这三个时段确定为研究对象，以确定在相对较长时段内结构变动和工业增长是否具有相关性。

分别以 2001~2005 年、2006~2008 年、2009~2012 年三个时段的结构变动系数和同期的工业相对增长速度为变量，以 31 个省级单位为样本，分别计算三个时段二者间的相关系数和 P 值（见表 2），从表 2 中可以看到，2001~2005 年、2006~2008 年、2009~2012 年三个时段，仅分别需剔除 6 个、3 个、2 个省级单位后，就可以通过检验（P<0.05）。特别是 2006~2008 年、2009~2012 年两个时段，分别仅需剔除 4 个省级单位，P 值就可以小于 0.01，均为 0.004；相应的 R 值超过 0.5，分别为 0.527 和 0.541。因此，可以这样认为，不论从短期还是相对长期看，我国工业结构变动和工业增长具有很强的相关性。

表 2　较长时段结构变动和增长间的相关性和剔除的异常地区

时段	统计值		剔除的省级地区数量（个）
	R	P	
2001~2005 年	−0.137	0.464	0
	−0.386	0.052	5（山西、吉林、黑龙江、河北、宁夏）
	−0.408	0.043	6（山西、吉林、黑龙江、河北、宁夏、新疆）
2006~2008 年	0.191	0.303	0
	0.476	0.010	3（西藏、海南、天津）
	0.527	0.004	4（西藏、海南、天津、安徽）
2009~2012 年	0.122	0.513	0
	0.419	0.024	2（北京、黑龙江）
	0.541	0.004	4（北京、黑龙江、青海、山西）

3. 结构变动和增长之间的因果关系

在确定了结构变动和工业增长具有相关性的基础上，需要进一步明确结构变动和工业增长之间的因果关系，即究竟是结构变动影响工业增长，还是工业增长影响结构变动。本文通过比较结构变动和滞后一年的工业增长之间的相关性以及工业增长和滞后一年的结构变动二者之间的相关性，来确定结构变动和增长之间的因果关系，即如果结构变动和滞后一年的增长之间的相关性大于增长和滞后一年的结构变动二者之间的相关性，则结构变动对增长的影响要大于增长对结构变动的影响；反之，则增长对结构变动的影响大于结构变动对增长的影响。

（1）结构变动和滞后一年的增长之间的相关性。以各省级单位为样本，以第 N 年的结构变动系数 X_n 和 N+1 年的工业增长 Y_{n+1} 为变量，计算第 N 年的结构变动系数 X_n 和 N+1 年的工业增长 Y_{n+1} 之间的相关性。其中 N 为 1999~2011 年，对应的 N+1 为 2000~2012 年，即第一组样本为 31 个省（区、市）1999 年的结构变动系数和 2000 年对应的工业增长，依次类推，最后一组为 2011 年的结构变动系数和 2012 年对应的工业增长，共 13 组数据。

（2）增长和滞后一年的结构变动系数之间的相关性。同样以各省级单位为样本，以第 N 年的工业增长 Y_n 和 N+1 年的结构变动系数 X_{n+1} 为变量，计算第 N 年的工业增长 Y_n 和 N+1 年的结构变动 X_{n+1} 之间的相关性。其中 Y_n 为 1999~2011 年，对应的 X_{n+1} 为 2000~2012 年，即第一组样本为 31 个省（区、市）1999 年的工业增长和 2000 年对应的结构变动系数为第一组，依次类推，最后一组为 2011 年的工业增长和 2012 年对应的结构变动系数，共 13 组数据。

为在统一的条件下对两变量影响方向进行判断，采用在每一组的 X_n 和 Y_{n+1} 以及 Y_n 和 X_{n+1} 组合中，去掉 4 对异常点样本（4 个省级单位的组合）后，计算它们的相关系数 R 和 P 值（见表 3），比较 R 值和 P 值的大小，从而确定两变量的影响方向。

从表3中可以看到，在工业增长滞后结构变动的相关性分析所匹配的13对组合中，有10个组合删除4对样本后，通过检验（P<0.05），10年的相关系数的平均值为0.534，P值的平均值为0.0125；在结构变动滞后工业增长的相关性分析所匹配的13组数据中，有9对组合删除4个样本后，通过显著性检验（P<0.05），9年的相关系数的平均值为0.505，P值的平均值为0.0127。

通过比较上述数据可以看出，在以省级单位为样本的研究中，无论从通过显著性检验的组合数量，还是从相关系数和P值的平均值来看，我国的工业增长和结构变动之间的因果关系中，结构变动对工业增长的影响要略大于工业增长对结构变动的影响。

因此，合理的结构变动，可以比较有效地影响经济增长，不合理的结构变动，将减缓经济增长。

表3　统一去掉4组样本后结构变动和工业增长间的相关性

增长滞后结构变动一年					结构变动滞后增长一年				
年份		统计值		剔除的省级地区	年份		统计值		剔除的省级地区数量（个）
系数	增长	R	P		系数	增长	R	P	
1999	2000			未能通过检验	1999	2000			未能通过检验
2000	2001	−0.561	0.002	4（宁、京、桂、晋）	2000	2001	0.622	0.001	4（辽、浙、琼、皖）
2001	2002	−0.682	0.000	4（辽、吉、黑、豫）	2001	2002	0.449	0.019	4（宁、辽、青、京）
2002	2003	−0.660	0.000	4（宁、云、蒙、鄂）	2002	2003	−0.506	0.007	4（黑、琼、新、晋）
2003	2004	−0.453	0.018	4（宁、黑、晋、京）	2003	2004	−0.672	0.000	4（宁、琼、新、藏）
2004	2005	−0.509	0.007	4（沪、青、粤、甘）	2004	2005	−0.477	0.012	4（青、京、宁、粤）
2005	2006			未能通过检验	2005	2006			未能通过检验
2006	2007	0.670	0.000	4（豫、云、藏、贵）	2006	2007	0.473	0.013	4（藏、豫、桂、湘）
2007	2008	−0.505	0.007	4（京、浙、沪、苏）	2007	2008			未能通过检验
2008	2009	−0.388	0.046	4（吉、沪、浙、粤）	2008	2009			未能通过检验
2009	2010	0.402	0.038	4（藏、京、鄂、皖）	2009	2010	−0.463	0.015	4（蒙、晋、浙、沪）
2010	2011			未能通过检验	2010	2011	0.465	0.015	4（藏、赣、贵、湘）
2011	2012	0.506	0.007	4（辽、云、重、吉）	2011	2012	−0.414	0.032	4（浙、沪、苏、宁）
通过显著性检验的组合均值		0.554	0.0125		通过显著性检验的组合均值		0.505	0.0127	

三、三类产业的结构变动和工业增长

本部分将工业39（41）个行业，合并成能源原材料行业、轻工业和装备制造业三大类行业进行研究。

1. 三类产业在结构变动中的作用

（1）能源原材料产业的发展制约着工业结构的变动。以31个省级单位为样本，分别计算2009~2012年工业总的结构变动系数和能源原材料工业结构变动系数、装备制造业结构变动系数和轻工业结构变动系数之间的相关性。从表4中可以看到，此期间工业总的结构变动系数和能源原材料工业结构变动系数之间的相关系数 R = 0.759，P值 = 0.000；和装备制造业结构变动系数之间的相关系数为0.391，P值为0.030；而和轻工业结构变动之间的相关性，没有通过检验。如果计算同样时段工业总的结构变动系数同能源原材料工业、装备制造业以及轻工业结构变动系数之间偏相关系数，在表4中同样也可看到，工业总的结构变动系数同能源原材料工业结构变动系数之间的相关性＞同装备制造业结构变动系数之间的相关性＞同轻工业结构变动系数之间的相关性。

由此可以看出，我国地区工业的结构变动首先由能源原材料工业的结构变动所决定，其次由装备制造业的结构变动所决定，但装备制造业的影响显著小于能源原材料工业，和能源原材料产业相比，显然要低一个等级；而轻工业对结构变动的影响较小。

表4　2009~2012年三大行业结构变动系数和工业总的结构变动系数间的相关性

	工业总的结构变动系数分别同以下行业结构变动系数间的简单相关系数			工业总的结构变动系数分别同以下行业结构变动系数间的偏相关系数		
	能源原材料	轻工业	装备制造业	能源原材料（A）	轻工（B）	装备制造（C）
				B、C 为控制变量	A、C 为控制变量	A、B 为控制变量
R	0.759	0.105	0.391	0.998	0.985	0.996
P	0.000	0.574	0.030	0.000	0.000	0.000

（2）能源原材料工业和轻工业、装备制造业在结构变动中互为制约。同样以31个省级单位为样本，以2009~2012年各地区能源原材料工业、轻工业和装备制造业占地区工业总产值百分比变化值（分别为X_1、X_2、X_3）为变量，计算三个变量之间任意两个之间的简单相关性，结果见表5，从表5中可看到以下三点：①能源原材料工业所占百分比变化同轻工业和装备制造业所占百分比变化呈现显著的负相关，但同装备制造业间的相关性（R=-0.589）要小于同轻工业之间的相关性（R=-0.528）。②由于能源原材料工业和装备制造业所占百分比变化呈现的负相关性更加显著，可以这样认为，在某种程度上，一个地区装备制造业和能源原材料工业的发展相互排斥。③轻工业和装备制造业之间也存在负相关性，但相关性显著小于能源原材料工业和装备制造业、轻工业之间的相关性。

从实际数据看，31个省级单位中，以能源原材料工业占地区工业百分比增减为参照，2009~2012年，能源原材料工业所占百分比减少的地区有20个，20个地区中装备制造业所占百分比增加的有15个，减少的仅有5个地区；能源原材料工业所占百分比增加的有11个地区，其中装备制造业增加的仅有3个地区，减少的有8个地区。如果以装备制造业为参照，31个省级单位中，装备制造业占地区工业百分比减少的地区有13个，其中能源原材料工业所占百分比减少的仅有5个，而上升的有8个；装备制造业占地区工业百分比增加的地区有18个，其中能源原材料工业所占百分比增加的仅有3个，下降的却有15个。无论是以能源原材料工业为参照，还是以装备制造业为参照，都存在着二者发展相互制约的现象。很明显，能源原材料工业的发展，对装备制造业的发展存在显著挤出效应，在现实发展中，如果地方政府将发展精力聚焦在发展大煤炭、大化工、大石化、大钢铁等能源原材料产业上，装备制造业的发展必然受到阻碍。

表5　三类行业之间的相互影响

	统计值			地区数量						
				占地区工业百分比	能源原材料工业			装备制造业		
					数量	其中		数量	其中	
	X_1 和 X_2	X_1 和 X_3	X_2 和 X_3			轻工业	装备制造业		能源原材料	轻工业
R	-0.528	-0.589	-0.359	减少	20	3	5	13	5	3
P	0.002	0.000	0.047	增加	11	6	3	18	3	13

2. 结构变动和地区工业增长

（1）产业结构适度变动是增长的必要条件。从表6中可以看到，31个省级地区，按结构变动系数升序加以排列的前12个地区中，增长速度位于前10位（按降序排列）的地区为0个；13~21位的9个地区中，有7个地区的增长速度位于前10位；22~31位的10个地区，有3个地区的增长速度位于前10位。由此可以看出，在结构变动幅度居于中间位置的地区，工业增长速度较快，而结构变动幅度较小或较大的地区，增长速度一般较慢，特别是结构变动幅度较小的地区，由于产业结构僵化，导致增长缓慢，因此，保持结构适度变动，是工业增长的必要条件。

表6　地区工业结构变动和增长速度对比

结构变动系数排序（升序）	包括省级地区数量	增长速度排序（降序）	
		位次数值	位于前10位地区数量
1~12	12	30、29、19、20、22、23、12、16、14、31、15、27	0
13~21	9	4、17、8、6、5、1、21、9、2	7
22~31	10	18、24、11、25、3、7、10、13、26、28	3

（2）能源原材料工业在地区工业中所占百分比下降，倾向于加快地区工业的增长速度。2009~2012年能源原材料工业所占百分比下降的20个省级地区中，增长速度位于前10位的地区有7个在此范围内，分别是1~7位，位于前15位的有11个地区，占20个地区的55%；能源原材料工业占比增加的11个省级地区中，增长速度位于前10位的仅有3个，分别是8、9、10位，位于前15以内的仅有4个，占11个地区的36%。工业增长速度位于前15位的地区在能源原材料工业所占百分比下降的地区中所占百分比显著高于在能源原材料工业所占百分比增加的地区中所占百分比。

此外，能源原材料占比下降的20个地区，工业相对增长速度的算术平均值为1.113，能源原材料占比增加的11个地区，工业相对增长速度的算术平均值为1.016，能源原材料工业所占百分比下降的地区工业的增长速度总体上高于所占百分比增加的地区的增长速度。

从地区工业增长速度大于全国工业增长速度的角度看，31个省级地区中，共有19个地区的工业增长速度大于全国工业的增长速度，其中能源原材料所占百分比下降的有13个地区，相对增长速度的算术平均值为1.224；能源原材料所占百分比增加的有6个，相对增长速度的算术平均值为1.141，二者之比为1.072。由此可见，能源原材料工业在地区工业中所占百分比的增加，即使对地区工业增长有所拉动，但总体上倾向于减缓工业增长速度，如果能源原材料工业过度发展，对增长的阻碍性更大。

（3）装备制造业在地区工业中所占百分比增加，倾向于加快地区工业的相对增长速度。2009~2012年，装备制造业所占百分比增加的省级地区有18个，其中增长速度位于前10位的地区有7个，分别是1、2、4、5、6、7、10位，位于前15位的有9个，占18个地区的50%；装备制造业占比下降的省级地区有13个，其中增长速度位于前10位的地区仅有3个，分别是第3、8、9位，位于前15位以内的地区有6个，占13个地区的46%。装备制造业占比增加的18个地区，相对增长速度的算术平均值为1.107，占比下降的13个地区，平均增长速度的算术平均值为1.039，增加和下降地区平均增长速度之比为1.065。

从地区工业增长速度大于全国工业增长速度的角度看，在19个地区工业增长速度大于全国工业增长速度的地区中，装备制造业所占百分比增加的地区有11个，占19个地区的58%，相对增长速度的算术平均值为1.231；装备制造业所占百分比下降的有8个地区，相对增长速度的算术平均值为1.152，增加和下降地区平均增长速度之比为1.069。

由此可见，装备制造业在地区工业总产值中所占百分比的增加，有助于提升地区工业的增长速度。

（4）轻工业所占百分比的增减对地区工业相对增长速度影响较小。2009~2012年，轻工业所占百分比增加的地区有23个，其中增长速度位于前10位的地区有7个，分别是1、2、3、5、6、7、8位，位于前15位的有12个，占23个地区的65.22%；工业占比下降的地区有8个，其中增长速度位于前10位的有3个地区，分位于第4、9、10位，位于前15位以内的地区也是3个，占8个地区的37.5%。

轻工业占比增加的23个地区，工业相对增长速度的算术平均值为1.099，小于装备制造业占比增加地区相对增长速度的算术平均值（1.107）；占比下降的8个地区相对增长速度的算术平均值为1.020，小于装备制造业占比下降地区相对增长速度的算术平均值（1.039）。

19个工业增长速度大于全国工业增长速度的地区中，轻工业所占百分比增加的地区有16个，相对增长速度的平均值为1.190，小于装备制造业相对应的数据（1.231）；所占百分比下降的有3个地区，相对增长速度的平均值为1.242，大于装备制造业相对应的数据（1.152）。

因此，可以看出，轻工在工业总产值中所占百分比的增加，对工业增长速度有正向的影响，但小于装备制造业对增长的拉动。

四、中国各地区工业结构变动和工业增长分类

本部分通过研究2009~2012年各地区基于三类产业的结构变化和工业增长之间的匹配状况，对我国的地区工业结构变动和工业增长的类型加以分类，进而得出促进我国地区工业良性增长的产业结构变动模式。在结构变动过程中，某行业占地区工业总产值百分比上升，说明该增长速度在地区工业增长速度之上，而行业所占百分比下降，说明增长速度小于地区工业的平均增长速度。根据各类型产业对在增长中所起的作用不同，我国地区工业增长模式可以分为以下6类（见表7）。

1. 装备制造业和轻工业主导拉动型

包括位于中西部的安徽、湖北、湖南、江西、吉林、重庆、四川、河南8省（市），这些类工业增长速度较快，2009~2012年增长速度分别居31个省级地区的第1、3、4、5、6、7、12、14位。它们结构变动的共同特点是，能源原材料工业在地区工业总产值中所占百分比相对适中且近年来下降幅度较大，从2008年的35%~56%下降到2012年的29%~50%；轻工业和装备制造业增长速度较快，在工业总产值中所占百分比上升幅度较大，是推动工业增长的重要产业。根据国家统计局公布的2014年各省级地区工业增长速度，该类地区中除吉林外，其余7个地区在2014年仍然保持了较快的增长速度，说明该类地区的结构变动方式是我国现阶段能够促进地区工业发展的比较有利的模式。

2. 装备制造业和轻工业小幅拉动型

包括广西、辽宁、甘肃、河北，4省（区）能源原材料工业在地区工业产值中所占百分比也呈下降趋势，广西、辽宁下降幅度较小，河北、甘肃虽然下降幅度较大，但所占百分比仍然较高。从拉动增长的轻工和装备制造业占地区工业百分比看，广西、辽宁、甘肃上升幅度较小，对增长的贡献有限；河北虽然上升幅度较大，但在地区工业总产值中所占百分比较小，对增长的贡献因而也较小。上述4省（区）2009~2012年工业的增长速度总体上比较适中，分别居31个省级地区第2、15、17、19位。

3. 能源原材料工业主导拉动型

包括西部的陕西、宁夏、内蒙古、贵州、西藏 5 省（区）以及东部的北京和浙江。西部 5 个省（区）2009~2012 年增长速度分别居 31 个省级地区第 8、9、10、11、21 位，除西藏外，总体较快。这类地区产业结构变化的突出特点是，能源原材料工业在地区工业总产值中所占百分比高（大于 60%），且占地区工业百分比提升显著，为拉动工业增长的主导力量；而轻工业和装备制造业所占百分比或下降或上升幅度很小，对工业增长拉动作用有限。

陕西和贵州装备制造业所占百分比下降，轻工业所占百分比略微上升且所占百分比小，对工业的快速发展几乎不起作用；内蒙古和西藏轻工业所占百分比下降，装备制造业所占百分比不仅小且增长幅度小，因而对工业增长贡献小；宁夏的轻工业和装备制造业在地区工业总产值中所占百分比不但小且下降，而能源原材料工业占地区工业总产值的百分比则由 2008 年的 74.98% 上升到 2012 年的 80.06%，工业增长几乎全部由能源原材料工业拉动。

北京和浙江 2009~2012 年轻工业和装备制造业在各自地区工业总产值中所占百分比均下降，能源原材料工业所占百分比则分别上升了 4~5 个百分点，但由于该类行业在工业总产值中所占百分比较小，对工业增长的贡献较小，不能拉动工业全面快速增长，2009~2012 年增长速度仅居 31 个省级地区的第 28、30 位。

从上面的分析可以看到，发展能源原材料产业确实可以拉动地区工业增长，但仅限于工业总量相对较小的西部省（区），而对于工业总量大的东部地区来讲，靠大规模发展能源原材料工业拉动地区工业增长的可能性较小。

4. 能源原材料和轻工业拉动型

包括东部的福建、天津，2009~2012 年工业增长速度分别居 31 个省级地区的第 16、18 位。两地区结构转换的特点是，能源原材料占地区工业总产值的百分比较小，但却有所上升，2012 年比 2008 年上升了 1.5~2 个百分点；轻工业上升了 2~4 个百分点，装备制造业则下降了 2~4 个百分点，优势产业装备制造业所占百分比的大幅下降，影响了工业的增长速度。

5. 产业结构稳定型

包括东部经济发达地区的山东、江苏、广东、上海，增长速度分别位居全国第 20、23、29、31 位。这类地区结构变动幅度小，由于产业发展比较成熟，无论是所占百分比上升的行业还是下降的行业，在工业中所占百分比变化幅度很小，产业结构基本处于稳定状态，缺乏引领增长的比较活跃的产业，因而工业总体上增长较慢。

6. 资源替代产业薄弱型

包括云南、山西、黑龙江、海南 4 省，总体上增长速度较慢，分别位居全国第 22、25、26、27 位。该类型地区能源原材料工业在工业总量中所占百分比均有明显下降，作为替代资源产业的轻工业和装备制造业所占百分比虽有所上升，但由于这些产业基础薄弱，在工业中所占百分比较小，影响了增长速度。

此外，新疆、青海 2 个地区，结构变化和增长的组合没有呈现出明显的规律性。

表7　2008~2012年三大类行业在地区工业总产值中所占百分比变化

类型	地区	占地区工业总产值百分比						2009~2012年增长速度排序（降序）
		能源原材料		轻工业		装备制造业		
		2008年	2012年	2008年	2012年	2008年	2012年	
一	安　徽	47.148	38.967	23.683	27.140	28.431	33.557	1
	湖　北	43.422	38.603	23.521	31.649	32.504	29.330	3
	湖　南	49.089	43.762	27.702	27.138	22.362	28.753	4
	江　西	56.622	50.789	24.402	27.598	18.177	21.441	5
	吉　林	37.808	32.014	27.490	31.363	34.280	36.416	6
	重　庆	35.070	29.011	16.445	17.241	48.136	52.923	7
	四　川	42.762	40.889	30.101	30.357	26.879	28.425	12
	河　南	52.863	47.714	28.990	30.538	17.110	21.516	14
二	广　西	48.429	47.458	28.440	28.614	22.491	23.783	2
	辽　宁	48.971	46.070	19.236	22.993	31.362	30.460	15
	甘　肃	83.053	80.120	10.171	12.010	6.130	6.781	17
	河　北	65.415	60.327	18.900	20.725	15.368	18.797	19
三	陕　西	62.431	64.966	13.616	14.928	23.843	19.863	8
	宁　夏	74.980	80.006	17.386	14.168	7.632	5.828	9
	内蒙古	71.774	73.803	20.871	18.525	7.040	7.569	10
	贵　州	68.587	69.899	21.051	21.763	10.013	8.049	11
	西　藏	62.670	66.345	35.464	32.137	1.266	1.495	21
	北　京	36.297	41.700	13.011	12.898	49.861	44.836	28
	浙　江	26.434	30.286	36.581	35.581	34.767	33.493	30
四	福　建	27.308	29.111	41.745	45.182	28.442	24.684	16
	天　津	44.155	46.799	11.420	15.927	43.495	36.987	18
五	山　东	38.971	39.007	33.324	33.955	26.628	26.898	20
	江　苏	31.381	31.043	24.065	22.528	44.005	46.206	23
	广　东	24.193	25.549	23.072	25.331	50.593	48.803	29
	上　海	27.745	26.835	15.794	16.968	55.628	55.774	31
六	云　南	66.236	64.738	27.284	29.507	6.312	5.647	22
	山　西	88.279	84.873	4.392	5.360	7.307	9.666	25
	黑龙江	62.554	55.832	20.876	32.652	16.345	11.326	26
	海　南	62.940	61.373	25.773	23.406	11.097	15.073	27
其他	青　海	90.070	87.597	5.589	8.985	4.071	3.185	13
	新　疆	81.741	82.559	11.726	12.643	4.727	4.743	24

注：2008年和2012年工业行业的划分有所变化，某些规模较小的行业在计算本表时没有包括，故三类行业所占百分比相加不等于100%。

五、若干有益的启示

当前，我国正处于产业结构变动的关键时期，确立合理的结构变动模式和理念，对于在经济新常态下把握机遇，稳增长具有重要意义。

1. 保持产业具有一定的活力是工业增长的重要基础

地区工业结构变动可以对地区工业增长产生显著影响，产业发展要考虑结构变化对工业增长的影响。适度的结构变动是维持产业发展具有一定活力的关键，但过大和过小的结构变动幅度，都不利于工业的持续增长。在结构变动时还应注意，有利的结构变动可以加速地区工业的增长；反之，则会减慢地区工业的增长速度。因此，确立正确的结构变动路线和模式，是经济新常态下加快地区工业增长的基础和前提。

2. 紧密结合国家区域政策，为工业发展注入新活力

党的十八大以来，新一届中央领导推出的三大倡议和战略（"一带一路"、京津冀协同发展、长江经济带）和四大自贸区所辐射的范围，几乎覆盖了我国大部分地区。上述区域发展战略的提出，对于解决当前区域发展中存在的问题，加快区域发展，具有积极意义。沿海发达地区要以自贸区、京津冀一体化、"一带一路"为契机，扩大对内对外的辐射范围，提升产业的发展空间；长江中下游地区，要以长江经济带协调发展为目标，进一步推进轻工、装备制造业产业质量的提升，成为未来我国高水平的制造业集中区；西部地区要充分利用"一带一路"所提供的机遇，提升对外开放质量，扩大对外开放的范围，增加西部地区工业发展的活力，形成适度多样化的产业发展模式。

3. 地区工业结构变动，要逐步摆脱能源与材料产业的制约

能源原材料工业仍是主导工业结构变动的主导产业，但能源原材料工业和装备制造业的发展，相互制约。少数西部工业总量相对较小的地区，能源原材料工业作为支柱产业，也可以促进地区实现比较快速的增长，但在工业总量较大的地区，一般难以实现。摆脱能源原材料工业对结构变动和增长的影响，是保持地区工业持续稳定增长的关键。

4. 结构变动中要高度重视装备制造业和轻工业的发展

凡是装备制造业和轻工业具有一定规模且发展较快的地区，工业增长速度一般都比较快，可以这样认为，能源原材料工业的发展决定了地区工业结构变动的幅度，但增长速度主要是由装备制造业和轻工业的发展所决定。

我国中西部的重庆、江西、安徽、湖南等地区，工业发展速度较快，这些地区无一例外的都是依托装备制造业和轻工业的快速发展所得。近年来，东部经济发达地区处在外向型工业和装备制造等产业发展受到限制，而带动工业发展的新型产业又缺失的状态，产业结构僵化，增长缺乏活力，在这种情况下，发展大钢铁、大石化等资源加工产业，无一例外地成为这些地区发展的首选，但这些产业的发展并没有使这些地区走出发展的困境，工业增长速度依然较慢。工业总量较小的西部某些省区，依托资源产业的快速发展，也获得了较快的增长速度，但阻碍了工业结构的变动，不具备可持续性，长此以往下去，还将面临较为严重的环境问题。

在以追求发展速度为第一目标的体系下，发展能源原材料工业显然比装备制造业的发展更容易，但这种发展模式已成为阻碍地区经济发展的重要障碍。在经济新常态下，通过创新驱动，加速工业的发展，是各地区工业发展走出困境的重要途径。

5. 推进具有提升产业发展质量的产业转移

"十一五"以来,产业转移对于做大中西部地区工业总量,提高中西部工业发展速度,起到了实质性的作用。但也要看到产业转移的"双刃剑"效应,某些产业转移对中西部的工业发展起到了负面作用。为此,"十三五"时期,要提倡具有提升产业发展质量的产业转移,中西部地区承接产业转移要以提升产业核心竞争力、环境友好为目标,在西部资源丰富地区,在不放弃资源产业发展,提升资源产业发展水平和质量的前提下,要大力发展资源替代型的接续产业,通过产业多元化增加地区工业竞争力,实现工业的可持续发展。

〔参考文献〕

〔1〕Aiginger, K., Hutschenreiter, G., Marterbauer, M. Speed of Change and Growth of Manufacturing〔R/OL〕. www. wifo.ac.at/Karl.Aiginger/publications/ 2001/spochoecdwp.pdf, 2001: 14−15.

〔2〕Liikanen, M. Erkki. Structural Change and Adjustment in European Manufacturing〔R/OL〕. www.europa.eu.int/comm/ enterprise/library/lib−competitiveness/ doc/com−99−465_en.pdf, 1999: 6−11.

〔3〕Nutahara, K. Structural Changes and Economic Growth: Evidence from Japan〔J/OL〕. economicsbulletin.vanderbilt. edu/2008/volume15/EB−08O00005A.pdf, 2008: 36.

〔4〕Peneder, M. Structural Change and Aggregate Growth〔R/OL〕. Structural Change and Economic Dynamics. www.oecd. org/industry/ind/2076805.doc, 2002: 3.

〔5〕UN. Structural Change and Economic Growth〔R/OL〕. Chapter II, World Economic and Social Survey 2006.www.un. org/esa/analysis/wess/wess2006files/chap2.pdf, 2006: 30.

〔6〕UNIDO. Structural Change as the Driver of Economic Growth〔R/OL〕. UNIDO Policy brief, 2012 (6). www.unido.org/ fileadmin/user_media/Publications/PB0512.pdf, 2012: 1.

〔7〕库兹涅茨. 现代经济增长:速率、结构和传播〔M〕.戴睿,易诚译.北京:北京经济学院出版社,1989.

〔8〕库兹涅茨. 各国和经济增长:总产值和生产结构〔M〕.常勋译.北京:商务印书馆,1999.

〔9〕吕健.产业结构调整、结构性减速与经济增长分化〔J〕.中国工业经济,2012(9).

(本文发表在《经济管理》2015 年第 6 期)

中国能源效率地区差异及其成因研究

——基于随机前沿生产函数的方差分解

史　丹　吴利学　傅晓霞　吴　滨

摘　要：本文提出了基于随机前沿生产函数的地区能源效率差异分析框架，并采用方差分解方法测算了 1980~2005 年中国能源效率地区差异中各因素的作用大小。结果发现：①全要素生产率、资本—能源比率和劳动—能源比率差异的平均贡献份额分别为 36.54%，45.67% 和 17.89%；②全要素生产率差异的作用在不断提高，是中国能源效率地区差异扩大的主要原因；③此外，增长方式趋同的东部地区能源效率也存在显著收敛趋势，而中西部能源效率内部差异呈现波动性变化。以上结论的政策含义是，只有改善中西部地区的资源配置效率并促进区域间的技术扩散才能有效提高落后地区的能源利用效率。

关键词：能源效率；地区差异；随机前沿生产函数；方差分解

一、引　言

能源是现代经济增长不可或缺的投入要素，对各国经济发展都有决定性影响，能源过度消费所带来的资源耗竭和环境问题已成为 21 世纪人类发展的重大挑战之一。改革以来，能源为中国经济的持续快速增长提供了重要的"动力支持"，然而随着经济水平的不断提高，粗放式的能源消费对经济发展和环境保护的压力越来越大，提高能源效率是中国当前最为迫切和重要的问题之一。由于幅员辽阔、空间发展不平衡，中国各地区能源效率存在很大差异，如果落后地区能够赶超发达地区的能源利用水平，将极大地提高总体能源效率。例如，2005 年宁夏万元 GDP 能耗为 3.55 吨标准煤，而广东仅为 0.68 吨标准煤，如果前者能够达到后者能源效率的 1/4，就可以节约 20% 以上能源消费，完成国家提出的"十一五"节能目标。

目前，关于中国能源效率的研究大多是对于产业结构和生产技术影响的考察，主要集中于从产业结构升级和生产技术进步两个角度探求提高能源效率的潜力与途径（史丹、张金隆，2003；韩智勇等，2004；蒋金荷，2004；周宏、林凌，2005 等），其基本分析方法———指数分解方法，比较适合分析一个国家或地区的能源效率的变化趋势，而不能很好地解释其能源效率水平的决定，所以不适合地区差异研究（王玉潜，2003；吴滨、李为人，2006）。此外，邹艳芬、陆宇海（2005）和高振宇、王益（2006）

[**基金项目**] 本文为史丹主持的国家自然科学基金项目"我国能源利用效率及其影响因素分析"（批准文号：50556002）的阶段性成果。

等利用空间计量和聚类分组等方法对中国能源效率的区域特征和空间相互影响的研究，也不能回答是什么原因造成了中国地区能源效率的巨大差异。虽然近来有学者开始尝试从地区间能耗差异角度测算各地区节能潜力（Hu and Wang，2006；史丹，2006），但由于缺乏对能源效率差异形成机制的深入分析，实际上仍然不能说明我们应当如何挖掘这些潜力。魏楚、沈满洪（2007）采用数据包络分析（Data Envelopment Analysis，DEA）法测算并比较各地区能源利用效率，但是他们将各地区全部经济活动的技术效率作为能源利用的技术效率，存在一定问题；而且，基于数据包络分析的效率指数测算仅能够反映各地区能源效率的变化情况，同样难以比较地区能源效率水平并分析其原因。

为从理论上说明中国能源效率地区差异的影响因素及其机理，并对各种因素的作用大小进行实证分析，本文提出了基于生产函数的地区能源效率差异分析方法，从而能够在经济增长的框架下研究能源效率及其地区差异，并采用方差分解方法测算不同要素对地区能源效率差异的影响程度。同时，对于地区技术进步的差异化处理和制度因素的引入使本文的生产函数估计和能源效率差异分解更符合中国改革以来的经济现实，有利于找到更为可行的提高能源效率之策。利用1980~2005年28个省级地区的面板数据，本文得到以下主要结论：①改革以来各地区全要素生产率、资本—能源比率和劳动—能源比率的差异都对地区间能源效率差异有较大影响，平均贡献份额分别为36.54%、45.67%和17.89%；②从变化趋势来看，资本—能源比率和劳动—能源比率差异的作用在缩小，全要素生产率差异的作用在不断提高，是中国能源效率地区差异，特别是东西部地区间差距不断扩大的主要决定力量；③由于增长方式及由此决定的全要素生产率不断接近，东部地区能源效率差距呈现明显缩小的趋势，而中西部地区由于体制转轨进程参差不齐，内部能源效率差异呈现波动性变化。以上发现的政策含义在于，仅从微观技术层面或产业结构方面着手不能有效地缩小各地区，特别是东西部地区间的能源效率差异，只有加快推进中西部地区的市场化改革和对外开放，才能促进包括能源技术在内的技术扩散、改进地区资源配置效率，从而提高落后地区的能源利用效率。

本文其余部分的结构安排如下：第二部分描述改革以来中国能源效率地区差异状况、变化趋势及其因素构成等方面的基本事实；第三部分提出基于生产函数的地区能源效率差异分解框架；第四部分讨论技术进步设定、随机前沿生产函数估计方法并报告了估计结果；第五部分分析了全国各地区、东西部地区之间和三大地带内部能源效率差异的影响因素及其贡献份额；第六部分总结全文。

二、事实描述

典型化事实（Stylized Facts）是经济学研究的出发点，如对经济增长和金融市场典型化事实的概括都极大地推动了宏观经济研究的发展（王诚，2007）。虽然有学者尝试总结中国经济增长和地区差异的典型化事实（林毅夫等，1998），但目前对能源效率地区差异的归纳还比较少，因而本文首先对基本事实进行初步的描述和总结。不过，值得指出的是，尽管人们对能源效率问题关注程度不断提高，但不同领域研究对能源效率的定义和分析角度确有很大差别，如技术领域更为关注能源生产、转化、传输、存储等环节的效率损失，企业应用中最为关心的往往是能源投入的成本和供应问题。本文研究的是地区经济活动中能源总体的利用效率，因而将地区能源效率定义为地区产出总量与能源投入总量的比率，其中产出采用地区生产总值（GDP），能源投入采用地区能源最终消费实物量。实际上，我们定义的能源效率指标与另一常用的能源效率分析指标———能源强度（Energy Intensity）互为倒数，都是反映经济活动中能源消费与产出增长关系的偏要素生产率（Partial Factor Productivity）指标，只不过后者通常用以描述行业或技术对能源的依赖或消耗程度，在技术或产业领域应用较多；而前者数值越高则表明该地区能源效率越高，在生产率分析中更便于叙述和理解。

首先，我们计算了 1980~2005 年中国各地区能源效率水平，结果见表 1。从中可见，改革以来各地区能源效率都有大幅提高，但地区之间差异很大，效率最高地区的能源效率平均水平大约是效率最低地区的 5 倍。从东中西三大地带（说明见附录）来看，经济相对发达的东部地区能源效率比较高，1980~2005 年一直高于全国平均水平；中西部地区能源效率较低，特别是西部地区与发达地区的差距越拉越大（见图 1）。如果以全国平均水平为 1，1980 年三大地带能源效率的比率为 1.20∶0.85∶0.94，东部地区最高，中部最低，西部介于二者之间；1990 年变为 1.25∶0.87∶0.89，中西部地区效率更为接近，东部与中西部差异略有扩大，但变化幅度不大；到 2005 年这一比率为 1.40∶1.00∶0.71，东部能源效率显

表 1　中国各地区能源效率（1980~2005 年）

地区	1980 年	1985 年	1990 年	1995 年	2000 年	2005 年	地区	1980 年	1985 年	1990 年	1995 年	2000 年	2005 年
北京	0.35	0.46	0.58	0.77	1.04	1.40	山东	0.33	0.46	0.49	0.80	1.44	0.93
天津	0.33	0.35	0.37	0.51	0.81	1.05	河南	0.29	0.37	0.47	0.69	0.92	0.85
河北	0.23	0.28	0.33	0.45	0.69	0.59	湖北	0.31	0.36	0.38	0.49	0.74	0.76
山西	0.16	0.18	0.22	0.20	0.38	0.39	湖南	0.38	0.39	0.44	0.53	1.13	0.82
内蒙古	0.30	0.33	0.35	0.52	0.61	0.50	广东	0.63	0.77	0.88	1.16	1.48	1.46
辽宁	0.19	0.23	0.28	0.37	0.51	0.63	广西	0.63	0.67	0.70	0.80	1.08	0.96
吉林	0.20	0.24	0.27	0.39	0.70	0.71	四川	0.31	0.40	0.43	0.49	0.67	0.77
黑龙江	0.23	0.28	0.32	0.41	0.61	0.77	贵州	0.31	0.32	0.29	0.29	0.32	0.35
上海	0.46	0.55	0.59	0.77	1.07	1.28	云南	0.42	0.53	0.55	0.66	0.81	0.66
江苏	0.45	0.48	0.57	0.86	1.36	1.28	陕西	0.33	0.39	0.47	0.52	0.93	0.81
浙江	0.67	0.83	0.82	1.10	1.42	1.30	甘肃	0.17	0.19	0.25	0.32	0.45	0.52
安徽	0.31	0.42	0.43	0.54	0.76	0.94	青海	0.31	0.37	0.33	0.35	0.41	0.38
福建	0.50	0.63	0.72	1.11	1.53	1.22	宁夏	0.21	0.28	0.24	0.34	0.33	0.28
江西	0.41	0.46	0.51	0.70	1.20	1.08	新疆	0.23	0.30	0.36	0.45	0.56	0.55
东部	0.39	0.47	0.53	0.74	1.07	1.07	中部	0.27	0.32	0.37	0.47	0.76	0.76
西部	0.30	0.36	0.38	0.45	0.57	0.54	全国	0.32	0.38	0.42	0.54	0.78	0.76

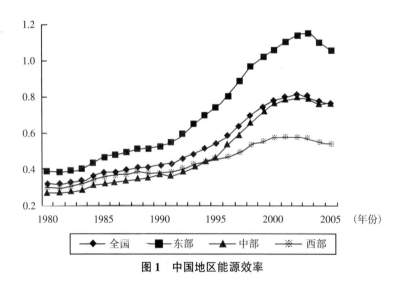

图 1　中国地区能源效率

著高于其他地区，中部也与西部拉开了一定距离。

其次，为考察各地区能源效率的总体差异及其变化趋势，我们计算了全国和三大地带能源效率的对数标准差，结果表明中国能源效率地区差异的变化趋势大体可以分为三个阶段：第一，在1980~1990年，全国和各地区的差距基本都在缩小；第二，1990~2002年全国和西部地区差距明显扩大，而和东部地区差距则显著缩小，中部地区总体上变化趋势不明显；第三，2003年以后全国和各地带地区差距都有缩小趋势，但这一态势能否持续现在还不能做出判断（见图2）。这表明，改革以来全国各地区能源效率的总体差异在波动中不断扩大，但东部和中西部地区的差异变化有很大区别。为进一步确认这一事实，我们利用Quah（1996）提出的收入分布动态（Income Distribution Dynamics）方法更为直观地刻画了地区能源效率差异的变化过程，发现各地区能源效率分布逐步从"单峰"向"双峰"转变（见图3）。这意味着改革以来地区能源效率差异的确呈现明显的分化趋势，从而出现了所谓的"俱乐部收敛"（Club Convergence）现象①，即一部分地区能源效率趋向于高水平均衡，另一部分地区趋向于低水平均衡。

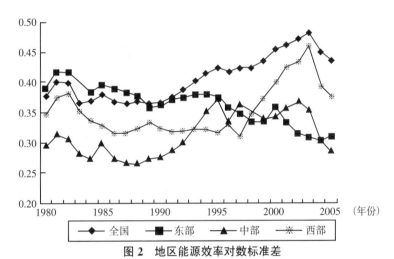

图2　地区能源效率对数标准差

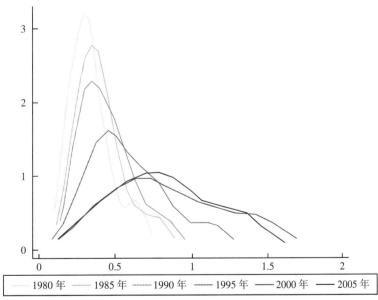

图3　地区能源效率核密度分布

---

①关于增长收敛的其他描述方法可以参见相关文献，考虑到本文的研究目的，我们没有对地区能源效率的收敛性（特别是条件收敛）进行系统讨论。

　　最后，为具体分析地区内部差异及地区间差异对总体差异的影响，我们计算了各地区能源效率的 Theil 指数，并对总体差异进行了地区构成分解。结果发现，东部地区内部差异是构成全国地区差异的最主要原因，但贡献份额在不断下降，已从改革初期的近 60%下降到目前的 35%左右；中部和西部地区内部差异的贡献份额比较小，变化也不大，基本上稳定在 10%~15%；相应地，地区间差异的影响却不断增大，贡献份额从 1980 年的不足 10%增加到目前的 30%以上，已经与东部地区内部差异的作用不相上下（见图 4）。这同样表明，改革以来中国各地区能源效率存在较大差异，虽然东部地区呈现显著的趋同趋势，但与中西部地区的差异总体上不断扩大，三大地带之间的能源效率差异已经成为造成中国能源效率差异的主要原因，并将决定今后中国地区间能源效率差异的变化趋势。

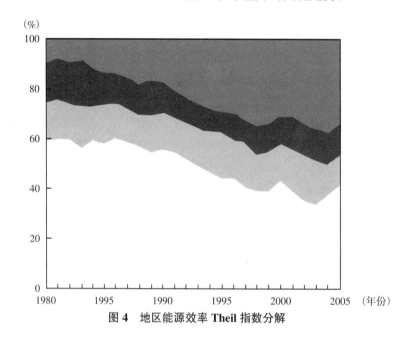

图 4　地区能源效率 Theil 指数分解

　　以上发现可以概括如下：第一，经济发展水平与能源利用效率高度相关，经济发达地区能源利用效率比较高；第二，总体而言，改革以来能源效率的地区差距在扩大，特别是东部地区与中西部地区的差距一直没有缩小的趋势；第三，东部地区的内部差距在显著缩小，三大地带之间的差距对全国各地区总体差距的影响越来越大。同时，这些事实也提示我们，仅从产业结构变化和行业能源效率改进角度进行能源效率分解不能全面解释能源效率地区差异，还必须从经济增长的视角来研究中国能源效率及其地区差异问题，因为只有对能源消费与经济增长关系进行深入分析才能揭示能源效率及其地区差异的决定因素，并从而找到缩小其地区差距的有效途径。

三、地区差异的分解框架

　　从理论上讲，能源效率是一种偏要素生产率指标，受经济中诸多因素特别是生产过程中其他要素的影响，因此生产函数是能源效率分析的自然起点。大多数经验研究（李京文、钟学义，1998；Wu，2003；Chow and Lin，2002 等）表明科布—道格拉斯生产函数能够较好地描述中国的经济增长现实，因而本文也采用这一形式，方程如下：

$$Y_{it} = A_{it} K_{it}^{\alpha} L_{it}^{\beta} E_{it}^{\gamma} \tag{1}$$

其中，Y_{it} 表示 i 地区 t 时期的产出，A_{it} 表示广义技术（Technology）水平，或者根据增长核算的术语称之为全要素生产率（Total Factor Productivity），K_{it} 表示资本投入，L_{it} 表示劳动投入，E_{it} 表示能源投入，α、β 和 γ 分别为资本、劳动和能源的产出弹性，当 $\alpha + \beta + \gamma$ 大于、等于或小于 1 时，经济中要素投入的规模报酬递增、不变或递减。

式（1）两边同除以 E_{it} 得到：

$$\frac{Y_{it}}{E_{it}} = A_{it} \left(\frac{K_{it}}{E_{it}} \right)^{\alpha} \left(\frac{L_{it}}{E_{it}} \right)^{\beta} E_{it}^{(\alpha + \beta + \gamma - 1)} \tag{2}$$

其中，Y_{it} / E_{it} 为产出—能源比率（Output-Energy Ratio），反映了地区单位能源所能支持的产出，我们称之为地区产出—能源效率，也就是经济增长中通常意义的能源效率；K_{it} / E_{it} 为地区资本—能源比率（Capital-Energy Ratio），反映了单位能源所能支持的资本数量，我们称之为资本—能源效率；L_{it} / E_{it} 为地区劳动—能源比率（Labour-Energy Ratio），反映了单位能源所能支持的劳动力数量，我们称之为劳动—能源效率。

式（2）意味着地区能源效率由四个方面因素决定：地区全要素生产率、资本—能源效率、劳动—能源效率和以能源投入衡量的地区规模。

根据式（2），t 时期地区 i 与地区 j 间的能源利用差异可以表示为：

$$\frac{Y_{it}}{E_{it}} / \frac{Y_{jt}}{E_{jt}} = (A_{it} / A_{jt}) \left(\frac{Y_{it}}{E_{it}} / \frac{K_{jt}}{E_{jt}} \right)^{\alpha} \left(\frac{L_{it}}{E_{it}} / \frac{L_{jt}}{E_{jt}} \right)^{\beta} (E_{it} / E_{jt})^{(\alpha + \beta + \gamma - 1)} \tag{3}$$

即地区间能源效率差异为全要素生产率差异、资本—能源效率差异、劳动—能源效率差异和地区经济规模差异四个部分的加权乘积，权重为相应的产出弹性。同理，在式（2）两边取对数并对各地区能源效率（对数）的方差进行分解（Hall and Jones，1999），可以得到：

$$Var\left(\ln \frac{Y_t}{E_t} \right) = Cov\left(\ln A_t, \ \ln \frac{Y_t}{E_t} \right) + Cov\left(\alpha \ln \frac{K_t}{E_t}, \ \ln \frac{Y_t}{E_t} \right) + Cov\left(\beta \ln \frac{L_t}{E_t}, \ \ln \frac{Y_t}{E_t} \right) +$$
$$Cov\left((\alpha + \beta + \gamma - 1) \ln E_t, \ \ln \frac{Y_t}{E_t} \right) \tag{4}$$

式（4）左边为 t 时期各地区能源效率的方差，右边为地区能源效率与全要素生产率、资本—能源比率、劳动—能源比率和地区经济规模协方差的加权和。类似式（3），这表明各地区能源效率总差异可以分解为全要素生产率差异、资本—能源效率差异、劳动—能源效率差异和地区经济规模差异四个部分。

四、生产函数的估计

根据生产函数进行地区能源效率差异分析，关键要估计生产函数，这需要设定式（2）中技术进步的形式。Solow（1957）首先根据增长中要素投入不能解释的部分来衡量生产者的技术水平，不过 Solow 增长核算假定所有生产者在技术上都充分有效，显然这不完全符合经济现实（Farrell，1957），因而前沿技术分析（Frontier Technology Analysis）逐步发展起来并得到广泛应用。该方法允许生产者存在技术无效率（Technical Inefficiency），将全要素生产率分解为前沿技术（Frontier Technology）和技术效率（Technical Efficiency），前者刻画某一时期所有生产者的最优生产技术，后者描述个别生产者实际生产技术与最优技术的差距（Coelli，Rao and Battase，1998）。本文也遵循这一思路，而且假定东部、中部和西部地区面临不同的前沿技术水平，但三大地带内部各省市区的前沿技术相同，其实际生产技术与前沿技术的差距即为技术效率。具体而言，我们假设技术进步的函数如下：

$$A_{it} = \exp\left(A_0 + \tau_1\, td_1 + \tau_2\, td_2 + \tau_3\, td_3 + \nu_{it} - u_{it}\right) \tag{5}$$

其中，A_0 表示初始技术水平，t 为时间趋势，τ_j 表示前沿技术进步的速度，d_j 为地带虚拟变量，当且仅当某省区属于该地带时为 1，否则为 0，$j=1$，2，3 分别表示东部、中部和西部地区。u_{it} 为技术效率指数，$\exp(-u_{it})$ 表示各地区与其前沿技术水平的差距。一般认为，地区技术效率最重要的影响因素是人力资本（Locus，1988）和制度（诺斯，1994 等），这些因素决定地区吸收先进技术、改善资源配置和提高生产效率的能力。不过，傅晓霞、吴利学（2006，2007）等的研究显示，人力资本对改革以来中国各地区技术效率差异的影响很小[①]，因而本文只以制度因素作为地区技术效率的解释变量。具体而言，我们假定技术效率服从均值为 m_{it}、方差为 σ_u^2 和零处截尾（truncations at zero）的正态分布，即 $u_{it} \sim N^+(m_{it},\ \sigma_u^2)$，其中 $m_{it} = \delta_0 + \delta_1\, I_{it}$，$I_{it}$ 表示地区制度因素，δ_1 为参数，表示制度对技术效率的影响程度。ν_{it} 为观测误差和随机扰动，假定它服从零均值、不变方差的正态分布，即 $\nu_{it} \sim N(0,\ \sigma_\nu^2)$。将式（5）代入式（1）并取对数，可以得到实证方程：

$$\ln Y_{it} = \ln A_0 + \tau_1\, td_1 + \tau_2\, td_2 + \tau_3\, td_3 + \alpha \ln K_{it} + \beta \ln L_{it} + \gamma \ln E_{it} - u_{it} + Y_t \tag{6}$$

以上模型即为随机前沿生产函数（Stochastic Frontier Production Function），是一种基于参数估计的前沿分析方法，与基于非参数方法的数据包络分析法相比，它的突出优点是能够提供明确的生产函数关系并考虑技术效率的影响变量[②]。

我们采用 Frontier 4.1 软件估计式（6），方法为三阶段最大似然估计法（3 Step Maximum Likelihood Estimation）。基本思路是用两个参数 $\sigma^2 = \sigma_\nu^2 + \sigma_u^2$ 和 $\theta = \sigma_u^2 / \sigma^2$ 替代观测误差的方差 σ_ν^2 和技术效率的方差 σ_u^2，依据被估计方程的最大似然函数，用数值方法计算 σ^2 和 θ 的最佳拟合值，从而得到 σ_ν^2 和 σ_u^2（以及 u）的无偏和一致估计。具体做法是首先通过普通最小二乘法估计资本和劳动的产出弹性等参数，然后采用两阶段格点搜索得到方差比 θ，同时调整产出弹性等和其他参数，最后以此作为初值通过数值方法（davidon–fletcher–powell quasi–newton 迭代）得到最大似然估计值（Coelli，1996）。

利用 1980~2005 年 28 个地区的数据（说明见附录），我们首先对式（6）进行了无约束的估计，结果为表 2 中方程 I。由于参数的 Wald 检验显示资本、劳动和能源产出弹性之和接近于 1，我们又在规模报酬约束（$\alpha + \beta + \gamma = 1$）下估计了式（6），结果为表 2 中方程 II，参数约束的似然比检验同样表明应当接受生产函数具有规模报酬不变性质的原假设。实际上，方程 I 和方程 II 的参数值非常接近，t 统计量检验显示两个方程的参数估计都在 1% 水平上显著，表明我们的估计是比较稳健的；单侧似然比检验（Kodde and Palm，1986）拒绝了不存在技术效率的零假设（$u_{it} = 0$），表明选择随机前沿模型是合理的。

从估计结果来看，前沿技术进步的估计显示三大地带之间存在巨大差异，东部地区技术进步最快，平均速度分别是中部的 1.5 倍和西部的 2.5 倍，反映了改革以来地区间生产率水平变化的巨大差距；同时，制度因素对技术效率的影响也是显著的，表明体制转轨对地区利用最优技术能力有决定性影响；方差比（θ）约为 0.6，即技术效率和随机因素大约分别解释了地区实际生产效率与最优效率边界差距的 60% 和 40%，说明地区的技术效率因素和随机扰动都对经济增长有较大影响。与其他研究成果相比，本文结果与大多数关于中国经济增长的估计基本一致，不过资本和劳动产出弹性略小于李京文等（1998）、Chow 和 Lin（2002）等的估计结果，我们认为这主要有两方面原因：一是新生产要素——能源的引入，显然会对其他要素产出弹性估计产生一定影响；二是我们假设不同地带技术水平存在差异，也会影响对

[①] 例如，傅晓霞、吴利学（2006）的研究结果表明，制度因素解释了 1978~2004 年东西部地区技术效率差异的 90% 左右，而人力资本大约仅解释了 10%。

[②] 关于随机前沿分析和数据包络分析的具体介绍和比较请参考相关文献（Coelli, Rao and Battase, 1998 等），傅晓霞、吴利学（2007）对这两种方法在中国生产率分析中的适用性进行了详细讨论。

表 2　生产函数估计结果

估计结果	方程 I		方程 II	
变量	系统	t 统计量	系数	t 统计量
lnA0	−0.4704	−4.51	−0.5158	−8.62
τ_1	0.0217	7.74	0.0211	8.09
τ_2	0.0152	7.76	0.0148	8.31
τ_3	0.0087	5.02	0.0083	5.09
α	0.4975	24.81	0.5014	27.54
β	0.2562	18.74	0.2563	18.72
γ	0.2401	12.07		
δ_0	0.5094	7.26	0.5043	7.56
δ_1	−0.8019	−5.38	−0.7764	−5.52
σ^2	0.0288	14.95	0.0287	16.04
θ	0.6005	5.28	0.5901	5.63
似然函数对数	282.25		282.11	
单侧似然比检验	39.06		40.55	

生产要素弹性的估计[①]。总体而言，引入能源要素后，我们的随机前沿生产函数能够更好地刻画不同要素对经济增长的贡献和多种因素对生产效率的影响以及地区增长的差异，因而比较符合改革以来中国经济增长的现实。

五、地区差异分解

　　根据以上生产函数估计结果，我们可以对地区间或全国各地区能源效率差异进行分解。不过与傅晓霞、吴利学（2006）类似，本文结果也表明改革以来中国经济增长中地区规模经济效应不显著，因此以下分析中我们将采用表 2 中方程 II 的结果，并且在地区差异分解中不考虑规模效应的影响[②]。首先，我们利用式（3）测算了各因素对东西部能源效率差异的影响，表 3 报告了计算结果，其中第 1 列到第 4 列分别是东西部地区产出能源效率、全要素生产率、前沿技术水平和技术效率水平的比率，第 5 列和第 6 列分别为东西部地区根据产出弹性加权的资本—能源效率和劳动—能源效率的比率。从中可见，在改革初期，东部地区的资本—能源比率和劳动—能源比率都低于西部，也就是说，如果不考虑全要素生产率影响，东部的资本和劳动的平均能源耗费还都超过西部。然而，东部地区的全要素生产率远远高于西部地区，使东部地区的能源效率总体上高于西部地区。而且随着改革的推进，东西部地区之间全要素生产率的差异不断扩大，同时东部地区的生产方式和产业结构迅速调整，资本—能源效率很快超过西部地

---

①　如 Wu（2003）的类似研究也发现引入地区间技术差异后资本产出弹性的估计数值略有下降。
②　采用表 2 中方程 I 结果的分解也是类似的，同样显示地区规模效应的影响可以忽略。

区，劳动—能源效率方面也缩小了与西部地区的差距①，三方面因素的共同作用使地区间能源效率差异不断扩大。

表3 东西部地区能源效率差异分解

年份	产出—能源效率	全要素生产率	其中：		资本 能源效率	劳动—能源效率
			前沿技术水平	技术效率水平		
1980	1.2770	1.4730	1.1552	1.2751	0.9172	0.9452
1981	1.3020	1.4275	1.1485	1.2430	0.9651	0.9450
1982	1.2685	1.3082	1.1129	1.1754	1.0272	0.9440
1983	1.2441	1.2749	1.1064	1.1523	1.0318	0.9457
1984	1.2966	1.3438	1.1407	1.1780	1.0237	0.9425
1985	1.3077	1.3595	1.1489	1.1833	1.0219	0.9413
1986	1.2894	1.2935	1.1323	1.1424	1.0650	0.9360
1987	1.3201	1.2844	1.1298	1.1369	1.1084	0.9273
1988	1.3307	1.2587	1.1246	1.1193	1.1378	0.9291
1989	1.3695	1.2293	1.1199	1.0977	1.1921	0.9345
1990	1.4021	1.2412	1.1262	1.1021	1.2033	0.9388
1991	1.4229	1.2930	1.1549	1.1195	1.1790	0.9335
1992	1.4812	1.3137	1.1651	1.1275	1.2135	0.9291
1993	1.5409	1.3257	1.1718	1.1313	1.2585	0.9236
1994	1.6029	1.3142	1.1637	1.1293	1.3237	0.9214
1995	1.6479	1.3222	1.1750	1.1253	1.3601	0.9163
1996	1.7198	1.3426	1.1923	1.1261	1.3925	0.9199
1997	1.7988	1.4065	1.2338	1.1399	1.3843	0.9239
1998	1.8158	1.4724	1.2640	1.1649	1.3514	0.9126
1999	1.8485	1.5327	1.2993	1.1796	1.3250	0.9102
2000	1.8722	1.5659	1.3217	1.1848	1.3163	0.9083
2001	1.9039	1.5993	1.3436	1.1902	1.3056	0.9119
2002	1.9633	1.6524	1.3692	1.2069	1.2909	0.9204
2003	2.0143	1.6873	1.3842	1.2190	1.2832	0.9303
2004	2.0144	1.6903	1.3968	1.2102	1.2897	0.9240
2005	1.9698	1.6864	1.3955	1.2085	1.2621	0.9255
平均	1.5549	1.4040	1.2069	1.1634	1.1929	0.9284

其次，我们对1980~2005年全国各地区能源效率的总体差异进行了分解，表4报告了计算结果。从各因素的贡献份额来看，1980~2005年全要素生产率、资本—能源效率和劳动—能源效率对地区间能源效率差异的平均贡献分别为36.54%、45.57%和17.89%，资本—能源效率是造成地区能源效率差异的主

---

① 本文中计算得到的东部地区劳动—能源比率较低可能有两个原因：一是目前中国劳动力的流动性远低于资本和能源，限制了要素投入结构的进一步调整；二是目前的劳动力数据可能存在统计问题，如西部地区大量的农业剩余劳动力往往被计为从业人员而东部地区的"农民工"却难以全部进入劳动力统计中。

要因素，但是全要素生产率的影响也是不容忽视的，只有劳动—能源效率的影响较小。从变化趋势来看，总体而言改革以来地区间劳动能源效率差异在不断缩小，因此在地区间能源效率总差异中贡献份额大幅下降，从 1980 年的 28.75% 下降到 2005 年的 8.36%。与此同时，全要素生产率和资本—能源效率差异都在增大，但全要素生产率差异增加幅度更大，因而其贡献份额不断提高，从 1980 年的 22.95% 上升到 2005 年的 53.78%，其中前沿技术差异从 7.54% 上升到 28.81%，技术效率差异从 15.41% 上升到 24.98%，而资本—能源效率差异的贡献则从 1980 年的 48.30% 下降到 2005 年的 37.85%（见图5）。

表 4　各地区能源效率差异的方差分解

年份	产出—能源效率	各因素影响					贡献份额（%）				
		全要素生产率	其中:		资本—能源效率	劳动—能源效率	全要素生产率	其中:		资本—能源效率	劳动—能源效率
			前沿技术	技术效率				前沿技术	技术效率		
1980	0.1407	0.0323	0.0106	0.0217	0.0679	0.0405	22.9500	7.5400	15.4100	48.3000	28.7500
1981	0.1605	0.0373	0.0127	0.0246	0.0804	0.0429	23.2100	7.9100	15.3000	50.0800	26.7100
1982	0.1593	0.0473	0.0175	0.0298	0.0696	0.0423	29.7000	11.0100	18.6800	43.7300	26.5700
1983	0.1315	0.0337	0.0119	0.0218	0.0614	0.0364	25.6200	9.0500	16.5700	46.6800	27.7000
1984	0.1348	0.0380	0.0138	0.0241	0.0613	0.0355	28.1600	10.2600	17.9000	45.5100	26.3300
1985	0.1437	0.0490	0.0186	0.0303	0.0587	0.0360	34.0900	12.9700	21.1100	40.8600	25.0500
1986	0.1327	0.0409	0.0148	0.0261	0.0592	0.0326	30.8400	11.1800	19.6600	44.6300	24.5400
1987	0.1318	0.0470	0.0174	0.0296	0.0570	0.0279	35.6200	13.1700	22.4500	43.2200	21.1600
1988	0.1346	0.0452	0.0166	0.0286	0.0603	0.0291	33.6000	12.3200	21.2700	44.7700	21.6300
1989	0.1314	0.0377	0.0136	0.0241	0.0651	0.0286	28.7000	10.3700	18.3200	49.5600	21.7400
1990	0.1334	0.0442	0.0165	0.0277	0.0608	0.0284	33.1200	12.3700	20.7500	45.6100	21.2700
1991	0.1403	0.0517	0.0193	0.0324	0.0610	0.0276	36.8700	13.7900	23.0800	43.4500	19.6800
1992	0.1499	0.0525	0.0194	0.0331	0.0710	0.0264	35.0000	12.9300	22.0700	47.3900	17.6100
1993	0.1617	0.0574	0.0207	0.0368	0.0783	0.0260	35.5300	12.8000	22.7300	48.4000	16.0700
1994	0.1732	0.0574	0.0202	0.0372	0.0908	0.0250	33.1300	11.6600	21.4700	52.4100	14.4500
1995	0.1795	0.0574	0.0221	0.0353	0.0987	0.0233	32.0000	12.3400	19.6600	55.0200	12.9800
1996	0.1728	0.0629	0.0267	0.0362	0.0890	0.0209	36.4000	15.4400	20.9600	51.5100	12.0900
1997	0.1781	0.0671	0.0309	0.0362	0.0901	0.0209	37.6700	17.3500	20.3200	50.6000	11.7300
1998	0.1788	0.0753	0.0354	0.0398	0.0844	0.0191	42.0900	19.8100	22.2800	47.2100	10.7000
1999	0.1895	0.0810	0.0396	0.0414	0.0862	0.0223	42.7200	20.8900	21.8300	45.4900	11.7900
2000	0.2067	0.0911	0.0459	0.0452	0.0897	0.0259	44.0800	22.2200	21.8700	43.4100	12.5100
2001	0.2144	0.0992	0.0505	0.0487	0.0881	0.0271	46.2500	23.5400	22.7100	41.0900	12.6600
2002	0.2218	0.1055	0.0546	0.0508	0.0888	0.0275	47.5500	24.6300	22.9200	40.0500	12.4000
2003	0.2326	0.1130	0.0582	0.0548	0.0920	0.0277	48.5700	25.0000	23.5700	39.5300	11.8900
2004	0.2009	0.1061	0.0569	0.0493	0.0775	0.0173	52.8200	28.3000	24.5200	38.5500	8.6300
2005	0.1892	0.1017	0.0545	0.0472	0.0716	0.0158	53.7800	28.8100	24.9800	37.8500	8.3600
平均	0.1663	0.0628	0.0277	0.0351	0.0753	0.0282	36.5400	15.6800	20.8600	45.5700	17.8900

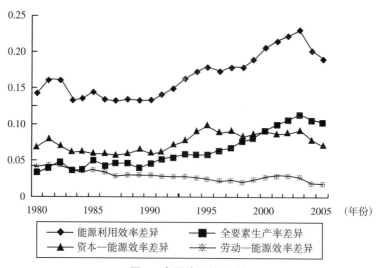

图 5　全国地区差异分解

最后，我们分别计算了东部、中部和西部地区内部的能源效率差异以及各因素的贡献份额①，结果发现：在东部地区能源效率呈现显著的收敛趋势，各省区差异在波动中不断下降，其中资本—能源效率和劳动—能源效率的差异都在缩小，全要素生产率差异略有波动，但 1990 年之后总体呈收敛态势（见图 6）。平均而言，资本—能源效率和劳动—能源效率差异在总差异中的贡献份额分别为 46.75% 和 24.48%，而技术效率差异的贡献份额为 20.69%。中部地区能源效率差异在 1990 年之前变化很小，但此后在资本—能源效率和全要素生产率差异的双重拉动下迅速扩大，不过到 1995 年之后基本保持稳定，而最近有缩小趋势（见图 7）。从影响因素来看，资本—能源效率差异的贡献份额最大，平均约为 56.94%，劳动—能源效率差异次之，约为 41.33%，而技术效率差异的贡献有正有负，平均份额较小。在西部地区，除改革初期的短暂收敛外，1985~1995 年能源效率差异基本没有发生变化，而此后则波动剧烈，先急剧上升后急剧下降，各影响因素的变化趋势也基本如此（见图 8）；而且技术效率差异、资本—能源效率和劳动—能源效率差异对总差异的影响也比较接近，平均贡献份额分别为 23.86%，36.40% 和 26.26%。

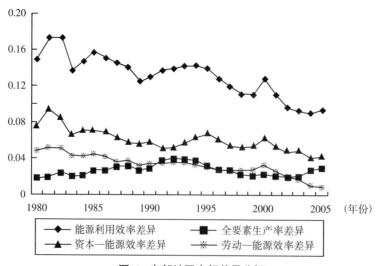

图 6　东部地区内部差异分解

① 根据本文的理论假设，三大地带内部各省区的全要素生产率差异等同于技术效率差异，但由于随机扰动和计算误差的影响实际核算结果表明二者略有差别。

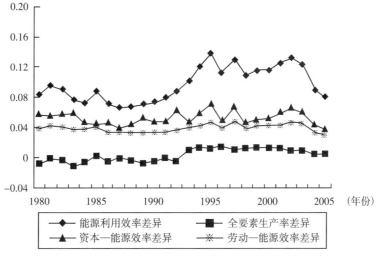

图7　中部地区内部差异分解

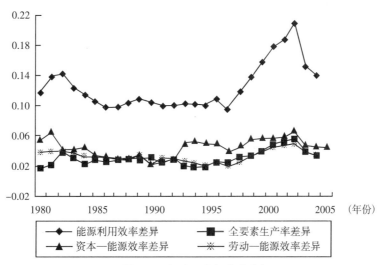

图8　西部地区内部差异分解

以上结果表明，尽管资本—能源效率在改革初期对地区间能源效率差异的影响较大，但是全要素生产率差异的贡献不断提高，近年来已经超过资本—能源效率差异，成为决定中国地区间能源效率差异的关键因素。考虑到前沿技术进步也包含着改革和开放的影响，以及主要由制度因素决定的技术效率对地区能效差异的贡献，以上结果反映出中国各地区制度变迁差异对能源利用效率差异的决定性影响。实际上，对中国地区经济差异的类似研究也表明，随着经济体制转轨的不断推进，经济增长方式对地区经济效率和地区差异的影响越来越大（王小鲁、樊纲，2000；傅晓霞、吴利学，2006）。因而，包括能源在内的生产要素的产出效率不仅取决于特定的生产技术，以制度为基础的要素（包括生产技术）配置方式才是决定中国各地区要素利用效率的最主要因素。东部地区能源效率的收敛趋势，正是各省区市场化和对外开放程度逐步趋同的结果，尽管产业结构差异在一定程度上造成了东部地区内部能源效率的差异（史丹，2006），但是全要素生产率的接近仍然使东部地区能源效率差异总体上在不断缩小。对于中西部地区而言，各省区间经济增长方式没有明显的趋同趋势，因此能源效率差异也没有明显缩小的趋势，地区经济结构和能源消费结构的阶段性变化对能源效率差异变化起决定性作用。因而概括地讲，经济发展机制是中国地区经济增长差异和能源利用效率差异的关键性确定因素，正是全要素生产率的俱乐部收敛导致了地区能源效率从单峰分布向双峰分布的动态演化。这一结论表明，只有加快体制转轨、实现增长方式的根本转变，才能真正提高落后地区的能源效率，有效缩小中西部地区与东部地区的差距。

六、总结性评论

本文总结了改革以来中国能源效率地区差异的特征事实，并在随机前沿生产函数的框架下利用1980~2005年省级地区数据对中国能源效率地区差异进行了方差分解。我们发现：第一，改革以来中国各地区能源效率存在较大差异，并逐渐从"单峰"分布向"双峰"分布变化，三大地带之间的能源效率差异在总差异中的比重不断提高，将成为今后中国能源效率差异的主要原因；第二，各地区全要素生产率、资本—能源效率和劳动—能源效率的差异都对地区间能源效率差异有较大影响，平均贡献份额分别为36.54%、45.67%和17.89%；第三，资本—能源效率和劳动—能源效率差异的作用在缩小，而全要素生产率差异的作用在持续提高，是近年来以及今后很长一段时间内中国能源效率地区差异的主要决定因素；第四，东部地区能源效率的收敛，主要是增长方式趋同的结果，而中西部地区由于体制转轨进程参差不齐，经济结构和增长波动导致了内部能源效率差异呈现波动性变化。以上发现的政策含义在于，仅从微观技术层面或产业结构方面着手并不能有效地缩小各地区，特别是东西部地区间的能源效率差异，只有加快推进中西部地区的市场化改革和对外开放，才能促进包括能源技术在内的技术扩散、改进地区资源配置效率，逐步实现各地区能源利用效率趋同，从而提高落后地区的能源利用效率。

本文的主要贡献在于提出了基于随机前沿生产函数的能源效率地区差异方差分解方法，使我们能够在经济增长的框架下对能源效率及其地区差异进行分析，从而扩展了以往仅依靠指数分解的能源效率分析思路。同时，对于地区技术进步的差异化处理和制度因素的引入使本文的实证研究更为符合中国改革以来的经济现实，从而对地区能源效率差异的分解结果更为全面和可靠，有利于我们找到更为可行的提高能源效率之策。当然，我们的研究仅是初步的，分析框架、关键变量（如人力资本）的度量指标和数据、生产函数的设定和实证研究方法都需要进一步完善和拓展，特别是如何将基于生产函数的能源效率水平分解与能源效率变化的因素分解分析结合起来，是我们接下来的研究重点之一。此外，关于各地区能源效率，特别是资本—能源效率和劳动—能源效率的影响因素也还有待深入探讨。

附录：数据说明

本文能源效率分析和生产函数估计涉及各地区产出、劳动力和物质资本投入、时间趋势、制度水平和能源等变量，指标选择和数据来源说明如下：

产出采用地区生产总值（GDP）指标，利用GDP平减指数调整为2005年价格，单位为亿元。数据主要来自《中国统计年鉴》历年各卷，1990年以前数据参考了《新中国五十年统计资料汇编》。劳动力数量采用全社会从业人员指标，1990年以前数据来自《新中国五十年统计资料汇编》，1991~2005年数据来自《中国统计年鉴》根据人口变动情况抽样调查调整后的从业人员总计数，单位为万人。物质资本投入采用资本存量指标，估算方法是：首先，采用各地区固定资产投资价格指数将历年的投资调整为2005年价格；其次，根据1952年投资总额除以该时期平均投资增长率得到当年初始资本存量；最后，此后历年资本存量根据永续盘存法计算，折旧率采用张军、吴桂英和张吉鹏（2004）的计算结果

（9.6%），原始数据来自《中国统计年鉴》和《中国固定资产投资统计数典》，单位为亿元。劳均产出和劳均资本分别为地区 GDP 和资本存量与从业人员之比。时间趋势采用年度自然序列，以初始年份为 1。制度变量数据来自傅晓霞、吴利学（2006）提供的"制度指数"（Institution Index），该指数从各地区工业总产值中非国有企业比重、全社会固定资产投资中非国有经济份额、外贸依存度和实际利用外资占 GDP 比重四个方面衡量地区市场化和对外开放水平，并采用主成分分析法将四个分项指标合成为一个综合指标，作为测度各地区制度水平及其变迁的代理变量。该指标与樊纲等（2001）通过大样本调查得到的地区市场化指数具有较高的相关关系，较好地反映了各地区的制度变化及其水平差异。能源采用地区能源最终消费实物量，单位为万吨标准煤，1980 年、1985~1990 年和 1995~2005 年数据来自《中国能源统计年鉴》、《中国统计年鉴》和中经网数据库，1981~1984 年和 1991~1994 年数据采用插值法推算，宁夏 1995 年之后的个别数据也是估算结果。

由于数据原因未包括海南和西藏，重庆被合并在四川内，其中北京、天津、上海、河北、辽宁、江苏、浙江、福建、山东、广东 10 个省市为东部；山西、吉林、黑龙江、安徽、江西、河南、湖北、湖南 8 个省为中部；广西、内蒙古、四川、贵州、云南、陕西、甘肃、青海、宁夏、新疆 10 个省区为西部。样本为 1980~2005 年 28 个省级数据，共 728 个观测结果。

〔参考文献〕

［1］傅晓霞、吴利学：《技术效率、资本深化与地区差异》，《经济研究》2006 年第 10 期。

［2］傅晓霞、吴利学：《前沿分析方法在中国经济增长核算中的适用性》，《世界经济》2007 年第 7 期。

［3］樊纲等：《中国市场化指数——中国各地区市场化相对进程报告》，经济科学出版社 2001 年版。

［4］高振宇、王益：《我国能源生产率的地区划分及影响因素分析》，《数量经济技术经济研究》2006 年第 9 期。

［5］韩智勇、魏一鸣、范英：《中国能源强度与经济结构变化特征研究》，《数理统计与管理》2004 年第 11 期。

［6］蒋金荷：《提高能源效率与经济结构调整的策略分析》，《数量经济技术经济研究》2004 年第 10 期。

［7］李京文、钟学义：《中国生产率分析前沿》，中国社会科学文献出版社 1998 年版。

［8］林毅夫、蔡昉、李周：《中国经济转型时期的地区差距分析》，《经济研究》1998 年第 3 期。

［9］道格拉斯·C.诺斯：《制度、制度变迁与经济成就》，（中国台湾）时报文化出版企业有限公司 1994 年版。

［10］史丹：《中国能源效率的地区差异与节能潜力分析》，《中国工业经济》2006 年第 10 期。

［11］史丹、张金隆：《产业结构变动对能源消费的影响》，《经济理论与经济管理》2003 年第 8 期。

［12］王诚：《从零散事实到典型化事实再到规律发现》，《经济研究》2007 年第 3 期。

［13］王小鲁、樊纲：《中国经济增长的可持续性——跨世纪的回顾与展望》，经济科学出版社 2000 年版。

［14］王玉潜：《能源消耗强度变动的因素分析方法及其应用》，《数量经济技术经济研究》2003 年第 8 期。

［15］魏楚、沈满洪：《能源效率及其影响因素：基于 DEA 的实证分析》，《管理世界》2007 年第 8 期。

［16］吴滨、李为人：《中国能源强度变化因素争论与剖析》，《中国社会科学院研究生院学报》2007 年第 2 期。

［17］张军、吴桂英、张吉鹏：《中国省级物质资本存量估算：1952~2000》，《经济研究》2004 年第 10 期。

［18］周鸿、林凌：《中国工业能耗变动因素分析：1993~2002》，《产业经济研究》2005 年第 5 期。

［19］邹艳芬、陆宇海：《基于空间自回归模型的中国能源效率区域特征分析》，《统计研究》2005 年第 10 期。

［20］Chow, G. C. and Lin A., 2002, "Accounting for Economic Growth in Taiwan and Mainland China: A Comparative Analysis", Journal of Comparative Economics, Vol.30, pp.507-530.

［21］Coelli, T., 1996, "A Guide to Frontier Version 4.1: A Computer Program for Stochastic Frontier Production and Cost Function Estimation", CEPA Working Paper 96/07, Armidale: Australia.

［22］Coelli, T., Rao, P. and Battase, E., 1998, An Introduction To Efficiency and Productivity Analysis, Boston: Kluwer Academic Publishers.

［23］Farrell, J., 1957, "The Measurement of Productive Efficiency", Journal of the Royal Statistical Society, Series A,

General120, pp.253–282.

[24] Hall, R. and Jones, C., 1999, "Why Do some Countries Produce So Much More Output per Worker than Others?", Quarterly Journal of Economics, Vol.114, No.1, pp. 83–116.

[25] Hu, Jin-Li and Wang, Shih-Chuan, 2006, "Total-factor Energy Efficiency of Regions in China", Energy Policy, Vol. 34, pp.3206–3217.

[26] Kodde, David A. and Palm, Franz C., 1986, "Wald Criteria for Jointly Testing Equality and Inequality Restrictions", Econometrica, Vol.54, pp.1243–1248.

[27] Lucas, R. E., 1988, "On the Mechanics of Economic Development", Journal of Monetary Economics, Vol.22, pp. 3–42.

[28] Quah, D., 1996, "Twin Peaks: Growth and Convergence in Models of Distribution Dynamics", Economic Journal, Vol.106, pp.1045–1055.

[29] Solow, R. M., 1957, "Technical Change and the Aggregate Production Function", Review of Economics and Statistics, Vol.39, pp.312–320.

[30] Wu, Yanrui, 2003, "Has Productivity Contributed to China's Growth?", Pacific Economic Review, Vol. 8, pp. 15–30.

（本文发表在《管理世界》2008 年第 2 期）

资源型地区节能减排与供给侧结构性改革

陈晓东

摘　要：我国供给侧结构性改革一是要稳增长，二是要实现经济转型升级。在通过推进节能减排来促进产业转型升级的实际工作中，有关部门并没有充分考虑区域发展的现实与不平衡性，还存在着节能减排指标分配"一刀切"、缺乏长效机制等问题，这就意味着西部欠发达地区的经济社会发展将受到严格的政策制约，也就很难改变"守着聚宝盆挨饿"的现状。因此，在推进供给侧结构性改革过程中，需要充分考虑资源型地区在清洁能源输出方面发挥的重要作用，妥善处理资源型地区节能减排与经济社会协调发展的关系，使节能减排指标分配与各地区发展阶段相匹配、与国家产业政策相协调，同时加大国家政策的扶持力度，加快能源管理体制改革，建设国家能源统一市场，推动资源型地区在解决转型升级中的共性问题，加快推进我国经济转型升级，实现经济社会协调发展。

关键词：节能减排约束；资源型地区；转型升级；供给侧结构性改革

目前，我国正处于调整经济结构、产业转型升级的阵痛期，各地区各行业经济增长分化较为突出，这也促使我们冷静思考下一轮经济实现健康发展、采取技术创新从而实现产业转型升级。事实上，我国节能减排压力并没有因为经济发展速度放缓而得到彻底解决，我们应该着实推进供给侧结构性改革与节能减排工作协调发展。自"十二五"以来，我国各地区各行业尤其是资源型地区都面临着非常严峻的节能减排压力。一方面，我国还处于工业化、城镇化进程当中，能源资源需求量还在不断地增加；另一方面，我国也面临着严重的资源环境约束、贸易保护主义以及新能源新技术创新还远未实现市场化等问题。一些欠发达的资源型地区如内蒙古作为我国的能源生产、输出、消费和资源大省，节能减排压力也使得整个地区进一步发展面临更大的挑战。随着供给侧结构性改革及其配套措施的深入推进，实体经济不断分化重整，企业活力也正在慢慢恢复，各级政府又将再次面临节能减排的压力。在这种既相互促进又相互约束的限制条件下，逐步提高就业水平、实现经济转型升级与社会协调发展，将再次考验各级政府的定力与智慧。

[**基金项目**] 中国社会科学院创新工程项目"中国工业化新阶段与供给侧结构性改革"（SKGJCX2017-2018）；中国社会科学院创新工程项目"竞争政策理论前沿与政策走向研究"（SKGJCX2017）。

一、节能减排与供给侧结构性改革的内在要求相吻合

在人类目前的经济社会发展中，所谓的节能减排就是尽可能地减少对化石能源的使用，尽可能地减少碳排放量。如果使用的是可再生能源，则不存在节能或者减排的问题。由于目前新能源技术的发展还远没有达到市场化的水平，人类不仅需要担心化石能源的稀缺性，还要考虑消耗这些化石能源所带来的温室气体排放而引起的全球气候变暖。温室气体排放影响的是人类社会未来走向，而对于各国政府来说，如何更好地解决"三废"问题、如何更好地保护当地的生态环境，则是更为现实的经济社会发展问题（陈晓东、金碚，2016a）。

节能减排意味着在减少投入以及较少的负面产出下实现有效率、绿色环保甚至是创新的市场供给。这与我国目前正在进行的供给侧结构性改革内在要求高度一致。从需求侧来看，市场即使顺畅运行，也仍然可能存在需求不足和非自愿失业等不合意现象。因此，以需求管理为基本内容的调控时间是短期的，以减少或熨平经济波动周期为主。从供给侧观察，市场失灵主要是由于存在结构性障碍，从而导致调节机制系统性失效。因此，供给侧的对策措施主要是对实体经济层面进行调整，着眼于长期效果；调控和干预主要围绕化解过剩产能、消化库存，从而实现产业结构升级。我国供给侧结构性改革有两个急迫的目标，即在稳增长的同时加快实现经济转型升级。稳增长的实质是要激活实体经济内生的新动力，提高潜在增长率水平，而不是再次采取刺激性措施来扩张规模。经济实现转型升级就是要逐步摆脱资源和投资这种双轮驱动模式，实现创新驱动，使产业结构现代化、绿色化、高效化，产业转型升级体现创新、协调、绿色、开放、共享的新理念（金碚，2016）。

资源型地区在上一个经济高速增长的周期中，其发展体现为大量的要素投入和废弃物的排放。如内蒙古虽然在改革开放以来经济社会发展取得了有目共睹的成就，但能源资源的消耗和污染排放等现象与经济社会协调发展的矛盾日益凸显，以能源、资源为支柱的产业发展也遇到了诸多瓶颈。产业结构较为单一、产品附加值比较低、产业链短、能耗高、污染大等问题非常明显。市场机制虽然可以在相当程度上对这些资源进行合理配置，但如果是以追求经济行为主体利益最大化为出发点的话，其结果必然是在对能源与资源的开发利用获得了短暂繁荣的同时，却付出了生态环境被破坏到难以恢复的程度的代价。

面对实体经济逐步向好后未来严峻的节能减排压力与任务，资源型地区在理顺节能减排与供给侧结构性改革关系的同时，要面对节能减排给产业转型升级带来的机遇和挑战，需要找到在节能减排约束下适合本地区创新发展的新路径、新模式，最终达到生态环境保护、绿水青山与金山银山共赢，努力促进经济、社会和环境全面、协调、可持续发展。

二、因地制宜与发挥市场的决定性作用相结合

经过这么多年的快速工业化，我国已经形成了规模庞大、门类齐全的工业体系，拥有强大的产业配套、技术成果转化和抗风险的能力。目前，我国仍处于工业化加速发展阶段，重化工业加速发展是这一阶段的突出特点。这一时期，工业化和经济发展的速度仍然会加快，能源资源的消耗量还将有所提高，温室气体和废弃物排放量也还会增加。在这样一个关键的发展时期，既要实现供给侧结构性改革的目

标，又要完成节能减排任务和发展低碳经济，自然会面临一些矛盾与挑战：重化工业的无限扩张与生态环境容量有限的矛盾、发展方式转变的渐进性与污染能耗问题解决的长期性的矛盾、经济发展与资源环境的不协调性仍会比较突出。

改革开放以来，我国经济社会虽然得到了长足发展，但受自然条件、基础设施、经济发展水平等多方面因素的限制，各区域在经济社会发展上仍然呈现出极大的不平衡，主要表现在区域人均 GDP、工业化率、产业结构、就业水平等方面。而在发达地区和欠发达地区实行统一的节能减排标准，这显然有失公平。如果采取因地制宜的方针，分类指导和区别对待，给予欠发达地区相关政策、资金、技术等方面的支持，这些地区在实现经济社会总体目标时会更容易一些；而且客观上也会减少一些行业或部分地区采用低效率、高成本的措施来应付节能减排工作，有利于在全国范围内形成一个基于内生技术进步的产业转型升级长效激励机制。

节能减排既是我国承担国际责任的需要，也是目前推进供给侧结构性改革、促进经济转型升级的需要。一些资源型地区作为国家重要的能源重化工基地，近年来肩负着能源供给和大幅节能减排的双重任务。随着全国能源需求量的不断提高，这些地区作为能源资源供给基地与脆弱的生态环境叠加区域，生态压力环境保护责任日益凸显。这些地区的经济社会发展相对于发达地区来说还比较落后，正处于加速发展阶段。而目前的节能减排指标分配还没有充分考虑各地区的能源生产与消费结构，也没有很好区分能源消费过程中一次能源和二次能源的消费比例，特别是在能源消费地区和供给地区之间的节能减排指标分配上还存在一些不尽合理之处；而且现在国家煤化工行业能耗统计标准也出现了重复计算的情况，除煤制油项目将原料煤扣除外，煤制烯烃、煤制甲醇等煤化工企业的原料煤消耗均被纳入了能源消耗统计范围（孟凡君，2015）。而这部分消耗实质上是物理形态转化，并没有增加能源消耗，应当从能源消耗总量扣减。以上这些情况的存在，很大程度上削弱了资源型地区节能减排工作的效果，也影响了当地经济社会的协调发展。

因此，需要发挥市场的决定性作用，以市场为纽带来进行节能减排制度的设计和落实，尽量减少政策制度对经济带来的扭曲；而且出台的政策要能够真正解除我国自身技术发展所面临的障碍，要让政策资源的效率发挥到最佳状态。在这个背景下，结合我国各地区的实际情况，实事求是地判断各项节能减排技术在我国所处的发展阶段，并根据技术发展特点出台相关政策，激活创新驱动力，加快推进我国经济转型升级（陈晓东、金碚，2016b）。

三、依靠技术创新与促进充分就业相协调

应该清醒地认识到，我国取得传统工业化的成就主要采取的是低成本替代策略，以模仿创新的方式快速向各产业领域推进的结果。而目前产能过剩和市场饱和促使我国必须从模仿创新向自主创新转变，努力拓展产业发展的新空间，努力攀登新技术的制高点。这是产业技术变迁的巨大跨越，不仅需要实现累积性技术进步，更要实现开拓性的技术进步。技术创新与技术进步是完成供给侧结构性改革、实现产品供给转型升级的关键，也是有效实现节能减排最重要的方式。理论上讲，如果技术足够先进，现在所谓的那些废物也是资源，换句话说，世界上就没有废弃物。在煤化工领域，随着化工科技的进步，现在许多废料都已经可以得到完全利用，变废为宝，进一步延伸到印染、医药制造等相关行业。当今世界各国发展低碳经济，减少温室气体和污染物的排放，同样必须依靠科技进步。只有通过技术创新，才能有效减少污染物的排放，保护生态环境，最终实现经济社会协调的可持续发展。

实现我国经济转型升级的关键在于提高技术效率与技术创新，也是我国实现节能减排与发展低碳经济的内在要求。实践证明，技术效率改进与技术创新均对工业碳生产率的增长有显著的正向促进作用，而且技术效率的改进对工业碳生产率增长的促进作用强于技术创新对碳生产率增长的促进作用，如煤基乙醇工业化技术在 2017 年春天终于投产成功，这使得乙醇和粮食彻底脱钩。因此，不仅要发挥技术创新与技术进步对降低碳排放强度的促进作用，还要进一步加大技术效率改进对工业碳生产率增长的促进作用。从全国范围来看，我国节能减排在提高技术效率和技术创新、技术进步上还有很大空间。作为一个发展中国家，我国目前的能源生产供给与利用、工业生产等领域技术水平还相对比较落后，技术开发能力和关键设备的制造能力还有待进一步提高。市场景气阶段，企业都忙着赚钱，对此置之不理；而在市场疲软的时候，"有心没钱"的情况又比较突出，客观上阻碍了节能减排技术和创新的推广与应用。

资源型地区的主要行业多集中在资源型产业，通过减少资源使用量的方式来实现节能减排的空间已经非常有限。因此，近年来这些地区的很多企业在发展与升级换代时都采用了比较先进的技术和设备，甚至是世界上最先进的设备。但这又带来了另外一个问题，即在市场不景气、订单减少的时候，这些最先进的节能减排技术的使用与设备运行的成本成了企业最大的心病。运行，其收入不足以弥补成本；不运行，违法排放，处罚则更为严厉。如今只有少数一些采用国际最先进技术与设备的重化工企业抗风险的能力相对较强，在市场景气的时候有非常可观的利润，目前也还能微利或者保本运行，其他的企业干脆关门歇业，员工长期处于放假状态，虽然没有解除劳动合同，但企业已经不发放工资，需要员工自谋出路；再加上一些因为采用最先进技术设备而被替代下来的员工，这种显性失业和隐形失业叠加在一起，很容易影响这些欠发达资源型地区经济社会的稳定发展。因此，必须高度重视产业转型升级过程中失去工作机会和岗位的产业工人，妥善解决他们分流培训再就业的问题；同时，针对新兴产业和技术进步对劳动力数量和质量提出的新要求，需要加强职业技能培训，加快人力资本积累。

可见，在适当的市场环境和政策条件下，企业完全有能力也有动力通过提高技术效率和技术创新来实现大幅度的节能减排，甚至由此盈利也屡见不鲜。因此，应该特别重视通过技术创新、技术进步来实现节能减排，尤其是鼓励那些已经采用较为先进技术和设备的企业；对于那些遇到技术天花板的行业如电解铝，一方面需要对此采取不同的政策措施，另一方面还需要积极着力于提高现有的技术效率来实现碳排放强度的下降；同时，还可以出台相关的鼓励政策与措施，积极发挥市场的决定性作用，实现产业转型升级、生态环境保护和经济社会的协调发展。

四、长期投资与节能减排目标相一致

在推进供给侧结构性改革的过程中，需要科学认识供给侧与需求侧及其对应政策。现实经济生活中，同一类经济行为往往都具有供需的双重含义。任何经济学概念都不可能精确地对应客观现实，因为现实世界本身并无绝对的界限。作为"三驾马车"之一的投资，一般被认为是需求。对短期来说投资是需求，表现为拿钱去买生产要素；而对长期来说，投资则是供给，它决定了生产能力和技术状况。其实，无论是需求侧还是供给侧的对应政策，都得运用投资手段，只不过是前者主要应对短期的经济波动，后者主要实现经济转型升级的长期目标。

从长期来看，现有的和前瞻性技术的开发、部署与应用，对于我国实现节能减排、发展低碳经济将起到关键的作用。但需要注意的是，关于长期节能减排及其相应的科技发展目标，其研究几乎都是基于技术能够顺利研发并最终实现商业化应用的假设。由于科技发展具有不确定性，先进技术的研发和应用仍然存在着延迟甚至失败的风险。

各项研究表明，在全球范围内实现控制温室气体排放的目标需要巨额的成本与投资。如果是将升温幅度控制在 2℃ 以内，到 2030 年全球每年的节能减排的成本至少为 2000 亿~ 3500 亿欧元，而且每年还需要 1 万亿美元的投资来保证关键技术的研发及其商业化，这相当于全球 40%的基础设施投入或者全球国民生产总值的 1.4%。根据麦肯锡估算，如果油价保持 60 美元/桶不变，到 2020 年，每年需要的增量投资约为 530.0 亿欧元，到 2030 年则达到每年 8100 亿欧元（陈晓东、金碚，2016a）。

节能减排所需要的投资水平与所选技术的成本直接关联，并随着节能减排的深入，所需投资水平将不断提高，巨额的投资将为中国实现能源强度降低的目标带来更严峻的挑战。随着节能减排工作的持续深入，国家需要考虑依据节能减排成本来制定阶段性能源强度和减排目标，采取相关的政策措施来促进技术成本的降低。

要综合考虑各种节能减排技术所需的前期投资与应用成本。各领域技术的节能减排成本与前期投资之间并无必然关联，二者对技术应用也都会产生影响。对我国来说，巨额的前期投资和成本是一个巨大挑战，但我国仍然面临着很多的机遇来实现节能减排的目标：中国市场的规模及其将来的发展，使得节能减排技术在规模化应用时成本较低；在中国建立新企业的时间与成本，比发达国家同类企业更新换代相关机器设备的成本要低很多；在合理政策的引导下，投向低碳技术的资金尤其是民营资本会很快集聚。

五、节能减排要与国家产业政策相匹配

产业政策是指政府通过改变资源在不同行业间的配置，从而现实对经济活动施加的宏观上的干预。产业政策一般分为横向政策和纵向政策两类。横向政策一般是跨行业，用来帮助众多行业应对共同的市场失灵。横向政策并不具有选择性，并不针对特定的行业或企业。而纵向政策是针对特定行业或企业的，以应对所谓的市场失灵。一般认为，由于产业升级和创新发展中存在着市场失灵，因此产业政策是不可或缺的。但是，产业政策是否有用，则是一个争论不休的话题。撇开去年热烈的"林张之争"不说，早在 1997 年，就有产业政策在东亚奇迹中究竟是否有用的争论话题。当时的世界银行首席经济学家斯蒂格利茨和发展经济学研究部主管尤素福在其主编的《东亚奇迹的反思》一书中强烈怀疑产业政策的有用性（Yusuf，2001），但斯蒂格利茨在总结性一章中，却对这些技术性研究成果大加质疑（Stiglitz，2001）。

为了优化全国产业布局和促进西部资源型地区产业发展，我国曾出台了《关于重点产业布局调整和产业转移的指导意见》，提出了资源加工型产业优先向西部资源富集地区转移。我国是一个煤多油少气少的国家，这种资源禀赋注定了我国以煤为主要能源的能源结构，而且这种能源结构在未来相当长的发展时期内很难发生根本性的改变，除非出现颠覆性的新能源技术及其广泛应用。节能减排的本质是要提高资源能源在经济社会发展中的使用效率并逐步实现投入数量的减少，而不是像很多地方被动采取一些应急措施来对付完成。前些年市场景气的时候，许多地方政府节能减排的硬任务难以完成，各地发展的冲动实在难以抑制，一些地区只好无奈地采取"拉闸限电"等强制性措施。这种采取突击性手段来完成节能减排任务的做法，虽然一时数字达标，但却不能解决根本问题。而当经济不景气了，许多企业开始关门歇业，员工也处于放假休息状态了，地方政府节能减排的任务不用采取强制措施也能轻松完成（陈晓东、金碚，2016a）。其实，这是没有摆脱规模扩张的路径依赖，如此循环往复，经济转型升级恐怕难以顺利实现。正因为如此，节能减排才成了地方政府业绩考核的关键一票。

但是，目前的节能减排任务却与先前国家公布的鼓励西部资源型地区发展资源加工型产业相矛盾。一方面，没有参考相关资源型地区发展水平和发展潜力等不同因素，节能减排指标分配给西部地区的总量不足，与东部发达地区相比，西部欠发达资源型地区的节能减排基数相对较小，如果按相同比例下调指标数，留给西部地区发展经济的节能减排空间将更加狭窄，这就意味着西部欠发达地区的经济社会发展将受到严格的政策制约，这将冷落了西部资源型地区政府和百姓盼望早日致富和经济社会实现跨越式发展的迫切心情，也很容易造成西部资源型地区已有人才和劳动力资源的流失，也就很难改变"守着聚宝盆挨饿"的状况；另一方面，没有充分考虑不同行业能源消耗和碳排放的差异性，指标分配与各地产业结构以及产业定位相脱节。我国能源资源生产主要集中在西部地区，而能源资源消费却集中在东部地区，能源资源赋存与能源资源消费逆向分布与流动，客观上加剧了能源供需矛盾、运力紧张、企业成本负担加重等问题的出现。因此，节能减排指标分配方法，不仅要考虑到西部资源型地区欠发达的社会现实，而且还要充分考虑到这些地区重化工的产业结构特征，要给予适当的政策倾斜，这样才能促进西部地区资源加工型产业良性发展，才能保证东部发达地区清洁能源的供给，才能推进我国经济的转型升级。

六、节能减排的长效深入需要有政策激励

相对于东部发达地区来说，西部资源型地区如内蒙古在经济上长期处于弱势地位，社会发展水平相对滞后，许多影响该地区节能减排的经济发展活动都将受到限制。正如当地人所言，只要上马一个规划中的项目，就会突破现有节能减排的指标约束。因此，西部资源型地区为了维护全国的生态环境安全，一方面在经济社会上做出了很大的牺牲，另一方面还服从服务于发展大局，不断地向东部发达地区提供清洁能源。因此，国家需要对这些地区给予相关的政策优惠与扶持作为补偿（课题组，2016）。

完善对西部资源型地区财政支付政策，增加对这些地区的一般性财政转移支付，同时制定用于推广低碳经济发展方式的专项转移支付政策。将这些地区的基础设施建设、低碳产业开发、生态环境保护与修复结合起来，实施退耕还林还草政策；调整农业结构、加快发展现代农业；优化能源结构，促进这些地区大力发展低碳经济。积极推进低碳产品标记，通过对西部地区的以低碳方式生产的产品加以标志，肯定其对经济社会可持续发展的贡献，不仅可以提高人们对低碳经济的认识，而且通过增加这种商品的销量，鼓励西部发展低碳产业，不断提高其市场竞争力，促进这些地区特色绿色产业的发展。

加大对西部资源型地区的环保投入。中央政府在统筹全国环保建设的同时，尽力引导资金倾向西部资源型地区，运用多种手段，通过财政转移支付、减免税收等方式，加大对这些地区的环境保护与生态修复的补偿力度。继续加大对高技术产业的财政资金投入力度，逐步提高节能环保产业引导资金占财政支出的比重。以财政补助、贴息、资本金注入等多种形式扶持基地公共服务体系和重大产业化项目建设，保证国家专项资金的配套落实。

建立西部资源型地区综合性生态补偿机制。尽管西部资源型地区当前的低碳环境承载力水平较高，但由于这些区域生态环境的脆弱性，这种优势随时都会丧失。因此，应综合考虑生态系统服务价值、生态保护成本、发展机会成本等因素，综合运用"看不见的手与看得见的手"，调整相关利益方关系，不断加大生态环境保护与建设以及生态修复的力度；进一步完善有利于西部资源型地区低碳资源保护的税费政策，对开发利用生态资源的经济活动与行为，征收相应的税费或补偿费用，逐步扩大资源税的征收范围，将矿产、沙漠、森林、草原、滩涂、湿地等纳入其中调整税额，把因资源开采所造成的环境成本纳入进来。

七、推进能源统一市场建设以解决共性问题

西部资源型地区经济社会转型升级面临一系列特殊问题。这些问题的形成既有历史原因、体制原因，又有本地区自身的原因。因此，要解决这些地区的特殊问题，一方面主要靠本地区加快自身发展，依托资源优势，由资源大省转变为经济强省，将资源红利最大限度地转化为民生投资、人力资本积累、技术创新投资等；另一方面又必须获得中央政府的政策和战略支持，实现中央与地方机制体制的协调创新。

以西部相关资源型地区为主，设立国家能源保障经济区。从根本上讲，资源型地区转型发展面临的特殊问题，就是在保障国家能源供应和东部发达地区清洁能源供给的情况下，更加注重这些欠发达地区自身的经济社会协调发展的问题。如果没有这些资源型地区经济社会的健康快速发展，能源保障就会失去应有的意义。因此，以西部主要资源型地区为主，设立国家能源保障经济区。这种战略构想与国家大能源战略、西部大开发战略、中部崛起战略、京津冀一体化战略、长江经济带发展战略并行不悖。这一思路，可以有效协调相关地区经济社会发展与能源有序开发供给的关系，解决当前能源资源开发利用过程中的一系列利益冲突、生态矛盾和环境保护等关键问题。

2010年12月，国家批准在山西省设立国家级资源型经济综合改革试验区，其主要任务就是：要通过深化改革，加快产业结构的优化升级和经济结构的战略性调整，加快科技进步和创新的步伐，建设资源节约型和环境友好型社会，统筹城乡发展，保障和改善民生。这种政策是对西部资源型地区总体发展迈出的第一步支持。山西省是能源开发的老牌基地，内蒙古和陕西是两个新兴的能源大省，特别是内蒙古近几年煤炭产量已经超过了山西省。内蒙古和陕西两省区的资源型产业发展也必将经历山西省发展中存在的诸多困惑和问题，但国家很难在这两个省区也设置类似资源型经济综合改革试验区来解决陕西与内蒙古两省区的相关问题。因此，从长远来看，应以这些能源重化工产业为主要产业的资源型地区为基础，设立国家能源保障经济区，统筹兼顾西部这几个能源大省的经济社会转型发展的问题。

资源型地区经济社会的转型升级，需要与国家整体战略规划及国家能源战略规划相协调。实施统一的能源管理体制已经成为当今国际发展趋势，而我国历次能源管理体制的改革主要是为适应能源行业发展形势，解决能源行业之间的矛盾，这已经难以适应国家层面的大能源战略管理。因此，需要从国家战略层面统筹规划，进行顶层设计，对我国能源资源实行统一的宏观管理，制定国家层面的能源发展战略，制定统一的能源政策法规，加大宏观调控力度，建立一个从中央到地方统一的、以能源战略管理为核心的能源监管体系，推进国家能源统一市场的建设（课题组，2016）。

在国家能源一盘棋的规划下，重新构建新型的能源资源管理体制。科学划分中央政府与省级政府关于能源资源的管理权限；在坚持政府引导下，提高能源资源产业的集中度；兼顾相关地区的经济社会利益，理顺中央政府和省级政府间的资源利益分配机制，也就是理顺国家经济与区域经济的关系，构建新型的能源资源管理体制，实现资源型地区经济社会协调发展，早日实现我国经济的转型升级。

〔参考文献〕

［1］陈晓东、金碚.供给侧结构性改革下的节能减排与我国经济转型升级［J］.经济纵横，2016（7）.

［2］金碚.科学把握供给侧结构性改革的深刻内涵［N］.人民日报，2016-03-07.

［3］陈晓东、郝丹、金碚.供给侧结构性改革下的节能减排与我国经济发展协调性研究［J］.南京社会科学，2016（9）.

［4］陈晓东，常少观，金碚. 区域节能减排成熟度与经济发展研究——以内蒙古为例［J］. 区域经济评论，2016（6）.

［5］陈晓东，金碚. 促进西部资源型省区节能减排与经济协调发展的若干政策建议［J］. 中国社会科学院《要报》，2016（59）；中国社会科学院《研究报告》，2016（16）.

［6］陈晓东，金碚. 供给侧结构性改革下的节能减排与经济发展研究［M］. 中国社会科学出版，2016.

［7］课题组. 节能减排与经济发展关系研究［M］. 中国社会科学院工业经济研究所，2016.

［8］孟凡君. 节能减排指标分配体系需要改革完善［N］. 中国工业报，2015-03-12.

［9］内蒙古自治区发改委. 二氧化碳排放考核材料汇编［Z］. 2015.

［10］Shahid Yusu, F. The East Asian Miracle at the Millennium, in Joseph E. Stiglitz and Shahid Yusuf（eds.）. Rethinking the East Asian Miracle［M］. New York：Oxford University Press，2001：1-53.

［11］Joseph E. Stiglitz. From Miracle to Crisis to Recovery：Lessons from Four Decades of East Asian Experience. Joseph E. Stiglitz and Shahid Yusuf（eds.）. Rethinking the East Asian Miracle［M］. New York：Oxford University Press，2001：509-526.

（本文发表在《中州学刊》2017 年第 5 期）

中国区域节能潜力估算及节能政策设计

王　蕾　魏后凯　王振霞

摘　要：很多研究认为，中国中西部地区能源效率较低，与东部地区相比，中西部地区的节能潜力更大。因此，适度提高中西部地区的节能减排目标，将有助于实现全国整体节能目标。事实上，中西部地区能源效率水平很难在短期内赶上东部地区，其节能潜力仅仅是理论上的节能潜力，不能作为中国制定区域节能减排政策的依据。因此，本文尝试以中国各省份所在区域的能效最高值作为基准值，利用DEA的方法对全国不同区域的节能潜力进行估算。结果显示：一是与全国平均节能潜力相比，中西部地区节能潜力较低；二是从测算结果来看，中国推进节能减排的重点区域仍然是东部发达省份，而不是中西部地区。基于此，本文提出应正确看待东中西部地区节能减排的实际能力，科学地制定减排目标。为此，本文提出中国在"十二五"期间，应实施差异化的节能政策设计，即差别化的节能目标管理、差别化的节能产业政策、差别化的节能投融资政策，以及差别化的节能财税政策。

关键词：阶段性特征；节能潜力；差别化节能政策

一、引　言

改革开放以来，在中国各地区经济发展过程中，能源作为主要投入要素起到了重要的作用。随着资源与环境双重约束的日益加剧，过去那种依靠能源大量投入、低效利用的粗放式增长方式对经济可持续发展提出了严峻挑战。因此，如何提高能源效率，释放节能潜力，是当前中国缓解经济发展过程中资源与环境约束最为迫切和重要的战略途径之一。由于中国地区间发展不平衡，全国各地区能源效率存在很大差异。如果落后地区能够赶超发达地区的能源效率，将极大地提高中国总体能源效率。"十一五"期间，中国基本上完成了国家制定的节能减排指标，全国单位GDP能耗降低19.06%。但是，由于各地区在发展阶段、资源禀赋、技术水平、经济结构等方面的巨大差异，使各地在节能减排过程中面临的任务和重点各不相同。例如，经济发达地区20%的节能指标基本上能够在不影响经济发展速度的条件下完成，而落后地区由于发展水平低，目前正处于工业化和城镇化加速推进阶段，要完成节能指标困难较大，不少地区为了完成节能指标，出现了拉闸限电的状况。

"十二五"期间，面对国内外经济环境的变化，中国的节能压力将进一步加大。如果要在未来五年内完成节能目标，一个重要途径就是提高落后地区的能源效率，缩小地区间能源效率差异。目前，不少

[**基金项目**] 本文是国家社科基金重点项目"科学发展观视角下促进区域协调发展研究"（项目编号：07AJL010）的成果。

学者采用不同指标、不同方法对中国地区间能源效率进行了测算。无论是单位 GDP 能耗还是全要素能源效率，测算结果都显示，中西部地区能源效率远远落后于东部发达地区。例如，就单位 GDP 能耗来看，2009 年西部地区是东部地区的 2.16 倍，最高的贵州省是最低的北京市的 6.67 倍；从全要素能源效率来看，2008 年东部地区是西部地区的 1.44 倍。因此，中西部地区能源效率具有很大的提升潜力。

　　近年来，国内学者关于中国节能潜力的测算，主要是以发达国家或发达地区的先进水平作为衡量标准，通过比较认为，与东部地区相比，中国中西部地区节能潜力更大。适度提高中西部地区的节能减排目标，有助于实现全国整体节能目标。这种结论不具有说服力。从宏观层面来看，产业结构、能源消费结构、资源禀赋结构、技术水平都是影响能源效率的重要因素（史丹，2003；韩智勇等，2004；蒋金荷，2004；周鸿、林凌，2005；魏楚、沈满洪，2009）。从微观层面来看，能源价格改革滞后，使得社会未形成提高能效的内在动力（温桂芳，2009；史丹，2011）；从市场化角度来看，市场分割导致技术外溢效应不能发挥到最大化（师博等，2008）。因此从这些因素来看，目前即使在中国最发达的沿海地区，其能源效率也具有非常大的提升空间。史丹（2006）曾指出，通过国际对比得出的节能潜力不可能在短期内实现，因此，地区间的能效差异才是中国当前经济技术水平条件下可能实现的节能潜力。但是，从一些学者的研究中发现，改革开放以来，中国地区能源效率出现了一部分地区（东部地区）能源效率趋向于高水平均衡，另一部分地区（中部和西部地区）趋向于低水平均衡的俱乐部收敛现象（史丹、吴利学等，2008）。这也说明国内较大的地区间差异，使得即使在国内对比，可能也夸大了落后地区的节能潜力。

　　根据工业化国家的历史经验，能源消费强度存在先上升后下降的变化规律，不同地区在不同阶段能源效率呈现不同的阶段性特征。已有研究证实了中国东部、中部和西部地区能源效率存在不同的阶段性特征。虽然能源效率绝对上升的拐点何时出现暂时还无法准确预测，但是东部地区能源效率总体上已经出现微弱的 U 形反转趋势。中部和西部地区尚处在工业化加快推进时期，中部和西部地区的能源效率目前还没有出现反转的特征（王蕾，2011）。因此，在挖掘各地节能潜力时，必须要考虑这个背景。也就是说，从长期来看，由于能源效率正好处在下降阶段，中西部地区可能缺乏节能的内在动力，虽然在理论上会存在较大的节能潜力，但是难以挖掘，实际节能潜力并不大。

　　在"十一五"期间，中国制定的节能指标采取"一刀切"的做法，忽略了能源消费的阶段性特征，导致节能出现严重的激励问题，一些地区为了完成节能指标而被迫牺牲经济增长（如拉闸限电）。"十二五"期间乃至更长时间内，中国节能减排工作仍将继续，中央将继续对各地节能减排工作下达一定指标。从当前的能源效率水平来看，中西部地区落后于东部地区，从理论上讲，中西部地区节能空间很大。但是在考虑能源效率阶段性特征的前提下，中西部地区实际节能潜力可能并不像预想中的那么大。因此，本文将重点探讨以下两个问题：一是在考虑阶段性特征的前提下，中国各地区节能潜力究竟有多大；二是应该制定哪些差异性的节能政策。

二、区域能源效率的差异性特征

　　从能源消费的绝对量看，1980 年以来，中国东、中、西部地区能源消费均呈快速增长趋势。经济较发达的东部地区能源消费量比较大，30 多年来，人均能源消费水平始终高于全国平均水平。此外，三大地区间能源消费水平存在明显的差异，能源消费量大的东部地区人均能源消费水平大约是西部地区的 5 倍，特别是 2000 年以后，东部发达地区与中西部地区能源消费差距逐渐拉大。造成这种差距主要是由地区间经济发展差距拉大[①]以及工业化程度不同引起的。

（一）区域间能源效率差距拉大

近年来，随着中国经济的快速发展，三大地带之间能源效率水平差距也在不断拉大。从图1可以清楚地看到，2003年后东部与中西地区能源效率水平差距开始出现扩大的趋势。例如，1990年，东部地区的能源效率是西部地区的1.44倍，而2009年这一差距增加到1.94倍。对于三大地带能源效率差异形成的原因，客观上来说主要是由各地区的经济发展阶段所决定的，无论是技术、结构因素还是制度因素，中西部地区都落后于东部地区。

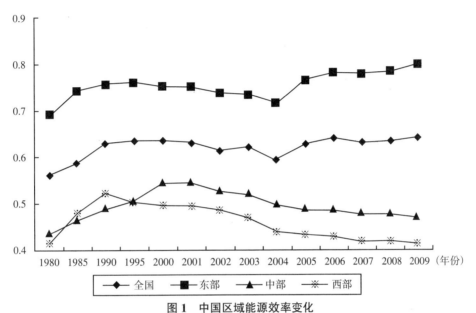

图1　中国区域能源效率变化
资料来源：根据《中国统计年鉴》（2010）和《新中国六十年统计资料汇编》计算。

从能源强度看，改革开放以来，三大地带的能源强度水平均有大幅度下降，其中经济发达的东部地区下降幅度最大，始终低于全国能源强度的平均水平；西部地区能源强度水平较高，而且与东部地区的差距在扩大（见表1）。如果以全国平均水平为1，1985年三大地带相对能源强度比值为0.70∶1.17∶0.94，东部地区最低，西部地区次之，中部地区最高；1990年这个比值变为0.68∶1.14∶0.95，中部与西部地

表1　1985~2009年中国三大区域能源强度

单位：吨标准煤/万元

年份	1985	1990	1995	2000	2002	2004	2005	2006	2007	2008	2009
东部	2.54	2.24	1.55	1.15	1.10	1.10	1.12	1.08	1.03	0.98	0.77
中部	4.17	3.71	2.62	1.67	1.64	1.68	1.66	1.59	1.51	1.23	1.25
西部	3.40	3.11	2.47	1.89	1.81	2.06	2.10	2.08	2.02	1.92	1.46
全国	3.58	3.26	2.29	1.63	1.57	1.62	1.63	1.58	1.51	1.39	1.21

注：国内生产总值采用2005年不变价。
资料来源：根据《中国统计年鉴》（2010）和《新中国六十年统计资料汇编》计算。

---

① 1980~2009年，东、中、西部地区国内生产总值之比由50.15∶29.62∶20.24变为57.55∶23.66∶18.78，东部地区增加了7.4个百分点，而西部地区却减少了1.46个百分点，东西部地区差距扩大了8.86个百分点。这期间，东部与西部地区间人均国内生产总值的差距由1.89倍上升到2.29倍。在经济增长方式基本相同的条件下，经济发展水平的差异决定了能源投入量的差异。

区水平逐步接近，而东部与其他两个地区的差距开始扩大；到 2009 年，这一比值变为 0.63∶1.03∶1.20，东部与中西部地区能源强度差距没有出现缩小趋势，而西部地区能源强度超过中部地区。

（二）东部地区能源效率出现反转

三大地带能源效率在 2000 年时均出现一个短暂下降时期，随后从 2005 年开始又出现反弹。其原因主要是在国际产业转移深入背景下，快速推进的重新重工业化导致能源效率下降。其深层次原因则是政府主导地方资源，拉动经济增长的粗放式模式。传统的政绩考核方式激励了地方政府强烈的区域赶超愿望，加剧了地方政府之间的竞争，导致投资冲动与大量的重复建设，诱发了重工业化倾向，而能源效率在这一系列的经济扭曲中恶化（师博、沈坤荣，2008）。自 2005 年起，东部地区能源效率开始上升，并直接导致全国能源效率反转；同期，中部与西部地区能源效率仍然呈下降趋势，并与东部地区能源效率差距逐步拉大。

（三）技术效应是导致地区能源效率差异的主要原因

可见，近年来中国地区间能源效率差距逐步扩大，中西部地区能源效率水平继续呈下降趋势。根据前面的实证分析，导致中西部地区能源效率下降的主要原因是产业结构因素，而东部地区能源效率的改善主要是由技术进步引起的。因此，结构因素与技术因素是导致地区间能源效率出现差异的主要原因。李国璋等（2008）利用 LMDI 分解方法，对能源强度进行了分解。从因素分解结果看，技术因素对能源效率改善起到了主要作用。由于东部地区采用的能源利用技术较先进，能源效率高于中西部地区。中西部地区尤其是西部地区由于技术落后，虽然能源消费量小于东部地区，但能源效率较低，这也说明了技术水平是导致区域间能效差异的主要原因。

此外，一些学者利用不同样本或方法也得到类似的结论。例如，史丹（2006）对工业部门能源效率进行因素分解，结果表明技术因素是导致中国区域工业能源效率差异的主要原因。成艳等（2009）利用 LMDI 分解方法对 1980~2006 年中国能源效率进行分解，同时对结构效应和技术效应进行了测算。从测算结果来看，无论是从总体还是分阶段来看，技术因素都是导致总体能源效率提高和地区间能源效率差异扩大的主要原因。

三、中国区域节能潜力估算

近年来，学术界对中国节能潜力的研究已比较多，其中大多以国际能源效率作为节能目标值，通过国际比较，判断中国能源效率水平与节能潜力。考察能源效率的国别差距，可以比较清楚地了解中国能源效率的水平与节能潜力，这个节能潜力是不可能在短期内就能发挥出来的，中国能源效率潜力，应该以国内较高能源效率水平为目标值（史丹，2006）。有学者利用单要素能源效率与全要素能源效率两种方法测算了中国各地区的节能潜力。但是，由于地区间有较大的能源效率差异，东、中、西部三大地带能源效率存在不同的阶段性特征，东部地区较高的能源效率，并不是中西部地区在短期内能够追赶上的，实证研究也表明改革开放以来中国三大地带能源效率并没有出现绝对收敛趋势，而是出现俱乐部收敛（史丹、吴利学等，2008；师博、沈坤荣，2008）。对于中西部而言，东部地区能源效率水平其实也是一种理论上的节能潜力。因此，本文将节能潜力区分为理论节能潜力与可实现节能潜力。所谓理论节能潜力，即不考虑现实条件下的各地节能潜力；可实现节能潜力，即短期内能够通过政策调整挖掘的节能潜力。

基于以上分析，本部分在考虑地区间差异的条件下，利用全要素能源效率分析方法，测算东、中、西部三大地带的可实现节能潜力。

（一）分析思路与方法

考虑到地区间经济发展水平差距，不同地区能源效率存在不同的阶段性特征。因此，各地区节能潜力分析的基准值，用地区所在地带的最高水平更加接近现实。根据全要素能源效率概念，地带最高的能源效率为1，某一地区节能潜力则为：

$$E_S = 1 - \frac{EE_{local}}{EE_{max}} = 1 - EE_{local} \tag{1}$$

其中，EE_{local} 为某个省份的全要素能源效率，EE_{max} 为某一地带处于最高的能源效率（值为1）。

数据包络分析（DEA）方法的原理主要是借助数学规划方法确定相对有效的生产前沿面，将各个决策单元投影到DEA的生产前沿面上，并通过比较决策单元偏离DEA前沿面的程度来评价它们的相对有效性。

如果用 x_i 和 y_i 分别代表第 i 个地区的投入和产出的向量，用 X 来代表所有地区的投入要素矩阵，用 Y 代表各地区的 GDP 产出矩阵，那么第 i 个地区的能源效率可以用下面的线性方程组来进行估计：

$$\text{Min } \theta$$
$$\text{s.t.} \quad -y_i + Y\lambda \geqslant 0,$$
$$\theta x_i - X\lambda \geqslant 0,$$
$$\lambda \geqslant 0 \tag{2}$$

在式（2）中，θ 是表示效率指标值的标量，它大于零、小于或等于1。λ 是一个（N×1）维的常向量。当某地区的 θ 值为1时，表明该地区在能效利用方面已经在国内各地区中取得了领先位置。当某地区的 θ 值小于1时，表明该地区在能效利用方面相对于国内先进地区而言还有一定的差距，在当前条件下还有一定的改进空间。一个地区的 θ 值表明的是该地区在现实条件下（特定的人力、资本、能源条件下）相对于国内先进地区所能达到的最佳生产状况，它实际上是一个地区的经济发展、管理水平、教育科技等实力在能源利用方面的综合体现。

（二）数据与说明

本节利用 1980~2009 年中国省级数据，对改革开放以来全国和各省份全要素能源技术效率以及全要素能源相对效率进行测算。采用 DEA 分析方法，本文考虑一种产出，即 1980~2009 年各省份的 GDP，三种投入即物质资本存量、劳动力以及能源投入量。具体数据来源与说明如下：

（1）各省份 GDP 数据。该数据来自各省份相应年份的统计年鉴，并根据国内生产总值指数换算成 1980 年可比价。重庆因建立直辖市较晚，数据不够完整，仍并入四川统一考虑。

（2）各省份物质资本存量。本文对各省份物质资本存量的估算采用了张军等（2004）的研究方法，并且将物质资本存量的计算结果扩展到 2009 年，同时换算成 1980 年的可比价。

（3）各省份劳动力数据。考虑到数据的可获得性，劳动力数据无法使用包含劳动效率因素的劳动力投入，本文采用大多数研究所采用的从业人员数据。数据来源于各省份相应年份的统计年鉴和《新中国六十年统计资料汇编》。

（4）各省份能源投入量。剔除可再生能源消费量，采用各省份的传统能源消费量指标，数据主要来源于《新中国六十年统计资料汇编》以及各省份统计年鉴，一些缺数据的省份则根据各省份相关统计年鉴提供的能源平衡表计算。由于缺乏西藏的能源消费量数据，因此，分析样本未包括西藏。

（三）测算结果

根据上文的数据，本文利用 DEAP2.1 软件，采用分地带数据和全国数据对 1980~2009 年全国各省份的全要素能源效率进行测算，并根据节能潜力公式得到两种方法下的节能潜力，如表 2 所示（限于篇幅，这里仅列出 2005~2009 年部分省份及三大区域测算结果）。

表 2　两种方法测算的各地区节能潜力对比

	2005 年		2006 年		2007 年		2008 年		2009 年	
	分地带	全国	分地带	全国	分地带	全国	分地带	全国	分地带	全国
北京	0.2213	0.2691	0.2082	0.2182	0.1712	0.1973	0.1622	0.1808	0.1282	0.1428
上海	0.0000	0.0000	0.0000	0.0000	0.0000	0.0000	0.0000	0.0000	0.0000	0.0000
江苏	0.3590	0.4362	0.3870	0.0000	0.3910	0.0000	0.3980	0.0000	0.3980	0.0000
广东	0.4150	0.4119	0.4350	0.4306	0.4340	0.4305	0.4410	0.4374	0.4450	0.4407
东部平均	0.272	0.284	0.281	0.235	0.280	0.217	0.282	0.221	0.280	0.216
山西	0.2190	0.6251	0.2280	0.6189	0.1930	0.6293	0.2980	0.6352	0.3300	0.6412
江西	0.0000	0.2370	0.0000	0.2156	0.0000	0.2223	0.0000	0.2339	0.0000	0.2331
湖南	0.1270	0.4212	0.1520	0.4350	0.1510	0.4327	0.1560	0.4338	0.1610	0.4313
中部平均	0.092	0.412	0.088	0.401	0.083	0.400	0.098	0.408	0.103	0.411
内蒙古	0.0000	0.5646	0.0000	0.6143	0.0000	0.6501	0.0000	0.6677	0.0000	0.6836
四川	0.3120	0.6300	0.2850	0.6141	0.2800	0.6177	0.2620	0.6240	0.2790	0.6354
西部平均	0.124	0.402	0.128	0.402	0.130	0.411	0.126	0.416	0.131	0.419

从按 DEA 方法分地带测算的各地区节能潜力结果来看，一是中西部地区节能潜力比按全国数据测算的节能潜力要小。例如，2009 年，按分地带测算，中部地区节能潜力为 0.103，小于按全国数据测算的节能潜力 0.411。说明由于存在阶段性特征，中西部地区现实节能潜力不能以东部地区为衡量标准。同时也说明地带间经济发展差异制约了中国能源效率的绝对趋同，加强地带间节能技术交流需要得到重视。二是从测算结果来看，中国可实现节能潜力最大的可能在东部地区，而不是中西部地区。例如，2009 年，东部地区平均可实现节能潜力大约是 0.280，中部地区为 0.103，西部地区为 0.131。中部地区可实现节能潜力小于西部地区，可能与中部地区的工业化进程有关。

（四）结果分析与讨论

根据测算，我们认为，中西部地区具有较大的理论节能潜力，但是这种潜力释放是一个长期的过程。不仅需要国家层面的产业政策，而且在培育全国统一、规范、有序的市场体系方面，需要国家发挥更积极的作用。与此相反，可实现节能潜力并不是集中在能源效率较低的中西部地区，而是在东部地区。由于能源效率的阶段性特征和自主节能动力不足，中西部地区的理论节能潜力短期内还无法完全转换成可实现节能潜力。目前，中西部地区工业化进程普遍落后于全国的工业化进程，现正处于工业化加速推进阶段。这些地区今后工业化道路还很长，而且具有很强的增长和赶超动机（蔡昉等，2008）。因此，中西部地区在经济增长与节能减排之间存在着"两难抉择"。也就是说，如果地方政府更多地考虑经济增长，那么必然没有足够的动力去实施节能减排。这样，对于中西部地区来说，要最大限度兼顾经济增长与节能减排，就需要给予更多的激励。

相比较而言，目前东部地区已经进入工业化后期的后半阶段，一些发达地区如北京、上海已开始进入后工业化阶段（陈佳贵等，2007）。在基本完成工业化的基础上，东部地区下一阶段的主要任务是在继续推进工业化的同时，加快工业现代化步伐。目前东部发达地区已经到了必须彻底放弃"资源投入式工业化道路"的阶段。面对要素成本上涨、资源和能源紧缺以及环境保护的压力，东部地区大批高耗能产业已经或者即将被淘汰和转移，开始向更加节能环保的方向转变。因此，节能减排已经成为东部发达地区经济持续增长的内在要求。这就是东部地区更具可实现节能潜力的理论基础。

四、差别化的节能政策设计

目前，国家已经明确了总体节能减排目标，能否实现这一目标是关系到中国经济能否健康、可持续发展的关键。为此，近年来国家制定实施了一系列节能政策，如实行节能目标责任制，鼓励使用可再生能源和清洁能源，淘汰高耗能的落后技术和设备，大力推广节能技术，支持低能耗企业发展和产业升级等。但是，在实施过程中，考虑到东、中、西部地区的发展阶段特征，其节能目标、节能模式、节能重点领域和节能政策也应该有所差别。因此，除了制定普遍适合各地区的节能政策外，国家还应该根据不同地区所处的发展阶段及其具体特征，制定差别化的节能目标和政策，包括差别化的节能产业政策、投融资政策和财税政策，并进一步完善相关的制度安排。只有这样才能较好地体现各地区发展的阶段性和结构特点，推动各地区尽快走上共同发展、共同富裕的道路。

（一）实行差别化的节能目标管理

目前，从中央到地方，各级政府都实行了节能目标责任制，对节能指标实行层层分解。考虑到各地区的差异性特征，国家在制定区域节能指标时，必须按照不同地区的发展阶段和社会经济特征，制定实施差别化的区域节能指标。这种差别化的区域节能指标，应主要考虑发展阶段、产业结构特征、国家功能定位和技术管理水平等方面的因素。根据本文的测算结果，东部地区可实现节能潜力要大于中西部地区，因此该区域节能指标应高于中西部地区；中西部地区节能指标的制定，必须考虑其现实节能潜力以及经济发展、工业化和城镇化加快推进的需要，不能脱离现实条件而盲目地制定过高的目标。例如，经济发达的上海、天津、江苏、北京、浙江、广东等东部省份作为保障全国节能指标完成的第一梯队，可以设置高于中西部地区的节能指标；经济尚不发达的山西、广西、贵州、云南、甘肃、四川、宁夏、青海等中西部省份，可以根据实际情况设置略低于东部地区的节能指标。

（二）实行差别化的节能产业政策

首先，要进一步完善《中西部地区外商投资优势产业目录》，鼓励外商投资和沿海企业西进，更多投向节能环保产业，加强节能技术研发和改造，提高能源效率。其次，认真贯彻落实《全国主体功能区规划》，进一步确定优化开发、重点开发、限制开发和禁止开发等各类主体功能区的鼓励、限制和禁止类产业，明确不同主体功能区的节能目标、产业导向和重点领域。最后，根据经济发展的阶段性，对不同地区实行差别化的产业准入标准。对珠三角、长三角等东部发达地区，在能源资源利用、技术和环保等方面实行更加严格的产业准入标准，支持其加快经济转型和产业升级步伐，着力提高参与全球化的档次和自主创新能力，逐步向高端化、服务化、国际化方向发展。在淘汰落后产能方面，鼓励东部地区按照高于国家产业政策的标准淘汰落后产能。对中西部落后地区，在符合国家标准的前提下可适当放宽产业准入限制，鼓励其实现跨越式绿色发展。要严格禁止东部地区把消耗高、污染重的落后技术设备转移到中西部地区，中西部要把承接产业转移与结构调整升级有机结合起来，做到产业转移污染不转移。

（三）实行差别化的节能投融资政策

考虑到各地区在发展阶段、经济特点和投融资能力等方面的差异，国家财政和国债资金、外国政府优惠贷款、国家节能减排专项资金等，应更多地投向中西部地区，逐步提高国家节能减排资金在中西部地区的投资比重。同时，在节能投资项目的资金来源、项目类别和监管方式等方面，也应针对不同地区实行差别化的政策措施。首先，在项目资金来源上，东部地区由于金融市场发育较好，融资渠道和手段日益多元化，重点是以政府投入为引导，积极鼓励民间资金、私募基金和国外资金进入，充分发挥市场机制的作用。中西部地区因市场发育滞后，投融资渠道较为单一，现阶段还需要依靠大规模政府投入来启动民间资本市场。其次，在投资项目类别上，应鼓励东部地区资金投向节能领域的前沿技术创新上，坚决制止其高耗能产业的扩张。中西部地区则应重视先进适用节能技术的开发应用，着力提高能源利用效率。最后，在项目监管方式上，由于东部发达省份的节能技术较为先进、项目成熟度较高，所以对其投融资方式的监管重点是防止金融创新速度过快带来的风险。中西部地区因金融体系和市场发育不完善，其监管的重点是扩大资金的来源渠道、提高资金的使用效率等。

（四）实行差别化的节能财税政策

由于地区差异较大，节能财税政策在不同地区支持的重点也应有所差别。东部地区目前已经具备了提高能源效率的内在动力，加大提高能效的技术研发投入能够产生较好的效果。政府可以采用预算内投资、国债资金、财政贴息、财政补贴和财政担保等多种方式对企业加以引导，鼓励企业开展节能技术研发。各级政府可以设立专项节能资金用于节能基础设施建设、节能技术改造，建立节能示范工程并逐步进行推广。鼓励东部地区加大对节能服务公司的财政支持力度，对节能服务公司实施的合同能源管理项目，给予投资补助或财政奖励，鼓励节能服务公司采用合同能源管理机制实施节能项目。对中西部地区而言，由于其经济发展水平较低、节能减排动力不足，财政补贴的重点不仅要重视技术的研发和推广，还应加大对淘汰落后任务重、财力相对薄弱的落后地区的转移支付力度，通过提高奖励标准，鼓励地方淘汰低于国家产业政策标准的落后产能。同时，可以考虑在中西部能源省份建立提高能效的长效机制。比如，可以整合现有的煤炭能源基金等，建立能源可持续发展基金，进一步完善能源生态环境补偿机制。

在节能税收政策方面，中央政府也应采取差别化的方式。对于东部地区，资源税改革的关键是促进"污染者付费"原则的实现，通过健全激励和约束机制，规范生产者、消费者行为，最终形成"自觉减排"的局面。对于中西部地区，由于其所处的经济发展阶段等原因，税收制度改革在规制其行为的同时，还应使中西部资源型地区能够更多地分享改革的利益，这样不仅能提高这些地区参与改革的动力，还能通过税制改革为中西部资源型地区积累发展资金。

〔参考文献〕

［1］蔡昉、都阳、王美艳：《经济发展方式转变与节能减排内在动力》，《经济研究》2008 年第 6 期。

［2］陈佳贵、黄群慧等：《中国工业化进程报告 1995~2005》，社会科学文献出版社 2007 年版。

［3］成艳、聂锐、张炎治：《我国能源强度变动的多层次分解分析》，《中国矿业》2009 年第 8 期。

［4］樊纲、王小鲁、朱恒鹏：《中国市场化指数——各地区市场化相对进程报告》，经济科学出版社 2009 年版。

［5］韩智勇、魏一鸣、范英：《中国能源强度与经济结构变化特征研究》，《数理统计与管理》2004 年第 1 期。

［6］蒋金荷：《提高能源效率与经济结构调整的策略分析》，《数量经济技术经济研究》2004 年第 10 期。

［7］李国璋、王双：《中国能源强度变动的区域因素分解分析——基于 LMDI 分解方法》，《财经研究》2008 年第 8 期。

［8］师博、沈坤荣：《市场分割下的中国全要素能源效率：基于超效率 DEA 方法的经验分析》，《世界经济》2008 年第 9 期。

［9］史丹、张金隆：《产业结构变动对能源消费的影响》，《经济理论与经济管理》2003 年第 9 期。

［10］史丹：《中国能源效率的地区差异与节能潜力分析》，《中国工业经济》2006 年第 10 期。

［11］史丹：《中国能源利用效率问题研究》，经济管理出版社 2011 年版。

［12］史丹、吴利学、傅晓霞、吴滨：《中国能源效率地区差异及其成因研究——基于随机前沿生产函数的方差分解》，《管理世界》2008 年第 2 期。

［13］王蕾：《中国区域能源效率阶段性特征及其差异分析》，中国社科院能源经济研究中心工作论文，2011 年。

［14］魏楚、沈满洪：《规模效率与配置效率：一个对中国能源低效的解释》，《世界经济》2009 年第 4 期。

［15］温桂芳：《能源价格改革的目标是建立科学合理的价格形成机制》，《中国经贸刊》2009 年第 12 期。

［16］张军、吴桂英、张吉鹏：《中国省际物质资本存量估算：1952~2000》，《经济研究》2004 年第 10 期。

［17］郑毓盛、李崇高：《中国地方分割的效率损失》，《中国社会科学》2003 年第 1 期。

［18］周鸿、林凌：《中国工业能耗变动因素分析：1993~2002》，《产业经济研究》2005 年第 5 期。

［19］Arrow，K. J.，"The economic implications of learning by doing"，The Review of Economic Studies，No.29，1962：155–173.

［20］Sinton，J.E.，Levine，M.D. and Wang，Q.Y.，"Energy efficiency in China：Accomplishments and challenges"，Energy Policy，No.26，1998：813–829.

［21］Grossman，Gene and Alan Krueger. Economic growth and environment："Quarterly Journal of Economics，Vol.110，No.2，1995：353–377.

［22］Zon，A. Van and Yetkiner，I. H. An endogenous growth model with embodied energy–saving technical change，Resource and Energy Economics，No.25，2003：81–103.

（本文发表在《财贸经济》2012 年第 10 期）

第五篇

企业管理与成长战略

世界一流企业研究：国际经验与中国实践*

黄群慧　余　菁　王　涛

摘　要：党的十九大报告提出"培育具有全球竞争力的世界一流企业"。这意味着中国大企业已经发展到了需要思考如下两个问题的时刻：什么是世界一流企业？如何成为世界一流企业？本文研究认为，世界一流企业是在重要的关键经济领域或者行业中长期持续保持全球领先的市场竞争力、综合实力和行业影响力，并获得全球业界一致性认可的企业。基于 Shell、Toyota、GE、IBM 这 4 家具有代表性世界一流企业的案例分析，本文归纳出从资源基础、动态能力、战略柔性和价值导向四维度分析描述一流企业成长的框架，并将世界一流企业成长历程划分为创业阶段、增长阶段、转型阶段和超越阶段，对四维度要素在不同阶段的互动与演化关系进行相应的解释，给出了强大的企业家精神、倚重组织文化力量、重视品牌形象与社会声誉、以发展型战略应对复杂环境、适时调整业务架构、具有全球化资源配置和管理能力、优秀的公司治理结构、紧密化的集团管控、能把握重大机遇与克服组织惰性的管理创新、能激发员工创造力的人力资源管理、战略型与价值型的财务管理 11 个方面世界一流企业的管理特征。最后，针对中国情境下的企业发展，本文认为，虽然中国存在一批正在接近于世界一流企业的企业，但迄今为止中国还没有出现跻身世界一流企业之列的企业；以全面深化国有企业改革为前提，中国一批"新国企"具备通过市场竞争走向世界一流企业的条件；在新一轮全球化和工业革命的背景下，中国企业在走向世界一流企业的过程中也将向世界贡献中国特色的企业管理智慧与企业管理方式。

关键词：世界一流企业；资源基础；动态能力；战略柔性；价值导向

一、问题的提出

企业是经济价值和社会价值的主要创造主体，现代化经济强国离不开企业的兴盛，一个大国的现代化经济体系更是离不开世界一流企业的支撑。近年来，中国企业快速融入全球市场经济体系，涌现出了一批大企业，在全球范围的影响力也在不断提升和增强。进入中国特色社会主义新时代以来，中国企业的国际影响力更是迅速提升。在这个大背景下，党的十九大报告提出"培育具有全球竞争力的世界一流企业"，为中国企业发展指明了方向，提出了中国企业的未来奋斗目标。

＊本文是课题的阶段性成果，课题组成员张其仔、刘湘丽、李晓华、张金昌、贺俊、肖红军、张航燕、王欣、黄阳华、赵剑波、江鸿、邵婧婷和李芳芳参与了本文讨论和分报告的撰写，对本文做出了贡献。

[基金项目] 国家社会科学基金重大项目"'中国制造 2025'的技术路径、产业选择与战略规划研究"（15ZDB149）；中国社会科学院学科登峰计划企业管理优势学科资助项目"世界一流企业理论研究与中国企业实践"。

经过多年的探索和实践，中国企业总体上实现了跨越式发展，无论是在增长规模上，还是发展质量上都取得了很大的成绩，也出现了一批有影响力的大企业。然而，这些大企业是否已经成为世界一流企业，或是否已经接近于世界一流企业，仍然是一个没有定论的议题。其中的一个重要现实问题就是对于什么是世界一流企业，依然存在不同的理解和认知。美国《财富》杂志发布的"全球财富 500 强"（以下简称"世界 500 强"）是一个较好的评价基准。2017 年"世界 500 强"排名显示，中国企业上榜数量达到 115 家，仅次于美国，其中有 48 家中央企业上榜，国家电网、中国石油和中国石化分别位居第二、第三、第四（国资委新闻中心，2017）[1]。然而入榜"世界 500 强"是否就一定意味着该企业已经属于"世界一流企业"？答案必然是否定的。现实情况是，就反映企业发展质量的主要经济指标（如资产收益率、劳动生产率、技术创新、国际化程度等）而言，一些中国入榜企业同美、德、日等发达国家的入榜企业相比，还存在很大的差距。尤其是在品牌价值、公司社会声誉与业界影响力等方面，更是存在明显的短板和不足。然而，也需要看到，当前中国大企业的成长速度正在加快，已经具有了成为世界一流企业的基础和潜质，甚至在一些方面开始成为相关产业和业务领域的领先者，这也倒逼研究者需要对它们生动与鲜活的实践活动予以重点关注。

为了更好地理解和认知世界一流企业，探索和挖掘出世界一流企业的成长历程和内在基因，本文采用案例研究的方法。通过选择以 Shell、Toyota、GE 和 IBM 为典型代表的 4 家世界一流企业作为研究对象，构建世界一流企业内在关键要素和推动持续发展的理论框架。本文具体围绕两个核心问题来展开研究：第一，作为有能力在全球市场体系中担当"世界冠军"角色的一流企业，应达到怎样的标准和应具备何种特征？第二，世界一流企业到底有什么类似于"成功基因"的内在要素或实践经验来支撑其保持持续卓越的运营水准？解析世界一流企业的实践价值在于为致力成为世界一流企业的中国大企业提供可以借鉴的经验。本文结合中国经济发展的现实国情和特点，针对中国大企业的现状和未来进行了思考，并试图回答：中国大企业的发展应该如何借鉴这些世界一流企业的发展经验，融合进入经营管理方面的实践来加快发展以迈向世界一流水准；已经在中国经济成功中发挥重要作用的大企业，需要遵循怎样的客观规律来发展成为世界一流企业。本文提出的理论框架对于探索世界一流企业的理论研究具有一定的意义，在研究中挖掘的关键要素和动态特征可以进一步丰富企业成长理论，为中国情境下的企业管理研究提供新的视角。同时，在党的十九大报告提出培育世界一流企业的背景下，本文的研究更具有现实指导意义，能够为中国大企业在成为世界一流企业的不同成长阶段解决其所面临的挑战提供有效的指导。

二、文献综述与概念界定

在西方管理学的语境里，"世界一流"并不是一个规范的学术概念，而是一个与应用性的企业经营管理实践紧密结合在一起的研究议题。美国《商业词典》将"一流企业"定义为：能够成为其他企业的标准和标杆的企业。在学术研究中，与这一定义相接近的概念是"卓越企业"（Excellence Enterprises）。有关于卓越企业的研究成果比较丰富，但对卓越企业的界定却存在不同的观点。部分学者从企业的特定属性来认识，例如，Drucker（1954）指出，"企业的唯一目的就是创造顾客"[2]，只有那些懂得如何聚焦客户需求来创造价值的企业才是卓越企业。Porter（1985）则基于竞争优势的角度，认为能够对内部价值链进行调整和优化，并在市场竞争中脱颖而出的企业就是卓越企业 [3]。Newman 和 Chen（1999）认为，卓越企业应该是世界级企业（The World Class Enterprises），且具有以下属性：合适的规模，优质的产品和服务，在国内或者国际市场上与国际企业开展竞争的能力，遵循全球运营规则和标准，实现国际化管理，较高的柔性管理能力和保持核心专长 [4]。还有部分学者则通过对企业实践进行分析，进而提炼出卓越企业的基本特征，例如，Peters（1982）通过 IBM、GE、P & G 等公司进行分析，认为卓越企业具有 8 个基本属性，包括崇尚行动、贴近客户、自主创新、以人助产、价值驱动、专注主业、结构简单和宽严并济 [5]。Collis（1994）对比了 20 余家全球卓越企业的发展历史，提出卓越企业之所以保持基业长青，关键在于以"价值理念"和"使命、愿景"为核心来实现持续变革和加以改善 [6]。总体来看，被定义为"世界一流"的卓越企业通常有能力展现出多方面的优势，并在诸多可与竞争对手相竞技的维度上——无论是在产品或服务设计、生产工艺或者是品质控制等方面，还是在经济绩效、客户满意度、社会价值等方面——都能够形成与众不同的市场竞争力、行业领导力和社会影响力。

2010 年，国务院国资委曾提出了"做强做优中央企业、培育具有国际竞争力的世界一流企业"的目标之后，关于什么是世界一流企业的讨论开始成为国内管理学术界的新的议题。现有的研究主要还是强调，世界一流企业一般会具有何种特征。例如，张文魁（2012）提出了世界一流企业的 8 个特征：竞争、份额、价值、产业（事业、社会贡献）、品牌、人才、机制和文化 [7]。周原冰（2012）提出了 7 个要素：战略管理能力和领导力，有机协调的业务体系，充分发挥协同效应和整体优势，高效的集团管控和资源配置能力，持续创新能力，风险管控体系和企业文化 [8]。国务院国资委（2013）也提出了世界一流企业具备的 13 项要素①，为明晰世界一流企业提供了很好的指引 [9]。与此同时，一些专业性组织也结合全球企业实践，根据自身知识与经验积累，从实践运用层面构建指标体系（或特征），形成并运用工具来对企业进行衡量，实现对世界一流企业的理解和认识。例如，《财富》采用创新能力、产品和服务质量、管理水平、社区与环境责任、吸引与留住人才、国际化经营等指标来判断世界一流企业。麦肯锡（2012）提出，世界一流企业是战略导向、执行能力、进取活力的综合，包括"三标准"：做大（规模）、做强（业绩不俗、产品、品牌、价值）、基业长青（愿景、价值观、使命与文化、治理与管理体系）[10]。德勤（2013）提出了"九要素"评价标准体系，包括战略决策、领导力建设、公司治理、运营与控制、国际化、人才管理、品牌与客户、创新管理以及经营绩效 [11]。罗兰贝格（2017）认为，世界一流企业的特征包括：海外收入份额，跨地区经营利润分配，管理团队整合；拥有综合且独特的发展战略计划，全球品牌或形象影响，全球技术影响力，以及国际化发展治理模式和跨公司合作与拓展合作伙伴关系等 [12]。波士顿咨询公司（2017）也提出，世界一流企业需要具备四大优势：充裕的资本流通、跨行业信息洞察、集团管理人才储备与集团品牌价值 [13]。

从直接的语义角度分析，"世界一流企业"中的"一流"是相比其他企业处于领先状态的表述，"世界"是指处于领先状态所比较的对象范围的界定，这意味着如果一个企业进入世界上其他企业难以超越的领先状态，这即成为"世界一流企业"。原本简单的语义，为什么会有上述不同研究者对"世界一流企业"不同的描述？因为要准确把握这简单语义，需要回答一个关键问题——如何衡量企业是否处于领先状态，或者说其领先状态体现在哪些方面。这需要考虑两个维度，一是衡量因素是单一的还是多因素的，二是具体衡量是动态的还是静态的。关于第一个维度，从上述研究看，几乎所有的研究都是从多个方面衡量描述世界一流企业的，只是描述的角度不同、表述不同而已。而且从这些标准看，基本不仅仅是企业外在的一般的财务、规模等方面的数量指标，更多的是强调其企业的内在的能力指标。这背后蕴含着要为企业管理实践提供指导的管理学思维——只有把握这些因素才能够解释企业是如何成长为世界

---

① 13 项要素分别是：①建立起规范健全的法人治理结构；②主业突出，具有较强核心竞争力；③自主创新能力强，拥有自主知识产权的核心技术；④发展战略性新兴产业具有明显优势；⑤国际化经营能力与运作能力较强，跨国化指数较高；⑥拥有国际知名品牌；⑦具有合理的规模经济与较强的盈利能力；⑧内部改革适应国际竞争要求，激励约束机制健全；⑨集中有效的集团管控模式；⑩风险管理体系完善，拥有较强风险管控能力；⑪管理信息化处于较高水平；⑫重视领导力建设，建立起学习型组织；⑬具有先进独特的企业文化和较强的社会责任。

一流企业的，进而才能够为企业发展提供指导。但是，这些研究所提出的描述要素大多对要素之间的关联强调不够，也就是缺乏对世界一流企业的系统整体性分析，尤其是理论和实践关联性较弱，大都是基于已有的研究文献、常识和经验来构建理论，导致理论与实践之间的关联较为微弱（Perrow，1986；Pfeffer，1982）[14-15]。虽然也有一些专业机构通过分析世界一流企业的现状来构建评价指标体系，但是也存在重实践运用而理论基础不足的情况。从第二个维度看，关键是要回答世界一流企业是长时间处于领先状态，还是只是一段时间处于领先状态，以及其在不同的发展阶段各个方面会面临怎样的问题和有怎样的表现。世界一流企业的成长不可能一蹴而就，而是要经历一个漫长的过程，期间会经历不同的发展阶段，并面对快速发展、繁荣、挫折、转型等不同的情境，使得关于世界一流企业的认知面对更为复杂化。上述研究大多没有明确回答这个问题，多是针对在特定的时间点对世界一流企业的现状进行分析和判断，进而理解其在特定的方面或多个方面可能存在的突出优势，从而分析其竞争力的来源。一些研究在其描述指标中比较重视长期能力方面的指标，体现出对长期竞争优势培育的关注。

本文认为，关于世界一流企业成长规律的认识需要结合系统性和动态性的视角，不仅要注重其中的关键要素，还要从系统性的角度来认识不同要素间的组合可能产生的综合效益，以及从动态性的角度来理解世界一流企业如何得以跨越时空情境来实现可持续发展。从系统性的分析视角看，任何要素都不可能独立地存在，不受其他要素的影响，而是在一个系统中并存的，属于整体中的一部分，且不同要素之间也会存在关联互动。关于世界一流企业的认识，需要做到"从点到面"，分析企业内部多种要素间可能存在的协同、交互等作用机制，如此才能更深入地理解企业要成为世界一流需要在哪些方面进行投入、补充、提升和完善。从动态性的分析视角看，世界一流企业除了在一些要素上具有比较优势和竞争力之外，更需要通过时间检验来证明这些要素的确能够在特定的社会背景下或环境中持续地发挥出决定性的作用，并能够根据社会、市场发展的需要来进行持续的演化和升级，如此方能解释世界一流企业是如何灵活配置和利用各种要素来塑造持续的阶段性竞争优势。基于两个视角，本文认为所谓世界一流企业，是在重要的关键经济领域或者行业中长期持续保持全球领先的市场竞争力、综合实力和行业影响力，并获得全球业界一致性认可的企业。具体而言，世界一流企业需要从以下两方面维度描述：

一是多因素系统维度。世界一流企业的"领先状态"属于一个系统集成的概念，要求其必须在重要的行业或业务领域中具备强大的整体竞争优势。首先，世界一流企业所处的行业必须具有举足轻重的地位。只有在这样的重要行业里，企业规模和影响力才有可能足够大。一方面，但凡行业的重要性一般——哪怕已经达到了"隐形冠军"的卓越水平，由于其在行业重要性上的欠缺，也不属于本文所界定的世界一流企业的范畴。另一方面，在重要行业或在与重要行业相关联的产业环节上的"小而美"的企业，由于在规模量级与影响力上的局限性，也不在本文所界定的世界一流企业之列。其次，世界一流企业在其所参与的主要产业或业务领域，必须具有综合实力，且有杰出的成就和能够成为企业发展标杆的突出业绩，否则，依然不能称为一流企业。如果仅在某个方面或有限的若干方面达到"一流"或"卓越"状态，却在其他一些方面有明显的欠缺，也不属于本文所界定的世界一流企业的范畴。例如，有些企业有相当的经济规模，甚至也有较好的经济效益，但在社会责任的表现上频频受人诟病，则不应被归属于世界一流企业。最后，世界一流企业一定是能够实现跨国竞争，且在国际产业体系中能够积极构建和改变市场竞争的制度环境，制定或改变游戏规则，拥有话语权、定价权、规则制定权等（杨杜、欧阳东，2012）[16]。例如，参与重要市场领域竞争规则的构建与修订来干预和影响到未来的市场竞争秩序，从而有可能在更长久的时间周期里占据有利的竞争地位。

二是长时期动态维度。如何在做大、做强的同时能够实现做久，真正经得起时间检验并呈现出持续的竞争力，在某种程度上是企业孜孜以求的终极目标，也是定义世界一流企业的根本标准。世界一流企业并非自然天成，必然会经历多个发展阶段，是量的成长和质的成长相结合的不均衡过程，并最终产生一种复合经济效益（杨杜，1996）[17]。评判一个企业是否是世界一流企业，需要基于最佳实践的"事实标准"——即能否经得起时间检验的公认标杆。一方面，任何一个世界一流企业的崛起，都具有鲜明的时代背景和烙印，也可以称之为"时代的企业"。另一方面，尽管世界一流企业总是应运时代潮流而生或脱颖而出，但它们又不会因时代的更迭而被淘汰出局。任何一个只在某一段时期达到"一流"或"卓越"状态的企业，而在更加漫长的时期里，却销声匿迹或趋于湮没的企业，并不能被称为世界一流企业。例如，柯达、施乐等大公司，都曾经达到过世界一流的状态，但它们与今日仍在存续的世界一流企业的不同之处在于，它们终究没有经受住长时期的考验。其本质是多因素共同演化的结果，是不同要素协力发展并实现了在不同发展阶段顺畅转换的非均衡动态过程。虽然部分世界一流企业在成长历程中，可能经历一些挫折，甚至失误，但是依然可以通过持续的创新、变革等活动来实现"领先状态"的持续性。从长周期来看，这些企业在总体上始终能够将自身发展到业内领先而未被超越的竞争状态。因此，世界一流企业所特有的成功内核或"基因"也在于能有效地帮助企业不断适应环境剧变，完成一次又一次的组织蜕变，从而构筑长青基业。

明确了世界一流企业的基本内涵，本文进一步并不想具体设计一个复杂的指标体系来定量具体描述世界一流企业是一个什么样的领先状态，因为更值得关注的问题是如何培育世界一流企业，这就需要分析世界一流企业成长的过程、关键要素和管理特征是什么，通过对这些问题的回答，可以具体进一步指导中国大企业的发展。

三、案例研究

（一）研究方法

在本研究中采用案例研究来进行世界一流企业理论特性的归纳。案例研究方法是遵循从实践分析到理论研究的逻辑思路，能够很好地体现并归纳那些存在于特定研究对象中动态变化的现象，所构建的理论在创造力、可验证性以及经验效度上也具有明显的优势（Eisenhardt，1989）[18]。利用案例研究的方式来分析实践中的问题，不仅可以将理论与实践更紧密地联系在一起，而且可以从实践活动中总结和归纳出合适的理论思路，从而帮助加深对现实中研究现象的理解，完成新的概念和思路的寻找，或理论框架构建。可以看到，案例研究方法与本研究的问题特征有很好的契合性，因而，在研究资料信息的处理过程中依据标准化的流程和步骤，尽可能多地搜集资料并运用归纳法对现存的现象和问题进行研究，随后将资料现象化、概念化、范畴化，挖掘典型世界一流企业成长过程中的关键要素维度，及其在不同阶段可能存在的影响和作用。

（二）案例选择

虽然在一些重点的行业、领域中会涌现出世界一流企业，然而每个企业无论是在发展历程，所处产业和业务领域，还是在产品、服务、管理等方面都会存在较大的差异，为此需要挖掘出案例之间的相似点和不同点，从而打破以往研究中过于简化的思维框架。多案例研究可以从多种不同角度进行分析，根据不同案例归纳出世界一流企业在成长历程中的关键因素和潜在逻辑，更有效地认识其中可能存在的关键因素，进而完成理论框架的构建，引导后续研究工作的开展，因此，在本研究中采用多案例研究方法来进行。

关于世界一流企业典型案例的选择，需要根据一定的标准来进行筛选，包括以下条件：①样本企业必须是世界上某一特定经济（行业）领域的重要开拓者之一，具有全球持续领先的整体竞争力、综合实力和行业影响力，以及较高的业界认可程度，能够继续引导行业持续发展；②在本研究中主要瞄准世界级企业，其重要指标之一就是国际化程度较高，具有较强的国际竞争力也是样本企业的一个显著特征，因而选择合适的跨国企业也是本文研究的一个重要考量；③将时间维度引入对世界一流企业的分析是一个重要基准，做到基业长青的企业是世界一流企业必须具备的特征之一；④相关案例企业的研究资料必须充足，能够通过追溯历史发展的时间逻辑来进行分析，梳理和还原出样本企业的历史发展过程中出现的重要事件，以及显著特点等。同时，案例的研究资料也应具有多个角度的记录，以保证资料之间能够形成三角验证，力求真实可信。基于以上要求，本文选择了 Shell、Toyota、GE、IBM 这 4 家世界一流企业作为案例研究样本企业（如表 1 所示）。

表 1　全球典型行业的世界一流企业

企业名称	成立时间	所属国家	主导行业	销售收入（亿美元）（2016 年）	国际化程度	世界 500 强排名（2017 年）
Toyota（丰田）	1933 年	日本	汽车	2400	生产企业 50 家，遍布全球 27 个国家	5
Shell（壳牌）	1890 年	荷/英	石油	2547	业务遍及 100 多个国家，12 个全球研发技术中心	7
GE（通用电气）	1878 年	美国	器材、航空	1267	业务遍及 100 多个国家，4 个全球实验室	31
IBM（国际商用机器）	1911 年	美国	IT、计算机	799	业务遍及 160 个国家，36 个世界工厂，300 个运营中心	81

资料来源：《财富》500 强企业，以及各公司网站信息。

（三）数据收集

案例研究中常用的数据搜集方法包括文件法、档案记录法、访谈法、直接观察法、参与观察法和人工制品法（Yin，1994）[19]。其中，存在两个要点：一是使用多证据来源来提高研究的效度，包括多资料来源、多收集形式，以及多学科和多理论视角；二是对资料进行记录和整理，建立案例研究资料库，包括案例研究笔记，研究中访谈、观察或文件分析的结果，以及对研究问题进行调研生成的文字叙述和描述材料等。本文选择的样本企业分布于世界各地，且已经得到了研究和实践的高度关注，积累了大量素材，因此，本文将借由二手文献资料搜集，相关资料也是以过去已发生的事件为主。

为了最大限度降低定性数据的主观性特点，提高信息与数据的客观性，本文采取以下措施：①本文对所选取案例企业成长历程中的相关资料进行了大量的阅读和筛选，通过文献阅读、访问公司网站、搜索相关的媒体报道等方式获取，进行相互补充、增强、比对和验证，以确认内容的完整性、正确性与可信度（Patton，1990）[20]。②选择具有一定客观性的信息资料来源，例如，公司的公开数据、档案文件、关键事件、当事人观点、公开报道、主要人物回忆录等，尽可能采用多种证据来源来形成一条完整的证据链进行多角度验证，提高研究的信度和效度。

（四）案例特征描述

任何一家世界一流企业的成长都会经历一个持续的动态演化过程。在不同的发展时期，世界一流企业经常会面对复杂多变的市场经营环境，导致支撑企业成长的各要素及其重要性程度也在不断变化。综合来看，每个企业都经历了一些关键的阶段，其中主要包括创业成立，稳定增长，国际化发展和转型发展等。尤其是在进入 21 世纪以来，世界一流企业为了适应市场和动态环境，大都采取了一定程度的创新变革，且频率也越来越快。在此，本文借鉴 Geriner（1972）提出的企业生命周期理论及 Helfat 和 Peteraf（2003）针对能力生命周期中所提出的动态演化机制[21][22]，通过追溯 Shell、IBM、GE、Toyota 这 4 家世界一流企业的发展历程，结合这些企业的业务发展特点和自我描述，将世界一流企业的成长历程划分为创业阶段、增长阶段、转型阶段和超越阶段，继而分析了它们在不同成长阶段中呈现出来的相关特征（如表 2 所示）。

表 2　典型世界一流企业的成长阶段

企业名称	创业阶段	增长阶段	转型阶段	超越阶段
Shell	1890~1906 年：把握跨国贸易的产业机遇，从贸易小店发展为跨国石油贸易企业；安昆·邵克创办荷兰皇家石油公司	1907~1960 年：壳牌运输与贸易公司（英属）同荷兰皇家石油公司合并，成为横跨欧、美、亚、非四大洲的能源巨头	1961~2003 年：OPEC 成为了决定国际石油价格走势的主导性力量。壳牌在应对各类危机中快速发展和壮大	2004 年至今：强调社会责任、规范企业治理结构等方面的可持续发展阶段，从利润最大化的理念向关注多方利益者价值平衡转变
Toyota	1937~1950 年：发明 G 型自动织布机，售出织布机专利，转向研制丰田 AA 型汽车，并于 1938 年设立母工厂进入量化生产	1951~1965 年：面临劳资争议和精减员工的经济危机，开始拓展市场，加大新车型的研制和开发，扩大生产规模，1965 年获得戴明奖	1966~1998 年：随着汽车市场需求增加迅速增长，丰田加快了全球扩张的步伐，并经受了日本经济衰退的考验	1999 年至今：1999 年之后，先后在纽约和伦敦上市，并随后开始实施全球拓展战略计划，为了支持这个战略，不断完善其治理结构
GE	1878~1939 年：成立爱迪生通用电气公司，从实验室走向工业化，进入直流供电生产领域，专注于发电系统、传输系统等专业领域的传统的电气厂商	1940~1970 年：实现战略转型，形成高度多元化且以技术为基础的企业集团，从事各种电器设备，包括灯泡、冰箱、洗衣机、电风扇、音频广播、发电设备的研发与生产	1971~2001 年：推进国际化，涉足并拓展了新兴市场；提出四大战略（全球化、服务、六西格玛和电子商务）；加快多元化战略，在医疗、电力和照明领域获得突破，设立全球研发中心	2002 年至今：收缩资本规模，投资新兴市场，聚焦传统核心业务，注重依靠研发和服务等方面创新，转型为偏重制造工业设备的集团
IBM	1911~1956 年：IBM 品牌建立，确定了 IBM 品牌的核心理念以及核心竞争能力：尊重个人，顾客服务和追求卓越	1957~1992 年：不断加快科技研发创新，推出大量新产品和新技术；同时，强化市场拓展，逐渐成为计算机行业的霸主——蓝色巨人	1993~2002 年：开始十年转型，涉及企业文化、价值观、财务、市场、业务等各个领域的变革，推出了全新的服务概念 E-business	2003 年至今：加快从产品到服务的转变，并强调"价值观"重塑，成就客户，创新为要和诚信负责

资料来源：笔者收集整理。

（五）数据分析

多案例研究需要遵循首先针对个案分析，然后进行案例间比较，最后构建概念框架的逻辑（Eisenhardt，1989）[18]。在具体操作中，首先从相关资料、数据中挖掘不同公司存在的阶段划分和特征，随后挖掘出不同阶段的核心主导要素，并就此进行归类分析。本文采纳 Miles 和 Huberman（1984）的建议，利用表格与图标的形式进行辅助比较，对比和挖掘不同案例的相似点和区别，探索其中的新构念和理论逻辑，并最终构建出符合现实的理论框架[23]。同时，严格遵守 Strauss 和 Corbin（1990）的编码技术程序来进行相关概念的范畴归纳和模型构建，以保证研究的信度和模型效度[24]。

1. 开放性编码

为了更好地对以往资料中的关键信息进行挖掘，本文采用开放性编码来将企业资料、记录逐步进行概念化和范畴化，并进行逐级缩编，利用相关概念和范畴来正确反映资料内容，从而将相关构念抽象出来，重新进行分类、重组和归纳（Patton，1990）[20]。本文利用 A、B、C 和 D 分别指代 Shell、Toyota、GE 和 IBM。在整理中为了分别对应的现象，使用二级类目编码（以 1，2，3，…）的方式来进行现象归类汇总，例如，Shell 的马库斯·塞缪尔把握产业机会，开展跨国贸易，进入运输业以 A1 来进行标识。在定义现象中，对于不同的阶段出现的初步概念化以三级类目编码（a，b，c，d，…）的方式进行界定，例如，企业家具有较强的创业精神（A1a，…）。文本对 4 家典型世界一流企业在成长历程中不同阶段发生的重要事件和现象进行了概念化和范畴化（简表如表 3、表 4、表 5 和表 6 所示）。通过开放性编码，总共得到 16 个范畴，分别是：企业家、核心产品、人力资源、财务资本、技术创新、组织创新、管理创新、公司治理、战略定位、战略规划、业务转型、国际化战略、企业家精神、品牌价值、组织文化和社会责任。

表 3 典型世界一流企业创业阶段的开放性编码结果

企业	情景	贴标签	定义现象	概念化	范畴化
Shell（1890~1906 年）	马库斯·塞缪尔开了伦敦小古董店。随着汽车工业发展，石油需求大幅提高，开始石油运输；安昆·邵克创立石油公司，主从事石油勘探、开发和提炼等业务	A1 马库斯·塞缪尔把握产业机会，开展跨国贸易，进入运输业	A1a：企业家把握创业机会	企业家精神（A1a，A3a）	企业家精神
		A2 安昆·邵克创办荷兰皇家石油公司，从事石油勘探开采及生产	A2a：企业家把握创业机会	从业经验（A1a，A5a）	企业家
		A3 全球汽车产业开始繁荣，石油的社会需求开始增加	A3a：市场机会出现	目标市场（A1a，A3a）	战略定位

……

表 4 典型世界一流企业增长阶段的开放性编码结果

企业	情景	贴标签	定义现象	概念化	范畴化
Toyota（1951~1965 年）	市场处于低迷状态，资源短缺与汽车需求萎缩，出现亏损，甚至濒临倒闭。24 家银行对其注资，Toyota 分解为汽车销售公司和汽车工业公司，得以生存。引进全面质量管理，技术上了新台阶	B9 石田退三临危受命，担任公司的经理，带领公司走出困境	B9b：企业家扭转乾坤，实现转危为安	企业家（B9b，B23b）	企业家
		B10 总结科学的管理方式，实现组织结构的专业化、合理化和科学化	B10b：推动组织结构调整	组织变革（B10b，B12b，B13b）	组织创新
		B11 创造"丰田生产方式"，即产即用，无须设置存货库存，使传统的整批生产转变为弹性生产	B11b：形成新的生产管理流程体系	管理创新（B11b，B17b）	管理创新

……

表 5 典型世界一流企业转型阶段的开放性编码结果

企业	情景	贴标签	定义现象	概念化	范畴化
GE（1971~2001 年）	面对的最大问题是"如何战胜竞争对手，巩固市场地位"，开始着重提升对市场信息的反应速度和市场竞争策略的灵活性。当面临"战略规划赶不上环境变化"时，推动企业新一轮的组织变革与调整	C24 1971 年，在事业部内设立"战略事业单位"，以便事业部能够将人力物力机动有效地集中起来分配使用	C24c：推动组织结构调整	组织变革（C24c，C28c，C30c，C31c，C32c）	组织创新
		C25 1972 年，GE 年度科研总费用超过 8 亿美元	C25c：注重研发的投入	技术创新（C25c，C26c）	技术创新

……

表 6　典型世界一流企业超越阶段的开放性编码结果

企业	情景	贴标签	定义现象	概念化	范畴化
IBM（2003 年至今）	开始第二次转型："软件＋硬件＋服务"。将 PC 业务剥离，转型为"IT 解决方案＋战略咨询"，完全实现轻资产化；2012 年后，进一步转型为"认知解决方案＋云平台"	D43 推动全球整合，强调跨组织的协作和影响	D43d：推进国际化经营，注重集团管控	国际化发展（D43d，D59d，D60d）	国际化战略
		D44 在内生增长基础上，以并购驱动转型	D44d：推动企业开始进行战略转型，实现并购整合	战略规划（D44d，D45d，D46d，D47d，D56d，D60d）	战略规划

......

通过对 4 家世界一流企业的案例分析，可以看到，企业在不同的阶段中存在的关键要素存在差异，但都是支撑世界一流企业持续发展所必需的，且每个阶段也是基于不同要素的共同作用来形成竞争优势，帮助企业获得行业内的领先地位。虽然不同企业身处不同的行业，但是在相同的阶段也会保持一些共性，使得相关范畴在不同的发展阶段呈现出明显的聚集现象（如表 7 所示）。一些范畴会在特定的阶段发挥极其重要的作用，例如，企业家精神更多的是强调企业创始人的内在特质（无论是 IBM 的老沃森（Thomas J. Watson），还是 GE 的爱迪生，以及 Toyota 的丰田喜一郎都是具有企业家精神的重要个体）在创业阶段中具有重要支撑作用；同样，社会责任和组织文化通常也是当企业进入了转型阶段、超越阶段之后，其重要性才开始逐渐凸显出来，并能帮助企业塑造出竞争软实力。然而有些范畴则一直是会在

表 7　开放性编码范畴在世界一流企业成长历程中的分布①

范畴＼阶段	创业阶段	增长阶段	转型阶段	超越阶段
企业家	(8：4)	(4：2)	(6：2)	—
核心产品	(9：4)	(9：2)	(1：1)	(3：1)
财务资本	(1：1)	—	—	—
人力资源	(1：1)	(5：2)	(7：3)	(12：4)
技术创新	(7：3)	(3：2)	(8：2)	(9：3)
管理创新	(8：3)	(12：4)	(15：5)	(13：3)
组织创新	(1：1)	(14：4)	(12：3)	(7：3)
公司治理	(1：1)	(13：5)	(5：2)	(11：3)
战略定位	(12：5)	(7：2)	(3：1)	(1：1)
战略规划	(5：1)	(11：5)	(9：3)	(28：5)
业务转型	—	(7：2)	(14：3)	(2：1)
国际化战略	—	(8：2)	(8：3)	(12：4)
企业家精神	(4：2)	—	—	—
品牌价值	(1：1)	(5：1)	(5：2)	(6：2)
组织文化	—	—	(4：2)	(4：2)
社会责任	—	(1：1)	(3：2)	(8：3)

---

① 为了更好地理解世界一流企业在创业阶段的静态界面特征，本文对各阶段的关键要素进行汇总来形成整体的要素体系，其中包括该要素在现有资料中以概念化出现的频率次数和在范畴化时出现的频率次数。例如，企业家（8：4）表示在本研究的资料中先后有 8 次提出企业家具有显著重要作用；在 4 家企业的创业阶段中，企业家具有重要作用。为了展现一致性认识，本文对得到 2 家及以上的企业在特定阶段中凸显的相关范畴进行重点标识。

全部成长历程中均凸显出来，例如，技术创新和管理创新，能够提供合适的制度体系建设、管理思维和方式，开展动态的调整组织结构，提升创新活动的效率，加强对现有产品和服务的改进等一系列活动，使得企业在不同情境下都能持续获得领先状态。

2. 主轴性编码

在开放性编码过程中，虽然对每个并购事件和现象进行了概念化和范畴化，但各个范畴之间的逻辑关系并未建立。主轴性编码是将开放性编码中被分割的数据，通过类聚分析，在不同范畴之间建立关联，把各范畴联系起来，挑选与研究问题最相关的范畴形成主范畴，从而得到相关的证据链。本文将案例研究中根据开放性编码得到 4 个成长阶段的 16 个副范畴归纳为 4 个主范畴：资源基础、动态能力、战略柔性和价值导向（如表 8 所示）。其中，资源基础是指企业生产经营活动中的必要投入要素，包括企业拥有（或控制）的可用于生产、经营和管理等各项组织活动的资产，包括企业家、核心产品、财务资本和人力资源 4 个副范畴；动态能力是指企业内部一系列互补性知识和技能的组合，能够使企业业务达到竞争领域一流水平的能力，包括管理创新、组织创新、技术创新和公司治理 4 个副范畴；战略柔性是指结构化和协调不同资源与功能单元的组织定律，能帮助企业在快速变化的环境中实现成功竞争，包括战略定位、战略规划、业务转型和国际化战略 4 个副范畴；价值导向是指企业的经营管理活动围绕长期目标进行价值创造的目标导向和重要基准，包括企业家精神、组织文化、品牌价值和社会责任 4 个副范畴。

表 8　典型世界一流企业的成长历程关键要素主轴性编码结果

副范畴	主范畴
企业家、核心产品、财务资本、人力资源	资源基础
管理创新、组织创新、技术创新、公司治理	动态能力
战略定位、战略规划、业务转型、国际化战略	战略柔性
企业家精神、品牌价值、组织文化、社会责任	价值导向

3. 选择性编码

开放性编码和主轴性编码的分析展示了世界一流企业成长历程的基本框架，但还需要进一步深入分析和探索。世界一流企业的一个显著特点是在其成长的过程中，会动态地调整支撑其发展的关键要素，并进行有效的组合来获得持续竞争优势。为了更好地表明不同企业在不同阶段的显著性，本文利用选择性编码来进行后续处理。选择性编码除了具有选择核心范畴的功能之外，更重要的是将不同的范畴之间的关系进行解释，从而形成一个具有分析力的完整解释架构（刘志成、吴能全，2012）[25]。

基于 4 家世界一流企业的案例分析可以看到，资源基础、动态能力、战略柔性和价值导向会组合形成世界一流企业成功的基因，但是在不同的阶段，不同要素的重要性会存在差异化。例如，在创业阶段的企业一般更多注重物质资源的积累，例如强调产品、资本等；在进入增长阶段后，则注重专利、专有技术、商标、品牌等战略资源的重要性。尤其是知识经济时代，物质资本所占比重越来越小，人力资源的作用则越来越大，例如，驱动 IBM 获得持续发展的重要推动力就是其不断推行的人才培养和使用策略。同样，在增长阶段的企业能够不断地根据组织环境、战略、规模等来制定新的组织结构和管理机制，使之能够不断克服企业上规模后的"大企业"的管理病症，保持有活力和健康的组织状态。例如，GE 为了与动态的市场环境相适应，采取了设立新的业务模式，成立新的职能部门等组织结构变革措施，形成了较强的企业发展"骨骼"，为快速进行规模扩张形成了支撑。再则，处于转型阶段的世界一流企业能够通过有效的战略规划和战略实施，不断顺应环境变化，持续推进业务架构调整与企业转型，例如，在 Toyota 基于全球价值链的调整与重构的契机，在成本导向和比较优势推动下进行全球市场高效配置资源活动，为企业的持续发展提供了很好的转型契机。最后，世界一流企业除了在业绩增长与资本回报等经济运行效率与效益指标上具有优异的表现外，内部会形成独特的组织文化，且"因其超凡脱俗的表现，而创造了与众不同的、特殊的价值"（德勤，2013）[11]；外部也会塑造出出众的企业品牌与声誉，并通过积极承担社会责任和社会义务等来践行企业的价值理念。例如，Shell 公司始终坚持"低碳经济、绿色经济、循环经济"的发展理念，不断提高资源综合利用效率，积极实施环境保护和节能减排，追求企业与环境的和谐发展。

从具体的内部作用机制来看，资源基础、动态能力、战略柔性和价值导向会发生交互作用来形成复合竞争力，完成从一个阶段向另外一个阶段的转变和跃升，从而支撑企业获得持续发展。例如，在企业的创业阶段，企业可能并没有外部资源，也不具备相应的能力，更谈不上战略，但是大部分企业都会拥有具有企业家精神的个体。他们的创业、创新和担当的精神会推动个体向企业家进行转变，帮助企业获得所需的资源，培育出合适的能力，明确未来发展战略等。在增长阶段中，为了推动国际化战略的实施，世界一流企业会形成新的集团管控模式和组织结构等，从而有利于企业更好地从外部获取所需的资源，深挖内部创新潜力，统一企业发展战略等。在转型阶段中，世界一流企业开始承担一些社会责任和经济责任，并持续更新自身的发展理念来推动人与自然、社会的持续发展。例如，GE 开始进入新业务调整，IBM 开始进入云计算领域等，其他的一些公司也开始从业务发展转向平台发展，发布社会责任报告或可持续发展报告，提出需要实现企业与自然、社会同步发展等理念。在超越阶段，试图在各个方面都能够做到均衡，有效地协调其他资源和管理职能，更有效地整合现有的技术、产品等，提升企业内部的管理效率和构建完善的制度体系等，重新构架形成难以为外部其他企业所学习和认知的复合竞争力。

四、基本发现

在上述对 4 个案例的挖掘研究过程中，我们已经回答一个问题，那就是世界一流企业成长过程中的关键要素是什么，我们的基本发现是资源基础、动态能力、战略柔性和价值导向构成了世界一流企业成长的四维关键要素，具体如表 8 所示。这是笔者研究的第一个基本发现。但是我们的研究还需要进一步深入，回答这些关键要素是如何随着成长阶段变化而发生变化进而协同发挥作用的。正如 Penrose（1959）所认为，企业成长的过程是通过有效地协调其他资源和管理职能的结果，并会从一种非均衡状态向另外一种非均衡状态的转化[26]。那么，在企业从创立到超越发展的不同阶段中，这四维关键要素会发生怎样的变化呢？尽管不同的世界一流企业的具体成长路径千差万别，基于上述对 4 家企业的经验性知识进行了归纳之后，我们也可以进一步发现世界一流企业在成长的不同阶段四维因素的支撑作用变化。

第一，在创业阶段，资源基础是主导企业能否走向成功的决定性因素。很多企业之所以得以创立，其中的关键因素不仅在于拥有一些专利技术，或特殊资产，而且还拥有一群企业家。特别是在有限的资金、经验或人员等条件的限制下，很多企业更多的是依靠其创始人来带动发展。具有市场敏锐感知的企业家在众多类型的资源之中，发挥着至关重要的作用，他们是一种最特殊的人力资源。从企业内部活动而言，企业的创立在很大程度上取决于企业家个体是否能够牵头组织并形成能进入市场的产品和技术资源。从企业外部活动而言，在创业初期，可能缺乏成熟企业所有的专有资产、组织绩效等可供外人进行直接评价的实力基准，能够让外部社会形成直接感知的主要是企业家个体。通常也是由企业家来承担主要的市场推广和对外交流活动，包括对外展示企业的市场机遇、产品功能等。例如，在Shell的创业阶段，壳牌的马库斯·塞缪尔和荷兰皇家石油公司的安昆·邵克各自从石油运输和石油贸易入手，抓住了石油市场的发展契机，形成了有竞争优势的资源获取的基础；Toyota的丰田喜一郎及其代表的丰田家族的创业成功，建立在G型自动织布机和丰田AA型汽车的产品技术资源的基础上；IBM的老沃森曾是一名销售天才，他领导公司从打孔卡、打字机等简单机器设备制造领域进入了电子产品制造领域，逐渐占据了行业的领先地位；GE的爱迪生，更是将企业家个人与产品技术领袖进行完美结合的一个典范。除此之外，在成立之初，企业首先需要解决的问题是"活下来"。为了能够立足于市场，企业需要敏感地认识到外部市场需求，挖掘出客户的需求并加以满足，因此很多企业在初期发展中最为重要的部门是业务部门，依靠业务员、技术员和生产工人等，将现有的技术转化为产品或服务，并在市场中销售出去来获得稳定的现金流，帮助企业度过创业期。例如，在IBM的创业阶段，除了拥有核心技术之外，作为企业家的老沃森明确提出，销售人员是企业的重要人力资源，只有他们能够将产品销售出去，才能保证企业实现基本的生存，才有后续的资金支持运营活动的持续。因此，此阶段可被看作是基于资源驱动的发展模式。

第二，在增长阶段，企业完成了原始积累之后，已经获得了一定的市场规模、客户资源和核心产品等优势，开始进入稳定发展的规模扩张阶段。随着企业规模的扩大，企业需要重点解决的问题是"活得好"，需要考虑的是在更高规模层次或水平上的发展问题。所有的世界一流企业，在这个阶段会自觉或不自觉地去追求极大可能的规模经济和范围经济。特别是以往发展中的一些弊端逐渐凸显，此时企业家的精力也更多的是放在对内部管理制度的建立和完善上，即完成了创业发展之后，企业开始回过头来解决组织内部存在的各种问题。Helfat和Peteraf（2003）也指出，企业家的重要工作之一就是将个体能力转化为组织能力来创造企业竞争优势[22]。因此，对世界一流企业而言，不能简单地依靠某一个具有领导能力的企业家，更需要依靠企业的整体实力来提升竞争优势，否则很容易被市场所淘汰。在此阶段，企业所需要的能力集中体现在公司治理、创新管理和集团管控这三个方面。首先，公司治理即是治理公司的能力。对任何大型企业组织而言，一旦企业资源累积的规模足够大，就需要企业具备对股东和日渐趋于广泛的利益相关者之间的复杂关系作妥善的治理安排的能力。其次，是创新管理和集团管控这两方面的能力。业务结构不同的企业，对这两个方面能力的具体要求又有所不同。有的企业专注于相对单一的产业领域，由于资源规模庞大，需要有实施创新管理的强大能力。例如，Shell引入了矩阵式管理架构，着力建立了规范化、标准化和流程化的管理体系，在规模总量、行业引领力、业内话语权、经营业绩、核心技术等方面确立了业界的卓越地位。Toyota也引进全面质量管理（TQC），不断总结和发展科学的管理方式，实现组织结构的专业化、合理化和科学化，最终创造了为业界所盛赞的"丰田生产方式"。还有一些企业会选择通过多元化来实现发展，这类企业的能力体现为其企业集团总部管控多个业务板块的能力以及企业集团不断适应多业务的市场格局变化而动态实施组织变革与业务协同的能力。GE抓住了第二次世界大战中出现的市场机遇，大幅扩张了与国防相关的飞机、船舶及军品制造业务，形成了业务多元化格局，并先后实行了7次组织变革，推动自身的组织架构与业务发展相匹配。再如，IBM重设了自身的组织架构，设立了五大业务集团，实现了从一个家族企业向由职业经理人管理的现代企业的组织转型。因此，此阶段可被看作是基于能力构建的发展模式。

第三，在转型阶段，企业在实现了量化和质化的成长之后，开始追寻和挖掘市场中新的发展机会，重点需要解决的问题是"做得大"。特别是当企业具备了一定的实力之后，需要不断向外部扩张来提升市场规模，发展新的业务增长点，其中既可以是推动现有的业务转型，也可以是重新寻找新的经济增长点，还可能是开辟新的业务区域等多种战略措施来保证获得持续的竞争优势。在此阶段，企业的经营活动将进一步趋于宽范围化和多层次化，并加速向国际化企业转型，直到完成全球资源配置与整合，形成较稳定的优异业绩和能起示范作用的管理实践，为此企业需要战略柔性来引领自身的业务架构调整与战略转型，实现在高度变化的市场环境条件下的可持续发展。世界一流企业的显著优势在于能够动态适应外部变化的环境，基于自身对外界环境因素以及内部资源和能力的正确认知，为实现长期目标而不断修正和更新企业发展战略，确保始终以正确的战略导向来指引企业的经营管理活动。在此阶段中，一个重要特征是企业进入全球化发展的轨道中，在国际市场中进行扩张。其中，有的企业主导了全球产业链的重构与市场规则的设定，既控制全球产业链高端环节，又通过不断深入的全球化进程来布局和配置低端环节，持续挖掘具有市场成长性的业务。例如，Shell 在面临着全球石油业原有竞争格局被改变的市场环境时，面对石油危机带来的巨大的市场不确定性，以及环境保护浪潮兴起的挑战，开始强调打造全产业链来化解风险，实现全流程的控制。Toyota 依靠全球区域市场布局，有效应对了石油危机对汽车产业造成的不利影响以及日本经济持续衰退的不断冲击，最终从激烈的国际汽车产业竞争中脱颖而出。也有的世界一流企业在强调通过战略转型来延伸产业链和增强企业自身的国际竞争力。例如，GE 凭借其持续不断的业务架构调整与企业转型，实现了从竞争激烈的美国市场上的领先企业向全球市场上的领先企业的转变。IBM 则是紧跟全球信息技术领域日新月异的变化，不断推动战略变革、业务架构调整与企业转型，从主机制造厂商转向了"软件+硬件"相结合，再全面转向 IT 服务提供商，完成从制造向研发业和服务的战略变革。因此，此阶段可被看作是基于战略转型的发展阶段。

第四，一旦经历了转型阶段的重重考验之后，则已经属于在国际市场具有一定影响力的跨国公司。为了能够继续保持强有力的竞争力，那些成功的企业将以世界一流的状态进入超越阶段，开始推动面向未来的升级发展，此时所需要解决的问题是"做得强"。超越阶段并不是一个有明确的界线或发展特征的独立阶段，其存在只为了表明：如果一个企业已经跻身世界一流之列且仍在保持生命力，则该企业即进入了超越阶段。处在超越阶段的世界一流企业，仍需要不忘初心，持续进行自我升华的提升活动。在超越阶段，世界一流企业仍需要专注于自己的资源基础、动态能力与战略柔性，围绕以往发展阶段中的每个部分或者要素中存在的相对不足之处来进行"查漏补缺"，以求在各个方面能够做到均衡，并通过对各种要素的充分整合和重新构架来形成难以为外部其他企业所学习和认知的复合竞争力。例如，在宏观层面，GE 开始进入新业务调整，IBM 开始进入云计算领域等，其他的一些公司也开始从业务发展转向平台发展；在微观层面，企业会持之以恒地增强人力资本，推动国际化战略，不断形成新的集团管控模式和组织结构等。这样不仅可以使得自身的核心竞争力不断向前发展，同时，也提高了其他竞争性企业的进入壁垒。已经处在超越阶段的世界一流企业必然有其独特的价值导向，能够塑造出良好的品牌形象和社会声誉，这样才能够引导内部外相关利益主体共同参与到企业价值创造的动态交互活动中去（Chandler 和 Vargo，2011；Edvardsson 等，2011）[27][28]，并最终创造出融合经济、社会等多价值维度的复合效益，使企业获得相对持久的竞争优势。作为具有强大社会影响力的国际企业，世界一流企业比一般企业承担了更多的社会责任和经济责任，更积极于推动人与自然、社会的和谐及可持续发展。本文中的 4 家案例企业都提出了实现企业与社会同步发展的自我主张，也一直在努力成为被其他企业所学习和仿效的企业公民典范。因此，此阶段可被看作是基于均衡协同的发展阶段。

五、管理启示

本文对 4 个案例的挖掘研究，得出了两方面结论：一是给出了从资源基础、动态能力、战略柔性和价值导向四维度分析描述一流企业成长的框架，以解决系统性因素的问题；二是对该分析框架中各要素在不同阶段的互动与演化关系进行必要的解释，进而阐述其如何推动企业实现动态性的持续发展。这也呼应了我们从系统维度和动态维度对世界一流企业进行的界定。那么基于这两方面发现，我们需要进一步引申回答世界一流企业应该具有怎样的管理特征。这种引申的意义不仅在于可以进一步描述世界一流企业在管理上会达到什么样的"领先状态"，从而给世界一流企业更为全面的"画像"，更为重要的意义是只有具体指明这种管理特征，才能指导那些将世界一流企业作为奋斗目标的企业如何改善自己的管理，从而使本研究更具有现实指导意义。基于上述4个案例和已经挖掘出的两方面发现，我们认为世界一流企业具有以下11个方面的管理特征。

（1）世界一流企业是具有强大的企业家精神的企业。企业家精神的载体是企业家，通过一代又一代的企业家得以延续与传承。GE的杰克·韦尔奇、杰夫·伊梅尔特，IBM的老/小沃森、路易斯·郭士纳，Toyota的丰田喜一郎、丰田章男，他们是人们耳熟能详的知名企业家。虽然伟大的企业家有各自不同的出身背景，但他们的共同之处在于，拥有能够开创事业、发展事业的强大精神力量——这种精神力量是创立和发展世界一流企业的关键性的驱动力量。一流的企业家不仅擅长发现、甄别和捕捉机会，还擅长运用从未有过的组织管理方式来调动企业内外部资源以获取利润，正是在他们的领导下，企业及企业中的全体员工，被带入一个又一个的新领域，不断摒弃原有固定的做法，朝着更新和更高的目标前行。

（2）世界一流企业的组织文化重在以"文"化人。组织文化，对企业成功而言，是至关重要和不可或缺的要素，也是世界一流企业走向成功的多种经营管理要素中最难以描述与效仿的要素。世界一流企业组织文化具有塑造员工的观念与行为的力量，其共性特点是：第一，倡导超越财务指标的经营理念和价值观，重"质"，而不重"量"。好的企业绩效，只不过是正确的企业价值观所激发的经营行为的必然结果。第二，坚持不懈推进"文化洗脑"，使公司理念与员工的日常实际工作能够紧密结合起来。世界一流企业价值观的内容和表达方式，以激发基层员工信念与潜能为根本，致力于将抽象的经营理念和价值观落实到员工日常行为中去。第三，作为组织文化最忠诚的信奉者和践行者，企业最高领导人充当着企业精神导师的角色，他的思想在最高的抽象层面上，有崇高的愿景，同时，他的行动又能落实到日常琐事中，不断向员工传递对企业价值导向观的热情与执着。

（3）世界一流企业通过追求长远价值和优秀品质获取著名品牌和良好声誉。世界一流企业在品牌形象与社会声誉方面有五个共同特点：第一，企业的产品和服务是可信赖的。第二，企业财务业绩优秀，有可持续的竞争力。第三，企业行为富有责任感，能够负责任地对待每一个利益相关方，自觉维护利益相关方的权益，以建立和谐的利益相关者关系为己任。第四，在社会性维度方面关注度及参与度高，以解决社会问题和促进社会进步为企业发展的驱动力，社会贡献度处于全球领先地位。第五，在各利益相关方心目中有良好的形象与声誉，获得了人们广泛的情感认同与尊敬。

（4）世界一流企业擅长以发展型战略应对复杂多变的环境。传统战略管理的基本思路是在内部条件与外部环境的约束下，努力创造竞争对手难以模仿的匹配性，进而形成独特的可持续竞争优势。伴随企业外部环境向着动态、复杂的高不确定性方向快速演变，人们日渐放松了对产业边界和技术边界可预见性的假设，提出了即兴战略、应急战略、柔性战略、两栖战略、自组织战略或类似的以环境不确定性、复杂动态性和不可预测性为核心的后现代战略管理理论和方法。世界一流企业的发展型战略具有"半固定式"的战略导向特征，遵循演化性、平衡性、渐进性这三项基本原则，可以做到有意识地按照环境变化方向和节奏改变自身活动中的资源配置，并能够跟随环境不确定性信息的发展而自我调整、自我匹配、自我强化，从而避免大型企业组织故步自封于既定战略的陷阱。

（5）业务架构转型是世界一流企业的发展常态。任一行业领域的卓越企业要想保持基业长青，都必须根据自身资源和能力变化以及外部环境的变化适时实施业务调整与优化，不断推进转型。一流企业擅长于围绕核心资源来搭建与调整业务架构，其主要产品或服务，始终建立在核心能力的基础上。许多长期持续创造价值的企业集中精力发展一类、最多两类核心业务，并成为了这些核心业务领域的行业领导者或强有力的追随者，其绩效远远领先于多元化经营、没有清晰核心业务的竞争者。有的一流企业的核心能力与业务架构的关系很明晰。也有的一流企业拥有多领域貌似不相关的业务，但其实这些业务能形成良好的战略协同，各业务之间能相互支撑、相互促进，这种不同业务板块之间的协同能力恰恰就是该企业的核心能力。在新技术经济条件下，有的企业打造的是商业生态系统，联合参与商业生态系统的关联企业，与其他对手开展竞争。世界一流企业的关键性的业务架构转型，往往是由极具卓越经营才能的企业领导人来主导推进的。

（6）世界一流企业具有全球化资源配置和管理能力。不经历国际化与全球化考验的大企业，称不上是世界一流企业。按照海外资产规模排名，全球排名前三位的企业分别是 Shell、Toyota 和 GE，三家公司的跨国化指数（The Transnationality Index，TNI）分别是 74%、59.1% 和 56.5%。世界一流企业一定是在全球具有竞争力的企业，它们需要在容量大和增长快的市场布局，以保持自身的成长性；也需要在有战略性资源（包括优质的人力资源）的国家布局。因此，全球化配置资源，是世界一流企业的优势资源、能力和商业生态在全球市场延伸的需要，同时也是企业为了获得、掌控资源，培养、获取和强化核心能力的必然选择。目前，发展中国家和转型国家的大企业，尽管有的在经济规模上越来越接近发达国家的大企业，但前者的全球竞争力仍然明显低于后者。

（7）世界一流企业优秀的公司治理结构为企业可持续发展提供坚实的制度保障。全球公司治理实践，一方面，越来越强调商业伦理、企业社会责任等现代社会议题与传统公司治理体制之间的互动与交融；另一方面，在高度不确定的国际市场环境中，越来越重视加强风险控制与防范。同时，国际金融危机激发了人们对美国公司治理体制的两大弊端的反思：一是对公司长期价值的忽略；二是对公司高管的过度激励。在充斥多样性的各国实践中，可以找到世界一流企业公司治理实践中的一些共性元素，比如，强调对短期与长期以及经济与非经济的多维价值导向的平衡；强调多个治理主体之间的相互制衡与多方利益相关者共同参与治理；强调中长期激励机制；奉行透明度原则和重视信息披露。

（8）世界一流企业推行紧密化的集团管控。集团化是大企业迈向世界一流企业的必经之路。世界一流企业的集团管控与组织创新重在解决四方面的问题：首先，打造紧密管控的集团组织，避免集团总部的功能虚化或"控股公司化"。其次，适度的多元化经营，始终确保企业内部能力的变化和外部市场机会的变化趋向相匹配。再次，在主要的业务领域，追求通过垂直整合来推进全产业链一体化经营。最后，构建集团内部资本市场，提高资本在多业务领域的最优配置。

（9）世界一流企业的管理创新活动能够把握重大机遇与克服组织惰性。在管理创新的具体方式上，世界一流企业的做法各具特色。有的企业抓住产业技术路线转换的契机，实现了突破式创新；有的企业致力于架构创新、低成本创新或新市场创新，擅长于在已有产业技术路线基础上，创建新的产品市场或开拓全新的市场领域；还有的企业擅长于将企业内外部的量众多的渐进式创新，持续高效地转化为企业的利润和竞争力。这些世界一流企业的创新管理具有两个方面的共性特点：一方面，能把握住不同时代的产业技术突变的重大机遇，在决定企业存亡命运和行业竞争范式选择的战略性问题上有所创见，做出独特的价值贡献；另一方面，能不断克服大型企业组织弊端和惰性，使各种形式的创新活动得以在企业内部的日常经营中不断涌现出来。

（10）世界一流企业的人力资源管理能够激发员工的奉献精神与创造力。这些企业以尊重员工、信任员工为核心理念，将员工视作可以增值的资本而不是成本，其管理目标在于造就积极主动、有专业能力又能够解决问题的员工队伍，创造各种条件，鼓励员工发挥潜能和提高能力，为企业创造价值。其实践要点包括：首先，"选人"，胜于"育人"。世界一流企业采用慎重的招聘方式，注重人才的潜质和可塑性，强调筛选符合企业价值观、文化和技术要求的人才。例如，Toyota 号称："找到能与公司度过'一生'的人。"其次，在"育人"时，重视培育员工的品质、态度，胜于培训员工的技能和能力。再次，重视为未来长远发展而不断积累人才，愿意与员工共建长期信任关系。最后，乐于为员工提供参与企业事务的机会，赋予员工充分的工作自主权。

（11）世界一流企业推行战略型与价值型的财务管理。传统的财务管理聚焦财务核算，对应于事务性工作，自20世纪90年代以来，世界一流企业的财务管理日渐向战略型、价值型的方向转型。其实践要点包括：第一，财务管理与战略管理趋于融合，围绕公司战略来设计公司财务体系，构建符合战略特性的财务管理框架。第二，发展财务共享服务，将企业内部共通的财务管理功能集中起来，高质量、低成本地向各业务单元与部门提供流程化和标准化服务。例如，Shell将80多个国家的财务流程集中到了在全球布局的5个财务共享服务中心。第三，倡导业财整合和精细化的财务管理，使财务体系与企业业务流程能紧密结合起来，既强化财务监督职能，实现财务管理"零"死角，又拓展财务管理服务功能，挖掘潜在价值。

六、中国情境下的进一步思考

基于上述对世界一流企业成长的研究，在中国当前的经济发展情境下，我们有必要进一步思考以下三个问题。

问题一：中国已经出现了世界一流企业了吗？

今日的中国经济已经被增长成功的光环所笼罩。在这样的时代背景下，中国是否已经出现了世界一流企业？虽然当前的中国并不缺乏企业成功的故事，已经有相当一批优秀的中国企业实现了快速的跨越式发展，并逐步走向国际市场，但是，我们的基本判断是，迄今为止，中国还没有出现跻身世界一流企业之列的大企业。虽然中国既有以华润、招商局、同仁堂为代表的百年老店，也有以华为、腾讯、阿里巴巴、海康威视等为代表的业界新锐，它们是一批正在接近于世界一流企业，或正在加速成长为世界一流企业的大企业，或已经具备在全球市场的某一竞技场上冲击世界一流企业的条件。但是，没有证据表明其中的任何一家企业能够确信自身会在全球市场竞争浪潮中能够获得持续的领先竞争力。之所以说中国缺乏世界一流企业，其原因在于中国大企业的发展历程太短。大部分中国企业都是改革开放之后才开始在相对稳定的市场经济制度环境下谋生存与发展，至今不足40年。即使是今日非常成功地站在各行业领域巅峰的少数大型国有企业，它们也依然还没有经历过足够漫长的时间检验，没有经历过出人意料的大幅经济波动乃至经济危机的考验与洗礼。如果到21世纪中期前后，今日的这些成功的大企业仍存续且保持了稳固的市场竞争地位，则无疑会真正蜕变成为举世公认的世界一流企业。

依托前文提出的世界一流企业的成长阶段划分和四维分析框架，来审视在改革开放以来近40年的经济高增长中成长并壮大起来的中国大企业，可以看到，它们普遍呈现出来了多发展阶段的混合性特征。首先，中国大企业具有显著的世界一流企业在创业阶段时的资源积累型的特征，这意味着在某些方面，它们仍处于迈向世界一流企业的发展进程中的相对早中期的阶段，没有完全脱离由资源基础主导企业发展的运行规律。其次，在实现了资源规模的迅速扩张后，中国大企业普遍面临世界一流企业在进入增长阶段后面临的提升与组织管理活动紧密相关的动态能力的艰巨挑战。例如，无论是国有企业的"改制"，还是民营企业的"建制"，都是中国大企业所经历的重要活动。当前，不少中国大企业遇到了世界一流企业在转型阶段普遍面临的战略柔性的问题，开始面向全球市场和全球价值链来进行区域布局和业务转型。例如，在积极响应"一带一路"国家战略的要求和加快"走出去"的过程中，有一批中国大企业正率先应对开展国际化经营的艰巨挑战。最后，中国大企业与世界一流企业的根本差距仍在价值导向这个维度上。在这一方面,大多数的中国大企业尚未真正起步,更多的是注重企业经济价值,忽略了对于企业社会形象、声誉、承担社会责任等方面的价值担当。只有在价值导向这个维度上有所建树和突破的中国大企业,才有可能接近于世界一流企业。综合看起来,中国大企业普遍处于介于增长阶段与转型阶段这二者之间的运行状态,不同企业的具体步伐有快有慢,一旦进入超越阶段,则意味着它们向世界一流企业蜕变目标的顺利达成。

中国大企业的发展实践,虽然脱胎于改革开放以来中国经济的独特的成功故事,但它们仍在很大程度上验证着世界一流企业成长的一般规律。从全球经验来看,世界一流企业代表了全球市场运营者的最好水平。无论是英国还是美国,其一流企业都有一段辉煌经历,即它们为全球市场提供的增长贡献,比其他任何一个国家的企业都多。而这两个国家在相应的历史阶段,在经济效率、劳动生产率和技术创新等重要经济指标中成为了世界第一(小钱德勒,2005)[29]。德国大企业的全球影响力,尽管难以与美国大企业相匹敌,但仍然是非常可观的。英、美、德等国家的世界一流企业往往具有非常突出的业务一元化特征。与之相区别的是,中国既有在某行业中占支配地位的垂直整合型的大企业,比如,华为、海尔、万科、伊利;也有以横向多元化面貌出现的大企业,比如,华润、招商局、复星。这种情况,同日本和韩国相类似,在日本,前者如丰田、索尼等,后者如三井、住友等。韩国的三星、现代等财团,既有垂直型的核心大企业,又有高度多元化的成员企业;同时,韩国也有像浦项钢铁这样业务一元化的大企业。20世纪的两次世界大战之后,法国政府曾实施"民族冠军"政策,鼓励发展大企业,在这一政策推动下,出现了一些核心企业不够突出的企业集团。意大利在重要的能源部门组建了IRI和ENI这两大企业集团。无论业务特征如何,法国、意大利、日本、韩国等后进的发达国家的大企业在进入国际市场时,都要经历从不具备足够的组织能力或是缺乏竞争活力的状态向有效激发和提高组织能力的状态(小钱德勒,2005)的转型阶段[29],才能真正步入世界一流企业之列。可以看到,中国大企业在未来的发展道路上依然还有很长的路要走。

问题二:中国国有企业能够成为世界一流企业吗?

十九大报告提出:"深化国有企业改革,发展混合所有制经济,培育具有全球竞争力的世界一流企业",这对中国国有企业通过深化改革发展成为世界一流企业提出要求。但是,近些年来,存在一种声音,认为中国国有企业的发展更多的是垄断和政府支持导致的,甚至认为政府通过国有企业在经济增长中充当了企业家角色,国有企业是"政府企业家"或者"国家企业家"在发挥作用。这类论调,在50年前的法国、意大利、日本、韩国的政府与企业领导人心目中,并不是什么罕见的观念。这些国家的经济发展历史告诉我们,任何一个有发展雄心的赶超国家,强有力的政府对经济增长的执着追求,是完成这个国家经济腾飞奇迹的不可或缺的条件。中国只不过站在这些国家曾经站过的河流之中——尽管它早已不是同一条河流。

但是,与信奉政府企业家观念的其他国家相区别的是,当下的中国最大限度地利用了国有企业制度。其他国家更倾向于采用其他的政府干预经济的方式,而不是国家所有制的方式来控制和影响大企业。中国与那些国家不同,中国是世界上少有的充分有效地利用了国有企业制度的国家。在计划经济体制下,中国既有受益于庞大的国有经济部门的良好的历史记忆,也有受累于过于低效的国有经济部门的惨痛的失败教训,而今,中国国有企业制度取得的成功,其原因是平衡好了一组看似南辕北辙却又殊途同归的矛盾关系:一方面,中国坚持社会主义价值观,将国有企业制度作为最大限度地培育与维护全社会的共同财富与公共福利的基本制度安排。另一方面,中国坚持,市场化、商业化和公司化是国有企业不断改革的方向——如果没有后一方面的改革约束,国有企业是很容易走上背离企业本质的歧途,掉入预算软约束和内部人控制的低效率陷阱。

从中国国有企业的经验与教训看,市场化是释放国有企业组织创造力的重要制度基础。正是社会主义市场经济体制的确立，才使中国经济在微观层面形成国有企业与民营企业共生、共同繁荣的格局成为可能。自 20 世纪 90 年代的公司制、股份制改革的日渐普及之后，中国国有企业的制度形式发生了重要且积极的变化。无论是从国外经验看，还是从国内经验看，一个国有企业如果能够将国有企业的"政治使命"或"国家利益"诉求，有机融入企业的价值导向之中，同时，在企业的日常运营层面，恪守公平竞争的商业规范，这样的国有企业，是有可能成为举世公认的卓越的企业组织的。

实际上，近 40 年来，中国国有企业经过了 1978~1993 年的"放权让利"、1993~2003 年的"制度创新"、2003~2013 年的"国资改革"，以及 2013 年至今的"分类改革"四个时期（黄群慧、余菁，2013）[30]，国有企业经营机制发生了重大变化，大部分已经进行了公司制、股份制改革，初步建立起现代企业制度，公司治理结构逐步规范，大多数国有企业已经成为独立自主经营的市场主体，从计划经济体制附属的传统国营企业转变为市场经济体制下的"新国企"。在计划经济体制下形成的以国有经济为主体的单一的微观经济结构已经得到显著改观，适应建立社会主义市场经济要求的公有制为主体、多种所有制共同发展的混合经济结构正逐步确立。中国国有企业的发展取得了巨大成就，成长出一大批"新国企"，为中国经济快速发展提供了重要支撑，中国渐进式国有企业改革的成功经验成为中国经济发展经验的核心内涵。尤其是通过分类改革，除了公益类企业和少数垄断性国企外，绝大多数国有企业都是竞争性商业企业，这些企业通过进一步深化国有企业混合所有制改革，国有企业所有制标签将逐步淡化，都将成为具有混合所有的股权结构、完善市场化的经营管理方式的"全新国企"（金碚、黄群慧，2005）[31]。而"新国企"通过学习世界一流企业的管理经验和成长规律，逐步提高自己的管理能力，是可以逐步发展成为世界一流企业的。实际上，从我国现在的企业总体发展状况看，像华为这样的接近世界一流企业的民营企业是凤毛麟角的，接近世界一流企业的更多的是"新国企"，只有按照十九大报告要求进一步深化国有企业改革，在我国建立现代化经济体系的过程中，必将有一批"新国企"成长为世界一流企业。

问题三：中国企业能向世界贡献一流的企业管理方式吗？

从世界企业管理史角度看，美国崛起时，将美国大企业的经理革命与组织革命推广到了全球；德国与日本崛起时，也使德国大企业出众的定制设计、强大的工程师技能系统与日本大企业的大规模精益制造方式、终身雇佣制为世界所熟知。当前，中国经济取得了巨大成就，中国已经步入工业化后期阶段，但客观地讲，迄今为止中国还没有自己独特的企业管理方式供世界学习，中国企业管理总体水平仍然不尽如人意。有观点对比了中印管理的差距，印度高校学生不少将 MBA 学习变成习惯性选择，印裔管理者正越来越多地出现在世界一流企业领导者的舞台上，而华裔管理者在这个领域仍极为鲜见。更为根本的是，迄今为止无论是企业管理者，还是企业管理学者，都没有总结概括出大家公认的世界一流管理方式。虽然中国一些著名大企业也在努力概括自己的管理方式，并试图向世界宣传推广，但或者因为总结概括语言稀奇古怪，或者因为其内涵乏善可陈，都难以得到学术界和企业界的认可。这意味着相对于中国企业成长的成功实践而言，中国企业管理理论概括则相对落后。实际上，学术界也一直试图总结中国企业成功的经验，并试图使其上升到理论层面，例如有一些学者使用创新成本相对较低的集成创新的思维方式来总结中国企业的成功经验。他们用"再创能力"（孙黎、邹波，2015）[32]，或者是用"资源拼凑"（Bricolage，也称"巧创"或"就地取材"）的概念，来解释中国企业在资源短缺条件下完成的持续迭代式的创新创业活动（Baker 和 Nelson，2005；赵兴庐、张建琦、刘衡，2016；李平、周诗豪，2017）[33][34][35]，或者用复合创新（Componovation，也称"整合式或组合式创新"）来描述中国企业的成功之道。受时间因素的局限，中国经济及中国大企业的深层次的能力仍在培育与成熟化的进程中。的确，有些中国大企业，它们孕育的一些带有明显的中国特质的经营管理元素正初具雏形，但这些元素彼此之间的、在共同的中国情境下所反映出来的共性仍然不够显著，同时，它们对全球企业经营管理知识的明确的增值性贡献，也远远不够显性化。但是，我们认为，支撑中国经济增长奇迹的中国企业确实有其独特之处，而且中国大企业的独特智慧不能简单用类似于"拼凑"中"组合"的词汇来描述。就如当年的美国、德国、日本的大企业一样，今天的中国大企业正在以其他国家的大企业难以模仿或复制的新管理方法与管理方式，即将创造出其他竞争对手无法想象的经营业绩。

前文给出了世界一流企业的四维分析框架，也许在其中的资源基础、动态能力与战略柔性这三个方面，中国大企业的成长没有规律上的特殊之处，但是在价值导向这个维度上，中国大企业已经展现出来了不容忽视的异质性。在我们看来，自从洋务运动开始的"中体西用"理念，实际上一直在支配着中国企业管理方式的创新。美国前财政部长 Paulson（2015）用"中体西术"（Chinese Bodies, Foreign Technology）来概括中国改革开放的成功[36]。显然，"用"或"术"方面的因素是相对次要的，更本质的是"体"或"道"方面的因素——它们是支配人的行为的深层次因素，决定了企业和企业中的人将如何选择、嫁接或发展"用"或"术"层次的因素。那么，在中国企业管理方式创新中到底什么是体现中国特色的"中体"的内涵呢？中国博大精深的传统文化应该是"中体"的一部分，是中国传统文化价值观念所滋养出来的对复杂环境中众多高度不确定因素的出色的应景性平衡的智慧。在特定的环境条件下，可供选择的"西术"多如牛毛，到底是什么样的根本因素，去引导和决定企业如何展开"资源拼凑"，如何进行"整合""组合"或"复合"，进而完成"再创"或"巧创"？企业是如何因人制宜、因地制宜、因时制宜，用其他人意料之外的方式去创建并巩固一个大型企业组织的？正是中国文化传统中特有的平衡之道，使中国大企业绽放出独特的企业家精神魅力，使他们能够在看似充满风险的环境中去把握住机会，在资源质量和能力水平相对低的恶劣条件下，仍然能够顺利穿越复杂环境中的迷雾，完成那些被其竞争对手视作不可能完成或无利可图的市场交易。

或许有人会提出疑问：中国的传统文化古已有之，为什么直到今日才彰显出来力量呢？这是因为，改革开放以来的经济体制改革，逐步让中国探索并确立了社会主义市场经济体制，正是这种独特的制度环境，营造了市场活力与中国特有的一些文化元素相结合的沃土。而且，中国比较幸运地抑制了其传统文化中不利于市场发育的种种负面性因素，较多地激发出来了其传统文化中的积极性因素。例如，本节前文论及了国有企业制度在中国的成功，这在西方自由市场派的学者眼中，简直是不可思议的存在。再如，同样是东亚地区的集体主义精神，在中国情境下，同时与宏观层次的国家战略、中观层次的团队协作、微观层次的个体主义进行了较为完美的结合，扬长避短的效应非常显著。按照市场化的要求，对复杂且彼此矛盾、冲突的文化要素在不同层次上进行拆解与再组合，这本身也成为了"中体式"的平衡之道及由此而派生出来的社会经济竞争力的有机组成部分。

结合中国企业实践来看，"用"或"术"层次的现象千变万化，足以迷惑人心。相似的企业成功故事，在中国有可能会找到成百上千种的范例，不同企业的做法五花八门，一些企业禁止或有所禁忌的做法，却很可能被另一些企业奉为圭臬。总体来看，中国企业的经营管理实践可谓八仙过海、各显神通，而它们殊途同归的可贵之处，即它们在"体"或"道"上的共性是：成功的企业都在做一件事，也就是说，它们都在以自己所坚持的行为方式去探索开放多元的世界，努力达成天时、地利、人和因素的相和谐统一。一旦中国企业及企业领导人的这种精神气质确立下来，它们往往表现得比其他竞争对手更开放、不墨守成规，它们更善于学习，更能够包容错误和更加能够承受失败与挫折，有更强大的符合实用主义原则的解决不断涌现出来的实际问题的能力。我们看重和尊重的，正是中国企业这样的一种独特的精神文化气质。这种精神文化气氛中，蕴藏了有助于现代商业组织繁荣的社会文化基因。在这样的精神气质的滋养下，中国企业在短短几十年时间里呈现出了一种百花齐放的发展格局，有的企业在雄心勃勃地追求与欧美大公司比肩，有的企业在刻苦地赶超德国式的隐形冠军企业，有的企业潜心钻研日本企业的精益化与工匠精神，更多的企业则以中国式的经营管理执念和种种毫不拘泥的"四不像"的模式不厌其烦地打磨着自己的"术"的魔方组合——它们共同谱写了中国企业的成功故事。

展望未来，中国企业要发展成为世界一流企业，创新出世界一流的管理方式，要和两大历史机遇结合起来思考：一方面，全球化的形势正在发生深刻的变化。当前，以美国为代表的发达国家逆全球化态势明显，而以中国为代表的赶超国家正面临在仍在形成中的新的开放秩序下谋求新市场空间的巨大挑战与机会。在这个方面，很多机会是与中国政府深度参与的经济体制或经济增长模式联系在一起的。另一方面，以数字经济为代表的新一轮工业革命，给正步入工业化后期的中国大企业提供了在高度不确定的新产业技术条件下谋加速发展的难得机遇。在这个方面，中国大企业与发达国家的跨国公司们同台竞技，需要充分展示中国式的企业管理智慧，在更丰富的几乎没有先验性知识可以习得的前沿领域创造出发展奇迹。我们相信，在新一轮全球化和工业革命的背景下，中国一定会走出世界一流企业，并向世界贡献具有中国特色的企业管理智慧与企业管理方式。

〔参考文献〕

[1] 国务院国资委. 2017《财富》世界 500 强公布国务院国资委监管 48 家央企上榜 [EB/OL]. http://www.sasac.gov.cn/n2588025/n2588119/c7419470/content.html，2017-07-20.

[2] Drucker, P. Innovation and Entrepreneurship [M]. Harper & Row, New York, 1985.

[3] Porter, M. E. Competitive Advantage: Creating and Sustaining Superior Performance [M]. Free Press, New York, 1985.

[4] Newman, W. H. & Chen, M. J. World-Class Enterprises: Resource Conversion and Balanced Integration, Challenges for Global Enterprise in the 21st Century [C]. Academy of ManagementNational Meetings, 1999.

[5] Peters, T. & Waterman, R.H., In Search of Excellence: Lessons from America's Best-runCompanies [M]. Harper & Row, New York, 1982.

[6] Collis, D. J. Research Note: How Valuable are Organizational Capabilities [J]. Strategic Management Journal, 1994, 15: 143-152.

[7] 张文魁. 世界一流企业的八个特征 [J]. 港口经济，2012 (2).

[8] 周原冰. 什么样的企业称得上"世界一流" [N]. 国家电网报，2012-01-17.

[9] 国务院国资委. 做强做优中央企业、培育具有国际竞争力的世界一流企业要素指引 [Z]. 2013.

[10] 麦肯锡. 完善系统对标，推动管理转型，打造世界一流企业 [R]. 2012.

[11] 德勤. 对标世界一流企业：做优做强，管理提升之路 [M]. 经济管理出版社，2013.

[12] 罗兰贝格. 中国如何造就全球龙头企业 [J]. 中国工业评论，2017 (7).

[13] 波士顿咨询公司. 打造全球一流的价值创造型企业集团 [R]. 2017.

[14] Perrow Perrow, C. Complex Organizations [M]. New York, Random House, 1986.

[15] Pfeffer, J. Organizations and Organization Theory [M]. Pitman, Marshfield, 1982.

[16] 杨杜，欧阳东. 迈向世界一流企业的管理 [J]. 企业管理，2012 (4).

[17] 杨杜. 企业成长论 [M]. 中国人民大学出版社，1996.

[18] Eisenhardt, K. M. Building Theories from Case Study Research [J]. Academy of Management Review, 1989, 14: 532-550.

[19] Yin, R. Case Study Research: Design and Methods [M]. Thousand Oaks, CA: Sage Publications, 1994.

[20] Patton, M. Q. Qualitative Evaluation and Research Methods [M]. Thousasnd Oaks, CA: Sage. 1990.

[21] Greiner, L. Evolution and Revolution as Organizations Grow [J]. Harvard Business Review, 1972, 50: 37-46.

[22] Helfat, C., & Peteraf, M. The Dynamic Resource-Based View: Capability Lifecycles [J]. Strategic Management Journal, 2003, 24 (10): 997-1010.

[23] Miles, M. B. & Huberman, A. M. Qualitative Data Analysis: A Sourcebook of New Methods [M]. California; SAGE publications Inc, 1984.

［24］Strauss，A. & Corbin，J. Basics of Qualitative Research：Grounded Theory Procedures and Techniques［M］. Newbury Park：Sage，1990.

［25］刘志成，吴能全. 中国企业家行为过程研究：来自近代中国企业家的考察［J］. 管理世界，2012（6）.

［26］Penrose，E. The Theory of the Growth of the Firm［M］. Oxford：Basil Blackford，1959.

［27］Chandler，J. D. & Vargo，S. L.. Contextualization and Value-in-context：How Context Frames Exchange［J］. Marketing Theory，2011，11（1）：35-49.

［28］Edvardsson，B.，Tronvoll，B. & Gruber，T. Expanding Understanding of Service Exchange and Value Co-creation：A Social Construction Approach［J］. Journal of the Academy of Marketing Science，2011，39（2）：327-339.

［29］A.D. 钱德勒主编. 大企业和国民财富［M］. 北京大学出版社，2005.

［30］黄群慧，余菁. 新时期新思路：国有企业分类改革与治理［J］. 中国工业经济，2013（11）.

［31］金碚，黄群慧. "新型国有企业"初步研究［J］. 中国工业经济，2005（6）.

［32］孙黎，邹波. 再创能力：中国企业如何赶超世界一流？［J］. 清华管理评论，2015（1）.

［33］Baker T.，Nelson R. E. Creating Something from Nothing：Resource Construction through Entrepreneurial Bricolage［J］. Administrative Science Quarterly，2005，50（3）：329-366.

［34］赵兴庐，张建琦，刘衡. 能力建构视角下资源拼凑对新创企业绩效的影响过程研究［J］. 管理学报，2016（10）.

［35］李平，周诗豪. 梦想式巧创：中国企业的独特创新范式［J］. 清华管理评论，2017（6）.

［36］Paulson，H. Dealing with China：An Insider Unmasks the New Economic Superpower［M］. Headline Book Publishing，London，2015.

（本文发表在《中国工业经济》2017 年第 11 期）

互联网思维与传统企业再造

李海舰　田跃新　李文杰

摘　要：人类社会进入了（移动）互联网时代。（移动）互联网改变了交易场所、拓展了交易时间、丰富了交易品类、加快了交易速度、减少了中间环节，它对商业企业、工业企业、金融企业乃至医疗企业、高等院校、政府机构产生了广泛而深刻的影响。然而，万变不离其宗。九九归一，即为"互联网思维"。本文认为，互联网思维包括三个层次：一是互联网精神，即：开放、平等、协作、共享。二是互联网理念。虚拟实体打通、时空约束打破，一切都极致化、一切都模块化，个人帝国主义、利用大众力量，通过免费赚钱、用户本位主义。三是互联网经济。交易技术层面：长尾理论；交易结构层面：市场均衡理论；交易绩效层面：消费者主权论。根据互联网思维，传统企业必须进行再造，其方向是打造智慧型组织：网络化生态、全球化整合、平台化运作、员工化用户、无边界发展、自组织管理。正如海尔集团公司首席执行官张瑞敏所说"没有成功的企业，只有时代的企业"，所有企业必须跟上时代步伐才能生存。

关键词：互联网时代；互联网思维；智慧型组织

现代通信技术与 PC 等的结合形成了传统互联网，现代通信技术与手机等的结合形成了移动互联网。现在，用户占据手机端移动互联网的时间已大大超过了占据 PC 端传统互联网的时间。自此，人类社会进入了移动互联网时代。（移动）互联网就像阳光、空气和水一样，已经渗透到社会生活的方方面面，其威力是无所不在、无时不在、无坚不摧。在互联网时代，一切都将被重新塑造。就商业变化而言：①互联网改变了交易场所。现在，产品供给方和需求方可以跨越空间约束，自由进入电子商务网站等虚拟场所，实现商品线上交易。②互联网拓展了交易时间。过去，产品供给方有固定的营业时间，超过这个时间范围，即使需求方有购买需求，商家也会闭门打烊。现在，供需双方在电子商务网站，可实现 24 小时不间断的网络交易。③互联网丰富了交易品类。现在，网络空间不仅交易畅销产品、大众产品，而且交易在实体空间里大量存在的所谓滞销产品、小众产品。④互联网加快了交易速度。消费者通过手机、电脑等智能终端接入互联网，进入网络购物平台，根据商品历史交易信息和消费者的评价，减少了信息不对称性，加快了供需双方的交易速度。⑤互联网减少了中间环节。现在，去中介化、去渠道化，点对点、端到端，直通直达，即内去隔热墙、外去中间商，产品从研发、制造到销售、营运各个区段时间大大缩短。

总之，这个时代一切都变快了。以手机行业为例，模拟时代，摩托罗拉成为全球手机霸主，但是，2011 年谷歌收购摩托罗拉（手机业务）；数码时代，诺基亚成为全球手机霸主，但是，2013 年，微软收

[基金项目] 中国社会科学院哲学社会科学创新工程长城学者项目"中国企业管理创新研究"。

购诺基亚（手机业务）；互联网时代，苹果成为全球手机霸主，但是这一地位正在发生动摇。用百度公司李彦宏的话说"互联网变化太快了，打个盹就落后了"。过去，一个企业消亡，最终是被竞争对手打败；现在，一个企业消亡，首先是被这个时代淘汰。也就是说，你的对手不是同行而是时代，这就是互联网时代的商业法则。因此，一个企业要想成功，首要的是"跟上时代、在时代里"。正如海尔集团公司首席执行官张瑞敏所说"没有成功的企业，只有时代的企业"[1]，所有企业必须跟上时代步伐才能生存。

一、时局：互联网时代

1. 互联网对商业企业的影响

2012 年 12 月 12 日，阿里巴巴集团董事局主席兼首席执行官马云和大连万达集团股份有限公司董事长王健林，在"2012 CCTV 中国经济年度人物"大奖评选颁奖盛典上约定：到 2022 年，如果电商零售业在中国整个零售市场份额中占 50%，王健林给马云 1 亿元；否则，马云给王健林 1 亿元。此即所谓的"1 亿赌局"[2]。电商零售业和传统零售业，同一种生意，两种商业模式，隐藏着两种商业逻辑。电商零售业，采用互联网思维，轻资产模式经营，实行网络交易，销售成本低，产品价格低，发展势头不可阻挡。传统零售业，采用传统商业思维，重资产模式经营，实行现场交易，销售成本高，产品价格高，竞争力在不断下降。2012~2013 年，国内实体零售商铺遭遇关闭浪潮。例如，2012 年，安踏、李宁、匹克等本土六大运动品牌关店数量超 3000 家。2013 年，李宁、安踏等 5 家知名运动品牌关店数量逾 2200 家。

2. 互联网对工业企业的影响

2013 年 12 月 12 日，格力电器董事长兼总裁董明珠与小米公司董事长兼首席执行官雷军，在"2013 CCTV 中国经济年度人物"大奖评选颁奖盛典上打赌：5 年之后，如果小米公司的营业额超过格力电器，董明珠给雷军 10 亿元，否则，雷军给董明珠 10 亿元。此即所谓的"10 亿赌局"[3]。小米公司和格力电器都致力于制造业，相似的生意，不同的商业模式，背后隐含着不同的商业思维。格力电器是实体企业，小米公司是虚拟企业。格力电器全产业链发展，小米公司只做手机产业链上的一两个环节。格力电器重资产经营，9 家工厂，7 万人以上制造员工，3 万家以上的专卖店；小米公司轻资产经营，零工厂，零制造员工，零专卖店。格力电器经过 23 年经营，年销售额达 1007 亿元；小米公司经过 3 年经营，年销售额达 300 亿元。

作为"互联网思维"企业的典型，小米公司具有如下特点：①将其核心业务全部放在产品研发和用户沟通上，公司有 1600 人的研发人员，2500 人"7×24"小时的客户服务，研发产品围绕用户需求，把用户做成粉丝，让用户主导产品创意设计、品牌推广。②没有工厂，其部件生产和组装选择全世界范围内质量最好、成本最低的工厂合作，因而产品质高价低。③没有实体店铺，采用互联网的电商直销模式，没有渠道成本，运营效率极高。

3. 互联网对金融企业的影响

2013 年 6 月 13 日，阿里巴巴旗下支付宝公司联合天弘基金公司创立余额宝。1 年以后，余额宝管理规模超过 5000 亿元，用户人数超过 1 亿人，并带动百度百赚、网易现金宝、微信理财通等互联网余额理财产品快速发展，形成金融领域壮观的"宝宝"兵团[4]。余额宝理财基金的出现，导致海量银行散户把零散资金转入基金账户，尽管这些资金还在银行账户上运作，但是银行要付给原本属于自己海量散户的新代理人——"余额宝们"更高的资金使用成本，这大大压缩了银行的利润空间。

互联网金融（余额宝们）与传统银行具有相似的金融理财业务类型，但是二者运营思维不同，运营模式不同，用户定位不同，用户体验不同，用户收益不同，导致发展前景不同。传统银行理财业务主要针对资金雄厚的大用户，用户体验是"高大上"；互联网金融定位于普通小散用户，用户体验是操作简单。传统银行为小散用户提供银行规制利率，用户收益率低；互联网金融为小散用户提供银行间协议存款的市场利率，用户收益率高。传统银行理财需要在柜台办理，操作复杂，用户投入时间成本高，银行投入人工成本高；互联网金融使用手机、平板电脑随时随地办理，操作简单，用户投入成本低，银行投入人工成本低。这里，互联网金融跨界"打劫"，动了传统银行的"奶酪"。也就是说，"墙外的人干了墙内的事，威胁到了墙内"，这引起了银行业主管部门和大型银行的高度关注。

互联网不仅给商业企业、工业企业和金融企业带来了巨大的影响，而且对医疗企业、电影娱乐企业、高等院校和政府机构带来了深刻的影响。然而，互联网时代，经济社会发生的众多改变，都是互联网思维对传统经济活动、社会活动的影响结果。

二、变局：互联网思维

互联网思维，虽然在学术界尚没有明确的定义，但在实业界存在两种理论：一是工具论。互联网是指人们日常生活工作的"基础设施"，是开始每一天工作、学习和生活的前提条件。就像所有企业都要接通电源一样，今天所有企业都必须连接互联网。这里，互联网是被当作"器"来看待的。广义之器包括大数据、云计算、智能终端（可穿戴式设备）等，现在的工作、学习和生活都是基于互联网的架构和环境。广义地讲，"每个企业都有一朵云，每个人也都有一朵云"。二是现象论。例如，雷军把互联网思维概括为"雷七诀"，马化腾提出了互联网思维的"马七条"，赵大伟、陈光锋等整合了互联网思维的有关论述，分别提出互联网的九大和十二大核心思维，这是互联网思维现象论的系统化总结[5][6]，如表1所示。

表1 "互联网思维"现象论的有关概括

提出者	企业	有关内容	资料来源
雷军	小米公司	"雷七诀"：专注、极致、口碑、快	陈光锋.互联网思维：商业颠覆与重构[M].北京：机械工业出版社，2014.
马化腾	腾讯公司	"马七条"：连接一切、互联网+传统行业=创新、开放式协作、消费者参与决策、数据成为资源、顺应潮流的勇气、连接一切的风险	2013年马化腾在腾讯15周年"WE大会"上发表的对未来互联网的7个反思
赵大伟	和君集团	九大思维：用户思维、简约思维、极致思维、迭代思维、流量思维、社会化思维、大数据思维、平台思维、跨界思维	赵大伟.互联网思维——独孤九剑[M].北京：机械工业出版社，2014.
陈光锋	武汉经天纬地人和信息技术有限公司	十二大思维：标签思维、简约思维、No.1思维、产品思维、痛点思维、尖叫点思维、屌丝思维、粉丝思维、爆点思维、迭代思维、流量思维、整合思维	陈光锋.互联网思维：商业颠覆与重构[M].北京：机械工业出版社，2014.

资料来源：笔者整理。

　　这里，综合以上认识，本文提出：互联网实质上是一种思维方式、一种生活方式，它是一种哲学，哲学是关于世界观的学问。互联网思维是一种哲学论，即对整个商业世界的看法产生了一种全新的认识，具体包括互联网精神、互联网理念和互联网经济三个方面。

　　1. 互联网精神

　　（1）开放。开放就是"互联互通"。就企业而言，不仅需要拆除企业内部之间的墙，更要拆除企业与外部之间的墙，面向社会、面向全球，充分利用外部资源，实现企业从有边界发展到无边界发展的突破。概括而言，过去，就企业做企业，重心在内部；现在，跳出企业做企业，重心在外部。因此，互联网的实质就是拆墙、打通。

　　（2）平等。平等就是"去中心化、去权威化、去等级化"。就企业内部服务关系而言，高层为中层服务，中层为基层服务，基层为用户服务。就企业和企业之间的关系而言，由竞争走向合作，再到共建商业生态。就企业和员工的关系而言，员工由被管理者转向自管理者，再进一步转向自创业者。就企业和用户之间的关系而言，用户由产品购买者转向产品制造者、产品定价者和产品传播者，再进一步转向产品创意者。

　　（3）协作。协作就是实现从"公司时代"到"社会时代"的转变，从"公司生产"转向"社会生产"。"公司生产"：面向内部，经营短板、经营劣势，打缺点、打多点，这样成本极高效益极低，此即所谓的"木桶理论"。"社会生产"：面向外部，经营长板、经营优势，打优点、打一点，你做一段我做一段，然后大家集成，这样成本极低效益极高，此即所谓的"新木桶理论"。换句话说，在优势领域集中资源突破，在非优势领域选择外部合作，以此博采众长、精英组合，资源共享、互通有无。

　　（4）共享。共享包括分享、免费、普惠。在互联网背景下，产品生产几乎近于零的边际成本，使得分享成为可能；大量使用"虚拟资源"无须缴纳任何费用，使得免费成为可能；在分享和免费的基础上，普惠成为互联网精神的又一重要内容。共享，从参与者的关系上可以分为：①个人价值共享，指个人系统的开放，开放的范围小到朋友圈，大到整个社会网络，比如微信朋友圈转发信息的共享、粉丝群中产品使用体验的共享。②价值组织内部共享，指共享范围限定于特定组织，比如企业内部的研发信息共享、制造经验共享等。③价值组织外部共享，指组织针对社会的共享，共享范围为全世界的使用者，比如开源软件 Linux 世界范围内使用者的共享，公共知识数字化条件下的社会共享[7]。

　　2. 互联网理念

　　（1）虚拟实体打通。也就是说，不仅实体空间和虚拟空间各自内部互联互通，而且实体空间和虚拟空间相互之间互联互通。过去，企业实体产品之间、实体经营之间相互连通。现在，借助网络技术，不仅可以实现虚拟产品之间、虚拟经营之间连通，而且虚实连通。具体包括：①产品经营创造价值与资本经营创造价值打通。②有形资产创造价值与无形资产创造价值打通。③内部创造价值与外部创造价值打通。④线上创造价值与线下创造价值打通。这里，企业在公司网站或者电子商务网站通过线上展示和推广，用户进入购物网站根据自身需求进行信息浏览、购买决策、下单购买和线上支付，然后进行线下取货使用或进入实体店铺开始服务体验，实现了产品服务线上与线下的一体化，即 O2O。这里，虚中有实，实中有虚；虚实结合，融为一体。

　　（2）时空约束打破。现在，移动互联网使用户使用终端移动化，互联网来源信息的数字化要求信息快而且准，形成信息的即时化，人们之间时空约束打破，彼此联系不再受限[8]。具体包括：①用户之间交流的时空约束打破。用户之间通过自发组织的网络社区、即时通信工具、电子邮件和电子商务平台等多个网络交流空间进行交流，能够及时把自己的疑问发布以得到不同地区的用户回复与解答，或者主动分享产品设计、研发和使用的经验，甚至为别人解决疑难问题，而且用户之间可以通过团购、建立网络组织等方式实行用户结盟，提高个人在市场谈判中的议价能力。②个人企业交互的时空约束打破。个人作为企业用户，可以随时随地进行线上选择、购买、支付和商品评价，或直接消费比如观看别人制作的网络新闻、图片视频和音乐演奏等。个人作为企业合作方，可以随时随地进行线上交易获得企业的分包订单，在线上线下同时开展生产，能够让合作方了解自己的进度和质量。个人作为企业员工，可以通过网络移动办公系统实现在公司外部办公，进入公司内部交流平台随时随地交流。③企业所在的供应链时空约束打破。用户碎片化的消费和网络化的选择，产生海量的消费者信息数据，销售订单通过企业网络信息平台的传输，让企业供应能同步跟上用户的需求节拍，员工通过移动平台能够了解订单信息和零件物流供应信息，实现按单生产，把订单信息传给上游零件供应商。供应链信息平台化能够让不同地域的企业之间实现产品订单信息互动，让模块供应商即时生产，即时发货，与产品制造商一起缩短产品物流时间。总之，互联网消灭了距离，包括时间距离、物理距离。例如 O2O 消灭了线上和线下之间的距离，C2B 消灭了用户和企业之间的距离，P2P 消灭了用户和用户之间的距离。其特点是，无线连接，连接一切；永远在线，随时互动；极高速度，极低成本。

（3）一切都极致化。过去，以企业为中心开展经营活动，企业研制、生产什么，就会销售什么，追求单一产品的大规模生产，企业之间产品是同质化的。后来，同质化产品竞争过于激烈，企业开始追求产品的异质化。现在，以用户为中心开展经营活动，用户需要什么，就研制、生产什么，而且需把产品异质化做到极致，追求极致。①产品极致化需要提升产品设计理念。过去，"产品只是产品"，购买产品仅仅关注产品的使用价值、物理价值；现在，"产品不是产品"，因为赋予了产品观念价值、情感价值；最终，"产品还是产品"，它是使用价值和观念价值的统一体、物理价值和情感价值的统一体[9]。②产品极致化需要提升产品营销理念。过去，企业投入大量资金做广告助推产品销售上升，停止广告投放销售额就下降。现在，企业打造极致产品，让产品本身"说话"，即让产品本身成为"媒体"，产品本身成为"广告"，加之定向推送、精准推送，由此导致消费者的口碑营销、"病毒"营销，产品销量持续提升。比较而言，品牌，企业打造，一切以企业为中心，用户被动接受；口碑，粉丝打造，一切以用户为中心，用户主动传播。③产品极致化需要提升产品消费理念。过去，消费者因为需要所以购买；现在，消费者因为喜欢所以购买。因此，产品要让消费者感受到惊喜、体验到震撼，为此，必须把"痛点"做到极致[5]。针对"痛点"，或者进行巨创新，或者进行微创新。

（4）一切都模块化。模块化是极致化分工与极致化合作的结果。①模块化来自产品供应链的分工组合。从原子型结构企业到网络型结构企业转变的基础是产品分工，产品分工首先是把产品分拆成部件，然后把部件拆分成区段、环节，分要分到极致，直到出现分无可分，然后进行归类、组合；合要合到极致，围绕不同环节、区段、部件组合成系统模块，再把模块归类为通用模块、专用模块，进而制定模块的界面联系规则和系统集成规则，最终组装成为产品。这里，产品采取模块化研发生产方式，以适应市场需求的动态化和个性化[10]。②模块化来自企业经营环节分工组合。产品分工组合不仅沿着产品分类，还要在产品供应链的各个区段上进行，即每一研发、制造、营销、营运区段都要进行再分工，分工分到极致，各个区段四分五裂，成为自主经营的企业实体，这些区段完全暴露在社会之中，在世界化、网络化的商业体系中进行优化配置，追求产品成本最低和企业利润最大。然后，在全社会范围内对研发、制造、营销、营运等区段进行大规模的协同整合，整合产生效益[11]。这里，模块化实质上是将分工产生效益和整合产生效益融为一体，基本原理见表2。

（5）个人帝国主义。经济发展阶段不同，个人和组织的地位也不相同。过去，价值创造的主体是政府，动用一切力量开拓资源和市场的主体即政府，处于政府帝国主义时代。后来，企业拥有自己的核心能力，经营机构超越国界，研发、制造、营销、营运遍布全球，大型企业年营业收入超过一些国家的国内生产总值，社会进入企业帝国主义时代。现在，移动互联网时代，个人是一个具有能力、知识、思想和资源的集合系统，个人与企业具有平等的市场地位、具有功能相当的工具和自由环境，个人自由、个

表 2　产品 A 的生产方式

公司类型	公式表述	市场结构	市场地位
原子型结构	$A=(1A, 2A, 3A, \cdots, NA)$ $1A, 2A, 3A, \cdots, NA$	前几家赢，末尾淘汰 高度竞争	显性冠军 只有某一家企业是最好的
网络型结构	(1) $A=A_1+A_2+A_3+\cdots+A_n$ $A_1, A_2, A_3, \cdots, A_n$ (2) $A_1=(1A_1, 2A_1, 3A_1, \cdots, nA_1)$ $1A_1, 2A_1, 3A_1, \cdots, nA_1$ 同理，$A_2, A_3, \cdots, A_n$	专注极致，优势集成 高度合作 高度竞争 只有第一，没有第二	隐形冠军 每一个模块都是最好的

注：A 代表某一产品；N 代表某一产品的生产家数；A_n 代表某一产品中的某一模块；n 代表某一产品的模块分解个数。
资料来源：笔者整理。

人力量和个人价值被无限放大，社会进入个人帝国主义时代。①人人都是自企业。个人可以和企业一样具备整合全球资源的能力：个人全球研发、个人全球生产、个人全球采购和个人全球销售。②人人都是自媒体。个人可以在线出版电子图书和研究资料，个人可以在网络上发布新闻，个人可以对新闻事件进行转载和传播，个人可以对事件进行点评，个人实现了言论与新闻出版自由的权力。③人人都是自结社。个人可以建立生活社区、网络技术社区，建立网上虚拟组织，实现线上召集线下行动。④人人都是自金融。个人具备国家的部分金融职能，通过发行虚拟货币（比特币、论坛币、游戏币等），进行现实货币与虚拟货币单向或双向兑换，建立虚拟的货币、债权、股权等金融交易市场，实现金融管理职能。

此外，还有：①去中心化，即人人成为中心，只要自己的言行能够吸引别人的注意力。②去权威化，每个人的权威性来自自己的粉丝多少，来自网络中认同的多少即网络的认可程度。③去层级化，人人都是中心，即人与人之间从生而平等达到现实平等，从垂直关系达到水平关系。互联网时代，释放了个人的潜力，人人都是领导。总结海尔集团公司做法，具体如下：①把员工做成公司。每一个人都是一个小微企业，名为 SBU、MMC。②把员工做成经理。人人成为设计经理，人人成为销售经理，人人成为制造线长。③把员工做成总裁。消灭中层，让每一个员工成为 CEO，名为平台主、接口人。④把员工做成老板，亦即"创客运动"："企业即人，人即企业"，每个员工都是一个创客[12]。只要拥有创意，只要找到用户，员工可以自己出来创业，创办公司。一是召开创客大会。让社会上的风险投资进来进行风险评估，判断该项目的可行性。二是资源的社会化。研发资源、制造资源、销售资源在社会上都有，只要拥有用户，这些资源都会为你所用。三是用户直接考核。所有员工都变成网络上的一个节点，这个节点要链接到市场上的用户，谁链接的用户多，谁就可以获得更多的报酬。即"我的用户我创造，我的超值我分享"[1]。

（6）利用大众力量。过去，信息和资源掌握在少数人手里，他们不是专家就是领导，企业专注于发挥专家和领导的力量，它们人数较少，企业是发挥小众力量。现在，信息和资源掌握在大多数人手里，他们可能是专家、可能是业余爱好者，企业发挥普通员工力量，能够聚沙成塔、滴水成海，企业是利用大众力量。①利用大众力量，拓展资源范围。过去，发挥专家力量、专有知识和稀缺资源的作用，给少数专家高报酬，给专有知识、稀缺资源制定高价格，企业往往是高成本、低收益。现在，发挥大众力量、普惠知识和充裕资源，普惠知识、充裕资源使用免费，大众力量低报酬甚至零报酬，企业往往是低成本、高收益[13]。②利用大众力量，实现自我激励。过去，人们工作劳动强度高、劳动时间长、知识技能含量低、个人收入低，工作为报酬为利益，业务增长靠外部激励，科学管理理论指导企业生产。现在，人们工作劳动强度低、劳动时间短、知识技能含量高、个人收入高，工作为爱好为兴趣，业务发展靠个人创新，自组织理论指导企业经营。③利用大众力量，实现开放经营。过去，企业封闭式研发，封闭式制造，封闭式营销，封闭式营运，产品全价值链都在企业内部，眼睛向内，资源主要补短板，企业重资产经营，运营低效率、规模低增长、资产低收益；现在，企业开放式研发利用全球研发资源，开放式制造利用全球制造资源，病毒式营销利用大众传播、利用海量粉丝，企业价值链中的某一个或几个环节在内部，其他环节采取虚拟经营方式，"不求所有，但求所用"，眼睛向外，资源主要做长板，企业轻资产经营，运营高效率、规模高增长、资产高收益。

（7）通过免费赚钱。过去，要免费就不能赚钱，要赚钱就不能免费，免费与赚钱之间的关系是对立的；现在，既免费又赚钱，通过免费赚钱，免费与赚钱之间的关系是统一的。也就是说，互联网时代的基本商业模式就是免费，免费成为常态。那么，到哪里去赚钱呢？或者通过和用户建立情感链接、产生更多的需求来赚钱；或者通过和用户的交互产生数据，用数据来赚钱。不仅如此，网络时代的实物商品以软件化、数字化形式展现，因此软件就是商品，数字就是产品。数字化产品生产的固定投入成本高，但是边际成本低，即产品初次生产成本高、再次生产成本低甚至几乎为零，因为产品再次生产只需要在电脑上复制和粘贴，所需成本几乎为零。可见，商品免费是符合互联网经济的基本规律的。而且，当商品价格等于零时，用户选择心理成本消失，导致消费心态发生转变，产品消费变得非理性的，企业看似放弃了部分收入，实际上带来的是更多的尝试者和参与者，免费模式开创了蓝海市场、蓝海用户。概括而言，通过免费赚钱在现实中存在以下几种模式：一是"交叉补贴"的模式，即通过免费赠送一种商品服务，捆绑销售另一种商品服务。包括：常规产品免费，升级产品收费；单个产品免费，关联产品收费；硬件产品免费，软件服务收费；社交服务免费，游戏娱乐收费；搜索服务免费，广告客户收费；等等。二是"三方市场"的模式，即针对产品生产者和使用者之外的第三方收费。例如，任何人登录互联网门户网站免费浏览信息，页面中的广告就是为你浏览信息付费，即"羊毛出在猪身上"。三是"版本划分"的模式。包括：产品初级功能免费，产品升级功能收费；基础服务免费，增值服务收费；前期服务免费，后期服务收费；前端产品免费，后端服务收费；个人用户免费，企业用户收费；等等[14]。四是"数据服务"的模式。这里，数据服务在实体世界中是价值链上利润最高的领域，而阿里巴巴则掌握着数以万计经济运行的核心数据，成千上万个企业的经营情况，几亿人的消费行为，这块利润来源可谓无限之大。

（8）用户本位主义。在经济的不同发展阶段，市场参与主体的功能和角色不同。计划经济时代，政府居于经济运行的核心地位，企业生产经营受政府指令性计划主导，政府是创造财富主体，形成"政府本位主义"。在计划经济向市场经济转型过程中，企业开始居于市场经济运行的主体地位，用户被动地接受企业的产品，企业创造财富，形成"企业本位主义"。今后乃至未来，进入个人帝国主义时代，个人成为创造财富主体，形成"用户本位主义"。同时，经营发展模式从以企业为中心转向以用户为中心，由 B2C（Business to Custom）转向 C2B（Custom to Business）。用户本位主义，从企业经营层面讲，设计来自用户，标准来自用户；生产来自用户，内容来自用户；推广来自用户，销售来自用户；体验来自用户，评价来自用户。因此，互联网时代需要重塑企业与用户的关系，要让用户从参与企业生产到融入企业生产，从融入企业生产到主导企业生产，让用户从产品的使用者变成产品的创造者。不仅如此，用户本位主义，还要把企业与用户融为一体，把用户培养成企业粉丝，让用户对企业从满意度提升到美誉度再进一步提升到忠诚度，形成持续购买、终身购买。企业不仅要把用户发展成普通粉丝，还要发展成为活跃粉丝、核心粉丝，让粉丝用户自动对外宣传产品、评价产品和销售产品，形成产品的良好口碑，实现更多潜在用户关注和购买，进而推动企业发展。[5]

3. 互联网经济

（1）交易技术层面：长尾理论。互联网时代，天下没有难做的生意。互联网工具，使得实体与实体打通，虚拟与虚拟打通，虚拟与实体打通。在此背景下，互联网降低了生产者和消费者的搜寻成本、产品供需双方的匹配成本和信任成本，进而降低了生产者和消费者的交易成本，使得交易零时间、零距离和零成本进行。过去，受时间限制和空间阻隔，实体空间市场具有有限的覆盖范围和营业时间，在市场上20%的产品是畅销产品，80%的产品是滞销产品。这20%的头部产品创造了80%的利润，80%的长尾产品创造了20%的利润，属于典型的"二八"定律。现在，虚拟空间市场中商品新增展示成本、检索成本接近为零，冷门商品和热门商品搜索交易的成本相同。原本20%的头部产品、畅销产品、热门产品和大众产品，因为消费者规模增加而使销售规模急剧扩大，头部产品购买成本和购买价格更低。与此同时，80%的长尾产品、滞销产品、冷门产品、小众产品因为消费者数量无限扩大而具备生产规模效应[15]。这里，长尾产品、长尾用户、长尾市场、长尾经济得以盛行。

过去，企业生产头部产品，产品同质化，消费者选择范围小，需求受到压抑，企业处于激烈竞争的红海区域，经营效益差，经营风险大。现在，企业生产长尾产品，产品极致化，消费者倾向于选择符合自己个性的小众商品，海量的消费者使小众产品的生产者实现规模经济，企业处于发展空间广阔的蓝海，经营效益好，经营风险小。总之，互联网解决了消费者和生产者之间信息不对称的问题，使企业精准营销、定向推送，产品点对点、端到端的流动，实现了消费者和生产者的双赢、全赢、多赢、共赢。

（2）交易结构层面：市场均衡理论。互联网经济，市场均衡理论从理想变成现实。过去，生产者之间通过联盟合作等方式，容易团结起来，合作低成本，企业高收益，具备了组织的力量。相反，消费者之间联系组织成本高、相对收益低，难以团结起来。在市场交易中，消费者与生产者之间的谈判，其形式是个体对团体、散户对组织，交易双方地位不平等、势力不对等，经济学中的市场交易均衡只是存在于理想世界之中。现在，生产者之间的团结成本更低，而消费者则通过网络虚拟组织，实现零成本、零距离和零成本团结起来。网络使无数的个体形成一个个团体，把无数的散客集合成组织，由一盘散沙到聚沙成塔，"团结就是力量"，这增强了消费者的议价能力，实现了无组织的组织力量。在市场交易中，消费者与生产者双方的谈判由过去的个体对组织，变成了团体对团体、组织对组织之间的议价，交易双方地位平等、势力对等，市场均衡理论在现实交易中得到了普遍应用。

互联网经济，使得市场交易双方具有规模经济效应和范围经济效应。过去，生产者生产畅销产品、头部产品，市场交易中的供给方存在规模经济。现在，头部产品和尾部产品都是畅销产品，不仅生产者更容易实现规模经济效应，而且消费者团结起来成为无组织的组织，消费者实现消费规模经济，使得交易成本降低，导致供给方生产成本降低和产品价格进一步的降低，这又加强了需求方规模经济效应，进而形成消费者—生产者之间的良性循环，产生正反馈效应，进一步使供需双方成本降低，效益提高。过去，供给方根据自身技术关联性，通过生产不同产品实现生产者的范围经济。现在，需求方在同一购物平台，选择多种品类商品下单交易，不仅享受商品价格折扣，还能享受免费物流精准配送，形成了需求方的范围经济，这对供给方的范围经济具有正反馈效应，从而实现了供需双方甚至交易关联方的双赢、全赢、多赢、共赢。这样，互联网经济改变了市场交易双方力量的对比，出现了新的势力格局。消费者之间团体化、生产者之间组织化，实现了交易双方的地位平等，解决了市场势力不对称、不均衡和不平等问题，交易双方都实现了规模经济和范围经济，创造了市场交易的新格局：由供给创造需求，到需求引导供给；由生产主导消费，到消费主导生产。

（3）交易绩效层面：消费者主权论。在互联网经济的市场交易中，消费者在交易谈判中的力量开始超过生产者并获得支配地位，进而大大提升了消费者在企业生产经营中的作用，形成消费者主权论。消费者主权论主要体现在消费者对产品服务具有定价权、选择权、评价权，对产品设计生产具有参与权、主导权、引领权，最终形成消费者在产品全价值链活动中的话语权[16]。①消费者消费生产的一体化。过去，消费者与产品设计、生产、销售和评价完全分离或部分分离。现在，消费者与产品设计、生产、销售和评价部分合一或完全合一。在此过程中，企业外部资源实现了内部化，企业价值得到外部认可，实现了外部用户控制和决定内部经营。②消费者营销行为的媒体化。互联网时代，人人都是自媒体，企业营销成本最低、效果最好的方式是"病毒式"传播，让消费者对商品服务自我推广、自我销售、自我服务和自我评价。③消费者交易行为的团体化。消费者通过团购、余额宝等方式在交易中团结起来，从生产者和销售者那里分享部分权力和利益，使生产者和消费者之间的权责对等、利益共享。④消费者市场地位的中心化。消费者中心化是指生产者的一切经营活动围绕消费者开展，一切价值创造围绕消费者进行，消费者中心化的过程实质上也是生产者"去中心化"的过程，它是一场进化、一场回归，回归到"以人为本"的商业本质，即消费者实现了"多快好省"：服务更多，速度更快，质量更好，价格更省。不仅如此，消费者主权论还使得社会利益增加，实现生产者和消费者的帕累托改进。过去，消费者不参与企业生产经营，消费者与生产者达到市场交易均衡，产生传统的市场均衡点 A。现在，消费者参与企业生产经营，降低了商品生产成本，进而降低商品供给价格，使供给曲线向右平移。同时，消费者在同等价格下获得的产品质量和满足感更高，即消费者效用变大，使得消费者的需求曲线向右平移。在此基础上，实现市场出清。在新的市场均衡点 B 上，市场均衡价格更低、产品供给数量更大。新旧市场均衡点相比较，消费者剩余增加，生产者剩余也增加，因此，实现了交易双方社会绩效的帕累托改进，基本原理参见图 1。

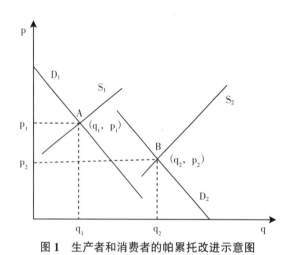

图1　生产者和消费者的帕累托改进示意图

三、格局：智慧型组织

互联网改变的是人与人、人与组织、组织与组织之间的关系，这必然要求企业进行一场结构性大革命，即用互联网思维重新架构企业的运营模式，以此打造"智慧型组织"，旨在自学习、自适应、自协调、自进化，实现柔性、弹性、轻型发展，与外部不稳定性、未来不确定性、环境高复杂性动态匹配和整合创新。

1. 网络化生态

过去，企业凭借母子公司体制，采取"大而全""小而全"的发展模式；今后，企业依托价值网络体系，采取"小而专""小而精"的发展模式。所谓网络化生态，就是要对所有企业实行重构，把市场中的契约关系引入企业内的产权关系，使产权关系和契约关系融为一体，以此打造价值网络体系，然后明确各个企业在价值网络体系中的定位，以此确定企业发展模式。

一般而言，在价值网络体系中可有三类企业：模块供应商、系统集成商、规则设计商。模块供应商实施分工；系统集成商、规则设计商负责整合，不同的是，前者负责实体整合，后者负责虚拟整合。在模块供应商层面，市场高度竞争，每一个模块供应商只有凭借自身核心能力才能"入围"系统集成商；在系统集成商、规则设计商层面，每一行业有 3~5 家或 1~2 家属于垄断竞争市场或者寡头垄断市场。也就是说，在价值网络体系中，下层高度竞争，上层高度垄断。这里，竞争和垄断融为一体。这样一来，企业之间的关系从同质化竞争转向异质化合作[17]。

模块供应商，作为节点企业，不是做大企业规模而是做强企业核心能力，然后凭借核心能力融入网主企业之中；系统集成商、规则设计商，作为网主企业，不是制造产品而是打造平台，有了好的平台，可以吸纳越来越多的节点企业融入其中。这样一来。在价值网络体系中的每一企业，其组织形态都是"四小四大"：小规模大网络、小实体大虚拟、小脑袋大身子、小核心大外围，由此破解"企业成长悖论"：所有企业都向"做强做大"方向发展，但是大到一定规模以后，丧失活力，产生"大企业病"。这里，价值网络体系一方面在实体层面上"把大企业做小"，另一方面在虚拟层面上"把小企业做大"，即把"做大"和"做小"有机统一。价值网络体系，又可称为"独立联合体""商业生态圈"。例如，阿里巴巴不是在与某家公司竞争，而是与千千万万的企业在合作。从一开始，它就赢了，因为它打造的是一个"商业生态圈"。这里，阿里巴巴通过抓住关键点"四两拨千斤"，利用互联网，利用大数据，将无数中小企业、无数个人变成一个紧密的整体，缔造出一个企业帝国。企业在其中优胜劣汰，生生死死，但是，只要这个"商业生态圈"在扩大，它就有充足的"食物源"，而阿里巴巴则处在这个食物链的最顶层，即网主企业的位置。

2. 全球化整合

过去，企业经营采用封闭式思维，就企业做企业，重心在内部。现在，企业经营采用开放式思维，跳出企业做企业，重心在外部。究其原因，更多资源来自外部，更低成本来自外部，更大利润来自外部。在操作层面上，互联网思维就是要求企业运用创新精神整合全球范围内的思想资源、资金资源和业务资源，实行思想全球众智、资金全球众筹、业务全球众包。

思想全球众智，是指企业把研发、制造、营销、营运等区段的大量技术性或管理性难题放在网络平台（如美国"创新中心"网站）上委托给众多的知识型个人或开源的个体生产者，让全世界在不同地域和不同时区的人们与企业的员工共同提供解决方案。莱克汉尼对美国"创新中心"网站的资料研究后发现，波音、杜邦、宝洁等世界 500 强企业，将内部研发人员解决不了的科学、技术难题放在"创新中心"的网页上，这样可吸引全世界的顶尖智力资源来解决某一企业面临的科学、技术难题。在成功解决问题的科学家中，是有 75% 的人已经知道了问题的答案。也就是说，世界 500 强企业研发人员历时数年解决不了的问题，只要在"创新中心"上找到"问题解决专家"，就可迎刃而解。鉴于解决问题低成本、高效率的考虑，宝洁公司要求下属的每一个部门，其一半的业务或服务创新要来自外部而不是内部[13]。

资金全球众筹，是指项目发起者通过互联网和社会性服务网络的传播特性，发动众人力量，集中大家的资金，为某项活动、某个项目或创办企业提供必要的资金融通的一种方式，其主要特点是"众付 + 预付"，中间跳过银行等金融机构渠道。例如，在生产前购买、在服务前购买，企业经营可实现从零库存到负库存的飞跃。再如对会员制的改造，即会员预存资金，由此产生大量的现金流；其中 50% 用来应对日常支付，50% 作为准入股资金依此可以分红；分红收入直接充入消费金额，这又进一步扩大了消费支出。如果中止，可以全额退款。可见，资金众筹这一新型融资方式不仅开创了个人和中小企业的金融蓝海，更为重要的是提高了融资效率，降低了融资成本[4]。

业务全球众包，是指企业把主要精力集中在其核心能力建设上，把其他可以通过全球市场协作的工作放在网络平台上，采取不定向委托方式分包出去，无论是企业或者个人，谁能满足企业的项目要求，谁就能够获得该项目合同，实现个人价值。业务众包，调动了分散在世界各地的闲置生产经营能力，使企业内部非核心业务外部化，节约了生产经营成本。这里，不仅非核心业务完全外包，核心业务也可以部分外包。

3. 平台化运作

把企业做成平台。平台是快速配置资源的架构，即企业通过整合全球资源来完成自己的目标，这实际上是一个商业生态系统[18]。例如，海尔每个员工都在创业，这就好比是一棵树，很多很多树就变成了森林。这个森林里面，可能今天有生的，明天有死的。但是，总体上看，这个森林是生生不息的。这里，海尔过去就是管控，现在变成一个平台，即把企业打造成一个供更多合作伙伴自由创业、供更多用户自由分享的开放平台。与此同时，企业实现了由单生命体向多生命体的转型。

把产品做成平台。就是贯彻广义的产品经营理念，把"产品只是产品"，转换成"产品不是产品"。"产品只是产品"是指产品的初始功能不变，"产品不是产品"是指围绕产品初始功能边界进行开放，将更多的功能纳入这个产品中来，围绕产品核心功能进行体系化扩展，产品围绕用户需求不断进行升级，使产品成为具备更多功能的平台载体。比如，手机产品从单一的通信工具变成了智能终端，可以手机购物、手机支付、手机理财、手机学习、手机值机……一部智能手机就可以满足一个人从生到死的全部需求。

把员工做成平台。指要充分发掘现代知识型员工的潜力，围绕激活员工潜能，为公司创造效益。不少知识型企业（谷歌等软件企业、3M 的研发中心）在工作时间内，让员工每周有一天或半天的自由时间用来完成自己想做的工作，于是，众多的新产品发明和新技术应用便在这个时间内产生，为企业带来了丰厚的利润。再如海尔集团公司把员工视作"资源集成商"，为内部接入外部一流的资源，即通过员工实现了内部资源和外部资源的打通、集成[1]。

把用户做成平台。指要充分挖掘用户需求，为用户定制系统化的生活、工作和交往的解决方案。企业要整理用户信息，分析用户真实需求，通过大数据管理在不同的阶段实现精准营销。比如汽车 4S 销售店，在车主购车之后，可以提供车辆保险、车辆保养、车辆装饰等系列产品服务，围绕车主进行营销。

4. 员工化用户

员工化用户，指把用户做成"准员工"，他们不是在册员工，而是在线员工，属于为企业服务的"社会资源"。这里，可有下列三种情形[19]：①把用户做成低报酬员工。企业把自己不具有技术优势、成本优势的环节放在全社会、全世界范围内进行业务众包。外部最出色的研发专家成为企业不在编研发员工，外部最出色的工程师成为企业不在编制造员工，外部最出色的营销专家成为企业不在编营销员工，外部最出色的营运专家成为企业不在编物流员工，外部最出色的咨询师成为企业不在编管理人员。这样，企业不仅可实现研发、制造、营销、营运等领域内的优质高效，而且为外部员工付出的成本都是全球范围内最低的，他们成为企业的低报酬员工。②把用户做成零报酬员工。过去，企业出设备、出人工为用户服务。现在，企业出设备，让用户自我服务。过去，银行的散户业务和零售业务，比如存取款、小额转账和缴纳水电费等，都是用户来到银行排队等待，然后到银行柜台让银行业务人员帮助办理，银行运营成本高、效率低。现在，银行在机场、车站、商场、大型企业总部等人流较多的地方设立ATM（自助柜员机），为用户提供 24 小时自助服务，银行不仅延长了营业时间而且节约了人工成本。同样，饭店和餐馆推出自助火锅服务，航空公司在机场设立旅客自助值机办理登机手续，都是"把用户做成零报酬员工"思维方式的物化。③把用户做成负报酬员工。把用户做成零报酬员工，企业需要投资大量自助设备，还会受到用户服务地点限制。现在，企业只是投资建立服务网络，比如银行用户网络服务系统、麦当劳网上点餐系统、航空公司网上值机系统，用户则可以直接登录企业网站或者在手机上下载相应的应用软件，从而使得用户随时随地自带设备、自我生产、自我消费、自我服务，而企业服务不受时间地域限制。这里，用户不仅自我服务而且自带设备，即由用户掏腰包为企业进行了设备购置，从而成为企业的负报酬员工。

5. 无边界发展

企业无边界发展，是指企业借助互联网技术和利用互联网思维，实现从破界、跨界到无边界的突破，具体体现在经营、管理和操作三个层面[20]。①经营层面的无边界发展，一是产品无边界，指超越产品原有功能边界，贯彻"产品只是产品，产品不是产品，产品还是产品"的经营理念，实现产品从单一功能向产品平台的转变；二是时间无边界，指产品的研发、制造、营销、营运从有限时间到无限时间的全球运行；三是空间无边界，指产品的研发、制造、营销、营运从有限空间到无限空间的全时运行；四是运作无边界，指企业通过"跨界竞争""逆袭"方式进入非相关领域，例如阿里巴巴进入金融领域，小米进入电视领域。②管理层面的无边界发展，一是打破企业内部的垂直边界，促使企业员工围绕实现企业使命、愿景、宗旨、目标这个中心，建立扁平化管理平台，让员工实现自组织式管理；二是打破企业内部的水平边界，就是通过企业流程再造，破除个人和部门的小利益，服从企业和市场的大利益；三是打破企业之间的边界，就是实现企业间供应链上物流、信息流和资金流的无缝对接，从竞争关系的己赢变成竞合关系的共赢。③操作层面的无边界发展，指在研发、制造、销售和物流环节实现虚拟运作，最大限度地整合社会资源。虚拟研发，全世界为我研发；虚拟制造，全世界为我制造；虚拟销售，全世界为我销售；虚拟物流，全世界为我服务。用海尔集团的话说，"世界就是我们的资源部"。用蒙牛集团的话说，这叫"社会办企业"：奶牛，全社会为我养牛；奶源，全社会为我供奶；加工，全社会为我加工；销售，全社会为我销售；后勤，全社会为我服务。

6. 自组织管理

实践表明，现代企业管理越来越向"去管理化"发展。①管理的最高境界就是零管理。管理越少越好，最好是不管理；解决问题层次越低，说明管理水平越高。也就是说，大量问题都在中层甚至基层解决掉了，高层可以"无为而治"。②零管理的实质是自组织管理，即企业中的每一个部门、员工和环节实行"自我导向、自我激励、自我约束、自我发展"。以海尔集团公司为例，每个员工"各安其位、各尽其能、各司其职、各负其责"。③自组织管理的前提是要有体系[21]。体系的特点是自驱动性、自增长性、自优化性、自循环性。价值网络体系就是"自组织管理"的载体。从整体看，所有成员都是一个利益共同体；从个体看，每一成员都是一个自主经营体[22]。成员之间，基于模块化运行的架构，既高度分工又高度合作，既"自转"又"他转"。

〔参考文献〕

[1] 胡泳，郝亚洲. 张瑞敏思考实录 [M]. 北京：机械工业出版社，2014.

[2] 搜狐网. 马云：用一万亿支持一亿的赌局 [EB/OL]. http://business.sohu.com/20121213/n360346360.shtml.

[3] 中国经营网. 雷军董明珠斗嘴又设 10 亿"赌局" [EB/OL]. http://www.cb.com.cn/person/2013_1213/1027756.html.

[4] 李耀东，李均. 互联网金融：框架与实践 [M]. 北京：电子工业出版社，2014.

[5] 陈光锋. 互联网思维：商业颠覆与重构 [M]. 北京：机械工业出版社，2014.

[6] 赵大伟. 互联网思维——独孤九剑 [M]. 北京：机械工业出版社，2014.

[7] [美] 唐·泰普斯科特，安东尼·D. 威廉姆斯. 维基经济学 [M]. 何帆，林季红译. 北京：中国青年出版社，2012.

[8] [美] 托马斯·弗里德曼. 世界是平的——21 世纪简史 [M]. 何帆，肖莹莹，郝正非译. 长沙：湖南科学技术出版社，2013.

[9] 李海舰，陈小勇. 企业无边界发展研究——基于案例的视角 [J]. 中国工业经济，2011（6）：89-98.

[10] 芮明杰，李想. 网络状产业链的构造与运行 [M]. 上海：上海人民出版社，2009.

[11] 李海舰，聂辉华. 全球化时代的企业运营——从脑体合一走向脑体分离 [J]. 中国工业经济，2002（12）：5-14.

[12] [美] 克里斯·安德森. 创客——新工业革命 [M]. 萧潇译. 北京：中信出版社，2012.

[13] [美] 杰夫·豪. 众包——大众力量缘何推动商业未来 [M]. 牛文静译. 北京：中信出版社，2009.

[14] [美] 克里斯·安德森. 免费 [M]. 蒋旭峰，冯斌，璩静译. 北京：中信出版社，2012.

[15] [美] 克里斯·安德森. 长尾理论 [M]. 乔江涛，石晓燕译. 北京：中信出版社，2009.

[16] 王燕. 消费者主权的社会建设——以"小米社区"为例 [R]. 2013.

[17] 李海舰. 从原子型企业到网络型企业 [J]. 比较管理，2011（11）：11–13.

[18] 徐晋. 平台经济学 [M]. 上海：上海交通大学出版社，2013.

[19] 李海舰，王松. 客户内部化研究——基于案例的视角 [J]. 中国工业经济，2009（10）：127–137.

[20] 李海舰，原磊. 论无边界企业 [J]. 中国工业经济，2005（4）：94–102.

[21] [美] 克莱·舍基. 未来是湿的——无组织的组织力量 [M]. 胡泳，沈满琳译. 北京：中国人民大学出版社，2012.

[22] [美] 丹尼尔·平克. 驱动力 [M]. 龚怡屏译. 北京：中国人民大学出版社，2012.

（本文发表在《中国工业经济》2014 年第 10 期）

中国企业组织结构调整与企业重组 60 年

黄速建

摘　要： 改革开放前的将近 30 年时间里，计划经济管理体制并非一成不变。政府对企业管理权限的收收放放，是中国在原有体制内不断试验的结果，也是导致企业间组织结构调整的重要制度变量。随着"大而全""小而全"工业体系的建立，企业组织结构逐渐嵌入条块分割的经济体系内。在经济管理权限不断调整的过程中，企业数量呈现"减—增—减—增"的波浪式发展，企业之间的关系则表现为"散—紧—散—紧"的轮回。无论是企业的"关、停、并、转"，还是试办工业和交通托拉斯，都是政府通过特定组织结构调整以提高经济效率的尝试。然而，以计划手段维系企业之间的经济联系，必然造成资源配置的扭曲，使企业的个体效率和整体效率都难以提升，整体表现为"一收就死、一放就乱"。1978 年，中国开始对计划经济体制进行市场化取向的改革。尤其是 1984 年启动工业经济体制改革以后，企业组织结构调整开始显现市场的力量。此后，在政府和市场的双重作用下，企业经历了横向经济联合、改制重组、组建企业集团以及收购兼并，与此同时，国有企业实现了战略性调整与布局，所有制形态逐步适应于市场化竞争环境。进入 21 世纪以来，经济体制转轨基本完成，以市场为导向的企业间组织结构调整成为企业优胜劣汰的必然结果和资源优化配置的主要途径，组织结构调整的动因由内部效率向竞争性效率转变。同时，政府仍然在两个领域发挥着重要影响：一是旨在提高产业国际竞争力的国有大型企业集团组建；二是旨在刺激经济效率的垄断行业企业的横向、纵向组织结构调整。

新中国成立以来，中国企业经历了计划经济、转轨经济和社会主义市场经济阶段。从形式上来看，企业间组织结构在不同阶段都经历了分分合合的演变，但其内在因由和主导力量已悄然发生了变化。每一次重大的组织结构调整，都与特定的制度背景和经济目标相关联。要深刻揭示中国企业组织结构演进的内在逻辑，离不开中国经济管理体制和工业化进程演进的大背景。

一、中国企业组织结构 60 年的演进历程

从企业经营环境来看，中国企业组织结构调整可以以 1978 年改革开放为分水岭分为两大阶段，前一阶段是计划手段主导组织结构调整，后一阶段是由计划主导向市场主导逐渐过渡的过程。根据不同时期组织结构调整的内容和目标，每一大阶段又可以细分为三个阶段。因此，新中国成立以来，企业组织结构调整的过程大致可以分为六个小的阶段。

1. 1949~1957 年，高度集中的工业管理体制与公私合营

新中国成立初期，我国基本上沿用了苏联的计划经济管理体制。在改革开放前的将近 30 年时间里，中央集权的工业管理体制成为企业间组织结构调整的基本制度环境。这 30 年间，经济管理权限经历了"一收一放、再收再放"的过程，中央与地方、政府与企业之间不断分割企业经营管理权。

1949~1957 年，为国民经济恢复和工业基础建立时期，这一时期国有资产管理体制的基本特点是"国家所有、集权管理"。在国家"一穷二白"的基础上，中央需要"集中力量办大事"，经济管理权限必然要上收。经过了 1949~1952 年的过渡时期，我国国民经济有所恢复，但经济力量仍然很薄弱。进入"一五"时期，要调动有限的经济力量进行社会主义工业化建设，必须适当集中全国的经济资源与经济力量。这一时期的首要任务，是集中力量建设 156 个苏联援助的重点建设项目。在艰巨的建设任务和薄弱的经济基础并存的情况下，我国高度集中的工业管理体制逐步加强；"一五"期间，中央集权的程度大大提高了。这一点，表现在工业经济管理体制的各个方面。第一，中央政府直接管理的工业企业数量大大增长，由 1953 年的 2800 多个增加到 1957 年的 9300 多个。第二，工业生产中直接计划的比重大大提高了。1953 年，国家计委统一管理、直接下达计划指标的产品是 115 种；到 1956 年，增加到 380 多种。第三，在物资供应方面，由国家计划分配的主要物资品种由 1953 年的 227 种增长到 1957 的 532 种[①]。第四，在劳动工资和财务管理方面，加强了国家统一集中管理。这一体制在当时的国民经济基础建设中，有力地调动了全国人力、物力、财力，在短期内发挥了"集中力量办大事"的优势，基本满足了"一五"时期进行重工业为主的重点建设的需要。

新中国成立前后的几年时间里，通过没收官僚资本主义工业企业，社会主义国有工业企业大大增加。新中国成立前夕，全国经济命脉掌握在官僚资本主义手中，1949 年，官僚资本主义企业被完整地接收过来，据统计，接收的企业有 2858 个。通过资本主义改组、改造，民族资本主义得到了恢复，1949~1952 年，民族资本主义工业户数由 12.3 万增长到 14.96 万。进入"一五"社会主义改造时期，全行业公私合营获得了普遍发展。到 1955 年底，全国共有 650 多户私营企业采用了按行业联营的方式。此时，党中央决定将私营工商业的社会主义改造从个别企业公私合营推进到全行业公私合营。到 1956 年底，资本主义工商业的社会主义改造基本完成（如表 1 和表 2 所示）。全行业公私合营后解放了生产力，但由于贪多求快，在盲目合并企业过程中出现了管理制度与生产状况不适应等情况，从 1956 年底开始，中央对合营企业按照"大部不动，小部调整"的原则进行了经济改组。生产改组主要采取了并厂和联合管理两种方式。到 1957 年上半年，改组工作基本告一段落，实行公司合营的工厂经过合并的约

表 1　1956 年私营工业改造情况

	户数（千户）	职工人数（千人）	总产值（百万元）
1955 年底原有私营工业	88.80	1310	7166
1956 年内已经改造的私营工业	87.93	1296	7237
1. 实行公私合营	64.23	1075	6545
2. 转入地方国营工业的	1.00	23	98
3. 划归手工业改造	15.60	117	299
4. 其他（主要转为公私合营商业）	7.10	81	295
改造面（%）	99.0	98.9	99.6

资料来源：上海财经大学课题组：《中国经济发展史（1949~2005）》（上），上海财经大学出版社 2007 年版，第 31 页。

---

① 参见汪海波主编：《新中国工业经济史》，经济管理出版社 1986 年版，第 108~110 页。

表 2　1956 年私营商业改造情况

	户数（千户）	职工人数（千人）	资本额（百万元）
1955 年底原有私营商业	2423	3318	841
1956 年内已经改造的私营商业	1991	2824	785
1. 实行公私合营	401	877	601
2. 转入国营、供销社	147	224	—
3. 合作化商业	1443	1723	184
改造面（%）	82.2	85.1	93.3

资料来源：上海财经大学课题组：《中国经济发展史（1949~2005）》（上），上海财经大学出版社 2007 年版，第 31 页。

占一半以上，采取联合管理形式的约占 1/3，其余则为单独管理或迁厂、撤销[①]。经过公司合营和企业改组，企业数量大大减少。

2. 1957~1965 年，"大跃进"期间"全民大办工业"与试办工业、交通托拉斯

随着"一五"计划的完成，高度集中的行政管理方式的弊端逐渐暴露出来。在"大跃进"期间，中央对工业管理体制改革进行了一次重大尝试。1957 年，国务院制定了《关于改进工业管理体制的规定》，1957 年成都会议又进一步规定，对工业管理体制按照"统一领导、分级管理"的原则进行改革。主要内容是调整中央和地方的关系，扩大地方管理企业的权限；调整国家和企业的关系，减少指令性指标，扩大企业的管理权限。受到当时"左"倾思想影响，这次改革存在权力下放过多、过急的问题。从中央到地方、从部门到企业"统一领导、分级管理"的管理模式，造成了人为的条块分割和经济封锁，不仅束缚了企业自身的活力，限制了行业间的协作，也造成了重复建设和盲目生产，使国民经济遭受了不必要的损失。整体来看，这一阶段企业组织结构走过了"先增后减、先分散后集中"的过程。

"大跃进"期间，全党全民大办工业，各个工业部门投入了大量资金进行工业建设，施工的大中型工业项目达到 2200 个左右，工业企业数量骤然增长。1959 年末达到 31.8 万个，其中全民所有制企业 11.9 万个。增加的企业主要是地方小企业。在地方工业发展中，几乎每个公社都兴办了一批工业企业。到 1960 年，"小土群""小洋群"企业职工人数已经占到了职工总数的 55.2%。1960 年，中央决定上收一部分工业管理权限，把一部分转为全面所有制的手工业合作社重新转回去，工业企业数开始逐步减少。1960 年减少 6.4 万个，其中全民所有制企业 0.3 万个，1961 年又减少了 3.7 万个，其中全民所有制企业 2.5 万个。"大跃进"结束以后，工业生产亟须调整。1962 年，工业生产指标大幅度降低以后，中央下决心关一批，并一批，转一批，缩小一批。经过"关、停、并、转"，1962 年内，全民所有制企业就由上年年底的 7.1 万个减少到 5.3 万个，此后两年继续减少，到 1964 年末为 4.5 万个。集体所有制企业数从 1963 年起急剧下降，到 1965 年末降到 11.2 万个，恢复到了 1957 年末的水平[②]。

为了贯彻"调整、巩固、充实、提高"的方针，恢复被"大跃进"破坏的国民经济，1961 年，中央出台了《关于调整管理体制的若干暂行规定》，将经济管理权限再次集中到中央一级，上收一批下放不适当的企业，加强了集中统一管理，计划的范围再次扩大。同时，《国营工业企业工作条例（草案）》（简称工业七十条）颁布，要求对企业与企业间的协作关系进一步明确，"凡是需要和能够固定的协作关系，都必须固定下来；固定的协作任务要纳入计划"。试办"托拉斯"，用托拉斯的组织形式管理企业，是调整时期工业管理体制改革的一次重大尝试。虽然早在 1960 年前后，刘少奇就提出了用托拉斯组织管理

[①] 参见汪海波主编：《新中国工业经济史》，经济管理出版社 1986 年版，第 93-96 页。

[②] 参见《中国统计年鉴》，中国统计出版社 1984 年版，第 193 页。

企业的思想，直到 1963 年经济情况明显好转后，才开始启动这项工作。根据中央和刘少奇关于试办托拉斯的指示，1963 年底，国家经委召开了全国工业、交通工作会议，对试办托拉斯的问题进行酝酿。1964 年 8 月，中共中央和国务院正式批转了《关于试办工业、交通托拉斯的意见的报告》。1964 年，中央各部试办了 12 个工业、交通托拉斯，其中全国性的托拉斯有 9 个，涉及烟草、盐业、汽车、冶金、化工、医药、地质、仪器等行业，地区性的托拉斯有 3 个，分别涉及煤炭、水利电力、航运。此外，还有 6 个省市试办了 11 个托拉斯。试办托拉斯就是要解决整个国民经济"计划性"和"组织性"问题，提高企业的经济效益。在当时，试办托拉斯有力地促进了生产的发展，取得了比较好的经济效果。托拉斯是对公有制企业实现经营权与所有权分离的一种尝试，也就是一种公有制的实现形式。然而，组织托拉斯的主导力量仍然是行政手段，而且，这种组织形式与原有经济管理体制之间仍然存在诸多矛盾，这决定了当时的托拉斯不可能实现真正意义上的"以经济办法管理工业"的目标。

3. 1966~1977 年，三线建设、"五小"工业与社队企业发展

"文化大革命"时期，工业管理体制经历了又一次改革。改革的主要措施是下放企业，形成以"块块"管理为主的企业管理体制。这次改革，主要是扩大了地方的管理权限，一定程度上促进了地方小工业的发展；在计划缝隙中，农村社队企业获得了发展。但这次改革并没有从根本上改善原有体制的弊端，反而加重了体制的僵化和经济管理的混乱。这一时期，国家对企业间关系的调整显示出随意性；由于地方权限的扩大，各地企业"各自为战"，经济协作性差。在"文化大革命"中，工业企业管理组织和管理制度受到极大破坏。1966~1968 年，在夺权风暴和所谓的"斗、批、改"中，工业生产连年下降，许多企业停工、停产。20 世纪 70 年代初期，经过"三个突破"和工业调整，工业生产有所恢复。1974 年开始的"批林批孔"运动使工业生产再次陷于混乱，许多企业处于瘫痪状态。

根据党中央和毛泽东关于加快三线后方建设的战略决策，三线建设从 1965 年开始拉开序幕。三线建设沿两种方式进行：投资新建和沿海地区企业向三线地区搬迁。新建的项目，多采取老工业区、老企业支援新建项目的办法。三线建设是我国沿海地区工业生产能力向西部腹地的一次大转移。三线建设建成了一批重要的工业项目，如四川攀枝花钢铁厂、甘肃酒泉钢铁厂、成都无缝钢管厂等。由于对战争危险的过高估计，三线建设规模安排得过大，建设速度要求过快，存在选址不当、人为割断生产的有机联系等问题。

进入 20 世纪 60 年代后半期，随着第三个五年计划的执行，为加速实现农业机械化任务，发展地方"五小"的问题被提了出来。以支援农业为目标，"小钢铁、小机械、小化肥、小煤窑、小水泥"的"五小"工业主要在地、县两级布局。"文化大革命"初期，"五小"工业一度受到严重影响。70 年代，国家对"五小"工业提供了重要的财政支持，各地迅速建起了"小而全"的工业体系。1970 年，全国有将近 300 个县、市办起了小钢铁厂，有 20 多个省、市、自治区建起了手扶拖拉机、小型动力机械厂和各种小型农机具制造厂，有 90% 左右的县建起了农机修造厂①。在多因素推动下，小型企业很快发展起来。1976 年，全国小型企业数由 1970 年的 19.11 万个增加到 28.76 万个，由五年前年均增长 0.74 万个增加为 1.6 万个。1977 年，小型企业数上升至 31.6 万个，占全国工业企业总数的 97.97%②。

20 世纪 60 年代后期至 70 年代，随着中国农村经济的发展，农村社队企业开始勃兴。当时，农村劳动力过剩与短缺经济并存，为社队企业的发展创造了客观条件；同时，在当时的经济管理体制中，社队企业属于"体制外"经济力量，工业、农口两不管；由于不受计划指导，社队企业在发展初期就同市场建立了天然的联系，因而在相当长的时间内，表现出比城镇集体企业更强的生命力，逐渐发展成为一

---

① 参见汪海波主编：《新中国工业经济史》，经济管理出版社 1986 年版，第 285 页。
② 参见国务院工业普查领导小组办公室、国家计委经济研究所编：《中国工业现状》，人民出版社 1990 年版，第 394~395 页。

支重要的工业力量。1965年底，全国仅有乡办工业企业1.22万个，占全部工业企业总数的7.7%；经过10多年的发展，1978年乡办工业企业上升至16.41万个，是1965年的13.45倍，在全部工业企业中所占的比例为47.1%[①]。

总体来看，改革开放前的将近30年时间里，计划经济管理体制并非一成不变。政府对企业管理权限的收收放放，是中国在原有体制内不断试验的结果，也是导致企业间组织结构调整的重要制度变量。随着"大而全""小而全"工业体系的建立，企业组织结构逐渐嵌入条块分割的经济体系内。在经济管理权限不断调整的过程中，企业数量呈现"减—增—减—增"的波浪式发展，企业之间的关系则表现为"散—紧—散—紧"的轮回。

4. 1978~1992年，经济体制改革与组织结构的市场化调整

1978年，党的十一届三中全会胜利召开，中国经济社会步入改革开放快车道。经济体制改革成为企业组织结构调整的分水岭，以此为界，企业组织结构调整逐渐从政府主导向市场主导过渡，企业间资源流动逐渐打破条块分割，企业间的战略协作逐渐成为营利性组织追逐利润的天然结果。

（1）1978~1984年，国民经济整顿与工业结构调整。为贯彻落实十一届三中全会精神，1979年4月中央工作会议召开，正式提出了"调整、改革、整顿、提高"的方针，国民经济的全面调整随即展开。前两年主要是降低工业生产速度，压缩一些基本建设项目。这两年中，调整、改善了重工业结构，对长线产品进行了控制，增产了一批适销对路的产品，"关、停、并、转"了一批高消耗、质量差、货不对路、长期亏损的企业。但这两年也出现了一些新问题，主要表现为小企业盲目建设、重复投资问题更加突出，新建项目与简单再投资之间的矛盾有所加剧。1981年起，中央对国民经济进行了进一步调整，坚决把不具备生产条件的建设项目和重复建设的项目停下来，继续实施企业的"关、停、并、转"，严格控制投资规模。这一时期，中国的商品市场逐步从"卖方市场"向"买方市场"过渡，消费者开始选择商品，企业之间的竞争逐渐加剧。这意味着，企业间组织形态的演化与产业结构的变化，已经隐现出市场的力量。这一时期，经过"关、停、并、转"和整顿提高，各项经济指标有了明显改善。这一阶段，主导企业组织结构调整的仍然是各级政府，原因在于市场体制还没有形成，国有低效企业不能实现有效退出。在产权制度不改革的情况下，政府作为国有企业的"婆婆"，仍然是决定企业命运的责任人，企业的"关、停、并、转"自然也需要政府发号施令才可以实施。

（2）1984~1992年，横向经济联合、组建企业集团与企业兼并热。1984年10月，党的十二届三中全会提出有计划的商品经济的概念，中国从此进入以国企改革为中心环节的城市经济体制改革阶段。这一阶段，国有大中型企业的改革主要是实行承包经营责任制，国有小型企业实行租赁经营责任制。少数有条件的大型企业实行股份制试点，组建企业集团。股份制的推行，将企业所有权与经营权适当分离，大大缩小和降低了政府干预经济活动的范围和程度，企业组织结构调整开始显现市场机制的作用。总体来看，这一时期影响企业组织结构调整的重大制度创新是企业与政府共同作用的结果。

为打破部门、地区之间的界限，各种形式的横向经济联合在20世纪80年代初开始兴起，各种类型的经济协作区也获得了空前的发展。早期的"横向联合"是"自发""自愿"选择的结果，它本质上是企业在自负盈亏前提下追求经济利益的自然选择。企业之间的联合主要是建立在契约而不是行政命令的基础上。随着经济联合体的发展，现实中也出现了一些违背经济规律进行企业联合的情况。1986年，国务院发布《关于进一步推动横向经济联合若干问题的规定》（以下简称《规定》），进一步明确了发展横向经济联合的原则和目标。经过数年时间，在加工企业和原材料工业企业之间，生产单位和科研单位、大专院校之间，沿海企业和内地企业之间，各种经济类型的企业之间，以及技术先进与后进的企业之间，

[①] 参见上海财经大学课题组：《中国经济发展史（1949~2005）》（上），上海财经大学出版社2007年版，第325页。

包括联营、合营或者资金、技术等方面的联合，都获得了发展。这些有计划的、自愿互利的经济联合体，有效地提高了资源配置效率，以及企业的技术和管理水平，使工业生产持续稳定增长。然而，这一时期的企业调整与改组也存在一些问题：一是"大而全""小而全"的问题没有得到根本解决；二是虽然《规定》特别强调不允许以经济联合为名，组建各种类型的行政性公司，但是在权力下放过程中，仍然出现了一大批行政性公司，束缚了企业的发展；三是一些技术落后的小企业重新出现，与大企业争资源，影响了经济效益。为进一步规范经济联合体的发展，从 1987 年开始，我国政府正式以官方的形式致力于推动企业集团的组建和发展。1987 年，国务院先后发布了《关于大型工业联营企业在国家计划中实行单列的暂行规定》和《关于组建和发展企业集团的几点意见》，后者对企业集团的含义、组建企业集团的原则以及企业集团的内部管理等问题第一次做出了明确规定。在此后的两三年时间里，全国掀起了企业集团发展热潮。统计资料显示，1987~1989 年这 3 年时间，我国经地市级以上政府批准并经工商部门注册的企业集团达 1630 个①。

到了 20 世纪 80 年代中后期，某些行业已经告别了"短缺经济"时代，经济的条块分割所带来的重复建设导致了生产的相对过剩。随着市场竞争机制的逐步形成，一些长期资不抵债或微利经营的劣势国有企业面临"退出"或"盘活"的问题。在这种情况下，企业兼并成为资源优化配置的有效手段，企业之间的收购兼并迅速升温。1989 年 2 月，国务院体改办、财政部和国家计委发布《关于企业兼并的暂行办法》，明确提出企业兼并的目标是"实现生产要素的优化组合"，"使企业兼并有利于优化产业结构、产品结构和企业组织结构"。事实上，至 1989 年下半年，企业兼并的势头已经有所减缓，跨地区兼并更为困难，兼并的形式也由多样化变为资产无偿划拨为主，有些省市出现了行政性"拉郎配"的现象，导致一些企业合并拖累了主体企业。这一时期，企业兼并是政府引导企业通过竞争机制实现资源优化配置的重要手段，是政府解决低效资源退出问题的有效途径，然而在现实中，行政手段对经济活动的过度干预造成了新的低效问题。需要指出的是，1988 年，经过修宪，私营经济的合法地位得以确立，一些"红帽子"企业结束了遮遮掩掩的历史。次年底，全国第一次工商登记，私营企业如雨后春笋般冒出来，一下子达到了 9.06 万户。只是在市场经济体制建立之前，私营企业与国有企业之间仍然存在要素流动的鸿沟。

5. 1992~2000 年，深化国有企业改革与国有企业战略性改组

（1）建立现代企业制度与国有企业资产重组。1992 年，党的十四大明确提出了建立社会主义市场经济体制的改革目标，国有企业改革进入了建设现代企业制度的创新阶段。其明显特征是建立以产权为纽带的母子公司结构、建立和完善企业法人治理结构的大规模重组和随后的改制上市。1993 年 11 月，党的十四届三中全会审议通过了《中共中央关于建立社会主义市场经济体制若干问题的决定》，明确提出建立"产权清晰、权责明确、政企分开、管理科学"的现代企业制度，是国有企业改革的方向。以此为标志，国有企业改革由"放权让利"进入了"制度创新"阶段。十四届三中全会还指出，"发展一批以公有制为主体，以产权联结为主要纽带的跨地区、跨行业的大型企业集团，发挥其在促进结构调整，提高规模效益，加快新技术、新产品开发，增强国际竞争能力等方面的重要作用"。这意味着，在确立市场经济体制以后，组建国有大型企业集团的主要目标已经从提高经济效益上升到提升产业国际竞争力层面。1994 年，《公司法》颁布实施，自此，公司制改造成为国有企业改革的重要目标。通过合资、兼并、拍卖、租赁、破产等多种方式，那些效益低、亏损大、无前途的企业得以淘汰和改造，达到了优化国有资产结构和提高国有企业效益的目的。一批国有企业及企业集团先后实行政企分开、政资分开的改革，按照有关规章制度进行了资产重组，保留优良的经营性资产，将非优良的资产、非经营性资产剥离。有

---

① 参见中国企业集团促进会编：《国有企业改革政策演变》，中国财政经济出版社 2003 年版，第 146 页。

竞争力的核心资产在国内外资本市场上市，实现了企业制度的创新；剥离的企业资产作为存续企业也进行了改制重组，有些还成为上市公司，重新焕发了生机。

（2）"抓大放小"与国有企业战略性改组。1995 年开始，国有企业改革思路开始发生重要转变，"整体搞活"逐步取代了"单个搞活"，占据主导地位。按照这一思路，1995 年 9 月，党的十四届五中全会明确指出要"搞好大的，放活小的，把优化国有资产分布结构、企业结构同优化投资结构有机结合起来，择优扶强、优胜劣汰"。"抓大放小"是国有企业改革实践的又一重大突破。1997 年 9 月，江泽民在十五大报告中指出，"要着眼于搞好整个国有经济，抓好大的，放活小的，对国有企业实施战略性改组"。2000 年 11 月，中央经济工作会议提出，国有经济布局的战略性调整要与经济结构的战略性调整结合起来，抓大要强，放小要活，发展一批主业突出、管理水平高、竞争能力强的大型企业集团，再次对"抓大放小"方针进行了阐释。会议还提出要加快垄断性行业的改革步伐，引入竞争，增强活力。这一时期，对国有企业组织结构进行了调整。

6. 2000 年以来，垄断行业改革与中央企业重组

（1）垄断行业改革与中央企业重组。"十五"期间，我国垄断行业垂直一体化的垄断经营格局开始被打破，市场竞争格局开始形成，标志着我国垄断产业的改革与重组迈出实质性步伐。"十五"期间，各行业纷纷结合自身的具体情况，经过企业兼并、重组，各行业都形成了一批大型企业集团。大规模的企业重组，对相关行业产生了重要影响。企业之间的联合重组采取了多种不同的形式。其中最引人注目的有两种形式：一是企业之间的战略联盟，二是跨国界进行的企业兼并收购。2006 年底，国资委发布《关于推进国有资本调整和国有企业重组的指导意见》，明确了中央企业的重组目标和国有资本所应集中化的重要行业和关键领域。2007 年，党的十七大提出，要深化国有企业公司制、股份制改革，优化国有企业布局和结构，增强国有经济活力、控制力和影响力。在操作层面上，国有企业通过联合、兼并、改组等多种方式逐步向关系国民经济命脉的重要行业和关键领域集中，而在一般竞争性行业逐步退出。1998 年，全国国有工商企业共有 23.8 万户，而到 2006 年，国有企业户数减少至 11.9 万户，正好减少了一半[①]。从中央企业来看，2003 年国资委成立以来，已有 77 家中央企业进行了 41 次重组，企业数已从 196 家减少到 2009 年 5 月的 138 家。根据有关安排，到 2010 年，通过整合重组，中央企业将减少到 80~100 家。

（2）股权分置改革与上市公司收购兼并。中国证监会 2005 年 4 月 29 日发布了《关于上市公司股权分置改革试点有关问题的通知》，股权分置改革试点工作启动。改革后有望形成国有股份为主的非流通股转让市场的市场议价机制，为非公有制企业收购、兼并国有企业提供法律保证。但在现实中，私营企业收购国有企业遇到了许多问题和障碍。2006 年 8 月，证监会正式发布《上市公司收购管理办法》，对上市公司收购制度做出了重大调整，以培育和监管股权分置改革后证券市场全流通下的并购行为。《上市公司收购管理办法》所确立的以市场化为导向的上市公司收购制度，必将推进上市公司并购重组活动，有助于形成证券市场对上市公司的优胜劣汰机制，加快上市公司收购兼并的步伐。目前，随着上市公司股改的推进，已有大量企业实现了全流通，上市公司的收购兼并将通过资本市场进一步优化资源配置。2008 年 8 月 1 日开始实施的《反垄断法》，对调整企业收购兼并行为、促进我国产业结构合理化，以及防止外资的"产业损害"性收购，有着极其深远的意义。在该法案之下，有利于企业规模经营和地位提升而又不构成垄断，将成为企业收购兼并的重要原则。

---

① 参见黄速建、金书娟：《中国国有资产管理体制改革 30 年》，《经济管理》2009 年第 1 期。

二、中国企业组织结构演进的基本特征

从历史研究的视角来看，总结中国企业组织结构 60 年演进的基本特征，有助于人们理解中国转轨经济过程中，组织结构调整在经济活动中的角色变化和功能性变化，有助于政府在市场经济环境中引导企业走向适配性组织结构调整。概括而言，中国企业组织结构演进的基本特征包括以下五个方面：

1. 企业组织结构变动的主导力量由政府逐渐过渡到市场

在经济管理体制改革以前的 30 年时间里，政府这只操纵经济活动的"有形之手"，以计划指令的形式，决定着生产经营活动的各个方面。企业的创立和终止都不是自主行为，与其他企业建立关联更非自主选择。从企业合并来看，有服务于社会主义改造的公私合营，有以提高生产组织化程度为目的的组建托拉斯，有以调整比例失调的生产建设规模为目的的"关、停、并、转"，这些措施都是政府为调和经济基础和上层建筑之间的矛盾而进行的调整行为，是一种温和的改革。有些调整在短期内取得了良好的效果，然而，事实证明，当上层建筑对生产率提高形成终极制约时，温和改革的效果便不能持续。由此，体制方面的突破性改革成为生产力发展的必然选择。当计划体制对企业的束缚稍稍放松，市场的自发作用机制便开始发挥作用，20 世纪 80 年代初期企业之间自发的横向经济联合便是市场发挥作用的证明。之后，随着改革的推进，越来越多的领域开始显现市场的自动调节作用。虽然，政府的退出会出现习惯性反复，如组建企业集团过程中的"拉郎配"现象，但总的趋势是政府对经济活动的直接干预越来越少，市场经济主体的战略性重组和并购日益活跃。

2. 企业组织结构调整的动因由内部效率向竞争性效率转变

在计划体制下，中国的经济发展是封闭的、内向的，对于整个国家而言，所有的企业都处于一个封闭的系统之内，企业的效率高低不是竞争的结果。在这样的系统之内，企业之间的组织结构调整能够得到社会化生产和规模经济的收益，但由于信息极不充分，这种调整很容易出现偏差导致系统失灵；而且，在封闭的系统之内，难免出现"零和困境"，例如，三线建设为西部工业基础的建立奠定了基础，却也影响了沿海工业的发展。改革开放以后，中国的市场逐渐向外国开放，在获得资金和技术输入的同时，中国企业也暴露在开放的竞争环境之中，因此，企业组织结构调整的目标不仅是提高产业的整体经济效率，还要提高中国企业在国际竞争中的地位，提高企业在竞争中获取外部资源的能力，因此，调整企业组织结构的重要目标就是提高整个产业的竞争性效率，改善因规模不足而导致的先天性竞争弱势，因此，组建有竞争力的大型企业集团一直是确立市场经济体制以来的重要导向。贯穿这一演进历程的逻辑主线是建设—效率—竞争。

3. 企业组织结构调整的主要方向由促进要素流动向促进要素优化组合演进

计划经济管理体制的块块管理和条条管理使行政区代替了经济区，各种要素的分配和布局都是通过僵化的条块管理体制实现的，企业之间的经济联系被人为割裂了。随着经济体制改革的推行，20 世纪 80 年代的经济协作区和横向经济联合是对计划体制的一次重大改革。随着经济协作的发展，我国地区、部门、企业之间开始打破封锁，生产、流通、科技领域的要素开始流动起来。当初的经济联合作为一项重大的制度创新，表现出了巨大的生命力。只要要素能够动起来，就能够带来良好的效益提升，而且，市场机制还没有从根本上建立起来，全国范围内的经济性匹配还不可能实现。随着改革的逐步推进和市场体制的建立，企业之间合作、重组的地域跨度不断增加，企业之间的"强强联合"和"以强并弱"都有所发展，企业之间的选择范围更大，选择更加市场化。企业间组织结构调整的方向过渡到以提高生产效率和市场地位为目的的要素优化组合。

4. 企业之间的组合关系从单一的行政性合并发展到多元化联结

在计划体制下，企业间合并的主要形式是行政划拨，行政命令代替了市场契约，企业之间的关系比较单一，分与合之间泾渭分明，没有中间的合作状态。企业间组合以合并为主。在市场经济环境中，企业之间的关系更加复杂，有契约性战略联盟，有股权合作，有松散的行业联合体，还有紧密的母子公司结构。企业之间的纵向和横向联合更加动态化和柔性化。企业间组合关系既有多个小企业合并为大企业集团的情况，也有大企业拆分为多个企业的情况。企业之间组合关系的这一转变，既包含了政府塑造市场竞争环境的努力，也显示了市场经济体制对企业进行适应性组织结构调整的激励作用。

5. 政府主导组织结构调整的范围逐步缩小，但仍然在国有经济部门发挥重要作用

从中国企业组织结构调整的演进历程来看，政府主导组织结构调整的范围逐渐缩小。新中国成立初期，政府对所有企业都采取了集中统一管理的方针，以建立以全民所有制为主的社会主义经济体系。"文化大革命"时期，个体商贩和私营业主纷纷被以"割资本主义尾巴""打击投机倒把"等名义清理过渡；集体企业也部分地被"过渡"为全民所有制企业。改革开放以后，国家对国有企业实行了"放权让利"的改革，乡镇集体企业也获得了空前的发展，私营企业逐渐获得了合法地位。政府对国有企业的直接干预逐渐减少，对乡镇集体企业和私营企业则采取了引导的方针，及至后来国有企业和集体企业采取租赁制和承包经营责任制，政府进一步缩小了对国有企业和集体企业的经营干预。国有企业改革的深入，是不断推进"政企分开"的历程。在国有企业股份制改造完成、国有企业改革进入攻坚阶段以后，政府主导企业组织结构调整的范围集中到两个方面：一是旨在提高产业国际竞争力的国有大型企业集团组建；二是旨在刺激经济效率的垄断行业企业的横向、纵向组织结构调整。

三、中国企业组织结构调整的演进趋势

1. 全球化背景下发展大企业集团仍将是产业竞争力提升的重要手段

经过20多年的改革与发展，我国已经形成了一批具有一定国际竞争力的大企业集团，这些企业集团的组建与发展，对提高我国企业规模经济水平和带动产业经济结构调整起到了积极的促进作用。然而，与国外跨国公司相比，我国企业集团的总体规模仍然偏小，综合管理能力和创新能力仍然偏弱。在不同企业集团之间，企业规模与经济实力相差悬殊，有相当数量的企业集团仅为数亿元的资产规模；部分企业集团管理体制尚不健全，内部组织结构仍然不合理。今后，要提高中国企业在国际市场的竞争力，需要积聚创新资源，培育大企业集团，企业集团的组建和发展要以市场为导向，以企业为主体，以存量调整为重点，在市场竞争中壮大实力。

2. 集群式组团发展将成为中小企业组织结构演化的重要趋势

经过30多年的发展，我国以民营经济为主力的中小企业产业集群获得了持续发展。近年来，江浙沿海一带的中小企业集群发展迅猛，带动了当地经济发展，缓解了就业压力。企业的组团发展既能获得规模经济的好处，又能发挥小企业灵活机动的优势。这些企业组团参展、组团创牌、组团出口、组团建立海外销售终端，甚至组团对外投资，充分发挥了群体优势。企业之间既紧密又松散的组织结构，提高了企业对抗外部风险的能力，也增强了集群企业在外部交易中的谈判能力，是小企业赖以发展的重要组织载体。目前，各地纷纷出台了促进产业集群发展的指导意见，给予产业集群各种配套政策，中国的产业集群将获得更快的发展。今后要解决的主要问题是产业集群的差异化定位和创新能力提升问题。

3. 企业组织结构的虚拟化、网络化趋势将更加明显

知识经济时代，复杂环境中的创新成为企业获得持久生命力的根本。一方面，企业所需的创新要素越来越社会化，创新越来越依赖于企业与外部主体的互动。企业要获得创新所需的外部资源与能力，必须不断与其他创新主体和知识源建立关联。另一方面，企业要应对不断变幻的外部环境，就必须提高企业的适应能力和快速反应能力，必须保持组织的战略柔性和敏捷性。因此，介于市场和科层之间的契约联盟和信任联盟不断发展，适应了企业创新发展的需要。今后，企业组织结构的虚拟化、网络化趋势将更加明显。而且，随着信息技术的发展，企业之间的网络组织、虚拟组织受地域和国别的影响越来越小，企业建立创新网络关联的跨度越来越大，因而，网络组织将更加国际化、动态化和开放化。

4. 以提高自主创新能力为目的的"产、学、研、官"联盟将获得深入发展

目前，"提高企业自主创新能力、建设创新型国家"已经成为我国的基本战略。在这一战略目标下，为企业建立创新资源自由流动的制度环境成为政府推动创新体系建立的重要抓手。一些地方政府建立了信息共享平台和联合研究服务平台，推动"产、学、研"联盟的发展。一些高校、技术研究机构也在积极行动，推动创新体系的建立和完善。例如，2008年，东华大学、上海科学技术开发交流中心等开始牵头构建"长三角纺织产业协同创新联盟"，以吸引纺织行业产、学、研机构加盟，通过加强区域合作和协同创新，提高长三角纺织业的整体竞争能力。这一创新联盟计划2009年构筑完成，截至2008年底，已吸引了200多家中小企业参与①。可以预期，在政府推动和各主体参与下，以提高企业自主创新能力为目的的"产、学、研、官"联盟将获得深入发展。

5. 战略性收购兼并将不断增加，并购主体将更加多元化

在当前国际国内经济形势下，我国企业的战略性收购兼并日益活跃。上海产权市场交易信息显示，2008年全国以上下游生产要素优化整合为目的的纵向并购交易明显活跃，同比增长228.32%，有利于行业结构战略性调整的横向并购也同比增长93.58%。在大型企业并购业务方面，中央企业尤为活跃，2008年中央企业产权交易出让和受让合计成交金额同比增加1.94倍②。过去几年，外资并购中国企业出现了大量经典案例，这些并购对产业结构、产业竞争态势构成了重大影响。近年来，外资并购中国企业的对象已经从大型国有企业延伸到民营企业，面对国际竞争的威胁，内资企业之间的并购已经成为企业迅速做大做强的有效战略工具。随着国际金融危机的发展，一些外资企业正陷入债务危机之中，撤资的概率增大，这为内资企业提供了收购或回购外资企业的机会。政策方面，大型企业并购又成为2009年信贷重点。在多种因素的综合作用下，中国企业的战略性收购将持续升温。

〔参考文献〕

［1］汪海波主编：《新中国工业经济史》，经济管理出版社1986年版。
［2］国务院工业普查领导小组办公室、国家计委经济研究所编：《中国工业现状》，人民出版社1990年版。
［3］上海财经大学课题组：《中国经济发展史（1949~2005）》（上），上海财经大学出版社2007年版。
［4］中国企业集团促进会编：《国有企业改革政策演变》，中国财政经济出版社2003年版。
［5］黄速建、金书娟：《中国国有资产管理体制改革30年》，《经济管理》2009年第1期。
［6］黄速建：《国有企业改革的实践演进与经验分析》，《经济与管理研究》2008年第10期。

（本文发表在《首都经济贸易大学学报》2009年第7期）

---

① 参见徐敏：《长三角纺织业将构筑创新联盟》，解放日报，2008-11-15。
② 《中国企业并购显现四大趋势》，载新浪"投资中国"，2009-03-03，http://gov.finance.sina.com.cn/zsyz/2009-03-03/110262.html。

企业制度的弹性

余 菁

摘 要： 本文认为，制度的弹性，是制度分析的关键所在。个体的多样性决定了制度的弹性是客观存在的，它是制度与制度参与者之间复杂互动关系的浓缩。只要制度弹性足够大，就会出现不确定性。企业，是人类应对不确定性的一种社会经济制度，它在减少一部分不确定性的同时，又会带来新的不确定性。利润，作为企业制度的人造物，它来源于不确定性。对不同的企业参与者而言，制度的不确定性及产生利润的可能性是不一样的。企业可通过调节制度的弹性来改变自身获取利润的可能性。企业制度的核心问题在于界定利润及其分配的合法性。好的企业制度不仅应该为企业获取利润的正当行为提供合法性的必要保护，而且对于企业通过调节制度弹性来实现巨额利润的不当行为，应该有必要的限制力。

关键词： 企业制度；弹性；公司治理；利润；合法性

一、企业制度研究中的盲点及本文的分析思路

企业制度，这个概念在中国应用非常广泛，日本学者也使用这个概念，但它在西方世界里并不是一个被广泛采用的词汇。一个与之相关的常用概念是公司治理。

在从事企业理论的制度分析研究的西方经济学家眼中，企业即是一种制度，如罗纳德·科斯（Ronald H. Coase）所言：企业，是生产的制度结构。在这一语境里，企业制度意味着从制度分析的视角来开展企业理论研究，而交易费用、合约等术语则是开展这类研究的必备工具。代理理论，作为企业理论的一个重要分支，将抽象的理论研究嫁接上了公司治理这一实务性很强的领域。抽象的理论和喧嚣的实务相嫁接的结果是，企业制度这个抽象概念渐渐隐身而去。

在中国，企业制度通常是应用在 20 世纪 90 年代提出来的"现代企业制度"一词中的。现代企业制度，指的是现代公司制度，它蕴含的现实意义是，中国企业制度伴随改革开放，经历了一个从计划经济体制下的传统企业制度向市场经济体制下的公司制度转型的动态演变过程。在有了将近 20 年的企业改革与发展实践之后，公司制、股份制日益深入人心，越来越多的人也日渐习惯于用"公司治理"这个提法来替代"企业制度"的表述。

公司治理这个研究领域，在很大程度上建立在伯利—米恩斯命题（A. Berle and G. Means, 1932），即两权分离的基础上。该领域的研究成果，大多习惯于将研究重心放在两权分离条件下的利润分配问题上，即如何通过恰当的利润分享方式与方法，来确保身处公司内部的代理人对身处公司外部的委托人负责。

　　然而，正如卡尔·波兰尼（Karl Polanyi，1944）指出的：作为制度，经济嵌入于社会关系中。拉波特等（R. La Porta，F. Lopez-de-Silanes，A. Shleifer，1999）和马克·罗伊（Mark J. Roe，2006）的研究进一步指出，作为经济制度的公司治理规则，还嵌套在社会法律体系和国家政治体制之中。从制度分析视角入手来从事企业研究，不难发现，企业制度的有效性是难以在企业体系内部得到证实的——这和哥德尔的不完备性定律有相通之处。相比于公司治理领域反复强调的控制内部人员的阴谋行为相比，有效的企业制度其实还有更多的要求。

　　那么，什么是当前流行的公司治理研究与本文倡导的、应予以重视的企业制度研究这二者之间的差异呢？我们认为，对企业利润的性质及其合法性的认识是两类研究之间的根本差异所在。流行的公司治理研究，习惯性地将企业利润视作自由经济制度框架下市场竞争的自然产物，在这种制度体系中，企业利润的合法性，只要在遵纪守法的前提下，即被视作公平的、天经地义的。在此企业利润合法性假定之下，流行的公司治理理论与实践将注意力锁定于企业组织内部的利润分配问题。而本文将利润的本质看作是制度的人造物；利润的合法性由企业制度赋予，具有人为可调节的特性。从这层意义上讲，企业制度不仅是决定生产活动所获得的利润如何进行分配的制度结构，它还关系到将利润的合法性赋予特定的生产活动的制度结构。但凡影响企业利润形成、发生、变化的各种制度结构与过程，都应在企业制度的研究范畴之内。

　　为论述上述观点，本文首先在第二部分中归纳了已有的对"制度的弹性"的不同理解，再从制度分析的视角入手，将这些观点统合起来，阐述了弹性与个体行为、制度之间的内在逻辑，使"制度弹性"这个在企业理论研究中尚且不大引人注目的概念的内涵清晰起来。然后，将"不确定性"界定为"足够大的制度弹性"，从而使"制度的弹性"这个概念的重要性凸显出来。

　　第三部分将"制度弹性"和"不确定性"引入企业制度分析，修正了弗兰克·奈特（Frank Knight，1921）针对不确定性与企业利润的关系的理论假说。一方面，指出奈特研究中的不足，是因为将不确定性界定为不可计量（不可知）的风险，而没有认识到"不确定性"的实质是制度弹性；另一方面，发展了奈特提出的"企业利润来源于不确定性"的观点，由此推导出，企业利润来源于企业制度的弹性，是制度的人造物的结论。

　　文中的第四部分构造了两个理论层面的假想的企业世界，第一个世界中，企业制度的弹性是静态的，第二个世界中，企业制度的弹性是动态的，然后阐述了现实的企业世界是如何以此二者的融合物的面貌出现的。

　　第五部分将分配不均等的权力引入对企业制度的弹性和企业利润问题的探讨。在不对等的权力的作用下，制度的"同情区"具有很强的可调节性。企业可以通过权力运用来调节企业制度的弹性，进而调节利润的存在可能。

　　第六部分将企业制度界定为将合法性赋予利润及利润的分配行为的生产组织制度，并从这一定义出发，对人类社会中企业制度的演进进行了历史分析。这一部分强调了企业利润合法性问题的重要现实意义以及将这个研究主题放到企业制度的弹性这一视角下进行分析与讨论的必要性。

　　第七部分进一步论述企业利润合法性问题的现实紧迫性，本文认为，增强对这个问题的认识，有助于我们理解当前面临的大企业时代及经济运行中诸多不确定因素所带来的各种挑战，而且，从调节制度弹性入手，对企业制度进行适时优化是应对当下挑战的必由之路。

二、关键概念的提出：制度的弹性

"制度的弹性"这个概念，在英文里，对应两个不同的词：一个词是 Institutional Elasticity，另一个词是 Institutional Flexibility。以下举两个例证。

其一，Raymond Fisman 和 Wei Shang-Jin（2004）研究了特定税收制度下逃税行为的弹性（Elasticity）。在这项研究里，制度弹性指的是既定制度对不同制度参与者行为偏离的弹性容忍。此弹性越小，就表明税收制度执行的质量越高。

其二，Lewis Davis（2005）认为，经济制度的弹性（Flexibility），与发展新制度的意愿及能力相关；而经济制度的质量，取决于现行产权制度。在他看来，两者都是制度结构的重要方面，它们共同决定经济绩效的变化趋势。与之对应，有两种经济制度变革方式。一种是直接改变现行产权制度，以提高制度质量，寻求一种迅速的但短期的经济增长速度的提高。另一种是提高制度的弹性，也就是提高发展新制度的能力，以实现一种相对缓慢但持久的经济增长速度的提高。在这项研究里，制度弹性指的是制度参与者对新制度，或者说，制度变化的弹性适应。该研究的结论是，增加制度弹性可以获得更持久的经济增长绩效。

上述两个研究范例，代表了已有文献对"制度弹性"这个概念予以关注时的两种典型的研究动机。第一，将制度弹性这个概念用于分析制度变迁问题。由于参与博弈的个体在信息、能力和理性认知上存在差异（青木昌彦、奥野正宽，1996），因此，他们对新制度或制度变化的反映——即弹性——是不一样的，这种差异化的反映，会影响制度的形成与演化。从这个角度定义的制度弹性，在很大程度上被视作褒义的，而不是贬义的。第二，制度弹性，在中国情境的通俗含义上，它是与制度刚性相对应的。它指的是人们对既有制度、规则在行为上的偏离，徐圣恩（2006）认为，制度弹性有特定的中国历史文化传统的由来，简单地讲就是有法不依、执法不严的问题，而不是讨论制度、规则本身具有能够适应经济结构的调整而发生动态变化的能力。从这个角度定义的制度弹性，在一定程度上被视作贬义的，是制度软弱无力的体现。

本文之所以选择将"制度的弹性"作为制度分析中的一个关键性概念，最初是始于对制度弹性的通俗含义的注意。在现实世界里，不同的制度对于既定的人群而言，其性质是不一样的。总有一些制度，有更多的人更情愿去遵守，人们对于违抗这类制度要求的行为，有高度的警惕性和强烈的反感情绪；与此同时，另有一些制度，只有很少的人会自觉自愿地去遵守，人们对于背离这类制度要求的行为，处之泰然，习以为常，有时甚至只是一笑而过。人们在探讨制度问题时，常见的做法是将制度区分为正式制度和非正式制度。这样的分类，显然无助于讨论前面描述的两种情况，在这两种情况下，制度的形式并不是最重要的因素，它没有真正触及制度的性质本身。在我们身边，无论是被忽略、被漠视的正式制度，还是被约定俗成的非正式制度——亦通俗地被称为"潜规则"，都不胜枚举。人们怎么去看待制度，遵守制度，还是违犯制度？对于这个问题而言，制度的弹性大小比制度形式的正式与否要更为重要。这也就是为什么本文倾向于将不同制度的本质差异看作它们在弹性上的差异。

那么，在程度上可感知大小的"制度的弹性"为什么会存在呢？这个问题的答案扎根于制度变迁理论对制度弹性的理解中。简而言之，制度的弹性，是由制度的多样性以及制度参与者的个体差异共同决定的。什么是制度？制度是众人议事的产物，它表现为既定的行为规则。约翰·罗杰斯·康芒斯（John Rogers Commons）强调，制度是集体行动规则。道格拉斯·诺斯（Douglass C. North）强调，制度是群体对个体行为的限制。那什么是制度的弹性？本文认为，制度的弹性就是众人议定的行为规则与个体行为发生互动时所表现出来的现实状态。个体的多样性决定了一方面，同一制度对于不同个体的限制作用与影响的现实状态是富有弹性的；另一方面对于同一个体而言，选择与适应各种制度的可能性也是富有弹性的。借用康芒斯和诺斯的语言来表述，即集体行动规则对个体行为相对于它的偏离有一定包容度；反过来说，个体行为对于可接受的集体行动规则也是有一定包容度的。为此，我们将制度的弹性视作联结作为集体行动规则的制度与灵活、多变的个体行为的纽带。一旦制度的弹性被观察者感知到了，他就必然能发现相应的"活（动）的"、正在发挥效用的制度①和带有多样性的个体行为。

在本文看来，只有将注意力聚焦在"制度弹性"这个概念上，才能够很好地揭示制度参与者与制度之间的复杂互动关系。在前文的两个研究范例中，制度弹性的大小被用作衡量制度好坏的自变量。本文认为，制度弹性，无论是被理解为"制度对不同制度参与者行为的弹性容忍"，还是被理解为"制度参与者对不同制度的弹性适应"，其大小本身，并不直接决定制度的好坏或有效性。制度弹性，这个概念的奥妙在于，制度与制度参与者行为之间的匹配。若二者不相匹配，制度的品质会大打折扣——弹性过小，实现制度创新与发展的机会相对有限；弹性过大，制度的稳定性则将受到侵害。

把握好"制度"与"行为"的关系，是理解制度的弹性的第一步。我们常说：制度，决定行为。这个命题有两个方面的含义。一方面，任何个体的行为总是在特定的制度背景下发生的，个体行为不可能生活在真空中，绝对逃逸于作为凌驾于个体之上的集体规则对它的影响。制度是作用于个体行为的万有引力。另一方面，制度作为行为规则，它本身是静止的，没有生命力量。没有个体行为，万有引力的效力是无法表现出来的，它的存在与否，也没有实际意义。制度的力量必须依附于人的行为属性才能得以表现出来。当且仅当制度作用于具体的个体行为，或者说，嫁接到具体的人及其行为上，制度方有活力，方能显现出其弹性大小。②任何脱离现实中的具体行为的制度必然是空洞无物的。到此为止，我们对制度的弹性的理解是相对静态的。

随之而来的问题是，制度弹性的作用机理是什么？它如何作用于充满多样性的个体行为？又如何使静态的制度活化起来？在这组问题里，制度的弹性开始具有能动性。在个体层面上，制度的弹性是个体的多样选择和行为弹性的映射。显而易见但也是容易被人们忽视的是，同一制度，对于同一行为，在不同的个体身上，会激发出不同的成本—收益关系。③个体的多样性和他（她）所拥有的选择权利④，决定了不同个体对同一制度的行为反应，有复杂的可能。因此，制度的弹性是因人而异的，这是绝对的现实存在。在群体层面上，制度是不同个体对来自制度的影响的不同行为反应的集成表现。在这个层面上，制度的弹性，对应的是制度接受来自众多个体的行为反应的共同作用并动态实现整体化的一系列变化过程。在这个过程中，制度的弹性既是流变的，没有一定之规，同时，它又服从于整体化要求，有克服个体行为的离散性的内在需要。

引入弹性的观点后，制度成为充满多样性的个体与寻觅整体感的群体交互作用的一个动态过程。在

---

① 有两点补充性解释：第一，不被遵守的制度也是"活（动）的"制度，它对侵犯制度的主体发挥着负面的作用。如果一种制度屡屡被侵犯，就意味着，它的弹性太大，它对侵犯制度的行为主体发挥的负面作用相对于其他方面而言，往往是微不足道的。虽然这类制度的效力非常有限，但这种制度仍然是一种"活（动）的"制度。第二，被人们视作理所当然的那些制度显然也是"活（动）的"制度。它的弹性很小，个体在它的约束下，行为多样化的余地比较有限。

② 这可以解释，为什么简单的制度移植往往会失败。当制度规范的内容与作为制度参与者的人的行为属性不相匹配，那么，制度规范的内容就无法被激活。这有点类似于神话故事，一直要等到恰当的人，在恰当的时间点上，念对了咒语，奇迹般的好的行动后果才会显现魔力。

③ 这里涉及 4 个概念：执行制度的成本、执行制度的收益、不执行制度的成本和不执行制度的收益。这 4 个变量的组合可以生发复杂的行为动机。在同一情境中，不同参与者可以采用同样的行为，而动机却迥然不同。

④ 这种选择权利，在很大程度上，是其他制度作用于个体的结果。正如每一个体，它所面临的物理和生物性的条件制约迥然有异；每一个体，所面临的社会性的和制度的条件制约也是迥然有异的。

这种视角下，制度分析的一项关键任务在于，区分静态的和动态的制度弹性，理解制度弹性的变化与作用机理。给定既定的制度安排，当一群个体的行为所对应的成本—收益关系都相对聚集在特定区间内时，此制度安排就这群人的这类行为而言，是有效力的。我们将此特定区间称作该制度的"同情区"。[①]即便同在同情区内，每个个体的行为仍然可以是多样的，有"有限的"弹性，但他们能够就既定制度内容达成基本共识，他们的行为实质是遵守制度的。当一些个体行为所对应的成本—收益关系超出了既定制度的同情区的范围，那么，这些个体行为就构成了一些突破该制度限制的不确定性。这种不确定性，没有好坏属性，它可能是建设性的，也可能是破坏性的。不确定性是制度的弹性，被放大到一定程度的产物。

三、不确定性、企业制度和利润

不确定性是生活中的一个基本客观事实。人们可以用若干方法来减少不确定性。[②]制度是减少不确定性的一种主要方式。诺斯指出：制度，界定并限制了人们的选择集合，它通过为人们提供日常生活的规则来减少不确定性。罗纳德·海纳（Ronald Heiner，1983）将不确定性看作可预测行为的根源——通过限制不确定条件下个体选择的弹性（灵活性），制度将个体选择导向一个更小的行动集；他还强调，不确定性是行为演化的前提条件。总之，制度在社会中的功能，就是要通过建立一个人们互动的稳定结构来减少不确定性；但在减少不确定性的同时，制度自身的发展会带来新的不确定性。[③]用新的不确定性去替代旧的不确定性，这是制度的本性。

托斯丹·邦德·凡勃伦（Thorstein B. Veblen，1899）认为，工作本能和金钱竞赛都是人类追求幸福的本能的重要表现，正是二者从人类活动中催生出了企业制度。企业制度的社会功能在于，呵护人的工作本能，降低人类物质生产活动的不确定性。与此同时，企业活动的维持又需要社会给予其参与者更充分的激励，与之对应的制度安排，那就是允许企业家从旨在降低不确定性的生产性活动中衍生出来的交易性活动中的不确定性中获取利润。此谓科斯所定义的企业：生产的制度结构。企业制度决定企业行为，它生生不息的发展动力来源于人们辛勤劳作的天性和企业利润所带来的金钱荣誉。受相关制度的驱使，企业致力于削减人类生产性活动中的不确定性，以获取利润；同时，又不断创造出人类交易性活动中的新的不确定性，以增加利润。

将企业利润归因为不确定性，这是奈特的里程碑式的贡献。为批判古典主义经济学的"无利润世界"的非现实性，奈特问道："什么是企业利润的来源？"为解答此问题，奈特将制度引入企业经济分

① 这个概念，受到巴纳德的《经理人员的职能》中的"Indifference Zone"一词的启发，虽然"同情区"与巴纳德提出的概念，在含义和其概念的用途上截然不同。在含义上，"同情区"这个概念与奥尔森提出的集团的"共容利益"一词是有相关性的。回到前文提到的两种制度：一类是现实世界里那些被人们普遍忽略和漠视的正式制度，这种现象意味着，该制度的绝大多数的参与者，其成本—收益关系在同情区范围之外；另一类是被人们普遍遵守和约定俗成的制度，这种现象意味着，该制度的绝大多数的参与者，其成本—收益关系在同情区范围之内。
② 在绝大多数人眼中，不确定性是一种有负面性的、令人避之不及的东西。这种思想，在德国社会学家乌尔里希·贝克（Ulrich Beck）那里得到极大发展。他将现代人类文明界定为一个由复杂的制度框架支撑起来的风险社会。这其中的风险主要来自于人的行为的不确定性。在风险社会里，传统的来自自然界的风险因素大大降低了，但由人类社会活动引发的新的不确定性成为可能让人们付出巨大代价的不稳定因素。
③ 路德维希·冯·米塞斯（Ludwig von Mises，1949）从心理层面来审视人类的行为的不确定性。在他看来：行为总是以未来和不确定的条件为目标，行为人，就像是以历史学家的眼光看未来。人类在满意或满足状态下，不会也不能产生行为。行为中的人，渴望以一种更令人满意的状态来替代较不满意的状态。驱使行为人行为的动机，常常是不安这种状态。带着能够消除或至少减轻不安的期盼的有意识的行为，其最终目的是满足行为人的"费尔巴哈"式的追求幸福的本能。

析，发掘出了不确定性的积极意义。奈特的观点有两个理论要点：第一，所有关于现实生活中的行为的决策，实际上都取决于（个体的）看法。个体的看法，是由既定制度决定的。而在给定制度条件下，不同的人面对具有不确定性的形势，容易做出错误的、各自极为不同的反应。第二，在经济活动中①，无数的个体行为，无论是生产行为还是消费行为，它们在空间与时间上的不一致性为变化和不确定性提供了沃土。利润与这种经济变化有密切联系。由变化产生的——作为行为个体之一的企业家的看法与企业行为结果之间的——误差，是企业利润之源。

奈特的研究，区分了"风险"和"不确定性"这两个概念。他认为，风险是可计量的；而不确定性是不可计量的；利润只和不可计量的不确定性有关。其实，进入现实经济里，可计量的风险和不可计量的不确定性，总是如影随形、难以分割的。二者之间的界线，必然是模糊的、因人而异的。社会分工体系和个体差异性决定了对于某些人而言的可计量的风险，对于另一些人而言，却会是不可计量的不确定性。

正如前文指出的：不确定性的本质是制度弹性，是制度之于个体认知行为差异的反映。混迹于人的行为中的不确定性，对于处于同一情境中的不同个体而言，不是同质的。对于同一制度下的众多参与者而言，某些参与者面对的不确定性中，不可计量的成分更多一些；而对于另一些参与者而言，不可计量的成分则少一些。作为一个整体的不确定性，它必然和偶然性相关，有不可计量的成分；但也有不可完全剔除的、可计量的成分——虽然这一部分可计量的内容，可能只是对行动集体中的一少部分参与者而言是可计量的。

利润是众多企业制度参与者，在面对高度异质的不确定性时所做的集体行动的产物。利润不纯粹是绝对不可计量的不确定性的产物；恰恰相反，它必然在一定程度上，是一种可预期的企业制度的人造物②。人们可以通过企业制度设计来改变企业制度的弹性，进而改变不确定性的构造及不确定性中可计量的成分的性质与比重，从而改变利润与偶然性之间的关系。这意味着，即使是同在不确定性面前，也没有绝对公平的金钱竞争。

四、真实的企业世界：静态的和动态的企业制度弹性的混合体

以下将静态的和动态的制度弹性引入企业研究，于是，我们将看到两个截然不同的企业世界：

第一个企业世界，嵌套在静态的制度约束下。此时，企业家对外部制度只能被动接受，他只有对内部组织进行调整的权限，只履行生产性活动的组织者的社会功能。此时，在外在企业制度的约束下，所有的企业个体，只在自己的权利意志范围内从属于企业制度的弹性，而不拥有改变企业制度本身及其弹性的权力。众多企业个体的随机选择和交互作用，所产生的不确定性，可能增加某个企业的成本，也可能增加某个企业的收益，这种影响是自然的、客观的。任何企业或企业家，在这种自由的不确定性条件下创造的价值，是纯粹的、真正的生产性价值，是稀缺的企业家精神深切融入生产性活动而创造的成果。

在这样一个世界里，企业制度是静态的，与之相对应，制度的弹性是固定的。当制度的弹性足够大时，自然会出现不确定性。制度和企业个体选择共同决定了不确定性。利润是不确定性的产物，和企业

---

① 要注意，这里强调的是经济活动。在非经济活动中，个人的多样性及其选择权利会呈现出另外的状态——在这些领域，有不少制度安排的弹性，并不像人们在经济世界中理解和体验到的那样大。

② 阿兰·斯密德（Allan A. Schmid）在《制度与行为经济学》中提及：利润，是制度的人造物。这个论断与本文的行文方向不谋而合——尽管斯密德在书中相应部分的论述与本文内容之间没有明显的相关性。

家精神有相关性，但不独立于偶然性。

举个例子，这种情况，就像多个保龄球手同在一个球道上比赛。企业是一个个保龄球。企业制度是球道的时空聚合体，也就是说，所有的球都要在同一时点上扔到球道上；在空间上，都必须经由球道去击中共同的目标。在实际运作中，每个球手作为企业家对自己的球给力，于是，多个球同时跑在企业制度的球道上，每个企业家给的作用力都是服从于轨道的约束的，但又融入了企业家个人选择的独立意志。给定企业数量，如果球道太窄，球手的选择太有限，就没有不确定性。大家有乱扔球的弹性，但没有不确定性，没有利润，没有人能赢。如果球道足够宽，弹性足够大，此时，就会出现不确定性。如果某一个球手的判断力和技术足够好，运气也不错，他就有可能从混乱中脱颖而出，克服不确定性，产生好的成绩——利润。在这个世界里，利润是自由的，无法被任何一个行为个体预设。

第二个企业世界，嵌套在动态的企业制度框架里。此时，个体企业（家）不再仅仅是企业制度的接受者，他还是能动的制度参与者，能推动制度的调整与修正，甚至，他还有可能成为制度体系的设计者、主导者。于是，企业不仅以既定制度约束下的生产性行为主体的面目出现，他更能够以制度行为主体的面目出现，他可以有意识地去消除那些对自身交易活动不利的不确定性因素，同时，又增加另一些对自身交易活动有利的不确定性因素。在这种情况下，企业个体不再仅仅是单向的企业制度的弹性的从属，他被赋予改变企业制度结构及企业制度的弹性本身的权利。

在这样一个世界里，企业制度是动态的，是可以体现出作为制度参与者的企业的意志的。与之相对应，制度的弹性是变动的，是可以由主观意志塑造出来的。这样的世界里，充满了不确定性。但这其中的不确定性的性质，发生了根本性的变化。由于企业个体选择可以通过作用于可变制度来改变不确定性的构造，因此，在动态的制度框架下，可以出现大量的、人造的和被植入的不确定性。这种不确定性所孕育的利润和静态的制度框架下有根本区别。此时的利润，有可能是被某一个或数个行为个体预设的；而在被预设集团排除在外的其他制度参与者眼里，利润依然是不确定性的产物——但实际上，利润与偶然性的联系方式，已经被彻底改写了。

这个过程同变魔术一样，魔术师本人拥有改造游戏规则的权利，他植入了一种被伪装的不确定性，然后，让观众看到不可思议的"偶然性"，魔术师本人则将这种不确定性的必然产物——演出成功，或者说，利润，收入囊中。

现实世界，总是会以不同的结构形式，将我们前面提及的理论假设中的两个企业世界，统合和整体化到一个世界中来。回顾企业制度演化历程，我们可以看到两个典型的变化阶段：第一，在人类经济活动的早期阶段，企业群体的构成非常有趣。小企业规模极小，散布在社会生活的各个角落，这些企业都生活在第一个世界里，像自由的小鱼，游来游去，自生自灭。大企业数量极少，生活在第二个世界里，当时的特许经营制度决定了，大企业的设立者总是要和重要的企业经营活动参与者一道，共同设计企业制度，构造出以往不可能想象的利润。第二，自19世纪末以来，自由企业制度迅速崛起，传统的有特权阶层的大企业相继消失，市场经济日趋繁荣。在为数众多的小企业中，成长出来一批大企业。此时，绝大多数的企业，循规蹈矩地生活在第一个世界里，在既定制度下，它们开展从事生产性活动的时间与空间，远远大于其交易性活动的时间与空间。但另有一些企业，在局部领域，已涉入第二个世界，并在其中如鱼得水，它们将可观的经济资源投入了改变企业制度弹性的活动中。

五、不对等的权力和倾斜的企业制度

行文至此，我们可以将"权力"或"影响力"，引入对企业制度及其弹性问题的讨论了。Grossman-Hart-Moore 模型推导出了完全信息条件下的不完全合约问题，为解决这个问题，就需要将因为人力资本差异而产生的权力差异——某参与者相对于其他参与者的"权威"，引入企业内部合约。查尔斯·佩罗（Charles Perrow，1986）将权力定义为一个组织为其获取有价值资源的能力，他指出，组织会运用权力去控制同一系统中其他组织的行为。[①] 我们关注企业制度中的权力问题的出发点，与佩罗的研究视角是相一致的。

前文已经指出：制度的差异浓缩于制度之于个人的弹性的差异上。企业制度的性质差异，必须通过企业制度的参与者的动机及其行为性质的差异体现出来。讲述这种差异，需要用到前文提到的"同情区"这个概念。给定一组制度安排，既定的一群制度参与者，他们的行为所对应的成本—收益关系，可以组成若干种"同情区"，这意味着，可供选择的制度有很多种的可能性。在制度生产的过程中，大量的"同情区"会被制度参与者们忽略，最后，只有少数的"同情区"会具有凸显效应，产生出可付之实施的制度安排。

在制度博弈中，谁决定什么样的"同情区"具有凸显效应？显然，每一个参与者都有力量，但问题的关键在于，每个人的力量大小是不一样的。在既定制度下，每个参与者的权力是不一样的；而参与者，在权力与影响力上又有其能动性。有一些参与者比另一些参与者更善于增进自己的权力和影响力。在"同情区"趋于凸显的过程中，只有当所有的制度参与者，都以相接近的权力和影响力作用于此共识过程（而不是作用于其他的制度参与者）时，则这个过程形成的制度才是自由和自然的制度。这样的制度形成过程，是为人们所普遍熟悉和乐于接受的。

问题的关键在于，如果一些制度参与者更有技巧地将其他制度参与者引入对自己有利的"同情区"，在这种情况下，制度不再是中正不倚的，制度是倾斜的制度。导致制度倾斜的根源有两个：一是资源的稀缺性；二是个体的差异性。后者，是绝对的；而前者，具有可塑性。一种资源的稀缺性会导致有权力者去尽可能多地发展并抢占这种资源，削减关于这种资源的稀缺性的不确定性。当此不确定性被减少到一定程度后，这类生产性活动及与之相关的调节制度弹性的活动变得无力可图后，人们又会将战斗目标转向其他有稀缺性的资源。

显而易见的一点是，与"同情区"表现相一致的制度参与者，能从相应的制度中受益更多。这样，倾斜的制度有可能催生出一批专门的食"倾斜的制度利"的群体。在制度博弈的早期阶段，制度参与者调节制度弹性的活动范围很有限，他们只能在开展生产活动的过程中，千方百计将自己的个体差异向具有凸显效应"同情区"靠拢。而在制度博弈的后期阶段，制度参与者可以去构造与自己的个体差异相一致的"同情区"，再通过对其他制度参与者施加影响力，使后者附庸于"同情区"，从而使这一"同情区"具有制度的凸显效应。由此产生的新制度，对其预设集团而言，弹性最大，收益最明显；而对其他的制度的遵守者而言，弹性极小，有实实在在、或大或小的成本，收益却几乎可以被忽略——也许只有对预设集团的魔术表演的一声惊叹权。这样的调节制度弹性的活动，往往是浅浅地套在一小部分的生产性活

---

① 有研究归纳了研究治理问题的五种理论视角，其中之一是权力与控制的视角。此论述中，引用了 Perrow 的观点。引自［美］约翰·坎贝尔，J. 罗杰斯·霍林斯沃思，利昂·N. 林德伯格. 美国经济治理［M］. 上海：上海人民出版社，2009.

动作外表装饰之下进行的魔术表演。

让我们回到第三部分的结论：同在不确定性面前，没有绝对公平的金钱竞争。有时候，这种不公平源自个体之间的天赋差异。一些人，比另一些人更有企业家才能，他们能孜孜不倦地为社会创造财富蛋糕。有效的市场，能不负众望，将这些草根式的企业家逐一选拔出来，送到高高在上的、利润的领奖台上。但这仅仅是真实企业世界的一面。真实世界的另一面是，总有一些参与者，与其他参与者相比，他们不一定比其他人更擅长于为社会大众创造更多的价值，但可以肯定的一点是，他们更擅长于运用不对等的权力，去调节制度规则，让自己坐到离利润的领奖台更近的有利位置上，让待分配的财富蛋糕中的更多的一部分，少些悬念地成为他们的囊中之物。

六、企业制度的性质与利润的合法性

多样性是自然与社会生态系统持续永生的奥妙所在。前文指出：个体的多样性决定了作为集体行动规则的制度是有弹性的。对于不同的人，同一制度表现出不同弹性。弹性足够大，或者说，制度之于不同人的弹性差异足够大时，就会出现不确定性。不确定性是利润的源泉。只要人类的经济活动足够活跃，就能产生出足够的不确定性，催生出与之相对应的企业制度。

现实世界是多样化的企业制度的混合体。一种企业制度体制是否具有合理性，取决于它在整体上的功能属性。好的企业制度体制能够在生产性功能与交易性功能之间进行较好的平衡与匹配。如果一种企业制度体制在整体上过于侧重于生产性功能，那么，它会存在激励不足的问题，这种企业制度体制，通常见诸于市场与企业发育相对不充分的经济形态中。如果一种企业制度体制在整体上过于侧重于交易性功能，那么，它往往表现为很繁荣，却有失道德水准。从制度层面看，后一种制度中有较强的激励因素，促使人们去攫取，而不是去创造；去变戏法、掠夺，而不是去心平气和、任劳任怨地承担艰辛的劳作。

随之而来的问题是，企业制度的功能到底是如何实现的呢？企业制度的功能是通过对利润及其分配的合法性的界定来实现的。利润是人类在经济领域的集体行动的凝结物。企业活动的利益相关者从各个方面贡献出自然的与社会的资源作为回报，他们可以从利润的分配中各取所需。所有这些集体活动都是在企业制度框架下完成的。我们衡量一种企业制度体制的性质，关键在于考察它如何将合法性赋予利润及利润的分配行为。

在此文中，我们尤其强调企业利润自身的合法性，而此前大量针对企业制度与公司治理问题的研究，都习惯将利润的合法性视作天经地义。历史地看，在早期的人类社会规范中，给予企业利润的合法性是非常有限的。一个根本原因是，在当时的时代条件下，人类在经济领域的合作活动是非常有限的。切斯特·巴纳德（Chester I. Barnard，1938）指出，合作，对于人类生活而言，是罕见的，稀少的。越是原始状态的人类社会，合作的性质越是表现为如此。古代社会的财富拥有者，通常是政府、军队、宗教组织、贵族，对于他们而言，财富只是他们履行"高贵"社会角色的副产品。此时，专门为谋取利润而存在的组织，是为社会大众所不屑的，因此，也谈不上有多少为追求利润而聚集起来的人类的集体行动及相应的制度规范。

直到20世纪，社会才以公认的形式，肯定了出资人对其投入企业的财产的私有权利。这也就是为什么在19世纪末，洛克菲勒的标准石油公司仍然只能以暗箱操作的方式并购其他中小石油公司。20世纪，是一个企业制度给予企业利润最充裕的合法性的时代。哈伊姆·奥菲克（Haim Ofek）曾说，交换的本质是一种"互利的开局弃子法"。虽然人从生物遗传方面得来的本能所支持的合作范围很有限，但从文化习俗方面得来的行为惯例却支持更大范围的合作。人与人之间，在高度竞争的市场中形成合作秩序，被视作人类社会文明进步的重要表征。[①]正是在这种有利的企业制度体制的驱使下，十亿、百亿、千亿、万亿级的大公司，英雄辈出。

文明发展到高级阶段，又会遇到什么挑战呢？曼瑟·奥尔森（Mancur Olson，2000）给出了对集体行动的经济分析的独到见解，他指出：科斯的理论，只注意到理性的自利会使自愿交换产生互利结果，却忽略了理性的自利也会引导人们用手中的权力强迫——更准确地说，应该是加上"诱致"，即：软硬兼施之下——别人就范的可能性。被合作文明驯化的野蛮人，从严苛的自然中被解放出来，他们摆脱了一种不确定性，但转而又掉入另一种不确定性的陷阱——他们将被经济合作系统中的各种制度安排所奴役。[②]对此，奈特说：减少不确定性……这样做，涉及成本以及资源耗费，而且不止于此，还要考虑到任何可能的与组织化、制度化相关的个人自由的丧失，尽管少数人可能从权力的集中上，获得更大的权力和更大的行动范围，但受损失的是绝大部分人。

事实，总是被先知们言中。从 20 世纪宽松的企业制度中，我们收获的不仅是经济繁荣，还有一些不期而遇的坏消息。坏消息的实质，那就是，企业制度合法却不合理地将巨额财富赋予了少数群体。令人记忆犹新的金融危机是一个好的样本。在危机中，高风险、高收益的金融产品及它们创造的巨额利润或巨额亏损，其实，都是人为的、制度的弹性的产物。在金融领域，发达国家和发展中国家已经采用了大量相接近的制度安排，在同一的制度体系里，制度的参与者，在事实上，面临的实际上是完全异质的制度弹性。同样的制度安排，对于发展中国家的为数众多的参与者而言，是看似公平的，同时，又是少有弹性的，然而，对发达国家的金融机构的制度预设集团而言，这些制度却是弹性极大的。后者掌控不确定性的"客观"规律，从中攫取了巨额利润；而前者，则易于被预设的"不确定性"击倒，成为游戏中无可遁形的牺牲品。

奥尔森指出：繁荣的市场经济，不需要任何形式的强取豪夺。当一个社会拥有正确的、适当的制度时，产生巨额利润的企业中的压倒性多数，应该为民众提供着规模巨大的服务，这些企业注入社会的价值，几乎肯定地超过了其从社会中取得的价值。以上述标准来衡量，现行的企业制度，尤其是金融领域的企业制度，还是有很大的改进余地，其改进方向就是要使这一制度及从中受益的少数人，相形于其所获得的权益而言，反哺社会更多；否则，社会有义务去剥夺这些营利活动的合法性保障。

50 年前，通用公司董事长拉尔夫·科蒂纳（Ralph J. Cordiner）在反思企业的不当经营行为时，有如下一段话：企业制度，要想保持自由度和竞争性，它的前提是公民和我们中的那些在企业生命中具有责任的人要实现要求下的自律。如果我们不能实现自律，政府的权力将理会地被与日俱增地被要求取代我们，最终，这个制度，将失去所有的自由度或竞争性。诺斯曾指出，与达尔文的进化论相反，人类演化变迁的关键是参与者的意向性——人们需要经常拷问这样一个本质问题：谁制定了规则、规则是为谁制定的以及它们的目标是什么？在善意的意向的引导下，好的企业制度，它倡导的，应该是人们对遵守自律准则的、合理的和高尚的利润的集体追求，而不是仅仅以利润数量多少论成败的、合法的个人竞技游戏。

---

① 这个经济系统是亚当·斯密笔下所描述的那样：一方面，预先积蓄资产，对大大改进的劳动生产力而言，是绝对必要的；另一方面，在这个系统中，个人的奢侈妄为不能有多大影响，另一部分人的俭朴慎重足够抵消一少部分人的奢侈妄为而绰绰有余。[英] 亚当·斯密. 国富论 [M]. 北京：华夏出版社，2005.

② 弗里德曼夫妇亦指出：民主制度，通过颁布各种详尽和具体的法律条款来运作。这种系统倾向于赋予那些高度集中的小型利益集团过多的政治权力，也更重视那些能够产生明显、直接、即时效果的政府举措，而那些意义深远、造福子孙，但在短时期内看不出明显效果的政策往往不会被采纳，这种系统常常通过牺牲公众利益来实现少部分人的特殊利益。参阅米尔顿·弗里德曼，罗丝·弗里德曼. 自由选择 [M]. 北京：机械工业出版社，2008：290.

七、大企业时代的挑战

变化是企业制度的常态。企业制度的性质及其具体制度内涵，总是由其所处的历史时代、法律规范和道德信念体系来动态确定的。两三个世纪以前，常人无法想象出今日的富可敌国的企业巨人，当然，也更无从想象，这些大企业将会给人类社会生活带来何其巨大的挑战。

企业制度的关键是如何赋予利润及其分配的合法性。当我们将权力的观点引入企业制度分析后，这样一个命题，它的现实意义，显然是针对大企业的。约翰·肯尼斯·加尔布雷思（John Kenneth Galbraith，1952）写到，大企业和它的领导人，都是重要经济力量的拥有者——尽管他们自己都不愿意承认这一点——对于这种强大的经济力量，需要建立抗衡力量。小企业和它们简单、直观的经营活动受制于市场竞争，它们是制度弹性的接受者，对制度的调节能力有限。但对大企业而言，情况就不同了。大企业的活动嵌套在复杂的制度框架里，它们有能力运用自身的资源与力量去调节约束它们行为的制度的弹性，以谋求自利，并影响社会运行的方向。[①] 对此，理查德·斯科特（W. Richard Scott，2007）告诫道：我们往往强调制度具有制约选择与行动的作用，却忽视制度也会赋予行动者权力，对行动具有使能作用。

不容忽视的一点是，在当今世界里，大企业的利润中，有很大一部分内容，已经不是靠平等市场主体之间的竞争关系来决定的，而是由各种法律规范和相关利益主体间的制度安排来共同协商议定的。比如说，人们经常谈论的反垄断的问题，什么样的企业行为是具有垄断性的，什么样的企业行为及其获取的垄断利润，又是相对可以忍受的？再比如说，经常见诸报端的大企业的产品召回和因产品信息隐匿导致的巨额消费者赔付、因环境污染而引发的社区居民索赔这类事件，大企业到底应该为此类活动支付多少成本？一个产业的重要技术标准的制定、产业准入政策、科技创新补贴政策、出口退税政策、税收优惠政策，再或者是对关联交易、盈余操纵、转移利润等特定经营行为的限制性规定，所有这些制度，都会直接或间接关系到大企业利润的合法性问题。在这些制度面前，所有企业不是一律平等的。一旦大企业认识到利润的非市场来源，它们难免有自觉意识，以独立的利益主体的角色，积极参与各种制度规则的制定，走培植利润的捷径。

20世纪中叶以来，大公司权力扩张的危害性，在西方发达国家，暴露得较为尖锐。诺斯认为：2001~2002年，美国大型公司不正当行为猖獗，正是由于制度框架的演化改变了相对价格，才为这种不正当行为提供了激励。马克·罗伊指出，在美国，人们更加愿意容忍公司将重心放在有利可图的目标上。这种信念中，滋长了一种肆无忌惮追求利润的商业文化，侵蚀了美国企业制度的可持续性。野口悠纪雄（1992）对日本的经济泡沫时代的剖析表明，20世纪80年代后期的日本，制造业大企业，大量从市场中筹集资金并主要用于金融投资，他指出，出现这种空前的投机风气，其实，并不是个人或者企业的行为准则突然发生了变化，而是在不合理的制度与政策的驱使下，出现了贪欲得以无限制释放的经济条件。修改不合理的制度，是经济环境得以改善的关键。

在中国，社会主义市场经济体系的建设，时日尚且有限，大企业，多数还在继续成长的路上。尽管如此，企业合法却不合理地攫取利润的不当行为以及当下经济运行中挥之不去的投机热情，还是或多或

[①] 有研究探讨了大公司在全球农副产品体系里发挥的举足轻重的影响，其观点是，大公司，不仅在物质与技术等实体层面发挥影响，它们还广泛参与各种活动，直接在关系到企业行为规范的制度层面产生影响，并通过游说、说服等手段来改变社会传播、沟通的内容或方式而产生影响。参阅 Jennifer Clapp and Doris Fuch（ed.）. Corporate Power in Global Agrifood Governance [M]. MIT Press, 2009.

少地引起了人们的关注与警惕。洋为中用，诚如厉以宁先生（2010）指出的：在工业化进行过程中，企业制度的改进和企业（行为）的规范化，是一项迫切的任务。

康芒斯指出，价值的根源不是预定的，它是人的目的，通过量度和调节来使其实现。任何现实世界发生的企业行为，它都随身携带一个若隐若现的制度小箱子。在大企业时代来临之前，企业行为的小箱子里装的，主要是斯密的自由企业制度，除此之外，还装有不少斯密理想中的仁爱、公道的意志。而今，大企业发展壮大的态势，已经超过斯密所能想象的程度。我们需要在大企业的制度小箱子里，放入更多、更具时代精神的内容，方能使"自由"一词的真谛可持续下去。

回到理论层面：好的企业制度，不应该给多数企业很少的弹性，却给另一小部分企业群体很大的弹性或可塑性——除非后者的创造性活动给社会带来的益处，远远大于它们从不确定性中获取的利润。假使这个原则真正能够在实践中得到贯彻，那么，在两三个世纪之后，如何规范大企业行为这种困扰人类现代文明的难题，或许终将成为历史记忆。

〔参考文献〕

［1］Barnard，Chester I. The Functions of the Executive［M］. Cambridge，MA：Harvard University Press，1971.

［2］Heiner，Ronald. The Origin of Predictable Behavior［J］. American Economic Review，1983，73（4）.

［3］Polanyi，Karl. The Great Transformation：The Political and Economic Origins of Our time［M］. Boston：Beacon Press，1944.

［4］La Porta，R.，Lopez-de-Silanes，F.，Shleifer and A. Corporate Ownership around the World［J］. Journal of Finance，1999，54（2）.

［5］Davis，Lewis. Institutional Flexibility and Economic Growth［J］. Journal of Comparative Economics，2010，38（3）.

［6］Fisman，Raymond and Shang-Jin Wei. Tax Rates and Tax Evasion：Evidence from "Missing Imports" in China［J］. Journal of Political Economy，2004，2（112）：471-496.

［7］［美］凡勃伦. 有闲阶级论［M］. 北京：商务印书馆，1964.

［8］［美］康芒斯. 制度经济学（上）［M］. 北京：商务印书馆，1997.

［9］［美］弗兰克·H. 奈特. 风险、不确定性与利润［M］. 北京：商务印书馆，2006.

［10］［美］阿道夫·A. 伯利，加德纳·C. 米恩斯. 现代公司与私有财产［M］. 北京：商务印书馆，2007.

［11］［美］道格拉斯·诺斯. 理解经济变迁过程［M］. 北京：中国人民大学出版社，2008.

［12］［美］曼瑟·奥尔森. 权力与繁荣［M］. 上海：上海人民出版社，2005.

［13］［美］马克·罗伊. 公司治理的政治维度：政治环境与公司影响［M］. 北京：中国人民大学出版社，2008.

［14］［美］罗伯特·孟克斯，尼尔·米诺. 监督监督人：21世纪的公司治理［M］. 北京：中国人民大学出版社，2006.

［15］［美］阿兰·斯密德. 制度与行为经济学［M］. 北京：中国人民大学出版社，2004.

［16］［美］W. 理查德·斯科特. 制度与组织——思想观念与物质利益［M］. 北京：中国人民大学出版社，2010.

［17］［美］约翰·肯尼斯·加尔布雷，美国资本主义：抗衡力量的概念［M］. 北京：华夏出版社，2008.

［18］［日］青木昌彦，奥野正宽. 经济体制的比较制度分析［M］. 北京：中国发展出版社，2005.

［19］［日］野口悠纪雄. 泡沫经济学［M］. 北京：生活·读书·新知三联书店，1992.

［20］厉以宁. 工业化和制度调整——西欧经济史研究［M］. 北京：商务印书馆，2010.

［21］徐圣恩. 中国制度弹性的历史经济分析［J］. 上海经济研究，2006（2）.

（本文发表在《中国工业经济》2011年第4期）

流动资金需求测算方法研究

张金昌　杨国丽　周亚平

摘　要： 银监会在 2010 年颁布的《流动资金贷款管理暂行办法》中提出商业银行流动资金贷款需求测算公式。本文研究了银监会推荐测算公式存在的问题，提出了从静态时点和动态新增两个角度进行流动资金需求量测算的新方法。首先，采用"宝钢股份"的财务数据作为两种方法的验证案例，通过案例说明两种计算方法的差异。然后，用 A 股制造业企业 2010~2014 年的财务数据对两种方法的准确性进行了实证检验，从预测方向一致性看新方法预测的准确率高于银监会方法，但两种方法的预测准确率均不高。本文进一步研究发现上市企业存在较高比例的非理性流动资金借贷行为，这种行为干扰了预测准确性。剔除非理性行为干扰之后的两种方法预测准确率会明显提高，并且两种方法在准确率上的差距也显著缩小。本文的研究结论对商业银行改进流动资金贷款需求量测算办法和企业预测资金需求数量均具有重要意义。

关键词： 流动资金需求预测；制造业企业；非理性流动资金贷款

一、问题提出

中国银行业监督管理委员会（以下简称"银监会"）在 2010 年 2 月颁布的《流动资金贷款管理暂行办法》（以下简称《流贷办法》）中要求，商业银行在向企业发放贷款时测算企业的流动资金需求，并根据企业的实际资金需求发放贷款。为此，《流贷办法》还向商业银行推荐了流动资金需求测算公式，许多银行也按照银监会推荐的公式进行流动资金需求测算并审批贷款。但自《流贷办法》执行五年来，河北任丘农信社田利利、福建建行庄永友、农发行叶振芳、许昌银行石战辉、中国进出口银行李靖、招商银行邹卫萍等发表文章反映测算公式的测算结果不太准确，个别学者也参与了讨论，但很少有比较深入的分析文章。本文就流动资金贷款需求的测试方法进行探讨，构建新的测算方法，并对银监会方法和本文提出的新方法进行实证检验，以期抛砖引玉，将相关研究深入推进。

测算流动资金需求量的困难首先来自于对流动资金和流动资金需求概念的理解及其计算公式定义的多样性。在日常口语中，凡是购置流动资产和偿还流动负债的资金，均被企业或银行称为流动资金，这一定义过于宽泛，意味着流动资金既包括企业的全部流动资产，又包括其偿还流动负债所需要的资金。1993 年执行会计制度改革之前，在会计学语境中，流动资金专指国家核定给企业日常生产经营活动之

[基金项目] 国家社会科学基金重大招标项目"智能服务的技术实现"（批准号：12AZD112）。

用的定额周转资金，通常根据企业经营规模、资金周转速度等核定。流动资金通常分为自有流动资金和银行流动资金贷款。自有流动资金是企业自己通过留利积累下来供企业日常经营活动使用的周转资金。1993 年会计制度改革之后，企业开始编制资产负债表，企业资产（资金）全部归债权人和所有者所有。企业自身不存在资产（资金）的所有权问题，自有流动资金也不再常用。1993 年会计制度改革与西方市场经济国家的制度接轨以后，流动资金的概念也正式被"营运资金"所替代。在企业编制的《财务状况变动表》中，过去使用流动资金的地方均被营运资金代替，并且根据《财务状况变动表》的平衡关系，营运资金被定义为是"营运资金＝流动资产－流动负债＝所有者权益＋非流动负债－非流动资产"的计算结果。

银监会《流贷办法》重提流动资金和自有流动资金两个概念，是考虑到企业和银行在实际工作中经常使用流动资金的概念。流动资金被《流贷办法》定义为"借款人日常生产经营周转的资金"，而流动资金贷款需求量被定义为"借款人日常生产经营所需营运资金与现有流动资金的差额（即流动资金缺口）"，其计算公式被定义为"新增流动资金贷款额度＝营运资金量－借款人自有资金－现有流动资金贷款－其他渠道提供的营运资金"。在此计算公式中，银监会使用了自有资金的概念，但却没有给出明确的定义和计算公式。于是，各商业银行自行理解并计算自有资金。而营运资金量则通过"营运资金量＝上年度销售收入×（1－上年度销售利润率）×（1＋预计销售收入年增长率）/营运资金周转次数"计算得出。从银监会《流贷办法》中关于流动资金、营运资金、流动资金贷款需求量（流动资金缺口）等定义和计算公式可以看出，这些概念的定义及其使用均存在一定的模糊性，这里的营运资金是一个比流动资金口径更大的概念，流动资金仅仅指日常生产经营周转使用的资金，而流动资金需求量则专指流动资金缺口。这种模糊性在英文和中文相关文献中均普遍存在，致使这些概念的含义和计算在不同场合、领域存在不同的理解。

在英文语境中，与营运资金概念最为接近的词汇是"Working Capital"（翻译成中文为营运资金或营运资本），它被看作是包括现金、短期金融性投资（如交易性金融资产）、存货等企业流动资产的总称。Eugene F. Brigham 和 Scott Besley 将流动资产和流动负债之差称为净营运资本（Net Working Capital）。张金昌在分析中国企业流动资金紧张问题时，借鉴中国企业 1993 年之前编制的《资金平衡表》原理，将营运资金（1997 年之后称为营运资本）定义为长期性资金来源与长期性资金占用之差，以揭示长期资金占用被长期资金来源满足之后剩余的、供企业生产经营活动使用的资金；将营运资金需求（Demand of Working Capital）经营环节的资金占用（经营性资产）和经营环节的资金来源（经营性负债）之差，以揭示经营活动的资金占用被经营活动带来的资金满足之后、不足的、需要企业筹集的资金；将现金支付能力（Liquidity）定义为企业货币性资产和企业货币性负债的差额，以揭示企业用货币性资产偿还货币性负债之后是否存在资金缺口或资金富余[①]。Brigham 在 2004 年再版的财务管理教材中增加了净经营营运资本（Net Operating Working Capital）的概念，用来专指经营环节占用的流动资产与经营环节产生的流转负债（也即经营活动派生的、不支付利息的流动负债）的差额，计算口径基本与张金昌定义为营运资金需求一致。戴鹏将货币性资产和货币性负债之差定义为营运资金需求，计算结果与张金昌定义的现金支付能力一致。2010 年出版的注册会计师考试辅导教材《财务管理》接受了将营运资本定义为长期资金来源与长期资金占用之差的概念，并增加"净经营性营运资本"的概念专指经营活动对营运资金的需求数量[②]。而姚宏和魏海玥将营运资本理解为企业经营周转使用的日常性流动资金。张先敏和王竹泉将

[①] 营运资金＝长期资金来源－长期资金占用＝股东权益合计＋非流动负债－非流动资产＝流动资产－流动负债；营运资金需求＝经营环节资产占用－经营环节资金来源；现金支付能力＝货币性资产－货币性负债；营运资金需求＋现金支付能力＝营运资金。

[②] 注册会计师考试教材《财务管理》（经济科学出版社 2014 年版）将过去的营运资金改称为营运资本，并定义为"营运资本＝长期资金来源（长期资本）－长期资金占用（长期资产）"，并认可"营运资本＝流动资产－流动负债"。

营运资金需求理解为既包含企业经营活动对资金的需求，也包含企业投资活动对营运资金的需求。

可以看出，国内外会计学界关于流动资金、营运资金、营运资本、营运资金需求等概念的定义和计算公式还存在差异，导致实际工作中的流动资金需求计算也存在争议。银监会在《流贷办法》中，以制度形式明确了流动资金需求量的计算公式并强制要求商业银行执行，这种做法具有重要的里程碑意义。它不但明确了流动资金需求的计算公式，而且要求商业银行按照计算结果发放贷款。这种做法有利于减少"关系贷款""条子贷款"，有利于银行避免重复授信、过度授信，有利于银行贷款管理的精细化和科学化，因此具有里程碑意义。进行流动资金需求测算方法研究，不断完善和提高流动资金需求预测的准确性，一方面回应商业银行对测算方法准确性的质疑，另一方面有利于指导企业和商业银行进行流动资金需求量的测算，因此具有重要的理论意义和现实意义。

二、银监会《流贷办法》推荐公式存在问题的理论分析

尽管学者们对营运资金、营运资本、营运资金需求、净经营营运资本等概念存在不同的定义，但有一点基本上是一致的，即资金需求均是从某个口径计算的企业资金占用和资金来源的差额，其经济含义是企业占用的资金（企业资金的需求）被企业创造的资金来源（企业资金的供应）满足之后不足的、需要企业筹集的资金，即企业的资金需求量是由企业的资金供求状况决定的。而中国银监会推荐的流动资金需求测算方法的思路则与此有所不同，它是用"上年度销售收入×（1－上年度销售利润率）"计算出流动资金需求数量，然后乘以"（1＋预计销售收入年增长率）"以考虑收入增长带来的影响，再除以营运资金周转次数以考虑周转快慢因素的影响，最后得出借款人本年度流动资金需求数量。在此基础上，再扣除企业现有贷款和企业能够投入经营活动的自有资金，即为企业的流动资金贷款需求数量。这个公式的基本思路可以追溯到资金需求的三因素决定论，即企业的营运资金需求是由企业的资金周转速度、企业的盈利能力和企业赊账销售水平决定的。例如 Kiernan，Joseph K. 认为在计算企业流动资金需求量时，应该在存货和应收账款周转期中考虑利润总额、在应收账款周转期中考虑信用销售比例，他给出的企业营运资金需求量的测算公式是"营运资金需求＝存货占用的营运资金＋应收账款占用的营运资金＋应付账款占用的营运资金＝（1－销售利润率）×日销售收入×存货周转周期＋信用销售额/销售收入×日销售收入×应收账款周转期－延迟应付账款/销售收入×日销售收入×应付账款周转期"。可以说，这是以企业经营活动正常开展所需要的周转资金为基础计算的资金需求。这个计算思路本身并没有问题，只是基于这个思路所形成的计算公式却存在以下缺陷：

1. 将成本费用支出等价于流动资金需求数量

公式中的"1－销售利润率"实际上就是成本费用率，用"1－销售利润率"乘以"上年销售收入"，实际上得出的是企业"上年成本费用支出总额"[①]。马克思资本循环理论认为，资本在供、产、销三个环节的周期性的循环形成了资金的周转。恩格斯认为，只有所实现销售的商品成本价格的总和等于总资本的总和时，资本才能完成整个周转。因此，将销售产品的成本作为流动资金的需求额符合马克思资本循环理论。但是，银监会推荐的计算公式存在如下问题：①在已销商品成本费用支出总和中，不仅包括流动资产周转的成本，而且包括固定资产周转的成本，在计算流动资金周转需求时应当将固定资产周转的成本扣除。特别是电信、电力、IT 企业等折旧、无形资产摊销和研发支出较高的企业，用成本费用总额

[①] 1－销售利润率＝1－（销售收入－成本费用）/销售收入＝1－1＋成本费用/销售收入＝成本费用/销售收入。

作为企业流动资金需求的计算基础会严重高估企业的流动资金需求数量。例如，大多数电信企业的固定资产折旧金额常常占年成本费用支出总额的 20% 以上，IT 企业的无形资产摊销、研发费用常常占营业收入的 20% 左右，将这部分成本费用支出作为企业流动资金需求的数量不太合理。②受权责发生制会计核算原则的影响，企业的成本费用支出总额与企业是否确认当期收入、是否匹配并确认当期成本费用有直接关系，它与企业实际经营活动对流动资金的需求之间存在一定差距。当企业的利润核算方法、企业的成本计量方法不同时，计算得出的流动资金需求数额也会与实际情况有差距。③当成本费用支出高于销售收入时，即当企业销售利润率为负时，用"1-销售利润率"计算的资金需求为负，实际上企业亏损更有可能对流动资金产生需求。

2. 企业的资金需求数量与企业的收入、成本费用支出的变动并不同步

企业收入、成本项目的变化和企业资金占用、资金来源项目的变化并不总是一致的，并且沿相反方向变动的情况居多，例如企业应收账款余额较高而当年销售收入不高，企业存货余额不是由销售不畅造成而是因企业应付原材料涨价形成。在这些情况下，企业的收入、成本费用和资金占用、资金来源科目的变化方向都不一致。此时，用银监会提出的测算公式计算的结果与企业的实际资金需求不一致。当企业的营业收入、营业成本、存货、应收账款、应付账款等发生的方向一致时，用银监会推荐公式的测算结果会与企业的实际资金的需求的方向一致。另外，按照银监会测试方法，当一个企业收入很少或为 0 时，计算的资金需求量也会很少或为 0，但实际上企业存在流动资金需求。在企业初创期、成长期或者转型期，收入、成本费用与资金占用、资金来源科目变化不匹配、不同步的情况较为普遍。

3. 计算科目选取不全和对一些会计主体不适用

在计算流动资金周转速度时，银监会推荐的测算公式涉及的科目包括存货、应收账款、预付账款、应付账款、预收账款等，而其他的引起流动资金变动科目如货币资金、应收票据、其他应收款、应付票据、应付税金、其他应付款等在公式中均没有涉及，但这些科目在企业的现实经营活动中也常常会出现占流动资产较大比例的情况，不考虑这些科目的变化的影响并不完全合理。集团企业、事业单位和中小企业应用银监会推荐的测算公式也存在一定问题。集团企业由于存在关联交易及合并报表口径不一致的问题而使单个企业的报表数据不能揭示企业的真实情况，事业单位由于报表科目上存在差异而较难直接使用测算公式，中小企业因为财务核算不规范而存在记账不规范（如为了避税的需要将应收账款列入其他应收款或预付账款）、资产负债不匹配（"短借长用"或"长借短用"）等问题。这些问题都将影响测算公式的适用性和准确性。

4. 季节性的资金需求波动在银监会推荐的公式中难以考虑

企业的存货、应收账款等常常随企业经营活动的季节性变化而波动，银监会公式采用年初数与年末数的算术平均数作为计算依据，无法体现一年期间的波动性。对于一些存在季节性融资需求波动的企业，商业银行在贷款时应该考虑这类融资需求的临时性和季节性波动，实现贷款期限和企业实际需求相互匹配。

三、流动资金需求测算新方法

银监会的测算公式重视企业总成本和周转速度。实际上，周转速度是资产或负债科目与收入之比的

另外一种体现①。若试图通过企业的成本费用支出和收入占比关系来预测企业的流动资金需求，应当以这些成本费用支出主要是现金支出、资产或负债科目与企业收入的占比关系比较稳定为基础。但在现实生活中，企业的资金占用或资金来源与收入或者成本的占比关系在大多数情况下是波动不定的，并且波动常常不同步且方向不一致。在这种情况下，需要寻找新的预测方法。

从营运资金需求的定义来看，企业的流动资金需求数量是企业资金占用（资金需求）和资金来源（资金供应）相互满足、相互平衡之后的一种结果。从这个角度来考虑，企业的流动资金需求数量，静态来看是在某一个给定的时点企业经营环节的资金占有和企业经营环节的资金来源之间的差额（即企业资金供应不能满足资金需求的缺口部分），动态来看是企业进行投资、偿还债务、支付成本和费用、维持正常运转、扩大经营规模所需要的资金总量。企业的流动资金需求数量的测算，可以从这两个角度（即静态某个时点的角度和未来发展预测的角度）来设计计算公式。

从静态的、时点的角度考虑，计算企业的流动资金需求实际上是要找到一个计算企业资金供求缺口的公式，因为在某个时点企业的资金占用和资金来源是确定的，企业资金供求的静态缺口也是可以准确计算的。从动态的、发展的角度来考虑，测算企业流动资金需求数量实际上是一个确定预测时间段、明确企业在未来预测期间的经营方案、进行资金需求数量的未来预测的问题。这个预测的时间段可以是月度、季度或者年度。根据这一基本分析，形成以下流动资金需求测算新方法：

1. 静态经营活动资金需求数量的测算

静态测算时点指的是企业在编制财务报表或提出贷款申请的时点。经营活动占用所需要的资金在被经营活动创造的资金来源满足后，客观上已经存在的、不足的、需要企业筹集的资金，用公式表示为：

静态经营活动资金需求＝经营活动资金占用－经营活动资金来源　　　　　　　　　　　　（1）

其中：

经营活动资金占用＝存货＋应收账款＋预付账款＋应收股利＋应收利息＋其他应收账款＋应收票据

经营活动资金来源＝应付账款＋预收账款＋应付职工薪酬＋应交税费＋应付利息＋应付股利＋其他应付款＋其他流动负债＋应付票据

静态经营活动资金需求的形成，主要是因为企业的资金占用和资金来源在时间上、数量上存在差异。这种差异由企业的经营模式、行业特点、市场变化、管理活动等多种因素决定，随着企业这些因素的变化而变化，变化结果已经在企业财务报表中的经营活动的资金占用和经营活动的资金来源科目中体现，可以通过报表数据直接计算取得。

2. 动态新增经营活动资金需求数量的测算

动态测算是随着企业经营业务的开展，即随着企业取得收入和支付成本费用等活动的变化而导致的对经营活动资金的需求增量。它可以通过预测静态经营活动资金需求计算公式中的各个科目的新增数量来计算，即：

新增经营活动资金需求＝新增存货＋新增应收账款＋新增预付账款＋新增应收股利＋新增应收利息＋新增其他应收款＋新增应收票据－（新增应付账款＋新增预收账款＋新增应付职工薪酬＋新增应交税费＋新增应付利息＋新增应付股利＋新增其他应付款＋新增其他流动负债＋新增应付票据）　　　　（2）

新增经营活动资金需求的测算，可以通过预测未来数月、半年或一年各个科目的新增数量得到，这种预测尽管工作量会大一些，但它可以避免银监会测算公式中所出现的科目波动方向不一致、用过去一年的期初数和期末数之差所计算出的资金需求和企业实际资金需求差距较大的问题。如果能够肯定，某企业决定未来一年新增经营活动资金需求的各个科目的数量变化方向与企业销售收入的变化方向完全同

---

① 存货周转次数＝销售商品成本/平均存货余额；应收账款周转次数＝赊销商品收入/平均应收账款余额。

步，也可以使用银监会推荐的办法，直接使用未来销售收入增长率的预测值来进行未来资金需求的预测，即：

新增经营活动资金需求＝本期预测销售收入增长率×上期期末静态流动资金需求   （3）

但这种预测也和银监会推荐的方法有所不同，它以预测时点（预测期期初、上期期末）的静态流动资金需求为基数计算得到。这种计算避免了以成本费用总额为基础存在的诸多问题。在现实经济生活中，在大多数情况下决定企业经营活动资金需求数量的各个科目与企业的销售收入之间，以及各个科目内部之间的变化方向是不同步的。例如当企业的销售收入出现大幅度增长的时候，正常情况下应该是企业产品紧俏，企业存货、应收账款、预付账款都会随之大幅度下降，而不是和销售收入一样增长，在这种情况下用销售收入增长率来预测经营活动对资金的需求，就会出现与实际情况相反的结果。再比如，当企业的原材料价格迅速上升的时候，企业一般会压缩存货、增加应付账款，这种理性的行为又会导致企业的存货减少，应付款增加，二者变化方向不一致。因此，比较科学的办法仍然是对决定经营活动资金需求数量的各个科目的增减变化进行独立计算、单独预测，然后再通过公式（2）进行新增经营活动资金需求的计算。

3. 流动资金贷款需求的估计

企业是否需要流动资金贷款，不能仅仅看企业经营活动是否需要流动资金，即不能仅仅看静态经营活动资金需求是否大于 0 和新增经营活动资金需求是否大于 0。这是因为，即使这两个指标都大于 0，即从静态考虑和发展的角度考虑企业都有资金需求，如果企业的长期资金来源有资金富余（即在报表数据中"所有者权益合计＋非流动负债合计－非流动资产合计＞0"），并且这部分资金富余能够满足企业的流动资金需求的数量，则这时企业也没有必要向银行申请流动资金贷款。因此，判断企业是否需要流动资金贷款，还需要看企业投资、融资活动和创造利润活动能够给经营活动提供多少流动资金，即要看企业长期投融资活动和企业经营活动整体的资金相互满足、相互协调的结果，这可以用下面公式计算取得：

静态长期资金来源富余＝所有者权益合计＋非流动负债合计－非流动资产合计   （4）

从静态的、测算时点的角度来看，如果按照公式（4）计算的静态长期资金来源富余大于从静态和动态两个角度考虑的企业经营活动资金的需求量，则企业就不需要增加流动资金贷款；反之，则需要流动资金贷款。本文用静态流动资金缺口来表示企业对流动资金贷款的需求量，即：

静态流动资金缺口＝静态经营活动资金需求－静态长期资金来源富余   （5）

如果静态流动资金缺口大于 0，说明企业需要从银行申请流动资金贷款，小于 0 说明企业不需要从银行申请流动资金贷款。

企业未来对流动资金的需求数量，除了需要考虑新增经营活动资金需求量之外，考虑静态流动资金需求和静态长期资金来源富余之外，还需要考虑决定静态长期资金来源富余的各个因素的变化，用公式表示为：

新增长期资金来源富余＝新增所有者权益合计＋新增非流动负债合计－新增非流动资产合计   （6）

而企业未来盈利补充流动资金的能力或亏损消耗流动资金的情况，在公式（6）中已经通过新增所有者权益合计的数值变化体现了出来。这样考虑静态、新增经营活动资金需求和长期资金来源之后的流动资金贷款需求量的计算公式如下：

流动资金贷款需求量＝静态流动资金缺口＋新增经营活动资金需求－新增长期资金来源富余   （7）

银行新增加的流动资金贷款额度，应该是公式（7）计算的企业的流动资金贷款需求量，减去企业已经取得的银行流动资金贷款额，即：

新增流动资金贷款需求额度＝非货币流动资金贷款需求量－现有流动资金贷款额   （8）

可以看出，上面关于流动资金需求的测算是从静态经营活动资金需求和新增经营活动资金需求两个角度来展开的，并考虑了静态长期资金富余和动态长期资金富余的变化，在这里既没有使用利润率的概念，也没有使用周转次数或天数的概念，这就避免了影响利润的因素如收入、成本费用的确认的影响，也避免了资金占用、资金来源科目和收入科目变化方向不一致带来的影响，因而从计算公式设计上克服了银监会推荐方法所存在的一些缺陷。更加重要的是，新方法还考虑了企业长期投资和融资情况、企业盈亏情况（反映在所有者权益的变化中）对企业流动资金的影响，也解决了因折旧额等占成本费用比例较大的影响和利润为负企业不能计算流动资金需求的问题。因此，从理论上来讲，本文提出的新方法的准确性应该优于银监会推荐的测算公式。这一结论或者假设是否成立，有待进一步检验。

四、流动资金需求测算方法准确性的案例验证

本部分以上市企业"宝钢股份"的财务数据作为研究案例对两种方法的计算结果进行验证。通过案例验证说明两种方法的计算步骤和计算公式差异。按照《流贷办法》推荐的计算方法，计算过程是用2010年和2011年的历史数据来预测2012年的流动资金贷款需求，再用2012年的实际数据对预测数据的准确性进行检验。因此需要连续三年的财务数据，所需科目如表1所示，共32项。

1. 银监会推荐方法的计算公式和计算过程

为了节省篇幅，本文不介绍中间变量的计算公式（可从银监会《流贷办法》中查阅），只给出中间变量的计算结果。所涉及的财务指标也使用银监会《流贷办法》中定义的名称。为了证明预测方法本身的准确性，凡在预测过程中需要使用未来预测数的地方（主要是销售收入增长率），用2012年的实际数代替，以消除人为因素（中间变量预测差异）的影响。

（1）营运资金周转次数计算。营运资金周转次数＝360/（存货周转天数＋应收账款周转天数－应付账款周转天数＋预付账款周转天数－预收账款周转天数）＝360/（66.85884＋11.0933－34.07331＋9.54113－18.27105）＝10.24次。

（2）营运资金量计算。营运资金量＝上年度销售收入×（1－上年度销售利润率）×（1＋预计销售收入年增长率）/营运资金周转次数＝180亿元。

（3）借款人自有流动资金。借款人自有流动资金＝非流动负债＋所有者权益－非流动资产＝－196亿元。

（4）已有流动资金贷款。已有流动资金贷款＝短期借款余额＝388亿元。

（5）新增流动资金贷款需求。新增流动资金贷款需求额度＝营运资金量－借款人自有资金－已有流动资金贷款－其他渠道提供的营运资金＝－12亿元。

2. 新方法的计算公式和计算过程

下面在使用新方法计算宝钢股份的流动资金贷款需求时，实际财务数据，计算指标名称使用新方法定义的名称。计算过程中的"静态"是指预测时点的状态（即2011年末），"新增"按照新方法的规定，应当是对计算所涉及的项目逐项进行预测。为了消除人为因素的影响，和银监会方法的处理一样，"新增"采用2012年的实际数。

表1　流动资金需求测算所用到的财务报表中的数据（以宝钢股份为例）

单位：万元

指标名称	2010年	2011年	2012年	指标名称	2010年	2011年	2012年
货币资金	920067.58	1437946.41	884046.91	预收账款	1179580.01	1078972.43	1119490.09
交易性金融资产	29713.39	35280.47	8957.78	应付职工薪酬	164123.40	155329.12	156502.44
应收票据	787978.48	1286011.33	1241130.32	应交税费	112296.28	-98758.91	123821.38
其他应收款	108868.95	122768.85	112791.50	应付利息	28968.13	31605.09	17792.80
应收账款	672895.20	698389.31	854219.31	应付股利	1448.98	1808.26	2215.53
预付账款	546416.64	529826.57	371633.74	其他应付款	86595.50	78061.02	68152.54
应收股利	1919.91	24664.90	3363.99	一年内到期非流债	353671.01	1680966.84	440285.00
应收利息	809.79	1175.77	94848.49	其他流动负债	0.00	0.00	293865.99
存货	3802732.19	3738971.34	2879088.29	流动负债合计	7317597.86	9883816.61	8222668.52
一年内到期非流资	15036.26	48390.75	488000.00	非流动负债合计	3154662.97	1879158.35	1478885.78
流动资产合计	6886438.39	7923425.70	6938080.34	所有者权益合计	11134249.55	11346999.63	11734175.80
非流动资产合计	14720071.99	15186548.89	14497649.76	营业收入	20214915.24	22250468.47	19113553.68
短期借款	2361124.64	3887645.76	2896452.52	营业成本	17781674.32	20304072.09	17687935.88
交易性金融负债	348.08	0.00	2078.97	营业利润	1666576.51	883889.74	359651.91
应付票据	222194.28	267758.56	325554.05	利润总额	1707623.30	926012.54	1313965.28
应付账款	1916413.47	1927069.91	1865540.32	净利润	1336088.76	773580.02	1043295.57

资料来源：宝钢股份有限公司2010年、2011年、2012年三年年报公告的数据。

（1）静态经营活动资金需求。静态经营活动资金需求=流动资金占用-流动资金来源=（存货+预付货款+应收账款+其他应收款+应收股利+应收利息+应收票据）-（预收账款+应付账款+应交税费+应付利息+应付股利+应付职工薪酬+其他应付款+应付票据+其他流动负债）=296亿元。

（2）新增经营活动资金需求。新增经营活动资金需求=（新增存货+新增应收账款+新增预付账款+新增其他应收款+新增应收股利+新增应收利息+新增应收票据）-（新增预收账款+新增应付账款+新增应交税费+新增应付利息+新增应付股利+新增应付职工薪酬+新增其他应付款+新增应付票据+新增其他流动负债）=-137.6亿元。

（3）静态长期资金来源富余。静态长期资金来源富余=所有者权益合计+非流动负债合计-非流动资产合计=-196亿元。

（4）静态流动资金缺口。静态流动资金缺口=静态流动资金需求-静态长期资金来源富余=492亿元。

（5）新增长期资金来源富余。新增长期资金来源富余=新增所有者权益合计+新增非流动负债合计-新增非流动资产合计=67.6亿元。

（6）流动资金贷款需求量。流动资金贷款需求=静态流动资金缺口+新增流动资金需求-新增长期资金来源富余=286.9亿元。

（7）新增流动资金贷款需求额度。增流动资金贷款需求额度=流动资金贷款需求量-现有流动资金贷款=-270亿元。

3. 对两种方法计算过程和计算结果的分析比较

从计算过程可以看出，银监会推荐的流动资金贷款需求测算办法具有以下好处：一是在计算中扣除了企业从其他银行得到的借款，这样可以防止借款人在多家银行超额用信；二是流动资金需求量的测算是以上年企业实际的成本费用支出水平（盈利水平）为基础计算的，这样的计算剔除了企业投资活动对资金需求的影响，有利于核定企业经营活动的资金需求数量；三是测算方法仅仅考虑企业经营活动的资金需求，这样明确的计算和明确的授信可以减少企业对流动资金贷款的挤占挪用，同时也有利于银行合理配置贷款资源。从这个角度来看，银监会《流贷办法》提出流动资金贷款需求的具体测算办法，确实具有里程碑意义，它对中国商业银行贷款管理精细化和科学化具有重要推动作用。

但是，银监会推荐的流动资金贷款需求测算办法的计算结果为−12亿元，而新方法的计算结果为−270亿元，而从企业年报数据可知，2012年宝钢实际新增流动资金借款（短期借款＋一年内到期的非流动负债）为−223.2亿元。尽管两种方法预测的流动资金贷款的需求方向一致，即宝钢公司2012年不需要流动资金借款，并且可以归还部分流动资金借款。但新方法的预测结果与实际情况差距更小一些。

为了进一步证明本文提出的测算方法相对于银监会测算方法在预测准确性上是否有所改善，下面从两个角度进行实证检验：一是资金需求方向的一致性检验，即预测企业需要流动资金贷款与企业实际短期借款方向是否一致；二是预测结果的相对准确性检验，即预测企业流动资金需求与实际借款之差距分类统计检验，以寻找产生差异的原因。

五、流动资金需求测算方法实证检验

1. 数据选择和处理

本文选择银监会新行业分类中2014年A股制造业上市企业数据中的企业作为研究样本。同时剔除了经营周期较长的房地产企业、经营处于异常状态的ST企业和存货很低的被列入制造业的企业，剔除这三类企业的主要原因是银监会方法对这三类企业不太适用。经过这种剔除处理之后共形成1653家有效数据样本企业。对每个样本企业提取了其2010~2014年如表1所示的32个财务指标数据，所有数据均来自Wind数据库。

为了提高检验结果的可比性，本文还采取了以下数据处理措施来排除人为因素干扰：①银监会推荐公式中的"预计销售收入年增长率"用实际销售收入增长率代替，这样可消除销售收入增长率预测不准确的影响；②银监会测算公式中的"自有资金"是指企业的"自有流动资金"，也按照"自有资金＝非流动负债＋所有者权益−非流动资产"来计算，这样考虑的主要原因是其计算结果剔除了非流动负债变化的影响，使预测结果只揭示短期流动资金的变化；③新方法中的预测时点（即静态时点）是预测期的期初（上期期末数据），"新增"是预测期期初与期末之差。

2. 预测值与实际值的一致性统计检验

本文用STATA软件对数据进行统计处理，首先计算了1653家样本企业在2012年、2013年、2014年三年的三个指标：新方法预测的流动资金贷款需求、《流贷办法》推荐方法的流动资金贷款需求和企业实际的流动资金贷款增加额（即短期借款与一年内到期的非流动负债合计数的增加额），然后按照剔除前1%和后1%异常值的原则对异常样本进行了剔除。在此基础上，进行统计预测值与实际值方向一致的企业的计数，分别报告于"新方法一致"和"银监会一致"两列。再对两种方法预测结果与企业实际贷款额的差距进行统计，得出相关性检验结果如表2所示。

从表2统计结果值可以看出，2012年、2013年、2014年新方法预测结果和企业实际贷款方向一致的企业数量分别是1016、965和928个，方向一致率分别为62.68%、59.53%、57.14%；银监会方法预测结果与企业实际贷款方向一致的企业数量分别是875、842、811，方向一致率分别为53.98%、

表 2　预测方向一致性统计检验结果

预测年份	总样本数	新方法一致	中值	标准差	相关系数	银监会一致	中值	标准差	相关系数
2012	1621	1016	−4.83e+08	1.45e+09	0.4908***	875	−5.62e+08	1.47e+09	0.2094***
2013	1621	965	−5.97e+08	1.41e+09	0.3696***	842	−3.49e+08	1.59e+09	0.1585***
2014	1624	928	−7.51e+08	1.70e+09	0.2767***	811	−4.17e+08	1.56e+09	−0.0656***
合计	4866	2909	…	…	…	2528	…	…	…

注：*** 代表在 1%水平上显著。

资料来源：笔者计算。

51.94%、49.94%。表明新方法预测与实际借款情况方向一致的比例高于银监会方法，新方法的预测准确率较高。相关性检验结果表明，新方法与实际值、银监会方法与实际值之间均存在相关关系，并在 1%的水平上显著。但一个值得关注的问题是两种方法预测的准确率随着时间的推移在下降，需要进一步研究解释。

为了检验研究结论的稳健性，根据本研究变量为无序分类计数统计资料的特征，本文选择 Pearson χ^2（拟合优度）检验方法对 2012 年、2013 年、2014 年两种方法的差异性进行检验，检验结果如表 3 所示。从表中数据可以看出，P 值为 0.000，小于 0.05，说明两种方法的预测结果存在显著差异，新方法相对于银监会方法具有较高的预测准确率这个结论通过了稳健性检验。但预测方向不一致的企业所占比例也很高，两种方法的预测准确率均比较低，需要进一步研究其产生原因并得出新方法和银监会方法的准确率是否可以接受的结论。

表 3　两种方法预测方向一致性是否存在差异的 Pearson χ^2（拟合优度）检验

测算方法	预测与实际方向		总样本	检验参数	统计量值	自由度	P 值
	不一致样本	一致样本					
银监会 2012	746	875	1621	Pearson Chi-Square	76.009[a]	5	0.000
新方法 2012	605	1016	1621	Likelihood Ratio	76.286	5	0.000
银监会 2013	779	842	1621	Linear-by-Linear Association	2.064	1	0.151
新方法 2013	656	965	1621	McNemar-Bowker Test	…	…	…[b]
银监会 2014	813	811	1624	N of Valid Cases	9732		
新方法 2014	696	928	1624				
总数	4295	5437	9732				

资料来源：笔者计算。

3. 预测值与实际值的分类统计检验

在总体样本检验中，银监会方法和新方法的预测值与企业的实际值均存在预测方向一致和不一致的情况，需要进一步研究预测不一致产生的原因。为此，本文根据预测一致性将原本企业分为如表 4 所示的八种情况，并对每类企业进行统计计数，对其数值中的预测值和实际值进行相关性统计检验，结果如表 5 所示。八种情况的统计结果解释如下：

表 4 中 Case1 是两种方法预测企业均需要增加贷款，企业实际也增加了贷款的情况，两种方法均正确地预测了企业的资金需求。这种情况下的企业数量在 2012 年、2013 年、2014 年分别是 53 家、71家、61 家。从表 5 预测值和实际值的相关性检验来看，新方法预测的准确率高于银监会方法，两种预测结果在连续三年的大样本数据中均通过了 1%水平的显著性检验。说明预测结论是稳健的。

表4　2012年、2013年、2014年两种方法的预测值和企业实际值方向一致性分类统计结果

情况类型	流动资金需求预测结果和实际借款的情况组合				企业分类计数结果			
	银监会	新方法	实际值	经济含义说明	2012年	2013年	2014年	合计
Case 1	>0	>0	>0	两种方法预测有资金需求实际也增加了借款	53	71	61	185
Case 2	>0	≤0	>0	银监会方法预测有资金需求实际也增加了借款	69	121	108	298
Case 3	≤0	>0	>0	新方法预测有资金需求企业实际也增加了借款	101	90	61	252
Case 4	≤0	≤0	>0	两种方法预测无资金需求实际却增加了借款	522	523	580	1625
Case 5	>0	>0	≤0	两种方法预测有资金需求实际未增加借款	13	10	6	29
Case 6	>0	≤0	≤0	新方法预测无资金需求实际也未增加借款	110	156	166	432
Case 7	≤0	>0	≤0	银监会方法预测无资金需求实际也未增加借款	1	2	2	5
Case 8	≤0	≤0	≤0	两种方法预测无资金需求实际也未增加借款	752	648	640	2040

资料来源：笔者计算整理。

Case2是银监会方法预测企业需要贷款，新方法预测企业不需要贷款，企业实际上增加了贷款。银监会方法预测正确而新方法预测失败，这种情况下的企业数量在2012年、2013年、2014年分别是69家、121家、108家，银监会方法在1%误差水平上三年均通过了显著性检验，而新方法在2012年未通过1%水平的显著性检验，仅通过了误差10%水平的显著性检验。说明在这种情况下银监会方法预测的结论是稳健的，新方法预测失败的结论也是成立的，但不太稳定。需要进一步计算并验证，在这种情况下，企业增加借款是理性行为还是非理性行为。如果是企业的理性行为所致，则说明银监会预测方法的预测结论是正确的，如果是非理性行为所致则说明新方法的预测结论是正确的。

表5　2012年、2013年、2014年两种方法的预测值与实际值的相关性检验结果

情况类型	银监会方法测算值与实际值的相关系数			新方法测试值与实际值的相关系数		
	2012年	2013年	2014年	2012年	2013年	2014年
Case 1	0.7876***	0.7102***	0.6982***	0.8941***	0.8945***	0.7818***
Case 2	0.6649***	0.4798***	0.2431***	−0.2224*	−0.3942***	−0.3252***
Case 3	−0.4304***	−0.3966***	−0.7523***	0.8995***	0.9162***	0.8620***
Case 4	−0.5128***	−0.4144***	−0.5024***	−0.4260***	−0.4439***	−0.4445***
Case 5	−0.5367*	−0.7069**	−0.1735	−0.2956	−0.6315*	−0.8589**
Case 6	−0.2821***	−0.3128***	−0.5346***	0.3813***	0.6746***	0.7909***
Case 7	…	…	…	…	…	…
Case 8	0.4862***	0.2329***	0.3426***	0.6275***	0.5154***	0.6480***

资料来源：笔者计算整理。

Case3是新方法预测企业需要贷款，银监会方法预测企业不需要贷款，企业实际上增加了贷款，实际情况与新方法预测情况一致。这种情况下的企业数量在2012年、2013年、2014年分别是101家、90

家、61 家。从预测值和实际值的相关性来看，新方法和企业实际值呈显著正相关，并且三年均通过了 1% 水平的显著性检验，银监会方法和企业实际值为负相关关系，并通过了连续三年的 1% 水平的显著性检验。但由于新方法和银监会方法均是预测值，预测是否准确仍然需要接受企业实际增加借款是否合理的验证，以证明新方法预测正确或银监会方法预测失败结论是可靠的。

Case4 是两种方法均预测企业不需要贷款而企业实际增加了贷款，两种方法均出现了预测方向的失败，这种情况下的企业数量在 2012 年、2013 年、2014 年分别是 522 家、523 家、580 家，说明这种情况下的样本企业较多。按理讲，两种方法均预测企业不需要借款，并且这种结论连续三年通过了 1% 显著水平的检验，应当认定结论是稳健的。但企业却增加了借款，有可能说明这类企业的贷款是非理性的。因此也需要对企业增加贷款是否是理性行为进行分析检验。如果绝大多数这类企业的借款是非理性的，则说明银监会和新方法的预测都是正确的。

Case5 是两种方法预测企业需要贷款，而企业实际没有增加贷款的情况，两种方法均预测失败，这种情况下的企业数量在 2012 年、2013 年、2014 年分别是 13 家、10 家、6 家，数量相对较少，并且银监会方法在 2012 年未通过 1%、5% 水平的显著性检验，2013 年未通过 1% 水平的显著性检验，2014 年未通过 1%、5% 和 10% 水平的显著性检验，新方法在 2012 年未通过 1%、5% 和 10% 水平的显著性检验，2013 年未通过 1% 和 5% 水平的显著性检验，2014 年未通过 1% 水平的显著性检验。

Case6 是新方法预测企业不需要贷款，银监会方法预测企业需要贷款，而企业实际没有增加贷款，新方法预测正确、银监会方法预测失败，这种情况下的企业数量在 2012 年、2013 年、2014 年分别是 110 家、156 家、166 家。这一结论连续三年均通过了 1% 水平的显著性检验，结论是稳健的，但仍然可以用企业的实际情况对结论的稳健性做进一步的验证。

Case7 是银监会预测企业不需要贷款，新方法预测企业需要贷款，企业实际没有增加贷款，银监会方法预测正确的情况，这种情况下的企业数量在 2012 年、2013 年、2014 年分别是 1 家、2 家、2 家企业，说明这种情况的企业比较少，对本文研究的结论没有太大影响。

Case 8 是两种方法都预测企业不需要贷款，企业实际也没有增加贷款的情况，这种情况下的企业数量在 2012 年、2013 年、2014 年分别是 752 家、648 家、640 家，这种情况的样本企业数最多，并且新方法的预测值和实际值显著相关，银监会方法的预测值与实际值弱相关，并且连续三年均通过了 1% 水平的显著性检验，研究结论是稳健的。

总体来看，在两种方法预测值方向与企业实际借款方向一致的两种情况下（Case1 和 Case8），均在 1% 的水平上通过了结论的显著性检验。在两种方法均预测错误的两种情况下（Case4 和 Case5），企业不需要借款而增加借款的结论通过了 1% 水平上的显著性检验，企业需要借款而没有借款的情况在一些年份未通过 5% 的显著性检验。在新方法预测正确而银监会方法预测错误的两种情况（Case3 和 Case6），均通过了 1% 水平的显著性检验。在银监会方法预测正确而新方法预测错误的两种情况中，Case2 在 2012 年通过了 10% 水平的显著性检验，但未通过 5% 水平的显著性检验，Case7 样本数较少，不适合进行相关性检验，其误差对总体研究结论的影响也不大。

一个值得进一步讨论的问题是，从总体样本水平上看 2012 年、2013 年、2014 年预测拟合程度无论是银监会方法还是新方法均存在下降趋势，但从分类统计结果来看，银监会方法仍然存在这种现象但新方法这种下降趋势并不明显。从表 4 数据来看，银监会方法预测正确的四种情况的拟合程度均存在下降趋势，而新方法预测正确性在预测正确的四种情况中，拟合程度在 Case1 和 Case3 存在下降趋势，在 Case6、Case8 却存在上升趋势。从三年总体水平看，总体样本数 4866 个，银监会方法预测正确样本数 2528 个，新方法预测正确样本数 2909 个，总体资金需求方向一致性预测准确率银监会为 51.95%，新方法为 59.78%。由此，不得不回答的问题是，这种不准确性的原因有哪些，如何对结果进行合理调整？

六、企业流动资金需求预测不准的原因分析及结果调整

尽管新方法对于预测的借款方向和企业实际的借款方向的一致性高于银监会方法，但两种方法预测一致性的准确率均在 60% 以下，这种准确率不能令人满意。根据前文分析，可能存在企业不需要借款而实际增加借款或需要增加借款却减少借款的非理性行为。下面进行这种非理性行为是否存在的检验并对两种方法的预测结果进行调整。

1. 非理性流动资金借款行为的检验

为了证明这种非理性行为是否存在，需要使用"现金支付能力"指标，它可定义为"现金支付能力 = 货币资金 + 交易性金融资产 – 短期借款 – 交易性金融负债"，其经济含义是企业用货币性资产偿还货币性负债是否有剩余。如果这个指标的计算结果大于 0，则说明企业可以用货币性资产偿还全部货币性负债，说明企业的短期借款均变成了货币性资产闲置在企业账上，企业的这种借款行为是非理性的。这种情况是企业客观上不需要借款，但企业却实际上增加了借款并将其以货币性资产的形式闲置。在这种情况下的预测失败，不能认为预测方法不准确，而应当认为是企业的非理性行为导致的对预测准确性的误判，应当将其纠正。同样，当企业现金支付能力指标的计算结果小于 0 时，则说明企业是有流动资金需求的，企业的流动资金借款行为是合理的，但在这种情况下，如果企业没有增加流动资金借款，相反却归还了流动资金借款，如果企业当期增加了权益性融资，则是合理的，如果企业没有增加权益性融资，则是不合理的。在八种情况下企业现金支付能力的计数结果如表 6 所示。

表 6　八种分类统计情况下企业借款行为是否合理的检验结果

情况类型	2012 年				2013 年				2014 年				非理性类型
	总数	Cash>0	非理性行为		总数	Cash>0	非理性行为		总数	Cash>0	非理性行为		
			数量	占比（%）			数量	占比（%）			数量	占比（%）	
Case 1	53	1	1	2	71	1	1	1	61	3	3	5	非理性借款行为
Case 2	69	27	27	39	121	37	37	31	108	49	49	45	
Case 3	101	3	3	3	90	4	4	4	61	4	4	7	
Case 4	522	312	312	60	523	324	324	62	580	362	362	62	
Case 5	13	3	10	77	10	1	9	90	6	1	5	83	非理性还款行为
Case 6	110	56	54	49	156	81	75	48	166	89	77	46	
Case 7	1	0	1	100	2	0	2	100	2	0	2	100	
Case 8	752	619	133	18	648	539	109	17	640	500	140	22	
合计	1621	1021	541	33	1621	987	561	35	1624	1008	642	40	—

注：Cash 是指现金支付能力；非理性行为是指企业不需要借款而借款或企业需要借款而未借款的情况。
资料来源：笔者计算整理。

从表 6 的分类计量统计结果可以看出，在银监会方法和新方法预测方向均一致的两种情况下，预测企业需要借款实际也借款（Case1）的误差很低，准确率超过 95%，2012 年、2013 年、2014 年分别是 98%、99% 和 95%，在这种情况下的非理性行为占比在 2012 年、2013 年、2014 年分别是 2%、1% 和 5%。两种方法均预测企业需要借款但企业没有借款的情况（Case5）的非理性行为占比则很高，2012

年、2013 年、2014 年分别为 77%、90% 和 83%，好在这类企业数相对较少，连续三年这类企业数占总样本企业数的比例均没有超过 1%。这类企业的非理性行为比例较高，说明两种方法预测的正确性较高。这两种情况说明当企业需要借款时，银监会方法和新方法预测的准确率均很高。

两种方法预测企业不需要借款实际也没有借款（Case8）的准确率在 2012 年、2013 年、2014 年分别是 82%、83% 和 78%，说明在这种情况下两种方法预测的准确率也较高。但两种方法预测企业不需要借款但实际却借款（Case4）、借款之后作为货币性资产被闲置的情况预测不准确的比例在 2012 年、2013 年、2014 年分别高达 60%、62%、62%，说明在这种情况下企业非理性行为对预测准确性的干扰较大，应当将这种预测不准确的情况作为预测准确的情况统计。经过重新统计，两种方法预测均不需要借款，企业实际也不需要借款（Case8 和 Case4 中现金支付能力为正企业数的合计数）的比例在 2012 年、2013 年、2014 年分别是 73.08%、73.70% 和 70.66%。可以看出，在企业需要借款的情况下，两种方法预测的准确率均高于企业不需要借款的情况，说明企业不需要借款而实际借款的非理性行为影响较大。

比较难以辨析预测准确性的是银监会方法和新方法预测不一致的四种情况。在这种情况下，当新方法预测企业不需要借款、银监会方法预测企业需要借款而企业实际增加了借款时，只要企业借款之后现金支付能力为负，则说明企业的借款行为是理性的，新方法预测失败，银监会方法预测正确。反之，在这种情况下，如果企业借款之后全部作为货币性资产闲置，即企业的现金支付能力为正，则说明企业的借款行为是非理性的，在这种情况下新方法的预测不需要借款应该是正确的，而银监会方法预测的企业需要借款是不正确的。新方法预测不需要借款、银监会方法预测企业需要借款、企业实际也借款的情况是 Case2，企业实际没有借款的情况是 Case6。在 Case2 中，从现金支付能力指标来看，企业非理性的借款行为在 2012 年、2013 年、2014 年分别占 39%、31%、45%，理性行为分别占 61%、69%、55%，说明在这种情况下银监会方法预测的准确率高于新方法。在 Case6 中，企业应该借款而实际没有借款的非理性行为在 2012 年、2013 年、2014 年的占比分别是 49%、48%、46%，理性行为占比分别是 51%、52%、54%，说明在这种情况下两种方法的预测准确率均不高，相对来讲银监会方法准确率高一些。最后需要讨论的两种情况是新方法预测企业需要借款但企业却没有借款，即 Case 5 和 Case 7 的情况，通过表 5 中现金支付能力指标的检验可以看出，这两种情况的企业样本数均很小，但非理性行为占比却很高。

总体来看，用现金支付能力进行检验，企业借款的非理性行为在 2012 年、2013 年、2014 年分别占样本企业总数的 33%、35%、40%，说明在中国上市企业中存在比较严重的非理性借款行为。其中，非理性增加流动资金借款的企业数量在 2012 年、2013 年、2014 年分别为 343 家、366 家、418 家，占总样本企业数的 21%、23% 和 26%，分别占非理性行为的 63%、65% 和 65%。非理性归还流动资金借款的企业数量在 2012 年、2013 年、2014 年分别为 198 家、195 家、224 家，占总样本企业数分别为 12%、12% 和 14%，分别占非理性行为的 37%、35% 和 35%。这些非理性借款行为的存在直接干扰了预测方法的准确性。

2. 剔除非理性借款行为之后的预测准确性评价

根据八种情况下企业借款行为合理性的检验结果，应当对两种方法预测准确性进行调整，将预测企业不需要借款、现金支付能力检验结果表明企业客观上归还全部货币性借款之后也存在资金富余、企业却增加流动资金借款的非理性行为企业和预测企业需要流动资金借款、现金支付能力检验结果企业客观上也缺少资金，而企业实际未增加借款的非理性行为企业从预测不准确的样本企业数中剔除，经过这种调整之后的两种方法预测准确性的统计结果如表 7 所示。

表 7　根据企业借款行为理性检验结果对八种情况下两种方法的预测准确性的调整结果

情况类型	2012 年企业计数					2013 年企业计数					2014 年企业计数				
	总数	调整后预测准确数		调整后准确率(%)		总数	调整后预测准确数		调整后准确率(%)		总数	调整后预测准确数		调整后准确率(%)	
		银	新	银	新		银	新	银	新		银	新	银	新
Case 1	53	52	52	98	98	71	70	70	99	99	61	58	58	95	95
Case 2	69	42	27	61	39	121	84	37	69	31	108	59	49	55	45
Case 3	101	3	98	3	97	90	4	86	4	96	61	4	57	7	93
Case 4	522	312	312	60	60	523	324	324	62	62	580	362	362	62	62
Case 5	13	10	10	77	77	10	9	9	90	90	6	5	5	83	83
Case 6	110	54	56	49	51	156	75	81	48	52	166	77	89	46	54
Case 7	1	0	1	0	100	2	0	2	0	100	2	0	2	0	100
Case 8	752	619	619	82	82	648	539	539	83	83	640	500	500	78	78

注："银"是指银监会方法；"新"是指本文新方法。下同。
资料来源：笔者计算整理。

　　总体来看，2012 年、2013 年、2014 年银监会方法预测的结果和企业资金的实际需求完全一致的样本企业数分别是 1092 家、1105 家、1065 家，其预测准确率分别是 67.4%、68.2%、65.5%，与未经修正的用企业实际贷款检验的准确率相比，分别提高了 13.4 个、16.2 个、15.6 个百分点，提高幅度也说明企业的非理性行为对预测结果的扭曲程度，如表 8 所示。新方法预测的结果与企业资金需求方向一致的样本企业数在 2012 年、2013 年、2014 年分别为 1175 家、1148 家、1122 家，其预测准确率分别为 72.5%、70.8%、69.1%，比未经修正的用企业实际贷款情况检验的准确率提高了 9.8 个、11.3 个、12 个百分点，这种提高也是纠正了企业非理性借贷行为干扰的结果。比较来看，用企业实际借款行为检验的银监会方法和新方法预测的准确率在 2012 年、2013 年、2014 年的差异分别是 8.7 个、7.6 个、7.2 个百分点，在剔除了企业非理性借款行为的影响之后的预测准确率在 2012 年、2013 年、2014 年的差异分别是 5.1 个、2.6 个、3.5 个百分点，这说明修正企业非理性贷款行为影响之后，银监会方法预测的准确率明显提高，与新方法预测结果的差距明显缩小。这反过来证明，新方法预测的准确性受企业非理性贷款行为的影响较小，而银监会方法预测的准确性受企业非理性贷款行为的干扰较大。

表 8　两种预测方法预测准确率在调整非理性行为之前和之后的比较

	2012 年					2013 年					2014 年				
	调整前		调整后		提高	调整前		调整后		提高	调整前		调整后		提高
	计数	准确	样本	准确		计数	准确	样本	准确		计数	准确	样本	准确	
银	875	54.0	1092	67.4	13.4	842	51.9	1105	68.2	16.2	811	49.9	1065	65.6	15.7
新	1016	62.7	1175	72.5	9.8	965	59.5	1148	70.8	11.3	928	57.1	1122	69.1	12
差	141	8.7	83	5.1		123	7.6	43	2.6		117	7.2	57	3.5	

注：计数的单位是"家"企业；"准确"是准确率，其单位为"%"；"提高"是指修正后比修正前的提高幅度，单位是"%"。
资料来源：笔者计算整理。

七、结　论

本文对银监会提出的流动资金贷款需求测算公式进行了研究，认为银监会用制度的方式明确流动资金贷款测算方法对于中国商业银行流动资金贷款管理走向精细化、科学化具有重要的指导意义。但银监会测算方法是建立在企业的销售利润率和营运资金周转次数的计算之上，这种方法存在内在缺陷主要表现在将成本费用支出总额作为流动资金需求测算的基础，其优点是充分考虑了企业成本费用支出对资金的需求，但却没有考虑资金占用、资金来源和企业的收入、成本变动方向不一致所带来的影响。本文从资金供求相互满足、相互平衡的角度提出流动资金贷款需求测试新方法，具有一定的理论创新。本文的逻辑思路仍然是基于理论界和相关教材中对营运资金、营运资金需求量的定义，认为企业的流动资金需求量是企业经营活动的资金占用不能被经营活动创造的资金来源所满足、需要企业筹集的资金，这种方法从本质上来说是基于企业的资金供求状况来确定企业的资金需求数量。鉴于企业的资金的供求状况随企业经营、投资、融资活动的变化而变化，本文提出了从静态和动态两个角度来预测企业流动资金需求数量的方法。

从静态来看，企业的经营活动资金需求就是企业的经营性资金占用被企业的经营性资金来源满足之后不足的部分，企业需要从银行借款的是这部分资金需求被企业的长期资金来源富余所不能满足的一部分。从动态来看，企业的资金需要是企业经营活动、投资活动、筹资活动各个科目共同变化的一种结果，可以通过预测各个科目的变化来实现动态预测。在投资活动、经营活动正常开展、没有大的变化的情况下，也可以用收入增长率对这些科目的变化情况进行预测。新方法的优点是考虑了资金占用和资金来源之间的平衡，考虑了收入、成本与企业资金占用、资金来源不匹配所带来的扭曲，但其缺点是没有考虑企业成本费用支出对资金需求的影响，尽管这种影响在一定程度上能够反映在企业资产科目和负债科目的变动之中，另外一个缺点是对决定企业未来资金需求的科目逐项进行预测尽管更加精细和科学但工作量会较大。

本文首先用宝钢股份的个案数据说明了两种方法在企业流动资金需求的计算过程和计算结果上的差异，证明新方法在预测准确性上存在一定优势。随后本文通过中国 A 股市场制造业企业的大样本数据的统计检验，证明两种方法的预测结果确实存在差异，并且新方法预测的准确率高于银监会方法。不过，两种方法的预测准确率均在 60% 以下，均不能令人满意。其次，本文用企业现金支付能力这个指标对企业客观上是否需要从银行取得短期流动资金借款进行了检验，发现大量存在企业非理性借款行为。在剔除这些非理性行为对预测结果的影响之后，两种方法的预测准确率均有较大幅度的提高，预测准确率均超过了 65%。并且剔除非理性因素的影响之后，预测准确率在 2012 年、2013 年、2014 年持续下降的趋势也并不明显，说明 2014 年相对于 2012 年预测准确率下降的原因主要是受 2014 年非理性行为数量的影响，这也从非理性借贷行为企业样本数量占比明显上升得到了证明。

尽管本文探讨了银监会方法存在的问题，并提出了流动资金贷款需求预测新方法，并意外地发现从事非理性借贷行为的样本企业占比较高，这种研究结论具有一定的理论价值和实践意义，但本文没有对沿着银监会预测方法的设计思路对其提出改进意见，后续研究可以在这方面进行努力。另外，本文也没有通过大样本数据对银监会公式本身的科学性、可靠性进行实证检验，也没有对新方法本身的可靠性进行实证检验，仅仅是继续了两种方法预测准确性的比较分析。后续研究还可以在这两个方面深入开展。当然，企业的流动资金需求受外部宏观经济环境变化、企业经营管理方式变化、企业产品和原材料价格变化等多方面因素的影响，仅仅依靠历史数据对企业未来流动资金贷款需求进行预测肯定与企业的实际情况存在差距。如何考虑这些因素对流动资金贷款需求或企业贷款的非理性行为的影响，也需要进一步的深入研究。

〔参考文献〕

［1］田利利. 贷款新规中流动资金需求量测算方法浅析［J］. 中国外资，2011（2）.

［2］庄永友. 刍议企业流动资金需求测算与授信风险管控［J］. 福建金融，2011（5）：39–41.

［3］叶振芳，邓丽东. 刍议如何做好商业性流动资金贷款需求量测算［J］. 金融与经济，2012（1）：74–76.

［4］石战辉. 对流动资金贷款需求量测算方法的探讨［J］. 金融理论与实践，2013（9）：60–64.

［5］李靖. 对企业流动资金贷款需求测算的思考［J］. 时代金融，2004（1）：222–224.

［6］邹卫萍. 浅议《流动资金贷款管理暂行办法》存在的问题及改进［J］. 财经界，2014（3）：96–97.

［7］马春爱. 流动资金贷款需求量测算方法及其改进［J］. 财会月刊，2010（9）：54–55.

［8］谭岳衡. 关于我国工业流动资金使用效益的初步分析［J］. 中国工业经济，1991（3）：28–35.

［9］梁泽洲. 企业资金紧缺的现状及其对策［J］. 中国工业经济，1991（3）：56–59.

［10］财政部注册会计师考试办公室编. 财务管理［M］. 北京：中国财政经济出版社，1995.

［11］中国银行业监督管理委员会令2010年第1号《流动资金贷款管理暂行办法》2010年2月12日发布。

［12］Gabriel, H., V. Claude and V. Ashok. Industry Influence on Corporate Working Capital Decisions［J］. Sloan Management Review, 1986, 27（4）：15–24.

［13］Brigham, E. F. and S. Besley. Essentials of Managerial Finance. USA：Thomson Higher Education, 1972.

［14］张金昌. 论当前企业资金紧张的原因及对策［J］. 会计研究，1995（4）：22–24.

［15］Eugene F. Brigham, Joel F. Houston, Fundamentals of Financial Management［M］. Tenth Edition, USA：Thomson Learning, 2004.

［16］戴鹏. 对营运资本的概念分析［J］. 财会月刊，2001（8）：6–7.

［17］全国会计专业技术资格考试参考用书编写组. 财务管理学习指南［M］. 北京：中国财政经济出版社，2014.

［18］姚宏，魏海玥. 类金融模式研究——以国美和苏宁为例［J］. 中国工业经济，2012（9）：148–160.

［19］张先敏，王竹泉. 基于精敏供应链的营运资金需求预测研究［J］. 财务与会计，2013（3）：54–56.

［20］Kiernan, J. K. A Model for Working Capital Requirements and Corporate Liquidity Management［J］. Credit and Financial Management Review, 1999, 5（3）：11–20.

［21］许耀钧. 关于流动资金周转额问题的探讨［J］. 上海金融研究，1982（11）：4–6.

［22］张金昌，范瑞真. 资金链断裂成因的理论分析与实证检验［J］. 中国工业经济，2012（3）：95–107.

（本文发表在《中国工业经济》2016年第5期）

虚假陈述赔偿中系统性风险损失的确认与度量

——基于廊坊发展股份有限公司的案例研究

杜莹芬　　张文珂

摘　要： 基于经典的 CAPM 模型和反映单项资产收益率的变异性与市场指数收益率的波动性之间关系的 β 系数，本文研究了由虚假陈述引发的民事赔偿中系统性风险影响的确证基础及其给投资者造成损失大小的度量方法。本文认为系统性风险的影响不仅在于危机爆发时给证券投资带来风险冲击，而且在日常证券交易中也会给投资者带来投资损失。本文对一年期间内中国上市公司 β 系数的存在性进行了实证分析，检验了证券市场系统性风险对于投资者损失的影响。因此，在虚假陈述民事赔偿中应当全方位地考虑系统性风险给投资者造成的损失。经过分析，本文以相关系数作为单只股票在某一期间全部交易所承担的系统性风险损失率，尝试构建了三种方法用于测算考虑扣除系统性风险损失后的赔偿金额。本文将系统性风险损失的测算建立在理论基础之上，做到了风险与收益相匹配；在实例计算中为确定合理的损失赔偿额提供了有效的方法，提高了计算结果的精度。

关键词： 系统性风险损失；民事赔偿；虚假陈述

一、问题提出

长期以来，人们只有在发生金融危机时才会意识到系统性风险影响的存在。系统性风险不仅是市场整体所具有的一种风险，而且是对于企业的生产、经营、盈利、发展、投融资等都会起到影响和破坏作用的危害之源。这种系统性的不确定性对整个市场而言可能是潜在的或者是正在进行的一种危机形式，对于企业而言可能是一系列不可控的风险损失和持续问题。无论是在金融危机期间还是在经济繁荣时期，无论是对于金融企业还是对于非金融企业，系统性风险都是存在而且不能够被忽视的。《最高人民法院关于审理证券市场因虚假陈述引发的民事赔偿案件的若干规定》（2003）颁布实施至今已有十余年，其中一条规定指出由系统性风险所导致的损失不包含在赔偿范围之内。显然虚假陈述属于特定个股的非系统性风险，体现了个股的异质性。而市场整体所具有的系统性风险特性与个股的虚假陈述及其损害结果之间"不存在因果关系"。因此，在计算虚假陈述损失时应排除投资损失中由不确定性因素产生的系统性风险部分。一直以来，对于系统性风险给投资者所带来的损失大小没有统一精确的计量方法，在法院实际审理的过程中，投资双方难以达成一致的意见。甚至在还没有发生像金融危机那样的全球性系统风险的情况下，证券市场中系统性风险的影响往往被投资双方所忽视。这就造成了大多数的赔偿案件往往以庭外和解而告终。在计算由虚假陈述引发的损害赔偿问题时，对于系统性风险损失的确认及其度量是摆在经济学界和法学界前的重要难题。

问题1：系统性风险的影响及其造成证券投资损失的推定事实能够被确证吗？对于证券市场系统性风险的研究和分析存在两个方向：一个是从度量市场本身风险大小的角度出发，分析市场指数本身的变化、利用GARCH等方法分析指数方差等来研究市场风险的相关问题，如江涛（2010）、陈林奋和王德全（2009）等；另一个是从β系数的角度出发，用资产定价的方法分析单一证券或资产组合所具有的系统性风险及其作用。反映收益与风险关系的资本资产定价模型（CAPM）最早由Sharp（1964）和Lintner（1965）等发展而来，也许是因为开辟了学术新大陆，从它诞生的那一刻起就引起了学者们的极大争议。有些学者从β系数的解释能力角度去分析，通过横截面合并数据研究发现系统性风险β系数不能解释收益率的变异性，甚至发现β系数的解释能力不如企业资产规模、账面与市场价值比（Lakonishok、Shapiro，1986；Fama、French，1992）。虽然存在许多缺陷，但是CAPM仍然能够很好地预测不同资产的预期超额收益和进行证券定价，而且证券市场综合指数是投资者预期收益的重要决定因素（Campbell，1996）。不同的学者采用不同的估计方法也曾得到不一致的结论，如采用GARCH-M方法（Brailsford、Faff，1997）、小波分析方法（Gençay等，2005）等。尽管有学者早已发出CAPM到底是死是活还是难舍难分的疑问（Fama、French，1996），但是可以明确的是他们到现在仍然在使用CAPM检验基金经理人的业绩（Fama、French，2010）。

问题2：虚假陈述赔偿中系统性风险损失的大小能够被有效计量吗？部分学者在研究虚假陈述的损害赔偿时已经注意到了系统性风险损失的计算问题。陈向民和陈斌（2002）在采用事件研究法计算虚假陈述的赔偿金额时使用了扣除市场平均收益率的超额收益率指标。王丹（2003）介绍了价差法、系统风险法、事件研究法、打折法等国内外常用的损害赔偿计算方法，其中不乏考虑系统性风险的计算方法。蒋尧明（2005）按照市场指数下跌的比例确定系统性风险损失占投资差额损失的比重，进而计算损失赔偿额。易可君和陈信良（2012）运用"P2P"法通过加权平均来测算系统性风险的大小。对于系统性风险损失的计算方法还没有一致和精确的结论，究其原因在于其难以确认和度量。虽然对于系统性风险的计算和赔偿金额的确定在法律上并不求精确（王丹，2003），但学者们一直在为其寻找合理的理论基础和探索有效的计算方法。

二、系统性风险损失的确认与度量

本文以被证监会立案调查并受到处罚的廊坊发展（股票代码：600149）为例，通过案例研究从财务理论的角度出发运用计量经济学的方法来确认和度量系统性风险损失，以此计算出由虚假陈述引发的合理有效的损失赔偿金额。廊坊发展是一家属于电子通信技术领域的上市公司，在2003~2007年存在着财务报告虚假记载和信息披露重大不实的违法事实。廊坊发展于2008年5月21日公告了被立案调查的事实，并于2011年1月12日发布了被证监会处罚的公告，同时也开启了投资者起诉索赔的时间窗。2007年7月2日至2008年7月1日这一年是最可能既符合索赔条件要求又有希望获得赔偿的投资交易区间，也是本文分析系统性风险和虚假陈述损失的研究区间。这是因为根据规定（本文将在第三部分分析）推算得出的廊坊发展的虚假陈述基准日为2008年7月1日，而且绝大多数投资者持续买入、卖出后剩余的未平仓的交易主要可能发生在虚假陈述基准日前一年。

（一）个股收盘价与指数收盘点位之间的相关关系分析

股票价格与市场指数之间是否存在相互变动关系，一般可以直观地从两者在同时间段的历史走势或形态图形中看出，通常根据不同子区间段的共同上升或下降趋势来判断两者之间的相互关系，而且在一些时间点位，可以观察到两者同时出现了峰顶或谷底，或同时出现了盘整摆动，这些都是两者之间具有相关关系的典型特征。本文全部采用万得（Wind）资讯数据库中的数据，以沪深 300 指数作为参照性的市场指标。沪深 300 作为一种综合性指数，反映了包括沪深两市中国 A 股整体的走势与变化，它的大小变动具有很强的代表性，能够满足本文的研究要求。本文也采用了普遍用于研究经济现象之间关联程度的相关系数指标来分析个股和基准指数之间的相互关系，它能够很好地反映两个随机事物或现象之间的线性相依关系，而且经过分析发现该指标对于本文的研究非常适用同时也被赋予了特殊的含义。经过计算，廊坊发展收盘价与沪深 300 指数收盘点位在 2007 年 7 月 2 日至 2008 年 7 月 1 日一年之间的线性相关系数为 0.3741。可以判断出两者之间存在着正向相关关系，即股价的涨跌与股指的涨跌具有某种同向变动关系。

由于廊坊发展收盘价与沪深 300 指数收盘点位在数量尺度上存在着巨大的差异，为了进一步地比较两者在同坐标下的价格走势，需要对廊坊发展的收盘价取自然对数（底数 e＝2.7183），同时对沪深 300 指数收盘点位取自然对数后再减去 6.4。数据变换后两变量的图形走势并没有改变，而又能够直观地在同坐标下对两者进行比较，方便观察 2007 年 7 月 2 日至 2008 年 7 月 1 日之间两者的走势对比图。从两者的走势上（如图 1）不难发现，廊坊发展收盘价与沪深 300 指数收盘点位之间存在明显的关联关系，如在 2007 年 7 月、8 月、12 月两者有共同上涨的趋势，而在 2007 年 10 月、2008 年 1 月、2008 年 3 月以后两者共同连续下挫，在这一年的区间内均走出了 M 形状。经计算，ln（沪深 300 指数收盘点位）-6.4 与 ln（廊坊发展收盘价）之间的相关系数为 0.4969。从中我们也可以判断出两者之间存在着正向相关关系，即涨跌具有同向变动关系。

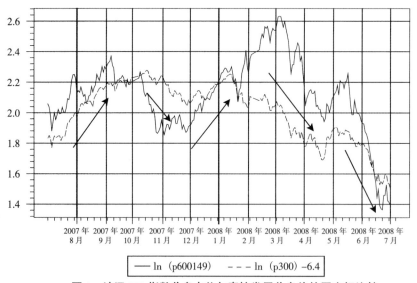

图 1　沪深 300 指数收盘点位与廊坊发展收盘价的同坐标比较

进一步的，对廊坊发展与沪深 300 指数两者的普通收益率（损失率）进行对比分析。一般而言，对于股票价格变量的研究是通过对股票投资收益率指标的分析来完成的。普通收益率指标相对于股票价格往往表现出均值为 0，方差固定的优良统计学性质。而且，收益率是股票价格或股指的函数，所以研究收益率的形态也就是研究股票价格变化的形态。当 t-1 时买入，而 t 时股价上涨了，则收益率的计算公式为：$r = \dfrac{p_t - p_{t-1}}{p_{t-1}} = \dfrac{p_t}{p_{t-1}} - 1$。同理，当 t-1 时买入，而 t 时股价下跌了，则损失率的计算公式为：$\underline{r} = \dfrac{p_{t-1} - p_t}{p_{t-1}} = 1 - \dfrac{p_t}{p_{t-1}} = -r$。事实上，若考虑收益率与损失率只是符号、性质相反的同一变量，则上述计算公式为同一表达式。廊坊发展与沪深 300 指数普通收益率（损失率）的同坐标比较如图 2 所示。

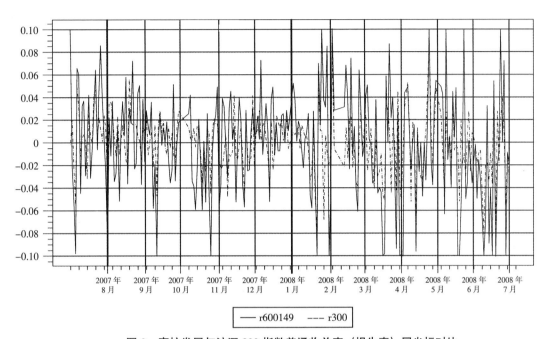

图 2　廊坊发展与沪深 300 指数普通收益率（损失率）同坐标对比

从图 2 中可以看出两种收益率的波峰、波谷在多数情况下重叠，方向相同。直观上表明两种收益率（或损失率）之间有相关关系。通过相关系数的计算得出两种收益率的 ρ 值等于 0.6332，表明它们之间有比较强的线性相关关系。需要指出的是，ρ 的绝对值大只是表明两个变量之间的线性相关关系很强，但是这种线性关系不像 β 系数能够反映系统性风险与股票收益（或股票价格变动）之间具有的因果关系。后文将分析它们之间的影响关系。

（二）市场指数收益率对个股普通收益率的影响关系分析

1. 普通收益率序列的平稳性分析

首先对 2007 年 7 月 2 日至 2008 年 7 月 1 日之间廊坊发展与沪深 300 指数普通收益率（损失率）进行描述性分析，期间总样本量或交易天数为 246 天，其中廊坊发展有五天未交易，分别为 2007 年 9 月 18 日、2008 年 3 月 20 日、2008 年 4 月 10 日、2008 年 5 月 22 日和 2008 年 6 月 25 日。为了保证收益率的完整性，本研究遵从 Wind 资讯的做法将上述日期的收盘价定为前一交易日的收盘价，以此计算普通收益率。对数据的描述性分析结果见表 1。

表 1　普通收益率的描述性分析

统计指标	最小值	第一分位数	均值	中位数	第三分位数	最大值	标准差
沪深 300 日收益率	−0.0811	−0.0151	−0.0010	0.0014	0.0153	0.0929	0.0267
廊坊发展日收益率	−0.1007	−0.0336	−0.0012	0.0014	0.0314	0.1005	0.0472

　　从上述描述性统计分析可以看出，对普通收益率做简单算术平均以后，廊坊发展在 2007 年 7 月 2 日至 2008 年 7 月 1 日之间日均跌 0.12%，沪深 300 指数日均跌 0.1%。还可以分别分析两者收益率变量的平稳性，也可以通过图形来观察两者波峰波谷之间的关系以及变量平稳性。从图 2 中可以看出两者波峰波谷在形态上有很大的同向包含性或重合性，各自围绕均值上下波动，并且表现出一定的时间序列的平稳性。为了验证这一点，分别对两者的普通收益率序列进行单位根的 ADF 检验。本文通过按照 Ng 和 Perron（2001）的方法尝试选择滞后阶数来获得稳定可靠的检验结果，如表 2 所示。

表 2　普通收益率序列单位根 ADF 检验

ADF 检验	沪深 300 日普通收益率序列 t 值：−3.4270**		廊坊发展日普通收益率序列 t 值：−3.6040***	
滞后阶数选择	系数值	t 值	系数值	t 值
lag1	−0.7351*** (0.2145)	−3.4266	−0.6840*** (0.1898)	−3.6043
lag2	−0.2528 (0.2073)	−1.2196	−0.2482 (0.1845)	−1.3452
lag3	−0.2788 (0.1976)	−1.4114	−0.2132 (0.1769)	−1.2051
lag4	−0.2017 (0.1862)	−1.0833	−0.2420 (0.1680)	−1.4404
lag5	−0.1233 (0.1749)	−0.7048	−0.1700 (0.1581)	−1.0752
lag6	−0.1093 (0.1657)	−0.6600	−0.1634 (0.1474)	−1.1085
lag7	−0.1271 (0.1549)	−0.8206	−0.1652 (0.1377)	−1.1997
lag8	−0.1277 (0.1444)	−0.8839	−0.2194* (0.1258)	−1.7448
lag9	−0.2136 (0.1326)	−1.6104	−0.1722 (0.1106)	−1.5568
lag10	−0.2778** (0.1172)	−2.3701	−0.1256 (0.0910)	−1.3798
lag11	−0.2118** (0.0945)	−2.2410	−0.0500 (0.0678)	−0.7372
lag12	−0.1109 (0.0696)	−1.5922		
常数项	−0.0009 (0.0018)	−0.5124	−0.0010 (0.0031)	−0.3401
R²	0.5073（Adjusted R²：0.4805）		0.4742（Adjusted R²：0.4483）	
D. W. 统计量	2.0135		1.9855	
F 统计量	18.9600		18.2800	

　　注：括号中的是系数标准差，***、**、* 分别表示 1%、5%、10%的显著性水平。

　　从检验结果来看，沪深 300 普通收益率序列在 5%的显著性水平下拒绝了序列存在单位根的原假设，而廊坊发展则在 1%的显著性水平下拒绝了序列存在单位根的原假设，同时 Durbin-Watson 统计量均在 2 附近，表明序列均不存在自相关。从 ADF 检验的效果来看不是非常理想，可能原因是证券市场交易数据结构受到了 2008 年金融危机世界性扩散的影响。为了验证沪深 300 普通收益率对廊坊发展普通收益率的影响，需要进一步分析其回归残差的平稳性是否满足本研究的要求。

2. 沪深 300 普通收益率对廊坊发展普通收益率的影响及残差平稳性检验

沪深 300 普通收益率是大盘波动性也即系统性风险的载体。要研究沪深 300 普通收益率对廊坊发展普通收益率的影响，需要分析证券市场中系统性风险、非系统性风险、市场收益率、无风险收益率与投资收益率之间的关系。CAPM 模型中的系数直观地反映出了资产收益率受到市场风险溢价影响的事实。但由于单项资产收益率与资产价格之间是一种简单的函数关系，所以 β 系数实际上也反映出了市场风险补偿对股票价格影响的事实。因此，CAPM 模型和 β 系数为研究系统性风险如何造成股票价格波动提供了理论和实践基础。在实际运用中需要采用回归的方法计算出 β 系数，同时表述出非系统性风险因素。以市场风险溢价为回归自变量，将忽略掉的非系统性风险放入随机扰动项中即为：$r_s - r_f = \alpha + \beta (r_m - r_f) + \varepsilon$。通常无风险收益在一段时期内保持稳定，而且始终与通货膨胀保持较好的匹配关系；如果以既定时间段内的 β 系数为研究对象，那么 β 系数也可以理解为一个相对稳定的量，则 $\alpha + r_f(1-\beta)$ 是一个相对常数。这样就容易得到相对简单又清晰实用的单因素时间序列回归模型：$r_{st} = \alpha + \beta r_{mt} + u_t$。本文基于此构造了 2007 年 7 月 2 日至 2008 年 7 月 1 日之间廊坊发展与沪深 300 普通收益率序列的回归模型，经计算得到回归 β 系数。在本时间序列回归分析中，总样本量为 246，其中五个交易日虽然不存在交易量，但是考虑到保持大盘指数收益率以及股票收益率的连续性，本文采用 Wind 资讯的做法，将上述五个交易日的股票收盘价设为前一日收盘价，最后得到的时间序列回归结果见表 3。

表 3　单因素 CAPM 模型的时间序列回归结果

	系数值	t 值	p 值
α	-0.0001 (0.0023)	-0.0349	0.9722
β	1.1188 (0.0875)	12.7797	0.0000
R^2	0.4010	Adjusted R^2	0.3985
D.W.统计量	1.7259	F 统计量	163.3000
Jarque-Bera 统计量	12.3863（p 值：0.0020）	Ljung-Box 统计量	22.1459（p 值：0.5115）

注：括号中的是系数标准差。

上述单因素回归中常系数 α 的 t 检验并不显著，p 值为 0.9722，说明常数项 α 为 0 的概率为 97.22%。均值为 0 的可能原因是无风险收益率对投资者收益率并未产生影响。方程也可以进一步简化为 $r_{sf} = \beta r_{mt} + u_t$。$R^2$ 本身反映了模型的拟合程度，其值等于 0.4010，反映回归自变量 r_{mt} 的方差在因变量 r_{st} 的总方差中的比重，这对于本文后面的分析有重要的理论和应用意义。由于 D.W. 统计量的值在 2 附近，可判定模型残差项不存在一阶自相关。虽然 Jarque-Bera 统计量拒绝了残差序列为正态分布的原假设，但是 Ljung-Box 统计量表明残差序列为无自相关的白噪声序列的原假设不能被拒绝，即接受残差项 $u_t \sim WN(0, \sigma^2)$。只要不否定残差序列为白噪声序列，就能够满足本文的研究要求。β 系数值为 1.1188，并且非常显著，为进一步确定这种影响关系的平稳性需要对残差进行检验。本文构建残差估计值序列为：$\hat{u}_t = r_{st} - \hat{\alpha} - \hat{\beta} r_{mt}$，检验结果见图 3 和表 4。

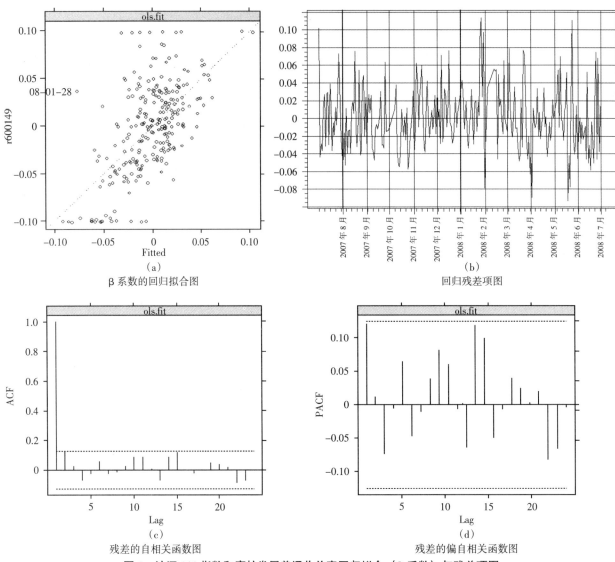

（a）
β系数的回归拟合图

（b）
回归残差项图

（c）
残差的自相关函数图

（d）
残差的偏自相关函数图

图3　沪深300指数和廊坊发展普通收益率回归拟合（β系数）与残差项图

表4　单因素时序回归残差的单位根检验

滞后阶数选择	ADF 检验 t 值：−4.0242***		PP 检验 t 值：−14.0566***	
	系数值	t 值	系数值	t 值
Lag1	−0.7390*** (0.1836)	−4.0242	−0.8791*** (0.0626)	−14.0530
Lag2	−0.1280 (0.1765)	−0.7255		
Lag3	−0.0892 (0.1667)	−0.5352		
Lag4	−0.1652 (0.1557)	−1.0606		
Lag5	−0.1813 (0.1443)	−1.2566		
Lag6	−0.1129 (0.1334)	−0.8465		

续表

滞后阶数选择	ADF 检验 t 值：-4.0242***		PP 检验 t 值：-14.0566***	
	系数值	t 值	系数值	t 值
Lag7	-0.1403 (0.1191)	-1.1777		
lag8	-0.1625 (0.1030)	-1.5777		
lag9	-0.1531* (0.0874)	-1.7514		
lag10	-0.0587 (0.0663)	-0.8842		
统计指标	R^2: 0.4450	D.W.统计量：1.9788	R^2: 0.4473	D.W. 统计量：1.9553
	F 统计量：18.1200		F 统计量：197.5000	
	KPSS 平稳性检验统计量：0.1727			

注：①括号中的是系数标准差，***、**、* 分别表示 1%、5%、10%的显著性水平。②因为 $\hat{u}_t$ 的均值为 0，所以单位根的回归检验

　　上述检验结果表明，单因素时序回归具有良好的统计性质，t 统计量及相应的 p 值、Durbin-Watson 统计量、F 统计量均表明回归的有效性。说明系统性风险系数是确实存在的，它与市场收益率指标共同形成了系统性风险收益率或损失率，成为了投资者收益率或损失率中重要的组成部分。因为同行业的企业特征具有相似性，在受市场的影响程度上往往表现相同，所以同行业企业的 β 系数可能存在趋同性。本文计算了在 2007 年 7 月 2 日至 2008 年 7 月 1 日之间与廊坊发展性质相关的部分企业的 β 系数，相关结果见表 5。

表 5　研究期间行业部分相关企业 β 系数对比分析

名称	代码	β 系数	t 值	D.W.统计量
风华高科	000636	0.8178*** (0.0826)	9.9049	1.6543
廊坊发展	600149	1.1188*** (0.0875)	12.7797	1.7259
法拉电子	600563	0.9128*** (0.0561)	16.2798	1.8543
顺络电子	002138	0.9031*** (0.0595)	15.1797	1.9720
得润电子	002055	0.9910*** (0.0634)	15.6396	1.6451
中科三环	000970	1.0566*** (0.0610)	17.3174	1.9409
中电广通	600764	1.1575*** (0.0711)	16.2774	1.7142
生益科技	600183	1.0486*** (0.0488)	21.4928	1.8671
大恒科技	600288	1.2345*** (0.0762)	16.1926	1.9139
康强电子	002119	0.9918*** (0.0503)	19.7271	1.7797

注：括号中的是系数标准差，***、**、* 分别表示 1%、5%、10%的显著性水平。

从表 5 中可以看出该 10 家同行业企业的 β 系数都比较高，且统计量均非常显著，Durbin-Watson 值都在 1.64 至 1.97 区间内。包括廊坊发展在内的上述 10 家同行业相关企业的 β 系数均值为 1.0233，表明股票收益率受市场的影响程度大是行业的共同特点，廊坊发展属于系统性风险比较大的企业类型。综上，系统性风险在廊坊发展的股票收益率或损失率中占有重要的位置，考虑股价下跌或投资损失问题时，应将系统性风险作为原因之一加以考虑。

（三）个股普通收益率中系统性风险影响的比重分析

分析系统性风险所占的比重，需要考虑风险的度量及其构成。为了全面考察市场指数普通收益率对个股普通收益率的影响关系，本文仍基于 CAPM 模型把握和度量系统性风险的大小。CAPM 模型（单因素回归法）：$r_s = \alpha_s + \beta_s r_m + \varepsilon_s$，其中 r_s 表示个股收益率，α_s 为固定常数项，β_s 表示个股系统性风险大小的系数，r_m 表示市场指数收益率，ε_s 为随机干扰项。风险是收益的不确定性，可以用收益率的波动性来衡量，如用方差来刻画。参照徐国祥和檀向球（2002）所采用的方法，对回归方程两边取方差，可将投资收益率的波动性分解为两部分，一部分是由系统性风险引起的，另一部分是由非系统性风险引起的，即得：

$$\mathrm{Var}\,(r_s) = \mathrm{Var}\,(\beta_s r_m) + \mathrm{Var}\,(\varepsilon_s)，即 \sigma_s^2 = \beta_s^2 \sigma_m^2 + \sigma_\varepsilon^2，$$

则可得出系统性风险比例：

$$\lambda_{sm} = \frac{\beta_s^2 \sigma_m^2}{\sigma_s^2} = (\frac{\rho_{sm} \sigma_s \sigma_m}{\sigma_m^2})^2 \frac{\sigma_m^2}{\sigma_s^2} = \rho_{sm}^2。$$

该风险比例实际上既是特定期间内系统性风险占总风险的比重，也是回归因变量 r_{st} 的总方差中自变量 r_{mt} 的方差所占的百分比即拟合优度 R^2。若出现前面单因素回归中常数项为 0 的情况，则：

由 $r_s = \beta_s r_m + \varepsilon_s$ 得：$\bar{r}_s = \beta_s \bar{r}_m$，$1 = \frac{\beta_s r_m}{r_s} + \frac{\varepsilon_s}{r_s}$。

其中，$\frac{\beta_s r_m}{r_s}$ 为收益率或损失率中由系统性风险带来的收益率或损失率的相对比重。因为 $\frac{\varepsilon_s}{r_s}$ 在理论上是一随机项，所以不能直接从此式中得出可用的结果。又由前面计算的结果 $\bar{r}_s = -0.12\%$，即 $(\bar{r}_s)^2 = 1.44 \times 10^{-6} \approx 0$ 得：

$$\hat{\rho}_{sm} = \frac{\beta_s \hat{\sigma}_{r_m}}{\hat{\sigma}_{r_s}} = \frac{\beta_s \sqrt{\frac{1}{n-1} \sum (r_{m,i} - \bar{r}_m)^2}}{\sqrt{\frac{1}{n-1} \sum (r_{s,i} - \bar{r}_s)^2}} = \frac{\sqrt{\frac{1}{n-1} \sum (\beta_s r_{m,i} - \beta_s \bar{r}_m)^2}}{\frac{1}{n-1} \sum (r_{s,i} - \bar{r}_s)^2}$$

$$= \sqrt{\frac{\frac{1}{n-1} \sum (\beta_s r_{m,i})^2 - \frac{1}{n-1}(\bar{r}_s)^2}{\frac{1}{n-1} \sum (r_{s,i})^2 - \frac{1}{n-1}(\bar{r}_s)^2}} = \sqrt{\frac{\frac{1}{n-1} \sum (\beta_s r_{m,i})^2}{\frac{1}{n-1} \sum (r_{s,i})^2}}$$

也即 $\hat{\rho}_{sm} = R^2 \approx \sqrt{\dfrac{系统性风险损失率（收益率）平方和的均值}{总损失率（收益率）平方和的均值}} \times 100\%$

又因为标准差衡量的是变量或样本偏离均值的平均距离，因此，当样本量足够大时有：

$$\hat{\rho}_{sm} \approx \frac{\overline{|\beta_s r_{m,l}|}}{\overline{|r_{s,l}|}} = \frac{平均系统性风险损失率（收益率）}{平均总损失率（收益率）} \times 100\%$$

所以 $\hat{\rho}_{sm}$ 是投资者平均系统性风险损失率与平均总损失率的比值，可以称为平均系统性风险损失率占比。廊坊发展在研究期间的系统性风险占比为：$\lambda_{sm} = \hat{\rho}_{sm}^2 \approx 40.1\%$，而其平均系统性风险损失率或收益

率占比为 $\hat{\rho}_{sm} \approx 63.32\%$。需要说明的是这一风险损失率不是投资者某一具体投资交易的风险损失率，它是该股票所有交易者在 2007 年 7 月 2 日至 2008 年 7 月 1 日整个期间内按照收盘价格计算的平均系统性风险损失率。

三、测算扣除系统性风险损失的虚假陈述赔偿额

虚假陈述损失的测算存在着复杂性，在手段和方法上存在着诸多客观因素的限制，在索赔人、法院、上市公司之间也存在着意见和判断无法统一的主观因素。法院应在可接受成本的情况下尽可能客观地测算出虚假陈述损失以达到维护公平的目的。西方对于上市公司虚假陈述给投资者造成损失的测算方法中最典型的有美国的直接损失法（王丹，2003）。但是这些方法在应用过程中遇到了很多的实际问题，对于索赔双方来说难以达成一致的意见。而且，根据我国《最高人民法院关于审理证券市场因虚假陈述引发的民事赔偿案件的若干规定》（2003），由系统性风险造成的损失不被认为是上市公司虚假陈述给投资者带来的"损害结果"，应当从投资者损失中扣除。这就需要有符合规定、合理有效的计算方法。

（一）考虑系统风险后虚假陈述损失的计算方法

1. 收益率比较法

在现实市场操作中，投资者真正获得的收益率 r_s 与资本资产定价模型中的理论预期收益率存在偏差，该偏差反映了投资该资产所获得的特定收益率或损失率，而这种单个资产的特定收益率或损失率包含了该资产本身所具有的特定风险因素及其他特质因素，如上市公司虚假陈述因素、行业特殊因素等，这一偏差称之为詹森阿尔法（Jensen，1968），最先由詹森提出并用于测算投资效果，可以表示为：$\alpha_s = r_s - \tilde{r}_s = r_s - (1-\beta) r_f - \beta \gamma_m$。也可以使用万得资讯数据库的计算方法，詹森阿尔法 =（证券的平均收益率 – 无风险收益率）–（指数的平均收益率 – 无风险收益率）× β 系数。为了排除企业或行业正常收益因素，如果从詹森阿尔法中扣除企业历史平均阿尔法或行业平均阿尔法中最大者，这样就可以保守地估算出由虚假陈述引致的异常损失，其可以表示为：

$$d\alpha_s = \alpha_s - \max(\bar{\alpha}_s, \bar{\alpha}_b) = \alpha_s - \bar{\alpha}_l = r_s - \bar{r}_l + (\beta - \bar{\beta}_l)(r_f - r_m)$$

其中，$\bar{\alpha}_l = \max(\bar{\alpha}_s, \bar{\alpha}_b)$

2. 系统性风险损失占比法

前面我们已经印证出廊坊发展的系统性风险占比为 $\rho_{sm}^2 = R^2 = 0.401$。而 ρ_{sm} 是系统性风险损失率或收益率占总损失率或收益率的比重，约等于 0.6332。如果购买某一股 i 的购买价格 $P_{buy,i}$ 大于其售出价格 $P_{sell,i}$，即投资者发生实际损失。

从损失测算这个角度出发，购买某只股票某一股 i 所产生的收益损失率为：

$$\underline{r}_s = \left(1 - \frac{P_{sell,i}}{P_{buy,i}}\right)$$

则扣除系统性风险后每股期间收益损失率可表示为：

$$\left(1 - \frac{P_{sell,i}}{P_{buy,i}}\right)(1 - \rho_{sm})$$

进一步地，扣除系统性风险损失后每股期间收益损失可以表示为：

$$\text{loss}_i = P_{buy,i} \left[\left(1 - \frac{P_{sell,i}}{P_{buy,i}} \right) (1 - \rho_{sm}) \right] = (P_{buy,i} - P_{sell,i})(1 - \rho_{sm})$$

当买入 N 股股票时，最后计算出虚假陈述的总损失为：

$$\text{loss} = \sum_{i=1}^{N} (P_{buy,i} - P_{sell,i})(1 - \rho_{sm})$$

3. 系统性风险损失匹配扣除法

首先，利用公式：$r_s = \alpha_s + \beta_s r_m + \varepsilon_s$ 计算出来的 β 值为回归法 β 值。重新编排公式，即可将虚假陈述损失计算为 $r_s - \beta_s r_m = \alpha_s + \varepsilon_s$。$r_s$ 对于产生盈利的投资者而言就是正的投资收益率，而对于发生损失的投资者而言就是负的投资收益率，也即产生了投资损失。从损失测算这个角度来看，收益损失率 $\underline{r}_s = -r_s$，$\underline{r}_m = -r_m$，进而 $\underline{r}_s - \beta_s \underline{r}_m = (-r_s) - \beta_s(-r_m) = -(r_s - \beta_s r_m)$。

期间购买某只股票某一股份 i 所产生的收益损失率为：

$$\underline{r}_s = \left(1 - \frac{P_{sell,i}}{P_{buy,i}} \right)$$

扣除系统性风险后的每股期间收益损失率可以表示为：

$$\underline{r}_s = \beta_s \underline{r}_m = \left(1 - \frac{P_{sell,i}}{P_{buy,i}} \right) - \beta \left(1 - \frac{I_{sell,i}}{I_{buy,i}} \right)$$

则扣除系统性风险后的每股期间收益损失可以表示为：

$$\text{loss}_i = P_{buy,i} \left[\left(1 - \frac{P_{sell,i}}{P_{buy,i}} \right) - \beta \left(1 - \frac{I_{sell,i}}{I_{buy,i}} \right) \right] = P_{buy,i} - P_{sell,i} - P_{buy,i} \beta \left(1 - \frac{I_{sell,i}}{I_{buy,i}} \right)$$

当买入 N 股股票时，最后计算的由虚假陈述引致的总损失可表示为：

$$\text{loss} = \sum_{i=1}^{N} \left[P_{buy,i} - P_{sell,i} - P_{buy,i} \beta \left(1 - \frac{I_{sell,i}}{I_{buy,i}} \right) \right]$$

（二）对于廊坊发展的虚假陈述损失的测算

以廊坊发展为例，本文尝试采用第二种和第三种方法来计算考虑系统风险后由上市公司虚假陈述所带来损失。参考《最高人民法院关于审理证券市场因虚假陈述引发的民事赔偿案件的若干规定》（2003），虚假陈述的有效索赔交易期间应为：2003 年 2 月 18 日（虚假陈述实施日）至 2008 年 5 月 21 日（虚假陈述揭露日），这一期间也可称之为虚假陈述实施期，凡在此期间购买廊坊发展股份并持有至虚假陈述揭露日以后，均可作为潜在索赔方。如果扣除系统性风险损失后，投资者仍承担相应的损失即为虚假陈述损失。本文根据规定的第三十三条第（一）项之条款"揭露日或者更正日起，至被虚假陈述影响的证券累积成交量达到其可流通部分 100%之日"来确定虚假陈述基准日。经计算 2008 年 5 月 21 日至 6 月 30 日的换手率为 99.24%，至 7 月 1 日的换手率为 100.45%，因此确认 2008 年 7 月 1 日为基准日。对于在基准日以后（即 7 月 2 日起）卖出的股票交易，用于计算其损失的卖出基准价为揭露日至基准日之间每日收盘价的平均价格（其中 5 月 22 日、6 月 25 日分别以前一日收盘价作为收盘价），此基准价为 5.6593 元。在虚假陈述损失的计算过程中需要注意的是，投资者在虚假陈述实施期间存在着买入相关股票的行为，也可能同时存在着卖出相关股票的行为，发生买入卖出即显现投资者的投资收益或损失。有可能在虚假陈述实施期间从未发生售出行为，也可能只卖出其中的一部分。当投资者买入相关股票时即形成投资股票池，很难判断池中的股票哪些是 A 交易日流入的，哪些是 B 交易日流出的。所以应将虚假陈述实施期间投资者实际操作的买入与卖出的盈亏进行分开计算，分别计算出卖出价相对于基准价的投资收益损失和买入价相对于基准价产生的投资收益损失，两者加和后的收益和损失会在股票池中相互抵消。但首先要确定基准日，以确定索赔参照股价 $P_{benchmark}$。然后，扣除系统性风险损失后的虚假陈述损失可计算为：

$$loss \approx \sum_{i=1}^{n} \left[(P_{buy,i} - P_{benchmark}) - P_{buy,i}\beta\left(1 - \frac{I_{benchmark}}{I_{buy,i}}\right) \right] +$$

$$\sum_{j=1}^{m} \left[(P_{benchmark} - P_{sell,j}) - P_{benchmark}\beta\left(1 - \frac{I_{sell,i}}{I_{benchmark}}\right) \right]$$

该计算模型仍然是以 CAPM 模型的原始思想为依据，因此，在理论基础上与方法二相比更成熟稳定，在估算中与前两种方法相比更客观一些。通过剔除不符合索赔规定的交易，将投资者的交易数据整理后代入计算模型，即可得出相应的损失结果。假设某投资者符合规定且可能获得索赔的交易情况如表6所示。

表6　某投资者的索赔交易情况

交易时间	买入股数	买入价格（元）	卖出股数	卖出价格（元）	收盘指数
2007 年 10 月 25 日	1000	6.72			5333.79
2008 年 2 月 25 日	3000	11.70			4519.78
2008 年 4 月 18 日	1000	7.36			3272.50
2008 年 6 月 18 日			2000	4.56	2991.27
2008 年 6 月 27 日			2000	4.28	2816.02

注：计算的基准价为 5.6593 元，对应的收盘指数为 3230.35。

经计算，扣除系统性风险损失后的虚假陈述损失结果为：9005.09 元。另外，采用第二种方法计算的损失金额为 9477.93 元。需要注意的是，第三种方法比第二种方法要更精细一些，更满足风险与收益相匹配的理论要求，能够分离出那些扣除系统性风险损失后仍有收益的投资者。第二种方法由于只是将风险损失率在不同的投资者、不同的投资行为、不同的时间段内进行平摊，因此产生了与方法二不一致的计算结果。而且第二种方法所采用的系统性风险损失率是按照股票所有交易者在研究期间内的收盘价格计算得到的，并非是某一具体交易的系统性风险损失率，因此运用其得出的计算结果只能在总量上作为一种参考。

四、结论与思考

通过上述的研究，本文认为股票投资收益受多种系统性风险等波动性因素的影响，不仅会受到如金融危机对所有上市公司收益率都会产生震动的系统性股灾因素的影响，也会受到如奥运会这种对大盘整体支撑的系统性利好因素的影响，更一般地会受到潜藏在股市日常交易中的系统性风险影响。β系数能够很好地刻画这种风险与收益关系，不偏不倚地反映股市对个股的系统性影响。通过实证检验与分析，系统性风险的大小及其造成证券投资损失的推定事实能够被确证，虚假陈述赔偿中系统性风险损失的大小也能够被确认并且被有效度量。

本研究用于估算虚假陈述损失的三种方法都是在较为成熟的资本资产定价模型的理论基础之上考虑系统风险和损失的对应关系，通过单因素回归模型来考察分析β系数和系统性风险损失。经过分析和计算，说明三种方法可以用于计算扣除系统性风险损失后的虚假陈述损失赔偿金额。本文构建的三种测算方法本身各有优缺点，在实践运用中需要充分加以考虑。第一种方法是从投资者收益角度去度量。该方法直观、易于理解，但是由于要选定一个投资收益或损失作为计算的参照基准，因此该模型的弹性大，难于计算出一个准确的值，而且可能会由于参考值选取的不同而导致计算结果出现很大的差异。因此本文在案例的计算中实际采用了第二种和第三种方法。第二种方法是从系统风险损失率角度去度量。其优点在于直观、易于理解和方便计算，缺点在于该系统性风险损失率是投资者们在整个区间的损失率均值，如果投资者在某个区间利用股市的大涨大跌产生了较大的投资收益或损失，而其承担的系统性风险收益率或损失率是一个均值，就得出了一个有偏的系统性风险损失或收益的结果。第三种方法的计算结果是通过将系统性风险损失一一对应匹配扣除后得到的，在理论上做到了风险与收益的相匹配，遵循了传统定价模型的理论思想，在计算精度上相对于前两种方法有一定的提高。前两种方法相对于第三种方法在模型设定上更为直观一些，但是在计算过程中容易产生偏误。

　　另外，本文针对上述理论模型分析与实践应用中可能存在的冲突与不一致做出以下思考：①本文计算的损失是一种理论结果，没有考虑投资者在实际证券交易过程中发生的税费等。而根据《最高人民法院关于审理证券市场因虚假陈述引发的民事赔偿案件的若干规定》（2003）中第三十条之规定，投资者发生损失相应产生的佣金、印花税和利息等均应得到赔偿。②根据规定，廊坊发展的投资者所持股票在2008 年 5 月 20 日及以前卖出的均不在赔偿范围内，在计算虚假陈述损失时需剔除投资者在揭露日以前已卖出的证券。为了能够将买入与卖出相匹配，一般可行的方法是采用会计上的先进先出法，根据买入卖出的先后顺序剔除不符合规定的交易。然而，投资者在做出买卖决定前很可能考虑将前期买入的价格作为参考价，因此，以先进先出法匹配投资者的买卖行为不一定与投资者的实际交易目的和行为完全相符。本文也认为投资者在虚假陈述实施期间虽然完成了买卖行为，但仍然属于虚假陈述的施害范围，所以在计算损失时理论上应当予以考虑。③在 β 系数的计算上，本研究使用的是资本市场中的股票价格数据（其中股价、股指数据来源于 Wind 资讯）。对于我国这样一个公认的弱有效市场来说，还存在着很多不完善的问题和因素会制约我们得到一个精确的计算结果。④资本市场收益率的波动性在不同的时间段内可能会表现出不一样的特征，虽然收益率序列不存在自相关，但是收益率的平方序列可能存在自相关（刘慧媛、邹捷中，2006）。本文的研究选定了基准日前一年为观察期间，有其计算上的合理性，但还不够精确和细致。后续的研究可以在运用 GARCH 模型等方法的基础之上进一步地分段分析系统性风险对收益率的影响及其引致的投资者损失。⑤本研究所使用的方法是在资产定价模型的基础上发展而来的，虽然满足了一定的理论合理性，但是仍然无法完全准确地模拟出复杂的经济现象、行为和结果。综上所述，上述问题体现了理论研究与现实之间可能存在着的差距。虽然本文的研究和思想方法对于财务、会计和法律政策领域的理论与实践具有重要的意义，但是本研究仅仅是一种理论上的分析及其在实际应用中的探讨，还有待于进一步的完善和发展。

〔参考文献〕

［1］Sharpe W. F. Capital Asset Prices：A Theory of Market Equilibrium under Conditions of Risk ［J］. Journal of Finance，1964，19.

［2］Lintner，J. The Valuation of Risky Assets and the Selection of Risky Investments in Stock Portfolios and Capital Budgets ［J］. Review of Economics and Statistics，1965，47.

［3］Lakonishok，J.，Shapiro，A. C. Systematic Risk，Total Risk and Size as Determinants of Stock Market Returns ［J］. Journal of Banking & Finance，1986，10 (1).

［4］Fama，E. F.，French，K. R. The Cross-Section of Expected Stock Returns ［J］. Journal of Finance，1992，47 (2).

［5］Campbell，J. Y. Understanding Risk and Return ［J］. Journal of Political Economy，1996，104 (2).

［6］Brailsford，T. J.，Faff，R.W. Testing the Conditional CAPM and the Effect of Intervaling：A Note ［J］. Pacific-Basin

Finance Journal，1997，5.

［7］Gençay，R.，Selçuk，F.，Whitcher，B. Multiscale Systematic Risk ［J］. Journal of International Money and Finance，2005，24（1）.

［8］Fama，E. F.，French，K. R. The CAPM Is Wanted，Dead or Alive ［J］. Journal of Finance，1996，51（5）.

［9］Fama，E. F.，French，K. R. Luck Versus Skill in the Cross-Section of Mutual Fund Returns ［J］. Journal of Finance，2010，65（5）.

［10］Ng S.，Perron P. Lag Length Selection and the Construction of Unit Root Tests with Good Size and Power ［J］. Econometrica，2001，69（6）.

［11］Jensen M. C. The Performance of Mutual Funds in the Period 1945-1964 ［J］. Journal of Finance，1968，23.

［12］最高人民法院关于审理证券市场因虚假陈述引发的民事赔偿案件的若干规定 ［J］. 司法业务文选，2003（8）.

［13］江涛. 基于 GARCH 与半参数法 VaR 模型的证券市场风险的度量和分析：来自中国上海股票市场的经验证据 ［J］. 金融研究，2010（6）.

［14］陈林奋，王德全. 基于 GARCH 模型及 VaR 方法的证券市场风险度量研究 ［J］. 工业技术经济，2009（11）.

［15］陈向民，陈斌. 确定"虚假陈述行为"的赔偿标准——事件研究法的司法运用 ［J］. 证券市场导报，2002（7）.

［16］王丹. 证券虚假陈述损害赔偿计算方法论 ［J］. 法学，2003（6）.

［17］蒋尧明. 上市公司会计信息虚假陈述民事赔偿额的确定 ［J］. 财会月刊，2005（9）.

［18］易可君，陈信良. 证券市场系统风险评估与测定的"P2P 法"探析——兼谈其在虚假陈述民事赔偿案中的应用 ［J］. 湖南财政经济学院学报，2012（1）.

［19］徐国祥，檀向球. 我国 A 股市场系统性风险的实证研究 ［J］. 统计研究，2002（5）.

［20］刘慧媛，邹捷中. GARCH 模型在股票市场风险计量中的应用 ［J］. 数学理论与应用，2006（2）.

（本文发表在《中国工业经济》2013 年第 9 期）

动态能力、技术范式转变与创新战略
——基于腾讯微信"整合"与"迭代"微创新的纵向案例分析

罗仲伟　任国良　焦　豪　蔡宏波　许扬帆

摘　要： 本文力图拓展动态能力的理论内涵，将其界定为企业在技术范式转变时期应对混沌、复杂环境的整合与重构能力。据此架构了一个基于动态能力、技术范式和创新战略行为之间半交互影响的理论框架，用以分析技术范式转变时期企业动态能力对其创新战略行为的支撑机制和作用机理。依托这一理论框架，文章尝试打开近期移动互联网业界热点问题——"微创新"的黑箱，对腾讯微信的"整合"与"迭代"微创新战略进行了深度纵向案例研究。研究发现微信微创新战略成功的机理是，在强大的动态能力支撑条件下，抓住了技术范式变化的战略机遇，通过有效的组织学习和知识管理，以及强大的跨界（跨地域、跨行业、跨企业）虚拟整合能力，将从组织内外部搜索、学习到的分散的技术知识，基于用户信息体验消费对创新活动进行快速、反复、精确迭代，领导竞争对手、合作伙伴、先导顾客进行开放式的协同创新，并通过有效的微创新质量控制，降低创新失败的不确定性和风险，成为支撑移动互联网时代第三方服务的平台级产品，最终实现颠覆式创新和价值创造。本文的理论贡献在于：丰富、升华了动态能力的理论内涵，从技术范式的高度对互联网企业微创新战略的内在机理进行了开拓性分析，阐释了技术范式转变时期动态能力对创新战略的动力支撑机制，为处在技术范式变革中的互联网企业开展创新活动提供了理论支撑和实践指导。

关键词： 技术范式；动态能力；微创新；创新战略；案例研究

一、引　言

"微创新"是由中国人首创的一个词汇。从文字记录看，"微创新"概念由奇虎360创始人周鸿祎于2010年最早提出①，他认为（创业型）网络企业要想对在位优势企业和成功商业模式实施颠覆性创新已经非常困难。一种商业创新要想成功，可以从用户体验入手，持续改进产品和服务，挖掘用户需求，积小成大，从而成功实现颠覆性创新（范锋，2012）。从周鸿祎的表述来看，微创新隶属于渐进式创新的范畴（赵付春，2012），是在对产品或技术（平台）进行微调的基础上，对产品原有能力进行拓展和延伸的一种价值创造活动。微创新不是大规模的、颠覆式的、革命性的创新，但却是一种在关键技术上提

---

① 参见周鸿祎：2010年中国互联网大会·网络草根创业与就业论坛演讲。而首次用英文表述"微创新"（micro-innovation）概念的是李开复，xyzlove.com. Retrieved 21 March 2013.

供更加灵活实际的产品开发和服务提供的思路。微创新成功的标志是由量变发展到质变，通过大量的微创新组合对原有主导设计产生冲击，从而实现颠覆性创新。在这里，微创新已经突破组织技术层面的含义，上升为一种创新方法论。

目前，国内互联网行业已经普遍认可这种站在信息体验消费市场的角度，针对非常微小的用户需求以及用户需求的微小变化进行不断创新的理念。一些基于跨界整合的微创新活动颠覆了整个行业，不仅对新兴行业，而且对一些传统行业也产生了巨大冲击，甚至在某种程度上模糊着行业的传统边界。腾讯基于QQ和微信的变革，新浪基于微博的变革，奇虎基于在线杀毒引擎的变革，暴风影音、千千静音等基于用户在线视听体验的变革，这些微创新的效果非常显著，创造了诸多互联网行业的经典成功案例。实际上，微创新理念也受到了那些以满足客户需求为目标的传统企业的关注，诸如像海底捞火锅对于用户用餐体验不断进行微创新的案例、苏宁易购等家电企业基于在线购物体验的微创新案例。这些传统企业加入微创新实践，使得微创新理念得到广泛扩散，受到人们的普遍关注。日趋活跃的实践也在使微创新成为下一个研究热点。腾讯、新浪、奇虎等企业微创新战略的成功在一定程度上预示着，随着智能手机和平板电脑等移动终端的普及，云计算及大数据的应用，互联网行业的技术范式将面临一次从PC互联网向移动互联网转变的潜在变革。但外部环境日益不确定所引致的技术范式变革加剧，使组织不得不提高自身的能力，频繁应对新的战略困境，不断对理论研究提出挑战（罗仲伟等，2011）。不过，尽管在业界得到了应用和推崇，但微创新对产业发展的影响和冲击没有受到学者们的有效重视（Hyysalo，2009）。因此，研究企业如何在互联网技术变革时期继续保持竞争优势，成为我们面对的一个焦点问题。

关注能力理论的一些学者指出，当面临重大的技术范式转变时，企业精心培育的核心能力可能在瞬间被市场淘汰，从而成为制约企业发展与成长的核心刚性（Leonard，1992；Christensen，1997）。但基于环境变化适应性的动态能力却可以有效保持企业的竞争优势（Teece等，1997）。然而，技术系统演化中的组织学习或动态能力研究大多还停留于一个技术范式周期内，对于技术范式转变这一具有混沌、非线性动力学特征的特殊时期的动态能力研究甚少（吴晓波等，2006）。这其中，一些具体的问题没有得到有效的回答，比如在技术范式转变时期，支撑企业创新战略成功实施的动态能力具有什么特质，其内涵和外延是什么？新技术范式下，企业又如何实施渐进式创新战略以达到颠覆性创新的目的。特别是在当前互联网技术范式转变时期，企业的创新战略和创新行为发生了怎样的演变？互联网企业微创新战略成功并实现价值创造的内在机制和支撑要件是什么？这一系列问题表明，在技术范式转变时期，企业的动态能力如何支撑企业的创新战略存在明显的理论缺口，亟待构建一个全新的理论框架来对这些问题进行分析、解释。

本文基于动态能力的支撑视角，在技术范式变化的背景下，构建了一个基于动态能力、技术范式和创新战略行为之间半交互影响的理论框架，分析技术范式转变时期企业动态能力对其创新战略行为的支撑机制和作用机理。基于这一理论框架，文章尝试打开近期移动互联网业界的"微创新"黑箱，对腾讯微信的"整合""迭代"微创新战略进行深度纵向案例研究和开拓性分析，力图详细解释企业动态能力促进企业迭代微创新战略成功的根本机制和支撑要件。目前，对于微创新这一新生事物才刚刚引起研究者的关注，国内的研究成果不多。稀少的研究也只是停留在感性层面的描述，难以深入学理上的解释和分析（赵付春，2012），上升到范式高度的微创新研究更是处于空白（吴晓波等，2006）。因此，本文的理论贡献和创新之处至少有两个方面：一是在技术范式转变阶段深入探讨企业的动态能力对企业技术创新的动态支撑机制，并在此基础上对技术范式转变时期，互联网企业的微创新战略进行了开拓性研究；二是上升到技术范式的高度，研究企业的微创新战略。本文接下去的结构安排：第二部分包括概念界定和文献回顾等内容，并在此基础上提出文章的理论分析框架；第三部分介绍研究方法和数据搜集、资料来源；第四部分是案例分析和讨论，运用构建的理论框架分析腾讯微信微创新战略成功的支撑要件和内在机制；第五部分根据前面的文献回顾和案例的分析讨论，提出技术范式转变背景下基于企业动态能力构筑创新战略的理论模型；最后一部分归纳本研究的结论，并提出建议和展望。

二、理论分析和研究框架

本部分首先通过文献回顾对技术范式变革和动态能力这两个核心概念进行综述，随后提出一个基于技术范式、动态能力和创新战略三者之间半交互影响的分析框架，对技术范式、动态能力和创新战略之间的关系进行分析。

（一）技术范式相关文献回顾

Dosi（1982）为解决创新动力机制中"技术推动"与"市场拉动"的争论，在借鉴库恩提出的"科学范式"概念的基础上，提出了"技术范式"（Technological Paradigms）和"技术轨道"（Technological Trajectory）的概念，认为技术范式是对一系列技术问题的一种"展望"，是对相关问题的界定和一系列解决方案的集合，以及有关问题及解决方案的知识；Nelson 和 Winter（1984）提出了"技术模式"（Technological Regimes）的概念，并且从组织的创新行为、搜寻行为、知识来源、组织的知识基础等方面来界定技术模式；后续一些学者进一步深化了技术范式研究的深度，将技术范式细化为多种层次和维度，例如 Malerba 和 Orsenigo（1993，1996）提出了技术范式的四维理论，用技术机会、累积性、收益性及知识基础来描述技术范式的本质特征。学者们在此基础上从宏观和行业层面研究了技术范式变革的不同层次和维度对组织行为的影响（Malerba、Orsenigo、Nelson 和 Winter，2008）。但是对于技术范式转化时期，技术范式变革对一些微观层面因素的具体影响，宏观和行业层面的研究却无法给出有效解释。于是学者们逐渐开始关注微观层面的因素，如技术范式变革对组织目标市场选择、资源组织方式、组织知识和能力的影响等（Teece 等，2007）。但客观来说，立足于微观视角的研究还不是很多。

（二）动态能力相关文献回顾

企业为什么能够保持竞争优势并获得超过行业平均利润的经济租金是战略管理领域研究的基本问题（Penrose，1959；Porter，1985，1991；Amit，1993）。为了回答这一基本问题，企业所拥有资源和能力如何与其所处环境相匹配成为研究热点（Andrews，1972）。以 Porter（1985）为代表的战略定位学派（The Positioning School）认为环境决定企业能力和战略，进而影响企业盈利。但他们过于强调对宏观环境、产业环境及竞争者的分析，反而忽视了对企业自身能力应有的关注。于是，关注于企业内部要素的资源学派和能力学派应运而生。但在发展过程中，资源学派的静态研究视角（Barney，1991）和能力学派的"核心刚性"问题（Leonard-Barton，1992），以及由于路径依赖性所产生的"惯性陷阱"问题（Burgleman，1994），使得资源、能力学派的理论均凸显出很大局限。重要的是，这些理论都无法解释为什么某些企业比其他的企业能在动态的市场竞争环境下表现得更好（罗珉、刘永俊，2009）。

在战略资源观（Resource-Based View，RBV）的基础上，Teece（1997）提出动态能力的概念，认为动态能力是"企业整合（Integrate）、建立（Build）以及重构（Reconfigure）企业内外能力（Competence），以便适应快速变化的环境的能力"。他认为企业能够获得持续竞争力的关键在于企业拥有能够迅速根据市场变化持续地调整战略、整合企业各种资源的动态能力（Augier 和 Teece，2009；Teece 等，1997；Vergne 和 Durand，2011）。作为一种组织过程或战略惯例，动态能力使企业通过获取、释放、整合或重组自己的资源来适应或创造市场变化，或者凭借战略惯例不断更新资源配置以满足环境变化的需要。由此，动态能力被很多学者认为是当代企业获得持续竞争优势的根基（Helfat 和 Peteraf，2003；Sirmon 等，2007；贺小刚等，2006；焦豪等，2008）。不过，不同学者对动态能力的内涵和外延的理解存在一定差异。

Teece 等（1997）认为动态能力包含流程（Process）、位势（Position）和路径（Path）三个构面（3P），即动态能力是嵌入在组织的流程当中，而组织的流程是由组织的位势和路径所塑造的。后来，Teece（2007）又提出了新的阐释动态能力的框架，将动态能力分解为"感知"（Sensing）能力、"攫取"（Seizing）能力和"转化"（Transforming）能力，认为在动态能力的理论框架下，感知、塑造并攫取新的机遇是企业动态能力的支撑（Winter，2003）。焦豪等（2008）开发出动态能力的四个构面：环境洞察能力、变革更新能力、技术柔性能力与组织柔性能力。以四个构面为基础上的实证研究发现，组织学习在创业导向和动态能力之间发挥了正中介效应的作用，建议企业应在创新与超前行动性氛围下，通过组织个体层、群体层与组织层的存量学习和前馈层与反馈层的流量学习，构筑并提升企业动态能力。

从表1汇总的动态能力构成要素可以看出，虽然学者们基于不同的研究视角对动态能力进行的界定有差异，但是大部分学者的界定都立足于三点：动态能力是企业的整合、重构能力，其核心内容是组织学习和知识管理，其目的是有效应对日益动荡复杂的环境。为了进一步丰富动态能力的内涵，我们将视角界定在技术范式层面，认为企业的动态能力可被理解为在技术范式转变时期，企业应对混沌、复杂的动态环境的整合、重构能力。其中，通过响应外部环境变化的组织学习实现对信息的捕捉是动态能力的前提；通过知识管理实现企业产品/服务的更新是动态能力的基础；通过整合、协调与重构企业的资源、能力实现运营能力改变是动态能力的实现手段。

表 1　动态能力的构成要素

文献	构成要素
Teece 等（1997）	协调、整合、学习、重构、转型
Heeley（1997）	外部知识获取、知识内部消化、技术能力
Eisenhardt 和 Martin（2000）	整合、重构、获取、释放
Zahra 和 George（2002）	获取、消化、转化、利用
Pavlou（2004）	协调能力、吸收能力、集体意识、市场导向
Branzei 和 Vertinsky（2006）	吸收、消化、转化、配置
Wang 和 Ahmed（2007）	适应、吸收、创新
Ambrosini 和 Bowman（2009）	整合、重构
Cetindama、Phaal 和 Probert（2009）	资源配置方式、创新方式
Teece（2009）	感知环境，抓住机遇，适应、重塑企业所处环境
Barreto（2010）	系统解决问题、感知机遇和威胁、变革资源、适应环境

资料来源：笔者根据相关文献整理。

（三）技术范式、动态能力与创新战略：一个理论框架

技术范式的转变为众多企业打开了一个"学习窗口"（The Window of Learning）（Christensen 等，1998），动态能力可以帮助企业在应对或利用转变的过程中摆脱路径依赖和结构惯性，革命性地摧毁黏滞在旧范式下的领先者优势，使新生力量脱颖而出。具体而言，企业可以通过动态能力为渐进式创新与颠覆式创新活动合理分配资源，进行快速的机会识别，不断地对现有资源进行渐进改进和剧烈重构，二

者互动协同一致能使企业在动态复杂环境中获得持续竞争优势（焦豪，2011）。在一定程度上，企业通过扫描外界环境发现技术变化带来的可行性机会，在这个阶段企业家可以实施颠覆式创新的相关活动，最大化地利用新机会带来的先发优势。当已经通过颠覆式创新开发出新技术和新产品的雏形后，可以通过渐进式创新不断地改进与完善新技术和新产品，最终完全赢得市场（Zollo 和 Winter，2002）。

Borch 和 Madsen（2007）也提出有利于中小企业占据优势竞争位置的四种动态能力，即内外部配置与整合能力、资源获取能力、网络能力与战略性路径结盟能力。实证研究发现，这些动态能力与企业创新战略具有显著的正向影响关系，会促进其内部的创新与企业的持续成长。此外，技术范式的转变不同于原有技术的渐进性改变，而是一系列解决技术问题的思维方式和方法体系的根本改变，这种转变不仅牵涉到技术问题，还需要企业从组织的市场、管理、服务等各个方面做出全方位的调整，这一全方位调整的动力源泉、生成机制和运作机制就是企业的动态能力。虽然国内外不少学者研究了企业动态能力在适应动态变化的环境中所发挥的作用（Teece 等，1997；焦豪、魏江和崔瑜，2008），但是以技术范式转变作为研究背景，研究在技术变化特别是技术范式转变时期，企业动态能力对其战略的支撑和影响的文献却不多。

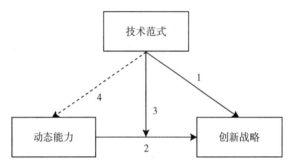

图 1 本文的理论分析框架

基于这些分析，本文构建了一个基于动态能力、技术范式和创新战略行为之间半交互影响的理论框架，具体参见图 1。本文认为动态能力是技术范式转变时期企业本身所特有的，动态能力能够创造新的技术机会并帮助企业抓住商业机遇，从而使组织在技术范式转变时立于不败之地。首先，技术范式转变作为外部环境变动的一个重要代理变量，从时间和空间上影响了企业创新战略的调整和具体创新策略的选择（实线 1）。动态能力作为企业面对技术范式转变时期的一阶能力，支撑了技术范式转变时期企业的创新战略调整（实线 2）。而技术范式转变具有正向调节作用，强化了动态能力对企业创新战略的支撑力度（实线 3）。另外，一些学者基于演化观，分析了技术范式转换时期企业动态能力的演化（虚线 4），如吴晓波等（2006）指出，在技术范式转换时期，企业要求相应的动态能力与战略匹配，即技术范式转换前和转换后，企业的动态能力应该做出相应的变化。但是本文认为，当今世界的一个显著特征是时间紧缩，随着科技知识的快速创造与累积，创新周期不断缩短，技术范式转化的时间窗口会越来越短暂，要求动态能力在极短的时间内做出转变并不现实。企业的动态能力本身就是应对外部环境动态变化的能力，技术范式转变也是对组织面临的技术环境质的动态变化的一种刻画，如果基于缓慢、渐变的演化观来分析瞬息万变的技术环境下企业动态能力的演变，就明显误解了动态能力的内涵，没有认清动态能力是"创造能力的能力"（Winter，2003）的本质内涵。限于本文主题与篇幅，对于技术范式转变究竟对动态能力的演化具体有何种影响、如何影响（即本理论框架中用虚线标识的路径），在此不做深入探究，留待另文去解决。

三、研究方法和数据来源

（一）选择案例研究方法的理由

案例研究属于实证研究中的定性研究，是通过对案例的观察、整理、分析，找到一些未被发现的新变量或关系。案例实证研究在发现新理论、丰富现有理论等方面具有重要意义，这一点为众多学者的研究所证实（Eisenharde 和 Graebner，2007；Siggelknow，2007）。由于案例研究能够考察掌握案例对象的复杂性，对研究对象进行分析描述（Weick，2007；Yin，2009），因此，根据本研究主题在现象上的典型性与内容上的复杂性，本文采取案例分析方法。作为探索性案例研究，本文采用有助于提炼规律的对单一案例进行深度纵向分析的研究方法（Eisenhardt，1989）。个案研究的方法有助于捕捉和追踪管理实践中涌现出来的新现象和新问题，同时通过对案例的深入剖析，能够更好地检视研究框架中提出的问题（Pettigrew，1990；Chakravarthy 和 Doz，1992）[①]。

此外，纵向案例研究可以在 2 个或 2 个以上的不同时间点研究同样的研究对象（Yin，1994）。本研究通过不同方法收集多种形式的数据，包括访谈、调查问卷、公司内部资料以及公开信息。这样一方面可以获得长时间大跨度的宝贵资料（Longitudinal Information），能够对案例公司的动态发展过程以及其独特的情景（Context）达到系统的理解和把握；另一方面，对在某个时期内同一变革进行分析时，本研究的覆盖面涉及了一线员工、经理、高级管理人员等多个层面，这是多角度多层次分析同一问题的坚实基础。这两个方面的基础工作大大提高了所归纳理论的外部效度，也提高了其在不同情境下的适应程度。

基于这些方面的综合考虑，本文最终选取单案例纵向研究方法，希冀能够较好地了解案例的背景，并能在一定程度上保证案例研究的深度（Strauss，1987）。通过对典型案例的纵向研究，探索技术范式转变时期企业动态能力对其创新战略行为的支撑机制和作用机理，并进行探索性分析与挖掘，进而构建适宜的理论研究框架。

（二）案例选择的依据

本文研究的案例是腾讯公司的微信业务。选取典型案例是基于案例研究方法的常见做法（Eisenhardt，1989）。Eisenhardt 指出，对案例研究方法来说，随机样本不仅是不必要的，一般还是不可取的。Pettigrew（1990）甚至一再强调案例研究要选取典型和极端的情形才更为合适。Yin（1994）也有同样的看法，认为案例研究要求样本选择具有重要性或极端性。此外，研究的问题决定了案例企业的选择标准：①企业所处行业竞争激烈，环境复杂多变；②企业在其行业具有典型的代表性；③企业成立时间 10 年以上；④企业相对竞争对手而言具有明显的竞争优势。因此，本研究认为以腾讯微信为案例研究对象是合适的，主要理由如下：首先，从 2011 年至今，腾讯微信及其微创新在国内互联网行业一直处于领先地位，具有行业代表性；其次，腾讯微信扩张过程从 2011 年至今虽然短暂，但已经历了多个不同阶段，各阶段的特征、问题及其解决方式丰富且有趣，历史数据较完整[②]；再次，腾讯微信的快速发

---

① 实际上，近年来有不少国内学者采用了个案研究的方法来深入剖析中国情境下管理实践的新现象和新问题，如周长辉（2005）的五矿战略变革过程案例、罗仲伟（2007）的丰田汽车企业网络创新案例、于开乐等（2008）的南汽并购罗孚案例与王凤彬等（2008）的海尔模块化组织模式案例。

② 腾讯这种"创业型软件发行商"允许人们从其产品诞生的时候开始观察，避免了数据的左截尾问题（毛基业、李晓燕，2010）。

展很大程度上得益于它的动态能力，作者调研过程中对腾讯微信如何实施迭代微创新战略印象尤为深刻；复次，本文的作者之一是腾讯微信业务部门的核心员工，参与了腾讯微信整个迭代微创新战略的关键进程，保证了所获取相关案例资料的准确性、直接性；最后，追踪中国企业管理创新实践并使其理论化是学术研究的基本使命，至今尚未见到关于微创新专题研究的学术文献，系统诠释微创新战略的理论依据与理论贡献仍属空白。

腾讯微信的创新实践和发展历程是复杂多变的、丰富多彩的，相关因素、机理还未完全厘清，本文的研究目的在于揭示技术范式、动态能力与创新战略的关联性，如果用定量的方法进行研究这些因素的关联性可能较为困难，所以从案例到理论的"分析性归纳"的原理（Yin，2003）可能更适合检测这一现象。

（三）案例资料的来源、收集方法与研究程序

在案例研究的过程中，可以使用多样化的数据来源以使案例研究基础更加坚实有效（Glasser 和 Strauss，1967）。因此，本研究在腾讯微信的纵向案例分析中搜集了多样化的数据，用多数据来源保证研究能相互补充和交叉验证。主要有深度访谈分析、基于行业内的数据搜集和跟踪研究等方法，这是本研究的主要信息来源途径。具体体现在以下四个方面：第一，自 2012 年 7 月至 2013 年 10 月，作者团队对腾讯微信各部门人员进行了全面的实地访谈与问卷调研，整理了近 20 万字的文字记录；第二，自 2012 年至今，本文作者之一长期跟踪参与腾讯微信的产品开发，参加公司经营会议，并与腾讯高级副总裁、微信产品负责人张小龙的接触较多，对微信的研发有着深刻的认识；第三，作者还进行了大量中高层访谈并取到了一手的数据，同时收集了大量腾讯公司的内刊、资料及公司的管理制度等资料；第四，关注腾讯公司微信业务的公开报道和其他公开发表的二手资料，具体包括媒介对腾讯公司微信业务的报道以及公司高管的讲话等。

整个案例研究过程独立于案例企业，分为四个阶段展开。研究团队通过不同渠道反复考察、访问了腾迅公司若干相关部门，重点关注创新战略、产品设计、市场推广、技术搜索和迭代微创新等活动。多次召开研讨会议，并将有关问题与发现及时与企业个别高管团队成员交流，不断获取、补充相关信息，核实、论证相关判断和结论。总之，研究团队在各个阶段都保持了研究的独立性、开放性、协同性和建设性，通过不断汇总、分析从多种来源获取的信息，加深对腾讯公司微信业务发展过程以及动态能力对其创新行为影响的认识和理解，最后，验证研究关系模型的有效性，并尝试发展理论。①

四、案例分析与讨论

（一）案例简介

2011 年 1 月 21 日，腾讯推出一款通过移动互联网发送语音短信、图片和文字，实现多人群聊的简单手机聊天软件——微信。由于在腾讯 QQ 好友关系链之上又叠加了手机通讯录关系链，用户可以在广

---

① 本研究是完全独立于案例企业的学术行为，研究中涉及一些企业内外的敏感问题（例如，腾讯公司内部的研发竞争、技术产权保护、人力资源管理规则等），考虑到保护企业和有关人员等众所周知的原因，文中不能展开各阶段考察、访谈细节，并隐去相关人员姓名，请读者见谅。

泛的社交关系链之中，以非常低廉的成本，互相发送形式丰富多样的信息。这款产品一经推出就受到原有腾讯用户的欢迎。在微信投入市场之前，国内外已经有多款基于移动互联网的语音聊天软件，以米聊、Talkbox、Kik、Whatsapp 等为代表的应用瓜分了大部分市场份额。可是仅仅只经历了一年时间，微信就远远超越了该领域几乎所有对手。2011 年，微信共发布了 45 个跨越不同终端的更新版本，平均1.15 周发布一个。借助卓越的产品设计以及迅速而持续不断的版本升级，微信的各项功能不断推陈出新，极大地满足了用户借助手机进行多媒体沟通的需求。只用了 10 个月时间，微信便发展了 5000 万个注册用户。2012 年 3 月 29 日，微信注册用户已超过 1 亿，2013 年 1 月 15 日，腾讯微信宣布用户已达3 亿。在功能体验、用户规模等方面，微信把米聊、Talkbox、Kik、Whatsapp 等同类应用远远地甩在了后面。现在，微信已经成为一个横跨语音和视频聊天，朋友圈分享，摇一摇社交，地理信息服务，公众账号及开放平台等诸多扩展的移动互联网社交大平台。微信从一个单一的产品，几乎在一瞬间就发展为一个综合性平台产品，颠覆了多个价值区间，成为腾讯公司在移动互联网时代的战略级产品。在公司CEO 马化腾亲自督战之下，微信有望成就腾讯由 PC 王者向手机王者转型的基础。除未来商业价值被市场看好之外，对研究者而言，更为看重的是在整个微信发展过程中所体现出来的微创新落地价值。

（二）具体发展历程

与国内很多其他产品来源于欧美公司的结构性创新产品类似，微信的产品雏形始于加拿大移动 IM服务提供商 Kik Interactive 公司的移动语言聊天产品 Kik。在中国，最早的同类应用为互动科技在 2010年 11 月推出的"个信"。小米科技于一个月后正式推出"米聊"，并一举获得千万级的用户市场规模，成为该阶段的领先产品。这种忽然诞生的业务类型威胁的不仅是依靠短信获利的电信运营商，其首当其冲的打击对象是借手机 QQ 维持移动社交市场领先的腾讯。微信于 2010 年 11 月 18 日正式立项，它的起源不是来自腾讯移动互联网主力——承担手机 QQ 业务发展的腾讯无线业务系统，而是被腾讯 QQ 邮箱的开发团队——广州研究中心（下文简称"广研"）作为一个兴趣项目启动。2011 年 1 月 21 日，腾讯"广研"推出第一个微信苹果手机应用版本，随后几天又陆续推出了安卓和塞班的手机应用版本。微信开启了一个由非核心业务团队主导下的微创新大胆实践征程。接下来本文按照以下七个阶段介绍微信产品精彩的发展历程。

　　1. 技术追赶：基础语音功能的微创新追赶

微信产品第一个版本的核心思路是"能发照片的免费短信"，虽然这和竞争对手趋于同质化的口号并未让用户感到太多的惊喜，但代表了微信启动时最初始的产品诉求。第一个版本没有受到市场的太多关注，然而这个最早版本积攒下来的少数尝试性用户却给产品带来很多宝贵的建议和反馈。在接下来三个月，微信团队根据这些用户提供的线索不断优化程序，持续改进包括收发信息速度、流量节省等产品细节内容，并根据用户最集中的需求打造新的产品功能。

2011 年 5 月 10 日，发布微信产品第二个版本，广研借助手机 QQ 团队开发的语音聊天技术，首次在这个版本里推出微信语音对讲功能。这个目前为止依然被使用最多的基础功能，给微信带来了大量的新增用户。这个功能显然也并非微信独创，2011 年 1 月推出的 Talkbox，就已经在主打免费语音。不过，就这种免费语音的具体呈现方式，微信根据用户实际的使用习惯进行了大量的微创新改进。比如当距离感应器没有发生感应时，语音对讲功能就默认为扬声器播放，而只要把手机贴近耳朵，感应器就马上自动调整为听筒模式，这种细节性的改善，让用户避免了大众场合"被广播"的尴尬，方便在会议、地铁等不方便接受扬声器广播的场合进行接听。类似这样的微创新改进还有很多，这使得用户接触到的尽管还是那些底层技术支持下的基础应用，但感受到的产品体验与其他的产品相比却已经全然不可同日而语了。

2. 基本超越：由强关系链拓展至弱关系链的微创新超越

真正让微信从国内 Kik 类软件中脱颖而出的是其再次以微创新的模式，在微信的语音服务上叠加 LBS（基于地理定位技术）实现的距离社交功能。2011 年 8 月 3 日，微信发布了 2.5 版本，在国内率先推出"查看附近的人"功能。另外，QQ 邮箱的漂流瓶功能也延伸至微信上。微信借助这两个应用突破了熟人沟通的边界，直接进入陌生人交友的应用区间。但是国内其他技术企业也同时关注到这个类别的应用。微信 2.5 版推出的第二天，陌陌这款纯粹定位于 LBS 陌生人交友的应用也在苹果商店上线。LBS 技术以及基于 LBS 技术实现的友邻社交应用都不是微信首创，微信只是将 LBS 和语音对讲打通，但微信也并不是第一个把手机语言聊天和 LBS 相结合的，韩国的女同性恋交友软件 EL 在 2011 年 2 月发布的 1.5 版本中就已经列出了其他用户和本用户的距离、所在城市，并按照从近到远排列，方便用户交流。

但是，微信产品所采用的模式，则是源自于对前几个版本的用户洞察。微信的开发者观察到很多实实在在的陌生人需求，比如拼车上下班，用户把拼车的需求写入微信签名栏，以便让有同样需求的朋友联系自己。又如二手物品的出售，也可以把商品信息放到微信很快找到买家。微信的功能需要更加生活化，基于不同的生活需求让更多陌生人产生进一步联系。基于这种洞察和考虑，微信为用户提供了查看附近人的头像、昵称、签名及距离等功能，并由此把不认识的人圈到了一起，突破熟人的紧密关系链，进入了类似微博一样由某种共同点维系在一起的弱关系链。由此一来，微信新增好友数和用户数第一次突破 QQ 原有的用户群边界，并迎来爆发性增长。这种"强弱关系链"的转换，把不认识的人圈到一起，成为微信用户增长的一个重要里程碑。

3. 完全超越：快速微创新实现超越

2011 年 10 月 1 日，微信 3.0 版本率先采用摇一摇功能，借助动作的一致性匹配找到同时晃动手机的人，形成新的随机社交关系。2011 年底，推出的微信 3.5 版本采用了一个极具战略价值的功能——二维码，通过扫描或在其他平台上发布二维码名片，用户可以不断拓展微信好友。摇一摇和二维码功能被业界普遍认为是微信实现绝杀竞争对手的微创新，这两项功能虽然都是微信在国内产品上的首创，但仍是在一定程度上复制了国外相关产品的先进技术。比如 2011 年 8 月 16 日发布的日本公司语言聊天产品 LINE，新增 Shake it!（也是摇手机加好友）和 QR 码（二维码的一种）添加好友的功能。

不过，这两个功能在微信上大获成功而广受用户青睐，还是因为微信在细节上比国外先行者要做得好很多。比如在摇一摇的第一个版本中，晃动手机之后的效果除了震动之外，听觉上是响亮的来福枪上膛声，视觉上女性用户呈现为维纳斯雕像，男性用户则是大卫雕像。

4. 国际化拓展：国际化版本和广播电台接驳

中国互联网企业历史上有很多开创性的产品，无论在理念上，还是在模式上均大幅度领先于欧美公司，比如百度的问答和百科。然而中国的互联网公司只是将眼光聚焦在了国内市场而忽视了国际拓展的机遇，因此之前仅只发布中文版本，从而失去了国际化的最佳契机，但是微信的规划却并非如此。微信的前三个版本都只有中文版，但到了 3.5 版本，微信在中文版基础之上叠加了英文、法文、德文等 12 种外文的国际版，目前的语种已经扩充到 19 种。除了语言，微信在用户体验上也跟随语种一并作出诸多微调，以适应当地市场的用户偏好。作为发布国际化版本的直接结果，微信在 2012 年一举拿下 15 个国际市场的社交类苹果商店应用第一位，目前，微信的海外用户已经超过 4000 万，与美国的 Whatapp、韩国的 Kakao talk、日本的 Line 并列为全球四大手机即时通讯工具。

国际版本的迭代，标志着微信在彻底稳住国内市场领先位置之后，实现了关键一步战略布局，而这种布局是依靠软件已有版本的多语言升级，以及国际用户体验的局部改善来完成的。目前，腾讯正在向各个区域市场派驻地面推广人员，但这是建立在产品本身已经在当地打开局面的基础之上的。马化腾甚至认为，微信将会是其有生之年能够看到的为数不多的腾讯国际化战略成果。在这个阶段，还有一个有价值的拓展，微信首次借助语音通话的业务尝试叠加广播电台运营辅助模式。微信新增加的模块可以让广播电台的主持人们通过一个简单的后台，随时发布语言信息并管理听众反馈的信息，实现真正的交互式电台播放。这一模块的出现，打破了以往广播台主持人那种冷冰冰的播报以及伪造听众短信的模式，开启了一种鲜活生动的互动演播。这个模块随后被大量传统广播电台所采用，主持人们积极主动地持续告诉他们的听众："用微信爆料更方便、安全。"这种状况像极了媒体不断引用微博内容的局面。而开心网、新浪微博、百度百科等创新惯例告诉人们，一旦传统媒体开始主动地免费宣传，该产品就已经成功了。

5. 平台化创新：以微创新方式将工具变成平台

米聊的"熟人社区"最早将QQ空间那种在好友关系链上分享图片等信息的功能集成到手机上来，微信产品4.0版本精妙地构建了一个允许用户将文字、图片、音乐、视频等资讯内容基于个人的私密关系链实现小范围流转的模块，微信团队将此模块命名为"朋友圈"。朋友圈的模式同样也不是微信首创，微信4.0版发布时，业界基本上一致认为这一模式是抄袭Instagram或Path。但是几乎所有人都没有发掘微信"朋友圈"里蕴藏着的微创新，也看不到这是在QQ关系链上做社交网络服务的有机尝试，以及微信如何借助各种局部的改善来规避可能极大伤害用户体验的风险。另外，业界也没有看到接口公开介入第三方内容后可能的结构性变化。当业界其他竞争者只是对其他产品的关键功能进行单纯的复制抄袭时，微信与竞争者的距离正在不断拉大。

微信"朋友圈"最早用"图片"分享作为最直接的切入点，设置巧妙且好玩，用户在微信上分享照片，进而养成了愿意分享所有一切喜欢内容的使用习惯。朋友圈因为好玩而迅速得以推广，大量非私密信息通过朋友圈得到了更大的流转空间；为了将关系链微妙的用户体验处理到位，微信团队对于原本简单的Path模式做了非常精细化的改造。例如对用户关系进行精密的隔离与控制，强关系链范畴内的好友才可以同时看到并且评论，不同关系链内的内容各项隔断并有准确的衔接点。在4.0版本之后，可流动的内容拓展到几乎所有手机上能够阅读的内容，一方面优质的内容借助可信度很高的微信关系链可以进行高质量的传播，另一方面，微信也通过内容，让不断优化的社交关系链变得无比壮硕。

微信朋友圈的兴起，几乎在一瞬间消除了腾讯的两大忧患。除了米聊等同类产品的没落，腾讯另外一个竞争对手新浪微博也遭遇到重大打击。有关数据显示，2012年全年，新浪微博的活跃度同比下滑至少30%，而在那一年，3亿微信用户的朋友圈活跃度上升到60%以上。很多用户前几年养成去新浪微博分享和找好玩的内容的习惯，在2012年变成了打开微信朋友圈分享和寻找好玩的内容。

6. 跨界迭代扩张：迭代到更加广泛的价值空间

在第六个阶段，微信继续推出的高质量创新服务多到让人眼花缭乱。4.0版本至4.5版本期间，微信先后推出了语音/视频通话功能、微信网页版、企业公众账户关注/信息订阅功能等。这些功能发布本质上是微信仰仗通讯工具的业务基础，进入多个原本不属于腾讯公司的价值区间。微信的语音/视频功能直接颠覆的对象是电信运营商，用户不仅不需要支付短信费，也不需要再单独购买视频通话的3G服务。2012年春节，通过多姿多彩图文动画形式的拜年微信信息转瞬间将拜年手机短信取而代之，持续增长10多年的中国移动在2012年短信收入锐减，整体业绩也步入了零增长阶段。中国移动随后借助舆论弹劾微信，并以"占用了更多的信令"为由，谋求对微信收取更加高昂的移动互联网通道费。然而从长期来看，微信网页版基本替代了中国移动飞信，实现打通电脑和手机的功能。微信企业公众账号的推出，对新浪微博平台上的口碑营销价值链形成了巨大冲击，大批营销账号开始迁徙微信，连新浪自己的门户（Portal）频道也开始在微信上建立推广账号。

7. 移动商业帝国初成：微信商业化时代的到来

2013年8月9日，微信5.0版正式在腾讯自由应用市场应用宝首发，尝试功能更为强大的微信商业化要求。5.0 版围绕着一个中心点——微信商业化如何做，增加了多项新功能，同时调整了多项老功能。如何做到商业化不伤害产品，产品又能托起商业化诉求，这是对微信 5.0 的最大挑战。从微信产品在以下几个方面的尝试，可以窥探微信团队在寻找这种平衡点时所做的努力。首先是微信支付，作为 5.0 版新增功能，微信支付支持 Web 扫码支付、App 跳转支付和公众账号支付。一旦绑定银行卡，以后支付不需要输入繁复信息，仅需输入微信支付密码就可以完成交易。微信支付让那些开设公众账号的商家更容易实现交易，而对商业社会规则的震撼性影响则是即将推出的直接扫码支付功能。

另外，"扫一扫"功能也得到改进，为微信的商业化想象力提供了无限可能。微信 5.0 的"扫一扫"功能包括二维码、条形码、封面、街景、翻译。每个功能都可看成是某种商业化尝试。微信游戏也是微信 5.0 商业化的一种尝试。微信 5.0 的启动页是一款"打飞机"的小游戏，这个选择让腾讯内部使用测试版的一些员工也感到惊讶，凸显了微信以游戏平台为开端推进商业化步骤的策略。微信游戏平台具有极大的潜力，行业前景也令人倍感乐观。首要的利好消息便是不久前被百度下狠心以 19 亿美元收购的 91 无线，该公司已经每月可以从移动游戏业务中获得 1000 万元流水，而移动（手机）游戏方兴未艾，金矿远远没有被挖掘出来。由于微信尝试在移动平台上塑造全新的移动互联网，从微信 5.0 版中人们看到了移动商业世界的价值。人们结束游戏后，还可以在微信的信息消费世界里 IM、朋友圈、扫一扫购物等。这个完整的闭环，是腾讯的战略棋局。最后，折叠公众账号是微信公众平台去媒体化的举措。从 2012 年 8 月公众平台上线，到 2013 年 6 月微信产品助理总经理曾鸣提出"微信不是一个纯粹营销工具"为止，公众平台上的账号以媒体传播的方式推送消息愈演愈烈。

（三）技术范式转变时期企业动态能力对微创新战略行为的作用机理

从腾讯微信的发展历程来看，微信自项目开启时就建立了差异化的思维，用差异化的方法解决问题，这在一定程度上说明微创新战略的本质是差异化战略。进一步深入分析，微信微创新呈现具有规律意义的两个核心点：一是从小处着眼，体察、贴近用户的需求心理；二是专注一个方向，快速出击，不断试错。微创新并不意味着就能一炮走红、一招制敌，微创新需要持续不断地寻找用户的关注点，然后持续快速地响应用户反馈，改进产品以满足用户需求，积少成多，实现商业模式创新。

概括来说，腾讯微信成功的关键是将微创新上升到战略高度，实施了"整合"与"迭代"微创新战略。所谓"整合"微创新战略是指微信不是只使用某种单独模式开展微创新活动，而是将微创新活动建立在基于功能、技术、定位、模式、外观、服务、渠道等多个层面，兼顾各方面的用户体验的持续改善，并整合使用各种微创新模式以保证"整合"战略的实施；所谓"迭代"微创新战略是对微创新活动反复按照一定的步骤进行重复执行、开放操作、迭代升级，在每次展开这些步骤时，并不是简单的循环复制、功能叠加，而是将创新活动始终置于一种开放的、协同的状态，充分利用已有的创新成果、紧紧追踪潜在的适用技术、细致分析所感受的用户需求，要求在每一次重复中实现哪怕是某一微小功能或技术的迭代升级，以保障实现持续创新，并通过规范化的步骤来加速微创新过程。这一"整合"与"迭代"微创新战略具有开放性、协同性、加速性、持续性的特征，保证了腾讯微信能够敏捷地吸附、集纳市场上出现的几乎所有大大小小的相关技术和模式，并在自身平台上反复予以"整合"与"迭代"，从而迅速地超越同类产品，使其由最初一个看似偶然的、并不起眼的垂直类应用项目最终演变成囊括多种功能的移动社交平台，而且跨界颠覆了其他移动产品。可以说，微信的"整合"与"迭代"微创新战略塑造了中国移动互联网行业微创新实践的典型案例。

在腾讯微信业务所处的基础语音功能的微创新追赶阶段，微信已与其竞争产品米聊具备一样的功能，但在内容下载速度和载入方式的体验处理方面则做得更好、更细，表明微信团队已初步拥有内部技术搜索和跨界技术搜索的以组织学习为主要形式的动态能力。同时，借用 QQ 号码登录并查找 QQ 好友，可以通过微信来接收 QQ 离线消息和邮件，这两个细节是腾讯公司内部通道创造出来的全新附加价值体验，使微信比米聊具有稍许的竞争优势。这些基于体验和内部资源的微弱优势，让后起步的微信能够迅速地与先发的米聊等产品站在了同一起跑线上。

在由强关系链拓展至弱关系链的微创新超越阶段，原来处于创新引领位置的米聊也仿照微信推出了类似"熟人社区"的功能，但在与微信的直接交锋中，米聊的"熟人社区"和微信的"查找附近的人"在资源沉淀以及细节体验上都存在很大差距。另外，随着用户被陌生人"骚扰"的负面声音不断扩散，"趣味性"陡增的微信迅速而彻底地将米聊的陌生人社交功能击败。

进入快速微创新实现超越阶段，微信已经在这前三个阶段密集推出了十多个版本的迭代，最直接的被影响者是微信的竞争产品米聊。米聊在推出之始就受到业界和市场的广泛关注，因为其代表着资深互联网业者不断开拓新领域，努力实现微创新变革而推出的优秀产品，很多人将米聊看成是撼动腾讯互联网霸主地位，战胜腾讯手机 QQ 的利器，甚至有人认为，米聊代表着一种 PC 互联网向移动互联网转移的颠覆性创新，而且米聊是从移动社交的根源入手，引爆了行业更迭的重大发展机遇。可惜，被寄予厚望的米聊，在微信面世后的快速迭代面前显得那样苍白无力。微信连续几个版本迭代下来，米聊的功能体验和用户量迅速被超越，原有用户也不断流失，领先的市场地位被微信所替代。在无力挽回颓势的境地之下，米聊创始人雷军既显理智又示无奈，他深有感触地说，功能设计和用户分析方面的理性，结合内容和界面的感性，微信迅速被用户接受，微信选择的这个路径是很准确的，但是没想到腾讯的进展会那么快。面对集精细、体贴和强大功能于一体的微信，米聊于 2012 年末基本上停止了版本的迭代开发。

经历了前三个阶段的"整合"与"迭代"微创新后，微信已经遥遥领先于国内其他任意一款同类产品。接下来的微信很快摆脱常规的赶超式竞争，继续以微创新方式迅速展开领跑行业以及主战略的实施过程。微信团队体现在组织学习和知识管理这两个维度的动态能力，在这一过程中得到不断丰富和大幅度提升。

在国际化拓展阶段，腾讯微信国际化版本和广播电台进行接驳。没有了竞争对手的紧迫追赶，微信的产品版本迭代节奏也从原来的"碎步快跑"的密集小迭代、小优化更新模式，变成了几个月一个更新，但是每次更新就有大跨越的状态。这种变化的背后，是微信完成了与同类产品就"通讯工具"这个最基本的功能诉求的角逐，现在这个工具的王者地位已经奠定，微信开始更加有计划、有节奏地向着自己设定的目标点前进。

在平台化创新阶段，腾讯微信引入微信朋友圈，以微创新方式将工具变成平台。在一定程度上，微信朋友圈的兴起，也为微信由通讯工具变成移动社交平台创造了客观条件。实际上，微信已经从战略上将自己定位于"社交关系和移动通信的管理平台"的位置。而从产品战略角度看，微信在拥有海量用户之后，将是移动互联网时代的"社交关系管理平台"，而早期定位通讯工具已经蜕变为这一平台上最重要的子功能之一。除了移动通信之外，微信还通过个人相册和朋友圈，构建了一个在小范围流转的基于私密关系链的内容层；并通过开放 API，让广阔的互联网内容，在微信庞大的关系链中不断流动，让各种基于第三方的商业模式成为可能，也让各种线下服务通过"二维码"和"附近的人"接入到庞大的微信价值链内。最后，微信开始实践开放平台，让用户实现各种 App 之间的相互推荐和调用。这可以说是一个从用户需求点切入的战略选择，这一次变化，让微信从工具布局到社区和平台。

在跨界迭代扩张阶段，腾讯微信的战略布局已经很清晰，通过迭代创新实现更加广泛的价值空间。防守米聊成功后借势击溃新浪微博，现在开始蚕食电信运营商的市场，进而开启了微信商业化的新时代。目前，腾讯针对商户、媒体创新运营的需要，正在鼓励商户、媒体往移动平台迁移。腾讯希望在微信的闭环平台上，有足够多的商户①为足够多的用户提供足够丰富的服务。然而对于腾讯而言，在公众社交平台上以"整合"与"迭代"微创新为基础叠加商户移动服务平台和媒体移动内容发布平台，这是不可逆的。腾讯迈出了第一步，在培养商户和用户、媒体和受众的习惯方面，还会迈出第二步、第三步……对此，腾讯能提供的资源、微信能提供的功能终究是有限的，需要在更高的起点，以更宽的视野改变微信公众平台的玩法。这对于高质量的第三方辅助运营系统而言，意味着将会迎来新的机遇。对微信团队而言，则意味着技术范式转换背景下动态能力的进一步开发、培育和拓展。例如，基于云计算、大数据的用户分析和平台管理。

由此可见，微信团队在不断提升的动态能力支撑下通过微创新的持续积累最终实现了颠覆性创新（各发展阶段微信团队的动态能力及微创新内容总结参见表2）。从某种意义上来认识，在许多现实案例中，为人们所津津乐道的所谓颠覆性创新，实际上不过是对持续微创新成果的"马后炮式"总结②。从微信的案例来看，持续地微创新最终演变为颠覆创新的具体路径，通常是从当初一个很不起眼的局部体验或者低价值市场切入，通过不断的改善促成质的飞跃，进而实现对原有优势产品和服务的替代。颠覆性创新从来不是在一夜之间发生的，就互联网领域而言，需要把握信息体验消费市场的特征，紧紧围绕用户的碎片化、速变化的动态体验需求进行持续局部改进和细节创新。那些苦心孤诣地寻求最具杀伤力的商业秘方，追求一招制胜的商业诀窍，期望能毕其功于一役的所谓"创新"，恐怕只能对颠覆性创新望洋兴叹。不过，需要指出的是，微创新未必一定能够累积成为颠覆性创新，如果微创新仅仅是满足某种防守战略的需要，守护原有的市场份额，就很难将微创新的成果累加成系统性、结构性的变革，最终也不会形成颠覆性的革命，企业的微创新将无法开辟新的价值区间，实现颠覆性的价值创造③。

表2　微信各发展阶段的动态能力及微创新内容

发展阶段	动态能力	微创新具体内容	微创新技术来源	受到影响的竞争对手
技术追赶阶段	内部技术搜索 组织学习 跨界技术搜索	语音对讲功能的距离感应器设计；用 QQ 号码登录微信并查找 QQ 好友；通过微信接收 QQ 离线消息和邮件	Talkbox 免费语音聊天；QQ 语音聊天	Kik、Talkbox、米聊
基本超越阶段	外部技术搜索 知识管理 技术变异识别	为用户提供了查看附近人的头像、昵称、签名及距离等功能，并由此把不认识的人圈到了一起，突破熟人的紧密关系链，进入了类似微博一样由某种共同点维系在一起的弱关系链	QQ 邮箱漂流瓶 陌陌交友 同性恋交友软件 EL	陌陌、EL、米聊
完全超越阶段	跨界整合 响应市场	摇一摇的第一个版本中，晃动手机之后的效果，除了震动之外，听觉上是响亮的来福枪上膛声，视觉上女性用户呈现为维纳斯雕像，男性用户女则是大卫雕像	日本公司语言聊天产品 LINE 的 Shake it! 和 QR 码添加好友功能	米聊
国际化拓展阶段	技术变异识别 跨界扩张	在中文版基础之上又叠加了英文、法文、德文等12种外文的国际版，目前的语种已经扩充到了19种。除了语言，微信在用户体验上也跟随语种一并做出诸多的微调，以适应当地市场的用户偏好	无	美国的 Whatapp、韩国的 Kakao talk、日本的 Line
平台化创新阶段	协同创新	为了将关系链微妙的用户体验处理到位，微信团队对于原本简单的 Path 模式做了非常细致化的改造。对用户关系进行精密的隔离与控制，强关系链范畴内的好友才可以同时看到并且评论，不同关系链的内容各项隔断并有准确的衔接点	Instagram 软件、Path 软件	新浪微博、Instagram 软件、Path 软件

---

① 捷足先登者可能获得先发优势甚至某细分领域的垄断地位。

② 周鸿祎. 颠覆性创新实际是马后炮的总结 [Z]. 新浪博客，2012.

③ 对此有一个经典的案例。擅长手机交互体验和机型创意设计的著名企业——诺基亚，就是一个善于微创新的高手，当年的"随心换"彩壳和滑板设计都是诺基亚微创新的经典事例。但是相较于更加擅长以微创新来推动价值链整合的美国苹果公司而言，诺基亚的松散型微创新无疑在效果上会大打折扣。所以擅长改善用户局部体验的诺基亚最终不敌苹果。在这个过程中，诺基亚只是通过微创新来防护原来的领地，没有通过微创新开辟新的价值区间，没有将微创新的成果累加成系统性、结构性的变革，也最终没有能够产生像谷歌安卓和苹果 ios 系统那样的大型统领式技术和功能结构，并由此催生出颠覆性的商业革命。

续表

发展阶段	动态能力	微创新具体内容	微创新技术来源	受到影响的竞争对手
跨界迭代扩张阶段	虚拟整合跨界创新	语音/视频通话功能，微信网页版，企业公众账户关注/信息订阅功能	电信运营商的视频通话3G服务	电信运营商的短信和3G业务、中国移动飞信业务、新浪微博
移动商业帝国初成阶段	颠覆式创新价值创造	微信游戏、微信支付、服务平台、微信街景、媒体移动平台		阿里巴巴支付宝、商业银行、商业服务中介、网络媒体

资料来源：笔者根据腾讯微信发展过程整理。

五、研究发现与概念模型

本文第二部分提出的基于技术范式、动态能力和创新战略的半交互理论框架指出，技术范式转变是企业发展的重要战略契机，影响了企业创新战略行为的调整；动态能力作为企业应对外部动荡环境的重要能力，支撑了企业在技术范式转变时期的创新战略调整，使致力于创新的领先者得以摆脱跟进者高效的模仿和学习的纠缠，进而保持持续的竞争优势；技术范式的转变还起到了重要的调节作用，加剧、强化了动态能力对创新战略调整的支撑。运用这个理论框架来分析微信的成功逻辑可以发现，腾讯微信"整合"与"迭代"：微创新战略成功实施的条件，首先是成功抓住了互联网技术范式转变，即 PC 互联网范式向移动互联网范式转变的机遇①，利用敏锐的市场洞察力，快速的响应能力，以"迭代微创新"实现技术跨越，获取竞争优势，成为领先企业。其次是基于动态能力的支撑，腾讯微信通过对自身创新战略行为进行调整，从渐进式创新向持续微创新转变②，通过"整合"与"迭代"微创新战略迅速切入

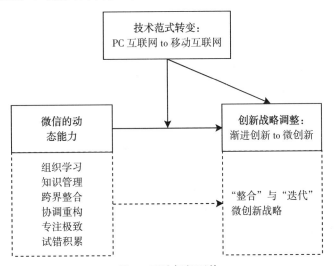

图 2　理论框架延伸

---

① James Utterback（2000）指出，技术范式转变期中知识的演化具有非线性动力学的特征，这一观点间接印证了腾讯微信现在确实处在技术范式转变的机会窗口，而其"整合"与"迭代"微创新战略的成功实施也间接佐证了腾讯的动态能力支撑其成功抓住了技术范式转变的机遇。

② 西方学者指出，激进创新导致了新兴产业的出现，但渐进（微）创新对产品的商业化和市场的扩大具有更重要的作用。本文认为，移动互联网时代网络产品创新周期紧缩导致创新收益无法有效取得，意味着创新风险加大，这一外部环境的变化使得基于用户导向开展微创新活动的企业较其他企业具有更明显的竞争优势。这些企业直接进行激进式创新的机会越来越小，而渐进式创新却越来越多。随着大数据和云计算有效地缓解信息不对称程度，信息体验消费的市场特性逐步被认识，体验性功能和技术产生的多样化，以及技术标准的日益规范化，又进一步促使企业从渐进式创新向基于用户体验，快速"整合"与"迭代"的微创新模式演变。

市场并抢占份额，最终淘汰了米聊等强劲竞争对手。另外，技术范式转变加剧、强化了腾讯的动态能力对创新战略调整的支撑力度。

微信实现的这一系列跳跃，捕捉技术范式变化机遇的能力源泉正是其自身的动态能力。微信通过基于用户体验的"整合""迭代"机制将多个微创新关联和组合起来，保障了腾讯（整合）微创新战略的成功，这也体现了动态能力整合、重构的手段：整合微创新将内外部资源、能力、技术有效整合，构建；迭代微创新将企业整合的内外部资源、能力、技术进行有效重构，推动产品不断迭代升级。

腾讯为发展微信先后投入了数亿元的费用，整合了 QQ 通讯录、QQ 邮箱和腾讯微博等产品，将内部的资源完全打通。除了利用技术、产品、市场营销等主要驱动手段外，微信还利用了腾讯公司外部一切可以利用的资源，处处体现出其应对动荡环境的强大动态能力。Teece（1997）将动态能力视为资源基础观的延伸，微信微创新成功背后的动态能力实际上也有庞大的资源基础和资源支撑：众所周知，目前所有互联网企业的微创新，都基于数据积累，精准的优化与改善都需要大数据分析做依托，有数据积累才能尽快地完成"不断试错、初步优化"的微创新过程。从这个层面上讲，腾讯超过 6.7 亿的用户成为其在微创新战略背后动态能力的资源基础。腾讯有庞大的关于用户信息以及用户产品使用记录的数据库，这是企业的核心资产，企业无论是对现有产品的优化，还是对新产品的开发，无一不是在对数据库数据深度挖掘的基础上实现的。互联网与跨组织信息系统的支持为腾讯微信搜集、组织、选择、合成、分配各种业务信息创造了条件，通过大量的客户数据进行挖掘分析，可以获取客户分类、偏好或不同客户群体的差异化需求和潜在需求，并以此制定微创新策略，为客户群体提供不断丰富的差异化服务和产品。

深入分析微信的发展历程，本文认为腾讯微信的动态能力主要包含以下内容：通过响应外部环境变化的组织学习实现对市场信息和技术信息的捕捉是动态能力的前提。这些组织学习能力具体包括腾讯学习型组织的构建与完善，对技术变异的识别能力，对信息体验消费市场敏感的认知能力等；通过知识管理实现产品的迭代更新是微信动态能力的基础。这些知识整合能力包括分散知识的搜集、复制、消化吸收能力的提升，以及基于基层知识的自下而上、由外到内的制度性决策能力和实施能力；通过跨界整合、协调重构能力实现运营能力改变是微信动态能力的实施手段。跨界整合包括跨企业、跨行业、跨地域的技术搜索、整合，协调重构则是在跨界整合基础上的进一步创新提升；专注极致和试错积累能力则是微信动态能力的实现路径。专注而聚焦，长时期盯住某个特定市场，将有限的资源集中于一点并做到极致，小处着眼，滴水穿石，既不期望出手不凡、一鸣惊人，也不刻意追求面面俱到、完美无缺，同时倡导持之以恒的创新，不怕失败，不断试错，屡败屡战，快速调整，小步快跑，累进循环，使之能积小胜为大胜，直至催生出颠覆性的变革。后面两项内容看似琐碎、平凡、具体，往往被人们所忽视，但却是微信团队在操作层面最为重要、最为突出且引以为豪的实干能力。

上述动态能力的构成要素和资源基础支撑了腾讯微信的微创新战略，保证其"整合"与"迭代"微创新战略的有效实施，使微信将微创新的成果累加成系统性、结构性的变革，最终形成颠覆性的革命，改变原有市场格局，为顾客创造了更大的价值。这就要求进一步打开"整合"与"迭代"微创新战略的黑箱，深入挖掘腾讯"整合"与"迭代"微创新战略成功实施背后的逻辑机理，特别是微创新战略背后的迭代、整合机制。通过上述案例分析，本文认为，微信微创新战略成功的内在机理是，抓住了技术范式转变的战略机遇，基于动态能力的支撑，通过有效的组织学习和知识管理，以及强大的跨界（跨地域、跨行业、跨企业）虚拟整合能力，将从组织内外部搜索、学习的分散技术知识，基于用户体验对创新活动进行快速、反复、精确迭代，领导竞争对手、合作伙伴、先导顾客进行开放式的协同创新，并通过有效的微创新质量控制，降低创新失败的风险，最终成为支撑移动互联网时代第三方服务的平台级产品，实现颠覆式创新和价值创造。具体的支撑机制和逻辑机理参见图 3。

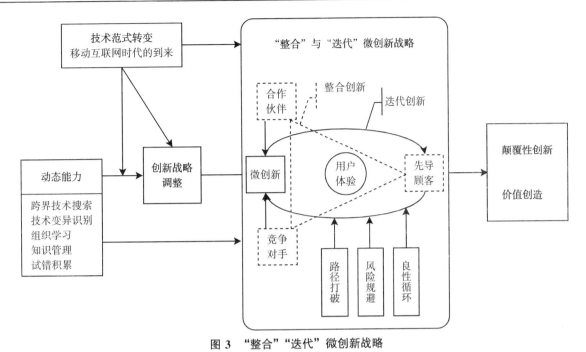

图 3　"整合""迭代"微创新战略

资料来源：笔者结合腾讯微信的发展历程抽象演绎。

结合图示来分析，这种"整合"与"迭代"微创新战略的实施，可以有效规避企业创新过程中的许多潜在问题。首先，通过技术搜索和技术复制，可以降低创新的不确定性，使企业有效地规避风险，并且不用直接承担开展颠覆性创新的巨大成本；其次，基于用户体验迭代的微创新活动可以有效修正企业的行为偏差，规避企业创新过程中的路径依赖问题；再次，整合竞争对手、先导客户和合作伙伴的协同创新模式，使微信开展组织学习和知识管理时，走上了"积极消化吸收"的良性循环的道路；最后，"整合"与"迭代"微创新战略可以避免先进技术的重复研发，降低外国技术的引进成本，有效规避竞争对手的知识产权侵占。微信的微创新系统战略使得竞争对手只能部分抄袭复制其特定技术，但"整合"与"迭代"微创新战略的快速实施机制保障了微信无法被系统抄袭。这正是腾讯微信"整合"与"迭代"微创新战略的成功条件之一。

接下来分析腾讯的动态能力对微信"整合"与"迭代"微创新战略的支撑机制。从案例中可以看出，跨界技术搜索和技术变异识别是企业进行技术复制的前提，这种跨企业、行业、区域的激进式搜索建立在腾讯外部的边缘技术上，是微信重要的外部技术来源。另外，这种跨界技术搜索也包括外部边界扩展搜索，即集成了外部其他组织的知识，这种模式也使微信技术部门在自身技术领域内集成利用其他组织的知识。在技术范式转变时期，洞察本领域之外的技术变化趋势，抓住新技术机会的激进式战略搜索模式成为微信实现颠覆性创新的基础。技术变异识别能力也对腾讯微信的微创新战略提供了有力支撑，基于用户体验和用户数据挖掘，微信团队从众多技术噪声中识别出对产品升级转型有重大影响的微技术，及早地探悉到技术范式变革和技术变异给公司带来的战略转折，从而对微信"整合""迭代"微创新战略进行了有效支撑。至于组织学习和知识管理层面的支撑，微信（微创新）成功创新的必要条件之一是基于用户体验，在操作层面专注极致、不断试错的迭代微创新。微信将先导顾客（Lead Users）的需求作为了解未来市场需求的一个窗口，从反复的市场测试中积累知识，并根据新知识和新视野修改原有产品，这个过程就是一个"探索与学习的过程"（Probe & learn process）（Slater 和 Narver，1995）。通过贴近市场了解客户需求，并且在腾讯 QQ 庞大客户资源的支撑下实施数据挖掘分析。先在市场中导入新产品，然后不断进行产品使用测试与用户试用信息积累，邀请用户参与产品的渐进式创新，这种基于用户体验的累进循环机制使腾讯微创新逐步逼近顾客期望与理想中的成熟产品。而且在这一过程中，组织学习和知识管理为微信微创新提供了广泛的支撑。

六、研究结论和展望

本文力图丰富、升华动态能力的内涵，将动态能力界定为在技术范式转变时期，企业应对混沌、复杂环境的整合、重构能力。经由案例分析，认为动态能力包括四个层面的内容：通过响应环境变化的组织学习实现对信息的捕捉是动态能力的前提；通过知识管理实现企业产品或服务的更新是动态能力的基础；通过整合、协调与重构能力实现运营能力改变是动态能力的实施手段；在具体操作层面的独特实干能力是动态能力的实现路径。文章在此基础上架构了一个基于动态能力、技术范式和创新战略行为之间半交互影响的理论框架，认为技术范式转变影响了企业创新战略的调整，动态能力支撑了技术范式转变时期企业的创新战略调整，而技术范式转变具有正向调节作用，加剧、强化了动态能力对企业创新战略的支撑力度。通过这一理论框架，文章厘清了技术范式转变时期企业的动态能力对其创新战略行为的支撑机制和作用机理。文章也尝试运用这一理论框架打开近期移动互联网业界的一个热点问题——"微创新"战略的黑箱，通过对腾讯微信的"整合"与"迭代"微创新战略进行深度纵向案例研究，发现微信微创新战略成功的机理是，抓住了技术范式变化的战略机遇，基于动态能力的支撑，通过有效的组织学习和知识管理，以及强大的跨界（跨地域、跨行业、跨企业）虚拟整合能力，将从组织内外部搜索、学习到的分散的技术知识，基于用户体验对创新活动进行快速、反复、精确迭代，领导竞争对手、合作伙伴、先导顾客进行开放式的协同创新，并通过有效的微创新质量控制，降低创新失败的不确定性和风险，最终成为支撑移动互联网时代第三方服务的平台级产品，实现颠覆式创新和价值创造。

本研究的理论贡献在于，丰富了动态能力的理论内涵，研究了当前移动互联网行业技术范式转变时期，动态能力对行业内企业微创新战略的动力支撑机制，这对于处在日益动荡的外部环境，特别是面临时间紧缩背景下技术范式变革的中国企业，有着重要的理论价值和现实意义。目前，中国很多中小企业很难真正开展"创新"实践，微创新对于资源不丰裕的企业，尤其是小微企业而言具有非常强的适用性。用微创新来描述中小企业的一些行为也显得更为恰当，因为微创新可能昭示了互联网时代现代企业的一种先进经营文化和战略导向，其核心理念体现了优秀互联网企业秉承的"用户至上，局部着眼，细微入手，集腋成裘，因小得大"的理念，以简单而真诚的改善行动打动用户的内心，以专注细节和聚焦用户体验来推进结构性创新；微创新可以降低风险，使企业不用直接承担开展颠覆性创新的巨大不确定性，可以避免先进技术的重复研发，降低外国技术的引进成本，有效规避竞争对手的知识产权侵占。而且微创新基于用户体验的迭代模式可以有效修正创新过程中的行为偏差，可以规避企业创新过程中的路径依赖问题。另外，基于用户体验的迭代微创新，整合竞争对手、先导客户和合作伙伴的协同微创新可以保障企业走上良性循环的道路。

本研究严格遵循了案例研究的方法论，在研究过程中充分考虑了效度与信度问题，但是本研究的局限性仍然存在，文章寻找到了一个较难察觉且西方理论难以诠释的有趣现象（Cheng 等，2009），从这一值得关注的管理问题入手，尝试按照"萌芽理论"（Nascent Theory）（Edmondson 和 Mcmanus，2007）构建理论模型，在深刻理解现象所处的情境和发生的过程的条件下，回答"如何"和"为什么"的问题。但本文的理论框架仍有不完善的地方，比如没有深入探索技术范式转变前后企业动态能力的演化问题。另外，本文属于探索性研究，目的在于对关键要素的识别，是从案例到理论的"分析性归纳"的原理（Yin，2003）。虽然本文尽量选择最具代表性的企业案例，但是仍然缺少多案例的复制和比较。因此，本文构建的理论框架还有待在未来展开更为充分的实证研究，以证实本文结论的一般性意义。

〔参考文献〕

［1］Ambrosini，V. & Bowman，C. What are Dynamic Capabilities and are They a Useful Construct in Strategic Management？［J］. International Journal of Management Reviews，2009，11（1）：29-49.

［2］Augier，M.，Teece，D. J. Dynamic Capabilities and the Role of Managers in Business Strategy and Economic Performance［J］. Organization Science，2009（20）.

［3］Amit，R. & Schoemaker，P. J. H. Strategic Assets and Organizational Rent. Strategic Management Journal，1993，14（1）：33-46.

［4］Burgleman，R. A. Intra-organizational Ecology of Strategy Making and Organizational Adaptation：Theory and Field Research［J］. Organizational Science，1991（2）：239-262.

［5］Barney，J. B. Firm Resources and Sustained Competitive Advantage［J］. Journal of Management，1991，17（1）：77-112.

［6］Branzei，O. & Vertinsky，I. Strategic Pathways to Product Innovation Capabilities in SMEs［J］. Journal of Business Venturing，2006，21（1）：75-105.

［7］Barreto，I. Dynamic Capabilities：A Review of Past Research and an Agenda for the Future ［J］. Journal of Management，2010，36（1）：256-280.

［8］Borch，O. J. & Madsen，E. L. Dynamic Capabilities Facilitating Innovative Strategies in SMEs. International Journal of Technoentre Preneurship，2007，1（1）：109-125.

［9］Christensen，Clayton M. The Innovator's Dilemma：When New Technologies Cause Great Firms to Fail. Boston：MA，Harvard Business Press，1997.

［10］Christensen，Clayton M. Suarez，Fenando F.，Utterback，James. Strategies for Survival in Fast Changing Industries. Management Seienee，1998（12）：207-220.

［11］Cetindamar，D.，Phaal，R. & Probert，D. Understanding Technology Management As a Dynamic Capability：A Framework for Technology Management Activities［J］. Technovation，2009，29（4）：237-246.

［12］Eisenhardt，K. M. & Martin J. A. Dynamic Capabilities：What are They？［J］. Strategic Management Journal，2000，21：1105-1121.

［13］Glaser，J. & Strass，A. The Discovery of Grounded Theory ［M］. Chicago：Aldine，1967.

［14］Griffith，D. A. & Harvey，M. G. A Resource Perspective of Global Dynamic Capabilities ［J］. Journal of International Business Studies，2001，32（3）：597-606.

［15］Helfat，C. E.，Peteraf，M. A. The Dynamic Resource-based View：Capability Lifecycles ［J］. Strategic Management Journal，2003（24）.

［16］Hyysalo，S. User Innovation and Everyday Practices：Micro-Innovation in Sports Industry Development ［J］. R&D Management，2009，39（3）：247-258.

［17］Heeley，M. Appropriating Rents from External Knowledge：The Impact of Absorptive Capacity on Firm Sales Growth and Research Productivity. Frontiers of Entrepreneurship Research ［C］. Babson Park，MA：Babson College，1997.

［18］Iansiti，M. & Clark，K. B. Integration and Dynamic Capability：Evidence from Product Development in Automobiles and Mainframe Computers. Industrial and Corporate Change，1994，3（3）：557-606.

［19］Lynn G.，Morone J.，Paulson A. Marketing and Discontinuous Innovation：The Probe and Learn Process［J］. California Management Review，1996，38（3）.

［20］Leonard-Barton，D. Core Capabilities and Core Rigidities：A Paradox in Managing New Produet Development，Strategie Management Journal，1992（13）：111-119.

［21］Malerba，F.，Orsennigo，L. Technological Regimes and Sectoral Patterns of Innovative Activities ［J］. Industrial and

Corporate Change, 1997 (6).

[22] Pavlou, P. A. IT Enabled Dynamic Capabilities in New Product Development: Building a Competitive Advantage in Turbulent Environments [D]. Doctoral Dissertation, Business Administration, University of Southern California, CA, 2004.

[23] Penrose, E. T. The Theory of Growth of the Firm [M]. New York, NY: Wiley, 1959.

[24] Pettigrew, A. M. Longitudinal Field Research on Change: Theory and Practice [J]. Organization Science, 1990, 1 (3): 267–292.

[25] Porter, M. E. Competitive Advantage [M]. New York: Free Press, 1985.

[26] Porter, M. E. Towards a Dynamic Theory of Strategy[J]. Strategic Management Journal, 1991 (12): 95–118.

[27] Slater, S. F. & Narver, J. C. Market Orientation and the Learning Organization. The Journal of Marketing, 1995: 63–74.

[28] Sirmon, D., Hitt, M., Ireland, R. D. Managing Firm Resources in Dynamic Environments to Create Value: Looking Inside the Black Box [J]. Academy of Management Review, 2007 (32).

[29] Strauss, A. Qualitative Analysis for Social Science [M]. New York: Cambridge University Press, 1987.

[30] Teece, D. J., Pisano, G. & Shuen, A. Dynamic Capabilities and Strategic Management [J]. Strategic Management Journal, 1997, 18 (7): 509–533.

[31] Teece, D. J. Explicating Dynamic Capabilities: The Nature and Micro-foundations of (Sustainable) Enterprise Performance [J]. Strategic Management Journal, 2007 (28).

[32] Weick, K. E. The Generative Properties of Richness [J]. Academy of Management Journal, 2007 (50).

[33] Winter, S. Understanding Dynamic Capabilities [J]. Strategic Management Journal, 2003 (24).

[34] Wang, C. L. & Ahmed, P. K. Dynamic Capabilities: A Review and Research Agenda [J]. International Journal of Management Reviews, 2007, 9 (1): 31–51.

[35] Yin, R. K. Case Study Research: Design and Methods (2nd edition) [M]. London: Sage, 1994.

[36] Yin, R. K. Case Study Research: Design and Methods (3rd ed.) Sage, Thousand Oaks, CA, 2003.

[37] Yin, R. K. Case Study Research: Design and Methods (4th edition) [M]. California: SAGE Publications, 2009.

[38] Zahra, S. & George, G. Absorptive Capability: A Review, Reconceptualization, and Extension [J]. Academy of Management Review, 2002, 27 (2): 185–203.

[39] Zollo, M. & Winter, S. G. Deliberate Learning and the Evolution of Dynamic Capabilities [J]. Organization Science, 2002, 13 (3): 339–351.

[40] 贺小刚, 李新春, 方海鹰. 动态能力的测量与功效: 基于中国经验的实证研究 [J]. 管理世界, 2006 (3).

[41] 罗仲伟, 卢彬彬. 技术范式变革环境下组织的战略适应性 [J]. 经济管理, 2011 (12).

[42] 罗仲伟, 冯健. 企业网络创新中的知识共享机制——丰田汽车的案例 [J]. 经济管理, 2007 (6).

[43] 罗仲伟. 管理学方法与经济学方法的借鉴、融合 [J]. 中国工业经济, 2005 (23): 127–131.

[44] 焦豪. 双元型组织竞争优势的构建路径: 基于动态能力理论的实证研究 [J]. 管理世界, 2011 (11).

[45] 焦豪, 魏江, 崔瑜. 企业动态能力构建路径分析: 基于创业导向和组织学习的视角 [J]. 管理世界, 2008 (4).

[46] 焦豪, 崔瑜. 企业动态能力理论整合研究框架与重新定位 [J]. 清华大学学报 (哲学社会科学版), 2008 (S2).

[47] 吴晓波, 马如飞, 毛茜民. 基于二次创新动态过程的组织学习模式演进——杭氧 1996~2008 纵向案例研究 [J]. 管理世界, 2009 (2).

[48] 吴晓波, 苗文斌, 郭雯. 应对技术范式转变挑战: 知识管理动态模型 [J]. 科学学研究, 2006 (10).

[49] 吴晓波, 刘雪锋, 许冠南. 技术范式转换期的企业动态能力匹配研究——以三星公司为例 [J]. 重庆大学学报, 2006 (4).

[50] 许扬帆. 互联网企业的微创新战略研究 [D]. 中国社会科学院研究生院硕士专业学位论文, 2013.

[51] 赵付春. 企业微创新特征和能力提升策略研究 [J]. 科学学研究, 2012 (10).

[52] 范锋. 网络企业商业模式创新的理论基础和方法研究 [J]. 北京工商大学学报 (社会科学版), 2012 (2).

(本文发表在《管理世界》2014 年第 8 期)

规模、创新与企业品牌竞争力

徐希燕　曹　丽　周　滨

摘　要：在市场竞争中，有品牌无规模，品牌无法发展与保持；有规模无品牌，规模经济也不可能实现。与此同时，自主创新和品牌建设也是相辅相成、相互促进的。本文通过矩阵图把规模、创新和品牌联系起来，指出了企业品牌发展的两条路径：强势品牌→规模品牌→强势品牌、弱势品牌→技术品牌→强势品牌。而这种从弱势品牌到规模品牌、技术品牌，再到强势品牌的发展过程，正是企业提升品牌竞争力的过程。

关键词：规模经济；自主创新；品牌竞争力

一、品牌与规模的相互关系

经济学上有一个规模经济的概念，它是指在增加投入要素数量的过程中，产出增加的比例超过投入增加的比例，产品的平均成本随着产量的增加而下降的现象。具体来说就是，在固定成本不变的情况下，随着投入的增加，当产量达到某一临界值 A_1 时，单位产量的平均固定成本开始下降，进而导致平均成本的降低，这时开始产生规模经济效应；随着投入的增加，产出增加的比例会继续大于投入增加的比例。当产量增加到下一个临界值 A_2 时，产出增加的比例不再大于投入增加的比例，规模经济效应停止。也就是说，当产量处于 A_1 与 A_2 之间时，产生了规模经济效应。企业规模达不到最小规模经济临界值，就会对资源造成一定浪费，不仅很难取得较大利润，而且更难提升核心能力，尤其在市场竞争日趋激烈的条件下，小规模企业更是面临严峻挑战。

规模经济可以分为 3 种不同的层次：①生产的规模经济，像一条汽车生产线，这条生产线的最佳规模是多少，就叫作生产的规模经济。②技术的规模经济。一个企业投入了资金，进行了一个新的产品设计、新的产品创新。这样新的产品设计出来以后，如果生产规模非常大，那么每一个产品所包含的创新成本就会降低，这就是技术创新的规模经济。③品牌的规模经济。品牌的规模经济也就是一个企业如果已经打造出一个品牌，那么公司所有的产品都可以使用这个品牌，每一个产品所分摊的品牌成本就比较低。以海尔为例，它只有一个海尔的牌子，但却有好几千种产品，具有较大的生产量和销售量。每一个产品都叫海尔，每一个产品所分摊的海尔的品牌成本是非常低的。所以，从这个意义上来讲，就是品牌需要规模[①]。可见，规模可强化品牌影响力。如果企业只有规模，而没有品牌，就不可能取得丰厚利润，

[①] 盛洪. 中国包装产业的品牌战略. http://China-review.com.

也就不可能快速发展，真正意义上的规模经济也就无法持久实现。

没有规模经济，企业难以快速发展；企业规模大，才能促进技术创新；规模经济使得企业品牌塑造成本大大下降。换言之，在市场竞争中，有品牌无规模，品牌无法发展与保持；有规模无品牌，规模经济也不可能实现，在规模与品牌问题上规模是关键。

中国社会科学院民营经济研究中心 2005 年中国制造业民营企业品牌竞争力指数，500 家数据研究表明，企业规模与品牌竞争力呈现正相关关系，如表 1 所示。

表 1　企业规模与品牌竞争力

企业规模（员工数）	品牌竞争力均值	样本量	最小值	最大值
<100	17.2493	15	10.38	26.86
100~199	19.5939	28	10.53	38.17
200~499	21.1262	10	13.43	29.33
500~999	24.5149	44	10.56	46.69
1000~1999	28.9132	186	10.43	71.45
>2000	44.9902	107	10.30	92.92

企业规模的发展成长，从根本上将导致品牌的演化。在企业成长初期，企业多为小规模企业，自身无力创造品牌，或者是企业进行来料加工，三来一补，或者是贴牌生产。在企业发展到一定规模时，就出现了单一品牌，这是大多数企业的品牌经营方式，随着企业规模的进一步发展，单一品牌则无法进一步承载企业的再扩张要求，其品牌运作方式就将发生很大变化，逐渐从单一品牌向多个品牌发展，从而走向多品牌。如果企业专业化程度比较高，不同的产品使用统一品牌比较经济；如果企业多元化程度比较高，可以适度使用几个不同的品牌，以凸显、区分不同的产品形象。但是，如果企业多元化程度较高，同时使用的品牌过多，必然使单一品牌的价值下降，以至于可能相互抵消其影响力。

从另一个角度讲，企业要扩大规模，实现规模经营，也可以品牌为纽带，通过品牌扩张实现企业规模扩张。一是采用品牌延伸策略。利用成功品牌的声誉推出全新产品，实现其市场扩张和利润增长，20世纪 70 年代以来，品牌延伸作为一种企业经营战略得到广泛的应用，其主要原因是因为国际企业界面临着推出新品牌的风险和成本的急剧增加，从而迫使企业更加依赖品牌延伸方式来获取规模经济效应。二是品牌授权途径。购买一个被消费者所认知的知名品牌，凭借该品牌的知名度和良好的品牌形象，使自身产品进入市场并被市场接受。三是品牌合作或品牌联盟。众多企业共同建设一个或几个品牌，增强其市场竞争力。四是通过产业集聚共享资源，培育知名品牌，形成特色产业链条和规模经济[①]。麦当劳、肯德基的案例说明，该品牌通过其他特许经销商的加盟与参与，促进了该品牌的塑造与在全球范围的营销。

二、自主创新与品牌发展

品牌就是高附加值的同义词。品牌建设包括研发、设计、制造、营销等诸多环节，这些环节的附加

---

① 刘迎秋，徐志祥. 中国民营企业竞争力报告（No.2 品牌与竞争力指数）[M]. 北京：社会科学文献出版社，2005.

值越高，品牌所凝结的附加值也就越高，因而在同等条件下也就可以依靠较少的投入获得较多的分工利益。而自主创新具体来说就是在研发、设计、营销等高附加值环节的创新。因此，自主创新是品牌发展的核心动力。纵观世界范围内的每一次科技和管理革命，都会有一大批相关的知名品牌诞生。石油的兴起创造了美孚，汽车革命成就了克莱斯勒、福特，电子技术革命促成了 IBM、苹果，网络的出现铸就了 Google、Yahoo 等，甚至零售业的变革也促成了沃尔玛、家乐福等巨头的产生。

要想让品牌长久具有蓬勃的生命力，就必须不断扩展新的增长空间，通过持续不断的创新，促进产品更新换代，从而培育新的品牌增长点。即使是一个名牌，如果失去持续创新的动力，必将无可避免地变得老化陈旧，最后被消费者厌倦。北京王麻子剪刀经历 380 多年的历史而破产，就是缺乏创新所致。苹果电脑曾经风靡全球，但因为不学习，结果被后来者居上；而微软之所以能够在桌面操作系统领域持续保持领先地位，就是因为它能够自我扬弃，坚持创新。

品牌是一个流动的、动态的、发展的概念。品牌本身也要不断发展、不断创新，一旦停止了发展和创新，品牌就会失去市场份额，就要被别的品牌所替代，品牌并非存在于一个固定的时间中，社会和市场的变化，使品牌面临着技术过时的风险，新经济时代，科学技术的发展一日千里，新产品层出不穷，对消费者充满了诱惑。而消费者对产品的期待是永不满足的，总是在不断追求更好、更新的产品，期待着功能更好、更强，能提供更多选择的品牌。

一个在产品研发上一成不变，不能满足消费者需求的品牌，总是会在人们越来越挑剔的眼光中，被视为过时而被人们所抛弃。产品的创新包括性能、品质、品种、包装各个方面，突出地表现为技术创新，为了适应市场的充分竞争，企业必须依靠技术上的创新来保持自己的持续发展。技术本身就具有"新"的属性。通过技术创新赋予品牌新的科技生命力，是品牌创新的基础。例如，长虹通过精显背投彩电的推出形成了新的竞争力，也扭转了其在人们心中品牌老化的印象。

所以，品牌建设不是一劳永逸的，企业要发展，就要实施品牌创新战略，不断提高企业的品牌力。品牌创新并非否定旧的品牌形象，而是有所扬弃，充分挖掘品牌核心价值更新的因素。品牌创新对消费者是新的体验、新的视觉形象，对品牌本身也是一种新的理念，新产品或新技术是品牌出奇制胜的法宝，它们可以向目标受众体现品牌的特征。因此，新的产品或技术可以反映出品牌是否注重顾客的利益。或可以表现出品牌是否具有创新精神，是否及时满足顾客的需求。

我国企业在国际市场上核心竞争力薄弱，品牌的认可程度还不高，主要的症结就在于自主创新能力差，没有掌控核心技术。我国的品牌建设总体上与发达国家相比还处于比较落后的水平。从相关数据中可以看出，2006 年我国品牌价值前 500 强中，排名第一的是海尔，其品牌价值为 639.89 亿元；而 2005 年世界排名第一的可口可乐，其品牌价值达到了 673.94 亿美元，接近海尔的 10 倍。同时，据了解，国内拥有自主知识产权以及核心技术的企业大约只占万分之三。虽然目前我国有 100 多种工业制成品的产量是世界第一，但由于缺乏核心技术与自主品牌，很多产品都处于产业链的最低端①。因此。我国企业品牌形象塑造显得尤为迫切。

汽车产业有一条著名的"微笑曲线"（如图 1 所示），笔者这里借助"微笑曲线"来说明创新和品牌发展的关系。从横轴来看，由左向右分别是产业的上下游，纵轴代表附加值的高低。在产业链条中，企业的核心竞争力还是设计、研发实力，没有技术实力和自主知识产权就等于没有产业的源头，企业在"微笑曲线"里就处在一个非常低的起点；现代制造的标准化特征可以使设计成果通过成本很低的专业化代工的制造商迅速制造出来，在"微笑曲线"里加工制造的附加价值最低；产业链的下游是营销服务，为客户提供个性化营销服务的企业才具备竞争优势。

---

① 单忠东，刘伟. 转变观念探寻自主创新"捷径". http: //cbt.com.cn.

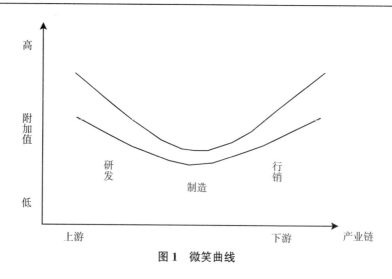

图1　微笑曲线

从市场竞争角度来说，"微笑曲线"左边属于全球性竞争，胜败取决于技术创新；右边属于区域性竞争，胜败的关键在于管理创新。企业未来的发展应该朝曲线两端高附加值的位置发展，左边加强技术创新，右边加强管理创新。技术创新和管理创新合起来构成了自主创新的核心内容。企业不断加强自主创新，凝结在最终产品中的附加值也就随之提高，微笑曲线相应上升到更高的位置。比如全球知名制鞋企业耐克公司，其核心能力就在于设计与营销两个高利润的环节。

自主创新和自主品牌建设是相辅相成、相互促进的，要将二者有机融合形成合力，以此来推进企业发展和产业进步。一方面，创新是企业发展的动力，品牌是企业稳固的保障。创新是一个持续的过程，在这一过程中，品牌价值不断得到提升。通过自主创新强化品牌竞争力既是必要的，又是可行的。另一方面，没有品牌为支撑和导向的自主创新，也很难迅速转变为现实的生产力和经济效益。自主创新是企业综合实力的体现，如果企业不拥有自主知识产权就无法在市场上获得高额的收益。

品牌构成企业的核心竞争力，品牌的知名度不仅是一个企业的标识，更是一个国家的代表，比如芬兰的诺基亚，韩国的三星。知名品牌的诞生并不完全靠规模及营销，而是更需要靠拥有自主知识产权的核心技术和产品，比如可口可乐、微软，他们的专利技术和知识产权是用钱买不来的，需要企业投入大量的人力物力并承担巨大的投资风险。

可见，在创新和品牌问题上，创新是核心。

三、以规模和创新为基础的企业品牌竞争力

品牌竞争力和企业规模、自主创新有着内在联系，根据企业规模大小和企业自主创新程度高低，如图2所示，在矩阵图中，分别有弱势品牌、规模品牌、技术品牌、强势品牌4个象限。这4个象限决定了品牌发展的两条路径：弱势品牌→规模品牌→强势品牌、弱势品牌→技术品牌→强势品牌。我国企业目前在两条路径中正处在从弱势品牌向规模品牌和技术品牌转变的过程之中，将来还必须经历从规模品牌和技术品牌向强势品牌转化的过程。

品牌竞争力是指企业的品牌拥有区别或领先于其他竞争对手的独特能力，能够在市场竞争中显示品牌内在的品质、技术、性能和完善服务，并引起消费者的品牌联想进而促进其购买行为。所以，品牌竞争力描述的是一种品牌较同类产品市场影响力大、附加值高、生命周期长的深层次原因。从弱势品牌到

图 2 企业品牌发展矩阵

规模品牌、技术品牌，再到强势品牌的发展过程正是企业提升品牌竞争力的过程。

按照经济学一般原理，在不完全竞争条件下，企业要想在市场中取胜，很大程度上要靠成功地给竞争对手设置障碍来实现。迈克尔·波特曾经指出，任何行业的企业都会面对"新进入者"和"替代品威胁"这些基本竞争力量的挑战。而具备规模经济和自主创新这两种竞争优势的企业和其他资源相比，受到新进入者和替代品的威胁相对较少。所以，以规模经济和自主创新为基础的品牌竞争力是厂商竞争的重要优势。

（1）品牌竞争力的差异化优势构筑了竞争壁垒。建立在规模经济和自主创新基础上的对顾客周到的服务以及产品的特色，这些都使一个品牌获得其顾客极高的忠诚度，而这种品牌忠诚度可以建立阻止竞争者进入目标市场的有效屏障。因为顾客已习惯于消费该企业的产品，所以这就迫使新进入者动用大量的资金、精力和时间去努力消除这种顾客忠诚，这些努力往往伴随着一个较长的过渡期亏损，增加了进入者的难度和风险，进入者一旦失败，将付出惨重代价。

（2）品牌竞争是市场竞争的集中体现。当竞争越来越集中于品牌竞争时，品牌成为既能阻止新竞争者加入的进入障碍，同时又成为企业开创新市场空间的武器。而这种开拓创新往往使品牌凝结更高的附加值，从而战胜竞争对手。

（3）在激烈的价格竞争中，品牌会逐渐成为各企业之间不对等竞争实力对比的主要标志。在许多行业中，品牌确认是最重要的一种进入障碍，因为广告宣传、客户服务、产品差异以及先发优势等形成品牌确认的因素一起形成了很高的进入门槛。所以，当价格战激烈进行的时候，品牌显然是更能致胜的武器，它使企业在一定程度上回避了价格竞争。

可见，在市场竞争中，有品牌无规模，品牌无法发展与保持；有规模无品牌，规模经济不可能实现，企业也不可能快速发展；在规模与品牌的问题上，规模是基础。自主创新与品牌建设是相辅相成、相互促进的，自主创新是品牌建设的重要内涵。成功地塑造企业品牌可以通过两条路径来实现：弱势品牌→规模品牌→强势品牌、弱势品牌→技术品牌→强势品牌。而这种从弱势品牌到规模品牌、技术品牌，再到强势品牌的发展过程正是企业提升品牌竞争力的过程。而企业品牌一旦形成，就会在战略上处于高势位，有效地遏制"在位企业""新进入者"和"替代品威胁"。

〔参考文献〕

［1］埃里克·乔基姆塞勒等. 品牌管理［M］. 北京：中国人民大学出版社，2001.

［2］迈尔克·波特. 竞争战略［M］. 北京：华夏出版社，2005.

［3］施振荣. 再造宏基［M］. 北京：中信出版社，2005.

（本文发表在《经济管理》2007 年第 6 期）

真命题还是伪命题：企业社会责任检验的新思路

肖红军　李伟阳　胡叶琳

摘　要： "企业社会责任在实践中是不是一个伪命题"是一个对社会责任理论研究和实践发展具有重要影响的基础性问题，但长期以来理论界对此却鲜有系统的研究。本文在梳理与反思已有研究成果的基础上，基于企业个体层次构建了三个维度（动力维度、能力维度、结果维度）、六大要素（追求最大限度地增进社会福利、关系优化、影响管理、保持透明、富有道德、制度安排）、三种视角（企业视角、社会视角、利益相关方视角）的企业社会责任检验综合模型，并运用该模型对企业社会责任命题进行了全方位检验。结果显示，企业社会责任在实践中完全可能成为一个有价值的真命题，但需要具备六个方面的条件：由企业界转向企业个体、现代公司的组织模式、领导层心智模式的转换、理性的责权边界共识、合意的外部制度供给和适宜的社会主流氛围。

关键词： 企业社会责任；真命题；伪命题；社会福利

一、问题的提出

长期以来，企业社会责任领域在多个基本问题上都未能达成最基本的共识，其中最重要的问题之一就是逻辑上能够定义的企业社会责任在实践中是否会因无法通过操作性检验而成为一个"正确的伪命题"。实际上，"企业社会责任在实践中是不是一个伪命题"是一个对社会责任理论研究和实践发展具有重要影响的基础性问题，但理论界对此却鲜有系统的研究。一方面，在新古典经济学家的眼中，企业社会责任根本就是无须证明的一个伪命题，特别是 Friedman 看似赞同社会责任实则完全将社会责任置于研究视野之外的论断"公司有且仅有的社会责任就是尽可能地赚钱"，更是成为支持"企业社会责任在实践中是一个伪命题"的极具代表性的观点；另一方面，在赞成企业社会责任思想的学者看来，只要企业自己愿意，企业社会责任的重心就完全变成了如何履行的问题，而根本不对"企业社会责任在实践中是否可能是一个伪命题"加以认真考虑。

从已有的研究来看，大多数学者简单地将"企业为什么要履行社会责任"的问题与"企业社会责任在实践中是不是一个伪命题"等同视之。其实前者与后者存在本质的不同：一是前者隐含地假设了检验的企业视角，也就是基于企业本位检验企业履行社会责任的动力，实际上企业社会责任在实践中成为可

[基金项目] 国家社会科学基金青年项目"中国企业社会责任评价与推进机制研究"（批准号 12CGL039）。

能不仅需要解决企业的内部动力问题，而且需要考虑社会是否允许的问题；二是前者同时还隐含地假设了只要企业有动力，企业就有能力去履行社会责任，而在国外许多学者的研究中，企业是否有能力履行社会责任是对企业社会责任概念进行质疑的最主要方面之一。即便从"企业为什么要履行社会责任"视角来看，企业社会责任也是颇受质疑的。Mintzberg 认为，当前从企业视角出发的赞成社会责任的理由中，除了最单纯的出于伦理立场的"代表企业行为的一种高尚形式"的社会责任能够自我支持以外，其他的理由无论是"开明的利己主义""明智的投资理论"，还是"避免干扰"都只能说明是其他因素对企业的控制，而并不能对企业社会责任概念提供支持。因为立足企业视角的充满了"工具理性"的论证，并没有从本质上挣脱 Friedman 提出的可以称之为"责任魔咒"的论断。至于对企业社会责任的攻击，则主要集中在以下几个方面：首先还是 Friedman 旗帜鲜明的批判，即自然人才能承担责任。企业是虚拟的人，其责任也是虚拟的，企业作为一个整体是不能说其负有责任的。其次是针对企业管理者的各种质疑，包括企业关于社会责任的说辞都只是公共关系活动，其实企业并不愿意负责任地行动；由于企业管理者缺乏相应技能和企业的权力结构安排使得企业并没有能力负责任地行动。再次是认为企业缺乏开展社会责任的正当理由，企业没有权利追求社会目标，社会不会允许企业拥有广泛的权力。最后是认为企业无法确定什么是社会责任，也没有能力平衡不同利益相关方的不同利益诉求，因此企业只能恪守"做生意"的本分。由此可见，目前在论证"企业社会责任在实践中是不是一个伪命题"方面缺乏系统有效的理论框架，从而使得对该问题的回答要么挂一漏万，要么答非所问，在相当程度上阻碍了企业社会责任基础理论的突破与实践的深入发展，因此亟须进行系统研究。

二、企业社会责任检验的系统框架

（一）元定义解构是企业社会责任检验的基础

由于对企业社会责任内涵的不同理解将导致人们所指的"企业社会责任"迥然不同，进而引起不同学者对企业社会责任检验的对象也千差万别，严重影响检验结论和结果，因此对于检验"企业社会责任在实践中是不是一个伪命题"来说，在企业社会责任内涵理解上形成最基本的共识十分关键。然而，要统一人们对企业社会责任内涵的理解，需要不同的学者超越不同的研究立场、视角和方法，共同讨论确定一个经得起理论逻辑和实践检验的科学的企业社会责任"元定义"。

按照"企业存在的最终目的是增进社会福利"的逻辑起点，企业社会责任的"元定义"可界定为：在特定的制度安排下，企业以透明和道德的方式，有效管理自身运营对社会、利益相关方和自然环境的影响，追求在预期存续期内最大限度地增进社会福利、最大化对可持续发展贡献的意愿、行为和绩效。这一"元定义"揭示了企业社会责任概念的五大要素（WRITES），即企业社会责任概念意味着：一是负责任的企业运营的目的是要最大化对可持续发展的贡献，表现为追求最大限度地增进社会福利（Welfare Maximization）；二是负责任的企业运营的基础是要正确认识和定位企业与社会、利益相关方的关系，并推动相互关系的持续优化与和谐发展（Relationship Development）；三是负责任的企业运营的内容应该包括其对社会、利益相关方和自然环境的影响管理（Impacts Management）；四是负责任的企业运营的方式应该做到保持透明（Transparency）和富有道德（Ethics）；五是负责任的企业运营需要有效的制度安排（System Arrangement）为保障。从这六大要素的关系来看（如图 1 所示），追求最大限度地增进社会福利既是负责任的企业运营的目标，也是衡量企业行为是否负责任的标准；要实现这一目标和达到这一标准，企业在运营过程中就需要优化关系、管理影响、保持透明和富有道德，即它们是实现负责任的企业运营的基本内容和要求；合意的制度安排则是优化关系、管理影响、保持透明和富有道德的根本保障。

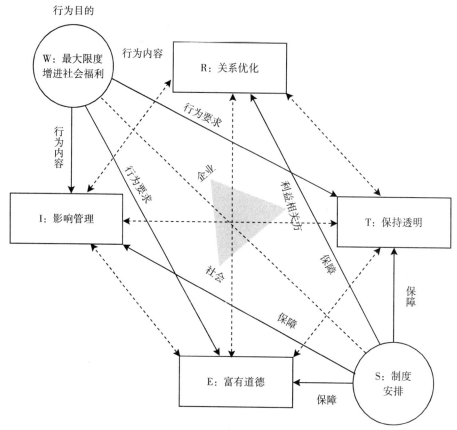

图1　企业社会责任概念六大要素（WRITES）之间的关系

（二）企业社会责任检验的综合模型

按照企业社会责任的"元定义"及企业社会责任概念六大要素之间的关系，系统检验"企业社会责任在实践中是不是一个伪命题"应基于个体层次，涵盖三个维度、六大要素和三种视角。

1. 个体层次检验

按照对"企业"指向性的差异，企业社会责任可以区分为两个层次：企业作为整体承担社会责任（即企业界社会责任）和企业作为个体承担社会责任（即企业个体社会责任）。近百年来，无论是反对者坚持认为"企业社会责任根本就是无须证明的一个伪命题"，还是赞成者想方设法地证实企业社会责任的正当性，都未对这两个层次加以明确区分，均理所当然地隐含地将"企业社会责任"指向企业界社会责任。然而，一方面，企业界社会责任深层次地假设企业的同质性，忽略现实中企业个体之间的差异性，这意味着Friedman"责任魔咒"得以形成的重要假设基础与现实相悖；另一方面，企业界并不是一个指代清晰的主体，企业界社会责任在实践中需要落实到特定的企业个体。基于此，检验"企业社会责任在实践中是不是一个伪命题"必须立足企业个体层次，将企业个体社会责任而非企业界社会责任作为检验对象。

2. 三个维度检验

企业社会责任是企业"追求在预期存续期内最大限度地增进社会福利的意愿、行为和绩效"的综合体，也就是说，企业社会责任具有意愿（所想的）、行为（所做的）和绩效（所得的）三个构面。意愿反映出企业愿意对社会负责任的程度，主要受到动力的影响；行为反映出企业采取对社会负责任的实际行动，除了受到意愿的影响之外，能力是企业将意愿转化为实际行动的关键因素；绩效反映出企业采取对社会负责任的表现程度，是企业行为的结果。由此，检验"企业社会责任在实践中是不是一个伪命题"就应从意愿、行为和绩效三个维度分别验证企业在实践中能否对社会负责任，相应的检验分别是动力检验、能力检验和结果检验。

3. 六大要素检验

企业社会责任"元定义"所揭示的企业社会责任概念六大要素（WRITES）即追求最大限度地增进社会福利、关系优化、影响管理、保持透明、富有道德和制度安排，也是企业与社会、企业与利益相关方、社会与利益相关方互动关系的构成要素。检验"企业社会责任在实践中是不是一个伪命题"就是要验证企业在实践中能否满足这六大要素的要求，相应的检验我们分别称之为 W 检验、R 检验、I 检验、T 检验、E 检验和 S 检验。

4. 三种视角检验

企业社会责任概念六大要素之间的关系显示出企业社会责任是企业与社会、利益相关方互动的结果，是企业与环境共同演化的过程。检验"企业社会责任在实践中是不是一个伪命题"除了要考虑企业自身视角外，还应从社会视角和利益相关方视角检验环境是否允许、要求和支持企业对社会负责任，即要从企业视角、社会视角和利益相关方视角分别进行检验。

综合来看，企业、社会、利益相关方互动关系的六大要素中，作为目标的"追求最大限度地增进社会福利"（用 W_1 表示）重点反映出企业对社会负责任的意愿或动力，而作为衡量标准的"追求最大限度地增进社会福利"（用 W_2 表示）则侧重体现企业对社会责任负责任的绩效或结果，关系优化、影响管理、保持透明、富有道德和制度安排主要展现企业对社会负责任的行为或能力。因此，动力检验的重点是 W_1 检验，能力检验的重点是 R 检验、I 检验、T 检验、E 检验和 S 检验，结果检验的重点则是 W_2 检验。而且，无论是哪一个维度或要素的检验，均应同时涵盖企业视角、社会视角和利益相关方视角，如图 2 所示。

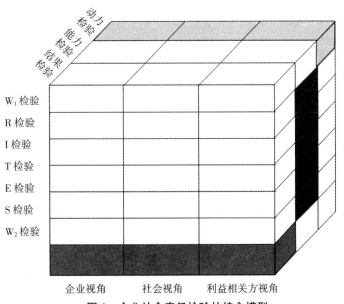

图 2　企业社会责任检验的综合模型

三、动力检验：是虚幻的吗？

（一）企业视角：有内生动力吗？

企业能否内生出对"最大限度地增进社会福利"的追求，首要取决于企业能否成为类似于人的主体，切实回应"企业不能成为责任主体"之说。实际上，企业作为由许多人在自由协议的基础上组成的具有法人资格的独立实体，既是名副其实的经济主体，又是设定性存在的道德主体，两种主体地位均能为企业内生出"追求最大限度地增进社会福利"的动力。

（1）企业可以作为道德主体内生出"追求最大限度地增进社会福利"的动力。长期以来，企业具有道德人格受到许多学者的否定，他们认为，企业行为所涉及的道德责任应归属于企业行为的实际决策者和执行者，一方面因为企业实际开展的活动都是通过员工的行为来履行，这意味着企业不是真正的"行动主体"，另一方面即使企业具有意向性，也并不意味着它能够意向性地去行动，因为这一意向性依赖于员工的行为。显然，他们将企业看作聚集的集体（Aggregate Collectivity），即众多个体简单的、无结构的集合，而聚集体总体的特性是由个体成员特性来决定的，其结果当然是企业难以成为独立的"行动主体"，更难以意向性地去行动。然而，现实情况并非如此。随着现代大企业的出现以及资本市场的发展，企业的所有权和经营权相互分离，决策机制由传统企业中的企业主独自决定转变为现代企业中的管理团队的团体决策，个体不同的行为通过团体决策机制形成了超越个体行为的整体性行为，并具有超越个人之上的独立性和权威性，个体的具体行为远不足以说明企业完全经营意向和产生的最终经营后果。企业结构化、功能化特征的显著增强导致企业越来越成为凝聚的集体（Conglomerate Collectivity），凝聚体的同一性并非等于其内部个体成员同一性的合取，其内部某一成员的变更并不意味着此凝聚体同一性也相应变更，这表明企业具有相对独立的实体性地位。更进一步地，一个实体是否具有"道德人"资格关键取决于该实体是否具备意向行为的能力。按照 French 的观点，企业的内部决策结构能够将企业的行为合理地建构为一种"作为企业自身的有意向性的行为"，因为这一结构可以把企业的各层级和不同职位整合起来，使企业内部员工的不同意图和行为服从和综合为一种企业行为，进而促使企业内部成员的个体意向性向企业的集体意向性转变，最终将企业内部成员的个体行为转化为企业层次的集体行为。由此可见，企业具有人为的道德人格，可以作为道德主体，能够像"道德人"一样内心愿意采取利他行为，追求团体"利益"最大化，内生出"追求最大限度地增进社会福利"的动力。

（2）企业作为经济主体能够内生出"追求最大限度地增进社会福利"的动力。无论是争论已久的"斯密悖论"，还是森最近对经济学伦理之维的重建，均反映出现实中的人是利己与利他动机和结果的统一体，既没有离开"自利"的"利他"，也没有脱离"利他"的纯粹的"自利"。正所谓"成人成己"，即使是人的自利假设也无法推导出不能利他，反而不利他就做不到真正的利己。根据森的研究，"自利行为"可以分解为自我中心的福利、自我福利目标、自我目标选择三个性质完全不同且基本上相互独立的成分，利他行为可能违反其中某个成分，却不一定违背其他成分。特别是，任何行为总会带有一定的社会性，都包括对他人目标和相互依赖性的认同。作为重要的经济主体，企业的经济活动也不例外，它是一种具有广泛合作的社会性活动，而非孤立的单个活动，是一个双向互动的利益实现过程，而非单向的利益索取过程。一方面，企业在利己驱动下，通过商品生产和交换追逐自身利益，另一方面，企业为求利从事商品生产的目的并不是满足自身需要，而是通过交换满足交换者的某种需要，即企业不断地在

"为他"的前提下实现自身利益。这些意味着企业作为一种经济利益团体，是利己行为和利他行为的结合体，其利己行为的实现必须以他人和社会利益的实现为前提。而且，企业作为个体或者群体集合而成的协作系统，会比个体的人的利他功能实现得更加充分。也就是说，为了实现利己，企业这一经济行为主体能够选择道德的利他行为，内生出"追求最大限度地增进社会福利"的动力。

（二）社会视角：允许吗？

无论基于历史追溯还是逻辑推理，抑或是现实考察，社会都期望、鼓励甚至要求企业怀有"最大限度地增进社会福利"的追求和抱负。

（1）社会对企业存在的社会价值创造目的能够并正在形成共识。历史上来看，最早的企业是由于法律的许可而非个人动机而成立的，在英国需要由王室颁发"特许状"，在美国则要求所在州立法的认可。这意味着企业并不是单纯的私人追求利润最大化的商业组织，而是一开始就是政府实现其公共政策目标的社会工具。从逻辑视角来看，按照社会系统观点，企业作为社会系统的重要构成要素，其产出需要满足社会系统的适应功能、目标实现功能、整合功能以及模式维持功能等功能条件。因此，"工商企业并不是为着自身的目的，而是为着实现某种特别的社会目的并满足社会、社区或个人的某种特别需要而存在的"。特别是，当今社会是一个组织型社会，企业在整个社会中的地位和影响力持续提升，社会的健康运行越来越依赖于企业的贡献。根据"责任铁律"，社会赋予企业日益增大的权力，也期望企业承担与其社会角色和权力相适应的责任，作出其对社会应有的贡献。现实考察来看，社会越来越承认企业负责任的行为是弥补"市场失灵""政府失灵""社会失灵"的重要机制。一方面，政府通过各种方式要求企业将促进自身与经济社会的持续协调发展作为企业的重要目标和约束条件，期望企业着眼于经济社会大系统发展全局明确自身的角色定位，把最大限度增进社会福利作为企业行为的重要准则；另一方面，公民社会通过各种社会运动对企业施加压力，要求企业在创造财务价值的同时，更多地考虑满足社会需求和社会预期、应对社会压力和进行社会问题管理，期望企业在长期决策中结合社会因素并增加对公共政策的参与度，切实把促进社会的健康运行和可持续发展作为自觉追求。

（2）社会对于催生企业创造社会价值追求能够并不断提供制度供给。科学、完善和道德的外部制度供给会促使企业行为动机的道德选择，反之则可能引发企业的非道德行为动机。这意味着社会应设计一种布坎南所界定的制度化结构，这一结构能够同时诱发企业的道德追求和效率追求，促使企业的道德目标和效率目标同时实现，确保企业"追求最大限度地增进社会福利"。从纵向的制度变迁视角来看，无论是强制性制度变迁过程还是诱致性制度变迁过程，均显示出社会越来越重视对催生企业超越财务价值并创造更多社会价值的制度供给，特别是在许多宏观制度和微观制度领域，都不同程度地打破了长期以来基于利润最大化目标的制度设计的"路径依赖"和"锁定"，实现基于社会价值创造本位的制度创新。从横向的制度供给视角来看，无论是正式制度供给还是非正式制度供给，均显示出社会对企业创造更多社会价值的期待已经在相当程度上变成一种制度要求。一方面，美国、德国、日本等许多国家都通过法制化对企业过分逐利、伤害社会公共利益的行为进行限制，并要求企业将自身行为对社会公共利益的影响纳入决策考虑因素，形成正式制度对企业担负社会价值创造功能的强制性约束；另一方面，联合国全球契约十项原则、社会责任国际标准ISO26000等各种国际性、区域性的标准和准则倡导企业最大化对可持续发展的贡献，日益成为企业行为选择的重要"游戏规则"，形成非正式制度对企业担负社会价值创造功能的鼓励性倡议。更进一步，催生企业创造社会价值追求的制度供给模式也不断多样化，伙伴关系模式、企业进社区模式、可持续性和公民模式、公民大会模式等多种模式正推动形成这一领域的正式制度和非正式制度供给。

（三）利益相关方视角：有要求吗？

无论是着眼于利益相关方的"身份"使然，还是基于企业与利益相关方生态系统发展的规律使然，都显性或隐性地反映出利益相关方对企业追求除股东利益之外的更大范围社会价值创造目标的期待、要求和认可。

（1）利益相关方的合理利益诉求催生企业社会价值创造动力。按照利益相关方理论，企业是所有利益相关方之间一系列显性或隐性的多边契约，每一个参与订立契约者实际上都向企业投入了特定的专用性资源，作为交换，每个订立契约者都希望自身的利益能够得到满足。由此，"以社会科学为基础"和"以伦理为基础"的利益相关方理论都一致承认利益相关方所拥有的合法利益具有内在的价值，共同反对任何个人或群体以服务自身利益为目的的自大主义，主张对他人利益的关心要超越对自身利益的关心，要求考虑所有受企业决策影响的人的福利。正因为如此，利益相关方定义了企业社会行为的规范，是企业社会表现预期的源泉，成为企业摒弃股东利润最大化目标，追求最大限度创造包括利益相关方利益在内的社会价值目标的重要推动力量。

（2）企业与利益相关方构成的生态圈共生特点要求企业追求生态圈整体价值最大化目标。随着新技术范式的加速应用和商业模式的不断演进，企业与利益相关方之间的共生关系正得到前所未有的加强，企业发展的关键要素也由强调内部能力转向价值链竞争再向打造可持续生态圈转变。可持续生态圈的特点是企业与各利益相关方分工协作，为共同的目标有机地联合成一个整体，协同创造价值，实现生态圈的整体价值最大化以及企业与利益相关方的共生。在共生之上，生态圈中的企业与利益相关方之间、各利益相关方之间均呈现一种相互依赖关系，每个成员的利益都与其他成员以及生态圈整体的健康发展相联系，所有成员所创造的价值都会在整个生态圈中进行分享，形成以价值共享为基础的互生机制。这意味着无论是出于"利己"还是"利他"，生态圈的各利益相关方均会要求企业以共同打造可持续生态圈为着眼点，摒弃股东利润最大化为指引的"零和博弈"思想，共同建立一个价值平台并强调其整体性，通过共同创造价值和保持价值分享推动生态圈的不断进化。

四、能力检验：它有能力吗？

（一）R 检验：能否正确理解和有效管理企业与社会和利益相关方的全面关系？

企业将"追求最大限度地增进社会福利"的动力转化为现实行为首先要求企业能够正确理解和有效管理企业与社会、企业与利益相关方之间的全面关系，这也是培育企业最大限度创造社会价值能力的前提条件。进一步来看，在主流经济学的视野中，企业的运行过程往往被简单地抽象为市场交易过程，企业与社会的关系只是企业向社会获取生产要素和提供特定商品的关系，企业与利益相关方的关系只是企业与生产要素所有者和商品消费者的市场交易关系。这种纯粹从生产属性和交易属性视角对企业与社会、企业与利益相关方之间关系的简单片面认知，完全否定了企业运行过程的社会交往属性，成为现实中的企业有效发挥社会功能、履行"社会—经济"和"社会—人类"两种义务的巨大障碍。因此，如果基于特定企业的现实运行过程，就不难得出，要推动企业行为最大限度地增进社会福利，确保企业社会责任成为一个可用于实践的概念，就必须对企业与社会、企业与利益相关方的关系进行再认识。

无论是从企业视角，还是从社会视角，抑或从利益相关方视角，重新理解、认识和定位企业与社会、企业与利益相关方之间的全面关系都存在现实的或潜在的可能性。一方面，企业可以通过组织学习而具备正确理解和有效管理自身与社会、利益相关方关系的能力。企业的组织学习可以分为三个层次：第一层是纠正性的学习，第二层是适应性的学习，第三层次是元学习。不管是因为在现实中执行主流经济学对企业与社会、利益相关方关系的思想而受到挫折并进行纠正性学习，还是为适应外界对企业与社会、利益相关方关系认知的动态变化而进行适应性学习，或者是由于心智模式的改变而进行元学习，企业都可以通过学习而具备潜在的能力去重新正确认识自身与社会、利益相关方的关系。另一方面，社会和利益相关方为企业理解和有效管理自身与社会、利益相关方关系提供了学习对象与源泉。企业的能力是社会习得的，企业是否愿意学习是动力问题，能不能找到学习的对象与源泉则是社会的问题。因为它在相当程度上已经超越了企业的理解能力，只能通过社会或利益相关方提供。实际上，社会对企业与社会、利益相关方关系认知的日益全面，以及利益相关方知识网络的形成都使企业获得更多的学习机会，扩大企业显性或隐性知识来源，很大程度上增加了企业正确理解和有效管理自身与社会、利益相关方关系的可能性。

（二）I 检验：能否有效管理企业对社会和利益相关方的影响？

作为内嵌于社会系统的重要组织，企业的行为对经济、社会和环境产生影响是必然的。推动企业将"追求最大限度地增进社会福利"的动力转化为现实行为的重要内容就是要推动企业了解自身运营对利益相关方、社会和自然环境的积极影响和消极影响，寻找出最大限度地增进积极影响、最大限度地减少消极影响的有效办法和机制。这是因为现实中企业与社会、企业与利益相关方之间的"利益"关系很大程度上来自企业决策和活动的影响，而企业有效管理其与社会和利益相关方的全面关系的目的也是为了最大限度地增进积极影响、最大限度地减少消极影响。因此，有效识别和管理企业行为对社会和利益相关方的影响，是培育企业最大限度创造社会价值能力的重要内容，也是确保企业社会责任成为一个可用于实践的概念的重要基础。

无论是企业自身还是社会和利益相关方，都有动力和潜在能力去推动企业有效识别和管理其行为对社会和利益相关方的影响。从企业视角来看，一方面，企业可以通过组织学习来寻找影响管理的有效解决方案，但需要指出的是，由于信息、能力和价值评价不对称是客观存在的，而学习都是异质的，也就是都需要进行二次开发，才可以发挥真实的作用，因此必须发挥企业自身的主观能动性，否则这一过程最终会难以完成；另一方面，企业可以通过隐性知识显性化、外部知识内部化方式，将在长期运营过程中积累的影响管理的有效经验、社会上普遍存在的影响管理知识工具转变为企业内部的影响管理制度和规范，建立影响管理的系统化程序，以系统化、制度化、程序化的方式科学识别和有效管理企业对社会和利益相关方的影响。从社会视角来看，社会通过政府的立法和各种组织出台的相关规范（如环境管理标准）等正式制度与非正式制度，既对企业的影响管理提出了强制性要求，又为企业寻找具体的影响管理解决方案提供了通用性的知识基础，有利于增强企业识别和有效管理其行为对社会和利益相关方的影响的动力和能力。与此同时，社会上发展形成的众多专业性机构能够为企业寻找可行的影响管理解决方案提供有益的帮助和支持。从利益相关方视角来看，不同的利益相关方因拥有的价值偏好不同，使得他们对企业运营所产生的经济、社会和环境的影响关注重点也不同，由此导致他们在自己所关注的领域积累和拥有大量相关知识、信息和资源，形成各自在企业运营可能产生的不同影响方面的独特优势。随着利益相关方参与企业决策和活动程度的提升，特别是通过企业与利益相关方的合作机制，利益相关方能够发挥自身在特定领域的影响管理方面的独特优势，帮助企业寻找出有效管理其对社会和利益相关方的影响的解决方案。

（三）T 检验：能否保证影响社会与利益相关方的决策和活动的透明度？

遵守透明度原则不仅是企业有效管理自身与社会和利益相关方全面关系、创造多边共享的多元价值的内在要求，而且是社会各方向企业提供影响管理的有效解决方案的前提，前者是因为透明才能使社会和利益相关方能够准确地评估企业决策和活动对他们各自利益的影响，促进利益相关方深度参与和合作，提升社会不同主体和利益相关方的价值认知能力以及激发他们的价值创造潜能，后者是因为企业的组织学习是异质的，透明才能使企业向社会提供条件，以便社会为企业提供组织学习的对象与源泉。因此，遵守透明度原则既是社会和利益相关方对企业行为的重要期望，也是企业加强与社会和利益相关方沟通并赢取他们信任和支持的基础。唯有保持足够的透明，企业的社会交往属性才可能得到充分发挥，企业与社会、利益相关方之间的全面关系才可能得以健康发展。这意味着遵守透明度原则是企业将"追求最大限度地增进社会福利"的动力转化为现实行为的内在要求，是培育企业最大限度创造社会价值能力的重要影响因素。要确保企业社会责任成为一个可用于实践的概念，企业必须能够保证影响社会与利益相关方的决策和活动的透明度。

基于透明度是相关制度、环境、企业信息披露策略等因素的综合产物，因此结合企业、社会和利益相关方三个视角来看，企业对社会和利益相关方保持足够的透明有现实的制度基础、技术基础、管理基础和沟通基础。从企业视角来看，一方面，现代企业越来越朝着公众型企业方向发展，企业的组织治理机制更加完善，社会压力和内部激励约束机制会促使管理者加强外生性和内生性信息披露，提高信息透明度，减少信息不对称，避免"柠檬问题"和代理问题；另一方面，现代企业在长期与社会和利益相关方的互动演化过程中，通过惯例的变异、选择和保留积淀了信息管理、沟通管理等透明度管理能力，通过"试错"和创新形成了大量可资利用的通用型的、面向特定利益相关方的、面向特定议题的沟通方式，为企业提高透明度提供了有益的显性或隐性知识。从社会视角来看，一方面，针对企业的强制性信息披露和自愿性信息披露制度与规则不断健全，信息披露管制的重点由传统仅仅关注财务信息转向财务与非财务信息并重，而资本市场、经理人市场、中介机构市场以及社会透明文化的不断进化，都为企业保持足够的透明提供了适宜的外部环境；另一方面，信息技术的日新月异推动信息交流实现"从个体的单向传播，到集体的多维反馈，再到互联的任意沟通"，为企业与社会和利益相关方的有效沟通提供了技术基础。从利益相关方视角来看，透明度不仅仅包括企业的信息披露行为，还包括信息的传递渠道和信息的接收，高透明度要求利益相关方能够及时获得可以理解的信息并做出相关决策，而现实中利益相关方对企业披露信息的获取、甄别和利用能力的增强，切实对企业提高透明度起到相当程度的促进作用。

（四）E 检验：能否保证影响社会与利益相关方的决策和活动的道德性？

道德性意味着企业的决策和活动应该基于诚实、公平和正直的价值观，符合社会公认的道德行为标准。按照富勒[8]的观点，道德包括"愿望的道德"和"义务的道德"两个层次，前者是一种精神层面的道德，强调对美好生活的追求、对美好事物的追求以及对充分实现人的力量的追求，可以说是人类生活的最高追求和目的，后者则是每个良好秩序的社会中人们必须遵守的社会规范和基本规则，是"从最低点出发"而作出的一种基本要求。遵循道德性原则要求企业对于可能影响社会和利益相关方的决策和活动不仅要满足"义务的道德"要求，而且还应该合乎"愿望的道德"追求。这使得遵循道德性原则既是企业正确理解和有效管理自身与社会和利益相关方全面关系的重要基础，也是企业有效管理其决策和活动对社会和利益相关方影响的重要依据。实际上，企业将"追求最大限度地增进社会福利"的动力转化为现实行为，就是要解决企业在实践中"怎么样发展"和"为了谁发展"的问题，前者意味着企业要做到发展方式的道德性，后者则要求企业努力满足发展效果的道德性。由此可见，遵循道德性原则是培育企业最大限度创造社会价值能力的基本要求，也是确保企业社会责任成为一个可用于实践的概念的重要基石。

　　无论是立足于企业内部能力构建，还是着眼于社会和利益相关方的外部培育，企业都可以做到保证自身行为的道德性。从企业视角来看，一方面，企业发展的价值追求的道德程度决定其发展方式是否富有道德，进而决定其发展效果的道德水平，这意味着企业可以通过元学习方式反思自身的价值主张，确立富有道德的核心价值观，并作为决策和活动的指引；另一方面，企业能够通过隐性知识显性化、外部知识内部化方式，形成有助于在企业内、其决策过程中及与其他各方互动过程中推动道德的行为的有效制度安排，保证企业合乎道德行为的一致性、连贯性和长效性。此外，企业可以通过纠正性学习和适应性学习培育起道德管理能力，使企业的道德管理由前惯例（Preconventional）层次、惯例（Conventional）层次向原则（Principled）层次转变，以推动将"愿望的道德"和"义务的道德"融入到企业的决策和活动中。从社会视角来看，无论是政府还是公民社会，都正在对推动道德进步、加强各主体的道德建设形成广泛共识，各种道德促进的约束机制、调控机制和保障机制也在不断建立和完善，不同领域的国际公认的道德行为标准日益渗透到企业，这些都为企业的道德学习、道德选择、道德管理和道德践行提供了有力的外部支撑。从利益相关方视角来看，利益相关方既是企业道德行为的受体，也是企业道德管理和道德强度（Moral Intensity）的重要影响因素。利益相关方道德期望和要求的不断增强会对企业的道德行为形成压力机制，利益相关方道德管理和道德审查水平的不断提高会对企业的道德建设和道德选择形成倒逼机制，利益相关方与企业在道德领域的合作会对企业的道德学习和道德管理提供机会和平台。

（五）S 检验：能否形成着眼于尊重社会利益和利益相关方利益的制度安排？

　　制度安排是企业将"追求最大限度地增进社会福利"的动力转化为现实行为的根本保障，对培育企业最大限度创造社会价值能力具有决定性作用，是确保企业社会责任成为一个可用于实践的概念的关键因素。着眼于企业尊重社会利益和利益相关方利益视角，制度安排的核心是要形成合意的组织治理。传统上，股东利润最大化目标要求企业采取股东单边主导的一元价值治理的组织治理模式。在这一模式中，股东因为是资本所有者而拥有具有至高无上的权力，成为唯一的组织治理主体，他们虽然不直接参与企业的日常经营，但会以诸如代理权争夺、机构投资者行动、股东诉讼和公司控制市场等方式对企业的相关事项行使最终决策权，以保证企业单一利润目标追求的实现。这种治理模式显然不符合对企业与社会、利益相关方关系的现代认知，更是无法发挥不同主体的多元价值创造优势。因此，要推动企业行为最大限度地增进社会福利，就必须采取利益相关方多边共享的多元价值治理的组织治理模式，形成着眼于尊重社会利益和利益相关方利益的治理结构安排，以充分发挥不同主体在组织治理中的重要作用和社会价值创造潜能，最大限度地实现企业发展的经济、社会和环境综合价值。

　　无论是立足于企业的组织治理模式现实演进规律，还是着眼于组织治理理论的最新发展，均显示出企业可以实现从股东单边主导的一元价值治理的组织治理模式向利益相关方多边共享的多元价值治理的组织治理模式转变。从企业视角来看，一方面，"结构跟随战略"，企业经营信条对社会利益和利益相关方利益的追求为企业建立科学导向的有效组织治理结构和机制提供了战略基础；另一方面，企业可以通过制度创新和组织学习实现组织治理模式的变迁，因为企业制度的发展历史显示，每一次企业制度的变革都是从少数企业的创新开始的，当一种新的制度表现出巨大优势后，其他企业就会通过组织学习而实现类似的制度创新。从社会视角来看，企业的组织治理结构深深嵌入于其外在制度环境之中，是"一种法律、文化和制度性安排的有机整合"[9]，因此很大程度上会受到针对企业共性的法律、惯例、道德风尚等社会治理机制的影响。与此同时，随着针对企业的管制方式由强调经济影响管制转向以社会影响管制为重点，要求企业有效管理其对社会的影响、最大限度创造社会价值的法律、惯例和伦理规范大量涌现，为企业实现组织治理模式的变迁提供了有利的制度环境。从利益相关方视角来看，利益相关方参与企业决策的诉求和影响企业行为目标的程度不断提高，战略型利益相关方参与模式更是日益盛行，由此促使针对企业个性的，主要通过利益相关方复杂互动关系而沉淀的制度不断选择与演进，形成利益相关方参与组织治理的新模式，推动企业实现组织治理模式的变迁。

五、结果检验：它成功了吗？

（一）企业视角：是否充分发挥了企业的社会价值创造潜力？

价值的本质在于反映主体与客体间的关系，是客体对主体的发展完善的效应，推动人类社会发展完善。价值既具有自然（客体）属性，即价值必须建立在一定的载体之上，又具有社会（主体）属性，即价值还是一定社会关系的反映。因此，企业的社会价值创造潜力不仅取决于以价值的自然属性为依托的核心社会功能的发挥，而且依赖于以价值的社会属性为基础的普遍社会功能的发挥。更进一步，企业追求最大限度地增进社会福利的行为能够充分发挥企业的核心社会功能和普遍社会功能，进而推动企业的社会价值创造潜力得到充分发挥。

（1）企业追求最大限度地增进社会福利的行为能够实现企业核心社会功能的充分发挥。企业行为追求社会福利最大化首先意味着企业会最大限度地实现与商品和服务提供过程相联系的经济、社会和环境的综合价值，即最为充分地发挥自身的核心社会功能。首先，企业创造的社会价值必须建立在坚实的基础上，这个基础就是企业所提供的商品和服务。企业充分发挥核心社会功能必然要求企业坚持以人为本，努力提高所提供的商品和服务的质量以及它们对于消费者所带来的效用，并在商品和服务提供的过程中充分考虑其对经济、社会和环境的影响，以能够促进经济、社会和环境全面协调可持续发展的方式提供商品和服务，最大限度地保证商品和服务提供过程的综合价值创造有效性。其次，企业充分发挥核心社会功能还要求全面超越商品和服务提供过程的财务价值创造效率，最大限度地保证商品和服务提供过程的综合价值创造效率性。而企业追求最大限度地增进社会福利的行为将会推动企业建立符合最大限度地创造综合价值要求的管理新模式、形成支撑最大限度地创造综合价值能力的技术创新体系、构建依托利益相关方合作最大限度地创造综合价值的战略机制，进而为最大限度地创造商品和服务提供过程的综合价值提供管理、技术和利益相关方环境等方面的全面支撑，确保商品和服务提供过程的综合价值创造效率性。

（2）企业追求最大限度地增进社会福利的行为能够实现企业普遍社会功能的充分发挥。企业行为追求社会福利最大化还意味着企业会最大限度地实现与内嵌于商品和服务提供过程中人与人的关系相联系的经济、社会和环境的综合价值，即最为充分地发挥自身的普遍社会功能。一方面，企业充分发挥普遍社会功能并不必然与商品和服务提供过程相联系，而只是与作为有着多元社会价值追求的社会主体相联系，因此必然要求企业在与各社会主体打交道过程中坚持以人为本，遵守体现人的普遍需求和多元化的通用效用的普世价值观以及符合普世价值观的法律，通过对各社会主体遵循基本的社会规则和社会正义共识来创造社会福利。另一方面，企业充分发挥普遍社会功能还要求企业关注到自身在推动各社会主体发挥综合价值创造潜力方面具有不容忽视的空间，并通过充分发挥内生于商品和服务提供过程中的各社会主体的综合价值创造潜力而增进社会福利。

（二）利益相关方视角：是否充分发挥了利益相关方的社会价值创造潜力？

一个行为主体的价值创造过程通常包括形成价值创造意愿、采取价值创造行为和取得价值创造绩效三个环节，其中价值创造意愿形成的关键影响因素是行为主体对价值需求和创造可能性的认知与理解，价值创造行为和绩效关键取决于行为主体所拥有的可用于价值创造的资源及资源整合与应用能力。由此，利益相关方的社会价值创造潜力的充分发挥将包括其社会价值创造的认知与决策潜力、资源与能力潜力的最大限度释放，而这在企业追求最大限度地增进社会福利的行为过程中能够得到有效实现。

（1）企业追求最大限度地增进社会福利的行为能够充分发挥利益相关方社会价值创造的认知与决策潜力。具体包括两个方面：一是优化利益相关方对自身价值需求与偏好的认知。在股东利润最大化的新古典经济理论指导下，企业与利益相关方作为所谓的纯粹理性"经济人"对价值的认知往往过于狭隘，仅仅局限于经济效用价值，而忽视价值本身所包含的多元性，非经济效用价值经常被排除在外。同时，利益相关方对自身的价值需求或偏好的认知也会因此而受到限制，对更加隐性的非经济效用价值、衡量具有相当困难的间接价值、需要基于长周期来考察的长远价值等方面的需求或偏好往往认知不足，从而使得利益相关方对自身的价值需求或偏好的认知不全面、不完整、不科学。与此相反，企业追求最大限度地增进社会福利的行为能够推动企业与利益相关方对价值形成更加全面、完整、科学的认知，促进利益相关方更加充分地认识到自身的非经济效用价值需求、间接价值需求和长远价值需求。二是优化利益相关方对社会价值创造选择方案的认知与决策。在股东利润最大化的新古典经济理论指导下，企业与利益相关方之间的纯粹市场交易关系使得利益相关方很容易受到自身的知识、信息、资源和以往偏好锁定的限制，很难识别出能够满足其价值或偏好的更优选择方案，特别是在具有不确定性和需要着眼长远的情境下更是如此。也就是说，利益相关方通常会缺乏从更长远和更开阔的视角开展决策，往往看不到在具有更对称的信息、更广泛的价值和更全面的合作条件下所可能出现的更优方案。但是，企业追求最大限度地增进社会福利的行为意味着企业与利益相关方相互之间的互动合作更加频繁，利益相关方的知识、信息、资源受限和以前的偏好锁定情况可以得到改变，他们对自身的多元价值创造优势的认知更加清晰，能够考虑到对其偏好或价值而言更好的选择方案。这意味着企业追求最大限度地增进社会福利的行为能够通过增加事实理性和利益理性提升利益相关方的决策理性。

（2）企业追求最大限度地增进社会福利的行为能够充分发挥利益相关方社会价值创造的资源与能力潜力。在股东利润最大化的新古典经济理论指导下，利益相关方在特定企业运营过程中由于缺乏全面的价值认知、有效的激励和充分的合作，其创造经济、社会、环境综合价值的潜能不能得到充分释放，其所拥有的资源和能力可能创造的综合价值远远高于其实际所创造的经济、社会和环境的价值，也就是说，相较于实际已经使用的知识、信息和资源，利益相关方能够用于创造经济、社会和环境综合价值的潜在知识、信息和资源仍然存在很大剩余。而这一剩余在企业追求最大限度地增进社会福利的行为下能够得到充分发挥和利用，因为这一行为过程中所形成的利益相关方与企业合作机制能够促进双方的知识、信息和资源共享，形成对利益相关方创造特定价值的更有效的激励，更加充分发挥每一利益相关方对特定价值的创造而言拥有的独特优势。

（三）社会视角：是否最大限度地创造了社会价值？

企业社会责任能否成为一个可用于实践的概念的最终评判标准是考察企业的这一行为方式是否真正带来企业最大限度地创造社会价值，这一价值在微观层面上最终表现为实现企业构想和利益相关方构想，在宏观层面上则最终表现为实现国家构想和社会构想。由于没有共同的构想，无论是企业还是国家都不可能取得成功，因此对于成功的社会，微观层面的企业构想与宏观层面的国家构想应具有内在一致性，并最终体现为社会进步。实际上，无论是着眼于逻辑推理，还是立足于客观事实，企业追求最大限度地增进社会福利的行为都能够推动社会进步。

（1）企业追求最大限度地增进社会福利的行为能够极大地规避和解决社会问题，避免巨大的社会价值损失。企业追求最大限度地增进社会福利的行为首先意味着特定企业在运营过程中有效管理其对社会、利益相关方和自然环境的消极影响，并将这种消极影响最小化，尽可能地规避企业运营可能造成的社会问题，最大限度地降低与企业商品和服务提供过程相联系的社会价值损失。同时，企业追求最大限度地增进社会福利的行为要求企业积极回应社会期盼，企业通常会对与自身运营没有直接紧密联系但属于突出的共性社会问题做出响应，通过多种方式参与这些社会问题的解决，进而从社会视角降低因这些社会问题而导致的社会价值损失。无论是与企业商品和服务提供过程相联系的社会价值损失的降低，还是因社会问题得到缓解而导致的社会价值损失的降低，如果特定企业的个体行为变为所有企业以及所有利益相关方的集体行为时，这些社会价值损失的下降将十分巨大，许多社会问题也能得到极大程度的规避和解决。

（2）企业追求最大限度地增进社会福利的行为能够促进社会正能量的充分释放，创造巨大的正的社会价值。企业追求最大限度地增进社会福利的行为还意味着特定企业在运营过程中有效管理其对社会、利益相关方和自然环境的积极影响，并将这种积极影响最大化，促进正能量的充分释放。一方面，企业会在运营过程中充分释放与商品和服务提供过程相联系的正能量（如技术创新），推动整个行业甚至全社会在该领域及相关方面的正能量的充分发挥，最大限度地创造与企业商品和服务提供过程相联系的正的社会价值；另一方面，企业会发挥组织公民作用，积极遵守和弘扬优秀的社会道德风尚，充分释放与商品和服务提供过程并无直接联系的正能量，最大限度地创造与组织公民行为相联系的正的社会价值。而且，无论是与企业商品和服务提供过程相联系的正的社会价值的创造，还是与组织公民行为相联系的正的社会价值的创造，如果特定企业的个体行为变为所有企业以及所有利益相关方的集体行为时，这些新生的社会价值将十分巨大。

（3）企业追求最大限度地增进社会福利的行为能够有效推动个体理性转为社会理性，促进健康社会秩序的构建与发展。企业追求最大限度地增进社会福利的行为意味着所有企业都将最大限度创造社会价值作为决策标准和行动规范，同时企业向社会和利益相关方保持足够的透明将导致各方的决策和行动更加理性，特定企业的个体理性会推动与之相关的利益相关方群体和社会主体的集体理性，而所有企业的个体理性将会拓展成社会整体理性。与此同时，社会理性是形成健康社会秩序的基础，特定企业的个体理性转化为符合社会整体利益的社会理性将能推动健康社会秩序的构建与发展，而这也是社会价值增加的重要途径与体现。

六、企业社会责任在实践中成为有价值的真命题的条件

检验结果表明，企业社会责任在实践中完全可能成为一个有价值的真命题，但检验过程则暗含了这需要具备六个方面的条件：由企业界转向企业个体、现代公司的组织模式、领导层心智模式的转换、理性的责权边界共识、合意的外部制度供给和适宜的社会主流氛围。

（一）由企业界转向企业个体

企业界是所有特定个体企业的汇总与集合，企业界社会责任概念只有理念与思想层面上的意义和价

值，在落实社会责任的实践中缺乏具体的主体，也就谈不上"追求最大限度地增进社会福利"的动力、能力和结果。企业界社会责任概念所隐含的企业同质性和无差别化假设，更容易导致企业社会责任陷入Friedman"责任魔咒"，进而使得企业社会责任被理所当然地误认为伪命题。企业社会责任要成为一个可用于实践的有价值的概念，必须从以往所默认的企业界社会责任转向企业个体社会责任，因为企业界社会责任概念在实践中只有通过特定个体企业这一经济主体和道德主体"追求最大限度地增进社会福利"的行为才能落地。只有认识到不同企业个体之间存在差异性，它们与社会的关系具有异质性，对社会的影响拥有主动性，才可能避免新古典经济学只看到价格机制的作用而得出追求利润最大化就能自动实现社会福利最大化的简单结论。

（二）现代公司的组织模式

企业社会责任思想的历史溯源可以发现，其产生的基础是"大公司的出现"和"现代公司中所有权与经营权的分离"，这种组织模式的变革使得现代公司不再被看作是一个以追求利润最大化为纯粹目标的私人营利组织，而开始被认为是一个拥有"公司良知"的社会机构。事实上，无论是企业要成为像"道德人"一样的道德主体，还是要形成利益相关方多边共享的多元价值（经济、社会、环境）的组织治理，抑或是实现有效的组织学习和道德的决策，都需要现代公司所具有的结构化、功能化组织方式和组织特征作为前提。唯有如此，企业才可能成为凝聚的集体，才可能实现企业内部成员的个体行为向企业层次的集体行为的转化。

（三）领导层心智模式的转换

在现代公司的组织模式中，领导层对企业的决策和活动具有不可替代的作用。企业内生出"追求最大限度地增进社会福利"的动力、正确理解和重新定位企业与社会和利益相关方的全面关系、主动识别和有效管理企业决策对社会和利益相关方的影响、保持对社会和利益相关方的透明意愿、确立富有道德的核心价值观并保证道德决策、形成着眼于尊重社会利益和利益相关方利益的制度安排都离不开领导层建立"追求最大限度地增进社会福利"的心智模式。如果领导层不能通过内生或学习而改变"追求股东利润最大化"的传统心智模式，那么企业就不可能形成最大限度贡献可持续发展的动力，也会缺乏最大限度创造社会价值的能力，更谈不上最大限度地发挥社会各方的综合价值创造潜能结果。

（四）理性的责权边界共识

在当前的组织型社会中，尽管组织的功能呈现融合发展的趋势，但不同类型和不同个体的组织在社会大分工格局中承担的角色、使命和责任不尽相同，社会赋予不同类型和不同个体组织的权力也存在显著差异。虽然企业作为兼具经济功能与社会功能的组织，其运营的目的是要追求最大限度地增进社会福利，但这并不意味着企业应当包揽一切角色以及承担社会赋予其角色之外的"分外之事"。如果如此，那么"企业社会责任"就可能变得对社会真的不负责任。因此，企业社会责任要成为在实践中有价值的真命题，社会、利益相关方和企业都应对企业个体在社会大分工格局中承担的角色、使命、责任和拥有的权力形成理性的共识，对企业个体的决策和活动都应做出合理的期望，避免对企业个体责权边界的过度预期和预期不足。

（五）合意的外部制度供给

坏的制度会让好人作恶，好的制度能让坏人从良。外部制度的供给不足甚至错位安排，不但会使缺乏"道德良知"的企业产生机会主义倾向而行恶赚钱，如利用"坏机制"漏洞"合理"地获取制度"租金"，而且还会使具有高道德标准的企业行为变得无所适从甚至"不合理"，如道德行为与"恶法"的冲突。因此，无论是催生和诱发企业"追求最大限度地增进社会福利"的动力，还是促进企业培育和形成最大限度的创造社会价值能力，抑或是推动企业与利益相关方建立合作机制而促使个体理性转为社会理性，都需要社会提供相匹配的外部制度供给，对正式制度和非正式制度做出合意的安排。

（六）适宜的社会主流氛围

"任何一个时代（各个时代不同）都有一种时代精神，这种时代精神影响着思想和表达的所有领域"。考察企业社会责任思想的产生背景和演进历程，可以发现它与所在时代的主流精神与社会价值观密切相关，在重商主义、现世主义、社会达尔文主义、自由放任主义和个人本位主义等思潮占据主导地位的时代，企业社会责任理念并没有得以真正形成（至少没有得到流行），而随着国家干预主义和管理者资本主义的出现以及由物质主义价值观转向后物质主义价值观，企业社会责任理念得到关注并形成。也就是说，企业社会责任要在实践中成为有价值的真命题，必须具有相对应的时代精神和社会主流价值观基础，因为相悖的社会主流氛围将会扼杀企业"追求最大限度地增进社会福利"的动力，也会损害企业"追求最大限度地增进社会福利"的能力。

〔参考文献〕

［1］Friedman，M. Capitalism and Freedom［M］. Chicago：University of Chicago Press，1962.

［2］Mintzberg，H. The Case for Corporate Social Responsibility［J］. The Journal of Business Strategy，1983，4（2）：3-15.

［3］李伟阳，肖红军. 企业社会责任的逻辑［J］. 中国工业经济，2011（10）：87-97.

［4］French，P.A. Collective and Corporate Responsibility［M］. New York：Columbia University Press，1984.

［5］［印度］阿马蒂亚·森. 伦理学与经济学［M］. 王宇译. 北京：商务印书馆，2000.

［6］［美］彼得·德鲁克. 管理：任务、责任、实践［M］. 孙耀君译. 北京：中国社会科学出版社，1987.

［7］［美］詹姆斯·布坎南. 自由、市场和国家：80年代的政治经济学［M］. 平新乔，莫扶民译. 上海：三联书店，1989.

［8］［美］朗·L. 富勒. 法律的道德性［M］. 郑戈译. 北京：商务印书馆，2005.

［9］［美］玛格丽特·M. 布莱尔. 所有权与控制——面向21世纪的公司治理探索［M］. 张荣刚译. 北京：中国社会科学出版社，1999.

［10］李伟阳. 基于企业本质的企业社会责任边界研究［J］. 中国工业经济，2010（9）：89-100.

［11］李伟阳，肖红军. 基于社会资源优化配置视角的企业社会责任研究［J］. 中国工业经济，2009（4）：116-126.

［12］沈洪涛，沈艺峰. 公司社会责任思想起源与演变［M］. 上海：世纪出版集团，上海人民出版社，2007.

［13］［美］罗兰·斯特龙伯格. 西方现代思想史［M］. 刘北成译. 北京：中央编译出版社，2005.

（本文发表在《中国工业经济》2015年第2期）

社会责任融合视角的企业价值创造机理

王　欣

摘　要： 本文从社会责任融合的视角切入，构建了一个社会责任驱动的企业综合价值创造模型，并进一步分析其内在的价值创造机理。本文研究表明，社会责任与企业运营全过程的融合，是有利于促进企业经济、社会和环境价值创造的路径选择；社会责任与企业运营相融合的本质是两套制度体系的融合，通过社会责任理念的融入改变企业原有的行为习惯，建立符合社会期望的企业行为习惯，最终固化为企业价值体系的重要组成部分；基于社会责任融合的企业综合价值创造过程，包括价值认知、价值主张、价值融合、价值实现以及价值沟通等多个环节，并且彼此之间存在紧密的互动机制。其中，企业与利益相关者的沟通机制非常重要，对价值创造的其他环节均会产生积极或消极的影响。本文以国家电网公司的实践为例，详细分析了其社会责任全面融合与综合价值创造过程。最后，结合国家电网公司的实践经验，针对我国企业社会责任实践中存在的典型问题，如价值认知不足、信号失灵以及制度冲突等，提出以下对策建议：加强示范企业领导人的社会责任理念培育，建立覆盖广泛、行之有效的社会监督机制，加快推进企业社会责任制度化进程。

关键词： 社会责任；责任融合；价值创造；社会价值；环境价值

一、引　言

企业作为社会经济运行的微观主体，其存在的意义与核心目标就是创造价值。但是，如何定义价值，以及什么是正确且高效的价值创造方式，人们的认识却一直处在动态变化中。企业社会责任理论和实践的发展，为企业价值创造提供了一种新的研究视角。如果从制度理论的逻辑来看，企业社会责任本质上是一种制度安排，能够在一定程度上影响企业整体和个人的行为，从而对企业的价值创造过程和结果产生影响。这种新的制度会对原有制度体系产生冲击，在社会责任与企业运营相互融合的漫长过程中，企业将经历一场组织变革（Yuan 等，2011）。

随着我国经济融入全球一体化进程的加快，在过去十年的时间里，我国企业社会责任实践取得了较快发展。但是，企业中仍然普遍存在一种误解，认为社会责任行为与日常运营活动相对立，属于超出企业职责范畴的"附加行为"，增加了企业的运营成本，削弱了企业的竞争力。这种错误的认知导致企业

[**基金项目**] 国家社会科学基金项目"中国企业社会责任评价与推进机制研究"（12CGL039）；中国社会科学院马克思主义理论学科建设与理论研究项目"马克思主义价值创造理论在中国的新发展"。

对履行社会责任产生了一种抵触心理，阻碍了社会责任的推进。一些企业即使是迫于外界压力做出了一些回应，也往往是停留在口头上和书面上，缺乏真正创造社会价值的实际行动。究其根源，主要是因为社会责任未能与企业文化、战略和运营很好地融合。

一些学者已经开始关注企业社会责任与价值创造的关系，企业社会责任研究显示出从工具理性向价值创造转变的趋势（肖红军和李伟阳，2013）。但是，由于已有研究大多只讨论问题的某个方面，如顾客等特定利益相关者的参与、社会责任与财务绩效的关系等，未能提供一个系统性的分析框架。本文首先对企业价值创造相关理论进行回顾和比较，在此基础上，从社会责任融合的视角切入，构建一个社会责任驱动的企业综合价值创造模型。接下来，从价值认知、价值主张、价值融合、价值实现与价值沟通五大环节入手，进一步分析其内在的价值创造机理。最后，结合国家电网公司的实践经验，针对中国企业实践中存在的问题给出对策建议。

二、理论回顾

企业价值创造理论主要解释"什么是价值""价值从何处来"以及"价值如何产生"等问题。从早期的劳动价值论、要素价值论开始，具有不同学科背景的学者纷纷投入企业价值创造理论的研究，在特定的时期、从不同的视角重新解读企业的价值创造目标与活动。其中，比较具有代表性的理论包括：价值链理论、价值网理论和利益相关者理论等。在企业价值创造理论不断演变和发展过程中，逐渐呈现出三大趋势：从只承认劳动单一要素到接受价值源泉的多元化；从局限于企业内部的价值创造过程到关注外部利益相关者的作用；从财务绩效反映的单纯经济价值到重视企业的社会价值。

（一）企业价值源泉：从一元论到多元论

早期的学者认为，企业的价值创造过程就是商品的生产过程，所以企业投入的生产要素就是价值创造的源泉。人类经历了奴隶社会、封建社会、资本主义社会和社会主义社会等多个阶段，生产要素的构成也随着时代的发展而逐渐演变。马克思主义劳动价值论认为，人类的抽象劳动是创造价值的唯一源泉，生产过程是价值创造的核心环节。而要素价值论认为，劳动、资本和土地都参与了商品的生产，因此他们都创造了价值，只是表现形式不同，分别为工资、利润和地租。企业能力理论则认为，企业拥有的知识、信息、技术等稀缺资源以及管理、创新等核心能力，由于能够为企业带来某种产生差额利润的租金，因而都是企业价值创造的重要源泉（王玲，2010）。由此可见，企业价值源泉逐渐从劳动要素扩展至非劳动要素，凡是能够为企业带来价值增值的都被视为企业价值创造的源泉。实际上，正是这种价值创造要素的多元化，促成了企业的差异化竞争与互补性合作，价值源泉也从单个企业占有的要素延伸到企业与外部主体的互动。

（二）价值创造过程：从内部化到外部化

1985年，美国哈佛商学院教授波特在《竞争优势》一书中提出了价值链理论，打开了企业价值创造的"黑箱"，从企业价值创造的过程入手，将企业的活动分为基本活动（如生产、营销、运输和售后服务等）和辅助活动（如采购、财务、技术和人力资源等）。正是这些相互联系的行为链条，共同构成了企业的价值创造过程。基于企业价值链理论，学者们又相继提出了产业价值链、虚拟价值链、价值网和价值星系等概念（李垣和刘益，2001；罗珉，2006；颜安和周思伟，2011）。这些理论的贡献在于，不再单纯地将企业的价值创造过程视为投入转化为产出的过程，而是将企业价值创造的视角从企业内部拓展至企业外部。其核心观点是，任何一个企业都置身于更大的价值网络中，企业价值创造不仅取决于自身内部价值链，还会受到与其相关的外部主体（如顾客、供应商及合作伙伴等）的影响。20 世纪 90 年代，伴随着利益相关者理论的发展，学者们开始从更加广泛的利益相关者视角来探讨企业价值创造过程。他们认为，企业的存在依赖于与不同利益相关者缔结的各种正式和非正式契约，促使利益相关者为了实现自身的经济和社会诉求而参与到企业的价值创造过程中，价值来源于企业与利益相关者的互补性产生的合作剩余（王世权，2010）。其中，由于顾客与企业价值创造目标和过程存在紧密联系，对于顾客参与企业价值创造的研究占据了主流。

（三）价值表现形式：从经济性到社会性

早期关注企业价值创造的研究集中于财务学领域，对企业价值表现形式的理解都局限于财务绩效。随着管理学界越来越关注企业价值创造问题，如平衡计分卡等绩效管理工具的出现，顾客满意度等非财务绩效逐渐受到重视。尤其是随着利益相关者理论的发展和企业社会责任研究的深入，使企业的"社会性"日益为人们所认识，企业与社会的关系、企业如何创造社会价值等问题，成为学者们讨论的核心议题之一。其中，陈银飞、茅宁（2006）提出了社会价值创造理论，认为在社会价值创造过程，企业应该以社会价值最大化为目标，超越眼前利益，既获得自身的发展，又为社会的发展做出贡献。从事企业社会责任问题研究的学者也指出，企业在追求经济绩效和自身发展的同时，还应当兼顾社会和环境的可持续发展，企业价值表现为经济、社会和环境综合价值。Schwartz、Carroll（2008）通过文献梳理发现，价值因素始终是企业与社会关系领域分析框架的核心概念，并指出所有企业均有责任致力于创造社会净值。与此同时，对当地经济增长的贡献、温室气体排放量等反映社会和环境绩效的指标，也纳入了企业价值测量与评价体系。

表 1　不同理论关于企业价值创造的代表性观点

理论学派	价值源泉	价值创造主体	价值表现
劳动价值论	劳动	劳动者	经济绩效
要素价值论	劳动、资本、土地	各种要素的贡献者	经济绩效
企业能力理论	知识、信息、技术、管理等稀缺性资源与核心能力	各种资源和能力的贡献者	经济绩效
价值链理论	企业内部运营活动，包括基本活动和辅助活动	企业自身	经济绩效
价值网理论	网络内多个主体间相互联系的活动	企业与其他网络成员（如顾客、供应商等）	经济绩效
利益相关者理论	企业与利益相关者之间的互动与合作	企业与广泛的利益相关者（如员工、顾客、政府、社区等）	经济绩效 社会绩效 环境绩效

资料来源：笔者整理。

三、模型构建

企业社会责任理论与实践发展经历了近百年的时间，关于社会责任概念的争论从未停止过（李伟阳和肖红军，2008）。随着时代的发展，企业社会责任从以前简单的慈善活动，晋升为一种全新的企业管理模式（李伟阳、肖红军，2010）。同时，社会责任与企业战略和运营相融合的趋势日益明显。Porter、Kramer（2006）提出了战略性企业社会责任的概念，认为企业应当将社会责任管理与公司战略加以整合，从而创造企业与社会的共享价值，这是影响企业未来竞争力的一个重要因素。Visser（2010）提出了CSR2.0的概念，他指出当前企业社会责任已经进入一个新的时代，企业社会责任管理将从专业性转向多元化，即从专家负责型融入企业并整合到企业的核心业务中去。

为了更加透彻地认识社会责任对企业价值创造的作用机理，本文深入到企业文化、战略和运营全过程，重新审视社会责任理念给企业带来的深刻变革。在已有研究的基础上，本文从社会责任融合的视角切入，构建了一个社会责任驱动的企业综合价值创造模型（如图1所示）。该模型的核心内涵是：企业受到外部环境和利益相关者要求的影响，逐渐认识并接受企业社会责任理念，通过将这种理念融入企业价值观、使命、战略与运营过程，提供相应的组织与资源保障，最终与利益相关者共同创造出经济、社会和环境综合价值。

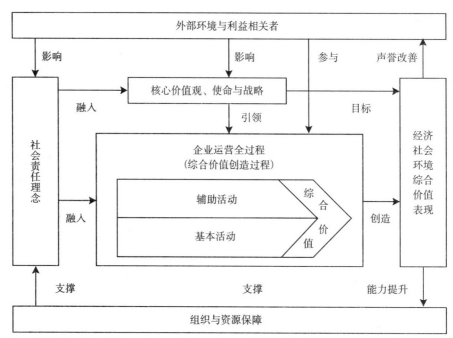

图1　基于社会责任融合的企业综合价值创造模型

资料来源：笔者绘制。

首先，企业履行社会责任会受到政治、经济、制度等外部环境的影响，尤其是来自利益相关者的压力和要求。例如，当面临更为严厉的国家法规、集体性的行业自律、其他监督企业行为的非政府组织和独立组织机构以及鼓励社会责任行为的规范性制度环境时，企业更有可能采取对社会负责的行为（Campbell，2007）。经过一段时间之后，企业逐渐树立起科学的社会责任观，能够正确认知企业的社会责任内涵，并且在核心价值观、使命和战略中加以体现。由此导致企业的价值创造目标也相应发生转变，即从单纯追求经济绩效转向综合考虑经济、社会和环境绩效。

其次，在社会责任理念融入和企业战略目标的指引下，企业开始探索将社会责任融入业务运营过程。实际上，企业的核心业务运营过程，就是企业主要的价值创造过程。社会责任融入运营过程，是指企业以社会责任要求改进企业运营全过程，包括价值链上的基本活动和辅助活动，从而实现企业的经济、社会和环境综合价值创造。在此过程中，利益相关者的参与将起到积极的推动作用。

再次，社会责任理念认知、全面融合以及价值创造过程，都需要企业提供全方位、可持续的配套支持。企业应在内部建立起包括组织与资源在内的全面保障体系，从而确保社会责任驱动的综合价值创造过程顺利进行。

最后，企业的综合价值创造过程，通过企业声誉机制的作用，形成一个持续改进的良性循环。综合价值创造表现优异的企业，对外能够树立负责任的品牌形象，赢得社会各界的认同与支持，从而实现企业声誉的改善，营造良好的外部发展环境；对内能够获得可持续发展能力的提升，从而增强企业的支撑保障体系。

四、价值创造机理

国内外很多学者都曾论证过社会责任与企业绩效的关系，至今并未形成一致的研究结论（刘建秋和宋献中，2010）。但是，从社会责任角度剖析企业价值创造机理的文献并不多，一般是围绕不同的利益相关者（毕楠，2012）或者不同的社会责任议题（贺小刚、陆一婷，2008），讨论企业履行社会责任对价值创造的积极作用。其中比较有代表性的观点是，企业履行社会责任满足了利益相关者的期望，从而提高了企业声誉，进而促进了企业价值创造（毕楠和冯琳，2011）。遗憾的是，这些研究都未能深入企业运营过程，来审视社会责任理念带来的深刻变革。

就价值创造的本质属性而言，企业社会责任也可以视为一种商业模式创新（Visser，2010）。一些学者基于商业模式创新的视角，对企业的价值创造过程进行了解析。翁君奕（2004）提出由价值主张、价值支撑、价值保持三个维度组成的价值创造分析体系；原磊（2007）将企业的价值创造体系划分为价值主张、价值网络、价值维护、价值实现四个维度；项国鹏、韩思源（2008）把价值创造归纳为一个四维体模型——CESS 价值创造模型：价值主张（Value Claim）、价值评定（Value Evaluation）、价值支撑（Value Support）、价值维护（Value Sustenance）。在构建模型的基础上，本文进一步探究企业价值创造的内在作用机理（如图 2 所示）。本文认为，基于社会责任融合的企业价值创造过程主要包括五大核心环节，即价值认知（Value Cognition）、价值主张（Value Claim）、价值融合（Value Integration）、价值实现（Value Performance）以及价值沟通（Value Communication）。

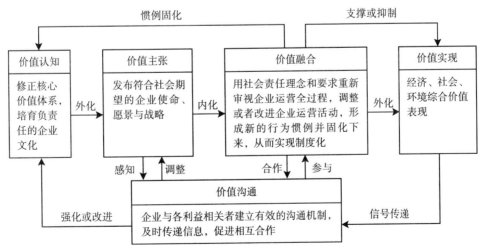

图 2　社会责任融合视角的企业价值创造机理

资料来源：笔者绘制。

（一）价值认知

价值认知是指企业通过学习、培训、实践等方式，在内部逐渐对社会责任和价值创造形成一致的认识。该环节的社会责任融入目标是，让企业内部全体员工树立正确的社会责任观，主要途径是修正企业的核心价值体系，培育负责任的企业文化。核心价值观是引领企业发展方向的价值信念，是企业行为背后的价值立场，是引导企业行为和员工行为的核心准则。企业将坚持透明和道德的行为，追求经济、社会和环境综合价值最大化等社会责任理念融入核心价值观，能够潜移默化地影响每一位员工的观念和行为，从而改变整个企业的决策和行为。为了使公司的核心价值观植入全体员工的思想和行动中，培育负责任的企业文化是一个有效的途径。企业可以通过社会责任专题培训、印发社会责任宣贯材料、组织员工志愿者行动等一系列手段，促使企业内部形成符合社会利益和利益相关者期望的统一价值观。随着负责任的企业文化逐渐形成，它将成为指导员工行为的新准则，引导员工在日常工作中关注企业对社会和环境的影响，考虑利益相关方的诉求，并主动与利益相关方进行沟通。企业文化作为企业正式制度的有效补充，通过内部员工对企业价值观的感知达成共识，能够降低企业的内部交易成本，提高个体的生产率和团队的合作效率，从而促进企业的价值创造活动（吴照云、王宇露，2003）。但是，培育一种支持企业社会责任的价值观驱动型文化，也是企业面临的一个重要挑战，一般都会经过淡漠、理解和嵌入多个阶段的漫长历程（Maon 等，2009）。这就需要企业坚持不懈地开展社会责任宣贯活动，关键是要让员工识别和理解社会责任与其本职工作的紧密联系，将其作为提升工作效率的手段而不是额外的工作负担。

（二）价值主张

价值主张是指企业通过使命和愿景陈述、战略制定并发布等形式，向外界做出履行社会责任的公开承诺，这是企业价值认知的外部化过程。企业使命是企业存在的理由和依据，代表了企业经营的基本理念和原则。社会责任理念指导下的企业使命，应当立足经济发展和社会进步的大背景，正确认识企业在其中所承担的角色和任务。企业愿景是企业长期的发展方向和战略定位，体现了企业永恒的追求。企业战略则表达了更加具体的发展方向和定位。社会责任融入企业愿景和战略的核心在于，对企业发展目标的修正和调整，即从单纯追求经济利润最大化转变为追求经济、社会和环境综合价值最大化。企业确立符合社会责任要求的使命、愿景和战略后，还应当通过网站、媒体、发布会等多种形式向社会传播，让利益相关者了解企业的价值主张，从而获得他们对企业的理解和认可。

恰当的价值主张能够拉近企业与利益相关者的心理距离，有助于他们与企业之间形成共识，并支持企业的运营活动。例如，南方电网公司确立了"主动承担社会责任，全力做好电力供应"的使命，以及"万家灯火，南网情深"的核心价值观。公司对这种"情"做出进一步解读，它涵盖了对客户的服务之情、对员工的关爱之情、对环境的绿色亲善之情、对社会的回报之情，实质是负责地对待政府、员工、客户、合作伙伴、环境、社区和公众等每一个利益相关方。南方电网公司通过对使命和价值观的阐述，很好地表达了公司对社会负责任的态度和承诺，容易赢得利益相关者的认同。但是，与实际行动不相符的价值主张，也会让企业陷入一种困境。通过利益相关者沟通机制，企业的价值主张将被各利益相关者所感知，并不断地与企业实际行动相比照，据此调整对企业的判断。

（三）价值融合

价值融合是指用社会责任理念和要求重新审视企业运营全过程，调整或者改进企业日常运营活动，在此过程中，逐渐形成新的行为惯例并固化下来，从而实现社会责任的制度化。社会责任理念只有落实到企业运营实践的每个环节，才能真正改进企业运行方式，从而创造经济、社会和环境综合价值，为自身和社会的可持续发展做出贡献。企业实施价值融合的核心任务是，将社会责任与企业特定的活动相联系，解决那些与自身业务相交叉的社会议题，减少价值链活动对社会和环境造成的消极影响，增加积极影响（Porter、Kramer，2006）。价值融合是价值主张的内部化过程，具体是将社会责任理念融入企业运营全过程，包括生产、销售、服务等基本活动，也包括采购、财务、技术创新、人力资源管理等辅助活动。比如，在生产环节中关注企业对生态环境的影响，采取措施减少对环境的污染和有害气体的排放。再比如，在人力资源管理活动中始终遵循以人为本的原则，切实维护员工的合法权益。

企业社会责任融合需要实现三个层次的契合，分别是：多种社会责任行为之间的相互协调，企业社会责任行为与主流的商业实践活动的内在契合，以及与外部利益相关者的需求之间的外在契合，其中内在契合最为关键但却往往受到忽视或者低估其难度（Yuan 等，2011）。企业社会责任融入运营的本质是两套制度体系的融合，即企业社会责任惯例与企业原有行为惯例之间的融合。本文参考 Yuan 等（2011）提出的企业社会责任融入运营的七种模式，并结合中国企业实践的现状，将社会责任融合进一步概括为四种类型：第一类是强化型融合，是指企业在推进社会责任融合之前，其运营活动就已经符合社会责任的理念和要求，两套制度的融合只是一种强化和完善；第二类是改进型融合，是指企业在保持原有运营活动基本内容不变的情况下，通过制度、标准、流程等的优化实现社会责任融合；第三类是创新型融合，是指企业在社会责任理念和要求指导下，探索出新的运营活动内容或方法；第四类是冲突型融合，是指企业原有运营活动和行为惯例与社会责任要求不兼容，从而产生较为明显的制度冲突。比较而言，强化型融合遇到的阻力最小，而冲突型融合面临的挑战最大。

（四）价值沟通

价值沟通是指企业与各利益相关者建立有效的沟通机制，及时传递信息，促进相互合作。在社会责任融合与价值创造的全过程中，企业与利益相关者的持续沟通，是贯彻整个融合过程的核心环节（Maon 等，2009）。一般而言，针对不同类型的利益相关者，企业与其进行价值沟通的方式也应有所不同。常见的沟通方式包括：定期的信息披露机制，如企业发布社会责任报告；重大事件的临时沟通机制，如企业做出对社会影响较大的重大决策或重大行动时。价值沟通环节为企业提供了一种信息反馈机制，可以通过与利益相关者的交流，实现价值创造各个环节的持续改进。对价值认知来讲，企业根据利益相关者的意见反馈，能够发现自身对社会责任的理解、价值体系的定位是否恰当，并决定是继续坚持并加以强化，还是根据利益相关者的意见及时改进。同样，企业也可以根据利益相关者的反应确定是否需要调整价值主张。针对价值融合过程，良好的沟通是促进利益相关者参与的有效途径，而企业与一个或者多个利益相关者的合作，将会对价值融合产生支撑作用。这既包括产业链上下游企业之间的纵向合作，也包括企业与科研机构或其他组织之间的横向合作。通过这种沟通与合作，能够降低价值融合过程的外部阻力和社会成本，从而改善企业的综合价值创造表现。

（五）价值实现

价值实现是指企业通过价值融合创造出经济、社会和环境综合价值，并通过及时向利益相关者进行信息披露。除了采用传统的企业经济绩效指标外，还可以选用一些新的指标来量化企业的社会和环境绩效。例如，企业的经济价值表现可以用营业收入、资产、利润、运营效率、专利拥有量等指标来衡量；社会价值表现可以用为社会提供服务的质量、社会捐赠金额、对员工发展的贡献等指标来表示；环境价值表现可以用能源利用效率、温室气体减排量等指标来衡量。企业的价值创造结果向利益相关者传递一种信号，他们会据此调整对企业的判断，这将决定他们对企业的态度和行动。只有企业创造的价值被社会所认可，才能算作是真正意义上的价值实现。优秀的企业价值表现增强了企业运营能力，同时对企业产生一种正向激励，加大对社会责任融合的资源投入力度，从而对价值融合过程起到一种支撑作用。相反，企业价值表现未能达到预期水平，一方面企业价值创造的能力有所削弱，另一方面也难以赢得利益相关者的认可，会对价值融合过程起到一定的抑制作用。

综上所述，基于社会责任融合的企业综合价值创造过程，五个环节之间存在紧密联系且相互作用，是一个"自外而内→自内而外→内外互动"的动态变化过程。利益相关者沟通是联系各个环节的重要桥梁，承担着传递信息、促进合作以及形成共识等关键性作用。因此，利益相关者沟通机制的设计将直接影响社会责任融合效果以及企业的价值实现。企业社会责任制度化是整个融合过程的最终目标（Maon等，2009），即成功将社会责任理念和要求融入企业各项运营活动，形成一种新的行为惯例并固化下来，最终成为企业价值体系的重要组成部分。此外，企业在开展社会责任融合的过程中，应当在不同的领域采取相适宜的融合类型，并选择与自身相匹配的具体融入方式。

五、国家电网公司实践案例

（一）企业概况

国家电网公司成立于 2002 年 12 月 29 日，以建设和运营电网为核心业务，承担着为经济社会发展提供安全、经济、清洁、可持续的能源供应的基本使命，经营区域遍及全国 26 个省（自治区、直辖市），覆盖国土面积的 88%，供电服务人口超过 11 亿人。2012 年，公司名列《财富》世界企业 500 强第 7 位，是全球最大的公用事业企业。自 2005 年起，公司立足国情和电网企业实际，积极探索科学的企业社会责任观，致力于将社会责任理念融入公司运营全过程，追求经济、社会和环境综合价值最大化的可持续发展目标。作为我国企业社会责任实践的引领者，国家电网公司率先发布了企业社会责任报告，并启动了全面社会责任管理推进工作，努力实现社会责任的全员参与、全过程覆盖和全方位融合。公司按照"试点示范、提炼模式、逐步扩大"的推进路径，分别在公司总部、网省公司、地市公司、县级供电企业开展试点工作，在社会责任理念融入公司运营方面积累了一定的经验。

（二）社会责任融合实践

（1）将社会责任理念融入核心价值观，促使全员树立正确的价值认知。国家电网公司始终将深化对企业社会责任的认知作为公司推进全面社会责任管理的首要任务。公司提出的"诚信、责任、创新、奉献"的核心价值观，充分体现了公司对社会责任的理解和对综合价值的追求。其中，"诚信"要求公司在运营过程中对每一位利益相关者都要重诚信、讲诚信；"责任"要求公司勇于承担重要的政治责任、经济责任和社会责任，做到对国家负责、对企业负责、对社会负责；"创新"要求公司敢于打破常规、敢于承担风险，不断提升综合价值创造能力；"奉献"要求公司面临急难险重任务和重大考验时，坚持以大局为重，不计代价地承担社会责任。为确保这一核心价值观得到贯彻落实，公司通过内部媒体、专门网站、发布会、讨论会等多种形式，提升全体员工对社会责任的认识和理解，促使企业内部树立正确、统一的价值认知。

（2）将社会责任理念融入使命和可持续发展战略，提出追求综合价值最大化的价值主张。国家电网公司通过使命、宗旨和可持续发展战略，向社会表达公司履行社会责任、追求综合价值的郑重承诺。公司提出了"奉献清洁能源，建设和谐社会"的使命主张，其内涵是，保障更安全、更经济、更清洁、可持续的能源供应，促使发展更加健康、社会更加和谐、生活更加美好。与此同时，公司制定并实施追求综合价值最大化的可持续发展战略，确立了公司综合价值创造的核心领域、主要内容、重要行动和绩效目标，为全面社会责任管理提供了重要的顶层设计。这些都充分反映了公司支撑经济社会可持续发展和服务人民生活品质提升的综合价值创造理念。公司通过网站、媒体、社会责任报告、白皮书等各种途径，将这种追求综合价值最大化的价值主张向社会广泛传播，从而赢得各利益相关方的理解和认同。而社会对公司的理解和认同，又会促进公司社会责任融合过程的利益相关方参与，提升价值创造能力，形成一种良性循环。

（3）将社会责任理念融入电网建设与运营全过程，实现价值链各个环节的价值融合。国家电网公司认为，履行社会责任并不是在建设和运营电网业务之外开展不同的业务，而是按照更高的标准和更好的方式建设和运营电网，核心是将社会责任理念和要求全面融入公司生产运营全过程，即公司内部价值链的各个环节（如图3所示），包括规划设计、电网建设、调度运行、设备检修和营销服务等基本活动，以及人力资源管理、财务管理、物资管理、科技创新和信息化管理以及安全、健康与环境管理等辅助活动，全面实现"安全、高效、绿色、和谐"的综合价值创造目标。一是安全，不仅追求保障供电安全和员工人身安全与健康，而且努力促进电力生产、输送和使用价值链的全过程安全，以及保障所有用电相关人员的安全与健康。二是高效，不仅追求实现电网运营高效，而且努力促进能源资源的高效配置。宏观层面主动服务国家能源战略，充分发挥国家电网功能，促进能源资源在全国乃至更大范围内的优化配置；中观层面努力提升电力产业的资源配置效率，引导产业链各环节提升能源利用效率；微观层面努力提升集团各部门、各层级的资源配置效率。三是绿色，不仅追求推动电力清洁能源的广泛使用，提升电力在终端能源消费中的比重，而且大力促进能源和资源节约以及发展可再生能源，始终坚持电网建设和运行的环境友好。四是和谐，不仅追求提升内部工作水平和供电品质，而且充分考虑利益相关方期望和可持续发展要求，促进人与人的和谐、人与自然的和谐。

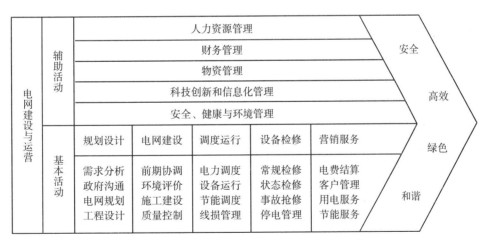

图3　国家电网公司电网建设与运营价值链构成

资料来源：笔者绘制。

国家电网公司将社会责任理念融入价值链五项基本活动的重点和方式如表2所示。此外，公司还特别注重以社会责任理念改进价值链的辅助活动，采取的主要措施包括：一是确保人力资源管理的全过程符合社会责任理念，包括提供安全健康的工作环境、健全的薪酬福利政策，重视员工个人发展和开拓创新，构建和谐的劳资关系等；二是基于社会责任理念与要求修订和完善财务政策和财务制度，确保政策与制度在考虑经济绩效的同时实现社会绩效，同时强化固体废弃物的处置管理，提升处置设备的回收与再利用水平；三是探索推进责任采购，在确定采购标准的过程中考虑安全生产、环保、能效、清洁生产、人权、健康、劳工权益保护、资产全生命周期管理等社会责任要求，完善供应商管理制度，对供应商的社会和环境绩效表现进行考察和评估；四是在科技创新领域和内容上充分考虑社会和环境因素，主动发展环保型、清洁型、高能效技术，提升能源和资源的使用效率；五是充分发挥信息化的重要功能，将社会责任管理要求和最佳实践，以信息化的方式固化为制度安排和管理流程，建设社会责任管理的长效机制；六是探索实施全面环境管理，在自身推进绿色发展的同时，努力推动产业链和全社会绿色发展。

表2 国家电网公司社会责任融入电网建设与运营的重点与方式

融入环节	融入重点	融入方式
规划设计	努力实现电网规划与国家能源规划、地方经济社会发展规划的统一与协调；全面考虑安全、健康、环保、生态等社会和环境因素的影响	加强与国家和地方各级政府的沟通与协调；主动邀请利益相关方参与电网规划设计；充分评估和预防电网建设中可能出现的社会风险和环境风险；在规划中落实节能、节地、节水、节材等要求，建设资源节约、环境友好型电网
电网建设	保证公司员工、承建单位人员、社区居民等人身安全与健康；最大限度减少项目建设及电网运行对周边环境的影响	全面落实基本建设项目的安全与健康管理体系；加强对基建队伍选择、质量监督等关键环节的管控；全面落实电网建设项目环境影响评价和项目竣工环保验收制度；妥善开展征地、拆迁和补偿等工作，切实保证各方合法权益；加强社会和环境风险管理，制定部署相关应急预案
调度运行	保障电网安全稳定运行，杜绝大面积停电事故；推进节能环保调度，保证资源的高效利用	淘汰高能耗技术、工艺与设备，加强环保治理，并支持可再生能源发展；加强与发电企业的沟通，严格执行"公开、公平、公正"调度与交易合同；加强与其他部门的业务协调，最大限度地优化配置电力生产资源，全力提升电力生产的需求响应能力和水平
设备检修	减少设备故障发生率、消除安全隐患、提高供电可靠率；减少因设备检修造成的停电时间	全面实施状态检修，降低运维成本，提升检修效率，减少停电时间；制定应急预案，提高突发事件的应急处理能力；提升重大活动保供电工作质量；加强与政府部门合作，共同防止电力设备外力破坏；策划电力设施保护方面的专题活动，增强全社会保护电力设备意识
营销服务	为客户提供高效、便捷的优质服务，最大限度满足客户需求；促进客户安全用电、科学用电、节约用电	推行客户分类管理，建立客户档案，提供差异化服务；构建社会监督网络，促进各利益相关方对服务进行监督，征求客户意见并提供整改报告；主动向客户宣传用电知识，促进全社会安全用电、节约用电；与大客户开展合作，为其提供节能服务，推动用电侧的节能减排

资料来源：笔者整理。

（4）健全信息披露和社会沟通机制，推动公司与各利益相关方的价值沟通。国家电网公司将强化沟通作为推进全面社会责任管理的重要突破口，积极创新社会沟通方式、途径、载体和体系，全面加强对外信息披露，以沟通交流促进理解、信任、支持和合作，在为公司营造良好发展环境的同时，也为公司社会责任全面融合积累持续推进的动力。国家电网公司积极针对政府部门、用户、意见领袖、媒体、社会公众、合作伙伴等不同对象分别建立相应的系统性沟通体系，实现与不同利益相关方的高效、全面沟通。除定期发布社会责任报告、实时更新公司网站、重大行动信息披露等常规沟通方式外，公司积极推动社会沟通方式创新，针对不同利益相关方探索建立具有特色的沟通方式，深化公司与各利益相关方的沟通效果。尤其是近些年来，国家电网公司多个下属单位针对不同利益相关方分别制定了相应的沟通指导手册，明确了沟通流程，细化了沟通内容，实现了与不同利益相关方的有效沟通。

（三）综合价值创造表现

国家电网公司推进全面社会责任管理以来，不断探索将社会责任理念融入电网建设与运营全过程，目前已经取得了明显的效果，经济、社会和环境综合价值创造能力有所提升（如表3所示）。

表3　国家电网公司近年来综合价值创造表现

	综合价值创造指标	2008 年	2009 年	2010 年	2011 年	2012 年
经济价值	营业收入（亿元）	11407	12580	15427	16754	18855
	资产总额（亿元）	16453	18419	21192	22116	23527
	实现利税（亿元）	868	657.5	1227.4	1384	1735
	110（66）千伏及以上输电线路长度（公里）	496332	561456	618837	655131	713081
	110（66）千伏及以上变电设备容量（千伏安）	160142	188654	213193	239162	280729
	累计专利拥有量（项）	1994	3511	6528	10538	16399
社会价值	累计新增通电户数（万户）	112	126.2	134	137.5	149
	累计新增农村通电人口（万人）	416.4	475.6	509	522.6	572
	城市年户均停电时间（小时/户）	11.98	8.5	8.234	6.92	5.18
	农村年户均停电时间（小时/户）	39.97	33.73	31.89	29.35	23.21
	公司对外捐赠额（亿元）	6.16	1.84	2.3	1.08	1.47
	员工平均培训时间（小时/人·年）	57	64	66	68	74
环境价值	清洁能源机组上网电量（亿千瓦时）	4161	4321	4903	5943	7177
	降低线损节约电量*（亿千瓦时）	160	19.4	40	23.1	10.5
	累计建成电动汽车充换电站（座）	—	—	87	243	353
	累计建成电动汽车充换电桩（个）	—	—	7031	13283	14703
	消纳清洁能源减排二氧化碳（万吨）	—	—	44700	44285.4	55264.93
	降低线损减排二氧化碳（万吨）	1300	158	330	190.04	85.32

注：* 公司2012年线损率上升主要是受133家农电企业上划因素的影响，如按同口径计算，实际下降了0.03个百分点，节约电量10.5亿千瓦时。

资料来源：《国家电网公司社会责任报告2012》。

六、研究结论与启示

本文构建了基于社会责任融合视角的企业综合价值创造模型，并进一步探讨了社会责任全面融入企业文化、战略和运营后的企业价值创造机理。本文的主要研究结论是，社会责任与企业运营全过程的融合，有利于促进企业创造更大的经济、社会和环境价值，是能够同时实现企业自身发展和社会福利改善的路径选择；社会责任与企业运营相融合的本质是两套制度体系的融合，通过将社会责任理念和要求融入运营活动，改变企业原有的行为习惯，建立符合社会期望的企业行为习惯，最终固化为企业价值体系的重要组成部分；基于社会责任融合的企业综合价值创造过程，包括价值认知、价值主张、价值融合、价值实现以及价值沟通等多个环节，并且彼此之间存在紧密的互动机制，表现为"自外而内→自内而外→内外互动"的动态变化过程；在此过程中，企业与利益相关者之间建立有效的沟通机制至关重要，它贯穿企业价值创造的整个过程，并且对价值创造的其他环节均会产生积极或消极的影响。

本文的理论分析和案例研究对于我国政府促进企业推进社会责任、追求综合价值创造有重要的启示。当前，履行社会责任已经成为世界企业发展不可逆转的大趋势，实现社会责任与业务运营的全面融合，是企业获取持续竞争优势的重要途径。然而，与西方国家相比，我国企业社会责任理论和实践起步较晚。尽管越来越多的企业发布了社会责任报告，初步建立了利益相关方沟通机制，并在不同程度上考虑企业决策对社会和环境的影响。但是，仅有少数企业认识到社会责任与企业运营相融合的重要意义，付诸实践的企业更是凤毛麟角。概括来讲，目前存在的问题集中于以下三个方面：

首先是价值认知不足。价值认知是企业综合价值创造过程的基础环节，而企业核心领导的认知是决定这场管理变革能否成功的关键。就我国企业的实际情况而言，"自上而下"的社会责任推进模式可以最大限度地减小阻力，因而是最有效率的。国家电网公司的实践经验也表明，"一把手"对社会责任工作的理解、认可与支持，对企业积极履行社会责任以及实现社会责任融合起着决定性的作用。目前，我国多数企业的领导对社会责任概念的认识尚不清晰，更谈不上社会责任与企业运营的融合问题。这直接导致了企业社会责任推进缓慢、资源配置效率低下等问题，阻碍了我国企业社会责任发展与融合进程。为此，我国政府可以从具有示范效应的中央企业入手，在企业领导人的聘任、培训与评价等环节中，加强社会责任理念宣贯和考核要求，促进企业之间的横向交流以及优秀实践案例的推广，尤其是推动企业与发达国家跨国公司的交流，从而带动更多的企业领导开始关注这个问题。

其次是信号失灵问题。我国企业普遍存在价值认知与价值主张相偏离的现象。大多数企业都在价值观和使命陈述中冠以"责任""奉献"等字样，但是真正能够用社会责任理念指导企业运营活动的企业并不多。还有一些企业把履行社会责任视作一种赚取利润的工具，由此产生了各种伪社会责任行为（肖红军等，2013）。由于某些企业向社会传递的价值信号与实际行动不一致，从长期来看，这会造成企业与社会之间信号传递机制的失灵，从而使得履行社会责任较好的企业积极性受挫。为解决这个问题，需要尽快建立覆盖广泛、行之有效的社会监督机制。推进的主体既可以是政府或者非政府组织，也可以是企业自身。国家电网公司便是自觉构建社会监督体系的范例。但是，大多数企业并不具有这种觉悟或者缺乏有力支持，由政府推动的方式更为可行。建立社会监督机制的核心理念是，提高企业运营的透明度，确保处于相对弱势的企业利益相关者能够表达自己的利益诉求，并且享受对企业监督的权力，从而对企业的行为产生制约。

最后是制度冲突问题。企业制度是社会制度的一个组成部分，因此，企业社会责任融合与价值创造过程还会受到外部制度环境的影响。当前我国企业社会责任融合的另一个障碍，来自企业自身制度体系与外部制度环境之间的冲突。例如，政府对国有企业的绩效考核制度等。这种制度冲突的存在，可能会使得一些本身有履责意愿的企业无奈放弃，或者履责效果大打折扣。为此，要加快推进企业社会责任制度化进程。从西方国家企业社会责任的演进历程来看，大致都经历了从企业自发到外部规制再到企业自发的过程。从当前我国企业社会责任实践发展状况看，非常需要来自外部的规制作用，直至社会责任固化到企业的行为惯例中，成为一种自觉的行为。政府在推进社会责任制度化的过程中，尤其要注重解决企业内外部的制度冲突问题，营造良好的制度环境。例如，对国有企业的绩效考核要体现差异性，根据其在经济社会中的定位和使命，科学制定经济、社会和环境绩效考核指标及其比重。

〔参考文献〕

〔1〕Campbell J. L. Why Would Corporations Behave in Socially Responsible Ways? An Institutional Theory of Corporate Social Responsibility〔J〕. Academy of Management Review, 2007, 32（3）.

〔2〕Maon, F., Lindgreen, A., Swaen, V. Designing and Implementing Corporate Social Responsibility: An Integrative Framework Grounded in Theory and Practice〔J〕. Journal of Business Ethics, 2009, 87（1）.

〔3〕Mark S. S., Archie B. C. Integrating and Unifying Competing and Complementary Frameworks: The Search for a Common Core in the Business and Society Field〔J〕. Business & Society, 2008, 47（2）.

〔4〕Porter M. E., Kramer M. R. The Link between Competitive Advantage and Corporate Social Responsibility〔J〕. Harvard Business Review, 2006, 12.

〔5〕Schwartz M. S., Carroll A. B. Integrating and Unifying Competing and Complementary Frameworks the Search for a

Common Core in the Business and Society Field [J]. Business & Society，2008，47 (2).

[6] Visser，W. The Age of Responsibility：CSR 2.0 and the New DNA of Business [J]. Journal of Business Systems，Governance and Ethics，2010，5 (3).

[7] Yuan，W.，Bao，Y.，Verbeke，A. Integrating CSR Initiatives in Business：An Organizing Framework [J]. Journal of Business Ethics，2011，101 (1).

[8] [美] 迈克尔·波特. 竞争优势 [M]. 陈小悦译. 北京：华夏出版社，1997.

[9] 毕楠，冯琳. 企业社会责任的价值创造研究——一个三维概念模型的构建 [J]. 财经问题研究，2011 (3).

[10] 毕楠. 企业社会责任价值创造的驱动因素与作用机理研究 [J]. 当代经济研究，2012 (7).

[11] 陈银飞，茅宁. 经济学的发展：从资源配置到社会价值创造 [J]. 经济问题，2006 (12).

[12] 贺小刚，陆一婷. 公司社会责任与价值创造：基于社会调查的数据分析 [J]. 科学经济社会，2008 (3).

[13] 李垣，刘益. 基于价值创造的价值网络管理（I）：特点与形成 [J]. 管理工程学报，2001 (4).

[14] 刘建秋，宋献中. 社会责任与企业价值创造研究：回顾与展望 [J]. 中南财经政法大学学报，2010 (3).

[15] 李伟阳，肖红军，郑若娟. 企业社会责任前沿文献导读 [M]. 北京：中国电力出版社，2013.

[16] 李伟阳，肖红军. 企业社会责任概念探究 [J]. 经济管理，2008：21-22.

[17] 李伟阳，肖红军. 全面社会责任管理：新的企业管理模式 [J]. 中国工业经济，2010 (1).

[18] 罗珉. 价值星系：理论解释与价值创造机制的构建 [J]. 中国工业经济，2006 (1).

[19] 王玲. 租金视角下供应链竞合的价值创造途径 [J]. 商业经济与管理，2010 (4).

[20] 王世权. 试论价值创造的本原性质、内在机理与治理要义——基于利益相关者治理视角 [J]. 外国经济与管理，2010 (8).

[21] 翁君奕. 商务模式创新 [M]. 北京：经济管理出版社，2004.

[22] 吴照云，王宇露. 企业文化与企业竞争力——一个基于价值创造和价值实现的分析视角 [J]. 中国工业经济，2003 (12).

[23] 肖红军，李伟阳. 国外企业社会责任研究的最新进展 [J]. 经济管理，2013 (9).

[24] 肖红军，张俊生，李伟阳. 企业伪社会责任行为研究 [J]. 中国工业经济，2013 (6).

[25] 颜安，周思伟. 虚拟整合的概念模型与价值创造 [J]. 中国工业经济，2011 (7).

[26] 中央企业管理提升活动领导小组. 企业社会责任管理辅导手册 [M]. 北京教育出版社，2012.

（本文发表在《经济管理》2013 年第 12 期）

管理意象引领战略变革：海尔人单合一双赢模式案例研究

赵剑波

摘　要： 变革已经成为企业经营的常态。变革过程要求形成新的管理意象，统一、明确的管理意象，能够引导变革的实施，规范员工的优先行为和努力方向，从而提升战略变革实施的效率。在网络化战略阶段，海尔提出"人单合一双赢"模式推动企业的战略变革。管理意象能够激发和塑造变革行动，作为新的管理意象"人单合一双赢"模式引导企业资源的配置和平衡，促进员工角色的快速转换和重新定位。战略变革要求改变现有的组织惯例，以形成新的组织能力，而组织惯例的改变能够"倒逼"变革的执行和实施。在新组织惯例形成的过程中，组织学习和意义建构能够促进新管理意象的落实和具体化。战略变革和管理意象的落实还需要机制保障，周例会、利益共同体、接口人机制等都是海尔在机制构建方面的探索。

关键词： 人单合一双赢模式；战略变革；管理意象；案例研究

一、引　言

变革管理正在成为我国企业现阶段的主要任务。一方面，新的科技革命正在改变着企业资源的配置方式，技术、市场、资本等条件的变化加剧了企业的生存压力；另一方面，经过多年的发展，我国企业正在面临着变革的挑战，如经营模式转型和产业结构升级等都是基于变革的需要。变革管理理论认为，变革正在成为企业经营的常态，变革管理的目标在于发起新的管理意象（Managerial Schema），形成新的组织惯例，并不断平衡变革的节奏和频率，提升变革绩效。

组织变革能够带来短期的竞争优势和保障企业长期生存，但是变革实施也存在很多管理挑战。变革往往不会按照既定轨迹自我实施，既需要克服组织转型的阻力，也需要员工的支持和热情。Kanter 等（1992）的研究认为，处于变革状态中的企业面临着组织边界的游移、组织结构的改变和决策流程的重新设计等阻力，管理变革已经成为企业管理者的终极目标。处于变革环境的员工也常常会陷入"意义缺失"的状态，他们看待变革的角度和态度也有很大差异，也需要管理者诠释变革的情境和主题（高静美，2014）。正是因为这些原因，造成了现实情况中仅有少数变革计划宣称"获得重大成功"（Taylor-Bianco 和 Schemerhorn，2006）。所以，研究动态复杂环境下的变革管理有着深刻的理论和实践意义。

[**基金项目**] 国家自然科学基金重大项目（71121001/G0204）。

变革已经成为企业经营的常态，而不再是从一个状态到另一个状态的间歇性改变。变革的目的在于形成新的管理意象，从而引导企业资源的配置和平衡，促进员工角色的快速转换和定位。变革体现了"新"与"旧"的矛盾，如何利用和管理变革的二元性特征是未来研究的重点。

二、管理意象研究综述

（一）管理意象的引领作用

管理学者认为意象能够激发和塑造变革行动（Elsbach 等，2005）。从文学意义上讲，所谓意象，是创造出来的一种艺术形象，意象就是寓"意"之"象"，就是用来寄托主观情思的客观物象。简单地说，一幅以词语表现的"画"。在管理学研究中，管理意象更多是与价值观、解释框架、心智模式这些词汇联系在一起的。

意象是战略和组织理论的核心概念（Gary 等，2012），但是关于意象是如何涌现，并塑造管理变革的研究相对较少。在管理学情境下，管理意象是一组共享的假设、价值观、参考框架，其能够赋予员工日常行为意义，并指导组织成员的思考和行动（Elsbach、Barr 和 Hargadon，2005）。意象体现了组织基于过去和未来经验的知识结构。所以，意象就好像一个信息漏斗，指导员工的行为，使员工能够在复杂和迷惑的情况下游刃有余（Balogun 和 Johnson，2004）。例如，心智模式能够影响管理者的战略决策（Kaplan，2008）。所以说，管理意象体现了隐喻在传播交流中的作用。通过恰当的意象隐喻方法，可以把两个具备相似意义的事物联系在一起，直接触及人的心灵，揭示出该含义的真谛。

管理变革旨在通过意义建构过程，创造出新的管理意象，而新的管理意象一旦建立，则又能引导企业战略变革的实施。如提到"精益管理"，大家就会想到丰田制造模式、准时制生产、生产过程中的节约等，并以此约束自己的行为方式。所以说，通过管理意象的引导作用，还可以创造出企业的使命、愿景、价值观，并形成一种组织文化。

组织认知理论认为，意象是包含组织成员间各种信息和关系的知识结构（Elsbach、Barr 和 Hargadon，2005）。虽然意象理论是在个体层面因素分析的基础上产生的，但是管理研究者认为组织成员能够共享意象（Bartunek，1984）。意象的建立需要改变组织成员的认知模式，并构建对于环境意义的新理解。组织变革引发了意象的重构过程，员工重新寻求对于期望和现实差异的理解（Balogun & Johnson，2004）。根据 Bartunek（1984）的研究，重构过程能够提供一个关于假设、规则和边界的结构，并指导意义建构过程，使之随时间而在组织内部固化。

总之，在变革过程中，管理者需要倡导一种新的、完全不同的组织解释意象（Labianca 等，2000）。新意象重在说明企业面临问题和挑战所在，联系着每个成员对于新情况的认知。管理学者已经认识到行动能够决定意象的产生，并导致意象的升级和完善。战略变革的目标在于形成新的"管理意象"，从而引导企业资源的配置和平衡，促进员工角色的快速转换和定位。

（二）管理意象的涌现

战略和组织理论研究认为管理环境变革十分困难。一些环境变革，如技术创新，使得企业难以适从，因为对创新意义的认知并不是十分清楚，所以企业难以有效投入。管理意象能够解释和赋予环境变革管理含义，并激发和塑造随后的企业变革行为。

现有管理意象研究包括意象对于变革的影响（Elsbach 等，2005）及其结构属性研究，如规模和复杂性等（Dane，2010；Nadkarni 和 Narayanan，2007）。然而，有关管理意象是如何涌现的研究相对较少（Bingham 和 Kahl，2013）。

类比的方法有助于意象的构建和涌现，如把相似的问题应用于新的情况，可以降低战略决策的复杂性和不确定性，并产生新的启发（Gavetti 等，2005）。类比方法是指在具有相同结构关系的问题或者情景之间传递知识，明确这些问题和情景的相似性（Gentner 等，2001）。虽然类比方法是战略决策的有力支撑，但是大量研究证据表明采用类比方法决策依然存在较大的困难，因为决策者采用类比方法时太注重那些肤浅和表层的特征，而不是选择具有决策意义的结构化关系。

通过意义建构能够促使管理意象的涌现。类比方法的应用只能解释新意象的产生和熟悉的过程，它并不能说明新意象如何体现出概念性的不同。Gary 等（2012）认为意象涌现的流程包括吸收（Assimilation）、解构（Deconstruction）和单元化（Unitization）三个环节，此过程重在解决变革过程中所要求的内在联系：如何使陌生变得熟悉，并得以清楚地解释。正如 Weick（1995）所指出的那样，在变革过程中，管理者发起意义建构过程，利用意象引导全员行为，定义哪些行为应包含或排除在变革范围之外，设置变革过程中优先行为的边界。

所以，新管理意象的涌现和形成，与意义建构如何影响员工的行为有关，并由此影响变革绩效。变革过程要求形成新的管理意象，统一、明确的管理意象，能够引导变革的实施，规范员工的行为和努力方向，从而提升变革实施的效率。

三、研究方法和案例企业选择

（一）研究方法选择

本文通过案例研究进行理论构建，每一步都依据多种数据来源和不同观点进行三角验证（Eisenhardt，1989）。Eden 和 Huxham（1996）强调三角验证的作用，采用不同角度的证据增加研究结果的可靠性和有效性。Pettigrew 和 Woodman（2001）认为战略变革研究的关键问题在于将时间、历史、过程、行为纳入考量的范围，并在变革研究过程中建立学术界与实业界的合作伙伴关系。作者自 2007 年起开始关注海尔集团的战略变革，那时"人单合一双赢"模式还处在雏形阶段，是企业关于变革思考的众多途径和方法之一。2009 年海尔正式启动了以"人单合一双赢"模式为特征的战略变革过程。对于新模式，企业内部有的员工持乐观的态度，而有的员工也有很多困惑。在这种情境下，为了建立一个稳固的研究基础，我们试图理清管理者和研究者之间的相互期望，双方在不断的沟通过程中，对于战略变革的思考越来越趋于一致。

在企业调研期间，数据收集工作主要包括半结构化访谈和文档资料。访谈主要了解海尔经理层和员工对于变革的感知、关注的领域，以及期望的结果等。访谈对象共计 18 位，包括普通员工、部门经理和企业高层，主要目标在于了解不同层面员工对于战略变革的理解。文档资料主要包括海尔提供的公报、文章和书籍。最主要的文档资料是由企业文化中心编辑的《海尔人报》周刊，我们收集了一年以来的所有报刊，这些报刊详细记录了海尔实施战略变革以来的主要变化。由于其是一种历史性的文件，所以可以对每个变革的重要节点进行回顾和分析，并找到当事人进行确认，理清海尔关于变革过程的思考和变化。

（二）案例企业介绍

海尔集团创立于 1984 年，现在已经从一家濒临倒闭的集体小厂发展成为全球拥有 8 万多名员工、2011 年营业额 1509 亿元的全球化集团公司。海尔已连续三年蝉联全球白色家电第一品牌，并被美国《新闻周刊》网站评为全球十大创新公司。海尔在中国现代制造业中具有标杆地位，是当代中国企业最优秀、最卓越的代表。

海尔历史上经历了三个战略转型期，即强调产品质量和服务的 20 世纪八九十年代快速发展期，2000 年前后进入以流程再造为主要内容的调整转型期，以及近期正在进行的以人单合一双赢模式为代表的战略变革期。我们的研究重点是海尔人单合一双赢经营模式下的战略变革。

从 2009 年开始，海尔确定了"人单合一双赢"的经营模式，将用户价值放在了企业战略的核心位置，并对企业组织结构和业务流程进行了一系列的变革，为其企业战略提供制度保障。目前海尔的业务布局采用"双支柱"模式，主要包括白电制造板块的青岛海尔（上市代码 600690）和销售渠道板块的海尔电器（上市代码 01169）。

（三）海尔战略变革的要素

在互联网时代，用户需求趋于个性化，企业生产的重点是大规模定制而非大规模制造。海尔积极探索实践"人单合一"双赢模式，实现从产品导向到服务导向的战略转型，创造出差异化的、可持续的竞争优势。人单合一双赢模式体现了海尔对于时代背景、员工价值、用户需求的深刻理解。以此作为企业的经营哲学，海尔在管理实践方面积极进行探索，利益共同体、平台型企业、网络化组织、商业生态圈等，都是人单合一双赢模式的具体组织体现。

海尔提出了"人单合一"双赢模式推动企业的战略变革，一时间外界褒贬不一，赞扬者说这是"中国式管理"的创新，贬低者说这是毫无创新的"承包制"。对于这两种观点，海尔的内心恐怕都不敢苟同。因为人单合一双赢模式作为一种推动战略变革的新"管理意象"，在海尔内部其意义和内涵正在变化中丰富和发展，外界对于其理解的误差也是理所当然的。

四、案例分析过程

（一）海尔战略变革情境分析

海尔进行战略变革的原因主要受到两方面因素的影响。第一，顾客需求的变化。在互联网和信息化时代，用户需求逐渐呈现个性化特征，因为"需求在网上"，企业必须"能够跟上顾客点击鼠标的速度"。第二，制造模式的变化。在大规模生产时代，企业先生产出来产品然后销售给消费者，是一个从企业到消费者的价值传递过程。进入大规模定制时代，使企业开始强调用户的想法和需求，企业生产需要根据用户反应迅速做出调整，这其中体现了从用户到企业的价值共创过程。

面对如何从大规模制造转变成大规模定制的问题，海尔也一直在探索一个能够适应互联网时代竞争的商业模式。海尔开始围绕行业的全流程价值链进行思索和探讨，着眼于提升用户价值，最大限度地发挥每个员工的能力，降低企业内部成本和供应商的机会成本，从而扩大整个行业的价值空间。基于这种思考，海尔开始打造创新的运作模式，以发掘和创造用户价值为中心，由传统的关注价格转为关注价值，同时要求充分调动每一位员工的积极性，通过自主创新提高经营效率，培育企业竞争优势。

（二）领导者的管理认知分析

领导者的管理认知也在影响着企业的发展。首先，结合个人求学的经历，到对日德管理模式的吸纳，再到对德鲁克"创造用户"哲学的理解，不断吸收先进管理经验的同时，加上对于人性的深刻理解，张瑞敏提出了自己的管理思想——企业即人，管理即借力。人即是员工和用户，借力即是机制。正是基于对人的价值的尊重，才有了海尔的人单合一双赢模式。

其次，海尔需要准确把握时代的节奏。海尔处于竞争激烈的消费类电子产品市场，其成长的过程就是一个经常性变革的过程。海尔的五个战略阶段正是体现了这种频率性的变革，从最早的班组制到现在的自主经营也体现了组织对于战略的跟随。海尔的战略愿景是"把握时代的节奏"。适者生存，企业要想生生不息，必须建立正确的管理模式和机制，才能保证适合的创新和创业土壤。人单合一双赢模式的本质是员工有权根据市场变化自主决策，员工有权根据为用户创造的价值自己决定收入。

（三）"人单合一"模式的内涵

人单合一是海尔变革管理的新意象。如果要想实现管理意象的引领作用，海尔需要明确"人单合一"的意义和内容。海尔认为在互联网时代企业生存和发展的权力不取决于企业本身，而取决于用户。企业要完成由制造到服务的转型就必须改变传统的经营模式，搭建一个能够将用户需求、员工价值自我实现和企业发展有效融合的崭新管理模式，即人单合一双赢模式。海尔的人单合一双赢模式中的"人"指的是认同海尔理念的所有人，"单"不是指狭隘的订单，而是指市场用户需求。人单合一双赢模式将员工与市场及用户紧密联系在一起，使员工在为用户创造价值中实现自身价值，从而建立起一套由市场需求驱动的全员自主经营、自主激励的经营管理模式。

1. 围绕"需求"进行创新

企业需要充分考虑互联网时代用户的习惯与偏好，当各种创新层出不穷，哪个创新才能够变成真正盈利的产品和服务呢？所以，看不懂用户的喜好是每个传统企业最大的担忧。因为，无论是创新模式、创意经济，最根本的问题是到底用户在其中扮演何种角色，企业如何向用户学习，以及如何进行"用户管理"，这些问题都需要管理者进行深入的思考。对此，人单合一双赢模式提出"零距离"——保持开放倾听用户的声音。只有这样，才能够准确发现用户需求，并快速满足，创造出用户价值。

对于很多传统企业而言，创新的障碍在于思维的改变。因为传统企业原来的业务流程已经非常高效，企业在工业化时代管理得太好，以至于不能够理解互联网时代的用户需求。在移动互联时代，对于每个有竞争力的企业、每个人，必须保持学习，能够利用其他知识并将之活学活用于互联网。

2. 从"倒三角"到网络化

面对"冲击距离"的差异，海尔曾经建立了倒三角的组织结构。倒三角组织结构设置的目的就是要通过市场压力的传导，倒逼组织资源的分配。基于中层经理人对于变革管理的重要作用，战略变革的实施必须改变或打破中层阻碍，建立"网络化"组织。网络化是创新型组织的最大特点，企业能够对不断变化的市场需求和优化资源配置做出快速反应，能很好地应对不确定性和技术创新风险。

海尔正在通过"倒逼机制"形成新的组织惯例。用户个性化的需求正在对传统大规模制造模式形成"倒逼"。企业必须为此积极做出调整，在组织结构方面，海尔从倒三角演变到网络化组织；在营销方面，海尔停止传统纸媒单向营销广告的投放，转向即时优化的用户交互。因为，海尔的战略是通过交互实现产品引领，只有停止传统广告的投放，才能"倒逼"员工积极采用用户交互的方式发现用户需求，并进行产品和服务创新。

3. 多层次的平台和生态圈

通过构建"平台型企业",海尔一边聚集着引领企业创新的用户需求,一边连接着供应商资源和解决方案,通过开放式资源整合,不断创造用户价值。在推进企业平台化发展过程中,海尔员工实现自主创业和创新的价值,从传统科层制下的执行者变成平台上的自驱动创新者,创新支撑并非局限于海尔内部,而是由围绕平台形成的创新生态圈提供。企业要变为平台,必须聚合用户需求和满足它的资源;员工以"自主经营体"为单位,实现人单合一;员工与平台之间的互动关系是"按单聚散",围绕"单"(用户需求)不仅形成内部的自主经营体,还要整合外部资源,形成"利益共同体"。另外,采用平台思维改造现有的业务,使平台可以具有多层次特征。

第一,产品创新平台。海尔正在搭建"全球研发资源整合平台",整合和配置全球创新资源,提供相应的解决方案。如"天樽"空调是新模式下的创新产品。海尔天樽空调采用"圆洞"形出风口设计,环形出风口在出冷风的同时,还会带动自然风的混合流动,所以空调运行起来温度宜人。海尔并不具备"射频技术"以完成此项设计,但利用外部供应商资源,一年内就完成了产品样机设计。利用平台形式,海尔正在把员工、用户、供应商之间的关系变成合作共赢的商业生态圈,共同创造市场价值。

第二,虚实融合平台。在网络化战略下,海尔电器依托四网——虚网、营销网、物流网、服务网,构筑虚实融合的全流程用户体验驱动的竞争优势。虚实融合是指海尔的互联网服务与线下实体服务相结合打造的综合服务体系。随着越来越多的"用户在网上",用户订单和用户需求也在网上获得和满足。海尔通过虚网精准了解用户需求并快速形成精细服务,如产品和服务的定制;通过实网实现线下对接全程服务,营销、物流、服务三网快速满足和实现用户需求。

第三,物流服务平台。消费者在电子商务平台购买大件家电时,"最后一公里"服务问题尤为突出。海尔"最后一公里"战略瞄准大件家电物流的"送装分离"现状,提供24小时按约送达、送装一体的物流服务。为了提升平台的网络效应,海尔物流也为非海尔家电品牌提供深入覆盖全国2500多个县乡一级市场的配送服务,规模和范围的优势保障了其24小时按约送达承诺的实现。

第四,水交互平台。产品和服务也能形成平台,海尔水交互平台就是典型的例子。以前海尔净水产业以产品销售为主,用户的需求是什么并不清楚。现在,海尔净水产品变成了一个交互平台。在线上,通过海尔水交互平台网站日常水质话题讨论,根据水质特点,提供个性化定制产品;在线下,通过净水服务人员上门检测水质,根据用户实际水质给出方案。平台上的供应商品牌多样化,用户来自全国各地,平台成为连接用户和供应商的生态圈。

(四) 人单合一模式的机制

从组织结构来看,海尔正在成为一个无组织边界的创新资源平台。在平台上,以利益共同体为创新单位,衍生出共创共享的商业生态圈。海尔正在通过持续的意义建构过程,推动管理意象的形成,并持续引领战略变革。在战略变革过程中,海尔形成了周例会、利益共同体(简称利共体)、接口人等不同的管理机制。

第一,集团周例会。海尔周例会在周六上午进行,周例会的定位是,聚焦战略与模式的案例,通过案例讨论达到利共体全流程协同,打造人单合一模式双赢优化体系。周例会是经验交流会和变革推进会。案例的主体分别来自海尔两个业务板块,就当前时期的战略变革重点展开讨论。案例介绍的目的在于进行细节还原,企业领导者会对问题进行提示和点评,侧重机制建设和改进。周例会的参加者通常是中层以上的管理者,因为在变革面临的管理挑战中,中层经理人是促进或阻碍变革的关键角色。周例会作为一项制度和机制,在变革过程中,通过意义构建和不断的试错学习,企业逐渐建立了新的组织惯例,管理意象和组织惯例之间相互影响。

第二，利益共同体。海尔的自主经营体为大家所熟知，利益共同体则是由多个自主经营体组成的项目经营体或创业型组织。围绕用户需求，利益共同体容纳了所有价值链环节的利益相关者，保证产品设计、销售渠道、物流送货、售后服务等全流程的用户体验。由此，避免了面对用户需求时各个业务环节之间的脱节、推诿等状况发生。例如，"最后一公里"利共体就是一个虚拟团队，成员来自海尔的营销、销售、服务、供应链等多个业务部门，他们"因单聚散"，独立核算，共同面对市场风险，同时也享有很大的自主权和分享权。

第三，接口人机制。每个利共体都有"接口人"，接口人的任务是通过"内建机制，外接资源"建立用户交互和产品引领的开放生态圈。开放的生态圈有两个评价标准，一是外部资源的无障碍进入，二是所有相关方实现利益最大化。每个利共体都可以根据引领目标吸引外部资源，而不是通过企业层面的跨组织边界结构。接口人机制类似在两个不同企业之间建立起"集体桥"而不是"独木桥"，通过这个分散的跨单元结构，"接口人"连接着供应商资源，这种连接由两个企业中的成员广泛而直接的跨边界联系构成，实现了跨单元专业知识最短的联系距离，减少知识的损耗、失真和延迟。

第四，商业生态圈。海尔的网络化就是组织结构的扁平化、网络化，把企业各部门之间变成协同的关系，把与供应商之间变成合作关系，把用户体验纳入产品全流程，形成以利益共同体为基本单位的平台生态圈。所谓生态圈，就是组织不是固定的，人员也不是固定的，资源也不是固定的，根据用户需求和创新需要随时改变。海尔认为没有建造生态圈的利共体都不应该存在。管理平台和生态圈的能力成为企业的核心能力。平台的吸引力在于动态调动创新资源，保证全流程的用户体验。

五、结论和未来研究方向

变革是所有企业的中心主题（Nag 等，2007）。在变革过程中，价值观管理的重要性已经得到应用（Beer、Eisenstat 和 Spector，1990）和学术领域的重视（Kabanoff、Waldersee 和 Cohen，1995）。通过建立管理意象可以引导变革的实施，其基本假设是通过认知层面的干预，组织意象可以被改变。这种有意识的"引导实践"是近年来组织科学领域中出现的一种新研究观点，这种观点认为变革的成败取决于管理者如何阐释和推介新的变革定位或方向。面对变革所造成的混乱，管理者需要主动诠释战略变革的主题和情境，改变员工的知识结构，构建新战略的意义解释框架，从而实现有效的战略指引。

首先，管理意象的引导作用。变革过程要求形成新的管理意象，统一、明确的管理意象，能够引导变革的实施，规范员工的行为和努力方向，从而提升变革实施的效率。战略变革激发了组织内部员工和经理人的大范围意义建构过程（Gioia 和 Chittipeddi，1991）。意义建构是进行价值观管理的一种重要途径。正如 Weick（1995）所解释的那样，意义建构的目标在于建立组织内部有秩序的、统一的思维方式，而这种思维方式能够促进变革。因为战略变革有可能导致组织中的认知无序状态（McKinley & Scherer，2000），这种状态可能激发员工的困惑和压力，从而使变革决策难以得到有效执行。意义建构的目标在于通过努力影响员工对于变革状态的理解和解释（Maitlis，2005）。Huy（2002）认为变革的成功取决于组织内部意义建构的过程，其改变了整个组织的期望，使组织成员能够改变他们对外部环境的认知和行为互动。正是管理意象赋予了员工日常行为以意义，并指导组织成员的思考和行动，使员工能够在复杂和迷惑情况下理解变革情境的本质，认同和分享管理层的战略意图。

其次，管理意象的涌现过程体现了企业的战略思考。海尔的新意象并不是通过类比的方法，基于对于互联网时代用户需求的理解，通过吸收、解构和单元化三个环节，海尔认为"产品服务化"战略符合时代情境，而"人单合一"作为新的管理意象涌现，以有效的管理方式把用户需求和资源价值结合起来。在描述一个创新的观念或一个有创造力的想法时，意象隐喻能表达用抽象的理性语言无法表达的想法，如管理学研究中沙因的"文化洋葱"等。海尔希望"人单合一"能够带给各个利益相关者对于网络化时代战略的准确和快速理解。通过管理意象的引领，能够使陌生情况变得熟悉，并给予清楚的解释。机会公平、利益和风险的均衡成为人单合一双赢模式的核心，指导员工实现自我管理，"每个人都成为自己的 CEO"。

再次，变革必须改变组织惯例，以形成新的组织能力，而组织惯例的改变能够"倒逼"变革的执行和实施。在新组织惯例形成的过程中，组织学习能够促进新组织意象的形成。战略变革激发了核心能力的重塑过程，每个员工都需要理清自己的预期和新现实之间的差别，并通过不断努力弥补此差距（Balogun 和 Johnson，2004）。组织能力的重构使组织假设、规则、边界等问题不断结构化，并指导意义建构的过程，最终形成自然而然的新组织惯例（Rerup 和 Feldman，2011）。一般认为，企业领导者所发起的战略变革计划是通过中层经理人逐层向下进行传递，就是说意义建构是一个自上而下的过程（Huy，2002）。但是，海尔首先变革了资源分配机制，如大规模削减营销费用，而增加在用户交互创新方面的支出。由于没有相应的预算，大规模制造和营销便没有了市场，海尔的产品和服务创新则完全从用户开始，以满足用户需求为创新的出发点。

最后，战略变革需要机制的保障。周例会、利益共同体、接口人机制等都是海尔组织设计和机制构建的内容。尤其，集团周例会是一种典型的意义构建方式，通过周例会海尔试图开发一种意义框架，以正确理解正在进行战略变革的本质。周例会的一个重要工作内容就是样板案例分享和流程建设，海尔的战略变革首先从样板做起，先点后线最后到面的实践，这样不仅能够规避转型中组织结构突然变革所带来的风险，还能通过"样板"案例所带来的效果的提升，激励全员对变革增加信心。此外，在进行观念、环境、机制建设的同时，海尔强调利益共同体的概念，即企业与员工共同发展。海尔能够认识到成长和发展是每一个人幸福的源泉，人单合一管理模式的终极目标是创造幸福型企业，只有内心幸福的员工才能永葆生机，才能持续焕发活力。

在案例研究过程中，也存在一些不足之处。海尔的人单合一容易造成些许迷惑，如人们很容易把"人单合一"理解为承包制。事实上，海尔人单合一双赢管理模式体现了企业的管理哲学，体现了海尔对于互联网时代变革节奏的把握、对于人力资本价值的尊重和对于用户创新的理解。当然，以"人单合一"作为新的管理意象来概括海尔的管理模式，可能并不全面涵盖，因为海尔的管理体系是一个历史积累的过程，体现了企业对于时代节奏的把握。只有通过管理模式的探索，才能不断进行创新创业，才能引领海尔的持续变革。在未来研究中，应该注意变革管理的"矛盾性"研究。变革是"矛盾"管理的过程，冲突的解决并不意味着一定要剔除矛盾，而是构建一种更加可行、更加确定的管理意象，促进变革的实施。

〔参考文献〕

〔1〕高静美. 组织变革中战略张力构建与实施途径——基于管理者"意义行为"的视角〔J〕. 经济管理，2014（6）.

〔2〕Balogun, J., G. Johnson. Organizational Restructuring and Middle Manager Sensemaking〔J〕. Academy of Management Journal, 2004, 47（4）: 523-549.

〔3〕Bartunek, J. M. Changing Interpretive Schemes and Organizational Restructuring: The Example of a Religious Order〔J〕. Administrative Science Quarterly, 1984, 29（3）: 355-372.

〔4〕Beer, M., R. A. Eisenstat, B. Spector. The Critical Path to Corporate Renewal〔M〕. Boston: Harvard Business School Press, 1990.

〔5〕Bingham, B., J. Kahl. The Process of Schema Emergence: Assimilation, Deconstruction, Unitization and the Plurality of Analogies [J]. Academy of Management Journal, 2013, 56 (1): 14–34.

[6] Dane, E. Reconsidering the Trade-off between Expertise and Flexibility: A Cognitive Entrenchment Perspective [J]. Academy of Management Review, 2010, 35 (4): 579–603.

[7] Eden, C., C. Huxham. Action research for Management Research [J]. British Journal of Management, 1996, 7 (1): 75–86.

[8] Eisenhardt, K. M. Building Theories from Case Study Research [J]. Academy of Management Review, 1989, 14 (4): 532–550.

[9] Elsbach, K. D., P. S. Barr, A. B. Hargadon. Identifying Situated Cognition in Organizations [J]. Organization Science, 2005, 16 (4): 422–433.

[10] Gary, M. S., R. E. Wood. Mental Models, Decision Rules, and Performance Heterogeneity [J]. Strategic Management Journal, 2011, 32 (6): 569–594.

[11] Gavetti, G., D. A. Levinthal, J. W. Rivkin. Strategy Making in Novel and Complex Worlds: The Power of Analogy [J]. Strategic Management Journal, 2005, 26 (8): 691–712.

[12] Gentner, D., K. J. Holyoak, B. N. Kokinov. The Analogical Mind: Perspectives from Cognitive Science, Cambridge, MA: MIT Press, 2001.

[13] Gioia, D. A. and K. Chittipeddi. Sensemaking and Sensegiving in Strategic Change Initiation [J]. Strategic Management Journal, 1991, 12 (6): 433–448.

[14] Huy, Q. N. Emotional Balancing of Organizational Continuity and Radical Change: The Contribution of Middle Managers [J]. Administrative Science Quarterly, 2002, 47 (1): 31–69.

[15] Kaplan, S. Framing Contests: Strategy Making under Uncertainty [J]. Organization Science, 2008, 19 (5): 729–752.

[16] Kanter, R. M., B. A. Stein, T. D. Jick. The Challenge of Organizational Change: How Companies Experience and Leaders Guide It [M]. New York: Free Press, 1992.

[17] Kabanoff, B., R. Waldersee, M. Cohen. Espoused Values and Organizational Change Themes [J]. Academy of Management Journal, 38 (4): 1075–1104.

[18] Labianca, G., B. Gray, D. J. Brass. A Grounded Model of Organizational Schema Change during Empowerment [J]. Organization Science, 2002, 11 (2): 235–257.

[19] Maitlis, S. The Social Processes of Organizational Sensemaking [J]. Academy of Management Journal, 2005, 48 (1): 21–49.

[20] McKinley, W. and A. Scherer. Some Unanticipated Consequences of Organizational Restructuring [J]. Academy of Management Review, 2000, 25 (4): 735–752.

[21] Nadkarni, S., V. K. Narayanan. Strategic Schémas, Strategic Flexibility, and Firm Performance: The Moderating Role of Industry Clockspeed [J]. Strategic Management Journal, 2007, 28 (3): 243–270.

[22] Nag, R., K. G. Corley, D. A. Gioia. The Intersection of Organizational Identity, Knowledge, and Practice: Attempting Strategic Change via Knowledge Grafting [J]. Academy of Management Journal, 2007, 50 (1): 821–847.

[23] Pettigrew, A. M., R. W. Woodman, K. S. Cameron. Studying Organizational Change and Development: Challenges for Future Research [J]. Academy of Management Journal, 2011, 44 (4): 697–713.

[24] Rerup, C. and M. S. Feldman. Routines as a Source of Change on Organizational Schemata: The Role of Trial-and-error Learning [J]. Academy of Management Journal, 2011, 54 (3): 577–610.

[25] Taylor-Bianco, A., J. Schermerhorn. Self-regulation, Strategic Leadership and Paradox in Organizational Change [J]. Journal of Organizational Change Management, 2006, 19 (4): 457–470.

[26] Weick, K. E. Sensemaking in organizations [M]. Thousand Oaks, CA: Sage, 1995.

(本文发表在《南京大学学报（哲学·人文科学·社会科学）》2014 年第 4 期)

社会网络演化与内创企业嵌入
——基于动态边界二元距离的视角

摘　要： 社会网络可以利用演化活动对网络结构进行调整以获得持续竞争力，嵌入活动则是推动内创企业进入社会网络的合适方式。社会网络和内创企业属于不同组织层次的二元主体。处于高层次的社会网络演化会通过变异、选择、复制和保留等活动路径作用于企业，实现对网络边界的动态调整；处于低层次的内创企业则会通过替代嵌入和延展嵌入进入网络边界。因而，社会网络演化与内创企业嵌入之间的关联是发生在网络边界的跨层次互动，其本质是内创企业与网络边界的距离。内创企业可以利用社会网络演化的契机，通过缩短与网络边界之间的制度距离、能力距离和文化距离来实现有效嵌入，同时也反过来推动社会网络战略演化的实现。

关键词： 社会网络；内创企业；演化；嵌入；动态边界

一、问题提出

社会网络是企业为了适应环境变化，协同合作和维持交换，以契约关系结成的自发性群体。在以往的研究中已经指出，社会网络会给企业带来诸多好处，例如，降低交易成本和风险（Zajac 和 Olsen，1993），提供联盟伙伴（Gulati，1998）等。然而社会网络并不是静态实体，而具有动态性特征（杨瑞龙、冯健，2003）。为了实现持续发展，社会网络需要利用演化来进行适当的结构调整以提升整体竞争力。这就为内创企业提供了潜在的发展契机。内创企业作为一种特殊形式的新创企业，它源于现存社会网络的企业成员内部，是通过利用商业机会，在创业活动中为了实现价值创造而构建的新企业实体。其典型特征是基于现有企业实体内部的"分裂"，在创业发展中受到资源有限的约束，且还没有同外部市场、其他企业建立起稳定的关联关系，主要的组织活动也是围绕着如何在市场竞争中获得长久生存来进行的（Parker，2011；Zhang 和 Li，2010；任荣、王涛，2011）如果能顺利地有效嵌入现有的社会网络，并在其中寻找到恰当的网络位置，无疑是内创企业的一条合适的发展途径（Zaheer 和 Bell，2005）。

在实践活动中，以硅谷为代表的创新网络（群落）的成功一直都在吸引着诸多学者和管理者的目光。其中有两个核心问题也一直为人们所关注：为什么有些网络经历了数十年而一直保持着竞争力；为什么面对高失败率，网络内部的一些内创企业却依然能获得发展，并成长为大型企业。通过观察，学者

[**基金项目**] 中国社会科学院重点研究项目"中小企业网络创新问题研究"。

们开始认识到社会网络的动态变化（Zaheer 和 Soda，2009），以及内创企业的形成和发展（Antoncic 和 Hisrich，2003；Parker，2011）。Yang 等（2010）和吴结兵、郭斌（2010）提出，网络和企业之间会存在特定的互动关系。基于组织层次理论的分析，社会网络演化和内创企业嵌入可以具体归结为网络和企业的层次间关联互动。然而在以往的研究中，学者们对于组织层次间关联互动的研究大部分还是主要集中在企业内部，很少延伸到企业外部的网络层次。虽然 Hitt 等（2007）已经指出，网络和企业间的关联也属于组织层次间互动，但是其中的内在机理到底是什么，即这种互动是如何产生的，具体作用方式是怎样的，互动活动的过程和结果又是什么，目前还很少有学者进行较为深入的理论分析和探讨。尤其是发生在企业层和网络层之间的活动范围一般很难被严格界定（Hitt 等，2007），从而加大了相关研究的难度。也就是说，现有的研究还存在理论上的空白点。基于此，本文试图从网络边界动态调整过程中的二元距离视角来寻求突破，以深入认识社会网络演化活动的内在本质，以及社会网络演化与内创企业嵌入之间存在的关联互动。这不仅具有相当重要的理论意义和学术价值，而且可以指导内创企业的实践活动，通过发现可能存在的契机，推动它们有效嵌入社会网络中实现成长和发展。

二、社会网络演化的动态过程

社会网络是由相关企业（节点）通过彼此间互动、协调和整合而形成的群落组织体，是一个在不断变化的经济环境中生存和发展的有机体。面对激烈的市场竞争，任何一个网络都需要通过持续演化的活动来实现战略层次上的不断自我更新。演化通常用来对一个组织体系的稳定性和变化性，以及连续性和非连续性进行解释和说明。这种自我更新是根据内外部因素对网络组成单元进行优化，并在变化的环境中产生的一种自我保护行为，使其能适应未来发展（Witt，2001）。虽然以往的研究已经认识到社会网路的演化特性，但是关于演化机制的层次性、动态性和复杂性等问题的探讨还尚显单薄（李文博、张永胜、李纪明，2010），依然没有完全解决 McPherson 等（2001）提出社会网络演化研究基本问题，"在社会网络的演化过程中，其内在的要素和结构将发生怎样的变动，以及如何通过有效的治理来实现持续发展"，即关于网络演化的认识需要考虑内外两个方面：一是在网络内如何通过有效的治理机制来对网络要素进行调整；二是网络外的形态结构会发生怎样的变化。

社会网络演化是基于网络整体行为的结构性限制来对个体企业施加影响，其主要活动方式也是以特定的规则来规范和调整成员间关系，以达到获取、运用或整合组织间资源的目的。当网络受到刺激，例如，当出现突破性技术或有威胁的替代物时就会发起演化活动。首先，网络会将新的发展需求传递给企业成员，促使其进行变异，即通过相应的创新活动来产生新的特征或功能，产生新的运营流程、研发技术等。其次，虽然发生变异的企业成员会产生诸多新功能，但是并非每种功能都是网络发展所需要的。为此，网络还会从整体健康、协调发展的角度来进行综合考虑，选择其中具有合适功能的变异企业，并以相应的市场行为来表明其是满足网络要求的。再次，任何一种得到网络认可的变异企业只有在得到其他企业成员的配合后，才能使这种创新变革得到认可并产生实效。因此，网络会以复制的形式将企业的变异情况和所具有的新功能在网络范围内进行传播和推广，使更多的企业成员认识到这种创新的重要性，并采取相应的自我调整来适应这种变革。最后，企业间的互动会保障符合网络发展需求的，具有新功能的变异企业保留在网络中。因而，在演化机制的推动下，社会网络的内在结构会发生重构，并以新的网络结构来支撑发展。同时，不能满足网络需求的企业则会被逐渐剔除出网络，以达到提高网络活动质量的目的（冯巨章，2006）。就此看来，社会网络演化活动中的治理机制主要由网络内企业成员遵循

"变异—选择—复制—保留"的路径活动所体现。换句话说，社会网络内治理机制是通过这一活动路径作用于企业成员而实现的。

在社会网络演化的过程中，其外部形态也会发生相应的变动，具体表现为网络规模以及网络成员间联结关系的变化。网络中的每个企业都具有其在网络中的特有位置，进而影响到所能控制的资源。网络结构会表现为一种梯度特性，居于中心位置的企业位于高梯度区域，一般拥有对网络较大的非正式权力和影响力，而位于网络边界的企业则会被影响（Ibarra，1993）。在网络演化的过程中，为了保持网络处于稳定的运行中，位于中心位置的企业其调整幅度相对较小，而位于边界的企业调整幅度则会相对较大。当发起演化活动时，位于网络边界的企业会进行功能变异来实现个体实力增强，进而向网络中心演进，形成更多的网络联结以获得所需资源。然而网络又存在空间有限的约束，它并不能无限地收纳企业成员进入中心区域，否则会导致其内在管理协调的困难程度增加，相应增大交易成本。当网络内部的交易成本突破了外部市场交易费用，网络会随之衰败。因此，网络只会为能满足需求的变异企业提供合适位置，即只有少数边界企业能向网络中心的高梯度区域演进，并在新的位置上建立联结关系。其余的企业则会同变异企业进行互动并形成新的联结关系，使新的网络结构稳定下来。在这样的互动活动中，发生位置演进的企业会在原有的网络空间留下一个真空位置，这就为其他企业填补该空间提供了契机。

社会网络的动态演化要求所有的企业成员都产生一种正向提升，但是并非每个企业都能适应这种变革，在网络边界很可能存在一些企业因未能产生变异，或未能适应这种网络结构调整，而在网络中的影响力和作用下降，社会关系联结也会相应减少。一旦如此，这些企业会脱离原有的网络空间位置，直至最后离开网络。这时就会出现在社会网络演化的过程中网络规模缩小的动态变化。同样，出于发展的需要，社会网络还会通过规模增大来实现对外扩展，这在很大程度上是网络膨胀导致社会分工不断细化的必然结果。这些新分化出来的社会功能在现有网络的运行中一般并不属于核心部门，也不具有主导地位，仅是对网络运行中所缺失功能的有效补充和辅助支持，因而，其位置也是处于扩张后的网络边界区域。就此看来，在社会网络演化的过程中，其外部形态变化的一个重要方面就是来自其边界的动态调整。

三、内创企业的网络嵌入模式

Yang 等（2010）指出，现在的企业不再是以独立原子的形式存在，其战略行为也更多地发生在一个限定的网络环境中。作为从现存企业内发展出来的一种特殊的新创企业实体，内创企业一般是因为具有一个很好的创新思想、项目和机遇从现存企业内部分离而成，在形成后又是以独立的经济体存在于市场竞争中时，经常面临缺乏相应资源的困境。因而，内创企业可以考虑进入原有"母体"企业所在的网络，或相应的其他网络中利用合适的网络关系来捕捉市场机会，获得相应的资源以实现生存和发展（Coviello 和 Munro，1995）。当个体为了某种经济活动而动用存贮于社会网络中的资源时，嵌入行为就开始产生作用（王凤斌、李奇会，2007）。嵌入（Embeddedness）是构建网络成员互动的网络结构及实现关系治理的活动机制，它会影响到个体的决策和行为（Granovetter，1985）。通过合适的嵌入模式，内创企业不仅可以顺利地进入网络实现跨组织联结，还可以在社会网络中进行创新交互活动（Adler 和 Kwon，2002），这也正是内创企业创新的重要源泉。

刘宏程、仝允桓（2010）提出，企业利用社会网络存在两种形式：一是进入网络中寻找合适的位置并建立联结，二是自己构建网络。如前所述，绝大部分内创企业都面临着有限资源的约束，很难基于自身活动来构建网络。因此，只能选择主动嵌入现有的社会网络中形成新的社会联结，并从随后的位势中获得收益（Burger 和 Buskens，2009）。同时，内创企业选择嵌入特定的社会网络也是克服外部不利条件的重要方式。它可以为企业带来丰富的信息、知识和资源，网络伙伴之间的信任也会降低彼此间的交易成本，促进互惠交易，并有效防止机会主义行为的产生（朱振坤、金占明，2009）。现在关于嵌入对企业社会活动的重要性已经得到了学者们的广泛认可，但对其中的具体作用方式却存在不同理解。例如，Raub 和 Weesie（1991）认为，存在结构嵌入和制度嵌入；Granovetter（1992）则将其分为结构嵌入和关系嵌入。然而企业做出任何一种行为都需要考虑所处的特定社会情境，不能完全由企业自主来决定。嵌入行为也是如此，即内创企业的嵌入模式需要注意到社会网络的特征，并结合到自身特质来进行合理运用，进而导致嵌入网络中的位置、结构及其关系强度的不同。在内创企业的嵌入活动中，既可能是因为该企业同现有网络边界的企业相比具有比较优势而实现替代，如在技术、工艺、运营上具有更低的成本；也可能是因为该企业相对网络中的其他企业而言能满足网络分工进一步细化的需求，如提供了网络所需的差异化功能。因而，本文将内创企业的网络嵌入模式分为替代嵌入和延展嵌入两种类型。

（1）替代嵌入。替代嵌入是内创企业进入网络边界特定节点实现对原有节点企业相关功能替代的活动。当现存社会网络边界中的企业在演化活动中向网络中心演进，或网络边界某个节点位置的企业因为未能满足网络需求而退出时，就会在网络边界出现相应的位置空间。如果网络内部的现有企业成员未能具有相应的功能来填补该位置，出于完善社会网络运行的要求，网络会寻找一些能满足该位置功能需求的企业来进行替代。这就为内创企业的发展提供了契机，要求它们在某些方面同现有的成员相比具有同质性，但是存在更低的运行成本，或能够有效填补其他企业离开网络后所存在的空白。利用替代嵌入，内创企业可以进入网络边界中合适的空间网络位置，并在随后推动网络中的联结变革（Corten 和 Buskens，2010）。

（2）延展嵌入。延展嵌入是内创企业通过差异化功能来弥补现有网络功能细化后的不足而进入网络边界特定节点的活动。网络规模的扩大会导致其社会化功能的进一步细分，进而会对网络运行提出新的要求，为此在网络中需要具有新的功能来满足发展的需要。当现有网络中没有企业能承担起实现这种新功能的责任时，网络就会吸引合适的新企业进入网络中来满足需要。对内创企业而言，它们与现有企业成员相比更具有异质性，即能满足网络社会功能分工细化过程中所提出的差异化需求，如此才能进入延展后的网络边界来填补相应的位置空洞。例如，处于网络核心位置的企业会通过吸纳与合作企业相联系的众多社会关系进入现有网络（姚小涛、王洪涛、李武，2004），以提升现有网络的运行质量，并在随后的互动活动中形成新的联结关系，使网络结构得到调整。

四、二元距离推动下的网络边界动态调整

从组织层次来看，社会网络和内创企业是存在于不同层次的组织体。社会网络演化是基于不同组织成员之间反复行为的反馈所形成的网络运作机制和惯性作用，从而使网络处于稳定的状态中（陈学光、徐金发，2006）。在其演化的过程中具有稳定变化和动态扩张的特质，进而导致网络边界也随之动态调整。内创企业嵌入的首要前提条件是进入网络边界，随后才能让网络内的其他企业正确认识自身所拥有的互补能力、专业化知识等，进而对社会网络产生正向影响（Lorenzoni 和 Lipparini，1999），例如，可以推动社会网络的演变和升级（曾一军，2007）。就此看来，社会网络演化与内创企业嵌入融合在网络边界动态调整过程中的跨层次关联互动活动中。

1. 社会网络与内创企业间的跨层次二元距离

所谓二元，是指存在内在本质差异的不同主体。社会网络和内创企业作为组织系统中的不同层次主体也必然具有二元特性，其中的关联则发生在不同层次间的活动区域。在社会网络演化的网络边界调整活动中，既有因为企业发生位置移动而导致的位置空洞，也有因为网络边界延伸而出现的位置空洞。准确地说，该位置还是属于社会网络的可控范围内。内创企业只有在满足该项位置的基本功能要求后，才能填补网络演化后所提供的位置空洞，并嵌入网络边界。因而，网络与企业层次间二元问题的本质是处于网络边界的企业成员与内创企业间的关系。在本文中，以网络边界距离来表示这种不同层次间的交互活动。同样，Yang 等（2010）也提出，可以利用"距离"（Distance）来探讨这种二元关系[10]。通常意义上的距离是指通过对相关物体的空间位置准确定位所得到的位移差参数值，此处的距离则更多地展现为内创企业和处于网络边界的企业在某些指标或因素上所存在的不相似程度。

本文以图 1 来展示社会网络与内创企业跨层次互动中的二元距离。社会网络是一个立体组织结构，其中 A、B、C 属于社会网络立体结构中的不同梯度，每个梯度层面都包含若干企业。由 A 区域到 C 区域，企业与社会网络中心的距离逐渐增大，其在社会网络中的影响力也逐渐降低。在每个层面也都存在网络边界，其中包含若干企业——A_1，B_1 和 B_2，C_1、C_2 和 C_3 等。当网络发生演化活动时，处于网络边界的企业会向处于高梯度的中心区域演进，例如，从图中 C 层面的 C_1、C_2 和 C_3 向 B_1 和 B_2 演进，以及由 B_1 和 B_2 向 A_1 演进。在社会网络保持稳定的情况下，如果 C 层面的企业出现跃迁，则会在相应的位置留下空间。虽然处于 C 层边界位置的企业可以直接退出网络，但是对于更高梯度层面 A、B 的企业来说，由于其担当着结构洞的功能，为了维持网络的稳定性，这部分企业很难直接被剔除到网络外。当其不能满足网络活动的需求时，会在其连接的两个主体间形成新的结构洞。这样它在社会网络中的联结就会逐渐减少，进而导致其位置逐渐向所在层面的边界移动，并最终进入低层面的网络边界区域中。因而不能满足要求的企业在退出网络时会顺延从图中由高梯度区域向低梯度区域演进，即由 A 层面向 C 层面移动。同样，当现有网络的规模出现扩张时，网络内开始出现新的社会分工，其边界也会出现新的延展，进而产生包容新社会功能的区域。此时网络活动范围的空间也会从 C 层面延伸至 D 层面，并在 D 层形成新的位置空洞来吸引更多的企业进入网络边界，如 D_1。

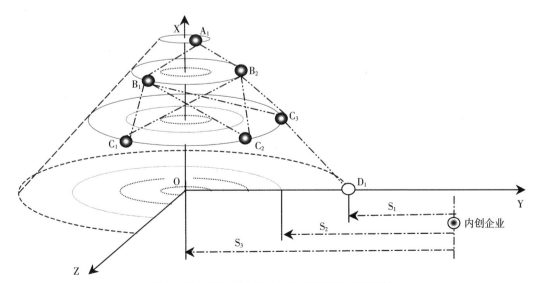

图 1　社会网络与内创企业间的跨层次二元距离

对内创企业来说，虽然是源于网络内的现有企业，但还需嵌入网络中才能为后续发展奠定基础。当选择替代嵌入时，则对内创企业提出的要求相对较高。这是因为在现有社会网络中的运行规则、契约等都是设定的，已经得到大部分企业成员的认可，且网络治理模式也相对较为成熟。为此，内创企业必须付出较大的协调成本，并具有更强的功能，做得比现有网络中需要替代位置的企业更好，才能满足网络边界空间位置的需求。如此才能让社会网络中的更多成员认识到内创企业所具有的比较优势，进而接纳其进入网络边界，并同其建立相应的联结关系。当选择延展嵌入时，内创企业主要是为了满足差异化社会分工的需求，并向网络展示了其差异化优势，而进入社会网络边界中。此时社会网络对于这些新业务的治理模式还未能形成较为成熟的契约规则，企业间的关系也处于动态协调中，因而对内创企业的要求相应较低，通常只需进行适当调整就能满足网络要求。图1也显示了不同嵌入模式的差异性，当内创企业选择替代嵌入，需要进入C层面来替代其边界的相关企业，此时内创企业与社会网络边界的距离为S_2；当选择延展嵌入，仅需进入D层来填补相应的位置空间，此时内创企业与社会网络边界的距离为S_1。

2. 社会网络与内创企业的跨层次交互——调整二元距离

二元距离的远近显示了内创企业与社会网络在合作、协同方面的融合程度。如果内创企业与社会网络之间的距离较远，则会存在较高的差异化程度，这将增加企业嵌入的难度。虽然内创企业是由网络的企业成员内部所孕育出来的经济实体，相对于网络外的创业企业来说，它们对网络运行可能会有更多的了解。但是作为一个新的社会运行组织，它们同现有的网络成员相比还是会存在一些差异性。因此，通过缩短二元距离可以实现内创企业与社会网络的协调程度，这不仅能推动内创企业有效嵌入社会网络边界的合适位置，也会促使网络实现对现有结构的优化，保障战略更新的有效进行。Yang等（2010）提出，位势和技术是二元距离中的主要因素。然而Stinchcombe（1965）却认为，由于缺乏合法性地位，会导致新创企业很难利用位势进入社会网络。Zhang和Li（2010）也指出，有些新创企业并不一定具有技术优势，在很多情况下它们需要通过服务中介机构的帮助进入社会网络中，以获取相应的先进技术。由此看来，利用位势和技术两种因素来分析内创企业与社会网络之间的二元距离并不完整。王涛、邓荣霖（2010）指出，在考虑企业嵌入活动时，不仅需要考虑能力因素，还需要认识到制度和文化等因素的重要性。同样，Zhang和Li（2010）也提出，在探讨新创企业同外部社会网络的联结关系时需要考虑制度、能力和文化等因素。因此，本文试图从制度、能力和文化三个方面来讨论网络边界调整中的二元距离。

（1）制度距离。无论是在宏观环境中运行，还是从事微观业务操作，企业总是处于特定的制度中。Oliver（1997）将制度定义为围绕经济活动，限定和增强社会接受经济行为的规则、准则和信念。社会网络中的制度主要体现为网络中的规则，它会通过形塑企业成员的运作方式来影响其社会行为，并形成企业成员均认可和接受的交易模式。网络制度在市场经济中扮演着基础角色，能支持市场机制的有效运转，并为企业在市场交易中降低成本和风险提供保障（North，1990）。同样，在企业内部也具有相应的制度来支撑企业的社会活动。在社会网络制度的刺激和约束下，会导致处于同一网络中的企业行为出现趋同，即为了实现在网络中的有效运行，不同类型企业成员的相关制度会呈现相似的特征，进而导致其社会行为也具有相似性（Tolbert和Zucker，1999）。此时，处于网络边界的企业则表现为满足网络运行的最基本制度要求。然而对于内创企业来说，则会因为处于现有网络外部使其制度与网络边界企业的制度在一定程度上存在差异性，即制度距离。

社会网络制度可以对网络运行起到保障作用，使企业成员在网络的组织间交互活动中具有更好的对接界面（Peng等，2008）。然而网络制度并不是一成不变的，它需要得到不断的优化和改进。当社会网络制度出现不适应时，就会出现"改制"活动，即产生刺激来要求其内部的企业成员形成新的运行规则以满足发展的需求。随后，网络则会作为一个有机体对此进行选择，确认新的社会运行规则是否对网络整体发展存在益处。如果是肯定的，那么网络会通过复制来对这种运行规则进行扩展，否则就会剔除。同样，在网络演化的过程中，并不是所有的企业都能完全认同社会网络的规则变动。当某个现有企业不愿意再接受新制度的约束和规制时，就会出现因为制度界面的不对接而导致现有联结关系的断裂，并开始向网络边界演进。另外，当社会网络出现扩张时，则会出现制度延伸，即在吸纳更多成员进入网络的同时将社会网络的运行规则扩展到更大的约制范围。这也要求处于新网络边界的企业只有在满足网络制度的基本要求的前提下才能实现有效嵌入，即需要遵循现有网络的运行规则来实现和其他企业的协调。通常情况下，社会网络制度的"改制"是在网络龙头企业的主导和推动下进行的，它会通过对市场中的交易模式、行为准则等加以调整，并以梯度转移的方式顺延，从网络中心到边界的路径进行传递，使网络中其他企业的行为也随之调整。

作为现有社会系统中的新经济利益个体，内创企业一般很难直接影响和自发控制网络这种外部多边关系。尤其是内创企业的制度在很大程度上还属于"建制"阶段，它既可能来源于成立初期创业企业家个人行为准则的外化，也可能是通过后期企业活动参与者间的不断互动而形成的共同准则（任荣、王涛，2011）。内创企业如果要嵌入社会网络就必须缩短与社会网络边界之间的制度距离来实现与社会网络运营体系的一致性。如此一来，就存在内创企业的"建制"与社会网络的"改制"之间的动态协调与匹配。为此，内创企业需要通过利用社会网络演化的契机，不断认识社会网络运行的新制度要求，并以不断自我变革来构建新的制度，并在制度建设方面加快速度以便赶上社会网络制度变化的速率，才能满足网络需求。例如，采取类似的运行结构和做法，推进企业间互动等，使内创企业现有的社会运行制度得到不断修正，进而缩短制度距离来获得制度趋同性（Meyer 和 Scott，1983）。当制度距离缩短到足够小时，内创企业就能证明自身的活动机制不存在制度上与社会网络的不匹配，能够满足社会网络运行的基本需要，并会按照社会网络的运行开始操作，进而实现在网络边界的有效嵌入。

（2）能力距离。能力是企业对可控资源进行加工以完成价值创造的组织层知识集合，它会通过对资源的作用来为企业提供新的产品或服务，采用新的运营措施、技术、组织或市场导向以创造新价值。网络中的企业成员通常是在具有了一定的能力之后，才能保证其正常运行的。Cohen 和 Levinthal（1990）提出，企业间的能力会存在显著差异，进而影响到创新活动。这种差异性由为能力内部知识集合的密集程度和结构复杂性存在的显著差异所表现，即能力距离。能力距离通常反映在企业的整体活动层面上，与企业在市场、产业等社会网络中所处的位置紧密相连（王涛、邓荣霖，2010）。内创企业作为一种新创企业形式，是处于发展初期的企业，一般都会存在能力空白，因而，相对网络边界的企业成员来说通常会存在一定的能力距离。

Madhok（1997）指出，能力是推动企业从事外部活动的一个重要因素，网络边界问题实质上是与能力密切相关的问题，它将促使企业去思考如何寻找彼此间的差异。在战略发展目标的指导下，社会网络内部也需要通过演化活动来推动企业发展新的能力来替代不适合未来发展的能力，同时还要完成对原有的网络能力体系结构的重组以获得持久竞争优势。在社会网络演化的刺激下，企业成员也必须进行相应的创新活动来实现自我能力的调整。虽然在企业自有的能力体系中，具有一定的基础能力以维持运行活动，但是为了完成社会活动则需要具有特定的功能能力。特别是如今随着社会网络开始推广价值模块式分工，更需要其内部的企业成员必须具有相应的功能能力来实现配套发展。例如，在价值链分工中，不同的企业需要具有差异化的主导能力分工，包括研发能力、生产能力、价值实现能力等。在社会网络的演化过程中，企业成员也会持续地通过创新活动来实现自我功能的升级。例如，常见的从 OEM 向 ODM 或 OBM 的升级活动，就是基于企业功能能力升级支撑的自我调整。此时，企业的外部特征在某种程度上也表现为从社会网络边界位置向中心演进的活动路径。当现有网络边界企业成员的功能能力不再满足网络的需求时，就会逐渐淡出网络边界，并在原有的位置留下空间。同样，当社会网络整体实力不断扩大，其内部社会分工也会变得更为细致，这时就会分化出更为细分的新功能能力来满足网络规模扩展的需求。

内创企业在其发展初期一般处于能力空白阶段。为了更好地嵌入社会网络中，内创企业还需要通过能力构建来不断实现自我提升，以缩短与处于网络边界企业之间的能力距离。在能力构建活动中，内创企业不仅可以通过内部的知识活动来增强知识创新，还可以利用外部的学习活动来实现能力提升。然而就内创企业本身的特性来说，由于通常面临着资源的约束条件，导致它们很难去随意地发展所有的能力，只能依据现有网络的需求，能力所根植的资源特性，市场竞争环境，以及过去的经验等要求来构建出合适的功能能力。因此，在内创企业的能力构建活动中，对内需要注意推动员工的创新活动，不断产生新的知识并以跨层次转移的方式来补充、增强组织层面的知识集合，来构建企业的自有功能能力；对外则要特别注意通过有效的观察，在创新活动中发掘出社会网络中存在的能力利基空间，继而通过能力梯度转移等多种方式发展出社会网络所需的功能能力。最为重要的是，内创企业在通过能力构建活动来形成专属能力后，还要向社会网络展示其功能能力的显著性或差异性，例如，能提升现有社会网络的运行效率，或者能增强社会网络某个节点的强度等。这样内创企业才会得到社会网络中其他成员的重视，并被吸纳进入网络边界中合适的节点。

（3）文化距离。现有网络内部的企业之间经过多次博弈后会在行为与观念等诸多方面具有一致性，进而形成以潜在的信念和价值观为代表的网络文化，它是网络中的企业成员在面临内外部问题时思考和行为的基本原则。正如 Human 和 Provan（2000）所提出的，"不是所有的企业成员都需要进行互动，而是只有那些意识到彼此都属于一个共同网络的成员才会进行彼此联结"。社会网络中的企业会因为具有共同的文化属性而被赋予其合适的身份，这种网络身份将在很大程度上影响其在社会网络中的发展机会（Hakansson 和 Snehota，1995）。同时，共同文化认同所赋予的网络身份会使企业成员在网络中既有心理契约和责任感，也有归属感和依赖感，企业成员也会获得其他企业的信任，并表现出对网络活动尽心尽力的行为结果。然而对于内创企业来说，还未参与到现有网络的运营活动中，还不具有网络身份，这也会导致其社会活动的信念和价值观与网络中其他企业相比还存在潜在的差异，即文化距离。

社会网络在某种程度上是对企业身份和网络认同的融合，在其边界的企业会存在组织特性上的相似性和差异性的动态均衡（Gioia，1998）。只有具有与社会网络其他企业共同的发展理念和价值观的企业才会存在于网络内部并获得认可，而处于网络边界外部的企业因为不具备相似的文化理念，导致无法获得网络其他成员的认同。具有相似文化认同的企业在网络内部会具有相应的身份，并以一定的价值理念来参与到社会网络的运行和治理活动中，进而塑造以共同价值观为核心的文化氛围。这种文化氛围也会在随后的网络运行中影响到企业成员的社会行为。例如，面对社会网络在演化过程中可能出现的风险和损失，企业成员会考虑通过付出一些成本以维护网络的整体利益。同时，网络文化还能保证网络内的企业在具体行为模式上具有一致性，实现企业之间的相互间认同，使彼此间的交易成本降低，从而维护网络的稳定。然而社会环境的变化很容易导致企业成员间出现经营理念的冲突，以及价值认识的差异等问题。这就需要在网络内部以演化的形式对现有网络活动的参与者进行持续刺激，以推动网络文化的持续变革，即要求所有企业成员都具有提升整体发展的意识，并促使其在网络内部展开积极主动的对外交互活动来形成新的联结关系，使企业与网络发展保持同步发展。如果企业成员能够强化自身的价值观，以及塑造和更新自己的行为理念，那么就会得到更多成员的认可，从而获得更强的网络联结，进而实现向网络中心区域演进并占据核心位置。当企业无法接受网络文化理念、价值观念等方面的变革时，就会逐渐丧失其网络身份，在网络中的地位也会相应降低，或选择离开。

社会网络内具有的社会理念、价值认同等会对内创企业的嵌入行为产生约束和规制。任何一个网络在吸纳新的成员进入时，都希望新成员在网络文化认同、价值观、经营理念等方面与网络中的大部分成员保持一致。张晔、梅丽霞（2008）通过对集群网络的研究也指出，企业的嵌入活动会受社会网络的文化习俗、价值观，以及其他行为者的影响和制约。如果内创企业希望嵌入社会网络中，无论是采取替代嵌入，还是采取延展嵌入，都需要通过主动的自我变革来调整自身的经营理念，以求缩短与社会网络边界的文化距离，这会保证内创企业在嵌入后的社会化互动中与其他企业形成良好的对接界面。因而，即使社会网络对企业并不存在特殊的强制性要求，企业也会主动按照网络的行为规范和价值准则来进行思考和行动，进而以特定的身份与其他企业产生互动，最终实现和网络运行的行为模式保持同步。例如，可以通过对社会网络中的经营理念和价值观进行分析和评价，提高对文化差异的敏感，掌握适应多元文化差异的技巧，使自身的企业文化具有更大的开放性，为网络中更多的企业所接受和认同，从而参与到现有社会网络的活动中。

五、小结和未来研究方向

在本文的研究中，首先探讨了社会网络演化的内部机理和外部形态变化，提出社会网络会利用演化机制来实现对网络边界的调整，同时其外部的联结关系和形态都会随之发生相应的变化。这从理论上回答了 McPherson 等（2001）提出的关于社会网络演化的问题。针对内创企业的成长和发展问题进行分析，认为内创企业之所以会进入现有的社会网络，其中一个很重要的原因就是可以在有风险的社会网络中寻求发展机会，实现快速持续发展。其次探讨了内创企业如何进入社会网络的嵌入行为，提出内创企业会根据具体的情况来选择不同的嵌入方式，具体包括替代嵌入和延展嵌入。这也对朱海燕、魏江（2009）提出的"在现有的研究中关于新进入者触发的整体网络结构演化仍是一个全新的话题，至今也缺乏系统的理论分析"实现了有效补充。最后从理论上对以往的研究进行了延伸。以往的研究主要是基于交易成本的角度来考虑网络边界问题，并将网络边界看作网络交易成本与外部市场交易成本的动态均衡点。在本文的研究中，则从网络边界动态调整的角度，针对社会网络演化和内创企业嵌入之间的跨层次二元互动进行分析，提出可以通过缩短内创企业与社会网络之间的制度距离、能力距离和文化距离来帮助实现有效嵌入。在此过程中，也推动了社会网络演化的战略调整活动。

本文的研究对企业管理实践也具有一定的指导意义。从社会网络的演化来看，社会网络中现有企业的管理者需要将企业发展作为一切工作的重点。在实践工作中，管理者需要注意到社会网络动态变化特性，特别是在出现产业链、产业集群等的整体升级时，更需要注意通过创新活动来发展新的功能特性，只有如此才能保障企业在立足于现有企业的基础上，不断向网络中心位置演进，而不会被其他的企业所替代。在中国企业的现实中，也有很多这样的案例。例如，相当数量的中国制造企业最初依靠劳动力、物料资源等低成本的比较优势而嵌入全球价值网络中，并获得了可观的初期收益。然而随着全球价值网络的持续动态演化，中国企业的成本优势已经逐步丧失，这就对企业产生新的刺激，要求其开始进行自我战略转型。虽然很多企业可以通过进一步压低成本来继续保持其在网络中的地位，但更为重要的发展方向还是通过发展新的功能来推动企业离开网络边界区域，向网络中更为核心的高价值区域移动，并最终成为社会网络活动的制度制定者，核心功能能力的主导者和价值理念的创造者。如此才能实现在社会网络中的持续生存和发展，社会网络也会因此获得持续的生命力。

对于内创企业的管理者来说，还需要将企业的生存和发展放在一切工作的首位，而嵌入合适的社会网络则可以为企业提供所需的资源、渠道等。在嵌入社会网络的活动中，需要兼顾到社会网络的变革方式和企业自身的实力来选择合适的嵌入方式。如果选择替代嵌入，则需要在现有网络中寻找对标目标，明确自身是否具有比较竞争优势，是否是社会网络持续发展所需要的；如果选择延展嵌入，则需要瞄准现有网络中的不足之处来发展自己的差异化特征。即要么比现有的企业提供更好的功能或服务，要么能弥补现有网络分工中的空白功能。从许多成功的中小企业成长历程来看，它们也是通过嵌入行为进入合适的网络位置，寻找到良好的发展机会，并以战略演化来创造出合理的市场差异化战略与创新差异化战略，从而为企业在战略提升的过程中赢得持续的竞争优势（朱振坤、金占明，2009）。需要注意的是，内创企业在推行任何外部战略活动的活动中都需要更为谨慎，否则很容易带来相应的成本和风险。此外，内创企业在嵌入的过程中还需要按照社会网络的活动标准来进行适应性变革，包括不断完善与网络发展相配套的制度，发展相应的功能能力来获得彼此间的协调，以及通过培养相应的价值观和经营理念来得到在社会网络中的身份认同。

本文的研究还存在一些不足，需要在未来的研究中继续深入。首先，研究主要还是从理论分析方面来进行的，未来的研究可以针对社会网络演化的阶段，内创企业嵌入模式，以及制度距离、能力距离和文化距离等构念进行量表开发，进行后续的实证研究工作。其次，虽然本文的研究中已经认识到部分不适应发展的企业需要从现有的网络中选择退出，但是在此活动中可能还会面临组织惰性的制约，导致即便是一些企业最终会完全退出，依然会给网络带来较大的成本。因而，如何建立合适的治理机制来促使网络保持战略弹性以实现战略更新，是任何一个网络实现长期可持续发展时所必须面对的现实问题。此外，研究中主要考虑的是新创企业中的内创企业的嵌入问题。需要认识到的是，除此之外还有外植型的创业企业。这些企业如何利用社会网络的演化来实现嵌入，其中又存在何种差异，会面对怎样的进入壁垒，会不会存在进入模式的选择，这些问题也有待未来的研究继续探讨。

〔参考文献〕

［1］Zajac, E. J., Olsen, C. P. From Transactional Cost to Transactional Value Analysis: Implications for the Study of Interorganizational Strategies［J］. Journal of Management Studies, 1993（30）: 131-145.

［2］Gulati, R. Alliances, Networks［J］. Strategic Management Journal, 1998, 19（4）: 293-317.

［3］杨瑞龙，冯健. 企业间网络的效率边界：经济组织逻辑的重新审视［J］. 中国工业经济, 2003（2）.

［4］Parker, S. C. Intrapreneurship or Entrepreneurship?［J］. Journal of Business Venturing, 2011, 26: 19-34.

［5］Zhang, Y., Li, H. Innovation Search of New Ventures in a Technology Cluster: The Role of Ties with Service Intermediaries［J］. Strategic Management Journal, 2010, 31: 88-109.

［6］任荣，王涛. 新创企业能力构建的机理分析［J］. 商业经济与管理, 2011（2）.

［7］Zaheer, A., Bell, G. G. Benefiting from Network Position: Firm Capabilities, Structural Holes, and Performance［J］. Strategic Management Journal, 2005（26）: 809-825.

［8］Zaheer, A., Soda, G. Network Evolution: The Origins of Structural Holes［J］. Administrative Science Quarterly, 2009（54）: 1-31.

［9］Antoncici, B., Hisrich, R. D. Clarifying the Intrapreneurship Concept［J］. Journal of Small Business and Enterprise Development, 2003, 10（1）: 7-24.

［10］Yang, H. B., Lin, Z. J. Lin, Y. L. A Multilevel Framework of Firm Boundaries: Firm Characteristics, Dyadic Differences, and Network Attributes［J］. Strategic Management Journal, 2010, 31: 237-261.

［11］吴结兵，郭斌. 企业适应性行为、网络化与产业集群的共同演化：绍兴县纺织业集群发展的纵向案例研究［J］. 管理世界, 2010（2）.

［12］Hitt, M. A., Beamish, P. W., Jackson, S. E., Mathieu, J. E. Building Theoretical and Empirical Bridges across Levels: Multilevel Research in Management［J］. Academy of Management Journal, 2007, 50（6）: 1385-1399.

［13］Witt, U. Evolutionary Economics: An Interpretative Survey［M］. In: Dopfer, Evolutionary Economics; Program and Scope, Kluwer Academic Publishers, 2001.

［14］李文博，张永胜，李纪明. 集群背景下的知识网络演化研究［J］. 外国经济与管理, 2010（10）.

［15］McPherson, M., Smith-Lovin, L. McCook, J. Homophile in Social Networks［J］. Annual Review of Sociology, 2001

(27)：415-444.

[16] 冯巨章. 企业合作网络的边界——以商会为例 [J]. 中国工业经济，2006（1）.

[17] Ibarra, H. Race, Network Centrality, Power, and Innovation Involvement: Determinants of Technical and Administrative Roles [J]. The Academy of Management Journal, 1993, 36 (3): 471-501.

[18] Coviello, N. E. Munro, H. J. Growing the Entrepreneurial Firm: Networking for International Market Development [J]. European Journal of Marketing, 1995, 29: 49-61.

[19] 王凤彬，李奇会. 组织背景下的嵌入性研究 [J]. 经济理论与经济管理，2007（3）.

[20] Granovetter, M. Economic Action and Social Structure: The Problem of Embeddness [J]. American Journal of Sociology, 1985, 91 (3): 481-510.

[21] Adler, P. S., Kwon, S. W. Social Capital: Prospects for a New Concept [J]. The Academy of Management Review, 2002, 27 (1): 17-40.

[22] 刘宏程，全允桓. 产业创新网络与企业创新路径的共同演化研究：中外 PC 厂商的比较 [J]. 科学学与科学技术管理，2010（2）.

[23] Burger, M. J., Buskens, V. Social Context and Network Formation: An Experimental Study [J]. Social Networks, 2009, 31: 63-75.

[24] 朱振坤，金占明. 嵌入网络对新生者不利条件的影响：创业企业和风险投资网络的实证研究 [J]. 清华大学学报，2009（S1）.

[25] Raub, W., Weesie, J. The Management of Matches: Decentralized Mechanisms for Cooperative Relations with Applications to Organizations and Households [M]. ISCORE-paper, No. 1, Utrecht: Utrecht University, 1991.

[26] Granovetter, M. Problems of Explanation in Economic Sociology, In N. Nohria and R. Eccles (eds.), Networks and Organizations: Structure, Form, and Action [M]. Boston, MA: Havard Business School Press. 1992.

[27] Corten, R., Buskens, V. Co-evolution of Conventions and Networks: An Experimental Study [J]. Social Networks, 2010 (32): 4-15.

[28] 姚小涛，王洪涛，李武. 社会网络与中小企业成长模型 [J]. 系统工程理论方法应用，2004（6）.

[29] 陈学光，徐金发. 网络组织及其惯例的形成 [J]. 中国工业经济，2006（4）.

[30] Lorenzoni, G., Lipparini, A. The Leveraging of Inter-firm Relationship as a Distinctive Organizational Capability: A Longitudinal Study [J]. Strategic Management Journal, 1999 (20): 317-338.

[31] 曾一军. 新创企业的社会网络嵌入研究 [J]. 科技进步与对策，2007（12）.

[32] Stinchcombe, A. L. Organizations and Social Structure, in: March, J. G. (ed.), Handbook of Organizations, Rand-McNally, Chicago, Illinois, 1965.

[33] 王涛，邓荣霖. 社会嵌入视角下的能力构建研究 [J]. 经济理论与经济管理，2010（9）.

[34] Oliver, C. Sustainable Competitive Advantage: Combining Institutional and Resource-based Views [J]. Strategic Management Journal, 1997, 19 (9): 697-713.

[35] North, D. C. Institutions, Institutional Change, and Economic Performance [M]. Cambridge University Press: New York. 1990.

[36] Tolbert, P. S., Zucker, L. G. The Institutionalization of Institutional Theory, in Clegg, S. R., Clegg, S., Hardy, C. (eds), Studying Organization: Theory & Method [M]. SAGE, Newbury Park, CA, 1999.

[37] Peng, M. W., Wang, D. Y. L., Jiang, Y. An Institution Based View of International Business Strategy: A Focus on Emerging Economies [J]. Journal of International Business Studies, 2008, 39 (5): 920-936.

[38] Meyer, J. W., Scott, W. R. Centralization and the Legitimacy Problems of Local Government, In Meyer, J. W. & Scott, W. R. (eds.), Organizational Environments [M]. SAGE, Newbury Park, CA, 1983.

[39] Cohen, W. M., Levinthal, D. A. Absorptive Capacity: A New Perspective on Learning and Innovation [J]. Administrative Science Quarterly, 1990 (35): 128-152.

[40] Madhok, A. Cost, Value and Foreign Market Entry Mode: The Transaction and the Firm [J]. Strategic Management

Journal，1997（18）：39-61.

　　［41］Human，S. E. Provan，K. G. Legitimacy Building in the Evolution of Small-Firm Networks：A Comparative Study of Success and Demise［J］. Administrative Science Quarterly，2000（45）：327-365.

　　［42］Hakansson，H.，Snehota，I. Developing Relationships in Business Networks［M］. London，International Thomson，1995.

　　［43］Gioia，D. A.，Schultz，M.，Corley，K. G. Organizational Identity，Image，and Adaptive Instability［J］. The Academy of Management Review，2000，25（1）：63-81.

　　［44］张晔，梅丽霞. 网络嵌入、FDI 主导型集群与本土企业发展：以苏州地区自行车集群为例［J］. 中国工业经济，2008（2）.

　　［45］朱海燕，魏江. 集群网络结构演化分析：基于知识密集型服务机构嵌入的视角［J］. 中国工业经济，2009（10）.

（本文发表在《中国工业经济》2011 年第 12 期）

不完全市场下的企业避险动机

刘 勇

摘 要： 本文论证了在不完全市场条件下企业为什么要进行风险管理的问题。由于市场不完全性的存在，企业通过风险管理，抑制现金流波动，可以降低财务困境成本预期、避免投资不足、减少税负支出、扩大债务能力、节约交易成本、改善绩效评价和缩减管理者风险报酬。这些效用能够增加企业价值，构成了企业在价值最大化目标下的避险动机。将风险管理纳入企业决策体系，成为整体战略的一部分，为企业重大战略问题的解决提供了新的思路和途径。

关键词： 风险管理；避险动机；套期保值；企业价值

一、问题的提出

20 世纪 70 年代以来，以中东石油危机和布雷顿森林体系瓦解为标志，国际要素市场的不确定性因素显著增加，外汇、利率及商品价格波动的幅度与频率都达到了前所未有的水平。市场风险不断加剧、波及效应日益广泛和深刻，成为经济全球化进程中无法回避的客观现实。越来越不稳定的市场环境凸显了风险管理的重要性，也推动了风险管理工具的发展与创新。其中，最引人注目的就是金融衍生产品的发展。对非金融性企业而言，衍生产品在风险管理中的地位不断提升，已经成为抵御市场风险不可或缺的重要手段。调查显示，1998 年，50% 的美国非金融性企业使用衍生产品进行风险管理（Bodnar 等，1998）。英国、德国、瑞典、新西兰、比利时等国企业的使用率也都在 50% 以上[①]。

采用现代公司体制的大企业为什么要进行风险管理[②]？或者，基于衍生品交易的套期保值（Hedging）能否给企业带来价值？公司理论认为，现代公司之所以出现和生存，就是因为它可以使企业家将经营风险分散到众多中小投资者身上，来从事那些投资者个人无法承担或根本不可能做到的经济活动。如果投资者不愿承担企业风险，完全可以通过自身层面上的股权转移、投资组合甚至套期保值去加以解决。因此，企业层面的风险管理只不过是对投资者避险行为的简单重复，并不能创造企业价值。

[项目基金] 本研究得到美国福特基金会资助和美国密歇根大学商学院 Mitsui Life 金融研究中心及 E. Han Kim 教授的支持，在此一并致谢。

① 自美国宾夕法尼亚大学沃顿商学院 1994 年对美国公司组织第一次问卷调查后，陆续有学者采用同一口径对其他国家非金融企业的衍生品使用率进行调查。这些结果为：英国 60%（Mallin 等，2001），德国 78%（Gebhardt，1997），瑞典 52%（Alkeback 等，1999），新西兰 53%（Berkman 等，1997）和比利时 66%（Ceuster，2000）。

② 如无特别提及，本文使用的风险管理和避险，均指由衍生品交易构成的套期保值（也称风险对冲）。

作为现代金融理论基石之一的 MM 定理认为，若财务困境成本为零、财务政策没有税收效应以及公司有固定、可持续的投资计划，则企业价值仅产生于公司的实际投资活动，资本结构、股息分配等财务政策不能改变企业价值，只能影响价值在股东、债权人等利益相关者之间的分配[①]。如果投资者具有与企业相同的避险成本和效率，以及管理者与股东之间不存在信息不对称，还可证明风险管理与企业价值的非相关性。

然而，现实经济世界是有摩擦的不完全市场状态。财务困境成本、信息不对称、道德风险、代理成本、税收效应和交易成本等广泛和大量存在，给企业带来了巨大的成本，使通过套期保值、控制收入波动，进而降低这些成本、提高企业价值成为可能。本文将风险管理确定为一种价值最大化的企业行为，从破产预防、投资、融资、税收、股东监督、管理激励等企业运营的主要方面，分析市场不完全性（Market Imperfections）产生的成本效应，论述风险规避能够增加企业价值的内在机制及其相关影响因素。

二、财务困境

财务困境（Financial Distress）出现或破产可能性增大后，由于面临失业威胁和名誉、地位等方面的损失，管理者在破产问题上与拥有财产最后求偿权的股东，势必具有共同的利益和立场，都力求采取任何可能措施挽救企业、避免破产清算。从融资角度看，在外部融资无望或成本加大的情况下，企业不得不采取降低产品和服务质量、劣化工作环境、缩减研发投入（R&D）和广告促销支出、减少存货和应收账款等措施，增大现金流、扩大内部资金来源。在投资方面，管理者比以往更有动力去实施那些净现值（NPV）甚至为负的高风险项目，形成债权人承担"向下风险"（Downside Risk）、股东享受"向上收益"（Upside Benefit）的分配结构，实现财富由债权人向股东的转移（Jensen & Meckling, 1976）。

财务困境导致债权人与股东在投融资问题上出现更多的纠纷和争执，而其他利益相关者（如顾客、供货商和经销商）也会选择中止与企业的交易关系，以规避可能遭受的损失。所有这些变化都将给企业带来巨大的财务困境成本（Distress Costs）。这种成本具体表现为：

（1）客户流失、销售滑坡。由于对困境企业产品质量下降的担心，消费者将转向风险性相对较低的企业。特别是那些对售后维修服务和零配件供应有较高要求的产品，客户流失的可能性更大。要吸引客户，企业就必须延长质保期限、保证维修网点数量及零配件供应，还要降低销售价格、放宽支付条件。此外，销售渠道也面临萎缩，尤其是销售过程需要介绍和展示技术性能的产品，经销商用于人员培训的支出无法回收，必然抑制其继续合作的积极性。

（2）营运困难加大。困境企业与供应商的稳定交易关系开始松动，特别是专门针对困境企业特殊需要定制生产的产品，供应商承担的风险更为明显。企业要巩固现有的供货渠道，必须付出更多的交易成本，并容忍对方在供货价格和付款条件上享有更多的主导权。在企业内部，普通员工开始寻找新的工作机会，高级管理者专注于洗刷企业失败对自己声誉的不利影响。这些变化对企业的营运效率形成负面影响。

（3）融资成本增加。财务状况恶化导致企业信用质量下降。首先，供货商和经销商要削减给予困境企业的商业信用数量，使之失去最容易获得的一块外部资金来源[②]。其次，债权人不仅会提高贷款利率，

---

① 见 Modigliani, F. and M. H. Miller. The Cost of Capital, Corporation Finance and the Theory of Investment [M]. American Economic Review, 1958（48）：261-297.

② 这部分信用以长期、稳定的交易关系为基础，交易成本明显低于银行贷款和其他融资形式。

还要对困境企业的营运过程和投资决策施加更多的干预和限制，以防止股东利用高风险项目中的风险转移侵占自身权益。

在 MM 定理中，财务困境被假定为没有成本，任何可以导致或避免财务困境的因素，都不会有成本效应，也就不会影响企业价值。如果财务困境是有成本的，那些能够改变财务困境的因素就会对企业价值产生影响。风险管理虽然不能直接改变财务困境成本的数量，但是可以通过抑制收入波动，减小财务状况恶化的发生概率，从而降低财务困境成本预期（Expected Distress Costs）。

对企业价值形成破坏的财务困境成本预期，受财务困境的成本与发生概率这两方面因素的影响。Dolde 等用债务比率计量财务困境成本预期，研究发现，债务比率与避险行为之间存在正向变动关系，也就是债务比率越大，企业回避风险的动机越强，越有可能进行风险管理[1]。当然，如果避险成本大于财务困境成本预期，企业价值不增反减，企业也会选择放弃风险管理。

三、投资不足

当企业营运遭遇不利局面，收入减少，内源性资金不足以满足投资需求时，企业不得不转向外部融资。但是，对大多数企业特别是中小企业来说，外部融资面临高昂的成本。外部投资者与管理者之间的信息不对称，使双方对投资价值的估计常常出现偏差和对立。即使是前景非常看好的投资项目，如果价值被市场低估，且企业又无法充分、有效地向市场披露相关信息，股票融资也会被视为股价高估的一个信号，使股票发行价格难以反映投资的真实价值。Asquith 和 Mullins（1986）发现，当企业决定发行新股时，股价一般都要有 3% 的跌幅[2]。所以，价值被低估的企业往往不愿采取这种融资方式。Mackie-Mason 的研究表明，在美国公司的融资总额中，只有不到 2% 的部分来自股票市场[3]。

相较信息不对称对股票融资的影响，债券融资更多地承受来自股东与债权人之间道德风险的困扰。受自身价值最大化的驱使，股东通常更青睐于风险更高的投资计划，因为即使企业总价值不变，也能通过风险转移从债权人那里获得价值。作为利益冲突的反作用力，债权人则要求更高的回报率以补偿自己的风险损失。此外，企业在融资结束后继续发债能力的相应缩减，也构成了债券融资的机会成本。

如果外部融资的边际成本高于股东的边际收益时，即使是净现值为正的投资项目也不得不被股东"忍痛"放弃，导致所谓的"投资不足"问题。Fazzari 等发现，美国公司收入每减少 1 美元，大致将削减 35 美分的投资支出[4]。在此情形下，内源性资金无疑将成为企业有效降低资本成本、扩大投资的一件竞争性武器（Froot 等，1994）。

针对投资不足，风险管理的价值首先在于它能够保证企业具备稳定的现金流，形成充足的内部资金来源，防止有价值的投资项目被削减。其次，它能有效提高管理者对未来收入预期的准确性，使之能够基于内部资金供给，制定更为切实可行的投资计划，尽可能避免投资与融资之间的缺口和不匹配。另外，在债券融资时配套推出针对新建项目的风险管理计划，通过降低投资风险，减小股东通过风险转移

---

① 见 Dolde（1995），Berkman et al.（1997），Haushalter（2000），Gay & Nam（1998）和 Howton & Perfect（1999）。

② 见 Asquith，P. and D. Mullins. Equity Issues and Offering Dilution [J]. Journal of Financial Economics，1986（15）：16.

③ 见 MacKie-Mason，J. Do Firms Care Who Provides Their Financing [J]. In Asymmetric Information，Corporate Finance，and Investment，ed. R. Glenn Hubbard（Chicago：University of Chicago Press，1990），1990：63.

④ 见 Fazzari，S.，R. G. Hubbard，and B. Petersen. Financing Constraints and Corporate Investment [J]. Brookings Papers on Economic Activity，1988（1）：141.

侵占债权人价值的可能性，进而可以抑制债权人权益对投资风险的敏感性，降低股东和债权人之间的代理成本和债券融资成本（Bessimbinder，1991）。

　　企业所掌握的投资机会是这种避险动机的首要决定因素。Nance 等用 R&D 支出表示企业可以使用的投资机会。他们发现，R&D 支出越高，企业越有可能进行套期保值[①]。第二个决定因素是在投资机会不变的情况下，企业现金存量与风险管理之间存在反向变动关系。即资产的短期流动性越强，套期保值的积极性就越弱。第三个决定因素是内部现金流与投资支出的相关性也影响避险动机。这种相关性越高，投资不足的概率越大，风险管理的价值效应也就越显著。最后一个因素是内源资金与外部资本的成本差距。这种差距越大，风险管理节约的资本成本越多，就越有可能使更多有价值的投资项目获得资金。

四、税收效应

　　Smith 和 Stulz（1985）提出，多数企业面临的实际税负与应税收入之间并非线性变动关系，而是某种凸函数或累进形曲线，即税率递增。这种税率结构由三种因素所致。首先，累进制税率从根本上决定了企业税负的凸形走势；其次，当期损失不能得到真实的全额税前抵扣，构成了税负累进[②]；最后，旨在鼓励投资的税收优惠政策也加剧了税负曲线的凸性特征。

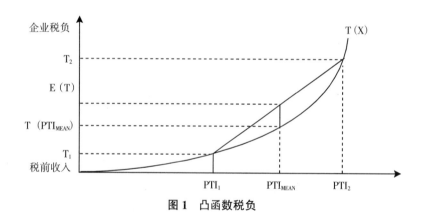

图 1　凸函数税负

　　非线性税负意味着收入与所适用税率之间为非对称性变动关系。在税负为凸函数的情况下，用简森不等式（Jensen's Inequality）可证明，公司税前收入期望值的税负必定小于实际税负的期望值。如图 1 所示，假设某公司税前收入为 PTI_1 时，应缴所得税为 T_1，税前收入为 PTI_2 时，所得税为 T_2，若这两种结果出现的概率均为 50%，则该公司实际税负的期望值 $E(T)=(0.5 \times T_1 + 0.5 \times T_2)=(T_1 + T_2)/2$；而税前收入期望值 PTI_{MEAN} 所对应的税负仅为 $T(PTI_{MEAN})$，小于 $E(T)$。

　　若该公司通过套期保值对冲掉现金流波动的可能性，将营运结果稳定在 PTI_{MEAN}，则实际税负可由 $E(T)$ 降低到 $T(PTI_{MEAN})$，获得的税收收益为 $(T_1+T_2)/2 - T(PTI_{MEAN})$。因此，如果税率累进，通过风险管理就可以减少预期税负，增加企业价值。Graham 和 Smith（1999）发现，近一半的美国大公司面临凸形税负结构，若将其税前收入的波动性降低 5%，每家企业平均可减税 12 万美元。

　　企业通过风险管理获得减税收益的动机受其税负曲线函数特征的影响。凸度越大，企业就越有可能去进行风险管理，节约的税负也就越可观；若税率递减，税负曲线为凹函数，避险措施只能加重税负，在这种情况下，要获得减税利益，企业必须选择加剧营运风险的策略，以增大收入的波动性；如果税率固定不变，则风险增减都不可能产生减税收益，避险动机保持中性。

　　另外，营运状况的波动程度也决定着避险动机。若税负曲线的凸度保持不变，税前收入波动越显著，企业就越有动力去回避市场风险，反之亦然。

五、债务能力

　　MM 定理证明资本结构不会影响企业价值。但是，MM 定理所依据的假设前提在不完全市场中是难以成立的。作为两种主要的市场不完全性，税收制度和财务困境成本将资本结构与企业价值牢牢地联结在一起。因而，对追求价值最大化的现代企业来说，资本结构决策不仅是影响税后现金流的关键因素，更是公司战略中至关重要的一项财务政策。

　　由于利息支出可在税前列支，采用债券融资，引入财务杠杆，提高负债比率，能够产生避税效应（Tax Shield），使企业税负得到节约，增加企业价值（若税前收入不变，其增加量等于利息支出与适用税率的乘积）。然而，经济现实表明，任何企业都试图将债务比率控制在一定水平，并不是无限度地扩大。这是因为，随着债务比率的提高，企业陷入财务困境的可能性也在相应增大，财务困境成本预期对企业价值的破坏作用逐渐显著，对减税收益动机形成越来越强的成本抑制。

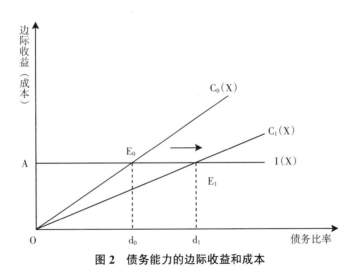

图 2　债务能力的边际收益和成本

　　如图 2 所示，假设 $I(X)$ 为企业从扩大债务比率中获利的边际收益曲线，$C_0(X)$ 为财务困境成本预期的边际变动曲线。E_0 点为资本结构变动的均衡点，d_0 为企业所能承受的最大债务比率，即债务能力（Debt Capacity），企业所获减税收益的最大值为 ΔAOE_0。

　　如前所述，若其他条件不变，减弱现金流的波动性，可以降低财务困境出现的概率，从而减小其成本预期，使边际成本曲线 $C_0(X)$ 向右移至 $C_1(X)$。相应地，资本结构最佳位置移至 E_1 点，债务能力升到 d_1，增加 d_1-d_0，企业获益的最大值提高到 ΔAOE_1，增加幅度为 ΔE_0OE_1。

图 2 表明，风险管理可以帮助企业在维持财务困境成本预期减小或不变的情况下，提高债务能力，使之采用更多财务杠杆，发行更多债券，从资本结构的"股转债"中获得更多的减税收益。

Leland（1998）提出，风险管理可使企业从两方面受益：一是低风险允许使用更多财务杠杆，导致税收利益增大；二是可用发债空间扩大，能够降低财务困境成本。他认为，风险管理给企业创造的价值主要来自前者。Ross（1997）认为，企业风险降低后，债务能力提高所带来的减税价值效应比降低财务困境成本预期更明显。Graham 和 Rogers（2002）发现，如果通过套期保值使债务比率提高 3%，新增减税收益可使企业市值平均增加 1.1%。

债务能力扩大对不同企业有着不同的价值效应。新企业在成立初期一般都不会有盈利，企业只有弥补完这些亏损以后，才会面临真正的税收负担，因此，资本结构调整为新企业贡献的减税收益要迟滞一段时间后才能体现出来[①]。相比之下，对有盈利的老企业来说，降低风险，提高负债能力，减税效应在当期就能得到反映。

六、交易成本

对企业股东来说，系统性风险（也称市场风险）不可能通过分散投资的办法加以控制和削减。对于此类风险，通常有两种解决方案：一是缩减投资规模，增加现金持有量；二是通过远期、期货、期权和互换等衍生品交易，将风险转让出去。提高现金比例固然可以控制市场风险，但却以降低投资收益预期为代价；使用衍生品对投资进行套期保值，则面临高额的交易成本。

（1）信息费用。外部投资者测评企业承受的市场风险，需以企业连续、充分的信息披露为前提。仅依靠一些已公开的历史数据，毕竟不能准确衡量和判断企业在未来经营中的风险暴露。特别是在风险因素随时间不断变化以及企业营运过程"暗箱操作"的情况下，评估难度无疑会更高。从保护竞争优势的目的出发，管理者不可能把那些涉及当前盈利和长远发展的商业机密向市场公布。股东要获得这些设计避险策略最需要的信息，必须付出沉重的信息成本。

（2）进入壁垒。衍生品自身的高风险性，决定了进入衍生品市场的高"门槛"。尤其是场外衍生品市场（OTC Derivatives Markets），已经呈现出银行间市场和交易商间市场的特征，交易量也越来越向少数大金融机构集中[②]。受资信条件和最小交易规模的限制，个人投资者难以直接入市交易。另外，被法律和管制政策排除在衍生品市场之外的投资者，也面临着进入市场受阻的问题。

（3）佣金和手续费。外部投资者各自组织避险交易，难以形成足够的交易规模，无疑要承受高额的交易佣金和手续费。另外，投资者在设计和执行风险管理计划时发生的固定成本（如场地、设备以及雇用金融工程师、市场分析师等技术人员），也会大大提高风险管理的平均成本。

如果投资者自己不能有效降低投资风险，必然要索取相应的风险报酬，从而增加企业的资本成本。与股东避险相比，企业直接进行风险管理，具备以下优势：一是可以在不泄露商业秘密的同时，节约套期保值的信息成本；二是进入衍生品市场受限制和束缚较少，拥有更多的选择性和自由度；三是相对较大的交易规模，不仅可以提高企业与经纪商、交易商讨价还价时的谈判地位，争取更低廉的佣金费用，

[①] 这仅表明新企业不可能在短期内通过提高债务能力获取税收利益，并不意味着没有其他方面的避险动机。

[②] 见 Schinasi, G. J., R. S. Craig, B. Drees and C. Kramer. Modern Banking and OTC Derivatives Markets: The Transformation of Global Finance and its Implications for Systemic Risk [M]. IMF, Occasional Paper, 2000.

还能有效分摊高昂的固定支出，产生规模效应。因此，凭借内在的成本和效率优势，企业组织风险管理可以节约交易成本，从而降低资本成本，提高股东价值。

需要指出的是，企业内在的避险优势是一种相对于股东行为的比较优势，随股东实力的不同而改变。机构投资者，特别是大型投资机构，在风险管理方面的交易成本与运作效率几乎与企业不相上下，甚至更具优势。企业股本结构的集中度越高，机构投资者持股比例越大，管理者与投资者之间的信息不对称程度相对越低，企业与投资者在衍生品交易和组织实施避险计划方面的成本差距越小，避险动机相应地就越趋于减弱（DeMarzo 和 Duffie，1991）。

这种优势还是一种规模效应。企业规模越大，股本结构分散的可能性和信息不对称的程度相应越高，同时，套期保值产生的衍生品交易量也越大，交易成本的节约效应更明显，外部投资者与企业的成本差距因而越发显著。以 Bodnar 为首的多项研究显示，企业规模越大，套期保值的可能性就越高（见表1）。

表1　不同规模企业的套期保值比率

单位：%

国家	美国	英国	德国	比利时	瑞典	新西兰
大企业	83	100	75	87	86	100
中企业	45	60	83	43	43	70
小企业	12	29	50	65	18	36

资料来源：美国数字来自 Bodnar 等（1998），其余依次为英国 Mallin 等（2001），德国 Gebhardt（1997），比利时 Ceuster（2000），瑞典 Alkeback 等（1999）和新西兰 Berkman 等（1997）。

七、企业绩效评价

股东在奖惩管理者、审批投资项目时的决策质量，在很大程度上取决于他们对企业运作的绩效评价是否准确、真实。必须看到，风险测评是企业绩效评价中不可或缺的重要组成部分。例如，高风险企业通常会带来高的投资回报，但是若没有掌握企业在营运过程中实际承受的风险暴露，投资者显然不能判断企业绩效是否真的属于高回报。

企业营运的本质是企业家以其特有的才能来控制和经营风险的过程。从可控性来看，企业面临的风险分为可控风险和不可控风险。前者是由企业自身特定因素引起，并可由企业自行控制解决的内生性风险，如成本增加、人员流失、资产损坏、市场份额下降等。后者主要为外部环境因素引起、管理者无力左右的系统性风险，如政治事件、战争、自然灾害等。通常情况下，企业绩效是上述两类风险及其对应损益的综合。

在企业绩效中，对股东价值最具影响或更能展现管理者才能的部分，是企业在应对可控风险时的工作效率。尽管不可控风险确实能给企业带来损益，但却与管理者的业绩无关。例如，对出口企业来说，若其他条件不变，本币贬值（或升值）必然导致企业盈利的增加（或减少），企业股东相应地受益（或受损），但管理者却不应该因此受到奖励（或惩罚），因为币值变动是管理者无法控制的系统性风险。

股东在评价企业绩效时，若不剔除不可控风险的影响，势必形成"噪声"，干扰对管理者真实能力和业绩的认识。"劣质"管理者会乘机采取机会主义态度，用不可控风险的损益掩盖相对拙劣的管理能力。同时，股东通过多次博弈，也会采取反制措施，使企业价值受到多重负面影响。首先，投资者需要付出更大的代价来评估管理者，增加外部监督成本，导致资本成本相应增大；其次，管理者不能获得应有的激励，声誉受损；再次，管理者能力被股东怀疑，有价值的投资项目被搁置甚至否决。

要求股东在绩效评价时将不可控风险逐一鉴别和剔除，显然是非常困难的。这需要股东必须具备有关利率、汇率、大宗商品价格等系统性风险，以及这些风险如何影响企业收益和价值等方面的知识。对外部投资者来说，一个相对简单的解决办法是，要求管理者通过风险管理将不可控风险规避，并通过调整管理者薪酬计划赋予其适当的避险动机。这样，就可以消除企业盈利中的外生性因素，使企业公开披露的财务数据能够更准确地反映管理者的真实营运业绩，从而有助于企业决策过程的优化。

从管理者角度看，为获得更高的评价和声誉，管理者都有动机去影响市场对自己管理才能的认知过程（Learning Process）。高水平的管理者希望提高市场的认知效率，尽可能地消除那些不在自己能力范围之内的不可控风险，使出众的管理能力完整、清晰地展现给投资者。低水平的管理者则是试图降低这种认知效率，期望所有的管理者都从事高风险的经营活动，以免市场发现自己的真实水平。Breeden 和 Viswanathan（1998）的研究发现，如果高水平的管理者通过套期保值将自己的管理才能锁定（Lock-in）在投资者面前时，在管理能力相差较大的情况下，低水平的管理者会选择放弃风险管理，以换取不可控风险在有利于自己时所产生的风险收益。

八、管理者激励

股东聘请管理者是因为后者拥有独特的资源，能使股东价值最大化。至于管理者能不能全力以赴，实现股东的聘请目标，取决于股东能否提供充分、有效的激励。同企业的其他利益相关者一样，管理者也具有回避风险的本能。由于管理者特有的人力资本（经营能力）及其所持有的企业股份与企业价值紧紧联系在一起，不可能像股东那样便利地通过组合投资将所承受的企业风险加以规避和分散，因而，管理者需要企业在正常报酬之外，提供额外的风险报酬，以抵补可能遭受的损失。通过风险管理，减小企业收益的波动性，可以相应降低管理者价值承受的不确定性，从而节约原本必须支付的风险报酬。

管理者在企业中享有的独特决策地位，导致了其基于自身价值之上的风险偏好程度，对企业避险动机具有较强的影响力。管理者对企业风险的偏好又决定于其效用函数的非线性特征。通常情况下，管理者的薪资、津贴、地位、声望等与企业价值之间为凹函数关系，企业现金流的波动必然导致管理者效用的减小，因此，对管理者来说，最优选择是消除企业面临的全部风险①。管理者持有的股票价值与企业价值线性变动，不会改变效用函数的凹性，但持股数量增加会强化管理者控制风险的动力。奖金、股票期权等激励则是一种企业价值的凸函数。企业价值的波动性越强，这部分效用的价值量便越大，管理者的最优选择是完全放弃风险管理，并努力扩大企业风险。Tufano（1996）以及 Schrand 和 Unal（1998）都发现，企业套期保值的程度随管理者持股数量递增，随管理者拥有的期权数量递减。

然而，管理者与股东的价值目标毕竟是不一致的。常常受管理者个人风险偏好左右的企业风险管理计划也未必总是能与股东利益最大化目标相吻合。Jensen 和 Meckling（1976）曾提出，由于要考虑自身持股的避险问题，管理者很有可能放弃那些能够加剧风险但净现值为正的投资项目，而股东最盼望的却是企业价值最大化，因为他们早已通过投资组合解决了风险控制问题。显然，企业的避险决策里面也包含了管理者与股东之间利益冲突所导致的代理成本问题。

---

① 可用简森不等式（Jensen's Inequality）证明。

对此，股东可以通过调整管理者激励方案，改变管理者效用与企业价值的函数关系，校正管理者在企业避险决策中的利益动机，进而使风险管理计划符合自己的利益目标。例如，在财务状况出现预警，需要稳定债权人、顾客、供货商和员工等利益相关者信心的情况下，可以适度削减奖金、期权，增加薪酬和津贴，提高管理者效用函数的凹度，使其更关注风险管理；而若股东希望避免企业资源过多地用于避险活动，并适当增大投资风险，可降低薪酬和津贴比例，提高奖金标准和股票期权数量，增加管理者效用函数的凸度，以达到降低风险管理规模和程度的目的。

九、结束语

通过从多个角度分析市场风险与企业成本、风险管理与企业价值之间的内在关系，本文给出了在价值最大化目标下，企业可能具有的七个避险动机：降低财务困境成本预期、避免投资不足、减少税负支出、扩大债务能力、节约交易成本、改善绩效评价和缩减管理者风险报酬，并刻画了它们各自的影响因素。诚然，现实中的企业避险活动并非都具备上述动机，而且风险管理能够产生的收益也难以做到精确计算。但是，基于价值最大化的避险动机解释却牢牢地将风险管理与企业战略联系起来。其应用价值在于，将风险管理作为整体战略的一部分，引入企业决策体系，使战略意图具体化为避险计划，为企业解决一些重大战略性问题，如财务危机预防、投资政策、合法避税、资本结构、企业评价、管理者激励等，提供了新的思路和途径。

从中国的情况看，WTO 框架内的对外开放以及市场化改革的深化，将给国内市场带来更多的不确定性因素。以此为背景，国内企业，特别是非金融性企业，对风险管理的需求必然会越来越迫切。毋庸置疑，以衍生产品为代表的风险管理工具的创新和供给相对不足、由中介机构组成的衍生品市场发育迟缓、法律体系尚待完善以及政府与市场边界模糊等，都构成了对风险管理发展的外部限制。但是，对中国企业来说，更关键和急迫的变革却是在改造企业制度和完善治理结构的基础之上，引入风险管理并使之与其他决策过程相互贯穿的战略决策体系重构。在企业制度和治理结构存在缺陷、风险管理决策脱离企业整体战略、避险行为没有明确目的的情况下，通过衍生品交易来对市场风险进行套期保值，必然是一件非常危险的事情。

〔参考文献〕

〔1〕Alkebeck, P. and N. Hagelin, 1999, "Derivative Usage by Nonfinancial Firms in Sweden with an International Comparison", Journal of International Financial Management & Accounting, Vol. 10, Issue 2, pp. 105–120.

〔2〕Berkman, H., M. E. Bradury and S. Magan, 1997, "An International Comparison of Derivatives Use", Financial Management, Vol. 26, pp. 69–73.

〔3〕Bessembinder, H., 1991, "Forward Contracts and Firm Value: Incentive and Contracting Effects", Journal of Financial and Quantitative Analysis, Vol.26, Issue 4.

〔4〕Breeden, D. and S. Viswanathan, 1998, "Why do firms hedge? An Asymmetric Information Model", Working Paper, Duke University.

〔5〕Bodnar, G. A., G. S. Hayt and R. C. Marston, 1998, "1998 Wharton Survey of Derivatives usage by US Non-financial firms", Financial Management, Vol. 27, Issue 4, pp. 70–91.

〔6〕Ceuster, M. J. K., E. Durinck, E. Laveren and J. Lodewyckx, 2000, "A Survey into the Use of Derivatives by Large non-financial Firms Operating in Belguim", European Financial Management, Vol. 6, No. 3, pp. 301–318.

[7] Dolde, W., 1995, "Hedging, Leverage and Primitive Risk", Journal of Financial Engineering, Vol. 4, pp. 187–216.

[8] Froot, K. A., D. S. Scharfstein, and J. C. Stein, 1994, "A Framework for Risk Management", Harvard Business Review, (Nov. & Dec. 1994), pp. 92–102.

[9] Gay, G. D. and J. Nam, 1998, "The Underinvestiment Problems and Corporate Derivatives Use", Financial Management, Vol.27, pp. 53–69.

[10] Geczy, C., B. A. Minton, and C. Schrand., 1997, "Why Firms Use Currency Derivatives", Journal of Finance, Vol. 52, pp. 1323–1354.

[11] Graham, J. R., and C. W. Smith, 1999, "Tax Incentives to Hedge", Journal of Finance, Vol.54, pp. 2241–2262.

[12] Graham, J. R., and Daniel A. Rogers, 2002, "Do Firms Hedge in Response to Tax Incentives", Journal of Finance, Vol. 57, pp. 815–839.

[13] Haushalter, G. D., 2000, "Financial Policy, Basis Risk, and Corporate Hedging: Evidence from Oil and Gas Producers," Journal of Finance, Vol.55, pp. 107–152.

[14] Howton, S. D., and S. B. Perfect, 1999, "Currency and Interest-rate Derivatives use in US Firms", Financial Management, Vol. 27 Issue 4, pp. 111–121.

[15] Jensen, M. C., and W. H. Meckling, 1976, "Theory of the Firm: Managerial Behavior, Agency Costs and Ownership Structure", Journal of Financial Economics, Vol. 3, pp. 305–360.

[16] Leland, H. E., 1998, "Agency Costs, Risk Management, and Capital Structure", Journal of Finance, Vol. 53, pp. 1213–1243.

[17] Mallin, C., K. Ow-Yong, and M. Reynolds, 2001, "Derivatives Usage in UK Non-financial Listed Companies", European Journal of Finance, Vol. 7, pp. 63–91.

[18] Nance, D. R., C. W. Smith, and C. W. Smithson, 1993, "On the Determinants of Corporate Hedging", Journal of Finance, Vol.48, pp. 267–284.

[19] Ross, M. P., 1997, "Corporate Hedging: What, Why and How?" Unpublished Working Paper, Walter A. Haas School of Business, University of California, Berkeley.

[20] Schran, C., and H. Unal, 1998, "Hedging and Coordinated Risk Management: Evidence from Thrift Conversions", Journal of Finance, Vol. 53, pp. 979–1013.

[21] Smith, C. W., and R. M. Stulz, 1985, "The Determinants of Firms' Hedging Policies", Journal of Financial and Quantitative Analysis, Vol.20, pp. 391–405.

[22] Tufano, P., 1996, "Who Manages Risk? An Empirical Examination of Risk Management Practices in the Gold Mining Industry", Journal of Finance, Vol. 51, pp. 1097–1138.

(本文发表在《财贸经济》2004 年第 2 期)

第六篇

对外开放与国际经济

论经济全球化 3.0 时代
——兼论"一带一路"的互通观念

金 碚

摘 要：当前，世界正在兴起第三次经济全球化浪潮，进入经济全球化 3.0 时代。中国在经济全球化 1.0 时代国运衰落，在经济全球化 2.0 时代寻求复兴，必将在经济全球化 3.0 时代占据重要国际地位，发挥影响全球的大国作用。全球化利益的实现依赖于一系列现实条件。这些条件主要包括：物质技术状况和基础设施条件、地缘利益格局和市场势力结构、国际制度安排及全球治理结构等。在经济全球化 3.0 时代，国际竞争的本质是"善治"，而不是武力和霸权。最重要的是成为充满创新活力的国度，从而体现出经济体的生命力、竞争力和创造力。所以，中国在经济全球化 3.0 时代的地位将取决于如何从曾经的"高增长引领世界经济"转变为未来的"善治与活力引领世界经济"？在经济全球化 3.0 时代，世界各类经济体的利益处于相互渗透、绞合和混血的状态，虽然矛盾难以避免，但更具包容性和均势性的全球发展，符合大多数国家利益。尤其是对于利益边界扩展至全球的世界大国，维护经济全球化发展的新均势同各自的国家利益相一致。所以，利益关系错综复杂和矛盾冲突难以避免的经济全球化 3.0 时代，深度的结构性变化使世界主要竞争对手之间的利益相互交叉重合，"共生""寄生"关系日趋深化，在客观上向着"利益共同体"的方向演变，有可能成为具有比以往的经济全球化时代更加和平（较少依赖军事霸权）的竞争方式和融通秩序的全球经济一体化时代。

关键词：经济全球化；工业革命；"一带一路"；全球治理

工业革命、市场经济和经济全球化，是彻底改变人类命运和世界面貌的三位一体历史过程。200 多年来，尽管历经"天翻地覆"，但人类发展并未脱离这三位一体的基本轨迹。时至今日，世界仍然处于市场经济纵深发展、工业化创新推进、经济全球化势头强劲的时代。当然，今天各国的工业化和市场经济发展同 200 多年前的工业化先行国家有别，今天的经济全球化同以往时代也大为不同。我们可以将 19 世纪到 20 世纪中叶之前，以第二次世界大战为界，称为第一次经济全球化，或经济全球化 1.0 时代；20 世纪中叶直到当前称为第二次经济全球化，或经济全球化 2.0 时代。当前，世界正在兴起第三次经济全球化浪潮，进入经济全球化 3.0 时代。中国在经济全球化 1.0 时代国运衰落，在经济全球化 2.0 时代寻求复兴，必将在经济全球化 3.0 时代占据重要国际地位，发挥影响全球的大国作用。中国的"一带一路"构想，将成为经济全球化 3.0 时代具有标志性意义的伟大壮举。实现"一带一路"构想的关键，则在于必须有顺应经济全球化 3.0 时代的全球互通观念。

一、工业革命和市场经济的必然趋势：经济全球化

纵观世界历史，人类最伟大的制度创造是市场经济，最伟大的发展壮举是工业革命。当市场经济插上工业革命的翅膀，人类发展进入工业化时代。工业生产可以将原本无用的物质大规模地转变为对人类有用的物质，使物质财富大量涌现和积累。在此基础上，以积累物质财富为行为目标的资本主义精神得以产生，成为社会主流意识。这种"囤积倾向"注入市场经济，就形成了普遍性社会心理：追求"源于占有的快乐"。无节制的占有欲望和无止境的经济增长需要无限广阔的市场。只要市场空间足够大，经济增长就具有无限的扩展性，直到全世界都被卷入市场经济的巨流。研究和论述市场经济基本规律的古典经济学家亚当·斯密在其《国富论》一书中为市场经济发展的强大扩张性特征构建了系统的理论逻辑，即基于人类所具有的交换本能和追求财富的本性，劳动分工和市场规模不断扩大，经济效率不断提高，经济产出不断增长，国民财富大量积累，推动人类社会快速发展。也就是说，以交换行为为基本特征的市场经济，依赖于专业化分工的不断深化和市场规模的不断扩大。这种分工和市场规模的日益扩大，必将使交换关系无限扩展，跨越国界，遍布世界。所以，市场经济在本质上不仅是"全国化"的，而且是"全球化"的，即不仅要求形成包罗本土的统一全国市场，而且要冲破国家界限实现一体化的全球市场和全球经济。

在亚当·斯密的绝对成本优势理论的基础上（即各国生产比其他国家成本更低的产品，然后进行自由交换，即可使各方获益），另一位古典经济学家大卫·李嘉图以其所创立的比较成本（或比较优势）理论，进一步论证了国际间自由贸易的合理性，即各国只要根据自己的要素禀赋，专业化分工生产各自具有相对成本优势的产品（同自己生产的其他产品相比），通过国际自由贸易，就可以获得对各贸易国都最有利的结果。如果世界各国都这样做，也就能够实现全世界的福利最大化。尽管这一理论的初始假定是"要素不流动而产品可流动"，但其自由贸易的理论主张却扩展到了要素（资本和人员）的国际流动。这样，古典经济学家们为经济全球化奠定了最初的理论基础，论证了经济全球化的合理性和正当性。实际上，18~19世纪资本主义市场经济的巨大发展也确实形成了第一次经济全球化浪潮。那时的经济全球化理念甚至比今天更"彻底"：不仅主张商品贸易自由化、国际投资自由化，而且主张人员的国际流动也要自由化，即移民自由。

对于资本主义市场经济向全世界的扩张，马克思曾做过精辟的论述。马克思主义之所以是"国际主义"的，也正是因为在马克思主义经典作家们看来，工业革命是没有国家界限的，资本主义市场经济在本质上是国际性和全球性的，一切阻碍商品、资本、劳动在国际间自由流动的国境壁垒都是资本主义市场经济所不能容忍的。因此，在马克思主义经典作家们看来，未来社会（共产主义社会）的经济形态也将是全球化的，而国家则是必然要"消亡"的。可以说，马克思主义经典作家最先系统研究和论述了经济全球化及其后果。马克思还认为，这种市场经济的全球化一旦与东方国家（中国）相接触，也将摧毁那里的旧秩序。也就是说，资本主义市场经济的全球化趋势将会把所有的国家，包括那些与西方国家非常不同的东方国家，都卷入资本主义市场经济的一体化系统之中，阻碍经济全球化是徒劳的。1904年，颇具盛名和争议的英国地理学家哈·麦金德则从地理学和地缘政治的角度提出："世界是一个整体，它已经成为一个联系紧密的体系。"

当然，市场经济在世界各国的发展并非一帆风顺，没有阻力。其实，关于是否有可能走非市场经济的发展道路，人类也做过无数次的尝试和探索，其历史并不比市场经济短。但迄今的历史表明，一切非

市场经济的制度选择均无成功希望，即使有过一时的兴旺也难以持续，很快就会归于破灭。在以市场经济为主流的世界经济系统中，任何国家或经济体如果试图走封闭发展的道路，终将丧失活力，自绝于繁荣，或者被市场经济的洪流所淘汰，或者被市场经济吞噬而重生。

总之，只要发展市场经济，全球化趋势就具有不可阻挡之势。19 世纪，以英国为首的西方市场经济国家，发动了第一次经济全球化浪潮。20 世纪中叶，美国成为经济全球化的领头羊，推动了第二次经济全球化浪潮。在此过程中，许多后发国家虽都曾经拒绝过全球化，试图以闭关锁国的方式实现国家富强，但均无成功者。最终，各个国家都不得不实行开放政策，融入以"自由贸易"为旗帜的经济全球化体系。至今记忆犹新的是，曾经进行过非市场经济发展道路的最辉煌尝试的苏联东欧国家和中国等亚洲国家，在 20 世纪实行了社会主义计划经济制度，经济成长业绩也曾一度超过资本主义市场经济国家，甚至形成了与市场经济相"平行"的另一个世界，但最终未能取得成功：或者解体，或者"归顺"市场经济。因为，非市场经济的制度活力、包容性和国际竞争力终究无法与全球化发展的市场经济相抗衡，最终不得不放弃计划经济，并入市场经济的全球化体系。

当前，世界正处于第二次工业革命向各新兴经济体加速扩散、第三次工业革命方兴未艾，第二次经济全球化浪潮走向极盛、第三次全球化浪潮正在兴起的时代。以第二次工业革命为基础的第二次经济全球化的长足推进，导致世界政治经济格局发生了深刻变化。任何国家以至于整个世界，若不再变革就将难以适应危机四伏的复杂现实，难逃"盛极而衰"的命运。

尽管经济全球化是一种历史必然，但后发国家进入经济全球化，并不就是走上了一条铺满鲜花的道路，而往往是踏上一条荆棘丛生的险途，难免付出代价和经历痛苦。对于经济落后国家，承认经济全球化和一体化，往往是一个两难的选择。因为，全球化意味着打开国门参与强手如林的国际竞争，意味着将自己的一切弱点都在经济开放中暴露无遗，失去保护。弱者能够同强者"自由贸易""公平竞争"吗？尤其是，全球化的竞争规则是强国主导制定的，弱国只是规则接受者，缺乏制定和修改规则的话语权。所以，可以理解，当孩子同巨人竞赛时，有理由寻求"保护"。因此，落后国家总是怀疑经济全球化是一种以强凌弱的"新殖民主义"阴谋，试图以封闭作为避难所。

但是，在全球化大趋势下，封闭和"保护"毕竟没有出路，封闭越久落后越远，客观规律之势终究不可阻挡。尤其是在 20 世纪中后叶，经济全球化 2.0 时代实现了巨大繁荣，诸多发展中国家特别是新兴经济体加速实现工业化，在经济全球化中崛起：从东亚四小龙到"金砖"国家，都经历了从封闭到开放、从保护到自由的曲折过程。其中，从开始抵制经济全球化到后来被动地接受经济全球化，进而主动地融入经济全球化的最突出表现，就是中国的改革开放经历。

在西方国家进入工业革命和经济全球化的相当长一段时期，即在整个经济全球化 1.0 时代和 2.0 时代前期，中国一直在封闭和开放的两难选择中徘徊。20 世纪中叶，中华人民共和国成立，中国工业化进入起步阶段，但仍然强烈倾向于抵制经济全球化，视经济全球化为洪水猛兽。当时，虽然也看到了西方发达国家的先进工业和发达经济，也曾有"超英赶美"的目标，但是，对于市场经济的拒绝和对于经济全球化的敌视，主宰了将近 30 年。这极大地限制了中国发展的战略眼界和施展空间。由于缺乏全球化思维和眼界，总是强调中国"地大物博"，实际上就是将国家的战略利益空间局限于 960 万平方千米的内陆国土，视中国为完全的大陆国家（即欧亚大陆中的一个板块），并至今仍习惯性地称之为"中国大陆"或者"中国内地"。其实，正如有的学者指出的，"中国是一个海陆兼备的国家，海岸线总长约 3.2 万千米（其中大陆海岸线 1.8 万千米，岛屿海岸线 1.4 万千米），海洋专属经济区和大陆架面积约 300 万平方千米，有面积 500 平方千米以上的岛屿 7000 多个。在接近陆地国土面积 1/3 的海洋国土上，中国有着广泛的利益"。

直到 20 世纪的最后 20 年，中国才幡然醒悟，决意向市场经济转变，实行开放政策，勇敢地融入经济全球化。这样，历经短短 30 多年就获得了与经济全球化接轨的利益，实现了加速工业化和极大的经济扩张，取得出人意料的巨大成效。截至 2010 年，中国成为生产规模仅次于美国的世界第二大经济体，并继续迅速缩小同第一大国的差距，不断拉开同第三经济大国（日本）的距离。展望未来，只要继续走发展市场经济的道路，向更广阔的世界市场拓展，中国的战略利益边界将不断延伸。总之，作为一个人口占世界 1/5 的大国，走上市场经济的发展道路，全球化的意义将无限深远。

二、市场经济逻辑的全球化现实：未实现的美景

接受经济全球化不仅是对历史必然的遵从，而且，经济学理论也可以令人信服地"证明"全球化的合理与"美妙"。如前所述，从古典经济学开始，市场经济的理论逻辑就"推论"出经济全球化的必然性和有效性，论证了经济全球化有助于全人类的福利增进，达到"世界福利最大化"。因此，以比较优势理论、自由贸易理论、国际分工理论以及市场规模（国际市场和全球市场）理论等为理念基础，越来越多的国家主动或被动地接受了经济全球化，融入了经济全球化。于是，贸易自由主义不断征服世界，成为宗教般的信仰。

但是，现实的情况并不像经济理论所描绘的那么美妙。我们可以看到，经过了 19 世纪和 20 世纪的经济全球化，迄今为止，世界上大多数国家还没有获得工业化的成功。整个世界仍然充满了不发达和贫困现象，明显地分化为南北国家，贫富差距巨大；世界经济的中心—外围格局以及由此决定的不平等现象仍然非常突出。有人认为这是由于经济全球化尚不彻底；但也有人认为这是由于发达国家强行推进经济全球化和自由主义，导致了世界经济发展的两极分化。总之，世界上反对全球化的声音一向不小，而且也并非全无道理。它们的理据包括：弱肉强食的全球竞争不具道德正当性；全球化成为强国对弱国进行掠夺的借口；全球化并没有像其支持者鼓吹的那样使各国平等获益，而是导致更加巨大的国际不平等；而且，经济全球化损害了世界的文化多样性，让世界"索然无味"：以追求物质财富为目标的人类异化现象畅通无阻，缺乏人道和人类尊严的正义性。即使是在工业革命的发源国——英国，对工业发展也一直存有文化抵触。有学者说："工业价值观念——对机器、效率和物质财富的崇拜——从未征服过英国特性的内在核心。"英国精英们"对技术进步和经济增长是既向往又害怕"。英国尚且如此，更何况其他国家？尤其是经济不发达国家，更有可能对以工业化扩张为基本特征的经济全球化抱有怀疑和抵触的态度。实际上，几乎每一个国家都曾经历过社会主流观念不接受经济全球化的时期。

可见，经济全球化并非天生美好。全球化利益的实现依赖于一系列现实条件。也可以说，在不同的现实条件下，经济全球化会表现出非常不同的状况和后果。这些条件主要包括：物质技术状况和基础设施条件、地缘利益格局和市场势力结构、国际制度安排即全球治理结构等（本节主要讨论第一方面，第三、第四节讨论后两个方面）。

关于经济全球化受到物质技术状况和基础设施条件的影响，这是很容易理解的。经济全球化要求在国家间、地区间，包括各大洲间进行大规模通商和交流，国际产业分工依赖国际物流和人流的通畅性，这些都需要具有物质技术条件的保障，特别是海陆空交通运输基础设施、国际通信设施、安全保障设施等，都直接决定了经济全球化的可行性和有效性。由于经济全球化的基本内容是国际贸易和国际投资，所以，由实际生产力所决定的各国产业发展水平及其参与国际分工的广度和深度，也影响着经济全球化的实际状况。

从经济全球化的历史和现状看，以交通运输为代表的基础设施建设和发展，一方面，为经济全球化

提供了越来越便利的条件；另一方面，迄今为止，许多国家和地区，尤其是经济不发达的内陆型国家的基础设施现状仍然是制约经济全球化的瓶颈。海运方面，尽管世界航运取得长足发展，但是仍然存在不少瓶颈，例如，马六甲海峡、巴拿马运河等航运"咽喉"，以及进入欧亚大陆和非洲大陆的港口条件等，都需要有更适应经济全球化的基础设施条件。铁路方面，作为传统运输方式的铁路运输为经济全球化提供了重要的陆运条件。虽然在一些国家如美国也曾因为公路运输和航空运输的更大优势，铁路运输一度衰落，但是，从世界范围看，在许多地区，尤其是陆地面积广阔、人口和经济活动比较密集的地区以及这些地区之间，仍然存在许多交通运输瓶颈，铁路运输包括高速铁路，仍然具有很大的需求和发展空间。可以说，铁路建设对于世界许多国家和地区至今仍然是久盼未到的"雪中碳"。空运方面，当前，对于发达国家和地区，航空运输已经充分发达，但是，对于广阔的世界腹地，尤其是地理条件不便的经济不发达地区，机场建设和更多航运支线的开通，仍然具有很大的需求。建设更发达密集的航空运输网，才能适应经济全球化向广度和深度的发展。公路方面，就世界范围来看，在经济全球化大趋势下，公路包括高速公路的建设，将具有非常巨大的需求。只要工程技术能够到达，在世界许多国家的地形复杂地区，都需要修建更多的公路甚至高速公路。

工业革命以来，交通运输基础设施建设为经济全球化 1.0 和 2.0 时代提供了必要条件。在经济全球化 3.0 时代，世界经济将向各洲大陆腹地和海洋空间纵深发展，亿万人口将告别封闭，进入全球市场经济，因此，全世界需要进行更大规模的基础设施建设。据麦肯锡咨询公司估计，今后 20 年内，全球需要 57 万亿美元投资于电力、公路、港口和供水等基础设施[6]。很显然，如果不能建设好必要的基础设施，经济理论所描绘的经济全球化理想状态就是一个无法实现的海市蜃楼。同样值得重视的是，经济全球化总是基于一定的技术条件，每一次科技革命和产业革命都对经济全球化产生重大影响，当前，以信息技术和互联网为代表的新技术革命也正在有力地推动着经济全球化进入 3.0 时代，深刻影响经济全球化的格局。

三、经济全球化的地缘格局：霸权渐弱的新均势

关于地缘利益格局和市场势力结构对经济全球化的影响，实质上就是参与全球化竞争的各经济体间的力量对比，对国际经济竞争（或垄断）与合作（或斗争）中的博弈关系所产生的决定性作用。国际经济活动是在一定的地缘政治经济格局中进行的，参与国际经济活动的经济体在世界经济中的市场势力（Market Power）存在很大的差别，因此，经济全球化中的国际竞争主体，并不是经典经济学论证自由贸易合理性时所假设的"原子"式厂商，而是在一定的地缘政治格局中具有不同"国籍"的商家，它们可能拥有非常不同的"母国势力"，这种母国势力在全球化的经济竞争中表现为非常不同甚至是力量极为悬殊的市场势力差距。

英国历史学家艾瑞克·霍布斯鲍姆说："自由经济理论所承认的唯一均衡，是世界性的均衡。""19 世纪最主要的事实之一是单一全球经济的创建，这个经济一步步进入世界最偏远角落。借着贸易、交通，以及货物、金钱和人口的流动，这个日益紧密的网络逐渐将已开发国家联系在一起，也将它们与未开发国家结成一体。""但是，实际上，这个模式是不够的。逐渐形成中的资本主义世界经济，既是一群固体集团的结合，也是一个易变的流体。不论构成这些集团的'国家经济'（也就是以国家边界所界定的经济）起源是什么，也不论以它们为基础的经济理论（主要是德国理论家的理论）具有怎样的缺陷，国家经济之所以存在是由于民族国家的存在。"

　　不仅是从各国经济发展阶段看存在巨大的利益偏差，而且从空间关系看，经济全球化也并非像经济学所抽象的那样，是在一个"空盒子"式的无障碍空间中展开。恰恰相反，经济全球化的现实空间是极度不平坦的。无论是在经济活动得以进行的自然物质条件方面，还是在以此为基础的地缘政治经济关系方面，经济全球化都是一个以现实的地缘条件和地缘政治格局为转移的过程。也就是说，在什么样的地缘格局现实条件下就会有什么样的经济全球化特征。在工业革命之前，由于地理条件的恶劣，地球上的大多数地方都是人类难以顺利到达的，也不适于居住。如果没有工业，即将无用物转变为有用物的人类生产活动，地球上无"资源"可言，所谓"自然资源"完全是以一定的工业生产能力为前提的。辽阔的海洋和大陆，只有当人类拥有了生产技术能力（即工业）才可能成为现实的经济活动空间。当人类拥有了可以利用海洋和陆地的工业能力时，"领域"就具有了战略价值。于是，争夺"领域"的行为导致"帝国"时代的出现。

　　在一定意义上，所谓"帝国主义"就是试图通过直接"占领""统治""控制"而形成大规模统一市场的强权意图。在经济全球化具有越来越重要意义的19~20世纪，以"领域"控制为思维指向的陆权论与海权论就成为谋求"占领""统治"和"控制"的全球战略观和帝国思维。

　　关于陆权论，人们常常津津乐道麦金德的话："谁统治了东欧，谁便控制了'中心'地带；谁统治了'中心'地带，谁便控制了'世界岛'；谁统治了'世界岛'，谁便控制了整个世界。"尽管麦金德的本意是说欧亚大陆"中心地带"的地理条件重要，"那里的大自然，提供了最终统治全世界的所有先决条件"，"占领这些要地，既可以促成，也可以阻止世界霸权的出现"。因而提醒说，"必须有人通过自己的远见卓识，并且采取可靠的保障措施，来防止出现一国独霸世界的局面"。但是，与之相反，他的理论却启发了试图称霸世界的帝国梦想者的野心。

　　关于海权论，人们往往是将其代表人阿尔弗雷德·马汉的理论归结为：谁控制了海洋谁就主宰了全世界。其实，这一理论并非是无条件成立的。工业革命之前，如果讲海权，只能是无的放矢。海权论的理论逻辑基于工业革命所形成的19~20世纪的物质技术条件，即长距离交通运输的海运成本远远低于空运和陆运。因此，濒海国家享有进入国际市场、开拓国际市场和远距离投放军事力量的地缘优势。有了强大的工业也就拥有了控制海权的优越条件。没有强大的工业，即使是非常富有的国家，也只能"望洋兴叹"，闭关锁国或保护主义往往成为它们的选择。

　　可见，各种地缘政治思维同经济全球化存在很大的差距。各种地缘政治思维都着眼于"占领""统治""控制"，而经济全球化则诉诸于"自由""交换""开放"。所以，现实的地缘政治格局破坏了经济全球化的理论逻辑基础：经济全球化设想的是一个无障碍的自由竞技场，规则透明，裁判公正；而现实的地缘政治状态则如同荆棘丛生、险象环生的崇山峻岭，道路阻碍，盗贼猖獗。陆权论和海权论的逻辑均试图通过建立"一统霸业"来构建世界大市场。当然，在现实中，任何国家无论多么强大，都难以一统全球，因此，要么战争，要么共存，而共存必须达到一定的"均势"。仅此一点，即在均势思维中，地缘政治和军事战略逻辑同经济全球化逻辑具有了一定的契合点。

　　陆权论的代表人麦金德说："没有哪一个自重的国家，会允许他人来剥夺自己应有的高级产业。但是，这些产业之间的关系如此紧密，以至于除非它们彼此之间保持平衡，否则都无法发展起来。因此可以说，每个国家都会努力发展工业活动中的每一大类的产业，并且都应该容许它们达到这一目的。""为了让各国满意，我们必须努力确保各国都有某种平等发展的机会。"

　　均势意识在美国著名地缘政治学家尼古拉斯·斯皮克曼的论著中就曾显露，"他主张在世界大战中美国不要完全消灭日本，因为中国人口众多，面积广阔，早晚会成为亚洲强国，保留日本可以平衡中国的影响。在欧洲，打败德国但不要灭亡德国，主要用来战后在欧洲平衡苏联这个陆地强国"。

　　海权论的代表人，马汉在阐述他的地缘战略理论时，也体现了均势思想。例如，在论及美国倡导

"门户开放"政策时，他说："门户开放政策在另一重要意义上体现权力的平等，而门户开放意味着机会的平等。还有，门户开放和均势一样都取决于各个国家军事实力的平衡，这些国家是指对中国有浓厚兴趣的国家，因为门户开放这个词汇是专门针对中国的。""门户开放政策是一个新名词，它的主要内容是维护世界各国的自由竞争和商业机会的平等，防止一些国家在有关地区依靠自己的优势为自己的工商业牟取暴利。""所以，要使门户开放政策发挥有效作用，就要让太平洋地区特别是西太平洋地区的各种力量达成平衡，这样门户开放政策才能有效实施，不会受到干扰。"这一主张实际上就是要在瓜分中国这个大市场中，各列强形成一个势均力敌、利益均沾的格局。而且，"任何一个国家决不干涉其他国家的分内之事，因为不适当的行为往往会使最好的合作伙伴反目成仇"。

当世界进入核时代，尤其是在美苏冷战时期，核威慑和核均势成为使世界在确信核战争可以相互"毁灭"的"恐怖平衡"中避免核战争，实现核威慑下的和平。在第二次世界大战期间，正因为当时只有美国拥有核武器，没有核威慑下的恐怖平衡，所以美国才敢向日本投放原子弹；而当苏联以及后来中国也拥有了核打击力量，特别是拥有"第二次核打击力量"，使各方确信对方的第二次核打击可以造成自己不可承受的损失时，反而可以避免核战争。

当美国成为唯一的超级大国，自认为有"责任"维护世界秩序时，以布热津斯基等为代表的美国战略家提出了由美国领导全球的均势"棋局"理论，即要使世界任何地区都不出现能够挑战美国的势力。因此，必须在欧洲、太平洋等各个地缘政治空间中形成各国相互制衡的格局，从而使无论是欧盟、俄罗斯，还是中国、日本，或者是伊斯兰国家之间，均处于势均力敌的状态，以保持美国可以控制的"均势"。

其实，不仅大国谋求均势，小国更需要在均势中谋生存。"二战"以来，民族国家相继独立，国家数量越来越多，各类国家都必须在均势中生存。例如，新加坡就是一个在大国博弈及地区均势中获得成功的绝好例子。战争的爆发和暴力恐怖主义的产生几乎都是失去均势的产物。可见，权力平衡，形成地缘政治格局的均势，是保持和平和发展经济的重要条件，更是经济全球化能够取得趋利避害后果的必要条件。经济全球化是双刃剑，失去均势基础的全球化绝非人类之福。

20世纪后期以来，由于世界经济增长格局的迅速变化，经济中心东移，尤其是以中国为中心的东亚地缘板块崛起。不仅美国深感必须实现"再平衡"的迫切性，而且，实际上在新的世界经济政治格局中达成新的权力均势，以保证全球化趋势的良性延续，正成为世界必须面对的紧迫课题。即如何实现全球化市场经济的结构性均衡、各利益主体间利益平衡，同地缘政治经济格局的权力均势之间的有效契合？

从对历史过程的简单回溯可以看出，经济全球化需要维持和平，也需要保持全球航道的通畅。同全球化利益一致的国家，主要是工业化的主导国家，它们自认为依据自己的实力实现全球势力的均衡是一种国际责任。但其他国家由于在经济全球化中未获利益或遭受损失，甚至沦为强国的殖民地或被其"控制"而处于政治不平等地位。有些国家因地缘政治格局中的不利地位而被边缘化，经济发展受到严重制约甚至被战乱所中断，长期处于"落后国家""失败国家"的境地。列强争斗甚至会使市场沦为战场，经济全球化扭曲为世界大战。因此，经济全球化能否取得积极效果，高度依赖世界治理结构的有效性。

四、经济全球化的治理结构：秩序的演化与选择

国际制度安排即全球治理结构对经济全球化的影响更具有决定性意义。全球治理结构是基于国家利益和国家实力的制度选择。经济理论所描绘的经济全球化总是以经济自由主义为理想，但历史也确如有些学者所指出的："自由市场和全球自由贸易并不是自然而然就出现的。这是一种选择，而且也是强国

强加于弱国的结果。"有史以来，"几乎没有国家有缔造并维持自由经济的意愿和能力。事实上，在民族国家出现的近代，只有两个国家这样做：19 世纪的英国和 20 世纪的美国"。而且这两个国家也都是在"相信自由主义国际经济秩序是增进财富和实力最好的方式"的时候，才从自己的国家利益出发，主张和推行自由市场和自由贸易。也就是说，在现实中，经济全球化对不同的国家并非都如经济理论所描绘的那样都能充分获得各自的比较利益。实际上，确有国家是可能在经济全球化中严重受损的。各国是否欢迎经济全球化，取决于国家利益的考虑。所以，"即使是英国和美国也不是一直欢迎自由贸易体系……英美两国在接受自由贸易之前都经历了漫长的保护主义时期。然而，在两国的权力顶峰时，也就是英国在 19 世纪中期、美国在 20 世纪时，两国都从市场开放和自由贸易中获益最多。两国先进的工业处于主导地位，两国势头强劲的经济都受益于产品的出口和资本输出。当两国的竞争者都还大多是陆地国家并且依赖它们维持航道通畅时，英美强大的海军控制了海洋并且主导了贸易航线"。由此可见，经济全球化及其支持政策国际自由贸易，最符合工业化的主导国家的利益。经济全球化进程总是沿着同工业化主导国家的利益相一致的方向推进，并无对所有国家"一视同仁"的经济全球化和全球治理结构。正是经济全球化在现实中的利益偏向性和全球治理结构的利益偏向性，决定了市场均衡理想与全球化现实之间必然会存在巨大的差距。

很容易理解，经济全球化总是在一定的制度环境中推进和实现的。国际制度安排即全球治理结构对经济全球化的影响，体现了不同时代的国际政治秩序和经济秩序对国际经济活动的治理方式，规定了国际经济活动的行为规范，以及处理纠纷的规则程序。

经济全球化要求商品、资金（资本）、人员等在世界范围的顺畅流动，表现为贸易自由、投资自由、移民自由（自然人国际迁移自由）等政策主张及制度安排。在现实中，所有的"自由"都是在一定的地缘政治格局中实现的，因而总是存在各种难以突破障碍和错综复杂的关系。欧洲各国历经长年战乱，在 17 世纪达成了以承认国家主权和多元化共存为基本原则的威斯特伐利亚体系，其精神一直深刻影响至今[①]。尽管威斯特伐利亚体系承认大小各国权力平等，遵守共同认可的若干国际关系准则，可以达到"谁也不吃掉谁"的均势状态，但这是以国家实力相当或国家实力对比不发生极大变化为假定前提，而且以各国均不阻碍贸易、投资和人员自由流动，也不谋求国家"野心"为条件。但这些前提和条件并非总能存在。所以，尽管人类尚未形成比威斯特伐利亚体系更能获得共识的国际关系体系，但威斯特伐利亚体系也未能确保长久的世界和平。

当世界进入第一次经济全球化时代，即欧洲工业革命极大地促进了生产力发展，各国为拓展全球市场和投资空间，表现为以占据更多领土、拓展更大殖民地、控制更广泛的"势力范围"为特征的国家间争夺，直至爆发战争。所以，第一次经济全球化具有"列强吞食"的特征。"直到第一次世界大战爆发前，英国始终扮演着均势维护者的角色"，它"把国家利益与维护均势视为一体"。虽然当各列强或不同列强集团势均力敌的时候，威斯特伐利亚体系可以维持，但当列强之间的实力关系发生重大变化，产生了重新瓜分领土和势力范围的野心国家时，威斯特伐利亚体系就会被列强战争所取代，而英国已完全没有能力控制局面。因为当时"均势至少受到两方面的挑战：一是某大国的实力强大到足以称霸的水平；二是从前的二流国家想跻身列强行列，从而导致其他大国采取一系列应对措施，直到达成新的平衡或爆发一场全面战争"。"一战"之前，威斯特伐利亚体系已经无法应对这样的挑战。这就是经济全球化 1.0 时代人类爆发了两次世界大战的根本原因。即自由资本主义的经济全球化，走向了帝国主义列强之间无

---

① 欧洲国家经历了 30 年战争，于 1648 年 10 月 24 日签订了一系列合约，史称威斯特伐利亚和约。以这一合约精神所形成的均势格局称为威斯特伐利亚体系。虽然以此建立的均势并不巩固，但确定了以平等、主权为基础的国际关系准则。在威斯特伐利亚和约签订后长达几百年的时间里依然是解决各国间矛盾、冲突的基本方法。

节制的争夺和战争。

第二次世界大战后，在反思第一次经济全球化利弊得失的基础上，世界进入了"战后秩序"时期。其区别于战前的特征是：建立联合国、国际货币基金组织、世界银行、世界贸易组织等全球性组织，尊重各国主权，结束殖民地占领，主张民族国家独立和国家主权利益，但要求甚至迫使各国均实行开放政策和自由贸易制度。这在一定程度上回归到威斯特伐利亚体系的治理逻辑。区别在于，战后秩序承认若干大国拥有维护国际规则的特权，表面上是联合国的五大常任理事国（美、苏、英、法、中），实际上是美国与苏联两大国主导。这样，第二次经济全球化即经济全球化2.0时代的全球治理格局表现为霸权主义掌控下的权力均势特征。20世纪90年代以前是两霸争夺、平行掌控；20世纪90年代，苏联解体，世界出现了美国一霸独大的罕见局面。美国以"美国例外"和"世界领袖"为据，充当"世界警察"和"全球老大"，维持全球的"自由航行"。这弥补了威斯特伐利亚体系的不足，即缺乏"执法者"而成为"没有牙齿的治理"，但同时也破坏了威斯特伐利亚体系的内在逻辑。据称具有"孤立主义"传统的美国是被各国"请来"充当"执法者"的，其实，这样的治理结构非常符合美国的国家利益。美国不仅将自己的利益、法制和权力居于其他国家之上，而且将推行其价值观（自由、民主、人权等）作为世界治理目标。显然，这是同威斯特伐利亚体系包容多元化和不干涉国家内部事务的原则精神不一致的。威斯特伐利亚体系着眼于形成均势，避免战争；而霸权主义的制度逻辑则是维持"强权掌控下的均势"，可能导致国际关系紧张甚至必然引致战争，即对被霸权国家判定"违规"国家的制裁以致入侵，引发局部战争或"代理人战争"。在两霸时期和一霸时期都屡屡发生这样的情况。

经济全球化2.0时代尽管仍然充满着矛盾、"冷战"和冲突，但第二次经济全球化毕竟取得了巨大的积极进展，使越来越多的国家从中获益。特别是，以中国为代表的一些发展中国家，融入经济全球化后迅速崛起，成为改变世界格局的"新兴经济体"。

著名未来学家奈斯比特说："国与国之间经济表现的此消彼长在某种程度上是经济全球化的一个结果，因为我们正在从资本国家化的时代进入资本全球化的时代。这个过程非常漫长，但是最终我们能够实现全球经济一体化"。

新兴经济体的崛起，意味着美国一霸地位的相对下降和控制全球局面的力不从心。作为唯一霸权国家的美国，希望继续推进经济全球化，因为这不仅是其作为世界领导国家的"国际责任"，而且也符合其自己的国家利益。与小国相比，大国的国家战略利益边界总是范围更广，世界大国的国家战略利益遍布全球。当更多新兴经济体国家的实力增长到接近美国时，客观上就对一霸体系构成挑战。从经济规模的全球份额看，美国从20世纪中叶GDP占世界的1/3~1/2，已经下降到当前的1/5，而中国的人均GDP只要达到世界平均水平，其总量就将显著超过美国！因此，一方面，第二次经济全球化的霸权干预特征，必然导致世界部分地区地缘政治格局的"破碎"和对经济全球化的疏离，霸权国家面对的局面越来越复杂，越来越难以控制。另一方面，独霸国家越来越感觉相对实力减弱，解决困局力不从心，希望新兴国家分担压力，但同时又担心因此而导致一霸地位的进一步削弱，"老大"地位被其他国家动摇。这正是世界从经济全球化2.0时代向经济全球化3.0时代过渡的结构性矛盾的症结所在。

更值得重视的是，在以霸权掌控全球均势为特征的第二次经济全球化时期，国际经济规则主要由霸权国家制定，落后国家处于不利地位，世界各国社会发展差距扩大，疏离经济全球化的国家可能越来越趋向于另辟蹊径，试图完全颠覆威斯特伐利亚体系，无视国家主权和边界，并且往往以宗教极端主义行为对抗经济全球化，直至走向暴力恐怖主义道路。一些国家的经济落后，以及在一霸国家干预下原有政府的溃败，政治格局严重失控，导致无政府状况下的国际难民潮。原本是符合经济全球化原则的自然人国际自由流动（移民自由），恶性化为难以接受的国际难民潮。这有可能使移民流入国不得不采取限制措施，以至于产生社会性的反全球化倾向。可以说，经济全球化2.0时代留给3.0时代的一个"负遗产"

就是霸权"失控"、秩序失治。

美国当代著名战略理论家、地缘政治学家兹比格纽·布热津斯基说："欧亚这个超级大陆面积太广、人口太多、文化差异太大，历史上有野心和政治上有活力的国家也太多，即使美国这样一个经济上最成功、政治上最有影响的全球性大国也难以驾驭它。""遗憾的是迄今为止，在为美国确定一个冷战结束以后新的主要全球目标方面所做出的努力一直是片面的，没有把改善人类生存条件的需要与保持美国力量在世界事务中的重要地位的必要性联系起来"。

总之，经济全球化又一次遭遇全球治理体系失序窘境。正如基辛格所说："在地缘政治世界中，西方一手建立并声称全球适用的秩序正处在一个转折点上。这一秩序给出的对策已经全球知晓，但在这些对策的应用上却没有共识。"而且，"事实证明它不能适应权力关系发生的重大变化"。经济全球化的进一步推进必须建立适应新形势的全球治理结构，正如基辛格所说，"挑战变成了一个治理问题……之所以需要对全球化加以规范，是因为可持续发展需要调整传统模式"。

当前的现实是：①尽管美国仍然是世界"老大"，新兴国家不挑战其领导地位，但一霸独强的格局渐成历史，必须有新兴大国参与全球领导体系。因此，建立"新型大国关系"是完善全球治理的关键。②新兴大国与美国分担全球治理领导责任的前提是，其自身的权力空间也必须同其壮大的国力相当。一个自身国家利益受损的大国，不可能同美国有效合作，而更可能为维护和争取国家利益而同美国发生冲突。这不利于全球治理，也不符合美国利益。因此，美国是世界大国，新兴大国是地区大国，首先必须支持建立新兴大国所在地区的地缘政治新均势，才有可能在新型大国关系下，维护全球新均势。③新兴大国的实力不断增强战略利益边界不断扩大，企业和公民"走出去"，进而"走进去"即融入海外经济和社会。这样，新兴大国的国家利益越来越具有全球性，即在越来越大的程度上同全球利益重叠，因此，更多地承担国际责任同维护其自身国家利益具有越来越强的一致性。维护世界和平，扩大经济全球化的更大空间，让更多未进入经济全球化的国家和地区具备与全球经济接轨和融入全球化的条件和意愿，符合各国国家利益。因此，第三次经济全球化进程中形成的新的全球治理体系，将逐渐摆脱霸权主义，走向多元共治，达成以大国均势、地区均势和全球均势为基础，包容多元利益的全球治理格局。

总之，从全球治理结构的角度看，均势论这一关于国家关系的古老理论，尽管因其只强调均衡状态下的和平，忽视是否保障了正义，而往往被批判为缺乏价值正义性，但是，纵观历史，非均势论的其他理论所产生的负作用远远大于均势论。经济全球化需要以一定的国际均势格局为条件，但是，并非任何形式的国际均势格局都能保证经济全球化实现其效率和公平目标。以列强均势为特征的经济全球化 1.0 时代和以霸权均势为条件的经济全球化 2.0 时代，均有其显著的缺陷和非正义性。经济全球化并未达到其理想状态。本文所预示的经济全球化 3.0 时代，是否能够比前两个时代更美好一些，且更具正义性，取决于世界各国的努力，这是对人类智慧的一次严峻挑战。

五、经济全球化 3.0 时代的中国：善治、活力与创新

经济全球化 2.0 时代的一个最新近的突出特点是，以中国为代表的发展中经济大国以新兴经济体强劲增长的态势深度融入全球化格局之中，改变了经济全球化的整体面貌，并强有力地推动经济全球化从 2.0 时代进入 3.0 时代。从全球经济的视角看，中国经济的一个突出特点是：规模巨大，人均居中。

据统计，在当今世界 200 多个国家（地区）中，有 60 多个实现了工业化，进入工业社会。这些国家的总人口占全世界人口总数不足 20%。中国有 13.7 亿人口，接近世界人口的 20%。也就是说，中国

工业化将在几十年时期内使全世界工业社会的人口翻一番，使全球工业化的版图发生巨大变化。从 20 世纪 80 年代以来，中国工业化的进程伴随着全方位的对外开放过程，同世界其他大国的工业化进程相比，在许多方面，中国实行对外开放的速度和广度是罕见的。特别是中国进入世界贸易组织所做出的开放承诺，连外国和国际组织的一些专家都承认，在许多方面是"非常激进"的，可以说是有史以来，在工业化进程仍然处于（人均）低收入状态时，开放速度最快、开放领域最广、开放政策最激进的一个大国①。进入 21 世纪，中国经济以非常快的速度融入世界经济，特别是中国制造业越来越广泛地融入国际分工体系之中，曾经高度封闭的中国市场在短时间内就转变成为国际市场的组成部分。

在加速工业化时期，中国相当激进的对外开放政策所获得的一个直接益处是：广泛地获得了国际分工所提供的制造业发展机会。在工业化过程中，产业分解是国际分工深化的表现。由于世界产业的分解，发达国家和新兴工业化国家的传统产业有可能迅速地向中国转移，中国通过承接制造业的组装加工环节，形成了从沿海地区开始，并不断向内地延伸的众多加工区和产业集群区。产业分解是技术扩散和产业扩张的重要条件之一。在世界高新技术产业快速分解的过程中，不仅传统产业向中国转移，而且高技术产业中的一些加工环节也迅速向中国转移②。实际上，在产业高度分解，分工极端细化的条件下，被统计为"高技术产业"的产品生产工艺同传统产业产品的生产工艺之间并没有不可逾越的鸿沟。这样，中国工业很快进入广泛的国际分工体系。

巨大经济体融入经济全球化，不仅改变了全球经济体系的基本结构，而且各国经济尤其是产业体系高度绞合，国际分工合作冲破地理国界和政治国界，不仅经济行为普遍跨越国界，而且经济主体的组织形态跨越国籍，跨国公司以及跨国产业链成为经济全球化的重要载体和实现形式，产生了各种犬牙交错的"超国籍"现象，甚至按产（股）权、注册地、所在地、控制权等原则都难以明确定义其国籍归属。在经济全球化 3.0 时代，经济国界正在变得越来越模糊，经济主体和经济行为的"混血""交织""共生""转基因"等现象正越来越深刻地改变着整个世界。因此，"经济规模"的国别绝对意义在改变，而其全球相对意义则越来越具重要性。

中国虽然经济规模巨大，但人均水平仍然低下。据统计，按人均产出和收入计算，中国的发展水平至今尚未达到世界平均水平，仍属于世界"平均数"之下的国家（大约为世界平均值的 2/3~3/4）。在世界 200 个左右国家（地区）的人均 GDP 排名中，中国目前仅居 80 位上下。根据安格斯·麦迪森的预测，到 2030 年，中国占世界 GDP 的比重可能增加到 23%。也就是说，从现在到 2030 年，是中国人均产出和收入水平达到和超过世界平均水平的历史性转折时期。因此，中国改变世界格局的历史才刚刚开始。

如果说第一次经济全球化是帝国列强殖民主义全球化，从陆权转向海权，以海权优势争夺陆权空间；第二次经济全球化是霸权主义全球化，从两国霸权到一国独霸，形成全球海洋霸权与分割破碎的陆权空间。那么，第三次经济全球化将是利益交织、权力多极、多国共治的全球化；工业化向更广阔的陆海空间拓展，形成更为纵深的格局。如果说，在经济全球化 1.0 时代和 2.0 时代，国际间的竞争主要表现为"原子式"具有明确（产权）国籍的企业之间的竞争，那么，在经济全球化 3.0 时代，全球竞争主要表现为由各国企业构成的复杂"产业链"之间的竞争，不仅制造业竞争呈"产业链"状，而且国际金融业也呈更为复杂的产业链状。各国经济特别是各大国经济，包括对手国家经济之间，都处于相互交织的关联网中，"你死我活"的传统竞争格局演变为"俱荣俱损"的绞合状竞争格局。"绝杀"式地"消灭

---

① 在人类历史上，从来没有一个人口超过 1 亿的国家，在处于中国这样的发展水平时，实行像中国这样的全方位彻底的对外开放政策，特别是对外商直接投资所实行的高度容忍和彻底开放的政策。

② 高新技术产业更具有产业分解这一特征。以计算机产业为例，1981 年，IBM 把关键的个人电脑部件资源让给微软和 Intel，是信息产业发展史上的一个具有长远影响的重要事件，也是计算机产业走向分解的标志。从此以后，计算机产业迅速扩散，使越来越多的国家进入了计算机产业的生产分工体系。

对手"的同时也可能使自己受损，例如，在 2008 年金融危机时，各国都要联手救市；金融行业导致了危机，却不得不用纳税人的钱去救助那些闯祸的金融机构；一些制造企业甚至请求政府挽救自己的直接竞争对手，因为相互竞争的企业有共同的供应商，对手企业如果倒闭，供应商企业难以存活，也会使自己的企业处于危境中。这成为经济全球化 3.0 时代的奇特现象：即各不同经济体（国家、地区或企业）之间利益边界截然分明的状况变为"你中有我，我中有你，你我中有他，他中有你我"的利益交织、相互依存格局。

很显然，在这样的经济全球化态势下，列强争夺领土和霸权掌控全球的历史已不可能重现，没有国家尤其是负责任大国会设想获取"占领国"利益，即使是霸权主义的美国也不再谋求"占领"目标。崛起的中国更不可能走上列强和称霸的道路。共享共治天下，将是世界可持续发展的唯一可行模式，也是符合中国理念和国家利益的经济全球化方向。因此，习近平主席代表中国宣称的"中国永远不称霸"是真诚的表达，实际上也宣告了列强时代与霸权时代的终结。

经济全球化 3.0 时代的另一个突出特点是，各国必须首先"把自己的事情办好"，而试图以对外扩张来转移国内矛盾的陈旧策略已经完全过时。与经济全球化 1.0 时代和 2.0 相比，经济全球化 3.0 时代更具有深度全球化的特征，如果说前者主要着眼于拓展地理空间和产业空间，"占地为王"和"夺市为强"，那么，后者将更加着眼于"民生体验"，即各国将在更加开放的条件下，进行全球性的文明竞争和国家竞争。各国将在商品、资金、人员、信息等更具国际自由流动性的全球化体系中，进行深度竞争与合作，人民福利体验将以全球化为背景。制度的"合法性"将以国际比较下的民生增进和经济社会发展的包容性和可持续性为依据。通俗地说就是：人民满意不满意，认可不认可，将决定经济全球化 3.0 时代国际竞争的输赢。因而国家治理"榜样的力量"将成为决定国际影响力越来越重要的因素。一个自身治理不善、人民满意度不高，甚至"后院起火"的国家是不可能成为世界的领导型国家的。

在这样的时代，作为已经被视为"世界第二大国"的中国，最根本的作为就是：以善治示全球，以创新领潮流。奈斯比特说："随着经济实力的增强，中国在国际事务中发挥越来越重要的作用，但它在国际社会的权威性和话语权还属于轻量级水平。国际社会对中国的认可取决于它们对中国国内发展的看法；而我们认为，中国对内将变得更中国化"。"当今中国的发展，首要考虑的都是国内因素。然而中国的进一步开放却必须在全球关系转型的大背景下进行。"在经济全球化 3.0 时代，国际竞争的本质是"善治"，而不是武力和霸权。"善治"首先是把自己国内的事情办好，最重要的是成为充满创新活力的国度，从而体现出经济体的生命力、竞争力和创造力。所以，中国在经济全球化 3.0 时代的地位将取决于如何从曾经的"高增长引领世界经济"转变为未来的"善治与活力引领世界经济"。诺贝尔经济学奖获得者埃德蒙·菲尔普斯以其长期研究成果表明，真正可持续的经济增长归根结底依赖于经济活力的释放，而"经济制度的巨大活力要求其所有组成部分都具备高度的活力"。英美等国之所以曾经能引领世界经济增长，就是因为焕发出了极大的活力；同样，它们后来之所以表现为增长乏力，至今未能走出低迷之境，也是因为经济活力下降。21 世纪最重要的经济问题就是，在经济全球化新形势下，如何再次焕发经济活力，或者说，有哪些国家可以释放活力，实现创新，引领世界经济增长。他指出，对于中国自 1978 年后实现的创纪录经济增长，"在其他国家看来，中国展现出了世界级的活力水平，而中国人却在讨论如何焕发本土创新所需的活力，因为如果不能做到这一点，高增长将很难维持下去"。他认为中国自己的认识和意图是正确的。按他的研究发现，中国 30 多年来还只是属于"活力较弱的经济体"，只是因其"灵活性"而不是高活力实现了高速经济增长。这样的经济体"可以在一段时期内表现出比高活力的现代经济体更高的增长率，但随着这些经济体相对地位的提升，对现代经济实现了部分'追赶'，其增速将回到正常的全球平均水平，高增速会在接近追赶目标时消退"。

大多数经济学家也都认为，中国超高速增长期的终结是一个大概率前景。2014 年底，美国著名经济学家普里切特和萨默斯在美国国家经济研究局发表的《经济增速回归全球均值的典型化事实》一文中做出明确结论："经济增速回归全球均值是经济增长领域唯一的典型化事实。遵循这一客观规律，中印经济增速均要大幅放缓。印度，尤其是正在经历史无前例超高速增长的中国，已持续增长的时间是常见典型增长的 3 倍。我们预计，中国经济超高速增长阶段将会突然中止，增速回归全球均值。"具体预测为"中印 10 年或 20 年后经济增速为 3%~4%。"

当然，这样的预测基本上是"外推"法的结论。即使看到"大概率"前景，也不能排除"小概率"的可能，这就是，中国经由全面深化改革，成为创新型国家，焕发经济活力，再次形成加速增长的态势。可见，在经济全球化 3.0 时代，中国要走的艰难道路是：从躯体庞大的"中等生"成长为充满活力的"优等生"，即从人均收入处于世界平均值以下，提升为达到世界高水平，这需要有保持较高速增长的经济动力和活力。可见，中国决心到 2020 年全面建成小康社会，尤其是"打赢脱贫攻坚战"，具有深远的世界意义。中国能否真正做到政治清明，民主法制健全，更将成为全世界关注的问题。全世界都将看着这个世界第二大国如何成为让人民心悦诚服的国家？中国只有成为可以使人"心服"的世界强国，才具有全球性说服力、影响力和感召力，也才可能成为真正具有强大领导力的全球大国，进而对全球治理体系产生根本性的影响。在此之前，世界仍将处于由美国老大主导的"战后秩序"格局，没有国家可以对其进行实质性的改变。正如奈斯比特所论述的，从一定意义上可以说，"世界经济大变局"的实质就是"中国改变世界格局"。中国能否改变世界，关键不在于实力能否雄踞世界，而在于观念能否征服人心。

六、"一带一路"的互通观念：全球化均势发展

国际战略评论家邱震海先生在其《迫在眉睫：中国周边危机的内幕与突变》一书的前言中写道："我们正日益被世界需要，但世界需要的只是我们的钱，我们的心却无法征服世界。"这似乎是一件令人沮丧的事情，但它也确实表明了观念相通的关键性意义。

经济全球化 3.0 时代，更多国家间实现更全面深入的"互联互通"是最基本的趋势。中国提出"一带一路"倡议，其核心含义首先是要实现更通畅的"互联互通"格局。"一带一路"构想涉及战后世界秩序和地缘政治格局的重大变化，几乎同世界地缘政治格局的四大板块（也有学者称之为"战略辖区"）均有密切关系：包括以美国及濒海欧洲国家为核心的海洋国家板块、以俄罗斯为核心的欧亚大陆国家板块、以复兴中的中国为核心的东亚陆海板块，以及将会崛起的以印度为核心的南亚次大陆板块。要在如此广泛和复杂的地缘空间中实现"互联互通"，牵动全球，关键在于中国必须以自己的言行告诉世界"要干什么"，世界才能回答中国"是否欢迎"。

纵观世界历史，以陆权理论和海权理论为导向的国际"互联互通"历史，都曾发生过世界范围的大规模战争。陆权理论强调"势力范围"观念。因为，与海洋中有"公海"不同，大陆上没有"公陆"。由于没有可以"自由通行"的通道，如果没有"势力范围"，就难以保证"互联互通"的安全。所以，占据更大的陆地领土和势力范围成为陆权时代的地缘政治特点。陆权理论甚至被纳粹德国作为扩展"生存空间"的观念支柱，为其侵略行为所利用。

海权理论的观念支持了濒海欧洲国家，特别是 20 世纪以来的美国成为霸权国家。进入海权时代，"发现"和拓展海外殖民地被认为是海洋强国的"合法"权利和"英雄"行为。20 世纪之后，海权国家（主要是美国）则将要求和迫使大陆国家"门户开放"作为其实现"互联互通"的世界战略。进而，

"自由贸易""自由市场"、公海"自由航行权""经济全球化"等成为当代世界普遍接受的基本观念，以此形成全世界的"互联互通"格局和世界治理秩序。唯一的超级大国美国自认为拥有维护这一世界秩序的特权。实际上，不仅是美国的盟国，还有其他一些国家也认同或不得不接受美国的这一特权。有些国家还利用美国的这一特权，"邀请"美国到欧洲"平衡"俄罗斯的势力，到亚太地区"平衡"中国的崛起。

在战后冷战时期，与海权理论相抗衡，苏联以其国际主义的意识形态观念，在世界各国鼓励和支持共产主义运动，力图形成以苏联为中心，由苏东国家及亚洲盟国所组成，并向其他地区渗透的势力范围，构造与西方资本主义国家相对立的"平行"地缘政治战略空间。从一定意义上来说，这也是一种基于意识形态的"互联互通"观念，由于与另一个超级大国相冲突，曾引致了很大的国际紧张。

可见，以往的"互联互通"主张都具有强国战略的意义，有实力的国家才会依据一定的战略观念，主张"互联互通"，其中往往具有"帝国"野心。面对这样的"互联互通"，弱国则倾向于封闭和保守，除非可以确保安全，否则宁可不要门户开放，不要自由贸易，不要全球化，实际上就是不欢迎"互联互通"。总之，"互联互通"与各国的安全意识具有密不可分的关联。因此，仅基于经济上"互利互惠"，生意再大，"油水"再多，也不足以形成"互联互通"的观念实力。

由于中国的地缘政治地位是处于"以复兴中的中国为核心的东亚陆海板块"，其特点是兼具海洋和大陆两方面的性质，所以，"一带一路"倡议既不是单纯的海权观念逻辑，也不是单纯的陆权观念逻辑。今天，很难再像当年中国实行改革开放时可以承接现成的"自由贸易"和"经济全球化"观念那样，也承接并要求所有相关国家接受现成的世界通行观念，来顺利推进"一带一路"倡议。但是，问题的严重性恰恰在于，如果没有实施"一带一路"倡议的理念基础，不能实现各国间的"观念互通"，各国处于"不放心"状态，实践中的"互联互通"将会障碍重重。

中国不是世界第一强国，中国目前的软硬实力均不足以在全世界推行一套普遍认同的价值观念，且中国历来主张"和而不同"，尊重不同国家和民族的价值文化和自主选择。所以，"一带一路"的"观念互通"并不是"观念统一"。相关各国也并无可以统一的观念。例如，中国接受了"自由贸易""全球化"观念，其他相关国家未必同意。中国主张"全方位对外开放"，其他国家对"开放"未必有同样的理解。即使其他国家的政府认同了某种观念，社会各界也未必服从，而且，政府本身也可能因执政党轮替而改变倾向。所以，观念互通的实际含义只能是"观念相容"、和而不同，而且要各方"说得明，听得懂"，以最大限度的包容性来实现有差异的观念间的沟通，寻求各国不同价值观念中的最大"公约数"。当前，有可能使参与"一带一路"相关国家（地区）认同的观念是：伙伴互惠，主客便利，抉择相容。

所谓"伙伴互惠"是：参与"一带一路"的国家（地区）间是合作伙伴关系，伙伴之间的合作基于互利多赢的原则。当然，更高层次的伙伴关系可能形成"利益共同体"甚至"命运共同体"，但未必强求，并非结盟。能成伙伴，结伴同行即好。更重要的是，伙伴互惠绝非排他，不与地缘政治的"势力范围"重组挂钩，即"一带一路"倡议在观念上不挑战地缘政治格局中的"势力范围"现实，不具扩张势力范围的战略野心，也不是扩张"势力范围"的战略工具。因此无论属于哪个"势力范围"的国家都可以通过参与"一带一路"而获益，并不妨害相关大国的地缘战略利益。最近，创立亚洲基础设施投资银行的过程就突出反映了各国超越"盟国"及"势力范围"的惯常思维，顺应自主搭伴入伙的"伙伴互惠"新趋势。"盟主"美国也无可奈何。而且可以预期，美国不仅不可能长期坚持原先那种极力阻止亚投行的态度，而且会转向同其合作，也成为"伙伴"。

所谓"主客便利"是："一带一路"的经济活动涉及各种国际关系，其性质绝非"殖民"关系，也非结盟关系，而是主客关系：东道国为主人，外国企业或公民为客人。主人应尽地主之谊，客人应随主人之便，各国均有待客之道和入乡随俗之规。因此，"来者是客"和"客随主便"可以成为互联互通便利性的共识基础，没有人可以拒绝这样的观念。

所谓"抉择相容"是：相互尊重各国的经济秩序（制度、法律和政策）和发展战略。不同的经济秩序和发展战略是各国的选择，而不是必然出现的结果，更不能由外部所强加。各国总是会选择更有利于自己或更适合现实国情的经济秩序和发展战略。而且，各国进行战略抉择和政策安排的价值优先顺序也不尽相同。我们希望其他国家参与中国的"一带一路"倡议，同时也要尊重其他国家的发展战略。总之，中国实施"一带一路"倡议，应持有与其他国家战略抉择相容的观念。不否认各方自利，同时，各方均抱"成人之美""随人之愿"的态度。这样，"一带一路"倡议可达互联互通的最佳效果，而不是导致相关国家间的战略冲突和地缘政治关系紧张。

传统均势论的一个重要缺陷是其静态性。在不断变化的世界上，固有的均势格局总是被新的力量所动摇，因此，需要"再平衡"。再平衡的方向是回到或固守过去的均势，还是寻求新的均势，往往成为国际冲突尤其是大国间冲突的根源。因此，可持续的均势必须是包容发展的动态均势。也就是必须在当前占主导地位的基于自由市场经济秩序逻辑的"经济全球化"理念中，注入"均势发展"的新含义。作为最大的发展中国家，中国有条件将经济全球化理念升华为"全球化均势发展"和"全球化包容发展"的理念，作为"一带一路"倡议的互通观念。这既不跟主流的经济全球化理念相冲突，不破坏战后国际秩序，不主张"另起炉灶"，不挑战美国世界第一的地位，又可以克服自由主义全球化的缺陷——导致全球发展的不均衡和不平等，长期未能解决"南北差距"和"中心—外围"不公平等问题。"全球化均势发展"强调要使全球化惠及更广阔的区域和更多国家，尤其是发展滞后国家。

总之，升华"全球化"观念，注入发展意识和包容性意识，可以使"全球化均势发展"或"全球化包容发展"理念成为"一带一路"相关国家甚至更多国家都能接受的互通观念。这就有可能最大限度地接近人类利益共同体的理想，并使人类利益共同体理想具有现实可行性。这一理念不仅可以被经济学理论（尤其是发展经济学）和地缘政治理论支持，占据理论高地；而且，也占据了人类发展的道德高地，体现经济全球化 3.0 时代的新观念。

七、结　语

工业革命与市场经济相结合，推动人类发展进入现代化阶段，必然产生越来越强劲的全球化现象。经济全球化要求各国或各地区的市场开放，并实现世界市场的一体化。这一过程在不同的地缘关系和世界秩序中展开，经历了以帝国列强争夺、瓜分和再瓜分海外殖民地和势力范围的第一次经济全球化时代和各主权国家开放市场并接受由霸权国家维持全球贸易和全球航道"自由"秩序的第二次经济全球化时代。当前，经济全球化正在向欧亚大陆及南方国家的纵深地带发展，可望进入全球繁荣新格局和世界秩序新均势的第三次经济全球化时代。中国顺势而为地发出了"一带一路"和"建立新型大国关系"的时代强音，将为经济全球化注入新的活力、动力和竞争力。在经济全球化 3.0 时代，世界各类经济体的利益处于相互渗透、绞合和混血状态，虽然矛盾难以避免，但更具包容性和均势性的全球发展，符合大多数国家的利益。尤其是对于利益边界扩展至全球的世界大国，维护经济全球化发展的新均势同各自的国家利益相一致。所以，利益关系错综复杂和矛盾冲突难以避免的经济全球化 3.0 时代，深度的结构性变化使世界主要竞争对手之间的利益相互交叉重合，"共生""寄生"关系日趋深化，在客观上向着"利益共同体"的方向演变，有可能成为具有比以往的经济全球化时代更加和平（较少依赖军事霸权）的竞争格局和融通秩序的全球经济一体化时代。

〔参考文献〕

［1］〔美〕艾里希·弗洛姆. 健全的社会 ［M］. 上海：上海译文出版社，2011.

［2］马克思. 中国革命和欧洲革命 ［A］. 马克思恩格斯选集（第一卷）［M］. 北京：人民出版社，1995.

［3］〔英〕哈·麦金德. 历史的地理枢纽 ［M］. 北京：商务印书馆，2013.

［4］曹忠祥，高国力. 我国陆海统筹发展的战略内涵、思路与对策 ［J］. 中国软科学，2015（1）：1.

［5］〔美〕马丁·维纳. 英国文化与工业精神的衰落：1850~1980 ［M］. 北京：北京大学出版社，2013.

［6］陈文玲. 携手推进"一带一路"建设共同迎接更加美好的新未来 ［J］. 全球化，2015（6）：5-29.

［7］〔英〕艾瑞克·霍布斯鲍姆. 帝国的时代：1875~1914 ［M］. 北京：中信出版社，2014.

［8］〔英〕哈·约翰·麦金德. 陆权论 ［M］. 北京：石油工业出版社，2014.

［9］〔美〕阿尔弗雷德·塞耶·马汉. 海权论 ［M］. 北京：同心出版社，2012.

［10］金碚，张其仔等. 全球竞争格局变化与中国产业发展 ［M］. 北京：经济管理出版社，2014.

［11］〔美〕罗伯特·卡根. 美国缔造的世界 ［M］. 北京：社会科学文献出版社，2013.

［12］〔美〕亨利·基辛格. 世界秩序 ［M］. 北京：中信出版社，2015.

［13］〔美〕约翰·奈斯比特，〔奥〕多丽丝·奈斯比特. 大变革：南环经济带将如何重塑我们的世界 ［M］. 北京：中华工商联合会出版社，2015.

［14］〔美〕兹比格纽·布热津斯基. 大棋局：美国的首要地位及其地缘战略 ［M］. 上海：上海人民出版社，2007.

［15］〔美〕亨利·基辛格. 世界秩序 ［M］. 北京：中信出版社，2015.

［16］金碚. 大国筋骨——中国工业化 65 年历程与思考 ［M］. 广州：广东经济出版社，2015.

［17］金碚. 新常态下的区域经济发展战略思维 ［J］. 区域经济评论，2015（3）.

［18］〔美〕埃德蒙·费尔普斯. 大繁荣 ［M］. 北京：中信出版社，2013.

［19］〔美〕兰特·普里切特，劳伦斯·萨默斯. 经济增速回归全球均值的典型化事实 ［J］. 开放导报，2015（1）：7-14.

［20］邱震海. 迫在眉睫：中国周边危机的内幕与突变 ［M］. 北京：东方出版社，2015.

（本文发表在《中国工业经济》2016 年第 1 期）

"一带一路"战略的核心内涵与推进思路

陈　耀

2013 年 9 月和 10 月，习近平总书记分别在访问哈萨克斯坦和印度尼西亚时提出共同建设"丝绸之路经济带"和"21 世纪海上丝绸之路"（简称"一带一路"）倡议，2014 年 12 月中央经济工作会议把"一带一路"确定为优化经济发展格局的三大战略之一。一年多来，国内外就"一带一路"战略展开了广泛讨论并积极谋划行动方案，但对该战略内涵的理解却有较大的差异，特别是国内各地区在积极参与过程中也凸显出盲目和无序。因此，本文拟就如何把握和推进"一带一路"战略谈些个人看法和思考。

一、准确把握战略内涵

"一带一路"战略顺应了时代要求和各国加快发展的愿望，是一个内涵丰富、涉及面广、包容性强的巨大发展平台。笔者认为，可以从以下几组对应平衡关系中来理解和把握。

一是古今传承。丝绸之路始于古代中国，是连接亚洲、非洲和欧洲的古代商业贸易路线。我国从汉、唐、宋时期通过陆路和海上把丝绸、瓷器、茶叶、冶铁、耕作等商品和技术传播到国外，同时从国外带回国内没有的东西，这种互通有无的经贸联系和文化交流，改善了沿线国家的社会生产力和人民生活水平。今天重新提出"丝绸之路"，不是期望恢复古老丝路往日的辉煌，其现代的含义更加宽泛，丝路成为一个象征性的标志，一个大的国家发展战略。从古到今要延续历史的精神，传承并提升古代文明，促进我国与世界各国在物质和文化等多方面更广泛的交流合作，这是实现中华民族伟大复兴中国梦的大战略棋局。

二是内外开放。"一带一路"既涉及国内区域又涉及国外区域，是国内沿线区域与国外沿线国家和地区通过现代运输方式和信息网络连接起来的相互开放战略，对外开放是战略的核心。我国当代对外开放从空间上看很不平衡，沿海地区起步早，开放程度高，而内陆和沿边地区相对较晚，开放程度较低。丝路经济带要有包括内陆地区和沿边地区的国内大部分区域参与，扩大这些地区的对外开放水平，形成全方位的开放经济体系。

三是海陆统筹。"一带一路"既涉及陆上通道又涉及海上通道，陆路通过铁路、公路联通中国到中亚、东南亚、西亚到欧洲，形成若干条陆上大通道、大动脉；海上丝绸之路在古代路线基础上不断拓展新航线，也就是现在 21 世纪海上丝绸之路，实现陆海连接双向平衡。"一带一路"将打破长期以来陆权和海权分立的格局，推动欧亚大陆与太平洋、印度洋和大西洋完全连接的陆海一体化，形成陆海统筹的经济循环和地缘空间格局。

四是东西互济。丝路经济带贯穿东西，联通南北，但主线是东西两个方向。从我国来看，过去 30 多年主要是依托东部地区通过海上贸易的东向开放，丝路经济带则更多是考虑通过连接亚欧的陆路大通道，加大西向开放的力度。我国西部地区由过去开放的末梢变为开放的前沿，向东开放和向西开放的相对均衡化，也必将促进国内东西部地区经济协调发展。当然也考虑到南北向与国际的货物运输、贸易往来，除了南方的海上丝绸之路，更有北方对接"草原丝绸之路"联通东北业的蒙古、俄罗斯等陆路通道，开辟东北地区对外开放新局面。

五是虚实结合。"一带一路"是一个长远的国家战略，一个内涵丰富的大概念。由于它的边界不是完全确定，它所涵盖的内容不是固定不变，它的目标也不会是完全清晰，因而使得这一战略显得有些"虚"。但是，从提出初期的基本构想到现在推进的过程看，这一战略正由"虚"变得越来越"实"。比如我国与相关国家的大通道建设、陆上和海上基础设施的互联互通、能源和矿产资源合作、贸易往来日益频繁、中国产品和投资"走出去"、油气管道在建、基础设施投融资机制建立，这些都是看得见的成果，"一带一路"战略正在一步步地向前推进，已经变成实实在在可以落实的工作。

六是中外共赢。"一带一路"是由我国提出的倡议，显然对我国自身发展有着重要的战略意义，不仅有利于我国充分利用"两种资源、两个市场"，尤其是保障我国的能源资源安全、化解富余产能和经济转型升级，而且还有利于加强我国与周边国家尤其是新兴市场国家的经济和文化交流，建立长期合作伙伴关系。但必须看到，"一带一路"又是一个中国与相关国家能够实现互利共赢的战略，一方面是中国的发展会对丝路沿线国家经济产生巨大的带动效应，如带动这些国家的优势资源开发、满足这些国家对中国工业品和生产技术的需求；另一方面更重要的是，中国政府充分考虑到周边相对落后国家建设"一带一路"的现实困难，出巨资建立了亚洲基础设施投资银行和丝路基金，并鼓励中国企业向外投资，这些都会使沿线国家获得实实在在的好处和利益，从而实现共同建设、共同发展、共同繁荣。

二、科学规划布局重点

作为国家战略，对"一带一路"科学规划至关重要。2013 年 11 月，习近平总书记在中央财经领导小组会议上强调，要做好"一带一路"总体布局，尽早确定今后几年的时间表、路线图，要有早期收获计划和领域。由于涉及国际国内特别是国家间关系的复杂性，初期规划应当依托已有基础，分层分类，先重后轻，先易后难，循序渐进。

强调依托现有基础，目的是要充分利用现有设施资源，避免大量新建和新增投资，尤其是通道建设、港口和口岸建设；所谓"分层分类"就是要明确国家、地方、城市不同层次的分工，确定不同类型地区的重点任务（如西北地区对中亚和西亚合作，西南地区对东盟和南亚合作，东南地区对港澳台合作、东北华北地区对俄罗斯蒙古日韩合作）；"先重后轻"就是对关系全局的重大项目优先部署，比如干线通道、基础网络、互联互通关键环节；"先易后难"主要指对国家间关系相对稳定、合作意愿强烈、容易达成共识的项目优先考虑，对那些尽管有合作意愿、但达成共识难、前景不明朗的项目，要缓期开展，严格控制风险。

从空间布局上，要按照"以线串点、以点带面、内外对接"的思路，规划好陆上和海上互联互通的大通道、重要的节点城市和口岸以及国内重点建设区域。互联互通建设是"一带一路"战略的基础和前提，既包括铁路、公路、航空、管道、海路，也包括电信、互联网、物联网。目前亚欧大陆桥已经在丝路经济带上发挥骨干作用，今后还要加快中国与东盟国家大通道的建设，推动孟中印缅经济走廊以及中俄中蒙大通道的形成。重要节点城市和口岸主要是指陆上和海上的交汇点，要重视那些海铁联运条件好、港口功能强、腹地广阔的城市，如华北地区的天津、华东地区的连云港和宁波、华南地区的深圳以及北部湾。从国内区域层面看，已经基本形成共识的是，陆上重点在西北地区，海上重点在东南沿海地区。

"一带一路"是国家对外开放的大战略，战略实施的进度和程度不只取决于中方，还取决于沿线相关国家的认知和共同努力，因而国家层面的对接十分重要。从国家层面上，重点是要围绕"五通"着力推进。其中，第一，政策沟通是关键。我国要与相关国家就"一带一路"战略进行交流，本着求同存异原则，协商制定推进区域合作的规划和措施，在政策和法律上为战略实施"开绿灯"。第二，道路联通是前提。没有互联互通的跨境大通道和信息网络，经济带就缺乏依托和载体，所以完善跨境基础设施是基础条件。第三，贸易畅通是核心。"一带一路"连接亚太经济圈和欧洲经济圈，市场规模和潜力独一无二，沿线各国要积极推动贸易和投资便利化，尽快消除贸易壁垒、降低贸易和投资成本。第四，货币流通是手段。要推动实现各国在经常项目和资本项目下本币的兑换和结算，以降低流通成本，增强抵御金融风险能力。第五，民心相通是根本。建设丝路经济带要尊重各国的文化习俗，在保护文化多样性的前提下加强人民友好往来，增进相互了解和传统友谊，为开展合作奠定坚实的民意基础。

国内区域层面陆上应以西北省区为重点，使其成为我国向西开放的前沿，并打造西部开发的升级版。我国西部地区占全国71%的国土面积和28%的总人口，然而经济总量仅占全国不足20%，既是资源富集地区又是经济欠发达地区。但从西部地区内部看，西北和西南又有很大差异，西北地区经济欠发达的程度要高，对外开放程度要低。据2012年统计，西北五省区（陕甘宁青新）经济总量为31844亿元，不到西南（云贵川渝桂）的一半。西北地区进出口总额仅占全国1.5%，而西南地区占到4.0%；西北地区外商投资仅占全国地区总量的1.3%，而西南地区占到5.5%。

古丝绸之路途经的国内省份主要在陕西、甘肃、新疆等西北地区，建设丝路经济带为西北发展带来了历史机遇。西北地区虽然是全国经济发展的"洼地"但却是资源禀赋的"高地"。石油天然气、煤炭、风电、太阳能等能源，黄金、有色金属等矿产资源，以及生物和旅游资源，不仅丰富且组合条件好，广袤的土地也为经济开发提供了巨大的空间。西部大开发以来，西北地区的交通、通信、能源、水利等基础设施条件和脆弱的生态环境均得到很大改善，国家"向西开放"的战略将使西北地区偏僻的地理区位劣势得以改变。借助丝路经济带的建设，必将进一步完善西北地区的基础设施，促进西北乃至整个西部地区优势资源的开发，提升对外开放水平，并为我国经济持续平稳增长提供有力支撑。因此，笔者认为，将西北省区作为丝路经济带的重点是合适的。

此外，国内区域海上丝路建设重点应在福建、广东、广西等沿海省份。有大港口的地方都能成为起点，特别是有远洋航线、对外贸易发达的城市，要成为建设海上丝路的重要节点城市。依托这些重要节点城市及港口，促进我国与东盟、南亚、北非等国家经贸合作。

三、积极稳步有序推进

按照中央的部署，2015年我国"一带一路"战略要有一个良好的开局。目前，尽管国际上有不同的看法，但总体上我国的倡议获得了热烈响应；从国内看，各地区都在纷纷谋划如何融入这一战略，甚至呈现出争"起点"、争"核心"等争先恐后、抢抓机遇的局面。针对目前的现状，笔者认为推进战略的实施，要坚持"积极、稳步、有序"的总方针，避免出现国际上"剃头挑子一头热"、国内地区间无序竞争、超能力对外援助投资等问题和风险。

第一，尽快出台总体规划指导意见。编制一个完整翔实的"一带一路"规划需要时间和大量的调查研究论证，短期内难以做到，由于涉及国际层面，这样的规划也较为敏感，因而建议有关部门初期尽快先出台总体指导意见，重点明确推进原则、思路、主要任务、空间布局、国内相关区域定位以及保障措施，以指导部门、地区和企业行为，避免无序和重复建设。

第二，要重视该战略惠及沿线国家民众的国际推介。为体现"亲、诚、惠、容"的周边外交理念，使沿线国家对我们更认同、更亲近、更支持，要加大在国际上的推介力度，特别是要突出"一带一路"倡议如何能够使沿线国家民众受益。同时邀请沿线国家的普通民众来我国参观访问，增进民间交流尤其是青年学生交流和民众友谊。

第三，加强对各地区开辟国际货运班列和跨境物流的管理。目前我国至少已有8个城市开通了直达中亚和欧洲的国际货运班列，还有很多城市正在计划开辟新的铁路货运线路。这些班列对于我国商品更快地进入国际市场发挥了积极作用，也是丝路经济带建设的重要内涵，需要注意的是，随着班列的增多，各地争夺货源的竞争也趋激烈；同时，跨境电商、跨境物流加快发展。有关部门需做好管控，防止恶性竞争损害国家整体利益。

第四，对外援助投资要严格论证，把控风险。我国周边一些国家经济发展相对落后，对交通等基础设施建设需求很大，建立亚洲基础设施投资银行和丝路基金，有助于对这些国家提供帮助，并逐步形成我国政府的海外发展援助机制（ODA）。对于这些基础设施项目必须遵循国际通行规则严格进行可行性论证，既要考虑需要也要考虑可承受能力，防止出现后续项目的"无底洞"效应。

（本文发表在《中国发展观察》2015年第1期）

国际产业发展分析与展望

杨世伟

国际产业发展是建立在国际产业分工、技术进步和劳动生产力提高基础上的，经历了一个从低到高，从弱到强的产生、成长、成熟、衰退的螺旋式上升的过程。在人类历史上，随着生产力水平的提高和生产工具的使用，经历了三次社会大分工，形成了农业、畜牧业、手工业、商业等产业，奠定了文明时代国际产业发展的基础。爆发了三次产业革命，促进了一二三次产业以及产业内的国际分工与发展，国际产业转移进一步优化了国际产业结构，促进了国际产业发展。

历经200多年的国际产业发展，由于发展的不平衡性，在不同国家产业发展水平和产业发展阶段存在较大差异，英美等发达国家已进入后工业化时代，产业结构表现为第一产业（农业）所占比重急剧下降，第二产业（工业或制造业）所占比重稳中有降，第三产业（服务业）所占比重迅速上升。中国、印度等发展中国家处于工业化阶段，产业结构也发生了重大变化，第一产业所占比重有所下降，第二产业和第三产业所占比重都有不同程度的上升。由于各国所处工业化水平和阶段的不同，以及技术基础、创新能力和R&D投入的差异，美国、德国、日本等发达国家仍然处于主导国际产业价值链的高端，发达国家在全球研发投入格局中仍占据主导地位，美国、德国和日本仍将是全球研发投入的引领者。比如，美国在农业和粮食生产、商用航空航天、军用航空航天、国防安全、复合材料、纳米技术和其他新材料、再生能源和高效利用、卫生健康、医药、生命科学、信息和通信技术等诸多领域占据引领地位；德国在环境和可持续发展、汽车和其他机动车、再生能源等领域占据优势地位。此外，中国、印度等发展中国家在部分产业领域的研发中开始逐步占据优势地位。[1]

当今世界正处在大发展、大变革、大调整时期。世界正经历着"百年一遇"的金融危机，欧、美和日本等发达经济体经济严重下滑，世界经济格局发生新变化，国际产业发展呈现出鲜明的时代特征，石化能源为基础的传统产业受到越来越严峻的资源与环境约束难以为继；信息数据技术为核心的新技术革命在新工艺、新材料产业基础上推进堆积制造业迅速发展，重塑人们的生活方式已成为现实；可再生能源成本不断下降将催生蕴藏着巨大发展潜力与经济价值的绿色产业；飞速发展的互联网技术为加快服务产品和服务模式创新，促进生产性服务业与先进制造业融合，推动现代服务业的快速发展做出巨大贡献；以云计算为背景的现代智能产业将成为人类便捷的生产和生活方式。

---

[1] 2012 Global R&D Funding Forecast. Battelle.December, 2011.

一、国际产业发展历程与康德拉耶夫长周期波动

自英国工业革命以来，国际产业发展经历了三次产业革命，俄罗斯经济学家康德拉耶夫在20世纪初通过对140年资本主义经济与社会发展历史资料的整体把握，提出了在资本主义经济中存在着平均50~60年的长期波动的理论假设，每个周期分为上升和下降各持续20~30年的两个时期。一般情况下，长期波动的上升时期处于复苏和繁荣阶段，多数年份产业经济繁荣，下降时期处于紧缩或衰退阶段，多数年份产业经济萧条。钱德勒等一些经济学家、历史学家通过长期研究和考察，赞同康德拉耶夫长波与产业革命的这种相关性，提出第一、第二次康德拉耶夫长波处于第一次产业革命时期，第三、第四次长波处于第二次产业革命时期，现在正在发生的变化是第三次产业革命。[①] 如果按照钱德勒等经济学家的判断，我们可以假设第五、第六次长波处于第三次产业革命时期，如图1所示。

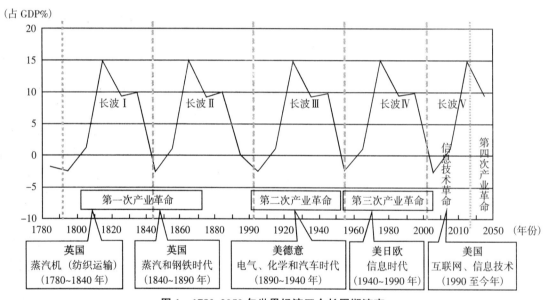

图1　1780~2050年世界经济五个长周期演变

资料来源：董小君.财富的逻辑——美国环环相扣的全球布局 [M].北京：经济管理出版社，2012.

按照经济长周期波动理论假设，从1782年产业革命到现在，世界经济已经历了五次长周期波动的变化。第一次康德拉耶夫长波处于1780~1840年（60年），标志性技术创新是1771年阿克赖特设在罗福德的工厂和1784年亨利·科特的"搅拌"工艺的使用，开始了英国的纺织品和铁制品等工业化生产；第二次康德拉耶夫长波处于1840~1890年（50年），标志性技术创新是1831年利物浦—曼彻斯特铁路和1838年布鲁奈尔的"伟大的西部"大西洋蒸汽船的运营，英国率先进入蒸汽动力和铁路时代；第三次康德拉耶夫长波处于1890~1940年（50年）。标志性技术创新是1875年卡耐基贝西默钢轨厂和托马斯·阿尔瓦·爱迪生的1500余项发明，电气设备和重型机械的应用，世界的经济重心由英国向美国转移，美国制造业价值超过英国成为全球第一，20世纪初，美国成为名副其实的制造业强国，其优势地位一直持续至今；第四次康德拉耶夫长波处于1940~1990年（50年），标志性技术创新是1913年福特海兰

① [英] 克里斯·弗里曼，弗朗西斯科·卢桑.光阴似箭——从工业革命到信息革命 [M].北京：中国人民大学出版社，2007.

德公园装配线和伯顿重油裂化工艺的大批量生产，电气、汽车制造技术的创新推动了工业化国家的产业升级，并把汽车等运输工业培育成支柱主导产业；第五次康德拉耶夫长波处于 1990 年至今，标志性技术创新是 1964 年 IBM1410 和 360 系列和 1972 年 Intel 处理器的应用，形成了以计算机和互联网技术支撑的信息技术时代。

第一、第二次长波处于第一次产业革命时期。第一次产业革命始于 18 世纪 60 年代在英国爆发的工业革命，完成于 19 世纪 90 年代，实现了资本主义由工场手工业到大机械生产的变革，从此机械制造业诞生了。从 18 世纪 80 年代末或 90 年代初开始一直持续到 1810~1817 年，是第一次长波上升时期，英国成为世界上第一个工业国家，成为名副其实的"世界工厂"；随后，1810~1817 年和 1844~1851 年是第一次长周期的下降时期，经历了第一次世界大战，欧洲经济遭到毁灭性的打击；1844~1851 年和 1870~1875 年是第二次长波上升时期，这个时期英国的人口仅占世界人口的 2%，却控制着世界工业生产的 30%~50% 和国际贸易的 20%~25%，也是英国最辉煌的时期。1870~1875 年和 1890~1895 是第二次长波的下降时期。这一时期制造业从英国向欧洲和美国转移，美国当时是英国的殖民地，自然资源丰富，许多英国工业企业在利益的驱动下到美国投资，美国是这次国际产业转移的最大受益国。

第三、第四次长波处于第二次产业革命时期。第二次产业革命是以 1835 年德国第一条铁路通车为标志，结束于 20 世纪 80 年代。1891~1896 年和 1914~1920 年是第三次长波的上升时期，第二产业在发达国家首先实现了跨越式发展，科学技术进步推动了国际产业分工，促进了劳动生产力的发展，加速了资本积聚和集中，出现了以钢铁、铁路、石油、化工工业为代表的资本密集型产业，形成了电力、石化、冶炼、重型机械、汽车、造船等重化工业产业格局。美国福特海兰德公园装配线和伯顿重油裂化工艺的大批量生产，电气、汽车制造技术的创新推动了工业化国家的产业升级，并把汽车等运输工业培育成支柱性主导产业，美国依托第二次工业革命带的技术革新，于 1900 年美国 GDP 占世界比重达到 23.6%；到 1913 年，美国的工业产量已经相当于英、德、法、日四国的总和，占全世界的 1/3 以上，美国取代了英国成为世界工业强国，在钢铁、汽车、化工、机器设备、飞机制造、电气产品、医药以及军事装备等制造业的各个领域，其生产规模和出口份额都位居世界前列，成为世界工业品出口的重要基地。1914~1920 年开始到 1940~1945 年是第三次长波的下降时期，1929~1933 年，资本主义国家爆发了史无前例的经济危机，即众所周知的"大萧条时期"。这次经济萧条是以农产品价格下跌为起点，随后是 1929 年 10 月发生了令人恐慌的华尔街股市暴跌，在不到两个星期的时间内，共有 300 亿美元的财富消失，相当于美国在第一次世界大战中的总开支。美国股票市场崩溃不过是一场灾难深重的经济危机爆发的火山口，紧接着第二次世界大战爆发，全球经济处于低迷时期。1940~1945 年和 1965~1970 年处于第四次长波的上升时期，第二次世界大战，资本主义国家开始了工业化的快速建设，科学技术广泛应用，联邦德国连续创奇迹，美国拓展国际市场，发展新型工业，日本工业从以出口重化工业产品为主导逐步转向以出口附加值高的机械电子产品为主导，成为机电设备、汽车、家用电器、半导体等技术密集型产品的生产和出口大国，20 世纪 60 年代以来，日本取得的辉煌业绩成为世界第二经济大国。1965~1990 年进入第四次长波的下降时期，20 世纪 70 年代中东国家提高石油价格，引发资本主义国家战后最严重的一次经济危机，以美元为中心的世界货币体系解体，美国的世界经济霸主地位动摇。经过 70 年代的经济危机、滞胀阶段和 80 年代的调整复苏，美国等发达国家迫于资源、环境和劳动力成本的压力，开始转换经济发展方式，向中国、印度等发展中国家转移劳动密集型和资本密集型产业，优化本国产业结构，提高第三产业即服务业在国民经济中的比重。

第五次长波处于第三次产业革命时期。第三次产业革命以计算机、互联网技术、空间技术和生物工程的发明和应用为主要标志，涉及信息技术、新能源技术、新材料技术、生物技术、空间技术和海洋技术等诸多领域的一场产业技术革命。这次革命极大地推动了人类生活方式和思维方式的转变，使人类社会生活和人的现代化程度向更高水平发展。第三次产业革命起源于美国，1946 年由美国军方定制的世界上第一台电子计算机"电子数字积分计算机"在美国宾夕法尼亚大学问世为标志，掀起了以计算机等信息技术为核心的第三次产业革命，尤其是 1993 年美国总统克林顿提出建设信息高速公路的设想之后，发达国家和一些发展中国家紧随其后提出发展本国信息高速公路的计划与实施，信息技术得到了广泛应用，促进了传统产业的改造和技术升级。

如果按照康德拉耶夫长周期波动理论假设，第五次长周期应为 1985~1990 年和 2035~2040 年，自 1985~1990 年到 2010~2015 年世界经济处于第五次长周期的上升期阶段，这个时期全球经济取得了迅速发展，发达国家产业转型基本完成，中国等发展中国家加快了实现工业化的步伐，尤其是 2000~2010 年十年来，新兴经济体在全球制造业产出中所占份额显著上升，这一趋势在过去五年中表现得尤为明显。[1] 中国在这一时期取得突破性成就，中国凭借人口规模等资源，将经济资源集中投入到制造业中并最终发展成为世界规模最大的制造业大国（见表 1）。2010 年，中国经济规模超越日本，成为世界第二经济大国。中国的产业结构也有所转变，第一产业所占的比重有所下降，第二产业和第三产业所占的比重都有不同程度的上升，为中国的后工业化建设和发展做好了充分的准备。

表 1　2005~2011 年各国/地区在全球制造业产出份额

单位：%

年份	2005	2006	2007	2008	2009	2010	2011
新兴市场国家	31.1	33.9	36.4	39.7	42.4	43.4	46.0
中国	9.8	11.1	12.7	15.2	19.3	17.7	19.9
其他	21.3	22.8	23.7	24.5	24.1	25.7	26.1
西方发达国家	68.9	66.1	63.6	60.3	57.6	56.6	54.0
美国	23.8	22.9	21.2	18.9	19.8	19.2	18.0
日本	13.1	11.6	10.3	10.3	10.3	11.0	10.2
其他	32.0	31.6	32.1	31.1	27.5	26.4	25.8

资料来源：Peter Marsh. The New Industrial Revolution：Consumers，Globalization and the End of Mass Production ［M］. Yale University Press，2012.

第五次长波仍未结束，2009 年后，按照康德拉耶夫长周期波动理论假设推测 2010~2015 年到 2035~2040 年，世界经济处于第五次长波周期中的后 25 年衰退期。自 2008 年爆发的全球金融危机起，全球体现了衰退期的一些特征，世界银行 2012 年 10 月发布的《亚洲及太平洋地区经济展望》明确提出，2012 年上半年先进经济体的复苏遭遇了挫折，中国和印度的增长势头减弱，这也给发展中国家增长带来一些阻力。2012 年上半年，整个亚洲地区的 GDP 增长率降至自 2008 年全球金融危机以来的最低水平。[2] 可见，全球经济进入低迷期已不可逆转，欧洲大陆何时能摆脱债务危机、美国经济何时触底反弹等不确定因素将持续影响着全球经济的走向。

① Peter Marsh. The New Industrial Revolution：Consumers，Globalization and the End of Mass Production ［M］. Yale University Press，2012.
② 亚洲及太平洋地区经济展望，2012 年 10 月更新，Asia Pacific Economic Outlook，May 2012 by Deloitte。

二、国际产业发展的新特征

21 世纪以来，新一代信息技术，节能环保、低碳技术，循环经济，生物工程与新医药，高端装备制造业，新能源、新材料，新能源汽车等一批新型的高科技产业相继在发达国家和发展中国家产生、孕育和发展。国际产业的发展呈现出了新的特征，国际产业结构逐步实现高度化、信息化和技术高级化；国际产业分工出现了内容多层次化、主体多元化和方式多样化等一系列新变化；国际产业发展的组织方式表现为产业集群化、融合化、产业生态化，国际产业转移在发达国家"制造业回归"和"再工业化"过程中出现了一系列新趋势。

1. 国际产业结构优化调整，推进国际产业结构的高度化、信息化和高技术化

整体来说，国际产业结构从三次产业构成变动来看，近 40 年来，无论是按增加值比重还是按就业比重的变化来衡量，呈现出世界农业比重持续下降、服务业比重持续上升、发达国家工业比重下降，而发展中国家工业比重上升（卢志宏，2010）。发达国家已进入后工业化时代，凭借其拥有的技术优势和工业文明，处在技术密集型或知识密集型的全球价值链的高端，在新技术、新产品领域发挥着技术创新优势，主导着工业产品开发和新技术应用，从事高附加值产品的生产，发展中国家技术水平较低，主要从事附加值较低的劳动密集型产业或资本密集型产业的生产。例如，iPod 的生产就是最突出的例子，其价值链由货物和服务构成。美国、日本等十几家公司生产视频、多媒体处理器芯片、显示器、硬件驱动和电池等，中国负责组装，在整个产业链上，中国只负责具有劳动密集型产业特征的价值链底端，苹果公司负责全部执行服务业务，占据着价值链的高端。有专家早已论证，全球价值链不是直线型的，而是微笑曲线（见图 2），整个价值链中价值创造的中心来自于高增值的服务活动，企业的关注点已从制造或组装转向设计、创新、R&D、物流、市场营销和品牌。[1] 服务业在价值链中的作用随着产业高度化程度的提高日益显现，第一、第二产业所占比重不断减少，第三产业所占比重不断提高，充分体现了产业

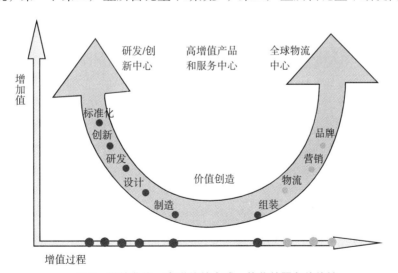

图 2　微笑曲线：高增值的全球一体化的服务价值链

资料来源：Business Week International Online, Stan Shih on Taiwan and China. May 16, 2005.

---

[1] Sherry Stephenson. The Shifting Geography of Global Value Chains: Implications for Developing Countries and Trade Policy [M]. World Economic Forum, 2012.

结构由低级走向高级的演进过程。

在计算机、互联网等信息产业快速发展的基础上，通过对传统产业的改造，信息技术在国民经济中的作用越来越明显，信息产业已成为发达国家经济发展的支柱产业。同时，信息产业对其他产业有巨大的关联融合效应，计算机、电子产品等新技术应用到传统产业将极大地推进全要素生产率的提高，给传统产业打上了明显的信息化烙印，产业信息化趋势日趋明显。美国的苹果、微软和英特尔等信息产业已经取代传统的汽车工业，成为美国国民经济的支柱产业。尽管发达国家第二产业在 GDP 中的比重呈现下降趋势，但由于各国第二产业在国民经济中的支撑地位，发达国家不断优化第二产业内部结构，运用21 世纪的最新技术提升制造业，努力实现制造业的高技术化。

2. 国际产业分工出现了内容多层次化，主体多元化和方式多样化等新变化

国际产业分工经历了由产业间国际分工到产业内国际分工，再到产品内不同工序、不同价值环节之间的国际分工等多层次的不断深化历程。国际产业分工随着发达国家的公司逐步将生产制造环节转移到发展中国家，自身更专注融资、设计、创新、R&D、物流、市场营销和品牌等生产性服务环节，使国际分工的内容不仅涉及产业链分工和生产要素密集程度的分工，而且在价值链分工各环节也存在多层次化的更加专业化的深度分工。

传统的国际分工是指发达国家的水平分工和发达国家与发展中国家之间进行的垂直分工，反映在发达国家间的产业内贸易和发达国家与发展中国家的产业间贸易，发达国家更专注于资本密集型和技术密集型产业，发展中国家专注于劳动密集型和资本密集型产业。而今天，价值导向的全球价值链分工打破了产业内分工中的国家边界，突出了跨国公司在国际分工中的主导地位。突破了传统的国家作为分工的主体，而是以价值链分工的数量巨大的企业作为分工的主体，传统的产业间分工被打破，转为产业内或产品内的分工，而这些企业受制于某一个价值链控制体系或有固定合同联系的分包商，大型跨国公司经常在价值链分工中扮演着分包商的角色，同时发达国家的跨国公司更加倾向于向价值链的高端——技术密集、知识密集等非有形的功能集中，于是，从制造业内部分化出生产性服务业，而将更多的劳动密集型或资本密集型产业等有形功能分包给世界各地的合同制造商。

跨国公司作为产业分工主体推动着国际产业分工方式日益多样化，形成不同国家、产业、企业间和同一国家、产业、企业内的水平分工和垂直分工等多种方式。随着跨国公司内部价值链分工细化，公司内分工成为国际分工的新标志。进而国际产业分工的实现方式由单纯依靠国际市场交易，转为依靠国际市场交易和公司内部交易并存的多元格局构成。世界各国为了更好地适应全球价值链分工为导向的国际产业分工的新变化，着重培育拥有比较优势和竞争优势的产业、产品、零部件等环节。

3. 国际产业发展呈现出产业集群化，产业融合化和产业生态化

在经济全球化的今天，产业集群已成为工业化进程中的普遍现象，产业集群通过纵向专业化分工和横向经济协作，提高了交易效率，降低了交易费用，成为区域经济发展的主要模式和国际竞争的基础，只有通过集群才能将某一国家或地区中小企业的单独力量汇集在一起，才有可能以集群的力量参与国际竞争，工业发达国家几乎所有竞争力强的产业通常都采取集群的方式。例如，美国的底特律、德国的斯图加特汽车产业集群和沃尔夫斯堡的大众汽车城、日本爱知县丰田汽车城、意大利的都灵（菲亚特总部）都是汽车产业集群，以及美国华尔街的金融业、印度班加罗尔软件技术园等产业集群。产业集群作为一种以创造竞争优势而产生的区域产业空间组织形式，发展到今天已十分普遍和成熟，各国产业集群数量不断增加，集群规模不断扩大，已成为各国提升本国产业国际竞争力的有效手段。

随着信息技术为代表的高新技术对传统产业的改造、渗透和融合，加快了产业结构优化升级，促进了第一、第二、第三产业之间相互渗透、相互融合，形成新的融合产业。产业融合不是简单的产业叠加，而是形成新的产业形态，是建立在经济全球化、高新技术迅速发展的大背景下产业提高生产率和竞

争力的一种发展方式和产业组织形式，是社会生产力进步和产业结构高度化的必然趋势。产业融合一般有三种形成过程：一是以信息技术为主的高新技术及其相关产业向其他产业渗透、融合，并形成新的产业，如生物芯片、纳米电子、三网融合（即计算机、通信和媒体的融合）；信息技术产业以及农业高新技术化、生物和信息技术对传统工业的改造（如机械仿生、光机电一体化、机械电子）、电子商务、网络型金融机构等。二是通过产业间的互补和延伸，实现产业间的融合。这类融合通过赋予原有产业新的附加功能和更强的竞争力，形成融合型的不分彼此的新型产业体系，如工业旅游、农业旅游等。三是主要在具有紧密联系的产业或同一产业内部不同行业之间，通过重组融合而产生的产品或服务，往往是不同于原有产品或服务的新型产品或服务。在信息技术高度发展的今天，重组融合更多地表现为以信息技术为纽带的、产业链的上下游产业的重组融合，融合后生产的新产品表现出数字化、智能化和网络化的发展趋势，如模糊智能洗衣机、绿色家电的出现就是重组融合的重要成果。[1]

20 世纪 90 年代，随着可持续发展战略在世界范围内的普遍实施，产业的生态化在发达国家渐成潮流，从国家产业发展战略选择、区域产业园区的建设到企业的生产技术改造、管理实践，生态化的概念贯穿始终。这一发展趋势在三次产业的工业、农业和服务业中都有所体现，如生态工业、生态农业、生态旅游业等。世界范围内的生态革命，促成了生态与产业成为一种新型的互动关系。这种关系一方面表现为产业绿色化含量不断提高，另一方面形成了广泛的生态产业化现象。以生态产品的生产使用、回收再利用为基本内容的新兴生态产业不断发展，使生态环境和产业领域产生了全方位的渗透与融合，产业生态化现象日渐明显。生态与产业的互动，最终形成生态产业一体化和复合化，传统的三次产业正在向生态化方向发展。生态化是人类构筑经济社会与自然界和谐发展、实现良性循环的新型产业模式，是产业发展的高级形态。[2]

4. 国际产业转移新趋势、新问题、新理念

18 世纪 60 年代的第一次产业革命时期，从英国成为世界制造大国之后，逐步向美国、欧洲大陆转移，20 世纪初欧洲大陆和美国取代英国成为世界制造工厂，50 年代美国的钢铁、纺织等产业向日本、德国转移，60 年代日本、德国逐步向韩国、新加坡和我国的台湾、香港地区转移劳动密集型的生产，直至七八十年代，美国、日本的低附加值产业转移到东亚和东盟各国。发达国家为了推进产业结构升级和追求经济效益最大化在全球实施国际产业转移，传统的国际产业转移路径一般是从劳动密集型产业到资本、技术密集型产业，产业转移的主体是从相对发达的国家转移到次发达国家再到发展中国家和地区梯级推进。20 世纪 90 年代以后，由于国际分工的深化，国际产业转移结构日趋高度化，服务业成为国际产业转移中的新热点，外包制造和全球服务成为国际产业转移的新方式。产业转移区域内部化，方式多样化，组团式、产业链整体搬迁，产业集群式转移成为国际产业转移的新特点。跨国公司成为国际产业转移的主体，研发领域的国际转移成为国际产业转移新的热点。

总体来讲，国际产业转移无论是对转出国还是转入国的产业升级和经济发展都起到了积极的推进作用，但也并不是所有国家都能取得预期的效果，如英国产业革命后向美国和欧洲大陆等的产业转移，推动了美国、法国、德国等国家的经济繁荣和产业变革，而由于自身没有做好实现产业结构升级的充分准备而致英国经济长期持续低迷。无独有偶，20 世纪 80 年代日本在向东亚国家的产业转移后，由于新兴产业未能及时形成代替原有产业而引发经济衰退。可见，成功推动转出国进行产业转移的前提条件是其自身产业结构升级的条件已经成熟，能够通过发展新兴先进产业以替代转移出去的相对传统落后产业。进入 21 世纪以来，欧美经济主要发展金融、房地产以及相关的高端服务业等高价值创造产业，而把制

---

① 郑明高. 产业融合：产业经济发展的新趋势 [M]. 中国经济出版社，2011.
② 陈柳钦. 产业发展的集群化、融合化和生态化分析 [J]. 华北电力大学学报（社会科学版），2006（1）.

造业和低水平服务业转移到发展中国家，形成了个别发达国家产业"空心化"和经济虚拟化现象。在金融危机后，美国提出了"再工业化"和"重回制造业时代"等口号，而欧洲国家在债务危机的打击下，英国等国制定了发展先进制造业主要策略和行动纲要。这将突破传统的国际产业转移方式，有些制造业尤其是高端制造业会出现从发展中国家向发达国家回流的现象，同时，中国、印度等发展中国家在产业结构调整和升级的过程中将原有传统产业转移到更低产业水平的国家。国际产业转移不单纯是发达国家向外转移，也有发展中国家或经济体的产业转移。新兴发展中国家在国际产业转移链中，往往既是产业承接方又是产业转移方。在技术进步的推进下，传统制造业生产方式发生了巨大变化，定制生产、小批量制作在低原料成本投入已成为现实，近年来，美国提出了"制造业回归"战略，将制造业从发展中国家向发达国家转移的态势，以及传统制造业相关产业向外再次转出的趋势。通过充分的国际产业转移，将推动全球新一轮产业革命，并促进全球制造业的产业升级和协调发展。

三、国际产业发展的新趋势

2008 年金融危机以来，国际上金融、环境、资源等问题日益突出，欧美等发达经济体经济严重下滑，全球产业发展形势不容乐观。为应对这一复杂多变的国际局面，世界各国纷纷制定具有战略思想的产业发展战略，明确发展新兴产业的方向和具体实施方案。从国际分工与产业结构调整的大趋势和大格局来看，国际产业发展的思路发生了以下重大变化。

1. 美国重振制造业，回归实体经济，引发发达国家实施"再工业化"战略

金融危机以来，美国为应对国内产业空心化、失业率居高不下等问题，美国政府呼吁美国制造商本土生产，提出了重回制造业的产业发展战略。为了实现这一目标，美国政府颁布相关的法律和产业扶持政策，培育并提升美国制造业的发展。首先，通过颁布《复兴与再投资法案》《清洁能源与安全法案》《制造业促进法案》等系列法案，明确制造业发展方向和促进制造业发展的法律框架。其次，美国政府制订了《"先进制造业伙伴"计划》《重振美国制造业框架》《先进制造业国家战略计划》等，将智能电网、清洁能源、先进汽车、航空与太空能力、生物和纳米技术、新一代机器人、先进材料等作为重点发展领域，抢占了未来先进制造业的制高点。并且，通过制定国家创新战略，明确完善创新政策，促进制造业创新、研发和劳动力技能提升，大力发展先进制造业。最后，美国政府通过新的税收优惠政策，鼓励美国企业在国内投资和改善国际贸易环境，颁布《制造业促进法案》和《出口倍增计划》，激励扩大制造业产品的出口，并为高科技制造商加倍减税，积极落实扶持制造业本土化的产业扶植政策。长期以来美国一直是制造业大国，约占全球制造业的 20%。

在美国鼓吹制造业回归的声浪中，欧洲等国也颁布了一些发展先进制造业的政策和措施。英国作为世界上传统的制造业大国，制造业每年创造的产值高达 1500 亿英镑，占英国 GDP 的 13%，出口的一半来自制造业。英国政府关注先进制造业，提出制造业正从传统制造走向高科技制造，着重发展硅设计、蓝牙技术、飞行加油系统、塑料电子产品、信息通信技术、生物技术、纳米技术、燃料电池等高科技制造业，制造业的从业人员日趋多元化，除生产一线人员外，更多的是研发、设计、销售、售后服务等配套工作人员。为此，英国政府相关部门制定了扶植英国先进制造业发展的政策。①

日本、德国等其他发达国家也先后制定了制造业发展规划，加大对制造业的投入，推动科技创新、

---

① New Challenges，New Opportunities. by Department of Business Enterprise and Regulatory Reform［J］. Manufacturing，2008.

人才创新和基础设施建设体制机制，帮助企业利用本国的科技优势、人才优势，为先进制造业的发展创造条件。实施振兴制造业发展策略，占据全球产业价值链的高端环节，加快技术创新成果转化步伐，加大对无形资产的投资，发挥优势产业抢占先进制造业发展先机。落实制造业发展措施，政府加大投入帮助制造企业开拓国际市场，建立制造业技术研发中心，提高产业规划和产品设计能力。运用财政、金融、税收等一系列产业政策扶植，推动本国先进制造业的发展。

2. 新一轮技术革命将推动国际产业结构优化和生产方式的变革

21世纪以来，世界各国正经历着以新一代信息技术、节能环保技术、生物工程与新医药技术、高端装备制造业技术、可再生能源技术、新材料技术等为主要内容的第三次产业革命。历次产业革命都会改变着人们的生产生活方式，第三次产业革命将对完善国际产业体系，优化国际产业结构，转变生产方式和资源配置方式起到决定性的作用，发达国家尤其是美国依靠领先的工业和技术基础，抢占经济和科技发展的制高点。自20世纪90年代以来，美国研发投入一直保持在GDP的2.5%以上，近年来投入持续增加，2011年达到4360亿美元，占GDP的2.8%，占全球研发投入比重超过31%，牢牢占据全球第一研发大国的地位，主要研发投入在制造业、信息通信技术、能源领域和材料工业四个方面，在制造业研发投入方面保持绝对领先，全球研发投入排名前50家的企业中美国有18家；在信息通信技术领域研发投入约为1263亿美元，占全球总研发的55%；在能源领域的研发经费达到54.1亿美元，主要用于清洁电力、电网现代化、风能和太阳能行业；在材料工业方面，研发投入83.3亿美元，2012年美国政府在纳米科技领域的研发投入高达21.3亿美元。其他欧美国家在研发上的投入也是持续增加。总体而言，发达国家在研发投入方面仍然占据主导地位（见表2）。

表2 全球主要国家和地区研发支出占全球百分比

单位：%

国家/地区 \ 年份	2010	2011	2012
美洲	37.8	36.9	36
美国	32.8	32	31.1
亚洲	34.3	35.5	36.7
日本	11.8	11.4	11.2
中国	12	13.1	14.2
印度	2.6	2.8	2.9
欧洲	24.8	24.5	24.1
其他	3	3.1	3.2

资料来源：2012 Global R&D Funding Forecast, Battelle, December, 2011.

欧美国家之所以在研发方面投入巨大，其根本目的是长期占领产业价值链的高端和抓住新兴产业发展的先机，在这一轮产业革命中，信息数据技术、堆积制造、无线技术等的使用，推动着一批又一批的新兴产业产生。信息技术已进入大数据时代，任何人能够自由处理和存储数据，"云计算"在大量信息数据的基础上，便捷的数据处理系统瞬间完成难以想象的服务将成为可能。堆积制造也称3D打印，是一个快速变化的产业，建立在新材料技术的基础上，从分子结构进行设计、建造和优化功能，到创造新材料定制生产，从而提高了产品质量，减少了库存浪费，生产方式也发生了根本性变化。无线网络与能源的结合，不仅实现实时的、极为便捷的信息交流和服务，而且还可以实现便捷的无线能源传输。欧美国家在信息数据技术、堆积制造等高新技术产业具备领先的优势，很有可能欧美国家取得先导性技术突破并实现产业化，一旦产业化获得成功，新的国际产业格局就会发生根本性的变化。

3. 低碳经济和绿色产业成为国际产业发展的新亮点

2008 年金融危机以来，欧美等发达国家正在发动一场以低碳经济和清洁能源为核心的绿色产业革命，先后出台了"欧盟 2020 战略""美国清洁能源战略""日本新增长战略"和"韩国绿色增长战略"等产业政策，作为应对全球经济危机、抢占未来产业发展制高点的重要战略。所谓低碳经济，是指从生产到消费的整个社会再生产在内的全过程低碳化，是以减少温室气体排放为目标，提高能源效率为目的，普及清洁能源为导向的可持续发展。绿色产业是指采用清洁生产技术，采用无害或低害的新工艺、新技术，降低原材料和能源消耗，实现高效率，低污染，尽可能把污染物循环利用的产业。例如，生态产业、环保产业、绿色服务业和新能源产业是典型的绿色产业。世界银行前首席经济学家斯特恩指出，有效推行绿色新政是走出当前经济困境的最佳出路，因为这不仅是简单的凯恩斯派刺激方针，更是为将来的可持续发展奠定了良好的基础。前联合国秘书长潘基文也呼吁，各国要把投资领域转向能创造更多工作机会的节能环保项目，促进绿色经济增长和就业，以修复支撑全球经济的自然生态系统。①

世界各国积极推进绿色产业革命，欧盟 27 国一致通过了"欧盟 2020 战略"，明确提出欧洲经济向资源效率性和低碳型转变，实现以发展知识经济为主的智能增长、以发展绿色经济为主的可持续增长和以提高就业、消除贫困为主的包容性增长三大战略。智能增长将有助于欧盟成员提高产品和服务的科技含量，开发绿色技术为主的新工艺和新技术，充分利用信息通信技术和网络智能、互联的运输平台等智能交通物流管理，加强"智能电网"和可再生能源网络建设，提高资源利用效率，使用清洁和高效能源，提高产业竞争力，确立未来绿色产业市场上的领先地位。为了抢占绿色产业主导地位，应对全球气候变暖和石化燃料衰竭，美国提出了美国清洁能源战略，通过修改相关法律，提高能源利用效率，减少能源使用，加大风能、太阳能、水电等可再生能源发电的投入，改善电力存储能力，提高"智能电网"的使用效率，提升清洁能源设备制造业水平，推进传统的能源结构向清洁能源结构的转型。日本为了在全球树立"低碳经济"典范和提升产品和服务的附加值，占领产业价值链高端等目的，颁布了日本政府面向 2020 年的"日本新增长战略"，在绿色产业方面，提出了实施有绿色技术上革新带来的环保、能源大国战略，支持可再生能源发展，加快智能电网建设，发展信息技术，推广低碳生活方式等。韩国绿色增长战略是在总统李明博的倡议下，通过大力发展可再生能源和智能电网等绿色技术产业，提高能源自主供应水平和国家绿色产业竞争实力，实现国民经济的可持续发展。

从世界各国关于绿色产业发展战略的实施来看，绿色产业必将成为下一个 10 年经济增长的动力，建立在信息技术基础上的新能源产业将重塑国际产业结构，推动国际产业从高能源消耗、高污染排放为特征的传统工业体系转变为低碳、环保的绿色产业体系。

4. 加快信息技术产业建设，推动现代服务业快速发展

现代服务业是建立在信息技术产业基础上，运用现代科学技术对传统服务业的改造和升级的同时，开发新的服务业态、新的服务方式和管理模式基础上的高水平服务，包括生产型服务业和生活型服务业。相对于传统服务业来说，具有高技术和高知识含量的服务业将成为服务业的主体。

随着全球产业价值链的深度分工，充分利用现代信息技术改造传统制造业，推动了生产性服务业的快速发展。近年来，生产性服务业是世界经济中增长幅度最快的行业，它已经成为外国直接投资的重点（见表3）。在经历了 2009 年和 2010 年的急剧下降后，2011 年服务业 FDI 上升了 15%，达到 5700 亿美元。除了电力、燃气和水以及交通与通信行业的 FDI 增长，占总额 85% 的非金融服务业小幅上涨。金融服务业 FDI 项目价值增长 13%，达 800 亿美元。②

---

① 吕丹. 过度"绿色"的风险 [J]. 首席财务官，2009 (6).
② 联合国贸易和发展组织. 世界投资报告——迈向新一代投资政策 [M]. 北京：经济管理出版社，2012.

表3　2005~2011年FDI项目的部门比例

年份	价值（10亿美元）			比例（%）		
	第一产业	制造业	服务业	第一产业	制造业	服务业
2005~2007年均值	130	670	820	8	41	50
2008	230	980	1130	10	42	48
2009	170	510	630	13	39	48
2010	140	620	490	11	50	39
2011	200	660	570	14	46	40

资料来源：联合国贸易和发展组织.世界投资报告——迈向新一代投资政策 [M].北京：经济管理出版社，2012.

　　服务业占GDP的比重是衡量一个国家是否发达的重要指标，美国、英国等主要发达国家服务业占GDP的比重达70%以上。尤其是生产性服务业在发达国家得到了较充分的发展，形成了鲜明的为制造业生产到消费不同阶段提供服务的产业业态，从产品立项开始进行的可行性研究、风险投资、产品设计、市场营销调研，到产品生产过程中的质量控制，人、财、物的管理和产品的市场营销、物流配送、售后服务等一条完整的产业链。很多发达国家通过产品研发、系统集成和产业标准的制定，拥有技术专利、品牌和渠道，控制着关键技术、关键产品和主流渠道等，本身并不参与制造和生产，依靠提供高水平的服务管理，却在国际分工和贸易中获得绝大多数利益。

　　现代服务业尤其生产性服务业具有智力要素密集度高、产品附加值高、资源消耗少、环境污染少等特点。在信息互联网技术的基础上，加快了服务产品和服务模式的创新，促进了生产性服务业与先进制造业的融合，推动了现代服务业的快速发展，尤其以云计算为背景的现代智能产业将成为人类便捷的生产和生活方式，成为发达国家抢占全球产业价值链高端的核心战略，也是发展绿色产业的重要举措。

〔参考文献〕

　　[1][美]杰里米·里夫金.第三次产业革命——新经济模式如何改变世界 [M].张体伟，孙豫宁译.北京：中信出版社，2012.

　　[2][美]丹尼尔·阿尔特.全球经济12大趋势 [M].陈杰，王玮玮译.北京：中信出版社，2012.

　　[3]董小君.财富的逻辑——美国环环相扣的全球布局 [M].北京：经济管理出版社，2012.

　　[4][英]克里斯·弗里曼.光阴似箭——从工业革命到信息革命 [M].北京：中国人民大学出版社，2007.

　　[5]殷国鹏，陈进.中国服务——全球外包新兴力量 [M].北京：经济管理出版社，2011.

　　[6][美]托马斯·麦克劳.现代资本主义——三次工业革命中的成功者 [M].赵文书，肖锁章译.南京江苏人民出版社，2006。

　　[7][美]约瑟夫·熊彼特.经济发展理论——对于利润、资本、信贷、利息和经济周期的考察 [M].何畏等译.北京：商务印书馆，1997。

　　[8]陈柳钦.产业发展的集群化、融合化和生态化 [J].经济与管理研究，2006（1）.

　　[9]郑明高.产业融合：产业经济发展的新趋势 [M].北京：中国经济出版社，2011.

　　[10]魏澄荣.以科学发展观为指导　促进循环经济的发展 [Z].坚持科学发展　构建和谐社会——全国社科院系统邓小平理论研究中心第十二届年会暨理论研讨会论文集，2007-06-01.

　　[11]郑雄伟.国际科技与产业转移步伐加快 [N].人民日报，2011-09-20.

　　[12]陈宪.论产业跨界融合对服务经济的影响 [J].科学发展，2010-07-15.

　　[13]陈培.后危机时代："低碳"打造中国经济发展的新格局 [J].安徽商贸职业技术学院学报（社会科学版），2010（9）.

　　[14]联合国贸易和发展组织.世界投资报告——迈向新一代投资政策 [N].北京：经济管理出版社，2012.

[15] New Challenges, New Opportunities, by Department of Business Enterprise and Regulatory Reform, Manufacturing, 2008.

[16] 2012 Global R&D Funding Forecast. Battelle. December, 2011.

[17] Peter Marsh. The New Industrial Revolution: Consumers, Globalization and the End of Mass Production [M]. Yale University Press, 2012.

[18] Sherry Stephenson, The Shifting Geography of Global Value Chains: Implications for Developing Countries and Trade Policy [J]. World Economic Forum, 2012.

（本文发表在《国际经济分析与展望》2013 年版）

全球商品链的内在动力机制与外部结构均衡

彭绍仲

摘　要：全球商品链的内在动力机制、外部结构均衡与传统垂直一体化模式具有很大的不同。本文通过对这种准企业内组织各利益主体既相容又排他两个方面的总体关系特征以及市场条件的啮合性分析，探讨了其特征关系所决定的内在动力机制及其与外部市场和产业结构的均衡关系。

关键词：产业组织方式；全球商品链；动力机制；市场与产业结构均衡

一、文献综述

Hopkins 和 Wallerstein（1986）把商品链定义为：一系列国际化、网络型的企业围绕某一种商品或某几种商品，以劳动和产销过程的网络型分工方式，相互间竞争与合作紧密地结合在一起，最终在产销纵向所形成的一种链条式组织模式。自从 Gereffi（1989）首先提出商品链的框架结构以来，许多学者对此做了一定的研究。这些研究主要分为以下几个方面：一是商品链的空间分布和地理延伸；二是商品链的治理结构和投入产出；三是市场不完全性和结构因素对商品链的影响作用以及相应的企业行为选择。在第一个研究领域，研究者从物质流（包括需求来源、资源禀赋、技术、资本和市场渠道等）和信息流等不同角度对商品链空间分布和地理延伸的一般发展趋势以及随时间而变化的结构性分布形态进行考察，给出合理性解释；在第二个研究领域，研究者对商品链各种经济人（利益主体）的相互关系、交易方式以及权利、利润分配进行了实证分析；在第三个研究领域，研究者主要是依据"结构—行为—绩效"分析范式和资产专用性理论，对过剩经济时代企业的全球化产销组织行为和市场结构的可组织性，进行了实证分析和规范研究。但是，商品链这种新型组织模式如何契合各利益主体的内在要求以及这种组织模式如何与市场不完全性和结构因素等各种环境条件啮合的机制，目前尚未得到较全面的揭示和有说服力的解释（Jennifer Bair，2005）。同时，对商品链（企业微观层次）与市场和产业结构变动的相互作用过程则少有专门性的规范研究。对此，本文应用公共选择理论及博弈论方法，对商品链内部各利益主体既相容又排他两个方面的总体关系特征、内在动力机制以及外部市场条件的啮合特点、价格与结构均衡，进行了规范研究与实证分析相结合的探索，得到了较有说服力的解释。

二、全球商品链的内在动力机制

1. 商品链内外各利益主体间的相互关系特征

全球商品链并不是一个一体化的单一企业，而是分环节的众多独立企业之集合，只不过这种集合（也可称之为集团）是由于长期性的合约安排而较稳定地组织在一起，形成了准企业内性质。因此，全球商品链是一种介于企业内和企业间的复杂的组织形态。相应地，这种复杂的组织形态，其内部相互关系也就复杂一些。全球商品链内部复杂性的相互关系主要表现在两个方面：

一是利益上的相关、相容性。由于商品链内各单体企业的投入、产出是紧密关联的——相邻上游企业的产出为下游企业的投入（产出交易使下游企业所得的收益，扣除与上游企业交易的投入成本和生产成本，即为盈利），因而各单体企业投入、产出所获得的收益多寡及所付出的成本能否足额得以补偿，与上、下游关联企业及整个集团相关性很强：一方面，整个集团（商品链）收益的多少及收益状况的改善，有赖于单体企业的活动效率及其对整个集团收益所作出的贡献；另一方面，整个集团收益的多少及收益状况的好坏，直接影响和决定单体企业从集团所获得的收益多寡及所付出的成本能否足额得以补偿。也就是说，从利益的相关性来看，链内各利益主体之间为正和博弈关系，具有利益上的相容性。对任何集团性的组织而言，利益上的相容性均非常重要，否则无法组合在一起（这是由企业的逐利性本质所决定的）。二是利益上的排他性和"搭便车"行为。尽管商品链具有集团性准企业内性质，但毕竟是非一体化的单一企业，因而商品链的这种组织性质就促使链内各单体企业追求利益上的独立性：①由于一定时期内"集团"的收益是既定的（同时，至少还具有部分的公共性质），因而各单体企业在集团收益的分配上，就具有排他性——你多占有了，就意味着我少占有了。也就是说，各利益主体之间为零和博弈关系，所面对的问题就是"分蛋糕"。②如果链内某单体企业的活动对整个集团的收益有较大的贡献，却因收益的公共性——集团中的每一个成员企业均能够共同分享，而只能从集团获得其行动收益的极小份额（尽管获得的收益能足额补偿其所付出的边际成本），那么，集团收益的这种分配性质就会促使集团的每个单体企业"搭便车"而坐享其成，而且集团越大，分享收益的单体越多，为实现集体利益而进行活动的单体企业所能分享的份额就越小。所以，在理性经济人的假设条件下，集团的每个单体企业均不会为集团的共同利益而采取行动。这样，集团利益主体之间就形成了负和博弈关系（曼瑟尔·奥尔森，1971），所面对的问题就是如何能白占便宜（大家均希望分利者越少越好或能形成集团内部性多分利的小集团）。

2. 外部的市场条件及内外利益主体的相互关系

（1）外部的市场条件。商品链的组织和形成与一定的市场条件密切相关。影响商品链的组织和形成的市场条件无外乎三个因素：

一是对低价商品的需求动力。对低价商品的需求动力越强，越有利于商品链的组织和形成（这是由商品链这种新型组织方式之内部化优势——低的组织成本所决定的，同时也是其替代传统垂直一体化组织方式的原因所在）。一般地，低价商品的需求动力越来越广泛而强烈：一方面，随着生产技术和组织手段的不断进步，可以更廉价、更多地生产和供给原先质量水平的产品；另一方面，由于边际消费效用的递减性、个人收入和财富分配的两极化趋势以及不断增多的生产企业、供给能力，人们的收入水平和消费能力相对滞后，这样，在生产企业众多、生产能力普遍过剩的情况下，就只有生产和销售价格越低的产品才能越符合市场的需求。但由于经济发展水平的不平衡性及行业间的供求不均衡性，商品链的组织和形成在区域和行业间的难易程度有很大的差别。二是上游环节标准化生产的行业技术特性。标准化生产的环节越多、程度越高，越有利于商品链的组织和形成。一般地，标准化生产越来越广泛而深入：自欧洲工业革命后的 200 年来，尤其是 20 世纪第二次世界大战后，国际分工、贸易理论与实践的主线是遵循着比较优势原则不断发展而延续至今的，从而不仅在发达国家和发展中国家间形成了一种垂直型的劳动分工和贸易结构，而且形成了高级产品和初级产品间巨大的价格落差。随着发达国家所拥有的技术、资本、管理和市场经验谋求空间上的扩展、规模效益上的提升，以及发展中国家步发达国家后尘、亦步亦趋的工业化，更多的价廉物美的产品或劳动力密集的产业环节可由发展中国家采用成熟技术进行标准化生产，然后通过贸易方式集中性地采购和销售。三是关键和零售环节，存在垄断或寡占性的市场进入障碍或存在垄断或寡占性的市场控制势力。存在垄断或寡占性的市场进入障碍或存在垄断或寡占性的市场控制势力的环节越小、程度越高，越有利于商品链的组织和形成。一般地，存在垄断或寡占性的市场进入障碍或存在垄断或寡占性的市场控制势力越来越广泛而深入：由于竞争规律的优胜劣汰以及伴随着社会经济生活进入后工业时代，关键和零售环节的市场结构日益集中化，垄断势力越来越强，这是经济发展到一定阶段的一般趋势。

三个因素均分别影响和决定商品链不同链环的可组织性（第一个因素影响和决定商品链全程链环的可组织性；第二个因素影响和决定商品链供应环节的可组织性；第三个因素影响和决定商品链关键和零售环节的可组织性），并且随着三个因素条件的范围和程度的不同，可组织的难易程度也不一样。例如，三个因素条件的成熟范围和成熟水平最广泛、最高的两个行业：技术、资金密集型的汽车和信息产品行业与劳动集密型的服装、鞋帽行业，商品链的可组织性就非常强，也最容易。

（2）内外利益主体的相互关系。一体化单一企业的外部关系界面是"清楚和单一的"，所谓"清楚和单一"是指企业的内外关系边界是很容易区分的。但对并非一体化单一企业的商品链组织而言，内外关系边界则要复杂一些：不仅存在集体或集团性的边界和外部关系，而且存在个体性的边界和外部关系。集体或集团性的边界和外部关系，等同于一体化单一企业，我们在此要探讨的是个体性的边界和外部关系。

商品链内各利益主体个体性的边界和外部关系，主要表现为相同产业或产品环节内的同业竞争关系和不同产业或产品环节间的纯市场交易关系。

相同产业或产品环节内的同业竞争关系：一是在市场垄断性的核心和零售环节，商品链内核心企业、零售商与同业间的相互关系为寡头竞争性质（包括质量、价格上的竞争与价格，产量上的串谋或默契两个方面），且随着核心和零售环节市场结构和垄断势力的进一步集中或增强，竞争将有所弱化而价格串谋或默契将有所强化。二是在近似完全竞争的供应环节，商品链内供应商与同业间的相互关系为完全竞争性质。且由于在这些环节中，标准化生产的行业技术特性、众多的生产企业及普遍过剩的生产能力，使竞争关系完全演变为重复斗鸡博弈的内耗性竞争。

标准化生产的行业技术特性、众多的生产企业及普遍过剩的生产能力，这种产品同质、结构分散、争占份额的完全竞争，用博弈论的术语来说，是一种重复斗鸡博弈。由于行业供过于求、结构分散、近似于完全竞争，也就是说需求数量只能保证一部分企业占有全部市场（而不是全部企业），才有盈利。这样，对行业内的企业而言，可能的行动是退出和坚持。如果每家企业均选择坚持，则在每期的博弈中，各家企业均有亏损；如果一部分企业退出，使行业内的供给量≤需求量，那么，剩下的部分企业将产生盈利。在这种消耗战中，纳什均衡存在一个连续区间，一个简单的均衡是：一部分企业坚持（不管其他企业如何选择）；另一部分企业立即退出，这对各企业而言均是最佳选择（艾里克·拉斯缪森，1993）。但是，在各企业的固定资产专用性强的情况下（生产退出或转移的成本很高），那么，每个企业均有可能坚持相当长的时间，以至于它们的损失超过了最后作为幸存者的收益。因为损失不仅在于固定资产的专用性投资，而且在于争夺市场的成本。因此，在这种消耗战中，尽快结束这种没有赢家的博弈，对大家均是一种更好的选择；如果没有办法导致博弈结束，那么，先发制人地逃离、寻求其他需求来源将是一种资产专用性局限条件下的自我奖赏的应对。

这样，结合商品链的组织、形成的市场条件，我们就可以得出以下结论：对商品链的组织和形成越有利的市场条件，或者说，商品链的组织和形成越成熟、越广泛的行业，那么，核心企业就越拥有垄断性的市场势力；相反，供应商间的竞争则越激烈、越倾向于寻求其他需求来源。

不同产业或产品环节间的纯市场交易关系：在不同产业或产品环节间，链内各单体企业的外部相互关系较简单，为纯市场交易关系。但是，这种纯市场交易的外部关系，与商品链的内部性交易有较大的差别，主要表现为：由于市场本身的不完全性、关键和零售环节上垄断性势力的存在，以及经济发展不平衡性、需求偏好特征的变化等，就使按需组织生产的单一企业的交易成本以及交易的不确定性大大增加，同时，即便发生交易，与关键和零售环节上垄断性企业进行讨价还价的价格谈判能力也很弱。

这样，结合商品链的组织、形成的市场条件，我们就可以得出以下结论：对商品链的组织和形成越有利的市场条件，或者说，商品链的组织和形成越成熟、越广泛的行业，那么，核心企业就越拥有垄断性的市场势力；相反，供应商的交易成本以及交易的不确定性越大，越倾向于寻求其他交易形式。

3. 不同合约类型的交易成本及不确定性风险

从各利益主体间的交易关系角度来看，连接链内外各利益主体的合约类型只有两种，一是纯市场交易合约，二是相对内部性的交易合约。虽然合约的类型不同，但均可理解为委托代理性合约。

如前所述，纯市场交易合约，达成合约的成本及不确定性很高，且价格谈判能力很弱。相对内部性的交易合约则有很大不同：

一是合约在利益上相容。根据价格均衡分析，我们知道全球商品链具备组织上的相容性条件（利益主体之间为正和博弈关系，至少边际成本能得到足额补偿）。因而这种链条性组织是一种"一损俱损、一荣俱荣"（单体利益与集体利益相一致）的组织形式，各单体组合在一起，面临的主要问题是：共同"做蛋糕"并把"蛋糕做大"。在把"蛋糕做大"的过程中，大家总是希望"做蛋糕"的企业越多越好，集团规模越大越好。因而总是欢迎具有共同利益追求的行为主体加入其中，可谓"众人拾柴火焰高"（曼瑟尔·奥尔森，1971）。

二是合约的相对稳定。在需求约束条件下和激烈的市场竞争中，对单一企业而言，其产品需求（以市场占有率来度量）随产品的质量、消费者的偏好以及企业的促销作用等因素而发生变化。因而，企业在对产品产量做决策时，需要预测商品不断变化的市场占有率。对商品链内各利益主体而言，不仅商品需求可稳定预期，而且多个利益主体间合约关系是多次性的，亦即相互间均有足够的信心保持长期合约关系，因而具有合约的相对稳定性。

对此，我们可应用马尔科夫转移矩阵模型来说明。俄国数学家马尔科夫，在20世纪初发现了系统的连续性特征（在较短的时间内，一个系统的某些因素的变化，第 n 次结果只受第 n-1 的结果影响——只与当前所处状态有关，与其他无关），并利用概率建立起了一种随机型的时序模型。其基本模型为：$X_{i,j}(k+1) = X_{i,j}(k) P_{i,j}$（$i=1, 2, \cdots, m; j=1, 2, \cdots, n$）。

式中，$X_{i,j}(k)$ 表示商品链第 i 个环节中第 j 个单体企业生产的产品，在 t=k 时刻的状态向量（在同类商品总额中所占的比率，也就是市场占有率），$P_{i,j}$ 表示从状态 $X_{i,j}(k)$ 到状态 $X_{i,j}(k+1)$ 的一步转移概率矩阵，$X_{i,j}(k+1)$ 表示第 i 个环节中第 j 个单体企业生产的产品，在 t=k+1 时刻的状态向量。这样，我们只要能预测 t=k 时刻状态向量的转移概率矩阵 $P_{i,j}$，就能得到 t=k+1 时刻状态向量的数值，并且在较长时间后，如果转移概率矩阵 $P_{i,j}$ 趋于稳定，那么马尔科夫过程则处于稳定状态，与初始状态无关。根据商品链前后关联环节的特征分析，我们知道：商品链第 m 个环节（零售）为垄断性的市场结构，因而零售商在该环节市场上对商品的供给数量具有一定程度的控制能力，不因需求本身的波动而出现大的变化，亦即 $P_{m,j}$（j＜n）会保持相对稳定。由于商品链环间的高度相关性（上、下链环间互为供求关系且供求数量相等），因而，$P_{m,j}$ 相对稳定，那么，$P_{m-1,j}$ 也相对稳定，以此类推，所有的 $P_{i,j}$ 也均相对稳定。根据马尔科夫模型，亦即 $X_{i,j}(k)$、$X_{i,j}(k+1)$ 相对稳定。

同时，即便零售商在供给数量上有主动性的调节，那么，这种数量上的调节反馈到核心企业后，核心企业为保持供给及供应商的稳定，也不是在供应商间同比例地进行调节，而是在保持主要供应商供给量稳定的基础上，通过调节次要和边缘性供应商的供给量而达成目标。因此，对主要供应商而言，长期合约关系及供给量将始终保持相对稳定。亦即 $P_{i,j}$ 为稳定概率，马尔科夫链 $X_{i,j}(k+1)=X_{i,j}(k)P_{i,j}$，处于稳定状态。

三是交易成本低。长期、稳定的内部性合约，将导致交易成本（包括信息搜寻、传递成本和为克服专业化分工的弊端而产生的协调成本）大大下降。一方面，由于在商品链内，信息搜寻、传递效率很高（只需要信息能在相邻的上、下环节间充分、有效地沟通，就可由链环本身的传递性关联效应而保障全环节的信息通畅），因而信息搜寻、传递成本低。另一方面，组织、协调成本低。对于组织、协调和监督者——核心企业而言：①由于只要集中性组织和协调后向环节中的一级供应商以及前向环节中的零售商，而由第一层的供应商对第二层和第三层供应商进行组织和协调，就可组织和协调整个链条，因而组织和协调的跨度小、成本低（包括累积性信息扭曲和效率损失）、效率高（尤其是合约的执行效率），尤其重要的是这种组织协调上低成本的特点，还不因集团规模的扩张而增加多少。②一方面，如前文所述，因合约是多次性和稳定性的，那么，纯市场交易的那种外生的不确定性（双方间的各种机会主义行为）可以在不断地试错中加以剔除，相互均会更倾向于选择自觉遵守合约，从而降低"道德风险"；另一方面，尽管对供应商和零售商执行合约的规范性（包括行为结果、随机风险以及努力程度）进行观察、度量、监督和实施奖惩，存在信息不对称和成本高的问题，却可以在商品链内较好地得以解决（通过集中性地对后向环节中的一级供应商以及前向环节中的零售商进行观察、度量、监督和实施奖惩，而由第一层的供应商对第二层和第三层供应商进行观察、度量、监督和实施奖惩，就可达成对整个链条的观察、度量、监督和实施奖惩之目的），因而不仅大大减少了降低"道德风险"的成本，而且，还可以通过多种方式达成合同的优化（如达成某种程度的参与约束），进一步控制和降低"道德风险"。

4. 商品链的动力机制

（1）对参与商品链的供应商而言，加入商品链，一是具有自我奖赏激励（得以逃离重复斗鸡博弈）；二是具有交易成本和不确定性风险低占优选择性激励（信息搜寻、传递并达成交易的跨度小、效率高，同时由于交易次数多，链内的相互关系趋向于长期性并相对稳定，因而不确定性风险低）；三是具有边际成本定价基础上的规模效益激励（在价格均衡机制基础上，由于分工水平提高，横向规模性的扩张弹性得以加强）。

（2）对零售商而言，加入商品链，具有"风险能够分散，利益上不受损失"的帕累托改进激励：尽管要把零售商组织纳入商品链这个相对内部性的一体化组织中来，难度较大（伴随着社会经济生活进入后工业时代，零售业日益规模化、集中化，零售业的买方势力越来越强，这是经济发展到一定阶段的共同规律），但是，通过利益共享、风险分担的"委托—代理关系"又是可以把其组合在一起的。之所以能组合在一起，主要是因为零售商通过市场交易组织货源存在着某种程度上的非对称信息，因而要承担不确定性风险（包括道德风险与逆向选择）。通过商品链内的利益共享、风险分担的长期、稳定性合约而与商品链的组织者——核心企业紧密地组合在一起，则零售商仅需承担商品滞售和失败的风险，而组织货源存在的非对称信息而产生的不确定性风险就完全转移到商品链的组织者——核心企业身上，利益上不受损失（两环节不仅均可实现垄断性加价，而且还可获取长期合作的协同效应）。

（3）对商品链的组织、协调和监督者——核心企业而言，发起和组织商品链，一是可以获得关键环节投入、生产上的垄断性加价收益；二是具有交易和协调上的低成本优势（商品链不仅具有"交易成本低"的组织结构特点，而且具有"赏罚分明"地实施约束、奖惩的低成本特征）；三是可通过利益共享、风险分担的强制性约束（主要是合同的优化，如增加参与性约束条款），大大降低供应商的不确定性道德风险。而且集团规模大、成员多，信息搜寻、传递、达成交易以及"赏罚分明"地实施约束、奖惩的成本并不随着集团规模的扩张而增加多少，因而，商品链这种新型组织方法很好地解决了"信息和组织成本随着集团规模的扩张而剧增，以至于收益的增长赶不上信息和组织成本的增长而难以为继"的问题。也就是说，商品链这种新型组织方法，对核心企业而言，还具有规模性扩张上的激励作用和成本优势，而不像"全能"型传统垂直一体化企业那样，因科层组织的内部缺陷而出现规模上的障碍。

5. 合作的稳定性

博弈论的模拟实验表明（Deutsch, 1958）：只要参与性合同的优化，达到"善良"（从不首先背叛）、"可激怒性"（对于对方的背叛行为一定要报复，不能总是合作）、"宽容性"（不能人家一次背叛，你就没完没了地报复，以后人家只要改为合作，你也要合作）、"清晰性"（策略上并不复杂，能让对方在三五步对局内就辨识出来）四项要求，就可保障合作的稳定性（这四项要求均可在链内通过合同优化得以反映）。而且，一般地，合作性会越来越强，具有不可逆性，合作的群体会越来越大，最后蔓延到整个群体。原因在于：稳定的合作是以对方的利益为基础的。

6. 结论

综合前文所述，商品链的动力机制，不仅包括对供应商和零售商的显性激励（如交易成本低、紧密互动、配合的协调效应以及资产专用性的浮获性激励等），而且包括对供应商和零售商的暗合性激励（如自我奖赏、降低不确定性风险以及帕累托改进激励等）和约束作用（不确定性风险控制和交易成本的弱增性），以及对商品链的组织、协调和监督者——核心企业的规模性扩张激励。

三、全球商品链的市场结构均衡

1. 规模性扩张的激励、成本优势与优化路径

我们已探讨过商品链纵向的最优化路径选择。前文又探讨过商品链的规模性扩张动机与成本优势，在此，我们要探讨的是商品链横向的最优化路径选择。具体为：以核心企业而言，针对全程产业环节，何种横向市场占有率水平，能达成最优的结果——收益最高。由于以最终产品度量，商品链内各环节间的商品数量相等，因而，按市场占有率度量，横向的路径选择仅有高、中、低三种占有率情况可供选择。那么，在核心企业控制着垄断性的关键环节的情况下，根据最优性原理的迭代求解，不难得出最优化路径为：市场份额的高占有率。

2. 改变结构的能力

根据波特的"产业竞争力"模型，我们可以对商品链影响和改变市场结构的能力进行分析。波特认为，产业竞争规律和企业占有份额的变化体现于五种竞争作用力的综合结果：新的竞争对手入侵、替代品或服务的威胁、客户的砍价能力、供应商的砍价能力，以及现存竞争对手之间的竞争（见图1）。一方面，五种作用力的任何一种均由产业供求结构或市场基本的经济和技术特征所决定；另一方面，企业可通过其战略、行为对五种作用力施加影响——影响或改变竞争作用力的总体或相对力量，从而影响和改变结构，甚至从根本上改变竞争规律。

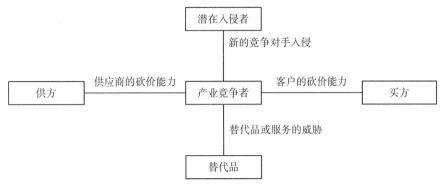

图1 波特产业竞争力模型

从产业内的竞争性质来看,商品链的后向供应环节,均接近于完全竞争(实际上供给过剩)的行业,因而,处在这些行业中的企业,竞争激烈、盈利水平较低;但在商品链的关键和前向的零售环节,则大有不同:因属于垄断性竞争性质,即便供求基本平衡,环节内原有的较高盈利能力仍能够维持。从客户的砍价能力来看(对零售环节而言),尽管客户的砍价能力较强并逐步提高,一定程度上影响和降低了产品售价,同时,也影响和提高了生产、服务成本,进而降低了产品的盈利能力;但在垄断性供给结构的情况下,这种影响是非显著性的。从供应商的砍价能力来看,供应商的砍价能力很弱,因而不会影响和提高核心企业原材料成本和零部件采购成本。从替代品或服务的威胁来看,一般地,商品链所产销的产品及服务的专业性较强,替代性弱,因此,总体上,替代品或服务的威胁很小。从新的竞争对手入侵与竞争的强化来看,由于商品链的关键环节中存在并维持着垄断性加价的高盈利情况,因而,存在新的和潜在竞争对手入侵与竞争强化的趋势(这种趋势的强化,甚至即便是威胁性的存在,就会影响价格以及竞争的成本,如生产设备、产品开发、广告促销和人力资本成本等),但由于关键和零售环节中存在资本、技术以及组织、管理、品牌等较高的进入壁垒,同时,核心和零售企业又通过进一步强化垄断势力来予以应对,因此,总体上,尚难形成现实的威胁。这样,五种竞争作用力的综合结果表明:对商品链核心企业而言,在五个作用力方面均具有很强的竞争能力,因而,可以通过其战略、行为对五种作用力施加影响——影响和改变竞争作用力的总体力量,从而影响和改变结构,甚至从根本上改变竞争规律。

3. 组织的边界及结构改变的程度

如果商品链的组织规模可以达到很高程度,那么与其动机和能力的结合,就足以改变市场结构。按照经济学的经典理论,单体企业是有规模边界的,其边界就是当边际成本与边际收益相等时的规模(这时规模最佳、利润最大)。但是,作为一种企业间的组织,商品链的规模边界问题,则超出了经典理论的范畴(产业组织理论的新发展则用交易费用来解释企业的边界,内部交易替代外部市场交易,交易费用的节约是企业边界扩张的内在原因)(Coase,1937;Williamson,2002)。根据价格均衡分析,我们知道:在商品链的各后向环节,企业是按边际成本定价的。那么,其边际收益是否与边际成本相等,从而形成规模最佳、利润最大的企业边界呢?实际情况基本如此:由于这些供应商间的竞争很激烈(重复斗鸡博弈),它们会想方设法降低边际成本,其中竞争胜出而加入商品链的供应商,其边际成本最低、规模最佳。对核心企业所涉及的关键零部件生产和最终产品装配本身而言,情况也基本类似。但是,对核心企业而言,不仅要考虑本身生产上的最佳规模,还要从商品链全程环节出发来考虑最佳规模问题。也就是说,要考虑整个组织链条的规模性边界。如果整个链条的产销组织规模可以做到很大,那么,供应商和核心企业的规模性边界问题,则可以通过单纯数量(生产车间)的增加而扩大规模边界。那么,如何从商品链全程环节出发来考虑最佳规模问题?实际上,这一问题并不复杂,只不过是一个最优性的问题罢了。具体而言，这一最优性问题为：对核心企业而言，针对全程产业环节，多大的组织规模能达成最优的结果——投入少、产出多（收益最高）。对核心企业而言，其投入、产出过程是：以边际成本的价格采购供应商的零部件，然后加上自己生产的关键部件，进行总装，基于采购成本和自身的生产成本，加上垄断性加价，再特约委托给零售商销售。只不过在此之外，还有整个链条稳定运转的组织、协调成本。因而，核心企业的边际收益函数可表示为：$Y=(P-C)\times Q$（式中，P 为垄断性加价，C 为组织、协调的边际成本，Q 为产量）。

因此，当边际收入 $Y=$ 边际组织、协调成本 C 时，规模最佳、利润最大。尽管商品链在核心企业发起和组织初期，组织、协调范围涉及全程链条的各个链环，但一旦稳定运作后，组织、协调范围则大幅度缩小，仅需主要集中于一级供应商和零售商就可以了，其他由一级供应商所承担。类似地，一级供应商的组织、协调责任和成本由二级供应商所承担，同时，生产上的边际成本，因成本曲线的原因（一般地，商品市场的交易价格往往是以最高边际成本竞争者为基础形成的。各竞争者成本水平却因规模、管理等有较大的不同，因而，按照成本由低到高的顺序排列所有的竞争者，就可得到一条行业供给的阶递式成本曲线，最高边际成本竞争者与最低边际成本竞争者之间落差的均值代表了整个行业的平均边际成本），而经过挑选的商品链内的供应商，普遍规模较大、管理水平较高，加之核心企业的需求驱动和技术、管理支持，因而，边际成本低于行业的平均水平。当然，上述理论能够成立，必须满足：（链内的边际采购成本＋链内边际组织、协调成本 C）＜（纯市场化的边际采购成本＋交易成本）。实际上，如前所述，当商品链稳定运作后，链内的边际采购成本、链内的边际组织、协调成本均很低，不仅满足以上条件，而且，从实践的经验数据来看，往往表现为 $P>C$。当 $P>C$ 时，那么，Q 越大，则 Y 越大。也就是说，现阶段的商品链组织还尚未达到最佳规模（商品链的最佳规模可以远远超过传统垂直一体化的企业，即便是年营销额已超过了若干个国家 GDP 总和的沃尔玛公司，2005 年第一季度销售收入为 709 亿美元）。

正因为商品链的最佳规模可以远远超过传统垂直一体化的大企业，所以它能够显著地改变商品链条中一些关键环节的市场结构，并通过这些环节市场结构的改变，进而改变整个产业结构。如沃尔玛公司，不仅已改变了美国和相当一些国家的零售市场结构，而且沃尔玛结构性扩张的步伐仍有增无减，除了食品百货和电器，它甚至开始销售汽油和旧车，并且聘请时装设计师为沃尔玛设计独立品牌的高级时装。在美国，大大小小的百货店被它蚕食之后，一些专业的电器店也已经感到大难临头，汽车代理商也看见了头上的阴影。

4. 结构的均衡

由于商品链相对其他市场对手具有显著的竞争优势，因而它会影响和改变市场结构，那么，在这种情况下，市场结构将改变到何种程度而达成彼此力量的均衡呢？为简便起见，我们不妨保守一些，假设结构变化的速度较慢，这样就可把这种结构性均衡描述为以下模型：

$$\begin{cases} 1 = x + x' + x'' \\ x = a + bx' \end{cases} \quad (a>0,\ 0<b<1)$$

式中，x 和 x' 为内生变量，分别表示不同的组织方式销售的产品所占有的市场份额，x 代表商品链组织方式，x' 代表其他集团性组织方式或可集团化的单体企业方式，x'' 表示外生决定的不可集团化的单体企业销售的产品所占有的市场份额。第一个方程为两种组织方式所占有的市场份额加总等于100%；第二个方程是增长函数，为行为方程，亦即商品链组织方式所销售的产品以一次线性方程形式增长，函数中的两个参数 a 和 b 分别代表商品链组织方式销售的产品所占有的初始市场份额及其增长率。

显然，两个方程中包含两个内生变量，它们既不存在函数相关，也非互不相容。因此，我们可以求出以参数 a、b 和外生变量 x'' 表示的 x 和 x' 的均衡值 x^* 和 $x^{*'}$。

将第二个方程代入第一个方程，可将其简化为一个仅包含变量 x′ 的方程，因而就得到 x′ 的解值（均衡值 x*′）为：$x*' = \dfrac{1-a-x''}{1+b}$。

将上式代入第二个方程，则得到均衡值 x*：

$x* = \dfrac{a+b(1+x'')}{1+b}$（因 $0<b<1$，因而 x* 值较大，那么，意味着其所表示的市场占有份额很高）

5. 结论

（1）商品链横向的最优化路径选择为垄断性市场结构。

（2）对商品链核心企业而言，可以通过其战略、行为影响和改变市场及产业结构，甚至从根本上改变竞争规律。

（3）商品链的组织规模可以远远超过传统垂直一体化的企业，市场及产业结构的均衡点很高，可以达到一定程度的市场及产业寡占。

四、对策建议

大型装配、贸易和零售企业在发起和组织商品链时，在利益相容性基础上，最佳的动力机制是：能够改进上、下游关联企业的竞争绩效，同时从对方的角度出发勇于分担风险并适当地参与监控。

在国内，情况可能恰恰相反：一方面，国内装配、贸易和零售企业在供应商组织中的普遍性做法是，不问其绩效能否改进，任其由竞争淘汰、自生自灭。尤其是拥有越来越强买方势力的零售企业，还通过向供应商收取进场费、上架费、新品费等附加费，以及通过延期付款、无理由退货等手段转嫁零售风险。另一方面，国内转轨时期的商业秩序、企业信用要差一些，供应商的不确定性风险要大一些，因而，即便装配、贸易和零售企业分担风险并参与监控，监控也很难到位并发挥作用。这样的情况，就导致了相互抵触、恶性循环的局面。

实际上，我国内需规模大，同时存在着量大面广的低价商品供应商，此外，在全球中、低档产品上又具有显著的价格竞争优势，因此，对国内大型装配、贸易和零售企业而言，顺应组织方式变革的要求，发起、组织商品链具有得天独厚的条件。

要改变国内目前的不利局面，发挥优势，一是国家有关部门要大力整顿市场秩序和重点抓好企业信用建设；二是大企业首先要转变观念，目标要设定为真正成就富有竞争力的大企业，抵制低价至上的短视行为；三是国内中小供应商要通过利益的双赢性与大型装配、贸易和零售企业建立持久的关系（不要小聪明，不占人家便宜，这样，才能使合作基础牢固起来）。

〔参考文献〕

[1] 金碚. 中国产业国际竞争力 [M]. 北京：经济管理出版社，1998.

[2] 李海舰，原磊. 基于价值链层面的利润转移研究 [J]. 中国工业经济，2005（6）.

[3] 李海舰，原磊. 论无边界企业 [J]. 中国工业经济，2005（4）.

[4] [美] 曼瑟尔·奥尔森. 集体行动的逻辑 [M]. 上海：上海三联书店，上海人民出版社，1992.

[5] [美] 蒋中一. 动态最优化基础 [M]. 北京：商务印书馆，2003.

[6] [美] 艾里克·拉斯缪森. 博弈与信息 [M]. 北京：北京大学出版社，生活·读书·新知三联书店，2003.

[7] 崔鹏. 谁能阻止沃尔玛 [J]. 商务周刊，2003（24）.

［8］［英］亚当·斯密. 国民财富的性质和原因的研究 ［M］. 北京：商务印书馆，2004.

［9］［英］阿弗里德·马歇尔. 经济学原理 ［M］. 北京：华夏出版社，2005.

［10］［英］约翰·梅纳德·凯恩斯. 就业、利息和货币通论 ［M］. 北京：华夏出版社，2005.

［11］［法］J–J. 拉丰. 经济理论的进展 ［M］. 北京：中国社会科学出版社，2001.

［12］［美］道格拉斯·盖尔. 一般均衡的策略基础 ［M］. 上海：上海三联书店，上海人民出版社，2003.

（本文发表在《中国工业经济》2006 年第 1 期）

参与产品内国际分工模式对技术进步效应的影响

——基于中国四个制造业行业的微观检验

王燕梅　简　泽

摘　要：本文提出了中国制造业参与产品内国际分工的两种模式：被动吸纳型和主动参与型。两种模式的本质区别在于参与国际分工的主导权是掌握在跨国公司手中还是本土企业手中，反映在代表性行业层面，就是参与国际分工的一些特征变量表现出显著的行业差异。分工模式影响到技术进步效应，对四个行业进行的微观层面实证分析结果显示，无论是进口还是"干中学"，主动参与型模式对企业技术进步的贡献力度都优于被动吸纳型模式。在被动吸纳型模式下，进口技术溢出效应小于"干中学"效应；而在主动参与型模式下，进口技术溢出效应是"干中学"效应的两倍以上。这意味着，为促进主动参与型模式下外源技术进步的内部化，企业要高度重视自主创新能力培育。

关键词：产品内国际分工；技术进步；中国制造业；竞争优势

一、问题提出

目前的国际分工格局中，发达国家和发展中国家企业共同纳入全球分工生产体系已经成为一个最重要的特征。发展中国家参与国际产品内分工并非仅有一种模式，以往研究中国企业参与国际产品内分工的论著，基本上只关注到了中国企业以代工方式加入跨国公司主导的分工体系这一种模式，而忽视了进口高技术含量的中间投入品以形成整机生产能力后在国内销售的模式。

参与产品内国际分工是后进国家企业获得外源技术进步的一个重要途径，分工模式同样会影响到技术进步效应。关于参与产品内分工对于产业竞争力、企业效率以及技术进步的作用，国外研究大多以跨国公司主导的国际分工体系中的发达国家企业为对象，认为由于将非熟练劳动力投入较多的生产环节转移到发展中国家，因而提升了发达国家的企业效率和整体技术水平（Feenstra、Hanson，1995）。但是，对于发展中国家而言，参与国际分工往往是处于被选择的位置，能否提升本国的产业竞争力和技术水平，以及这种提升是否存在"天花板"的问题，理论和实证研究均存在较多争议。受数据可得性的制约，国内对于参与国际分工与竞争力关系的研究，基本上都是从产业层面进行的，极少数利用企业数据进行的实证分析（陈勇兵等，2012），也止步于进口中间投入品对于企业生产率的方向性影响。从实证研究的变量选取来看，国内一些研究选择了较为综合性的垂直专业化指数作为自变量，从产业层面检验了我国各产业参与国际分工对国际竞争力和生产率的影响。有较多研究肯定了参与国际分工对我国产业竞争力以及技术进步的正向影响（张小蒂、孙景蔚，2006；胡昭玲，2007；徐毅、张二震，2008）；但是，也有实证分析结论显示，垂直专业分工并没有明显改善中国内资企业生产率，而中国的技术升级却在很大程度上受制于跨国公司的生产和出口网络（孟祺、隋杨，2010）。虽然也有研究注意到了在参与国际分工影响产业竞争力方面所表现出的行业差异，例如，不同要素密集度行业（劳动密集型和资本密集型）之间的差异，但并没有从参与国际分工模式的维度对行业差异做出进一步分析。

本文提炼出中国制造业两种参与国际产品内分工的模式，从主导者及其分工目的、投资和贸易特征、代表性行业及其产业链特征等方面的差异入手，对两种分工模式进行了理论上的区分，并进一步探讨了两种分工模式下产业技术进步效应的差异。在此基础上，利用中国微观层面的企业数据，从四个代表性制造业行业入手，实证检验了两种参与国际分工模式下的技术溢出效应和"干中学"效应。

二、中国企业参与产品内国际分工的两种模式

关于产品内国际分工，已有的研究虽然有不同的表达方式，如垂直专业化、价值链分解、国际化生产分担、外包、国际化生产网络等，但实际观察和表达的几乎是同一个现象，即发达国家的跨国公司通过在新兴工业化国家和地区的加工组装业投资，建立起"世界工厂"或"制造飞地"，各加工组装点之间产生大量的零部件或中间品贸易。然而，还有一类产品内国际分工却一直受到理论界的忽视。以中国的机械装备制造业为例，20世纪90年代以来，随着整机生产能力的提升，中国走过了一条从大量进口技术装备整机到大量进口关键零部件的发展路径。这也是一种参与产品内国际分工的方式。两种模式的本质区别在于主导者及其分工目的不同，并体现为投资和贸易特征方面的显著差异，一个产业主要以哪种模式加入国际分工则取决于产业链特征，要素禀赋演进下两种模式的形成路径也有很大不同（见表1）。

表1　中国企业参与产品内国际分工的两种模式

模式	主导者	目的	投资与贸易特征	代表性行业	必要条件
被动吸纳型	跨国公司	提高产业链整体效率	FDI比重高，出口加工贸易特征明显	消费品行业，主体市场在发达经济体，如纺织服装、电子通信	1. 生产环节可分离程度高 2. 各环节要素密集程度差异大 3. 国家间的要素富集差异大
主动参与型	本土企业	产品升级，替代进口	FDI比重不高，出口加工贸易特征不明显	投资品行业，主体市场在新兴经济体，如机床、工程机械	1. 生产环节可分离程度较高 2. 各环节要素密集程度差异较大 3. 国家间的要素富集差异大

1. 两种模式的主导者及其分工目的

前一种产品内国际分工模式是由发达国家的跨国公司主导的，其主旨在于充分发挥各个国家和地区不可流动要素——如劳动力、土地等的比较优势，提高其掌控的产业链的整体效率。后一种模式的主导者是发展中国家的本土企业，其驱动力在于，在巨大的国内市场的拉动下，本土企业实现产品升级、替代进口的努力，主旨是通过进口关键零部件，解决中高端产品生产能力从无到有的问题。因此，本文将中国企业在前一种模式下参与产品内国际分工命名为被动吸纳型模式，而将后一种模式命名为主动参与型模式。

2. 两种模式的投资和贸易特征

发展中国家企业参与国际分工一般有三个渠道：外商直接投资（FDI）、进口装备和中间投入品、出口产成品。两种模式在投资和贸易特征方面表现出显著差异。以被动吸纳型模式参与产品内国际分工的发展中国家企业，大多采用FDI和加工贸易的方式，而加工贸易则体现为大量进口中间投入品和出口产

成品。与被动吸纳型模式相比，以主动参与型模式加入产品内国际分工的发展中国家企业，并不具有明显的 FDI 和加工贸易特征，参与国际分工的渠道主要就是进口关键中间投入品，与大量进口中间投入品加工组装再出口的被动吸纳型模式相比，来自进口的中间投入品比重也相对较低。这两种模式具有明显的行业集中特性，即在一些行业前一种模式占据主导地位，而在另外一些行业后一种模式占主导地位。因此，本文把 FDI 强度、进口中间投入品强度、出口产成品强度作为参与国际分工的行业特征变量。

以被动吸纳型参与产品内国际分工的代表行业有电子通信、纺织服装等行业，而以主动参与型模式参与产品内国际分工的代表产业则集中在投资品行业如机床、工程机械行业。这种行业集中性得到了来自行业层面统计数据的支持。从外资比重、出口占产成品比重来看，电子通信、纺织服装行业要远高于制造业平均水平，而机床和工程机械行业则相反。加工贸易特征方面，尽管纺织服装和电子通信行业的加工贸易进出口额占外贸进出口额比重已经从历史高位连续下降，但仍显著高于机床和工程机械行业。

3. 两种模式下代表性行业的产业链特征

两种模式下代表性行业的生产环节可分离程度、各环节要素密集程度也存在较大差异，并成为一个产业以某种模式而不是另一种模式加入产品内国际分工的必要条件。以电子通信产品与机床产品为例，两者的价值链分布就有很大不同。电子通信产品是中国加工贸易生产方式最为集中的产业。日本《ジェトロ貿易投資白書》(2008) 统计了世界 IT 相关设备中，零部件出口和最终成品出口的相对比例，2007年，世界平均为 1∶1，美国为 1.08∶1，日本为 1.47∶1，而中国为 0.52∶1。IT 产品组装是劳动密集的环节，中国大量进口零部件而出口产成品的贸易结构，充分反映了电子通信产业价值链各环节要素密集程度的巨大差异以及中国在国际分工中的位置。消费类电子产品的结构、零部件数和制造工序等一般较为简单，尤其是生产流程中的劳动密集部分，并不需要太多的专业技能而更重视对制造成本的节约。但是，与电子通信产品不同，机床等机械装备产品更为复杂，需要范围较广的专业技能，无论是部件生产还是最终产品的集成，都更关注企业作为专业厂商的技术力量。虽然生产环节可分离以及各环节要素密集程度差异是产品内国际分工的必要条件，但是机械装备类投资品，其价值链各环节间的要素密集程度差异要小于电子通信类产品，而各生产环节的可分离程度也低于电子通信类产品。

产业链特征方面的差异根源于行业间技术经济特性差异。机床以及工程机械行业都是装备制造业的重要代表，装备制造业所特有的产业技术经济特征也同样体现在这两个行业：一是产品都具有多品种、小批量，甚至按单定制的特点，企业必须与客户建立起紧密的长期协作关系，在与客户的合作中共同创造产品价值；同时，产品的柔性化生产也对企业内部生产组织提出了柔性化和开放性的要求。二是生产过程具有技术集成性和组装性特点，许多重要的基础零部件是行业核心技术的载体；集成技术以及与其相关的设计规则、行业标准，同样是装备制造业的技术制高点。上述产品和生产过程的特点决定了，必须加强企业内部各生产工序之间，以及上下游生产企业之间的协同，因而各生产环节之间的可分离程度相对较低；而加工组装环节的技术要求不逊于关键零部件，也导致了价值链各环节间的要素密集程度差异缩小。

4. 要素禀赋演进下两种模式的形成路径①

尽管产品内分工已经成为最主要的国际分工形式，但是国际分工的基础仍然是国家间的要素禀赋差异，只不过这种要素禀赋差异的形成中，后天培育的作用取代了先天的自然禀赋。在产品内分工占据主导地位的国际分工格局中，一些高技术产品由于能够分离出低附加值生产环节，因而能将其配置到劳动力、土地等要素相对丰沛的国家和地区，这样的国家和地区就以被动吸纳型模式参与了产品内国际分工。国际生产网络也呈现出动态的演进，一些发展中国家通过努力提升要素素质从而能够使自身的分工

---

① 这里仅从发展中国家企业的角度讨论其选择某种模式而不是另外一种模式参与产品内国际分工的原因。

地位获得进一步的提升，一方面能够承接更高附加值环节的生产转移，另一方面有可能将参与国际分工的主体模式转向主动参与型。

发展中国家企业以被动吸纳型模式参与产品内分工，是由于所处产业以及区域的比较优势等因素吸引了跨国公司，是由跨国公司投资或者被"俘获"而进入全球生产体系的。具有生产环节可分离程度高、各环节要素密集程度差异大等特征的行业，更具有通过将产业链上各个价值环节按照国家和地区的比较优势进行空间布局，从而将全球价值链的整合功能发挥到极致的天然条件。因此，首先进入在全球价值链上掌握控制力的跨国公司视野的，就是发展中国家处于这些行业的企业。发展中国家在经济起步阶段，在劳动密集型产品和劳动密集型生产环节上具有比较优势。中国参与国际分工，也是作为发展中国家从事劳动密集型产品的加工贸易生产开始的，首先加入的是服装、玩具、鞋帽等劳动密集型行业的国际生产体系，然后逐步进入机械、电子等资本、技术密集型行业的劳动密集型生产环节。

发展中国家企业以主动参与型模式加入产品内国际分工，是在国内相关产品市场需求结构快速升级的激发之下的主动行为，与被"俘获"无关。以复杂机械装备为例，一方面，进入21世纪以来，随着中国工业化、城镇化进程的快速推进，国内市场对中高端机械装备的需求大幅增长，但是企业的生产能力还集中于中低端产品。近年来整机的研发设计和制造能力有了大幅提升，高端产品零部件生产能力的不足对于产品升级的制约就越发凸显。因此，发展中国家企业具有通过进口先进的中间投入品，建立起高端产品生产能力的主观意愿。另一方面，这些行业的生产环节可分离程度、各环节要素密集程度差异虽然也处于较高水平，也形成了一定的全球生产网络，但跨国公司主导的产业链跨国布局或者全球生产网络并没有成为主流的生产方式，而且这些行业的主体产品市场在中国这样的发展中国家，因而客观上也就不存在较多的以加工贸易等方式进入全球生产网络的机会。

三、两种分工模式下的产业技术进步效应

1. 即期的外源技术进步和内部化的技术进步

理论界一般从内生技术进步和外源技术进步两个来源分析处于技术追赶国家的技术进步源泉。内生技术进步来源方面，动态比较优势理论从"干中学"（Learning by Doing）、研发投入、人力资本投资等途径探讨了技术进步的机理。Arrow认为，"干中学"效应是一种由过去积累的产量形成经验和知识的积累，并进而推动当前生产率提高的动态规模经济效应。Krugman（1987）将"干中学"机制引入动态比较优势理论中，指出如果一定时期内"干中学"效应导致了各国不同部门的生产技术优势发生相对变化，则原有的比较优势格局将相应改变。与作为副产品的"干中学"不同，研发和技术创新是企业有意识采取的行为，是由厂商理性决策产生的，这也是经济当中最重要的一种技术进步方式。外生技术进步来源方面，在跨国公司主导的全球生产网络中，有意识的技术转移活动会随着相关知识的内部化而促进本土企业的技术进步；无意识的技术转移广泛存在于各种参与国际分工的方式之中，以国际产品内贸易为例，贸易原初的目的不在于技术转移，但是从技术先进国家进口的零部件和设备，无论是否为加工贸易活动的组成部分，都会形成或多或少的技术溢出。

从时间维度来看，技术进步是一个长期和多因素共同作用的结果。仅从外源技术进步效应来看，有些技术溢出的效果是非常直接的，能够体现在当期生产率改进上，如进口中间投入品；但更多渠道的技术溢出的效果会受到多种因素的影响。内源技术进步中，"干中学"效应正是体现了经验累积的效果，企业一旦选择了能够有效促进自身发展的产品领域，就会通过"干中学"效应不断积累人力资本和技术

能力，进而不断强化已经形成的竞争优势。从长期来看，无论是促进自主技术进步的研发活动还是来源于国外的技术溢出，以及人力资本积累的效果都会体现为企业生产规模的扩大，从而不断累积生产经验。技术转移的效果受到各种因素的作用恰恰说明，外来的先进技术除了少数能够体现为企业当期的技术进步，大部分还要经过或长或短的过程才能内部化为企业自身的技术能力，而这个或长或短的过程也就是企业积累生产经验的过程。因而，"干中学"效应既是技术能力、人力资本积累的重要方式，也是研发活动、技术溢出和人力资本投资的长期结果。

因此，在开放经济条件下，可以把技术进步效应按照来源区分为即期的外源技术进步和内部化的技术进步。前者是直接来源于技术溢出的，即 FDI、出口以及进口中间投入品对技术进步的即期作用，可以称之为技术溢出效应；后者是通过企业生产经验的积累形成的，用"干中学"效应来归集。这种划分并不是单纯地把技术进步按照技术来源划分为外源技术进步和内源技术进步，而是立足于后进经济体技术进步的路径。技术溢出效应和"干中学"效应，反映了参与国际分工所获得的技术进步效果由表及里的逐步渗透。以进口中间投入品所体现的外源技术进步最为直接，但是这种技术进步对企业的影响尚停留在表层，未渗透到企业生产经营活动的更深层次；以"干中学"反映的自主技术进步的来源则更为复杂和迂回。进口中间投入品的技术溢出效应最为直接，是以进口中间投入品中的先进技术直接进入最终产品的方式来提高企业生产效率；而"干中学"效应则是经验、人才、技术能力等多方面长期积累推动的生产率提升，是外来技术内部化以及自主技术创新转化为企业技术能力的反映。

2. 参与国际分工模式影响技术进步效应的机理

被动吸纳型模式下，本土企业参与国际生产网络是跨国公司通过直接投资和生产外包进行生产布局的结果，跨国布局及其调整的依据是追逐生产环节的要素需求与东道国比较优势要素的动态匹配，因而布局在发展中国家的生产环节往往是劳动密集型生产环节，以充分发挥东道国劳动力的比较优势。在这一控制权目标之下，跨国公司对东道国企业技术进步的影响体现在以下三方面：一是通过有意识的技术扩散"培养"投资企业或"接包"企业的技术能力，使其更好地发挥比较优势，强化比较优势。这种技术能力的提高，从全球价值链理论对于产业升级类型的概括来看，主要集中在工艺升级和产品升级阶段。二是对跨越现有价值链定位、培育新的比较优势的技术进步活动的"抑制"。跨国公司进行全球生产布局的目的是追求生产网络的整体效率提高，对于投资企业或"接包"企业在产品价值链上的位置都有明确的定位。在控制权较为强大的情况下，东道国企业不可能进行跨产业环节和产业链的相关创新活动。因此，如果在产业范围内没有大的技术突破以致全球生产网络的结构产生变化，发展中国家企业从低附加值环节向高附加值环节、从低附加值产业链跨越到高附加值产业链的技术创新活动将受到抑制，会遭遇到技术进步的"天花板"效应。三是跨国公司生产布局的空间调整也将影响东道国企业的技术进步。一方面，产业重大技术突破会改变价值链内部各环节的价值结构；另一方面，全球各地区的要素禀赋也处于动态变化之中。

主动参与型模式下，发展中国家企业缺乏来自全球生产网络内部有意识的技术扩散的"培养"，此外也因为掌握了技术创新的主动权而具有更强的能动性。在改革开放初期，中国企业通过签订技术合作协议，引进先进设备和生产方式加以消化、吸收等方式较快地提高了技术水平，但随着中国企业实力的增强和国际市场份额的提升，国外同行日益感受到竞争压力，对中方的技术转让趋于保守，建立在技术引进基础上的技术进步的可持续性受到严重威胁。这也是一种因外来技术来源枯竭而出现的技术进步的"天花板"效应，其成因与被动吸纳型模式下所遭遇的技术进步"天花板"效应极其相似。但是，由于技术进步的主动权掌握在发展中国家企业手中，因而在主动参与型模式下，发展中国家企业就有可能冲破"天花板"的阻碍，实现持续的技术进步而进入更高端的生产环节和产业领域。这种持续技术进步的实现需要来自创新动力、创新能力方面的支撑，以及寻找到适用的集成国内外资源、以我为主的技术创新路径。目前，主动参与型模式下的中国企业并不缺乏推动技术进步的动力；无论是在资金能力积累还是技术能力积累方面，中国企业也都达到了前所未有的水平。技术创新路径方面，为突破技术进步的"天花板"效应，一批企业走上了"以我为主，集成外部资源"的道路，绕开技术创新"短板"而发展重大装备的技术集成能力。复杂装备制造的产业链条长，一家企业不可能也没必要掌握每一项技术、每一个零部件的生产能力，在国内尚不掌握某一项关键技术或关键零部件生产能力的情况下，通过进口关键零部件可以补足"短板"，首先发展起整机生产能力。在这一技术创新路径中，随着自我技术能力的累积提升，进口中间投入品不再是技术进步的主导推动力量，而是以进口中间投入品推动"干中学"，在"干中学"的过程中，企业技术能力得以进一步锻炼和提高。

3. 两种分工模式下的技术溢出效应和"干中学"效应

（1）FDI的技术溢出效应。理论上，两种国际分工模式下都应该存在FDI的技术溢出效应。跨国直接投资最初的动因就是保护企业内部优势。在产品生命周期理论中，发达国家企业在产品进入成熟期向国外转移生产能力时，为了保障企业的内部优势不会外溢往往采用跨国直接投资的方式。因而外商投资企业能够得到更多的技术转移，外资的持股比例越大技术转移的力度就应该越强，FDI促进企业生产率提升的作用就应该越大。从对中国制造业的经验研究来看，一些文献的实证结果表明，外商投资促进了中国企业技术进步并提高了技术效率（姚志毅等，2010），但不同行业中FDI所带来的技术溢出效应存在很大差别，外资依存度越高的行业，FDI技术溢出效果可能越不理想（蒋殿春、张宇，2006）。因此，本文提出：

假设1：两种国际分工模式的代表性行业中，FDI都会显著推进企业技术进步，但被动吸纳型模式的行业中，FDI技术溢出效应会相对较低。

（2）出口的技术溢出效应。关于出口的技术溢出效应，要区分是一般贸易出口还是加工贸易出口。主动参与型模式下，发展中国家企业出口以一般贸易为主。由于在低端生产要素方面的巨大优势，中国出口产品集中于低端的劳动密集和资源密集型领域。这些低端产品的生产过程缺乏与国外先进技术的交集，其竞争力完全建立在国内要素的低成本优势之上。因此，一般贸易出口不会表现出明显的技术溢出效应。被动吸纳型模式下，发展中国家企业出口以加工贸易为主。加工贸易出口是伴随着先进的中间投入品进口的，而且加工贸易关系中也会存在或多或少的来自发包方的有意识的技术扩散。因此，加工贸易出口中应该存在技术溢出效应，并且随着加工贸易生产占企业产出比重的增加，其技术溢出效应应该增大。但是，加工贸易出口同时还存在难以突破的技术进步"天花板"效应，当加工贸易生产占企业产出比重达到一定高度之后，其技术溢出效应可能不再增长甚至下降。一些来自产业和企业层面数据的实证检验得出中国存在出口企业"生产率悖论"的结论，即出口企业的生产率比非出口企业的生产率要低（汤二子、刘海洋，2011；李春顶，2009）。但是，也有研究得出了相反的结论，认为出口对生产率有积极的促进作用（张杰等，2009；马述忠、郑博文，2010）。根据前述分析，本文提出：

假设2：主动参与型模式的代表性行业中，出口的技术溢出效应不显著；被动吸纳型模式的代表性行业中，出口的技术溢出效应不显著或起负向作用。

（3）进口的技术溢出效应。在我国现有的国际分工地位下，进口设备和中间投入品一般都蕴含着先进技术，尤其是进口零部件，无论在哪种模式下，其被投入企业生产过程都应该会直接促进企业当期生产效率的提升。陈勇兵等（2012）的研究是国内比较罕见的利用工业企业数据库和海关数据库，分析进口中间品的使用对中国企业全要素生产率影响的文献。他们的研究证明了进口中间品对于企业层面全要素生产率有显著的正向作用，但没有进一步深入研究进口中间投入强度对技术进步的作用。这个问题实际上涉及通过进口引进的先进技术多大程度上能够成功转化为企业技术进步的问题。进口中间投入品比重过低可能无法发挥对技术进步的促进作用；但如果进口中间投入品比重过高，也有可能是企业从事简单的进口零部件的组装生产的反映，进口对企业生产率的提高并不能产生积极作用。鉴于两种分工模式的代表性行业进口中间投入的巨大差异，我们提出：

假设3：两种国际分工模式的代表性行业中，进口中间投入都会显著推进企业技术进步，主动参与型模式的行业，进口的技术溢出效应会高于被动吸纳型模式的行业。

（4）"干中学"效应。无论在哪种分工模式下，"干中学"效应都会促进企业生产率效率的提升。但是，在被动吸纳型模式下，发展中国家企业由于技术进步难以冲破"天花板"，因而在被"锁定"的生产环节，当工艺升级和产品质量改善的效用已经充分发挥之后，生产经验积累对生产率提高的促进作用就有可能减弱。在主动参与型模式下，技术进步的控制权掌握在发展中国家企业手中，只要能够实现持续的技术进步，则"干中学"效应可以长期保持在较高水平。因此，我们提出：

假设4：两种国际分工模式的代表性行业中，"干中学"都会显著推进企业技术进步，主动参与型模式的行业中，"干中学"效应会高于被动吸纳型模式的行业。

四、微观层面的实证分析

下面将从代表性行业的比较分析入手，考察不同模式下参与产品内国际分工对中国制造业企业生产率改善的作用，包括不同模式下进口中间投入品、出口产成品、FDI 对于提高企业竞争力的重要性，以及这两种模式下"干中学"的重要性是否会有所不同。

1. 模型与方法

我们考察这样一个企业，其生产函数可以用标准的柯布—道格拉斯生产函数表示：

$$Y_{it} = A_{it} K_{it}^{\alpha_K} L_{it}^{\alpha_L} \tag{1}$$

式中，Y_{it} 表示企业 i 在时期 t 的净产出水平，K_{it} 和 L_{it} 分别表示企业 i 在时期 t 的资本和劳动投入，α_K 和 α_L 表示产业层面的资本产出弹性和劳动产出弹性。

在这项研究中，我们旨在考察用全要素生产率度量的企业 i 的竞争力是否会受到参与国际分工的 3 个特征变量的影响，以及"干中学"的作用。为此，我们采取一个两阶段的方法论：在第一阶段，我们估计企业层面的全要素生产率 TFP（本文省略）；在第二阶段，我们分别考察参与国际分工的 3 个特征变量以及"干中学"对于企业层面的全要素生产率 TFP 的影响。

全要素生产率的估计采用半参数方法，具体可参见简泽等的研究（简泽，2011a，2011b；简泽、段永瑞，2012；李平等，2012）。利用第一阶段估计出来的企业层面的全要素生产率，我们设定 3 个计量经济模型：

$$\lg TFP_{sit} = \alpha_0 + \alpha_1 \tau_{sit} + \alpha_2 \lg LearningByDoing_{sit} + \alpha_3 X + \alpha_4 D_t + v_i + u_{sit} \tag{2}$$

$$\lg TFP_{sit} = \alpha_0 + \alpha_1 FDI_{sit} + \alpha_2 \lg LearningByDoing_{sit} + \alpha_3 X + \alpha_4 D_t + v_i + u_{sit} \tag{3}$$

$$\lg TFP_{sit} = \alpha_0 + \alpha_1 Export_{sit} + \alpha_2 \lg LearningByDoing_{sit} + \alpha_3 X + \alpha_4 D_t + v_i + u_{sit} \tag{4}$$

式中，下标 i 表示企业，t 表示时间，s 表示行业，τ 是进口中间投入品的比重，FDI 是外资比重、Export 是出口比重、lgLearningByDoing 是"干中学"，这三个变量分别构成了这三个模型中我们关注的解释变量，X 是一些控制变量，包括反映企业特征以及行业竞争程度的变量。在这些变量中，除了比例和增长率外，其余变量都采用了对数形式；D 是用年份哑变量表示的年份固定效应，它用来控制包括经济周期性波动在内的其他冲击的影响；v 是企业固定效应；u 是随机扰动项。

如果我们假定，无论全要素生产率水平高低，所有企业对参与国际分工的特征变量的反应是相同的，那么，建立在条件均值函数的基础上，我们可以用最小二乘法估计模型的回归系数。特别地，在一个面板数据集的条件下，我们不仅可以通过引入时间哑变量来控制经济周期性波动的作用，而且还可以借助于面板数据的固定效应方法来改善模型估计的有效性和一致性。

2. 数据来源和主要变量

我们的分析建立在国家统计局1998~2007年中国工业企业数据库和2001~2006年海关进出口数据库的基础上。首先从中国工业企业数据库得到四个行业的企业层面数据，然后，将这些企业与海关数据库匹配，以得到企业层面的进出口数据。根据国家统计局2003年调整后的产业分类目录，我们关注的四个行业分别为：机床[①]、工程机械（行业代码361）、电子通信（行业代码40）、纺织服装（行业代码18）。利用数据库提供的原始信息，我们构造了一些企业层面的重要变量：

（1）企业的净产出。企业净产出水平Y_{it}采用工业增加值，并采用以1998年为基期的各地区工业品出厂价格指数进行平减。对于中国工业企业数据库中未报告的2004年工业增加值，我们借鉴刘小玄和李双杰（2008）、李平等（2012）的方法进行估算：

企业增加值＝当年销售收入＋期末产成品－期初产成品－中间投入＋当年增值税额

（2）企业的资本存量。利用永续盘存法来估算企业的资本存量K_{it}：

$$K_{it} = K_{it-1} + I_{it} - D_{it}$$

式中，I_{it}为i企业t年固定资产的实际投资额，D_{it}为i企业t年折旧额。企业的初始资本存量采用各个企业1998年或首次出现在数据库年份的固定资产净值，并根据各地区固定资产投资价格指数折算成1998年的不变价格。固定资产投资额，需要计算出各年的名义投资额，即相邻年份固定资产原值的差额，再根据各地区固定资产投资价格指数折算成1998年的不变价格。折旧额，将工业企业数据库中的各年折旧额各地区固定资产投资价格指数折算为1998年的不变价格。

（3）劳动投入以及中间投入。劳动投入采用工业企业数据库中的企业年均就业人数。中间投入采用工业企业数据库提供的各年中间投入，根据各地区工业品出厂价格指数调整为1998年的不变价格。

（4）参与国际分工的特征变量。①用企业层面外商投资资本占全部实收资本的比重来表示FDI的强度（FDI）。②用出口占工业总产值的比重表示出口强度（Export）。③由于我们将海关数据库与国家统计局的企业数据库相比对，获得了企业层面的进口数据，因此可以定量描述进口中间投入品和投资品对于企业当年的中间投入和固定资产投资的相对强度。在此基础上，构造了企业进口中间投入强度指标（τ），即：

$$\tau = \frac{\text{企业层面的进口额}}{\text{企业的中间投放量} + \text{当年新增固定资产投资额}}$$

（5）"干中学"的度量。微观层面上，"干中学"（LearningByDoing）在很大程度上依赖于各个企业的累积产出。对于企业层面累计产出的度量，我们借鉴了陈艳莹和鲍宗客（2012）的方法，具体计算方法为：累积产出＝期初产量累积值经验转化率＋当期产量。Benkard（2001）认为制造业的经验转化率在80%~90%，本文取85%。由于数据库并未报告企业的产量和累积产量，本文使用企业增加值来替代。1998年和新办企业上一年的累积产量取0，数据均用工业品出厂价格指数平减。并且，对于"干中学"，我们采用了它的对数形式lgLearningByDoingsit。

（6）控制变量。企业年龄（lgAge），因为中国工业企业数据库报告了企业的成立时间，可以由此推算出来；企业资本密度（lgKI），用劳均资本拥有量，即企业资本存量与劳动雇用量的比来反映，其中，

---

　① 包括三个四位数产业：金属切削机床制造业（产业代码是3521）、金属成型机床制造（在2002之前的产业代码为3523，在2003年以后的产业代码为3522）、机床附件制造（在2002之前的产业代码为3526，在2003年以后的产业代码为3525）。

资本存量是用永续盘存法推算出来的；产业集中度（HHI），用市场份额的赫芬达尔指数来度量。

3. 变量的描述性统计

如表 2 所示，企业层面的数据也反映出，参与国际分工的三个特征变量的分布表现出明显的行业集中性。从进口中间投入强度指标看，全部制造业平均为 0.0321，其中，机床行业为 0.0015，工程机械行业为 0.0159，都低于制造业总体水平；电子通信行业为 0.0552，纺织服装行业为 0.0552，都高于制造业总体水平。FDI 强度以及出口强度指标的行业分布也基本相同，都表现为机床行业与工程机械行业低于制造业总体水平，电子通信行业和纺织服装行业高于制造业总体水平。

"干中学"和全要素生产率的度量指标并没有表现出上述行业分布特征。从"干中学"的度量指标来看，电子通信行业的企业累积产出最高，工程机械行业次之，两者均高于制造业总体水平，机床和纺织服装行业略低于制造业总体水平。从全要素生产率来看，工程机械行业最高，其后是电子通信行业和机床行业，均高于制造业总体水平，纺织服装行业低于制造业总体水平。

表 2　主要变量的描述性统计分析

变量	机床	电子通信	工程机械	纺织服装	全部制造业
τ	0.0015 (0.0148)	0.0552 (0.7218)	0.0159 (0.0455)	0.0552 (0.1377)	0.0321 (0.2539)
FDI	0.1041 (0.2844)	0.4177 (0.4564)	0.0584 (0.2105)	0.3274 (0.4259)	0.1566 (0.3343)
Export	0.0733 (0.2004)	0.3286 (0.4205)	0.0309 (0.1272)	0.4915 (0.4556)	0.1667 (0.3373)
lgLearningByDoing	8.9316 (1.4340)	9.5075 (1.7348)	9.0031 (1.510)	8.9083 (1.2079)	8.9359 (1.4676)
lgTFP	6.7880 (1.2160)	6.9249 (1.3976)	7.3198 (1.3450)	6.3734 (0.9892)	6.6884 (1.2461)

注：括号中为标准差。

4. 实证结果分析

在将"干中学"引入分析的同时，我们分别就 FDI、出口产成品和进口中间投入品这三个技术溢出渠道的技术进步效应，对四个行业的企业进行了比较，基本方法是将企业层面的全要素生产率作为因变量，对参与国际分工的特征变量和"干中学"的度量指标进行回归。表 3 至表 5 报告了回归结果。

表 3 为企业层面的全要素生产率 lgTFP 对 FDI 强度指标和"干中学"指标的回归结果。在全部四个行业中，FDI 强度的回归系数均不显著，其中，电子通信行业和工程机械行业还表现为负向，反映出在企业层面，外商投资比重的提高并没有显著促进企业技术进步。四个行业中，"干中学"均在 1% 的显著水平下表现出对于技术进步的正向促进作用，从"干中学"的回归系数来看，机床行业和工程机械行业分别为 1.0155 和 0.9558，电子通信行业和纺织服装行业分别为 0.8736 和 0.7952，主动参与型模式的两个行业略高于被动吸纳型模式的两个行业。

表 3　FDI 的技术进步效应的回归结果被解释变量：lgTFP$_{sit}$

解释变量	机床	电子通信	工程机械	纺织服装
常数项	−1.8239*** (0.5624)	−0.8122*** (0.1056)	−0.6177 (0.4464)	−0.5355*** (0.0962)
FDI$_{sit}$	0.1737 (0.2721)	−0.0113 (0.0377)	−0.0897 (0.2299)	0.0460 (0.0293)

续表

解释变量	机床	电子通信	工程机械	纺织服装
lgAge$_{sit}$	−0.1695** (0.0702)	−0.2347*** (0.0212)	−0.1123* (0.0593)	−0.1453*** (0.0178)
lgKI$_{sit}$	−0.0174 (0.0616)	−0.1036*** (0.0094)	−0.0609 (0.0471)	−0.0395*** (0.0078)
lgLearningByDoing$_{sit}$	1.0155*** (0.0518)	0.8736*** (0.0089)	0.9558*** (0.0433)	0.7952*** (0.0092)
HHI$_{st}$	—	0.0872 (0.1770)	−6.7516 (4.6114)	—
年份固定效应	包含	包含	包含	包含
企业固定效应	包含	包含	包含	包含
拟合优度 R²	0.9258	0.9369	0.9591	0.8856
观察值个数 N	700	12714	632	12806

注：①括号中为回归系数估计量的标准差。②* 表示在10%的显著性水平上显著；** 表示在5%的显著性水平上显著；*** 表示在1%的显著性水平上显著。以下各表同。

表 4 为企业层面的全要素生产率 lgTFP 对出口强度指标和"干中学"指标的回归结果。在全部四个行业，出口强度的回归系数均为负值，其中，电子通信行业和纺织服装行业分别在 10%和 1%的显著性水平下为负。"干中学"的回归结果与表 3 相似，四个行业均在 1%的显著水平下表现出对于技术进步的正向促进作用，机床行业和工程机械行业的回归系数分别为 1.0289 和 0.8976，电子通信行业和纺织服装行业的回归系数分别为 0.8425 和 0.7770，主动参与型模式的两个行业略高于被动吸纳型模式的两个行业。

表 4 出口的技术进步效应的回归结果被解释变量：lgTFP$_{sit}$

解释变量	机床	电子通信	工程机械	纺织服装
常数项	−1.5021** (0.6074)	−0.4452*** (0.1102)	−0.2438 (0.5190)	−0.2304** (0.0976)
Export$_{sit}$	−0.0788 (0.2141)	−0.0515* (0.0305)	−0.2311 (0.2168)	−0.0761*** (0.0226)
lgAge$_{sit}$	−0.1820** (0.0737)	−0.2014*** (0.0229)	−0.0894 (0.0589)	−0.1480*** (0.0194)
lgKI$_{sit}$	−0.1127* (0.0638)	−0.1029*** (0.0103)	−0.0570 (0.0543)	−0.0385*** (0.0083)
lgLearningByDoing$_{sit}$	1.0289*** (0.0571)	0.8425*** (0.0103)	0.8976*** (0.0520)	0.7770*** (0.0102)
HHI$_{st}$	—	0.0047 (0.2489)	−3.5888 (4.9298)	—
年份固定效应	包含	包含	包含	包含
企业固定效应	包含	包含	包含	包含
拟合优度 R²	0.9559	0.9498	0.9718	0.9094
观察值个数 N	581	10125	500	10505

　　表5为企业进口中间投入强度指标和"干中学"对全要素生产率的回归结果。在全部四个行业，进口中间投入强度和"干中学"均在1%的显著水平下表现出对于技术进步的正向促进作用。从进口中间投入强度指标的回归系数来看，机床行业和工程机械行业分别为2.2143和3.6230，而电子通信行业和纺织服装行业分别为0.3237和0.2276，低于前两个行业一个数量级。"干中学"的回归结果与表3和表4相似，同样是在1%的水平下正向显著，且机床行业和工程机械行业的回归系数略高于电子通信行业和纺织服装行业。

表5　进口中间投入的技术进步效应的回归结果被解释变量：$\lg TFP_{sit}$

解释变量	机床	电子通信	工程机械	纺织服装
常数项	−1.7276*** (0.5405)	−0.8291*** (0.1024)	−0.6187 (0.4246)	−0.4807*** (0.0940)
τ	2.2143*** (0.6127)	0.3237*** (0.0563)	3.6230*** (1.2007)	0.2276*** (0.0446)
$\lg Age_{sit}$	−0.1637** (0.0688)	−0.2325*** (0.0211)	−0.0902 (0.0588)	−0.1482*** (0.0177)
$\lg KI_{sit}$	−0.0365 (0.0605)	−0.1017*** (0.0094)	−0.0661 (0.0463)	−0.0390*** (0.0078)
$\lg LearningByDoing_{sit}$	1.0161*** (0.0506)	0.8731*** (0.0089)	0.9421*** (0.0426)	0.7931*** (0.0092)
HHI_{st}	—	0.0855 (0.1768)	−6.3908 (4.5394)	—
年份固定效应	包含	包含	包含	包含
企业固定效应	包含	包含	包含	包含
拟合优度 R^2	0.9286	0.9371	0.9602	0.8860
观察值个数 N	700	12733	634	12827

　　综合表3~表5的估计结果，在所有四个产业中：①FDI强度的回归系数都不具有统计上的显著性，因而，外商直接投资看起来没有显著地改善企业层面的生产率，外资比重的增长并不能有效促进企业层面的技术进步。在被动吸纳型模式的行业中，回归系数尽管没有统计上的显著性，但表现为负值，假设1部分得到了验证。②出口强度的系数是负的，并且在电子通信和纺织服装行业具有统计上的显著性，这意味着，加工贸易很可能阻碍了全要素生产率的增长和竞争力的改善，一定程度上验证了一些文献中提出的"中国出口企业的生产率悖论"。假设2得到验证。③进口中间投入强度和"干中学"的回归系数都大于零，并且，在1%的水平上具有统计上的显著性。这意味着，进口的知识溢出效应和"干中学"增进了所有四个产业企业层面的全要素生产率和竞争力。假设3和假设4得到了验证。
　　从两种模式的比较来看，就进口的技术溢出效应和"干中学"的知识积累效应而言，参与国际分工的主动参与型模式较被动吸纳型模式更具有优势，更利于促进企业技术进步。表3~表5中，"干中学"的回归系数，主动参与型模式都大于被动吸纳型模式；尤其是表5中进口中间投入强度的回归系数，主动参与型模式的两个产业要远远大于被动吸纳型模式的两个产业。
　　从进口的技术溢出效应和"干中学"效应的相对重要性来看，在以主动参与型模式参与国际分工的两个产业里，进口中间投入强度的回归系数是"干中学"回归系数的两倍以上，因而，进口的知识溢出效应大于"干中学"的知识积累效应。但是，在以被动吸纳型模式参与国际分工的两个产业里，"干中学"的效应更重要。

五、研究结论和进一步的讨论

　　本文观察到了中国制造业企业参与产品内国际分工的两种模式——被动吸纳型和主动参与型,从主导者、投资和贸易特征、产业链分布以及生产要素等方面对两种模式进行了由表及里的逐层分析,在理论上探讨其技术进步效应差异的基础上,选择了中国制造业四个行业来分别代表两种模式,利用企业层面的大样本面板数据进行了实证检验。实证结果显示,无论在哪种参与国际分工的模式下,FDI强度以及出口强度都没有对当期企业生产率提升发挥正向作用。因此,在开放经济条件下,中国制造企业参与国际产品内分工所能获得的技术进步将主要依靠进口中间投入品和"干中学"。从有利于推进技术进步来看,无论是进口技术溢出效应还是"干中学"效应,参与国际分工的主动参与型模式都较被动吸纳型模式更具有优势。但是,我们也注意到,在主动参与型模式下,进口技术溢出效应要高于"干中学"效应两倍以上,这意味着,通过该模式参与国际分工所获得的技术进步尚停留在表面,建立在自主技术进步基础上的"干中学"效应还没有得到充分发挥。

　　国家(地区)能够在产品内国际分工中占据何种地位,归根结底还是取决于"国家竞争优势",要素禀赋以及国内市场规模是其中的重要内容。2005年以后,我国原有的要素禀赋条件出现了加速逆转,劳动力报酬以及资源、环境等方面所需支付的成本大幅上涨,低级生产要素禀赋的比较优势正在逐步失去,而人力资本等高级生产要素的发育仍然严重不足。因此,被动吸纳型模式在中国所依赖的禀赋优势正在迅速减退,中国产业的这一参与国际分工的模式已经从高峰滑落,不可能继续承担推动中国制造业竞争力提升的主力角色。另外,尽管中国的工业化进程已经基本走过了高速增长阶段,但从全球来看仍会保持一个相对较高的增长速度。主动参与型模式发展于21世纪初期,其依靠的主要是经济高速增长带来的高投资水平,即需求方面的内部大市场优势,这一模式赖以发展的外部环境尚未出现方向性的变化。

　　但是,主动参与型模式对于更高级生产要素的需求,例如,与复杂产品集成技术相关的人力资本、技术能力等,同样没有得到来自要素禀赋的支持。进口中间投入品能够直接投入当期的生产过程,因而其对企业生产率的作用最为直接,该模式下进口中间投入品的技术溢出效应大幅高于"干中学"效应,正反映了进口中间投入品的技术溢出"红利"还处于较高水平。即由于国产中间投入品与国外差距巨大,通过进口补齐"短板"的技术进步效应极其显著,而超过了反映自我能力积累的"干中学"的作用。但是,随着参与国际分工程度的加深,进口的技术溢出效应无疑会逐渐减弱;只有不断提升"干中学"效应,这一模式才能保持其生产率优势并不断发展。从进口的技术溢出效应为主向"干中学"效应为主的转变,将是技术进步由表及里、从外在于产品到内部化为能力的重大进步。我们选择的两个代表性行业都属于复杂装备制造业,应该是"干中学"效应很强的行业,但是实证结果显示,这两个行业的"干中学"效应只是略高于另一种模式的代表性行业[①]。"干中学"效应高度依赖于企业和生产者经验的积累,提高"干中学"效应要依靠高素质的劳动者和高效率的企业运营能力,而这在宏观上则表现为国家要素禀赋的升级,从依靠人口红利的成本优势,转向依靠企业和劳动者素质的能力优势。至此,我们关注的已经不是两种参与产品内国际分工模式的孰优孰劣,而是竞争优势的转型。

---

　　① 在现实经济中我们也可以看到,与主要进行加工组装的电子通信行业并无二致,机床等行业也是大量雇用稍加培训即可上岗的"农民工",并且劳动力流动性很大,难以形成生产经验的有效积淀。

本文提出了中国企业参与产品内国际分工的两种模式，并选择四个制造业行业对技术进步效应进行了实证检验。由于行业样本较少，无法确定这两种模式是否在制造业中具有普遍性，这是本文的研究不足，有待后续研究进一步展开。但是，本文的研究目的并不在于将中国制造业企业参与国际分工的模式进行分类，而是以此为切入点，通过分析参与国际分工的渠道、深度的差异对于技术进步的影响，以进一步探讨开放经济条件下产业技术进步对国家要素禀赋的依赖和升级要求。从这一研究目的来看，本文开拓了一个新的视角，有可能对相关领域研究起到抛砖引玉的作用。

〔参考文献〕

［1］Feenstra，R. C.，G. H. Hanson. Foreign Investment，Outsourcing and Relative Wages ［J］. NBER Working Paper，1995.

［2］Paul R. Krugman. The Narrow Moving Band，the Dutch Disease，and the Competitive Consequences of Ms. Thatcher：Notes on Trade in the Presence of Dynamic Scale Economics ［J］. Journal of Development Economics，1987（27）.

［3］陈勇兵，仉荣，曹亮. 中间品进口会促进企业生产率增长吗——基于中国企业微观数据的分析［J］. 财贸经济，2012（3）.

［4］张小蒂，孙景蔚. 基于垂直专业化分工的中国产业国际竞争力分析［J］. 世界经济，2006（5）.

［5］胡昭玲. 国际垂直专业化对中国工业竞争力的影响分析［J］. 财经研究，2007（4）.

［6］徐毅，张二震. 外包与生产率：基于工业行业数据的经验研究［J］. 经济研究，2008（1）.

［7］孟祺，隋杨. 垂直专业化与全要素生产率——基于工业行业的面板数据分析［J］. 山西财经大学学报，2010（10）.

［8］姚志毅，张亚斌，李德阳. 参与国际分工对中国技术进步和技术效率的长期均衡效应［J］. 数量经济技术经济研究，2010（6）.

［9］蒋殿春，张宇. 行业特征与外商直接投资的技术溢出效应——基于高新技术产业的经验分析［J］. 世界经济，2006（10）.

［10］汤二子，刘海洋. 中国出口企业的"生产率悖论"与"生产率陷阱"——基于2008年中国制造业企业数据实证分析［J］. 国际贸易问题，2011（9）.

［11］李春顶. 出口与企业生产率——基于中国制造业969家上市公司数据的检验［J］. 经济经纬，2009（4）.

［12］张杰，李勇，刘志彪. 出口促进中国企业生产率提高吗？——来自中国本土制造业企业的经验证据：1999~2003［J］. 管理世界，2009（12）.

［13］马述忠，郑博文. 中国企业的出口行为与生产率关系的历史回溯：2001~2007 ［J］. 浙江大学学报（人文社会科学版），2010（5）.

［14］简泽. 企业间的生产率差异、资源再配置与制造业部门的生产率［J］. 管理世界，2011a（5）.

［15］简泽. 从国家垄断到竞争：中国工业的生产率增长与转轨特征［J］. 中国工业经济，2011b（11）.

［16］简泽，段永瑞. 企业异质性、竞争与全要素生产率的收敛［J］. 管理世界，2012（8）.

［17］李平，简泽，江飞涛. 进入退出、竞争与中国工业部门的生产率———开放竞争作为一个效率增进过程［J］. 数量经济技术经济研究，2012（9）.

［18］刘小玄，李双杰. 制造业企业相对效率的度量和比较及其外生决定因素（2000~2004）［J］. 经济学（季刊），2008（3）.

［19］陈艳莹，鲍宗客. 干中学与中国制造业的市场结构：内生性沉没成本的视角［J］. 中国工业经济，2012（8）.

（本文发表在《中国工业经济》2013年第10期）

中国制造业出口企业是否存在绩效优势？
——基于不同产业类型的检验

原　磊　邹宗森

摘　要：本文基于2005~2009年中国工业企业数据，构建了反映制造业企业经营绩效的生产率指标、规模指标和财务指标体系，区分高技术、中高技术、中低技术和低技术四种产业类型，采用PSM方法，全方位对比了新出口企业与相匹配的非出口企业的绩效优势。研究发现，中国制造业出口企业整体上不存在"自选择效应"和"学习效应"，低生产率企业出口倾向更高，出口带来了显著的就业扩张效应和收入提高效应，但并未带来生产率的提高和资产回报率的改善；区分不同产业类型来看，中高技术出口企业存在显著的"学习效应"，绩效表现明显优于其他类型企业，低技术出口企业绩效表现最差。基于本文的研究，提出如下政策建议：一是稳步推进外贸结构升级；二是将中高技术产业作为培育中国出口竞争优势的重点领域；三是加大对高技术产业自主创新的支持力度。

关键词：出口绩效；自选择效应；学习效应；PSM

一、问题提出

传统贸易理论认为，产业间的比较优势是国际贸易的基础；新贸易理论规模经济和消费者产品多样性偏好的假设解释了产业内贸易的存在，并发现扩展边际（Intensive Margin）是出口贸易增长的重要渠道。然而，这些理论都基于产业内代表性企业进行假设而忽视了企业间规模大小、生产率水平、资本和技术密集度、工资率等方面的异质性，对于现实中企业的出口选择行为和贸易模式的多样性解释不足（Bernard，Redding和Schott，2007），也难以解释企业出口绩效的差异性。

企业层面数据可获得性的增强推动了异质性企业贸易领域的研究。Bernard、Jensen和Lawrence（1995）考察了1976~1987年美国制造业企业样本，发现同一行业中出口企业总是占少数，且出口企业大都是行业中的优秀企业，在规模、生产率水平、工资水平、资本密集度等方面均显著高于非出口企业。Melitz（2003）开创性地论证了生产率水平对于企业出口选择的关键性影响，认为只有生产率水平较高的企业才能克服出口固定成本成功进入国际市场，即出口生产率的"自选择效应"。此后，异质性企业贸易研究快速发展，出口与生产率关系的检验成为重要内容。

[**基金项目**] 国家社会科学基金一般项目"汇率不对称变动、异质性传导与中国对外贸易结构演进研究"（16BJL087）。作者衷心感谢匿名审稿人提出的修改建议，当然文责自负。

学者们利用不同国家、不同时期微观企业层面数据进行的经验研究，大都确认了出口生产率"自选择效应"的存在。与"自选择效应"自然衔接的就是出口后的"学习效应"，出口企业进入国际市场能够学习他国的生产技术和经验，获得学习、交流和提高的机会，同时出口使企业置于激烈的国际市场竞争环境下，因而出口企业的表现一般要优于非出口企业。总体而言，不管采用哪国微观企业进行研究，"学习效应"是否存在，目前尚未得到一致性的结论（包群、叶宁华、邵敏，2014）。

针对中国的研究中，出口企业生产率是否高于非出口企业，"自选择效应"与"学习效应"是否同时存在抑或单独存在，研究结论差异较大。已有研究认为，企业出口对于生产率具有促进效应（例如张杰、李勇、刘志彪，2009；Yang 和 Mallick，2010；易靖韬、傅佳莎，2011；胡翠、林发勤、唐宜红，2015）；但也有研究认为，出口对生产率提高的促进作用并不明显，甚至具有阻碍作用（例如李小平、卢现祥、朱钟棣，2008；李春顶，2010；赵伟、赵金亮，2011；聂文星、朱丽霞，2013；包群等，2014）。

需要指出的是，现有文献大多集中于考察生产率的"自选择效应"和"学习效应"，忽视了对于企业特征的全面考察。除生产率外，其他企业特征如企业规模以及财务指标等共同构成了企业异质性的来源，这些企业特征是否也存在"自选择效应"和"学习效应"，对于综合研判出口绩效优势非常重要。然而迄今为止，纳入多个指标综合考察出口绩效的文献并不多。同时，现有研究基本上是以工业企业整体作为研究对象，少数学者从异质性企业出发，尝试从贸易类型（吕大国、沈坤荣、简泽，2016）、所有制结构（荆逢春、陶攀、高宇，2013）、出口密度（范剑勇、冯猛，2013）、资本密集度（杨亚平、李晶，2014）等方面对企业进行区分，获得了很多有价值的结论。然而，从产业角度对企业进行区分的研究相对较少，对不同类型产业"自选择效应"和"学习效应"进行比较的研究更是少见。事实上，生产复杂程度和产业技术特征的不同可能造成生产经营者行为方式的差异，从而导致企业进入国际市场后产生不同的绩效表现。研究不同类型产业中出口企业的"自选择效应"和"学习效应"，对于探讨如何培育中国工业企业国际竞争优势、推动工业经济转型升级具有重要价值。

本文在现有研究的基础上，以中国制造业企业为研究对象，从效率、规模和财务三个方面构建指标体系，根据技术特征将产业分为高技术、中高技术、中低技术和低技术四个类型，采用 PSM 方法研究不同产业类型的新进入出口市场企业相对于非出口企业的绩效优势。具体而言：①本文从效率（全要素生产率、劳动生产率、资本生产率）、规模（从业人员数量、工业销售额、固定资产总额）和财务（企业利润率、总资产收益率、净资产收益率、人均收入水平[①]）三个方面对企业进行评价，有利于更全面、客观地衡量出口企业的绩效优势或劣势。②本文按照技术水平的不同，将产业分为高技术、中高技术、中低技术和低技术四个类型，然后分别研究不同类型产业中存在的"自选择效应"和"学习效应"，并进行比较分析，从而有利于做出更有针对性的政策建议。③本文采用 PSM 方法进行两轮匹配，较好地解决了样本选择性偏误和混杂性偏误问题，以及变量的内生性问题。考察指标的扩展、产业的分类和研究方法的改进有助于提供一个更为全面的分析框架，从而更准确地把握出口对于企业经营绩效的促进作用。本文的基本结构为：第一部分提出问题；第二部分为研究框架，包括产业分类、模型选择、样本处理和变量构建；第三部分对样本进行了 PSM 匹配，并实施了匹配平衡性检验；第四部分为企业出口绩效优势分析；第五部分是研究结论及政策启示。

[①] 人均收入水平是异质性企业贸易研究文献的重要考察指标。本文没有为该单一指标新增分类，而是将其近似归入财务类别。

二、研究框架

(一) 产业分类

为考察不同技术特征的产业中制造业出口企业的绩效表现，首要的一个问题就是要对制造业进行分类。对此，我们重点参考了 Organization for Economic Co-operation and Development（OECD）（2003）的分类方法。OECD 根据制造业企业研发强度，在《国际标准产业分类（第三版)》(ISIC Rev. 3) 中按照技术密集度将制造业划分为低技术、中低技术、中高技术和高技术四个类型。本文将《国民经济行业分类（GBT4754-2002)》与《国际标准产业分类（第三版)》进行对接，从而获得了制造业按技术密集度进行的行业分类（见表1)[①]。在这一分类框架下，分别考察不同类型产业中，出口企业在"自选择效应"和"学习效应"方面的表现，并进行比较分析。

表 1　制造业按技术密集度分类

制造业分类	ISIC（Rev.3）名称及代码	国民经济行业分类（GBT4754-2002）名称及代码
高技术	航空航天器（353)；医药（2423)；办公、会计和计算机设备（30)；广播、电视和通信设备（32)；医疗、精密和光学设备（33）	医药制造业（27)；通信设备、计算机及其他电子设备制造业（40)；仪器仪表及文化、办公用机械制造业（41）
中高技术	电子机械和其他设备（31)；汽车、挂车和半挂车（34)；除医药外的化学制品（24，不含2423)；铁路机车及其他交通设备（352+359)；其他机械设备（29）	化学原料及化学制品制造业（26)；化学纤维制造业（28)；通用设备制造业（35)；专用设备制造业（36)；交通运输设备制造业（37)；电气机械及器材制造业（39）
中低技术	船舶制造与维修（351)；橡胶及塑料制品（25)；焦炭、炼油产品及核燃料（23)；其他非金属矿物制品（26)；基本金属和金属制品（27-28）	石油加工、炼焦及核燃料加工业（25)；橡胶制品业（29)；塑料制品业（30)；非金属矿物制品业（31)；黑色金属冶炼及压延加工业（32)；有色金属冶炼及压延加工业（33)；金属制品业（34）
低技术	其他制造业和再生产品（36-37)；木材、纸浆、纸制品、印刷和出版（20-22)；食品、饮料和烟草（15-16)；纺织、纺织品、皮革和鞋类制品（17-19）	农副食品加工业（13)；食品制造业（14)；饮料制造业（15)；烟草制品业（16)；纺织业（17)；纺织服装、鞋、帽制造业（18)；皮革、毛皮、羽毛（绒）及其制品业（19)；木材加工及木、竹、藤、棕、草制品业（20)；家具制造业（21)；造纸及纸制品业（22)；印刷业和记录媒介的复制（23)；文教体育用品制造业（24）

资料来源：由 OECD（2003)、ISIC Rev.3、国民经济行业分类（GBT4754-2002)、李小平等（2008）相关资料整理获得。

(二) 模型选择

为研究制造业出口企业的"自选择效应"和"学习效应"，必须要选择一个能够全面客观衡量企业绩效的评估模型。目前来看，在出口与生产率关系的经验研究中，主流研究方法是对截面或面板数据进行回归计算"出口溢价"。然而，内生性问题是此类研究方法所无法回避的，样本选择性偏误和混杂性

[①] 国家统计局借鉴 OECD 关于高技术产业的分类方法，制定并发布了我国《高技术产业统计分类目录》（国统字〔2002〕33 号）以及《高技术产业（制造业）分类目录（2013)》。我们之所以选用 OECD（2003）的分类，主要基于：一是国家统计局提供的高技术产业分类并没有涵盖全部制造业行业，经对比，国家统计局高技术分类行业覆盖范围仅大致相当于表1中"高技术"与"中高技术"两个类型，对比表格可向作者索取；采用 OECD 的分类分析制造业更具完整性，且进一步区分了"高技术"与"中高技术"两个类型。二是虽然国家统计局和 OECD 均基于研发（R&D）投入强度进行划分，但国家统计局仅依据一个指标（R&D 经费支出占主营业务收入的比重），相比之下，OECD 的分类则考虑两个指标（R&D 经费与产值之比、R&D 经费与增加值之比）。三是采用 OECD 的分类有利于进行国际比较。

偏误也是困扰研究者的重要障碍。为解决上述问题，本文采用 PSM 模型，同时检验出口的"自选择效应"和"学习效应"，避免将与出口绩效密切联系的这两部分割裂分析。

依据 Rubin（1974）提出的因果推断模型（RCM），设置一个二元虚拟变量 $D_i \in \{0, 1\}$，取值为 1 表示企业 i 为处理组企业，取值为 0 表示企业 i 为控制组企业。本文中，新进入出口市场企业被视为处理组企业，非出口企业被视为控制组企业。

定义实际从事出口企业的平均处理效应（ATT）为从事出口的企业与假设企业未从事出口相比，额外获得的收益，表示为：$ATT \equiv E(y_i^1 - y_i^0 | D_i = 1)$。式中，$y_i^1$ 表示企业 i 从事出口，y_i^0 表示假设企业 i 未参与出口。同理，非出口企业平均处理效应（ATU）可以表示为：$ATU \equiv E(y_i^1 - y_i^0 | D_i = 0)$。

对于任一企业 i，无论其是否参与出口，y_i^1 和 y_i^0 只有一种状态能观测，另一种状态为反事实（Counterfactual），若以可观测数据 $(y_i^1 | D_i = 1)$ 和 $(y_i^0 | D_i = 0)$ 之差（NATE）作为因果效应的近似估计，则会产生选择性偏误。异质性企业假设下，处理效应为随机变量，所有企业的平均处理效应（ATE）表示为：

$$ATE \equiv E(y_i^1 - y_i^0) = E(y_i^1 - y_i^0 | D_{i=1}) \cdot (1-Q) + E(y_i^1 - y_i^0 | D_{i=0}) \cdot Q$$

$$= \underbrace{E(y_i^1 | D_{i=1}) - E(y_i^0 | D_{i=0})}_{NATE} - \underbrace{[E(y_i^0 | D_{i=1}) - E(y_i^0 | D_{i=0})]}_{\text{第一类偏差}}$$

$$- \{\underbrace{-E(y_i^1 | D_{i=1}) - E(y_i^0 | D_{i=1})}_{ATT} - \underbrace{[E(y_i^1 | D_{i=0}) - E(y_i^0 | D_{i=0})]}_{ATU}]\} \cdot Q \qquad (1)$$

第二类偏差

式中，Q 为控制组企业在样本中所占的比重。第一类偏差通常称为"自选择效应"，即出口企业经营绩效本身优于非出口企业；第二类偏差源于在样本非随机分配条件下，ATT 与 ATU 通常不相等，即处理组和控制组的"异质性因果效应"（包群等，2014）。

为了消除这两类偏差，Rosenbaum 和 Rubin（1983）提出匹配估计思想，可以挑选一系列可观测变量向量 X，使得 (y_i^1, y_i^0) 对于 D_i 的影响可以忽略，即"条件独立性假设"，记为 $(y_i^1, y_i^0) \perp D_i | X_i$，意味着给定 X_i，(y_i^1, y_i^0) 在处理组和控制组的分布完全一样，即有：$F(y_i^1, y_i^0 | X_i, D_i = 1) = F(y_i^1, y_i^0 | X_i, D_i = 0)$。更多的情况下，只需要更弱的均值独立性即可：$E(y_i^1, y_i^0 | X_i, D_i = 1) = E(y_i^1, y_i^0 | X_i, D_i = 0)$。

反事实方法能够从没有出口行为的控制组企业中寻找与进入出口市场的处理组企业特征相匹配的样本绩效变量，来替代那些实际出口但反事实假定其没有出口行为的出口绩效变量，从而计算从事出口企业的平均处理效应 ATT。

假设企业 i 属于处理组，找到属于控制组的某企业 j，使得企业 i 和企业 j 可观测变量向量 X 的取值尽可能匹配。基于 CIA 假设，企业 i 和企业 j 进入处理组的概率相近，因而具有可比性，故可将 y_j^0 作 y_i^1 为的估计量，即 $\hat{y}_i^0 = y_j^0$。于是企业 i 的处理效应 $ATT_i = y_i^1 - \hat{y}_i^0 = y_i^1 - y_j^0$。

Rosenbaum 和 Rubin（1983）提出倾向得分匹配方法（PSM），在给定可观测向量 X_i 的条件下运用 Logit 参数估计方法计算企业 i 进入处理组的条件概率，得到企业 i 的出口倾向得分值（PS），按 PS 值进行匹配可将多维向量 X 的信息压缩至一维，且 PS 值的范围为 [0, 1]，能够较好地解决维度"诅咒"问题。典型的 PSM 估计采用如下形式：

$$ATT = \frac{1}{N_i} \sum_{i \in \{D_i = 1\}} \left\{ y_i^1 - \sum_{j \in \{D_i = 0\}} w_{ij} \cdot y_j^0 \right\} \qquad (2)$$

式中，N_i 为处理组企业数量；权重 $w_{ij} = 1/N_i^C$，N_i^C 为与新进入出口市场的处理组企业 i 相匹配的控制组企业集合中的企业数量。借助式（2）可以计算处理组企业进入出口市场当期（s=0）以及进入出口市场以后各期（s=1, 2, …, S）相对于控制组企业经营绩效优势获得情况；同理，也可以计算处理组企业在进入出口市场之前各期（s=-1, -2, …, -S）相对于控制组企业经营绩效的差异。

按照匹配估计的思想，式（2）计算出的 ATT 也就相当于出口组企业选择出口与反事实假设该组企业未出口相比，各绩效指标产生的变化。如果某指标 ATT 显著为正，说明出口决策会使企业在出口之前努力改善该指标以实现"自选择效应"；以及企业通过出口行为提高了该指标的绩效，获得"学习效应"。

（三）样本处理和变量构建

中国工业企业数据库已广泛应用于各种经济和统计分析。然而，数据中的错误统计记录、关键指标缺失或异常值会影响计量分析结果的准确性，必须在回归分析前进行剔除（聂辉华、江艇、杨汝岱，2012）。

为尽可能地提高样本的全面性和数据的准确性，本文参照 Brandt、Biesebroeck 和 Zhang（2012）以及谢千里、罗斯基、张轶凡（2008），对该数据库 2005~2009 年的样本数据进行了基础性整理，删除了关键变量缺失、违背会计准则、员工数量少于 10 人的记录。张杰等（2009）指出，最后一年进入出口市场的企业，由于观察不到此类企业的后续经营状况，若保留则有可能造成选择性偏差；间歇性出口企业（出口状态不连续）可能只是由偶然的因素影响其进入和退出出口市场，而非企业的理性选择；一直出口的企业，由于不能确认其首次出口时间，因而无法研究此类企业进入出口市场前后的经营绩效情况。因此，本文剔除样本期间一直出口的企业、2009 年新进入出口市场的企业以及样本期间存在间歇性出口行为的企业，仅保留两种类型的企业：一是样本期间始终没有出口行为，称为"非出口企业"；二是于 2006~2008 年的某一年进入出口市场，此后持续出口的企业，称为"新进入出口企业"。经筛选后，共得到 3827 家新进入出口市场企业和 67336 家非出口企业。

为对出口企业绩效进行全面评价，本文构建了效率、规模和财务三个方面的指标，相关变量构建方法如表 2 所示。①效率指标反映了企业生产率的高低，由全要素生产率、劳动生产率和资本生产率三个指标组成。出口企业的生产率绩效优势是学界最为关注的，也是异质性企业贸易研究的起点，对效率指标的考察有助于更好地衡量出口企业在技术进步和生产组织方式改进方面所取得的成效。②规模指标反映企业投入了多少生产要素，以及取得了多大产出，由工业销售额、从业人员数量和固定资产总额三个指标组成。出口往往会带来企业的规模扩张效应和就业促进效应，对规模指标的考察有助于更好地衡量出口企业在促进经济增长和就业方面做出的贡献。③财务指标反映了企业所有者的投资效益和融资约束问题，由销售利润率、总资产收益率、净资产收益率和人均收入水平四个指标组成。投资效益直接决定了企业进入出口市场的动力，对财务指标的考察有助于更好地衡量企业出口活动的可持续性。本文构建的指标体系实际上是对出口企业绩效的多层面考察，效率和规模指标主要是从企业竞争力层面，财务指标主要是从所有者层面，全面评估了出口企业绩效获得状况。为消除价格因素的影响，本文统一设定基期为 2005 年，分别采用工业生产者出厂价格指数、工业生产者购进价格指数和固定资产投资价格指数对有关指标进行了平减处理，价格指数数据来源于国家统计局网站。

表 2　变量及构建方法

变量		变量含义	构建方法	变量区间
效率指标	tfp	全要素生产率	采用 Levinsohn 和 Petrin（2003）方法计算①	2005~2007 年
	lp	劳动生产率	工业总产值÷从业人员数量，取对数	2005~2009 年
	cp	资本生产率	工业总产值÷固定资产总额，取对数	2005~2009 年

---

① 生产率与投入要素的相关性使传统 OLS 估计和固定效应估计难以消除共时性偏误和样本选择偏误。Olley 和 Pakes（OP，1996）发展了基于一致的半参数估计（Consistent Semi-parametric Estimator）方法，以企业的当期投资作为不可观测的生产率冲击的代理变量，解决了同时性偏误问题，但 OP 方法的缺陷是那些投资额为零的样本不能被估计。Levinsohn 和 Petrin（LP，2003）方法进一步发展了 OP 方法，以中间投入品作为不可观测生产率冲击的代理变量，数据更容易统计和获得。因此，本文以 LP 方法估计全要素生产率。

续表

变量		变量含义	构建方法	变量区间
规模指标	sales	工业销售额	工业销售产值，取对数	2005~2009 年
	staff	从业人员数量	从业人员数量，取对数	2005~2009 年
	tat	固定资产总额	固定资产总额，取对数	2005~2009 年
财务指标	prof	销售利润率	Ln（1 + 利润总额 ÷ 工业销售产值）	2005~2009 年
	roa	总资产收益率	Ln（1 + 利润总额 ÷ 总资产）	2005~2009 年
	roe	净资产收益率	Ln（1 + 利润总额 ÷ 净资产）	2005~2009 年
	pwage	人均收入水平	（应付工资 + 应付福利）÷ 从业人员数量，取对数	2005~2007 年
其他变量	eio	投入产出比	Ln（1 + 中间投入 ÷ 工业增加值）	2005~2007 年
	age	企业年龄	样本年份与企业成立年份的差值	2005~2009 年
	age2	企业年龄的平方项	age2 = age·age	2005~2009 年
	fcp	外资参与度	Ln（1 + 外资资本 ÷ 实收资本）	2005~2007 年
	rd	技术创新	虚拟变量，新产品产值 > 0 时取值为 1，否则为 0	2005~2007 年，2009 年
	owner	所有制性质	虚拟变量，国有和集体企业取值为 1，其余为 0	2005~2009 年
	area	地理区位	虚拟变量，东部地区取值为 1，中西部地区取值为 0	2005~2009 年
	industry	行业	虚拟变量，根据两分位行业代码生成	2005~2009 年
	year	年份	虚拟变量，根据各年度生成	2005~2009 年

资料来源：作者整理。

三、样本匹配

（一）协变量选取

进行 PSM 估计，需要计算企业 i 进入处理组的概率，即企业 i 的出口倾向得分 PS 值。Serti 和 Tomasi（2008）认为，匹配协变量应当独立于企业进入出口市场的决定，否则企业出口决定就会影响企业调整其企业特征，产生内生性偏误，因此研究时应以进入出口市场前的协变量进行匹配。本文借鉴现有文献（Serti 和 Tomasi，2008；张杰等，2009；于娇、逯宇铎、刘海洋，2015）的做法，以处理组企业进入出口市场的前一期（s=-1）的可观测变量向量 X 作为协变量向量，采用如下 Logit 模型估计：

$$\Pr(D_{i,s=0}=1|X_{i,s=-1})=F(X_{i,s=-1},\ \beta)\equiv\frac{\exp(X_{i,s=-1}'\beta)}{1+\exp(X_{i,s=-1}'\beta)} \tag{3}$$

式中，F（·）为"逻辑分布"（Logisticdistribution）的累积分布函数；$D_{i,s=0}=1$ 表示企业开始出口，s=0 表示出口当期；s=-1 表示出口前一期；X 为协变量向量；β 为回归系数向量。

生产率、企业规模、财务状况等方面共同构成企业异质性的来源。Melitz（2003）的理论模型表明，生产率水平高低是企业出口的重要决定因素；Berman、Martin 和 Mayer（2012）认为规模也是企业出口重要的决定因素，一般而言，规模往往与物质资本、人力资本和国际竞争力正相关，因而规模相对较大的企业更有能力从事出口活动；Chaney（2016）将流动性约束纳入 Melitz（2003）贸易模型，证明了企业在无法有效获得外部融资的假设下，即使企业生产率水平足够盈利，企业也可能无法出口，良好的财务状况也是企业出口的重要条件。国内学者也对出口影响因素展开了相应研究，如易靖韬、傅佳莎（2011）在其回归模型中同时引入了生产率和企业规模因素，其中生产率又分为劳动生产率和全要素生产率两个变量，企业规模用员工数量来表示；于娇等（2015）在匹配模型中引入了劳动生产率、企业员工数、人均工资水平、资本密集度、外资参与度以及企业所有制性质和技术创新虚拟变量；张杰、周晓艳、郑文平、芦哲（2011）引入企业生产率、规模、年龄及其平方项、资本密集度、人力资本、创新研发、工资水平、市场势力等控制变量，考察了各因素对于企业出口密集度的影响。

借鉴上述研究，基于本文研究新进入出口市场企业绩效优势的目的，同时考虑表 2 构建的变量之间的共线性问题，我们选取全要素生产率（tfp）、劳动生产率（lp）、资本生产率（cp）、投入产出比（eio）、工业销售额（sales）、从业人员数量（staff）、企业人均收入水平（pwage）、销售利润率（prof）、流动性约束（lc）、企业年龄（age）及其平方项（age2）、外资参与度（fcp）、技术创新（rd）等企业特征，同时控制企业所有制性质（owner）、区位（area）以及行业因素（industry），组成匹配协变量向量 X。在分年度进行 PSM 匹配前，我们首先分年度对变量的相关性进行了检验，发现除 tfp 和 lp 的相关系数在区间 0.5~0.6 外，其余变量的相关系数均比较低。

（二）PSM 匹配估计

采用式（2）估算出每个企业 i 的出口倾向得分 PS 值，选用"卡尺内最近邻匹配"（Nearest-neighbor Matching Within Caliper）方法，以样本估计 PS 值标准差的 1/4（即 $0.25\sigma_p$）作为卡尺，设定"最近邻 1 对 3"（1-to-3 Matching），将处理组与控制组企业分别按照 2005 年、2006 年和 2007 年协变量进行第一轮不放回匹配。表 3 为分年度匹配的 Logit 估计结果。

表 3　2006~2008 年新进入出口市场企业匹配的 Logit 估计结果

变量	含义	2006 年	2007 年	2008 年
tfp	全要素生产率	−9.865*** (1.118)	−7.592*** (1.456)	−10.66*** (1.607)
lp	劳动生产率	8.016*** (0.947)	5.847*** (1.228)	9.433*** (1.368)
cp	资本生产率	1.446*** (0.172)	1.042*** (0.222)	1.442*** (0.246)
eio	投入产出比	−9.673*** (1.124)	−7.380*** (1.468)	−10.41*** (1.615)
sales	工业销售额	0.0768 (0.249)	0.373 (0.361)	−0.532 (0.343)
staff	从业人员数量	7.128*** (0.777)	5.453*** (1.010)	8.487*** (1.123)
pwage	人均收入水平	0.565*** (0.0506)	0.605*** (0.0646)	0.395*** (0.0693)
prof	销售利润率	−0.0225 (0.240)	0.0580 (0.389)	0.792* (0.462)
lc	流动性约束	0.118 (0.266)	0.339 (0.316)	0.424 (0.270)
age	企业年龄	−0.0330*** (0.00601)	−0.0389*** (0.0103)	−0.0298** (0.0121)
age2	企业年龄的平方项	0.000282** (0.000112)	0.000145 (0.000240)	−9.92e−05 (0.000296)

续表

变量	含义	2006 年	2007 年	2008 年
fcp	外资参与度	2.230*** (0.0942)	2.264*** (0.131)	2.517*** (0.139)
rd	技术创新	0.563*** (0.0916)	0.722*** (0.101)	0.749*** (0.105)
owner	所有制性质	−0.873*** (0.317)	−0.502 (0.356)	−0.646 (0.400)
area	地理区位	0.647*** (0.0710)	0.830*** (0.0924)	0.849*** (0.0961)
industry	所处行业	是	是	是
Constant	常数项	−9.794*** (1.033)	−6.868*** (0.411)	−10.50*** (1.077)
Observations	观测值数量	65982	58626	57110

注：观测值数量为控制组与处理组样本之和；industry 为行业虚拟变量；括号内为标准差；*** 表示 $p < 0.01$，** 表示 $p < 0.05$，* 表示 $p < 0.1$。

资料来源：作者利用 Stata13 回归整理。

从估计结果来看，在出口前一期（$s = -1$），劳动生产率、资本生产率、从业人员数量、人均收入水平、外资参与度、技术创新、地理区位（东部地区）对企业出口决定产生显著正向影响；全要素生产率、投入产出比、企业年龄、所有制性质（国有和集体企业）对企业出口决定产生显著负向影响。Logit 估计结果同时说明，在 $s = -1$ 期，出口组企业和非出口组企业各指标的差异比较明显，正是由于这种差异，导致了企业进入出口市场概率的不同。倘若不考虑这种差异直接进行分析，将无法区分这种"差异"是两组企业固有的，还是由于出口选择所产生的，因而可能得出错误的分析结论。因此，有必要进一步采用 PSM 匹配方法消除这种差异，即找出在 $s = -1$ 期企业特征变量与出口企业相匹配的非出口企业，使两组企业特征变量在 $s = -1$ 期无显著差异。然后结合企业进入出口市场前几期以及进入出口市场后几期绩效变量的动态变化，从而得以判断由于选择参与出口使企业获得的绩效优势。

第一轮匹配完成后，合成得到的匹配数据集，设置新的时间变量 s，将进入出口市场的当年时间赋值为 $s = 0$，并对进入出口前几期和出口后几期的时间分别赋值为 $s = -1$，$s = -2$，…；$s = 1$，$s = 2$，…继而，我们将 2006~2008 年三年间新进入出口市场的所有企业视为处理组，以 $s = -1$ 期匹配的 PS 值按照"最近邻 1 对 3"进行了第二轮匹配。

（三）匹配检验

本文进行了匹配平衡性检验，以检验数据匹配效果。Rosenbaum 和 Rusin（1985）认为标准化偏差绝对值不应大于 20%。检验结果（图 1）显示，匹配前（Unmatched）大部分匹配变量标准偏差绝对值已超出 20%。第一轮匹配中，2006~2008 年新进入出口市场企业分年度匹配后（Matched）各匹配变量的标准偏差绝对值均显著小于 10%；按照 $s = -1$ 进行的第二轮匹配后各匹配变量的标准偏差绝对值均显著小于 5%。因此，可认为匹配变量的选取较为合适，匹配结果较为理想。

（四）匹配后样本统计

经分年度匹配后合成的数据集统计如表 4 所示。其中，处理组企业即新进入出口市场企业有 3777 家，2006 年有 1798 家，2008 年迅速减至 943 家，按照"最近邻 1 对 3"匹配得到控制组企业 9869 家。从地理区位分布来看，2006~2008 年新进入出口市场的企业以东部地区为主，占比超过 80%；从企业性质来看，私营企业占比约半数，港澳台资和外资企业占比超过 20%；从企业规模来看，中型企业占比约半数，小型企业占比超过 30%；从技术密集度来看，低技术和中高技术企业占比相当，二者之和约占 70%，中低技术企业占比约 20%，高技术企业占比不足 10%。整体而言，经细分后的各项占比在 2006~2008 年分布大致相当。

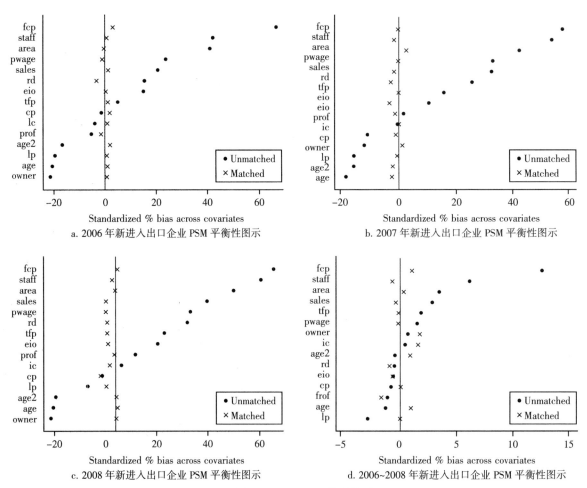

a. 2006 年新进入出口企业 PSM 平衡性图示   b. 2007 年新进入出口企业 PSM 平衡性图示

c. 2008 年新进入出口企业 PSM 平衡性图示   d. 2006~2008 年新进入出口企业 PSM 平衡性图示

图 1 PSM 匹配平衡性检验

资料来源：作者利用 Stata13 绘制。

表 4 样本统计

		处理组（共 3777 家）						控制组（共 9869 家）					
		2006 年		2007 年		2008 年		2006 年		2007 年		2008 年	
		数量	占比(%)	数量	占比(%)	数量	占比(%)	数量	占比(%)	数量	占比(%)	数量	占比(%)
		1798	47.60	1036	27.43	943	24.97	4586	46.47	2747	27.83	2536	25.70
地理区位	东部	1520	84.54	875	84.46	792	83.99	3826	83.43	2270	82.64	2106	83.04
	中西部	278	15.46	161	15.54	151	16.01	760	16.57	477	17.36	430	16.96
企业性质	国有和集体	69	3.84	40	3.86	26	2.76	261	5.69	185	6.73	131	5.17
	私营	820	45.61	539	52.03	472	50.05	2293	50.00	1435	52.24	1377	54.30
	港澳台资	303	16.85	144	13.90	114	12.09	681	14.85	336	12.23	278	10.96
	外资	341	18.97	139	13.42	129	13.68	515	11.23	266	9.68	235	9.27
	其他	265	14.74	174	16.80	202	21.42	836	18.23	525	19.11	515	20.31

续表

		处理组（共 3777 家）						控制组（共 9869 家）					
		2006 年		2007 年		2008 年		2006 年		2007 年		2008 年	
		数量	占比(%)	数量	占比(%)	数量	占比(%)	数量	占比(%)	数量	占比(%)	数量	占比(%)
		1798	47.60	1036	27.43	943	24.97	4586	46.47	2747	27.83	2536	25.70
企业规模	小	688	38.26	356	34.36	307	32.56	1795	39.14	969	35.27	910	35.88
	中	891	49.56	547	52.80	534	56.63	2335	50.92	1471	53.55	1357	53.51
	大	219	12.18	133	12.84	102	10.82	456	9.94	307	11.18	269	10.61
技术密集度	低技术	689	38.32	338	32.63	275	29.16	1674	36.50	872	31.74	732	28.86
	中低技术	380	21.13	215	20.75	199	21.10	1024	22.33	584	21.26	547	21.57
	中高技术	537	29.87	383	36.97	367	38.92	1404	30.61	1060	38.59	1019	40.18
	高技术	119	6.62	76	7.34	74	7.85	297	6.48	167	6.08	174	6.86
	其他	73	4.06	24	2.32	28	2.97	187	4.08	64	2.33	64	2.52

注：第二轮 PSM 匹配时，common 选项从 3827 家处理组企业中剔除了一部分企业，剩余 3777 家；企业规模的划分标准参照邱斌、刘修岩、赵伟（2012），将企业从业人员数量在区间 [10，99]、[100，499）、[500，max.] 的企业分别定义为小型企业、中型企业和大型企业；地理区位依据国家统计局划分，将北京、天津、河北、辽宁、上海、江苏、浙江、福建、山东、广东、海南 11 个省（自治区、直辖市）的企业归为东部地区企业，其他省（自治区、直辖市）的企业归为中西部地区企业；技术密集度按照 OECD（2003）进行划分。

资料来源：作者利用 Stata13 统计整理。

四、绩效分析

（一）出口企业的效率绩效分析

出口企业的效率绩效主要针对全要素生产率、劳动生产率和资本生产率三个指标进行分析（见表 5）。

表 5　出口企业效率指标的 ATT 计算结果

变量	分类	s=−3	s=−2	s=−1	s=0	s=1	s=2	s=3
全要素生产率	全样本	−0.107**	−0.102***	−0.00150	0.0160	0.0145	—	—
	低技术	−0.0754	−0.145**	−0.113**	−0.0810*	−0.118**	—	—
	中低技术	−0.0467	−0.0975	−0.0642	−0.0542	−0.00968	—	—
	中高技术	−0.0615	−0.0714	0.0727	0.110**	0.206***	—	—
	高技术	−0.366*	−0.304**	0.0203	0.0129	0.0240	—	—
劳动生产率	全样本	−0.0884**	−0.0621**	−0.000147	−0.0112	−0.0391*	−0.0390	−0.0489
	低技术	−0.109	−0.0642	−0.0894**	−0.0740**	−0.109***	−0.125***	−0.126***
	中低技术	−0.00988	−0.0455	−0.0527	−0.0454	−0.0584	−0.0613	0.000571
	中高技术	−0.0615	−0.0864*	0.0622*	0.0282	0.0157	0.0368	0.0249
	高技术	−0.287*	−0.224*	0.0242	−0.0231	−0.0649	−0.0154	−0.165

变量	分类	s=-3	s=-2	s=-1	s=0	s=1	s=2	s=3
资本 生产率	全样本	-0.0565	-0.0289	0.000474	-0.0136	-0.0393	-0.0188	-0.00807
	低技术	0.137	-0.0259	0.0946**	0.101**	0.0694	0.115**	0.0948
	中低技术	-0.0893	-0.0406	0.00291	-0.0214	0.00128	-0.0336	0.0702
	中高技术	-0.0715	-0.0573	-0.0432	-0.0609	-0.0828*	-0.130**	-0.155*
	高技术	-0.423	-0.0740	-0.0785	-0.0710	-0.138	-0.0358	-0.0387

注：采用自助法获得标准差，表中省略了样本数量和标准差数值，备索；表中空白部分是由于中国工业企业数据库未提供某些年份的相应数据造成该指标无法计算；*** 表示 $p<0.01$，** 表示 $p<0.05$，* 表示 $p<0.1$；以下表同。

资料来源：作者利用 Stata13 回归整理。

（1）从全要素生产率来看，全样本 ATT 数值在出口之前为负，其中 s=-3 和 s=-2 两期显著，不支持出口生产率的"自选择效应"假说，出口当期（s=0）以及出口之后一期（s=1），ATT 已经转为正值，但不显著。区分不同类型产业来看，分化较为明显，低技术和中低技术出口企业 ATT 数值始终为负，且低技术出口企业在 s=-2 至 s=1 期次显著；中高技术出口企业 ATT 数值自 s=-1 期开始转正，在 s=0 和 s=1 期显著；高技术出口企业在 s=-2 和 s=-3 期生产率水平显著低于非出口企业，自出口前一期 ATT 数值开始转正，但相比中高技术企业 ATT 数值偏小，且不显著。这说明低技术出口企业全要素生产率的"自选择效应"和"学习效应"不存在；中高技术企业不存在"自选择效应"，但却通过出口获得了"学习效应"。

（2）从劳动生产率来看，全样本分析发现 ATT 数值始终为负，部分期次显著，但出口后 ATT 数值绝对值低于出口之前，出现了改善的迹象，结合后文对于从业人员数量的分析，出口企业劳动生产率 ATT 数值未明显改善也可能源于出口后企业从业人员数量的扩张。区分产业类型来看，低技术出口企业与非出口企业劳动生产率的差异在扩大，体现在 ATT 在 s=-1 期开始显著为负，绝对值呈增大趋势；中高技术企业 ATT 数值自 s=-1 期开始转为正值，与其他组别明显不同。

（3）从全样本资本生产率来看，除 s=-1 外，其余期次 ATT 数值均为负值。区分不同类型产业来看，低技术出口企业大都高于非出口企业，且在 s=-1、s=0 和 s=2 三期显著；中高技术出口企业在 s=1 至 s=3 期持续显著低于非出口企业。结合劳动生产率和资本生产率指标的构建公式可以看出，中国低技术产业出口企业在生产要素的投入选择上，更多地使用了劳动力要素，而中高技术产业企业则更多地选择了资本要素。

（二）出口企业的规模绩效分析

出口企业的规模绩效主要体现在对工业销售额、从业人员数量、固定资产总额三个指标进行分析（见表 6）。

（1）从工业销售额来看，全样本 ATT 数值在出口之前为负，但自出口当期开始显著为正，企业通过出口扩大了销售额。区分不同类型产业来看，中高技术出口企业的工业销售额增长优势最为明显，自 s=-1 期开始 ATT 数值呈明显增大趋势；低技术出口企业销售额始终低于非出口企业。

（2）从企业从业人员数量来看，全样本 ATT 数值自出口当期开始呈显著变大的趋势，说明进入出口市场带来明显的社会就业促进效应。区分不同类型产业来看，中高技术企业就业促进优势最为明显，低技术企业就业促进效应表现最差。

（3）从固定资产总额来看，全样本 ATT 数值自出口当期开始显著为正，说明出口具有明显的资产扩张效应。区分不同类型产业来看，中高技术企业出口的资产扩张效应最明显；低技术企业出口未获得资产扩张效应。

表6 出口企业规模指标的 ATT 计算结果

变量	单期	s=-3	s=-2	s=-1	s=0	s=1	s=2	s=3
工业销售额	全样本	-0.0824	-0.0758*	-0.00465	0.0640**	0.0925***	0.107***	0.167***
	低技术	-0.126	-0.113*	-0.165***	-0.102**	-0.0955*	-0.0878	-0.0351
	中低技术	-0.0185	-0.0960	-0.0799	0.0225	0.0783	0.104	0.180*
	中高技术	-0.00446	-0.0261	0.0980*	0.151***	0.197***	0.264***	0.423***
	高技术	-0.303	-0.232	-0.0210	0.0207	0.0679	0.152	0.211
从业人员数量	全样本	0.0123	-0.0158	-0.00679	0.0750***	0.135***	0.156***	0.222***
	低技术	-0.0245	-0.0582	-0.0758**	-0.0267	0.0169	0.0426	0.0937*
	中低技术	0.00150	-0.0494	-0.0282	0.0697	0.141***	0.177***	0.180**
	中高技术	0.0652	0.0630	0.0346	0.122***	0.186***	0.241***	0.409***
	高技术	-0.00784	-0.00808	-0.0482	0.0566	0.135	0.171	0.412**
固定资产总额	全样本	-0.0196	-0.0490	-0.00741	0.0776**	0.135***	0.136***	0.181***
	低技术	-0.270*	-0.0965	-0.260***	-0.202***	-0.162**	-0.197***	-0.127
	中低技术	0.0810	-0.0543	-0.0838	0.0466	0.0819	0.151	0.115
	中高技术	0.0753	0.0338	0.140**	0.212***	0.285***	0.407***	0.589***
	高技术	0.128	-0.158	0.0545	0.104	0.208	0.191	0.285

（三）出口企业的财务绩效分析

出口企业的财务绩效分析主要针对销售利润率、总资产收益率、净资产收益率和人均收入水平四个指标进行分析（见表7）。

表7 出口企业财务指标的 ATT 计算结果

变量	单期	s=-3	s=-2	s=-1	s=0	s=1	s=2	s=3
销售利润率	全样本	0.00102	-0.000689	-0.00147	-0.000392	-0.00175	-0.00173	0.00358
	低技术	-0.00172	0.000108	-0.00422	-0.00190	-0.00900**	-0.00400	-0.00524
	中低技术	-0.00681	0.00551	-0.000905	-0.000734	-8.61e-05	-0.00925*	0.00278
	中高技术	0.000831	-0.00845	-0.00101	-0.00269	0.00569	0.00387	0.0108*
	高技术	0.0240	0.00730	-0.00662	0.00384	-0.0182*	-0.0153	-0.00978
总资产收益率	全样本	-0.0153**	-0.0146***	-0.0142***	-0.0189***	-0.0240***	-0.0252***	-0.0152***
	低技术	-0.0184	-0.0207**	-0.0198***	-0.0237***	-0.0307***	-0.0398***	-0.0324***
	中低技术	-0.0133	-0.00760	-0.00933	-0.0126*	-0.0196**	-0.0239**	-0.00527
	中高技术	-0.0157	-0.0144**	-0.0146***	-0.0180***	-0.0185***	-0.0163**	-0.00750
	高技术	-0.000786	-0.0272	-0.0147	-0.00512	-0.0257**	-0.0369**	-0.0135
净资产收益率	全样本	-0.0343**	-0.0161	-0.0197**	-0.0291***	-0.0445***	-0.0363***	-0.00666
	低技术	-0.0297	-0.0366*	-0.0440***	-0.0293**	-0.0424**	-0.0444**	-0.0174
	中低技术	-0.0751*	-0.00179	-0.00328	-0.0125	-0.0531**	-0.0621**	0.0147
	中高技术	-0.0453*	-0.0138	-0.0112	-0.0293**	-0.0359**	-0.0524***	-0.0149
	高技术	0.0304	-0.0316	-0.0112	0.0178	-0.0539*	-0.00748	0.0107

变量	单期	s=-3	s=-2	s=-1	s=0	s=1	s=2	s=3
人均收入水平	全样本	0.0595**	0.0445***	-0.000958	0.0675***	0.0714***		
	低技术	0.0566	0.0373	-0.0150	0.0423*	0.0406		
	中低技术	0.0556	0.0534	-0.0150	0.0747**	0.0954**		
	中高技术	0.103**	0.0251	0.00479	0.0721***	0.109***		
	高技术	-0.0131	-0.0708	-0.0796*	-0.0259	-0.00628		

（1）从销售利润率来看，全样本 ATT 除 s=-3 和 s=3 两期外，其他期次均为负，在一定程度上说明，出口选择产生的固定投入成本拉低了出口企业的销售利润率。区分不同类型产业来看，中高技术出口企业的销售利润率在 s=1 开始超越非出口企业，在 s=3 时已变得显著；其余组别销售利润率并没有通过出口得到改善。

（2）从总资产收益率来看，全样本 ATT 数值始终显著为负，各产业分类组别 ATT 各期次均为负值，并没有明显的分化特征。

（3）从净资产收益率来看，情形与总资产收益率相似。

（4）从人均收入水平来看，全样本 ATT 除 s=-1 期外，其余各期数值均显著为正，支持了新贸易理论出口部门支付更高工资率的假说。区分不同类型产业来看，中高技术出口企业人均收入水平各期次均高于非出口企业，且在 s=-3、s=0 和 s=1 三期显著；低技术和中低技术出口企业相比同类型非出口企业支付更高的工资率；高技术出口企业支付的工资率反而低于非出口企业。

五、研究结论与政策启示

（一）研究结论

本文基于 2005~2009 年中国工业企业数据库，构建了反映制造业企业经营绩效的生产率指标、规模指标和财务指标体系，分高技术、中高技术、中低技术和低技术四种产业类型，采用 PSM 方法考察了企业出口与反事实假定企业未出口相比经营绩效方面产生的差异，即出口行为对于企业经营绩效的改变。主要获得以下研究结论。

（1）全样本分析的结果表明，企业出口的"自选择效应"不存在，出口仅获得了规模方面的绩效优势，且支付的工资率水平要高于非出口企业。新出口企业在全要素生产率、劳动生产率和资本生产率方面没有明显优势，生产率低的企业出口概率更高；新出口企业在进入出口市场后，通过学习实现的生产率提高效应并不明显；同时，出口没有使企业的财务状况得到明显改善；出口在规模方面的绩效优势体现在出口带来了显著的就业促进效应、销售扩大效应和资产扩张效应。

（2）中高技术产业出口企业存在显著的"学习效应"。中高技术产业企业在出口后全要素生产率、劳动生产率均获得明显提升，同时企业的规模扩张也十分明显。分析中高技术出口企业绩效优于其他类型产业的原因，笔者认为主要有两个方面：一是中国中高技术产业具有较好的产业基础和研发基础，出口企业具有较强的"学习能力"。对一个国家来讲，转型升级和技术进步不是凭空产生的，而是在现有产业基础上逐步实现的。中高技术产业的出口企业具有较强的"学习能力"，因此在进入国际市场后也将产生更为显著的"学习效应"。二是中国中高技术出口企业大多是内资企业,有着较为完整的产业链,而非单纯作为跨国公司的加工厂。化学原料及化学制品制造业、化学纤维制造业、通用设备制造业、专用设备制造业、交通运输设备制造业、电气机械及器材制造业等中高技术产业中,大部分出口企业属于内资企业,这些企业在技术进步等方面有着十分迫切的需求;相比之下,计算机、通信和其他电子设备制造业等高技术产业中,大部分出口企业属于外资企业,这些企业仅仅作为跨国公司的加工厂,跨国公司的全球化布局和经营战略一定程度上制约了这些企业的技术进步,因此未表现出显著的"学习效应"。

(3)低技术出口企业绩效表现最差。低技术出口企业全要素生产率和劳动生产率显著低于非出口企业,在出口后非但没有提高,差距反而被显著拉大。进入国际市场后,低技术出口企业仅在从业人员方面有所扩张,而工业销售额和固定资产总额均在缩减。

(二) 政策启示

基于本文的研究,提出以下政策建议。

(1)稳步推进外贸结构升级。"入世"后出口贸易的迅速扩张对中国经济增长、吸纳就业、提高工人收入等方面做出了重要贡献,然而众多企业在进入出口市场后未能获取预期的"学习效应",出口对于激励企业技术进步、促进生产率提升的作用可能有限,尤其是低技术出口企业生产率出现了下降。下一阶段,低技术出口企业所面临的经营压力逐步加大,甚至部分企业可能伴随着国际竞争的进一步加剧和利润空间的收窄被迫退出国际市场。对此,应做好充分准备,通过贸易和产业政策引导企业重视品牌建设,提高出口产品技术含量,提升劳动密集型产品质量、档次和技术含量,提高产品增加值率和利润率。同时,注重劳动力技能的培养以及低技术工人的转化,避免产业转型升级过程中造成的结构性失业。

(2)将中高技术产业作为培育中国出口竞争优势的重点领域。中高技术出口企业有着良好的绩效表现,进入国际市场后在规模扩张的同时,实现了效率的提升,这在一定程度上说明中高技术出口企业逐步走上技术进步与效率改进实现的内生性经济增长轨道。实际上,随着中国产业基础和基础设施的日益完善、劳动力受教育程度的稳步提升,中高技术产业可能成为中国最具国际竞争力的领域。为培育在中高技术产业领域的竞争优势,国家应投入更多的资源推动中高技术企业进行技术改造、加大研发投入,并注重优化对外贸易环境和加强对外贸易服务,在国际市场上争取更好的贸易条件。

(3)加大对高技术产业自主创新的支持力度。中国过去在发展电子信息等高技术产业时,因产业基础薄弱和技术储备不足,往往将承接西方国家产业转移、为跨国公司代工作为快速构建产业体系、扩大产业规模的重要手段。其结果是,受到外资企业市场占有率迅速扩大和跨国公司专利战略的挤压,内资企业的生存空间十分有限。据统计,目前内资电子信息产业占全行业的比重仅仅为1/3左右。外资企业作为跨国公司的加工厂,是建立在中国低劳动力成本的要素禀赋优势基础上的,缺乏技术升级的动力,虽然主要面向国际市场,但却没有表现出显著的"学习效应",也造成整个产业转型升级过程十分缓慢。为更好地促进高技术产业的健康发展,国家应加大对内资高技术企业自主创新的支持力度,以促进高技术企业从产业链低端向高端延伸、培育民族品牌作为产业政策着力点。逐步改变过度依赖外资"溢出效应"的思想,加快向依靠自身力量的创新模式转变,提高原始创新能力,加强关键领域核心技术攻克。坚持"熊彼特创新"战略导向,健全"商业化—应用—研发"的产学研发展模式,完善市场机制,面向经济社会发展的重大需求,选择最有基础、最有条件的重点方向作为突破口,从而带动整个行业的技术进步和产业升级。

最后需要指出,本文旨在研究出口行为对于出口企业带来的绩效优势改变,因此参照张杰等(2009)检验出口"学习效应"时样本处理的方法,将研究对象限定在2005~2009年持续经营并于2006~2008年进入出口市场且此后持续出口的企业,然后运用PSM方法为每一家出口企业匹配了3家非出口企业。如此处理，可以排除偶然选择出口而非理性决策的出口企业样本（例如间歇性出口企业），以及 2005~2009 年持续出口的企业样本（难以考察出口行为带来的绩效变化），减少随机干扰因素和样本选择性偏误；不足之处便是样本选择标准相对苛刻会舍弃大量观测样本，使样本占比偏低。因此，构建更为合理的框架纳入企业进入退出国际市场的动态选择以及结合企业生存状况进行绩效优势分析，将会容纳更多研究样本并使结论更具普遍性。此外，按照 OECD 的方法进行产业分类测算，并与 OECD 的测算结果进行比对，将使产业分类标准更加科学和清晰，更符合中国实际，这都将是我们在进一步的研究中要着力解决的问题。

〔参考文献〕

[1] 包群、叶宁华、邵敏：《出口学习、异质性匹配与企业生产率的动态变化》，《世界经济》2014 年第 4 期。

[2] 范剑勇、冯猛：《中国制造业出口企业生产率悖论之谜：基于出口密度差别上的检验》，《管理世界》2013 年第 8 期。

[3] 胡翠、林发勤、唐宜红：《基于"贸易引致学习"的出口获益研究》，《经济研究》2015 年第 3 期。

[4] 荆逢春、陶攀、高宇：《中国企业存在出口学习效应吗？——基于所有制结构角度的实证研究》，《世界经济研究》2013 年第 3 期。

[5] 李春顶：《中国出口企业是否存在"生产率悖论"：基于中国制造业企业数据的检验》，《世界经济》2010 年第 10 期。

[6] 李小平、卢现祥、朱钟棣：《国际贸易、技术进步和中国工业行业的生产率增长》，《经济学》(季刊) 2008 年第 2 期。

[7] 吕大国、沈坤荣、简泽：《"出口学习效应"的再检验：基于贸易类型的实证分析》，《经济评论》2016 年第 2 期。

[8] 聂辉华、江艇、杨汝岱：《中国工业企业数据库的使用现状和潜在问题》，《世界经济》2012 年第 5 期。

[9] 聂文星、朱丽霞：《企业生产率对出口贸易的影响——演化视角下"生产率悖论"分析》，《国际贸易问题》2013 年第 12 期。

[10] 邱斌、刘修岩、赵伟：《出口学习抑或自选择：基于中国制造业微观企业的倍差匹配检验》，《世界经济》2012 年第 4 期。

[11] 谢千里、罗斯基、张轶凡：《中国工业生产率的增长与收敛》，《经济学》(季刊) 2008 年第 3 期。

[12] 杨亚平、李晶：《出口强度、资本密集度对中国出口企业自选择效应和学习效应的影响》，《产经评论》2014 年第 1 期。

[13] 易靖韬、傅佳莎：《企业生产率与出口：浙江省企业层面的证据》，《世界经济》2011 年第 5期。

[14] 于娇、逯宇铎、刘海洋：《出口行为与企业生存概率：一个经验研究》，《世界经济》2015 年第 4 期。

[15] 张杰、李勇、刘志彪：《出口促进中国企业生产率提高吗？——来自中国本土制造业企业的经验证据：1999~2003》，《管理世界》2009 年第 12 期。

[16] 张杰、周晓艳、郑文平、芦哲：《要素市场扭曲是否激发了中国企业出口》，《世界经济》2011 年第 8 期。

[17] 赵伟、赵金亮：《生产率决定中国企业出口倾向吗——企业所有制异质性视角的分析》，《财贸经济》2011 年第 5 期。

[18] Berman, N., Martin, P., Mayer, T., "How do Different Exporters React to Exchange Rate Changes? Theory, Empirics and Aggregate Implications", *Quarterly Journal of Economics*, Vol. 127, No. 1, 2012, pp.437-492.

[19] Bernard, A. B., Jensen J. B., Lawrence R. Z., "Exporters, Jobs, and Wages in U.S. Manufacturing: 1976-1987", *Brookings Papers on Economic Activity*, Vol. 1995, No.1, 1995, pp.67-119.

[20] Bernard, A. B., Redding S. J., Schott P. K., "Comparative Advantage and Heterogeneous Firms", *Review of Economic Studies*, Vol. 74, No. 1, 2007, pp. 31-66.

[21] Brandt, L., Biesebroeck, J., Zhang, Y., "Creative Accounting or Creative Destruction? Firm-level Productivity Growth in Chinese Manufacturing", *Journal of Development Economics*, Vol. 97, No. 2, 2012, pp. 339-351.

[22] Chaney, T., "Liquidity Constrained Exporters", *Journal of Economic Dynamics and Control*, Vol. 72, No.2, 2016, pp. 141-154.

[23] Levinsohn, J., Petrin, A., "Estimating Production Functions Using Inputs to Control for Unobservables", *Review of*

Economic Studies，Vol. 70，No. 2，2003，pp. 317-341.

［24］Melitz，M. J.，"The Impact of Trade on Intra-industry Reallocations and Aggregate Industry Productivity"，*Econometrica*，Vol. 71，No. 6，2003，pp. 1695-1725.

［25］"Organization for Economic Co-operation and Development"，*OECD Science*，*Technology and Industry Scoreboard*，Paris：OECD Publishing，2003.

［26］Olley，S.，Pakes，A.，"The Dynamics of Productivity in the Telecommunications Equipment Industry"，*Econometrica*，Vol. 64，No. 6，1996，pp. 1263-1297.

［27］Rosenbaum，P. R.，Rubin，D. B.，"Constructing a Control Group Using Multivariate Matched Sampling Methods that Incorporate the Propensity Score"，*The American Statistician*，Vol. 39，No. 1，1985，pp. 33-38.

［28］Rosenbaum，P. R.，Rubin D. B.，"The Central Role of the Propensity Score in Observational Studies for Causal Effects"，*Biometrika*，Vol. 70，No. 1，1983，pp. 41-55.

［29］Rubin，D. B.，"Estimating Causal Effects of Treatments in Randomized and Nonrandomized Studies"，*Journal of Educational Psychology*，Vol. 66，No. 5，1974，pp. 688-701.

［30］Serti，F.，Tomasi，C.，"Self-selection and Post-entry Effects of Exports：Evidence from Italian Manufacturing Firms"，*Review of World Economics*，Vol. 144，No. 4，2008，pp. 660-694.

［31］Yang，Y.，Mallick，S.，"Export Premium，Self-selection and Learning-by-exporting：Evidence from Chinese Matched Firms"，*The World Economy*，Vol. 33，No. 10，2010，pp. 1218-1240.

（本文发表在《财贸经济》2017 年第 5 期）

FDI 对中国工业企业效率影响的路径

——基于中国工业各行业的实证研究

覃 毅 张世贤

摘 要： 本文利用 2000~2007 年中国规模以上全部工业企业数据计算了外商直接投资在行业内、后向和前向产业中的渗透度，以及内资企业全要素生产率、技术效率和技术进步。在此基础上，通过面板数据回归，考察了外商直接投资在不同路径下对内资企业生产效率的影响。研究发现，中国工业部门各行业中的外商直接投资对同行业和上游产业中的内资企业产生正的行业内水平溢出和后向溢出（后者比前者更为显著），而对下游企业产生负的前向溢出。影响路径为：外资企业通过示范与模仿、竞争两条路径促进了同行业中的内资企业全要素生产率及技术效率的提升，经由后向关联促进了上游产业中的内资企业全要素生产率及技术效率的增长，但是在前向关联中阻碍了下游内资企业全要素生产率及技术效率的改进。外资企业经由不同路径对内资企业技术进步的影响不具有一致性，存在明显的行业特征。

关键词： 行业渗透度；全要素生产率；技术效率；技术进步；溢出效应

一、问题提出

改革开放 30 多年来，我国实际引进外资从初期的几亿美元增长到 2010 年的超过 1000 亿美元，其中外商直接投资（FDI）带来的经济增长、就业和税收等实际利益人所共知，但在技术进步等方面的溢出效应始终无法获得统一的认同，国外对其研究也是如此。

最早国外对 FDI 技术溢出效应的研究仅限于同行业内部，且都发现内资企业人均增加值与外商投资之间存在正相关性（Caves, 1974; Globerman, 1979; Blomström 和 Persson, 1983; Blomström, 1986）。后来，Haddad 和 Harrison（1993）在对摩洛哥制造业的研究中发现了不显著的负相关性。考察跨国公司因中间品采购及半成品销售而与上、下游内资企业产生的业务联系中所发生的产业间的溢出效应发现，上游内资企业生产率与来自下游跨国公司的订单量之间是正相关的，但外商投资对本行业及下游行业中的内资企业的效率无显著影响（Javorcik, 2004）。正是跨国公司与东道国内的上游供应商签订的供应合同为一般性技术知识的扩散提供了渠道（Kugler, 2006）。

随着中国推进开放并加入世贸组织，国内学者开始分析跨国公司来华投资行为及其对国内企业的技术影响，发现外资的进入给中国内资企业带来了显著为正的技术外溢效应（何洁, 2000; 沈坤荣等, 2001; 程慧芳, 2002; 潘文卿, 2003; 王红领等, 2006; 傅元海, 2010; 夏业良等, 2010）。也有学者认为，FDI 对内资企业全要素生产率的影响并不显著，甚至是负面的，或许对不同所有制企业的歧视是影响全社会经济效率并阻碍外资技术溢出的最关键因素（蒋殿春，2008）。平新乔等（2007）分析第一次全国经济普查截面数据发现，在同行业中，外资（不含港澳台资）所占份额与内资企业生产率无显著的相关性，其进入妨碍了国内企业的自主研发行为；相反，港澳台资所占份额与内资企业生产率有显著的正相关性。Lin、Liu 和 Zhang（2009）利用 1998~2005 年中国工业企业面板数据分析发现，港澳台商投资对同行业中的内资企业有负的技术影响，而外资企业对本行业及上、下游行业中的内资企业产生正的行业内、前向及后向溢出效应。

　　显然，不能照搬国外学者对发达国家或者发展中小国的研究结论来解释中国问题，但国内研究几乎都采用省际或行业面板数据，仅有的几篇用企业数据所做的研究没有具体分析不同路径下的溢出差异。另外都没有考虑 FDI 对企业技术效率及技术进步的潜在影响。本文以规模以上全部工业企业 2000~2007 年的 170 多万个数据为样本考察了 FDI 在不同路径中产生的技术溢出效应，发现行业内的水平溢出效应明显，行业间的后向溢出效应尤为显著，而前向溢出效应则为负。这一结论若经得起检验，则对于我国在引导 FDI 提升国内产业技术水平、优化国内企业组织效能方面，具有较好的政策设计启示，有助于我国进一步提高引进外资的质量和水平。

二、溢出路径和行业渗透度

　　研究外商直接投资对东道国的技术影响主要从技术溢出的角度展开分析。遗憾的是，目前学术界尚没有一个标准的定义，本文尝试将技术溢出定义为：拥有技术优势的企业在投资过程中，其先进的技术知识被动地为其他落后企业所掌握，从而提高了这类企业的技术效率而没有使其负担相应的技术知识成本。溢出的本质就是微观经济理论中的正外部性。这种正的外部效应产生的根源在于技术知识（特别是一般性技术）的非排他性。尽管存在专利、内部转让等保护性措施，但技术扩散仍会发生。在潜在的溢出路径中，模仿、竞争和人员流动发生在行业内部，后向关联及前向关联两条路径则是基于产业链的不同环节。

　　1. 溢出路径

　　（1）模仿。在产品创新阶段，跨国公司凭借垄断技术所有权及内部化转让获得超额利润。一旦创新产品被市场认可，激增的消费需求将引致东道国国内有研发实力的企业竞相模仿。尽管难以复制核心技术，但企业拓宽了技术视野，当条件成熟时，自主创新就可能发生。当然，跨国公司会评估东道国的知识产权保护制度，制定最优策略以最小化技术被模仿的风险（Kugler，2006）。

　　（2）竞争。跨国公司倾向于投资进入壁垒高的垄断性行业，从而加剧竞争，弱化市场扭曲，提高资源配置效率。同样，来自外资企业的竞争会促使上、下游企业用更先进的生产技术达到"X—效率"（Caves，1974）。另外，因跨国公司对国内企业市场份额的挤占而形成的优胜劣汰的选择机制一定程度上提高了内资企业的效率水平（Kugler，2006）。

　　（3）人员流动。外资企业拥有完善的公司治理结构和良好的激励机制，学习并引进其组织模式能够提高国内企业管理效率。最直接的途径就是人员受雇佣后在工作中体察组织运作。外资企业通常会对初次聘用的国内员工提供技能培训，一定程度上促进了国内人力资本的积累，一旦这些员工在内、外资企业之间双向流动，国内企业的管理效能及劳动生产率就会有所提升。或许人员双向流动是外商直接投资对发展中国家最重要的溢出路径（Blomström，1986；姚洋等，2001）。

　　（4）后向关联。为减少跨国运输成本并充分利用东道国国内的要素禀赋，跨国公司常在东道国国内建立物流系统，采购上游内资企业生产的中间品，由此形成的联系就是后向关联。外资企业一般要求采购的中间品必须达到产品质量认证体系所规定的严格的质量标准。考虑到内资企业技术落后、产品良莠不齐，跨国公司会定期派遣高级技术及管理人员为订单生产企业提供技术指导，甚至帮助其引进设备生产线，以提高作业效率。在反复的技术沟通中，内资企业的生产技术得到提升。

（5）前向关联。指的是上游外资企业将产品出售给下游产业中的内资企业作为中间投入所形成的联系。理论认为，经由前向关联产生的技术溢出效应没有后向关联明显。一方面，外资企业供给的中间品质量要优于国内企业生产的同类产品，因而可提高下游采购企业的最终产品质量。此外，跨国公司会对售卖的仪器设备提供技术支持，辅助下游企业更有效地使用。另一方面，跨国公司因技术及品牌优势而对差异化产品采取垄断定价，增加了下游内资企业的生产和研发成本，侵蚀了销售利润，不利于其研发资金的积累以及生产效率的改进。

来源于上述五条路径的实际溢出效果不能从理论中推断出来。行业内的三条溢出路径——技术示范与模仿、竞争及人员逆向流动——能够产生有利于提高内资企业效率的正面作用，但也会因为技术内部化转让、市场挤占及高薪酬而对内资企业产生负面影响。后面两条路径是从产业纵向联系角度分析，强调了企业对待异质性技术的不同行为特征，以及与上、下游企业的合作关系。总之，发生在行业内部的投资具有替代性，而不同行业之间的投资具有互补性。为此，跨国公司出于利润最大化考虑，将使行业内水平技术溢出最小化，同时鼓励一般性技术知识向互补行业纵向流动，由此带来的对互补产业的正面效应会促进其中的内资企业提高生产率（Kugler，2006）。

2. 行业渗透度

采用"渗透度"概念刻画外资企业的市场进入及产业关联，计算方法参照 Javorcik（2004）。行业内渗透度是指在行业的全部资本中，外商资本所占的比例。此乃加权平均值，计算公式为：

$$\text{Horizontal}_{jt} = \sum_{i \in j} (FS_{it} \times K_{it}) \bigg/ \sum_{i \in j} K_{it} \tag{1}$$

式中，Horizontal_{jt} 即行业内渗透度，脚标标注 t 期 j 行业；FS_{it} 代表企业所有者权益下的实收资本中港澳台资与外资资本之和所占的百分比，脚标标注 t 期第 i 家企业；K_{it} 为企业的资产总计。分子中求和目的在于计算出 j 行业内所有企业的资产构成中外商拥有的那部分资产的总和。

某行业生产的产品会被其他行业内的企业购买并用作中间品投入，后向渗透就是衡量由外资企业购买的产品比例。由于无法获得样本企业的供销记录，这里以行业为单位，利用投入产出表中的完全消耗系数表计算该项指标。计算公式为：

$$\text{Backward}_{jt} = \sum_{k \neq j} \theta_{jkt} \times \left[\sum_{i \in k} (FS_{it} \times Y_{it}) \bigg/ \sum_{i \in k} Y_{it} \right] \tag{2}$$

式中，Backward_{jt} 即后向渗透度。Y_{it} 表示企业总产值；θ_{jkt} 为投入产出表中 k 行业对由 j 行业生产的中间品的完全消耗系数。这里假设外资企业总产值比重与它对中间品的需求比例一致。由于行业内渗透度已经包含了业内情况，求和公式引入下标 $k \neq j$。

前向渗透度是指在某行业消耗的全部中间品中，外资企业供应量所占的百分比。计算公式为：

$$\text{Forward}_{jt} = \sum_{l \neq j} \varphi_{ljt} \times \left\{ \sum_{i \in l} [FS_{it} \times (S_{it} - EX_{it})] \bigg/ \sum_{i \in l} (S_{it} - EX_{it}) \right\} \tag{3}$$

式中，Forward_{jt} 即前向渗透度。S_{it} 代表企业销售收入；EX_{it} 代表出口额；$(S_{it} - EX_{it})$ 表示国内销售收入；φ_{ljt} 为投入产出表中 j 行业对由 l 行业生产的中间产品的完全消耗系数。大括号部分计算出在某行业产品的国内销售收入总额中，外资收入所占百分比。这里同样不考虑行业内的企业供给。该指标反映了在某行业产品的价值形成过程中外资企业的中间品占总投入的比重。

本文使用国家统计局 2000~2007 年规模以上工业企业数据库，计算前将相关行业按照投入产出表中的行业分类重新归并。2001~2004 年采用《2002 年中国投入产出表》，2005~2007 年采用《2007 年中国投入产出表》。

行业内渗透度的计算结果显示，外资在电子设备、机械制造、纺织服装及化工等行业的渗透度很高；而在矿产、石油等原料开采加工业的进入程度很低。考察时间序列发现，外资企业对各行业的渗透有逐年加强的趋势。后向渗透度的计算结果反映了外资企业对国内中间品的需求结构，主要采购化工及加工类产品，而纺织、设备制造业等大多数行业的中间投入主要依靠进口。这与行业内渗透度的集中情况形成反差，不利于促成一般性技术在行业间的扩散。各行业的前向渗透度数值普遍较低，未显示出较大的行业差异性，说明内资企业的生产投入品大多购自本国企业。

三、投资与生产率

第三至第五部分分别用余值法、随机前沿分析法和数据包络分析法计算内资企业的全要素生产率、技术效率和技术进步三项效率指标，并将它们与三项渗透度指标做面板数据回归，以此衡量外商直接投资在不同路径下对内资企业效率的影响。

计算全要素生产率的方法是，假设同一行业内的所有企业均采用相同的生产技术，生产过程可抽象为柯布—道格拉斯生产函数。估算出函数中的参数，再用产出增长率减去劳动及资本贡献即得。由于各行业之间的平均技术水平差异较大，本文将分行业计算企业的效率值。

首先，构建平衡面板数据。剔掉财务指标为零或负值的企业，仅保留各年均有财务数据且为正值的企业，表示在考察期内有生产活动。本文测算效率值的各行业企业样本数如表1所示。构建投入产出模型 $Y_{it}=F(K_{it}, L_{it})$，各变量依次对应于企业的工业增加值、固定资产净值和从业人数，$F(\cdot)$ 代表生产函数。其次，做价格平减。工业增加值用分行业工业品出厂价格指数平减，固定资产净值用固定资产投资价格指数平减。价格指数取自《中国城市（镇）生活与价格年鉴》(2008)、《中国统计年鉴》(2006, 2008)，均以 2000 年为基期。最后，用 STATA 软件测算企业生产率。先用分行业面板数据估算生产函数中资本和劳动的产出弹性，再从产出增长率中减去，所得余值即是。回归结果反映出工业部门的某些技术特征：部门劳动产出弹性为 0.44，资本产出弹性为 0.32；生产技术处于规模报酬递减阶段；各行业全要素生产率的均值分布在 3.5~4.5。

构建如下分行业的内资企业生产率与外商投资渗透度指标的面板数据回归模型：

$$TFP_{ijt}=C+\beta_1\times Horizontal_{it}+\beta_2\times Backward_{it}+\beta_3\times Forward_{it}+\alpha_j+\varepsilon_{jt} \quad (4)$$

式中，$\vec{\beta}=(\beta_1, \beta_2, \beta_3)$ 是估计系数；α_j 为个体效应，反映不随时间改变的企业个体差异，无法直接观测或难以量化，是一个随机因素。脚标标注 t 期 i 行业中的第 j 家企业。结果如表1所示。

表 1 外商直接投资对内资企业技术影响路径——被解释变量为 TFP

解释变量	煤炭开采和洗选业	石油和天然气开采业	金属矿采选业	非金属矿及其他矿采选业	食品制造及烟草加工业	纺织业
Horizontal	24.331*** (6.05)	-4.066 (-0.82)	34.943*** (11.90)	17.842*** (6.18)	9.869*** (10.10)	4.618*** (11.11)
Backward	21.221*** (15.16)	3.696 (1.64)	-5.120*** (-2.91)	11.950 (0.61)	1.758*** (7.40)	4.153*** (9.05)

续表

解释变量	煤炭开采和洗选业	石油和天然气开采业	金属矿采选业	非金属矿及其他矿采选业	食品制造及烟草加工业	纺织业
Forward	−2.851*** (−2.90)	−7.189 (−0.71)	18.196*** (5.08)	−1.983 (−0.32)	−7.007*** (−4.80)	−4.482*** (−5.60)
样本容量	4536	98	1309	1246	5593	10941

解释变量	纺织、服装、鞋帽、皮革（羽绒）及其制品业	木材加工及家具制造业	造纸印刷及文教体育用品制造业	石油加工、炼焦及核燃料加工业	化学工业	非金属矿物制品业
Horizontal	5.723*** (5.69)	2.189* (1.77)	6.086*** (7.28)	27.926*** (4.54)	7.794*** (11.45)	−2.070* (−1.93)
Backward	6.807*** (9.03)	25.500*** (6.34)	−1.133 (−1.03)	4.436*** (7.12)	0.254 (1.00)	17.493*** (20.46)
Forward	−3.612*** (−6.03)	−7.748*** (−2.98)	1.606*** (4.48)	−4.873 (−1.25)	−2.950* (−1.96)	−10.480*** (−14.10)
样本容量	5516	2051	6188	854	23989	17325

解释变量	金属冶炼及压延加工业	金属制品业	通用、专用设备制造业	交通运输设备制造业	电气机械及器材制造业	通信设备、计算机及其他电子设备制造业
Horizontal	8.344*** (10.03)	−3.428*** (−3.51)	5.742*** (16.45)	1.670*** (3.29)	3.813*** (4.15)	0.725* (1.80)
Backward	2.308*** (8.69)	7.829*** (6.32)	2.512*** (6.05)	22.210*** (11.89)	3.249** (2.56)	1.455 (1.35)
Forward	−17.541*** (−6.93)	−4.401*** (−3.00)	−3.668*** (−5.52)	−5.212*** (−9.21)	1.025*** (2.79)	−3.210 (−0.71)
样本容量	4501	5341	16527	7434	8491	2170

解释变量	仪器仪表及文化办公用机械制造业	工艺品及其他制造业	电力、热力的生产和供应业	燃气生产和供应业	水的生产和供应业	
Horizontal	1.847*** (3.16)	−1.274** (−1.98)	−17.751*** (−12.70)	2.513*** (3.04)	3.307*** (21.49)	
Backward	8.008** (2.26)	41.870*** (6.06)	1.900*** (7.31)	5.083 (0.22)	52.891*** (7.08)	
Forward	−0.395 (−0.59)	−5.808*** (−3.96)	−4.304*** (−3.06)	9.072 (1.24)	4.704*** (11.14)	
样本容量	1281	1701	9800	343	5551	

注：①使用 Stata10.0 软件测算，由于篇幅限制，省略常数项（下同）。②括号内为 t 检验值或 z 检验值。③***、** 和 * 分别代表参数估计值在 1%、5% 和 10% 水平上显著。④F 检验和 Hausman 检验结果为"石油和天然气开采业""造纸印刷及文教体育用品制造业""交通运输设备制造业"建立随机效应模型，其余建立固定效应模型。

在 23 个行业中，有 18 个行业都表现出正的行业内溢出效应，且均显著。其中采矿、纺织及加工类行业中的溢出效应较大，相比而言，设备制造业溢出水平较低，或许这与不同行业的技术特征有关。纺织及加工类行业的技术专用性普遍低于设备制造业，更低的技术壁垒使技术知识更易于扩散，因此，纺织加工业中的水平溢出效应更大。

结合外资在各行业内的渗透度发现，外商投资比重低的行业的溢出效应高；外资进入较多的行业的溢出效应反而低，说明在外商投资水平低的行业中，外资企业所用技术对国内企业有很强的示范效应，同时市场挤占效应小、技术人员流向外企的比例不高，经过学习和模仿，内资企业生产率会有大幅度提升。而在外商投资规模很大的行业中，激烈的竞争与市场挤占阻碍了两类企业之间的技术扩散，同时大批高素质人员流向高薪的外资企业。这些负面影响在很大程度上削弱了由示范与模仿带来的正面效应，使总效应变小。

结果中有 16 个行业都得到了来自下游外资企业的显著的正面技术溢出。其中设备制造、纺织及加工业溢出水平较高。为从源头控制投入品质量，外资企业会给予上游供货企业相应的技术及工艺指导，从而使一般技术知识扩散至内资企业。这种溢出有助于提高中间品质量，反过来促进下游外资企业提升效率，因此，外资企业具有传播一般性技术的内在激励。本文还发现，下游外资渗透度较高的行业的后向溢出效应收敛于某一正值，其进一步的增加可能存在相应的技术门槛。

测算结果证实了工业部门普遍存在正的行业内及后向溢出效应，而且对表 1 结果取均值后发现，外商直接投资对内资企业的后向溢出效应几乎两倍于行业内的水平效应。可见，外资企业对国内企业的技术影响更多的是通过产业关联而发生于本行业之外。

与前两种影响路径不同，外资企业会对下游内资企业的技术产生显著的负面影响，即负的前向效应。由以上测算数据可见，各行业的外商直接投资的前向渗透度集中在 0.1~0.2，相应地，前向溢出效应集中分布于 -5~-2，行业差异不明显。作为产品供应商，外资企业更多的是挤占本行业内资企业的市场份额，尤其是处于垄断地位的外企采用加成定价，挤压了下游内资企业的利润空间，不利于它们研发资本的积累，最终阻碍了这些下游企业生产率的提高。

四、投资与技术效率

余值法假设所有企业都在最佳产出水平下生产，但实际生产往往存在效率损失，达不到最佳前沿技术产出水平。外资的产业渗透有可能改善了内资企业的技术效率，抑或仅影响了效率之外的如企业的治理结构、技术进步等其他因素，这就要分析投资与技术效率之间存在何种关系。这里采用随机前沿分析法计算样本企业的技术效率，即实际产出相对于可能实现的最大随机前沿产出的比值。基本模型为：

$$Y_{it} = f(\vec{X}_{it}; \vec{\beta}) \cdot \exp(v_{it} - u_{it}) \tag{5}$$

式中，Y_{it} 表示实际产出，$\vec{X}_{it}$ 为投入要素向量，$\vec{\beta}$ 为待估计参数向量；$f(\vec{X}_{it}; \vec{\beta})$ 代表技术前沿；$\exp(v_{it} - u_{it})$ 为组合误差项，其中 v_{it} 为随机变量，服从正态分布，u_{it} 表示企业的技术无效率，即实际产出与技术前沿之间的距离，服从半正态分布。当 $u_{it} = 0$ 时，生产处于技术前沿上，一定的投入能够获得最大产出；当 $u_{it} > 0$ 时，存在技术无效率。

此处构建基于柯布—道格拉斯生产函数的随机前沿生产函数模型，经对数处理后为：

$$\ln Y_{it} = \beta_0 + \beta_1 \ln L_{it} + \beta_2 \ln K_{it} + v_{it} - u_{it} \tag{6}$$

技术效率为 $TE_{it} = e^{-u_{it}}$，具体数值由 FRONTIER4.1 算得。技术效率均值的时间序列反映出 2001~2007 年工业部门中的内资企业总体效率在稳步提高，但效率水平仍然较低。把各行业中的内资企业的技术效率与外商直接投资渗透度指标做面板数据回归，模型如下，回归结果如表 2 所示。

$$TE_{ijt} = C + \beta_1 \times Horizontal_{it} + \beta_2 \times Backward_{it} + \beta_3 \times Forward_{it} + \alpha_j + \varepsilon_{jt} \tag{7}$$

回归结果显示，外商直接投资对本行业及上游行业中的内资企业的技术效率有显著的正效应，但对下游行业中的内资企业效率有一定的负面影响，这与对全要素生产率的影响一致。当行业内有较多外资进入时，竞争将迫使内资企业在现有的组织框架与成本约束下，努力提高产出水平。而通过产业关联，外资企业的中间品需求能够引致内资企业提升效率。

表 2　外商直接投资对内资企业技术影响路径——被解释变量为 TE

解释变量	煤炭开采和洗选业	石油和天然气开采业	金属矿采选业	非金属矿及其他矿采选业	食品制造及烟草加工业	纺织业
Horizontal	11.416*** (58.61)	−2.492*** (−8.14)	3.161*** (30.30)	1.906*** (18.86)	1.620*** (82.86)	1.236*** (114.59)
Backward	5.273*** (77.75)	0.985*** (7.09)	−0.030 (−0.49)	5.150*** (7.54)	0.136*** (28.57)	0.839*** (70.45)
Forward	−1.404*** (−29.47)	−2.998*** (−4.84)	1.003*** (7.88)	−1.025*** (−4.73)	−0.510*** (−17.46)	−1.143*** (−55.06)
解释变量	纺织、服装、鞋帽、皮革（羽绒）及其制品业	木材加工及家具制造业	造纸印刷及文教体育用品制造业	石油加工、炼焦及核燃料加工业	化学工业	非金属矿物制品业
Horizontal	1.289*** (58.78)	0.663*** (15.66)	1.332*** (43.87)	4.132*** (28.31)	1.054*** (65.29)	−0.184*** (−7.53)
Backward	0.909*** (55.29)	4.238*** (30.84)	−0.003 (−0.08)	0.917*** (62.00)	0.213*** (35.54)	2.647*** (135.71)
Forward	−0.664*** (−50.86)	−1.307*** (−14.70)	0.227*** (17.43)	−1.557*** (−16.90)	−1.643*** (−45.97)	−1.435*** (−84.61)
解释变量	金属冶炼及压延加工业	金属制品业	通用、专用设备制造业	交通运输设备制造业	电气机械及器材制造业	通信设备、计算机及其他电子设备制造业
Horizontal	1.295*** (47.04)	−0.967*** (−36.03)	1.000*** (108.09)	0.314*** (32.17)	0.482*** (23.12)	0.180*** (47.40)
Backward	0.443*** (50.50)	1.198*** (35.23)	0.520*** (47.24)	3.226*** (89.70)	0.892*** (31.03)	0.339*** (33.37)
Forward	−3.308*** (−39.51)	−0.572*** (−14.18)	−0.787*** (−44.72)	−0.610*** (−56.06)	0.001 (0.14)	−1.293*** (−30.25)
解释变量	仪器仪表及文化办公用机械制造业	工艺品及其他制造业	电力、热力的生产和供应业	燃气生产和供应业	水的生产和供应业	
Horizontal	0.307*** (54.08)	−0.143*** (−13.99)	−4.437*** (−129.44)	0.431*** (26.85)	0.458*** (111.12)	
Backward	2.153*** (62.45)	6.686*** (60.75)	0.312*** (49.01)	−2.117*** (−4.67)	8.863*** (44.34)	
Forward	−0.270*** (−41.10)	−0.833*** (−35.68)	−0.911*** (−26.39)	1.879*** (13.20)	0.857*** (75.85)	

注：①使用 Stata10.0 软件测算。②括号内为 t 检验值或 z 检验值。③***、** 和 * 分别代表参数估计值在 1%、5%和 10%水平上显著。④F 检验和 Hausman 检验结果为"金属矿采选业""木材加工及家具制造业""仪器仪表及文化办公用机械制造业"建立随机效应模型，其余均建立固定效应模型。

中国工业部门普遍存在的产能过剩为企业效率改进留下了余地。除受管理体制等制度因素影响外，技术效率的提升主要受制于产出的有效需求。下游外商投资越多意味着对国内中间品的需求越大，引致上游企业加大开工率，从而提高了效率。然而，在短期市场规模一定的情况下，上游外资进入越多，意味着对本行业中内资企业市场份额的更多挤占，同时外资企业以垄断价格出售中间品将增加下游企业的生产成本。从利润最大化角度考虑，内资企业会削减产量并进而带来技术效率的降低。

将不同路径下外资进入对内资企业技术效率的影响与上面对索罗余值的回归结果做对比可以发现，外商直接投资的技术溢出效应有所弱化，外资进入可能对除技术效率外的其他促进产出增长的因素发生作用。对回归结果取均值后发现，后向溢出效应两倍于行业内溢出效应，这与余值法中对全要素生产率的影响情况相一致。

五、投资与技术进步

　　前面测算的生产率和技术效率仅反映了企业的静态技术，而技术进步则显示了技术的动态特征。外商直接投资除了影响生产率及技术效率外，还可能影响内资企业的技术进步。在此用数据包络分析法从生产率增长中分解出技术进步，并检验与外商投资之间的关系。

　　数据包络分析法首先确定考察期内每一年各产业中最佳企业的投入产出前沿，即一定投入下的最大产出或一定产出下的最小投入；然后把每个企业的生产与最佳前沿比较得到技术效率，用不同年份的效率值就能算出生产率和技术效率的变化以及技术进步。从投入角度分析，根据 Fare 等（1994）的思想，在给定产出下，以最小投入与实际投入之比来估计其技术效率。采用 Caves 等（1982）的方法，用 Malmquist 生产率指数（"M 指数"）表示全要素生产率。该指数选定某期技术作为参照，比较两个不同时期的距离函数。Fisher（1992）指出，可用由两种不同参照技术算得的 M 指数的几何平均值来衡量，以避免在参照技术选择上的随意性。计算公式为：

$$M_i(\vec{y}^{t+1},\ \vec{x}^{t+1},\ \vec{y}^t,\ \vec{x}^t) = \sqrt{\left(\frac{D_i^t(\vec{y}^t,\ \vec{x}^t)}{D_i^t(\vec{y}^{t+1},\ \vec{x}^{t+1})}\right) \cdot \left(\frac{D_i^{t+1}(\vec{y}^t,\ \vec{x}^t)}{D_i^{t+1}(\vec{y}^{t+1},\ \vec{x}^{t+1})}\right)}$$

$$= \frac{D_i^t(\vec{y}^t,\ \vec{x}^t)}{D_i^{t+1}(\vec{y}^{t+1},\ \vec{x}^{t+1})} \cdot \sqrt{\left(\frac{D_i^{t+1}(\vec{y}^{t+1},\ \vec{x}^{t+1})}{D_i^t(\vec{y}^{t+1},\ \vec{x}^{t+1})}\right) \cdot \left(\frac{D_i^{t+1}(\vec{y}^t,\ \vec{x}^t)}{D_i^t(\vec{y}^t,\ \vec{x}^t)}\right)}$$

$$= EC(\vec{y}^{t+1},\ \vec{x}^{t+1},\ \vec{y}^t,\ \vec{x}^t) \cdot TC(\vec{y}^{t+1},\ \vec{x}^{t+1},\ \vec{y}^t,\ \vec{x}^t) \tag{8}$$

　　式中，$D_i^t(\vec{y}^t,\ \vec{x}^t)$ 为距离函数，反映了生产点 $(\vec{y}^t,\ \vec{x}^t)$ 向理想的最小投入点压缩的比例，当且仅当距离函数为 1 时，生产在技术上才是有效的；$EC(\vec{y}^{t+1},\ \vec{x}^{t+1},\ \vec{y}^t,\ \vec{x}^t)$ 是技术效率的变化指数，度量决策者从 t 到（t+1）时期对最佳前沿的追赶程度；$TC(\vec{y}^{t+1},\ \vec{x}^{t+1},\ \vec{y}^t,\ \vec{x}^t)$ 测度了技术进步，即从 t 到（t+1）时期最佳技术前沿的移动程度。据此公式，全要素生产率的增长就被分解为技术效率的变化和技术进步两个部分。本章构建的投入产出模型为：$Y_{it} = F(K_{it},\ L_{it})$，式中，$Y_{it}$ 表示工业增加值；K_{it} 为固定资产净值；L_{it} 为从业人数。用 DEAp2.1 测算出样本企业的 M 指数值及其分解，再将技术进步与外资渗透度做面板数据回归。回归模型如下，结果如表 3 所示。

$$TC_{ijt} = C + \beta_1 \times Horizontal_{it} + \beta_2 \times Backward_{it} + \beta_3 \times Forward_{it} + \alpha_j + \varepsilon_{jt} \tag{9}$$

表 3　外商直接投资对内资企业技术影响路径——被解释变量为 TC

解释变量	煤炭开采和洗选业	石油和天然气开采业	金属矿采选业	非金属矿及其他矿采选业	食品制造及烟草加工业	纺织业
Horizontal	−150.909*** (−5.60)	−815.364*** (−2.63)	7.438*** (4.08)	−1.483 (−1.35)	5.167*** (9.86)	17.883*** (61.55)
Backward	−257.047*** (−27.40)	1397.469*** (9.92)	3.402*** (3.11)	−7.824 (−1.05)	−3.117*** (−24.49)	15.433*** (48.11)
Forward	122.057*** (18.53)	−5607.24*** (−8.93)	−4.576** (−2.06)	−1.619 (−0.69)	24.168*** (30.89)	−39.287*** (−70.28)
Horizontal	29.579*** (32.58)	24.284*** (15.01)	94.235*** (54.95)	0.506 (0.14)	−2.595* (−1.83)	−11.663*** (−15.14)

续表

解释变量	纺织、服装、鞋帽、皮革（羽绒）及其制品业	木材加工及家具制造业	造纸印刷及文教体育用品制造业	石油加工、炼焦及核燃料加工业	化学工业	非金属矿物制品业
Backward	-4.124*** (-6.06)	91.211*** (17.38)	39.476*** (17.47)	1.587*** (4.21)	12.063*** (22.88)	3.782*** (6.14)
Forward	-12.209*** (-22.59)	-52.058*** (-15.33)	-42.397*** (-57.59)	-8.314*** (-3.54)	-98.971*** (-31.49)	2.362*** (4.41)

解释变量	金属冶炼及压延加工业	金属制品业	通用、专用设备制造业	交通运输设备制造业	电气机械及器材制造业	通信设备、计算机及其他电子设备制造业
Horizontal	-5.520*** (-8.77)	77.304*** (50.71)	2.866*** (8.24)	-8.159*** (-10.45)	-0.403 (-0.30)	-5.428*** (-17.55)
Backward	-3.441*** (-17.14)	-157.810*** (-81.68)	-18.883*** (-45.62)	-35.299*** (-12.28)	-0.994 (-0.53)	26.378*** (31.96)
Forward	36.990*** (19.33)	198.712*** (86.78)	35.025*** (52.92)	10.393*** (11.94)	6.032*** (11.06)	-89.222*** (-25.65)

解释变量	仪器仪表及文化办公用机械制造业	工艺品及其他制造业	电力、热力的生产和供应业	燃气生产和供应业	水的生产和供应业	
Horizontal	-0.845** (-2.12)	21.812*** (19.81)	3772.29*** (62.04)	5.375*** (6.73)	-0.712*** (-5.06)	
Backward	-18.120*** (-7.50)	602.193*** (50.86)	-834.16*** (-73.78)	-212.839*** (-9.45)	-157.608*** (-23.05)	
Forward	5.088*** (11.07)	-110.926*** (-44.17)	5405.88*** (88.30)	67.156*** (9.49)	-1.872*** (-4.84)	

注：①使用 Stata10.0 软件测算。②括号内为 t 检验值或 z 检验值。③***、** 和 * 分别代表参数估计值在 1%、5% 和 10% 水平上显著。④F 检验和 Hausman 检验结果为 "石油和天然气开采业" "金属矿采选业" 建立混合效应模型，"造纸印刷及文教体育用品制造业" 建立固定效应模型，其余均建立随机效应模型。

外商直接投资经由不同路径对内资企业技术进步的影响具有明显的行业特征。在水平溢出结果中有 11 个存在显著的正效应，主要是纺织加工类劳动密集型行业，它们对工艺要求不太高，并且生产技术相对成熟，经示范与模仿，内资企业很快就将先进技术引入生产，实现了技术进步。9 个表现出显著负面影响的主要是机械设备制造类行业。为实现技术创新，必须进行专用性资产投入，但外资企业会设法巩固其在生产技术上的垄断地位。为了维持高技术壁垒，它们常采用技术的内部化转让来确保能促进技术进步的先进技术不易向竞争对手扩散。

后向溢出结果显示，纺织、家具制造、电子设备、化工等 10 个后向关联度大的行业中的内资企业受到了来自下游外资企业促进技术进步的有利影响。为充分利用国内劳动力资源和中间品成本优势，外资企业有激励去指导上游内资企业改进技术以提高作业效率和产品质量，最终实现了内资企业的技术进步。在资源开采、能源供应及运输设备制造业等 11 个行业中，外商投资却阻碍上游企业的技术进步。这与经由后向关联发生的对上游内资企业技术效率的作用效果恰好相反。对于产能过剩的行业，当下游需求旺盛时，企业只需提高技术效率，由此减弱了技术创新的动机。

另外，11 个行业中的内资企业获得了上游外商投资企业产生的有利于技术进步的正面效应，主要在机械设备制造类行业，外资企业提供的设备质量好、性能高。但是纺织、加工、电子设备等 12 个行业的前向效应为负，可能是因为外资企业出售给这些下游行业的装备在技术上已经落后。

六、结论与建议

实证研究发现，外商直接投资主要通过后向关联对中国工业企业产生了正面的技术溢出效应。主要结论为：①外资企业对中国同行业企业产生了正的技术溢出效应，主要表现在促进了内资企业全要素生产率及技术效率的提升。由先进技术的示范和竞争的优胜劣汰产生的正效应大于因技术内部化转让、市场挤占及人员流动导致的负面影响，使总的水平溢出效应为正。示范与模仿、竞争是行业内技术溢出的主要路径。②经由前向关联与后向关联产生的技术溢出效应不一致。在前向关联中，外资企业的溢出效应为负。它们凭借技术上的垄断和品牌上的优势对差异化产品加成定价，增加了下游企业的要素成本，从而减少了用于研发的资本积累，长期内会阻碍其生产率及技术效率的提高。但在后向产业关联中，外商投资促进了上游企业提高全要素生产率及技术效率。后向关联是行业间技术溢出的最主要的路径，由此产生的正的后向溢出是外商投资最重要的溢出效应。③外资企业经由不同路径对内资企业技术进步的影响没有显示出一致性。纺织加工类劳动密集型行业由于对工艺要求不高、技术相对成熟，经模仿能很快将先进技术引入生产，加快了技术进步，而机械设备制造业因存在专用性资产投入，企业只在内部进行技术转让，不能很好地促进本行业中内资企业的技术进步。在纺织、家具制造、电子设备及化工等后向产业关联大、产品附加值低的行业，外资企业有内在激励指导上游内资企业提高作业效率和产品质量，在此过程中加快了这些企业的技术进步。在产能过剩的行业中，内资企业仅需提高生产效率就能满足下游的订单需求，抑制了技术创新动力。外资企业出售的高性能质量设备有利于采购企业的技术进步。

基于以上结论，本文提出几点政策建议：①鼓励内外资企业之间加强项目合作，提高行业内技术溢出效应。优先审批中外联合投资项目，为促进行业内的水平技术溢出提供示范与交流的空间和渠道。通过企业之间的项目合作，整合外资企业先进的技术优势、高效的管理模式与国内企业的市场渠道，共同开发国内市场，最终实现"双赢"。合理规划布局产业园区中的内外资企业选址，发挥外资企业的技术辐射作用。在当前国际经济不景气的状况下，鼓励具备实力的企业"走出去"，通过海外并购，吸收国外企业的现有技术和研发团队，从而加快自身技术进步的步伐。②充分发挥 FDI 对上游内资企业技术溢出的正向功能，缩小国内与国际先进技术之间的差距。正的后向溢出效应证实了 FDI 技术溢出的有效性和外资政策的积极效果。外资企业对上游产品的标准化需求带来了对内资企业的一般性技术外溢。为进一步发挥后向溢出效应，并在技术上实现追赶，应鼓励大型企业与下游的订单外资企业联合开展产品技术研发，这样可以在提高生产率和促进技术进步的同时，增加中间产品的附加值。③有效遏制 FDI 对下游企业负的溢出效应，促进技术的前向延伸。负的前向溢出效应反映出外资的议价能力高，但对下游企业的技术带动作用小，这从一个侧面指出了外资政策存在的问题。之所以造成对下游企业的技术升级的阻碍，是因为土地、税收等方面的超国民待遇、外资的市场垄断优势等，使外资企业在市场竞争中排挤了下游的内资企业。要规范市场竞争，严格价格监管，对操控价格牟取暴利等恶意竞争行为进行管制，以遏制负面的前向效应在下游企业发生。通过项目合作促进外资技术向国内大型骨干企业转让，再通过骨干企业的产业延伸，带动下游企业不断进行技术升级。我们还应发挥行业协会在设备改造升级和技术创新方面的推动作用，特别是促进中小企业之间的技术交流与共享。国家要从政策上加大扶持下游企业的 R&D 力度，通过技术研发水平的提高，"倒逼"上游的外资企业放松技术垄断，促进 FDI 的前向技术溢出转负为正，提高下游企业的技术效率。

〔参考文献〕

［1］Aitken, B. J., A. E. Harrison. Do Domestic Firms Benefit from Direct Foreign Investment? Evidence from Venezuela［J］. American Economic Review, 1999, 89 (6).

［2］Blomström, B., H. Persson. Foreign Investment and Spillover Efficiency in an Underdeveloped Economy: Evidence from the Mexican Manufacturing Industry［J］. World Development, 1983, 11 (6).

［3］Blomström, B. Foreign Investment and Productive Efficiency: The Case of Mexico［J］. Journal of Industrial Economics, 1986, 35 (9).

［4］Caves, R. E. Multinational Firms, Competition, and Productivity in Host-country Markets［J］. Economica, 1974, 41 (5).

［5］Globerman, S. Foreign Direct Investment and "Spillover" Efficiency Benefits in Canadian Manufacturing Industries ［J］. Canadian Journal of Economics, 1979, 12 (2).

［6］Haddad, M., A. Harrison. Are There Positive Spillovers from Direct Foreign Investment? Evidence from Panel Data for Morocco［J］. Journal of Development Economics, 1993, 42.

［7］Javorcik, B. S. Does Foreign Direct Investment Increase the Productivity of Domestic Firms? In Search of Spillovers through Backward Linkages［J］. American Economic Review, 2004, 94 (6).

［8］Kugler, M. Spillovers from Foreign Direct Investment: Within or between Industries ［J］. Journal of Development Economics, 2006, 80.

［9］Kuznets, S. Modern Economic Growth: Findings and Reflections［J］. American Economic Review, 1973, 63.

［10］Lin, P., Z. Liu, Y. Zhang. Do Chinese Domestic Firms Benefit from FDI Inflow? Evidence of Horizontal and Vertical Spillovers［J］. China Economic Review, 2009, 20.

［11］Rodríguez-Clare, A. Multinationals, Linkages, and Economic Development［J］. American Economic Review, 1996, 86 (9).

［12］程慧芳. 国际直接投资与开放型内生经济增长［J］. 经济研究, 2002 (10).

［13］傅元海, 唐未兵, 王展祥. FDI溢出机制、技术进步路径与经济增长绩效［J］. 经济研究, 2010 (6).

［14］何洁. 外国直接投资对中国工业部门外溢效应的进一步精确量化［J］. 世界经济, 2000 (12).

［15］蒋殿春. 经济转型与外商直接投资技术溢出效应［J］. 经济研究, 2008 (7).

［16］潘文卿. 外商投资对中国工业部门的外溢效应: 基于面板数据的分析［J］. 世界经济, 2003 (6).

［17］平新乔等. 市场换来技术了吗? ——外商直接投资 (FDI) 对中国企业的溢出效应分析. 北京大学中国经济研究中心, Working Paper No.C2007004.

［18］沈坤荣, 耿强. 外国直接投资、技术外溢与内生经济增长——中国数据的计量检验与实证分析［J］. 中国社会科学, 2001 (5).

［19］王红领, 李稻葵, 冯俊新. FDI与自主研发: 基于行业数据的经验研究［J］. 经济研究, 2006 (2).

［20］夏业良, 程磊. 外商直接投资对中国工业企业技术效率的溢出效应研究——基于2000~2006年中国工业企业数据的实证分析［J］. 中国工业经济, 2010 (7).

［21］姚洋, 章奇. 中国工业企业技术效率分析［J］. 经济研究, 2001 (10).

［22］张世贤. 中国引资发展战略研究［M］. 天津: 天津人民出版社, 2000.

(本文发表在《中国工业经济》2011年第11期)

贸易开放如何影响经济活动的空间布局

——理论及中国的实证

姚 鹏

摘 要： 贸易开放不仅能够影响一国经济增长，并且能够影响一国经济活动的空间布局。本文在 Krugman 所构建新经济地理学模型基础上引入 Wang 和 Zheng 所提出的更加现实的非对称地理结构，分析贸易开放对一国内部经济地理的影响。本文利用中国 2006~2012 年 279 个地级行政单元的数据证明：靠近海外市场的区域更能从贸易开放中获利；贸易开放使人力资本丰富、人口密集的区域经济增长更快，经济活动倾向布局在这些区域。为了缩小区域差异，内陆地区需要不断加大教育投入，完善人才配套政策，吸引更多的人才聚集，加大力度鼓励创新；并且要不断完善国内基础设施建设，提高国内一体化水平，降低国内运输成本，促进区域之间要素的自由转移。

关键词： 贸易政策；新经济地理学；内部经济地理；空间效应

"贸易开放与资本流动使市场更加全球化，也使地方政府的收入差距不断扩大，并且在发展中国家这一趋势还在持续。2007 年中国的人均 GDP 相当于 1911 年英国的人均 GDP。今天上海的人均 GDP 相当于英国 1988 年人均 GDP 的水平，然而，贵州的人均 GDP 只相当于英国 1930 年的水平。中国的经济规模、沿海地区的改革开放、上海的区位优势是其比贵州发展较快的原因。"（世界银行，2009）。这句话代表了主流经济学家两个核心的主张：贸易开放促使经济活动倾向于布局在靠近海外市场的地区，从而加大了一国内部经济活动的空间差异。本文以此为基础分析贸易开放对我国内部经济地理的影响。

一、引 言

中国的经济增长和产业集聚伴随着大量的劳动力从内陆地区向制造业聚集的沿海地区迁移的过程。Fujita 和 Hu（2011）利用中国 1985~1994 年的数据研究发现：随着经济一体化和全球化程度的不断加深，中国的区域差异越来越大。同样的发展过程也出现在巴西和其他的一些新兴国家。Fally 等（2010）研究发现，市场规模、海外市场的接近程度对巴西的工资差异也有很大的影响。从以往的研究中我们发现，地理本身对制造业空间格局具有较大的影响。区域临近和区域规模对经济活动的布局具有影响（Golubchikov，2006）。经济全球化和国内一体化能够塑造一个国家的内部地理格局，以往新经济地理学模型强调自我强化机制对经济活动空间集聚的影响，现在我们把非对称地理结构纳入新经济地理学模型中来解释全球化和国内经济一体化对一国经济地理格局的影响。另外，值得注意的是，传统的新经济地理学模型是建立在简单的两个区域的比较基础之上的。正如 Fujita 和 Mori（2005）所阐述的那样，必须超越简单的两区域模型，使用非对称的贸易和地理格局的模型来获取更多的现实意义。虽然有学者已经尝试运用多区域模型（Monfort 和 Nicolini，2000；Paluzie，2001），但是他们很少讨论非对称地理格局的情况（非对称的区域临近和区域大小）。传统的新经济地理学模型解释了聚集存在的原因，但是没有给我们展示经济活动聚集在什么地方。

根据以往学者的研究我们发现，以往学者研究贸易开放对一国内部地理格局的影响可以分为两类，一类是基于对称的地理结构来进行分析，另一类是基于非对称地理结构进行分析。

（一）基于对称地理结构的研究

Krugman 和 Elizondo（1996b）将经典的新经济地理学模型扩展到了两国三区域模型，从而开创性地把国际贸易纳入新经济地理学模型中，通过对模型进行模拟，他们发现：一个封闭的国家容易引起区域的趋异，一个开放的国家容易引起区域的趋同，这一结论与墨西哥的实际情况相符合。该结论与 Behrens 等（2007b）所得到的结论一致，其研究发现贸易开放能够引起一国内部经济活动的分散布局，但是 Behrens 的研究框架与传统的模型是不同的，在该研究中引入了 OTT 框架，在此框架下我们能够得到解析解。但是也有一些学者得到了相反的结论，Paluzie（2001）模拟两国三区域模型得到的结论是：贸易一体化加速了一个国家内部区域的差异。并且，Behrens（2011c）构建了一个两国三区域模型，为我们展示了区域差异与贸易成本（一国内部的区域贸易成本、国与国之间的贸易成本）之间的复杂关系。在 Behrens 的模型中，每个国家的区域之间都是对称地理结构的（区域临近和区域大小）。

（二）基于非对称地理结构的研究

上文中所介绍的都是基于对称地理结构来考察贸易政策对一国经济地理格局的影响，但是这一假设与现实是不符的，现实中一个国家内部区域不论是区位还是要素禀赋都不是完全对称的，到目前为止已有很多学者把非对称的地理结构纳入传统新经济地理学模型中。Alonso（1999）在新经济地理学框架下开创性地把非对称地理结构纳入模型中：该模型包括三个国家五个区域，这三个国家五个区域分布在一条水平线上，其中一个国家的两个区域的贸易成本较低，沿边区域在开放经济中区位优势明显。但是 Alonso 没有探讨一国经济活动的空间布局是怎么随着贸易自由化程度的变化而变化的。Brulhart 和 Traeger（2004）、Crozet 和 Koenig（2004）在模型中把"门户区域"纳入模型中，研究结果显示，国内区域的聚集依赖于贸易一体化，但是该模型忽略了一国内部的贸易成本。Behrens 等（2006）基于 OTT 的分析框架考察了贸易成本和国内运输成本的综合影响，虽然成功地解析了区位优势的影响，但是在该模型中没有考虑区域大小，即没有考虑市场潜力（Market Potential）的影响。Zeng 和 Zhao（2010）基于区域大小的非对称性利用两国四区域模型分析区域差异（国家差异）与贸易成本的关系，但是该模型没有考虑区域临近非对称的影响。

在本文中，我们把区位优势和区域大小（市场潜力）都纳入模型中，这符合中国的实际情况。改革开放以来，沿海地区成为我国对外开放的前哨，区位优势明显。虽然进入 1990 年以后，我国对外开放的步伐逐步由沿海向沿江及内陆和沿边城市延伸，批准了一批内陆开放城市，2012 年国家又批准了宁夏内陆开放型经济试验区，内陆地区开放程度不断提高，但是沿海地区的区位优势仍然十分明显。中国内陆地区面积广大，非熟练工人较多，因此具有区域大小或市场潜力方面的优势。本文剩余部分安排如下：第二部分是理论模型及其模拟；第三部分是基于中国的现实分析；第四部分是结论与政策建议。

二、理论模型：非对称地理结构

Krugman（1991a）在 D—S 模型的基础上提出了经典的核心—边缘模型，之后模型不断丰富发展，从两区域扩展到两国三区域（Krugman 和 Elizondo，1996b），再到后来的两国四区域模型（Behrens 等，2006a；Zeng 和 Zhao，2010）。本文在两国三区域的基础上，引入 Wang 和 Zheng（2013）所构建的非对称的地理结构（见图 1）。从图 1 中可以看出，E 是"门户区域"，W 是内陆区域，门户区域具有地理位置上的优势，商品运输到海外市场必须经过门户区域。由于我国中西部区域的非熟练劳动力较东部区域多，因此我们假设 W 比 E 要大。

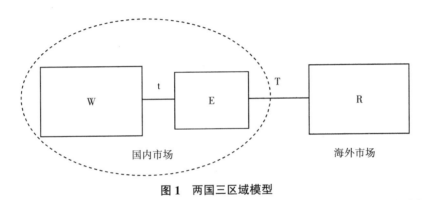

图 1 两国三区域模型

注：t 为国内运输成本，即国内市场区域 W 和 E 之间的货物运输成本；T 为国际运输成本，即国内市场与海外市场 R 之间的货物运输成本。

为了讨论的方便，我们做出如下假设：整个世界由两国构成，即国内市场和海外市场；其中国内市场存在两个区域，即 E 和 W；国内市场的每个区域存在两个部门，垄断竞争下的制造业部门 M 和完全竞争条件下的农业部门 A，各部门只使用劳动力一种生产要素，制造业企业雇佣工业劳动力在垄断竞争条件下进行生产，因而规模收益是递增的。农业部门在完全竞争和规模报酬不变的情况下生产同质产品，只使用农业劳动力。农业劳动力和工业劳动力都不能在国家之间自由流动，但工业劳动力在一国内部不同区域之间可以自由流动，而农业劳动力即使在一国内部也不能在区域之间自由流动。

假设整个经济体的人口数标准化为 1，定义工业劳动力人数 μ，那么农业劳动力的人数为 $1-\mu$。在本国中区域 W 的农业劳动力人数大于区域 E，定义 $0 \leqslant \lambda_i \leqslant 1$ 表示区域 i 的工业劳动力所占份额。假定每个企业在某一产品的生产中具有规模经济而不具有范围经济，那么意味着每个企业与其生产的产品之间存在一对一的关系，并且某一区域的工业劳动力份额是内生决定的。

（一）消费者行为

每个地区的代表性消费者都具有同样的效用函数：

$$U = \frac{1}{\mu^\mu (1-\mu)^{1-\mu}} M^\mu A^{1-\mu}, \ 0 < \mu < 1 \tag{1}$$

式中，M 和 A 分别表示消费者对差异化工业品组合的消费和农产品的消费，μ 为消费者在工业品上的支付份额。

消费者消费差异化的制造业产品时的效用函数是不变替代弹性（CES）效用函数，代表性消费者的效用函数可以表示为：

$$M = \left[\int_0^n c(i)^{\frac{\sigma-1}{\sigma}} d_i \right]^{\frac{\sigma\mu}{\sigma-1}}, \ \sigma > 1 \tag{2}$$

式中，n 代表工业品的产品种类数量，σ 代表任意两种工业品不变的替代弹性，$(\sigma-1)/\sigma$ 反映消费者的多样化偏好强度，越接近于 1，消费者的多样化偏好强度越弱；越接近于 0，消费者的多样化偏好强度越强。如果用 P_A 表示农产品的价格，用 p(i) 表示第 i 种工业品的价格，消费者的收入用 Y 来表示，则消费者效用最大化的约束条件是：

$$P_A A + \int_0^n p(i)c(i)di = Y$$

根据效用最大化，我们能够得到消费者对农产品和工业品的需求量：

$$A = \frac{Y(1-\mu)}{P_A} \tag{3}$$

$$c(i) = \frac{\mu Y p(i)^{-\sigma}}{P^{-(\sigma-1)}} \tag{4}$$

式中，的 P 是工业品组合的价格指数，定义工业品的价格指数：

$$P = \left[\int_0^n p(i)^{1-\sigma} di \right]^{\frac{1}{1-\sigma}} \tag{5}$$

根据一定的农产品价格、工业品价格、一定的收入水平，可以得到消费者达到的最大效用水平，即间接效用函数：

$$U_{max} = P^{-\mu} P_A^{\mu-1} Y \tag{6}$$

式中，由工业品和农产品价格组成的项称为该经济中消费者面对的全部消费品的完全价格指数。

（二）三区域之间的贸易成本

与 Krugman（1991a）所建立的标准 NEG 模型一样，每一个区域只能生产一种工业品，不同区域之间的工业品可以自由贸易，在贸易过程中存在运输成本和贸易成本，本文以 Krugman（1991a）提出的冰山运输成本来测度。农产品在不同区域之间可以自由贸易，农产品的价格在任何区域都相同，因此假设农产品的价格为 1。工业品的价格在区域之间是不相同的，并且存在运输成本和贸易成本，在此我们利用 Krugman（1991a）引入的冰山成本来表示。如果一单位的产品从区域 r 运输到区域 s，那么最后只有 $1/\tau_{rs}$ 单位的产品运输到区域 s，因此在区域 s、区域 r 的产品的价格可以表示为 $p_{rs} = \tau_{rs} p_r$。正如在图 1 中我们所表示的那样，我们假设国际间的贸易成本（包括运输成本、关税壁垒等）为 T，国内的运输成本为 t。因此区域之间的贸易或者运输成本关系可以表示为：

$$\tau_{rs} = \begin{cases} T(r=R, \ s=E; \ r=E, \ s=R) \\ t(r=E, \ s=W; \ r=W, \ s=E) \\ T \times t(r=W, \ s=R; \ r=R, \ s=W) \end{cases} \tag{7}$$

根据式（4）可以得到区域 r 对区域 s 的产品的需求量为：

$$c_{sr}(i) = \frac{\mu Y_r [p(i)\tau_{sr}]^{-\sigma}}{P_r^{-(\sigma-1)}} \tag{8}$$

不同区域的工业品的价格指数是不同的，根据式（5）和式（6）可以得到各个区域工业品的价格指数。

$$P_r = \left[\int_0^{n_R} (p_R(i) \times \tau_{Rr})^{1-\sigma} di + \int_0^{n_E} (p_E(i) \times \tau_{Er})^{1-\sigma} di + \int_0^{n_W} (p_W(i) \times \tau_{Wr})^{1-\sigma} di \right]^{1/(1-\sigma)}, \ r=R, \ E, \ W \tag{9}$$

为达到消费者效用最大化的需求量，需要提供 $\tau_{rs} \cdot c_{sr}(i)$ 单位的产品，因此区域 r 产品的最终需求量为：

$$c_r = \mu \left(\frac{Y_R (\tau_{Rr} p_r)^{-\sigma}}{P_R^{-(\sigma-1)}} \tau_{Rr} + \frac{Y_E (\tau_{rR} p_r)^{-\sigma}}{P_E^{-(\sigma-1)}} \tau_{rE} + \frac{Y_W (\tau_{rW} p_r)^{-\sigma}}{P_W^{-(\sigma-1)}} \tau_{rW} \right) \tag{10}$$

（三）生产者行为

现在我们来讨论生产者行为，假设农产品部门在完全竞争和规模收益不变条件下生产农产品，单位农产品所需要的农业劳动力为 1，并且假设三个区域农业劳动力的工资为 1。制造业企业是在 D-S 框架下进行生产，规模报酬是递增的。制造业企业每生产一种单位产品，需要固定投入（L 单位的工业劳动力）和可变投入（每单位产出需要 a 单位的工业劳动力），因此制造业企业的成本函数为 $w(L + ac(i))$，式中，$c(i)$ 为企业的产出量，w 为工人的工资水平。企业的利润函数为：

$$\pi_r = p_r(i) c_r(i) - w_r (L + ac_r(i)) \tag{11}$$

利润最大化的价格为：

$$p_r = \frac{\sigma a w_r}{\sigma - 1} \tag{12}$$

因此区域 s 生产的产品运输到区域 r 的价格为：

$$p_{sr} = \frac{\sigma a w_s}{\sigma - 1} \cdot \tau_{sr} \tag{13}$$

工业企业的生产是在 D-S 框架下进行的，因此我们所讨论的所有企业都是垄断企业，但是它们所面临的市场又是完全竞争市场，因而此时利润最大化的定价策略是加成定价法。也就是均衡时每个企业不可能获得正利润，均衡利润只能为 0，此时企业的生产量为：

$$c_r' = \frac{L(\sigma - 1)}{a} \tag{14}$$

在此我们设区域 r 的制造业工人数为 Q_r，那么企业数量 n_r 为：

$$n_r = \frac{Q_r}{L + ac_r} \tag{15}$$

（四）短期均衡

首先对公式进行标准化处理，在此我们采取 Fujita（1999）的处理方式，令 $L = (\sigma-1)/\sigma$ 和 $a = \mu/\sigma$。考虑工业部门需求等于产出均衡时，也就是式（9）等于式（13）时，可以得到各个区域短期均衡工资：

$$w_R = \left[Y_E (\tau_{RE})^{1-\sigma} P_E^{\sigma-1} + Y_W (\tau_{RW})^{1-\sigma} P_W^{\sigma-1} + Y_R P_R^{\sigma-1} \right]^{1/\sigma} \tag{16}$$

$$w_E = \left[Y_R (\tau_{ER})^{1-\sigma} P_R^{\sigma-1} + Y_W (\tau_{EW})^{1-\sigma} P_W^{\sigma-1} + Y_E P_E^{\sigma-1} \right]^{1/\sigma} \tag{17}$$

$$w_W = \left[Y_R (\tau_{WR})^{1-\sigma} P_R^{\sigma-1} + Y_E (\tau_{WE})^{1-\sigma} P_E^{\sigma-1} + Y_W P_W^{\sigma-1} \right]^{1/\sigma} \tag{18}$$

由于区域 r 的工业劳动力人数为 $\mu\lambda_r$，所以区域 r 的价格指数为：

$$P_R = \left[\lambda_E (w_E \tau_{ER})^{1-\sigma} + \lambda_W (w_W \tau_{WR})^{1-\sigma} + \lambda_R (w_R)^{1-\sigma} \right]^{1/(1-\sigma)} \tag{19}$$

$$P_E = \left[\lambda_R (w_R \tau_{RE})^{1-\sigma} + \lambda_W (w_W \tau_{WE})^{1-\sigma} + \lambda_E (w_E)^{1-\sigma} \right]^{1/(1-\sigma)} \tag{20}$$

$$P_W = \left[\lambda_R (w_R \tau_{RW})^{1-\sigma} + \lambda_E (w_E \tau_{EW})^{1-\sigma} + \lambda_W (w_W)^{1-\sigma} \right]^{1/(1-\sigma)} \tag{21}$$

考虑到前面所假设的农业劳动力工人工资为 1，工业劳动力工人数为 μ，农业劳动力人数为 $1-\mu$，因此各个区域的收入函数为：

$$Y_R = \mu\lambda_R w_R + l_R \tag{22}$$

$$Y_E = \mu\lambda_E w_E + l_E \tag{23}$$

$$Y_W = \mu \lambda_W w_W + l_W \tag{24}$$

假设消费者的收入仅来自于工资，那么在完全价格指数的情况下，消费者的实际工资是：

$$\omega_r = P_r^{-\mu} P_A^{\mu-1} w \tag{25}$$

式中，农产品的价格前面我们已经给出假设，假设其为 1。短期均衡没有考虑给出的人口移动，并把工业劳动的空间分布看作是已知的，接下来我们考虑长期均衡问题，此时工业劳动力的空间分布为状态变量，长期均衡是指人口移动处于稳定的状态。

（五）长期均衡：制造业的空间分布格局

在长期均衡中，工业劳动力为获得较高的实际工资而在空间中移动，但是我们很难用显性解来说明这一移动过程，在此采用 Krugman（1991a）数值模拟的方法来探寻这一过程，并且利用这一方法揭示了国际贸易一体化和区域一体化对一个国家内部经济活动空间分布的影响。假设工业劳动力工人的区域分布随着实际工资差异的情况而变化：

$$\lambda'_E = \gamma(\omega_E - \omega_W) \tag{26}$$

模拟过程中我们将要画出实际工资差异引起区域 E 的劳动力份额的变化情况，如果曲线是向下下降的，那么此时工人在区域之间的分散分布是均衡的，劳动力会从工人多的区域转移到较少的区域；如果曲线是向上倾斜的，那么此时会形成核心—边缘结构。

在模拟的过程中，假设 $\mu = 0.4$，$\sigma = 6$（Paluzie，2001）。我们在此设区域 R 的工人劳动力占整个世界的份额为 $\lambda_R = 4/5$，而本国工人劳动力份额为 $1/5$[①]。区域 E 的工人劳动力所占份额为 λ_E，而区域 W 的工人劳动力所占份额为 $\lambda_W = 1/5 - \lambda_E$。区域 E 的工人劳动力所占份额是由式（16）~式（24）内生决定的，这揭示了制造业在国内的空间分布格局。在上文中我们也提到，把中国分为东部和中西部两个区域，东部和中西部的区域大小不同，中西部的农业劳动力工人比东部多，因此其市场潜力大，在此我们引入 Wang 和 Zheng（2013）所采用的方法，定义区域 R 的农业劳动力份额为 $l_R = 4(1-\mu)/5$，区域 E 的农业劳动力份额为 $l_E = (1-\mu)/10 - \delta$，区域 W 的农业劳动力份额为 $l_W = (1-\mu)/10 + \delta$[②]，这样就可以表达出东部和中西部农业劳动力人数的差异。接下来我们就分情况讨论贸易开放对中国内部经济地理格局的影响，在此主要讨论国家之间贸易成本 T 和国内运输成本 t 会对我国内部地理格局产生什么样的影响。

1. 在国内一体化程度较低的情况下考察贸易自由化对一国内部地理的影响

国内一体化程度较低时，国内基础设施比较落后，运输成本较高，此时考察贸易自由化对一国内部经济活动空间布局的影响。当一国内部的运输成本大于 1.65 时（t > 1.65），此时 1 单位的产品从某一区域运输到另一区域，只能得到 0.6 单位的产品，在运输过程中消耗掉了 0.4 单位的成本，此时运输成本较高，也就是国内一体化程度较低，基础设施比较落后。在此情况下，我们来考察随着贸易自由化程度的变化，一国内部经济活动的空间布局是怎样变化的。从图 2 中我们可以看出，当国内一体化程度较低时（t = 1.85），如果贸易自由化程度也较低，而海外贸易成本较高，此时国内经济活动的空间布局呈分散布局的状态。但是随着贸易自由化程度的提高，与海外市场的贸易成本下降，此时国内经济活动的空间布局呈现出核心—边缘的空间分布格局，经济活动主要集中于区位优势比较明显的沿海地区。沿海区

---

① 全国政协委员、宁夏回族自治区政府副主席姚爱兴在全国政协十二届二次会议第三次全体会议大会作"从'农民工大国'到'技工大国'"发言时指出，我国人口占世界的 21%，熟练劳动力仅占世界的 17.5%。

② 在此我们还是借鉴 Wang 和 Zheng（2013）的解释方法，根据《中国统计年鉴》数据可以得出，中国中西部农业劳动力所占份额比东部多 20%。并且由于中国总的农业劳动力份额为 $(1-\mu)/5$，区域 E 的农业劳动力份额为 $l_E = (1-\mu)/10 - \delta$，区域 W 的农业劳动力份额为 $l_W = (1-\mu)/10 + \delta$。根据模拟的假设 $\mu = 0.4$，所以总的农业劳动力份额为 0.12，因此多的农业劳动力份额为 0.024，又由于中西部和东部的差额为 2δ，因此 $\delta = 0.012$。

域与海外市场的联系比较便利，内陆地区的产品为了运输到海外必须经过区位优势比较明显的沿海地区，此时区位优势大于区域的市场潜力优势。如图 3 所示，此图显示当国内一体化程度较低，而贸易自由化程度较高时，沿海地区和内陆地区的工资差异总是为正的，因此劳动力都会向工资较高的沿海区域转移，沿海地区成为核心区域，而内陆地区则成为边缘区域。

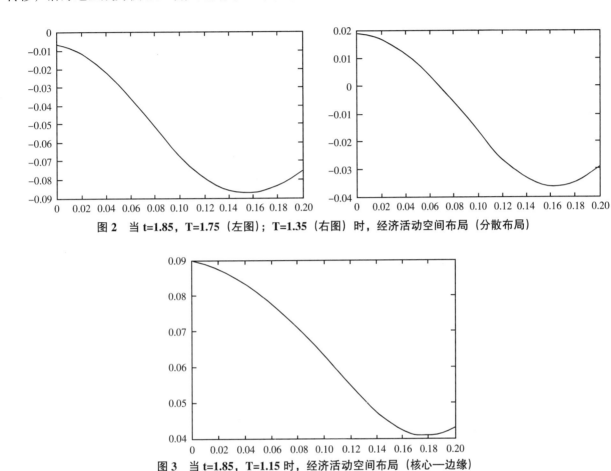

图 2　当 t=1.85，T=1.75（左图）；T=1.35（右图）时，经济活动空间布局（分散布局）

图 3　当 t=1.85，T=1.15 时，经济活动空间布局（核心—边缘）

2. 在国内一体化程度较高的情况下考察贸易自由化对一国内部地理的影响

国内一体化程度较高时，国内的基础设施较为完善，运输成本较低，此时考察贸易自由化程度变化对一国内部经济活动的空间格局的影响。当一国内部贸易成本较低时（t=1.45），某一区域运输 1 单位产品到另一区域，此时需消耗 0.3 单位的运输成本，运输成本较低，国内基础设施较为完善。当贸易自由化程度较高时，经济活动呈现出核心边缘结构，经济活动集中于沿海地区，或者集中于内陆地区，但是随着贸易自由化程度的不断提高，经济活动主要集中于沿海区域（见图 4）。

3. 在贸易自由化程度较高的情况下考察国内一体化程度对一国内部地理的影响

我们进一步分析当贸易开放程度较高时，国内市场一体化程度的变化对经济活动空间布局的影响。当贸易自由化程度较高时（T=1.35），从本国沿海地区运输一单位产品到海外市场，需要消耗 0.26 单位的贸易成本，贸易成本较低，图 5 我们分别取国内贸易成本为 t=1.85、t=1.65、t=1.45 时经济活动的空间布局，当国内一体化程度较低时，国内基础设施较为落后，运输成本较高，经济活动分散布局；随着国内一体化程度的降低，经济活动开始出现聚集的状态，当国内贸易成本为 1.65 时，经济活动既有可能聚集于沿海地区，也有可能聚集于内陆地区；随着国内贸易成本的进一步降低，如图 5 中当国内贸易成本为 1.45 时，经济活动或者聚集于内陆地区，或者聚集于沿海地区，但是由于沿海地区的区位优势大于区域大小的优势，因此随着国内贸易成本的进一步下降，经济活动主要聚集于沿海地区，因为海外市场的潜力远远大于内陆地区的市场潜力。

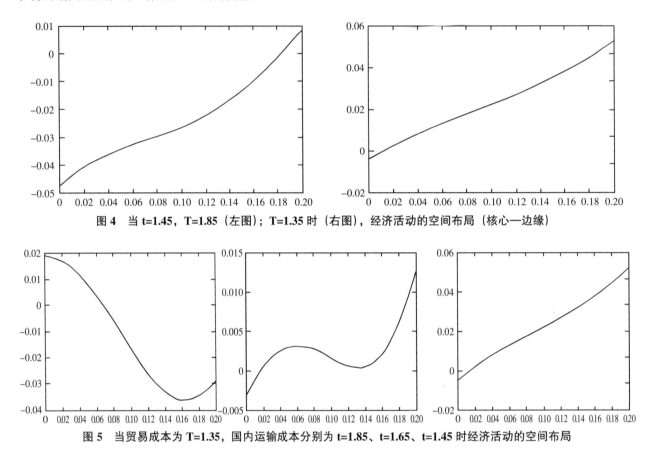

图 4　当 t=1.45，T=1.85（左图）；T=1.35 时（右图），经济活动的空间布局（核心—边缘）

图 5　当贸易成本为 T=1.35，国内运输成本分别为 t=1.85、t=1.65、t=1.45 时经济活动的空间布局

4. 在贸易自由化较低的情况下考察国内一体化程度对一国内部地理的影响

我们进一步分析了当贸易开放程度较低时，国内市场一体化程度的变化对经济活动空间布局的影响。当国内一体化程度较低时，运输成本较高（t=1.85），此时国内经济活动的空间布局呈现出分散布局的格局，伴随着国内一体化程度的不断提高，区域之间的运输成本逐渐变小（t=1.45），此时经济活动呈现出核心—边缘的形态，经济活动或者聚集于内陆地区或者聚集于沿海地区，但是考虑到一国贸易开放程度较低，贸易成本较高，与海外市场联系较少的实际情况，经济活动可能主要聚集于内陆地区，因为内陆地区消费市场比沿海地区大，此时沿海地区的区位优势不明显。

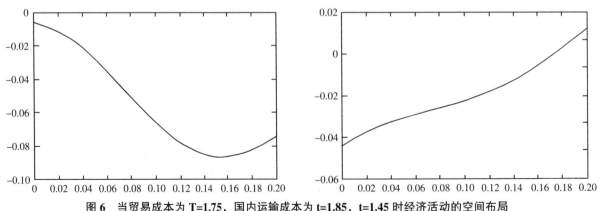

图 6　当贸易成本为 T=1.75，国内运输成本为 t=1.85，t=1.45 时经济活动的空间布局

根据上述的文献综述和理论模型的模拟结果，我们提出下面三个假设：

假设1：由于贸易成本的存在，经济活动倾向布局于接近海外市场的区域。

假设2：随着贸易开放程度的不断提高，人口密度高（较大区域）的区域不仅能够提供大量的劳动力，还能提供较广阔的消费市场，经济活动更加倾向于布局于人口密度高的区域。

假设3：随着贸易开放程度的不断提高，那些拥有较高人力资本水平的区域更能吸引经济活动布局于此区域。

三、现实解释：来自中国的证据

区域发展不平衡一直是我国的基本国情。从改革开放初期到21世纪初期，我国区域发展战略经历了从非均衡发展战略到实施区域协调发展总体战略的转变过程。改革开放初期实施的非均衡发展战略，大大加快了我国经济发展，缩小了我国与发达国家的差距，创造了"中国奇迹"，但是非均衡发展战略客观上扩大了东部和西部的差距，加之金融危机，造成我国外需明显紧缩，在这些背景下，国家陆续提出了"西部大开发""振兴东北老工业基地""中部崛起"战略以及"一带一路"倡议。

上一部分的理论模型我们已经模拟中国贸易开放对区域格局的影响，伴随着"一带一路"的提出，内陆地区将成为开放的前沿阵地，我们相信沿海与内地的差距将进一步缩小。本部分我们选取2006~2012年279个地级行政单元的数据来测算贸易开放对我国区域经济分布格局的影响。

经济活动的空间布局受各种因素的影响，例如教育、基础设施、贸易成本、区域市场的大小等，并且我们还要考察随着贸易开放程度的不断提高，这些因素对经济活动空间布局影响的变化（在此我们利用贸易开放度与各影响因素的交叉项来表示）。

（一）数据选择

gdp代表经济活动，数据来源于《中国区域经济统计年鉴》（2007~2013），利用GDP指数折算成2006年的实际价格。

open代表贸易开放度，贸易开放程度用进出口额占GDP的比重来表示。数据来源于《中国区域经济统计年鉴》，进出口额是以当年的美元价格来表示的。利用世界银行提供的汇率转化成当期的人民币价格。

gov代表政府扶持水平，表示人均的政府支持经济发展的财政支出，数据来源于《中国区域经济统计年鉴》。

transp代表基础设施水平，在此我们选取公路里程数来表示基础设施。

hum代表人力资本，人力资本的表示方法有三种：成本方法、收益方法与教育程度，由于前两种方法测算难度较大，因此我们选取第三种方法，由于数据的可得性，在此我们利用各个区域的高等学校教师数来表示人力资本。为了考察伴随贸易开放程度的不断提高人力资本较丰富的区域是否会吸引经济活动布局于该区域，我们利用贸易开放与人力资本的交互项来表示，数据来源于《中国区域经济统计年鉴》。

dens代表人口密度，为了测算劳动力供应和市场需求对一区域的影响，本文利用一区域常住人口数与区域面积的比值来表示人口密度，为了考察伴随贸易开放程度的不断提高，经济活动是否倾向布局于人口密度较高的区域，我们利用贸易开放与人口密度的交互项来表示，数据来源于《中国区域经济统计年鉴》。

dis 代表各个区域到最近的港口的距离（在此我们选取 20 个港口城市作为参照），假设港口城市离海外市场的距离为 0，那么其他城市离最近的港口的距离是 n，该指标利用 arcgis 通过经纬度来测度，经纬度数据来源于国家基础地理信息中心。新经济地理学的研究者发现距离海外市场的距离是影响经济活动空间布局的重要因素。

表 1　实证变量的统计性描述

变量名	N	极小值	极大值	均值	标准差
lngdp	1953	3.4012	9.8280	6.5714	0.9692
lngov	1953	−4.5263	1.0348	−1.9481	0.5619
lnopen	1953	−5.1540	5.9829	2.0201	1.6108
lntransp	1953	6.3333	11.7013	9.1674	0.6738
lnhum	1953	4.6052	11.0746	7.4571	1.2773
lndens	1953	−8.3541	−1.4047	−3.5740	1.0917
lndis	1953	−13.8155	8.3710	4.6819	5.3617
lnopen·lntransp	1953	−50.1127	51.9293	18.2885	14.3786
lnopen·lnhum	1953	−42.4048	56.6775	15.7079	13.2574
lnopen·lndens	1953	−37.4547	22.5966	−6.6100	6.0519

（二）模型的选择

空间权重矩阵是空间计量经济学的关键之一，也是体现空间依赖性的重要因素之一，由于我们所选取的区域包含不连续的区域，在此我们不能利用空间邻接来表示空间权重矩阵，因此我们利用距离来表示空间权重矩阵。根据表 2 中的第 2 列和第 3 列的估计数据我们可以看出，不论是 LM 检验还是 LM robust 检验，检验结果都接受模型中包含空间误差项的情况，虽然 LM lag 检验接受模型中包含空间滞后项的情况，但是 LM lag_robust 检验拒绝了这一假设，因此我们所设的模型中应该包含空间误差项。

表 2　模型的估计结果

因变量	混合面板模型	时间固定效应模型	空间误差模型（时间固定效应）
政府扶持（gov）	−0.4988*** (−22.6976)	−0.6994*** (−37.2647)	−0.6747*** (−35.2444)
贸易开放度（open）	0.2357*** (−4.4451)	0.0819 (−1.1896)	0.1119* (−1.6274)
基础设施（transp）	0.3870*** (−26.0534)	0.3684*** (−18.4125)	0.3846*** (−19.3214)
人力资本（hum）	0.2599*** (−15.3225)	0.1754*** (−12.2445)	0.1660*** (−11.7828)
人口密度（dens）	0.0433*** (−3.1208)	0.0343*** (−2.7668)	0.0617*** (−4.7861)
距离（dis）	−0.0132*** (−6.0203)	−0.0125*** (−7.2091)	−0.0121*** (−6.9301)
贸易开放度与基础设施交叉项（open·transp）	−0.0258*** (−3.6848)	−0.0266*** (−3.9069)	−0.0287*** (−4.2724)

续表

因变量	混合面板模型	时间固定效应模型	空间误差模型 （时间固定效应）
贸易开放度与人力资本交叉项（open·hum）	0.0343*** (−5.9309)	0.0516*** (−10.6153)	0.0517*** (−10.8109)
贸易开放度与人口密度交叉项（open·dens）	0.0323*** (−5.4990)	0.0218*** (−4.4401)	0.0246*** (−5.0579)
spat.aut.			0.3426*** (−5.2198)
R²	0.7791	0.8522	0.8612
调整后的 R²	0.7782	0.8515	0.8512
LM spatial lag	318.9232***	1.5631	
Robust LM spatial lag	0.0452	0.0396	
LM spatial error	3842.6889***	27.8213***	
Robust LM spatial error	3523.8109***	26.2978***	

注：***，**，* 表示在1%，5%，10%的水平上显著。

多数情况下，我们利用空间 Hausman 检验发现随机效应模型是不稳定的（Mutl 和 Pfaffermayr，2011），因此我们选取固定效应模型。并且由于我们的数据中包含距离这一不变要素，因此空间固定效应模型容易产生有偏估计，由此我们最后选择时间固定效应的空间误差模型。公式为：

$$\ln gdp_{it} = \alpha + \beta_1 \ln gov_{it} + \beta_2 \ln open_{it} + \beta_3 \ln transp_{it} + \beta_4 \ln hum_{it} + \beta_5 \ln dens_{it} +$$

$$\beta_6 \ln dis_{it} + \beta_7 \ln open_{it} \cdot \ln transp_{it} + \beta_8 \ln open_{it} \cdot \ln hum_{it} + \beta_9 \ln open_{it} \cdot \ln dens_{it} + \lambda W u_t + \varepsilon_t \qquad (27)$$

式（27）的估计结果为表2第4列，估计结果显示：

第一，贸易开放的系数在10%的水平上显著，这表明在其他变量不变的情况下，贸易开放有利于拉动区域经济的发展，贸易是拉动区域经济增长的"三驾马车"之一，但是由于2008年金融危机以来，我国对西方发达国家的出口不断减少，并且贸易摩擦不断，美国等西方发达国家制定高标准的 TPP、TTIP，妄图把中国排挤出新一轮的区域合作格局中，在此背景下我国提出了"一带一路"倡议，构建全方位的开放格局。

第二，为了考察贸易开放对某一区域的影响，我们不仅要估计各因素对经济活动的影响，而且还要估计各因素与贸易开放交互项对经济活动空间布局的影响。人口密度的系数在1%的水平上显著为正，并且贸易开放与人口密度的交叉项在1%的水平上也显著为正。随着贸易开放程度的不断提高，人口密度高（较大区域）的区域不仅能够提供大量的劳动力，并且还能提供较广阔的消费市场，经济活动更加倾向于布局于人口密度高的区域，这与上文中我们的假设是相符的。我国内陆地区虽然有大量的非熟练劳动工人，但是由于他们的消费能力有限，对经济活动的吸引力不大，并且大量的非熟练劳动工人也不断向沿海地区聚集，造成沿海地区的人口密度较大。

第三，人力资本的系数、贸易开放与人力资本的交互项的系数在1%的水平上也显著为正，人力资本和高素质的劳动力被看作是经济增长的关键因素，并且会产生较高的劳动生产率和较多的创新。随着贸易开放程度的不断提高，那些拥有较高人力资本水平的区域更能吸引经济活动布局于此区域，这就需要各地政府加大对教育的投入，鼓励创新。

第四，最出乎我们意料的是基础设施对经济活动的影响，基础设施的系数在1%的水平上显著为正，这表明在其他变量不变的情况下，基础设施的改善有利于一区域的经济增长，但是贸易开放与基础设施的交互项却显著为负，这在很大程度上是因为我们选取公路里程数来表示基础设施存在偏差，在高速铁路、互联网快速发展的今天，公路对一区域经济的影响程度正逐渐减小。

第五，政府扶持的系数在1%的水平上显著为负，这表明在其他变量不变的情况下，政府扶持不利于区域经济的增长。在我国经济新常态背景下，国家提出简政放权、深化改革，目的就是转变政府职能，以监管为主；在新经济地理学模型中，距离是影响某一区域经济增长的重要因素，中国沿海地区靠近海外市场，贸易成本较低，经济发展较快，内陆地区由于距离海外市场较远，贸易成本较高，不利于商品向海外市场运输。Fujita和Hu（2001）利用中国的数据研究发现，改革开放以来随着经济活动聚集于沿海地区，沿海与内陆的区域差异不断加大。国家提出的"一带一路"倡议在保证东部沿海地区继续转型发展的基础上，扩大了内陆地区的开放水平，有利于内陆地区产品向海外市场的出口，缩小了沿海与内陆之间的差距。

四、结论与政策建议

本文的研究结论表明，一国产业的聚集或者分散是由国际贸易成本和一国内部的运输成本共同决定的。不同于以往的新经济地理学结论，我们发现经济活动的空间布局不单纯受区位的影响，还受到区域市场潜力的影响。不同的国际贸易环境对一国产业的空间布局会产生不同的影响。比如当一国内部一体化程度较低时，随着贸易自由化的不断提高，经济活动聚集于沿海地区，这与中国改革开放以来的发展现实很吻合。但是，我们也发现，当一个国家与海外市场联系较少，贸易自由化程度较低时，内陆地区往往比沿海地区聚集更多的经济活动。正如Krugman和Elizondo（1996b）所研究的，墨西哥城位于墨西哥的中部地区，但是却聚集了大量经济活动与人口。同样地，Gallup等（1999）也发现在撒哈拉以南的非洲和东欧的一些国家，经济活动很少聚集于沿海或者沿江区域。根据上文的分析我们得出的结论如下：

（1）在本文，我们考察了贸易自由化和一国内部一体化程度对一个国家经济活动空间布局的影响。我们扩展了Krugman（1991a）经典的新经济地理学模型，构建了一个不对称的两国三区域模型，该模型更多地考虑了现实情况。模拟结果显示，该模型所得结果比传统的新经济地理学模型更复杂，更符合现实情况。我们的主要结论是：当一个国家内部区域一体化程度较低时，经济活动逐渐向沿海地区聚集；当一个国家贸易自由化程度较低时，经济活动向内陆地区聚集。随着国家"一带一路"建设的实施，内陆地区成为开放的前沿阵地，并且内陆地区劳动力成本、土地成本较低，一些经济活动开始向内陆地区聚集，沿海地区转型发展，高新技术和服务业发展较快，区域之间的差异逐渐减小。

（2）我们利用2006~2012年279个地级行政单位的数据证明，在"一带一路"战略提出之前，内陆地区的贸易开放程度较低，与国外市场的联系较少，贸易成本较高。实证结果显示，贸易开放有利于人力资本丰富、人口密集、与海外市场距离较近的区域的经济增长，改革开放以来，我国率先开放沿海，这符合当时的背景，随着贸易开放程度的不断提高，人口与经济活动逐渐向沿海地区聚集，拉大了沿海与内陆之间的差距。

根据本文的结论，提出如下政策建议：

（1）随着内陆地区开放程度不断提高，成为开放的前沿阵地，这就需要内陆地区不断加大教育投入，改善城市基础设施，完善人才配套政策，吸引更多的人才聚集，加大力度鼓励创新。

（2）注重促进东中西部、沿海和内地的联动发展，加快缩小区域发展差距，强调各个区域特别是大区域联动，如推动产业的有序转移和承接，来推进产业梯度发展等，并且要更加注重促进区域一体化发展，促进资源要素的自由流动和高效配置；更加注重推进国内与国际的合作发展，来推动对内对外开放相互促进，更好地利用两种资源、两种市场，来拓展我们的发展空间，提升发展潜力，实现可持续发展。

（3）不断完善国内基础设施建设，提高国内一体化水平，降低国内运输成本，形成一批纵横交错、互相连接的沿海、沿江、沿边战略大通道，加快国内各经济区的整合和联系，缓解西部内陆地区的区位和空间劣势，打破内陆地区不靠海的限制，加快我国内陆地区同沿海地区的联通，以丝绸之路经济带和21世纪海上丝绸之路为基础扩大对外开放，打造一批重要物流链和关键节点，推动形成具有跨国境要素集成能力、市场辐射能力的区域产业发展新布局。

（4）雁阵模式的核心是产业转移，根据劳动力成本和自然禀赋，我们认为未来几年沿海地区的劳动密集型产业将向中西部、"一带一路"沿线国家转移，而中国的东部通过产业结构转型、技术创新，以服务业和高新技术产业为主，构筑以我国东部沿海地区为雁首的新雁阵模式，要充分挖掘"一带一路"区域国家经济互补性，建立和健全供应链、产业链和价值链，促进泛亚和亚欧经济一体化。

〔参考文献〕

［1］Alonso Villar, O., 1999, "Spatial Distribution of Production and International Trade: A Note", *Regional Science and Urban Economics*, Vol.29, No.3, pp.371-380.

［2］Behrens, K., Gaigne, C., Ottaviano, G. and Thisse, J-F., 2006, "Is Remoteness a Locational Disadvantage?", *Journal of Economic Geography*, Vol.6, pp.347-368.

［3］Behrens, K., Gaigne, C., Ottaviano, G. and Thisse, J-F., 2007, "Countries, Regions and Trade: On the Welfare Impacts of Economic Integration", *European Economic Review*, Vol.51, pp.1277-1301.

［4］Behrens, K., 2011, "International Integration and Regional Inequalities: How Important is National Infrastructure", *The Manchester School*, Vol.79, No.5, pp.952-971.

［5］Brulhart, M., and R. Traeger, 2005, "An Account of Geographic Concentration Patterns in Europe", *Regional Science and Urban Economics*, Vol.35, pp.597-624.

［6］Crozet, Matthieu, Koenig Soubeyran, and Pamina, 2004, "EU Enlargement and the Internal Geography of Countries", *Journal of Comparative Economics*, Vol.32, No.2, pp.265-279.

［7］Fally, T., Paillacar, R., and Terra, C., 2010, "Economic Geography and Wages in Brazil: Evidence from Microdata", *Journal of Development Economics*, Vol.91, pp.155-168.

［8］Fujita, M., and Hu, D., 2001, "Regional Disparity in China 1985-1994: The Effects of Globalization and Economic Liberalization", *The Annals of Regional Science*, Vol.35, pp.3-37.

［9］Fujita, M., and Mori, T., 2005, "Frontiers of the New Economic Geography", *Papers in Regional Science*, Vol.84, pp.377-407.

［10］Gallup, J. L., Sachs, J. D., and Mellinger, A., 1999, "Geography and Economic Development", *International Regional Science Review*, Vol.22, pp.179-232.

［11］Garretsen, H., and Martin, R. L., 2010, "Rethinking (New) Economic Geography Models: Taking Geography and History More Seriously", *Spatial Economic Analysis*, Vol.5, pp.127-160.

［12］Golubchikov, O., 2006, "Interurban Development and Economic Disparities in a Russian Province", *Eurasian Geography and Economics*, Vol.47, No.4, pp.478-495.

［13］Krugman, P., 1991, "Increasing Returns and Economic Geography", *Journal of Political Economy*, Vol.99, pp.483-499.

［14］Krugman, P., and Elizondo, L. R., 1996, "Trade Policy and the Third World Metropolis", *Journal of Development Economics*, Vol.49, pp.137-150.

[15] Krugman, P., 2011, "The New Economic Geography, Now Middle Aged", *Regional Studies*, Vol.45, No.1, pp.1–7.

[16] Monfort, P. and Nicolini, R., 2000, "Regional Convergence and International Integration", *Journal of Urban Economics*, Vol.48, pp.286–306.

[17] Mutl, J., and Pfaffermayr, M., 2011, "The Hausman Test in a Cliff and Ord Panel Model", *The Econometrics Journal*, Vol.14, No.1, pp.48–76.

[18] Paluzie, E., 2001, "Trade Policy and Regional Inequalities", *Papers in Regional Science*, Vol.80, pp.67–85.

[19] Wang Jian, and Zheng Xiao-Ping, 2013, "Industial Agglomeration: Asymmetry of Regions and Trade Costs", *Review of Urban and Regional Development Studies*, Vol.25, No.3, pp.61–78.

[20] Zeng, D-Z., and Zhao, L-X., 2010, "Globalization, Interregional and International Inequalities", *Journal of Urban Economics*, Vol.67, pp.352–361.

[21] 世界银行, 2009,《重塑世界经济地理》, 清华大学出版社 2009 年 3 月第一版。

(本文发表在《世界经济文汇》2016 年第 6 期)

日本企业技能与竞争力关系研究

刘湘丽

摘　要：组织能力是企业竞争力的来源。在人的层面上体现为企业对技能的运用、培养与积累所采取的管理方式。对丰田、佳能等日本企业产品制造现场的分析表明，通过多能工、多工序操作、缩短作业切换时间、自动化、自律检查、自律维护等管理手法，拓展工人的技能广度和深度，实施岗位轮换等制度，辅之以全员性的周密训练，使员工既能做静态生产环境下的标准作业，又能做动态生产环境下的不确定性作业，极大地增强了企业在生产率、制造时间和制造品质方面的竞争能力。日本企业的管理方式，对中国企业如何构建柔性生产系统以应对需求变化、产能过剩和劳动成本升高具有借鉴价值。将实际市场需求，作为生产计划的基础，就可以减少库存。使员工在基本技能之上，掌握应变技能与解决问题的技能，能提高劳动生产率，为稳定品质、改进工艺甚至产品开发做出贡献。如果人力资源的素质得到了提高，那么劳动力成本将不会成为问题，因为人力资源的产出已经大大地提升。

关键词：日本；企业；技能；组织能力；竞争力

一、引　言

当前，中国企业遇到了未曾有过的困境。市场需求日益多样化，劳动力成本迅速提高，以卖方市场、低劳动力成本为标志的外部环境不复存在，这促使企业通过改进管理机制寻找新发展的可能性。日本企业也曾经遭遇相似困境，它们坚持以技术取胜战略，充分利用员工技能，改进生产系统，形成新的竞争优势，获得了可持续发展。日本企业是如何发挥员工的技能作用，又是如何培养、积累和发展员工技能的？这些问题值得我们研究。

关于日本企业如何发挥员工技能作用和培养员工技能，中国学者从技能特点及技能形成机制入手进行了研究。陆素菊（2008）、刘建华（2009）分析了日本制造业企业，认为其技术工人具有较高的适应环境变化能力与解决问题能力，以岗位轮换为核心制度的企业内培训对培养这些能力起到了关键作用。孟繁强和杨斌（2010）、孟繁强和李新建（2010）指出，技能水平可用宽度柔性、深度柔性和协调柔性三个维度来衡量。通过比较日本与美英企业，可发现日本员工的技能柔性大于后者，和日本柔性生产系统之间形成了高度耦合。他们认为，日本企业在劳动时限、劳动数量、工作自治以及薪酬差距模糊化等方面的惯例规则促进了技能柔性的形成。对于技能形成的途径，许竞（2012）、王彦军和李志芳（2009）指出，公共职业教育与企业内培训都促进员工的技能形成。但许竞（2011）、刘建华（2009）认为，日本员工的技能主要产生于企业内培训。

然而，为了理解技能对于企业经营的实践性意义，必须从管理学的角度进行考察，需要把技能形成机制与市场环境、企业的经营目标以及资源利用方式联系起来分析。日本学者藤本隆宏（2006，2007）指出，以丰田为代表的日本企业之所以能在与欧美企业的竞争中获取优势，是因为日本企业构筑了独特的组织能力。所谓组织能力，是指资源结构与利用资源的活动的特定方式，可以从生产率、制造时间和制造品质等指标判断其优劣。并且，这些指标将决定产品在市场上的竞争力。资源包括人、设备、技术、信息与原材料。而人是其中最重要的资源，其核心价值要素就是技能。日本企业在利用人力资源方面构筑了独特的能力，它们利用内部劳动市场机制来调节劳动力供给数量，通过员工的知识型技能来提高劳动力产出比率，同时还通过岗位轮换等程序来培养、积累和发展人的多层次技能（小池和男，1991；小池和男、猪木武德，1987；中馬宏え，2006）。这些能力保证了日本企业在外部环境发生变化时能够迅速满足市场需求、获得良好的经营绩效，为企业持续发展打下了坚实的基础。所以，要揭示技能对竞争力构筑的管理学意义，就需要研究日本企业的组织能力，具体到人的层面上，就是要研究如何发挥技能作用和如何形成技能两个方面。因此，本文将以丰田、佳能等日本企业的产品制造现场为案例，揭示企业竞争力与技能之间的因果关系，探讨技能利用与形成的机制与内部环境，为中国企业摆脱困境、形成技能优势提供理论依据和借鉴。

本文将围绕日本企业如何发挥员工技能作用和如何培养、积累和发展员工技能两方面内容展开考察。在第二部分中，根据资源/能力理论、战略管理理论及日本研究者的相关理论，阐明本文研究对象的理论内涵及其内在关系，确定分析框架。在第三部分到第五部分，将视角聚焦到技能与生产率（成本）、制造时间和制造品质的关系，分析日本企业如何通过人力资源的柔性配置降低成本、如何拓展员工的技能广度以提高有效作业时间比，以及如何使员工具有深度的技能以保障内嵌型品质管理机制的运行。在第六部分，分析制造现场以外的技能、经营战略与竞争力的关系。在第七部分，总结本文的主要结论，解析日本企业经验对中国企业的借鉴意义。

二、相关研究与分析框架

竞争力是企业在市场竞争中表现出来的综合能力，其内容因考察目的而不同，如有的将资本利润率、市场份额作为竞争力，有的将新产品、新技术作为竞争力。而藤本隆宏（2006，2007）则从管理学的角度，提出了"表层竞争力"与"深层竞争力"的概念，把竞争力研究从经济评论范畴拓展到了管理实践领域（见表1）。所谓表层竞争力，指的是消费者可以观察到的产品的性能、价格、交货期等。企业在市场中竞争、获取客户，最终要凭借自身产品的这些特点。然而，性能优良、价格合理、交货及时的产品，是由企业的生产系统制造出来的。而生产系统的能力，如生产率、制造时间、制造品质等的优劣，决定了产品在市场上的竞争力。生产系统的这些能力被称为深层竞争力。可以说，表层竞争力是深层竞争力在市场中的体现。没有深层竞争力，表层竞争力就无从谈起。

按照藤本隆宏的分析，深层竞争力是由企业的组织能力来决定的。在资源/能力理论（Penrose，1959；

表1 表层竞争力与深层竞争力

竞争力	考察角度	内容	关键指标
表层竞争力	销售市场	消费者感知的产品特点	产品的价格、性能、交货期……
深层竞争力	制造过程	生产系统的绩效	生产率、制造时间、制造品质……

资料来源：作者根据藤本隆宏的相关理论整理。

Prahalad 和 Hamel，1990）、战略管理理论（Teece、Pisano 和 Shuen，1997）中，组织能力被表述为"资源与活动的特定方式"。资源，是指人力、技术、财力等生产要素。活动，则是获取、应用、积累资源的经营行为。组织能力是企业获取资源与运用资源的能力，也可以说就是管理方式（或生产方式）。这些资源中，人力资源最为重要。这是因为附属于人的技能是决定其他资源效率的关键。因此，企业对技能的运用、培养及积累做出怎样的决策，会直接影响企业的深层竞争力。

关于技能，小池和男（1991）、小池和男、猪木武德（1987）、中马宏之（2006）等学者采取从微观现实入手、积累证据的研究手法，解析大样本调查结果，对技能的内涵及形成机制做出了理论归纳。他们认为，技能可分为基本技能、应变技能和解决问题技能三个层次。基本技能，指的是完成标准作业所需要的技能。应变技能，指的是操作多台设备、进行多工序操作的技能，也就是适应生产环境变化的能力。解决问题技能，则是发现生产过程中的问题、解决问题的能力。因为需要员工运用知识和推理来查明和解决问题，因此，解决问题技能又被称作"知识型技能"。

如果生产数量、品种等一成不变，那么工人只要掌握第一层次的技能即可，即准确地按作业标准操作，这是传统管理模式所追求的最佳状态。然而，现实中生产数量、品种等会因为市场需求与竞争状况发生变化，这时如果制造现场的人力资源不相应做出变化，就会造成有效作业时间比重的减少，最终削弱企业的竞争能力。有效作业时间，根据藤本隆宏（2006）的定义，指对原材料、零部件进行加工的实际时间。而现实中要进行生产，还需要进行调配人员、更换模具工装、配置零部件及材料等准备作业。计算产品所需工时（人次×时间），是要把作业准备时间也包括在内的。压缩作业准备时间，提高有效作业时间在所需工时中的比重，就意味着劳动生产率、设备生产率及材料生产率的提高。因此，当环境条件发生变化时，如果工人具有可以操作多台设备、进行多工序作业的应变能力，那么就会减少不产生价值的作业准备的时间，提高有效作业时间比重，这就会在成本、制造时间品质等指标上带来好的表现。

作为知识型技能的解决问题技能，位于技能的最高层次，尤其是在保障制造品质方面对深层竞争力产生重要影响。生产过程中经常会发生各种问题，这些问题造成生产中断，影响产品品质。如果现场工人能够及时发现问题，查明原因并解决问题，就会减少不良品的数量，保障品质稳定。这种做法当然对有效作业时间比重的提高、成本的降低也有着正向影响。在日本企业的管理方式中，解决问题的技能，对于工艺、产品创新也有着重要作用。新产品开发初始，因为还没有形成标准化的生产线，就需要工人使用现有设备参与试制。工人对操作工艺有着直观认识，能够发现不合理之处，这是工艺创新思路的重要来源。并且，由于设备能力及性价比的限制以及少量个别需求等因素，有些产品必须依靠工人的知识型技能来制造。而且，此类产品会具有独特的竞争力和极高的附加价值（中马宏之，2006）。

日本企业的管理方式，是在特定环境中形成的。20世纪50年代，丰田汽车公司遭遇到了销售不畅、产能过剩的危机。最初，企业方面企图用裁员回避危机，遭到工会的强烈反对。丰田汽车公司从此吸取教训，采取了以提高劳动生产率替代裁员的方针。该公司摸索、开发出了以市场需求、后工序需求为生产指令的"看板方式"，解决了材料、零部件以及产品的库存积压，形成了能灵活应对市场需求的高效生产方式（后被美国研究者称为"精益生产方式"）。而这个生产方式得以成功运营的基础，就是整个生产过程中的人的技能。日本企业通过多能工、多工序操作、缩短作业切换时间、带人字偏旁的"动"字的自动化①、自律检查、自律维护等管理手法，拓展工人的技能广度和深度，实施岗位轮换等制度，辅之以全员性的周密训练，使员工既能做静态生产环境下的标准作业，又能做动态生产环境下的不

---

① 通常，日语中自动化一词中用"動"字，而丰田汽车公司强调自己的自动化与人的智能有相似之处，即不仅能自行运转，还能在发现不合格产品时自行立刻停机。日语中，"動""働"两个字都在使用。動，表示不稳定的状态、导致不稳定状态发生的动作等。働，表示劳动、工作，与人有关。而日语文渊的汉语（繁体字）中，"動"也同样有带人字旁与不带人字旁的两个。而在简体字中只剩下没有人字旁的"动"了。

确定性作业，增强了企业在生产率、制造时间和制造品质方面的竞争能力。日本生产方式中的技能与竞争力的关系可概括为图1。以下笔者将根据图1所示的逻辑，聚焦技能与生产率（成本）、制造时间和制造品质的关系，分析日本企业通过人力资源柔性配置降低成本、通过拓展员工技能广度提高有效作业时间比，以及通过拓展员工技能深度保障内嵌型品质管理机制运行的实践做法。

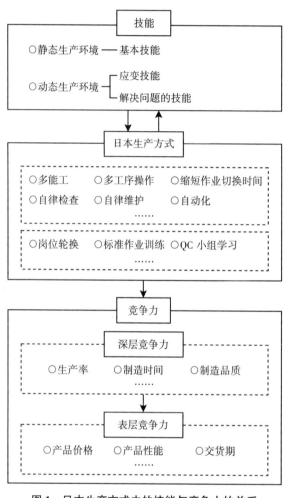

图1 日本生产方式中的技能与竞争力的关系

资料来源：作者绘图。

三、人力资源的柔性配置——降低成本的切入点

　　生产线上的制造量会因市场需求量而变化。当生产量增加或减少时，企业就需要对制造现场的人力资源进行再配置，或撤出多余人员，或增补不足。如果不做出如此的调配，就会造成人浮于事或工作延迟，增加成本，减少有效作业时间比重，最终削弱企业的竞争力。生产线作业人员的增减，是按照节拍时间的调整进行的。节拍时间，指生产线在每个工序的停顿时间，作业人员要在这个时间内完成所要求的作业。例如，生产线原本有5名作业人员，节拍时间为一个产品1分钟。现在生产量减少了20%，为了维持设备开工率，就要将节拍时间增加到一个产品1.2分钟（增加20%），同时把作业人员减少到4名（减少20%）。然而作业人员的人数虽然少了，但工序及作业的数量并没有减少，因此，剩下的作业

人员就要承担比以前更多的任务。

在丰田汽车公司，进行机械加工的生产设备呈 U 字形布局。这是为了将加工一种产品需要的机械设备集中在一起，减少作业切换的距离和时间。当生产量大的时候，每台设备一个人，全员上岗。当生产量减少时，企业就延长节拍时间，然后按照以下方式重新分配任务：延长每名作业人员的操作范围，让他在承担原来任务的基础上，再接受相邻作业岗位的一部分任务，直至所有任务被分配完。由于重新组合任务，使得一部分作业人员被节省下来，生产线上的作业人员人数得以维持在必要的、最小的限度。

先将什么样的员工减下来？减下来的人干什么？薪酬是否会减少？根据调查，丰田汽车公司是首先把从业时间长、技能水平高的工人减下来，给他们安排改进现场作业、练习模具等的切换作业、保养维修设备的任务，他们的薪酬不会因此受影响（门田安弘，2012）。这种做法，与欧美国家某些企业的"先任权原则"不同（小池和男，1991）。先任权原则，就是先就任者有优先权利，裁员要从后就任者开始。在这个意义上，日本企业不是将生产量变化带来的多余人员直接解雇，推向外部劳动市场，而是将此作为改进生产体制、降低劳动成本的切入点，让具有知识型技能的员工去做发现问题、解决问题的工作，进一步发现人员、设备、材料等浪费现象，去想解决办法，提高资源生产效率。需要注意的是，这里所讲的基本上是正式员工的情况，日本企业中也有临时工等非正式工，劳动力需求减少时这部分人将是调整对象。然而，日本企业中的核心员工主要是正式工。

日本企业的组织能力，即管理方式要求制造现场人员的配置能按需求增减，这就需要所有员工有操作多台设备、进行多工序作业的技能。为了培养精通多工序、多种作业的多能工，丰田汽车公司采取了岗位轮换方式。岗位轮换，是指员工轮换担任所在现场的全部作业。根据调查，岗位轮换制通过三个层次来实行（门田安弘，2012）。第一，全体工长、组长、班长等管理人员在下辖各生产一线轮流换岗，如组长在各组之间轮换，体验所有岗位，要达到每个岗位上都能向员工熟练示范的水平。第二，所有员工在所在现场内各种岗位之间轮换。轮换顺序由组长决定，以让全员熟练掌握所有作业为目的。组长制定全员训练计划。该计划显示有全体人员目前训练完毕并已掌握的工序、正在训练的工序和预定训练的工序。通过这张表，组长可以清楚地掌握组内每个人的技能水平、达到多能工水平的人数，可以在此基础上进行轮岗安排。第三，日常工作中的岗位轮换。除了以上训练计划中的较为中长期的岗位轮换以外，组长还根据员工的技能水平、健康状况以及本人要求，结合新人训练计划、生产计划、其他班组的支援人员等情况，决定每周或每天的岗位轮换安排。这种岗位轮换很频繁，一天之内甚至达到数次。丰田汽车公司为了使员工对学习多种技能有目标和积极性，以及从技能学习中获得成就感，在 20 世纪 90 年代初建立了"专业技能学习制度"，为每人制定"工作生涯计划"，根据每人掌握的技能的多样化程度与高难程度，对其技能水平做出评价，并按照 C、B、A、S 的顺序决定晋级顺序（藤本隆宏，2007；门田安弘，2012）。

通过岗位轮换培养多能工的做法，在其他企业也被观察到。小池和男、猪木武德（1987）指出，岗位轮换是日本企业进行工序分配时普遍运用的手法。岗位轮换由生产一线的管理人员决定，采取平等轮换方式，每个员工都按照从易到难的顺序轮流担任所在现场的全部作业。小池和男、猪木武德在水泥、食品化学、啤酒、电池、机械行业领域比较了日本、泰国、马来西亚的企业，发现日本企业的岗位轮换范围要远远大于泰国、马来西亚企业，在日本企业的作业现场，岗位（任务）是没有高低等级的，所有员工都要轮流全部作业，不会出现轮换岗位及轮换人选上的差异，但泰国、马来西亚的企业虽然也实施岗位轮换，但对有些重要的岗位，如水泥企业的监控室的仪器操作，仍然会安排专人负责，而这些人比其他人资格高。由于采取平等的轮换方式，日本的员工所掌握的技能要比泰国、马来西亚的更加全面，应对生产量的变化也更加从容。

四、拓展技能的广度——提高有效作业时间比重

技能的广度，指技能的种类。拓展技能广度，就是使员工掌握多种技能，如能在十余种工序上准确操作，或能操作多种设备并能切换模具，进行保全维修。如果员工具有充分广的技能，就能在小批量多品种生产中提高有效作业时间比重。

随着社会技术进步，需求也变得多样化、细分化，企业接到的订货总计就会出现品种间的数量差异。如果按照数量最大的品种组织生产，那么就会使生产系统负荷达到极限，使原材料及零部件等工序间库存增加，也会延迟其他品种的交货期。因此，日本企业就开发出了均衡化的生产方式。例如，企业有 A、B、C 三种产品的订单，A 产品的生产量最大，B 产品次之，C 产品最小。如果按照 A、B、C 的顺序来生产，就要在生产 A 产品时配备最多人员，而因为生产 B、C 产品时并不需要如此多的人员，就会造成一些人无事可干。同时，把特定产品集中起来生产，就要集中准备该产品所需零部件，还会带来库存及场地的增加。因此，为了减少库存的浪费，就要尽可能地把产品流量的波动控制在最小限度，使得在单位时间内生产的品种数量和产量都基本相等。这种生产方式被称作均衡生产方式。

均衡生产，就是将不同品种、不同数量的产品进行组合，不是集中地、大批量地生产同一种产品，而是在同一生产线上小批量地生产不同品种的产品。这就带来了一个问题：由于要生产不同的产品，而每种产品肯定有它的特殊要求，这就要进行作业切换。作业切换，是指根据不同的产品准备不同的工具、夹具、模具、工装和调试设备。如果品种多，就要进行多次作业切换，一般看来就会占用很多时间，带来人员、库存的增加，最终使制造时间变长。因此，压缩作业切换时间，就成为小批量多品种生产的关键。这就要求制造现场人员具有快速切换作业的技能。

日本企业采取两种方式来提高现场员工的作业切换技能。第一，使作业切换标准化，训练作业人员在不停止操作的情况下进行作业切换。作业切换可分为内部切换和外部切换两种。内部切换是必须在设备停止运转情况下进行的作业切换，外部切换是在设备运转情况下进行的作业切换。在传统的大规模生产方式下，作业切换采取内部切换方式。但内部切换方式不适合小批量多品种生产，会产生时间、人员、库存等浪费，影响交货时间。丰田汽车公司把可以在生产过程中同时进行的外部切换工作分离出来，进行程序化。这些作业包括准备模具、工具和材料。员工在进行上一个作业的同时，为切换到下一个作业进行模具、工具和材料的准备，当设备停止时，就只需要拆卸和安装模具了。丰田汽车公司把外部切换工作全部程序化，显示在作业指示牌上，以便员工随时阅览和参照训练（门田安弘，2012）。通过如此的训练，丰田汽车公司的冲压机换模，过去换一次需要几小时，如今却只需要一两分钟就能完成。日本制造业企业都很重视作业切换技能的培养，还举办了全国性的生产线切换竞赛（莱克，2006）。

第二，通过参加由专业人员主导的作业切换来提高现场员工的技能。根据小池和男、猪木武德（1987）的调查，在日本企业，换模换线有现场员工参与或由他们完成是很普遍的现象。在日本电池行业，生产线的皮带更换、贮料器的拆卸、滚轮轴承的更换等都是由现场员工完成，滚轮轴的折断、练涂机（主要设备）的拆卸这些大的作业虽然由专业维修人员完成，但全体现场员工参加（小池和田、猪木武德，1987）。日本机械行业的 2/3 以上的现场员工能进行除 NC（数控机床）车床和 MC（加工中心）以外的设备的作业切换，1/3 的人能做所有设备的作业切换。在日本企业，被称为 QC（品质管理）小组等现场员工小团队活动的内容之一，就是研究缩短作业切换时间（门田安弘，2012）。

除了缩短作业切换时间之外，具有充分广度的技能还在减少等待时间上发挥着重要作用。日本企业认为，没有在动作的人和设备、没有被加工的材料和零部件，都处于等待、库存状态，应该对其进行改进，尽量缩短等待时间，向零库存目标努力。

对金属零件进行加工时，常要用数种设备进行不同工序的作业。如果生产量大，在每道工序配备多台相同设备。虽然这样可以提高生产效率，但也带来半成品及原材料库存的增加，而库存增加，就意味着等待时间增加，会导致总的制造时间增加。当进行小批量多品种生产时，这种方式所产生的浪费就更加显著。因此，为了避免这样的问题，减少加工过程中的等待时间，日本企业采取了多工序操作方式。所谓多工序操作，指一名员工同时操作不同类型的设备。在丰田汽车公司的"多工序操作"生产线上，不同设备按照顺序依次摆放，员工按照这个顺序，在各工序用不同设备进行加工，一个人完成全部加工作业。通过这种方式，员工能够管理生产的全过程，因此，不容易产生库存的浪费，还可以缩短等待时间，灵活应对交货时间的变化。

20 世纪 90 年代中期，佳能公司开发了细胞生产方式，这是不同于丰田汽车公司的、能够提高有效作业时间比的做法。所谓细胞生产方式，是指一名或多名生产人员操作各种设备完成全部工序作业的生产方式。细胞生产方式，根据产品、环境、人员的不同，有 U 字形生产线（流程分割生产）、货摊式巡回生产方式（单人生产）、无传送带生产方式、巡回式生产方式（一人巡回生产）四种形态（佐藤昌次郎，2008）。不论采取何种方式，都要求员工具有多工序作业、操作多种设备的广度技能。

为了训练出具有充分广度技能的员工，佳能公司采取了循序渐进的措施。首先，提高作业重复频率。工序细分是提高重复率的途径之一。如某个产品需要一个员工用 100 分钟来组装。经过细分工序，将组装工作让 10 个人来分担，每个人就分到 10 分钟的作业。这样，每个人频繁重复操作，熟练度就会迅速提高。提高重复频率的途径之二，是"候鸟方式"，就是安排员工像候鸟一样在各生产线之间变换作业。例如，有产品 A、产品 B、产品 C 三条生产线，各自配备 6 名、3 名、3 名操作者。按候鸟方式，这 12 个人一起做一个产品，从产品 A 开始，按序移动到产品 B 的生产线、产品 C 的生产线。这样就将原来的工序细分为 12 个，增加了重复频率。如在产品 B 和产品 C 的生产线中，原来由 3 名员工负责的工序现在分成了 12 份，工序数增加，重复频率增加，于是熟练程度相应提高，整体效率上升（酒卷久，2008）。

其次，逐渐扩大操作者的工序范围。刚开始严格按照 1 个人对应 1 个工序进行任务分配。当熟练程度提高后，就将其工序范围扩大。工序范围扩大后，技能的广度就自然增大，逐渐地变成了掌握多个工序的多面手。如果每个操作者的技能都具有充分的广度，企业应对能力就会增强，对于多品种小批量的市场需求就能有效应对，并能维持、提高生产率（酒卷久，2008）。

最后，进行提升操作速度的训练。设置用于提升操作速度的检测器，在休息时间或下班之后，用玩游戏的心态来进行挑战，并保留记录。这是在短时间里让手动得更快的速度竞赛。还利用录像机对操作进行研究，学习其他工厂的经验。另外还开发了"技能提升细胞系统"，在生产线中，为每个操作者设置信号灯，提示操作者离规定目标时间还剩多少时间。如果连续三次在目标时间内完成作业，目标时间就会自动缩短。如果连续三次超时，目标时间就会自动延长。这个系统既让操作者了解到自己现在的速度，又让操作速度尽可能保持在既力所能及，又有提高激励的水平（酒卷久，2008）。

五、拓展技能的深度——保障内嵌型品质管理机制运行

具有深度的技能，指不仅精确地掌握了多种技能，且对各种技能相关的理论知识以及生产系统整体有充分的理解，能够运用这些进行推理、做出结论的技能，也就是知识型技能，如能承担解决问题、品质维护、改进生产工艺等方面的工作。如果制造现场的员工具备知识型技能，生产过程中的设备故障、不良品问题就可以被及时纠正，减少由此带来的停机损失、材料浪费，保障制造品质的稳定性。同时，员工运用自身的实践经验，对生产工艺、设备、产品提出改进意见，还可以使工艺、设备、产品设计得更合理，更有利于提高生产率。

日本企业为了保障品质的稳定性开发了内嵌型品质管理机制。内嵌型品质管理机制，是指在制造过程中保证生产符合标准的产品，而不是制造过程完成后再进行品质检查。这个机制的特点，就是尽可能地让每个工序的员工承担品质管理的责任（藤本隆宏，2007）。这和欧美企业把品质管理交给专业人员的做法很不相同（拉佐尼克，2007）。欧美企业的品质检查通常是在制造过程完成后，并且由专业质检人员来负责。一般来讲，欧美企业的专业质检人员约占所有员工的 10%，而日本企业的这个比例还不到 1%（门田安弘，2012）。为什么会有如此的差异？因为日本企业要求在生产过程中消灭浪费。在日本企业看来，质检人员的活动不直接产生附加价值，也不能提高生产率，只会增加成本，应该被控制在最小限度。此外，由质检人员在制造过程完成后进行检查，从发现次品到把信息反馈到制造工序要花费时间，在这段时间里还会产生大量的次品。因此，应该让制造工序的员工对品质管理负起责任，发现问题后马上解决。实际上，日本企业不允许有应急库存，当制造工序的员工发现不良半成品时，也不可能到库存找个替代品来应对，只能自己解决。另外一个很重要的原因，就是日本企业充分信赖工人会努力合作保证生产流程的顺畅高效。美国企业把工人作为"对管理剩余的威胁而不是增加价值创造的源泉"，把工人与管理工作隔绝开来（拉佐尼克，2007）。而日本企业把工人视为合作与依赖的对象、价值创造的源泉，把品质检查这个原本属于白领阶层或者专业技术人员的管理性质的工作授权给工人。小池和男称这种现象为"蓝领员工的白领化"（小池和男，2006），认为这是日本企业内嵌型品质管理有效发挥作用的重要条件。

丰田汽车公司的内嵌型品质管理包括事前预防、事中控制和事后处理三个方面。事前预防，就是严格实施标准作业与培训、预防维护措施，提高生产人员的操作准确性。事中控制，指设置误动作预防系统，减少生产人员错误操作的可能性。事后处理，指强化"加人字偏旁的'动'字的自动化"、自律检查等措施，要求在发生异常时迅速查明原因，采取修正措施，减少次品信息反馈次数。所谓加人字偏旁的"动"字的自动化，是指让自动化设备带有发现错误和修正措施的机制。丰田汽车公司开发了次品停机装置。这个装置具有人工智能，知道在发现生产异常或缺陷时使生产线或设备停下来。当生产线或设备停下来时，离发生异常现场最近的操作工、管理人员、技术人员等就要组成小组进行原因调查，采取修正措施，杜绝再次发生。丰田汽车公司将解决问题的方法、顺序等标准化和制度化，开发了品质管理统计手法指南，不仅对专业人员（工艺技术人员、质检人员），而且对现场管理人员、操作工人也进行培训，提高他们在制造现场的解决问题能力（莱克，2008）。

生产过程中的异常及缺陷有多方面的原因。而要查明原因并加以改进，需要有各种知识储备与问题处理经验。日本企业把员工轮换到与生产过程相关岗位，让他们学习和积累相关知识和经验。中马宏之（2006）通过调查日本汽车企业的冲压生产线，总结了优秀员工的岗位轮换路径与解决问题技能的关系。

冲压生产线上发生次品的原因，除了人为错误之外，多数与钢板、模具、冲压设备及其周边设备相关。其中由于钢板厚度的差异而引起的次品问题比较多。这个问题可通过调整垫压来解决，但是，用多大程度的垫压才能达到客户要求的精度，却要取决于钢板厚度的差异程度、模具及冲压设备的状态。这需要有钢板、模具、冲压机及周边设备的知识、处理相似问题的经验和推理能力。于是，企业让生产人员在与钢板、模具、冲压机及周边设备相关的岗位轮岗。如在切断机工序获取钢板知识，在作业切换部门学习模具知识，通过操作各种设备获取冲压机及设备知识，另外，将技能优秀者选拔到新产品启动小组，这个小组里集中了模具维护、生产技术、模具设计、制造各方面的优秀人员，在这里可系统、综合地学习平时学不到的知识。

小池和男（2006）指出，由于小批量多品种生产线上的产品种类多，内容复杂，要在很短的节拍时间内发现次品或缺陷很不容易，这需要丰富的经验，不仅需要在本工序操作的经验，还需要在后工序操作的经验。比发现问题更难的是解决品质缺陷问题。即使是使用机器人，对设备的调整还是得由人来完成。例如，喷涂到钢板上的漆出现瑕疵，原因可能来自漆料、钢板、钢板摆放的角度、设备各个方面。要判断是哪里出现了问题，需要对漆料、钢板、加工以及设备有正确的知识，才能对进行喷漆的机器人进行调整。日本制造现场的员工技能高，就在于他们能够在流程内发现和解决问题。

六、日本企业中的技能广泛性

技能，从一般意义上讲，是实现目标的手段体系。它依附于人而存在，是显性知识（信息、理论、机械设备）的源泉。日本企业制造现场员工掌握的基本技能、应变技能与解决问题的技能，不仅支撑企业在小批量多品种生产上，像大批量单一品种生产那样获取发展资源，而且还通过隐性技能向显性知识的转化机制，以数据、图纸、图像以及机械设备等形式传承、传播，使企业的发展可能性不断更新、扩大，生产系统更加灵活、高效。

企业的生产系统，除了制造之外，还包括研发、采购、销售等环节。日本企业在这些环节，也都形成了很多独特的技术与管理技能。仅从管理技能看，在研发方面，日本汽车行业的"同期开发"，被认为是新车上市周期短的重要原因。新车研发要牵涉上万种零部件的开发和数百家企业，整车厂家不是按车体、发动机、车身到轮胎这样的顺序进行分阶段开发，而是一开始便向相关企业同时发布开发计划，所有企业同时开始自己所承担部分的研发工作。"主查"制度，也是日本企业开发新车的独特技能。开发新车时，不是用原有的职能部门，而是任命有开发经验的人担任最高负责人。被称为"主查"的负责人，有指挥、调动各职能部门资源的绝对权力，大大提高了开发效率。在采购业务上，"二社发注"，可以说是日本企业的独特技能。二社发注，指同一零部件要从两个以上企业进货。这种做法激励供货企业在性能、成本、供货周期上相互竞争、相互学习，保证整车有优秀的、稳定的零部件供应。赋予销售店以"信息反馈"功能，也可以说是日本汽车行业的一大技能。日本汽车厂家基本都有自己的销售店网络。信息反馈是销售店业务中的重要内容之一。最初主要是订货信息的反馈，汽车企业有了这些订单就可以确定实际生产计划，销售店被看作是整个看板管理方式中的最后一道工序，减少了成品库存的风险。如今，销售店的顾客需求信息、产品瑕疵信息，已成为开发新车、改进生产系统的重要依据。

经营战略及产品研发方向的决定，应该说是企业发展的最重要的事项。如果说管理是艺术，那么战略决策就是这门艺术中最具精华的部分，它最具有隐性知识的特点，不能仅靠读书获得。它的优劣只能从结果判断。日本汽车行业不仅依靠制造技能提高了深层竞争力、表层竞争力，使日本取代美国占据了世界汽车大国的地位，还首先开发出了混合动力汽车，并在燃料电池汽车、电动汽车、自动行驶汽车方面处于领先地位，这可以说是经营层决策技能的体现。

七、结　语

　　鉴于中国企业的现状，可以说日本企业关于技能的管理方式有着很大的参考价值。将市场实际需求，作为生产计划的基础，就可以减少库存，提高收益率。使员工在基本技能之上，掌握应变技能、解决问题的技能，不仅能提高劳动生产率、设备生产率，还能为稳定品质、改进工艺、装备甚至产品做出重要贡献。如果人力资源的素质得到了如此的提高，那么劳动力成本将不会成为问题，因为人力资源的产出已经大大地提升。同时，技能，尤其是知识型技能，是员工体面劳动的资本，对提高员工社会欲望的满足感有着重要意义。当然，要彻底走出困境，还需要在产品研发方向、设备投资等经营决策方面根据实际情况，做出具有可持续性意义的改进。

　　目前中国企业界及学术界有用自动化设备替代人工以形成新的竞争优势的主张。然而，这是对技能与设备关系的片面认识。实际上，自动化设备所能替代的，只是标准作业中的一些基本技能。这些技能因为具有高度重复性而被程序化。然而，应变技能与解决问题技能的重复性较小，因此很难被程序化。尽管人工智能技术在飞速进步，但在解决问题方面，设备仍然比人略逊一筹。事实上，随着技术不断数字化、精细化和高端化，人的应变技能尤其是解决问题技能将会越来越重要。而且，由于信息网络技术的发展，新产品开发周期被进一步缩短，企业在制造时间上的竞争将会越来越激烈化。在新产品开发时，如果产品制造现场人员参与试制，就能设计出容易加工、容易调整和确保设计性能的产品，从而缩短从新产品设计到启动生产之间的时间，增强企业在制造时间上的竞争能力。

　　最后，必须注意的是，本文主要从汽车企业和一部分电器企业的角度总结了制造技能在竞争力形成中的重要作用，但成功的企业经营还需要生产链中其他环节的技能与其相匹配。不久前，又有一家日本电器企业被外国企业收购了。该日本企业对液晶显示器的大型投资没有得到及时、充分的回收，导致了资不抵债的结局。该企业的制造技能、研发技能等，还是颇具日本特点的，只是决策技能相形见绌。而收购它的外国企业，靠承接电器厂家组装业务起步，对员工的要求仅限于基本技能，没有自己品牌的产品。但该企业靠着20世纪初期以美国汽车行业为代表的传统管理方式，使用几十万人的简单劳动力，获取了巨大利润，以至于有能力收购日本企业。收购方企业称，收购的动机是看中了日本企业的技术能力，想借此开发自有产品。可以说，收购方企业虽然使用传统管理方式积累了资本，但却愿为日本企业积累下的技术成果所倾囊。这从另一角度折射出了技能的价值。

〔参考文献〕

[1] 陆素菊. 企业技术工人的技能形成及特点分析 [J]. 江苏技术师范学院学报，2008（9）：24-28.

[2] 刘建华. 日本制造业企业员工熟练经验的培养 [J]. 沈阳师范大学学报（社会科学版），2009（6）：67-69.

[3] 孟繁强，杨斌. 劳动力技能形成模式与制造业竞争优势研究 [J]. 财经问题研究，2010（6）：119-124.

[4] 孟繁强，李新建. 技能柔性形成机制——基于高级技能工人短缺的思考 [J]. 华东经济管理，2010（5）：99-101.

[5] 许竞. 试论技能形成体系与经济竞争力的关系：英德比较的视角 [J]. 职教论坛，2012（4）：86-91.

[6] 王彦军，李志芳. 日本劳动力技能形成模式分析 [J]. 现代日本经济，2009（5）：41-46.

[7] 许竞. 对我国"高技能人才"概念及养成问题的反思——基于国内文献的批判性分析 [J]. 河北师范大学学报（教育科学版），2011（3）：63-67.

［8］［日］藤本隆宏.日本型生産システム［A］.伊丹敬之，藤本隆宏，岡崎哲二，伊藤秀史，沼上幹.日本の企業システム（第Ⅱ期第4巻）［C］.東京：有斐閣，2006：51-77.

［9］［日］藤本隆宏.能力构筑竞争——日本的汽车产业为何强盛［M］.北京：中信出版社，2007：34-43.

［10］［日］小池和男.仕事の経済学［M］.東京：東洋経済新報社，1991：65-76.

［11］［日］小池和男，猪木武徳.人材形成の国際比較——東南アジアと日本［M］.東京：東洋経済新報社，1987：23-34.

［12］［日］中馬宏之.イノベーションと熟練［A］.伊丹敬之，藤本隆宏，岡崎哲二，伊藤秀史，沼上幹.日本の企業システム（第Ⅱ期第4巻）［C］.東京：有斐閣，2006：133-158.

［13］［日］藤本隆宏.生産システムの進化論［M］.東京：有斐閣，2007：11-12.

［14］Penrose, E. T. The Theory of the Growth of the Firm［M］. Oxford：Basil Blackwell, 1959：31.

［15］Prahalad, C. K. and Hamel, G. The Core Competence of the Corporation［A］. Harvard Business Review, May-June, 1990：79-91.

［16］Teece, D. J., Pisano, and A. Shuen. Dynamic Capabilities and Strategic Management［A］. Strategic Management, 1997（18）7：509-533.

［17］［日］门田安弘.新丰田生产方式（第4版）［M］.保定：河北大学出版社，2012.

［18］［日］杰弗里·莱克.丰田汽车案例——精益制造的14项管理原则［M］.北京：中国财政经济出版社，2005.

［19］［日］佐藤昌次郎.変化に迅速に対応できる生産体制——セル生産方式の効用［R/OL］.（2008-08-24）［2016-03-10］. http://www.kansai.jsme.or.jp/Seniorlegend/PDF/doc00012.pdf.

［20］［日］酒卷久.佳能式生产方式——佳能、松下、GE成功转型之道［M］.北京：东方出版社，2008.

［21］［日］威廉·拉佐尼克.车间的竞争优势［M］.北京：中国人民大学出版社，2007.

［22］［日］小池和男.ものづくりの技能——自動車生産職場［A］.伊丹敬之，藤本隆宏，岡崎哲二，伊藤秀史，沼上幹.日本の企業システム（第Ⅱ期第4巻）［C］.東京：有斐閣，2006：110-132.

（本文发表在《现代日本经济》2016年第6期）

"防卫装备转移三原则"对日本经济政治的影响

赵 英

摘 要：安倍内阁以"防卫装备转移三原则"取代"武器出口三原则"解禁集体自卫权，使日本战后政治、经济、安保经历了一个转折点。"防卫装备转移三原则"与安保相关法案互为表里，从政治、经济两方面基本解除了战后日本从事战争活动的束缚。本文主要从全球军工产业发展趋势，军工产业内在规律对日本军工产业影响的角度，对日本推出"防卫装备转移三原则"的经济、政治影响进行深入分析，并对今后日本军工产业走势及政治、安保战略变化做出预测。

关键词：防卫装备转移三原则；安倍内阁；规模经济；军工产业

2015 年 9 月 19 日，日本执政联盟强行通过了安保相关法案。在此之前，2014 年 4 月 1 日日本内阁会议，通过了取代"武器出口三原则"的"防卫装备转移三原则"。根据新的"三原则"，日本将在下述情况下允许出口武器装备和技术：①有助于促进和平贡献和国际合作；②有助于日本的安全保障。基于第二点，日本还将可以与以美国为首的安保领域合作国共同开发和生产武器装备，加强与同盟国等方面的安保与防卫合作，确保自卫队和日本人在海外活动的安全。

解禁集体自卫权，使日本成为"可以发动战争的正常国家"；"防卫装备转移三原则"则将大大提高日本的战争能力。"防卫装备转移三原则"与安保相关法案互为表里，从政治、经济两方面大幅度解除了日本从事战争活动的束缚，使日本具有了从事战争的可能与能力。

对安倍政权修改"武器出口三原则"的分析文章，多数从政治角度着眼，从军工产业自身发展规律进行的分析尚不多见。本文从冷战后全球军工产业发展趋势、日本军工产业特点及军工产业自身发展一般规律的角度，对由"武器出口三原则"向"防卫装备转移三原则"转变，给日本经济、政治带来的深远影响进行深入分析，对日本未来的经济、政治走向做出某些预判。

一、冷战后全球军事工业发展的趋势

（一）武器研制日益高技术、高端化、高投入、高风险

冷战结束后，随着全球新技术加速发展，战略性新兴产业加速崛起，互联网在军事上的应用日益成熟，武器的研制日益呈现高技术、高投入、高风险的趋势。

这种趋势随着冷战后几场局部战争而得到加强。在波黑战争、科索沃战争、伊拉克战争、阿富汗战

争中，美国凭借先进、精良的武器系统支持下的新战法，很快击败敌手，同时使武器系统的研制和应用得到了检验，从而进一步强化了武器研制高技术、高投入、高风险的趋势。冷战前，武器研制高技术、高投入、高风险，主要体现于航空、航天等高技术装备；冷战结束后，常规武器也呈现出这一趋势。例如，美国已经在研制为步兵负重、排雷甚至进行战斗的机器人。美国军队中步兵的单兵装备已经实现了高技术化，一个普通战士可以直接通过 GPS 了解自己的所在位置，可以直接引导飞机作战。美国前总统奥巴马可以在白宫直接观看数千公里外特种部队击毙本·拉登的实况。

冷战后的军事行动中，以美国为首的西方国家的主要对手，不是相当弱小的国家，就是类似"基地"一类的非国家组织，美国面对的多数是"非对称"的冲突。

正是在这种背景下，美国政府由原来的旧"三位一体"（基于战略轰炸机、核潜艇和洲际弹道导弹）的威慑结构转向新"三位一体"的威慑结构。新的威慑结构包括攻击性（常规和核）打击系统、导弹防御和反应灵敏的国家安全基础设施。新"三位一体"的建立，可以应对多种紧急情况。导弹防御能力可以减少对攻击性武器的依赖，所以可以选择采用常规武器对抗核打击。新"三位一体"能够发挥作用的关键是先进的指挥控制技术、提升的情报系统及新规划方法（见图1）。

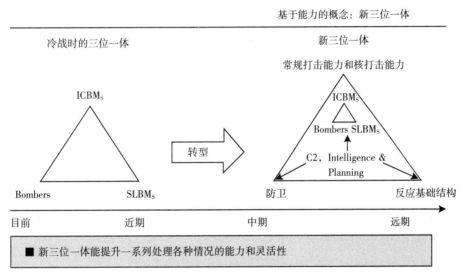

图1 新旧三位一体对比

战略的转变，加强了军工产业发展中，武器研制高技术、高投入、高风险的趋势。即便对发达国家而言，除美国外，任何一个国家单独研制比较复杂的武器系统，已经成为财政上难以承受的事情。正因如此，欧盟国家才不得不联合研制战斗机、坦克、卫星系统等大型军事装备。

从政府与军工企业关系的角度看，任何高技术大型军备系统的研制，如果没有政府投入足够资金以及将来提供比较确定的采购份额，任何军工企业都难以独自承受可能出现的研发失败、市场变化的风险，难以摊销高额的开发、生产成本。

（二）武器研制、发展和使用日益体系化

随着高技术武器平台的日益增加，互联网、GPS 等全球技术体系日益对军备发展和应用起到决定性作用，军备研制日益呈体系化趋势。任何一个武器平台，如不能融入作战、指挥体系，就难以成为作战体系的有机组成部分，就会大大降低其使用价值。武器研制、发展和使用日益体系化，导致军事对抗也日益体系化。单一武器平台即便具有某些性能优势，也会在具有体系优势的对手面前难以发挥。

武器研制、发展和使用日益体系化，加速了武器研制费用的高投入、高风险态势，并且使武器研制

主导大国在军事工业竞争、发展中，处于更有利的地位。

武器研制、发展和使用日益体系化，使各个军工行业、军工企业生产研发的产品只有在一个庞大的武器装备体系内，才能发挥应有的效用。任何一个武器平台（例如，坦克或舰船）、武器生产行业，必须与互联网、天基系统联系起来，才能发挥作用。这就使军工产业生存不仅依赖于必须实现规模经济，还必须实现范围经济，只有通过系统研发武器系统，系列化研发武器平台，才能消化巨大的研发投资，并且获得整体性的收益。

（三）联合研发武器系统的趋势日益明显

随着冷战结束，以前参与冷战的国家，在不同程度上享受了所谓"和平红利"。美国和俄罗斯拆除了大量的核武器，许多战略轰炸机、核潜艇、军舰退出现役。军队规模得到了缩减。这也是克林顿政府能够实现财政盈余的主要背景。俄罗斯则不得不大幅度削减军备，以致伤筋动骨。

全球武器市场大幅度缩小，在有限的武器市场上通过规模销售，获得规模经济效益的空间在缩小。如果不能获得较大的、稳定的市场空间，研制高技术、高投入、高风险的武器系统，在财政上是难以承受的。因此，冷战后国家间合作研制武器系统成为常态。即便是俄罗斯，也在与中国、印度尝试或推动武器的合作。

冷战后，军事工业中的高投入、高风险以及规模经济效益，只有通过国际合作，才能在相当程度上得到化解。这是军事工业发展内在规律所致。在战时，军备损耗巨大，战场即市场，军工产品可通过战争获得广阔市场。在平时，高额研发和生产投入，如果没有足够广阔的国内市场，或通过共同研发，集团采购获得区域市场（例如，欧盟国家共同研发，在北约范围内共同采购装备），则只能外销摊平成本，获得规模经济效益，通过国际循环使军工产业实现良性循环。

如果既难以发动战争推销武器（像美国进入21世纪以来所做的），又没有足够规模的国内市场支持，对于中等规模甚至较大国家来说，维持一个系统开发、生产几乎全部武器的军工产业，都是财政难以长期支撑的。

（四）战略性军备体系军民融合，对产业升级、社会发展起着推动作用

战略性军备体系日益呈现军民一体，跨国家、跨地域的发展和运行状况。例如，互联网由最初的军用系统成为改变世界经济、政治、社会、文化等各个方面的基础设施体系；GPS体系成为全球都在使用的定位系统；大飞机平台既可以作为民航机使用，也可以衍生出反潜机、预警机。军工技术转为民用的速度日益加快。军工产业对技术发展、经济发展的牵引和拉动作用更加明显。同时，这些巨型军事装备的出现，也大大提高了相关军工领域的进入门槛。一般中等国家既难以负担研制费用，也难以单独依靠国内市场消化成本，获得利润。对一般中等国家来说，走欧盟抱团开发、协同生产之路是军工产业可持续发展的唯一选择。

（五）军工产业集中度进一步提高，对政治影响力持续提高

冷战结束后，全球军工产业的集中度进一步提高。美国、欧盟、俄罗斯的主要军工企业在全球军工市场中的竞争更加激烈，市场份额更加集中。例如，战斗机的研制、生产主要集中于5~6家企业，欧盟内只能联合研制战斗机，真正有实力研制四代战机的企业寥寥无几。

军工产业的竞争与国家间安全博弈结合得更加紧密。军工企业对国家政治的影响更加明显。军工产品的营销，日益依靠国家间的外交推动。军工产业与国际政治、国内政治的关系愈加紧密。例如，"9·11事件"发生后，美国小布什政府推动扩张性外交政策，其任期内战火不断，美国军工利益集团获得了巨

大发展空间。军界、工业界和政界结成的"铁三角"大获其利。当前，美国国会和军界的一些人持续宣传"中国威胁论"，实际上也是为了获得国会更多的财政拨款。

二、日本军事工业发展的特点与弱点

日本军事工业存在着以下特点：

（一）军民一体发展

战败后，日本的财阀被占领军司令部解体。这意味着日本军工企业同时被解体。这些被解体的军工企业转向民用领域，把战争中积累的技术、装备用于民品开发（例如，把设计飞机的风洞技术用于汽车开发），后来成为汽车、造船、半导体、飞机等领域的主导企业。这些企业在"朝鲜战争"爆发后，又开始从事军工生产，但是其主体仍以民品为主。

日本军工体系建立在军民融合基础上。例如，川崎重工既为自卫队提供摩托车，同时也生产民用摩托车；既造民船也造军舰。这种军民融合的发展模式，有利于军品研发成果顺畅地转为民用，降低研发成本和开发风险。一方面可以通过研制军品从政府拿到研发经费，另一方面可以推动民品水平的提高。

（二）军事工业体系相对完整，研发能力、产品水平居于世界前列

日本军工产业的水平、能力，是建立在发达的制造业和强大的研发能力基础上的，就能力、水平而言，在世界上居于前列，甚至美国的军事装备也离不开日本企业提供的关键零部件。日本是世界上少有的几个能够相对完整地依靠自身的军工产业装备自己的国家之一。日本主战装备自给率很高。不仅坦克、战舰、战机等大型武器装备能够自己研发、生产，步枪、弹药也都是自主研发的。

日本武器装备的研制、生产主要由防卫厅委托私营企业完成，目前有2000余家企业生产军品，军工从业人员约7万人。防卫厅所属技术本部从事重要武器系统的技术开发。主要军工企业有三菱重工、石川岛播磨重工、川崎重工、富士重工、三井造船、住友机械等。日本军工产业自行研制的战术导弹、坦克、舰艇和电子作战指挥系统的水平居世界前列，正在自主开发F3战斗机。日本自行研制的XAAM-4新型中程空空导弹，与美国先进中程空空导弹水平接近。日本建立了独立军事侦察卫星系统。日本秘密储存了大量可用于核武器的钚，拥有研发核武器的所有装备和技术，是潜在核武器拥有国。

（三）军事工业潜力很大

日本军工产业依托于强大的工业能力，因此潜力很大。首先表现为，实际生产能力大于政府订货数量。其次表现为，可动员能力大大高于现生产能力。再次表现为，某些产业只要稍加改造，甚至产品线略加调整即可从事军品生产，在战略武器方面尤其突出。例如，日本的战略导弹生产、研制，完全以民用外衣存在；核武器的潜在研制能力也是如此。最后，军工产品研发潜力巨大。日本在科学技术方面居世界前列，但一般科研机构对军品研制参与并不广泛、深入或处于疏离状态。日本政府正在通过制定相关政策，使大学、科研机构投入到军品研发中去，如果日本科技力量被广泛动员，军品的研发会更加迅速。

（四）在军事工业重要领域存在垄断

日本军事工业虽然是在军民高度融合基础上发展的，但是在重要领域（例如，军舰、战斗机、坦克的研制与生产）存在着较高程度的垄断。这些领域存在的垄断，不仅是技术开发难度大、资金需求规模大、风险大等因素导致的进入壁垒所致，也与日本军事产业形成的历史密切相关。

日本明治维新至第二次世界大战的军工产业，就是在政府和财阀紧密合作下发展的。明治政府先是直接开办军工企业，随后又把这些企业卖给与之关系密切的财阀。"一战""二战"中，这些财阀不仅大发战争财，还为政府出谋划策乃至赤膊上阵。三井财阀的核心成员山本条太郎就出任了满铁社长。"二战"结束后，财阀不复存在，但原财阀企业却改头换面存在下来，形成了若干企业集团，它们是三井、三菱、石川岛、富士重工、川崎等。这些企业自日本明治维新以来，即从事军事工业生产，今天仍是日本军工产业的支柱。例如，"二战"中，三井财阀在我国东北设立了"满洲石油公司""奉天兵器所"。三井集团所属的日本制钢所，就是一家兵工厂。"二战"后，虽然被短暂解体，但是很快又成为日本坦克炮、榴弹炮的主要生产商。更耐人寻味的是，三井还是日本主要核反应堆制造企业。

日本军事工业存在以下弱点：

1. 军事工业发展在很大程度上受制于美国

"二战"结束后，日本在政治上、安全保障上，依赖于美国，其军事工业发展同样受制于美国。美国出于自身战略利益的考虑，在不同时代，对日本军事工业采取了不同的态度。朝鲜战争爆发，美国允许日本生产军工产品，"朝鲜战争特需"使日本经济加速走向繁荣。越战时期同样如此。进入 21 世纪，美国为了在战略上压制中国，推动"离岸平衡"的战略，对日本军工产业做了大幅度解禁。日本政府推出"防卫装备转移三原则"，就是在美国默许下进行的。

尽管美国大幅度放松了对日本发展军备的管制，但是在某些战略领域，美国的发言权和影响力仍不可忽视。例如，日本潜在的核军备体系，仍然处于美国的监督之下。日本在远程导弹、航母、某些军用大飞机（加油机、大型运输机）等方面仍受制于美国。航空航天产业是制造业产业升级的最高端。战后日本一直试图自己研发大飞机，但由于美国压制，大飞机研制进展缓慢，在相当程度上影响了日本的产业升级。

2. 军工产业发展受制于国内政治状况

军工产业发展，在任何国家都不是单纯的经济问题，对日本来说尤其如此。不仅广大民众对发展军事工业存在警惕，在政治家中，也有许多人对军工产业发展不热心。选择少发展军备，多发展经济的道路，是自民党早期政治家在深思熟虑基础上做出的战略决断。他们一方面认识到战后日本再度发展军备，政治环境不允许；另一方面在安全战略上"搭便车"，依靠美国提供安全保护。日本前首相吉田茂写道："杜勒斯认为，从当时的国际局势来看，日本继续保持没有军备的状态，这是无论如何也不能允许的，因此作为媾和条件，主张重整军备。但是，我公开反对了这种重整军备论，因为日本在经济上还没有复兴，而且如上所述，当时为了经济上的独立日本正处于不得不强迫国民过艰苦生活的困难时期。这时为非生产性的军备花费巨额资金，将会严重地推迟日本的复兴"。[1]

1967 年佐藤荣作内阁制定了"武器出口三原则"（即不向共产主义国家出口武器、不向联合国决议禁运武器的国家出口武器、不向国际争端的当事国或有可能成为争端当事者的国家出口武器），1976 年扩大为全面禁止出口武器。之后日本政府对个别武器出口项目采取了例外允许的方式，但始终没有迈出大幅度修改"武器出口三原则"的步伐。

---

[1] 吉田茂：《激荡的百年史——我们的果断措施和奇迹般的转变》（中译本），世界知识出版社 1980 年版，第 69 页。

在强大的政治压力下，2014年前，日本在武器出口方面未取得太大进展。尽管日本防卫产业界、某些政治家鼓噪军备出口的声音一直不断，并且持续升高。

3. 某些重大军事装备、核心技术和关键零部件还要依靠美国

美国对日本军事工业的控制与影响，是随着其在亚洲的大战略在逐步变化的。美国不仅对日本军事战略投下了巨大的影子，对其军备发展同样有发言权。例如，美国在战后相当长一段时间内只允许日本购买美国的战斗机以及其他大型军事装备。例如，日本在"二战"中，已经可以生产出与美国战斗机相媲美的零式战斗机，但是在美国的控制和影响下[1]，长期购买美军战斗机，随后又重走了一遍仿制美国战斗机到自主研制的路子。日本现在才开始研制自主开发的战斗机F3，在战舰研制上同样如此。[2] 进入21世纪以后，美国向日本推销第四代战机（F22、F35），但是美国卖给日本的F22、F35在技术、战力上要低于美军使用的。

美国通过授权，允许日本生产重大军事装备（如战斗机、反潜机等），但同时也就对日本这些装备、技术出口具有了否决权。美国在允许日本引进技术、研制生产主战装备的同时，还对日本同类产品的性能予以限制，例如，美国自用宙斯盾舰，在性能、战斗力等方面就要高于授权日本生产的产品。

现在日本虽然在技术上具有某些优势，美国的军事装备也要依靠日本的关键电子零部件，但日本同样要依靠美国的某些关键技术和关键零部件。例如，电子侦察技术、反潜技术、反导技术、电子战设备、远程无人飞机、鱼鹰运输机、远程预警雷达等。

4. 国内军工产品市场有限

日本是海洋环绕，境内多山的岛国。国土狭小，总面积37.8万平方公里；总人口约1.26亿，并且呈日益减少的趋势。从全球看，与日本幅员、人口近似的国家（如德国、法国等）已经走上了联合研制、生产军备之路。欧洲正在逐步形成一个军事工业体系。近似日本这样规模的国家，试图独立拥有全部军事工业研制、生产体系的只有日本一个国家。

日本现行军工体系与战前的不同，战后日本防卫计划的特点是，以装备水平的提高为主要内容。高精尖的武器系统高度依赖于政府提供财政资金支持研发。

尽管政府直接提供研发资金，日本军工产业仍面临着国内市场有限的问题。国内市场有限，给日本军事工业带来了两大问题：①如果仅着眼于国内所谓"专守防卫"，政府所需订货极为有限。自卫队总兵力只有27万余人，尽管空军和海军通过逐步延伸其防卫空间，需求较大，但是市场还是有限。陆军所需订货更少。②如果着眼于同时满足国内、国际两个市场，那么就面临着主要在国内市场销售的产品如何适用于国际市场，应用何种技术标准体系，并且树立国际市场信誉的问题，同时面临着"武器出口三原则"的政治束缚。

为应对国内市场狭小给军工产业带来的生存问题，日本政府和企业不得不采取加速兼并、调整，给予财政补助，分摊订货等措施予以应对。

日本主要军工企业加快了兼并、调整的步伐。例如，1995年10月，石川岛播磨重工业公司和住友重工业公司同意联合双方的海军舰艇和武器设计业务，合并双方的产品维修业务。三井造船工程公司和日立造船公司1995年4月宣布将共同使用其造船厂的350名工程技术人员。

日本潜艇的服役寿命是全球最短的。20世纪70年代以来，日本基本保持了每年服役一艘新艇，退役一艘旧艇的替换速度。潜艇平均服役时间只有15年，相当于西方同类潜艇服役期限的1/2。政府的潜

---

① 《日本富士产经商报》2015年3月17日报道，由于美国拒不提供发动机，致使日本自主研制战斗机的愿望延宕至今。

② 日本政府在美国压力下，根据许可仿制美军F16战斗机，并通过与美国联合研制，予以改进，生产出F1、F2战斗机。根据许可仿制宙斯盾舰，并予以改进，生产出"金刚"级、"爱宕"级驱逐舰，其上的某些关键装备仍需从美国进口。

艇订单由三菱和川崎两家造船厂轮流承担。两家企业均有独立的生产线，从而保持了较高的潜艇建造能力。

为保护重点军工企业和主要军品生产线，日本政府将军品产值占企业总产值10%以上的企业列为重点军工企业，在经费投入上给予政策倾斜，并对其生产设施给予补贴，使之不受军品订货减少的影响。这些企业包括三菱重工业公司、川崎重工业公司、石川岛播磨重工业公司、日本制钢所等。日本政府还对难以大规模生产的军品科研重大项目提供高额补贴。例如，政府对计算机集成制造系统、高端机器人、新材料等高科技项目的开发提供了大量财政经费。

日本政府虽然为军工产业发展提供了财政支持，但仅靠财政支持难以长久，何况日本财政也日益困窘。"近年来，武器采购形势发生了变化。首先，武器装备越来越高技术化和复杂化，武器装备价格不断攀升，而日本的财政形势却日益严峻。在这种情况下，武器装备单价上涨导致采购数量下降，进而造成武器装备采购单价进一步攀升，最终形成恶性循环。"①

实际上，日本政府如果真心实现专守防卫，很多军工产品就没有发展的必要。例如，最新44吨的主战坦克10式问世前，日本已有了90式坦克，属于第三代坦克，并且在世界坦克排名榜上连续几年排名第一。在日本本土并没有面临直接入侵威胁的情况下，日本仍推出了新的主战坦克，是出于何种战略考量呢？日本列岛，基本不存在装甲集群大规模作战的可能。军品的研发规划要与国家的安全战略紧密衔接，重大装备研制至少需要十年左右的时间。日本企业具有深思熟虑决策的特点。研制这样44吨的主战坦克，实在耐人寻味。

笔者在日本进行调研时，就感到日本企业、军界对当时日本军工产业发展的不满。其中比较突出的是，由于军工产品难以出口，难以实现规模经济，导致成本、价格畸高，政府和企业均难以承受。一位研究所的研究员对我说："企业搞军工产品赚不到钱，但可以用军工技术开发民用的赚钱产品。"一位前日本自卫队将军对我说："自卫队采购一辆坦克，价格极高，并且每年只能采购10辆左右，按照这种速度，自卫队要几十年才能把老坦克替代完毕。"这次谈话使我深刻认识到，军工产业的内在规律，是促使日本突破"武器出口三原则"的强大动力之一。笔者做了预测："21世纪前15年内，日本成为'正常国家'不可避免，宪法的修改（使日本获得在国际上采取军事行动的更大自由，有交战权）不可避免。""日本一旦成为'正常国家'或者利用某些危机，就可能突破'武器出口三原则'"。②看来笔者不幸言中了，经济规律和产业发展的内在逻辑起着重要作用。

5. 日本军工产品缺乏国际市场的考验

由于日本长期抑制军品出口，军品虽然制作精良，但不为国际市场所熟悉，更重要的是，缺乏战争考验。日本军事战略、军备发展紧紧地与美国相联系，其军备技术标准、基础支持系统（如数据链）都与美国装备体系相融合，虽然有利于美国、日本在亚洲的军事行动，但在某种程度上对日本军品走向海外有限制作用。

国际军品市场，从来是政治、经济合一的市场。军品销售在很大程度上从属于政治。一个国家的军队采用何种装备，很大程度上取决于战略结盟，军队间长期合作。在技术、人才、培训、使用等方面存在路径依赖，要长期与目标国家军队打交道，才能奏效，这也对日本军品出口构成了挑战。

6. 竞争不充分

由于日本军工产业某种程度上处于垄断状态，各大企业在不同领域实现纵向一体化，因而导致竞争不充分，推高了产品的研发与采购成本，甚至存在腐败。日本防卫厅对此也不得不采取措施，予以

---

① 日本防卫省：《综合采购改革项目组研究报告》，2008年3月。
② 赵英：《细微处的日本》，经济管理出版社2003年版，第155、173页。

改进。①

三、基于全球及日本军工产业发展的几点认识

（1）从全球以及日本军工产业发展趋势看，军事工业对全球科技、经济的影响日益增加，有全球、区域战略雄心的国家都不会放任本国军事工业萎缩，相反会极力支持本国军事工业，并且通过军民一体发展，带动本国科技、经济发展，促进产业升级换代。最新一轮以德国"工业 4.0"为代表的发达国家再工业化计划和以中国"工业 2025"为代表的新兴国家产业升级计划，均为军民融合的发展计划，其中许多尖端领域的研发，不仅对国家整体科技、经济实力提高具有重要作用，对形成国家未来军事能力同样具有重要作用。

进入 21 世纪，军工产业与民用产业已经融为一体，军工产品的研制普遍处于产业的高端，并且可以通过政府研发拨款承担风险，因此军品研发对于高新技术产业起着拉动作用。

（2）合作研发，合作生产已经成为趋势。除美国、俄罗斯、中国、印度（也许将来还可以加上巴西）等幅员、人口巨大的国家外，其他国家已经难以独自承担巨额的研发费用，并且难以用有限的国内市场支持军工产业实现范围经济，达到经济规模，获得利润，实现良性循环。

（3）全球军工产业发展与国家安全战略紧密相连，与国内政治进程紧密相连，军工产业的发展，使传统意义上存在的军事—工业利益集团对政治的影响力进一步增强。

（4）军工产业的发展与实力成为国家在国际舞台上处于何种地位的标志与保障。作为有雄心的大国，必然要在军事工业方面做出努力。

（5）某些超级军事装备，同时也是全球、区域范围内的支持经济、社会、科技、文化发展的基础设施。例如，互联网、卫星定位系统、高铁系统等。掌握着这些体系的国家，必然同时在相关方面占有优势和主导权。

（6）军工产业发展的高技术、高端化、高投入、高风险，使军事工业的发展从供给侧看，已经成为政府和企业必须共同推动的事业，只有从政治、经济、科技等方面有雄心的大国，才能通过建设完备的军事体系，获得范围经济的利益。同时，军事工业发展的高技术、高端化、高投入、高风险趋势，从需求侧看，又必须有足够大的市场支撑，才能获得规模经济效益，实现良性循环。

从上述几点认识看，日本无论从国家意志、安保战略需要看，还是从军工产业发展规律看，突破"武器出口三原则"都是志在必得。

四、修改"武器出口三原则"对日本政治、经济的影响

从前面的分析可以看到，安倍内阁修改"武器出口三原则"代之以"防卫装备转移三原则"，不仅使日本可以堂而皇之地对外出口武器，更重要的是为日本扩大军备，成为能够发动战争的国家奠定了基础。"防卫装备转移三原则"及安保相关法案的推出，大幅度改变了日本战后经济、政治形态。

---

① 日本防卫厅：《防卫白书》（平成 25 年）。

具体地说，"防卫装备转移三原则"对日本经济、政治的影响有如下几点：

第一，彻底解除了"二战"后套在日本军工产业头上的紧箍咒，使军事—工业利益集团有了更大的通过发展军备获得利益和话语权的动力。日本的军工产业集团此前受到"武器出口三原则"束缚，一直放不开手脚，甚至遮遮掩掩地推进军备。日本军工产业有通过出口武器，发战争财的劣迹。"武器在日本的重工业产品中是最早实现自给，最早生产过剩而需要输出的商品"。"伴随着武器输出的资本输出，是"一战"时资本输出之特质的象征。""三井物产正是创造这个时期的武器输出（特别是对俄武器输出）机会的公司"。① 修改"武器出口三原则"后，军事—工业利益集团可以同时在国际、国内展开武器推销、研制，不必有所顾忌了。

第二，修改"武器出口三原则"后，日本军事工业可以逐步建立、健全军工产业体制，进一步提高研制、出口能力。过去在"武器出口三原则"束缚下，日本军工产业缺乏足够的研发基础和出口能力。修改"武器出口三原则"后，政府正在迅速采取行动，使日本军工产业的研发、出口体系得到健全。日本防卫省防卫政策课宣称："国家要推进武器出口政策，要完善各种支援企业的政策。"

出于对曾经参与战争的反省，日本的大学以往对军事研究持消极态度，现在由于研究预算不足，对防卫省的研究项目逐步提高了兴趣。日本防卫省面向日本民间科研机构征集具有军事潜力的科研项目征集，入选者将获得可用于军事技术的基础研究经费支持。东京工业大学等四所大学、理化学研究所、宇宙航空研究开发机构（JAXA）、松下公司等共9家机构入选。研究项目包括无人机相关技术、水下远距离输电、小型发电系统、纳米吸附纤维、光学隐形等内容。这些项目的经费总额为3亿日元。日本科研机构和大学将深度参与到军事科研中去。②

日本防卫省所属的新机构——防卫装备厅，于2015年10月1日正式成立。基于2015年6月日本国会通过的《改订防卫省设置法》，防卫省把原来省内的研究开发部门与负责自卫队装备、驻军设施等的"装备设施本部"合并，并在原有主要研究开发武器功能的基础上，形成促进供应武器功能，尤其是促进通过与海外合作研制武器，以降低防卫装备成本的统筹新机构。③

为推动民营军工企业出口，日本防卫省正在考虑将武器出口适用贸易保险。其对象是保险金额巨大，民间保险公司无法承保的交易。④

安倍还修改了防卫厅内部的人事权限和管理系统，提高了"制服组"（现役军人）的地位。

随着日本政府这些行动，日本军事机器打造得更加完整、配套。

第三，由于突破了原有武器出口限制，日本军工产业终于可以按照产业发展内在逻辑拓展国际市场，从而实现范围经济效益、规模经济效益，降低成本，提高国际竞争力，获取高额利润。对于这一点，日本政治家看得很清楚。野田佳彦内阁的日本防卫大臣北泽俊美就曾经表示，受现行"武器出口三原则"影响，日本难以参与下一代战机等国际武器的共同开发和生产项目，军工产业日趋落后。若能取消相关限制，不仅有助于日本与第三国共享尖端技术、研发投入，还将使其通过武器出口获得巨额收入用于国防。

突破原有武器出口限制后，还有利于日本企业通过国际合作研究，降低尖端武器系统的研发成本，分散风险。日本与美国在军备研制方面的合作将得到深化。

从中长期看，日本作为一个强大的武器供应者出现在全球武器市场，将改变市场的格局，改变全球军工企业的竞争态势。

---

① （日）坂本雅子：《财阀与帝国主义——三井物产与中国》（中译本），社会科学文献出版社2011年版，第145、149页。
② 共同社2015年10月25日报道。
③ 共同社2015年10月1日报道。
④ 《东京新闻》2015年9月23日报道。

第四，随着军工产业规模的扩大和水平的提高，军工产业对日本制造业乃至整个日本经济也能够起到一定带动作用。军工产业涉及面广，处于产业链条顶端，对于经济增长和产业结构调整能够起到相当的带动作用。日本研究机构估计，如果日本大规模进入国际军品市场，可以占领军用电子设备市场的40%、军用车辆市场的46%、航空航天市场的25%~30%和舰船市场的60%。根据日本防卫省计算，如果日本政府拿出4万亿日元研制和生产100架F3战斗机，那么对飞机等行业的需求有望达到6.9万亿日元，加上相关产业消费扩大所产生的1.4万亿日元需求，累计经济效果将达到8.3万亿日元，并且将新增24万个就业岗位。[①]

第五，日本军事工业发展与军事战略、安全保障战略间的配合将愈加紧密。

第二次世界大战后日本军工产业的发展以及解除束缚的进程，始终与美国的亚太军事战略转变、日本国内政治的转变相伴。

第二次世界大战后几十年来，作为日本军事工业利益的体现者，代言者的军方人士和经团联（尤其是旗下的防卫产业协会）一直鼓吹、催促政府放开军工产品出口。

1981年，通产省设立"武器输出问题检讨委员会"，研究武器出口问题。1983年中曾根康弘内阁对日本"武器出口三原则"做出解释，允许例外对美国出口。据美国军备控制与裁军署统计，20世纪80年代后期，日本军品年出口额为1亿~4亿美元。

1991年，波斯湾战争和21世纪的伊拉克战争中，美国属"国际纷争国"，日本为美国提供后勤支持和军火补给，"武器出口三原则"开始被突破。

2005年，小泉纯一郎内阁以朝鲜开发弹道导弹导致的危机为借口，再放宽武器出口原则，增加容许与美国合作开发、生产弹道导弹防御系统，2007年还向印度尼西亚提供了对抗海盗的巡逻舰。同年，日本经济界公开敦促政府放宽武器出口限制，2010年，借制定新《防卫计划大纲》之机，菅直人内阁曾试图对"武器出口三原则"予以修改，最终因社民党反对被迫中止。继菅直人内阁之后，野田佳彦内阁再次谋求放宽"武器出口三原则"。野田佳彦还在日美首脑会谈上向美国前总统奥巴马作了说明。2011年底日本政府大幅放宽"武器出口三原则"，允许日本与有安全合作关系的国家共同研发和生产武器装备。

修改"武器出口三原则"代之以"防卫装备转移三原则"，在日本是一个复杂的国际、国内政治过程。在国际上，日本利用每一次危机，小步快走，推动"武器出口三原则"的突破，同时获得美国的首肯。在国内，相关政治团体和财界不断呼吁和水面下运作。

日本现行军工体系与战前的最大不同是，在某种意义上说，日本军工体系在目前国际体系中，是美国军备体系的一部分，服从于美国亚太军事战略的需要。朝鲜战争、越南战争均导致了美国对日本军事产品的巨大需要，引发了日本经济景气。因此，解禁日本军事工业在国际、国内均具有政治、经济双重意义。

军工产业的发展，军事装备的采购，取决于国家的政治判断，国家的安全保障战略。安倍内阁完成修改"武器出口三原则"，代之以"防卫装备转移三原则"后，日本在推动自身的安全战略和配合美国亚太再平衡战略时，选择更多了，主动权增加了，战略相对独立性提高了。日本与美国的战略合作，也将更加紧密。

第六，丰富了日本安全保障战略的手段。武器出口、武器援助，从来是国家重要的外交、安保战略手段。明治维新后，武器出口就是日本外交工具之一。"为维持炮兵工厂的经营和对中国和暹罗（泰国）

①《日本富士产经商报》2015年3月17日报道，"日本将研发国产隐形战斗机"。

的势力的扶植政策,明治 34 年(1901 年)以来,向中国派遣将校,努力推销武器"。[①] 第二次世界大战结束后,日本囿于"武器出口三原则"的限制,不得不长期依赖 ODA 作为其扩大国际影响的外交手段。解除武器出口禁令后,丰富了日本的外交、安保政策手段,日本已经开始予以积极运用。作为日本安保战略的延伸,武器出口丰富了日本在亚太地区与中国对抗的手段。例如,日本向越南、菲律宾提供老旧军舰,向印度尝试出售水陆两用飞机,向澳大利亚出售潜艇,都是为了实现日本在亚太遏制中国的战略。

日本政府还将把武器的发展与装备,作为国际博弈的政治、外交力量予以运用,以提高日本的战略威慑力。日本自卫队的规模和能力也将得到提高,对美军的依赖会逐步有所减少。

第七,军事—工业利益集团的成长,将改变日本的政治生态。明治维新后,直至第二次世界大战战败,日本的军阀、财阀以及右翼势力相勾结,把日本带入了一场又一场的战争。三井、三菱、日产、住友等财阀应军部的要求,为军工产业的发展竭尽全力,并且进入中国东北,发展重化工业,为日本生产军需,奠定基础。第二次世界大战期间,三井、三菱、住友、日产等企业在亚洲的扩张,也是在军部的保护和支持下推进的。进入 21 世纪后,日本财界头面人物在中日钓鱼岛冲突中,为日本政府出谋划策,对中国政府维护国家主权的行为说三道四。扶桑社出版的为日本侵略战争张目的历史教科书,也有大财团在背后支持。

耐人寻味的是,这次安倍内阁修改"武器出口三原则"前,日本经济团体联合会(简称"经团联")经团联曾向政府建言,呼吁在年末修改《防卫计划大纲》时修改"武器出口三原则",以便让日本企业可以参加战斗机等尖端武器的国际共同开发。经团联指出,"从武器开发初期阶段参加共同开发,是尽早获取尖端武器、强化防卫能力的最有效方法"。经团联在建言中表示,美国对军事技术的出口十分敏感,如果日本不能进行共同研发,就很可能只得到配置较低的武器系统。经团联提议,应在联合开发之前率先在民间企业中进行基础技术的共同研究,而把更多的防卫预算重点投入到必须独自研发的潜艇、坦克、间谍卫星等领域。[②] 日本经团联的"防卫生产委员会"负责人岩崎启一郎,在自民党"国防部会"相关会议上提出了建议政府放宽武器出口限制的方案。该方案认为,防卫装备不应仅限于与他国共同开发,而应允许广泛出口国产装备,并要求在政府内部设置专门负责武器出口的部门,以增强国际竞争力。

日本财界对安倍积极修改"武器出口三原则"投桃报李。日本《朝日新闻》报道,经团联时隔 5 年重新"参与"政治献金。经团联会长榊原定征正式表明方针,向其会员约 1300 家公司重新"呼吁"提供政治献金。自民党干事长谷垣祯一在党总部与经团联会长榊原定征举行会谈,对经团联呼吁会员企业实施政治捐款表示感谢。双方还就积极举行政策对话达成共识。

日本财界与政界的这些行为,让人想起第二次世界大战中,财阀与政治家勾结的历史。随着日本军工产业的外向发展,日本政商关系的演化值得予以关注。

五、结 语

(1)日本修改"武器出口三原则";通过安保相关法案;日本已经在经济、政治体制上,跨越了战后转折点,日本右翼所谓"正常国家"的目标在相当程度上得以实现。日本既有了从事战争的可能,也有了从事战争的经济基础。

---

① (日)坂本雅子:《财阀与帝国主义——三井物产与中国》(中译本),社会科学文献出版社 2011 年版,第 172 页。
② 中新网 2014 年 9 月 9 日电。

（2）也要看到，日本距离在亚洲可以随心所欲的状态，还有相当长的路要走。除去其他外部因素不说，美国还将长期影响、约束着日本，制约着其政治意愿和军事实力的发展，军工产业的发展也仍受到美国束缚。^①日本国内基本政治、经济制度，日本人民的意愿仍制约着极端民族主义和右翼分子"暴走"。尽管安倍提高了军人在防卫系统中的地位，但是文官指挥的基本体制未变，出现战前那种军人跋扈，"下克上"状态的可能性不大。

（3）从技术角度看，日本要大幅度地向极端民族主义和右翼分子向往的方向发展，还要跨越三道门槛：

日本和平宪法第九条仍有待修改。尽管日本某些政治势力认为，和平宪法第九条得到修改，日本才能真正成为"正常国家"，但和平宪法第九条的修改，要在安倍任内完成，非常困难。

日本自卫队要成为能迅速进行较大规模战争动员的军队，还要把当前实行的募兵制改为征兵制，这一修改，难度更大。

日本政府财政已非常困难（2000 年日本国债余额占 GDP 的比值已经超过 200%），现行体制下扩大军费支出，面临很大政治、经济困难。

（4）尽管日本军工产业战后所受束缚基本解除，但是由于美国的影响与控制，国内政治的影响，财政的艰困，国际军火市场竞争的激烈，日本军工企业熟悉和挤进军工市场需要相当时间；在 10 年左右的时间里，日本军工产业不会对全球军火市场产生太大影响，也不会改变全球军品市场基本格局。近期内日本军品出口，主要还是配合政府政治、安全决策，作为政府援助手段发挥作用。

（5）日本国内军工利益集团与政治家的互动将对日本政治格局持续产生影响，值得予以关注。

（本文发表在《东北亚学刊》2016 年第 3 期）

---

① 驻日美军及美国情报机构仍然在很大程度上约束、影响着日本政治。

日本应对工业4.0：竞争优势重构与产业政策的角色

方晓霞　杨丹辉　李晓华

摘　要： 新工业革命以及发达国家再工业化的战略举措，将全球工业发展带入了4.0时代。本文通过分析日本应对工业4.0的创新能力及其产业政策工具的特点认为，总体来看，随着技术进步不断内生化，日本应对工业4.0的政策措施有助于构建新型制造系统，实现制造业国际竞争优势的重构与再造。同时，工业4.0时代的全球竞争为日本产业政策新一轮实践提供了一定的合理性和作用空间，在较短时间内形成了应对工业4.0的较为完整的产业政策体系，加快突破重点领域，并在体制机制建设方面做出了有针对性的安排，其政策工具选用既延续了日本产业政策的独特传统，又确立了明确的新思路，在工具市场化、决策透明化、机制多样化等方面与赶超时期的产业政策相比已有显著变化。从战略出发点来看，相较于日本应对工业4.0的一揽子政策措施，《中国制造2025》总体上更具战略高度和全局性，也是中国产业政策运用的一次新探索，但其视野和思路仍存在一定的局限性。尽管日本新一轮产业政策带有较为明显的应对导向，在一定程度上降低了其可移植性，但中国和日本同为制造大国，虽然两国工业化阶段有差异，制造业发展整体水平及优势领域不同，但都要面对工业4.0与新兴经济体追赶形成的"双重挤压"。因此，日本应对工业4.0的政策措施仍是可借鉴的，对于推动《中国制造2025》政策措施细化落实、提高体制机制保障能力具有参考价值。

关键词： 工业4.0；日本；产业政策；竞争优势

一、引　言

20世纪90年代以来，日本经历了所谓的"失去的二十年"。国内经济长期低迷使日本卸掉了作为"二战"后赶超型经济成功典型的部分光环。然而，应该客观地看到，虽然经济增长持续低速徘徊，但并不意味着这期间日本经济社会没有发展和进步。相反，过去20余年，日本经济社会的现代化进程不仅没有停滞，而且在基础科学研发、公司治理结构国际化、产业政策体系透明化、社会诚信制度完善、环境友好型社会建设、国民综合素质提升等方面，甚至取得了其在经济高速增长时期也未能实现的突破

[**基金项目**] 国家社会科学基金重大项目"稀有矿产资源开发利用的国家战略研究——基于工业化中后期产业转型升级的视角"(15ZDA051)；国家社会科学基金重大项目"智能服务的技术实现研究"(12AZD112)。

和进展，走过了"没有增长或低增长的发展"的特殊历程。[①] 就"日本制造"而言，曾在较长时期内饱受高成本和价值链分散化困扰的制造企业，一方面，加大对机器人、新材料、3D 打印等新工业革命标志性技术的研发投入力度；另一方面，借力物联网、云计算等手段推动管理创新和商业模式变革，加之日元贬值、原油价格回落以及所谓"安倍经济学"的刺激，近年来日本制造业整体运行环境有所改善，日本经济的微观层面逐渐恢复了一定的活力，主要表现为制造业企业利润增长、融资能力普遍增强、制成品出口扩张。其中，汽车、电子机械和大型设备等传统优势产品出口增长较快。

日本制造业的种种回暖迹象能否演化为长期、可持续的趋势，尚有待观察。而从世界范围来看，近年来美国、德国等发达国家对经济结构"过度虚拟化"进行纠偏，推行"再工业化"战略，旨在以创新激发制造业的活力，重振实体经济。新工业革命以及发达国家再工业化的战略举措，将全球工业发展带入了 4.0 时代。工业 4.0 的技术基础和变革方向是智能装备、传感器及新一代信息技术，以及由大数据、云计算、物联网支撑的商业模式变革。虽然同为公认的世界制造强国，但美国、德国、日本面向工业 4.0 的技术能力和产业优势存在一定的差异，美国的领先技术主要包括新一代信息技术（芯片设计、大数据、云计算等）、3D 打印机、智能硬件、生物（医疗）科技等，德国的强势领域集中在高端装备、机器人等，日本则在人工智能、精密零部件（包括高端传感器）、新材料等领域具有技术和产业优势。美、德、日三国相继推出的工业 4.0 战略，尽管重点领域和政策工具有差别，但其主旨皆是通过实施产业政策，强化优势，弥补短板，从而占领工业 4.0 时代全球竞争的制高点。就日本应对工业 4.0 的实践来看，政府及相关机构近期密集出台了一系列规划和政策措施，为应对工业 4.0 提供制度保障，也使产业政策在日本经济中扮演的角色再度引起学术界的关注和讨论。

实际上，对于日本产业政策及其效果，日本国内外一直有不同评价。20 世纪 90 年代以前，西方学术界和政界普遍认为，以赶超为主旨的产业政策是日本实现增长奇迹的关键。日本国内学术界主流观点也认同这一观点。以青木昌彦、奥野正宽（1999）等为首的比较制度分析学派指出，政府或组织可以发挥协调作用，弥补市场调整机能的不足或失败，产业政策正是这样一种有效的协调政策。然而，早在 20 世纪 60~70 年代，日本新古典学派经济学家就对产业政策多持批评、怀疑态度。其中，波特和竹内弘高（2000）对日本 20 个成功产业进行研究发现，在这些产业成长过程中，政府并未起到积极作用，而日本缺乏竞争力的产业多数恰恰是因政府产业政策失败所致。三轮芳朗（2002）的一系列研究也得出了类似结论：日本高速增长期的产业政策没有发挥作用。尤其是 20 世纪 90 年代以来日本经济陷入长期低迷，引发对日本产业政策的赞誉几乎一边倒地转向否定和批判，学术界普遍认为日本保守封闭的金融市场、落后的服务业和缺乏竞争力的农业等都是政府推行产业政策、实施过度保护的后遗症。

日本学术界对其产业政策的诟病可以归纳为以下方面：其一，在经济赶超阶段，产业政策大量采用选择性政策工具，制约了企业技术选择的自主性。其二，经济高速增长后期，日本产业政策的导向转为鼓励企业共同研发，虽有半导体产业等成功实例，但多数情况下政策效果并不理想，其中最大的弊病是导致技术趋同。其三，政府在制定实施产业政策时出现角色错位，过多干预市场，而对真正的市场失灵却未能有效介入。其四，误导需求，致使企业做出错误的判断和决策。如为了普及绿色环保产品，重振日本家电产业，2009~2011 年日本推出了家电环保积分制度。该政策短期内刺激了电视机、冰箱、空调更新换代，但由于政府补贴下需求集中、提前释放，使企业对市场形势做出误判，夏普等大规模投资扩张的家电企业很快出现产能过剩，开工率下降，亏损严重。此外，企业寻租等产业政策的负面效应在日本也同样存在。

---

① 中国社会科学院学部委员吕政研究员认为，过去 20 余年，尽管日本经济持续低迷，但其经济社会现代化进程却仍在持续推进，这种较为独特的发展现象可以视为"没有增长的发展"。

在学者们的争议声中，日本产业政策对后发国家特别是东亚地区的影响却是显见的。从亚洲"四小龙"到改革开放后的中国，在相当长时期内，日本既是学习对象，也是追赶目标。主导产业选择、出口导向、贸易促进、汇率控制等日本产业政策的主要措施曾被东亚地区广泛吸纳和运用，也在经济发展的不同阶段，被这些国家和地区不断修正或改进。东亚经济增长的实绩验证了其中相当一部分政策工具在特定时期是有效的。面对工业 4.0 带来的挑战和机遇，对于依托《中国制造 2025》、正在实施制造强国战略的中国而言，日本新一轮产业政策在哪些方面进行了创新，其政策导向及工具选用是否仍具有可复制性和借鉴价值，则是本文要尝试回答的问题。

二、日本应对工业 4.0 的创新能力：以技术内生化重塑竞争优势

为更好地理解日本应对工业 4.0 产业政策的战略出发点及重点领域选择，有必要对其应对工业 4.0 的技术条件和创新能力做出判断。关于"日本制造"核心竞争力的构成及其来源，有多种观点，包括以精益制造和质量管理为特色的"日本式管理"、独特的柔性制造体系和成熟领先的一体化架构产品、更多附着在高技能员工中的"Know-how"以及以强大的技术搜寻和沟通能力为支撑的丰富的"Know-who"在内的多元化能力共同构筑起日本制造业的核心优势（黄群慧、贺俊，2015）。值得注意的是，上述多元化的能力似乎排除了技术原创这一最被推崇和认可的关键因素。众所周知，日本技术发展以及日本式创新曾长期被贴上仿制的标签，"成本优势＋模仿式创新＋精益管理"是公认的日本企业在经济高速增长时期快速占领国际市场的主要利器。然而，略显单薄的基础科学研究导致日本原创技术缺乏，制约其国际竞争力的可持续提升。问题是日本这类已经实现工业化和现代化，经济社会高度发达的国家，是否始终都无法摆脱后起国家的特质，难以凭借内生化的技术创新实现核心能力的再造与升级？换句话说，在工业 4.0 时代，日本能否以内生技术重塑竞争优势，为其参与新一轮制造强国之间的竞争提供支撑？

经济学家（Arrow，1962；Grossman 和 Helpman，1991）普遍认为，创新是可以被视为自我强化的过程。原因在于，知识积累原则上不受物质限制，R&D 所适用的资源有可能会在无限的未来对新技术产生正的非递减的影响，且现代工业企业除了实验室之外还有许多可以获取技术信息的渠道，而企业从实验室之外获得的信息同样是对市场的反映，通过这些方式提高的生产效率也可以归入"有意识的产业创新"。从这一观点出发，以往并不属于 R&D 活动的不断累积的"干中学"成果有可能内生化为日本经济增长的真正动力，而且这种本土化的努力对于技术变革是非常必要的，"与特定环境相关的重要技术要素唯有在身处这种环境并运用现有知识的实践中才能获得"（Pack 和 Westphal，1986）。

实际上，作为后发制造强国，日本一贯主张"技术立国"。尽管已进入后工业化社会，制造业在日本经济中所占比重呈下降趋势（2013 年工业增加值占日本 GDP 的比重为 18.8%），但却一直是引领日本经济增长的重要引擎。随着日本完成了后发式赶超，技术进步在制造业转型中发挥了显著的促进作用。据统计，2000~2011 年，日本制造业实际增长率为年均 1.50%，而非制造业仅为 0.42%。其中，全要素生产率（TFP）、资本和劳动对制造业增长的拉动分别为 1.99∶0.38∶－0.87（非制造业则分别为 0.05∶0.19∶0.18）。技术不仅成为拉动制造业增长的第一要素，而且制造业技术进步对第三产业和第一产业也具有正向的辐射带动效应[①]，表现出技术内生化增强的态势。

技术内生化对日本制造业优势重构的影响还体现在价值链构造的变化上。以往，在价值链各个环节

[①]《2015 年版ものづくり白書》，第 28 页。

中，日本企业比较重视"制造和组装"环节，这些环节获得的附加价值较高，而上游开发、设计、试制以及售后服务等下游环节的附加价值相对较低，呈现出所谓"逆微笑曲线"的特点。2004 年经济产业省的调查结果显示，受访的日本制造业企业拥有研究环节的占 74.9%，拥有开发、设计、试制环节的占 85.0%，拥有制造、组装环节的占 91.4%，拥有销售环节的占 82.5%，拥有售后服务的占 65.2%，拥有循环利用环节的仅有 26.9%。2012 年的企业问卷调查结果则反映出日本制造业价值链构成发生了显著变化。拥有上下游环节的企业占比大幅度上升，其中拥有研发等上游环节的企业占比为 94.1%，拥有营销和品牌开发环节的企业占比为 91.5%，拥有维护、售后服务等下游环节企业所占的比重也上升为 80.8%，与之形成反差的是，拥有制造、加工、组装环节的企业占比下降。其中，拥有零部件、半成品生产等中游环节的企业为 67.8%，拥有加工组装施工环节的企业为 71.8%。这在一定程度上说明日本企业由重视加工组装等中游环节向重视研究开发等上游环节及市场营销、售后服务等下游环节转变。

　　归根结底，科学发现是技术创新的首要推动力。作为产业技术源头的基础科学研发曾是日本的短板，但近年来，日本"产学官"① 长期持续研发投入的成效开始显现。进入 21 世纪，日本科学家多人次在化学、物理、生物或医学等基础科学领域获得诺贝尔奖。尽管在实验室→工厂→市场的跨越中，基础科研成果转化存在诸多不确定性，但这些重量级的基础科学成就无疑是日本科技综合实力提高的结果，也在一定程度上反映出其科学研究和技术创新内生化进程加速的态势，为日本重塑制造业优势注入了新的活力。经过数十年的累积，日本的综合创新能力已名列世界前茅。2012~2013 年，日本创新（技术实力）世界排名第 5 位，《〈日本再兴战略〉修订 2014》进一步提出了"计划未来 5 年内实现创新世界排名第 1 位"的更具野心的目标。而在应用技术层面，日本已在新一代超性能计算机——后"京"的开发、X 射线自由电子激光设施（SACLA）、大型放射光源设施（SPring-8）、高强度质子加速器设施（J-PARC）共享、多层传感器等产业基础技术领域取得了一系列重大突破，从而为工业 4.0 时代的人工智能、再生医疗、新药开发、燃料电池、环境能源、纳米技术等领域提供了强有力的科技支撑。在基础科研多点开花的过程中，越来越多的日本企业逐步摆脱了模仿式创新的技术进步路径，松下、佳能、马自达、音户、大发、夏蒙等一批企业的创新活动开始表现出投入长期性、需求引领性、路径排他性等鲜明特点，不少企业的科研攻关项目投入周期长达 10~20 年，这在日本经济赶超时期是不可想象的，也是（资金和市场方面）无法承受的。②

　　同时，随着传感器技术和计算性能的进步以及技术经济性不断提高，日本企业物联网、大数据、云计算等技术日益普及，不仅使原有优势产业的生产效率进一步提高，而且正在改变日本制造业的管理和商业模式（见表 1）。值得注意的是，虽然日本政府一再强调工业 4.0 时代要缩小与美国、德国在软件开发应用等方面的差距，但产业界运用人工智能、物联网、大数据、云计算等手段改造生产流程、管理系统和商业模式更多的是"自下而上"的自主行为，既是日本企业基于成本压力和市场竞争对管理和商业模式创新大趋势做出的适应性应对，也是把握工业 4.0 潜在机遇的主动性战略布局。从这一层面来看，日本经济社会发展到今天，企业已成为工业 4.0 的真正主体，这也决定了产业政策势必只是提出一个愿景或方向对企业加以引导，其作用方式已经不再是指定和选择，而是转向了以服务和支援为主的功能型措施。

---

　　① 国内通常将由日本政府、企业界和大学等研究机构组成的产业支撑体系称为"官产学"，但实际上日本国内这三类组织的排序为"产、学、官"，这种排序更真实地反映出企业应有的主体地位以及日本政府在日益市场化的国家治理结构中的角色。
　　② 日本企业开发前沿技术的动因及其影响仍有争议。一般而言，随着模仿成果不断积累以及自身技术进步，模仿者越接近技术前沿，可模仿的对象和机会越少，模仿难度增大，障碍增多。从这一角度来看，日本企业开展前瞻性、长期性研究活动有可能是迫于模仿之路越走越窄的压力而做出的被动安排，而非真正具备革命性的原创能力。

表 1　日本企业运用物联网：进展及实例

物联网应用及影响	典型实例	主要效果
提高生产效率和节能降耗	欧姆龙开发应用 Sysmac 系统，通过收集分析生产线的开工和处理数据，使生产时间缩短为原来的 1/6 以下，生产率提高了 30%，并能及时追踪发现质量问题	通过在机器上贴传感器，使全部工序可视化，及时发现和改善效率低下的工序，促进生产效率提高，实现节能，从而达到降低生产成本的目的
实现流程和生产方式再造	日本最大的模具标准零件供应商——米思米（MISUMI）公司，开发出独具特色的业务模式，构筑全球迅速交货体制，时隔 25 年实现了商业模式创新，成为工业 4.0 倡导的大规模定制的先行者	利用 RFID 电子标签，自动识别相应的作业及流程，自动重组、配置最适合的生产线或工厂，不断超越多品种小批量的生产模式，使更加灵活机动的"变种变量生产"及订单管理成为可能
加快隐性知识（Implicit Knowledge）提炼和传播	全球建材和住宅设备行业领军者——骊住（LIXIL）公司；日本最大的 3D 工程企业——SOLIZE 集团	通过对照生产工序及各种控制设备的日志数据，将熟练工人处理技术问题的方法和隐性知识加以总结，形成可共享的标准化数据，从而加快熟练技能传承，促使技术、经验等隐性知识可视化、标准化
提升企业的客户响应速度和售后服务水平	仅有 12 名员工的净化水行业的小企业——EAU DE VIE 公司通过安装 FOMA 组件，收集净化水销量和过滤状态等数据，不仅提高了顾客满意度，而且节省人力，扩大了企业的业务范围	利用传感器及时获得产品出厂后使用情况的数据，可以预判并迅速发现和排除故障，在最佳时间对机器进行维修保养，缩短和减少故障停机时间，提高售后服务的水平
改善订货管理和客户信息系统	富士施乐公司 2012 年导入了反映顾客意见的 VOC 系统，通过收集用户信息，对每年 15 万条以上的信息进行大数据处理，并在各分公司之间实现数据共享	通过收集分析订单货、库存和半成品信息，并将其运用到产品售后维护、保养等服务中。同时，在新产品开发设计、推广阶段改进产品，减少库存，创造新的附加值
缩短设计周期，满足多样化订单需求	日本阿尔卑斯电气公司通过引入三维 CAD 为基础的虚拟开发环境，将设计周期缩短了 50%	应用三维 CAD 及模拟仿真，可缩短设计周期，更好地满足多品种、小批量的订单需求
优化供应链	Harley-avidson 日本公司建立了所有零件的摩托车定制系统，营造非熟练工人高效工作的环境。生产周期由 21 天大幅缩短至 6 小时	随时掌握市场和供应链的信息，保证零件和材料供应准时性，既能缩短生产周期，又可减少库存，提高生产效率
转变营销模式	日本最大的农用机械制造企业——久保田公司开发了 KSAS 系统，通过在其生产的农用机械上搭载新型传感器和通信功能，收集作业以及作物信息，实施施肥量、产量、食味等监测	企业商业模式从以往的单纯销售商品，向为客户提供解决方案转变。在保证农作物品质的基础上，实现增产增收

资料来源：根据《2015 年版ものづくり白書》整理。

三、日本面向工业 4.0 的制造业升级方向和重点领域

既面临以中国为代表的新兴经济体工业制成品低成本、性价比高的市场挤压，又要迎接美国、德国等制造强国主导的工业 4.0 的挑战，这是日本制造业发展所处的现实国际环境。在双重挤压下，日本独特的危机意识和机制发挥了重要作用。应该看到，特殊的地理环境和资源条件客观上造就了日本由来已久的深重危机感。在长期应对频发的自然灾害以及各种外部冲击的过程中，日本不仅具备了很强的抗危机能力，构筑起较为完备的危机应对体系，而且基于其民族心理，形成了"化危为机"的独特机制，表现出产学官民联动、快速响应、多点投入、集中突破等一系列鲜明的特点和几乎立竿见影的效果。纵观日本应对资源能源领域多次危机的历程，可以说日本将每一次危机都转化为创新动力。其中，两次石油危机促使日本建立了灵活的资源战略储备体系，推动汽车等产业通过开发节能低耗的产品迅速占领国际市场。

　　工业 4.0 时代日益严峻复杂的国际竞争形势同样激发了日本强烈的紧迫感。近年来，日本政府更加重视制造业对国家竞争力的关键作用。2013 年，作为安倍经济学的"第三只箭"，日本推出了成长战略——《日本再兴战略》，意欲与后危机时期发达国家再工业化形成呼应。在 2014 年经合组织（OECD）理事会上，安倍进而提出将机器人产业革命作为"成长战略"的支柱之一，并于同年 6 月重新修订了《日本再兴战略》，确立了以机器人技术创新带动制造业、医疗、护理、农业、交通等领域的结构变革。针对工业 4.0 时代大数据、物联网等新兴技术和商业模式改变制造业竞争规则的趋势，2015 年日本政府在"推进成长战略的方针"中进一步强调以"实现机器人革命"为突破口，利用大数据、人工智能和物联网对日本制造业生产、流通、销售等广泛的领域进行重构，以实现产业结构变革（见表 2）。其中，为缓解国内制造业受少子老龄化影响劳动力持续减少的压力，日本将在飞机、食品制造行业等更多行业利用人工智能（AI）提升生产效率，其借助不依赖人力的制造技术提高国际竞争力的尝试有望不断强化和扩展。

表 2　日本应对工业 4.0 的重点领域

重点领域	主要内容
机器人革命战略	以机器人技术创新带动制造业、医疗、护理、农业、交通等领域的结构变革，继续保持日本"机器人大国"（以产业机器人为主）的领先地位，将机器人与 IT、大数据、互联网等深度融合，建立世界机器人技术创新高地，打造世界一流的机器人应用社会，继续引领工业 4.0 时代机器人产业发展。在 200 多个公司和高校支持下，政府计划深化人工智能在制造业、供应链、建筑业和医疗等领域的应用。到 2020 年，政府和企业投资约 1000 亿日元用于机器人项目开发，机器人销售额由目前每年 6000 亿日元扩大至 2.4 万亿日元
深化物联网在制造业的应用	针对企业软件开发劣势，以世界主流的 PLM 软件工具及产业界同性技术为基础，开发适应"日本制造"业务状况和商业惯例的软件工具。通过通信和安全技术的标准化，在推进企业内部和行业内部网络化连接的基础上，构筑跨行业包括中小企业在内的工厂互联机制
利用大数据发现创造新附加值	扭转日本企业大数据封闭式运用的局面，开发构建开放性软件平台，提高数据收集全面性和分析精确度。鼓励企业将大数据用于提高企业安全保险水平等方面，对运用大数据和 IT 技术，通过传感器监测机械设备运转，预防并提前处置事故和故障的企业提供支持
构建新的产品制造系统	在保持原有技术优势，促进 CAD/CAM 机床和工业用机器人等设计生产技术不断进步的基础上，构建运用物联网和大数据、人工智能、机器人，满足多样化需求，与服务业相结合，跨越整个供应链的新型制造系统，涵盖由物联网连接的商品企划、设计、生产、维护的工程链，以物联网连接的产品加工组装的生产流程链，集物资采购、库存管理和用户信息于一体的信息网络平台，并计划于 2020 年实现实用化

资料来源：根据《2015 年版ものづくり白書》整理。

　　实际上，从 2009 年发布的《2010 年经济产业政策的重点》明确建立"日本式的低碳社会，以及稳定、健康长寿的社会"，再到历年《日本制造业白皮书》列出的重点领域，包括政府一度高度关注的 3D 打印，近期日本产业政策支持的重心一直处在微调中。通过不断调整和聚焦，日本应对工业 4.0 的战略方向趋于明晰，更加突出未来制造系统的协整性，强调以机器人等智能硬件为基础，以物联网、云计算等为手段，对整个制造业的生产服务系统和运营模式进行改造。上述重点领域的确立，一方面，意在加快缩小日本企业在物联网及软件开发等方面与美国、德国的差距，带有一定的"战略盯住"的色彩；另一方面，在应对老龄化社会、缓解劳动力供给压力、降低外部资源依赖等方面布局长远，较好地兼顾了日本经济社会发展的长远需要。同时，为配合新一轮产业政策实施，加快突破重点领域，日本在短时间内相继成立了"日本机器人革命促进会"及其下设的"物联网升级制造模式工作组"等一批专门委员会和特别小组。这些机构依托政府部门，并向产业界和专家学者开放，延续了体制机制建设的特点，保持了日本产业政策实施机制的连续性，又有较强的目标针对性。

四、应对工业4.0：日本产业政策的新应用及政策工具选择

近年来，美国、德国等制造业强国不约而同地增强了产业政策的地位，目的在于面对工业4.0主导产业技术路线和商业模式的不确定性，政府通过实施功能型、普适性的产业政策，推动本国企业尽快切入更为具体的创新活动，从而发现并识别未来的产业技术路线。随着经济市场化和产业国际化程度提高，产业政策在日本国内的运用逐步收缩，日本政府也很难再被归于"强干预型"政府。主要发达国家实施再工业化战略、推动"工业4.0"，无异于一针强心剂，不仅为迷失多年的日本经济树立了新的目标方向，而且使其产业政策重新获得了应用合理性和更广泛的作用空间。在《日本再兴战略》这一行动纲领基础上，以年度《日本科技创新综合战略》和《日本制造业白皮书》以及更加专业化的《革命性创新创出计划（COI STREAM)》《机器人革命战略》《知识产权运用支援事业》等一系列具体实施措施为支撑，日本在较短时间内初步形成了面向工业4.0的较为完整的产业政策体系，其政策工具选用及落实推进方式体现出一贯的"日本特色"[1]，并被赋予了新的时代内涵。

1. 构建数据驱动型社会：面向工业4.0的信息系统再造

工业4.0时代，需要转型的不仅是企业和产业，而且对未来的社会响应机制和居民参与提出了更高的要求。日本政府高度重视在助力日本制造业转型升级的同时，将社会和居民带入与工业4.0兼容的新型生产生活模式与架构，并为此做出了相应的机制安排。2014年12月，日本经济产业省产业结构审议会下属的商务流通信息分科委员会信息经济小委员会开始探讨政府和企业如何构建基于CPS[2]的数据驱动型社会。作为中间成果，2015年4月提出设立"CPS推进协会（暂称)"，修改既有的妨碍CPS实施的制度，促进制造模式创新，改写跨领域、跨企业合作的市场规范，从而在安全性、技术、人才培养等方面，为尽早实现数据驱动型社会打下基础。

2. 激活工业4.0的微观主体：事无巨细的中小企业政策

由政府指定技术路线，并选出特定技术路线下的优胜企业，曾是日本赶超时期产业政策的主要特征之一。由于获胜的企业往往是与政府有密切关联的大财阀，这种选择性也是日本产业政策最有争议的部分（杨丹辉，2014；江飞涛、李晓萍，2015）。然而，选择性产业政策似乎并未抹杀中小企业在日本产业体系内部的重要作用。在与大企业结为较稳定的长期分工和配套关系过程中，日本中小企业逐步形成了聚焦专业化技术和产品、技能型工人辈出、不断蓄积难以移植的Know-how的独特运营生态。近年来，日本政府更加重视中小企业的自主创新，早在1999年就制定了《中小企业技术创新制度（SBIR)》，向中小企业开发新技术提供特定的补贴和资助，确立了与国际接轨的促进中小企业创新和产业化的基础性政策架构。2014年，日本政府仅用于援助创新型中小企业、小规模事业者开展产品试制、服务开发和设备投资等业务的资金就高达1400亿日元。在日本应对工业4.0的一揽子政策措施中，中小企业政策同样是重中之重。日本新一轮中小企业政策强调政府的作用在于产业化支援，以SBIR制度为核心政

---

① 传统日本产业政策及其实施机制具有鲜明的特点，主要表现在：赶超导向、官僚体制（经济产业省及日本央行的作用）、完善高效的制定实施机制（产学官组成产业结构审议会，并形成联动）、多样化的政策工具（包括立法、计划、补贴、政策性金融等）、具体详细的政策信息等方面。

② 所谓CPS（Cyber Physical Systems)，又称信息物理系统、虚拟网络实体物理系统，是信息系统和物理系统的统一体，可视为升级版的物联网。这一系统更强调数字世界对于物理世界的控制，CPS可通过互联网，以可靠且安全的方式，实时、自治地操控物理实体和系统。CPS将使数字世界不再仅仅是物理世界的虚拟映象，而真正进化为人类社会的新疆界。未来CPS所带来的人、机、物融合，将在制造业甚至所有产业掀起生产力革命，从而使人类生产生活更加安全、高效、健康、清洁。

策框架，通过灵活运用促进创新的产业政策工具，激发中小企业挑战风险、创造新价值的热情，并为中小企业创新营造良好的环境。与《中国制造 2025》集中在两段文字的表述形成对比[①]，日本应对工业 4.0 的中小企业政策综合采用了财政、税收、特别项目等多样化、组合式的政策工具，涉及中小企业人才输送、风险投资、税制改革、研发合作、创新成果产业化等各个方面，具有针对性强、详尽具体的特点（见表 3）。同时，减税和资金投入明显向研发活动倾斜，有效规避了 WTO 有关政府补贴的法规约束。这种政策导向体现出日本凭借"小而强"的中小企业群进一步打牢"日本制造"基石的战略意图，也意味着专业化程度高、高水平技工人才丰富、传承日本式工匠基因的中小企业将在工业 4.0 时代继续发挥独特的作用。

表 3　日本应对工业 4.0 的中小企业政策措施及主要政策工具

政策工具	作用对象	主要内容	资金投入（亿日元）
中小企业技术基础强化税制	中小企业从事的研究开发活动	对实验研究费的 12% 实行免税。免税最高额度从 2013 年开始为当期的法人税的 30%（截至 2014 年）	预计减收 721 亿日元（2014 年度）
中小企业投资促进税制	包括企业购置机械设备、计算机、复印机、实验或者测量设备、测量工具及检查工具、软件、货车等设备投资支出	截至 2016 年，购置额的 30% 实行特别折旧或 7% 的税额扣除（税额扣除针对资本金 3000 万日元以下的小微企业或者个人企业）。购置能够提高生产效率的最新型的机械设备，资本金 3000 万日元以下的小微企业或者个人企业可减税 10%，超过 3000 万日元的中小企业则减税 7%	—
中小企业技术革新制度（SBIR）	新技术研发及产业化	通过研发预算，以补助金的形式援助中小企业进行可行性研究、开发研究和产业化	—
战略基础技术高度化支援项目	提升重要产业领域竞争力的基础技术高度	通过产学官联合，援助中小企业以商品化为目标的高水平研发和销售渠道开拓。2014 年以来，援助项目中增加了能够提高商品附加值的设计开发技术	2014 年，确定援助项目 150 件，总额不超过 126 亿日元
制造业、商业、服务创新项目	中小企业、小规模事业者	援助中小企业、小规模事业者从事的革新性试制品、服务开发和设备投资等	2014 年援助 14431 件，总额 1400 亿日元
过渡性研究开发促进项目	中坚、中小、风险企业	日本新能源产业技术综合开发机构援助企业与一些有桥梁功能的机构以技术创新成果产业化为目标开展的合作研究	包含在拨付给该机构的运营费中
咨询服务、派遣专家、人才和信息提供	准备创业的企业、新创企业、以公开募股为目标的中小企业及面临其他经营问题的中小企业	提供业务咨询、派遣专家指导等与企业成长阶段相适应的援助	包含在拨付给中小企业基盘整备机构的运营费中
中小企业、小规模事业者一站式综合支援服务	中小企业在不同发展阶段面临的各种各样的问题和需求	与地方援助机构合作，针对中小企业的不同需求，在各都道府县设立多样化的支援基地，包括派遣专家指导等	41.2 亿日元
专利权援助	申请专利的中小企业	满足一定条件的中小企业，专利费及审查费可减免 50%。自 2014 年 4 月 1 日起，中小企业、小规模企业专利费和审查费、PCT 国际申请调查手续费及发送手续费等可减免 2/3	2014 年度中小企业减免措施的利用数为 21651 件
国外申请专利援助服务	地方中小企业	各都道府县中小企业支援中心及日本贸易振兴机构对计划在国外开拓事业的中小企业的专利申请费用（包括外国专利厅支付的申请费、国内和当地的代理人费用、翻译费用等）提供补助	总援助件数 540 件，总额 4.6 亿日元

资料来源：根据《2015 年版ものづくり白書》整理。

---

①《中国制造 2025》在第三部分"任务和重点"第（七）条"深入推进制造业结构调整"中，提出"促进大中小企业协调发展"，另在第四部分"支撑与保障"第（六）条中单列一段"完善中小微企业政策"。

3. 培育工业 4.0 时代的新型知识型技工：“日本制造”核心能力的延伸与提升

长期以来，日本制造业的突出优势之一在于一线工人的技术水平较高，拥有大量高技能的劳动者和一批精益求精的制造工匠。相对而言，日本这一核心能力及其所依托的企业组织形态和制造文化与德国更接近，而与以持续的军工需求、先导性原创技术和多样化的移民人才为特征的美国制造业竞争优势存在显见的差异。日本政府认为制造业是吸纳就业比较多的产业，特别是对促进地方就业、推动区域创新影响更大。因此，人才培养方面的政策在历年《日本制造业白皮书》及相关战略规划中占有较大篇幅。除针对日本就业的性别结构特征，继续引导女性就业，鼓励家庭主妇加入就业大军，为制造业补充新的劳动力来源外，日本《2015 年制造业白皮书》进一步强调深度开发劳动者技能，培养在物联网应用中独当一面的知识型熟练技术工人。为在工业 4.0 时代保持日本制造的高品质，政府支持各地建设工业技术专门学校等公共职业技能开发设施，开展以初中生为对象的职业体验，加深学生对制造业的认识和热爱。文部科学省与经济产业省合作，从学校阶段培育学生的职业意识和工匠情怀。值得注意的是，与当下中国政府倡导“大众创业、万众创新”有所不同，日本应对工业 4.0 的人才政策措施更偏重向固有就业体系输入高素质知识型人才，而非密集激励个体创新。这与日本长期形成的雇佣文化和创新体制有关。应该说，日本式集体创新的氛围和机制相对比较稳固，现阶段乃至未来一段时间能够满足本土化创新要素配置的基本要求。同时，日本政府尤其重视理工人才培养。为尽快将优秀的年轻研发和工程技术人员补充到科技创新岗位中，2015 年日本专门制定发布了《理工科人才培养战略》，提出理工人才将在以下四个方面发挥重要作用：新价值的创造和技术革新（创新）；创业及开创新业务领域；促进产业基础技术发展；在包括第三产业内的多种产业中产生影响。

4. 产学官联动：日本式创新机制的深化

产学官结合看似有简单而清晰的体制架构，但将这三类不同利益诉求、不同组织方式、不同人力资源构成的组织串联起来，却需要具备跨越多重障碍的能力。产学官一体化既是日本传统产业政策的重要成果，也在面向工业 4.0 的创新活动中继续承担机制化的功能。随着产学官联动不断深化，其运作的重点集中在以下方面：一是推进大学的创新活动。日本制定了“大学新产业创造计划”（START），主要资助大学开发机器人等高风险、能够开拓新市场的新技术及其产业化。二是推动革命性的技术创新。日本自 2013 年开始实施《革命性创新创出计划》（COI STREAM），根据产业界和社会需求，建立产学合作基地，集中实施从基础研究阶段到商业化阶段的全过程研发。目前，已建立了 18 个产学合作的创新基地。三是加快创新成果商业化。作为应对工业 4.0 的核心政策，日本在这方面的政策力度非常大，政策工具运用更加多元化，以充分挖掘日本多年来在基础科学研发中积淀的市场潜力，加快占据智能制造、医疗工程等新兴领域的产业化高地（见表 4）。

表 4　日本加快创新成果产业化的政策措施

支撑计划或措施	政策工具及主要内容
“出资型新事业创出支援计划”（SUCCESS）	对运用日本科学技术振兴机构的研发成果而设立的风险企业，实施资金、人员、技术援助
《研究成果最优开展援助计划》《尖端仪器分析技术和设备开发计划》	由日本科学技术机构制定，推动产学合作开发世界上独一无二的尖端测量分析技术和设备
《战略性创新创出推进计划》	在已有基础研究成果的基础上进行长期、大规模研发
向大学等研究机构的研究成果在国外获取专利提供援助	将分散在大学和研究机构的一些专利集中起来，通过网络免费提供大学等研究机构的专利信息（J-STORE）
《知识产权运用支援事业》	综合运用大学等研究机构的知识产权活动
促进企业和大学等研究机构的共同研究	对于民营企业在合作研究中用于实验支出的研究费的一定比率，给予税收优惠

资料来源：根据《2015 年版ものづくり白書》整理。

5. 回归与强化：鼓励日本企业主导与国际接轨的行业标准

20 世纪末，随着日本在汽车、家电等领域大举占领国际市场，一些日本大企业一度曾试图撇开国际标准，在行业技术和产品标准上另搞一套，构筑相对独立的日本标准体系，并以此主导未来国际标准的制定。在接下来的十余年间，日本企业之间为掌控标准主导权，展开了激烈的标准之争。其中最典型的实例之一是以索尼公司为首的蓝光阵营与由东芝公司"领衔"的 HD-DVD 阵营围绕下一代 DVD 的格式之争。这场"标准之战"异常惨烈，结果是双方投入巨大，最终两败俱伤，其败局的负面影响甚至波及整个日本家电业。为吸取这些教训，在工业 4.0 时代的国际标准竞争中少走弯路，日本政府在继续鼓励本国企业引领行业技术和产品标准的同时，特别强调要使日本标准与国际标准接轨。日本标准制定向国际化回归的经验教训表明，在技术或产品标准领域，"民族的"并不必然会是"世界的"。即使是具有突出优势的领域，参与进而主导行业标准也应遵循标准制定的国际程式，充分考虑市场及相关国际组织的接纳要求，这对《中国制造 2025》提出的"加强标准体系建设"具有一定的借鉴意义。

五、结论与启示

1. 主要结论

从面向工业 4.0 发达国家新一轮产业政策的应用来看，时至今日，产业政策已基本摆脱对与错、得与失的争论（至少在决策层面如此），而成为产业发展不同阶段择机而用的政策工具。在产业发展的不同阶段，面对全球竞争形势的变化，各国产业政策的目标和导向会做出重大的调整。就日本而言，基于其战后国家战略架构的一贯特征及演进，日本总体上是更擅长应对而非引领的国家。即使技术内生化进程加快为其重塑制造业竞争优势带来了新的契机，使得日本具备了应对工业 4.0 的技术条件和创新能力，日本的国家核心能力仍更多地体现为战略跟进的机制和效率，迄今已高度现代化的日本并不具备革命性、全球性开创和主导的国家意识。追根溯源，日本这种"战略时滞"不完全是经济发展后发性的必然产物。对于日本危机应对体系的形成机理，仅从经济学层面来分析和理解显然是不够的，地理、文化、民族等非经济因素对其追赶型战略的影响不容忽视，与之相配合的体制机制及政策措施，可移植性相对较差。

相比其危机应对意识，日本产业政策的"菊与刀"色彩因更多后发国家和地区的学习借鉴改良而明显淡化。日本作为传统制造业强国自然不甘心在此轮全球竞争中落后，加紧在制造业尖端领域深度布局。从这一意义上讲，日本在应对工业 4.0 中，产业政策的角色实际上仍然是一支"有的之矢"，缺少能够孕育产业革命的先天基因。但客观地看，在快速找准差距、锁定追赶目标、动员学习能力、判断跟随路径、适用本土化制度安排等方面，日本的产业政策始终具有基于长期积淀的难以复制的机制优势。然而，正如诺斯所言："如果一个社会没有经济增长，那是因为没有为经济创新提供刺激"[①]。尽管日本"迷失的二十年"是多种因素导致的而非简单的产业政策失败的结果，但不可否认的是，与其他制度因素交织在一起的产业政策，起码在过去 20 年中未能很好地发挥刺激日本经济创新的作用。因此，在工业 4.0 时代的全球竞争中，日本产业政策的成效仍存在一定的不确定性。

通过分析日本应对工业 4.0 的战略导向、重点领域和政策工具，可以进一步看出，日本产业政策既延续了其独特传统，又有明确的新思路，于保持政策连续性的同时，在政策工具市场化、决策透明化等

---

① 道格拉斯·诺斯、罗伯斯·托马斯：《西方世界的兴起》，华夏出版社 2014 年重印本，第 5 页。

方面与赶超时期的产业政策已形成了一定的切割。一是作为优势鲜明的制造强国，既要在新工业革命大势下与主要竞争对手形成战略呼应，又立足本国需求和产业特点，集中解决日本未来制造业要发展什么、如何发展等问题。在这种导向下，日本新一轮产业政策的制定实施过程中，政府与产业界既有利益博弈，但更多的是依托产业政策审议会及相关专门委员会、广泛接受专家咨询的合作与协调，这方面传承了日本产业政策的核心机制优势。二是政策细化。日本政府及相关机构每年出台的各种白皮书和研发计划涉及各个领域，政策工具的表述十分详尽，为相关部门和机构落实带来了便利，也为企业把握政府导向提供了翔实的信息。三是决策相对透明。日本产业政策涉及的各项政府补贴额度、减免税幅度、资金投入方向、资助对象等内容全部公开发布。除了便于接受国内外监督，更重要的是对投资者和企业形成引导作用，带动其逐步融入工业 4.0 体系。四是中小企业政策密集且具体。几乎所有的政策工具都应用于中小企业。其中大部分属于功能型措施，但在一些特定领域仍延续了日本选择性产业政策传统。五是日本对重点领域的引导，已不再由政府替代市场选定未来胜出的企业，也不指定具体技术路线，而是更多地强调"自下而上"和"自上而下"相结合，继续发挥并完善日本独具特色的产学官联动的科技投入和创新机制。

2. 对我国的启示

长远来看，制造业是国民经济的主体，是立国之本、兴国之器、强国之基。[①] 当前，在"三期叠加"下，由于传统领域渐失投资吸引力，新兴产业发展存在不确定性，"产能过剩、资本抽离、成本攀升、人才缺失、要素分流"对中国制造构成了现实压力，中国工业面临转型升级的关键机遇期。进入经济新常态，制定实施《中国制造 2025》，不仅是对工业 4.0 时代全球竞争的战略应对，更是借力"'互联网+'和智能制造、绿色制造"，加快推动中国迈上制造强国之路。就这一意义而言，《中国制造 2025》相较于日本一揽子应对工业 4.0 的措施，更具战略高度和全局性、长远性，也是中国产业政策运用的一次新探索。然而，旗帜式、纲领性的战略影响力并不能掩盖《中国制造 2025》的视野局限性及其在产业政策改革方面的不到位。总体来看，《中国制造 2025》所提出的十大重点领域立足于既有优势，依托中国制造占据国际市场的强势领域，以装备制造等硬件设备和产品为主，更多地体现出中国制造以技术集成和终端产品总成为支撑的核心能力。显然，这种思路对传统规划范式突破力度不够，重点领域选择的现实性、本土化较强，前瞻性、革命性偏弱，更多地照顾到产业现有优势和市场需求，而缺少着眼于制造强国建设的先导性理念。

中国和日本同为制造大国，先后被称为"世界工厂"。尽管现阶段两国工业化阶段有差异，制造业发展整体水平及优势领域不同，但都要面对工业 4.0 与新兴经济体赶超形成的"双重挤压"。因此，日本应对工业 4.0 的产业政策虽有自身局限性，特别是与其独特的危机应对机制结合起来运用，在一定程度上降低了这些政策措施的可移植性，但仍对加快推动我国由制造大国向制造强国转变具有借鉴价值。

一是备受学者们推崇的产业政策市场化导向固然重要，但更须认识到制造强国的"模样"并不一样。塑造核心能力的前提是要对中国制造能够具备什么样的核心能力做出更清醒、客观的判断，并据此导入更有利于核心能力建设的要素条件、制度环境和文化特质。二是要立法先行。在法律上保障官产学各方的长期合作利益，形成创新收益的理性预期，对于构建创新联动机制十分关键。为此，应尽快完善相关法律法规，实现以企业为创新主体和产业化载体、大学科研机构为可持续原创源头、政府为服务和信息提供者的有机对接。三是要加快体制机制创新。《中国制造 2025》提出成立"国家制造强国建设领导小组"，统领规划落实，但机构设置偏于宏观。今后，应依托国家级智库，发布年度《中国制造业白皮

---

① 见国务院：《中国制造 2025》，2015 年 5 月 8 日。李克强总理 2015 年 6 月 15 日在考察工业与信息化部、中核工程公司时进一步强调："工业制造是国民经济的支柱，是实现发展升级的国之重器。"

书》，密切追踪制造业技术创新、商业模式、市场环境及竞争环境的国内外最新态势，不断细化《中国制造 2025》，提出重点领域及支撑保障措施，进一步提高政策透明度和可操作性，指导各级政府和相关部门实施《中国制造 2025》，引导企业和投资者优化战略决策。四是要重视政策集成。有步骤地整合现有分散在各部门的产业政策，提高政策的含金量和规范性，构建有利于大企业与中小微企业合理分工、良性共生的组织结构和产业生态系统。五是要找准"最后一公里"的差距。已经成为制造大国的中国，应立足"工业强基"工程，以育成和优化中国式"工匠基因"为出发点，着力提高制造业对高端要素的吸引力和凝聚力，培养综合素质高、满足"互联网+"需求、面向工业 4.0 的企业家群、创新人才群和产业工人群，加快形成中国特色制造文化，不断夯实中国制造强国的基础。

〔参考文献〕

［1］Arrow，Kenneth，J. The Economic Implication of Learning by Doing［J］. Review of Economic Studies，1962（29）：155-173.

［2］Grossman，G. E.，Helpman，E. Innovation and Growth in the Global Economy［M］. MIT Press，1991.

［3］Pack，H.，Westphal，Larry E.. Industrial Strategy and Technological Change：Theory Versus Reality［J］. Journal of Development Economics，1986，38：87-128.

［4］杨丹辉. China's Industrial Subsidies：Mechanism Improvement and Efficiency Enhancement［R］. Policy Recommendation Report for SPF Project，IIE，CASS，April，2014.

［5］［日］伊藤元重，奥野正寛，清野一治. 産業政策の経済分析［M］. 東京大学出版会，1988.

［6］［日］小宮隆太郎，奥野正寛，鈴村興太郎. 日本の産業政策［M］. 東京大学出版会，1984.

［7］［日］青木昌彦，岡崎哲二，奥野正寛. 市場の役割　国家の役割［M］. 東京：東洋経済新報社，1999.

［8］［日］三輪芳朗，J.マーク ラムザイヤー. 産業政策論の誤解—高度成長の真実［M］. 東京：東洋経済新報社，2002.

［9］［日］岡崎哲二. 経済史の教訓—危機克服のカギは歴史の中にあり［M］. 東京：ダイヤモンド社，2002.

［10］［日］マイケル・E. ポーター，竹内弘高. 日本の競争戦略［M］. 東京：ダイヤモンド社，2000.

［11］［日］橘川武郎. 産業政策の成功と失敗［A］. 載伊丹敬之，宮本又郎，加護野忠男，米倉誠一郎. 日本的経営の生成と発展（ケースブック 日本企業の経営行動）［C］. 東京：有斐閣，1998.

［12］［日］橘川武郎. 経済成長のエンジンとしての設備投資競争：高度成長期の日本企業［J］. 東京：社会科学研究，2004（1）.

［13］［日］日本内閣府. 日本再興戦略-JAPAN is BACK［R］. 2013.

［14］［日］経済産業省，厚生労働省，文部科学省. 2014 年版ものづくり白書［R］. 2014-06-06.

［15］［日］経済産業省，厚生労働省，文部科学省. 2015 年版ものづくり白書［R］. 2015-06-09.

［16］［日］閣議決定. 科学技術イノベーション総合戦略 2015［R］. 2015.

［17］［日］ロボット革命実現会議. ロボット新戦略（Japan's Robot Strategy）―ビジョン・戦略・アクションプラン―［R］. 2015-01-25.

［18］黄群慧，贺俊. 真实的产业政策［M］. 北京：经济管理出版社，2015.

［19］黄群慧，贺俊. 中国大陆制造业的核心能力、动能定位与发展战略——兼评《中国制造 2025》［J］. 中国工业经济，2015（6）.

［20］江飞涛，李晓萍. 当前中国产业政策转型的基本逻辑［J］. 南京大学学报（哲学人文社会科学版），2015（3）.

［21］中华人民共和国国务院. 中国制造 2025［R］. 2015.

（本文发表在《经济管理》2015 年第 11 期）